KB213508

청교도 신학의 모든 것

청교도 신학의 모든 것

발행일 2015년 2월 25일
5쇄발행 2025년 3월 1일
지은이 조엘 비키 · 마크 존스
옮긴이 김귀탁
펴낸이 김은주
펴낸곳 부흥과개혁사
편집 최인정 표지 디자인 이승영 본문 디자인 김성희 기획 이승영 마케팅 권성직
인쇄소 성광인쇄
판권 ©부흥과개혁사 2015

주소 서울특별시 마포구 양화로6길 9-20, 2층(서교동)
전화 Tel. 02) 332-7752 Fax. 02) 332-7742
홈페이지 http://rnrbook.com e-mail rnrbook@hanmail.net
ISBN 978-89-6092-372-0 (03230)
등록 1998년 9월 15일 (제13-548호)

부흥과개혁사는 교회의 부흥과 개혁을 추구합니다. 부흥과개혁사는 부흥과 개혁이 이 시대 한국 교회를 향한 하나님의 뜻이라고 믿으며, 조국 교회의 부흥과 개혁의 방향을 위한 이정표이자, 잠든 교회에는 부흥과 개혁을 촉구하는 나팔소리요, 깨어난 교회에는 부흥과 개혁의 불길을 지속시키는 장작더미이며, 부흥과 개혁을 꿈꾸며 소망하는 교회들을 하나로 모아 주기 위한 깃발이고자 기독교 출판의 바다에 출항하였습니다.

A PURITAN THEOLOGY

청교도 신학의 모든 것

삶을 위한 교리

조엘 비키 · 마크 존스 지음 | 김귀탁 옮김

부흥과개혁사

| 목차 |
THE NEW COVENANT
THE WORKS OF WALTER CRADOCK
PSALME LI

3부 인간론과 언약신학

4부 기독론

5부 구원론

6부 교회론

7부 종말론

8부 실천신학

후기

| 서문 |

천여 페이지와 오십만 개 이상의 단어로 영국 청교도의 신학을 저술한 매우 방대하고 포괄적인 해설책이 지금 여러분의 손안에 있다. 이 책은 괄목할 만한 업적으로, 저자들이 수십 년 동안 다양한 독서, 연구, 반성을 통해 맺은 결실이다. 조엘 비키 박사와 마크 존스 박사는 청교도 신학의 저술 전문가다. 그들은 자기들의 능력을 총결집시켜 비슷한 작품을 다시 쓰려면 아주 많은 세월이 걸릴 정도로 포괄적인 해설과 분석을 이 책에 담았다.

이 책은 누구나 봐도 좋을 내용을 담고 있다. 『청교도 신학의 모든 것』은 청교도 시대의 진정한 인명록이다. 이 책을 통해 21세기 독자는 17세기의 런던, 케임브리지, 옥스퍼드로 이동하면서 영어권 기독교의 역사에서 매우 엄청난 업적을 남긴 영적 형제들 가운데 하나와 어깨를 맞대는 놀라운 상상을 할 수 있을 것이다. 이 책에서 우리는 먼저 윌리엄 퍼킨스를 만난다. 퍼킨스의 설교는 케임브리지 도시와 케임브리지 대학에 매우 큰 영향을 미쳤고, 퍼킨스가 죽은 후에 토머스 굿윈이 열 살의 나이로 대학에 입학했을 때에도 도시 전체가 여전히 퍼킨스의 설교로 가득 차 있었다. 그러나 이것은 시작에 불과하다. 곧이어 우리는 회중교회 신학자인 두 거인인 토머스 굿윈과 존 오웬을 만나고, 아울러 하나님의 율법 대해설자인 앤서니 버지스, 체계적인 본문 강해 설교자이자 궁정 목사인 토머스 맨턴, "달콤한 물을 떨어뜨리는 자"인 리처드 십스, 하나님께 흠뻑 빠진 스티븐 차녹, 주석가 매튜 헨리 외에 많은 청교도들을 만난다. 그런 다음 21세기 교회 세계로 다시 돌아오면, 우리는 당시 그 땅에 거인들이 살았다는 생각이 들 것이다.

이 책에는 적절히 다 제시하기에는 너무 많은, 걸출한 인물들이 등장한다. 다루고 있는 신학 본체 곧 신학 백과사전에서 다룬 각 주제만 해도 입이 쩍 벌어진다. 매우 탁월한 어떤 사상가, 설교자, 저술가들(이 가운데 어떤 이들은 이 세 가지를 특출하게 겸비했다)에게 시선을 집중할 때 독자는 깊은 인상을 받을 것이다. 그러나 60개의 장을 대충 읽은 독자라도 이 폭넓은 배경 속에서 다음과 같은 특징은 인상에 남을 것이다.

첫째, 목회 사역에 대부분의 삶을 보낸 이 사람들은 참으로 깊이 성경을 연구하고 알았다는 것이다. 종종 우리는 새로 깎은 다이아몬드처럼 빛을 발산하고, 또 모든 면이 빛을 반사시킬 수 있도록 천천히 회전시키는 구절이나 본문의 의미에 감동을 받는다. 이들은 두 가지 의미에서 성경 신학자였다. 먼저 자신들의 신학을 성경에서 찾아냈다는 의미에서 성경신학자였고, 또 당대의 의미에 따라 구원 이야기의 통일된 흐름을 이해하고 상술하고, 구원 이야기 속에서 각 요소의 적절한 위치를 보는 데 관심을 갖고 있었다는 의미에서 성경신학자였다. 성경신학자로서 존 오웬은 게할더스 보스와 비견된다(능가하는 것은 아니라고 할지라도!)는 최근 한 학자의 주장이 청교도의 작품을 세세히 읽지 못한 많은 사람에게는 이해할 수 없는 말처럼 들릴지 모르지만,[1] 세세히 읽어본 사람이라면 그들이 단순히 여기서 한 구절, 저기서 한 구절 따오는 데 관심을 둔 "증거 본문 수집자들"이 아니었다는 것을 인정하게 될 것이다. 청교도가 성경의 상관관계를 깊이 살피는 것을 중시하는 것은 매우 인상적이다. 따라서 이 책에서 언약신학에 대한 설명에 백여 페이지가 할애된다.

둘째로 그리고 가장 좋은 의미에서 청교도는 성서주의자였지만 (어쨌든 그들은 신구약 성경을 하나님 말씀으로 믿었다), 자신들이 "모든 성도와" 함께 하나님 사랑의 너비와 길이와 높이와 깊이를 파악하도록 부르심을 받았다는 것(엡 3:18)을 깊이 의식하고 있었다. 따라서 종종 좁은 의미에서 "칼빈주의자"로 생각되기도 하지만, 청교도는 스스로 자기들이 단순히 제네바의 전통보다 더 오래되고, 또 더 폭넓은 전통에 속해 있었다는 것을 깊이 의식하고 있었다. 예를 들면 청교도가 칼빈보다 아우구스티누스를 더 자주 인용하는 것을 우리는 확실히 더 쉽게 발견한다. 청교도는 샤르트르의 베르나르처럼 자신들은 "거인의 어깨 위에 앉아 있는 난장이로, 거인보다 더 잘 볼 수 있다"고 생각했다.[2]

그러나 이 외에도 "청교도 형제 집단"은 신학적으로, 심원하게 그리고 기도하며 생각한 사람들이었던 것이 분명하다. 삼위일체에 대한 것이든, 그리스도의 인격에 대한 것이든, 또는 그리스도인의 거룩함에 대한 것이든 청교도의 작품을 읽게 되면, 우리는 대부분이 익숙해 있는 것과는 다른 더 심원한 분위기 속으로 들어가게 될 것이다. 예를 들어 존 오웬의 가장 유명한 작품 가운데 하나인 『죄 죽임』(On the Mortification of Sin[부흥과개혁사 역간, 2009])[3]은 옥스퍼드 대학의 십대 학생들이 주축인 청중에게 전한 설교가 기원이라는 것을 알게 되면 약간 의아할 것이다. 그러나 곧이어 숙고해 보면 오웬과 그의 동지들이 옳았다는 것을 이해하게 된다. 왜냐하면 우리 자신의 영적 힘에 대한 순진한 생각과 성경 교훈에 대한 무지를 감안할 때 죄를 어떻게 다뤄야 하는지를 기독교 신자들에게 가르치는 것은 그들이 죄에 빠지기 **전에** 해야 할 일이기 때문이다.

이 책은 복잡하고 애매한 내용으로 채워져 있지 않다. 그렇다고 가벼운 읽을거리는 아니다. 우리는 여기서 젊은 오웬(그때 얼마간 날카로운 면모를 가진 30세!)이 약간의 설명을 덧붙여 자신의 작품 『그리스도의 죽음에 나타나 있는 죽음의 죽음』(The Death of Death in the Death of Christ)을 독자에게 소개할 때 전하는 말을 상기하는 것이 좋다.

> 만일 그대가 어디로든 더 가기 원한다면 나는 그대에게 여기 좀 더 머무르라고 간청하고 싶다. 허세가 지배하는 이 시대의 많은 이들처럼, 그대도 **표지나 제목을 들여다보는 사람**으로서, 카토가 극장에 들어왔다 금방 다시 나가는 것처럼, 책 속으로 들어온다면, 그것으로 그대의 여

---

1) Richard Barcellos, *The Family Tree of Reformed Theology* (Palmdale, Calif.: Reformed Baptist Academic Press, 2010)를 보라.

2) John of Salisbury, *The Metalogicon of John of Salisbury: A Twelfth-Century Defense of the Verbal and Logical Arts of the Trivium*, Daniel E. McGarry 번역, 서론 및 각주 (Berkeley: University of California Press, 1955), p. 167.

3) 이 논문은 *The Works of John Owen*, William H. Goold 편집 (Edinburgh: Johnstone and Johnstone, 1850~1853), 6:1~86에서 찾아볼 수 있다.

홍은 끝났다. 잘 가게, 안녕![4]

그러나 만일 독자가 하나님의 영광에 따라 살기 위해 성경적으로 생각하는 청교도의 관심사를 공유하고 있다면 이 책은 바울이 "경건함에 속한[즉 경건함과 일치된] 진리의 지식"(딛 1:1)이라고 부른 것의 금광이자 본보기임을 증명할 것이다.

따라서 이 책은 진귀한 발견물이다. 곧 신학적, 지성적, 영적, 실천적 보물의 보고(寶庫)다. 비키 박사와 존스 박사는 우리에게 은혜를 끼쳤고, 우리는 그 은혜가 감사하다. 따라서 청교도가 자기들을 본질상 아우구스티누스를 따른 자들로 간주했으므로, 마지막으로 당부할 말은 아우구스티누스를 결정적으로 변화시킨 말 곧 톨레 레게 "책을 집어 들고 읽으라!"로 표현될 수 있을 것이다.

싱클레어 퍼거슨 (사우스캐롤라이나, 컬럼비아, 제일 장로교회)

4) *The Works of John Owen*, William H. Goold 편집 (Edinburgh: Johnstone and Johnstone, 1850~1853), 10:149에 나온다.

| 감사의 말 |

이 방대한 작품의 저술에 대해 저자들은 많은 사람에게 진심으로 감사하지 않을 수가 없다. 나 조엘 비키는 본서를 저술하는 데 협력을 아끼지 않은 것에 대해 공동 저자인 마크 존스에게 먼저 감사하고 싶다. 마크 존스만큼 함께 작업하기가 편한 개혁파 신학자는 세상에 별로 없으리라! 원래 존스는 청교도의 행위 언약과 은혜 언약에 대한 여러 장의 원고를 출판해 달라고 내게 요청했다. 존스는 내가 교수직을 그만둔 후에 "청교도 조직신학" 작품을 집필하려고 한다는 계획에 대해 알게 되자 공동으로 집필하는 일에 각별한 관심을 보여 주었다. 나는 원래 70개의 장이 넘는 분량으로 집필을 계획했고, 그것은 그를(그리고 나를!) 질리게 했다. 그래서 30개의 장으로 줄였지만 곧 60개의 장으로 늘어났다. 그동안 마크는 정말 부지런했고 내게 큰 도움이 되었다. 마크가 없었다면 본서는 십 년 아니 이십 년이 더 걸려도 햇빛을 보지 못하고, 이보다 더 좋은 작품이 될 수도 없었을 것이다.

또한 나의 조교인 폴 스몰리에게 크게 감사한다. 스몰리는 내가 여러 장을 집필하는 데 도움을 주었고, 네 개의 장(6, 11, 12, 28장)은 나와 공동으로 집필했다. 또한 특별히 매일 기도 시간에 함께 기도한 것에 대해서도 감사하고, 이때 우리는 본서에 대해 하나님의 도우심을 집중적으로 간청했다. 폴의 섬기는 마음, 청교도 신학에 대한 사랑, 청교도에 대한 풍성한 지식이 내게는 큰 기쁨과 힘의 원천이었다.

그리고 저술에 함께 참여한 다음 친구들에게도 감사를 전한다. 얀 판 비레(3장), 싱클레어 퍼거슨(10장), 제임스 라벨(26, 56장), 팀 워렐(37장), 매튜 웨스터홀름(44장)이 그들이다. 또한 훌륭한 서언을 써 준 싱클레어 퍼거슨에게 각별히 감사를 전한다. 퍼거슨은 참으로 엄청난 격려의 원천이 되었다.

이 장들 전체 또는 많은 부분을 케이트 드브리스, 타미 디트모어, 아네트 기센, 레이 래닝, 필리스텐 엘쇼프, 이레네 반덴베르크 등이 읽고, 검토하고, 편집했다. 그들의 정성스러운 작업에 대해 각자에게 충심으로 감사를 전한다. 그들은 인내하며 책임을 감당하는 데 매우 뛰어났다.

마크와 나는 헤아릴 수 없는 도움을 베풀어 준 레포메이션 헤리티지 북스 출판사 직원들에게도 감사하고 싶다. 스티브 렌케마 사장이 본서의 출판 의뢰에 크게 흥분하는 모습을 보고, 우리는 다른 출판사와 더 이상 접촉하지 않았다. 제이 콜리어의 성실함과 세밀한 감각은 본서가 더 나은 책이 되는 데 크게 기여했다. 일부 까다로운 각주에 대해 참고 문헌 정보를 찾아준 로라 무스타파와 참고 문헌을 작성한 조나단 비키에게도 감사를 표한다.

또한 나의 신실한 교정·조판 팀인 개리와 린다 덴 홀랜더와 표지 디자인을 담당한 아미 제벤베르겐에게도 감사하다. 표지의 희귀 고서들은 청교도 개혁신학교 안에 있는 청교도 자료 센터에서 오랫동안 사용된 책들의 견본이다. 그리고 청교도 개혁신학교(PRTS)와 리포메이션 헤리티지 북스 출판사, 내가 목사로 섬기고 있는 그랜드 래피즈의 헤리티지 네덜란드 개혁파 회중 교회의 직원들에게도 본서를 집필하는 동안 격려하고 인내해 준 것에 대해 감사를 전한다. 신학교 동료인 제럴드 빌키스, 데이비드 머리, 윌리엄 반두데바르트, 목회 동료인 포페 반데르자크와 마르텐 쿠이벤호벤에게도 각별한 감사를 표한다. 나는 이들보다 더 나은 동료나 직원을 찾을 수 없을 것이다.

또한 내가 청교도 신학을 가르친 모든 학생 곧 청교도 개혁신학교의 신학생과 졸업생, 세계 전역의 다른 신학교의 학생들, 콘퍼런스 참가자들에게도 감사를 전한다. 본서의 여러 장이 청교도의 신학 과목 강의와 여러 나라에서 청교도 사상에 대해 강연한 콘퍼런스 특강 원고에서 비롯되었다.

사랑하는 신실한 아내 메리는 지속적인 자극의 원천이다. 나와 내 작품에 대해 놀라운 헌신을 보여 준 아내에게 감사를 전한다. 아내가 없었으면 이루려고 했던 것의 절반도 이루지 못했을 것이다. 또한 사랑하는 자녀, 칼빈, 에스더, 리디아에게도 감사하는데, 그들의 친절함에 감개가 무량하다.

무엇보다도 나이를 먹어 갈수록 더 큰 사랑을 내게 베푸시는 삼위 하나님과 구주에게 감사하다. 나는 새뮤얼 러더퍼드(1600~1661년)처럼 내가 가장 사랑하는 신적 인격이 성부, 성자, 성령 가운데 누구인지 알지 못하지만 삼위를 각각 사랑하고, 삼위를 모두 필요로 한다는 사실은 확실히 알고 있다. 내가 50년 전 아홉 살에 처음 읽기 시작한 청교도 작품들에게 끌렸던 한 가지 이유는 그들이 삼위 하나님께 사로잡혀 있었다는 데 있었다. 나도 신학자로서, 그리스도를 믿는 신자로서, 청교도의 삼위일체 중심 사상을 갈수록 더 갈망한다.

내 안에 청교도 작품 독서에 대한 사랑을 촉발시킨 과거의 영향을 보면, 아버지인 존 비키에게 주로 의존하는데, 십대 시절에 아버지와 나눈 대화가 결정적인 역할을 했다. 이 영향은 아버지의 책장에서 보급판 청교도 책들을 뽑아 탐독한 것으로 더 강화되었다. 나는 또한 이안 머리와 배너 오브 트루스 트러스트 출판사의 책들과 콘퍼런스, 싱클레어 퍼거슨과 존 오웬에 대한 퍼거슨의 열정, 클레어 데이비스와 웨스트민스터 신학교에 제출된 박사학위 논문을 위해 청교도 신앙의 확신 견해에 대해 연구할 때 내게 해 준 퍼거슨의 격려에 대해서도 감사하다.

* * *

나 마크 존스는 직간접적으로 본서를 가능하게 한 수많은 사람에게 감사하고 싶다. 특별히 내게 영향을 미친 학자들로는 에르네스틴 판 데르 발, 마이클 A. G. 헤이킨, 리처드 멀러, 빌렘 판 아셀트, 크로퍼드 그리븐과 같은 교수들이 있다. 그들 모두에게 지성의 빚을 진 것을 인정한다. 다음 친구들은 어떤 식으로든 본서에 도움을 준 대표적인 사람들이다. 루벤(그리고 헤이디) 자트만, 패트릭 램지, 롤런드 워드, 벤저민 스윈번슨, 라이언 켈리, 제드 쇼프, 폴 워커, 조나단 보스, 마이클 드월트, 코르넬리우스 엘레보기우스. 본서에서 내가 쓴 일부 장들은 공동 저술이다. 나는 나의 두 스승인 마크 허저(29장) 및 보브 맥켈비(51장)와 공동 저술을 할 특권을 누렸다. 그들은 신학교에서 나를 가르쳤고, 현세에서 항상 교리와 삶에 대해 나의 상관이 될 것이다. 또한 나는 마이클 헤이킨(27장),

데니 하이드(41장), 라이언 켈리(39장), 게르트 판 덴 브링크(8장), 테드 판 라알트(45장)와도 공동으로 작업했다. 이렇게 공동 저술한 장들은 나 혼자 저술한 것보다 훨씬 나은 내용을 담고 있다고 나는 진심으로 생각한다. 내가 확신하는 것처럼, 독자들은 학문에서 큰 유익을 얻을 것이다. 또한 전폭적으로 도와준 헌터 파웰에게도 감사를 전한다.

그리고 공동 저자인 조엘 비키에게 크게 감사한다. 몇 해 전만 해도 비키와 함께 청교도 신학에 대한 이런 방대한 작품을 함께 저술하는 것을 꿈꾸지 못했다. 하지만 하나님의 다양한 섭리를 통해 이 엄청난 특권이 주어졌고, 나는 단지 나의 저술이 그의 저술과 나란히 있는 것이 부적절하지 않기만을 바랄 뿐이다. 비키는 학문과 경건 이 두 가지 면에서 모두 살아 있는 청교도 전문가다.

본서를 저술하는 동안 나는 좀처럼 시간을 내지 못했다. 그래서 내가 섬기는 페이스 밴쿠버 장로교회 교인들에게 크게 감사하다. 본서를 저술하는 데 사용한 시간 중 얼마는 그들을 위해 써야 했던 시간이었기 때문이다. 본서를 저술하는 데 교인들의 희생이 있었다는 것을 나는 기꺼이 인정한다.

나는 2010년 7월, 쌍둥이 아들 토머스와 매튜가 태어날 때 본서의 출판을 볼 수 있을지 의아했다. 나의 다른 두 언약의 자녀 곧 케이티와 조시를 양육하는 중요한 책임을 홀로 감당한 것에 대해 아내 바바라의 도움에 깊이 감사하고, 인간적으로 말하면, 아내의 사랑과 인내와 격려가 본서가 지금 완결될 수 있었던 가장 핵심적인 원동력이라 하겠다.

예수 그리스도로 말미암아 영속적인 사랑으로 나를 사랑하고 영원토록 계속 사랑하실 삼위 하나님에 대해 바울의 송영에 나도 참여한다. "이는 만물이 주에게서 나오고 주로 말미암고 주에게로 돌아감이라 그에게 영광이 세세에 있을지어다 아멘"(롬 11:36).

조엘 비키와 마크 존스

| 서론 |

"청교도"라는 말은 1560년대에 생겨난 일종의 멸시어로 잉글랜드 교회 개혁의 촉진을 원했던 사람들에게 붙여졌다. 일부 사회 역사가들은 이 말이 16세기와 17세기에 너무 다양한 의미로 사용되었기 때문에 아예 사용하지 않는 것이 좋다고 생각하지만, 개혁파나 칼빈주의자를 자처하는 다른 이들은 "청교도"와 "청교도 사상"이라는 말을 계속 사용하는 것을 옹호한다.

본서는 청교도 신학에 대한 책이다. 본서의 장들은 청교도 사상의 다양한 조직신학 내용들을 제시할 것이다. 청교도 신학에 대한 좋은 연구서들이 이미 많이 존재하고 있다. 어떤 책들은 청교도 전체를 다루고,[1] 어떤 책들은 특정 청교도 신학자의 작품에 초점을 맞추고 있다.[2] 그러나 지금까지 청교도의 성경 주요 교리들에 대한 사상을 개관한 내용을 역사적, 조직적으로 제공하는 단일 작품은 결코 없었다. 우리는 본서가 이 간격을 메우는 책이 되기를 바란다. 이제 우리가 다룰 것과 다루지 못할 것에 대한 이유를 진술하는 것으로 설명을 시작하려고 한다.

청교도와 청교도 사상

교회 역사가의 가장 어려운 임무 가운데 하나는 청교도 사상을 정의하는 것이다.[3] 온전한 정의를

1) 예컨대 Geoffrey Nuttall, *The Holy Spirit in Puritan Faith and Experience* (Chicago: University of Chicago Press, 1992), Ernest Kevan, *The Grace of Law: A Study in Puritan Theology* (1964, 재판, Grand Rapids: Reformation Heritage Books, 2011)를 보라.

2) 예컨대 J. I. Packer, *The Redemption and Restoration of Man in the Thought of Richard Baxter: A Study in Puritan Theology* (Vancouver, B.C.: Regent College, 2000)를 보라.

3) 이 문제에 대해서는 다음 자료들을 보라. Joel R. Beeke, *The Quest for Full Assurance: The Legacy of Calvin and His Successors* (Edinburgh: Banner of Truth Trust, 1999), 82n1, Joel R. Beeke & Randall J. Pederson, *Meet the Puritans: With a Guide to Modern Reprints* (Grand Rapids: Reformation Heritage Books, 2006), pp. xiii~xix, Ralph Bronkema, *The Essence of Puritanism* (Goes: Oosterbaan and LeCointre, 1929), Jerald C. Brauer, "Reflections on the Nature of English Puritanism," *Church History* 23 (1954), pp. 98~109, A. G. Dickens, *The English Reformation* (University Park: Penn State Press, 1991), pp. 313~321, Basil Hall, "Puritanism: The Problem of Definition," *Studies in Church History*, G. J. Cumming 편집 (London: Nelson, 1965), 2:283~296, Charles H. George, "Puritanism as History and Historiography," *Past and Present* 41 (1968), pp. 77~104, Richard Mitchell Hawkes, "The Logic of Assurance in English Puritan Theology," *Westminster Theological Journal* 52 (1990), p. 247, William Lamont, "Puritanism as History and Historiography: Some Further Thoughts," *Past and Present* 42 (1969), pp. 133~146, Richard Greaves, "The Nature of the Puritan Tradition," *Reformation, Conformity and Dissent: Essays in Honour of Geoffrey Nuttall*,

제시하려면 이 서론 부분을 두 배로 늘려야 할 것이다. 그럼에도 불구하고 정리가 잘 된 몇 가지 정의가 있다.

존 코피와 폴 C. H. 림에 따르면, "청교도 사상은 유럽 대륙의 루터교회가 아니라 칼빈주의 교회들에 동조적인 개혁파 개신교 사상의 변종이었다."[4] 그들은 청교도 사상을 이렇게 말한다. "청교도 사상은 잉글랜드 교회 안에서 연원하고, 독특한 환경과 긴장의 산물인 근대 초기 개혁파 개신교 사상의 특징을 가진 강력한 변종이었다. 엘리자베스 1세 통치 아래에서 잉글랜드 교회는 대체로 개혁파 교회에 속한 것으로 간주되었다."[5] 의심할 것 없이 청교도 신학자들은 대부분 개혁파나 칼빈주의자였다. 그렇기는 하지만 우리는 "청교도는 오로지 개혁파"였다고 주장하지는 않겠다. 개혁파 정통주의를 정의하는 것은 복잡하지만 세 가지 통일 문서,[6] 그리고 본서에서 자주 언급되는 웨스트민스터 총회 표준 문서[7]와 같은 신앙고백 문서들은 개혁파 신학의 정확한 개요를 우리에게 제공한다.

리처드 백스터(1615~1691년)는 확실히 청교도가 분명하지만, 윌리엄 퍼킨스(1558~1602년), 토머스 굿윈(1600~1680년), 존 오웬(1616~1683년)과는 다르게 개혁파는 아니었다. 백스터와 오웬 간의 열띤 신학 논쟁은 그들의 차이가 의미상의 문제를 훨씬 넘어섰다는 것을 보여 준다. 백스터는 도르트 신조는 인정했지만 웨스트민스터 총회 문서들은 인정하지 않았고, 이 문서들 속에는 여러 교리, 특히 속죄와 칭의 교리에는 백스터의 견해가 들어가 있지 않았다. 그리고 백스터는 『새로운 신앙고백 또는 온전함을 위해 세우기를 바라는 것과 같이 모든 사람에 의해 기초로 세워지는 데 필수적인 기독교의 제일 원리』(A New Confession of Faith, or the first Principles of the Christian Religion necessary to bee laid as a Foundation by all such as desire to build on unto Perfection, 1654)라는 작품을 다른 목사들에게 기증했을 때, 그것이 최종 형태를 갖춘 것으로 보지 않았다. 더욱이 백스터는 "오웬, 굿윈, 토머스 맨턴(1620~1677년)은 이 작품을 판단할 능력이 없다"고 비난했다.

청교도 사상은 오늘날 우리 관점에서 보면 겉으로 드러나는 것보다 더 다양했다. 본서에서 신학 용어로 청교도 사상이라는 말을 사용하는 것은 조심스럽게 이해해야 한다. 백스터를 청교도로 분류하는 것을 문제 삼지 않을 뿐만 아니라 아르미니우스주의자인 존 굿윈(1594~1665년)과 아리우스주의자로 보이는 존 밀턴(1608~1674년), 침례교도인 존 번연(1628~1688년), 율법폐기주의자인 존 이튼(대략, 1575~1631년) 등도 모두 종종 청교도로 간주된다. 코피와 림은 이렇게 주장한다. "예컨대 칼빈주의자 침례교인은 정통적이고 경건하다고 널리 인정을 받았고, 크롬웰 시대의 청교도 국가 교회에는 장로

R. Buick Knox 편집 (London: Epworth Press, 1977), pp. 255~273, John Morgan, *Godly Learning: Puritan Attitudes towards Reason, Learning, and Education, 1560~1640* (Cambridge: Cambridge University Press, 1986), pp. 9~22, D. M. Lloyd-Jones, "Puritanism and Its Origins," *The Puritans: Their Origins and Successors* (Edinburgh: Banner of Truth, 1987), pp. 237~259, J. I. Packer, *A Quest for Godliness: The Puritan Vision of the Godly Life* (Wheaton, Ill.: Crossway, 1990), pp. 21~36, Tae-Hyeun Park, *The Sacred Rhetoric of the Holy Spirit: A Study of Puritan Preaching in Pneumatological Perspective* (Apeldoorn: Theologische Universiteit Apeldoorn, 2005), pp. 73~75, Leonard J. Trinterud, "The Origins of Puritanism," *Church History* 20 (1951), pp. 37~57.

4) John Coffey & Paul C. H. Lim, *The Cambridge Companion to Puritanism*의 서론 (Cambridge: Cambridge University Press, 2008), p. 2.

5) Coffey & Lim, *Cambridge Companion*의 서론, p. 3.

6) 네덜란드 개혁파 교회들과 네덜란드 지역 외 동종 교파들의 교리적 표준 문서로 벨기에 신앙고백, 하이델베르크 교리문답, 도르트 신조가 있다.

7) 주(主) 문서(신앙고백, 대, 소교리문답)와 부(副) 문서(공예배 지침서, 장로교회 정치 형태, 『구원에 이르게 하는 지식 개요』[The Sum of Saving Knowledge])가 있다.

교회 및 회중교회와 나란히 침례교회도 포함되었다."[8]

그럼에도 불구하고 대다수 청교도는 개혁파 정통주의로 불린 포괄적인 신학 운동의 일원이었다.[9] 잉글랜드 의회는 국민의 믿음이 개혁파와 개신교 믿음으로 이해되기를 원했다. 웨스트민스터 총회를 소집한 중대한 목적은 잉글랜드, 스코틀랜드, 아일랜드 세 나라의 "종교의 통일"을 확보하자는 데 있었다. 그러나 그것이 청교도가 신학 문제들에 대해 항상 일치했음을 의미한 것은 아니다. 이어질 장들에서 확인될 것처럼, 청교도는 다양한 교리들(전례와 교회 정치는 말할 것도 없고)에 대해 활발한 논쟁을 벌였다.[10] 그러나 청교도는 반(半)펠라기우스주의적인 로마 가톨릭교회, 반(反)삼위일체적인 소키누스주의, 자유의지를 주장하는 아르미니우스주의의 오류를 타도하는 일에 하나가 되었다. 청교도는 예수회 설교자인 로버트 벨라민(1542~1621년)과 같은 로마 가톨릭 교도를 반대했다. 청교도는 소키누스주의, 특히 라일리우스(1525~1562년)와 파우스투스(1539~1604년)의 견해와 폴란드의 라코우 교리문답(1605년)을 거부했다. 그리고 아르미니우스주의, 특히 그들의 잘못된 예정론, 신론, 속죄론, 삼위일체론, 칭의론에 맞서 싸웠다.[11]

앞에서 언급한 집단(그리고 다른 집단들)과의 강력한 논쟁 외에도 청교도는 개혁파와 루터교회 신학자들 사이의 점점 벌어지는 간격에 대해서도 증거를 제공한다. 루터교회 사상은 잉글랜드 종교개혁이 처음 시작될 때 매우 강력한 영향력을 발휘했다. 하지만 코피와 림이 지적하는 것처럼, 루터교회 교인들은 청교도 운동의 일원이 아니었다. 청교도 작품들을 보면, 마르틴 루터(1483~1546년)와 필립 멜란히톤(1497~1560년)에 대해 약간의 언급이 나타나 있다. 하지만 일반적으로 루터교회 신학에 대한 언급, 특히 기독론과 성찬 분야에 대한 언급은 부정적이다. 존 오웬의 방대한 작품을 보면, 거의 다른 모든 신학자를 인용하는 것으로 나타나지만, 루터교회 저술가들에게서 인용하는 것은 현저히 적다![12] 청교도는 루터교회 예배가 지나치게 종교개혁 이전의 비성경적인 관습들을 보존하고 있다고 믿었다.[13] 그것이 아마 루터교회 신학자들이 오직 믿음으로 얻는 칭의 견해에 공헌하고 일반적으로 그 견해에 동조함에도 불구하고, 신학적으로 잘못된 신학을 전개한 혐의자로 간주된 핵심 이유일 것이다.

청교도 사상은 하나님 말씀에 따라 잉글랜드 교회의 개혁을 더 깊이 추구한 운동으로 이해되어야 한다. 청교도는 웨스트민스터 총회 활동에서 증명되는 것처럼, 다양한 지역에서 장로교회 임직 제도와

---

8) Coffey & Lim, *Cambridge Companion*의 서론, p. 5.

9) 칼 트루먼은 청교도가 영국국교회(잉글랜드 교회)에서 축출당한 사건인 1662년 통일령에 대해 말하면서, 이것은 "대다수 청교도가 고수한 개혁파 신학이 더 이상 이 세[정치, 교육, 교회] 영역에서 중요한 역할을 맡지 못하게 된 것을 확실히 했다"고 지적한다("Puritan Theology as Historical Event: A Linguistic Approach to the Ecumenical Context," *Reformation and Scholasticism: An Ecumenical Enterprise*, Willem J. van Asselt & Eef Dekker 편집 [Grand Rapids: Baker, 2001], p. 253). 개혁파 정통주의에 대한 간략한 설명은 Richard A. Muller, *After Calvin: Studies in the Development of a Theological Tradition* (New York: Oxford University Press, 2003), p. 33 이하를 보라.

10) 이 문제에 대해서는 또한 Michael A. G. Haykin & Mark Jones 편집, *Drawn into Controversie: Reformed Theological Diversity and Debates within Seventeenth-Century British Puritanism* (Gottingen: Vandenhoeck & Ruprecht, 2011)을 보라.

11) Aza Goudriaan, "Justification by Faith and the Early Arminian Controversy," *Scholasticism Reformed: Essays in Honour of Willem J. van Asselt*, Maarten Wisse, Marcel Sarot & Willemien Otten 편집 (Leiden: Brill, 2010), pp. 155~178을 보라.

12) 그러나 공교롭게도 그는 옛 언약과 새 언약의 관계에 대해 "루터교회"의 견해를 취한다.

13) "개혁파와 같이 청교도 역시 루터교회에는 전례, 성례신학, 교회 정치에서 지나치게 '교황주의' 요소가 남아 있다고 믿었다"(Coffey & Lim, *Cambridge Companion*의 서론, p. 2).

교회 정치를 도입하고, 교회와 국가, 전통적인 옥스퍼드와 케임브리지 대학에서 청교도가 영향력 있는 직위를 차지함으로써, 한동안 이 목표를 이루는 데 성공적이었다. 그러나 청교도는 잉글랜드 교회 내부에서 개혁 운동을 전개하는 데 치명적인 타격을 받게 되었다. 이에 대해 칼 트루먼은 이렇게 지적한다. "1662년에 통일령이 통과되자 잉글랜드 교회 안에서 관습에 대해 더 철저한 개혁을 바라고, 공동 기도서에서 교황주의 요소로 간주한 것을 용납할 수 없음을 발견한 자들은 어쩔 수 없이 어려운 선택에 직면하게 되었다. 곧 현실에 순응해서 교회에 대해 그동안 깊이 고수해 온 신념들을 포기하든지, 아니면 교회를 떠나 저항 운동에 가담하든지 양자택일을 해야 했다. 대략 2천 명이 후자를 선택했고, 따라서 청교도는 비국교회로 바뀌었다."[14)]

이후로 청교도 사상은 어떻게 되었는가? 노먼 사이크스는 언젠가 이렇게 간략히 요약했다.

> 18세기는 모든 교회 속에서 선조들의 신앙적 열정이 두드러지게 쇠퇴하는 모습을 보여 주었다. 하노버 왕가의 즉위와 함께,[15)] 중용, 온건 인습의 시대가 시작되었다. 제도권 교회는 심사령(審査令)과 회사법[16)]을 통해 보호를 받았다. 프로테스탄트 비국교도[17)]는 관용령[18)]에 따라 안전을 보장받고, 신학 논쟁들로 말미암아 크게 분열되어 수동적인 묵종의 위치에 자리를 잡았다. 정치적으로 비국교도 대표로 구성된 기구[19)]는 법적 관용에 대해 현상 유지는 할 수 있었지만 세력을 확대시키지는 못했다. 그들이 매년 왕에게서 하사금 곧 레기움 도눔[20)]을 받은 것은 그들이 시온에 편안하게 정착한 것을 상징했다.[21)]

트루먼과 같은 어떤 이들은 잉글랜드 교회를 개혁하려는 시도가 삼중의 복원 곧 군주 정치, 역사적 감독 제도, 공동기도서의 복원과 함께 끝났기 때문에, 1662년으로 청교도 시대는 마감되었다고 주장한다. 사이크스와 같은 다른 이들은 청교도 사상에서 개신교 비국교도로의 전환이 1689년 이후로 관용령과 함께 도래했다고 주장한다. 그리고 어떤 이들은 청교도 사상은 런던의 실버 스트리트 장로교회 목사인 존 하우(1630~1705년)의 죽음으로 끝났다고 말할 것이다. 연대가 언제든 간에 청교도 사상은 16세기와 17세기의 교회와 국가, 신학과 예배 문제들에 특별히 관련되어 있다. 1689년 이후로, 이전에 수십 년에 걸쳐 심각한 대립 속에 있었던 모든 파벌이 무기를 내려놓고, 다소간에 평화로운 공존이 시작되었다.

---

14) Trueman, "Puritan Theology as Historical Event," p. 253.

15) 1714년에 하노버 선거후(選擧侯)인 조지 루이스가 조지 1세로 영국 왕의 보좌를 차지했다.

16) 1828년까지 실시된 것으로, 공직 임명에 대해 종교적 심사를 부여하고, 그 중에서도 특히 일 년에 한 번 잉글랜드 교회에서 거행하는 성찬식에 참여할 것을 정부 관리와 고용인에게 요구한 법이다.

17) 곧 간단하게 "비국교도"와 "비국교회"로 알려지게 되었다.

18) 1689년에 실시된 관용령은 당국에 등록된 예배 처소에서 회집하는 것을 조건으로, 삼위일체를 믿는 프로테스탄트 비국교도에게 예배의 자유를 허용했다.

19) 1732년경부터 런던 경계 16km 안에 있는 침례교회, 회중교회, 장로교회는 각각 비국교회의 권리와 이익을 보호하기 위해 정치 활동 위원회나 압력 단체로서 행동 통일을 하는 대표단을 구성했다. 심사령과 회사법의 폐지로 그들의 수고는 큰 결실을 맺었다.

20) 1721년부터 매년 공공 기금에서 가난한 비국교회 목사와 과부들을 지원하도록 "왕의 하사금"이 각각 침례교회, 회중교회, 장로교회 대표들에게 배분되었다. 이 제도는 1857년에 중지되었다.

21) Norman Sykes, *The English Religious Tradition: Sketches of Its Influence on Church, State, and Society* (London: SCM Press, 1953), p. 66.

이것은 중요하다. 왜냐하면 비록 조나단 에드워즈(1703~1758년)가 신학과 경건에서 청교도였고, 간혹 청교도 마지막 세대로 간주되기는 해도, 엄밀히 역사적 의미에서 청교도는 아니었기 때문이다. 그러므로 본서는 에드워즈가 아무리 매혹적인 인물이라고 해도 에드워즈의 신학에 대한 장은 넣지 않을 것이다. 신학의 정수파 사람들과 스코틀랜드의 분리파 사람들, "구 프린스턴" 인물들, 토머스 찰머스(1780~1847년), 찰스 해든 스펄전(1834~1892년), 존 찰스 라일(1816~1900년), 마틴 로이드 존스(1899~1981년), J. I. 패커(출생, 1926년)와 다른 유명인들도 청교도에 깊이 동조적이기는 하지만, 웨스트민스터 총회 신학자들과 같은 의미에서 청교도로 간주될 수 없다. 만일 그들이 청교도라면 청교도 사상은 구체적인 역사적 의미가 상실될 것이다.

청교도를 이해할 때 우리는 톰 웹스터가 말하는 청교도의 세 가지 특징을 언급하지 않을 수 없다. 웹스터는 이렇게 말한다. 첫째, 청교도는 하나님과 역동적인 관계를 가짐으로써 자기들의 지성을 형성시키고, 자기들의 감정에 영향을 받고, 자기들의 영혼을 통찰한 사람들이다. 청교도는 자기들 외부의 어떤 것 또는 어떤 존재 곧 성경의 삼위 하나님께 근거를 두었다. 둘째, 청교도는 성경에 기반을 둔 신앙 체계를 공유했다. 오늘날 우리는 이 체계를 개혁파 정통주의로 지칭한다. 셋째, 믿음에 있어서 자기들의 공통적 경험과 통일성을 기초로, 청교도는 신자들 및 목사들 간에 유기적인 관계를 확립했다.[22] 이 협력적인 형제애 관계는 16세기 엘리자베스 시대에 잉글랜드에서 태동했고, 17세기에 잉글랜드와 뉴잉글랜드에서 발전했다. 청교도 사상의 특징은 하나님의 말씀에 따라 개혁된 삶을 추구하는 데 있었다. 청교도는 성경을 연구하고, 성경에서 발견한 것들을 조직화하고 분석하며, 그것들을 삶의 전 분야에 적용시키는 데 주력했다. 청교도는 개인, 가정, 교회, 국가 생활 속에서 회심 및 하나님과의 교제를 강조하는 고백적, 신학적, 삼위일체적 접근법을 갖고 있었다.

따라서 예컨대 토머스 굿윈을 청교도로 부를 때 우리는 그가 개혁파 믿음 및 하나님과의 경험적 교제에 근거를 둔 영적 지도자 그룹의 일원이었다는 것을 의미한다. 굿윈과 같은 청교도는 1560년대에서 1660년대 또는 그 너머에 이르기까지 잉글랜드에서 개인적, 가정적, 교회적, 국가적으로 성경에 기반을 둔 개혁과 성령의 능력으로 행하는 부흥을 위해 힘썼다. 굿윈의 작품과 그의 동시대인들의 작품은, 훗날 미국의 장로교회 사람들이 "진리는 선을 위해 있고, 진리의 중대한 시금석은 거룩함을 촉진시키는 경향이 있느냐에 있다"[23]고 선언한 것처럼, 믿음을 지키도록 하는 "삶을 위한 교리"에 대한 것이었다.

요약하면 16세기 후반과 17세기의 청교도 운동은 일종의 활력적인 칼빈주의 운동이었다. 경험적 관점에서 보면, 청교도 운동은 따스하고 전염성이 강했다. 복음 전도의 관점에서 보면, 청교도 운동은 공격적이었지만 부드러웠다. 교회적 관점에서 보면, 청교도 운동은 몸 된 교회의 믿음과 예배와 질서에 대한 그리스도의 머리되심을 실천하는 데 주력했다. 정치적 관점에서 보면, 청교도 운동은 왕, 의회, 국민과의 관계에서 하나님 앞에서 적극적이고, 균형적이고, 양심적으로 행동했다.[24] J. I. 패커는 그것을 이렇게 말한다. "청교도 사상은 교회와 국가와 가정에서, 교육과 복음 전도와 경

22) Tom Webster, *Godly Clergy in Early Stuart England: The Caroline Puritan Movement, c. 1620~1643* (Cambridge: Cambridge University Press, 1997), pp. 333~335.

23) "Preliminary Principles," *Form of Government of the Presbyterian Church in the U.S.A.* (Philadelphia: Presbyterian Board of Publication, 1839), Bk. 1, Ch. 1, Sec. 4.

24) Beeke & Pederson, *Meet the Puritans*, pp. xviii~xix.

제 분야에서, 개인적인 제자도와 헌신 영역에서, 목회 사역과 능력에서, 국가적이고 개인적으로 영적 갱신에 대한 비전을 실현시키기 위해 애쓰는 복음적인 성결 운동이었다."[25]

본서와 각 장의 목적

본서에서 어떤 장은 다수의 청교도를 다루고, 어떤 장은 소수의 청교도를 다루며, 또 다른 장은 단지 하나의 청교도만을 다룬다. 이것은 여러 이유로 의도적이다. 다수의 청교도를 다루는 장들은 "청교도의 전체 입장" 또는 "청교도의 여론"으로 불릴 수 있는 것에 대한 그림을 제공한다.[26] 단지 몇 사람의 청교도를 다룰 때 우리는 각 저술가의 사상을 보다 상세히 살펴볼 수 있고, 각 저술가의 차이점, 뉘앙스, 강조점도 확인할 수 있다. 마지막으로 전체적으로 하나의 청교도에 초점을 맞추고 있는 장들은 동시대 인물들과 상호 관계 속에 있기는 하지만, 특정 신학자가 특정 교리를 어떻게 생각했는지에 대해 매우 포괄적인 관점을 제공할 것이다. 한 장의 핵심 주체로 다뤄진 저술가들은 토머스 굿윈의 기독론적인 타락 전 예정설(또는 선택설)에 대한 장의 경우처럼 개혁파 전통 안에서 인정받을 수 있는 청교도의 기본 신학을 대체로 반성한다. 어떤 경우에는 한 명의 청교도 저술가를 다룬 장에서 토머스 맨턴, 크리스토퍼 러브(1618~1651년), 스티븐 차녹(1628~1680년)처럼 다른 사람들에게 무시당한 청교도를 더 면밀하게 살펴보기도 한다.

어떤 장들은 또한 유럽 대륙의 신학자들도 언급한다. 이것도 의도적이다. 청교도의 작품에 익숙한 자는 누구든 청교도가 교회 역사 속에서 매우 다양한 전통과 모든 시대에 속한 수많은 저술가들을 인용한다는 것을 확인할 것이다. 우리는 주로 대륙의 개혁파 신학자들을 다루기로 정했는데, 그것은 우리가 다루는 청교도가 자기들을 폭넓게 국제적인 개혁파 정통주의 운동의 한 부분으로 간주했기 때문이다. 존 칼빈(1509~1564년), 요하네스 마코비우스(1588~1644년), 요하네스 콕세이우스(1603~1669년), 프랜시스 투레틴(1623~1687년), 헤르만 위트시우스(1636~1708년)와 다른 이들이 청교도와 대륙의 개혁파 신학자들 간의 유사점이나 간헐적인 차이점을 묘사하기 위해 자주 거론된다.

많은 장들에서 우리는 수박 겉핥기만 했다고 느낀다. 예를 들어 스티븐 차녹의 대작 『하나님의 존재와 속성』(The Existence and Attributes of God[부흥과개혁사 역간, 2015])은 한 장으로 개관하는 것이 거의 불가능하다. 우리의 소망은 이 장들이 다양한 교리에 대해 전반적이지만 정확한 그림을 제공하는 한편, 청교도 사상을 연구하는 자들의 갈망을 자극해서 이 교리들을 더 상세히 연구하도록 만드는 데 있다.

우리는 어떻게든 포괄적으로 다루려고 노력했지만, 청교도 신학 전체 분야를 망라하지 못했다는 점을 인정한다.[27] 방대하지만 한 권으로 된 작품은 대체로 여러 권으로 된 작품이 갖고 있는 폭과 깊이를 갖기 어렵다. 그럼에도 불구하고 거의 모든 주요 청교도 교리들이 설명되고, 어떤 장들은 논문

---

25) J. I. Packer, "An Anglican to Remember-William Perkins: Puritan Popularizer," St. Antholin's Lectureship Charity Lecture, 1996, pp. 1~2.

26) 예를 들어 우리는 행위 언약과 옛 언약 및 새 언약 관련 장들에서 통일성과 다양성을 본다.

27) 우리는 청교도 저술가들에 대해 상술하는 전기 자료나 그들의 출판된 책들의 목록을 많이 소개하지 않았다. 그 이유는 비키와 페더슨이 쓴 『청교도를 만나다』(Meet the Puritans[부흥과개혁사 역간, 2010])에서 이미 그 작업을 했기 때문이다. 이 책은 1950년대에 청교도 문헌이 다시 유행할 때 재출간된 무려 150명에 달하는 청교도의 생애 이야기를 다루고, 거의 700권에 달하는 재출간된 청교도 관련 작품들에 대한 간략한 설명을 제공하는데, 일종의 본서 자매편으로 활용할 수 있을 것이다.

이나 논설로 쉽게 확대될 수 있는 주제들을 망라한다(예, 복에 대한 환상이나 청교도의 설교).

본서에서 우리는 책임 있는 역사신학을 전개하려고 애썼다. 각 장들은 우리가 청교도처럼 말하는 것이 아니라 청교도가 직접 말한 것에 대한 정확한 그림을 제시하려는 목적을 갖고 있다. 우리는 청교도 신학에 장점과 단점이 모두 있다는 것을 인정한다. 보기에 매력적인 토머스 굿윈의 종말론은 많은 문제점도 있었다. 생애 후반에 굿윈은 천년왕국의 시작 연대를 정한 것(1666년으로 추측)을 후회했다. 청교도는 종말론이 탁월하지 못했다. 20세기와 21세기 개혁파 신학자들이 예컨대 요한계시록을 이해하는 법에 대해 주석적으로 더 유용한 설명을 교회에 제공했다. 그럼에도 우리는 청교도가 정확했을 뿐만 아니라 대다수 신학 분야에서 탁월했다고 믿는다. 청교도 이전 신학자들은 이런 신학적 엄밀함을 갖고 작품을 거의 쓸 수 없었고, 신학을 자기들의 설교를 듣고 자기들의 책을 읽는 자들의 마음과 지성에 적용시키는 것이 드물었다. "삶을 위한 교리"는 거의 모두 교회 목사이자 훈련된 신학자였던 청교도의 작품들 속에서 일관되게 강조되었다. 많은 이들이 하나님이 교회에 주신 가장 위대한 신학자 대부분이 지역 교회에서 목사와 교사로 활동한 사람들이었다는 것을 망각한다.

우리는 또한 본서가 청교도에 대한 많은 오해를 불식시키기를 바란다. 이것은 우리가 각 장에서 1차 자료에 강조점을 두고 있는 것을 설명해 준다. 우리는 청교도에 대한 건전한 이차 자료에 대해서도 감사하지만 본서를 저술할 때 16세기와 17세기에 저술된 1차 문헌들에 (훨씬 더 크게) 의존했다. 예를 들면 청교도가 율법주의자였다는 비판은 결코 사라지지 않을 것 같다.[28] 그러나 청교도 신학 전체에 주의를 기울였다면 사람들은 이런 비판을 재고하게 될 것이다. 우리는 또한 본서가 소위 "칼빈 대(對) 칼빈주의자" 역사 편집을, 확실히 오래전부터 무시된 것이 아니라면, 무시할 수 있는 역할을 하기를 바란다. 그리고 독자가 본서의 장들을 조심스럽게 읽고 청교도가 실제로 문제의 교리에 대해 말한 것을 전달받고, 그것을 다른 사람들이 청교도가 말한 것으로 생각하거나 주장할 수 있는 것과 비교할 수 있기를 바란다.

본서는 청교도가 자기들의 신학을 실천하는 다양한 방법들을 보여 주는 여덟 개의 장으로 결론을 맺는다. "삶을 위한 교리"가 본서 전체를 관통하고 있지만(청교도는 각 교리의 "용도"를 피할 수 없었고, 우리도 그들의 믿음을 상술했을 때 그것을 피할 수 없었다), 우리는 이런 결론 부분을 갖는 것이 청교도 신학에 적합하고 참되다고 본다.

탁월한 저서인 『경건에 대한 탐구』(A Quest for Godliness) 서론에서 J. I. 패커는 자신의 저서의 논문들은 "단순히 역사나 역사신학이 아니다. 내가 쓴 다른 어떤 것과 마찬가지로 최소한 영성 자체를 목표로 갖고 있다"고 주장했다.[29] 우리도 패커와 같은 감정을 반영하고, 본서가 독자들의 지성뿐만 아니라 마음에도 영향을 미치기를 기도한다. 청교도는 본서를 매우 바람직한 성과로 인정할 것이다.

우리는 청교도 신학에 대한 본서가 다양한 유형의 사람들에게 읽힐 것이라고 믿는다. 학자들은 우리가 1차 자료에 주의를 기울인 것과 청교도가 다양한 교리에 대해 믿은 것을 정확히 반사하려고 노

---

28) 코피와 림은 청교도가 율법주의자였다는 것을 넌지시 함축하는 것 같다. "개혁파처럼 그들도 대체로 루터의 율법과 복음의 반정립 관계를 제한하고, 기독교적 삶과 지역 공동체 안에서 하나님의 율법의 역할을 강조하며, 잉글랜드와 미국에서 경건한 제네바 사람들을 재창출하려고 애썼다(때때로 엄청난 성공과 함께) 이런 율법주의는 그들 내부에서 '율법폐기주의의 반란'을 야기하기도 했지만, 심지어는 급진파 청교도가 도덕법이나 예정론, 유아세례에 대한 정통 개혁파 관념을 거부했을 때에도, 그들은 여전히 개혁파 전통을 옹호했다"(*Cambridge Companion*의 서론, p. 3)

29) Packer, *A Quest for Godliness*, p. 16.

력한 것을 보고 본서가 유익하다는 것을 발견할 것이다. 그러나 본서의 대표적 독자는 일차적으로 학자들이 아니다. 오히려 우리는 본서가 평신도 기독교인, 신학생, 신학대학원생, 목사, 장로, 집사와 같이 안수를 받은 교회 지도자들에게 읽혀지기를 바란다. 이 다양한 집단이 독자가 되기는 쉽지 않겠지만, 우리는 최선을 다해, 유명한 한 어구를 인용한다면, "물속에서 코끼리가 헤엄을 치고 어린아이가 놀게" 하는 작품을 저술하기 위해 힘썼다. 거의 모든 라틴어, 헬라어, 히브리어 단어, 어구, 문장들은 독자의 편의를 위해 번역되었다. 결론적으로 우리는 "그것은 우리의 모든 지식을 동원해서 이 사실들을 명확히 한다"고 말한 제임스 어셔 대주교(1581~1656년)의 평가를 상기하게 된다. 우리는 그렇게 하려고 최선을 다했다.

우리가 저술한 대다수 장들은 본서에만 담겨 있다. 하지만 일부 장들은 다른 곳에서 뽑아온 것이고, 우리는 본서에 신도록 허락해 준 각 출판사에게 감사를 전한다. 그러나 거의 모든 이런 경우에서 우리는 이전에 출판된 장들을 다시 쓰고, 다시 편집했으며, 고서에서 인용하는 문장들을 자유롭게 현대어로 바꿨다.

A PURITAN THEOLOGY

| 1부 |

조직신학 서론

청교도의 자연신학 및 초자연신학

그때에 예수께서 대답하여 이르시되 천지의 주재이신 아버지여 이것을 지혜롭고 슬기 있는 자들에게는 숨기시고 어린아이들에게는 나타내심을 감사하나이다 옳소이다 이렇게 된 것이 아버지의 뜻이니이다 내 아버지께서 모든 것을 내게 주셨으니 아버지 외에는 아들을 아는 자가 없고 아들과 또 아들의 소원대로 계시를 받는 자 외에는 아버지를 아는 자가 없느니라.

-마태복음 11장 25~27절-

자연 계시와 초자연 계시 개념은 청교도 작품의 핵심 주제는 아니었지만, 그렇다고 해서 청교도가 이 개념을 아주 무시한 것은 아니다.[1] 계시의 본질에 대해 다수의 인상적인 작품들이 저술되었는데, 이 작품들은 자연신학과 초자연 계시의 개념에 대해 설명했다. 일반적으로 개혁파 사상과 특수적으로 개혁파 신학자를 자처한 청교도의 기본 전제는 "하나님을 아는 지식은 하나님에게서 나오지 않는 한 불가능하다"는 관념이었다. 하나님이 모든 지식의 원천이었고, 특히 하나님 자신을 아는 지식은 두말할 것도 없었다. 하나님을 아는 지식은 오직 하나님의 자기 계시로 말미암아서만 가능하다.

청교도는 자연신학을 하나님의 형상으로 지음을 받은 아담의 창조와 밀접하게 연계시켰다. 그러므로 아담은 자기 주변에 있는 하나님의 작품을 통해 자연신학(theologia naturalis), 곧 내재적이고 획득적인 하나님을 아는 지식을 얻어냈다. 청교도 신학자들은 인간이 타락하기 전 하나님을 아는 모든 지식이 자연적인지, 아니면 초자연적인지를 놓고 논쟁을 벌였다. 하지만 청교도는 모두 아담이 자연신학을 소유했다는 사실을 인정했다. 타락 이후로도 자연신학은 계속되었지만 죄로 말미암아 인간은 하나님을 제대로 알 수 없게 되었다. 정통 개신교인들은 확실히 거듭난 삶을 사는 데 유용한 거듭난 자의 자연신학(theologia naturalis regenitorum)이 가능하다는 것을 인정했다. 하지만 자연신학은 구속의 배경 속에서 초자연신학(theologia supernaturalis)의 보조적인 역할을 담당했다.

개혁파 청교도 신학자들은 "초자연신학은 하나님의 계시와 관련되어 있고, 하나님의 계시는 성경으로 제한되는 것은 아니지만 특별히 모든 특별 계시가 중단된 사도 시대 이후로는 성경을 하나님의 기록된 말씀으로 확실히 간주"한다. 청교도는 오직 그리스도로 말미암아 성령을 통해 구원에 충분한 하나님을 아는 지식 곧 하나님을 아는 이중 지식(duplex cognitio Dei) 개념을 얻을 수 있다고 주장했다. 자연신학은 인간이 하나님 앞에서 충분히 핑계할 수 없도록 만들지만(롬 1:18~21), 인간을 구원하

---

1) J. V. Fesko & Guy M. Richard, "Natural Theology and the Westminster Confession of Faith," *The Westminster Confession into the 21st Century: Essays in Remembrance of the 350th Anniversary of the Westminster Assembly*, J. Ligon Duncan 편집 (Fearn, Scotland: Mentor, 2003), 3:223~366을 보라.

지는 못한다. 왜냐하면 구원하는 지식은 오직 그리스도 안에서만 발견되기 때문이다. 그리스도는 자신이 갖고 계신 하나님을 아는 지식으로 하나님을 계시하실 수 있다. 따라서 초자연 계시는 명백히 그리스도 중심적인 초점을 갖고 있다. 그러나 존 오웬(1616~1683년)이 지적한 것처럼, 성령께서 신자들이 성경을 하나님의 말씀으로 인정하고 받아들일 수 있도록 증언을 제공하신다. 성령이 없으면 아무리 자증적인 성격을 갖고 있다고 할지라도, 하나님의 말씀은 죄인인 인간을 믿음과 구원으로 이끌 수 없다. 오웬과 같은 청교도 신학자들은 이렇게 그리스도와 성령을 강조하면서, 삼위일체적인 계시신학을 튼튼히 정립하는 데 전력을 다했다.

마지막으로 그리스도로 말미암은 하나님의 계시는 하나님의 언약을 배경으로 해서 주어졌다. 하나님과 피조물의 관계는 항상 언약을 통해 전개되었고, 따라서 피조물에 대한 하나님의 계시는 기독론 개념과 언약 개념에 따라 이해되어야 한다. 이상의 요소들은 상황을 다 설명하는 것은 아니지만 17세기 영국의 개혁파 신학 사상의 자연신학과 초자연신학을 이해하는 데 확실히 기본적인 요소를 제공한다.

자연신학

확실히 말해 기독교 신학자들은 자연신학 주제에 대해 항상 의견이 일치된 것은 아니다. 그러나 자연신학은 적절히 이해되면 진실하고, 따라서 유용하다는 것에 대해 청교도 사이에 일반적인 일치가 있었다는 것을 우리는 확인한다. 이 시기의 다수의 작품들이 이것을 대변한다. 에드워드 리의 『신학의 본체』(Systeme, or Body of Divinity, 1654), 존 프레스턴의 『영원한 생명』(Life Eternall, 1631), 존 하우의 『살아 있는 성전』(The Living Temple, 1675), 매튜 바커의 『자연 신학』(Natural Theology, 1674)과 특히 존 오웬의 『전집』(Works) 4, 5, 17권에 들어 있는 여러 편의 논문 등이 그것이다. 나아가 다른 많은 청교도 저술가들도 자연신학의 개념을 제시했는데, 이런 저술가로 특히 새뮤얼 러더퍼드, 윌리엄 트위스, 스티븐 차녹, 토머스 굿윈이 있다. 많은 신학자들이 청교도의 자연신학 개념을 연구했는데, 오웬의 『데오로구메나 판토다파』(Theologoumena Pantodapa)를 예리하게 분석한 세바스찬 린만의 작품[2]이 그 가운데 하나다. 또한 자연신학 부분이 포함되어 있는 리처드 멀러의 조직신학 서론에 대한 작품은 종교개혁 이후 시대의 대륙의 개혁파 신학자들을 철저히 고찰한다.[3] 대륙의 개혁파 정통 신학자들도 자신들의 작품 속에서 자연신학 개념을 보다 심도 있게 고찰했고, 이것은 부분적으로 린만이 자주 오웬과 아만두스 폴라누스, 프랜시스 투레틴, 페트루스 판 마스트리흐트를 비교하는 이유를 설명해 준다. 마찬가지로 멀러의 설명은 거의 대부분 대륙의 개신교 학자들에게 집중되어 있다.

첫 세대 종교개혁자들은 자연신학의 가치와 한계에 대해 반드시 견해가 일치한 것은 아니었다.[4] 이후로 개혁파 정통주의는, 예컨대 존 칼빈이 연구했던 것보다 더 엄밀하게 자연신학의 한계를 다뤘다. 청교도 신학자들은 자연신학의 역할을 종종 개혁파 정통주의와 대립 속에 있던 아르미니우스주의, 교황주의, 소키누스주의의 견해와 관련시켜 설명했다. 예를 들면 소키누스주의자는 하나님은

---

2) Sebastian Rehnman, *Divine Discourse: The Theological Methodology of John Owen* (Grand Rapids: Baker, 2002)을 보라.

3) Richard Muller, *Post-Reformation Reformed Dogmatics: The Rise and Development of Reformed Orthodoxy, ca. 1520 to ca. 1725*, 전 4권 (Grand Rapids: Baker, 2003)을 보라.

4) Muller, *Post-Reformation*, 1:278.

인간에게 자신이 주시는 것에 대해서만 요구하실 수 있다고 주장했다. 따라서 이방인에게 그리스도가 주어지지 않았다면 이방인은 그리스도가 없어도 구원받을 수 있다.[5] 개혁파의 신학적 신념을 갖고 있는 청교도는 자연신학은 구원할 능력을 가질 수 없고, 구원은 오직 은혜로만 가능하다고 강력히 주장했다. 매튜 바커(1619~1698년)는 복음이 그리스도를 믿으라고 사람들을 초청하면 사람들의 마음속에 있는 신 의식이 그리스도를 믿도록 "그들을 흥분시키고 자극할" 수 있다고 지적한다.[6] 그러나 바커와 같은 청교도는 자기들 나름의 자연신학을 항상 자기들의 초자연 신학 체계의 포괄적인 범주 안에서 전개했다. 따라서 존 오웬에 따르면, 하나님을 아는 지식은 부분적으로는 자연적 지식이고, 또 부분적으로는 초자연적 지식이다.[7] 곧 하나님을 아는 지식은 내재적이고 획득적이다. 바커가 계속 주장한 것처럼, 성경은 자증적이고(autopistos), 성령의 증언은 사람의 양심 속에 하나님의 말씀을 믿도록 신뢰를 일으키지만, "추가적인 힘을 얼마간 자연의 빛에서 빌릴 수 있다."[8] 그렇지만 자연신학과 초자연신학이 서로를 보완해 준다는 사실-어쨌든 개혁파 사상의 근본 원칙은 은혜는 자연과 대립하지 않는다는 신념이라는 것-에도 불구하고 이 두 신학은 구별되어야 한다.

바커에 따르면, 신학은 두 부분 곧 자연 계시와 초자연 계시로 구성된다. 자연 계시는 피조물을 통해 얻을 수 있는 하나님에 대한 지식이다. 아담은 하나님의 형상으로 지음을 받았고, 따라서 하나님을 아는 아담의 지식은 심어진 말씀(톤 엠퓌톤 로곤, 약 1:21)과 "창조 작품에서 얻을 수 있었던 지력의 큰 힘", 이 둘로 이루어졌다고 바커는 지적한다.[9] 동시에 아담은 심어진 말씀과 피조물 속에 나타나 있는 하나님의 계시로 하나님을 알고 사랑하게 되었다. 다르게는 "신 의식"(sensus divinitatis)으로 알려져 있는 하나님을 아는 이 기본적인 지식에 따라 개혁파 정통주의는 자연신학은 부분적으로는 내재적이고, 부분적으로는 획득적이라고 가르쳤다.[10]

그러나 여기서 아담이 타락하기 전에 초자연 계시를 소유했는지에 대한 중요한 질문이 일어난다. 렌만은 이렇게 지적한다. "오웬은 '원래 계시는 부분적으로 초자연적이었고, 이 부분이 날마다 증가하도록 되어 있었다'고 주장하는데, 그가 타락 이후로는 신학을 초자연신학으로 제한하는지는 애매하다."[11] 타락 이전에 신학이 부분적으로는 자연신학이었고, 또 부분적으로는 초자연신학이었는지는 특별히 아담의 "목적"과 관련해서 신학자들이 행위 언약의 엄밀한 본질을 얼마나 다양하게 이해했느냐와 크게 관련되어 있다. 그러나 여기서도 우리는 몇 가지 문제점을 접한다.

일부 개혁파 신학자들(토머스 굿윈[1600~1680년]과 같은)은 아담의 목적은 에덴동산에서 계속 생활하는 것에 있었다고 주장했다. 아담은 하늘에서의 삶을 사는 상을 받도록 되어 있지 않았다는 것이다. 이

---

5) 오웬은 *Theologoumena*. "*Fungum primum hominem et stipitem, vixdum rationis compote fuisse fingunt Sociniani; tanquam Dei, sui, uxoris, aliarumque creaturarum ignarum, deridendum quasi propinant,*" in *The Works of John Owen, D.D.* (Edinburgh: Johnstone & Hunter, 1850~1855), 17:40 (1.4.4)에서 소키누스주의자의 근본 오류를 빈번하게 지적한다.

6) Matthew Barker, *Natural Theology* (London: N. Ranew, 1674), p. 70.

7) Owen, *Theologoumena*, in *Works*, 17:27~31 (1.4.1).

8) Barker, *Natural Theology*, p. 68.

9) Barker, *Natural Theology*, p. 4.

10) 프랜시스 투레틴에 따르면, "정통주의는……일률적으로 자연신학은 있다고 가르친다. 자연신학은 부분적으로는 내재적이고……또 부분적으로는 획득적이다"(*Institutes of Elenctic Theology*, James Dennison Jr. 편집, George Musgrave Giger 번역 [Phillipsburg, N. J.: P&R, 1992], 1.3.4)

11) Rehnman, *Divine Discourse* p. 79.

상은 오직 그리스도만 받을 수 있었다. 반면에 다른 신학자들(예, 프랜시스 투레틴[1623~1687년])은 아담의 초자연적 목적은 언약을 지키느냐에 따라 하늘에서 사는 데 있었다고 믿었다. 그러나 또 다른 신학자들(오웬과 같은)은 이 문제를 불가지론으로 남겨 놓았다.[12] 흥미롭게도 굿윈은 타락 이전에 아담의 신학은 순전히 자연 신학이라고 믿었는데, 이것은 아담의 목적은 초자연적인 것이 아니라고 생각한 굿윈의 견해와 잘 들어맞았다. 사실상 아담의 초자연적 목적(순종했더라면)을 주장하는 투레틴은 타락 이후에는 초자연 계시를 제한시킨다. 오웬의 입장으로 돌아가서, 린만은 오웬에게는 타락 이전 신학은 "완전히 자연 신학은 아니었는데, 그것은 특별 계시가 순종에 필수적인 것으로, 처음부터 추가 계시를 통해 확대되도록 되어 있었기" 때문이라고 결론짓는다.[13] 게다가 아담이 성례 규칙이 포함된 행위 언약 아래 있었다는 사실은 타락 이전에 계시가 부분적으로 초자연 계시였다는 관념을 더 적합한 것으로 보이게 한다. 오웬과 굿윈은 종종 교리의 일부 요점에 대해 서로 불일치했는데, 그렇게 된 이유는 그들이 이 특정한 요점에 대해 서로 다른 접근법을 취했기 때문이다. 내가 보기에 굿윈의 기독론적인 타락 전 예정설은 그가 초자연 계시를 타락 이후 시대로 한정시키는 이유를 설명해 준다. 굿윈이 보기에 초자연 계시는 명백히 그리스도 중심 계시이고, 오직 그리스도만이 자신의 존엄한 인격으로 말미암아 곧 "하늘에서 오신 사람"인 예수 그리스도와 달리 "땅에서 나온" 사람인 아담은 결코 가질 수 없었던 인격으로 말미암아, 초자연적인 목적을 이룰 수 있었다. 굿윈이 보기에 자연신학의 경계는 매우 멀리까지 확대되는데, 이에 대한 굿윈의 입장은 아래에서 추가로 설명할 것이다.

굿윈은 자연적 의와 초자연적 은혜 간의 차이(중세 스콜라 신학자와 우리 시대의 모든 신학자 대다수가 인정하는)를 인간에게 자연적인 방법으로 알려지는 하나님을 아는 지식과 "자연을 넘어" 초자연적인 방법으로 주어지는 하나님을 아는 지식 간의 차이로 설명한다.[14] 굿윈은 무구 상태에서 하나님을 아는 이 두 방법을 고찰한다. 굿윈은 오웬이나 바커와 똑같이 정통 신학의 관점에 따라 아담의 자연신학을 인정한다. 그러나 굿윈은 "이 자연적 권리 외에 인간에게 주어진 것과 피조물의 직접적 필요를 넘어서 있는 것(supra exigentiam), 곧 단순히 하나님이 아담에게 주심으로써 그의 창조를 합당한 것으로 만들기 위해 단순히 충족시키는 것이 아니라 이 피조물의 당연한 권리였던 것을 넘어 값없이 주신 선물이기 때문에 초자연적이고 은혜로 불리는 것"에 대해서도 말한다.[15] 이 구분을 염두에 두고, 굿윈은 "아담이 하나님을 알고 즐거워하는 통상적인 수단은 자연적인 방법이었다"고 주장한다. 곧 아담의 행복은 자연적 행복이었다는 것이다. 굿윈은 이 자연적 지식을 다음과 같이 설명한다.

> 자연을 통해, 곧 관찰을 통해 지성 속에 심겨진 사실들의 관념에 대한 최초의 희미한 빛과 통상적이지만 애매한 원리 및 섬광들을 갖고 있을 때, 이것들을 한 군데로 모으고, 그리하여 서로

---

12) 굿윈에 대해서는 *Of the Creatures, and the Condition of their Estate by Creation*, in *The Works of Thomas Goodwin*, Thomas Smith 편집 (1861~1866, 재판, Grand Rapids: Reformation Heritage Books, 2006), 7:44~69를 보라. 투레틴에 대해서는 *Institutes*, 8.6.3을 보고, 8.3.15를 참고하라. 오웬에 대해서는 *Theologoumena*, in *Works*, 17:42(1.4.7)를 보라: "*Quo vero demum spatio temporis decurso, Adamo sub ratione pramii Deo frui contigisset, cum id Deus ipse tanquam futurum nunquam prasciverit, subtilis et periculosa est disceptatio.*"

13) Rehnman, *Divine Discourse*, p. 84. 참고, Carl Trueman, *John Owen: Reformed Catholic, Renaissance Man* (Aldershot: Ashgate, 2007), pp. 67~70.

14) Goodwin, *Of the Creatures*, in *Works*, 7:44.

15) Goodwin, *Of the Creatures*, in *Works*, 7:44.

> 결합시킴으로써, 지성은 특수하고 분명하고 확실하고 완전한 지식을 낳을 때까지 향상되고 확대된다……그리고 그 목적을 이룰 때까지 하나님은 창조하시는 순간에 아담의 지성 속에 자신의 본성 곧 하나님이 어떤 분이신지에 대해 그리고 자신의 뜻에 대해 거룩하고 성결한 관념과 원리들을 심으셨다……이 원리들은 행위 언약을 통해 그렇게 한 것처럼, 하나님을 아는 충분하고 분명하고 확실한 지식을 낳을 때까지 정류된 이성으로 피조물과 섭리의 역사를 관찰함으로써 증진되고 확대되고 확증되고 명확해지고 예증되었다.[16]

이런 상태에서 아담은 하나님의 본성(지혜, 권능, 영원성과 같은 하나님의 속성)과 하나님이 인간에게 주신 뜻을 알 수 있는 자연적 능력을 갖고 있었다. 굿윈의 표현은 멀러가 아담의 자연신학에 대한 개혁파 정통주의 입장을 다음과 같이 묘사하는 것과 정확히 일치한다.

> 종교의 씨(semen religionis) 또는 신 의식(sensus divinitatis, sensus numinis)은 플라톤 사상에서 말하는 것과 같은 본유적 지식(cognitio innata)도 아니고, 그것이 없으면 지성이 **타불라 라사** 곧 공백 상태가 되어 버릴 정도로 지성에 낯선 주입된 지식(cognitio infusa)도 아니며, 그렇다고 신학 훈련의 주제 곧 획득된 지식의 문제이기만 한 것도 아니다.[17]

따라서 투레틴을 인용해서[18] 멀러는 "개혁파 신학자들은 자연신학이 부분적으로는 내재적이고, 또 부분적으로는 피조물이라는 책에서 획득된다"고 가르쳤다는 것을 증명하는데, 이것은 앞에서 인용한 굿윈의 견해와 정확히 일치한다.[19] 굿윈은, 아담은 하나님의 속성에 대한 완전하고 내재적인 지식을 갖고 있지 못했고, 따라서 그의 "본유적이고 애매한" 지식은 확대될 필요가 있었다고 주장한다.[20] 마찬가지로 아담은 도덕법을 포함해서 마음속에 심겨진 하나님의 뜻에 대한 지식을 갖고 있었다. 도덕적 결정을 해야 할 상황에 직면했을 때 아담은 펼쳐진 상황 속에서 어떻게 해야 할지 내재적 의식을 갖고 있었다. 이 도덕법은 타락 후에도 인간 속에 남아 있다. 하지만 단순한 그림자 곧 "불완전한 모조품"으로 전락하고 말았다.[21] 더욱이 앞에서 지적한 것과 일치되게 아담의 지식은 피조물의 관찰을 통해 향상되었다. 안식일 제도와 함께 아담은 하나님의 활동을 성찰할 수 있게 되었고, 이 성찰은 "행위 언약 아래에서 안식일에 지켜야 할 핵심 의무였다"(시 42편).[22] 굿윈의 견해에 따르면, 아담이 초자연적 지식을 소유했는지는 행위 언약 아래에서 그에게 요구된 믿음의 형태-자연적 형태 또는 초자연적 형태-에 따라 좌우된다. 굿윈에 따르면, 인간은 초자연적 믿음을 가져야 본성의 조건을 넘어 위에 계신 하나님에게서 온 계시를 알 수 있다. 이런 이유로 믿음이 주어지는 것이고,

---

16) Goodwin, *Of the Creatures*, in *Works*, 7:45~46.
17) Muller, *Post-Reformation*, 1:284.
18) 정통주의는 확실히 일관되게 자연신학은 부분적으로는 공통적이거나 기본적인 통찰력을 통해 양심의 책에서 나와 심겨지고(insitam), 또 부분적으로는 피조물의 책에서 추론을 통해 뽑아내는 것으로 획득된다(Turretin, *Institutes*, 1.3.4).
19) Muller, *Post-Reformation*, 1:285.
20) Goodwin, *Of the Creatures*, in *Works*, 7:46.
21) Goodwin, *Of the Creatures*, in *Works*, 7:47.
22) Goodwin, *Of the Creatures*, in *Works*, 7:48.

대다수 신학자들은 믿음을 초자연적 은사로 간주한다. 아담은 "내재적인 본성의 빛"을 갖고 있었을 뿐만 아니라, "하나님을 아는 지식, 아니 심지어는 하나님에게서 온 계시와 하나님과의 교제의 또 다른 창과 통로를 갖고 있었다."[23] 이런 이유로 일부 신학자들이 아담은 하나님에게서 온 초자연적 계시를 갖고 있었다고 주장하는 것을 알고 있던 굿윈은 아담의 믿음이 자연적 믿음-신자들이 은혜 언약 아래에서 받는 초자연적 믿음과는 반대되는 것으로서-이었다는 것을 증명하는 데 목표를 두는데, 여기서 아담의 믿음이 자연적 믿음이라는 것은 아담이 행위 언약 아래에서 갖고 있었던 것은 자연신학이 전부라는 것을 의미한다.[24]

굿윈은 자신의 입장이 "아담은 계시를 통해 하나님에 대한 초자연적 지식을 갖고 있었다는 사실을 부정하는 것이 완고하고 뻔뻔한 주장처럼 보인다는 것"을 인정한다.[25] 어쨌든 아담은 하나님과 대화를 나누고 하나님은 아담에게 자신의 뜻을 계시하셨다. 여기에 행위 언약의 성례들이 추가되고, 오웬이 주장하는 것으로 알려진 것처럼 이것들은 에덴동산에서 초자연신학의 요소들로 자연신학과 공존했다. 그럼에도 굿윈은 행위 언약의 이 요소들은 자연신학에 속해 있는 것이라고 주장한다. 왜냐하면 아담이 믿도록 요청받은 것은 자연적 믿음에 합당한 것이었기 때문이다. 자신의 입장을 개진할 때 굿윈은 개혁파 관점에 따라 자연신학의 경계가 어디까지 미치는지에 대해 통찰력을 제공한다.

타락한 상태에서 인간은 "믿을 만한 것"을 의지하고 믿는데, 이것은 "믿는 것"이 반드시 초자연적 행위인 것은 아니라는 것을 의미한다. 에덴에서 아담이 하나님 및 자신의 아내와 대화하는 능력을 갖고 있었던 것은 자연적 능력이었다. 따라서 하나님이 아담에게 동산에서 아담에게 요청하는 것이 무엇인지 말씀하셨을 때 "계시된 것이 무엇이었든 간에, 본성의 의무에서 벗어나 있는 것이 아니었다⋯⋯ 왜냐하면 아담은 하나님이 자신의 말씀에 참되고 신실하고 공정하셨다는 것을 본성의 동일한 원리와 지시에 따라 알고 있었기 때문이다."[26] 두 나무에 대해 말한다면, 이 두 나무는 초자연적인 것이 아니었다. 오히려 이 두 나무는 아담에게 그의 영역 안에서 주어졌고, 아담은 자연적 빛에 따라 이 나무들이 생명을 약속하는 것과 자신의 변덕스러움을 경고하는 것을 식별해 낼 자연적 능력을 갖고 있었다. 이 모든 주장은 자연적 믿음이 행위 언약의 배경 속에서 하나님을 알고 하나님을 믿는 데 요구되는 것의 전부였다는 것을 증명한다.

굿윈은 이런 자신의 입장이 중세의 "덧붙여진 은사"(donum superadditum) 교리를 거부하는 것으로 이

---

23) Goodwin, *Of the Creatures*, in *Works*, 7:54.

24) 굿윈은 종종 행위 언약과 은혜 언약 간의 강력한 대조를 가정한다. "복음이 우리 속에 제공한 은혜의 지위 속에서 우리가 지금 여기서 그리스도 안에서 믿음을 통해 갖고 누리고 있는 지식 및 하나님과의 교제에 비하면, 아담의 지식과 즐거움은 아무리 크다고 해도 열등하고 저급했다"(Goodwin, *Of the Creatures, Works*, 7:43). 또 아담은 초자연적 은사를 하나님의 형상으로 지음을 받은 요소의 한 부분으로 받았다고 주장한 교황주의자들에 대해 굿윈은 다음과 같이 말한다. "하지만 그들은 우리의 주장을 부조리한 것으로 보고, 자연적인 것은 상실될 수 없고, 하나님의 초자연적 행위를 통해 천사들과 우리에게 주어진 것은 초자연적인 것이어야 한다고 말한다." 굿윈은 이 반론에 대해 다음과 같이 사람들과 천사들에게 속해 있는 세 가지 사실을 지적하는 것으로 대응한다. 첫째, 실제 영혼은 만일 제거되면, 인간이 인간이기를 멈추는 것을 의미하는 본질적 속성이다. 둘째, 사람과 천사는 또한 이성과 의지와 감정을 소유하고 있다. 이것들도 사람과 천사가 되는 데 본질적인 요소다. 셋째, 이 요소들 속에는 영혼을 온전하게 하는 다양한 성향들이 들어 있고, "이 성향들을 통해 영혼은 행복과 지복에 이르고, 행복과 지복 상태를 유지할 수 있다." 이것들 가운데 영혼을 온전하게 할 수 있는 거룩함이 있는데, 이것도 죄에 빠지기 쉬웠다. 따라서 굿윈은 이렇게 주장한다. "그것들이 속해 있는 주체를 중지시키지 않고 상실되고 중지되는 것(abesse vel adesse sine subjective interitu)은 다만 영혼이나 천사 안에 있는 속성이었고, 또 그 속성이다"(*Of the Creatures*, in *Works*, 7:33).

25) Goodwin, *Of the Creatures*, in *Works*, 7:54.

26) Goodwin, *Of the Creatures*, in *Works*, 7:55.

해한다.[27] 사실상 자신의 대다수 동시대인들과 달리,[28] 굿윈은 또한 아담의 상에는 하늘로 올라가는 것이 포함되어 있지 않다는 자신의 견해에 따라 에덴동산에서는 은혜 관념(적절하게 말하면)이 존재하지 않았다고 주장한다. 만일 아담이 하늘에서 누리는 영생을 약속받았다면 초자연적 믿음을 필요로 했을 것이지만, 그렇지 않았기 때문에 초자연적 믿음은 "불필요하고 무익한 것"이었다.[29] 초자연적 믿음은 아담이 하늘을 갈망할 때 주어질 수 있었으나 하늘은 아담에게 약속된 것이 아니었으므로 초자연적 믿음은 오히려 "아담을 비참하게 만들 것이다." 이렇게 주장할 때 굿윈은 존 캐머런(1579?~1625년)의 입장을 반영한다. 캐머런은 행위 언약 아래에서 믿음은 은혜 언약 아래에서 택함받은 자에게 주어지는 초자연적 믿음과는 구별되어야 한다고 주장했다.[30] 투레틴에게는 반드시 그런 것이 아니었지만, 굿윈에게 자연적 믿음은 상으로 에덴에서 생명의 약속 외에 다른 것을 더 받을 필요가 없었다.

결론적으로 청교도가 자연신학을 믿었다는 것에는 의심의 여지가 전혀 없다. 청교도들 간에 타락 이전에 자연신학이 초자연신학과 공존했다고 기꺼이 단정했는지에 대해 의견 일치가 있었던 것은 아니다. 오웬은 이 두 신학이 공존한다고 주장하는 듯하다. 반면에 굿윈은 이 관념을 거부했다. 이 불일치가 일어난 것은 부분적으로 아담의 상의 본질에 대해 청교도들 간에 각기 다른 관념을 갖고 있었기 때문이다.

타락 이후의 자연신학

칼빈 시대 이후로 개혁파 신학자들이 타락 이전의 자연신학의 경계에 대해 의견이 반드시 일치한 것이 아니었던 것처럼, 타락 이후 죄의 상태에서 자연신학의 역할의 세부 사실에 대해서도 모두가 의견이 일치했던 것은 아니다.[31] 그러나 죄에 빠진 타락 이후에도 자연신학이 계속 존속되었다는 것에 대해서는 청교도 간에 완전한 일치가 있었다. 스티븐 차녹(1628~1680년)은 하나님을 아는 지식에 대한 통찰력 있는 작품에서 타락 이후로 인간은 "하나님에 대해서는 어느 정도 추론이 가능하지만 그리스도에 대해서는 아무런 결론을 내릴 수 없다"고 지적한다.[32] 죄인들은 본성상 "그들의 부패함의 연기로 말미암아 흐려진 상태에 있지만 하나님의 존재에 대한 지식을 완전히 지울 수는 없다."[33]

---

27) 초자연적 은사(donum superadditum)는 개신교 스콜라 학자들이 주장하는 구체적 은사(donum concreatum)나 자연적 은사(donum naturale)와 반대된다. 리처드 멀러가 지적하는 것처럼 "개신교의 주장은 원의(iustitia originalis)의 값없는 은사(donum gratuitum)는 철저히 무료로 주어지는 선물로, 인간의 본래 구조의 한 부분이었고, 그러므로 인간의 본래 구조 속에 덧붙여진 어떤 것이 아니라 구체적 은사 곧 자연적 은사 또는 본래적 은사(donum intrinsecum)였다는 것이다"(*Dictionary of Latin and Greek Theological Terms: Drawn Principally from Protestant Scholastic Theology* [1985, 재판, Grand Rapids: Baker, 2006], p. 96).

28) 본서에서 행위 언약을 다룬 14장을 보라. 참고, Richard Muller, *After Calvin: Studies in the Development of a Theological Tradition* (New York: Oxford University Press, 2003), p. 183.

29) Goodwin, *Of the Creatures,* in *Works*, 7:57.

30) Samuel Bolton, *The True Bounds of Christian Freedome…Whereunto Is Annexed a Discourse of the Learned John Cameron's, Touching the Three-Fold Covenant of God with Man, Faithfully Translated* (London: for P. S., 1656), pp. 361~362 (Thesis 14)를 보라.

31) Muller, *Post-Reformation*, 1:300을 보라.

32) Stephen Charnock, *The Knowledge of God*, in *The Works of Stephen Charnock* (Edinburgh: James Nichol, 1865), 4:16.

33) Charnock, "The Knowledge of God," *Works*, 4:114~115.

심지어는 사람이 "침침하고 어두워진 눈"으로 지각할 때에도, 심겨진 하나님에 대한 관념과 피조물(가시적인 세상)이 죄인들에게 하나님의 속성을 알려 주는 역할을 한다(롬 1:20).[34] 차녹은 자연의 빛에 따라 인식할 수 있는 하나님의 속성 열 가지를 다음과 같이 제시한다. (1) **하나님의 능력**: 이 능력은 무에서 세상을 창조하실 때 발휘되었다. (2) **하나님의 지혜**: 이 지혜는 피조물의 질서, 다양성, 아름다움 속에 나타나 있다. (3) **하나님의 인자하심**: 이 인자하심은 하나님이 자신의 피조물에게 양식을 공급하실 때 드러난다. (4) **하나님의 불변하심**: 만약 가변적이시라면 하나님은 "변함없이 운행하는" 해와 하늘의 별들의 온전한 모습을 보여 주실 수 없었을 것이기 때문이다. (5) **하나님의 영원하심**: 하나님은 시간 속에서 지음을 받은 것 이전에 존재하신 것이 틀림없기 때문이다. (6) **하나님의 전지하심**: 창조자로서 하나님은 자신이 지으신 모든 것을 반드시 알고 계시기 때문이다. (7) **하나님의 주권**: 이 주권은 피조물이 하나님께 순종하고, 피조물의 다양한 질서를 준수하고, 피조물이 하나님이 그것들을 세우신 영역 속에서 움직일 때 확인된다. (8) **하나님의 영적 특성**: 이 영적 특성은 하나님이 불가시적인 분이라는 점에서 확인되고, "세상의 어떤 피조물이 더 영적이라면 하나님의 영적 특성은 그만큼 더 순전하다." (9) **하나님의 충분하심**: 하나님이 모든 피조물을 창조하셨고, 따라서 피조물은 필연적 존재가 아니며, 이것은 하나님이 피조물을 필요로 하는 상태에 계신 것이 아님을 의미하기 때문이다. (10) **하나님의 위엄하심**: 이것은 하늘의 영광 속에서 확인된다.[35] 차녹은 하나님의 이 모든 속성은 죄인이라도 자연계를 관찰하면 알 수 있다고 결론짓는다.

그러나 굿윈에 따르면, 사람들이 하나님에 대해 갖고 있는 이 지식은 거짓 지식이다(요일 2:3~4). 굿윈에 따르면, 거듭난 자의 지식과 거듭나지 아니한 자의 지식 간의 차이는, 설사 거듭나지 아니한 자의 지식 안에 얼마간 진리가 있다고 할지라도 엄청 큰데, 그것은 단순히 정도 차이가 아니라 절대적인 차이다.[36] 차녹은 이렇게 덧붙인다. "사람들은 이성으로 하나님이 존재하신다는 것을 알고 있다. 하지만 이성은 어떤 친밀한 하나님에 대한 믿음의 의존 행위를 일으키기에 충분한 빛을 보지 못하기 때문에 하나님의 속성들을 찾아낼 가능성이 매우 희박하다."[37] 거듭나지 아니한 사람의 하나님에 대한 지식과 거듭난 자의 하나님에 대한 지식 간의 차이는 하나님에 대한 자연적 지식과 하나님의 아들이신 예수 그리스도 안에서 계시된 초자연적 지식 간의 차이다.[38] 신자는 중보자이신 예수 그리스도를 통해 하나님을 확실히 알 수 있다. 하지만 비신자는 그리스도의 중보가 없이는 사실상 하나님을 알 수 없다.

같은 맥락에서 차녹은 타락한 인간은 중보자 없이 "두려운"(두렵게 하는) 마음으로 단지 피조물이라는 책을 통해서만 하나님을 알 수 있다고 주장한다. 아담의 범죄 결과로 아담과 그의 후손은 하나님을 알 수도, 하나님을 즐거워할 수도 없다. 따라서 하나님은 오직 예수 그리스도를 통해서만 진정으로 알 수 있다. 차녹은 이렇게 설명한다. "그러므로 하나님은 자신의 은밀한 경륜 속에서 그리스도

---

34) Charnock, "The Knowledge of God," *Works*, 4:115.

35) Charnock, "The Knowledge of God," *Works*, 4:115~116.

36) Thomas Goodwin, "An Unregenerate Man's Guiltiness before God, in Respect of Sin and Punishment," *The Works of Thomas Goodwin*, Thomas Smith 편집 (1861~1866, 재판, Grand Rapids: Reformation Heritage Books, 2006), 10:159.

37) Charnock, "The Knowledge of God," *Works*, 4:31.

38) Goodwin, "An Unregenerate Man's Guiltiness," *Works*, 10:162~163을 보라.

를 예비하고, 그분 안에 지혜와 지식의 모든 보화를 두심으로써, 그분을 통해 사람에게 자신의 빛을 비추신다."[39] 그리스도 안에서 아버지 하나님은 가시적인 존재가 된다. 왜냐하면 그리스도는 보이지 않는 하나님의 형상이기 때문이다. 유한한 존재는 신성을 파악할 수 없는데, 하물며 죄를 범한 유한한 피조물이 신성을 파악한다는 것은 더더욱 불가능하다. 오웬이 지적한 것처럼 하나님은 본질상 파악할 수 있는 분이 아니다. 하나님의 본질에 대한 직접적인 직관적 관념들은 "우리에게 불가사의다."[40] 그러나 차녹이 주장하는 것처럼, 성육신하신 하나님의 아들이 인성 곧 육체와 영혼을 취하시기 때문에 신성은 "그리스도 앞에서 밝게 빛나고 번쩍거리고 있다."[41] 따라서 청교도는 일반적으로 자연신학을 부정하지 않고, 기독론을 배경으로 특히 아들이 성육신을 통해 하나님을 아는 지식을 가능하게 하시는 것과 비교하면서, 자연신학의 한계에 대해 말한다. 자연신학은 구원할 수 있는 능력이 없지만 초자연신학은 구원할 수 있는 능력을 갖고 있다. 바커가 지적한 것처럼, 피조물 작품은 그리스도 안에 있는 구속의 길을 알려 줄 수 없다. "아담은 자연 작품 속에서 하나님을 구속주가 아니라 창조주로 볼 수 있을 것이다. 아담은 자연 작품 안에서 빛나고 있는 무한한 권능, 지혜, 선하심을 볼 수 있을 것이다. 그러나 아담은 구속사 속에서 선포되고 있는 이 속성들의 두 번째 더 나은 판은 볼 수 없었다."[42]

초자연 계시

일반적으로 17세기 대륙의 개혁파 스콜라 신학자들은 초자연 계시의 본질을 정립하는 데 영국의 동시대 개혁파 신학자들을 더 능가했을 것이다. 하지만 청교도 가운데 존 오웬의 계시에 대한 작품은 탁월하다.[43] J. I. 패커는 오웬은 "하나님이 인간에게 모든 신적 유익을 베푸시는 것을 포괄하기" 위해 "전달"이라는 말을 사용했다고 지적하는데 이는 매우 정확하다.[44] 그러나 패커의 분석처럼 오웬의 초자연 계시 사상에 대한 다음과 같은 분석은 삼위 하나님에 대한 지식을 인간에게 전달하는 데 있어서 하나님의 말씀과 성령의 역할에 대한 그의 이해와 직접 관련되어 있다. 이 설명 다음에 계시 개념에 있어서 매우 중대한 요소, 곧 하나님에 대한 참된 지식의 원천과 하나님이 정하신 이 지식의 배경인 그리스도와의 언약에 대한 설명이 이어질 것이다.

---

39) Charnock, "The Knowledge of God," *Works*, 4:110~111.

40) John Owen, "The Person of Christ," *The Works of John Owen, D.D.* (Edinburgh: Johnstone & Hunter, 1850~1855), 1:65. 또한 Charnock, "The Knowledge of God," *Works*, 4:39~40도 보라.

41) Charnock, *The Knowledge of God*, in *Works*, 4:112.

42) Barker, *Natural Theology*, p. 111.

43) 오웬의 계시 교리를 가장 잘 다룬 내용 가운데 하나가 J. I. 패커의 논문인 "John Owen on Communication from God," *A Quest for Godliness: The Puritan Vision of the Christian Life* (Wheaton, Ill.: Crossway, 1990), pp. 81~96이다. 또한 최근에 나온 작품으로는 다음 자료들을 보라. Carl Trueman, *The Claims of Truth: John Owen's Trinitarian Theology* (Carlisle: Paternoster, 1998), pp. 47~101, Henry M. Knapp, "Understanding the Mind of God: John Owen and Seventeenth-Century Exegetical Methodology" (철학박사학위논문, Calvin Theological Seminary, 2002), Barry H. Howson, "The Puritan Hermeneutics of John Owen: A Recommendation," *Westminster Theological Journal* 63, no. 2 (2001), pp. 351~376.

44) Packer, *Quest for Godliness*, p. 82.

성경의 영감

오웬이 보기에 하나님의 말씀은 삼중의 의미를 갖고 있다. "휘포스타티코스, 엔디아데토스, 프로포리코스."[45] "인격적"(휘포스타티코스) 말씀은 그리스도의 인격을 가리킨다. 뒤의 두 헬라어 용어는 교부 문헌에서 흔히 발견되고 알렉산드리아의 필로가 사용한 말로 "내적" 또는 "내재적"(엔디아데토스) 말씀과 "선포된"(프로포리코스) 말씀을 가리킨다. 선포된 말씀(로고스 프로포리코스)은 말로 표현되고 글로 기록된 하나님의 초자연 게시 곧 성경이다. 초자연 계시는 초자연적 조명에 객관적 근거를 제공하고, 오웬은 항상 신적 계시 사실과 이 계시를 적용하는 개념을 하나로 묶는다. 따라서 성경은 "모든 신적인 초자연 계시의 유일한 저장소이므로, 신적인 초자연적 조명의 유일한 외적 수단"이다.[46] 믿음은 성경 속에 나타나 있는 하나님의 권세와 진리에서 나오고, 성령은 진리의 영이기 때문에 하나님 말씀의 진리를 증언한다.[47] 성령의 내적 증언은 성경이 하나님의 말씀이라는 사실을 신자들에게 확실하게 보증한다.[48] 하나님의 외적 말씀과 성령의 내적 증언의 관계는 아래에서 더 깊이 고찰해 보겠지만, 특별히 오웬과 관련해서 영감에 대한 청교도의 교리를 고찰할 때 성경의 내적 및 외적 자기 증명 개념과 신자들이 하나님의 마음을 이해하는 데 있어서 성령의 역할에 대한 필수적인 서론을 제공할 것이다.

웨스트민스터 신앙고백(1.8을 보라)이 분명히 하는 것처럼 "히브리어로 된 구약 성경과…… 헬라어로 된 신약 성경은 직접 하나님의 영감을 받았으며…… 그러므로 믿을 만하다."[49] 심지어는 영어로 번역되었을 때에도 성경은 여전히 하나님의 말씀으로 존속한다. 리처드 바인스(1600~1655년)에 따르면, 번역된 하나님의 말씀도 여전히 성경인데, "그것은 성경이 말씀의 외피(cortice verborum)가 아니라 말씀이 의미하는 것의 골수(medulla sensus)를 가리키기 때문에 성경에서 나온 것은 이 그릇 속에 담겨 있는 동일한 포도주다. 번역은 단지 그릇 또는 꼭지다…… 영어로 표현된 성경도 하나님의 말씀이다."[50] 마찬가지로 새뮤얼 러더퍼드(1600~1661년)도 성경의 어떤 책의 저자도 "자기 자신의 책임 아래 정경을 쓰지 않았다"고 주장한다. 대신 성경은 "직접적인 영감을 통해 기록되었고, 이 영감의 범주에는 본질상 사도와 선지자들이 기록한 모든 음절과 단어가 포함된다."[51] 오웬은 성경의 영감을 다양한 성경 저자들의 지성을 준비시키고 촉진시키신 성령의 역사와 연결시킨다. 성령은 성경 저자들의 몸의 기관에 작용하고 그것을 이끌어 그들이 자신에게서 온 영감을 통해 받은 계시를 표현하도록 하셨다. 성령은 사람의 지성이 개념을 표현하기 위해 기록할 때 그들의 손을 이끄는 것처럼, 자신의

---

45) Owen, *Pro Sacris Scripturis*, in *The Works of John Owen, D.D.* (Edinburgh: Johnstone & Hunter, 1850~1855), 16:427.

46) Owen, *The Reason of Faith*, in *The Works of John Owen, D.D.* (Edinburgh: Johnstone & Hunter, 1850~1855), 4:12.

47) Owen, *The Reason of Faith*, in *Works*, 4:72.

48) Owen, *The Reason of Faith*, in *Works*, 4:61.

49) 웨스트민스터 총회 신학자들의 성경의 영감 견해에 대한 설명은 리처드 멀러의 논문 "'Inspired by God-Pure in All Ages': The Doctrine of Scripture in the Westminster Confession," *Scripture and Worship: Biblical Interpretation and the Directory for Worship*, Richard A. Muller & Rowland S. Ward 편집 (Phillipsburg, N. J.: P&R, 2007), pp. 31~58을 보라.

50) Richard Vines, *The Authours, Nature, and Danger of Haeresie Laid Open in a Sermon Preached before the Honorable House of Commons*… (London: W. Wilson for Abel Roper, 1647), pp. 68~69.

51) Samuel Rutherford, *The Divine Right of Church Government and Excommunication* (London: Printed by John Field for Christopher Meredith, 1646), p. 66.

계시를 선포할 때 그들의 혀를 인도하셨다……계시를 통해 받은 것이 무엇이든 간에 그들은 자기들의 연약함에서 나온 어떤 합성물을 섞지 않고, 계시의 물만 통과시키는 파이프였다."[52)]

오웬이 영감에 대해 수준 높은 견해를 제시한 것은 의심할 필요가 없다. 성경은 하나님 마음의 계시다. 비록 죄인들에게 기록을 맡겼다고 하더라도 그들의 본원적인 결함에서 벗어나 성경은 온전함이 유지되었다. 오웬은 이것이 어떻게 일어나게 되었는지 상세히 설명한다. 오웬은 하나님이 사람들에게 자신의 뜻을 계시하고, 그들이 하나님의 말씀을 기록했을 때 세 가지 일이 일어났다고 지적한다. 첫째, "지식을 갖도록 선지자들의 지성에 영감을 주셨다." 둘째, "그들의 지성이 생각한 것을 표현하도록 그들에게 말씀을 제시하셨다." 셋째, 성령이 "제시된 말씀을 기록할 때" 그들의 손을 인도하셨다.[53)] 오웬에 따르면, 만일 방금 언급한 세 가지 요소 가운데 어느 하나라도 빠진다면, 성경은 신적인 책도 아니고 오류가 없는 책도 아닐 것이다. 어떤 이들은 오웬이 지나치게 기계적인 영감 견해를 제시한다고 주장할 것이다. 하지만 오웬은 사람들의 마음에 대한 성령의 역사가 "그들을 강제하는 것도 아니고, 그들 자신의 본성 속에 있는 것 외에 다른 어떤 것을 그들에게 역사하는 것은 아니다"라고 강조하기도 한다.[54)] 사실 성령이 각 저자와 함께 사용하는 말들은 "그들이 익숙하게 사용하는 말이고, 그들에게 익숙하기 때문에 그런 표현을 사용하도록 성령께서 그들을 자극하시는 것이다."[55)] 결론적으로 오웬은 소위 "유기적" 영감 교리를 강조하지만, 아마 칼빈이 주장한 것과 똑같은 견해는 아닐 것이다.

오웬은 하나님이 자신을 성경 저자들에게 계시하신 수단을 세 가지 제목 곧 음성, 꿈, 환상이라는 제목 아래 다룬다. 그리고 이 각각의 수단에 두 가지 부속 수단이 있는데, 상징적 행동과 지역적 이동이 그것이다. 첫째, 음성에 대해 말한다면, 오웬은 "하나님은 모세의 경우처럼 때때로 발음이 분명한 음성을 사용하신다"고 주장한다. 오웬은 다음과 같이 주장한다. "모세에게 주어진 계시는 전부 외적이고, 알아들을 수 있고, 발음이 분명한 음성이었고, 그 의미가 성령을 통해 그의 마음속에 새겨졌다. 왜냐하면 마음의 내적 고양과 의향이 없는 외적 음성은 그 음성을 받는 자에게 진리에 대한 보증과 확신을 충분히 제공하지 못하기 때문이다."[56)] 둘째, 하나님은 알아들을 수 있는 음성 외에, 때때로 꿈을 사용하신다. 꿈은 그것을 통해 사람들의 마음속에 주어진 인상이 하자 없이 확실하다는 것을 증명하는(행 2:17) 성령의 직접적인 역사로 말미암아 온다. 이것은 구약 시대에 특히 많이 보인 현상이었다. 셋째, 하나님은 환상을 통해 자신을 계시하셨다. 환상은 선지자들의 내적 및 외적 의식을 통해 파악되었다. 따라서 예컨대 외적 계시에 대해 말한다면, 때때로 아브라함이 그런 것처럼 선지자들은 천사를 봤다(창 18:1~2). 내적 계시에 대해 말한다면, 이사야는 하나님이 자신의 보좌에 앉아

---

52) Owen, *A Discourse Concerning the Holy Spirit*, in *The Works of John Owen, D.D.* (Edinburgh: Johnstone & Hunter, 1850~1855), 3:134.

53) Owen, *A Discourse Concerning the Holy Spirit*, in *Works*, 3:144.

54) Owen, *A Discourse Concerning the Holy Spirit*, in *Works*, 3:144. 나는 오웬이 "The Divine Original of the Scripture"(16:299)에서 제시한 설명이 영감에 대해 "지나치게 기계적"이라고 생각한다. 거기서 오웬은 이렇게 주장한다. "구약 선지자들은 연구나 묵상에 따라, 또는 조사나 독서에 따라 얻은 것은 아무것도 없었다(암 7:15). 우리가 구약 선지자들이 받아 전달한 내용이나 그들이 그것을 받아 전달하는 방식을 살펴보면, 그들은 단지 그것을 치게 만드는 분의 손, 의도, 솜씨에 따라 소리를 내는 음악의 도구에 불과했다." 칼빈의 영감 견해에 대해서는 David L. Puckett, *John Calvin's Exegesis of the Old Testament* (Louisville: Westminster John Knox Press, 1995), pp. 26~37을 보라.

55) Owen, *A Discourse Concerning the Holy Spirit*, in *Works*, 3:144~145.

56) Owen, *A Discourse Concerning the Holy Spirit*, in *Works*, 3:135.

계신 장면을 봤다(사 6장).[57] 이처럼 다양한 모든 계시 양식에서 성령이 신실하게 선지자들이 반응하고, "그들에게 제시된 것을 하자 없이 선포할" 수 있도록 역사하신다.[58]

위에서 지적한 것처럼, 오웬은 하나님이 자신을 선지자들에게 계시하는 다양한 수단들에 두 가지 부속 수단 곧 "상징적 행동과 지역적 이동"이 있다고 말한다. 전자는 계시 형태로 선지자가 행한 다양한 가시적인 행동을 가리키는데, 이사야가 벗은 몸으로 다닌 것(사 20:1~3)이나 호세아가 음란한 여자와 결혼한 것(호 1:2)이 한 실례다. 흥미롭게도 오웬은 "이 두 행동은 하나님의 율법에 반하는 행동이고, 따라서 실제로는 행해지지 않았다"고 주장한다. 대신 그것들은 "환상 속에서 그들에게 제시되었다."[59] 그러나 하나님의 율법을 위반하지 않는 경우는 에스겔이 390일 동안 왼쪽으로 누워 있었던 것이다. 이 일은 하나님의 백성들을 위해 실제로 일어났다(겔 4:4~5. 또 12:4~6도 보라). "지역적 이동"에 대해 말한다면, 오웬은 여기서 선지자들이 에스겔서 8장 3절과 11장 24절에 기록된 경우에서처럼 한 곳에서 다른 곳으로 이동한 사건을 말하는 것이다. 이 일이 일어났을 때 에스겔의 의식은 정지되고, 에스겔은 한 곳에서 다른 곳으로 이동하는 일종의 "거룩한 휴거"로 황홀경 속에 들어갔다. 오웬은 이 상징적 행동과 지역적 이동을 히브리서 1장 1절에 언급된 다양한 계시의 한 부분인 예언 사건으로 간주한다. 그러나 이 다양한 계시 양식은 정경인 성경의 완료로 중지되었다. 새 언약 신자들에게 성경은 하나님의 마음을 이해하는 유일한 규칙이다. 오웬이 지적하는 것처럼 성경은 이전에는 "믿도록 되어 있던 선포된 말씀이었는데, 이제는 믿도록 되어 있는 기록된 말씀이었다."[60] 그럼에도 불구하고 우리는 약속된 성령을 받았을 때에만 오로지 하나님의 마음을 진실하게 이해할 수 있고, 이것이 하나님의 계시가 어떻게 우리에게 적용되는지에 대한 참으로 중요한 주제다.

성경의 진리를 적용함

오웬, 아니 사실은 개혁파 모든 신학자의 자명한 공리는 인간이 하나님의 마음을 이해할 수 있는 능력을 갖고 있는 한, 하나님과 인간 사이에 교통이 있다는 관념이다. 확실히 유한한 것은 무한한 것을 담을 수 없다(finitum non capax infiniti)라는 금언에 따르면, 인간은 하나님을 결코 충분히 파악할 수 없다. 그러나 패커가 지적하는 것처럼, "하나님에 대한 우리의 사상이 하나님이 자신에 대해 말씀하는 것과 일치하는 한, 이 사상은 하나님에 대한 참 사상이고, 하나님에 대한 참 지식을 구성한다…… 그리고 이 지식은 하나님이 친히 구두로 자기 증언을 통해 우리에게 주시는 것이다."[61] 성경을 통해 주어지는 이 하나님을 아는 지식은 성령의 초자연적 조명을 통해 얻을 수 있다. 그러나 오웬은 정경이 형성되기 전, 하나님이 외적 계시들을 통해 자신을 계시하신 방법에 대해 설명한다. 이런 계시는 이중 목적을 갖고 있다. 즉 "하나님에게서 온 말씀"을 받은 개인의 교화 및 교육과 교회의 교화 및 교육이다.[62] 여기서 다시 한 번 오웬은 이 계시들 속에서 성령이 맡고 있는 역할을 하나님의 말씀과 사탄의 미혹을 구별하는 기초로 제시한다. 외아들을 제물로 바치라고 아브라함에게 주어진 명령과

57) Owen, *A Discourse Concerning the Holy Spirit*, in *Works*, 3:137~138.
58) Owen, *A Discourse Concerning the Holy Spirit*, in *Works*, 3:138.
59) Owen, *A Discourse Concerning the Holy Spirit*, in *Works*, 3:139.
60) Owen, *The Divine Original of Scripture*, in *Works*, 16:319.
61) Packer, *Quest for Godliness*, pp. 82~83.
62) Owen, *The Reason of Faith*, in *Works*, 4:8.

같이 하나님에게서 온 계시는 그 말씀이 하나님에게서 온 것임을 아브라함에게 하자 없이 확신시키는 "신적 능력과 효력"을 갖고 있었다.[63] 그럼에도 불구하고 하나님은 아브라함에게 그것이 확실히 하나님이 그에게 말씀하신 것인지 알아보기 위해 그의 "믿음, 양심, 순종, 이성"을 행사할 것을 요구하셨다.[64] 그러나 오웬에 따르면, 이런 계시 수단은 불완전하고, 어느 정도 단점을 갖고 있었다. 이렇게 개인들에게 주어진 계시는 세상에 하나님을 아는 지식을 지속적으로 제공할 수 없었다. 따라서 성경은 세상에 영속적인 형태로 표현된 하나님의 마음과 뜻을 제공했고, 따라서 율법이 주어졌을 때 하나님은 "다만 율법의 활용에 따라 교회에 은혜를 베푸셨다."[65] 하나님은 "하나님의 온 마음에 대한 충분한 계시가…… 예수 그리스도로 말미암아 제공되고 온전케 될" 때까지(히 1:1~2) 기록 형태 속에 보존되도록 각기 다른 시기에 다양한 형태로 교회에 추가로 계시를 계속 주셨다. 그리스도로 말미암아 직접 또는 성령을 통해 사도들에게 주어진 계시는 신약 성경 속에 기록되도록 위임되었다. 이런 이유로 여기서 우리는 당시에 오웬이 기록된 하나님의 말씀을 넘어서까지 계시를 허용한 퀘이커 교도를 논박한 것을 상기하게 된다.[66] 구약과 신약 성경은 형성이 완료되자 교회에 "신적 초자연적 조명의 유일한 외적 수단"이 되었다.[67] 초자연적 믿음에 대한 설명으로 되돌아와 오웬은, 굿윈이 그런 것처럼 초자연적 계시를 믿기 위해서는 초자연적 믿음이 요구된다고 천명한다.[68] 자연적 믿음은 그리 수준이 높지 않기 때문에 하나님의 자신에 대한 증언과 특히 예수 그리스도의 인격과 사역을 하자 없이 믿게 할 수 없다. 따라서 오웬은 "우리는 신적 및 초자연적 믿음으로 믿지 않는다면 절대로 그것을 믿을 수 없다"고 주장했다.[69] 오웬은 내적으로 성령의 유효한 역사가 신자들의 마음을 조명해야 하고, 그래야 신자들은 성경의 신적 권위를 인정할 뿐만 아니라 성경 속에 담긴 진리들을 포착하게 된다고 결론짓는다. 굿윈은 하나님의 택함받은 자의 초자연적 믿음을 성령이 빛을 제공하고, 신자들에게 성경의 진리를 각인시키는 수단으로 제시한다. 사실은 "성령의 유효한 증언이 우리의 모든 믿음의 근거다."[70] 하나님의 말씀을 믿는 데 성령이 필수적이라는 것은 "아무리 현명한 철학자라도" "가장 천하고 가장 무식한 사람"과 똑같이 성령의 내적 증언을 필요로 한다는 것을 보여준다.[71] 칼빈과 마찬가지로 오웬도 성령이 하나님의 말씀의 진리를 교회에 확증하는 이중 방식 곧 성령의 외적 증언과 내적 증언을 지적한다. 신자들은 성령의 내적 증언을 통해 성경이 확실히 하나님의 참된 말씀이라는 것을 납득하게 된다. 그러나 오웬은 성령의 외적 증언을 강조함으로써 "이 주제에 대해 칼빈의 진술 속에서는 함축적이었던 것을 명시적으로" 부각시킨다.[72]

---

63) Owen, *The Reason of Faith*, in *Works*, 4:8.

64) Owen, *The Reason of Faith*, in *Works*, 4:9.

65) Owen, *The Reason of Faith*, in *Works*, 4:11.

66) 특별히 오웬과 퀘이커 교도와의 논쟁을 짧게 다룬 좋은 글로는 *John Owen: The Man and His Theology*, Robert W. Oliver 편집 (Phillipsburg, N. J.: P&R, 2002), pp. 131~155에서 Michael A. G. Haykin, "John Owen and the Challenge of the Quakers"를 보라. 참고, Trueman, *Claims of Truth*, pp. 56~84.

67) Owen, *The Reason of Faith*, in *Works*, 4:12.

68) Goodwin, *Works*, 제7권, *Of the Creatures*는 아담보다 우월한 예수, 그리고 에덴에서 아담의 상태보다 더 좋은 그리스도 안에서의 하나님의 백성들의 상태를 주로 제시한다.

69) Owen, *The Reason of Faith*, in *Works*, 4:49.

70) Goodwin, *Of the Creatures*, in *Works*, 7:63.

71) Owen, *The Reason of Faith*, in *Works*, 4:92.

72) Packer, *Quest for Godliness*, p. 90. 성령의 내적 증언에 대한 칼빈의 탁월한 설명은 John Calvin, *Institutes of the Christian Religion*, John T. McNeill 편집, Ford Lewis Battles 번역 (Louisville: Westminster John Knox Press, 2008),

하나님 말씀의 권위는 하나님의 말씀 자체에서 나온다. 따라서 오웬에 따르면, 성경은 자증적인 능력을 갖고 있고, 원저자로 말미암아 내재적 효력을 갖고 있다. 빛과 능력이 하나님 말씀으로서의 성경의 자증적인 성격을 구성한다. 하나님 및 성경과 같이 빛도 진정성 증명을 요하지 않는다. 성경은 "빛", 아니 사실은 "찬란하게 비추는 빛,…… 태양 빛과 비교해서 그리고 태양 빛보다 더 낫게, 조명하는 빛"으로 간주된다.[73] 따라서 교회는 권위 차원에서가 아니라 목회 차원에서 "빛"을 드러내야 한다. 다시 말하면 교회는 "빛을 품고 있으나 [그렇다고] 빛은 아니다."[74] 사탄에 의해 눈이 멀지 않은 교회 안의 사람들 곧 그들 속에 내주하시는 성령으로 말미암아 초자연적 믿음을 제공받은 자들은 성경이 하나님의 말씀이라는 사실에 쉽게 동의할 것이다. 왜냐하면 빛으로서 성경은 하나님의 말씀임을 스스로 증명하기 때문이다. 오웬은 계속해서 이렇게 말한다. "이 자증적인 빛으로 말미암아 성경은 자체를 하나님의 말씀으로 제시하고, 따라서 성경을 거부하는 자는 누구나 영원한 파멸의 위험에 처하게 될 것이다."[75] 성경이 하나님의 참된 말씀임을 보여 주는 또 다른 요인은 성경 자체의 내재적인 능력이다. 성경은 단순한 말씀이 아니라 능력을 덧입혀진 말씀으로 읽히거나 선포되어야 한다. 하나님의 말씀은 능력이 있기 때문에 변화를 일으킨다(약 1:21; 행 20:32; 골 1:6). 성경은 사람들의 마음을 찌르고, 사람들의 마음을 판단하고 판결한다. 성경은 죄를 깨닫게 하고, 개조시키고, 지혜롭게 하며, 위로한다. 요약하면 사람들 속에서 성경이 일으키는 변화 능력은 성경이 하나님에게서 온 계시라는 것을 증명한다.[76]

성경을 하나님의 말씀으로 적용시킬 때에 있어서 성령이 맡고 있는 역할에 대해 말할 때, 오웬은 성령은 신자들에게 외적 또는 내적 음성으로 증언하지 않는다고 설명한다. 다시 말하면 성령은 신자들에게 "말씀에 대해 말씀으로 말미암아" 말씀하신다는 것이다.[77] 성령과 말씀이 신자들의 마음과 지성 속에서 함께 수반될 때 자연적 어둠이 물러가고 악한 저항이 극복되기 때문에 그들은 하나님 말씀의 빛을 보고, 하나님의 말씀의 능력에 복종할 수 있게 된다. 오웬은 설득력 있게 이렇게 결론짓는다. "성령과 말씀을 철저히 분리시키는 자는 자신의 성경을 태워 버린 것과 똑같다."[78]

요약하면 성령은 외적으로 신자들에게 성경이 하나님의 말씀이라는 것을 보증하실 때, 동시에 내적으로 자신의 내적 증언이 제공한 조명을 통해 신자들이 하나님의 마음을 이해할 수 있게 하신다.[79] 따라서 청교도에게 성경은 웨스트민스터 신앙고백 1장에서 증명되는 것처럼, 신학의 인식적 원천(principium cognoscendi theologiae)이었다. 성경의 핵심 목적은 우리의 구원을 위한 하나님의 뜻을 선포하시는 예수 그리스도 안에서의 하나님의 계시를 기록하는 것에 있다(웨스트민스터 신앙고백 질문 24). 따라서 하나님은 오직 그리스도를 통해서만 알려지고, 그런 이유로 청교도는 당시 대륙의 개혁파 정통 동시대인들과 마찬가지로, 항상 초자연 계시의 근거를 명백히 기독론 위에 두었다.

1.7.5를 보라.

73) Owen, *The Divine Original of Scripture*, in *Works*, 16:320.

74) Owen, *The Divine Original of Scripture*, in *Works*, 16:320.

75) Owen, *The Divine Original of Scripture*, in *Works*, 16:322.

76) Owen, *The Divine Original of Scripture*, in *Works*, 16:324~325.

77) Owen, *The Divine Original of Scripture*, in *Works*, 16:326.

78) Owen, *A Discourse Concerning the Holy Spirit*, in *Works*, 3:192.

79) Owen, *The Reason of Faith*, in *Works*, 4:14. 다른 곳을 보면 이런 글이 나온다. "이 목적에 대한 성령의 역사는 구원을 위해 마음을 조명하는 데 있다. 그리고 이 조명의 결과는 초자연적 빛으로, 이 빛으로 말미암아 마음은 새롭게 된다. 롬 12:2, 엡 1:18, 19, 3:16~19를 보라"(Owen, *The Reason of Faith*, in *Works*, 4:57).

지식의 원천이신 그리스도

오웬은 그리스도를 모든 진리의 "신성한 저장소"로 본다.[80] 에드워드 레이놀즈(1599~1676년)도 비슷하게 그리스도는 "신적으로 계시된 모든 진리의 총화와 중심"이라고 주장한다.[81] 그리스도는 성육신하신 하나님이므로 신학을 가능하게 하시는 분이다.[82] 사실 오웬은 신인(神人)이신 예수 그리스도의 신학과 다른 모든 신학을 구분한다. 그리스도의 신학은 그분 자신 안에 내재하고(골 2:3), 따라서 이 신학은 하나님에 대한 지식을 외부에서 습득해야 하는 다른 모든 신학을 크게 능가한다. 우리는 그리스도의 신학을 파악할 능력이 없고, 그래서 오웬은 "'그 안에 지혜와 지식의 모든 보화가 감추어져 있고'(골 2:3), 그 지식이 그분이 인격적인 연합을 통해서 오며, 하나님 아버지가 그분에게 주신 계시이며(계 1:1), 그분 속에 성령이 한량없이 거하는(요 3:34), 예수 그리스도"의 신학에 대해 설명하는 것을 자제한다.[83] 그리스도 자신의 하나님을 아는 지식은 신자들을 철저히 능가하는 지식이지만, 그럼에도 불구하고 그분은 신인(神人)으로서 자신의 인격의 영광 속에 존재론적 기초를 제공하심으로써, 하나님에게서 온 계시가 인간에게 전달되게 하신다. 그리스도는 구원에 있어서 뿐만 아니라 하나님과 타락한 인간 사이의 모든 교통에 있어서도 중보자가 되신다.[84]

마찬가지로 차녹도 오직 그리스도만이 이 지식을 갖고 있다고 주장했다. 왜냐하면 그리스도는 하나님의 속성들을 신자들에게 나타내는 광채이기 때문이다. 확실히 차녹이 보여 주는 것처럼 "하나님의 영광에 이바지하는 것은 무엇이나…… 그리스도로 말미암아 충분히 계시된다."[85] 어떤 인간이 하나님을 알기 위해 나아오기 전에, 그리스도께서 하나님을 우리에게 알리시려고 하나님을 아는 유일한 능력과 유일한 특권을 갖고 계셨다. 그리스도는 어떤 인간도 감히 주장할 수 없는 아버지와의 친밀한 관계를 갖고 계셨다(요 3:13). 오직 그리스도만이 영원부터 하나님의 감추어진 비밀을 이해하셨는데, 그것은 차녹이 계속해서 지적하는 것처럼, 그리스도만이 "그것들에 관심을 갖고 계셨기" 때문이다.[86] 무엇보다 그리스도는 "피조물 속에서 처음으로 하나님을 발견하는 수단"이었다(요 1:3~4; 히 1:2; 잠 8:22). 그리스도는 피조물 속에서뿐만 아니라 구속에 있어서도 하나님의 지혜와 능력이시다. 차녹은 다음과 같이 말한다.

> 하나님의 아들이 모든 피조물에게 얼마간 하나님의 모습을 전달했기 때문에, 그리고 피조물의 목적이 이성적인 피조물에게 하나님을 선언하는 데 있었기 때문에, 당연히 하나님의 아들 자신이 처음 세상 속에 하나님을 나타내신 것에 대한 선언들을 계속 주신 것은 매우 적절했다.

---

80) Owen, *The Person of Christ*, in *Works*, 1:79.

81) Edward Reynolds, *An Explication of the Hundred and Tenth Psalm*… (1656, 재판, London: Religious Tract Society, 1837), p. 1.

82) Owen, *Theologoumena*, in *Works*, 17:36(1.3.2)을 보라.

83) "'*Qua de Jesu Christi, in quo absconditi sunt omnes thesauri sapientia et scientia,' Col. ii.3, theologia, deque scientia illa, quam per unionem personalem habuit, habetque, atque revelationibus ei a Patre datis, Apoc. i. 1., utque in illo habitet omnis plenitude Spiritus, Joh. iii. 34*…"(Owen, *Theologoumena*, in *Works*, 17:38[1.3.6]).

84) 행위 언약 아래 중보자로서 성령의 가능한 역할에 대해서는 요하네스 콕세이우스가 그 방향에서의 경향을 흥미롭게 설명한 Willem J. van Asselt, *The Federal Theology of Johannes Cocceius(1603~1669)* (Leiden: Brill, 2001), p. 262를 보라.

85) Charnock, *A Discourse of the Knowledge of God in Christ*, in *Works*, 4:131. 차녹의 책 두 번째 부분은 "그리스도 안에서의" 하나님의 지식을 더 구체적으로 고찰하고, 따라서 이전 언급들과 다른 약간의 제목 변화가 있다.

86) Charnock, *The Knowledge of Christ*, in *Works*, 4:131.

> 말과 언어 속에서 당연히 발견해야 할 것을 쏟아내는 지성 속에 이성의 아름다운 형상이 지성의 내적 의식, 생각, 개념, 성격, 태도를 표현하는 것처럼, 본질적인 하나님의 말씀도 육체로 옷을 입고 하나님의 본성과 생각을 우리에게 제시하기 위해 하나님에게서 오신다. 하나님의 말씀이신 그분은 하나님의 본성을 나타내는 데 가장 적합하시다.[87)]

신인(神人)을 제외하고 어느 누구도 하나님의 계시를 완전하게 선포할 능력을 갖고 있지 않다. 따라서 그리스도께서 오신 "주목적"은 하나님을 계시하기 위함이었다(마 13:35; 요 1:18). 차녹, 오웬, 굿윈과 같은 청교도에게 이 기독론적인 개념은 성경이 내용을 그리스도께 의존하고 있다는 것을 함축했다.

그리스도는 사람들에게뿐만 아니라 천사들에게도 하나님을 계시하신다. 천사들도 그들의 창조 도구이신 그리스도로 말미암아 하나님에 대한 지식을 갖고 있다. 사실상 천사들은 십자가에 못 박혀 죽고, 하나님 아버지께 버림받고, 무덤에 장사되고, 죽은 자 가운데서 부활하고, 하늘로 올라가신 그리스도를 봤을 때, "하나님과 하나님의 본성에 대해, 하나님의 지혜의 깊이에 대해, 하나님 은혜의 보화에 대해, 하나님 진노의 힘에 대해, 그들이 존속해 온 4천 년 동안⋯⋯ 세상 속에서 행해진 하나님의 모든 활동으로 행해진 것에서 배운 것보다 더 많은 것을 배웠다."[88)] 그리스도 안에서 하나님의 모든 속성이 드러나고 영화롭게 된다. 인간은 자연신학을 통해서는 하나님의 속성들에 대해 희미한 지식을 얻을 수 있지만 그리스도 안에서 하나님의 속성들은 "불꽃을 튀긴다." 왜냐하면 그것들이 구속을 염두에 두고 있기 때문이다. 차녹은 "그리스도는 하나님의 모든 속성이 자기 몫을 연기하는 무대"라고 말한다. 복음은 율법이 결코 할 수 없었던 방식으로 하나님을 계시한다는 것은 깊은 의미가 있다.[89)]

이것에 비추어 보면, 정통 개신교인들은 대체로 땅에서 살고 있는 신자들의 신학을 "우리의 신학"(theologia nostra)으로 부르는데, 이것은 그리스도로 말미암아 주어지고, 그리스도에게서 습득되는 신학이다. 이 계시된 신학은 단지 파생적, 모형적 신학(theologia ectypa)이고, 따라서 오직 하나님만이 소유하고 있는 하나님 자신에 대한 무한한 지식을 가리키는 근원적, 원형적 신학(theologia archetypa)과는 반대로 유한하다. 자신에 대한 하나님 계시의 내용은 예수 그리스도를 통해 전달되지만 그 전달은 언약을 배경으로 일어난다.

하나님을 아는 지식의 언약적인 배경

하나님은 언약(행위 언약)을 배경으로 자신을 아담에게 계시하셨다. 만일 이것이 에덴동산에서 아담에게 해당되었다면 은혜 언약 아래 있는 택함받은 자들에게는 얼마나 더 해당되겠는가? 오웬은 모든 참된 신학은 언약에 기초를 두고 있고, 이것은 "초자연신학은 언약에 입각할 때 가장 잘 이해된다는 것을 의미한다"고 주장했다.[90)] 17세기 개혁파 신학자들에게는 언약 교리가 중요했는데, 그 이유는 그들이 언약 교리를 통해 계시의 목적인 신학의 관계적 본질을 파악할 수 있었기 때문이다. 트

---

87) Charnock, *The Knowledge of Christ*, in *Works*, 4:132.
88) Charnock, *The Knowledge of Christ*, in *Works*, 4:135.
89) Charnock, *The Knowledge of Christ*, in *Works*, 4:139.
90) Owen, *Theologoumena*, in *Works*, 17:43~44 (1.4.10)을 보라.

루먼이 지적한 것처럼, 언약 교리는 "무한하신 자존적 창조자와 유한한 의존적 피조물 간에 존재하는 존재론적 간격을 연결시켜 준다."[91] 은혜 언약 아래에서 계시는 점차 증가하는데, 이것은 존 볼(1585~1640년)이 그의 유명한 저서 『은혜 언약 교리』(A Treatise of the Covenant of Grace, 1645)에서 강조한 사실이다. 청교도는 그리스도를 성경의 핵심 주제로 봤다. 하지만 그리스도는 성경에서 발견되는 다양한 언약들의 배경 속에서 계시되었고, 심지어는 행위 언약 속에서도 계시되었는데, 이때 아담은 그리스도의 모형이었다. 다시 말하면 본질적 말씀(그리스도)이 구속사 배경 속에서 하나님의 아들이신 예수 그리스도의 인격과 사역을 통해 하나님의 영광을 계시하는 것과 관련되어 있는 선포된 말씀 로고스 프로포리코스의 기초를 제공한다.

은혜 언약 아래에서 하나님은 자기 백성들에 대한 자신의 사랑과 은혜를 계시하신다. 그러나 이 진리들은 모두 타락 후에 맺어진 다양한 언약들 속에서, 그리스도 안에서, 그리고 그리스도로 말미암아 하나님의 백성들에게 제시된다. 사실은 "오직 그리스도에게서 우리가 그 의무를 수행할 능력을 받고, 오직 그리스도 안에서 또는 그리스도를 통해서 그 의무 수행을 하나님이 받아 주실 수 있도록 되어 있기 때문에 실제로 그리스도와 상관없이 우리가 하나님에 대한 의무를 충분히 깨닫고 인정할 수 있는 방법으로 의무를 수행할 수 있다고 언급하는 성경 본문은 하나도" 없다.[92] 오웬이 자신의 작품을 통해 예증하는 것처럼, 계시는 언약 노선을 따라 점진적이지만, 새 언약 아래에서 하나님은 예수 그리스도의 인격 안에서 명백하고 매우 은혜롭게 말씀하신다. 트루먼은 언약 교리와 관련된 계시로서의 성경에 대한 오웬의 견해에 두 선이 있다고 정확히 지적했다.

> 첫째, 성자와 성부의 동일 본질과 성자의 구속 언약에의 참여로 말미암아, 성자 속에 계시된 성부의 뜻을 증언하는 것이 임무인 성령의 역사를 통해, 구원에 대한 하나님의 은혜로우신 뜻이 예수 그리스도의 인격 속에 계시되는 수직선이 있다. 둘째, 에덴동산에서 시작하고 그리스도의 탄생과 생애와 죽음에서 정점에 달하는 하나님의 구원하시는 뜻이 역사 속에서 점진적으로 계시되는 수평선이 있다.[93]

트루먼이 이 두 직선에서 강조하는 것은 하나님이 교회에 자신을 계시하실 때 나타나는 다양한 요소들 곧 그리스도 중심적 요소와 언약적인 요소인데, 전자는 수직선에 속하고, 후자는 수평선에 속한다. 그런데 여기서 전자는 후자의 기초를 제공한다. 나아가 초자연 계시에 요구되는 모든 요소는 기독론, 성령론, 철저한 삼위일체 사상, 하나님의 마음을 이해하는 배경으로서의 언약과 같은 요소들을 포함하는 앞에서 언급한 모델 속에 나타나 있다.

결론

청교도 사이에서 계시 교리는 이중으로 곧 자연신학과 초자연신학으로 이해될 수 있다. 하나님은

---

91) Trueman, *John Owen*, p. 67.
92) Owen, *The Person of Christ*, in *Works*, 1:82.
93) Trueman, *Claims of Truth*, p. 74.

자연신학과 초자연신학에서 모두 자신을 계시하신다. 청교도 신학자들은 계시의 특정 사실들에 대해 반드시 견해가 일치한 것은 아니었다. 하지만 불일치는 실제적인 것이 아니라 형식적인 것이거나 어의에 대한 것이었다. 확실히 청교도는 자연신학을 통상적으로 인정했고, 웨스트민스터 신앙고백을 보면 "자연의 빛"이라는 말이 5회에 걸쳐 나타난다(1.1, 6, 10.4, 20.4, 21.1). 그러나 신학자들은 자연신학은, 굿윈이 주장한 것처럼 에덴동산에서 아담에게는 충분했었지만, 타락 이후로는 구원에 불충분하다는 사실을 익히 알고 있었다. 따라서 청교도는 모두 타락 이후로 하나님에 대한 이중 지식을 인정했다. 구원하는 지식은 초자연적 지식이고, 이 지식은 중보자이신 예수 그리스도로 말미암아 온다. 성자는 성령을 통해 신자들에게 성부를 계시하고, 그리하여 신자들은 하나님을 올바르게 알게 된다. 하지만 이것은 자연신학만으로는 절대로 성취할 수 없다. 따라서 성경을 믿고 순종하기 위해서는 성령이 창조하신 초자연적 신학과 초자연적 믿음을 필요로 했다. 성령의 내적 및 외적 증언이 없으면, 성경은 죄악 된 피조물에게 아무 쓸모가 없고, 이것은 오웬과 청교도들에게 기독교 신학이 왜 초자연적 관점에 따라 생각되어야 하는지를 설명해 준다. 그렇지 않으면 기독교 신학은 신학이 아니다. 당연히 초자연신학은 또한 삼위일체적인 초점을 갖고 있어야 하고, 이것이 엄밀하게 우리가 오웬과 다른 주요 청교도 신학자들에게서 발견하는 것이다. 하나님은 그리스도로 말미암아 성령을 수단-하나님 말씀의 성문화와 믿음으로 이 성문화된 말씀의 그리스도에게 연합된 신자들에 대한 적용이 포함된 수단-으로 성경 속에 자신을 계시하신다.

2장

청교도의 성경 해석학과 주석

기쁨과 기쁨의 근거인 선한 양심 없이는 아무것도 잘할 수 없다.

– 윌리엄 휘태커[1] –

성경을 참고하고 비교해 보는 것은 사람들 속에 하나님의 마음과 뜻을 알려 주는 훌륭한 수단이다.

– 존 오웬[2] –

잉글랜드의 개혁파 청교도 신학자들은 다양한 신학적 이단과 오류들에 경고를 보내야 했다. 근본적으로 이런 문제는 성경을 정확하게 해석하지 못하는 데서 나온 결과였다. 청교도의 관점에 따르면, 성경에 대한 정확한 해석은 올바른 해석 도구를 사용하는 문제였을 뿐만 아니라 조명을 위해 기도하며 성령을 의지하는 것과 같이 올바른 영적 도구를 사용하는 문제이기도 했다. 또한 청교도의 지성에는 적용 없는 해석이 완전히 생소한 관념이었다. 모든 요소가 중요하지만, 이번 장에서는 주로 전자에 초점을 맞추고, 후자는 다른 장들에서 다룰 것이다.

최근에 청교도의 성경 해석학에 대한 이차 문헌 가운데 탁월한 작품이 더러 등장했다.[3] 존 오웬(1616~1683년)의 주석 방법론에 대한 인상적인 한 연구서에서 헨리 내프는 "17세기는 성경 연구와 해석학에 있어서 퇴보한 시대였다"는 의견을 반박했다. 누구든 탁월한 청교도 저술가들의 작품을 읽어 본 사람이라면 청교도가 성경 해석에 매우 정교했다는 것을 알 수 있을 것이다. 청교도는 절

---

1) William Whitaker, *Disputations on Holy Scripture*, William Fitzgerald 번역 (London, 1588), p. 402.

2) John Owen, *A Day of Sacred Rest*, in *The Works of John Owen, D.D.* (Edinburgh: Johnstone & Hunter, 1850~1855), 19:462.

3) 약간 오래된 것으로는 다음과 같은 자료들이 있다. Leland Ryken, *Worldly Saints: The Puritans as They Really Were* (Grand Rapids: Zondervan, 1986), pp. 145~149, Thomas D. Lea, "The Hermeneutics of the Puritans," *The Journal of the Evangelical Theological Society* 39, no. 2 (1996년 6월), pp. 271~284, J. I. Packer, *A Quest for Godliness: The Puritan Vision of the Christian Life* (Wheaton, Ill.: Crossway, 1990), pp. 97~105. 보다 최근 것으로는 다음 자료들을 보라. Henry Knapp, "Understanding the Mind of God: John Owen and Seventeenth-Century Exegetical Methodology" (철학박사학위논문, Calvin Theological Seminary, 2002), Barry Howson, "The Puritan Hermeneutics of John Owen: A Recommendation," *Westminster Theological Journal* 63, no. 2 (2001년 가을), pp. 351~376, Mark Jones, *Why Heaven Kissed Earth: The Christology of the Puritan Reformed Orthodox Theologian, Thomas Goodwin (1600~1680)* (Göttingen: Vandenhoeck & Ruprecht, 2010), pp. 86~97, Robert J. McKelvey, *Histories That Mansoul and Her Wars Anatomize: The Drama of Redemption in John Bunyan's Holy War* (Göttingen: Vandenhoeck & Ruprecht, 2011), Richard A. Muller, "Either Expressly Set Down…or by Good and Necessary Consequence," *Scripture and Worship: Biblical Interpretation and the Directory for Worship*, Richard A. Muller & Rowland S. Ward 편집 (Phillipsburg, N.J.: P&R, 2007), pp. 59~92, Carl Trueman, *The Claims of Truth: John Owen's Trinitarian Theology* (Carlisle, U.K.: Paternoster, 1998), pp. 84~101.

대로 무분별한 증거 본문에 의존하지 않았고, 해석학 도구를 사용해서 종교개혁 시대 이후로 주석에 있어서 큰 진보를 이루었다. 영국의 신학자들은 선배들의 어깨 위에 앉는 이점을 바탕으로 다수의 성경책들에 대해 인상적인 주석을 저술했다. 우리는 이런 작품으로 다음과 같은 것들을 생각할 수 있다. 폴 베인스(1573~1617년)의 에베소서 주석과 골로새서 주석, 존 오웬의 히브리서 주석, 토머스 굿윈(1600~1679년)의 에베소서 주석-하지만 혹자는 굿윈의 요한계시록 주석은 피하고 싶을 것이다-그리고 조지프 카릴(1602~1673년)의 방대한 욥기 주석. 일부 청교도(예, 존 번연[1628~1688년])는 과도하게 성경을 풍유화하는 작업에 빠져들었지만, 그럴 때에도 그들이 그렇게 한 것은 주로 목회적인 이유에 있었다. 이번 장에서는 다양한 청교도 신학자들의 핵심 해석학적 전제들과 그들이 다양한 성경 본문을 해석할 때 사용한 기본 주석 원칙들을 살펴볼 것이다.

두 언약

언약 교리는 청교도 신학에서 핵심적인 역할을 했다. 성경 해석학 분야에 있어서 청교도는 하나님과 인간 사이에 맺어진 두 역사적 언약 곧 행위 언약과 은혜 언약을 인정했다. 물론 성경에는 다른 언약들도 있지만 이 두 언약이 하나님이 인간과 어떻게 관련되어 있는지 이해하는 데 근본 구조를 제공했는데, 행위 언약은 원래 무구 상태 속에 있는 인간과 관련이 있고, 은혜 언약은 죄의 상태 속에 있는 인간과 관련되어 있었다. 이 두 언약은 마치 공통 요소는 전혀 없는 것처럼 완전히 대립적인 것은 아니다. 하지만 동시에 중대한 차이점이 있다. 이 두 언약이 어떻게 청교도 사상에서 해석학적 범주로 작용하는지를 보여 주기 위해 몇 가지 유사점과 차이점을 강조할 것이다.

언약 교리에 대해 광범한 작품을 쓴 청교도 신학자 가운데 하나가 패트릭 길레스피(1617~1675년)였다. 『열린 언약궤』(The Ark of the Testament Opened, 1681)에서 길레스피는 행위 언약과 은혜 언약 간의 유사점과 차이점을 강조하는 데 많은 시간을 할애한다. 길레스피는 차이점을 설명하기 전에 먼저 두 언약 간의 다수의 유사점을 설명한다. 두 언약 모두 하나님이 유효 원인이셨다. 즉 하나님이 두 언약의 창시자이셨다. 두 언약의 동인은 하나님의 은혜다. 일부 청교도(예, 프랜시스 로버츠[1609~1675년])는 "행위"와 "은혜"라는 말을 이 두 언약을 가리키는 핵심 지칭으로 사용하는 것을 아주 싫어했는데, 그것은 단순히 "이 두 언약 속에 모두 은혜와 호의가 충분히 들어 있었다"는 것이 이유였다.[4] 길레스피는 당시의 모든 개혁파 정통주의자와 똑같이, 행위 언약에서 조건은 순종이었고, 행위가 상을 결과했다는 것을 인정한다. 그러나 "행위 언약도 사실은 은혜 언약이었다."[5] 에덴에서 언약을 체결할 때 동기는 하나님의 은혜였을 뿐만 아니라, 하나님이 "값없이 인간에게 은혜의 모든 습관을 온전히 부여하셨다."[6] 나아가 약속된 상은 아담의 순종이 하나님께 어떤 공로가 될 수 없었으므로 은혜였다. 두 언약의 목표는 모두 하나님의 영광이다. 말하자면 청교도 신학은 항상 개혁파 전통에 일치되게, 하나님의 영광을 하나님의 모든 활동의 최고 목적으로 간주했다. 만일 하나님의 은혜가 행위 언약에서 빛났다면, 은혜 언약에서는 하나님 아들의 인격 속에서 훨씬 빛났고, 이것이 너무 두드러지기 때문에 "은혜 언약"이라는

4) Patrick Gillespie, *The Ark of the Testament Opened* (London, 1681), p. 221.
5) Gillespie, *The Ark of the Testament*, p. 221.
6) Gillespie, *The Ark of the Testament*, p. 221.

호칭을 갖는 특권이 주어진 것이다. 두 언약 모두 하나님이 인간과 언약 속에 들어가신다. 그러나 더 구체적으로 말하면, 하나님은 각 언약에서 "공적 인간"과 언약 속에 들어가신다(웨스트민스터 대교리문답 질문 22). 행위 언약에서는 언약의 머리로서 아담과, 은혜 언약에서는 은혜 언약에 포함된 자들의 언약의 머리로서 그리스도와 맺으신다. 아담은 그의 자연적 후손의 머리이고, 그리스도는 그의 영적 후손의 머리시다. 그래서 여기서 "연방주의"(federalism)라는 말이 나온다.[7]

두 언약 모두 하나님은 언약의 조건을 성취하도록 자신과 언약 속에 있는 사람들에게 힘이나 능력을 공급하셨다. 하나님은 자신의 형상으로 지음을 받았기 때문에 아담에게 자연적인 능력이나 힘을 부여하셨다. 아담의 힘은 자연적인 것이었다. 하지만 그리스도의 영적 후손에게 주어진 힘은 초자연적인 것이다. 즉 하나님의 은혜와 성령의 능력이다. 청교도들 간에 타락 전이나 타락 후의 자연신학과 초자연신학에 대해 완전한 일치는 없었지만, 죄인들은 은혜 언약의 조건을 충족시키기 위해 하나님의 초자연적 도우심을 필요로 한다는 사실에 대해서는 모든 청교도가 일치했다.

두 언약은 또한 하나님이 이 언약들을 제정하신 목적이 유효하다는 점에서도 일치한다. 행위 언약은 타락 후에도 여전히 유효한데, 그것은 죄인들이 아담에게 주어진 규정에 따라 스스로 의롭게 될 수 있기 때문이 아니라, 아담에게 주어진 규정이 죄인들을 저주하고 정죄하는 길로 유효하기 때문이다. 은혜 언약은 행위 언약에 없는 유효성을 갖고 있는데, 그것은 하나님의 아들이 택함받은 자를 위해 자신을 행위 언약-어떤 이들에게는, 특히 구속 언약-아래 두시기 때문이다. 이런 이유로 이 언약의 약속들은 그리스도의 후손에게 유효하다. 왜냐하면 그리스도의 인격과 사역이 함께 은혜 언약의 복들을 좌우하는 부동의 기초를 제공하기 때문이다.[8]

행위 언약과 은혜 언약은 또한 똑같은 사실 즉 사람이 하나님의 심판대 앞에서 견딜 수 있게 하는 완전한 의를 요청한다. 예를 들어 아담의 경우를 보면, 행위 언약에서 그의 의는 확실히 그 자신의 의지만 은혜 언약에서 그의 의는 단지 전가를 통해 그의 것이 된 의였다.

두 언약의 조건은 인간이 아니라 하나님이 세우셨다. 사실상 일반적으로 말하면, 두 언약 모두 믿음과 행위가 요청된다. 행위는 행위 언약의 조건이었다. 하지만 토머스 굿윈이 주장한 것처럼, 비록 그것이 자연적 믿음이기는 했어도 아담에게도 믿음이 있었다. 은혜 언약에서는 칭의를 위해 중보자의 믿음이 요청된다. 하지만 행위가 이 언약의 조건에서 배제되는 것은 아니다. 행위 언약에서는 행위가 사전에 상으로 작용한다. 반면에 은혜 언약에서는 행위가 상(칭의)의 결과로 나타난다.

두 언약 모두 표징과 보증으로 성례를 갖고 있었다.[9] 마지막으로 길레스피는 두 언약에서 "언약 당사자들은 언약의 조건을 성취하고, 생명의 언약 상태를 보존하기 위해 습관적인 은혜 이상의 것을 필요로 했다"고 지적한다.[10] 에덴동산에서 견인하기 위해-청교도는 얼마나 오래 견인하고, 어떤 상이 주어질지에 대해 서로 논쟁을 벌였다[11]-아담은 습관적 은혜 이상의 것을 필요로 했다. 아담은 "자신의 견인을 확증하기 위해 성령의 능력을 필요로 했는데, 이것은 그에게 약속된 것이 아니었

7) Gillespie, *The Ark of the Testament*, pp. 222~223.
8) Gillespie, *The Ark of the Testament*, pp. 223~224.
9) Gillespie, *The Ark of the Testament*, pp. 225~230.
10) Gillespie, *The Ark of the Testament*, p. 231.
11) 본서 14장의 "청교도의 행위 언약 교리"를 보라.

다."[12] 다시 말하면 에덴동산에서 견인하는 것은 아담에게 초자연적 은혜였다는 것이다. 마찬가지로 은혜 언약에서도 신자들은 언약을 지키기 위해 초자연적 은혜를 필요로 한다.

이상과 같이 두 언약 간의 유사점을 설명한 다음, 길레스피는 두 언약 간의 차이점으로 관심을 돌리는데 "그 차이점은 매우 다양하고 대폭적이다."[13] 두 언약은 하나님의 영광을 촉진시키기 위해 마련된 것이지만, 그럼에도 불구하고 구체적인 목적은 서로 다르다. 행위 언약은 무구 상태에 있을 때 체결되었다. 아담은 순종을 통해 에덴동산에서 견인해야 했다. 은혜 언약은 행복을 회복시키기 위해 죄인과 체결되었다. 아담이 가졌던 원래의 행복은 은혜 언약 아래 성도들이 누릴 행복에 비하면 훨씬 저급하다. 청교도는 통상적으로 아담이 에덴에서 누렸던 것보다 은혜 언약 아래 있는 성도들이 더 큰 특권을 누린다고 역설했다. 길레스피만이 아니라 토머스 굿윈도 행위 언약을 상설할 때, 자연 언약 아래 있는 아담의 자연적 의무와는 반대로, 초자연적 은혜를 누리는 은혜 언약 아래 있는 신자들이 더 우월한 상태에 있다는 사실을 크게 강조했다.[14] 길레스피의 견해에 따르면, 은혜 언약 아래 있는 자들은 아담이 갖고 있지 못했던 확실한 견인을 갖고 있었다. 길레스피의 견해를 결정적으로 지지하는 근거는 신비적이고 영적인 그리스도와의 연합이다. 그리스도와의 연합으로 은혜 언약 아래 있는 자들은 그분이 그의 백성들을 위해 얻은 복을 약속받고 확실히 얻게 되는데, 이것은 아담이 하나님과 가졌던 단순한 도덕적 연합(즉 감정의 연합)보다 훨씬 우월하다.[15] 게다가 신자는 하나님과 택함받은 자 안에 거하시는 그리스도를 소유하는데(요 14:20; 갈 2:20), 이것은 아담은 갖고 있지 못한 특권이다.

행위 언약의 목적은 창조주이신 하나님의 영광이었다. 하지만 은혜 언약의 목적은 구속주이신 하나님의 영광이다. 따라서 하나님의 속성들은 은혜 언약 아래에서 더 충분히 드러나는데, 그것은 하나님의 은혜와 자비가 사람들의 구원에서 매우 밝게 빛나기 때문이다. 예수 그리스도 안에서 하나님의 속성들은 "새롭고 영광스러운 광채……"로 충만하고, "그것들은 행위 언약 아래에서 가졌고, 또 가질 수 있었던 것보다 훨씬 영광스럽다"(요 12:28, 17:4).[16]

"견인의 힘"의 문제로 되돌아가 길레스피는 행위 언약은 아담과 그의 자연적 힘에 크게 의존했지만, 은혜 언약 아래에서 신자들은 하나님과 하나님의 은혜에 훨씬 크게 의존한다고 지적한다. 행위 언약의 계명들은 행위 외에는 요구할 것이 없고, 심지어는 아담이 에덴동산에서 갖고 있던 믿음도 행위로 간주되었다. 그러나 은혜 언약에서 믿음은 복음적인 은혜다. 즉 "영혼의 은혜로운 행위로서가 아니라 그 도구로 간주된 믿음"이다.[17] 그렇기는 하지만 자신의 율법폐기주의적인 신학을 깊이 의식하고, 길레스피는 행위 언약이 명하는 모든 것을 은혜 언약도 명한다고 주장한다(목적은 확실히 다르지만). 사실 은혜 언약은 행위 언약보다 더 많은 것을 명한다. 회심, 회개, 그리스도를 믿는 믿음, 자기

---

12) Gillespie, *The Ark of the Testament*, p. 231.

13) Gillespie, *The Ark of the Testament*, p. 232. 이번 장에서 모두 다루기에는 차이점이 너무 많으므로, 우리는 두 언약 간의 중대한 몇 가지 차이점에 초점을 맞춰야 할 것이다.

14) Thomas Goodwin, *Of the Creatures, and the Condition of Their State by Creation*, in *The Works of Thomas Goodwin, D.D.*, Thomas Smith 편집 (1861~1866, 재판, Grand Rapids: Reformation Heritage Books, 2006), 7:1~128을 보라.

15) Gillespie, *The Ark of the Testament*, pp. 233~235.

16) Gillespie, *The Ark of the Testament*, pp. 237~238.

17) Gillespie, *The Ark of the Testament*, p. 248.

부인, 죄 죽이기, 그리스도의 십자가 짊어지기 등이 그것이다.[18] 그럼에도 불구하고 행위 언약은 완전하고 부단한 순종을 요청하지만 은혜 언약은 신실한 순종을 강조한다. 이런 이유로 각 언약의 조건에 대해 말할 때 길레스피는 두 언약은 모종의 조건을 요청하지만, 그 조건은 "정반대"라고 언급한다. 즉 특히 칭의 영역에 있어서 "행위 언약은 조건으로 행위를 대기시키지만 은혜 언약은 조건으로 믿음을 대기시킨다."[19] "왜냐하면 행위 언약에서 믿음이 그런 것처럼 은혜 언약에서 행위는 의의 한 부분이 아니고, 또 행위 언약에서 행위가 그런 것처럼 은혜 언약에서 믿음은 우리의 의가 아니라 단지 그리스도 안에서 완전한 의를 받는 도구일 뿐이기 때문이다."[20] 교회 현관문을 통과한 율법폐기주의 견해에 반대해 단호하게 맞서 싸우는 동안, 뒷문을 통해 교회 속에 기어들어온 신율법주의 경향에서 개신교의 이신칭의 교리를 지키기 위해 청교도는 이처럼 조심스러운 언어 표현이 필수적이었다.

이런 결론에 따라 길레스피는 행위 언약의 조건은 한 번의 순종 행위가 아니라, 다수의 순종 행위(즉 완전하고 영속적인)였다고 단정한다. 그러나 은혜 언약에서는 그리스도를 믿는 최초의 산 믿음 행위 한 번으로 언약의 조건을 성취한다. 물론 신자들은 자기들의 "산 믿음"을 계속 행사하겠지만 그리스도를 믿는 순간 그들은 거룩한 삶의 지위 속에 들어가고, 이것이 아담의 경우에는 사실이 아니었다. 행위 언약의 조건을 성취하는 능력이 아담에게 내재했다. 하지만 은혜 언약에서는 신자들이 성취한 조건은 결단코 그들 자신의 것이 아니다(엡 2:8; 요 15:5).[21] 이런 식으로 주장할 때 길레스피는 조건을 부정하는 율법폐기주의자의 오류를 염두에 두고 있을 뿐만 아니라 믿음을 행위로 만드는 아르미니우스주의 신학자들의 오류도 염두에 두고 있다.

길레스피는 행위 언약과 은혜 언약 간의 유사점과 차이점을 제시할 때 청교도 신학자들이 성경 역사의 발전을 이해하는 법에 대해 기본 준거 틀을 제공한다. 인간이 하나님의 받아 주심을 찾는 길은 두 가지가 있다. 하나는 행위이고 다른 하나는 믿음이다. 행위는 행위 언약에서는 가능한 방법이었지만, 죄가 세상에 들어온 이후로 죄인들은 그들 자신에게서 나와 자기 자신을 행위 언약 아래 두신 분에게 자기들의 믿음을 둬야 한다. 그렇지 않으면 그들은 행위 언약의 조건을 성취하지 못한 것에 대해 정죄를 받아야 한다. 길레스피의 작품은 청교도가 성경의 이분법적 이해를 어떻게 설명했는지에 대해 날카롭게 제시한다. 청교도는 두 언약에 있어서 죄인이 하나님 앞에서 의롭게 될 수 있는 방법이 완전히 정반대라는 것을 설득력 있게 주장하는 한편, 두 언약 간의 유사점도 충분히 인정했다.

기독론적인 초점

청교도가 사용한 핵심 해석 원리는 성경에 굳게 뿌리를 둔 관념 곧 하나님의 모든 말씀은 그리스도를 지시한다는 것이다. 존 오웬이 주장한 것처럼, 성경을 읽는 자는 이 근본 원리를 항상 유념해야 한다. 말하자면 다음과 같다.

---

18) Gillespie, *The Ark of the Testament*, p. 248.
19) Gillespie, *The Ark of the Testament*, p. 256.
20) Gillespie, *The Ark of the Testament*, p. 257.
21) Gillespie, *The Ark of the Testament*, p. 262.

> 그리스도의 인격과 그리스도의 직무에 대한 계시와 교리는 교회의 교화를 위한 선지자와 사도들의 다른 모든 가르침 위에 있고, 모든 문제를 해결하는 기초다……그러므로 이 세상에서 신자들이 믿음과 묵상을 실천하도록 그리스도의 인격과 영광에 대한 이 계시는 처음부터 끝까지 성경 속에 명기되어 있지만, 현세에서는 충분히 발견되거나 이해되지 못할 것이다.[22]

그리스도가 단순히 성경 이곳저곳에서 더러 발견되는 것이 아니라, 모든 페이지에서 발견되기 때문에 오웬은 신자들은 성경 속에 기록된 그리스도의 인격과 사역에 대한 모든 것을 땅에서 사는 동안 한평생 알아가더라도 충분히 알지 못할 것이라고 단언한다. 그렇다고 하더라도 신자들은 그것을 아는 일에 확실히 전력을 다해야 한다.

토머스 애덤스(1583~1652년)는 다음과 같이 언급한다. "그리스도는 모든 장, 거의 모든 줄에서 발견되는 예언되고, 모형이 되고, 예시되고, 표시되고, 예증되는 성경 전체의 총화이고……그리스도는 이 모든 줄에서 언급되는 요점이자 중심이다."[23] 마찬가지로 그리스도가 어떻게 성경의 목적인지를 설명하면서, 리처드 십스(1577~1635년)는 이렇게 지적한다. "그리스도는 성경에 있어서 반지의 진주처럼 핵심이다. 그리스도는 성경의 모든 줄이 끝나는 목적이자 중심이다. 그리스도를 제거해 보라. 그러면 무엇이 남을까? 그러므로 성경 전체에서 우리는 그리스도를 주목하게 된다는 사실을 알아야 한다. 그리스도가 없으면 모든 것이 무익하다."[24]

아이작 암브로스(1604~1664년)는 성육신하기 전 그리스도는 "의식, 의례, 비유, 모형, 약속 [그리고] 언약" 속에 나타나 있었다고 주장한다.[25] 대다수 청교도 선배 및 동료들과 마찬가지로, 암브로스도 구원 역사를 언약에 입각해서, 그리고 기독론적인 관점에 따라 이해한다. 암브로스에 따르면, 하나님이 자기 백성들에게 주시는 계시는 각 세대 별로 다양한 수단을 통해 그리스도를 점진적으로 선포한다. 따라서 구약 성경을 읽을 때 명확한 목표가 있는데, 그것은 성경 모든 페이지에서 예수 그리스도에 대한 계시가 점차 증가하는 것을 인식하는 것이다. 이것은 부분적으로 청교도들이 왜 그토록 고집스럽게 아가서를 그리스도가 그의 교회와 갖는 교제를 강조하는 알레고리로 이해했는지를 설명해 준다.[26]

---

22) John Owen, *The Glory of Christ*, in *The Works of John Owen, D.D.* (Edinburgh: Johnstone & Hunter, 1850~1855), 1:314~315.

23) Thomas Adams, *Meditations upon Some Part of the Creed*, in *The Works of Thomas Adams* (Edinburgh: James Nichol, 1862), 3:224.

24) Richard Sibbes, *God Manifested in the Flesh*, in *The Works of Richard Sibbes* (Aberdeen: J. Chalmers, 1809), 1:153.

25) Isaac Ambrose, *Looking unto Jesus; A View of the Everlasting Gospel* (London: Edward Mottershed for Nathanael Webb and William Grantham, 1658), p. 131.

26) J. I. 패커는 다른 곳에서 암브로스의 말을 다음과 같이 인용한다. "성경을 정독할 때 예수 그리스도를 성경의 목적, 의도, 실체로 계속 주시하라. 성경 전체는 말하자면 거룩한 아기 예수의 영적 포대기가 아니라면 무엇이겠는가? 1. 그리스도는 모든 모형과 그림자의 진리와 실체다. 2. 그리스도는 은혜 언약과 은혜 언약의 모든 시행의 실체와 주체이고, 구약 성경에서 그리스도는 숨겨져 있고, 신약 성경에서 그리스도는 드러나 있다. 3. 그리스도는 그분 안에서 하나님의 약속들이 예와 아멘이 되는 센터와 회당이다. 4. 그리스도는 구약과 신약 성경의 성례에서 지시되고, 보증되고, 표상되는 대상이다. 5. 성경의 계보는 그리스도의 때와 시기를 우리에게 알려 주는 역할을 한다. 6. 성경의 연대표는 그리스도의 때와 시기를 우리에게 알려 주는 역할을 한다. 7. 성경의 율법은 도덕적인 것을 교정하고, 의식적인 것을 지시함으로써 우리를 그리스도에게 인도하는 초등교사다. 8. 성경의 복음은 그리스도의 빛으로, 이 빛을 통해 우리는 그리스도와 감미로운 연합과 친교 속에 들어간다. 그뿐만 아니라 그것은 예수 그리스도를 믿는 모든 자를 구원으로 이끄는 하나님의 참된 능력이다. 그러므로 그리스도를 성경 전체의 참된 실체, 정수, 영혼, 요점으로 생각하라"(*Quest for*

신인(神人)이신 그리스도는 죄인인 유한한 피조물에게 계시를 가능하게 하시기 때문에 성경의 기초와 중심이 되신다. 말하자면 그리스도는 성경의 근본 원리(fundamentum Scripturae)다. 그러나 개혁파 신학자들은 그리스도께서 어떻게 성경의 과녁(scopos Scripturae)으로서 기능하는지에 대해 반드시 견해가 일치된 것은 아니다. 예를 들어 존 칼빈의 시편 8편 주석과 요하네스 콕세이우스(1603~1669년)의 시편 8편의 더 엄밀하게 그리스도 중심적인 주석을 비교해 보라.[27] 청교도는 17세기에 잉글랜드에서 칼빈이 갖고 있던 명성에도 불구하고, 칼빈의 접근법보다 콕세이우스의 접근법에 더 치우쳐 있었다.[28] 청교도의 언약신학은 모형론, 아니 심지어는 풍유법을 통해서라도 구약 성경 본문을 더 명백하게 그리스도 중심적인 해석을 하도록 요구했다.[29] 리처드 멀러가 지적하는 것처럼, "콕세이우스와 그를 따르는 자들이 가르친 것처럼, 언약신학(=연방신학)은 다른 어떤 개혁파 사상보다 풍유적이고 모형적인 주석에 훨씬 큰 문을 열어 놓았고, 그러므로 구약 성경에 대해 기독론적인 해석에 훨씬 의존하기 쉬웠다."[30] 영국의 청교도에 대해서도 똑같이 말할 수 있었다. 언약신학의 일반적 해석 원리와 성경의 근본 원리(fundamentum Scripturae)로서의 그리스도에 대한 고찰을 여기서 멈추고, 이제 성경을 해석하기 위해 청교도가 사용한 구체적인 주석 도구에 대해 살펴보도록 하자.

문자적 의미(Sensus Literalis)

웨스트민스터 신앙고백은 성경 해석에 대해 몇 가지 중요한 요점을 제시하는데, 그것이 1장 9절에 나타나 있다. "성경 해석의 확실한 법칙은 성경 자체이고, 그러므로 어떤 성경 본문의 참되고 충분한 의미-그것은 여럿이 아니고 하나다-에 대해 의문이 생길 때, 그 의미는 더 분명히 말하는 다른 본문들을 통해 파악하고 알아낼 수 있다." 웨스트민스터 신앙고백의 이 표현 배후에는 개신교는 **쿼드리가** 곧 "사중 의미"로 알려진 중세 시대의 주석 방법을 거부한다는 의미가 깔려 있다. 에드워드 리(1603~1671년)는 이 견해에 따르면 문자적 의미는 "말씀에서 직접 수집되고", 따라서 이것은 풍유적, 도덕적, 유비적 의미로 세분화되는 "영적 의미"와 짝을 이룬다고 지적한다.[31] 윌리엄 퍼킨스(1558~1602년)도 마찬가지로 로마 교회가 **쿼드리가**를 사용한 것에 대해 여러 번에 걸쳐 논박의 화살을 쏜다. 퍼킨스는 이런 방법을 사용하는 자들이 어떻게 멜기세덱이 아브라함에게 떡과 포도주를 준 것(창 14:18)을 해석하는지를 주목한다. "문자적 의미는 이 살렘 왕이 자신이 가져온 음식을 제공해서

Godliness, p. 103).

27) Willem J. van Asselt, "'*Quid est homo quod memor es ipsius?*' Calvin and Cocceius (1603~1669) on Psalm 8," *Church History and Religious Culture* 91, no. 1~2 (2011), pp. 135~147을 보라.

28) 엄밀하게 보면 언약신학자가 아닌 에드워드 리는 칼빈을 개신교 성경 해석자로 칭송한다. "나는 새로운 저술가들 가운데 칼빈 선생에 대해 정말 만족한다. 칼빈 선생은 무엇보다 자신이 고백하는 것을 그대로 실천하는 사람으로 그의 강해를 읽는 사람은 이런 유익을 얻고, 한순간도 그는 본문 자체에서 절대로 벗어나지 않는다"(Leigh, *A Treatise of Divinity: Consisting of Three Bookes* [London: E. Griffin for William Lee, 1647], p. 186).

29) 예컨대 윌리엄 퍼킨스는 다음과 같이 쓸 때 그리스도를 언약과 연관시킨다. "언약의 기초와 지반은 중보자 예수 그리스도로 그분 안에서 하나님의 모든 약속은 예와 아멘이 된다"(*The Workes of That Famous and Worthy Minister of Christ in the Universitie of Cambridge, Mr. William Perkins* [London, 1626], 1:165).

30) Richard Muller, *Post-Reformation Reformed Dogmatics: The Rise and Development of Reformed Orthodoxy, ca. 1520 to ca. 1725. Volume 2: Holy Scripture: The Cognitive Foundation of Theology*, 2판 편집 (Grand Rapids: Baker, 2003), p. 222.

31) Leigh, *A Treatise of Divinity*, p. 172.

여정에 지친 아브라함의 군사들을 기운이 나게 했다는 것이다. 이에 대한 풍유적 해석은 사제가 미사에서 그리스도를 제공한다는 것이고, 도덕적 해석은 그러므로 무언가를 가난한 자에게 베풀어야 한다는 것이다. 그리고 유비적 해석은 마찬가지로 하늘의 존재이신 그리스도 역시 신실한 자들에게 생명의 떡으로 제공된다는 것이다."[32] 그러나 퍼킨스는 이런 해석 방법은 "본문은 오직 한 가지 의미를 갖고 있고, 또 그것은 문자적 의미이기 [때문에] 타파되거나 거부되어야 한다"고 강력히 천명한다.[33] 본문이 문자적으로 알레고리이기 때문에 풍유적 해석을 요청할 수 있다. 하지만 신학자들은 성경을 해석하는 기본 전제로서 사중 해석법을 염두에 두고 본문에 다가가서는 안 된다. 성경 자체로 어떻게 해석되어야 하는지를 지시해야 한다.

마찬가지로 에드워드 리도 성경 속에서 알레고리, 유비, 교훈들이 발견된다는 것을 인정한다. 그런데 리는 계속해서 이렇게 말한다. "하지만 이런 것들은 성경의 여러 의미가 아니고, 한 의미에서 나오는 다양한 요소들의 묶음이다."[34] 따라서 리는 성경은 종종 두 가지 의미를 갖고 있는데, "신학자들은 그 중의 하나는 문자적, 문법적 또는 역사적 의미로 부르고, 다른 하나는 신비적 또는 영적 의미로 부른다"고 주장한다.[35] 문자적 의미를 인정하는 토머스 굿윈은 마태복음 26장 29절(그러나 너희에게 이르노니 내가 포도나무에서 난 것을 이제부터 내 아버지의 나라에서 새것으로 너희와 함께 마시는 날까지 마시지 아니하리라 하시니라)에 대한 자신의 주석에서 한 실례를 제공한다. "사실 이것은 신비적 의미로도 해석된다. 하지만 왜 우리가 그것을 문자적으로 취할 수 없는지에 대한 이유는 전혀 없다."[36] 다시 말하면 비록 본문의 문자적 의미에서 포괄적인 적용 범주가 수집되거나 추론될 수 있다고 하더라도, 본문의 단일한 의미는 항상 인정되어야 한다는 것이다.

청교도가 아가서에 대해 풍유적 해석을 한 것은 유명하다. 그러나 대체로 청교도는 그들 가운데 이따금 지나치게 풍유적 해석에 빠져든 경우가 없지는 않았지만, 성경을 해석하는 방법으로 풍유적 해석은 거부했다.[37] 예를 들어 시편 49편과 149편을 천년왕국 시대에 대한 증거로 설명할 때 굿윈은 이렇게 주장한다. "만일 우리가 풍유적 의미를 입게 되면 성경을 벗어던지게 될 것이다. 하지만 문자적 의미를 취한다면 왜 그렇게 되겠는가?"[38] 그럼에도 불구하고 드물기는 하지만 본문이나 책이 독자에게 문자적으로 해석해야 할 것을 요구하는 곳에서 풍유적으로 해석하는 경우가 더러 있다. 자신의 아가서 주석에서 제임스 더럼(대략, 1622~1658년)은 문자적 의미(한 의미)를 인정하지만 또한 다

32) William Perkins, *The Arte of Prophecying, or, A Treatise Concerning the Sacred and Onely True Manner and Methode of Preaching First Written in Latine*… (London: Felix Kyngston for E. E., 1607), pp. 30~31. 리런드 라이켄은 가톨릭 신학자들은 신자들이 그리스도를 만나기 위해 성경으로 나아와야 하는 것을 실제로 가리키기 위해 리브가가 아브라함의 종에게 물을 주려고 나아가는 것으로 이해했다는 사실을 강조한다(*Worldly Saints*, p. 145).

33) Perkins, *The Arte of Prophecying*, p. 31.

34) Leigh, *A Treatise of Divinity*, p. 174. 휘태커도 똑같이 주장한다. "세 가지 영적 의미를 주장하는 자들에 대해 말한다면, 말씀 자체가 담고 있는 것으로 볼 수 있는 다양한 의미가 성경에 있다고 말하는 것은 확실히 어리석다. 왜냐하면 말씀이 도덕적으로, 풍유적으로, 유비적으로 또는 어떤 다른 방법으로 적용되고 조정될 수 있다고 하더라도, 성경은 다양한 의미, 다양한 해석과 해설은 없고 오직 하나의 의미를 갖고 있고, 문자적 의미가 다양하게 적용되고, 또 문자적 의미에서 다양한 사실들이 수집될 수 있는 것이기 때문이다"(*Disputations*, p. 405).

35) Leigh, *A Treatise of Divinity*, p. 171.

36) Thomas Goodwin, *A Glimpse of Sions Glory* (London, 1640), pp. 13~14. 굿윈이 이 작품의 저자인지에 대해 약간의 논란이 있다. 하지만 이 요점은 청교도가 문자적 의미와 신비적 의미를 주장한 면에서 보면 사실로 남아 있다.

37) John Bunyan, *Solomon's Temple Spiritualiz'd* (London: for George Larkin, 1688)를 보라. 또한 McKelvey, *Histories That Mansoul and Her Wars Anatomize*, pp. 205~210도 보라.

38) Goodwin, *Sions Glory*, p. 17.

음과 같이 지적한다.

> 역사서에서처럼 또는 비유적인 책이 아닌 다른 책에서처럼, 문자적 의미가 직접적이거나 일차적인 고찰 사실이 아니라 영적이고, 특히 풍유적이고 비유적인 말들을 통해 제시되는 것이 이 아가서의 문자적 의미다. 따라서 아가서의 문자적 의미는 매개적이고, 따라서 의미를 말씀에서 직접 제시하는 것이 아니라 매개적으로 목적 즉 성령의 의도에 따라 제시하는데, 이것은 아가서에서 이용되고 있는 비유와 풍유 아래 표현된다. 왜냐하면 문자적 의미는…… 본래대로 사용되거나 비유적으로 사용되거나 간에, 말씀 속에서 성령에 의해 의도된 성경 지점에서 흘러나오고, 비유, 알레고리, 비유적인 성경 본문을 강해할 때 분명히 나타나는 것처럼, 전체의 복합적인 표현에 따라 함께 수집되고, 거기에 따라 적용되어야 하기 때문이다. 그리고 당연히 문자적으로 취해져야 하는 간명한 성경 본문에 대해 비유적 강해를 고정시키는 것이 부적절하고 불합리한 것처럼, 이런 본문들에 대해 비유적 의미(문자적이지만)를 부정하는 것도 부적절하고 불합리하다.[39]

웨스트민스터 신앙고백(1.9)의 가르침에서 벗어나지 않기를 바라면서, 더럼은 아가서의 문자적 의미를 인정하는 것은 아가서를 알레고리-물론 그리스도와 신자들의 친교에 대한 그림으로 보는 알레고리-로 인정하는 것을 필수적으로 의미한다고 분명히 주장한다.

모형론

특히 두 언약 해석학의 중요성에 따라, 그리고 성경을 예수 그리스도의 인격과 사역에 대한 책으로 이해하려는 욕구에 따라, 청교도의 신학에서 모형론이 두드러지게 사용되었다. 오웬을 연구하면서 헨리 내프는 모형론을 "구약 성경의 사건, 인물, 제도들을 장차 임할 메시아와 그의 언약 백성들의 인격과 사역을 예시하는 것으로 설명하는 해석 방법"으로 정의한다.[40] 청교도의 지성 속에서 모형론을 취하는 것은 문자적 해석법을 거부하는 것이 아니었다. 모형적 의미는 자주 문자적 본문을 이해하는 필수 요소였고, 따라서 이런 본문을 문자적으로 해석하는 것은 그것을 모형적으로 해석하는 것이었다. 또한 모형론을 알레고리와 혼동해서는 안 된다. 제임스 더럼은 이 두 성경 해석법 간의 다수의 차이점을 다음과 같이 제시한다.

첫째, 모형은 역사를 전제로 한다. 따라서 그리스도의 모형인 요나를 실례로 들면(마 12:40), 요나는 실제로 사흘 동안 물고기 배 속에 있었다. 그러나 알레고리는 모형과 달리 견고한 역사적 기초를 필요로 하지 않는다.[41] 둘째, 모형은 사실들의 비교를 다룬다(예. 요나와 그리스도). 반면에 알레고리는 "신앙과 관습에 대한 단어, 문장, 교리들 속에서 취한다."[42] 이 점에 대해 말한다면, 모형은 구약 성경의

---

39) James Durham, Clavis Cantici, *or, An Exposition of the Song of Solomon* (London: J. W., 1669), p. 6.
40) Knapp, "Understanding the Mind of God," p. 264.
41) Durham, *Exposition of the Song of Solomon*, p. 8.
42) Durham, *Exposition of the Song of Solomon*, p. 9.

인물 및 사실들과 신약 성경의 인물 및 사실들을 비교한다. 알레고리는 이런 제한이 없다. 또한 모형은 인물 및 사건들과 같이 어떤 사실들에만 적용될 수 있다(예, 그리스도와 복음 전파). 그러나 알레고리는 "교리나 믿음의 교훈 또는 삶을 규제하는 관습에 속해 있는 온갖 사실들에 적용된다."[43] 이런 이유들로 볼 때 알레고리는 모형보다 의미와 범주가 더 포괄적이다. 토머스 굿윈은 자신의 신학에서 모형을 광범위하게 사용했다. 굿윈은 다음과 같은 일반 원칙에 따라 신학 작업을 한다. "모형에 귀속되는 것 곧 그리스도의 그림자는 더 신성하고 두드러진 방법으로 실체인 그리스도에게 근거되어야 한다. 최고의 능력을 구비한 매우 탁월한 사람들이 단지 그리스도의 모형에 불과하다면 그리스도 곧 그토록 신령한 그분 안에 있는 탁월함은 과연 어느 정도이겠는가?"[44] 그러므로 사도들의 구약 성경에 대한 해석은 "구약 성경에서 유명한 그들의 어떤 선조들 속에서 또는 의식 법 안에서 아무리 뛰어나고 탁월한 능력이 발견되었다고 할지라도, 그 모든 것은 그것들의 완전함과 중심으로 장차 오실 메시아를 예시했다는 것을 보여 준다."[45] 구약 성경에서 그리스도의 모형에는 다윗, 솔로몬, 요셉, 노아, 삼손, 멜기세덱, 그리고 특별히 "그리스도의 가장 두드러진 모형인" 아담이 포함된다.[46] 아담에 대해 말할 때 굿윈은 아담이 그리스도의 모형이었기 때문에 다른 특정 인물들도 모형으로 등장하게 되었다고 주장한다.

> 우리가 알다시피, 아담의 타락이 에덴동산에서 일어났다. 거기서 사탄은 아담을 만나 아담을 정복하고 아담을 이끌어 모든 인간을 죄와 사망의 포로로 만들었다. 지금 하나님은 세상의 위대한 구속자, 곧 두 번째 아담이 처음으로 자기 아버지의 진노에 직면할 장소를 정해 동산에 두시고, 거기서 아담이 그랬던 것처럼 그분을 붙잡아 포로로 데리고 가신다……사람은 귀에 들려주는 시험에 넘어갔기 때문에 정죄를 당했고, 그러기에 사람들은 말씀을 들음으로써 구원을 받게 될 것이다. '너는 네 평생에 수고하여야 그 소산을 먹으리라'는 아담에게 주어진 저주의 한 부분이었고, 그리스도는 이것 때문에 땀을 핏방울 같이 흘리셨으며, 이 일이 일어난 것은 아담에게 주어진 저주의 힘 때문이었다. '땅이 네게 가시덤불과 엉겅퀴를 낼 것이라.' 그리스도는 가시 면류관을 쓰고 십자가에 달리셨다. 아담은 에덴동산에서 불순종했다. 그리스도는 동산에서 능동적, 수동적 순종으로 많은 일을 겪으셨고, 결국은 처음에 동산에서 낮아지기 시작하신 것처럼, 최후에 마지막 발걸음도 그랬다. 그분은 이 동산이 아니라 다른 동산에 장사되었다. 이렇게 모형과 모형이 지시한 실체가 서로 일치된다.[47]

따라서 굿윈의 지성 속에서는 인물들만이 아니라, 상황들도 아담과 그리스도 간의 모형 관계를 확증하는 데 작용한다. 고린도전서 15장에 나타나 있는 두 아담 간의 명백한 평행 관계는 다른 평행 관

---

43) Durham, *Exposition of the Song of Solomon*, p. 9.

44) Thomas Goodwin, *Christ the Mediator*, in *The Works of Thomas Goodwin, D.D.*, Thomas Smith 편집 (1861~1866, 재판, Grand Rapids: Reformation Heritage Books, 2006), 5:148~149.

45) Thomas Goodwin, *Christ Set Forth*, in *The Works of Thomas Goodwin, D.D.*, Thomas Smith 편집 (1861~1866, 재판, Grand Rapids: Reformation Heritage Books, 2006), 5:150.

46) Goodwin, *Christ Set Forth*, in *Works*, 5:198.

47) Goodwin, *Christ Set Forth*, in *Works*, 5:198.

계들에 문을 열어 놓는다. 따라서 청교도는 그리스도에게 사로잡혀 있었고, 모형은 청교도 성경 해석학에 있어서 사소한 요소가 아니라 구약 성경의 기독론적인 해석의 배후에 놓여 있는 핵심 원리였으며, 이 초점에 대한 적절한 실례는 토머스 굿윈이다.

신앙의 유비

웨스트민스터 신앙고백으로 다시 돌아가 보면, 또 하나의 중요한 해석 원리가 1장 9절에 제시된다. 그것은 곧 성경은 성경으로 해석하고, 따라서 "어떤 성경 본문의 참되고 충분한 의미……에 대해 의문이 생길 때, 그 의미는 더 명확히 말하는 다른 본문들을 통해 파악하고 알아낼 수 있다"는 것이다. 신앙의 유비(analogia fidei)는 성경은 하나님의 말씀이고, 따라서 내재적인 일관성과 통일성을 소유하고 있다는 사실에서 나온다. 말하자면 성경 자체는 모순이 없다는 데서 나온다. 이런 이유로 신앙의 유비는 청교도 해석 방법과 주석 방법의 중대한 요소였다. 성경의 통일성 개념과 관련해서 내프는 다음과 같이 설명한다. "신앙의 유비는 어떤 특정 본문의 해석을 지시하는 것이 아니다. 신앙의 유비가 행한 일은 주석자가 본문에 대해 적절한 설명으로 간주하는 선택들을 한정시킨 것이다."[48] 존 오웬에 따르면, 그리스도인들은 진리를 탐구할 때 마음속에 신앙의 유비를 가장 먼저 떠올려야 한다. 왜냐하면 "성경에는 전체 신앙 체계나 믿어야 할 것 속에 조화, 상응, 균형이 존재하기 때문이다. 특정 본문들은 이 질서를 깨뜨리거나 어지럽혀서는 안 되고, 서로 간의 적절한 관계에 따라 파악되어야 한다."[49] 또한 주석자에게 유효한 선택들을 제한하는 일 외에 신앙의 유비는 모순이 없는 성경의 내적 일관성을 유지시킨다.

신앙의 유비는 성경의 유비(analogia Scripturae)와는 다르다. 그것은 신앙의 유비는 신학자가 "분명하고 애매하지 않은 로키(loci)[본문(passage)]에 따라 구성한 성경의 의도에 대한 일반 의미를 불분명하거나 애매한 본문들을 해석하는 기초로" 사용하는 원리라는 점에서 그렇다.[50] 그러나 성경의 유비는 구체적으로 말하면 문제의 난해한 본문과 관련되어 있는 더 분명한 본문들을 비교함으로써 불분명한 본문을 해석하는 것을 염두에 두고 있다. 신앙의 유비와 성경의 유비의 기본적인 진리성을 인정하면서, 존 플라벨(1628~1691년)은 "그리스도인은 본문을 '신앙의 균형'에 부합하지 않게 해석해서는 안 된다"고 지적한다. 말하자면 해석자는 "한 본문을 해석할 때 그 본문이 속해 있는 진리 집단과 제멋대로 분리시켜 그 본문에 특정 해석을 집어넣을 수 없고, 만약 그렇게 하면 다른 성경 본문과 불협화음을 일으키게 된다."[51] 이런 이유로 야고보서 2장 24절과 요한복음 14장 28절 같은 본문들은 교황주의자 및 소키누스주의자 이단을 피하기 위해 다른 성경 본문들과 비교해 보고 해석해야 한다. 유아세례 반대주의자를 겨냥해서 플라벨은 "거룩함"이라는 말은 하나님을 위한 구별을 가리키기 위

---

48) Knapp, "Understanding the Mind of God," p. 63.

49) John Owen, *An Exposition of the Epistle to the Hebrews*, William H. Goold 편집 (재판, Edinburgh: Banner of Truth Trust, 1991), 20:315.

50) Richard Muller, *Dictionary of Latin and Greek Theological Terms: Drawn Principally from Protestant Scholastic Theology* (1985, 재판, Grand Rapids: Baker, 2006), p. 33.

51) John Flavel, *The Occasions, Causes, Nature, Rise, Growth, and Remedies of Mental Errors*, in *The Works of the Rev. Mr. John Flavel* (1820, 재판, Edinburgh: Banner of Truth Trust, 1968), 3:445.

해 5백 회 이상 사용되고 있는데, "그곳에서 그 말이 합법성 외에 다른 뜻이 아니라고 한다면, 그것은 성경을 매우 뻔뻔스럽고 부당하게 사용하는 것"이라고 주장한다.[52]

굿윈의 에베소서 주석 서언에서 생크풀 오웬(1620~1681년)과 제임스 바론(1649~1683년)은 독자에게 "만일 언제든 그 길에서 벗어난다면, 그는 그것을 신앙의 유비 및 개혁파 기독교의 정당한 경배와 적절히 관련시켜 봐야 한다"고 경고한다.[53] 굿윈은 오랜 세기에 걸쳐 형성된 다양한 전통들에 속한 신학자들과 끊임없이 영향을 수고받았고, 에베소서 1장 5절을 강해할 때에는 성부 하나님이 택함받은 자를 예정하신 것이 자신을 위해서인지, 아니면 그리스도를 위해서인지를 질문한다. 굿윈은 자신이 처음에는 하나님이 택함받은 자를 예정하신 것은 그리스도의 중보 사역의 영광의 한 부분으로서 그리스도를 위해서였다고 주장한 것을 인정한다. 그러나 굿윈은 생각의 변화를 보여 주고, 그렇게 할 때 자신이 신앙의 유비를 고수하고 있는 것과 자신이 복합적 "의미"를 가질 수 있는 본문에서 가장 충분한 의미를 뽑아내는 해석 방법을 갖고 있음을 보여 준다. 헬라어 에이스 아우톤(한글 성경은 "자기의"로 번역함)이라는 말에 대해 말할 때 굿윈은 이렇게 말한다.

> 그러나 이 헬라어 단어는 대기음의 변화로, 독자적으로 "자기에게"(to himself)로 해석되므로, 성부 하나님을 가리킬 수 있다. 내가 최근에 선택 교리(롬 2:4~6에 대해)를 다루면서 확인한 것으로, 성경은 하나님이 우리를 택하신 것을 자기에게, 그리고 자신을 위해 선택하신 것으로 자주 표현하고 있으므로, 그 표현 속에 더 많고 더 큰 의미가 포괄되고, 포함되어 있다는 것을 알았다. 나는 그로 말미암아 종종 그렇게 고백했던 것처럼, 성경의 어구와 단어들을 가장 포괄적인 의미에 따라 그 해석을 취하도록 이끌렸고, 이것이 성경을 해석할 때 내가 항상 취한 법칙이 되고 있다. 사실 두 가지나 그 이상의 의미로도 그것은 문맥 및 신앙의 유비와 일치할 것이다.[54]

굿윈은 비록 그것이 택함받은 자가 그리스도를 위해, 그리고 동시에 하나님을 위해 예정된 것이라는 "두 가지 의미"를 가리킨다고 할지라도, 그 본문의 가장 충분한 의미로 자신이 믿고 있는 것을 취하는 것이다. 어떤 이들은 이 경우에 굿윈은 "하나의 의미" 원리를 버린다고 주장할 것이다. 하지만 이 문맥에서는 신앙의 유비에 따라 "하나의 의미"는 "자기에게"가 그리스도와 아버지를 함께 가리키는 것을 의미한다. 무엇보다 이것이 보여 주는 것은 해석 작업의 다양한 요소들이 굿윈이 사용하는 정교한 해석학적 및 주석적 방법의 한 부분으로 함께 작용하고 있다는 것이다.

건전하고 필연적인 결과

웨스트민스터 신앙고백 1장 6절에서 "하나님 자신의 영광, 인간의 구원, 믿음, 삶에 필요한 모든

---

52) Flavel, *Mental Errors*, in *Works*, 3:446.

53) Thankful Owen & James Baron의 서언, *Exposition of Ephesians*, in *The Works of Thomas Goodwin*, Thomas Smith 편집 (1861~1866, 재판, Grand Rapids: Reformation Heritage Books, 2006), 1:32.

54) Goodwin, *Exposition of Ephesians*, in *Works*, 1:90.

것에 대한 하나님의 전체 경륜이 성경에 명확히 제시되어 있거나 건전하고 필연적인 귀결에 따라 성경에서 추론될 수 있다"고 지적함으로써 성경 해석의 주제를 계속 제시한다.[55] 여기서 마지막 부분의 어구-건전하고 필연적인 귀결-는 종교개혁 시대 이후로 개혁파 신학자들에게 중요한 해석학적 도구였다. 말하자면 런던 침례교회 신앙고백(1677/1689년)은 "성경에……또는 건전하고 필연적인 귀결에 따라 성경에서 추론될 수 있다"는 말을 빼고, 대신 "또는 필연적으로 성경 속에 포함되어 있다"로 바꾸는데, 이것은 그들이 유아세례 사상을 거부하는 것과 분명히 관련되어 있다. 왜냐하면 웨스트민스터 총회 신학자들을 포함해서 개혁파 신학자들에게 타락 이전 행위 언약에 대한 교리는 "건전하고 필연적인 귀결"에 따른 추론의 결과였기 때문이다. 성경에서 행위 언약을 증명하기 위해 사용된 본문은 하나도 없고, 대신 성경 전체의 증거에 기초하여 청교도 신학자들은 "행위 언약"과 이와 같은 다른 어구들(예, 자연 언약)이 창세기 2장의 아담 관련 문맥에 정확히 묘사되었다고 결론지었다.

조지 길레스피(1613~1648년)는 앞에서 언급한 해석 원리를 오용하거나 제대로 활용하지 못하는 교황주의, 아르미니우스주의, 아리우스주의, 소키누스주의와 같은 다양한 신학 전통들을 논박함으로써, 이 원리에 대해 더 엄밀한 통찰력을 제공한다. 예를 들어 길레스피에 따르면, 아르미니우스주의자는 "추론할 수 있는[rationis compos] 어떤 사람에게도 논박당하지 않고, 또 논박당할 수 없을 만큼 아무도 반대하지 않는[nulli non obvie] 단순 명료한 본문들 또는 그런 귀결들 외에는 성경에서 나온 증거를 인정하지 않는다."[56] 교황주의자가 범하는 다양한 신학적 오류를 논박하기 위해서는 고도의 신학적 지식이 요구되고, 따라서 "건전하고 필연적인 귀결"에 대한 아르미니우스주의의 관점은 오류에 대한 적절한 대비책을 제공하지 못한다. 따라서 명확한 본문이 아니라, 필연적인 귀결이 여자들이 성찬에 참여할 수 있는 것과 유아가 세례를 받아야 한다는 것을 증명할 것이다.

유아세례 관습에 대해 말한다면, 개혁파 신학자들은 그들의 다른 해석학 및 주석 방법들에 건전하고 필연적인 귀결 해석 원리를 사용했다. 두 언약 구조-굿윈 및 오웬과 같은 "삼중 구조 지지자"도 받아들인 구조-관점이 분명히 하는 것처럼, 구약과 신약 간에는 통일성이 있고, 대부분의 청교도 신학자들은 창세기 3장에서 시작되어 최후 심판에서 끝나는 하나님의 웅대한 구속 계획을 가리키는 의미로 "은혜 언약"이라는 신학 용어를 사용했다. 해석학적으로 유아세례 관습을 옹호한 이 신학자들은 아브라함과 맺어지고, 새 언약 시대에 지속적으로 중대한 의미를 갖고 있던 언약에 큰 비중을 두었다. 따라서 필립 케리(사망, 1710년)와 같은 유아세례 반대주의자와 논쟁을 벌인 일로 유명한 플라벨은 두 언약은 서로에게 빛을 던져 준다고 주장한다. 특별히 그리스도인들은 구약 성경 본문을 "신약 성경의 신앙관이나 의무를 명확히 하고 확립하는 데 도움이 되지 않는 것으로 치부하고 평가절하하거나 거부해서는" 안 된다.[57] 다시 말하면 전체 율법(즉 성경)을 이해하는 것이 특정 율법들(예, 유아세례 관습)의 의미를 파악하는 데 도움을 준다.

---

55) 웨스트민스터 신앙고백의 이 국면에 대한 가치 있는 글은 C. J. Williams, "Good and Necessary Consequences in the Westminster Confession," *The Faith Once Delivered: Celebrating the Legacy of Reformed Systematic Theology, Essays in Honor of Dr. Wayne Spear* (Phillipsburg, N.J.: P&R, 2007), pp. 171~190을 보라.

56) George Gillespie, *A Treatise of Miscellany Questions: Wherein Many Useful Questions and Cases of Conscience Are Discussed and Resolved…* (Edinburgh: University of Edinburgh, 1649), p. 238.

57) Flavel, *Mental Errors*, in *Works*, 3:446.

성령과 이성

존 오웬은 성경 해석의 또 다른 근본 국면에 대해 목소리를 크게 높였다. "성령의 가르침과 인도를 받게 해 달라고 하나님께 기도하지 않고 교만한 태도로 성경을 해석하려고 시도하는 자들에 대해 크게 화를 내고 싶다. 나는 자신의 능력을 크게 넘어서서 교만하고 무지하게 연구하는 자에게서 진리를 발견할 것이라고 기대하지 못하겠다."[58] 오웬은 "성령은 자신이 모든 영적 조명의 직접적 저자이기 때문에 택함받은 자의 지성에 역사해서 그들이 성경을 이해할 수 있도록 하신다"는 사실을 강조했다. 그리스도인들은 마치 이 영적 특권이 당연한 것인 것처럼 이런 일이 일어날 것이라고 추정해서는 안 된다. 오히려 성령의 역사가 없으면 불가능하므로 하나님의 마음과 뜻을 이해할 수 있도록 해 달라고 하나님께 기도해야 한다. 부분적으로 이것은 이성의 한계로 말미암아 필수적인 과정이다.[59] 내프가 주장한 것처럼 이성은 "표준으로서의 지위를 일관되게 거부당했고, 오히려 신학의 인식적 원리(principium cognoscendi theologiae)인 성경에 예속되어 보조적인 역할을 담당했다."[60] 잉글랜드의 청교도를 보면, 신학에서 이성의 역할이 개혁파 신학자와 소키누스주의 신학자 간의 논쟁의 핵심 요점이었다. 청교도 신학자들은 소키누스주의 신학자들이 이성을 성경보다 우위에 두고 있다고 비난했다. 이런 이유로 청교도는 소키누스주의자들의 거의 모든 교리를 거부했다. 그리고 아르미니우스주의자도 이성을 신앙의 법칙으로 삼아 이성에 높은 지위를 부여했고, 이것은 그들의 신학이 오류가 많은 이유를 설명해 준다. 루터교인과 교황주의자도 개혁파 신학자들에게 비판을 받았는데, 그 이유는 그들이 성찬을 이해할 때 이성에 문을 개방했기 때문이다.

따라서 청교도에게 이성은 유용하지만 한계를 갖고 있었다. 복음의 비밀은 겉보기에는 모순처럼 보이는 수많은 진리를 드러내지만, 성령이 그리스도인들에게 역사하심으로써 그들이 이성으로 말미암아 다양한 신학적 오류에 빠지는 길로 들어서지 않고, 이 진리들을 액면 그대로 받아들일 수 있도록 하신다. 굿윈은 복음 속에 포함된 다수의 비밀을 다음과 같이 제시한다.

> 하나님은 자신만큼 오래되고……자신과 동등한……아들을 두고 계셨다. 이 사람 예수 그리스도는 땅 위에 계셨을 때 하늘에도 계셨다……율법을 만드신 하나님이 율법에 복종하셨다……오직 영이신 하나님이 사람들을 구속하기 위해 피를 흘리셨다……영원토록 영광을 받을 하나님이신 그분이 저주를 받으셨다……하나님은 자기 아들이 자신을 가장 기쁘게 하셨을 때보다 그 아들에게 진노를 나타내신 때는 없으셨다.[61]

따라서 굿윈은 모든 신학적 오류의 원인은 "이것들을 하나로 조화시키지 못하기" 때문이라고 주

---

58) Owen, *Causes, Ways, and Means*, in *Works*, 4:204.

59) 세바스찬 린만은 존 오웬의 사상에서 이성의 용도와 역할에 대해 탁월한 설명을 제공한다. *Divine Discourse: The Theological Methodology of John Owen* (Grand Rapids: Baker, 2002), pp. 109~128을 보라.

60) Knapp, "Understanding the Mind of God," p. 108.

61) Goodwin, *A Discourse of the Glory of the Gospel*, in *The Works of Thomas Goodwin*, Thomas Smith 편집 (1861~1864, 재판, Grand Rapids: Reformation Heritage Books, 2006) 4:274~275.

장한다.[62] 여기서 굿윈은 분명히 이성을 계시보다 더 높이는 자들을 겨냥하고 있고, 이것은 방금 제시한 것과 같은 수많은 은혜로운 진리들이 이성으로 말미암아 부정되었다는 것을 의미했다. 이어서 굿윈은 외관상 모순이 복음의 비밀에 의해 해결되는 것을 받아들일 수 없는 다수의 개혁파 정통주의의 반대자들을 다음과 같이 거론한다.

> 아리우스주의자는 신성한 인간으로서 그리스도의 인성을 강조하는 것이 중요하다고 봤고, 그러므로 그리스도가 하나님이라는 사실을 부인했다. 그들은 이 두 본성을 조화시킬 수 없었다……그러므로 하나를 취하고 다른 하나를 배제한다……소키누스주의자에 대해 말한다면, 그들은 죄에 대한 배상은 없다고 말한다. 그 이유는 이렇다. 만약 하나님이 값없이 용서하신다면 어떻게 배상을 위해 용서하실 수 있겠는가?……우리가 그렇게 부르는 것처럼, 율법폐기주의에 대해 생각해 보자. 그들에 따르면, 복음의 모든 은혜로운 진리는 사람은 영원 전에 의롭게 된다는 것이다……하지만 사람은 믿기 전에는 의롭다 함을 받지 않고, 그래서 그는 믿음으로 의롭게 된다고 말해지는 것이다. 그리고 그는 믿을 때까지는 진노의 아들이다……그런데 [율법폐기주의자는] 한 진리를 취하기 위해 다른 진리를 제외시킨다. 하지만 사실은 둘 다 취해야 한다……이번에는 아르미니우스주의에 대해 생각해 보자. 그들의 오류의 기초는 무엇인가? 그것은 실제로는 그렇지 않지만 외관상으로 모순되어 보이는 복음 속의 진리를 단순히 조화시키지 못하는 것이다. 예를 들면 그들은 인간의 자유의지와 하나님의 절대적인 작정을 조화시키는 법을 모르고 있다.[63]

이성은 이런 비밀들을 풀어낼 수 없다. 아담은 자연적 양심과 이성을 소유했지만 초자연적 믿음은 에덴동산에서 아담에게 내재했던 이 두 원리를 넘어선다. 만일 신앙이 아니라 이성이 제일 원리가 된다면 "구원의 비밀을 전혀 또는 거의 이해하지 못하게 될 것이다."[64] 마찬가지로 플라벨도 이성은 "신앙과 계시에 속해 있는 문제들을 주제넘게 중재하려고 할 때, 단지 찬탈자"가 되고 말 것이라고 주장한다.[65] 대신 이성은 신앙의 발 앞에 앉아 있어야 한다. 하나님의 역사는 비이성적인 것이 아니라, "그 가운데 많은 역사가 이성을 넘어서기 때문이다."[66]

따라서 하나님은 이성이 자체로는 받아들일 수 없는 성경의 진리들을 믿게 하려고 성도들에게 성령을 주신다. 프랜시스 투레틴(1623~1687년)은 "비록 모든 진리가 이성으로 증명될 수는 없어도(진리의 경계가 이성의 경계보다 훨씬 넓게 확대되므로) 진리에 대한 거짓말이 참된 이성의 보호 아래 피할 수 있는 것도 아니고, 또 한 진리가 다른 진리에 의해 파괴될 수 있는 것도 아니다"라고 말함으로써, 17세기의 개혁파 신학자들의 입장을 적절히 요약한다.[67] 또한 성경의 저자이신 성령은 영적 진리를 파악하도록

---

62) Goodwin, *Glory of the Gospel*, in *Works*, 4:276~277.
63) Goodwin, *Glory of the Gospel*, in *Works*, 4:276~277.
64) Goodwin, *Glory of the Gospel*, in *Works*, 4:304.
65) Flavel, *Mental Errors*, in *Works*, 3:465.
66) Flavel, *Mental Errors*, in *Works*, 3:465.
67) Francis Turretin, *Institutes of Elenctic Theology*, James T. Dennison Jr. 편집, George Musgrave Giger 번역 (Phillipsburg, N.J.: P&R, 1992), 1.13.3.

택함받은 자를 이끄시는 행위자이시다. 이성만으로는 복음의 비밀의 고지까지 올라갈 수 없고, 따라서 하나님의 말씀 속에 들어 있는 진리들을 이해하고 받아들이기 위해서는 초자연적 믿음이 요구된다.

결론

청교도의 성경 해석 방법에 대해서는 말할 것이 더 많이 있다. 하지만 예를 들어 존 오웬, 토머스 굿윈, 존 하우(1630~1705년), 스티븐 차녹(1628~1680년)과 같은 청교도 저술가들의 작품을 읽을 때, 우리는 그들의 방대한 성경 지식에 압도당할 수밖에 없다. 청교도는 원어로 성경을 편안하게 읽었고, 그들의 작품은 그들이 아람어-그들은 탈굼을 자주 인용했다-와 콥트어와 같은 다른 언어들도 잘 알고 있었다는 것을 보여 준다. 오웬은 원어로, 특히 히브리어로 성경을 읽는 것의 중요성을 끊임없이 강조했다. 청교도 신학자들은 또한 정통과 이단을 막론하고 유럽 대륙의 신학자들과 지속적으로 상호 영향을 주고받았다. 그들은 교회사에 대해 탁월한 지식을 갖고 있었고, 그들의 다양한 성경 주석은 이교도와 기독교인 저술가들의 작품에서 인용한 글로 가득 차 있다.

따라서 청교도는 언약적인 성경 이해를 통해 역사를 두 기본 언약(즉 행위 언약과 은혜 언약)으로 나누었고, 이것은 그들이 성경을 의식적으로 그리스도 중심의 렌즈를 끼고 읽었다는 것을 의미하며, 이것은 그들이 모형론과 때때로 알레고리를 사용하는 것으로 확인된다. 그들은 성경의 다수 "의미들"(소위 쿼드리가)을 거부했지만 그들의 작품은 그들이 종종 복합적 의미를 가질 수 있고, 문자적 의미(sensus literalis)의 합법적 적용인 어떤 본문들의 "더 충분한 의미"를 찾아내는 데, 예민했다는 것을 확실히 보여 준다. 청교도는 성경은 내적으로 일치된다는 것과 대다수 신학적 진리는 성경의 한 곳 이상의 본문들에서 수집된 것이라는 관점에 따라 신앙의 유비와 "건전하고 필연적인 귀결"이라는 기본 원리를 그들의 해석학의 필수 도구로 삼았다. 이런 해석 원리는 중요하지만, 만일 이성만으로 복음의 비밀을 파악하려고 시도한다면, 그리스도인은 영원히 오류와 이단에 빠지고 말 것이다. 오직 성령의 역사로 주어진 초자연적 믿음만이 그리스도인을 하나님이 자신만큼 오래 되신 아들을 두셨다고 믿게 할 것이다! 그러나 이런 진리를 형성하기 위해서는 많은 해석 도구들이 요구되었다.

3장

박식한 학자 윌리엄 에임스와 『신학의 정수』

신학은 하나님을 위한 삶에 대한 교리나 가르침이다…… 사람들은 하나님의 영광을 위해 하나님 뜻에 따라, 그리고 그들 속에서 역사하시는 하나님과 함께 살 때 하나님을 위해 살게 된다.

– 윌리엄 에임스[1] –

영국 해협과 대서양 어느 편에서나 윌리엄 에임스(1576~1633년) 만큼 개혁파 신학에 큰 영향을 미친 인물은 거의 없었다. 오늘날 에임스의 명성은 학계를 벗어나면 거의 유명무실하지만, 당시 에임스의 작품은 뉴잉글랜드에서 목회 훈련의 기본서로 간주되었고, 사후에 여러 세대에 걸쳐 잉글랜드와 네덜란드에서 크게 영향을 미쳤다.

에임스는 개혁파 언약신학의 전체 체계를 세운 최초의 인물 가운데 하나였다. 칼빈과 다른 개혁자들이 언약을 신학의 중요 영역으로 포함시키기는 했지만,[2] 에임스는 그들을 넘어 언약을 신학의 포괄적인 준거의 틀로 삼았다. 존 유스덴은 이렇게 말했다. "은혜 언약은 확실히 에임스 신학의 중심 개념 가운데 하나다…… 칼빈주의-청교도 전통 속에 있는 이전의 어떤 사상가도 은혜 언약을 이 프라네커 대학 교수의 분석만큼 날카롭게 분석한 자는 결코 없었다." 여기서 프라네커 대학 교수는 곧 윌리엄 에임스다.[3] 언약신학의 준거 틀 안에서 에임스는 교리와 삶을 통합시켜 실천적 경건과 교회의 순결을 촉진시켰다.

이번 장에서 우리는 에임스의 생애와 경력을 간략하게 살펴보고, 이어서 에임스의 고전 작품인 『신학의 정수』(The Marrow of Theology)를 검토하고, 이 책의 후편인 『양심론』(Conscience with the Power and Cases Thereof)에 대해서도 약간 언급하며, 이 책들이 개혁파 신학자와 목사들에게 미친 영향을 설명할 것이다.

생애 소개

윌리엄 에임스(라틴어식 이름은 "아메시우스")는 1576년에 강건파 청교도 운동의 중심지였던 영국의 서

---

1) William Ames, *The Marrow of Theology*, John D. Eusden 번역 및 편집 (1968; 재판, Grand Rapids: Baker, 1997), p. 77. 이번 장은 켈리 카픽과 랜들 글리슨이 편집한 *The Devoted Life: An Invitation to the Puritan Classics*, Kelly M. Kapic & Randall C. Gleason 편집 (Downers Grove, Ill.: InterVarsity, 2004), pp. 52~65에 나오는 Joel R. Beeke & Jan van Vliet, "The Marrow of Theology by William Ames"(1576~1633)을 편집한 것이다.

2) Peter A. Lillback, *The Binding of God: Calvin's Role in the Development of Covenant Theology* (Grand Rapids: Baker, 2001)를 보라.

3) William Ames, *The Marrow of Theology*, pp. 51~52에서 John D. Eusden의 서론을 보라.

퍽 카운티의 대표적인 도시 입스위치에서 태어났다.[4] 열렬한 청교도로서 매사추세츠 베이의 초대 총독이었던 존 윈스럽(1588~1649년)도 서퍽 카운티 출신이었다.

윌리엄으로 이름이 같았던 에임스의 아버지도 청교도에 동조적인 부유한 상인이었고, 어머니 조안 스넬링은 뉴잉글랜드에서 플리머스 식민지 건설에 공헌한 가문 출신이었다. 젊었을 때 부모가 죽었기 때문에 에임스는 박스포드 근방에 사는 청교도인 외삼촌, 로버트 스넬링의 집에서 양육을 받았다. 어린 시절부터 에임스는 활력적인 교리적 및 실천적 기독교에 깊이 발을 남샀다.

외삼촌은 에임스를 교육시키는 데 투자를 아끼지 않았다. 그는 에임스를 1593/1594년에 케임브리지 대학의 크라이스트 칼리지에 입학시켰다. 이 학교는 청교도 운동과 라무스의 철학으로 유명했다. 에임스는 곧 학문에 대한 자질을 드러냈다. 에임스는 1598년에 문학사 학위를 취득했다. 1601년에는 문학 석사 학위를 취득하고, 크라이스트 칼리지의 특별 연구원으로 임명되고, 목사 안수를 받고, 잉글랜드 개혁파 실험신학의 아버지인 윌리엄 퍼킨스(1558~1602년)의 "감동적인 설교"를 듣고 극적으로 회심을 체험했다.[5]

이처럼 심원한 영적 변화를 거친 에임스는 생각했다. "사람은 훌륭한 도덕가(bonus ethicus)일 수 있으나, 훌륭한 신학자(bonus theologus)가 아닐 수 있다. 즉 외적 행실로 신앙의 마음과 실천을 표현함으로써 외적으로 훌륭한 모습을 보여줄 수 있지만, 그렇다고 할지라도 진실하고 참된 그리스도인이 아닐 수도 있다."[6] 이 개인적 체험으로 말미암아 에임스는 한평생 구속을 받고 새롭게 된 마음의 내적 경건이 녹아 있는 실천적인 기독교에 관심을 두었다.

개인적, 연합적 경건은 강조하고, 명백하게 성경의 규제를 받지 않은 교회의 실천은 결단코 반대한 에임스는 곧 크라이스트 칼리지의 도덕적 나침반과 양심이 되었다. 에임스는 학생들에게 죄에 대해 경고하고 그들로 하여금 보다 깊은 신앙과 경건을 갖게 해야 할 책임이 있다는 의무감에서 자신

---

4) 에임스의 생애를 명확히 다루고 있는 자료들은 다음과 같다. Keith L. Sprunger, *The Learned Doctor William Ames: Dutch Backgrounds of English and American Puritanism* (Chicago: University of Illinois Press, 1972), Sprunger, "The Learned Doctor Ames," 개정판 (철학박사학위논문, University of Illinois, 1963). 또 도움이 되는 자료로 Benjamin J. Boerkoel Sr., "William Ames (1576~1633): Primogenitor of the *Theologia-Pietatis* in English-Dutch Puritanism" (신학석사학위논문, Calvin Theological Seminary, 1990)을 보라. 에임스의 생애와 작품에 대한 보다 간략한 설명은 다음 자료들을 보라. William Ames, *The Marrow of Theology*, pp. 1~66의 John D. Eusden의 서론, William Ames, *Technometry* (Philadelphia: University of Pennsylvania Press, 1979), pp. 3~17의 Lee W. Gibbs의 서론, Jan van Vliet, "William Ames: Marrow of the Theology and Piety of the Reformed Tradition" (철학박사학위논문, Westminster Theological Seminary, 2002), pp. 15~40. 가장 좋은 네덜란드어 자료들은 Hugo Visscher, *Guilielmus Amesius, Zijn Leven en Werken* (Haarlem: J. M. Stap, 1894)과 Willem van't Spijker, "Guilielmus Amesius," *De Nadere Reformatie en het Gereformeerd Piëtisme* ('s-Gravenhage: Boekencentrum, 1989), pp. 53~86을 보라. 에임스에 대한 3개의 전기 작품이 Douglas Horton에 의해 번역되고 편집되어 *William Ames by Matthew Nethenus, Hugo Visscher, and Karl Reuter* (Cambridge: Harvard Divinity School Library, 1965)라는 제목의 한 권의 책으로 출판되었다. 이 세 개의 작품은 다음과 같다. Matthias Nethenus, *Introductory Preface in Which the Story of Master Ames is Briefly Narrated and the Excellence and Usefulness of His Writings Shown* (Amsterdam: John Jansson, 1668), Hugo Visscher, *William Ames: His Life and Works* (Haarlem: J. M. Stap, 1894), Karl Reuter, *William Ames: The Leading Theologian in the Awakening of Reformed Pietism* (Neukirchen: Neukirchener Verlag des Erziehungsvereins, 1940). 이 전기들에 대한 정보는 호튼의 책을 참고하라. 또한 Horton, "Let Us Not Forget the Mighty William Ames," *Religion in Life* 29 (1960), pp. 434~442와 John Quick(1636~1706)의 미출판 원고로, 런던의 윌리엄스 박사 도서관에 소장되어 있는 "*Icones Sacrae Anglicapae*"를 보라. 이 원고에는 "The Life of William Ames, Dr. of Divinity"라는 제목의 장이 들어 있다.

5) 여기서 "실험"이라는 말은 인간 경험을 하나님의 구원하시는 은혜가 그 사람에게 과연 영향을 미쳤는지, 그리고 미쳤다면 어느 정도나 미쳤는지 성경 교리들을 통해 시험하는 것을 의미한다.

6) William Ames, *A Fresh Suit against Human Ceremonies in Gods Worship* (Rotterdam, 1633), p. 131.

을 에스겔의 파수꾼(겔 33장)과 같은 사람으로 봤다. 그러나 이 역할은 오래 가지 못했다. 1604년 제임스 1세의 관용령에 맞서기 위해 개최된 햄프턴 궁전 회담의 결과로 영국 국교회를 비판하는 대학들의 청교도 운동이 제약을 받았기 때문이다.

그러나 케임브리지 대학의 청교도 분파는 엘리자베스 여왕의 종교적 타협에 대해 격렬한 반대를 지속했다. 여왕의 칙령에 대한 이런 반발은 심각한 결과를 초래했다. 학교 당국은 곧 제도권 교회를 비판하는 자들의 직위를 박탈하고 해고시켰다. 1609년에 학교 당국은 지위가 훨씬 높은 윌리엄 에임스가 아니라, 발렌틴 케리를 학장으로 선임했다. 케리는 청교도 운동을 몹시 싫어했다. 에임스가 영국 국교회를 비난하고 백의와 같은 성의의 착용을 거절하자 반감은 점차 고조되었다. 1609년 12월 21일에 에임스가 성 도마 축일(오랜 세월을 거쳐 오면서 점차 무질서한 광란의 행사가 되어 버린 케임브리지의 연례 축제)에 도박을 비판하는 설교를 해서 "책망이라는 유익한 식초"[7]를 뿌리자 대학 당국은 그를 구금하고 직위를 정지시켰다.

비록 공식적으로 퇴출된 것은 아니었다고 해도 에임스는 떠나는 것이 케임브리지 대학의 암울한 미래에 직면하는 것보다 더 낫다고 보고, 명예 교수 자리를 포기했다. 콜체스터 시의 강연자로서 잠시 활동한 후에 에임스는 런던 주교인 조지 에보트에 의해 설교권을 금지당했다. 1610년에 에임스는 네덜란드의 보다 자유로운 학교 및 교회 풍토를 찾아가기로 결심했다. 그렇게 네덜란드로 망명한 에임스는 여생을 그곳에서 보냈다.

에임스는 먼저 로테르담으로 가서 레이든에서 영국인 분리파 교회를 섬기고 있던 존 로빈슨(1575~1625년) 목사를 만났다. 이들 중 일부 교인들은 곧 신세계에서 플리머스 농장을 세웠는데, 이들은 나중에 필그림으로 알려지게 된다. 에임스는 로빈슨이 갖고 있던 분리주의 감정, 즉 청교도 교회들은 영국 국교회에서 "뿌리와 가지"를 분리시켜야 한다는 생각을 포기하도록 설득할 수 없었지만, 매우 급진적인 그의 관점을 약간 누그러뜨리는 데는 성공했다.

로테르담과 레이든에 잠시 머무른 후, 에임스는 호레시오 베레 대령을 통해 헤이그에 주둔하고 있던 영국군의 군목으로 선임되어 1611년에서 1619년까지 재임했다. 여기서 에임스는 얼마 안 있어 교회를 위기에 빠뜨릴 아르미니우스주의에 반대하는 글들을 많이 썼다. 네덜란드에서 아르미니우스주의로 말미암아 벌어진 위기로 결국은 도르드레흐트에서 국제 총회(1618~1619년)가 개최되었다. 에임스는 아르미니우스주의와의 싸움에서 드러난 문제점에 대처할 전문적인 실력을 갖고 있었기 때문에, 영국인으로서 의결권이 없었음에도 불구하고, 의장인 요하네스 보게르만의 신학 고문 겸 비서로 도르트 총회에 참가했다. 도르트 총회의 회원들은 아르미니우스주의자들이 제시한 다섯 가지 요점에 대해 개혁파의 역사적 입장을 지지했고, 에임스에게는 이것이 큰 기쁨이었다. 영국에서는 있으나마나한 신세였으나, 네덜란드 공화국이 공식적으로 칼빈주의를 따뜻하게 받아들인 이곳에서는 편안함을 느꼈다.

도르트 총회의 판결에 따라 교회와 정치와 학계에서 아르미니우스주의자들이 추방되자 레이덴 대학에서 교수를 공개 모집했다. 이때 에임스는 교수로 임명되었으나 영국 당국의 긴 팔이 그를 덮쳤다. 헤이그에서 군목을 그만 두게 된 것도 영국 당국의 압력 때문이었음을 근래에 알게 된 에임스는

---

7) Horton, *Ames*, p. 4.

레이덴 대학에서의 교수직이 좌절되게 된 것도 영국 당국의 압력이었음을 깨닫게 되었다.

에임스는 1618년에 조안 플레처와 재혼했고, 그녀와의 사이에서 세 아들 곧 루스와 윌리엄과 존을 두었다. 에임스의 첫 아내는 헤이그에서 그의 전임 군목이었던 존 버지스의 딸로 결혼 직후 자녀 없이 죽었다. 가족을 부양하기 위해 도르트 총회가 개최된 후로 3년 동안 에임스는 개인교수와 가정교사로 대학생들을 가르쳤다. 에임스는 잠시 개인적으로 "하우스 칼리지"를 운영하기도 했다. 이 하우스 칼리지는 당시 페스투스 호미우스가 운영한 소규모의 스태튼 칼리지와 유사했다. 신학생들은 에임스의 집에서 살았고, 에임스는 그들에게 청교도 운동과 페트루스 라무스의 논리학에 따라 조직신학을 가르쳤다. 에임스는 후에 이때 했던 강의의 일부를 유명한 『신학의 정수』로 발전시켰다.[8)]

1622년에 프리슬란트 지방에서 비교적 새로운 학교인 프라네커 대학의 직원들이 잉글랜드 당국을 무시하고 에임스를 신학 교수로 임명했다. 1622년 5월 7일에 에임스는 출애굽기 28장 30절을 본문으로 해서 우림과 둠밈에 대한 내용으로 취임 설교를 했다. 교수로 취임한지 4일 만에 에임스는 "양심의 본질과 이론과 실제 작용"에 대한 38개의 논제와 4개 추론을 성공적으로 변증함으로써 신학 박사 학위를 받았다. 1626년에 에임스는 프라네커 대학에서 가장 높고 영예로운 지위인 학장(Rector Magnificus)으로 선임되었다.

프라네커 대학에서 11년간 재직하면서 에임스는 프라네커 대학을 "청교도화"하는 데 힘쓴 "박식한 학자"(Learned Doctor)로 명성을 날렸다. 에임스는 프라네커 대학이 교리적으로는 정통성을 인정했으나, 실천면에서는 대다수 교수와 학생들이 충분히 개혁적이라는 사실을 느끼지 못했다. 그들의 믿음은 아직 기독교 규례를 적절히 실천하는 수준에 이르지 못했다. 특히 교수들은 에임스의 사상에 대해 지나치게 아리스토텔레스의 논리학에 의존하고 있고, 기독교적 삶을 사는 인간의 책임과 인간의지의 행사를 부적절하게 강조하고 있다고 봤다. 그래서 에임스는 개인 수업, 강의, 그리고 숱하게 신학적 논쟁들이 벌어진 대학 안의 자신의 집에 일종의 기숙 하우스, 곧 "칼리지"를 다시 한 번 개설했다.[9)] 에임스의 목표는 "우리 대학에서 적어도 내가 애매하고 혼란스럽고 전혀 본질적이지 않은 질문과 논쟁들을 어떻게든 신학에서 제외시키고, 학생들이 양심과 양심의 관심사에 대해 진지한 생각을 해 보도록 신학을 삶과 실천에 도입하는 것을 보는 것"이었다.[10)] 그 목표를 위해 에임스는 학장으로서 경건을 강조하고, 주일성수를 역설하고, 성탄절과 부활절 휴가를 줄이고, 학생 훈련을 강화시켰다. 에임스의 엄격한 개혁은 이 대학에서 1620년대의 "종교개혁"이라는 말을 들을 정도였다.

프라네커 대학에서 재직하는 동안 강의와 부지런한 저술 활동을 통해 에임스는 반(反)성직 제도와 반(反)아르미니우스주의를 강력히 표방했다. 하지만 그의 가장 위대한 업적은 신학과 윤리학에 있었는데, 그는 이 두 학문을 참된 경건의 삶을 살도록 그리스도인에게 도움을 주는 하나의 통일된 체계로 봤다. 이때 에임스는 두 권의 위대한 작품, 즉 『신학의 정수』(Medulla Theologie)와 『양심』(De Conscientia, 영어로는 "Conscience with the Power and Cases Thereof"라는 제목으로 번역됨)을 썼다. 에임스는 자신의

---

8) Horton, *Ames*, p. 13.

9) 다음 자료들을 보라. Sprunger, *The Learned Doctor Ames*, chap. 4, Sprunger, "William Ames and the Franeker Link to English and American Puritanism," *Universiteitte Franeker, 1585~1811*, G. Th. Jensma, F. R. H. Smit, & F. Westra 편집 (Leeuwarden: Fryske Academy, 1985), pp. 264~285.

10) Ames, "*Paraenesis ad studiosos theologiae, habita Franekerae*" (1623), Douglas Horton 번역 (제목: "An Exhortation to the Students of Theology"[1958]).

신학 및 윤리 체계 속에 케임브리지 대학에서 배운 라무스주의 철학과 방법을 통합시켰다.

라무스주의는 삶과 생각, 앎과 행함, 그리고 종교적인 삶의 경우에는 신학과 윤리학 사이를 단절시키는 것이 특징인 아리스토텔레스 사상의 인위적인 궤변을 교정하려는 철학이었다. 라무스주의는 16세기 프랑스의 개혁파 철학자이자 교육가로, 파리의 성 바돌로뮤 축일 대학살 사건에서 순교당한 페트루스 라무스(Pierre de la Ramée, 1515~1572년)가 전개한 철학이다.[11] 에임스는 이 위그노 교도의 사상을 자신의 작품 속에 융합시켜 신학과 윤리학을 아주 자연스럽게 순종적이고 언약적인 삶의 프로그램 속에 넣었다.

강의를 통해 에임스는 자신이 가르치고 있던 대학의 명성뿐만 아니라, 자신의 명성도 크게 드높였다. 에임스에게 공부하려고 유럽 전역에서 학생들이 몰려들었다. 당시 가장 유명한 제자 가운데 하나가 요하네스 콕세이우스(1603~1669년)였는데, 훗날 그는 에임스를 크게 능가하는 언약신학의 대가가 되었다.

그러나 에임스는 프라네커 대학에서 만족하지 못했는데, 그것은 그 대학에서 모든 것이 좋기만 한 것이 아니었기 때문이다. 일부 학생과 교수들이 더 깊고 더 진전된 개혁을 이루려고 하는 에임스의 노력을 높이 평가하지 않았다. 요하네스 마코비우스(1588~1644년)가 주동이 된 일단의 교수들은 에임스의 노력을 고의로 방해했다. 또한 에임스와 아리스토텔레스주의자인 그의 동료 마코비우스 간의 계속된 논쟁으로 프라네커 대학의 지적 분위기는 크게 훼손되었고, 그동안 프리슬란트의 축축한 해안 공기로 인해 에임스의 건강도 크게 악화되었다. 이런 문제들과 고향으로 돌아가기를 원하는 아내의 재촉이 맞물려 에임스는 새롭게 사역할 자리를 찾아보게 되었다.

1632년에 에임스는 로테르담의 영어권 회중 교회에서 공동 목사로 사역하자는 친구 휴 피터스 목사의 제안을 받아들였다. 에임스가 이 제안에 끌렸던 것은 신앙을 고백하는 신자들의 참된 신앙의 실천을 위해 분투하는 피터의 독립적, 언약-중심적 회중 교회 계획을 좋게 봤기 때문이다. 에임스도 오랫동안 청교도 진영 안팎에서 이런 회중 교회 원리들을 계속 주장해 왔었다.[12] 에임스는 또한 로테르담에서 청교도 대학을 발전시켜 교회를 돕도록 하자는 계획에도 매력을 느꼈다.

1633년 늦여름에 에임스는 드디어 로테르담 남쪽으로 향했다. 그러나 그곳에서의 체류 기간은 짧았다. 가을에 마스 강의 둑이 터졌고, 이미 건강이 좋지 않았던 에임스는 집이 물에 잠긴 후에 건강이 더 악화되어 병에 걸렸다. 에임스는 57세가 되던 해 11월 11일에 폐렴으로 친구 휴 피터스의 팔에 안겨 세상을 떠났다. 끝까지 에임스는 견고한 믿음과 승리의 소망을 놓지 않았다.[13]

죽기 직전에 에임스는 뉴잉글랜드로 이민을 간 친구, 존 윈스럽과 함께 사는 것을 진지하게 고려했지만, 하나님은 그를 위해 다른 "신세계"를 마련해 두셨다. 에임스는 뉴잉글랜드의 신학사와 지성사에 큰 영향-특히 『신학의 정수』를 통해-을 미쳤지만, 결코 뉴잉글랜드 연안에 도착하지는 못했다.

---

11) Sprunger, *Ames*, p. 107, Eusden, introduction, p. 37.

12) Ames, *Marrow*, 제1권, 32장, 6문단과 15문단(이제부터는 이 자료를 인용할 때, 본문 속에 1.32.6, 15의 형태로 제시할 것이다). 참고, Ames, *A Reply to Dr. Mortons Generall Defence of Three Nocent Ceremonies* (1622), *A Reply to Dr. Mortons Particular Defence of Three Nocent Ceremonies* (1623), *A Fresh Suit*. 인크리스 매더는 에임스가 우리에게 "완전한 회중교회 사상"을 제공했다고 말했다(*A Disquisition Concerning Ecclesiastical Councils* [Boston: for N. Boone, 1716], pp. v~vi).

13) Sprunger, *The Learned Doctor Ames*, p. 247.

많은 역사가들이 추측하는 것처럼, 에임스는 과연 하버드 대학의 초대 총장이었을까?[14] 뉴잉글랜드 역사를 다룬 자신의 책에서 청교도 코튼 매더(1663~1728년)는 "천사 같은 박사"로, 윌리엄 에임스는 "마음으로는(intentionally) 뉴잉글랜드 사람이었지만, 결국은(eventually) 뉴잉글랜드 사람이 되지 못했다"고 회상했다.[15] 에임스가 죽고 40년이 지나자 그의 아내와 자녀들은 매사추세츠, 살렘의 청교도 정착지로 이민을 갔다. 그의 가족이 신세계로 이민을 갈 때 에임스의 장서 전체를 갖고 갔다는 것은 개연성이 없지만, 최소한 그의 책 일부가 대서양을 건너가 비록 1764년에 불에 타 거의 사라지기는 했어도, 하버드 대학의 최초 도서관의 토대가 된 것은 개연성이 있다.[16]

『신학의 정수』

윌리엄 에임스의 『신학의 정수』는 비록 1627년에 라틴어(Medulla Theologiae)로 처음 출판되기는 했어도 그 책에 담긴 핵심 관념들은 그보다 훨씬 일찍 세상에 나왔다. 에임스가 1619~1622년에 레이든에서 가정교사로 학생들에게 했던 신학 강의들은 그가 표현한 것처럼 "시장에서 한가롭게" 서 있는 동안 다시 손질이 되었다. 그리고 그것들은 먼저 프라네커 대학을 통해 단편적으로 라틴어로(1623년) 발표되었다. 그로부터 4년 후에 곧 프라네커 대학의 학문적 환경 속에서 재정적 안정을 찾게 된 후에, 에임스는 결국 이 기념비적인 작품을 완성시켰고, 오늘날 에임스를 가장 잘 기억하게 만든 작품이 되었다.

이 책은 평신도와 신학생을 위한 유용한 개론서로 씌어졌다. 이 책은 출판되자마자 학계와 교회의 인정과 갈채를 받았고, 곧 여러 나라의 언어로 번역되었다. 영어판은 1642년과 1643년에 최초로 출판되었다.

핵심 주제: 하나님 중심의 삶

『신학의 정수』의 시작하는 말은 매우 단순하고 간결하다. "신학은 하나님을 위한 삶에 대한 교리다"(theologia est doctrina Deo vivendi). 보이는 그대로 아주 단순한 이 진술은 의미로 가득 차 있다. 이 말은 에임스가 가진 기독교 체계의 실천적 경향을 선언한다. 곧 단순히 지성이나 의지나 감정의 믿음이 아니라, 전 인간의 믿음을 강조한다. 이 말은 사상과 행동을 통합시키는 실천적, 활력적 기독교에 대한 에임스의 열정을 증명한다. 에임스는 신학이 단순히 하나님에 대한 진술을 다루는 것이 아니라, "하나님을 위해 사는" 법에 대한 지식을 다루는 것임을 보여 주려고 했다. 에임스는 이렇게 말했다. "사람들은 하나님의 영광을 위해 하나님의 뜻에 따라, 그리고 그들 속에서 역사하시는 하나님과 함께 살 때, 하나님을 위해 살게 된다"(1.1.6. 벧전 4:2, 6; 갈 2:19~20; 고후 4:10; 빌 1:20을 상기시킴). 또 다른 배경

---

14) 에임스의 제자 나다니엘 이튼이 하버드 대학 초대 총장이 되었다.

15) Cotton Mather, *The Great Works of Christ in America or* Magnalia Christi Americana, 3판 편집 (1853, 재판, Edinburgh: Banner of Truth Trust, 1979), 1:236.

16) 에임스의 장서의 경매 목록이 있다는 것은 에임스가 죽을 당시에 가난해진 그의 가족이 돈을 마련하기 위해 애썼다는 것을 암시한다. *Cataloguslibrorum D. Guilielmi Amesii* (Amsterdam: Jansson, 1634)을 보라. 이것은 Keith L. Sprunger의 서론이 붙어 R. Breugelmans 편집, *The Auction Catalogue of the Library of William Ames*, Catalogi Redivivi, 제6권 (Utrecht: HES Publishers, 1988)으로 재출간되었다.

속에서 에임스는 이렇게 썼다. "계시된 하나님의 뜻은 우리의 삶의 법칙이 되어야 한다."[17)]

비록 칼빈이 자신의 신학을 지식-하나님을 아는 것과 우리 자신을 아는 것[18)]-에 더 입각해서 표현했다고 해도, 에임스의 공식과 칼빈의 공식 간의 이 외견상 차이로 우리가 그들 사상의 근본적 통일성을 간과해서는 안 된다. 칼빈의 〈제네바 교리문답〉(1545년)은 "인간 생활의 핵심 목적"을 "하나님을 아는 것"으로 정의하고, 이것이 없으면 우리가 비참에 빠지는 우리의 "주권적인 선"으로 간주했다.[19)] 따라서 〈제네바 교리문답〉은 하나님을 아는 지식에 대한 칼빈의 개념을 실천적 신뢰와 복종을 통해 하나님을 영화롭게 하는 것에 입각해서 상술한다.

6. 목사: 하나님에 대한 참되고 온전한 지식은 무엇입니까?
아이: 우리가 하나님을 공경하기 위해 하나님을 아는 것에 있습니다.

7. 목사: 우리가 어떻게 하나님을 온전히 공경합니까?
아이: 그것은 우리가 하나님의 뜻에 순종하는 것으로, 하나님을 섬김으로써 그리고 우리의 모든 필요를 하나님께 구하고, 하나님 안에서 구원과 모든 좋은 것을 찾고, 우리의 모든 선이 하나님에게서 나온다는 것을 마음과 입으로 인정함으로써, 하나님을 온전히 의지하는 것으로 공경합니다.[20)]

분명히 말하면, 칼빈에게 하나님을 아는 지식은 지성 이상의 것을 포함하고, 전 존재와 관련되어 있다. 칼빈은 경건이 없이, 즉 하나님에 대한 사랑과 공경이 없이 존재하는 것은 무엇이든 하나님에 대한 참된 지식으로 부르지 않았다.[21)] 칼빈은 "하나님은 종교나 경건이 없는 곳에서는 알려지지 않는다"고 말했다.[22)] 따라서 칼빈의 하나님을 아는 지식과 에임스의 하나님을 위한 삶은 사실상 다른 각도에서 같은 실재를 표현하는 것이다.

이 점에서 에임스는 스승인 윌리엄 퍼킨스를 통해 방향을 설정하고, "신학은 잘 사는 것에 대한 교리다"라고 말한 페트루스 라무스의 영향을 받았다. 퍼킨스는 신학을 "영원히 행복하게 사는 것에 대한 학문"[23)]으로 봤다. 퍼킨스에 따르면, 이 복된 삶은 하나님에 대한 지식과 자기에 대한 지식을 통해 얻어진다. 이 점에서 퍼킨스의 신학은 칼빈의 신학과 라무스의 방법론을 조합시킨 것이다. 에임스는 『신학의 정수』에서 영원한 삶 속에 "잘 사는 것"과 "행복하게 사는 것"이 포함되어 있음을 인정하지만, 우리의 행복보다는 하나님의 영광을 위해 사는 것이 더 훌륭한 삶이라고 말함으로써,

---

17) William Ames, *A Sketch of the Christian's Catechism*, Todd M. Rester 번역, Classic Reformed Theology, 제1권 (Grand Rapids: Reformation Heritage Books, 2008), p. 214 (Lord's Day 49).

18) John Calvin, *Institutes of the Christian Religion*, John T. McNeill 편집, Ford Lewis Battles 번역 (Philadelphia: Westminster Press, 1960), 1.1.1.

19) James T. Dennison Jr. 편찬, *Reformed Confessions of the 16th and 17th Centuries in English Translation, Volume 1, 1523~1552* (Grand Rapids: Reformation Heritage Books, 2008), p. 469.

20) Dennison, *Reformed Confessions of the 16th and 17th Centuries in English Translation*, 1:469.

21) Calvin, *Institutes*, 1.2.1.

22) Calvin, *Institutes*, 1.2.1.

23) William Perkins, *A Golden Chaine*, in *The Workes of that Famous and Worthy Minister of Christ in the Universitie of Cambridge, Mr. William Perkins* (London: John Legatt and Cantrell Ligge, 1612), 1:11.

이 견해에 대한 제한을 표현했다(1.1.8). 존 다익스트라 유스덴은 다음과 같이 말한다. "에임스에게 신학의 목적은 결코 행복을 창출하는 데 있지 않았는데, 그는 그것이 인간의 궁극적 열망과 욕구에 주로 관련되어 있다고 느꼈기 때문이다. 자신의 행복을 추구할 때, 인간은 삶의 참된 목적인 하나님을 놓칠 수도 있었다."[24] 그러나 유스덴의 일방적 진술은 에임스가 행복 추구를 긍정한 사실과 균형을 맞춰야 한다(2.1.27~28, 2.16.13). 에임스는 하이델베르크 교리문답에 대한 자신의 설교에서 이렇게 말했다. "최고선은 우리의 전체 삶 속에서 다른 모든 것보다 위에 있는 것으로 간주되고, 먼지 추구되어야 한다……나아가 '최고선'은 특히 우리의 행복을 구성하는 것으로 이해된다."[25] 칼빈, 퍼킨스, 에임스 안에서 거룩함과 행복이라는 이 요소는 궁극적으로 인간의 목적은 하나님을 영화롭게 하고 그분을 영원토록 즐거워하는 것이라는 웨스트민스터 소교리문답의 첫 진술 속에 융합되었다.

신적으로 힘을 얻는 인간 의지의 강조

에임스는 다음과 같이 말했다. "의지는 이 [거듭나게 하는] 은혜의 고유 주제이자 핵심 주제다. 의지의 회심이 전 인간의 회심의 유효 원리다"(1.26.23). 또 에임스는 이렇게도 말했다. "준수[순종]의 핵심 주체는 의지다. 왜냐하면 그것이 살아 있는 믿음 속에 있기 때문이다(빌 2:13)"(2.1.35).

에임스가 의지를 강조하는 것은 그와 프라네커 대학의 동료 교수인 요하네스 마코비우스와의 논쟁의 핵심 논점 가운데 하나였다. 마코비우스는 거듭난 자의 마음속에서 지성이 우선한다는 사실을 강조했다. 즉 의지는 지성을 통해 새롭게 된다. 지성은 과정의 **출발점**(terminus a quo)이고, 의지는 과정의 **도달점**(terminus ad quem)이다. 그러나 에임스는 의지가 우선한다는 사실을 강조했다. 신앙은 "전 인간의 행위"와 관련되어 있다. 이것은 절대로 단순한 지성의 행위가 아니고, 복음을 믿는 데 있어서 의지의 행위가 성령의 은혜로 말미암아 지식을 구원하는 지식으로 만든다고 에임스는 말했다. 그러므로 구원하는 지식은 의지의 전적인 의뢰와 관련되어 있기 때문에 단순한 지식과는 다르다. 에임스는 다음과 같이 말한다. "신앙은 항상 복음에 대한 지식을 전제로 하지만, 그럼에도 의지의 이 행위를 따라가고 그 행위에 의존하는 지식이 없으면……어느 누구에게도 구원하는 지식은 없다"(1.3.3~4, 참고 2.5.11~16).

이런 입장은 "신앙은 이해에서 나오고, 그래야 의지를 형성한다"고 말한 17세기 초의 제도권 정통주의의 견해와 크게 달랐다. 결론적으로 에임스의 신앙과 의지에 대한 입장은 정통 개혁파의 의심을 받았다. 흥미롭게도 에임스의 계승자로서 종교개혁 이후 네덜란드의 개혁파 신학과 경건 체계를 발전시킨 지도자인 기스베르투스 푸치우스(1589~1676년)는 신앙을 의지에 귀속시키는 것은 이런 사상을 공개적으로 옹호한 유일한 신학자인 에임스를 제외하고는, 개혁파 신학계에서 들어본 적이 없다고 말했다.[26]

아브라함 카이퍼 주니어는 에임스와 마코비우스 간의 논쟁을 검토하면서 에임스는 마코비우스가 견지했던 개혁파 입장에서 벗어났다고 결론지었다.[27] 로버트 켄달은 한술 더 떠 다음과 같이 말했

24) Eusden, introduction, p. 47.

25) Ames, *A Sketch of the Christian's Catechism*, p. 6 (Lord's Day 1).

26) Gisbertus Voetius, *Selectarum theologicae* (Utrecht: Joannem a Waesberge, 1669), 5:289.

27) Abraham Kuyper Jr., *Johannes Maccovius* (Leiden: D. Donner, 1899), pp. 315~396. 아브라함 카이퍼 주니어(1872~1941년)는 1901~1905년에 네덜란드 수상을 역임한 자로 네덜란드의 개혁파 신학자이자 정치 지도자였던 유

다. "에임스의 영향으로 인해 철저히 실천적 목적을 갖고 있던 칼빈의 신앙관이 지금은 죽어 매장되고 말았다. 에임스는 어쨌든 칼빈의 영향권에서 이미 벗어나 있던 전통에 속해 주의주의(主意主義) 신앙관을 주창했다." 계속해서 켄달은 "에임스의 주의주의는 그가 믿는 모든 것의 열쇠로 나타난다"고 결론짓는다.[28] 여기서 켄달은 "주의주의"를 구원하는 "믿음을 지성의 수동적 설복이 아니라 의지의 한 행위로" 보는 견해를 의미하는 것으로 본다.[29] 켄달은 이것을 신앙을 신적 조명을 통해 얻는 것으로 보는 칼빈주의 견해에서 신앙을 인간 자유의지의 선택으로 보는 아르미니우스주의 견해로 나아가는 단계로 봤다.[30]

에임스가 지성에 더 초점을 두고 있는 개혁파 정통주의 길에서 벗어난 주의주의자인 것처럼 진술하고 있는 경우가 그리 많지 않음에도 불구하고, 에임스에게 주의주의 낙인을 찍는 학자들은 에임스 연구의 포괄적인 범주와 그가 활용한 근본적인 철학적 범주들을 제대로 모르고 있는 것이다. 정통 개혁파 신학의 범주 안에서 에임스는 "기독교는 성령의 역사로, 활력적이고, 진심 어린 믿음이 참된 그리스도인의 발걸음을 낳는다"고 강조했다. 하나님이 사람을 그리스도께 부르실 때 사람은 "수동적이지만", "영적 은혜의 원리가 사람의 의지 속에 심겨진다(엡 2:5)"(1.26.21). 에임스는 지성의 계발은 먼저 의지의 부패가 극복되어야 하므로 회심을 낳기에 불충분하다고 강조했다(1.26.24). 의지의 부패를 극복하게 되면 사람들은 하나님에게서 그리스도를 "자유롭게 하지만 동시에 확실히, 불가피하게, 변함없이 신뢰하도록 요구받는다. 요한복음 6장 37절 '아버지께서 내게 주시는 자는 다 내게로 올 것이요 내게 오는 자는 내가 결코 내쫓지 아니하리라'"(1.26.28).

에임스는 신앙을 정의하는 데 있어서 칼빈과는 다른 강조점을 갖고 있었지만, 칼빈의 신학적 관점과 명백히 연속성 위에 서 있었다. 칼빈은 신앙을 "그리스도 안에서 값없이 주어진 약속의 진리에 기반을 둔 우리를 향하신 하나님의 인자하심에 대한 확고하고 확실한 지식"으로 정의했지만, 또한 "하나님이 자비로 우리를 자신에게 이끌지 아니하시면 하나님이 진실하신 분이라는 것을 아는 것이 전혀 도움이 되지 못할 것"이라고 주장했다.[31] 하나님과 인간의 만남 속에서 감정의 역할을 상술하면서, 칼빈은 "그러나 답례로 동시에 하나님을 사랑하는 데 온전히 불타지 않고 지성이 어떻게 하나님의 인자하심을 맛볼 수 있겠는가?"라고 묻는다. 그리고 칼빈은 이렇게 대답한다. "일단 어떤 사람이 감정의 자극을 받으면, 감정은 철저히 그를 사로잡고 그를 감정으로 이끈다."[32] 칼빈은 자기를 따르는 에임스와 똑같이, 신앙을 정의하고 회심을 가르칠 때 감정적 차원과 의지적 차원을 동등하게 강조했다.[33]

명한 아브라함 카이퍼 시니어(1837~1920년)의 아들이었다.

28) Robert T. Kendall, *Calvin and English Calvinism to 1649* (Oxford: Oxford University Press, 1979), pp. 151, 154.

29) Kendall, *Calvin and English Calvinism*, p. 3. 또한 "주의주의자"라는 말은 중세 시대의 하나님의 뜻의 자유에 대한 명목론자와 실재론자 간의 신학 논쟁과 관련해서 사용될 수 있다. 우리는 여기서 이에 대한 설명은 언급하지 않는다.

30) Kendall, *Calvin and English Calvinism*, pp. 151~152.

31) Calvin, *Institutes*, 3.2.7.

32) Calvin, *Institutes*, 3.2.41.

33) "지성주의"와 "주의주의" 개념은 중세 철학적 배경을 더 전문적으로 이해하고, 이 두 개념의 신앙과의 관계를 확인해 보면, 이 두 개념은 영혼의 두 기능의 본질적 요소로, 각각 지성이나 의지의 상대적인 우위성을 말한다. 보다 반성적이거나 사변적인 행위인 지성에 우위를 두는 관점은 보다 실제적인 각도에 따라 하나님을 존재와 진리로 강조하고, 의지에 우위를 두는 관점은 하나님을 궁극적으로 인간의 사랑의 최고 대상으로 강조했다. 우리는 이 중세 배경을 통해 은혜와 상관없이 인간의 사고와 의지와 행위 관념을 바라보거나 염두에 두지 않는다는 것을 확인할 수 있다. 나아가 칼빈이 의지에 대해 제시할 때 인간의 무능력의 오래된 신학적 문제를 설명하는 곳에서 의지를 철학적 의미에서가 아니

의지를 신앙의 중심 항목으로 봄으로써 에임스는 참된 경건은 죄인인 피조물과 구속하시는 창조주 사이의 언약 관계 속에서 일어난다는 사실을 입증하기를 원했다. 의지의 행위로서 신앙은 언약에 대한 순종의 참된 표지다. 왜냐하면 피조물은 그리스도 안에서 값없이 제공된 언약의 약속들에 믿음과 순종으로 반응하도록 요구받기 때문이다. 언약신학은 에임스 신학 체계의 핵심이다.

에임스의 교리 구성과 내용

『신학의 정수』는 라무스의 이분법 체계[34]에 따라 조직되어 있다. 이 체계에 따라 주제가 하나님을 위한 삶의 교리로서 신학은 첫째, "신앙"(1권) 곧 사람이 무엇을 믿는가와 둘째, "순종"(2권) 곧 사람이 어떻게 신앙을 실천하고 하나님께 순종하며 선을 행하는가, 이 두 범주로 구성된다. 이 두 핵심 범주 곧 신앙과 순종이 에임스의 전체 신학 체계가 흘러나오는 원천을 형성한다. 에임스는 이 기초에 따라 하나님을 위한 삶의 표지들을 제시하는 다양한 이분법 체계를 통해 자신의 신학 체계를 계속 설명한다.

신앙을 "마음을 하나님께 의존하는 것"으로 정의하고, 신앙을 전 인간, 특히 의지의 행위로 규정한 후, 에임스는 신앙의 대상인 하나님을 다뤘다. 하나님에 대한 지식(1.4.1~7)을 다룰 때 에임스는 하나님의 "충분성"과 "유효성"(권능)으로 나눠 내용을 전개했다(1.4.8). 여기서 하나님의 "충분성"에 대해 말한다면, 하나님이 하나님 자신과 피조물이 필요로 하는 전부라고 선언하는데, 이것은 분명히 첫째, 다양한 속성들 속에 표현된 하나님의 "본질" 속에서(1.4.12~67), 둘째, 한 하나님이 세 위격으로 존재하시는 삼위일체적인 하나님의 "현존" 속에서(1.5) 확인된다. 그리고 하나님의 "유효성"에 대해 말한다면, 에임스는 하나님의 유효성을 "만물 속에 있는 모든 것에 역사하시는 하나님의 사역 능력"(엡 1:11~36)으로 정의했다(1.6). 이어서 에임스는 하나님의 작정을 하나님 유효성의 첫째 행사로 가르쳤다(1.7). 에임스는 모든 일은 창조와 섭리 속에 예증된 것처럼 하나님의 영원한 선하신 기쁨 때문에 일어난다고 봤다(1.8.9). 하나님의 보존의 은혜는 창조 질서 전체에 미치지만, 하나님이 "지성적 피조물"인 인간에게 행하시는 특별한 통치는 행위 언약이다(1.10). 그런데 이 조건적 언약을 파기함으로써 인간은 비참하게 죄에 빠졌다. 인간의 타락은 영적, 육적 죽음과 원죄의 유전을 포함한 심각하고 영원한 결과를 가져왔다(1.11~17).

그러나 아직 소망이 있다. 정죄는 구속을 통한 회복의 은혜로 말미암아 극복된다. 그리스도의 인격과 사역을 통해 타락한 인간은 하나님과 새롭게 교제를 가질 수 있다(1.18~23). 이 모든 일은 오로지 하나님의 선하신 기쁨을 위해, 하나님의 "자비로우신 목적"으로 말미암아 일어난다(1.18.2). 하나님은 우리의 중보자와 구속자가 되게 하려고, 그리스도를 선지자와 제사장과 왕이라는 삼중 직무를 부여해서 보내셨다(1.19).[35] 그리스도는 하나님께 우리의 죄에 대한 "배상"을 제공하고, 우리의 의를 위

라 구원론적인 관점에 입각해서 설명한다. 이것에 기초해서 리처드 멀러는 칼빈의 신앙 교리는 지성이 아니라, 의지에 우위를 두는 견해라고 결론짓는다. Richard A. Muller, *The Unaccommodated Calvin: Studies in the Foundation of a Theological Tradition* (New York: Oxford University Press, 2000), pp. 159~173을 보라. 에임스도 칼빈과 같은 철학적 및 구원론적인 범주를 사용하기 때문에 칼빈의 신앙 교리와 에임스의 신앙 교리 사이의 선은 거의 직선으로 연결되어 있다.

34) 라무스 방법에 따라 책 전체를 구성한 개요에 대해서는 Ames, "Method and Chart of the *Marrow*," in *Marrow*, pp. 72~73을 보라.

35) 에임스의 광범하고 막대한 영향력은 초기 잉글랜드의 특수 침례교도들이 예증한다. 그들은 1644년에 일차 런던 침

해 "공로"를 취득하셨다(1.20).

에임스는 죄인들을 위한 그리스도의 죽음을 경건하고 단순하게 묘사했다. 에임스는 이렇게 말했다. "그리스도의 죽음은 사람들의 죄를 위해 극단적이고 끔찍하고 가장 격심한 고통을 겪으신 그분이 낮아지신 최후 행위다"(1.22.1). 그리스도의 죽음에는 의식적인 "하나님에 대한 즐거움"의 상실, "하나님의 진노를 맛봄", "슬픔, 두려움, 고뇌"가 포함되었다(1.22.7~11). 그리스도는 "가장 친숙했던 제자들의 포기, 부인, 배반", 거짓 고소와 불의, "조롱, 채찍질, 십자가 못 박힘", "하나님 아버지의 버리심", "사람의 죄에 대한 하나님의 심판으로 가득 찬 의식"을 경험하셨다(1.22.20~24). 그리스도의 낮아지심은 "가장 격심한 육체의 고통 속에서 영혼의 사망", 장사, 사흘 동안 죽음 속에서 지냄을 거치며 끝났다(1.22.25, 29, 30).

이어서 에임스는 그리스도의 높아지심 곧 그분의 부활, 승천, 하나님 우편에 앉으심에 대해 썼다(1.23.9). 그리스도는 자신의 죽음에서 승리하셨고, 그분의 높아지심은 "이 승리에 대한 면류관과 표상"이다(1.23.3). 중보자는 "왕의 영광" 속에 들어가셨고, 이것은 "그분이 자신의 선을 위해 만물을 통치하시는 충만한 권능과 위엄"이고, "사람들과 천사들의 심판자"가 되실 것이다(1.23.28~29, 31). 에임스는 "그리스도의 이 왕의 영광은 그분의 다른 직분으로 흘러넘쳐 그분은 왕 같은 제사장과 왕 같은 선지자 직분을 행사하신다"(1.23.32).

처음부터 에임스의 신학은 암묵적으로 언약신학 노선에 따라 세워진다. "그리스도의 적용"이라는 제목이 붙은 제1권 24장에서, 에임스의 언약신학은 더욱 분명해진다. 하나님과 그리스도 간의 구속 언약을 실현시키는 수단이 은혜 언약인데, 성경은 이것을 "새 언약"으로 부른다. 다르게 말하면, "그리스도의 적용"은 언약에 따라 이루어진다. 새 언약이 옛 언약과 어떻게 다른지를 설명한 다음, 에임스는 은혜 언약의 본질은, 결국 마지막 날에 신자들이 영광 속에 들어가고, 타락 당시 시작된 은혜 언약은 최종적으로 완성될 때까지, 다양한 역사적 시대를 거치며 계속된다고 주장했다.

은혜 언약은 신앙이 요구되기 때문에 **조건적**이고, "언약의 조건이 언약 속에 약속되어 있기 때문에" **무조건적**이다. 한편으로, 에임스는 우리는 자기 속에서 "감지할 만한 믿음과 회개"가 없으면 은혜로 말미암아 구원받았다고 확신할 수 없다고 말했다(1.30.16). 다른 한편으로 에임스에게는 존 본로가 지적하는 것처럼 "언약의 조건의 성취에 대한 약속은 자체로 언약의 약속이었다."[36] 에임스의 말에 따르면, 언약의 조건인 신앙은 "은혜로 말미암아 은혜의 수단으로 주어질 것"이라고 약속된다(1.24.19). 따라서 결론적으로 은혜가 모든 것을 행하고, 신자는 약속을 주시고 작정하시는 하나님을 의지하는 법을 배우면 된다.

에임스의 신학에서 선택과 유기에 대한 교리가 25장까지 다루어지지 않는 것이 주목할 만하다. 이 교리는 앞부분 하나님의 작정 부분(1.7)이나 하나님의 지성적 피조물에 대한 통치 부분(1.10)에서도 나타나지 않는다. 에임스는 바울의 로마서를 면밀하게 따라 신적 선택을 "부르심을 통한 연합", 칭의, 양자, 성화, 영화 순서로 진행되는 구원 순서(ordo salutis) 앞부분에 포함시켜 다룬다(1.26~30).

례교회 신앙고백을 작성했을 때, 그리스도의 직무에 대한 신앙고백 대부분의 내용을 에임스의 『신학의 정수』에서 뽑은 인용문을 확대시켜 구성했다. 1차 런던 침례교회 신앙고백 12조와 『신학의 정수』 1.14.3~7, 14조와 1.14.10~11, 15조와 1.14.14, 16조와 1.14.16, 18조와 1.14.18~19를 비교해 보라. Jay T. Collier, "The Sources behind the First London Confession," *American Baptist Quarterly* 21, no. 2 (2002), pp. 197~214를 보라.

36) John von Rohr, "Covenant and Assurance in Early English Puritanism," *Church History* 34 (1965), p. 201.

이어서 에임스는 구속의 적용 곧 교회에 대한 주제를 두 장에 걸쳐 다뤘다. 신비적이고 불가시적인 교회(1.31)와 제도적이고 가시적인 교회(1.32)를 다룬 다음, 에임스는 구속을 적용하는 방식이나 수단을 언급하는데, 성경(1.34), 교회 사역(1.33, 35), 성례(1.36, 41), 교회 권징(1.37)의 순서로 다뤘다.

마지막으로 에임스는 구속의 적용 시행, 즉 하나님이 은혜 언약을 어떻게 시행하시는지를 설명했다(1.38~39, 41). 에임스는 역사를 언약 시행의 시대 별로 구분하고, 각 시대가 "불완전한 상태에서 더 완전한 상태로", "일반적이고 모호한 상태에서 구체적이고 더 명확한 상태로" 진행되었음을 보여줬다(1.38.2~3). 아담에서 아브라함까지 은혜 언약은 창세기 3장 15절에 나타나 있는 것과 같은 일반적 약속으로 시행되었다(1.38.14). 아브라함에서 모세까지 은혜 언약은 주로 아브라함과 그의 후손으로 이어지는 가계를 따라 시행되었다(1.38.20). 모세에서 그리스도까지 교회는 어린아이 상태로 은혜 언약 아래 있었고, 교회 사역은 "거의 항상 선지자들의 특별한 사역으로 행해졌다"(1.38.12). 그리스도께서 육신을 입고 오신 때부터 구름을 타고 재림하실 때까지 교회는 두려움과 속박의 영에게 사로잡혀 있었던 어린아이 시절과 다르게 양자의 영을 통해 영적 후사로서 은혜 언약의 적용을 값없이 받는다(1.38.8~9, 1.39.9). 그리스도가 재림하실 때에는 "현세에서 시작된 구속의 적용이 완성될 것이다"(1.41.1).

에임스는 하나님이 자신의 선택, 구속, 부르심, 칭의, 양자, 성화, 영화를 각 시대별 은혜 언약의 시행 기관과 사건들을 통해 어떻게 보여 주셨는지를 설명했다(1.38.14~35). 다시 말하면 구원 역사의 시간적 국면과 영원한 국면이 함께 융합되어 있다. 구원 순서(ordo salutis)의 논리적, 실존적 요소들이 시간 순서(ordo temporum)의 연대별 시기와 통합된다. 수평적 운동과 수직적 진행이 지속적으로 상호 교차 상태 속에 있다. 하나님의 택하심의 능력을 받은 자들은 예정과 언약이 작정신학과 언약 교리의 조화로운 융합 속에서 통일성을 만족시키기 때문에, 항상 증가하는 명확성과 확신과 함께 언약의 유익을 받는다. 예를 들어 모세 시대에는 구속이 애굽에서의 탈출 사건에서, 칭의는 속죄 제사 제도에서, 양자는 첫 소산을 바치는 제도에서, 성화는 정결법에서, 영화는 땅의 상속과 하나님의 집에서의 하나님과의 교제를 통해 나타났다. 이런 식으로 에임스는 개혁파 신학을 종종 괴롭힌 영원한 작정과 역사적 언약 시행 간의 외견상 부조화를 피했다. 에임스는 하나님의 작정 활동과 언약 계시를 동시에 정당화하는 내적으로 일관된 언약신학 체계를 제공한다.

에임스의 윤리 구성과 내용

우리는 에임스의 신학적 가르침이 신앙과 함께 시작되었고, 이것이 언약 구조 안에서 『신학의 정수』 1권에서 설명된다는 것을 확인했다. 2권은 에임스의 라무스 신학 체계의 후반부, 곧 신앙에 수반되는 준수 또는 순종을 제시한다. 에임스는 이렇게 썼다. "준수란 하나님의 영광을 위한 하나님의 뜻에 복종하는 실천이다"(2.1.1). 그리스도인들은 "마음의 준비"로 보면 하나님께 "자녀"로서 순종하지만, 의무로 보면 "종"으로서 순종한다(2.1.7). 에임스에게 "복종하는"이라는 말은 "하나님의 권세와 능력을 인정하는 공손한 두려움을 갖고"(2.1.11) 기꺼이 순종하는 것(2.1.4)을 의미했다. 또한 복종하는 준수는 성실함과 열정을 포함한다(2.1.34).

에임스는 순종을 구원하는 믿음과 연계시켰고, 그렇게 에임스의 윤리는 그의 교리와 연계되었다. 에임스는 이렇게 썼다. "삶의 원천과 잘 행하는 모든 능력의 샘이신" 그리스도를 붙잡음으로써 그리고 순종을 자극하는 하나님의 약속과 경고를 받아들임으로써 "믿음은 순종을 낳는다"(2.1.15). 믿음의 순종은 우리의 의지와 행위, 즉 선에 대한 내적인 거룩한 습관(habitus)과 성향의 덕(2.2)과 나무가 열매를 맺듯이 이 덕에 의해 창출된 외적 선행(2.3)에 함께 역사하는 하나님의 "성결하게 하시는 은혜"의 능력으로 말미암아 일어난다(2.1.16). 에임스의 『신학의 정수』 나머지 부분은 십계명을 다루는 것으로 구성된다. 그리스도를 따라(마 22:37~40), 에임스는 율법을 두 부분, 곧 하나님 중심의 "종교"와 인간 지향적인 "정의"(2.4.1~4)로 나눠 분석했다. 에임스는 종교 곧 경건을 하나님에 대한 믿음과 소망과 사랑이라는 세 가지 신학적 덕에 비춰 설명했다(2.5~7). 이 세 가지 종교적 덕은 사람들이 말씀을 듣고 기도하는 것을 통해 하나님과 교제할 때 작용한다(2.8~12). 십계명의 둘째 계명은 신적으로 "세워진 예배" 즉 사람들이 고안한 예배 수단과 반대로, "하나님의 뜻에 따라 정해진 수단"을 통해 예배의 경계를 세운다(2.13). 후에 규제 원리로 불리는 이 요점은 잉글랜드 교회(영국 국교회)의 의식을 비판하는 청교도의 중심 요점이었다. 십계명의 셋째 계명은 예배 양식을 확립하고, 넷째 계명은 예배 시간을 확립한다(2.14~15).

에임스는 십계명 둘째 돌판을 우리의 이웃의 선을 바라는 마음에서 이웃에 대한 의무를 행하는 것을 의미하는 "정의"에 비춰 설명했다(2.16). 이 계명들은 이웃의 영예, 생명, 성적 순결, 법적 소유, 진리에 대한 믿음을 촉진시키기 위해 이웃의 선을 즐거워하는 마음을 갖고 사랑하라고 명령한다(2.17~22). 이웃의 번성을 기뻐하라는 열째 계명은 첫째 계명이 하나님에 대한 사랑을 요약하고 있는 것처럼, 이웃에 대한 사랑을 요약하고 있다(2.22.19).

이 시점에서 우리는 『신학의 정수』와 『양심론』(Conscience, 1630년에 라틴어로, 1639년에 영어로 번역됨) 사이의 관계를 주목해야 한다. 『양심론』은 당시에 도덕신학의 기념비적인 작품이 되었고, 한 세대 만에 무려 20판이 발행되었다.[37] 이 두 작품이 하나로 묶여 있다는 것은 주제로 증명되고, 나아가 『양심론』이 얼마나 자연스럽게 『신학의 정수』에서 흘러나오고, 또 그 책 2권에 대한 주석으로 작용하는지를 보면, 이것은 더 확실해진다. 사실 에임스는 의도를 다음과 같이 말했다. "특히 이 『신학의 정수』의 후반부 내용보다 더 잘 설명한 실천 문제들을 보기 원하는 사람들이 있다면, 하나님이 기꺼이 한 특별한 논문을 통해 그들을 만족시켜 주실 것을 바라는데, 나는 바로 그런 의미에서, 보통 '양심의 문제'로 불리는 문제들을 다루는 글을 쓰려고 한다."[38] 그러므로 우리는 에임스의 『신학의 정수』 후반부를 설명할 때 『양심론』에 대한 설명을 하지 않을 수 없다. 이제 초점을 에임스의 공식적 신학에서 에임스 사상의 적용 국면으로 옮겨 초기 개혁파 기독교 윤리나 도덕신학의 영역을 살펴보도록 하자.

에임스에게는 기독교 윤리 주제가 결정적으로 중요했다. 그것은 에임스의 실천적인 기독교적 삶에 대한 강조점을 알고 있어야만 충분히 이해할 수 있다. 하나님을 위한 삶은 활력적이고 실천적인 경건이 특징이기 때문에, 그리스도인들은 기독교적 삶에 대한 난해한 윤리적 문제들에 당연히 답변을 갖고 있어야 한다. 이에 대한 관심을 『양심론』에서 다루고 있다. 이 책은 다섯 권으로 이뤄져 있는데, 양심의 본질에 대한 고도의 이론적 설명에서부터 참된 실천적 적용에 이르기까지 광범한 내용을 담고 있다. 이 책의 핵심 내용은 먼저 1622년에 프라네커 대학에서 신학박사 학위를 가져다 준

37) 에임스를 청교도 결의론자로 간주하는 것에 대해서는 George L. Mosse, *The Holy Pretence: A Study in Christianity and Reason of State from William Perkins to John Winthrop* (Oxford: Basil Blackwell, 1957), pp. 68~87을 보라.

38) Ames, "Brief Forewarning," *Marrow*, p. 70.

38개의 논제와 4개의 추론에 대한 에임스의 답변 속에서 드러났다. 이 답변이 있고 8년이 지나자 에임스는 보다 발전된 개혁파 사상 체계와의 간격을 메운 도덕신학 작품을 여러 권의 책으로 묶어 출판했다. 에임스의 결의론(決疑論)에 맞춰 『기독교 예식서』(Christian Directory)를 쓴 리처드 백스터는 "퍼킨스는 개혁파 결의론을 발전시키는 데 가치 있는 역할을 했으나 에임스의 작품은 비록 간단하기는 하나 더 우수하다"고 말했다. 백스터는 "에임스가 누구보다 탁월했다"고 말했다.[39]

『양심론』 1권은 양심을 "사람이 하나님의 자신에 대한 판단에 따라 자신을 판단하는 것"으로 정의한다.[40] 이 부분은 양심의 작용을 세부적으로 전개하기 전에 양심을 구성하는 것이 무엇인지를 이론적으로 다룬다. 2권에서 에임스는 양심 사건이 무엇인지를 묘사한다. 곧 "양심이 의심할 수 있는 실제 문제"를 설명한다. 이 부분은 죄, 은혜의 상태에 들어감, 육체와 영 사이의 지속적 싸움, 기독교적 삶의 행실에 대해 설명한다. 2권은 개혁파 신학의 개론서로 쉽게 받아들일 수 있다. "인간의 일반적 의무"라는 제목이 붙어 있는 3권은 "[인간의] 삶의 행동과 생활"에 대한 문제를 탐구한다. 에임스는 참된 순종의 표지는, 비록 하나님의 뜻이 외관상 피조물의 유익을 위한 것처럼 보이지 않을지라도, 자신을 복종시켜 피조물의 뜻보다 하나님의 뜻을 앞세우는 데 있다고 말한다. 이것은 순종의 삶-겸손, 성실, 열심, 평강, 덕, 신중, 인내, 절제-을 훈련함으로써 그리고 술 취함, 마음으로 짓는 죄, 입술로 짓는 죄와 같이 순종의 길을 방해하는 습관들을 피함으로써 가능하게 된다.

이 세 권의 책이 『양심론』의 3분의 1 정도를 차지한다. 양심과 순종의 정의 및 개념적 진술과 같은 예비적 문제들을 다룬 다음에 에임스는 이제 양심 사건들이 어떻게 판결되어야 하는지를 다룸으로써, 자신의 실제 관심사인 윤리학 곧 도덕신학으로 관심을 돌린다. 이에 대한 간단한 대답은 이것이다. 곧 양심 사건들에 대한 판결은 도덕법을 적절히 이해하고 적용함으로써 이루어져야 한다는 것이다. 이 지점에서 『양심론』은 『신학의 정수』 2권에서 주제를 취하고 있다.

『양심론』 4권과 5권은 인간의 하나님과 이웃에 대한 의무와 관련된 도덕법을 설명한다. 인간의 하나님에 대한 의무는 공적 및 사적 예배를 통해 하나님을 사랑하는 것에서 안식일을 지키는 것에 이르기까지 기독교적 순종의 삶의 전체 범주를 망라한다. 에임스는 교회와 같은 일반 주제들을 다루지만, 기도와 찬송과 같은 특수 주제들도 다룬다. 5권에서는 신자가 하나님과의 관계에 대해 가질 수 있는 불확실성을 먼저 해소시킴으로써 인격적인 상호관계를 가질 수 있도록 적절하게 준비시킨다. 4권보다 무려 두 배나 더 많은 57개의 장으로 이루어진 5권에서 에임스는 인격적 상호관계 속에서 일어날 수 있는 양심 사건들을 다룬다. 여기서 그는 자신의 모든 가르침을 십계명의 마지막 여섯 계명(5~10계명)에 기반을 두고 있다.

에임스의 작품은 실천적 기독교로 충만해 있다. 에임스는 구속을 받은 자들에 대한 따스한 마음을 품고 신앙의 길의 청사진을 제시한다. 에임스는 하나님과 이웃에 대한 사랑에서 증명되는 것처럼, 중대한 언약적인 순종이 어떻게 구속을 받은 자들의 삶 속에 들어 있는지를 분명히 한다. 이것이 『신학의 정수』 1권에서 설명된 에임스의 공식적 신학(신앙)의 논리적 귀결로, 2권에서 다루고 있는 그의 도덕신학(순종)의 당연한 결론이다. 『신학의 정수』와 『양심론』, 이 두 권의 책은 하이델베르크 교리문

---

39) Richard Baxter, *The Practical Works of Richard Baxter* (London: James Duncan, 1838), 1:3~4.

40) Ames, *Conscience with the Power and Cases Thereof* (1639, 재판, Norwood, N.J.: Walter J. Johnson, 1975), 1.1(preamble).

답에 대한 그의 주석과 함께 에임스가 신앙의 길을 탐구하는 데 있어서 백방으로 손을 썼다는 것을 보여 준다. 이 책들은 은혜로우신 하나님의 주권적인 언약적인 사랑이 구속을 받은 하나님 자녀의 복종하는 언약적인 순종으로 반응해야 한다는 것을 예증하고 있다.

에임스의 영향력

『신학의 정수』는 뉴잉글랜드에서 가장 영향력이 컸다. 뉴잉글랜드에서 이 책은 일반적으로 그 때까지 칼빈주의 신학을 가장 잘 정리해 놓은 책으로 간주되었다. 『신학의 정수』와 『양심론』은 18세기까지 하버드와 예일 대학의 필독서였고, 그때 에임스와 동시대인인 요하네스 볼레비우스(1586~1629년)의 『기독교 신학 개론』(Compendium of Christian Theology)과 프랜시스 투레틴(1623~1687년)의 『변증 신학 강요』(Institutes of Elenctic Theology)가 필수 연구서로 신학 커리큘럼 속에 들어왔다.[41] 토머스 후커(1586~1647년)와 인크리스 매더(1639~1723년)는 『신학의 정수』를 건전한 신학자를 만드는 데, 성경 다음으로 가장 중요한 책으로 꼽았다. 조나단 에드워즈(1703~1758년)는 자신이 소유하고 있던 『신학의 정수』 복사본에 엄청난 난외주를 달아 놓았고, 주일에는 에임스의 『양심론』을 공부했으며, 에임스에게 힘입은 것에 대해 감사했다.[42]

그러나 뉴잉글랜드에 미친 에임스의 영향은 신학과 윤리학 교재를 통해서만은 아니었다. 에임스의 교회론 작품도 뉴잉글랜드에서 비분리주의 회중 교회 운동 곧 매사추세츠 베이 콜로니의 회중 교회들이 영국 교회와 분리되는 것보다 영국 교회의 개혁을 추구하는 모델이 되어야 한다고 주장한 운동의 기초를 놓았다. 1648년의 케임브리지 강령은 특히 에임스의 사상을 반영하고 있다. 또한 에임스의 청교도식 라무스주의도 널리 수용되어 뉴잉글랜드 청교도 운동의 특징이 되었다.[43] 존 코튼(1585~1652년), 인크리스 매더, 코튼 매더(1663~1728년)와 같은 뉴잉글랜드 청교도는 칼빈보다 에임스를 더 빈번하게 인용했다. 인크리스 매더는 이렇게 말했다. "현학적인 재치와 신앙적으로 따스한 마음을 모두 갖추는 것은 드문데, 에임스의 경우는 바로 그 드문 경우였다." 코튼 매더는 에임스를 "심원하고 엄숙하고 명석하고 확고부동하지만 천사 같은 박사"라고 지칭했다.[44]

에임스와 그의 『신학의 정수』는 네덜란드에서 두 번째로 강력한 영향을 미쳤다. 푸치우스의 위트레흐트 대학 동료 교수인 마티아스 네데누스(1618~1686년)에 따르면, "영국에서……실천신학 연구가 경이적으로 활성화되고, 빌럼 떼일링크와 에임스 시대 이후로 네덜란드의 교회와 학교에서, 모두 똑같은 관심사를 갖고 그런 것은 아니지만, 실천신학에 대한 연구가 획기적으로 번성했다"고 말했다.[45] 카이트 스프룽거는 에임스는 네덜란드 사람들도 지성적이지만 충분히 실천적이지는 못했다는 사실을 발견하고, "네덜란드 사람들을 청교도로 만들기" 위해 노력함으로써 상당한 성공을 거두

41) S. E. Morison, *Harvard College in the Seventeenth Century* (Cambridge, Mass.: Harvard University Press, 1936), p. 267, Richard Warch, *School of the Prophets: Yale College, 1701~1740* (New Haven, Conn.: Yale University Press, 1973), p. 191.

42) Eusden, introduction pp. 1~2와 Warch, *School of the Prophets*, p. 191.

43) Keith L. Sprunger, "Ames, Ramus, and the Method of Puritan Theology," *Harvard Theological Review* 59 (1966), pp. 133~151.

44) Mather, *Great Works of Christ in America*, 1:245, 236.

45) Horton, *Ames*, p. 15.

어 청교도 경건을 촉진시켰다고 지적한다.[46] 푸치우스 외에도 에임스는 조나단 에드워즈가 그의 조직신학을 유용성 면에서 투레틴의 책을 크게 능가한다고 평가한 네덜란드의 경건주의자, 페트루스 판 마스트리흐트(1630~1706년)에게도 큰 영향을 미쳤다. 즉 마스트리흐트는 특히 에임스의 언약 사상과 주의주의에 크게 끌렸다.[47]

에임스의 거의 모든 책들은 네덜란드에서 출판되었고, 그 중 많은 책들이 국제 학술 단체를 위해 라틴어로 출간되었다. 『신학의 정수』와 『양심론』은 곧 네덜란드어로 번역되었고, 적어도 17세기에만 4회에 걸쳐 출판되었다.[48] 그러나 에임스의 교회론 작품은 자주 출판되지 못했는데, 그것은 그의 신학과 주의주의가 네덜란드에서 그의 회중주의 견해보다 더 크게 영향을 미쳤다는 것을 암시한다.

역설적으로 에임스는 퍼킨스의 가장 유력한 제자이자 진정한 상속자로 인정받았음에도, 조국인 잉글랜드에는 적게 영향을 미쳤다. 에임스의 주요 작품들은 널리 보급되었고, 17세기 전체에 걸쳐 영국의 칼빈주의 신학에 영향을 미쳤다. 에임스의 『신학의 정수』는 특히 청교도들에게 높은 가치를 인정받았다. 토머스 굿윈은 "에임스 박사의 신학의 정수를 성경을 제외하고 세계에서 가장 좋은 책으로 생각했다"고 말했다.[49]

결론: 주권적 은혜, 믿음 그리고 순종

에임스의 생애와 가르침을 개관하면서 우리는 다음과 같은 질문을 물어봐야 한다. "카이퍼와 켄달이 주장하는 것처럼, 에임스는 과연 개혁파 신학의 주류에서 이탈했을까?" 이 질문에 대한 대답은 "아니오"이다. 에임스는 개혁파 정통주의의 경험적 기세가 수그러들기 시작했을 때, 이 사상의 소생에 쓰임을 받은 도구였다. 언약에 근거를 둔 순종은 기독교적 행동주의의 한 양식이다. 이런 행동주의 양식은 단순한 주의주의가 아니다. 물론 에임스의 강조점은 의지에 있었다. "참되고 적절한 신학의 주제는 의지다"(1.1.9). 그러나 종교개혁의 충실한 아들로서 에임스는 계속 "신앙의 최후의 관건은, 그것이 믿는 행위를 지시하기 때문에, 성령의 작용과 내적 설복에 있다"(1.3.12)고 강조한다.

나아가 에임스의 의지의 이해에서 강조점은 신학적으로 신앙과 하나님에 대한 헌신과 순종의 조합에 있는 것으로 간주되어야 한다. 에임스는 프라네커 대학의 동료 교수들과의 철학 및 신학 논쟁 속에서 이런 사상을 정립했고, 그러기에 이 사상은 17세기 네덜란드의 정체된 교회에 활력적인 경건을 다시 심기 위한 에임스의 노력의 결과임을 보여 준다. 신앙이든 실천이든 자체만으로는 절대로 충분하지 못하다. 신앙은 실천과 분리되면 "냉랭한 정통주의"로 나아가고, 의지와 선행을 따로 강조하게 되면, 아르미니우스주의로 빠진다. 에임스의 생애 이야기, 그리고 『신학의 정수』 및 『양심론』과 다른 작품들에서 증거가 되는 것처럼, 그의 사상의 주제는 에임스가 신앙과 실천 간의 적절한 균형을 위해 크게

---

46) Sprunger, *The Learned Doctor Ames*, p. 260.

47) Van Vliet, "William Ames," pp. 346~375, Adriaan C. Neele, *Petrus van Mastricht (1630~1706), Reformed Orthodoxy: Method and Piety* (Leiden: Brill, 2009), p. 7.

48) C. W. Schoneveld, *Intertraffic of the Mind: Studies in Seventeenth-Century Anglo-Dutch Translation with a Checklist* (Leiden: E. J. Brill, 1983).

49) James Fitch 지음, *The First Principles of the Doctrine of Christ* (Boston, 1679)에서 인크리스 매더의 "To the Reader"에 인용되어 있는 것과 같다.

애썼다는 것을 보여 준다.[50)]

주권적 은혜와 값없이 주어진 신앙 및 책임 있는 순종을 적절히 결합시키는 열쇠는 하나님의 언약 배경 속에서 발견되었다. 에임스는 은혜 언약에 따라 신앙과 순종, 그리스도의 복음과 십계명, 정통적 신학과 정통적 실천의 조화에 대해 상술했다. 우리는 에임스의 의지에 대한 진술을 무시하고, "주의주의"로 간주하기보다는 그의 전체 신학 곧 마음의 종교와 겸손한 순종을 강조하는 개혁파 신학에 비춰 그의 각각의 가르침을 해석해야 한다.

『신학의 정수』는 다른 어떤 청교도 책보다 "하나님, 교회, 세상에 대한 청교도 사상의 요점"을 아주 분명하고 체계적으로 선언하고 있다.[51)] 이 책은 언약과 성화와 실천에 대한 청교도의 관점을 이해하는 데 본질적인 작품으로, 평신도와 신학자들에게 적극적으로 추천할 만하다. 이 책은 오늘날에도 여전히 참고할 가치가 있기 때문에, 모든 교회와 목사의 서재의 한 부분을 차지할 만하다.

---

50) 에임스의 교리적 및 실천적 성경 강해의 한 실례에 대해서는 그의 작품 *Analytical Exposition of Both the Epistles of the Apostle Peter* (London: E. G. for John Rothwell, 1641)를 보라.

51) Douglas Horton의 서문, William Ames, *Marrow*, p. vii.

| 2부 |

신론

스티븐 차녹의 하나님의 속성 교리

광대하심이 하나님 본질의 확산인 것처럼, 영원하심은 하나님 본질의 지속이다……

하나님의 지속하심은 그분의 본질이 끝이 없는 것처럼 한이 없다.

– 스티븐 차녹[1] –

스티븐 차녹(1628~1680년)의 작품에 대한 이차 문헌은 거의 없다.[2] 그의 이름을 들어 본 사람들은 대표작 『하나님의 존재와 속성』에 대해 알고 있을 것이다. 의심할 것 없이 이 작품의 엄청난 부피 때문에 많은 사람은 이 책에 대해 말할 때, 엉뚱하게도 자기들의 독서 능력을 언급하는 경우가 많았다. 이것은 여러 이유로 유감스러운데, 그 중의 하나는 신론에 대한 엄격한 신학적 강론과 신론의 "용도"(교리와 삶을 연관시키는)를 강조하는 전형적인 청교도의 태도를 결합시키는 차녹의 능력을 전혀 주목하지 않은 것에 있었다. 차녹의 작품은 모든 신학의 목표인 실천적 측면에서 큰 가치를 갖고 있다.

차녹은 케임브리지 대학에서 공부하고, 이후 1652~1656년 동안 옥스퍼드 대학에서 수석 학생감이 되었다. 옥스퍼드 대학에서 차녹은 동료 청교도인 토머스 굿윈, 생크풀 오웬, 데오필루스 게일(1628~1678년)과 함께 "회중 교회"에 속해 있었다. 차녹은 옥스퍼드 대학을 떠나 아일랜드로 가 거기서 여러 교회를 섬겼고, 아일랜드에서 가장 많은 사례금을 받는 성직자 가운데 하나가 되었다. 차녹은 1660년에 잉글랜드로 다시 돌아왔으나, 왕정복고의 결과로 15년 동안 목회를 하지 못했다. 리처드 그리브스에 따르면, 차녹은 의사로 활동하며 생계를 유지했다.[3] 네덜란드와 프랑스로 은밀하게 여행하는 것 등을 포함해서 개인적인 일에 종사한 한 다음, 차녹은 1675년에 전(前) 웨스트민스터 총회 신학자인 토머스 왓슨(대략, 1620~1686년)과 공동 목회자가 되어 런던의 크로스비 홀에서 비국교회 소속 회중들을 섬겼다. 생애 후반에 차녹은 『하나님의 존재와 속성』을 저술했는데, 이것은 아마 신론에 대한 청교도 작품 가운데 가장 방대하고 가장 날카로운 작품일 것이다. 차녹은 괄

---

1) Stephen Charnock, *Discourses upon the Existence and Attributes of God* (London: Thomas Tegg, 1840), pp. 175~176. 이 판이 이번 장 전체에서 사용되고 있다.

2) 그러나 *Reason, Faith and History: Philosophical Essays for Paul Helm*, M. W. F. Stone 편집 (Aldershot: Ashgate, 2008), pp. 29~46에서 칼 트루먼의 논문 "Reason and Rhetoric: Stephen Charnock on the Existence of God"을 주목하라. 트루먼은 차녹의 작품을 17세기 지성적 및 정치적 문화의 배경 속에 둔다. 내가 차녹의 작품을 고찰하려고 하는 것은 리처드 멀러가 자신의 신론 작품에서 종종 차녹에 대해 언급하는 것과 비슷한 접근법으로, 역사적 관심사보다 교리적 관심사에 더 크게 부합할 것이다. Muller, *Post-Reformation Reformed Dogmatics: The Divine Essence and Attributes*, 제3권 (Grand Rapids: Baker, 2003)을 보라.

3) *Oxford Dictionary of National Biography*, s.v. "Charnock, Stephen (1628~1680)."

목할 만한 주석 솜씨, 대륙의 개신교 및 로마 가톨릭 신학자들과의 교분, 그리고 탁월한 언어 구사력(특히 은유와 유추 용법)을 보여 준다. 이 모든 요소를 하나로 묶으면 의심할 여지 없이 차녹은 청교도 상위 지도급 계층에 속해 있다. 이번 장은 차녹의 하나님의 속성에 대한 견해에 거의 초점을 맞출 것이다.

신론은 개혁파 정통 신학에서 매우 중대한 주제(locus)였다.[4] 17세기 잉글랜드에서 다수의 청교도 신학자들이 다른 신학 전통들, 특히 소키누스주의의 다양한 오류를 논박하는 반박 논문들을 썼다. 신론은 개혁파 교의학의 근본적인 출발점이었고, 대체로 다음과 같은 다섯 가지 제목 아래 정리되었다. 하나님의 이름, 하나님의 존재, 하나님의 속성, 하나님의 사역, 하나님의 위격(인격). 처음 세 범주는 좁은 의미의 신론에 포함된다. 네 번째 범주는 신적 작정의 사역과 관련되어 있고, 앞의 세 범주와 명백히 관계가 있다. 삼위일체(즉 신격의 세 인격) 교리는 자체로 한 범주를 구성하는데, 그것은 개혁파 신학자들이 종종 "하나님"을 이중 의미에 따라 곧 본질적 의미와 인격적 의미에 따라 말하기 때문이다. 본질적으로 "하나님"은 신적 본질이나 본체를 가리킨다. 인격적으로 "하나님"은 세 인격-성부, 성자, 성령-각자(또는 모두)를 가리킨다.[5] 이 범주들은 16세기와 17세기에 학계에서 토론이 벌어질 때 인문주의자가 진부하게 제기한 일련의 질문들과 관련되어 있다. 그것은 존재하는가?(An sit?), 그것은 무엇인가?(Quid sit?), 그리고 그것은 어떤 특질인가?(Quale sit?). 테 벨데가 적절하게 지적하는 것처럼 개혁파 스콜라 신학자들은 하나님이 중성적 존재가 아니라 인격적 존재이시기 때문에, "특질"(Quale)이 아니라 "속성"(Qualis)이라는 말을 통상적으로 사용했다.[6] 이번 장에서는 하나님의 존재와 속성 즉 하나님은 어떤 분이시고, 하나님은 어떤 식으로 존재하시는가에 초점을 맞출 것이다. "하나님은 계시는가?"(An Deus sit?)에 대한 설명은 이번 장의 범주에서 빠져 있다.

차녹은 하나님의 존재에 대한 질문에 답변하는 것으로 신론에 대한 설명을 시작한다. 이어서 차녹은 "하나님은 어떤 식으로 존재하시는가"의 문제로 이동하고, 이어서 하나님의 가장 중요한 속성들에 대한 설명으로 나아간다. 물론 하나님의 속성은 하나님의 존재 문제와 밀접하게 관련되어 있다. 왜냐하면 만일 속성들이 하나님의 완전한 상태를 의미한다면, 우리는 하나님이 어떤 식으로 존재하는지를 속성들에서 추론해 낼 수 있기 때문이다.

하나님은 어떤 분이신가(Quid Deus Sit)[7]

하나님의 존재는 필연적으로 본질 및 실존 개념과 연관되어 있다. 하나님의 본질은 차녹이 요한복음 4장 24절의 "하나님은 영이시니"를 강해할 때 고찰되고 있다. "하나님은 유형적인 것, 물질의 혼

4) 개혁파 정통 신학의 신론에 대한 보다 인상적인 이차 문헌으로 다음과 같은 작품들이 있다. Muller, *Post-Reformation*, Dolf te Velde, *Paths beyond Tracing Out: The Connection of Method and Content in the Doctrine of God, Examined in Reformed Orthodoxy, Karl Barth, and the Utrecht School* (Delft: Eburon, 2010), Andreas Beck, *Gisbertus Voetius (1589~1676): Sein Theologieverstandnis und seine Gotteslehre* (Gottingen: Vandenhoeck & Ruprecht, 2007). 청교도 진영 안에서는 에드워드 리의 신론 작품도 17세기에 가치 있는 체계적 작품으로 손꼽힌다. *A Treatise of Divinity: Consisting of Three Bookes*··· (London: E. Griffin for William Lee···, 1647), 특히 제2권을 보라.

5) Charnock, *Existence and Attributes*, p. 107을 보라.

6) Te Velde, *Paths*, 96n4.

7) 웨스트민스터 소교리문답 질문 4를 보라.

합, 가시적인 실체, 육체적 형태를 전혀 갖고 있지 않다."[8] 차녹은 요한복음 4장 24절이 성경 전체에서 명시적으로 하나님을 영으로, 곧 바로 그 말로(totidem verbis) 하나님을 묘사하는 유일한 구절이라고 지적한다. 하나님은 존재하신다면 반드시 비물질적이거나 비유형적인 존재여야 한다. 왜냐하면 물질은 본성상 불완전하기 때문이다. 여기서 차녹은 많은 개혁파 정통 신학자들과 마찬가지로 부정의 방법으로 논증한다. 차녹은 하나님이 두 가지 방법으로 설명될 수 있다고 주장한다. 긍정의 방법(예. 하나님은 선하시다)과 부정의 방법(예. 하나님은 육체를 갖고 계시지 않다)이 그것이다. "긍정의 방법은 좋은 것은 무엇이든 하나님께 귀속시키는 것이다. 부정의 방법은 불완전한 것은 무엇이든 하나님과 분리시키는 것이다."[9] 차녹의 견해에 따르면, 부정의 방법이 하나님을 이해하는 가장 좋은 방법이다. 확실히 이것이 우리가 통상적으로 하나님을 이해하는 방법이다. 하나님을 묘사할 때에는 "가변적"이라는 말이 "불변적"이라는 말로 바뀐다. 즉 하나님은 변하실 수 없는 분이다.

하나님이 영이시라는 말을 인정하게 되면, 동시에 하나님께 없는 것도 긍정하게 된다(즉 하나님은 육체를 갖고 계시지 않는다). 물질적 실존에 반대되는 하나님의 존재는 혼합적이지 않다. 나아가 하나님은 영이시기 때문에, 차녹은 이것이 필수적으로 하나님의 다른 속성들에 대해 무엇을 말해 주는지도 증명할 수 있다. 예를 들어 보자. "유한은 무한을 담을 수 없다"(finitum non capax infiniti)는 개혁파의 격언을 고수하면서, 차녹은 하나님이 영이 아니시라면, 무한자가 되실 수 없었을 것이라고 설명한다. 또는 긍정의 방법에 따르면, 하나님은 영이시므로, 무한하고 불변적이고 독립적인 존재이시고, 하나님의 불변성은 그분의 단순성에 의존한다. 차녹이 자신의 강해 이 부분에서 제시하는 요점은 하나님의 본질과 하나님의 속성 간에 틀림없이 일치가 있다는 것이다. 그렇지 않으면 하나님은 하나님이실 수 없기 때문이다.[10] 하나님이 영이심에서 설명을 시작함으로써 차녹은 웨스트민스터 신앙고백의 순서와 일치된 모습을 보여 준다. 웨스트민스터 신앙고백은 영이심을 하나님의 첫째 속성으로 제시한다. "살아 계시고 참되신 유일하신 한 하나님이 계신데, 그분은 존재와 속성에 있어서 무한하신 분으로, 가장 순수한 영이시고, 불가시적이고, 육체가 없으시며"(2.1). 이런 이유들로 말미암아 차녹이 하나님을 영으로 변증하는 것은 그의 강론의 핵심 부분인 하나님의 속성에 대한 그의 설명의 적절한 출발점이다.

하나님의 단순성

하나님의 속성에 대한 차녹의 강론에 명시적으로 하나님의 단순성(simplicitas Dei)을 다루는 부분이 없다는 점을 감안하면, 이것은 이상한 제목으로 보일 것이다. 확실히 리처드 멀러가 지적하는 것처럼 "신적 단순성 개념은 사실상 16세기와 17세기 정통 신학자 모두가 주장한 것이지만 항상 그들의 신학 체계 속에서 분리된 한 속성으로 다뤄진 것은 아니었다."[11] 그러나 차녹이 여러 곳에서 하나님의 단순성을 인정한다는 것은 의심의 여지가 없다. 하나님은 모든 혼합에서 벗어나 계신다는 신적

8) Charnock, *Existence and Attributes*, p. 107.
9) Charnock, *Existence and Attributes*, p. 109.
10) Charnock, *Existence and Attributes*, pp. 111~113.
11) Muller, *Post-Reformation*, 3:275.

단순성은 종교개혁 신학자와 종교개혁 이후 신학자들이 모두 주장하는 속성이다.[12] 하나님은 부분들의 총합으로 구성되신 존재가 아니다. "하나님은 가장 단순하신 존재이시다. 왜냐하면 그것이 본성상 첫째 속성이고, 그것 외에는 아무것도 갖고 계시지 아니하며, 절대로 복합적인 것으로 생각될 수 없기 때문이다."[13] 프랜시스 투레틴(1623~1687년)은 삼위일체 교리를 거절하기 위해 이 개념을 거부한 소키누스주의자와 성경이 이 문제에 대해 침묵을 지키고 있다고 보기 때문에, 이 개념을 신앙의 항목으로 인정하기를 거부한 항론파를 논박하면서 신적 단순성을 설명한다.[14] 하나님의 단순성은 파악하기 어려운 개념이지만, 개혁파 신학자들이 그것이 무엇인지 이해하는 한 방법은 부정과 긍정의 방법이다. 부정적으로 하나님의 단순성은 하나님 안에 이것저것이 있다는 것을 부인한다. 긍정적으로 하나님의 단순성은 하나님 안에 있는 것은 무엇이든 하나님이라는 것을 인정한다. 따라서 단순성은 "신적 본성이 우리에게 온갖 혼합과 분리에서 벗어나 있을 뿐만 아니라, 혼합과 분할이 불가능한 것으로 생각되는 하나님의 비공유적 속성"이다.[15]

하나님의 단순성에 대한 차녹의 견해는 개혁파 정통주의의 기본 입장을 그대로 반영한다. 먼저 단순성은 하나님 속성들의 일치성을 반영한다.[16] 가변성은 "단순성과 절대로 일치되지 않는다." 왜냐하면 하나님이 "자신 안에 있는 어떤 것에 의해 변할 수 있다면 하나님 안에 있는 모든 것은 하나님이 되지 못할 것이기 때문이다."[17] 하나님의 능력도 하나님의 단순성과 연계되어 있다. 실체는 단순할수록 더 강력한 힘을 발휘한다. 따라서 차녹은 이렇게 덧붙인다. "가장 큰 단순성이 있는 곳에 가장 큰 통일성이 존재한다. 또 가장 큰 통일성이 있는 곳에 가장 큰 능력이 있다."[18] 그러므로 하나님이 모든 신적 속성의 총합이라고 주장하는 것은 부정확한 말이다. 오히려 하나님의 속성들은 하나님의 본질과 같다. 그래서 차녹은 신적 단순성이 다른 신적 속성들을 이해하는 데 절대로 근본적이라고 주장했다. 확실히 다른 모든 신적 속성은 단순성 개념에 달려 있다. 차녹은 신적 속성들(예, 하나님의 불변성과 영원성)을 설명할 때 신적 단순성 개념을, 개혁파 스콜라 신학자들이 그런 것처럼 하나님에 대한 교리를 이해하는 자명한 원리로 봤다.[19]

하나님의 영원성

차녹은 하나님의 영원성을 설명할 때, 적절하게 고찰하면 영원성은 하나님 안에는 시작도 없고, 끝도 없고, 시간적 흐름도 없다는 것을 함축하고 있음을 보여 주기 위해 여러 중요한 구분을 시도한

12) 존 오웬의 사상 속에 나타나 있는 이 개념을 간략히 설명한 것은 Carl Trueman, *John Owen: Reformed Catholic, Renaissance Man* (Aldershot: Ashgate, 2007), pp. 38~39를 보라.

13) Charnock, *Existence and Attributes*, p. 210.

14) Francis Turretin, *Institutes of Elenctic Theology*, James T. Dennison Jr. 편집, George Musgrave Giger 번역 (Phillipsburg, N.J.: P&R, 1992), 3.7.1.

15) Turretin, *Institutes*, 3.7.3. 공유적 속성과 비공유적 속성에 대해서는 Leigh, *Treatise of Divinity*, 2:22~23을 보라.

16) 또 에드워드 리는 하나님은 가장 단순한 존재이므로 비유형적 존재여야 한다고 주장한다(*Treatise of Divinity*, 2:24).

17) Charnock, *Existence and Attributes*, p. 210.

18) Charnock, *Existence and Attributes*, p. 415.

19) 신적 단순성 개념이 삼위일체와 일치되는지에 대한 질문에 테 벨데는 이렇게 대답한다. "하나님 안의 세 인격의 존재는 혼합의 한 형태가 아닌가? 개혁파 정통 저술가들은 이에 대해 한결같이 부정적으로 대답한다. 세 인격은 혼합하는 것이 아니라, 단지 구별될 뿐이다(personae non component, sed distinguunt). 세 인격은 다른 존재들이 아니라 구별된 존재 양식(modi subsistentiae)으로, 서로 관련되어 있다"(*Paths*, p. 126).

다. 차녹은 영원성 관념은 정의하기 어렵다는 것을 지적하는 것으로 설명을 시작한다.[20] 아우구스티누스(354~430년)가 시간이 무엇인지 설명하는 데 어려움을 느꼈던 것처럼, 영원성도 "이해하기 매우 어렵고, 표현하기는 더 어렵다."[21] 영원성을 이해하기 위해 차녹은 하나님의 영원성 속성과 시간 개념을 대조시킨다. 영원성은 시작이나 끝이 없는 영속적인 지속이지만 시간은 시작과 끝을 갖고 있다. 당연히 시작하는 것은 부분들의 연속으로 이루어져 있다. 그러나 영원성은 "시간과는 반대이고, 그러므로 영원하고 불변적인 상태다."[22] 차녹은 다음과 같이 덧붙인다.

> 영원성은 어떤 변화도 없이 생명을 완전히 소유하는 것이다. 영원성은 자체로 모든 세월, 모든 시대, 모든 시대의 시기를 포괄한다. 영원성은 결코 시작하지 않는다. 영원성은 시간의 모든 지속을 따라 가고, 결코 멈추지 않는다. 영원성은 시간의 시작 이전에도 존재하고 있었던 것처럼 자체로 시간을 넘어서 있다. 시간은 시간 이전의 어떤 것을 가정하지만, 영원성 앞에는 아무것도 있을 수 없다.[23]

차녹은 앞에서 언급한 영원성 개념을 하나님으로 설명함으로써 하나님과 관련시킨다. 하나님은 영원하셔야 하고, 영원성은 당연히 오로지 하나님께만 속해 있는 속성이다.

차녹은 특유의 방식으로 영원성을 부정의 방법에 따라 설명한다. 즉 영원성은 하나님 안에서 시간적 길이를 부정하는 것인데, 이것은 광대성 속성이 하나님에 대해 공간적 크기를 부정하는 것과 똑같다. "광대성이 하나님의 본질의 확산인 것처럼 영원성은 하나님의 본질의 지속이다……하나님의 지속은 하나님의 본질이 한이 없는 것처럼 끝이 없다."[24] 성경은 일관되게 하나님이 영원하다고 말한다. 하나님은 영원하신 하나님이다(창 21:33; 롬 16:26). 피조물 가운데 자신에게 존재를 줄 수 있는 것은 아무것도 없다. 어떤 행동이든 간에 행동은 실존에 기초가 두어져 있다. 다시 말하면 원인이 결과에 앞서 있다. 하나님의 실존은 그분이 다른 존재에서 나오신 존재가 아니라는 것을 증명한다. 그렇지 않으면 하나님은 하나님이 아닐 것이다. 따라서 하나님은 영원해야 한다. 차녹은 계속해서 이렇게 설명한다. "그러므로 우리가 하나님이 자기 자신에게 속해 있고, 자기 자신에게서 나오신 분이라고 말할 때 그것은 하나님이 자기 자신에게 존재를 주셨다는 것을 의미하는 것이 아니다. 그것은 부정적으로 하나님은 자기 외에 실존의 다른 원인을 갖고 계시지 않는다는 것으로 이해되어야 한다."[25] 따라서 무엇보다 하나님의 영원성은 하나님이 시작이 없는 분이라는 것을 증명한다. 마찬가지로 하나님은 끝도 없으시다. 또한 이 진리를 증언하는 성경 본문도 충분하다(시 9:7; 계 4:9~10; 시 102:27을 보라). 하나님은 부족한 것이 아무것도 없기 때문에 하나님이 존재를 멈춰야 할 이유도 없다. 차녹은 하나님은 "최고의 선으로 자신을 사랑하실 수밖에 없기 때문에" 자기 자신을 버리실 수 없다

---

20) 영원성과 창조 질서가 어떻게 관련되어 있는지(긍정적으로나 부정적으로)에 대한 개혁파 신학자들 간의 견해 차이는 Muller, *Post-Reformation*, 3:346을 보라.
21) Charnock, *Existence and Attributes*, p. 174.
22) Charnock, *Existence and Attributes*, p. 175.
23) Charnock, *Existence and Attributes*, p. 175.
24) Charnock, *Existence and Attributes*, pp. 175~176.
25) Charnock, *Existence and Attributes*, p. 176.

고 덧붙인다.[26] 단순성 교리로 다시 돌아가 차녹은 "하나님은 무한히 단순하시기 때문에" 하나님의 본성 안에는 썩음이나 변덕스러움을 일으킬 수 있는 연약함이 전혀 없다고 주장한다.[27]

마지막으로 하나님께는 시작과 끝이 없으므로 하나님 안에는 연속도 없다. 천국과 지옥은 영속적이다. 하지만 그것들은 시작이 있기 때문에 영원하다고 부르는 것은 적절하지 않다. 오직 하나님만이 영원하신데, 그것은 그분만이 시작이나 끝이 없기 때문이다. 개혁파 신학자들도 하나님은 시간적 연속에 예속되지 않는다고 조심스럽게 주장했다. 즉 하나님께는 이전과 이후가 없다는 것이다. 투레틴은 이렇게 증명한다. "참된 영원성(즉 오직 하나님께만 속해 있는 속성)은 끝과 다름없는 연속을 배제하고, 흐르는 것이 아니라 항상 고정된 것으로 간주되어야 한다⋯⋯ 하나님은 우리가 시간의 연속으로 나누는 것을 무엇이나 즉시 모든 순간에 갖고 있다."[28] 하나님에게는 과거나 미래가 없고 오직 현재만 있다.[29] 영원성 관념은 시작과 끝이 없는 것뿐만 아니라, 연속도 없는 것을 함축한다. 왜냐하면 차녹에 따르면, "연속이 없는 것 곧 처음이나 마지막이 없는 것은 그 본질과 관련해서 존재의 완전함을 가리키기 때문이다."[30] 나아가 하나님은 존재의 완전성(단순성) 때문에 "이전의 자기 존재에 덧붙이는 것을 아무것도 받지 아니하신다."[31] 차녹은 평범한 평신도 곧 자신의 설교를 들은 사람들이 이해할 수 있는 수준에서 개혁파 신론의 이 공리를 다음과 같이 요약해서 제시한다.

> [하나님은] 오늘 자신의 본질 속에 이전에 자신이 아니었던 것을 갖고 있지 아니하거나, 내일이나 내년에 오늘 자신이 아닌 것을 갖고 있거나 하지 아니하실 것이다. 하나님의 모든 속성은 모든 순간 그분 안에서 가장 완전하다. 이전의 모든 시대에도 그랬고, 이후의 모든 시대에도 그럴 것이다. 하나님은 광대한 공간에서 분리되지 않은 자신의 전체 본질을 갖고 계실 뿐만 아니라 모든 곳에서도 분리되지 않은 자신의 전체 본질을 갖고 계신 것처럼, 시간의 무한한 간격 속에서 자신의 모든 존재를 갖고 계실 뿐만 아니라, 시간의 한순간에도 자신의 모든 존재를 갖고 계신다⋯⋯ 하나님은 항상 계셨던 분이고, 항상 계실 분이시다.[32]

따라서 피조물이 영원토록 거룩한 삶을 누린다는 관념은 성경 기록에 굳게 뿌리를 두고 있지만, 그럼에도 불구하고 오직 하나님께만 속해 있는 절대적인 영원성 속성을 피조물에게 귀속시키는 것은 불경한 일이다. 오직 하나님만이 모든 것을 즉시 보고 아신다. 왜냐하면 하나님 안에는 과거나 미래가 없고 오직 현재만 있기 때문이다. 그런 이유로 이 하나님의 영원성은 "공유적인" 속성이 아니다. 즉 이 속성은 하나님의 피조물이 공유할 수 없다.

---

26) Charnock, *Existence and Attributes*, p. 177.
27) Charnock, *Existence and Attributes*, p. 177.
28) Turretin, *Institutes*, 3.10.6.
29) 따라서 요하네스 마코비우스는 이렇게 말한다. "하나님 안에는 과거, 현재, 미래의 지속이 전혀 없고, 하나님께는 모든 것이 현재다"(*in Deo nulla datur succesio, prasentis, prateriti et future, sed omnia illi prasentia*). Willem J. van Asselt, Michael D. Bell, Gert van den Brink, Rein Ferwerda, *Scholastic Discourse: Johannes Maccovius (1588~1644) on Theological and Philosophical Distinctions and Rules* (Apeldoorn: Instituut voor Reformatieonderzoek, 2009), p. 115에 인용된 것과 같다.
30) Charnock, *Existence and Attributes*, p. 177.
31) Charnock, *Existence and Attributes*, p. 177.
32) Charnock, *Existence and Attributes*, p. 178.

하나님의 불변성

개혁파 신학자들은 하나님의 영원성을 긍정할 때 본질상 하나님의 불변성도 함께 긍정하게 되었다. 영원성과 마찬가지로 불변성 교리도 하나님의 단순성 때문에 하나님의 필수적인 속성이다. 즉 하나님은 다수의 부분으로 구성되신 분이 아니므로 변할 수 없고, 변하지 아니하신다. 하나님은 항상 계셨던 그대로 계시고, 또 항상 그대로 계실 것이다. 차녹은 하나님의 영원성에 의지함으로써 하나님의 불변성을 옹호한다. "왜냐하면 지속되는 것은 변하지 않고, 변하는 것은 지속적이지 못하기 때문이다"(시 102:26).[33]

웨스트민스터 신앙고백의 하나님 관련 부분을 보면, 하나님이 "감정"을 갖고 계신다는 것을 부정하고,[34] 하나님의 불변성을 긍정한다. 멀러는 차녹을 포함한 개혁파 정통 신학자들은 무감정성(impassibilitas)을 하나님의 속성으로 언급하지 않는다고 주장한다. 대신 그들은 불변성 속성을 말한다. 그럼에도 멀러는 "무감정성과 불변성이라는 말은 큰 차이가 없고, 무감정성이라는 말을 사용하기를 주저하는 신학자들도 하나님이 감정을 갖고 계시지 않는다고 매우 강경하게 진술한다"고 지적한다.[35] 하나님이 감정을 갖고 계신다는 것을 부정함으로써 개혁파 신학자들은 무엇보다 하나님의 행복이나 영광이 유한한 피조물로 말미암아 증가하거나 감소될 수 없다는 것을 보여 주려고 했다. 하나님의 영원성은 하나님의 불변성을 필수적으로 수반한다. "하나님은 진정으로, 당연히 영원하시고, 그러므로 변하실 수 없다."[36] 그러나 이 두 속성은 영원성은 상태의 지속에 대해 말하는 것이지만, 불변성은 상태 자체라는 점에서 차이가 있다.

그러나 불변성 개념은 반드시 완전한 속성은 아니다. 왜냐하면 타락한 천사들도 하나님을 대적하는 데 있어서 변함이 없기 때문이다. 그러므로 에드워드 리(1603~1671년)는 오직 하나님께만 속해 있는 "독립적이고 절대적인" 불변성과 피조물에게 속할 수 있는 "의존적이고 상대적인" 불변성을 구분한다.[37] 분명히 차녹은 타락한 천사에 대해 말할 때 의존적이고 상대적인 불변성을 염두에 두고 있다. 그러나 하나님의 불변성은 하나님은 "본질상 무한하고, 따라서 무한히 선하고 지혜롭고 거룩하시기 때문에 완전하고, 따라서 불변성은 하나님이 이 모든 것에서 변하실 수 없는 것으로, 하나님의 본성에 필수적인 속성이다." 그렇지 않으면 하나님은 불완전한 존재이고, 그러므로 하나님이 전혀 아니시다.[38] 하나님 안에 있는 불변성은 "하나님의 모든 속성에 속해 있는 영광"이다.[39] 하나님은 구별된 속성과 완전성을 갖고 계시지만, "불변성은 그것들을 모두 하나로 연합시키는 센터다."[40] 하나님의 존재는 영원하고 불변적이시다.

이것은 하나님 속성들의 구별에 대해 중요한 질문을 일으킨다. 개혁파 신학자들은 대체로 우리가

---

33) Charnock, *Existence and Attributes*, p. 199.

34) 즉 하나님 안에는 하나님을 종속시키거나 하나님이 자신의 참된 본성에 생소하거나 외적인 것에 의해 영향을 받을 만한 것이 절대로 없다. *Webster's Third New International Dictionary*, s.v. "passion," definition 4a를 보라.

35) Muller, *Post-Reformation*, 3:310.

36) Leigh, *Treatise of Divinity*, 2:45.

37) Leigh, *Treatise of Divinity*, 2:44.

38) Charnock, *Existence and Attributes*, p. 200.

39) Charnock, *Existence and Attributes*, p. 200.

40) Charnock, *Existence and Attributes*, p. 200.

하나님 속성들의 구별을 가정하는 것은 이 구별이 하나님 안에 객관적 실존을 갖고 있기 때문이 아니라, 단순히 우리의 제한된 파악 능력의 결과 때문이라고 주장했다.[41] 그러므로 하나님의 모든 속성은 "절대적으로 단순한 하나님의 동일 본질의 표현"이고, 따라서 다음과 같이 말할 수 있다. "하나님의 의는 그분의 선하심이고, 그분의 지식이고, 그분의 의지라고 당연히 말해질 수 있다(Braun I, ii, 2, 19)……그러나 내가 의를 소유하고 있다는 개념은 내가 신성, 자비, 영원성을 소유하고 있다는 개념과 같다고 말하는 것은 잘못일 것이다."[42] 프랜시스 셰닐(1608~1665년)은 삼위일체에 대한 자신의 통찰력 있는 작품에서, 속성들은 "매우 많지만" 그것들은 "하나님의 불가분리적인 단일한 본질과 다른 어떤 것이 아니다"라고 주장한다. 즉 하나님의 속성들은 하나님의 본질에 속해 있고, 따라서 하나님의 본질을 분리시키지 않고는 당연히 분리될 수 없다는 것이다.[43] 에드워드 리도 하나님의 속성은 모두 하나님께 본질적이라고 말한다. "왜냐하면 하나님 안에는 우연이란 전혀 없고, 하나님 안에 존재하는 것은 무엇이나 똑같이 하나님이기 때문이다. 이 모든 속성은 하나님 안에서 하나다. 하나님의 자비는 하나님의 공의이고, 하나님의 공의는 하나님의 자비다. 그것들은 각각 하나님의 본질로, 다만 우리의 이해 속에서만 그것들이 다르다."[44] 마찬가지로 차녹도 하나님의 속성은 하나님의 본질과 같다고 주장한다. "왜냐하면 우리는 우리의 빈약한 모델에 따라 하나님의 본질을 주체로, 하나님의 속성은 그 주체 안에 있는 기능과 특질로 생각하지만……사실상 그리고 확실히 하나님의 본질과 속성 사이에 구별이 전혀 없기 때문이다. 전자는 후자와 분리할 수 없다. 하나님의 능력과 지혜는 하나님의 본질이다."[45] 따라서 차녹은 하나님의 불변성은 하나님의 능력이 아니라고 주장할 때, 그것은 다만 독자들의 수준에 맞춰 그렇게 말하는 것이다.

불변성 교리로 다시 돌아가 보자. 개혁파 스콜라 학자들은 차녹이 직접 사용하는 말로 표현한다면, 하나님은 변할 수 없는 필연적 존재라고 말한다. 본성상 하나님은 변하실 수 없다. 개혁파 신론을 반대하는 자들은 일부 피조물(예, 천사)도 불변적이라고 주장할 것이다. 하지만 차녹이 지적하는 것처럼 피조물이 불변적이라면 그것은 단지 하나님의 은혜와 능력으로 말미암아서이지 그 피조물의 본성상 그런 것이 아니다. 따라서 예를 들어 다른 속성들에 대해 말한다면, 하나님은 "본질상 거룩하고, 행복하고, 지혜롭고, 선하시다. 반면에 천사와 인간들은 특성상 그리고 은혜로 말미암아 거룩하고, 지혜롭고, 행복하고, 강하고, 선하게 지음을 받았다."[46] 하나님의 지식에 대해 말한다면, 하나님의 영원성과 짝을 이루고 있는 하나님의 불변성은 하나님이 모든 것을 즉시 아신다는 사실을 필수적으로 수반한다. 적절하게 말하면 영원성 속성은 하나님 안에 연속이 없다는 것을 함축한다. 따라서 하나님의 지식에도 연속이 없다. 하나님의 불변성은 하나님의 지식에 어떤 변화가 있는 것을 배제한

---

41) Heinrich Heppe & Ernst Bizer, *Reformed Dogmatics: Set Out and Illustrated from the Sources*, G. T. Thomson 번역 (Grand Rapids: Baker, 1978), p. 58을 보라.

42) Heppe & Bizer, *Reformed Dogmatics*, p. 59. 마코비우스는 하나님의 속성들은 하나님 안에서는 다르지 않고, 다만 우리의 사유 방식 속에서만 다르다고 주장한다. 신학자들은 우리의 부적절한 개념 때문에 하나님 안에서 속성과 본질을 구별한다(Van Asselt 외, *Scholastic Discourse*, pp. 110~111).

43) Francis Cheynell, *The Divine Triunity of the Father, Son, and Holy Spirit* (London: T. R. and E. M. for S. Gellibrand, 1650), p. 111.

44) Leigh, *Treatise of Divinity*, 2:21.

45) Charnock, *Existence and Attributes*, p. 242. 멀러는 하나님 안에 있는 속성들의 서술과 관련된 문제들을 매우 유용하게 설명한다. *Post-Reformation*, 3:195~205를 보라.

46) Charnock, *Existence and Attributes*, p. 201.

다. 따라서 차녹은 "하나님은 지식이 무한하기 때문에 영원부터 모든 것을 알고 계신다"고 주장한다. 하나님 안에 과거나 미래가 절대로 없고 오직 현재만 있기 때문에 하나님은 모든 것을 즉시 아신다.

만일 하나님이 자신의 존재와 자신의 지식에 입각해서 불변적이라면 왜 성경에서 하나님이 "후회하는" 것으로 말해지는가? 이것은 차녹, 에드워드 리, 다른 청교도와 대륙의 신학자들이 자기들의 신론 작품 속에서 답하려고 했던 질문이다. 에드워드 리는 하나님은 "당연히" 후회하시는 것이 아니라, "사람들의 태도에 따라 감정적으로가 아니라 효과적으로" 후회하신다고 주장한다.[47] 마찬가지로 차녹도 하나님은 "순수한 영이시고, 연약함과 무력함의 표지인 감정들을 가질 수 없는" 분이므로, 후회는 "당연히 하나님 안에 있는" 것이 아니라고 주장한다.[48] 후회는 잘못을 저지른 사람이 앞을 내다보지 못한 것을 탄식하거나 죄를 슬퍼하는 것을 함축한다. 하나님이 당연히 후회하신다고 주장하는 것은 그분의 미리 아심을 부정하는 것이 되고, 따라서 하나님 안에 악이 있다고 인정하는 것이다. 성경이 "후회하시는" 하나님에 대해 말하는 이유에 대한 설명은 자기를 낮춰 인간에게 맞추시는 적응 원리(the principle of accommodation)에 기초가 두어져 있다. "성경에서 하나님은 우리의 연약한 능력에 자신을 맞추신다."[49] 다시 말하면 유한한 피조물이 무한하신 하나님을 파악할 수 없기 때문에, 하나님은 "우리가 우리 자신을 들여다보는 것으로 자신의 어떤 본성을 배움으로써 자신을 파악할 수 있도록" 어떤 표현들 속에서 때때로 우리 본성의 옷을 자신에게 입히실 것이다.[50] 따라서 하나님이 사람 지으셨음을 한탄하신다고 말해질 때(창 6:6), 우리는 죄를 미워하시는 하나님에 대해 배우게 된다. 다시 말하면 이런 형태의 신인동형론적인 표현이 성경에서 사용되므로 그리스도인들은 "그 표현들 속에서 우리가 생각하게 되는 완전함은 하나님께 귀속시키고, 불완전함은 피조물의 문에 둬야 한다."[51]

요약하면 하나님의 불변성 속성은 정말 명확하고 매우 필수적이기 때문에 인정하기를 주저하거나 유보할 수 없다. 만일 하나님의 본질이 가변적이라면 하나님은 다만 자신보다 더 강한 존재에 의해서만 변화될 수 있을 것이다. 이런 견해는 분명히 차녹과 그의 신론에 동참한 자들에게 주어진 질문에서 나온 것이다. 사실 성경에는 하나님이 마음을 바꾸실 수 있음을 함축하는 것처럼 보이는 본문들이 있다. 하지만 하나님의 존재와 지식에 대해 불변성을 긍정하는 본문들이 훨씬 많다. 개혁파 신학자들은 외견상 모순된 본문들을 서로 비교해 봄으로써, 그 모든 본문이 하나님의 불변성과 조화된다는 견해를 전개했다. 따라서 개혁파 신학자들은 "적당한" 후회와 "부적당한" 후회를 구별해서 설명했다. 차녹과 개혁파 신학자들은 확실히 하나님의 경우는 적당한 후회가 아니라고 말했다. 하지만 부적당한 후회는 인정했는데, 그것은 인간에게 적용된 언어를 반영하는 것으로 실제로 그 표현 속에서 그들 자신의 불완전함과 하나님의 완전함을 보도록 그들을 이끌기 때문이다. 이어서 차녹은 하나님의 불변성을 설명하는 데서 하나님의 편재성을 정당화하는 것으로 초점을 옮긴다.

---

47) Leigh, *Treatise of Divinity*, 2:46.
48) Charnock, *Existence and Attributes*, p. 216.
49) Charnock, *Existence and Attributes*, p. 216.
50) Charnock, *Existence and Attributes*, p. 216.
51) Charnock, *Existence and Attributes*, p. 216.

하나님의 편재성

물론 하나님의 편재성 속성은 방금 언급한 속성들을 배경으로 놓고 보면, 가장 잘 이해된다. 하나님은 자신의 본질의 광대성으로 말미암아 편재하신다. 광대성(immensitas)과 편재성(omnipraesentia)은 엄밀히 동의어는 아니지만, 차녹은 사실상 이 두 용어를 상호 교체적으로 사용한다.[52] 구체적으로 말해 하나님의 광대성은 공간적 넓이를 가리키지만, 편재성은 하나님과 구체적·충만한 공간의 관계에 대해 말하는 것이다. 테 벨데가 지적하는 것처럼 이것은 "하나님의 절대적 속성으로서의 광대성과 공간에 대한 하나님의 지배권으로서의 편재성을 구분하는 것으로 표현될 수 있다."[53] 리센을 의지해서 멀러는 "하나님의 광대성(immensitas Dei)은 하나님을 창조 질서와 구별시키는 특징을 가리키고, 하나님의 편재성(omnipraesentia Dei)은 하나님이 세상과 적극적인 관계 속에 있고, 세상 모든 곳에서 하나님이 '거하시는 것'을 가리킨다"고 지적한다.[54] 에드워드 리는 광대성(그리고 무한성)을 넓은 의미와 좁은 의미로 구분해서 말한다. 넓은 의미로 말하면, 하나님은 공간이나 시간, 다른 어떤 것에 의해 제한되지 않으신다. 좁은 의미로 말하면, 광대성은 "하나님이 어떤 곳으로 한정되거나 국한될 수 없고, 하나님의 본질 확대나 연장이 없이 모든 곳을 채울 수 있는" 하나님의 속성이다.[55] 다시 말하면 하나님은 "어떤 곳에 갇혀 계시거나 어떤 곳에서 제외되거나 하시지 않는다."[56]

차녹은 하나님의 편재성을 하나님의 본질이 아니라 하나님 능력의 확장으로 주장한 소키누스주의 신학자의 공격에 대처하는 개혁파의 대표적인 입장을 제시하기 위해, 하나님의 편재성에 대한 고전적 본문(locus classicus)인 예레미야서 23장 24절(여호와가 말하노라 나는 천지에 충만하지 아니하냐)을 상세히 설명한다.[57] 차녹은 또 이 속성을 자신의 강론 앞부분에서 설명한 하나님의 다른 속성들과 관련시킨다. "영원성은 하나님이 시작도 끝도 갖고 있지 않는 속성이고, 불변성이 하나님이 증가나 감소를 갖고 있지 않는 속성인 것처럼, 광대성이나 편재성도 하나님이 경계나 제한을 갖고 있지 않는 속성이다."[58] 하나님의 편재성을 주장할 때 차녹은 어떤 것이 존재하거나 어느 곳에 있다고 말해질 수 있는 세 가지 방법에 대해 말한다. 곧 첫째, 예속적으로(손이 발과 동일한 특정 위치에 있지 않고 몸의 한 위치에 예속되어 있는 것처럼), 한정적으로(한 곳에 있으면서 동시에 다른 곳에 있지 않은 천사처럼), 충만하게(모든 곳을 채우는) 존재하는 것에 대해 말한다.[59] 하나님은 공간의 제한을 받지 않으시므로 충만하게 존재하신다. 하나님은 무한하시므로 모든 것을 채우신다. "하나님은 하늘 꼭대기에서 심연 밑바닥까지, 세상 모든 지점에, 그리고 세상 모든 범주에 계시지만 그 범주로 제한받지 않고 그 범주 너머에 계신다."[60]

---

52) 차녹은 이렇게 말한다. "따라서 광대성이나 편재성은 공간적인 제한의 부정이다"(*Existence and Attributes*, p. 234). 하나님의 무한성에 대해 설명할 때, 에드워드 리는 "하나님은 광대하거나 편재하신다"고 말한다(*Treatise of Divinity*, 2:36). 그러나 리는 나중에 차녹이 그런 것처럼 하나님의 편재성의 이유는 그분의 본성의 무한성 때문이라고 주장함으로써 이것을 약간 다르게 표현한다(*Treatise of Divinity*, 2:39~40).

53) Te Velde, *Paths*, p. 137.

54) Muller, *Post-Reformation*, 3:338.

55) Leigh, *Treatise of Divinity*, 2:36.

56) Leigh, *Treatise of Divinity*, 2:36.

57) 17세기 소키누스주의자의 문서인 라코 교리문답은 하나님의 광대성을 "하나님의 지배권, 능력, 지혜의 가장 완전한 상태"를 가리키는 것으로 설명한다(*The Racovian Catechism*, Thomas Rees 번역 [London: Longman, 1818], p. 32).

58) Charnock, *Existence and Attributes*, p. 233.

59) Cf. Muller, *Post-Reformation*, 3:244.

60) Charnock, *Existence and Attributes*, p. 233.

하나님의 편재성에 대해 말할 때, 우리는 이 교리를 정확히 이해하기 위해 여러 진리를 확인할 필요가 있는데, 그것은 특별히 소키누스주의자도 하나님의 편재성을 기분 좋게 인정하기 때문이다. 그러나 소키누스주의자가 가진 하나님의 편재성 관념은 주로 하나님의 능력과 힘에 대한 언급으로 이해되었다. 하지만 개혁파는 이 관념에 하나님의 섭리 관념도 포함시켰다. 차녹의 경우가 확실히 그랬다. 차녹은 하나님의 편재성이 어떤 의미인지 이해하기 위해 여러 가정을 세운다. 차녹은 하나님의 **영향력**의 편재성에 대해 말한다. 하늘과 땅에 있는 만물은 하나님이 만물을 유지하시므로 그분의 능력에 의해 하나님께 종속되어 있고, 또 하나님이 만물을 다 아시므로 그분의 지식에 의해 하나님께 종속되어 있다. "하나님의 능력은 모든 것에 미치고, 하나님의 지식은 모든 것을 꿰뚫고 있다."[61] 성경에서 창조는 단순히 하나님이 무에서 땅과 모든 생물을 지으신 것보다 더 포괄적인 사건이다. 말하자면 "보존은 창조와 완전히 구별되지 않는다." 따라서 하나님은 만물을 보존하시기 위해 편재하셔야 한다.[62] 하나님은 피조물의 참된 실존을 유지하기 위해 모든 피조물에 친밀하게 임재하고, 이것은 마치 하나님의 창조 능력과 지혜의 결과만이 나타나 있는 것처럼 세상 속에 하나님이 자신의 효능으로만 임하신다는 사상을 강력히 거부한다. 하나님의 임재를 표현하는 형태는 또 있다. "하나님은 성도들을 위로하는 하늘에서의 영광의 임재, 정죄를 받은 자들이 고통을 겪고 있는 지옥에서의 진노의 임재가 있는데" 이것은 섭리와 임재가 서로 필연적으로 연계되어 있다는 것을 보여 준다.[63] 하나님은 섭리를 통해서도 편재하고 본질적으로도 편재하신다. 하나님은 만물에 충만하다. 특유의 매끄러운 말로 차녹은 "모든 순간이 하나님의 영원성의 순간인 것처럼 모든 장소가 하나님의 임재의 공간이다. 하나님은 모든 시간보다 더 크신 것처럼 모든 장소보다 더 방대하시다."[64] 만일 하나님이 모든 곳에 계신다면 즉 하나님이 천국에 계시는 것처럼 지옥에도 계신다면 하나님이 혼합 없이 임하신다는 것을 긍정하는 것이 중요하다. 하나님의 단순성으로 다시 돌아가 차녹은 이 관념을 하나님의 본질이 어떤 것과도 혼합될 수 없고, 그러므로 하나님 본질의 한 부분이 다른 부분과 분리될 수 없다는 관념과 연관시킨다. "만일 하나님의 존재에 이런 분할이 있게 된다면, 하나님은 가장 단순하고 혼합이 없는 존재가 아니실 것이다……그러면 하나님은 영이 아니실 것이다."[65] 그러나 하나님은 영이시고, 편재하시기 때문에 "하나님 외에 나타나 있는 것은 아무것도 없고, 그 외에 감춰져 있는 것도 절대로 없다"고 말하는 것이 진실이다.[66]

하나님의 전지성

하나님의 포괄적인 지식(omniscientia)에 대한 교리는 16세기와 17세기에 개혁파 신학자들과 그들의

61) Charnock, *Existence and Attributes*, p. 234.

62) Charnock, *Existence and Attributes*, p. 234.

63) Charnock, *Existence and Attributes*, p. 235. 에드워드 리는 스콜라 학자들은 하나님이 피조물 속에 다섯 가지 방법으로 임재하신다고 말한다고 지적한다. 1. 위격의 연합을 통해 그리스도의 인성 속에 임재하심, 2. 지식과 사랑을 통해 성도들 속에 임재하심, 3. 하나님의 본질과 명령을 통해 교회 안에 임재하심, 4. 하나님의 위엄과 영광을 통해 하늘에 임재하심, 5. 하나님의 응보적인 공의를 통해 지옥에 임재하심(Leigh, *Treatise of Divinity*, 2:39).

64) Charnock, *Existence and Attributes*, p. 236.

65) Charnock, *Existence and Attributes*, p. 238.

66) Charnock, *Existence and Attributes*, p. 252.

반대자들 간 논쟁의 핵심 주제였다. 개혁파 신학의 반대자들에 따르면, 만일 하나님이 과거, 현재, 미래의 만물에 대해 하자 없는 지식을 갖고 계신다면, 인간은 자유로운 피조물이 아니다.[67] 개혁파 신학자들은 다양한 비판자들이 하나님의 전지성을 적절히 주장하지 못한다는 것을 증명함으로써 그들에게 대응했다.[68] 이것이 이 논쟁을 이해하는 더 간단한 길이다. 모든 특수 요소들을 고찰하면 이 신적 속성이 개혁파 신론의 가장 미심쩍은 분야였다는 의심은 완전히 사라지게 될 것이다.[69] 신적 전지성에 대한 차녹의 사상은 그의 작품의 전반적인 취지와 일치되게 이 주제와 관련된 잘 알려진 성경 본문을 주석하는 것으로 설명이 시작된다. 시편 147편 5절의 "우리 주는 위대하시며 능력이 많으시며 그의 지혜가 무궁하시도다"는 말씀은 개혁파 신학자들이 하나님의 전지성을 증명하기 위해 자주 인용한 본문이다.[70] 이 본문을 주석한 후에 차녹은 전지성 교리로 초점을 옮겨 하나님이 무한한 지식을 갖고 계신다고 천명한다. 이 진술은 상세한 설명이 필요하고, 그래서 차녹은 하나님의 전지성을 더 깊이 이해하기 위해, 예컨대 하나님 안에 있는 지식이 어떤 종류의 것인지, 하나님이 아시는 것이 무엇인지와 하나님이 사실들을 어떻게 아시는지 등을 고찰한다.

하나님이 소유하고 있는 지식의 종류가 성경에서 과거, 현재, 미래의 사실들과 관련되어 묘사된다. 특별히 미래 사실과 관련해서 하나님의 지식은 예지 곧 "미리 아시는 것"(praescientia Dei)이다. "대상들의 보편성과 관련해서 이 지식은 전지성으로 불린다. 사실들에 대한 단순한 이해와 관련해서 이 지식은 지식으로 불린다. 그리고 활동 및 활동 방식과 관련해서 이 지식은 지혜와 분별로 불린다."[71] 하나님 안에 있는 지식은 만물에 대한 단순한 지식일 뿐만 아니라, 만물에 대한 하나님의 지혜 또는 이해이기도 하다. 하나님은 아시는 대로 행하고, 행하실 때 하나님의 지혜가 드러난다. 하나님의 지식은 직관적 지식과 단순 지식(visionis et simplicis intelligentia)에 따라 더 깊이 고찰될 수 있다.[72] 직관적 지식에 따라 하나님은 만물의 과거, 현재, 미래를 하자 없이 아실 뿐만 아니라, 자기 자신에 대해서도 아신다. 직관적 지식은 하나님의 작정에 따라, 그리고 하나님의 자기 지식에 따라 실제로 존재하는 것들과 관련되어 있다. 그러나 단순 지식은 하나님의 단순한 이해와 관련되어 있고, 이것은 하나님의 작정에서 벗어나 있는 것들 즉 "하나님의 능력에 의해 일어나는 것이 가능한 것들"과 관련되지만, 이것들은 존재가 눈으로 확인되지 않고, 항상 어둠과 무에 싸여 있다.[73] 이 구분은 하나님의 규정된 능력(potentia ordinata)과 하나님의 절대적 능력(potentia absoluta) 간의 구분, 곧 하나님이 규정하거

---

67) 개혁파 신학자들은 결정론의 비난을 피하기 위해 중요한 구분을 했다. 곧 논리적 필연성(necessitas consequentiae)과 절대적 필연성(necessitas consequentis)을 구분했다. 이 구분에 대해서는 Richard A. Muller, *Dictionary of Latin and Greek Theological Terms: Drawn Principally from Protestant Scholastic Theology* (1985, 재판, Grand Rapids: Baker, 2006), pp. 200, 238~239를 보라.

68) 개혁파 신학자들이 신적 주권과 전지성의 맥락에서 의지의 자유를 주장한 방법에 대해서는 Willem J. van Asselt, J. Martin Bac & Roelf T. te Velde 편집, *Reformed Thought on Freedom: The Concept of Free Choice in Early Modern Reformed Theology* (Grand Rapids: Baker, 2010)를 보라.

69) te Velde, *Paths*, pp. 151~154를 보라.

70) Muller, *Post-Reformation*, 3:393을 보라.

71) Charnock, *Existence and Attributes*, pp. 262~263. 에드워드 리는 스콜라 학자들은 "미래에 일어날 모든 일에 대한 지식(scientia visionis)과 일어날 수도 있는 다수의 사실들을 포함해서 모든 일에 가장 완전한 지식"(simplicis intelligentia)을 구분한다고 말한다(*Treatise of Divinity*, 2:63).

72) 참고, John Owen, *Vindicia Evangelica*, in *The Works of John Owen, D.D.*, William H. Goold 편집 (1965~1968, 재판, Edinburgh: Banner of Truth, 1999), 12:127.

73) Charnock, *Existence and Attributes*, p. 263.

나 작정하신 것을 수행하는 하나님의 능력과 무엇이든 행하시는 하나님의 절대적 능력의 구분과 비슷하다.[74] 차녹은 하나님의 지식에 대한 자신의 이해의 많은 부분을 세상을 있는 그대로 알고 볼 능력을 갖고 있을 뿐만 아니라, 다른 가능한 세계들에 대해 상상할 능력을 갖고 있는 인간들의 유추에 기반을 두고 있다. 그러나 유한한 인간은 하나님의 안목과 지식을 파악할 수 없고, "우리의 것은 기껏해야 먼지 한 조각과 같다."[75]

앞에서 지적한 것처럼, 하나님은 자신을 알고 계시고, 이것은 하나님의 사색적 지식과 실제적 지식을 가리킨다. 차녹은 "어떤 사실에 대한 진리가 활동이나 실천적 작업과 관련되지 않고 알려질 때" 그 지식은 사색적 지식이라고 말한다.[76] 그러므로 하나님의 자기 지식은 오직 사색적 지식이다. "왜냐하면 하나님은 자기 안에 작업할 것을 전혀 갖고 있지 않기 때문이다." 차녹은 다음과 같이 덧붙인다.

> 하나님은 자신을 알고 계시지만 이 자기 지식은 거기서 끝나지 않고 자신에 대한 사랑으로 꽃을 피우고, 자체로 즐거워하신다. 하지만 이 자기 사랑은 자연적이고, 자연스럽게 그리고 필연적으로 자기 지식과 자신의 선하심에서 흘러나온다. 하나님은 자기를 사랑할 수밖에 없고, 자체로 자신에 대한 지식에 대해 즐거워하신다.[77]

하나님이 갖고 계시는 이 사색적, 자연적 지식은 그분의 실제적 지식과 차이가 있다. 실제적 지식은 하나님이 정하신 것들에 대한 하나님의 이해다. 다시 말하면 실제적 지식은 창조 행위에서 한정되고, 따라서 하나님의 사색적 지식과 달리 자연적이거나 필연적인 지식이 아니다. 그러나 하나님의 자기 사랑은 자연적이면서 필연적이다. 하나님의 실제적 지식은 하나님이 창조하신 모든 것의 본질, 특질, 속성으로 확대된다. 확실히 하나님의 실제적 지식은 또 하나님이 만드실 수 있었지만, 만드시지 않은 대상들에 대해서까지 확대된다. 차녹은 또 다른 지식 형태에 대해서도 언급한다. 허락과 판단의 지식이 그것이다. 또한 하나님은 자신의 보배 같은 소유 곧 자기 백성들의 경우에 있어서, 실제적 지식을 갖고 계실 뿐만 아니라 애정의 지식도 갖고 계시는데(암 3:2), 이것은 자기 백성들에 대한 하나님의 특별한 관심을 포함한다.

이런 구분들을 설명한 다음, 차녹은 하나님의 지식과 이해가 얼마나 크게 확대되는지의 문제로 초점을 옮긴다. 하나님의 절대적 전지성의 기초는 "첫 번째 본래적 지식인" 그분의 완전한 자기 지식에 있다.[78] 마찬가지로 에드워드 리도 "하나님은 모든 것을 알고 계시는데, 그것은 그분이 본질상 자신을 직접 알고 계셨기 때문이다"라고 지적한다.[79] 하나님 지식의 무한성은 하나님의 자기 지식에 기반이 두어져 있다. 사실 하나님의 자기 지식은 하나님의 존재에 본질적이다. 하나님은 모르시

---

74) 이 구분에 대해서는 Muller, *Dictionary*, pp. 231~232를 보라.

75) Charnock, *Existence and Attributes*, p. 263.

76) Charnock, *Existence and Attributes*, p. 263. 여기서 차녹은 17세기에 개혁파 신학자들이 자주 인용한 가톨릭 신학자 프란시스코 수아레스(1548~1617년)를 인용하고 있는 것이다.

77) Charnock, *Existence and Attributes*, p. 263.

78) Charnock, *Existence and Attributes*, p. 265.

79) Leigh, *Treatise of Divinity*, 2:60.

는 것이 없고, 확실히 자기 자신에 대해서는 더욱 그렇다. 하나님의 본질적인 지복과 행복은 자신의 본질과 속성에 대한 완전한 이해에 뿌리를 두고 있다. 차녹은 하나님이 완전히 자신을 알고 계시지 않았다면, "자신의 능력과 자신의 힘에 대해 무지하게 되었을" 것이기 때문에 창조하실 수 없었을 것이고, 또 "자신의 거룩하심과 의에 대한 지식이 없었을 것이기 때문에 피조물을 다스리실 수도 없었을 것"이라고 덧붙인다.[80] 요약하면 하나님은 자신을 완전히 알고 계시고, 이것이 피조물과 창조될 수도 있었던 것들에 대한 그분의 포괄적인 지식의 필수 조건이다. 이어서 차녹은 하나님의 전지성에 대한 탁월한 이해를 다음과 같이 제시한다.

> 하나님은 다른 모든 일 곧 그것들이 과거, 현재, 미래에 가능한 일이거나, 그것들이 자신이 행할 수 있지만 행하시지 않을 일이거나, 또는 그것들이 자신이 행하신 일이지만 지금은 행하시지 않는 일이거나 간에, 지금 존재하고 있는 일 또는 그것들의 적절하고 직접적인 원인이 아직 태동 단계에 있어 지금은 존재하고 있지 않은 일들을 모두 아신다. 만일 하나님의 이해가 무한하다면 그분은 알려질 수 있는 모든 일을 아신다. 그렇지 않으면 하나님의 이해는 한계를 갖고 있고, 한계를 갖고 있는 것은 무한하지 않고 유한하다.[81]

만일 하나님이 모든 세상에 대해 지식을 갖고 계시다면, 그분은 자신이 지으신 이 세상에 대한 지식도 당연히 갖고 계신다. 하나님 안에는 오직 현재에 대한 지식만 있지만, 하나님의 지식은 현재에 대한 하자 없는 이해로 한정되지 않는다. "왜냐하면 하나님이 한순간에 모든 것을 아시기 때문이다."[82] 사실상 에드워드 리는 예지와 기억은 하나님께 당연히 속해 있는 것은 아니라고 덧붙인다. 왜냐하면 "과거와 미래의 모든 일은 하나님 앞에서는 현재이기" 때문이다.[83] 하나님은 미래의 모든 사건에 대해 완전한 지식을 갖고 계신다. 왜냐하면 미래 모든 사건은 하나님이 작정하셨기 때문이고, 이것은 선지자들이 미래의 일들에 대해 예언할 수 있었던 이유를 설명해 준다.[84]

하나님의 지식에 대한 차녹의 설명은 신론에 대한 그의 작품 속에서 가장 철저하게 설명되는 부분이고, 인간의 자유를 옹호하는 그의 견해에 대해서뿐만 아니라, 예수회, 소키누스주의, 항론파 신학자들의 "중간 지식"(scientia media)에 대한 견해에 맞서, 하나님의 전지성에 대한 그의 견해에 대해서도 많은 설명을 제공했다.[85] 물론 인간의 자유 교리를 개혁파 신학자와 방금 언급한 집단들은 서로 다르게 이해했는데, 이것은 주로 개혁파가 이후에 야코부스 아르미니우스(1560~1609년)가 채용한 루이 드 몰리나(1535~1600년)의 중간 지식 견해를 거부했기 때문에 생긴 결과였다.[86] 하나님의 지식에

---

80) Charnock, *Existence and Attributes*, p. 266.

81) Charnock, *Existence and Attributes*, p. 267.

82) Charnock, *Existence and Attributes*, p. 281. 에드워드 리가 지적하는 것처럼 "하나님은 모든 것을 동시에 아시고, 또 가장 단순하고, 불변적이고, 영원한 한 번의 이해 행위로 모든 것을 아신다"(*Treatise of Divinity*, 2:63).

83) Leigh, *Treatise of Divinity*, 2:67.

84) Van Asselt 외, *Reformed Thought on Freedom*은 일부 개신교 스콜라 학자들이 개혁파 신론과 관련해서 인간의 자유를 어떻게 봤는지에 대한 분석을 제공한다. 이것은 차녹이 일부러 학계에서 사용하는 전문 술어를 사용하지 않고, 어느 정도 상세히 설명하는 가치 있는 주제다. *Existence and Attributes*, pp. 287~290을 보라.

85) 참고, Muller, *Post-Reformation*, 3:411~432.

86) 아르미니우스가 몰리니스트였다는 증거에 대해서는 Eef Dekker, "Was Arminius a Molinist?", *The Sixteenth Century Journal* 27, no. 2 (1996년 여름), pp. 337~352를 보라.

대한 차녹의 거의 모든 견해는 명시적으로나 암묵적으로 중간 지식 교리를 거부하고, 하나님이 어떻게 모든 것을 알고 계시는지를 다루는 부분에서 이것이 사실임을 증명한다.

요약하면 중간 지식 교리는 이 교리가 위에서 자연적 지식(scientia naturalis)으로 지칭된 지식과 자유로운 지식 또는 직관적이고 한정적인 지식(scientia libera seu visionis et definite) 사이에서 중간 지점을 찾아야 한다고 주장하는 사실에서 이 "중간 지식"이라는 명칭이 유래된다. 에프 데커가 지적하는 것처럼 "몰리나의 관점은 하나님이 선택하기 전에 아는 것이 가능하고, 이 가능성은 인간(완전히 자유로운)이 주어진 어떤 상황 속에서 실제로 행하게 될 것이라는 사실을 함축한다."[87] 따라서 이 관점에 따라 구원론 분야를 보면 하나님은 어떤 개인들을 자유롭게 구원하기로 선택하는 것이 아니라 우연히 선택하는 것이 되고 마는데, 그것은 개인이 그리스도를 선택하는 여부에 구원이 달려 있기 때문이다. 이것 때문에 17세기 개혁파 신학자들은 중간 지식 교리를 강하게 거부한다. 중간 지식 교리에 따르게 되면, 하나님은 일어나는 일이 무엇이든 주권적으로 작정하시는 분이 아니다. 오히려 하나님은 예지를 통해 유한하고 우연한 존재들의 가능한 선택에 따라 반응하시는 분이 되고 만다. 멀러가 지적하는 것처럼 미래의 조건에 기초를 둔 신적 예지 관념은 "매우 불안정한 개념이다. 왜냐하면 하나님은 조건적으로 조건을 알기 위해 실제로 내리게 될 결정에 대해서는 모르고 있어야 하기 때문이다."[88] "몰리나주의"의 견해는 "하나님은 조건적으로 조건들을 아신다"고 주장한다. 이 견해는 차녹의 하나님 지식 교리와 완전히 대립된다. 하나님은 자신의 본질에 따라 즉 스스로 관조하심으로써 아시고, "따라서 하나님은 만물의 최초의 본래 근거를 아신다. 이것은 원하시는 하나님 자신의 본질과 자신이 원하시는 대로 행하시는 하나님 자신의 본질 외에 다른 것이 아니다."[89] 나아가 프랜시스 투레틴도 몰리나주의자는 미래의 조건적 사건들에 대한 하나님의 예지를 "자체 속에서나 사물 속에서 (만일 정해진 어떤 상황 속에 두어지면 어떻게 결정할 것인지) 하나님의 자유로운 작정(이것보다 앞선 존재)이 아니라, 피조물의 자유(하나님이 확실히 예지하는)에 의존하는" 것으로 이해한다고 주장한다.[90] 차녹과 다른 개혁파 신학자들에 따르면, 이런 식의 하나님의 반응은 필연적으로 하나님의 이해에 한계가 있다는 것을 함축하게 될 것이다.[91]

따라서 차녹에 따르면, 하나님의 단순한 이해와 하나님의 한정된 이해가 있는데, 전자는 모든 가능한 일 및 사건과 관련되어 있고, 후자는 하나님 뜻에 따라 실현되는 모든 일 및 사건과 관련되어 있다. 따라서 하나님 지식의 이중 구분(필연적 지식[scientia necessaria]와 한정적 지식[scientia definita])이 주장되고, 삼중 구분(즉 이중 지식에 중간 지식[scientia media]을 포함한)은 주장되지 않으며, 삼중 구분은 신론 자체뿐만 아니라, 기독교 교의학의 다른 교리들에 유해한 영향을 미칠 것이다.

---

87) Dekker, "Was Arminius a Molinist?", p. 339.

88) Muller, *Post-Reformation*, 3:421.

89) Charnock, *Existence and Attributes*, p. 291. 중간 지식 형태에 대한 차녹의 반감은 p. 662에서 더 깊이 설명될 것이다. 아르미니우스주의 견해에 맞서 차녹은 이렇게 주장한다. "선택이 믿음의 원인이지, 믿음이 선택의 원인이 아니다……사람들은 믿기 때문에 택함받은 것이 아니라, 택함받았기 때문에 믿는 것이다."

90) Turretin, *Institutes*, 3.13.2~3을 보라. 중간 지식에 대한 투레틴의 반론은 내가 보기에는 현재 우리가 영어 번역판으로 갖고 있는 것 가운데 가장 강력한 17세기의 논증이다.

91) 참고, Turretin, *Institutes*, 3.13.12.

하나님의 지혜

어떤 이들은 하나님의 지혜를 하나님의 지식과 이해의 맥락 속에 둘 것이다. 차녹은 모든 신적 속성을 긍정하지 않고서는 어느 한 속성도 적절히 고찰할 수 없다고 보지만, 하나님의 지혜는 자체로 설명이 가능하다고 보는데, 그것은 지혜는 지식과 다르기 때문이다. 차녹의 작품에서 이 부분은 매우 철저한데, 여기서는 다만 몇 가지 두드러진 요점만 강조하고 넘어갈 것이다.

우선 지혜는 사람이 올바른 목적에 따라 행하도록 이끄는 특성이다. 나아가 지혜는 자체로 목적일 뿐만 아니라, 이 목적을 이루는 수단이다. 하나님은 자신의 무한한 지식의 경륜에 따라 행하신다. 하나님의 조언자는 아무도 없다. 차녹은 하나님 뜻에 대해 다음과 같이 말한다. "하나님의 뜻은 분별력을 갖고 있지만 신적 지성의 제안을 따른다. 따라서 하나님은 행하기에 가장 적절한 것을 택하신다."[92] 지식과 지혜는 지식이 "사물에 대한 파악이고, 지혜는 사물에 대한 지시와 명령"이라는 점에서 차이가 있다.[93] 하나님은 본질적 및 포괄적 지혜(omnisapientia)를 갖고 계신다. 그러나 하나님의 아들은 하나님의 인격적 지혜다. 하나님의 필수적인 속성으로서 지혜는 하나님의 아들 속에서 드러나고, 하나님의 아들은 "우리에게 하나님의 비밀을 계시하신다."[94] 지혜는 하나님 속성의 하나다. 지혜는 하나님의 본질에 속해 있다. 그리고 단순하기 때문에 지혜는 하나님께 덧붙여진 것이 아니다. 이런 이유로 적절하게 말하면, 오직 하나님만이 완전히, 보편적으로, 영속적으로, 무한히, 오차 없이 지혜로우시다(롬 16:27). 하나님의 지혜는 하나님의 다른 속성들과 일치되는 것이 틀림없고, 이것이 오직 하나님만이 온전히 지혜로우신 또 하나의 이유다. 하지만 하나님의 형상으로 지음을 받은 하나님의 피조물은 파생적으로 지혜로울 것이다. 차녹은 하나님은 무한한 지혜를 갖고 계시기 때문에 일부 학자들(예, 수아레스)은 하나님을 "지혜롭되, 모든 지혜 위에 계시는" 분으로 지칭했다.[95] 하나님은 자신의 지혜를 피조물과 피조물에 대한 통치 속에 나타내시지만, 구속에 나타나 있는 하나님의 지혜는 "지성을 더 놀라운 위치에 올려놓는다."[96] 구속의 영광을 포착해 내는 탁월한 자신의 특유의 방식으로, 차녹은 창조는 하나님의 지혜의 "발자국"이지만, 구속 사역은 하나님의 지혜의 "얼굴"이라고 표현한다.[97]

예수 그리스도의 인격과 사역에서 지혜는 하나님이 피조물을 다루실 때, 다른 곳 어디서도 나타나지 않은 광채로 빛난다(골 2:3). 복음서에서 하나님의 지혜는 여러 방식으로 묘사되는데, 모두가 지혜는 하나님의 모든 속성을 규제하는 하나님의 본질적 속성이라는 차녹의 주장을 확증하는 데 도움을 준다. 복음서에 나타나 있는 지혜는 숨겨진 지혜로(딤전 1:17), 또한 비밀로 알려졌다. 구속 사역을 보면, 한 행위가 아니라 하나님의 지혜 속에 하나님의 영광을 드러내는 복합적인 목적과 수단이 있다. 예를 들면 복음서에서 우리는 "두 본성의 결합……영원과 시간, 가멸성과 불멸성의 연합 곧 죽음은

---

92) Charnock, *Existence and Attributes*, p. 328.
93) Charnock, *Existence and Attributes*, p. 329.
94) Charnock, *Existence and Attributes*, p. 329.
95) Charnock, *Existence and Attributes*, p. 334.
96) Charnock, *Existence and Attributes*, p. 359.
97) Charnock, *Existence and Attributes*, p. 359.

생명의 길을 만들고, 수치는 영광의 길을 만든다는 것"을 배운다.[98] 하나님의 지혜는 하나님의 공의와 자비가 동시에 만족된다는 사실에 의해서도 확인된다. "공의는 처벌하시는 것으로 나타나고, 자비는 용서하시는 것으로 나타난다."[99] 마찬가지로 토머스 굿윈도 구속을 "하나님의 모든 속성을 부각시키기 위한 하나님의 걸작"이라고 말한다.[100]

그리스도의 사역은 하나님의 지혜를 정당한 것으로 드러내고, 또 경건하지 못한 자들을 정당화하는 것으로 나타난다. 하지만 그리스도의 인격도 하나님의 특별한 지혜를 보여 준다. 왜냐하면 성육신하실 때 한 인격 속에 유한이 무한과 연합되고, 불멸성이 가멸성과 연합되며, 율법을 만드신 본성이 율법 아래 있는 본성과 연합되기 때문이다.[101] 이 연합은 "피조물 속에서 이루어지는 가시적인 모든 연합을 능가하고" 이런 이유로 불가해하다.[102] 그리고 심지어는 두 본성의 연합에서도 유한이 무한을 담을 수 없는 데도, 신성이 그리스도의 인성의 모든 부분과 연합된다. 성육신으로 말미암아 하나님의 아들은 하나님과 죄인인 사람 사이를 중보할 수 있다. 차녹은 이것을 다음과 같은 말로 잘 표현한다.

> 하나님의 아들은 가멸적인 죄인과 불멸적인 의로우신 분 사이의 참 중보자시다. 하나님의 아들은 우리 본성의 연약함을 갖고 우리에게 다가오셨고, 또 신성의 완전함을 갖고 하나님께 다가가셨다. 자신의 본성으로 하나님께 나아가신 것처럼, 우리의 본성으로 우리에게 나아오셨다. 우리의 본성으로 우리에게 나아오신 만큼 신성으로 하나님께 나아가신다. 신성에 속해 있는 것은 아무것도 없지만, 그분은 그것을 소유하신다. 인성에 속해 있는 것은 아무것도 없지만, 그분은 그것을 덧입으신다. 하나님의 아들은 상처를 입힌 본성과 상처를 입은 본성을 함께 갖고 계신다. 곧 하나님을 기쁘시게 하는 본성과 우리를 기쁘게 하는 본성을 동시에 갖고 계신다. 한 본성은 그분이 경험적으로 하나님의 속성을 알았던 상처 입은 본성으로, 그분으로 말미암아 영광을 이해했고, 따라서 그분의 인격의 존엄성에 의해 측량된 범죄의 중대성도 이해했다. 그리고 또 한 본성은 그분이 상처를 입힌 자로 말미암아 초래된 재앙의 비참을 의식하고, 또 그 재앙을 겪음으로써 그분은 상처를 입힌 자에게 긍휼을 갖고 있고, 그에 대한 적절한 배상을 이루신다.[103]

요약하면 성육신은 아들을 중보자로 지명했다는 점에서 하나님의 지혜를 계시한다. 오직 신인(神人)만이 하나님과 사람 사이의 화목을 이루실 수 있었고, 하나님이 사람이 되셨기 때문에 우리에게 하나님과의 교제가 가능하게 되었다. 확실히 삼위일체 하나님의 둘째 인격은 성육신으로 말미암아

---

98) Charnock, *Existence and Attributes*, p. 360.
99) Charnock, *Existence and Attributes*, p. 360.
100) Thomas Goodwin, *Christ the Mediator*, in *The Works of Thomas Goodwin, D. D.*, Thomas Smith 편집 (1861~1866, 재판, Grand Rapids: Reformation Heritage Books, 2006), 5:16.
101) Charnock, *Existence and Attributes*, p. 364.
102) Charnock, *Existence and Attributes*, p. 365. 마코비우스도 비슷하게 주장한다. "그리스도의 두 본성의 연합은 우리에게 불가해하다(*Unio naturarum Christi nobis est incomprehensibilis*)." (Van Asselt 외, *Scholastic Discourse*, p. 223).
103) Charnock, *Existence and Attributes*, p. 366.

신적 본성이 할 수 없었던 경험적 긍휼을 제공할 수 있었고, 따라서 그리스도의 제사장 직분의 효력은 모든 면에서 두 본성의 한 인격 속에서의 연합에 의존한다. 따라서 성육신은 하나님이 사람들에게 자신의 지혜를 계시하신 다양한 방법 가운데 하나다. 그러나 무엇보다 자비와 공의가 결합되어 있는 하나님의 지혜는 하나님이 능하신 분이 아니었다면, 효과적이지 못했을 것이다.

하나님의 전능성

당연하게도 차녹은 능력(potentia)의 속성은 하나님의 본성에 본질적이라고 주장한다. 물론 자비와 공의도 신적 본성에 본질적이지만 능력은 더 "분명히 본질적이다." 왜냐하면 예컨대 자비와 공의는 능력이 없으면, 행사될 수 없기 때문이다.[104] 다른 속성들과의 조화를 포함하는 하나님의 단순성은 제한이 없는 하나님의 능력을 필연적으로 수반하고, 이것은 능력이 하나님의 이름으로 사용되는 이유를 설명해 준다(막 14:62).

능력 개념은 권세나 힘으로 이해될 수 있다. 우리는 능력 없는 권세와 권세 없는 능력을 가질 수 있다. 하나님의 이 속성을 이해할 때 차녹은 자신이 하나님의 권세가 아니라, 하나님의 힘을 염두에 두고 있음을 분명히 한다.[105] 그 다음에 차녹은 잘 알려진 구분인 절대적 능력(potentia absoluta)과 규정된(즉 주어진 목적에 적용된) 능력(potentia ordinata)의 구별을 제시한다. 절대적 능력은 "행하시지 않을 것이지만 행해지는 것이 가능한 것을 행하시는" 하나님의 능력이고, 규정된 능력은 "하나님이 행하겠다고 작정하신 즉 행해지도록 정하시거나 명하신 것을 행하시는" 하나님의 능력이다.[106] 물론 이 두 능력은 별개의 다른 능력이 아니고, 하나님 능력의 적용 또는 비적용을 이해하는 다른 방식을 가리킨다. 그러나 절대적 능력은 하나님의 본성에 제약을 받는 능력으로 이해되어야 한다(예, 하나님은 거짓말을 하실 수 없다). 또는 하나님이 세상을 창조하셨다면 그래서 세상을 해체시키실 수 있다면, 하나님이 세상을 창조하신 것은 영원히 참된 사실일 것이다. "왜냐하면 이전에 참되었던 것이 거짓이 되는 것은 불가능하기 때문이다."[107] 이 견해를 따르는 에드워드 리는 "하나님의 능력은 거짓말을 하거나 변덕스럽거나 자기를 부인하는 것과 같이, 하나님이 자신의 본성과 모순될 수 있는 것처럼 생각되어서는 안 된다"고 지적한다. 왜냐하면 이런 일들은 "가장 참되고 완전한 본질인 불변적이고, 단순한 신적 속성에 반대되기" 때문이다.[108] 또 개혁파 신학자들도 일관되게 하나님의 단순성과 일치시키는 관점에 따라 신적 속성들을 설명했다.

규정된 능력은 하나님의 작정을 완성시킨다. 하나님은 절대적 능력에 따라 변화를 일으키실 수 있지만 이미 정해진 작정으로 말미암아 그렇게 하실 수 없다. 따라서 예를 들면 마태복음 26장

104) Charnock, *Existence and Attributes*, p. 400.

105) 멀러는 다음과 같이 지적한다. "17세기 개신교 스콜라 학자들은 힘(potentia)으로서의 하나님 능력, 곧 신적 본질 속에 내재하는 원하는 대로 행하는 능력과 권세(potestas)으로서의 하나님의 능력, 곧 자신에게 속해 있는 것을 통제하기 위한 하나님의 절대적인 법(jus)과 권위(authoritas)를 가리키는 사물들에 대한 하나님의 능력을 구분한다. 여기서 피조물에 대한 하나님의 권리로 간주되는 후자는 하나님의 능력(potentia Dei), 곧 하나님의 '효능' 또는 유효 능력의 범주에 들어가지 않는다"(*Post-Reformation*, 3:537). 마코비우스도 그리스도 안에서 능력과 권세를 구분한다. "권세는 직무를 의미한다. 능력은 본성을 의미한다." Van Asselt 외, *Scholastic Discourse*, p. 119.

106) Charnock, *Existence and Attributes*, p. 401. 참고, Leigh, *Treatise of Divinity*, 2:106.

107) Charnock, *Existence and Attributes*, p. 401.

108) Leigh, *Treatise of Divinity*, 2:108.

53~54절에서 그리스도는 절대적 능력(너는 내가 내 아버지께 구하여 지금 열두 군단 더 되는 천사를 보내시게 할 수 없는 줄로 아느냐)과 규정된 능력(내가 만일 그렇게 하면 이런 일이 있으리라 한 성경이 어떻게 이루어지겠느냐)에 대해 말씀하신다. 하나님의 절대적 능력은 그것이 하나님의 본질에 속해 있기 때문에 필연적인 능력이다. 하지만 하나님의 규정된 능력은 그것이 하나님의 뜻에 따른 행위이기 때문에 자유하다. 하나님의 뜻과 하나님 능력의 관계는 또한 하나님의 크신 능력을 파악하는 또 다른 방법이다. 피조물은 의지를 갖고 있지만, 원하는 대로 할 수 있는 힘은 가질 수 없다. 그러나 하나님의 능력은 하나님 의지와 진배없다. 어쨌든 하나님의 행위 능력은 하나님의 행함에 대한 의지와 구별되지 않는다. 하나님은 자신의 규정된 능력에 따라 어떤 일들은 원하실 수 없지만, "만약 그것을 원하신다면 그것을 행하실 수 있다. 따라서 우리는 신적 능력에 대한 관념에 하나님이 행하기로 결심하신 것을 오직 행하실 수 있다고 생각하는 것보다 그 능력을 더 확대시켜야 한다."[109]

사람들은 하나님의 속성들이 서로 간에 갖고 있는 관계를 주목함으로써 그 속성들에 대해 생각한다. 하나님의 지식은 일어나는 것이 가능한 일들과 관련되어 있다. 하나님의 지혜는 일들이 어떻게 일어나는 것이 적합한지와 관련되어 있다. 하나님의 뜻은 그 일들을 일으키는 것을 결심하게 하는 역할을 한다. 그리고 하나님의 능력은 그 일들이 일어나는 것을 가능하게 한다. 다시 말하면 하나님의 능력은 "행위에 대한 하나님의 역량이고, 하나님의 지혜는 하나님 행위의 지도자다. 그리고 하나님의 뜻은 명령하고, 하나님의 지혜는 인도하며, 하나님의 능력은 실행한다."[110] 이런 이유로 차녹은 하나님의 규정된 능력을 하나님의 지식과 의지에 종속시킨다. "하나님의 뜻이 시간 속에서 일어나는 모든 일의 최고 원인이고, 모든 일은 하나님이 그 일들을 원하실 때 존재하게 된다. 하나님의 능력은 다만 하나님의 뜻이 영속적으로 작용하는 것이고, 영원부터 고정된 하나님의 뜻을 시간 속에 확산시키는 것이다."[111] 그러나 하나님의 절대적 능력은 하나님의 결심하는 의지보다 더 크다. 차녹은 어떤 이들이 "하나님은 죄를 아시고 죄를 허용하시지만, 하나님 자신은 어떤 악이나 불의한 행위를 행하실 수 없고, 또는 그것을 행할 능력을 가지실 수 없다는 것을 이유로" 하나님의 지식과 뜻이 하나님의 절대적 능력보다 더 크다고 주장하는 것을 주목한다.[112] 만일 하나님이 이런 불완전한 행위들을 행하실 수 있다면(예, 악을 행하는 것), 그것은 하나님 안에 무력함이나 연약함이 있다는 것을 암시할 것이다. 역설적이게도 하나님이 악을 행하실 수 없는 것은 하나님의 능력에 속하는 일이다. 하나님의 뜻은 무엇이든 간에 하나님의 능력과 일치될 것이다. 왜냐하면 하나님은 자신의 본성과 반대되는 일을 원하실 수 없고, 따라서 이 두 속성 간에는 조화가 있기 때문이다.

하나님의 능력은 하나님의 본질과 구별되는 것이 아니고, 본질상 하나님의 본성에 속해 있다. 따라서 전능하다는 것은 하나님이라는 것이고, 이 점에서 전능성은 또 하나의 비공유적 속성이고, 이것은 예수 그리스도의 인성에도 해당된다. 차녹은 루터교회의 "속성의 전달"(communicatio idiomatum) 개념에 반대해 다음과 같이 추론한다. "그리스도의 인성이 실제로 전능성을 소유했다면, 하나님의 본질도 그리스도의 인성에 전달된 것이고, 또 영원성도 전달된 것이다. 따라서 그리스도의 인성은 시

---

109) Charnock, *Existence and Attributes*, p. 402.
110) Charnock, *Existence and Attributes*, p. 402.
111) Charnock, *Existence and Attributes*, p. 402.
112) Charnock, *Existence and Attributes*, p. 403.

간 속에서 그분에게 주어진 것이 아니었다. 그리스도의 인성은 혼합된 것이 아니었다. 곧 그리스도의 몸은 몸이 아니고, 그리스도의 영혼도 영혼이 아니었다."[113] 이것은 유한은 무한을 담을 수 없다는 개혁파 공리의 자연스러운 결론이었다. 따라서 하나님의 능력은 적절하게 말하면 그리스도의 인성도 하나님의 능력을 다 포함하거나 소유할 수 없었을 정도로 무한하다. 또는 다르게 말하면, 다음과 같다. "무한하다는 것과 하나님이라는 것은 같은 말이다. 하나님 외에 어떤 존재도 무한할 수 없다. 하나님 외에 어떤 존재도 무한하지 않다. 그러나 하나님의 능력은 무한하다. 왜냐하면 하나님의 능력은 무한한 효력을 일으키기 때문이다."[114]

하나님은 절대적 능력에 따라 무한한 효력과 무한한 세계를 일으키실 수 있지만, 하나님 능력의 행사는 작정, 따라서 "규정된" 능력에 예속되어 있다. 굿윈은 일부 신학자들이 하나님은 전능하시지만, "전(全)의지적[무엇이든 행하기를 바라는] 존재는 아니라고 주장하는 사실을 주목한다. 하나님은 자신이 행하신 것보다 더 무한히 무엇이든 행하실 수 있지만, 행하실 수 있는 일을 모두 행하기를 바라시지는 않는다. 왜냐하면 하나님의 능력은 하나님의 뜻으로 제한되어 있기 때문이다."[115] 그러나 차녹은 조심스럽게 지적하기를 하나님 능력의 행사는 작정에 예속되어 있지만, 하나님 능력의 본질은 영원하기 때문에 작정에 예속되어 있지 않다고 말한다(롬 1:20). 에드워드 리는 하나님의 능력은 당연히 전능성으로 불릴 수 있는데, 그 이유는 하나님의 전능성이 하나님의 본질과 같이 영속적이기 때문이라고 지적한다.[116] 리와 차녹은 하나님의 한 속성을 다른 속성과 연관시키고, 따라서 속성들 간의 일치성을 보여 준다. 하나님의 능력은 하나님이 영원하고 무한하기 때문에 전능한 능력임이 틀림없다. 앞에서 지적한 것처럼 하나님의 단순성과 관련해서 차녹은 이렇게 지적한다. "모든 실체는 더 영적일수록 그만큼 더 능력이 크다. 모든 속성은 혼합적 존재가 아니라 단일한 존재와 더 잘 연합된다……가장 큰 단순성이 있는 곳에 가장 큰 통일성이 있고, 가장 큰 통일성이 있는 곳에 가장 큰 능력이 있다."[117] 하나님의 능력은 창조, 통치, 구속을 막론하고, 하나님의 외적(ad extra) 사역 전체(하나님 자신 외부에 있거나 구별되는 것과 관련된)에서 확인할 수 있다. 이 사역들 속에서 우리는 믿음의 안경을 통해 하나님의 지혜를 확인할 수 있다. 그러나 지금까지 간과한 한 가지 중요한 요소는 하나님 사역의 순결하심[거룩하심]이다. 차녹은 이것 때문에 우리는 무한성, 영원성, 전능성 등의 속성들을 하나님께 귀속시킬 수 있는 것을 의미한다고 보는데, 당연히 맞다. 하지만 "우리가 하나님을 이 탁월한 속성[즉 거룩하심]을 결여하고 있다고 생각하고, 조금이라도 하나님이 악의 오염을 소유하고 있

---

113) Charnock, *Existence and Attributes*. On the *communicatio idiomatum* (and *communicatio operationum*) see Muller, *Dictionary*, pp. 72~74; Mark Jones, *Why Heaven Kissed Earth: The Christology of the Puritan Reformed Orthodox Theologian, Thomas Goodwin (1600~1680)* (Gottingen: Vandenhoeck & Ruprecht, 2010), pp. 160~165.

114) Charnock, *Existence and Attributes*, p. 406.

115) Thomas Goodwin, *Exposition of Ephesians*, in *Works*, 1:216-17. 헵페는 헤이단을 인용하고 같은 요지를 말하기 위해 아메스를 언급한다. "하나님의 뜻/의지(will)의 본질은 하나님 안에 있는 지식과 능력의 본질들과는 다르다. 하나님의 지식은 하나님이 알 수 있는 모든 것을 알게 하고, 하나님의 능력은 하나님이 하실 수 있는 모든 것을 행하게 한다. 그러나 의지는 다르다. 하나님은 자신이 의지적으로 뜻할 수 있는 모든 것을 다 뜻하지는 않으신다. 하나님이 명하신 것들은 하나님의 뜻/의지(willing)를 필요로 했고, 미래적인 행동이다. 그러므로 하나님은 전지하시고 전능하시지만, 모든 것을 다 뜻하지는(omnivolent) 않으신다." *Reformed Dogmatics*, p. 84.

116) Leigh, *Treatise of Divinity*, 2:107.

117) Charnock, *Existence and Attributes*, p. 415.

다고 상상한다면, 그것은 하나님을 단지 무한한 괴물로 만들고 말 것이다."[118] 차녹의 생각 속에서 거룩하심은 "하나님의 다른 어떤 속성보다 두드러지는 특징을 갖고 있는" 속성이다.[119]

하나님의 거룩하심

하나님의 거룩하심 속성은 종교개혁 이후 개혁파 신학자들의 작품 속에서 두드러지게 다뤄진 주제였다. 차녹과 비슷한 언어로 에드워드 리는 거룩하심을 "하나님의 모든 속성의 백미로, 그것이 없으면 하나님의 지혜는 교활함으로 그치고, 하나님의 공의는 잔인함으로 귀착되고, 하나님의 주권은 폭정으로 끝나며, 하나님의 자비는 우매한 연민으로 마감된다"고 말한다.[120] 하나님은 무한한 괴물이기는커녕 "온갖 악에서 벗어나 있는 완전하고 순결한 자유"를 소유하신다.[121] 차녹은 단호하게 하나님의 거룩하심을 "하나님이 감정과 행위 속에서……자기 자신의 특성에 어울리는 역사를 행하시는……신적 의지에 대한 신적 본성의 정직함이나 성실함"으로 정의한다.[122] 간단히 말하면, 하나님은 변함없이 선은 사랑하고 악은 미워하신다.

거룩하심이 하나님의 본질적 속성이라는 것에 대해 개혁파 신학자들 간에 의심의 여지는 전혀 없었다.[123] 차녹은 한 속성에서 다른 속성으로 옮겨갈 때 하나님의 본질에 따라 하나님에 대한 더 충분한 그림을 그리기 위해 속성들을 일관되게 하나로 묶는다. 그런데 거룩하심에 이르게 되었을 때 차녹은 그것을 예컨대 하나님의 존재, 전지성, 불변성만큼이나 필연적인 속성이라고 주장한다. 흥미롭게도 하나님의 본질적 거룩하심을 옹호하는 문맥에서 차녹은 (투레틴을 인용해서) 하나님은 본질상 은혜롭고, 자비롭고, 공의로우시지만 "피조물 가운데 하나님의 은혜, 자비, 공의 또는 거룩하심을 행사하도록 지음을 받은 존재는 하나도 없었다"고 단정한다.[124] 다시 말하면 공의는 하나님의 본질적 속성이지만, 공의 행위를 필수적인 것으로 만드는 조건을 필요로 한다. 마찬가지로 거룩하심도 단순히 하나님 뜻의 행위가 아니다. 만일 그렇게 된다면 하나님은 불의를 사랑하거나 의를 미워하실 수도 있었을 것이다. 그러나 하나님은 자유로운-강제가 아니라-필연성에 따라 즉 자신의 속성의 완전함으로 말미암아 필연적으로 거룩하시다. 하나님은 필연적으로 거룩하실 뿐만 아니라, 절대적으로 그리고 무한히 거룩하시다. 피조물은 모든 피조물의 내재적 가변성으로 말미암아 본질적으로 거룩할 수 없다. 그러나 불변적인 하나님은 자신의 다른 속성들과 일치되게 절대로 거룩하시다.

죄에 대해 말한다면, 하나님은 당연히 죄를 미워하신다. 차녹은 하나님이 자신을 사랑하시므로 "자신에게 반하는 모든 것을 당연히 미워하셔야 한다"고 지적한다.[125] 따라서 하나님이 죄를 미워하시는 것은 격렬한 미움이다. 성경은 하나님의 죄에 대한 관점을 하나님이 몹시 싫어하시는 것에 대한 인상적인 그림으로 표현한다. "악을 차마 보지 못하시며 패역을 차마 보지 못하시거늘"(합 1:13). 하

118) Charnock, *Existence and Attributes*, p. 468.
119) Charnock, *Existence and Attributes*, p. 468.
120) Leigh, *Treatise of Divinity*, 2:104.
121) Charnock, *Existence and Attributes*, p. 470.
122) Charnock, *Existence and Attributes*, p. 470.
123) 예컨대 Leigh, *Treatise of Divinity*, 2:102~103을 보라.
124) Charnock, *Existence and Attributes*, p. 471.
125) Charnock, *Existence and Attributes*, p. 473.

나님은 "생각 속에서 처음 등장하는 죄의 불꽃을 싫어하신다"(슥 3:17).[126] 사실상 "죄는 하나님이 불쾌하게 여기시는 유일한 핵심 대상이다."[127] 인간의 본성은 하나님에게서 나온 것이고, 따라서 하나님이 미워하시는 것은 인간의 본성이 아니라 부패한 인간의 본성이다. 하나님이 죄를 인정하시려면 먼저 자신을 부인해야 하는데, 이것은 완전히 불가능하다. 그러므로 하나님은 영원히 죄를 미워하고 죄에 대한 불쾌감을 표현하시는데, 이것은 개혁파 신학자들에게 영원한 형벌 교리의 근거를 제공한다.

예수 그리스도의 공로로 말미암아 죄인들은 자기들이 마땅히 받아야 할 형벌을 피할 수 있다. 하지만 죄인들이 자신과 화목하게 될 때, 자신의 본질적 속성들과 일치될 때, 하나님은 그럼에도 불구하고 자신의 독생자를 죽음으로 처벌하심으로써 죄에 대한 미움을 보여 주신다. 차녹은 생생한 심상을 사용해서 기독교 신학의 이 가장 중요한 요점을 다음과 같이 묘사한다. "악한 세상에 쏟아지고 있거나 쏟아질 심판의 모든 대접, 죄인의 양심의 불같이 연단, 반역하는 마귀들에게 선언되는 취소할 수 없는 선고, 저주를 받은 피조물의 신음 소리도, 하나님의 진노가 자기 아들에게 퍼부어질 때 하나님이 보여 주신 죄에 대한 미움을 예증하지 못한다."[128] 시편 22편의 내용이 예수 그리스도의 십자가 죽음에서 완전히 성취되었기 때문에, 차녹은 3절은 그리스도께서 죽음의 신음 소리를 내실 때 드러난 하나님의 거룩하심을 말한다고 지적한다. "확실히 공의는 강타를 가했지만 거룩하심은 그것을 막아냈다."[129] 하나님이 죄를 미워하시는 것을 하나님의 본질적 거룩하심의 증거로 재확인한 다음, 차녹은 이렇게 설명한다. "성부 하나님은 자신의 율법을 어김으로써 죄가 살고 하나님의 거룩하심이 항상 먹칠을 당하도록 놔두시지 않고, 치욕의 십자가 위에서 죽고, 신적 진노의 불길 속에 들어감으로써 자신의 모든 영광스러운 속성을 구비하고 자기를 위해 그리고 자기와 동등한(빌 2:6) 가장 훌륭한 인간을 두셨다…… 하나님은 아버지의 인자하심을 내려놓고, 절대로 타협할 수 없는 원수의 옷을 입는 것처럼 보인다."[130]

앞에서 언급한 것처럼 차녹에 따르면, 하나님의 본질적인 거룩하심은 하나님의 본질적인 공의의 중요한 요소다. 개혁파 신학자들은 속죄가 필수적인지에 대해 항상 의견이 일치된 것은 아니었다.[131] 차녹은 굿윈과 윌리엄 트위스(1578~1646년)의 견해에 반대하고, 존 오웬(1616~1683년)과 투레틴의 입장에 따라 "어떤 충분한 중보자가 하나님의 거룩하심을 만족시킬 필요가 있다"는 입장을 취한 것으로 보인다.[132] 차녹은 (개혁파 신학자들 가운데) 어느 누구도 하나님이 본질상 모든 불의를 미워하신다는 것을 부정하지 않는다는 것을 인정한다. 하지만 논란은 죄를 용서받는 유일한 길이 만족을 통한 길인지, 아니면 하나님 뜻의 행위가 충족되는 길인지에 있다. 투레틴을 인용하고, 오웬의 말과 조

126) Charnock, *Existence and Attributes*, p. 473.

127) Charnock, *Existence and Attributes*, p. 473.

128) Charnock, *Existence and Attributes*, p. 484.

129) Charnock, *Existence and Attributes*, p. 484.

130) Charnock, *Existence and Attributes*, p. 484.

131) Carl Trueman, "The Necessity of the Atonement," *The Diversity of a Tradition: Intra~Reformed Theological Debates in Puritan England*, Michael A. G. Haykin & Mark Jones 편집 (Gottingen: Vandenhoeck & Ruprecht, 근간), Jones, *Why Heaven Kissed Earth*, pp. 131~134를 보라.

132) Charnock, *Existence and Attributes*, p. 517. 참고, p. 648. 거기서 차녹은 이렇게 쓴다. "하나님이 절대적 능력으로 사람들의 죄책을 그냥 용서하고, 피조물에게서 나온 만연된 죄를 던져 버리실 수 없겠는가?……하지만 만족을 요청하는 자신의 공의로 말미암아 하나님은 그렇게 아니하실 것이다."

화시켜 차녹은 다음과 같이 말한다. "어떤 이들은 하나님에게는 공의가 본질적이므로 만족이 없이는 죄가 용서될 수 없다는 것에 대해 의문을 제기한다. 하지만 만족으로 하나님 뜻의 행위가 충족된다는 것이 합리적인 것으로 보인다."[133] 하나님이 죄인들을 용서하실 수 있는 그리스도의 배상(만족) 속에는 하나님의 거룩하심과 자비하심이 함께 표현되어 있고, 따라서 "그 자비하심으로 피조물의 파멸을 탄식하지 않게 되고, 그 거룩하심으로 피조물의 존귀함을 무시하게 되는 것을 슬퍼하지 않게 되었다."[134]

하나님의 거룩하심이 그리스도의 죽음 속에 나타나 있는 것처럼, 하나님의 거룩하심은 그리스도의 인격 속에도 나타나 있다. 그리스도는 하나님의 거룩하신 형상이다. 하나님은 자신의 영광 속에 계실 때 "너무 눈부셔서 우리가 바라볼 수 없기" 때문에, 성육신은 택함받은 자가 예수 그리스도의 얼굴 속에서 하나님의 거룩하심을 바라보게 할 뿐만 아니라, 예수 그리스도를 통해 하나님과 같이 거룩하게 되는 것을 가능하게 한다.[135] 확실히 그리스도와 같이 거룩하게 되는 것이 하나님을 존귀하게 하는 최고의 길이다. "거룩하심이 하나님의 모든 속성의 광채인 것처럼 거룩함은 그리스도인의 모든 은혜의 꽃, 모든 종교의 면류관이다."[136] 따라서 예컨대 영원성 속성과 달리 하나님의 거룩하심은 공유적인 속성이다. 그러나 우리는 항상 모든 공유적인 속성은 먼저 예수 그리스도의 인격 속에서 완전하게 선언되고, 이어서 구주와의 연합을 통해 신자들이 이 하나님의 속성들에 참여하게 된다는 것을 염두에 둬야 한다. 따라서 거룩함의 실천은 기독론적인 초점을 갖고 있다.

하나님의 선하심

하나님의 선하심(bonitas Dei)은 하나님의 본질적인 속성으로 간주된다. 즉 하나님의 선하심은 신적 본질로 간주된다. 따라서 예를 들어 하나님의 능력과 자비는 하나님의 선하심의 국면들이다. 하나님은 선하신 분인데, 본질상 선하시다. 따라서 "완전한 선이 무엇이든 간에 그것은 곧 하나님이고, 어떤 피조물 속에서 진정으로 선한 것은 무엇이든 간에 그것은 곧 하나님을 닮은 것이다."[137] 이 말은 하나님의 선하심의 두 기본 국면에 대해 말하고 있다. 첫째 국면은 하나님의 본질적인 선하심과 관련되어 있다. 둘째 국면은 하나님의 외적 역사 속에서 하나님의 선하심이 전달되는 것과 관련되어 있다. 하나님의 선하심을 설명하는 부분에서 차녹은 하나님 본질의 선하심이나 하나님 본성의 완전하심에 초점을 맞추지 않고, "선하심"이 하나님의 거룩하심을 의미하는 것으로 말하지도 않는다. 오히려 차녹은 자신의 강론에서 하나님의 선하심을 "피조물을 유익하게 하려는 하나님 의지의 표출"과 관련시킨다.[138] 이런 의미에서 선하심은 하나님의 자비보다 대상이 더 확대된다. 따라서 창조와 섭리는 하나님 선하심의 결과다.

중세 신학자들과 많은 개신교 스콜라 신학자들이 견지한 매혹적인 논의 가운데 하나는 사람이 죄

133) Charnock, *Existence and Attributes*, p. 517.
134) Charnock, *Existence and Attributes*, p. 518.
135) Charnock, *Existence and Attributes*, p. 529.
136) Charnock, *Existence and Attributes*, p. 529.
137) Charnock, *Existence and Attributes*, p. 538.
138) Charnock, *Existence and Attributes*, p. 540.

를 범하지 않았더라도 하나님의 아들이 성육신하게 되었을지와 관련된 것이다. 차녹은 이 실례를 사용해서 피조물이 아직 타락하지 않았기 때문에 하나님의 아들이 육신을 입으신 것은 하나님의 자비가 아니라 하나님의 선하심의 한 행위였다는 것을 증명한다.[139] 따라서 멀러는 본질적인 하나님의 "내적"(ad intra) 선하심과 피조물에 대한 하나님의 선하심의 "외적"(ad extra) 표현 모두 개혁파 신학자들이 인정하는 것이지만, 그럼에도 불구하고 "개혁파 체계에서 강조점은 확실히 내적 선하심이 아니라 선하심의 외적 표현에 두어져 있다"고 말함으로써, 정확한 그림을 그리고 있는 것처럼 보인다.[140] 그렇더라도 피조물에 대한 하나님의 선하심은 그분의 본질적인 선하심에 기반을 두고 있다.

차녹은 하나님의 속성들은 하나님의 선하심으로 둘러싸여 있다고 말한다. 그러므로 하나님은 자신의 본질이 선하시다. 나아가 이것 때문에 하나님이 창조하신 모든 것이 선했다. 따라서 피조물 속에 있는 선은 모두 하나님에게서 받은 것이다. 그러나 하나님 안에 있는 선하심은 하나의 특질이 아니라 본성이다. "하나님의 본질에 덧붙여진 습성이 아니라, 하나님의 본질 자체다. 하나님은 먼저 하나님이 되시고, 이후에 선하게 되신 것이 아니다. 하나님은 하나님이시기에 선하고, 하나님의 본질은 공식적으로, 그리고 동등하게 하나님이고 선하시다."[141] 하나님의 선하심은 다른 속성들과 마찬가지로 무한하다. 하지만 하나님의 선하심의 행사는 하나님 뜻의 행사에 따라 제한될 수 있다. 하나님의 선하심으로 말미암아 유익을 얻는 자들은 또한 자체로 선해야 할 입장 속에 있고, 이것은 이 특수한 속성은 전능성이나 불변성과는 달리 공유적인 속성이라는 것을 보여 준다. 사실상 차녹은 다음과 같이 단정한다. "선하심은 확산[확대되거나 널리 퍼지는 경향]을 포함한다. 선하심이 없으면 하나님은 하나님이기를 멈추게 될 것이고, 확산이 없으면 하나님은 선하신 분이 되는 것을 멈추게 될 것이다."[142] 하나님은 필연적으로 불변적이고, 영원하고, 전능하신 것처럼, 필연적으로 선하시다. 그리고 하나님은 본질상 선하기 때문에 본질상 즐거워하신다. 이 인격적인 즐거움은 하나님이 피조물 속에서 즐거워하시는 것의 기초를 제공한다. "만일 하나님이 자신을 사랑하신다면 자신과 자신의 선하심의 형상을 닮은 존재를 사랑하지 아니하실 수 없을 것이다."[143] 여기서 차녹은 자연적 사랑(amor naturalis 또는 amor complacentiae)과 자발적 사랑(amor voluntarius) 간의 구분을 활용한다. 자연적 사랑(본유적 사랑)은 하나님이 창조 세계와의 관계와 상관없이 자신을 사랑하시는 것을 가리키고, 이것은 필연적인 사랑이다. 그러나 자발적 사랑(의지적 사랑)은 하나님이 피조물에게 베푸시는 사랑을 가리킨다. 창조하실 때 하나님은 본질적 선함에 따라 피조물이 자신을 닮기 때문에 피조물을 필연적으로 사랑하실 것이다.

그러나 이것은 하나님이 자유롭지 못하다고 주장하는 것이 아니다. 차녹이 분명히 하는 것처럼 "하나님의 본성의 선하심의 필연성이 하나님의 행동의 자유를 방해하는 것은 아니다. 하나님의 행하심 문제는 전혀 필연적이 아니고, 선하고 관대하신 방법으로 행하시는 문제가 필연적이면서 자유로운 것이다."[144] 다시 말하면 창조에 대한 결정은 자유로웠지만, 창조하실 때 하나님은 필연적으로

139) Charnock, *Existence and Attributes*, p. 541.
140) Muller, *Post-Reformation*, 3:506.
141) Charnock, *Existence and Attributes*, p. 542.
142) Charnock, *Existence and Attributes*, p. 544.
143) Charnock, *Existence and Attributes*, p. 546. 또한 Leigh, *Treatise of Divinity*, 2:71도 보라.
144) Charnock, *Existence and Attributes*, p. 546.

피조물과 세상을 선하게 만드셨다. 차녹의 말을 들어 보자. "그것은 하나님의 본성의 완전함이기 때문에 필연적이다. 그것은 하나님의 관대하심의 전달이기 때문에 자발적이다."[145] 심지어는 자기 사랑에 있어서도 하나님은 필연적으로 자신을 사랑하신다. 하지만 이것은 강제가 아니라, 자기 지식에서 나오는 자유에 따른 것이다. 하나님의 사랑을 피조물이 공유하는 것에 대해 차녹은 아미로를 인용해서 하나님의 선하심이 "하나님의 창조와 섭리 사역의 동기이자 목적"이라고 주장한다.[146] 창조의 동기는 외부에서 나오는 것이 아니라, 하나님 안에서 나오는 것이 틀림없다. 지혜는 창조 명령을 발한다. 능력은 하나님이 창조하실 수 있게 한다. 하지만 선하심은 창조의 동기를 제공한다. 사실상 하나님은 최고선(summum bonum)인 자기 자신 외에 다른 목적을 가질 수 없었다. 따라서 하나님은 목적으로서 선은 필연적으로 원하지만, 그 목적을 이끄는 수단은 자유롭게 원하신다.

하나님의 선하심은 하나님의 창조 사역과 구속 사역에서 계시된다. 차녹의 논문에는 하나님의 자발적 사랑에서 나오는 삼중 구분이 나타나 있다. 곧 하나님의 선하신 뜻 곧 영원 속에서 택함받은 자에 대한 관대한 사랑(amor benevolentiae), 하나님의 선하신 행동 곧 택함받은 자를 구속하겠다는 하나님 뜻에 입각한 유익한 사랑(amor beneficentiae), 그리고 구속에서 나오는 상을 염두에 두고 있는 하나님의 즐거움과 친교의 사랑(amor complacentiae vel amicitiae)이 그것이다.[147] 하나님 사랑의 이 세 국면은 하나님의 내재적이고, 시간적이고, 적용적인 외적 사역과 서로 관련되어 있다. 구속 사역에 나타나 있는 하나님의 선하심을 고찰하기 전에, 차녹은 창조 사역에 나타나 있는 하나님의 선하심을 보여 준다. 에덴동산에서 아담의 지위와 관련해서 말한다면, 하나님은 당연히 받아야 할 빚이 있었음에도 불구하고, 은혜의 보상을 베푸심으로써 자신의 선하심을 아담에게 보여 주셨다. 아담은 하나님께 순종할 의무가 있었지만 "무구한 인간에게 영속적인 복을 주겠다는 하나님 편의 조항은 엄격한 공의와 정의의 규칙에 따라 세워진 것이 아니었다. 왜냐하면 그렇게 되면 하나님이 인간에게 채권자라고 주장하는 것이 되기 때문이다."[148] 하나님이 제공하신 보상-불멸성 곧 영생-은 아담이 세울 수 있는 공로를 크게 능가했고, 이것은 하나님의 선하심이 피조물 속에 나타나 있음을 증명한다. 선하심은 또한 "구속의 샘"이었는데, 사실 타락한 인간을 구속하는 것이 필연적인 것이 아니므로 그것이 "순전한 선하심"에 기인한 것이었기 때문이다. 하나님의 선하심은 하나님이 자기 아들을 통해 사람들을 구속하는 사역을 시작하신 이유를 제공한다.[149] 이 선하심은 피조물 속에 계시된 선하심을 능가한다. 왜냐하면 "세상의 모든 책 속에 있는 것보다 '하나님이 세상을 이처럼 사랑하사 독생자를 주셨으니'(요 3:16)라는 한 구절 속에 표현된 하나님의 관대하심이 더 크기 때문이다. 여기서 이처럼은 하늘에 있는 모든 천사도 분석할 수 없는 불가해한 말이다."[150]

차녹은 구속 사건으로 말미암아 택함받은 자에게 주어진 선하심은 "우리에게는 한동안 그리스도 자신에게 주어졌던 것보다 더 큰 선하심"이었다고 자극적인 결론을 이끌어 낸다.[151] 하나님은 자신

---

145) Charnock, *Existence and Attributes*, p. 546.
146) Charnock, *Existence and Attributes*, p. 547.
147) Muller, *Post-Reformation*, 3:567을 보라.
148) Charnock, *Existence and Attributes*, p. 566.
149) Charnock, *Existence and Attributes*, p. 568.
150) Charnock, *Existence and Attributes*, p. 569.
151) Charnock, *Existence and Attributes*, p. 572.

의 아들을 땅에서 낮추시고, 그리하여 그리스도에게 속한 모든 자가 하늘에서 높아지게 하실 정도로 택함받은 자의 구속을 매우 가치 있게 평가하셨다. 차녹은 이렇게 덧붙인다.

> 하나님은 자신의 불쾌감 때문에 우리가 신음하지 않고 자신의 진노 때문에 우리가 피를 흘리지 않도록 하시려고 그리스도의 신음 소리를 듣고 피 흘리는 것을 보기 원하셨다. 하나님은 우리를 아끼려고 그리스도를 아끼지 아니하셨고, 우리와 함께 크게 즐거워하려고 그리스도를 치는 것을 거부하지 아니하셨으며, 영원히 우리의 피로 적시지 않게 하고, 자신의 선하심이 우리의 구원 속에 영원히 나타나도록 하려고 자신의 칼에 자기 아들의 피를 흠뻑 적시셨다. 하나님은 자신의 멸망을 즐거워했던 인간을 멸망시키기보다는 기꺼이 자기 아들을 사람으로 만들어 죽게 하셨다. 하나님은 한동안 그분을 이전 모습에서 지위를 격하시키신 것처럼 보였다.[152)]

신자들은 자기들을 위한 그리스도의 공로와 사역에 큰 가치를 둬야 한다. 하지만 무엇보다 중보자를 제공하게 만든 동기는 하나님의 선하심이었다.[153)] 사실상 차녹은 하나님은 독생자를 택함받은 자의 구속자로 주실 때, "신적 선하심에 따라 줄 수 있는 최고의 선물"을 주신 것이라고 주장한다.[154)] 그리스도의 높아지심 속에서도 하나님의 선하심은 피조물에게 계속된다. 높아지신 구주로서 그리스도는 승천하셨을 때 교회에 주신 다양한 은사와 은혜들을 확보하셨다. 하나님의 거룩하심이 그것이 신자들에게 전달된다는 점에서 기독론적인 중심을 갖고 있는 것처럼, 하나님의 선하심도 마찬가지다. 그리스도는 하나님이 구속에서 피조물에게 자신의 순전한 선하심을 보여 주는 초점이 된다. 그러나 구속이 없더라도 하나님의 선하심은 피조물의 모든 영역에서 자체로 드러난다. 왜냐하면 선하심 자체이신 하나님이 필연적으로 자신의 외적 사역을 통해 자신의 선하심을 보여 주시기 때문이다.

하나님의 지배권

하나님의 지배권(dominium 또는 potestas) 곧 하나님의 위엄(maiestas Dei)은 1세대 및 2세대 종교개혁자들과는 달리 종교개혁 이후 신학자들에게 큰 주목의 대상이 되었다. 앞에서 고찰한 다른 모든 속성과 같이 이 속성도 본질적으로 하나님께 속해 있는 내적 속성이다. 그럼에도 불구하고 하나님의 위엄에 대한 그들의 설명은 자주 이 속성의 외적 표현에 관심을 두었다. 차녹은 "위엄"이라는 말보다는 "지배권"이라는 말을 더 자주 사용하지만, 하나님 존재의 이 국면을 묘사하기 위해 확실히 "위엄"이라는 말도 편안하게 사용한다. 하나님의 지배권에 대해 설명할 때 차녹은 하나님의 삼중 지배권을 인정하는 것으로 설명을 시작한다. 하나님의 만물에 대한 절대적인 지배권을 가리키는 자연적 지배권, 하나님의 교회에 대한 지배권을 가리키는 영적 또는 은혜로운 지배권, 하나님이 하늘에 있는 성도들과 지옥에 있는 죄인들을 다스리는 하나님 나라를 가리키는 영광스러운(즉 종말론적) 지배권

152) Charnock, *Existence and Attributes*, p. 572.
153) 영원 속에 뿌리를 둔 구원의 삼위일체적인 성격에 대한 상세한 설명은 15장의 "청교도의 구속 언약 교리"를 보라.
154) Charnock, *Existence and Attributes*, p. 573.

이 그것이다.[155] "첫째 지배권은 자연 속에서 발견되고, 둘째 지배권은 은혜 속에서 발견되고, 셋째 지배권은 은혜로 복을 받은 자들 및 정죄를 받은 자들과 관련되어 있는데, 정죄를 받은 자들의 죄과와 하나님의 공의 속에서 발견된다."[156]

하나님의 지배권은 하나님의 능력과 구별되어야 한다. 하나님의 능력은 어떤 일들을 일으킬 수 있는 힘을 가리키지만, 하나님의 지배권은 하나님이 자신이 기뻐하시는 대로 행할 왕으로서의 특권을 가리킨다. 하나님의 물리적 능력은 전능성으로 가장 잘 묘사되지만, 하나님의 도덕적 능력은 하나님의 지배권이나 주권(主權)으로 이해되어야 한다. 하나님이 주권적 능력을 행사하실 때 모든 피조물은 하나님께 복종해야 한다. 하나님은 지배권을 행사하실 때 모든 피조물을 주장하실 주권적 권리를 갖고 계신다. 적절히 말하면 하나님 안에서는 속성들 간의 구별이 없기 때문에 우리는 모든 속성을 하나님의 지배권의 완전함과 관련시켜야 비로소 하나님의 지배권을 이해할 수 있다. 따라서 예를 들면 하나님의 선하심은 "하나님이 오직 피조물의 선을 위해 그리고 피조물의 참된 목적에 따라 행하도록 자신의 권세를 사용할 수 있는" 한에 있어서 하나님의 지배권과 관련되어 있다.[157] 따라서 하나님의 선하심이 하나님의 지배권 속에서 표현된다.

더 중요한 것은 하나님을 하나님으로 인정하는 것은 하나님의 지배권을 인정하는 것이라는 점이다. 왜냐하면 하나님은 자신의 본질적 존재 속에 지배권을 소유하고 있지 않다면, 하나님이실 수가 없기 때문이다. 차녹이 지적하는 것처럼, "하나님은 최고……가 아니면 하나님이 아닐 것이다……최고 지배권이 없는 무한한 능력을 상상하는 것은 보기에는 적절하지만, 복종하기에는 적절하지 못한 감각 없는 거대한 조상(彫像)을 상상하는 것과 같다."[158] 그러므로 하나님의 지배권은 본질적으로 비공유적인 속성이다. 왜냐하면 어떤 피조물도 앞에서 언급한 세 가지 지배권 모두를 당연히 행사할 수 없기 때문이다. 신적 본성은 지배권의 기초를 제공한다. 왜냐하면 하나님은 본성상 무한하고, 불변적이고, 강하고, 거룩하고, 전지하고, 영원하기 때문이다. 이 속성들은 만물에 대한 하나님의 지배권을 필수적으로 수반한다.

지배권을 하나님에게서 받은 인간들(창 1:26; 롬 13:1)과 달리, 하나님은 지배권을 행사하실 때 철저히 독립적이다. 왜냐하면 하나님 자신이 독립적 존재이시기 때문이다. 하나님의 독립성에 따라 하나님의 지배권도 필연적으로 절대적 지배권이다. 곧 하나님이 하나님으로서 소유하고 계시는 권세는 한계가 없다.[159] 하나님이 지배권을 행사하실 때 그분의 다른 속성들(예, 지혜, 의, 선)은 모두 지배권 행사 속에 들어 있고, 그것은 하나님의 지배권이 포악하거나 압제적이거나 무자비하지 않고, 완전히 선하고 의롭고 지혜롭다는 것을 의미한다. 차녹이 지적하는 것처럼 "하나님이 자신의 주권적 권리를 행사하는 모든 경우에 그분의 본성의 속성들을 반드시 수반한다."[160] 그러므로 하나님이 사람들의 의지를 비롯해서 모든 피조물에 대한 지배권을 행사하시기 때문에 이 지배권은 단순한 능력이 아니라, 하나님의 거룩한 존재의 아름다움으로 채색된 능력으로 이해되어야 한다. 왜냐하면 하나님의 속성

---

155) Charnock, *Existence and Attributes*, p. 639.
156) Charnock, *Existence and Attributes*, p. 639.
157) Charnock, *Existence and Attributes*, p. 640.
158) Charnock, *Existence and Attributes*, p. 640.
159) Charnock, *Existence and Attributes*, pp. 645~646.
160) Charnock, *Existence and Attributes*, p. 648.

들은 서로 간에 절대로 분리가 없기 때문이다. 이와 똑같은 이유로 천국과 지옥에 있는 인간들에 대한 주권을 비롯한 하나님의 지배권은 영원하다. 인간은 하나님의 도덕법 아래 존재하는 존재론적 필연성을 갖고 있다.[161)]

하나님의 외적(ad extra) 사역은 하나님의 지배권을 보여 준다. 만일 어떤 사람들은 믿고 다른 사람들은 믿지 않는다면 그것은 하나님이 자신의 지배권에 따라 이것이 그렇게 되도록 정하셨기 때문이다. 만일 어떤 사람들이 다른 사람들에게는 없는 어떤 은사를 갖고 있다면 그 이유는 하나님이 자신이 기뻐하는 자들에게 자신이 기뻐하는 것을 주시는 주권적인 주님으로서 특권을 갖고 계시기 때문이다. 심지어는 그리스도의 높아지심도 하나님의 지배권을 보여 준다. 하나님의 기쁨과 뜻에 따라 그리스도에게 포괄적인 권세를 주신 것(마 28:18; 엡 1:22; 계 3:21; 요 5:22)은 자신의 지배권에 따라 이런 일을 자유롭게 행하시는 분의 행위였다. 베풀거나 상을 주시는 행위는 베풀고 상을 주시는 분의 지배권을 증명한다(히 11:6). 따라서 하나님의 본질적인 지배권과 그리스도에게 속해 있는 경륜적인 지배권 간에 구분이 있다. 나아가 죄를 처벌하는 행위도 하나님의 지배권으로 말미암아 피할 수 없다. 하나님은 회개하지 않는 죄인들을 영원히 지옥으로 던져 버릴 권세를 갖고 계시고, 이 끔찍한 하나님의 처벌은 그분의 최고 지배권에 부합될 것이다.[162)] 그러나 하나님이 죄인들을 즉각 지옥으로 던져 버리지 않는 이유는 노하시기를 더디 하시기 때문이다. 즉 하나님이 오래 참으시기 때문이다. 따라서 인내하심이 자신의 걸작에서 차녹이 설명하는 마지막 하나님의 속성이다.

하나님의 인내하심

인내하심(patientia)은 선하심 및 자비와 다른 속성이다. 하나님의 자비는 죄악 된 피조물에 대한 하나님의 태도와 관련되어 있다. 하지만 하나님의 인내하심은 처벌을 지체하거나 처벌을 억누르시는 것과 같이 죄인들이 마땅히 받을 처벌과 관련되어 있다. 에드워드 리는 하나님의 인내하심을 "하나님이 죄인들의 치욕을 참으시거나 죄인들의 처벌을 늦추시는 속성이나 하나님이 그토록 미워하는 죄를 오래 참아 주시거나 죄인들의 파멸을 싫어하고 그들을 회개로 이끌기 위해 그들을 보존하시는 하나님의 가장 자애로운 의지로 이해한다."[163)] 이 견해에 따르면 하나님의 인내하심은 이중으로 이해되고, 후자는 구속을 염두에 두고 있다.

먼저 차녹은 "인내하심" 때문에 자기는 "고난"이나 "고통" 관념을 하나님께 귀속시키지 않는다고 조심스럽게 지적한다. 고난이나 고통은 그러기에 하나님께 특히 알맞지 않으나 인내하심의 덕은 여전히 하나님께 귀속될 수 있다. 요약하면 개혁파 신학자들은 일반적으로 하나님의 인내하심을 하나님이 자기 심판의 충분한 시행을 지연시키는 속성으로 이해했다. 차녹은 이렇게 말한다. "[인내하심은] 죄악 된 피조물에 대한 진노를 기꺼이 지연시키고, 마지못해 퍼붓는 것을 의미한다. [하나님은] 촉발된 자신의 공의를 완화시키고 날마다 세상에서 접하는 불의에 복수하는 것을 억제하신다."[164)]

161) Charnock, *Existence and Attributes*, p. 658을 보라.
162) Charnock, *Existence and Attributes*, pp. 704~707.
163) Leigh, *Treatise of Divinity*, 2:99.
164) Charnock, *Existence and Attributes*, p. 717.

차녹은 자기 특유의 방식으로 능숙하게 하나님의 속성들을 조화롭게 하나로 묶는데, 이렇게 묶이는 것은 하나님의 본질적 단순성의 논리적 결과다. "선하심은 하나님으로 하여금 인내하심을 행사하도록 만들고, 인내하심은 많은 죄인으로 하여금 자비의 팔 안으로 달려가도록 만든다."[165] 그것을 염두에 두고 차녹은 타락한 천사들은 한동안 최후의 처벌까지 보존을 받는다는 단순한 이유로 하나님의 인내하심은 그들에게는 확대되지 않는다는 견해를 취한다. 왜냐하면 타락한 천사들에게는 회개하고 호의를 회복시킬 기회가 전혀 주어지지 않기 때문이다. 여기서 우리는 자비와 인내하심의 밀접한 관계를 주목하게 된다. 죄인들에 대한 하나님의 태도에 대해 말한다면, 하나님이 인내하시는 것은 자비로운 일이다. 그렇다고 해도 하나님은 인내하심 때문에 유약해지거나 연약하게 되지 않으신다. 하나님이 노하기를 더디하시는 것은 하나님이 노하실 수 없다는 것을 의미하는 것이 아니다.[166] 자기 백성들에게 주신 약속의 성취를 지연시키시는 것은 하나님이 "느슨해진 것"을 의미하는 것이 아니다. 마찬가지로 "하나님이 처벌을 지연시키시는 것도 자신에게 주어진 모욕에 둔감해져서 그런 것도 아니다. 왜냐하면 하나님은 전지하시고, 죄악 된 인간들의 생각과 행동에 대해 완전한 지식을 갖고 계시기 때문이다."[167] 이 점에서 인내하심이 하나님의 선하심 및 자비와 함께-아니 사실은 하나님의 모든 속성과 함께, 하지만 특히 이 두 속성과 함께-이해된다고 해서 이상한 것은 아니다. 죄악 된 피조물을 처벌하시는 것에 대해 하나님 안에 능력이 부족한 것은 전혀 없다. 사실상 차녹은 하나님이 죄인들에게 인내하실 수 있는 것은 하나님의 능력 때문이다. 나훔서 1장 3절을 보라. "여호와는 노하기를 더디하시며 권능이 크시며." 하나님이 노하기를 더디하시는 것(분노를 억제하는 능력)은 하나님이 세상의 피조물보다 더 크신 능력을 갖고 계신다는 것을 보여 준다. 후자로 보면 하나님이 피조물에 대한 지배권을 갖고 계시지만, 전자로 보면 하나님은 자신에 대한 지배권을 갖고 계신다. 차녹은 그것을 다음과 같이 현란하게 표현한다. "하나님의 능력은 수백만 가지 세상을 무에서 창조하신 것에서보다, 다수의 죄인들에 대해 하나님이 인내하시는 것에서 더 잘 표현된다."[168] 따라서 하나님의 인내하심은 하나님의 자비 및 선하심과 명백히 관련되어 있을 뿐만 아니라, 하나님의 능력과도 관련되어 있다.

하나님의 인내하심을 이해하는 데 근본적인 사건은 그리스도의 죽음이다. 하나님의 인내하심과 관련된 설명은 그리스도의 속죄를 언급할 때 천사가 아닌, 인간에 대해 주어진다. 그리스도는 천사가 아니라 인간의 본성을 취하셨고(아브라함의 후손), 따라서 인간이 하나님의 인내하심에서 유익을 얻는다. 인간에 대한 인내하심은 복음과 은혜 언약의 열매다. 중보자이신 그리스도의 속죄가 없으면 하나님이 죄인들에 대해 인내하실 이유도 전혀 없다.[169] 하나님은 그리스도 없이도 피조물에게 선하실 수 있으나-어떤 이들은 이것을 논박할 수 있지만-하나님은 자기 아들의 인격과 사역이 없으면 죄악 된 인간에 대해 자비하거나 오래 참으실 수 없다.

경건하지 못한 자들을 파멸시키실 때 하나님은 "얼마간 후회하는 마음"을 갖고 그렇게 하시고,

---

165) Charnock, *Existence and Attributes*, p. 717.
166) Charnock, *Existence and Attributes*, p. 718.
167) Charnock, *Existence and Attributes*, p. 719.
168) Charnock, *Existence and Attributes*, p. 720.
169) Charnock, *Existence and Attributes*, p. 720.

하나님은 자신의 심판을 정도에 따라 행하신다.[170] 하나님은 갈기갈기 찢어놓기보다는 "꼬집으신다."[171] 하나님이 행하시는 모든 것 속에는 공평함이 있지만, 우리가 받아야 할 것 속에는 동등성이 있는 것은 아니다. 심지어는 악인도 한동안 번성한다. "하나님은 처벌하실 뿐만 아니라, 여전히 자신의 유익을 계속 제공하신다. 늙은 술주정뱅이가 장수하기도 한다."[172] 인간의 사악함은 하나님을 모욕하지만, 그럼에도 불구하고 하나님은 자신의 진노를 지연시키고 억제하심으로써 인내하신다. 여기서 하나님이 왜 그렇게 하시는지에 대한 질문이 불가피하게 제기된다. 위에서 제공한 대답은 그리스도의 중보 사역과 관련된 것이다. 이것이 확실히 핵심 이유지만, 하나님이 그리스도로 말미암아 죄인들에게 인내하시는 것은 또한 하나님이 완화하시는 분임을 보여 준다. 하나님은 자신의 피조물과 화목하기를 바라고, 따라서 즉각 그들을 멸망시키지 않고 회개할 기회를 제공하신다.

실제적으로 말하면, 하나님의 인내하심은 또한 인간의 번식을 장려한다. 만약 하나님이, 사람이 세상에 태어날 때(또는 잉태했을 때) 모든 인간을 죽이셨다면 인구수가 증가할 수 없었을 것이다. 더 구체적으로 말하면, 하나님의 인내하심은 교회의 지속과 성장도 장려한다. 하나님은 아하스와 히스기야의 경우처럼 때때로 악인의 허리에서 태어나는 택함받은 자를 염두에 두고 계신다. 이 점에서 차녹은 이렇게 지적한다. "이 속성(즉 하나님의 인내하심)이 없었더라면 땅에서, 따라서 하늘에서도 성도가 있을 수 없었을 것이다."[173] 따라서 이것은 하나님이 심지어는 악인들에 대해서도 참으시는 이유를 설명해 준다. 그리고 하나님의 인내하심에도 불구하고 회개하지 않는 자들에 대해 하나님은 "그들에게 장차 미래에 임할 자신의 공의의 공평함을 보여 주실" 것이다.[174] 이 모든 것은 하나님의 인내하심이 직접적으로나 간접적으로 기독론에 초점을 두고 있다는 것을 암시한다. 그리스도 안에서, 그리스도로 말미암아, 그리스도를 위해, 하나님은 자기 피조물에게 인내하신다.

결론

하나님의 속성에 대한 차녹의 설명에 대해 더 많은 사실이 말해질 수 있었다. 이번 장에서는 각 속성과 관련해서 차녹의 하나님 속성 교리의 핵심 요점들만 제시했다. 따라서 차녹의 작품에 나타나 있는 다른 두 국면, 곧 관련 성경 본문들에 대한 주석과 이 교리의 삶에 대한 적용은 다루지 않았다. 신론은 기독론 및 구원론과 같이 다른 교리들에 절대로 예속되어 있지 않다. 오히려 예컨대 기독론과 구원론이 신론에 기초를 두고 있다. 개혁파 신학자들은 엄밀하게 루터교회, 소키누스주의, 아르미니우스주의 신학자들과 달랐다. 왜냐하면 개혁파 신학자들은 하나님이 누구신지에 대해 그들과 다른 견해를 갖고 있었기 때문이다. 이번 장에서 약간 느슨하지만 보여 주려고 시도했던 것은 청교도 신학자가 하나님의 속성을 어떻게 이해했느냐 하는 것이다. 의심할 것 없이 여기저기서 사소한 차이점들이 있었지만-하나님의 정당하신 공의에 대한 논쟁을 주목하라-주로 개혁파 청교도 신학자들은 신론에 대해 모두가 한 마음을 갖고 있었다(웨스트민스터 신앙고백 2.1~2를 보라).

---

170) Charnock, *Existence and Attributes*, p. 728.
171) Charnock, *Existence and Attributes*, p. 729.
172) Leigh, *Treatise of Divinity*, 2:100.
173) Charnock, *Existence and Attributes*, p. 735.
174) Charnock, *Existence and Attributes*, p. 736.

이번 장에서 분명히 한 것처럼 차녹과 다른 개혁파 신학자들이 하나님의 속성들을 구분한 것은 하나님을 이해하는 데 있어서 연약한 인간의 능력을 반영하는 것이다. 하나님의 자비는 하나님의 선하심이고, 하나님의 선하심은 하나님의 공의다. 또 하나님의 전지성은 하나님의 전능성이다. 나머지도 계속 이런 식이다. 이것은 하나님이 가장 단순한 존재이기에 하나님의 속성들이 절대로 서로 모순되지 않기 때문이다. 그러나 피조물과 계시를 통해 하나님은 자신이 누구신지를 피조물에게 보여 주셨고, 교회는 죄인들이 삼위 하나님의 영광을 이해할 수 있도록 자기들의 은사를 사용한 차녹과 같은 사람들에게 헤아릴 수 없이 많은 빚을 지고 있다. 그토록 많은 사람이 하나님의 존재와 속성에 대한 차녹의 작품에 대해 알고 있으나, 실제로 그 작품을 읽은 사람은 너무 적다는 것은 정말 유감스러운 일이다. 우리는 많은 사람이 하나님에 대해 들어본 적이 있지만, 오늘날 세상에서 하나님이 액면 그대로 누구신지 알고 있거나 하나님을 하나님으로 인정하는 사람이 그토록 적다는 것은 훨씬 유감스러운 일이다.

5장

청교도의 삼위일체 교리

우리는 하나님이 하나이시며, 가장 단일하시며, 유일하시다고 믿는다. 신격의 통일성은…… 매우 단일한 통일성이다…… 세 인격은 모두 하나의 단일하고 무한한 신격을 갖고 계시고, 그러므로 서로 속에 함께 내재하시는 것이 틀림없다. 왜냐하면 세 인격은 구별된 위격으로 혼합되어 있는 것이 아니라, 한 본성 안에 연합되어…… 세 분이면서 동시에 동일하신 무한한 한 하나님이시기 때문이다. 물론 그들의 위격은 서로 안에 있으나 서로 구별되고, 그들의 본성은 매우 단일하게 하나다.

– 프랜시스 셰닐[1] –

하나님에 대한 교리는 이중 의미에 따라 곧 본질적으로나 인격적으로 이해될 수 있다. 본질적으로 이해하면, 하나님에 대한 교리는 하나님의 본질과 하나님의 속성을 가리키고, 인격적으로 이해하면, 신격의 세 인격(위격) 교리 곧 삼위일체 교리를 가리킨다.[2] 웨스트민스터 신앙고백은 이 기본 구분을 따르고 있고, 적어도 2장(하나님과 거룩한 삼위일체에 대해)에서는 삼위일체보다 하나님의 본질에 더 중점을 두고 있다. 그래서 토랜스와 로버트 리탐은 웨스트민스터 신앙고백의 이 불균형을 비판했다. 리탐은 웨스트민스터 신앙고백은 "이슬람에 효과적으로 대처하는 도구를 제공하는 데 초점을 맞추지 못하고 있다"고 말하는 데까지 나아간다.[3] 그러나 리탐은 웨스트민스터 대교리문답은 삼위일체 교리를 크게 강조한다고 지적한다. 웨스트민스터 신앙고백의 삼위일체에 대한 가르침을 어떻게 말하든 간에, 청교도 신학자들이 자기들의 작품 속에서 삼위일체 교리를 강조한 것은 분명하다. 이번 장은 삼위일체 신학과 연루된 다수의 특정 문제들에 특별히 초점을 맞춰 삼위일체 교리를 다룬 청교도의 작품들을 설명할 것이다.

오랜 세기에 걸쳐 다양한 이단들이 삼위일체 교리를 크게 공격한 것을 감안하면, 삼위일체 교리가 연합적, 보편적인 기독교 정통 사상을 포함한 모든 신학적 교의 가운데, 니케아 신조, 사도신경, 칼케돈 신조와 같은 고대 교회의 연합 신조들이 정의한 것에 따라 매우 조심스럽게 정의되는 것을 발견하는 것은 전혀 놀랍지 않다. 웨스트민스터 총회의 니케아 신조가 삼위일체 사상으로 증명되는 것처럼 청교도 신학자들은 삼위일체에 대한 자기들의 가르침을 고대 교회의 연합 신조 및 교회 회

---

1) Francis Cheynell, *The Divine Triunity of the Father, Son, and Holy Spirit* (London, 1650), p. 42.
2) "본질적으로" 이해된 하나님에 대해서는 4장의 "스티븐 차녹의 하나님 속성 교리"를 보라.
3) Robert Letham, *The Westminster Assembly: Reading Its Theology in Historical Context* (Phillipsburg, N.J.: P&R, 2009), p. 165.

의와 의식적인 대화 속에서 설명하고 변증했다. 17세기에 기승을 부리던 소키누스주의자의 반(反)삼위일체 사상의 영향으로 말미암아 삼위일체 교리의 변증이 특별히 요구되었다. 따라서 삼위일체의 정통성을 옹호하는 수많은 작품이 출판되었는데, 주요 인물로 존 오웬(1616~1683년)과 프랜시스 셰닐(1608~1665년)이 있었고, 그 외에 존 비들(1615~1662년)의 소키누스주의를 공격한 방대한 작품을 쓴 와크턴의 교구 목사 니콜라스 에스트윅과 같은 사람들이 있었다.

17세기 중반에 삼위일체 교리를 공식적으로 변증한 인물은 프랜시스 셰닐이었다. 웨스트민스터 총회의 회원인 셰닐은 그의 대적들이 지적한 것처럼, 특히 논박에 은사가(그리고 지독한 열정이) 있었던 사람이었다. 그의 작품 『소키누스주의의 발흥과 성장과 위험』(The Rise, Growth and Danger of Socinianisme, London, 1643)과 『성부, 성자, 성령의 삼위일체』(The Divine Triunity of the Father, Son, and Holy Spirit, London, 1650)는 소키누스주의를 공격하는 책으로 익히 알려져 있다.

셰닐도 삼위일체 교리에 대해 많은 작품을 쓴 동료 웨스트민스터 총회 신학자인 토머스 굿윈과 손을 잡고 활동했다.[4] 굿윈의 『성부 하나님과 성자 예수 그리스도에 대한 지식』(The Knowledge of God the Father, and His Son Jesus Christ)은 17세기에 저술된 작품 가운데 삼위일체 교리를 매우 상세하게 설명한 작품이었다.[5] 굿윈의 삼위일체 관련 작품들은 기독교 정통 신학이 연합 신조들에 따라 형성된 것으로 옹호하고, 소키누스주의자의 고도로 성서주의적인 반(反)삼위일체 사상을 논박한다. 그러나 굿윈의 삼위일체 관련 작품들은 단순히 교부들의 삼위일체 신학을 재진술하는 것이 아니다. 굿윈의 삼위일체 교리의 변증은 주석적으로 엄밀하고, 세 위격의 자체적인 연합과 교통, 그리고 그것의 하나님과 우리의 교제에 대한 실천적인 함축 의미를 획기적으로 묘사한다.[6]

방금 언급한 두 웨스트민스터 총회 신학자의 작품 외에도, 존 오웬의 탁월한 신학 작품도 있다. 오웬도 소키누스주의자와 케임브리지 플라톤 학파의 신학적 합리주의를 논박하기 위해 삼위일체 교리에 대한 작품을 많이 썼다. 이런 청교도 신학자들은 모두 삼위일체 교리를 기독교 신앙의 본질적 부분으로 봤고, 셰닐은 기독교 신앙은 삼위일체 교리를 반대하는 작품을 쓴 자들을 처벌하기 위해 행정 당국자가 칼을 사용하는 것을 보장한다고 말할 정도였다.[7]

약간 놀랍게도 17세기 잉글랜드에서 펼쳐진 많은 논쟁들을 감안하면 청교도의 삼위일체 신학에 대한 학문적인 논쟁은 그리 많지 않았다.[8] 리처드 멀러는 "이단들은 연구 논문과 학술 논문을 깊이 분석했지만, 정통 신학자들은 일부를 제외하고 분석을 등한시했다"고 지적한다.[9] 마찬가지로 필립

---

4) 나는 Mark Jones, *Why Heaven Kissed Earth: The Christology of the Puritan Reformed Orthodox Theologian, Thomas Goodwin (1600~1680)* (Gottingen: Vandenhoeck & Ruprecht, 2010)에 나오는 굿윈의 "확고한 삼위일체 사상"에 주의를 집중했다.

5) 이번 장에서 굿윈의 작품에 대한 모든 언급은 *The Works of Thomas Goodwin D.D. Sometime President of Magdalen College in Oxford*, 전 5권 (London: J. D. and S. R. for T. G., 1681~1704)에서 뽑은 것이다. 굿윈의 삼위일체 사상에 대해서는 다음 자료들을 보라. *Ephesians*, 제1권, pt. 1:18~32, *Of the Knowledge of God the Father*, 제2권, *Of Election*, 2:130~44, *Man's Restauration by Grace*, 제3권,; *Of the Holy Ghost*, 제5권.

6) Goodwin, *Of Election*, in *Works*, 2:140~44, *Of the Knowledge of God the Father*, in *Works*, 제2권을 보라.

7) Cheynell, *The Divine Triunity*, pp. 463~465. 웨스트민스터 신앙고백 20.4와 23.3을 보라. 거기 보면 같은 입장을 취하고 있다.

8) Richard Muller, *Post-Reformation Reformed Dogmatics* (Grand Rapids: Baker, 2003), 4:22~25를 보라. 로버트 리탐은 *The Holy Trinity: In Scripture, History, Theology and Worship* (Phillipsburg, N.J.: P&R, 2004)에서 16세기에서 20세기로 건너뛰고, 따라서 17세기에 전개된 내용은 완전히 생략했다.

9) Muller, *Post-Reformation*, 4:24. 예컨대 주로 소키누스주의와의 관계 속에서 삼위일체 교리를 고찰하는 사라 모티

딕슨도 최근에 삼위일체에 대한 자신의 작품에서 "17세기에 대한 연구를 등한시함으로써 당시 삼위일체 교리 역사 연구에 심각한 공백을 초래하게 되었다"고 지적한다. "대다수 연구가 이 시기를 건너뛴다."[10] 부분적으로 17세기의 삼위일체 사상에 대한 연구가 결여된 것은 17세기 개혁파 정통 신학의 삼위일체 사상이 역사적 정통 삼위일체 사상에서 파생되지 않고, 대신 연합 신조들과 종교개혁자들의 통찰력을 상설하고, 그것을 주석적으로 확증하는 데 있었다는 사실로 설명될 수 있다. 이번 장은 청교도가 삼위일체 교리를 어떻게 이해했는지를 고찰할 것이다. 그런 이유로 청교도가 삼위일체 작품을 쓸 당시의 역사적 상황에 대한 고찰보다 신학적, 주석적 고찰에 더 중점을 둘 것이다.

삼위일체 하나님: 한 하나님, 세 인격

청교도는 성경의 증거가 그들을 다른 방향으로 이끌지 않았기 때문에 당연히 유일신론자였다(예, 고전 8:6; 신 6:4, 32:39; 사 44:8). 청교도는 오직 한 하나님이 계신다는 입장에 있어서는 소키누스주의자와 일치했다.[11] 그러나 그것이 하나님의 정체성에 대한 진리의 전부는 아니었기 때문에, 그것은 외견상의 일치에 불과했다. 고대 교회와 같이 청교도도 "하나님"의 단일성과 "신격"의 통일성을 인정했다. 하지만 동시에 청교도는 한 신격 안에 세 인격(위격)이 있다는 것도 주장했다. 그러므로 굿윈의 말에 따르면, "우리는 각 인격에 대해 곧 성부에 대해 **그분은 하나님이시다**라고, 또 성자에 대해서도 **그분은 하나님이시다**라고, 그리고 성령에 대해서도 **그분은 하나님이시다**라고 안전하게 말할 수 있다."[12] 거의 같은 말로 오웬도 이렇게 언급한다. "하나님은 하나이시고, 한 하나님은 성부와 성자와 성령이시다. 따라서 성부도 하나님이시고, 성자도 하나님이시며, 성령도 하나님이시다."[13] 이것은 논란의 여지가 없는 요점이다. 왜냐하면 만일 이것이 부정된다면 "우리는 신적 본질의 통일성이나 인격들의 구별에 대해 토론할……근거를 전혀 갖지 못하게 되기" 때문이다.[14] 한 하나님 안에 세 인격이 있다고 주장하는 청교도 신학자들은 성경에서 각 인격이 어떻게 하나님으로서 동일한지를 설명했다. 예를 들어 셰닐은 성경이 성부, 성자, 성령에게 신격을 어떻게 귀속시키는지를 주목한다. "1. 로마서 7장 25절, 8장 32절은 성부에게 신격을 귀속시키고, 2. 사도행전 20장 28절, 디도서 2장 13절은……성자에게 신격을 귀속시키고, 3. 사도행전 5장 3, 4절은 성령에게 신격을 귀속시키며, 4. 시편 95편 3, 8, 9절은 히브리서 3장, 고린도전서 3장 16, 17절과 비교되었다."[15] 이어서 셰닐은 각 인격이 어떻게 영원성, 전능성, 불변성, 광대성과 같은 비공유적인 신적 속성들을 똑같이 소유하고 있

머의 작품을 보라(*Reason and Religion in the English Revolution: The Challenge of Socinianism* [Cambridge: Cambridge University Press, 2010]).

10) Philip Dixon, *Nice and Hot Disputes: The Doctrine of the Trinity in the Seventeenth Century* (London: T & T Clark, 2003), p. 208.

11) 소키누스주의의 유일신론에 대해서는 *The Racovian Catechism*, Thomas Rees 번역 (London, 1818), pp. 26~28을 보라.

12) Goodwin, *Of the Knowledge of God the Father*, in *Works*, 2:2를 보라. 또한 John Owen, *The Works of John Owen, D.D.* (Edinburgh: Johnstone & Hunter, 1850~1855)와 특히 *The Doctrine of the Trinity Vindicated*, 2:385~386을 보라.

13) Owen, *The Trinity Vindicated*, in *Works*, 2:380. 이 용례들은 굿윈이나 오웬에게만 독특한 것이 아니다. 그것들은 아타나시우스 신조(*Quicunque Vult*)에서 연원하고, 이것은 모든 주요 절기와 다수의 주요 성인들의 날에 사용된 공동기도서의 아침 기도문의 한 부분이었다.

14) Owen, *The Trinity Vindicated*, in *Works*, 2:380.

15) Cheynell, *The Divine Triunity*, pp. 20~21.

는지 증명함으로써 세 인격의 신성을 계속 옹호한다.[16]

청교도는 이런 삼위일체 견해를 주장했기 때문에 종종 삼신론자라는 비난을 받았다.[17] 청교도는 또 "인격"(위격)과 같이 성경에 없는 말들을 도입했다는 이유로 비난을 받았다. 이 두 비난은 상세히 언급할 가치가 있다. 셰닐은 신격 속에서 삼위일체의 인격들을 구별하는 것이 가장 중요하다는 것을 인정했다. 왜냐하면 삼신론자와 사벨리우스주의자의 오류가 이 구별을 인정하지 않는 데서 나오기 때문이다[18] 개혁파 신학자들은 "인격"을 개인적인 본질로 정의하는 것을 피했다. 그렇게 하지 않으면 삼신론이라는 비난을 받아야 했기 때문이다. 대륙에서는 프랜시스 투레틴(1623~1687년)이 세 인격은 하나님의 본질과 구별된다고 주장했다. "왜냐하면 본질은 오직 하나이지만 인격은 셋이기 때문이다. 본질은 절대적이지만 인격은 상대적이다. 삼위 간에 본질은 공유할 수 있지만(……정체성에 대해서처럼), 인격은 공유할 수 없다."[19] 우리는 청교도 저술가들이 성경적인 삼위일체적 유일신론을 보호하기 위한 시도로 "인격"(person)이라는 말 대신에 "위격"(hypostasis)이나 "본체"(subsistence; 히 1:3)와 같은 말을 사용하는 것을 종종 발견할 것이다. 셰닐은 "상대적인 대치"("반대"가 아님)에 따라 신격 속에 복수의 인격/위격이 있다는 것을 긍정한다.[20] 이 상대적·우호적인 대치는 "성부께서 자신을 낳으신 것이 아니라 성자를 낳으셨다는 것을 보여 준다. 그러나 그때에도 우리는 다시 한 번 성자가 영원한 아들이고, 그러므로 하나님이라는 것을 알게 되고, 하나님이 또 다른 하나님을 낳으신 것이 아님을 확신하게 된다. 왜냐하면 하나님의 능력이 하나님의 본성에 거슬리는 일은 절대로 행하지 않고, 아니 사실은 행할 수 없고, 따라서 신격에 거슬리는 복수의 신들은 절대로 없기 때문이다."[21]

셰닐과 같은 신학자들이 이 문제점을 공격한 또 다른 방법은 삼신론이 하나님의 본성과 반대된다는 것을 보여 주기 위해 하나님의 본질적 속성들에 호소하는 것이었다. 하나님의 단순성 때문에(즉 하나님이 혼합적 존재가 아니기 때문에) 멀러가 지적하는 것처럼 "세 인격과 신적 본질 간에는, 마치 본질과 세 인격이 각각 별개인 것처럼 실제로 구별되는 것이 없다. 왜냐하면 하나님은 단순하거나 비혼합적인 존재이기 때문이다."[22] 그것이 셰닐이 다음과 같이 주장하는 이유다. "세 인격은 모두 실제로, 적극적으로, 진정으로 신적 본질 속에 내재한다. 하지만 이 세 위격과 신적 본질은 실제로 구별된 네 실재, 아니 두 실재를 만드는 것도 아니다. 심지어는 실체, 진리, 선하심, 통일성도 실제로 구별된 네 실재를 만들지 않고, 오직 진정한 한 실재를 만들고, 그 이상은 아니다."[23] 다시 말하면 하나님의 단순성은, 적절히 말하면, 하나님 안에 그분의 속성들 간에 실제 구별은 없다는 것을 함축한다. 하나님

---

16) Cheynell, *The Divine Triunity*, pp. 28~39.

17) 17세기 후반에 종종 정통주의를 향해 이 비판이 퍼부어졌다. 존 하우(1630~1705년)는 자신의 작품 *A Calm and Sober Enquiry Concerning the Possibility of a Trinity in the Godhead in a Letter to a Person of Worth* (London, 1694)와 *A View of That Part of the Late Considerations Addrest to H. H. about the Trinity Which Concerns the Sober Enquiry, on That Subject: In a Letter to the Former Friend* (London, 1695), 특히 p. 9에서 삼신론이라는 비난을 논박하는 데 심혈을 기울인다.

18) 삼위일체 정통 신학과 관련된 이 두 오류에 대해서는 Muller, *Post-Reformation*, 4:190과 Francis Turretin, *Institutes of Elenctic Theology*, James T. Dennison Jr. 편집, George Musgrave Giger 번역 (Phillipsburg, N.J.: P&R, 1992), 3.22.9를 보라.

19) Turretin, *Institutes*, 3.22.1.

20) Cheynell, *The Divine Triunity*, p. 102.

21) Cheynell, *The Divine Triunity*, p. 102.

22) Muller, *Post-Reformation*, 4:191.

23) Cheynell, *The Divine Triunity*, p. 105.

의 속성들은 단순히 유한한 인간의 빈약한 이해에 맞추기 위해 구별되는 것이다. 하나님의 단순성은 "하나님의 전지성은 곧 하나님의 전능성이자 하나님의 무한성이자 하나님의 불변성 등이라는 것"을 의미한다.[24] 나아가 복수의 신적 본질은 절대로 있을 수 없다. 투레틴이 지적하는 것처럼 "하나님 안에 혼합은 없다. 왜냐하면 혼합은 단지 다른 실재들에서 나오는 것이기 때문이다. 여기서 우리는 한 실재와 또 한 실재를 갖고 있는 것이 아니라, 한 실재와 혼합되지 않고 구별되는 실재에 대한 방식들을 갖고 있는 것이다."[25] 개혁파 신학자들은 본질적으로나 인격적으로 하나님을 생각하는 두 가지 방식은 서로 분리되어서는 안 된다고 봤다. 본질상 하나이신 하나님 교리는 삼신론은 하나님의 단순성과 일치될 수 없다는 것을 보여 줌으로써, 삼신론의 위험한 이단에 빠지는 것을 예방했다.

정통 청교도 신학자들이 논박하지 않으면 안 되었던 또 다른 비판은 성경에서 발견된 개념들을 분석하고 설명하기 위해 성경 밖의 언어를 사용하는 것과 관련되어 있었다. 그리고 여기서 우리는 삼신론이라는 비판에 대처하려고 할 때 "인격" 곧 "위격"(휘포스타시스)과 같은 사용 용어들의 연관성을 주목하게 된다. 오웬은 그리스도인들은 하나님이 "본성, 본체, 본질, 신격 또는 신적 존재에 있어서" 하나라는 것과 이 한 하나님이 "구별된 세 인격 또는 위격에 있어서 아버지와 아들과 성령으로 존재하신다는 것"을 고백해야 함을 인정했다.[26] 그러나 이런 용어를 사용할 때 오웬은 성경에서 직접 찾아볼 수 없는 말들을 사용한 것이다(하지만 휘포스타시스는 신약 성경에서 한 가지 이상의 의미로 사용될 수 있는데, 히 1:3에 나오는 이 말은 KJV에서 "인격"[person]으로 번역되었고, 불가타 역본에서는 "본체"[substantia]로 번역되었다).

오웬은 삼위일체 교리의 진리성을 확증하는 것은 성경이 말하는 것의 의미나 뜻을 확증하는 것이라고 대답한다. 우리는 우리의 지성 속에서 삼위일체를 "인격"과 같은 말들을 사용해서 생각함으로써 이해하게 된다. 그리스도인들이 이 특권을 부정하는 것은 "우리 자신을 짐승으로" 만드는 것이다.[27] 따라서 "삼위일체 교리를 제시할 때 우리는 성경 속에 글자와 음절로 포함되어 있는 말이 아닌 다른 단어, 어구, 표현들을 **합법적으로** 사용할 수 있고, 또 **필수적으로** 사용해야 하지만, 그렇다고 다른 사실을 가르쳐서는 안 된다."[28] 중요하게도 만일 성경에서 사용된 말이 아닌 다른 말로 성경의 의미를 정확하고 진정으로 전달한다면, "성경 속에서 그렇게 계시되는 것이 무엇이든 간에, 거기서 필수적으로 이끌어져 나오는 것은 성경 속에서 일차적으로 계시되고 직접 표현된 것보다 덜 참되거나 덜 신적인 것은 아니다."[29]

따라서 삼위일체 교리와 관련해서 오웬은 이렇게 결론짓는다. "성경이 성부, 성자, 성령을 한 하나님으로 계시할 때, 그 후 즉시 필수적으로 그리고 불가피하게 성부, 성자, 성령이 본질에 있어서는

---

24) Heinrich Heppe & Ernst Bizer, *Reformed Dogmatics: Set Out and Illustrated from the Sources*, G. T. Thomson 번역 (Grand Rapids: Baker, 1978), p. 58을 보라. 요하네스 마코비우스(1588~1644년)는 하나님의 속성들은 하나님 자신 안에서는 차이가 없고, 다만 우리의 인식 방식 속에서 차이가 있다고 주장한다. 신학자들은 우리의 부적절한 개념 때문에 하나님 안에서 하나님의 속성과 본질을 구분한다(*Causa, quare distinguimus in Deo attributa ab essentia, est inadaquatus noster conceptus*). Willem J. van Asselt, Michael D. Bell, Gert van den Brink, Rein Ferwerda, *Scholastic Discourse: Johannes Maccovius [1588~1644] on Theological and Philosophical Distinctions and Rules* (Apeldoorn: Instituut voor Reformatieonderzoek, 2009), pp. 110~111.

25) Turretin, *Institutes*, 3.27.4.

26) Owen, *The Trinity Vindicated*, in *Works*, 2:378.

27) Owen, *The Trinity Vindicated*, in *Works*, 2:379.

28) Owen, *The Trinity Vindicated*, in *Works*, 2:379.

29) Owen, *The Trinity Vindicated*, in *Works*, 2:379.

하나라는 사실……그리고 구별된 위격에 있어서는 셋이라는 사실이 이어진다……이것은 이 사실들을 지배하는 제일 원리나 다름없는 신적 계시다."[30] 이것은 개혁파 신학을 이해하는 데 매우 중대한 요소다. 여기서 오웬이 주장하고, 청교도 동시대인들이 동조하는 것에 대해 말하는 것은 성경에서 뽑아낸 웨스트민스터 신앙고백이 "건전하고 필연적인 귀결"로 부르는 것-즉 그것들이 정확히 성경의 가르침을 반영하는 것이라면, 건전하고 필연적이라는 것-은 성경에 계시된 하나님의 전체 경륜의 한 부분이라는 관념이다. "하나님은 세 인격 속에 한 본질을 갖고 계신다"는 말의 내용은 기록된 하나님의 말씀에서 추론해 낸 진리이므로 하자 없이 참이다.[31] 물론 소키누스주의자는 그들의 미련한 성서주의가 이런 신학적 추론 방식을 조금도 허락하지 않기 때문에 이것을 가차 없이 반대했다.

"본질"(essence)과 "인격"(person)이 명시적인 성경 용어가 아니라는 것을 인정한 오웬처럼 토머스 맨턴(1620~1677년)도 이 용어들은 "이처럼 심원한 문제를 다루고, 본질을 복수화하거나 인격을 폐지시키는 자들의 오류와 잘못을 예방하는 데 도움을 주므로, 우리가 사용할 수 있는 가장 좋은 용어"라고 주장한다.[32] 이런 성경 외적 용어를 사용하면 신학자들이 예컨대 삼신론 이단을 피하고 논박하는 데 유용하다. 나아가 맨턴은 "본질"(essence)과 "실존"(existence)을 구분한다. "본질에 대해 말해지는 것은 무엇이든 세 인격 모두에 해당된다……그러나……실존에 대해 말해지는 것은 무엇이든……본질에 대해 말해질 수 없다. 하나님이신 세 인격이 모두 성부, 성자, 성령인 것은 아니다."[33] 여기서 맨턴은 "성자의 인격은 성부의 인격과 같다"고 단정하는 사벨리우스주의(양태론)의 오류에 대답하고 있는 것이다. 초기의 반삼위일체주의자는 만일 그리스도가 성부와 동일 본질을 갖고 있는 하나님이라면, 성부도 성육신하신 것이라고 주장했다. 그러나 맨턴은 삼위는 동일 본질(ousia)을 공유하지만, 동일 위격을 공유하지는 않는다고 주장한다.[34] 맨턴과 같이 굿윈도 삼위는 한 본질을 갖고 있지만 구별된 위격들을 갖고 있고, 이것은 하나님의 외부(ad extra) 사역에서 자체로 증명된다고 주장한다.[35] 삼위는 다른 위격을 갖고 있기 때문에, 예컨대 성부가 성육신하셨다고 말하는 것은 잘못이다. 이것은 초기의 연합 신조들, 예컨대 칼케돈 신조와 아타나시우스 신조와 일치된다. 따라서 성경에서 발견되지 않는 용어 사용을 정당화하는 것 외에 이 청교도 신학자들도 본질과 위격을 구별함으로써 삼신론이라는 비난을 논박했다.

셰닐은 앞에서 언급한 다수의 요점들을 다음과 같이 제시함으로써 삼위일체 교리를 유용하게 요약한다.

> 우리는 하나님이 하나이시며, 가장 단일하시며, 유일하시다고 믿는다. 신격의 통일성은……매우 단일한 통일성이다……세 인격은 모두 하나의 단일하고 무한한 신격을 갖고 계시고, 그러므로 서로 속에 함께 내재하시는 것이 틀림없다. 왜냐하면 세 인격은 구별된 위격으로

30) Owen, *The Trinity Vindicated*, in *Works*, 2:379.

31) 이것은 오로지 찬송가만을 고집하는 자들과 그리스도인들은 영감을 받지 않은 성가도 부를 수 있다고 믿는 자들 간의 논쟁에서 유용한 출발점이 될 것이다.

32) Thomas Manton, *Sermons upon John XVII*, in *The Complete Works of Thomas Manton, D.D.* (London: J. Nisbet, 1870), 10:159.

33) Manton, *Sermons upon John XVII*, in *Works*, 10:159. 맨턴은 "실존"과 "위격"을 동의어로 이해한다.

34) Manton, *Sermons upon John XVII*, in *Works*, 10:159.

35) Goodwin, *Ephesians*, in *Works*, 제1권, pt. 1:401.

> 혼합되어 있는 것이 아니라, 한 본성 안에 연합되어……세 분이면서 동시에 동일하고 무한한 한 하나님이시기 때문이다. 물론 그들의 위격은 서로의 속에 있으나 서로 구별되고, 그들의 본성은 매우 단일하게 하나다.[36]

예를 들어 셰닐, 굿윈, 오웬, 투레틴은 모두 본질에 적합한 용어와 인격에 적합한 용어(본질적 술어 대 상대적 술어)를 구분했다. 말하자면 인격에 대해 말한다면, 성자와 성령은 성부에게서(a Patre) 나오신다. 하지만 본질과의 관계에서 보면, 성자와 성령은 자존적이다(a se). 따라서 하나님 본질의 통일성(하나님 안에서 본질적이고 절대적인 것은 무엇이든 하나님 자신이다)은 세 인격에 맞춰 상대적인 질서를 갖고 유지된다(하나님 안에서 인격적이고, 상대적이고, 양태적인 것은 무엇이든, 모든 면에서 직접 신적 본질과 동일시될 수 없다).[37] 성부는 성자가 아니시고, 성자는 성령이 아니시며, 성령은 성부나 성자가 아니시므로 세 인격 간의 관계 면에서 다수의 고찰 사항이 생긴다.

삼위 간의 내적 교제(Circumincession)

청교도는 그리스도와의 연합을 기초로 신자들이 누리는 하나님과의 교제에 관심이 매우 많았다. 삼위 하나님과의 연합과 교제는 훨씬 친밀한 연합과 교제, 즉 삼위일체 인격들 간의 연합과 교제("상호 포옹"[mutua circumplexio] 또는 "상호 내재"[circumcessio]로도 불림)의 반영이었다. 청교도 사상 속에서 삼위일체 교리를 분석하게 되면, 신적 본질에 초점을 둔 서방 교회의 관점과 삼위 간의 관계에 초점을 둔 동방 교회의 관점 간의 지나치게 단순한 전형적인 구분은 제거된다.[38]

삼위일체는 같은 신적 본질을 공유하는 세 인격 속에 한 하나님이 내재하고(tres personae in una essentia divina), 이 세 인격 사이에 영원한 교통과 상호 즐거움이 존재하는 것으로 정의된다. 에드워드 리(1603~1671년)는 삼위일체 생활의 이 국면을 간략히 제시하고, 그것을 "세 인격이 모두 함께 존재하고, 함께 영원한 즐거움을 서로에게서 누리는" "신격의 공동체"로 지칭한다.[39] 이 교제는 엄밀하게 삼위 간에 이루어지고, 피조물에게 전달될 수 없다.[40] 굿윈은 삼위를 서로 간에 완전한 행복이 있고, 서로 즐거워하고, 서로 영화롭게 하고, 서로 대화를 나누는 "그들 간의 사회"로 부른다.[41] 이 교제-어떤 피조물도 공유할 수 없는[42]-가 굿윈의 삼위일체 교리뿐만 아니라, 그의 창조자/피조물 구분의 심장부에 놓여 있다. 굿윈이 "최고의 독립적인 교제"로 묘사한 영원 속에서의 삼위 간의 이 교제는 신적 본성과 관련된 대응적인 상호 관심사를 포함한다.[43] 삼위일체 하나님의 삼위 간의 교제에

---

36) Cheynell, *The Divine Triunity*, p. 42.
37) Turretin, *Institutes*, 3.27.5.
38) 내가 레이덴 대학에서 박사 논문 답변을 할 때, 게르트 판 덴 브링크 교수는 굿윈의 "동방 교회적인" 삼위일체 사상에 대한 느낌을 논평했다.
39) Edward Leigh, *A Treatise of Divinity Consisting of Three Bookes*… (London, 1647), 2:136.
40) Goodwin, *Of the Knowledge*, in *Works*, 2:14를 보라.
41) Goodwin, *Of Election*, in *Works*, 2:141. 굿윈은 "신학자들은 [이것을] 상호 내재(라틴어, circumincessio)"라고 하는데, 이 말은 헬라어 단어 페리코레시스와 동의어로 사용되고, 삼위일체 각 인격들의 공동 내재 속성을 가리킨다. 또한 James Ussher, *Body of Divinitie* (London, 1645), p. 87도 보라.
42) Goodwin, *Of the Knowledge*, in *Works*, 2:15.
43) Goodwin, *Of the Knowledge*, in *Works*, 2:15.

대한 굿윈의 견해는 구속 언약(pactum salutis)에 대한 그의 공식적인 설명과 함께, 독자들에게 그가 사회적 삼위일체 사상을 지지한다는 인상을 줄 수 있다. 물론 굿윈은 이런 비난을 거부하지만, 앞에서 언급한 것과 같은 말은 오웬이 "신적 상호 교통"에 대해 말하는 것을 왜 그토록 경계했는지 이유를 설명해 줄 것이다. 오웬은 "신적 상호 교통"이라는 말을 "조잡한" 말로 부른다.[44]

청교도 저술가들은 삼위 간의 상호 관계를 다양한 방식으로 묘사한다. 하지만 그들은 모두 삼위는 각각 내재적 생명을 소유하고 있고, 서로 간에 연합하며 존재하기 때문에 상호 관심사를 공유하고 계신다는 데 동조한다. 셰닐이 지적하는 것처럼 성부, 성자, 성령은 "신격의 연합 속에서 존재하고 서로 안에 거하며, 상호 간에 서로를 영원무궁토록 소유하고, 사랑하고, 영화롭게 한다."[45] 청교도가 자주 관심을 둔 한 본문이 잠언 8장 30절(내가 그 곁에 있어서 창조자가 되어 날마다 그의 기뻐하신 바가 되었으며 항상 그 앞에서 즐거워하였으며)인데, 그들은 이 본문을 기독론적인 관점에 따라 삼위 간의 영원부터의 내적 관계를 묘사하는 것으로 이해했다. 굿윈은 각 인격이 다른 인격들 속에서 찾는 상호 기쁨을 강조하기 위해 이 본문에 관심을 돌린다.[46] 특히 성부는 자신이 자신과 영원히 함께 사는 아들 곧 성자와 같은 아들을 낳은 것을 기뻐하셨다.[47] 마찬가지로 토머스 맨턴도 이 본문을 언급하고, "신적 인격들이 서로 간에 소유하는 상호 친밀함, 즐거움, 만족감"에 대해 말한다.[48] 삼위일체 하나님의 인격들은 서로에 대한 완전한 지식과 서로 간에 갖고 있는 즐거움뿐만이 아니라, 그분들의 소유인 신적 주권도 당연히 공유하신다(계 3:21). 요약해 보면 삼위 간의 이런 교제는 삼위의 공동 거주, 공동 귀속, 상호 침투와 관련되어 있다. 각 인격은 다른 두 인격의 삶을 충분히 공유하신다.

삼위일체 하나님의 외적 사역은 분할할 수 없다(Opera Trinitatis ad Extra Sunt Indivisa)

삼위 간의 내적 교제 곧 상호 교통 교리는 하나님의 뜻을 이해하는 데 중요한 함축적 의미를 갖고 있다. 상호 교통에 대해 간략히 언급한 다음, 셰닐은 모든 신적 사역 속에는 "삼위[세 인격] 간의 공동 합의"가 있다고 주장한다.[49] 다시 말하면 삼위일체 하나님의 외적 사역이나 외부 사역은 나뉘지 않는다(opera Trinitatis ad extra sunt indivisa). 즉 삼위는 모두 삼위 가운데 어느 한 분이 행하신 사역에 동조하고 협력하신다. 『하나님과의 교제』(On Communion with God)에서 오웬은 이 원리를 다음과 같이 설명한다. "우리가 특별히 내게 할당되어 있는 어떤 일 속에서 어떤 사람과 각별하게 교제를 갖는다면, 진심으로 교제를 나누고 있는 다른 사람들을 이 일에서 배제시키지 않을 것이다." 왜냐하면 "외적으로 하나님께 속해 있는 사역('Trinitatis ad extra'로 불림)은 통상적으로 **공통적이고 분할되지 않는** 사역으로

---

44) 이 라틴어 용어는 "서로에 대한 상호 공격"의 의미로 오해될 수 있다(John Owen, *Vindicia Evangelica*, in *The Works of John Owen, D.D.* [Edinburgh: Johnstone & Hunter, 1850~1855], 12:73).
45) Cheynell, *The Divine Triunity*, p. 62.
46) Goodwin, *Of Election*, in *Works*, 2:141.
47) Thomas Goodwin, *A Sermon on Hebrews 10:4~7*, in *Works*, 1:94.
48) Manton, *Sermons upon Romans VIII*, in *The Complete Works of Thomas Manton* (London: J. Nisbet, 1870), 12:338.
49) Cheynell, *The Divine Triunity*, p. 60.

말해지기" 때문이다.[50] 굿윈도 정통주의의 이 원리를 다음과 같이 지적한다. "삼위일체 하나님의 외적 사역은 분할할 수 없다(Opera Trinitatis ad extra sunt indivisa)는 법칙은 삼위 하나님의 우리를 위한 창조 및 구속의 모든 사역과 다른 모든 사역에 있어서, 각 인격의 사역은 모두 나머지 두 인격과도 합력하는 사역이라는 것이다. 삼위는 오직 한 존재, 한 본질을 갖고 계시는 것처럼, 오직 한 사역을 갖고 계신다."[51] 그러나 삼위는 구별된 위격(modus subsistendi)을 갖고 계시기 때문에 여러 사역 방식을 취하신다. 따라서 성부는 그리스도를 살리신 것으로 말해지지만(롬 4:24; 골 2:12~13), 그리스도께서 스스로 살아나신 것도 사실이고(요 2:19; 10:17~18), 성령이 그리스도를 살리신 것도 사실이다(롬 8:11). "삼위가 모두 모든 사역에서 협력하시기" 때문에 성부, 성자, 성령이 그리스도를 죽은 자 가운데서 살리셨다고 말해진다.[52] 그러나 죽은 자 가운데서 그리스도를 살리실 때 그리스도의 몸은 "죽었기 때문에 그 일에 참여하지 못하셨다. 하지만 둘째 인격인 하나님의 아들은 그 몸과 영혼을 살리시는 데 협력하셨다."[53] 존 애로스미스(1602~1659년)는 외적 사역(ad extra)의 본질을 삼위일체와 관련시켜 이 사역들은 삼위 모두에게 공통적이라고 주장하는 것으로 요약한다. 성부, 성자, 성령은 모두 창조하신다. 하나님의 뜻은 삼위에게는 모두 똑같다. 왜냐하면 삼위는 동일 본질을 갖고 계시기 때문이다. 그러나 "삼위는 다른 위격을 갖고 계시기 때문에 성부는 성자와 구별된 인격을 갖고 계시고, 성자는 성령과 구별된 인격을 갖고 계신다. 그러므로 삼위는 구별된 사역 방법을 갖고 계신다."[54] 하나님의 통일성은 그대로 유지되고, 동시에 위격 관념에 기초를 두고 삼위의 구별도 그대로 유지된다. 굿윈도 삼위는 같은 본질을 공유하지만, 구별된 인격을 갖고 계시기 때문에 각 인격의 사역은 "그들의 구별된 실존을 따르고, 그 실존은 서로 닮는다."[55] 그러므로 다른 두 위격의 원천으로서 성부는 사역을 시작하고, 성자는 사역을 계속 수행하시며, 성부와 성자에게서 나오시는 성령은 "사역을 온전하게 하고, 완성시키고, 완수하신다"(고전 8:6).[56]

외적 사역들을 삼위 하나님 모두에게 귀속시키는 이 기본 원리에도 불구하고, 굿윈은 어떤 외적 사역-삼위의 존재에 의존하는-은 삼위 가운데 한 인격에 특별히 더 귀속될 수 있다고 주장한다.[57] 오웬은 이 원리에 따라 다음과 같이 말할 수 있다. 우리는 특정한 사람과 "주로, 직접적으로 그리고

---

50) John Owen, *On Communion with God*, in *The Works of John Owen, D.D.* (Edinburgh: Johnstone & Hunter, 1850~1855), 3:18.

51) Goodwin, *Ephesians*, in *Works*, 제1권, pt. 1:401. 또한 William Bucanus, *Body of Divinity*, Robert Hill 번역 (London, 1659), p. 13도 보라.

52) Goodwin, *Ephesians*, in *Works*, 1:401.

53) Goodwin, *Ephesians*, in *Works*, 1:402. 또한 Owen, *On Communion with God*, in *Works*, 3:18~19도 보라.

54) John Arrowsmith, *Theanthropos, or, God-Man Being an Exposition upon the First Eighteen Verses of the First Chapter of the Gospel according to St John* (London, 1660), p. 61.

55) Goodwin, *Mans Restauration*, in *Works*, 3:9. 윌리엄 에임스도 마찬가지로 이렇게 말한다. "활동 경계에 대해 말한다면, 한 인격의 사역이나 사역 방식이 극명하게 드러나는 국면은 대체로 그 인격의 사역으로 돌려진다." *Marrow of Theology*, John D. Eusden 편집 및 번역 (1968, 재판, Grand Rapids: Baker, 1997), 1.6.31.

56) Goodwin, *Mans Restauration*, in *Works*, 3:9. 굿윈을 비롯한 많은 신학자들이 고대 삼위일체 교리의 배경을 이루는 소위 "차별적인 전치사들"(즉 에크, 디아, 엔)에 따라 세 위격의 사역을 구분한다.

57) 이것은 또한 전유 원리로 지칭된다. 굿윈은 이 원리를 다른 곳에서 이렇게 설명한다. "이 점에서 우리에게 도움을 주는 신학자들의 공통적 원리는 삼위 하나님이 모두 우리를 위해 외적 사역으로 행하시는 것은, 그분들 안에 협력의 손을 갖고 계시지만 특별히 다른 인격보다 한 인격에게 더 귀속된다는 것이다. 우리가 알고 있는 것처럼 성화는 특히 성령의 사역으로 귀속되고, 구속은 특히 성자의 사역으로 귀속되며, 창조는 특히 성부에게 귀속된다. 하지만 이 모든 사역은 삼위 하나님이 모두 그 안에 수고하는 손을 갖고 계신다"(*Ephesians*, in *Works*, 1:439).

두드러지게" 교제를 갖고, "그 점에서 다른 사람들과는 부차적으로" 교제를 갖는다.[58] 그것은 모든 사역에서 삼위가 모두 공통적으로 주도권을 갖고 있지만 종종 어떤 사역은 예컨대 하나님의 유일성을 보여 주기 위해 성부에게 귀속될 수 있다는 것을 암시한다. 그러므로 신자들은 사랑으로 하나님과 교제하고, 은혜로 그리스도와 교제한다. 굿윈과 오웬은 이것이 하나님의 아들의 성육신과 어떻게 관련되어 있는지를 놓고 씨름한다. 따라서 예컨대 일부 신학자들은 "하나님의 아들과 그 사람 예수 사이의 특별한 결속 관계 또는 연합"을 성령의 사역으로 귀속시키지만, 굿윈은 "그 행동은 스스로 한 인격 속에 인간적 본성을 취하신 분 곧 둘째 인격이신 아들 자신에게 더 특별히 귀속되는 것"(히 2:16)이라고 믿는다.[59] 물론 굿윈은 그들이 삼위일체의 외적 사역은 분할되지 않는다는 것을 기초로 대립이 없다는 것을 주장한다면, 그것에 동조한다. 그러나 굿윈의 생각에 따르면, "우리의 인간적 본성을 취하는 것은……성자의 특수 행위"였다.[60] 오웬은 그것은 "원래의 유효성으로 보면" 삼위 하나님의 외적 행위(ad extra)였다고 주장한다. 그러나 "권위 있는 지칭으로 보면, 그것은 성부의 행위였다……인간적 본성의 형성으로 보면, 그것은 성령의 특수 행위였다……육화 곧 스스로 우리의 본성을 취하신 것으로 보면, 그것은 성자의 인격의 특수 행위였다."[61] 본질적으로 굿윈과 오웬은 분할되지 않는 외적 사역이 종종 인격들 가운데 한 인격의 "활동의 귀착점"(terminus operationis)으로 표현된다고 주장하는 것이다. 위의 실례에서 성육신은 성자에게 귀속되지만, 그 행위는 삼위 하나님에 의해 일어난 사건이다.

영원 발생(Eternal Generation)

에드워드 리는 삼위일체 하나님의 외적 사역은 분할되지 않는다는 교리와 성자의 영원한 발생 교리를 대조시킨다. "삼위일체 하나님의 외적 사역은 분할할 수 없다(Opera Trinitatis ad Extra Sunt Indivisa)……한 인격뿐만 아니라 다른 인격들에도 속해 있다……그러나 삼위일체 하나님의 내적 사역은 분할된다(opera ad intra sunt divisa). 곧 내적 사역의 인격적 속성들은 구별되고, 따라서 성부는 성자를 낳으시고, 성자는 성부에게서 나시고, 성령은 성부와 성자에게서 나오신다."[62] 성령의 이중 발출 교리와 달리, 성자의 영원한 발생 교리는 고대 교회 신학자들에게 폭넓게 받아들여졌다. 성자의 발생의 엄밀한 의미에 대해 개혁파 신학자들 간에 약간의 견해 차이가 있었다. 그럼에도 불구하고 성자의 발생 교리는 성부가 모든 신격의 원천(fons totius Deitatis)이라는 관념과 연계되어 있다. 굿윈은 이 말을 명시적으로 사용하지만, 개혁파 동료 신학자들과 마찬가지로, 항상 "성자와 성령은 참 하나님 중의 참 하나

---

58) Owen, *On Communion with God*, in *Works*, 3:18.

59) Goodwin, *Of the Holy Ghost*, in *Works*, 5:8. 굿윈은 제임스 어셔(1581~1656년)를 염두에 뒀을 것이다. 어셔는 "혼인 관계의 끈으로 묶는 것"을 성령에 귀속시킨다. 어셔는 이렇게 말한다. "여자의 복 있는 태는 신혼 첫날밤을 보내는 방이었고, 그곳에서 성령이 인성과 신성 사이에 끊을 수 없는 끈을 묶었다. 그렇게 하여 하나님의 아들은 이전에는 없었던 인격의 통일성을 이뤘다"(*Immanuel, or, The Mystery of the Incarnation of the Son of God* [London, 1647], p. 5).

60) Owen, *Discourse on the Holy Spirit*, in *The Works of John Owen, D.D.* (Edinburgh: Johnstone & Hunter, 1850~1855), 5:8.

61) Owen, *Of the Person of Christ*, in *The Works of John Owen, D.D.* (Edinburgh: Johnstone & Hunter, 1850~1855), 1:225.

62) Leigh, *Treatise of Divinity*, 2:127.

님"이라고 조심스럽게 주장했다.[63] 그러므로 에드워드 리는 이 교리를 설명할 때 삼위의 순서에 대해 말한다. "성부는 본질과 인격에 있어서 다른 존재가 아니라, 자신에게서 나온 첫 번째 인격이시다. 성자는 인격과 부자 관계에 있어서, 하나님 자신인 자신의 본질에 따라 형언할 수 없는 방식으로 영원한 발생을 통해 존재하게 된(그래서 하나님에게서 나온 하나님으로 불리는) 분으로, 성부에게서 나온 두 번째 인격이시다. 성령은 그의 인격에 있어서……성부와 성자에게서……나오시는 세 번째 인격이시다."[64] 여기서 에드워드 리는 성자의 영원한 발생을 말하기 위해 니케아 신조(하나님에게서 나온 하나님)를 언급한다. 굿윈도 마찬가지로 성부께서 성자에게 신격의 불가분리적인 전체 본질을 전달하신 것을 기초로 성자의 "나심" 또는 "영원한 발생"을 옹호한다.[65] 잉글랜드 출신의 수학자이자 신학자인 존 월리스(1616~1703년)가 지적한 것처럼 영원한 발생을 통해 성자가 되신 것은 동일 본질의 전달을 함축한다.[66]

성자의 영원한 발생을 옹호하는 가장 긴 변증 가운데 하나가 셰닐에게서 나왔다. 여기서 셰닐은 소키누스주의자들의 주장을 논박한다. 곧 그들이 신적 본질은 전달할 수 없고, 그러므로 성부에 의한 성자의 발생 관념은 성자의 신적 본질이 사실은 신적 본질이 아니라는 것을 보여 주고, 그것은 복수의 신들을 필요로 하게 될 것이라고 주장하는 것을 논박한다. 셰닐은 먼저 성자의 성부로부터의 발생을 증명하기 위해 성경의 실례를 제시하는 것으로 답변한다. 벨기에 신앙고백 작성자들과 같이 셰닐도 시편 2편을 증거로 제시한다. 거기서 "너는 내 아들이라 오늘 내가 너를 낳았도다"(7절)라는 말씀이 기독교 교리의 이 근본 요점을 "명백히" 증명한다는 것이다.[67] 셰닐은 또 다른 본문을 제시하는데, 요한복음 5장 26절이 그것이다. "아버지께서 자기 속에 생명이 있음 같이 아들에게도 생명을 주어 그 속에 있게 하셨고." 셰닐은 성부는 "영원하고 형언할 수 없는 발생"을 통해 성자에게 "생명"을 전달하셨다고 말한다.[68] 이 문맥에서 성자는 명령의 말씀으로 부활 생명을 전달하는 자신의 능력을 천명하신다(요 5:25). 성부와 같이 성자도 자신 속에 생명을 갖고 계시고, 살아 계신 하나님의 아들이시다(마 16:16). 다시 말하면 생명이 하나님에게서 파생되는 인간들과 달리, 성자는 성부 하나님에게서 자기 안에 생명을 갖는 속성을 전달받으셨고(요 1:4도 보라), 이것은 성자께서 부활하시기 전에도 다른 사람들에게 생명을 주실 능력을 갖고 계셨다는 것을 의미한다. 그러므로 이 권세의 근거는 영원 속에서 성자에게 속해 있었던 것이어야 한다(요 1:1~14, 17:5를 보라). 따라서 경륜적 언어로 삼위일체 하나님의 내재적 관계를 반영할 수 있고, 이것은 개혁파 정통주의가 성경적 근거에 따라 성자의 영원한 발생 교리를 옹호할 수 있었던 비결이다. 성자의 발생은 하나님의 본질의 분할을 함축한다는 소키누스주의자의 주장에 대응해서, 셰닐은 다음과 같이 말한다.

> 성부는 어떤 변화나 동작 없이 가장 영광스럽고 경이로운 방식으로 성자를 낳으셨다. 이 영원하고 가장 완전한 발생에 변화나 동작이나 계승은 있을 수 없다. 하나님의 본질은 영적이

---

63) Goodwin, *Ephesians*, in *Works*, 11:285.

64) Leigh, *Treatise of Divinity*, 2:137.

65) Goodwin, *Sermons on Hebrews 1:1, 2*, in *Works*, 1:145, *Ephesians*, in *Works*, 1:285, *Of the Knowledge*, in *Works*, 2:110. 투레틴은 성자의 영원한 발생에 대한 개혁파의 정통적 견해를 상세히 설명한다(*Institutes*, 3.29.1~30). 또한 Owen, *Vindiciae Evangelicae*, in *Works*, 12:213~214, 275도 보라.

66) John Wallis, *Three Sermons Concerning the Sacred Trinity* (London, 1691), p. 22.

67) Cheynell, *The Divine Triunity*, p. 192.

68) Cheynell, *The Divine Triunity*, p. 192.

> 고(요 4:24), 그러므로 성자는 성부의 후손이나 어떤 물질적 본질로 나신 것이 아니다. 왜냐하면 하나님은 자기 안에서 본질적으로 자신과 동일한 아들을 낳으신 단일하고 순수하신 행위이고, 그러므로 무한한 본성은 자체 너머에 자아를 생산할 수 없으므로 성자는 자기 외부의 것에 따라 존속하는 것이 아니기 때문이다(요 14:10, 요 10:30). 이 발생으로 성자 안에 본질적 변화는 결코 있을 수 없다. 왜냐하면 이 발생은 영원하고, 이 발생에 의해 전달된 본성은 불변적이기 때문이다. 성부는 어떤 변화 없이 성자를 낳으시고, 성자는 어떤 변화 없이 나셨다.[69]

성자의 발생은 영원하고 영속적이다(aeterna et perpetua). 그리고 성자의 발생은 초자연적(초물질적)이기 때문에 개혁파 정통주의는 소키누스주의자들에 반대해 영원한 발생은 비존재(non esse)에서 존재(esse)로의 이동이 아니라, 오히려 신적 본질 안의 불변적 활동의 결과라고 주장할 수 있었다.[70]

굿윈에 따르면, 성부께서 성자에게 주신 "모든 것"을 "제외시키면 남는 것이 하나도 없다"(요 17:7, 11, 16:15).[71] 만일 성부께서 전능성, 광대성, 영원성을 소유하신다면 성자와 성령도 성부와 똑같이 소유하고 계신다. 말하자면 신격의 내적 행위들(opera Dei ad intra)은 삼위 하나님께 공통적이고, 삼위가 공통적으로 소유하지 않는 각 인격의 구별된 속성들은 당연히 여기서 제외된다. 한 인격으로서 성부는 성자가 아니고, 또 성령도 아니다. 그러므로 성자의 영원한 발생은 성자의 인격이 성부의 인격 "에서" 나오고, 성부에게서 비롯된 것임을 확증한다(요 5:17~47). 굿윈은 요한복음 5장 17절의 경륜적 문맥을 사용해서 내재적 삼위일체 사상을 이해한다. 다시 말하면 신적 인격들의 외적(ad extra) 사역의 하나로서 구속의 적용은 삼위일체 하나님의 내적(ad intra) "활동"의 반영이다. 나아가 삼위일체 하나님은 그런 분이지, 그런 분이 되신 것이 아니다. 그러므로 성자는 성부에게 "의존해서" 성자가 되시고, 성부도 똑같이 성자에게 "의존해서" 성부가 되신다. 성자를 낳으시는 성부의 행위는 의지적인 것이 아니라 필연적이다. 삼위는 모두 본질상 하나님이라는 사실 외에도, 성부의 낳으심과 성자의 나심 행위는 그분들의 구별된 인격으로 말미암아 필연적으로 관련되어 있다.

당연하게도 웨스트민스터 신앙고백은 성자의 영원한 발생을 다음과 같이 확언함으로써 니케아 신조의 언어를 보존한다. "신격의 단일성 안에 한 본체와 능력과 영원성을 가진 세 인격들이 계시니, 성부 하나님과 성자 하나님과 성령 하나님이시다. 성부께서는 누구에게서 나시거나 나오시지 않고, 성자는 아버지에게서 영원히 나시며, 성령은 아버지와 아들에게서 영원히 나오신다"(2장 3절).

자존하시는 하나님(Autotheos)

개혁파 신학자는 누구나 성자의 영원한 발생 교리에 동조했다. 그러나 성부께서 성자를 낳으신 것의 엄밀한 의미에 대해서는 모두가 일치한 것이 아니었다. 따라서 니케아 신조에서 성자는 "하나님에

---

69) Cheynell, *The Divine Triunity*, p. 195.

70) 마코비우스는 하나님 안에서 일어나는 발생이 물리적 사건이 아니라 초물리적인 사건이라고 주장한다. "*Generatio qua in Deo est, etsi sit hyperphysical, tamen non est metaphorica, sed proprie dicta.*" Willem van Asselt 외, *Scholastic Discourse*, p. 128에 인용된 것과 같다. 또한 James Durham, *A Commentarie upon the Book of the Revelation*… (Edinburgh, 1658), pp. 6~8도 보라.

71) Goodwin, *Of Election*, in *Works*, 2:136.

게서 나온 하나님"이라고 표현한 의미에 대해서는 어느 정도 다양한 견해가 있다. 따라서 개혁파 정통 신학자들은 모두 성자 하나님의 자존성(자기실존)을 인정했으나, 각기 뉘앙스는 달랐다. 대다수 개혁파 정통 신학자들은 삼위일체 가운데 둘째 인격으로 간주된 성자는 단순히 신적 기원을 가진 피조물(divinus a se ipso)이 아니라, "하나님에게서 나온 하나님"(Deus a se ipso)이시다. 즉 성자는 자존하시는 하나님(autotheos)이시다. 성자는 자존하시는 하나님(Deus a se ipso)이지만, 성부에게서 자신의 신격을 받으신다. 셰닐, 굿윈, 에드워드 리가 예증하는 것처럼 이것이 확실히 지배적인 청교도의 견해였다.

성자의 자존성은 16세기, 특히 칼빈과 피터 카롤리의 논쟁 핵심 주제가 되었다. 17세기에 이 논쟁이 웨스트민스터 총회에서 다시 부각되었다.[72] 칼빈은 "우리가 성부와 관련시키지 않고 단순히 성자에 대해 말할 때에 성자를 자존적인 존재로 선언한다고 해도 지극히 합당하고, 이런 이유로 우리는 성자를 유일한 근원으로 부른다. 그러나 성자가 성부와 갖고 있는 관계를 표시할 때에는 당연히 성부를 성자의 근원으로 본다."[73] 칼빈은 다른 곳에서, 누구든지 성자가 "자신의 본질을 성부에게서 받았다고 말하는 것은 성자의 자존성을 부인하는 것"이라고 주장한다.[74] 따라서 칼빈은 성자가 성부에게서 발생하신 것은 그분의 신격이 아니라, 아들 됨과 관련된 것으로 본다.[75]

차드 판 딕호른은 성자의 자존성에 대한 칼빈의 입장을 설명하면서, "칼빈의 반대자들은 그리스도의 신성이나 본질이 영원한 발생을 통해 성부에게서 온 것으로 믿었다"고 주장한다.[76] 멀러는 칼빈의 입장은 "초기 정통 개혁파 신학자들 모두에게 반영된 것은 아니었다"고 지적했다.[77] 예를 들어 멀러는 16세기 독일 신학자 자카리아스 우르시누스(1534~1583년)를 언급한다. 우르시누스는 성자는 성부와 동일한 본질을 갖고 있지만, "자기가 아니라 성부에게서 나온" 하나님이라고 주장했다.[78] 칼빈과 우르시누스 사이에 그리스도의 자존성에 대해 다수의 혼합된 견해들이 나타났다(예, 테오도루스 베자[1519~1605년], 투레틴). 대다수 개혁파 정통 신학자들은 칼빈보다는 투레틴과 베자의 견해와 더 밀접하게 결합된 것처럼 보인다. B. B. 워필드는 이 논쟁을 "칼빈의 영향력에도 불구하고 대다수 개혁파 선생들은 니케아 신조의 훌륭한 신봉자로 남아 있었다. 그러나 그들은 그래도 여전히, 충분히 그 이

72) 나는 성자의 자존성에 대한 칼빈과 웨스트민스터 총회 신학자들 간의 차이점에 대해 글을 썼다. Mark Jones, "John Calvin's Reception at the Westminster Assembly (1643~1649)," *Church History and Religious Culture*, 91, no. 1~2 (2011), pp. 215~227을 보라.

73) John Calvin, *Institutes of the Christian Religion*, John T. McNeill 편집, Ford Lewis Battles 번역 (Philadelphia: Westminster, 2008), 1.13.19.

74) Calvin, *Institutes*, 1.13.23.

75) 칼빈은 다음과 같이 쓴다. "성부는 항상 낳으시는지에 대한 논란이 무슨 의미가 있겠는가? 확실히 삼위는 영원부터 하나님 안에 존재하신 것이 분명하기 때문에 낳는 행위를 계속하신다고 상상하는 것은 어리석은 일이다"(*Institutes*, 1.13.29). 그러기에 이것에 기초를 두고 어떤 이들은 칼빈은 성자의 영원한 발생을 거부한다고 주장한다. 그러나 칼빈은 성자의 영원한 발생을 인정했다. 이 부분에서 칼빈의 요점은 영원한 발생은 본질적 전달이 아니라, 인격적 발생으로 이해된다는 점을 분명히 하기 위함이다. 앞에서 인용한 본문에서 칼빈은 그 "양식"에 대한 무익한 사변을 단념시키려고 한 것이다. 사실 칼빈이 계속적 낳으심에 대해 말하는 것은 아우구스티누스와 칼빈이 여기서 논박하는 대상인 아우구스티누스 전통 간의 라틴어 원어의 구별(예컨대 semper natus, natus est, natum 간의 구별)이 없으면 아무 의미가 없다. 영원한 발생은 칼빈에게는 중요한 문제가 아니었다. 오히려 칼빈은 이 주제에 대해 말할 때 중용을 취해야 한다고 주장했다. 나는 이 문제에 대해 통찰력을 제공해 준 브레넌 앨리스에게 감사를 전한다. 칼빈과 그의 영원한 발생 견해에 대해서는 Jones, "John Calvin's Reception" or Paul Helm, *John Calvin's Ideas* (Oxford: Oxford University Press, 2004), pp. 35~57을 보라.

76) Chad van Dixhoorn, "Reforming the Reformation: Theological Debate at the Westminster Assembly 1642~1652" (철학박사학위논문, University of Cambridge, 2004), 1:242.

77) Muller, *Post-Reformation*, 4:326.

78) Muller, *Post-Reformation*, 4:326.

름으로 불렸던 것처럼 훌륭한 '자존하시는 하나님 신봉자'(Autotheanites)였다."[79)]

셰널은 어떤 이들이 "자존하시는 하나님 신봉자(Autotheanisme)를……새로운 이단"으로 언급했을 때 칼빈과 베자를 함께 옹호한다.[80)] 셰널은 이렇게 덧붙인다. "게네브라두스, 카니시우스……파베르 페바르덴티우스 그리고 나머지 다른 사람들이 칼빈과 베자는 성부께서 자신의 신적 본질의 통일성 속에서 성자를 낳으신 것을 부정한다고 말할 때, 그것은 크게 잘못 생각하는 것이다."[81)] 따라서 셰널은 칼빈의 입장과 베자의 입장을 동일시하는 것 외에도, 두 사람은 개혁파 정통 신학자들 사이에서 성자의 자존성에 대한 주류 견해의 대표자였다고 주장한다. 이 논쟁은 웨스트민스터 총회에서는 애매한 상태로 남아 있었다. 이때 니케아 신조가 성자의 자존성에 대한 칼빈의 견해와 일치하는지에 대한 논쟁의 중심에 종교 논쟁가 대니얼 피틀리(1582~1645년)가 있었다.[82)] 판 딕호른에 따르면, 피틀리는 그 주제에 대해 많은 말을 했지만 자신의 입장을 분명하거나 설득력 있게 표시하지 않았다. 칼빈의 자존하시는 하나님(autotheos) 공식이 자신의 입장과 일치된다고 주장했지만, 피틀리는 아우구스티누스의 말-"그리스도는 자신과 관련해서는 하나님으로 불리고, 성부와 관련해서는 아들로 불린다"(Christus ad se Deus, dicitur ad patrem filius)-을 인용하는 것으로 자신의 발표를 끝마쳤는데, 이 말은 "그 논쟁에서 거의 아무나 자기들 자신의 견해로 취할 수 있을 정도로 매우 폭넓은 진술"로 판명되었다.[83)] 결국 웨스트민스터 총회에서 그리스도의 자존성에 대한 논쟁의 세부 사실들은 특별히 성자를 자존하시는 하나님으로 지칭하는 것에 대한 불완전한 기록으로 말미암아 비밀로 남겨지고 만다.

그 사실은 청교도가 성자의 자존성에 대해 칼빈 편이 아니었다는 것을 암시한다. 청교도의 성자의 영원한 발생 교리는 인격적이면서 동시에 본질적이었다. 청교도가 표현한 것처럼 성부는 신적 본성을 "형언할 수 없이"(즉 말로는 표현할 수 없는 방법으로) 성자에게 전달하셨다. 그래서 청교도는 칼빈이 그렇게 주장한 것처럼 성부를 신격의 원천으로 확언했다. 하지만 그것은 엄밀하게 인격적인 의미로 그렇게 말한 것이다. 예를 들어 굿윈은 성부는 전체 신격을 성자에게 전달하신다고 주장한다. "본질의 전달은 반드시 본질 전체의 전달이다(Essentiae communicatio facit omnia communia). 성부가 전달하는 신격 곧 신격의 모든 것 속에……단지 구별된 인격들은 제외되었다."[84)] 새 본질의 발생은 전혀 없다. 따라서 성부에게서 전달받은 성자의 신격은 다른 본질에서 파생된 것이 아니라 성부의 본질과 동일하고, 그러므로 성자 자체의(a se) 본질이다. 이 점에 대해 굿윈의 입장은 칼빈의 입장과 다르고, 투레틴의 입장과 공통점이 더 많다. 투레틴은 다음과 같이 말한다. "성자는 성부에게서 나시지만 여전

---

79) B. B. Warfield, *Calvin and Calvinism* (New York: Oxford University Press, 1931), p. 275.

80) Cheynell, *The Divine Triunity* (London, 1650), p. 232. 셰널의 작품은 잉글랜드 청교도 가운데 삼위일체 교리에 대한 고전적인 변증일 것이다.

81) Cheynell, *The Divine Triunity*, p. 232. 길베르투스 게네브라르두스(1537~1597년)와 피터 카니시우스(1521~1597년)는 16세기의 로마 가톨릭 신학자였다.

82) 웨스트민스터 총회에서 자존하시는 하나님(autotheos)으로서의 성자와 관련해서 벌어진 피틀리의 논쟁에 대해서는 Daniel Featley, *Sacra Nemesis, the Levites Scourge, or, Mercurius Britan*… (Oxford: Printed by Leonard Lichfield, 1644), pp. 13~19를 보라.

83) Chad van Dixhoorn, "Reforming the Reformation," 1:248.

84) Goodwin, *Of Election*, in *Works*, 2:136. 또한 *Ephesians*, in *Works*, 1:285도 보라. 지롤라모 잰키도 본질적 신격을 구비하신 성자와 첫째 인격(즉 성부)과 관계 속에 있는 둘째 인격으로서의 성자 간의 조직적 구별을 기초로 성자와 성부의 동등성(즉 autotheos)을 정의한다(*De tribus Elohim aeterno Patre, Filio, et Spiritu Sancto, uno eodemque Iohoua*, in *Operum Theologicorum D. Hieronymi* [Geneva: Excudebat Stephanus Gamonetus, 1605], 1:col. 540).

히 '하나님 자신' 즉 그의 인격이 아니라 그의 본질에 따라, 그리고 다른 본질에서 분할되거나 창출된 것이 아니라(하지만 자신에게서 나온 본질을 갖고 있는 것은 아니다), 자체로 존재하는 신적 본질을 갖고 계신다는 점에서, 상대적으로 아들로서가 아니라(이것으로 보면 성자는 성부에게서 나신다) 절대적으로 하나님으로서 '하나님 자신'으로 불릴 수 있다. 따라서 성자는 자신에게서 나온 성자가 아니라 자신에게서 나온 하나님이시다."[85] 투레틴은 삼위일체에 대한 이단 교리인 "인격의 자존성"(aseitas personalis)과 "본질의 자존성"(aseitas essentialis)을 구분한다. 이것은 "형언할 수 없는 방법으로 이루어진 영원한 발생에 의해 존재하게 된 인격과 부자 관계의 관점(그래서 하나님에게서 나온 하나님으로 불리게 된)에서 보면" 성자는 성부에게 속해 있으나, 본질로 보면 하나님 자신이라는 앞에서의 에드워드 리의 진술[86]을 이해하는 가장 좋은 길이다. 존 하우도 성자는 영원한 발생을 통해 전달받은(아들[Filius]이기 때문에) 신적 본성을 갖고 있고, 신적 본성의 관점에서 보면 성자는 어떤 의미에서 하나님 자신[autotheos]으로 불릴 수 있다고 주장함으로써 이 견해를 공유한다.[87] 엄밀하게 보면 칼빈의 입장은 아니지만, 이것이 그리스도의 자존성에 대한 대다수 청교도의 입장이다.

성령의 이중 발출(Double Procession of the Spirit)

성령의 발출은 신격의 외적(ad extra) 사역과 관련되어 있다. 사실 멀러는 개혁파 정통 신학자들은 성령은 "내적(ad intra) 발출로 일어나지만, 성령의 '사명'이 외적(ad extra) 발출로 이어진다"고 본다고 주장했다.[88] 성자의 영원한 발생이 주로-반드시 오로지는 아니고-경륜적 삼위일체의 역할에 대해 말하는 본문에서 추론되는 것과 마찬가지로, 성령의 발출도 종종 삼위일체 인격들의 경륜적 역할을 언급한 본문에 기초가 두어져 있었다. 성령의 발출은 서방 교회 및 동방 교회 신학자들에게 다양하게 이해되었다. 동방 교회와 서방 교회의 분열은 라틴어를 사용하는 서방 교회가 성령이 아버지에게서 나오신다고 진술하는 니케아 신조 조항에 "그리고 아들에게서"(filioque)라는 말을 덧붙임으로써 "아버지와 아들에게서" 나오시는 소위 성령의 "이중 발출"을 천명함으로써 더욱 노골화되었다. 그러나 동방 교회는 성령은 성부에게서만 나오신다고 주장한다.[89] 또한 멀러도 개혁파 정통 신학자들은 "아우구스티누스의 이중 발출 교리를 주장할 뿐만 아니라, 성경의 요점은 헬라 정교회의 가르침과 반대된다고 주장한다"고 설명한다.[90] 니케아 신조 조항에 필리오쿠에를 덧붙여야 한다고 주장할 때 서방 교회는 성령이 성부와 성자에게서 나오신다고 강조함으로써 성부와 성자의 동등성을 주장하려고 했다. 특히 개혁파 정통 신학자들은 성령이 오직 아버지에게서 나오셨다는 관념은 존재론적으로

85) Turretin, *Institutes*, 3.28.40.

86) Leigh, *Treatise of Divinity*, 2:137.

87) John Howe, *Christ, God-Man*, p. 3.

88) Muller, *Post-Reformation*, 4:378. 다른 곳에서 멀러는 신격의 내적(ad intra) 생명과 외적(ad extra) 현현 및 사역 간의 일치에 대해 말하면서 이렇게 설명한다. "성부와 성자 사이의 관계는 성부의 우선권을 전제로, 성부와 통일성 속에 있는 성자는 성부와 함께 성령의 근원(principium)이시다. 그리고 신격의 내적 생명 속에 있는 이 단일한 기원은 외적 사역도 하나라는 것을 반영한다. 곧 삼위께서 함께 피조물의 유일한 근원이 되신다"(*Post-Reformation*, 4:58).

89) 필리오쿠에에 대한 최근의 설명에 대해서는 Bernd Oberdorfer, *Filioque: Geschichte und Theologie eines ökumenischen Problems* (Gottingen: Vandenhoeck & Ruprecht, 2001)와 Dennis Ngien, *Apologetic for Filioque in Medieval Theology* (Milton Keynes: Paternoster, 2005)를 보라.

90) Muller, *Post-Reformation*, 4:374.

성자가 성부에게 예속되어 있다는 사상을 함축한다고 봤다.

필리오쿠에 어구는 웨스트민스터 신앙고백에서 명시적으로 확인된다. 거기 보면 성령이 "영원히 성부와 성자에게서 나오시는 것"으로 묘사된다(2.3). 에드워드 리는 자신의 관점에 따라 이 논쟁을 다음과 같이 설명한다.

> 따라서 서방 교회와 동방 교회 간에 분열이 일어났다. 서방 교회는 성부와 성자에게서의 발출을 긍정하고, 동방 교회는 오직 성부에게서의 발출만을 주장했다. 성자에게서의 성령의 발출을 부인하는 것은 신학에서 심각한 오류로, 만일 동방 교회가 그렇게 성령의 성자에게서의 발출을 부인한다면 삼위 간의 관계를 불평등하게 만드는 기초를 허용하고 말 것이다. 그러나 동방 교회의 표현 형태는 성령은 성자를 통해 성부에게서 나오시고, 성령은 삼위의 동일 본질 속에 어떤 차이가 없이 아들의 영이므로, 이 특정 사실에 있어서 동방 교회는 참되면서 동시에 오류를 갖고 있다.[91]

에드워드 리의 강력한 진술은-비록 그가 여전히 동방 교회를 가시적 보편 교회의 참된 한 부분으로 인정하고 있다고 하더라도-의심할 여지 없이 청교도 동시대인들과 대륙의 개혁파 신학자들의 견해를 반영하고 있다. 따라서 투레틴도 "발생(gennēsis)이 성자에게 귀속되는 것처럼 발출(ekporeusis)은 성령에게 귀속된다"고 주장한다.[92] 굿윈은 성령은 "신격의 한 인격으로, 성부, 성자와 동등하다"는 사실을 인정하지만,[93] 성령은 순서로 볼 때 신적 인격들의 마지막을 차지하기 때문에 반드시 다른 두 인격에게서 나오신다고 주장한다.[94] 성령은 "삼위일체의 유대"(vinculum Trinitatis) 속에서 사랑으로 말미암아 나오신다.[95] 성령은 성부와 성자 간의 사랑의 유대(vinculum caritatis)로 작용한다. 물론 굿윈은 아우구스티누스를 반영해서 성령은 "성부와 성자를 연합시키신다"(patris et filii copula)고 주장했다.

셰닐은 이 교리의 신비를 인정하지만 성령의 이중 발출에 대한 네 가지 근본 요점을 지적함으로써 이 교리를 설명하려고 한다. 첫째, 성령의 발출은 유형적인 것이 아니라 영적이다. 둘째, 이 발출은 삼위일체의 내적 활동과 관련되어 있기 때문에 성령의 발출은 영원하다. 셋째, 성령의 발출은 "성령이 존재에서 존재로 또는 불완전한 존재에서 보다 완전한 존재로 변하는 것이 아니므로 불변적이다. 우리는 성령의 발출이 한 곳에서 다른 곳으로 움직이는 이동이 될 수 없다고 알고 있다. 왜냐하면 성령은 편재하고, 모든 곳을 채우고 계시며, 그러므로 그곳이 바뀔 수 없기 때문이다."[96] 넷째, 성부에 의한 성자의 발생이 필연적인 것처럼 성령의 이중 발출도 필연적이다. 이중 발출을 긍정하면서 셰닐은 성부와 성자는 "영원부터 신격 간의 어떤 격리로 말미암아서가 아니라, 같은 신적 본성의 셋째

91) Leigh, *A Treatise of Divinity*, 2:138. 투레틴도 에드워드 리의 견해에 일치되게 다음과 같이 주장한다. "동방 교회 신학자들은 그들의 견해로 말미암아 이단으로 비난받아서도 안 되고, 또 분열을 일으키거나 지속시킨다고 비난받아서는 안 되지만, 서방 교회 신학자들이 성경 말씀 및 진리와 더 크게 부합하는 내용을 적절히 보존하고 있다"(*Institutes*, 3.31.5).

92) Turretin, *Institutes*, 3.31.1.

93) Goodwin, *Of the Holy Ghost*, in *Works*, 5:1.

94) Goodwin, *Of the Holy Ghost*, in *Works*, 5:2, 46.

95) Goodwin, *Of the Holy Ghost*, in *Works*, 5:33, 43.

96) Cheynell, *The Divine Triunity*, p. 220.

인격으로의 형언할 수 없는 전달로 말미암아 신격의 연합 속에서 성령을 내보내셨다. 그리고 이 전달은 자연적이고, 따라서 의지적이 아니라 필연적이다."[97] 물론 이중 발출이 필연적이라고 해도, 셰닐은 성부와 성자가 강제로 성령을 내보내셨다는 것을 부인하지만, 그럼에도 불구하고 독단적 행위는 아니었다. 성령의 발출은 필연적이면서 동시에 자연적인 신격의 내적 행위다. 왜냐하면 "그것이 세 인격 모두에게 반드시 전달할 필요가 있는 신격의 속성이기 때문이다."[98] 셰닐에 따르면, 성부와 성자에게서 성령이 나오시는 것이 부인된다면, 삼위의 동등성은 유지될 수 없다. 성부와 성자는 서로 대립하지 않고 자연적으로 하나이므로 성령은 성부와 성자에게서 똑같이 나오신다.

셰닐의 성령의 이중 발출 변증은 성자의 영원한 발생 변증의 당연한 귀결이다. 예를 들어 셰닐은 성령의 영원 발출은 성령의 시간 속에서의 사명과 구분되어야 한다고 지적한다. 존재론과 경륜 사이에는 차이가 있다. 그러나 셰닐은 "성령의 자연적 및 영원 발출은 성령의 시간적 사명으로 표시될 수 있다"고 지적함으로써 삼위일체 하나님의 내적(ad intra) 행위와 외적(ad extra) 사역을 연계시킨다.[99] 그것에 따라 성경이 성자께서 성령을 시공간의 영역인 세상 속에 보내신다고 명백히 선언하고 있다는 사실은 성령이 영원히 성자에게서 나오신다는 것으로도 증명된다. 이 추론은 개혁파 신학자들에게 공통적이었다. 멀러가 지적하는 것처럼 "성령의 내적 발출은 성령의…… 외적 발출로 반영되고 이어진다."[100]

그러므로 요한복음 15장 26절의 "내가 아버지께로부터 너희에게 보낼 보혜사 곧 아버지께로부터 나오시는 진리의 성령이 오실 때에"와 같은 본문이 개혁파 신학자들에게는 이중 발출을 변호하는 데 있어서 매우 중요한 본문이었다. 그러나 그들은 경륜이 항상 존재론을 반영하는지에 대해서는 다양하게 의견이 엇갈렸다. 요한복음 15장 26절에 대한 오웬의 설명은, 굿윈이 26절에서 존재론과 경륜을 동시에 보는 것을 제외하고, 굿윈의 설명과 거의 같다. 오웬은 성부는 "원천"으로 간주된다고 본다. 그러나 성령의 이중 발출은 첫째, 본질 및 인격과 관련해서, 둘째는 분배나 경륜과 관련해서 이루어진다.[101] 첫 번째 경우에 대해 말한다면, "성령은 성부와 성자의 영으로, 두 인격에게서 영원히 나오신다."[102] 그러나 오웬에 따르면, 요한복음 15장 26절의 말씀은 성령의 "경륜적 또는 분배적 발출"을 가리킨다.[103] 마찬가지로 빌렘 판 아셀트도 요하네스 콕세이우스(1603~1669년)는 요한복음 15장 26절을 성령의 존재론적 실존이 아니라 성령의 경륜적 발출을 가리키는 것으로 이해했다고 주장했다.[104] 투레틴은 요한복음 15장 26절은 성령이 성부에게서 나오신 것을 인정하지만, "그렇다고 해서 그것이 성자에게서 나오신 것을 부인하는 것은 아니고, 사실은 성령의 사명이 성자에게 귀속되고, 성부가 갖고 계시는 것은 무엇이나 성자도 동등하게 갖고 계시는(요 16:15) 것으로 말해지므로, 성령이 성자에게서 나오신 것도 함축하고 있다"고 주장한다.[105] 어셔도 마찬가지로, 성령은 명백히 성

97) Cheynell, *The Divine Triunity*, p. 220.
98) Cheynell, *The Divine Triunity*, p. 221.
99) Cheynell, *The Divine Triunity*, p. 225.
100) Muller, *Post-Reformation*, 4:378.
101) Owen, *On Communion with God*, in *Works*, 2:226.
102) Owen, *On Communion with God*, in *Works*, 2:227.
103) Owen, *On Communion with God*, in *Works*, 2:227.
104) Willem van Asselt, *The Federal Theology of Johannes Cocceius (1603~1669)* (Leiden: Brill, 2001), p. 184.
105) Turretin, *Institutes*, 3.31.7.

부에게서 나오시는 것으로 말해지지만(요 15:26), 성자가 성령을 보내신다는 사실이 "필연적인 결론으로 함축되어 있는데, 그것은 요한복음 14장 26절에서 성부께서 성자의 이름으로 성령을 보내신다고 말해지는 것처럼, 성자가 성령을 보내시는 것으로 말해지고, 이로써 삼위일체 인격들의 순서에 따라 보낸다는 것이 분명히 의도되어 있기 때문이다"라고 지적한다.[106] 따라서 일부 개혁파 신학자들이 경륜적 삼위일체의 행동들에 대해 말하는 어떤 본문들을 존재론적 관점에 따라 이해하기 때문에 서로 일치하지 않지만, 대다수 신학자들은 이것이 신격 안에서의 삼위 간의 영원한 관계를 이해하는 적법한 방법이라고 느꼈다.

결론

청교도는 자기들을 니케아 정통 신조에 기반을 둔 서방 교회의 삼위일체 전통의 일원으로 간주하고, 유럽에 반삼위일체론의 영향력을 파급시킨 소키누스주의자의 주장을 논박하는 데 심혈을 기울였다. 또한 청교도는 항론파에 반대해 삼위일체 교리는 신앙의 근본 항목이라고 주장했다. 사실상 삼위일체 교리는 조화로운 기독교 신학에 필수적인 존재론적 구조를 제공한다. 삼위일체 교리를 옹호할 때 청교도는 삼위가 능력과 영광에 있어서 동등하다는 사실, 곧 삼위 간의 어떤 존재론적 예속 관계도 반대하고, 성부와 성자와 성령이 동일한 본질을 공유하고 있다는 사실을 강조함으로써, 삼위의 동등 영원성과 동일 본질을 주장하는 데 열심이었다. 그러나 "삼위 간의 관계에는 순서"가 있다(ordo personarum sive relationum). 위격의 순서에 따르면, 성부는 신격의 첫째 인격이신 "신격의 원천"(fons deitatis)으로, 둘째 인격이신 성자를 영원히 낳으신다. 위격에 있어서 셋째 인격이신 성령은 성부와 성자에게서 나오신다. 이 세 인격은 "구별되지만 분리되신 것은 아니므로"(distinctio sed non separatio) 서로 안에서 그리고 서로를 통해(circumincessio) 거하신다. 청교도는 삼위일체 교리는 구원 역사를 이해하는 데 필수적인 존재론적 구조를 제공하고, 따라서 구원 역사는 철저히 삼위일체 교리에 영원한 기반을 두고 있는 것으로 봤다.

삼위일체의 각 인격은 또한 신자들에게 알려지고, 사랑받고, 경험되어야 한다. 새뮤얼 러더퍼드(1600~1661년)는 자신은 자신이 어느 한 신적 인격을 가장 사랑했다고 말할 수 없고, 자기는 삼위를 모두 필요로 하고, 삼위를 모두 사랑했다고 알고 있다고 고백했다. 다음 장에서 우리는 경험적으로 풍성한 이 주제에 대한 오웬의 걸작을 통해 신자가 신격의 각 인격과 어떻게 교제하는지에 초점을 맞추고 살펴볼 것이다.

---

106) Ussher, *Body of Divinitie*, p. 85. 피터 마터 버미글리(1499~1562년)도 성령의 이중 발출 견해를 옹호함으로써 같은 입장을 취한다. 버미글리는 다음과 같이 말한다. "이 셋째 인격이 성부와 성자에게서 나오신다는 것은 요한복음에 증거가 충분하다……요한복음을 보면, 성자께서 자신이 성령을 보내실 것이라고 말씀하고, (우리가 앞에서 확인한 것처럼) 성령을 자신의 것으로 받으실 것이라고 확언하신다. 성령이 성자에게서 나오신다는 것을 의심한 자는 아무도 없다. 따라서 성자는 성령을 아버지께서 나오실 분으로 덧붙여 설명하신다"(요 14:26, 15:26, 16:13). *The Common Places of Peter Martyr*, Anthony Marten 번역 (London, 1583), 1:12.7.

6장

존 오웬의 삼위 하나님과의 교제 교리

성도들은 성부, 성자, 성령과 특별한 교제를 나눈다.

– 존 오웬[1] –

거룩한 삼위일체 교리는 존 오웬(1616~1683년) 신학의 근간이었다. 리처드 멀러는 이것이 정통 개혁파 신학자들에게 일반적으로 해당된다는 것을 확인했다. 오웬은 만약 삼위일체 교리를 제거한다면 "영혼에 대한 사랑과 선의 모든 열매의 원천이 사라지고 말 것"이라고 천명했다.[2] 싱클레어 퍼거슨은 오웬을 "철저한 삼위일체 신학자"로 부른다.[3] 칼 트루먼은 이렇게 말한다. "자신의 작품 전체에 걸쳐-그 작품들이 하나님을 다루든, 구속을 다루든 칭의를 다루든 간에-오웬에게는 삼위일체 교리가 항상 근간이다."[4]

존 오웬에게는 삼위일체가 어떤 뜻이었을까? 자신의 소교리문답에서 오웬은 이렇게 말했다. "질문: 오직 한 하나님만 계십니까? 답변: 본질과 존재에 있어서는 오직 하나이시지만, 성부, 성자, 성령의 구별된 세 인격으로 존재하십니다."[5] 자신의 대교리문답에서 오웬은 "인격"을 "자체의 속성들에 따라 다른 인격들과 구별되는, 위격 또는 존재의 구별된 방식"으로 정의했다. 오웬은 다음과 같이 이 구별된 속성들을 제시했다.

- 성부는 "신격의 유일한 원천"이시다(요 5:26, 27; 엡 1:3).[6]
- 성자는 "영원부터 아버지에게서 나셨다"(시 2:7; 요 1:14, 3:16).

---

1) John Owen, *Communion with God*, in *The Works of John Owen*, William H. Goold 편집 (재판, Edinburgh: Banner of Truth Trust, 1965), 2:9. 이번 장의 일부는 Joel R. Beeke, *The Quest for Full Assurance: The Legacy of Calvin and His Successors* (Edinburgh: Banner of Truth Trust, 1999), pp. 173~187과 Paul M. Smalley, "Sweet Mystery: John Owen on the Trinity," *Puritan Reformed Journal* 3, no. 1 (2011), pp. 81~112에서 취한 것이다.

2) Richard A. Muller, *Post-Reformation Reformed Dogmatics*, 제4권, *The Triunity of God* (Grand Rapids: Baker, 2003), pp. 145, 148.

3) Sinclair Ferguson, "John Owen and the Doctrine of the Person of Christ," *John Owen: The Man and His Theology*, Robert W. Oliver 편집 (Phillipsburg, N.J.: P&R, 2002), p. 82.

4) Carl R. Trueman, *John Owen: Reformed Catholic, Renaissance Man* (Aldershot: Ashgate, 2007), p. 124.

5) Owen, *Two Short Catechisms*, in *The Works of John Owen*, William H. Goold 편집 (재판, Edinburgh: Banner of Truth Trust, 1965), 1:467.

6) 오웬은 종종 성부를 신격의 "샘" 또는 "원천"으로 지칭했다. 하지만 다른 신적 인격의 "원인"으로 지칭하지는 않았다. 이 점에서 오웬은 아타나시우스, 바실리우스, 테오도레투스와 대립하고, 토마스 아퀴나스 및 라틴 교부들과 같은 전통 위에 서 있었다. 아퀴나스는 "원인"이라는 말은 성자가 지음을 받은 것을 함축할 수 있다는 점을 인정했지만, "샘"이라는 말은 동일 본질을 암시한다고 생각했다(Muller, *Post-Reformation*, 4:46).

- 성령은 "아버지와 아들에게서 나오시는" 것으로 말해진다(요 14:17, 16:14, 15:26, 20:22).[7]

다른 곳에서 오웬은 삼위일체 교리를 다음과 같이 정리한다. "하나님은 하나이시고, 이 한 하나님은 성부, 성자, 성령이시다. 성부는 성자의 아버지시고, 성자는 성부의 아들이시며, 성령은 성부와 성자의 영이시다. 그들의 상호 관계 속에서 성부, 성자, 성령은 서로 구별된다."[8] 세 신적 인격에 대해, 오웬은 이렇게 말했다. "삼위는 구별되고, 활력적이고, 신적이고, 지성적이고, 의지적인 사역이나 활동 원리로, 이 원리들은 서로를 향한 내적 행위 안에서, 또 내적 행위를 통해 그리고 외적으로 창조 및 창조의 다양한 부분들과 관련된 행위 속에서 작용한다. 따라서 이 안에 본래 성부는 성자를 낳으시고, 성자는 성부에게서 나시며, 성령은 성부와 성자에게서 나오신다는 사실이 놓여 있다."[9]

오웬은 삼위일체 교리를 상세히 변증했지만,[10] 이 교리를 단순히 논쟁이나 신앙고백에 충실한 문제로 간주하지는 않았다. 칼 트루먼은 이렇게 말했다. "오웬은 전(前)비판적인 신학의 가장 즐거운 국면, 즉 본질적으로 교회적이고 실천적인 목적을 예증한다…… 그것은 교회의 유익을 위해 교회 안에서 펼쳐진 신학이었다."[11] 트루먼은 이것이 특별히 삼위일체 교리에 해당된다고 지적했다. "삼위일체 교리는 기독교의 구원론의 심장부에 위치해 있고, 따라서 기독교 예배의 핵심 속에 자리 잡고 있는 것이 틀림없다."[12]

하나님은 자신을 삼위일체 하나님으로 계시하셨고, 따라서 사람들은 그들에게 요구되는 것처럼 순종과 사랑과 경외와 행복으로 하나님과 동행해야 한다.[13] 항론파는 삼위일체를 근본적이지도 않고, 유익하지도 않은 교리로 간주했지만,[14] 오웬은 삼위일체를 구원하는 믿음에 근본적일 뿐만 아니라, 신자들의 영적 경험에도 매우 유익하다고 봤다. 왜냐하면 오웬은 기독교적 경험을 비밀스러운 하나님과의 교제로 봤고, 따라서 로버트 리탐의 말에 따르면, 오웬의 신학은 "메타-이론적 구성, 보편적 주석, 실천적인 목회적 경건이 종합된 훌륭한 실례"였기 때문이다.[15] 오웬은 사보이 선언(1658년)에 영향을 준 것으로 보인다. 사보이 선언은 웨스트민스터 신앙고백(2.3)의 본문에 다음 진술을 덧붙였다. "삼위일체 교리는 우리의 하나님과의 모든 교제와 하나님에 대한 충분한 의존의 원천이다."[16]

퍼거슨은 오웬의 신학에서 "기독교적 삶은 충분한 믿음의 확신으로 이끄는 삼위일체 하나님과의

---

7) Owen, *Two Short Catechisms*, in *Works*, 1:472.

8) Owen, *A Brief Declaration and Vindication of the Doctrine of the Trinity as also of the Person and Satisfaction of Christ*, in *The Works of John Owen*, William H. Goold 편집 (재판, Edinburgh: Banner of Truth Trust, 1965), 2:377.

9) Owen, *Doctrine of the Trinity*, in *Works*, 2:405.

10) Owen, *Doctrine of the Trinity*, in *Works*, 2:366~419; *Vindiciae Evangelicae; or, The Mystery of the Gospel Vindicated and Socianism Examined*, in *The Works of John Owen*, William H. Goold 편집 (재판, Edinburgh: Banner of Truth Trust, 1965), 12:169~333.

11) Trueman, *John Owen*, p. 128.

12) Trueman, *John Owen*, p. 123.

13) Owen, *Doctrine of the Trinity*, in *Works*, 2:378, 406.

14) Muller, *Post-Reformation*, 4:154~155.

15) Robert Letham, "John Owen's Doctrine of the Trinity in Its Catholic Context and Its Significance for Today," *Where Reason Fails* (London: Westminster Conference, 2006), p. 14.

16) Savoy Declaration, chap. 2, sec. 3. Kelly M. Kapic, *Communion with God: The Divine and the Human in the Theology of John Owen* (Grand Rapids: Baker, 2007), p. 156에서 인용함.

교제 외에 다른 삶이 아니다"라고 말했다.[17] 오웬은 하나님과의 교제 또는 친교를 어떤 뜻으로 이해했을까? 그것은 그리스도 안에서 하나님과 하나님의 백성들 간의 유대에 기초를 두고 하나님과 그의 백성들 사이에 영적 유익을 서로 교환하는 것이다. 오웬은 다음과 같이 말했다.

> 따라서 교제는 그들 사이에 이루어진 연합에 기초를 두고 교제를 즐거워하는 사람들이 선한 일들을 서로 나누는 것이다……따라서 우리가 하나님과 나누는 교제는 하나님이 친히 우리에게 나눠 주시는 것과 예수 그리스도 안에서 그분과 함께 갖고 있는 연합에서 흘러나오는 것에서 하나님이 요청하고 받으실 만한 것을 하나님께 우리가 돌려드리는 것에 있다.[18]

이안 해밀턴은 이렇게 설명했다. "교제할 때 하나님은 자신을 자기 백성들에게 주시고, 그들은 하나님께 하나님이 요구하고 인정하실 것 곧 그들의 사랑, 신뢰, 순종, 신실함을 제공한다."[19] 오웬은 그리스도와의 연합(우리의 구원의 불변적인 관계)과 하나님과의 교제(그 관계에 대한 가변적인 경험)를 조심스럽게 구별했다.[20]

오웬은 아우구스티누스 안에서 찾아낸 주제, 즉 삼위일체 하나님 안에서 "향유하거나" 소유하거나 즐거워하는 것으로서의 교제를 주제로 취했다. "기독교 교리에 대해"라는 아우구스티누스의 작품을 보면, 한 장의 제목이 "향유의 참된 대상이신 삼위일체 하나님"으로 되어 있다. 거기서 아우구스티누스는 이렇게 썼다. "따라서 향유의 참된 대상은 성부와 성자와 성령이신데, 이 세 분은 동시에 삼위일체로, 한 존재이시며, 모든 것을 넘어서서 최고가 되시며, 이것은 그분을 향유하는 모든 자에게 공통적이다."[21]

오웬은 삼위일체 하나님을 향유하는 이 관념을 받아들였고, 그것을 각 신적 인격과의 구별된 교제 개념을 통해 더 확대시켰다.[22] 오웬은 요한복음 14장 23절, 고린도전서 1장 9절, 12장 4~6절, 고린도후서 13장 14절, 요한일서 1장 3절, 5장 7절, 요한계시록 3장 20절과 같은 본문에서 "구별된 교제"에 대한 성경적 지지를 찾아냈다. 싱클레어 퍼거슨은 이 본문들에 대한 오웬의 용법에 대해 이렇게 말했다. "오웬은 은혜를 받아들이는 모든 행동이 그런 것처럼, 믿음의 모든 행동은 삼위일체 하나님의 구별된 한 인격과 관련되어 있다는 금언을 덧붙인다. 이것은 오웬이 교제나 친교라는 말이 가리키는 의미다. 따라서 성부는 원래의 권세를 통해 나눠 주시고, 성자는 취득한 보화에서 나눠 주시며, 성령은 직접적인 효능에서 나눠 주신다. 이것이 전형적인 전유(Appropriations) 교리다."[23] 오웬은 구별된 교제가 한 인격에만 배타적으로 적용되는 교제가 아니고, 교제는 주로 구별된 속성과 역할에

---

17) Sinclair B. Ferguson, *John Owen on the Christian Life* (Edinburgh: Banner of Truth Trust, 1987), p. 74.

18) Owen, *Communion with God*, in *Works*, 2:8.

19) Ian Hamilton, "Communion with God," *Reformed Spirituality*, Joseph A. Pipa Jr. & J. Andrew Wortman 편집 (Taylors, S. C.: Southern Presbyterian Press, 2003), p. 63.

20) Kelly M. Kapic, "Communion with God by John Owen (1616~1683)," *The Devoted Life: An Invitation to the Puritan Classics*, Kelly M. Kapic & Randall C. Gleason 편집 (Downers Grove, Ill.: InterVarsity, 2004), p. 169.

21) Augustine, "On Christian Doctrine" (1.5), *The Works of Aurelius Augustine*, Marcus Dods 편집 (Edinburgh: T&T Clark, 1892), 9:10.

22) Owen, *Communion with God*, in *Works*, 2:9.

23) Ferguson, *John Owen on the Christian Life*, pp. 75~76.

따라 그 인격에게 전유된 것임을 분명히 함으로써 신격의 통일성을 조심스럽게 옹호했다.[24)]

패커는 "하나님과의 교제는 그리스도인들이 삼위일체 하나님의 세 인격 모두에게서 사랑을 받고, 또 세 인격 모두에게 사랑으로 반응하는 관계"라고 설명했다.[25)] 이 점에서 오웬은 특히 서방 교회 그리스도인들이 삼위일체 하나님의 각 인격들의 관계보다 "분할 없는 신격"을 강조하는 미심쩍은 경향을 피했다.[26)] 신자들은 비인격적 본질과 관련시키려고, 아니 더 나쁘게 속성들을 추상적으로 결합시키려고 하기보다는 구별된 인격적 방법으로 신격의 각 인격과 관련되어야 한다.

오웬은 삼위일체 하나님과의 교제에 대한 자신의 견해를 『하나님과의 교제』(1657)로 알려진 특별한 논문에서 어느 정도 상세히 개진했다. 이번 장에서 우리는 이 논문을 역사적, 신학적 배경에 따라 검토하고, 이어서 삼위일체 하나님 각 인격과의 교제에 대한 오웬의 구체적인 가르침을 살펴볼 것이다.

역사적 배경 속에서 본 『하나님과의 교제』

오웬 당시 청교도 신학자들에게는 하나님과의 교제가 결정적으로 중요한 주제였다. 그러나 청교도가 하나님과 백성들의 교제 주제에 집중한 것은 하나님을 인간화하거나 인간을 신격화하기 위함이 아니었다.[27)] 오히려 오웬과 동료들은 삼위일체 구조 안에서 하나님이 곤경에 처한 죄인들을 어떻게 다루시는지 설명하기를 원했다. 청교도 신학자들은 목적 자체로서의 종교적 경험에 관심을 둔 것이 아니라, 하나님의 계시와 하나님의 놀라우신 은혜로서의 종교적 경험에 관심을 두었다. 패커는 이것을 다음과 같이 적절하게 진술한다. "예를 들면 근대의 영적 자전 문학을 보면, 영웅과 주인공이 보통 저자 자신이다. 저자가 관심의 중심이고, 하나님은 단지 저자의 역사의 한 부분으로 언급된다. 저자의 주제는 사실상 '나-그리고 하나님'이다. 그러나 청교도 자전 문학에서는 하나님이 철저히 중심에 있다. 저자가 아니라 하나님이 관심의 초점이다. 책의 주제는 사실상 '하나님-그리고 나'이다."[28)]

오웬의 신적 인격들 각자와의 교제 주제는 청교도 문헌에 익숙하게 나타나는 주제였다.[29)] 예를 들어 『의롭게 하는 믿음의 대상과 행위』(The Object and Acts of Justifying Faith)에서 토머스 굿윈(1600~1680년)은 믿음의 확신과 삼위일체 하나님과의 교제의 긴밀한 연관성에 대해 다음과 같이 말했다.

---

24) Owen, *Communion with God*, in *Works*, 2:18~19.

25) J. I. Packer, *A Quest for Godliness: The Puritan Vision of the Christian Life* (Wheaton, Ill.: Crossway, 1990), p. 204. 참고, Owen, *Communion with God*, in *Works* 2:10~16.

26) Kapic, *Communion with God* in *The Devoted Life*, p. 148.

27) Dale Arden Stover, "The Pneumatology of John Owen: A Study of the Role of the Holy Spirit in Relation to the Shape of a Theology" (철학박사학위논문, McGill University, 1967), pp. 304~305.

28) J. I. Packer, "The Puritan Idea of Communion with God," *Press Toward the Mark: Papers Read at the Puritan and Reformed Studies Conference, 19th and 20th December, 1961* (London: n.p., 1962), p. 7.

29) 어느 것이나 청교도가 쓴 아가서 주석(리처드 십스, 존 도브, 나다니엘 홈스, 제임스 더럼, 존 콜링스)을 보라. 존 콜링스는 신랑과 신부의 교제로 표상되는 그리스도와 그의 교회의 교제에 대해 1장이 909페이지, 2장이 530페이지에 달하는 책을 썼다(John Collinges, *The Intercourses of Divine Love betwixt Christ and the Church* [London: A. Maxwell for Tho. Parkhurst, 1676]).

> 때로는 인간의 교제와 대화는 한 당사자와 이루어지고, 또 때로는 다른 당사자와 이루어진다. 곧 때로는 성부와 이루어지고, 때로는 성자와 이루어지며, 또 때로는 성령과 이루어진다. 때로는 그의 마음이 선택에 대해 성부의 사랑을 상고하는 것에 이끌리고, 때로는 구속에 대해 그리스도의 사랑을 상고하는 것에 이끌리며, 또 때로는 하나님의 깊은 곳을 헤아리고, 우리에게 그 사실을 계시하며, 우리의 모든 고통을 제거하시는 성령의 사랑을 상고하는 것에 이끌림으로써, 사람은 특별히 한 증인에서 다른 증인으로 대상을 바꿀 수 있다……우리는 삼위가 모두 우리 안에서 대등하게 계시고, 삼위가 모두 우리와 함께 거하시며, 삼위가 모두 자기들의 사랑을 우리에게 드러내시는 동안, 말하자면 우리가 그분들 가운데 앉을 때까지 만족해서는 안 된다.[30]

그러나 오웬의 『하나님과의 교제』는 삼위일체 하나님의 구별된 인격들과의 교제 관념을 완전히 체계적인 논문으로 저술했다는 점에서 독특한 작품이었다. 그래서 대니얼 버지스는 다음과 같이 말했다. "이 논문은……중대하고 필수적인 주제에 대한 현존하는 유일한 논문이다."[31] 브라이언 케이는 이렇게 말한다. "오웬은 그리스도인의 하나님에 대한 헌신적인 반응이 어떻게 두드러지게 삼위일체 형태를 띠고 있는지 보여 줌으로써……새로운 분야를 개척한다."[32]

『하나님과의 교제』는 1657년에 출판되자 호의적인 평판을 받았다. 하지만 1674년에 재출판되었을 때에는 윌리엄 셜록(대략, 1641~1707년)의 매우 부당한 공격을 받게 되었다.[33] 오웬은 『입증』[34]이라는 작품으로 대응했으나, 이 작품이 이런 공격을 받은 것에 대해 상당히 놀란 듯했다. 그도 그럴 것이 그 작품은 "논쟁적인 요소들은 직접 거론하지 않고, 대중의 교화를 위해 완전히 실천적인 작품으로 계획된 것이었기" 때문이다. 오웬은 이렇게 덧붙였다. "하나님을 경외하고, 진실하게 하나님 앞에서 살기를 바라는 다수의 사람들이 그것으로 그들이 받은 유익에 대해 증언할 기회를 요청한다면 얼마나 준비가 되었는지 나는 모르겠다."[35]

『하나님과의 교제』는 네덜란드 개혁파 그리스도인들 사이에서도 인기가 있었다. 이 작품은 J. H. 호프먼에 의해 네덜란드어로 번역되어 1717년에 출판되었다.[36] 잉글랜드와 네덜란드의 많은 신자들이 대니얼 버지스의 다음과 같은 추천사에 영향을 받았다. "천사의 최고의 음식이 여기 여러분 앞에 있다."[37] 의심할 것 없이 당시 옥스퍼드 대학의 부총장으로 섬기면서 이 책을 저술하고 있던 오

---

30) Thomas Goodwin, *The Works of Thomas Goodwin*, Thomas Smith 편집 (Edinburgh: James Nichol, 1864), 8:378~379.

31) Daniel Burgess, "To the Reader," John Owen, *Of Communion with God*, in *Works*, 2:4.

32) Brian K. Kay, *Trinitarian Spirituality: John Owen and the Doctrine of God in Western Devotion* (Eugene, Ore.: Wipf & Stock, 2008), pp. 113~114.

33) William Sherlock, *A Discourse Concerning the Knowledge of Jesus Christ and Our Union and Communion with Him* (London: J. M. for Walter Kettilby, 1674). 셜록은 후에 삼위일체에 대한 다른 작품들과 매우 대중적인 작품, *Practical Discourse Concerning Death* (London: for W. Rogers, 1689)를 출판했다.

34) Owen, *A Vindication of Some Passages in a Discourse Concerning Communion with God*, in *The Works of John Owen*, William H. Goold 편집 (재판, Edinburgh: Banner of Truth Trust, 1965), 2:275~365.

35) Owen, *Vindication…Concerning Communion with God*, in *Works*, 2:277.

36) J. van der Haar, *Van Abbadie tot Young, Een Bibliografie van Engelse, veelal Puritaanse, in het Nederlands vertaalde Werken* (Veenendaal: Uitgeverij Kool, 1980), p. 89.

37) Burgess, "To the Reader," John Owen, *Communion with God*, in *Works*, 2:4.

웬에게도 이 책은 천사의 음식이었다.[38]

오웬의 신자와 신격의 각 인격 간의 특징적인 교제 관념은 성경에서 벗어났다는 앤드루 톰슨의 비판[39]은 오웬의 용의주도한 성경적 학문에 대한 정당한 평가가 아니었다. 레지널드 커비의 평가가 더 정확했다. "오웬은 오직 하나님과의 교제에 들어가 있는 사람들의 경험이 무엇인지 제시하고, 삼위일체 교리가 신적 계시뿐만 아니라 인간의 경험에도 기초를 두고 있음을 증명한다."[40]

오웬의 "구별된 인격들"과의 교제 개념은 데일 스토버가 "하나님이 이런 철학적 방법으로 알려지면 인식론은 불가피하게 구원론과 분리되게 된다"고 비난한 것과는 무관했다.[41] 우리가 살펴볼 것처럼, 오웬의 하나님과의 교제 개념은 사실 하나님을 아는 지식 및 하나님의 구원 행위의 역사와 영적, 성경적으로 융합되었다. 오웬의 논문은 철학적 강의가 아니라 설교에 훨씬 가까웠다.

오웬은 신자와 삼위일체 하나님의 인격 간의 교제는 상호 교환이 이루어지는 살아 있는 관계를 표상한다고 봤다. 이 상호 소통은 그리스도 안에서, 그리스도를 통해 이루어져야 한다. 왜냐하면 그리스도가 없으면 하나님과 인간 사이의 교제는 존재할 수 없기 때문이다. 듀이 월리스는 오웬에게 이 모든 "교제는 그리스도의 공로로 말미암아 택함받은 자를 위해 취득된 '은혜와 용서하는 자비'의 '문'을 통해서만 들어가게 된다"고 썼다.[42] 처음부터 오웬은 자신의 삼위일체 구조의 기독론적인 초점을 확립했다. 오웬은 하나님과의 친교나 교제에 대해 다음과 같이 말했다. "우리가 하나님과 나누는 교제는 하나님이 친히 우리에게 나누어 주시는 것과 예수 그리스도 안에서 그분과 함께 갖고 있는 연합에서 흘러나오는 것에서 하나님이 요청하고 받으실 만한 것을 하나님께 우리가 돌려 드리는 것에 있다."[43] 퍼거슨은 이렇게 지적했다. "오웬에게는 하나님 앞에서 그리스도인에게 자신의 지위를 주시는 그리스도와의 연합과 이 지위의 열매인 하나님과의 교제는 교제 관념 아래 포함되어 있고, 이것이 오웬이 일반적으로 그 표현을 사용하는 의미다."[44]

그러나 오웬은 거짓되고 불균형적인 그리스도 일원론에 따라 성부와 성령을 희생시키고 그리스도만을 강조하지 않았다. 오웬에게는 하나님 중심성과 그리스도 중심성은 라이벌이 아니라 친구로서 함께 갔다. 엔트위슬은 이렇게 지적했다. "현대의 기독론 신학은 과거의 삼위일체 교리보다 그리스도를 더 존중하고 있다고 때때로 주장되고, 이런 주장은 그리스도인에게 호소력을 갖고 있다. 그러나 사실은 그렇지 않다. 오웬의 충분한 삼위일체 교리는 그리스도를 존중하는 교리 외에 다른 것이 아니다. 성부와 성령을 영화롭게 한다고 해서 성자의 영광이 손상되는 것이 아니다."[45] 리처드 대니얼스가 평가한 것처럼, "참된 삼위일체적인 사고는 그리스도 중심적이고, 그리스도 중심적 사고가

---

38) Andrew Thomson, "Life of Dr. Owen," in Owen, *The Works of John Owen*, William H. Goold 편집 (재판, Edinburgh: Banner of Truth Trust, 1965), 1:lxxii~lxxiii과 Reginald Kirby, *The Threefold Bond* (London: Marshall, Morgan, and Scott, n.d.), p. 25를 보라.

39) Thomson, "Life of Dr. Owen," in Owen, *Works*, 1:lxxii.

40) Kirby, *Threefold Bond*, p. 25.

41) Stover, "The Pneumatology of John Owen," p. 304.

42) Dewey D. Wallace Jr., "The Life and Thought of John Owen to 1660: A Study of the Significance of Calvinist Theology in English Puritanism" (철학박사학위논문, Princeton University, 1965), p. 265.

43) Owen, *Communion with God*, in *Works*, 2:8.

44) Ferguson, *John Owen on the Christian Life*, p. 75.

45) F. R. Entwistle, "Some Aspects of John Owen's Doctrine of the Person and Work of Christ," *Faith and a Good Conscience* ([London]: Puritan and Reformed Studies Conference, 1962), p. 51.

되어야 한다."[46]

이런 구조 안에서 오웬은 성부, 성자, 성령의 구별된 역할이나 경륜에 대해 가르쳤다. 오웬은 다음과 같이 말했다. 첫째 인격인 성부는 **창시자**로서 구원할 자들을 택하고, 구원 방법을 정하신다. 성자와 하나님의 말씀이신 둘째 인격은 성부의 본성을 표상하고, 죄인들을 **구속하기** 위해 중보자로서 성부의 뜻을 행하신다. 셋째 인격은 처음 두 인격에게서 그분들의 **집행자**로 보내심을 받고, 하나님의 택함받은 자들에게 그들의 확실한 구원을 전달하신다.

오웬은 반복해서 각 인격이 하나님의 사역 속에 나타나 있는 역할 곧 삼위일체 하나님 안에서 펼쳐지는 인격적 관계를 반영하는 역할을 취하는 신적 경륜의 역사가 있다고 가르쳤다. 곧 성부는 근원, 권세, 원천, 창시자, 파송자로 활동하고, 성자는 성부의 뜻의 시행자, 성부의 부요한 보화, 기초, 농부, 취득자, 성취자로 활동하며, 성령은 성취자, 완수자, 직접적 효능, 열매, 적용자로 활동하신다. 이것은 삼위 간에 하나님의 사역들을 분리시키거나 사역들을 분할하는 것이 아니라-삼위일체 하나님의 외적 사역은 분리되지 않는다-오히려 하나님의 모든 사역은 삼위가 모두 구별된 방식으로 합력하신다는 것을 인정하는 것이다.[47]

삼위는 모두 자기들의 역할에 따라 각자 구별된 유익을 나눠 주시는 것으로 구원 사역에서 활동하시므로 신자는 각 인격을 구별된 존재로 인정해야 한다. "우리의 영혼은 성부, 성자, 성령을 구별하여 바라보지 않으면, 하나님께 나오는 은혜, 하나님께 복종하는 신적 경배 행위, 수행하는 의무나 순종은 있을 수 없다."[48]

오웬의 논문을 문맥에 따라 살펴보았으니, 이제는 삼위일체 하나님과의 교제에 대한 오웬의 구체적인 가르침을 검토해 보기로 하자.

구별된 삼위 하나님과의 교제

신자들이 삼위일체 하나님의 각 인격과 누리는 구별된 교제 방식을 제시할 때, 오웬은 고린도후서 13장 13절을 주목했다. "주 예수 그리스도의 은혜와 하나님의 사랑과 성령의 교통하심이 너희 무리와 함께 있을지어다 [아멘]."

성부와의 교제: 사랑

성도들은 성부와 "그분의 사랑, 즉 값없고 과분하고 영원한 사랑" 안에서 특별한 교제를 갖는다(요일 4:8~9; 고후 13:14; 요 16:26~27; 롬 5:5~6).[49] 성부의 사랑은 "다른 모든 달콤함이 흘러나오는 샘이고" 모든 은혜의 원천이다.[50] 오웬은 다음과 같이 묘사함으로써 인간의 모든 사랑을 크게 능가하는 성부의 사랑의 주권적, 신적 특성을 강조했다.

---

46) Richard Daniels, *The Christology of John Owen* (Grand Rapids: Reformation Heritage Books, 2004), p. 5.
47) Owen, *Works*, 1:219~220, 2:15~19, 198~199, 228, 3:92~94, 393, 10:163~179.
48) Owen, *Communion with God*, in *Works*, 2:15.
49) Owen, *Communion with God*, in *Works*, 2:19.
50) Owen, *Communion with God*, in *Works*, 2:22.

- **영원함**: 성부의 사랑은 창세전에 우리를 위해 정해졌다. 우리가 존재하기 전이나 우리가 전혀 선을 행하지 않았을 때에도 성부의 생각이 우리에게 있었다.
- **값없음**: 성부는 자신의 뜻대로 우리를 사랑하신다. 우리가 사랑받을 만한 것이 우리 안에는 전혀 없었고, 또 전혀 없다.
- **불변적임**: 우리는 날마다 바뀌지만 성부의 사랑은 절대로 변하지 않는다.
- **구별됨**: 성부는 이처럼 온 세상을 사랑하신 것이 아니다……성부께서 왜 자신의 사랑을 하필이면 우리에게 두시고, 본성상 우리와 다르지 않은 다수의 사람들은 간과하실까……?[51]

따라서 오웬은 "성부의 사랑은 우리의 사랑과는 다르고, 심지어는 그분에 대한 우리의 영적 사랑과도 다르다"고 말했다. 오웬은 이렇게 말했다. "성부의 사랑은 본질상 전충족적이고, 자신에게 그리고 자신의 영광스러운 속성과 완전성으로 무한히 만족하시는 분의 사랑이다. 또 다른 존재들에게 자신의 사랑을 나타내실 이유가 전혀 없고, 자기 외에는[밖에서는] 자기 사랑의 대상을 찾아야 할 필요가 전혀 없으신 분의 사랑이다……또한 성부는 영원부터 자신을 즐겁게 하고, 기쁘게 하시는 자신의 영원한 지혜이신 자기 아들을 두고 계신다."[52] 성부는 외롭거나 필요해서가 아니라 자기 아들 안에서 누리는 온전한 만족함과 기쁨 때문에 성도들을 사랑하신다.

성부의 사랑은 "관대함에서 나오는 사랑"이지만 하나님에 대한 우리의 사랑은 "의무에서 나오는 사랑"이다. 성부의 사랑은 "선행적 사랑"으로, 항상 우리보다 앞서 가지만, 성부에 대한 우리의 사랑은 "결과적 사랑"으로, 항상 그분에 대한 보답으로 이루어진다. 심지어는 하나님이 자기 자녀들을 징계하고 연단하실 때도 하나님은 그들을 똑같이 사랑하신다. "그러면 어떻게 되는가?" 오웬은 반론을 예상해 봤다. "자기 백성들이 죄를 범할 때에도 사랑하신다는 말인가? 그렇다. 하나님은 죄를 범하지 않을 때와 똑같이 자기 백성들을 사랑하신다."[53]

그리스도의 사랑을 성부의 마지못해 하는 사랑보다 우월하다고 제시하지 않도록 조심한 오웬은 "신적 사랑은 성부의 가슴 속에 가장 깊은 뿌리를 두고 있다"고 주장했다. 성부는 택함받은 자에 대한 신적 사랑을 즐겁게 베푸신다(빌 1:28)고 오웬은 말했다. 그리고 하나님의 사랑에 대한 성경 본문들은 가장 빈번하게 성부의 사랑을 언급한다. "아버지께서 친히 너희를 사랑하심이라"(요 16:27)는 그리스도의 말씀은 자신의 구원에 있어서 성부 하나님이 맡으신 역할을 신자에게 보증한다.[54] 케이는 이렇게 말한다. "성부는 그리스도의 중보로 말미암아 자기 백성들을 처음으로 사랑하시는 것이 아니다. 오히려 그리스도의 중보가 성부의 사전적 사랑의 결과다. 오웬에게는 성부의 사랑이 아들을 보내시는 것을 비롯해서 전체 구원 계획의 추진력이다."[55]

성부의 사랑은 "사랑 안에서 성부와의 교제를 온전하게 하기 위해" 성부의 사랑을 받아들이고 "성부에게 적절한 보답"을 행하는 신자들의 반응을 요청한다. 신자들은 "믿음으로" 성부의 사랑을 받아들인다. 여기서 오웬은 "성자를 통하지 않고 성부에게 직접 믿음을 행사하는" 것을 자극하지 않

---

51) Owen, *Communion with God*, in *Works*, 2:33~34.
52) Owen, *Communion with God*, in *Works*, 2:32.
53) Owen, *Communion with God*, in *Works*, 2:28~30.
54) Owen, *Communion with God*, in *Works*, 2:20.
55) Kay, *Trinitarian Spirituality*, p. 127.

으려고, 조심스럽게 요한복음 14장 6절을 인용해서 자신의 진술을 제한한다.[56] 오웬의 삼위일체 신학은 끊임없이 그리스도를 하나님과 사람 사이의 유일한 중보자로 인정함으로써 그리스도 중심적 사고를 유지한다.

그러나 우리는 성자를 바라보는 것으로 성부를 바라본다. 이것은 해에서 나오는 햇빛을 통해 해를 보는 것과 같다. 오웬은 이렇게 말했다. "성부의 사랑과 관련해서 예수 그리스도는 광선, 개울일 따름이다. 그 안에 실제로 우리의 모든 빛이 들어 있고, 우리의 활력이 놓여 있으나 우리는 그분을 통해 영원한 사랑의 샘이나 태양 자체[즉 성부]로 이끌린다. 따라서 믿음으로 그리스도로 말미암아 영혼은……하나님의 품속으로, 하나님의 사랑에 대한 아늑한 확신과 영적 지각 및 의식으로 인도를 받고, 거기에 쉼과 안식 자체가 있다." 따라서 신자들은 항상 성부를 "그분 안에 자애롭고, 친절하고, 부드럽고, 애정이 깊고, 불변적인 분으로서……아버지로서, 사랑의 모든 은혜로운 전달과 열매의 샘과 원천으로서" 의지해야 한다.[57]

그리스도를 통해 성부의 사랑을 받아들일 때 신자는 그 사랑의 원천인 성부의 마음을 위해 진심으로 성부의 사랑에 보답해야 한다. 이 보답하는 사랑은 안식, 즐거움, 존경, 순종으로 구성된다.[58] 그리스도인은 하나님을 사랑하는 데 있어서 장애물을 만났을 때 성부의 사랑의 본질을 묵상해야 한다. 이에 대해 오웬은 다음과 같이 말했다. 첫째, 신자는 신자의 사랑이 먼저 오는 것으로 착각해서 하나님 사랑의 순서를 뒤집지 않도록 유념해야 한다. 둘째, 성부의 사랑의 영원성과 불변성에 대해 묵상해야 한다. 셋째, 신자는 그리스도의 십자가가 하나님 사랑의 표지와 보증이라는 것을 기억하고, 성부의 선행적 사랑이 중보자를 통한 신자의 결과적 사랑을 능가한다는 것을 확신해야 한다.[59] 이런 묵상을 통해 성부에게 보답하는 자는 성부의 사랑을 확신하게 될 것이다. 오웬이 다음과 같이 말하는 것과 같다. "창세부터 성부의 이런 사랑을 믿고 성부에게 사랑의 보답을 한 자는 누구든 결단코 속임을 당하지 아니할 것이다……그대가 성부를 사랑으로 믿고 받아들였다면 그분은 그대에게 절대로 하자 없이 그렇게 하실 것이다."[60] 성부의 사랑을 상술할 때 보여 준 오웬의 따스한 마음은 개혁파 신학은 아리스토텔레스 논리학에 따라 하나님의 사랑을 변방에 두는 메마른 신학이라고 조롱하는 것이 잘못임을 드러낼 것이다.[61]

성자와의 교제: 은혜

성도들은 그리스도와의 교제를 어떻게 누릴까? 오웬은 다시 고린도후서 13장 13절로 시선을 옮긴다. "주 예수 그리스도의 은혜와 하나님의 사랑과 성령의 교통하심이 너희 무리와 함께 있을지어다." 신자들은 사랑으로 성부와 교제를 나누지만 성자와는 "은혜"로 교제를 나눈다. 그리스도는 새 언약의 중보자이시고, 새 언약은 은혜 언약이다. 은혜는 그리스도 안에 있고, 모든 곳에서 그리스도

56) Owen, *Communion with God*, in *Works*, 2:22.
57) Owen, *Communion with God*, in *Works*, 2:23. 해와 샘은 오웬이 교부들의 삼위일체 은유들을 사용할 때 매우 드물게 사용하는 실례들이다. 참고, Kapic, *Communion with God*, pp. 169~170.
58) Owen, *Communion with God*, in *Works*, 2:28.
59) Owen, *Communion with God*, in *Works*, 2:29.
60) Owen, *Communion with God*, in *Works*, 2:36~37.
61) Kapic, *Communion with God*, p. 168.

께 귀속된다(요 1:14). 신자는 그리스도를 영접하는 것으로 은혜를 받는다. 요한복음 1장 16절이 말하는 것과 같다. "우리가 다 그의 충만한 데서 받으니 은혜 위에 은혜러라." 그리스도의 사명이 은혜의 본질이다.[62)]

그리스도는 신자들을 자신과의 교제로 초대한다. 오웬은 이에 대해 그리스도의 말씀을 인용했다. "볼지어다 내가 문 밖에 서서 두드리노니 누구든지 내 음성을 듣고 문을 열면 내가 그에게로 들어가 그와 더불어 먹고 그는 나와 더불어 먹으리라"(계 3:20). 그리스도와 함께 식탁에 앉으면 그리스도는 성도들이 자신의 은혜를 누리게 하시고, 성도들은 그리스도의 영광을 즐거워한다. 오웬은 그리스도와의 교제를 아가서의 매우 관능적인 시적 표현들에 어울리는 최고의 영적 즐거움으로 봤다.[63)] 그리스도와의 교제는 영혼에게 감미로움과 즐거움과 안전과 위로를 공급한다.[64)] 오웬은 그리스도의 은혜를 첫째는 그리스도의 인격에 초점을 맞춘 "인격적 은혜"로, 둘째는 그리스도의 사역에 초점을 맞춘 "취득된 은혜"에 따라 더 구체적으로 분석했다.[65)]

1. 그분의 인격적 은혜 안에서 누리는 그리스도와의 교제

오웬은 "인격적 은혜"의 의미를 추상적으로 고찰된 그리스도의 신격이나 그분의 인간적 몸의 물리적 형태가 아니라 은혜로 충만한 우리의 중보자로서의 신인(神人)의 영적 미덕으로 봤다(참고. 시 45:2).[66)] 그래서 오웬은 계속해서 아가서를 통해 그리스도의 성육신과 "성령의 기름 부으심으로 말미암은……충분한 구원"(요 1:16, 3:34를 인용), "사람들의 영혼의 모든 소원에 완전히 부합하는 그분의 사랑의 미덕"을 예증한다.[67)] 성도들은 "부부 간의 적절한 애정이 수반된……부부 관계의 방법으로" 즉 영적 남편과 아내로 그리스도의 인격적 은혜 안에서 그리스도와 교제를 누린다.[68)] 이 교제는 "그리스도께서 자신을 영혼에게 주시고" 성도들이 "자신의 남편, 주님, 구주로 주 예수를 받아들이고 영접하고 순종할" 때 시작된다.[69)] 이것은 상호 즐거움, 상호 "판단"(평가)의 감정을 자극한다. 그리스도의 "연민이나 긍휼"은 교회의 "순결"의 반응을 불러일으키고, 그리스도의 "관대하심"은 교회 "의무"나 거룩한 삶의 반응을 불러일으킨다.[70)] 여기서 오웬의 가르침의 한 가지 괄목할 만한 요소는 그가 주님이 자기 백성들을 즐거워하신다는 사실을 강조하는 것에 있다. "성도들과의 교제에 대한 생각이 영원부터 그리스도의 마음의 기쁨이었다."[71)]

성부의 사랑을 상술했을 때 그랬던 것처럼, 오웬의 그리스도의 인격적 은혜 안에서 이루어지는 그분과의 교제에 대한 설명도 개혁파 정통 신학을 정서적으로 메마른 고도의 지성적 신학으로 간주하

---

62) Owen, *Communion with God*, in *Works*, 2:47, 3:414.
63) Owen, *Communion with God*, in *Works*, 2:40.
64) Owen, *Communion with God*, in *Works*, 2:44.
65) Owen, *Communion with God*, in *Works*, 2:47~48. 이 논문 후반부에서 오웬은 그리스도의 은혜의 "두 제목" 즉 "그의 인격의 은혜와 그의 직분과 사역의 은혜"를 언급했다(*Communion with God*, in *Works*, 2:263).
66) Owen, *Communion with God*, in *Works*, 2:48.
67) Owen, *Communion with God*, in *Works*, 2:51~52.
68) Owen, *Communion with God*, in *Works*, 2:54. 오웬은 아 2:16, 사 54:5, 61:10, 62:5, 호 2:19~20, 고후 11:2, 엡 5:25를 인용했다.
69) Owen, *Communion with God*, in *Works*, 2:56, 58.
70) Owen, *Communion with God*, in *Works*, 2:118. 오웬의 감정의 각 요소에 대한 충분한 설명은 pp. 118~154를 참고하라.
71) Owen, *Communion with God*, in *Works*, 2:118.

는 오해를 불식시킬 것이다. 케이는 이렇게 말한다. "오웬은 어쨌든 그리스도의 법적 및 언약적 행위들이 결국은 두 연인 곧 신랑과 신부 사이의 인격적이고 대면적인 교제의 섬김 속에 있다는 사실을 강조하려고 한다."[72] 오웬은 교리를 사용해서 감정을 그리스도에 대한 사랑의 불길 속으로 이끌려고 했다.

그리스도와 그의 백성들 간의 부부 관계를 설명할 때 오웬은 솔로몬의 아가서의 시에 의존했다. 오웬은 아가서에 대해 이렇게 썼다. "배운 사람들을 보다 일반적으로 설득하는 것은 이 위대하신 신랑과 신부 곧 주 그리스도와 그의 교회, 교회에 속해 있는 모든 믿는 영혼 사이에 이루어지는 이 비밀스러운 영적 교제에 대한 이 한 가지 거룩한 선언이 전부다."[73] 이것은 오웬이 그의 기독론, 아니 심지어는 기독론의 경험적 국면을 아가서에 기초를 두었다는 것을 뜻하는 것은 아니다. 오히려 오웬은 아가서의 시를 그리스도와의 교제에 대한 신자의 경험을 예증하는 것으로 봤다. 이 경험은 다른 성경 본문들, 특히 객관적 구속 사역을 계시하는 본문들로 명확히 증명된다. 퍼거슨은 이렇게 말했다. "오웬은 신비주의라고 할 수 있을 만큼 그리스도를 주관화하지는 않는다. 오히려 성경의 나머지 본문들이 증언하는 객관적인 그리스도에 대한 주관적인 경험을 묘사하는 데 힘쓴다."[74]

그리스도는 자기 신부에게 항상 깊은 관계 속에 있자고 호소하고 이끄신다. 이 영적 결혼 관계 속에서 신자들은 그들의 마음을 "여호와 우리의 공의"(렘 23:6) 외에 다른 어떤 것에 의존하지 않을 때에 그리스도에 대한 즐거움을 보장받는다. 오웬은 이렇게 썼다. "그리스도와 교제를 갖고 있는 자는 이렇게 행한다. 곧 그는 오직 그리스도 외에 다른 것은 감정 속에 들어오지 않게 함으로써 그리스도만이 하나님 앞에서 자기 마음속에 어떤 평안이나 확신을 주도록 날마다, 그리고 부지런히 자신의 마음을 살핀다."[75]

2. 그분의 취득된 은혜 안에서 누리는 그리스도와의 교제

오웬은 취득된 은혜를 "그리스도께서 행하거나 고난받으신 어떤 일로 말미암아 또는 중보자로서 계속 행하고 계시는 어떤 일로 말미암아…… 그분이 취득하신 모든 의와 은혜"로 정의한다.[76] 우리는 그리스도의 사역 안에서 그분과 교제를 갖는다. 왜냐하면 "우리가 은혜의 샘으로 말하는 그리스도께서 행하신 것-고난당해 십자가에 못 박히고, 죽고, 살아나 부활하거나 하늘에 앉아 계시거나 간에-은 거의 모두가 우리가 그분과 그것을 함께 한 것으로 말해지기" 때문이다.[77]

특히 "취득된 은혜"는 다음 세 가지 은혜로 구성된다. (1) 하나님의 받아 주심(칭의), (2) 하나님으로부터의 성결 (3) 하나님과 함께 하고 하나님 앞에서 갖는 특권(양자와 그 유익).[78] 우리가 하나님의

---

72) Kay, *Trinitarian Spirituality*, p. 161.

73) John Owen, "To the Reader," James Durham, *The Song of Solomon* (재판, Edinburgh: Banner of Truth Trust, 1997), p. 21.

74) Ferguson, *John Owen on the Christian Life*, p. 78.

75) Owen, *Communion with God*, in *Works*, 2:146.

76) Owen, *Communion with God*, in *Works*, 2:154. "취득된 은혜"라는 표현에 대한 오웬의 용법과 규정은 Ferguson, *John Owen on the Christian Life*, pp. 86~88을 보라.

77) Owen, *Communion with God*, in *Works*, 2:155. 오웬은 롬 6:4, 갈 2:20, 엡 2:5~6, 골 2:12~13, 3:1, 3, 딤후 2:11을 인용했다.

78) Owen, *Communion with God*, in *Works*, 2:169. 웨스트민스터 소교리문답(질문 32)도 비슷하게 효과적 부르심의 현세에서의 핵심 유익을 "칭의, 양자, 성화"로 규정했다.

받아 주심을 얻게 된 것은 그리스도께서 자기를 위해서가 아니라 우리를 위해 순종하셨기 때문이다. 그리스도는 자신의 죄가 아니라 우리의 죄 때문에 고난을 당하셨다. 현재 그리스도는 "크신 자비"로 복음의 "금쪽같은" 약속들을 우리에게 제공하고, 죽은 자가 자신의 음성을 듣고 살아날 수 있도록 성령을 보내신다.[79] 성도들은 죄를 슬퍼하고, 자신의 의에 대한 소망을 포기하고, 그리스도의 의를 즐거워하고, 의식적으로 자신의 의를 그리스도의 의와 바꾸는 것으로 반응한다.[80] 이 점에서, 해밀턴이 말하는 것처럼, 성도들은 그리스도의 복음 안에 계시된 "신적 구원의 길을 인정하고 받아들인다."[81]

"성화"의 은혜를 위해 주 예수는 자신의 희생을 기초로 중보자로서 성부에게 요청해서 성령을 자기의 것으로 얻으시고, 성령을 성도들의 마음속에 보내심으로써 성령이 그들 속에 습관적 은혜와 모든 실제 선행을 낳도록 역사하신다.[82] 성도들은 그리스도를 하늘의 양식을 자기들에게 나눠 주시는 자기들의 "크신 요셉"으로 바라본다.[83] 성도들은 속죄를 위해서뿐만 아니라 모든 부정함에서 벗어나는 정결함을 위해서도 갈보리에서 흘리신 그분의 피를 바라본다. 성도들은 약속들을 통해 자기들의 영혼 위에 뿌려진 그리스도의 피를 바라본다. 그리고 성도들은 자기들 속에 거하시면서 계속 자기들을 소생시키거나 활력 있게 하시고, 자기들을 통해 영혼의 모든 거룩한 동작을 행하시는 그리스도의 영을 바라본다.[84] 오웬은 이렇게 말했다. "그리스도는 영원한 생명의 원천인 샘으로 성도들 속에 계신다……이것이 그들의 길이고, 이것이 그들의 그리스도와의 교제다. 이것이 은혜와 거룩함에 대한 한, 믿음의 생명이다."[85]

취득하신 "특권"의 은혜 속에서 그리스도는 자기를 따르는 자들을 하나님의 아들들의 영적 자유의 즐거움 속으로 이끄신다.[86] 오웬은 이에 대해 다음과 같이 말했다. "양자는 신자가 그리스도로 말미암아 세상과 사탄의 가족에서 하나님의 가족으로, 그분이 제공하신 하나님의 가족으로서의 모든 특권과 유익들을 갖고, 당당하게 이동하는 것이다."[87] 그리스도인은 그리스도를 통해 죄의 형벌과 죄의 속박의 힘에서 벗어나는 해방을 경험한다. 또한 그리스도인은 즐겁게 순종하는 활력, 믿음의 가족의 규례에 대한 권리, 미래의 기업에 대한 소망, 사랑하는 아버지의 양식, 하나님에 대한 담대함, 아버지의 징계를 통한 연단과 같은 새 가족의 특권을 누리는 자유를 경험한다.[88] 양자는 성부 하나님의 행위지만(요일 3:1), 오웬은 양자를 그리스도와의 교제 아래 포함시켰다. 왜냐하면 신자는 그리스도와의 연합으로 양자의 자격을 얻기 때문이다.[89] 성자와의 교제를 설명할 때 결론에서 오웬은

---

79) Owen, *Communion with God*, in *Works*, 2:173~175.
80) Owen, *Communion with God*, in *Works*, 2:187~194. 176~187페이지는 대리적 속죄와 그리스도의 전가된 의를 반대하는 반론에 대한 오웬의 답변으로 구성된다.
81) Hamilton, "Communion with God," in *Reformed Spirituality*, p. 68.
82) Owen, *Communion with God*, in *Works*, 2:197~202.
83) Owen, *Communion with God*, in *Works*, 2:203.
84) Owen, *Communion with God*, in *Works*, 2:203~207.
85) Owen, *Communion with God*, in *Works*, 2:206.
86) Owen, *Communion with God*, in *Works*, 2:207~215. 참고, 2:173, Ferguson, *John Owen on the Christian Life*, pp. 89~90, 97.
87) Owen, *Communion with God*, in *Works*, 2:207.
88) Owen, *Communion with God*, in *Works*, 2:211~222.
89) Sinclair B. Ferguson, "Doctrine of the Christian Life in the Teaching of Dr John Owen (1616~1683)" (철학박사학위논문, University of Aberdeen, 1979), pp. 175~176.

켈리 카픽이 "양자를 통해 가능하게 된 성자와의 충분한 교제"로 부른 것을 요약했다.[90] 오웬은 하나님의 아들과 함께 교제할 때 우리는 다음과 같은 것을 누리게 된다고 말했다.

- 우리가 하나님의 아들이라는 **이름으로**(그분이 그렇기 때문에) 교제를 누림.
- 우리가 상속자 곧 그리스도와 공동 상속자이기 때문에 **자격과 권리**를 갖고 교제를 누림.
- 우리가 가족의 장자와 같도록 예정되었기 때문에 **닮음**과 일치 속에서 교제를 누림.
- 그리스도께서 우리를 형제로 부르시기를 부끄러워하지 않기 때문에 **영예** 속에서 교제를 누림.
- 그리스도께서 받으신 고난으로 순종을 배우셨고, 모든 아들이 징계를 받도록 되어 있기 때문에 **고난** 속에서 교제를 누림.
- 우리가 그리스도와 함께 다스릴 것이기 때문에 그분의 **나라**에서 교제를 누림.[91]

오웬은 다른 곳에서 주의 만찬이 신자들에게 주님과의 교제를 위한 특별한 기회를 제공한다고 설명했다. 오웬은 이렇게 말했다. "주의 만찬 규례 속에는 주의 몸과 피 속에서 얻게 되는 특별하고 각별한 그리스도와 친교가 있다."[92] 주의 만찬은 아버지의 사랑에 의해 보내심을 받고, 하나님 공의에 의해 요구되고, 하나님의 영광을 알도록 계획된 하나님의 아들의 인간적 고난과 죽음에 특별히 우리의 믿음의 초점을 맞추도록 하나님이 정하신 것이다.[93]

하나님과의 교제에 대한 오웬 논문의 삼분의 이는 성자와의 구별된 교제 주제에 할애되고 있다. 하나님과 인간 사이의 모든 교제에는 삼위 전체가 참여하지만, 특별히 성자가 주도적인 위치를 점하고 있다. 이것은 오웬이 성자를 언약에 따라 지정된 중보자로 이해하는 것과 부합된다. 그리스도는 신인(神人)이시고, 하나님과의 모든 교제는 그리스도께로 말미암아 확보되고, 오직 그리스도의 중보로 말미암아 전달되었다.

성령과의 교제: 위로

오웬은 다음과 같이 말했다. "우리가 성령과 갖는 모든 교제의 근거는 성령의 사명 속에 있다. 곧 예수 그리스도에 의해 성령이 우리의 보혜사가 되도록 보내심을 받은 것 속에 있다."[94] 오웬은 **파라클레토스**라는 호칭을 "위로자"(보혜사)를 의미하는 것으로 이해했다. 여기서 위로자는 그리스도께서 자신이 떠나는 것이 임박하자 근심하는 제자들에게 주신 답변이다(요 16:6~7). 택함받은 자는 마른 뼈들이 그런 것처럼(겔 37:1~14) 수동적으로 성령의 거듭나게 하시는 역사를 경험하지만, 신자들은 성령의 위로에 대한 약속을 신뢰하고 자기들 속에서 역사하도록 성령과 성령의 사역을 위해 기도한다(갈 3:2, 14; 요 7:37~39; 눅 11:13).[95] 따라서 신자들은 성령을 구할 책임이 있다.

---

90) Kapic, *Communion with God*, in *The Devoted Life*, p. 177.
91) Owen, *Communion with God*, in *Works*, 2:222, 강조 표시는 원문의 것이다.
92) Owen, *Sacramental Discourses*, in *The Works of John Owen*, William H. Goold 편집 (재판, Edinburgh: Banner of Truth Trust, 1965), 9:523.
93) Owen, *Sacramental Discourses*, in *Works*, 9:525~526.
94) Owen, *Communion with God*, in *Works*, 2:222.
95) Owen, *Communion with God*, in *Works*, 2:224~225, 231~232.

오웬은 신자들 속에서 역사하시는 보혜사의 효력을 목록으로 작성했는데, 그것은 성령이 그들을 향하신 하나님의 사랑과 은혜에 대해 신자들을 가르치신다는 것을 거듭 보여 주었다. 오웬은 성령이 신자와 교제하는 아홉 가지 방법을 제시했다. (1) 성령은 신자가 그리스도의 말씀을 기억하도록 돕고, 그 말씀이 의미하는 바가 무엇인가를 가르치신다. (2) 성령은 그리스도를 영화롭게 하신다. (3) 성령은 그리스도인의 마음속에 하나님의 사랑을 부어 주신다. (4) 성령은 신자에게 그가 하나님의 자녀임을 증언하신다. (5) 성령은 그리스도인 속에 믿음을 보증하신다. (6) 우리의 기업의 보증으로서 성령은 신자에게 구원을 확신시키신다. (7) 성령은 신자에게 기름을 부으신다. (8) 내주하시는 영으로서 성령은 하나님의 사랑을 신자의 마음속에 두루 뿌리신다. (9) 성령은 신자에게 간구의 영이 되신다.[96]

성령의 이런 사역들은 신자들 속에 위로, 평안, 기쁨, 소망을 낳는다.[97] 성령은 신자들의 경험 곧 그리스도를 둘러싸고 일어나는 경험이 성경 속에 계시된 대로 실제 효력이 있게 하신다. 따라서 오웬은 성령의 경험적 역사를 무시한 합리주의자들과 자기들의 "영"으로 말씀과 그리스도를 무시한 광신주의자들을 모두 거부했다.[98]

성령의 사역에 대한 한 가지 실례는 "양심의 법정에서" 신자가 하나님의 자녀인 것을 증언하는 증거 사역이다(롬 8:16). 오웬은 법정의 기소와 변론 사건을 통해 이것을 설명했다.

> 자신의 양심의 힘으로 말미암아 영혼은 하나님의 법 앞에 서게 된다. 거기서 사람은 자신이 하나님의 자녀라고, 자신이 하나님의 가족에 속해 있다고 항변한다. 그리고 이 목적이 그의 모든 증거를 제시하는 데 있기 때문에, 그가 믿음으로 제시하는 모든 것이 하나님의 관심을 이끌어 낸다. 그 사이 사탄은 온 힘을 다해 그것을 반박한다. 죄와 율법은 사탄을 보좌한다. 많은 하자가 그의 증거에서 발견된다. 그것들 모두가 진리성이 의심을 받는다. 영혼은 그 문제에 대해 마음을 졸인다. 항변과 다툼을 벌이는 동안 보혜사가 오시고, 약속의 말씀으로 또는 다른 방법으로 그의 항변이 유효하고, 그가 하나님의 자녀라는 것을 편안하게 설파하심으로써 그의 마음을 깊이 감동시키신다(그리고 모든 반대를 제압하신다)……우리의 영이 자신의 권리와 자격을 변론할 때 성령이 들어오셔서 우리 편이 되어 증언하신다. 동시에 우리가 아들로서 다정하게 그리고 자녀답게 순종 행위를 하고 "아빠 아버지라고 부를" 수 있게 하신다(갈 4:6).[99]

오웬은 이 법정 사건이 해결되려면, 자신의 경험에 비춰,[100] 오랜 기간-심지어는 다년의 세월-이

---

96) Owen, *Communion with God*, in *Works*, 2:236~249.
97) Owen, *Communion with God*, in *Works*, 2:250~253. 오웬은 행 9:31, 롬 14:17, 15:13, 갈 5:22, 살전 1:6을 인용했다.
98) Owen, *Communion with God*, in *Works*, 2:254~258.
99) Owen, *Communion with God*, in *Works*, 2:241.
100) 오웬은 이렇게 언급했다. "나는 그리스도로 말미암아 하나님께 나아가는 것을 경험적으로 아는 것이 있다고 해도, 거의 없었던 몇 년 동안 그리스도에 대해 설교했다. 그러던 가운데 주님이 기꺼이 쓰라린 고통을 갖고 나를 찾아오셨는데, 나는 무덤 입구까지 이르렀고, 그 아래에서 내 영혼은 두려움과 어둠에 압도되었다. 하지만 하나님이 은혜로 시편 130편 4절의 '그러나 사유하심이 주께 있음은 주를 경외하게 하심이니이다'라는 말씀을 강하게 적용시켜 내 영을 구하셨다. 이때 나는 중보자를 통해 하나님께 나아가는 데 특별한 교훈, 평안, 위로를 받았다"(John Owen, "A Practical Exposition upon Psalm CXXX," *The Works of John Owen*, William H. Goold 편집 [재판, Edinburgh: Banner of Truth Trust, 1965], 6:324에서 인용함).

걸릴 수 있다고 설명했다. 하지만 "성령이 한 마디로 영혼에 즉각 권리와 보증을 제공함으로써 영혼 속에 일어나는 소동과 폭풍을 가라앉히면, 영혼은 성령의 신적 능력을 깨닫고, 성령의 임재를 즐거워하게 된다."[101]

또한 성령이 어떻게 신자에게 **보증**인지(고후 1:22, 5:5; 엡 1:13~14)에 대한 오웬의 설명을 주목해 보자. 오웬은 보증을 "정해진 시기에 그에게 주어지도록 약속된 전체를 받을 사람에게 확신을 주기 위해 미리 주어지는 어떤 물건이나 어떤 양도 재산의 가격의 일부"로 정의했다.[102] 하나님은 신자들에게 성령을 그들의 영생의 기업에 대한 보증으로 주신다. 오웬은 이렇게 설명했다. "약속된 충분한 기업은 하나님을 향유하는 데 필요한 성령의 충만함이다." 성령은 "하나님을 향유하는 데 어느 정도 우리가 적합하도록" 지금 우리에게 주어지고, 따라서 성령은 우리의 기업의 분깃이자 맛보기다.[103] 성령 안에서 우리의 현재 은혜는 우리 미래 영광의 필수 요소다.

성령의 주관적 보증은 신자들의 확신을 촉진시키는 데 있어서 성경의 객관적 약속들을 보충한다.[104] 오웬은 이렇게 말했다. "따라서 성령은 모든 면에서 완전한 보증이시다. 곧 우리의 기업과 그것에 대한 확신의 시작으로서 하나님이 주시고, 우리가 받는다. 따라서 우리는 성령에 대해 갖고 있는 것만큼 하늘에 대해 갖게 된다."[105]

하나님의 택함받은 자 안에서 행하시는 성령의 다양한 모든 활동을 감안할 때, 성령과 교제한다는 것은 무슨 뜻일까? 성령의 위로와 위안의 본질은 무엇일까? 성령은 신자들을 성부 및 성자와의 교제 속으로 인도함으로써 그들을 위로하신다. 오웬은 다음과 같이 말했다.

> 성령의 모든 위로는 그분이 우리를 잘 알고 계신다는 것과 우리에게 성부의 사랑과 성자의 은혜를 전달하신다는 것에 있다. 우리에게는 성령께서 그것을 위로의 문제로 삼으시는 것 외에 어떤 다른 문제가 없다. 따라서 확실히 우리는 성령의 역사로 말미암아 사랑으로 성부와 교제를 갖고, 은혜로 성자와 교제를 갖게 된다.[106]

이것은 오웬이 **삼위일체** 하나님의 교제에 대한 이 논문을 시작하는 본문 곧 다음과 같은 성경의 교제에 대한 **이원적** 묘사를 설명한다. "우리의 사귐은 아버지와 그의 아들 예수 그리스도와 더불어 누림이라"(요일 1:3b. 또 요 14:23, 17:3도 보라). 여기에는 성령도 함축되어 있고, 제외되지 않는다. 성령은 성부 및 성자와의 교제의 직접적 행위자가 되신다.

비록 명시적으로 그렇게 말하지는 않아도, 오웬은 여기서 성부 및 성자와의 교제에 대해 인용한 성경의 셋째 요소를 취하고 있는 것으로 보인다. "주 예수 그리스도의 은혜와 하나님의 사랑과 성령의 교통하심이 너희 무리와 함께 있을지어다"(고후 13:13). 우리는 성부의 "사랑" 안에서 그분과 교제를

---

101) Owen, *Communion with God*, in *Works*, 2:242. 양심의 법정 심상은 알렉산더 꼼리(1706~1774년)와 같은 네덜란드 신학자들이 사용했다.
102) Owen, *Communion with God*, in *Works*, 2:243~244.
103) Owen, *Communion with God*, in *Works*, 2:245.
104) Owen, *Communion with God*, in *Works*, 2:245.
105) Owen, *Communion with God*, in *Works*, 2:246.
106) Owen, *Communion with God*, in *Works*, 2:262.

갖고, 또 성자의 "은혜" 안에서 그분과 교제를 갖지만 성령과의 교제는 단순히 "교제"(교통하심)로 불린다. 왜냐하면 신자들은 성령 안에서 성부 및 성자와 교제를 갖기 때문이다. 따라서 퍼거슨이 말하는 것처럼 성령은 성자를 통해 성부께 기도할 수 있게 하고, 그리하여 기독교적 기도는 "경륜적 삼위일체 하나님의 참된 본성과 삼위 간의 관계의 성격을" 관통한다.[107] 존재론적으로 신자들을 성부 및 성자와의 교제 속으로 인도하시는 성령의 역사는 성령의 영원한 발출, 말하자면, 두 인격(성부와 성자)이 숨을 내쉬는(요 20:22) 데서 연원한다.[108] 성령은 성부 하나님의 영으로 그리고 성자 하나님의 영으로 우리에게 오신다.

우리는 이 원리를 오웬이 성령에 대한 자신의 강론에서 그렇게 한 것처럼 하강과 상승에 따라 묘사할 수 있다. 오웬은 하나님의 은혜는 성부에게서 성자를 통해 우리에게 내려 오고, 최종적으로 성령의 역사로 우리 안에 머무른다고 말했다. 마찬가지로 신자들 속에서 역사하시는 성령의 사역은 성자를 통해 성부에게 올라가는 출발점이다. 신자는 성령 안에서 단순히 머물러 있을 수 없다. 왜냐하면 성령이 "아빠 아버지"라고 부르도록 신자를 이끄시기 때문이다.[109] 이 하강과 상승 단계는 신격 안에 존재하는 차원이나 시간 속에서의 단계로 간주되어서는 안 되고, 신적 구원 계획에 따라 삼위가 함께 협력하실 때 삼위일체 안에서 이루어지는 관계의 순서로 간주되어야 한다.

이런 점에서 성령은 요한복음 16장 14~15절의 주 예수의 약속에 따라 신자들과 교제하신다. "그가 내 영광을 나타내리니 내 것을 가지고 너희에게 알리시겠음이라 무릇 아버지께 있는 것은 다 내 것이라 그러므로 내가 말하기를 그가 내 것을 가지고 너희에게 알리시리라 하였노라." 오웬은 이 본문을 다음과 같이 설명했다. "따라서 성령은 위로자시다. 성령은 죄인들의 영혼에 성부께서 제공하고 성자께서 취득하신 은혜 언약의 선한 일들을 계시하신다."[110]

오웬은 사람이 성령께 반응해야 하는 세 가지 일반적 방법을 제시했다. 사람은 성령을 "근심시켜서는" 안 되고(엡 4:30; 사 63:10), 대신 성령을 기쁘시게 하기 위해 "보편적인 거룩함을 추구해야" 한다. 사람은 또 자신의 영혼 속에서 행하시는 성령의 은혜의 역사를 "소멸시켜서는" 안 되고(살전 5:19), 대신 "끝까지 그 모든 역사를 촉진시키기 위해 조심하고 경계해야 한다." 마지막으로 사람은 성령의 "중대한 말씀의 규례"를 "거슬러서는" 안 되고(행 7:51), 대신 겸손하게 자신을 교회의 복음 사역에 복종시켜야 한다. 즉 "말씀 앞에 낮게 엎드려야 한다."[111] 이런 점에서 신자가 성령께 깊이 복종해야만 참된 경배로 불릴 수 있다.

오웬은 신자들에게 "예수 그리스도의 이름으로 성부에게 날마다 [성령을] 구하라고 촉구했다. 자녀가 부모에게 일용할 떡을 달라고 구하는 것처럼 성부에게 성령을 구하는 것은……신자들의 일상적 사역이다"(참고. 눅 11:11~13).[112] 오웬은 다음과 같이 계속 말했다. "이렇게 성령을 구하고 받을 때 우리는 성령을 보내신 성부의 사랑 안에서 성부와 교제를 갖고, 우리를 위해 성령을 얻으신 성자의

---

107) Ferguson, *John Owen on the Christian Life*, p. 228.

108) Owen, *Pneumatologia, or, A Discourse concerning the Holy Spirit*, in *The Works of John Owen*, William H. Goold 편집 (재판, Edinburgh: Banner of Truth Trust, 1965), 3:55.

109) Owen, *Pneumatologia*, in *Works*, 3:200.

110) Owen, *Communion with God*, in *Works*, 2:239.

111) Owen, *Communion with God*, in *Works*, 2:264~268.

112) Owen, *Communion with God*, in *Works*, 2:272.

은혜 안에서 성자와 교제를 갖는 것처럼 성령 자신도 이 섭리에 대한 자발적인 겸손하심으로 우리와 교제를 가지신다……성령을 구하는 모든 간청에는 우리가 바라는 이 모든 것이 포함되어 있다. 오, 하나님의 은혜의 부요함이여!"[113]

결론: 삼위일체 하나님과의 인격적 교제의 달콤함

그러므로 삼위일체 교리는 그리스도인의 인격적인 경험 속에서 맛이 나는 교리다. 오웬은 다음과 같이 말했다. "내가 그리스도께서 하나님이라는 것을 논할 수 있지만 거기서 내 마음속에 어떤 맛이나 달콤함이 없다면, 그분이 내 영혼과 언약을 맺으신 하나님이라는 것이 내게 더 좋은 것이 무엇이겠는가?"[114]

패커는 다음과 같이 말함으로써 오웬의 가르침을 적절히 요약했다. "따라서 오웬에 따르면, 이것은 우리가 묵상, 기도, 적절히 규제된 생활 속에서 신격의 세 인격과 규칙적인 교제를 갖는 패턴이 되어야 한다. 우리는 우리를 향하신 각 인격의 특별한 자비와 사역을 유념하고, 특별히 각 인격과의 사랑 및 교제에 대해 적절한 반응을 보여야 한다. 이렇게 우리는 하나님과의 충분한 교제를 유지해야 한다."[115]

나아가 삼위일체 하나님에 대한 경험은 삼위일체 교리를 믿는 믿음을 확증하고 강화시킨다. 오웬은 다음과 같이 말했다.

> 이것이 모든 복음 진리의 본질이고, 그것들은 믿는 영혼이 경험하는 데 적합하고 합당하다. 은혜로운 영혼이 그 모든 것 속에서 탁월함, 실재, 능력, 효능을 경험하는 것만큼……장엄하고 웅대한 것은 없다. 항상 은혜로운 삼위일체 교리만큼 고귀하고 영광스럽고 신비로운 것이 또 어디에 있을까? 어떤 지혜로운 자들은 삼위일체 교리가 평범한 그리스도인에게는 감춰져 있다고 생각했고, 또 어떤 지혜로운 자들은 자기들도 이해할 수 없는 말로 삼위일체 교리를 설명했다. 그러나 묵상할 때 성부의 영원한 사랑 안에서, 중보와 구속 사역에 있어서 성자의 크신 역사 속에서, 영혼 속에 은혜와 위로를 창조하시는 성령의 전능하신 사역을 통해 주님이 얼마나 은혜로우신 분인지를 맛본 신자가 되고, 그 모든 것 속에서 하나님의 사랑과 거룩하심과 능력을 경험해 보라. 그러면 그는 일천 명의 논쟁가가 단지 마음속에 그 관념만 갖고 있는 것보다 이 신비로운 진리를 더 견고한 확신을 갖고 붙들고, 몇 마디 평범한 증언의 말씀만으로도 그 진리 속에 들어가고, 그 진리를 확증하게 될 것이다.[116]

한편 오웬은 그리스도인의 하나님에 대한 경험은 하나님의 삼위일체적 자기 계시에 따라 형성된다고 주장했다. 삼위일체 하나님에 대한 성경적 교리가 왜 그토록 기독교적 경험에 중요할까? 첫째, 삼

113) Owen, *Communion with God*, in *Works*, 2:272.
114) Owen, "The Preface to the Reader," *Vindiciae Evangelicae*, in *Works*, 12:52.
115) Packer, "The Puritan Idea of Communion with God," p. 12.
116) Owen, "A Practical Exposition upon Psalm CXXX," in *Works*, 6:459.

위일체 교리는 하나님에 대한 우리의 예배를 규제하기 때문이다. 우리의 예배가 하나님을 기쁘시게 하려면 우리는 하나님이 자신에 대해 말씀하신 것에 신실하게 반응해야 한다. 삼위 하나님과의 교제, 이것이 우리의 영적 예배다. 오웬은 에베소서 2장 18절을 상술하면서 그렇게 말했다. "이는 그(즉 예수 그리스도, 하나님의 아들)로 말미암아 우리 둘이 한 성령(선하고 거룩하신 영) 안에서 아버지께 나아감을 얻게 하려 하심이라"[117] 오웬은 이렇게 경고했다. "만일 우리가 예수 그리스도로 말미암아 예배에 나아오지 않거나 예배가 성령의 힘으로 진행되지 않거나 예배 속에서 아버지 하나님께 나아가지 않는다면, 우리는 예배의 모든 규칙을 위반하게 될 것이다."[118]

둘째, 삼위일체적인 영성이 유일하게 참된 **복음적** 영성이기 때문이다. 우리는 삼위일체 하나님을 언급하지 않고 창조자를 생각할 수 있을지 모르지만, 구원의 경륜은 성자가 유일하게 성육신하신 중보자로 오셨기 때문에 성부, 성자, 성령 사이의 상호 작용을 직접 드러낸다. 오웬은 이렇게 말했다. "일반적인 하나님의 사역(창조와 같은)은 동일한 신적 본성의 본질적 속성들의 결과이고, 이것은 이 속성들 모두 속에 있고, 아니 오히려 이 속성들 모두의 한 본질이다."[119] 삼위일체 하나님의 인격들은 창조와 섭리 사역에서 반드시 협력하시지만, 삼위일체적인 관계들이 외적으로 드러나는 것은 아니다. 그러나 이것은 구원의 복음의 경우에는 사실이 아니다. 그리스도의 중보자로서의 직분은 삼위일체를 계시하고, 삼위일체에 따라 복음에 반응하도록 우리를 규제한다. 우리는 성자로 말미암아 성령의 능력을 통하지 않으면 성부께 나아갈 수 없다.[120] 오웬은 이렇게 말한다. "우리의 믿음과 사랑과 순종의 의무가 복음적인 것이 되기를 원한다면, 이 일들이 우리에게 명백히 수반되어야 한다."[121] 다시 말하면 삼위일체가 없는 영성은 복음이 없는 영성으로, 단순한 자연 종교에 불과하다.[122]

셋째, 삼위일체 교리는 영성을 심원하게 **관계적인** 것으로 만들고, 영성이 비인격적 신격, 아니 심지어는 범신론적 신격에 대한 신비적 경험이 되지 않도록 방비하기 때문이다. 이 세 인격 안의 한 하나님 교리는 우리의 하나님과의 관계를 심원하게 **인격적인** 것으로 만든다. 이것은 참된 교제에 본질적이다. 왜냐하면 오웬은 교제를 서로 연합하는 인격들 간에 선하고 즐거운 것을 공유하는 것으로 정의했기 때문이다.[123] 오웬의 신적 교제 교리는 하나님과 하나님의 백성들 간의 상호 관계를 강조한다. 이 상호 관계 속에서 주권적인 주님이 이끌면 신자들은 이에 반응한다. 하지만 하나님과 사람들이 인격적 조우 속에 함께 들어간다.

존 오웬의 삼위일체적인 교제 교리는 우리에게 풍요롭고 따스하게 성경적이고, 교리적이고, 경험적이고, 실천적인 개혁파 기독교의 훌륭한 모델을 제공한다. 케이는 그것을 "헌신적으로 이행된 개

---

117) Owen, "The Nature and Beauty of Gospel Worship," *The Works of John Owen*, William H. Goold 편집 (재판, Edinburgh: Banner of Truth Trust, 1965), 9:57. 독자의 편의를 위해 오웬이 제공한 성경 어구들의 인용 표시를 제거했다.

118) Owen, "The Nature and Beauty of Gospel Worship," in *Works*, 9:57.

119) Owen, *Pneumatologia*, 3:198.

120) Owen, *Pneumatologia*, 3:199~200. 이 본문에 대한 설명은 Kay, *Trinitarian Spirituality*, pp. 103~106을 보라.

121) Owen, *Pneumatologia*, 3:200.

122) 오웬은 특별 계시가 없으면 현재 하나님에 대한 인간적 지식은 "단지 최초의 무구 상태로 새로 창조된 인간이 향유했던 지식의 매우 작은 조각이기" 때문에 그리고 타락하기 전 아담은 단지 행위 언약만 알고 그리스도에 대한 약속은 전혀 모르고 있었기 때문에 "구원은 자연신학에서는 나올 수 없다는 결론이 확실히 따라 나온다"고 주장했다(John Owen, *Biblical Theology*, Stephen P. Westcott 번역 [Morgan, Pa.: Soli Deo Gloria, 1994], p. 45 [1.6]).

123) Owen, *Communion with God*, in *Works*, 2:8.

신교 스콜라주의"라는 약간 놀라운 말로 묘사하면서, 오웬의 언약 신학은 하나님과의 정서적 상호 관계로 충만하다고 말했다.[124] 오웬이 다음과 같이 말한 것과 같다.

> 예수 그리스도 안에서 그리고 예수 그리스도로 말미암아 계시된 것 가운데 거룩하신 삼위일체의 신비나 동일한 신적 본성의 단일성 속에 존재하는 세 인격의 위격에 대한 신비보다 더 영광스러운 신비는 없었다……그리고 이 계시는 우리의 지성이 이에 대한 관념을 소유하도록 하기 위해서가 아니라 우리가 하나님을 향유하도록 하나님 안에 신뢰를 두는 법, 하나님께 순종하고 하나님을 위해 사는 법, 하나님과의 교제를 얻고 행하는 법을 올바로 알 수 있도록 하기 위해 우리에게 주어진 것이다.[125]

---

124) Kay, *Trinitarian Spirituality*, p. 124.
125) Owen, *Pneumatologia*, in *Works*, 3:158.

7장

윌리엄 퍼킨스의 예정론

하나님의 작정이 일어날 일을 결정한다…… 왜냐하면 그분의 뜻보다 더 높은 것은 없기 때문이다.

– 윌리엄 퍼킨스[1] –

종종 "청교도의 아버지"로 불리는 윌리엄 퍼킨스(1558~1602년)는 하나님의 예정에 대한 성경적 교리를 깊이 추구함으로써 청교도 경건의 초석을 놓았다. 많은 사람이 부적절한 교리, 아니 심지어는 불경한 교리라고 무시한 것이 퍼킨스와 그 이후의 청교도 세대들에게는 그들의 믿음을 세운 기초였다. 퍼킨스의 견해에 따르면, 이 견고한 기초는 그리스도 자신 외에 다른 것이 아니었다.

이 교리에서 우리는 청교도의 복음 개념의 핵심으로 가까이 나아간다. 이안 머리는 다음과 같이 말한다. "선택 교리는 청교도에게 결정적인 교리였다. 청교도는 잰키처럼 그것이 '전체 기독교 체계를 관통하는 금실'이라고 믿었고, 이 진리에서 벗어나면 가시적 교회는 하나님의 심판과 진노 아래 처하게 될 것이라고 역설했다."[2] 청교도에게 예정은 단순한 정통 신학이 아니었다. 예정은 복음과 경건에 본질적인 교리였다.[3]

퍼킨스는 많은 학자들에게 평가를 받았다.[4] 그들은 퍼킨스의 정치적, 윤리적, 부흥적, 교회적 관

1) William Perkins, *The Workes of That Famous and Worthy Minister of Christ in the Universitie of Cambridge, Mr. William Perkins* (London: John Legatt, 1612~1613), 1:723 (이후로는 *Works*로 표시). 이번 장은 Joel R. Beeke, "William Perkins on Predestination, Preaching, and Conversion," *The Practical Calvinist: An Introduction to the Presbyterian and Reformed Heritage, in Honor of D. Clair Davis*, Peter A. Lillback 편집 (Fearn, Scotland: Christian Focus, 2002), pp. 183~213을 개정하고 요약한 것이다.

2) Iain Murray, "The Puritans and the Doctrine of Election," *Puritan Papers, Volume One, 1956~1959*, D. Martyn Lloyd-Jones 편집 (Phillipsburg, N. J.: P&R, 2000), p. 5. Girolamo Zanchi, *The Doctrine of Absolute Predestination* (Perth: R. Morison Jr., 1793), 5장을 보라.

3) Dewey D. Wallace Jr., *Puritans and Predestination: Grace in English Protestant Theology, 1525~1695* (Chapel Hill: University of North Carolina Press, 1982), pp. 43~44.

4) 퍼킨스의 신학을 이해하는 데 도움이 되는 논문과 자료들은 다음과 같다. Ian Breward, "The Life and Theology of William Perkins" (철학박사학위논문, University of Manchester, 1963), William H. Chalker, "Calvin and Some Seventeenth Century English Calvinists" (철학박사학위논문, Duke University, 1961), Lionel Greve, "Freedom and Discipline in the Theology of John Calvin, William Perkins, and John Wesley: An Examination of the Origin and Nature of Pietism" (철학박사학위논문, Hartford Seminary Foundation, 1976), Robert W. A. Letham, "Saving Faith and Assurance in Reformed Theology: Zwingli to the Synod of Dort," 전 2권 (철학박사학위논문, University of Aberdeen, 1979), R. David Lightfoot, "William Perkins' View of Sanctification" (신학석사학위논문, Dallas Theological Seminary, 1984), Donald Keith McKim, *Ramism in William Perkins's Theology* (New York: Peter Lang, 1987), C. C. Markham, "William Perkins' Understanding of the Function of Conscience" (철학박사학위논문, Vanderbilt University, 1967), Richard Alfred Muller, "Predestination and Christology in Sixteenth-Century Reformed Theology" (철학박사학위논문, Duke University, 1976), Charles Robert Munson, "William Perkins: Theologian of Transition" (철학박사학위논문, Case Western Reserve, 1971), Willem Janop't Hof, *Engelse piё*

심사에 대해 긍정적이고 부정적인 평가를 제공했다. 어떤 이들은 특히 예정 분야에 있어서 퍼킨스의 신학적 입장에 대해 서로 모순된 판단을 제공했다.[5] 예를 들면 퍼킨스가 예정에 있어서 기독론적인 측면을 강조하는 것에 대해 혼란이 있다. 마셜 내픈은 퍼킨스가 칼빈을 따라 기독론적인 예정 교리에 너무 치우쳐 있다고 비난한다. 반면에 이안 브리워드는 퍼킨스가 이 지점에서 칼빈에게서 벗어났다고 믿는다. 브리워드는 "그리스도의 사역이 하나님의 작정의 열쇠를 제공하는 것이 아니라 예정의 맥락 안에서 설명되었다"고 말한다.[6]

---

tistische geschriften in het Nederlands, 1598~1622 (Rotterdam: Lindenberg, 1987), Joseph A. Pipa Jr., "William Perkins and the Development of Puritan Preaching" (철학박사학위논문, Westminster Theological Seminary, 1985), Victor L. Priebe, "The Covenant Theology of William Perkins" (철학박사학위논문, Drew University, 1967), Mark R. Shaw, "The Marrow of Practical Divinity: A Study in the Theology of William Perkins" (철학박사학위논문, Westminister Theological Seminary, 1981), Paul R. Schaefer Jr., *The Spiritual Brotherhood on the Habits of the Heart: Cambridge Protestants and the Doctrine of Sanctification from William Perkins to Thomas Shepard* (Grand Rapids: Reformation Heritage Books, 2011), Rosemary Sisson, "William Perkins" (석사학위논문, University of Cambridge, 1952), C. J. Sommerville, "Conversion, Sacrament and Assurance in the Puritan Covenant of Grace to 1650" (석사학위논문, University of Kansas, 1963), Young Jae Timothy Song, *Theology and Piety in the Reformed Federal Thought of William Perkins and John Preston* (Lewiston, N.Y.: Edwin Mellen, 1998), Lynn Baird Tipson Jr., "The Development of a Puritan Understanding of Conversion" (철학박사학위논문, Yale University, 1972), J. R. Tufft, "William Perkins, 1558~1602" (철학박사학위논문, Edinburgh, 1952), Jan Jacobus van Baarsel, *William Perkins: eene bijdrage tot de Kennis der religieuse ontwikkeling in Engeland ten tijde, van Koningin Elisabeth* ('s-Gravenhage: H. P. De Swart & Zoon, 1912), William G. Wilcox, "New England Covenant Theology: Its Precursors and Early American Exponents" (철학박사학위논문, Duke University, 1959), James Eugene Williams Jr., "An Evaluation of William Perkins' Doctrine of Predestination in the Light of John Calvin's Writings" (신학석사학위논문, Dallas Theological Seminary, 1986), Andrew Alexander Woolsey, "Unity and Continuity in Covenantal Thought: A Study in the Reformed Tradition to the Westminster Assembly" (철학박사학위논문, University of Glasgow, 1988).

5) 퍼킨스의 비판자들-긍정적이든 부정적이든-은 그가 개혁파 사상에서 베자와 웨스트민스터 신앙고백 간에 주요 연결 고리였다는 것을 인정한다. 이 연계성을 매우 부정적으로 보는 학자들은 다음과 같다. M. M. Knappen (*Tudor Puritanism: A Chapter in the History of Idealism* [Chicago: University of Chicago Press, 1939], pp. 374~376), Perry Miller (*Errand into the Wilderness* [Cambridge, Mass.: Belknap Press, 1978]), Karl Barth (*Church Dogmatics*, III/4 [Edinburgh: T. & T. Clark, 1961], p. 8), Chalker, "Calvin and Some Seventeenth Century English Calvinists" Basil Hall ("Calvin against the Calvinists," *John Calvin*, G. E. Duffield 편집 [Appleford, England: Sutton Courtney Press, 1966], pp. 19~37), Robert T. Kendall (*Calvin and English Calvinism to 1649* [Oxford: Oxford University Press, 1979], "Living the Christian Life in the Teaching of William Perkins and His Followers," *Living the Christian Life* [London: Westminster Conference, 1974], "John Cotton-First English Calvinist?," *The Puritan Experiment in the New World* [London: Westminster Conference, 1976], "The Puritan Modification of Calvin's Theology," in *John Calvin: His Influence in the Western World*, W. Stanford Reid 편집 [Grand Rapids: Zondervan, 1982], pp. 199~214). 퍼킨스를 긍정적으로 평가한 학자들은 다음과 같다. F. Ernest Stoeffler (*The Rise of Evangelical Pietism* [Leiden: Brill, 1965]), Ian Breward ("William Perkins and the Origins of Puritan Casuistry," *Faith and a Good Conscience* [London: Puritan and Reformed Studies Conference, 1962], "The Significance of William Perkins," *Journal of Religious History* 4, no. 2 [1966], pp. 113~128, "William Perkins and the Origins of Puritan Casuistry," *The Evangelist Quarterly* 40 [1968], pp. 16~22), Richard Muller ("Perkins' *A Golden Chaine*: Predestinarian System or Schematized *Ordo Salutis?*," *Sixteenth Century Journal* 9, no. 1 [1978], pp. 69~81), "Covenant and Conscience in English Reformed Theology," *Westminster Theological Journal* 42 [1980], pp. 308~334, *Christ and the Decree: Christology and Predestination in Reformed Theology from Calvin to Perkins* [Grand Rapids: Baker, 1988]), Mark R. Shaw ("Drama in the Meeting House: The Concept of Conversion in the Theology of William Perkins," *Westminster Theological Journal* 45 [1983], pp. 41~72, "William Perkins and the New Pelagians: Another Look at the Cambridge Predestination Controversy of the 1590s," *Westminster Theological Journal* 58 [1996], pp. 267~302), Joel R. Beeke (*The Quest for Full Assurance: The Legacy of Calvin and His Successors* [Edinburgh: Banner of Truth Trust, 1999]), Greve, Markham, Munson, op't Hof, Pipa, Priebe, Schaefer, Sommerville, Song, van Baarsel, & Woolsey, 각주 4에 제시된 것과 같음. 퍼킨스의 사상에 대한 해석을 요약한 것으로는 Shaw, "The Marrow of Practical Divinity," pp. 4~29를 보라.

6) M. M. Knappen, *Tudor Puritanism*, pp. 374~376, Ian Breward 편집, introduction to *The Work of William Perkins*,

실제로 퍼킨스는 개혁파 경험 신학이 운명론의 심연이나 인간 중심적 종교의 나락으로 떨어지지 않게 하려고 균형을 잡고 줄타기를 했다. 퍼킨스는 그의 신학으로 말미암아 혼란이 가속화되었다는 온갖 비난을 피할 수 없지만, 그가 교리적 예정과 경험적 예정을 종합시킨 것은 기독론적으로 견고하고, 초기 칼빈주의의 자연적 산물이다. 그것은 개혁파 신학과 청교도 경건의 건전한 결합을 촉진시키는 테오도루스 베자의 신학에 특히 충실하다.[7] 윌리엄 초커가 퍼킨스가 칼빈의 신학을 죽이고 있다고 말한 것은 잘못이다. 베자-따라서 퍼킨스도-는 사실상 제네바 종교개혁자(칼빈)와 다르다는 로버트 켄달의 주장도 마찬가지다. 그러나 리처드 멀러는 올바르게 "퍼킨스의 생각은 초기 개혁파 신학을 왜곡시키는 것이 아니고, 개신교 사상의 체계적 출범이 낳은 긍정적 산물이다"라고 말한다.[8]

이번 장은 예정론 분야에서 퍼킨스가 기여한 세 가지 주요 공헌에 초점을 맞출 것이다. 그의 기독론적인 타락 전 예정설, 영원한 과거에서 영원한 미래까지 망라하는 황금 사슬로서의 그의 예정 교리, 택함받은 자들을 이끄는 것에 강조점을 둔 그의 설교가 바로 그것이다.

그리스도 중심적인 타락 전 예정

영혼들의 회심과 이후의 경건 성장에 주로 관심을 둔 퍼킨스는 성경을 통해 예정에 대한 하나님의 주권적 은혜를 경험하는 것이 영적 위로와 확신에 결정적이라고 믿었다. 퍼킨스는 신자들의 영혼 속에서 실험적으로(경험적으로) 확인된 구원은 그리스도 안에서 이루어진 주권적 예정과 분리할 수 없다고 믿었다. 주권적 예정은 가혹하고 냉정하기는커녕 실험적 믿음을 세울 수 있는 기초였다.[9] 주권적 예정은 참 신자에게 소망을 제공했다. 퍼킨스는 예정 교리를 처음으로 다룬 작품으로 『황금 사슬』(A Golden Chaine, 1591)로 번역된 『아르밀라 아우레아』(Armilla Aurea, 1590)[10] 서론에서 이 문제에 대한 네 가지 견해를 제시했다.

- **신구(新舊) 펠라기우스주의자의 견해:** 펠라기우스주의자는 하나님이 사람들이 자유의지로 자신이 제공한 은혜를 거부하거나 받아들이는 것을 예지하신 결과에 따라 그들에게 생명이나 죽음을 정하셨다는 점에서 예정의 원인을 인간 속에 둔다.
- **루터교회의 견해:** 루터교인은 하나님이 단순한 자비로 어떤 사람들은 구원을 받도록 택하셨지만, 나머지 사람들은 그들이 자신의 은혜를 거부할 것을 예견하셨기 때문에 거부하셨다고 가르친다.

The Courtenay Library of Reformation Classics 제3권 (Abingdon, England: Sutton Courtenay, 1970), p. 86.

7) Breward, introduction to *Work of Perkins*, p. xi.

8) Muller, "Perkins' *A Golden Chaine*," pp. 69~71, 79~81.

9) "실험적"이라는 말은 "시험"을 의미하는 experimentum에서 나오고, 경험으로 아는 것을 의미하는 experior에서 연원한다. 따라서 이 말은 실험을 통해 얻는 지식을 의미하는 "경험적"이라는 말로 나아간다. 칼빈은 실험적이라는 말과 경험적이라는 말을 상호 교체적으로 사용하는데, 그 이유는 두 단어가 성경의 시금석에 따라 경험적 지식을 재야 할 필요성을 암시하기 때문이다. 청교도 실험적 설교에 대해 설명하는 본서 42장과 43장을 보라. 다음 자료들을 참고하라. Kendall, *Calvin and English Calvinism to 1649*, pp. 8~9, Joel R. Beeke, "The Lasting Power of Reformed Experiential Preaching," *Feed My Sheep: A Passionate Plea for Preaching*, Don Kistler 편집 (Morgan, Pa.: Soli Deo Gloria, 2002), pp. 94~128, *Living for God's Glory: An Introduction to Calvinism* (Orlando, Fla.: Reformation Trust 2008), pp. 255~274.

10) 퍼킨스의 작품 목록에 대해서는 Munson, "William Perkins: Theologian of Transition," pp. 231~234, McKim, *Ramism in William Perkins*, pp. 335~337을 보라.

- 반(半)펠라기우스주의적인 로마 가톨릭교회의 견해: 로마 가톨릭 교인은 하나님의 예정을 부분적으로는 하나님의 자비에, 또 부분적으로는 하나님이 인간의 준비와 공로 행위를 예견하신 것에 귀속시킨다.
- 마지막으로 전적으로 인간의 죄 때문에 하나님이 어떤 사람들은 단순히 자신의 자비로 구원하시고, 또 다른 사람들은 정죄하시지만 이 두 인간에 대한 신적 예정은 하나님의 뜻 외에 다른 이유가 없다고 가르치는 자들이 있다.

퍼킨스는 다음과 같이 결론지었다. "나는 이 네 견해 가운데 앞의 세 견해는 오류가 있는 것으로 논박하고[반대하고], 마지막 견해가 성소의 저울에 달아볼 진리를 갖고 있다고 주장할 것이다."[11] 성소의 저울에 달아본다는 표현은 비유적으로 각 진리를 성경에 따라 적절한 무게를 재본다는 것을 가리킨다. 가톨릭 교권 신학은 하나님을 높이고 인간을 끌어내린다. 실험적 신학은 믿음의 삶 곧 이르보니 모건이 말한 것처럼 "하나님의 선택에 부합하는 삶" 속에 나타나는 선택의 열매와 증가하는 거룩함을 통해 구원받은 자를 확인한다.[12] 퍼킨스의 신학에서 그리스도 안에서의 작정과 그리스도 안에서의 경험은 개념과 실제상 하나로 연계되어 있다.

오직 하나님의 영광을 위한 예정

타락 전(supralapsarian)과 타락 후(infralapsarian)라는 말은 인간의 영원한 상태에 대한 하나님의 작정의 논리적 순서와 관련되어 있다. 때때로 타락 전 예정론은 "높은 칼빈주의"로 불린다. Supralapsarian이라는 말은 문자적으로 "타락 위에"를 의미하고, Infralapsarian이라는 말은 "타락 아래"를 의미한다(라틴어, supra = 위에, infra = 아래, lapsus = 타락). 타락 전 예정을 견지하는 자들은 하나님의 절대 주권을 보전하기 위해서는 신적 예정의 작정이 논리적으로 인간의 창조 및 타락에 대한 작정보다 앞서야 한다고 믿는다. 타락 후 예정을 지지하는 자들은, 하나님이 먼저 인간을 창조되고 타락하고 죄악 된 존재로 성찰하지 않고 어떤 인간을 유기하기로 작정하는 것은 하나님의 본성과 불일치한다고 믿기 때문에 예정 교리는 논리적으로 창조와 타락에 대한 작정 다음에 와야 한다고 주장한다.[13]

퍼킨스는 형이상학적 이유가 아니라 실천적 이유로 타락 전 예정론을 취했다. 높은 칼빈주의에 입각해서 자신의 예정론과 실천신학의 구조를 전개한 퍼킨스는 하나님의 주권과 하나님의 작정을 강조하는 것이 하나님께 더 큰 영광을 돌리고, 그리스도인에게 가장 큰 위로를 준다고 믿었다. 퍼킨스는 이것을 강조하는 것이 또한 루터교인, 로버트 벨라민(1542~1621년)과 같은 반(半)펠라기우스주의적인 로마 가톨릭 교인, 그리고 잉글랜드의 피터 바로(1534~1599년) 및 윌리엄 배럿(대략, 1561~1630년)과 같은 반(反)예정론자들을 논박하는 데 가장 유효하다고 느꼈다. 칼빈에게 크게 힘입었지만 퍼킨스는

11) Breward, *Work of Perkins*, pp. 175~176. 참고, Michael T. Malone, "The Doctrine of Predestination in the Thought of William Perkins and Richard Hooker," *Anglican Theological Review* 52 (1970), pp. 103~117.

12) Irvonwy Morgan, *Puritan Spirituality: Illustrated from the Life and Times of the Rev. Dr. John Preston* (London: Epworth, 1973), p. 25.

13) 다음 자료들을 보라. Joel R. Beeke, "Did Beza's Supralapsarianism Spoil Calvin's Theology?," *Reformed Theological Journal* 13 (1997년 11월), pp. 58~60, William Hastie, *The Theology of the Reformed Church* (Edinburgh: T. & T. Clark, 1904), Klaas Dijk, *De Strijd over Infra-en Supralapsarisme in de Gereformeerde Kerken van Nederland* (Kampen: Kok, 1912).

또한 테오도루스 베자(1519~1605년), 지롤라모 쟁키(1516~1590년), 자카리아스 우르시누스(1534~1583년), 카스파르 올레비아누스(1536~1587년)와 같은 신학자들에게도 의존했다.[14] 퍼킨스는 자신이 이 저술가들에게 의존한 것(심지어 그는 자신의 작품 『황금 사슬』에 베자의 작품을 덧붙였다)을 자유롭게 인정했지만, 그럼에도 자신의 은사를 사용해서 높은 칼빈주의의 보화를 추가했다.

하나님의 작정이 삼위 하나님의 내적 생명에서 흘러나온다는 것을 깨닫지 않으면 예정을 이해하는 것이 불가능하다. 퍼킨스는 하나님의 영광을 "가장 단순하고, 가장 거룩한 신적 본성의 무한한 탁월성"으로 정의했다.[15] 내적 영광에서 흘러나오는 하나님의 작정은 이 작정의 실행과 함께 "하나님의 영광을 드러내는 것"이 목표다.[16] 퍼킨스는 이렇게 말했다. "하나님의 작정은 본질상 하나님이 필연적으로 갖고 있는 것이지만, 영원부터 자유롭게 모든 일을 정하신 것이다"(엡 1:11; 마 10:29; 롬 9:21).[17] 하나님의 작정 가운데 오직 인간과 관련되어 있는 예정은 "하나님이 자신의 영광을 위해 모든 인간을 확실하고 영원한 지위, 즉 구원이나 정죄 상태에 두기로 정하신" 것이다.[18]

예정은 하나님이 인간에게 자신의 영광을 드러내는 수단이다. 선택은 "하나님이 자신의 자유로운 의지에 따라 자신의 은혜의 영광을 찬양하도록 어떤 사람들을 구원하기로 정하신" 하나님의 작정이다.[19] 유기는 "하나님이 자신의 공의를 찬양하도록 가장 자유롭고 공정한 자신의 뜻의 목적에 따라 어떤 사람들은 영원한 파멸과 비참을 당하도록 거부하기로 정하신 예정의 한 부분"이다.[20]

베자와 마찬가지로, 퍼킨스도 하나님이 유기를 예정하실 때 인간을 타락한 존재로 간주하신 것을 부인하는 타락 전 예정설을 견지했다. 퍼킨스는 행위자의 의도 속에서는 끝이 처음이라는 베자의 논증에 따라 이 믿음을 지지했다. 따라서 하나님은 처음에 곧 창조와 타락과 같은 수단을 고려하시기 전에, 끝-구원과 정죄를 통한 자신의 영광의 표출-을 정하셨다. 궁극적으로 예정은 그것이 얼마나 인간을 위한 것인가에 따라 이해되어서는 안 된다. 예정의 최고 목적 곧 하나님의 영광에 따라 이해되어야 한다. 이중 예정의 절대 주권은 하나님의 온전한 영광을 위한 것이다. 이것이 퍼킨스 신학의 핵심이다.

반론에 대한 답변: 예정하시는 하나님은 의로우시다

신학적 줄타기 곡예사로서 퍼킨스는 자신의 타락 전 예정설이 두 가지 반론을 촉발시켰다는 것을 알았다. (1) 하나님을 죄의 창시자로 만든다는 것, (2) 그리스도의 역할을 축소시킨다는 것.[21] 첫째

---

14) W. Stanford Reid 편집, *John Calvin: His Influence in the Western World* (Grand Rapids: Zondervan, 1982), pp. 206~207, Kendall, *Calvin and English Calvinism*, pp. 30~31, 76, Otto Grundler, "Thomism and Calvinism in the Theology of Girolamo Zanchi" (철학박사학위논문, Princeton Theological Seminary, 1960), p. 123, Wallace, *Puritans and Predestination*, p. 59, Lyle D. Bierma, *German Calvinism in the Confessional Age: The Covenant Theology of Caspar Olevianus* (Grand Rapids: Baker, 1996), pp. 176~181. 참고, C. M. Dent, *Protestant Reformers in Elizabethan Oxford* (Oxford: Oxford University Press, 1983), pp. 98~102.

15) William Perkins, *A Golden Chaine, or, The Description of Theologie, Containing the Order of the Causes of Salvation and Damnation*, in *Works*, 1:13.

16) Perkins, *A Golden Chaine*, in *Works*, 1:15.

17) Perkins, *A Golden Chaine*, in *Works*, 1:15.

18) Perkins, *A Golden Chaine*, in *Works*, 1:16.

19) Perkins, *A Golden Chaine*, in *Works*, 1:24.

20) Perkins, *A Golden Chaine*, in *Works*, 1:106.

21) 20세기 신학자들도 타락 전 예정은 그리스도를 작정에 예속시켜 그분을 단순한 "구원의 전달자"로 전락시킨다고, 곧

반론에 대처할 때 퍼킨스는 하나님이 죄의 창시자라는 관념을 단호하게 거부했다. 하나님은 인간의 타락을 작정하셨지만, 인간을 죄인으로 만든 장본인이 하나님은 아니셨다. 퍼킨스는 "성경은 하나님이 존재할 모든 것을 정하신다는 사실을 가르친다"고 주장했다.[22] 우리는 인간의 타락이 우연에 의하거나 타락을 예지하지 못한 하나님의 실패로 말미암아, 또는 하나님이 타락을 살짝 눈감아 주심으로써, 또는 자신의 뜻에 반하도록 타락을 허용하심으로써 일어난 것으로 생각해서는 안 된다. 오히려 인간이 "하나님의 뜻이 있었지만 그것을 완전히 받아들이지 않고" 하나님을 떠나 타락한 것이다.[23] 다시 말하면 하나님은 타락을 선한 것으로 보시지 않았음에도 타락에 대해 선한 목적을 갖고 계셨다.

하나님의 작정이 아담이 지은 죄의 원인은 아니었다. 하나님의 작정은 "아담 안에 그가 죄를 범하도록 이끄는 것을 절대로 심지 않았고, 그것은 전적으로 아담의 자유에 맡겨져 있었으며, 타락할 때 아담의 타락을 방해하지 않았다."[24] 하나님이 타락을 작정하셨다면 사람은 죄를 범하지 않을 자유를 가질 수 없다는 반론이 제기될 때, 퍼킨스는 무오류성의 필연성과 강제의 필연성을 구분했다. 하나님의 작정의 결과, 하나님이 작정하신 것은 오류 없이 일어날 것이다. 그러나 피조물의 자발적인 행위는 하나님의 은밀한 작정으로 말미암아 절대로 강제되거나 강요되지 않는다. 하나님은 이차 원인과 같은 수단을 통해 역사하신다. 하나님은 사람들을 마치 그들이 생각 없는 돌멩이인 것처럼 다루시지 않고, 그들이 이성을 통해 활동하도록 그들의 의지를 움직이신다.[25] 마귀와 아담-하나님이 아니라-이 죄에 대해 책임이 있다. 퍼킨스에 따르면 타락의 적절한 원인은 "우리의 파멸을 획책한 마귀와 시험이 임했을 때 하나님의 도우심을 받지 않고 자발적으로 타락으로 기운 아담의 의지였다."[26]

이것은 하나님이 죄를 범하도록 인간을 강요하지 않음에도 인간이 타락하게 되는 자신의 작정을 어떻게 실행하셨는지에 대한 질문을 일으킨다. 이에 대한 퍼킨스의 대답은 하나님이 아담에게서 견인의 은혜를 거두셨다는 것이다. 하나님은 아담에게 의로운 인간적 의지, 하나님의 계명에 대한 계시, 선한 것을 원하고 행할 내적 능력을 주셨다. 그러나 하나님은 아담에게 시험 아래에서 선을 원하고 행할 때에 견인할 수 있는 은혜는 주시지 않았다. 하지만 이 은혜를 거두셨다고 하나님이 비난받을 수는 없다. 왜냐하면 하나님은 어떤 인간에게도 은혜를 입으신 적이 없으며, 그것을 거두신 것에 대해 선한 목적을 갖고 계셨기 때문이다.[27] 퍼킨스는 폭풍 속에서 버티지 못하는 집을 예증으로 사용했다. 버티지 못한 집이 바람의 압력에 무너져 버리는 것처럼, 인간도 하나님의 도우심이 없으면 넘어진다. 따라서 무너지는 원인은 집주인이 아니라 바람이다.[28]

따라서 여기에 성경적 균형이 있다고 퍼킨스는 말했다. "하나님의 작정은 부분적으로는 선한 모든

예정의 작정이 은혜보다 앞서 이루어지기 때문에 그리스도께서 적극적인 역할을 담당하지 못한다고 비판했다(J. K. S. Reid, "The Office of Christ in Predestination," *Scottish Journal of Theology* 1 [1948], pp. 5~19, 166~183, James Daane, *The Freedom of God* [Grand Rapids: Eerdmans, 1973], 7장).

22) Perkins, *A Golden Chaine*, in *Works*, 1:15.

23) Breward, *Work of Perkins*, pp. 197~198.

24) William Perkins, *A Treatise of the Manner and Order of Predestination, and of the Largenesse of Gods Grace*, in *Works*, 2:619.

25) Perkins, *Manner and Order of Predestination*, in *Works*, 2:619.

26) Perkins, *Manner and Order of Predestination*, in *Works*, 2:607.

27) William Perkins, *An Exposition of the Symbole or Creed of the Apostles*, in *Works*, 1:160. 참고, 1:16, 2:611.

28) Munson, "William Perkins: Theologian of Transition," p. 79.

일 속에서 의지가 조용히 기울어지도록 함으로써, 그리고 부분적으로는 악한 모든 일 속에서 의지를 포기하게 함으로써 모든 사건을 철저히 규제하지만, 피조물의 의지는 자체에 맡겨져 있어서 자원해 본질상 필연적으로가 아니라 우발적으로 영원부터 하나님의 작정이 정해 놓은 길을 거스른다."[29]

반론에 대한 답변: 그리스도가 예정의 핵심이다

타락 전 예정론이 그리스도를 경시한다는 비난에 대해, 퍼킨스는 절대적으로 정해진 선택이 아니라, **그리스도 안에서의** 선택이 택함받은 자와 유기된 자를 분리시키는 선을 긋는다고 단호하게 주장한다. 비난에 반대해 퍼킨스는 그리스도 중심의 예정을 강조한다. 퍼킨스는 구원은 작정 자체에 초점을 두고 있는 것이 아니라 항상 작정되고 작정하시는 그리스도에게 초점을 두고 있다고 본다. 그리스도의 선택과 사역은 하나님의 작정으로 명해진 것이 아니다. 오히려 성자가 자의로 택하신 것이다. 프란시스쿠스 고마루스(1563~1641년)는 도르트 총회에서 "그리스도는 자신의 신적 본성에 일치되게 선택 사역에 참여했다"고 말했지만 그리스도를 선택의 "기초"로 부르지는 않았다.[30] 하지만 퍼킨스는 더 깊이 나아갔다. 그는 주저 없이 그리스도는 선택의 기초, 수단, 목적이라고 진술했다.

> 선택은 하나님이 자신의 은혜의 영광을 찬양하도록 자신의 자유로운 뜻에 따라 어떤 사람들은 구원으로 정하신 하나님의 작정이다……이 작정의 실행에는 세 가지 사실이 관련되어 있다. 첫째는 기초, 둘째는 수단, 셋째는 단계다. 선택의 기초는 영원 전에 성부에게 중보자의 사역을 수행하도록 부르심을 받은 그리스도 예수로, 그분 안에서 구원받을 모든 자가 택함받는다.

> **질문**: 그리스도는 성부와 함께 모든 것을 작정하셨는데, 어떻게 하나님의 선택에 예속될 수 있을까?
> **답변**: 그리스도는 중보자이므로 선택에 대한 작정 자체에 예속되는 것이 아니라 작정된 선택의 시행에 예속되는 것이다.[31]

다른 곳에서 퍼킨스는 다음과 같이 말했다. "하나님의 선택의 실제적인 기초 또는 참된 기초는 그리스도고, 그러므로 우리는 '그리스도 안에서' 택함받았다는 말을 듣는다. 그리스도는 다음 두 가지 면에서 고려되어야 한다. 그리스도는 하나님이시므로 우리는 성부와 성령의 것으로 예정된 것과 마찬가지로, **그리스도의 것으로**(of him) 예정된다. 그리스도는 우리의 중보자이시므로 우리는 **그리스도 안에서**(in him) 예정된다."[32]

퍼킨스는 계속해서 다음과 같이 말했다. "이 예정 행위는 하나님의 기쁘신 뜻을 넘어서거나 벗어나서 내적 충동 원인을 갖고 있지 않다. 은혜와 구원으로 택함받은 자는 모두 중보자이신 그리스도

---

29) Perkins, *Manner and Order of Predestination*, in *Works*, 2:621.
30) G. C. Berkouwer, *Divine Election*, trans. Hugo Bekker (Grand Rapids: Eerdmans, 1960), p. 143.
31) Breward, *Work of Perkins*, pp. 197~198.
32) Perkins, *Creed of the Apostles*, in *Works*, 1:282.

안에서 택함받고, 그리스도를 벗어나 선택을 꿈꾸는 것은 모든 의미에 반한다. 왜냐하면 그리스도는 시작과 수단과 목적과 관련해서 시행되어야 할 선택의 기초이기 때문이다."[33)]

퍼킨스는 이렇게 말했다. "중보자의 정하심에 대해 말한다면, 하나님의 아들이 되시는 둘째 인격이 영원부터 하나님 자신과 사람들 사이의 중보자로 지정되셨다는 것이다. 그래서 베드로는 그리스도께서 미리 아신 바가 되었다고 말하는 것이다. 또 아우구스티누스가 말하는 것처럼 그리스도는 우리의 머리로 예정되셨다. 왜냐하면 그리스도께서 성부의 실질적인 말씀(logos) 곧 아들이기에 성부 및 성령과 함께 예정하신다고 할지라도, 그분은 중보자이시므로 또한 예정되시기 때문이다."[34)]

퍼킨스는 찬성하는 마음으로 알렉산드리아의 키릴로스(대략, 376~444년)가 "그리스도는 자기 양을 아시는데, 그것은 자신이 그들을 선택하고, 그들이 영생을 얻을 것을 미리 아시기 때문"이라고 한 말을 인용했다. 퍼킨스는 또 히포의 아우구스티누스의 다음과 같은 말도 인용했다. "그리스도는 자신의 은밀한 통치를 통해 신실하지 못한 사람들 속에서 어떤 사람들을 선택해서 영원한 해방을 주고 그들을 자신의 값없는 자비로 소생하도록 예정하셨고, 다른 사람들에 대해서는 자신의 은밀한 심판을 통해 그들이 죄악 가운데 머물게 하여 영원한 죽음으로 그들을 파멸시키도록 예정하셨다."[35)]

퍼킨스는 예정론에 있어서 대다수 학자들이 견지한 것보다 더 그리스도 중심적이었다. 브리워드가 다음과 같이 말한 것은 정확하다. "퍼킨스의 신학에 대한 정의는 뻬에르 라메(피터 라무스)와 존 칼빈의 정의를 결합시킨 것이었다. 작품 전체[『황금 사슬』]의 배열은 굉장히 웅장한 도표로 시작되고, 배열이 대부분 라무스주의의 범주와 아리스토텔레스 논리학에 의존하고 있다."[36)] 그러나 브리워드는 퍼킨스가 예정 교리의 중점을 그리스도에게 크게 둔 것을 인정하지 않는 실수를 범했다. 멀러는 더 정확하게 지적하기를 퍼킨스 시대 이전에는 작정 및 작정의 실행에 대해 그토록 엄밀하게 중보자를 중요한 관계 속에 둔 자는 아무도 없었다고 했다. 구원의 순서(ordo salutis)는 그리스도 안에서 시작되고 실행된다.[37)]

주권적 기쁨에서 주권적 영광에 이르는 황금 사슬

퍼킨스는 가장 유명한 작품 『아르밀라 아우레아』(『황금 사슬』, 1591)에서 그리스도 안에서 하나님 뜻은 주권적 작정에 있어서뿐만 아니라, 주권적 작정의 실행에 있어서도 확고부동하다고 역설했다. 속표지에 『황금 사슬』을 "하나님의 말씀에 따라 구원과 정죄의 원인들의 순서를 포함한 신학에 대한 묘사"로 설명함으로써 이런 신념을 표현하고 있다.[38)] "도표"는 퍼킨스가 하나님이 인간의 운명을 작정하셨을 뿐만 아니라 택함받은 자가 영생을 얻을 수 있고, 유기된 자는 구원받을 수 없는 수단도 작정하셨다고 가르친다는 사실을 보여 준다. 도표 맨 윗부분은 작정의 원천으로서의 삼위 하나님이다. 맨 마지막 부분은 작정 목표인 하나님의 영광이다. 왼쪽 편은 하나님이 택함받은 자를 구원하시

---

33) Perkins, *Creed of the Apostles*, in *Works*, 1:283.
34) Perkins, *Manner and Order of Predestination*, in *Works*, 2:608.
35) Perkins, *Manner and Order of Predestination*, in *Works*, 2:607.
36) Breward, introduction to *Work of Perkins*, pp. 85~86.
37) Muller, "Perkins' *A Golden Chaine*," pp. 71, 76.
38) Perkins, *Golden Chaine*, in *Works*, 1:9.

는 단계들의 선 또는 사슬이다. 오른쪽 편은 유기된 자가 죄로 말미암아 파멸에 떨어지는 선 또는 사슬이다. 중앙 부분은 중보자이신 그리스도의 사역을 낮아지심과 높아지심에 따라 표시하는 선이다. 퍼킨스는 구원받은 자는 모두 그리스도 안에 있다는 것을 보여 주기 위해 구원의 순서의 모든 단계를 그리스도의 사역과 연결시키는 선들을 그었다.[39)]

작정 실행의 기초: 예수 그리스도

예정은 예수 그리스도의 사역이 없으면 아무에게도 효력을 미치지 못한다. 그리스도가 없으면 인간은 완전히 소망이 없다. 퍼킨스의 황금 사슬 도표가 보여 주는 것처럼, 그리스도가 선택의 기초다. 그리스도는 중보자로 예정되신다. 그리스도는 택함받은 자에게 약속된다. 그리스도는 은혜로 택함받은 자에게 제공된다. 그리고 무엇보다도 그리스도는 개인적으로 그들의 영혼에 그의 모든 유익, 본성, 직무, 지위를 제공하신다.[40)]

베자의 도표와 달리, 이 그리스도 중심성이 퍼킨스의 신학적 도표를 정립하는 핵심 요소다. 퍼킨스의 도표는 다음과 같은 대조 관계를 보여 준다는 점에서 베자의 도표와 비슷하다.

- 택함받은 자에 대한 하나님의 사랑 대(對) 유기된 자에 대한 하나님의 미움.
- 효과적 부르심 대 비효과적 부르심.
- 마음의 부드러움 대 마음의 완고함.
- 믿음 대 무지.
- 칭의 및 성화 대 불의 및 오염.
- 택함받은 자의 영화 대 유기된 자의 파멸.

켄달은 "퍼킨스가 베자의 도표에 도움을 받은 것은 단순히 자기 도표를 더 매력적이고, 이해하기 쉽게 만들었다는 것 뿐"이라고 말하는데, 이것은 잘못이다.[41)] 베자의 도표와 퍼킨스의 도표 간의 가장 큰 대조는 도표 중앙에 있다. 베자의 도표 중앙 부분은 타락과 최후 심판 사이가 비어 있다. 반면에 퍼킨스의 도표 중앙은 "택함받은 자의 중보자"이신 그리스도의 사역으로 가득 채워져 있다. 따라서 그리스도는 택함받은 자의 부르심, 칭의, 성화, 영화에 있어서 예정과 예정의 실행 중심이다.[42)]

작정의 실행 수단: 언약들

그리스도를 선택의 기초로 소개한 다음, 퍼킨스는 예정이 어떻게 언약들을 통해 실행되는지를 설명한다. 비록 퍼킨스의 도표가 이 연관성을 보여 주지 않는다고 해도, 그의 설명의 주요 부분은 언

---

39) *Golden Chaine*, in *Works*, 1:11에서 퍼킨스의 도표를 보라. 퍼킨스의 도표를 해설하는 것에 대해서는 Cornelis Graafland, *Van Calvijn tot Barth: Oorsprong en ontwikkeling van de leer der verkiezing in het Gereformeerd Protestantisme* ('s-Gravenhage: Boekencentrum, 1987), pp. 72~84를 보라. 베자의 도표와 퍼킨스의 도표는 모두 최근에 Lillback, 편집, *The Practical Calvinist*, pp. 580~583에 다시 수록되었다. 퍼킨스의 도표는 Breward, *Work of Perkins*, p. 169에서도 확인할 수 있다.

40) 참고, Perkins, *Manner and Order of Predestination*, in *Works*, 2:608.

41) Reid, *John Calvin*, pp. 204~205.

42) Muller, "Perkins' *A Golden Chaine*," pp. 76~77.

약의 제목 아래 전개된다.[43] 퍼킨스는 하나님이 낙원에서 아담과 행위 언약을 세우심으로써 타락에 대한 언약의 배경을 마련하셨다고 가르쳤다.[44] 또한 하나님은 택함받은 자의 구원에 대한 배경으로서 은혜 언약을 세우셨다. 은혜 언약의 쌍방적 관점에 따라 하나님과 인간 사이의 계약은 하나님과 인간 사이의 자발적인 상호 관계를 함축한다. 이 관점은 그리스도의 유익의 적용에 문을 열어 놓기 위해 그리스도에 대한 파악을 강조하는 퍼킨스의 관점과 일치한다. 퍼킨스는 여기에 그리스도 안에서의 은혜롭고 과분한 하나님의 구원의 선물을 통해 죄인들이 상속자가 되는 유언으로서의 일방적(편무적) 언약 관점을 추가시켰다.

퍼킨스는 언약에 대한 이 관점을 하나님의 주권과 인간의 책임 사이의 긴장을 해소시키는 방법으로 제시했다. 은혜 언약이 없으면 인간은 하나님의 요구를 성취할 수 없다. 반면에 은혜 언약이 있으면 인간은 자신이 회개를 선택할 수 있을 때까지 성령을 통해 자신의 의지가 새롭게 되는 것을 발견한다. 퍼킨스의 도표를 보면, 인간은 "회개와 새로운 순종"으로 이끄는 "죄 죽이기와 새 생명으로 살기"에 적극적인 상태가 된다. 퍼킨스는 회심을 언약신학의 일방적 및 쌍방적 국면들을 연합시킬 수 있는 화목 지점으로 본다. 이로 말미암아 기독교적 삶은 일련의 "양심 사건들"로 체계화되고 진술된다. 또한 언약은 거듭난 자가 개인적 확신을 추구할 때, 그의 자발적인 행위 형태로 제시될 수 있다. 가장 큰 양심 사건은 당연히 "사람이 하나님의 자녀인지 여부"가 될 것이다. 즉 사람이 구원을 받아 은혜 언약 속에 들어가고 전향했는지가 될 것이다.[45]

따라서 퍼킨스는 믿음과 회개는 은혜 언약의 조건이지만, 인간은 자신 속에 있는 어떤 선이나 순종을 통해서는 절대로 언약 관계를 시작하거나 유지할 수 없다고 말할 수 있었다. 궁극적으로 선택의 작정과 은혜 언약은 하나님의 기뻐하시는 뜻에 따라 세워진다. 하나님은 인간과 언약을 맺기로 정하셨다. 하나님이 언약 관계를 시작하신다. 오직 하나님이 자신의 주권에 따라 자유롭게 믿음과 회개의 조건을 인간에게 제공하심으로써 인간을 은혜 언약으로 이끄실 것이다. 언약을 작정하고 맺고 유지하는 것은 철저히 하나님의 자유로운 은혜에 달려 있다. 페리 밀러가 언급한 것처럼, 인간은 언약으로 하나님을 속박하거나 억압하지 못한다.[46] 오히려 하나님이 스스로 언약에 따라 인간에게 매이신다.

퍼킨스는 신적 관점에 따라 은혜 언약이 일방적이고, 은혜로 말미암아 시작된 것으로 본다. 하나님이 아벨과 가인, 이삭과 이스마엘, 야곱과 에서를 다루신 것은 언약의 창시자로서 하나님의 역할에 대한 실례들이다. 그들을 통해 우리는 이런 사실을 배운다. "하나님이 어떤 사람을 영생의 언약으로 받아들이실 때 그것은 하나님이 부르시는 사람 속에 있는 어떤 존엄성에서 나오는 것이 아니라, 하나님의 자비와 오직 하나님의 선하신 기쁨에서 나오는 것이다……그들의 관점에 따라 예지된 믿음과 선행이 사람들을 구원으로 정하도록 하나님을 움직인 원인이라고 말하는 것은 어불성설이다. 왜냐하면 믿음과 선행은 하나님의 선택의 열매와 결과이기 때문이다."[47]

---

43) Shaw, "The Marrow of Practical Divinity," p. 124. 쇼는 이렇게 결론짓는다. "퍼킨스의 은혜 언약의 배경은 형식적 원인인 그리스도 안에서의 선택과 실질적 원인인 그리스도의 사역이었다."
44) Perkins, *Golden Chaine*, in *Works*, 1:32.
45) Muller, "Covenant and Conscience," pp. 310~311.
46) Miller, *Errand into the Wilderness*, pp. 48~98.
47) Perkins, *Creed of the Apostles*, in *Works*, 1:279, 281.

하나님의 언약은 인간의 어떤 노력이 없이 인간과 맺어지므로 "이 언약 속에서 우리는 하나님께 아무것도 제공하지 못하거나 어떤 큰일에 대해 약속하지 못하고, 다만 받기만 한다." 가장 충분히 표현하면 언약은 복음 자체이고, 아울러 "성령의 도구, 말하자면 영혼 속에 믿음을 형성하고 이끌기 위한 성령의 도관(導管)이다. 이 믿음을 통해 그들은 믿고, 행하고, 손을 갖고 있는 것처럼 그리스도의 의를 붙잡는다."[48] 하나님의 언약은 변덕스럽기는커녕 오히려 하나님이 택함받은 자의 마음속에서 구원의 황금 사슬을 성취하기 위해 은혜로 역사하신다는 것을 사람에게 보장한다(롬 8:29~30). 따라서 은혜 언약이 자체로 구원의 핵심을 구성한다. 퍼킨스는 이렇게 말했다. "우리는 하나님을 자기 안에 계시는 분으로서가 아니라, 은혜 언약을 통해 우리에게 자신을 계시하신 분으로 알아야 한다. 그러므로 우리는 성부는 우리의 아버지가 되시고, 성자는 우리의 구속주가 되시며, 성령은 우리의 보혜사가 되신다는 것을 인정하고, 이에 대한 지식과 경험이 자라도록 힘써야 한다."[49]

하나님의 영원한 작정에 대한 칼빈주의 견해를 포기하지 않고, 퍼킨스가 언약을 강조한 것은 우리가 하나님과 인간의 관계에 초점을 맞추는 데 도움을 준다. 퍼킨스와 다른 청교도는 언약에 초점을 맞춤으로써, 율법에 대한 이해할 수 없는 하나님의 태도의 비밀을 감소시키고, 우리가 어느 정도 이해할 수 있는 것으로 만들었다. 그들은 희미한 거울을 통해서 보기는 했지만 계시된 언약 속에서 하나님의 은밀한 경륜의 움직임을 봤고, 특별히 은혜 언약 속에서 인간에 대한 하나님의 관심을 확인했다. 퍼킨스는 칼빈의 하나님의 영광에 대한 관심을 보존하는 한편, 인간의 회심을 더 크게 강조했다. 에른스트 스퇴플러가 말하는 것처럼, "이런 재방향에 보조를 맞춘 것은……경건한 청교도 사상의 전형적인 특징인 기독교의 실천적 국면에 대한 그의 관심 때문이다."[50] 이것은 특히 퍼킨스의 『황금 사슬』에서 증명된다. 이 책은 대다수 내용이 신학의 이론적 국면보다는 실천적 국면에 할애되어 있다.

작정 실행의 단계: 부르심, 칭의, 성화, 영화

퍼킨스에 따르면, 하나님은 예수 그리스도 안에서 언약을 수단으로 선택을 실행하실 때 "사랑의 단계들" 즉 하나님이 자신의 영원한 사랑을 실천하는 단계들을 보여 주신다. 여기서 퍼킨스가 의미하는 "단계"는 하나님이 다른 그리스도인보다 어떤 그리스도인을 더 사랑하는 것이 아니라, 하나님이 죄에서 영광에 이르기까지 구별된 단계에 따라 구원을 베푸시는 것이다.

이 과정의 첫 단계인 효과적 부르심은 "세상과 분리된 죄인이 하나님의 가족으로 받아들여지는" 구원의 은혜를 의미한다.[51] 효과적 부르심의 첫 단계는 죄로 죽은 자들에게 주어지는 말씀을 올바르게 듣는 것이다. 그들의 마음은 불가항력적인 진리로 성령의 조명을 받는다. 말씀 전파는 다음 두 가지 사실을 성취한다. "사람에게 자신의 죄와 영원한 사망인 죄에 대한 형벌을 드러내는 율법"과 "믿는 것과 같이 예수 그리스도로 말미암아 구원을 드러내는 복음." 이 두 가지 사실은 "지성의 눈이 조명되고, 마음과 귀가 열리면 현실이 되고, 그리하여 그는[택함받은 죄인은] 하나님의 말씀의 전파

48) Perkins, *Golden Chaine*, in *Works*, 1:70.

49) William Perkins, *A Commentarie or Exposition upon the Five First Chapters of the Epistle to the Galatians*, in *Works*, 2:258.

50) Stoeffler, *The Rise of Evangelical Pietism*, p. 55.

51) Perkins, *Golden Chaine*, in *Works*, 1:77.

를 보고 듣고 이해할 수 있게 된다."[52]

이 과정의 두 번째 단계는 죄인의 마음이 깨지는 것이다. 말씀 전파 아래 마음은 "산산이 부서져서 제공된 하나님의 구원의 은혜를 받아들이기에 합당한 상태가 된다." 이 상태를 이루기 위해 하나님은 네 개의 "중요한 망치"를 사용하신다.

- 하나님의 율법에 대한 지식.
- 죄 곧 원죄와 본죄와 합당한 형벌에 대한 지식.
- 죄에 대한 하나님 진노의 의식으로 마음을 찌름.
- 영생을 얻는 인간의 능력에 대한 절망.[53]

효과적 부르심의 결과는 구원에 이르는 믿음이고, 이 믿음을 퍼킨스는 "성령의 역사로 말미암아 적용되는 그리스도 예수를 붙잡는 것과 그분을 그 속에 받아들이는 기적적이고 초자연적인 마음의 능력"으로 정의한다.[54] 그리스도를 영접하는 행위는 사람이 자신의 힘으로 행하는 어떤 것이 아니다. 오히려 성령이 일으키시는 믿음으로 말미암아 택함받은 자는 그리스도께서 제공하는 은혜를 받아들이고, 그리하여 신자는 믿음을 통해 그리스도의 구원 사역의 모든 국면에 참여하게 된다. 찰스 먼슨이 다음과 같이 말하는 것과 같다. "믿음은 완전한 덕이기 때문이 아니라, 그리스도에 대한 순종이라는 완전한 목적을 깨닫게 하기 때문에 택함받은 자를 구원한다. 믿음이 약하거나 강한 것은 문제가 아니다. 왜냐하면 구원은 하나님의 자비와 약속에 달려 있기 때문이다."[55] 퍼킨스에 따르면, 하나님은 "처음에는 씨앗과 새싹에 불과하지만 얼마가 지나면 겨자씨의 열매로 자랄 믿음과 회개의 참된 씨앗과 새싹들을 인정하신다."[56]

일단 한 죄인이 효과적으로 부르심을 받게 되면 그는 의롭게 된다. "하나님의 사랑의 선언"으로서 칭의는 "믿는 것과 같이, 그리스도 예수의 순종으로 말미암아 하나님 앞에서 의롭다고 간주되는" 행위다. 칭의의 원천은 그리스도의 순종으로, 이 순종은 "그분의 생애와 죽음 속에 나타나 있는 수난과 그로 말미암아 그분이 율법을 성취하신 것" 속에 표현되어 있다. 그리스도는 율법을 성취해야 하는 이중의 빚에서 택함받은 자를 해방시키신다. 곧 "처음부터 모든 순간에 본성의 순결함과 행동의 순결함을 갖고" 율법을 지키고, 또 "율법을 어긴 것에 대한 배상"을 제공하심으로써 택함받은 자를 율법에서 해방시키신다. 그리스도는 이 빚에 대한 우리의 담보물이고, 하나님은 우리를 위한 그리스도의 순종을 "충분한 배상을 한 것으로" 보고 받아 주신다. 따라서 칭의는 "죄사함과 그리스도의 의의 전가"로 구성된다.[57] 칭의는 죄인이 하나님의 심판대 앞에서 양심으로 자신의 죄책을 변론하고 무죄 석방의 유일한 피난처인 그리스도께 도망칠 때 일어난다.[58] 칭의는 분명히 하나님의 영원하고

---

52) Perkins, *Golden Chaine*, in *Works*, 1:78.
53) Perkins, *Golden Chaine*, in *Works*, 1:79.
54) Perkins, *Golden Chaine*, in *Works*, 1:79.
55) Munson, "William Perkins: Theologian of Transition," p. 100.
56) Perkins, *Golden Chaine*, in *Works*, 1:79~80.
57) Perkins, *Golden Chaine*, in *Works*, 1:81~82.
58) Perkins, *Galatians*, in *Works*, 2:204.

선하신 기쁨에서 나오는 법적인 주권 행위다.

칭의는 다른 유익들도 포함한다. 외적으로 보면, 칭의는 화목, 형벌이 아닌 징계로 작용하는 고난, 영생을 제공한다. 내적으로 보면, 칭의는 평안, 양심의 안정, 하나님의 호의 속에 들어감, 은혜의 보좌 앞에 담대히 나아감, 지속적인 영적 기쁨 의식, 하나님의 사랑에 대한 친밀한 자각을 제공한다.[59]

이 과정의 세 번째 단계인 성화는 퍼킨스가 다른 어느 단계보다 관심을 기울이는 것이다. 퍼킨스는 성화를 "그리스도인의 지성과 의지와 감정이 죄와 사탄의 속박과 학정에서 해방되고, 조금씩 그리스도의 영을 통해 선한 것과 선을 행하는 것을 바라고 인정하는" 활동으로 정의했다.[60] 성화는 두 단계로 이루어진다. "첫 번째 단계는 죄를 죽이는 단계 곧 죄의 권세가 지속적으로 약화되고 소멸되고 감소되는 것이다. 두 번째 단계는 새 생명으로 사는 것으로, 이 단계를 통해 실제로 본래적 의가 덧입혀지고, 이후로 계속 증가된다."[61] 성화는 변화된 삶, 회개, 새로운 순종을 포함한다. 요약하면 "기독교적 싸움의 모든 부분이 성화에 포함된다."[62] 거듭남과 함께 시작되는 구원의 모든 유익은 신자가 성령으로 말미암아 매이게 된 예수 그리스도와의 살아 있는 관계와 결부되어 있다.[63]

퍼킨스는 연료가 없는 불이 곧 꺼져 버리는 것처럼 하나님의 자녀도 하나님이 은혜를 새롭게 날마다 공급해 주심으로써 그들을 따스하게 하지 않으면 냉랭해져서 곧 사그라진다고 가르쳤다.[64] 빅토르 프리베는 이렇게 말한다. "따라서 성화는 신자가 자신과 자신의 행위에게서 눈을 돌려 그리스도의 인격과 사역을 바라볼 때마다 일어나는 갱신에 달려 있다. 죄를 죽이는 것과 새 생명을 따라 사는 것은 가장 활력적이고 결정적인 실재 곧 모든 은혜의 수용을 좌우하는 그리스도와의 연합의 증거다……성화가 사람 속에서 행하시는 하나님 은혜의 활동의 결과라는 것은 의심할 여지가 없는 명백한 사실이다."[65]

성화 다음에는 최종 단계인 영화가 온다. 퍼킨스는 하나님 사랑의 이 단계에서 "성도들은 하나님 아들의 형상으로 완전하게 변화된다"고 말했다. 영화는 최후 심판의 성취를 기다리고, 그때 택함받은 자는 "하나님이 친히 자신의 택하심 받은 자의 전부가 되시는……복"을 누리게 될 것이다. 주권적 은혜로 말미암아 택함받은 자는 완전한 영광 곧 하나님의 영광과 위엄을 직접 목격하고, 그리스도와 온전히 일치되며, "새 하늘과 새 땅"을 상속받는 "놀라운 특권" 속에 들어갈 것이다.[66]

유기된 자의 지옥에 떨어짐

퍼킨스의 도표는 그가 유기를 선택만큼이나 주의 깊게 다뤘다는 것을 보여 준다. 확실히 인간적 관점에서 볼 때 어두운 유기의 사슬은 하나님의 관점에서 보면 사실은 황금 사슬이다. 왜냐하면 그

---

59) William Perkins, *A Treatise Tending unto a Declaration, Whether a Man Be in the Estate of Damnation, or in the Estate of Grace*, in *Works*, 1:368.

60) Perkins, *Whether a Man*, in *Works*, 1:370.

61) Perkins, *Whether a Man*, in *Works*, 1:370.

62) Perkins, *Golden Chaine*, in *Works*, 1:85.

63) Perkins, *Golden Chaine*, in *Works*, 1:83, *Whether a Man*, 1:370.

64) Thomas F. Merrill 편집, *William Perkins, 1558~1602, English Puritanist-His Pioneer Works on Casuistry: "A Discourse of Conscience" and "the Whole Treatise of Cases of Conscience"* (Nieuwkoop, the Netherlands: B. DeGraaf, 1966), p. 103.

65) Priebe, "Covenant Theology of Perkins," p. 141.

66) Perkins, *Golden Chaine*, in *Works*, 1:92, 94.

것도 결국은 하나님의 영광을 일으키기 때문이다.

유기는 두 가지 행위를 포함한다. 첫 번째 행위는 어떤 사람들을 그대로 내버려 두심으로써 자신의 공의를 나타내기 위한 하나님의 결정이다. 이 행위는 인간 속에 있는 어떤 것이 아니라 오직 하나님의 뜻에 기초가 두어져 있다. 두 번째 행위는 이 사람들을 지옥으로 떨어뜨리는 하나님의 결정이다. 이 두 번째 행위는 절대적인 것이 아니라 그들의 죄에 기초가 두어져 있다. 그것은 죄인들을 미워하시는 하나님의 정당한 행위다. 그러므로 퍼킨스는 하나님이 사람들을 자의적으로 파멸시키는 것이 아니라고 가르쳤다. 아무도 자기들의 죄로 말미암아 마땅히 그렇게 되어야 하지 않고는 지옥에 가지 않을 것이다.[67]

퍼킨스는 유기를 선택의 논리적 동반자로 봤다. 퍼킨스는 이렇게 말했다. "만일 어떤 사람들을 선택하는 하나님의 영원한 작정이 있다면, 다른 사람들은 간과하고 거부하는 다른 작정이 당연히 있어야 한다."[68]

그러나 유기와 선택 사이에는 두 가지 강조점의 차이가 있다. 첫째, 하나님은 사람들의 죄와 파멸을 막지 않기로 하셨지만, 찬성이나 행동의 의지를 갖고 그러신 것은 아니다. 택함받은 죄인들에 대한 하나님의 의지는 그들에게 은혜를 보여 주실 때 갖게 되는 그분의 즐거움과 그들 속에 은혜를 행하기 위한 그분의 의도로 구성되었다. 그러나 유기된 죄인들에 대한 하나님의 의지는 그들의 죄에 대한 어떤 즐거움도 포함하지 않았고, 또 그들 속에 죄를 행하기 위한 의도도 전혀 포함하지 않았다. 오히려 하나님은 자신의 공의의 영광을 즐거워했기 때문에, 그들이 죄를 범하는 것을 막지 않기로 하셨다.[69] 둘째, 유기를 시행하실 때 하나님은 주로 자신의 특별하고 초자연적인 선택의 은혜에서 그들을 제외시킴으로써 유기된 자를 간과하신다. 퍼킨스는 심지어 하나님이 유기된 자를 죄를 범하도록 허용하신다는 것까지 말한다. 퍼킨스는 "간과"와 "허용"과 같은 타락 후 작정 언어를 사용해서 다시 한 번 하나님의 타락 전 작정 관점에서 작정의 실행의 타락 후 개념으로 옮겨가는 경향을 보여 준다.[70]

퍼킨스에 따르면, 유기된 자는 두 부류가 있다. 곧 부르심을 받지 않은 자들과 부르심을 받았으나 효과적으로 부르심을 받지 못한 자들이다. 부르심을 받지 못한 자들은 "지성의 무지와 허영"에서 "강퍅한 마음"으로, "버림받은 의식"으로, "죄에 대한 욕심"으로, 그리고 "죄로 가득 찬 상태"로 나아간다.[71] 부르심을 받은 자들은 "하나님의 부르심에 순응하는" 데까지-여기에는 일반적 조명, 후회, 일시적인 믿음, 은사를 맛봄, 열심 등이 포함됨-나아갈 수 있지만, 결국은 "죄의 미혹, 마음의 완고함, 악한 마음, 믿지 않는 마음, 배교"로 말미암아 죄에 "다시 빠진다." 궁극적으로 효과적이지 못한 부르심을 받은 자들은 "죄로 가득 찬 상태"에 이르고, 그리하여 유기된 자의 두 부류는 죽기 전에 한 부류가 된다. 유기된 자에게는 모든 부르심이 효과적이지 못하다. 왜냐하면 그들은 모두 그리스도께 나아가지 못하기 때문이다. 가장 큰 죄인 "믿지 않는 마음"을 비롯해서 그들 자신의 죄에 사로잡혀

---

67) Perkins, *Golden Chaine*, in *Works*, 1:105, *Galatians*, 2:612.
68) Perkins, *Creed of the Apostles*, in *Works*, 1:287.
69) Perkins, *Manner and Order of Predestination*, in *Works*, 2:613~614.
70) Perkins, *Manner and Order of Predestination*, in *Works*, 2:611~618, Graafland, *Van Calvijn tot Barth*, 80.
71) Perkins, *Golden Chaine*, in *Works*, 1:107.

유기된 자는 하나님의 심판과 파멸을 자초한다.[72)]

그러나 그의 현재 죄와 불신앙만 보고 그가 하나님의 유기된 자라고 결론지어서는 안 된다. 하지만 그는 하나님 은혜를 구하고, 은혜 수단, 특히 말씀 선포 아래 들어가야 할 것이다.

그리스도 안에 있는 언약적인 은혜와 이 은혜 밖에 있을 때 주어질 피할 수 없는 진노를 이해하게 되면, "나는 하나님의 은혜를 받는 택함받은 자 가운데 하나일까? 나는 그리스도 안에서 주어지는 구원에 얼마나 쓸모가 있을까? 내가 참된 믿음을 갖고 있다는 것을 어떻게 확신할 수 있을까? 만일 유기된 자들도 은혜로 자극받아 행할 때와 똑같이 행할 수 있다면, 나는 내가 하나님의 자녀라는 것을 어떻게 알 수 있을까?"와 같은 질문을 부득불 묻게 될 것이다.[73)] 이런 질문들 때문에 설교의 중대한 임무가 대두된다.

설교: 택함받은 자를 인도함

청교도 가운데 윌리엄 퍼킨스만큼 설교에 큰 관심을 둔 자는 없었다.[74)] 설교는 "교회를 모으고, 택함받은 자의 수를 채우는 것을 돕는다는 점에서" 또한 "주의 우리에서 이리를 쫓아내는 것이라는 점에서" 독보적으로 하나님을 존귀하게 하는 도구다.[75)] 본질상 퍼킨스의 목표는 설교자들이 선택과 언약을 계시하고 실현시키는 하나님의 도구로서의 책임을 깨닫도록 돕는 데 있었다. 성경적으로 균형적인 설교는 매우 중요했다. 왜냐하면 선포된 말씀은 구원으로 이끄는 하나님의 능력이고, 그것이 없으면 구원도 없었기 때문이다.[76)] 퍼킨스는 설교는 하나님이 "자신이 택하신 자들을 자신의 나라로 이끌고, 그들을 거룩한 모든 순종으로 변화시키는" "강력한 무기"라고 가르쳤다.[77)] 말씀은 "사람들을 회심시키고, 사람들의 이성 및 감정과는 크게 대조되지만 그들을 변화시킨다는" 점에서 자체로 신적 능력을 증명한다.[78)] 설교에 대해 이런 고귀한 관점을 갖고, 퍼킨스는 주저 없이 설교는 공예배의 클라이맥스라고 역설했다.

먼슨은 "구원의 원인들에 대한 퍼킨스의 황금 사슬은……설교 도구를 통해 선택과 연계된다"고 말한다.[79)] 앞에서 지적한 것처럼 언약은 하나님이 자신의 작정을 실행하시는 수단이다.[80)] 퍼킨스는 이렇게 말했다. "은혜 언약은 자유롭게 그리스도와 그리스도의 유익을 약속하신 하나님이 사람에게 믿음으로 그리스도를 영접하고 자신의 죄를 회개하도록 거듭 요구하는 것이다."[81)] 은혜 언약은 "지금 회개하고 그리스도 예수를 믿는 모든 자에게 구원 및 영생과 함께 그들의 모든 죄에 대한 충분한

---

72) Perkins, *Golden Chaine*, in *Works*, 1:11에서 도표를 보라.
73) Chalker, "Calvin and Some Seventeenth Century Calvinists," p. 91.
74) Perkins, *The Arte of Prophesying, or, A Treatise Concerning the Sacred and Only True Manner and Method of Preaching*, in *Works*, 2:645 이하를 보라.
75) Perkins, *Arte of Prophesying*, in *Works*, 2:645.
76) Perkins, *Golden Chaine*, in *Works*, 1:83.
77) Munson, "William Perkins: Theologian of Transition," p. 197에서 인용함.
78) Perkins, *Arte of Prophesying*, in *Works*, 2:650.
79) Munson, "William Perkins: Theologian of Transition," p. 183.
80) Perkins, *Golden Chaine*, in *Works*, 1:31.
81) Perkins, *Golden Chaine*, in *Works*, 1:70.

용서가 준비되어 있음"을 약속한다.[82] 이 복음은 선포되어야 한다(롬 10:14). 이 복음은 "영혼을 매혹시켜 사람들의 완고한 마음을 완화시키고, 그들을 불경건하고 야만적인 삶에서 기독교 신앙과 회개로 이끈다."[83] 그러므로 퍼킨스는 "선포된 복음은……믿음을 낳는 통상적인 수단이다"라고 말했다.[84] 따라서 우리는 퍼킨스에게 복음은 차별 없이 모든 사람에게 선포되는 것임을 확인하게 된다. 복음은 모든 사람을 택함받은 자가 될 가능성이 있다고 보고, 반응을 요구한다. 이것은 퍼킨스의 작품이 구원의 길에 대해서는 세부적으로 상세히 설명하고, 유기에 대해서는 거의 스쳐가는 정도로만 다루는 이유를 설명해 준다. 『황금 사슬』은 모든 사람에게 은혜의 수단을 접할 때 자기 속에 선택의 표지가 있는지 묻도록 요구한다.

택함받은 자는 오직 하나님만 알고 계시기 때문에 퍼킨스는 설교를 들은 자는 누구나 잠재적으로 복음의 은혜 속에 들어갈 수 있다고 추정했다. 따라서 퍼킨스는 모든 죄인에게 그리스도 안에서 제공되는 하나님의 구원을 받아들이라고 권면했다. 복음의 약속은 자유롭게 모든 듣는 자에게 "보화"로 제공되어야 한다고 퍼킨스는 말했다.[85]

성경에 대한 단순하고 강력한 설교는 단순히 사람의 일이 아니라 선택하시는 하나님의 영이 말씀하시는 거룩한 침투다.[86] 퍼킨스는 이렇게 말했다. "모든 선지자는……설교할 때……하나님의 음성이다. 말씀에 대한 설교는 그리스도의 이름과 능력으로 예언하는 것이다. 이때 사람들은 은혜의 상태 속으로 부르심을 받고, 그 안에서 보호를 받는다"(고후 5:19~20).[87]

결론: 개혁파 스콜라적인 경건

퍼킨스는 "스콜라적인 높은 칼빈주의자"와 "경건주의의 아버지"라는 호칭을 함께 얻었다.[88] 퍼킨스의 신학은 예정 교리에서 성부의 신적 주권, 택함받은 자에 대한 그리스도의 배상, 성령의 구원 사역을 인정한다. 그러나 퍼킨스는 신적 주권이 개인 신자가 말씀을 듣는 자, 그리스도를 따르는 자, 양심의 투사로서 자신의 구원을 위해 힘써야 한다는 실천적, 복음적 강조점을 방해한다는 것을 결코 인정하지 않는다. 신적 주권, 개인적 경건, 복음의 구원 제공은 항상 함께 간다.

퍼킨스가 건전한 교리와 영혼의 개혁을 강조한 것은 이후로 오랫동안 청교도 사상에 영향을 미쳤다.[89] J. I. 패커는 이렇게 말한다. "청교도 사상은 복합적인 성경적, 헌신적, 교회적, 개혁적, 논쟁적, 문화적 관심사와 함께 퍼킨스에게서 궤도에 올랐고, 이전에는 보지 못했던 온전한 영적 비전과 성숙

82) Perkins, *Golden Chaine*, in *Works*, 1:70.
83) Perkins, *Arte of Prophesying*, in *Works*, 2:645.
84) Perkins, *Golden Chaine*, in *Works*, 1:71.
85) Breward, *Work of Perkins*, p. 300.
86) Perkins, *Arte of Prophesying*, in *Works*, 2:670, William Haller, *The Rise of Puritanism* (New York: Columbia University Press, 1938), pp. 130~131.
87) Perkins, *Arte of Prophesying*, in *Works*, 2:646.
88) Heinrich Heppe, *Geschichte des Pietismus und der Mystik in der reformierten Kirche namentlich in der Niederlande* (Leiden: Brill, 1879), pp. 24~26.
89) Richard Muller, "William Perkins and the Protestant Exegetical Tradition: Interpretation, Style, and Method," *William Perkins, A Commentary on Hebrews 11*, John H. Augustine 편집 (New York: Pilgrim Press, 1991), p. 72.

한 기독교적 인내를 특별히 보여 주기 시작했다고 우리는 말할 수 있다."[90] 현대 학자들은 퍼킨스를 "엘리자베스 시대 청교도의 핵심 건축자", "튜더 왕조 시대의 청교도 신학자", "가장 중요한 청교도 저술가", "청교도 신학자들의 왕자", "가장 조용한 시대의 이상적인 청교도 성직자", "청교도 신학자 전체 가운데 가장 유명한 사람" 등으로 불렀고, 칼빈 및 베자와 함께 "정통주의의 삼인방" 가운데 세 번째 인물로 분류했다.[91] 퍼킨스는 잉글랜드에서 칼빈보다 더 광범하게 책이 출판된 최초의 신학자였고, 영국 제도, 유럽 대륙, 북미에 주도적인 영향을 미친 최초의 잉글랜드 개신교 신학자였다. 청교도를 연구하는 학자들이 퍼킨스의 진귀한 작품들을 지금도 거의 입수할 수 없는 것에 놀라는 것은 이상한 일이 아니다.[92]

개혁파 신학자들은 계속 타락 전 예정과 타락 후 예정에 대해 논쟁을 벌이고 있지만 예정 교리의 기본 노선에서는 서로 일치되었다. 리처드 십스(1577~1635년)는 그들이 타락 논쟁에 빠져 있었던 것과는 상관없이 그의 모든 동료 개혁파 신학자들이 다음과 같은 사실들에 대해 일치했다고 말했다.

> 첫째, 하나님의 목적 속에 사람들의 영원한 분리가 들어 있었다. 둘째, 자신의 목적에 따라 사람을 분리시키는 이 첫 번째 작정은 피조물에 대한 하나님의 주권적 행위로, 이것은 베드로가 아니라 유다를 거부하신 이유처럼, 특히 상대적인 유기에 있어서, 그렇게 된 원인이 피조물 속에 있는 것과는 완전히 별개다. 예견된 죄는 원인이 될 수 없다. 왜냐하면 그것은 두 사람 다 공통적이고, 그러므로 그것은 분리의 원인이 될 수 없었기 때문이다. 셋째, 파멸이 신적 공의의 행위라는 데 모두가 일치한다. 이것은 죄과를 전제로 하고, 그러므로 하나님의 작정의 실행은 본성이거나 삶이거나 또는 둘 다이거나 간에 죄에 기반을 두고 있다.[93]

여러 세기 전에 에라스무스가 그런 것처럼, 우리도 "예정은 성도들에게는 자기들의 구원에 대한 확신을 좌절시키고, 악인들에게는 죄를 조장하게 될 것이므로 설교되어서는 안 된다"고 반론을 제기할 수 있다. 잰키는 루터와 부처의 통찰력에 따라 이 반론에 다음과 같이 대응했다.

- 하나님은 우리에게 자신의 말씀 속에서 예정을 가르치고, 우리는 예정 교리를 부끄러워하지 말고 하나님의 지혜를 존중하고 의지하며 예정 교리를 선포해야 한다.
- 예정 교리는 우리의 교만을 낮추고, 하나님의 은혜를 높인다. 왜냐하면 우리에게 우리 자신의

90) J. I. Packer, "An Anglican to Remember-William Perkins: Puritan Popularizer" (London: St. Antholin's Lectureship Charity Lecture, 1996), p. 4.

91) John Eusden, *Puritans, Lawyers, and Politics* (New Haven, Conn.: Yale University Press, 1958), p. 11, Knappen, *Tudor Puritanism*, p. 375, Haller, *Rise of Puritanism*, p. 91, Patrick Collinson, *The Elizabethan Puritan Movement* (London: Jonathan Cape), p. 125, Paul Seaver, *The Puritan Lectureships: The Politics of Religious Dissent, 1560~1662* (Palo Alto, Calif.: Stanford University Press, 1970), p. 114, Christopher Hill, *God's Englishman: Oliver Cromwell and the English Revolution* (New York: Harper & Row, 1970), p. 38, Packer, "An Anglican to Remember," p. 1.

92) Louis Wright, "William Perkins: Elizabethan Apostle of 'Practical Divinity,'" *Huntington Library Quarterly* 3, no. 2 (1940), p. 171, George L. Mosse, *The Holy Pretence: A Study in Christianity and Reason of State from William Perkins to John Winthrop* (Oxford: Basil Blackwell, 1957), p. 48.

93) Richard Sibbes의 서언, Paul Baynes, *An Entire Commentary upon the Whole Epistle of St. Paul to the Ephesians* (Edinburgh: James Nichol, 1866), p. 2.

구원을 위해 우리가 아무것도 할 수 없다는 것을 보여 주기 때문이다. 오직 하나님만이 죄인들을 구원하신다.

- 믿음은 본질상 인간의 이성으로는 보고 충분히 파악할 수 없는 하나님의 교리를 받아들이게 한다.
- 선택은 사탄이 의심과 비난을 통해 공격할 때 성도들에 대한 하나님의 변함없으신 사랑을 갖고 그들을 위로하고 유지시킨다.
- 예정은 영원하고 불변하시는 하나님의 무한한 영광과 주권을 계시하고, 그리하여 우리는 하나님을 알고 경배할 수 있게 된다.
- 예정은 오직 은혜로 얻는 구원의 복음을 보장한다.
- 예정 교리는 그리스도 예수 안에서 자기 백성들을 특별히 사랑하시는 하나님에 대한 활력적인 환상으로 우리를 이끌고, 이것은 그의 백성들의 기쁨이고, 하나님에 대한 그들의 사랑의 연료다.
- 예정은 하나님의 백성들을 근면하고 거룩한 삶으로 이끈다.[94]

퍼킨스는 예정신학으로 말미암아 구주를 필요로 하는 죄인과 성도들을 대할 때 냉정하고 무감각한 사람이 되지 않았다. 오히려 그의 따스한 성경신학은 17세기에 출판물을 통해 쏟아진 청교도 "실천신학" 문헌의 논조를 확증한다. 그것은 당대 설교자들에게 죄를 떠나 사랑하는 구주에게 나아가고, 시련을 거쳐 영광이 이를 때까지 그분을 따르도록 사람들에게 촉구하도록 영향을 미쳤다.

94) Girolamo Zanchi, *The Doctrine of Absolute Predestination* (Perth: R. Morison Jr., 1793), pp. 97~107.

8장

토머스 굿윈과 요하네스 마코비우스의 영원 전 칭의 교리

나는 그 판단에 포함되지도 않고, 또 포함되지도 않았다. 그러나 설명될 수 있는 것처럼, 나는 지금까지 그리고 지금도 나보다 더 낫고, 더 지혜롭고, 더 박식한 사람들을 알고 있다.

-존 오웬[1]-

16세기 종교개혁 이후로 어떤 개혁파 정통 신학자들이 하나님의 행위로서 칭의가 시간 속에서가 아니라 영원 속에서 이루어졌다고 믿었는지에 대한 질문이 제기되었다. "영원한 칭의"보다는 오히려 "영원 속에서의(영원부터의) 칭의"가 더 엄밀한 말일 것이다. 왜냐하면 이 문제는 칭의의 지속성이 아니라 칭의 시기나 시점에 대한 것이기 때문이다. 하지만 "영원한 칭의"라는 말도 이번 장에서 사용될 것이다. 영원부터의 칭의 관념은 특히 이 교리에 율법폐기주의적인 의미가 함축되어 있는 것으로 지각되기 때문에 개혁파 신학자들 사이에서 폭발적인 논쟁을 불러일으켰다.[2] 많은 교리들과 마찬가지로, 영원부터의 칭의에 대한 교리의 범위도 다양한 개혁파 신학자들의 관점 속에서 식별될 수 있다. 그러나 유감스럽게도 이 교리는 단지 이차 문헌에서 스치듯이 다루어졌고, 정통적 견해에 대한 실질적인 의견 일치는 없었으며, 그로 말미암아 다양한 입장들이 난무했다.

칼 트루먼은 영어권과 네덜란드어권 전통 속에서 영원한 칭의의 역할을 정확히 확인하고, 영원한 칭의는 "택함받은 자는 영원 속에서 택함받았을 뿐만 아니라 영원 속에서 의롭게 되었다는 관념이었다"고 지적한다.[3] 이 견해에 따르면, "믿음은 사람이 사전에 이루어진 칭의를 깨닫는 것, 하나님 앞에서의 자신의 영원한 지위를 인정하는 것이 되고, 어쨌든 칭의의 본질적 부분은 아니나 다르게 보면, 칭의의 한 부분이다."[4] 트루먼은 이 교리와 토비아스 크리스프(1600~1643년)와 같은 율법폐기주의 신학 속에서 이 교리의 역할을 서로 관련시킨다.[5] 그러나 트루먼은 또 이 교리는 "토머스 굿

---

1) 자신이 영원부터의 칭의를 견지한다고 비난한 리처드 백스터에 대한 존 오웬의 반응은 *Of the Death of Christ, and of Justification*, in *The Works of John Owen, D.D.* (Edinburgh: Johnstone & Hunter, 1850~1855), 12:596을 보라.

2) G. C. Berkouwer, *Faith and Justification*, Lewis B. Smedes 번역 (Grand Rapids: Eerdmans, 1954), pp. 143~168을 보라.

3) Carl Trueman, *The Claims of Truth: John Owen's Trinitarian Theology* (Carlisle, U.K.: Paternoster, 1998), p. 28.

4) Trueman, *Claims of Truth*, p. 28.

5) 크리스프가 영원한 칭의 교리를 견지했다는 증거는 그리 확실한 것은 아니다. 이 문제에 대한 크리스프의 입장을 세부적으로 평가한 것은 Gert van den Brink, *Herman Witsius en het Antinomianisme* (Apeldoorn: Instituut voor Reformatieonderzoek, 2008), pp. 66~86을 보라. 또한 Curt Daniel, "Hyper-Calvinism and John Gill" (철학박사 학위논문, Edinburgh University, 1983), pp. 305~330과 "John Gill and Calvinistic Antinomianism," *The Life and Thought of John Gill (1697~1771): A Tercentennial Appreciation*, ed. Michael Haykin (Leiden: Brill, 1997), p. 185

윈(1600~1679년)과 같은 보다 전통적인 정통 신학자 속에서도 지지를 발견했다"고 주장한다. 굿윈 외에 네덜란드의 스콜라주의 신학자인 요하네스 마코비우스(1588~1644년)도 이차 문헌에서 영원부터의 칭의를 매우 주도적으로 옹호한 자들 가운데 하나로 간주되었다.[6]

그러나 우리는 이런 질문들을 할 수 있다. 첫째, 토비아스 크리스프는 트루먼이 주장하는 것처럼 과연 영원부터의 칭의 교리를 주장했는가? 둘째, 율법폐기주의와 영원한 칭의 간의 관계는 무엇인가? 셋째, "보다 전통적인 정통" 신학자인 굿윈과 마코비우스의 견해는 엄밀히 무엇이었을까? 첫째 질문에 대해 말한다면, 크리스프는 영원한 칭의를 주장하지 않은 것으로 판명된다. 크리스프의 실제 견해는 택함받은 자는 그리스도가 십자가에서 죽으신 순간에 의롭게 되었다는 것이다. 확실히 하나님은 영원 전에 택함받은 자를 의롭게 할 것을 작정하셨으나 실제 무죄 방면은 갈보리에서 일어났다.[7] 따라서 분명히 이 유명한 율법폐기주의자는 영원한 칭의에 대한 견해를 갖고 있지 않았고, 이것은 두 번째 질문을 낳는다.

영원부터의 칭의를 주장하는 것은 오랫동안 율법폐기주의와 밀접하게 연관되어 있었다.[8] 차드 판 딕호른은 "영원한 칭의 관념은 율법폐기주의의 다수의 핵심 교의들의 지성적 출발점이다"라고 주장한다.[9] 따라서 많은 이들이 영원한 칭의 교리 지지자들을 비판했다. 폴 림은 "리처드 백스터(1615~1691년)는 믿음을 갖기 전에 영원부터 의롭게 되는 칭의를 '율법폐기주의의 기둥'으로 지칭하고, 존 오웬(1616~1683년), 마코비우스와 이 교리를 주창한 다른 신학자들을 비판했다"고 지적한다.[10] 존 플라벨(1628~1691년)은 율법폐기주의를 반박할 때 영원한 칭의 교리를 지적한다. "확실히 율법폐기주의자는 우리의 실제 칭의를 우리의 영원부터의 칭의에 대한 표현이나 선언에 불과한 것으로 만든다."[11] 플라벨은 계속해서 이 오류는 칭의를 하나님의 내재적이고 영원한 행위로 만든다고 말한다. "그리고 [율법폐기주의자들은] 택함받은 자는 그들 자신이 또는 세상이 존재하기 전에 의롭게 되었다"고 주장한다. 다른 이들은 고집을 꺾고 "택함받은 자는 그리스도가 죽으실 때 의롭게 되었다"고 주장한다. 이에 [토비아스] 크리스프 박사는 이 두 견해를 조화시킨다.[12] 플라벨은 "크리스프는 영원한 칭의를 주장하지 않았다"는 것을 인정하고, 따라서 다음 두 질문을 정확히 구별한다.

이하도 보라.

6) Trueman, *Claims of Truth*, p. 28, J. De Ruiter, "Naschrift," *De Rechtvaardiging door het Geloof*, Th. Van der Groe 편집 (Urk: de Vuurtoren 1978), p. 141, Peter Toon, *The Emergence of Hyper-Calvinism in English Non-Conformity 1689~1765* (London: Olive Tree, 1967), pp. 60, 116, 133.

7) Tobias Crisp, *Christ Alone Exalted* (London: Richard Bishop, 1643), p. 298. "나는 모든 압박, 모든 짐, 모든 죄 자체가 오래전에 그리스도 위에 두어져 있다고 말하는 바다. 그것이 그리스도에게 두어지면 그대에게 임하는 것은 충분한 해방, 전체적인 석방과 방면이다. 지금 그대에게 지워질 죄는 아무것도 없다. 다음 두 가지 전제를 어떻게 양립시킬 수 있을까? 그대의 죄는 그리스도 위에 놓여 있다. 하지만 그대의 죄들은 여전히 그대에게 놓여 있지 않은가?"

8) 그 외에도 트루먼은 "영원부터의 칭의 교리는 그리스도의 인격과 구속사의 필요성을 약화시킨다"고 진술한다. "John Owen's Dissertation on Divine Justice: An Exercise in Christocentric Scholasticism," *Calvin Theological Journal* 33 (1998), p. 105.

9) Chad van Dixhoorn, "Reforming the Reformation: Theological Debate at the Westminster Assembly 1642~1652" (철학박사학위논문, University of Cambridge, 2004), 1:277.

10) Paul Chang-Ha Lim, *In Pursuit of Purity, Unity, and Liberty: Richard Baxter's Puritan Ecclesiology in Its Seventeenth-Century Context* (Leiden: Brill, 2004), pp. 159~160.

11) John Flavel, *Planelogia, a Succinct and Seasonable Discourse of the Occasions, Causes, Nature, Rise, Growth, and Remedies of Mental Errors* (London, 1691), p. 260. 참고, John Flavel, *The Works of the Rev. Mr. John Flavel* (1820, 재판, London: Banner of Truth Trust, 1968), 3:413~492, 551~591.

12) Flavel, *Planelogia*, pp. 318~319.

첫째, 칭의는 영원 속에서 일어났는가? 둘째, 믿음과 칭의의 논리적 순서는 어떻게 되는가? 즉 칭의는 믿음에 앞서 일어났는가? 커트 대니얼은 "사람은 믿기 전에 먼저 의롭게 되고, 그런 다음에 자신이 의롭게 된 것을 믿는다"는 크리스프의 자극적인 말을 인용하는데, 이것 때문에 그는 영원부터의 칭의 견해를 크리스프에게 귀속시킨다.[13] 그러나 플라벨이 인정한 것처럼, 여기서 마지막 주장은 거짓이다. 트루먼은 크리스프의 칭의 이해는 "'영원한 칭의'라는 말에 함축된 단조로운 특징이 전부가 아니라 얼마간 더 세련된 면모를 갖고 있다"고 올바르게 지적했다.[14] 그러나 이번 장은 크리스프가 아니라 영원부터의 칭의 교리를 주장한 것으로 알려진 "보다 전통적인 정통" 신학자, 토머스 굿윈과 요하네스 마코비우스를 다룰 것이다. 크리스프의 실례는 영원한 칭의 교리에 대해 주의 깊은 탐구가 요청된다는 것을 분명히 하고, 확인될 것처럼 굿윈이나 마코비우스는 이 교리를 주장하지 않았다.

이 두 질문-"칭의는 영원 속에서 일어났는가?"와 "믿음과 칭의의 논리적 순서는 어떻게 되는가?"-을 구별하게 되면 유용한 단서가 제공된다. 만일 칭의가 영원부터 주어진 것이라면 칭의는 믿음보다 앞선다. 그러나 칭의가 믿음에 앞선다고 주장하는 모든 자가 영원한 칭의에 동조하는 것은 아니다. 분명하게 드러나겠지만, 이 두 질문을 혼동하는 것이 오해의 통상적 원인이다.

영원한 칭의에 대한 굿윈의 견해

굿윈의 구원 교리는 염두에 둘 필요가 있는 다수의 기본적 구분들을 바탕으로 하고 있다. 굿윈은 "우리의 구원을 완결시키고 완성시키는 세 종류의 사역"을 언급한다.[15] 이 사역들은 다음과 같다.

1. 우리를 향하신 하나님의 **내재적** 사역: 하나님의 영원하신 사랑이 세워져 우리에게 임했고, 이 사랑으로 말미암아 하나님이 우리를 선택하고, 이것과 우리에게 베푸시는 모든 복을 계획하셨다.
2. 그리스도 안에서 우리를 위해 행하신 **시간적** 사역: 그리스도께서 우리를 대표하여 또는 우리를 대신하여 행하거나 고난당하신 모든 일이 여기에 포함되었다.
3. 우리 안에서 그리고 우리에 대해 행하신 **적용적** 사역: 이 사역을 통해 성령으로 말미암아 부르심, 칭의, 성화, 영화와 같은 이 모든 복이 우리에게 부여된다.[16]

굿윈은 다른 곳에서 하나님이 "그리스도 안에서" 행하시는 것으로 말해지는 것과 하나님이 "그리스도로 말미암아" 행하시는 것 사이를 구분한다.[17] "그리스도 안에서" 화목하게 되는 것은 자기 백성들을 향하신 하나님의 내재적 행위를 가리킨다. 그것들은 택함받은 자가 아직 존재하지는 않으나

---

13) Daniel, "John Gill and Calvinistic Antinomianism," p. 185.
14) Carl Trueman, *John Owen: Reformed Catholic, Renaissance Man* (Aldershot: Ashgate, 2007), p. 114.
15) Goodwin, *Of the Holy Ghost*, in *The Works of Thomas Goodwin D.D. Sometime President of Magdalen College in Oxford* (London, 1681~1704), 5:374.
16) Goodwin, *Of the Holy Ghost*, in *Works*, 5:374.
17) Goodwin, *Of Christ the Mediator*, in *The Works of Thomas Goodwin D.D. Sometime President of Magdalen College in Oxford* (London, 1681~1704), 3:9.

하나님 안에 있었을 때 그리스도 안에서 받은 구원의 복이다. 그러나 "그리스도로 말미암아"는 하나님의 내재적 행위의 "실제 수행"과 그리스도의 사역의 자기 백성들에 대한 적용을 가리킨다.[18] "그리스도로 말미암아"라는 말은 시간적 사역(즉 그리스도의 중보적인 고난과 죽음)과 적용적 사역(즉 성령이 그리스도의 중보의 유익들을 신자에게 적용하시는 것)을 가리킨다. 이 다양한 구분들은 굿윈의 칭의 교리를 적절히 이해하는 데 결정적인 역할을 한다. 여기서 내재적 사역은 영원 속에서 일어나고, 시간적 사역은 이 맥락에서 시간 속에서 행해진 간청 사역[19]과 관련되어 있고, 실존적으로 경험되는 하나님의 적용적 행위는 구속 과정을 완결시킨다.

굿윈은 칭의의 세 단계(tria momenta)를 자명한 공리로 취한다. 칭의는 적용할 때에는 개인적 행위(actus individuus)지만, 그럼에도 "하나님의 세 단계와 진행"이 있다.[20] 그러나 세 번째 단계만 적절하게 칭의로 불릴 수 있다. 세 번째 단계 이전 단계는 그렇게 불릴 수 없다. 하지만 각각 처음 두 단계 또는 진행에 따라 하나님은 택함받은 자에게 죄의 형벌에서 완전히 해방된 자격을 부여하신다. 첫 번째 단계는 구속 언약(pactum salutis)을 영원 속에서 세우신 것이다. "첫 번째 진행이나 단계는 처음에 영원 전부터 언약을 세우고 계약을 맺으신 것이다……따라서 처음 선택을 받았을 때 우리는 우리 자신의 인격이 아니라 우리 머리 안에서 의롭게 되었다. 그때 그분이 자기에게 주어진 우리의 인격을 갖고 계셨고, 우리가 그분 안에서 존재와 권리를 갖게 되었기 때문이다."[21] 이 단계는 하나님의 내재적 행위와 관련되어 있고, 하나님이 그리스도 안에서 자기 백성들을 택하고(엡 1:3), 그들을 영생으로 예정하신 것은 하나님의 이 내재적 행위다. 따라서 굿윈은 바울은 로마서 8장 30절에서 과거 시제로 부르심과 칭의와 영화의 복을 지적한다. 이 맥락에서 이 구속의 복들은 오직 자기 백성들의 연합적인 머리이신 그리스도 안에서만 우리에게 존재했다. 따라서 "우리를 위한 이 모든 복에 대해……그리스도와 맺어진 언약으로 말미암아 실제적인 주고받음이 있었다."[22] 구속 언약의 조건으로 말미암아 곧 그리스도께서 영원 속에서 자기 백성들의 담보물로 지정되셨기 때문에 택함받은 자는 "이 점에서 영원 전부터 의롭게 된다."[23] 그러나 이것은 크게 제한된 의미로 이해되어야 한다.

---

18) Goodwin, *Of Christ the Mediator*, in *Works*, 3:9.

19) 간청은 그리스도께서 중보 사역으로 행하시는 구원의 한 부분이다. 구원과 관련해서 존 오웬은 간청과 적용을 구별한다. "간청이란 그리스도께서 아버지와 함께 그리고 아버지께 속하여 우리를 위해 행하신 모든 선한 일을 공로로 취득하신 것을 의미하고, 적용은 우리가 믿음으로 그리스도께서 이루신 이 선한 일들을 실제로 누리는 것을 가리킨다. 만일 어떤 사람이 포로들을 속량하기 위해 값을 치른다면, 값을 치르는 것은 우리가 말하는 것에 대한 간청의 자격을 제공하고, 포로를 해방시키는 것은 그것을 적용하는 것이다. 따라서 우리는 그리스도께서 우리를 위해 얻으신 모든 것이 조건에 따라 주어지는 것이 아니고, 그것들 가운데 어떤 것은 절대적으로 주어진다는 것을 주목해야 한다. 그리고 조건에 따라 주어지는 것들에 대해 말한다면, 그것들이 주어지는 조건은 어떤 조건에 따라서가 아니라 오직 취득에 의해서 실제로 우리를 위해 취득되고 확보되었다는 것이다. 예를 들어 보자. 그리스도는 우리를 위해 죄사함과 영생을 취득하셨고, 우리는 이것들을 믿기만 하면 곧 믿음을 조건으로 누리게 된다. 그러나 그것들에 대한 조건 곧 수행 여부에 따라 그것들이 주어지는 조건인 믿음 자체는 그분이 아무 조건이 없이 절대적으로 우리를 위해 취득하셨다"(*The Death of Death in the Death of Christ*, in *The Works of John Owen, D.D.* [Edinburgh: Johnstone & Hunter, 1850~1855], 10:223~224).

20) Goodwin, *Object and Acts of Justifying Faith*, in *The Works of Thomas Goodwin D.D. Sometime President of Magdalen College in Oxford* (London, 1681~1704), vol 4, pt. 1:104.

21) Goodwin, *Object and Acts of Justifying Faith*, in *Works*, vol. 4, pt. 1:104.

22) Goodwin, *Object and Acts of Justifying Faith*, in *Works*, vol. 4, pt. 1:105. 참고, Francis Turretin, *Institutes of Elenctic Theology*, James T. Dennison Jr. 편집, George Musgrave Giger 번역 (Phillipsburg, N.J.: P&R, 1992), 16.9.4.

23) Goodwin, *Object and Acts of Justifying Faith*, in *Works*, vol. 4, pt. 1:105.

따라서 자기 백성들의 담보물로서의 그리스도의 영원한 지정은 칭의의 충분조건이 아니라 필수조건을 표상한다.

칭의의 두 번째 단계는 그리스도의 시간적 사역 곧 "부활하실 때 이루신 그리스도의 지불 및 공로"와 관련되어 있다.[24] 그리스도는 공적 인간으로서 죽고 부활하셨기 때문에 하나님은 "그분에 대해 그리고 그분 안에서 우리에 대해 추가적인 칭의 행위를 행하셨다."[25] 그리스도의 부활은 그분 자신의 칭의였을 뿐만 아니라(딤전 3:16), 창세전에 "그분 안에" 있는 자들의 칭의이기도 했다(엡 1:3~11) 바울은 그리스도의 칭의를 묘사할 때 추상적으로 그리스도 자신에 대해서만 말하는 것이 아니라, 그분을 자기 백성들의 연합적인 머리나 대표로서 말한다. 따라서 더 구체적으로 말하면, 택함받은 자의 칭의는 그리스도의 부활에 귀속된다.[26] 이 단계 곧 아직 태어나지 않은 그리스도의 백성들의 구원을 위해 행해진 것은 성부의 선택에 따라 그들이 그들의 우두머리 속에서만 존재했기 때문에 그들과 관련된다. 그러나 이 행위들 가운데 어떤 것도 택함받은 자를 당연히 의롭게 하지는 못한다. "그 행위들은 우리와 관련되고, 우리를 향하고 있지만 우리에 대한 하나님의 행위는 아니다. 우리를 향해 행해진 그 행위들은 실제로는 우리 자신 속에는 있지 않고, 다만 우리를 위해 언약을 맺으시고 우리를 대표하신 우리의 우두머리 안에서만 있다. 따라서 이 행위들로 말미암아 우리는 칭의의 정당한 권리를 취득한 것처럼 되지만, 그 권리의 유익과 소유는 그것이 우리에게 주어지는 추가 행위가 없으면 갖고 있지 못하다."[27]

의미심장하게도 굿윈은 칭의의 마지막 단계를 설명할 때 율법폐기주의자의 견해를 반대하고, 택함받은 자는 성령으로 말미암아 구원에 이르는 믿음을 행사할 수 있을 때에만 그들 자신의 인격 속에 칭의의 권리를 소유한다는 견해를 지지한다. 이 세 번째 단계 곧 이 하나님의 행위는 이전 단계들의 완결과 달성이다. 여기서 칭의가 적절하게 일어난다. 사보이 선언 작성자들이 웨스트민스터 신앙고백을 변경시킨 것은 이 점에 있어서 굿윈의 입장 내용을 반영하는 것이다. 하지만 우리는 그 변경을 너무 부각시켜 읽지 않도록 조심해야 한다. 왜냐하면 오웬은 분명히 어떤 형태든 간에 영원부터의 칭의 교리와는 거리를 두려고 했기 때문이다. 웨스트민스터 신앙고백 11장 4절은 이렇게 되어 있다. "하나님은 영원 전에 택함받은 자를 의롭게 하기로 작정하셨고, 그리스도는 때가 차매 그들의 죄를 위해 죽고, 그들의 의롭다 하심을 위해 다시 사셨다. 그럼에도 그들은 성령이 적절한 때에 그리스도를 그들에게 적용하실 때까지 의롭게 되지 못한다." 웨스트민스터 신앙고백은 실존적 신앙을 이미 참된 것에 대한 실현이나 표명에 불과한 것으로 만드는 영원한 칭의 교리를 거부한다. 그러나 사보이 선언은 이 진술에 중요한 부사를 덧붙임으로써, 다음과 같이 만든다. "하나님은 영원 전에 모든 택함받은 자를 의롭게 하기로 작정하셨고, 그리스도는 때가 차매 그들의 죄를 위해 죽고, 그들의 의롭다 하심을 위해 다시 사셨다. 그럼에도 불구하고 그들은 성령이 적절한 때에 그들에게 그리스도를 적용하실 때까지 **개인적으로** 의롭게 되지 못한다"(11.4에 강조가 더해진 것임). 11장 4절에 "개인적으로"라는 말을 덧붙임으로써, 의심할 것 없이 굿윈의 영향을 받은 회중주의자들은 영원부터의 칭의 교리를

24) Goodwin, *Object and Acts of Justifying Faith*, in *Works*, vol. 4, pt. 1:105.
25) Goodwin, *Object and Acts of Justifying Faith*, in *Works*, vol. 4, pt. 1:106.
26) Goodwin, *Object and Acts of Justifying Faith*, in *Works*, vol. 4, pt. 1:106.
27) Goodwin, *Object and Acts of Justifying Faith*, in *Works*, vol. 4, pt. 1:106.

계속 거부하지만, 굿윈이 택함받은 자는 개인적으로가 아니라 그들의 머리 안에서 영원히 의롭게 된다고 주장할 가능성에 대해 문을 열어 두고 있다. 어쨌든 간에 이 변경만으로도 회중주의자들은 율법폐기주의와 거리를 더 멀리 둔 것이다.

굿윈은 택함받은 자는 그들이 믿을 때까지는 하나님의 진노 아래 있다고 본다(엡 2:3). 굿윈은 "하나님의 법정에서의"(in foro Dei) 칭의와 "사람 자신의 양심의 법정에서의"(in foro conscientiae) 칭의를 구분한다. 하지만 이것은 칭의의 첫 번째 단계와 세 번째 단계 간의 구별과 관련되어 있는 것이 아니고, 하나님의 판단에 있어서 사실인 것이 우리 양심 속에서 참된 것이 될 것이라는 사실과 관련되어 있다. 만일 하나님이 죄인을 무죄 방면하신다면 양심은 하나님의 선고를 묵묵히 받아들일 것이다. 굿윈은 "믿음은 우리의 양심 속에서뿐만 아니라 하나님의 법정이나 재판소에서도 칭의의 도구라는 것"을 분명히 천명한다. 굿윈은 이렇게 덧붙인다. "하나님은 택함받은 자가 믿을 때까지는 경건하지 못하고 불의한 상태에 있다고 판단하고 선언하신다."[28]

이렇게 주장함으로써 굿윈은 영원한 칭의 교리를 주장하는 율법폐기주의자와 거리를 둔다. 굿윈은 이렇게 말한다. "그대들이 원하는 대로 율법폐기주의를 취해 보라. 인간은 영원 전부터 의롭게 된다는 것, 아니 그뿐만 아니라 영원 전부터 영광 속에 들어간다는 것, 이것은 얼마나 은혜로운 복음의 진리일까…… 그런데 사람들이 이 진리들을 고수한다고 해도 다른 진리들도 이 진리들과 일치되어야 한다. 하지만 사람은 믿기 전에는 의롭다 함을 받지 못한다. 그러므로 그는 믿음으로 의롭게 된다고 말해진다. 믿기 전에 그는 진노의 자식이다."[29]

따라서 굿윈은 율법폐기주의자들에게 반대해 믿음이 진노에서 은혜로의 이동을 결정한다고 주장한다. 다른 곳에서 굿윈은 하나님의 말씀에 따르면 "사람들은 믿음을 행사할 때까지는 의롭지 못한 상태에 있다"고 명백히 주장한다. 그러나 "그리스도와 맺고, [오직] 그리스도가 당사자로 참여한 하나님의 은밀하신 뜻의 은밀한 협약에 따라 그들은 하나님 앞에서 의롭게 된 인격들이다."[30] 처음 두 단계에서 택함받은 자는 개인적으로가 아니라 그들의 연합적 머리이신 그리스도 안에서 의롭게 된다. 그들은 드러난 구속사의 맥락에서 오직 믿음을 행사할 때에 비로소 칭의와 다른 모든 구속의 복을 소유한다. 굿윈은 이것을 "참되고 실제적인 칭의 행위"로 부른다.[31] 이 구분을 고수하면서 굿윈은 믿음이 "영원부터 그리고 우리의 죄를 짊어지신 그리스도 안에서 이미 하나님이 우리를 의롭게 하신 것에 대한 특별한 증거와 판단"이라고 주장하는 자들의 "대실수"를 지적한다.[32] 성경이 이신칭의에 대해 말할 때 이것은 첫 번째 단계와 두 번째 단계는 해당되지 않고 세 번째 단계가 해당된다. "[세 번째 단계에서] 우리는 우리 자신의 인격 속에서 그것의 참된 소유자와 향유자가 되는데, 이것은 우리가 처음 믿는 그 순간에 일어난다. 이 믿음 행위는 이전 두 단계의 완결과 달성이고, 성경이 그토록 반복해서 가르치고 거의 독보적으로 언급하는 그 유명하고 중대한 이신칭의다."[33]

---

28) Goodwin, *Object and Acts of Justifying Faith*, in *Works*, vol. 4, pt. 1:106~107.

29) Goodwin, *Glory of the Gospel*, in *The Works of Thomas Goodwin D.D. Sometime President of Magdalen College in Oxford* (London, 1681~1704), 5:17.

30) Goodwin, *Object and Acts of Justifying Faith*, in *Works*, vol. 4, pt. 1:107. 또한 *Election*, in *The Works of Thomas Goodwin D.D. Sometime President of Magdalen College in Oxford* (London, 1681~1704), 2:86도 보라.

31) Goodwin, *Object and Acts of Justifying Faith*, in *Works*, vol. 4, pt. 2:129.

32) Goodwin, *Object and Acts of Justifying Faith*, in *Works*, vol. 4, pt. 2:129.

33) Goodwin, *Object and Acts of Justifying Faith*, in *Works*, vol. 4, pt. 1:107.

따라서 트루먼이 말하는 것처럼, 굿윈이 믿음을 사전에 이루어진 칭의의 실현으로 간주하는 영원한 칭의 교리를 주장했다고 추론하는 것은 잘못이다.[34] 굿윈이 의식적으로 율법폐기주의의 영원한 칭의 교리와 거리를 두는 것은 그들이 믿음과 칭의 간의 논리적 순서에 대한 그들의 견해와 주로 관련되어 있고, 칭의가 영원 속에서 일어나는 여부와 관련되어 있는 것이 아니다. 나아가 굿윈은 믿음은 사람들에게 그들의 머리이신 그리스도 안에서 이루어진 그들의 영원한 칭의에 대한 지식을 제공하지만, 오직 믿음만이 "죄와 진노에서 의와 호의의 상태로 그들을 이동시키는 효력을 갖고 있고……이것은 하나님의 계시된 뜻의 법칙에 따른다"고 덧붙인다.[35] 의심할 여지 없이 증거는 굿윈은 비록 칭의의 영원한 국면이나 요소에 따라 칭의를 이해하기는 했어도, 율법폐기주의자의 영원한 칭의 교리를 거부했음을 보여 준다.[36]

굿윈이 주장하는 칭의의 세 단계는 개혁파 정통주의의 구원론에서 핵심 역할을 담당한 교리인 그리스도와의 연합에 대한 그의 교리와 중요한 상관관계가 있다. 17세기 개혁파 정통주의는 은혜 언약의 목표는 죄인들을 그리스도와의 연합으로 이끄는 데 있다고 주장했다. 그리스도와의 연합은 특별히 오웬과 굿윈의 신학에서 중요한 역할을 담당했다. 예를 들어 오웬은 그리스도와의 연합은 "모든 영적 누림과 기대의 원리이자 척도"라고 주장한다.[37] 또 칭의와 관련시켜 말한다면, 그리스도와의 연합은 "그리스도의 의의 [신자들에게의] 실제 전가의 근거"다.[38] 마찬가지로 굿윈도 그리스도와의 연합은 "그리스도인의 근본 체질"이라고 주장한다.[39] 확실히 그리스도와의 연합은 그리스도인들이 모든 영적 복을 받는 수단으로, 이 복에는 칭의와 성화가 포함되어 있다. 따라서 굿윈은 "우리를 의롭게 하시는 하나님의 모든 행위는 그리스도와의 연합에 달려 있다"고 주장할 수 있었다.[40] 나아가 그리스도와의 연합을 통해 택함받은 자는 "우리가 연합하는 당사자인 그리스도의 본성의 온전한 거룩함을 받게 되고, 그로 말미암아 은혜 언약의 특권에 참여하게 된다."[41] 따라서 그리스도와의 연합 개념은 굿윈의 구원론에서 중심 위치를 차지하고 있는 것으로 나타나고, 칭의가 세 단계를 갖고 있

---

34) Trueman, *Claims of Truth*, p. 28.

35) Goodwin, *Object and Acts of Justifying Faith*, in *Works*, vol. 4, pt. 2:130.

36) 피터 벌클리도 *The Gospel-Covenant or the Covenant of Grace Opened* (London, 1646)에서 굿윈과 비슷한 입장을 견지한다. "따라서 우리는 이런 사실들을 확인했다. 첫째, 믿음이 은혜 언약의 조건이라는 것, 둘째, 믿음이 행위가 아니라 조건으로 지정되는 이유, 셋째, 우리 편에서 조건은 습관이 아니라 행위라는 것, 넷째, 우리를 언약으로 이끌고 언약 안에서 살 수 있도록 하는 것은 이 믿음의 행위라는 것"(p. 321). 또한 322페이지도 보라. "나는 성경에 따라 이런 결론이 이르렀다. 즉 우리는 믿음 이전 곧 믿기 전에는 실제로 의롭게 되는 것도 아니고, 은혜와 구원의 상태 속에 있는 것도 아니다. 나는 이것을 말로 증명하기를 원한다. 하지만 그것을 증명하기 전에 실수를 예방하기 위해, 내가 실제 칭의에 대해 말하는 것이 어떤 것인지 확인하려고 한다. 왜냐하면 우리의 칭의는 다음 세 단계 가운데 어느 하나로 간주될 수 있기 때문이다. 첫째, 칭의는 하나님의 마음과 뜻 속에 계획되고 결정된 것으로 간주된다. 둘째, 그리스도의 순종에 따라 우리가 간청하고 얻은 것으로 간주된다. 셋째, 우리가 하나님 앞에서 진정으로 정당하다고 말해질 수 있도록 실제로 우리에게 적용되는 것으로 간주된다. 앞의 두 단계에서는 이미 의롭게 된 것이 부인되지 않는다. 곧 하나님은 창세전에, 그러므로 우리가 믿음을 갖기 훨씬 전에 우리를 의롭게 하기로 계획하셨다. 그리고 그리스도께서 우리를 위해 행하신 속죄와 순종도 우리가 믿기 전에 그리고 우리가 태어나기 전에 일어난다. 그러나 문제는 우리를 위해 그리스도께서 이루신 의가 죄인이 믿기 전에 실제로 적용되는지, 그래서 아직 믿지 않은 자로서 실제로 하나님 앞에서 죄사함을 받고 의롭고 정당하다고 간주되는지 여부에 있다."

37) Owen, *Exposition of Hebrews*, in *The Works of John Owen, D.D.* (Edinburgh: Johnstone & Hunter, 1850~1853), 20:146.

38) Owen, *Works*, *Exposition of Hebrews*, in *Works*, 20:150.

39) Goodwin, *Of Christ the Mediator*, in *Works*, 3:347.

40) Goodwin, *Object and Acts of Justifying Faith*, in *Works*, vol. 4, pt. 2:130.

41) Goodwin, *Of Christ the Mediator*, in *Works*, 3:347.

는 것처럼 굿윈의 그리스도와의 연합 개념도 똑같이 세 단계를 갖고 있다.

칭의와 마찬가지로 그리스도와의 연합도 하나님의 내재적, 시간적, 적용적 행위와 관련되어 있다. 따라서 먼저 첫 번째 단계에서 연합과 칭의는 영원한 구속 언약과 연계되어 있다. "그리스도께서 오직 우리를 위해 떠맡고, 언약에 따라 우리에게서 죄를 제거하고, 우리의 빚을 청산하기 위해 하나님과 계약서를 쓰고 보증하셨을 때, 하나님은 자신의 은밀한 목적에 따라 우리를 해방시키시고, 그리스도가 유능하고 신실하신 것을 아시고 그분에게 모든 것을 기대하셨다."[42] 두 번째 단계는 그리스도께서 택함받은 자 편에서 중보 사역을 수행하셨을 때와 관련되어 있다. 대표 원리에 따라 그리스도와의 연합을 통해 택함받은 자는 그리스도와 함께 죽고 함께 살아났다.

마지막 세 번째 단계에서 그리스도와의 연합은 신자들의 삶 속에서 "그리스도께서 자신의 영으로 우리를 자기와 결합시키고, 우리 안에 믿음을 일으키며, 배상과 칭의가 우리에게 일어난 것을 보게 하실" 때 일어난다.[43] 이것이 굿윈이 죄인들을 그리스도와 연합시키기 위해 하나님이 행하시는 "마지막 행위"라고 부르는 것이다. 굿윈은 그리스도와의 연합과 칭의 간의 기본 관계를 다음과 같이 요약한다.

> 이 모든 칭의 행위가 그리스도에게 의존하는 것처럼, 우리의 존재가 그리스도와 하나가 되는 것도 마찬가지로 그리스도에게 의존한다. 어떤 종류의 연합이 과거에 즉시 있었던 칭의 행위와 상응을 이루는지 보라. 우리는 약속에 따라 영원 전부터 그리스도와 하나였고, 은밀한 언약에 따라 그리스도께서 우리를 위해 책임을 떠맡으셨으며, 우리를 의롭게 하시는 하나님의 행위는 다만 우리가 그리스도의 떠맡음 속에 있는 것으로 간주되었기 때문에 일어난 것이다. 그리스도께서 죽으시고 다시 살아나셨을 때 대표 원리에 따라 그분 안에서 그것이 우리를 위해 행해졌기 때문에 우리도 당연히 의롭게 된 것으로 간주되었다. 그러나 지금 우리는 믿음으로 그리스도를 통해 우리의 인격 속에서 개인적으로 그리고 우리의 자아 속에서 의롭게 되고 속죄를 받는다.[44]

여기서 핵심 관련 질문은 어떤 종류의 연합이 개인적 칭의에 필수적이면서 동시에 충분한 것으로 보이냐는 것이다. 그것은 그리스도 안에서 하나님의 택하심을 받고, 우리의 연합적 머리이신 그리스도에게 칭의가 주어지는 것으로 충분한가? 율법폐기주의자의 견해에 따르면, "그렇다"이다.[45] 그러나 굿윈의 견해에 따르면, 우리와 그리스도의 연합은 믿음으로 완성되어야 한다. 죄인의 칭의는 그가 믿음으로 그리스도와 연합되었을 때에 비로소 효력을 발휘할 수 있다. 굿윈의 칭의 교리는 매우 정밀하다. 굿윈이 주장하는 칭의 세 단계는 역시 세 단계를 갖고 있는 그의 그리스도와의 연합 교리에 비춰 이해되어야 한다. 따라서 굿윈의 칭의 교리는 구속 언약(pactum salutis)에서 이루어진 택함받은 자와 그리스도 간의 연합의 구원적 의미에서 따라 나온다. 그러나 굿윈의 신학이 율법폐기주의자

42) Goodwin, *Object and Acts of Justifying Faith*, in *Works*, vol. 4, pt. 1:107.
43) Goodwin, *Object and Acts of Justifying Faith*, in *Works*, vol. 4, pt. 1:107.
44) Goodwin, *Object and Acts of Justifying Faith*, in *Works*, vol. 4, pt. 1:108.
45) 참고, Van den Brink, *Herman Witsius en het Antinomianisme*, pp. 143~144, Trueman, *John Owen: Reformed Catholic, Renaissance Man*, p. 117.

의 교리에 영향을 받았는지는 여전히 문제로 남아 있다.

배리 호손은 17세기에 온건한 율법폐기주의자가 주장한 여덟 가지 교의 목록을 유용하게 제공한다.[46] 호손이 제시하는 율법폐기주의자의 세 번째 교의는 믿음은 칭의 다음에 온다는 것이다.[47] 여기서 호손은 율법폐기주의자인 헨리 덴(1607~1660년)을 인용한다. 헨리 덴은 그리스도의 의는 "우리가 믿음의 행위를 하기 전에, 그러므로 믿음이 없어도" 당연히 우리에게 전가된다고 주장했다.[48] 개혁파 정통주의는 대체로 믿음이 칭의의 선행적 조건이라고 주장했다.[49] 이 논쟁에 대해 말할 때 플라벨은 개혁파 정통주의의 입장을 반대하는 율법폐기주의자들의 기본 주장을 다음과 같이 인용한다. "믿음과 회개를 의무의 관점에서 약속이 제공하는 유익에 앞서 우리에게 요구되는 새 언약의 조건으로 주장하는 것은 그리스도께서 우리를 위해 모든 것을 행하지 않았다거나 어떤 사람들을 위해 생명의 권리를 취득하지 못했다는 것을 필수적으로 가정하는 것으로서, 단지 그 유익을 어떤 조건에 따라 가질 수 있거나 우리가 공로를 쌓아야 얻을 수 있는 것으로 만들어 버렸다고 너희는 말한다."[50] 이에 대해 답변할 때 플라벨은 다음과 같이 말한다.

> 너희는 내가 복된 버로스, 오웬, 펨블, 퍼킨스, 대버넌트, 다우네임에게서, 아니 더 나아가 훨씬 많은 성직자와 경건한 신학자들 모두가 인용한 말을 읽고,(이 사람들은 모두 이구동성으로 믿음은 의무의 관점에서 이행하도록 인간에게 요구되는 새 언약의 조건이고, 사람들은 의롭게 되기 전에 먼저 믿어야 한다고 천명하는데, 이것은 내가 말하는 것 곧 믿음이 약속의 유익보다 앞서 있다는 것과 동일한 사실이다) 과연 너희가 그들에 반대해 제기하는 이 끔찍한 비난을 두려움 없이 생각할 수 있겠는가? 주님이 너희의 분별없는 억측을 용서해 주시기를 바란다.[51]

이 이름들의 목록에 플라벨은 새 언약의 조건을 "그리스도에 대한 참여와 구원의 필수 수단"으로 부르는 굿윈도 추가할 수 있었을 것이다.[52] 굿윈은 오웬에게 동조한다. 오웬은 특유의 정밀한 필치

---

46) Barry Howson, *Erroneous and Schismatical Opinions: The Question of Orthodoxy Regarding the Theology of Hanserd Knollys (c. 1599~1691)* (Leiden: Brill, 2001), pp. 105~114.

47) Howson, *Erroneous and Schismatical Opinions*, p. 107.

48) Howson, *Erroneous and Schismatical Opinions*, p. 107. 또한 Henry Denne, *The Doctrine and Conversation of John Baptist* (London, 1642), p. 25와 John Saltmarsh, *Sparkles of Glory, or, Some Beams of the Morning Star* (London, 1647), pp. 190~191도 보라.

49) 예컨대 플라벨은 이렇게 주장한다. "선행적 조건은 단순히 우리의 행위를 가리키는 것으로, 이 행위를 통해 모든 단계가 더 완전해지는 것도 아니고, 제공된 유익에 대해 공로가 되는 것도 절대로 아니다. 또한 그렇다고 그것이 우리 자신의 자연적 힘으로 이루어지는 것도 아니다. 이 행위는 새 언약의 규정에 따라 약속의 결과로 주어지는 복을 위해 우리에게 요구되는 것이다. 따라서 이 순서에 따라 약속의 결과로 주어지는 유익과 자비는 그것이 수행될 때까지 그것들의 제공자나 감독자에 의해 중단되고, 또 중단되어야 한다. 우리는 믿음을 이런 조건에 해당되는 것으로 주장한다. 그러나 여기서 다시 한 번 말한다면, 이런 의미에서 믿음은 1. 본질적으로, 2. 유기적으로나 도구적으로 고려된다"(*Planelogia*, pp. 248~249). 율법폐기주의 신학에 대응해서 플라벨은 추가로 이렇게 주장한다. "[우리는] 믿음이 새 언약의 구원하는 유익을 위한 선행적 조건 즉 필수조건(Causa sine qua non)이고, 최소한 자연적 순서에 따라 믿음이 그 유익보다 먼저 와야 한다고 믿고, 그것이 우리가 믿음이 새 언약의 선행적 조건이라고 말할 때 의미하는 뜻이다. 그리고 율법폐기주의자처럼 그것이 그렇다는 것을 부인하는 자들은 사실상 영원부터의 개인적 칭의 또는 최소한 그리스도의 죽음 이후부터의 개인적 칭의를 주장하는 자들이다"(*Planelogia*, p. 250). 또한 Turretin, *Institutes*, 12.3.3도 보라.

50) Flavel, *Planelogia*, pp. 260~261.

51) Flavel, *Planelogia*, p. 261.

52) Goodwin, *Election*, in *Works*, 2:65.

로 믿음은 "두말할 것 없이 칭의의 조건이고, 믿음은 우리가 의롭게 될 수 있도록 하나님이 요구하시는 우리 의무"라고 주장한다.[53] 오웬처럼 굿윈도 새 언약의 값없는 은혜를 주장하지만, 그럼에도 믿음은 하나님의 은혜를 받기 위해 요구된다고 주장한다(엡 2:8). 물론 개혁파 정통주의도 믿음 자체는 하나님의 값없는 선물이라고 주장했다.[54] 그러므로 마이클 호튼은 "굿윈은 새 언약의 조건적 성격을 주장하고, 그래서 추호도 의심 없이 자신을 율법폐기주의를 반대하는 자의 위치에 둔다"고 올바르게 지적한다.[55]

굿윈의 칭의 교리는 서로 연관되어 있는 그의 신학의 다수 교리들의 산물이다. 시간과 영원은 서로 중요한 관계를 갖고 있다. 영원한 영역 속에서 참된 것은 궁극적으로 시간의 영역에서도 참되다. 창세전에 "그리스도 안에" 있는 택함받은 자는 은혜 언약의 배경에서 "그리스도 안에" 있는 동일한 택함받은 자다. 따라서 그리스도께서 자기 백성들의 책임을 떠맡으신 것은 영원한 구속 언약에 뿌리가 두어져 있고, 그 개인들이 그들을 위해 중보하신 분을 믿도록 성령이 일으키신 믿음을 행사함으로써 그리스도의 구속 사역의 유익들을 향유할 때 성취된다. 굿윈의 기독론이 **팍툼 살루티스**(구속 언약)의 논리적 귀결인 것처럼 그의 구원론도 마찬가지다. 굿윈은 율법폐기주의에 반대해 논리적으로 믿음이 칭의에 앞선다고 주장하는 한편, 또한 시간 속에서 우리의 개인적인 칭의는 하나님의 사역 속에 영원한 선례를 갖고 있다고 강조한다.

영원한 칭의에 대한 마코비우스의 견해

굿윈이 영원한 칭의를 옹호한다고 비난받기 훨씬 이전에 이 견해를 옹호한다고 주장된 또 하나의 개혁파 신학자가 요하네스 마코비우스였다. 알렉산더 꼼리(1706~1774년)와 잉글랜드의 침례교 신학자인 존 길(1697~1771년)은 마코비우스가 취하고 있다고 알려진 영원부터의 칭의가 자기들 자신의 견해를 지지한다고 주장한다.[56] 마코비우스는 매우 세련된 신학자로 『콜레기아』(Collegia)에서 자신의 전체 작품 전체 가운데 이 문제에 대해 가장 상세한 설명을 제공한다.[57] 마코비우스는 열다섯 가지 논박 형식

---

53) Owen, *The Doctrine of Justification by Faith*, in *The Works of John Owen, D.D.* (Edinburgh: Johnstone & Hunter, 1850~1855), 5:113. 오웬은 이렇게 덧붙인다. "만일 그것들이 어떤 은혜, 자비 또는 그 특권에 참여하기 위해 우리가 선행적으로 수행해야 하는 언약의 조건이라는 뜻이라면, 따라서 그것들을 대가와 취득 원인-곧 어떤 이들이 말하는 것처럼, 그것들이 우리의 믿음과 순종에 대한 상이라는 것-이라면, 그것은 엄청난 거짓으로 성경의 증언들이 제시하는 것과 반대될 뿐만 아니라 새 언약 자체의 본질을 파괴할 것이다"(*The Doctrine of Justification by Faith*, in *Works*, 5:113~114).

54) Goodwin, *Object and Acts of Justifying Faith*, in *Works*, vol. 4, pt. 1:107, pt. 3:154.

55) Michael S. Horton, "Thomas Goodwin and the Puritan Doctrine of Assurance: Continuity and Discontinuity in the Reformed Tradition, 1600~1680" (철학박사학위논문, Wycliffe Hall, Oxford, and Coventry University, 1995), p. 134.

56) John Gill, *A Body of Doctrinal Divinity* (London: Higham, 1839), pt. 2:205, 207, 239와 "The Doctrine of Justification Stated and Maintained," *A Collection of Sermons and Tracts* (London: G. Keith, 1778), 3:163, 174~175, 그리고 Alexander Comrie, *Brief over de Regtvaardigmaking des Zondaars* (Utrecht: Fisscher, 1889), pp. 71~73을 보라. 이 작품에서 꼼리는 레이덴 대학 교수인 조안 판 덴 호너트(1693~1758년)가 영원부터의 칭의, 따라서 율법폐기주의를 가르친다고 자신을 비판한 것에 대해 대응한다. 꼼리는 이 비판이 너무 단순하고, 자신의 영원부터의 칭의에 대한 강조점이 칭의 교리의 전부는 아니라고 주장했다. *Brief*, p. 110을 보라.

57) Johannes Maccovius, *Collegia Theologica quae extant Omnia, tertio ab auctore recognita, emendata & plurimis locis aucta, in partes duas distributa* (Franeker: U. Balck, 1641)를 보라. 최근에 마코비우스의 작품 *Scholastic Discourse: Johannes Maccovius (1588~1644) on Theological and Philosophical Distinctions and Rules*

으로 칭의 교리에 대해 상세한 설명을 제공한다.[58] 첫 번째 논박은 정의와 함께 시작된다. "칭의는 하나님이 그리스도로 말미암아 그의 죄를 사하신 다음 그를 의인으로 선언하고, 그리스도의 의를 그에게 전가시키는 방법으로 죄인을 은혜로 받아 주시는 하나님의 행위다."[59] 이 정의는 칭의의 시기나 시점에 대해서는 말하지 않고, 칭의의 선언적 성격을 강조한다. 정의 다음에 마코비우스는 히브리어 히츠디크과 헬라어 디카이운(통상적으로 오늘날 차다크와 디카이오오로 음역됨)은 법정적 의미를 갖고 있다고 주장한다.[60] 나아가 칭의는 하나님 편이나 인간 편에서 파악될 수 있다고 본다.[61] 마코비우스는 전자를 "능동적 칭의"(justificatio activa)로 부르고, 후자를 "수동적 칭의"(justificatio passiva)로 부른다. 하나님은 의롭게 하신다(능동태). 인간은 의롭다 함을 받는다(수동태).[62] 능동적 칭의에 대해 마코비우스는 세 가지 질문을 제기하고 답변한다. 마코비우스는 첫째, 칭의 시점이나 순간(circumstantia temporis), 둘째, 칭의의 두 국면(partes), 셋째, 칭의의 타당성을 설명한다.[63] 이어지는 내용은 단지 칭의의 시점에 대한 마코비우스의 견해만을 다룰 것이다. 왜냐하면 그것이 칭의 시점이 영원부터의 칭의인지에 대한 문제를 결정하기 때문이다.

마코비우스는 능동적 칭의의 시점은 불명확한 시점(원리상 의롭게 되는)이나 명확한 시점(개인적 경험 속에서 의롭게 되는)으로 간주될 수 있다고 주장한다.[64] "불명확한 능동적 칭의"는 믿음과 칭의 간의 논리적 순서와 관련되어 있다. 믿음이 칭의에 앞서는가, 아니면 칭의가 믿음에 앞서는가? 하이델베르크 대학 교수인 대니얼 투쌩(토싸누스, 1541~1602년)을 언급하면서, 마코비우스는 칭의가 믿음에 앞선다고 주장한다.[65] 굿윈과 달리 여기서 우리는 괄목할 만하게도 칭의가 믿음에 앞선다고 명백히 진술하는 "더 전통적인 정통 신학자"를 만난다.

(Apeldoorn: Instituut voor Reformatieonderzoek, 2009)가 빌렘 판 아셀트, 마이클 벨, 게르트 판 덴 브링크, 라인 페르베르다의 공역으로 영어로 번역되었다. 마코비우스의 구분에 대해서는 Willem J. van Asselt, "The Theologian's Tool Kit: Johannes Maccovius (1588~1644) and the Development of Theological Distinctions in Reformed Theology," *The Westminster Theological Journal 68* (2006), pp. 23~40도 보라.

58) *Collegia*는 여섯 부분으로 이루어져 있다. 1. *de praedestinatione*, 2. *de statu primi hominis ante lapsum*, 3. *de providentiae Dei*, 4. *de Justificatione*, 5. *de Mediatore en*, 6. *tractat miscellaneas quaestiones*. 칭의에 대한 설명은 pp. 127~179에 나타나 있다.

59) Maccovius, *Collegia*, p. 128. "*Iustificatio est actus Dei, qua hominem peccatorem, gratis, propter Christum in gratiam suscipit, ita, ut peccatis remissis, ac Christi justitia imputata, eum justum pronunciet.*" 또한 Maccovius, *Thesium Theologicarum per Locos Communes* (Franeker: U. Balck, 1641), pp. 309~310도 보라.

60) Maccovius, *Collegia*, pp. 128~129.

61) Maccovius, *Collegia*, p. 129: "*Haec actio Dei, nempe justificatio, consideratur, vel ex parte Dei, vel ex parte nostri.*"

62) 논박 1과 8의 제목을 주목하라. "*De circumstantia temporis Justificationis activae, sive ex parte Dei*" (p. 128), "*De eo, in quonam consistat justificatio passiva*" (p. 153). 수동적 칭의(iustificatio passiva)에 대해 마코비우스는 다음과 같이 묘사한다(p. 153). "*Justificatio passiva est per fidem acceptio remissionis peccatorum propter satisfactionem Christi imputatam factae, & sortis inter sanctos propter justitiam Christi imputatam indultae*(행 26:18)." 또한 Maccovius, *Distinctiones et Regulae Theologicae ac Philosophicae* (Oxford: H. Hall, 1656), p. 124도 보라. "*Justificatio est alia activa, alia passiva. Verbalia in io, plerumque ita accipiuntur, iustificat enim Deus, & nos iustificamur.*" 마코비우스는 능동적 칭의와 수동적 칭의 간의 구분을 무엇보다 트렐카티우스, 케커르만, 트위스에게서 발견한다. *Collegia*, pp. 423~425를 보라.

63) 마코비우스의 견해에 따르면, 칭의는 두 부분으로 구성된다. 첫째 부분은 죄사함이고, 둘째 부분은 그리스도의 의의 전가다(*Collegia*, p. 131).

64) Maccovius, *Collegia*, p. 129. "*Circumstantia Temporis ponitur a Theologis, vel indefinite vel definite.*"

65) Maccovius, *Collegia*, p. 129. "*Indefinite, ut cum dicimur justificati, antequam fide donaremur, itemque antequam nati essemus.*" 토사누스에 대해서는 F. W. Cuno, *Daniel Tossanus der Ätere Professor der Theologie und Pastor (1541~1602)* (Amsterdam: Scheffer, 1898)를 보라.

그러나 마코비우스와 투쌩에 따르면, 칭의는 구원의 적용이 아니라 그 목적에 적용되는 어떤 것이다. 콘라드 보르스티우스(1569~1622년)는 "개혁파의 칭의 교리는 내적 모순에 이르고 만다"고 주장했다. 그러나 마코비우스는 "보르스티우스는 칭의와 칭의의 적용을 혼동하고, 그러므로 존재하지도 않는 모순을 상상하고 있다"고 주장한다. 또한 마코비우스는 이렇게 주장한다. "택함받은 자는 그들이 태어나기 전에 그리스도의 간청[중보]으로 말미암아 그리스도 안에서 의롭게 되고, 그러기에 그들은 믿기 전에 그리스도 안에서 의롭게 되고 구속을 받는다. 그러나 이후에 그리스도는 택함받은 자에게 믿음을 주신다. 그리고 믿음은 진실한 회심이 없는 것은 아니지만, 그리고 이 믿음은 회심을 밝은 빛 속에 두지만, 그럼에도 믿음은 그리스도 안에서 그 의를 찾는다."[66] 그러므로 칭의가 믿음에 앞선다. 택함받은 자는 믿기 전에 이미 의롭게 된다.[67] 그러면 택함받은 자는 정확히 언제 의롭게 되는가? 칭의는 시간 속에서 일어나는가, 아니면 영원 속에서 일어나는가? 마코비우스에 따르면, 어떤 신학자들은 칭의는 영원 속에서 일어난다고 말한다. 또 다른 신학자들은 칭의는 시간 속에서, 엄밀히 말하면 그리스도께서 처음에 우리에게 중보자로 약속되었을 때(창 3:15) 일어난다고 주장한다.[68] 영원부터의 칭의를 옹호하는 자들이 마코비우스가 자기들의 입장을 지지한다고 간주하는 것을 고려하면, 우리는 마코비우스가 칭의가 영원 속에서 일어난다는 첫 번째 견해를 견지하는 것으로 예상할 수 있다. 그러나 마코비우스는 두 번째 견해를 선택한다. 능동적 칭의는 타락 후에 곧 하나님이 여자의 후손이 뱀의 머리를 상하게 할 것이라고 약속하신(창 3:15) 때에 일어났다. 따라서 마코비우스는 이렇게 주장한다.

> 다음 사실은 확실하다. 곧 중보자가 되고 우리의 구원의 공로를 이루신 그리스도께서 칭의의 유일한 창시자라는 것이다. 그러나 그리스도는 영원 전에 그렇게 하신 것이 아니다. 하지만 그렇게 하도록 그리스도는 하나님께 중보자로 지정되셨다. 따라서 비록 시간 속에서 우리를 의롭게 하는 것이 영원 속에서의 하나님의 작정이었다고 해도, 우리는 영원 전에 의롭게 된 것이 아니다.[69]

---

66) Maccovius, *Collegia*, p. 129. "*Sic hac de re Tossanus in Epist. ad Vorstium: Confundis, inquit, justificationem cum ejus applicatione, idcirco fingis tibi contradictionem, ubi nulla est contradictio: omnes enim electi in Christo sunt justificati, si meritum ipsius spectes, antequam sint nati, & sic antequam credamus, sumus justificati, & in Christo redempti. Sed postea suis electis dat fidem, quae licet non sit sine seria conversione, & ei praeluceat, justititam suam tamen quaerit fides in Christo*."

67) 또한 Maccovius, *Metaphysica Theoretico-Practica, editie in Opuscula Philosophica Omnia* (Amsterdam: L. & D. Elzevir 1660), p. 118도 보라. "*Nam quaeritur: utrumne justificatio nostri activa praecedat regenerationem: Resp. Ita est. Quemadmodum enim imputatum peccatum inhaerens est, ita & inhaerens justitia praesupponit justitiam imputatam. Accedit & hoc, quod vita spiritualis, quae est ipsa regeneratio, hauriatur ex Christo Ioh. 15. Oportet ergo prius nobis Christum imputari cum suis beneficiis, & nobiscum conjungi, antequam vita ista oriatur*."

68) Maccovius, *Collegia*, p. 129. "*Circumstantia Temporis ponitur a Theologis, vel indefinite vel definite. Indefinite, ut cum dicimur justificati, antquam fide donaremur, itemque antequam nati essemus… Circa definitam circumstantiam Temporis discrepant Theologi; aliqui dicunt, nos justificatos esse ab aeterno; alii hoc ipso demum tempore, quo nobis Christus promissus est in Mediatorem, Genes. 3.15*."

69) Maccovius, *Collegia*, p. 129. "*Certe, si Christus, quatenus ille Mediator est, & quatenus causa meritoria, justificationis solus author est, ab aeterno non fuit, sed ut esset, propositum Dei fuit ab aeterno: pari ratione, non eramus justificati ab aeterno, etamsi decretum fuisset apud Deum ab aeterno, de nobis justificandis in tempore*."

칭의의 창시자이신 그리스도는 영원 속에서가 아니라 시간 속에서 구원을 이루셨다. 나아가 칭의는 그리스도께서 신격의 직분이 아니라 성육신하신 중보자의 직분으로 행하신 것이다. 그리스도는 오직 시간 속에서 이 직분을 받으셨기 때문에(성육신이 직분을 위한 필수조건이므로), 칭의는 비록 하나님이 영원 전에 그리스도의 중보 사역을 작정하셨다고 해도 영원 전에 일어난 것으로 말해질 수 없다. 마코비우스에 따르면, 성자를 중보자로 지정하시는 하나님의 영원한 작정이 그리스도를 영원한 중보자로 만드신 것이 아니다. 이와 같은 추론이 칭의 교리에도 적용되어야 한다.[70] 그래서 마코비우스는 영국의 신학자 앤서니 워턴(1561~1626년)이 내재적 행위와 시간적 행위(acta immanentes & transeuntes)를 구분하고, 칭의를 그리스도의 시간적 행위 곧 영원한 선택에서 시간 속에서의 칭의로 이동하는 중간 단계로 간주하는 것을 언급한다. 따라서 모든 시간적 행위가 피조물을 향해 지정되기 때문에 칭의는 영원 전에 이루어질 수 없다.[71] 그러기에 마코비우스는 이렇게 주장한다.

> 우리는 우리의 구원을 목표로 하는 하나님의 모든 행위 가운데 예정이 하나님의 유일한 내재적 행위임을 알아야 한다. 칭의, 성화, 양자, 구속(대체로 하나님의 포기 행위가 포함된)과 같은, 다른 모든 행위는 시간적 행위로 간주된다. 이 행위들은 물리적 방법으로든 또는 도덕적 방법으로든, 의롭게 되고, 양자가 되고, 구속받게 된 자들 속에서 그런 것처럼, 결합되거나 분리되어 어떤 것을 일으킨다. 하지만 예정은 예정된 자 속에 어떤 것도 일으키지 않는다고 말하는 것은 반대편 학자들에게도 공통적인 사실이다.[72]

무엇보다 먼저 마코비우스는 칭의를 하나님의 내재적 행위로 간주하지 않기 때문에 영원부터의 칭의 견해를 거부한다는 것을 주목하라. 여기서 마코비우스는 굿윈 및 그가 인용하는 윌리엄 트위스(1578~1646년)와 다르다.[73] 칭의는 시간적 행위이고, 그러므로 단지 시간 속에서만 일어날 수 있다.[74] 그 다음 두 번째로 앞의 언급은 하나님의 시간적 행위는 다양하게 어떤 것을 일으킨다는 것

---

70) Maccovius, *Collegia*, p. 424. "*Ergo cum beneficium etiam justificationis nobis obtingat propter Christum Mediatorem, Christus Mediator fuerit prius necesse est. Atqui Christus Mediator ab aeterno non fuit, sed ut fieret in tempore, decretum apud Dei ab aeterno erat. Ergo etiam ab aeterno non sumus justificati active, licet ab aeterno Deus nos propter Christum justificare decrevit. Quando ergo factus est mediator? Resp. tum cum generi humano promissus est. Tum etenim peccata ipsi imputata sunt omnium, et per hoc omnes electi a peccato absoluti.*"

71) Anthony Wotton, *De reconcilatione peccatoris* (Basel, 1624). 백스터는 이것을 이 주제에 대한 가장 철저한 작품 가운데 하나로 간주했다. J. I. Packer, *The Redemption and Restoration of Man in the Thought of Richard Baxter: A Study in Puritan Theology* (Vancouver: Regent College Publishing, 2000), p. 246을 보라.

72) Maccovius, *Collegia*, pp. 129~130. "*Praeclare hoc probat Wottonus Anglus, de Reconcil. part.1. l.1. c.3. num.12. Sciendum est, inquit, praedestinationem ex iis omnibus Dei actionibus, quae ad nostrum salutem pertinent, actionem in Deo esse immanentem. Reliquas autem omnes Dei actiones, cujusmodi sunt, Justificatio, Sanctificatio, Adoptio, &, quae has fere universas complectitur, Redemptio, in transeuntibus actionibus numerari. Nam hae quidem omnes & singulae ponunt aliquid, vel physice, vel moraliter saltem in Justificatis, Adoptatis, Redemptis. De praedestinatione autem tritum est in Scholis, eam nihil ponere in praedestinato.*"

73) Maccovius, *Collegia*, p. 424: "*In eo autem variant Theologi, quando ista justificatio facta: Aliqui dicunt ab aeterno, quo Tuissus, Piscator inclinant.*"

74) 마코비우스의 견해에 대한 같은 결론은 Herman Bavinck, *Gereformeerde Dogmatiek* (Kampen: Kok, 1998), 3:430, 4:49 (53~54)와 A. Ritschl, *A Critical History of the Christian Doctrine of Justification and Reconciliation* (Edinburgh: Edmonston & Douglas, 1872), p. 272를 보라.

을 보여 준다. 그 원인은 물리적 원인 아니면 도덕적 원인이다.[75] 물리적인 원인의 한 실례는 거듭남으로,[76] 거듭날 때 참된 변화가 대상 속에 일어난다. 반면에 도덕적 원인은 대상 자체를 변화시키지 않고 오히려 대상이 다른 존재들과 관계하는 방법을 변화시킨다. 마코비우스와 워턴에 따르면, 칭의는 도덕적 원인에 속한다.

칭의는 내재적 행위가 아니라고 주장함에도 마코비우스는 "칭의는 그 약속이 모든 미래의 약속의 어머니이기 때문에 그가 적절하게 '어머니 약속'으로 부른, 창세기 3장 15절의 약속을 주셨을 때 일어났다"고 주장한다. 마코비우스는 "능동적 칭의는 하나님이 우리에게 그리스도를 중보자로 약속하셨을 때 일어났다"고 천명한다.[77] 얼핏 들으면 이 말은 이상하게 들릴 것이다. 그러나 마코비우스는 칭의는 법적 선언이고, 죄에 대한 이 무죄 방면과 용서 선언은 어머니 약속에서 처음 알려진다고 보는 것이다. 약속된 중보자가 뱀에게 승리한 것은 중보자를 믿는 자들의 칭의를 함축한다. 마코비우스에 따르면, 이 약속에 따라 모든 믿는 자는 의롭다고 선언된다.[78] 개혁파가 칭의의 선언적 성격을 강조하기 때문에 마코비우스는 하나님의 칭의 행위는 이 공통적이고 공적인 약속이 있을 때 일어난다고 말한다. 예를 들어 이스라엘 백성들이 애굽에서 해방될 것이라는 약속과 달리, 칭의 약속에는 죄사함과 그리스도의 의의 전가에 대한 선언이 수반된다.[79]

마코비우스는 자신의 입장에 대한 몇 가지 가능한 반론들을 언급하는 것으로 첫 번째 논박(칭의의 시점에 대한)을 끝낸다. 이 반론들은 영원부터의 칭의와 관련되어 있는 것이 아니라, 오히려 칭의는 실제로 믿는 순간 이전에는 일어나지 않는다는 주장과 관련되어 있다.[80] 첫 번째 반론은 본질상 철학적이다. "그러나 이것은 부조리한 것처럼 보인다. 사람들은 존재하기 전에 곧 아직 그들의 존재가 없거나 확인되는 특성이나 감정이 없을 때 이 언약으로 확실히 의롭게 되는가?"[81] 마코비우스는 확실히 비존재는 어떤 속성들을 갖거나 취득할 수 없다고 대답한다. "학파들의"(즉 스콜라적인 신학 속에서) 전통적인 구분을 언급하면서, 마코비우스는 어떤 것은 실제 존재(actu esse)를 결여할 수 있지만, 그럼에도 인식적 행위(esse cognitum)의 대상이 된다는 사실을 지적함으로써 이 반론을 논박한다.[82] 마코비

---

75) Maccovius, *Distinctiones*, p. 125. "*Iustificatio est actus Dei moralis, non realis. Duplex est actio Dei in peccatore. Una moralis, quae est iustificatio, Altera realis quae est regeneratio. Moralis, ut diximus, consistit in eo, ut nobis non imputet peccata, sed imputet iustitiam Christi. Realis in sublatione reali peccati.*"

76) Maccovius, *Distinctiones*, pp. 133~134. "*Regeneratio est actus Dei realis. Dicitur realis, ut sit contradistinctia iustificationi, qui est actus moralis.*"

77) Maccovius, *Collegia*, p. 423. "*Activa justificatio facta est, quando nobis Deus promisit Christum in Mediatorem.*"

78) 창 3:15에 대한 같은 해석이 다음 자료들에서 발견된다. G. Voetius, *Catechisatie over den Heidelbergschen Catechismus* (Rotterdam: H. Huge, 1891), p. 585, L. Rijssen, *Summa Theologiae Elenctiae completa* (Edinburgh: G. Mosman, 1692), p. 224, Herman Witsius, *De Oeconomia Foederum* (Utrecht: G. Vande Water, 1694), 3:8.57 (p. 390).

79) Maccovius, *Collegia*, pp. 423~424. "*Eo scilicet modo, quo activa liberatio Israelitarum ex Aegypto & Babylone, facta est active, quando fuit promissa, id est, antequam regiones illas unquam viderunt… Resp. Respondeo ista plane non eodem modo habere. Nam cum Christus promissus fuit, tum statim factus est vas pro nobis, & nostra,inquam, omnium & singulorum.*"

80) Maccovius, *Loci Communes Theologici, ex Thesibus…* (Franeker, 1650), p. 310. "*Objicitur: Justificatio sequitur fidem: nam fide justificamur: Ergo nemo justificatur, antequam credat.*"

81) Maccovius, *Collegia*, p. 130. "*At videtur hoc absurdum; Nam hoc pacto homines justificarentur antequam essent, cum tamen ejus, quod non est, nulla sind accidentia, nullae affectiones.*"

82) Maccovius, *Distinctiones*, p. 174. "*Esse reale & esse Cognitionis, sive esse Cognitum, idem est quod esse rei & Obiectum. Ut omnes res fuerunt in Deo quantum ad esse cognitum, sed esse reale acceperunt in tempore.*"

우스는 사도행전 15장 18절을 언급하면서, 이런 의미에서 모든 인간은 태어나기 전에 인식적 행위로서 실존을 갖고 있다고 주장한다. 왜냐하면 그는 영원 전에 하나님께 알려져 있기 때문이다.[83] 그러므로 사람은 태어나기 전이라도 인식적 행위로서 즉 하나님의 마음속에 존재하는 상태로서 하나님의 칭의 행위의 대상이 될 수 있다는 것이다.[84]

마코비우스는 "스콜라 학자들은 이 견해를 두 가지로 변증한다"고 말한다. 첫째로 공로적인 원인(causa meritoria)의 성격을 언급하는 것이다. 이런 원인의 실례들은 일상생활 속에서 발견할 수 있다. 계약상 거래를 할 때 아직 일어나지 않았는데도 일들이 약속될 수 있다.[85] 이 일들은 인식적 존재(ens cognitum)는 갖고 있으나 아직 실제 존재(ens actu)는 갖고 있지 않고, 그런데도 거래가 성립되기에 충분하다. 상업과 거래는 약속이 없으면, 예컨대 아직 생산되지 않은 상품을 양도하겠다는 약속을 할 수 없으면 존재할 수 없었다. 따라서 사회 속에서 약속이 아직 실제로 존재하지 않는 것들에 대해서도 구속력을 갖고 있는 것처럼, 어머니 약속도 아직 태어나지 않은 인간들에게 칭의를 보장할 수 있다. 둘째로 마코비우스는 도덕적 행위의 성격에 호소함으로써 자신의 입장을 변증한다. 물리적 행위와 달리 도덕적 행위는 비록 그 대상이 존재하지 않더라도 미래에 존재할 것이기 때문에 수행될 수 있다.[86] 도덕적 행위는 물리적 행위와 같이 직접적인 영향을 통해 결과를 일으키지 못한다.[87] 이런 도덕적 행위의 한 실례가 어머니의 약속 안에서 일어난 것이다.

> 하나님은 우리에게 그리스도를 중보자로 약속하시는 순간에 택함받은 모든 자의 과거, 현재, 미래의 죄를 그리스도께 전가시키셨다. 그럼에도 그리스도는 하나님이셨기는 해도 그 순간에는 아직 성육신하지 않으셨다. 마찬가지로 하나님은 그들의 죄를 그리스도께 이전시키신 모든 자에게, 그들이 실제로 존재하던 아니면 미래에 존재할 것이던 간에, 그리스도의 배상과 공로를 전가시키셨다. 왜냐하면 하나님은 택함받은 모든 자의 죄를 그리스도께 이전시키신 그 같은 순간에, 택함받은 자 모두를 죄에서 해방시키고, 그리스도의 의를 그들에게 전가시키셨기 때문이다.[88]

83) Maccovius, *Collegia*, pp. 130~131: "*Resp. Ejus sc. quod nec actu esse habet, nec esse cognitum, ut in scholis loquuntur, nulla suns accidentia, nullae affectiones: At ita cadit Minor; Nam hominess antequam nascantur, habent esse cognitum ratione Dei, omnia enim opera novi ab omni aevo. Act. 15.*"

84) Maccovius, *Loci Communes*, p. 311.

85) Maccovius, *Collegia*, p. 131: "*Et theologi hanc responsionem duplici probant ratione, prima petita a causa meritoria; Cujus causae haec est ratione, ut vim habeat, etiam cum non est actu, modo habeat esse cognitum, ut diximus. Cujus rei exempla sunt quam plurima in vita; nulla enim esset societas, nullum commercium inter homines, si promissa nihil efficerent, nisi postquam impleta sunt.*"

86) Maccovius, *Collegia*, p. 131: "*Alteram rationem petunt ab actu Dei morali, cujus ratio aliquando ea est, ut sit ratione objecti, quod nondum est, sed quod futurum est.*"

87) Maccovius, *Logica Liber 1*, in *Opuscula Omnia*, Nicolaum Arnoldum 편집 (Amsterdam: L. & D. Elzevir, 1660), p. 9. "*Est causa alia Moralis, alia Realis. Moralis quae agit, suadendo, praecipiendo, consulendo, minitando, rogando, monendo, de aliquo bene vel male merendo. Realis, quae producit effectum vi sua.*"

88) Maccovius, *Collegia*, p. 131. "*Imputavit Deus Christo omnium eletorum peccata, qui erant, sunt, & futuri, simul ac eum nobis in Mediatorem promisit; At Christo nondum homo erat, ut ut esset Deus: pari ergo ratione imputavit Deus Christi satisfactionem & meritum omnibus, quorum peccata in Christum transferebat, sive praesentibus, sive futuris. Nam quo tempore omnium electorum peccata in Christum transferebat, eodem omnes electos ab iisdem liberabat, & justitiam ejus ipis imputabat.*" 또한 Maccovius, *Distinctiones*, pp. 127~128 도 보라. "*Iustitia nobis imputata est moraliter, non physice. Quaeritur an iustitia sit in nobis? Resp. Non*

그러므로 마코비우스는 칭의를 시간 속에서 즉 타락 직후에 어머니 약속을 주실 때에 일어나는 신적 행위로 간주한다. 이 약속에서 하나님은 택함받은 모든 자가 그리스도로 말미암아 의롭게 되었다고 선언하셨다. 하지만 중보자로서의 그리스도의 사역은 아직 성취되어야 했고, 택함받은 자는 앞으로 태어나야 했다.[89]

마코비우스가 설명하는 두 번째 반론은 본질상 신학적이다. "심지어는 태어나기 전에 택함받은 자가 의롭게 되었다면, 요한복음 3장 36절에서 읽는 것 즉 하나님의 진노가 믿지 않는 모든 자 위에 머물러 있다는 것이 어떻게 사실일 수 있겠는가? 택함받은 자 가운데 더러는 바울처럼 어른이 되기 전에는 회심하지 않는다. 따라서 바울은 거듭나기 전에 의롭게 되었을까, 아니면 하나님의 진노 아래 있었을까?"[90] 마코비우스는 아우구스티누스의 말을 인용해서 이에 답한다.

> 우리가 (하나님의 아들의, 롬 5:9) 죽음으로 말미암아 화목하게 된 것은 마치 성자가 우리를 성부와 화해시켰기 때문에 하나님이 이전에 미워했던 자들을 사랑하기 시작하는 것처럼 생각하거나 해석해서는 안 된다. 우리는 죄로 말미암아 우리가 증오하며 살았던 사랑의 하나님과 화목하게 된다.[91]

이 간명한 표현은 피조물에 대한 하나님의 무조건적인 "자비의 사랑"(amor benevolentiae)과 사람들이 여전히 죄 가운데 있는 동안 하나님이 그들에게서 물러나시는 "인정의 사랑"(amor complacentiae) 사이의 함축적 구분에 입각하고 있다. 하나님의 **자비의 사랑**은 변함이 없지만, 하나님의 **인정의 사랑**은 거듭남의 순간과 믿음의 첫 행위가 있기 전에는 경험하지 못한다. 자신의 요점을 증명하기 위해 아우구스티누스를 인용함에도, 마코비우스는 여기서 별로 명확하지 못하다. 왜냐하면 질문이 그리스도의 죽음이 하나님과 우리의 관계에 미치는 영향에 대한 것이 아니고, 우리의 거듭남이 이 관계에 미치는 영향에 대한 것이기 때문이다. 마코비우스는 요한복음 3장 36절의 단순한 의미를 인정하지만, 하나님 속에 어떤 일시적 변화가 일어나는 것을 부인한다. 따라서 바울은 비록 하나님이 (자신의 자비의 사랑으로) 그가 거듭나기 전에도 그에 대한 증오를 갖고 계시지 않았다고 해도, 확실히 믿기 전에는 하나님의 진노 아래 있었다.

그러면 칭의는 무엇인가? 대부분 개혁파 신학자들은 칭의를 예수 그리스도를 믿는 믿음의 행위 결과로 일어나는 신자의 특수한 개인적인 무죄 방면으로 이해했다. 이 견해는 예컨대 헤르만 위

Physice, hoc est inhaerenter; sed moraliter, hoc est per imputationem."

89) Maccovius, *Distinctiones*, p. 90. "*Imputatio non est actus Physicus sed moralis. Proinde non requiritur ut obiectum sit praesens, sed tantum ut sit certo futurum.*"

90) Maccovius, *Collegia*, p. 131. "*Objicitur 2. Si justificantur omnes electi antequam nascantur, Ergo etiam antequam regenerantur; contingit etiam aliquos electos, ut Paulum, in adultiori demum aetate regenerari; at hoc videtur inconveniens: Nam si tales justificati, quomodo hoc universaliter erit verum, quod Joh. 3.36. dicitur, Qui non credit, ira Dei manet super ipsum.*"

91) Maccovius, *Collegia*, p. 131. "*Respondet ad hoc Augustinus in Joh. Tract.10 Quod conciliati sumus per mortem, non sic audiatur, non sic intelligatur, quasi ideo nos reconciliaverit ei Filius, ut jam amare inceperit quos oderat, sed nos jam Deo diligenti, reconciliati sumus, cum quo propter peccatum inimicitias habebamus.*" 요 3:36에서 나오는 동일한 반론에 대해서는 Maccovius, *Loci Communes*, p. 312를 보라. 그러나 거기서 마코비우스는 아우구스티누스가 아니라 칼빈을 언급하는 것으로 답변한다. 또한 Maccovius, *Collegia*, p. 425도 보라.

트시우스(1636~1708년)에게서 찾아볼 수 있다.[92] 그러나 다수의 영국 신학자들은 이 정의를 거부하지 않지만, 동시에 칭의를 하나님의 내재적 행위의 하나로도 본다. 윌리엄 트위스와 윌리엄 에어(1642~1660년)는 후자 견해를 취했다. 그들은 칭의를 죄의 비(非)전가로 정의했고, 그래서 칭의를 영원부터의 칭의로 간주한다.[93] 마코비우스는 두 가지 이유로 이 견해를 거부한다. 마코비우스는 칭의를 시간적 행위(actus transiens)로 제한할 뿐만 아니라, 칭의는 단순히 죄사함과 동연적(同延的)인 것이 아니라고 주장한다. 죄의 비(非)전가 외에도, 그리스도의 의의 전가가 칭의에 속해 있고, 이 두 부분이 칭의의 본질을 구성한다.[94] 이 견해를 갖고 있기 때문에 마코비우스는 전형적인 개혁파 칭의 교리(즉 이중 전가 교리)를 대표한다. 그러므로 대다수 개혁파 신학자들은 칭의가 하나님의 내재적 행위라는 견해를 거부했다.[95]

언급된 두 견해 외에도 마코비우스가 제시하는 세 번째 견해가 있다. 앞에서 지적한 것처럼, 투쌩은 보르스티우스의 비판에 보르스티우스가 칭의를 칭의의 적용과 혼동하고 있다고 주장하는 것으로 대응했다. 마코비우스는 칭의를 그리스도께서 믿는 죄인들에게 자신이 중보를 통해 취득하신 유익들을 적용시키는 맥락에서 고려하지 않는다.[96] 대신 칭의는 주로 그리스도에 대한 판단과 이후로 믿음으로 "그리스도 안에" 있는 자들에 대한 판단이다. 칭의를 구원의 적용과 구분함으로써, 마코비우스는 칭의를 원시 복음(protoevangelium)과 이후의 모든 약속의 선포의 맥락 속에 둘 수 있다.[97] 타락 직후에 첫 번째 약속이 주어졌기 때문에 택함받은 자의 칭의도 그때, 그러므로 그들이 태어나기 전에 일어났다. 칭의에 대한 이후의 약속들(예, 롬 8:1)은 창세기 3장 15절의 어머니 약속에 대한 반복이나 해설이다.

마코비우스는 칭의가 믿음에 앞선다고 주장했기 때문에 이후의 많은 신학자들이 마코비우스는 영원부터의 칭의 교리를 견지했다고 결론지었다. 칭의를 하나님의 내재적 행위로 간주하는 길과 꼼리는 마코비우스에게 호소할 때 마코비우스의 견해를 오해한다. 길은 마코비우스를 바로 이해하지 못한 것이 분명하다. 길은 마코비우스가 실제 존재(ens actu)와 인식적 존재(ens congnitum), 도덕적 행위와 물리적 행위를 구분하는 것을 언급한다. 그러나 길은 마코비우스가 칭의를 내재적 행

---

92) Herman Witsius, *De Oeconomia Foederum*, 3.8.51 (p. 387)-*The Economy of the Covenants between God and Man: Comprehending a Complete Body of Divinity* (Grand Rapids: Reformation Heritage Books, 2010)라는 제목으로 영어로 재출간되었고, 거기에 조엘 비키와 J. I. 패커([3]~[43])의 위트시우스의 생애와 언약신학에 대한 서론이 담겨 있음-과 *Animadversiones Irenicae* (Utrecht: G. vande Water, 1696), p. 131-영어판 *Conciliatory, or Irenical Animadversions on the Controversies Agitated in Britain, Under the Unhappy Names of Antinomians and Neonomians*, Thomas Bell 번역 (Glasgow: W. Lang, 1807)을 보라.

93) William Eyre, *Vindiciae Justificationis Gratuitae* (London: E. Forrest, 1654), p. 63, William Twisse, *Vindiciae Gratiae Potestatis ac Providentiae Dei* (Amsterdam, 1632), 1:2.25 (p. 194). "*Remissio peccatorum si quidditatem inspicias nihil aliud est, quam punitionis negatio, aut volitionis puniendo negatio. Sit ergo peccata remittere nihil aliud, quam nolle punire, ut actus immanens in Deo, fuit ab aeterno.*"

94) Maccovius, *Collegia*, pp. 128, 131, 444~454, F. Turretini, *Institutio Theologiae Elencticae Pars Secunda* (Edinburgh: Lowe, 1847), 16.4 (577~579).

95) 예컨대 Rijssen, in Heppe, *Reformierte Dogmatik*, p. 443과 Turretini, *Institutio*, 16.9.3을 보라.

96) Maccovius, *Distinctiones*, p. 126. "*In oratione dominica, dum petimus remissionem peccatorum, non petimus actum eius, sed applicationem & sensum. Disceptant Theologi, si, inquiunt, remittuntur nobis peccata unico actu, cur ergo petimus remissionem fieri in oratione dominica. Resp. Petimus quoad applicationem & sensum, non quoad actum.*" 또한 Maccovius, *Loci Communes*, p. 310도 보라.

97) Maccovius, *Collegia*, p. 155.

위(actus immanens)로 간주한다고 잘못 추론한다.[98] 17세기 신학자들은 마코비우스의 입장을 18세기에 길이 이해한 것보다 더 잘 이해한 것으로 보인다. 예를 들면 율법폐기주의 신학자 윌리엄 에어는 영원부터의 칭의 견해를 전개하지만 동시에 자기가 마코비우스에게 지지를 호소할 수 없다는 사실을 인정한다.[99] 흥미롭게도 마코비우스의 입장은 17세기에는 혁신적인 견해로 간주되지 않았다. 1618~1619년에 도르트 총회에서 마코비우스에게 50가지에 이르는 비판이 제기되었고, 아무도 그의 칭의 교리에 관심을 갖지 않았다.[100] 비판의 내용을 제대로 파악하지 못한 꼼리는 최소한 그 가운데 하나는 영원부터의 칭의와 관련되어 있다고 추정하고, 도르토 총회는 마코비우스가 모든 비판을 해소시켰기 때문에 그의 교리를 받아들였다고 결론지었다.[101] 개혁파가 칭의의 선언적 성격을 강조하는 것은 마코비우스가 하나님의 최초의 약속의 중요성을 특별히 강조하는 것과 연관되고, 이것은 하나님의 은혜는 인간의 어떤 행위보다 앞서고, 그러므로 하나님의 행위로서의 칭의는 믿음보다 앞서야 한다는 것을 밑받침한다.[102] 자신의 견해가 율법폐기주의라는 비판을 의식한 마코비우스는 독자들에게 칭의와 칭의의 적용을 혼동해서는 안 된다고 경고한다. 칭의 자체는 믿음으로 일어나는 것이 아니고, 칭의의 적용이 믿음으로 일어난다.[103] 그러므로 마코비우스는 인간 행위로서의 믿음의 필연성을 충분히 인정한다.[104]

마코비우스의 견해를 굿윈의 칭의 세 단계 맥락 속에 놓으면, 굿윈은 세 번째 단계에 속해 있는 것(적용)에 대해 칭의라는 말을 사용한 것으로 보인다. 반면에 마코비우스는 두 번째 단계에 속해 있는 것(그리스도의 간청이나 중보)에 그 말을 사용한다. 그러나 두 사람은 모두 첫 번째 단계에 속해 있는 것, 즉 영원 속에서 칭의가 일어나는 것으로 보지 않았다. 두 사람은 칭의 자체는 내재적 행위가 아니라는 사실에 동조했고, 그런 의미에서 두 사람은 영원부터의 칭의를 부인했다.

결론

이번 장은 율법폐기주의와 영원한 칭의 사이에 필연적인 관련성이 없다는 것 말고도 영원부터의 칭의 문제를 이해하는 것은 종종 생각보다 더 복잡하다는 것을 보여 주었다. 한편으로 거의 모든 개혁파 정통 신학자들은 칭의와 관련해서 영원 속에서의 하나님 행위와 시간 속에서의 하나님 행위 사이에 관련성이 있다는 견해를 옹호한다. 굿윈의 경우를 보면, 이 관련성이 하나님과 그리스도 곧 택함받은 모든 자의 대표 또는 연합적 머리 사이에 세워진 구속 언약의 조건 속에 표현되어 있다. 그럼에도 굿윈과 마코비우스는, 적절히 말하면 칭의는 하나님의 영원한 내재적 행위가 아니라 시간과 역사 속에서 행해진 시간적 행위라고 주장한다. 그러나 두 사람은 칭의는 개인을 향하신 하나님의 행

98) Gill, *Body*, pp. 205~207, 239.

99) Eyre, *Vindiciae Justificationis Gratuitae*, p. 63, Twisse, *Vindiciae Gratiae*, 1:2.25 (p. 194). "*Remissio peccatorum si aliud, quam nolle punire, ut actus immanens in Deo, fuit ab aeterno*."

100) 이 비난에 대해서는 Willem van Asselt, "On the Maccovius Affair," *Revisiting the Synod of Dordt (1618~1619)*, Aza Goudriaan & Fred van Lieburg 편집 (Leiden: Brill, 2011)을 보라.

101) Comrie, *Brief*, pp. 37~38.

102) Maccovius, *Collegia*, p. 153. "*Deus enim Spiritu suo Sancto & fide neminem donat, nisi justificatum*."

103) Maccovius, *Distinctiones*, p. 126.

104) Maccovius, *Distinctiones*, p. 127. "*Fides actualis iustificat, non habitualis*."

위인지(굿윈), 아니면 집단적으로 택함받은 모든 자를 향하신 하나님의 행위인지(마코비우스)에 있어서 서로 다르다. 마코비우스는 능동적 칭의는 항상 집단적 개념이라고 보고, 따라서 굿윈과 마코비우스는 믿음과 칭의 간의 논리적 순서에 있어서 일치하지 않는다.

많은 교리들과 마찬가지로, 여기서도 개혁파 신학자들 간에 다양성이 있다. 범개신교의 칭의 교리 관념은, 특히 모든 세부 사실을 염두에 둬야 비로소 주장될 수 있다. 율법폐기주의와 관련해서 말한다면, 우리는 영원부터의 칭의와 비슷한 율법폐기주의의 가르침을 영원부터의 칭의, 또는 심지어 칭의가 믿음에 앞선다는 견해와 비슷하게 만들지 않도록 조심해야 한다. 그러나 다양한 근거에 따라 율법폐기주의자는 하나님의 개인적, 인격적 칭의 행위는 믿음에 앞선다고 주장했는데, 굿윈과 마코비우스는 이 주제에 대해 서로 불일치함에도 불구하고 이 견해를 단호하게 거부했다.

9장

토머스 굿윈의 기독론적인 타락 전 예정설

하나님은 우리의 구원보다 더 고귀한 이 목적들을 먼저 정하셨다.
–토머스 굿윈[1]–

인간의 회복이 성경 도처에서 그리스도께서 육체를 취하신 것의 목적으로 선언되고 있다.
–존 오웬[2]–

모든 신학자와 마찬가지로 토머스 굿윈(1600~1680년)도 어떤 교리에 대해서는 다른 교리보다 더 상세히 설명했고, 그리하여 그의 작품 속에서 더욱 두드러진 한 가지 주제는 논란이 매우 큰 선택 교리다. 굿윈은 통상적으로 타락 전 예정설을 견지한 것으로 믿어진다. 그러나 마이클 호튼은 굿윈은 "타락 후 예정설을 지지한 칼빈주의자"였다고 주장한다.[3] 하지만 호튼은 사실 자신의 주장을 지지하는 근거로 굿윈이 그의 작품들에서 확실히 반대 입장 즉 타락 전 예정설 입장을 취하고 있는 부분을 제시한다. 칼 트루먼은 존 오웬(1616~1683년)의 타락 후 예정설과 "굿윈의…… 매우 단호한 타락 전 예정설"을 대조시키는데, 이것이 진실에 더 가깝다.[4]

이번 장은 굿윈의 선택 교리를 전문적인 술어를 되도록 사용하지 않고 검토할 것이다. 독자는 특히 굿윈은 이 문제에 대해 칼빈과 같은 다른 학자들만큼 반드시 분명하게 말하지는 않았기 때문에 타락 후 예정 및 타락 전 예정 문제를 단순하게 설명할 수 있다고 주장하는 것에 놀랄지 모르겠다. 하지만 이 주제에 대해 이차 문헌이 충분히 존재하므로 흥미 있는 연구자는 전문적인 설명을 추구하는 것이 가능하다.[5] 물론 모든 학자가 문제의 이 논쟁을 충분히 이해한 것은 아니고, 우리 판단으로는 최소한 웨스트민스터 총회의 표준 문서들, 특히 웨스트민스터 신앙고백은 어느 한 편에 서서 이 문제를 결정하지 않는다.[6]

---

1) Thomas Goodwin, *A Discourse of Election*, in *The Works of Thomas Goodwin, D.D.*, Thomas Smith 편집 (1864, 재판, Grand Rapids: Reformation Heritage Books, 2006), 9:94.

2) John Owen, *Exposition of Hebrews*, in *The Works of John Owen, D.D.* (Edinburgh: Johnstone & Hunter, 1850~1853), 19:37.

3) Michael Horton, "Thomas Goodwin and the Puritan Doctrine of Assurance: Continuity and Discontinuity in the Reformed Tradition, 1600~1680" (철학박사학위논문, Wycliffe Hall, Oxford, and Coventry University, 1995), p. 66.

4) Carl Trueman, *The Claims of Truth: John Owen's Trinitarian Theology* (Carlisle: Paternoster, 1998), p. 138.

5) "타락 후 예정설"과 "타락 전 예정설"과 같은 용어에 익숙하지 않은 자들에게 가장 기초적인 질문은 '하나님이 택함 받은 자를 작정하신 것이 타락 위에 곧 이전(supra lapsum)인가,' 아니면 '타락 아래 곧 이후(infra lapsum)인가'에 초점이 맞춰져 있다. Richard A. Muller, *Dictionary of Latin and Greek Theological Terms: Drawn Principally from Protestant Scholastic Theology* (Grand Rapids: Baker, 1986), p. 292를 보라.

6) 존 머리가 이렇게 말하는 것과 같다. "웨스트민스터 신앙고백은 타락 전 예정설과 타락 후 예정설 간의 논쟁에 대해 아무 암시를 주지 않는데, 이 부분의 용어들과 웨스트민스터 총회에서 벌어진 논쟁이 분명히 보여 주는 것처럼, 의도적

굿윈은 교회를 자신과 연합시키는 신인(神人)이신 예수 그리스도의 영광을 염두에 두고 기독론적인 타락 전 예정설을 전개한 것으로 가장 잘 묘사될 수 있다.[7] 이번 장은 굿윈이 타락 전 예정 지지자였다는 것을 보여 주면서, 또한 굿윈이 왜 타락 전 예정설 지지자였는지를 검토할 것인데, 그렇게 하면 그의 기독론의 참된 핵심 속으로 들어가 "기독론적인 타락 전 예정설"이라는 말을 납득할 수 있게 될 것이다. 이제 굿윈의 에베소서 1장 4~5절에 대한 주석을 살펴보고, 이어서 그의 방대한 선택 관련 작품 속에서 발견되는 작정 순서에 대한 그의 견해를 설명할 것이다. 그리고 선택의 목적이나 결말 즉 예수 그리스도를 통한 삼위 하나님과의 연합을 다루는 부분이 이어질 것이다.

선택(엡 1:4)

굿윈에 따르면, 에베소서 1장 4절은 "성경 전체에서 몇 마디 되지 않는 말씀으로 가장 큰 논란을 불러일으킨 본문이다."[8] 이런 이유로 굿윈은 심지어는 개혁파 신학자 진영에서도 선택 교리를 가장 잘 이해하는 법에 있어서 엄밀하게 세부적으로 불일치가 있다는 것을 염두에 두고, 개혁파 선택 교리에 대해 매우 상세한 변증을 제공한다.[9]

으로 그렇게 하는 것이다. 확실히 이것은 이 신조 문서 안에서는 적절한 유보다"(*Collected Writings of John Murray* [Edinburgh: Banner of Truth, 1977], 4:209). 이번 장은 굿윈과 같이 "강력한" 타락 전 예정설 지지자는 웨스트민스터 신앙고백 3장-"하나님의 영원한 작정에 대해"-의 기본 내용을 인정할 수 있으리라는 것을 확증할 것이다. 웨스트민스터 신앙고백은 가설적인 만인구원론을 포함해서 어느 당파를 지지하는지 판단할 만큼 이 문제에 대해 충분히 제시하지 않고 있다. 따라서 우리는 확실히 웨스트민스터 총회에서 타락 후 예정설 지지자가 우세했다는 존 페스코의 견해에 현혹되지 않는다. Fesko, "The Westminster Confession and Lapsarianism: Calvin and the Divines," *The Westminster Confession into the 21st Century, Volume 2: Essays in Remembrance of the 350th Anniversary of the Westminster Assembly*, J. Ligon Duncan 편집 (2004, 재판, Fearn, Scotland: Mentor, 2005), 2:497~501도 보라. 그러나 웨스트민스터 총회 결과에 대해 우리는 데릭 토머스가 제창한 입장을 선호한다. "The Westminster Consensus on the Decree: The Infra/Supra Lapsarian Debate," *The Westminster Confession into the 21st Century* (Fearn, Scotland: Mentor, 2009), 3:267~290을 보라. 리처드 멀러는 현재 종교개혁 이후 개혁파 정통주의 안에서의 예정과 선택 교리를 심도 있게 다룬 작품을 쓰고 있고, 독자는 멀러가 이 문제들을 어떻게 다루는지 인내하며 기다리기를 당부하고, 의심할 것 없이 멀러는 복잡한 문제로 말미암아 항상 정당한 평가가 이루어지지 못한 이 주제를 매우 명확히 다룰 것으로 믿는다. 멀러의 연구의 예비적인 내용은 "Revising the Predestination Paradigm: An Alternative to Supralapsarianism, Infralapsarianism, and Hypothetical Universalism"(인디아나, 다이어, 중미개혁신학교에서 2008년 11월 5~7일에 행한 강의)을 보라.

7) 기독론적인 타락 전 예정설을 변증하는 현대 작품은 Edwin Christian van Driel, *Incarnation Anyway: Arguments for Supralapsarian Christology* (Oxford: Oxford University Press, 2008)를 보라. 5페이지에서 저자는 기독론적인 타락 전 예정설은 "서양 신학에서 소수파 입장이지만 프리드리히 슐라이어마허, M. J. 셰벤, 칼 바르트, 칼 라너와 같은 주요 신학자들이 이 견해를 수용함으로써 19세기와 20세기 신학에서 다시 유행하게 되었다"고 지적한다. 그러나 우리는 굿윈의 입장이 단순히 앞에 언급된 신학자들의 입장과 동등할 것이라고 주장하고 싶지 않다. 유사점도 있지만 중요한 차이점이 존재하고, 우리는 이 짧은 장에서 이것을 충분히 다룰 수 없다.

8) Thomas Goodwin, *An Exposition of the First Chapter of the Epistle to the Ephesians*, in *The Works of Thomas Goodwin, D.D.*, Thomas Smith 편집 (1864, 재판, Grand Rapids: Reformation Heritage Books, 2006), 1:65.

9) 프랜시스 투레틴이 "심지어는 정통 신학자들 자신의 견해도 다양하다"고 지적하는 것과 같다(*Institutes of Elenctic Theology*, James T. Dennison Jr. 편집, George Musgrave Giger 번역 [Phillipsburg, N.J.: P&R, 1992], 4.9.1). 그러나 어떤 이들은 과장된 분리를 단정한다. 예를 들어 Oliver Crisp, *God Incarnate: Explorations in Christology* (London: T & T Clark, 2009), pp. 34~55를 보라. 크리스프는 단지 신앙고백 진술만 감안하는데, 이것으로는 이 논쟁의 다양한 전문적 논점들을 정당하게 평가하지 못하게 된다. 이것은 크리스프가 특히 16세기 중반 문서들을 읽은 것에 대해서도 해당된다. 크리스프가 투레틴의 작품을 읽었을지 의심이 간다. 왜냐하면 투레틴은 다수의 문제들에 대해 자신의 견해에 대한 설명을 적극적으로 저술하지 않고 본질상 방어를 위한 논박 체계를 저술했기 때문이다. 뿐만 아니라 하인리히 헵페의 『개혁 교의학』(Reformed Dogmatics)을 사용하는 것도 문제가 있다. 왜냐하면 헵페는 때때로 확실히 선별적이었기 때문이다. 소뮈르 학파의 1차 자료와의 대화도 없다. 그리스도의 선택에 대해 "보수적 개혁파 입장"과 "중도적 개혁파 입장"으로 구분하는 헵페의 이분법은 이런 용어 구성을 정당화하는 충분한 증거가 없다.

항론파나 아르미니우스주의자[10]를 염두에 두고, 굿윈은 그들의 이름을 명시적으로 언급하지는 않지만, 어떤 이들은 하나님의 개인들에 대한 선택이, 개인들이 오직 믿음으로 "그리스도 안에" 있기 때문에, 믿음을 예지하는 것에 기초가 두어져 있다고 이해했다고 지적한다.[11] 굿윈은 이것이 바울이 의도하는 의미였다면, 하나님은 개인들이 아니라 은혜를 선택한 것이 되고 말 것이라고 주장한다. 그 외에도 이 본문이 증명하는 것처럼, 하나님은 개인들을 선택하신 것은 그들이 거룩하고 흠이 없기 때문이 아니라 거룩하고 흠이 없는 자가 될 수 있도록 하기 위함에서였다. 나아가 굿윈은 믿음이 "성화의 한 부분으로 간주될 수 있다"고 봤다(요일 5:1; 살후 2:13).[12]

개혁파 신학자들이 이 본문에 다양하게 접근하는 것을 보여 주면서, 굿윈은 "우리의 신학자들"이 제시하는 한 견해 곧 사람들은 "그리스도 안에서"가 아니라 "그리스도 안에서 존재하도록" 택함을 받은 것으로 보는 견해, 즉 "그리스도 안에서 택함받은 것"을 그들의 구원이 아니라 단지 그들의 성화의 영원한 선결 조건으로 말하는 견해를 묘사한다.[13] 이렇게 설명하는 자들은 "그리스도 안에서"를 이어지는 말씀인 "우리로 사랑 안에서 그 앞에 거룩하고 흠이 없게 하시려고"와 연결시킨다. 굿윈을 크게 존경하는 폴 베인스(1573~1617년)도 자신의 에베소서 주석에서, 이 설명자들 속에 이런 관점이 나타난다고 지적한다. "어떤 이들은 이것을 [그리스도 안에서 이루어진] 선택 행위를 가리키는 것으로 보지 않고, 결국은 다음과 같은 의미로 본다. 곧 하나님이 그리스도 안에서 우리를 택하셨고, 그래서 우리는 거룩해야 한다. 다시 말해 하나님이 우리를 택하셨기 때문에 우리는 그리스도 안에서 거룩해야 한다."[14] 굿윈과 마찬가지로, 베인스도 이 견해를 거부한다. 굿윈의 생각에 따르면, 비록 이 견해를 크게 추천할 만한 것이 있기는 해도, 그것이 사도의 사상 전체를 포괄하는 것은 아니다. 첫째, 이 본문은 단순히 "그리스도 안에서 존재하도록"이라고 말하지 않고, 단순히 "그리스도 안에서"라고 말하며, 그러므로 "존재하도록"이라는 말을 집어넣어야 할 하등의 이유가 없다. 둘째, "그리스도 안에서"라는 말은 "창세전에"와 가장 자연스럽게 연결되고, 이것은 선택이 "그리스도 안에

---

10) 예컨대 야코부스 아르미니우스의 입장에 대해서는 "Certain Articles to Be Diligently Examined and Weighed," *The Works of James Arminius*, James Nichols 번역 (Grand Rapids: Baker, 1986), 2:718~19를 보라. 그의 개요에 따르면, 아르미니우스는 하나님은 첫 번째 작정에서 예수 그리스도를 중보자로 지정하심으로써 죄인들을 구원하기로 결정하신다. "두 번째 작정"에서 하나님은 "회개하고 믿는 자들을 호의로[gratiam] 받아 주기로 결심하신다"(p. 719). "세 번째 작정"은 하나님이 믿음과 회개와 같이 구원을 베풀기로 결심하는 수단들을 포함한다. "네 번째 작정"은 이 작정들에 대한 아르미니우스의 입장이 얼마나 근본적으로 개혁파 입장과 다른지를 보여 준다. 이 작정은 "이 특수한 사람들의 구원과 저 특수한 사람들의 파멸과 관련되어 있다. 곧 이 작정은 하나님의 예지와 예견에 의존하거나 좌우되고, 이것을 통해 하나님은 영원 전에 사람들이 이 시행에 따라 결과적 또는 후속적 은혜의 도움을 받아 믿을 것인지 그리고 믿지 않고 버틸 것인지 미리 아셨다"(p. 719).

11) 지롤라모 잰키(1516~1590년)는 다음과 같이 말할 때 분명히 항론파를 염두에 둔 것이 아니라, 초기의 일부 교부들을 생각하고 있었을 것이다. "영생을 얻도록 정해진 자들은 그들 속에 미리 보인 어떤 가치 때문에 또는 그들이 행할 것으로 보이는 어떤 선행 때문에 그렇게 정해진 것이 아니다. 그렇다고 그들의 미래의 신앙 때문에 그런 것도 아니고, 순전히 그리고 오로지 값없는 주권적 은혜 때문이다"(*The Doctrine of Absolute Predestination Stated and Asserted* [New York: George Lindsay, 1811], p. 129).

12) Goodwin, *First Chapter of Ephesians*, in *Works*, 1:66. 또한 Zanchi, *Absolute Predestination*, p. 130도 보라.

13) 예컨대 타락 전 예정설 지지자인 요하네스 마코비우스는 이 입장 즉 택함받은 자는 그리스도 안에 있도록 택함받은 것이지, 그들이 그리스도 안에 있었기 때문에 택함받은 것이 아니라는 입장을 지지했다("*Electi sumus, ut simus in Christo, non quod eramus*"). *Scholastic Discourse: Johannes Maccovius [1588~1644] on Theological and Philosophical Distinctions and Rules*, Willem J. van Asselt, Michael D. Bell, Gert van den Brink, & Rein Ferwerda 번역 (Apeldoorn: Instituut voor Reformatieonderzoek, 2009), p. 158.

14) Paul Baynes, *A Commentarie upon the First Chapter of the Epistle of Saint Paul, Written to the Ephesians* (London, 1643), p. 35.

서" 영원 전에 일어났음을 보여 준다. 따라서 굿윈은 자신이 좋아하는 개신교 스콜라주의 신학자 가운데 하나인 지롤라모 쟁키가 하나님이 "그리스도 안에서" 행하시는 것과 하나님이 "그리스도를 통해" 행하시는 것을 구분하는 것을 언급한다. "그리스도 안에서" 이루어지는 하나님의 행위는 창세 전에 성부와 성자 간에 이루어진 선택에 대해 하나님의 내재적 행위와 관련되어 있다. "그리스도를 통해"라는 말은 하나님이 자기 백성들을 위해 그리스도로 말미암아 행하시는 시간적 행위를 의미한다. 굿윈은 이렇게 말한다. "따라서 하나님은 그리스도를 통해 속량하고, 그리스도를 통해 의롭게 하시며, 그리스도를 통해 구원하신다. 하지만 하나님은 그리스도 안에서 선택하신다."[15]

성자가 아직 신인(神人)으로 성육신하기 전인 영원한 과거에 "그리스도" 안에서 존재한다는 개념은 다수의 기독론적인 질문들을 일으키는데, 이 질문들에 굿윈은 조심스럽게 대답한다. 먼저 말하자면 그리스도는 선택의 원인이 아니었다.[16] 선택의 주도권은 성부에게 있었다. 그리스도는 자신이 예정되신 분이었기 때문에(벧전 1:20) 예정하실 수 없었다. 굿윈은 중보자로서 그리스도는 "한 인간과 똑같이 선택받은 것은 아니었다"고 지적한다.[17]

이 개념을 설명하기 위해 굿윈은 "그리스도와 함께" 택함받은 것과 "그리스도 안에서" 택함받은 것 사이의 구분을 주장한다. 택함받은 자는 그리스도께서 택함받으신 것과 동시에 "그리스도와 함께" 택함받았다. 택함받은 자는 또한 그들의 대표 머리이신 "그리스도 안에서" 택함받았다. 따라서 그리스도는 자기 백성들을 위해 죽으셨을 뿐만 아니라, 자기 백성들을 위해 택함받으셨다는 점에서 공공 인간 곧 "공적" 인간이다.[18]

이것은 중요한 질문을 일으킨다. 그리스도는 성육신 이전에도 공적 인간 또는 대표 머리로서 행하실 수 있을까? 굿윈은 "일부 신학자들"은 그리스도께서 자신의 죽음과 부활 사건에서 공적 인간으로 행하셨다는 데 동조한다는 것을 인정한다. "하지만 그들은 '선택 행위에 있어서는 그리스도께서 그때는 신인(神人)으로 존재하지 않으셨는데, 어떻게 공적 인간으로 간주될 수 있겠느냐?'고 말한다."[19] 굿윈은 이에 대해 다음과 같이 답변한다. 첫째, 성자는 영원 속에서 성부와 함께 계셨고, 자신이 신인(神人)으로서 선택될 것을 알고 계셨다. 둘째, 성육신에 대한 지식이 포함된 선택의 대상으로서 성자는 영원 속에서 택함받은 자의 머리로서 공적 인간이 되셨다. 이것은 신자들이 영원 속에서 택함받았을 때 반드시 일어났어야 했다. 따라서 잠언 8장 23절(만세 전부터, 태초부터, 땅이 생기기 전부터 내가 세움을 받았나니)을 언급하면서, 굿윈은 이 말씀에 따르면 성부는 성자를 "태초부터……자신 앞에서 신인(神人)의 인격을 지니고 유지하도록 지정하거나 세우셨고, 성자를 그렇게 일컬으셨다"고 주장

15) Goodwin, *First Chapter of Ephesians*, in *Works*, 1:69.

16) 이 질문에 대해서는 Turretin, *Institutes*, 4.10.1~19를 보라.

17) Goodwin, *First Chapter of Ephesians*, in *Works*, 1:70. 그러나 베인스가 다음과 같이 언급하는 것을 주목하라. "성부가 선택하신다고 말해지지만 그것은 성자와 성령은 선택하지 않았다는 것을 의미하는 것이 아니다. 왜냐하면 우리 세 사람이 우리 모두에게 공통적인 한 의지를 갖고 있다면, 한 사람이 다른 두 사람이 바라지 않는 것을 바랄 수 없기 때문이다." 그러나 성자는 중보자로서 활동하고, 성령은 교사로 활동하시기 때문에 "성부만이 선택하신다고 표현된다" (*A Commentarie upon Ephesians*, p. 37). 굿윈도 삼위일체에 있어서 인격들의 사역은 분리되지 않지만 어떤 사역은 한 인격을 그 사역의 귀착점(terminus operationis)으로 명시한다.

18) 웨스트민스터 대교리문답 질문 22. "공적 인간"은 아담과 같이 "자기만을 위하지 않고 자신의 후손도 위해" 행동하는 자이고, 성경에서 신자들은 그리스도의 후손 또는 "씨"로 간주된다(시 22:30, 사 53:10).

19) Goodwin, *First Chapter of Ephesians*, in *Works*, 1:72.

한다.[20] 성자는 택함을 받은 자의 머리로서 중보 사역을 수행할 것을 약속하셨고, 이 점에서 선택의 머리가 되신다. "우리는 시간 순서로 보면 그리스도와 함께 택함을 받지만 논리적인 순서로는 택함이 먼저 있었다. 선택의 태내에는 머리이신 그리스도가 먼저 오셨고, 다음에 지체들이 왔다."[21] 이런 이유로 바울은 그리스도를 "맏아들"로 묘사하는데(롬 8:29; 골 1:15), 이 지칭은 특별히 선택에서 자기 백성들의 머리로 행하시는 신인(神人)이신 그리스도에게 붙여진 것이다. 신자들은 그리스도가 없으면 절대로 "택함을 받은 자"로 간주되지 않는다. 마찬가지로 둘째 인격으로서 성자는 사람이 되시는 한 행위로 말미암아 또는 공적 인간으로서의 존재하게 되는 또 다른 행위로 말미암아 택하심을 받은 것이 아니라, 신인(神人)으로 택하심을 받았기 때문에 택함을 받은 자의 머리이신 신인(神人)으로 반드시 택하심을 받은 것이다.[22]

그리스도께서 하나님 백성들의 머리로 세워지는 선택은 언약을 배경으로 일어나고, 굿윈의 견해에 따르면, 이것은 두 당사자 간의 조건에 따른 협약이다.[23] 성자는 하나님의 백성들 속에서 하나님이 그들에게 요구하신 모든 조건을 성취하기 위해, 즉 그들이 거룩하고 흠이 없는 존재가 되도록 하려고 언약의 머리가 되는 데 동의하셨다. 성자는 하나님의 백성들을 영원 전부터 대표하고, 따라서 모든 영적 복은 그때 택함을 받은 자에게 "사실상 주어진다"(딤후 1:9). 즉 그들은 실제로 창세전에 이 복을 받았다. 이런 이유로 택함을 받은 자의 구원은 단순히 하나님의 사랑 때문에 그리고 또한 하나님이 우리를 그리스도 안에서 사랑하셨기 때문에 "선택할 때……주어진 확실한 기초"에 근거하고, "따라서 지금 우리는 그리스도 자신과 영원토록 똑같은 혜택을 누리고, 우리 인간들은 신비적으로 그리스도의 존재와 하나가 된다. (진정으로) 우리는 그리스도 안에서 택함받고, 그러므로 그리스도 자신과 똑같이……확실한 상태 속에 있다."[24]

예정(엡 1:5)

에베소서 1장 5절은 선택 주제를 계속 언급하는데, 그것을 다른 말 곧 예정이라는 말로 언급한다. 굿윈의 생각에 따르면, 이 두 용어는 엄밀하게 동의어는 아니다. 두 용어 간의 차이는 작정 순서를 설명하는 데 필수적인 배경을 제공한다. 굿윈은 "선택하는 것"은 같은 덩어리에서 선별하고 골라내는 것을 의미하지만 "예정하는 것"은 어떤 결말을 미리 정하는 것을 염두에 두고 있다고 주장한다.[25] 폴 베인스도 두 용어 간의 차이를 가정한다. 베인스에 따르면, "예정"은 수단을 통해 목적에 이르는 작정을 함축한다. "선택"은 목적을 포함하지만 "예정"은 수단을 염두에 두고 있다. 베인스는 또한 선택은 하나님의 뜻을 가리키지만, 예정은 하나님의 이해(즉 자신의 뜻을 이루는 법에 대한)를 암시한다.[26] 굿윈은 확실히 베인스의 작품을 염두에 두고 있는 것으로 보인다. 굿윈은 종종 "경건한 베인스"라고

20) Goodwin, *First Chapter of Ephesians*, in *Works*, 1:72.
21) Goodwin, *First Chapter of Ephesians*, in *Works*, 1:74.
22) Goodwin, *First Chapter of Ephesians*, in *Works*, 1:74.
23) Goodwin, *First Chapter of Ephesians*, in *Works*, 1:75.
24) Goodwin, *First Chapter of Ephesians*, in *Works*, 1:76.
25) Goodwin, *First Chapter of Ephesians*, in *Works*, 1:83.
26) Baynes, *A Commentarie upon Ephesians*, p. 61.

말하고,[27] 사소한 차이점은 있지만 일반적으로 베인스의 논증의 기본 노선을 따른다. 선택은 목적에 대한 작정이지만, 굿윈의 견해에 따르면, "선택은 주로 같은 계층과 조건을 가진 다른 사람들에게서 어떤 사람들을 특별하고 각별한 사랑으로 밖으로……뽑아내는 것을 가리킨다."[28] 따라서 선택에 있어서 하나님은 어떤 사람들을 다른 사람들보다 더 선호하신다. 선택은 택함을 받은 자로 선택되는 사람들의 집단(terminus a quo, 출발점)을 가리키지만, 예정은 택함을 받은 자에게 정해지는 지위(terminus ad quem, 도달점)를 가리킨다.[29] 선택에 있어서 신자들은 본질상 분리된 존재로 간주되지 않는다. 대신 택함을 받은 자는 하나님의 최초의 선택 행위에서 집단적으로 "그리스도 안에" 있는 것으로 간주된다. 예정은 "하나님이 (택함을 받은 자를) 이끄시는 것을 의미하는 목적으로서 자기 안에서 영광스러운 행복을 누리도록 [신자들을] 정하시는 두 번째 행위를 의미한다."[30] 이 목적 가운데 하나가 에베소서 1장 5절이 말하는 것처럼 양자다. "그리스도 안에" 있는 것(선택)은 필수적으로 "그리스도를 통해" 오는 유익들을 받기 위한 배경(예정)을 제공한다.[31] 여기서 분명히 해야 할 것은 굿윈과 개혁파 정통 선배 및 동료 신학자들이 주창한 다양한 타락 전·후 예정 견해들을 이해하는 데 있어서 이 구분의 중요성이다.

또 다른 기독론적인 문제가 굿윈의 타락 전 예정설의 또 하나의 배경을 제공하는 것을 보여 준다. 굿윈은 영원한 배경 속에 계시는 "그리스도" 곧 인간 본성을 취하기 이전의 성자를 언급한다. 굿윈은 이 그리스도를 언급하는 것은 자신이 하나님의 백성들의 머리로서 행하게 된 영원한 구속 언약의 조건에 따라 성자께서 화목의 목적을 이루시기 위해 육체를 취하시기 때문이다. 그러나 화목이 성자의 성육신의 일차 목적이 아니고, 사실상 성자의 성육신은 타락을 조건으로 작정된 것이 아니었다.[32] 선택과 예정 간의 차이를 강조하면서, 굿윈은 하나님의 아들이 단지 인간의 죄 때문에 육체를 취하셨다고 말하는 것은 그리스도를 하나님의 백성들의 신하로 만드는 것이라고 주장한다.[33] 오히려 그리스도는 선택과 다른 모든 것의 목적이다. 이 지점에서 굿윈은 중요한 기독론적인 진술을 제시하는데, 그것은 그리스도의 성육신에 대한 작정과 관련해서 보면, 그리스도의 인격이 그분의 사역보다 우선한다는 것이다. 둘째 인격은 일차적으로 죄인들이 그분의 공로 사역의 유익들로 말미암아 구원을 받도록 하려고 정해지신 것이 아니었다. 이 유익들은 "그분의 인격의 선물이 우리에게 주어진 것과 비교하면 훨씬 저급하고, 그분의 인격 자체의 영광이 훨씬 우월하다. 그분의 인격은 그 유익들을 모두 합해놓은 것보다 훨씬 무한한 가치를 갖고 있다."[34] 따라서 "기독론적인 타락 전 예정설"이라는 말은 굿윈 신학의 초점이 될 수 있는 것을 환기시키고, 확실히 칼빈, 오웬, 그리고 그들과 같

---

27) Goodwin, *First Chapter of Ephesians*, in *Works*, 1:90.

28) Goodwin, *First Chapter of Ephesians*, in *Works*, 1:84.

29) Goodwin, *First Chapter of Ephesians*, in *Works*, 1:84.

30) Goodwin, *First Chapter of Ephesians*, in *Works*, 1:85.

31) Goodwin, *First Chapter of Ephesians*, in *Works*, 1:85.

32) 오웬은 이 논증에 대답하려고 시도한다. *Exposition of Hebrews*, in *Works*, 19.37을 보라. 또한 John Calvin, *Institutes of the Christian Religion*, John T. McNeill 편집, Ford Lewis Battles 번역 (Philadelphia: Westminster, 1960), 2.12.4~5에서 칼빈의 설명도 보라. 비록 칼빈을 타락 전 예정 지지자로 부르는 것이 옳다고 해도, 우리는 그럼에도 불구하고 개혁파 신학자들이 작정의 순서(ordo decretum)에 대해 다양한 방식으로 표현한다는 것을 확인할 수 있다.

33) Goodwin, *First Chapter of Ephesians*, in *Works*, 1:99.

34) Goodwin, *First Chapter of Ephesians*, in *Works*, 1:99. 그리스도의 영광은 굿윈의 신학에서 중요한 역할을 맡고 있다. Mark Jones, *Why Heaven Kissed Earth: The Christology of the Puritan Reformed Orthodox Theologian, Thomas Goodwin (1600~1680)* (Göttingen: Vandenhoeck & Ruprecht, 2010)을 보라.

은 다른 신학자들과는 다른 사고방식을 보여 준다.[35)]

그러나 굿윈은 아담이 타락하지 않았다면 일어날 수 있었던 것에 대한 질문은 설명하지 않는다.[36)] 굿윈은 이렇게 말한다.

> 단순히 하나님의 아들이 살과 피를 가진 우리의 인성을 취하도록 작정하실 때 성부는 우리에게 대속주가 필요하다는 것을 염두에 두셨을 뿐만 아니라, 아울러 성육신을 통해 그 본성 속에 둘째 인격의 무한한 영광이 드러나도록 하시는 것도 염두에 두셨다. 이 두 가지 목적에 따라 성자는 움직이셨고, 두 가지 목적 가운데 그리스도 인격의 영광은 그 연합 속에서, 그리고 그 연합을 통해 가장 큰 영향력을 가졌고, 구속 자체가 그분의 인격의 영광에 예속되고, 그것을 위해 정해진 것이기 때문에 이것이야말로 가장 우선적으로 의도된 최고의 목적이다.[37)]

하나님은 전지하심으로 말미암아 그리스도의 선택과 택함을 받은 자의 선택, 그리스도의 구속 사역, 하나님의 작정에 따라 일어나도록 되어 있는 다른 모든 일을 동시에 보셨다. 하나님이 모든 계획 가운데 "자신의 눈에 최고로 본" 계획 곧 하나님의 작정 속에서 발군의 위치를 차지하고 있는 것은 그리스도와 그리스도의 인격의 영광이었다. 다시 말하면 하나님의 "핵심 목적은 우리를 위해 그리스도를 세상 속에 보내시는 것이 아니라, 그리스도를 위해 우리를 세상 속에 보내시는 데 있었다……그리고 하나님은 일어나도록 되어 있는 모든 일이, 아니 심지어는 구속 자체도, 우리의 구원이 아니라 그리스도의 영광을 나타내도록 마련하신 것이다."[38)] 성부와 성자 간의 자연적 관계도 굿윈의 주장을 강화시킨다. 사람으로서 우리 가운데 거하시는 하나님의 아들은 그분의 구속 사역을 능가하는 사랑의 수준을 갖고 있다. 왜냐하면 그분의 중보 사역은 우발적이지만(즉 필연적이거나 본질적이 아니지만), 그분의 인격은 본질적이고 절대적이기 때문이다. 굿윈은 이렇게 말한다. "그러므로 단지 구속 사역만을 위해 (성육신을) 정하셨다면 (그분의 인격을) 무시하고 낮추는 것이 되고 말 것이다."[39)] 나아가 그리스도는 하나님의 자연적인 아들이고, 택함을 받은 자는 단지 입양을 통해 아들이 된 자녀들이다. 굿윈은 신자들이 받는 양자의 특권을 그리스도의 사역이 아니라 그리스도의 인격과 관련시킨다. 그러나 우리는 특히 굿윈의 경우에 있어서, 이 두 기독론 국면을 분리시키지 않도록 항상 조심해야 한다. 그리스도의 구원보다 그분의 영광에 더 우선권이 있다. 확실히 하나님의 전체 작정은 이 목적 곧 그리스도께서 그것들 모두의 목적이 되도록 하려고 마련되었다. 에베소서 1장 4~5절에 대한 이런 고찰을 염두에 두면, 작정의 순서 문제가 초점으로 나타난다.

---

35) 말하자면 이것이 내가 *Why Heaven Kissed Earth*에서 더 강조하기를 바라는 것이다. 나는 이 책에서 그리스도의 영광의 문제를 다루지만, 더 깊은 반성을 통해 나는 굿윈의 기독론적인 타락 전 예정설을 더 상세히 다루려고 했다. 이번 장은 굿윈의 타락 전 예정설에 대한 더 명백한 언급이 결여된 것을 교정하려고 한다.

36) "반면에 나는 절대로 인간이 타락하지 않았더라도 그리스도께서 성육신하셔서 우리의 본성을 취하셨어야 했다고 감히 주장하지 않겠다"(Goodwin, *First Chapter of Ephesians*, in *Works*, 1:99). 어떤 이들은 "기독론적인 타락 전 예정 지지자들"은 인간이 타락하지 않았더라도 그리스도께서 성육신하셨을 것을 인정하는 자들이라고 주장하겠지만, 굿윈이 인간이 죄를 범하지 않았다면 그리스도께서 성육신하지 아니하셨을 것이라는 것이라고 주장함에도 우리는 굿윈에게 여전히 이 호칭을 붙일 수 있다고 나는 생각한다.

37) Goodwin, *First Chapter of Ephesians*, in *Works*, 1:99~100.

38) Goodwin, *First Chapter of Ephesians*, in *Works*, 1:100.

39) Goodwin, *First Chapter of Ephesians*, in *Works*, 1:100.

작정의 순서

타락 후·타락 전 논쟁은 목적에 대한 수단 문제와 관련되어 있었다는 호튼의 주장과 달리, 실제 논쟁은 작정의 논리적 순서에 대해 진행되었다.[40] 굿윈은 목적과 수단 간의 구별을 "일반적으로 인정된 사실"로 받아들인다. 굿윈은 하나님은 목적과 관련해서는 인간을 선택하실 때 타락하지 않은 존재로 간주했으나, 목적에 대한 수단을 작정하실 때에는 타락한 존재로 간주했다는 입장을 주장한다.[41] 그러나 굿윈은 목적과 수단이 무엇을 의미하는지는 상세히 설명할 필요가 있다는 것을 인정한다. 목적은 어떻게 보든 하나님의 영광인데, 이것을 굿윈은 "최고 목적" 또는 "궁극적 목적"으로 부른다. 즉 하나님이 택함받은 자에게 원하시는 영광스러운 완전한 속성이라는 것이다.[42] 굿윈이 목적에 대한 작정은 타락을 고려한 것이 아니라고 주장했을 때 염두에 둔 사실은 그리스도의 택하심을 받은 자의 완전함이다.[43] 그러나 "궁극적 목적"을 위한 수단 즉 택함받은 자를 영광 속에서 완전하게 만드는 수단의 작정은 인간이 타락한 존재라는 것을 고려해서 이루어졌다.

굿윈은 순전한 타락 전 예정설을 이렇게 제시한다. "순전한 타락 전 예정설[원문 그대로]은 창조, 타락의 허용을 이 목적에 대한 수단으로 취하고, 그것들을 궁극적 목적 곧 영광을 드러내기 위한 의도나 작정을 가져오는 수단으로 부른다."[44] 그러나 굿윈은 "수단은 하나님의 택하심을 받은 자의 구속주로서 그리스도께서 하나님의 백성들을 위해 행하신 것을 가리키고, 다르게 말하면 이것은 내재적 사역과는 반대로 시간적 사역으로 알려진 것"이라고 주장한다. 그리스도 사역의 구원의 유익들은 "영광을 위해 준비된 것"이다(롬 9:23; 엡 2:10).[45] 하나님의 택하심을 받은 자가 하나님께 영광을 돌리도록 준비시키는 이 수단들은 "타락을 전제로 한다."[46]

타락 이전 지위에 있을 때 아담은 자연적이고 내재적인 거룩함을 소유했다. 그러나 이 거룩함은 선택의 영광을 위한 존재로 아담을 준비시킨 것을 뜻하지 않았다. 왜냐하면 그것은 기독론적인 기초를 결여하고 있었기 때문이다. 아담의 죄도 이런 영광의 소유를 위한 수단이 아니었고, 오히려 선택은 죄인으로 간주된……택함을 받은 자를 향한……은혜를 새로운 확대……그리고 확장으로 이끈 단순한……통로였다."[47] 따라서 타락한 죄인들은 궁극적 목적 즉 그들의 영화를 이루도록 구속의 은혜를 받는다. 그러나 택함을 받은 자가 타락하지 않은 존재로 간주되는 선행적 은혜(즉 선택 자체)가 있다. 굿윈은 창조 그리고 타락의 허용은 하나님 섭리의 행위이지 "궁극적 목적"을 이루기 위한 직접적 수단은 아니라는 주장을 계속 전개한다. 그러므로 이 수단은 그리스도의 구속 사역과 관련되고, 택함을 받은 자를 영광으로 이끄는 데 직접 영향을 미친다. 따라서 굿윈은 목적을 작정하실 때 하나님은 인간을 타락하지 않은 존재로 간주하셨다고 주장한다. 굿윈은 독일의 개혁파 정통 신학자인 아만두스 폴라누스(1561~1610년)를 인용한다.

---

40) Horton, "Assurance," p. 65를 보라.
41) Goodwin, *A Discourse of Election*, in *Works*, 9:84.
42) Goodwin, *A Discourse of Election*, in *Works*, 9:84.
43) Goodwin, *A Discourse of Election*, in *Works*, 9:84~85.
44) Goodwin, *A Discourse of Election*, in *Works*, 9:84.
45) Goodwin, *A Discourse of Election*, in *Works*, 9:84.
46) Goodwin, *A Discourse of Election*, in *Works*, 9:84.
47) Goodwin, *A Discourse of Election*, in *Works*, 9:85.

> 하나님은 선택의 작정을 하실 때 택함받은 자들을 자신이 그들을 예정하신 목적으로 보셨고(또는 간주하셨고), 따라서 사람들을 그들 속에 있는 각자의 특성을 전혀 고려하지 않고 절대로 공통적인 존재로 보셨다. 그러나 우리가 목적으로 이끄는 수단을 고려한다면 하나님이 사람들을 그들의 정직한 상태(타락 이전)가 아니라 스스로 그리고 본질상 타락하고, 그리하여 그들 자신의 하자로 말미암아 영원한 죽음 속에 곤두박질치는 모습으로 봤다.[48]

문제는 선택이 수단과 관련되어 있는지가 아니라고 굿윈은 지적한다. 오히려 논쟁은 목적과 수단과 관련된 하나님의 작정이 "인간을 전체적으로 타락 이전의 **창조성** 집단[즉 자체로 창조되어야 할 잠재적인 인간]으로 간주했는지, 아니면 인간 집단을 먼저 죄로 말미암아 **타락한** 인간 집단으로 간주했는지"에 있었다.[49] 굿윈은 다양한 저술가들의 작품을 읽고 많은 이들이 "둘은 서로 양립하지 않는 것으로 판단한다"는 것을 인정한다.[50] 굿윈은 하나님은 두 "상태를 동시에 봤기 때문에 시간 속에서 어느 한 쪽이 먼저고 다른 한쪽은 나중이라는 것이 없었다"고 주장한다.[51] "둘을 양립시키려고" 하는 것에 대해 굿윈은 이렇게 설명한다.

> 자신의 무한한 지성으로 모든 것을 자기 앞에 두고 보시는 하나님은 자신의 선택의 의도 속에서 목적을 선택하는 데 있어서는 인간을 **타락하지 않은 존재**로 간주했지만, 이 목적을 이루기 위한 **수단**을 선택하는 데 있어서는 인간을 **타락한 존재**로 간주했고, 둘 다 작정하셨으며, 이 둘은 하나님의 신적 의지의 동일한 결정 속에 들어 있다.

> 다양한 견해를 조화시키려는 저명한 학자들이 더러 있었기 때문에 타락한 인간이 예정의 대상이었는지, 아니면 타락하지 않은 인간이 예정의 대상이었는지의 문제는 이 논쟁에 정통한 그들 속에 매우 잘 알려져 있었을 것이다.[52]

목적과 수단이 하나님의 마음속에 동시에 들어 있었다. "목적과 수단은 선후가 없었다."[53] 그럼에도 굿윈은 신적 지성과 의지 속에서 인간을 타락하지 않은 존재로 간주하는 목적에 대한 작정은 최초의 출발점(terminus a quo)이라고 주장한다. 굿윈은 독일의 개혁파 스콜라주의 신학자인 바르톨로매우스 케커르만(대략, 1572~1609년)이 택함받은 자에 대한 작정이 이중의 고려 아래 이루어진다고 비슷하게 주장하는 것을 인용한다. 첫째, 목적(즉 영생)과 관련해서 말한다면, "타락은 영생의 수단이 아니라 장애물이므로 필연적인 것이 아니다."[54] 둘째, 택함받은 자에 대한 작정은 하나님이 수단으로 예견하신 인간의 타락과 관련해서 이해될 수 있다. 선택은 구속을 위해서는 "필연적으로 타락에 대

48) Goodwin, *A Discourse of Election*, in *Works*, 9:85.
49) Goodwin, *A Discourse of Election*, in *Works*, 9:86.
50) Goodwin, *A Discourse of Election*, in *Works*, 9:86.
51) Goodwin, *A Discourse of Election*, in *Works*, 9:86.
52) Goodwin, *A Discourse of Election*, in *Works*, 9:86.
53) Goodwin, *A Discourse of Election*, in *Works*, 9:87.
54) Goodwin, *A Discourse of Election*, in *Works*, 9:86.

한 관심과 고려를 포함한다."[55] 앞에서 지적한 것처럼 굿윈은 선택과 예정 사이를 중요하게 구분한다. 선택은 목적과 관련되어 있다. 따라서 선택하실 때 하나님은 사람들에게 타락을 고려하지 않고 영생을 주실 것을 작정하신다. 그러나 예정은 죄에 빠져 타락한 인간에 대한 하나님의 작정 아래 온다. 따라서 예정은 목적에 대한 수단을 포함한다. 그러므로 타락 전·타락 후 논쟁은 단지 예정만 관련시켜 다룰 수 없고, 인간이 타락한 존재인지, 아니면 타락하지 않은 존재인지도 관련시켜 다뤄야 한다. 예정만 관련시켜 다루게 되면 굿윈의 입장을 오해하게 된다. 왜냐하면 굿윈의 체계 속에서 선택과 예정은 동의어가 아니기 때문이다.

굿윈의 타락 전 예정설은 그가 사랑과 자비를 구분한 것에도 나타나 있다. 하나님은 피조물에게 사랑을 보여 주실 때 "타락을 고려하지 않고, 아직 타락하지 않은 순수한 집단 속에서 그렇게 하신다."[56] 사랑은 필연적으로 자비를 앞선다. 따라서 하나님은 타락한 피조물들이 아직 타락하지 않았을 때 자신이 그들을 얼마나 사랑하셨는지를 보여 주기 위해 그들에게 자비를 보여 주시고, "그러므로 하나님은 그들이 죄에 빠지는 것을 허용하고, 그렇게 하나님은 자비를 베푸신다."[57] 자신이 선택과 예정을 구분하는 것을 기초로 굿윈은 선택은 자비의 행위가 아니라, 사랑의 행위임을 분명히 한다.[58] 하나님은 확실히 자비를 보여 주시는 것도 작정하셨다. 하지만 선택은 엄밀히 말해 사랑의 행위다. 사실 굿윈은 하나님의 모든 속성은 그분의 사랑에 예속되어 있다고 주장한다.[59] 하나님은 어떤 이들은 사랑하시기 때문에 자비를 베푸시고, 다른 이들은 사랑하시지 않기 때문에 자비를 베푸시지 않는다. 하나님은 중보자이신 예수 그리스도 안에서 자신의 사랑을 베푸신다. 중보자는 자신의 인간적 본성 속에 성부께서 교회를 위해 갖고 계신 사랑을 구현하셨다. "하늘에서 모태로, 모태에서 십자가로 그리스도를 이끈 것은 사랑이었고, 십자가에서 그분을 지탱시키신 것도 사랑이었다……그리스도를 그곳에 있게 만든 것은 바로 그분의 사랑이었다."[60] 그리스도의 마음속에-그분의 인성에 대해 말하면-있었던 사랑은 확실히 하나님의 사랑보다는 작았다. 왜냐하면 유한은 무한을 담을 수 없기 때문이다. 그럼에도 "무한한 세계가 피조물을 사랑하는 상태로 만들었다면, 그것들 속에 있는 사랑은 사람이신 그리스도 예수의 마음속에 있는 사랑보다 결코 더 크지 아니할 것이다."[61] 하나님과 그리스도가 교회에 대해 갖고 계시는 사랑은 택함받은 자의 구원을 통해 표현된다. 굿윈은 하나님의 선택 사역에 있어서 선택은 택함받은 자와 하나님 및 그리스도와의 연합을 포함한다는 것을 보여 준다. 연합은 선택에서 흘러나오는 탁월한 영적 복이다.[62]

---

55) Goodwin, *A Discourse of Election*, in *Works*, 9:86.

56) Goodwin, *An Exposition of the Second Chapter to the Ephesians*, in *The Works of Thomas Goodwin, D.D.*, Thomas Smith 편집 (1864, 재판, Grand Rapids: Reformation Heritage Books, 2006), 2:148.

57) Goodwin, *Second Chapter of Ephesians*, in *Works*, 2:148.

58) Goodwin, *Second Chapter of Ephesians*, in *Works*, 2:149.

59) Goodwin, *Second Chapter of Ephesians*, in *Works*, 2:152.

60) Goodwin, *Second Chapter of Ephesians*, in *Works*, 2:162.

61) Goodwin, *Second Chapter of Ephesians*, in *Works*, 2:162.

62) 히 3:12~14에 대한 존 오웬의 주석은 분명히 굿윈이 여기서 말하는 것과 일치된다. "그리스도와의 연합이 모든 영적 즐거움과 기대의 원리이자 척도다"(*Exposition of Hebrews, in Works*, 4:146). 오웬은 이렇게 덧붙인다. "[그리스도와의 연합이] 첫째 지위를 차지한다. 그리스도와의 연합은 우리가 참여하는 모든 은혜 가운데 가장 크고, 가장 영예롭고 영광스러운 은혜다"(4:148).

하나님 및 그리스도와의 연합

굿윈 신학의 핵심 주제는 예수 그리스도의 영광과 관련되어 있다. 하나님은 성자를 인간의 구원보다 더 고결한 목적을 위해 신인(神人)으로 선택하셨다. 택함을 받은 자는 그리스도의 즐거움이 되도록 택함을 받았다. 하지만 그리스도는 하나님의 즐거움을 위해 신인(神人)이 되도록 선택되셨다. 이런 식으로 하나님은 예수 그리스도 안에서 자신의 형상을 보신다(골 1:15~18). 예수 그리스도의 인격 속에서 하나님은 "단순한 피조물에게 다른 방법으로는 절대로 전달할 수 없는 높고 우월한 방법"으로 자신을 전달하신다.[63] 앞에서 지적한 것처럼, 이 목적은 그리스도께서 하나님의 백성들을 위해 중보자가 되신 목적을 크게 능가한다. 택하심 받은 신인(神人)으로서 그리스도는 만유의 주권적 목적이 되는 특권을 부여받으셨다. 다시 말하면 그리스도는 "스스로 존엄하신 존재로 예정되셨지만 우리는 하나님의 영광과 그리스도의 영광을 위해 예정되었다."[64] 그리스도의 영광은 무엇보다 구속을 받은 자신의 백성들에게서 받는 영광에 달려 있지 않고, 그분 자신의 인격의 존엄성에 달려 있다.

> 그리스도는 택함을 받은 자와 이중의 관계를 갖고 있는데, 머리로서의 관계와 구주로서의 관계가 그것이다. 그리스도는 하나님의 백성들이 타락하지 않은(in massa pura) 존재로 간주되므로 그들의 머리이시다. 그리스도는 하나님의 백성들이 타락한 존재로 간주되므로 그들의 구주로 간주된다. 굿윈은 다음과 같이 작정과 관련시켜 이 문제에 대한 자신의 입장을 요약한다. 그리스도의 이 두 관계 곧 머리와 구주로서의 관계는 하나님이 우리를 선택하시는 것과 동시에 일어난다……이전과 이후가 아니다. 우리의 이해에 대한 한, 시간 속에서 이루어지는 것도 아니고(하나님의 작정은 이전이나 이후에 다른 작정이 없기 때문이다), 순서가 있는 것도 아니다. 왜냐하면 그리스도는 그의 지체 곧 그의 몸이 있어야만 우리의 머리가 되실 수 있었기 때문이다. 따라서 다른 한쪽 관계 곧 구속주가 되시는 것도 마찬가지다. 우리와 우리의 구원을 위해서가 아니라면 그리스도는 어느 쪽도 예정되지 아니하셨을 것이다. 그러나 그리스도의 인격의 선택은 핵심적이고 일차적인 그 의도에 따라 절대적이고, 스스로의 힘으로 그리고 특수적인 이 목적들보다 더 고귀한 목적으로 남아 있다.[65]

다시 한 번 굿윈은 그리스도의 인격의 영광이 피조물의 목적에서 두드러진 위치를 차지한다는 것을 분명히 한다. 그러나 택함을 받은 자 입장에서 말한다면, 선택의 핵심 목적은 하나님이 신자들을 "자신과의 초자연적 연합과 자신의 전달"을 위해 선택하신 것이다.[66] 신자들의 목적은 삼위 하나님과의 연합이다. 굿윈은 다음과 같은 금언을 언급한다. "시행에서 마지막인 것이 의도에서는 최초다……그리고……여러분도 알다시피, 하나님이 최초로 의도하신 것은 자신을 위해 우리를 선택하신 것으로, 이것은 마지막으로 시행된다. 그리고 하나님은 우리에게 자신을 제시하시는데, 이 시

63) Goodwin, *A Discourse of Election*, in *Works*, 9:94.
64) Goodwin, *A Discourse of Election*, in *Works*, 9:95.
65) Goodwin, *A Discourse of Election*, in *Works*, 9:98.
66) Goodwin, *A Discourse of Election*, in *Works*, 9:99.

행은 마지막으로 이루어진다."[67] 예상되는 것처럼, 하나님의 신자들과의 연합은 기독론적인 초점을 특징으로 갖고 있다. 하나님이 단순한 사람들에게 자신을 전달하시기 전에, 많은 형제들 가운데 맏아들이신 사람 그리스도 예수(롬 8:29)께서 신인(神人)이시므로 하나님과 최고의 연합을 누리는 인격적 연합이 일어나야 한다. 성육신은 택함을 받은 자와 하나님 간의 "초창조적 연합"을 가능하게 한다. 구원의 극치는 칭의나 성화에 있는 것이 아니라 하나님과의 연합에 있다.[68] 굿윈은 요한복음 17장 20~26절을 하나님과 사람들 간의 연합의 본질을 이해하는 주석적 기초 본문으로 사용한다.

요한복음 17장의 대제사장 기도에서 그리스도는 아버지께 자신이 아버지께서 자기에게 주신 자들과의 신비적 연합을 누릴 수 있게 해 달라고 구하신다.[69] 다른 간구들도 있지만 그리스도와 교회의 신비적 연합이 "다른 모든 바다가 흘러들어가는" 그분 간구의 "핵심 주제"다.[70] 그러나 굿윈이 말하는 "신비적 연합"은 무엇인가? 그리스도 기도의 주요 요점은 비록 그것이 나타나 있기는 하지만 성도들이 서로 간에 연합을 누려야 한다는 것이 아니라, 신자들은 그들 안에 성부와 성자가 계시므로(요 14:20; 요일 4:15), 성부 및 성자와의 연합을 누려야 한다는 것이다. 그리스도의 두 본성의 연합을 제외하면, 택함을 받은 자가 그리스도 및 하나님과 누리는 연합은 피조물이 누릴 수 있는 최고의 연합이다. 이 연합은 바울의 마음속에서 핵심 주제였다. "그리스도를 얻고 그 안에서 발견되려 함이니"(빌 3:8~9). 굿윈은 그리스도와의 연합과 구원의 다른 유익들을 대조시킴으로써 그리스도와의 연합의 우선성을 이렇게 증명한다.

> 구속과 죄사함을 등을 위해 기도하라. 그러면 그대로 될 것이다. 왜냐하면 여러분은 그것을 필요로 하기 때문이다. 죄인들은 죄로 말미암아 무거운 짐을 짊어지고 있을 때 말씀에 따라 성령으로 말미암아 첫 번째로 그들에게 제기되고 그들 앞에 두어지는 것이 바로 이것이다. 하지만 나는 여러분 뒤에 멀리 떨어져 있고, 처음에 우리의 생각에는 숨겨져 있는 어떤 것이 있다고 말하는 바인데, 그것은 그리스도 및 하나님과의 연합이다. 그것을 가장 크게 누리는 것은 죄가 완전히 사라질 때인 다른 세상에서 일어날 것이다.[71]

굿윈의 신학은 그리스도 및 하나님과의 연합의 종말론적 우선성을 명확히 한다. 굿윈은 자신의 작품들에서 분명히 하는 것처럼 칭의나 성화를 경시하지 않는다. 그리스도를 통한 하나님 자신의 초자연적 전달이 그리스도 안에서의 선택의 열매로 신자들이 받은 가장 크고 가장 영광스러운 영적 복이라는 굿윈의 생각은 의심할 여지가 전혀 없다.

---

67) Goodwin, *A Discourse of Election*, in *Works*, 9:104. 타락 후 예정설을 주장한 투레틴은 이 주장을 타락 후 예정설 지지자들이 제기한 것으로 지적하고, 그들의 논증이 극단적으로 취해지면 불합리하다고 생각하고 이에 대한 답변을 시도한다. Turretin, *Institutes*, 4.9.23을 보라. 또한 이 격언에 대한 오웬의 비판도 보라(*Exposition of Hebrews*, in *Works*, 19.31).

68) Goodwin, *A Discourse of Election*, in *Works*, 9:106.

69) Goodwin, *A Discourse of Election*, in *Works*, 9:107.

70) Goodwin, *A Discourse of Election*, in *Works*, 9:107.

71) Goodwin, *A Discourse of Election*, in *Works*, 9:114.

결론

하나님의 작정 순서에 대한 토머스 굿윈의 견해는 기독론적인 타락 전 예정설로 가장 잘 이해된다. 굿윈은 당시의 어느 영국의 동료 신학자들보다 신인(神人)이신 예수 그리스도의 영광에 깊은 관심을 갖고 있었다. 택함을 받은 자의 구원을 포함해서 모든 것이 그분에게 예속되어 있다. 성육신은 보이지 않는 하나님의 보이는 형상으로 사람이신 그리스도 예수 안에서 즐거워하시는 하나님의 중대한 행위다. 굿윈은 그리스도의 성육신은 그분의 죽음 및 부활보다 그분에게 더 큰 영광을 제공했다고 말할 정도였다.[72] 선택과 예정에 대해 말한다면, 굿윈은 이 두 용어를 중요하게 구분한다. 하나님이 개인들을 그들의 머리이신 그리스도 안에서 선택하신 것은 타락 전 작정 순서에 기초를 두고 있다. 즉 그들은 타락하지 않은 존재로 선택을 받는다. 그러나 예정은 목적에 대한 수단-소위 그리스도의 중보의 시간적 행위-을 염두에 두고 있고, 따라서 개인들은 그들의 구주인 그리스도 안에서 타락한 자들로 간주된다. 인간 중심적인 관점에서 말하면, 하나님 작정의 **텔로스** 곧 목적은 택함을 받은 자와 하나님 및 그리스도의 연합이고, 이 연합은 하늘에서 완성된다. 시행에 있어서 마지막이 되는 것이 의도에 있어서는 처음이고, 따라서 하나님 및 그리스도와의 연합은 택함을 받은 자에게 부여된 고귀한 복으로 불릴 수 있다. 요약하면 굿윈의 다음 말은 이번 장의 기본 주장을 적절히 표현하고 있다.

> 그리스도의 공로를 하나님을 위한 어떤 동기로 간주하는 경우는 별로 없었다. 그리스도의 공로는 오직 그리스도의 영광을 위한 수단으로서 행해진 행위였고, 따라서 그분 인격의 영광보다 훨씬 힘이 약했고, 하나님의 사역이 하나님 자신을 위한 것인 것처럼, 그리스도를 위한 것이다. 그러므로 우리가 지금 말할 수 있는 관심사 속에서 어쨌든 동기로 불릴 수 있는 것은 오직 그분 인격의 영광이었다.[73]

스코틀랜드의 신학자 로버트 레이턴(1611~1684년)은 일부 "식자들"이 "주제넘게 신적 작정의 순서에 대해" 말한 사실을 비판했지만, 확실히 토머스 굿윈의 경우에는 보다 존중할 만한 것이 작용하고 있었다. 그리스도의 영광이 타락 전 예정설이라는 자신의 특수한 체계를 주장하는 것의 배후에 큰 동기로 놓여 있었다. 우리가 굿윈에게 동조하든 안 하든 간에, 굿윈이 그리스도의 인격의 영광과 택함을 받은 자가 창조주 및 구속주와 연합 속에 들어가게 하는 하나님의 주권적 행위를 강조하려는 그의 욕구에 대해서는 흠을 잡기가 거의 어렵다.[74]

---

72) Thomas Goodwin, *The Work of the Holy Ghost*, in *The Works of Thomas Goodwin, D.D.*, Thomas Smith 편집 (1864, 재판, Grand Rapids: Reformation Heritage Books, 2006), 6:418을 보라 "지금까지 세상에서 행하신 가장 경이로운 사역은 무엇이었을까? 그것은 하나님의 아들의 성육신 사건이었다."

73) Goodwin, *First Chapter of Ephesians*, in *Works*, 1:102.

74) 레이턴에 대해서는 *The Whole Works of Robert Leighton, D.D.* (New York: Riker, 1844), p. 669를 보라. 또한 *Exposition of Hebrews*, in *Works*, 19:30에서 오웬의 비판도 보라.

10장

청교도의 섭리 교리

하나님은 자신의 피조물을 하나씩 자신의 보호하는 날개 아래 품으신다.

– 존 칼빈[1] –

교회는 오랫동안 피조물에 대한 하나님의 인격적이고, 세부적이고, 지혜롭고, 선한 섭리를 가르쳤다. 물리 세계에 대한 참여에서 하나님을 분리시킴으로써 하나님을 신령화한 헬라 철학자들과 반대로, 초기 기독교인들은 하나님은 만물의 창조자, 유지자, 통치자라고 가르쳤다. 이레나이우스(대략. 125~202년)는 "이 우주의 조물주는……만물에 대해 섭리를 행사하고, 우리의 세계의 일들을 조율하신다"고 말했다.[2]

아우구스티누스가 『하나님의 도성』(The City of God)을 쓴 목적은 특히 로마 제국이 야만인들에게 멸망함으로써 초래된 위기에 비춰 부분적으로 민족들과 문명들에 대한 하나님의 섭리를 가르치기 위해서였다.[3] 아우구스티누스는 "사건들은 요행이나 운명에 의해 일어나는 것이 아니라 하나님의 뜻에 의해 일어난다"고 말했다.[4] 존 크리소스토무스(대략. 349~407년), 아키텐의 프로스퍼(대략. 390~463년), 키루스의 테오도레투스(대략. 393~457년), 마르세이유의 살비아누스(대략. 400~480년), 보이티우스(대략. 480~525년)는 모두 세상에 대한 하나님의 섭리적인 통치에 대한 논문을 썼다.[5] 토마스 아퀴나스(1225~1274년)는 『신학대전』(Summa Theologica)에서 신적 섭리와 통치에 대해 다양한 질문을 제기했다.[6] 아퀴나스는 이렇게 말했다. "만물은 일반적으로 그리고 심지어는 개인들 자신의 자아에 있어서

---

1) John Calvin, *Calvin's Calvinism: Treatises on the Eternal Predestination of God and the Secret Providence of God*, Henry Cole 번역 (1856, 재판, Grand Rapids: Reformed Free Publishing, [1987]), p. 225. 이번 장의 부분들은 Sinclair B. Ferguson, "*The Mystery of Providence* by John Flavel (1628~1691)," *The Devoted Life: An Invitation to the Puritan Classics*, Kelly M. Kapic & Randall C. Gleason (Downers Grove, Ill.: InterVarsity, 2004), pp. 211~224를 개조한 것이다.

2) Irenaeus, *Against Heresies*, 25.1, *The Ante-Nicene Fathers*, Alexander Roberts & James Donaldson 편집 (New York: Charles Scribner's Sons, 1913), 1:459.

3) Benjamin W. Farley, *The Providence of God* (Grand Rapids: Baker, 1988), pp. 103~104.

4) Augustine, *The City of God*, 5.1, in *A Select Library of the Nicene and Post-Nicene Fathers*, ed. Philip Schaff (Buffalo, N.Y.: Christian Literature, 1887), 2:84.

5) Christopher A. Hall, "John Chrysostom's *On Providence*: A Translation and Theological Interpretation" (철학박사학위논문, Drew University, 1991), Prosper, *De Providentia Dei*, Miroslav Marcovich 번역 (Leiden: Brill, 1989), Theodoret, *On Divine Providence*, Thomas P. Halton 번역 (New York: Newman Press, 1988), Salvian, *On the Government of God*, Eva M. Sanford 번역 (New York: Octagon, 1966), Boethius, *The Consolation of Philosophy*, David R. Slavitt 번역 (Cambridge, Mass.: Harvard University Press, 2008). 크리소스토무스에 대해서는 Christopher A. Hall, *Learning Theology with the Church Fathers* (Downers Grove, Ill.: InterVarsity, 2002), 7~8장도 보라.

6) Thomas Aquinas, *Summa Theologica*, Fathers of the English Dominican Province 번역, 2판 편집 (London: Burns, Oates, and Washbourne, 1920~1922), pt. 1, qu. 22, 103~104. Horton Davies, *The Vigilant God: Providence in*

까지 신적 섭리에 종속되어 있다……어떤 방식으로 존재하든 간에 만물은 반드시 하나님에 의해 어떤 목적을 지향하고 있다."[7]

종교개혁자들은 하나님의 주권에 대한 성경적 주제를 계속 탐구했다. 하나님의 주권적 섭리에 대한 논문을 쓴 울리히 츠빙글리(1484~1531년)는 다음과 같이 말했다. "섭리는 우주 속에 있는 만물에 대한 지속적이고 불변적인 통치와 감독이다……(하나님은) 자유롭게 만물에 모든 것을 공급하신다……왜냐하면 (하나님은) 아무것도 부족하지 않으므로 만물 속에서 부요하시기 때문이다……여기서 하나님은 베푸시는 데 지치거나 고갈될 수 없고 즐겁게 베푸신다는 결론이 따라 나온다."[8]

존 칼빈은 『기독교강요』(Institutes)에서 섭리에 대해 세 장을 할애했는데, 거기서 하나님을 피조물 자체에 맡겨 두시는 창조자로 생각하는 것은 "무지하고 무익한" 태도라고 말했다. 칼빈은 이렇게 천명했다. "하나님은 또한 영속적인 통치자와 보존자이시다……하나님은 참새 한 마리까지 자신이 지으신 모든 것을 유지하고, 기르시고, 보호하신다."[9] 칼빈은 이렇게 덧붙였다. "하나님은 개인적인 사건들을 매우 주의 깊게 규제하고, 이 사건들은 모두 하나님이 세우신 계획에 따라 진행되기 때문에 우연으로 일어나는 일은 절대로 없다."[10] 또한 칼빈은 섭리에 대한 개별적인 논문도 발표했다.[11]

하인리히 불링거는 자신의 유명한 설교 시리즈인 『기독교 요점을 담은 50편의 설교』(Decades)에서도 섭리에 대한 성경의 요점을 풍부하게 제공했다.[12] 불링거는 키루스의 테오도레투스를 인용해서 만물의 창조자가 조종하는 자가 없어 바람이 부는 대로 이리저리 흘러 다니다 암초에 부딪혀 좌초하고 마는 배처럼 피조물을 내버려 두신다고 생각하는 것은 어리석은 생각이라고 말했다.[13] 그리고 테오도루스 베자도 "하나님의 참된 의로우신 작정이 없이 우연에 의해 일어나는 일은 절대로 없다"고 말했다.[14]

청교도는 하나님이 자신의 영광과 자기 백성들의 평안을 위해 피조물을 보존하신다는 주제를 상세히 설명했다. 이번 장에서 우리는 청교도의 섭리에 대한 가르침, 논쟁, 질문, 복종, 소망, 묵상을 살펴볼 것이다.

섭리에 대한 청교도의 가르침

신적 섭리는 기독교 신앙의 근본 항목이다. 하이델베르크 교리문답(1563년)은 사도신경의 첫 조항

---

the Thought of Augustine, Aquinas, Calvin, and Barth (New York: Peter Lang, 1992)를 보라.

7) Aquinas, *Summa Theologica*, pt. 1, q. 22, art. 2.

8) Ulrich Zwingli, *On Providence and Other Essays*, William J. Hinke 편집 (1922, 재판, Durham, N.C.: Labyrinth Press, 1983), p. 136.

9) John Calvin, *Institutes of the Christian Religion*, John T. McNeill 편집, Ford Lewis Battles 번역 (Philadelphia: Westminster, 1960), 1.16.1.

10) Calvin, *Institutes*, 1.16.4. 또한 Joseph A. Pipa Jr., "Creation and Providence," *A Theological Guide to Calvin's Institutes*, David W. Hall & Peter A. Lillback 편집 (Phillipsburg, N.J.: P&R, 2008), pp. 137~149도 보라.

11) Calvin, "A Defense of the Secret Providence of God by Which He Executes His Eternal Decrees," *Calvin's Calvinism: Treatises on the Eternal Predestination of God and the Secret Providence of God*, Henry Cole 번역 (1856, 재판, Grand Rapids: Reformed Free Publishing, [1987]), pp. 207~350.

12) Henry Bullinger, *The Decades of Henry Bullinger*, ed. Thomas Harding (1849~1852, 재판, Grand Rapids: Reformation Heritage Books, 2004), pp. 178~184.

13) Bullinger, *Decades*, p. 178.

14) Shawn D. Wright, *Our Sovereign Refuge: The Pastoral Theology of Theodore Beza* (Carlisle, U.K.: Paternoster, 2004), p. 139.

인 "나는 전능하신 아버지 하나님, 천지의 창조주를 믿습니다"를 다룰 때에 섭리 교리를 포함시켰다(참고, 질문 26~28). 마찬가지로 청교도 아서 덴트(1553~1607년)도 이렇게 말했다. "우리 모두는 하나님을 전능하신 분으로 고백할 때 하나님이 섭리를 통해 만사를 다스리신다는 것을 인정하는 것이다."[15] 하이델베르크 교리문답은 청교도 시대가 시작되었을 때 개혁파 그리스도인들은 섭리 교리에 대해 경험적으로 받은 위로를 고백했다는 증거를 제공한다. 하이델베르크 교리문답(질문 27과 28)은 그리스도인들을 격려하는 전형적인 다음과 같은 말씀으로 되어 있다.

> 당신에게 하나님의 섭리란 무엇입니까?
>
> 하나님의 섭리란 하나님의 전능하고 편재하시는 능력으로 하나님이 마치 자신의 손으로 하듯이, 하늘과 땅과 모든 피조물을 여전히 보존하고 다스리시는 것입니다. 그리하여 풀잎과 목초, 비와 가뭄, 풍년과 흉년, 먹을 것과 마실 것, 건강과 질병, 부와 가난, 아니 사실은 모든 것이 우연이 아닌 아버지와 같은 하나님의 손길로 우리에게 임하는 것입니다.
>
> 하나님이 모든 것을 창조하고, 섭리를 통해 계속 보존하고 계심을 아는 것이 우리에게 어떤 유익을 줍니까?
>
> 우리는 역경 속에서 견디고, 형통할 때에 감사하며, 장래에 우리에게 임할 모든 일에 있어서 우리의 신실하신 하나님 아버지를 굳게 신뢰해 어떤 것도 우리를 하나님의 사랑에서 끊을 수 없을 것이라고 확신하는데, 그 이유는 모든 피조물이 완전히 하나님의 손 안에 있고, 그래서 하나님 뜻이 없으면 그것들은 절대로 움직일 수 없기 때문입니다.[16]

윌리엄 에임스(1576~1633년)는 하이델베르크 교리문답에 대한 설교에서 로마서 11장 36절의 "이는 만물이 주에게서 나오고 주로 말미암고 주에게로 돌아감이라 그에게 영광이 세세에 있을지어다 아멘"이라는 본문에서 다음과 같은 교훈을 뽑아냈다.

- "하나님은 만물을 보호하고, 만물에게 자신의 영광을 지시하는 고정된 섭리를 갖고 계신다." 우연이 아니라 하나님의 지혜가 적절한 목적에 따르도록 모든 것을 움직인다.
- "하나님의 섭리는 자체로 의도와 목표에 대한 이해를 포함하고 있다." 하나님은 항상 자신의 목표를 성취하신다. 하나님이 베푸시는 복은 그것을 증명하고, 하나님의 능력과 지혜는 그것을 보장한다.
- "하나님의 섭리는 모든 것에 미친다." 하나님은 자신의 모든 자녀와 자신의 모든 재산을 지키시는 훌륭한 가장이시다(엡 2:19). 하나님은 피조물에게 행할 것을 강요하지 않고 피조물의 본성에 따라 "부드럽게" 다스리신다.[17]

---

15) Arthur Dent, *A Sermon of Gods Providence* (London: John Wright, 1609), p. 2.

16) *Doctrinal Standards, Liturgy, and Church Order*, Joel R. Beeke 편집 (Grand Rapids: Reformation Heritage Books, 2003), p. 38.

17) William Ames, *A Sketch of the Christian's Catechism*, Todd M. Rester 번역 (Grand Rapids: Reformation Heritage Books, 2008), pp. 55~58.

『신학의 정수』에서 에임스는 하나님의 "유효성 곧 활동력은…… 만물 속에서 모든 것을 행하시는 능력"(엡 1:11; 롬 11:36)이라고 말한다. 모든 것은 그 본질과 상황의 제일 원인이신 하나님이 좌우하신다(사 45:7; 애 3:37~38). 하나님은 수단이 필요하지 않지만 종종 수단을 통해 일하신다. 하나님의 섭리는 만물을 보존하고(시 104:19~20; 행 17:28; 히 1:3), 만물을 통치한다(시 29:10; 창 50:20).[18]

섭리는 하나님의 예정이나 영원한 작정과 같은 것이 아니다. 이 작정을 하나님 피조물의 시간과 공간 속에서 시행하는 것이다. 윌리엄 펨블(대략, 1591~1623년)은 이렇게 말했다. "섭리는 하나님이 가장 자유로운 작정과 자신의 뜻의 경륜에 따라 곧 만물 속에서 자신이 영광을 받도록 일정하게 고정된 방법으로 세상 속에 존재하고 존재해 온 모든 피조물과 모든 피조물의 기능 및 활동을 보존하고 다스리고 처리하시며, 만물에 대한 중간 목적과 궁극의 목적을 지시하시는 하나님의 외적 및 시간적 행위다."[19] 20년 후에, 옥스퍼드 대학의 마들렌 홀에서 신학 강사로 재직한 에드워드 리(1603~1671년)도 펨블처럼 신학의 본체에서 섭리에 대해 펨블과 같은(글자까지 똑같은) 정의를 제시했는데, 이것은 이 정의가 통일된 전통이었음을 보여 준다.[20]

존 오웬(1616~1683년)도 섭리는 "하나님이 자신이 창조하신 세상 또는 만물이 처음부터 그것들에게 부여한 본성과 그것들에게 제공한 목적들에 합당하게 움직이도록 그것들을 소중히 여기고, 유지하고, 다스리시는 전능하신 하나님의 형언할 수 없는 행위나 활동"이라고 말할 때 이런 사상을 반영했다.[21] 창조자는 창조가 끝난 후에도 계속 일하시고(요 5:17), 모든 일, 심지어는 창세기 홍수 기사에서도 충분히 증명되는 것처럼 인간의 고난이나 "악"도 다스리시는데(사 45:6~7), 이에 대해 오웬은 "하나님은 자신이 지으신 것 가운데 섭리의 선한 손을 갖고 다스리고 유지하지 않는 것은 아무것도 없다"고 말했다.[22]

더욱이 하나님은 보존하시는 섭리를 통해 피조물을 유지하신다. 에드워드 코벳(사망, 1658년)은 "모든 피조물은 하나님께 달려 있다"고 말했다.[23] 우주는 목수가 일을 다 마치고 떠난 후에 그대로 계속 서 있는 집과 같지 않다. 오히려 우주는 해가 지면 멈추는 일광과 같다. 우리의 존재와 우리의 행동은 실존을 하나님께 의존한다(행 17:24, 28). 코벳이 말한 것처럼 "우리는 생명과 호흡과 모든 것을 주시는 하나님의 능력이 함께 하지 않으면, 한 마디 말을 하거나 한 가지 생각을 하거나 우리의 눈을 돌리거나 손가락을 움직이거나 할 수조차 없다"[24]

하나님은 다스리시는 섭리를 통해 자신의 목적을 이루신다. 에베소서 1장 11~12절은 하나님이 "모든 일을 그의 뜻의 결정대로 일하시는 이의 계획을 따라…… 그의 영광의 찬송이 되게 하려 하심이라"고 말한다. 에베소서 1장 주석에서 토머스 굿윈(1600~1680년)은 "하나님은 모든 일을 미리 계획

---

18) William Ames, *The Marrow of Theology*, John D. Eusden 번역 및 편집 (1968, 재판, Grand Rapids: Baker, 1997), 1.6.1, 2; 1.9.3, 6, 14, 15, 19, 21.

19) William Pemble, "A Treatise of the Providence of God," *The Workes of that Learned Minister of Gods Holy Word, Mr. William Pemble* (London: Tho. Cotes for E. F., 1635), p. 271.

20) Edward Leigh, *A System or Body of Divinity* (London: A. M. for William Lee, 1654), 1:296.

21) John Owen, *A Display of Arminianism*, in *The Works of John Owen*, ed. William H. Goold (1850~1855, 재판, Edinburgh: Banner of Truth Trust, 2000), 10:31.

22) Owen, *A Display of Arminianism*, in *Works*, 10:32~33.

23) Edward Corbet, *Gods Providence* (London: Tho. Badger for Robert Bostock, 1642), p. 3.

24) Corbet, *Gods Providence*, p. 4.

하신다……하나님이 미리 계획하신 것 외에 일어나는 일은 절대로 없다"고 말했다.[25] 굿윈은 계속해서 하나님의 "뜻은 굳게 서고, 방해받지 아니할 것"이라고 말했다(시 135:6; 사 46:10). 하나님의 섭리에는 매우 사소한 일(마 10:30), 우발적 사건(출 21:13; 잠 16:33; 왕상 22:28, 34), 사람들의 선택(약 4:15; 출 34:24, 11:3)도 포함된다.[26] 하나님의 경륜은 "가장 좋은 것에 대한 하나님의 온전한 포석" 또는 "행할 가장 좋은 것에 대한 하나님의 확실한 판단"이다(사 28:29). 궁극적으로 이것은 하나님의 뜻이다. 왜냐하면 하나님은 마치 어떤 일에 의존하신 것처럼, 여러 대안 가운데 가장 유효한 대안을 선택하는 식으로 선택하신 것이 아니기 때문이다. 그러나 "모든 것은 하나님의 뜻에 귀속되고", 하나님의 경륜은 "가장 좋은 방법으로 행하는 법"을 제공했다.[27] 하나님의 최고 목표는 단순히 우리가 하나님에 대한 찬양을 말하고 노래하는 것이 아니라 우리가 하나님의 영광의 찬송을 위해 존재하는 것인데, 그 이유는 "우리의 존재 곧 우리의 모든 존재와 소유가 하나님의 영광이 되어야 하기 때문"이라고 굿윈은 말했다.[28]

오바디야 세즈윅(대략, 1600~1658년)도 이렇게 덧붙였다. "하나님은 모든 피조물과 피조물의 세부 사실에까지 미치는 섭리를 갖고 계신다."[29] 세즈윅은 이것을 마태복음 10장 29~30절의 그리스도의 말씀에서 확인했다. "참새 두 마리가 한 앗사리온에 팔리지 않느냐 그러나 너희 아버지께서 허락하지 아니하시면 그 하나도 땅에 떨어지지 아니하리라 너희에게는 머리털까지 다 세신 바 되었나니." 세즈윅은 다음과 같이 섭리를 정의했다. "신적 섭리는 하나님이 자신의 영광을 찬미하도록 만물을 지혜롭게, 거룩하게, 공의롭게, 강력하게 보존하고 통치하시는 외적 행동이다."[30]

에제키엘 홉킨스(1634~1690년)는 우리의 머리털까지도 세시는 하나님에 대한 그리스도의 약속에 대해 이렇게 말했다. "따라서 우리는 여기서 하나님이 가장 천하고, 가장 보잘 것 없는 멸시할 만한 세상일들을 정확하고 특수한 섭리를 통해 다스리신다는 것을 배우게 된다. 여러분은 햇빛 속에서 일천 개의 미세한 조각과 원자들이 돌아다니는 것을 보는가? 그렇게 하시는 분은 하나님이시고, 하나님이 불규칙적인 그 무수한 움직임을 규제하신다."[31]

오웬은 하나님이 모든 것을 "그것들의 존재, 자연적 힘, 기능"에 따라 지탱하신다고 말했다. 하나님은 이차 원인 속에서, 그리고 이차 원인을 통해 역사하신다. 하나님은 심지어 조절을 잘못해 도끼 머리로 사람을 죽이는 것과 같은 우발적인 사고에서도 자신의 영광을 위한 목적을 달성하도록 만사를 규제하신다(참고, 출 21:13; 신 19:5). 그런데 하나님이 이차 원인을 통해 어떻게 행하시는지를 이해하는 것은 "인간의 범주에서 벗어나 있다"고 오웬은 말했다. 그러나 하나님 섭리의 진리는 성경에 분

---

25) Thomas Goodwin, *An Exposition of the First Chapter of the Epistle to the Ephesians*, in *The Works of Thomas Goodwin*, Thomas Smith 편집 (1861~1866, 재판, Grand Rapids: Reformation Heritage Books, 2006), 1:211.

26) Goodwin, *First Chapter of Ephesians*, in *Works*, 1:212~213.

27) Goodwin, *First Chapter of Ephesians*, in *Works*, 1:217~218.

28) Goodwin, *First Chapter of Ephesians*, in *Works*, 1:220.

29) Obadiah Sedgwick, *Providence Handled Practically*, Joel R. Beeke & Kelly Van Wyck 편집 (Grand Rapids: Reformation Heritage Books, 2007), p. 8. 이 책은 원래 *The Doctrine of Providence Practically Handled* (London, 1658)로 출판되었다.

30) Sedgwick, *Providence Handled Practically*, p. 9.

31) Ezekiel Hopkins, *An Exposition on the Lord's Prayer…[and] Sermons on Providence, and the Excellent Advantages of Reading and Studying the Holy Scriptures* (London: for Nathanael Ranew, 1692), p. 267.

명히 계시되어 있다.[32)]

청교도의 섭리 교리는 존 플라벨(1628~1691년)의 『섭리의 신비』(The Mystery of Providence)에 매우 아름답게 제시되어 있다. 1678년에 처음 출판된 이 작품은 시편 57편 2절의 "내가 지존하신 하나님께 부르짖음이여 곧 나를 위하여 모든 것을 이루시는 하나님께로다"는 말씀의 강해서다. 이 책의 일차 강조점은 비록 신적 섭리에 대한 우리 이해가 불완전하고 부분적이라고 할지라도, 하나님이 자기 백성들에 대한 자신의 목적을 이루신다는 것이다. 베드로와 같이 우리도 우리 주님이 행하시는 것을 당장은 이해하지 못하지만 언젠가 이해하게 될 것이다(요 13:7). 우리는 지금 섭리를 "추가 빠져 추 조각이 여기저기 널려 있는 것"처럼 본다. 그러나 영광 속에서 우리는 온전히 결합된 시계를 볼 것이다. 반면에 하나님은 섭리를 통일되게 활동하는 실재로서 보신다. 왜냐하면 "태초부터 하나님의 모든 일이 하나님께는 알려져 있기" 때문이다(행 15:18). 하나님은 "몸의 모든 정맥과 동맥의 코스를 정확히 식별하는 해부학자"와 같다고 플라벨은 말했다.[33)] 이 비밀 안에서 우리는 하나님이 성경 속에 계시하신 것을 지켜야 한다.

하나님의 섭리는 또 예컨대 우리의 일상적인 삶 속에서 주어지는 하나님의 통상적인 복에서도 확인할 수 있다. 플라벨은 일상적인 삶 속에서 하나님의 뜻은 찰나적인 우리의 자기만족이 아니라 우리의 영원한 복이라고 말했다. 플라벨은 이렇게 설명했다. "만일 여러분이 현재 갖고 있는 것보다 세상에 대해 더 많은 것을 갖게 된다면, 여러분의 머리와 마음은 그것을 여러분 자신의 유익을 위해 다룰 수 없게 될 것이다."[34)] 하나님은 우리가 게으름을 피우지 않도록, 또 주님을 의지하고 섬겨야 하는 소명보다 이 세상에서의 소명에 우선권을 두지 않고 하나님이 우리의 궁극적 시혜자라는 것을 잊지 않도록, 우리 어깨 위에 공평하게 의무를 지우신다. 하나님의 섭리의 가장 큰 복 가운데 하나는 결혼생활과 가정생활이다. 잠언 19장 14절은 "슬기로운 아내는 여호와께로서 말미암느니라"고 말한다.

> 하나님은 놀랍고 예기치 못한 방법으로 역사해서 [사람들이] 상상하는 대로 일어나는 것이 아니라 자신의 무한한 지혜가 그들에게 가장 유익하다고 판단하는 대로 일어난다는 것을 우리에게 가르치신다……자, 하나님에게서 가족이 한 명인 가정을 세우셨다고 가정하자. 시편 118편 6절에 따르면, 하나님이 홀로된 자의 가정에 위로와 원기회복의 샘이 되는 편안한 관계를 주시기 때문에 여러분은 다양한 이유로 이 은혜의 섭리들에 부응하며 살아가게 될 것이다……[따라서] 섭리가 의도한 목적을 위해 관계들을 증진시켜라[즉 이 관계들을 활용하라]. 삶의 은혜의 공동 상속자들과 동행하라. 열심을 다해 서로 복을 나누라. 그렇게 여러분이 관계 속에서 살면 이별의 날에도 외롭지 아니할 것이다. 죽음은 가정을 순식간에 파괴할 것이고, 그때는 의무감에서 벗어나거나 게으름을 용서받은 것만으로도 위로가 될 것이다.[35)]

플라벨은 개인적 경험에 기초해서 이렇게 말했다. 『섭리의 신비』가 처음 출판되었을 때(1678년), 플

---

32) Owen, *A Display of Arminianism*, in *Works*, 10:34~35.

33) John Flavel, *The Mystery of Divine Providence*, in *The Works of John Flavel* (1820; repr., Edinburgh: Banner of Truth, 1997), 4:348.

34) Flavel, *Mystery*, in *Works*, 4:390.

35) Flavel, *Mystery*, in *Works*, 4:392, 394, 395.

라벨은 해산하는 동안 첫 아내와 아이를 잃었다. 플라벨은 재혼했지만 둘째 아내도 그보다 먼저 죽었다.

이 작품에서 플라벨의 목표 가운데 하나는 자신과 자신의 동료 신자들이 당시에 경험한 것을 특별히 언급함으로써 그리스도인들의 삶과 경험 속에서 확인되는 하나님의 섭리나 섭리의 "수행" 증거들을 강조하는 데 있었다. 플라벨은 모태 속에서 우리의 형성과 보호, 탄생, 현재의 삶에 이르기까지 하나님의 행동을 추적하는 섭리의 "수행" 열 가지를 제시했다. 여기에는 가정을 통해 우리를 세워 줌, 위험에서 우리를 보호함, 우리를 시험에 대비시킴, 죄를 이기고 하나님의 영광을 위해 살 수 있도록 함 등이 포함되어 있다.[36] 이 책에서 플라벨의 목적은 "당신은 이런 하나님의 자녀로서 얼마나 복을 받았는지 깨닫지 못하는가?"를 일깨우는 것이다.

하나님의 섭리는 우리가 그리스도께 돌아설 때 특별한 중요성을 갖는다. 오웬은 이렇게 말했다. "다른 민족, 지역, 사람들이 아니라 어떤 민족, 지역, 사람들에게 삶과 구원의 수단으로 복음을 전파하는 것은 하나님의 단순한 값없는 은혜와 선하신 기쁨에 속한 것이다"(행 16:6~9).[37] 굿윈도 이렇게 말했다. "하나님이 만물 속에 적용하시는 원리는 [에베소 교회 신자들의] 마음속에 은혜를 일으키시는 원리와 똑같다…… 전능하신 능력, 유효한 손…… 하나님 뜻의 경륜에 따른다."[38] 플라벨은 외견상 우연히 일어나는 사건들이 개인들을 믿음으로 이끈 것을 주목했다. 예를 들어 보자. 에티오피아 내시는 광야에서 복음 전도자를 만난다(행 8:26~39). 아람 왕의 군대 장관은 질병을 고치는 법에 대해 여종에게 조언을 듣는다(왕하 5:1~4). 사마리아 여인은 홀로 대낮에 성의 우물로 물을 길으러 가고, 거기서 목마른 행인을 만난다(요 4:1~42). 같은 패턴을 현대 세계에서도 확인할 수 있다. 플라벨은 "하나님의 섭리는 성경 시대로 한정되지 않았다"고 말했다. 예를 들어 보자. 스페인 군인들은 정복하러 독일의 도시들을 쳐들어 와서 그리스도를 믿는 믿음으로 인도를 받았다. 우연히 입수한 종이에 구원의 길이 설명되어 있다. 어떤 사람은 연애 감정을 통해 참된 기독교 가정을 접하게 된다. 목사는 설교의 초점을 잃고 헤매는데, "우연한" 언급을 통해 어떤 사람이 회심한다. 그리스도인이 감옥에 가고, 그의 증언을 통해 동료 죄수가 회심한다. 박해를 받는 그리스도인들은 흩어지지만 이 수단을 통해 복음이 전파된다. 하나님은 만사에 절대적이고 은혜롭게 주권적이시다.[39]

심지어 악한 행위도 하나님은 자신의 사역에 사용하실 수 있다. 플라벨은 이에 대한 감동적인 한 실례를 특별히 제시했다. 1673년에 버지니아에서 돌아오던 한 배가 다트머스에 정박했다. 한 젊은 선의(船醫)가 크게 상심해서 자살을 시도했다. 선의가 죽어가고 있을 때 플라벨이 그를 찾아가 복음을 전했다. 플라벨은 계속 그 의사를 찾아갔고, 드디어 그는 회심하고 상처가 치유되었다. 이처럼 하나님은 섭리에 따라 자살 시도를 사용해 한 사람을 회심시키셨다. 하나님은 악을 선으로 바꾸셨다. 다른 경험들도 그렇게 대단하지 않을지라도 매우 초자연적이다.[40]

---

36) Flavel, *Mystery*, in *Works*, 4:362~375, 387~413.

37) Owen, *A Vision of Unchangeable, Free Mercy, in Sending the Means of Grace to Undeserving Sinners*, in *The Works of John Owen*, William H. Goold 편집 (1853~1855, 재판, Edinburgh: Banner of Truth Trust, 2000), 8:10.

38) Goodwin, *First Chapter of Ephesians*, in *Works*, 1:216.

39) Flavel, *Mystery*, in *Works*, 4:376~387.

40) Flavel, *Mystery*, in *Works*, 4:382~384.

청교도의 섭리 논쟁

잉글랜드 개혁파 정통주의의 가장 노골적인 반대자들은 로마 가톨릭 교도, 아르미니우스주의자, 소키누스주의자였다. 교황주의자와 청교도는 섭리 교리가 크게 다르지 않았다. 둘 다 "미리 정해져 있고 모든 사건을 통할하는 전능한 섭리"를 인정했다고 알렉산드라 월샴은 말했다.[41] 그러나 개혁파 지도자들은 하나님이 자신의 특별한 "성도들"에게 이차 섭리를 위임하셨다는 로마 가톨릭의 관념을 비판했다. "하나님과 개인의 영혼 사이의 모든 매개 수단"도 그들이 거부하는 것 가운데 하나였다.[42]

소키누스주의자는 그들의 급진적인 신관, 특히 미래의 자유로운 행동에 대한 하나님의 전지하신 예지를 부정하는 교리에 따라 섭리 교리도 부인했다. 소키누스주의자는 성경을 받아들였지만 인간적인 이성의 기준에 따라 성경을 해석했다. 그 결과 그들은 삼위일체, 그리스도의 신성, 하나님의 공의의 만족으로서의 그리스도의 대리적 속죄와 신적 예정과 같은 교리를 거부했다.[43] 존 비들(1615~1662년)이 소키누스주의 교리문답을 출판했을 때 오웬은 『정당성이 입증된 복음의 비밀』(Vindicae Evangelicae)이라는 방대한 작품에서 그들을 반대했다.[44] 신적 예지와 관련하여 오웬은 다음과 같이 주장했다. (1) 하나님이 인간적 감정과 후회를 갖고 계신다는 성경 묘사는 다른 성경들이 암시하는 것처럼 비유적 표현이다. (2) 비들의 초문자적 해석은 많은 현재 사실에 대해 하나님이 지식을 갖고 계신다는 사실을 무시한다(창 22:12). (3) 성경은 자유로운 행위자의 미래 선택들에 대한 예언을 다수 포함하고 있다. (4) 하나님이 일어나는 모든 일을 작정하고 아시고 주관하신다는 것과 어떤 사건들은 자체의 본성에 따라 우발적이거나 자유롭게 선택된다는 것을 함께 믿는 것은 전혀 모순이 아니다.[45]

아르미니우스주의자는 물리적 대상과 외적 행동 영역에 대한 하나님의 주권적 섭리를 인정했다. 하지만 그들은 하나님의 섭리 활동과 인간 의지의 동기를 분리시킴으로써 개혁파 신학을 반대했고, 사람들의 영혼에 대한 신적 섭리는 단지 경고와 약속을 가진 하나님의 율법의 계시에 따라 제한된다고 말했다.[46] 청교도는 이에 대해 아르미니우스주의자에게 자기들은 사람들을 목석과 돌 같은 존재

---

41) Alexandra Walsham, *Providence in Early Modern England* (Oxford: Oxford University Press, 1999), p. 9.

42) Walsham, *Providence in Early Modern England*, pp. 9, 13.

43) H. John McLachlan, *Socinianism in Seventeenth-Century England* (Oxford: Oxford University Press, 1951), pp. 11~15.

44) McLachlan, *Socinianism in Seventeenth-Century England*, p. 205. "Biddle"은 "Bidle"로 쓰기도 한다.

45) Owen, *Vindicae Evangelicae*, in *The Works of John Owen*, William H. Goold 편집 (1850~1855, 재판, Edinburgh: Banner of Truth Trust, 2000), 12:115~140.

46) Mark Ellis, 편집 및 번역, *The Arminian Confession of 1621* (Eugene, Ore.: Wipf & Stock, 2005), pp. 58~63. 아르미니우스의 제자인 시몬 에피스코피우스(1583~1643년)가 주축이 되어 라틴어로 작성된 네덜란드 아르미니우스주의 신앙고백(1621년)은 여덟 문단에 걸쳐 신적 섭리에 대한 해설을 제공한다. 이 신앙고백은 섭리의 두 부분을 만물에 대한 "보존과 유지" 및 "통치와 지시"로 말한다(6.1). 그러나 이 신앙고백은 사람들에 대한 하나님 섭리를 하나님이 경고와 상에 대한 약속이 달린 율법을 주시는 것으로 정의했다(6.2). 하나님은 의지에 대해서는 직접 주관하지 않고, 의지가 순종이나 불순종으로 자유롭게 활동하도록 허용하신다(6.3). 하나님은 결과와 시기에 있어서 "불순종에서 나오는 행동들"을 통제하신다(6.3). 따라서 "하나님은 오직 자기 의지에 따라 만물의 모든 외적 행동과 사건들을 주관하시지만" "사물들의 자연적 우발성과 인간의 의지의 내재적 자유"를 방해하지 아니하신다(6.6). 다른 장에서 이 아르미니우스주의 신앙고백은 하나님의 은혜가 없으면, 거듭난 자라도 선한 일을 생각하거나 원하거나 행할 수 없다고 지적한다(17.6). 하나님은 복음을 모든 듣는 자에게 회개하고 자신을 믿도록 "필수적이고" "충분한" 은혜를 주시지만(17.2), 듣는 자는 저항할 능력을 갖고 있고, 따라서 그 은혜의 결과를 무력화시킬 수 있다(17.3). 하나님은 섭리를 통해 모든 피조물을 동등하게 보살피는 것은 아니고 짐승보다 사람들을 더 주의 깊게 보살피고, 경건하지 못한 자들보다 경건한 자들을 더 잘 보살피며, 어떤 다른 자들보다 더 경건한 자들을 더 잘 보살피신다(6.4). 하나님의 섭리는 때로는 전능하고 불가항력적이지만 다른 경우에는 단순한 "원조와 보조"를 통해 작용하고, 또 어떤 경우에는 직접 작용하지만 다른

로 다루지 않았다고 말하는 것으로 대응했다. 오웬은 하나님의 주권적 섭리를 이렇게 설명했다.

> 하나님의 주권적 섭리는 하나님이 자신의 영원한 목적에 따라 자신의 뜻을 유효하게 실행하시는 것으로, 이에 따라 사람들의 뜻과 같은 어떤 작인(作因)은, 그들 자신의 내적 역사 원리(즉 그들 자신의 본성)에 따라 그들 자신의 매우 자유롭고 불명확하고 한정되지 않은 주인이 되지만, [그것들은] 모두 하나님의 작정과 관련되어 있고, 하나님의 강력한 역사에 따라 일어남으로써 특히 이런저런 결과로 결정된다. 이때 그것들은 이렇게 하도록 강요받거나 저렇게 하는 것을 방해받거나 하지 않고, 그것들 자신의 적절한 활동 방식에 따라 즉 매우 자유롭게 이것이나 저것을 행하려고 하는 경향과 성향을 따른다. 확실히 이런 증거는 성경 도처에 명백하다. 성경에는 사람들 의지와 지성을 자극하고, 마음의 은밀한 생각과 동기를 지배해서 다양한 일들을 하고 싶어 하도록 이끌지만, 아무리 봐도 외적 행동의 지배에 따라 어쩔 수 없이 허용된 것으로 볼 수 없거나 이것이나 저것 아니면 어떤 다른 것을 행하게 할 능력을 갖고 있는 일반적인 영향력으로 간주될 수 없는 일들이 나와 있다. 어떤 사람들이 가정하는 것처럼 그 안에 하나님의 전체 섭리가 들어 있다.[47]

따라서 오웬은 인간의 행위와 하나님의 섭리적인 주권을 모두 인정했다. 그러나 오웬은 아르미니우스주의 섭리 교리를 강력히 부정했다. 특히 콘라드 보르스티우스(1569~1622년)[48]와 존 코르비누스(1582~1650년)와 같은 저술가들이 제시한 교리가 그러했다. 오웬은 다음과 같은 그들의 가르침을 크게 비난했다. (1) 하나님의 만물에 대한 보존은 단순히 그들을 멸하지 않겠다는 뜻에 대한 소극적인 행위로 구성되었다. (2) 하나님의 이차 원인과의 협력은 자기가 좋아하는 대로 이용하도록 모든 사람에게 똑같이 미친 단순한 일반적 영향력이었다. (3) 하나님은 인간의 뜻이 "절대로 자유하고, 독립적이고, 제어할 수 없기" 때문에 특수한 선택에 대한 인간의 뜻을 결정하지 아니하신다.[49] 이런 교리에 반대하면서 오웬은 성경의 가르침을 다음과 같이 주장했다.

- 하나님의 섭리는 사람들의 계획과 가장 은밀한 결심도 규제한다(렘 10:23; 잠 16:9; 시 33:10~11; 삼하 15:31[참고, 17:14]).
- 하나님의 섭리는 사람들의 마음을 하나님이 기뻐하시는 것으로 바꾼다(잠 16:1; 창 43:14; 잠 21:1; 단 5:23).

경우에는 수단을 통해 작용한다. 때로는 "거의 물리적인 행동을 통해" 작용하고, 또 다른 경우에는 도덕적 감화를 통해 작용한다(6.5). 우연히 일어나는 일은 하나도 없고, 하나님은 자신의 작정을 수행하실 때 "불가항력적인 능력"으로 사람들의 의지를 "격렬하게 강제하는" 것으로 수행하시지 않는다(6.7). 따라서 에피스코피우스는 자신이 "눈먼 행운"(요행)과 "운명적 필연성"(결정론)의 "두 암초"로 간주하는 것을 피했다(6.8).

47) Owen, *A Display of Arminianism*, in *Works*, 10:36.

48) 나중에 보르스티우스는 소키누스주의자라는 비난을 받았다. 존 콜링스(1623~1690년)는 보르스티우스의 견해를 따라 하나님은 단지 알려질 수 있는 사실들에 대해서만 전지하고, "인간의 의지에 의존하는 것"에 대해서는 하나님의 확실한 지식에서 제외되었다고 말했다. 그리고 콜링스는 이렇게 말했다. "간절히 부탁하는데, 이것이 신적 지식의 얼마나 많은 부분을 제외하는지 생각해 보라"(John Collinges, *Several Discourses Concerning the Actual Providence of God* [London: for Tho. Parkhurst, 1678], p. 9).

49) Owen, *A Display of Arminianism*, in *Works*, 10:38~39.

- 하나님의 성도들은 하나님이 약속하신 대로(렘 32:40) 자신들의 마음을 움직이고 자신들의 뜻을 굽히게 해 달라고 하나님께 기도한다(시 119:36; 왕상 8:57~58; 시 51:10, 86:11).
- 하나님 약속의 확실성은 그분이 기뻐하시는 대로 결정하고, 사람들의 뜻을 변화시키는 것에 달려 있다(잠 3:4; 시 106:46; 욥 12:17; 마 16:18).[50)]

섭리에 대한 청교도의 질문들

신적 섭리의 비밀은 다수의 도발적인 질문들을 일으킨다. 청교도는 삶의 실재들을 무시하지 않고 성경의 확실성을 의심하지 않으면서, 개인적, 신학적으로 이런 질문들과 씨름했다. 청교도가 제기하고, 답변한 이런 질문 몇 가지가 여기 있다.

하나님의 섭리는 자연 법칙과 어떻게 관련되어 있을까? 에임스에 따르면, 우리가 세상 속에서 발견하는 질서인 "자연 법칙"은 피조물을 지배하는 하나님의 말씀의 지속적 능력에 대한 증거다(렘 31:35~36, 33:20).[51)] 세상과 세상의 거주자들을 유지시키기 위해서는 하나님의 적극적 임재가 필수적이다. 세즈윅은 성경은 특별히 "자신의 능력의 말씀으로 만물을 붙드시는"(히 1:3) 그리스도에 대해 말한다고 지적했다. 하나님은 양식 공급, 비, 옷과 같은 통상적인 수단을 통해 역사하신다(시 136:25, 147:8~9; 마 6:30, 32).[52)] 그러나 하나님은 그것이 어떻게 성취되더라도 자신의 사역을 그것에 두시는 분이다.

하나님의 섭리는 사람들의 죄와 어떻게 관련되어 있는가? 토머스 보스턴(1676~1732년)은 하나님은 죄를 범하도록 누구도 시험하시지 않고(약 1:13), 그들이 죄를 범하는 것을 허용하신다(행 14:16)고 지적했다. 하나님은 죄를 예방하는 은혜를 거두시고(시 81:11~12), 죄를 강하게 "제한하거나" 억제하시며(욥 1:12; 2:6), 자신의 거룩한 목적을 이루기 위해 죄를 봉쇄하신다(창 50:20; 사 46:10).[53)] 마찬가지로 세즈윅도 하나님의 섭리는 죄가 멀리 갈 수 있는 것에 대해서는 제한을 두는 한편(창 20:6), "죄를 일으키지 못하거나 용납하지 못하게 하지 않고, 죄인을 자신이나 사탄에게 내버려 두어 허용함으로써" 죄를 다스리신다고 말했다.[54)] 오웬은 하나님에 대한 두려움이 사람들의 마음속에서 비추고 있지 않지만, 그럼에도 하나님의 섭리는 사람들의 마음을 다스림으로써, 사람들은 하나님에 대해 생각하지 않더라도, 하나님의 목적의 금을 생산한다고 말했다.[55)]

하나님의 섭리는 악인들의 형통함을 어떻게 허용할 수 있는가? 세즈윅은 하나님은 악인들에 대해서도 은혜롭고, 오래 참고, 관대하시다고 말했다(마 5:45). 하나님의 공의는 때때로 현세에서 형벌을 내리지만 영원 속에서 반드시 처벌을 할 것이다(전 8:12~13; 딤전 5:24). 악인들의 외형적 번영은 우리에게 외적 선이 하나님이 인간에게 부여하시는 최고의 복이 아니라는 것을 가르친다.[56)]

---

50) Owen, *A Display of Arminianism*, in *Works*, 10:40~42.

51) Ames, *Marrow*, 1.9.10.

52) Sedgwick, *Providence Handled Practically*, p. 11.

53) Thomas Boston, *The Crook in the Lot*, in *The Complete Works of the Late Rev. Thomas Boston*, Samuel M'Millan 편집 (1853, 재판, Stoke-on-Trent: Tentmaker Publications, 2002), 3:509~511.

54) Sedgwick, *Providence Handled Practically*, pp. 13~14.

55) Owen, "A Memorial of the Deliverance of Essex County and Committee," in *The Works of John Owen*, ed. William H. Goold (1850~1855, 재판, Edinburgh: Banner of Truth Trust, 2000), 8:116.

56) Sedgwick, *Providence Handled Practically*, p. 18.

의인들은 왜 고난을 받고 악인들과 똑같이 죽는가? 윌리엄 구지(1575~1653년)는 당시 유럽의 도시들을 휩쓴 흑사병이나 선(腺) 페스트에 대해 설명을 요구받았을 때 "참 신자는 전염병에 걸리지 않는다"는 관념을 거부했다. 구지는 "성경은 같은 사건이 의인과 악인을 같이 덮친다고 가르친다"(전 9:2)고 말했다.[57] 또한 구지는 신자는 믿음이 좋으면 재앙을 피할 수 있다는 관념을 받아들일 수 없었다. 믿음은 기초가 되는 약속이 없으면 주제넘은 것이라고 구지는 말했다. 하나님이 시편 91편과 같은 본문에서 약속하신 것은, 하나님이 "자신의 지혜에 따라 성도들이 구원받는 것이 유익할 경우에" 환난에서 그들을 구원하실 것이라는 것이다. 구지는 이렇게 질문했다. "사실 지혜로우신 아버지께서 어떤 신자가 전염병에 걸려 죽는 것이 가장 낫다고 보신다면, 그가 전염병에 걸려 죽어야 하는 것이 아닌가?" 악인은 죽을 때 지옥에 가지만, 의인은 죽을 때 이 땅의 감옥에서 해방되어 천국으로 간다고 구지는 말했다.[58]

하나님의 섭리는 하나님 뜻을 알도록 우리를 어떻게 돕는가? 우리는 주변에서 벌어지는 하나님의 역사를 관찰해 보는 것으로 하나님 뜻을 배울 수 있는가? 플라벨은 하나님은 과거에 다양한 방법으로 자신의 뜻을 계시하셨지만, 지금은 자신의 말씀을 통해 자신의 뜻을 계시하신다고 말하고, 계속해서 다음과 같이 덧붙였다. "모든 것은 기록된 말씀의 통상적인 법칙과 연계되고, 그러므로 하나님의 어떤 비상한 계시를 기대해서는 안 된다."[59] 만일 성경이 우리의 상황에 대해 직접 말하지 않는다면, 우리의 임무는 기도하면서 성경의 일반 원칙을 적용시키는 것이다. 플라벨은 "하나님은 자신의 섭리를 통해 사람들에게 자신의 뜻을 은밀하게 암시하고 통보하신다"는 것을 인정했지만, 다음과 같이 경고했다. "하지만 섭리는 자체로 고정된 의무 규칙도 아니고 하나님의 뜻을 발견하는 충분한 방법도 아니다."[60]

요약하면 플라벨은 다음과 같은 조언을 제공했다. 만일 여러분이 하나님의 뜻을 발견하기를 원한다면 다음 규칙들에 따라 확인해 보라.

- 마음으로 하나님에 대한 참된 두려움을 가져라. 하나님을 불쾌하게 하는 것을 진정으로 두려워하라.
- 하나님 말씀을 더 많이 연구하고, 세상에 대한 관심과 흥미는 줄여라.
- 여러분이 알고 있는 것을 실천하라. 그러면 실천하는 것이 여러분의 의무라는 것을 알게 될 것이다.
- 여러분이 가야 할 길에 대해 조명과 인도를 위해 기도하라. 죄에 떨어지지 않도록 주님에게 좁은 길로 인도해 달라고 기도하라.
- 이렇게 하되, 하나님의 말씀과 일치될 경우에 한해서 섭리를 따르고, 그렇지 않으면 따르지 마라.[61]

57) William Gouge, *Gods Three Arrows: Plague, Famine, and Sword* (London: George Miller for Edwards Brewster, 1631), p. 21.
58) Gouge, *Gods Three Arrows*, p. 22.
59) Flavel, *Mystery*, in *Works*, 4:468.
60) Flavel, *Mystery*, in *Works*, 4:469.
61) Flavel, *Mystery*, in *Works*, 4:470~471.

하나님의 섭리는 우리 노력과 어떻게 관련되어 있는가? 하나님은 수단을 통해 역사하시기 때문에 우리는 게으르게 가만히 서서 하나님이 행하시는 것을 기다려서는 안 되고, "하나님의 섭리의 길을 우리 자신에게 적용시켜야 한다"(참고. 창 42:1~2)고 세즈윅은 말했다.[62] 세즈윅은 계속해서 이렇게 말했다. "우리는 섭리의 유익을 누리기 원한다면 제공된 수단들을 활용해야 한다." 하나님은 수단과 목적을 결합시키셨다. 그러므로 우리는 수단과 목적을 분리시켜서는 안 된다. 만일 추수를 하기 원한다면 먼저 씨를 뿌려야 한다. 만일 자비를 찾기 원한다면 먼저 회개하고 그리스도를 믿어야 한다.[63]

스티븐 차녹(1628~1680년)은 "교만은 하나님을 찾지 않고 수단을 사용하고, 주제넘음은 하나님이 제공하는 수단을 무시하고 하나님을 의존한다"고 경고했다. 차녹은 또 이렇게 말했다. "솔로몬은 우리 편의 부지런함과 하나님 편의 복을 '손이 부지런한 자는 부하게 되느니라'(잠 10:4) 또는 '여호와께서 주시는 복은 사람을 부하게 하고'(22절)로 결합시켰다."[64]

세즈윅은 "만일 우리가 섭리의 유익을 경험하기를 바란다면 소명을 실천하는 데 부지런해야 한다"고 말했다.[65] 하나님은 부지런함을 복 주시고, 게으름을 저주하신다. 나아가 의로우신 주님은 수단들의 사용을 유효하게 하시기 때문에 "우리는 사탄의 시험, 불신앙의 경솔함, 악한 정욕의 힘에 이끌려 고안된" 책략이 아니라 "적법하고 정당한 수단만을 사용해야 한다."[66] 적법한 수단을 사용하는 것은 정직하고, 은혜 언약의 약속들을 믿는 믿음을 행사하는 마음에서 나온다.[67] 차녹은 바벨론 궁정의 음식을 먹음으로써 더럽혀지는 것을 피하기로 결심한 다니엘의 실례(단 1:8~10)를 사용해서 소위 선을 행할 잠재적인 능력으로 죄를 정당화하는 것에 대해 경고했다. 차녹은 이렇게 말했다.

> 다니엘은 이렇게 주장할 수도 있었다. 곧 나는 왕의 환심을 사야 더 큰 유익을 얻어 하나님의 교회를 크게 섬길 수 있을 것이지만, 이 호의를 거절하면 이 모든 기대는 박살이 날 것이다. 하지만 우려하는 이런 일들은 전혀 그에게 일어나지 않았다. 우리가 겉으로만 하나님을 영화롭게 하는 상황을 갖고 있는 곳에서 섭리가 의무를 벗어나 우리를 이끌어서는 안 된다. 이것은 하나님이 또 다른 길을 예비할 기회를 박탈하는 것이다.[68]

결국 하나님은 다니엘의 값비싼 순종에 복을 베푸셨고, 섭리를 통해 그것으로 자신의 선을 이루셨다.

섭리에 대한 청교도의 복종

청교도의 섭리 교리는 사람들에게 하나님 뜻에 복종하라고 촉구한다. 굿윈은 이렇게 말했다. "만

62) Sedgwick, *Providence Handled Practically*, p. 78.
63) Sedgwick, *Providence Handled Practically*, pp. 78~79.
64) Stephen Charnock, *A Discourse of Divine Providence*, in *The Complete Works of Stephen Charnock* (Edinburgh: James Nichol, 1864), 1:57.
65) Sedgwick, *Providence Handled Practically*, p. 87.
66) Sedgwick, *Providence Handled Practically*, p. 80.
67) Sedgwick, *Providence Handled Practically*, pp. 83~85.
68) Charnock, *A Discourse of Divine Providence*, in *Works*, 1:57.

일 하나님이 자기 뜻의 결정대로 모든 것을 행하신다면, 여러분 자신의 뜻이나 여러분 자신의 지혜를 의지해서는 안 된다. 하나님을 위해 완전히 단념해야 한다"(잠 23:4).[69]

고난은 하나님에 대한 우리의 복종을 날카롭게 시험한다. 시편 34장 19절이 "의인은 고난이 많으나 여호와께서 그의 모든 고난에서 건지시는도다"라고 말하는 것과 같다. 마찬가지로 토머스 브룩스(1608~1680년)도 이렇게 지적했다. "지혜에 있어서 무한하고 선하심에 있어서 비견할 데가 없으신 하나님은 환난을 명하셨다. 그뿐만이 아니라 사방에서 많은 환난이 우리에게 쇄도했다."[70] 그리스도인에게 슬픔은 심각한 딜레마를 초래한다. 왜냐하면 그리스도인은 하나님 주권이나 선하심을 부정하는 것을 바라지 않기 때문이다. 따라서 오웬이 말한 것처럼, 만일 겸손하게 하나님과 함께 행하기를 바란다면(미 6:8), 우리는 하나님 앞에 엎드리고, 하나님이 자신이 기뻐하시는 대로 행하실 주권적 권리를 갖고 계신다는 것을 인정해야 한다. 비록 인생의 혼란스러운 부침, 어지러운 변화, 깊은 고통 속에서 그것을 보는 것이 어렵기는 해도, 하나님은 자신이 행하시는 모든 것 속에서 지혜, 의, 선하심, 사랑, 자비를 갖고 행하신다는 것을 믿어야 한다.[71]

하나님은 종종 우리의 이해를 넘어서는 방법을 통해 자신의 섭리를 행사하신다. 홉킨스는 만일 인간 이성이 신적 섭리의 논리를 추적하려고 시도한다면, 마치 우리가 하나님의 영원한 선택의 작정을 파악하려고 시도하는 것과 똑같이 "뒤얽힌 미로와 미궁 속에서" 헤매는 모습을 발견하게 될 것이라고 경고했다. 홉킨스는 "우리는 이런 추구 속에서 이성을 만족시키기는커녕 오히려 지치게 될 것이다." 대신 예배할 때 무릎을 꿇고, 바울과 같이 "깊도다 하나님의 지혜와 지식의 풍성함이여, 그의 판단은 헤아리지 못할 것이며 그의 길은 찾지 못할 것이로다"(롬 11:33)라고 탄식하는 것이 훨씬 나을 것이다.[72]

자신이 겪은 환난을 반성하면서, 다윗은 시편 39편 9절에서 이렇게 말했다. "내가 잠잠하고 입을 열지 아니함은 주께서 이를 행하신 까닭이니이다." 여기서 브룩스는 다음과 같은 결론을 이끌어 냈다. "이 세상에서 만나는 극도의 고통, 참으로 슬픈 불행, 가장 혹독한 시련 속에서 잠잠하고 입을 열지 아니하는 것은 은혜를 받은 영혼의 중대한 의무이자 임무다."[73] 여기서 브룩스는 금욕적 침묵, 음울한 침묵, 절망적 침묵을 제안한 것이 아니다. 오히려 그는 믿음의 침묵 곧 이차 원인을 통해 만사를 자신의 손으로 처리하시는 위엄하고 의로우신 하나님을 보는 데서 나오는 내적 평온을 요구한 것이다.[74] 우리는 하나님께 신음 소리를 낼 수 있으나 불평해서는 안 된다.[75]

우리 믿음의 가장 큰 시험 가운데 하나는 역경 속에서 하나님이 행하시기를 기다리고 있는 것이다. 그러나 하나님은 절대로 늦지 아니하신다! 플라벨은 "주님은 우리의 계산에 따라 자신의 활동 시간을 재고 판단하지 아니하신다"고 말했다.[76] 사탄은 우리의 불확실함을 악용하려고 획책할 것이

---

69) Goodwin, *First Chapter of Ephesians*, in *Works*, 1:219.

70) Thomas Brooks, *The Mute Christian under the Smarting Rod*, in *The Works of Thomas Brooks*, ed. Alexander B. Grosart (1861~1867, 재판, Edinburgh: Banner of Truth Trust, 2001), 1:287.

71) Owen, "Of Walking Humbly with God," *The Works of John Owen*, William H. Goold 편집 (1850~1855, 재판, Edinburgh: Banner of Truth Trust, 2000), 9:112~119.

72) Hopkins, *An Exposition on the Lord's Prayer…[and] Sermons on Providence*, p. 265.

73) Brooks, *The Mute Christian under the Smarting Rod*, in *Works*, 1:295.

74) Brooks, *The Mute Christian under the Smarting Rod*, in *Works*, 1:295~301.

75) Brooks, *The Mute Christian under the Smarting Rod*, in *Works*, 1:306, 310.

76) Flavel, *Mystery*, in *Works*, 4:472.

고, 그래서 우리는 우리가 희망 사항이 아니라 하나님의 약속에 의존하고 있음을 확신해야 한다. 또한 우리는 우리 동기들은 진정으로 영적이고, 우리 소원들은 하나님께 진정으로 순복하는 것임을 확신해야 한다. 플라벨은 이렇게 말했다. "여러분의 소원을 누리는 것은 여러분을 기쁘게 할 일이지만, 여러분의 소원을 포기하는 것은 하나님을 기쁘시게 하는 일이다."[77] 브룩스는 다음과 같이 말했다. "주님은 반드시 자기 백성들의 기대에 자신의 응답을 신속하게 맞추시는 것은 아니다. 우리의 자비의 하나님이신 그분은 우리 시간의 주님이시다"[78]

토머스 왓슨(대략, 1620~1686년)은 다음과 같이 추론했다. "여러분이 대장간에 가서 각종 연장들 곧 어떤 것은 휘고, 어떤 것은 굽고, 또 어떤 것은 갈라진 연장들을 본다고 가정해 보자. 그것들이 단정하게 보이지 않는다고 해서 완전히 쓸모없다고 치부하겠는가? 대장장이는 일할 때 이 모든 연장을 사용한다. 하나님의 섭리도 이와 같다. 하나님의 섭리는 우리에게 매우 뒤틀리고 이상하게 보이지만 모두가 하나님의 일을 수행한다."[79] 속담에 있는 말처럼, 하나님은 구부러진 막대기를 갖고 직선을 그리실 수 있다.

보스턴은 인생이 어떻게 뒤틀렸든 간에 그것은 하나님이 그렇게 하신 것이고, 그러므로 하나님께 복종해서 그것을 받아들여야 한다고 말했다.[80] 또 "우리에게 임하는 것은 무엇이든 하나님의 지배하시는 손이 없이 일어나는 법은 없다"고 보스턴은 말했다.[81] 하나님은 맹인(요 9:1~3), 가난한 자(삼상 2:7), 잉태하지 못하는 자(삼상 1:5), 귀머거리(출 4:11)를 만드신다. 우리는 하나님이 굽게 하신 것을 곧게 할 수 없다(전 7:13). 주님의 손에 결과를 맡기는 것은 세즈윅이 말한 것처럼, 이차 원인이 "주님이 섭리하시는 복이 없이는"(시 127:2) 성공할 수 없다는 것을 알고, 자신의 힘으로 더 나은 삶을 살아보려는 시도를 줄이는 것이다.[82] 이것 때문에 그리스도인은 또한 하나님이 정하신 시험의 연단시키는 결과에 대해 하나님께 감사할 수 있게 된다. 오직 그리스도의 피만이 우리를 죄에서 깨끗하게 할 수 있지만, 그리스도의 피의 능력의 적용은 섭리적인 고통 속에 있을 때 효력이 나타날 수 있다. 고통스러운 섭리를 "십자가"로 지칭하면서, 플라벨은 이렇게 말했다. "그리스도 없는 **십자가**는 사람에게 아무런 유익이 되지 못하지만 수많은 사람이 **십자가**로 큰 은혜를 받았는데, 그것은 그 십자가에 자기들의 유익을 위해 죽으신 그리스도의 죽음의 힘이 역사하기 때문이었다."[83]

욥과 같이 우리도 고통스러운 섭리에 하나님을 예배하는 것으로 반응해야 한다(욥 1:20). 조지프 카릴(1602~1673년)은 다음과 같은 말을 고통을 주시는 하나님에 대한 적절한 사랑, 두려움, 의존, 신뢰를 갖고 고난 속에 있는 모든 신자의 모델로서 욥의 입술에 두었다.

> 주여, 이 모든 일이 저에게 임했지만 저는 주님을 떠나지 아니할 것입니다. 그렇지 않으면 주님의 언약을 거짓으로 대하는 것이 되고 말테니까요. 저는 주님이 여전히 동일한 여호와로, 진

---

77) Flavel, *Mystery*, in *Works*, 4:476.
78) Brooks, *The Mute Christian under the Smarting Rod*, in *Works*, 1:385.
79) Thomas Watson, *A Body of Practical Divinity* (London: A. Fullarton, 1845), p. 85.
80) Boston, *The Crook in the Lot*, in *Works*, 3:498.
81) Boston, *The Crook in the Lot*, in *Works*, 3:507.
82) Sedgwick, *Providence Handled Practically*, p. 15.
83) Flavel, *Mystery*, in *Works*, 4:408(강조 표시는 그의 것이다).

> 실하고 거룩하고 은혜롭고 신실하고 전충족적인 분임을 알고 있습니다. 그러므로 주님 앞에 엎드려 계속 주님을 사랑하고, 계속 주님을 경외하며, 계속 주님을 신뢰하겠다고 결심하는 저를 보소서. 주님은 여전히 나의 하나님, 영원히 나의 분깃이십니다. 저는 세상 속에 내 것이라고 말할 수 있는 것을 아무것도 갖고 있지 않으나, 오직 주님만으로 충분하고 주님만이 전부이십니다.[84)]

욥은 가족과 재산을 상실하는 끔찍한 고통을 겪었을 때 "주신 이도 여호와시요 거두신 이도 여호와시오니 여호와의 이름이 찬송을 받으실지니이다"(욥 1:21)라고 말했다. 마찬가지로 카릴도 고통 속에서 우리는 하나님을 우리 수고에 대한 번성의 결과와 사람들, 마귀들, 무생물의 힘으로 말미암아 초래된 고통스러운 환난을 모두 주관하시는 주권적인 주님으로 예배해야 한다고 말했다. 모든 일은 하나님의 손 안에 있고, 우리의 모든 슬픔도 하나님의 손 안에 있다.[85)] 따라서 "하나님은 우리를 부요하게 하고 강하게 하실 때, 또 우리를 채우시고 보호하실 때뿐만 아니라 우리를 곤궁하게 하고 약하게 하실 때, 또 우리를 비우고 때리실 때도 모든 찬양과 존귀를 받으시기에 합당하다."[86)]

청교도의 섭리 속에서의 소망

청교도는 출산, 질병, 재앙, 불, 전쟁으로 많은 사람이 어른이 되기 전에 죽는 시대에 살았다. 아니 사실 이런 일은 오늘날 세상의 많은 부분에서도 여전히 일어나고 있다. 청교도는 믿음의 눈으로 악령들이 두루 다니며 삼킬 자를 찾는 우는 사자같이 돌아다니는 것을 봤다. 하지만 그들은 또한 언약의 하나님 섭리 속에서 큰 소망을 갖고 있었다. 세즈윅은 "세상을 지으신 분만큼 세상을 다스리기에 적합한 자는 아무도 없다"고 말했다.[87)] 왜냐하면 하나님은 통치하실 때 완전한 지혜, 거룩하심, 공의, 능력을 행사하고, 그러기에 자신의 목표를 이루는 데 시간과 수단을 적합하게 사용하시기 때문이다.[88)]

청교도는 모든 시대의 그리스도인들과 마찬가지로 로마서 8장 28절의 약속 곧 "우리가 알거니와 하나님을 사랑하는 자 곧 그의 뜻대로 부르심을 입은 자들에게는 모든 것이 합력하여 선을 이루느니라"는 말씀을 붙들었다. 왓슨은 이렇게 말했다. "하나님은 자기 자녀들을 다양하게 다루실 때 특별 섭리를 통해 그들에게 유익을 돌리신다. '여호와의 모든 길은 그의 언약과 증거를 지키는 자에게 인자와 진리로다'"(시 25:10).[89)] 또 이렇게도 말했다. "모든 것이 선을 이루는 중요한 이유는 하나님이 자기 백성들에게 친밀한 관심을 갖고 계시기 때문이다. 주님은 그들과 언약을 맺으셨다. '그들은 내 백성이 되겠고 나는 그들의 하나님이 될 것이며'"(렘 32:38).[90)]

---

84) Joseph Caryl, *An Exposition with Practical Applications upon…Job* (1644~1646, 재판, Grand Rapids: Reformation Heritage Books and Dust & Ashes, 2001), 1:190.

85) Caryl, *Job*, 1:204, 209.

86) Caryl, *Job*, 1:213.

87) Sedgwick, *Providence Handled Practically*, p. 10.

88) Sedgwick, *Providence Handled Practically*, pp. 14~15.

89) Thomas Watson, *All Things for Good* (1663, 재판, Edinburgh: Banner of Truth Trust, 2001), p. 11.

90) Watson, *All Things for Good*, p. 52.

하나님의 섭리는 하나님의 언약 백성들에게 큰 위로를 제공한다. 세즈윅은 다음과 같이 말했다. "선한 사람은 자기에게 선한 것을 조금이라도 결여한 적이 없었다. 나는 선한 것을 결여할 수 있다. 하지만 나에게 선하지 않은 것은 있을 수 없다. '여호와 하나님은 해요 방패이시라 여호와께서 은혜와 영화를 주시며 정직하게 행하는 자에게 좋은 것을 아끼지 아니하실 것임이니이다.'"[91] 하나님은 우리가 자신의 눈동자, 자신의 자녀, 자신의 어린 양, 자신의 보화이기 때문에(슥 2:8; 사 49:15, 40:11; 말 3:17) 자신의 교회에 섭리를 통해 특별한 관심을 갖고 계신다.[92] 자기 백성들에 대한 하나님의 관심은 은혜롭고, 부드럽고, 신비롭고, 영광스럽고, 정밀하고, 종종 특별하다.[93]

플라벨이 살았던 다트머스는 분주한 항구였고, 그래서 플라벨은 뱃사람들에게 적용되는 하나님의 섭리에 대해 여러 작품을 썼다.[94] 플라벨은 뱃사람들에게 다음과 같이 호소했다. "여러분 가운데 많은 이들이 하나님의 손이 여러분을 구조하기 위해 바다 깊은 곳까지 크게 펼쳐진 구원의 이적들을 봤을 것이다."[95] 이어서 플라벨은 이렇게 물었다. "여러분에게 나타난 모든 부드러운 보살핌 속에서 섭리의 목적이 무엇인가를 생각해 보라. 그것은 여러분이 하나님을 위해 여러분 몸을 써야 한다는 것이 아니라, 하나님이 여러분에게 요구하신 섬김의 사역에 기쁘게 전념해야 된다는 것이 아니겠는가?"[96]

하나님의 섭리는 악을 제어하고 하나님의 백성들을 보호한다고 카릴은 말했다. 하나님이 욥 둘레에 치신 신적 울타리를 실례로 사용해서 카릴은 다음과 같이 말했다. "하나님은 친히 자기 백성들을 방어하고 보호하신다……하나님은 자기 종들 가운데 하나에게 속해 있는 가장 천한[가장 작은] 것까지도 특별한 관심을 갖고 특별히 보살피신다."[97] 사탄은 하나님의 위임장이 없으면 우리의 신발 한 짝도 벗겨낼 수 없다. 카릴은 이렇게 덧붙였다. "만일 귀신들이 돼지 속에도 들어갈 수 없다면 하나님이 그들에게 맡기시지 않는 한, 하나님의 형상으로 지음을 받은 사람에게 절대로 참견할 수 없다."[98]

그리스도인의 소망은 우리 구주, 주 예수 그리스도께서 "그의 능력의 말씀으로 만물을 붙들고" 계신다는 것(히 1:3)을 알게 되면 더욱 강화된다. 오웬은 이렇게 말했다. "하나님의 아들이신 우리 주 예수 그리스도는 전체 피조물의 무게를 자신의 손에 두고 계시고, 자신의 능력과 지혜로 그것을 처리하신다. 이것이 우주의 본질과 상태이므로 우주는 하나님의 아들의 지속적인 지원과 인도와 영향과 처리가 없으면 한순간도 존속할 수 없고, 정해진 목적에 따라 규칙적으로 행하는 것도 하나도 없게 될 것이다."[99]

---

91) Sedgwick, *Providence Handled Practically*, p. 18.
92) Sedgwick, *Providence Handled Practically*, pp. 21~22.
93) Sedgwick, *Providence Handled Practically*, pp. 29~30.
94) 이것들은 플라벨의 초기 작품, *The Seaman's Companion wherein the Mysteries of Providence, Relating to Seamen, Are Opened, Their Sins and Dangers Discovered; Their Duties Pressed, and Their Several Troubles and Burdens Relieved. In Six Practicable and Suitable Sermons* (London, 1676)에 포함되었다.
95) Flavel, *Mystery*, in *Works*, 4:403.
96) Flavel, *Mystery*, in *Works*, 4:405.
97) Caryl, *Job*, 1:116.
98) Caryl, *Job*, 1:138.
99) John Owen, *An Exposition of the Epistle to the Hebrews*, William H. Goold 편집 (Edinburgh: Banner of Truth Trust, 1991), 2:462.

그러므로 세즈윅은 우리는 이 세상에서 우리의 상태에 대해 고민으로 마음을 어지럽게 할 필요가 없다고 말했다(마 6:28; 벧전 5:7; 빌 4:5~6).[100] 아마 우리가 목표를 이루기 위해 사용하기 원했던 수단들은 무력한 것처럼 보일 것이다. 그러나 우리는 "수단은 단지 통로에 불과하지만 하나님은 샘이 되신다는 것"을 기억해야 한다. 수단은 하나님의 손 안에 있는 단순한 도구일 뿐이다. 우리를 고치는 자는 의사가 아니라 의사를 통해 고치시는 하나님이시다.[101] 하나님은 종종 우리가 의존하고 싶은 것에 신뢰를 두지 않게 하고, 우리의 복이 확실히 주권적인 하나님에게서 온 선물이라는 것을 보여 주시기 위해 불가능한 수단을 통해 역사하신다.[102] 코벳은 이렇게 말했다. "하나님이 규제할 수 없는 혼란이 무엇인가? 하나님이 헛되게 하실 수 없는 지혜가 무엇인가? 하나님이 강하게 하실 수 없는 연약함이 무엇인가? 하나님의 명령보다 위에 있는 것은 아무것도 없고, 하나님의 섭리보다 아래에 있는 것은 아무것도 없다."[103]

하나님은 굽은 섭리들에 대해 곧은 목적들을 갖고 계신다. 보스턴은 일곱 가지를 제시했다.

1. 우리의 영적 상태가 위선자인지, 아니면 참 신자인지를 증명하기 위한 목적.
2. 우리에게 순종을 자극하고, 이 세상에서 눈을 돌리고 대신 하늘을 바라보도록 하기 위한 목적.
3. 죄를 자각시키기 위한 목적.
4. 죄를 교정하거나 처벌하기 위한 목적.
5. 죄를 범하지 않도록 예방하기 위한 목적.
6. 우리 마음속 깊은 곳에 있는 잠재적인 죄를 드러내도록 하기 위한 목적.
7. 우리의 게으름을 일깨워 은혜를 연습하도록 하기 위한 목적.[104]

그리스도인들은 교회에 시련이 닥치면 낙심할 수 있다. 청교도는 부패, 교리적 오류, 박해, 분파의 증가가 만연된 시대에 살았다. 하지만 그들은 소망을 섭리에 두었다. 세즈윅은 이렇게 말했다. "교회는 바다에서 파도와 풍랑으로 위험에 처해 있는 배와 같다. 하지만 신적 섭리가 조타석에 앉아 있어 배를 강하게 인도하고 보존한다."[105] 하나님은 자신의 영원한 계획을 수행하고 계시고, 모든 것은 궁극적으로 하나님이 자기 아들 안에서 자기 백성들에게 자신의 은혜를 보여 주실 때 하나님의 영광에 도움을 줄 것이다. 조나단 에드워즈(1703~1758년)는 『구속사』(A History of the Work of Redemption[부흥과개혁사 역간, 2007])라는 작품에서 정묘한 성경적 세부 사실로 인간 역사 전체에 걸쳐 펼쳐지는 하나님의 구속 사역을 추적했다.[106] 에드워즈는 모든 섭리의 노선은 하나의 중심에서 만나고, 섭리의 모든 강과 굽은 지류들은 하나의 바다 속으로 흘러들어가는데, 그곳은 곧 그리스도라고 지적했다.[107]

---

100) Sedgwick, *Providence Handled Practically*, p. 39.
101) Sedgwick, *Providence Handled Practically*, pp. 41~43.
102) Sedgwick, *Providence Handled Practically*, pp. 43~45.
103) Corbet, *Gods Providence*, p. 3.
104) Boston, *The Crook in the Lot*, in *Works*, 3:511~516.
105) Sedgwick, *Providence Handled Practically*, p. 7.
106) 온라인 판 에드워즈의 책에서 "섭리"라는 말을 찾아보면, 편집자 서론에 나오는 것을 제외하고 115회가 등장한다(예일 대학 부설 조나단 에드워즈 센터, *http://edwards.yale.edu/* [2011년 5월 20일 접속]).
107) Jonathan Edwards, *The Works of Jonathan Edwards*, 제9권, *The History of the Work of Redemption*, John F. Wilson 편집 (New Haven, Conn.: Yale University Press, 1989), pp. 518~520.

그러므로 그리스도의 나라를 공유하고 그리스도의 구속에 참여하는 자들은 만물-과거, 현재, 미래의-이 자기들의 것이라는 것(고전 3:21)을 즐거워할 수 있다.[108)]

하나님의 섭리에 대한 청교도의 묵상

플라벨은 종종 하나님 말씀과 하나님 섭리를 묵상했다. 플라벨의 성경을 다루는 솜씨는 탁월하다. 여러 면에서 『섭리의 신비』는 성경적 원리와 역사에 추가 예증과 실천적 적용을 결합시켜 수놓은 융단이다. 이 책은 플라벨의 성경 전체에 대한 방대한 지식을 보여 준다.

하나님 섭리를 묵상하지 못하는 것은 죄를 범하는 것이다. 그렇게 되면 하나님을 찬양하는 것이 감소하기 때문이다. 나아가 우리는 이 묵상을 통해 받게 되는 믿음의 자양분을 빼앗기게 된다. 우리는 섭리에 따라 행하시는 하나님을 무시하게 된다. 하나님의 섭리를 묵상하는 것은 우리가 기도로 하나님께 나아오고 하나님과 대화하는 법을 알려고 한다면 본질적이다. 그러나 우리가 어떻게 하나님의 섭리에 대해 묵상하는 법을 배울 수 있을까? 플라벨은 다음과 같이 네 가지 지침을 제시했다.

1. **우리를 향하신 하나님의 섭리를 기억하고 찾아내는 데 진력하라.** 우리는 우리의 인생 속에 나타나 있는 하나님의 섭리를 광범하게 추적하고, 하나님이 우리에게 베푸신 복을 헤아려 봄으로써 그렇게 해야 한다. 우리는 또한 집중적으로 그렇게 해야 한다. 플라벨은 "우리의 생각이 수면 위의 깃털처럼 헤엄치지 않고 바닥까지 들어갈 정도로 깊이 잠겨야 한다"고 조언했다.[109)]

각 그리스도인의 삶은 우리가 읽고 교화되게 하기 위해 하나님이 쓰신 기이한 이야기다. 존 노턴(1606~1663년)은 이렇게 말했다. "단지 몇 년 동안이라도 하나님과 동행한 성도들이 최소한 하나님이 자신을 다루신 것을 다 기록할 수 있다면, 시험, 표적, 이적으로 가득 찬 책이 만들어질 것이다. 이것은 놀라운 역사다. 왜냐하면 이런 경험들의 역사는 각자에게 이적 이상의 역사이기 때문이다."[110)]

플라벨은 또 독자들에게 하나님의 행동 시점과 그 시점에 나타나 있는 하나님의 보살핌을 찾아보라고 조언했다. 하나님이 우리에게 사용하신 수단에 대해 생각해 보라. 친구가 아니라 낯선 사람, 아니 심지어는 원수를 사용하셨다. 인정 많은 행위가 아니라 악한 행위를 사용하셨다. 신자들에게는 "모든 것"이 합력한다는 것을 상고해 보라(롬 8:28). "일천 개의 친절한 손이 신자들이 자기들의 행복을 촉진시키고 일으키기 위해 작용한다는 것"을 숙고해 보라. 특히 우리는 기도와 섭리의 관계를 추적해 보고, 어떻게 "섭리 위에 여러분의 기도의 서명이 찍혔는지" 알아봐야 한다.[111)]

2. **여러분의 삶 속에 나타난 하나님 섭리와 하나님 말씀 속에 나타나 있는 하나님 약속 간의 관련성을 추적해 보라.** 이렇게 하는 것은 성경의 신빙성을 확증하고, 주어진 상황 속에서 우리가 어떤 행동을 취해야 하는지를 우리에게 가르쳐 준다. 그리스도인의 삶의 규칙은 하나님의 계시된 뜻(성경

---

108) Edwards, *Works*, 9:526.

109) Flavel, *Mystery*, in *Works*, 4:417(강조 표시는 그의 것이다).

110) John Norton, *Abel Being Dead Yet Speaketh* (London, 1658), p. 5. Michael P. Winship, *Seers of God: Puritan Providentialism in the Restoration and Early Enlightenment* (Baltimore, Md.: Johns Hopkins University Press, 1996), pp. 16~17에서 인용함.

111) Flavel, *Mystery*, in *Works*, 4:418~419.

속에)이지 은밀한 뜻(섭리 속에 표현되어 있는)이 아니다. 후자가 드러날 때 우리는 하나님이 항상 자신의 약속에 신실하시다는 것을 발견한다.

3. 섭리의 사건들 및 상황들 너머에 계시는 창시자 및 제공자이신 하나님을 주목하라. 하나님의 속성과 방법들(하나님의 사랑, 지혜, 은혜, 낮아지심, 목적, 방법, 선하심)을 생각해 보라. 하나님이 이 속성과 우리를 다루시는 일들을 어떻게 계시하시는지 확인해 보라. 또한 하나님이 종종 고통스러운 시련을 통해 자신의 목적을 이루신다는 것도 기억하라. 하나님은 모든 일에 있어서 주권적이고, 은혜롭고, 지혜롭고, 신실하고, 전충족적이고, 불변하시고, 이것은 엄밀히 고통의 어둠 속에 있을 때 우리가 기억할 필요가 있는 것이다. "하나님은 원래 그런 분이고, 거기서도 그러셨다."[112]

4. 섭리에 각각 적절한 방법으로 반응하라. 슬픔 속에 있을 때에도 성경적으로 교훈을 받은 신자들은 항상 위로와 기쁨의 요소를 경험할 것이다. 왜냐하면 하나님 섭리의 어떤 요소도 하나님이 우리에게 적의를 갖고 계신다는 표지로 간주되지 않기 때문이다. "우리의 모든 손실을 단지 왕자가 파딩[113] 한 개를 잃어버린 것"으로 간주하라. 하나님의 마음은 "사랑으로 충만하지만 섭리의 얼굴은 찡그림으로 가득 차 있다."[114] 주님이 가까이 계신다는 것(빌 4:5)을 깨닫고 있는 그리스도인은 이 모든 것을 적절한 관점에 따라 볼 것이다. 그러나 우리는 하나님의 섭리가 하나님의 약속과 충돌하는 것처럼 보일 때 어떻게 해야 할까? 첫째, 우리는 낙심을 물리치는 법을 배워야 한다. 이때 하나님은 우리에게 인내를 가르치시는 것이다. 그것은 행하실 하나님의 때가 아직 아니거나 하나님이 우리가 원하는 복에 대한 갈망을 더 증가시키기 위해 역사를 지연시키실 수도 있다. 그러면 우리는 어떻게 해야 할까? 우리는 하나님이 더 큰 복 곧 우리가 기꺼이 하나님과 하나님의 선하신 기쁨을 온전히 의지하는 것을 주실 것이라는 사실을 기억해야 한다. 사랑하는 우리 아버지는 우리가 자신의 자원을 포기할 때 우리에게 기쁘게 나아오신다. 어쩌면 우리는 이 복을 받을 준비가 되어 있지 않을 것이다. 만일 하나님의 모든 자비가 은혜가 속해 있고, 우리는 그것을 받을 자격이 없다면 우리는 그것이 주어질 때까지 기다리는 법을 배워야 한다.

둘째, 우리는 "우리가 하나님의 방법과 목적을 충분히 이해하고 있다고 전제하지 않는 법"을 배워야 한다. 플라벨은 다음과 같이 말했다. "하나님의 말씀 속에서와 마찬가지로 하나님의 행위 속에도 확고한 본문이 있다. 그것은 우리를 공손하고 겸손하게 존중하도록 만들지만 그것들에 대해 교조적이 되어서는 안 된다. 사람은 도를 넘음으로써 쉽게 중압감을 가질 수 있다."[115] 시편 73편에서 아삽은 복합적인 하나님의 온갖 방법을 어떻게든 이해하려고 애쓰기 때문에 자신의 침체를 심화시켰다. 똑같은 사실이 우리에게도 해당될 수 있다. 우리에게 너무 엄청난 신비를 풀어 보려고 시도하는 것은 단지 하나님에 대한 의심, 영의 어두움을 조장하고, 우리 자신의 손으로 문제를 해결하도록 유혹한다. 하나님의 섭리에 대한 올바른 방법을 묵상하게 되면 하나님과의 지속적인 교제로 나아가게 된다. 왜냐하면 하나님은 "규례뿐만 아니라 섭리를 통해서도 자기 백성들 속에 자신을 나타내시기" 때문이다.[116] 기독교적 삶의 핵심 즐거움은 하나님이 자신의 섭리 속에 자신의 속성들을 표현하

112) Flavel, *Mystery*, in *Works*, 4:428.
113) 파딩은 20세기에 화폐로 사용이 중단될 때까지 잉글랜드에서 가장 작은 가치를 지닌 동전이었다.
114) Flavel, *Mystery*, in *Works*, 4:429.
115) Flavel, *Mystery*, in *Works*, 4:435.
116) Flavel, *Mystery*, in *Works*, 4:436.

실 때, 그 속성들의 조화를 찾아보는 데 있다. 또한 이런 묵상은 "우리의 마음속에 있는 자연적 무신론을 제압하고 억압하는 데" 도움을 준다.[117] 지혜롭고 자애로운 목사로서 플라벨은 일부 참 신자들이 하나님의 인자하심에 대해, 아니 심지어는 하나님의 현존 자체에 대한 의심으로 고통을 겪고 있다는 것을 알았다. 하나님 섭리에 대한 묵상은 우리의 삶 속에서 하나님의 사랑의 보살핌과 강하신 능력의 명확한 역사를 추적할 때, 우리는 믿음을 강화시킬 수 있다. 이런 면에서 믿음은 과거에 우리가 하나님에 대해 확인한 것으로 도움을 받는다. 젊은 다윗은 골리앗과 싸울 때 자신의 과거에 펼쳐졌던 하나님의 섭리에 대한 기억을 통해 힘을 얻었다(삼상 17:37). 이때 찬양의 영이 우리의 삶 속에 감미로운 멜로디를 들려주고, 그러면 그리스도께서 우리에게 더 중요하게 된다. 왜냐하면 하나님의 모든 자비가 오직 그리스도 안에서, 그리스도로 말미암아 우리에게 주어지기 때문이다. 따라서 녹은 마음, 내적 평안, 거룩함에 대한 증가된 헌신을 갖게 되면 우리는 죽음을 맞이할 준비를 하게 된다. 플라벨은 종종 죽음이 상당히 큰 내적 혼란과 사탄의 특별한 시험의 때라는 것을 알고 있었다. 죽는 것은 가장 어려운 두 가지 신앙 행위 가운데 하나다(다른 하나는 처음으로 그리스도께 나아오는 것이다). 그러나 자신의 삶 속에서 하나님 섭리의 복을 열거할 수 있는 죽음을 앞둔 신자는 확실히 하나님의 평안을 알고 있을 것이다. 플라벨은 다음과 같이 기본적이고 실천적인 권면으로 자신의 작품을 끝맺는다. "여러분의 삶 속에 펼쳐진 하나님의 섭리를 기록으로 남기는 법을 배우라.[118] 왜냐하면 그렇게 함으로써 장차 묵상과 격려에 대한 기억을 보존할 것이기 때문이다." 플라벨은 또 이렇게 말했다. "섭리는 매순간 그 손으로 우리의 삶, 자유, 임무를 전달한다. 우리의 떡은 섭리의 찬장 속에 있고, 우리의 돈은 섭리의 지갑 속에 있으며, 우리의 안전은 섭리의 싸안는 팔에 있다. 그리고 확실히 섭리의 손에서 우리가 받는 호의를 기록하는 것은 우리가 감당해야 할 최소한의 의무다."[119]

결론

청교도의 섭리에 대한 작품들은 읽기 쉽지만 생각을 깊이 자극한다. 이 작품들은 성경적으로 초점이 맞춰져 있지만 하나님의 지속적인 활동에 대한 의식으로 충만하다. 이 작품들은 엄격하게 개혁파 관점이지만 인간의 고통에 놀랍게도 민감하다. 이 작품들은 17세기 사회적, 정치적, 종교적 격변 시기에 살았던 사람들을 대상으로 저술되었다. 또 오늘날 우리가 종종 잘못되게도, 특별히 현대, 아니 심지어는 포스트모던 시대의 전유물로 간주하는 고뇌를 잘 알고 있었던 사람들을 위해 저술되었다. 이 청교도 작품들은 포괄적인 변화를 겪고 있는 21세기 사람들에게도 적용된다. 그리고 무엇보다 이 작품들은 분명히 오늘날 그리스도인들이 절실하게 들을 필요가 있는 다음과 같은 성경적 원리들을 제시하고 있다.

---

117) Flavel, *Mystery*, in *Works*, 4:442.

118) 청교도가 하나님의 섭리를 기록할 때 즐거워한 한 가지 실례가 Increase Mather, *An Essay for the Recording of Illustrious Providences, Wherein an Account Is Given of Many Remarkable and Very Memorable Events, Which Have Happened in the Last Age; Especially in New England* (Boston: Samuel Green for Joseph Browning, 1684)에서 발견된다.

119) Flavel, *Mystery*, in *Works*, 4:496.

- 하나님은 자신이 지으신 우주를 통제하고 계신다.
- 하나님은 자신의 온전한 목적을 나의 삶 속에서도 이루고 계신다.
- 하나님은 내 종이 아니다.
- 하나님의 방법은 내가 이해할 수 있는 것보다 훨씬 신비롭고 경이롭다.
- 하나님은 항상 선하시다. 나는 언제든 하나님을 신뢰할 수 있다.
- 하나님의 시간표는 내 시간표와 동일하지 않다.
- 하나님은 내가 무엇을 행하느냐보다 내가 어떤 자가 되느냐에 훨씬 큰 관심을 갖고 계신다.
- 고난에서의 자유는 기독교 복음 속에 약속되어 있지 않다.
- 고난은 기독교적 삶의 핵심 요소다.
- 하나님은 내 안에 자신의 목적을 이루시기 위해 고난을 통해 역사하신다.
- 나의 목적이 아니라 하나님의 목적이 하나님의 영광을 가져온다.
- 하나님은 내가 하나님 말씀의 안경을 통해 자신의 섭리를 읽을 수 있도록 하신다.
- 나는 하나님 방법의 경이를 추적하는 것보다 더 큰 기쁨을 거의 갖고 있지 못하다.

따라서 세즈윅이 시편 37편 5절의 말씀으로 우리에게 권면하는 것은 놀랍지 않다. "네 길을 여호와께 맡기라 그를 의지하면 그가 이루시고."[120] 성경의 하나님 곧 주권적인 섭리의 하나님, 그분만이 이런 신뢰를 받기에 합당하시다.

---

120) Sedgwick, *Providence Handled Practically*, p. 34.

청교도의 천사 교리

크신 하나님은 자신의 뜻에 따르는 거룩한 천군천사를 두고 계신다……
진정으로 하나님을 경외하는 자들은 거룩한 천사들의 섬김의 사역을 통해 큰 유익을 얻는다.
– 인크리스 매더[1] –

청교도가 천사들을 어떻게 생각했는지 고찰할 때, 우리는 17세기의 영국과 영국의 미국 식민지 사람들이 세상을 오늘날 서양 사람들과 매우 다르게 생각했다는 것을 유념해야 한다. 데이비드 홀은 이렇게 말한다. "17세기 뉴잉글랜드 사람들은 홀리는 우주 속에서 살았다. 그들의 우주는 불가사의의 세계였다."[2] 17세기의 보통 사람들과 저술가들 모두 유령, 불길한 혜성, 공중을 떠다니는 군대와 배에 대한 환상, 검은 개나 검은 곰과 같은 모습으로 등장하는 귀신들, 눈에 보이지 않는 출처에서 나오는 소리와 음악, 사람들을 지옥으로 데려가는 마귀들에 대해 기록했다.[3] 이 불가사의한 세계는 어느 정도 고대와 중세의 유산이었고, 이 유산에는 이교의 범신론, 심령 사상, 점성술, 고대의 우주론, 참 과학에 대한 무지 등의 요소가 포함되었다. 천사와 귀신들에 대한 성경의 가르침은 이런 요소들과 융합되어 뒤죽박죽이 되었다. 영국 시인들은 천사 세계에 대해 폭넓은 작품들을 썼다.[4] 당시에 유명한 영국 과학자들도 세계를 초자연적 장소로 봤다. 예를 들어 과학적 방법의 아버지인 프랜시스 베이컨(1561~1626년)은 베이컨으로 문질러서 사마귀를 제거하고, 그 베이컨을 남쪽 창문에 걸어 뒀다. 훌륭한 화학자인 로버트 보일(1627~1691년)은 지하 세계 귀신들에 대해 광부들과 인터뷰하기를 갈망했다. 수학자이자 물리학자인 아이작 뉴턴(1642~1727년)은 마술과 오컬트에 관심을 가졌다.[5]

우리는 이 반(半)마술적인 세계관을 이해하기가 어렵다. 왜냐하면 우리는 계몽주의와 무신론적 진화론의 상속자이고, 이것은 기계적 세계관을 강조하기 때문이다. 우리는 우주를 매우 많은 연동 장치들처럼 자연력을 통해 맹목적으로 서로에게 작용하는 부분들을 가진 거대한 기계로 본다. 천사와

---

1) Increase Mather, *Angelographia, or A Discourse Concerning the Nature and Power of the Holy Angels, and the Great Benefit Which the True Fearers of God Receive by Their Ministry* (Boston: B. Green and J. Allen for Samuel Phillips, 1696), p. 4.

2) David D. Hall, *Worlds of Wonder, Days of Judgment: Popular Belief in Early New England* (New York: Alfred A. Knopf, 1989), p. 71.

3) Hall, *Worlds of Wonder*, pp. 71~80.

4) 다음 자료들을 보라. Thomas Heywood, *Hierarchie of the Blessed Angels, Their Names, Order, and Offices, the Fall of Lucifer and His Angels* (London: Adam Islip, 1635), Lucy Hutchinson, *Order and Disorder, or, The World Made and Undone* (1679), John Milton, *Paradise Lost* (London: Peter Barker, 1667), Samuel Pordage, *Mundorum Explicatio…The Mysteries of the External, Internal, and Eternal Worlds* (London: T. R. for Lodowick Lloyd, 1661).

5) Chadwick Hansen, *Witchcraft at Salem* (New York: George Braziller, 1969), p. 7.

귀신들과 같은 초자연적 세력들은 우리의 과학 및 기술 세계와 어울리지 않는다. 하지만 마술과 이교 사상의 매력이 오늘날 우리의 포스트모던 시대에 반향을 불러일으키고 있다.

당시의 대중적인 신념들에도 불구하고, 청교도는 다른 신학 주제들과 비교해 보면 천사에 대해서는 거의 초점을 맞추지 않았다. 그것은 청교도가 천사에 대해서는 거의 언급하지 않았다고 말하는 것이 아니라, 통상적으로 다른 주제와 관련되거나 천사와 관련된 성경 본문을 강해하는 과정 속에서 다뤄졌다고 말하는 것이다. 청교도는 오늘날 우리가 "천사론"으로 부를 수 있는 것에 거의 종사하지 않았다.[6] 청교도는 마귀에 대해 매우 많은 글을 썼지만, 오컬트와 초자연 현상에 대해서는 사람들이 사탄 및 마귀들과 매일 싸우는 것과 비교해 보면 별로 다루지 않았다. 청교도는 조심스럽게 성경을 따랐는데, 이것 때문에 그들은 마술적 세계관이나 기계적 세계관으로 이끌리지 않고, 오히려 하나님 중심적 세계관을 갖게 되었다. 청교도는 천사와 귀신에 대해 얼마간 가르침을 제공했지만, 단지 하나님의 전체 경륜의 한 부분으로서 제시했을 뿐이다. 청교도는 영들이 아니라 하나님, 하나님의 율법, 하나님의 복음에 초점을 두었다. 그것은 특별히 웨스트민스터 소교리문답에서 증명되는데, 그곳을 보면 천사(질문 103)와 사탄(질문 102)에 대한 사실이 단지 스쳐 지나가며 한 번 언급된다.

리처드 고드비어는 영성을 **탄원적** 영성과 **조작적** 영성으로 대조시킴으로써, 청교도의 종교적 이상과 대중적인 마술적 신념을 구분한다. 고드비어는 마술적 세계관은 근본적으로 **조작적**인데, 그것은 사람들이 의식들을 영적 세력을 통제하는 데 사용하기 때문이라고 말했다. 반면에 청교도의 세계관은 근본적으로 **탄원적**인데, 그것은 사람들이 믿음과 기도를 통해 주권적인 주님에게 자신과 자기들의 욕구를 복종시키기 때문이다. 하지만 대중의 관점에서 보면, 영성에 대한 이 구별된 접근법은 종종 하나로 융합되었다.[7]

그러나 하나님과 그리스도가 강조되면 될수록 영들의 세계는 그만큼 덜 강조되었다. 데이비드 켁은 중세의 풍경은 다음과 같이 천사로 어지럽혀져 있었다고 지적한다.

> 몽생미셸과 몬테 가르가노에 세워진 미가엘 천사장을 모신 대 사당에서 13세기 위대한 스콜라주의자들의 정교한 형이상학적 사변에 이르기까지, 천사는 중세 서양의 물리적, 시간적, 지성적 전경 속에 스며들어 있었다. 조각, 스테인드글라스, 동전, 성직자 제복, 순례자의 휘장은 모두 천상의 영들의 형상을 담고 있었다. 매년 9월 29일에 기념하는 성 미가엘 축일에는 기독교계 전체를 망라해서 성직자들이 미가엘에 대한 설교를 전하고, 미가엘과 그의 천군들……에게 기도했다. 중세의 이적 연극 원고는 각지를 이동하며 사람에게 "염력을 전하는" 천사를 묘사하는 무대 지침을 제공할 정도로 천사 문제가 만연되어 있었다. 중세에는 천사가 편만해 있었다.[8]

그러나 조드 레이먼드가 말하는 것처럼, "1500년경에는 천사에 대한 대부분의 믿음, 대부분의 표

---

6) Joad Raymond, *Milton's Angels: The Early Modern Imagination* (Oxford: Oxford University Press, 2010), pp. 20, 38~39.

7) Richard Godbeer, *The Devil's Dominion: Magic and Religion in Early New England* (Cambridge: Cambridge University Press, 1994), pp. 9~10.

8) David Keck, *Angels and Angelology in the Middle Ages* (Oxford: Oxford University Press, 1998), p. 3.

현이……성경에 기초를 두고 있지 않았다."[9] 따라서 솔라 스크립투라(오직 성경으로)와 솔리 데오 글로리아(오직 하나님께만 영광을)를 고수하는 종교개혁은 대중적 전통의 많은 껍질들을 벗겨내는 데 힘썼다. 엘리자베스 라이스는 이렇게 말한다. "중세 유럽에서는 성인과 천사들이 찬양받고 숭배되지만 존 칼빈의 혁명적인 종교적 가르침 속에서 성인과 천사의 중요성은 하나님 중심성과 우월성이 강조됨으로써 별로 강조되지 않았다." 그녀는 계속해서 그 결과 "천사 목격담은 17세기에는 [청교도] 성직자와 평신도 모두의 기록 속에서 거의 묘사되지 않았다"고 말한다.[10] 그러면 이제 청교도가 천사에 대해 가르친 것을 살펴보도록 하자. 다음 장에서는 청교도의 마귀와 귀신들에 대한 교리를 살펴볼 것이다.

천사의 본질

웨스트민스터 대교리문답(질문 16)은 "하나님은 하나님의 명령에 따라 일을 수행하고, 하나님의 이름을 찬양하도록 모든 천사를 불멸하고, 거룩하고, 지식이 탁월하고, 능력이 뛰어난 영들로 창조하셨습니다. 그러나 천사들은 변화에 종속되어 있습니다."라고 말한다.[11] 웨스트민스터 대교리문답을 작성한 청교도는 천사에 대해 높은 견해를 갖고 있었지만, 천사들을 하나님께 예속시켰다.[12]

토머스 리질리(1667~1734년)는 웨스트민스터 대교리문답에 대해 방대한 작품을 썼다. 리질리는 성경은 천사를 이렇게 부른다고 말했다. (1) 그들의 영광이 다른 모든 피조물보다 우위에 있다는 의미에서 "새벽 별들", (2) 하나님이 자신의 형상으로 지으신 존재를 위한 존재라는 의미에서 "하나님의 아들들", (3) 비물질적인 존재라는 의미에서 "영들"(바람, 시 104:4), (4) 하나님께 순종하는 데 민활함과 열렬함을 갖고 있다는 의미에서 "불꽃"(히 1:7), (5) 높은 존엄성과 고상한 사역을 맡고 있다는 의미에서 "왕권들, 주권들, 통치자들, 권세들"(골 1:16).[13] 조나단 에드워즈(1703~1758년)는 천사를 "하늘의

---

9) Raymond, *Milton's Angels*, p. 4.

10) Elizabeth Reis, "Otherworldly Visions: Angels, Devils and Gender in Puritan New England," *Angels in the Early Modern World*, Peter Marshall & Alexandra Walsham 편집 (Cambridge: Cambridge University Press, 2006), p. 282. 라이스는 천사의 모습에 대한 기록이 사실상 1730년대와 1740년대, 그리고 19세기에 들어서서 크게 증가했다고 지적한다(pp. 292~294).

11) 골 1:16, 시 104:4, 마 22:30, 25:31, 삼하 14:17, 마 24:36, 살후 1:7, 시 103:20, 벧후 2:4를 인용함.

12) 17세기 잉글랜드에서 출판된 천사에 대한 논문으로는 다음 자료들을 보라. Isaac Ambrose, *The Ministration of and Communion with Angels*, in *Works of Isaac Ambrose* (London: Printed for Thomas Tegg and Son, 1829), pp. 473~560, Benjamin Camfield, *A Theological Discourse of Angels, and Their Ministries* (London: R[obert] E[veringham] for Hen. Brome, 1678), Robert Dingley, *The Deputation of Angels, or The Angel Guardian* (London: T. R. for E. Dod, 1654), Henry Lawrence, *An History of Angels: Being a Theological Treatise of Our Communion and War with Them* (London: Nealand, 1649), Christopher Love, *A Treatise of Angels*, in *The Works of…Christopher Love* (Glasgow: W. Lang, 1806), 1:182~218, Increase Mather, *Coelestinus: a Conversation in Heaven…Introduced by Agathangelus, or, An Essay on the Ministry of the Holy Angels* (Boston: S. Kneeland, for Nath. Belknap, 1723), *Angelographia*, John Salkeld, *A Treatise of Angels* (London: T. S. for Nathaniel Butter, 1623), Thomas Shepard, *Several Sermons on Angels, With a Sermon on the Power of Devils in Bodily Distempers* (London: Sam Drury, 1702). 또한 Peter Martyr Vermigli, *The Common Places of Peter Martyr*, trans. Anthonie Marten (n.p.: [1583]), 1:72~92, pp. 111~121과 Henry Bullinger, "Of Good and Evil Spirits," *The Decades of Henry Bullinger*, Thomas Harding 편집 (1849~1852, 재판, Grand Rapids: Reformation Heritage Books, 2004), 2:327~365도 보라. 불링거는 잉글랜드 신학에 영향을 미친 대륙의 신학자 가운데 주도적인 인물이었다.

13) Thomas Ridgley, *A Body of Divinity…Being the Substance of Several Lectures on the Assembly's Larger*

궁정의 귀족과 고관들, 만왕의 왕의 궁전의 존엄한 종들"로 묘사했다(마 18:10; 골 1:16).[14]

아이작 암브로스(1604~1664년)는 "모든 천사들은 섬기는 영으로서 구원을 받을 상속자들을 위해 섬기라고 보내심이 아니냐?"고 묻는 히브리서 1장 14절을 묵상했다. 암브로스는 문맥 속에서 이 구절은 주 예수 그리스도의 천사에 대한 절대적 우월성을 강조하는 내용이라고 주장했다. 암브로스는 하나님과 그리스도의 영광이 천사들에게 잘못 귀속되지 않도록(골 2:18; 계 19:10, 22:9) "너희도 알다시피 나는 내가 천사에 대해 말하는 것을 유의할 필요가 있었다"고 힐난했다.[15] 히브리서 1장 14절에서 암브로스는 다음과 같이 천사에 대해 다섯 가지 사실을 이끌어 냈다. (1) 천사들은 영이다. (2) 천사들의 직무는 섬기고 봉사하는 것이다. (3) 최고 직급에 속한 천사는 이 직무를 공유한다. (4) 천사들은 하나님과 그리스도에게서 이 사역을 위임받았다. (5) 천사들의 직무는 모든 사람이 아니라 하늘의 상속자들을 섬기는 것이다.[16]

천사의 영적 본질에 대해, 암브로스는 "천사는 완전히 비유형적 존재"라고 말한 중세 스콜라 신학자들의 견해와 "천사는 땅, 공기 또는 불보다 더 순전하고 정묘한 하늘의 실체로 이루어진 육체를 가졌다"고 믿은 플라톤주의자들과 아우구스티누스와 같은 일부 교부들과 이탈리아 개혁파 지도자인 지롤라모 쟁키(1516~1590년)의 견해 차이를 지적했다.[17] 리질리는 후자 견해를 "기록된 것보다 더 지혜로워지려는" 시도와 "어떤 견고한 증명이 없이" 상상 속에서 전개된 것으로 간주했다.[18] 리질리는 천사를 인간의 영과 마찬가지로 이성, 의지, 하나님의 법에 대한 책임, 물질적 대상들에게 영향을 미치는 능력을 갖고 있는 존재로 간주하는 것이 더 낫다고 말했다. 비유형적 본질을 가진 존재로서 천사는 죽음에 예속되어 있지 않다. 왜냐하면 죽음은 육체 부분들의 해체이고, 영은 부분들로 구성되지 않기 때문이다. 영들을 창조하신 하나님은 영들을 절멸시키실 수도 있었지만 영들이 영원히 존속하기를 원하셨다.[19]

새뮤얼 윌러드(1640~1707년)는 웨스트민스터 소교리문답을 상세히 강해하는 책을 썼다. 웨스트민스터 소교리문답은 천사에 대해 거의 언급하지 않지만, 윌러드는 "영"으로서의 하나님의 본성(질문 4)과 창조 사역(질문 9)을 강해하는 부분에서 천사 주제를 다뤘다. 윌러드는 이렇게 말했다. "천사는……하나님을 섬기는 영들로 활동하기 위해 창조된 영적 본성들 또는 실체들의 대 군단이다"라고 말했다.[20] 성경은 천사를 하나님이 창조하셨다고 말한다(시 148:2, 5; 골 1:16). 우리가 셀 수 없을 정도로 천사들은 많다(눅 2:13; 마 26:53; 히 12:22). 그리고 천사는 영적 실체로서 특수한 본성을 갖고 있다(히 2:16).[21]

Catechism (New York: Robert Carter & Brothers, 1855), 1:341~342.

14) Jonathan Edwards, "Miscellanies," no. 1247, *The Works of Jonathan Edwards, Volume 23, The "Miscellanies" 1153~1360*, Douglas A. Sweeney 편집 (New Haven: Yale University Press, 2004), p. 182.

15) Ambrose, *Angels*, in *Works*, p. 474.

16) Ambrose, *Angels*, in *Works*, p. 474.

17) Ambrose, *Angels*, in *Works*, p. 475.

18) Ridgley, *Body of Divinity*, 1:342.

19) Ridgley, *Body of Divinity*, 1:342.

20) Samuel Willard, *A Compleat Body of Divinity* (1726, 재판, New York: Johnson Reprint Corp., 1969), p. 112. 때때로 청교도는 조직신학 책을 쓰지 않았다고 말해진다. 하지만 토머스 빈센트, 토머스 왓슨, 토머스 보스턴은 말할 것도 없고, 윌러드와 리질리가 쓴 웨스트민스터 교리문답 강해도 청교도가 조직신학 책을 저술한 것을 예증한다.

21) Willard, *Compleat Body of Divinity*, p. 112.

하나님과 천사는 모두 유비적이지만 다른 의미에서 "영"으로 불린다. 윌러드는 천사가 하나님을 어떻게 반영하는지에 대해 이런 사항을 제시했다.

1. "천사는 불가시적 실체다."
2. "천사는 만질 수 없다…… 영은 느껴질 수 없다"(눅 24:39).
3. "천사는 피조물 가운데 가장 기민하고, 활동적이고, 민첩한 존재다." 천사는 "하나님 뜻을 행하는 하나님의 신속한 사자다." 천사는 빛보다 더 빠르게 달린다. 천사는 결코 지치지 않는다. 천사는 바람과 같다(시 18:10).
4. "천사는 피조물 가운데 가장 강하다." 천사는 능력이 탁월하고(시 103:20), 권세들로 불린다(엡 6:12). 한 명의 천사가 사람들의 군대를 격퇴시킬 수 있다. 천사가 빈 무덤에서 했던 일을 생각해 보라(마 28:2~7).
5. "천사는 피조물 가운데 가장 부패하지 않는 존재다." 이것은 천사의 순결함을 가리키는 것이 아니라 천사의 능력을 가리킨다. 저급한 피조물은 천사를 해하거나 절멸시킬 수 없다.
6. "천사는 피조물 가운데 가장 고상한 이성과 의지 능력을 부여받은 합리적 실체다." 천사는 이성과 계시를 통해 이해한다(엡 3:10). 천사의 의지는 하나님과 하나님의 백성들을 사랑하는 것이다(시 103:20; 눅 15:10).[22)]

청교도는 천사를 하나님보다는 훨씬 저급하지만 피조물 중에는 가장 고상한 존재로 간주했다. 암브로스는 이렇게 말했다. "어떤 면에서 천사는 세상의 모든 피조물 가운데 하나님께 가장 가까이 나아가고, 6천 년이 흘러도 얼룩 하나 없는 금으로 된 옷을 입고 있었다. 오, 천사의 순결함, 민첩함, 아름다움, 영광, 고결함, 탁월함이여!"[23)] 리질리는 다음과 같이 하나님과 천사를 비교했다. 하나님은 천사를 거룩하게 창조하셨다(참고, 마 25:31; 막 8:38; 계 14:10). 하지만 천사의 거룩함은 하나님의 거룩하심과 비교하면 무한히 저급하다. 성경은 "오직 주만 거룩하시니이다"(계 15:4)라고 말한다. 천사는 지식이 탁월하다(삼하 14:20). 하지만 오직 하나님만이 사람들의 마음(렘 17:10)과 미래(사 41:23)를 아신다. 천사는 능력이 매우 강하다(시 103:20; 살후 1:7). 하지만 오직 하나님만이 세상을 창조하고(사 40:28) 세상의 존재와 활동(히 1:3)을 유지시키실 수 있다. 오직 하나님만이 영혼을 새 피조물로 거듭나게 하실 수 있다(엡 2:10). 하나님은 천사를 높은 영광의 지위를 가진 존재로 창조하셨다. 하지만 천사는 불변적 존재는 아니다. 많은 천사가 하나님의 아들의 지위에서 하나님의 원수로 전락했다(유 1:6).[24)]

천사의 속성들은 천사보다 무한히 더 영광스러운(시 148:13) 하나님의 속성들을 단순히 반영한다. 천사가 허다한 면에서 하나님보다 부족한 점에 대해 윌러드는 이렇게 말했다.

1. 천사는 피조물이지만 하나님은 창조주이시다. 하나님은 존재하고, 존재하셨고, 존재하실 것이다.

22) Willard, *Compleat Body of Divinity*, pp. 52~53, 112~113.
23) Ambrose, *Angels*, in *Works*, p. 484.
24) Ridgley, *Body of Divinity*, 1:343~344, 346.

2. 하나님은 "순수한 행위"시지만 천사는 존재하거나 존재하지 않을, 따라서 변할 "잠재성"을 갖고 있다.
3. 천사는 본질상 어느 순간에 어느 장소로 제한된다.
4. 천사는 창조주의 지배 아래 있다.
5. 영으로서 천사는 본질과 행위가 하나님과 차이가 있다. 우리가 하나님은 사랑하시는 분이고, 하나님은 사랑이라고 말할 수 있는 하나님의 단순성을 천사는 갖고 있지 못하다.[25]

윌러드는 "하나님의 본성과 천사의 본성은 무한한 차이가 있다"고 말했다.[26] 토머스 맨턴은 천사를 하나님의 영광을 기뻐하고, 그러기에 열렬하게 그리고 애정을 다해 죄인들의 구속주인 그리스도의 사역의 신적 공로를 더 절실하게 보기를 바라는 존재로 설명했다(벧전 1:12).[27]

천사의 역사

천사의 역사에 대한 청교도의 견해는 천사에 대한 하나님의 영원한 작정과 함께 시작된다. 천사의 역사는 천사의 창조, 일부 천사들의 타락과 다른 천사들의 지속적 공의, 구속사 속에서의 천사의 역할로 계속 이어진다. 천사의 역사는 현세가 끝날 때와 영광 시대에서의 천사의 역할로 끝난다. 이제 웨스트민스터 대교리문답을 안내자로 삼아 이 역사를 간략히 살펴보자.

(1) **천사에 대한 하나님의 영원한 작정**: 웨스트민스터 대교리문답(질문 13)은 디모데전서 5장 21절 (택하심을 받은 천사들)을 인용해서 "하나님은 자신의 영광스러운 은혜에 대해 찬양을 받으려고 순전한 사랑으로……영원하고 불변적인 작정에 따라 어떤 천사들을 영광으로 선택하셨다"고 말한다. 하나님은 "남은 천사들은 간과하고, 치욕과 진노 아래 있도록, 그들의 죄가 처벌받도록, 그리하여 자신의 공의의 영광이 찬양받도록 예정하셨다." 따라서 사람들의 선택 및 유기는 천사들의 선택 및 유기와 평행 관계가 있다.

천사의 예정은 하나님의 은밀한 경륜 속에 있고, 그러므로 우리에게는 거의 감춰져 있다. 리질리는 사람들은 죄에서의 "구원을 위해 택함받고" "그리스도 안에서 택함받지만" 천사의 선택은 그렇게 말해지지 않았다고 지적함으로써, 선택 문맥에서 이 주제를 단지 한 단락만 언급했다.[28] 그리스도는 중보자로서 택함받은 자의 머리이시다. 하지만 천사들을 구속하시지는 않았다.[29] 한편 조나단 에드워즈는 그리스도의 머리되심이 "모든 합리적 피조물"에게까지 미치는 것으로 봤다. 에드워즈는 "성도와 천사는 그리스도 안에서 연합되고 그리스도 안에서 교제를 갖는다"고 말했다(참고, 엡 1:10). 그리스도의 성육신 사명은 실제로 천사를 하나님께 더 가까이 이끌었다. 왜냐하면 하나님은 그리스도 안에서 자신의 피조물에게 더 가까이 다가가셨기 때문이다.[30]

---

25) Willard, *Compleat Body of Divinity*, pp. 53~54. 참고, pp. 60, 69, 72, 111~112.
26) Willard, *Compleat Body of Divinity*, p. 52.
27) Thomas Manton, *The Complete Works of Thomas Manton* (London: James Nisbet, 1874), 18:205~208.
28) Ridgley, *Body of Divinity*, 1:263.
29) Ridgley, *Body of Divinity*, 1:283.
30) Jonathan Edwards, "Miscellanies," no. 120, *The Works of Jonathan Edwards*, vol. 13, *The "Miscellanies," a-500*,

(2) **천사에 대한 하나님의 선택:** 웨스트민스터 대교리문답(질문 16)은 "하나님이 모든 천사를 창조하셨다"(골 1:16)고 말한다. 인크리스 매더(1639~1723년)는 이렇게 말했다. "하나님께 천사들의 존재는 땅에서 가장 비천한 벌레처럼 보인다"고 말했다.[31] 윌러드는 창세기 1장 1절 "하늘" 창조는 "삼층천" 창조를 가리킨다고 말했는데, 여기에는 천사가 포함되고, 창공 및 별들의 영역인 하늘과 구별된다. 욥기 38장 7절에 따르면, 천사는 "창조의 아침 또는 시작" 때에 "노래하고 소리를 질렀고", 따라서 천사는 "태초에 처음으로" 창조되었다는 결론이 따라 나온다.[32]

(3) **하나님이 택하심 받은 천사들을 공의 속에 세우심:** 웨스트민스터 대교리문답(질문 19)은 하나님이 어떤 천사들의 타락을 허용하고, "다른 천사들은 거룩함과 행복 속에 있도록 세우셨다"고 말한다. 사탄과 그의 마귀들의 타락은 나중에 충분히 다룰 것이다. 대신 여기서는 거룩함과 행복 속에 있도록 세움을 받은 "다른 천사들"에 대해 다룰 것이다. 만일 어떤 천사들이 "택하심"을 받았다면(딤전 5:21), 리질리가 말한 것처럼 하나님의 궁극적 목적은 그들에게 "확증의 은혜"를 주시는 것이었고, 따라서 그들은 절대로 죄로 타락하지 않고 "거룩함과 행복" 안에서 견인하게 될 것이라는 결론이 따라 나온다.[33] 확증의 시기와 방식에 대해 왈가왈부하는 것은 "우리의 이해 범주를 벗어나 훨씬 먼 곳으로 들어가는 것"이라고 리질리는 말했다.[34]

조나단 에드워즈는 자신의 "잡문" 가운데 제12권을 택하심을 받은 천사들의 확증에 할애했다. 에드워즈는 이 확증이 "하나님이 타락한 천사들에게 일으키신 끔찍한 파멸"과 함께 시작되고, 특히 그리스도의 구속 사역 속에 "두어져 있는 자기들의 행복에 대한 택하심을 받은 천사들의 경험"으로 지속되는 점진적 사역이라고 봤다(엡 3:10; 딤전 3:16; 벧전 1:12).[35] 이 확증은 그리스도께서 승천하셨을 때 영생의 확증을 충분하고 확실하게 받은 천사들을 시험하는 시간으로 끝났다.[36]

(4) **하나님이 천사를 현재 섭리의 종으로 사용하심:** 웨스트민스터 대교리문답(질문 19)은 하나님이 오늘날 천사를 "자신의 기쁘신 뜻에 따라 자신의 능력, 자비, 공의를 시행하는 도구로" 사용하신다고 말한다. 이 활동은 방대한 주제다. 우리는 이번 장 다음 부분에서 천사의 직무와 사역을 다룰 것이다.

(5) **하나님이 천사를 통해 역사를 완성하심:** 천사는 웨스트민스터 대교리문답의 종말론 관련 부분에서 자주 등장하는 존재다. 거기 보면 그리스도께서 세상을 심판하러 오실 때 "거룩한 천사들과 함께" 오신다고 말한다(질문 56. 참고. 마 25:31). 주님은 "천사와 사람들"을 심판하실 것이다(질문 88). 악인은 하나님의 임재, 성도들, "거룩한 모든 천사" 앞에서 내던져질 것이다(질문 89). 성도들은 그리스도와 함께 "버림받은 천사와 사람들"을 심판할 것이다(질문 90).

암브로스는 부활의 날이 이르면 그리스도께서 영광 속에 들어간 몸을 가진 택하신 자들을 사방에

Thomas A. Schafer 편집 (New Haven, Conn.: Yale University Press, 2002), pp. 284~285.

31) Increase Mather, *Angelographia*, p. 6.

32) Willard, *Compleat Body of Divinity*, pp. 111~112.

33) Ridgley, *Body of Divinity*, 1:367~368.

34) Ridgley, *Body of Divinity*, 1:367.

35) Edwards, "Miscellanies," no. 442, *Works*, 13:490~491.

36) Jonathan Edwards, "Miscellanies," no. 515, *The Works of Jonathan Edwards*, vol. 18, *The "Miscellanies" 501~832*, Ava Chamberlain 편집 (New Haven, Conn.: Yale University Press, 2000), pp. 58~62. 또한 "Miscellanies," no. 570, 591, 664b sec. 8, 702 cor. 4, 744, 935, 937, 939 cor., 942, 947, 994, 1329도 보라.

서 모으도록 천사들을 보내실 것이라고 말하고(마 24:31; 살전 4:16), 중세 스콜라주의자들과 같이 천사들이, 비록 하나님만이 그 속에 영혼, 생명, 생기를 회복시키실 수 있지만, 사람들의 시체의 먼지를 모으고, 모든 육체를 소집할 것이라고 주장했다. 천사들은 사람들을 그리스도의 심판대 앞으로 데려오고, 거기서 그리스도는 의인과 악인을 분리시키실 것이다(마 13:36~43). 또 천사들은 사람들에 대한 그리스도의 심판의 증인으로 사역할 것이다(눅 12:8).[37]

영원한 영광 속에서 성도와 천사들은 감미로운 조화를 이루어 하나님께 영광을 돌리는 일에 동참할 것이다. 에드워즈는 천사는 "위대함 곧 능력과 지혜에 있어서" 성도를 능가할 것이지만, 성도는 "아름다움과 호감[사랑스러움]에 있어서 그리고 하나님의 사랑을 가장 크게 받고 하나님과 가장 친밀하게 연합된다는 점에 있어서" 천사를 능가할 것이라고 말했다. 천사는 왕의 궁정의 귀족과 고관, 위대한 대사와 같을 것이다. 하지만 신자는 왕의 자녀와 같을 것이다.[38]

천사의 직무와 현재 사역

윌리엄 에임스(1576~1633년)는 천사의 사역은 "하나님의 영광을 축하하고, 특히 영생의 상속자들을 위해(히 1:14; 시 91:11, 34:7) 하나님의 명령을 시행하는 것"(시 103:20)이라고 말했다.[39] 하나님을 경배하는 자로서 천사는 "고결하고 즐거운 찬양 사역"에 완전히 합당한 존재로 지어졌다고 리질리는 말했다. 천사는 창조가 시작되었을 때 하나님을 찬양하고(욥 38:7), 그리스도의 성육신이 있을 때 하나님의 영광을 노래하고(눅 2:13~14; 히 1:6), 지금 회심한 모든 죄인이 승리할 때 즐거워하며(눅 15:7, 10), 미래에는 의인들의 영에 참여해 하늘에서 어린 양의 합당하심을 찬송하는 데 온전한 상태가 될 것이다(히 12:22~23; 계 5:11~12).[40]

천사는 특히 복음을 즐거워한다(벧전 1:12). 맨턴은 다음과 같이 말했다. "우리가 세상 저편에서 우리를 비추는 태양을 바라볼 때와 같이, [천사도] 세상 이편에서 우리를 비추는 의의 태양을, 심지어는 주 예수 그리스도께서 자신의 모든 중보 행위를 행하시는 것까지도……경이와 존경의 눈으로 바라본다."[41]

암브로스는 천사는 "항상 하늘과 땅 사이를 오가며 심부름을 하는" 하나님의 사자이자 군사라고 지적했다.[42] 청교도는 천사는 세상 전체에 대한 하나님의 섭리에 크게 연루되어 있다고 믿었다. 제임스 어셔(1581~1656년)는, 천사는 "전체 피조물과 관련된" 일반적 의무를 갖고 있다고 봤다. 즉 "천사는 전체 세상의 관리와 통치를 위한 하나님의 도구와 사자"라고 말했다.[43] 웨스트민스터 대교리문답(질문 19)은 하나님은 천사를 사용하시는데, "자신의 기쁘신 뜻대로 자신의 능력과 자비와 공의를 집행하는 데 그들 모두를 사용하신다"고 말한다.

---

37) Ambrose, *Angels*, in *Works*, pp. 553~557.
38) Edwards, "Miscellanies," no. 824, in *Works*, 18:535~536.
39) William Ames, *The Marrow of Theology*, John D. Eusden 번역 및 편집 (재판, Grand Rapids: Baker, 1997), p. 103 (1.8.39). 다음 자료들을 보라. Ridgley, *Body of Divinity*, 1:344, Willard, *Compleat Body of Divinity*, pp. 112~113, 웨스트민스터 대교리문답, 질문 16.
40) Ridgley, *Body of Divinity*, 1:344.
41) Manton, *Works*, 18:203.
42) Ambrose, *Angels*, in *Works*, p. 476.
43) James Ussher, *A Body of Divinity* (1648, 재판, Birmingham, Ala.: Solid Ground Christian Books, 2007), p. 105(seventh head).

인크리스 매더는 하나님이 일반적으로 천사를 자신의 군사로 삼으신다고 말했다.[44] 암브로스는 이렇게 말했다. "이 근거에 따라 주님은 매우 자주 만군의 주 즉 천사들의 주로 불린다. 왜냐하면 야곱도 천사들의 두 군대를 하나님의 '군대'로 불렀고, 그리스도께서 태어나실 때 하나님을 찬송한 다수의 천사들도 '천군천사'로 불렸기 때문이다. 자, 사령관이 자기 군사들에게 가라고 말하면 그들이 가는 것처럼, 하나님도 자기 천사들에게 가라고 말하는 그들도 간다."[45] 천사들의 수는 방대하다. 윌리엄 에임스는 이렇게 말했다. "천사들은 만만에 이를 정도로 수가 참으로 많다(단 7:10; 히 12:22; 마 26:53)…… 천사들은 오직 하나님과 그리스도의 법에 예속되어 있다."[46]

천사에 대한 사람들의 사변적 상상에도 불구하고, 암브로스는 모든 천사는 사람들을 섬기도록 부르심을 받았고(히 1:14), 심지어는 미가엘(유 1:9)과 가브리엘(눅 1:19, 26)도 마찬가지라고 말했다.[47] 모든 사역을 감당할 때 천사는 그들의 주님의 명령을 따른다(슥 1:10; 왕상 22:19~23).[48]

중세 시대부터 교회는 일반적으로 아레오파고 법관인 디오니시우스의 천상의 등급 교리를 따랐고, 이것은 아홉 계층으로 이루어진 천사 질서를 갖고 있다고 보는 단테와 아퀴나스의 하늘에 대한 견해에 영향을 미쳤다. 그러나 르네상스 인문주의자는 이 문서가 바울 이후 4세기나 5세기가 지난 후에 기록된 위조 문서라는 것을 증명했다. 곧 그 당시 인물로 간주되는 "디오니시우스"의 문서였다는 것이다.[49] 그 관념들은 청교도 신학자와 평신도들에게 미친 영향이 얼마간 남아 있지만 청교도는 천사의 등급에 대한 사변적 상상을 무시했다. 윌리엄 퍼킨스(1558~1602년)는 다음과 같이 말했다. "천사들에게 등급이 있다는 것은 매우 명백하다[골 1:16; 롬 8:38; 살전 4:16을 인용하면]……. 그러나 우리는 누가, 얼마나 많은 천사가 각 등급에 속하는지 탐구하거나 또 호기심에서 천사들이 본질이나 특성상 어떻게 구별되는지 알아봐서는 안 된다."[50]

리질리는 천사의 등급에 대해 간명하게 "성경은 이 주제에 대해 침묵하고 있다"고 말했다.[51] 암브로스는 이런 무익한 논쟁을 피하고, 대신 "오직 그리스도를 믿는 참된 믿음을 점화시키고, 하나님 말씀에 따라 참된 경건을 행사하며, 삶과 죽음에 대해 참된 위로를 제공하는 데 도움이 되는 것들을" 선전하는 길을 선택한 자들의 지혜를 칭찬했다.[52]

하나님은 천사들에게 성도들을 다스리거나 그들의 경배를 받으라고 명령하시는 것이 아니라 그들을 섬기라고 명령하신다. 천사는 자기들의 힘으로 우리의 연약함을 보호하고 지원함으로써 하나님의 뜻에 순종한다. 암브로스가 말한 것처럼 "천사는 그대를 동반하고, 그대 앞에서 가고, 그대를 시중들고, 그림자가 몸을 따르는 것처럼 그대를 따른다"(시 91:11~12).[53] 그 결과 하나님의 영광을 위해

---

44) Increase Mather, *Angelographia*, p. 19.
45) Ambrose, *Angels*, in *Works*, p. 482.
46) Ames, *Marrow*, p. 103 (1.8.41).
47) Ambrose, *Angels*, in *Works*, pp. 477~478.
48) Ambrose, *Angels*, in *Works*, p. 479.
49) Raymond, *Milton's Angels*, pp. 23~26.
50) William Perkins, *A Golden Chaine: or, The Description of Theologie* ([London]: John Legat, 1600), p. 12.
51) Ridgley, *Body of Divinity*, 1:345. 리질리는 로마 가톨릭 신학자들이 자기들의 천사론을 전개하는 데 가장 크게 의존한 책인 아레오파고 재판관 디오니시우스의 작품으로 알려진 『천상의 위계』(Celestial Hierarchy)의 권위와 진정성을 인정하지 않았다.
52) Ambrose, *Angels*, in *Works*, p. 479.
53) Ambrose, *Angels*, in *Works*, p. 481.

하나님이 정하신 악을 제외하고는 우리에게 어떤 해도 일어날 수 없다.[54] 윌러드는 "천사는 하나님의 백성들을 반대하는 악한 목적을 좌절시키기 위해 땅의 임금들의 계획을 방해할 수도 있다"고 말했다(단 10:13, 20).[55]

암브로스는 천사를 하나님을 경외하는 자들이 하늘에 이를 때까지 보호하는 하나님의 "깨어 있는 파수꾼"과 "안전한 호위"로 설명했다(시 34:7; 왕하 6:17). 우리는 호랑이와 용들을 만나게 되지만 하나님은 천사를 보내 우리를 보호하신다. 천사는 만왕의 왕의 아들들의 보디가드다. 확실히 천사들의 즐거움은 "하늘의 기쁨으로 자기들의 파트너를 섬기는" 것이다. 천사는 그리스도로 말미암은 우리의 구속의 경이를 크게 기뻐한다(벧전 1:12). [56]

암브로스는 다음과 같이 말했다. "하나님의 얼굴을 친히 바라보는 가장 고상한 영들이……성도들의 왕이신 그리스도로 말미암아 성도들을 섬기도록 되어 있다는 것은 얼마나 놀라운 위로일까!"[57] 신자는 여행을 하거나(창 24:7), 전투를 하거나(출 23:23), 고통스런 박해를 받거나(왕상 19:5, 7), 심지어는 사형 선고를 받거나(단 6:22; 행 12:1~11), 그의 필요를 섬기는 천사의 도움을 받을 것이다.[58] 악인은 우리에게서 우리의 목사, 우리의 성경, 우리의 자유를 빼앗아 갈 수 있으나 하나님의 천사는 빼앗아 갈 수 없다.[59]

암브로스에 따르면, 천사는 택함을 받은 자가 죽음의 고통 속에 있을 때에도 그들에게 도움과 힘을 제공한다. 때때로 천사는 죽어가는 자에게 초자연적 위로나 예언적 지식을 제공한다. 죽은 후에는 천사는 택함을 받은 자의 영혼을 사탄의 지배에서 하늘로 옮긴다(참고. 눅 16:22; 왕하 2:11). 천사는 또한 포옹과 입맞춤과 불타는 사랑으로 성도들을 영광스러운 하나님의 성 안으로 맞아들이기 위해 천국 성문에 서 있다(참고. 계 21:12). 천사는 이 영혼들을 보좌에 앉아 계시는 그리스도에게 안내해서 그분의 축하를 받게 한다. 또한 천사는 택함받은 자의 영혼들에게 가담해서 창조주 하나님과 죽임을 당하신 어린 양을 경배한다(계 4~5장).[60]

천사와의 교제

우리는 천사와 대화를 나눌 수 있을까? 헨리 아인스워드(1571~1622년)는 이렇게 말했다. "이 천상의 영들은 그들이 있는 자리에서 하나님과 교제를 가질 뿐만 아니라 하나님의 자녀인 우리와도 믿음으로 교제를 갖고, 이것을 통해 우리는 천만 천사의 대 모임에 나아가고(히 12:22), 천사의 호위를 받으며(시 34:7, 91:11~12), 그들과 함께 된 종이 된다"(계 22:9).[61]

그러나 아인스워드는 다른 청교도들이 다음과 같이 쓴 것을 반영했다. "하나님은 그리스도께서 성육신하시기 전인 과거 시대에 성육신하신 후인 마지막 때보다 더 빈번하게 사람들에게 외적으로 자

54) Ambrose, *Angels*, in *Works*, pp. 510~511.
55) Willard, *Compleat Body of Divinity*, p. 113.
56) Ambrose, *Angels*, in *Works*, pp. 481~483, 487.
57) Ambrose, *Angels*, in *Works*, p. 484.
58) Ambrose, *Angels*, in *Works*, p. 486.
59) Ambrose, *Angels*, in *Works*, p. 492.
60) Ambrose, *Angels*, in *Works*, pp. 538~542.
61) Henry Ainsworth, *The Communion of Saints*, in *Two Treatises* (Edinburgh: D. Paterson, 1789), pp. 34~35.

신의 뜻을 계시하실 때 천사를 사용하셨다. 왜냐하면 하나님은 성육신하신 이후로는 자기 아들을 통해 경륜의 전체 비밀을 우리에게 알려 주셨기 때문이다"(히 1장).[62]

한편 암브로스는 세상 속에서 펼쳐지는 하나님의 섭리의 거의 모든 역사를 천사의 사역으로 돌렸는데, 심지어는 우리에게 일용할 양식과 건강을 제공하는 것도 천사의 사역으로 봤다.[63] 여기서 암브로스는 성경 계시의 범주 안에서 조심스럽게 걷지 못하고 사변과 에피소드 증거에 자리를 내줬다. 암브로스는 "천사는 은밀하게 꿈을 통해 택함받은 자의 지성을 가르치고, 마음속에 거룩한 동기를 주입시킴으로써, 성령이 자신의 자녀들을 거듭나게 하고 인도하기 위해 사용하는 '저수지와 수로'로 작용한다"고 말하는 데까지 나아갔다.[64] 크리스토퍼 러브(1618~1651년)도 천사는 "성령의 손의 도구"가 되어 "하나님의 백성들의 마음속에 거룩한 생각을 심는다"고 말했다.[65] 제임스 어셔도 마찬가지로 하나님이 천사의 사역을 통해 성도들에게 주시는 영혼의 선한 것들 속에는 "하나님이 행하도록 되어 있던 일들을 알려 주시는 것"과 "그들의 마음속에 선한 동기를 일으키는 것"이 포함된다고 말했다.[66] 코튼 매더(1663~1728년)는 자신의 일기에 천사 등장을 여러 번에 걸쳐 기록했다. 또한 매더는 천사의 도움으로 의학적 치료법이 사람들의 마음속에 제공될 수 있다고 주장했다.[67]

암브로스와 매더가 천사 경험에 대해 말하는 이야기는 일부 청교도가 얼마나 불가시적인 영들이 거주하는 불가사의의 세계 속에서 살았는지를 예증한다. 때때로 이런 인생관이 사변과 민간전승을 사로잡았다. 더 빈번하게 청교도는 천사의 사역을 즐거워했지만 성경이 말하지 않은 곳은 휘장을 쳐 놓고, 성경 너머에 있는 것은 비밀 속에 감추어 뒀다. 예를 들어 리질리는 성경에서 천사에 대한 대부분의 설명은 세상에서 자기 자녀들을 향하신 하나님의 통상 섭리가 아니라, 특수하고 기적적인 사건들과 관련되어 있다고 강조했다. 리질리는 하나님의 통상 섭리를 천사들을 통한 보다 일반적인 보호 약속으로 한정시켰다(시 91:11~12, 34:7).[68]

17세기 일부 영국인들은 "모든 사람은 한평생 어떻게든 그에게 영향을 미치려고 애쓰는 두 천사 곧 선한 천사와 악한 천사를 갖고 있다"는 중세 가톨릭교회의 관점에 계속 영향을 받았다. 이 관점은 AD 2세기 작품인 헤르마스의 『목자』(The Shepherd)에서 등장했다. 영국의 개신교인들은 일반적으로 택함을 받은 자가 악한 천사를 갖고 있다는 관념을 거부했다. 하지만 때때로 택함을 받은 자 각자에게 지정된 수호천사가 있다는 개념은 받아들였다.[69] 토마스 아퀴나스는 "각 사람은 자기에게 지정된 수호천사를 갖고 있다"고 말했다.[70] 그러나 칼빈은 이렇게 가르쳤다. "우리는 우리 각자를 보살피는 것은 단지 한 천사의 임무가 아니라 모든 천사가 하나가 되어 우리의 구원을 돌보고 있다는

---

62) Ainsworth, *The Communion of Saints*, in *Two Treatises*, p. 156.
63) Ambrose, *Angels*, in *Works*, pp. 495~512.
64) Ambrose, *Angels*, in *Works*, pp. 513~521.
65) Love, *A Treatise of Angels*, in *Works*, p. 202.
66) Ussher, *Body of Divinity*, p. 105 (seventh head).
67) Cotton Mather, *Diary of Cotton Mather* (재판, New York: Frederick Ungar, n.d.), 2:190, 200, Reis, "Otherworldly Visions," *Angels in the Early Modern World*, pp. 285~287, 291.
68) Ridgley, *Body of Divinity*, 1:368~369.
69) Raymond, *Milton's Angels*, pp. 57~60. 레이먼드는 이 교리는 코란에서 선한 천사는 사람의 오른편 어깨 위에 앉아 있고, 악한 천사는 왼쪽 어깨 위에 앉아 있는 이미지에서 취해진 것이라고 지적한다.
70) Thomas Aquinas, *Summa Theologica*, Fathers of the English Dominican Province 번역 (London: Burns Oates & Washbourne, 1922), part 1, q. 113, art. 2.

것을 사실로 알아야 한다."[71] 또한 러브도 수호천사 모티프는 이교 사상에서 온 것이고, 성도들에게 점성술과 성인 숭배를 조장하며, 자기 백성들에 대한 하나님의 사랑의 표현을 감소시킨다고 주장했다. 왜냐하면 성경은 반복해서 성도는 한 천사가 아니라 많은 천사들의 수종을 받는다고 말하기 때문이다(창 32:1~2; 왕하 6:17; 눅 15:10, 16:22).[72]

결론

청교도의 천사에 대한 접근은 오직 그리스도의 중보와 하나님의 영광에 대한 그들의 열정으로 말미암아 억제되었다. 암브로스는 이렇게 말했다. "우리는 하나님의 말씀 속에서 하나님 자신의 본성에 대한 기록과 비교하면 천사의 본성에 대한 기록은 거의 갖고 있지 못한데, 그 이유는 하나님을 아는 지식이 훨씬 실천적이고, 훨씬 덜 논쟁적이며, 구원에 훨씬 필수적이기 때문이다."[73] 따라서 암브로스는 이렇게 권면했다. "오, 따라서 우리는 무엇보다 먼저 모든 것 속에서, 모든 천사의 사역 너머에서 하나님을 보고 그리스도를 봐야 한다."[74]

인크리스 매더는 독자들에게 이런 도전을 줬다. "하나님을 섬기기 위해 그리고 하나님이 기뻐하시는 것을 행하기 위해 존재하는 천사와 같은 이 영광스러운 피조물을 가지신 크신 하나님의 위엄을 보라…… 왕은 자신의 왕국에서 가장 큰 자 곧 귀족들과 고관들을 자신의 종으로 두고 있다. 그러나 하늘의 왕이신 크신 하나님은 그들보다 훨씬 높은 자들을 자신의 종으로 두고 계신다"(시 68:17; 단 7:10).[75]

---

71) John Calvin, *Institutes of the Christian Religion*, John T. McNeill 편집, Ford Lewis Battles 번역 (Philadelphia: Westminster, 1960), 1.14.7.

72) Love, *A Treatise of Angels*, in *Works*, pp. 196~197.

73) Ambrose, *Angels*, in *Works*, p. 480.

74) Ambrose, *Angels*, in *Works*, p. 537.

75) Increase Mather, *Angelographia*, p. 21.

청교도의 마귀 교리

그리스도, 성경, 우리 자신의 마음, 사탄의 간계는 우리가 가장 먼저
최대한 연구하고 탐구해야 할 네 가지 핵심 사실이다.
- 토머스 브룩스[1] -

앞장에서 우리는 청교도의 천사에 대한 가르침을 검토했고, 그 검토 속에는 천사의 본질, 역사, 인간 생활과의 연루 관계 등이 포함되었다. 이번 장에서 우리는 타락한 천사와 신자의 그들과의 싸움에 대해 보다 구체적으로 살펴볼 것이다. 청교도는 마귀 주제를 중요한 것으로 간주하기는 했으나 믿음의 중심 항목으로 보지는 않았다.

앞장에서 지적한 것처럼, 웨스트민스터 소교리문답은 사탄에 대해 단지 한 번만 언급하고 있고(질문 102), 마귀나 귀신에 대해서는 전혀 말하지 않고 있다. 웨스트민스터 대교리문답은 사탄과 마귀에 대해 열한 번에 걸쳐 언급한다(질문 19, 21, 27, 48, 89, 90, 105, 121, 191, 192, 195). 청교도는 천사에 대한 경험은 조심스럽게 말했지만, 사탄과의 싸움에 대해서는 끊임없이 언급했다.[2]

사탄과 귀신의 역사

청교도는 마귀와 그 앞잡이들을 하나님에 의해 선하게 창조되었으나 죄와 비참에 빠진 천사들로 간주했다(벧후 2:4).[3] 윌리엄 구지(1575~1653년)는 이렇게 말했다. "마귀들은 창조될 때 다른 천사들과

1) Thomas Brooks, *Precious Remedies for Satan's Devices*, in *The Works of Thomas Brooks*, Alexander B. Grosart 편집 (1861~1867, 편집, Edinburgh: Banner of Truth Trust, 2001), 1:3.

2) 그리스도인의 사탄과의 싸움에 대한 청교도의 논문으로는 다음 자료들을 보라. Isaac Ambrose, *War with Devils; Ministration of, and Communion with Angels* (Glasgow: Joseph Galbraith and Co., 1769), Brooks, *Precious Remedies for Satan's Devices*, in *Works*, 1:1~166, Benjamin Colman, *The Case of Satan's Fiery Dart* (Boston: Rogers and Fowle, for J. Edwards, 1744), John Downame, *The Christian Warfare against the Devil, World, and Flesh* (1604, 팩시밀리 재판, Vestavia Hills, Ala.: Solid Ground Christian Books, 2009), Richard Gilpin, *Daemonologia Sacra, or, A Treatise on Satan's Temptations* (1677, 재판, Morgan, Pa.: Soli Deo Gloria, 2000), William Gouge, *The Whole-Armour of God* (London: John Beale, 1616), William Gurnall, *The Christian in Complete Armour: A Treatise of the Saints' War against the Devil* (1662~1665, 재판, Edinburgh: Banner of Truth Trust, 2002), Benjamin Keach, *War with the Devil* (Coventry: T. Luckman, [1760]), William Spurstowe, *The Wiles of Satan* (1666, 재판, Morgan, Pa.: Soli Deo Gloria, 2004), Samuel Willard, *The Christian's Exercise by Satan's Temptations* (Boston: B. Green and J. Allen for Benjamin Eliot, 1701). 14~19세기에 출판된 귀신 관련 작품들의 목록은 Henry Kernot, *Bibliotheca Diabolica* (New York: Scribner, Wellford, and Armstrong, 1874)를 보라.

3) Thomas Ridgley, *A Body of Divinity…Being the Substance of Several Lectures on the Assembly's Larger Catechism* (New York: Robert Carter & Brothers, 1855), 1:365.

마찬가지로 강하고, 지혜롭고, 민첩하고, 빠르고, 불가시적이고, 불멸적인 선한 천사들이었다."[4] 귀신들은 천사들과 같은 본성을 갖고 있지만 하나님을 거역하고 반역함으로써, 부패하고 신적 심판에 예속된 존재가 되었다. 구지는 이렇게 말했다. "이 천사들은 타락했을 때 자연적 실체와 거기서 나오는 본질적 속성들을 상실하지 않았고, 사람이 타락했을 때 상실한 것 정도에 불과했다……단지 본성과 속성의 특징만 선한 것에서 악한 것으로 바뀐 것이다." 타락한 천사의 속성들은 이제 선보다 악을 위해 일한다.[5]

웨스트민스터 대교리문답(질문 19)은 "하나님은 섭리를 통해 자신의 영광을 위해 죄를 제한하고 죄를 범하지 않도록 명령하셨음에도 어떤 천사들이 고의로 그리고 돌이킬 수 없이 죄와 파멸에 빠지도록 허용하셨습니다"라고 말한다. 유일한 중보자이신 그리스도께서 천사의 본성을 취하지 아니하고 사람의 본성을 취하셨기 때문에(히 2:16), "타락한 천사들의 상태는 돌이킬 수 없고 그들의 비참은 영원하다"고 토머스 리질리(1667~1734년)는 말했다.[6]

사탄과 그의 천사들의 타락은 비밀로 감춰져 있다. 전통적으로 사탄의 타락을 묘사하는 데 사용된 성경 본문들(사 14장; 겔 28장; 눅 10:18; 계 12장)을 대다수 청교도 성경 주석자들은 다르게 이해했다.[7] 이 본문들은 천사의 타락에 대해서는 거의, 아니 사실은 아무것도 계시하지 않았다.

한편 조나단 에드워즈(1703~1758년)는 이사야서 14장 12절의 바벨론 왕을 사탄의 모형으로 간주했다. 에드워즈는 "아침의 아들"이라는 어구는 모든 천사 가운데 가장 영광스러운 천사이자 "하나님의 모든 피조물 가운데 가장 고등한 피조물"인 루시퍼를 가리킨다고 말했다. 이것은 다른 귀신들을 "그 사자들"로 부를 정도로(마 25:41; 계 12:7), 사탄이 그들보다 우월한 것을 강조했다.[8] 에드워즈는 에스겔서 28장 12~19절에서 두로 왕은 은혜에서 떨어져 나간 "마귀의 모형"이라고 주장했다.[9]

에드워즈는 하나님이 자기 아들이 사람이 되고, 모든 천사가 그 아들에게 복종할 것을 계시하심으로써 천사들을 시험하셨다고 추측했다. 에드워즈는 이렇게 말했다. "사탄이나 루시퍼나 바알세불은 천사들 가운데 가장 높은 지위에 있던 천사장으로, 낮아진 사람 예수를 섬기는 것을 감당할 수 없고, 그분 아래에 있는 것을 생각할 수 없었다. 그의 거역은 그가 피하려고 했던 바로 그 일을 일어나게 한 사건들을 초래했는데, 곧 그리스도가 성육신 하신 것과 그분이 모든 천사의 세력보다 높아지신 것이 그것들이다."[10] 이 점에서 에드워즈는 지롤라모 쟁키(1516~1590년) 및 토머스 굿윈(1600~1680년)

---

4) Gouge, *The Whole-Armour of God*, p. 40.

5) Gouge, *The Whole-Armour of God*, p. 40.

6) Ridgley, *Body of Divinity*, p. 365.

7) James Durham, *Commentary on the Book of Revelation* (1658, 재판, Willow Street, Pa.: Old Paths Publications, 2000), pp. 660~662, Thomas Goodwin, *The Works of Thomas Goodwin*, Thomas Smith 편집 (1861~1866, 재판, Grand Rapids: Reformation Heritage Books, 2006), 3:65, William Greenhill, *Ezekiel* (1645~1647, 재판, Edinburgh: Banner of Truth Trust, 1994), p. 612, Matthew Henry, *Matthew Henry's Commentary* (Peabody, Mass.: Hendrickson, 1991), 4:68, 721, 5:551, 6:934, Matthew Poole, *A Commentary on the Holy Bible* (Peabody, Mass.: Hendrickson, n.d.), 2:358, 749, 3:227, 980, [Westminster Divines], *Annotations upon All the Books of the Old and New Testaments* (London: Evan Tyler, 1657), 사 14:12; 겔 28:1; 눅 10:18; 계 12:3 부분.

8) Jonathan Edwards, "Miscellanies," no. 936, *The Works of Jonathan Edwards*, vol. 20, *The "Miscellanies" 833~1152*, Amy Plantinga Pauw 편집 (New Haven, Conn.: Yale University Press, 2002), pp. 190~191.

9) Edwards, "Miscellanies," no. 980, *Works*, 20:296~299.

10) Edwards, "Miscellanies," no. 320, in *Works*, 13:401. 또한 "Miscellanies," nos. 344, 438, 702 cor. 3, 833, 936, 939, 1057, 1261, 1266b도 보라.

과 같은 다른 일부 개혁파와 청교도 신학자들과 견해가 일치했다.[11] 사탄의 반역이 성육신하신 그리스도를 섬기는 것에 불복하는 것으로 시작되었다는 견해는 고대 문서에 뿌리를 두고 있다. 4세기 작품인 『아담과 하와의 생애』(The Life of Adam and Eve)는 마귀는 아담에게 복종하기를 거부했을 때 처음 반역한 것이라고 말했다.[12] 버림받은 천사들의 타락에 대한 에드워즈의 견해는 두 사건이 주 예수 그리스도를 중심으로 하고 있다는 점에서 택함을 받은 천사들의 확증에 대한 그의 견해와 평행을 이룬다.

귀신들의 역사는 귀신들이 불 못 속에 던져질 때 궁극적 결말에 이를 것이다. 웨스트민스터 대교리문답(질문 89)에 따르면, 심판 날에 악인은 "마귀와 그의 천사들과 함께 영원히 영과 육이 모두 형언할 수 없는 고통으로 처벌을 받을 것이다." 그리고 의인은 "버림받은 천사들을 심판할 때" 그리스도와 함께 할 것이다(질문 90).

타락한 모든 천사의 파멸은 택함을 받은 자의 구원이 순전히 은혜에 속한 일이라는 것을 극명하게 보여 준다. 새뮤얼 윌러드(1640~1707년)는 우리는 하나님이 "그토록 많은 변절한 영들을 모조리……어둠의 사슬 속에 내버려 두시고, 그들 가운데 어느 누구도 구원으로 이끌지 아니하기로 정하셨지만", 사람들 가운데 어떤 사람들은 구원하기로 정하셨다는 것에 깜짝 놀라야 한다고 말했다. 윌러드는 "하나님이 선택하실 때 선호할 만한 것이 천사보다 사람 속에 있다는 것인가?"라고 물었다.[13] 마찬가지로 스티븐 차녹(1628~1680년)도 천사들이 죄를 범했을 때 "신적 벼락이 그들을 지옥으로 내던졌지만", 사람이 죄를 범했을 때에는 "신적 피가 타락한 피조물을 비참에서 이끌어 낸다"고 놀라워했다.[14]

사탄과 귀신들의 권능

청교도는 인간의 역사를 악한 영적 세력들과의 지속적인 싸움의 역사로 봤다. 웨스트민스터 대교리문답은 사람이 "사탄의 시험을 받아" 타락했다고 말한다(질문 21). 사람은 타락으로 "사탄에게 속박된 종"이 되는 비참 속에 떨어졌다(질문 27). 그리스도의 낮아지심은 사탄의 시험과 갈등을 일으켰다(질문 48).

에드워드 레이놀즈(1599~1676년)에 따르면, 이 불가시적인 영적 원수들의 권능은 제한되어 있다. 이에 대해 레이놀즈는 이렇게 말했다. "사탄은 성경 속에서 하나님의 교회에 대한 적대감을 보여 주는 의미를 담은 세 가지 호칭을 갖고 있다. 그의 악의를 표시하는 용(계 12:3), 그의 교활함을 표시하는 뱀(창 3:1), 그의 힘을 표시하는 사자(벧전 5:8). 그러나 이 호칭 가운데 어느 것도 기도 앞에서는 유지될 수 없다."[15] 에드워즈는 하나님, 창조, 섭리에 대한 마귀의 괄목할 만한 지식은 그가 "우주, 즉 하늘

11) Edwards, "Miscellanies," nos. 1261, 1266b, in *Works*, 23:200, 213.

12) Joad Raymond, *Milton's Angels: The Early Modern Imagination* (Oxford: Oxford University Press, 2010), pp. 75~76.

13) Samuel Willard, *A Compleat Body of Divinity* (1726, 재판, New York: Johnson Reprint Corp., 1969), p. 89.

14) Stephen Charnock, *The Existence and Attributes of God*, in *The Complete Works of Stephen Charnock* (Edinburgh: James Nichol, 1864), 2:321.

15) Jeremiah Burroughs, Thomas Hall, Edward Reynolds, *An Exposition of the Prophecy of Hosea* (1643, 재판, Beaver Falls, Pa.: Soli Deo Gloria, 1989), p. 618. 레이놀즈는 호세아서 14장 부분을 썼다.

들의 하늘의 최고 신학교에서 교육을" 받은 것에 기인했다고 말했다.[16)]

아이작 암브로스(1604~1664년)는 사악한 천사들을 통치자들, 권세들, 이 어둠의 세상 주관자들, 하늘에 있는 악의 영들(엡 6:12)로 나눠 상술했는데, 다음과 같이 요점을 제시했다.

1. **통치자들**: 사탄은 온 세상을 다스리고, 그래서 "이 세상의 임금"(요 14:30)과 "이 세상의 신"(고후 4:4)으로 불린다. "하나님은 공의에 따라 사탄이 불순종의 아들들 속에서 역사하고 다스리도록 내버려 두신다."[17)]
2. **권세들**: 귀신들은 "강한 능력으로 충만하다." 귀신들은 번개와 바람과 같은 자연력(욥 1:16, 19), 짐승의 몸(마 8:32), 그리고 심지어는 사람들(마 17:15)까지 조종할 수 있다. 귀신들은 신자들을 질병(욥 2:7; 눅 13:16)으로 괴롭힐 수 있다. 귀신들은 사람들의 "환상"이나 상상에 개입하고, 인간의 지성 속에 생각을 주입시키거나 관능적 기억들을 일으키는데, 그렇게 함으로써 "분노, 교만, 탐욕, 육욕"을 향한 감정들을 불러일으킬 수 있다.[18)]
3. **이 어둠의 세상 주관자들**: 암브로스는 사탄의 지배권을 다음과 같이 구분했다. (a) 기간: 아담의 타락에서 그리스도께서 오실 때까지의 시기, (b) 장소: 하늘을 반대하는 개념으로서의 땅, (c) 피지배자: 어둠, 영적 죄와 무지의 밤 속에 있는 사람들.[19)]
4. **하늘에 있는 악의 영들**: 영으로서 귀신들은 어떤 장소에서나 어떤 시간에나 보이지 않고 우리를 공격할 수 있고, 물리적 대상들은 우리를 보호할 수 없다. 악령으로서 귀신들은 "악하고 악의적이다." 마귀의 "주요 활동은 영혼들을 파멸시키는 것이다." 그리고 이 악령들은 우리를 육체의 죄로 유혹할 뿐만 아니라 "불신앙, 교만, 위선, 우상 숭배, 신성모독"과 같은 영적 죄들로 유혹한다.[20)]

윌리엄 에임스(1576~1633년)는 타락으로 인간은 "영적 사망" 상태 속에 들어갔고, 이것은 부분적으로 인간의 "마귀에의 속박"을 구성한다(행 26:18; 고후 4:4; 요 12:31, 16:11; 딤후 2:26; 엡 2:2). 인간은 사탄의 종으로 복종하고, 이것은 인간이 "세상에서 발견되는 악한 자극들에게 종속되어 있다는 것"(요일 4:5, 2:15~16)과 "죄에 크게 사로잡혀 있기 때문에 인간은 죄에서 벗어나는 데 아무 힘을 갖고 있지 않다는 것"을 의미한다.[21)] 웨스트민스터 대교리문답은 사람들은 본성상 "완전히 육체와 마귀의 뜻을 행하는 경향을 갖고 있다"고 말한다(질문 192). 따라서 사람들은 하나님의 자비를 위해 기도하도록 권면을 받고(질문 191), "우리 자신과 본성상 모든 인간이 죄와 사탄의 지배권 아래 있음을 인정하고, 우리는 죄와 사탄의 나라가 파괴되도록……그리스도께서 여기서 우리 마음을 다스리고, 다시 오실 날을 앞

16) Jonathan Edwards, "True Grace, Distinguished from the Experience of Devils," *The Works of Jonathan Edwards*, 제25권, *Sermons and Discourses, 1743~1758*, Wilson H. Kimnach 편집 (New Haven, Conn.: Yale University Press, 2006), p. 614.

17) Ambrose, *War with Devils*, p. 15.

18) Ambrose, *War with Devils*, pp. 15~19. 이 부분에서 암브로스는 윌리엄 거널을 인용해서 거널의 *The Christian in Complete Armour*가 자신에게 얼마나 큰 영향을 미쳤는지를 보여 주었다.

19) Ambrose, *War with Devils*, pp. 19~20.

20) Ambrose, *War with Devils*, pp. 20~21.

21) William Ames, *The Marrow of Theology*, John D. Eusden 번역 및 편집 (Grand Rapids: Baker, 1968), p. 119(1.12.37~44).

당기고, 우리가 영원히 그리스도와 함께 다스리도록 해 달라고 기도해야 한다"(질문 195).

하나님은 사람들이 자기 아들로 말미암아 이 어둠에서 나와 자신의 영광의 빛 속으로 들어가라고 촉구하신다.[22] 새뮤얼 러더퍼드(1600~1661년)는 "그리스도는 마귀의 일을 멸하기 위해 오셨다"고 말했다(요일 3:8). 러더퍼드는 이렇게 말했다. "사탄의 죄와 지옥의 활동은……감옥 그리고 힘과 죄와 비참의 많은 강한 사슬들의 성이었던 것이 사실이다. 그리스도는 이 집을 허물고 해체시키며, 사탄의 전함을 박살내고, 사탄의 포로들을 해방시킬 것이라는 점을 분명히 하셨다"(사 61:1~2; 요 14:30).[23] 벤저민 키이치(1640~1704년)는 마귀는 무장이 완벽하고 자신의 궁정에서 안전한 강한 자 같았지만(마 12:29), "전능하신 예수께서 마귀를 정복하고 죽이신 것 곧 무장한 강한 자가 정복당하고, 원수 마귀가 파멸한 것"을 즐거워했다.[24] 그리스도의 승리를 기초로 복음은 사람들에게 어둠의 권세에서 벗어나 그리스도께 나아오라고 촉구한다. 키이치는 구원을 받지 못한 자에게 이런 시로 호소했다.

> 사탄의 종아, 그대가 그렇게
> 그리스도의 쉬운 멍에를 지지 않고 자유하게 되겠는가?
> 그것이 결국 가장 큰 위로를 제공할 것이다.
> 주님을 기쁘시게 하고 사탄은 화나게 할 것인가,
> 아니면 사탄에게 굴복하고, 따라서 그것으로
> 그대 자신을 여호와의 원수로 선언할 것인가?
> 죄 가운데 사는 자는 누구나
> 하나님의 공개적인 원수인 것이 매우 분명하도다.[25]

회개하고 그리스도를 믿는 사람은 그리스도 안에서 마귀와 싸울 압도적인 자원을 갖고 있다. 존 칼빈은 이렇게 말했다. "우리는 원수와 맞물리기 전에 승리자다. 왜냐하면 우리의 머리이신 그리스도께서 단번에 우리를 위해 온 세상을 이기셨기 때문이다."[26] 신자들은 그리스도의 승리를 믿음으로 자기들의 싸움에 적용시켜야 한다. 러더퍼드는 "우리가 사탄에 대한 그리스도의 지배 능력을 최대한 향상시키지 못하는 것[활용하지 못하는 것]은 확실하다"고 말했다. 만일 제자 베드로가 "스스로 강하지" 않고 대신 "깨어서 중보자의 힘을 의지했다면, 주님을 부인하고 도망치지는 않았을 것"이라고 러더퍼드는 말했다. 이어서 러더퍼드는 다음과 같이 결론을 내렸다. "흐트러진 삶으로 말미암아 하나님과 교제의 위로를 누리는 것이 부족하기 때문에, 쉬지 않고 활동하는 악한 영에 대한 그리스도의 지배권과 왕권을 향상시키면 이길 수 있음에도, 우리는 사탄에 대해 많은 승리를 놓치고 만다."[27]

---

22) 청교도의 그리스도의 구원 사역에 대한 견해는 본서 23장 "청교도의 경건 속에 나타나 있는 그리스도의 피"를 보라.
23) Samuel Rutherford, *The Trial and Triumph of Faith* (1645, 재판, Edinburgh: Banner of Truth Trust, 2001), p. 388.
24) Benjamin Keach, *Exposition of the Parables* (Grand Rapids: Kregel, 1991), 2:317.
25) Keach, *War with the Devil*, p. 20.
26) John Calvin, *Commentaries on the Catholic Epistles*, John Owen 번역 (Edinburgh: Calvin Translation Society, 1855), p. 184(요일 2:13 부분).
27) Rutherford, *The Trial and Triumph of Faith*, pp. 391~393.

사탄의 권세는 크지만 하나님은 자신이 택하신 자들의 유익을 위해 제한시키신다. 청교도는 욥을 이 제한의 한 실례로 봤다. 리질리는 "타락한 천사들이 하나님의 섭리로 제한을 받지 않는다면 그들의 인간을 방해하는 시도는 어떻게 될까!"라고 외쳤다.[28] 하나님은 사탄의 도구들을 자신의 목적을 섬기도록 제어하신다. 예를 들면 바울을 연단시키실 때 하나님의 은혜의 충분함을 보여 주기 위해 바울의 육체에 사탄의 가시를 사용하는 것과 같은 경우가 있다(고후 12:7~9).[29] 스티븐 차녹은 이렇게 말했다. "마귀는 파괴자로 활동을 획책하지만 하나님의 선하심은 마귀를 연마제로 삼는다."[30] 이 연마제는 우리의 금속을 빛나게 한다. 확실히 하나님의 지혜는 사탄의 간계를 지배하기 때문에 마귀는 하나님의 계획을 이룬다. 윌리엄 거널(1616~1679년)은 "하나님은 마귀를 잡기 위해 마귀를 내세우고, 말하자면 자신의 경륜을 사탄의 날개 아래 두시며, 사탄이 그 경륜을 이루도록 하신다."[31]

러더퍼드는 그리스도는 주 하나님으로서 모든 피조물과 관련되어 있기 때문에 마귀들은 그리스도의 "전능성의 사슬"에 매이지 않고서는 아무 데도 갈 수 없다고 말했다. 러더퍼드는 이렇게 덧붙였다. "그리스도는 마귀의 모든 발자국을 세고 계신다. 사탄은 성도들을 유혹하기 위해 일반 체포 영장을 갖고 있지 않다. 마귀는 욥에게 그런 것처럼(욥 1:12, 2:6), 베드로에게 그런 것처럼, 한 번의 돌풍이라고 불게 하려면, 한 번이라도 체로 쳐 밀 까부르듯 하려면(눅 22:31), 아니 그뿐만 아니라 한 마리 돼지 또는 한 마리 돼지의 뻣뻣한 털을 강제로 할 때에도(마 8:31~32), 그 전에 새로운 행위를 할 때마다 새로 서명된 위임장을 받아야 한다."[32] 키이치는 다음과 같은 말을 신자의 입술에 둔다.

> 거짓의 아비여, 내가 그대의 찡그린 얼굴을 두려워하리라고 생각하는가?
> 그대의 권세나 간계가 나를 넘어뜨린 것은 과거의 일이다.
> 그대의 머리는 상처를 입었고, 그대는 패배당한 원수다.
> 나의 하나님과 왕에게 고통받는 것 말고는
> 단단히 사슬에 매여 그대는 더 이상 갈 데가 없다.
> 그러므로 나는 두려워하지 않는다. 그대는 독침을 잃어버렸다.[33]

사탄의 간계에 맞선 신자의 싸움

칼빈은 신자들에게 사탄의 간계에 대해 이렇게 경고했다. "성경이 마귀들에 대해 가르치는 모든 사실은 우리를 일깨워 그들의 술수와 술책을 경계하게 하고, 또 이 매우 강한 원수들을 물리치는 데 충분히 강하고 능한 무기들로 우리를 무장시키기 위한 목표를 갖고 있다."[34] 청교도는 이 경고를 진지하게 받아들였다. 윌리엄 스퍼스토(대략, 1605~1666년)는 이렇게 경고했다. "사탄은 간계로 가득 차

28) Ridgley, *Body of Divinity*, p. 366.
29) Ridgley, *Body of Divinity*, p. 366.
30) Charnock, *The Existence and Attributes of God*, in *Works*, 2:364.
31) Gurnall, *Christian in Complete Armour*, 1:102.
32) Rutherford, *The Trial and Triumph of Faith*, pp. 389~390.
33) Keach, *War with the Devil*, p. 98.
34) John Calvin, *Institutes of the Christian Religion*, John T. McNeill 편집, Ford Lewis Battles 번역 (Philadelphia: Westminster Press, 1960), 1.14.13.

있고, 지칠 줄 모르고 사람들의 영혼의 치명적인 파멸을 획책할 계략 수법을 연구한다."[35] 토머스 브룩스(1608~1680년)는 이렇게 말했다. "그리스도, 성경, 우리 자신의 마음, 사탄의 간계는 우리가 가장 먼저 최대한 연구하고 탐구해야 할 네 가지 핵심 사실이다."[36]

영적 싸움은 우리에게 깨어 있을 것을 촉구한다. 왜냐하면 사람들을 파괴시키는 사탄의 핵심 수단은 미혹(속임수)을 통한 방법이기 때문이다(창 3:1~5, 13; 요 8:44; 고후 11:3; 딤전 2:14; 계 12:9). 스퍼스토는 이렇게 말했다. "우리는 더욱 깨어 있어야 하는데, 그 이유는 아름답고 번쩍거리는 피부 뒤에 치명적인 독을 숨기고 있는 뱀과 맞서야 하기 때문이다."[37] 또한 사탄은 택함을 받은 자에게도 위험한 존재다. 스퍼스토는 이렇게 말했다. "택함을 받은 자들의 빛을 소멸시키지 못한다고 해도, [사탄은] 그들의 빛을 가리려고 유혹한다. 난파시키지 못한다고 해도, 사탄은 폭풍을 일으킨다. 그들의 행복한 결말을 방해하지 못한다고 해도, 사탄은 그들의 길에서 훼방을 놓는다."[38]

사탄은 자신의 시험을 개인에게 맞춰 정교하게 가다듬는다. 윌리엄 젠킨(1613~1685년)은 "사탄은 하와에게 줄 사과, 노아에게 줄 포도, 게하시에게 바꿔 입힐 옷, 유다에게 줄 돈 지갑을 갖고 있다"고 말했다.[39] 스퍼스토는 사탄은 젊은이를 성적 욕망으로, 중년을 "명예와 출세 욕망"으로, 노인을 "탐욕과 역정"으로 유혹한다고 말했다.[40] 거널은 어떤 배우도 "마귀가 시험 형태를 갖고 있는 것만큼 무대에서 입을 의상을 많이 갖고" 있지는 못하다고 말했다.[41]

스퍼스토는 다수의 사탄의 간계 목록을 제시했다. 스퍼스토와 다른 청교도 저술가들에게서 뽑은 이런 간계 몇 가지와 대책이 여기 있다.

간계 1: 사탄은 사람들을 작은 죄에서 더 큰 죄로 이끈다. 사람들은 보통 작은 죄는 혐의가 없는 것처럼 심각하게 생각하지 않는다. 그러나 스퍼스토는 이렇게 경고했다. "작은 죄는 그 위에 세워질 다른 색깔을 가진 다양한 것들을 더 잘 받아들이기 위해 준비하는 기둥이나 주초의 뇌관과 같다." 작은 죄는 하나님에 대한 우리의 경외와 죄에 대한 미움을 삭감시킨다. 작은 죄는 우리가 우리의 과실을 은폐하려고 시도할 때 더 큰 죄를 범하게 한다.[42]

대책: 스퍼스토는 "마귀에게 틈을 주지 않도록 조심하라"(엡 4:27)고 경고했다. 일단 뱀의 머리를 여러분의 집에 들어오게 하면 그의 온몸이 순식간에 따라 들어올 것이다.[43] 만일 마귀가 죄를 축소시키면 모든 죄는 벌을 받아야 한다는 것을 주목하고, 그것을 하나님이 멸시하시는 나쁜 일로 보라. 거널은 "모든 시험 속에는 지옥의 불꽃이 들어 있다"고 말했다.[44] 브룩스는 "아무리 작은 죄라도 하나님의 율법, 하나님의 본성, 하나님의 존재, 하나님의 영광에 반한다"고 말했다.[45] 또 브룩스는 "가장

---

35) Spurstowe, *The Wiles of Satan*, p. 6.
36) Brooks, *Precious Remedies*, in *Works*, 1:3.
37) Spurstowe, *The Wiles of Satan*, p. 14.
38) Spurstowe, *The Wiles of Satan*, p. 21.
39) I. D. E. Thomas 편찬, *The Golden Treasury of Puritan Quotations* (Chicago: Moody, 1975), p. 76에서 인용함.
40) Spurstowe, *The Wiles of Satan*, p. 61.
41) Gurnall, *The Christian in Complete Armour*, 1:382.
42) Spurstowe, *The Wiles of Satan*, pp. 36~42.
43) Spurstowe, *The Wiles of Satan*, p. 92.
44) Gurnall, *The Christian in Complete Armour*, 2:76.
45) Brooks, *Precious Remedies*, in *Works*, 1:19.

큰 고통 속에 있는 것보다 가장 작은 죄 속에 있는 악이 더 크다"고 말했다.[46]

간계 2: 마귀는 집요하게 사람들을 특정 죄를 범하도록 재촉한다. 마귀는 지성 속에 악한 생각을 집어 넣는다(요 13:2). 마귀는 항상 논증과 약속으로 이성을 뒤흔든다(왕상 22:21; 마 4:9). 마귀는 들릴라가 삼손에게 그랬던 것처럼(삿 16:16) 사람들이 굴복할 때까지 끈질기게 강요한다.[47] 그러나 마귀가 이런 제안을 매우 교묘하게 심을 수 있기 때문에, 그것이 우리 자신의 생각인 것처럼 보인다. 이런 생각을 갖고 베드로는 자신의 충동에 따라 행동함으로써, 그리스도께 사탄의 사자 역할을 하고 말았다(마 16:22~23).[48]

대책: 죄의 약속들을 거부하라. 브룩스는 이렇게 말했다. "사탄은 최고를 약속하지만 최악을 가져온다. 사탄은 영예를 약속하고 치욕을 가져온다. 사탄은 즐거움을 약속하고 고통을 가져온다. 사탄은 이익을 약속하고 손실을 가져온다. 사탄은 생명을 약속하고 죽음을 가져온다. 하지만 하나님은 약속하신 그대로 가져오신다. 왜냐하면 하나님의 모든 지급은 순금으로 이뤄지기 때문이다."[49]

러더퍼드는 이렇게 말했다. "마귀와의 싸움보다 죄와의 평화를 더 사랑하는 자들에게 마귀의 전쟁이 마귀의 평화보다 더 낫다……개는 문에서 집을 지키지 못할 때는 집 안으로 들어가 다시 짖는다."[50] 스퍼스토는 이렇게 말했다. "우리는 굳은 결심이 필요하다. 왜냐하면 그리스도인이 될 자는 반대를 예상해야 하기 때문이다. 우리는 바로의 추적 없이 애굽에서 탈출할 것이라고 생각해서는 안 된다."[51] 브룩스는 시험에 진저리가 난 자들에게 이렇게 말했다. "인생은 짧고, 해야 할 의무는 많다는 것, 그때 여러분에게 도움은 크고 상도 확실하다는 것을 기억하라. 그러므로 약해지지 말고 어떻게든 선행을 붙들고 계속하라. 그러면 하늘이 모든 것에 대해 보상할 것이다."[52] 악한 의심에 사로잡혀 소망을 잃어버린 자들에게 청교도는 종종 로마서 16장 20절을 상기시켰다. "평강의 하나님께서 속히 사탄을 너희 발 아래에서 상하게 하시리라." 굳게 서라. 그러면 사탄은 도망칠 것이다.[53]

간계 3: 사탄은 우리가 힘을 발휘하는 곳에서 끌어내기 위해 한동안 전략적 후퇴를 한다(참고. 수 8:15). 사탄은 "교만으로 간이 붓게" 하려고 일시적인 승리를 우리에게 허용한다. 사탄은 "안전감"과 "헛된 주제넘음"으로 우리를 달랜다.[54]

대책: 스퍼스토는 우리는 "기독교적 근신과 깨어 있음"으로 마귀를 물리칠 수 있다(벧전 5:8)고 말

46) Brooks, *Precious Remedies*, in *Works*, 1:23. 죄의 악함에 대한 청교도의 견해는 본서 13장과 다음 자료들을 보라. William Bridge, *The Sinfulness of Sin*, in *The Works of the Rev. William Bridge* (1845, 재판, Beaver Falls, Pa.: Soli Deo Gloria, 1989), 5:3~20, Jeremiah Burroughs, *The Evil of Evils* (1654, 재판, Morgan, Pa.: Soli Deo Gloria, 1992), Edward Reynolds, *The Sinfulness of Sin*, in *The Whole Works of the Right Rev. Edward Reynolds* (1826, 재판, Morgan, Pa.: Soli Deo Gloria, 1996), 1:102~353, Ralph Venning, *The Sinfulness of Sin* (재판, Edinburgh: Banner of Truth Trust, 1993).

47) Spurstowe, *The Wiles of Satan*, pp. 42~43. 사탄이 신자들의 마음에 역사하는 것에 대해서는 Thomas Goodwin, *A Child of Light Walking in Darkness*, in *The Works of Thomas Goodwin*, Thomas Smith 편집 (1861~1866, 재판, Grand Rapids: Reformation Heritage Books, 2006), 3:256~287도 보라.

48) Spurstowe, *The Wiles of Satan*, p. 62.

49) Brooks, *Heaven on Earth*, in *The Works of Thomas Brooks*, Alexander B. Grosart 편집 (1861~1867, 재판, Edinburgh: Banner of Truth Trust, 2001), 2:322.

50) Rutherford, *The Trial and Triumph of Faith*, p. 403.

51) Spurstowe, *The Wiles of Satan*, p. 83.

52) Brooks, *Precious Remedies*, in *Works*, 1:7.

53) Edward K. Trefz, "Satan in Puritan Preaching," *The Boston Public Library Quarterly* 8, no. 3 (1956), p. 152.

54) Spurstowe, *The Wiles of Satan*, p. 47~49.

했다. 이 세상에서 그리스도인들은 왕의 궁정에서 부자들과 같이 사는 것이 아니라, 전쟁터에서 군인들과 같이 살아야 한다. "그리스도인의 삶은 휴전 없는 전쟁이다."[55]

간계 4: 사탄은 악을 거짓 모습으로 포장한다(사 5:20). 사탄은 탐욕이 검소가 되고 미지근함이 온건함으로 보이도록 죄를 미덕의 색상으로 염색한다. 사탄은 사랑스런 얼굴이 깨진 거울에 비춰는 것처럼 선을 경멸로 바꾼다.[56] 사탄은 특히 하나님을 잘못 전하는 데 심혈을 기울인다. 차녹은 "사탄은 하나님을 자신의 색채로 그리고 하나님을 자기만큼이나 질투심이 강하고 악의적인 분으로 제시한다"고 말한다.[57] 스퍼스토는 사탄은 거짓 선생들을 통해 교리적 오류로 사람들을 속인다고 경고했다(살후 2:1~2; 벧후 2:1). 거짓 교리는 마귀에게서 온다(갈 3:1; 요 8:44).[58]

대책: 우리는 성경의 진리를 사랑해야 한다. 스퍼스토는 "진리는 영혼의 양식"이라고 말했다.[59] 브룩스는 "사람은 합법적으로 자신의 집, 땅, 보석은 살 수 있으나, 진리는 모든 가치를 능가하는 보석이므로 결코 팔려서는 안 된다"고 말했다.[60] 스퍼스토는 이렇게 말했다. "시험에 저항할 때 그리스도를 본보기로 삼으라…… 그리스도께서 사탄의 온갖 시험에서 자기를 방어하고 저항하기 위해 택하신 무기를 주목하라. 그리스도는 자신의 능력으로, 바람과 파도에 대해 그렇게 하신 것처럼, 쉽게 사탄을 책망하고 잠잠하게 하실 수 있었지만 그렇게 하시지 않고, 말씀으로 하셨다."[61] 그러므로 성경을 연구하고, 그것을 잘 적용하기 위해 "말씀 속에서 비결을 찾으라."[62] 만일 사탄의 권세가 여리고 성벽만큼이나 난공불락이라면 성경의 설교자는 마귀의 나라를 무너지게 하는 하나님의 나팔이라는 것을 유념하라.[63]

간계 5: 사탄은 합법적인 일로 사람들을 함정에 빠뜨린다. 이 책략으로 조용한 강물이 험악한 급류보다 더 무섭게 배를 폭포로 내몰 것이다. 스퍼스토는 이런 합법적인 일들에 사냥, 음주, 매사냥, 오락, 식사, 심지어는 중노동도 포함시켰다. 이런 일들은 "억제되지 않고 말씀의 법칙과 보증에 따르지 않을 때" 죄를 일으킨다.[64] 리처드 길핀(1625~1700년)은 "세속적 즐거움"은 "사탄이 주는 시험의 큰 무기"라고 말했다.[65]

대책: 길핀은 "세상은 많은 꿈만큼이나 바람직한 곳이 아니므로" 적게 가진 자들에게 이런 일로 만족하지 말고 부를 갈망하지 말라고 권면했다. 많이 가진 자들도 "덫 가운데서 살기 때문에" 조심해야 한다.[66] 스퍼스토는 시험거리로 판명될 수 있는 것은 조심스럽게 사용해야 한다고 권면했다. 스퍼스토는 이렇게 말했다. "죄에게 빌미를 주지 않고, 시험의 경계에 가까이 나아가지 않도록 주의

55) Spurstowe, *The Wiles of Satan*, pp. 80~81.
56) Spurstowe, *The Wiles of Satan*, pp. 56~60.
57) Charnock, *The Existence and Attributes of God*, in *Works*, 2:365.
58) Spurstowe, *The Wiles of Satan*, pp. 63, 66.
59) Spurstowe, *The Wiles of Satan*, p. 67.
60) Brooks, *Precious Remedies*, in *Works*, 1:9.
61) Spurstowe, *The Wiles of Satan*, p. 84.
62) Spurstowe, *The Wiles of Satan*, p. 87.
63) Christopher R. Reaske, "The Devil and Jonathan Edwards," *Journal of the History of Ideas* 33, no. 1 (1972), p. 129.
64) Spurstowe, *The Wiles of Satan*, pp. 60~61.
65) Gilpin, *Satan's Temptations*, p. 438.
66) Gilpin, *Satan's Temptations*, pp. 443~444.

하라……우리의 마음은 화약이다. 그러므로 우리는 불꽃을 조심해야 한다."[67]

간계 6: 타락한 천사는 새로운 계시와 이적들은 높이지만, 성경과 교회의 통상 사역자들은 낮춘다. 사탄은 "광명의 천사"로 나타나 새로운 진리를 계시한다고 주장할 수 있다(고후 11:14). 새로운 계시는 그것이 다른 것들보다 하나님께 더 가까이 있다고 생각하도록 만들기 때문에 사람들의 교만에 호소한다.[68]

대책: 에드워즈는 그것이 단순한 인간적 언변으로 설명될 수는 없다고 해도, 모든 경험이 그리스도에게서 오는 것은 아니라고 경고했다. 에드워즈는 다음과 같이 말했다.

> 성령 외에 사람들의 지성에 영향을 미치는 다른 영들이 있다. 우리는 "영을 다 믿지 말고 오직 영들이 하나님께 속하였나 분별하라"고 지시를 받는다(요일 4:1). 종종 자신을 광명의 천사로 바꾸고, 매우 교묘하게 큰 능력을 갖고 놀랍게 다양한 방식으로 하나님 영의 역사를 흉내 내는 사람들과 함께 매우 바쁘게 설치는 거짓 영들이 많이 있다.[69]

에드워즈는 이런 경험의 범주 속에 거짓 위로와 기쁨, 두려움, 황홀함을 포함시켰다.[70]

스퍼스토는 마귀는 "거짓 표적, 이적, 기적"을 사용해서 세상 속에서 활동하는 자신의 종들을 지원한다고 말했다(마 24:24; 계 13:13).[71] 다른 청교도도 적그리스도 곧 "불법의 사람"이 "사탄의 활동을 따라 모든 능력과 표적과 거짓 기적"을 일으킬 것(살후 2:9)이라고 경고했다. 토머스 맨턴(1620~1677년)은 이것들 대다수는 "단순한 우화, 악명 높은 사기, 날조"라고 말했다. 맨턴은 다른 이들은 "악마적인 환영으로 말미암아 불가사의한 현상, 환상, 유령에게 홀리는 것과 같은 일에 연루될 수 있는데, 그 이유는 사탄이 자신의 사자들의 명성을 높이기 위해 광분할 것이기" 때문이라고 말했다. 그러나 성경은 "실제 초자연적 사건들도 참 하나님에게서 우리를 멀어지게 한다면 거부되어야 한다"고 말한다.[72]

간계 7: 귀신들은 시험으로 사람들을 놀라게 하거나 충격에 빠뜨린다. 귀신들은 이전에 다른 사람들은 아무도 이런 시험을 겪지 못한 것처럼 생각하게 한다. 또는 우리가 미처 그랬다는 것을 생각조차 못하도록 우리를 죄로 유혹한다. 또는 우리가 갈등에 대해 아무에게 말하지 못하도록 수치심을 불러일으킨다.[73]

대책: 스퍼스토는 "우리는 온갖 죄에 빠지기 쉽다는 것을 유념하라. 절대로 기질이나 성벽을 신뢰하지 마라"고 말했다. 스퍼스토는 "사람이 감당할 시험 밖에는 너희가 당한 것이 없나니"라고 말하는 고린도전서 10장 13절을 인용했다. 우리 가운데 어느 누구도 시험에서 면제되지 않는다. 우리는

---

67) Spurstowe, *The Wiles of Satan*, pp. 92~93.
68) Spurstowe, *The Wiles of Satan*, pp. 67~68.
69) Jonathan Edwards, *The Works of Jonathan Edwards*, 제2권, *Religious Affections*, John E. Smith 편집 (New Haven, Conn.: Yale University Press, 1959), p. 141.
70) Edwards, *Religious Affections*, in *Works*, 2:142.
71) Spurstowe, *The Wiles of Satan*, pp. 68~69.
72) Thomas Manton, *Eighteen Sermons on the Second Chapter of the Second Epistle to the Thessalonians*, in *The Works of Thomas Manton* (재판, Vestavia Hills, Ala.: Solid Ground Christian Books, 2009), 3:67.
73) Spurstowe, *The Wiles of Satan*, pp. 69~70, 75.

절대로 유일한 시험에 직면하지 않는다. 그러므로 죄의 시험을 받는 신자들은 "우리를 비웃지 않고 우리를 위해 기도해 줄" 지혜롭고 경험 많은 그리스도인들과 대화를 나누는 것이 필요하다.[74)]

간계 8: 마귀는 부적과 성물을 갖고 자기와 싸우도록 우리를 자극한다. 그러나 보석이나 옷에 기록된 성경은 우리 마음속에 기록된 성경과 비교하면 아무것도 아니다. 사탄은 성수(聖水)와 주문으로 교란되지 않고, 때때로 미신을 재촉해서 사람들에게 거짓 성공을 줄 수 있다.[75)]

대책: 스퍼스토는 "이런 것들이 하나님을 바라보는 것보다 마귀를 위협할 것이라고 생각하지 마라"고 말했다.[76)] 또 이렇게 권면했다. "기도를 충분히 활용하라." 그리고 클레르보의 베르나르를 인용해서 이렇게 말했다. "사탄의 시험은 우리에게 괴로운 것이지만 우리의 기도는 사탄에게 더 괴로운 것이다."[77)]

간계 9: 사탄은 거짓 추론으로 신자들의 양심과 확신을 공격한다. 사탄은 "이 죄는 하나님의 참 자녀에게는 있을 수 없다. 하지만 네 안에는 있다. 그러므로 너는 하나님의 참 자녀가 아니다"와 같은 거짓 추론을 사용할 수 있다. 사탄은 거짓 표준으로 자신을 판단하도록 신자들을 재촉한다.[78)]

대책: 스퍼스토는 "참된 회심은 죄가 우리 안에 남아 있는지의 문제가 아닌, 죄가 우리 안에서 다스리고 있는지에 따라 결정된다"고 말했다. 스퍼스토는 이렇게 말했다. "우리는 확신의 힘을, 마치 그것이 하나님의 엄격한 시험 속에 있는 것처럼, 우리 자신의 의에 둬서는 안 된다." 또한 우리의 회심도 우리의 완전한 행위에 달려 있지 않고, 완전함을 추구하는 우리 노력의 성실함에 달려 있다.[79)] 오직 그리스도만이 완전하게 순종하신다.

간계 10: 시험하는 자는 사람들을 그들이 죄를 범한 후에도 쉽게 회개할 수 있는 약속을 갖고 미혹한다.[80)]

대책: 브룩스는 이렇게 말했다. "회개는 강력한 역사, 힘든 역사, 우리의 능력을 벗어나 있는 역사다…… 회개는 본성의 정원에서는 자라지 못하는 꽃이다."[81)] 회개는 하나님에게서 오는 큰 은혜다. 우리는 회개를 소중히 여기고, 회개를 당연히 여기지 말고 계발해야 한다.

간계 11: 마귀는 우리의 소명을 그리스도인들이 특정 활동 분야로 소명을 받은 것과 충돌하는 것으로 만들려고 애쓴다. 마귀는 우리가 직업에 종사해야 할 때, 신앙적 헌신을 강요하거나 하나님을 예배해야 할 때 일하러 가라고 재촉한다.[82)]

대책: 스퍼스토는 신자들에게 새가 나무에 앉아 있을 때보다 날고 있을 때 공격에서 훨씬 안전한 것처럼, "자신의 소명에 부지런하고 근면할 것"을 촉구했다.[83)] 벤저민 워즈워스(1670~1737년)는 "만일 그대가 하나님을 위해 어떤 선한 일에 충분히 쓰임을 받아 어떤 사역을 행하지 않는다면, 마귀는 그

---

74) Spurstowe, *The Wiles of Satan*, pp. 70, 75.
75) Spurstowe, *The Wiles of Satan*, p. 72.
76) Spurstowe, *The Wiles of Satan*, p. 72.
77) Spurstowe, *The Wiles of Satan*, pp. 90~91. 스퍼스토가 베르나르를 인용하는 것은 청교도가 교부 시대와 중세 시대 기독교 저술가들을 빈번하게 인용했다는 것을 예증한다.
78) Spurstowe, *The Wiles of Satan*, p. 73.
79) Spurstowe, *The Wiles of Satan*, p. 73.
80) Spurstowe, *The Wiles of Satan*, p. 76.
81) Brooks, *Precious Remedies*, in *Works*, 2:31.
82) Spurstowe, *The Wiles of Satan*, pp. 76~77.
83) Spurstowe, *The Wiles of Satan*, p. 94.

대를 써먹을 준비를 할 것이다."[84]

또한 청교도는 일과 예배의 균형을 잡도록 주일 성수를 추천했다. 웨스트민스터 대교리문답(질문 121)은, 십계명이 "안식일을 기억하라"고 말하는 한 가지 이유는 "사탄이 자신의 도구와 함께 온갖 불신앙과 불경건함으로 이끌기 위해 영광을 가리고, 심지어는 영광에 대한 기억마저 지우려고 광분하고 있기" 때문이라고 말한다.

간계 12 : 사탄은 사람들을 한 극단에서 다른 극단으로 몰아넣는다. 사탄은 신자들의 시계추가 죄에 대한 뻔뻔함에서 죄에 대한 절망으로, 신앙적 의무의 게으름에서 "그들 때문에 많은 사람이 신음하는 엄격한 폭정"으로 오가게 한다. 사탄은 사람들이 정반대 오류를 받아들여서 한 이단을 반박하도록 획책한다.[85] 악한 자는 성령이 내신 상처를 악화시킨다. 악한 자는 죄에 대한 합법적인 자각을 갖게 하되, "두려움과 공포"를 갖게 함으로써 신자들이 올바른 위로를 받기보다는 복음의 약을 거부하도록 재촉한다.[86]

대책 : 스퍼스토는 "믿음은 말씀의 규칙에 따라 양 극단을 놔두고, 하나님과 협정을 맺게 한다[하나님을 받아들이게 한다]"고 말했다.[87] 브룩스는 우리는 엄숙하게 "하나님은 자비로우신 것만큼 공의롭다"는 사실을 고려해야 한다고 말했다. 그러므로 우리는 하나님의 심판이 우리 자신에게 임하지 않도록 하나님의 자비를 악용해서는 안 된다.[88] 한편 우리는 하나님의 선하심을 더럽히지 않도록 회개하는 신자에게 주어진 하나님의 자비의 복음의 약속들의 진실함과 신실함을 믿어야 한다. 차녹은 이렇게 말했다. "하나님이 우리를 부르실 때 우리가 하나님께 나아가지 못하고, 자신은 악한 본성을 가졌고, 복음의 약속들은 하나님이 말씀하신 대로의 의미가 아니라, 우리를 환영하기는커녕 우리를 조롱하는 것을 의미한다고 은밀히 상상하는 이유는 무엇일까?"[89]

결론: 보장된 승리

가장 중요한 사실을 말한다면, 천사와 마귀들의 세계에서 청교도는 신자를 온갖 악의 세력에 대해 승리하신 대장이자 천군천사의 주님이신 그리스도께 이끌었다. 존 다우네임(사망, 1652년)은 다음과 같이 말했다.

> 만일 우리가 진정으로 우리 원수들의 강한 힘과 우리 자신의 연약함만을 주목했다면 우리는 이 싸움을 수행할 때 크게 낙심하게 될 것이다. 하지만 우리를 향하신 사랑이 그분의 능력 못지않고, 사랑과 능력이 모두 무한하신 우리의 위대하신 대장 그리스도를 우리가 바라본다면, 의심할 이유가 전혀 없다……그분은 이미 우리의 원수들을 이기셨다……우리의 구주는 통치자들과 권세들을 박살내셨고, 그들을 공개적으로 드러내 구경거리로 삼으셨으며, 십자가로 그

---

84) Trefz, "Satan in Puritan Preaching," p. 153에서 인용함.
85) Spurstowe, *The Wiles of Satan*, pp. 78~79.
86) Spurstowe, *The Wiles of Satan*, p. 76.
87) Spurstowe, *The Wiles of Satan*, p. 79.
88) Brooks, *Precious Remedies*, in *Works*, 1:28.
89) Charnock, *The Existence and Attributes of God*, in *Works*, 2:369.

들을 이기셨다(골 2:15).[90]

청교도는 그리스도는 속죄의 죽음을 통해(히 2:14), 승리의 부활을 통해(시 68:18), 최후 심판을 통해(참고, 계 20~21장), 사탄의 머리를 "상하게 한" 여자의 후손(창 3:15)이었다고 말했다. 심판 날에 사탄과 그의 후손은 영원히 내던져질 것이다. 다시는 사탄이 여자의 후손을 괴롭히지 못할 것이다. 승리자 그리스도 예수는 옛 뱀을 붙잡아 그를 영원히 무저갱 속에 던져 버리실 것이다. 이것으로 사탄의 머리를 박살내는 것이 완료될 것이다. 형제들의 고소자는 더 이상 고소하지 못할 것이다. 전투하는 교회는 승리한 교회가 될 것이다. 모든 악이 영원히 하늘에서 차단되고, 모든 선이 안에 들어올 것이다. 솔리 데오 글로리아(오직 하나님께만 영광을)!

---

90) Downame, *The Christian Warfare*, p. 14.

A PURITAN THEOLOGY

| 3부 |

인간론과 언약신학

죄의 사악함에 대한 청교도 교리

죄는 지옥보다 더욱 나쁘다…… 모든 피조물 속에 있는 선보다 죄 속에 있는 악이 더 클 것이다.

–랠프 베닝[1]–

청교도는 완전한 사람들이 아니었다. 청교도는 경험을 통해서, 성경이 인간에 대해 말하는 것을 통해서 자신과 타인의 실상에 대해 알았다. 청교도 저술가들은 종종 인간이 어떻게 무구 상태의 정상에서 죄의 심연의 나락으로 떨어졌고, 그리하여 어떻게 하나님의 은혜로 예수 그리스도로 말미암아 더 높은 위치로 올라가게 되었는지에 대한 자기들의 통찰력을 표현할 때 전도서 7장 29절-"하나님은 사람을 정직하게 지으셨으나 사람이 많은 꾀들을 낸 것이니라"-을 인용했다.

청교도의 죄에 대한 주요 작품 가운데 존 오웬(1616~1683년)의 논문 『죄와 시험을 이기는 법』(Overcoming Sin and Temptation)이 최근에 매우 큰 관심을 끌었다.[2] 토머스 굿윈(1600~1680년)을 비롯해서 다른 청교도 저술가들도 죄 교리에 각별한 관심을 쏟았다. 토머스 굿윈은 어떤 면에서 회중교회 동료인 오웬이 다룬 것과는 다른 문제 및 관심사를 다뤘다. 이 두 사람은 예컨대 성령, 교회론, 이신칭의 등에 대한 작품을 썼다. 그러나 그들의 작품은 이 신학적 주제들의 다른 국면을 서로 강조하고, 죄에 대한 작품도 이 법칙에서 예외가 아니다. 이번 장은 청교도 사상 속에 나타나 있는 죄 교리를 이해하려고 할 때 오웬과 굿윈에게만 초점을 맞추지 않고 다른 청교도 저술가들에게도 초점을 맞출 것이고, 이것은 하나님이 죄책과 죄의 오염에서 사람들을 어떻게 구원하시는지를 다룬 본서의 다른 장들에 적절한 배경으로 작용할 것이다.[3]

---

1) Ralph Venning, *Sin, the Plague of Plagues, or, Sinful Sin the Worst of Evils*… (London, 1669), pp. 225~226.

2) 오웬의 죄와 시험에 대한 작품 재판은 오늘날 교회 안의 많은 이들이 왜 이 청교도의 죄의 작품에 그토록 익숙한지 그 이유를 부분적으로 설명해 준다. John Owen, *Overcoming Sin and Temptation*, Kelly Kapic & Justin Taylor 편집 (Wheaton, Ill.: Crossway, 2006)을 보라.

3) 청교도의 죄에 대한 작품들을 일부 제시하면 다음과 같다. Thomas Goodwin, *An Unregenerate Man's Guiltiness before God in Respect of Sin and Punishment*, in *The Works of Thomas Goodwin, D.D.*, Thomas Smith 편집 (1861~1866, 재판, Grand Rapids: Reformation Heritage Books, 2006), Samuel Bolton, *Hamartolos hamartia: or, The Sinfulnes of Sin: Held Forth*… (London, 1646), William Bridge, *The Sinfulnesse of Sinne; and, The Fulnesse of Christ Delivered in Two Sermons* (London, 1667), Anthony Burgess, *The Doctrine of Original Sin Asserted & Vindicated against the Old and New Adversaries Thereof*… (London, 1658), Jeremiah Burroughs, *The Eighth Book of Mr Jeremiah Burroughs. Being a Treatise of the Evil of Evils, or the Exceeding Sinfulness of Sin*… (London, 1654), Henry Ainsworth, *A Censure upon a Dialogue of the Anabaptists*… (London, 1643), Edward Reynolds, *The Sinfulnesse of Sinne Considered in the State, Guilt, Power, and Pollution Thereof*… (London, 1639), Ralph Venning, *Sin, the Plague of Plagues*. 굿윈, 버지스, 베닝, 레이놀즈의 작품은 특별히 예리하게 죄를 다룬 대표적인 작품들이다.

웨스트민스터 신앙고백(6장)이 분명히 하는 것처럼 죄책과 죄의 오염은 청교도 죄 관념을 좌우하는 두 핵심 요점이다. 이번 장은 이 기본 구분에 따라 인간, 곧 거듭나지 아니한 인간과 거듭난 인간이 죄로 말미암아 부패하게 된 것에 더 큰 관심을 갖고 다양하게 초점을 맞출 것이다. 이 접근법은 타락 이후에 그리고 구속의 맥락에서 죄가 인간의 본성에 미친 다양한 결과들에 대해 청교도가 목회적인 관심을 깊이 가졌다는 것을 보여 준다. 그러나 먼저 인간이 원래의 의를 지닌 상태로 창조되어 에덴동산에서 행위 언약 아래 살게 된 것에 대한 청교도의 이해를 간략히 설명하는 것이 죄책과 죄의 오염이라는 이중 문제를 이해하는 데 필수적인 배경을 제공할 것이다.

하나님은 사람을 정직하게 지으셨다

에덴동산에서 아담과 하와는 "하나님의 법을 마음속에 새기고 그 법을 성취할 수 있는 능력을 갖고" 하나님의 형상으로 지음을 받았다(웨스트민스터 신앙고백 4.2). 아담과 하와는 도덕적 형상으로 하나님을 반사했고, 죄에서 벗어나 있었다. 여기서 청교도 신학자들과 소키누스주의 및 교황주의 신학 전통에 속한 그들의 반대자들 간의 논쟁의 핵심 원천은 인간이 하나님의 법을 성취할 수 있는 "능력"이나 힘을 소유하고 있느냐에 대한 관념에 있었다. 앤서니 버지스(사망, 1664년)는 하나님이 에덴동산에서 아담에게 주신 은혜에 대해 청교도 동료들 편에서 두 가지 오류를 신중하게, 하지만 확신 있게 논박했는데, 이 두 가지는 "아담은 주입된 또는 함께 창조된 거룩함의 습관이 없이, 또는 초자연적인 어떤 것이 없이" 자연적으로 무구한 상태 속에 있었다고 주장하는 소키누스주의자의 오류와 아담의 모든 거룩함은 초자연적인 것으로, 본성 위에 "덧붙여진 은사"라고 주장한 교황주의자의 오류였다.[4] 버지스는 아담에게는 하나님의 형상이 자연적인 것이었지만, "우리는 아담은 초자연적인 것은 전혀 갖고 있지 않았고, 덧붙여진 은혜로 말미암아 주어진 것이 아무것도 없었다고 말해서는 안 된다"고 지적한다.[5] 비록 창조의 법의 당연한 권리에 따라 자연적 거룩함을 갖고 있었다고 해도, "아담에게는 단순한 은혜와 덧붙여진 호의에 속한 다른 요소들도 있었다. 이에 따라 우리는 아담이 필요로 했던 하나님의 은혜가 무엇이었는지 파악할 수 있다."[6] 버지스는 이렇게 생각했다. "하나님이 그의 완전한 순종에 대해 아담에게 약속하신 상(이 상에 대해서는 견해 차이가 있다)은 행위에 속한 것이 아니라 은혜에 속한 것으로, 공로가 아니었는데, 그것은 그 상태에서 행위와 은혜가 서로 일치되었기 때문이다……따라서 아담에게 어떤 초자연적 호의가 없었던 것은 아니다."[7]

그러나 아담과 하와는 불변적으로 거룩한 존재는 아니었고, 따라서 시험과 죄에 빠질 수 있었다. 웨스트민스터 신앙고백이 분명히 하는 것처럼, 아담과 하와는 "변할 수도 있는 그들 자신의 의지의 자유에 맡겨져 있었으므로 죄를 범할 가능성 속에 놓여 있었다"(4.2). 말하자면 하나님은 아담을 도덕적으로 순결한 상태에서 행위 언약의 조건을 성취시키는 데 필요한 내재적 능력을 지닌 존재로 창조하셨다. 아담과 하와는 하나님의 형상의 담지자였지만, 여러 중요한 의미에서 하나님과 달랐다.

---

4) Burgess, *Original Sin*, p. 126.
5) Burgess, *Original Sin*, p. 126.
6) Burgess, *Original Sin*, p. 127.
7) Burgess, *Original Sin*, p. 127.

그 중의 하나가 그들의 가변성이다. 아담과 하와는 그들 자신과 만물을 보존하시는 창조주의 명령에 순종해야 자기들의 지위를 지킬 수 있었다. 하지만 그것이 아담과 하와가 천상에 있는 성도들과 장차 그렇게 될 성도들처럼 시험이 면제된 특권적 지위(non posse peccare, "죄를 지을 수 없는") 속에 있었다는 것을 의미하는 것은 아니었다.

아담과 하와는 죽음의 고통을 맛보지 않으려면 선악을 알게 하는 나무의 열매를 따먹어서는 안 된다는 명령을 받았고, 이 명령에는 완전한 순종을 조건으로 생명에 대한 약속이 함축되어 있었다. 이런 이유로 청교도와 17세기 대다수 개혁파 신학자들은 "아담이 자연 언약(foedus naturae)으로도 불리는 행위 언약(foedus operum) 속에 두어졌다"고 말했다. 이 언약에 따라 아담과 하와에게 피조물에 대한 지배권이 주어졌고, 아담은 모든 인간의 연합적 머리로 활동했다. 긍정적이든 부정적이든 아담의 행동은 그의 후손들에게 여파를 미쳤다. 성경이 분명히 하는 것처럼, 아담과 하와는 에덴동산에서 금지된 나무의 열매를 따먹음으로써 자기들의 지위를 유지하지 못하고, "그들에게 주어진 원래의 의와 하나님과의 교제에서 떨어져 나갔고, 따라서 죄로 말미암아 죽었으며, 영혼과 육체의 모든 기능과 부분들이 완전히 오염되고 말았다(웨스트민스터 신앙고백 6.2). 그들의 불순종은 죄로, 하나님의 법에 대한 순종의 부족과 하나님의 법에 대한 위반을 모두 포함했다(웨스트민스터 소교리문답 질문 14).

따라서 청교도는 아담과 하와는 "모든 인간의 뿌리"였기 때문에 그들의 모든 자연적 후손에게 그들의 죄책이 전가되고, 그들의 죽음과 부패한 본성이 전달되었다고 주장했다.[8] 흥미롭게도 웨스트민스터 신앙고백(6.2)의 언어는 웨스트민스터 대교리문답(질문 22)과 다른데, 거기서는 "첫 사람이 죄를 범하였을 때 모든 인간이 타락한 것입니까?"라고 묻는다. 웨스트민스터 대교리문답은 죄를 들어오게 한 책임자로 아담과 하와를 함께 언급하지 않고, 아담만 언급한다. "아담이 대표 인간으로서 맺은 언약은 아담 자신에게만 해당되는 것이 아니라 그의 후손에게도 해당되고, 그러므로 통상적인 출생을 통해 아담에게서 나온 모든 인간이 아담 안에서 죄를 범했고, 이 첫 범죄가 있었을 때 아담과 함께 타락했다." 존 머리는 1644~1645년에 정죄된 조슈에 드 라 플라스(플라케우스, 1596~1655년)의 간접적 전가 견해로 말미암아 신학자들이 웨스트민스터 대교리문답에서 이 사실을 보다 조심스럽게 말하기로 결정했다는 것을 설득력 있게 설명한다.[9] 우리는 이제 이 논쟁이 전가된 죄책 문제와 어떻게 관련되어 있는지를 고찰해 볼 것이다.

아담의 죄책의 직접적 전가

앞에서 지적한 것처럼, 행위 언약은 우리가 왜 대다수 청교도가 모든 인간을 아담 안에서 죄책이 있는 자로 간주했는지를 이해하는 데 도움을 준다. 앤서니 버지스는 아담의 죄의 죄책과 오염을 행위 언약과 연계시켰고, 한 곳에서 그는 "하나님의 언약으로 말미암아 우리는 아담 안에 있는 것으로

---

8) 주 예수는 성령으로 말미암아 잉태되고 동정녀 마리아에게서 태어나신 특수한 상황으로 말미암아 "통상적인 출생"이 아닌 방법으로 아담의 후손이 되신 유일한 예외다.

9) 이에 대한 설명은 Robert Letham, *The Westminster Assembly: Reading Its Theology in Historical Context* (Phillipsburg, N. J.: P&R, 2009), p. 200을 보라. 또한 Francis Turretin, *Institutes of Elenctic Theology*, James T. Dennison Jr. 편집, George Musgrave Giger 편집 (Phillipsburg, N. J.: P&R, 1992), 9.9.4~45에서 이 논쟁에 대한 설명과 직접적 전가에 대한 그의 논증을 보라.

간주되었다"고 말한다.[10] 이 말은 통상적으로 아담의 죄책이 후손에게 직접 전가된다고 설명하는 견해를 옹호한 청교도에게 무척 중요했다.[11] 로마서 5장 12~21절은 직접적 전가 교리를 옹호하기 위한 주석의 전쟁터로 판명되었다. 아담의 죄책의 직접적 전가 교리는 대체로 내재하는 또는 내재적인 죄의 전달에 근거를 제공하는 것으로 이해되었다. 버지스는 바울은 로마서에서 전가된 죄와 내재된 죄를 구분한다고 주장한다. 따라서 전가된 죄와 내재된 죄는 구별된 두 가지의 죄이지만 "전가된 죄는 반드시 순서대로 내재된 죄를 함축하고, 후자는 항상 전자의 상대어로 간주되어야 한다."[12] 원죄를 죄책이 아니라 부패와 관련시켜 말하는 자들은 "통상적으로…… 그리스도의 의의 전가도 함께 부정한다"[13]는 굿윈의 말이 보여 주는 것처럼, 이것은 많은 청교도에게 극히 중요한 요점이었다. 이런 이유로 아담의 죄책의 전가를 옹호하는 오웬의 논증은 그리스도의 칭의를 위한 사역 속에 그분의 의의 전가가 포함되어 있다는 사실을 옹호하는 그의 견해의 맥락에서 이루어진다.[14] 그리고 버지스는 이 두 국면을 그리스도의 이중적 의, 즉 칭의(죄책의 제거)와 성화(오염의 극복)에 연계시킴으로써 죄의 이중적 문제(즉 죄책과 오염)의 중요성을 강조한다.[15]

아담의 죄책의 직접적 전가에 대한 한 가지 중요한 논증은 "공적(대표) 인간"인 아담의 지위였다. 하나님의 지정을 통해 아담과 그리스도는 각각 자기들에게 속한 사람들을 대표한 언약 곧 행위 언약(아담)과 구속 언약(그리스도)에 따라 공적 인간이 되었다.[16] 인류의 대표 머리인 아담의 역할은 성경의 다수 본문에 기초가 두어져 있었고, 이 가운데 어떤 본문은 다른 본문보다 이 사실을 더 명시적으로 진술했다. 이전에 지적한 것처럼, 죄의 전가에 대한 아담의 역할을 로마서 5장만큼 명확히 언급한 본문은 어디에도 없다. 로마서 5장을 통해 아담의 죄가 그의 후손들에 직접 전가되었다는 교리를 옹호하는 오웬의 강력한 논증은 청교도 동료들의 견해뿐만 아니라 프랜시스 투레틴(1623~1687년)과 같은 대륙의 개혁파 스콜라 신학자들의 견해와도 많은 유사점을 갖고 있었다.

로마서 5장을 보면 두 사람이 대조되는데, 한 사람은 죄를 세상 속에 들어오게 했고, 다른 한 사람은 죄를 제거시켰다. 나아가 이 비교는 대조적인 사실과 관련되어 있다고 오웬은 지적한다. 12절이 분명히 하는 것처럼, 죄가 들어오면 형벌도 따라 들어온다. 아담과 인류 간의 연합적 연대성으로 말미암아 모든 인간-예수 그리스도는 유일한 예외-은 그들 간의 관계를 넘어서서 아담과 관계가 있다. 오히려 아담은 언약의 머리로서 전체 인간과 관련되고, 그러므로 아담의 죄는 그의 후손이 통상

10) Burgess, *Original Sin*, p. 46.

11) 아담의 죄책의 직접적 전가에 대한 고전적인 변증은 John Murray, *The Imputation of Adam's Sin*, in *Justified in Christ: God's Plan for Us in Justification*, K. Scott Oliphint 편집(Fearn, Scotland: Christian Focus, 2007), pp. 207~294에 나온다. 이 작품은 역사신학과 주경신학을 탁월하게 결합시킨 것으로, 최고의 개혁파 신학자들의 전형적인 신학과 내용이 일치된다.

12) Burgess, *Original Sin*, p. 43.

13) Goodwin, *An Unregenerate Man's Guiltiness*, in *Works*, 10:12.

14) John Owen, *The Doctrine of Justification by Faith*, in *The Works of John Owen, D.D.* (Edinburgh: Johnstone & Hunter, 1850~1855), 5:321~335.

15) Burgess, *Original Sin*, pp. 66~67. 마찬가지로 굿윈도 이렇게 주장한다. "치료는 질병에 맞게 해야 한다. 단지 아담의 죄만 우리에게 전달되었다면, 우리는 칭의로 충분했을 것이다. 하지만 본성의 오염도 있었고, 그러기에 성화도 있어야 한다"(*An Unregenerate Man's Guiltiness*, in *Works*, 10:47).

16) Goodwin, *An Unregenerate Man's Guiltiness*, in *Works*, 10:17~19를 보라. 다른 누구보다 굿윈, 오웬, 패트릭 길레스피가 지적하는 것처럼 그리스도는 영원한 구속 언약(*pactum salutis*로도 알려진) 조건에 따라 자기 백성들의 머리로 지정되셨고, 이것은 그리스도께서 자기 백성들을 위해 중보하신 시간적인 은혜 언약에 대해 영원한 기초를 제공했다.

적인 출생을 통해 그의 죄에 따른 형벌로 사망에 예속되었다는 것을 의미했다. 오웬이 지적하는 것처럼, 아담의 후손은 "신적 규약에 따라 죄를 범한 한 사람 안에서의 **그들의 연합적 실존**에 따라 그렇게 된 것이다."[17] 오웬은 성경은 분명히 아담의 죄로 말미암아 모든 인간이 자연적 출생을 통해 그들의 본성이 타락하고 부패했다는 관념을 지지하지만, 그럼에도 로마서 5장에서 바울의 논증은 "세상 속에 처음 죄가 들어와 모든 인간을 사망에 '처하도록' 만든 것은 오직 아담의 실제 죄의 죄책"이라는 것을 보여 준다는 것을 명확히 한다.[18] 아담의 죄책은 인류에게 직접 전가되고, 자연적 번식이 아니라 이것이 인간이 죽는 핵심 이유다.[19]

로마서 5장 12절 마지막 소절의 말씀 **에프 호 판테스 헤마르톤**은 원인절로 "모든 사람이 죄를 지었으므로"(KJV 본문) 또는 단순 관계절로서 "모든 사람이 죄를 지은 자 안에서"(KJV 난외주, n. 4)로 번역될 수 있다. 후자의 번역은 불가타 본문(in quo omnes peccaverunt)에 기초가 두어져 있고, 오웬이 선호하는 번역이다.[20] 굿윈은 KJV 난외주 번역이 참되다면, "아담의 첫 범죄 행위의 죄책이 전가에 의해 전달되었다는 것과 우리가 아담 안에서 죄를 지었다는 것으로 문제는 분명해진다"고 주장한다.[21] 아담의 죄책의 직접적 전가를 부인하는 자들은 원인적 번역인 "모든 사람이 죄를 지었다는 점에서"를 선호한다. 비록 **에프 호**를 "~라는 점에서"로 즉 원인절을 소개하는 것으로 취한다고 해도, "여전히 그것은 모든 사람이 죄를 지었고, 이 죄를 지은 행위에 대해 죄책이 있었다는 것을 함축한다."[22] 마찬가지로 투레틴도 "**에프 호**가 어떻게 번역되든 간에 곧 관계적으로 '~자 안에서'로 번역되거나……원인적으로 번역되거나 간에, 같은 의미에 이르게 된다"고 주장한다.[23] 12절에서 나오는 의미에 따라 오웬은 사망이 모든 사람에게 이르게 된 것을 강조한다. 14절에서는 사망이 실제로 죄를 짓지 아니했거나 아담과 같은 죄를 짓지 아니한 자들에게 임한 사실이 언급된다. 따라서 아담의 죄의 행위는 주관적으로는 모든 인간에게 속하는 것이 아니지만, 아담의 실제 죄는 그의 죄의 죄책이 그의 후손에게 직접 전가되기 때문에 그들에게 결과가 미친다. 다시 말하면 아담이 죄를 지었을 때 대표 원리에 따라 동시에 모든 인간도 아담 안에서 죄를 지었다. 따라서 아담의 죄책의 그의 후손에의 전가는 간접적으로가 아니라 직접 효력을 일으키고, 죄를 지음과 동시에 일어난다. 즉 아담이 죄를 지었을 때 우리도 죄를 지은 것이므로 그의 죄가 우리에게 이전된다. 그러나 로마서 5장의 설명을 지지하는 성경의 다른 증명들도 존재했다.

---

17) Owen, *Doctrine of Justification*, in *Works*, 5:324.

18) Owen, *Doctrine of Justification*, in *Works*, 5:324.

19) 존 머리는 청교도의 표준 입장인 직접적 전가 교리와 플라케우스가 주창한 간접적 전가 교리의 차이점에 대해 유익한 설명을 제공한다. "직접적 및 선행적 전가는……간접적 및 결과적 전가와 구분되어야 한다. 전자는 직접적으로 일어나고 유전적 부패를 통해 전달되는 것이 아니다. 후자는 간접적으로 일어나고 유전적 부패에 의해 전달된다. 전자의 경우에는 아담의 최초의 죄의 전가가 본성의 부패에 앞서 일어나고, 부패의 원인으로 간주된다. 후자의 경우에는 아담의 최초의 죄의 전가가 유전적 부패를 따라가고, 부패의 결과로 간주된다"(*The Imputation of Adam's Sin*, p. 244).

20) Owen, *Doctrine of Justification*, in *Works*, 5:324.

21) Goodwin, *An Unregenerate Man's Guiltiness*, in *Works*, 10:15.

22) Goodwin, *An Unregenerate Man's Guiltiness*, in *Works*, 10:15.

23) Turretin, *Institutes*, 9.9.17. 요하네스 마코비우스는 이렇게 지적한다. "우리가 아담 안에서 죄를 지었다는 것은 주관적 의미가 아니라, 원인적 의미에 따라 즉 우리가 아담 안에서 죽었다고 말해지는 것과 같은 방식으로 이해되어야 한다. 왜냐하면 우리는 태어나기 전에 죽었으므로 이것을 주관적으로 설명하는 것은 어리석기 때문이다"(*Scholastic Discourse: Johannes Maccovius (1588~1644) on Theological and Philosophical Distinctions and Rules*, Willem J. van Asselt 외 번역 [Apeldoorn: Institute for Reformatieonderzoek, 2009], p. 181).

토머스 맨턴(1620~1677년)도 아담이 지은 죄책의 직접적 전가 교리를 주장한다. 맨턴은 자기 아버지의 침상을 더럽힌 르우벤을 실례로 제시한다. 르우벤의 행위는 그의 후손까지 더럽혔고, 특권을 상실시켰다. 따라서 맨턴은 모든 인간은 "아담에게서 나온 후손이므로, 공통적 인간으로서 아담 안에 있었으므로, 아담 안에 있고, 아담 안에서 죄를 범했고, 따라서 아담이 한 것은 우리가 한 것이다"라고 추론한다.[24] 맨턴은 추가로 레위를 실례로 제시한다. 레위도 아브라함 안에서 십일조를 바쳤는데(히 7:9), 이것은 한 사람의 행동이 다른 사람들에게 결과를 미치는 원리의 또 한 실례다. 맨턴은 이렇게 말한다. "아버지의 행위가 그의 후손에게 전가되는 것은 확실히 근거가 있음을 우리는 본다. 하나님은 아브라함이 낸 십일조를 레위에게 전가시키신 것처럼 아담의 죄를 우리에게 정당하게 전가하실 수 있다. 아브라함이 십일조를 바쳤을 때 레위도 십일조를 바친 것과 같이 되었다. 아담이 죄를 지었을 때 우리도 죄를 지은 것과 같이 되었다."[25] 맨턴의 실례들은 청교도의 신학적 방법이 어떻게 적용되는지에 대한 중요한 한 국면을 강조한다. 직접적 전가 교리는 단순히 행위 언약에서 나오는 결론들을 추론한 결과가 아니었다. 오히려 청교도 저술가들은 수많은 성경 본문을 주석적으로 반성해서 아담과 그의 후손의 관계를 이해하는 가장 좋은 방법은 자연적 관계이면서 동시에 언약적 관계이고, 다른 조건과 결과들을 갖고 있지만 다른 사람들을 포함시키는 성경의 다른 곳에서 발견한 다른 실례들에서도 직접적 전가가 적법한 원리였다는 결론에 이르게 되었다. 따라서 다양한 본문 주석과 체계적 교리는 아담의 죄책의 그의 후손에의 전가 교리를 지지하는 친구로 서로를 보강해 주었다.

청교도는 아담의 죄책의 전가 교리에 따라, 아담의 후손으로서 인간이 "영혼과 육체의 모든 기능과 부분들이 완전히 오염된"(웨스트민스터 신앙고백 6.2) 것을 다양한 방식으로 충분히 저술했다. 버지스, 굿윈, 오웬, 에드워드 레이놀즈(1599~1676년)와 같은 신학자들이 인간 속에 나타나는 죄의 효능과 이로 인해 나타나는 결과에 대해 방대한 양의 책을 썼고, 따라서 이어지는 부분에서는 본성의 상태와 은혜의 상태에 미친 인간의 부패의 몇 가지 국면들에 대해서만 단지 초점을 맞출 것이다.

많은 죄

예비적 고찰

청교도는 죄인들의 구원에 나타나 있는 하나님의 은혜를 소중히 여기는 견해를 갖고 있었는데, 그 이유는 무엇보다 그들이 죄에 대해 고차원적인 견해를 갖고 있었기 때문이다. 굿윈은 "본성상 인간의 충만한 사악함"에 대해 말한다. 인간은 에덴동산에서 벌어진 아담의 범죄에 대표를 통해 가담한 죄책이 있을 뿐만 아니라 "영혼과 육체의 모든 기능이 보편적이고 전체적으로 죄로 오염된 죄책을 갖고 있고, 그 안에 모든 선의 결여 또는 부족과 모든 악의 성향이 파급되어 있다."[26] J. I. 패커는 청교도가 죄를 어떻게 봤는지 다음과 같이 본질을 잘 포착하고 있다. "청교도는 죄를 사람들 속에서

24) Thomas Manton, *A Practical Exposition upon the Fifty-Third Chapter of Isaiah*, in *The Works of Thomas Manton, D.D.* (London: James Nisbet, 1870~1875), 3:297.

25) Manton, *Fifty-Third of Isaiah*, in *Works*, 3:297.

26) Goodwin, *An Unregenerate Man's Guiltiness*, in *Works*, 10:40~41.

그들이 하나님을 거역하고, 자기를 만족시키는 행위의 노예가 되게 하고, 혼란, 속임수, 직접적 반대를 통해 의의 목적을 약화시키고 전복시키는 뒤틀린 힘으로 봤다."[27]

우리는 개혁파 신학과 다른 신학 전통들을 구분시키는 핵심 문제는 '죄를 어떻게 보느냐'의 문제라고까지 말할 수 있다. 구원에 있어서 단독 구원설은 하나님의 본성과 은혜뿐만 아니라 인간의 부패와 속박의 상태에 대해서도 말해 준다. 로마서 5장을 보면, 바울은 무엇보다 먼저 전가된 죄에 대해 다룬다. 로마서 7장을 보면, 바울은 내재적 죄에 대해 묘사한다. 버지스는 청교도가 죄를 해설할 때 자주 주목한 본문인 로마서 7장은 "원죄 교리의 심장과 생명을 담고 있고, 따라서 로마서 7장은 그것으로 보아 죄의 모든 부분과 범주를 묘사하는 신적 지도로 불릴 수 있다"고 말한다.[28] 버지스에 따르면, 죄에는 세 가지 형태가 있다. 원죄, 습관적 죄, 본죄(자범죄). 요하네스 마코비우스(1588~1644년)는 죄를 원죄와 본죄로 구분했다. 청교도들과 같이 마코비우스도 원죄를 전가되고 내재적인 죄로 말한다.[29] 그러므로 원죄는 모든 본죄(그리고 버지스에게는 습관적 죄)의 원인이다.

본죄는 "생각이나 말이나 행위로" 하나님의 법을 개인적으로 어기는 것이다.[30] 청교도가 죄를 하나님의 법을 반대하는 모든 행위, 말이나 소원을 포함하는 것으로 보는 견해는 철저히 아우구스티누스 사상이었다. 본죄는 원죄로 말미암아 범하게 된다. 어떤 본죄는 사람들 속에 거하지 않는다. 오히려 그것은 일시적이고, 죄를 범한 후에는 사라지고 만다. 그러나 이와 반대로 습관적 죄는 사람들이 자주 범하는 죄로, "이런 죄는 확실히 우리 안에 내재하고 고정된 죄로 고백되어야 하고, 이런 죄의 습관은 우리의 원래의 부패성을 더 부추기고 강화시킨다"고 버지스는 말한다.[31]

청교도가 신자와 비신자 모두와 관련시켜 죄 교리를 고찰한 것과 땅 위에 사는 동안 인간의 이 두 상태(거듭난 상태와 거듭나지 않은 상태) 간에 중대한 차이가 있었다는 것을 주목하는 것이 중요하다. 오웬이 죄를 신자와 관련시켜 작품을 쓴 최고의 청교도 신학자였다면 굿윈은 확실히 죄가 거듭나지 아니한 자에게 미치는 영향을 매우 심도 있게 저술한 청교도 신학자였는데, 그것은 굿윈의 작품 제목이 『거듭나지 아니한 자의 하나님 앞에서의 죄책』(An Unregenerate Man's Guiltiness before God)인 것으로 보아 분명하다.

거듭나지 아니한 자 속에 있는 죄: 온갖 탐심

굿윈은 로마서 7장 8절 곧 생존했던 사람들 가운데 도덕적으로 가장 타락한 자 중의 하나인(빌 3:6; 딤전 1:13, 15) 바울의 실례를 육적 상태에 있는 사람은 절대로 온갖 죄를 짓는 경향에서 벗어날 수 없다는 것을 이해하는 통로로 제시한다. 청교도는 로마서 7장의 갈등하는 사람을 그리스도인으로 봤다.[32] 하지만 8절은 바울이 아직 회심하기 전 자신의 상태를 언급하는 것이다. 이 구절에서 바울 안에 있는 죄는 원죄이고, 원죄는 바울 안에 "온갖 탐심" 즉 금지된 것에 대한 온갖 탐욕이나 정욕을 일으켰다.[33] 에드워드 레이놀즈가 지적한 것처럼 "마음이 욕심을 부리는 것은 눈이 보는 것만큼 자

---

27) J. I. Packer, *Rediscovering Holiness: Know the Fullness of Life with God* (Ventura, Calif.: Regal, 2009), p. 99.
28) Burgess, *Original Sin*, p. 87.
29) Maccovius, *Scholastic Discourse*, p. 181.
30) Burgess, *Original Sin*, p. 89.
31) Burgess, *Original Sin*, p. 89.
32) 오웬은 이렇게 말한다. "로마서 7장은 거듭난 자에 대한 묘사를 담고 있다"(*Mortification of Sin in Believers*, in *The Works of John Owen, D.D.* [Edinburgh: Johnstone & Hunter, 1850~1855], 6:49).
33) G. Abbot-Smith, *A Manual Greek Lexicon of the New Testament* (1937, 재판, Edinburgh: Clark, 1977), s.v.

연스럽다."[34] 하나님을 사랑하는 대신 자기를 사랑하는 것은 원죄의 결과다. 그러므로 죄인은 하나님과 전면전을 선언하고, 하나님이 무엇을 명령하든 간에, 인간의 본성은 저항할 것이다. 왜냐하면 육신의 생각은 하나님과 원수가 되기 때문이다(롬 8:7). 죄가 어떻게 전 인간이 하나님의 법을 무조건 어기도록 이끄는지에 대한 굿윈의 설명 가치는 거듭나지 않은 사람들이 어떤 죄가 아니라 모든 죄를 범하는 경향이 있다는 관념에 대한 반론에 대답할 때, 명확하게 드러난다. 예를 들어 보자. 어떤 이들은 그리스도인이 아니더라도 술주정뱅이에 대한 반감을 갖고 있다고 반론을 제기한다. 또는 사람이 어떻게 방탕하면서 동시에 탐욕스러울 수 있겠는가? 다른 이들은 "사람들은 일반적으로 다른 죄들보다 더 잘 저지르는 경향이 있는 한 가지 죄를 갖고 있다"고 반론을 제기한다. 또한 어떤 사람들은 다른 사람들보다 더 악하다는 것을 누가 부인하겠는가? 마지막으로 그렇다면 왜 모든 사람이 성령을 거스르는 죄를 짓지 않는가?[35]

굿윈은 "인간은 육체와 영혼 속이 다르게 구성되어 있다"고 지적한다. 그들의 자연적 체질은 특정 죄에 연료를 더 잘 공급한다. "담즙질은 분노에, 우울질은 뿌리 깊은 진노와 불평에, 다혈질은 부정함에 더 쉽게 빠진다."[36] 영혼과 육체는 서로 유기적 관계 속에 있고, 따라서 육체 속에서 이루어지는 일은 영혼의 부정함과 상관없이 다루어져서는 안 된다. 그러나 영혼은 사람들이 부여받은 다양한 형태의 육체로 말미암아 다양한 방식으로 활동한다. 따라서 굿윈은 다음과 같이 주장한다. 모든 인간은 "육체의 체질이 어떠하든 간에 기꺼이 이 죄들을 범할 마음을 갖지 않을 것으로 결코 상상되지 않기 때문에 근본적으로 여전히 이 모든 것[즉 온갖 죄]으로 나아가는 경향이 있고, 따라서 그 영혼이 다른 육체 속에 들어갔을 때도 어느 다른 사람이 그러는 것과 마찬가지로 악의적으로 온갖 죄에 이끌리는 경향을 갖는다."[37] 다시 말하면 굿윈은 육체의 체질이 그가 범하는 죄에 결정적인 영향을 미친다고 주장하는 것이다. 나아가 사람의 사회적 지위도 그가 범하는 죄의 형태와 관련성이 있다. "지성이 낮은 사람들은 육체의 정욕에 이끌리고, 지성이 높은 사람들은……명예와 칭송에 대한 욕망에 이끌린다."[38] 아마 지성의 변화나 정신적 발전의 수준-만약 굿윈이 그것을 인정한다면-도 교육에 따라 범하는 죄의 선택에 변화를 가져올 것이다.

굿윈은 계속해서 어떤 죄는 인생의 다른 시기에 더 잘 저지른다는 것을 보여 준다. 예를 들어 어린아이가 어떤 죄에 대해서는 인생을 좀 더 오래 살아야 범할 마음을 갖게 된다. 나아가 개인의 정욕은 다양한 직업에 따라 발산된다. 유다는 죄인이었기 때문에 돈을 훔쳤지만, 또한 회계 담당자로서 그에게 훔칠 기회가 주어졌기 때문에 죄를 범했다. 또한 굿윈은 죄를 제어하시는 하나님의 역할에 대해서도 주의를 환기시킨다. "하나님은 종종 자신이 원하시는 대로 구멍을 정지시키거나 막으심으로써 모든 구멍에서 발산되지 않도록 하신다"(엡 5:10).[39] 어떤 죄들은 서로 반대되기 때문에 사람들은 온갖 탐욕에 빠지지는 않는다는 반론에 답변할 때, 굿윈은 "사람들은 인생의 각기 다른 시기에 각기

*epithumia*를 보라.

34) Reynolds, *Sinfulnesse of Sin*, p. 187.
35) Goodwin, *An Unregenerate Man's Guiltiness*, in *Works*, 10:64.
36) Goodwin, *An Unregenerate Man's Guiltiness*, in *Works*, 10:65.
37) Goodwin, *An Unregenerate Man's Guiltiness*, in *Works*, 10:65.
38) Goodwin, *An Unregenerate Man's Guiltiness*, in *Works*, 10:66.
39) Goodwin, *An Unregenerate Man's Guiltiness*, in *Works*, 10:66.

다른 죄를 범하는 경향이 있다"고 설명한다. 따라서 방탕한 젊은이는 노년이 되면 탐욕적인 사람이 된다. 또한 어떤 사람들은 어떤 죄에 대해 반감을 갖고 있는 것이 사실이지만 이 반감은 도덕적인 것이 아니라 육체적인 것으로, "그들의 육체가 그것을 감당하지 못하기 때문이거나 육체 속에서 그것을 찾아내는 데 어떤 다른 옹색함이 있거나 하기 때문이다."[40] 마지막으로 모든 사람이 성령을 거스르는 죄를 범하지 않는 것은 이 죄는 추가로 붙여진 제한적인 조건을 갖고 있기 때문이다. 즉 죄인은 "이 죄를 범하지 않도록 먼저 초자연적 빛을 받아야 하기" 때문이다(히 10:26; 요 9:41).[41] 따라서 거듭나지 아니한 자는 온갖 죄를 범할 수 있다. 배경, 시간, 상황, 그리고 다른 요소들이 그가 어떤 죄를 왜 저지르거나 저지르지 않는지를 설명해 줄 것이다. 그러나 굿윈과 동료 청교도 신학자들이 로버트 머리 맥체인(1813~1843년)의 "모든 죄의 씨는 내 마음속에 있다"[42]는 유명한 말에 동조할 것이라는 데는 추호도 의심이 없다.

거듭나지 아니한 자 속에 있는 죄: 죄의 지성적 결과

개혁파 신학을 보면, 죄의 지성적(헬라어 누스[마음, 지성]와 관련 동사 노에오 곧 "인식하다, 이해하다, 생각하다, 숙고하다"에서 나온 말) 결과에 대한 주제는 특별히 존 칼빈의 사상에 초점을 맞춘 이차 문헌에서 주로 다뤄졌다.[43] 칼빈은 죄의 결과가 거듭나지 아니한 자와 거듭난 자의 지성에 미치는 것에 대해 중요한 많은 사실들을 언급했다. 하지만 칼빈은 이 문제에 대해 작품을 쓴 많은 개혁파 신학자 가운데 하나였을 뿐이다. 개혁파 신학자들은 이구동성으로 죄는 의지뿐만 아니라 지성 속에도 거한다고 주장했다.[44] 타락한 인간은 예외 없이 지성에 대해 두 가지 핵심 문제를 겪었다. 첫째, 죄가 지성을 손상시키는 "본성적 비참"(예, 기억 상실)이 있는데, 이것은 자체로는 죄가 아니지만 죄의 결과다. 둘째, 하나님과 인간들 사이에 도덕적 파괴가 있는데, 이로 말미암아 거듭나지 아니한 자는 자아를 사랑하고 하나님을 미워하는 것에 따라 증거를 잘못 해석한다. 나아가 거듭나지 아니한 자는 영적으로 맹인이고, 이 상태에서는 하나님에 대한 참되고 적절한 이해가 불가능하다. 죄의 지성적 결과는 굿윈, 오웬, 버지스와 여러 다른 청교도 신학자들이 그들의 작품 속에서 크게 주목했던 주제다.

이 주제에 대해 오웬이 한 말이 주목할 만하다. "교만한 사람의 지식은 그의 지성 속에서 사탄의 보좌다."[45] 굿윈은 사람들의 지성 속에서 가장 영적인 기능은 그들의 이성에 있다고 인정했다. 그러나 이 이성은 죄로 말미암아 부패했고, 따라서 새롭게 될 필요가 있다. 인간들 속에 있는 이성은 죄로 말미암아 타락했음에도 순전한 상태로 남아 있고 손상되지 않았다는 어떤 사람들의 견해는 단

---

40) Goodwin, *An Unregenerate Man's Guiltiness*, in *Works*, 10:68.

41) Goodwin, *An Unregenerate Man's Guiltiness*, in *Works*, 10:67.

42) Robert Murray M'Cheyne, *Memoir and Remains of the Rev. Robert Murray M'Cheyne* (Dundee: William Middleton, 1846), p. 154.

43) 예컨대 다음 자료들을 보라. Stephen K. Moroney, *The Noetic Effects of Sin: A Historical and Contemporary Exploration of How Sin Affects Our Thinking* (Lanham: Lexington, 2000), Michael Sudduth, *The Reformed Objection to Natural Theology* (Farnham: Ashgate, 2009), pp. 116~118, Paul Helm, *John Calvin's Ideas* (Oxford: Oxford University Press, 2004), pp. 209~245, "John Calvin, the 'Sensus Divinitatis,' and the Noetic Effects of Sin," *International Journal for Philosophy of Religion* 43, no. 2 (April 1998), pp. 87~107.

44) Maccovius, *Scholastic Discourse*, p. 189를 보라.

45) Owen, *Causes, Ways, and Means*, in *The Works of John Owen, D.D.* (Edinburgh: Johnstone & Hunter, 1850~1855), 4:180.

지 그들의 사고가 얼마나 무익한지를 보여 준다. 거듭나지 아니한 자의 지성은 무지할 뿐만 아니라, 어두워졌고 혼란에 빠졌다. 사실상 굿윈에 따르면, 지성의 어둠은 "따라서 소극적으로는…… 온갖 죄의 뿌리일 뿐만 아니라 적극적으로는 인간의 삶 속에서 나타나는 대부분 부패의 직접적 원인이다."[46] 굿윈은 다음과 같이 덧붙인다.

> 따라서 우상 숭배, 이단, 신성모독, 위선, 불신앙, 억측, 명예와 칭송과 영광 추구 등은 덧없는 것들로, 이성을 높이는 대상이다…… 그리고 모든 악한 생각, 악한 궁리, 사악하고 위선적인 목적은 각기 나름대로의 방식에 따라 거듭나지 아니한 자 속에서 활동하고, 이것들은 모두 이성 속에 자리를 잡고 있다.[47]

여기서 굿윈은 이성이 얼마나 악하게 활동하는지에 초점을 맞춘다. 그러나 굿윈은 지성의 사악한 기질을 더 염두에 두고 있다. 타락으로 말미암아 인간은 지성 속에 본성적 결함과 영적 결함을 함께 갖고 있고, 이 둘은 서로 다르다. 요약하면 본성적 결함과 영적 결함 간의 차이는 비참과 죄 간의 차이, 예컨대 기억 상실과 고의로 진리를 억누르는 것 간의 차이다. 버지스는 이중적 기억 장애 곧 늙은 나이나 질병에 기인한 기억 상실과 고의로 경건의 의무에 대한 기억 상실에 대해 말한다. 후자의 기억 상실은 죄지만 전자의 기억 상실은 단지 죄의 결과다.[48] 이것은 또 다른 은사와 은혜 간의 차이로 나아가는데, 여기서 은사는 거듭나지 아니한 자에게도 주어질 수 있다. 흥미롭게도 굿윈은 거듭나지 아니한 자는 "경건한 자와 비교할 때 은사로 고침을 받지 않아도 그들의 불완전한 이성을 더 가질" 수 있다고 단정한다.[49] 따라서 대학들 속에서 우리는 거듭나지 아니한 자가 예컨대 자연 과학 분야에서 많은 그리스도인들의 능력을 크게 능가하는 탁월한 능력(은사)을 갖고 있는 것을 확인할 수 있다. 그럼에도 우리는 기독교인과 비기독교인의 자연적 능력은 똑같이 타락으로 말미암아 심각하게 손상되었고, 심지어는 은사도 죄로 말미암아 받은 손상을 보충하지 못한다는 사실을 망각해서는 안 된다. 그러나 하나님의 영적 사실에 눈이 멀어 있는 거듭나지 아니한 자는 영적 지식에 대해 진지한 관심을 보여 준다고 할지라도, 참된 지식은 완전히 결여하고 있다.

거듭나지 아니한 자는 영적 맹목성 때문에 진리를 왜곡시키는 경향이 있다.[50] 따라서 이단 사상이 이성의 본성적 결함에서 나오는 문제점의 첫 번째 사례가 아니다. 물론 이단 사상은 본성적 결함을 포함하고 있지만, 오히려 예컨대 그리스도께서 온전히 사람이면서 동시에 온전히 하나님이라는 사실을 부인하는 사람 속에 있는 영적 결함이다(벧후 3:16; 딤전 6:5; 딤후 3:8). 때때로 사람은 정통 교리들의 진리를 인정하겠지만, 이 교리들이 "그의 마음속에 아무런 영향을 미치지 못할" 수 있다.[51] 레이놀즈는 거듭나지 아니한 자가 가진 이성의 능력이나 "추론 기능"이 "영적 원리들…… 또 이 원리들이 일으키는 경향이 있는 건전하고 거룩한 결론들"에 따라 추론하는 것이 얼마나 불가능한지에 대

46) Goodwin, *An Unregenerate Man's Guiltiness*, in *Works*, 10:138.
47) Goodwin, *An Unregenerate Man's Guiltiness*, in *Works*, 10:139.
48) Burgess, *Original Sin*, pp. 250~251.
49) Goodwin, *An Unregenerate Man's Guiltiness*, in *Works*, 10:142.
50) Owen, *Causes, Ways, and Means*, in *Works*, 4:178~179.
51) Goodwin, *An Unregenerate Man's Guiltiness*, in *Works*, 10:180.

해 말한다.[52] 거듭나지 아니한 자는 하나님에 대해 무엇을 알고 있든 간에, 그것은 불가피하게 어떻게든 왜곡되어 있고, 이 왜곡은 그들의 실천과 예배 속에서 매우 확실하게 반영될 것이다.

굿윈과 마찬가지로, 레이놀즈도 거듭나지 아니한 자의 지성은 본성적 비참과 영적 결함이라는 이중적인 문제점을 안고 있다고 주장한다. 모든 사람에게 공통적인 본성적 비참은 그리스도인들도 하나님이 주시는 은사를 통해 부분적으로 교정을 받는다. 또 모든 사람에게 공통적인 영적 결함은 오직 은혜를 통해서만 교정되고, 이것은 거듭나지 아니한 자는 영적으로 맹목적이고, 추론적으로 하자가 있으며, 그들에게 도움이 되지 않는 방법으로 영적 진리를 이해할 수 없는 상태에 계속 집착한다는 것을 의미한다. 그러므로 거듭나지 아니한 자는 생각과 행동에 있어서 영적으로 파산한 자다. 레이놀즈의 말에 따르면, 거듭나지 아니한 자가 하는 일은 무엇이든 "철저히 죄를 짓는" 것이다. 그들의 지성에서 나오는 그들의 생각, 행위, 상상, 그리고 다른 모든 것이 철저히 "육신적"이다.[53] 그러나 하나님의 영으로 말미암아 거듭나고, 하나님의 법과 일치된 삶을 추구하는 신자는 어떨까? 청교도는 신자의 삶 속에서 나타나는 죄에 대해서도 결코 침묵을 지키지 않았다.

거듭난 자 속에 있는 죄: 내재하는 죄의 잔재

청교도는 거듭나지 아니한 자에게 미치는 죄의 결과도 무시하지 않았지만, 거듭난 자의 삶 속에서 나타나는 죄를 이해하는 데 훨씬 많은 관심을 가졌다. 그렇게 할 때 청교도는 자주 로마서 7장, 특히 21절의 "그러므로 내가 한 법을 깨달았노니 곧 선을 행하기 원하는 나에게 악이 함께 있는 것이로다"라는 말씀에 시선을 돌렸다. 그리스도인들이 소유한 다양한 구원의 복들 곧 거듭남, 그리스도와의 연합, 칭의, 양자, 성화에도 불구하고, 내재하는 죄로 말미암아 그리스도인에게는 두려운 싸움이 남아 있었다. 이 싸움은 로마서 7장 14~25절에 명확히 묘사되어 있다. 버지스에 따르면, 바울이 제시하는 악이나 죄는 본죄나 습관적 죄가 아니라 원죄다.[54] 이 세상에서 성도들은 원죄에서 결코 완전히 해방되지 못한다. 원죄로 말미암아 성도들은 죽는 날을 받아 놓고 있다. 원죄를 하나님의 법과 대조시키면서, 바울은 원죄를 죄의 법으로 부른다. "내 지체 속에서 한 다른 법이 내 마음의 법과 싸워"(롬 7:23). 아무리 훌륭한 성도 안에서라도 이 "죄의 법"은 강력하다. "비록 죄의 법은 파괴되고, 죄의 법의 힘은 약화되고 손상되고, 죄의 법의 뿌리가 억제될지라도, 여전히 큰 힘과 권능을 갖고 있다."[55] 신자들 속에 있는 원죄는 버지스의 표현을 사용하면, 항상 불꽃이 튀고 있는 용광로다.[56]

신자들은 이 죄의 법과 맞서 싸울 때 이 법이 얼마나 강력한지 곧 발견한다. 오웬은 "죄의 법의 권능을 발견하지 못하는 자들은 이 법의 지배 아래 있다"고 경고한다.[57] 청교도는 이 "법"이 현세에서는 신자 속에 항상 내재해 있다는 데 모두 동조했다. 이 "위험한 동거인"은 항상 영혼 속에 거주한다. 이 법은 절대로 무시되어서는 안 되는 "활활 타고 있는 석탄"이다. 만약 무시한다면 사람을 태워

---

52) Reynolds, *Sinfulnesse of Sin*, p. 182. 개혁파 신학자들은 "추론"이라는 말을 사용할 때, 논쟁적인 추리를 염두에 두었다.
53) Reynolds, *Sinfulnesse of Sin*, p. 249.
54) Burgess, *Original Sin*, p. 93.
55) Owen, *The Nature and Power of Indwelling Sin*, in *The Works of John Owen, D.D.* (Edinburgh: Johnstone & Hunter, 1850~1855), 6:159.
56) Burgess, *Original Sin*, p. 93.
57) Owen, *Indwelling Sin*, in *Works*, 6:159.

버릴 것이다.[58] 청교도는 원죄가 결코 조용히 활동을 정지하고 있는 것이 아니라, 내재하는 죄의 형태로 지속적으로 활동하고 있다고 굳게 믿었다. 기도 및 예배와 같은 그리스도인이 행하는 모든 일 속에서 내재하는 죄도 항상 함께 그곳에 있다. 하이델베르크 교리문답이 말하는 것처럼 "우리가 이 세상에서 행한 최고의 행위라도 모두 불완전하고 죄로 오염되어 있다"(질문 62). 이와 관련해서 오웬은, 죄는 "활동할 때 어디에나 저절로 쉽게 적응한다"고 말한다.[59] 여기서 히브리서 12장 1절의 언어(얽매이기 쉬운 죄)를 취해, 오웬은 죄가 내적 인간의 모든 기능에 스스로 쉽게 역사하는 것에 대해 이렇게 주장한다.

> 죄의 법은 이성이나 지성에 어떻게 역사하는가? 죄가 있는 곳에서 지성은 무지와 어둠과 허영과 미련함과 광기 속에 있게 된다. 의지에 대해서는 어떻게 역사하는가? 죄가 있는 곳에서 의지는 영적 죽음, 완고함, 강퍅함의 근원이 된다. 죄의 법이 심정과 감정에는 어떻게 역사할까? 죄가 있는 곳에서 감정은 온갖 부패한 경향으로 기울어 세상과 현세를 사랑하고 육욕에 휩쓸리고 만다. 이런 식으로 죄는 아주 쉽게 우리가 행하는 모든 일 속에서 은밀하게 침투하고 선한 모든 일을 방해하며 모든 죄와 악행을 조장한다.[60]

이 모든 것은 "죄가 손쉽게 활동하는 것은 사람들이 손쉽게 호흡하는 것과 비교될 수 있다"는 것을 암시할 것이다.

죄의 내재와 죄의 힘은 인간의 마음속에 자리를 잡고 있거나 뿌리를 박고 있는 데서 나온다. 기독교는 죄가 부패시키고 손상시킨 것을 회복시키는 것을 목표로 하기 때문에 마음의 종교다. 성경은 빈번하게 마음을 죄가 나오는 곳과 인간의 근본적인 문제가 있는 곳으로 말한다(창 6:5; 전 9:3; 마 15:19; 눅 6:45). 물론 "마음"은 신체 기관에 속해 있는 것이 아니라, 지성과 오성, 의지, 양심의 기관 곧 내적 인간의 모든 부분이나 기능에 속해 있다. "일반적으로 마음은 사람의 전체 영혼을 의미한다."[61] 죄는 인간의 전체 영혼 속에 거주하기 때문에 이처럼 강한 원수다. 오웬은 마음속에 있는 죄를 "그 은밀한 힘을 우리가 찾아낼 수 없는 원수"로 표현한다. "죄는 지성이 어두울 때, 의지가 뒤틀릴 때, 감정이 혼란하고 육욕에 빠졌을 때 매우 은밀하게 숨어 있기 때문에 어떤 눈도 죄를 발견할 수 없다."[62] 이런 이유로 성경은 마음을 "만물보다 거짓된" 것으로 말한다(렘 17:9). 마음 때문에 사람은 선을 악으로, 악을 선으로 부르는 경향이 있다. 마음이 속이기 때문에 사람은 선하고 의로운 일인 것처럼 보이게 일을 행할 수 있지만, 사실상 자기 사랑과 자기 확대 욕망이 외적 행위를 일으키는 것이다. 이 모든 부패와 속임수는 신자가 영광 속에 들어갈 때까지는 결코 완전히 일소되지 않는 내재하는 죄의 잔재로 말미암아 그리스도인의 삶 속에 자리를 잡고 있다. 그럼에도 청교도는 하나님의 백성들 속에 있는 내재하는 죄의 권능에 대해 매우 광범위하게 설명하는 동안에도, 아울러 그리스도인들은 죄의 지배에서 참된 자유를 누린다는 사실을 한결같이 긍정했다.

---

58) Owen, *Indwelling Sin*, in *Works*, 6:166.
59) Owen, *Indwelling Sin*, in *Works*, 6:167.
60) Owen, *Indwelling Sin*, in *Works*, 6:167. 또한 Burgess, *Original Sin*, pp. 96~98도 보라.
61) Owen, *Indwelling Sin*, in *Works*, 6:170.
62) Owen, *Indwelling Sin*, in *Works*, 6:172.

거듭난 자 속에 있는 죄: 죄의 지배에서의 자유

로마서는 계속해서 청교도의 죄에 대한 견해를 이해하는 데 지침을 제공한다. 만일 로마서 5장이 아담이 그의 후손에게 전가시킨 죄책에 대해 말하고, 로마서 7장이 신자들의 삶 속에서 내재하는 죄의 존재에 대해 말한다면, 로마서 6장은 경건한 자들의 삶의 특징인 죄의 지배에서의 자유를 선포한다. 거듭나는 순간에 그리스도인은 비록 그의 마음과 삶 속에서 죄의 존재에서 완전히 해방되는 것은 아니지만, 죄의 권능이나 지배에서 해방(속량)을 경험한다. 따라서 맨턴은 위에서 내재하는 죄에 대해 말한 것을 긍정하면서 다음과 같이 간구한다. "우리가 죄에서 완전히 벗어나는 것을 바랄 수는 없지만 오, 주님 죄가 우리를 지배하지 않게 하소서."[63] 그리스도인들은 그리스도의 죽음과 부활로 그분과 연합하기 때문에 자기들 자신을 그리스도로 말미암아 "진정으로 죄에 대해는 죽었지만 하나님에 대해는 산 자"로 여겨야 한다(롬 6:11).

버지스는 거듭날 때 "원죄는 더욱 억제되고, 질적 변화가 있으며, 그러기에 빛으로 말미암아 지성 속에는 어둠이 줄어들고, 거룩함으로 말미암아 의지 속에서는 악이 줄어든다"고 주장한다.[64] 질적 변화는 그리스도의 십자가에서의 죽음 배경 속에 굳게 뿌리가 있어야 한다. 왜냐하면 그리스도께서 자기 백성들을 위해 공적 인간으로 행하실 때에 택함받은 자는 그리스도께서 십자가에 못 박히셨을 때 죄에 대해 죽었다는 의미가 있기 때문이다(롬 6:6). 이에 따라 레이놀즈는 그리스도의 죽음 안에서의 교제가 신자를 죄의 지배 권능에서 해방시킨다고 주장한다.[65] 만일 이것이 사실이 아니라면 그리스도는 헛되이 죽으신 것이다. 성령은 그리스도께서 취득하신 것을 적용하신다. 다시 말하면 성령은 택함받은 자에게 그리스도의 구속 사역의 유익들을 반드시 적용하신다. 죄가 거듭난 자 속에서 더 이상 지배권을 행사하지 못하는 증거는 그리스도인들의 삶 속에서 일어나는 다양한 변화로 예증된다.

오웬은 그리스도인이 죄의 지배에서 갖고 있는 자유를 상세히 설명한다. 로마서 8장 1절에 따르면, 그리스도인들은 그들의 죄가 속해졌기 때문에 더 이상 정죄 아래 있지 않다고 확언된다. 정죄에서의 자유는 또한 속박에서의 자유다. 죄는 더 이상 그리스도인들의 주인이 아니다. 그러나 죄의 지배에서 해방된 것이 위에서 지적한 것처럼 신자들이 모든 죄에서 벗어났다는 것을 함축하는 것은 아니다. 이런 주장은 결단코 성경과 모순된다(요일 1:8). 그렇기는 하지만 복음은 "죄를 폐위시키고 영원히 복귀를 금지시킬 수 있기 때문에 이런 지속적인 은혜를 공급하는 것과 함께" 택함받은 자에게 생명과 능력을 전달한다.[66] 만일 죄가 강력하다면 복음은 더 강력하다(롬 1:16). 복음의 약속에 따르면, 성령은 그리스도인들에게 죄를 처리하는 능력을 제공하신다. 율법은 이런 일을 절대로 할 수 없다. 성화 과정 속에서 죄는 죄 죽이기를 통해 점차 약화되다 결국은 소멸된다. 물론 이 죄 죽이기 또는 죄를 죽음 속에 두는 것은 오직 성령이 "일차 유효 원인"으로 작용하는 곳에서만 일어난다.[67]

---

63) Manton, *An Exposition of the Lord's Prayer*, in *The Complete Works of Thomas Manton* (London: James Nisbet, 1870~1875), 1:239.

64) Burgess, *Original Sin*, p. 125.

65) Reynolds, *Sinfulnesse of Sin*, pp. 273, 275.

66) Owen, *Of the Dominion of Sin and Grace*, in *The Works of John Owen, D.D.* (Edinburgh: Johnstone & Hunter, 1850~1855), 7:546.

67) Owen, *Of the Dominion of Sin and Grace*, in *Works*, 7:551.

존 플라벨(1628~1691년)은 거듭나기 전의 사람의 상태를 거듭난 후의 상태와 대조시킨다. 죄의 지배권은 이성을 어둡게 하지만(고전 2:14), 은혜 상태에서는 수건이 벗겨지고 신자들은 빛의 자녀다(엡 5:8). 진노 상태에서는 죄의 지배권이 양심을 더럽히지만 그리스도인의 양심은 깨끗해졌다. 그 외에도 그리스도의 원수로, 그리스도의 뜻을 거부한 자들이 그리스도의 친구가 되고, 그리스도의 통치에 자신을 복종시킬 수 있게 된다(행 9:6). 거듭남의 조건에 따라 성령은 굳은 마음이었던 것을 취해 "원래 강팍했던 그 마음을 녹이고 깨뜨리고, 경건한 근심 속에 있는 죄인의 심정으로 해체시키신다"(겔 36:26).[68] 마지막으로 죄의 지배권은 잘못된 감정을 갖게 하지만 성화는 감정을 올바로 세운다(시 4:6~7). 플라벨은 그리스도인들은 현세에서 죄에서 완전히 고침 받는 것은 아니지만, 그럼에도 "치유가 시작되고, 완전한 상태를 향하여 날마다 자라간다"고 지적하는 것으로 결론을 맺는다. 그리스도인들은 어떤 형태로든 죄의 존재가 영원히 소멸될 천상의 삶으로 나아가는 과정 속에 있다.[69]

거듭난 자 속에 있는 죄: 죄 죽임

로마서 1~7장은 거듭난 자와 거듭나지 아니한 자 모두의 삶 속에서 나타나는 죄에 대해 거의 포괄적인 관점을 제공한다. 오늘날 학자들은 로마서 7장이 그리스도인의 갈등을 묘사하는지에 대해 많은 논란을 일으키지만, 청교도 사이에서는 이 문제에 대해 논쟁이 전혀 없었다. 청교도는 바울의 갈등이 바리새인 사울의 갈등이 아니라 그리스도인 바울의 갈등이라는 데 모두 동조했다. 마찬가지로 로마서 8장 13절에서 바울은 오직 신자들의 삶 속에서 가능한 죄 죽임에 대해 말하는 것이라는 것도 아무도 부정하지 않았다. 로마서 8장 13절을 본문으로 한 존 오웬의 작품 『죄 죽임』의 인기를 감안하면, 우리가 이 구절에 대한 오웬의 강해를 살펴보지 않는다면 게으른 자가 될 것이다. 만일 독자들이 86페이지에 달하는 오웬의 이 강해를 다시 읽을 시간이 없다면 이보다 더 짧은 다른 책 곧 로마서 8장 13절을 본문으로 고작 4페이지에 불과한 버지스의 작품을 참고하는 것이 좋을 것이다.[70]

개혁파 신학자들은 선을 행하는 것의 필연성을 주장했다.[71] 믿음은 은혜 언약의 유일한 선행적 조건이다. 죄를 죽음 속에 두는 것(죄 죽임)은, 그럼에도 불구하고 은혜 언약의 결과적 조건이다. 즉 오웬은 죄 죽임을 의롭게 되거나 하나님과 올바른 관계 속에 들어가기 위한 "세상의 모든 거짓 종교의 영혼과 실체"라고 봤다.[72] 내재하는 죄는 이 세상에 사는 동안 모든 신자 속에 남아 있기 때문에 그들은 성령의 능력으로 한평생 반드시 죄를 죽이는 일을 해야 한다.[73] 만일 사람들이 그리스도인을 자처하면서도 자신의 죄를 죽이지 않는다면 그들은 잃어버린 자다. 신자들은 그리스도에게서 성령을 선물로 받기 때문에 죄를 죽일 수 있다. 오웬은 이렇게 말한다. "성령은 우리의 이성, 의지, 양심, 감정에 역사하되, 이 요소들이 갖고 있는 고유의 성격에 입각해서 역사하신다. 성령은 우리 안에서 우리와 함께 일하시는 분이지, 우리에 반해서 또는 우리와 상관없이 일하시는 분이 아니다."[74] 거듭

---

68) John Flavel, *The Method of Grace*, in *The Works of the Rev. Mr. John Flavel* (재판, Edinburgh: Banner of Truth Trust, 1997), 2:192~193.

69) Flavel, *The Method of Grace*, in *Works*, 2:193.

70) Burgess, *Original Sin*, pp. 106~109.

71) Turretin, *Institutes*, 17.3.1~16을 보라.

72) Owen, *Mortification of Sin in Believers*, in *Works*, 6:7.

73) Owen, *Mortification of Sin in Believers*, in *Works*, 6:9~10.

74) Owen, *Mortification of Sin in Believers*, in *Works*, 6:20.

나지 아니한 자는 자신의 죄를 사랑하고, 죄 속으로 곧장 뛰어들지만 그리스도의 영을 소유한 신자는 죄를 미워하고, 죄에 대한 미움이 "모든 참된 영적 죄 죽임의 언저리에" 놓여 있다.[75]

따라서 로마서 8장 13절의 몇 마디 말씀이 분명히 하는 것처럼, 죄 죽임의 의무는 신자들에게 선택 사항이 아니다. 죄의 문제는 복음으로 해결된다. 하나님은 신자들을 그들의 죄에서 의롭게 하시지만, 죄인들을 정당화하시는 동일한 하나님이 "우리 안에 있는 죄는 절대로 정당화하시지 않을" 것이다.[76] 죄 죽임 교리는 엄숙한 도덕주의를 옹호하지 않고, 성령으로 말미암아 그리스도의 사역을 영화롭게 한다. 왜냐하면 성령은 "죄를 죽이는 능력과 함께 그리스도의 십자가를 우리 마음속으로 끌고 오시기" 때문이다.[77] 그리고 신자들의 삶 속에서 성령이 그들 성화의 창시자이자 완결자가 되신다. 따라서 그리스도를 사랑하는 자들의 죄책이 치유되는 것이 칭의이고, 현세에서 그들의 죄의 지배권이 치유되는 것이 성화다. 성화는 성령의 능력으로 말미암아 죄를 죽이는 것을 포함한다. 그리고 현세 이후에 하나님의 백성들에게 죄에서의 완전한 치유로 임할 복이 영화다.[78] 그때까지 신자들은 항상 죄를 죽여야 하고, 그렇지 않으면 죄가 그들을 죽일 것이다.[79]

결론

청교도의 죄 교리를 다루는 이차 문헌은 찾아보기가 쉽지 않다. 여기저기서 간헐적으로 저자는 청교도가 일반적으로는 타락한 인간 전체의 삶 속에서, 특수적으로는 그리스도인의 삶 속에서 죄의 문제를 어떻게 이해하고 설명했는지 다양한 국면들에 대해 빛을 던져 줄 것이다. 하지만 이차 문헌의 거의 대부분은 신학에 따라 구원론과 관련된 문제들에 초점을 주로 맞추고 있다. 이것은 유감스러운 일인데, 특히 구원론의 진리는 죄 문제에 대한 하나님의 반응으로 가장 잘 이해되기 때문이다. 개혁파가 구원 계획이나 방법과 관련된 문제들뿐만 아니라 죄 곧 죄의 기원, 죄의 결과, 인간에 대한 죄의 권능을 이해하는 데 있어서 로마 가톨릭 사상, 루터교회 사상, 아르미니우스주의, 소키누스주의와 같은 다른 신학 전통들과 달랐다는 것이 흥미롭다. 예를 들면 버지스는 이런 모든 신학 전통들과 논쟁을 통해 끊임없이 연루되어 있다. 따라서 청교도의 죄 교리에 대해 더 깊은 연구가 필요하다. 이번 장은 청교도 작품들 속에서 상술되고 있는 죄 교리의 기본 요소와 강조점들을 몇 가지 제시했다. 하지만 훨씬 깊은 연구가 진행되어야 할 것이다. 현대 교회를 보면 출판사에서 은혜와 사랑에 대한 책들은 홍수처럼 쏟아져 나오고 있지만, 죄에 대해 상세하거나 세부적으로 다룬 책은 거의 출판되지 않고 있다. 확실히 이번 장에서 언급한 작품들에서 발견되는 넓은 범주와 엄밀한 세부 내용과 같은 작품들은 전혀 없다.

요약하면 청교도는 아담의 죄책과 오염을 깊이 자각하고 있었고, 아담의 범죄는 다양한 방법이나 다양한 차원에서 거듭나지 않은 인간뿐만 아니라 거듭난 인간에게도 영향을 미쳤다. 이번 장에서 인용된 대다수 작품은 특별히 굿윈의 작품을 제외하고는, 죄가 예수 그리스도에게 속해 있는 자들에게

75) Owen, *Mortification of Sin in Believers*, in *Works*, 6:41.
76) Owen, *Mortification of Sin in Believers*, in *Works*, 6:77.
77) Owen, *Mortification of Sin in Believers*, in *Works*, 6:86.
78) Flavel, *The Method of Grace*, in *Works*, 2:198.
79) Owen, *Mortification of Sin in Believers*, in *Works*, 6:9.

어떻게 영향을 미치는지에 주로 초점을 맞추고 있다. 존 번연(1628~1688년)은 오웬이나 버지스와 같은 신학적 통찰력은 갖고 있지 않았지만, 생생한 예증을 통해 묘사하는 것은 이들을 능가했다. 이런 이유로 17세기 영국 청교도의 관점에 따라 죄의 사악함을 설명하는 장을 번연의 말로 끝마치는 것이 적절할 것이다.

죄는 살아 있는 벌레, 영원한 불이네.
죄가 사라지면 지옥도 곧 열기를 잃으리라.
천국에서 죄인으로 지내기보다는
지옥에서 죄 없는 자로 있는 게 더 나으리라.
죄 없는 자는 지옥에서 잘 지낼지도 모르나
죄는 천국도 바로 지옥으로 만들어 버리리라.
그런즉 네 자신을 살펴보고, 죄를 내쫓으라.
죄가 들어오지 않도록 절대로 그대로 놔두지 마라.
미련한 사람들은 죄를 조롱하고
죄의 소매에 단검이 있다는 걸 믿지 않네.
이전에 그토록 짜릿하고 달콤하던 죄가
갑자기 날카롭게 쏠 수 있겠느냐고 말하네.
그들은 그것이 사람들을 웃으면서 지옥으로 가게 하는
바로 죄의 주문(呪文)이란 것을 알지 못하네.
그런즉 네 자신을 살펴보고, 죄를 내쫓으라.
죄가 들어오지 않도록 절대로 그대로 놔두지 마라.[80]

80) John Bunyan, *The Complete Works of John Bunyan* (Philadelphia: William Garretson & Co., 1871), p. 1000.

14장

청교도의 행위 언약 교리

하나님과 피조물의 차이는 매우 크기 때문에, 비록 이성적 피조물이 그들의 창조자이신 하나님께 마땅히 순종할 의무가 있다고 해도, 그들은 오직 하나님이 언약을 통해 기쁘게 표현되는 하나님의 자발적인 낮추심이 없었다면 하나님에게서 나오는 어떤 열매도 자기들의 복과 상급으로 가질 수 없었을 것이다.

-웨스트민스터 신앙고백 7.1-

하나님이 사람과 맺으신 첫 언약은 행위 언약이었는데, 거기서 완전한 개인적 순종을 조건으로 아담과 아담 안에 있는 그의 후손에게 생명이 약속되었다.

-웨스트민스터 신앙고백 7.2-

16세기와 17세기 동안 개혁파 신학자들은 아담의 타락 이전 상태를 다양하게 설명했다.[1] 1640년대 중반에 사용된 여러 용어 가운데 "행위 언약"(foedus operum)이라는 용어가 하나님과 에덴에서의 인간 사이의 관계를 묘사하는 데 가장 빈번하게 사용되었다. 하지만 웨스트민스터 대교리문답(질문 20)은 이 언약을 조건(행위)보다는 약속(생명)에 중점을 두고, "생명의 언약"이라는 말로 묘사한다. 개혁파 정통 신학의 상투적인 용어로서 행위 언약은 수많은 중요한 주석적 및 신학적 질문들을 일으키고, 비슷하게 답변되었지만, 그렇다고 이 해석 전통 속에서 신학자들 간에 불일치가 없었던 것은 아니다.[2] 이 개념이 엄밀하게 언제 연원했는지에 대한 기본 문제에 있어서 학자들은 서로 혼란스러워했다.[3] "행위 언약"이라는 말의 기원을 추적하는 문제는 에덴동산에서 창조주-피조물 관계의 본질을 묘사하기 위해 개혁파 신학자들이 각각 자기들이 더 선호하는 말을 갖고 있었다는 것을 감안하면, 특히 증명이 어렵다. 나아가 행위 언약 배후에 있는 신학은 비록 그가 선배들이 사용한 이 용어를

---

1) Willem J. van Asselt, *The Federal Theology of Johannes Cocceius (1603~1699)* (Leiden: E. J. Brill), pp. 254~257을 보라. 아셀트는 다음과 같은 용어들을 제시한다. 자연 언약(foedus naturae), 자연적 언약(foedus naturale), 창조 언약(foedus creationis), 율법 언약(foedus legale), 하나님과의 친교(amicitia cum Deo), 행위 언약(foedus operum). 이번 장 이후 부분에서 토머스 굿윈이 창조의 법(jus creationis)이라는 말을 선호하는 것을 주목하라.

2) 17세기에 행위 언약과 관련되어 일어난 다양한 문제들을 다루는 매우 탁월한 소논문이 리처드 멀러의 작품 속에서 발견된다("The Covenant of Works and the Stability of Divine Law in Seventeenth-Century Reformed Orthodoxy: A Study in the Theology of Herman Witsius and Wilhelmus a Brakel," *After Calvin: Studies in the Development of a Theological Tradition* [New York: Oxford University Press, 2003], pp. 175~189).

3) 예컨대 Robert Letham, "The *Foedus Operum*: Some Factors Accounting for Its Development," *Sixteenth Century Journal* 14 (1983), pp. 457~468과 David A. Weir, *The Origins of the Federal Theology in Sixteenth-Century Reformation Thought* (Oxford: Clarendon, 1990)를 보라.

정확하게 사용하고 있지는 않아도, 존 칼빈에게서 찾아볼 수 있다.[4)]

잉글랜드 청교도 신학자인 더들리 페너(1558~1587년)가 **포에두스 오페룸**이라는 라틴어 형태로 "행위 언약"이라는 용어를 사용한 최초의 인물이었다. 페너는 스승인 토머스 카트라이트(1535~1603년)에게서 이 교리의 요점을 취했다. 카트라이트도 유럽 대륙에서 20년 동안 도피 생활을 하는 동안에 이것을 배웠다.[5)] 사실이 어떠하든 "행위 언약"이라는 말은 17세기 동안에 대다수 개혁파 신학자들의 작품 속에서 확고하게 정착된 말이었고, 따라서 웨스트민스터 신앙고백 7장 2절에서도 찾아볼 수 있다.[6)]

건전하고 필연적인 귀결[7)]

행위 언약 관념은 특히 성경이 타락 이전의 아담과 조물주 간의 관계를 규정하기 위해 "언약"이라는 말을 실제로 사용하지 않기 때문에 수많은 중요한 신학적 질문들을 일으킨다. 이 용어를 정당화하는 것은 언약을 구성하는 것이 무엇인지 정의하는 것과 분리될 수 없고, 17세기 개혁파 신학자들은 이 문제를 잘 알고 있었다.[8)]

갈채를 받은 자신의 언약신학 작품 시작 부분에서 존 볼(1585~1640년)은 이렇게 말한다. "우리는 창조 이후로 하나님과 인간 사이에서 언약이라는 말을 찾아보지 못한다……하지만 성경에서 우리는 언약에 해당되는 사실을 갖고 있다."[9)] 볼은 이것을 에덴동산에서 창조주-피조물 관계의 본질의 기초로 보고, 여기서 "하나님과 인간 사이의 상호 계약이나 협정"이라는 언약에 대한 자신의 일반적 정의를 이끌어 내며, "이 언약에서 하나님은……공정하고 동등하고 우호적인 조건에 따라 인간에게 영원한 행복을 약속하신다"고 설명한다.[10)] 창세기 2장 17절의 "네가 먹는 날에는 반드시 죽으리라"는 말씀을 주석하면서, 웨스트민스터 총회 신학자 앤서니 버지스(사망, 1664년)는 아담과 맺어진 행

---

4) *The Binding of God: Calvin's Role in the Development of Covenant Theology* (Grand Rapids: Baker, 2001), pp. 276~304에서 피터 릴백의 주장을 보라.

5) 페너가 명시적으로 행위 언약(foedus operum)이라는 말을 사용하는 것에 대해서는 *Sacra theologia, sive, Veritas quae est secundum pietatem* (1585), p. 88을 보라. 마이클 맥기퍼트는 "From Moses to Adam: The Making of the Covenant of Works," *The Sixteenth Century Journal* 19, no. 2 (1988년 여름), pp. 131~155에서 이 교리의 전개에 있어서 페너가 차지하는 중요성을 강조한다.

6) 행위 언약 교리는 다수의 저명한 신학자들의 비판을 받았다. 이 비판에 대한 대응은 Cornelis P. Venema, "Recent Criticisms of the Covenant of Works in the Westminster Confession of Faith," *Mid-America Journal of Theology* 9 (1993년 가을), pp. 165~198을 보라.

7) 이 주제에 대해서는 C. J. William, "Good and Necessary Consequences in the Westminster Confession," *The Faith Once Delivered: Essays in Honor of Dr. Wayne Spear*, ed. Anthony T. Selvaggio (Phillipsburg, N.J.: P&R, 2007), pp. 171~190과 Ryan M. McGraw, *By Good and Necessary Consequence* (Grand Rapids: Reformation Heritage Books, 2012)를 보라.

8) 리처드 멀러의 논문, "'Either Expressely Set Down…or by Good and Necessary Consequenece': Exegesis and Formulation in the Annotations and the Confession"은 17세기 영국 신학자들의 작품 속에 행위 언약 배후에 주석적인 이론이 놓여 있음을 주장한다(Richard Muller & Rowland S. Ward 편집, *Scripture and Worship: Biblical Interpretation and the Directory for Public Worship* [Phillipsburg, N.J.: P&R, 2007], pp. 59~82).

9) John Ball, *A Treatise of the Covenant of Grace*… (London, 1645), p. 6.

10) Ball, *The Covenant of Grace*, p. 7. 볼은 이렇게 지적한다. "우리는 성경 속에서 행위 언약에 대해 읽지 못한다……그것에 가장 가까운 본문이 믿음의 법과 반대되는 행위의 법에 대해 말하는 로마서 3장 27절인데, 그것은 행위 언약만큼 은혜 언약에 대해서도 말하고 있다."

위 언약은 은혜 언약보다 더 "애매하게 맺어졌다"는 것을 솔직히 인정한다.[11] 아담과 맺어진 언약은 "오직 추론과 귀결을 통해 파악되어야 한다." 따라서 이 말이 성경에서 명백히 사용되고 있다고 주장하는 것은 매우 확고한 주장으로, "그것은 성경에서 필수적이고 직접적으로 연원하는 것은 진정으로 성경에 있는 것 곧 성경 속에 명백히 포함되어 있는 것으로 봐야 하기 때문이다."[12] 버지스는 분명히 "건전하고 필연적인 귀결"이나 추론에 상당히 큰 해석적 가치를 부여했다. 마찬가지로 소위 "청교도의 왕자"인 존 오웬(1616~1683년)도 이렇게 주장한다. "하나님과 아담 사이의 조건이 언약으로 명백히 불리지는 않지만……거기에는 언약의 본질이 명백히 담겨 있었다. 왜냐하면 그것은 순종과 불순종, 상급과 처벌에 대한 하나님과 인간의 협정이었기 때문이다."[13] 17세기에 언약신학에 대해 쓴 책으로 잉글랜드에서 가장 부피가 큰 책-이절 판으로 1,700페이지가 넘는-의 저자인 프랜시스 로버츠(1609~1675년)도 행위 언약이 "성경 속에는 적극적이고 명백하게 말해지지 않는다"는 것을 인정한다.[14] 그럼에도 로버트는 행위 언약이라는 용어가 적절한 여러 이유를 제시한다.

웨스트민스터 총회 신학자들도 그들의 선배 및 후배들과 마찬가지로 하나님의 전체 경륜은 "성경 속에 명시적으로 표현되거나 건전하고 필연적인 귀결에 따라 성경에서 추론될 수 있다"(웨스트민스터 신앙고백 1.6)는 원리를 주장했다.[15] 신학자들의 행위 언약에 대한 자기 교리 확립의 배후에 놓여 있는 주석적, 언어학적, 신학적, 해석학적 설명을 살펴보면, 그들의 지성 속에 행위 언약은 성경에서 추론된 귀결로서 건전하고 필연적이라는 것을 전혀 의심하지 않았다.

언약의 정의

개혁파 신학자들은 또한 아담은 언약의 일반적 정의에 기초가 두어진 행위 언약 속에 있었다고 말할 수 있었다. 예를 들면 제임스 어셔 주교(1581~1656년)는 언약을 "전능하신 하나님이 인간의 영원한 상태에 대해 인간과 기꺼이 맺으신 협정"으로 정의한다.[16] 토머스 블레이크(대략, 1597~1657년)는 언약을 "양편의 규정에 따른 당사자들의 상호 동의"로 부른다.[17] 웨스트민스터 총회 신학자 조지 워커(대략, 1581~1651년)는 언약이 "두 당사자 간의 상호 약속 곧 거래 조건과 의무"를 가리킨다고 말한다.[18] 워커의 동료 신학자인 오바디야 세즈윅(대략, 1600~1658년)도 언약은 상호 약속, 협정, 계약을 맺을 수

---

11) Anthony Burgess, *Vindiciae Legis: or, A Vindication of the Morall Law and the Covenants, From the Errours of Papists, Arminians, Socinians, and More Especially Antinomians* (London, 1646), p. 119.

12) Burgess, *Vindiciae Legis*, p. 120.

13) John Owen, *Exposition of Hebrews*, in *The Works of John Owen, D.D.* (Edinburgh: Johnstone & Hunter, 1850~1855), 23:60.

14) Francis Roberts, *The Mysterie and Marrow of the Bible: viz. God's Covenants with Man*… (London, 1657), p. 19.

15) 런던 침례교회 신앙고백(1689년)은 대신 이렇게 되어 있다. "성경 속에 명시적으로 표현되거나 필수적으로 담겨 있거나." 이 변경은 확실히 장로교회와 침례교회 신학자들 간의 해석의 차이를 반영하고, 부분적으로 그들이 유아세례가 새 언약에서 보증되는지 여부에 대해 견해가 일치하지 않았던 이유를 설명해 준다.

16) James Ussher, *A Body of Divinitie* (London, 1645), p. 123.

17) Thomas Blake, *Vindiciae Foederis, or, A Treatise of the Covenant of God Entered with Man-Kinde*… (London, 1658), p. 11.

18) George Walker, *The Manifold Wisedome of God* (London, 1640), p. 39.

있는 두 당사자를 포함해야 한다고 주장한다.[19)]

이런 식으로 언약을 묘사하는 것은 행위 언약 개념의 등장을 설명하는 데 도움을 준다. 그러나 개혁파 신학자들은 성경 자체가 다양한 언약을 어떻게 설명하는지를 고찰하지 않고 “언약”이라는 말에 이런 일반적 정의를 부여하는 것은 신학적으로 순진한 일이라고 봤다. 풍성한 언약 모티프를 충분히 고찰하면, 뉘앙스의 차이가 있다는 것을 인정해야 한다. 윌리엄 브리지(1600~1671년)는 “하나님은 항상 언약의 방식으로 인간을 다루신다”고 지적했다. 그러나 브리지가 한 언약의 정의는 관련된 특정 언약에 따라 바뀐다. 따라서 행위 언약과는 반대로, 새 언약은 기독론적인 초점을 갖고 있고, 언약과 유언 사이의 관계에 대한 문제들을 함축하고 있다.[20)] 확실히 언약과 유언 사이의 엄밀한 관계를 이해하면, 17세기 개혁파 정통주의 해석자들 간에 다양한 논점들이 분명히 드러난다. 특히 존 오웬의 경우에는 성경 속에서 “그 말이 매우 다양하게 사용되고, 그 말이 의도하는 것을 다루는 주제에서 확인할 수 있기 때문에” 성경 속에 기록된 모든 언약에 정적(靜的) 의미를 적용시킬 수 있다는 관념을 거부한다.[21)] 요약하면 오웬과 개혁파 정통 동시대 신학자들에게 “언약”은 에덴에서보다 새 언약 배경 속에서 의미가 더 잘 전달되지만, 언약의 언어는 여전히 아담의 배경을 묘사하는 데에도 적용될 수 있다.

패트릭 길레스피(1617~1675년)는 자신의 작품 『열린 언약궤』에서 언약을 구성하는 것이 무엇인지를 상세히 설명한다. 길레스피는 다양한 언약들이 독특한 요소들을 갖고 있다는 것을 부정하지 않고, 성경의 모든 언약은 여섯 가지 요소를 갖고 있다고 주장한다. 첫째, 두 당사자가 있다는 것, 둘째, 협정이 있다는 것, 셋째, 상호 조건들이 있다는 것, 넷째, 이 조건들이 서로를 구속한다는 것, 다섯째, 이 조건들이 양 당사자를 서로 만족시킨다는 것, 여섯째, 이 조건들은 거역해서는 안 된다는 것, 즉 언약은 철회되거나 위반될 수 없다는 것이고, 이것은 “하나님의 법을 가장 크게 침해하고 위반하는 것”을 의미할 것이다.[22)] 이런 식으로 정의하면, 우리는 아담의 상태가 어떻게 언약으로 이해되게 되었는지를 파악할 수 있다. 오웬은 언약을 이해할 때 길레스피의 기본 구조를 반영한다. 히브리서 주석에서 오웬은 언약을 “그들의 상호 관심사와 유익을 위해 그들의 능력 안에서 어떤 일을 지시하고 처리하는 것에 대한 구별된 인격들 간의 합의, 계약이나 협정”으로 정의한다.[23)] 또한 오웬은 『시편 130편 강해』(An Exposition of Psalm CXXX)에서 언약의 본질과 목적을 이렇게 제시한다. “본질상 언약은 거룩하신 창조자와 그의 가난한 피조물 간의 어떤 확실한 목표와 목적을 위한 합의, 계약, 협정이다…… 따라서 [그 목적은] 사람이 하나님의 영광을 위해 창조자를 올바르게 섬기는 것, 창조자에게 복을 받는 것, 창조자를 영원토록 즐거워하는 것 외에 다른 것이 아니다.”[24)] 마찬가지로 에드워드 리(1602~1671년)도 언약은 “서로 간의 평안과 위로를 위해 상대방에게 지켜야 할 내용을 담은 어떤 조항들 속에서 어떤 당사자들 간에 맺어지는 엄숙한 계약”이라고 주장한다.[25)]

---

19) Obadiah Sedgwick, *The Bowels of Tender Mercy Sealed in the Everlasting Covenant*…… (London, 1661), p. 2.

20) William Bridge, *Christ and the Covenant* (London, 1667), pp. 57~58.

21) Owen, *Exposition of Hebrews*, in *Works*, 19:81.

22) Patrick Gillespie, *The Ark of the Testament Opened* (London, 1661), p. 49~51.

23) Owen, *Exposition of Hebrews*, in *Works*, 19:82. 또한 Owen, *Works*, 6:470, 10:210, 19:77~82, 23:55도 보라.

24) Owen, *Exposition of Psalm CXXX*, in *The Works of John Owen, D.D.* (Edinburgh: Johnstone & Hunter, 1850~1855), 6:470~471.

25) Edward Leigh, *A Treatise of the Divine Promises* (London, 1633), p. 63.

또 한 명의 웨스트민스터 총회 신학자 윌리엄 구지(1575~1653년)는 부분적으로 존 오웬의 히브리서 주석 구조에 맞춰 훌륭한 히브리서 주석을 썼는데, 이 작품은 가치만큼 주목을 받지는 못했다. 이 주석에서 구지는 "언약"을 하나님과 인간 간의 상호 협정으로 정의한다. 언약은 반드시 하나님에게서 온 약속과 "감사의 마음으로 자신의 의무를 수행하는 인간 편의 보답"을 포함한다.[26] 그 외에도 구지는 자신의 신학적 요점을 설명하기 위해 채용한 아리스토텔레스의 논리학을 사용해서 네 가지 원인에 따라 신적 언약을 정의한다. 곧 언약은 작용인, 질료인, 형상인, 목적인에 따라 이해될 수 있다.[27] 하나님은 작용인이다. 질료인은 하나님의 기뻐하심과 뜻이다(엡 1:11). 형상인은 두 당사자 곧 하나님과 인간에게 의무를 지우는 데 있다. 그리고 언약의 목적인은 하나님의 영광이다.[28] 따라서 구지는 동시대 신학자들과 같이 에덴동산에서 아담의 상태를 묘사하기 위해 언약의 언어를 사용한다. 나아가 상호 관계, 계약, 복의 일관된 주제는 일반적인 언약의 본질에 대한 설명에서 두드러지고, 이것은 웨스트민스터 신앙고백(7.2)과도 잘 부합한다.

도덕법과 하나님의 형상(Imago Dei)

도덕법은 행위 언약에서 일차적인 중요성을 갖고 있었다. 로버트 롤로크(1555~1599년)는 법적, 자연적 언약으로도 불릴 수 있는 행위 언약은 "본성 속에 세워져 있고", 따라서 하나님의 법은 "사람의 마음속에 각인되었다."[29] 아담은 하나님의 형상으로 지음을 받았기 때문에 하나님의 법이 그의 마음속에 새겨져 있었다. 하나님의 공의는 하나님께 아담을 "순수하고 거룩한" 존재로 창조하실 것을 요구했고, 그러므로 아담은 도덕법을 즐거워하고 지키는 경향을 갖고 있었다. 롤로크는 "행위 언약의 근거는 첫 창조 당시 사람의 본성은 거룩하고 온전한 본성으로 하나님의 법에 대한 지식을 부여받았다"고 덧붙였다.[30] 존 볼은 롤로크의 가르침을 반영해서 아담의 순종은 "하나님 자신의 손가락으로 그의 마음속에 새겨진 율법에 따라 규제되므로 부분적으로 본성적 순종"이었다고 주장했다.[31] 프랜시스 로버츠는 하나님이 아담의 마음속에 도덕법을 기록하셨고, "따라서 그렇게 하심으로써 아담과 언약 속에 들어가셨기" 때문에 에덴동산에서의 상태를 언약의 언어로 묘사하는 것을 정당화한다.[32] 웨스트민스터 총회의 매우 유력한 신학자인 존 라이트풋(1602~1675년)은 더 다채로운 언어로 아담의 마음속에 새겨진 법을 시내 산 율법과 연관시킨다. "아담은 에덴동산에서 이스라엘이 시내 산에서 받은 것과 똑같은 율법을 들었지만 단지 몇 마디 말로 들었고, 천둥소리도 없었

---

26) William Gouge, *A Learned and Very Useful Commentary on the Whole Epistle to the Hebrews Wherein Every Word and Particle in the Original Is Explained* (London, 1655), p. 251.

27) 웨스트민스터 총회 회원인 로버트 해리스(1581~1658년)도 행위 언약을 설명하기 위해 같은 구분을 사용한다(*A Brief Discourse of Mans Estate in the First and Second Adam* [London, 1653], pp. 2~3).

28) Gouge, *Epistle to the Hebrews*, p. 251.

29) Robert Rollock, *A Treatise of Gods Effectual Calling* (London, 1603), pp. 6~7.

30) Rollock, *A Treatise of Gods Effectual Calling*, pp. 6~7.

31) Ball, *The Covenant of Grace*, p. 10.

32) Roberts, *God's Covenants*, p. 20. 또한 "사람의 마음속에 새겨진 자연법이나 도덕법은 [아담이] 수행해야 할 모든 행위를 망라했다"는 존 플라이페어의 언급도 주목하라(Appello Evangelium *for the True Doctrine of the Divine Predestination, Concorded with the Orthodox Doctrine of Gods Free-Grace, and Mans Free-Will* [London, 1638], p. 80).

다."[33] 행위 언약에서 도덕법의 위치는 이 개혁파 신학자들에게는 결코 과장이 아니었다.

토머스 굿윈(1600~1680년)의 행위 언약에 대한 설명은 율법의 중요성에 대한 이런 강조점을 그대로 반영한다. 개혁파 신학자들은 일반적으로 행위 언약을 자연 언약(foedus naturae)으로 지칭한다. 굿윈은 대신 행위 언약을 창조의 법(jus creationis)으로 부른다.[34] 창조의 법에 대한 굿윈의 설명은 아래에서 언급할 것처럼 세심한 고찰을 필요로 할 정도로 매우 정밀하다. 그러나 법에 대해 말해진 것과 관련해서 굿윈은 에덴동산에서 아담이 하나님을 즐거워한 것은 그의 마음속에 새겨진 법을 조건으로 한 것이었다고 주장한다. 아담은 하나님을 즐거워하려면 내적으로 거룩해야 한다. 아담의 모든 기능은 창조주로서 하나님이 명하신 모든 법을 지킴으로써 하나님을 알고, 섬기고, 사랑하도록 되어 있었던 것이 틀림없다. "충분히 온전하게" 아담의 마음속에 기록된 하나님의 법은 피조물로서 아담의 당연히 지켜야 할 의무였다.[35] 또 굿윈은 타락한 상태에서 사람의 마음속에 기록된 법으로 계속 남아 있는 것은 "행위 언약 속에 있었던 사람의 본성 속에 훨씬 강하게 새겨져 있었던 거룩한 법 전체의 충분하고 온전하고 정확한 복사판의 그림자에 불과하다"고 주장한다.[36] 사보이 선언의 대표들은 웨스트민스터 신앙고백 19장 1절 분문에 아담의 마음속에 기록된 법을 분명히 강조하는 흥미로운 내용을 추가했다.

> 하나님은 **아담의 마음속에 기록된 보편적인 순종의 법과 선악을 알게 하는 나무 열매를 따 먹지 말라는 특수한 법령을** 행위 언약으로 그에게 주셔서 아담과 그의 모든 후손을 인격적이고, 완전하고, 정확하고, 영속적인 순종의 의무 아래 두셨고, 그것을 성취할 때에는 생명을 약속하고 그것을 위반할 때에는 죽음을 경고하셨으며, 그것을 지킬 힘과 재능을 아담에게 부여하셨다(사보이 선언 19.1).[37]

무구 상태에서 아담의 마음속에 기록된 법은 더 근본적인 진리 즉 아담이 하나님의 형상으로 지음 받았다는 것을 반영한다. 존 볼은 아담은 하나님의 형상으로 지음을 받음으로써 "삼위일체 하나님에게서 부여받은 신적 특성을 갖고 있어서……하나님 뜻에 완전히, 기꺼이, [그리고] 정확히 순종할 수 있고, 또 순종하기에 합당했다"고 말한다.[38] 웨스트민스터 신앙고백은 아담과 하와는 "하나님 자신의 형상을 따라 지음을 받고, 그들의 마음속에 하나님의 법이 기록되었다"고 말함으로써(4.2), 이 관련 사실들을 하나로 묶는다.[39] 웨스트민스터 총회에서 덜 알려진 신학자들 가운데 하나인 존 메이너드(1600~1665년)는 『피조물의 아름다움과 질서』(The Beauty and Order of Creation)에서 사람이 하나님의 형상으로 지음을 받은 것을 설명하는 데 상당한 분량의 지면을 할애한다. 메이너드는 하나님이

---

33) John Lightfoot, *Miscellanies Christian and Judiciall* (London, 1629), pp. 182~183.

34) Thomas Goodwin, *Of the Creatures, and the Condition of their State by Creation*, in *The Works of Thomas Goodwin* (1861~1866, 재판, Grand Rapids: Reformation Heritage Books, 2006), 7:23.

35) Goodwin, *Of the Creatures*, in *Works*, 7:25.

36) Goodwin, *Of the Creatures*, in *Works*, 7:25.

37) 이탤릭체 부분의 단어들이 웨스트민스터 신앙고백 19.1에서는 발견되지 않는다. 런던 침례교회 신앙고백은 "행위 언약으로"라는 말을 제거한다.

38) Ball, *The Covenant of Grace*, p. 11.

39) 또한 웨스트민스터 대교리문답 질문 17도 보라.

"우리 육체를 만들었기 때문에 우리는 하나님을 섬기는 데 우리의 육체를 복종시켜야 한다"고 추론한다.[40] 하나님이 자기 피조물에게 주실 수 있었던 가장 큰 선물은 오직 인간만 소유하는 자신의 형상을 선물로 주신 것이었다. 유한은 무한을 담을 수 없다(finitum non capax infiniti)는 격언을 익히 알고 있던 메이너드는 지식, 도덕적 형상을 포함해서 인간의 기능을 아담이 본성적으로 하나님을 찬미하고 사랑하기에 충분한 것으로 말하고, "따라서 확실히 어떤 의무를 아담에게 충분히 지시할 만했고, 최초의 언약과 창조의 법을 통해 아담은 하나님께 의존했다."[41]

토머스 굿윈은 아담과 하와에게 각인된 본성의 법은 "하나님 자신이 [그들의] 목적이 되고……따라서 인간에게 하나님을 알고, 하나님 안에서 즐거워할 능력을 주실 것을 요청했다"고 주장한다.[42] 굿윈은 개혁파 신학자들은 로마 가톨릭 신학자들에 반대해 이 "자연적 의무"의 원리를 견지한다고 주장한다. 아담은 그의 지식과 거룩함으로 보아 하나님을 최고선으로 알 수 있었다. 하나님이 인간을 자신의 형상으로 지었기 때문에 아담은 자신에 대해, 그리고 하나님과의 관계에 대해 "거룩하고 성결한 원리"를 직접 소유했다.[43] 하나님과의 관계 조건에 따라 아담은 하나님이 어떤 분이고, 하나님이 아담에게 요구한 의무가 무엇인지에 대한 지식을 소유했고, 이것은 웨스트민스터 대소교리문답의 기본 개요 속에 반영되어 있다.[44] 굿윈은 이 방식에 따라 율법이 그의 마음속에 기록되어 있는 것을 필수적으로 수반하는 아담의 하나님의 형상은 그가 에덴동산에서 자연적으로 약속과 경고들을 알았다는 것을 의미한다고 본다. 두 성례(즉 나무들)는 단지 그의 언약적인 상태의 본질을 확증했다. 따라서 굿윈은 이렇게 주장한다. "이 언약과 이 언약에 첨부된 약속 및 경고에 대한 지식은 본성적이었지만, 이 두 성례에 의해 강화되고 확대되었다."[45] 이것은 흥미로운 질문을 일으킨다. 즉 "아담은 언약 안에서 지음을 받았는가, 또는 언약을 위해 지음을 받았는가?" 굿윈의 대답은 그가 하나님의 형상과 언약의 본질 간의 관계를 이해하는 법으로 볼 때 전자를 암시하는 것으로 보인다. 그러나 모든 신학자가 이 견해에 동조하는 것은 아니다.

언약 안에서 지음을 받았는가, 아니면 언약을 위해 지음을 받았는가

행위 언약은 아담이 지음을 받았을 때 이미 존재하고 있었는가? 빌렘 판 아셀트는 요하네스 콕세이우스(1603~1669년)에게 아담은 언약 관계 속에서 직접 지음을 받은 것이 아니라 언약 관계를 위해 지음을 받은 것을 의미한다는 것을 보여 주었다. 판 아셀트는 이렇게 말한다. "다시 말하면 행위 언약은 피조물과 분석적으로가 아니라 종합적으로 관련되어 있다. 행위 언약은 원래 없었던 것이 실제로 피조물에게 추가된 것이다."[46] 프랜시스 로버츠는 적극적 법을 부정하지 않았지만, 행위 언약을 아담의 마음속에 기록된 법과 동연적인 것으로 만드는 것처럼 보이고, 이것은 필수적으로 아담이

40) John Maynard, *The Beauty and Order of the Creation* (London, 1668), p. 132.
41) Maynard, *The Beauty and Order of the Creation*, p. 190.
42) Goodwin, *Of the Creatures*, in *Works*, 7:44.
43) Goodwin, *Of the Creatures*, in *Works*, 7:46.
44) Goodwin, *Of the Creatures*, in *Works*, 7:46~47.
45) Goodwin, *Of the Creatures*, in *Works*, 7:47.
46) Van Asselt, *The Federal Theology of Johannes Cocceius*, pp. 259~260.

언약 안에서 지음을 받은 것을 의미한다. 사실 로버트는 "도덕법은 행위 언약"이라고 명백히 주장한다.[47] 아담에게 도덕법을 주는 것은 적어도 암묵적으로, 아니 사실은 명시적으로 언약을 준 것이다. 롤런드 워드는 에드워드 피셔(1627~1655년)는 "행위 언약의 본체"인 아담의 마음속에 기록된 법과 "언약의 형태"를 갖고 있는 창세기 2장 16~17절의 특수 협정을 구분한다.[48] 윌리엄 브리지도 피셔의 요점을 반영해서 언약은 법과 다르다고 주장했다. 사실 "사람은 지음을 받았을 때 조물주인 하나님께 순종하도록 법 아래에 있었다…… 그러나 하나님은 사람에게 네가 먹는 날에는…… 라고 말씀하셨을 때 언약 속에 들어가셨다."[49]

존 오웬도 같은 추론을 전개한다. 오웬은 아담과 맺은 언약은 두 가지 방식으로 간주될 수 있다고 말한다. 곧 하나는 단지 법으로, 다른 하나는 언약으로다. "단지 법으로"에 대해 오웬은 창조주-피조물 관계를 언급한다. "곧 이 관계는 인간의 창조주, 통치자, 시혜자로 간주되는 하나님과 도덕적 순종을 할 수 있는 지성적 피조물로서의 인간 간의 관계다. 이 법은 필연적이고, 영원히 불가결한 것이다."[50] 법의 존재는 창조주-피조물 관계와 밀접하게 관련된 존재론적 필연성이었다. 하지만 언약 국면은 약속과 경고, 상급과 처벌을 정하신 하나님의 뜻과 선하신 기쁨에 의존했다. 약속은 은혜를 말하고, 처벌은 공의를 말한다. 이 약속과 경고는 외적 표징을 통해 표현되었다. 곧 "약속은 생명나무를 통해, 경고는 선악을 알게 하는 나무를 통해 표현되었다."[51] 나아가 이 표징들을 통해 하나님은 원래 창조의 법을 언약으로 세우셨고, 그것에 언약의 성격을 부여하셨다. 성례적인 이 나무들은 행위 언약의 표지와 보증으로 작용했다.[52] 따라서 오웬은 에덴에서 아담의 상황이 언약으로서의 성격을 갖고 있었다는 것이 아담이 마음속에 기록된 법과 생명과 죽음을 선포하는 두 나무를 갖고 있었다는 사실로 확증된다고 본다.

오웬과 마찬가지로 많은 개혁파 신학자들이 생명나무는 성례라는 견해를 견지했다. 제임스 어셔(1581~1656년)는 생명나무 열매를 따먹음으로써(의심 없이 성례적인 표징 방식을 따르는), 아담이 자신이 낙원에서 영원히 사는 것을 보장받았다는 견해를 제시했다.[53] 에드워드 리는 이 언약에서 두 성례에 대해서 말한다. "하나님의 법을 존중하는 지식의 나무는 이렇게 하라고 명령하고, 약속을 존중하는 생명나무는 살리라고 말한다."[54] 윌리엄 스트롱(사망, 1654년)도 두 나무에서 언약의 표징을 본다. "하나님이 아담과 맺으신 언약 속에는 생명나무가 표징인 생명의 약속이 있었고, 선악을 알게 하는 나무가 표징인 죽음의 경고가 있었다…… 전자는 생명의 성례로 불리고, 후자는 죽음의 성례로 불린다."[55]

생명나무는 생명을 제공하는 내재적 능력을 갖고 있지 않았다. 롤런드 워드는 개혁파 정통주의

47) Roberts, *God's Covenants*, p. 20.

48) Rowland Ward, *God and Adam: Reformed Theology and The Creation Covenant* (Wantirna, Australia: New Melbourne Press, 2003), p. 102. 나는 특히 워드 박사의 책을 통해 일부 언급을 깨닫게 된 것에 대해 감사하다.

49) Bridge, *Christ and the Covenant*, p. 58.

50) Owen, *Exposition of Hebrews*, in *Works*, 23:60.

51) Owen, *Exposition of Hebrews*, in *Works*, 23:60.

52) Owen, *Exposition of Hebrews*, in *Works*, 23:61.

53) Ussher, *Body of Divinitie*, p. 125.

54) Leigh, *A Treatise of the Divine Promises*, p. 64.

55) William Strong, *A Discourse of the Two Covenants: wherein the Nature, Differences, and Effects of the Covenant of Works and of Grace Are Distinctly, Rationally, Spiritually, and Practically Discussed: Together with a Considerable Quantity of Practical Cases Dependent Thereon* (London: J. M. for Francis Tyton and Thomas Parkhurst, 1678), p. 1.

는 "생명나무와 수시로 따먹으면 인간의 생명을 보존하도록 하나님이 공급하시는 내재적 능력을 갖고 있었다는 관념을 모든 곳에서 거부한다"고 지적한다.[56] 그러나 모든 개혁파 신학자가 생명나무가 그리스도의 모형이었다는 데 동의한 것은 아니다. 프랜시스 투레틴(1623~1687년)은 확실히 생명나무가 그리스도를 모형한다고 믿었다.[57] 투레틴은 심지어 생명나무를 복음과 연계시키고, "복음은……'영생의 말씀'이기 때문에(요 6:68) 구원하고 소생시키는 생명나무"라고 주장한다.[58] 앤서니 버지스는 투레틴의 견해를 인정했지만 생명나무가 그리스도를 표상한 것은 아니라고 주장한다.[59] 프랜시스 로버츠는 단순히 생명나무는 "모형적인" 것(즉 그리스도의 모형)이 아니라 "성례적인" 것으로, 아담에게 영속적인 순종에 따라 생명을 보증한 표징이었다고 주장한다.[60] 이 논점은 17세기 개혁파 정통주의 안에서는 결코 해결되지 않았다.[61] 그러나 그의 마음속에 기록된 법으로 보아 아담은 언약 안에서 지음을 받았다고 믿었거나 언약을 위해 지음을 받았다고 믿었거나 간에, 청교도는 실제 언약 제도에 따라 용어들이 확립되자 생명과 죽음, 약속과 경고를 상징한 이 두 나무의 존재로 아담은 행위 언약을 확신했다는 것을 모두 인정했다.

선악을 알게 하는 나무

앤서니 버지스는 하나님이 아담에게 그의 순종을 시험하려고 선악을 알게 하는 나무 형태로 실정법을 주신 이유에 대한 문제를 상고한다. 버지스는 먼저 나무 이름이 무슨 뜻인지를 묻는다. 아우구스티누스의 견해를 계속 받아들여 버지스는 그 이름이 "[아담에게] 확실히 경험적으로 선과 악을 알도록 만들었기 때문에 어떤 효력에서가 아니라 사건에서" 유래한다고 주장했다.[62] 그러나 버지스는 단지 단순한 한 사건이 이 나무 이름을 정당화하는 것은 아니라고 덧붙인다. 버지스는 "신적 작정과 하나님의 지정"은 아담이 하나님이 정하신 것 이상으로 아는 것을 제한시켰다고 지적한다.[63] 하나님의 지정은 아담에 대한 하나님의 지배권과 능력을 말하고, 이것이 이 나무의 존재에 대해 버지스가 제시하는 첫째 이유다. 둘째 이유는 하나님이 아담의 순종을 "더 시험해서 그것이 순종으로 나타나도록" 하려고 이 나무를 제공하셨다는 것이다.[64] 윌리엄 스트롱도 같은 요점을 제시한다. "하나님은 자신의 최고의 피조물의 순종을 시험하기를 좋아하신다."[65] 아담의 순종의 본질에 초점을 맞추고, 버지스는 이 실정법에 대한 아담의 순종은 도덕법으로 간주된 것과 비교해 보면 "훨씬 낮은

---

56) Ward, *God and Adam*, p. 114.
57) Francis Turretin, *Institutes of Elenctic Theology*, James T. Dennison Jr. 편집, George Musgrave Giger 번역(Phillipsburg, N.J.: P&R, 1992), 8.5.3~14.
58) Turretin, *Institutes*, 8.5.4.
59) Burgess, *Vindiciae Legis*, p. 136.
60) Roberts, *God's Covenants*, pp. 34~35.
61) 존 칼빈 및 헤르만 위트시우스(1636~1708년)와 같은 다른 신학자들은 생명나무가 신인(神人)으로서의 그리스도가 아니라 하나님의 아들을 상징했다고 주장했다. J. Mark Beach, *Christ and the Covenant: Francis Turretin's Federal Theology as a Defense of the Doctrine of Grace* (Gottingen: Vandenhoeck & Ruprecht, 2005), pp. 124~128을 보라.
62) Burgess, *Vindiciae Legis*, p. 102. Cf. Patrick Gillespie, *The Ark of the Testament*, pp. 190~192.
63) Burgess, *Vindiciae Legis*, p. 103.
64) Burgess, *Vindiciae Legis*, p. 103.
65) Strong, *A Discourse of the Two Covenants*, p. 4.

단계였지만", 이 법에 대한 아담의 순종은 "도덕법에 대한 순종보다 더 고단한 것이 결코 아니었다"고 주장한다.[66] 바울이 로마서 5장에서 말하는 아담의 불순종은 특별히 이 실정법을 가리킨다. "교만과 불신앙이 이 죄 속에 있지만 이것이 당연히 그의 죄였다." 즉 따먹지 말도록 명령을 받은 나무의 열매를 따먹었다는 것이 그의 죄였다.[67] 웨스트민스터 총회 신학자들에 따르면, 전체 법을 어긴 것에 포함시킨 이 특별한 방법으로 아담에게 죄를 범하지 말도록 금하기 위해 하나님은 아담에게 죽음을 경고하셨다(참고. 약 1:10).

스코틀랜드 장로교회 신학자이자 웨스트민스터 총회 위원인 새뮤얼 러더퍼드(1600~1661년)는 창세기 2장 17절의 경고 언어를 세부적으로-그리고 때때로 어느 정도는 복잡하게-설명했다. 러더퍼드에 따르면, 아담에게 주어진 죽음의 경고를 이해하기 위해 "우리는 경고하는 자의 의도와 경고 자체의 의도 및 의미를 구분해야 한다."[68] 에덴동산에서 하나님의 경고는 이 죽음의 경고가 "그리스도에게 시행되었다"는 의미에서 볼 때 사실상 부분적으로는 법적이고 부분적으로는 복음적이었고, 이때 택함받은 자를 구원한 것은 첫 번째 죽음이 아니라 두 번째 죽음에서였다. 유기된 자는 첫 번째와 두 번째 죽음을 모두 겪는다. 따라서 어떤 의미에서 이 경고는 율법과 복음을 모두 포함했다. 주님은 자유롭게 "형벌을 가하거나 복음적 치유를 제공하셨다."[69] 아담에 대한 하나님의 경고는 아담이 언약을 깨뜨리면 하나님이 어떻게 나오실 것인지를 묘사하지만, 아담이 죄를 지으면 하나님이 실제로 행하실 일은 피조물의 대장으로서의 아담의 특권을 그대로 남겨 두신다. "율법의 경고는 복음적 치유를 부정하지 않는다."[70] 러더퍼드는 심지어 행위 언약에서도 "복음이 율법을 통해 증명될 수 있는데", 그것은 아담의 마음속에 기록된 첫 번째 계명이 하나님의 자비, 지혜, 구원 능력에 대해 말하기 때문이라고 말한다.[71] 따라서 아담의 죄와 창세기 3장 15절의 약속 사이에서 러더퍼드는 율법 속에 계시된 하나님의 성품에 기반을 둔 복음에 소망을 두었다. 물론 율법에 대한 이런 이해는 전통적인 루터교인의 비난을 초래할 것이다. 확실히 신자들에 대한 하나님의 경고도 "사실상 법적이지만", "형식적으로, 그리고 주님의 의도 속에서는 복음적 의도에 따라 신자들에게 주어진다."[72]

아담에게 주신 하나님의 경고에 대한 러더퍼드의 해석은 아담이 왜 바로 죽지 않았는지를 설명한다. 그러나 개혁파 신학자들은 아담이 죄를 범했을 때 즉시 영적으로 죽었고, 그의 몸은 죽음의 저주 아래 들어갔다고 주장했다. 윌리엄 스트롱은 하나님의 경고는 시간적, 영적 저주의 형태로 나타난다고 설명한다.[73] 결국 선악을 알게 하는 나무는 아담에게 하나님이 따먹으면 그렇게 될 것이라고 말씀하셨기 때문에 그것을 따먹지 말라는 가시적인 경고로 작용했다.

---

66) Burgess, *Vindiciae Legis*, p. 104.
67) Burgess, *Vindiciae Legis*, p. 104.
68) Samuel Rutherford, *The Covenant of Life Opened* (Edinburgh, 1655), p. 3. 의회의 초청을 받은 스코틀랜드 위원으로서 러더퍼드는 웨스트민스터 총회에서 투표권을 행사하지 못했다. 이 총회에 참석한 스코틀랜드 모든 신학자 가운데 러더퍼드는 가장 높은 출석률을 보여 주었고, 발언도 자주 했다.
69) Rutherford, *The Covenant of Life Opened*, p. 4.
70) Rutherford, *The Covenant of Life Opened*, pp. 4~5.
71) Rutherford, *The Covenant of Life Opened*, p. 7.
72) Rutherford, *The Covenant of Life Opened*, pp. 7~8.
73) 시간적 저주와 영적 저주에 대한 그의 상세한 설명은 Strong, *A Discourse of the Two Covenants*, pp. 4~21을 보라.

피조물의 권리

17세기에 행위 언약에 대한 가장 통찰력 있는 설명 가운데 하나가 토머스 굿윈에게서 나왔다. 굿윈의 행위 언약에 대한 접근법은 하나님, 그리스도, 인간, 창조, 죄, 그리고 구속에 대한 그의 교리에 대해 유용한 통찰력을 제공한다. 창조자-피조물 관계에 대해 말하면서, 굿윈은 하나님이 인간을 행위 언약 안에 있도록 창조하심으로써, 하나님의 뜻은 "그 언약에 따라 그들이 창조자가 주실 때 그분에게서, 그리고 그분을 위해 받아 그들의 본성이 만족되는 것을 통해 규제되었다"고 단정한다.[74] 즉 하나님은 아담이 행복과 자신과의 교제에 이르도록 아담 편에서 행해야 할 모든 의무를 주셨다. 앞에서 지적한 것처럼 하나님은 아담에게 그의 마음속에 법을 기록하심으로써 내재적 거룩함을 부여하셨다. 그리고 아담과 하와가 도덕법을 지키는 한 하나님은 "그들에게 베푸신 행복한 상태"를 지속시켜야 할 의무를 지셨다.[75] 그럼에도 하나님은 아담이 타락하지 않도록 할 의무는 없으셨다. 윌리엄 브리지도 하나님은 아담에게 "굳게 설 수 있는 능력을 주셨지만, 아담이 견인의 약속을 지키지 못해 굳게 서 있지 못했다"고 주장한다.[76]

버지스와 굿윈은 아담의 순종에서 영적 요소를 강조한다. 버지스는 아담의 거룩함을 성령에게 귀속시키지만, "그리스도의 거룩한 영으로서의" 성령에게 귀속시키는 것은 아니다.[77] 굿윈은 아담이 성령을 소유했다고 언급한다. 성령은 "아담의 은혜를 돕기 위해 그의 마음속에 있었고, 아담에게 준 생명의 원리들에 따라 살도록 그를 일으키고, 낳고, 움직이도록 역사하셨다."[78] 그러나 타락 이전에 아담이 성령을 소유한 것과 타락 이후에 그리스도인들이 성령을 받은 것은 차이가 있다. 구속사에서 성령을 강조하는 것은 기독론적인 의미에서다. 굿윈은 그리스도인들은 "그리스도로 말미암아, 그리스도의 이름으로, 그리고 그리스도께서 취득하신 곧 자신이 처음에 받으시고, 또한 교회의 머리로서 취득하신" 성령을 소유하고 있다고 주장한다.[79] 아담은 행위 언약의 취지(이를 행하면 그로 말미암아 살리라)에 따라 성령을 보유하고 있었다. 아담은 불순종으로 말미암아 생명을 상실했고, "따라서 같은 조건에 따라 똑같이 성령도 상실했다."[80] 그러나 그리스도인의 경우에는 성령이 약속에 의해 주어진다. 성령은 절대적 선물로 "우리 편의 조건에 따라 주어지는 것이 아니고, 성령이 하나님이 우리에게 요청하시는 것을 우리 안에서 행하고 유지하신다."[81] 따라서 굿윈의 견해에 따르면, 아담의 순종은 단순히 인간적 기능의 능력에 따라 수행하는 순종이 아니라 성령의 역사로 말미암아 수행되는 순종이다. 순종할 때 충분히 견인하는 것은 아담이 갖고 있는 피조물의 권리(즉 하나님이 제공할 의무가 있었던 것)가 아니었다. 하지만 그것은 그리스도의 중보의 적용으로 말미암아 결국 그의 "구속의 권리"가 되었다. 아담의 순종을 강조하는 것이 아담이 믿음을 갖고 있지 않았다는 인상을 주어서는 안 된다. 확실히 아담은 믿음이 있었고, 여러 개혁파 신학자들이 아담의 믿음의 본질을 조심스럽게 설명했다.

---

74) Goodwin, *Of the Creatures*, in *Works*, 7:24.
75) Goodwin, *Of the Creatures*, in *Works*, 7:25.
76) Bridge, *Christ and the Covenant*, p. 62.
77) Burgess, *Vindiciae Legis*, p. 130.
78) Goodwin, *Of the Holy Ghost*, in *Works*, 6:54.
79) Goodwin, *Of the Holy Ghost*, in *Works*, 6:55.
80) Goodwin, *Of the Holy Ghost*, in *Works*, 6:55.
81) Goodwin, *Of the Holy Ghost*, in *Works*, 6:55.

아담의 믿음

개혁파 신학자들은 에덴동산에서 아담이 가졌던 믿음에 대해 말했다. 하지만 동시에 그들은 항상 행위 언약 아래에서의 아담의 믿음과 은혜 언약 아래에서의 그의 믿음을 조심스럽게 구분했다.[82] 확실히 유사점도 있지만 중요한 차이점도 있었다. 존 볼에 따르면, 두 언약 속에서 아담의 믿음은 하나님 중심적이었다. 두 언약 배경 속에서 아담의 믿음은 아담이 하나님에 대해 갖고 있던 사랑으로 봐서 분명하다. "왜냐하면 믿음이 풍성하다면 사랑도 풍성하기 때문이다."[83] 그러나 두 언약의 배경 속에서 믿음의 기초는 서로 다르다. 본성의 의는 창조주와 피조물 간의 상호 사랑에 기초를 둔 모종의 믿음을 전제로 한다. 그러나 타락 후에 믿음은 인간이 본질상 하나님의 심판 아래 있기 때문에 그리스도 안에서 주어진 약속에 의지한다. 다음으로 행위 언약에서 믿음은 자연적이다. 반면에 은혜 언약에서 믿음은 초자연적이다.[84] 마지막으로 볼은 행위 언약에서 믿음은 변할 수 있고, 따라서 아담의 거룩함도 마찬가지로 변할 수 있지만 은혜 언약에서 믿음은 "영원하고 불변적이다. 왜냐하면 그것이 영원하고 불변적인 근원 곧 은혜의 성령에게서 오기 때문이다."[85] 버지스는 아담이 믿음을 있었는지뿐만 아니라 회개가 하나님의 형상으로 지음을 받은 그의 존재에 속하는지에 대해서도 고찰한다. "주체 속에 그 능력이 불완전함을 함축하고 있지 않는 한" 아담은 믿음의 능력을 갖고 있었다.[86] 타락 이후로 아담은 그리스도를 믿는 더 큰 믿음을 필요로 했고, 이 믿음을 신학자들은 "자연적" 믿음과는 반대로, "초자연적" 믿음으로 불렀다.[87] 회개에 대해 말한다면, 버지스는 "회개는 하나님의 형상에게 속할 수 없다"고 추론한다. 왜냐하면 "회개는 주체 속에 불완전함이 있다는 것을 의미하기 때문이다……하지만 회개는 거듭난 본성에서 나오는 것이므로, 환원시켜 보면 어쨌든 회개도 하나님의 형상이다."[88]

나아가 토머스 굿윈은 어떤 신학자들은 에덴동산에서의 아담의 믿음을 초자연적인 것으로 간주한다고 지적한다. 하지만 굿윈은 "아담의 믿음은 단지 자연적인 것"이라는 입장을 취한다. 아담이 믿음으로 하나님과 대화를 나눌 수 있었던 것은 그의 자연적인 권리였다. 따라서 아담은 거룩하고 순전했기 때문에 하나님의 말씀을 믿었다. 아담은 본성적으로 하나님 말씀의 진실함에 동조했고, 아담은 성결한 이성으로 하나님의 말씀을 이해할 수 있었는데, 이것 (역시) 그의 자연적 권리였다.[89]

따라서 굿윈은 아담의 자연적 믿음과 은혜 언약 아래 있는 자들에게 요구되는 초자연적 믿음을 구분한다. 먼저 아담의 언약은 자연 언약(foedus naturae)이므로, 따라서 아담의 칭의, 상, 그 안에 있는 하나님의 형상도 언약의 조건에 따라 모두 자연적인 것이므로, "아담의 하나님을 믿는 믿음의 원리가……초자연적인 것이라면 이상할 것이다."[90] 아담의 상에 대한 굿윈의 이해는 그의 다음 요점 곧 초자연적 믿음은 아담에게 불필요했다는 것에 영향을 미친다. 아담은 에덴동산에서 하늘에 대한 약

---

82) Goodwin, *Of the Holy Ghost*, in *Works*, 6:55.
83) Ball, *The Covenant of Grace*, p. 12.
84) Ball, *The Covenant of Grace*, pp. 12~13.
85) Ball, *The Covenant of Grace*, pp. 12~13.
86) Burgess, *Vindiciae Legis*, p. 118.
87) Goodwin, *Of the Creatures*, in *Works*, 7:54~60을 보라.
88) Burgess, *Vindiciae Legis*, p. 118.
89) Goodwin, *Of the Creatures*, in *Works*, 7:54~55.
90) Goodwin, *Of the Creatures*, in *Works*, 7:56.

속이나 하나님에 대한 환상을 갖지 못했고, 따라서 초자연적 믿음은 불필요했다. 초자연적 믿음은 택함받은 자에게 천국을 준비시키지만 아담은 이런 준비를 갖고 있지 못했다. 왜냐하면 아담에게 약속된 상은 다만 에덴동산에서 지속적인 삶을 사는 것이었기 때문이다.[91] 따라서 초자연적 믿음은 아담을 비참하게 만들었을 것이다. 왜냐하면 그렇게 되면 아담은 하늘에 대한 약속이 없이 하늘에서 하나님과 함께 살기를 바란 것이 되기 때문이다.[92] 자연적 믿음과 초자연적 믿음 간의 궁원의 구분과 하늘은 오직 초자연적 믿음을 가진 자들에게만 속해 있다는 그의 전제는 아담의 상이 에덴동산에서의 그의 지속적 순종에 기초가 두어져 있는지에 대한 문제를 일으킨다. 이 특별한 질문에 대해 개혁파 신학자들은 다양한 견해를 제시한다.

아담의 상: 하늘인가 땅인가

17세기 동안 개혁파 내부에서 벌어진 가장 흥미로운 논쟁 가운데 하나는 아담의 상의 본질과 관련된 것이었다. "아담의 상은 하늘에 있었는가, 아니면 에덴동산에서 지속적인 삶을 영위하는 데 있었는가?" 윌리엄 브리지는 어떤 이들이 주장하는 것처럼 하나님이 아담과, 따라서 그의 후손과 언약 속에 들어가셨을 때 이 세상에서의 영생만이 아니라 "하늘에서의 영생도 약속하셨다"고 주장함으로써 이 문제에 대해 간략히 말한다.[93] 프랜시스 투레틴은 "아담이 하늘에서의 영원한 생명에 대한 약속을 갖고 있었고, 그리하여 (순종 과정이 끝나면) 하늘로 올라가도록 되어 있었는지에 대한 문제를 제기한다.[94] 투레틴은 이 문제에 대해 긍정으로 답변한다. 개혁파 조직신학자 윌리엄 부카누스(사망, 1603)도 똑같이 아담이 죄를 범하지 않았더라면 확실히 죽음을 보지 않고……하지만 어떤 변화는 없지 않고 하늘로 옮겨졌을" 것이라고 주장한다.[95]

16세기와 17세기의 유럽 대륙의 신학자들은 일반적으로 아담의 순종에 대한 상이 하늘에 있었다는 견해를 옹호했다.[96] 그러나 영국의 신학자들은 이에 대해 전원일치가 없었고, 대다수 신학자들이 이 문제를 불가지론으로 남겨 두기를 원했다. 피터 벌클리(1583~1659년)는 "생명"은 행위 언약과 은혜 언약 모두에서 약속되었다고 지적했다. 그러나 벌클리는 이렇게 말했다. "두 언약이 동일한 생명을 약속하는지 또는……어떤 이들이 생각하는 것처럼, 여기 이 땅에서의 생명은 행위 언약에서 약속되고 하늘에서의 생명은 은혜 언약에서 약속되는지 또는 다른 이들이 생각하는 것처럼, 두 언약 모두 하늘에서의 생명과 영광을 약속하든지 나는 결정하지 못하겠고, 그것이 그리 크게 중요한 것은 아니라고 본다."[97] 존 볼도 비슷한 생각을 견지한다. "하나님이 [아담을] 하늘에서의 영광 상태 속으로 옮기실 것이라고 말하는 것은 어떤 정당한 근거가 보증하는 것 이상의 사실이다."[98]

하나님과 아담 사이의 관계는 영적 관계가 아니라는 소키누스주의자의 극단적인 입장 외에도,

---

91) Goodwin, *Of the Creatures*, in *Works*, 7:56.
92) Goodwin, *Of the Creatures*, in *Works*, 7:57~58.
93) Bridge, *Christ and the Covenant*, p. 61.
94) Turretin, *Institutes*, 8.6.1.
95) William Bucanus, *Body of Divinity*, trans. Robert Hill (London, 1659), p. 127.
96) Heinrich Heppe & Ernst Bizer, *Reformed Dogmatics: Set Out and Illustrated from the Sources*, trans. G. T. Thomson (Grand Rapids: Baker, 1978), pp. 293~296을 보라.
97) Peter Bulkeley, *The Gospel-Covenant or the Covenant of Grace Opened* (London, 1646), p. 55. 또한 Burgess, *Vindiciae Legis*, p. 126도 보라.
98) Ball, *The Covenant of Grace*, p. 10.

일부 소뮈르 학파 신학자들은 투레틴이 반대하는 견해, 즉 아담은 죄를 범하지 않았더라도 하늘에 대한 약속이 없이 에덴동산에서 계속 살았을 것이라는 입장을 견지했다. 예를 들어 모이제 아미로(1596~1664년)가 이 입장을 고수했다.[99] 아미로의 견해에 가담한 신학자로는 토머스 굿윈, 윌리엄 구지, 제러마이어 버로스(대략, 1600~1646년)가 있었다.[100] 버로스는 아담에게 약속된 것은 에덴에서만 계속되는 생명이었다고 언급한다. "우리는 하나님이 아담이 순종했다면 하늘에서의 생명을 그에게 약속하셨다는 것에 대해서는 보지 못한다."[101]

특히 굿윈은 기독론적인 근거에 따라 자신의 입장을 단호하게 변론한다. 아담에게 약속된 것은 에덴동산에서의 생명이 전부이고, "결국은 아담을 하늘에서의 영적 생명으로 이동시키는 것이 아니다."[102] 굿윈은 아담의 상이 땅에서만 지속되는 생명인 이유를 여러 가지 제시한다. 첫째, 그리스도는 "하늘에 속한 사람"이지만(고전 15:47), 아담은 "땅에서 난 사람"이다. 그리스도는 하늘의 생명의 최초의 유일한 창시자이시다. 땅에서 난 사람으로서 아담은 더 높은 곳에 이르는 복을 갖고 있지 않았다. 굿윈에 따르면, 바울은 우리 하늘의 기업 기초를 그리스도의 공로가 아니라 하늘의 주가 되시는 그리스도에게 둔다. 아담은 땅에 속한 사람이었기 때문에 결코 하늘에 이를 수 없었다(요 3:13).[103] 그리스도인의 하늘에 대한 권리는 하늘에서 내려온 유일한 분이신 그리스도에게 기초가 두어져 있다. 그리하여 그리스도는 자기 백성들을 위해 아담이 소유할 수 있었던 것(즉 행위 언약에 따라)보다 훨씬 좋은 종말론적 복을 취득하신다. 둘째, 에덴은 위에 있는 낙원(천국)의 모형이다. 아담의 안식은 아담이 그리스도의 모형인 것처럼 천국의 모형이다. 그러므로 "이 자신의 낙원을 하늘에 두고 계신 둘째 아담 곧 그리스도로 말미암지 않고는 아담은 하늘의 낙원에 들어가지 못했다."[104] 셋째, 도덕법 곧 본성의 법은 "천국에 가는 법"과는 전혀 상관없다. 오히려 이 법은 사는 법에 대해 말할 뿐이다. "이를 행하면 그로 말미암아 살리라."[105] 굿윈에 따르면, 그것이 구약 성경에서 그토록 드물게 천국이 언급되는 이유다. 이 시점에서 굿윈은 "하늘에 있는 보화"와 "영생" 사이를 중요하게 구분한다. "하늘에 있는 보화에 대한 이 권리는 그리스도를 따르는 것으로 말미암아 온다. 하지만 영생, 즉 하나님의 호의 속에서 영원히 사는 것은 계명들을 지키는 것에 따라 약속된다. 그리고 이 생명은 여기서 하늘에서의 생명과는 다른 것으로 말해진다."[106] 넷째, 모든 피조물이 지속적으로 하나님의 법에 순종하게 하는 본성의 법은 완전히 "그들이 지음을 받은 것보다 더 높은 지위"를 얻게 하지 못하고, 대신 이 피조물 상태 속에서 계속 살면서 하나님과의 교제의 즐거움과 기쁨을 누리게 한다.[107] 따라서 마지막으로 굿윈은 행위 언약은 다음과 같은 이유로 하늘에서의 생명으로 상을 받는 것이 아니라, 지

---

99) Moise Amyraut, Louis Cappel, and Josue de La Place, *Syntagma Thesium Theologicarum in Academia Salmuriensi variis temporibus disputatarum* (Saumur: Apud Olivarium de Varennes, in Porticu Captivorum Palatij, sub Vase Aureo, 1664), p. 214.

100) 구지에 대해서는 *Epistle to the Hebrews*, p. 253을 보라.

101) Jeremiah Burroughs, *Gospel Conversation* (London, 1650), p. 43.

102) Goodwin, *Of the Creatures*, in *Works*, 7:49.

103) 버로스가 같은 주장을 하는 것은 *Gospel Conversation*, p. 43을 보라.

104) Goodwin, *Of the Creatures*, in *Works*, 7:50.

105) 공교롭게도 투레틴은 "이를 행하면 그로 말미암아 살리라"는 율법의 약속에 대한 논증을 자신의 입장을 증명하는 데 사용한다(*Institutes*, 8.6.4).

106) Goodwin, *Of the Creatures*, in *Works*, 7:51.

107) Goodwin, *Of the Creatures*, in *Works*, 7:51.

음을 받은 원래의 상태 속에서 다만 자신을 확증할 수 있는 것이라고 단정한다.

1. 나는 하늘에서의 생명에 대한 약속을 전혀 모르고 있고, 이후로 곧 오랫동안 순종이 수행된 후로 아담은 영원히 살 것이다. 그리고 이런 약속이 없으면 우리는 그것에 대해 생각하거나 판단할 이유가 전혀 없다.
2. 피조물은 결함이 있을 수 있기 때문에 피조물의 순종은 결코 결함 없는 상태를 취득할 수 없었다. 그것은 은혜에 속한 것이기 때문이다. 오직 신인(神人)만이 이 상태를 취득하실 수 있었다.[108]

따라서 아담이 굳게 섰다면 행위 언약의 영속적 조건에 따라 에덴에서 하나님과의 교제를 누릴 수 있는 복된 삶을 상으로 받았을 것이다. 그러나 "확실히 임의로 취득하는(ex debito) 것도 아니고, 행위 언약 아래 본성에 기인한 것도 아닌" 하늘은 주어지지 않았을 것이다.[109] 오히려 하늘에서의 생명의 상은 예수 그리스도로 말미암아 오고(롬 6:23), "선택의 유일한 열매"다.[110] 굿윈의 주장이 설복적이든 그렇지 못하든 간에, 그의 설명의 분명한 초점은 첫 사람 아담에 대한 둘째 아담의 우월성에 있다. 그리스도는 자신의 인격의 존엄함과 가치로 말미암아 하늘에서의 생명을 취득하실 수 있었지만, 단순한 피조물인 아담은 하나님이 그에게 두신 상태를 지속시킬 수 있었을 뿐이고, 그럼에도 불구하고 그마저도 그가 받기에는 과분한 상이었다.

사보이 선언은 하나님의 무한하신 낮아지심의 배경 속에서 아담의 상을 묘사하기 위해 사용한 언어가 웨스트민스터 신앙고백의 언어와는 다르다. 사보이 선언은 아담이 "생명의 상"을 얻는 것에 대해 말한다(7.2. 참고, 웨스트민스터 신앙고백 7.2). 이 변화의 중요성은 과장되서는 안 된다. 하지만 토머스 굿윈과 윌리엄 브리지가 "생명의 상"을 다르게 해석했다는 것은 의심의 여지가 없다. 이 경우에 "생명"은 에덴에서의 지속적 삶이나 하늘에서의 지속적 삶, 어느 쪽으로도 해석될 수 있다.

은혜와 공로

행위 언약의 구성 요소와 하나님이 아담을 다루신 방법을 살펴보면, 행위 언약이 은혜 언약인지에 대한 질문이 자연스럽게 제기된다. 이 질문은 공로 개념과 관련되어 있다. 롤런드 워드는 17세기 대부분의 개혁파 신학자들은 은혜를 단순하게 구속의 은총과 동등시하지 않고, 보다 일반적인 의미로 이해했다고 지적하는 데 확실히 옳다.[111] 앤서니 버지스는 아담은 율법에 순종하기 위해 하나님의 도우심을 필요로 했다고 주장하고, 이어서 "[데이비드] 파레우스와 같은 일부 박식한 신학자들은……사실상 당연히 은혜로 불려야 할 아담이 갖고 있었던 거룩함 또는 하나님이 아담에게 주신

---

108) Goodwin, *Of the Creatures*, in *Works*, 7:51~52.

109) Goodwin, *Of the Creatures*, in *Works*, 7:52.

110) Goodwin, *Of the Creatures*, in *Works*, 7:52.

111) Ward, *God and Adam*, p. 116. 로버트 리탐이 다음과 같이 내린 결론을 주목하라. "은혜의 결여에 대해 말한다면, 클라인이 단순히 잘못이다. 웨스트민스터 총회 문서들은 분명히 은혜는 타락 이전에도 있었다는 사실을 확언한다" (*The Westminster Assembly*, p. 232).

도움을 부정한다"고 지적한다.[112] 파레우스는 "오직 은혜는 그리스도에게서 죄인들에게 주어진다"고 믿었다. 버지스는 논쟁에서 한 걸음 뒤로 물러나 있지만, 아담은 "하나님의 도우심이 없으면" 견인할 수 없었다고 주장한다.[113] 프랜시스 로버츠는 성경에서 은혜는 "다양한 의미를 갖고 있다"고 주장한다.[114] 은혜는 주로 하나님이 피조물에게 값없이 제공하는 호의와 하나님이 피조물에게 베푸는 복을 가리킨다. 행위 언약에서 아담은 자선의 은혜를 받았다. 은혜 언약에서 아담은 자비의 은혜를 받았다. 행위 언약은 은혜롭다. 은혜 언약은 두 배로 은혜롭다.[115] 따라서 대부분 은혜는 두 언약 모두에서 작용했으나 작용 조건은 각각 달랐다.

앤서니 버지스는 아담은 비록 행위 언약 속에 있었다고 해도 "하나님이 그에게 부여하신 행복을 공로의 대가로 여길 수 없었다"고 주장한다.[116] 인간에 대한 하나님의 은혜는 "무한히 선하고, 우리가 행하는 모든 것은 유한하다."[117] 더구나 아담의 순종은 하나님의 도우심이 없이는 불가능했다. 윌리엄 에임스(1576~1633년)는, 아담은 은혜로 말미암아 에덴동산에서 계속 살았고, "죄를 범하기 전에 아담에게서 은혜가 거두어지지 않았다"고 지적한다.[118] 앞에서 언급한 것처럼, 프랜시스 로버츠는 하나님이 아담과 행위 언약 속에 들어가신 것은 "채무 행위가 아니라 신적 은혜와 호의의 행위"였다고 주장한다.[119] 하나님은 상이 없어도 아담에게 의무를 요청하시는 "명령"을 발하실 수 있었다. 그렇지만 로버트에 따르면, 하나님이 아담에게 자신을 낮추고 아담과 언약 속에 들어가신 것은 "단순한 은혜"였다. 이에 따라 로버트는 아담은 공로로 어떤 상을 받을 수 있는 자격이 없었다고 주장한다. 비록 완전한 순종을 행했다고 할지라도 아담은 여전히 "의무 외에는 아무것도 행하지 못한 무익한 종이었다."[120] 사실 로버트는 하나님이 행위 언약에서 아담을 다루시는 것이 "신적 은혜의

---

112) Burgess, *Vindiciae Legis*, p. 113. 파레우스 외에 토머스 굿윈도 행위 언약에는 은혜가 나타나 있다는 사실을 거의 부인한다. 굿윈이 보기에 은혜는 주는 것 이상의 의미를 함축한다. 곧 은혜는 값없이 주는 것을 함축한다. 은혜는 하나님 뜻의 주권에서 나온다. 따라서 "그렇게 본다면 아담이 갖고 있는 모든 것이 매우 확실하게 은혜로 불릴 수 있어야 할 것이다"(하지만 아니다). *Exposition of Ephesians 2*, in *The Works of Thomas Goodwin*, Thomas Smith 편집 (1861~1866, 재판, Grand Rapids: Reformation Heritage Books, 2006), 2:223. 그의 내재적 거룩함을 포함해서 하나님이 아담에게 보여 주신 모든 선하심은 값없는 선물이었다. 그럼에도 적절히 말하면, 성경에서 이것은 "은혜"로 불리지 않는다. 오히려 성경에서 은혜는 롬 4:4과 이후 구절들에서처럼 "행위 언약 아래 공의의 방법으로 하나님이 피조물에게 상을 주시는 모든 의무와 반대되는" 것이다. 이런 이유로 굿윈은 아담에게 값없이 주어진 하나님의 은혜와 "복음의 은혜"를 구분한다. 자신과 하나님 간 사랑의 유대 관계에 대한 권리를 상실당한 후에 아담은 이제 배반자이고, 따라서 그에게 주어진 하나님의 은혜는 본성의 법을 넘어서서 주어졌다. 굿윈의 생각에 따르면, 은혜 언약 아래에서 주어지는 하나님의 은혜는 매우 풍성해서 믿음과 거룩함이 조건이 아니라-대다수 그의 동시대인들의 견해와는 반대로-은혜의 결과다. 굿윈은 은혜 언약의 무조건적 성격을 강조하고, 따라서 소위 조건은 실제로는 조건이 아니라 "구원 자체의 본질적 요소"이고, 이것은 단순한 의미론에 불과한 것으로 보이지만, 그럼에도 불구하고 굿윈이 타락 이전 및 타락 이후 상태에서 주어진 은혜와 복음 은혜의 성격 간의 차이를 강조할 수 있는 방법이다. *Exposition of Ephesians 2*, in *Works*, 2:222~224를 보라.

113) Burgess, *Vindiciae Legis*, p. 113.

114) Roberts, *God's Covenants*, p. 105.

115) Roberts, *God's Covenants*, p. 106.

116) Burgess, *Vindiciae Legis*, p. 125. 패트릭 길레스피는 "이 언약에서 공의는 어느 정도 위치를 갖고 있었지만 공로는 전혀 아무 위치를 차지하지 못했다"고 주장한다(*The Ark of the Testament*, p. 198).

117) Burgess, *Vindiciae Legis*, p. 126. 버지스는 모든 정통 신학자는 하나님이 아담을 순종하게 하실 수 있었음을 인정한다고 덧붙인다. 따라서 아담이 하나님에게서 선을 행할 힘을 받았다면, "그것으로 말미암아 그는 공로를 세운 것이 아니고, 확실히 하나님께 순종할 의무를 갖고 있었을 뿐이다"(*Vindiciae Legis*, p. 126).

118) William Ames, *The Marrow of Sacred Divinity* (London, 1642), p. 50.

119) Roberts, *God's Covenants*, p. 26.

120) Roberts, *God's Covenants*, p. 26.

행위"라면 하나님의 은혜 언약은 "풍성함이 넘치고 초월적인 은혜"의 행위였다고 주장한다.[121] 또한 존 볼은 하나님의 은혜가 행위 언약에서도 작용했다는 견해를 옹호한다. "하나님이 기쁘게 그것을 약속으로 삼으신 것은 은혜의 행위였다."[122] 따라서 아담은 하나님이 신실한 순종에 대해 자신에게 약속하신 상을 공로로 받을 수는 없었다.[123] 스코틀랜드 출신의 신학자 휴 비닝(1627~1653년)은 생명의 언약에 대해 말하면서 "이를 행하면 그로 말미암아 살리라"는 원리를 강조한다. 그러나 행위 원리를 진술하고 난 직후에 비닝은 "어떤 영광스러운 은혜의 발산과 하나님의 값없는 낮추심이 있었는데, 그 이유는 아담의 순종에 대해 생명을 약속하신 것은 우리의 믿음에 대해 생명을 약속하신 것과 결코 다름없는 값없는 은혜와 무조건적 호의이기 때문"이라고 주장한다.[124] 비닝은 만일 아담이 죄를 범하지 않고 하나님이 인간과의 행위 언약을 계속 유지하셨다면 그것은 여전히 은혜에 속하고, 신실한 자들은 "은혜로 말미암아 구원받고" 자랑할 이유를 갖고 있다손 치더라도 하나님 앞에서는 아니라고 덧붙인다.[125]

윌리엄 구지도 하나님의 약속과 상을 아담을 향하신 하나님의 은혜로운 태도와 연관시킨다. 확실히 "조건을 수행하는 것이 약속된 것과 같은 상의 공로가 될 수는 없었다."[126] 패트릭 길레스피에 따르면, 행위 언약과 은혜 언약 모두에서 작용인은 "단순한 은혜"다. 실제로 길레스피는 은혜 언약은 은혜가 두드러지기 때문에 은혜라는 이름이 붙여졌지만, 행위 언약도 사실은 "은혜 언약"이었다고 주장한다.[127] 첫째, 인간은 아무것도 하지 않고 하나님이 은혜로 언약을 시작하셨다. 둘째, 하나님이 은혜로 아담에게 "완전한 은혜의 모든 습성"을 부여했다. 셋째, 하나님이 은혜로 아담의 순종에 보상을 약속하셨다. "왜냐하면 아담의 순종에는 공로가 전혀 없었기 때문이다."[128] 조지 스윈녹(대략, 1627~1673년)도 완전한 순종에 대해 아담에게 약속된 상은 하나님이 그에게 무언가 의존하신 것이 아니기 때문에 행위 언약은 "어떤 면에서 은혜 언약이었다"고 주장한다.[129] 구지, 길레스피, 스윈녹과 마찬가지로 새뮤얼 러더퍼드도 하나님은 "은혜의 어떤 행위와 발산이 없다면 어떤 언약도, 아니 말할 것도 없이 행위 언약도 세우려고 아니하셨을" 것이라고 주장한다.[130] 존 오웬도 비슷하게 진술한다. 언약 일반에 대해 말하면서 오웬은 "모든 신적 언약은 약속에 기반을 두고 세워지기 때문에 그 안에 무한한 은혜"가 들어 있다고 주장한다.[131] 다른 곳에서 행위 언약을 명확히 설명하면서, 오웬은 순종에 대한 상 곧 하나님과 영원히 함께 사는 것은 "엄밀한 공의에 따르면 요구된 순종의 가치를 크게 능가했고, 따라서 추가된 선하심과 은혜의 효과였다"고 지적한다.[132] 토머스 맨턴(1620~1677년)은

---

121) Roberts, *God's Covenants*, p. 26.
122) Ball, *The Covenant of Grace*, p. 7.
123) Ball, *The Covenant of Grace*, p. 10.
124) Hugh Binning, *The Common Principles of Christian Religion* (Edinburgh, 1660), p. 42.
125) Binning, *Common Principles*, p. 42.
126) Gouge, *Epistle to the Hebrews*, p. 253.
127) Gillespie, *Ark of the Testament Opened*, p. 221.
128) Gillespie, *Ark of the Testament Opened*, p. 221.
129) George Swinnock, *The Works of George Swinnock* (Edinburgh: James Nichol, 1868), 4:61.
130) Rutherford, *The Covenant of Life Opened*, p. 22.
131) Owen, *Exposition of Hebrews*, in *Works*, 23:68.
132) Owen, *Exposition of Hebrews*, in *Works*, 19:337. 이신칭의 관련 작품에서 오웬은 이렇게 주장한다. "은혜는 새 언약 아래에서 하나님이 우리를 받아 주시는 모든 것의 본래적 원천이자 원인이다. 답변: 그것은 옛 언약 아래에서도 마찬가지였다. 원의를 가진 존재로 인간을 창조하신 것은 하나님의 은혜, 자비, 선하심의 결과였고, 하나님을 누

하나님의 은혜가 행위 언약을 세우도록 하나님을 움직인 첫 번째 요소라고 지적함으로써 이 관련 사실을 요약한다. 그러나 그것보다 더 중요한 사실은 하나님이 은혜로 아담의 순종을 받아 주셨다는 것이다. 확실히 "은혜 언약은 은혜가 두드러지기 때문에 은혜 언약으로 불리는 영예를 얻었지만 행위 언약도 마찬가지였다……아담에게 원래의 의를 부여하고, 아담을 합당한 자로 만들고, 아담이 언약을 지킬 수 있도록 한 것은 은혜였다……상과 관련된 은혜는 아담의 순종이나 우리의 순종이나 절대로 공로가 아니었다."[133)]

그러나 웨스트민스터 신앙고백은 하나님이 인간과 맺으신 언약들의 특징으로 "자발적 낮추심"과 "은혜"에 대해 말한다. 이에 대해 다음 두 가지 사실이 언급되어야 한다. 첫째, 대다수 신학자들은 '언약은 정의상 은혜롭다'고 말한다. 둘째, "자발적 낮추심"이라는 말은 분명히 하나님의 은혜를 염두에 두고 있는 말이다. 윌리엄 브리지는 이 두 개념을 하나로 묶는다. 새 언약과 아담과 맺어진 언약을 비교하면서, 브리지는 "값없는 사랑과 은혜로 [하나님은] 인간과 언약 속에 들어가기 위해 기쁘게 낮아지셨다"고 언급한다.[134)] 마찬가지로 행위 언약을 묘사할 때 토머스 블레이크도 하나님의 "은혜로운 낮아지심"에 대해 말한다.[135)] 프랜시스 로버츠는 피조물과 맺으신 하나님의 모든 언약은 "하나님이 피조물에 대해 은혜로 낮아지신 것이다. 무구 상태에서의 행위 언약도 단순히 은혜로 낮아지신 것이다"라고 말한다.[136)] 낮아져서 아담과 언약을 맺으심으로써, 하나님은 지적한 것처럼 패트릭 길레스피가 행위 언약도 은혜 언약이라고 말할 수 있었을 정도로 아담을 은혜로 대하셨다.[137)] 리처드 멀러는 "자발적 낮추심"이라는 말은 인간의 공로를 배제할 뿐만 아니라, "타락 이전에 신적

리는 영생의 상은 단순한 주권적 은혜로 주어졌다. 따라서 행위에 속한 것은 은혜에 속한 것이 아니었다. 그런데 그것은 지금은 더 이상 없다"(*Justification by Faith*, in *The Works of John Owen, D.D.* [Edinburgh: Johnstone & Hunter, 1850~1855], 5:277). "*Atque hoc sapientem eum reddere in obedientia secundum foedus operum Deo rite praestanda, ad felicitatem propriam, et potentiae, sapientiae, bonitatis, gratiae, ac justititae divinae gloriam, pote erat; haec primi hominis theologia*"(*Theologoumena*, in *The Works of John Owen, D.D.* [Edinburgh: Johnstone & Hunter, 1850~1855], 17:39 [1.4.2]).

133) Thomas Manton, *Sermons upon Psalm CXLVI*, in *The Complete Works of Thomas Manton* (London: J. Nisbet, 1872), 8:372.

134) Bridge, *Christ and the Covenant*, p. 61. 로버트 리탐은 이렇게 말한다. "개신교 스콜라 사상 속에서 웨스트민스터 총회 시점에 확고하게 확립된 콘데스켄시오(condescensio)라는 말이 하나님이 자신을 계시하기 위해 인간적인 앎의 방식에 자신을 낮추시는 것을 가리키는 의미로 사용되었다. 이것은 하나님의 은혜(gratia Dei), 인간에 대한 하나님의 과분한 선하심과 호의, 그리고 하나님이 자신의 선하심에 따라 모든 피조물에게 물리적 생존의 복과 선에 대한 도덕적 감화력을 호의로 아낌없이 베푸시는 일반 은총(gratia communis), 하나님의 관대하심, 보편적 은혜와 밀접하게 관련되어 있었다. 이것들은 웨스트민스터 총회의 용어들의 의미를 가장 명확하게 드러낸다. 왜냐하면 그들은 중세 후기의 적당한 은혜 관념에서처럼 은혜가 율법을 상쇄하거나 제한한다고 보지 않고, 율법과 충분히 양립할 수 있다고 봤기 때문이다"(*The Westminster Assembly*, pp. 225~226).

135) Blake, *Vindiciae Foederis*, p. 8. 블레이크는 신학자들이 행위 언약과 은혜 언약을 구분하는 것은 인정하지만, "이 두 언약의 원천과 최초의 출범은 하나님의 값없는 은혜와 호의에서 비롯되었다고 지적한다. 왜냐하면 아무리 행위 언약이 순종을 조건으로 하고, 행위에 대한 상과 관련되어 있다고 해도, 하나님이 사람의 어떤 행위에 상을 주신다고 하신 약속을 주신 것은 은혜에 속한 것이기 때문이다……만일 본래의 의미로 공로가 취해진다면, 무구 상태에서 아담은 공로를 세우기에는 너무 미력했다……그러나 과도한 은혜가 하나님이 타락 상태에 있는 인간과 언약을 맺으실 때 주어진다……그러므로 이 언약은 당연하게 은혜 언약으로 불리는 영예를 얻었다"(*Vindiciae Foederis*, p. 9).

136) Roberts, *God's Covenants*, p. 1099.

137) 리처드 멀러는 이렇게 지적한다. "케번이 증명한 것처럼 17세기에 개혁파 신학자들 사이에 언약으로 하나님과 아담 사이에 맺어진 타락 이전 관계의 정체성에 대해 상당한 의견 일치가 있었을 뿐만 아니라 사실상 당시의 모든 개혁파 신학자가 정도 차이는 있었지만, 은혜가 없이는 하나님과 유한하고 변덕스러운 피조물 간의 관계는 절대로 있을 수 없다는 사실을 인정했다"(*After Calvin*, p. 183).

은혜가 존재했다는 것이 그 시대 대다수 개혁파 사상가들의 근본 전제였다"고 주장했다.[138] 앞에서 언급된 증거는 멀러의 주장을 지지한다.

타락

아담이 하나님에게서 받은 은혜가 무엇이었든 간에, 아담은 행위 언약에서 견인의 은혜는 받지 못했다. 새뮤얼 러더퍼드는 아담은 실제로 영생에 대해서는 예정되었지만, 율법의 영광[즉 율법을 지키는 것을 통해 얻는 영광]과 [원래의 의의 상태에서] 아담이 견인하게 하는 하나님의 능력에 대해서는 "예정되지" 못했다고 주장한다.[139] 그런데 아담은 공적 인간이 아니라 예수 그리스도 안에서 택함받은 자인 한 개인으로 예정되었다. 그러나 아담의 타락은 공적 인간으로서 이루어졌고, 그래서 그의 죄와 죄의 결과에 그의 후손이 연루되었다(웨스트민스터 신앙고백 6.2~3).[140] 웨스트민스터 총회 신학자들은 모두 아담은 죄를 짓지 않을 수 있었지만(posse non peccare), 하자 없이 또는 변함없이 죄를 지을 수 없는(non posse peccare) 상태는 아니었다는 데 동조했다. 에덴동산에서 아담은 "택함받은 천사와 사람들이 그런 것처럼, 선함의 상태 속에 있음을 확증하지" 못했다. 그럼에도 아담은 은혜 언약에서 택함받은 자였다.[141] 신학자들은 행위 언약은 은혜롭다는 것을 인정하는 한편, 은혜 언약에 속해 있는 견인의 은혜는 포함되어 있지 않았다고 주장했다. 개혁파 신학자들의 지성을 사로잡고 있던 문제는 아담의 타락에 있어서 하나님의 역할에 대한 것이었다. 웨스트민스터 신앙고백은 하나님의 영원한 작정에 대한 장에서, 하나님은 일어나는 모든 일을 정하시지만, 그렇다고 해서 그것으로 죄의 창시자가 되는 것이 아니고, "피조물의 의지도 침해되지 않으며, 제이 원인의 자유나 가능성도 제거되는 것이 아니라 오히려 확립된다"고 천명한다(웨스트민스터 신앙고백 3.1). 더 상세한 내용은 하나님의 섭리를 다루는 5장에 나와 있다. 웨스트민스터 신앙고백은 하나님의 섭리는 천사와 사람들의 죄를 포함해 타락에도 미치는데, "그것이 단순한 허용에 의한 것이 아님"을 인정하지만, 그럼에도 죄는 하나님이 아니라 오로지 피조물에게서 나오고, 하나님은 "가장 거룩하고 정의로운 분으로, 죄의 창시자나 찬성자가 아니고, 또 그런 분이실 수 없다"고 천명한다(웨스트민스터 신앙고백 5.4).

개혁파 신학자들은 주권적인 하나님이 인간의 타락에 대해 비난받으실 수 없는 이유를 이해하는 데 다양한 설명을 제공했다. 로버트 해리스(1581~1658년)는 단호하게 아담에게 비난의 화살을 돌린다. "여기서 아담은 오직 자기 자신을 비난해야 한다. 왜냐하면 악의 존재가 그에게서 비롯되었기 때문이다. 마귀는 아담이 죄를 짓도록 강제할 수 없었다. 어쨌든 하나님이 아담에게 죄를 짓도록 강요할 가능성은 거의 없었다. 그것은 인간 자신의 소행이었다"[142] 그러나 패트릭 길레스피는 하나님의 주권과 아담의 죄를 조화시키는 것이 필수적이라는 것을 깨달았다. 길레스피는 아담의 죄가 하나님의

---

138) Muller and Ward, *Scripture and Worship*, 72n47. 또한 Ernest F. Kevan, *The Grace of Law: A Study of Puritan Theology* (Grand Rapids: Baker, 1976), pp. 112~113도 보라.

139) Rutherford, *Covenant of Life Opened*, p. 2.

140) 사보이 선언 6장은 웨스트민스터 신앙고백의 내용과 크게 다르게 되어 있다. 사보이 선언의 언어가 훨씬 엄밀하다.

141) Gillespie, *The Ark of the Testament Opened*, p. 206.

142) Robert Harris, *The Way to True Happinesse Delivered in XXIV Sermons upon the Beatitudes* (London, 1632), 1:9.

섭리 속에서 일어난다는 것을 인정한다. 그것을 부인하는 것은 "[하나님의] 무한한 지혜를 저해하는" 것일 것이다.[143] 아담이 죄를 지을 필연성은 없었지만, "모종의 거룩하고 흠 없는 필연성 곧 이것이 하나님의 작정과 관련해서 일어나도록 되어 있다는 것"은 있었다.[144] 필연성이 자유와 반대되는 것은 아니므로 아담의 의지는 여전히 자유로운 상태에 있었다. 길레스피는 하나님의 흠 없는 필연성은 다음과 같다고 덧붙인다. (1) 야만적인 것이 아니고, 인간의 자연적 기능을 박탈하지 않았다. (2) 태양이 빛을 제공하는 것처럼 자연적인 것이 아니다. (3) "손발이 묶인 사람같이" 강제적인 것이 아니다.[145] 그러나 하나님의 필연성은 "지성의 빛과 지성의 무관심을 전혀 저촉하거나 강요하지 않고 선택 능력 깊은 곳에 감미롭고 지속적으로 영향을 미침으로써" 결정하는 필연성이다.[146] 나아가 이 필연성은 아담의 의지에 본의 아닌 행위나 "자발적이지 않은 활동을 강요하지 않거나 선택할 때 본래부터 자체적으로 어느 다른 반대편을 따라 행하도록 강요하지 않는다. 하나님의 결정의 이 필연성은 하나님을 아담의 불순종의 도덕적 원인이 아니라 단순히 물리적 원인으로 만들 뿐이다."[147]

길레스피 이전에 윌리엄 에임스가 주요 원인과 부차(즉 보조) 원인을 구분했다. 인간은 주요 원인이다. 왜냐하면 자신의 자유의지를 행사해서 금지된 나무 열매를 따먹었기 때문이다. 부차적인 원인은 마귀와 아담의 아내 하와였다. 그러나 마귀는 아담이 죄를 짓는 데 강력한 원인이나 직접적 원인이 아니었다. 마귀는 조언하고 설득했다. 하지만 아담과 하와를 죄를 짓도록 강제하지는 않았다. 마귀의 시험과 관련해서 말한다면, "하나님이 그렇게 되도록 정하신 시험과 결부되어 있었고……하지만 이 하나님의 시험은 악도 아니고 악으로 향하는 것도 아니었다."[148] 이런 다양한 평가는 웨스트민스터 신앙고백 5장 2절의 표현을 설명하는 데 도움을 준다. 거기 보면 하나님은 모든 일의 제일 원인이시지만 "동일한 섭리를 통해 제이 원인들의 성격에 따라 모든 일이 필연적이거나 자유롭거나 우발적으로 일어나도록 명하신다"고 말한다.

아담의 죄의 결과는 무엇이었는가? 윌리엄 에임스는 죄의 이중 결과, 즉 죄책과 오염에 대해 말한다. 형벌은 죄책과 직접 관련되어 있고, 이것은 죄를 지은 것에 대한 가책성과 유책성이다. 오염은 영적 더러움이나 불결함과 관련되어 있고, "이로 말미암아 죄인은 온갖 좋은 것을 결여하게 된다."[149] 로버트 해리스는 죄를 지은 후 아담의 상태에 대해 비슷한 설명을 제시하는데, 아담은 자신의 본질을 바꾸지 못했다고 주장했다. 해리스는 그것이 아담이 사실상 변화되기 전이나 후나 똑같은 사람이었다는 것을 의미한다고 본다. 변한 것은 아담과 하나님의 관계였다. 하나님의 형상으로 지음 받은 자로서 아담은 "크게 바뀌고 변했다."[150] 윌리엄 브리지의 작품 『감각의 악함』(The Sinfulnesse of Sinne)은 타락 이후에 인간 속에 일어난 변화를 강조하는 웨스트민스터 신앙고백 6장에 대한 간략하

143) Gillespie, *The Ark of the Testament Opened*, p. 207.
144) Gillespie, *The Ark of the Testament Opened*, p. 207.
145) Gillespie, *The Ark of the Testament Opened*, p. 208.
146) Gillespie, *The Ark of the Testament Opened*, p. 208.
147) Gillespie, *The Ark of the Testament Opened*, p. 208.
148) Ames, *The Marrow of Divinity*, pp. 51~52.
149) Ames, *The Marrow of Divinity*, p. 53.
150) Harris, *A Brief Discourse of Mans Estate*, p. 8. 또한 Heppe and Bizer, *Reformed Dogmatics*, p. 339도 보라.

고 정확한 주석을 제공한다.[151] 그러나 웨스트민스터 총회 신학자들 가운데 윌리엄 스트롱의 언약 관련 작품이 아담의 죄의 결과에 대한 가장 엄밀한 진술을 담고 있을 것이다.

윌리엄 에임스의 오염과 죄책 구분을 따르는 스트롱은 영혼에게 미치는 죄의 결과를 분석하고, 아담이 타락한 심각한 상태를 강조한다. 영혼은 가장 큰 복을 받기 때문에 가장 큰 저주를 받는다. 만일 영혼이 저주를 받는다면 모든 복은 저주로 바뀌고 만다.[152] 무구 상태에서 아담의 영혼은 아담에게 최고선인 하나님을 지향하는 생각을 줬지만, 죄로 부패한 그의 영혼은 생각 속에 하나님을 위한 공간이 전혀 없다. 그의 영혼은 하나님에 대한 관심을 잃어버렸다. 죄는 인간과 하나님 간의 모든 관계를 파괴시키고, 따라서 죄인인 인간은 아담이 그랬던 것처럼 더는 하나님의 자녀가 아니고 마귀의 자식이다.[153] 하나님의 형상은 "철저히 손상되고", 새로운 형상이 인간에게 새겨진다(웨스트민스터 신앙고백 6.2, 4를 보라). 사실 스트롱은 신학자들은 하나님 형상의 파편들이 죄악 된 인간 속에 남아 있다고 말하지만, 이 파편들은 은혜 언약에서 유래되는 것이라고 주장하는 데까지 나아간다. 따라서 스트롱은 은혜 언약으로 말미암아 그리스도께서 택함받은 자를 비추는 초자연적 빛과 "그리스도께서 모든 인간에게 비추는" 빛에 대해 말한다.[154] 은혜 언약의 은혜가 없으면 영혼은 "완전히 비굴하고……하나님과의 모든 교제와 친교를 상실하며……하나님과 반목하고, 하나님께 다시 돌아올 수 있는 모든 길에서 원수가 된다."[155] 저주도 영혼을 죄악 된 존재로 만들고, 전가를 통해 온 세상을 하나님 앞에서 죄악 된 곳으로 만든다(롬 3:19).[156]

아담 언약의 머리로서의 자격

아담의 죄의 전가 교리는 웨스트민스터 표준 문서들 속에서 제시된 두 언약을 설명하는 데 도움을 준다. 확실히 행위 언약 교리는 로마서 5장의 두 아담 간의 평행 관계를 인정하면 옹호되었다.[157] 요약하면 **페더럴리즘**(라틴어 포에두스, "언약"에서 나온 말)은 행위 언약으로 말미암아 아담을 통해 죄와 죽음이 세상 속에 들어와 모든 사람에게 이전되었다는 관념이다. 존 오웬의 말에 따르면, "모든 사람은 죄로 인해 형벌을 면할 수 없는 것처럼 죄에 대한 책임을 피할 수 없게 되었다."[158] 오웬은 이렇게 덧붙인다. "따라서 모든 사람은 예외 없이 그들 자신의 인격에 따라 살지 못하고 있다. 하지만 그들은 모두 죄가 처음 들어왔을 때 죽음에 예속되고, 형벌을 면할 수 없게 되었다."[159] 아담 안에서의 영적 체질과 "연합적 실존"으로 말미암아 모든 사람이 "그들 자신의 인격 속에서 진노의 자식으로 태어난 그들의 첫 번째 자연적 실존에 대해 죄의 선고를 피할 수 없게 되었다."[160] 모든 인간에게 전가되는 것은 특별히 아담의 죄의 죄책이다. 따라서 웨스트민스터 신앙고백 6장 3절은 이렇게

---

151) William Bridge, *The Sinfulnesse of Sinne* (London, 1667), p. 11.
152) Strong, *A Discourse of the Two Covenants*, p. 14.
153) Strong, *A Discourse of the Two Covenants*, p. 14.
154) Strong, *A Discourse of the Two Covenants*, p. 16.
155) Strong, *A Discourse of the Two Covenants*, pp. 16~17.
156) Strong, *A Discourse of the Two Covenants*, p. 18.
157) Muller and Ward, *Scripture and Worship*, p. 71을 보라.
158) Owen, *Justification by Faith*, in *Works*, 5:323.
159) Owen, *Justification by Faith*, in *Works*, 5:323.
160) Owen, *Justification by Faith*, in *Works*, 5:323.

되어 있다. "그들은[아담과 하와는] 인류의 뿌리로, 본래의 출생을 통해 그들에게서 그들의 모든 후손에게 이 죄의 죄책이 전가되고, 또 죄로 인한 죽음과 부패한 본성도 똑같이 이전되었다." 에드문드 칼라미(1600~1666년)는 로마서 5장의 표현을 행위 언약과 연관시킴으로써, 오웬과 의견을 같이 한다. 칼라미는 아담은 "자신과 자신의 모든 후손을 위해 언약을 받았고……아담은 자기뿐만 아니라 자기와 함께 자신의 모든 후손에게 주어진 언약을 깨뜨렸다"(롬 5:12)고 주장한다.[161] 아담이 죄로 말미암아 모든 사람은 하나님 앞에서 오염되고 죄책이 있고, "그 언약을 깨뜨린 것에 대해 그들에게 부과되는 온갖 저주와 형벌을 피할 수 없게 된다."[162] 앤서니 버지스도 행위 언약을 그의 후손에게 전가된 아담이 지은 죄의 죄책에 기초를 두고 설명한다. 이것은 단지 자연적 출생이 아니라 언약으로 말미암아 일어날 수 있었다. 그렇지 않으면 아담은 "우리의 부모보다 우리에게 더 큰 책임이 없고……이것은 바울이 로마서 5장에서 그것을 계속 한 사람에게 돌리는 것과 반대된다."[163] 본질상 행위 언약에서 인간의 언약의 머리 곧 언약의 대표로서의 아담의 위치는 로마서 5장에서 바울이 매우 강력하게 주석적으로 논증하는 데서 발견된다.[164]

결론

17세기 신학에서 행위 언약의 위치를 설명할 때, 칼 트루먼은 이렇게 주장했다. "개혁파 정통주의 속에서 행위 언약의 용도는……프로크루스테스의 침대처럼 독단적인 자기 해석이나 단순한 증거 본문의 수집 결과 또는 억지로 속이는 율법주의적인 또는 상업적인 하나님의 피조물에 대한 교리의 결과로 추정하는 것은 잘못일 것이다."[165] 만일 이번 장에서 웨스트민스터 총회 신학자들과 일부 그들의 직계 선임자 및 후임자들이 행위 언약을 어떻게 생각했는지를 정확히 요약했다면 트루먼의 주장이 확실히 옳다. 우리가 행위 언약이라는 용어의 등장을 아무리 설명하더라도, 행위 언약 교리는 17세기 중반에 개혁파 정통 신학 안에서 통상적인 교리가 되어 웨스트민스터 신앙고백에 신앙의 항목으로 고백되는 위치를 차지했다. 이 교리는 개혁파 신학의 다음과 같이 여러 중요한 국면들을 강조한다. 신학의 관계적 국면, 하나님과 피조물과의 관계를 분명히 하는 데 언약 개념을 사용함, 성경적으로 권위적인 교리들은 성경의 건전하고 필연적인 귀결을 통해 추론될 수 있다는 관념, 하나님의 형상으로 지음을 받은 인간 창조에 함축된 의미, 아담과 언약을 맺고, "생명"의 의미가 어떤 의미이든 간에 아담에게 "생명"을 제공하실 때 보여 주신 하나님의 은혜와 선하심, 아담과 그의 후손 간의 언약적인 관계, 첫 사람 아담이 "잘못한" 것을 "바로잡기" 위한 또 다른 아담의 필요성. 물론 둘째 아담은 행위 언약에서 첫 사람 아담의 실패에 대한 해답이고, 은혜 언약의 중보자이신 주 예수 그리스도다.

---

161) Edmund Calamy, *Two Solemne Covenants Made between God and Man: viz. The Covenant of Workes, and the Covenant of Grace* (London, 1647), p. 2.

162) Edmund Calamy, *Two Solemne Covenants*, p. 2.

163) Burgess, *Vindiciae Legis*, p. 120.

164) 흥미롭게도 로버트 리탐은 아담의 죄의 전가가 웨스트민스터 신앙고백에는 들어 있지 않고, 웨스트민스터 대교리문답에는 들어 있다고 주장한다. *The Westminster Assembly*, pp. 198~206을 보라.

165) Carl Trueman, *John Owen: Reformed Catholic, Renaissance Man* (Aldershot: Ashgate, 2007), p. 71.

청교도의 구속 언약 교리

하나님은 자신의 영원한 목적에 따라 기꺼이 독생자 주 예수를 하나님과 사람 사이의 중보자, 선지자, 제사장, 왕, 그의 교회의 머리와 구주, 만물의 상속자, 세상의 심판자로 선택하고 정하셨다. 하나님은 영원 전에 주 예수에게 한 백성을 그의 씨로 주셔서, 때가 되면 그분으로 말미암아 구속을 얻고, 부르심을 받고, 의롭다 하심을 얻고, 거룩하게 되고, 영화롭게 되도록 하셨다.

-웨스트민스터 신앙고백 8장 1절-

하나님은 자신의 영원한 목적에 따라 기꺼이 독생자 주 예수를 두 분 사이에 맺어진 언약에 입각해서 하나님과 사람 사이의 중보자, 선지자, 제사장, 왕, 그의 교회의 머리와 구주, 만물의 상속자, 세상의 심판자로 선택하시고 정하셨다. 하나님은 영원 전부터 주 예수에게 한 백성을 그의 씨로 주셔서, 때가 되면 그분으로 말미암아 구속을 얻고, 부르심을 받고, 의롭다 하심을 얻고, 거룩하게 되고, 영화롭게 되도록 하셨다.

-사보이 선언 8장 1절-

성부와 성자 간에 맺어진 영원한 구속 언약(pactum salutis) 관념은 16세기와 17세기 많은 개혁파 신학자들의 작품 속에서 확인할 수 있다.[1] 단순히 말하면, 성부와 성자 간의 구속 언약은 시간적인 은혜 언약(foedus gratiae)의 영원하고 취소할 수 없는 기초를 제공한다.[2] 특히 개혁파 정통 신학은 구속 언약을 구원의 외적(ad extra) 사역의 내적(ad intra) 삼위일체 근거를 증명하는 논증으로 사용했다. 그러므로 이 교리는 구속사 속에서 하나님의 구원 목적을 논의할 때 출발점을 제공한다. 네덜란드 신학자 헤르만 위트시우스(1636~1708년)에 따르면, 성부와 성자 간의 언약은 "우리의 전체 구원의 기초다"[3] 데이비드 딕슨(대략, 1583~1662년)도 비슷하게 말했다. "성경전서는 [구속 언약]에서 명칭을 취

---

1) 나는 구속 언약을 "전시간적" 개념으로 지칭하는 것을 자제했다. 게르트 판 덴 브링크를 통해 개혁파 정통주의 안에서 영원은 전시간적(pretemporal) 개념이 아니라, 굳이 말하자면 선(先)시간적(prae-temporal) 개념이라는 확신을 갖게 되었다. 그것은 시간적으로 이전(pre)이 아니라 논리적으로 선행하는(prae) 것이다. 다시 말하면 하나님의 영원은 시작, 끝, 또는 지속을 갖고 있지 않다. 다만 우리의 영원만이 지속을 갖고 있다. "영원한"의 동의어로 "전시간적"이라는 말을 사용하는 것은 영원이 시간적으로 창조된 시간보다 이전에 있다는 것을 암시하고, 그것은 결정론적 사고를 일으킨다. 그러나 나는 하나님의 영원한 관점이 아니라, 우리의 제한된 관점에 따라 구속 언약과 은혜 언약의 차이를 이해하기 위해 "전시간적" 및 "시간적"이라는 말을 사용할 수 있다고 본다. 그러므로 이번 장에서 나는 "영원한 구속 언약"(pactum salutis)이라는 말을 사용할 것이다.

2) 구속 언약에서 성령의 역할과 성령에 대한 언급이 빠져 있는 것은 아래에서 다룰 것이다.

3) Herman Witsius, *The Economy of the Covenants between God and Man: Comprehending a Complete Body of Divinity* (재판, Grand Rapids: Reformation Heritage Books, 2010), 2.3.1.

하기 때문에 우리는 그것을 더 깊이 공부하도록 권면을 받는다."[4] 구속 언약은 많은 개혁파 신학자들에게 매우 중요한 교리가 되었다.

웨스트민스터 총회의 신학과 관련해서 구속 언약을 한 장에 걸쳐 다루는 것은 부적절해 보인다. 왜냐하면 구속 언약이라는 말이 웨스트민스터 신앙고백이나 교리문답에는 나오지 않기 때문이다.[5] 그러나 이번 장을 포함시키는 것이 정당한 이유가 여러 가지 있다. 첫째, 사보이 신앙고백은 분명히 언약 조건에 따르는 구원의 본질을 명확히 하고 강조하려는 의도에서 웨스트민스터 신앙고백 8장 1절에 여덟 단어-"두 당사자 사이에 맺어진 언약에 따라"(according to a covenant made between them both)-를 추가시킨다. 게다가 구속 언약의 기본 가르침은 명확하게 언약 조건을 따르지는 않지만 웨스트민스터 신앙고백 곳곳에서 찾아볼 수 있다. 확실히 스코틀랜드 신학자 데이비드 딕슨은 웨스트민스터 신앙고백에 대한 주석에서 "거기서 구속 언약 교리를 찾아내는 것은 전혀 어려움이 없었다"고 말했다.[6] 딕슨은 구속 언약을 시간적인 은혜 언약의 기초로 말한다. "이 구속 언약을 성취하고 택함을 받은 자를 이 언약의 유익의 참여자로 만들기 위해 그리스도 예수는 선지자와 제사장과 왕의 삼중 직분을 취하셨다."[7] 그러나 해링턴의 존 브라운(1722~1787년)은 웨스트민스터 소교리문답 강해(질문 20)에서 다른 접근법을 취한다. 브라운은 이렇게 묻는다. "은혜 언약과 구속 언약은 같은 하나의 언약인가?" 브라운은 이 질문에 긍정으로 대답하지만, 일부 신학자들은 구속 언약과 은혜 언약을 구분한다.[8] 브라운은 성부께서 "영원 전에" 그리스도와 은혜 언약을 맺으셨다고 주장한 에드문드 칼라미(1600~1666년)와 비슷하게 주장하는 것으로 보인다.[9] 웨스트민스터 총회 문서들의 가르침과 일치되는 칼라미의 입장은 은혜 언약은 타락에 대처하기 위한 하나님의 사후 생각이 아니라, 오히려 "영원 전부터 예수 그리스도와 맺으신 것으로, 성부 하나님이 택함받은 자의 구원을 위한 중보자이신 성자 하나님과 영원 전에 맺으신 계약이나 계획이었다"고 주장한다.[10] 16세기와 17세기의 많은 개혁파 신학자들이 칼라미의 입장에 동조했다. 그러나 17세기 중반에 매우 저명한 웨스트민스터 총회 신학자들 가운데 일부를 포함해서 다수의 신학자들이 영원한 구속 언약과 시간적인 은혜 언약을 구분했다.[11]

---

4) David Dickson, *Therapeutica Sacra*… (Edinburgh, 1664), p. 22.

5) 스코틀랜드와 미국에서 수십 년 동안 웨스트민스터 총회 표준 문서와 종종 함께 인쇄되었기 때문에 때때로 "비공식적인 네 번째 웨스트민스터 총회 표준 문서"로 지칭된 작품인 David Dickson & James Durham, *The Sum of Saving Knowledge* (1650, 재판, Edinburgh: T. & T. Clark, 1886)에 구속 언약이 이미 언급되어 있다는 사실이 지적되어야 한다.

6) Carl Trueman, *John Owen: Reformed Catholic, Renaissance Man* (Aldershot: Ashgate, 2007), 82n59.

7) Dickson and Durham, *The Sum of Saving Knowledge*, head 2.

8) John Brown, *An Help for the Ignorant: Being an Essay towards an Easy Explication of the Westminster Confession of Faith and Catechisms, Composed for the Young Ones of His Own Congregation* (Edinburgh: Gray, 1758), Q. 20. 브라운은 존 오웬을 염두에 뒀을 것이다. 오웬은 은혜 언약은 "하나님이 그리스도와 관련된 사람들과 맺으신 언약"이지만, 구속 언약은 "하나님이 사람들과 관련된 자기 아들과 맺으신 언약"이라고 단정한다(John Owen, *Exposition of Hebrews*, in *The Works of John Owen, D.D.* [Edinburgh: Johnstone & Hunter, 1850~1855], 19:78).

9) Edmund Calamy, *Two Solemne Covenants Made between God and Man: viz. The Covenant of Workes, and the Covenant of Grace* (London, 1647), p. 2.

10) Calamy, *Two Solemne Covenants*, p. 2.

11) 율법폐기주의 신학자들은 대체로 구속 언약과 은혜 언약을 구분하지 않았고, 따라서 두 언약의 구분은 개혁파 신학자들이 주석을 통해 진보시키고, 17세기에 기승을 부린 율법폐기주의의 영향력과 거리를 두기 위해 전개한 개념이라는 것을 반영한다. 존 본 로는 "그러나 은혜 언약을 구속 언약 속에……해체시키는 것은 청교도 사상 가운데 가능한 한 신적 행위를 보존하고, 은혜 언약을 가능한 한 인간적인 계약과는 거리가 먼 것으로 간주하려는 율법폐기주의 진영의

패트릭 길레스피(1617~1675년)의 구속 언약 관련 작품 서언에서 존 오웬(1616~1683년)은 그의 강해에 대해 길레스피에게 최고의 찬사를 아끼지 않는다. "가르침의 순서, 방법, 명료함, 논증의 견고함을 갖고 이어지는 강론은 같은 의도를 갖고 쓴 내가 본 논문 가운데 최고다."[12] 이 작품에서 길레스피는 은혜 언약은 "하나님이 그리스도와 맺으신 언약에……기초와 토대가 두어져 있다"고 지적한다.[13] 오바디야 세즈윅(대략, 1600~1658년)도 성부와 성자 간에 맺어진 언약과 하나님과 그의 백성들 간에 맺어진 언약을 구분한다.[14] 성부와 성자 간의 언약은 토머스 굿윈(1600~1680년)의 신학에서도 중대한 역할을 맡고 있다.[15] 이 영원한 언약을 이해하는 데 미친 존 오웬 자신의 공헌에 비춰 보면, 사보이 신앙고백(8.1)에 나타나 있는 명확성은 그저 자연스런 일로 보인다. 무엇보다 행위 언약과 은혜 언약은 성부와 성자 간의 영원한 언약이라는 더 큰 배경에서 볼 때, 가장 잘 이해된다. 영원한 구속 언약은 시간 속에서 개현되고 행위 언약과 구조적인 평행 관계를 나타낸다. 둘째 아담은 첫 사람 아담이 실패한 곳에서 성공한다.[16]

구속 언약이라는 개념의 기원

앞에서 지적한 것처럼 일부 개혁파 신학자들은 구속 언약과 은혜 언약을 구분했다. 하지만 다른 신학자들은 은혜 언약이 영원한 국면과 시간적인 국면을 갖고 있는 것으로 말하기를 좋아했다. 하여튼 하나님의 구속 목적의 영원한 본질이 개혁파 구원론에서 중대한 역할을 맡고 있다. 따라서 리처드 멀러는 행위 언약과 은혜 언약의 관계는 "사실상 모든 주요 17세기 개혁파 언약 신학자들이 성부 하나님과 성자 하나님 간의 **팍툼 살루티스** 곧 '구속 언약'을 설명할 때" 확립되었다고 지적했다.[17] 멀러는 이 영원한 언약은 콕세이우스의 작품 속에서 처음 언급된 것이지만 "그 뿌리는 거의 틀림없이 초기 개혁파 신학자들이 신적 작정의 삼위일체적인 성격에 대해 묵상하는 것 속에서 발견된다"고 덧붙인다.[18] 사실 멀러에 따르면, "이 개념에 대한 암시는 루터에게서 찾아볼 수 있다."[19] 초기의 종교개혁자 요하네스 오이콜람파디우스(1482~1531년)는 이사야서 강론(대략, 1523년)에서 실제로 성부와 성자 간에 맺어진 언약에 대해 말한다(Pactum cum filio suo domino nostro Ihesu Christo).[20] 이 개념은 또한

특징으로 나타났다고 지적한다(*The Covenant of Grace in Puritan Thought* [Atlanta: Scholars, 1986], p. 44).

12) John Owen, "To the Reader," *The Ark of the Covenant Opened: Or, A Treatise of the Covenant of Redemption between God and Christ as the Foundation of the Covenant of Grace*, Patrick Gillespie 지음 (London, 1677), p. 4.

13) Gillespie, *The Ark of the Covenant Opened*, p. 1.

14) Obadiah Sedgwick, *The Bowels of Tender Mercy Sealed in the Everlasting Covenant*… (London, 1661), p. 4.

15) Mark Jones, *Why Heaven Kissed Earth: The Christology of the Puritan Reformed Orthodox Theologian Thomas Goodwin (1600~1680)* (Gottingen: Vandenhoeck & Ruprecht, 2010)을 보라.

16) E[dward] F[isher], *The Marrow of Modern Divinity, with notes by Thomas Boston* (London: T. Tegg, 1837), p. 27과 Peter Bulkeley, *The Gospel-Covenant; or the Covenant of Grace Opened* (London: Matthew Simmons, 1651), p. 356을 보라.

17) Richard Muller, *After Calvin: Studies in the Development of a Theological Tradition* (New York: Oxford University Press, 2003), p. 187.

18) Muller, *After Calvin*, p. 187.

19) Richard Muller, "Toward the *Pactum Salutis*: Locating the Origins of a Concept," *Mid-America Journal of Theology* 18 (2007), p. 11.

20) Johannes Oecolampadius, *In Iesaiam Prophetam Hypomnematon* (Basle, 1525), 268b. 앤드루 울시는 오이콜람파디우스에게서 이 개념을 확인한 최초의 학자로 보인다. "Unity and Continuity in Covenantal Thought: A Study in the Reformed Tradition to the Westminster Assembly" (철학박사학위논문, University of Glasgow, 1988), 1:262를

칼빈과 그의 계승자들 속에서도 찾아볼 수 있다. 하지만 데이비드 딕슨이 1638년에 스코틀랜드 교회 총회에서 아르미니우스주의 신학의 위험성에 대해 설교했을 때 구속 언약이라는 실제 용어를 도입한 것이 거의 확실해 보인다.[21)]

개혁파 신앙고백들의 기본 조항을 보면 구속 언약에 대한 내용을 암묵적으로나 명시적으로 확인할 수 있다. 은혜 언약의 영원한 기초에 대한 암시는 벨기에 신앙고백(1561년)과 하이델베르크 교리문답(1563년)에서 확인할 수 있다. 예를 들어 벨기에 신앙고백 26장을 보면, 성부께서 그리스도를 택함받은 자의 중보자로 지정하셨다. 마찬가지로 하이델베르크 교리문답(질문 31)은 그리스도는 그분을 선지자와 제사장과 왕으로 지정하신 성부 하나님께 "성령으로 기름부음을 받으셨다"는 의미에서 그 명칭이 유래한다고 진술한다. 2차 헬베티아 신앙고백(1566년)은 11장에서 그리스도를 "영원부터 성부께서 세상의 구주가 되도록 예정하고 작정하신 분"으로 말한다. 도르트 신조(1619년), 웨스트민스터 신앙고백(1646년), 사보이 선언(1658년)은 훨씬 명시적인 용어로 구속 언약 교리를 제시한다. 도르트 신조는 첫째 교리 7장에서 이렇게 진술한다. "창세전에 [하나님은] 단순한 은혜로 주권적이고 선하신 자신의 기뻐하시는 뜻에 따라……어떤 사람들은 하나님이 영원부터 택함받은 자의 중보자와 머리, 그리고 구원의 기초로 지정하신 그리스도 안에서 구속을 받도록……선택하셨다. 이 택함받은 자를……하나님은 그리스도께 주고, 그리스도로 말미암아 구원받고, 자신의 말씀과 성령을 통해 그들을 효과적으로 부르시고, 자신과의 교제로 이끄는 것을 작정하셨다." 이 진술에는 구속 언약의 여러 핵심 요소들이 담겨 있다. 그러나 구속 언약에 대한 가장 명백한 실례는 웨스트민스터 신앙고백과 사보이 선언 8장 "중보자 그리스도에 대해" 부분에 나타나 있다.

위에서 지적한 것처럼 사보이 선언은 "두 당사자 사이에 맺어진 언약에 따라"라는 어구를 추가했는데, 이것은 의심할 여지 없이 자기들의 작품 속에서 구속 언약을 광범하게 제시한 토머스 굿윈과 존 오웬의 영향을 반영한 것이다. 굿윈은 개정된 사보이 선언을 "최후의 최고의 선언"으로 간주했다.[22)] 그럼에도 사보이 선언에서 발견되는 명시적인 용어를 사용하지 않은 웨스트민스터 신앙고백은 특히 하나님의 영원한 작정에 대한 3장의 진술을 함께 모아 보면 구속 언약의 필수 요소들을 모두 담고 있다.

성부와 성자 간의 협정

성부와 성자 간의 협정이 구속 언약의 기초를 제공한다. 이 교리를 설명한 자들은 성부와 성자 간의 팍툼(라틴어, paciscor, "계약을 맺다, 동의하다, 언약하다"에서 나온 말)에 대해 주석적 이유들을 제공하는 데 많은 지면을 할애했다. 구속 언약을 찬성한 자들의 견해 속에서 최대 이슈는 자기 백성들을 위한 하나님의 구원 목적이 성부와 성자 간에 맺어진 언약에서 나오는 것인지에 있었다. 피터 벌클리는 "우리

보라.

21) Carol Williams, "The Decree of Redemption is in Effect a Covenant: David Dickson and the Covenant of Redemption" (철학박사학위논문, Calvin Theological Seminary, 2005). 이와 관련해서 패트릭 길레스피는 명시적으로 "구속 언약"이라는 말을 사용하지만, "그 말이 성경에서 그리 자주 발견되는 것은 아니라"고 지적한다(그것이 대다수 저술가들이 그 사실에 대해 침묵을 지킨 이유 가운데 하나일 것이다). 하지만 개혁파 신학자들 사이에서 "그 사실 자체는 매우 분명하게 견지되었다"(*Ark of the Covenant Opened*, p. 1).

22) 이 말은 굿윈이 주간 신문 *Mercurius Politicus* 438 (1658), p. 924에서 새로 임명된 호국경 리처드 크롬웰(1626~1712년)에게 전한 말에서 온 것이다. 나는 이것을 귀띔해 준 라이언 켈리에게 감사를 전한다.

구원의 전체 업무는 성부와 성자 간에 체결된 업무가 첫 번째였다"고 주장한다.[23] 의인화된 표현을 통해 에드워드 피셔(대략, 1627~1678년)도 택함받은 자의 구원에 대해 그리스도께서 영원 전에 "하나님과 계약을 체결했다[맺었다]"고 단정한다.[24] 앤서니 버지스(사망, 1664년)는 은혜 언약을 하나님이 시간 영역에서 죄인들과 맺으시는 협정으로 이해한다. 그러므로 구별된 언약이 영원 전에 성부와 성자 사이에 있었다는 결론이 나오게 된다. 이 영원한 언약은 시간적인 은혜 언약에 기초를 제공한다. 하지만 엄밀하게 보면 이 언약은 은혜 언약의 한 부분이 아니다.[25] 새뮤얼 러더퍼드(1600~1661년)는 구속 언약에 나타나 있는 성부와 성자 간의 사랑과 "화목 언약" 즉 은혜 언약에 나타나 있는 하나님과 죄인들 간의 사랑을 대조시킨다. 구속 언약은 "자신의 영원한 즐거움인 성자에 대해 하나님의 마음속에 있는 영원한 사랑의 계획……을 표상한다. 여기에 성부와 성자가 행하는 상호 사랑의 즐거움이 있었다."[26] 러더퍼드는 죄인들에 대한 하나님의 사랑은 성부와 성자 간의 사랑 속에서 기초가 발견된다고 봤다. 에드문드 칼라미도 비록 성부와 성자 간의 언약을 은혜 언약으로 말하기는 해도, 비슷한 지적을 한다. "은혜 언약은 영원 전부터 예수 그리스도와 맺어진 언약 곧 택함받은 자의 구원의 중보자로서 영원 전부터 성부 하나님이 성자 하나님과 맺은 계약 또는 계획이었다."[27] 토머스 굿윈은 죄인들을 구원하기 위해 체결된 성부와 성자 간의 이 협정을 "하늘이나 땅에서 지금까지 체결된, 아니 앞으로 일어날 사건 가운데 최고의 주권과 엄위를 가지신 인격들 간의 최대 사건"으로 지칭했다.[28] 이 실례들은 매우 저명한 일부 웨스트민스터 총회 신학자들이 "하나님은 자신의 영원한 목적에 따라 기꺼이 독생자 주 예수를 선택하고 정하셨다"(웨스트민스터 신앙고백 8.1)는 말을 언약 거래로 이해했다는 것을 증명한다. 성부와 성자 간의 모든 거래는 "언약으로 말미암은" 것이라는 존 오웬의 주장은 사보이 선언의 "장로와 사역자들"이 왜 웨스트민스터 신앙고백 8장 1절에 "두 당사자 사이에 맺어진 언약에 따라"라는 어구를 추가했는지 이유를 설명해 줄 것이다. 이어서 우리는 구속 언약 교리가 어떻게 17세기 개혁파 정통 신학 속에서 광범한 주석적 및 신학적 반성을 통해 나왔는지 살펴볼 것이다.

신적 공의

구속 언약에 대한 설명을 보면, 대체로 하나님의 다양한 속성들을 강조한다. 많은 언급들이 안셀무스 사상의 방향 속에서 진행된다. 즉 그 설명들은 먼저 타락한 존재로 간주된 인간에 대한 하나님 공의의 결과들을 다룬다. 에드문드 칼라미의 말에 따르면, "타락하는 순간에 일어날 아담의 타락 결과에 대한 대비로 마련된 성부와 성자 간의 언약이 없었다면, 하나님의 공의는 하늘 아래에 있는 전체 피조물에게 즉각 임하여 그들을 소멸시키고 말았을 것이다."[29]

---

23) Bulkeley, *The Gospel-Covenant*, p. 31.
24) Fisher, *Marrow of Divinity*, p. 26.
25) Anthony Burgess, *The True Doctrine of Justification Asserted & Vindicated*… (London, 1654), pp. 375~376.
26) Samuel Rutherford, *The Covenant of Life Opened* (Edinburgh: Andro Anderson for Robert Brown, 1655), p. 326.
27) Calamy, *Two Solemne Covenants*, p. 2.
28) Thomas Goodwin, *Of Christ the Mediator*, in *The Works of Thomas Goodwin, D.D.* (1861~1866. 재판, Reformation Heritage Books, 2006), 5:7. 또한 John Flavel, *The Fountain of Life Opened*… (London, 1673), pp. 26~27도 보라.
29) Calamy, *Two Solemne Covenants*, p. 2.

토머스 굿윈이 기독론적인 타락 전 예정설을 견지한 것은 의심의 여지가 없지만, 이 견해에 대한 그의 설명을 보면, 구속 언약은 인간을 타락한 존재로 간주했다. 굿윈은 구속 언약의 수단과 목적을 구분한다. 하나님의 선택의 작정 순서에서는 인간을 타락하지 않은 존재로 보지만, 구속 언약의 수단은 그리스도의 중보(시간적인) 사역으로, 반드시 인간을 타락한 존재로 본다.[30] 따라서 만족의 언어가 굿윈이 이 영원한 언약을 다룰 때 중요한 역할을 맡는다. 성부와 성자 간의 영원한 경륜에 따라 성자는 택함받은 자의 담보물로 행하고, 따라서 "자기에게 가해진……온갖 잘못에도 불구하고 아버지를 만족시키도록" 약속되었다.[31]

새뮤얼 러더퍼드는 행위 언약을 어김으로 말미암아 훼손된 하나님의 공의가 구속 언약으로 말미암아 완화되었고, 이것은 "우리가 아프기 전에 의사"를 보내신 것이다.[32] 존 플라벨(1628~1691년)은 "만족을 주장하시는" 성부와 "만족을 제공하는 데 종사하시는" 성자 사이를 구분한다.[33] 또한 토머스 브룩스(1608~1680년)도 그리스도를 "훼손된 공의를 [만족시키는] 분으로 말한다. 성자는 성부의 영예를 되찾고 정당화한다."[34]

패트릭 길레스피도 구속 언약의 필연성을 하나님의 공의의 맥락에서 다뤘다.[35] 이렇게 할 때 길레스피는 개혁파 신학자들 간에 벌어진 논쟁의 요점을 제시한다. 길레스피는 신적 공의는 성부와 성자 간의 언약으로 말미암아 만족될 것이라는 사실을 인정하지만, 그러는 가운데에서도 하나님이 그리스도의 만족 없이 아담의 죄를 사하실 수 있었는지에 대한 질문을 피하지 않는다.[36] 구속 언약의 신적 "필연성"은, 그것이 필연적이고, 나아가 중보자로서의 그리스도의 사역이 본질상 언약적인 협정을 요한다면, 하나님이 무한한 지혜로 오직 구속 언약을 정하셨다는 사실에서 나온다. 그러나 길레스피의 생각은 여전히 구속 언약은 가설적인 필연성인지, 아니면 필수적인 필연성인지 문제에 얽매여 있었다.[37]

논쟁 양편의 개혁파 신학자들은 하나님 작정의 궁극적 목적이 하나님의 속성들, 특히 공의, 자비, 사랑을 높이는 데 있다는 것에 동조했다. 길레스피는 구속 언약을 이 목적을 이루는 데 가장 적합한 개념으로 봤다. 그러나 "죄를 처벌하는 데 있어서 하나님의 공의는……너무 당연해서 하나님은 죄를 처벌하거나 만족을 요청하지 않을 수가 없고, 그렇게 하지 않으면 하나님이 자신과 자신의 본성을 부인하는 결과가 되는 것"에 대해서는 견해가 일치되지 않았다.[38] 길레스피는 이 "극단적인" 입

---

30) Goodwin, *Of Christ the Mediator*, in *Works*, 5:1~6. 참고, *Exposition of Ephesians*, in *The Works of Thomas Goodwin, D.D.* (1861~1866, 재판, Reformation Heritage Books, 2006), 1:99~100.

31) Goodwin, *Of Christ the Mediator*, in *Works*, p. 4.

32) Rutherford, *Covenant of Life*, p. 303. 물론 이 진술은 러더퍼드의 타락 전 예정설과 일치되지만 타락 후 예정설도 이렇게 말할 수 있었다. 왜냐하면 러더퍼드가 다른 곳에서 주장한 것처럼 "하나님은 시간 속에서 성자가 우리의 담보물이 되는 것에 동의하는 언약 방식을 계획하기 시작하신 것도 아니고, 또 성자가 시간 속에서 동의를 시작하신 것도 아니기 때문이다"(*Covenant of Life*, p. 309). 다시 말하면 구속 언약의 영원한 성격은 하나님이 이미 아담이 타락하기 전에 타락에 대한 해결책을 제공하셨다는 것을 의미한다.

33) Flavel, *Fountain of Life*, p. 27.

34) Thomas Brooks, *Paradice Opened*… (London, 1675), pp. 98~99.

35) Gillespie, *The Ark of the Covenant Opened*, p. 51.

36) Gillespie, *The Ark of the Covenant Opened*, pp. 32~33.

37) Gillespie, *The Ark of the Covenant Opened*, pp. 34~35.

38) Gillespie, *The Ark of the Covenant Opened*, p. 36.

장과 거리를 둔다.[39)]

이 논쟁은 소키누스주의자들이 "하나님은 그리스도의 만족이 없어도 죄를 사하실 수 있었다"고 주장한 사실로 더 악화되었다. 따라서 연상해 보면 죄책이 속죄의 필연성을 주장한 자들의 창고에서 강력한 도구였다.[40)] 패트릭 길레스피 외에도 윌리엄 트위스(1578~1646년), 새뮤얼 러더퍼드, 토머스 굿윈과 같은 웨스트민스터 총회 신학자들이 하나님은 자신의 뜻에 따라 자유로운 행위로 죄를 사하실 수 있었다고 주장했다.[41)] 존 오웬의 작품 『그리스도의 죽음 속에 나타나 있는 죽음의 죽음』(The Death of Death in the Death of Christ, 1647)은 트위스, 러더퍼드, 굿윈의 견해를 더 깊이 전개한다. 그러나 오웬의 후기 작품 『하나님의 공의에 대한 논문』(A Dissertation on Divine Justice, 1652)은 그의 사고 변화를 보여 주고, 프란시스쿠스 유니우스(1545~1602년), 시브란두스 루베르투스(1566~1625년), 요하네스 마코비우스(1588~1644년), 존 캐머런(대략, 1579~1623년), 프랜시스 투레틴(1623~1687년)과 같이 하나님의 징벌적인 공의는 그분의 본성에 본질적이라는 입장을 전개한다.[42)] 따라서 오웬의 수정된 견해에 따르면, 하나님의 공의는 그분의 의지보다 우선권을 갖고 있다. 하나님은 죄를 사하시려면 자신의 본성에 일치된 방법으로 행하셔야 한다.

토머스 굿윈은 하나님이 구속 언약을 통해 죄를 사하시기로 한 작정은 하나님 뜻의 자유로운 행위라고 주장한다. 자신의 뜻을 시행하실 때 하나님은 자신의 사랑과 지혜를 나타내시고, 자신의 공의를 만족시키신다. 그러나 비록 하나님의 공의가 택함받은 자를 위한 그리스도의 죽음으로 말미암아 만족되었다고 해도, "그것은 확실히 더 분명하고, 거역한 자들을 용서하고, 거기에 대해 전혀 항의가 없는 하나의 길이었다. 왜냐하면 하나님이 기쁘게 공의를 전혀 억누르지 않고 단순한 자비의 길과 과정을 가셨다고 해도 그렇게 되었을 것이기 때문이다."[43)] 굿윈은 죄를 처벌하는 것이 오웬이 주장하는 것처럼 하나님의 본성의 행위가 아니라, 하나님의 다른 외적(ad extra) 사역이 그런 것과 똑같이 하나님의 의지의 행위라는 근거에 따라 이 입장을 찬성한다. 왜냐하면 만일 죄를 처벌하는 것이 하나님 본성의 행위라면 죄인은 당장 죽어야 할 것이기 때문이다. 따라서 죄를 처벌하는 것은 하나님이 죽음의 판결을 중지시키기 위한 하나님의 의지의 행위가 되어야 한다. 굿윈은 이렇게 주

39) Gillespie, *The Ark of the Covenant Opened*, p. 37.

40) 속죄의 필요성에 대한 소키누스주의의 입장은 다음 자료들을 보라. Socinus, *De Iesu Christo Servatore* (1594), 1:1, Alan Gomes, "*De Jesu Christo Servatore*: Faustos Socinus on the Satisfaction of Christ," *Westminster Theological Journal* 55 (1993), pp. 209~231, Carl Trueman, "John Owen's *Dissertation on Divine Justice*: An Exercise in Christocentric Scholasticism," *Calvin Theological Journal* 33 (1998), pp. 87~103.

41) 이 문제에 대해 라틴어로 쓴 러더퍼드의 대작(600페이지 이상)은 개혁파 정통주의로 제한하지 않고, 예컨대 로마 가톨릭 신학자들도 포함시켜 이 복잡한 논쟁에 대해 설명한다. 러더퍼드의 입장에 대해서는 *Disputatio Scholastica de Divina Providentia* (Edinburgh, 1649)를 보라. 윌리엄 트위스에 대해서는 *Vindiciae Gratiae Potestatis ac Providentiae Dei* (Amsterdam, 1632), pp. 198~207을 보라. 굿윈의 입장은 아래에서 다룰 것이다. 패트릭 길레스피는 트위스, 러더퍼드, 굿윈의 입장을 다음과 같이 묘사한다. "다른 사람들은 이렇게 주장한다. 곧 하나님은 자신의 능력을 절대적으로 다루신다면, 사실상 어떤 죄든 반드시 처벌받아야 한다는 이 작정의 가정에 따르지 않더라도 인격 속에서나 아니면 그의 대속물 속에서나 마음대로 죄를 처벌하실 수 있다. 이 절대적인 의미로 그들은 하나님은 어떤 배상이 없어도 값없이 죄를 사하실 수 있었다고 말한다"(Gillespie, *The Ark of the Covenant Opened*, p. 36).

42) 예컨대 1647년에 오웬은 이렇게 말한다. "이 전체 주장의 기초 즉 자기 아들의 배상이 없으면 하나님이 인간에게 자비를 베푸실 수 없다는 것이 내게는 거짓과 오류인 것처럼 보인다"(*The Death of Death*, in *The Works of John Owen, D.D.* [Edinburgh: Johnstone & Hunter, 1850~1855], 10:205). 그러나 여러 해가 지난 후에 오웬은 트위스와 공유했던 입장에서 떠난다. *A Dissertation on Divine Justice*, in *The Works of John Owen, D.D.* (Edinburgh: Johnstone & Hunter, 1850~1855), 10:495~624를 보라.

43) Goodwin, *Of Christ the Mediator*, in *Works*, 5:15.

장한다. "하나님이 죄를 미워하시는 것은 그분 본성의 행위이지만 처벌을 통해 그 미움을 표현하시는 것은 하나님 의지의 행위이고, 그러므로 완전히 중지될 수 있다."[44] 나아가 그리스도께서 "잔"을 자기에게서 옮겨 달라고 기도하셨을 때(막 14:36), 직전에 나오는 어구 "아버지께는 모든 것이 가능하오니"는 하나님이 그리스도의 죽음이 없어도 용서하실 수 있다는 가능성을 암시한다. 확실히 "그리스도의 만족을 통해 그렇게 하시는 것 외에 다른 길이 없다면, 하나님의 의지 안에 불가능성이 놓여 있는 것이 되고 만다."[45] 그러므로 이 논쟁은 중요한 주석적, 논리적 관련 사실 때문에 벌어졌다.[46]

속죄의 절대적 필연성에 대한 오웬의 입장을 거부함에도 불구하고, 패트릭 길레스피와 토머스 굿윈은 똑같이 구속 언약을 하나님이 가능한 한 가장 충분하게 하나님의 속성들을 나타내기 위해 선택한 수단으로 강조한다. "[그리스도 안에서] 하나님의 영광스러운 속성과 본성이 똑똑히 드러났고, 거기서 선포된 영광은 창조와 섭리의 모든 사역을 통해 빛난 것보다 훨씬 영광스럽게 빛났다."[47] 굿윈에 따르면, 이 구속 언약 "계획"은 "하나님이 자신의 모든 속성을 무대로 이끌기 위해 마련하신 걸작이다."[48] 자기 아들을 내놓으실 때 성부는 자신의 공의를 만족시키실 뿐만 아니라, 타락한 피조물에 대한 자신의 자비와 사랑을 확대시키신다. 그러나 자신의 공의와 자비를 함께 나타내려고 하실 때 하나님은 죄에 대해 충분하고 적절한 대속물을 필요로 하신다(딤전 2:6; 롬 5:6~8). 자비의 수혜자인 인간은 하나님이 요청하는 대가를 지불할 수 없고, 따라서 하나님의 공의를 만족시킬 수 없기 때문에 굿윈은 이렇게 묻는다. "하늘과 땅에서 그것을 떠맡을 수 있고, 또 기꺼이 떠맡으며, 신실하게 그것을 수행할 수 있는 합당한 중보자가 누가 있겠는가?"[49] 이에 대한 굿윈의 답변은 안셀무스 사상의 전통에 따라 신인(神人)이신 예수 그리스도라는 것이다.

구속 언약에서 하나님의 공의를 만족시키는 것은 하나님과 인간 간의 화목 수단이 된다. 인간은 하나님을 진노하게 했다. 이에 대해 하나님은 만족을 요청하신다. 만족은 화목의 길을 연다. 구속 언약을 다루는 대부분의 작품 속에서 저자들은 중보자이신 그리스도께서 성부와 택함받은 자 간의 화목을 가져온다는 것을 보여 준다.[50] 윌리엄 에임스(1576~1633년)는 성자가 어떻게 자기 백성들을 성부와 화목시키는지를 강조한다.[51] 토머스 굿윈은 언약의 이 국면을 매우 명확하게 상세히 설명한다. 고린도후서 5장 18~19절을 출발점으로 삼아 굿윈은 하나님과 그리스도는 구별된 인격으로 간주되고, 따라서 성부는 죄인들과 화목해야 하는 인격이시라고 주장한다. 물론 성부와의 화목에는 신격의 통일성에 따라 성자 및 성령과의 화목도 포함되어 있다. 이런 사실에도 불구하고 성부는 위격 순서에 있어서 첫째 인격이시므로 "그것이 나머지 두 인격과 대립하는 일이 될지라도, 특별히 자신의 이름으로 우리에 대해 소송을 제기하신다."[52] 삼위일체 하나님의 각 인격의 사역은 위격의 구별을 따르고, 하나님의 이름도 그것을 따라가기 때문에, 굿윈은 창조와 함께 행위 언약이 일반적

44) Goodwin, *Of Christ the Mediator*, in *Works*, 5:72.
45) Goodwin, *Of Christ the Mediator*, in *Works*, 5:72.
46) 길레스피의 논증은 굿윈의 논증과는 약간 다른 궤적을 따른다. *The Ark of the Covenant Opened*, pp. 37~38을 보라.
47) Gillespie, *The Ark of the Covenant Opened*, p. 40.
48) Goodwin, *Of Christ the Mediator*, in *Works*, 5:16.
49) Goodwin, *Of Christ the Mediator*, in *Works*, 5:18.
50) 예컨대 다음 자료들을 보라. Fisher, *Marrow of Divinity*, pp. 26~27, Burgess, *True Doctrine of Justification*, pp. 375~376, Brooks, *Paradice Opened*, pp. 80, 98~99.
51) William Ames, *The Marrow of Sacred Divinity* (London: Edward Griffen for Henry Overton, 1642), p. 100.
52) Goodwin, *Of Christ the Mediator*, in *Works*, 5:5.

으로 성부의 사역으로 귀속되므로, 화목도 성부의 사역으로 귀속된다고 주장할 수 있다. 아담이 그 아래 지음을 받은 "법"(언약 구조)은 특별히 다른 인격들 편에서 볼 때 성부에게 귀속된다. 따라서 행위 언약에서 아담은 "언약의 시행을 [성부께서] 직접 주관하셨기 때문에"[53] 다시 말하면 은혜 언약에 대한 죄가 "특별히 그리스도와 성령에게 지은" 것으로 말해지는 것처럼 화목을 가져온 첫 번째 [언약]을 어긴 자들은 성부에게 죄를 지은 것으로 말해진다.[54] 따라서 중보자로서 그리스도의 의무는 소외된 죄인들을 성부와 화목시키는 것에 있었다. 이 중보가 구속 언약의 심장부에 놓여 있다.

그리스도의 지정

개혁파는 구속 언약에 있어서 성부가 성자를 중보자로 정하셨다는 것을 이의 없이 모두가 인정했다. 윌리엄 에임스는 그리스도의 소명을 성부에게 귀속시킨다. "맺어진 특별 언약을 통해 성부는 자기 아들이 선지자와 제사장과 왕의 직무를 감당하도록 정하셨다."[55] 피터 벌클리(1583~1659년)도 성부께서 성자를 중보자 직분에 임명하셨음을 증명한다. 다양한 본문(예, 요 6:27; 벧전 1:20; 사 42:1)에 기초해서, 벌클리는 그리스도에게 사역을 할당하실 때 성부께서 적극적인 역할을 담당하셨음을 증명한다.[56] 토머스 브룩스는 그리스도는 "자기 아버지께 소명과 사명을 받으신 후에 비로소 우리를 위한 구속 사역의 발걸음을 떼셨다"는 사실을 분명히 한다.[57]

토머스 굿윈도 성부는 그리스도를 선지자(신 18:15), 제사장(히 3:1~2), 왕(시 2:6)의 삼중 직분에 임명하셨다고 주장한다.[58] 패트릭 길레스피는 이 점을 상세히 설명하고, 성부께서 그리스도를 임명하신 것이 언약 구성의 중요한 국면을 표상한다는 것을 증명하는 일련의 본문을 증거로 제시한다. 이 관념을 지지하는 것으로 종종 제시되는 본문은 베드로전서 1장 20절이다. 거기 보면 그리스도를 "창세전부터 미리 알린 바 되신" 분으로 말한다.[59] 다른 본문들(시 89:19; 사 42:6; 히 5:5)도 그리스도는 "이 사역을 위해 하나님의 의지의 영원한 행위에 따라 부르심을 받고, 오래전에 세상 속에 오신" 것을 확증한다.[60] 성부는 그리스도에게 자기 아버지의 뜻을 행하도록 삼중 직분을 부여하셨는데, 이것은 "그리스도께서 실제로 율법 아래 있기 전에, 영원한 행위 또는 위임으로 말미암아 이 모든 사역이 그분에게 맡겨진 것이다"(히 10:7; 요 6:39, 10:18).[61] 이런 증거에 비춰 보면, 웨스트민스터 신앙고백 8장 1절의 다음 진술은 영원한 구속 언약을 가리킨다. "하나님은 자신의 영원한 목적에 따라 기꺼이 독생자 주 예수를 하나

53) Goodwin, *Of Christ the Mediator*, in *Works*, 5:8.
54) Goodwin, *Of Christ the Mediator*, in *Works*, 5:8.
55) Ames, *The Marrow of Sacred Divinity*, p. 74.
56) Bulkeley, *Gospel-Covenant*, p. 31.
57) Brooks, *Paradice Opened*, p. 71.
58) Goodwin, *Of Christ the Mediator*, in *Works*, 5:10. 또한 다음 자료들도 보라. Rutherford, *Covenant of Life*, p. 303, Flavel, *Fountain of Life*, p. 29, Francis Roberts, *Mysterium & Medulla Bibliorum: The Mysterie and Marrow of the Bible, viz. God's Covenants with Man in the First Adam before the Fall, and in the Last Adam, Jesus Christ, after the Fall*··· (London: R. W. for George Calvert, 1657), pp. 80~82, Dickson & Durham, *The Sum of Saving Knowledge*, 15v~16r.
59) 예컨대 다음 자료들을 보라. Goodwin, *Of Christ the Mediator*, in *Works*, 5:22, Rutherford, *Covenant of Life*, p. 303, Witsius, *The Economy of the Covenants*, 2.3.2.
60) Gillespie, *The Ark of the Covenant Opened*, p. 52.
61) Gillespie, *The Ark of the Covenant Opened*, p. 52.

님과 사람 사이의 중보자, 선지자, 제사장, 왕, 그의 교회의 머리와 구주, 만물의 상속자, 세상의 심판자로 선택하고 정하셨다." 많은 웨스트민스터 총회 신학자들은 성부께서 성자를 이 직무들에 임명하신 것을 언약의 관점에서 설명했다. 언약은 두 당사자 간의 협정을 필요로 하고, 따라서 구속 언약의 다음 국면은 자연스럽게 그리스도께서 중보자로서의 자신의 역할을 받아들이신 것에 초점이 있다.

그리스도의 조건 수락

존 오웬에 따르면, 구속 언약에서 성부는 "처방하시는 분, 약속하시는 분, 법을 수여하시는 분이고, 성자는 성부의 처방, 약속, 법을 시행하시는 분이었다."[62] 토머스 브룩스는 그리스도께서 조건을 받아들이신 것을 다루는 작품인 『열린 낙원』(Paradice Opened)에서 구속 언약의 다양한 정의를 제공한다. "성부는 타락한 인간을 위해 이러이러하게 행하겠다고 약속하신다. 하지만 먼저……성자가 인간의 본성을 취할 것을 약속해야 한다……성자는 이 요구들에 복종하고 동의하신다……반드시 성공하겠다고 약속하신다……이것이 구속 언약의 본질이었다."[63] 구속 언약은 구별된 인격들이 관련되기 때문에 자발적인 언약이었음이 틀림없다.[64] 따라서 토머스 굿윈은 성자가 구속 사역을 자원해서 맡지 않았다면 만족은 이루어지지 못했을 것이라고 주장한다. 패트릭 길레스피는 그리스도께서 시간 속에서 하신 말씀-예, "나를 보내신 이의 뜻은 내게 주신 자 중에 내가 하나도 잃어버리지 아니하고 마지막 날에 다시 살리는 이것이니라"(요 6:39)-은 영원 속에서 성부와 맺으신 언약과 관련되어 있다고 추론한다. "성부와 동등하신 하나님이신 그리스도는 시간 속에서 어떤 일에 동의와 동조를 시작하지 않으신다. 또 영원한 하나님의 아들은 자신이 영원 전에 원하고 동조하지 아니하신 어떤 일을 시간 속에서 원하실 수 없다."[65] 길레스피는 새뮤얼 러더퍼드가 한 말을 정확히 그대로 복사한 것처럼 보인다. 러더퍼드는 이렇게 말한다. "성부와 동등하신 그리스도-하나님은 시간 속에서 지시에 동의하거나 동조하기 시작하지 않으신다. 또 그리스도-하나님은 영원 전에 원하고 동조하시지 않은 어떤 일을 시간 속에서 원하실 수 없다."[66]

구속 언약에서 그리스도는 자기 백성들의 담보물로 행하시고, 아버지께서 자기에게 주시는 자들을 위해서만 중보하신다는 것을 개혁파 신학자들은 대부분 동의한다. 성부의 임명과 성자의 수락 관념은 구속 언약을 지지하는 증거가 빈번하게 등장하는 본문인 이사야서 49장에 가장 명확하게 표현되어 있다. 토머스 굿윈은 이사야서 49장이 성부와 성자 간의 "가장 정밀한 대화"를 묘사한다고 말한다.[67] 이 본문을 설명할 때 굿윈은 택함받은 자의 정체성에 대해 한 가지 흥미로운 요점을 제시한다. 이사야서 49장 시작 부분(사 49:1~2)에서 그리스도는 자신의 소명, 자신의 구속 사역의 합당성, 구속 사역에 대해 자신이 받을 상을 말씀하신다. 3절에서 하나님은 이스라엘의 택함받은 자를 그리스도에게 제공하시는 것으로 반응하신다. 그러나 굿윈에 따르면, 그리스도는 유대인에 대한 상으로 만

62) Owen, *Exposition of Hebrews*, in *Works*, 19:85.

63) Brooks, *Paradice Opened*, p. 67.

64) 다음 자료들을 보라. Goodwin, *Of Christ the Mediator*, in *Works*, 5:24, Owen, *Vindiciae Evangelicae*, in *The Works of John Owen, D.D.* (Edinburgh: Johnstone & Hunter, 1850~1855), 12:497, Brooks, *Paradice Opened*, pp. 67~68.

65) Gillespie, *The Ark of the Covenant Opened*, p. 52~53.

66) Rutherford, *Covenant of Life*, p. 303.

67) Goodwin, *Of Christ the Mediator*, in *Works*, 5:28. 또한 Gillespie, *The Ark of the Covenant Opened*, p. 81도 보라.

족하시지 않았다. 그리스도의 사역은 더 큰 대가를 요구했다(사 49:4). 성부는 그리스도께서 이런 비천함을 겪으실 것이기 때문에 그리스도에게 더 크게 자신의 마음을 여시고, 이 비천함은 그리스도의 죽음에서 절정을 이루었다.[68] 굿윈은 이렇게 덧붙인다. "(하나님이 그리스도에게 말씀하시기를) 네가 나의 종이 되어 야곱의 지파들을 일으키는 것은 매우 쉬운 일이다. 그것은 죽을 만한 가치가 있는 정도의 일이 아니다. 나는 네 고난을 훨씬 크게 해서 땅 끝까지 구원이 이르게 할 것이다."[69] 굿윈과 마찬가지로 존 플라벨도 이사야서 49장을 성부와 성자 간의 언약적인 대화로 본다. 구원하기에 "합당한" 분으로 선언을 받으신 그리스도는 오직 이스라엘의 택함받은 자를 위해 제공되신 후에 "자신의 피가 결코 헐값에 팔리지 않도록 할 것이라고 결심하신다."[70] 또 자신의 피의 가치로 말미암아 그리스도는 이방인을 요구하고, 성부는 그리스도에게 그들을 기쁘게 허락하신다.[71] 이 모든 것은 그리스도의 사역이 성부의 뜻을 조건으로 하고 있을 뿐만 아니라, 말하자면 그리스도께서 위해 사역하는 자들은 유대인과 이방인을 막론하고 아버지께서 그분에게 주신 자들이다.

저명한 청교도 신학자인 토머스 후커(1586~1647년)도 성부-성자 협정을 기초로 그리스도는 성부께서 자기에게 주신 영혼들을 위해 사역할 책임을 맡으셨다고 주장했다. 다시 말하면 선한 목자로서 성자는 자신의 양을 알고 계시고, 영원 전에 맺으신 계약에 따라 그들을 확실하게 구원하실 것이다.[72] 패트릭 길레스피는 그리스도는 "모든 인간이 아니라…… 택함받은 자들의…… 대속물이셨다"(요 17:9)고 주장한다.[73] 그리스도는 중보자로서 자신이 위해 사역한 한정된 수의 사람들 곧 "통상적으로 '아버지께서 그리스도에게 주신 자들'"을 받아들이셨다(요 17:3, 6, 9, 11, 6:37, 39; 엡 1:4).[74] 웨스트민스터 총회의 유명 인사인 존 애로스미스(1602~1659년)는 영원 전에 아버지께서 그리스도에게 주신 "어떤 사람들"에 대해 이렇게 말한다. "이 거래 속에는 자신과 자신의 모든 지체를 위해 성자가 성부에게서 받아낸 약속이 있었다."[75] 당연하게도 존 오웬은 구속 언약의 함축적 의미에 호소함으로써 제한적 구속 교리를 옹호했다. 오웬의 논리에 따르면, "많은 아들들을 영광으로 이끌기 위한" 성부와 성자의 통일된 뜻과 목적이 있기 때문에, 성자가 다만 성부께서 자신에게 주시지 않은 자들을 위해 죽으시는 것이라면, 성부께서 성자에게 백성들을 주시는 것은 무의미할 것이다. 오웬은 요한복음 17장에 나오는 그리스도의 대제사장 기도를 언급함으로써 속죄의 제한성에 대한 자신의 주석적 결론을 보강한다. 4절을 보면, 그리스도는 아버지께서 자기에게 맡기신 일 곧 구속 언약에 기초를 두고 있는 일에 대해 말씀하신다. 그리스도는 아버지의 만족을 위해 언약의 조건을 이루셨기 때문에 5절에서 자기의 것으로 약속된 영광에 대해 말씀하신다. 그리스도에게 주어진 영광 속에는 아버지께서 택함받은 자에게 믿음, 성화, 영광을 주시는 것이 포함되어 있다. 택함받은 자의 구원은 아버지께서

---

68) Goodwin, *Of Christ the Mediator*, in *Works*, 5:28.

69) Goodwin, *Of Christ the Mediator*, in *Works*, 5:28.

70) Flavel, *Fountain of Life*, pp. 26~27.

71) Flavel, *Fountain of Life*, p. 27. 아이작 암브로스(1604~1664년)는 자신의 작품 *Looking unto Jesus; A View of the Everlasting Gospel* (London, 1658), pp. 80~81에서 비슷하게 설명한다.

72) Thomas Hooker, *The Soules Exaltation* (London, 1638), p. 170.

73) Gillespie, *The Ark of the Covenant Opened*, pp. 80~81.

74) Gillespie, *The Ark of the Covenant Opened*, p. 81.

75) John Arrowsmith, Armilla Catechetica. *A Chain of Principles; or, An Orderly Concatenation of Theological Aphorismes and Exercitations* (Cambridge, 1659), p. 283~284. 난외주에서 애로스미스는 이 점에 대해 자신은 데이비드 딕슨에게 동조한다고 언급한다.

그리스도에게 하신 약속에 달려 있고, "이 약속에는 모든 사람에 대한 내용은 한 마디도 없고 명백히 9절은 그 반대다."[76] 따라서 신격의 통일성에 기초를 두고, 성자는 오직 성부께서 자기에게 주신 자들 곧 "그리스도 안에서 택함받은" 자들을 위해서만 중보하신다(엡 1:4).[77] 이상의 내용은 웨스트민스터 8장 1절의 진술과 완벽하게 일치한다. 거기 보면 "하나님은 영원 전에 주 예수에게 한 백성을 그의 씨로 주셔서"라고 되어 있다.

택함받은 자를 위해 중보하실 것을 수락하신 성자는 성부에게서 자신이 엄밀하게 행할 사역의 내용을 받으신다. 위격 순서에 따라 그리스도의 사역은 성부에게서 시작되고, 첫째 인격이신 성부에게서 나온다(요 5:19~20, 8:42). 성자는 택함받은 자를 위해 중보자로 행하기 위해서는 인성을 취해야 한다.[78] 성자는 성부에게 복종하고 순종하라는 명령을 받아들이고, 그리하여 아버지께서 자기에게 주신 자들의 구원을 이루신다. 예를 들면 선지자로서 성자는 성부에게 가르치라는 지시를 받으셨다. "성부는 진리의 지식으로 택함받은 자를 깨우치도록 명령하셨다"(사 42:6~7).[79] 새뮤얼 러더퍼드의 말에 따르면, "성자는 우리의 본성을 덧입고 시간 속에 들어가고, 언약 순종자의 지위와 법적 조건에 따라 죽음에 처해지도록…… 정해졌다"(사 53:6; 갈 4:4).[80] 러더퍼드와 마찬가지로 패트릭 길레스피도 갈라디아서 4장 4절을 언급함으로써 그리스도께서 스스로 "우리의 율법 위치와 공간을 취하고, 우리의 본성을 취하심으로써 우리를 대신해서 공의가 자기에게 임하도록 하셨다"고 주장한다.[81] 앞에서 지적한 것처럼 구조상 구속 언약은 행위 언약과 평행을 이루고 있다. 에드워드 피셔는 이렇게 말한다. "우리 주 예수 그리스도께서 아담이 들어간 것과 동일한 언약 속에 들어가셨는데, 그것은 자신의 사역을 통해 택함받은 자를 그 언약이 그들에게 행사한 권세를 파함으로써 그 언약의 모든 명령에서 해방시키기 위함이었다."[82] 이런 추론은 그리스도께서 로마서 5장에서 암묵적으로 둘째 아담으로 간주되고 있는 사실에 비춰 보면 명확해진다. 아담의 범죄로 그의 모든 후손에게 죄책과 오염이 들어왔기 때문에, 성부는 용서하기 위해 만족(배상)을 요구하셨다. 그러므로 그리스도는 율법을 지켜야 했을 뿐만 아니라, 자신을 속죄 제물로 바쳐야 했다. 패트릭 길레스피가 지적하는 것처럼 "그리스도는 우리의 대속물로 죽고, 우리를 위해 자신의 생명을 내놓으심으로써 우리가 빚진 것, 아니 사실은 율법과 공의가 죄를 범한 사람에게 요구할 수 있는 모든 것을 완전히 청산하셔야 한다"(요 10:18; 갈 3:13; 사 53:5~12).[83]

존 오웬도 중보자에게 요구된 조건을 설명할 때 이와 똑같은 입장을 따랐다. 이 설명은 세 가지 항목 아래 이루어진다. 첫째, 그리스도는 "이 언약의 조건에 따라 자신이 하나님께 이끌도록 되어 있던

---

76) Owen, *The Death of Death*, in *Works*, 10:171.

77) *A Commentarie upon the First Chapter of the Epistle of Saint Paul, Written to the Ephesians* (London, 1618), p. 55 이하에서 엡 1:4에 대한 폴 베인스의 강해를 보라.

78) 윌리엄 에임스가 이렇게 주장한 것과 같다. "중보자 그리스도는 [당연히] 하나님과 사람이 되셔야 했다. 왜냐하면 그분이 하나님이 아니시라면 영원한 생명과 영원한 사망을 처리하실 우리 영혼의 영적 왕이 되실 수 없고, 또 그분이 사람이 아니시라면 자신과 같은 종류의 몸을 가진 자들의 머리가 되실 수 없었기 때문이다"(*The Marrow of Sacred Divinity*, p. 77).

79) Bulkeley, *Gospel-Covenant*, pp. 31~32.

80) Rutherford, *Covenant of Life*, p. 305.

81) Gillespie, *The Ark of the Covenant Opened*, p. 82.

82) Fisher, *Marrow of Divinity*, p. 27.

83) Gillespie, *The Ark of the Covenant Opened*, p. 82.

자들의 본성을……취해야" 한다(히 2:9, 14, 10:5; 빌 2:6~8).[84] 그리스도께서 인성을 취하신 것-무한한 낮추심의 행위-은 그분의 순종의 기초로서 "자신이 행한 것에 대해……공로의 성격을 부여했다"[85] 성부는 그리스도가 이런 식으로 와야 하는 것을 정하셨다(갈 4:4; 롬 8:3; 히 10:7). 성자가 인성을 취하신 것은 중보자로서의 사역을 감당하기 위해서는 필수적이었다. 왜냐하면 "그렇게 하지 않으면 그리스도는 이 언약의 핵심 목적들 곧 죄인들을 구원하실 때 하나님의 영광을 높일 수도 없었고, 또 우리의 본성 속에 있지 않으면 자신이 중재하는 나라도 높일 수도 없었기 때문이다."[86] 둘째, 그리스도는 인성을 취하셨기 때문에 성부의 종이 되고, 세 가지 법에 따라 곧 "모든 인간이 준수해야 할 하나님의 **일반법**에 따라, 자신이 출범시키고 만드신 교회의 **특별법**에 따라, 우리가 설명한 계약 또는 협정의 **단일법**에 따라" 성부에게 순종해야 하는 것이 필수 조건이었다(사 42:1, 49:5).[87] 셋째, 그리스도는 죄인들의 대속물로 행하셨기 때문에 "취하신 우리의 본성 안에서 그리고 그 본성으로 말미암아 죄에 대해 속죄하고, 그들이 겪고 당해야 할 것을 자신이 겪고 당하심으로써 하나님의 공의를 만족시킬 것이 요구되었다. 그것이 없었다면 그들이 하나님의 영광을 위해 해방되거나 구원받는 것이 불가능했을 것이다(사 53:11~12)."[88]

오웬의 언약에 대한 정의는 성부와 성자 간의 이 영원한 협정의 다음 단계를 확립한다. 오웬은 언약은 삼위 하나님이 당사자로 참여한다고 본다. 이 참여는 자발적이고, 당사자들이 이룰 수 있는 조건들이 정해져야 하며, 당사자들을 서로 만족시켜야 한다. 따라서 성부는 그리스도를 중보자로 지정하고, 그의 사역의 성취를 "보호하고 도우실" 것을 약속하신다.[89] 오웬의 친구 패트릭 길레스피는 그리스도에게 주어진 여덟 가지 "약속"을 제시하는데, 이것은 "이 사역의 수행을 위해 그리스도에게 약속된 직분, 권세, 신뢰, 능력"과 관련되어 있다.[90]

하나님이 그리스도에게 주신 약속

구속 언약에서 성부는 성자가 중보자로서 자신의 사역을 행하실 때 돕겠다고 약속하셨다. 프랜시스 로버츠는 이사야서 42장 1절과 이후 구절들을 성부께서 "성자의 모든 중보자 사역을 강화시키고, 보존하고, 지지하시는" 증거로 언급한다.[91] 오웬이 주장한 것처럼 언약은 당사자들이 자기들의 의무를 수행할 능력이나 힘을 갖고 있을 것을 요청하고, 이 요청은 개혁파 정통주의의 구속 언약 개념에 함축되어 있었다.[92] 성부께서 성자를 도우신 것에 대한 패트릭 길레스피의 여덟 가지 설명은 좀 더 세부적으로 살펴볼 가치가 있다.[93]

첫째, 성부는 중보 사역을 준비시키기 위해 성자를 선지자와 제사장과 왕으로 지정하셨다. 예를 들어 그리스도는 "자신의 신복들의 마음을 굴복시키고, 자기를 반대하는 세상의 가장 강한 우두머

84) Owen, *Exposition of Hebrews*, in *Works*, 19:94.
85) Owen, *Exposition of Hebrews*, in *Works*, 19:94~95.
86) Owen, *Exposition of Hebrews*, in *Works*, 19:95.
87) Owen, *Exposition of Hebrews*, in *Works*, 19:95.
88) Owen, *Exposition of Hebrews*, in *Works*, 19:95.
89) Owen, *The Death of Death*, in *Works*, 10:168~171.
90) Gillespie, *The Ark of the Covenant Opened*, p. 94.
91) Roberts, *God's Covenants*, p. 82~83.
92) Owen, *Exposition of Hebrews*, in *Works*, 19:83~85.
93) 오바디아 세즈윅은 성부께서 그리스도에게 주신 여섯 가지 약속을 제시한다(*The Bowels of Tender Mercy*, pp. 3~4).

리와 통치자들을 박살내도록" 제사장-왕으로서 독보적인 능력을 갖고 계셨다(시 2:9, 110:3~6).[94] 둘째, 그리스도는 자신의 사역에서 자기를 도울 은사와 재능을 받으셨다. 즉 그분의 인성 속에 습관적 은혜가 주어졌다(사 11:2~4).[95] 여러 청교도 신학자들이 이 요점을 조심스럽게 강조했다. 이에 대해서는 아마 존 오웬이 가장 명백하게 설명했을 것이다. "성자의 인격이 인간적 본성에 대해 행한 유일한 하나의 직접적 행위는 스스로 인성을 취하신 것이다"[96] 나아가 오웬은 다음과 같이 주장한다. "성령이 성자 자신의 모든 신적 행위, 아니 사실은 성자의 인성 속에서도, 직접적인 역사자였다. 그러므로 하나님의 아들이 인성 안에서, 인성으로 말미암아, 인성에 따라 행하신 일은 무엇이든 그분의 영이신 성령을 통해 행하신 것이다."[97] 그러므로 인성에 베풀어진 은혜는 그리스도 안에서 행하신 성령의 역사의 결과였다. 이 개념은 토머스 굿윈의 기독론에서 중요한 역할을 한다. 오웬과 마찬가지로, 굿윈도 성령은 그리스도의 인성을 성결하게 하고 성육신하신 아들을 그리스도로 구비시키셨다고 주장했다. 성령은 그리스도에게 은혜로 기름을 부으셨다(사 11:2).

따라서 그리스도의 인성 속에 제공된 은혜는 "그 은혜의 직접적 창시자"인 성령에게 귀속되어야 한다.[98] 굿윈은 "비록 하나님의 아들이 개인적으로 인성 속에 거하고, 따라서 그 본성을 피조물의 통상적인 수준보다 더 높이고, 존엄함과 가치를 크게 올리신다고 해도, 심지어는 그분의 영혼이 가득 소유하고 있는 그분의 모든 습관적 은혜도 성령에게서 온 것이고……이 성령의 내주는 어떤 의미에서 그리고 어느 정도 그분을 그리스도로 구비시키는 일을 행한 것이다."[99] 따라서 굿윈은 위격의 연합 속에서 신성은 직접적으로 역사하지 않고 성령의 사역을 통해 간접적으로 역사한다고 본다. 그리고 앞에서 설명한 길레스피의 요점과 관련시키면, 성령은 중보 사역을 위해 그리스도를 구비시키신다.

셋째, 길레스피는 그리스도는 자기를 돕는 성령을 받으셨을 뿐만 아니라, 자기를 격려하겠다는 성부의 약속도 받으신 것을 증명한다(사 42:4, 49:1~3). 넷째, 그리스도는 또한 자기 원수들을 물리치는 승리와 정복에 대한 약속도 받으셨다(시 89:23, 110:1~6; 사 53:12; 엡 4:8; 골 2:15).[100] 다섯째, 그리스도는 아버지를 기쁘시게 하고 아버지께 자비롭게 인정받을 것이라는 소망으로 도움을 받으셨다. 그리스도의 의롭게 되심(사 50:8; 딤전 3:16)은 성부께서 자기 아들을 기뻐하셨다는 것을 분명히 한다.[101] 여섯째, 약속은 그리스도의 상과 관련되어 있는데, 여기에는 다음과 같은 것이 포함되어 있었다. (1) 그리스도의 높아지심(시 89:27; 빌 2:9), (2) 완수한 자신의 사역 결과에 대한 그리스도의 만족(사 53:11), (3) 자신이 중보하는 자들의 구원(사 53:10~11), (4) 큰 나라에 대한 약속(시 2:8; 슥 9:10), (5) 영광에 대한 약속(요 17:4~5).[102] 일곱째, 언약 규정에 따라 그리스도는 "약속의 아버지이신 하나님에 대해 새로운

---

94) Gillespie, *The Ark of the Covenant Opened*, pp. 94~95.
95) Gillespie, *The Ark of the Covenant Opened*, p. 97.
96) Owen, *Discourse on the Holy Spirit*, in *Works*, 3:160.
97) Owen, *Discourse on the Holy Spirit*, in *Works*, 3:162.
98) Goodwin, *Of the Holy Ghost*, in *The Works of Thomas Goodwin, D.D.* (1861~1866, 재판, Reformation Heritage Books, 2006), 6:50.
99) Goodwin, *Of the Holy Ghost*, in *Works*, 6:50.
100) Gillespie, *The Ark of the Covenant Opened*, pp. 100~101.
101) Gillespie, *The Ark of the Covenant Opened*, pp. 101~103.
102) Gillespie, *The Ark of the Covenant Opened*, pp. 104~106.

아들 자격과 언약에 따른 호칭"을 받으셨다(시 89:26; 히 1:5).[103] 성부는 자연적으로(존재론적으로)가 아니라 연합적으로(언약적으로) 그리스도의 머리이시다. 따라서 그리스도는 땅에서 성부와 교제를 누렸고, 이것은 확실히 그의 영혼에 큰 약속의 성취와 도움이 되었다. "그리스도와 관련된 이 언약의 유익들에서 우리의 언약 관계도 유래했다."[104] 여덟째, 마지막으로 그리스도는 자신의 사역이 새 창조를 일으키고 현 세상을 속박에서 해방시킬 것이라는 약속을 받아들이셨다(롬 8:20~22). 그리스도로 말미암아 세상은 "본래의 완전한 상태로 회복될 것이다…… 그리스도는 행위 언약을 어김으로써 파괴된 것을 대속-언약으로 만물을 다시 고치고 새롭게 하신다."[105] 이 여덟 가지 약속으로 그리스도는 자기 백성들을 위해 구속 사역을 완수하실 준비를 하고 도움을 받았다.

성령의 역할

칼 트루먼은 16세기와 17세기에 구속 언약을 다룰 때 성부와 성자의 역할은 명확히 정의되었지만, 에드워드 피셔와 피터 벌클리는 성부-성자 관계에만 배타적으로 초점을 맞춤으로써, "구원 경륜에 대해 반(半)삼위일체적인 기초를 전개했다는 비난을 결코 면할 수 없다"고 주장했다.[106] 트루먼은 정곡을 찔렀다. 성령이 "언약-거래"의 당사자였다는 것이 17세기 구속 언약 언급 속에는 분명히 나타나 있지 않다. 예를 들어 러더퍼드는 삼위가 함께 죄인들의 구원에 관여하신다는 삼위일체적인 구속 경륜을 분명히 긍정한다. 그러나 러더퍼드는 이것이 삼위 모두가 구속 언약에서 실제적인 언약 당사자라는 것을 반드시 의미하는지를 고찰한다. 러더퍼드는 이렇게 묻는다. "성령도 영원 전에 성도들을 진리 가운데로 이끌고, 성도들을 성결하게 하고, 성도들을 위로하도록 성부와 성자에게 보내심을 받는 것에 대해 아멘이라고 대답하고 동조하시지 않았는가? 성부와 성자는 영원 전에 성령을 보내시는 것을 작정하시지 않았는가? 성령도 창세전에 이 작정에 대해 동조하시지 않았는가? 만약 그렇다면 성부와 성자 간에 성령을 보내시는 것에 대한 언약도 있었을 것이다."[107] 러더퍼드는 이에 대해 흥미로운 답변을 제공하는데, 이것은 개혁파 신학자들 간의 차이점을 부각시킨다. 러더퍼드는 내적으로 삼위일체 하나님 상호 간의 모든 협정이 언약으로 불리는 것은 아니라고 주장하고, 따라서 단지 성자만이 자발적인 동조 아래 중보자가 되고, 그리하여 "언약-순종자"가 되기로 지정된 것이라고 강조한다(벧전 1:20). 따라서 성령은 영원한 언약을 체결할 때 공식적 당사자는 아니었다.[108] 토머스 브룩스는 구속 언약을 "택함받은 자의 회심, 성화, 구원과 관련해서 성부 하나님과 중보자로 지정된 성자 하나님 간의 계약, 거래, 협정"으로 정의한다.[109] 마지막으로 앞에서 지적한 것처럼 웨스트민스터 신앙고백(암묵적으로)과 사보이 선언(명시적으로)은 구속 언약에서 성부와 성자를 주로 언급하는 것처럼 보인다(8.1). 따라서 구속 언약에서 성령의 역할은 전혀 명확하지 않고, 당연히 여겨지지 않는다. 그럼에도 웨스트민스터 신앙고백 8장에서 성령을 네 번에 걸쳐 곧 성령을 그리스도의 잉태,

---

103) Gillespie, *The Ark of the Covenant Opened*, p. 107.
104) Gillespie, *The Ark of the Covenant Opened*, p. 108.
105) Gillespie, *The Ark of the Covenant Opened*, p. 109.
106) Trueman, *John Owen*, p. 86.
107) Rutherford, *Covenant of Life*, pp. 304~305.
108) Rutherford, *Covenant of Life*, pp. 304~305.
109) Brooks, *Paradice Opened*, p. 68. 그의 강해의 내용은 주로 성부와 성자 간의 거래를 다루지만, 브룩스는 두 곳에서 성령의 역할을 언급한다(p. 88과 p. 169를 보라).

기름부음, 속죄 제물, 그리고 택함받은 자의 효과적인 부르심과 관련해서 언급하고, 그래서 신학자들은 최소한 구속 언약 및 그 성취와 관련해서 셋째 인격의 모종의 함축적 역할을 분명히 인정했다.

그러나 개혁파 정통 삼위일체 사상은 성부-성자 협정에 성령도 함께 하신 것을 필수적으로 전제한다. 스코틀랜드 신학자 제임스 더럼(대략, 1622~1658년)은 구속 언약을 설명할 때, 비록 두 당사자만 관련되어 있다고 주장하기는 해도, 삼위의 존재론적 필연성이 나타나 있음을 지적한다. 한쪽 당사자는 본질상 삼위 모두로 간주되는 하나님이고, 다른 한쪽 당사자는 그리스도다. 더럼은 이렇게 지적한다. "삼위는 모두……명령을 내리고……무한히 지혜로운 작정의 규제자로 합력하신다."[110] 따라서 더럼은 언약 당사자로서 성령의 역할을 찬성한다. 토머스 굿윈의 구속 언약에 대한 설명은 주로 성부-성자 협정에 초점을 맞춘다. 그러나 굿윈이 구속 언약에서 성령의 역할을 명시적으로 언급하는 몇 안 되는 17세기 신학자들 가운데 하나라는 것을 보여 주는 몇 가지 진술이 있다. 굿윈은 성부는 "다른 두 인격이 수행할 모든 사역의 강령을 이끈다"고 진술한다.[111] 이 진술은 굿윈이 영원한 언약을 삼위일체 하나님의 활동으로 이해했음을 분명히 한다. 또한 『성령론』(Of the Holy Ghost)에서 굿윈은 이 영원하고 내적인 삼위일체 하나님 간의 협정에서 성령의 역할을 빈번하게 설명한다.[112] 굿윈은 성령이 성부와 성자 간에 "일어난 모든 것을 들었기"(요 16:13) 때문에 성령을 영원한 경륜 속에서 일어난 협정의 "기록자"로 간주한다(히 10:7~15). 나아가 성령은 "단순한 증인"으로 옆에 계시는 것이 아니라 "주도적인 행위자로 두 인격에 의해 보내심을 받았다."[113] 굿윈은 인간의 타락과 회복에 대해 삼위일체 하나님 간의 내적 대화 형식을 다음과 같이 제시할 때 구속 언약에서의 성령의 역할을 특히 명시적으로 언급한다.

> 성부께서 내가 그를 생명으로 택하겠지만 그는 타락하고, 그래서 내 사랑이 그에게 할당한 것을 결여할 것이라고 말씀하신다. 하지만 성자는 내가 그를 그 상실된 상태에서 구속할 것이지만, 타락한 그는 그 은혜와 그것을 제공한 분을 거절하고 그것을 멸시할 것이라고 말씀하신다. 그러므로 성령이 내가 그를 성결하게 하고, 그의 불의를 극복시키며, 그것을 받아들이도록 할 것이라고 말씀하신다.[114]

---

110) James Durham, *Christ Crucified: or, The Marrow of the Gospel Evidently Holden Forth in LXXII Sermons, on the Whole 53 Chapter of Isaiah* (Edinburgh, 1683), p. 157.

111) Goodwin, *Of Christ the Mediator*, in *Works*, 5:9.

112) 리처드 멀러는 이렇게 주장한다. "초기 개혁파 정통 신학자들-예컨대, 퍼킨스, 폴라누스, 어셔-은 하나님의 외적 활동은 모두 전체 삼위일체 하나님의 공통 사역이라는 기독교 교리의 공리에 매우 주의 깊게 귀를 기울이고, 이 공리를 보존하기 위해 그들은 모든 교리의 지반에 반드시 삼위일체 구조를 확립하는 데 엄밀한 관심을 가졌다……그런데 영원한 경륜을 다룰 때와 같이 두드러지게 기능이 중지되었는데, 이것은 특히 삼위일체 모티프에 해당된 사실이다. 나는 길 이전에 이 문제점을 지적하고 부분적으로 해결책을 도모한 사상가로 단지 두 명 곧 프란츠 부르만과 페트루스 판 마스트리히트 밖에 모르겠다"("The Spirit and the Covenant: John Gill's Critique of the *Pactum Salutis*," *Foundations* 24 [1981], pp. 5~6).

113) Goodwin, *Of the Holy Ghost*, in *Works*, 6:419.

114) Goodwin, *Man's Restoration by Grace*, in *The Works of Thomas Goodwin, D.D.* (1861~1866, 재판, Reformation Heritage Books, 2006), 7:540. 굿윈은 삼위 하나님이 영원 전에 구속에 대해 나누신 대화를 상술한다. "영원부터 삼위 하나님 사이에 이루어진 가장 고귀하고 가장 자유로운 상호 대화가 있었다……그분들은 서로 다른 인격에게 말씀하셨다"(*Of the Knowledge of God the Father*, in *The Works of Thomas Goodwin, D.D.* [1861~1866, 재판, Reformation Heritage Books, 2006], 4:492).

따라서 굿윈은 성령이 영원하고 내적인 삼위일체 하나님 간의 협정에서 중요한 역할을 맡았다고 본다. 하지만 웨스트민스터 신앙고백이나 사보이 선언은 영원한 언약의 체결에 대해 설명할 때 성령을 명시적으로 언급하지 않고, 이것은 당시 개혁파 신학자들 사이에서 이에 대해 일치가 결여되거나 전개가 이루어지지 않았다는 것을 암시할 것이다. 어쨌든 웨스트민스터 총회의 두 저명한 신학자인 토머스 굿윈과 새뮤얼 러더퍼드는 성령이 구속 언약에서 협상 당사자로 직접 관여했는지에 대해 일치하지 않는 것으로 보인다. 또한 성경의 명시적인 증거가 없는 것도 신앙고백 문서들 속에서 영원한 구속 언약에서의 성령의 역할에 대한 언급이 빠져 있는 것을 확실히 설명해 준다.

그리스도의 상

한 가지 특별한 사실을 제외하고, 구속 언약의 기본 요소들은 모두 설명되었다. 어떤 언약에서나 창시자나 최초 당사자는 두 번째 당사자에게 언약의 조건이 충족되면 상을 줄 것이라고 약속한다. 그러므로 그리스도가 중보자로서 자신의 역할을 받아들이신 것에 대해 성부는 그리스도에게 언약을 충실하게 지키는 것에 대해 상을 약속하셨다. 이 상 가운데 어떤 것은 앞에서 지적한 것처럼 패트릭 길레스피가 성부께서 성자에게 주신 여덟 가지 약속에서 지적되었다. 개혁파 정통 신학자들이 그리스도의 상을 지지하는 것으로 간주한 본문으로는 특별히 이사야서 49장과 53장 11~14절, 시편 2편 8~9절이 있다. 이사야서 49장 3절을 주석하면서, 토머스 브룩스는 성부께서 그리스도에게 구속 사역에 대해 "영광스러운 상"을 약속하신다고 지적한다.[115] 브룩스는 또 이사야서 53장을 언급하고, 상이 고난의 종에게 주어진 것으로 지적한다. 택함받은 자의 구원은 그리스도의 삼중 직분에 있어서 높아지심의 근거를 제공한다. 택함받은 자를 곤고한 비참 상태에서 구속하고 그들을 다시 아름답게 함으로써, 그리스도의 이름이 영화롭게 된다(요 17:10). 그리스도는 이스라엘의 참된 왕으로서 자기 백성들에게서 영광을 받으신다.[116] 피터 벌클리는 초기에 그리스도의 왕으로서의 통치와 지배권을 그분의 영광을 배경으로(요 5:22; 사 55:5) 저술하면서 이런 사상 노선을 추구했다.[117] 이 관념과 관련해서 웨스트민스터 총회의 저명한 신학자인 에드워드 레이놀즈(1599~1676년)는 영원한 하나님의 아들로서 그분에게 속해 있는 그리스도의 자연적인 나라와 아버지에게서 받으신 상으로서 그분에게 속해 있는 시혜적인 나라 사이를 중요하게 구분한다. 교회의 머리로서 그리스도는 다수의 복을 약속받고, 여기에는 "그의 소유가 땅 끝까지 이를 정도로(시 2:8), 사람들의 영혼과 양심"이 포함되어 있다.[118] 웨스트민스터 신앙고백 8장은 이 원리를 강조한다. 즉 성부께서 그리스도를 "교회의 머리와 구주, 만물의 상속자, 세상의 심판자"로 지정하신 것을 강조한다. 이 부분은 웨스트민스터 신앙고백 8장 1절의 다른 부분들과 마찬가지로, 영원한 구속 언약의 조건을 반영한다.

---

115) Brooks, *Paradice Opened*, p. 72.
116) Brooks, *Paradice Opened*, pp. 74~79.
117) Bulkeley, *Gospel-Covenant*, p. 32.
118) Edward Reynolds, *An Explication of the Hundreth and Tenth Psalme Wherein the Severall Heads of Christian Religion Therein Contained* (London, 1632), pp. 7~8. 시편 110편 강해 5페이지는 구속 언약의 기본 가르침을 반성하는 내용을 요약하고 있다.

구속 언약의 귀결

타락한 죄인들의 온전한 구속을 이루기 위해 언약의 조건이 세워진 것에서 설명을 시작한 토머스 굿윈은 매우 명확하게 이 언약의 결론에 대해 말한다. 굿윈은 "천상에서 이런 행복한 결론 및 협정과 같은 기쁨이 결코 없었다. 삼위일체 하나님이 전부 그것을 즐거워하셨다"고 주장한다.[119] 사실상 삼위 하나님은 하나님의 시간 속에서의 모든 사역보다 이 언약을 더 즐거워하셨다. 잠언 8장을 기초로 하면, 삼위가 각각 다른 인격들과 공유한 내적, 본질적, 인격적 즐거움 외에도, 성부와 성자는 "인자들"을 기뻐하셨다고 말해진다(31절).[120] 오직 구속의 확실성-이것이 구속 언약의 구원 효력이다-으로 말미암아 성부와 성자는 택함받은 자에 대해 이런 생각을 가질 수 있었다. 굿윈은 인간의 구원은 그러기에 성부와 그리스도께서 "언약을 세우시고……우리를 위해 한 분은 죽으시고, 다른 한 분은 그것을 받아들이셨기" 때문에 "이미 창세전에 확실하신 분의 손에" 있었다고 덧붙인다.[121] 나아가 "그리스도는 이 모든 일을 완수하셨다는 것, 그것이 그리스도 안에서 충분했다는 것이……이 영광스러운 이야기의 후반부를 구성한다."[122] 굿윈과 마찬가지로 토머스 브룩스도 이렇게 언급한다. "그리스도는 우리를 위한 구속 사역을 한결같이 기뻐하시고, 그리스도와 성부는 구속 언약을 완결하실 때의 고된 수고 [그리고]……다 잊으시고, 자기들의 이전 수고와 근심을 다 망각하실 정도로 크게 상쾌하고, 즐겁고……만족스러운 마음을 가지신다."[123] 굿윈과 브룩스는 성부, 성자, 성령의 기쁨이, 은혜 언약의 시행이 아직 시간 속에서 일어나지 않았음에도 죄인들의 구속에 대한 구속 언약의 확실성과 유효성에서 나온다고 봤다. 이것을 염두에 두고 영원한 구속 언약과 시간적인 은혜 언약의 관계를 명확히 설명하는 것이 필요하다.

구속 언약과 은혜 언약의 관계

구속 언약 관념은 구속 언약과 은혜 언약의 관계에 대해 중요한 질문을 일으킨다. 앞에서 지적한 것처럼 일부 개혁파 신학자들은 구속 언약과 은혜 언약을 구분하지 않고, 단순히 영원 속에서 세워지고, 시간 속에서 실현된 은혜 언약에 대해서만 말한다. 이 문제를 우리가 어떻게 다루든 간에 영원한 언약과 시간적 언약의 관계 문제는 상세한 설명을 필요로 한다. 이 문제는 언약의 조건을 다루는 다음 장에서 보다 상세히 언급할 것이다. 하지만 지금 구속 언약과 은혜 언약의 관계에 대해 여러 관찰 사실을 제시하는 것이 이번 장과 다음 장 사이의 유용한 연결 고리가 될 것이다.

개혁파 정통 신학은 대체로 하나님의 행위에 대해 삼중 구분 곧 내재적 행위, 시간적 행위, 적용적 행위를 주장했다.[124] 토머스 굿윈은 이 행위들을 다음과 같이 설명한다.

---

119) Goodwin, *Of Christ the Mediator*, in *Works*, 5:31.
120) Goodwin, *Of Christ the Mediator*, in *Works*, 5:32.
121) Goodwin, *Of Christ the Mediator*, in *Works*, 5:32.
122) Goodwin, *Of Christ the Mediator*, in *Works*, 5:32.
123) Brooks, *Paradice Opened*, p. 83.
124) 이 원리의 변종들이 있다. Lucas Trelcatius, *A Brief Institution of the Common Places of Sacred Divinitie* (London: Imprinted by T. P. for Francis Burton, 1610), 2:1을 보라. "우리가 신학의 첫 부분에서 다뤄야 할 하나님의 사역은 두 종류다. 곧 내적 및 내재적 사역과 외적 및 외부적 사역이다. 전자는 내적이고 영원한 행위로 말미암아 하나님의 참된 본질 속에 있다. 후자는 외적이고 시간적인 행위를 통해 하나님에게서(또는 하나님에게서 나와) 피조물 속에 미친다."

1. 내재적 행위: 하나님의 영원한 사랑이 과거에 우리에게 고정되어 그분 안에서 우리를 향해 이루어진 행위로, 우리를 선택하신 것과 이 선택과 우리에게 주실 모든 복을 미리 정하신 행위를 가리킨다.
2. 시간적 행위: 그리스도 안에서 우리를 위해 이루어진 행위로, 이 안에는 그분이 우리를 대표해서, 그리고 우리를 대신해서 고난을 받으신 것이 들어 있다.
3. 적용적 행위: 성령을 통해 우리에게 온갖 복을 베푸심으로써 우리 안에서, 그리고 우리에 대해 이루어진 행위로, 이 안에는 부르심, 칭의, 성화, 영화와 같은 역사가 포함되어 있다.[125]

마찬가지로 이 삼중 구분을 사용해서 피터 벌클리도 첫째, 칭의를 "하나님의 마음과 뜻에 따라 계획되고 결정된 것으로 간주한다……둘째, 칭의를 그리스도의 순종으로 말미암아 우리를 위해 간청되고[요청되고] 획득된 것으로 간주한다……셋째, 칭의를 우리에게 실제로 적용된 것으로 간주한다."[126] 이것을 이해하는 또 다른 방법은 하나님이 "그리스도 안에서"(en Christo) 행하실 것으로 말해지는 것과 "그리스도로 말미암아"(dia Christo) 행하시는 것을 구분하는 것이다. "그리스도 안에서" 이루어진 하나님의 화목은 하나님의 내재적 행위 곧 구원의 유익들을 "하나님이 우리가 그분 안에 있을 때 우리의 머리로서 바라보게 된" 그리스도 안에서 신자들에게 두는 행위로, "하나님과 그분이 오직 우리를 위해 모든 것……곧 그리스도로 말미암아 우리를 위해 행해지고 우리에게 적용된 모든 것을 계획하셨을 때 일어났다."[127] 그러나 도구 전치사 디아(~에 의해/~로 말미암아)는 "그리스도로 말미암아 이 모든 것이 실제로 수행되고, 그것이 우리에게 적용된 것을 의미한다."[128] 그러므로 "그리스도 안에서"라는 어구는 그분을 우리의 공통적 머리로 간주하고, "그리스도를 위해"라는 어구는 그분이 복을 취득하시기 때문에 그리스도를 공로적 원인으로서 말하는 것이고, "그리스도로 말미암아"는 그리스도를 유효적 원인 곧 자기 백성들에게 은혜를 베푸시는 분으로 말하는 것이다.[129] 그러므로 "그리스도 안에서" 정해졌다고 말해지는 것은 무엇이나 특별히 구속 언약과 관련되어 있다. 하지만 "그리스도로 말미암아" 일어나는 것은 그리스도께서 자신의 사역을 수행하는 배경으로서 시간적인 은혜 언약과 관련되어 있다. 이 구분은 구속 언약과 은혜 언약의 유사점과 차이점을 고찰할 때 유효한 것으로 판명된다.[130]

패트릭 길레스피는 "그리스도와 맺어진 구속 언약과 죄인들과 맺어진 화목 언약" 간에 다수의 유사점이 있다는 것을 인정한다.[131] 그러나 길레스피의 견해에 따르면, 이 두 언약은 똑같은 언약이 아니다. 나아가 두 극단적인 관점 곧 "이 두 언약을 결합시키지 않는 것과 분리시키지 않는 것"은 피해야 한다.[132] 새뮤얼 러더퍼드도 "언약에 참여한 당사자가 다르기 때문에 그리스도와 맺어진 언약과

125) Goodwin, *Of the Holy Ghost*, in *Works*, 6:405.
126) Bulkeley, *Gospel-Covenant*, p. 358.
127) Goodwin, *Of Christ the Mediator*, in *Works*, 5:11.
128) Goodwin, *Of Christ the Mediator*, in *Works*, 5:12.
129) Goodwin, *Of Christ the Mediator*, in *Works*, 5:12.
130) 구속 언약과 은혜 언약을 공식적으로 구분하지 않은 칼라미는 두 언약을 구분한 신학자들이 보여 주는 엄밀함을 결여하고 있다. Calamy, *Two Solemne Covenants*, p. 3을 보라.
131) Gillespie, *The Ark of the Covenant Opened*, p. 113.
132) Gillespie, *The Ark of the Covenant Opened*, p. 113.

죄인들과 맺어진 언약은 같은 언약이 아니다"라고 주장한다.[133] 구속 언약에서는 "삼위 하나님이 모두 공통적인 한 당사자이고", 다른 편 당사자는 하나님의 아들이다. 은혜 언약-또는 러더퍼드와 길레스피가 그렇게 부르는 것처럼, 화목 언약-에서는 두 당사자가 삼위 하나님과 타락한 죄인들이다.[134] 이 구분은 두 언약 간의 중요한 차이를 표상한다. 그러나 차이점이 있음에도 불구하고, 길레스피는 여덟 가지 유사점을 제시한다. 구속 언약과 은혜 언약은 이런 점에서 일치한다. (1) 두 언약은 모두 순전히 은혜로 세워졌다(엡 1:9; 딤후 1:9). (2) 두 언약 모두 죄인들의 구속을 목표로 한다(딛 1:2; 고후 5:19). (3) 두 언약 모두 그리스도가 행동의 핵심 도구다(엡 1:7; 골 1:20). (4) 두 언약 모두 택하시는 분은 하나님이다. 구속 언약에서는 그리스도를 택하시고(시 89:3), 은혜 언약에서는 그리스도 안에서 구원하기 위해 죄인들을 택하신다. (5) 두 언약 모두 하나님의 동일한 속성(자비, 공의, 사랑 등)을 드러낸다. (6) 두 언약 모두 택함받은 자에게 유익이 있고, 하나님을 존귀하게 한다. (7) 두 언약 모두 그리스도께서 자기 백성들의 지위를 바꿔 놓으신다(고후 5:21). (8) 두 언약 모두 자유롭고, 은혜롭고, 영속적이다.[135]

길레스피가 제시한 유사점을 감안하면, 우리는 많은 개혁파 신학자들이 왜 단순히 은혜 언약이 영원 속에서의 시행과 시간 속에서의 시행을 갖고 있는 것으로 설명했는지 충분히 이해할 수 있다. 그러나 길레스피는 두 언약은 구별되지만 분리되지는 않는다는 자신의 요점을 증명하기 위해 두 언약 간의 아홉 가지 차이점도 함께 제시한다.[136] 두 언약은 이런 차이가 있다. (1) 두 언약은 하나님의 은혜로 세워졌지만 구속 언약은 두 당사자 곧 하나님과 그리스도의 은혜에서 연원하고, 은혜 언약은 오직 한 당사자(하나님)의 은혜에서 연원했다(요일 4:10, 19). (2) 두 언약은 영속적인 언약이기는 해도, 오직 구속 언약만 영원하고, 은혜 언약은 시간 속에서 결말이 지어진다(딛 1:2~3). (3) 두 언약은 당사자가 다르다. 구속 언약은 하나님과 그리스도가 당사자이고, 은혜 언약은 삼위 하나님과 잃어버린 죄인들이 당사자다. (4) 구속 언약은 평등 언약이지만 은혜 언약은 불평등 언약이다. 나아가 그리스도에게 요구된 것은 하나님의 택함받은 자들에게 요구된 것을 크게 능가한다. (5) 구속 언약에서는 중보자가 없지만(잠 8:22~23), 은혜 언약에서는 그리스도께서 택함받은 자를 위해 중보자로 활동하신다(딤전 2:5). (6) 은혜 언약의 약속들, 예컨대 새 마음은 그리스도에게 약속된 것일 수 없다. 대신 그리스도는 모든 이름 위에 뛰어난 이름을 약속 받으셨고(빌 2:9), 이것은 그의 백성들에게는 약속된 것이 아니다. (7) 그리스도는 신인(神人)으로서 죄를 범하실 수 없었기 때문에 구속 언약에 경고를 받지 아니하셨지만, 신자들은 은혜 언약에 경고를 받는다(히 2:3; 고전 16:22). (8) 두 언약은 조건이 서로 다르다. 그리스도는 육체를 입고 자기 목숨을 내놓아야 했다(히 10:5~7). 그의 백성들은 그리스도를 믿고, 자기들의 죄를 회개하고, 자기들의 구원을 두렵고 떨림으로 이뤄야 했다(행 16:31; 빌 2:12).[137] (9) 구

133) Rutherford, *Covenant of Life*, p. 308.

134) Rutherford, *Covenant of Life*, p. 309. 마찬가지로 벌클리도 이렇게 말한다. "지금도 나는 성부 하나님과 그리스도 간의 언약을 인정한다……하지만 만일 어떤 사람이 이로 말미암아 하나님과 우리 사이에 맺어진 언약은 없다고 결론을 내린다면, 성경에서 대낮에 해가 밝게 빛나는 것처럼 매우 분명한 것을 그들이 부인하고 있다고 말할 것이다……그러므로 하나님과 인간 사이에 맺어진 언약은 분명히 있다"(Bulkeley, *Gospel-Covenant*, pp. 33~34).

135) Gillespie, *The Ark of the Covenant Opened*, pp. 113~117.

136) 러더퍼드도 두 언약 간의 차이점을 언급하는 부분을 제공한다. *Covenant of Life*, pp. 308~315를 보라. 패트릭 길레스피는 러더퍼드의 이 특별한 작품을 읽었을 뿐만 아니라, 크게 의존하고 있는 것처럼 보인다.

137) 브룩스는 특히 길레스피와 같이 두 언약 간의 여러 동일한 차이점을 강조한다. *Paradice Opened*, p. 98.

속 언약은 그리스도 안에서 선택되는 것에 대해 인간의 동의를 요구하지 않았다. 하지만 은혜 언약은 자기들에게 적용되는 언약의 복에 대해 영원 속에서 택함받은 자들의 동의를 필요로 한다(요 6:37; 계 22:17, 20).[138] 따라서 길레스피는 두 언약은 유사점에도 불구하고 차이점을 고려하지 않으면 안 된다고 봤다. 그렇긴 해도 두 언약은 다음과 같이 "오중적인 관련성에 따라 하나로 결합되어 있다."[139]

첫째, 두 언약은 분리될 수 없을 정도로 "밀접하고 엄밀한 결합"을 이루고 있다. 확실히 은혜 언약은 구속 언약이 없으면 존재하지 못하고, 구속 언약과 "불가분리적인 연관성"을 갖고 있다.[140] 둘째, 두 언약은 "하나가 다른 하나를 필연적으로 그리고 확실히 따르는" 관계로, 두 언약 사이에는 "결코 틀림없는 관련성"이 있다.[141] 다시 말하면 "영원 전에 하나님의 뜻의 경륜 속에서 결정되지 않고 시간 속에서 집행되는 것은……아무것도 없다."[142] 셋째, 두 언약은 "정복할 수 없는 관련성"으로 결합되어 있다. 즉 구속 언약은 어느 것도 은혜 언약의 결과를 좌절시킬 수 없게 하는 능력과 효력을 갖고 있다(요 17:2; 마 16:18).[143] 새뮤얼 러더퍼드도 구속 언약이 "은혜 언약의 안정성과 견고성의 원인"이라고 지적함으로써 비슷한 요점을 제시한다.[144] 넷째, 길레스피는 구속 언약과 은혜 언약은 "은밀하고 숨겨진 관련성"으로 말미암아 함께 결합되어 있다고 주장한다.[145] 길레스피는 구속 언약은 "하나님의 가슴 속에 숨겨져 있었고……하나님과 그리스도 사이에 감추어져 있었는데", 육에 속한 자들이 아니라 그리스도 안에서 하나님의 구원의 큰 비밀을 이해할 수 있는 신자들에게 계시되었다고 주장한다.[146] 다섯째, 마지막으로 두 언약은 "아름다운 관련성"으로 함께 결합되어 있다.[147] 성부와 성자가 의논을 통해 계획하신 모든 것이 구속 역사 속에서 아름답게 시행된다. 두 언약 사이에는 유기적인 인과 관계가 있다. 영원 속에서 합의된 것이 그리스도를 통해 시간적 역사 속에서 수행된다.[148] 두 언약 간의 관계에 대한 이 부분은 웨스트민스터 신앙고백 8장 1절의 마지막 소절을 설명하는 데 도움을 준다. 거기 보면 "[하나님은] 영원 전에 주 예수에게 한 백성을 그의[그리스도의] 씨로 주셔서, 때가 되면 그분으로 말미암아 구속을 얻고, 부르심을 받고, 의롭다 하심을 얻고, 거룩하게 되고, 영화롭게 되도록 하셨다"고 되어 있다.

보충 설명: 기독론적인 요점

구속 언약을 은혜 언약이 시간 속에서 실현된 것으로 보는 관점은 그리스도의 중보 사역의 특수성을 설명해 준다. 하지만 그것은 또한 그리스도가 성부에게 예속되어 있음을 보여 주는 그리스도

---

138) Gillespie, *The Ark of the Covenant Opened*, pp. 117~123.
139) Gillespie, *The Ark of the Covenant Opened*, p. 123.
140) Gillespie, *The Ark of the Covenant Opened*, p. 123.
141) Gillespie, *The Ark of the Covenant Opened*, p. 124.
142) Gillespie, *The Ark of the Covenant Opened*, p. 124.
143) Gillespie, *The Ark of the Covenant Opened*, p. 125.
144) Rutherford, *Covenant of Life*, p. 309.
145) Gillespie, *The Ark of the Covenant Opened*, p. 125.
146) Gillespie, *The Ark of the Covenant Opened*, p. 125.
147) Gillespie, *The Ark of the Covenant Opened*, p. 125.
148) Gillespie, *The Ark of the Covenant Opened*, pp. 126~127.

에 대한 다양한 진술들을 설명해 준다. 예를 들면 비교적 최근에 B. B. 워필드는 그리스도는 "역사 방식"에 있어서 성부에게 종속된 역할을 취하는 것이라고 지적했다. 성부는 성자를 세상에 보내시고, 성자는 자기 아버지의 뜻을 행하신다. 그리스도는 심지어 "아버지는 나보다 크심이라"고까지 선언하셨다(요 14:28). 그러나 워필드는 이런 중요한 요점을 제시한다. "종속 원리가 '실존 양식'도 지배하는지는……분명하지 않다. 우리는 역사 방식에 있어서 이 종속 관계는 삼위일체 하나님의 인격들 간의 협의 곧 협정, 말하자면 구속 사역의 특별한 역할을 [성자]가 자원해서 취했다는 점에서 전문적으로 '언약'으로 불리는 것에 당연히 기인한다는 것을 염두에 둬야 한다."[149] 그러나 워필드는 두 분 사이의 언약에 따라 그리스도가 아버지에게 예속되신 것을 설명하는 최초의 인물은 아니었다. 영국의 개혁파 신학자인 존 예이츠(사망, 1657년)는 『가이사에게 갈 것이라』(Ibis ad Caesarem)는 작품에서 이 관련성을 언급했다. 선택과 성부와 성자 간의 영원한 경륜을 설명하면서, 예이츠는 그리스도를 "최초의 택함받은 자", 자기 백성들을 위해 "자신을 낮추신" 우리의 대속물로 간주한다.[150] 예이츠는 이것을 그리스도의 "종속"으로 지칭한다. 하지만 그 결과 "자신을 낮추신 그리스도는 온갖 연약함을 내려놓고, 온갖 완전한 것을 취하심으로써 만물보다 더 높아지고, 그리하여 본래 자신의 위치인 자기 아버지 다음 자리로 되돌아와 아버지와 함께……영광을 받으신다."[151] 이후에 존 오웬은 이 사실을 훨씬 명시적으로 언급했다. 성경 속에 성자가 성부를 "하나님"이나 "주님"으로 부르시는 등 성자의 성부에의 종속을 언급하는 본문들(시 16:2, 22:1; 미 5:4; 요 14:28, 20:17; 계 3:12)이 있다는 것을 깨닫고, 오웬은 이 "표현들은 언약과 언약 안에 종속이 있다는 것을 가리킨다"고 주장했다.[152] 오웬은 이렇게 덧붙인다.

> 이런 이유로 우리 구주께서는 자기 아버지는 자기보다 더 크시다고 말씀하신다(요 14:28). 이 본문에서 옛날 신학자들은 그리스도에게 신성을 부여하기는 하지만, 본질상 하나님의 본성보다 절대적으로 저급하다고 본 아리우스주의자들을 피하기 위해 단지 인성에 대해서만 아무 이의 없이 상술한다고 나는 생각한다. 그러나 하나님이나 성부와 비교할 때 그리스도의 인성의 저급함은 선언이나 엄격한 인증이 필요가 없을 정도로 의심할 여지가 없는 사실이고, 그것을 언급하는 것은 본문의 의도와 전혀 어울리지 않는다. 그러나 우리 구주는 자신이 감당해야 했던 사역과 관련해서 성부와 자신 사이에 맺어진 언약 관계를 염두에 두고 말하는 것이다.[153]

구속 언약은 은혜 언약의 근거를 제공할 뿐만 아니라, 기독론 역사 속에서 가장 곤란한 문제 가운데 하나 곧 존재론적인 동등성과 경륜적인 종속성 사이의 구분을 설명해 준다.

---

149) B. B. Warfield, "The Biblical Doctrine of the Trinity," *Biblical and Theological Studies* (Philadelphia: P&R, 1952), pp. 53~55.

150) John Yates, *Ibis ad Caesarem*… (London, 1626), pt. 2:75.

151) Yates, *Ibis ad Caesarem*, pt. 2:75~76.

152) Owen, *Exposition of Hebrews*, in *Works*, 19:84.

153) Owen, *Exposition of Hebrews*, in *Works*, 19:84~85.

결론

웨스트민스터 신앙고백 7장 곧 "인간과 맺으신 하나님의 언약에 대해" 부분은 영원한 구속 언약에 대해서는 거의 지식을 제공하지 아니할 것이다. 구속 언약은 일차적으로 하나님과 인간이 아니라 성부와 성자 간에 맺어진 삼위일체 간의 내적 언약이라는 것을 증명하는 이번 장에서 제공된 지식을 감안하면, 이것은 결코 놀랄 일이 아니다. 웨스트민스터 총회 문서들 속에서 구속 언약을 "발견하는" 실제 지점은 그 다음 장인 "중보자 그리스도에 대해" 부분이다(8.1).[154] "구속 언약"이라는 정확한 말은 웨스트민스터 총회 문서들 속에서는 나타나지 않는다. 사실상 이 말은 사보이 선언(1658년)에서도 "두 당사자 사이에 맺어진 언약에 따라"라는 어구가 덧붙여져(8.1) 웨스트민스터 신앙고백 8장 1절을 유용하게 더 명확하게 표현하기는 하지만 나타나지 않는다. 의심할 것 없이 훗날 구속 언약으로 불리게 될 교리를 주장한 웨스트민스터 총회 신학자들이 있었다. 그들 가운데 일부(예, 에드문드 칼라미)는 분명히 은혜 언약이 시간적 국면만 갖고 있는 것이 아니라, 영원한 기초도 갖고 있다고 말했다. 피터 벌클리와 같은 사람들의 작품에 기반을 둔 다른 신학자들은 결국 여러 이유로 은혜 언약(하나님이 인간과 맺으신 언약)과 구속 언약(하나님이 그리스도와 맺으신 언약) 사이를 구분했다. 이 이유 가운데에는 의심 없이 패트릭 길레스피와 존 오웬이 약간 상세히 제시한 주석적 증거가 포함되어 있었다. 나아가 17세기에 기승을 부린 율법폐기주의의 영향력도 한 요인이었을 것이다. 두 언약을 구분하게 되면 율법폐기주의의 대표적 특징인 영원 전 칭의에 대한 경향을 감소시킨다. 마지막으로 행위 언약에 대해서와 마찬가지로 개혁파 신학자들은 성부와 성자 간의 영원한 협정을 설명하는 데 다양한 용어들을 사용했다.[155] 구속 언약은 결국 성부와 성자 간의 언약을 설명하는 데 훗날 17세기 영국 신학자들 속에서 가장 대표적으로 사용된 말이 될 것이다. 하지만 웨스트민스터 총회가 기간에 다양한 어구들이 사용되었고, 이것은 데이비드 딕슨의 용어가 개혁파 신학에서 소위 "상투어구"가 되기까지 왜 시간을 필요로 했는지를 설명해 준다.

웨스트민스터 총회 문서들은 이 문제에 대해 추가로 명확화할 근거를 제공하고, 이것은 확실히 런던의 사보이 궁전에서 있었던 회중주의자들의 신앙고백 선언으로 일어났다(1658년). 17세기, 특히 1660년 이후의 종교, 정치적 풍토로 말미암아 개혁파 신학자들은 공식적으로 함께 만나 다른 신앙고백을 작성할 기회를 갖지 못했다. 17세기 중반의 구속 언약의 발전을 감안하면 우리는 이후의 신앙고백들이 구속 언약을 어떻게 봤을지 궁금하다. 사실이든 아니든 간에 우리는 데이비드 딕슨이 웨스트민스터 신앙고백에서 구속 언약의 요점을 찾아낸 것을 비난할 수 없다. 그리고 시인인 윌리엄 게디스(1600~1694년)는 은혜 언약이 성부와 성자 간의 협정에서 뿌리를 찾는다는 것을 확실히 보여 준다.

---

154) 로버트 리탐은 구속 언약에 대해 문제점을 분명히 지적하는데, 그것은 그가 구속 언약이 삼신론을 이끈다고 느끼기 때문이다. *The Westminster Assembly: Reading Its Theology in Historical Context* (Phillipsburg, N.J.: P&R, 2009), p. 235를 보라. 몇몇 이름을 언급하자면, 오웬, 굿윈, 콕세이우스, 위트시우스와 같은 신학자들은 확실히 그 같은 문제점을 보지 못했고, 그들은 오히려 구속 언약(pactum salutis)을 설명할 때 삼위일체에 대한 깊은 관심을 반영했다.

155) 예컨대 오웬은 "중보자 또는 구속자의 언약"에 대해 말하고, 더 빈번하게는 "협정", "계약," "언약," "규약"에 대해 말한다. 때때로 오웬은 구속 언약을 묘사하기 위해 "영원한 거래"나 "영원한 계약"이라는 말을 사용하기도 한다. 러더퍼드와 길레스피는 구속 언약을 묘사하기 위해 "보증 언약"을 비롯하여 다른 용어들(예, "평화의 의논")을 사용한다.

이것이 은혜 언약이니 곧
내 영혼을 그토록 감미로운 위안으로 이끄네.
아버지와 아들 사이에
은혜의 계약이 있네.
회개하고 하나님의 은혜를 구해야 하는
아담의 후손이 아들로 말미암아
아들이 아버지께 인간의 본성을
내가 취하겠다고 말씀하셨네.
택함받은 자가 살 수 있도록
내가 나 자신을 대속물로 주리라.
자, 아들아, (하나님이 말씀하셨다) 네가 그렇게 한다면,
그들은 지옥과 고통에서 구원받을 것이다.
아버지께서 불쌍한 사람에게 말씀하시니,
만일 네가 구원하는 믿음을 갖고
내 아들을 믿는다면, 너에게 평안을 주리라.
영원한 사랑이 너를 포옹할 것이라.[156)]

---

156) William Geddes, *The Saints Recreation* (Edinburgh, 1683), p. 19. 게데스는 난외주에서 이렇게 쓴다. "어떤 이들은 성부 하나님과 성자 사이에 맺어진 구속 언약과 중보자 예수로 말미암아 하나님과 인간 사이에 맺어진 은혜 언약을 구분한다."

16장

청교도의 은혜 언약 교리

하나님이 인간과 맺으신 첫 번째 언약은 행위 언약이었다…… 인간은 타락으로 말미암아 행위 언약을 통해서는 생명을 얻을 수 없게 되었고, 그래서 하나님은 흔히 은혜 언약으로 불리는 두 번째 언약을 기꺼이 맺으셨다. 하나님은 은혜 언약에 따라 예수 그리스도로 말미암아 생명과 구원을 죄인들에게 값없이 제공하고, 구원받도록 그들에게 그리스도를 믿는 믿음을 요구하고…….

–웨스트민스터 신앙고백 7장 2, 3절–

은혜 언약은 율법 시대와 복음 시대에 각각 다르게 시행되었다. 은혜 언약은 율법 아래에서는 유대인들에게 주어진 약속, 예언, 속죄 제사, 할례, 유월절 어린 양, 그리고 다른 모형과 규례들을 통해 시행되었는데, 이 모든 것은 오실 그리스도를 미리 지시했고, 그 시대에는 택함받은 자들을 가르치고, 그들에게 온전한 죄사함과 영원한 구원을 주실 약속된 메시아를 믿는 믿음으로 세우는 데 충분하고 유효했고, 그것은 구약으로 불린다.

–웨스트민스터 신앙고백 7장 5절[1]–

16세기 이후로 취리히와 제네바에서 스위스 종교개혁을 시작하면서, 개혁파 신학자들은 아담에게 주어지고, 창세기 3장 15절에 기록된 첫 번째 약속(원시 복음, protoevangelium)에서 시작되고, 언약의 중보자이신 예수 그리스도의 사역으로 정점에 이른 구속사의 통일성을 확립하기 위해 은혜 언약(foedus gratiae) 개념을 사용했다. 은혜 언약은 실질적으로는 하나지만, 개혁파 신학자들은 성경의 내러티브 패턴을 반영하기 위해 여러 시행 단계로 분리시켰고, 이것은 하나님의 구속 목적이 점진적으로 펼쳐진 것을 우리에게 보여 준다. 패트릭 길레스피(1617~1675년)는 은혜 언약은 "처음부터 끝까지 전체 구원 과정의 방향을 이끄는 핵심 요체"라고 말했다.[2] 은혜 언약은 웨스트민스터 신앙고백과 사보이 선언에서 확고한 위치를 차지했다. 두 신앙고백에서 역사는 두 구별된 시대 곧 각기 구원에 대해 다른 근거를 갖고 있는 행위 언약 시대와 은혜 언약 시대로 나누어진다(행위 대 믿음). 은혜 언약은 아담이 죄를 범해 행위 언약의 조건을 성취하지 못한 것에 대해 하나님이 은혜로 반응하신 것을 표상한다. "인간은 타락으로 행위 언약을 통해서는 생명을 얻을 수 없게 되었고, 그래서 하나님은 흔히 은혜

1) 사보이 선언(1658년)은 이 부분이 다르게 되어 있다. "비록 이 언약이 율법 시대에는 규례와 제도들이 다르고 다양하게 시행되었다고 해도, 그리고 그리스도께서 육체를 입고 오신 이후라고 해도, 이 언약의 본질과 효력은 모든 영적 목적 및 구원의 목적에 대해 동일하고, 다른 시대에 따라서 그것은 구약과 신약으로 불린다"(7.5).

2) Patrick Gillespie, *The Ark of the Testament Opened* (London, 1681), 1:29.

언약으로 불리는 두 번째 언약을 기꺼이 맺으셨다. 하나님은 은혜 언약에 따라 예수 그리스도로 말미암아 생명과 구원을 죄인들에게 값없이 제공하고, 구원을 받도록 그들에게 그리스도를 믿는 믿음을 요구하고, 생명을 얻도록 정해진 모든 자에게 그의 성령을 생명에 이르도록 작정된 모든 사람들에게 믿을 마음을 갖고, 믿을 수 있도록 그의 성령을 주기로 약속하신다"(웨스트민스터 신앙고백 7.3). 은혜 언약은 개혁파 구원론의 심장과 영혼을 구성하고, 구약 성경과 신약 성경을 막론하고 구원은 오직 은혜로 예수 그리스도를 믿는 믿음을 통해서만 얻는다고 선언한다.

청교도 사상 속에 전개된 은혜 언약을 연구하는 가운데, 존 본 로는 청교도에게 계시의 진보는 "흐림에서 밝음으로……[그러나 이] 점진성은 한 언약의 시행 속에 나타나 있고, 따라서 전체 성경 이야기는 구원사의 이 드라마의 [그] 무대였다"고 정확히 지적한다.[3] 은혜 언약 배경 속에서 보면, 믿음은 영생을 얻도록 작정된 자들의 마음속에 성령이 일으키시고(행 13:48), 그리하여 그들은 그리스도의 구속 사역의 유익을 차지할 수 있다. 따라서 은혜 언약은 하나님이 단독으로 맺으신 것이다. 은혜 언약은 언약의 조건에 반응하거나 성취할 자연적 능력을 고려하지 않고 타락한 죄인들에게 주어지는 "일방 언약"(foedus monopleuron)으로 불린다.[4] 그러나 은혜 언약은 사람 편에 그리스도를 믿는 믿음을 요청한다는 점에서 보면 조건적이고, 따라서 "쌍방 언약"(foedus dipleuron)으로 불릴 수도 있다.[5] 17세기 동안 영국의 개혁파 신학자들은 은혜 언약에 대해 탁월한 글을 썼을 때 언약의 이 두 국면의 균형을 유지할 수 있었다. 이번 장에서 우리는 17세기의 매우 중요한 영국의 개혁파 신학자들, 특히 매우 영향력이 큰 신학자였던 존 볼(1585~1640년)과 그의 계승자인 토머스 굿윈(1600~1680년), 새뮤얼 러더퍼드(1600~1661년), 프랜시스 로버츠(1609~1675년), 존 오웬(1616~1683년), 패트릭 길레스피를 살펴볼 것이다. 은혜 언약에 대한 포괄적인 분석은 이 주제에 대한 문헌이 풍성하다는 것을 감안하면, 책 한 권으로도 불가능할 것이다. 따라서 이번 장은 은혜 언약에 나타나 있는 드러난 계시의 본질과 연속적인 각 시대에 요구되는 의무에 대해 설명하는 것으로 제한할 것이다.

신학자들의 반응

새뮤얼 러더퍼드는 "첫 사람 아담은 모든 것을 손상시키고, 둘째 아담은 모든 것을 새롭게 하고 모든 것을 고친다"고 진술함으로써, 하나님이 타락 이후 죄인들을 언약을 통해 다루시는 것의 은혜성과 구원의 유효성을 잘 요약한다.[6] 따라서 러더퍼드의 설명은 창세기 3장 15절 이후의 구속사를

---

3) John von Rohr, *The Covenant of Grace in Puritan Thought* (Atlanta: Scholars Press, 1986), p. 49. 참고, Isaac Ambrose, *Looking unto Jesus* (London, 1674), p. 57 이하.

4) 그러므로 오웬은 이렇게 주장한다. "*Ita est, non suspenditur Dei foedus a voluntate nostra, ullisve conditionibus a nobis praestandis; ab auctoritate, gratia, et fidelitate ipsius Dei virtutem omnem habet et effectum. Absoluta enim est promissio gratiae, neque ulla est foederis conditio, quae in ipsa promissione non continetur*" (John Owen, *Theologoumena*, in *The Works of John Owen, D.D.* [Edinburgh: Johnstone & Hunter, 1850~1855], 17:158 [3.1.6]).

5) 따라서 존 볼은 이렇게 주장한다. "은혜 언약은 하나님이 단순한 자비로 예수 그리스도 안에서 비참하고 가련한 죄인인 인간에게 만약 죄악을 버리고 돌아서고, 제공된 자비를 정직한 믿음으로 받아들이며, 하나님 앞에서 성실하고 신실하고 자원하는 순종으로 생활한다면, 이 피조물이 높아져 이런 즐거움 속에 들어가고 이런 보배로운 약속의 참여자가 됨으로써 죄사함과 영원한 행복을 베푸실 것을 약속하는 값없고 은혜로운 언약이다"(*A Treatise of the Covenant of Grace*… [London, 1645], pp. 14~15).

6) Samuel Rutherford, *The Covenant of Life Opened, or, A Treatise of the Covenant of Grace*… (Edinburgh, 1655),

잘 요약하고 있다. 개혁파 신학자들은 모두 첫 번째 언약 실패의 결과로 자연 계시가 인간의 구원에 부적절하게 되었고, 그리스도 안에 있는 생명의 길에 대한 초자연적 계시를 필요로 하게 되었다고 주장했다. 타락 이전에 아담에게 자연적이었던 빛이 죄의 결과로 크게 소멸되었다. 존 오웬이 지적한 것처럼, 이렇게 죄가 들어옴으로써 인간의 본성은 큰 손상과 손실을 입었다.[7] 그러므로 인간은 창조주로서뿐만 아니라 구속주로서도 하나님을 필요로 하고, 이것은 불가피하게 중보자 예수 그리스도 안에서 하나님에 대한 계시를 필수적으로 요청한다. 존 볼, 요하네스 콕세이우스, 존 오웬과 같은 개혁파 신학자들은 구속사를 특히 기독론적인 초점을 갖고 점진적으로나 점차적으로(gradus) 펼쳐지는 것으로 이해한다. 행위 언약이 죄사함에 대한 조항이 전혀 없기 때문에 은혜 언약은 타락 이후 인간의 구원의 길을 이해하는 데 필수적인 배경이 되었다.[8]

오웬은 은혜 언약의 본질, 내용, 성격이 행위 언약과 다른 두 가지 중요한 이유를 제시한다. 첫 번째로 은혜 언약에서 칭의는 전적으로 은혜에 속해 있고, "이것은 철저히 행위를 배제한다. 즉 우리 자신의 행위는 하나님 앞에서 칭의의 수단이 아니므로 은혜에 속해 있다는 것이다."[9] 두 번째로 은혜 언약은 "중보자와 담보물을 갖고 있고, 이것은 오직 다음과 같은 전제 즉 우리는 본질상 원래 우리에게 요구되었던 것을 행할 수 없고, 행위 언약의 법을 지킬 수 없으므로 우리의 중보자와 담보물이 우리를 위해 지켜 줘야 한다는 것에 기초가 두어져 있다."[10] 은혜 언약에서 예수 그리스도는 이 언약의 핵심 주체인 까닭에 중보자와 담보물의 역할을 수행하신다. 은혜 언약의 담보물(즉 담보인)로서 그리스도는 하나님께 순종하심으로써 인간 편의 언약 조건을 수행하셨고, 그리스도는 자신의 인격으로 그것을 이루셨다. 오웬의 말에 따르면, 그리스도는 "인간 속에서, 그리고 인간에 의해 행해졌어야 할 것이 무엇이든 간에, 자신의 영과 은혜로 그것을 이루는 일을 떠맡으셨다. 그렇게 하심으로써 언약을 모든 면에서 견고하고 안정되게 하셨고, 언약의 목적을 이루셨다."[11] 은혜 언약의 은혜성은 하나님이 우리를 위하신 그리스도의 사역을 기꺼이 받아들이신 사실에 뿌리가 두어져 있다. 그리스도는 담보물이므로 은혜 언약은 행위 언약에서는 결코 불가능했던 지속적인 안정성과 성취의 확실성을 갖고 있다.[12] 만일 하나님이 에덴동산에서 아담에게 은혜로우셨다면-거의 모든 개혁파 신학자들이 주장한 요점-은혜 언약은 프랜시스 로버츠의 말에 따르면 "두 배로 은혜롭다."[13] 다르게 말하면, 둘째 아담은 신인(神人)으로서 자신의 존엄성과 가치의 힘으로 확실히 첫 사람 아담이 실패한 곳에서 성공하셨고, 더 탁월하고 영광스러운 방법으로 "많은 아들들을 이끌어 영광에 들어가게 하

---

p. 225.

7) "*Naturam ideo humanam tant? quamvis per peccatum clade confectam, et pene suae solum residuam, theologiae hujus reliquiis adhuc instructam esse dicimus*" (Owen, *Theologoumena*, in *Works*, 17:45 [1.5.4]).

8) John Owen, *An Exposition upon Psalm CXXX*, in *The Works of John Owen, D.D.* (Edinburgh: Johnstone & Hunter, 1850~1855), 6:474~475를 보라.

9) John Owen, *The Doctrine of Justification by Faith*, in *The Works of John Owen, D.D.* (Edinburgh: Johnstone & Hunter, 1850~1855), 5:276. 또한 Ball, *Treatise of the Covenant of Grace*, p. 15도 보라.

10) Owen, *Justification by Faith*, in *Works*, 5:276.

11) John Owen, *Exposition of Hebrews*, in *Works*, 19:78.

12) 길레스피는 *The Ark of the Testament Opened*, 1:220~290에서 행위 언약과 은혜 언약의 유사점과 차이점을 상세히 설명한다. 은혜 언약이 행위 언약보다 더 큰 안정성을 갖고 있다는 것에 대해서는 pp. 233~244를 보라.

13) Francis Roberts, *The Mysterie and Marrow of the Bible: viz. God's Covenants with Man* (London, 1657), p. 106. 로버트는 행위 언약의 은혜로서의 성격을 매우 강력히 주장하기 때문에 구속사를 행위 언약과 믿음(은혜) 언약으로 나누는 것을 좋아하지 않는다.

셨다"(히 2:10). 은혜 언약의 역사는 타락 직후 곧 최초로 복음 약속(protoevangelium)이 주어진 것이 기록되어 있고, 여자의 후손으로서 그리스도께서 "옛 뱀 곧 마귀라고도 하고 사탄이라고도 하는"(계 12:9) 우두머리를 박살내실 하나님 백성들의 궁극적 승리의 목표를 따라 움직이는 구속사가 출범되는 창세기 3장 15절에서 시작된다.

아담에서 노아까지의 신학

창세기 3장 15절은 16세기와 17세기의 개혁파 정통 신학에 중요한 구절이다.[14] 존 오웬에 따르면, 타락 이후 모든 참된 신학은 복음의 온전한 축소판인 원시복음 속에 뿌리를 두고 있다. 그러나 이 온전함은 이후의 신적 계시와 조명 단계에 따라 강화되고 밝아진다.[15] 오웬은 "전체 은혜 언약을 사실상 함축하고 있는" 원시복음의 내용은 명백히 그리스도를 자신의 죽음을 통해 인간을 죄와 비참에서 회복시키는 분으로 언급한다고 주장한다.[16] 오웬과 같이 토머스 굿윈도 창세기 3장 15절을 메시아에 대한 최초의 약속으로 간주한다.[17] 프랜시스 로버츠도 마찬가지로 창세기 3장 15절은 "성경에 기록된 최초의 가장 오래된 복음"이라고 덧붙인다.[18] 볼은 창세기 3장 15절은 "사탄에 대한 결정적인 심판과 최후의 전복 및 파멸……그리고 인간의 구원"을 선포한다고 주장한다.[19] 모든 개혁파 신학자가 창세기 3장 15절은 메시아의 뱀에 대한 승리를 지적함으로써 최초로 은혜에 대한 약속을 담고 있다는 데 동의했지만 "여자의 후손"에 대한 주석적 세부 내용은 다양하게 이해되었다.

토머스 굿윈은 교황주의자들은 단지 "여자"는 마리아를, "후손"은 그리스도를 가리키는 것으로 이해한다고 지적한다.[20] 로마 가톨릭의 입장에 반대해서 볼은 이렇게 주장한다. "만약 그리스도가 그녀에게서 태어났기 때문에 처녀 마리아가 뱀의 머리를 상하게 하는 것으로 말해질 수 있다면, 같은 이유로 우리는 그녀가 우리를 위해 십자가에 달려 죽었다고 말할 수 있을 것이다."[21] 창세기 3장 15절을 주석적으로 상세히 분석하면서 프랜시스 로버츠는 여자의 후손을 누구로 이해하느냐에 대해 견해가 다양하다는 것을 인정한다. 그 후손이 마리아를 가리킨다는 로마 가톨릭의 주장에 반대하며, 로버트는 로마 가톨릭은 자기들의 입장을 지지하기 위해 고의로 본문을 수정하고 있다고 지적한다. 불가타 역본과 매리 여왕의 시편(1553)을 보면, 히브리어 후(그)를 마치 히(그녀)인 것처럼 번역하고, 그 결과 "그녀는 네 머리를 상하게 할 것이요"(ipsa conteret caput tuum)로 번역했다. 나아가 로버트는 이렇게 말한다. "이 잘못된 번역을 추가로 지지하기 위해 그들은 앤트워프에서 출간한 행간 주

---

14) 창 3:15에 대한 역사적 및 조직적 연구는 John Ronning, "The Curse on the Serpent (Genesis 3:15) in Biblical Theology and Hermeneutics" (철학박사학위논문, Westminster Theological Seminary, 1997)을 보라.

15) "*Omnis autem veri nominis theologia postlapsaria ejusdem generis est. Variis revelationum gradibus objective tantum aliquoties innovata*"(Owen, *Theologoumena*, in *Works*, 17:134 [2.1.2]).

16) Owen, *Justification by Faith*, in *Works*, 5:192. 다른 곳에서 오웬은 비슷하게 이렇게 언급한다. "*Foedus ideo hoc novum, gratiae erat, quia in alio fundatum, qui conditiones ejus omnes praestare tenebatur. Istius autem foederis promissis et praeceptis constitit nova haec theologia*"(Owen, *Theologoumena*, in *Works*, 17:135).

17) Thomas Goodwin, *Of Christ the Mediator*, in *The Works of Thomas Goodwin, D.D.*, Thomas Smith 편집 (1861~1866, 재판, Grand Rapids: Reformation Heritage Books, 2006), 5:309~315.

18) Roberts, *God's Covenants*, p. 192.

19) Ball, *Treatise of the Covenant of Grace*, p. 37.

20) Goodwin, *Of Christ the Mediator*, in *Works*, 5:310.

21) Ball, *Treatise of the Covenant of Grace*, p. 38.

석 성경에서 가이 파브리키우스가 불성실하게 왜곡시킨 히브리어 본문을 참고했다…… 그러나 우리의 박식한 신학자들[리베투스, 칼빈, 고마루스]은 본문에 대한 이런 악질적인 훼손을 정당하게 정죄한다."[22] 하지만 로버트도 개신교인들이 여자의 후손이 누구를 가리키는지에 대해 항상 의견이 일치했던 것은 아니라고 올바르게 지적한다. 존 칼빈은 일부 해석자들이 "여자의 후손"을 그리스도를 가리키는 것으로 이해한 것을 인정하고, "그들의 의견을 지지하는 데 기꺼이 찬성표를 던질 수 있다. 하지만 나는 후손이라는 말이 그들에 의해 매우 심하게 왜곡된 것으로 간주하는데, 누가 집합 명사를 단지 한 사람을 가리키는 것으로 이해되는 것을 용납하겠는가?"라고 말했다.[23] 칼빈은 창세기 3장 15절에서 첫 번째 "여자의 후손" 용법은 "일반적으로 여자의 자손"(즉 전체 인류)을 가리키는 것으로 간주한다. 그러나 창세기 3장 15d절의 두 번째 "여자의 후손" 용법은 그리스도와 믿는 교회를 가리키는 것으로 보고, 따라서 "하나님의 전체 교회가 그 머리 아래 [사탄을] 물리치고 영광스럽게 기뻐할 것이다"라고 말한다.[24] 굿윈에 따르면, 데이비드 파레우스(1548~1622년)는 "반씩 나눠 약속 전반부에 나오는 '여자의 후손'은 믿는 모든 인간을 가리키는 것으로 이해한다. 그러나 후반부에서 [그것은]이나 [그는]은 예언적으로 오직 그리스도를 지시하고 그리스도로 한정된다고 이해한다."[25] 70인역과 아람어 탈굼 번역의 세부 사실을 살펴본 후에, 굿윈은 명사 "후손"의 두 용법은 각각 그리스도의 인격과 "그리스도 안에" 있는 것으로 간주된 신자들을 가리키고, 대명사는 다양하게 "그것"이나 "그"를 가리키는 것으로 해석된다고 주장한다.[26] 안드레아스 리베투스(1572~1651년)가 지지하는 데이비드 파레우스의 입장을 포함해서 정통 신학자들의 다양한 입장을 평가한 후에, 로버트는 "후손"이 집합적으로 "그리스도와 그의 모든 후손을 포함하는 개념 곧 그리스도와 그의 택함받은 지체 전체를 가리키는 것으로" 이해되어야 한다는 굿윈의 입장을 찬성한다.[27] 로버트는 그리스도는 "본래적으로 그리고 근본적으로" 자신의 능력으로 마귀를 상하게 하고/박살내고 승리하시고, 택함받은 자는 이 영적 싸움에서 그리스도에게서 "파생적으로" 그들에게 전달된 능력과 승리를 받는다고 덧붙인다.[28] 프로토에반겔리움(원시복음)은 마귀에 대한 그리스도의 승리를 말하기 때문에, 오웬은 칭의, 회개, 육체의 부활과 같은 영원한 복을 포함해서 구원의 모든 유익이 창세기 3장 15절에서 기초가 발견된다고 주장하는 데 아무 문제가 없었다.[29] 불분명하기는 하지만 창세기 3장 15절의 약속은 이 언약이 특별히 시행되는 동안에는 신실한 자들에게 충분한 약속이었다. 추가 계시는 노아와 맺은

---

22) Roberts, *God's Covenants*, p. 194.

23) John Calvin, *Commentaries* (재판, Grand Rapids: Baker, 1996), 1:170.

24) Calvin, *Commentaries*, 1:171. 굿윈은 칼빈의 해석을 다음과 같이 언급한다. "칼빈은 여자의 후손은 더 직접적인 의미에서 집합적으로 모든 시대의 신자들이 망라된 영적 집단 전체를 가리키고, 그리스도는 다만 그 집단에서 가장 탁월한 인물로, 그분으로 말미암아 나머지 모든 사람이 승리를 얻게 되는 것으로 이해한다"(*Of Christ the Mediator*, in *Works*, 5:310).

25) Goodwin, *Of Christ the Mediator*, in *Works*, p. 310.

26) Goodwin, *Of Christ the Mediator*, in *Works*, 5:310.

27) Roberts, *God's Covenants*, p. 196.

28) Roberts, *God's Covenants*, p. 197. 볼도 같은 입장을 주장한다. "특히 그리스도가 여자의 후손이었다. 하지만 신실한 자들도 이 후손에 포함된다. 여자의 후손은 집합적 개념으로 취해져서 뱀의 후손이 아닌 자들 곧 뱀의 후손에 반대하는 자들만 포함하기도 한다. 그리스도는 당연히 이 약속을 성취시키는 후손이다. 신실한 자들은 이 약속이 주어지는 후손이다"(*A Treatise of the Covenant of Grace*, p. 39).

29) "*Hisce autem capitibus omnem de mediatoris persona et officio, de justificatione gratuita, de resipiscientia, de morte aeterna, vita, et praemio, de resurrectione carnis, doctrinam (utut obscurius) contineri, facile esset probare*"(Owen, *Theologoumena*, in *Works*, 17:136 [2.1.4]).

언약에서 주어질 것이다.

노아에서 아브라함까지의 신학

모든 개혁파 신학자가 은혜 언약을 설명할 때 노아 언약을 주목한 것은 아니다. 사실은 상당히 많은 신학자가 은혜 언약을 세 시대로 나눴다. (1) 아담에서 아브라함까지, (2) 아브라함에서 모세까지, (3) 모세에서 그리스도까지. 예를 들어 존 볼은 노아 시대를 당연히 무시하고 넘어가는데, 이것은 그의 특징인 철저함을 감안하면 놀라운 일이다. 윌리엄 에임스(1576~1633년)와 요하네스 볼레비우스(1586~1629년)도 구속사의 삼중 구조를 주장했다.[30] 그러나 많은 저명한 개혁파 신학자들이 때때로 노아와 맺어진 언약도 은혜 언약(foedus gratiae)의 한 세대 곧 한 시행 단계에 속한다고 강력히 주장했다. 굿윈은 이사야서 54장 7~11절에 의지해서 이 견해를 옹호하고, 노아 언약은 "순수한 은혜 언약"이었다고 말한다.[31] 굿윈은 전형적으로 구약 성경을 기독론 관점에 따라 읽으면서, 노아가 만든 방주는 구원을 상징하고, 단순히 홍수에서 구조 받는 시간적인 구원으로 그치는 것이 아니라고 주장한다. 방주는 약속된 후손인 그리스도를 상징했고, 노아는 이것을 믿음으로 이해했으며(히 11:7), 존 오웬이 주장하는 것처럼 구원하는 모든 믿음은 약속된 후손을 바라보고, 그의 의로운 생활로 증명된 것처럼 노아는 이 믿음을 소유했다.[32] 굿윈은 노아도 선지자 곧 그리스도의 의의 설교자였고, 따라서 노아는 하나님이 명시적으로 언약에 대해 말씀하신 최초의 선지자의 영예를 얻었다고 덧붙인다. "홍수 이전의 모든 족장이 살았던 시대에도 여자의 후손인 그리스도에 대한 약속이 확실히 있었다. 하지만 언약이라는 이름 아래 언급된 적은 결코 없었고, 그때까지 은혜 언약이라는 말을 사용한 적은 절대로 없었다."[33]

노아 언약이 은혜 언약에 속해 있다는 입장을 가장 상세히 옹호한 신학자는 프랜시스 로버츠다. 로버트는 인간이 타락한 이후로 하나님의 모든 "언약과 약속은 죄인들의 구주인 예수 그리스도 안에서 세워지고, 확립되고, 주로 성취되었다"고 주장한다.[34] 굿윈에게 그랬던 것처럼 로버트의 입장을 설명하는 데에도 모형의 역할이 도움을 준다. 노아 언약의 결정적 원인은 이중적이었다. (1) 일차적이지 않고 모형적이 아닌 원인, 즉 하나님께 향기가 된 노아의 번제물(창 8:20~21), (2) 일차적이고 대형적인 원인, 즉 속죄 제물로 하나님께 자신을 바치신 그리스도(엡 5:2).[35] 그리스도는 노아에게 "희미하고, 애매하고…… 함축적으로" 계시되었지만, 그럼에도 노아는 믿음으로 그리스도 안에서 살

---

30) William Ames, *The Marrow of Sacred Divinity* (London, 1642), pp. 170~174 (1:38), Johannes Wollebius, *Compendium Theologiae Christianae* (London, 1760), p. 100 (1.31.10~11). 에임스는 그리스도에서 세상 끝 날까지의 기간을 네 번째 시기로 추가한다(*Marrow*, pp. 175~176).

31) Thomas Goodwin, *Of Election*, in *The Works of Thomas Goodwin, D.D.*, Thomas Smith 편집 (1861~1866, 재판, Grand Rapids: Reformation Heritage Books, 2006), 9:42.

32) "*Fides omnis salutaris respicit promissum Semen. Hanc vero fidem habuit antediluvianus; tunc enim testimonio justititae per Deum ornatus est…At vero in gratiam ipsius Noachi, et ecclesiae in familia ejus instaurandae, variis luminis gradibus statim a diluvio aucta est ea theologia, quos strictim percurram*"(Owen, *Theologoumena*, in *Works*, 17:157 [3.1.4]).

33) *Goodwin, Of Election*, in *Works*, 9:45.

34) Roberts, *God's Covenants*, p. 263.

35) Roberts, *God's Covenants*, p. 257.

고, 믿음으로 의의 상속자가 되었다.[36] 따라서 그리스도를 믿는 노아의 믿음은 구원하는 믿음이었고, 그러기에 노아 언약은 은혜 언약의 한 시행 단계였다.[37] 로버트는 개혁파 신학자들이 심혈을 기울여 주장한 언약신학의 중요한 한 국면을 강조한다. 노아 언약은 노아와 맺어졌을 뿐만 아니라, 그의 후손 곧 셈, 야벳, 그리고 악한 아들인 함과도 맺어진 것이라는 것이다. 로버트는 만일 주님이 "자신의 언약 속에 뿌리와 가지, 부모와 그들의 후손이 포함되는 것을 인정하신다면 언약의 입문 표징과 징표에 부모의 유아들이 참여하는 것을 금지시키는 재세례파의 조치는 참으로 부당하고 위험스러운 것이다"라고 추론한다.[38] 일부 개혁파 신학자들은 "구원하기에는 부족함이 있는 은혜 언약의 공통적 유익들의 외적 시행과 구원에 이르게 하는 내적 효력 및 특수 유익들" 사이를 구별함으로써 이 견해를 지지한다.[39] 하나님은 노아와 언약을 맺으시면서 자신의 구속 목적을 더 깊이 밝히셨기 때문에 노아 언약은 타락 이후로 계시의 점진적 진행에 첫 번째 진전이 일어난 것이다. 하나님은 중보자를 통해 죄인들에게 자신의 말씀을 전달하셨고, 그리하여 명시적으로 그렇게 지칭되는 언약이 인간과 세워지게 되었다.[40]

아브라함에서 모세까지의 신학

개혁파 신학자들은 노아 언약이 은혜 언약에 당당히 속해 있었다는 것에 대해 완전한 일치를 이루지는 않았지만, 아브라함 언약과 구속사의 관계에 대해서는 확실히 연합 전선을 구축했다. 은혜 언약은 아브라함 시대에 매우 명확하게 드러났기 때문에 오웬은 "이처럼 하나님의 뜻과 은혜의 비밀을 설명하고, 따라서 모든 것을 완결시킬 그분이 오실 때까지 한 계시의 경륜에 대해 보다 충분한 증명이 거의 없었던 타락 이후 신학[즉 계시]에 이런 설명이 주어질 정도로 밝게 드러났다"고 주장할 수 있었다.[41] 오웬은 계시의 진행 속에 다양한 진보 단계가 있음을 강조한다. 더 오래된 약속들에 기초를 두고 하나님은 아브라함에게 자신의 구원 목적에 대해, 특히 후손 즉 모든 은혜의 기초가 되시는 그리스도에 대한 약속을 되풀이하시면서, 더 분명하고 더 충분한 설명을 주셨다. 따라서 "후손 곧 모든 은혜의 기초가 되시는 분에 대해 미리 주어진 약속에 따라 하나님은 자신이 은혜롭게, 그리고 변함없이 만족하게 하고, 거룩하게 하고, 의롭게 하고, 구원하시는 하나님이 되시고, 그리하여 그 후손에게 믿음과 새로운 순종을 요구하실 것이라고 친절하게 약속하신다."[42] 아브라함 언약의 내용, 특히 의롭다 함을 받게 하는 믿음과 그 믿음의 열매로서의 순종의 관계에 대한 내용은 본질적으로

---

36) Roberts, *God's Covenants*, pp. 263~264. 로버트는 이렇게 덧붙인다. "믿음으로 얻는 의는 예수 그리스도의 완전한 의로, 하나님은 단순한 은혜로 모든 자기 의와 죄인들이 의롭게 되는 다른 모든 길을 포기하고 믿음으로 이 그리스도의 완전한 의를 받아들이는 자들에게 이 동일한 의를 전가시키신다"(*God's Covenants*, p. 264).

37) Roberts, *God's Covenants*, p. 265.

38) Roberts, *God's Covenants*, p. 259.

39) Roberts, *God's Covenants*, p. 259.

40) Owen, *Theologoumena*, in *Works*, 17:160 (3.1.9)을 보라.

41) "*Tanta autem voluntatis divinae et mysteriorum gratiae expositio, tamque illustris, ea explanatione theologiae postlapsariae edita est, ut proventum uberiorem unius revelationis* **οκονομία**, *donec ille veniret, cui omnia errant reposita, vix obtinuerit*"(Owen, *Theologoumena*, in *Works*, 17:265 [4.1.12]).

42) "*Praemissa Seminis promissione, omnis gratiae fundamento, Deus gratiose promittit se ei in semine illo, Deum parcentem, sanctificantem, justificantem, servantem gratuito et immutabiliter fore, fidem atque novam obedientiam abs eo vicissim postulans*"(*Theologoumena*, in *Works*, 17:266 [4.1.13]).

새 언약의 내용과 같다. 오웬은 자신의 〈대교리문답〉 질문 13에서 이렇게 묻는다. "이 새 언약은 무엇입니까?" 이에 오웬은 이렇게 답변한다. "아담 안에서 타락한 모든 그의 택함받은 자에게 예수 그리스도를 주시고, 그분 안에서 자비, 용서, 은혜, 영광을 주시겠다는 하나님의 은혜롭고, 값없고, 변함없는 약속으로, 여기에 이 약속에 대한 그들의 믿음과 새로운 순종에 대한 규정이 함께 들어 있습니다."[43] 오웬과 그의 개혁파 동료들은 은혜 언약과 오직 믿음으로 얻는 칭의를 단순히 동등시하지 않았다. 구원의 유익들-칭의, 양자, 또는 성화를 막론하고-은 은혜 언약의 배경 속에서 적절하게 되고, 모든 유익이 구원에 필수적이다. 그러나 이 유익들은 먼저 그리스도의 인격과 사역에 뿌리를 두고 있으므로, 은혜 언약은 은혜로서의 성격을 그대로 보존하고 있다.

웨스트민스터 총회 신학자들의 언약신학에 가장 큰 영향을 미친 신학자는 존 볼이었다. 존 볼은 은혜 언약에 대한 자신의 작품의 아브라함 언약 부분에서, 이 언약이 개혁파 정통 신학의 신학적 틀을 구성할 정도로 중요하다고 강조한다. 볼은 자신의 논문에서 노아 언약에 대한 설명은 생략하지만, 하나님이 약속의 형태로 아브라함을 은혜롭게 다루시는 것을 통찰력 있게 분석함으로써 이 생략을 확실하게 보완한다. 그 이전까지 하나님의 백성들에게 불분명했던 것이 아브라함에게 명확하게 되었고(창 17:7), 아브라함은 자기 후손 즉 무엇보다 "이 언약을 결말짓는 머리"이신 그리스도(갈 3:16; 고후 1:20)에 대한 여러 중요한 약속들을 받는다.[44] 아브라함에게 주어진 약속들의 특성은 그리스도의 인격의 존엄성과 가치가 그 약속들을 성취시킬 것이라는 것을 필수적으로 수반한다. 이 언약의 복은 아브라함의 후손 곧 믿는 이방인들을 포함해서 외적으로나 내적으로 그분에게서 이 언약의 약속들을 받는 자들에게 속해 있다. 볼은 아브라함의 영적 후손인 자와 육적 후손인 자를 구분한다. 따라서 이스마엘과 에서는 배교해서 "스스로 언약에서 떨어져 나갈" 때까지는 아브라함과 맺어진 언약에 속해 있었다.[45] 다시 말하면 단지 아브라함에게 약속된 외적, 일시적 복을 누린 자들도 은혜 언약 속에 포함된다. 하나님과 언약 관계 속에 있는 부모에게서 태어난 자녀들과 관련해서 아브라함 언약은 유아도 언약의 표징을 당연히 받아야 하고(고전 7:14), 비록 유아는 언약의 모든 유익을 누릴 수 없고 "실제 믿음"을 가질 수 없지만, 그럼에도 불구하고 "하나님의 값없는 은혜와 용납하심으로 말미암아 용서와 천국에 대한 약속이 유아에게도 속해 있다는 것을 분명히 한다."[46] 아브라함 언약은 영적 언약이지만 볼과 개혁파 정통 신학자들은 내적 유효성과 외적 시행을 구분하기 때문에 자녀를 언약 속에 받아들이는 것에 모순이 없다고 본다.[47]

다양한 영적 복에 보호(나는 네 방패요), 부와 영예(내가 너로 심히 번성하게 하리니), 수많은 자손(너를 크게 번성하게 하리라), 땅의 소유(가나안 온 땅)와 같은 다수의 시간적 약속들이 덧붙여진다. 볼은 아브라함 시대에

---

43) John Owen, *Greater Catechism*, in *The Works of John Owen, D.D.* (Edinburgh: Johnstone & Hunter, 1850~1855), 1:482.

44) Ball, *Treatise of the Covenant of Grace*, p. 48.

45) Ball, *Treatise of the Covenant of Grace*, p. 51.

46) Ball, *Treatise of the Covenant of Grace*, p. 52.

47) 마찬가지도 오웬도 아브라함 언약이 신자들의 자녀에게 특권을 부여하기 때문에 은혜 언약 안에서 자녀들은 항상 가시적 교회 안에 속하게 될 것이라고 주장한다. "*Et quinto, communicatio privilegiorum foederis et ecclesiae, cum semine infantili (quod postquam modo peculiari Deo curae esse coeperat, ecclesia nunquam absolute defecit) conceditur, Gen. xvii.7*"(*Theologoumena*, in *Works*, 17:266 [4.1.13]). 그리고 굿윈은 아브라함의 이방인 종들과 그들의 자녀는 "이방인이자 외인으로, 이 언약에 접붙여진 오늘날 우리와 우리 자녀들의 전조적인 보증과 모형으로서" 할례를 받았다고 주장했다(*Of Election*, in *Works*, 9:483).

는 시간적 복들이 더 지배적이었으나 세월이 흐르면서 이방인의 교회 참여와 같은 영적 복이 우선권을 차지하게 된다고 지적한다.[48] 그러나 이 변화는 하나님이 아브라함을 언약을 통해 다루실 때에 그에게 약속하신 영적 복의 중요성을 감소시키는 것이 아니다. 비록 약속들이 하나님의 과분한 은혜에 따라 자유롭게 주어졌다고 해도 아브라함에게 요구된 조건이 있었다.[49] 성경은 아브라함이 값없이 은혜로 그리스도 예수 안에 있는 구속으로 말미암아 의롭다 하심을 얻었고(롬 4:3), "이 안에는 영원하고 영적인 온갖 복이 포함되어 있다"는 것을 분명히 한다.[50] 첫 번째로 아브라함에게 요구된 조건은 믿음이었고, 이 믿음으로 말미암아 아브라함에게 의가 전가되었다(귀속되었다). 볼은 믿음은 "값없는 칭의를 위해 은혜 언약에서 우리에게 요구된 유일한 활동 도구이자 관계 행동"이라는 것을 분명히 한다.[51] 볼은 비록 아브라함이 공동으로 작용하는 다른 은혜가 없이 오직 믿음으로 의롭게 되었다고 해도, 그의 믿음은 "잠복해서 휴지하고 있는 특성을 가진 상태로 그 안에서 죽어 있는" 것이 아니었다.[52] 오히려 참된 믿음은 "성령의 다른 모든 은혜를 수반하고 활력적으로 역사하는 것이다."[53] 자신의 작품 앞부분에서 볼은 믿음과 선행의 관계에 대해 다음과 같이 비슷한 말을 한다.

> 하나님의 자비를 활력적으로 받아들이는 믿음은 모든 일을 무척 즐거운 마음으로 행하는 진실한 목적과 결합되고, 기회가 주어지는 대로, 모든 거룩한 순종을 성실하게 수행하는 실천은 항상 그 믿음을 수반하고, 그리하여 우리는 지속적으로 이전에 받아들였던 약속을 굳게 붙들게 된다. 온갖 종류의 실제 선행(수준에 있어서는 완전하지 않지만)은 실제 칭의의 존속에 필수적인데, 그것이 없으면 믿음이 생명의 약속들에 대한 권리를 강력히 주장할 수 없기 때문에 그것은 실질적으로 또는 실제로 우리를 천국의 길로 이끈다.[54]

볼은 구원하는 참된 믿음은 반드시 자발적이고 지속적인 순종을 낳는다고 믿었다. 선행은 칭의의 실제적인 지속에 필수적이지만 칭의의 근거를 구성하지 못하고, 또한 죄인들을 의롭게 하는 도구도 아니다. 아브라함에 대해 말한다면, 약속을 받아들인 믿음(창 15:6)은 하나님께 순종해서 자기 아들을 제물로 바칠 수 있었던 것과 같은 믿음(창 22장)이었다. 아브라함은 참된 믿음을 갖고 있었기 때문에 하나님 앞에서 행하여 완전한 자가 되라는 명령을 받았고, 이후로 아브라함에게서 나온 모든 참된 신자는 믿음과 믿음의 순종에 있어서 "그들의 조상 아브라함"을 반사할 것이다. 이런 이유들로 말미암아 모든 개혁파 신학자는 아브라함에게 신실한 모든 자의 조상이라는 독보적인 영예가 주어진 것을

---

48) Ball, *Treatise of the Covenant of Grace*, pp. 54~55.

49) 프랜시스 로버츠는 다수의 조건에 대해 말하지만 주로 두 조건을 부각시킨다. "믿음과 합당한 삶. 이 둘 모두 믿음 언약의 조건이다"(*God's Covenants*, p. 297).

50) Ball, *Treatise of the Covenant of Grace*, p. 59.

51) Ball, *Treatise of the Covenant of Grace*, p. 63.

52) Ball, *Treatise of the Covenant of Grace*, p. 73.

53) Ball, *Treatise of the Covenant of Grace*, p. 73. 새뮤얼 러더퍼드는 약한 믿음이나 강한 믿음이나 의롭다 함을 받게 하고, 약하거나 강하거나 간에 의롭다 함을 받게 하는 믿음은 "살아 있는 믿음"이라고 주장한다(*The Covenant of Life Opened*, p. 155).

54) Ball, *Treatise of the Covenant of Grace*, p. 21. 마찬가지로 73페이지에서 볼은 이렇게 주장한다. "행위는 칭의를 가능하게 할 수 있는 주체에 수반되는 수동적 조건으로서 또는 의롭게 하는 믿음에 수반되는 조건으로 정당화되고, 또는 믿음이 살아 있음을 증언하거나 증명하는 것으로 정당화된다. 하지만 믿음만이 예수 그리스도 안에서 값없는 용서에 대한 약속을 포함하고 있기 때문에 의롭다 함을 받게 한다."

인정했다.

토머스 굿윈은 하나님이 아브라함에게 하나님 자신이 "지극히 큰 상급이니라"고 하신 것(창 15:1)은 "지금까지 어떤 사람에게 베푸신 것과 비교할 때 가장 깊고 가장 포괄적인 사랑의 표현으로서 아브라함은 이에 대해 이점을 갖고 있고 그것을 진보시킨다"고 주장한다.[55] 종합하면 아담과 하와에게 주어진 최초의 약속(창 3:15)과 아브라함에게 주신 하나님의 약속은 은혜 언약의 통일성과 점진적 표현을 강조한다. 아브라함은 하와가 남편을 통해 전달되는 영예 곧 모든 산 자의 어머니가 되는 영예를 얻은 것처럼 모든 믿는 자의 아버지가 되는 영예를 얻었다. 아담이 원시복음을 받은 후에 하와는 "아브라함이 모든 믿는 자의 아버지였던 것처럼 모든 산 자 즉 영적으로 살고 믿음으로 사는 모든 자의 어머니"가 되었다.[56] 프랜시스 로버츠가 지적한 것처럼 성경에서 어떤 죄인도 아브라함 이상으로 믿음에 대해 수준 높은 명령을 받은 자는 없다.[57]

로버트는 계속해서 하나님이 그리스도를 더 깊이 계시하신 다양한 방법을 강조한다. 아브라함이 소유한 믿음은 약속된 후손(그리스도)과 관계가 있고, 아브라함은 그리스도의 때를 보기를 즐거워했다(요 8:56). 그러나 아브라함은 오직 믿음으로 그것을 볼 수 있었다. 외아들 이삭을 제물로 바치는 그의 사명은 그리스도의 죽음과 부활을 예시했다. 로버트는 아브라함은 믿음으로 이삭이 태어날 때 그리스도의 탄생을 목격하고, 하나님의 명령에 순종해서 이삭을 제단에 바쳤을 때 자신의 신실한 순종을 통해 속죄 제물이 되신 그리스도를 봤다고 언급한다. 하나님은 그의 행위가 아니라 그의 믿음에 따라서 아브라함을 의롭게 하시는 것으로 복을 주셨다. "믿음 언약에 따라 믿음으로써" 아브라함이 믿은 것은 "순전한 복음"이었다.[58] 아브라함은 언약의 하나님을 믿는 믿음을 가졌기 때문에 할례의 표를 받았고, 이것은 그리스도께서 죄사함을 위해 피를 흘리시는 사역을 모형했다. 로마서 4장 11절이 분명히 하는 것처럼 할례는 아브라함이 아직 할례 받기 전에 믿음으로 얻은 의를 인친 것이고, 그리스도의 할례로서의 세례를 예견했다(골 2:11). 하나님의 약속과 아브라함의 믿음과 순종의 반응은 할례의 성스런 표로 인친 것으로 모두가 은혜 언약에서 하나님의 구속 목적이 밝게 드러난 것을 반영한다. 아브라함 언약과 관련해서 개혁파 신학자들은 이의 없이 일치를 보여 주었다. 그러나 그 다음 언약인 시내 산 또는 모세 언약 곧 "옛 언약"(히 8:6~13)이 은혜 언약의 시행으로 불리는 것이 적절한지에 대해서는 일치가 별로 없었다.

모세의 신학

앤서니 버지스(사망, 1664년)는 구속사 속에서 시내 산의 역할을 이해하는 것이 어려움을 설명하는 데 도움을 주는 개혁파 신학자들과 루터교회 신학자들 간의 논점을 다음과 같이 강조한다.

> 확실히 루터교회 신학자들은 이 점에 있어서 칼빈주의자의 견해를 단호하게 반대하고, 모세

55) Goodwin, *Of Election*, in *Works*, 9:428.
56) Goodwin, *Of Election*, in *Works*, 9:429.
57) Roberts, *God's Covenants*, p. 297.
58) Roberts, *God's Covenants*, p. 298.

> 를 통해 주어진 언약은 행위 언약이고, 따라서 은혜 언약과는 직접 반대된다고 주장한다. 사실상 그들도 조상들은 그리스도로 말미암아 의롭게 되었고, 우리와 같은 구원의 길을 갖고 있었다는 것을 인정한다. 다만 그들은 모세 언약을 그 약속에 추가된 것으로 만들고, 유대인에게 완전한 의의 조건을 선포함으로써 그들이 자기 의 안에 있는 그들 자신의 어리석음을 자각할 수 있게 된다고 주장한다. 그러나 모세 언약은 은혜 언약이었다는 것이 이미 분명하다고 나는 생각한다.[59]

버지스는 모세 언약이 은혜 언약에 속해 있다는 입장을 긍정하고, 이것이 웨스트민스터 신앙고백(7.5)의 명백한 의미다.[60] 그러나 모든 개혁파 신학자가 모세 언약이나 옛 언약을 예레미야서 31장과 히브리서 8장에 말해진 것처럼 기꺼이 은혜 언약의 시행 단계로 본 것은 아니다. 루터교회 신학자들과 같이 개혁파 신학자들도 구원은 항상 은혜로 그리스도를 믿는 믿음으로 말미암아 얻는다는 것을 부정하지 않았다. 하지만 그들은 모세 언약을 은혜 언약에 덧붙여지거나 예속되어 있는 것으로 간주했다.[61] 세바스천 린만은 그가 "이중 구분" 계파로 부르는 것(볼과 로버트)과 "삼중 구분" 계파로 부르는 것(굿윈과 오웬) 간의 차이는 실제적인 것이라기보다는 형식적인 것이라고 주장했다.[62] 비록 린만이 매우 복잡한 이 문제에 대한 오웬의 사상의 모든 뉘앙스를 철저히 파악하지는 못했을지라도, 이 주장 속에는 얼마간 진리가 내포되어 있다. 하지만 두 입장 간의 차이는 조사해 볼 가치가 있다.

반드시 영적으로는 아니지만, 확실히 수적으로는(즉 외적으로는) 아브라함의 후손이 번성하자 하나님이 국가적, 민족적 언약의 한 수단으로 "할례"를 시행하셨다고 볼은 주장한다. 곧 볼은 모세 언약은 "모세를 통한 언약의 시행이 확실히 은혜로웠는지에 대해 큰 난점에 직면하게 되는" 본질을 갖고 있다는 것을 인정한다.[63] 마찬가지로 소위 이중 구분 입장을 철저히 옹호하는 로버트도 모세 언약은 모든 언약의 시행 단계 가운데 "예외 없이 가장 풀기가 어려운 매듭"(고르디우스의 매듭)이라는 것을 인정한다.[64] 로버트와 볼은 개혁파 신학자들이 옛 언약을 묘사한 다양한 방법들에 대해 설명한다.[65] 이 문제에 대해 글을 쓴 신학자는 모두 옛 언약과 새 언약 간에는 명백한 차이가 있다는 데 동조했다. "하지만 이 차이가 본질적으로 대립하는 차이가 아니라면, 이 모든 차이가 어떤 관계 속에 있는지는 이해하기가 쉽지 않다"고 볼은 말했다.[66]

볼과 그에게 동조하는 자들은 모세 언약은 성육신하신 하나님의 아들 예수 그리스도로 말미암아 주어지는 하나님의 자비를 찾도록 이스라엘 백성들을 이끌기 위해 당대 교회에 알맞은 방법으로 시

---

59) Anthony Burgess, *Vindiciae Legis: or, A Vindication of the Morall Law and the Covenants, from the Errours of Papists, Arminians, Socinians, and More Especially, Antinomians* (London, 1646), p. 251.

60) 또한 Ernest F. Kevan, *The Grace of Law: A Study in Puritan Theology* (Grand Rapids: Baker, 1976), pp. 113~117에서 결론을 보라.

61) 옛 언약과 은혜 언약을 분리시키는 입장에 대해서는 본서 17장과 18장을 보라.

62) Sebastian Rehnman, "Is the Narrative of Redemptive History Trichotomous or Dichotomous? A Problem for Federal Theology," *Nederlands archief voor kerkgeschiedenis* 80 (2000), p. 302를 보라.

63) Ball, *Treatise of the Covenant of Grace*, p. 93.

64) Roberts, *God's Covenants*, p. 779.

65) Ball, *Treatise of the Covenant of Grace*, pp. 93~96, Roberts, *God's Covenants*, pp. 734~789.

66) Ball, *Treatise of the Covenant of Grace*, p. 96.

내 산에서 주어졌다고 봤다. 그리고 무엇보다 모세 언약 곧 옛 언약은 아브라함이 그랬던 것처럼 주님 앞에서 거룩함과 의를 흠 없이 실천하는 법을 이스라엘에게 지시하기 위해 주어진 것이다. 이런 확신을 가진 개혁파 신학자들은 하나님이 죄악 된 피조물과 언약 속에 들어가실 때 그 언약은 반드시 은혜롭기 마련이고, 언약 협정으로 하나님과 하나님의 백성 사이에 확립된 관계는 중보자 안에서, 중보자를 통해 이뤄져야 한다고 추론했다. 옛 언약에서 이스라엘 백성들은 영적 후손, 제사장 나라, 하나님의 "특별한 보화"(출 19:5)로 선언되었다. 십계명이 분명히 하는 것처럼 이스라엘 백성들은 애굽에서 구속받았고, 따라서 "열 가지 계명"은 하나님의 구속 활동에 기반이 두어져 있다. 볼이 지적한 것처럼 이 도덕법(곧 십계명) 서언에서, 하나님은 "자신을 그들의 왕, 심판자, 구주, 구속자로 제시하지" 않는가?[67] 첫째 계명도 시내 산 언약의 은혜로운 의도를 증명한다. 이스라엘 백성들은 여호와를 자기들의 하나님으로 인정하고, 그분을 자기들의 분깃과 유일한 구주로 선택하도록 명령을 받는데, 오직 은혜 언약만이 죄인들에게 하나님을 그들의 아버지, 왕, 구주로 받아들이도록 명령할 수 있었다. 나아가 행위 언약과 달리 옛 언약은 깨진 후에 다시 갱신되었고(신 4:30~31), "언약이 깨진 후에 다시 갱신될 수 있다면 그것은 은혜에 속한 언약이다."[68]

볼에 따르면, 시내 산 언약은 또한 아브라함 언약과 다수의 유사점을 갖고 있다. 이 두 언약의 시행을 보면 약속과 조건이 같다. 아브라함과 이스라엘 백성들은 하나님이 현세(즉 시간적 복)와 내세(즉 영원한 복)에서 그들에게 복을 베푸실 것이라는 약속을 받는다. 나아가 하나님은 아브라함에게 자신에게 순종하며 살라고 명령하고(창 17:1), 이후에 이스라엘 백성들에게도 똑같이 살라고 명령하신다(신 26:16~19). 하나님은 아브라함에게 순종을 요구하셨는데, 오직 믿음에서 나오는 순종을 요구하셨다(롬 14:23). 사실상 사랑과 순종은 성령의 역사로 말미암아 일어나는 믿음의 기초 위에 세워져 있다(행 15:9; 딤전 1:5).[69] 따라서 그리스도를 예시하는 율법 의식들도 이스라엘 백성들이 어떤 가치 있는 것에 속하게 하려고, 그리스도를 믿는 믿음을 요청한다. 하나님은 이스라엘 백성들에게 할례 의식을 계속 시행하셨고, 이로 말미암아 그들은 율법의 행위가 아니라 믿음으로 얻는 의를 추구하게 되었다.[70] 모세 언약은 오직 은혜 언약에 예속되었다는 견해를 견지하는 자들은 자기들의 입장을 증명하기 위해 의식 법의 모형적인 성격에 호소했다. 그러나 볼은 동물 희생 제사 율법과 같은 모형들은 "당연히……두 번째 대상을 낳고, 이 두 번째 대상에서 첫 번째 모형에서 예시되는 것이 성취된다"고 주장한다.[71] 예를 들어 굿윈은 시내 산 언약은 볼이 모든 언약의 내용의 통일성을 주장하는 데 사용한 것과 동일한 근거에 따라 은혜 언약에 예속된 언약이었다고 추론했다.[72] 중요하게도 볼은 이스라엘에게 주어진 율법은 전체적으로 그리스도를 믿는 믿음을 요청했다고 다음과 같이 주장했다.

> 믿음이 없이는 하나님을 기쁘시게 하거나 구원을 얻는 것이 불가능하다면 그것을 지키는 자

---

67) Ball, *Treatise of the Covenant of Grace*, pp. 104~105.
68) Ball, *Treatise of the Covenant of Grace*, pp. 104~105.
69) Ball, *Treatise of the Covenant of Grace*, pp. 108~109.
70) Ball, *Treatise of the Covenant of Grace*, p. 135.
71) Ball, *Treatise of the Covenant of Grace*, p. 119.
72) Goodwin, *The Work of the Holy Ghost in Our Salvation*, in *The Works of Thomas Goodwin, D.D.*, Thomas Smith 편집 (1861~1866, 재판, Grand Rapids: Reformation Heritage Books, 2006), 6:355~356을 보라.

> 들에게 영생을 약속하는 율법은 사랑이나 순종뿐만 아니라 믿음도 요구한다. 믿음이 구원에 필수적이라면 지금 율법을 지킬 수 있다고 해도 죄인인 그 사람은 의롭게 될 수 없다. 왜냐하면 그는 이전에 죄를 지은 것으로 말미암아 미래의 행위로 구속을 얻을 수 없기 때문이다. 그리고 여기서 유대인에게 주어진 것과 같은 율법은 사실상 은혜 언약이라는 것 또는 은혜 언약 속에 있는 사람들이 따라 살아야 하는 규칙이라는 결론이 따라 나온다.[73)]

볼의 설명은 이중 구분 지지자의 일반적 경향 즉 "율법의 제3의 용도"(tertius usus legis)나 의의 교사로서의 율법을 강조하는 경향을 반영한다. 그들은 확실히 이스라엘 백성들의 죄인 됨을 드러내고, 구원을 위해 그들을 그리스도께 이끄는 죄의 교사로서 율법의 "죄를 납득시키는 또는 교육적인 용도"(usus elenchticus sive paedagogicus)를 부인하지 않았다. 하지만 그들은 이스라엘 백성들에게 하나님 앞에서 거룩함과 의를 추구하며 살도록 교훈하기 위해 주어진 율법의 "교훈적, 규범적 용도"(usus didacticus sive normativus)에 중점을 두었다.

매우 까다로운 이 문제를 다룰 때 개혁파 신학자들은 율법을 넓은 의미와 좁은 의미로 구분해서 이해하는 경향이 있었다. 예를 들어 피터 벌클리(1583~1689년)와 프랜시스 투레틴(1623~1687년)은 시내 산 언약이 은혜 언약에 속해 있다는 자기들의 입장을 증명하기 위해 이 구분을 사용한다.[74)] 앤서니 버지스도 율법은 넓게 보면 "시내 산에서 주어진 전체 교리"로 이해되고, 좁게 보면 삶에 "온전한 순종 외에 다른 조건들을 부과하지 않는 압축된 의의 법칙"으로 이해될 수 있다고 설명한다.[75)] 넓은 의미에서 보면, 율법은 은혜 언약에 속해 있다. 좁은 의미에서 보면, 율법은 은혜가 아니라 행위에 속해 있고, 이것은 신약 성경 작품들(예. 갈라디아서)에서 율법에 반대하는 바울의 논박을 설명하는 데 도움을 준다. 이 구분은 또한 모세 언약을 아담의 마음속에 새겨진 최초의 도덕법을 십계명과 같이 돌판에 새겨 재발행하는 것으로 말하는 많은 청교도 저술가들 속에서 발견되는 관념을 설명하는 데에도 유용하다. 이분법주의자든 삼분법주의자든 간에, 대부분 이런 식으로 말한 신학자들은 도덕법이 언약이 아니라, 하나님과 언약 관계 속에 있는 자들의 의의 법칙으로 재발행된 것임을 보여 주기 위해 조심스럽게 여러 제한을 뒀다. 다시 말하면 도덕법이 시내 산에서 재발행된 것은 하나님 앞에서 칭의의 수단으로 작용하도록 하기 위함이 아니었다는 것이다. 예를 들어 존 오웬은 이신칭의 관련 작품에서 옛 언약은 엄격히(즉 "형식적으로") 행위 언약의 재발행이 아니었다. 오히려 도덕법은 언약적으로가 아니라 선언적으로(즉 "실질적으로") 새롭게 된 것이다. "하나님은 이 율법을 형식적, 절대적으로 새롭게 하거나 두 번째 언약으로 다시 주신 것이 아니었다. 하나님은 그렇게 하실 하등의 필요를 갖고 계시지 않았고, 시내 산에서 그것을 새롭게 하신 것은 오로지 선언적으로 선포하시기 위함일 뿐이었다."[76)] 도덕법의 재발행 개념은 엄격한 언약 원리에 따라 시내 산 언약을 에덴에서 맺어진 것과 동연적인 것으로 만들지 않는다. 로버트의 말에 따라 도덕법을 "가장 엄격한" 개념으로 사용한다면, 시내 산 언약은 확실히 행위 언약의 형식적 재발행이었다. 하지만 볼이 주장하려고 애쓴 것처

---

73) Ball, *Treatise of the Covenant of Grace*, p. 111.

74) Peter Bulkeley, *The Gospel-Covenant*··· (London, 1651), p. 196, Francis Turretin, *Institutes of Elenctic Theology*, James T. Dennison Jr. 편집, George Musgrave Giger 번역 (Phillipsburg, N.J.: P&R, 1992), 12.8.1~25.

75) Burgess, *Vindiciae Legis*, p. 223.

76) Owen, *Justification by Faith*, in *Works*, 5:244.

럼 그것은 확실히 옛 언약의 의도가 아니었다. 결국 종교개혁 기간에 하인리히 불링거(1504~1575년), 피터 마터 버미글리, 존 칼빈이 주장한 볼의 입장은 분명히 웨스트민스터 총회 신학자들에게 영향을 미쳤다. 따라서 웨스트민스터 신앙고백 19장, "하나님의 율법에 대해" 부분은 도덕법이 최초로 아담에게 주어진 것을 천명하는 것으로 시작하고, 계속해서 "아담의 타락 이후로 이 법이 완전한 의의 법칙으로 지속되었고, 하나님이 시내 산에서 십계명으로 두 돌판에 새겨 제공하셨다"고 말한다(19.2). 웨스트민스터 신앙고백은 또한 "도덕법은 영원토록 모든 사람에게 곧 다른 사람들과 마찬가지로 의롭게 된 사람들에게도 순종할 것을 요구하고"(19.5), "하나님의 뜻과 그들의 의무를 그들에게 알려 주고……그들의 본성의 끔찍한 오염을 발견하게 하며……아울러 그들이 그리스도와 그분의 완전한 순종을 필요로 한다는 사실을 더 분명히 보게 하는(19.6) 삶의 규칙으로서" 매우 유용하다고 천명한다. 웨스트민스터 신앙고백 19장은 이렇게 결론짓는다. "신자가 율법이 선을 명하기 때문에 선을 행하거나 율법이 악을 금하기 때문에 악을 삼가는 것은 '그가 율법 아래 있지 않고 은혜 아래 있다'는 증거다. 앞에 언급된 율법의 용도는 복음의 은혜와 반대되지 않고 매우 완전하게 조화를 이룬다"(19.6~7).

또한 웨스트민스터 신앙고백은 은혜 언약은 "율법 아래에서는……약속, 예언, 속죄 제사, 할례, 유월절 어린 양, 그리고 다른 모형과 규례들을 통해 시행되었는데, 이 모든 것은 오실 그리스도를 미리 지시했다……"고 선언한다. 이런 외적 형식들은 "그 시대에는 택함받은 자를 가르치고, 그들에게 온전한 죄사함과 영원한 구원을 주실 약속된 메시아 약속된 메시아를 믿는 믿음으로 세우는 데 충분하고 유효했다"(7.5). 따라서 "구약 아래에서 신자들의 칭의는……신약 아래에서 신자들의 칭의와 완전히 같다"(11.6).

다윗 언약

개혁파 신학자들은 대체로 다윗에게 풍성한 계시가 주어졌다는 것을 이유로 구속사를 다루는 자기들의 작품 속에 다윗과 맺은 언약을 포함시켰다. 이 계시들은 다음과 같다. 그리스도의 영원한 아들 되심, 그리스도의 선지자, 제사장, 왕으로서의 삼중 직분, 그리스도의 성육신, 그리스도의 중보 사역, 그리스도의 죽음과 부활과 승천, 하나님 우편에 앉는 등극, 그리스도의 교회와 나라의 땅에서의 설립과 발전과 성공, 그리스도의 마지막 날에 세상을 심판하는 것에 대한 약속, 그분에게 속해 있는 모든 것을 누리도록 되어 있는 그리스도의 영원한 영광.

볼과 로버트는 하나님이 다윗과 맺은 언약을 구속사의 결정적 부분으로 간주한다. 볼은 그리스도는 이전의 어떤 언약 시행 단계에서보다 다윗에게 더 분명하게 계시된다고 주장한다.[77] 다윗의 계보에서 나오지만 다윗의 주가 되실 분에 대한 계시는 신인(神人)이신 그리스도를 보여 준다(시 110:1; 마 22:42~45; 행 2:34). 다윗은 또한 그리스도의 인격은 그분의 고난에서 낮아지심과 그분의 부활과 승천에서 높아지심을 경험하게 되리라는 점을 이해하게 되었고(시 16:10; 행 2:26~27), 선지자와 제사장과 왕으로서의 그리스도의 "삼중 직무"(munus triplex)에 대해서도 더 명확하게 계시를 받았다. 예를 들어

77) Ball, *Treatise of the Covenant of Grace*, p. 144.

다윗이 쓴 시편들은 그리스도를 택함받은 자를 다스리고 지배하며, 또 그의 원수들을 정복하는 왕으로 계시한다(시 2, 110편; 히 1:5).[78] 시편 10편도 그리스도는 평범한 제사장이 아니라 오히려 멜기세덱의 반차를 따르는 제사장임을 보여 주는데, 이것은 그리스도께서 제사장과 왕의 직분을 함께 가지실 분이라는 것을 의미한다(4절). 제사장으로서 그리스도는 아버지께 순종해서 자신의 몸을 내놓으시고(시 40:7~8), 그리스도의 모형인 다윗에게 주어진 모든 약속은 그리스도 안에서 성취된다. 윌리엄 구지는 인상적인 히브리서 주석에서 어떤 선한 것이 다윗에게 있는 것으로 말해지면, 그것은 반드시 다윗을 그리스도의 모형으로 언급하는 것이라고 주장한다.[79] 히브리서 1장 5절과 이 구절이 시편 2장 7절을 인용하는 것을 주석하면서, 구지는 "그 안에 있는 어떤 소절도 그리스도에게 매우 적절하게 적용되지 않는 것은 없다"고 지적한다.[80] 특히 로버트는 하나님의 장자, "세상 왕들보다 더 높은" 왕이라는 다윗의 호칭(시 89:27)을 다윗과 그리스도의 모형적인 관계의 증거로 강조한다. 로버트는 구약성경에서 장자(맏아들)는 사중 특권을 갖고 있었다는 것을 증명한다. (1) 가족을 가르치는 선지자로서의 특권, (2) 제사를 드리는 제사장으로서의 특권, (3) 가정을 다스리는 왕으로서의 특권, (4) 이상의 직분의 존엄성을 더하기 위해 두 배의 분깃을 받는 상속자로서의 특권이 그것이다. 이 사중 특권 가운데 그리스도는 "주로 삼중 직무와 관련되어 예시된다."[81]

시편 89편은 다윗에게 주어지고, 그리스도 안에서 성취되는 명백한 언약의 약속들을 강조한다. "내 언약을 깨뜨리지 아니하고 내 입술에서 낸 것은 변하지 아니하리로다 내가 나의 거룩함으로 한 번 맹세하였은즉 다윗에게 거짓말을 하지 아니할 것이라"(34~35절). 볼은 하나님의 맹세는 철회될 수 없고, 하나님의 약속은 파기될 수 없다고 지적한다. 다윗에게 주어지고 그리스도 안에서 성취된 이 약속들은 다음과 같은 사실을 포함한다. (1) 하나님이 다윗을 번성시키고 그의 원수들을 패배시키실 뿐만 아니라 그에게 큰 이름을 주심으로써 다윗과 함께 하신다는 것(시 4편), (2) 하나님이 이스라엘에게 최후의 거처를 제공하신다는 것(삼하 7:10), (3) 다윗이 죽은 후에 하나님이 그 대신 여호와의 집을 건축할 그의 아들을 보좌에 앉히신다는 것(왕상 5:5), (4) 하나님이 다윗의 후손에게 아버지가 되신다는 것(삼하 7:14), (5) 다윗의 왕위가 영원히 견고하리라는 것(삼하 7:16), (6) 하나님이 자비와 은혜로 다윗의 후손을 연단시키심으로써, 그들의 거룩함이 향상되고, 심지어는 그들이 의롭게 행하지 못할 때에도 하나님이 자신의 약속에 여전히 신실하실 것이라는 것(삼하 7:14~15), (7) 하나님이 이스라엘 제사장들을 주심으로써 자기 백성들 속에 거하시고, 그들의 기도를 들으시고, 그들의 경배를 받아 주시리라는 것(시 132:16).[82] 모든 언약의 시행에서 그런 것처럼, 다윗 언약도 이스라엘 백성들에게 "주의 길을 따라 살고……주의 법과 계명을 지키고……거룩함을 따라 살고, 하나님을 찬양하며, 거룩한 백성으로서 하나님께 헌신하고, 선을 행하는 데 열심을 낼" 것을 요청한다.[83] 대개 아브라함

78) Ball, *Treatise of the Covenant of Grace*, p. 144. 웨스트민스터 소교리문답(질문 26)이 그리스도의 왕의 직분 수행을 묘사하기 위해 사용하고 있는 비슷한 말을 주목하라.

79) William Gouge, *A Learned and Very Useful Commentary upon the Whole Epistle to the Hebrews*… (London, 1655), p. 36.

80) Gouge, *A Commentary upon Hebrews*, p. 36.

81) Roberts, *God's Covenants*, p. 1007.

82) Ball, *Treatise of the Covenant of Grace*, pp. 146~149. 프랜시스 로버츠도 비슷한 요점을 제시한다(*God's Covenants*, pp. 1015~1031).

83) Ball, *Treatise of the Covenant of Grace*, pp. 149~150.

언약, 모세 언약, 다윗 언약은 모두 하나님의 계명들에 순종할 것을 요청한다. 하나님과 언약 속에 들어간 모든 자는 행위 언약이든 은혜 언약이든 구속 언약이든 간에, 하나님의 계명에 순종할 것이 요구된다.[84] 은혜 언약의 일반적 방침을 지킬 때에는 하나님이 "언약의 자비를 수행하시는 것처럼 [이스라엘 백성들도] 언약의 의무를 수행해야 한다"고 로버트는 주장한다.[85] 사실상 다윗 언약에서 요구된 조건들은 "시내 산 언약에서 이스라엘 및 그들의 후손에게 부과된 조건들과 같고", 이 의무들은 그리스도가 죽으실 때까지 유효하게 지속되며, 이것은 새 언약이나 유언으로 이끈다.[86] 그러나 로버트에 따르면, 구약에서나 신약에서나 그리스도를 믿는 믿음만이 죄인들을 하나님의 명령에 순종하도록 이끌 수 있다. 그들이 행하는 것은 믿음으로 행해져야 한다.

은혜 언약의 내적 유효성과 외적 시행을 구분하는 볼은 다윗 언약의 약속들도 구분한다. 어떤 약속들은 무조건적이고, 다른 약속들은 조건적이다. 따라서 다윗의 왕위에 앉게 될 아들에 대해 하나님이 다윗에게 주신 약속은 무조건적 약속으로, 이후에 그리스도 안에서 성취되었다(시 89:4). 다윗의 후손들은 언약에 대한 자기들의 몫을 감당하지 못했지만, 다윗에게 약속된 영원한 왕위가 결코 끝나지 않을 영적 나라를 세우신 그리스도 안에서 성취되었다. 그러나 하나님은 실현되지 않은 다양한 사실들을 다윗에게 약속하셨다. 확실히 영적 다윗의 집은 죄사함과 양자와 같은 구원의 복을 결여한 것은 아니었다. 하지만 "다윗의 집의 시간적 영광과 이스라엘의 평강은 그들이…… 하나님의 계명들을 어겼기 때문에 변화되었다"(시 89:31~32; 대하 7:19~22).[87] 다윗의 범죄(예, 우리야에게 지은 죄)와 이방 여인과 결혼한 그의 아들 솔로몬의 죄악은 하나님께 다양하게 준엄한 처벌을 받았다. 하나님의 무조건적 약속들은 견고하게 섰는데, 그 이유는 그의 택함받은 백성들의 불신앙도 하나님의 구원 목적을 무효로 돌릴 수 없기 때문이다. 그러므로 어떤 약속들은 조건적으로 이루어진다. 만일 이스라엘 백성들이 "선을 행한다면 하나님께 인정받게 될 것이고, 만일 그들이 동의하고 순종한다면, 그 땅의 좋은 것들을 상속받게 될 것이다."[88] 반면에 효과적으로 부르심을 받은 자들에게 주어진 약속들은 반드시 실현될 것인데, 그 이유는 "하나님이 그들에게 자신이 요청하는 것을 행하도록 하실" 것이기 때문이다.[89] 이런 이유로 이스라엘은 왕조 시대에 여호와께 대해 종종 가증스런 죄를 범했지만, 하나님은 견고한 자신의 신적(무조건적) 약속들에 따라 자신의 교회를 보존하셨다. 창세기 3장에서 최초로 주어진 약속과 이후에 더 명확하고 확대되어 노아, 아브라함, 모세, 다윗에게 주어진 약속들은 중보자 예수 그리스도의 인격과 사역 속에서 성취를 기다렸다. 이런 이유로 이스라엘 민족의 집단적 죄도, 심지어는 포로 기간에도 하나님의 무조건적 약속들을 무력화시킬 수 없었다. 오히려 그때에 하나님의 구속 목적이 더 크게 드러났다.

---

84) 아담과 하와는 하나님의 명령에 순종할 의무를 부여받았다. 하나님의 구속받은 백성들은 하나님의 계명에 순종할 의무 아래 있다. 그리고 영원한 구속 언약에서 그리스도는 하나님의 율법을 어긴 자들을 구원하기 위해 율법을 온전히 지킬 것에 동의하셨다(갈 4:4). 17세기 개혁파 정통주의는 행위 언약은 구속 언약과 구조적으로 평행 관계를 이루고 있다고 본다. 이 두 언약은 모두 완전한 순종을 요구했다. 그러나 은혜 언약에서는 의롭다 함은 받은 자들에게 복음적 순종이 요구된다.

85) Roberts, *God's Covenants*, p. 1052.

86) Roberts, *God's Covenants*, p. 1054.

87) Ball, *Treatise of the Covenant of Grace*, p. 153.

88) Ball, *Treatise of the Covenant of Grace*, p. 154.

89) Ball, *Treatise of the Covenant of Grace*, p. 154.

바벨론 포로

은혜 언약은 그리스도 안에서 성취되기 전 마지막 시대 또는 시행 단계가 유대인의 바벨론 포로 기간과 이 기간 후에 일어났다. 볼의 작품에서 하나님이 포로 기간에 유대인과 맺으신 언약 부분을 보면, 이사야서에 나오는 그리스도에 대한 예언들을 크게 다룬다. 볼은 하나님이 왜 자기 백성들에게 주신 자신의 약속을 포기하지 않으시는지 이유를 설명하는 다양한 논증을 제시하기 전에, 이사야서에서 인용한 다수의 본문들을 언급하는 것으로 설명을 시작한다. 로버트는 하나님이 이스라엘과 언약을 갱신하시는 것을 특별히 세 선지자에게 계시하셨다고 지적한다. (1) 유대인이 바벨론에 포로로 잡혀가기 전에 이사야에게 주어짐, (2) 바벨론 포로 12년째에 에스겔에게 주어짐, (3) 바벨론 포로 18년째 되던 해에(또는 그 무렵에) 예레미야에게 주어짐. 이 "포로기 언약"은 예수 그리스도의 죽음이 있을 때까지 효력을 발휘했다. 이 언약은 시내 산 언약을 파기시키지 않았고, 오히려 포로 이전과 포로 기간에 주어진 약속들은 이전에 주어진 약속들을 확대시켰다. 그러므로 이 언약의 시행은 옛 언약 곧 모세 언약이나 시내 산 언약에 동반된 것이었다. 다윗 언약은 특히 다윗 및 그의 가문과 관련된 것이었지만, 이 언약은 포로 이전, 동안, 이후에 살았던 모든 유대인에게 적용되었다. 그럼에도 불구하고 두 언약은 본질상 시내 산 언약과 일치한다.[90] 볼과 로버트는 은혜 언약의 시행 단계에서 선지자들에게 주어진 약속 및 계시들은 이전에 주어진 약속 및 계시들을 넘어섰다는 데 동조한다. 볼은 그리스도는 "자신의 인격, 낮추심, 부활, 탄생지, 도래 시기 [그리고] 왕의 직분과 관련해서 볼 때……이전의 표현들보다 더 명확하게 [이 언약에서] 계시되었다"(렘 23:5~6; 사 40, 53장; 슥 3:8)고 주장했다.[91] 로버트는 이전의 언약들은 "멀리서 그리스도를 약속했지만" 이 언약은 "말하자면 그 팔로 그리스도를 세상 속으로 이끌었다"고 말한다.[92]

이사야서의 종의 노래는 주의 사명에 대해 시편을 제외하고 구약 성경 다른 어느 곳보다 더 명확한 그림을 제공한다. 이 노래는 주의 낮아지심과 높아지심의 지위와 함께 주의 인격과 사역에 명백히 초점을 두고 있다. 영원한 구속 언약(pactum salutis)에 대해 작품을 쓴 개혁파 신학자들은 거의 항상 이사야서 49장에서 그리스도에게 주어진 약속을 언급했다. 즉 그리스도께서 유대인과 이방인이 모두 포함된 사람들을 위해 언약이 되실 것이라는 점을 지적했다. 이사야서 52장 13절~53장 12절에서 발견되는 네 번째 종의 노래는 이스라엘의 구속이 자기 하나님께 상을 받으실 여호와의 종의 고난을 통해 오도록 되어 있는 것(53:10~12)에 대한 확실한 증거를 제공한다. 제임스 더럼(대략, 1622~1658년)은 이사야서 53장에 대한 자신의 작품을 "예수 그리스도와 복음의 실체가 여기서 요약되고 정리되며……[그리고] 그리스도께서 이런 식으로 매우 자주 그리고 매우 확고하게 적용되는 것은 구약 성경 어디에도 없다"고 선언하면서 시작한다.[93] 더럼에 따르면, 이사야서 53장은 그리스도를 두 본성을 가지신 신인(神人)으로 소개한다. 아울러 선지자, 제사장, 왕으로서의 그리스도의 삼중 직분도 제

---

90) Roberts, *God's Covenants*, pp. 1086~1088.

91) Ball, *Treatise of the Covenant of Grace*, p. 161.

92) Roberts, *God's Covenants*, p. 1088.

93) James Durham, *Christ Crucified: or, the Marrow of the Gospel…on the Whole 53 Chapters of Isaiah…* (Edinburgh, 1683), p. 1.

시되고, 그리스도의 낮아지심과 높아지심의 지위도 선포된다.[94] 이사야서에 그리스도에 대한 계시가 명확히 나타나는 것 외에, 에스겔서도 바벨론 포로에게 소망을 주기 위해 다수의 약속들을 계시했다. 에스겔은 하나님의 신실한 종 다윗(34:23~25)에 대해 포로기 이전에 하나님의 양에게 해를 끼친 신실하지 못한 목자들과 대비되는 그들의 목자로 세움을 받았다고 말한다. 로버트가 지적하는 것처럼 에스겔의 명백한 언약 언어는 여러 약속들, 즉 하나님이 자기 백성과의 화목을 일으키실 것이라는 것과 영원한 평화의 언약이 있을 것이라는 것, "다윗"(그리스도)이 영원히 이스라엘의 목자, 왕자, 왕이 될 것이라는 것 등을 염두에 두고 있다.[95] 예레미야도 유명한 새 언약의 약속을 제시하는 부분(31:31~34)에서 이 동일한 언약을 묘사하는 데, 약간 다른 강조점을 갖고 묘사한다. 에스겔서와 예레미야서의 약속들을 실현시키기 위해 하나님은 또한 자기 백성들을 포로에서 귀환시켜 그들의 땅으로 돌아오게 하실 것이다. 로버트에 따르면, 심지어는 그들이 그 땅으로 돌아오는 것도 택함받은 자가 죄, 사탄, 죽음, 지옥의 속박에서 구속받는 것을 예시했다.[96]

따라서 본질상 이 모든 언약은 동일한 하나의 은혜 언약으로, 이 언약의 모든 연속적인 시행 단계 곧 세대를 통해 점진적으로, 그리고 갈수록 더 명확하고 충분하게 계시된다. 이 한 은혜 언약의 신학적 개념은 "예수 그리스도 안에서 가련한 죄인들을 바라보시는 하나님의 값없는 은혜와 자비"를 강조한다.[97] 이 모든 세대에 있어서 하나님은 자기 아들을 믿는 믿음을 요구하셨다. 약속된 후손에 대한 최초의 선언(창 3:15)은 죄인들이 구원받는 데 충분한 약속이었다. 하지만 하나님은 자비와 친절로 자신의 약속을, 따라서 자기 백성들을 위해 작정하신 구원에 대한 계시를 더 확대시키셨다. 구약성경은 확실히 이사야 시대에 그리스도의 인격과 사역에 대한 많은 은혜로운 진리들을 포함시켰다. 하지만 이 진리들에도 불구하고 "새 언약이 여러 가지 사실들에 있어서 옛 언약을 능가하고, 그렇다고 해서 이것이 두 언약 간의 실질적이고 실제적인 통일성과 일치성을 손상시키는 것은 절대로 아니다."[98]

새 언약

은혜 언약의 마지막 시행 단계로서 그리스도의 피로 맺어진 새 언약은 특별 계시가 충분하게 완결된 것을 의미한다. 세바스천 린만이 지적한 것처럼 하나님의 은혜의 이 시행 단계는 "신적 은혜가 역사 속에 드러난 것의 면류관이자 영광으로, 오웬의 마음의 보물이다."[99] 린만은 더 나아가 오웬은 "하나님의 온 마음과 뜻이 예수 그리스도 안에 계시되었기 때문에 점진적 계시가 어떻게 그분 안에서 절정을 이루었는지를 강조한다"고 지적한다.[100] 오웬은 히브리서 8장 6절과 이후 구절들을 강해하면서 새 언약 계시의 이점들을 이렇게 제시한다. "이전에는 약속들과 애매한 많은 사실들 속에 숨

94) Durham, *Christ Crucified*, p. 1.
95) Roberts, *God's Covenants*, p. 1110.
96) Roberts, *God's Covenants*, p. 1121.
97) Ball, *Treatise of the Covenant of Grace*, p. 164.
98) Ball, *Treatise of the Covenant of Grace*, p. 164.
99) Sebastian Rehnman, *Divine Discourse: The Theological Methodology of John Owen* (Grand Rapids: Baker, 2002), p. 174.
100) Rehnman, *Divine Discourse*, p. 174.

겨져 있었던 것, 하나님 자신 속에 신비로 숨겨져 있었던 주요 비밀들이 이제는 밝게 드러났고, 약속의 형태로 불가시적으로 모형과 그림자 아래 그 효력을 불가시적으로 나타냈던 그 언약이 이제는 그리스도의 죽음과 부활로 엄숙하게 보증되고, 비준되고, 확증되었다."[101] 마찬가지로 볼도 그리스도의 죽음 및 부활과 함께 용서에 대한 약속이 "분명히, 명백하고 숨김없이 제시되는" 것을 증명한다.[102]

은혜 언약이 새 언약과 동연적인지에 대한 중요한 질문이 제기된다. 오웬은 "은혜 언약은 본질상 새 언약과 동연적"이라고 주장한다. 절대적으로 보면, 두 언약은 예수 그리스도로 말미암은 은혜의 약속을 포함하고, 그리하여 두 언약 모두 죄가 들어온 이후로 구원을 교회에 전달하는 수단이다. 따라서 두 언약은 하나다.[103] 그러나 은혜 언약은 성경적 용어가 아니지만 "새 언약"은 성경적 용어다. 새 언약은 오직 그리스도의 죽음으로 확증되고 확립되고, 따라서 사도가 히브리서 9장 15~23절에서 증명하는 것처럼 "언약이나 유언의 형식적 성격을 갖고 있지는 않았다."[104] 시내 산 율법은 단지 속죄 제물의 피가 그것을 확증했기 때문에 옛 언약으로 묘사될 수 있었다. 따라서 오웬은 은혜 언약은 대체로 그리스도 안에서의 구원을 가리키지만, '새 언약'은 그리스도의 죽음으로 구원이 실제로 이루어지는 것을 가리킨다고 지적한다.[105] 볼도 동일한 요점을 제시한다. 새 언약의 형태를 가진 은혜 언약은 "새 방식 곧 중보자의 피를 따라 확립되었다고" 해서 파기될 수 없다.[106] 하나님의 은혜의 이 시행 단계는 언약과 유언으로 다 이해될 수 있다. "언약은 협정 방식과 관련되어 있고, 유언은 확증 방식과 관련되어 있다. 또 언약은 하나님과 관련되어 있고, 유언은 그리스도와 관련되어 있다."[107] 볼과 마찬가지로 로버트도 새 언약은 "언약의 성격을 갖고 있을 뿐만 아니라 유언의 성격도 갖고 있고, 따라서 유언-언약이라고" 주장한다.[108] 또 오웬과 마찬가지로, 로버트도 새 언약이나 유언이 옛 유언 곧 피가 바쳐지고(히 9:18), 그리스도의 피가 바쳐진 새 언약으로 대체된 옛 언약과 대조되는 것을 증명한다.[109] 피터 벌클리에 따르면, 새 언약의 유언-언약 성격은 그것의 "견고함, 불가침성, 불변성은 유언자이신 그리스도의 죽음으로 확증되며……그러기에 이제는 그분의 죽음으로 비준되어 변경할 수 없고……이것이 히브리서 저자가 그것을 유언으로 부르는 참된 이유다."[110] 새 언약 아래 그것의 불변성으로 말미암아 신자들은 유언으로서의 그 의도와 함께 그리스도의 죽음 및 부활의 취소할 수 없는 성격에 따라 하나님의 약속들에 대해 더 확실한 신뢰의 근거를 갖고 있다.

그리스도의 죽음으로 말미암아 새 언약이 공식적으로 세워짐으로써 주어지는 복은 매우 많다. 하나님을 아는 지식을 포함해서 구원을 이루는 모든 복은 범주가 확대되고 명확성이 강화된다. 청교도는 모두가 이 진리를 인정했지만 어떤 이들은 옛 언약보다 새 언약이 더 명확하다는 것을 훨씬 크게 강조했다. 증거를 확인해 보면, 증거는 볼 및 로버트와 같이 시내 산 언약을 은혜 언약의 시행 단

---

101) John Owen, *Exposition of Hebrews*, in *Works*, 23:64.
102) Ball, *Treatise of the Covenant of Grace*, p. 197.
103) Owen, *Exposition of Hebrews*, in *Works*, 23:74.
104) Owen, *Exposition of Hebrews*, in *Works*, 23:74.
105) Owen, *Exposition of Hebrews*, in *Works*, 23:75.
106) Ball, *Treatise of the Covenant of Grace*, p. 196.
107) Ball, *Treatise of the Covenant of Grace*, p. 196.
108) Roberts, *God's Covenants*, p. 1260.
109) Roberts, *God's Covenants*, p. 1262.
110) Bulkeley, *The Gospel Covenant*, p. 317. 패트릭 길레스피는 그리스도의 유언의 본질에 대해 좀 더 상세한 설명을 제공한다. *Ark of the Testament*, 1:315~363을 보라.

계로 본 신학자들보다 오웬 및 굿윈과 같이 모세 언약을 은혜 언약과 구분하고, 율법-복음(즉 옛 유언 대 새 유언) 대조 관계를 크게 강조한 신학자들을 더 지지하는 것처럼 보인다. 골로새서 1장 강해에 기반을 둔 굿윈의 작품 『복음의 영광』(The Glory of the Gospel)은 새 언약이 옛 언약을 능가하는 다양한 요점을 강조한다. 새 언약에 나타나 있는 복음 계시들은 하나님이 "천사들을 학교에 다시 보내신 것"과 같다.[111] 새 언약에서 신적 구속 사역은 죄인들을 위해 자기 아들을 죽음에 내놓으실 때 하나님의 공의가 "더 크고 더 분명하게" 나타난 것처럼, 더 분명하고 더 크게 드러난다.[112] 하나님의 가장 크신 영광 즉 하나님의 무한한 지혜와 값없는 은혜는 복음의 서광이 비칠 때 더 깊이 드러났다. 하나님의 율법이나 천사들 자신 속에서보다 그리스도의 인격 속에서 "더 훌륭하고 훨씬 탁월한 의"가 나타났다.[113] 하나님의 속성들 외에도, 삼위일체 하나님의 신비가 완전히 시야에 들어온다. "창조 사역이나 율법 속에서 분명히 확인되는 [삼위의] 발자국이 별로 없다. 그러나 지금 복음과 복음 안에 구원 사역이 계시되자 그분들은 우리의 구원의 증인으로…… 발견되었다."[114] 따라서 벌클리는 신약 성경에 나타나 있는 구원의 삼위일체적인 성격을 지적한다. 선택은 성부에게 속해 있고, 구속은 성자에게 속해 있으며, 성화는 성령에게 속해 있다. "우리의 구원 사역에 있어서 삼위일체 하나님 전체 인격이 합력하시지만 모두가 자신의 순서를 지키신다."[115] 복음 시대에 계시된 삼위에 대해 말한다면, 하나님은 예수 그리스도의 인격 속에서 주로 자신을 알리기로 정하셨다. 왜냐하면 그리스도 안에 "하나님과 하나님을 아는 지식의 온갖 풍성함이 보화와 주제로서 쌓여 있고, 따라서 [그리스도로 말미암아] 하나님을 아는 지식이 우리에게 객관적으로 알려지기 때문이다."[116] 게다가 그리스도의 인격 안에서 하나님의 영광이 빛나고 있으므로 그리스도는 "복음의 크고 두드러진 핵심 주제"다.[117] 불가시적인 하나님은 신인(神人)의 인격 안에서 가시적인 하나님이 되고(골 1:15), 이것은 구약 성경에서 성도들이 누리지 못했던 복이다. 하나님을 아는 지식은 하나님의 속성(예, 능력, 지혜, 진실, 공의)이 "복음 안에서 구속자로서 그리스도를 알 때" 더 충분히 드러나기 때문에 증가하게 된다. 그리스도는 삼중의 영광을 소유하신다. (1) 하나님이시므로 인성과 상관없이 갖고 계시는 영광, (2) 신인(神人)으로서의 그분의 인격의 영광, (3) 그분의 인격과 구속 사역 안에서 빛나는 하나님의 속성들의 형상으로서의 영광.

칭의, 성화, 양자를 포함해서 새 언약의 구원하는 유익들을 적용할 때 청교도는 은혜 언약이 항상 같은 조건 즉 믿음과 믿음의 순종을 요구한다고 주장했다. 그러나 무엇보다 먼저 새 언약의 약속들은 무조건적이고 값없이 주어진다. 굿윈이 하나님이 새 언약에서 자신의 속성을 어떻게 드높이시는지를 강조하는 것과 관련시켜 패트릭 길레스피는 은혜 언약의 값없는 성격은 하나님의 최고 목적 곧 "자신의 은혜와 자유로운 자비를 드높이는 것"과 연관되어 있다고 주장한다.[118] 은혜 언약의 값없는 성격은 목적뿐만 아니라 근거도 드러낸다. 즉 "피조물 속에서는 그것을 뽑아낼 만한 어떤 원인도

---

111) Thomas Goodwin, *Glory of the Gospel*, in *The Works of Thomas Goodwin, D.D.*, Thomas Smith 편집 (1861~1866, 재판, Grand Rapids: Reformation Heritage Books, 2006), 4:262.

112) Goodwin, *Glory of the Gospel*, in *Works*, 4:262.

113) Goodwin, *Glory of the Gospel*, in *Works*, 4:262.

114) Goodwin, *Glory of the Gospel*, in *Works*, 4:262~263.

115) Bulkeley, *Gospel Covenant*, p. 255. 또한 Goodwin, *Glory of the Gospel*, in *Works*, 4:263도 보라.

116) Goodwin, *Glory of the Gospel*, in *Works*, 4:263.

117) Goodwin, *Glory of the Gospel*, in *Works*, 4:263.

118) Gillespie, *Ark of the Testament*, 2:3.

없는" 하나님의 자비와 선하심도 드러낸다(롬 9:16).[119] 길레스피는 "언약 참여자" 곧 언약 당사자들이 지켜야 할 조건을 부정하지 않지만 믿음과 거룩함을 "후속 조건으로 언급하고, 이것은 조건 속에는 어떤 작인(作因)이나 그만한 효능이 없다는 것을 의미한다."[120] 벌클리는 은혜 언약의 은혜로서의 성격을 인정하는데, 이것은 인간의 공로가 아니라 하나님의 값없는 은혜와 관련되어 있다. 그럼에도 불구하고 벌클리는 은혜 언약은 먼저 죄인들 편에 서 계신 그리스도와 맺어졌고, 이런 이유로 조건적이라고 주장한다. "그리스도께서 우리를 위해 은혜의 약속들을 받으시지만, 그 약속들을 위해 자신의 생명을 내놓으셔야 하는 조건에 따라 오직 그렇게 하시는 것이다."[121] 조건이 그리스도에게 두어졌다는 사실에서, 은혜 언약은 그리스도의 중보 사역의 유익을 받는 자들에게 조건을 갖고 있다는 결론이 따라 나온다. 구원에 대한 약속은 오직 "믿음과 순종이 조건으로 주어지고……따라서 우리가 최초의 은혜를 언약의 시작으로 보거나 마지막 은혜를 언약의 끝으로 보거나 간에, 하나는 그리스도와 관련된 조건이고, 다른 하나는 우리 자신과 관련된 조건이다. 둘 모두에게 조건이 있다."[122] 앞에서 지적한 것처럼, 자신의 〈대교리문답〉에서 존 오웬은 질문 13 "새 언약은 무엇입니까?"에 대한 답변에서 본질상 새 언약의 조건에 대해 같은 요점을 제시한다. 오웬은 하나님이 자기 백성들에게 약속들에 대한 믿음과 새로운 순종을 요구하신다고 명백히 주장한다.[123]

프랜시스 로버츠는 벌클리, 오웬과 그들의 동료 신학자들의 입장을 반영하는 유용한 설명을 제공한다. 로버트는 새 언약의 여러 요건을 다음과 같이 제시한다. (1) 지식, (2) 믿음, (3) 회개, (4) 하나님의 율법의 준수, (5) 하나님을 위한 자기부인.[124] 새 언약에서 하나님은 자기 백성들에게 그들이 옛 언약 아래 있었던 자기 백성들보다 하나님을 더 충분히 알도록 성령을 더 많이 부어 주셨다. 로버트는 믿음의 조건에 따라 하나님의 약속과 하나님의 백성들의 믿음을 "상대 관계"로 언급하고, 하나님의 약속은 택함받은 자의 믿음은 염두에 두고 있다고 말한다. 로버트는 "그렇지 않으면 하나님의 약속이나 약속된 자비가 어떻게 믿음 없이 우리 자신의 것으로 우리에게 적용될 수 있겠는가?"라고 묻는다.[125] 새 언약의 약속 가운데 하나는 죄사함이다. 그러므로 회개는 반드시 그리스도인의 삶의 필수 부분이다. 부활하신 후에 그리스도께서 제자들에게 주신 메시지에는, 베드로가 사도행전 2장 38절에서 자신의 설교로 증명하는 것처럼 회개와 죄사함을 전파하라는 명령이 포함되었다(눅 24:47). 로버트는 믿음과 회개에서 나오는 새 언약의 추가 복으로 하나님의 도덕법을 마음으로 지키는 것(히 8:10)을 제시한다. 사실상 벌클리와 오웬이 새로운 순종을 새 언약의 조건으로 말하는 것처럼, 로버트도 이 순종을 행하는 능력이 하나님의 백성들이 하나님이 그들의 마음속에 새롭게 자신의 법을 기록하겠다는 약속을 받아들이고, 그 약속에 반응할 수 있게 하시는 성령에게서 나온다고 지적한다. 마지막으로 하나님의 백성들은 자기 부인이 삶의 특징이다. 확실히 그들은 "하나님을 위해 온

119) Gillespie, *Ark of the Testament*, 2:3.
120) Gillespie, *Ark of the Testament*, 1:261.
121) Bulkeley, *Gospel Covenant*, p. 318.
122) Bulkeley, *Gospel Covenant*, p. 319. 존 본 로는 청교도 언약신학 관련 작품인 *Covenant of Grace in Puritan Thought*, pp. 63~80에서 믿음과 순종의 조건들에 대해 충분한 설명을 제공한다. 또한 19장의 "청교도의 언약의 조건 교리"에서 언약의 조건적 성격 부분도 보라.
123) Owen, *Greater Catechism*, in *Works*, 1:482.
124) Roberts, *God's Covenants*, p. 1555.
125) Roberts, *God's Covenants*, p. 1557.

전한 자기 부인 곧 자기 포기로……자신을 복종시켜야 한다."[126] 로버트에 따르면, 자기 부인은 "그리스도의 학교의 첫 번째 기초 과목 가운데 하나다"(눅 9:23).[127] 결론적으로 로버트는 하나님의 은혜와 새 언약의 조건이 어떻게 반대되지 않고 서로 보충하는지를 강조한다.

> 하나님은 먼저 명시적으로 능력을 약속하고, 이어서 암묵적으로 상응하는 의무를 요구하신다. 하나님은 먼저 자신이 요구하실 것을 우리가 할 수 있게 만들고, 이어서 우리가 할 수 있는 것을 하도록 우리에게 요구하신다. 우리는 하나님을 알아야 하지만 먼저 하나님이 우리를 가르치실 것이다. 우리는 믿고 회개하고, 마음과 삶 속에서 하나님의 법에 순응해야 하지만, 먼저 하나님이 우리를 자기 백성으로 삼으실 것이다. 이에 대해 아우구스티누스가 잘 말했다. "주여 당신이 명하시는 것을 행할 수 있도록 해 주시고, 당신이 원하시는 것을 명하소서."[128]

벌클리도 "약속은 의무의 근거이고, 의무는 약속의 길"이라고 주장할 때 비슷한 언어를 사용한다.[129] 이런 견해는 다양한 개혁파 신학자들이 하나님의 은혜와 인간의 책임 사이의 세밀한 균형을 유지한 방법을 반영한다. 한편으로 보면 언약은 무조건적이고, 그래서 하나님 앞에서 자신의 의무를 수행할 능력이 없는 죄인인 인간에게 아무것도 요구하지 않는다. 그러나 다른 한편으로 보면 죄인들을 위해 행하신 그리스도의 사역을 기초로 언약의 복은 믿음을 통해 받게 되고, 일단 하나님과의 언약 관계 속에 있으면 하나님의 백성들은 하나님의 법에 순종하고, 거룩함이 자라가며, 그리스도의 형상을 닮아가는 삶을 요구받는다.[130]

결론

청교도 전통 속에 있는 개혁파 신학자들을 연구하는 자들은 은혜 언약을 기본적으로 이해하게 되면 성경 해석에 대한 그들의 기본 접근법을 이해하는 데 도움이 된다. 죄가 세상에 처음 들어 왔을 때부터 하나님은 자신의 구속 계획을 계시하셨다(창 3:15). 그 계시는 이후의 언약들을 통해 전개되고 확대되므로 자기 백성들에 대한 하나님의 구원 계획은 이전보다 훨씬 명확하게 된다. 다시 말하면 창세기에서 요한계시록까지 구원은 예수 그리스도의 인격과 사역, 그리고 아버지께서 영생을 위해 선택하고 자기 아들에게 주신 자들에게 그리스도의 구속 사역의 유익을 적용시키시는 성령의 역사에 굳게 초점을 맞추고 있다. 은혜 언약은 시행이 양면적(쌍방적)이다. 구원은 삼위일체적인 구원이고, 따라서 삼위일체 하나님의 세 인격이 관여하신다. 성령은 택함받은 자 속에 믿음을 일으키심으로써 죄인들을 예수 그리스도와 연합하도록 이끄신다.

믿고 죄사함을 받은 신자들은 하나님과 언약 속에 들어가고, 하나님의 계명에 순종함으로써 거룩한 삶을 살도록 요구받는다. 이것은 아브라함, 모세, 다윗에게도 마찬가지였고, 베드로와 사도들도

---

126) Roberts, *God's Covenants*, p. 1561.
127) Roberts, *God's Covenants*, p. 1561.
128) Roberts, *God's Covenants*, p. 1562.
129) Bulkeley, *Gospel Covenant*, p. 157.
130) Ball, *Treatise of the Covenant of Grace*, pp. 19~21.

마찬가지였으며, 오늘날 하나님의 백성들도 마찬가지다. 이런 이유로 은혜 언약은 하나님의 백성들 곧 유대인과 이방인을 막론하고 영원 속에서 계획되고 시간 속에서 실현된 은혜로운 구원의 참여자가 되는 모든 자를 한 가족으로 결합시킨다. 구약 시대 성도들은 구속 사역을 이루시기 위해 오실 그리스도를 고대했다. 반면에 신약 시대와 그 이후 성도들은 그리스도의 죽음과 부활에서 완전히 이루어진 구속 사역을 기억하고 즐거워한다. 이런 이유로 그리스도는 구속사의 중심축을 차지하고, 이것은 은혜 언약의 비밀을 드러내는 것 외에 다른 것이 아니다.

17장

청교도의 옛 언약과 새 언약 교리: 모세 언약은 은혜 언약인가

은혜 언약은 율법 시대와 복음 시대에 각각 다르게 시행되었다…… 그러므로 본질이 다른 두 은혜 언약이 있는 것이 아니라 다양한 시행 단계를 가진 동일한 한 언약이 있다.
-웨스트민스터 신앙고백 7장 5, 6절-

17세기에 은혜 언약(foedus gratiae) 개념은 개혁파 정통주의에서 신학적 상투어구가 되었다.[1] 창세기 3장 15절의 **프로토에반겔리움**(원시 복음)과 함께 시작된 창세기에서 요한계시록까지의 구속사는 언약에 따라 이해되고 해석되었다. 은혜 언약은 구약과 신약 성경 모두에서 하나님이 인간적 주도권과는 상관없이 언약의 중보자이신 예수 그리스도의 인격과 사역 안에서, 그리고 그것으로 말미암아 자기 백성들에게 구원을 제공하신다는 관념을 표현한다. 이런 이유로 은혜 언약은 단독적, 일방적 언약(foedus monopleuron)으로 설명될 수 있다. 인간의 타락하고 무력한 상태는 죄인이 오직 하나님의 은혜로만 언약의 유익을 받을 수 있다는 것을 의미한다.

그러나 이 실재는 언약의 조건 즉 언약의 수혜자가 만족시켜야 할 요구 조건을 배제하지 않았다. 존 오웬(1616~1683년)은 이렇게 주장했다. "만일 여기서 말하는 조건이 하나님이 언약 안에서, 언약에 따라 우리에게 요구하시는 순종의 의무를 의미한다면, 언약의 핵심 약속들은 먼저 언약 안에서 우리가 순종하는 대가로 주어지는 것이 아니라, 우리를 언약 안에 효과적으로 위치시키고, 언약을 세우거나 확증하는 것이라고 나는 말하고 싶다."[2] 다시 말하면 이후에 언약 안에서 그들의 몫으로 신자들에게 요구되는 것이 무엇이든 간에 구원은 은혜로 믿음을 통해 온다.

따라서 은혜 언약은 단독적, 일방적 언약이자 쌍무적, 쌍방적 언약(foedus dipleuron)으로 이해될 수 있다. 존 칼빈은 하나님이 언약 안에 있는 자들에게 "삶의 정직함과 고결함"을 요구하신다고 지적함으로써 이 관념을 잘 포착한다. "그럼에도 불구하고 은혜 언약은 처음부터 자유로운 협정으로 제시되고, 계속 그런 상태로 존속한다."[3] 레오나드 트린테루드는 언약의 쌍방적 성격을 강조하는 라인

---

1) 이번 장 대부분의 내용은 Mark Jones, *Drawn into Controversie: Reformed Theological Diversity and Debates within Seventeenth-Century British Puritanism*, Michael A. G. Haykin & Mark Jones 편집 (Gottingen: Vandenhoeck & Ruprecht, 2011), pp. 180~200에서 발췌한 것이다.

2) John Owen, *An Exposition of the Epistle to the Hebrews*, in *The Works of John Owen* (Edinburgh: Johnstone & Hunter, 1850~1855), 23:68~69.

3) John Calvin, *Institutes of the Christian Religion*, John T. McNeill 편집, Ford Lewis Battles 번역 (Louisville, Ky.:

란트 신학자들(예, 하인리히 불링거[1504~1575년])의 언약신학과 언약의 일방적 성격을 강조하는 존 칼빈의 언약신학 간에 긴장 관계가 있었다고 주장한다. 나아가 트린테루드는 청교도는 "칼빈과 반대되었다"고 주장한다. 그러나 이 주장은 유지될 수 없다.[4] 리처드 멀러가 주장한 것처럼, "일방적 언약 및 쌍방적 언약이라는 말은 같은 언약을 다른 관점에 따라 묘사하는 것"이기 때문이다.[5] 17세기에 은혜 언약은 하나님이 자기 백성들을 위해 행하신 것뿐만 아니라, 하나님이 자신과 언약 속에 들어간 자기 백성들에게 요구하신 것을 이해하는 도구를 제공했다. 따라서 은혜 언약에 대한 논문들은 본질상 조직신학이나 "신학의 본체"였다.[6] 개혁파 정통 신학자들은 은혜 언약과 함께 하나님이 에덴동산에서 아담과 맺으신 최초의 언약으로 주장된 행위 언약(foedus operum) 개념도 전개했다. 아담은 죄를 지었으므로 언약에 대한 자기 의무를 수행하지 못했다. 설상가상으로 타락으로 말미암아 아담은 자신과 자기 후손에게서 완전하고 개인적인 순종의 조건을 성취하는 데 필요한 능력을 박탈시켰다. 따라서 웨스트민스터 신앙고백은 행위 언약과 은혜 언약을 대조시킨다. "사람이 타락으로 말미암아 행위 언약으로는 생명을 얻을 수 없게 되었으므로 주님은 기꺼이 통상적으로 은혜 언약으로 불리는 두 번째 언약을 맺으셨고, 은혜 언약에 따라 주님은 예수 그리스도로 말미암아 생명과 구원을 죄인들에게 값없이 제공하고, 구원을 받도록 그들에게 그리스도를 믿는 믿음을 요구하고, 생명을 얻도록 정해진 모든 자에게 생명에 이르도록 작정된 모든 자에게 믿을 마음을 갖고, 또 그들이 믿을 수 있도록 그의 성령을 주기로 약속하신다"(7.3). 웨스트민스터 신앙고백은 이렇게 두 언약을 대조시킴으로써 구속사를 이중으로 구분하는 견해를 지지한다. 나아가 "율법 시대"(구약[7.5])와 "복음 시대"(신약[7.6])를 구분함에도 불구하고 웨스트민스터 총회 신학자들은 이렇게 주장했다. "그러므로 본질이 다른 두 은혜 언약이 존재하는 것이 아니라, 다양한 시행 단계를 가진 동일한 한 언약이 있다"(7.6). 지금까지는 구속 언약에 대한 "이중 구분" 견해가 정직한 결론으로 등장한다. 그러나 웨스트민스터 신앙고백 7장 5절의 "은혜 언약은 율법 시대와 복음 시대에 각각 다르게 시행되었다"는 말에 대해, 앤서니 버지스(사망, 1664년)가 자기는 신학의 어떤 요점 속에서도 시내 산 또는 모세 언약과 은혜 언약 간의 관계에 대해서만큼 "식자들을 혼란시키고 당혹스럽게 만든 문제를 찾지 못했다"고 언급함으로

Westminster John Knox Press, 2008), 3.7.5.

4) 예컨대 트린테루드는 이렇게 주장한다. "칼빈은 제네바 성경에서 하나님의 언약을 하나님이 성취 의무를 지는 인간에 대한 하나님의 약속으로 본다. 나아가 그리스도의 성육신, 죽음과 부활에서 하나님은 자신의 언약이 자신을 속박하는 약속을 실제로 이루셨다. 그러므로 성례는 하나님이 자신의 언약, 자신의 약속을 오래전에 이루셨다는 것에 대한 증언, 증명이나 보증이다. 그러므로 언약과 유언은 같다. 라인란트 신학자들과 잉글랜드 개혁자들의 언약 이론을 보면, 언약은 하나님 편에서는 조건적 약속이고, 이에 대한 반응으로 인간에게서 순종의 약속을 이끌어 내는 효과를 갖고 있고, 따라서 상호 계약 또는 상호 협정을 결과한다. 성취에 대한 부담이 인간에게 주어져 있다. 왜냐하면 인간이 먼저 하나님의 호혜적 의무를 효력 있게 하기 위해 순종해야 하기 때문이다. 물론 신학적으로 보면, 이 두 관점의 차이는 지극히 중요하다"(Leonard Trinterud, "The Origins of Puritanism," *Church History* 20 [1951], p. 45). 트린테루드에 대한 두 가지 반응이 특히 주목할 만하다. J. Mark Beach, *Christ and the Covenant: Francis Turretin's Federal Theology as a Defense of the Doctrine of Grace* (Gottingen: Vandenhoeck & Ruprecht, 2005), pp. 22~64와 John von Rohr, *The Covenant of Grace in Puritan Thought* (Atlanta: Scholars Press, 1986), pp. 17~33을 보라. 33페이지의 존 본 로의 진술은 청교도 언약신학과 관련된 문제를 매우 잘 요약하고 있다. "그러므로 청교도 사상의 주류에 대해 말한다면, 기본적으로 쌍방적 요소와 단독적 요소가 결합되어 있고, 인간의 책임과 하나님의 주권이 연합적으로 유지되며, 은혜 언약은 조건적이면서 무조건적인 언약으로 간주된 것으로 나타났다."

5) Richard Muller, *Dictionary of Latin and Greek Theological Terms: Drawn Principally from Protestant Scholastic Theology* (Grand Rapids: Baker, 2004), p. 120.

6) John Ball, *A Treatise of the Covenant of Grace*… (London, 1645)를 보라.

써, 개혁파 신학자들 사이에 벌어진 논쟁 속에 들어가는 입구를 제공했다.[7)]

버지스는 이 관계에 대해 개혁파 정통주의 속에 큰 혼란이 있다고 평가한 유일한 인물은 아니었다. 히브리서 8장 6절에서 히브리서 저자가 옛 언약과 새 언약에서 의도한 의미는 무엇이었을까? 크게 존경받은 언약신학자 존 볼(1585~1640년)은 대다수 신학자들은 옛 언약과 새 언약(히 8장; 고후 3장)을 "본질과 성격이 동일하고 단지 단계에 있어서 차이가 있는 것으로 이해했지만, 이 차이점을 너무 애매하게 제시하기 때문에 두 언약이 어떻게 일치하는지 확인하기가 어렵다"고 지적했다.[8)]

존 오웬도 볼과 같이 대다수 개혁파 신학자들은 옛 언약과 새 언약의 차이점을 한 은혜 언약의 다양한 시행 단계의 차이점으로 이해하고, 자기들의 "개혁파" 입장을 "두 언약은 동일한 언약의 이중 시행 단계가 아니라 사실상 구별된 언약"[9)]이라고 주장하는 "루터교회" 입장과 대조시키는 것이 히브리서 저자의 이 강론에 의도되어 있다고 본다는 것을 인정했다. 하지만 오웬은 은혜 언약의 통일성을 주장하는 한편, 루터교회 신학자들이 옛 언약과 새 언약은 "동일한 언약의 이중 시행 단계가 아니라" 두 구별된 언약이라고 보는 것에 동조한다.[10)] 다시 말하면 옛 언약은 "은혜 언약의 단순한 시행 단계가 아니었다"는 것이다.[11)] 이 복잡한 논쟁은 오웬의 입장이 17세기 동안 영국 개혁파 정통 신학자들의 다양한 견해 가운데 하나로 보인다는 사실로 말미암아 가라앉게 된다. 이 입장들은 아래에서 다룰 작정이지만 개혁파 신학자들이 비록 그들 사이에 은혜 언약의 동일성과 행위 언약과 은혜 언약의 구별에 대해 기본적인 일치가 있었다고 해도, 구속사 속에서 옛 언약의 기능에 모두 일치된 것이 아니라는 것은 의심의 여지가 없다.

분류

에드문드 칼라미는 약간은 믿을 수 없지만, 하나님과 인간 사이에 맺어진 언약의 횟수에 대해 웨스트민스터 총회 신학자들의 다양한 견해를 간략히 분류한다. 칼라미는 "여러 견해들"에 대해 이렇게 말한다.

> 1. 어떤 이들은 두 개의 행위 언약과 두 개의 은혜 언약, 도합 네 개의 언약이 있다고 주장한다. 행위 언약은 하나는 타락하기 전 아담과 맺어진 언약이고, 나머지 하나는 애굽에서 탈출할 때 이스라엘과 맺은 언약이다. 은혜 언약은 하나는 아브라함과 맺어진 언약이고, 다른 하나는 예수 그리스도의 성육신으로 맺어진 언약이다. 내가 듣기로는 심슨 목사가 웨스트민스터 총회

7) Anthony Burgess, *Vindiciae Legis: or, A Vindication of the Morall Law and the Covenants, from the Errours of Papists, Arminians, Socinians, and More Especially, Antinomians* (London, 1646), p. 219.

8) Ball, *A Treatise of the Covenant of Grace*…, p. 95.

9) Owen, *Exposition of Hebrews*, in *Works*, 23:73. 앤서니 버지스도 같은 요점을 제시한다. "루터교회 신학자들은 이 점에서 칼빈주의자들을 단호하게 반대하고, 모세에게 주어진 언약은 행위 언약이고, 따라서 은혜 언약과는 직접 반대된다고 주장하는 것이 사실이다. 확실히 그들도 조상들이 그리스도로 말미암아 의롭게 되었고, 우리와 똑같은 구원 방법을 갖고 있었다는 것을 인정한다. 다만 그들은 모세 언약은 유대인에게 완전한 의의 조건을 제공함으로써 자기 의에 빠져 있는 그들 자신의 어리석음을 자각할 수 있도록 그 약속에 추가된 것으로 본다. 그러나 모세 언약은 은혜 언약이었다는 것이 이미 분명하다고 나는 생각한다"(*Vindiciae Legis*, p. 251).

10) Owen, *Exposition of Hebrews*, in *Works*, 23:76.

11) Owen, *Exposition of Hebrews*, in *Works*, 23:77.

> 신학자 위원 앞에서 이것을 주장했다. 2. 다른 이들은 세 개의 언약만 있다고 주장한다. 첫 번째 언약은 아담과 맺어진 것이고, 두 번째 언약은 애굽에서 나올 때 이스라엘과 맺어진 것이며, 세 번째 언약은 예수 그리스도와 맺어진 것인데, 처음 두 언약은 행위 언약이고, 마지막 언약은 은혜 언약이다. 내가 듣기로는 버로스 목사가 콘힐에서 강해 설교를 할 때 이것을 제시했다. 3. 다른 이들은 단지 두 개의 언약만 있는데, 하나는 행위 언약이고, 다른 하나는 은혜 언약이라고 주장한다. 하지만 그들은 주장하기를 첫 번째 언약은 시내 산에서 이스라엘과 맺어졌고, 그 이전에는 행위 언약이 없었으며, 지금은 그것이 소멸되고 없다고 한다. 또 나머지 하나는 은혜 언약인데, 유언자로서 그리스도께서 죽으실 때까지 맺어지지 않았고, 이것은 제임스 포프가 『적그리스도의 드러남』(The Unveiling of Antichrist)이라는 책에서 주장했다. 4. 또 다른 이들은 시내 산에서 받은 율법은 은혜 언약으로, 이것은 은혜 언약이 하나 이상 있다는 것을 함축한다고 주장한다. 이것은 앤서니 버지스가 『도덕법의 옹호』(Vindication of the Morall Law) 신명기 4장 본문에 대한 24번째 강론에서 제시했다. 5. 나 자신을 포함한 또 다른 이들은 단지 두 개의 언약만 있는데, 하나는 행위 언약이고……또한 성부 하나님이 아담의 후손 가운데 얼마를 구원하기 위해 영원 전에 예수 그리스도와 맺으신 은혜 언약이 있었다고 주장한다.[12]

시내 산 언약에 대한 자신의 입장과 관련해서 칼라미는 시내 산에서 주어진 율법은 행위 언약도, 은혜 언약도 아니며, 대신 율법은 이미 하나님과 언약 속에 들어간 자들에게 순종 규칙으로 주어진 것이라고 주장한다.[13] 그러나 칼라미의 간략한 분류는 세분화가 필요할 정도로 너무 일반적이다. 시드라흐 심슨(대략, 1600~1655년)과 제러마이어 버로스(대략, 1600~1646년)에 대해 칼라미는 자신이 개인적으로 들은 것에 의존해서 분류한다. 제임스 포프와 앤서니 버지스와 같은 다른 인물들에 대해서는 그들이 쓴 작품에 의존해서 분류한다. 칼라미가 버로스의 입장을 설명하는 것에는 얼마간 진실이 들어 있다. 하지만 버로스의 작품 『복음과의 대화』(Gospel Conversation, 1653)를 보면 시내 산 언약과 에덴 언약의 관계가 엄밀하게 평행 관계를 구성하는 것은 아니다. 버로스의 목표는 율법 시대가 아니라 복음 시대에 사는 것의 우월함을 증명하기 위해 구속사적 대조를 행하는 데 있다. 버로스는 모세 시대에 이스라엘 백성들이 복음을 갖고 있었다는 것을 부인하지 않지만 "그들에 대한 하나님의 주요 사역은 율법적인 방법에 있었다"고 말한다.[14] 버로스는 존 캐머런(대략, 1579~1625년)의 견해와 비슷한 견해를 취한다. 캐머런은 시내 산 언약을 행위 언약이나 은혜 언약에는 속하지 않는 보조 언약(foedus subserviens)으로 봤다.[15] 또한 칼라미가 앤서니 버지스의 입장을 설명하는 것도 오해의 소지가 다분하다. 칼라미는 "앤서니 버지스는 은혜 언약을 오직 택함받은 자만을 위한 성부와 성자 간의 영원한 언약으로 간주한다"고 말한다. 많은 개혁파 신학자들이 이 언약을 시간 속에서 맺어진 은혜 언약과 구분해서 영원한 구속 언약(pactum salutis)으로 간주했다. 버지스의 견해에 따르면, 이 영원한 언약은 시간 속에서 맺어진 은혜 언약의 기초를 제공하지만, 엄밀하게 은혜 언약의 한 부분은 아니

---

12) Edmund Calamy, *Two Solemne Covenants Made Between God and Man: viz. the Covenant of Workes, and the Covenant of Grace* (London, 1647), pp. 1~2.

13) Calamy, *Two Solemne Covenants*, p. 8.

14) Jeremiah Burroughs, *Gospel Conversation* (London: Peter Cole, 1653), p. 47.

15) John Cameron, *De triplici Dei cum homine foedere theses* (Heidelberg, 1608), p. 7.

다.[16] 따라서 버지스는 모세 언약을 포함시켜 하나의 은혜 언약에 대해 말할 때 나타나는 불일치를 보지 못한다.[17] 이상의 사실은 심지어는 웨스트민스터 총회 신학자들도 언약 주제에 대해, 특히 시내 산 언약과 관련해서 동시대인들의 견해를 듣고 읽을 수 있었지만 그들 각자의 입장의 분류를 반드시 철저히 정확하거나 분명하게 제공하지는 않는다는 것을 보여 준다. 근래 학자들도 같은 오류를 범했다.[18] 세바스천 린만은 특별히 존 오웬을 언급하면서 개혁파 언약신학에 대해 중요한 질문을 묻는다. "구속사는 삼중 구분설인가, 아니면 이중 구분설인가?"[19] 린만은 이렇게 주장한다. "비록 개혁파 정통주의 핵심 집단의 비판을 받고 항상 소수파 견해이기는 해도, 오웬은 특히 캐머런 견해와 그의 다른 표준 개혁파 신학에 따라 삼중 구분 언약신학을 따른다."[20] 그러나 린만은 오웬과 당시 개혁파 동료들 간의 차이는 "실제적인 것보다는 형식적인 것"이라고 주장함으로써 자신의 진술을 제한시킨다.[21] 우리는 다음 장에서 오웬을 이렇게 이해하는 것에 대해 이의를 제기할 것이다.[22] 삼중 구분 견해는 일반적으로 유용하기는 하지만, 오웬의 언약신학에 나타나 있는 독특한 뉘앙스를 정당하게 평가하지 못한다. 존 캐머런과 같은 다른 신학자들은 삼중 구분 견해에 따라 구속사를 이해하는 것으로 정확히 설명될 수 있지만, 오웬을 삼중 구분 지지자로 보는 것은 사실상 그가 거부한 범주 속에 그를 집어넣는 것이다. 이어지는 설명에서는 구속사 속에서 모세 언약의 역할을 해석하는 가장 좋은 방법에 대해 개혁파 신학 전통 안에 존재한 다양한 입장을 보여 주기 위해 다양한 입장들을 소개할 것이다.

다수파 견해: 이중 구분

종교개혁 이후의 대다수 개혁파 신학자들은 모세 언약을 은혜 언약의 한 시행 단계로 이해했다. 앞에서 지적한 것처럼 시내 산 언약 곧 옛 언약이 아니라 타락 이전 행위 언약이 웨스트민스터 신앙고백(7.6)에 선언된 이중 구분설의 기초를 제공한다. 구속사의 이중 구분을 주장한 자들은 시내 산에서 주어진 율법이 당시 교회에 적합한 형태로서 본질상(즉 넓게 보아) 은혜 언약의 한 부분 곧 은혜 언약과 구별되지 않는 것으로 봤다. 율법적 요구를 강조하는 특징을 가진 옛 언약은 예수 그리스도의 인격과 사역 안에서 하나님의 자비를 찾도록 이스라엘 백성들을 이끄는 기능을 했다. 이 율법의 기능은 보통 죄를 자각시키는 용도 곧 교육적 용도(usus elenchticus sive paedagogicus)로 설명된다. 그러나 존 볼이 주장한 것처럼 율법은 또한 "하나님 앞에서 거룩함과 의를 실천하며 사는 법"에 대한 지침

16) Anthony Burgess, *The True Doctrine of Justification Asserted & Vindicated*··· (London, 1654), pp. 375~376.

17) Burgess, *Vindiciae Legis*, p. 251. 웨스트민스터 신앙고백은 "그러므로 본질이 다른 두 은혜 언약이 존재하는 것이 아니라 다양한 시행 단계를 가진 동일한 한 언약이 있다"(7.6)고 분명히 한다.

18) Brenton C. Ferry, "Works in the Mosaic Covenant: A Reformed Taxonomy," *The Law Is Not of Faith: Essays on Works and Grace in the Mosaic Covenant*, Bryan D. Estelle, J. V. Fesko, & David VanDrunen 편집 (Phillipsburg, N.J.: P&R, 2009), pp. 76~105를 보라. 페리는 이차 문헌에 나타나 있는 과거의 분류에 대해 다수의 비판을 가한다. 비록 페리가 몇 가지 오류를 범하고 있는 해도, 그의 분류는 이 문제에 대한 다양한 견해들을 이해하는 데 전반적으로 유익하다.

19) Sebastian Rehnman, "Is the Narrative of Redemptive History Trichotomous or Dichotomous? A Problem for Federal Theology," *Nederlands archief voor kerkgeschiedenis* 80 (2000), pp. 296~308을 보라.

20) Rehnman, "The Narrative of Redemptive History," p. 302.

21) Rehnman, "The Narrative of Redemptive History," p. 302.

22) 18장, "마이너리티 리포트: 존 오웬의 시내 산 언약 교리"를 보라.

으로도 판명되었다.[23] 이 율법의 용도는 교훈적, 규범적 용도(usus didacticus sive normativus)거나 율법의 제삼 용도(tertius usus legis)이고, 지난 장에서 확인한 것처럼 개혁파 대다수 학자들은 이 긍정적 용도를 크게 강조했다. 이 견해는 부분적으로 구속사 속에서 옛 언약의 역할에 대해 개혁파와 루터교회의 차이를 설명하는 데 도움을 준다.[24] 리처드 멀러가 지적하는 것처럼 "루터교회와 개혁파 간의 이 차이는 개혁파에서 율법과 복음을 동일한 한 은혜 언약[foedus gratiae] 안에서 이루어지는 단순한 구분으로 보는 것과 반대로, 루터교회 사상은 율법과 복음을 변증법적 관계로 보는 데서 나온다."[25] 이와 관련해서 볼은 "율법은 복음 없이는 결코 주어지지 않았고, 또는 결코 긍정적이지 않으며, 또 복음도 율법이 없이는 [주어지지] 않았다"고 지적한다.[26] 옛 언약의 한 부분으로서 율법의 적극적 기능은 새 언약 시대로 한정되지 않은 하나님의 약속과 은혜의 행위에 기초를 두고 있다.

이중 구분설의 또 다른 지지자인 앤서니 버지스는 "학식 있는 정통주의자들" 속에 옛 언약에 대해 대체로 네 가지 입장이 있다고 주장한다. "어떤 이들은……옛 언약을 행위 언약으로 보고, 다른 이들은 혼합 언약으로 보며, 또 어떤 이들은 보조 언약으로 보지만, 나는 은혜 언약으로 주장하는 자들과 함께 가고 싶다."[27] 버지스는 자신의 입장에 대한 논증이 그것을 반대하는 반론보다 더 낫다고 주장한다. 옛 언약이 은혜 언약에 속해 있음을 증명함으로써 버지스는 "율법의 존엄성과 탁월성이 더 크게 나타날 것"이라고 주장한다.[28] 도덕법의 존엄성과 탁월성에 대한 버지스의 견해는 구속사의 이중 구조 안에 잘 부합하고, 웨스트민스터 표준 문서들의 일치된 입장을 가장 잘 반영한다. 그러나 버지스는 시내 산 언약이 어떻게 은혜 언약의 시행 단계로 말해질 수 있는지에 대해 다양한 설명이 있다고 지적한다.[29] 버지스가 취하는 견해는 존 칼빈, 하인리히 불링거, 자카리아스 우르시누스(1534~1583년), 피터 벌클리(1583~1659년), 프랜시스 투레틴(1623~1687년)에게서 발견되고, 이들은 "넓은 의미의" 율법과 "좁은 의미의" 율법을 구분한다.[30]

따라서 버지스는 넓은 의미의 율법은 "시내 산에서 주어진 것으로, 관련 서언과 약속들을 비롯한 전체 교훈과 이 교훈으로 환원시킬 수 있는 모든 것"으로 이해될 수 있고, 또는 좁은 의미의 율법은 "조건에 따라서가 아니라 온전한 순종에 따라 삶을 규제하는 압축된 의의 규칙으로" 이해될 수 있다고 지적한다.[31] 프랜시스 로버츠(1609~1675년)는 시내 산 언약이 "믿음 언약"(즉 은혜 언약)의 한 시행 단계였다는 자신의 주장을 명확히 하려고 이 구분에 또 다른 조건을 덧붙인다. 로버트는 모세에게 주

---

23) Ball, *A Treatise of the Covenant of Grace*, p. 102.

24) 마크 비치는 이 점에 대한 "루터교회와의 논쟁"을 잘 설명한다. *Christ and the Covenant*, pp. 265~269를 보라.

25) Muller, *Dictionary of Latin and Greek Theological Terms*, p. 321.

26) Ball, *A Treatise of the Covenant of Grace*, p. 102. 또한 Francis Roberts, *Mysterium & Medulla Bibliorum the Mysterie and Marrow of the Bible*… (London, 1657), p. 778도 보라.

27) Burgess, *Vindiciae Legis*, p. 222. 프랜시스 로버츠(1609~1675년)는 언약에 대한 방대한 작품에서 같은 분류를 제공한다. *Mysterium & Medulla*, pp. 738~739를 보라.

28) Burgess, *Vindiciae Legis*, p. 222.

29) Burgess, *Vindiciae Legis*, pp. 222~223.

30) Calvin, *Institutes of the Christian Religion*, 2.7.1~9, 2.9.1~5, Heinrich Bullinger, *Common Places of Christian Religion*, John Stockwood 번역 (London, 1572), pp. 96~102, Zacharias Ursinus, *The Commentary of Dr. Zacharias Ursinus on the Heidelberg Catechism*, G. W. Williard 번역 (Columbus, Ohio: Scott, 1852), pp. 23~29, Peter Bulkeley, *The Gospel-Covenant* (London, 1674), p. 196, Francis Turretin, *Institutes of Elenctic Theology*, James T. Dennison Jr. 편집, George Musgrave Giger 번역 (Phillipsburg, N.J.: P&R, 1992), 12.8.1~25.

31) Burgess, *Vindicae Legis*, p. 223.

어진 율법은 (1) 더 넓은 의미로, (2) 더 좁은 의미로, (3) 가장 좁은 의미로 이해될 수 있다고 주장한다. "더 넓은 의미의" 율법에는 도덕적, 의식적, 사법적인 모든 계명이 포함된다. "더 좁은 의미의" 율법은 서언과 "그 안에 융합된 약속들"을 포함한 십계명을 가리킨다.[32] "가장 좁은 의미의" 율법에 대해 로버트는 볼과 같이 이렇게 주장한다. "율법은 모세가 압축한 의의 규칙으로, 단순히 완전하고 영속적인 개인적 순종 조건에 따라 삶을 규제하는 것이다……이런 의미에서 바울은 그 말[율법]을 이신칭의를 반대하는 개념으로 취한다."[33]

개혁파 신학자들은 이 구분을 받아들여 은혜 언약의 통일성을 보존하고, 표면상 은혜 언약의 통일성을 부정하는 것처럼 보이는 바울 서신의 일부 진술들(예, 고후 3장; 갈 4장)을 설명한다. 앞에서 언급한 것 외에도, 다수의 논증들이 "옛 언약은 은혜 언약과 구분된 것이 아님"을 증명했다. 그 논증들 가운데 몇 가지는 좀 더 상세히 살펴볼 가치가 있다.[34] 비록 모두가 시내 산 언약과 은혜 언약의 관계에 대해 똑같은 견해를 갖고 있는 것은 아니라고 해도, 개혁파 정통주의는 몇 가지 요점에 대해 일반적으로 일치했다. 존 오웬은 이 일치점 가운데 몇 가지를 강조한다. 첫째, "최초의 약속이 주어진 이후로 새 언약과 예수 그리스도로 말미암지 않고는 의롭다 함을 받거나 구원을 받은 자가 아무도 없었다는 것," 둘째, 구약 성경은 그리스도의 인격과 사역 안에서, 그리고 그것을 통해 얻는 구원에 대한 교리를 담고 있다는 것, 셋째, 옛 언약은 "은혜 언약과 유비적 관계에서 벗어나면" 구원할 수 없었다는 것, 넷째, 옛 언약의 모든 제도는 그리스도를 모형했다는 것.[35] 따라서 오웬이 제시한 논증들은 논란의 여지가 없으므로 이제 더 구체적인 논점들이 제시되어야 한다. 하지만 "이중 구분" 지지자는 의심 없이 오웬의 논증들이 그들 자신의 입장을 옹호한다고 느꼈다.

하나님은 옛 언약을 이스라엘 민족에게 주실 때 자신이 그들의 하나님과 아버지라는 사실을 선언하신다. 율법의 명령들은 서언의 직설법, 즉 하나님이 이스라엘을 애굽 땅의 속박에서 구속했다는 사실에 기초가 두어져 있다(출 20:2; 롬 9:4). 볼은 하나님이 이스라엘을 구속하신 것은 하나님이 그들의 "왕, 심판자, 구주, 구속주 곧 시간적 구속이 모형한 죄와 사탄의 속박에서의 영적 구속주"라는 것을 의미한다고 주장한다.[36] 버지스는 옛 언약이 은혜 언약이 아니라면 어떻게 하나님이 죄인들의 하나님일 수 있겠느냐고 묻는다. 버지스는 이스라엘을 제사장 나라와 거룩한 백성으로 묘사하는 출애굽기 19장 5~6절의 언어를 베드로는 새 언약 교회에 적용시킨다고 덧붙인다. 버지스는 이렇게 묻는다. "그러므로 만일 율법이 행위 언약이었다면 이런 일치가 그들 사이에 어떻게 올 수 있었겠느냐?"[37] 로버트도 비슷한 질문을 한다. "오직 믿음으로 그리스도 안에서가 아닌데도 어떻게 주님이 죄인들에게 언약의 하나님이 되고, 죄인들은 하나님께 언약 백성들이 될 수 있겠는가?"[38] 나

---

32) Roberts, *God's Covenants*, p. 659.

33) Roberts, *God's Covenants*, p. 660.

34) 피터 벌클리는 옛 언약과 새 언약은 본질상 하나라는 자신의 주장을 증명하기 위해 일곱 가지 논증을 전개한다. 그의 논증은 이런 제목 아래 제시된다. (1) 두 언약 모두 하나님의 은혜에서 나온다. (2) 두 언약 모두 같은 복과 특권을 제공한다. (3) 두 언약 모두 언약의 복을 받는 자를 그리스도에게 인도한다. (4) 두 언약 모두 같은 조건 즉 믿음을 갖고 있다. (5) 두 언약 모두 하나님의 은혜를 전달한다. (6) 두 언약 모두 하나님의 율법에 대한 순종을 요구한다. (7) 두 언약 모두 목적은 구원이다(*Gospel-Covenant*, pp. 114~141).

35) Owen, *Exposition of Hebrews*, in *Works*, 23:71.

36) Ball, *A Treatise of the Covenant of Grace*, pp. 104~105.

37) Burgess, *Vindicae Legis*, p. 224.

38) Roberts, *Mysterium & Medulla*, p. 759.

아가 로버트는 여호와라는 이름이 교리적으로-그의 언약의 신실함을 의미하는-뿐만 아니라 경험적으로 아브라함의 후손에 대한 자신의 언약의 약속을 성취하신 신실하신 하나님으로 이해되는 십계명 서언에 대해서도 초점을 맞춘다. 첫째 계명도 시내 산 언약이 은혜 언약에 속해 있음을 증명한다. 로버트는 타락 이후로 참된 예배는 오직 예수 그리스도를 믿는 믿음을 통해서만 하나님께 드려질 수 있다고 주장한다(히 11:6).[39] 버지스도 구속 배경에 따라 하나님의 은혜를 나타내는 말인 자비를 보여 주시는 하나님에 대해 말하는 둘째 계명에 초점을 맞춤으로써 자신의 논증을 강화시킨다. 이중 구분 입장을 지지하는 또 다른 인물인 피터 벌클리는 옛 언약에서 자비의 중심적 위치를 강조하는데(신 7:9~12; 대하 6:14; 왕하 13:23; 느 1:5), 이것은 "옛 언약의 시작과 성취가 자비와 값없는 선하심에서 나왔다는 것"을 보여 준다.[40]

새뮤얼 러더퍼드(1600~1661년)는 행위 언약에서도 태초에 아담의 마음속에 기록된 최초의 계명이 하나님의 자비, 지혜, 구원 능력에 대해 말하므로 "율법에서도 복음이 증명될 수 있다"고 주장함으로써, 하나님의 도덕법의 적극적 국면들에 대해 좀 더 자극적인 논증을 제공한다.[41] 따라서 러더퍼드는 아담의 죄와 창세기 3장 15절의 약속 사이에서 복음의 소망의 기초를 도덕법 속에 계시된 하나님의 성품에 두었다. 심지어는 신자들에 대한 하나님의 경고도 "실질적으로 율법적이지만" "형식적으로, 그리고 주님의 의도 속에서는 복음적인 의도에 따라 신자들에게 제시된다."[42] 다시 말하면, 하나님의 경고는 죄인들이 하나님께 돌아와 자비를 간청하도록 하기 위함이다. 따라서 당연하게 러더퍼드는 시내 산 언약이 은혜 언약에 속해 있다는 견해를 견지했다.[43]

의식법도 옛 언약이 은혜 언약의 한 부분이라는 것에 대한 증거를 제공한다. 버지스는 모든 신학자는 의식법을 도덕법으로 환원시켰고, "따라서 속죄 제사는 둘째 계명에 따라 명해진 것"이라고 지적한다.[44] 버지스에 따르면, 속죄 제사는 그리스도나 하나님의 은혜와 대립하는 것이 아니라 오히려 포함했다. 나아가 의식법은 그리스도의 인격과 사역을 예시했다. "그것은 대체로……더 멀리 그리스도를 지시했다."[45] 볼은 "옛 언약의 다양한 모형들은 은혜로 주어진 첫 번째 언약은 그 언약 속에 예시되는 것을 성취하는 두 번째 언약을 낳아야 한다는 것"을 암시한다고 주장한다.[46]

시내 산 언약이 은혜 언약의 한 부분이라는 것을 증명하기 위해 도덕법과 의식법에 호소하는 것은 강력한 논증이었다.[47] 그러나 불가피하게 율법과 복음의 관계에 대한 질문이 일어났다. 옛 언약에 대한 설명 직후에 앤서니 버지스는 율법-복음 구분에 관심을 돌리는데, 이것은 여러 면에서 구속사 속에서 시내 산 언약의 역할에 대한 논쟁의 심장부에 자리를 잡고 있다. 버지스는 아르미니우스주의, 소키누스주의, 로마 가톨릭교회, 율법폐기주의, 루터교회, 개혁파가 이 구분을 어떻게 서로 다

---

39) Roberts, *Mysterium & Medulla*, p. 759. 버지스와 볼은 똑같이 주장한다. Burgess, *Vindiciae Legis*, p. 225, Ball, *A Treatise of the Covenant of Grace*, p. 106을 보라.

40) Bulkeley, *Gospel-Covenant*, p. 116.

41) Samuel Rutherford, *The Covenant of Life Opened*… (Edinburgh, 1655), p. 7.

42) Rutherford, *The Covenant of Life Opened*, p. 8.

43) Rutherford, *The Covenant of Life Opened*, pp. 59~60.

44) Burgess, *Vindicae Legis*, p. 225.

45) Roberts, *Mysterium & Medulla*, p. 761.

46) Ball, *A Treatise of the Covenant of Grace*, p. 119.

47) 어니스트 케빈은 *The Grace of Law: A Study in Puritan Theology* (Grand Rapids: Baker, 1976), pp. 119~134에서 이 논증에 대해 매우 상세한 분석을 제공한다.

르게 이해했는지를 지적한다. 개혁파는 대체로 이 구분을 넓은 의미와 좁은 의미에 따라 이해했다. 넓은 의미에서 보면, 율법(즉 옛 언약)과 복음(즉 새 언약) 사이의 구분은 "본질적이거나 실질적인 구분이 아니라 비본질적인 구분이다……[그것은] 유(類)와 반대 종(種)의 구분이 아니라, 다양한 비본질적인 시행 단계에 따른 주제의 구분이다."[48] 이 점에 대해 버지스는 이렇게 지적한다. "루터교회 신학자들은……이 점에 있어서 칼빈주의자의 견해를 단호하게 반대하고, 모세를 통해 주어진 언약은 행위 언약이고, 따라서 은혜 언약과는 직접 반대된다고 주장한다."[49] 버지스는 넓은 의미로 율법-복음 구분을 이해하고, 그리하여 "이 점에 있어서 학자들 간에 있는 것처럼 보이는 차이점을 쉽게 제거함으로써"[50] 옛 언약은 은혜 언약이라는 자신의 입장을 옹호한다.

율법에 강조점을 두는 옛 언약은 은혜를 결여한 언약이 아니었다. 은혜에 강조점을 두는 새 언약은 율법을 결여한 언약이 아니다. 벌클리는 율법과 은혜 간의 이 관계가 하나님의 백성들의 삶 속에서 어떻게 기능하는지를 강조하고, 율법과 복음은 칭의 교리에 대해서는 대립되지만 성화 교리에 대해서는 일치한다고 지적한다. 율법은 "심지어는 믿는 자들에게도 인도자와 규칙 역할을 계속한다."[51] 이 견해를 따르면, 칭의에 대해 율법은 원수다. 하지만 (그리스도를 믿는 믿음을 통해) 의롭게 된 자들에게 율법은 친구가 된다. 따라서 옛 언약이 공식적으로 시내 산에서 시작되었을 때 이미 이스라엘 백성들이 하나님의 백성들이었다는 사실에 기초하면, 율법은 신자들의 삶 속에서 규범적인 기능을 행한다는 점에서 은혜를 반대하지 않았다. 사실 앞에서 확인한 것처럼 하나님의 자비, 사랑, 용서는 도덕법과 의식법 모두에 나타나 있었다. 이런 이유들과 또 다른 많은 이유들로 말미암아 어니스트 케빈은 이렇게 지적했다. "청교도는 분명히 모세 언약은 은혜를 말살시킨다거나 행위 언약의 기초로 되돌아가는 것으로 가정하는 것은 상상할 수 없다고 봤다. 그러므로 청교도는 모세 언약은 은혜와 상반된 것이 될 수 없다고 주장했다."[52] 이것은 확실히 사실이었다. 그러나 모든 청교도가 옛 언약과 구속사 안에서의 옛 언약의 위치를 앞에서 설명한 것과 똑같이 이해한 것은 아니었다.

보조 언약: 삼중 구분

앞에서 지적한 것처럼, 세바스천 린만은 두 언약이 있느냐(다수 견해), 아니면 세 언약이 있느냐(오웬이 취하는 것으로 알려진 입장) 하는 논쟁은 "실질적인 것이기 보다는 형식적인 것"이라고 주장한다.[53] 비록 오웬이 삼중 구분 진영에 속해 있지 않다고 해도, 두 입장의 실제 차이가 무엇인지의 문제는 의미론 말고도 답변을 필요로 한다. 이 목적에 대해 알리스터 맥그래스는 존 캐머런이 사용한 보조 언약(foedus subserviens) 관념-즉 옛 언약은 은혜 언약을 보조하는 언약이라는 것-은 "언약 구조의 맥락

48) Burgess, *Vindicae Legis*, p. 241. 리처드 바이필드(대략, 1598~1664년)도 비슷하게 지적한다. "새 언약과 옛 언약에 대해 말하는 예레미야서 31장 31, 32, 33절에서 취한 히브리서 8장 8, 10절은 이렇게 이해되어야 한다. 두 언약은 본질상 다르지 않다……그러나 같은 은혜 언약이 각기 다른 시행 방식에 따라 구별된다……여기서도 우리는 구약성경에서 나온 증거가, 올바르게 적용되면, 신약 성경에서 나온 증거와 똑같이 복음이라는 것을 확인한다"(*Temple-Defilers Defiled, Wherein a True Visible Church of Christ Is Described* [London, 1645], pp. 38~39).

49) Burgess, *Vindicae Legis*, p. 241.

50) Burgess, *Vindicae Legis*, p. 241.

51) Bulkeley, *Gospel-Covenant*, p. 129.

52) Kevan, *The Grace of Law*, p. 122.

53) Rehnman, "The Narrative of Redemptive History," p. 302.

안에서 율법과 복음 사이의 루터교회 식 구분을 결합시키려는 시도로 나타난 것으로 보인다"고 단정한다.[54] 맥그래스는 캐머런은 "정통 개혁파의 이중 언약 구조 속에서 율법과 복음의 조화를 내재시키는 것은 솔라 피데 칭의 교리를 손상시키는 것으로 간주한 것으로 보인다"고 덧붙인다.[55] 맥그래스는 어떤 핵심적 증거도 제공하지 않지만, 그의 결론은 더 깊은 탐구를 요청한다. 맥그래스의 주장을 평가하려면 먼저 캐머런과 캐머런에게 동조한 자들의 입장을 이해하는 것이 급선무다. 캐머런은 자신의 견해인 하나님의 언약의 삼중 구조를 이렇게 설명한다.

> 그러므로 우리는 하나의 자연 언약, 하나의 은혜 언약, 은혜 언약을 보조하는 하나의 보조 언약(성경에서 '옛 언약'으로 불리는)이 있다고 말하고, 그러기에 우리는 자연 언약과 은혜 언약을 먼저 다루고, 마지막으로 보조 언약을 다룰 것이다. 왜냐하면 자연 언약과 은혜 언약은 주요 언약이고, 다른 어떤 언약을 가리키는 것이 아니기 때문이다.[56]

캐머런의 삼중 구분 구조는 혁신적이었지만, 그의 언약신학은 개혁파 정통주의와 본질상 일치했다. 리처드 멀러는 캐머런의 언약신학과 그의 소뮈르파 계승자들의 언약신학은 실제로 이단은 아니고, "의식적으로 도르트 신조의 신앙고백 안에 위치하도록 구성되었다"고 주장했다. 특별히 캐머런의 언약 사상은 개혁파 신학의 다양한 전개에 저항하기 위한 것이 아니라, 초기 개혁파 언약 사상의 유동적이고 가변적인 역사의 필수적인 한 부분으로 간주되어야 한다.[57] 멀러의 견해를 지지하려면, 수많은 개혁파 신학자들이 구속사에 대한 캐머런의 삼중 구분 견해를 받아들였다는 사실이 지적되어야 한다. 예를 들어 오웬의 절친한 친구인 토머스 굿윈(1600~1680년)은 옛 언약을 "복음에 대한 보조 언약(foedus subserviens)"(학식 있는 캐머런이 그렇게 부른 것처럼)으로 지칭할 때 캐머런과 일치한다.[58] 굿윈 외에 새뮤얼 볼턴(1606~1654년)도 옛 언약은 은혜 언약의 보조 언약이라는 견해를 주장한다.[59] 두 저명한 청교도 개혁파 신학자인 굿윈과 볼턴이 옛 언약의 본질에 대해 캐머런과 일치했다는 것은 멀러가 캐머런의 언약신학은 이단이나 오류와는 거리가 멀고 정통 개혁파 언약신학의 포괄적 범주 안에 들어 있다고 주장하는 것이 정확하다는 것을 증명한다.

하나님이 인간과 맺으신 삼중 언약에 대한 작품에서 캐머런은 보조 언약으로서의 옛 언약은 행위 언약 및 은혜 언약과 몇 가지 유사점을 보여 주지만 옛 언약을 두 언약과 구별시키는 실질적인 차이점도 충분히 포함하고 있다는 점을 강조한다. 구속사의 이중 구조를 따르는 신학자들은 율법의 긍정적 용도를 강조하지만, 캐머런은 옛 언약을 믿음의 삶을 위한 언약으로 보기보다는 오히려 믿음을 준비하기 위한 언약으로 본다. 이중 구분 지지자는 또한 시내 산 언약의 교육적, 지도적 기능(갈 3:24)

---

54) Alister McGrath, Justitia Dei: *A History of the Christian Doctrine of Justification* (Cambridge: Cambridge University Press, 2005), pp. 268~269.

55) McGrath, Justitia Dei, p. 269.

56) Cameron, *De triplici Dei*, 7. Cf. Bolton, *The True Bounds of Christian Freedome*, p. 356.

57) Richard Muller, "Divine Covenants, Absolute and Conditional: John Cameron and the Early Orthodox Development of Reformed Covenant Theology," *Mid-America Journal of Theology* 17 (2006), p. 37.

58) Thomas Goodwin, *The Work of the Holy Ghost in Our Salvation*, in *The Works of Thomas Goodwin*, Thomas Smith 편집 (1861~1866, 재판, Reformation Heritage Books, 2006), 6:354. 프랜시스 로버츠도 캐머런이 부차적 언약 관념을 반대한다는 이유로 "식견 있는 캐머런"으로 지칭한다(*Mysterium & Medulla*, p. 748).

59) Bolton, *The True Bounds of Christian Freedome*, p. 137 이하.

에 대해 말하고, 캐머런은 간략하지만 시내 산 언약이 은혜 언약과 일치하는 면을 강조하는데, 이런 두 학파 간의 차이는 강조점의 차이로 나타나는 것이다.[60] 따라서 캐머런은 옛 언약이 사람들을 "그리스도의 품 안으로 날아가도록" 이끈다고 주장한다.[61] 캐머런은 또한 옛 언약 시기에 이스라엘 백성들은 양자의 영을 새 언약 시대의 신자들처럼 갖고 있지 못했기 때문에 구약과 신약 간의 불연속성도 강조한다.[62] 나아가 구약 시대에 성령이 주어진 분량은 "신약 시대인 지금 주어지는 것과는 크게 달랐다."[63] 특히 새뮤얼 볼턴과 토머스 굿윈은 이 논증을 기본적으로 따른다.

볼턴은 캐머런과 거의 정확히 같은 언어를 사용해서 보조 언약으로서의 율법은 "믿음을 준비하고, 약속을 열망하도록 자극하기 위해" 이스라엘에게 주어졌다고 주장한다.[64] 캐머런의 작품 속에서 행위 언약 및 은혜 언약에 비해 방법론적 요점이 발견될 때 이 보조 언약(foedus subserviens)이 보여 주는 유사점과 차이점을 강조하는 가운데, 볼턴은 보조 언약이 "은혜와 대립하는 위치에 있는 것도 아니고, 은혜 언약과 불일치하는 것도 아니고……다만 은혜 언약에 대해 보조적인 목적을 갖고 있다"고 주장한다.[65] 특히 옛 언약은 가나안 땅과 "그곳에서 하늘이 아니라 그 언약에 순종할 때 주어질 하나님의 복"을 염두에 두었다.[66] 볼턴은 또 율법과 복음 간의 관계도 설명한다. 볼턴은 "이를 행하면 그로 말미암아 살리라"(레 18:5) 원리를 설명하고, 많은 논란이 있는 이 성경 본문에 대해 다양한 해석들이 있다고 지적한다. 볼턴은 이렇게 말한다. "외적으로 보면……율법과 복음은 반대 입장에 서 있는 것처럼 보인다. 하지만 그것은 율법을 따로 떼어 놓고 [즉 엄격하게] 볼 때에만 그런 것이다."[67] 율법과 복음이 은혜 언약과 보조 언약의 구분에 따라 따로 분리될 때 이스라엘 백성들은 "율법을 통해 그리스도에게 인도를 받아야 했지만, 율법에 순종하는 삶을 기대했다. 그리고 이것은 그들 자신의 의로 삶을 추구하는 것으로……큰 잘못이었다."[68] 그러나 그들은 율법의 행위로 의롭게 될 수 없는 자기들의 무능력을 인정해야 했고, 따라서 그들의 칭의를 위해 그들의 믿음을 그리스도에게 둬야 했다. 그런 후에야 율법은 본질상 "하나님의 백성들에게 순종의 규칙으로 기능하고, 그들의 삶이 복음 아래 적합하게 된다."[69]

토머스 굿윈도 보조 언약을 간략히 논증할 때 이와 같은 요점을 제시한다. 굿윈은 이 언약이 갱신되었을 때 여호수아는 이스라엘 백성들에게 언약을 지킬 수 있는 능력이 없다고 말한 사실을 지적한다(수 24:19). 그럼에도 불구하고 이스라엘 백성들은 "자기들의 힘을 신뢰하고 그 언약을 지킬 수 있는 언약으로 취했다."[70] 굿윈은 하나님은 이스라엘 백성들에게 그들이 스스로 구원할 능력이 없음을 자각시키기 위해, 타락한 존재로서 지금 그들이 이 도덕법에 빚진 자들임을 인정할 수 있는 "지혜롭

---

60) Cameron, *De triplici Dei*, p. 67; (Bolton, *The True Bounds of Christian Freedome*, p. 392).
61) Cameron, *De triplici Dei*, p. 46; (Bolton, *The True Bounds of Christian Freedome*, p. 383).
62) Cameron, *De triplici Dei*, p. 52; (Bolton, *The True Bounds of Christian Freedome*, p. 387).
63) Cameron, *De triplici Dei*, p. 53; (Bolton, *The True Bounds of Christian Freedome*, p. 387).
64) Bolton, *The True Bounds of Christian Freedome*, p. 138. 참고, Cameron, *De triplici Dei*, p. 56.
65) Bolton, *The True Bounds of Christian Freedome*, p. 145.
66) Bolton, *The True Bounds of Christian Freedome*, p. 145.
67) Bolton, *The True Bounds of Christian Freedome*, pp. 156~157.
68) Bolton, *The True Bounds of Christian Freedome*, pp. 160~161.
69) Bolton, *The True Bounds of Christian Freedome*, p. 162.
70) Goodwin, *The Work of the Holy Ghost*, in *Works*, 6:354.

게 하는 언약"으로 율법을 주셨다고 덧붙인다.[71] 굿윈은 자신의 요점을 증명하기 위해 구속사적 율법-복음 대조 관계를 크게 강조한다. 이중 구분 지지자와 삼중 구분 지지자 모두 옛 언약의 요소들은 새 언약 실재의 모형이라는 것을 인정하지만, 굿윈에게는 이것이 두 언약의 구분과 분리를 의미한다.[72] 한편 "구분하지만 분리시키지는 않는다"(distinctio sed non separatio) 공리는 구속사의 이중 구분 구조를 가장 잘 예증한다.

프랜시스 로버츠는 삼중 구분 입장을 논박하고 자신의 입장을 증명할 때 소극적으로 삼중 구분의 주요 논증을 반박함으로써 증명하고, 또 적극적으로 옛 언약이 은혜 언약에 속해 있는 이유들을 제시함으로써 증명한다.[73] 옛 언약을 보조 언약(foedus subserviens)으로 부르는 자들의 핵심 논증은 옛 언약은 양심을 겁먹게 하지만 새 언약은 양심을 위로한다는 관념이다. 로버트는 옛 언약이 "새 언약보다 그 안에 훨씬 큰 속박과 두려움을 갖고 있다"는 것을 인정한다.[74] 그러나 그는 옛 언약도 도덕법(십계명) 서언과 그 안에 들어 있는 약속들로 증명된 것처럼, 하나님의 백성들에게 위로를 선포한다고 지적한다. 나아가 의식법도 그리스도의 섬광을 보여 주고, 옛 언약 속에 포함된 하나님의 약속들은 신자들에게 "영혼을 소생시키는 감미로운 위로의 물줄기를" 제공했다.[75] 나아가 로버트는 새 언약도 자체로 "회개하지 않는 비신자들에 대해서는 신랄한 경고"를 발한다고 덧붙인다.[76] 또한 두 언약 간의 연속성 문제도 두 언약의 상호 관계를 이해하는 데 결정적인 역할을 한다. 캐머런, 볼턴, 굿윈, 오웬은 두 언약의 차이점을 강조했지만 동시에 은혜 언약의 통일성도 강조했다. 하지만 다수의 개혁파 신학자들이 삼중 구분 견해는 일관성을 유지할 수 없다고 생각했다.[77]

앞에서 지적한 것처럼, 맥그래스는 "캐머런은 옛 언약과 은혜 언약을 분리시킴으로써 루터교회의 율법-복음 구분을 자신의 언약신학 속에 결합시킬 수 있었다"고 주장한다. 이 견해에 따르면, 보조 언약은 은혜 언약과 협력하는 율법 언약으로서 역할을 했다. 소뮈르파 신학자인 모이제 아미로(1596~1664년)의 언약신학을 설명하면서, 브라이언 암스트롱은 아미로의 "삼중 언약 주장은 소뮈르파가 정통주의 언약신학에서 이탈한 핵심 특징"이라고 주장한다.[78] 암스트롱은 또 아미로의 "율법 언약"(foedus legale)이라는 말은 "루터의 율법-복음 구분을 환기시키는 것으로 두 언약의 근본적인 대립 관계를 강조한다"고 덧붙인다.[79]

맥그래스와 암스트롱은 이 논쟁의 중요 국면을 다루지만 그들의 결론은 더 조심스럽게 살펴볼 필요가 있다. "루터교회"의 율법-복음 구분은 삼중 구분 지지자들 속에서만 나타난 것이 아니었다. 이

---

71) Goodwin, *The Work of the Holy Ghost*, in *Works*, 6:354.

72) 따라서 굿윈은 이렇게 주장한다. "하나님은 외적이고 육적으로가 아니라, 참되고 실제적으로 칭의, 양자, 성화와 같은 약속들을 갖고 교회로서의 이스라엘 민족과 외적 언약을 맺으셨고, 그리하여 이 언약을 그림자로 만드셨다. 하나님이 이렇게 행하신 것은 그리스도를 위해서였고, 이것들은 그리스도와 그분의 언약을 모형했다"(*The Work of the Holy Ghost*, in *Works*, 6:355~356).

73) Roberts, *Mysterium & Medulla*, pp. 748~753.

74) Roberts, *Mysterium & Medulla*, p. 753.

75) Roberts, *Mysterium & Medulla*, p. 753.

76) Roberts, *Mysterium & Medulla*, p. 753.

77) Heinrich Heppe & Ernest Bizer, *Reformed Dogmatics: Set Out and Illustrated from the Sources*, G. T. Thomson 번역 (Grand Rapids: Baker, 1978), p. 395~404, Beach, *Christ and the Covenant*, p. 301~316을 보라.

78) Brian Armstrong, *Calvinism and the Amyraut Heresy: Protestant Scholasticism and Humanism in Seventeenth-Century France* (Madison: University of Wisconsin Press, 1969), p. 144.

79) Armstrong, *Calvinism and the Amyraut Heresy*, p. 144.

중 구분 지지자들도 자기들의 언약 관련 작품 속에서 이 구분을 사용했다. 예를 들면 앤서니 버지스는 자신의 작품 전체를 할애해서 율법과 복음 사이의 대립 관계를 설명한다.[80] 버지스는 율법과 복음은 넓은 의미나 좁은 의미로 이해될 수 있다고 주장한다. 따라서 복음에 대해 말한다면, 넓은 의미로 취할 때 복음은 "의심의 여지가 전혀 없이 [사도들은] 죄 죽임과 성화의 의무를 강조했다…… 하지만 복음을 좁은 의미로 취하면, 그리스도로 말미암은 죄사함 외에 다른 것을 의미하지 않는다."[81] 그러므로 버지스는 "율법은 모세 시대에서와 같이 넓은 의미로 이해하면 은혜 언약이었다"고 주장한다. 확실히 넓은 의미로 이해하면, 율법과 복음을 "서로 방해하는 것"으로 만드는 것은 "미련한 짓"이다.[82] 따라서 이 논쟁은 해석학 문제로서의 율법-복음 구분의 적용과 관련된 것이다. 마크 비치가 투레틴이 삼중 구조 견해를 거부하는 것에 대해 말하는 것을 보면, 이중 언약 구조를 주장한 영국의 신학자들의 견해를 잘 설명할 것이다. "투레틴은 아미로주의의 구조를 거부하는데, 그 이유는 그것이 복음과 은혜가 율법 속에 들어 있는 것을 지우지는 않아도 흐리기 때문이다."[83] 이중 구분 지지자는 칭의와 관련해서는 좁은 의미의 율법-복음 구분 견해를 갖고 있었다. 하지만 그들은 칭의뿐만 아니라 성화를 염두에 두었을 때 좁은 의미의 구분을 적용시키지 않았다. 율법 시대에도 복음이 있었다. 복음 시대에도 율법이 있다. 칭의에 있어서 율법과 복음은 대립하지만, 성화에 있어서 율법과 복음은 친구다. 옛 언약을 은혜 언약의 보조 언약이나 추가 언약으로 주장한 자들은 칭의에 있어서 율법과 복음 간의 구분을 강조했을 뿐만 아니라, 복음 시대(즉, 새 언약)가 율법 시대(즉, 옛 언약)보다 우월하다는 것을 크게 강조했다.

결론

증거를 확인해 보면, 증거는 17세기에 영국의 개혁파 신학자들이 시내 산 언약과 은혜 언약의 관계에 대해 견해가 일치되지 않았다는 것을 분명히 보여 준다. 이 논쟁은 특히 특정 구분들이 적절히 이해되었을 때 실제적인 것이 아니라 형식적인 것에 대한 논쟁이었는가? 아무리 두 언약 간의 실질적인 차이를 부정하고 싶은 유혹이 있다 해도, 이 논쟁은 해석학적 논쟁에 핵심 초점이 있다. 17세기 율법폐기주의 논쟁에 대한 인상적인 연구에서 데이비드 코모는 교회론 논쟁에 대해 흥미로운 요점을 제시한다. 즉 그것은 청교도 사상 내부의 근본적인 지성적, 정서적 분열이 기독교에서 가장 기

80) Burgess, *Vindicae Legis*, pp. 228~253을 보라.

81) Burgess, *Vindicae Legis*, p. 250. 헤르만 위트시우스도 똑같이 설명한다. "율법이 때때로 상위 부분에 복음이 들어 있는 구원 교리 체계 전체를 포함하는 광범한 의미로 사용되는 것(사 2:3, 42:4)과 복음이 때때로 그리스도와 사도들이 전하고, 그 안에 명령과 금지, 책망과 경고가 포함되어 있는 모든 교리를 망라하는 것(마 28:20, 롬 2:16과 비교해서 막 16:15)으로 보는 것은 신학에 정통한 사람 모두에게 알려져 있다"(*Conciliatory or Irenical Animadversions on the Controversies Agitated in Britain*… [Glasgow, 1807], pp. 180~181).

82) Burgess, *Vindicae Legis*, p. 252. 새뮤얼 러더퍼드는 자신이 시내 산 언약을 은혜 언약의 한 시행 단계로 본 이유를 설명하는 데 도움을 주는 율법과 복음에 대한 견해를 주장한다. 긍정적으로 보면, 율법과 복음은 서로 대립하지 않는다. "율법이 요구하는 완전한 순종과 복음이 인정하는 불완전한 순종은 다만 단계적 차이에 불과하다." 나아가 "복음은 율법이 항상 동일한 완전함에 따라 명령하는 것을 명령할 때 완전함의 높이를 조금도 낮추지 않는다……은혜를 받아들일 때 복음은 율법보다 덜 받아들이고, 더 많이 명령한다"(*A Survey of the Spirituall Antichrist*… [London, 1648], 2:7~8).

83) Beach, *Christ and the Covenant*, p. 316.

본적인 안티노미인 율법과 복음의 관계에 대한 분열이라는 가면을 쓰고 나타난 것이라는 것이다.[84] 이번 장은 그 주장에 얼마간 진실이 들어 있다는 것을 보여 주었다. 장로교인은 일반적으로 옛 언약과 새 언약의 유사점을 강조했지만 회중교인은 두 언약 간의 차이점을 지적하는 데 더 빨랐다. 결국 이것은 어떤 이들은 시내 산 언약을 은혜 언약의 한 시행 단계로, 단지 외적 시행 형태만 다르다고 봤지만, 다른 이들은 시내 산 언약은 은혜 언약과 형태만 다른 것이 아니라 의도와 종류도 다르다고 봤다는 것을 의미했다.

84) David Como, *Blown by the Spirit: Puritanism and the Emergence of an Antinomian Underground in Pre-Civil-War England* (Stanford, Calif.: Stanford University Press, 2004), p. 451.

마이너리티 리포트: 존 오웬의 시내 산 언약 교리

루터교회 신학자들은 이 점에서 칼빈주의자들을 단호하게 반대하고, 모세에게 주어진 언약은 행위 언약이고, 따라서 은혜 언약과는 직접 반대된다고 주장하는 것이 사실이다. 확실히 그들도 조상들이 그리스도로 말미암아 의롭게 되었고, 우리와 똑같은 구원 방법을 갖고 있었다는 것을 인정한다. 다만 그들은 모세 언약은 유대인에게 완전한 의의 조건을 제공함으로써 자기 의에 빠져 있는 그들 자신의 어리석음을 자각할 수 있도록 그 약속에 추가된 것으로 본다. 그러나 모세 언약은 은혜 언약이었다는 것이 이미 분명하다고 나는 생각한다.

– 앤서니 버지스[1] –

개혁파 정통 신학자들은 구속사 속에서 시내 산 언약의 역할을 다양하게 이해했다.[2] 거의 모든 언약신학자들은 행위 언약(foedus operum)과 은혜 언약(foedus gratiae)의 구분에 동조했지만, 히브리서 8장과 다른 곳(예, 고후 3장; 갈 3, 4장)에 묘사된 옛 언약과 새 언약 간의 관계는 개혁파 신학자들 속에서 특히 소뮈르파 신학자들이 연루된 논쟁의 원천으로 판명되었다.[3] 일부 문제는 매우 복잡한 양상을 띠었다. 존 볼(1585~1640년)은 이렇게 설명한다. "대다수 신학자들이 옛 언약과 새 언약은 본질과 종류에 있어서 하나이고, 단지 단계에 있어서 차이가 있다고 주장한다. 하지만 그들이 차이점을 설명할 때

---

1) Anthony Burgess, *Vindiciae Legis*… (London, 1647), p. 251.

2) 다음 자료들을 보라. Sebastian Rehnman, "Is the Narrative of Redemptive History Trichotomous or Dichotomous? A Problem for Federal Theology," *Nederlands archief voor kergeschiedenis* 80 (2000), pp. 296~308, J. Mark Beach, *Christ and the Covenant: Francis Turretin's Federal Theology as a Defense of the Doctrine of Grace* (Gottingen: Vandenhoeck & Ruprecht, 2005), pp. 264~265, 301~316.

3) 소뮈르파 신학자들(예, 존 캐머런)이 개혁파 정통주의와 본질적인 연속성을 갖고 있었다는 주장에 대해서는 Richard Muller, "Divine Covenants, Absolute and Conditional: John Cameron and the Early Orthodox Development of Reformed Covenant Theology," *Mid-America Journal of Theology* 17 (2006), pp. 11~56을 보라. 36~37페이지에서 멀러는 이렇게 쓴다. "[캐머런의 언약] 패턴은 일차적으로 소뮈르파 구원론을 이해하는 데 함축적인 의미가 있다. 그것은 개혁파 예정 교리와의 언약적, 연방적인 연속성을 함축하는데, 이것이 가설적인 보편 구원론에 대해 토론할 때 검증되지 않았다. 몰트만의 평가와는 반대로 그것은 아르미니우스주의를 향해 나아가는 것이 아니라 더 멀리 떨어지게 만드는 소뮈르파 신학의 한 요소를 제공한다. 그리고 브라이언 암스트롱의 전제와 달리 그것은 프랜시스 투레틴과 같이 17세기에 아미로주의를 반대한 자들에게도 인정을 받은 요점이라는 것을 예증한다. 즉 캐머런의 견해와 그의 소뮈르파 계승자들은 이단이 아니고, 좋든 싫든 간에 의식적으로 그것은 도르트 신조의 신앙고백 안에 위치하도록 구성되었다. 특별히 캐머런의 언약 사상은 개혁파 신학의 다양한 전개에 저항하기 위한 것이 아니라 초기 개혁파 언약 사상의 유동적이고 가변적인 역사의 필수적인 한 부분으로 간주되어야 한다."

너무 애매하게 말하기 때문에 그들이 사실상 어느 견해를 지지하는지 확인하기가 어렵다."[4] 존 오웬(1616~1683년)도 비슷하게 말한다. "이것은 큰 애매함으로 둘러싸여 있고 많은 어려움이 수반된 주제다."[5] 새뮤얼 페토(1624~1711년)는 이 주제를 둘러싸고 있는 문제들을 "신학의 난제"로 부른다.[6] 구속사 속에서의 시내 산 언약의 위치를 자주 거론하려는 자들은 이 주제의 어려움을 잘 알고 있었고, 그래서 포괄적인 개혁파 해석 전통에 속해 있는 자들 사이에서도 다양한 해석이 난무했다.

이번 장은 시내 산 또는 모세 언약의 역할과 이 언약의 행위 언약 및 은혜 언약과의 관계에 특별한 관심을 두고, 존 오웬의 언약 구조 견해를 특별히 고찰할 것이다. 특히 오웬과 그의 사상의 세부 사실에 초점을 맞춤으로써, 이 문제에 대해 개혁파 사상 진영의 포괄적인 범주 안에서 오웬이 자리 잡고 있는 더 정확한 위치를 파악할 수 있기를 바란다. 증거를 확인하면, 오웬의 언약신학은 "이중 구분"과 "삼중 구분"과 같은 용어로 규정할 수 없다는 것이 드러난다. 이 용어들은 다른 경우에는 유용한 것으로 판명될 수 있지만, 오웬의 언약신학은 매우 복잡해서 이런 식으로 오웬을 규정하려고 하면 불가피하게 그의 사상의 일부 뉘앙스를 놓치게 된다.

다수파 입장: 이중 구분

볼이 주장하는 것처럼, 대다수 개혁파 신학자들은 "옛 언약과 새 언약은 본질과 종류에 있어서 하나"라고 주장했다. 즉 이 두 언약은 은혜 언약의 다른 시행 단계라는 것이다.[7] 프랜시스 투레틴(1623~1687년)도 마찬가지로 개혁파 정통주의는 "구약과 신약의 차이(넓은 의미로 보아)는 본질적인 것이 아니라 단지 부차적인 것"이라고 지적한다.[8] 그러나 "옛 언약은 그리스도께서 오신 이후에 복음 속에 확립된 것과는 다르기 때문에……다른 언약의 형태와 이름을 갖고 있다."[9] 다시 말하면 투레틴은 시내 산 언약의 구속사적 기능을 인정할 수 있지만, 즉 좁은 의미로 보아 그것을 "행위 언약을 의미하는" 것으로 인정할 수 있지만,[10] 그럼에도 불구하고 "시내 산 언약은 은혜 언약 외에 다른 것이 아니다"라고 주장한다.[11] 여기서 투레틴은 자신이 존 칼빈, 피터 마터 버미글리(1500~1562년), 자카리아스 우르시누스(1534~1583년), 헤르만 위트시우스(1636~1708년)와 같은 신학자들과 일치한다는 것을 확실히 한다. 새뮤얼 러더퍼드(1600~1661년)도 이중 구분 견해를 지지하고, "이스라엘에게 주어진 율

---

4) John Ball, *A Treatise of the Covenant of Grace*… (London: Simeon Ash, 1645), p. 95.

5) John Owen, *Exposition of Hebrews*, in *The Works of John Owen, D.D.* (London: Johnstone & Hunter, 1850~1855), 23:60.

6) Samuel Petto, *The Difference between the Old and New Covenant Stated and Explained*… (London: for Eliz. Calvert, 1674), p. 102.

7) 볼은 또 이렇게 말한다. "일부 신학자들은 시내 산에서 주어진 구약, 심지어는 율법도 당시 백성들의 상태, 당시 교회의 시기와 조건에 적합하게 제시되었지만, 본질상 은혜 언약이라고 주장한다. 그것은 유대인들이 자기들 속에서 죄를 발견하고, 그들이 자기를 부인하고 예수 안에 계시된 하나님의 자비로 날아가도록 이끄는 역할을 하기 위해 주어졌다. 하지만 그것은 언약 안에 있는 사람들에게 그들이 은혜와 자비의 약속들을 상속받을 수 있도록 거룩함과 의를 따라 하나님 앞에서 사는 법을 지시함으로써 그들의 삶의 규칙으로 주어졌다. 나는 이것을 사실로 취하고, 이것은 하나님의 말씀에서 나오는 다수의 강력한 이유들로 말미암아 확증될 수 있다"(*A Treatise of the Covenant of Grace*, p. 102).

8) Francis Turretin, *Institutes of Elenctic Theology*, James T. Dennison Jr. 편집, George Musgrave Giger 번역 (Phillipsburg, N.J.: P&R, 1992), 12.8.17.

9) Owen, *Exposition of Hebrews*, in *Works*, 23:71.

10) Turretin, *Institutes*, 12.8.4.

11) Turretin, *Institutes*, 12.12.9.

법은 행위 언약이 아니었다"고 말한다.[12] 오웬은 볼 및 투레틴과 의견을 달리함에도 불구하고, 다음과 같이 솔직하게 인정한다. "대다수 개혁파 신학자들의 판단은 구약 시대의 교회는 동일한 그리스도의 약속, 믿음으로 그리스도 안에 거하는 동일한 유익, 동일한 죄사함……을 갖고 있었다는 것이다. 그리고 그 언약의 본질과 실체는 이것들 속에 있지만 그것들은 다른 언약 아래 있다고 말해지지 않고, 단지 그 언약의 다른 시행 단계 속에 있다고 말해진다."[13]

그러므로 개혁파 정통주의는 대체로 세바스천 린만이 구속사의 "이중 구분" 견해로 부르는 것을 견지했다.[14] 이 신학자들에게 모세 언약은 실제로 시내 산 언약의 본질로 말미암아 율법과 복음의 요소들(즉 명령과 약속들)을 포함하는 은혜 언약의 한 부분이다.[15] 그러나 율법은 은혜 언약 속에도 나타나기는 하지만 결코 구원하는 효능을 가질 수 없고, 단지 "믿음으로 말미암아 의롭다 함을 얻게 하려고 우리를 그리스도께로 인도하는 초등교사"로 기능한다(갈 3:23). 은혜 언약이 손상되지 않고, 행위 언약과 은혜 언약의 구분이 완전히 사라지지 않도록, 소위 율법의 "교육적 용도"(usus pedagogicus)가 강조된다.

소뮈르파 입장: 삼중 구분

모든 개혁파 신학자가 구속사를 두 언약, 즉 행위 언약과 은혜 언약으로 구분하는 데 동조한 것은 아니다. 마크 비치가 지적하는 것처럼 이 문제에 대한 투레틴의 논박은 "개혁파 교회 안에서 제삼의 언약……즉 율법 언약을 인정함으로써 율법과 복음을 서로에게서 철저히 분리시키려고 애쓴 사람들"을 겨냥하고 있다. 이 견해의 옹호자인 모이제 아미로와 소뮈르 학파로 간주된 자들은 제삼의 '율법 언약'을 은혜 언약과 나란히 놓고 행위 언약과 구별시킴으로써, 언약의 본질에 대한 성경의 내용과 두 성경 간의 관계를 더 깊이 파악했다.[16] 존 캐머런(대략, 1579~1625년)은 구속사의 삼중 구분 견해를 지지한 자로 간주되었다.[17] 그러나 멀러가 지적한 것처럼 캐머런은 『하나님과 인간 간의 삼중 언약 이론』(De triplici Dei cum homine foedere theses)에서 단순히 세 가지 언약을 주장하는 것이 아니라 "다른 두 언약과 구별되는 삼중의 조건적인 또는 가설적인 하나님의 언약"에 초점을 맞춘다.[18] 삼중의 조건적인 언약 구조-이중의 무조건적인 언약 구조를 더 포괄적인 맥락에서 이해한-는 캐머런의 작품의 "삼중 구조" 명칭의 기초를 제공한다. 자신의 입장을 설명하면서 캐머런은 다음과 같이 말한다.

> 그러므로 우리는 하나의 자연 언약, 하나의 은혜 언약, 은혜 언약을 보조하는 하나의 보조 언약(성경에서 '옛 언약'으로 불리는)이 있다고 말하고, 그러기에 우리는 자연 언약과 은혜 언약

12) Samuel Rutherford, *The Covenant of Life Opened*… (Edinburgh, 1655), p. 60.
13) Owen, *Exposition of Hebrews*, in *Works*, 23:71.
14) Rehnman, "Trichotomous or Dichotomous." 또한 Turretin, *Institutes*, 12.12.5도 보라.
15) 페트루스 판 마스트리흐트(1630~1706년)는 은혜 언약 안에 나타나 있는 율법과 복음의 존재에 대해 설명하면서 이렇게 말한다. "우리는 반대편에서 제기한 질문을 거부하고, 율법과 복음은 족장 시대와 모세 시대에, 비록 형태와 정도는 다르지만, 똑같이 주어졌다고 가르친다"(*Theoreticapractica Theologia* [Utrecht: Thomas Appels, 1699], 8.1.39).
16) Beach, *Christ and the Covenant*, p. 301.
17) Rehnman, "Trichotomous or Dichotomous," pp. 298~299.
18) Muller, "Divine Covenants, Absolute and Conditional," p. 28.

> 을 먼저 다루고, 마지막으로 보조 언약을 다룰 것이다. 왜냐하면 자연 언약과 은혜 언약은 주요 언약이고, 다른 어떤 언약을 가리키는 것이 아니기 때문이다.[19]

멀러는 캐머런의 견해는 언약신학의 새로운 혁신이 아니라[20] 로버트 롤로크(1555~1599년), 윌리엄 퍼킨스(1558~1602년), 아만두스 폴라누스(1561~1610년)와 같은 노선에 있는 것이라고 주장했다.[21] 투레틴은 이 개혁파 신학자들 외에도, 요하네스 피스카토어(1546~1625년)와 루카스 트렐카티우스(1542~1602년)가 "옛 언약을 좁은 의미로 취해서 은혜 언약과 구분할 뿐만 아니라, 두 언약을 서로 대립하는 것으로 본다"고 지적한다.[22] 비치는 이 사람들에게 옛 언약은 복음적 내용은 전혀 선언하지 않고 있고, "그것은 두 언약-옛 언약과 새 언약-이 다른 종류의 언약을 구성하는데, 옛 언약은 행위 언약이고 새 언약은 '복음 언약'이라는 것"을 의미한다고 지적한다.[23] 린만은 오웬은 "비록 개혁파 정통주의 핵심 집단의 비판을 받고 항상 소수파 견해이기는 해도", 특히 "캐머런 견해와 그의 다른 표준 개혁파 신학에 따라 삼중 구분 언약신학을 따른다"고 주장했다.[24] 실제로 오웬의 언약신학은 삼중 구분 전통을 반영하는가? 아니면 오웬의 언약 구조에 우리가 "삼중 구조 지지자"라는 호칭을 붙인다면 잘못 제시하는 것인가?

오웬의 언약 구조

행위 언약

히브리서 8장은 두 언약 곧 옛 언약과 새 언약을 대조시킨다. 오웬의 첫 번째 관심사는 "명확히 언약으로 불리지는 않지만" 언약의 본질(예, 약속과 경고, 상과 처벌)을 지니고 있는 아담과 맺어진 언약(즉 행위 언약)은 "여기서[히 8:6 이하에서] 가리키는 언약이 아니라는 것"을 보여 주는 데 있다.[25] 이것이 행위 언약을 가리킬 수 없는 이유는 히브리서 8장은 "유언"(디아데케)에 대해 말하기 때문이다. 히브리서 8장에서 옛 언약은 언약이자 유언이고, "그것을 확증하는 죽음이 없으면 유언일 수가 없다"(히 9:16).[26] 아담과 맺어진 언약은 어떤 생명체의 죽음을 포함하지 않았고, 따라서 그것은 유언이 아니었다. 그러나 모세 언약 시기에는 "시내 산 언약을 확증하는 속죄 제사에서 짐승의 죽음이 있었다."

---

19) John Cameron, *De triplici Dei cum homine foedere theses* (Heidelberg, 1608), p. 7. 새뮤얼 볼턴(1606~1654년)은 캐머런의 작품을 영어로 번역한 *The True Bounds of Christian Freedome*… (London: for P. S.,1656), pp. 351~401에서 이것을 제시한다. 페토도 삼중 구조 견해를 취한다. 페토는 이렇게 말한다. "일반적으로 아담에게 주어진 언약이 하나로 인정되고, 여기서[즉, 갈 4:24에서] 성경이 분명히 두 언약을 말하는데, 아담에게 주어진 언약은 이 두 언약에 포함된 것이 아니라고 보면, 세 가지 언약에 대해 말하는 것이 전혀 어불성설인 것은 아니다"(*The Difference between the Old and New Covenant*, p. 94).

20) 브라이언 암스트롱이 주장한 것에 대해서는 *Calvinism and the Amyraut Heresy: Protestant Scholasticism and Humanism in Seventeenth-Century France* (Madison: University of Wisconsin Press, 1969), p. 56을 보라.

21) Muller, "Divine Covenants, Absolute and Conditional," p. 33.

22) Turretin, *Institutes*, 12.8.6.

23) Beach, *Christ and the Covenant*, p. 264.

24) Rehnman, "Trichotomous or Dichotomous," p. 302.

25) Owen, *Exposition of Hebrews*, in *Works*, 23:60~61.

26) Owen, *Exposition of Hebrews*, in *Works*, 23:61.

그러므로 시내 산 언약도 유언이다.[27]

이 중요한 구분 외에도 오웬은 죄가 들어온 후로 행위 언약에서 남은 것은 율법이 전부인데 이것은 창조자-피조물 관계의 존재론적 필연성으로 말미암아 남아 있게 된 것이라고 주장한다. 다시 말하면 "타락은 인간에 대한 하나님의 절대적 지배권과 하나님에 대한 인간의 의무를 전혀 변화시키지 못했고, 이후로 행위 언약은 권능과 공의로운 율법이 지배하고, 더 이상 온전한 언약적인 관계는 없었다."[28] 그러므로 행위 언약은 잠재적으로 구원 언약으로 존속하지 못하고, 행위 언약에 근본적인 도덕법은 여전히 남아서 신자와 비신자 모두에게 하나님 앞에서 책임을 지운다. 행위 언약에 내재하는 경고는 존속하지만 약속은 존속하지 않는다. 이 필연적 제한은 오웬이 모세 언약을 은혜 언약과 관련시켜 어떻게 이해하는지에 대해 중요한 함축적 의미가 있다. 요약하면 모세 언약은 엄밀하게 보아 행위 언약의 복원이 아니고 오히려 도덕법이 언약적으로가 아닌 선언적으로 갱신된 것이다. 오웬은 이렇게 말한다. "하나님은 형식적, 절대적으로 이 율법을 언약으로 새롭게 하거나 두 번째로 다시 주신 것이 아니다. 이 율법은 선언적으로 주어진 것이 아니라면 하나님은 그렇게 하실 하등의 필요가 없으셨고, 그래서 그것은 오직 선언적으로 시내 산에서 갱신된 것이다. 그러므로 이 율법 전체는 영원한 권리와 진리의 발산이 되어 영원히 충분한 효력을 발휘하며 존속하고, 또 존속해야 한다."[29] 따라서 히브리서 8장에서 말해진 옛 언약은 타락 전에 주어진 행위 언약이 아니라, "하나님이 시내 산에서 이스라엘 백성들과 맺으신 언약이다."[30]

은혜 언약

오웬은 "이스라엘은 구원하는 효능을 가진 행위 언약 아래 절대로 있지 않았다"고 주장한다. 왜냐하면 창세기 3장 15절(protoevangelium) 시기에 나온 약속은 아담과 하와에게 직접 주어졌기 때문이다. 이 약속은 "그 안에 은혜의 약속에 근거를 둔 언약의 본질을 갖고 있었다."[31] 만일 행위 언약이 완전히 복원되었다면-즉 언약 국면이 갱신되었다면-은혜의 약속은 행위 언약과는 정반대되기 때문에 폐지되었을 것이다. 최초의 약속에 따르면, "전체 은혜 언약은 사실상 자신의 죽음으로 말미암아 죄와 비참에서 인간을 회복시키기 위해 [그리스도를] 주신 것에 포함되고, 직결되고, 표현되었다"(창 3:15).[32] 오웬에 따르면, 구속사가 전개될 때, 최초의 약속에 근거를 두고 있는 은혜 언약은 아브라함 시대에 더

---

27) Owen, *Exposition of Hebrews*, in *Works*, 23:61. 하인리히 헵페는 프란시스쿠스 부르마누스(1628~1679년)도 오웬이 언약과 유언을 구분하는 것과 똑같은 구분을 한다고 지적한다. 따라서 부르마누스는 오웬과 마찬가지로 행위 언약을 유언으로 보지 않는다. 그러나 오웬과 달리 부르마누스는 은혜 언약-단순히 새 언약이 아니라-은 유언으로 본다(Heinrich Heppe & Ernst Bizer, *Reformed Dogmatics: Set Out and Illustrated from the Sources*, G. T. Thomson 번역 [Grand Rapids: Baker, 1978], p. 375).

28) John Owen, *The Doctrine of Justification by Faith*, in *The Works of John Owen, D.D.* (London: Johnstone & Hunter, 1850~1855), 5:243.

29) Owen, *The Doctrine of Justification by Faith*, in *Works*, 5:244. 그러나 아만두스 폴라누스는 하나님이 모세를 통해 동일한 행위 언약-"옛 언약"으로도 불리는 율법 언약-을 다시 주셨다고 주장한다. "*Idem foedus repetivit Deus populo Israelitico per Mosen…appellatur foedus Mosis, foedus legis, et communiter foedus vetus*"(*Syntagma Theologiae Christianae* [Hanau, 1615], lib. 6, cap. 33, col. 321).

30) Owen, *Exposition of Hebrews*, in *Works*, 23:63.

31) Owen, *Exposition of Hebrews*, in *Works*, 23:63.

32) Owen, *The Doctrine of Justification by Faith*, in *Works*, 5:192. 또한 Owen, *Exposition of Hebrews*, in *Works*, 23:112도 보라.

명확하게 드러나고, 새 언약은 여명만으로도 하나님의 구속 목적들을 표출하고 확증하는 데 있어서 아브라함 언약을 능가할 것이다.[33] 아브라함 언약(즉, 은혜 언약)과 그 안에 포함된 약속들은 시내 산에서 율법을 주신 것으로 중단되거나 폐지된 것이 아니었다(갈 3:17). 다시 말하면 은혜 언약은 옛 언약이 들어왔음에도 불구하고 구약 시대 동안 항상 존속했다.[34] 그러나 은혜 언약은 새 언약 곧 "시내 산에서 맺어진 옛 언약과 완전히 상반된 언약과 어떻게 관련되어 있는가?"[35] 두 언약은 서로 공존하는가?

앞에서 지적한 것처럼 린만은 오웬의 입장은 "삼중 구조" 견해라고 주장했다. 그러나 린만의 분석에서 빠진 것은 그리스도의 죽음으로 말미암아 확증되고 확립된 새 언약이 은혜 언약과 어떻게 관련되어 있는지에 대한 오웬의 관념이다. 증거를 확인해 보면, 오웬은 은혜 언약과 새 언약을 단순히 동일시하지 않은 것으로 드러난다. 예를 들어 오웬은 "우리는 '새 언약'에 대해 말할 때 무조건 은혜 언약을 가리키지 않는다"고 말한다.[36] 오웬은 은혜 언약의 본질은 "죄가 처음 들어 온 이후로 교회의 유일한 구원의 길과 수단"이었다고 주장하지만, 그럼에도 불구하고 그는 "그것은 명시적으로 언약으로 불리지 않는다"고 주장한다.[37] 심지어는 아브라함 언약도 오직 그 약속에 기초를 두었고, 확실히 속죄 제사와 언약의 성례적인 표징을 포함하고 있음에도 불구하고, "전체 교회에 대한 공식적 언약이 되어 언약으로서 충분한 법적 확립이 이루어질 때는 다만 미래의 일이었다."[38] 행위 언약은 유언이 아니었기 때문에 "옛 언약"이 행위 언약일 수 없는 것과 똑같이 은혜 언약도 "그것에 속해 있는 유일한 속죄 제사의 피로 말미암은 엄숙한 확증과 확립"을 결여했다.[39] 오웬은 은혜 언약은 비록 이 속죄 제사가 창세전에 작정된 것이라고 해도, 형식적으로는 오직 그리스도의 죽음으로 말미암아 언약이 된다고 본다(히 9:15~23). 따라서 구약 성경에 약속된 새 언약은 은혜의 약속이 아니라, 그리스도의 죽음으로 말미암아 확립된 실제 "언약의 형식적 본질"이다.[40] 따라서 새 언약은 은혜 언약의 성취다. 하지만 유언이 됨으로써 은혜 언약과는 구별된다. 그러므로 히브리서 8장은 은혜 언약과는 특별한 관계가 없고, 새 언약과 특별히 관련되어 있다.[41]

모세의 신학과 시내 산 언약

두 구별된 언약

지금까지 오웬은 유언으로도 불린 문제의 언약들은 옛 언약과 새 언약이라는 것을 확립했고, 이

---

33) John Owen, *Theologoumena*, in *The Works of John Owen, D.D.* (London: Johnstone & Hunter, 1850~1855), 17.4.12~14.
34) Owen, *Exposition of Hebrews*, in *Works*, 23:70, 74를 보라.
35) Owen, *Exposition of Hebrews*, in *Works*, 23:64.
36) Owen, *Exposition of Hebrews*, in *Works*, 23:74.
37) Owen, *Exposition of Hebrews*, in *Works*, 23:74.
38) Owen, *Exposition of Hebrews*, in *Works*, 23:74.
39) Owen, *Exposition of Hebrews*, in *Works*, 23:74.
40) Owen, *Exposition of Hebrews*, in *Works*, 23:74.
41) 오웬에게 은혜 언약(약속으로서)이 새 언약의 설립으로 폐기된 것인지 또는 은혜 언약이 새 언약이 되는 것으로 확증되는지 여부는 분명하지 않다. 증거는 후자를 증명하는 것처럼 보인다. 즉 은혜 언약이 "그리스도의 피와 속죄 제사로 확증되고, 그래서 법제화되거나 확립된 것"으로 보인다(Owen, *Exposition of Hebrews*, in *Works*, 23:82). 페토는 "예수 그리스도는 은혜 언약의 조건을 성취함으로써……그것을 유언으로 만들었다"고 말한다(*The Difference between the Old and New Covenant*, p. 69).

두 언약은 행위 언약 및 은혜 언약과는 구별되어야 한다. 페토도 이 입장을 취한다. "대립은 첫 사람 아담과 맺은 행위 언약과 새 언약 사이에 있는 것이 아니고, 시내 산 언약과 새 언약 사이에 있다."[42] 개혁파 정통주의 안에서 소수 입장인[43] 오웬의 주장 곧 옛 언약과 새 언약은 은혜 언약의 다른 시행 단계가 아니라, 두 구별된 언약이라는 주장은 매우 논란이 많다.[44] 마찬가지로 페토도 옛 언약과 새 언약이 두 언약인지, 또는 한 언약인지 묻고, 이렇게 답변한다. "새 언약 곧 더 나은 언약은 시내 산에서 맺어진 언약과 구별된다. 두 언약은 동일한 언약의 두 시행 단계로 보통 말해진다. 하지만 두 언약은 단순히 같은 하나의 언약이 다양하게 시행되는 것이 아니라 두 언약이라고 나는 생각한다."[45]

옛 언약과 새 언약을 구분하는 오웬의 이중 구분 견해의 핵심에 주석적 고찰이 놓여 있다. 옛 언약은 출애굽기 24장 3~8절과 신명기 5장 2~5절에서 설명되고, 새 언약은 예레미야서 31장 31~34절, 마태복음 26장 28절, 마가복음 14장 24절에서 설명된다. "이 두 언약 또는 유언은 서로 비교되고, 서로 대립된다"(고후 3:6~9; 갈 4:24~26; 히 7:22, 9:15~20).[46] 오웬과 마찬가지로 투레틴도 고린도후서 3장 6~7절의 율법 조문 및 영 대조를 강조한다. 그러나 시내 산에서 맺어진 옛 언약은 은혜 언약의 시행 단계였다고 주장하기 위해 투레틴은 모세 언약은 두 국면에 따라 즉 "하나님의 목적 및 계획에 따라, 그리고 그리스도를 위해, 또는 분리시켜 그리스도와 상관없이" 이해된다고 주장한다.[47] 만일 그리스도와 상관없는 것으로 간주된다면, 시내 산 언약은 사실상 "은혜 언약과는 구별된 언약이다. 왜냐하면 그렇게 되면 행위 언약과 일치하고, 이런 의미에서 죽이는 율법 조문과 정죄의 직분으로 불리기 때문이다"(고후 3:6, 7).[48] 그리고 이것이 오웬이 옛 언약을 이해하는 의미로 나타난다. 그러나 투레틴은 이렇게 그리스도와 분리시키는 것은 부당하다고 주장한다. 왜냐하면 예컨대 율법은 죄인들을 그리스도에게 도망치도록 만들기 때문이다(교육적 용도, usus pedagogicus). 나아가 예레미야서 31장 31~34절에서 말해진 대립 관계도 본질을 언급하는 것이 아니라, 경륜이나 시행의 다양성(또는 우연적 사건들)을 가리키는 것이다. 그러나 우리가 오웬과 같이 두 언약을 대립시키기를 원한다면, "전체적으로가 아니라 율법적 관계(schesin)에 대해서만, 그리고 복음과 대립시켜" 그렇게 해야 한다.[49] 따라서 한편으로 오웬과 투레틴은 율법과 복음을 구분하는 데 있어서 같은 관심사를 갖고 있다. 하지만 다른 한편으로 두 사람은 차이가 있는데, 그것은 오웬은 단지 율법적 국면에 따라서만 옛 언약을 이해하므로 시내 산 언약을 은혜 언약과 완전히 분리시키지만, 투레틴은 시내 산 언약을 전체적으로 이해해서 은혜 언약과 일치되는 요소들이 포함된 것으로 보기 때문이다.

오웬은 두 구별된 언약을 단정함에도 불구하고, "두 언약 아래 화목과 구원의 길은 같다는 것을 조건으로" 그렇게 구별되는 것이라고 주장한다.[50] 말하자면 만약 죄인들이 옛 언약을 통해 구원을

---

42) Petto, *The Difference between the Old and New Covenant*, p. 69.
43) Owen, *Exposition of Hebrews*, in *Works*, 23:71을 보라.
44) Owen, *Exposition of Hebrews*, in *Works*, 23:71~74.
45) Petto, *The Difference between the Old and New Covenant*, pp. 84~85.
46) Owen, *Exposition of Hebrews*, in *Works*, 23:76.
47) Turretin, *Institutes*, 12.12.18.
48) Turretin, *Institutes*, 12.12.18.
49) Turretin, *Institutes*, 12.12.19.
50) Owen, *Exposition of Hebrews*, in *Works*, 23:76. 페토도 이렇게 주장한다. "나는 두 개의 은혜 언약이 있다고 결코 생각하지 않는다. 만약 그렇게 되면 생명과 구원의 길은 특별히 그리고 본질적으로 서로 다른 두 길이 있게 될 것이다.

받을 수 있었다면 "그것은 사실상 새 언약과 같아야 한다." 그러나 이것은 그렇지 않다. 왜냐하면 하나님과의 화목이나 구원은 옛 언약을 통해서는 결코 얻을 수 없고……하지만 모든 신자는 그 약속에 따라 화목하게 되고, 의롭게 되고, 구원을 받았기 때문이다.[51] 따라서 은혜 언약은 옛 언약(즉, 시내 산 언약) 속에 나타나 있는 것이 아니라, 모세 통치 기간에 나타난 것이다. 옛 언약 아래에서 구원은 새 언약의 약속에 따라 가능하지만, 이 구원은 구원시킬 수 있는 힘이 없는 모세 언약과는 상관이 없다. 사실 오웬이 보기에 옛 언약은 "자체로 교회에 대한 생명과 구원의 절대 규칙 및 법을 의도한 것이 결코 아니었다……그것은 전체 교회의 모든 믿음과 순종의 완전한 규칙을 포함한 언약으로서의 위치나 지위를 의도한 것이 결코 아니었다."[52] 만일 이것이 사실이라면, 오웬에 따르면 구속사 속에서 옛 언약의 목적이나 위치는 무엇이었을까?

시내 산 언약의 기능

시내 산 언약이 또 하나의 행위 언약으로 시행된 것은 아니었지만, 그럼에도 불구하고 다양한 방법으로 그것은 "행위 언약을 다시 시행하고 확립하고 확증했다"고 오웬은 말한다.[53] 오웬의 절친한 친구인 토머스 굿윈(1600~1680년)은 옛 언약을 행위 언약을 "새롭게 하는 것"으로 간주했고, 캐머런과 같이 그것을 보조 언약(foedus subserviens)으로 불렀다.[54] 말하자면 오웬은 어디서도 시내 산 언약을 "보조 언약"으로 부르지 않는다. 오히려 오웬은 그것을 "덧붙여진 언약"으로 부른다.[55] 그러나 시내 산 언약은 진정한 언약-돌판에 하나님의 율법이 요청과 함께 선포된 유언-이다. "아무도 그 요청에 응할 수 없었기 때문에……그것은 두려움과 속박을 일으키는 '죽게 하는 율법 조문'으로 불렸다"(고후 3:7).[56] 명령이 복원되었을 뿐만 아니라 행위 언약의 제재도 발효되었다. 즉 율법에 포함된 모든 명령을 지키지 못한 자들에게 사형 선고가 내려졌다(신 27:26; 갈 3:10). 뿐만 아니라 생명의 약속도 복원되었다. "완전한 순종에 영생이 주어졌다"(레 18:5; 롬 10:5).[57] 그러나 생명의 약속이 복원되지만 "옛" 언약은 "죄의 상태 속에 있는 어떤 사람에게도 의와 생명을 줄 수 없었다."[58] 요약하면 행위 언약은 복원되었지만 타락 이전 행위 언약과 달리 구원 능력을 갖고 있지 못했다. 사실 율법의 "복원"은 단지 "그 약속이 아닌 다른 어떤 방법으로도 하나님과의 화목과 평강을 얻을 수 없다는 것"을 확증하는 역할을 할 뿐이었다.[59]

따라서 옛 언약이 구원 능력을 갖고 있지 못하고 아브라함에게 주어진 약속을 폐지시키지 않았다면 오웬은 이렇게 묻는다. "교회는 옛 언약의 반포에서 얻는 유익이 무엇이었는가?" 오웬에 따르면,

---

나는 택함받은 자는 사실상 그리고 본질상 모든 시대에 걸쳐 같은 방법으로 즉 은혜로 중보자로 말미암아 그분을 믿는 믿음을 통해 구원받는다고 결론지을 것이다"(*The Difference between the Old and New Covenant*, p. 85).

51) Owen, *Exposition of Hebrews*, in *Works*, 23:77.
52) Owen, *Exposition of Hebrews*, in *Works*, 23:77.
53) Owen, *Exposition of Hebrews*, in *Works*, 23:77.
54) Thomas Goodwin, *The Works of Thomas Goodwin D.D., Sometime President of Magdalen College in Oxford* (London, 1681~1704), 5:330.
55) Owen, *Exposition of Hebrews*, in *Works*, 23:113.
56) Owen, *Exposition of Hebrews*, in *Works*, 23:77.
57) Owen, *Exposition of Hebrews*, in *Works*, 23:78.
58) Owen, *Exposition of Hebrews*, in *Works*, 23:81.
59) Owen, *Exposition of Hebrews*, in *Works*, 23:79.

갈라디아서 3장 19~24절은 율법이 범법하므로 더해진 것임을 분명히 한다. 구속사 이 시점에서 새 언약은 단지 약속으로만 존재했다. 새 언약은 그리스도의 죽음으로 확증될 때를 기다리고 있었다. 그러므로 율법의 교육적 용도(usus pedagogicus)가 당시 오웬의 사상 속에서 중심 위치를 차지하고 있다. "옛" 언약은 사람들에게 그들의 죄를 자각시키고 그들의 죄로 말미암아 그들을 정죄했다. 율법의 정죄 능력은 죄인들을 그리스도께 인도하는 역할을 한다. 왜냐하면 옛 언약은 은혜 언약의 약속과 달리 의롭게 하기 위한 목적이 없었기 때문이다.[60] 그러므로 옛 언약은 의롭게 하기 위한 목적이 없었기 때문에 어떤 사람도 영원히 정죄하지 않았다. 옛 언약 시대에 산 자들은 영생을 얻거나 영원히 멸망하거나 했지만, "공식적으로는 이 언약에 따라서가 아니었다."[61] 신자들은 이 언약 아래에서 구원을 받았지만 이 언약에 따라서는 아니었고, 이것은 은혜 언약이 옛 언약 안에서가 아니라(즉, 옛 언약에 함께 섞여서가 아니라) 옛 언약 시기에(또는 옛 언약과 함께) 작용한다는 요점을 강화시킨다. 그리고 정죄를 받은 자들은 "원래의 행위 언약의 저주"로 말미암아 정죄를 받았다.[62] 이 모든 것이 오웬에게는 옛 언약이 특수적이고 한시적인 언약으로 "은혜 언약의 단순한 한 시행 단계가 아니었음"을 의미한다.[63]

그러나 긍정적으로 보면, 옛 언약은 그리스도의 계보를 보존시켰다. 왜냐하면 율법의 경고에도 불구하고, 하나님이 자신의 목적을 이루실 때까지 그 땅에서 쫓겨나지 않을 것이라는 약속에 따라 가나안 땅이 이스라엘 백성들에게 주어졌기 때문이다. 그 다음 이스라엘만이 소유하고, 그래서 그들을 선민으로서 구별시킨 율법은 "이해하기도 어렵고, 준수하기도 힘들었다."[64] 그러기에 이 특수한 상태는 그들의 교만을 억제시켰고, 약속된 메시아를 갈망하도록 이끌었다. 페토도 많은 시간을 할애해서 시내 산 언약이 갖고 있는 유익을 고찰했다. 오웬과 마찬가지로, 페토도 옛 언약은 "이스라엘에게 중보자를 바라보도록 자극시킴으로써……그들에 대한 목적이 성취되고 이루어지도록 했다"고 주장한다.[65] 오웬과 마찬가지로, 페토도 옛 언약은 범법함으로 더해진 것으로 주장한다. 즉, 옛 언약의 본질은 이스라엘 백성들을 죄를 범하지 않도록 억제시키는 데 있었다. 나아가 옛 언약은 이스라엘을 하나님을 경배하는 한 교회 집단으로 세우는 역할을 했다. 그리고 이스라엘은 "인구가 크게 늘었기" 때문에 옛 언약은 교회 정치뿐만 아니라, 국가 정부에 대해서도 강령으로 작용했다. 마지막으로 옛 언약은 또 은혜 언약에 대한 다양한 모형들을 갖고 있었고, 특히 가나안 땅은 천국을 예시했다.[66] 옛 언약 시대에 내재한 이 복들에도 불구하고, 페토와 오웬은 옛 언약은 전반적으로 특히 새 언약과 관련시킬 때 크게 부정적인 요소를 갖고 있는 것으로 간주했다.

위에서 지적한 것처럼 오웬에 따르면 원시복음(창 3:15)와 함께 시작되고 아브라함 시대에 상세히 설명된 은혜 언약의 약속들(창 12~22장)은 오로지 그리스도의 죽음으로 말미암아 공식적으로 언약이 된다. 따라서 오웬은 새 언약의 결말을 묘사하기 위해 "유언"이라는 말을 선호한다. 오웬은 이 구

60) Owen, *Exposition of Hebrews*, in *Works*, 23:82.
61) Owen, *Exposition of Hebrews*, in *Works*, 23:85.
62) Owen, *Exposition of Hebrews*, in *Works*, 23:86.
63) Owen, *Exposition of Hebrews*, in *Works*, 23:86.
64) Owen, *Exposition of Hebrews*, in *Works*, 23:84.
65) Petto, *The Difference between the Old and New Covenant*, pp. 190~191.
66) Petto, *The Difference between the Old and New Covenant*, pp. 192~194.

분에 대해 이렇게 말한다. "'언약'이라는 명칭은 확실히 때때로 구약 이전 시대나 구약 시대에 은혜의 약속들에 적용된다. 하지만 구약 도처에서 사용된 베리트라는 말은 단지 '값없고 과분한 약속'을 의미한다……그러나……그것들 가운데 어느 것도……유언 형태로 표현되지 않았고, 오직 유언하는 자의 죽음에 의해서 존속할 수 있었던 것도 아니다."[67] 따라서 옛 언약과 새 언약의 차이는 엄밀하게 이해되어야 한다. 즉, 유언으로서의 본질에 따라 이해되어야 한다. 두 언약을 구분할 때 오웬은 무려 열일곱 가지에 달하는 차이점을 확인했다.[68] 이 차이점으로 말미암아 오웬은 이렇게 결론을 내렸다.

> 어떤 이들은 은혜 언약은 항상 신구약 시대에 동일한 본질과 효력을 갖고 있었다는 말-그리스도로 말미암은 구원의 길이 항상 하나였다는 것-을 들을 때 구약 시대 사람들의 상태와 우리의 상태의 차이가 생각보다 크지 않았다고 생각하게 된다. 그러나 우리는 이 가정에 대해 하나님이 시내 산에서 이스라엘 백성들과 맺으신 언약은 새 언약이 확립될 때까지 그들을 멍에 아래 두었고, 우리가 주장한 온갖 불이익이 그 언약에 수반되어 있었음을 본다. 그리고 참으로 탁월하고 영광스러운 이 특권들이 새 언약의 도입과 확립으로 말미암아 은혜 언약의 시행 단계에 따라 은혜 언약에 덧붙여진 것을 이해하지 못하는 자들은 완전히 영적 및 하늘의 일들의 본질에 무지한 것이다.[69]

오웬의 이 결론에 비춰 린만은 "오웬은 구속사 속에 나타나 있는 연속성과 불연속성에 대한 다수파의 제시는 충분하지 못하다고 생각한다"고 정확히 지적했다.[70] 그러나 이 주제에 대한 투레틴의 견해를 대충 살펴봐도, 그도 옛 언약을 은혜 언약의 한 시행 단계로 봄에도 불구하고, 구속사 속에서 시내 산 언약의 독특한 역할을 크게 강조했음을 보여 준다. 오웬의 시내 산 언약에 대한 설명-"마이너리티 리포트"에 속하는-은 이 특수한 교리적 요점에 대한 개혁파 정통주의 다수 견해와 일치되지 않음에도 불구하고, 성경의 가르침에 충실하려는 그의 의식적인 갈망을 반영한다.

잠재된 문제점[71]

옛 언약과 새 언약에 대한 오웬의 매우 상세한 설명은 히브리서 8장 6절에 대한 주석에서 흘러나

---

67) Owen, *Exposition of Hebrews*, in *Works*, 23:113.

68) 이 차이점들은 다음과 같다. "이 두 언약은 시대 상황에 따라 반포, 선언, 확립이 다르다……두 언약은 장소 상황에 따라 반포……가 다르다. 두 언약은 반포 방식과 확립이 다르다……두 언약은 중보자가 다르다……두 언약은 교훈과 약속들의 주제가 다르다……두 언약은 주로 헌정과 비준 방식이 다르다……두 언약은 백성들을 위해 하나님 앞에서 직무를 담당한 제사장이 다르다……두 언약은 하나님과의 평강과 화목이 달려 있는 속죄 제물이 다르다……두 언약은 엄숙한 기록이나 등재 방식과 방법이 다르다……두 언약은 목적이 다르다……두 언약은 결과가 다르다……두 언약은 성령의 분배와 부여가 크게 다르다……두 언약은 그 안에 담긴 하나님 나라에 대한 선언이 다르다……두 언약은 내용이 다르다……두 언약은 하나님의 뜻에 따른 시행 범주가 다르다……두 언약은 효력이 다르다……두 언약은 존속 기간이 다르다"(Owen, *Exposition of Hebrews*, in *Works*, 23:87~97).

69) Owen, *Exposition of Hebrews*, in *Works*, 23:97~98.

70) Rehnman, "Trichotomous or Dichotomous," p. 305.

71) 오웬이 이 문제에 대해 자신의 입장을 바꾼 것을 알려 준 것에 대해 특히 라이언 켈리에게 감사를 전한다. 그러나 결론은 나의 결론이고, 아래에서 나는 오웬이 언약에 대한 자신의 입장을 반드시 바꾼 것은 아니라고 주장할 것이다.

온다. 그러나 히브리서 7장 9~10절 주석을 보면, 오웬의 언어는 특히 앞에서 언급한 것을 감안하면 매우 큰 혼란을 일으킬 수 있다. 오웬의 말을 직접 인용하는 것이 이 잠재된 문제점을 명확히 드러낼 것이다.

> 모든 사람이 불특정으로 관련되어 있는 두 언약 외에 다른 언약은 절대로 없었다. 첫 번째 언약은 행위 언약으로 아담 및 아담 안에 있는 모든 자와 맺어졌다. 그리고 아담이 우리의 대표로서 그 언약의 머리로 행한 것은 마치 우리가 행한 것처럼 우리에게 전가된다(롬 5:12). 두 번째 언약은 은혜 언약으로 원래 그리스도와 맺어졌고, 그리스도를 통해 택함받은 모든 자와 맺어진 것이다. 그리고 여기에 우리 영혼의 생명과 소망이 놓여 있다. 그리스도께서 우리의 대표로서 은혜 언약의 머리로 행하신 것이 의와 구원을 위해 우리에게 모두 전가된다.[72]

이 진술은 어떻게 해석되어야 할까? 한 가지 가능성은 오웬이 히브리서 7장 9~10절에서 히브리서 8장 6절로 주석을 이동했을 때 언약의 정의를 바꿨다는 것이다. 그러면 히브리서 8장 6절에 대한 오웬의 주석은 더 성숙한 그의 언약신학을 반영하는 것인가? 오웬과 같은 신학적, 지성적으로 고도의 능력을 가진 저술가가 어떻게 그토록 빠르게 성경의 언약을 구성하는 것에 대한 자신의 견해와 이해를 바꿨는지 납득하기 어렵다. 그러나 더 그럴듯한 가능성에 대해 말한다면, 히브리서 7장 9~10절에 대한 오웬의 주석은 특수적인 주석적 세부 사실을 언급하는 것이 아니라, 일반적 구원 원리를 언급하는 것이라고 보는 것이다. 다시 말하면 오웬은 "언약"을 두 가지 의미로 사용한다는 것이다. 하나는 보다 일반적인 의미로 취하고, 다른 하나는 보다 특수적인 의미로 취해서 성경의 언약을 구성하는 것에 대한 주석적 필요조건(즉 그것이 유언도 되어야 하는 것)을 감안하는 것이다. 따라서 일반적으로 말하면, 오웬은 나중의 히브리서 8장 6절의 주석과 모순되지 않고 대표 원리(롬 5:12)가 두 아담 속에 나타나 있고, 따라서 (택함받은 자의) 구원의 유일한 소망은 둘째 아담 곧 예수 그리스도에게 달려 있다고 말할 수 있다는 것이다. 이런 의미에서-린만의 주장과는 반대로-오웬은 삼중 구조 지지자가 아니라 오히려 이중 구조 지지자로 이해되는 것이 더 낫다.

오웬의 복잡한 설명을 감안하면 우리는 이 신학적 요점에서 "학자들이……혼란스럽고 당혹스러워하는 것"을 발견했다는 앤서니 버지스의 진술에 공감할 수 있을 것이다.[73] 오웬의 언약 구조는 그에게는 이치에 합당할 수 있었지만 린만이 오웬을 삼중 구조 지지자로 간주한 것과 오웬의 구조에 영원한 구속 언약을 추가하지만 브렌턴 페리가 동조하는 것처럼 보이는 견해[74]를 감안할 때, 오웬의 해석자들이 그렇게 큰 잘못을 범하는 것으로 보이지는 않는다. 비록 그들이 "삼중 구조 지지자"라는 말을 사용하는 것은 잘못이라고 해도 우리는 그들을 비난할 수 없을 것이다.

---

72) Owen, *Exposition of Hebrews*, in *Works*, 22:391.

73) Anthony Burgess, *Vindiciae Legis, or A Vindication of the Morall Law and the Covenants* (London, 1647), p. 229.

74) Brenton C. Ferry, "Works in the Mosaic Covenant: A Reformed Taxonomy," *The Law is Not of Faith*, Bryan D. Estelle, J. V. Fesko, & David VanDrunen 편집 (Phillipsburg, N.J.: P&R, 2009), p. 104.

결론

오웬의 언약신학은 이중 구조인가, 아니면 삼중 구조인가? 어떤 면에서 오웬은 행위 언약과 은혜 언약의 구분을 단정한다. 그러나 동시에 옛 언약과 새 언약도 구분한다. 옛 언약과 새 언약은 행위 언약 및 은혜 언약과 달리 유언이다. 만일 우리가 오웬에게는 행위 언약과 은혜 언약이 유언은 아니지만, 그럼에도 불구하고 여전히 언약이라는 것을 인정한다면, 오웬의 언약 구조는 사실은 사중 구조 또는 여기에 영원한 구속 언약을 포함시키면, 오중 구조가 된다. 물론 은혜 언약은 단지 약속으로 이해되고, 성취와 확립은 새 언약에서 발견된다. 반면에 행위 언약은 옛 언약에서는 성취되지 않고 단지 언약적으로가 아니라 선언적으로 복원된다. 따라서 오웬은 삼중 구조 지지자로 간주하는 것이 가능할 것이다. 하지만 그것은 오웬이 보여 주는 다양한 뉘앙스로 말미암아 오해의 위험성이 있고, 오웬의 입장은 삼중 언약 구조를 의도적으로 취하는 소뮈르파 신학자들(예. 캐머런)과는 차이가 있다.

오웬의 언약신학은 정확히 이해되고 평가되려면, 포괄적인 개혁파 신학 전통의 배경에 비춰, 그리고 그의 고유한 전개 방식에 따라 파악되어야 한다. 17세기 정통 개혁파의 다양한 해석 가운데 자기 자신만의 "마이너리티 리포트"를 작성한 오웬의 경우에는 삼중 구조 지지자로 관례적인 딱지를 붙이는 것이 유익하지 못할 것이다.

19장

언약 조건에 대한 청교도의 교리

믿음 언약의 조건적 성격을 부인하게 되면 불가피하게 많고

큰 부조리, 불편함, 역설, 부조화가 따를 것이다.

– 프랜시스 로버츠[1) –

존 본 로는 설득력 있게 이렇게 주장했다. "청교도 사상 속에서 은혜 언약의 본질에 대해 말하는 것은 사실상 두 가지 본질에 대해 말하는 것이다……청교도의 전문 술어 가운데 은혜 언약은 조건적 언약이면서 동시에 무조건적 언약이다."[2) 개혁파 신학자들은 대체로 은혜 언약을 "일방적"(monopleuron) 언약이면서 동시에 "쌍방적"(dipleuron) 언약이라고 주장했다.[3) 이런 점에서 은혜 언약에 대한 청교도의 작품들은 다른 신학 전통들, 특히 로마 가톨릭 사상과 17세기 율법폐기주의를 강하게 논박했다. 존 플라벨(1628~1691년)은 이와 관련된 문제들을 이렇게 설명한다. "먼저 은혜 언약이 조건적인지, 또는 무조건적인지의 문제는 이전 시대에 (한 학자가 지적하는 것처럼) 개신교인과 교황주의자 간의 칭의 관련 논쟁으로 이동되었다."[4) 플라벨은 또 개신교인이 구원에 조건이 요구되는지에 대해 반드시 의견이 일치되지 않은 이유들을 설명한다. 어떤 개신교인은 "이전에 교황주의자가 부당하게 그랬던 것처럼, 율법과 복음, 그리스도의 의와 인간의 의를 혼합시킬 것을 염려해서" 조건적 성격을 부인했다.[5) 그러나 조건적 성격을 인정하는 자들도 "두려움에서 그렇게 했다. 곧 방종주의가 그렇게 만든 것처럼, 믿음과 거룩함의 필요성이 느슨해지지 않을까 염려해서 조건을 인정했다."[6) 플라벨의 생각에 따르면, 어떤 필수적인 구분을 인정한다면 은혜 언약이 조건적 언약이라는 것을 부인할 하등의 이유가 없다는 것이다.

이번 장은 17세기에 영국의 개혁파 신학자들이 이해한 절대적, 무조건적 언약으로서의 은혜 언약이 아니라 은혜 언약의 조건에 초점을 더 맞출 것이다. 은혜 언약의 조건, 즉 요청들은 다음 세 가지 항목에 따라 제시된다. (1) 믿음의 필요성, (2) 복음적 순종의 필요성, (3) 구원을 위한 선행의 필요성. 이 세 조건을 염두에 두면, 행위에 따른 심판과 관련된 관념이 일어난다. 로마 가톨릭교회의 오류와는

1) Francis Roberts, *Mysterium & Medulla Bibliorum the Mysterie and Marrow of the Bible*… (London, 1657), p. 123.

2) John von Rohr, *The Covenant of Grace in Puritan Thought* (Atlanta: Scholars Press, 1986), p. 53.

3) Richard A. Muller, *Dictionary of Latin and Greek Theological Terms: Drawn Principally from Protestant Scholastic Theology* (Grand Rapids: Baker, 2004), pp. 120~122를 보라.

4) John Flavel, *Planelogia*… (London, 1691), p. 242.

5) Flavel, *Planelogia*, p. 242.

6) Flavel, *Planelogia*, p. 242.

상관없이 은혜 언약의 이 조건들은 종교개혁 이후로 개혁파 신학자들의 작품 속에서 자주 거론되었다. 이번 장은 은혜 언약의 "쌍방적" 본질에 대해 통찰력을 제공하는 데 목표를 두고 있다.

언약의 본질

피터 벌클리(1583~1659년)는 다음과 같이 단순하게 은혜 언약의 조건을 옹호하는 논증을 시작한다. "하나님의 언약의 약속들은 믿지 않고 회개하지 않는 죄인들에게는 속해 있지 않다. 오히려 회개하고 믿고 순종하며 사는 자들이 약속의 상속자다. 기독교인과 비기독교인은 어떤 구분이 반드시 이루어져야 하고, 조건을 부인하게 되면 믿는 자와 믿지 않는 자 간의 구분이 당연히 제거된다. 어떤 약속들은 절대적인(무조건적인) 것처럼 보이고 믿음을 조건으로 언급하지 않지만(예. 사 43:25; 겔 36:22), 조건의 존재가 약속들이 믿음을 요청하지 않는 것을 의미하는 것은 아니다. 비록 용서에 대한 모든 약속에 그리스도가 반드시 명시적으로 언급되지 않아도, 하나님은 오직 그리스도의 공로를 기초로 용서하신다(히 9:22). 마찬가지로 믿음의 조건이 반드시 명시적으로 언급되지 않아도, 하나님은 오직 믿음을 기초로 용서하신다."[7] 벌클리에 따르면 하나님이 제공하신 약속들은 언약 문맥에서 나타나고, 언약의 본질은 반드시 쌍방적이다.

언약은 두 당사자 또는 그 이상의 당사자 간의 협정으로 서로에게서 나온 상호 조건을 필요로 한다. 약속은 단독적일(일방적일) 수 있지만 언약은 당사자들을 함께 구속한다. 프랜시스 로버츠는 언약을 일방적 언약으로 만드는 것은 "부조리하고, 언약의 본질에 반대된다"고 주장했다. "언약은 언약 당사자 간의 상호 의무를 함축하고 있다."[8] 벌클리는 "언약"은 조건이 없는 약속을 가리키는 데 특별히 사용될 수 있음(창 9:9)을 인정하지만, 이런 실례는 딱 한 번 곧 노아 언약 밖에 없다고 말한다. 다른 경우에 언약은 본질상 "양 당사자의 상호 규정이나 조건을 필요로 한다……조건을 제거해 보라. 그러면 동시에 명령된 언약도 제거되어야 할 것이다. 만일 명령된 언약이 있다면 반드시 조건이 있어야 한다"(수 7:11).[9] 언약과 유언의 관계도 주의를 요하는데, 그 이유는 히브리서 7~9장에 묘사된 새 언약이 언약이면서 동시에 유언이기 때문이다. 이 추가 개념도 조건을 배제하지 않았고, 그러면서 새 언약의 절대적, 불가침적 성격을 확립했다.

고전 헬라어 단어 **쉰데케**(상호 협정) 대신, 구약 성경의 헬라어 역본인 70인역과 헬라어 신약 성경은 히브리어 단어 **베리트**(언약)와 동등한 단어로서 **디아데케**(마지막 뜻 또는 유언의 의미에서 "합의" 또는 "유언", 즉 죽은 후에 재산 분배를 "처리하는" 문서)를 사용하는 것을 선호한다. 그러므로 **베리트**는 단순한 상호 협정(쉰데케) 이상의 어떤 것을 의미하는 것처럼 보인다. 이런 이유로 일부 개혁파 신학자들은 새 언약의 무조건적 성격을 강조했다. 예를 들어 존 오웬(1616~1683년)은 **베리트**는 노아 언약(창 6:18, 9:9)에서처럼 조건 없는 단일한 약속을 가리킬 수 있다고 주장했다. 오웬에 따르면, 이 관념은 의심할 여지 없이 신약 성경에서 히브리서 저자가 언약을 "유언"으로 부를 때 나타나고, "유언을 시행할 때 그 본질 속에

---

7) Peter Bulkeley, *The Gospel Covenant Opened*, 2차 편집 (London, 1674), p. 313.
8) Roberts, *Mysterium & Medulla*, p. 124.
9) Bulkeley, *Gospel Covenant Opened*, pp. 314~315.

요구되는 어떤 상호 규정은 없고, 다만 단순한 호의와 허락, 용납이 있을 뿐이다."[10] 따라서 성경에서 하나님의 언약이 나오면, 그 말에 일률적인 의미를 부여해서는 안 된다. 오웬은 이렇게 덧붙인다. "하나님과 인간 사이의 언약의 명칭에 따라 항상 언약의 본질과 조건에 대해 결론을 내리는 자들은 그저 스스로 속는 것이다. 왜냐하면 그 말은 매우 다양한 의미로 사용되고, 그렇게 불릴 수밖에 없는 하나님의 교훈이나 약속이 있으므로, 그 말이 의도하는 것은 다루고 있는 주제에 따라 파악되어야 하기 때문이다."[11] 오웬은 확실히 새 언약에 조건이 있다는 것을 부인하지 않았지만, 벌클리와 마찬가지로 새 언약의 불변성을 증명하기 위해 유언으로서의 언약의 무조건적 성격을 강조한다. 그럼에도 불구하고 벌클리는 히브리서 9장 15절의 언어(부르심을 입은 자)가 여전히 조건과 결부되어 있음을 암시한다는 것을 다음과 같이 증명한다.

> 이 말들은……명백히 그리고 충분히 생명 언약에서 요구된 조건을 함축하고 있다. 곧 믿음의 역사로 끝나는 우리의 부르심이 언약의 조건이다. 어떤 사람도 믿기 전에는 그 영원한 기업에 참여하기 위해 효과적으로 부르심을 받지 못하고, 따라서 그 유언의 유산이 부르심 받은 자들 즉 믿는 자들에게 주어지는 것에 대해 히브리서 저자가 이 언약을 유언의 이름으로 부르는 의도는 조건을 배제하는 것이 아니고, 오직(말해진 것처럼) 언약의 안정성과 불변성을 증명하기 위한 것임이 매우 명백하다.[12]

이것은 언약을 일방적 언약 또는 쌍방적 언약이나 조건적 언약 또는 무조건적 언약으로 부르는 것이 각 언약의 배경에 달려 있다는 것을 보여 준다. 다른 언약들과 마찬가지로 새 언약도 쌍방적 언약이다. 리처드 멀러가 "일방적 언약이나 쌍방적 언약이라는 말은 같은 언약을 다른 관점에 따라 묘사하는 것"이라고 주장하는 것은 확실히 정확하다.[13]

믿음의 조건

개혁파 신학자들은 은혜 언약의 조건적 성격이나 쌍방적 요소를 부정하지 않았다. 그들은 그리스도를 믿는 믿음은 죄인을 진노 상태에서 은혜 상태로 이동시키는 데 요구되는 조건이었다는 데 모두 동조했다. 스티븐 차녹(1628~1680년)이 지적하는 것처럼 "믿음은 하나님이 칭의에 대해 요청하시는 조건이다. 하지만 요청된 믿음은 죽은 믿음이 아니라 살아 있는 믿음이다."[14] 그들은 또한 조건의 형태를 조심스럽게 구분했다. 즉 선행적 조건과 결과적 조건을 구분했다. 이 중요한 구분은 17세기 잉글랜드에서 벌어진 다양한 신학 논쟁, 특히 믿음이 칭의 다음에 온다고 가르친 반율법주의자와의

---

10) John Owen, *The Saints' Perseverance*, in *The Works of John Owen, D.D.* (Edinburgh: Johnstone & Hunter, 1851~1855), 21:218.

11) Owen, *Exposition of Hebrews*, in *The Works of John Owen, D.D.* (Edinburgh: Johnstone & Hunter, 1851~1855), 19:81.

12) Bulkeley, *Gospel Covenant Opened*, p. 317.

13) Muller, *Dictionary of Latin and Greek Theological Terms*, p. 120.

14) Stephen Charnock, *Discourses upon the Existence and Attributes of God* (London: Thomas Tegg, 1840), p. 486.

논쟁에 빛을 던져 준다.[15] 요한복음 2장 1~2절에 대한 설교에서 토비아스 크리스프(1600~1643년)가 제시한 견해에 따르면, 택함받은 자는 믿기 전에 의롭게 되고, 하나님과 화목하게 되며, 따라서 믿음은 칭의의 도구적 원인이 아니다.[16]

크리스프 및 율법폐기주의자에 반대해 존 플라벨은 여기서 논쟁은 결과적 조건(신자가 하나님과 언약 속에 들어간 후에 요구되는 것)에 대한 것이 아니라 우리가 은혜 언약에서 선행적 조건(하나님과 언약 속에 들어가기 위해 미리 요구되는 것)에 대해 말할 수 있느냐에 대한 것이라고 주장한다. 플라벨은 다음과 같이 두 구별된 관점에 따라 이 문제를 다룬다. (1) 그리스도와 맺어진 언약, (2) 언약의 유익의 죄인들에 대한 적용.[17] 전자에 대해 말한다면, 플라벨은 인간 편에 요구되는 조건은 없고, "순전히 그리고 오로지 하나님의 은혜와 그리스도의 공로에 의존한다"는 것을 인정한다.[18] 프랜시스 로버츠도 마찬가지로 죄인들이 하나님께 어떤 것을 공로로 내세우거나 사람을 하나님과의 언약 속으로 이끄는 것처럼 행동하도록 하나님을 움직일 수 있는 것이 아무것도 없기 때문에 인간 편에 선행적 조건은 전혀 없다고 주장한다. "이 값없는 믿음의 복음-언약과 불일치하기 때문에 우리는 이런 선행적 조건을 모두 철저히 거부한다. 우리는 인간 속에 있는 선행적 충동이나 동기를 항론파와 교황주의자에게 맡긴다."[19] 그러나 플라벨은 믿음의 조건이 구원 적용 단계에서 선행적 조건으로 이해될 수 있는지를 고찰한다. 따라서 플라벨은 공로 행위와 비공로 행위를 구분한다.

1. 공로적 및 충동적 원인의 힘을 갖고 있고, 본성의 본래의 힘으로 또는 기껏해야 공통적으로 보조하는 은혜의 도움으로 수행되는 이런 선행적 조건은 인간에게 언약의 상이나 복을 얻을 권리를 부여한다. 그런데 우리는 이런 의미의 선행적 조건은 철저히 거부한다…….
2. 단순히 우리의 행위를 의미하는 선행적 조건은 그것을 통해 모든 면에서 완전함에 이르지 못하고, 절대로 주어진 유익에 대해 공로가 되지 못하며, 우리 자신의 자연적 힘으로는 수행되지 못하고, 언약의 규정에 따라 약속에 의해 결과로 주어질 복을 위해 우리에게 요구되고, 따라서 이 질서 속에서 약속 속에 허용된 유익과 자비는 그것이 수행될 때까지 그것들의 제공자나 감독자에 의해 보류되고, 또 보류되어야 하는 것이다. 우리는 믿음이 이런 조건이라는 것을 인정한다.[20]

이 구분에 기초해서 플라벨은 "믿음은 은혜 언약의 유익의 적용을 받아들이기 위해 우리에게 요구되는 비공로 행위에 따른 선행적 조건"이라고 주장한다. 그러나 이 주제를 둘러싸고 일어나는 논쟁을 감안하고, 플라벨은 추가로 "본질적으로" 고려되는 믿음과 "유기적으로 그리고 도구적으로" 고려되는 믿음을 (중요하게) 구분한다. 본질적으로(즉 믿음의 본질에 따라) 고려되는 믿음은 순종을 가리키

---

15) Barry H. Howson, *Erroneous and Schismatic Opinions: The Question of Orthodoxy Regarding the Theology of Hanserd Knollys (c. 1599~1691)* (Leiden: Brill, 2001), pp. 107, 114를 보라.

16) Tobias Crisp, *Christ Alone Exalted in the Perfection and Encouragements of the Saints*… (London: M. S. for Henry Overton, 1646), 3:225~226.

17) Flavel, *Planelogia*, p. 247.

18) Flavel, *Planelogia*, p. 247.

19) Roberts, *Mysterium & Medulla*, p. 119.

20) Flavel, *Planelogia*, pp. 248~249.

고, "그 점에서 우리는 그것을 우리의 인격을 의롭게 하거나 새 언약의 구원하는 자비의 자격을 우리에게 부여하는 것에서 제외시킨다."[21] 그러나 "유기적으로" 고려되는 믿음은 믿음의 수단을 가리키고, "믿음으로 우리는 그리스도를 받고······ 따라서 믿음은 우리에게 하나님의 아들이 되는 권세를 준다. 어떤 사람도 그리스도와 연합되지 않는 한, 언약의 구원하는 유익에 참여하는 것이 불가능하다."[22] 따라서 믿음은 언약의 필수적인 선행적 조건(causa sine qua non)이다. 많은 율법폐기주의자들이 믿음이 언약의 선행적 조건이라는 것을 부인했고, 따라서 그들은 영원부터 또는 그리스도의 죽음 시점부터 개인적 칭의가 이루어졌다고 주장했다.

피터 벌클리는 이 문제점을 약간 상세히 설명하면서, 대다수 사람들은 믿음이 언약의 조건이라는 것을 인정하는데, 그 가운데 어떤 이들은 믿음이 단지 결과적 조건이라고 주장한다고 지적한다. 이 "새로운 관점"을 설명하는 가운데, 벌클리는 신자들은 믿기 전에는 실제로 의롭다 함을 받지 못한다고 주장한다. 그러나 벌클리는 칭의를 하나님의 내재적, 시간적, 적용적 사역 간의 통상적인 구분에 따라 고찰한다. 벌클리는 이 논쟁을 설명하는 데 있어서 간청 사역과 적용 사역을 구분하는 것도 중요하다고 본다. 플라벨과 마찬가지로, 벌클리도 죄인들이 믿음 이전에는 실제로 의롭다 함을 얻지 못하고, 그러므로 믿음은 결과적 조건이 아니라 실제 칭의가 일어나는 데 필수적인 선행적 조건이라고 본다.[23]

표면적으로는 믿음이 구원의 선행적 조건으로 이해될 수 있는지에 대해 개혁파 정통 신학자들 가운데 불일치가 있는 것처럼 보인다. 예를 들어 패트릭 길레스피(1617~1675년)는 은혜 언약의 조건은 결과적 조건이라고 주장하지만, 믿음을 포함하는 이 조건들은 "약속된 것과 관련해서 조건 속에 작용하는 작인이나 적절한 유효성을 의미하는 것이 아니라 도구와 연결 수단을 의미하고, 따라서 믿음은 우리의 칭의에 적절한 유효성을 갖고 있지 않고 다만 도구일 뿐"이라고 지적한다.[24] 길레스피와 로버트는 우리의 구원 속에 선행적 조건은 절대로 없다고 주장할 때, 플라벨이 하나님의 언약의 복의 공로적 원인이나 "충동적"(즉 동기를 부여하는) 원인이 되는 조건들을 언급할 때 말하는 것과 같은 개념을 염두에 두고 있다. 플라벨도 이런 의미로 이해되는 선행적 조건은 거부한다. 다시 말하면 벌클리 및 플라벨 같은 개혁파 신학자들은 그리스도의 공로의 적용과 관련해서 선행적 조건을 말하기 위해 그리스도의 중보 사역(즉 그분의 시간적 사역)과 성령의 적용 사역 간의 구분을 인정한다. 이 긴장 관계에 균형을 잡은 존 오웬은 하나님의 은혜와 언약의 조건이 유지되도록 은혜 언약의 조건들을 이해하는 법을 간략히 요약한다. "만일 조건의 의미를 우리가 하나님이 은혜 언약 안에서, 그리고 은혜 언약에 따라 우리에게 요구하시는 순종의 의무를 뜻하는 것으로 본다면, 나는 은혜 언약은 조건 없이 무조건적이라고 말하는 것이 아니다. 오히려 은혜 언약의 주요 약속들은 일차적으로 은혜 언약에 따른 우리의 순종에 대한 보상이 아니고, 언약을 유효하게 받아들이도록 우리를 이끌고, 은혜 언약을 확립하고 확증하는 것이라고 말하는 것이다."[25] 다시 말하면 우리는 노력해서 은혜 언약 속에서

---

21) Flavel, *Planelogia*, p. 249.

22) Flavel, *Planelogia*, pp. 249~250.

23) 벌클리는 자신의 견해에 대해 여러 이유들을 제시하고, 다양한 반론들에 대답한다. *Gospel Covenant Opened*, pp. 358~371을 보라.

24) Patrick Gillespie, *The Ark of the Testament Opened* (London, 1681), p. 261.

25) Owen, *Exposition of Hebrews*, in *Works*, 23:68~69. 또한 칼 트루먼이 오웬의 조건에 대한 입장을 분석한 것은

우리의 지위를 취득하는 것이 아니다. 그 지위는 단순히 믿음으로 얻는 것이다. 일단 언약 안에 있으면 하나님의 계명에 대한 우리의 순종은 단지 우리의 새로운 지위를 확증하는 역할을 할 뿐이다. 이 입장은 구원을 노력으로 이루거나 공로를 세워 얻는다는 점에서 공로적 조건을 거부한 전술한 개혁파 신학자들의 염려를 정당화하는 것처럼 보이지만, 여전히 죄인들이 언약의 유익을 받을 수 있게 하는 믿음과 같은 언약의 조건은 인정한다.[26]

은혜 언약의 유익을 받는 것은 중보자 곧 예수 그리스도를 믿는 믿음의 조건을 충족시키는 것에 달려 있다는 주장이 웨스트민스터 신앙고백에 표현되어 있다. 거기 보면 은혜 언약을 하나님이 죄인들에게 생명과 구원을 제공하시는 것으로 묘사하지만, "그들이 구원받을 수 있도록 그들에게 [그리스도를 믿는] 믿음을 요구하신다"고 설명한다(7.3). 더 명확히 말하면 웨스트민스터 대교리문답 질문 32는 "두 번째 언약에 하나님의 은혜가 어떻게 나타나 있습니까?"라고 묻는다. 마찬가지로 이에 대한 답변도 은혜 언약을 하나님이 자기 아들 안에서 죄인들에게 생명과 구원을 제공하시는 것으로 묘사하고, "그들이 그분과 관계를 갖도록 조건으로서 믿음을 요구하신다"고 말한다(질문 153도 보라). 그들이 언약의 조건에 대해 어떤 단서를 붙이든 간에, 앞에서 언급한 개혁파 신학자들은 분명히 죄인이 그리스도의 중보 사역의 유익을 얻기 위해서는 믿음의 조건이나 요청에 대해 말하는 것이 필수적이라고 봤다. 그들은 주석적 근거에 따라 17세기 중반에 기승을 부리던 율법폐기주의의 영향에 대응하기 위해 그렇게 했다. 그러나 그들은 믿음의 필요성만 주장한 것이 아니다. 믿음의 선행적 조건을 하나님의 법에 대한 복음적 순종의 결과적 조건과 엄밀하게 연결시켰다.

복음적 순종의 필연성

청교도의 신학 연구자들 가운데 『새로운 신앙고백 또는 온전함을 위해 세우기를 바라는 것과 같이 모든 사람에 의해 기초로 세워지는 데 필수적인 기독교의 제일 원리』(1654)라는 문서를 아는 사람이 별로 없는데, 이것은 17세기 중반에 회중교회와 장로교회 신학자들이 작성한 것이다. 토머스 굿윈(1600~1680년), 존 오웬, 필립 나이(대략. 1595~1672년), 시드라흐 심슨(대략. 1600~1655년), 리처드 바인즈(1600년~대략. 1655년), 프랜시스 셰닐(1608~1665년), 토머스 맨턴(1620~1677년), 리처드 백스터(1615~1691년), 그리고 다른 학자들이 웨스트민스터 사원의 예루살렘 회관에서 이 신앙고백을 기초

John Owen: Reformed Catholic, Renaissance Man (Aldershot: Ashgate, 2007), p. 79를 보라.

26) 또한 John Ball, *A Treatise of the Covenant of Grace*… (London, 1645), pp. 133~134도 보라. 플라벨은 종종 이 문제에 대해 같은 사상을 가진 투레틴을 인용한다. "우리는 먼저 조건이 선행적으로 및 선험적으로 공로적 및 충동적 원인으로, 그리고 자연적 조건으로 취해진다면, 은혜 언약은 당연히 조건적이라는 사실이 부인된다고 말할 것이다…… 그러나 조건이 결과적, 후천적으로 언약의 약속들을 받아들이는 도구적 원인으로 취해진다면……은혜 언약은 조건적이라는 사실이 부인될 수 없다"(Francis Turretin, *Institutes of Elenctic Theology*, James T. Dennison Jr. 편집, George Musgrave Giger 번역 [Phillipsburg, N.J.: P&R, 1992], 12.3.3). 투레틴은 언약의 적용은 믿음에 따라 좌우되고, 이것은 은혜 언약을 조건적 언약으로 만든다고 덧붙인다. 플라벨과 같이 투레틴도 믿음의 조건이 선행적 조건이 될 수 있음을 인정한다. "조건은 언약을 수납하는 것에 대해 선행적이거나 결과적이다……전자의 의미에서 믿음은 언약의 유일한 조건이다. 왜냐하면 믿음이 유일하게 그리스도 및 그분의 유익을 받아들이기 때문이다. 그러나 후자의 의미에서는 거룩함과 순종이 조건과 관련될 수 있다. 왜냐하면 거룩함과 순종은 우리가 언약의 복을 충분히 소유하도록 이끄는 수단과 방법이기 때문이다"(*Institutes*, 12.3.16). 마크 비치도 *Christ and the Covenant: Francis Turretin's Federal Theology as a Defense of the Doctrine of Grace* (Gottingen: Vandenhoeck & Ruprecht, 2005), pp. 179~202에서 투레틴의 조건에 대한 입장을 유용하게 설명한다.

했고, 이들 가운데 일부는 수년 전에 웨스트민스터 총회 회원으로 참석했다. 이것은 장로교회 교인과 회중교회 교인을 하나의 신앙고백을 중심으로 연합시키려는 의도로 작성되었다. 백스터를 제외하고, 이 사람들은 모두 굿윈과 오웬과 나이가 기획한 올리버 크롬웰의 심사 및 축출 계획에 참여한 자들이었다. 온건파 장로교회와 회중교회 신학자들은 보호령 아래 국가 교회의 목사 후보자들을 심사하는 작업을 함께 했다. 이 1654년 신앙고백은 개혁파 구원 교리에 더 밝은 빛을 던지고, 다른 신앙고백과 비교할 때 상대적으로 간명해서 여러 중요한 교리를 매우 날카롭게 표현하는 진술을 담고 있다.

굿윈, 오웬, 나이와 같은 회중교회 지도자들은 소키누스주의자, 퀘이커교도, 아르미니우스주의자, 율법폐기주의자의 견해를 배제시키고 포괄적인 개혁파(칼빈주의) 견해를 담은 합의 문서를 작성하려고 시도한 것으로 보인다. 백스터도 개혁파의 이런 연합을 원했지만 사도신경으로도 충분한 대책이 된다고 느꼈다. 크롬웰도 마찬가지로 이런 포괄적인 연합을 이끌고 싶어 했다(따라서 이 신앙고백을 자신의 소명으로 알았다). 하지만 동시에 파괴적인 붕당으로 전락하게 되는 것도 두려워했다. 따라서 이 문서는 당대의 신학 논쟁들에 빛을 던져 주지만, 아울러 특별히 매우 복잡했던 해인 1654년에 등장한다. 그것은 확실히 내적 신학 논쟁을 드러내지만, 동시에 크롬웰을 조종하려고 시도하고, 지지부진한 의회 활동을 점차 자극했다. 〈새 신앙고백〉(1654년)의 내용은 아래와 같이 되어 있는데, 작성자들이 얼마나 이 특정 문서를 중심으로 국가와 교회를 연합시키려고 애썼는지를 보여 준다.

1. 신구약 성경은 하나님의 말씀이고, 하나님을 정확하게 알고, 하나님을 위해 모든 거룩함과 의 안에서 사는 유일한 법칙이고, 이 법칙을 우리는 의지해야 한다. 이 성경을 믿지 않고 거부하며, 대신 하나님의 마음을 발견하는 어떤 다른 방법을 의지하는 자는 구원받을 수 없다.
2. 전충족적이고, 영원하고, 무한하고, 불변하고, 전능하고, 전지하고, 공의롭고, 자비롭고, 가장 거룩하고, 선하고, 참되고, 신실하고, 오직 지혜로운 영이신, 유일하신 한 하나님이 계시는데, 그분은 자신의 뜻의 경륜에 따라 만물을 경영하시는 세상의 창조자, 통치자, 심판자이시며, 믿음으로 하나님을 아는 지식이 구원에 이르는 데 필수적이고, 하나님을 아는 다른 모든 지식은 구원에 불충분하다.
3. 이 하나님은 그의 존재와 행복에 있어서 모든 피조물과 무한히 구별되신다.
4. 이 하나님은 세 인격이나 위격 곧 성부, 성자, 성령을 가지신 한 하나님이시다.
5. 하나님은 인간을 자신의 형상으로 정직하게 지으셔서 자신에게 순종하게 하시고, 따라서 인간의 핵심 목적은 하나님을 위해 살고 하나님을 영원토록 즐거워하는 것이다.
6. 이렇게 지음을 받은 인간이 죄와 비참 상태로 타락했고, 따라서 우리의 본성은 완전히 부패하고, 죄에 속박되어 있고, 하나님을 증오하고, 영적으로 선한 모든 것을 행할 수 없고, 악한 모든 것을 행하는 성향이 있으며, 우리가 그 상태에 계속 거하는 한 하나님의 진노가 우리 위에 있다.
7. 하나님의 법을 어기는 것은 모두 죄이고, 죄의 삯은 영원한 사망이다.
8. 하나님은 사랑으로 예수 그리스도를 하나님과 사람 사이의 유일한 중보자로 보내셨는데, 복음에 대한 계시로 말미암아 이 중보자에 대한 지식이 없으면 구원도 없다.

9. 이 예수 그리스도는 본질상 하나님으로, 아버지의 유일하고 영원 전에 나신 아들이며, 한 인격을 가지신 참 사람이시다.
10. 이 예수 그리스도는 우리의 대속주와 저당물로 우리 대신 죽으시고, 우리를 위해 자신의 목숨을 대속물로 내놓으셨으며, 우리의 죄를 짊어지고 그 죄에 대해 충분한 배상을 치르셨다.
11. 이 주 예수 그리스도는 예루살렘에서 십자가에 못 박혀 죽으셨고, 장사되셨고, 다시 살아나셨고, 하늘로 올라가셨고, 거기서 하나님 우편에 앉아 계시고, 우리를 위해 중보하시고, 모든 성도 및 천사와 영원토록 구별된 인격을 갖고 계시지만, 그럼에도 불구하고 그들은 그분과 연합과 친교를 갖고 있다.
12. 모든 참 신자는 예수 그리스도의 참여자이고, 그분의 모든 유익은 값없이 은혜로 주어지며, 행위가 아니라 그분을 믿는 믿음으로 의롭다 함을 얻고, 하나님이신 그분이 우리의 의가 되신다.
13. 성령으로 거듭나 회개하고, 믿고, 거룩한 삶과 경건을 따라 살지 않으면 어떤 사람도 구원받을 수 없다.
14. 예수 그리스도를 자신과 다른 모든 것보다 더 존중하고 사랑하지 않는 자는 누구나 구원받을 수 없다.
15. 무엇이든 어떤 주장이나 원리에 따라 어떤 알려진 죄 가운데 사는 자는 누구나 파멸 상태에 있다.
16. 하나님은 자기 자신의 뜻에 따라 오직 예수 그리스도 안에서, 예수 그리스도로 말미암아 경배를 받아야 한다.
17. 모든 죽은 자는 다시 살아날 것이다.
18. 마지막 날에 하나님은 예수 그리스도로 말미암아 공의로 세상을 심판하고, 그의 행위에 따라 모든 자에게 보응하실 것이다.
19. 모든 신자는 영원한 행복 상태로 옮겨지고, 천국에서 영광을 상속받을 것이다.
20. 모든 악인과 비신자는 마귀 및 그의 천사들과 함께 지옥의 영원한 고통 속에 던져질 것이다.

마이클 로렌스는 이 신앙고백이 기독교의 근본 항목들을 대부분 강조하고 있다고 지적했다. 이 신앙고백은 "정통 교회 신자의 양심의 자유를 보장하는 한편, 동시에 이단의 경계를 정함으로써 정부 당국자가 이단을 제어하는 데 있어서 중대한 첫 발걸음을 떼었다."[27] 13~15조는 특별히 이번 장의 범주와 관련되어 있는데, 거기 보면 복음적 순종이 하나님과 언약 관계 속에 있는 하나님의 백성들의 구원의 필수 국면이라는 것을 보여 준다.

백스터는 분명히 이 신앙고백에 만족하지 않았는데, 그 이유는 거의 틀림없이 12조의 칭의 조항 때문이었을 것이다. 백스터는 명백히 이 요점에 대해 불만이 있었지만 13~15조에 대해서는 확실히 만족했는데, 그것이 충분히 율법폐기주의를 반대하는 내용이었기 때문이다. 로렌스는 이 문서가 "약간 폭이 좁기는 하지만 정통주의의 경계를 확실히 애매함이 없이 명확히 규정했다"는 것을 보여 주

27) Michael Lawrence, "Transmission and Transformation: Thomas Goodwin and the Puritan Project 1600~1704" (철학박사학위논문, Cambridge University, 2002), p. 169.

었다고 정확히 주장한다.[28] 그러나 이것 때문에 엄밀히 말해 백스터는 크게 당황했다. 백스터는 필수적인 판단과 능력을 결여한 자들이 그것을 작성했다고 주장했는데, 이것은 작성 신학자들의 훌륭한 면모를 감안하면 턱없는 주장이다. 로렌스가 지적하는 것처럼 백스터는 이 신앙고백이 "'정통주의를 벗어난' 사람들이 삽입시킨 '미숙하고 불합리한 구절들'로 가득 차 있다고 느꼈고, 이후의 한 당파의 문서인 '사보이 서언'과 비교했다."[29] 이 문서는 그것에 대해 무엇을 생각하든 간에 국가 교회의 통일성을 확보하기 위한 목적을 명백히 갖고 있었다. 이 신앙고백을 기초하는 데 참여한 목사들에게 종교개혁의 이신칭의 교리(12조)는 양도할 수 없는 교리였지만, 그리스도인이 "거룩한 삶과 경건을 따라 살아야" 한다는 견해(13조), 아니 더 두드러지게는 그리스도인은 "어떤 구실이나 원칙에 따라" 어떤 알려진 죄 가운데 살아서는 안 된다는 견해(15조)도 마찬가지였다. 다시 말하면 복음적 순종이 이 목사들에게는 구원을 위한 선택 조건이 아니라 필수 조건이나 요청이었다.[30] 이 신앙고백의 작성자 중 하나인 토머스 맨턴이 주장한 것처럼 하나님은 은혜 언약을 통해 자기 백성들에게 두 가지 유익을 부여하신다. 죄사함과 성령으로 말미암은 성화가 그것이다. 이것에서 두 가지 필수적인 의무가 하나님과 언약 속에 들어가 있는 사람들에게 주어진다. 즉 "믿음으로 하나님의 은혜를 감사하게 받아들이는 것과 사랑의 열매로서 새롭게 순종하는 것"이 그것이다.[31] 이런 구원관과 관련해서 개혁파 신학자들은 대체로 특별히 칭의에 대해서는 아니지만, 구원에 대해 선행의 필요성을 주장했다. 구원은 칭의를 포함하지만 칭의와 단순히 동연적이거나 동의적인 것은 아니었다.

선행의 필연성

개신교인은 선행이 구원에 필수적인지에 대해 모두가 일치했다. 루터교회 일치 신조의 대요 4조를 보면, 이 문제를 다음과 같은 부정적 진술로 시작한다. "1. 따라서 우리는 다음과 같이 말하는 것 곧 선행이 구원에 필수적이고, 또는 선행이 없이는 지금까지 구원받은 자가 아무도 없었다고, 또는 선행이 없이는 구원받는 것이 불가능하다고 가르치거나 기록된 것을 거부하고 정죄한다." 그러나 개혁파 신학자들의 작품은 전혀 다른 그림을 그린다. 사실상 그들은 정반대 입장을 주장했다. 즉 선행이 구원에 필수적이라고 주장했다. 그러나 그들은 이 교리를 그들의 언약 교리의 맥락 속에 둠으로써, 이신칭의 교리를 부인하지 않고 필수 특징으로 포함시키는 데 심혈을 기울이는 가운데 이 진리를 옹호한 것이다.

17세기에 대륙에서는 프랜시스 투레틴(1623~1687년)이 특유의 엄밀한 필치로 이 문제를 설명하면서 선행은 칭의의 필수 조건은 아니지만 구원의 필수 조건인 것은 확실하다고 주장했다. 선행은 구원의 공로에 기여하는 것이 아니라, 구원을 이루는 데 필수적인 조건이다. 나아가 투레틴이 언약을

28) Lawrence, "Transmission and Transformation," p. 170.

29) Lawrence, "Transmission and Transformation," p. 170.

30) 대륙의 신학자에 대해 말한다면, 자카리아스 우르시누스도 복음은 "그리스도를 믿는 믿음과 새로운 순종의 시작을 조건으로" 생명을 약속한다고 주장한다(*The Commentary of Dr. Zacharias Ursinus on the Heidelberg Catechism*, G. W. Williard 번역 [Columbus, Ohio: Scott, 1852], p. 3).

31) Thomas Manton, *Sermons upon 2 Corinthians 5*, in *The Complete Works of Thomas Manton* (London: James Nisbet, 1870~1875), 13:77.

쌍방적인 것으로 이해하는 것은 영국에서 은혜 언약을 이해하는 것과 완전히 일치하는 것으로 하나님의 약속은 필수적으로 하나님과 언약 속에 있는 자들의 순종으로 충족되어야 한다. 신자들은 "교훈의 필연성뿐만 아니라 수단의 필연성으로 말미암아……새로운 순종에 확고하고 불가결한 유대로 매여 있다."[32] 투레틴은 복음은 진리에 대한 고백을 요청할 뿐만 아니라 (주로) 경건의 실천을 요구한다고 덧붙이고, 행위는 각각 칭의, 성화, 영화와 관련하여 세 가지로 설명될 수 있다고 지적함으로써 이 견해를 옹호한다.

> 행위는 칭의와는 선행적, 효과적, 공로적으로 관련되어 있지 않고, 결과적, 선언적으로 관련되어 있다. 행위는 성화와는 구성적으로 관련되어 있는데, 그 이유는 행위가 성화를 구성하고 촉진시키기 때문이다. 또 행위는 영화와 선행적, 지시적으로 관련되어 있는데, 그 이유는 목적에 대한 수단으로 영화와 관련되기 때문이다.[33]

이 구분에 따라 투레틴은 이신칭의 교리를 보호하는 한편, 하나님의 명령에 대한 복음적 순종의 필연성에 대해 말하는 다양한 본문들을 정당화할 수 있다. 따라서 선행은 생명을 위한 공로를 쌓는 것이 아니라 생명에서 흘러나오는 것이다. 하지만 확실히 투레틴은 이 요점을 주장한 유일한 인물은 아니었다.

크게 존경받는 잉글랜드 신학자로 도르트 회의에 대표자로 파송된 존 대버넌트(1572~1641년)는 선행은 이미 의롭게 된 자들에게 요구된다고 지적함으로써 이 문제에 대해 말한다. 칭의의 조건은 오직 믿음이다. 하지만 선행은 하나님의 명령에 대한 순종을 드러낸다. 사실 선행은 법적 계약(즉, 행위 언약) 아래 있는 자들과 하나님과 언약(즉, 은혜 언약) 속에서 사는 자들에게 모두 요구된다. "율법은 인간을 하나님이 본성을 정직하게 지으신 존재로 간주하기 때문에 본성의 힘으로 선행을 행할 것을 요구한다. 하지만 복음은 인간을 타락한 존재로 간주하기 때문에 의롭게 된 자에게 선행을 요구한다. 그렇지만 이때 선을 행하는 것은 자유의지의 힘으로가 아니라, 주어진 은혜로 행해져야 한다."[34] 율법이 아니라 복음이 율법의 행위와 상관없이 의롭게 된 자들에게 선행을 요구한다. 대버넌트는 복음은 칭의 조건으로 오직 믿음만을 요구한다고 지적하는 것으로 자신의 입장을 옹호한다. "하지만 성화 주제와 교리에 있어서 [복음은] 믿음의 열매를 요구한다."[35] 말하자면 투레틴과 마찬가지로 대버넌트도 복음은 믿음뿐만 아니라 순종도 명령한다고 말한다.

대버넌트는 로마 가톨릭 신학자 로버트 벨라민(1542~1621년)을 논박하는 과정 속에서 자신의 주장을 천명하고, 그렇게 할 때 자신의 입장을 개신교 사상에 충분히 입각한 것으로 이해한다. 흥미롭게도 대버넌트는 선행은 적절하게 설명되면 칭의에 필수적일 수 있다는 것을 인정하지만,[36] 교황주

32) Turretin, *Institutes*, 17.3.5.

33) Turretin, *Institutes*, 17.3.14.

34) John Davenant, *A Treatise on Justification*⋯, Josiah Allport 번역 (London: Hamilton, Adams & Co., 1844), 1:288.

35) Davenant, *A Treatise on Justification*, 1:288.

36) 존 볼의 다음 진술을 숙고해 보라. "하나님의 자비를 활력적으로 받아들이는 믿음은 모든 일을 무척 즐거운 마음으로 행하는 진실한 목적과 결합되고, 기회가 주어지는 대로 모든 거룩한 순종을 성실하게 수행하는 실천은 항상 그 믿음을 수반하고, 그리하여 우리는 지속적으로 이전에 받아들였던 약속을 굳게 붙들게 된다. 온갖 종류의 실제 선행(수준에 있어서는 완전하지 않지만)은 실제 칭의의 존속에 필수적인데, 그것이 없으면 믿음이 생명의 약속들에 대한 권리

의자들이 이것을 행위가 칭의를 얻는 공로라는 뜻으로 이해하기 때문에 "우리는 이 표현들을 이단적 의미로 왜곡시키는 데 익숙한 교황주의자들에게 오류의 빌미를 제공해서는 안 된다"고 말한다.[37) 따라서 **크리스토토코스**("그리스도를 낳은 자"[그리스도의 어머니] 곧 데오토코스[하나님을 낳은 자]의 변형 형태로, 정통주의와 로마 가톨릭교회 전통에서 동정녀 마리아에게 주어진 명칭)과 같은 어구들의 표현과 어투는 건전할 수 있지만, 그것들과 관련된 전통으로 보아 반드시 좋은 것은 아니다. 그럼에도 불구하고 대버넌트는 선행은 구원에 필수적이라는 자신의 요점을 확언하기 위해 여러 중요한 구분을 행한다. 필수적인 선행은 완전한 선행을 요구하는 것이 아니고, 공로적인 것도 아니다. 오히려 이 선행은 "칭의 상태를 보존하고 유지하는 데 필수적인 것으로, 자체로 효력을 갖고 있거나 이 보존에 공로를 세우는 것이 아니라, 그것이 없으면 하나님이 사람들 속에서 칭의의 은혜를 보존하지 못하는 수단이나 조건으로 작용하는 것이다."[38) 이것을 더 명확하게 진술하기 위해, 대버넌트는 선행은 "작인(作因)의 필요성 때문이 아니라 질서의 필요성 때문에, 아니 더 분명하게 말하면, 영생의 공로적인 원인으로서가 아니라 삶을 위해 정해진 길로서" 의롭게 된 자들에게 요구되므로 구원에 필수적이라고 지적한다.[39) 다양한 로마 가톨릭교회의 오류나 악용에도 불구하고, 선행의 필연성 관념을 포기하지 않고, 대버넌트는 개신교인이 선행이 구원에 필수적이라는 사실을 어떻게 확언할 수 있는지 보여 주려고 칭의 관련 논문에서 충분한 조건들을 제시한다. 대버넌트는 선행이 구원의 길이라고 단정함으로써 많은 개혁파 저술가들이 취한 길에 서서 설명을 시작한다. 예를 들어 존 볼(1585~1640년)은 하나님의 계명을 지키는 것은 구원을 얻는 근거가 아니라 오히려 "영생을 따라 사는 길"이라고 주장한다.[40) 앤서니 버지스(사망, 1664년)도 행위를 천국에 가는 길로 인정하지 않는 것은 사실상 율법폐기주의의 오류를 범하는 것임을 보여 준다.[41)

새뮤얼 러더퍼드(1600~1661년)는 선행은 하나님의 명령과 약속에 따라 필수적이라고 주장한다. 그러나 신자들의 행위는 그들의 칭의의 형식적 원인(형상인)이 아니고, 그렇게 되면 그리스도께서 자기 백성들을 위해 공로를 세우신 것을 부인하게 결과에 이르게 된다고 분명히 진술한다. 신자들의 행위는 그리스도의 피로 씻기고, "우리가 의롭다 함을 받은 것을 정당화한다."[42) 감사의 율법과 짝을 이뤄 의롭다 함을 받은 죄인들에게 주어진 하나님의 명령은 언약의 맥락에서 선행을 행하는 것이 단순히 신자들에게 선택이 아니라는 것을 의미한다.

개혁파 신학자들이 선행이 구원에 필수적이라고 주장한 것을 증명하기 위해 더 많은 실례가 제공될 수 있다.[43) 그러나 이 모든 신학자는 선행이 칭의나 구원의 공로나 도구가 된다는 관념을 거부했

를 강력히 주장할 수 없기 때문에 그것은 실질적으로 또는 실제적으로 우리를 천국의 길로 이끈다(*A Treatise of the Covenant of Grace*, p. 21).

37) Davenant, *A Treatise on Justification*, 1:295.

38) Davenant, *A Treatise on Justification*, 1:300~301.

39) Davenant, *A Treatise on Justification*, 1:302.

40) John Ball, *A Treatise of Faith* (London, 1657), p. 112.

41) Anthony Burgess, *Vindiciae Legis*… (London, 1646), pp. 31~32.

42) Samuel Rutherford, *The Covenant of Life Opened*… (Edinburgh, 1655), p. 178.

43) 존 오웬은 이렇게 주장한다. "은혜 언약의 전체적인 은혜로 보면 적절하게 그렇게 불릴 조건들이 들어 있지 않지만, 넓은 의미로 그 말을 사용하면 언약 속에는 조건들이 들어 있다. 왜냐하면 신적 구조의 질서에 따라 그 조건은 어떤 다른 것들에 앞서고, 그것들의 존재에 영향력을 미치기 때문이고, 또 하나님이 실제로 언약 속에 들어가고 언약의 약속과 유익에 참여하는 자들에게 많은 것을 요구하시기 때문이다. 하나님 앞에서 올바르게 살아가도록 복음이 우리에게 지시하는 온전한 순종이 이런 조건의 본질에 속하고, 이에 따라 우리의 은혜로운 순종의 어떤 행위, 의무, 몫에 속

다. 하지만 이 거부가 선행이 구원의 길로 당연히 말해질 수 없다는 것을 의미하는 것은 아니었다.

벨라민과 트렌트 공의회는 선행에 대한 개신교 입장을 적절히 이해하지 못했다. 선행은 단순히 경건한 모습에 대한 증거가 아니다. 사실 대버넌트는 이 관념에 대응해 매우 강력한 진술을 제공하면서, 벨라민은 개신교인에게 선행은 단지 믿음의 존재를 증명하는 표지라는 견해를 뒤집어씌우고 있다고 주장한다. 이에 대해 대버넌트는 이렇게 말한다. "그러나 우리는 온 마음을 다해 이런 망령[바보 같은 관념]을 싫어하고, 선행은 구원과 관련해서 단순히 말로만 표현하는 것이 아니라 적극적으로 자체로 필수적이라고 단호하게 확언한다. 왜냐하면……선행의 실천에 따라 우리는 하늘나라를 향해 더 가까이 나아가기 때문이다."[44] 이 기본적인 추론은 이후에 웨스트민스터 신앙고백에서 확증되었다.

1654년 〈새 신앙고백〉과 마찬가지로 웨스트민스터 신앙고백도 "아무도 참된 거룩함을 실천하지 않고는 주님을 보지 못할 것이다"(13.1)라고 천명한다. 웨스트민스터 대교리문답은 이전에 언급했던 질문 32의 "두 번째 언약에 하나님의 은혜가 어떻게 나타나 있습니까?"에 대한 답변에서 지금까지 제공된 것 가운데 가장 좋은 요약을 제공한다. 답변: "두 번째 언약에 나타나 있는 하나님의 은혜는 하나님이 값없이 제공하시는 것으로 죄인들에게 중보자를 주시고, 이 중보자를 통해 생명과 구원을 제공하며, 죄인들이 중보자와 관계를 갖도록 조건으로서 믿음을 요구하며, 택함받은 모든 자에게 약속대로 그의 성령을 주셔서 다른 모든 구원의 은혜와 함께 그들 속에 믿음을 역사하시고, 그들의 믿음의 진실함의 증거로서, 그리고 하나님이 그들을 구원으로 이끌기 위해 정하신 길로서, 그들이 모든 거룩한 순종을 행할 수 있도록 하시는 것입니다." 믿음은 구원을 위한 요청이나 조건이지만 모든 택함을 받은 자에게 "구원의 길인 하나님에 대한 순종"도 마찬가지다.

이 문제들에 대한 설명에서 불가피하게 나오는 질문은 선행이 최후 심판에서 어떤 역할을 하느냐는 것이다. 개혁파 작품들 속에서 이신칭의 교리가 차지하고 있는 두드러진 위치를 감안하면, 행위에 따른 심판에 대해 말하는 것이 과연 적절할까? 개혁파 전통에 속하는 주요 대표적 신학자들은 성경은 행위에 따른 미래의 심판을 결코 부정하지 않는다는 것을 증명한다. 그럼에도 불구하고 선행이 구원에 필수적이라고 말할 때 적절한 구분이 요구되는 것처럼 최후 심판을 묘사할 때에도 그것이 요구된다.

행위에 따른 심판

네덜란드 출신 언약신학자 헤르만 위트시우스(1636~1708년)는 사도신경에 대한 작품에서 신자들의 선행과 최후 심판 간의 명백한 관련성을 언급하는데, 거기서 신자들에게 영생이 주어지는 것은 그들의 선행의 "어떤 공로에 근거되는 것이 아니고" 그리스도의 중보 사역에 근거된다고 주장했다.[45] 그

해 있는 일들이 명령되고, 언약의 은혜와 자비들을 추가로 공급하는 수단들이 지정됨으로써, 그것들은 우리에게 지시된 의무일 뿐만 아니라 언약 안에서 우리에게 요구되는 조건으로 불릴 수 있다"(Owen, *Exposition of Hebrews*, in *Works*, 23:137).

44) Davenant, *A Treatise on Justification*, 1:314.

45) Herman Witsius, *Sacred Dissertations: On What Is Commonly Called the Apostles' Creed* (Escondido, Calif.: The den Dulk Christian Foundation, 1993), 2:479.

러나 위트시우스는 또한 어떤 신자도 선행이 없으면 구원을 얻지 못할 것이라고도 주장하는데, 이것은 "하나님이 '각 사람에게 그 행한 대로 보응하실' 것이라는 것과 '하나님이 참고 선을 행하여 영광과 존귀와 썩지 아니함을 구하는 자'에게 영생으로 하실 것이라는 것"(롬 2:6~7)을 의미한다.[46] 위트시우스와 동시대인인 빌헬뮈스 아브라껄(1635~1711년)도 이 질문과 관련된 중요한 본문들을 제시하고(예, 마 16:27; 롬 2:6; 고후 5:10; 계 2:23, 20:12), 이 본문들은 "악이나 선을 행한 것으로 보응을 받을 사람들의 특성과 그들 간의 구별"에 대해 말하는 것이라고 지적한다.[47] 아브라껄은 이렇게 덧붙인다. "선을 행하고 경건하게 생활한 자들은 구원을 받을 것이지만 경건하지 못한 방식으로 생활한 자들은 누구나 정죄를 받을 것이다. 그러므로 모든 사람이 자신의 행위 **때문에** 보응을 받는다고 말하는 것이 아니라, 자신의 행위에 **따라** 보응을 받는다고 말하는 것이다. 물론 경건하지 못한 자의 행위는 그들의 파멸 원인이 될 것이다."[48] 마찬가지로 17세기에 잉글랜드에서 토머스 굿윈 및 존 오웬과 같은 매우 훌륭한 신학자들도 행위에 따른 최후 심판 교리에 주의를 집중했다.

굿윈의 경우에 대해 말한다면, 그가 사실은 이중 칭의 교리를 주장했다는 것을 지적하는 것이 중요하다. 곧 첫째 칭의는 권위적 칭의이고, 둘째 칭의는 선언적, 예증적 칭의다. 굿윈은 이렇게 주장한다. "첫째 칭의는 **코람 데오** 곧 하나님 앞에서의 사람들의 인격에 대한 칭의로, 그 이유는 그들이 하나님 앞에 숨김없이 드러나고, 구원의 권리가 오직 하나님께만 있기 때문이고, 따라서 그들은 하나님이나 그들 자신이 바라볼 때에 행위가 아니라, 믿음으로 의롭다 함을 받는다."[49] 이 상태에 있는 신자들은 그리스도를 믿는 믿음으로 말미암아 의롭다고 선언된다. 이어서 굿윈은 로마서 4장 2~5절의 아브라함의 경우를 이 칭의 곧 하나님과 아브라함 사이의 "은밀한 거래"로 이뤄진 칭의를 지지하기 위해 실례로 제시한다. 그러나 하나님은 심판 날에 온 세상의 왕으로서 사람들을 심판하는데, 이때 하나님은 "사람과 사람 사이를 구별하고, 이 구별에 따라 한쪽은 의롭게 된 참 신자들이고, 다른 한쪽은 참된 믿음의 행위에 따를 때 불충분한 자들이었다."[50] 그러므로 하나님은 누구나 보도록 자신이 진정으로 의롭다고 선언한 자들과 비록 그리스도를 믿는 믿음을 고백했다손 치더라도 진노 아래 남아 있게 된 자들 간의 차이를 명확히 하실 것이다. 한 집단 곧 의롭다 함을 받은 자들은 "복 받을 자들이여 나아오라"는 말을 듣게 되지만, 다른 자들은 "저주를 받은 자들아 떠나라"는 말을 들을 것이다.

이 문제에 대해 굿윈은 야고보와 바울을 함께 정당화하기를 원한다. 따라서 굿윈은 하나님이 "그것을 보여 주는 다른 어떤 행동이 없이 그 자신의 은밀한 행위로 구원을 소유하게 하지 아니하실 것"이라고 본다.[51] 이 모든 것의 열쇠는 굿윈이 최후 심판에서 하나님이 자신의 정당화 또는 자신에 대한 정당성을 증명하고 있는 것으로 이해되어야 한다는 것이다. 하나님은 행위와 상관없이 의롭게 하시지만 "예증적으로 행하실 것이며", 분명히 믿는 아브라함과 믿지 않는 이스마엘을 구분하신다.

46) Witsius, *Sacred Dissertations*, 2:479~480.

47) Wilhelmus a Brakel, *The Christian's Reasonable Service*, Joel R. Beeke 편집, Bartel Elshout 번역 (Grand Rapids: Reformation Heritage Books, 2007), 2:367.

48) A Brakel, *The Christian's Reasonable Service*, 2:367.

49) Thomas Goodwin, *Gospel Holiness*, in *The Works of Thomas Goodwin*, Thomas Smith 편집 (1861~1866, 재판, Grand Rapids: Reformation Heritage Books, 2006), 7:181.

50) Goodwin, *Gospel Holiness*, in *Works*, 7:181.

51) Goodwin, *Gospel Holiness*, in *Works*, 7:181.

하나님은 "의롭게 하시는 자신의 행위를 정당화하실" 것이다.[52] 따라서 바울과 야고보의 외견상 대조는 더 분명한 관점으로 이동된다. "한 마디로 아브라함의 인격은 자체만으로는 사실상 경건하지 못한 것으로 간주되지만, 바울에게는 행위 없이 얻는 칭의의 대상이다(롬 4:3~5). 그러나 이처럼 의롭게 하는 참된 믿음을 갖고 있다고 고백하고, 그런 까닭에 의롭다 함을 받고, 그로 말미암아 구원에 대한 권리를 주장하는 아브라함은 그 자격으로 행함을 통해 의롭게 되어야 한다."[53] 나아가 창세기 22장 12절(이제야 네가 하나님을 경외하는 줄을 아노라)에서 아브라함의 경우를 보면, 하나님은 아브라함의 칭의를 가시적으로 예증하신다. "따라서 네가 내 앞에서 나 자신의 은밀한 행위에 대해 믿음으로 의롭게 되었지만, 나는 이제 너를 온 세상에 공포하고, 이 지식을 준 것을 증명할 수 있다."[54]

이어서 굿윈은 이 관념들을 최후 심판 배경 속으로 이끌고, 어떤 의미에서 "사람이 마지막 날에 그의 행위에 따라 심판받는다고 말해질 수 있는지" 묻는다.[55] 심판받는 모든 자는 의롭게 되거나 정죄를 받거나 둘 중 하나다. "따라서 마지막 날에 사람이 그의 상태와 믿음에 대한 증거로서 그의 행위에 따라 의롭다 함을 받을 것이라고 말하는 것은 그의 행위에 따라 심판받을 것이라고 말하는 것보다 결코 위험한 말이 아니다"(굿윈에 따르면 이 두 말은 똑같은 의미로 취해져야 한다).[56] "행위에 따라 심판받는" 것은 예증의 의미를 갖고 있다. 그리스도는 아브라함이 자기 아들을 제물로 바치는 것을 보시고 그의 칭의를 선포하고 선언하실 것이다. 그러므로 신자들이 구원받는 마지막 날의 심판은 공적 정당화로 불린다(마 12:36~37). 굿윈은 이렇게 언급한다. "하나님이 사람들을 오직 그들의 믿음에 따라 심판하실 것이라고 어디서도 말해지지 않고, 오히려 모든 사람이 나와 함께 나의 선고가 공의롭다는 것을 판단할 수 있도록 너를 심판할 것이라고 말씀하신다(고전 4:5)……온 세상이 하나님이 진정으로 참된 믿음을 갖고 있는 자를 의롭게 하셨다는 것을 알 것이다."[57] 다시 말해 굿윈의 논증의 힘은 주로 하나님이 경건하지 못한 자들을 의롭다고 선언하시는 분으로서 자신을 정당화하시는 것에 의존한다. 굿윈은 이 결과 "바울이 행위에 따라 심판을 받는다고 말하는 것과 야고보가 행함으로 의롭게 된다고 말하는 것이 같고, 둘 다 바울이 오직 믿음으로 의롭게 된다고 말하는 것과 일치한다고 본다. 왜냐하면 바울은 로마서 3, 4장에서처럼 행함이 없이 믿음으로 의롭게 된다고 매우 강력히 주장하는데, 이 동일한 서신 2장에서 또한 '모든 사람이 그의 행위에 따라 심판받을 것'이라고 선언하기 때문이다."[58] 주석 내용을 정당화하는 목표 외에 굿윈은 하나님이 어떻게 최후 심판에서 자신과 자신의 아들, 참 신자들을 정당화하실지 증명하기를 원하고, 이것이 굿윈의 구원론의 중요한 국면을 이룬다.

존 오웬도 굿윈과 비슷한 접근법을 취한다. 칼 트루먼은 최후 심판과 행위의 역할에 대한 오웬의 설명이 "이상하게" 보인다는 것을 인정한다.[59] 신자들은 행위와 상관없이 값없이 의롭다 함을 얻고, 따라서 최후 심판에서 의롭다고 선언될 것이라고 주장한 다음, 오웬은 그럼에도 불구하고 이렇게 주

52) Goodwin, *Gospel Holiness*, in *Works*, 7:181.
53) Goodwin, *Gospel Holiness*, in *Works*, 7:181.
54) Goodwin, *Gospel Holiness*, in *Works*, 7:182.
55) Goodwin, *Gospel Holiness*, in *Works*, 7:182.
56) Goodwin, *Gospel Holiness*, in *Works*, 7:182.
57) Goodwin, *Gospel Holiness*, in *Works*, 7:182.
58) Goodwin, *Gospel Holiness*, in *Works*, 7:182.
59) Trueman, *John Owen*, p. 120.

장한다. "어떻게 복음적 신앙을 고백하는 사람이……시험을 받고 판단을 받으며, 따라서 그것으로 그가 의롭게 될 것인지는 그 자신의 개인적이고 진실한 순종으로 말미암아 이뤄지고, 또 이뤄져야 한다는 것을 우리는 인정하게 된다."[60] 이것은 굿윈이 진정으로 경건한 자와 외적으로만 언약의 구성원인 교회 안의 사람들을 포함한 경건하지 못한 자를 식별하는 방법을 강조한 것과 정확히 부합한다. 오웬은 실제로 행위에 따른 최후 심판을 "판결적 칭의"로 부르는데, 여기에는 굿윈이 그렇게 한 것처럼 하나님과 그리스도와 교회의 공적 정당화가 포함된다. 오웬은 자신의 요점을 지지하고, 솔라 피데(오직 믿음으로) 칭의를 암묵적으로 부정할 위험에 빠지는 것을 피하기 위해 다음과 같이 증명한다.

> 성경 어디서도 우리는 마지막 날에 "행위로 말미암아"(ex operibus) 심판을 받을 것이라고 말하지 않고, 다만 하나님이 사람들을 "행위에 따라"(secundum opera) 보응하실 것이라고 말한다. 우리는 의의 행위를 따라서가 아니라, 그의 은혜로 말미암아 값없이 의롭다 함을 얻었다. 우리는 모든 곳에서 현세에서 "믿음으로 말미암아"(ex fide), 믿음을 통해(per fidem) 의롭게 된다고 말해지지, 어디서도 "믿음 때문에"(propter fidem 곧 믿음을 근거로) 의롭게 된다고 말해지지 않는다. 또는 하나님이 우리를 "믿음에 따라서"(secundum fidem) 곧 믿음에 의해 우리를 의롭게 하신다고 말하지, 우리의 믿음 때문에나 믿음대로 우리를 의롭게 하신다고 말해지지 않는다.[61]

그러므로 오웬은 하나님이 마지막 날에 행위와 상관없이 믿음으로 우리가 하나님 앞에서 의롭게 된다고 일관되게 묘사할 때 하나님이 마지막 날에 행위로 의롭게 하실 것이라는 것은 이상할 것이라고 주장한다. 그러나 굿윈과 마찬가지로 오웬도 우리는 행위에 따라 의롭다 함을 얻지 않지만, 하나님이 모든 사람을 심판하시되, "마지막 심판 날에 그들의 행위에 따라 보응하시는 것은 사실이며, 그것이 성경에서 확인된다"고 주장한다.[62] 나아가 "최후 심판에서 하나님의 목적은 자신이 보응하시는 의의 영광이다"(딤후 4:8).[63] 마태복음 7장과 25장도 행위에 따른 최후 심판을 염두에 두고 있고, 오웬은 이 본문들은 가시적 교회와 관련되어 있다고 주장한다. 굿윈과 마찬가지로 오웬도 가시적 교회 안의 모든 사람은 자신의 믿음을 내세우고, 그러면 이 믿음이 "진실하고 참된 믿음인지 또는 아닌지 곧 죽은 믿음이거나 열매 없는 믿음인지 시험에 부쳐질" 것이라고 주장한다. 그리고 이 시험은 오로지 그 열매와 결과에 의해 좌우되고, 그렇지 않으면 모든 사람에게 사실을 공적으로 선언할 때 참된 믿음으로 선언될 수 없다. 또는 우리를 의롭게 하는 믿음은 마지막 날에 심판에 이르지 아니할 것이다(요 5:24).[64]

굿윈이나 오웬은 로마 가톨릭 진영에 자기들의 지지자를 전혀 두고 있지 않다. 예를 들어 오웬이 로마 가톨릭교회에 반대하는 핵심 논박은 주로 로마 가톨릭교회의 이중 칭의 교리가 가짜로 판명된다는 것에 있다. 로마 가톨릭교회에 따르면, 첫째 칭의는 세례를 통해 은혜가 주입되는 것인데, 이때

60) Owen, *Justification by Faith*, in *Works*, 5:159~160.
61) Owen, *Justification by Faith*, in *Works*, 5:161.
62) Owen, *Justification by Faith*, in *Works*, 5:161.
63) Owen, *Justification by Faith*, in *Works*, 5:161.
64) Owen, *Justification by Faith*, in *Works*, 5:161~162.

은혜가 자동적으로 성사 자체로 말미암아 효력을 발휘하게 되고(ex opere operato), 이로 말미암아 원죄는 소멸되고 죄의 습관이 제거된다. 둘째 칭의는 그들의 선행의 형식적 원인(형상인)이다. "그들은 말하기를, 바울은 첫째 칭의만을 다루고, 그래서 행위는 완전히 배제시킨다…… 그러나 야고보는 둘째 칭의를 다루고, 이것은 선행으로 얻는 것이다……성화가 칭의로 바뀌었다……값없이 주어지는 죄 사함과 의의 전가에 있는 복음적 칭의의 전체 본질이……그로 말미암아 완전히 망가지고 만다."[65] 다른 곳에서 오웬은 로마 가톨릭교회가 옹호하고 제공하는 칭의의 두 구분은 우리에게 칭의를 전혀 남겨 놓지 않는다고 주장한다. 만일 칭의가 즉각 완결되지 않는다면 우리는 둘째 칭의를 필요로 하는 위치에 있고, 그러므로 "이 세상에서 아무도 의롭게 될 수 없을 것이다."[66]

웨스트민스터 신앙고백과 대소교리문답은 둘째 칭의에 대해 말하지 않고, 심판 날에 있을 공개 시인과 무죄 석방에 대해 말한다. "심판 날에 의인에게는 어떤 일이 있습니까?" 답변: "심판 날에 의인은 구름을 타고 그리스도에게 인도되어 그분의 우편에 앉고, 거기서 공적 시인과 무죄 석방을 받을 것입니다"(웨스트민스터 대교리문답 질문 90). 이 모든 것은 참 신자는 거짓 신앙고백자와 공개적으로 구별될 것이라는 것을 함축한다. 두 집단은 그리스도를 믿는 믿음을 고백하지만, 오직 구원하는 참 믿음을 소유한 자들만 무죄 석방되고, 그들의 선행은 그들이 하나님의 신뢰한 것을 공적으로 예증하는 역할을 할 것이다(웨스트민스터 대교리문답 질문 32를 보라). 하나님과 그리스도는 영광을 받고, 신자들은 자신의 행위에 대해 상을 받게 될 것인데, 러더퍼드의 말을 사용하면, 그들의 행위는 그리스도의 피로 씻겼다. 따라서 하이델베르크 교리문답은 이렇게 가르친다. "이 상은 공로가 아니라 은혜에 속한 것입니다"(질문 63). 그러므로 최후 심판은 신자들에게 두려워할 어떤 것이 아니라, 그리스도를 믿는 자기들의 믿음이 정죄가 아니라, 정당화가 그리스도께서 다시 오실 때 그들을 기다리고 있다는 것을 알기에 그들에게 종말론적 확신을 제공하는 것을 즐거워하는 동기가 된다.

결론

17세기에 영국의 개혁파 신학자들은 은혜 언약이 쌍방적(양방적) 언약이라고 주장했다. 이것 때문에 그들은 은혜 언약이 조건적 언약이라고 말하는 것이 당연하다고 주장했다. 언약의 조건은 일차적으로 그리스도를 믿는 믿음과 새로운 순종의 열매였다. 전자의 조건은 아르미니우스주의자의 견해와는 반대로 선행적 조건으로 이해되었고, 따라서 그리스도로 말미암아 얻은 복이 그리스도를 믿는 믿음이 행사되기 전에는 신자에게 적용될 수 없었다. 오직 그때에만 실제 칭의가 일어났다.

하나님과 언약 속에 들어가 있는 신자는 믿고 하나님의 계명을 지킬 것을 요구받는다. 그러므로 거룩함을 추구하는 것과 의를 실천하는 것도 조건이다. 하지만 이것들은 믿음을 처음 행사한 것의 결과다. 물론 이 조건들은 선택이 아니고, 이번 장은 복음적 순종과 선행이 언약 속에 나타나 있는 하나님의 은혜에 대한 적절하고 필수적인 반응으로 작용했다는 것을 보여 줬다. 참되고 살아 있는 믿음은 반드시 선행을 낳고, 이 선행은 기독교인과 비기독교인 간에, 또한 교회 안에서 경건한 사람들과 경건하지 못한 사람들 간에 객관적 구별이 이뤄질 최후 심판 때에 공적으로(공개적으로) 확증될

65) Owen, *Justification by Faith*, in *Works*, 5:138.
66) Owen, *Justification by Faith*, in *Works*, 5:145. 또한 *John Owen*, 120에서 트루먼의 결론도 보라.

것이다. 은혜 언약은 조건적 언약이 아니고, 선행은 구원에 필수적이지 않다고 주장하고, 행위에 따른 미래의 심판을 부정하는 것은 성경적 보증을 전혀 갖고 있지 않고, 이런 이유로 개혁파 정통주의는 구원의 약속을 상속받을 자들에게 할당된 요청이나 조건에 대해 말했다.

A PURITAN THEOLOGY

| 4부 |

기독론

청교도의 율법과 복음에 대한 견해

따라서 더 깊이 연구해 보면, 교회 정치에 대한 다툼은 청교도 사상 안의 더 근본적인 지성적, 정서적 분열 곧 매우 근본적인 기독교적 안티노미인 율법과 복음의 관계에 대한 분열을 뒤에 숨기고 있다.

– 데이비드 코모[1] –

그러나 솔트마시가 율법과 복음 간의 차이를 정할 때 정확히 말하지 않는 이유에 대해 (나는 기도한다. 왜냐하면 그것들이 율법폐기주의자와 우리 간 논쟁의 핵심 요점이기 때문이다).

– 새뮤얼 러더퍼드[2] –

종교개혁과 종교개혁 이후 루터교회와 개혁파 교리의 신학적 관심사는 율법과 복음 간의 구분에 집중되어 있다. 마르틴 루터가 "율법과 복음을 구분하는 비결을 잘 알고 있는 사람은 누구든 우두머리가 되고 성경 박사로 불릴 것이다"라고 말한 것은 유명하다.[3] 테오도루스 베자(1519~1605년)는 율법-복음 구분에 대한 무지는 "기독교를 부패시켰고, 여전히 부패시키고 있는 오용의 핵심 원천"이라고 주장했다.[4] 따라서 루터교회와 개혁파 전통에 속한 대표 신학자들은 율법-복음 구분의 중요성을 강조했다. 그러나 특히 이신칭의와 관련해서 명백한 일치점이 있기도 했지만, 개혁파 신학자들은 대체로 이 구분을 루터교회 신학자들과는 다르게 사용했다. 특히 개혁파 신학자들은 이 구분을 언약신학의 배경 속에서 상세히 다뤘다.[5] 우리는 개혁파 신학자들이 "율법"과 "복음"이라는 말을 이해

1) David Como, *Blown by the Spirit: Puritanism and the Emergence of an Antinomian Underground in Pre-Civil-War England* (Stanford, Calif.: Stanford University Press, 2004), p. 451.

2) Samuel Rutherford, *A Survey of the Spirituall Antichrist*··· (London, 1648), p. 120.

3) Martin Luther, *The Proper Distinction between Law and Gospel: Thirty-Nine Evening Lectures*, F. W. Walther 편집, W. H. T. Dau 번역 (St. Louis, Mo.: Concordia, 1986).

4) Theodore Beza, "The Christian Faith (1558)," *Reformed Confessions of the 16th and 17th Centuries in English Translation: Volume 2: 1552~1556*, James T. Dennison Jr. 편찬 (Grand Rapids: Reformation Heritage Books, 2010), pp. 273~274. 베자는 또 그들의 일치점도 지적한다. "그들은 다음과 같은 공통점을 갖고 있다. 둘 다 여전히 계속 자신과 같으신(히 1:1~2) 유일하신 참 하나님께 속해 있고, 따라서 실체에 대해 하나가 다른 하나를 파괴한다고 생각할 수 없다. 그러나 오히려 우리가 확인할 것처럼 하나가 다른 하나의 실체를 확립한다"(롬 10:2~4).

5) 따라서 리처드 멀러는 루터교회와 개혁파는 율법의 용도(usus legis)를 다르게 적용시켰다고 주장한다. "개혁파는 믿음이 선행의 열매를 낳고 맺어야 한다는 전제에 따라 율법의 규범적 기능으로 정의되는 율법의 제삼 용도(tertius usus legis)를 크게 강조한다. 그러나 루터교회는 여기서 행위-의의 위험성을 보고, 규범적 용도(usus normativus)는 궁극적으로 의인이자 죄인(simul iustus et peccator)으로 존재하는 신자를 교육적 용도(usus paedagogicus)로 돌아가게 하고, 또 거기서 다시 구원의 유일한 원천이신 그리스도와 그의 은혜로 돌아가도록 한다고 주장한다. 루터교회 사상에서 율법은 기독교적 삶의 궁극적 규범이 될 수 없고, 대신 항상 유일하게 의가 되시는 그리스도께 사람들을 인도해야 한다. 루터교회와 개혁파의 이 차이는 개혁파에서 주장된 한 은혜 언약(foedus gratiae) 안에서의 율법과 복음의 단순한 구분과 반대로, 루터교회에서 율법과 복음의 변증법적 관계를 주장하는 데서 나온다"(*Dictionary of Latin and Greek*

하고 사용하는 다양한 방법을 감안하지 않고, 그들이 한 말만 따로 떼어내 일반화하지 않도록 조심해야 한다.[6] 회개가 율법에 속해 있는지, 아니면 복음에 속해 있는지는 구원 교리와 관련해서 이 구분을 사용할 때 개혁파와 루터교회 간 차이의 한 실례를 제공한다.

루터교회 일치 신조 대요에 따르면, 논란이 되는 핵심 문제는 복음에 대한 선포가 죄사함을 선포하는 은혜에 대한 선포이면서 아울러 회개와 책망에 대한 선포인지에 있다. 긍정 명제들은 "죄를 책망하는[그리고 함축적으로 회개를 요구하는] 모든 것은 율법에 대한 선포이고, 또 율법에 대한 선포에 속해 있다"고 진술한다. 반면에 복음은 그리스도의 속죄와 모든 죄에 대한 배상, 그리스도께서 우리를 위해 취득하신 유익 곧 용서, 의, 영생을 선포한다. 이 일치 신조는 성경은 "복음"이라는 말을 다양한 의미로 사용하고, 따라서 "복음"이 그리스도와 사도들이 가르친 모든 것을 가리키는데, 거기에는 하나님의 죄에 대한 진노, 심판과 영벌에 대한 경고, 회개에 대한 촉구가 포함되어 있다고 인정한다(5.5). 그러나 이 일치 신조는 "율법과 복음, 따라서 율법 교사로서의 모세 자신과 복음 선포자로서의 그리스도가 서로 대조된다면, 우리는 복음이 회개나 책망에 대한 선포가 아니라, 당연히 비난이나 두려움을 주지 않고 율법의 두려움에 대해 양심을 위로하는 위안과 즐거운 메시지에 대한 선포 외에 다른 것이 아니고, 오직 그리스도의 공로만을 가리키고, 그리스도의 공로를 통해 얻은 하나님의 은혜와 호의에 대한 사랑의 선포로 그들을 다시 세우는 것임을 믿고 가르치고 고백한다"고 진술한다(5.6). 이 문제의 진술은 혼란을 초래하는 것처럼 보인다. 5장 5절에서 "정확한" 것으로 생각되는 것이 직후인 5장 6절에서 언급되는 것과 직접 모순된다. 사실 이 일치 신조는 "복음은 당연히 은혜에 대한 선포만이 아니라, 회개나 책망에 대한 선포이기도 하다"고 주장하는 것은 "부정확하고 부당하다"고 명시적으로 진술한다(5.11). 간단히 말해 루터교회 신자들은 성경이 "율법"과 "복음"을 복합적 의미로 말한다는 것을 인정하지만, 율법은 단지 죄의 정죄에 대한 메시지로 복음은 단지 그리스도 안에서 얻는 위로에 대한 메시지로 이해하기를 좋아했다는 것이다.

하이델베르크 교리문답 주석에서 자카리아스 우르시누스(1534~1583년)는 율법과 복음 간의 차이를 설명할 때 이 입장을 잘 알고 있음을 보여 준다. 우르시누스는 루터교회의 반론을 이렇게 지적한다. "율법이 아니라 복음에 속해 있는 교훈이나 계명은 없다. 회개에 대한 선포는 교훈이다. 그러므로 회개에 대한 선포는 복음에 속해 있는 것이 아니라 율법에 속해 있다."[7] 이에 대한 답변에서 우르시누스는 이 추론의 핵심 전제를 부정하고, 확실히 복음에 속해 있는 교훈, 즉 "믿으라, 그리스도의 유익을 받아들이라, 새로운 순종을 시작하라, 또는 율법이 요구하는 의를 실천하라"는 것과 같은 명령이 있다고 주장했다.[8] 우르시누스는 이렇게 덧붙인다. "만일 율법도 우리에게 하나님을 믿으라고 명령한다는 사실을 반박한다면, 이에 대해 우리는 단지 일반적으로만 우리에게 모든 신적 약속과 교훈과 경고들을 믿으라고 요구하고, 믿지 않을 경우에 있을 처벌에 대한 경고와 함께 명령하는 것이라

Theological Terms: Drawn Principally from Protestant Scholastic Theology [Grand Rapids: Baker, 2001], p. 321).

6) 예를 들어 보자. 그들은 구속사적 의미 속에서 율법은 구약과 동의어이고, 복음은 신약과 동의어라고 말한 것인가? 그들은 행위 언약과 은혜 언약을 구분한 것인가? 그들은 칭의 문제를 제기한 것인가? 또는 그들은 성화 문맥에서도 이 구분을 사용했는가? 이것들은 문제의 핵심을 파고드는 데 도움을 주는 중요한 질문이고, 또 때때로 이 원리를 적용하는 데 있어서 개혁파가 루터교회와(그리고 서로 간에) 어떻게 다른지를 보여 준다.

7) Zacharias Ursinus, *The Commentary of Dr. Zacharias Ursinus on the Heidelberg Catechism*, trans. G. W. Williard (Cincinnati, Ohio: Elm Street Printing Company, 1888), p. 105.

8) Ursinus, *Commentary on the Heidelberg Catechism*, p. 105.

고 답변할 것이다. 그러나 복음은 우리에게 명백히 그리고 특별히 믿음으로 은혜의 약속을 받아들이라고 명령한다. 또한 성령으로 말미암아 그리고 말씀을 통해 우리의 거룩한 소명에 합당한 삶을 살도록 권면한다."[9] 믿으라는 명령 속에는 회개하라는 명령이 함축되어 있다. 왜냐하면 복음은 믿지 않고 회개하지 않는 세상에 선포되기 때문이다. 도르트 신조는 복음의 명령으로서의 능력을 강조한다. "하나님은 복음 선포를 통해 우리 안에 이 은혜의 사역을 시작하신 것을 기뻐하신 것처럼, 자신의 말씀을 듣고 읽음으로써, 그 말씀을 묵상함으로써, 그 말씀에서 나온 권면과 경고와 약속을 통해 그리고 성례를 사용하심으로써, 이 은혜의 사역을 보존하고, 지속시키고, 온전케 하신다"(5.14). 우르시누스와 같이 도르트 신조도 복음을 "교정의" 의미에 따라 말한다. 곧 복음 속에 명령에 대한 약속과 능력이 충만한 것으로 이해했다.

17세기 영국에서 개혁파 정통주의는 다수의 중요 교리들에 대해 율법폐기주의와 치열한 논쟁을 벌였다.[10] 논쟁의 한 부분은 복음이 명령하는지와 관련되어 있었다. 다르게 말하면 우리는 이런 질문을 할 수 있다. "복음에 명령들이 속해 있는가?" 율법폐기주의자는 일치 신조(5.6)가 그런 것처럼 복음은 직설법만 포함하고 있고 명령법은 전혀 포함하고 있지 않다고 극단적으로 주장하지는 않았다. 그러나 그들은 도덕법에 대한 반감 때문에 "명령법"을 매우 싫어했다.[11] 흥미롭게도 율법폐기주의자는 다른 어떤 주요 종교개혁 신학자보다 루터의 작품을 훨씬 자주 인용했다. 데이비드 코모는 율법폐기주의자인 존 이튼(대략. 1575~1631년)은 자기 자신을 "마르틴 루터의 충실한 제자 외에 다른 인물이 아닌 것"으로 간주했다고 지적한다.[12] 영국의 개혁파 정통주의, 특히 새뮤얼 러더퍼드(1600~1661년) 및 앤서니 버지스(사망. 1664년)와 같은 웨스트민스터 총회 참석 신학자들은 이 논점들을 좀 더 상세히 다뤘는데,[13] 개혁파 정통 신학자들이 율법폐기주의와 관련해서 복음을 어떻게 이해했는지에 대한 통찰력을 제공했다. 청교도 시대에 일어난 율법폐기 논쟁에 대한 코모의 인상적인 역사-신학적 분석은 확실히 이 주제에 대한 이차 문헌의 큰 간격을 메우는 데 유용한 역할을 했다. 하지만 그의 작품도 전체 이야기를 말해 주지는 못한다. 이번 장은 율법과 복음에 대한 율법폐기주

---

9) Ursinus, *Commentary on the Heidelberg Catechism*, p. 105. 토머스 맨턴도 회개를 복음의 가르침으로 말한다. "하나님을 우리 아버지로 갖고 있는 우리는 그리스도를 우리의 대언자로 가질 수 있고, 성령을 우리의 위로자와 성화자로 가질 수 있기 때문에 복음의 하나님을 향한 회개의 가르침과 우리 주 예수 그리스도를 믿는 믿음을 지킬 수 있다"(*Sermons upon Romans 8*, in *The Complete Works of Thomas Manton, D.D.* [London: James Nisbet, 1870~1875], 12:104).

10) Gert van den Brink, "Calvin, Witsius and the English Antinomians," *The Reception of Calvin in Reformed Orthodoxy*, Andreas Beck & William den Boer 편집 (Leiden: Brill, 2010)을 보라.

11) 웨인 베이커는 17세기 잉글랜드 율법폐기주의자와 마르틴 루터 사이에 다수의 평행 관계를 이끌어 내려고 한다. 예컨대 베이커는 "율법폐기주의자는 때로는 루터의 사상 즉 영원한 칭의 교리를 넘어 갔고, 또 때로 그들의 언어는 어느 정도 루터의 언어보다 정밀함이 떨어졌지만, 대부분 그들은 루터의 은혜신학에 충실했다"("*Sola Fide, Sola Gratia:* The Battle for Luther in Seventeenth-Century England," *The Sixteenth Century Journal* 16, no. 1 [1985년, 봄], p. 133). 베이커의 논문은 여러 미심쩍은 요소들을 갖고 있지만, 그의 기본 전제는 17세기에 벌어진 율법폐기주의자와 러더퍼드 및 버지스와 같은 개혁파 정통주의자 간의 논쟁에서 루터의 신학과 루터교회 사상 전체가 맡고 있던 역할을 심층적으로 연구하는 것을 보장한다.

12) Como, *Blown by the Spirit*, p. 185. 코모는 이렇게 덧붙인다. "머잖아 루터의 유산에 대한 이런 주장은 율법폐기주의 진영 안에서 거의 통칙이 된 것으로 보인다. 예를 들어 타운은 바울과 스데반을 포함한 복음 전도자 상위 범주에 루터를 집어넣었다. 그러나 율법폐기주의자는 루터의 작품을 사용할 때 확실히 선별적이었다. 예를 들어 이튼은 루터의 모든 작품의 두드러진 반율법적 특징에 대해 강한 편견을 보여 주었다……[이튼은] 루터가 아그리콜라와 그의 '율법폐기주의' 추종자들을 큰 목소리로 비난한 것을 조용히 무시하려고 했다"(*Blown by the Spirit*, pp. 185~186).

13) 예컨대 러더퍼드의 작품 *A Survey of the Spirituall Antichrist*의 주요 부분은 마르틴 루터의 신학에 대한 율법폐기주의의 오판에 초점을 맞추고 있다.

의의 관점과 관련해서 새뮤얼 러더퍼드, 앤서니 버지스, 그리고 그들의 17세기 개혁파 동료들의 작품들을 통해 율법과 복음 간의 신학적 구분에 대한 관점을 제공하려고 한다.

율법폐기주의의 문제점

일반적으로 "율법폐기주의"를 정의하는 것은 난점으로 가득 차 있다. 17세기 영국을 배경으로 "율법폐기주의"를 정의하는 것은 훨씬 어려운데, 그 이유는 부분적으로 17세기에는 그 말을 적대적인 명칭으로 사용했고, 율법폐기주의에 대한 신학적 논박이 감정에 치우쳐 반드시 정확한 평가에 기초를 두지는 못했기 때문이다. 율법폐기주의를 반대하는 자들은 때때로 이 말을 부주의하게 사용했고, 율법폐기주의자로 낙인찍힌 자들은 율법폐기주의자를 자처한 리처드 코어를 제외하고, 대체로 자신이 율법폐기주의자라는 것을 부인했다. 잉글랜드 율법폐기주의와 개혁파 정통주의를 분리시킨 다수의 특징들이 있었지만, 분명한 구분선은 개인이 도덕법을 신자들의 삶의 규칙으로서 거부했는지에 달려 있었다. 그때도 일부 개인들의 입장은 이런 날카로운 분류를 허용하지 않았다. 이 관심사는 소위 율법폐기주의자가 죄에서의 자유에 대해 말하는 방법과 관련되어 있었다. 율법폐기주의자들은 종종 신자들이 내재하는 죄에서 해방된 것을 주장하는 데 앞장섰다. 율법폐기주의 신학자들은 또한 은혜 언약, 특히 새 언약의 조건을 부인했다. 율법폐기주의는 여러 다양한 신학적 특징들을 갖고 있지만, 이 운동 안의 다채로운 특유의 입장으로 말미암아 이 운동에 대한 포괄적인 일반화가 불가능하다.[14)]

그렇다고 해도 17세기 후반기는 주제가 바뀌어 율법폐기주의에 대한 신학적 분석에 더 쉽게 힘을 쏟는다. 초기 작품들은 논박에서 벗어나 있거나 논박이 일시적이거나 부분적이었다. 이 작품들은 때때로 조직신학 작품이 아니라, 불완전한 설교 단문이나 종교적 표현 외에 다른 것이 아니었다.[15)]

17세기가 끝나가면서 자료들이 더 풍성하게 나타났고, 이때 학자들은 율법폐기주의 운동의 다양한 학파들을 평가하게 되었다. 그러나 출판된 많은 작품들 속에서 상당한 분열이 나타나고, 따라서 개혁파 정통주의와 같이 율법폐기주의도 내적 논쟁들이 수없이 벌어져 절대로 단일 운동으로는 규정할 수 없게 되었다. 심지어는 개혁파 정통주의와 율법폐기주의 간의 분리선도 반드시 명확하지는 않았다. 에드워드 피셔(1627~1655년)와 그의 유명한 작품 『최근 신학의 정수』(The Marrow of Modern Divinity, 1645)에 대한 작업은 거의 이뤄지지 않았다. 피셔는 그의 책이 1720년에 스코틀랜드 교회 총회에서 율법폐기주의로 정죄받기는 했어도 율법폐기주의자가 아니었다. 토비아스 크리스프(1600~1643년)는 일부 개혁파 신학자들에게는 칭송을 받았지만 다른 신학자들에게는 정죄를 받았다.[16)] 크리스프는 최소한 개혁파 기준에 따라 정통적 설교를 완벽하게 작성할 능력을 갖고 있었다. 하지만 개혁파 정통주의에서 이탈했다는 평가를 받았다. 학자들은 대체로 크리스프의 비정통적 견해의 핵심적 출발

---

14) 17세기 잉글랜드 율법폐기주의의 주요 교의에 대해서는 Barry H. Howson, *Erroneous and Schismatical Opinions: The Questions of Orthodoxy Regarding the Theology of Hanserd Knollys (c. 1599~1691)* (Leiden: Brill, 2001), pp. 96~114를 보라.

15) 사적인 대화에서 이 문제에 대한 자신의 생각을 함께 나눈 데이비드 코모에게 감사를 전한다.

16) Curt Daniel, "John Gill and Calvinistic Antinomianism," *The Life and Thought of John Gill (1697~1771): A Tercentennial Appreciation*, ed. Michael A. G. Haykin (Leiden: Brill, 1997), pp. 174~175를 보라.

점이 영원 전 칭의 교리에 집착한 데 있었다고 주장했지만, 사실 크리스프는 이 교리를 견지하지 않았다. 크리스프의 작품들은 어떻게든 죄인들의 구원에 있어서 하나님의 은혜의 절대적 우월권을 주장하는 데 관심을 집중하고 있다.[17] 크리스프는 율법과 복음을 명령법과 직설법으로 분리시키는 루터교회 입장과 별반 다르지 않는 방법으로 주장을 펼쳤다. 크리스프는 믿음과 회개를 복음과 관련시키지 않았기 때문에 일부 개혁파 신학자들의 강렬한 반대에 부딪혔다.

요한일서 2장 1~2절을 본문으로 한 그의 설교를 보면, 여러 번에 걸쳐 크리스프는 자신의 견해를 둘러싸고 다양한 논쟁이 벌어지는 것을 인정했다. 한 지점에서 크리스프는 믿음은 죄인을 진노 상태에서 은혜 상태로 이동시켜 의롭게 할 수 있는 도구적 원인으로 이해되어야 한다는 자신의 입장에 대한 반론을 언급한다.[18] 이 반론에 대한 그의 대답을 보면, 그의 신학이 왜 그토록 큰 논란거리가 되었는지 이유를 설명하는 데 도움을 준다. "나는 믿음은 그리스도의 의에 기반을 두고 있기 때문에 이 그리스도의 의를 영혼에게 이끄는 것으로 그치는 것이 아니라 심지어는 믿음이 있기 전에도 영혼 속에 이 그리스도의 의가 존재함을 선언한다고 말하고 싶다."[19] 크리스프는 하나님이 의롭게 하신 택함을 받은 자는 믿기 전에 의롭게 되고 하나님과 화목하게 된다고 덧붙인다. "그러므로 믿음은 그리스도와 영혼을 하나로 연합시키는 도구가 아니다."[20] 존 플라벨(1628~1691년)은 『플라네로기아』(Planelogia, 1691)에서 크리스프의 견해를 매우 신랄하게 논박했다. 플라벨은 자기-제러마이어 버로스(대략, 1600~1646년), 존 오웬(1616~1683년), 윌리엄 펨블(대략, 1591~1623년), 윌리엄 퍼킨스(1558~1602년), 존 대버넌트(1572~1641년), 그리고 "더 많은 무리"와 함께-는 철저히 "믿음을 의무의 관점에 따라 인간 편에게 요구된 새 언약의 조건이고, 사람들은 의롭게 되려면 먼저 믿어야 한다고 단언했다"고 주장했다.[21] 앞장에서 확인한 것처럼 새 언약이 믿음과 순종을 요구하는 조건적 언약이라는 주장은 영국 개혁파 정통주의가 복음과 율법의 구분을 이해하는 방법에 중요한 영향을 미쳤다.

"영적 적그리스도"

17세기의 다수의 논박 작품들은 포괄적인 개혁파 관점에 따라 율법폐기주의 신학을 공격했다.[22] 그 중에서도 당시 스코틀랜드에서 가장 세련된 신학적 지성인으로 인정을 받은 새뮤얼 러더퍼드의 작품 『영적 적그리스도』(The Spirituall Antichrist)가 그의 위상으로 말미암아 독보적인 위치를 차지했다. 나아가 러더퍼드가 율법폐기주의 신학의 다양한 오류를 통렬하게 비판한 것은 의심할 여지 없이 그

17) 이 질문에 대한 크리스프의 입장을 평가한 것은 Gert van den Brink, *Herman Witsius en het Antinomianisme* (Apeldoorn: Instituut voor Reformatieonderzoek, 2008), pp. 66~86을 보라.

18) Tobias Crisp, *Christ Alone Exalted in the Perfection and Encouragements of the Saints, Notwithstanding Sins and Trialls*… (London: M. S. for Henry Overton, 1646), 3:225.

19) Crisp, *Christ Alone Exalted*, 3:225.

20) Crisp, *Christ Alone Exalted*, 3:225~226.

21) John Flavel, *Planelogia*… (London: R. Roberts, 1691), p. 261.

22) 예컨대 다음 자료들을 보라. Thomas Bakewell, *The Antinomians' Christ Confounded, and the Lord's Christ Exalted* (London: for Thomas Bankes, 1644), Thomas Bedford, *An Examination of the Chief Points of Antinomianism* (London: John Field for Philemon Stephens, 1647), Thomas Edwards, *The First and Second Part of Gangraena*… 3rd ed. (London: T. R. and E. M. for Ralph Smith, 1646).

가 그의 대적들의 펜에서 나온 교리들을 매우 심각하게 받아들였다는 것을 의미한다.[23] 러더퍼드가 항상 자기 대적들을 정확하게 파악했는지 질문해 볼 이유가 있기는 하지만, 그의 논증(93개의 장에 이르는)은 율법과 복음의 관계에 대한 그 자신의 견해에 대한 통찰력을 명확히 제공한다. 러더퍼드는 존 이튼, 존 솔트마시(사망, 1647년), 로버트 타운(대략, 1592~1664년), 토비아스 크리스프와 같은 많은 유명한 율법폐기주의자들에게 가차 없이 비난을 퍼붓는다. 어떤 경우에는 러더퍼드의 신학과 청교도 사상의 소위 "엄격주의자" 노선에 율법폐기주의 신학자들이 퍼부은 비판에 대한 반응으로 비난을 퍼붓기도 했다.[24] 데이비드 코모는 율법폐기주의자의 관점에 따라 "주류 청교도는 간단히 말해 율법과 복음의 혼동의 산물이었다"고 주장했다.[25] 러더퍼드와 그의 형제들은 "율법과 복음을 혼동해서 복음은 조건적이라는 통상적인 오류를 범하는데, 죄사함은 행위와는 아무 상관이 없다"는 율법폐기주의자들의 반론에 대응해서 설명한다.[26] 러더퍼드는 크리스프가 그리스도를 옹호하는 한 설교에서 "이미 회심한 자와 아직 회심하지 못한 택함받은 자에 대한 그리스도의 간청 속에서 상당한 차이점"을 보지 못했다고 강하게 주장하는 것을 비판한다.[27] 크리스프에 따르면, 다만 부수적인 차이점만 남아 있다. 곧 그리스도는 제사장 사역에서 다양한 시대에 존재하는 자기 백성들에게 구원이 나타나는 것을 변론하신다. 하지만 그들은 믿거나 믿지 않거나 간에, 택함을 받은 자라면, 그들이 하나님 앞에 서는 데 아무 문제가 없다.[28] 크리스프는 복음은 어떤 조건을 가질 수 없고, 러더퍼드와 그의 개혁파 동료들이 말하는 것처럼 조건에 대해 말하는 것은 율법과 복음을 혼동하는 것이라고 봤다. 이에 대해 답변할 때 러더퍼드는 "조건적 복음을 부인하는" "율법폐기주의 새로운 이단"이라는 말을 사용한다.[29] 따라서 러더퍼드는 복음은 조건적이고, 그의 판단에 따르면, 이 조건을 부정하는 것은 이단이다. 그러므로 이 논쟁의 수위는 매우 높았다.

위에서 지적한 것처럼, 개혁파와 율법폐기주의 신학자들 간 논쟁의 핵심 골격은 실제 칭의의 시점이 언제냐의 문제에 있었다.[30] 심지어 토머스 굿윈(1600~1680년)도 택함받은 자는 영원 전에 의롭게 되었지만, 실제 칭의를 위해서는 실존적으로 진노에서 은혜로 이동하는 역사를 경험해야 한다고 주장함으로써, 이 점에 대해 율법폐기주의자들을 비판한다. 굿윈은 죄인은 믿기 전에는 "의롭다 함을 얻지 못하고……믿을 때까지는 진노의 자식"이라고 분명히 진술한다.[31] 러더퍼드는 영원한 칭

---

23) 러더퍼드의 율법폐기주의에 대한 논박 스타일을 설명하면서, 윌리엄 로리머는 이렇게 지적한다. "일부 정통 신학자들이 표현을 잘 하지 못한 보배로운 진리들이 많이 있고, 이런 경우에 우리는 표현 방식을 싫어한다고 말해야 할 것이다. 하지만 우리는 그렇게 표현된 진리도 매우 사랑한다. 우리는 존경하는 경건한 러더퍼드 선생이 1643년에 하원에서 다니엘서 6장 26절을 본문으로 설교한 것을 알고 있는데, 거기서 그는 율법폐기주의자는 번쩍거리는 하얀 악마, 온갖 천국과 값없는 은혜의 관념으로 치장한 지옥의 영이라고 말했다"(*An Apology for the Ministers Who Subscribed Only unto the Stating of the Truths and Errours in Mr. William's book*… [London: for John Lawrence, 1694], pp. 12~13).

24) 초기 청교도 속에서 "엄격주의자"의 발흥에 대해서는 Theodore Dwight Bozeman, *The Precisianist Strain: Disciplinary Religion & Antinomian Backlash in Puritanism to 1638* (Chapel Hill: University of North Carolina Press, 2004)을 보라.

25) Como, *Blown by the Spirit*, p. 195.

26) Rutherford, *The Spirituall Antichrist*, 2:63.

27) Crisp, *Christ Alone Exalted*, 3:176.

28) Crisp, *Christ Alone Exalted*, 3:176.

29) Rutherford, *The Spirituall Antichrist*, 2:63.

30) 실제 칭의의 순간을 보다 상세히 다룬 설명은 8장 "토머스 굿윈과 요하네스 마코비우스의 영원 전 칭의 교리"를 보라.

31) Thomas Goodwin, *Glory of the Gospel*, in *The Works of Thomas Goodwin, D.D.* (1861~1866, 재판, Reformation Heritage Books, 2006), 4:277.

의 관념을 더 강하게 비판하면서, 영원 전에 의롭게 하시는 하나님의 작정은 "칭의를 창조, 성화, 영화, 그리스도의 십자가 죽음, 시간 속에서 일어나는 모든 일과 다른 것으로 만들지 않는다"고 선언한다.[32] 러더퍼드의 관점에 따르면, 크리스프는 자신의 견해를 견지할 수 없고, 신자는 이전에 진노의 자식이었고 죄로 죽었다는 바울의 진술(엡 2장)을 부조리한 말로 만든다.[33] 이 주장은 러더퍼드가 왜 율법폐기주의 전체 신학 체계를 기본적으로 잘못된 것으로 봤는지를 설명하는 데 도움을 준다. 따라서 러더퍼드의 복음적 순종에 대한 입장은 그의 대적들의 입장과 공통점이 거의 없다. 러더퍼드는 "엄격하고 엄밀한 삶"이 복음의 의무라고 주장한다.[34] 러더퍼드는 엄밀한 삶은 그리스도에 대해 공로를 쌓는 것일 수 없고, 만일 그것이 크리스프와 타운이 의미하는 것의 전부라면, 여기서 불일치는 전혀 없을 것이라는 점을 인정한다.

러더퍼드는 기독교적 삶을 염두에 두었고, 하나님에 대한 엄격하고 엄밀한 순종 의무를 그리스도인에게 부여하는 일련의 본문들을 제시한다.[35] 따라서 당연하게도 러더퍼드는 대다수 개혁파 신학자들의 주장과 일치되게 선행은 구원에 필수적이라고 주장한다.[36] 러더퍼드는 이 선행은 "율법에 대한 두려움으로 강요되는" 것이 아니라 복음적 원리에 따라 수행된다고 주장한다. 율법 수여자로서 하나님은 마음을 순결하게 하는 믿음에서 나오고, 신자들에게 주어지는 초자연적 은혜의 습관에서 나오는 복음 원리에 따라 선행을 요구하신다. 러더퍼드는 "거룩한 삶은 천국에 이르는 길이다…… 그리고 그리스도는 생명에 대한 약속을 자신의 계명을 지키는 자에게 영원한 것으로 만드신다"고 주장한다.[37] 러더퍼드는 자신의 입장을 명확히 함으로써 자신의 복음 이해에 대해 중요한 빛을 던져 준다.

러더퍼드는 복음은 은혜 교리 전체를 담고 있고, 선지자와 사도들이 선포했을 때 신자들에게 다음과 같은 이유로 선행을 행할 것을 요구한다고 주장한다. (1) 하나님이 신약 성경 전체에 걸쳐 선행을 명하셨기 때문이다. (2) 선행은 필수적인 것으로, 선행이 없으면 믿음은 죽은 것이고, 따라서 의롭다 함을 얻을 수 없기 때문이다. (3) 선행은 그리스도께서 죽으신 목적이기 때문이다. (4) 선행이 없이는 아무도 구원받을 수 없기 때문이다. (5) 선행은 새로운 피조물이 되고 그리스도의 구속 사역에 감사를 표현하는 자들에게 명령되기 때문이다.[38] 그럼에도 러더퍼드는 선행의 필요성에 대해 강

---

32) Rutherford, *The Spirituall Antichrist*, 2:19.

33) Rutherford, *The Spirituall Antichrist*, 2:19. 크리스프의 견해에 대해서는 *Christ Alone Exalted*, 2:155~160을 보라.

34) Rutherford, *The Spirituall Antichrist*, 2:30.

35) 예, 벧전 1:15~16, 2:11, 눅 13:24, 14:26, 18:25, 마 13:46, 고전 9:24~25, 히 12:4.

36) 토머스 블레이크는 은혜 언약의 조건의 필연성을 설명하면서, 이렇게 주장한다. "하나님은 그리스도인들의 길과 방도로서 선행을 정하셨다. 선행은 문맥이 분명히 하는 것처럼 은혜의 하나님이 제공하시는 구원을 위해 사람에게 의무로 부과된다. 그리고 우리는 이 목적을 위해 그리스도 예수 안에서 지음을 받은 하나님의 작품이다……믿음과 회개는 하나님의 조건이 아니라 우리의 조건이다"(*Vindiciae Foederis; Or A Treatise of the Covenant of God Entered with Man-Kinde*… [London: Able Roper, 1658], p. 145). 프랜시스 투레틴은 이 논쟁을 얼마간 상세히 설명하고, 선행의 필연성을 주장한다. 하지만 그는 선행이 칭의, 성화, 영화와 어떻게 관련되어 있는지를 조심스럽게 구분한다. "*Ratione prioris non se habent antecedentur, efficienter, et meritorie, sed consequenter, et declarative. Ratione Sanctificationis, se habent constitutive, quia eam constituunt et promovent. Ratione Glorificationis vero antecedenter et ordinative, quia ad eam referuntur ut medium ad finem, Imo ut initium ad complementum, quia gratia est gloriae inchoatio, ut Gloria est gratiaw consummatio*"(*Institutio Theologicae Elencticae* [Edinburgh: Lowe, 1847], 17.3.14). 또한 John Ball, *Treatise of the Covenant of Grace*… (London, 1645), pp. 136~137과 Ursinus, *Commentary on the Heidelberg Catechism*, pp. 484~485도 보라.

37) Rutherford, *The Spirituall Antichrist*, 2:37~38.

38) Rutherford, *The Spirituall Antichrist*, 2:38.

력히 진술하는 한편, 이 행위는 구원에 공로가 될 수도 없고, 영생을 취득하는 것도 될 수 없다는 것을 다시 한 번 분명히 한다. 오직 그리스도의 피만이 이런 가치와 능력을 갖고 있기 때문이다. 나아가 이 행위는 칭의의 원인이나 조건이 아니다.[39)]

마찬가지로 도르트 총회의 영국 대표인 존 대버넌트도 이렇게 주장한다. "율법은 인간을 하나님이 본성을 정직하게 지으신 존재로 간주하기 때문에 본성의 힘으로 선행을 행할 것을 요구한다. 하지만 복음은 인간을 타락한 존재로 간주하기 때문에 의롭게 된 자에게 선행을 요구한다. 그렇지만 이때 선을 행하는 것은 자유의지의 힘으로가 아니라 주어진 은혜로 행해져야 한다."[40)] 개혁파 정통 신학자들은 칭의 문제에 있어서 율법-복음의 구분을 명확히 했다. 곧 오직 믿음으로 얻는 칭의(복음)는 행함으로 얻는 칭의(율법)와 대조 관계 속에 있다. 하지만 복음은 이신칭의 교리 이상의 것을 담고 있었다. 그러므로 다른 누구보다 러더퍼드와 대버넌트는 복음이 선행을 요구하는 것에 대해 말할 수 있었다. 게다가 러더퍼드는 율법을 적극적으로 복음과 관련시켜 봄으로써 "복음은 율법으로 증명될 수 있다"고도 주장했다. 왜냐하면 첫째 계명은 하나님의 자비를 포함해서 하나님의 성품에 대해 말하기 때문이다.[41)] 이것은 율법이 복음이라는 것을 의미하는 것이 아니고, 율법은 특별한 의미에서 복음을 지시한다는 것을 의미한다.

율법폐기주의 신학자들에 대한 비판으로 되돌아가 러더퍼드는 복음은 무조건적이라는 그들의 견해에 이의를 제기한다. 러더퍼드는 여기서 존 솔트마시를 염두에 두고 있었다. 솔트마시는 이렇게 주장했다. "복음은 어떤 행위의 조건 없이 생명을 값없이 제공하고 부여하고, 제공된 것을 받는 것 외에 다른 것을 요구하지 않는다……복음은 우리에게 어떤 것을 행하라고 요구하는 도덕적 조건을 전혀 갖고 있지 않다."[42)] 러더퍼드가 말하는 조건은 복음적 조건이다. 즉 그리스도의 은혜로 말미암아 신자들에게 주어지는 조건으로 그것이 없으면 사람들은 구원을 받을 수 없다. 그러므로 "복음이 조건적 언약이라는 것을 부인하는 것은 복음을 잘못 전달하는 것이고……회개와 하나님의 뜻을 행하는 것, 새로운 순종이 조건이라는 것을 성경은 분명히 한다."[43)] 로마서 2장 7절을 언급하면서 러더퍼드는 믿음이 칭의의 조건이고 행위는 칭의의 조건이 아니지만, 그럼에도 구원받은 자들에게 행위가 요구된다고 주장한다.[44)] 개혁파 정통주의와 율법폐기주의 간 논쟁의 핵심은 율법과 복음의 차이 문제였다. 솔트마시는 복음의 명령법에 대해 명확성이 결여된 것을 증명하고, 대신 복음은 "명령하기보다 설복한다……복음은 우리에게 훈계보다 본보기를, 명령보다 모방을 명령한다"고 주장하기를 좋아한다.[45)] 러더퍼드의 견해에 따르면, 솔트마시가 말하는 것은 친절한 조언으로 귀착되고, 율법 수여자에게서 나온 실제 명령이 아니다. 나아가 복음은 단지 설복하는 것이라는 관념에 직접 반대해서 러더퍼드는 복음의 명령으로서의 능력에 대해 매우 강력한 요점을 제시한다. "그러나 우리는 이렇게 말할 것이다. 곧 복음은 그리스도의 강요하는 사랑으로 강력한 의무 이상으로 명령하

39) Rutherford, *The Spirituall Antichrist*, 2:39.

40) John Davenant, *A Treatise on Justification, or the Disputatio De Justitia Habituali Et Actuali*, trans. Josiah Allport (London, 1844), 1:288.

41) Samuel Rutherford, *The Covenant of Life Opened*… (Edinburgh, 1655), p. 7.

42) John Saltmarsh, *Free Grace, or, The Flowings of Christs Blood Free to Sinners*… (London, 1646), pp. 206~207.

43) Rutherford, *The Spirituall Antichrist*, 2:40.

44) Rutherford, *The Spirituall Antichrist*, 2:40.

45) Saltmarsh, *Free Grace*, p. 148.

고(율법이 그러는 것처럼)……또 권면한다."[46] 러더퍼드가 주장하는 것은 웨스트민스터 신앙고백의 도덕법에 대한 가르침과 잘 부합한다. "도덕법은 모든 사람 곧 다른 자들과 마찬가지로 의롭게 된 자들에게도 영원토록 순종을 요구하는 구속력을 갖고 있는데, 그것은 그 안에 포함된 내용 때문만이 아니고 그것을 주신 창조자 하나님의 권위 때문이기도 하다. 그리스도께서도 어쨌든 복음 안에서 이 의무를 해제하지 않고, 도리어 크게 강조하신다"(19.5).[47]

러더퍼드는 다른 곳에서 율법과 복음은 동일한 순종을 요청한다고 주장한다. 확실히 "긍정적으로 보면" 율법과 복음은 서로 대조되는 것이 아니다. "율법이 요구하는 완전한 순종과 복음이 요구하는 불완전한 순종은 단계적 차이에 불과하다." 즉 종류의 차이가 아니라 정도의 차이다.[48] 나아가 "복음은 완전함의 높이를 결코 낮추지 않고, 율법이 요구하는 것과 같은 완전함을 명령한다……은혜를 수납하는 데 있어서 복음은 율법보다 덜 수납하지만 덜 명령하지 않는다."[49] 우르시누스를 따르는 존 오웬은 새 언약에 나타나 있는 하나님의 명령을 "복음의 교훈 부분"으로 부른다(엡 4:22~24; 딛 2:11~12).[50] 율법과 복음의 유사점과 차이점을 설명할 때 오웬은 복음은 명령하는데, 이것은 하나님의 백성에게 순종을 요청하고, 칭의와는 관련이 없다고 지적한다.[51] 오웬과 러더퍼드가 이 입장을 주장할 수 있는 것은 그들이 개혁파 정통주의 동시대인들과 마찬가지로 율법-복음 대조 관계를 단순히 명령 대 약속 대조 관계로 이해하지 않고, 오히려 구속사적 구분으로 이해했기 때문이다. 웨스트민스터 신앙고백 7장의 "하나님이 인간과 맺으신 언약에 대해" 부분은 은혜 언약을 "율법 시대"(구약)와 "복음 시대"(신약)으로 구분한다. 이런 식으로 이해한 러더퍼드는 은혜 언약의 배경 속에서 복음의 명령으로서의 능력을 주장함으로써, 일부 율법폐기주의 반대자들이 주장한 것과는 달리, 자신이 로마 가톨릭 사상으로 퇴보한 것이 아님을 보여 주었다. 아니 오히려 복음에 직설법과 명령법이 모두 표현되어 있음을 믿고, 그 다음으로 넘어갔다. 물론 러더퍼드는 "엄격주의자" 십자군의 광야에서 홀로 외치는 외로운 소리는 아니었다. 존 코피는 "러더퍼드 자신은 율법폐기주의자와 열광주의자로 비난을 받았다"고 지적했다.[52] 물론 이 말은 불합리하고, 코피는 당연히 러더퍼드는 "외적인 것과 내적인 것, 영과 율법 간의 이분법을 만들어 내는 것을 거부했다"고 지적한다.[53] 그렇게 할 때 러더퍼드는 "아르미니우스주의와 율법폐기주의의 쌍방 경고와 맞서 싸우는" 신학적 경력을 쌓게 되었다.[54] 그러나 러더퍼드는 혼자가 아니었다. 그의 동시대인인 앤서니 버지스의 작품은 율법폐기주의의 경

---

46) Rutherford, *The Spirituall Antichrist*, 2:122. 토머스 맨턴은 은혜 언약은 율법이라고 주장한다. "은혜 언약은 율법이다. 왜냐하면 법규, 명령, 제재와 같은 모든 요소를 갖고 있기 때문이다. 그들이 우리에게 복음은 율법이 아니라고 말하는 자들은 확실히 잘못이다. 왜냐하면 율법이 없었다면 통치자도, 정부도, 의무도, 죄도, 심판도, 처벌도, 상도 없었을 것이기 때문이다"(*Sermons upon the Sixth and Eighth Chapters of Romans*, in *The Complete Works of Thomas Manton, D.D.* [London: James Nisbet, 1870~1875], 11:395).

47) 또한 웨스트민스터 신앙고백 3.8과 33.2도 보라. 거기 보면 "복음에 순종하는 것"에 대해 말한다.

48) Rutherford, *The Spirituall Antichrist*, 2:8.

49) Rutherford, *The Spirituall Antichrist*, 2:8.

50) Owen, *Discourse on the Holy Spirit*, in *The Works of John Owen, D.D.* (Edinburgh: Johnstone & Hunter, 1850~1855), 3:605.

51) Owen, *Discourse on the Holy Spirit*, in *Works*, 3:609.

52) John Coffey, *Politics, Religion and the British Revolutions: The Mind of Samuel Rutherford* (Cambridge: Cambridge University Press, 2002), p. 135.

53) Coffey, *The Mind of Samuel Rutherford*, p. 135.

54) Coffey, *The Mind of Samuel Rutherford*, p. 138.

고는 실질적이었고, 정통 개혁파 신학자들의 펜에서 나오는 반응을 요구했다는 것을 보여 준다.

도덕법의 정당화

통찰력 있는 작품인 『율법에 대한 옹호』(Vindiciae Legis, 1646)에서 앤서니 버지스는 17세기 중반에 영국에서 기승을 부리던 율법폐기주의의 영향에 대처한다. 버지스의 강조점은 러더퍼드와는 약간 다르고, 비록 두 저술가가 많은 공통점을 가졌을지라도, 이 부분에서는 차이점이 강조될 것이다. 버지스의 관점은 러더퍼드의 논증에 명확성을 더한 것이다.

모세 언약은 율법과 복음의 관계에 대해 중요한 출발점을 제공한다. 많은 개혁파 신학자들과 같이 그리고 웨스트민스터 신앙고백과 일치되게 버지스는 "율법 시대"(옛 언약)과 "복음 시대"(새 언약)에 대해 말한다. 버지스는 율법 시대의 배경 안에서 "관련 서언과 약속들을 포함해서 시내 산에서 주어진 교훈 전체"를 가리키는 넓은 의미의 율법과 "조건이 아니라 온전한 순종에 따라 삶을 규제하는 압축된 의의 규칙"을 가리키는 좁은 의미의 율법을 구분한다.[55] 넓은 의미의 율법은 은혜 언약의 한 시행 단계로 기능한다. 좁은 의미의 율법도 타락 이전 행위 언약과 같이 기능한다. 버지스는 바울 서신에 나타나 있는 율법에 대한 많은 내용이 이 구분을 적용시켜 설명할 수 있다고 주장한다. 모세 언약에 대한 전체 교리는 하나님의 언약의 약속들에서 추출된 것으로 간주되는 율법 이상의 것을 포함한다. 따라서 버지스는 "율법" 언약은 은혜 언약이지만 "행위의 의와 믿음은 하늘과 땅만큼이나 차이가 있다"고 주장한다.[56]

이것은 버지스가 특별히 로마 가톨릭의 논박과 이신칭의 교리의 배경 속에서 결코 가볍게 생각할 수 없었던 요점이다. 그러므로 버지스는 칭의 문제에 있어서 행위는 철저히 배제된다는 것을 분명히 한다. 따라서 율법(옛 언약)이 은혜 언약이라고 할지라도, 버지스는 그럼에도 불구하고 율법과 복음 간의 대조를 강조한다. 왜냐하면 "어떤 면에서 율법과 복음은 반대되고 서로 배척하기 때문이다."[57] "어떤 면에서"라고 애매하게 주장하지만 버지스는 이 말이 율법과 복음은 구약과 신약 간의 구속사적 대조 관계에 따라 차이가 있다는 것을 의미한다고 설명한다. 이런 식으로 대조시켰을 때 율법(옛 언약)과 복음(새 언약)은 "단지 단계적으로만" 차이가 있다.[58] 버지스는 각각의 규범적 요소를 지적함으로써 율법과 복음 간의 보다 세밀한 대조를 제공한다. 율법과 마찬가지로 복음 및 복음의 교훈들-하나님의 은혜와 상관없이-도 죽이는 것이다. 그러므로 율법과 복음이 넓은 의미로 취해지면 차이는 단지 단계의 차이에 불과하고 절대적 반정립의 차이가 아니다.

그러나 위에서 지적한 것처럼 버지스는 율법과 복음은 또한 좁은 의미로 이해될 수 있다고 말한다. 율법을 좁은 의미로 취해 그것을 은혜 언약과 동일시하면, 그것은 "교황주의자들이 그러는 것처럼 행위의 의와 믿음의 의를 혼동하는 것이다. 그러나 넓은 의미로 취하면 행복한 조화가 있을 것이다."[59] "복음"이라는 말도 넓은 의미와 좁은 의미로 취해질 수 있다. 넓은 의미로 취하면, 복음은 먼

---

55) Anthony Burgess, *Vindiciae Legis: or, A Vindication of the Morall Law and the Covenants*… (London, 1647), p. 223.
56) Burgess, *Vindiciae Legis*, p. 223.
57) Burgess, *Vindiciae Legis*, p. 229.
58) Burgess, *Vindiciae Legis*, p. 230.
59) Burgess, *Vindiciae Legis*, p. 230.

저 그리스도의 사도들이 가르친 교리 전체를 가리킨다(막 16:15). 다음으로 복음은 때때로 좁은 의미로 취해지는데, 이때는 누가복음 2장 10절(내가 온 백성에게 미칠 큰 기쁨의 좋은 소식을 너희에게 전하노라)에서처럼 구주에 대한 선포를 가리킨다. 따라서 버지스와 같은 개혁파 신학자들은 율법과 복음을 넓은 의미와 좁은 의미로 함께 이해할 수 있다.

위에서 루터교회 일치 신조 및 우르시누스와 관련해서 지적한 것처럼 이 구분은 회개에 대한 명령이 복음에 속한 것인지, 아니면 율법에 속한 것인지의 문제를 일으킨다. 버지스는 "루터교회, 율법폐기주의, 칼빈주의……는 이 질문에 대답할 때 각기 다르게 말한다"고 지적한다.[60] 이 요점은 간과되어서는 안 된다. 단순하게 율법과 복음의 구분을 천명하는 것은 그 말들이 정의되고, 차이점이 명확히 제시되지 않으면 아무런 뜻이 없는 구분이 되고 말 것이다. 버지스는 율법과 복음 문제에 대해 다수의 신학 전통들 간에 견해 차이가 있다고 지적한다. 예를 들어 재세례파와 소키누스주의자는 율법(구약) 시대에는 복음이 전혀 없는 것으로 봤고, 율법폐기주의자는 대체로 복음은 그리스도께서 오셨을 때 비로소 시작되었다고 주장했다. 버지스의 생각에 따르면, 교황주의자는 "율법과 복음은 좁은 의미에서 대립 관계가 전혀 있을 수 없는 것으로 만들고", 이것은 구약과 신약 시대 성도들이 "똑같이 하나님의 율법을 이룸으로써 의롭게 되었다"는 것을 의미한다.[61]

회개가 율법에 속해 있는지, 아니면 복음에 속해 있는지에 대한 논쟁으로 돌아가 버지스는 회개도 넓은 의미와 좁은 의미로 이해될 수 있다고 주장한다. 넓은 의미에서 보면, 회개는 믿음을 포함한다. 좁은 의미에서 보면, 회개는 단순히 죄에 대한 슬픔을 의미하고, 믿음과는 구분될 수 있다. 버지스는 이름은 언급하지 않고, 복음을 두 계명 곧 믿음과 회개로 만드는 "학자들"을 거론한다. 버지스에 따르면, 다른 이들은 이 계명을 "복음의 부록"으로 만든다. 버지스는 이런 입장을 거부하고, "믿음과 회개는 그것들 속에서 시작되는 어떤 것과 그것들 속에서 확증되는 어떤 것을 갖고 있고, 그러므로 그것들은 율법과 복음에 의해 일어난다고 보는" 견해를 옹호한다.[62] 그러나 좁은 의미로 보면, 복음은 회개나 순종에 대한 교리가 아니라 단지 그리스도의 은혜로운 약속만을 가리킨다. 그러나 버지스는 "학자들이 때때로 다르게 말하고, 믿음과 회개를 복음적인 두 계명으로 부르지만, 그들은 그 말을 넓은 의미로 사용해서 그리스도와 사도들의 교리를 가리킨다"고 인정한다.[63] 분명히 말해 율법과 복음에 대한 버지스의 작품을 대충 살펴보기만 해도, "학자들"이 율법과 복음에 대해 엄밀한 세부 사실에 대해서는 차이가 있다는 것을 확인할 수 있을 것이다. 루터교회 학자들은 개혁파 학자들과 다르고, 개혁파 학자들은 율법폐기주의 학자들과 다르다. 하지만 그들은 모두 율법과 복음에 대해 말하고 있다. 버지스는 확실히 복음-율법 구분을 주장하지만, 그 구분의 구체적인 의미는 전적으로 그것이 다뤄지는 문맥에 따라 결정된다. 칭의 문제에 있어서 율법과 복음은 반정립 관계에 있다. 구속사 배경에 따라 이해하면, 율법과 복음의 차이는 단지 상대적이고, 절대적인 것이 아니다. 개혁파 신학자들은 회개는 복음에 속해 있다고 본다. 율법폐기주의 학자들도 이것을 인정하지만 다른 근거에 따라 즉 도덕법의 명령적 능력을 거부하는 관점에 따라 그렇게 한다. 루터교회 학자들은 율법

60) Burgess, *Vindiciae Legis*, p. 231.
61) Burgess, *Vindiciae Legis*, p. 233.
62) Burgess, *Vindiciae Legis*, p. 251.
63) Burgess, *Vindiciae Legis*, p. 252.

과 복음을 좁은 의미로-버지스의 구분을 사용하면-해석하는 것을 선호했는데, 이것은 회개에 대한 명령이 복음이 아니라 율법에 속해 있다는 것을 의미했다.

마지막으로 고찰할 한 가지 사실은 복음 약속은 무엇인가와 관련되어 있다.[64] 복음은 단순히 죄 사함(즉 칭의)에 대한 약속이었는가? 아니면 그 이상 의미가 담긴 약속이었는가?

복음의 영광

청교도는 복음에 대해 많은 작품들을 썼다. 복음을 매우 통렬하게 언급한 내용 가운데 하나가 토머스 굿윈의 『복음의 영광에 대한 강론』(A Discourse of the Glory of the Gospel)에 나온다. 굿윈은 복음은 사실상 다른 무엇보다 기독론에 대한 것이라고 본다. 칼빈 이후로 개혁파 기독론은 그리스도의 인격과 그리스도의 중보 사역의 유기적 관계에 큰 강조점을 두었다. 그리스도는 선지자, 제사장, 왕이시고, 이 모든 직분은 그분의 낮아지심 및 높아지심 안에서 예수 그리스도의 복음과 관련되어 있다. 말하자면 복음은 전체 그리스도 곧 그분의 인격과 그분의 사역이고, 우리는 믿음으로 전체 그리스도를 받아들인다. 그 무엇보다 개혁파 기독론은 역사적으로 그리스도와 관련해서 성령의 역할을 크게 강조했다. 따라서 기독론은 성령론을 알려 주고, 또 반대로 성령론은 기독론을 알려 준다. 바울의 기독론은 바울의 성령론에 본질적이고, 둘 다 복음에 필수적이다(고전 15장; 고후 3:17~18을 보라). 우리 안에서 행하시는 성령의 사역은 실제로는 우리 안에서, 우리를 위해 행하시는 그리스도의 사역이다(롬 8:9). 굿윈은 이 관념을 상세히 설명하고, "너희 안에 계신 그리스도 곧 영광의 소망"(골 1:27) 개념은 복음에 대한 굿윈의 견해에서 중심적 위치를 차지한다.

자신의 복음에 대한 강해의 기초를 골로새서 1장 3~23절에 두고 굿윈은 이렇게 말한다. "복음은 성령을 우리에게 전달할 뿐만 아니라 우리 안에 영원히 거하고, 우리를 그리스도의 의로 옷 입히고, 우리가 벗은 얼굴로 하나님을 볼 수 있게 한다……나는 복음이 이 모든 것을 행할 뿐만 아니라 우리를 그리스도와 같은 형상으로 변화시켜 영광에서 영광에 이르게 한다고 본다."[65] 다시 말하면 복음은 단순히 자기 백성들을 위한 그리스도를 가리킬 뿐만 아니라-좁은 의미로 보면, 복음은 그리스도의 구속 사역을 가리키고, 구속 사역의 적용은 가리키지 않음-자기 백성들 안에 계신 그리스도를 가리킨다. 굿윈이 주장하는 것처럼 "영광이 무엇이든, 또는 예수 그리스도의 풍성함이 무엇이든, 복음은 열려 있고, 모두 우리의 것이며, 모두 우리 안에 있으며, 모두 우리를 위한 것이다."[66] 그러므로

---

64) 율법과 복음의 일치점 및 불일치점과 같이 깊은 설명을 요하는 율법-복음 구분과 관련된 문제들이 수없이 많다. 복음과 율법의 일치점과 관련해서 프랜시스 로버츠는 이렇게 말했다. "율법과 복음은 얼마나 절묘하게 하나로 일치할까! 율법과 복음은 이 한 시내 산 언약에서 통합되고 함께 결합된다. 율법과 복음은 공동으로 연합해서 죄인을 자기를 벗어나 예수 그리스도께 나아오게 하여 그가 행위가 아니라 믿음으로 의롭다 함을 받게 한다. 율법과 복음은 공동으로 칭의를 위해 예수 그리스도를 믿는 믿음을 요구한다. 율법과 복음은 공동으로 믿은 것에 대해 영생과 행복을 제공한다. 율법과 복음은 공동으로 신자들에게 의롭다 함을 받은 후에 약속된 행복을 얻기 위해 하나님과 사람을 위해 사는 법을 지시한다. 이 일치와 조화는 얼마나 놀라울까! 이 시내 산 언약에서 율법은 복음 없이는 시행되지 못하고, 복음은 율법 없이는 시행되지 못했다. 율법과 복음은 분할할 수 없이 굳게 결합되어 있고, 나눌 수 없이 함께 합체되어 있다. 율법적 복음이고, 복음적 율법이다. 복음은 행함으로 충만하고, 율법은 믿음으로 충만하다"(*The Mysterie and Marrow of the Bible: viz. God's Covenants with Man*… [London, 1657], p. 778).

65) Goodwin, *Glory of the Gospel*, in *Works*, 4:329.

66) Goodwin, *Glory of the Gospel*, in *Works*, 4:337.

복음은 칭의로 제한되지 않고 성화도 포함한다. "만일 내가 어떤 일을 행한다면 그것은 내가 아니라 내 안에 계시는 예수 그리스도의 은혜다……내가 거룩해진다면 그것은 은혜로 그리스도께서 성화를 이루시기 때문이다. 사람이 자신의 영 안에서 복음적인 존재가 되어갈 때 예수 그리스도께서 그 안에서 그리스도 외에 다른 것은 전혀 없을 때까지 다른 모든 것을 이루시는 것이 사실이다."[67] 굿윈은 이런 맥락에서 글을 쓸 때 분명히 복음을 넓은 의미로 이해한다. 하지만 굿윈이 그렇게 하는 이유를 명확히 하는 것을 도울 수 있는 중요한 구분이 있다. 굿윈은 자기 백성들의 구원과 관련된 하나님의 다양한 사역을 제시한다. 그것들은 다음과 같다.

1. 우리를 향하신 하나님의 **내재적 사역**: 이때 하나님은 자신의 **영원한 사랑**을 우리에게 두시고, 이 사랑에 따라 우리를 선택하고, 우리에게 이 모든 복을 베풀기로 계획하셨다.
2. 그리스도 안에서 우리를 위해 행하신 **시간적** 사역: 이때 그리스도께서 행하신 모든 것은 우리를 대표해서 그리고 우리 대신 행하거나 겪으신 것이다.
3. 우리 안에서 그리고 우리에 대해 행하신 **적용적** 사역: 이때 하나님은 성령으로 말미암아 이 모든 복 곧 부르심, 칭의, 성화, 영화를 우리에게 베푸신다.[68]

이상 하나님의 사역은 모두 "복음" 사역이고, 이것은 부르심, 칭의, 성화, 양자가 복음(넓은 의미의) 속에 포함될 수 있다는 것을 의미한다. 그러므로 굿윈은 복음에 대한 자신의 논문에서 그리스도께서 자기 백성들을 위해 행하신 것이 반드시 그들에게 적용될 것이라는 것을 증명한다. 적용이 없으면 구속은 전혀 구속이 아니다. 다시 말하면 "우리의 실천적 신앙의 핵심 요체와 총체는……처음부터 끝까지 우리의 한평생 우리 안에 하나님이 계시하신 그리스도, 그리스도께서 계시하신 자기 자신으로 귀착된다."[69] 그리고 적용에 따라 복음의 포괄적인 성격을 매우 분명히 하기 위해 굿윈은 다음과 같이 주장한다.

> 따라서 기독교의 핵심 총체와 본질은 그리스도께서 우리에게 계시하신 것뿐만 아니라 우리 안에 계시하신 것이다. 그러므로 여러분은 여러분의 영혼 속에 그리고 영혼에게 적용해서 그리스도께 나아오라. 그러면 그리스도께서 여러분의 마음속에 내주하실 것이다.[70]

그리고 굿윈은 이렇게 말한다.

> 따라서 하나님이 처음부터 끝까지 여러분의 구원을 이루실 때 어떤 식으로든 여러분 안에서 그리스도가 발견된다. 그리스도를 발견하는 것은 그리스도의 인격에 대한 지식이기도 하고, 또는 그리스도에게 복종하는 것이기도 하며, 또는 여러분이 그리스도에 대해 아는 것에 합당한

---

67) Goodwin, *Glory of the Gospel*, in *Works*, 4:339.
68) Thomas Goodwin, *The Work of the Holy Ghost in Our Salvation*, in *The Works of Thomas Goodwin, D.D.* (1861~1866, 재판, Reformation Heritage Books, 2006), 6:405.
69) Goodwin, *Glory of the Gospel*, in *Works*, 4:343.
70) Goodwin, *Glory of the Gospel*, in *Works*, 4:345.

성향이기도 하다. 하나님이 우리에게 역사하시는 것과 우리에게 작용하시는 것은 그리스도 안에 있는 것에 적합하고, 나는 이것을 우리 종교의 총체 또는 본질이라고 부른다.[71]

자기 백성들을 위한 그리스도와 자기 백성들 안에 계시는 그리스도를 포함하는 굿윈의 복음에 대한 이해는 세밀한 범주로 나누는 것이 불가능하다. 복음은 확실히 자기 백성들을 위한 그리스도를 포함하지만 사실은 그 이상이다. 복음은 또한 자기 백성들 안에 계시는 그리스도이기도 하고, 죄인들이 믿음으로 자기들의 마음속에 거하시는 그리스도의 형상을 닮아가는 것이기도 하다(롬 8:29; 엡 3:17).

결론

다양한 전통에 속해 있는 신학자들은 율법-복음 구분-개신교 교의학에 그토록 중요한-을 똑같이 이해하지 않았다. 사실상 개혁파 신학자들도 모든 세부 사실에 견해가 일치한 것은 아니었다. 칭의 문제에 있어서는 개혁파와 루터교회 사이에도 전원 일치가 있었다. 왜냐하면 둘 다 이 문제에 있어서는 율법을 좁은 의미로 이해해야 한다고 봤기 때문이다. 하나님 앞에서 의롭게 되는 길은 행위 아니면 오직 그리스도를 믿는 믿음 둘 중의 하나다. 확실히 칭의 교리의 모든 구체적 사실이 개혁파 신학자들 속에서 동일하게 표현된 것은 아니었다. 하지만 그들은 이런 연유로 율법과 복음의 기본적인 반정립 관계에 대해서는 루터교회 신학자들과 일치했다. 그러나 이번 장에서 확인한 것처럼 율법-복음 구분는 단순히 이신칭의 교리로 환원될 수 없다. 많은 청교도가 율법과 복음을 구약과 신약을 서로 관련시키는 구속 시기로 봤다. 그러므로 율법은 복음을 포함했고, 복음은 율법을 포함했다. 나아가 토머스 굿윈이 주장한 것처럼 복음은 단순히 자기 백성들을 위한 그리스도의 사역을 가리키지 않았다. 오히려 복음은 전체 구원을 가리켰고, 여기에는 칭의 외에도 양자, 성화, 영화가 포함되었다. 따라서 J. I. 패커가 청교도 문헌에 나타나 있는 복음의 포괄성을 지적하는 것은 확실히 옳다. "청교도에게는 복음이 은혜 언약 전체 교리를 의미했다. 때때로 청교도는 죄와 심판에 대한 준비 메시지도 복음의 한 부분에 포함시켰다. 따라서 청교도에게는 복음을 선포하는 것이 전체 구속 경륜 곧 삼위일체 하나님의 세 위격 전체의 구원 사역을 선포하는 것과 다름없다는 것을 의미했다."[72]

결국 논쟁에서 사용된 용어들이 명확히 정의된다면, 루터교회 대 개혁파 대 율법폐기주의의 율법과 복음 이해에 대해 말하는 것은 확실히 적절하다. 확실히 율법-복음 구분이 루터교회 사상의 특징이라고 주장하는 것은 매우 부정확한 말이고, 그렇지만 그것이 루터교회와 개혁파가 항상 이 구분을 같은 의미로 사용했다는 것을 의미하는 것은 아니다. 언약신학은 이 구분에 대해 많은 말을 했고, 종교개혁 시대 이후로 개혁파 신학을 형성시키는 데 도움을 준 다양한 교리적 논쟁들도 마찬가지다.

---

71) Goodwin, *Glory of the Gospel*, in *Works*, 4:346. 또한 Thomas Manton, *Sermons upon Acts 2:37, 38*, in *The Works of Thomas Manton* (London: James Nisbet, 1870~1875), 21:284도 보라.

72) J. I. Packer, *A Quest for Godliness: The Puritan Vision of the Christian Life* (Wheaton, Ill.: Crossway, 1990), p. 167.

21장

청교도의 기독론

사랑의 피조물로 이루어진 무한한 세계가 있다고 하더라도 그 세계는 그 사람 그리스도 예수의 마음속에 있었던 것과 같은 사랑을 그 안에 갖고 있지 못할 것이다.

– 토머스 굿윈[1)] –

청교도 신학자들은 기독론 분야에서 즉 그리스도의 인격과 사역에 대해 탁월한 연구 작품들을 많이 저술했다. 그들은 자기들의 학문과 영혼을 분발시키는 적용 능력을 결합시켜 지성과 영혼이 그리스도를 절실하게 깨닫도록 이끌었다. 존 애로스미스(1602~1659년)는 매우 뛰어난 강해서인 『신인(神人)』(Theanthropos)에서 나사렛 예수는 한 인격 안에서 하나님이자 사람이신 것을 의심할 여지 없이 증명한다.[2)] 목회 차원에서 보면 600페이지가 넘는 아이작 암브로스(1604~1664년)의 작품 『예수를 바라보라』(Looking unto Jesus[부흥과개혁사 역간, 2011])는 개혁파 기독론의 특징을 강조하는 방식으로 신자에게 그리스도의 인격과 사역을 제시한다.[3)] 이 외에도 많은 작품들이 제시될 수 있고, 그런데도 청교도의 기독론에 대해 저술된 이차 문헌이 그토록 적은 이유는 큰 비밀이다. 그러나 이번 장은 저명한 두 청교도 토머스 굿윈(1600~1680년)과 존 오웬(1616~1683년)이 기독론에 미친 독보적인 공헌을 고찰할 것이다.

청교도의 기독론은 그리스도의 사역에 대해 다른 신학 전통들과 확실히 구분되었다.[4)] 그러나 대다수 학자들은 앞에서 언급한 신학자들이 단순히 그리스도의 인격에 대한 니케아와 칼케돈 정통 신조를 확인하는 데 그치고, 그 이상 제시한 특징은 없다고 단정한다. 그러나 면밀하게 검토해 보면, 청교도의 신학은 칼케돈 신조의 기본 가르침을 확인하는 것이기는 하지만 그리스도의 인격과 관련

---

1) Thomas Goodwin, *Exposition of Ephesians*, in *The Works of Thomas Goodwin D.D. Sometime President of Magdalen College in Oxford* (London, 1681~1704), 2:162.

2) John Arrowsmith, *Theanthropos, or, God-Man Being an Exposition upon the First Eighteen Verses of the First Chapter of the Gospel according to St John* (London, 1660).

3) Isaac Ambrose, *Looking unto Jesus; A View of the Everlasting Gospel* (London, 1674). 풍성한 기독론의 또 다른 금광은 William Gouge, *A Learned and Very Useful Commentary upon the Whole Epistle to the Hebrews…* (London, 1655)에서 확인될 수 있다.

4) 예컨대 아르미니우스주의와 개혁파 신학자들은 역사적으로 이신칭의 교리에 대해 일치하지 않았다. 아르미니우스주의 성경 주석자인 애덤 클라크는 이렇게 지적한다. "그리스도의 개인적인 의가 모든 참 신자에게 전가된다고 말하는 것은 성경적이 아니다. 그리스도께서 우리 대신 우리를 위해 모든 의를 이루셨다고 말하는 것은, 만일 이것이 그분이 모든 도덕적 의무를 이루셨다는 것을 의미한다면, 성경적인 것도 아니고 참된 것도 아니다. 하나님의 책 어디서도 그리스도의 의가 우리의 칭의를 위해 우리에게 전가된다고 말하지 않는다"(*Christian Theology* [London: Thomas & Son, 1835], p. 156). 또한 탁월한 작품인 Aza Goudriaan, "Justification by Faith and the Early Arminian Controversy," *Scholasticism Reformed: Essays in Honour of Willem J. van Asselt*, Maarten Wisse, Marcel Sarot, & Willemien Otten 편집 (Leiden: Brill, 2010), pp. 155~178도 보라.

해서 독특한 청교도의 기독론이 17세기에, 특히 굿윈과 오웬의 작품 속에서 등장했다.[5] 기독론에 대해 개혁파와 루터교회 간의 고정된 분리는, 당시 기승을 부리던 소키누스주의의 영향에 맞서 그런 것처럼 그들의 사상 속에서 중요한 역할을 맡았다. 하지만 어떤 저술가도 단순한 논박으로 그치지는 않았다. 사실상 둘 다 개혁파 정통주의에 긍정적인 공헌을 했다. 예수 그리스도의 참된 인성을 평가하게 된 것과 그리스도의 땅과 하늘에서의 사역 모두에 있어서 그분의 인격 속에서 두 본성의 관계를 이해하는 데 더 나은 모델을 발전시킨 것이 이 공헌 가운데 하나였다. 이번 장에서 오웬과 굿윈이 끼친 신학적 공헌을 그리스도의 인격을 그분의 낮아지심과 높아지심 두 지위에 따라 고찰하고, 각 지위에서 성령이 그리스도와 어떻게 관련되는지를 특별히 개혁파 기독론에 비춰 검토할 것이다. 논쟁 상황을 간략히 설명하는 것은 개혁파 기독론의 특징을 더 잘 평가하는 데 기초로 작용할 것이다.

역사적 배경

칼케돈 교회회의(451년)의 개최 원인이 된 알렉산드리아 학파와 안디옥 학파 간의 기독론 갈등은 칼케돈 신조를 채택하는 것으로 충분히 해소된 것이 아니었다. 심지어는 이차 문헌에서도 어느 쪽이 승리했는지에 대해 일치가 전혀 이뤄지지 않고 있다.[6] 그렇기는 하지만 많은 학자들이 그리스도의 인격과 신격의 통일성을 강조하는 알렉산드리아 학파의 강조점(로고스-사륵스, "인간 육체 속에 있는 신적 말씀")과 두 본성의 구별을 강조하는 안디옥 학파의 강조점(로고스-안드로포스, "신적 말씀과 인간 존재")을 인정한다.[7] 리처드 멀러는 어느 쪽이 칼케돈 교회 회의의 결과에 더 기뻐하는지와는 상관없이, 이 두 입장 모두 위험성이 없지 않다고 주장했다. "안디옥 학파의 입장은 네스토리우스에 의해 극단으로 나아갔고, 그리스도의 인격의 통일성을 위협한다. 알렉산드리아 학파의 입장은 유티케스에 의해 극단으로 나아갔고, 두 본성의 본래 상태를 위협한다."[8] 특히 알렉산드리아 학파 기독론의 아버지인 키릴로스의 작품을 보면 몇 가지 문제점이 나타나 있다. 올리버 크리스프는 키릴로스의 작품 속에는

---

5) 우리는 앨런 스펜스가 자신의 작품 *Incarnation and Inspiration: John Owen and the Coherence of Christology* (London: T&T Clark, 2007)에서 이 문제에 대해 얼마간 상세하게 설명한 것에 대해 감사하게 여긴다. 스티븐 홈즈도 오웬의 기독론의 독특함에 대해 비슷한 주장을 제시했다. "Reformed Varieties of the *Communicatio Idiomatum*," *The Person of Christ*, Stephen Holmes & Murray Rae 편집 (London: T & T Clark, 2005), pp. 70~86을 보라.

6) 키릴로스의 승리를 인정하는 연구 가운데 H. Diepen, *Les trois chapitres au Concile de Chalcédoine* (Oosterhout: Éditions de Saint-Michel, 1953)와 John Meyendorff, *Christ in Eastern Christian Thought* (Washington: Corpus Books, 1969)를 보라. 반면에 로버트 젠슨은 *Systematic Theology: The Triune God* (New York: Oxford University Press, 1997), 제1권, 8장에서 칼케돈 신조는 안디옥 학파의 방향으로 기울어져 있다고 주장했다. 젠슨 이전에 야로슬라프 펠리칸도 안디옥 학파의 승리에 찬성표를 던졌다. "비록 '다수의 인용이 성 키릴로스의 편지에서 나온 것'이라고 말하는 것이 통계상 정확하다고 할지라도, 레오의 『서한』(*Tome*)이 결정적인 공헌을 했다"(*The Emergence of the Catholic Tradition (100~600)* [Chicago: University of Chicago Press, 1992], p. 264). 나는 칼케돈 신조가 키릴로스의 입장보다 약간 더 낫다고 생각한다.

7) 데이비드 웰스는 알렉산드리아 학파와 안디옥 학파를 경쟁시키지 않고, "두 학파가 두각을 나타낸 도시들보다 이 두 학파의 전형적인 기독론-'말씀-육체'와 '말씀-인간'-에 따라 이 두 학파를 설명하는……것이 더 좋다"고 주장한다(*The Person of Christ: A Biblical and Historical Analysis of the Incarnation* [Westchester, Ill: Crossway, 1984], p. 100).

8) Richard Muller, *Dictionary of Latin and Greek Theological Terms: Drawn Principally from Protestant Scholastic Theology* (1985, Grand Rapids: Baker, 2006), pp. 72~73. 존 맥거킨은 매력적인 작품 *Saint Cyril of Alexandria and the Christological Controversy* (Crestwood, N. Y.: St. Vladimir's Seminary Press, 2004)에서 네스토리우스에 대해 보다 체계적으로 설명한다. 맥거킨은 분명히 초기 두 교부 간의 논쟁에서 키릴로스 편을 들지만 네스토리우스의 입장에 대한 수많은 오해를 불식시킨다. 또한 *The Westminster Handbook to Patristic Theology* (Louisville: Westminster John Knox, 2004), pp. 237~238에서 맥거킨의 간략한 설명도 보라.

"알렉산드리아 학파보다……안디옥 학파의 전통과 훨씬 크게 부합하는" 것처럼 보이는 일련의 진술이 들어 있다고 주장했다.[9] 사실상 키릴로스는 종종 안디옥 학파의 견해에 더 알맞은 것처럼 보이는 진술을 제공한다.[10] 크리스프의 분석은 비록 모든 해석자를 만족시키는 것은 아니지만, 이 문제의 복잡성을 강조하는 데는 도움을 준다.[11] 적어도 칼케돈 신조의 정의에는 애매함이 들어 있기 때문에 학자들 간에 불일치를 일으키지 않을 수 없었고, 다양한 전통에 속해 있는 신학자들이 이 신조가 가르치는 것을 자기들의 방식에 따라 해석하는 결과를 가져왔다. 그렇다고 해도 칼케돈 신조가 한 인격 속에 두 본성이 존재함을 인정한다는 것에 대해서는 모두가 일치했다. 그러나 이 논쟁의 주요 논점은 한 인격의 정체성이었다. 다시 말하면 우리는 단순히 그 인격을 신적 로고스(키릴로스의 입장)로 간주하는가, 아니면 전체 그리스도(칼빈의 입장)로 간주하는가? 아래에서 답변되는 이 질문은 개혁파 기독론의 특징의 전개에 특별한 의미를 갖고 있다.

서방 교회는 항상 인간과 동질적이고(호모우시오스, "동일 본질"), 하나님과 동질적인 그리스도의 두 본성을 구분했다. 그러나 로마 가톨릭교회, 루터교회, 개혁파 신학자들은 모두 이 이중 동질성을 서로 다르게 이해했다. 로마 가톨릭 신학은 신적 속성들이 완전히 인성에 스며들어가 있고, 따라서 그리스도는 자신의 인성 속에 태어날 때부터 하나님에 대한 복된 환상을 소유할 수 있음을 의미하는 것으로 위격의 연합을 제시한다. 헤르만 바빙크가 지적한 것처럼 로마 가톨릭교회의 입장에 따르면, "심지어는 땅에서도 그리스도는 이미 믿음이 아니라 보는 것에 따라 산, 충분이 이해한 자 겸 순례자(comprehensor ac viator)였고…… 그리스도의 인성이 할 수 있는 모든 은사가 점차적으로가 아니라 성육신하실 때 동시에 주어졌다."[12] 루터교회 신학자들은 이 관념을 인정했지만, 한 술 더 떠 인성에 은혜의 "전달"(communicatio gratiarum)뿐만 아니라 "속성의 전달"(communication idiomatum)도 일어났다고 가르쳤다.[13] 루터교회의 한 입장은 속성의 전달은 "신성에서 인성으로 진행되는 단일 방향으로 일어났고, 그 반대로는 일어나지 않았다"고 주장한다.[14] 우리가 "속성의 전달"-틀림없이 복잡한 문제인-에 대한 루터교회의 입장을 어떻게 이해하든 간에, 바빙크가 다음과 같이 주장하는 것은 확실히 이에 대해 큰 진실을 담고 있다. "로마 가톨릭교회와 루터교회 입장의 경향은 인성을 경계 이상으로 높이고, 인간으로서의 예수의 발전과 그분의 낮아지심의 지위는 단순히 외관에 불과한 것으로 해소

---

9) Oliver Crisp, *Divinity and Humanity* (Cambridge: Cambridge University Press, 2007), pp. 39~40.

10) Crisp, *Divinity and Humanity*, p. 39를 보라.

11) 존 맥거킨은 크리스프의 분석에 반대 입장을 보이는 학자의 한 실례다. 맥거킨은 키릴로스의 기독론에 대한 오해라고 자신이 믿고 있는 다수의 사실들을 교정시킨다. 이 주제에 대한 다음과 같은 그의 설명은 인용할 가치가 있다. "그러므로 인성은 독자적으로 역동적인 활동을 하는 것으로 간주되지 않고……독립적이고 전능한 능력의 활동 방식 곧 로고스의 활동 방식으로 간주된다. 오직 로고스에게만 인성의 모든 활동의 근원과 책임이 귀속될 수 있다. 이 원리는 키릴로스의 전체 주장의 정점이다……키릴로스는 일관되게 독자들에게 기독론에 있어서 우리는 로고스를 '김노스'(드러남. 즉 그분의 신적 특성의 드러남)가 아니라 '세사르코메네'(육화됨)로 말해야 한다는 사실을 상기시킨다. 주체 곧 신적 로고스는 변하지 않고, 다만 주체는 지금 가능하고 연약한 상태의 매개 안에서, 매개를 통해 그의 신적으로 강력한 상태의 특성을 표현한다(*Saint Cyril of Alexandria*), p. 186.

12) Herman Bavinck, *Reformed Dogmatics: Sin and Salvation in Christ*, John Vriend 번역 (Grand Rapids: Baker, 2006), 3:256.

13) 루이스 벌콥은 루터와 다른 루터교회 신학자들도 인성에서 신성으로의 속성의 전달에 대해 말했다고 지적한다. 그러나 이 견해는 단견에 불과하고, 신성에서 인성으로의 속성의 전달에 훨씬 큰 강조점이 주어졌다(*Systematic Theology* [Edinburgh: Banner of Truth, 2003], p. 324).

14) Crisp, *Divinity and Humanity*, p. 14. 속성 교류에 대한 루터교회의 다양한 견해들에 대한 비판은 13~15페이지에서 크리스프의 설명을 보라. 또한 Michael S. Horton, *Lord and Servant: A Covenant Christology* (Louisville, Ky.: Westminster John Knox, 2005), pp. 162~165도 보라.

시킨다."[15]

반면에 개혁파 신학자들은 중요한 격언 즉 "유한은 무한을 담을 수 없다"(finitum non capax infiniti)는 입장을 고수했다. 인성은 몇 가지 제한을 갖고 있다. 그리스도의 인성은 발전의 여지가 있었다(참고. 눅 2:52). 그리스도는 또한 낮아지심 상태에서 높아지심의 상태로 나아가셨다.[16] 그러나 높아지심의 상태에서도 그리스도의 영화롭게 된 인성은 신성과 구별되는 점이 남아 있었다. 그리스도는 땅에서 사역하시는 동안과 이후에 하늘에서 활동하시는 동안 모두 인성의 본래 모습을 유지하셨다는 것이 개혁파 정통주의의 본질적 요소였다.[17] 이번 장의 핵심 초점은 청교도 전통 속에서, 특히 존 오웬 및 토머스 굿윈과 관련해서 개혁파 기독론이 그리스도의 인격을 어떻게 이해했는지를 평가해 봄으로써, 기독론 주제에 중대하고 특별하게 공헌한 것을 살펴보는 데 있다.

개혁파 기독론

존 애로스미스의 성육신 견해는 청교도 동시대인들의 견해를 그대로 반영한다. 애로스미스는 "로고스는 인간의 본성 곧 육체와 영혼을 취했다"고 주장한다. 만일 그리스도께서 인간의 본성 곧 육체와 영혼을 취하지 아니하셨다면 육체와 영혼을 구원하실 수 없었을 것이다.[18] 그러나 모든 개혁파 정통주의가 강력히 견지한 요점은 이것인데, 곧 성자는 한 인간을 취하신 것이 아니라는 것이다. 왜냐하면 만일 그렇게 하셨다면, 그분은 그 인간만 구원하실 것이고, 그런 개인적 성육신이 가능하다고 여겨지게 될 것이기 때문이다. 애로스미스가 지적하는 것처럼 "우리는 영혼과 육체가 연합되어 한 인간이 된다. 그러나 그리스도 안에서 영혼과 육체는 (우리 안에서와 같이) 영혼과 육체 자체의 존속을 위해서가 아니라 신격의 존속을 위해 연합된 것이다."[19] 로고스가 인성을 취하신 것은 위격의 연합으로 불렸고, 그러기에 인성은 로고스의 신성 속에 존재하고, 그것에 의존한다. 그러므로 그리스도의 인성은 "엔휘포스틱"(enhypostic), 즉 그의 신격 안에(엔) 존속하는 것으로 말해진다.

또 하나의 문제는 그리스도께서 타락 이전의 온전한 인성을 취하셨는지, 아니면 타락 이후의 흠 있는 인성을 취하셨는지에 대한 것이다. 애로스미스는 그리스도는 "타락 이후의 흠 있는 인성을 취하셨고, 이것이 육체라는 말에 함축되어 있다"고 결론짓는다.[20] 그리스도는 "연약한 육체"를 취하셨다고 주장할 때 내포된 잠재적 위험성을 의식하고, 애로스미스는 "고통스러운 연약함"과 "죄악 되고 죄를 짓는 연약함"을 구분하고, 그리스도는 인간의 모든 연약함을 취하신 것이 아니라 취하신 것은 전자 가운데 일부이고, 후자는 취하지 아니하셨다고 지적함으로써 자신의 입장을 제한한다.[21] "고통스러운 연약함"은 이중 항목 아래 고찰된다. 하나는 다양한 질병(예. 통풍, 나병)과 같이 개인적이

15) Bavinck, *Reformed Dogmatics*, 3:257.
16) 이번 장의 주장은 그리스도의 인성은 구체적인 특수성, 곧 영-육 관계의 "물형론적"(hylomorphic) 견해로 불릴 수 있는 것을 전제로 해서 진행된다.
17) 그리스도의 "신격" 또는 신성은 "그분이 취하신 인성의 경계 너머에"(extra) 있다는 개혁파의 주장인 **엑스트라 칼비니스티쿰**을 분명히 언급하고 있는 하이델베르크 교리문답 질문 47~48을 보라.
18) Arrowsmith, *Theanthropos*, p. 207.
19) Arrowsmith, *Theanthropos*, p. 207.
20) Arrowsmith, *Theanthropos*, p. 208.
21) Arrowsmith, *Theanthropos*, p. 209.

고, 어떤 사람들에게 임하는 연약함이고, 다른 하나는 고통, 슬픔, 근심, 굶주림, 목마름과 같은 "자연적인" 연약함이다. 이 가운데 그리스도는 전자는 취하지 아니하셨지만, 후자는 확실히 경험하셨다.[22] 동시대인들과 마찬가지로 애로스미스도 그리스도의 두 본성을 정당화하는 데 목표를 두고 있지만, 기독론 이단이라는 비난을 피하는 방식으로 설명한다.

위에서 지적한 것처럼 개혁파는 그리스도의 두 본성의 구분을 강력히 주장했다. 굿윈은 이렇게 지적한다. "하나님은 불변하시는 분이므로 두 본성은 다른 본성으로 변할 수 없었다. 신격의 본질은 비공유적인 것이므로 인간의 본성이 하나님의 본성이 되는 것은 불가능했다."[23] 따라서 그리스도의 완전한 인성은 무한히 "신격에 본질적인 속성을 결여하고" 있다.[24]

그리스도 인격의 정체성에 대한 질문으로 돌아가 보면, 고찰할 가치가 있는 요소들이 많이 있다. 크리스프가 지적한 애매함에도 불구하고, 키릴로스의 입장은 그리스도의 인격은 신적 말씀 곧 로고스라고 주장한다. 따라서 키릴로스는 로고스는 인성 안에서 일어나는 모든 일의 행위자로 작용한다고 보는데, 이 입장은 인성의 본래 모습이 어떻게 보존될 수 있는지와 같은 문제를 포함해서 무수한 문제를 일으킨다. 다시 말하면 우리는 그리스도의 인격의 참된 인간적 경험에 대해 어떻게 말할 수 있는가?[25] 나아가 고통을 로고스에게 귀속시키는 것은 신적 무감정성을 인정하면 당장에 모순된 견해로 드러나고 만다. 따라서 레오 대제(대략, 391~461년)의 견해를 따르는 개혁파 신학자들은 "인격" 관념을 단순히(simpliciter) 로고스만이 아니라 두 본성을 다 가지신 그리스도를 가리키는 데 사용했다.[26] 성육신은 "복합적인 인격"을 결과했고, 이 인격은 신인(神人)이신 예수 그리스도의 두 본성을 반영한다.

그리스도의 인격에 대한 이 견해에 따라 개혁파 신학자들은 "사역의 전달"(communicatio operationum)이 포함된 "속성의 전달"(communicatio idiomatum)에 대해 말했는데, 그것은 함께 취해진 이 말들이 사역을 행하시는 그리스도의 인격을 반영하기 때문이다.[27] 웨스트민스터 신앙고백은 이 개념을 이렇게 설명한다. "그리스도는 중보 사역을 담당하실 때 각 본성이 자체에 고유한 것을 행함으로써 두 본성에 따라 행하시지만 인격의 통일성으로 말미암아 한 본성에 고유한 것이 때때로 성경에서 다른 본성

22) Arrowsmith, *Theanthropos*, p. 209. 나아가 애로스미스는 나중에 그리스도는 자신의 신성으로 말미암아 어떤 내재적인 죄에서 보호를 받았으나 전가로 말미암아 인간의 죄악 된 연약함을 실제로 취하셨다고 진술함으로써 자신의 입장을 제한한다(*Theanthropos*, p. 217).

23) Thomas Goodwin, *Of Christ the Mediator*, in *The Works of Thomas Goodwin D.D. Sometime President of Magdalen College in Oxford* (London, 1681~1704), 3:51. 또한 Francis Turretin, *Institutes of Elenctic Theology*, James T. Dennison Jr. 편집, George Musgrave Giger 번역 (Phillipsburg, N.J.: P&R, 1992), 13.8.9도 보라.

24) Thomas Goodwin, *Of the Knowledge of God the Father*, in *The Works of Thomas Goodwin, D.D. Sometime President of Magdalen College in Oxford* (London, 1681~1704), 2:104.

25) 맥거킨은 키릴로스는 이 점에 대해 많은 비판자들을 끌어들였다는 것을 인정하지만, 이 동방 신학의 정통 신학자에 대해 글을 쓰면서 이렇게 주장한다. "이 비판은 '인성'이 인간에 대한 우리의 통상적 경험을 기초로 곧 하향 구조에 따라 도달하게 된 정적이고 환원주의적인 분석 모델에 따라 정의되어야 한다는 것을……가정하고 있다. 키릴로스의 요점은 그리스도는 인간적 초월 가능성을 제공했기 때문에 온전한 인간이셨다는 것이다"(*Saint Cyril of Alexandria*, p. 225).

26) G. C. Berkouwer, *The Person of Christ*, John Vriend 번역 (Grand Rapids: Eerdmans, 1954), p. 286과 John Calvin, *Institutes of the Christian Religion*, John T. McNeill 편집, Ford Lewis Battles 번역 (Louisville, Ky.: Wesminster John Knox Press, 2006), 2.14.1, 5를 보라.

27) 많은 개혁파 신학자들이 속성의 교류 제목 아래 "사역의 교류" 개념에 대해 말함으로써, 사실상 두 개념을 구분하지 않는다. 벌카워는 이렇게 언급한다. "사역의 교류는 속성의 교류에 추가된 것이 아니라 그 한 부분이다. 이 교류는 그리스도의 삶과 사역 속에서 가만히 정적 상태로 머물러 있지 않고 영속적으로 활동하는 역동적인 실재다"(*The Person of Christ*, p. 293).

으로 일컬어지는 인격에 귀속된다"(8.7).[28] 다시 말하면 신적 로고스는 자신의 도구로서 인성을 통해 행하는 것이 아니고, 오히려 신인(神人)이 두 본성에 따라 행하신다. 17세기 언약신학자인 프랜시스 로버츠(1609~1675년)는 이 점을 이렇게 지적하는 것으로 설명한다. "그리스도는 그분의 신성에 따라 권세의 사역(opera authoritatis 또는 opera magisterii)을 행하셨지만, 그분의 인성에 따라 섬김의 사역(opera ministerii)도 행하셨다. 하지만 그분의 두 본성은 한 인격 속에 연합되어 있고, 따라서 그분의 두 원리에서 나오는 그분의 행위와 역사는 한 중보 사역으로 결합된다."[29] 이 교리의 요점은 개혁파 정통주의와 그리스도는 단지 인간으로서만 자신의 중보 사역을 행하셨다고 주장한 다양한 로마 가톨릭 저술가들 간의 논쟁의 원천이었다. 그리스도의 중보를 그분의 인성으로 제한함으로써 로마 가톨릭 신학자들은 사제직 관념을 지지하는 근거를 찾았다. 여기에는 그리스도는 단지 인간으로서만 중보하셨기 때문에 성육신 이전이나 이후에 다른 인간도 중보할 수 있다는 관념이 함축되어 있었다.[30] 로버트는 개혁파와 로마 가톨릭 신학자들, 특히 이탈리아 예수회의 벨라민 추기경(1542~1621년) 간에 치열한 논쟁을 불러일으킨 문제를 이렇게 정리한다. "벨라민은 다음과 같이 구분함으로써 간단하게 말한다. 중보 사역을 행한 원리나 시작(principium quod)은 하나님만도 아니고 인간만도 아니라 둘 다 즉 신인(神人)이셨다. 하지만 중보자에게 이 사역을 행하게 한 원리나 시작(principium quo)은 그분의 신성이 아니라 인성이었다."[31] 개혁파 신학자들은 그리스도의 두 본성을 인격의 통일성 속에 둠으로써 그리스도의 중보 사역을 단순히 인간의 사역으로 말하는 것을 거부했다.

그러므로 인격의 연합과 속성 및 사역의 전달을 기초로 교회는 하나님의 피로 샀다고 말해질 수 있다(행 20:28). 또는 굿윈이 지적하는 것처럼 "우리는 하나님이시자 인간이신 분이 죽었을 때, 죽은 것은 다만 인간임에도 불구하고 죽음이 그분의 전체 본성에 귀속되고, 그래서 그 피가 **하나님의 피**로 불린다고 말한다. 또 우리는 신인(神人)이 부활하셨을 때 그분의 몸만 부활하셨음에도 불구하고 부활이 그분 전체 곧 **토툼 크리스트**[그리스도의 전 존재]가 아니라 **토투스 크리스투스**(전 인격으로서의 그리스도)에게 귀속된다."[32] 투레틴은 전체 그리스도는 신인(神人)이시지만, 그리스도의 전체는 아니라는 굿윈의 주장을 상세히 설명한다. "남성 명사인 전체(토투스)는 구체적인 인격을 가리키지만 중성 명사인 전체(토툼)는 추상적인 본성을 의미한다. 그러므로 전체(토투스) 그리스도는 이 말이 인격을 가리키기 때문에 하나님이나 인간이라고 당연히 말해진다. 하지만 그리스도의 전체(토툼)는 이 말이 그분 안에 있는 각 본성을 가리키기 때문에 하나님이나 인간이라고 말해지지 않는다."[33] 이 가르침은

---

28) 칼빈은 속성의 교류를 다음과 같이 설명한다. "[성경도] 때로는 [그리스도에 대해] 오로지 그분의 인성에 해당되는 사실만 말하기도 하고, 또 때로는 오로지 그분의 신성에만 속해 있는 사실에 대해 말한다. 그리고 때로는 두 본성 모두에는 포함되지만 독자적으로는 어디에도 포함되지 않는 사실에 대해 말하기도 한다. 그리고 성경은 그리스도 안에서 두 본성이 서로 교체되기 때문에 두 본성의 연합에 대해서도 진지하게 표현한다. 이 비유적인 표현을 고대 저자들은 '속성의 교류'라고 불렀다"(*Institutes*, 2.14.1). 또한 Arrowsmith, *Theanthropos*, p. 221도 보라.

29) Francis Roberts, *Mysterium & Medulla Bibliorum: The Mysterie and Marrow of the Bible*… (London, 1657), p. 1594.

30) 오웬의 입장을 설명하면서 칼 트루먼은 "성육신에서 본성들의 연합은 그리스도에게 중보자로 활동할 수 있는 자격을 주는 것이다"라고 언급한다(*John Owen: Reformed Catholic, Renaissance Man* [Aldershot: Ashgate, 2007], p. 110).

31) Roberts, *Mysterium & Medulla Bibliorum*, p. 1594.

32) Thomas Goodwin, *Ephesians*, part 1, in *Works*, 1:415.

33) Turretin, *Institutes*, 13.7.17. 신학에서 **토투스/토툼** 구분은 전체 인간과 전체 사물의 구분과 관련되어 있다. 리처드 멀러가 지적하는 것처럼 "**토투스 크리스투스** 즉 그리스도의 전 인격은 그분의 신성으로 말미암아 신적 인격이 편재적이

개혁파의 사역의 전달에 대한 이해를 반영하고, 복합적 인격에 대한 주장에서 자연스럽게 따라 나온다.

따라서 개혁파 기독론은 그리스도의 인격에 대한 가톨릭과 루터교회의 견해와 비교해 보면, 자체로 독특한 강조점을 갖고 있는 것이 사실이다. 그러나 포괄적인 개혁파의 해석 전통에 따르면, 앞에서 설명한 것 가운데 특징적인 기독론이 개혁파 청교도 전통에서 등장했다는 주장을 보증할 만한 것은 하나도 없다. 지금까지 주장한 것은 모두 두 본성 간의 구분 원리에 대한 것이고, 이것은 유한은 무한을 담을 수 없다는 격언과 "비위격적 모델"(즉 로고스는 비인격적인 인성을 취했다는 것)에 근거한 (복합적) 인격의 통일성에 기초가 두어져 있다.[34)]

오웬의 기독론에 대해 사람들의 비난이 초래되고, 오웬을 16세기의 많은 개혁파 신학자들과 구분하게 만든 것은 그가 그리스도의 한 인격 속에 있는 두 본성의 관계에 대해 취한 입장에 있다.

기독론에 대한 오웬의 공헌

만일 우리가 그리스도의 신성은 인성을 통해 활동하고, 그리하여 그분이 예컨대 이적을 행할 수 있게 된다고 주장한다면, 그리스도의 삶 속에서의 성령의 역할에 대해 말하는 수많은 본문들에 대해 심각한 문제가 일어난다. 이것이 키릴로스의 입장이 극복할 수 없었던 문제점이었다. 로고스는 인성에 대해 역사하는 유일한 유효 행위자였다고 주장함으로써, 두 본성의 불균형 관계를 주장하는 키릴로스의 입장은 예수의 삶 속에서의 성령의 역사를 불필요한 것으로 만들고 만다. 실제로 소키누스주의자인 존 비들은 다음과 같이 일련의 질문을 제기함으로써 이 불균형 관계를 지지한다.

> 그리스도께서 이적을 행할 수 있도록 성령이 그분에게 주어지거나 하늘에서 천사가 내려와 그분을 강하게 하시거나 할 어떤 필요가 있었을까? 또는 그리스도께서 첫 창조 당시에 활동하셨고, 신적 본성을 갖고 계시며, 하나님 자신이라면 하나님께 자신을 버리신 것에 대해 그토록 간절하게 탄원하실 이유가 어디 있겠는가?……그분이 하나님이셨기 때문이 아니라 하나님이 그분과 함께 계셨기 때문에 이적을 행하신 것을 그분이 신적 본성을 갖고 계셨기 때문이라고 말해질 수 있겠는가?……이런 상태라면 그동안에 그리스도 안에서 신적 본성은 무익하고 쓸모 없는 것이 되지 않는가?[35)]

라는 의미에서 편재적이다. 하지만 **토툼 크리스티** 곧 그리스도의 전체 즉 두 본성은 인성이 한 곳에만 있어야 하므로 편재적일 수 없다"(*Dictionary of Terms*, p. 305).

34) 벌콥은 그리스도의 인성을 비인격적인 것으로 말하는 것에 대해 이렇게 경고한다. "이것은 그리스도의 인성이 자기만의 독자적인 존재 양식을 갖고 있지 않다는 의미에서만 사실이다. 그러나 엄밀하게 말하면 그리스도의 인성은 한순간도 비인격적인 상태에 있었던 적이 없었다. 로고스는 인성을 취해 자신의 인격적 실존 속에 들어가신 것을 전제로 했다. 그리스도의 인성은 로고스의 인격 안에서 인격적 실존을 갖고 있다. 그리스도의 인성은 비인격적이 아니라 내-인격적이다"(*Systematic Theology*, p. 322).

35) Spence, *Incarnation and Inspiration*, p. 16에서 인용함. 말하자면 맥거킨은 키릴로스는 그리스도의 기도 생활을 "주로 우리의 교훈과 교화를 위해 행해진 경륜적 훈련"으로 설명했다는 것을 보여 준다(*Saint Cyril of Alexandria*, p. 133). 이 입장과 반대로 개혁파 신학자들은 참 사람으로서 그리스도는 기도를 필요로 했다고 믿었고, 이것은 물론 그분이 우리의 교훈을 위해 단순히 기도하신 것이 아니라는 뜻이다.

이 질문들은 답변을 할 가치나 자격이 없는 것들이 아니다.[36] 로마 가톨릭 신학자나 루터교회 신학자는 그리스도의 삶 속에서의 성령의 의미 있는 역할에 대해 적절히 설명할 수 없다. 확실히 그들의 기독론은 각각 비들이 제기한 질문들에 오히려 답변을 어렵게 만들 것이다. 바빙크는 다음과 같이 강하게 천명한다. "루터교회 기독론은 계속 은사들에 대해 말하고 있지만, 실제로는 은사들과 관련되어 있는 것이 무엇인지 모르고 있고, 더 이상 그리스도께서 성령으로 기름부음을 받으신 것에 대해서도 여지를 갖고 있지 않다."[37] 그리고 여기서 오웬은 그리스도의 인격과 사역을 이해하는 데 크게 공헌한다. 확실히 그리스도 안에서의 성령의 사역에 대한 오웬의 이해는 그리스도의 두 본성의 본래 상태 또는 완전함과 인격의 통일성에 대한 개혁파의 주장과 일치된다. 오웬은 "성자의 인격이 인성에 대해 유일하게 직접적으로 한 행위는 존재 양식을 위해 인성을 취한 것이었다"고 주장한다.[38] 따라서 성령은 "자신의 인성에 대해서까지 성자 자신이 행한 모든 신적 행위의 직접적 행위자다. 하나님의 아들이 인성 안에서, 인성에 의해 또는 인성에 대해 행하신 것은 무엇이나 그분의 영이신 성령으로 말미암아 행하신 것이다."[39] 올리버 크리스프는 "그리스도의 신성이 아니라 인성이 이적을 행할 수 있도록 하시는 것은 성령이라고 주장할 수 있다"는 것을 인정한다.[40] 그러나 크리스프는 조심스럽게 다음과 같이 지적한다. "이것은 그리스도께서 이적을 행하실 수 있는 수단에 대한 전통적인 견해가 아니다. 전통적인 견해는 그리스도는 위격의 연합 속에서 인성 안에서, 그리고 인성을 통해 신성이 행하기 때문에 이적을 수행하실 수 있었다고 주장하는 것이다."[41] 물론 크리스프의 지적이 함축하고 있는 의미는 오웬의 기독론은 전통적인 견해가 아니라는 것이다.

전통적이 아닌 청교도의 기독론

그러나 오웬은 혼자가 아니었다. 다른 청교도도 비슷하게 주장했기 때문이다. 예를 들어 굿윈은 성령이 그리스도의 인성을 성결하게 하고, 그분을 그리스도로 만드셨다고 단정한다. 성령이 확실히 그리스도의 은혜의 "직접적 창시자"였다. "하나님의 아들이 인격적으로 인간적 본성 속에 거하고, 따라서 그 본성을 통상적인 피조물의 지위 이상으로 진보했다고 할지라도……심지어는 그분의 영혼을 가득 채운 그분의 모든 습관적인 은혜도 성령에게서 나온 것이었다."[42] 성령과 그리스도의 인성 간의 관계에 대한 이런 이해 방식은 예수 그리스도의 인간성을 보존시키고, 허다한 주석적 질문

---

36) 오웬은 이 비판을 십분 의식하고 있었던 것으로 보이지만, "분명하고 명확한 신앙의 유비를 갖고" 자기는 소키누스주의자가 강조한 난점을 쉽게 극복할 수 있다고 주장한다(*Pneumatologia*, in *The Works of John Owen, D.D.* [Edinburgh: Johnstone & Hunter, 1850~1855], 3:160).

37) Bavinck, *Reformed Dogmatics*, 3:309.

38) Owen, *Pneumatologia*, in *Works*, 3:160.

39) Owen, *Pneumatologia*, 3:162. 또한 Donald Macleod, *The Person of Christ* (Downers Grove, Ill.: InterVarsity, 1998), p. 195도 보라.

40) Crisp, *Divinity and Humanity*, p. 25.

41) Crisp, *Divinity and Humanity*, p. 25. 예를 들어 칼빈은 "전통적인" 기독론을 반영한다. "그리스도의 신성은 그분이 행하신 이적에서 얼마나 분명하고 명확하게 드러날까! 나도 선지자와 사도들도 그리스도의 이적과 동등하고 비슷한 이적을 행했다는 것을 인정하지만, 여기에는 근본적인 차이가 있다. 곧 선지자와 사도들은 자기들의 사역을 통해 하나님의 선물을 나눠 줬지만 그리스도는 자신의 능력을 보여 주셨다"(*Institutes*, 1.13.13).

42) homas Goodwin, *Of the Holy Ghost*, in *The Works of Thomas Goodwin, D.D. Sometime President of Magdalen College in Oxford* (London, 1681~1704), 5:43.

들에 답변을 제공한다.[43] 이런 연유로 스티븐 홈즈는 오웬은 그리스도의 인성이 성령으로 말미암아 성결하게 되었다고 본다고 지적했다. "내가 거룩하니 너희도 거룩하라는 명령은……새로운 힘을 가질 수 있다. 유대인인 예수 그리스도는 '죄를 제외하고, 모든 면에서 우리와 같으셨기' 때문에 우리가 닮을 수 있고, 따라서 이 기독론은 개혁파에게 특별한 관심이 되는 주제이고 루터교회와의 또 다른 논쟁의 한 국면인 튼튼한 성화 교리를 직접 이끈다."[44]

오웬은 초기 기독교 신학자들은 그리스도의 신성이 그분의 영혼을 대신했거나 인성에 직접 역사하는 데 책임을 졌다고 생각한 것으로 봤다. 그러나 오웬은 이렇게 주장한다. "완전한 사람이 되자 그분의 이성적인 영혼이, 우리 안에서 우리의 영혼이 그러는 것처럼 그분 안에서 그분의 모든 도덕적 활동의 직접적 원리가 되었다."[45] 그리스도의 인성은 자기 활동적(autokineton)이었다는 오웬의 요점은 일부 사람들이 그리스도의 비위격적(비인격적) 인성에 대한 개혁파의 견해를 그분이 인간적 자의식을 전혀 갖고 않았다는 의미로 이해할 수도 있기 때문에 지나치게 강조되어서는 안 된다. 이것은 사실과 전혀 다르다. 투레틴은 "인간성은 행위가 아니라 사물 양식이다"라고 지적한다.[46] 그리스도의 인성은 성육신으로 말미암아 로고스의 인격 속에서 인격화되었다. 그러나 그리스도 인성의 의식이나 인간성을 신인(神人)과 동연적인 것으로 만드는 것은 개혁파 신학자들이 대체로 "인격"이라는 말을 어떻게 이해했는지를 파악하지 못하는 것이다. 따라서 루터교회 기독론과 달리, 오웬의 속성의 전달(communicatio idiomatum) 견해는 그리스도의 인성이 그분의 신성을 퇴출시키지 않는다는 것을 의미한다.

우리는 오웬의 강조점은 많은 사람이 아리우스주의와 같이 그리스도를 일종의 "슈퍼맨"으로, 즉 참 하나님도 아니고 참 인간도 아닌 어떤 존재로 보는 경향이 있는 오늘날 교회에서 크게 필요로 한다는 것을 생각하지 않을 수 없다. 그리스도에 대한 이런 견해는 교회를 끔찍한 재앙으로 이끌 것이다. 이번 장의 나머지 부분은 개혁파 기독론이 왜 최고의 기독론인지를 예증할 것인데, 그것은 특별히 개혁파 기독론이 주석적 내용에 충실하고, 좋은 신학이 결과하는 목회적인 위로를 제공하기 때문이다. 그리스도의 충분한 신성을 이해하는 것에도 큰 가치가 있지만 그리스도의 참되고 온전한 인성을 이해하는 데에도 그만한 가치가 있다. 바빙크는 "그리스도의 참되고 온전한 인성은 그분의 신성 못지않게 중요하다"고 주장했다.[47] 마찬가지로 벌카워도 이렇게 지적한다. "확실히 교회 언어 속에서 이 소제-에케 호모(이 사람을 보라)는 그리스도의 참된 신성에 대한 고백과 불가분리적이다. 교회의 즐거운 찬양의 비밀은 그리스도의 두 본성의 통일성 속에 있다."[48]

---

43) 마이클 호튼도 그리스도의 인성과 성령을 관련시킨다. "이렇게 구원하시는 그리스도의 인성을 강조하면서 성령론에 더 많은 지면을 할애하는데, 이것은 신성보다 오히려 성령을 예수의 의존의 초점으로 보는 것이다"(*Lord and Servant*, p. 176).

44) Holmes, "Reformed Varieties of the *Communicatio Idiomatum*," pp. 81~82.

45) Owen, *Pneumatologia*, in *Works*, 3:169.

46) Turretin, *Institutes*, 13.8.9.

47) Bavinck, *Reformed Dogmatics*, 3:298.

48) Berkouwer, *The Person of Christ*, p. 234.

그리스도의 분리할 수 없는 짝

청교도는 그것을 다양한 방식으로 표현하기는 했지만 그리스도의 지상의 사역 및 천상의 사역과 관련해서 성령과 그리스도의 관계의 중요성을 날카롭게 의식하고 있었다. 아이작 암브로스가 진술하는 것처럼 그리스도 안에는 "성령의 모든 은혜가 섞여 있고……그리스도는 성령을 한량없이 받으셨다. 그리스도 안에는 피조물 속에 있을 것으로 예상되는 것이 모두 들어 있고, 무엇이든 간에 다른 모든 피조물 속에 있는 것보다 더 많이 들어 있었다."[49] 이상의 설명은 성령을 그리스도와 관련시키는 방법을 제시할 때 이상적인 출발점을 제공한다.

그리스도의 삶 속에서 일어난 모든 주요 사건 속에서 성령이 주도적인 역할을 담당하셨다. 성부는 성자가 육체를 취할 것을 작정하셨다. 성자는 성부의 뜻에 자발적으로 순종해서 육체를 취하셨다. 하지만 성육신의 "직접적인 신적 유효성"은 성령이시다(눅 1:35; 마 1:18, 20).[50] 이것은 이사야가 메시아를 영을 부여받으신 분으로 말했기 때문에(사 42:1, 61:1) 그리스도에게 꼭 맞는 "시작"이었다. 신약성경은 여러 곳에서 이사야의 증언을 확증했는데, 예컨대 그분은 성령을 한량없이 받으셨다(요 3:34). 그리스도께서 세례를 받으실 때 성령이 그분에게 임하셨고(마 3:16), 누가복음 4장을 보면 성령이 그리스도의 시험에서 중대한 역할을 맡았다(1절). 같은 장에서 그리스도는 이사야서 61장 1~2절(주 여호와의 영이 내게 내리셨으니)을 읽고, 자신이 그 예언의 성취라고 선언하셨다(눅 4:18). 나아가 그리스도는 자신이 행하신 이적을 성령의 역사로 돌리셨는데(마 12:28; 행 10:38), 그 이유는 "그리스도께서 자신의 능하신 행위를 바알세불에게 돌리는 것에 대해……유대인들은 그것이 성령을 모독한 것으로 알았는데, 사실은 그것들이 성령의 사역이라는 것을 알려 주시기 때문이다"(마 12:31~32).[51] 히브리서 9장 14절은 그리스도께서 "영원하신 성령으로 말미암아" 자기를 바친 것을 말한다. 싱클레어 퍼거슨이 지적하는 것처럼 "예수께서 신적 영으로 말미암아 자기를 바치신 것은 프뉴마를 이해하는 강력한 한 사례가 될 수 있다."[52] 그리스도의 부활이 성령에게 돌려지고(롬 8:11), 자신의 부활로 말미암아 그리스도는 "성결의 영으로 말미암아 능력으로 하나님의 아들로" 선포되셨다(롬 1:4. 또한 딤전 3:16; 벧전 3:18도 보라). 성령은 지상 사역 기간에 그리스도의 분리할 수 없는 짝이었기 때문에 그리스도께서 성령의 능력 주심이나 도우심에 의해 아버지께 부르짖으신(즉 기도하신) 것은 의심할 것이 전혀 없고, 이것은 로마서 8장 26~27절의 말씀에 기독론적인 함축적 의미를 부여할 것이다.

이 요점을 더 자극적으로 설명해 보자. 우리를 대신한 그리스도의 순종은 실질적인 순종이어야 했다. 그리스도는 둘째 아담으로 활동하시는 동안 자신의 신성에 의존함으로써 속이지 않으셨다. 오히려 성령을 받고 성령을 의지하심으로써, 아버지에게 충분히 의존했다(요 6:38). 우크 하르파그몬 헤게사토 토 에이나이 이사 데오(빌 2:6)[53]를 "선전할 어떤 것으로" 또는 "이득을 얻을 어떤 것으로 하

49) Ambrose, *Looking unto Jesus*, p. 201. 또한 Gouge, *Commentary on Hebrews*, p. 83도 보라.

50) Owen, *Pneumatologia*, in *Works*, 3:163을 보라.

51) Owen, *Pneumatologia*, in *Works*, 3:174.

52) Sinclair Ferguson, *The Holy Spirit* (Downers Grove, Ill.: InterVarsity, 1996), p. 53. 퍼거슨의 작품 2장은 현대인이 오웬의 기본 입장을 어떻게 다루는지를 제시한다. 또한 George Smeaton, *The Doctrine of the Holy Spirit* (London: Banner of Truth, 1958), p. 139도 보라.

53) KJV: "thought it not robbery to be equal with God."

나님과 동등됨으로 여기지 아니하시고"로 번역하면 이 견해에 완전히 부합한다. 그리하여 진정으로 그리스도는 지혜와 키가 자라가셨다(눅 2:52).[54] 만일 그리스도께서 모르시는 것처럼 보였다면(예. 마 24:36; 눅 8:45), 그것은 실제로 그분이 모르셨기 때문이다. 만일 그리스도께서 초자연적 지식을 갖고 계신 것처럼 보였다면(눅 9:47), 그것은 아버지께서 성령으로 말미암아 이 지식을 그리스도에게 계시하셨기 때문이다.[55] 그러나 진정한 의미에서 그리스도는 "아침마다" 성경을 읽으심으로써 자신의 메시아로서의 소명을 깨달았다(사 50:4~5). 이에 대해 퍼거슨은 이렇게 지적한다. "예수께서 성경에 정통하신 것은 공생애 기간에 '하늘에서'(de caelo) 온 것이 아니었다. 그것은 의심할 것 없이 어린 시절 교육에 기반이 두어져 있었지만 오랜 세월에 걸친 개인적 묵상에 따라 길러진 것이다."[56] 그리스도의 생애에 대한 이런 이해는 둘째 아담으로서 그분이 행하신 것에 대한 우리의 평가를 높이는 데 도움을 준다.

바빙크는 성령과 그리스도의 친밀한 관계에 대해 지금까지 설명한 기본적인 신학적 관심사를 이렇게 요약한다.

> 이 시점에서 그리스도의 인성과 관련해서 이 성령의 활동이 절대적으로 홀로 이루어진 것이 아니라는 것을 지적하는 것이 중요하다. 이 성령의 활동은 그리스도의 잉태와 함께 시작되지만 거기서 멈춘 것이 아니다. 그리스도의 생애 전체에 걸쳐, 아니 심지어는 높아지심 상태 속에 들어가셨을 때에도 계속되었다. 일반적으로 말하면, 이 활동의 필연성은 성령이 피조물의 모든 생활, 특히 인간의 종교적, 윤리적 생활의 창시자라는 사실에서 이미 추론될 수 있다. 하나님의 형상을 지니고 있는 참 인간은 성령의 내주 없는 삶은 한순간도 생각할 수 없다…… 만일 인간 전체가 성령으로 말미암지 않고 하나님과 교제할 수 없다면 이것이 그리스도의 인성에는 훨씬 강하게 적용될 것이다.[57]

그리스도께서 성령을 받으신 것은 그분의 참된 인성에 대한 존재론적 필연성이다. 확실히 그리스도께서 성령의 기름부음을 받지 아니하셨다면 그리스도가 되지 못하셨을 것이다. 자신의 신성에 따라 "본질상 하나님"(autotheos)이신 그리스도께 성령은 여분의 존재이기는커녕, 그리스도의 인성과의 관계로 말미암아 기독론을 설명할 때 중심적인 위치를 차지해야 한다.[58]

어떻게 해석하든 간에 주석적 증거는 잉태에서 시작되는 그리스도의 지상 생애 기간은 말할 것도 없고, 부활에서 계속될 뿐만 아니라 하늘에서의 사역에서도 계속되는 성령과 신인(神人) 사이의 유기적 관계의 중요성에 대해 말해 준다. 개혁파 기독론은 엄밀히 말해 이 지점에서 그리스도의 인격과

54) 수잔 베셀은 누가복음 2장 52절은 "예수께서 키, 지혜, 은혜가 자랐다고 분명히 진술하기 때문에 키릴로스의 견해에 항의할 만한 요소가 들어 있었다고 설명한다. 키릴로스는 다만 그리스도의 발전과 성장은 단순히 외견상 모습이었을 뿐이라고 말할 수 있었을 뿐이다"(*Cyril of Alexandria and the Nestorian Controversy: The Making of a Saint and of a Heretic* [Oxford: Oxford University Press, 2004], p. 133). 맥거킨은 이 점에 대해 키릴로스를 전연 다르게 이해하는 접근법을 취한다. *Saint Cyril of Alexandria*, pp. 216~218을 보라.

55) Turretin, *Institutes*, 13.13.2~5를 보라.

56) Ferguson, *The Holy Spirit*, p. 44.

57) Bavinck, *Reformed Dogmatics*, 3:292.

58) 나는 기독론의 이 특정 국면을 "그리스도-성령론"으로 부를 것인데, 이 명칭을 친구인 제임스 라이트에게서 처음 들었다.

사역에 대한 가장 만족스러운 설명으로 등장한다. 존 오웬이 성령과 그리스도의 관계를 가장 세심하게 설명한 청교도였다면, 토머스 굿윈은 땅의 죄인들을 향한 그리스도의 하늘에서의 사역을 가장 잘 설명한 청교도였다는 것은 의심의 여지가 없다. J. I. 패커가 주장한 것처럼 "존 오웬은 굿윈만큼 분명하게-때때로 세부 사실에 대해 더 분명하게-바울의 지성을 들여다봤지만, 오웬은 [굿윈만큼] 바울의 심정을 그토록 깊이 들여다보지는 못했다."[59] 패커는 여기서 크게 진실을 말하지만, 더 구체적으로 보면, 굿윈의 기독론의 탁월함은 단순히 바울의 심정을 들여다봤기 때문이 아니라 하늘에서 땅의 죄인들을 향하신 그리스도의 심정을 꿰뚫어 볼 수 있었기 때문이다.[60] 이 주제에 대한 굿윈의 작품은 청교도 전통 속에서 가장 훌륭한 실천적인 기독론 작품일 것이고, 그러므로 우리가 왜 최고의 신학이 가장 유익한 신학인지 이해하려면 이 작품을 주목할 필요가 있다. 우리는 25장에서 이 주제를 충분히 고찰할 것이다.

결론

그리스도와 성령에 대한 앞서의 논증은 불가피하게 자주 행해지는 그리스도의 인격과 사역 간의 구분에 대해 질문을 일으킨다. 여러 세기 동안 많은 신학자들이 그리스도에 대해 중요한 것은 그분이 누구신가 아니라 그분이 행하신 것이라고 주장했다.[61] 그러나 G. C. 벌카워는 이렇게 지적했다. "성경에서 우리는 지속적으로 그리스도의 인격과 사역의 끊을 수 없는 통일성을 접한다……그리스도가 누구신지 아는 것은 그리스도의 사역이 무엇인지 이해하는 것을 의미한다. 그리스도의 사역을 올바른 관점에 따라 아는 것은 그분의 인격을 이해하는 것이다."[62] 그리스도의 인격과 사역의 유기적 통일성은 특히 그리스도의 지상 및 천상의 사역을 성령의 사역과 관련시키는 논증에 비춰 보면 부인할 수 없다. 우리는 그리스도의 순종(즉 그분의 사역)이 참된 인간의 순종이라는 것을 확인했다. 하지만 무엇보다 그것은 오웬이 주장한 것처럼, 신인(神人)의 모든 행위의 직접적 행위자이신 성령의 능력으로 마귀에게 저항하고, 이적을 행하고, 자신을 속죄 제물로 바치신 인간적 존재의 순종이었다. 나아가 그리스도의 인격과 사역의 유기적 통일성은 우리가 인격이 사역에 가치를 부여한다는 것을 확인하게 되면 분명해진다. 그것을 다르게 표현하면, 그리스도의 생애, 죽음, 부활을 죄인들을 위한 공로로 만드는 것은 신인(神人)이 그 사역을 행하신다는 사실에 있다.

키릴로스에 대한 탁월한 연구에서, 존 맥거킨은 "기독론에서는 그 함축적 의미가 논증에 중요하다"는 이 교부의 전제를 지적한다.[63] 확실히 이번 장의 주장은 매우 훌륭한 개혁파 정통 신학자들의 중요한 근본 특징, 즉 기독교 교리는 기독교적 삶과 관련되어 있어야 한다는 것을 지시한다. 교리는 시간을 때우기 위해 목사들 간에 논쟁을 벌이는 추상적인 철학적 관념이 아니다. 오히려 교리는

59) J. I. Packer, *A Quest for Godliness: The Puritan Vision of the Christian Life* (Wheaton, Ill.: Crossway, 1990), p. 179.

60) Thomas Goodwin, *The Heart of Christ in Heaven towards Sinners on Earth*, in *The Works of Thomas Goodwin D.D. Sometime President of Magdalen College in Oxford* (London, 1681~1704), 제4권을 보라.

61) Berkouwer, *The Person of Christ*, pp. 101~110에서 이에 대한 탁월한 설명을 보라.

62) Berkouwer, *The Person of Christ*, p. 105.

63) McGuckin, *Saint Cyril of Alexandria*, p. 129.

적절하게 이해된다면, 하나님의 계시에 대한 올바른 이해에서 나오는 기독교적 경건의 길을 제공한다. 오웬, 굿윈, 그리고 그들의 동시대인들이 전개하고, 이후의 세기들 속에서 다른 개혁파 신학자들에게 적용된 기독론은 개혁파 기독론이 성경에 대해 가장 일관된 주석을 제공할 뿐만 아니라, 하나님의 백성들에게 최고의 목회적인 위로를 제공하기 때문에 최고의 기독론으로 여전히 남아 있다. 개혁파 기독론은 그리스도의 인성 속에서 실제 성장과 발전을 이루고, 나아가 성령의 사역을 설명하는 중요한 기독론 배경을 제공한다. 이번 장은 우리의 기독론이 우리의 성령론을 알려 줘야 하고, 또 우리의 성령론은 우리의 기독론을 알려 줘야 한다는 것을 보여 준다. 이 개념을 부인하는 것은 사실상 예수 그리스도의 인격과 사역의 중대 국면을 부인하는 것이다. 그 목적을 이루기 위해 다른 누구보다 존 오웬과 토머스 굿윈의 신학적 통찰력은 "많은 사람 가운데에 뛰어나신"(아 5:10) 분에 대한 우리의 이해를 돕는 심원한 통찰력으로 받아들여져야 한다.

22장

그리스도 직분과 지위에 대한 청교도의 교리

질문: 예수 그리스도는 이 직분들[즉 선지자, 제사장, 왕]을 어떤 조건 속에서 행하십니까?

답변: 그리스도는 땅에서 낮아지심의 비천한 지위에서 이 직분들을 행하셨습니다.

하지만 지금은 하늘에서 높아지심의 영광스러운 지위에서 이 직분들을 행하고 계십니다.

– 존 오웬[1] –

그리스도의 직분 및 지위에 대한 청교도의 가르침을 간단히 요약한 것은 웨스트민스터 소교리문답에서 찾아볼 수 있다. 웨스트민스터 소교리문답 질문 23은 "그리스도는 우리의 구속자로서 어떤 직분을 수행하십니까?"라고 묻고 이렇게 대답한다. "그리스도는 우리의 구속자로서 낮아지심과 높아지심, 이 두 지위에서 선지자, 제사장, 왕의 직분을 수행하십니다." 이 특별한 답변은 비교적 간단한 것처럼 보이지만, 안에 내포된 신학은 매우 깊다. 웨스트민스터 소교리문답은 계속해서 그리스도의 선지자, 제사장, 왕으로서의 사역을 설명하고(질문 24~26), 이어서 성육신하신 중보자로서의 그리스도 생애와 사역의 지위(신분)를 정의한다(질문 27~28). 즉, 모태에서 잉태된 것에서 무덤에 장사되기까지의 상태를 가리키는 그분의 낮아지심과 부활, 승천, 하나님 우편에 앉으심, 그리고 세상을 심판하러 다시 오실 때까지 계속되는 그분의 높아지심에 대해 설명한다.

이번 장은 청교도 사상 속에 나타나 있는 그리스도의 직분과 지위에 대해 간략히 고찰할 것이다. 곧 분명해지겠지만 그리스도의 인격과 사역은 청교도 기독론의 본질적 요소로서 하나로 융합되어 있다. 확실히 이런 식으로 청교도의 기독론을 고찰해 보면 그리스도의 인격과 사역 간에 유기적 관련성이 있다는 것이 증명될 것이다. 우리는 이 둘을 떼어 놓을 수 없다. 이어지는 부분에서는 대체로 청교도가 받아들이고, 신앙고백으로 작성하며, 상세히 설명한 개혁파 관점에 따라 그리스도의 인격을 간략히 다루고, 이어서 그리스도의 직분과 그분의 낮아지심과 높아지심의 지위를 소개할 것이다.

그리스도의 인격

니케아 교회회의(325년)와 콘스탄티노플 교회회의(381년)는 그리스도는 "하나님의 독생자이시며, 모든 세상이 있기 전에 하나님에게서 나셨으며, 하나님에게서 나온 하나님, 빛에서 나온 빛, 참 하나님에게서 나온 참 하나님이시다. 또 그리스도는 창조되신 것이 아니라 하나님에게서 나셨고, 모든

1) John Owen, *Two Short Catechisms*, in *The Works of John Owen, D.D.* (Edinburgh: Johnstone & Hunter, 1850~1855), 1:468.

것을 지으신 아버지와 동일 본질을 갖고 계신다"고 진술했다. 이 주 예수 그리스도는 "우리 인간들과 우리의 구원을 위해 하늘에서 내려 오셨고, 성령으로 말미암아 동정녀 마리아의 몸을 입고 사람이 되셨다."[2] 칼케돈 교회회의(451년)는 더 나아가 그리스도를 한 인격 속에 두 본성을 가지신 분으로 진술했다. "한 분이신 그리스도, 성자, 주님, 하나님의 독생자는 혼동 없이, 변화 없이, 분할 없이, 분리 없이 두 본성을 가지신 분으로 인정되고, 두 본성의 구별은 연합으로 결코 지워지지 않고, 오히려 각 본성의 특성[idiomata]이 보존되고, 한 인격과 현존을 이루기 위해 결합하되, 두 인격으로 분리되거나 나눠지지 않고, 유일하신 아들이자 독생하신 하나님 곧 말씀, 주 예수 그리스도이시다." 칼케돈 신조의 정의는 그리스도인들이 예수 그리스도의 인격에 대해 확언해야 할 것에 대한 기본적인 이해를 제공한다.

학자들은 이 정의가 "안디옥 학파"의 견해에 더 가까운지, 아니면 "알렉산드리아 학파"의 견해에 더 가까운지를 놓고 계속 논쟁을 벌이고 있고, 교회 사가들은 대체로 소위 안디옥 학파는 두 본성의 구별을 강조했지만, 알렉산드리아 학파는 인격의 통일성(즉 신적 말씀 또는 로고스)에 큰 비중을 두었다고 주장했다. 대체로 학자들은 안디옥 학파의 강조점은 네스토리우스주의의 오류(두 구별된 본성을 가지신 그리스도는 두 구별된 인격으로 존재하셨다고 주장하는 견해)로 빠질 수 있고, 반면에 알렉산드리아 학파의 강조점은 유티케스주의의 오류(그리스도의 하나님과의 동일 본질을 주장하기 위해 우리 인간과의 동일 본질을 부인하는 견해)로 빠질 수 있다고 주장한다.

이상의 분석은 특히 네스토리우스 사상의 다양한 뉘앙스를 이해하기 위해 시간을 갖는 사람들이 거의 없기 때문에 너무 단순하다고 볼 수 있을 것이다.[3] 사실 여생을 추방자로 사는 동안 네스토리우스는 칼케돈 교회회의가 사실은 자신을 정당화했다고 믿었다. 존 앤서니 맥거킨이 적절하게 예증한 것처럼, 많은 사람이 네스토리우스는 "그리스도 안에 두 인격적 주체(인간과 신)가 있다는 견해를 옹호한다고 이해했고, 그래서 그들은 네스토리우스를 마치 고대의 이단자인 사모사타의 바울(인간 예수가 신성을 '소유하게' 된 것으로 봄)이 재등장한 것으로 보고 비난했다."[4] 그러나 맥거킨이 지적하는 것처럼-맥거킨은 분명히 키릴로스의 기독론에 호의적이다-네스토리우스는 "자기가 들은 대부분의 사실과 그 후로 쭉 대중이 네스토리우스주의 이단에 대해 생각한 의미(만약 부정확하다면) 곧 그리스도의 인격 속에서 인간 예수와 신적 말씀과 동시에 나란히 거했다는 교리가 된 것"을 사실은 의도하지 않았다.[5]

"네스토리우스주의"에 대한 비난은, 그것이 어떤 것이든 두 본성의 근본적인 구별을 주장하는 자들을 겨냥하고 있다. 따라서 개혁파는 그들의 "네스토리우스적인" 기독론에 반대해 쏟아지는 빈번한 공격을 처리해야 했고, 루터교회는 유티케스주의라는 비난을 처리해야 했다. 우리가 청교도, 특히 존 오웬(1616~1683년)의 작품에 시선을 돌리면, 그리스도의 인격에 대한 그의 견해에는 "네스토리

---

2) Nicene Creed, in "Doctrinal Standards, Liturgy, and Church Order," *The Psalter* (Grand Rapids: Reformation Heritage Books, 1999), p. 2.

3) 탁월한 작품인 Susan Wessel, *Cyril of Alexandria and the Nestorian Controversy: The Making of a Saint and of a Heretic* (Oxford: Oxford University Press, 2004)과 John A. McGuckin, *Saint Cyril of Alexandria and the Christological Controversy* (Crestwood, N. Y.: St. Vladimir's Seminary Press, 2004)를 보라.

4) John McGuckin, *The Westminster Handbook to Patristic Theology* (Louisville, Ky.: Westminster John Knox, 2004), p. 238.

5) McGuckin, *The Westminster Handbook to Patristic Theology*, p. 238.

우스주의" 느낌이 있다. 물론 오웬은 분명히 통상적으로 네스토리우스의 견해와 연결된 오류를 주장한 것이 아니다. 그러나 오웬과 그의 청교도 동료들은 그리스도 안에 두 본성의 구별을 크게 강조했고, 이것은 그리스도께서 하나가 아니라 두 의지를 갖고 있다는 것을 의미했다. 마찬가지로 두 의지와 관련해서 오웬은 두 종류의 지식을 단정했다. 영원하신 성자는 전지하지만 성육신하신 그리스도는 최소한 그분의 인성에 있어서는 전지하지 않다. "유한은 무한을 담을 수 없다"(finitum non capax infiniti)는 유명한 격언은 개혁파 정통주의의 근본 원리였고, 무엇보다 그리스도의 두 본성의 본래 모습을 보존하기 위한 의도가 있었다. 따라서 아우토데오스(하나님 자신)이신 영원하신 성자는 전지하다. 하지만 그분의 인성은 어떤 사실들은 모른다. 위격의 연합은 성자가 단일한 심리적 센터를 갖고 계신다는 것을 의미하지 않는다. 인격적인 것과 심리적인 것을 동의어로 보는 자들에게 오웬의 기독론은 잘 이해되지 않고, 잘 받아들여지지 않을 것이다. 그러나 위격의 연합이 의미하는 것은 두 본성이 있지만 인격(또는 위격, 휘포스타시스)은 오직 하나라는 것이다.

이 개념은 우리가 청교도의 기독론, 특히 그리스도의 낮아지심 지위에서 높아지심 지위로 바뀌는 것이 분명히 가시적이지는 않지만 실제적이라는 교리적 주장을 이해하는 데 중대한 함축적 의미를 갖고 있다. 다만 그분의 인성에 대해서만 말한다고 해도, 그리스도의 몸뿐만 아니라 예컨대 그분의 지식과 능력도 부활 이후에는 부활 이전과 양적 및 질적으로 달랐다. 이것은 개혁파와 청교도의 기독론을 로마 가톨릭교회 및 루터교회와 같은 다른 전통들의 견해와 구분짓는 특징이다.

기독론에 대한 청교도의 작품들은 속성의 전달(communicatio idiomatum)에 대한 루터교회의 개념에 대해 거의 항상 일관되게 부정적인 비판을 담고 있다.[6] 요약하면 그리스도 안의 두 본성의 관계에 대한 전형적인 루터교회의 이해는 신적 속성이 인성으로 전달되는 단일 방향적인 전달이었다. 이것은 그들의 성찬 교리에 분명히 함축되어 있었다. 그들은 성찬에서 그리스도의 몸이 그리스도의 인성의 "편재성" 견해 즉 신성과 결합된 그리스도의 인성은 이제 편재하거나 무소부재하다는 견해로 말미암아 "떡 안에, 떡과 함께, 떡 아래에" 임재한다고 주장했다. 이에 대해 청교도 신학자들은 다음과 같이 지적했다. 첫째, 루터교회 견해에 따르면, 하나님의 속성들에 대한 적절한 구분이 없어진다. 만일 한 속성이 인성에 전달된다면 다른 모든 속성도 마찬가지다. 하나님은 단일한 존재로 혼합적이거나 복합적인(부분들로 구성된) 존재가 결코 아니시기 때문이다. 『하나님의 존재와 속성』에서 스티븐 차녹(1628~1680년)이 제시하는 속성들의 구별은 하나님 안에 있는 실제 구별에 대한 반성이 아니라 인간의 연약함에 자기를 낮추어 맞추시는 적응(accommodation)이다. 하나님의 지혜는 하나님의 능력이고, 하나님의 능력은 하나님의 지식이며, 하나님의 지식은 하나님의 무한성 등이다. 아니 더 낫게 말하면, 하나님은 동시에 이 모든 것이다. 그리스도의 인성에 편재성을 전달하는 것은 반드시 무한성과 영원성도 전달하는 것이 포함될 것이고, 그렇게 되면 이것은 그리스도의 참된 인성과 그분의 성육신 현실에 유해한 결과가 될 것이다. 둘째, 루터교회의 속성의 전달 개념은 그리스도께서 고난에서 영광으로 이동하신 것은 실제적으로는 아니지만 단지 외견상으로만 그렇게 보이고 인식된다는

---

6) 예컨대 폴 베인스(1573~1617년)는 이렇게 말한다. "루터교회의 견해를 따르면, 그리스도께서 하나님의 우편에 앉게 되는 것이 그분의 인성이 이런 존귀함으로 높아지고, 신적 속성들 곧 전지성, 편재성, 전능성을 자유롭게 사용할 수 있는 있게 되며, 그리하여 그것들을 통해 당연히 신적 존재에 걸맞게 전지하고, 편재적이고, 전능하게 되는 권리를 갖는 것을 의미하는 것으로 보는 것이 거의 인정되지 않는다"(*A Commentarie upon the First Chapter of the Epistle of Saint Paul, Written to the Ephesians*… [London, 1643], p. 196).

것을 의미한다. 루터교회에 따르면, 그리스도는 실존적으로는 누가복음 2장 52절에서 제시하는 것처럼 지혜와 지식이 자라가지 않았다. 그것은 그리스도를 지켜본 자들에게 다만 그렇게 보인 것일 뿐이다.[7)]

로마 가톨릭교회 신학자들은 루터교회와 같은 입장을 견지하지 않았지만, 그들의 기독론은 사실상 루터교회와 같은 결과에 이르렀다. 로버트 벨라민(1542~1621년)과 같은 로마 가톨릭교회 신학자들은 속성의 전달 대신 그리스도께서 성육신하실 때 "복된 환상"으로 알려진 모든 영적 지식을 총체적으로 받는 방식으로 인성에 "은사의 전달"이 일어난다고 주장했고, 그것은 그분의 삶이 믿음으로(또는 소망 안에서) 산 것이 아니라 보는 것으로 산 것임을 의미했다. 그분은 여정 속에 있는 순례자이면서 동시에 자신의 추구한 목적을 이미 달성한 복된 자로 간주되었다. 인성이 행할 수 있는 모든 은사가 성육신하실 때 그분에게 직접 주어졌다. 따라서 로마 가톨릭교회의 견해에 따르면, 그리스도에게 유아에서 성인으로 또는 지상 생애에서 천상의 생애로 실제적인 발전 단계는 없었다. 종교개혁 당시와 종교개혁 이후 시대의 개혁파와 달리, 로마 가톨릭 신학자들에게는 그리스도께서 낮아지심의 지위에서 높아지심의 지위로 이동한 것이 확실히 똑같은 중요성을 갖고 있지 않았다.

개혁파의 그리스도의 인격에 대한 견해는 낮아지심과 높아지심의 지위에서 행하신 그리스도의 삼중 직분을 이해하는 데 본질적이다. 개혁파는 "각 본성이 자체에 고유한 것을 행하는" 두 본성에 따라 중보하시는 신인(神人)의 한 인격 속에서 두 본성이 각각 절대적인 본래 상태를 갖고 있다고 주장했기 때문에(웨스트민스터 신앙고백 8.7) 그리스도의 인성에는 실제적인 성장의 여지가 있다. 교회의 선지자, 제사장, 왕으로서 그리스도의 인성에 주어진 은사들은 그분의 생애의 다양한 시점(예, 세례, 부활, 등극)에서 자라간다.

선지자로서의 그리스도

웨스트민스터 소교리문답은 그리스도는 "자신의 말씀과 성령으로 말미암아 우리의 구원에 대한 하나님의 뜻을 우리에게 계시하심으로써" 선지자의 직분을 수행한다고 설명한다(질문 24). 그리스도의 인격에 대한 개혁파의 견해를 염두에 두면, 그리스도의 선지자 직분은 그분의 죽음으로 끝나는 것이 아니라 사실은 "영원히" 계속된다. 웨스트민스터 소교리문답은 그리스도의 선지자 직분을 택함받은 자의 구원에 대한 문제로 한정시키는 것처럼 보이지만 많은 청교도가 하나님이 하늘에 있는 성도들에게 계시를 전달하는 직접적 수단은 영광 속에 들어가신 신인(神人)이신 예수 그리스도를 통해서라고 주장했다. 우리는 그리스도의 선지자 직분을 주로 대략 3년에 걸친 그분의 지상 사역에 맞춰 생각할 수 있지만, 그분이 자기 신부에게 영원토록 하나님에게서 온 계시를 계속 드러내실 것이라는 점을 감안하면, 그것은 그리스도의 선지자로서의 역할의 매우 작은 부분에 불과하다. 따라서 그리스도의 선지자로서의 중보 직분은 어떤 의미에서 역사가 완성될 때 끝나지만, 다른 의미에서 보면 하나님의 뜻과 마음에 대한 계시자로서의 그분의 역할은 하늘에서 계속된다.

---

7) 이 이유들은 부분적으로 청교도 신학자들이 왜 루터 자신을 제외하고 루터교회 신학자들을 자주 인용하지 않았는지를 설명해 줄 것이다. 사실 청교도의 작품들을 보면, 루터교회 신학자들보다는 수아레스와 에스티우스와 같은 로마 가톨릭교회 신학자들에 대한 언급이 더 자주 등장한다. 또한 독일에서 루터 이후 루터교회 신학자들의 활동이 칼빈주의에서 제외된 것도 다수의 청교도가 루터교회 사상이 자기들의 믿음에 반대된다고 인식하게 된 것을 설명해 준다.

그리스도는 선지자로서의 직분을 통해 하나님의 모든 참된 지식을 나눠 주고, 소유하실 수 있다. 말하자면 존 플라벨(1628~1691년)이 지적한 것처럼 그리스도는 "우리를 구원으로 이끄는 모든 빛의 근원이자 원천이시다"(고후 4:6).[8] 자연 계시와 초자연 계시를 구별하면서 플라벨은 "일반 지식은 자연적으로 얻어질 수 있지만" 구원 지식은 그럴 수 없다고 덧붙인다. 이 진술로 다수의 중요한 기독론 관련 질문들이 전면으로 드러난다. 이 질문들에 대한 답변은 존 오웬이 성경책 가운데 가장 풍성한 기독론을 제시하고 있는 책을 주석하는 히브리서 주석에서 제시한 것보다 더 나은 것이 어디에도 없을 것이다.

오웬은 그리스도께서 교회에 전하신 계시에 대해 다음과 같이 중요한 구분을 행한다. 구약 시대에 성자는 하나님의 뜻을 자신의 신적 인격 안에서 때때로 천사들을 통해 선지자들에게 전달하셨다. "그러나 이제는 그분이 복음 계시로 스스로 인간이 되어……그것을 직접 가르치셨다."[9] 오웬은 어떤 이들은 선지자로서 하나님의 뜻을 계시하는 그리스도의 능력이 두 본성을 가진 한 인격이 되어 영원한 로고스가 되심으로써 하나님의 뜻을 교회에 계시할 수 있는 독보적인 특권을 갖게 된데서 나온다고 주장한 것을 지적한다. 그러나 오웬은 이 입장을 거부한다. 그리스도는 자신의 신성 안에서 전지하시다. 그리스도는 알아야 할 모든 것을 알고 계신다. 왜냐하면 그분 안에는 과거나 미래가 전혀 없고, 알아야 할 모든 것 또는 모든 가능한 세계 속에서 알려질 수 있는 모든 것을 아시는 현재만 있기 때문이다. 그러나 그리스도는 중보 직분을 행하실 때에는 아버지의 뜻을 자신의 인성 안에서, 인성에 따라 계시하셨다. 오웬은 이렇게 말한다. "비록 신인(神人)이신 그리스도의 인격이 우리의 중보자였다고 해도……그분의 직분의 의무들을 이행한 것은 그분의 인성이었다."[10] 오웬의 이런 요점은 앞으로 살펴볼 것처럼 그리스도의 다른 두 직분 곧 제사장과 왕 직분에도 같은 함축 의미를 갖고 있다.

개혁파의 두 본성 구별과 조화되게 그리스도는 선지자로서의 자신의 의무를 수행할 수 있는 필수적인 은사와 은혜들을 받으셨다. 자신의 자연 능력-그분의 인성은 자연적 은사를 갖고 있었고, 죄에서 벗어나 있었음-외에도 그리스도는 또한 "교회의 크신 선지자로서 예상할 수 있는 모든 한계를 넘어서는 성령의 특별한 능력을 갖고 계셨고, 그래서 아버지는 그분 안에서 자신에 대한 마지막 계시를 말씀하고 나타내셨다."[11] 그리스도는 성육신할 때 성령을 받으셨지만, 요단 강에서 세례를 받으실 때 성령이 충분하게 임하셨다. 새로운 계시를 전하실 때 그리스도는 그 계시를 성령으로 말미암아 아버지께 받으셨다. 따라서 오웬은 이렇게 말한다. "그리스도의 피로 말미암아 구원을 이루는 모든 것과 함께 택함받은 자의 구원에 대한 아버지와 영원한 말씀 간의 경륜의 모든 비밀이 그리스도에게 알려졌다. 그리하여 그리스도의 교회가 하나님께 바쳐야 했던 경배의 전체 범주 곧 모든 경계가 정해졌다."[12] 간헐적으로 특정한 시기에 계시가 주어진 모세와 달리, 그리스도는 지혜와 지식과 진리의 모든 보화를 소유했다. 그분 이전의 다른 어떤 선지자 이상으로, 그리스도는 하나님의 마음에 대해 흠 없이, 권세를 갖고 말씀하실 수 있었다. 예수는 "자기 안에 항상 거한 신적 지혜로 말

---

8) John Flavel, *An Exposition of the Assembly's Catechism*, in *The Works of the Rev. Mr. John Flavel* (1820, 재판, Edinburgh: Banner of Truth, 1997), 6:182.

9) John Owen, *Hebrews*, in *The Works of John Owen, D.D.* (Edinburgh: Johnstone & Hunter, 1850~1855), 20:23.

10) Owen, *Hebrews*, in *Works*, 20:30.

11) Owen, *Hebrews*, in *Works*, 20:30.

12) Owen, *Hebrews*, in *Works*, 20:31.

미암아 자기에게 주어지고 자기로 말미암아 계시된 모든 비밀을 완전히 파악하고 있었다."[13] 오웬의 견해에 따르면, 그리스도께서 교회에 하나님의 뜻을 계시하시기 전에 하나님이 먼저 이 진리들을 그리스도에게 계시하셔야 했다. 그런 의미에서 그리스도는 지식의 참된 중보자시다. 이것은 또한 그리스도께서 하나님의 뜻을 자신의 인성에 따라 계시하셨기 때문에, 만일 하나님이 어떤 진리를 그리스도에게 계시하지 않는다면, 참 사람으로서 그리스도는 그 진리를 모르게 되었다는 것을 의미한다. 이것은 마태복음 24장 36절의 "그러나 그 날과 그때는 아무도 모르나니 하늘의 천사들도, 아들도 모르고 오직 아버지만 아시느니라"는 그리스도의 말씀을 설명해 준다. 그리스도는 아버지께서 마지막 날이 언제 임할지 자신에게 계시하지 아니하셨기 때문에 모르고 계셨다.

유한은 무한을 담을 수 없다는 개혁파의 격언은 높아지심의 지위에서 자신의 선지자 직분을 행하시는 그리스도에게도 그대로 해당된다. 그럼에도 불구하고 그리스도의 지식의 범주에는 변화가 있다. 토머스 굿윈(1600~1680년)은 비록 성령이 땅에 계시는 동안 한량없이 그리스도에게 부어졌지만(요 3:34), 그리고 세례 받으신 후에는 이전보다 더 풍성하게 부어졌지만, 그럼에도 불구하고 하늘에서 그리스도는 "영원히 받도록 되어 있던 성령을 동시에 최대한 풍성하게 받으신 것이 사실이다……그리스도는 인성이 가질 수 있는 최대한으로 성령을 갖고 계셨다."[14] 이것은 그리스도의 모든 직분에 대해 중요한 함축적 의미를 갖고 있다. 하지만 선지자 직분에 따라 그리스도의 지식은 확대되었다. "왜냐하면 그리스도는 이전에는 심판 날이 언제인지 알지 못하셨지만 요한계시록을 쓸 당시에는 알고 계셨기 때문이다."[15] 승천 및 높아지심과 함께 그리스도는 완전하게 성령을 소유하게 되심으로써 그분의 인간적 은혜들은 가장 풍성한 분량에 이를 정도로 확대된다. 그리스도께서 이전에는 모르셨던 것(최후 심판의 날)을 이제는 결코 모르시지 않고, 그래서 그리스도는 밧모 섬에 있는 요한에게 계시하신다.

그리스도의 선지자 직분에 대해서는 추가로 설명해야 할 국면이 또 하나 남아 있다. 그것은 영광 속에서 하나님의 계시를 전달하는 선지자로서의 그분의 역할이다. 땅의 그리스도인들은 지금 삼위 하나님과의 연합과 교제를 누리고 있고, 그들이 소유하고 있는 하나님을 아는 지식과 그들의 구원은 중보자 예수 그리스도로 말미암아 그들에게 주어진다. 이것은 한시적인 은혜가 아니다. 오히려 지금뿐만 아니라 영원 속에서도 누릴 것이다. 성육신하신 하나님의 아들은 영광 속에 들어간 자신의 인성에 따라 여전히 삼위 하나님에 대한 성도들의 지식과 사랑의 중보자가 되실 것이다. 이에 대해 오웬은 이렇게 말한다.

> 하늘에서 신적 존재와 무한한 충만 속에서 영광 속에 들어간 성도들에게 주어지는 온갖 전달 역시, 영광 속에서도 영원히 하나님과 교회의 교통의 매개자가 되실 그리스도 예수 안에서, 그리스도 예수로 말미암아 주어진다. 하늘에 있는 것이나 땅에 있는 것이나 그리스도 안에서 하나로 모이게 될 모든 것이……이 질서를 결코 해체시키지 못할 것이다……그리고 우리가 지

13) Owen, *Hebrews*, in *Works*, 20:32.

14) Thomas Goodwin, *The Heart of Christ in Heaven towards Sinners on Earth*, in *The Works of Thomas Goodwin, D.D.*, Thomas Smith 편집 (Grand Rapids: Reformation Heritage Books, 2006), 4:121.

15) Goodwin, *The Heart of Christ*, in *Works*, 4:121.

속적으로 지복과 영광의 상태 속에 있는 것은 그리스도로 말미암아 하나님에게서 오는 이 전달들에 따라 전적으로 좌우될 것이다.[16]

하나님에게서 오는 계시는 성경 66권으로 중단되지 않았다. 성경 66권은 현세를 위해 주어진 것이다. 그러나 내세(즉 천국)에서는 하나님이 성도들에게 계속 말씀하고, 신인(神人)으로서 영원히 하나님의 뜻을 교회에 계시하실 예수 그리스도로 말미암아 그렇게 하실 것이다. 오웬과 청교도는 그리스도의 직분이 그분이 세상을 심판하러 다시 오실 때 새 언약의 완성으로 끝나게 되리라는 것에 대해 견해가 일치되었다. 하지만 그리스도는 하나님의 마음을 구속 받은 자들에게 계시하는 유일한 특권을 갖고 계시기 때문에 하늘에서도 계속 선지자 직분을 감당하실 것이라는 것은 의미가 있다.

제사장으로서의 그리스도

웨스트민스터 소교리문답으로 다시 돌아가 보면, 신학자들은 제사장 직분을 수행하시는 그리스도에 대한 질문에 이렇게 대답한다. "그리스도는 하나님의 공의를 만족시키고, 우리를 하나님과 화목시키기 위해 자기 자신을 단번에 제물로 드리심으로써, 그리고 우리를 위해 계속 중보를 행하심으로써, 제사장의 직분을 수행하신다"(질문 25). 스티븐 차녹은 그리스도의 제사장 직분은 두 가지 기능 곧 봉헌과 중보의 기능을 갖고 있다고 지적한다. "이 두 기능은 하나로 결합되어 있으나 한 기능이 다른 기능에 선행한다……곧 봉헌이 중보보다 앞서고, 중보는 봉헌이 없으면 있을 수 없다."[17] 오웬도 비슷하게 이 두 행위는 분리되어서는 안 되는데 그 이유는 "죄를 속죄하고 기도하는 것이 한 중보자에게 속해 있기 때문"이라고 주장한다.[18] 하늘에서 이뤄지는 그리스도의 중보 사역은 자신을 바치는 것으로 계속되고, "따라서 그리스도께서 자신의 죽음과 수난으로 말미암아 간청하고, 공로를 세우고, 획득하신 것은 무엇이나 그분이 그것을 얻기를 바라신 자들에게 하자 없이 적용되고 부여되어야 한다. 그렇지 않으면 그분의 중보는 헛것이 되고, 그분의 중보 기도는 응답되지 않을 것이다."[19] 따라서 오웬은 그리스도께서 하늘에서 감당하시는 중보 사역과 관련해서 그분의 죽음의 특별한 성격을 강조한다. 이상이 그리스도의 제사장 직분에 대한 청교도의 견해를 간략히 개관한 것이다. 하지만 더 상세한 설명이 필요하다.

첫 번째로, 모든 중보자가 제사장인 것은 아니지만 모든 제사장은 중보자다. 에드워드 레이놀즈(1599~1676년)에 따르면, 어떤 이들은 "간구, 기도, 간청"을 통해 중보하고, 다른 이들은 "만족을 통해……중보하는데, 이런 중보자로 그리스도가 계셨다."[20] 마찬가지로 토머스 맨턴(1620~1677년)도

16) John Owen, *Meditations and Discourses on the Glory of Christ*, in *The Works of John Owen, D.D.* (Edinburgh: Johnstone & Hunter, 1850~1855), 1:414.

17) Stephen Charnock, *Discourses on Christ Crucified* (London: for the Religious Tract Society, 1830), p. 83.

18) John Owen, *A Display of Arminianism*, in *The Works of John Owen, D.D.* (Edinburgh: Johnstone & Hunter, 1850~1855), 10:91.

19) Owen, *A Display of Arminianism*, in *Works*, 10:90. 마찬가지로 토머스 맨턴도 이렇게 말한다. "그것은 두 행위 곧 봉헌과 중보로 이뤄진 그분의 제사장 직무의 한 부분이다. 봉헌은 십자가 제단에서 단번에 이루어졌고, 중보는 그분의 속죄 죄사의 지속 곧 하늘에서 그것을 계속 제시하는 것이다"(*Sermons upon John 17*, in *The Complete Works of Thomas Manton, D.D.* [London: James Nisbet, 1870~1875], 10:246).

20) Edward Reynolds, *An Explication of the Hundred and Tenth Psalm*… (1656, 재판, London: Religious Tract Society, 1837), p. 310.

그리스도는 "간구가 아니라 공로로" 중보하신다고 지적한다.[21] 그리스도의 만족은 그분 인격의 가치로 말미암아 하나님 앞에서 공로가 되었다. 그리스도는 신인(神人)이시고, 두 본성은 그리스도께서 자기 백성들을 대표하고 그들을 위해 충분한 지불을 행하기 위해서는 필수적이었다. 레이놀즈는 이렇게 지적한다.

> 이 신격(그리스도)의 공로가 진정으로 속죄 제물에 귀속되었기 때문에(그렇지 아니하면 그것은 가치를 갖지 못하거나 그 안에 공로를 가질 수 없었을 것이다.) 그리고 그 속죄 제물이 그것을 제공한 제사장의 생명, 영혼, 몸이었기 때문에 곧 그분은 제사장일 뿐만 아니라 동시에 저당물이었고, 그래서 그분의 인격이 피의 빚인 우리의 빚을 갚기 위해 우리를 대신하고, 그분이 자신을 제물로 바치셨기 때문에(히 9:26, 벧전 2:24), 그리고 그분의 인격이 존엄성과 표상에 있어서 자신이 중보하고 오직 그분으로 말미암아서 고난에서 벗어나게 된 모든 자의 인격들과 동등하기 때문에, 이상의 이유들로 말미암아 오직 한 그리스도께서 하나님과 사람의 본성으로 이루어진 동일한 무한하신 인격의 통일성 속에서 하나님과 사람이 되는 것이 필수적이었다.[22]

그리스도의 인격에 대한 정통적 견해는 개혁파 신학자들에게 매우 중요해서 그리스도의 죽음을 만족과 대리에 따라 설명할 수 있다. 그리스도의 인격의 가치는 그분이 하나님의 택함받은 자 모두를 위해 적절한 대리와 충분한 만족을 이루실 수 있다는 것에 있다. 이것은 많은 개혁파 신학자들의 작품 속에서 발견하게 되는 충분성-유효성 구분과 연계되어 있다. 그리스도는 성부를 만족시키셨고, 성부와 성자 간의 언약으로 말미암아 성자는 저당물(즉 대속물)로 행하실 수 있었다. 추상적으로는 그리스도의 십자가 죽음이 아무도 구원하지 못하지만, 성부와 성자의 언약 협정에 따르면, 신인(神人)의 자기 제물 행위는 그분이 위해 죽은 자들을 구원한다.

둘 사이의 유기적 관계로 보아 그리스도의 봉헌에 참된 것은 당연히 그분의 중보에도 참되다. 맨턴이 지적하는 것처럼, 구약 시대에 대제사장이 "자기 자신을 위해서가 아니라 백성들을 위해 가슴과 어깨에 열두지파의 이름을 달고 [지성소] 안으로 들어갔던 것처럼, 그리스도께서도 우리 모두를 위해 자신의 마음속에 각인된 모든 성도에 대한 특별한 기억을 갖고 들어가신다."[23] 그리스도의 하늘에서의 중보의 본질을 설명하기 전에 오웬은 그리스도의 봉헌 사역에 대해 흥미로운 요점을 제시한다. 오웬의 견해에 따르면, 그리스도의 봉헌은 단순히 그분의 십자가 죽음 곧 그분의 소위 "수동적 순종"의 시간이 아니라 오히려 그리스도의 봉헌은 "그분의 낮아지심 전체 곧 율법에 자발적으로 순종하심으로써……또는 삶의 선행적인 비참과 고난 속에서 율법의 저주에 복종함으로써 그리고 죽음 곧 십자가 죽음에 복종함으로써 자기를 비우신 상태"를 가리킨다.[24] 오웬이 이런 식으로 추론하는 것은 이런 이유 때문이다. "그리스도의 중보 행동들은 이 사역에서 전체 수단을 구성하는 사건에서 하나도 제외되지 않는다. 여기서 그리스도의 중보를 나는 다만 자신의 봉헌을 통해 취득하고 확

---

21) Manton, *Sermons upon John 17*, in *Works*, 10:244.

22) Reynolds, *An Explication of the Hundred and Tenth Psalm*, p. 313.

23) Manton, *Sermons upon John 17*, in *Works*, 10:244.

24) John Owen, *Salus Electorum*, in *The Works of John Owen, D.D.* (Edinburgh: Johnstone & Hunter, 1850~1855), 10:179.

보한 모든 좋은 것, 뿐만 아니라 부활에서 '지극히 높으신 분 우편에 앉아 계신 것과 천사들과 통치자들과 권세들이 그분에게 복종하는 것'에 이르기까지 그곳으로 이끈 그분의 높아지심의 모든 행위를 우리에게 적용시키기 위해 천상의 지성소에 나타나신 것으로 이해한다."[25] 여기서 오웬은 다른 곳에서 그리스도의 능동적, 수동적 순종이 신자들에게 전가된다는 교리를 옹호할 수 있도록 그리스도의 사역의 통일성을 식별한다. 오웬과 그의 동료들은 그리스도의 고난, 죽음 부활, 승천, 등극, 중보는 모두 하나로 결합된 구속 사역의 전체 부분이라고 본다.

그리스도의 제사장으로서의 직분은 또한 그분의 중보자로서의 이중 지위에 따라 이해할 필요가 있다. 십자가의 낮아지심, 아니 사실은 지상에서의 전체 사역 이후에 부활하신 그리스도는 자신의 생애와 죽음의 유익을 교회에 적용시키신다. 굿윈은 이것을 설득력 있게 설명한다. 굿윈은 택함받은 자의 충분한 칭의는 그리스도의 중보에 "특별히 의존한다"고 지적한다.[26] 굿윈은 이렇게 덧붙인다. "사방의 모든 신학자가 그것에 귀속시키지만 그들은 그리스도의 죽음의 영향과 우리의 구원을 위한 그분의 중보의 영향 사이에 이런 차이를 둔다. 곧 그들은 그리스도의 죽음을 메디움 임페트라티오니스(즉 우리를 위해 그것을 얻어내는 취득 수단)로 부르고, 그분의 중보를 메디움 아프리카티오니스(즉 우리에게 모든 것을 적용시키는 수단)로 부른다."[27] 다시 말하면 칭의의 적용은 그리스도의 죽음이나 그분의 부활의 직접적 결과가 아니라 그분의 중보의 직접적 결과다(히 5:8~10). 토머스 왓슨(대략, 1620~1686년)도 굿윈의 주장을 반영한다. "그러나 어째서 우리가 의롭다 함을 얻게 되는가? 그것은 그리스도의 중보에서 온다."[28] 그리스도의 중보는 신자들의 칭의의 지속적 원인이다. 확실히 굿윈에 따르면, "우리가 매순간 은혜 안에 있는 것은 그리스도께서 하늘에 앉아 계셔서 매순간 중보하시기 때문이다."[29]

그리스도의 제사장 직분의 영원한 본질은 그분이 아론이 아니라 멜기세덱의 반차를 따르는 제사장이라는 사실에서 나온다(히 7:17, 21). 그러므로 그리스도의 제사장 직분은 영원히 지속된다. 선지자로서 그리스도가 하나님이 새 하늘과 새 땅에서 성도들에게 자신을 계시하시는 직접적 수단이 되실 것이라면, 제사장으로서 그리스도는 어떨까? 히브리서 7장 17절의 말씀(증언하기를 네가 영원히 멜기세덱의 반차를 따르는 제사장이라 하였도다)은 그리스도의 제사장 직분이 끝나는 것이 아님을 암시한다. 그러나 오웬은 여기서 "영원히"는 절대적인 의미로 취해져서는 안 된다고 주장한다. 그리스도는 모든 택함받은 자를 구원으로 이끄는 목표를 갖고, "그것이 끝날 때까지 자신의 직분을 수행하심"에 따라 "영원히" 제사장이시다.[30] 이 "영원히"는 아론 제사장 직분이 옛 언약을 염두에 두고 있는 것처럼, 새 언약을 염두에 두고 있다. 새 언약은 완성될 때까지 계속된다. 그러므로 새 언약 시대를 포함해서 현세상이 끝날 때 "그리스도의 모든 중보 직분과 중보 직분의 모든 행사가 끝날 것이다."[31] 그때까지 그리스도는 교회를 위해 중보를 계속하고, 따라서 이 사역에서 그리스도는 "자신의 신선한 영광의 신

25) Owen, *Salus Electorum*, in *Works*, 10:179~180.
26) Thomas Goodwin, *Christ Set Forth*, in *The Works of Thomas Goodwin, D.D.*, Thomas Smith 편집 (Grand Rapids: Reformation Heritage Books, 2006), 4:63.
27) Goodwin, *Christ Set Forth*, in *Works*, 4:63.
28) Thomas Watson, *A Body of Divinity* (1692, 재판, Edinburgh: Banner of Truth, 2000), p. 181.
29) Goodwin, *Christ Set Forth*, in *Works*, 4:64.
30) Owen, *Hebrews*, in *Works*, 22:454.
31) Owen, *Hebrews*, in *Works*, 22:490.

록을 항상 새롭고 푸르게 보존하실" 것이다.[32] 속죄 제사를 드리는 제사장으로서 그리스도는 자신의 죽음에서 영광을 받으신다. 하지만 구속의 적용은 그분의 중보에 달려 있기 때문에 그분의 높아지심은 의심할 여지 없이 실제 높아지심인데, 그 이유는 그분이 땅에서 자기 백성들을 위해 그들의 저당물로서 행하신 모든 일은 하늘에서 대제사장으로 행하신 그분의 중보로 말미암아 택함받은 자에게 충분히 적용될 수 있도록 하기 때문이다.[33]

왕으로서의 그리스도

그리스도의 왕의 직분 행사는 웨스트민스터 소교리문답에서 그분이 "우리를 자기 자신에게 복종시켜 우리를 다스리고 보호하심으로써, 그리고 자신과 우리의 모든 원수를 저지하고 정복하심으로써 왕의 직분을 수행하는" 것으로 진술된다(질문 26). 신약 성경에서 가장 빈번하게 인용되는 구약 본문인 시편 110편 1절은 하나님이 그리스도의 원수들을 굴복시키시는 것(내가 네 원수들로 네 발판이 되게 하기까지)에 대해 말한다. 에드워드 레이놀즈의 시편 110편 강해를 보면 그리스도의 왕권을 이해하는 데 도움이 될 것이다.

신성에 대해 말하면, 성자는 자신의 신격의 본질적 속성으로서 지배권과 위엄을 소유하고 계신다. 이 점에서 성부, 성자, 성령은 지혜, 능력, 영광이 동등하시다. 삼위 하나님의 권세는 분명히 크거나 작게 드러날 수 있지만 늘어나거나 줄어들거나 할 수는 없다. 그리스도와 관련해서 청교도는 그분의 왕으로서의 직분을 주로 그분의 중보적인 역할에 따라 말했다. 물론 그것은 그리스도의 선지자와 제사장 직분이 새 하늘과 새 땅에서 모든 것이 완성될 때 끝나는 것처럼, 중보적인 왕으로서의 그분의 직분도 마찬가지로 그분이 나라를 아버지께 바치실 때 끝난다는(고전 15:24) 것을 의미한다. 그리스도의 중보적인 왕권은 그분에게 주어진 어떤 것이다. 그리스도는 그것을 "찬탈, 침략이나 폭력에 의해서가 아니라 법적으로 아버지에게서 나온 명령, 작정, 수여에 의해" 받으셨다(요 5:22; 행 2:36, 10:42, 히 3:2~8).[34] 레이놀즈는 위에서 그리스도의 신적 특권에 비춰 설명된 그분의 자연적인 나라와 그분의 중보적인 나라를 구분한다. 후자의 나라는 그리스도에게 주어진 것으로, 이것은 그 나라가 본질상 그분의 나라가 아니라 "아버지의 증여와 기름부음을 통해 받은 나라로, 이로 말미암아 그분은 그의 교회 머리가 되셨다."[35]

이런 나라를 소유하기 위해 하나님은 다음과 같이 하셔야 했다. (1) 성자가 위격의 연합을 위해 한 몸을 예비하셔야 했다(히 10:5). (2) 경건한 왕이 되는 데 필수적인 능력을 공급하기 위해(사 11:2) 그리스도에게 한량없이 성령을 부어 주셔야 했다(요 3:34). (3) 그리스도가 왕이라는 것을 공개적으로 선언하셔야 했다(마 3:17, 17:5). (4) 하나님의 뜻을 인간에게 계시하도록 그리스도에게 의의 홀을 주시고, 성자의 입에 칼을 두시며, 성자를 (선지자 및 왕으로서) 능력 있게 하셔야 했다. (5) 사자와 종들로 그리스도를 존귀하게 하셔야 했다(엡 4:11~12; 고후 5:20). (6) 유대인만이 아니라 이방인을 포함해서

---

32) Goodwin, *Christ Set Forth*, 4:67.

33) 높아지심 지위에서 그리스도의 제사장 직분을 지적하는 데 합당한 또 다른 요점은 그리스도께서 땅에 계셨을 때보다 하늘에 계실 때 훨씬 자애롭고 동정적이라는 것과 관련되어 있다. 이 요점은 25장 "청교도의 기독론"에서 다뤄지고, 그래서 여기서는 검토하지 않을 것이다.

34) Reynolds, *An Explication of the Hundred and Tenth Psalm*, p. 5.

35) Reynolds, *An Explication of the Hundred and Tenth Psalm*, p. 6.

사람들의 영혼을 그리스도에게 주셔야 했다(시 2:8; 요 17:6). (7) 그리스도에게 신적 법에 따라 교회를 규제할 능력을 주셔야 했다(마 5장; 골 2:14). (8) 그리스도에게 그분의 원수들을 심판하고 정죄할 능력을 주셔야 했다(요 5:27). (9) 그리스도에게 죄사함의 능력을 주셔야 했다(마 9:6). 성자에게 주어진 이 특권들은 신인(神人)으로서 그분에게 주어진 것이다.[36)]

그리스도의 나라는 영적인 나라다. 그리스도의 나라는 이 세상에 속한 나라가 아닌데(요 18:36), 이것이 그리스도를 왕으로서 매우 강하게 한다. 이 나라는 영적인 나라지만, 그럼에도 불구하고 그리스도는 정복을 통해 이 나라에 들어가신다. "왜냐하면 택함받은 자의 영혼들은 그분의 것이지만 그분의 원수들이 그들을 먼저 소유하고 있기 때문이다."[37)] 따라서 그리스도의 죽음은 대리적 속죄에 따라서 생각될 뿐만 아니라 악과 죽음의 세력에 대한 대표적 승리에 따라서도 생각된다. 그리스도는 제사장-왕이고, 이것은 "왕으로서의 그분의 승리와 통치는 그분의 제사장으로서의 직분(또는 그분의 선지자로서의 직분)과 상관없이 생각되는 것이 결코 아니라는 것"을 의미한다.[38)] 그러나 그리스도는 단지 그분의 죽음 및 부활 때문에 왕이 되신 것이 아니다. 그리스도는 자신의 인격의 존엄성(즉 신인)으로 말미암아, 그리고 "그분의 거룩한 기름 부으심의 은혜"로 말미암아 피조물의 주님이시다.[39)] 이것 때문에 레이놀즈는 전형적인 스콜라적 구분에 따라 그리스도의 능력과 권세를 구별한다(Aliud est potentia, aliud potestas in Christo). 따라서 그리스도는 두 가지 면에서 주님이시다. 곧 능력에 있어서 주님이시고, 권세에 있어서 주님이시다. 전자에 대해 말한다면, 그리스도는 죄를 사하고, 이적을 행하고, 원수들을 굴복시키는 능력을 갖고 계신다. 후자에 대해 말한다면, 그리스도는 심판하고, 기름을 붓고, 명령하실 권세를 갖고 계신다.[40)]

청교도, 특히 레이놀즈는 그리스도의 높아지심의 문제를 그분의 왕권과 관련시켜 설명한다. 왕으로서의 그리스도의 높아지심은 그분의 등극으로 충분히 실현된다. 그러나 굿윈에 따르면, 그리스도께서 승천하실 때 그분에게 군사적 승리가 주어졌고(사로잡혔던 자들을 사로잡으시고[시 68:18; 엡 4:8]), 이것은 그리스도께서 실제로 십자가에서 원수들을 굴복시키신 것을 증명한다.[41)] 그러나 그리스도의 등극은 원수들에 대한 그분의 승리의 충분한 실현이고, 등극으로 말미암아 그리스도는 약속된 성령으로 교회에 복을 베푸실 왕적 능력을 갖는다. 그리스도는 등극하셨을 때 인성이 가질 수 있는 가장 충분한 분량으로 성령을 받으신다. 성령을 받으실 때 그리스도는 당연히 자기 백성들의 머리로서 그들을 위해 성령을 받으시고, 따라서 교회를 위해 성령이 그분의 이마에서 흘러내리고(시 133:2), 이것은 오순절에 수많은 사람이 회심한 사건을 설명해 준다.

그리스도께서 영광 가운데 아버지 우편에 앉아 계시는 것이 부활로 시작된 그분의 높아지심의 완결이라는 것은 의심의 여지가 없다. 레이놀즈는 하나님 우편에 앉는 것은 "그분에게 속해 있는 힘, 능력, 위엄, 영광에 대한 환유법 표현"이라고 지적한다.[42)] 그리스도의 등극은 중보자로서의 그분의

---

36) Reynolds, *An Explication of the Hundred and Tenth Psalm*, p. 6~7.
37) Reynolds, *An Explication of the Hundred and Tenth Psalm*, p. 12.
38) 하나님의 속성과 마찬가지로, 그리스도의 직분도 셋이 아니라 하나다. 그리스도는 동시에 선지자, 제사장, 왕이시다. "기름부음 받은 자"라는 명칭에 세 가지 기능이 모두 포함되어 있다.
39) Reynolds, *An Explication of the Hundred and Tenth Psalm*, p. 14.
40) Reynolds, *An Explication of the Hundred and Tenth Psalm*, p. 14.
41) Goodwin, *Christ Set Forth*, in *Works*, 4:47.
42) Reynolds, *An Explication of the Hundred and Tenth Psalm*, p. 17.

높아지심을 함축하고, 여기에는 당연히 두 본성이 포함된다. 물론 레이놀즈와 청교도는 그리스도의 신성은 "어떤 내재적인 진보나 번영이 일어날 수 없고…… 하지만 그분의 직분의 경륜과 수행을 위해 낮아진 경우에는 다시 증진되었다"고 강력히 주장했다.[43] 그리스도의 "비우심"은 신적 영광을 벗어 버리는 것이 아니라 그것을 감추거나 숨기는 것이다. 낮아지심의 지위에서 그분의 인격에 내재적인 신적 영광은 "죄인의 육체의 모습으로 그늘이 드리워졌고", 따라서 신성은 단지 다음과 같은 의미로 높아졌다. 즉 "이전에 신성모독자로 멸시받고 비난받았던 사람이 자신의 본래 모습을 분명히 드러내는 것으로" 높아졌다.[44] 그리스도의 인성도 똑같이 높아졌다. 위격의 연합으로 말미암아 그리스도의 인성은 "그분의 인성 속에 부여된 모든 영광을 직접 주장하게 되었고 [……그러므로] 한 인격 속에 두 본성의 매우 친밀한 결합이라는 아름다운 일이 있었으며, 이로 말미암아 신성에서 나온 모든 영광이 전달되어 다른 본성도 가질 수 있게 되었다."[45]

그리스도의 영광은 동시대인 가운데 어느 누구보다(심지어는 오웬보다) 토머스 굿윈이 각별한 관심을 갖고 있던 주제였다.[46] 굿윈은 그리스도의 영광을 왕으로서의 직분을 포함해서 그분의 중보자로서의 역할에 특별히 적용시킨다. 굿윈은 그리스도께서 삼중의 영광을 갖고 계신다고 봤다. 정통주의 신학자가 모두 인정하는 첫 번째 영광은 어떤 식으로든 증가하거나 감소할 수 있는 것이 아닌, 그분 신성의 영광이었다. 신성에 있어서 성자는 성부 및 성령과 영광이 동등하다. 이 첫 번째 영광은 그리스도의 본질적 영광이다.

두 번째 영광은 그리스도께서 성부나 성령과 공유하지 않는 개인적 영광이다. 즉 신인(神人)으로서의 그분 인격의 영광이다. 이 영광은 위격의 연합으로 말미암아 오로지 그리스도에게만 속해 있다. 그리스도는 보이지 않는 하나님의 보이는 형상이다. 이 개인적이고 본래적인 영광은 그리스도께서 소유하고 계시는 세 번째 영광, 즉 은혜 언약의 중보자로서의 그분의 직분의 영광보다 훨씬 큰 가치를 갖고 있다. 신인(神人)으로서의 그리스도의 본래적이고 개인적인 영광은 항상 영원 속에서 밝게 빛나지만 그분의 중보자로서의 영광은 오웬과 다른 청교도 신학자들이 주장하는 것처럼 끝나도록 되어 있다. 따라서 굿윈의 견해에 따르면, 고린도전서 15장 24절은 그리스도께서 자신의 나라를 아버지께 바치는 것에 대해 말한다. 굿윈은 여기서 흥미로운 요점을 제시한다. 그리스도는 위격의 연합에 기초를 둔 자연적 기업을 갖고 있고, 따라서 그분은 영원토록(절대적인 의미에서) 왕으로 계실 것이라는 것이다. 왜냐하면 그분의 인격의 통일성이 다른 선택을 결코 허용하지 않기 때문이다. 굿윈이 그리스도의 중보적인 나라로 부르는 것은 그분의 자연적인 기업과 분리된다. 따라서 굿윈은 그리스도께서 아버지 우편에 영원히 앉아 계시는 것과 아버지께 나라를 바칠 것이라는 것을 모두 주장하기 위해, 그분의 인격의 존엄성에 기초를 둔 그리스도의 자연적인 나라와 하나님과 교회의 중보자 직분에 기초를 둔 그리스도의 중보적인 나라의 구분을 단행한다.[47] 그리스도의 중보적인 나라는 그분의

---

43) Reynolds, *An Explication of the Hundred and Tenth Psalm*, p. 17.

44) Reynolds, *An Explication of the Hundred and Tenth Psalm*, p. 17.

45) Reynolds, *An Explication of the Hundred and Tenth Psalm*, pp. 18~19.

46) Mark Jones, *Why Heaven Kissed Earth: The Christology of the Puritan Reformed Orthodox Theologian, Thomas Goodwin (1600~1680)* (Gottingen: Vandenhoeck & Ruprecht, 2010), pp. 202~221에서 9장을 보라.

47) Goodwin, *Exposition of Ephesians*, in *The Works of Thomas Goodwin, D.D.*, Thomas Smith 편집 (Grand Rapids: Reformation Heritage Books, 2006), 1:502~503.

자연적인 나라가 아니었다. 그것은 영원한 구속 언약의 조건에 따라 그분에게 주어진 나라였다. 그리스도는 그 나라를 아버지께 기쁘게, 일관되고 온전히 순종하신 것에 대한 상으로 받으셨다.

삼위 모두 신격의 모든 외적(ad extra) 사역에 관여하시지만 때때로 특정 사역이 신격의 특정 한 인격에 돌려진다(예, 성화는 성령의 사역으로 돌려진다). 성부와 성령은 심판 날이 될 때까지 성자와 함께 다스리신다. 하지만 이 통치는 특별히 성자에게 돌려진다.[48] 성자는 자신에게 주어진 상으로 말미암아 중보적인 나라에 대해 특권을 갖고 계신다. 왜냐하면 그분은 "자신의 신성을 숨기고 아버지께 순종하심으로써, 모든 사람의 주목을 받고, 모든 영광과 존귀를, 말하자면, 직접 받으실 것이기 때문이다."[49] 이것이 굿윈이 그리스도께서 왕으로 "세세토록" 다스릴 것(계 11:15)과 그분이 자신의 나라를 아버지께 바치실 것을 함께 인정할 수 있는 이유다. 여기서 우리는 다른 무엇보다 굿윈은 그리스도의 인격이 그분의 사역보다 우선권을 갖고 있다고 본다는 것을 지적하지 않을 수 없다.

결론

그리스도의 삼중 직분과 그분의 두 지위는 유기적으로 연계되어 있다. 레이놀즈는 그리스도의 직분에 대해 이렇게 지적한다. "자신의 교회를 위한 그분의 순종과 고난의 직분은 섬김과 봉사의 사역이고, 자신의 교회의 보호와 높아짐을 위한 직분은 능력과 위엄의 사역이었다."[50] 구주이신 그리스도는 두 지위를 거치셔야 하고, 그분의 인격의 두 본성의 통일성으로 말미암아 그분의 낮아지심의 지위에서 높아지심의 지위로 실제 이동이 일어난다. 리처드 십스(1577~1635년)는 자신의 작품 『낮아지심을 통해 취득한 그리스도의 높아지심』(Christ's Exaltation Purchased by Humiliation)에서 이것을 매우 잘 포착하고 있다. 거기서 십스는 이렇게 말한다.

> 오, 사랑하는 자들아, 우리의 육체가 지금 하늘에서 하나님 우편에 있다고 생각해 보라. 그리고 동정녀에게서 태어나고, 말구유에 누이고, 선을 행하러 분주히 오르내리고, 우리를 위해 저주가 되고, 죽기까지 낮아지고, 사흘 동안 죽음의 속박 아래 있었던 육체, 이 육체가 지금 하늘에서 영광 속에 있고, 이 사람이 산 자와 죽은 자의 주님이신 것을 생각해 보라. 얼마나 행복한 묵상일까! 그것은 이것을 공부하기에 훌륭한 책이다. 사랑하는 자들아, 낮아지심과 높아지심의 지위 속에 계시는 그리스도를 공부하라.[51]

그러나 선지자, 제사장, 왕으로서의 그리스도의 사역을 이해하려면 우리는 먼저 언약의 조건을 성취하기 위해 자원해서 가장 낮은 자리로 들어가기까지 자신을 낮추시고, 또 아버지에게 상을 받아 가장 높은 곳으로 높아지신 신인(神人)으로서의 그분의 인격을 정확히 이해하지 않으면 안 된다. 우리는 그리스도를 이전에는 낮아지신 선지자, 제사장, 왕이셨지만 지금은 높아져서 하늘에서 완성될

48) Goodwin, *Exposition of Ephesians*, in *Works*, 1:503.
49) Goodwin, *Exposition of Ephesians*, in *Works*, 1:503.
50) Reynolds, *An Explication of the Hundred and Tenth Psalm*, p. 22.
51) Richard Sibbes, *Christ's Exaltation Purchased by Humiliation*, in *The Complete Works of Richard Sibbes*, Alexander B. Grosart 편집 (Edinburgh: James Nichol, 1863), 5:346.

때까지 같은 직분을 갖고 다스리시는 분으로 정확히 말할 수 있다. 그러나 그때에도 자신의 인격의 영광에 기초를 두고, 그리스도는 신실하신 대제사장으로서 그들을 위한 자신의 속죄와 중보 사역으로 영원히 자기 백성들의 영광을 받으면서, 그리고 위격의 연합으로 말미암아 모든 피조물의 왕으로서 계속 활동하시면서, 하늘에서 하나님의 계시를 자기 성도들에게 중보하실 것이다.

23장

청교도의 경건 속에 나타나 있는 그리스도의 피

우리의 모든 불행의 치료자이신 십자가에 못 박히신 그리스도를 바라보자.
그분의 십자가는 면류관을 취득했고, 그분의 수난은 우리의 죄악을 속하셨다.
그분의 죽음은 율법을 폐지시켰고, 그분의 피는 신자의 영혼을 깨끗이 씻었다.
이 죽음은 우리의 원수들의 파멸이고, 우리의 행복의 원천이며, 하나님의 사랑에 대한 영원한 증언이다.
– 스티븐 차녹[1] –

그리스도의 속죄가 그분의 전가된 의와 관련되어 있고, 또 그분의 의가 성령이 역사하는 믿음을 통해 죄인들이 의롭다 함을 받는 방법과 관련되어 있기 때문에, 그리스도의 속죄 교리에 대한 작품을 그리 많이 쓰지 않았다고 해도, 청교도는 이 근본 문제에 대해 개혁파의 입장을 철저히 견지했다.[2] 청교도가 그리스도의 속죄 교리에 대해 그리 많은 작품을 쓰지 않은 이유는 찾아보기가 그리 어렵지 않다. 그것은 곧 종교개혁자들이 이미 이 주제를 매우 철저하게 정립해 놓았기 때문이다. 그래서 대체로 청교도는 성화에 더 큰 초점을 맞췄다. 즉 그리스도의 흘리신 피를 기초로 그리스도인으로서 삶의 모든 영역에서 하나님의 영광을 드러내는 것에 더 큰 초점을 맞췄다. 청교도는 이것을 최고의 실천적 경건으로 봤다.

이번 장에서 우리는 청교도의 경건을 그리스도의 피와 관련시켜 살펴보되, 특히 스티븐 차녹의 "그리스도의 피의 깨끗하게 하는 능력"과 "십자가에 못 박히신 그리스도에 대한 지식", 토머스 굿윈의 "그리스도의 피로 말미암은 화목", 아이작 암브로스의 『예수를 바라보라』를 통해 살펴볼 것이다.[3] 이 작품들은 우리 외부에서의 그리스도의 사역(객관적으로 의롭게 하는 구원)이 십자가의 그늘 아래

---

1) Stephen Charnock, *The Complete Works of Stephen Charnock* (1865; repr. Edinburgh: Banner of Truth Trust, 1985), 4:506. 이번 장은 Joel R. Beeke, "The Blood of Christ in Puritan Piety," *Precious Blood: The Atoning Work of Christ* (Wheaton, Ill.: Crossway, 2009), pp. 163~178을 확대시킨 것이다.

2) 본서 31장 "존 오웬의 이신칭의 교리"를 보라.

3) 다음 자료들을 보라. Stephen Charnock, "The Cleansing Virtue of Christ's Blood," *The Complete Works of Stephen Charnock* (1865, 재판, Edinburgh: Banner of Truth Trust, 1985), 3:501~534, "The Knowledge of Christ Crucified," *The Complete Works of Stephen Charnock* (1865, 재판, Edinburgh: Banner of Truth Trust, 1985), 4:494~506, Thomas Goodwin, "Reconciliation by the Blood of Christ," *The Works of Thomas Goodwin*, Thomas Smith 편집 (1861~1866, 재판, Grand Rapids: Reformation Heritage Books, 2006), 5:499~521, Isaac Ambrose, *Looking unto Jesus* (재판, Harrisonburg, Va.: Sprinkle Publications, 1986). 참고, David Clarkson, "Christ's Dying for Sinners," *The Works of David Clarkson* (1864, 재판, Edinburgh: Banner of Truth Trust, 1988), 3:63~80,

사는 실천적 경건을 촉진시키는 우리 안에서의 사역(주관적으로 거룩하게 하는 구원)과 대응 관계가 있다는 청교도의 확신을 역력히 보여 준다.

첫째, 우리는 청교도 사상의 역사적 및 신학적 배경 안에서 우리가 사용하는 용어를 먼저 정의해야 한다. 여기서 우리가 사용하는 "그리스도의 피"와 "경건"이라는 두 용어를 주목해 보자. 청교도는 "그리스도의 피"가 다음 사실을 묘사하는 것으로 볼 수 있다고 봤다. (1) 죄인들을 위해 당하신 그리스도의 속죄를 위한 모든 고난, (2) 할례에서 죽음까지 그리스도께서 문자 그대로 흘리신 모든 피, (3) 그리스도의 대리적인 피 흘리심과 겟세마네, 가바다, 골고다에서 겪으신 심각한 고통, (4) 그리스도의 속죄의 십자가 죽으심, 즉 죽으실 때 흘리신 피, (5) 그리스도의 고난 및 죽음의 대리적 성격을 강조하되, 위의 네 가지 모두를 결합시킨 것. 여기서 우리는 다섯 번째 정의 곧 나머지 네 개의 정의를 결합시킨 정의를 사용해서 그리스도의 고난 및 죽음의 대리적 성격을 강조할 것이다.[4]

자기들의 역사적, 신학적 배경 안에서, 청교도는 반(半)펠라기우스주의적인 로마 가톨릭교회, 율법폐기주의적인 소키누스주의, 자유의지를 강조하는 아르미니우스주의의 오류를 분쇄하는 데 심혈을 기울였다. 청교도는 예수회 설교자이자 교수인 로버트 벨라민(1542~1621년)과 같은 로마 가톨릭교회 신학자들을 반대했다. 청교도는 소키누스주의, 특히 라일리우스(1525~1562년)와 파우스투스(1539~1604년)의 사상, 소키누스주의 신학이 담긴 폴란드의 라코 교리문답(1605년)을 거부했다(소키누스주의자는 그리스도의 신성과 죄에 대한 형벌로서의 그리스도의 죽음을 부인했고, 따라서 종교개혁의 근본 교리인 그리스도의 전가된 의로 말미암은 칭의 교리도 반대했다). 일부 아르미니우스주의자는 대리적 형벌로서의 속죄 관념을 거부했다. 이 거부 이론은 휴고 그로티우스(1583~1645년)가 전개했다. 그로티우스는 그리스도의 죽음을 단지 하나님에 대한 거역이 초래할 수 있는 형벌의 한 예증으로 봤다. 청교도는 또한 아미로주의와 그들의 가설적인 만인구원론에 대한 견해도 반대했고, 일부 청교도는 청교도에 속하지만 건전하지 못한 칭의 교리를 전개한 리처드 백스터의 신율법주의 사상도 반대했다.

우리는 "경건"이라는 말이 하나님의 모든 속성으로 말미암아 하나님에 대해 공손한 경외심과 열렬한 사랑을 갖고 삶의 모든 영역에서 하나님께 영광을 돌리는 어린아이 같은 하나님에 대한 두려움을 의미하는 것으로 본다. 참으로 경건한 자는 하나님과 하나님의 은혜에 민감하다. 그들은 출애굽기 3장의 불타는 수풀에서의 모세와 같고, 이사야서 6장의 성전에서 하나님에 대한 환상을 본 이사야와 같다. 그들은 경험을 통해 예수의 속죄의 죽음, 부활, 하늘에서의 중보가 우리를 맹종적인 하나님에 대한 두려움에서 해방시키고, 우리에게 자식으로서 갖는 공경을 촉진시킨다는 것을 알고 있다. 그들은 그리스도 안에서 큰 외경심, 진심 어린 경배, 어린아이 같은 확신, 신앙심 깊은 복종, 심원한 기쁨을 맛봤다. 이 두려움은 칼빈이 피에타스(경건)로 부른 것이고, 칼빈은 그것을 모든 참 종교의 심

Thomas Manton, "The Blood of Sprinkling," *The Complete Works of Thomas Manton* (London: J. Nisbet, 1870), 22:106~122, Samuel Rutherford, *Christ Dying and Drawing Sinners to Himself* (London: Andrew Crooks, 1647), James Durham, "Remission of Sins Is through Christ's Blood Alone," *The Unsearchable Riches of Christ* (1685, 재판, Morgan, Pa.: Soli Deo Gloria, 2002), pp. 306~340, John Owen, *The Doctrine of Justification by Faith, through the Imputation of the Righteousness of Christ*, in *The Works of John Owen*, William H. Goold 편집, 제5권 (재판, Edinburgh: Banner of Truth Trust, 2000).

4) 피라는 말의 성경적 용법에 대한 유용한 연구는 Leon Morris, *The Apostolic Preaching of the Cross* (Grand Rapids: Eerdmans, 1965), pp. 112~128을 보라.

장과 자신의 고전 『기독교강요』를 쓴 핵심 목적으로 선언했다.[5] 이제 우리는 청교도의 경건 속에 나타나 있는 그리스도의 피의 다양한 국면들을 정리하고, 이어서 이 경건을 촉진시키는 몇 가지 실천적 교훈으로 끝맺을 것이다.

그리스도의 성육신 및 죽음에 나타나 있는 대속적인 정화

청교도에게는 하나님이 영원 전에(인간이 죄를 범하기도 전에) 자기 아들의 성육신과 죽음을 통해 인간의 죄에 대한 구제책을 마련하셨다는 진리가 엄청난 겸손, 기쁨, 경배의 원인이었다. 토머스 굿윈(1600~1680년)이 말한 것처럼, "[죄의] 상처가 주어지기 전에 [하나님은] 모든 것을 다시 회복시킬 고약과 충분한 대책을 제공하셨고, 이 외에 다른 방법은 결코 찾을 수 없었다. 벤 손가락에 대해서도 치료책을 찾을 수 없었던 우리로서는 (하나님이 처방하고 정하신 것이 없었더라면) 이 생명에 대한 치료책은 더더욱 찾을 수 없었을 것이다."[6]

청교도는 그리스도의 수난 속에 계시된 하나님의 사랑을 무척 소중히 여겼다. 아이작 암브로스(1604~1664년)는 이렇게 말했다. "그러므로 와서 하늘에서 온 피로 쓴 이 연애편지를 읽는 법을 배워 보자…… 그리스도는 우리가 성한 곳이 없이 상한 것과 터진 것과 새로 맞은 흔적 밖에 없는 상처투성이기 때문에 철저히 고통을 겪으셨다(사 1:6)…… 오, 그것이 하나님의 사랑이었다. 그것이 예수님의 사랑 곧 사람들, 아니 천사들의 사랑을 크게 능가하는 예수의 사랑이었다."[7]

그리스도의 피는 아무리 큰 죄인이라고 해도 그를 죄에서 구원하기에 충분했다. 그리스도의 피에 대해 스티븐 차녹(1628~1680년)은 이렇게 말했다.

> 그리스도의 피는 모든 죄를 보편적으로 깨끗하게 하신다. 왜냐하면 그리스도의 피는 하나님의 아들로서 매우 크신 분의 피이므로 아무것도 없는 것처럼 가장 큰 죄에서 우리를 깨끗하게 하시기에 충분히 강력하기 때문이다. 만약 그리스도의 피가 죄를 지은 피조물의 피였다면 죄를 속하기는커녕 죄가 더 오염되었을 것이다. 그리스도의 피가 천사의 피였더라면 거룩하기는 하지만(천사들 가운데 피를 흘렸다고 가정하면) 그것도 피조물의 피였고, 그러므로 무한한 가치를 지닐 수는 없었을 것이다. 그러나 그리스도의 피는 하나님의 아들의 피였기 때문에 거룩하고, 창조되지 않은 무한한 분의 피다. 그러므로 그리스도의 피는 유한한 죄의 전체 부피를 능가할 수 있고, 모든 죄인의 무한한 치욕을 존엄하게 회복시킬 수 있지 않을까?[8]

청교도는 그리스도의 피로 말미암은 삼중의 정화를 가르쳤다. 첫째, 청교도는 그리스도의 죽음과 부활을 믿는 신자들에게 객관적 정화가 있다고 가르쳤다. 둘째, 청교도는 영혼이 믿음으로 그리스도의 공로를 받아들임으로써 죽음에서 생명으로 옮겨지는 순간에 있는 주관적 정화를 주장했다. 셋째,

---

5) Joel R. Beeke, "Calvin's Piety," *The Cambridge Companion to John Calvin*, Donald K. McKim 편집 (Cambridge: Cambridge University Press, 2004), pp. 125~152를 보라.
6) Goodwin, "Reconciliation by the Blood of Christ," in *Works*, 5:501.
7) Ambrose, *Looking unto Jesus*, p. 363.
8) Charnock, "Cleansing Virtue of Christ's Blood," in *Works*, 3:518.

마지막으로 청교도는 영혼이 깨끗하게 된 것과 모든 범죄에서 용서받은 것, 영생에 대한 권리를 갖게 된 것을 알도록 성령께서 그리스도의 피를 뿌리시는 순간에 느낄 수 있는 정화가 있다고 주장했다. 이 느낄 수 있는 정화는 때때로 양심의 법정에서 정당화되는 것으로 지칭되었다. 스티븐 차녹의 말을 들어 보자.

> 죄책에서 깨끗해지는 이 정화는 공로적인 정화나 적용적인 정화로 간주될 수 있다. 그리스도의 피가 하나님께 제공되었을 때 이 정화는 공로가 있는 것으로 간주되었다. 특히 사람을 위해 변론할 때 실제로 효력을 일으켰고, 양심에 뿌려지면 느낄 수 있도록 효력이 나타났다. 첫째 공로는 죄책의 제거이고, 둘째 공로는 죄책의 제거를 간청하며, 셋째 공로는 죄책의 제거를 보장한다. 첫째 공로는 십자가에서 일어났고, 둘째 공로는 그분의 보좌에서 작용하며, 셋째 공로는 양심 속에 선언되었다.[9]

그리스도의 피로 말미암은 대리, 전가, 칭의

청교도는 그리스도의 피가 죄를 깨끗하게 하는 것 속에 세 가지 사실이 포함되어 있다고 말했다. 첫째, 대리가 포함되어 있다. 구원에 있어서 예수 그리스도는 우리를 대신하셔서 우리의 결함을 자신이 취하고 자신의 모든 공로를 우리에게 제공하신다. 다시 말하면 차녹은 이렇게 지적했다.

> 그리스도는 우리에게 자신의 선을 주시려고 우리의 악을 받아들이고, 자신의 복을 주시려고 우리의 저주를 감수하셨다. 또 우리에게 자신이 취득한 은혜를 제공하려고 우리가 마땅히 받아야 할 극한의 진노를 감당하셨다. 그리스도께서 해방시키신 우리 안의 죄는 마치 그분이 죄책을 가지신 것처럼 그분에게 이전된 것으로, 그리고 우리에게 전혀 없었던 그분이 가지신 의는 마치 우리가 죄를 갖지 않은 것처럼 우리에게 이전된 것으로, 하나님은 평가하셨다. 그리스도는 마치 사람들의 모든 죄를 범하신 것처럼 죄가 되셨고, 우리는 마치 전혀 죄를 범하지 않은 것처럼 의가 된다.[10]

암브로스는 이렇게 말했다. "그리스도는 지금 죄인들을 대신하고, 아버지 하나님은 그리스도를 (말하자면) 죄인들 속으로 내모셨다. 그리스도는 하나님의 자비에서 보이지 않고 들리지 않게 멀어졌다. 그러므로 그리스도는 놀란 마음으로 '나의 하나님, 나의 하나님 어찌하여 나를 버리셨나이까'라고 부르짖으셨다."[11] 이 슬픔은 "하나님과 그리스도 간의 상호 계약과 협정"의 성취였다. 암브로스는 이렇게 말했다. "하나님 아버지는 택함받은 자의 죄를 예수 그리스도에게 부과시킴으로써 그렇게 하신다. '여호와께서는 우리 모두의 죄악을 그에게 담당시키셨도다'(사 53:6)…… 그리스도는 다른 사람이 스스로는 절대로 짊어질 수 없는 짐을 짊어지는 짐꾼으로 그들의 죄를 짊어지셨다. 그리스도는

---

9) Charnock, "Cleansing Virtue of Christ's Blood," in *Works*, 3:3:505.
10) Charnock, "Cleansing Virtue of Christ's Blood," in *Works*, 3:519.
11) Ambrose, *Looking unto Jesus*, p. 380.

그들이 받아야 할 처벌을 받으심으로써 그들의 죄를 담당하셨다."[12]

둘째, 전가가 포함되어 있다. 전가는 대리와 밀접하게 관련되어 있다. 하지만 전가는 대리를 보다 법정적, 사법적인 관점에서 보는 것이다. 전가는 하나님이 경건치 못한 자들의 불의를 그리스도의 몫으로 계산하고, 그리스도의 의는 경건하지 못한 자들의 몫으로 계산한다. 이에 대해 차녹은 이렇게 말했다.

> 우리는 내재적 의로 말미암아서가 아니라 전가된 의로 말미암아 하나님 앞에서 의롭게 된다. 그리고 그리스도께서는 내재적인 죄책 때문이 아니라 전가된 죄책 때문에 죄가 되셨다. 그리스도의 의가 우리에게 전가된 것과 우리의 죄가 그리스도에게 전가된 것은 똑같은 방법이다. 의는 그리스도 안에 내재하지만 우리에게 전가되었고, 죄는 우리 안에 내재하지만 그리스도에게 전가되었다.[13]

아담의 죄의 전가가 우리 아담과의 생식적, 언약적 연합 속에 근거가 두어져 있는 것과 똑같이, 그리스도의 의의 전가도 우리의 그리스도와의 법적, 언약적 연합을 통해 가능하다. 차녹은 이렇게 설명했다.

> 만일 우리가 본성으로 아담과 연합하지 않고 생식적으로만 아담 안에 있다면, 아담의 죄는 타락한 천사들의 죄가 우리의 죄로 간주될 수 없는 것처럼 절대로 우리에게 전가될 수 없었다. 또 우리가 그리스도와 연합하지 못했다면 그리스도의 의는 선한 천사들의 의가 우리에게 전가될 수 없는 것처럼 우리에게 절대로 전가될 수 없을 것이다. 그러므로 우리는 같은 현실은 아니지만 실제로 아담 안에 있었던 것처럼 실제로 그리스도 안에 있다. 우리는 생식적으로 아담 안에 있었다. 우리는 법적으로 그리스도 안에 있다. 하지만 생식적 연합이 있었던 것과 똑같이 그것은 하나님의 심판으로 간주된다. 그러므로 신자들은 그리스도의 씨로 불린다(사 53:10, 시 22:30).[14]

셋째, 칭의가 포함되어 있다. 칭의는 죄사함과 영생에 대한 권리로 구성된다. 그리스도의 온전한 피의 속죄(그리스도의 수동적 순종으로 불리는)와 완전한 율법-순종(그리스도의 적극적 순종으로 불리는)은 하나님의 훼손된 공의를 충분히 만족시킨다. 이 이중의 순종은 죄인이 믿음으로 받는 충분한 칭의를 제공한다. 굿윈은 "하나님이 우리에게 차용 증서를 갖고 계셨기"(골 2:15) 때문에 그리스도께서 "빚에 해당되는 대속물을 제공하심으로써 빚을 청산하고(딤전 2:6), 차용 증서를 도말하셨다(골 2:13) [14절의 잘못]"고 말했다.[15] 그리스도는 또한 "율법의 모든 적극적 의를 이루셨다. 그렇게 하심으로써 진정으로 '거룩하고, 악이 없고, 더러움이 없는'(히 7:26) 우리의 대제사장이 '되셨기' 때문이다…… [따라서

12) Ambrose, *Looking unto Jesus*, p. 382.
13) Charnock, "Cleansing Virtue of Christ's Blood," in *Works*, 3:519.
14) Charnock, "Cleansing Virtue of Christ's Blood," in *Works*, 3:521.
15) Goodwin, "Reconciliation by the Blood of Christ," in *Works*, 5:507~508.

그리스도께서 말씀하기를] '나는 항상 그가 기뻐하시는 일을 행하므로'"(요 8:29)[16]

그리스도의 피-속죄는 죄인의 죄사함의 근거지만 "실제 용서는 믿음이 없이는 주어지지 않는다."[17] 차녹은 이에 대해 다음과 같이 설명했다.

> 죄책이 전혀 없으신 분이 이 피를 내세우기 위해 하나님의 궁정으로 들어가고, 죄책이 전혀 없으신 분이 양심의 두루마리 위에 이 피를 뿌리신다. 이 피는 하나님의 공의를 만족시키고 진노를 소멸시킨다. 이 피가 하나님의 법정 앞에서 변론하기 때문에 죄의 고소를 잠잠하게 하고, 영혼 위에 뿌려질 때 다툼 속에 있는 양심의 소동을 진정시킨다.[18]

그리스도께서 율법에 순종하신 것이 죄인이 영생에 대한 권리를 갖게 된 근거다. 차녹은 이렇게 말했다. "율법은 [인간의 타락으로] 폐지되지 않기 때문에 정확히 순종해야 한다. 율법의 영예는 보존되어야 한다. 우리는 율법을 지킬 수 없고, 그리스도만이 율법을 유일하게 어기지 않고 지킬 수 있고, 또 자신이 아니라 우리를 위해 율법의 처벌을 감당하실 수 있다." 그리스도의 완전한 순종의 공로는 "전가 곧 우리가 그분과 한 몸이므로 그것을 우리의 것으로 계산하는 것 외에 다른 방법으로는 우리에게 이전될 수 없다."[19] 토머스 굿윈이 결론지은 것처럼 "이 그리스도의 능동적, 수동적 순종으로 말미암아, [죄인들이] 그것을 행하신 그분의 인격을 받아들이는 것을 통해 [예수께서] 자기 아버지와의 화목 사역을 완수하셨다."[20]

모든 사람이 이 견해에 동조한 것은 아니다. 특히 소키누스주의자가 동조하지 않았다. 암브로스는 그들의 반대를 지적하면서 이렇게 설명했다.

> 최근에 "그리스도의 죽음이 신적 공의를 만족시키는지"에 대해 큰 논쟁이 벌어졌다. 그러나 "속량하는 것과 (값 주고) 사는 것"과 같은 말은 분명히 "우리를 속량하기 위해 우리를 대신하여 자신을 주시고"(딛 2:14), "값으로 산 것이 된"(고전 6:20) 예수의 죽음으로 말미암아 하나님께 배상이 주어졌다는 것을 예증한다(딛 2:14). 그런데 그것이 어떤 값이었는가? 그분 자신의 피의 값이었다. "일찍이 죽임을 당하사 사람들을 피로 사서(즉 자신의 죽음과 고난으로) 하나님께 드리시고"(계 5:9). 이것은 그리스도께서 택함받은 자에게 주신 대속물(뤼트론)이었다. "인자가 온 것은 많은 사람의 대속물로 주려 함이니라"(마 20:28). 또는 사도가 말한 것처럼, "그가 모든 사람을 위해 자기를 대속물로 주셨으니"(딤전 2:6). 여기서 대속물(안틸뤼트론)은 적정 가격이나 되사는 가격을 의미한다. 어떤 사람이 다른 사람을 대신해서 어떤 일을 행하거나 겪을 때와 같이, 어떤 사람이 포로에서 다른 사람을 속량하기 위해 스스로 사로잡히는 것처럼, 또는 다른 사람의 생명을 구하기 위해 자신의 생명을 내놓는 것과 같이 그리스도도 구속을 받은 자들이 겪어야 했던 것과 똑같은 처벌에 스스로 복종하심으로써 대속물(안틸뤼

16) Goodwin, "Reconciliation by the Blood of Christ," in *Works*, 5:508.
17) Charnock, "Cleansing Virtue of Christ's Blood," in *Works*, 3:522.
18) Charnock, "Cleansing Virtue of Christ's Blood," in *Works*, 3:505~506.
19) Charnock, "Cleansing Virtue of Christ's Blood," in *Works*, 3:519.
20) Goodwin, "Reconciliation by the Blood of Christ," in *Works*, 5:509.

트론)이 되었다. 곧 되사는 가격을 지불하셨다.[21]

암브로스는 그리스도의 능동적, 수동적 순종을 분리시키는 것의 위험성에 대해 이렇게 경고했다.

> 만일 그리스도의 죽음이 나의 것이라면 그리스도의 생명도 나의 것이다. 그리스도의 능동적, 수동적 순종은 결코 분리될 수 없다. 그리스도는 나눠지지 않는다. 우리는 그리스도께서 태어나실 때 우리의 의의 한 부분을 취하고, 그분의 습관적인 거룩하심 속에서 한 부분을 취하고, 그분의 성실하신 생애 속에서 한 부분을 취하며, 그분의 죽음에 대한 순종에서 또 한 부분을 취해서는 안 된다. 그리스도의 능동적 순종과 수동적 순종을 분리시키려고 애쓰는 자들은 그리스도에게서 크게 이탈하고, 다만 그분을 절반의 구주로 만드는 것이다. 그리스도께서 우리의 저당물이 아니셨던가(히 7:22)? 그리고 그 결과 그분은 우리를 위해 모든 의를 이루도록 되어 있지 않으셨던가? 즉 우리를 대신해서 고난받으신 것처럼 우리를 대신해서 순종하지 않으셨던가? 오! 그리스도의 죽음과 그리스도의 생명을 대립시키거나 분리시키지 않도록 조심하라. 그러므로 우리는 그리스도 전부를 갖고 있거나 그리스도의 한 부분도 갖고 있지 못하거나 둘 중 하나다.[22]

그리스도의 피를 믿는 믿음

그리스도의 피는 믿음으로 받게 되고, 그리스도의 영으로 말미암아 신자의 양심 위에 뿌려진다. 이에 대해 차녹은 다음과 같이 말했다.

> 이 믿음의 행위를 할 때 죄인은 그리스도를 그분이 제공하신 조건에 따라 기꺼이 받아들이게 된다. 중보자는 한 당사자가 아니라 두 당사자의 중보자라는 관념을 전제하기 때문에 양편이 모두 찬성해야 한다. 하나님의 찬성은 주시는 것으로 표현되고, 우리의 찬성은 영접하는 것으로 표현되는데, 이것이 믿음에 주어지는 명칭이다(요 1:12). 하나님의 찬성은 속죄를 정하고 속죄를 인정하시는 데 있고, 우리의 찬성은 속죄를 받아들이는 데 있으며, 이것은 '죄사함을 받아들이는' 것과 같은 의미다(롬 5:11).[23]

그리스도의 속죄의 피의 무한한 가치를 감안하면, 어떤 죄도 죄인이 믿음으로 자비를 받는 것을 가로막지 못한다. 차녹은 이것을 재치 있게 표현했다. "이 피가 죄들과 대립하는 입장에 있게 될 때 죄들의 성격, 죄들의 어두움은 주목되지 않는다. 하나님은 다만 죄인들이 회개하고 믿는지만 보신다." 차녹은 계속해서 그리스도의 피로 말미암은 이신칭의는 모든 죄 곧 "세상의 모든 시대, 모든 분야에서 인간이 죄를 처음 지은 순간부터 땅에서 저지른 마지막 죄에 이르기까지 모든 믿는 자의 죄"

---

21) Ambrose, *Looking unto Jesus*, pp. 381~382.
22) Ambrose, *Looking unto Jesus*, p. 385.
23) Charnock, "Cleansing Virtue of Christ's Blood," in *Works*, 3:521.

에 충분히 적용된다.[24)]

암브로스는 많은 사람이 자기들의 사악함과 무가치함에 대한 의식을 갖고 있지 못하기 때문에 그리스도께서 죄인들을 위해 죽으신 것을 쉽게 믿는다고 말했다. 그러나 자신의 죄로 겸비해진 사람은 이렇게 외친다. "그리스도께서 나를 위해 죽고, 고난을 당하고, 피를 흘리시는 것이 가능한가?……하나님의 아들이 사람이 되어, 사람들과 함께 살고, 심지어는 나 같은 사람을 위해 십자가에 달려 죽기까지 죽으시는 것을 나는 믿을 수 없다. 그것은 깊이를 헤아릴 수 없는 심연이다. 나는 그것을 생각할수록 그만큼 더 놀란다."[25)] 암브로스는 또한 그리스도를 믿는 믿음은 그리스도의 고난의 역사에 대해 단순하게 감정적으로 반응하는 것 이상이라고 경고했다. 어떤 사람의 고난 이야기에 대해 자연적인 인간적 감정을 자극할 수 있으나 이것은 그리스도를 믿는 믿음이 아니다. 믿음은 "고난을 당하신 그리스도의 의미, 의도, 계획"을 주목하는 것이다. 암브로스는 "우리를 죽음과 지옥의 속박에서 속량하고", "우리를 죄에서 해방시키는 것은……죄를 파괴하고, 죄를 죽이고, 죄를 십자가에 못 박는 것"이라고 말했다.[26)] 차녹은 칭의에서 믿음이 차지하는 역할을 엄밀하게 이렇게 설명했다.

> 이 믿음은 우리의 의가 아니고, 그렇게 불린 적도 없다. 하지만 우리는 믿음의 도구로 말미암아 의를 갖고 있다. 사도는 믿음**으로 말미암아** 또는 믿음을 **통해**라고 말한다. 로마서 3장 22, 25절은 '그의 피를 믿는 믿음'은 그의 피에까지 미치고, 그의 피를 받아들이고, 그의 화해시키는 피를 빨아들이고, 그 피를 이유로 내세우는 믿음이다. 믿음은 약속 속에 제공된 전체 그리스도를 바라보고 붙잡는 영혼의 눈과 손이다. 하지만 죄의 죄책에서 해방되는 이 믿음 행위에 따라 영혼은 그리스도를 속죄 제물로 붙잡고, 그리스도께서 값을 지불하신 것을 인정하며, 이 피를 영혼을 위해 흘리신 피로 간주하고, 하나님께 그 피의 가치를 충분히 주장한다……[따라서] **믿음이 우리를 의롭게 하는 것이 아니라 우리는 믿음으로 말미암아 의롭다 함을 받는다.** 이 효력은 우리가 믿음으로 받아들이는 그리스도의 피 속에 있다(롬 5:1).[27)]

차녹은 다음과 같이 지적함으로써 믿음으로 받아들인 그리스도의 피의 충분함을 강조했다.

> 우리가 이 피가 흘려진 후에 이 피로 말미암아 깨끗하게 된 것으로 이해하는 최초의 죄는 심지어는 대낮에 하나님의 아들을 죽일 정도로 매우 악랄한 죄였다(행 2:36, 38). 따라서 어떤 사람이 하늘과 땅을 갈기갈기 찢어놓고, 인류 전체를 죽이고, 피조물 가운데 최고의 작품인 천사들을 파괴시킬 수 있다고 상정해 보자. 그렇다손 치더라도 그는 피조물 전체보다 무한히 우월하신 분인 하나님의 아들을 십자가에 못 박아 죽인 자들의 엄청난 죄책과 비교할 바가 못 된다. 그러므로 하나님은 그로 말미암아 그리스도의 피에 헤아릴 수 없는 가치를 부여하고, 그 피가 무궁무진한 공로를 갖고 있는 것으로 평가하셨다. 그래서 사도는 "그리스도의 피가 우리를

---

24) Charnock, "Cleansing Virtue of Christ's Blood," in *Works*, 3:518.
25) Ambrose, *Looking unto Jesus*, p. 391.
26) Ambrose, *Looking unto Jesus*, pp. 392~394.
27) Charnock, "Cleansing Virtue of Christ's Blood," in *Works*, 3:522.

모든 죄에서 깨끗하게 하신다"고 충분히 말할 수 있었다.[28)]

그리스도의 피로 말미암은 성화

그리스도의 피는 칭의를 위해서만 흘려진 것이 아니라 성화를 위해서도 흘려졌다. 차녹이 이렇게 지적한 것과 같다.

> **죄책**에서 깨끗해지는 것과 **오염**에서 깨끗해지는 것은 모두 이 피의 열매다. 죄책은 사함으로 제거되고, 오염은 정화로 말미암아 제거된다. 그리스도께서 이 둘을 다 행하신다. 그리스도는 우리의 의로움이므로 우리를 죄책에서 깨끗하게 하시고, 우리의 거룩함이므로 우리를 죄의 오염에서 깨끗하게 하신다. 그리스도는 우리에게 이 둘 모두이므로(고전 1:30) 전자는 그리스도의 공로의 계산에 따라, 후자는 성령으로 말미암아 행해지는 그리스도의 효능에 따라 우리에게 주어진다.[29)]

굿윈은 그리스도께서 십자가에 자신을 바치신 것으로 이뤄진 히브리서 10장 14~17절의 언약의 약속들을 인용하면서 이렇게 말했다. "여기서 결론은 칭의는 영원하다는 것이다……그러므로 성화도 영원하고, 그리스도는 이 둘을 그 한 바치심의 공로 위에 두신다."[30)]

신자의 성화는 객관적으로는 이미 그리스도의 죽음에서 성취되었고, 주관적으로는 회심할 때 적용되고, 점차 영적 성장을 통해 온전해진다. 암브로스는 "그리스도께서 죄를 위해 죽으신 것처럼 신자도 죄에 대해 죽었다"고 말했다.[31)] 따라서 "지배하는 권능"을 가진 모든 죄를 죽이는 것이 "그리스도인의 참된 시금석"이고, 우리가 그리스도의 죽음에 참여하고 있음을 보여 주는 증거다.[32)] 암브로스는 그리스도의 죽음은 참 신자 속에 죄에 대한 근심을 일으키고 온갖 죄에서 해방될 것을 갈망하게 함으로써, 신자가 죄에 강력히 맞서 싸우고 죄의 욕심을 이기는 승리 안에서 자라가게 한다고 말했다.[33)]

십자가의 권능은 자체로 작용하는 것이 아니라 오히려 십자가에 대한 말씀 곧 그리스도의 복음을 통해 작용한다. 십자가에 달려 죽으신 그리스도를 아는 지식이 우리를 다양하게 거룩하게 한다. 차녹은 다섯 가지를 언급했다.

첫째, 우리의 **회개**를 활력 있게 하는 것으로 우리를 거룩하게 한다. 우리는 우리의 죄가 그리스도를 십자가에 못 박고, 그분이 피를 흘리게 했다는 것에 대한 슬픔이 없이는 그리스도의 피를 주목할 수 없다. "우리는 그리스도께서 우리를 위해 피를 흘리신 것을 진지하게 생각할 때마다 가슴이 아파

---

28) Charnock, "Cleansing Virtue of Christ's Blood," in *Works*, 3:518.
29) Charnock, "Cleansing Virtue of Christ's Blood," in *Works*, 3:504.
30) Goodwin, "Reconciliation by the Blood of Christ," in *Works*, 5:510.
31) Ambrose, *Looking unto Jesus*, p. 386.
32) Ambrose, *Looking unto Jesus*, pp. 386~387. 시금석은 귀금속의 성분과 합금 상태를 판단하기 위해 긁어 보고 참된 가치를 결정하는 작고, 단단하고, 편평한 돌이었다. 시금석은 어떤 사실의 특성을 시험하거나 검사하는 수단에 대한 비유다. 오늘날 우리는 그것을 리트머스 시험지로 부를 수 있을 것이다.
33) Ambrose, *Looking unto Jesus*, pp. 388~389.

서는 안 되는가?"라고 차녹은 물었다. 따라서 이 슬픔으로 말미암아 우리는 죄를 싫어하게 된다. 차녹은 이렇게 말했다.

> 찔림을 당한 영혼은 '그리스도께서 찔리신 것을 주목하게' 된다(슥 12:10). 이 피가 죄의 사악함이 얼마나 큰지, 그리고 전체 피조물의 피로도 결코 지워낼 수 없다는 것을 우리에게 알려 주지 않는가! 하나님과 동등한 분이 아니면 아무도 이 죄의 사악함에 필적할 힘을 갖고 있지 못하다는 것이 우리를 놀라게 하지 않는가! 이 놀라움이 회개하는 심령들 속에 들어오지 않는가![34]

둘째, 우리의 믿음을 활력 있게 하는 것으로 우리를 거룩하게 한다. 차녹은 이렇게 말했다. "우리가 십자가에 못 박히신 그리스도를 바라볼 때, 편평한 돌판에 다음과 같은 말 곧 갖고 계신 최고의 것을 아끼지 아니하셨기 때문에 우리를 위해 아무것도 아끼지 아니하실 것이라고 기록된 것을 보는데, 거기서 우리가 어떻게 하나님을 불신할 수 있겠는가? 이보다 어떤 더 큰 확신을 주실 수 있겠는가? 하나님의 사랑에 대해 이보다 더 큰 담보가 될 수 있는 것이 하늘이나 땅 어디에 있겠는가?"[35]

셋째, 우리의 기도를 활력 있게 하는 것으로 우리를 거룩하게 한다. "우리는 이 죽음으로 말미암아 하나님의 보좌가 열렸기 때문에 기도로 하나님께 나아갈 때마다 그것을 생각해야 한다. 그것은 [기도할 때] 우리의 활력을 빼앗아 가는 두려움을 제거할 것이다. 그것은 즐겁게 간청하도록 우리의 영혼을 이끌 것이다."[36]

암브로스는 그리스도를 바라보는 것은 우리의 찬양을 활력 있게 할 것이라고 덧붙이면서, 이렇게 말했다.

> 오, 내 영혼아! 힘을 내라. 그대의 그리스도를 찬양하라. 모든 사람에게 그리스도의 따스한 사랑의 세계 곧 그리스도의 모든 상처에서 흘러나온 피가 그대의 영으로 흘러들어간 것에 대해 말해 주라. 그대의 현을 올바르게 조율하고, 하늘의 모든 천사 및 땅 위의 모든 성도와 더불어 합주하라. 그리하여 경건한 요한이 읊은 시편을 노래하라. "우리를 사랑하사 그의 피로 우리 죄에서 우리를 해방하시고 그의 아버지 하나님을 위해 우리를 나라와 제사장으로 삼으신 그에게 영광과 능력이 세세토록 있기를 원하노라 아멘"(계 1:5, 6).[37]

넷째, 우리의 거룩함을 활력 있게 하는 것으로 우리를 거룩하게 한다. 차녹은 이렇게 말했다.

> 우리는 구속자의 피의 모든 방울 속에서 끓고 있는 황홀한 사랑으로 극복할 수 없을 만큼 죄에 매력을 느껴서는 안 된다. 우리가 예수의 십자가에서 우리의 귀에 그토록 크게 울리는 하나

34) Charnock, "Knowledge of Christ Crucified," in *Works*, 4:504~505.
35) Charnock, "Knowledge of Christ Crucified," in *Works*, 4:505.
36) Charnock, "Knowledge of Christ Crucified," in *Works*, 4:505.
37) Ambrose, *Looking unto Jesus*, p. 404.

> 님의 자비하심, 인자하심, 은혜, 그리고 다른 속성들을 생각하면서, 이것들과 대립하는 죄에 대한 생생한 생각들을 가질 수 있겠는가? 우리가 지옥에서 우리를 구원하기 위해 십자가에 매달리신 그리스도를 생각한다면 어떤 영이 지옥으로 가도록 그냥 놔두겠는가?[38)]

나아가 차녹은 더 직접적으로 말했다. "우리가 우리 대신에, 우리 자리에서 신음하고 계시는 그리스도를 보고, 감히 그렇게 간주해서는 안 되는 무가치한 태도를 취하면서, 그분의 고통을 나눌 수 있다고 말할 수 있겠는가?……우리가 우리의 최고 친구에게 그토록 큰 고통을 주면서 어떤 즐거움을 취할 수 있겠는가?" 차녹은 우리는 그리스도의 대리적 피에 대해 묵상하지 않으면, 마치 그리스도께서 죄를 파괴하기 위해서가 아니라 죄에 대한 면죄부를 주기 위해 죽으신 것처럼, 계속 죄를 범하는 경향이 있다고 결론지었다. 반면에 날마다 그리스도의 피에 대해 묵상하게 되면, 우리의 영혼을 괴롭히는 세속성과 불경건함을 억제시킬 수 있을 것이다.[39)]

다섯째, 마지막으로 우리의 위로를 활력 있게 하는 것으로 우리를 거룩하게 한다. 차녹은 이렇게 말했다. "우리가 우리의 대속물로 십자가에 못 박히신 그리스도를 보고 그분 안에서 십자가에 못 박힌 우리 자신을 바라볼 때, 그리고 우리의 죄가 그분 안에서 처벌된 것으로 간주하고 그분의 십자가 덕택으로 우리 자신이 받아들여진 것을 성찰할 때 어떻게 위로가 부족할 수 있겠는가? 이어서 차녹은 이 위로를 이렇게 정리했다.

> 우리의 모든 불행의 치료자이신 십자가에 못 박히신 그리스도를 바라보자. 그분의 십자가는 면류관을 취득했고, 그분의 수난은 우리의 죄악을 속하셨다. 그분의 죽음은 율법을 폐지시켰고, 그분의 피는 신자의 영혼을 깨끗이 씻었다. 이 죽음은 우리의 원수들의 파멸이고, 우리의 행복의 원천이며, 하나님의 사랑에 대한 영원한 증언이다.[40)]

그리스도의 피로 말미암은 승리

차녹은 신자는 그리스도의 피로 말미암아 이미 현세에서 죄의 "정죄와 처벌"에 있어서 승리한 것을 알고 있다고 가르쳤다. 신자의 죄는 "하나님의 공의의 책에서 지워졌고, 죄인에 대한 법적 및 사법적 선고에서 더 이상 기억되지 않는다. 죄의 본성은 죄를 범하는 것을 멈추지 않지만 죄의 권능은 정죄의 길을 멈춘다. 율법의 선고는 무효화되고, 정죄의 권리는 제거되며, 죄는 그들에게 전가되지 않는다"(고후 5:19).[41)]

암브로스는 이렇게 말했다. "예수 안에서 즐거워하자…… 그분이 하나님의 진노의 모든 잔을 마셨으므로 우리에게는 남아 있는 진노가 아무것도 없지 않은가? 그렇다면 우리가 기뻐하는 것 외에 무엇이 있겠는가? 보배로운 영혼이여! 그대는 왜 두려워하는가? '그리스도 예수 안에 있는 자들에게는

38) Charnock, "Knowledge of Christ Crucified," in *Works*, 4:505.
39) Charnock, "Knowledge of Christ Crucified," in *Works*, 4:506.
40) Charnock, "Knowledge of Christ Crucified," in *Works*, 4:506.
41) Charnock, "Cleansing Virtue of Christ's Blood," in *Works*, 3:516.

죽음도, 지옥도, 정죄도' 더 이상 없도다"(롬 8:1).[42] 굿윈은 히브리서 10장 14절의 "그가 거룩하게 된 자들을 한 번의 제사로 영원히 온전하게 하셨느니라"는 말씀을 인용하고, 이렇게 설명했다. "그분의 제사는 한 번이지만 완전한 제사이기 때문에 부족한 것이 조금도 없다. 한 번으로 충분했다. 그것은 영원히 완전하기 때문에 영원한 힘과 공로를 갖고 있다."[43]

그러나 그것은 그리스도의 피가 지금 여기서 모든 죄의식과 죄의 자극에서 우리를 완전히 깨끗하게 한다는 것을 의미하는 것은 아니다. 신자들은 "날마다 일상적인 죄에 대해 용서를 구할 필요가 있다."[44] 그러나 신자는 죄와의 지속적인 싸움에서 승리의 길을 가고 있다. 차녹은 이것을 사실적으로 이렇게 묘사했다.

> 불타는 율법의 어떤 불꽃들이 때때로 우리의 양심 속에서 이글거리고, 복음의 평강은 휘장 뒤로 숨겨질 것이다. 하나님의 얼굴의 미소는 언짢은 얼굴로 바뀐 것처럼 보이고, 그리스도의 피는 다 떨어진 것처럼 보일 것이다. 증거는 희미해지고, 죄책이 다시 솟아오를 것이다. 사탄은 참소하고, 양심은 그리스도에게 부응하는 법을 모르고 있다. 밤이 되면 상처는 새로 도지고, 영혼은 그 뒤에 숨겨진 위로를 찾기는커녕 위로가 문 앞에 서 있을 때 거절할 것이다. 하나님에 대한 불신앙과 의심에 놀라고, 본성의 더러운 호수에서 짙은 연무가 피어오른다.[45]

차녹은 계속해서 우리의 깨끗함에 대해 이렇게 말한다.

> 그러나 그것은 완전한 기초가 놓여 있고, 충분한 의식과 위로의 갓돌이 마지막으로 놓일 것이다. 평강이 구름 없이 반짝이는 햇빛처럼 등장하고, 양심 속에 굳게 들러붙은 진노의 어떤 화살이 없이 당당하게 사랑이 솟아날 것이다. 사납게 울어대는 폭풍의 어떤 소리도 없이 감미로운 고요함이 있고, 죄의 죄책은 영원히 양심에서 제거될 뿐만 아니라 하나님의 책에서 지워질 것이다. 고소하는 자는 우리를 하나님이나 우리 자신에게 더 이상 참소하지 못하고, 고소하는 자의 어떤 새로운 고발도 양심의 법정에서 제기되지 못할 것이다. 아니, 양심 자체가 영원히 정화되고, 전혀 방해를 받지 않는 안식과 평강의 찬송이 울려 퍼질 것이며, 범죄에 대한 고소는 말조차 꺼내지 못할 것이다. 하나님의 공의나 정죄에 대해 아무것도 낭독하지 못할 것처럼 양심도 고소에 대해 아무것도 읽지 못할 것이다. 그리스도의 피는 그 효력으로 완전하게 될 것이다. 그리스도의 피가 하나님과 우리 사이의 휘장을 찢은 것처럼 양심과 우리 사이의 휘장도 찢을 것이다. 더 이상 하나님의 불쾌하신 표정도 없을 것이며 더 이상 우리의 다툼도 없을 것이다.[46]

이어서 차녹은 이렇게 결론지었다. "그리스도의 피는 파도를 잠잠하게 하고, 더러움을 제거하고,

---

42) Ambrose, *Looking unto Jesus*, p. 400.
43) Goodwin, "Reconciliation by the Blood of Christ," in *Works*, 5:510.
44) Charnock, "Cleansing Virtue of Christ's Blood," in *Works*, 3:517.
45) Charnock, "Cleansing Virtue of Christ's Blood," in *Works*, 3:515.
46) Charnock, "Cleansing Virtue of Christ's Blood," in *Works*, 3:515~516.

영혼에 영원한 승리의 면류관을 씌울 것이다. 그리하여 의인들의 영은 '온전하게 된다'"(히 12:23).[47]

그리스도의 피로 말미암은 천국에 대한 기쁨

청교도는 천국에 대해 묵상하기를 좋아했다. 그들의 모든 걸작 속에서 이 주제보다 더 자주 언급되는 것은 없다. 굿윈은 그리스도는 타락하기 전 아담이 서 있던 곳보다 훨씬 높은 곳으로 올라간다고 말했다. 왜냐하면 그리스도는 우리에게 "충만한 은혜와 의"를 공급하고, 그래서 "우리가 삶 속에서 하늘의 왕들이 되어 다스릴" 것이기 때문이다.[48] 천국에 대해 차녹은 이렇게 말했다.

> 천국은 그리스도의 피로 결합되고 준비된다. 죄에 대한 율법으로 말미암아 우리의 몸은 흙으로 돌아가도록 되어 있고, 우리의 영혼은 하나님 진노의 선고 아래 있다. 그러나 십자가에 못 박히신 우리의 구주는 우리의 몸의 속량을 취득하셨고, 이것은 부활로 증명되고(롬 8:23), 또 신자들이 실제로 높아지고, 그 얻으신 것으로 불리는 공간적 거주지를 갖게 되는 지복의 장소에서 우리의 영혼의 영속적인 안전으로 증명될 것이다……우리는 죄로 말미암아 낙원을 잃어버렸으나 십자가로 말미암아 천국을 얻었다.[49]

암브로스는 천국을 이런 식으로 말한다.

> 그리스도의 피는 휘장을 찢고 지성소 즉 천국으로 들어가는 길을 만든다. 이 피가 없으면 하나님께 나아갈 길이 없다. 천국이 우리의 기도에 열려 있고 천국이 우리 사람들에게 열려 있는 것은 오로지 그리스도의 피 때문이다. 이 피는 천국을 여는 열쇠이고, 그의 구속을 받은 자들의 영혼 속으로 들어간다.[50]

경건을 촉진시키는 실천적 교훈

청교도는 경건을 촉진시키기 위해 그리스도의 속죄의 피에서 이런 실천적 교훈을 찾아낸다.

1. 만일 우리가 그리스도의 피로 말미암아 개인적으로 구원받지 못한다면 우리는 정죄의 길에 있는 것이다. 자신의 영혼을 위해 깨끗하게 하는 구원의 피에 대한 관심이 없는 자는 죄책에서 결코 해방되지 못할 것이다. 그는 이 상태에 계속 머물러 있는 한 회심하지 못한 자가 될 것이다. 차녹은 이렇게 말했다. "그리스도의 피는 비신자에 대해서는 그의 모든 죄를 깨끗하게 하기는커녕 그의 죄를 그에게 더욱 굳게 묶어둘 것이다. 불신앙은 죄들을 더 강하게 하고, 따라서 불신자는 율법을 어기는 데 더 집착하고, 하나님의 진노가 그 위에 있을 것이다."[51]

---

47) Charnock, "Cleansing Virtue of Christ's Blood," in *Works*, 3:516.
48) Goodwin, "Reconciliation by the Blood of Christ," in *Works*, 5:510.
49) Charnock, "Knowledge of Christ Crucified," in *Works*, 4:503.
50) Ambrose, *Looking unto Jesus*, p. 384.
51) Charnock, "Cleansing Virtue of Christ's Blood," in *Works*, 3:522~523.

2. 하나님의 자비는 오직 그리스도의 피를 기초로 시행된다. 차녹은 "죄의 죄책에서의 자유는 단순한 자비에서 나오는 것으로 기대되어서는 안 된다"고 말했다. 차녹은 또한 구약 시대에 대제사장은 피 없이는 속죄소에 나아갈 수 없었고(히 9:7), "대제사장이 모형하는 그리스도 자신은 자기를 따르는 자들의 어떤 것으로 말미암아서가 아니라 자신의 피의 공로로 자비를 기대하신다"는 사실을 강조했다.[52] 하나님의 자비는 공정한 자비다. 그리스도의 피는 칭의와 구원의 유일한 길이다. 우리가 본성으로 생각하고, 말하고, 행하는 모든 것은 죄로 얼룩져 있기 때문에 우리가 행하는 모든 것은 우리에게 정죄를 가져올 뿐이다. 우리의 어떤 행위도 완전하지 못하기 때문에 아무것도 의롭게 하지 못한다. 우리가 행하는 모든 것은 하나님의 영광을 결여하고 있다(롬 3:23). 죄인들을 의롭게 하는 하나님의 방법은 우리에게서 우리 자신의 모든 영광이나 우리 자신의 의를 제거하는 것이다.

3. 구원에 대한 우리의 소망은 우리에게 전가되는 그리스도의 의에 달려 있다. 예수 그리스도의 피가 모든-정말 모든-죄를 깨끗하게 하는-그래서 완전히 순수하게 하는-것을 알고 경험하면 얼마나 위로가 될까! 그리스도의 만족이 그의 죄를 충분히 지워 버리지 못한다고 말할 수 있는 죄인은 절대로 없다. 아이작 암브로스는 그리스도의 만족은 "풍부하고 충분할" 뿐만 아니라 그분의 "죽음과 피는 우리의 죄를 처리하고 남는다. '우리 주의 은혜가 넘치도록 풍성하였도다[휘페레플레오나센]'(딤전 1:14). 그것은 너무 충분하고, 과다하고, 충분한 것 이상이었다"고 주장한다. 암브로스는 계속 이렇게 말한다.

> 많은 겸손한 영혼이 "오! 내가 그렇게 큰 죄인이 아니었다면, 내가 이런저런 범죄를 저지르지 아니했더라면 소망이 있었을 텐데"와 같이 불평하는 데 매우 능숙하다. 이것은 그리스도의 구속을 평가절하하는 것이다. 이것은 그리스도께서 구원하기 위해 받으신 고난보다 파멸시키는 죄가 더 크다고 생각하는 것이다. 하지만 그대의 모든 죄가 그리스도에게는 찬란한 태양을 구름 한 조각이 가리는 것에 불과하다. 아니, 세상에 있는 모든 사람의 모든 죄가 그리스도의 공로에 비하면 바다에 떨어지는 한 방울의 물과 같다. 나는 이것을 의기양양한 주제넘은 죄인을 격려하기 위해 말해 주고 싶지 않다. 왜냐하면 슬프게도 그는 이 만족에 참여할 자격이 없기 때문이다. 대신 자신의 죄에 대한 의식으로 무거운 짐을 지고 있는 겸손한 죄인을 위로하기 위해 말해 주고 싶다. 그들은 자신이 짊어질 수 있는 것보다 더 큰 짐을 지고 있지만 아무리 무겁다고 해도 그들의 짐은 그리스도께서 짊어지실 수 있는 것보다 더 큰 짐은 아니다. 그리스도의 피 속에는 그대와 온 세상을 성결하게 할 수 있는 무한한 보물이 들어 있다. 그리스도의 죽음 속에는 지금까지 그리고 앞으로 모든 죄인을 속량하는 데 충분한 속전 곧 되사는 가격이 들어 있다.[53]

4. 그리스도의 피의 만족은 그분을 십자가에 못 박은 우리의 죄에 대해 깊은 슬픔을 느끼게 한다. 아이작 암브로스는 이 주제에 대해 청교도의 전형적인 입장을 이렇게 말한다.

52) Charnock, "Cleansing Virtue of Christ's Blood," in *Works*, 3:523.
53) Ambrose, *Looking unto Jesus*, p. 382.

> 오, 우리의 죄가 예수 그리스도에게 일으킨 저주와 쓰라림이여! 나는 피를 흘리는 혈관, 상처난 어깨, 채찍질 자국으로 얼룩진 옆구리, 주름진 등, 약탈을 당한 성전, 깊이 파인 손과 발에 대해 생각만 해도, 그리고 내 죄가 이 모든 것의 원인이라는 것을 검토해 보면, 자기혐오에 대한 증명 외에 다른 것이 필요하다는 생각이 들지 않는다! 그리스도인들이여, 어떤 사람이 여러분의 아버지, 어머니, 형제, 아내, 남편, 그리고 세상에서 가장 사랑하는 친척을 죽였다면 그에게 이런 마음이 일어나지 않겠는가! 오, 그러면 여러분의 마음과 영혼은 죄에 대해 어떤 마음이 일어나야 하겠는가? 확실히 여러분의 죄는 그리스도를 살해하고, 모든 친척보다, 아니 여러분의 아버지, 어머니, 남편, 자녀, 아니면 누구보다 여러분을 수천, 수만 배 더 사랑하는 그분을 죽인 죄였다. 이에 대한 한 가지 생각은 욥이 "그러므로 내가 스스로 거두어들이고 티끌과 재 가운데에서 회개하나이다"(욥 42:6)라고 말한 것처럼, 여러분도 충분히 그렇게 말하도록 할 것이라는 것이다. 오! 그리스도의 등에 지워져 있는 십자가는 무엇일까? 나의 죄다. 오! 그리스도의 머리에 있는 면류관은 무엇일가? 나의 죄다. 오! 그리스도의 오른손과 왼손에 박혀 있는 못은 무엇인가? 나의 죄다. 오! 그리스도의 옆구리의 창 자국은 무엇인가? 나의 죄다. 그리스도의 발에 박힌 못과 난 상처는 무엇인가? 나의 죄다…… 오! 나의 죄, 나의 죄, 나의 죄다![54]

5. 믿음과 회개로 그리스도에게 나아가는 자는 절대로 쫓겨나지 않을 것이다. 그리스도께서 죄로 가득 차 있고, 수십 년 동안 자기에게 악랄하게 죄를 범했다는 이유로 자신들을 받아 주시지 아니할 것이라고 염려하는 자들에게 토머스 굿윈은 이렇게 말했다.

> 본문[골 1:20]은 우리에게 '그리스도께서 자기 안에 화목하게 할 모든 충만을 갖고 계시고', 그분이 의로 가득 차 있는 것보다 그대가 죄로 더 가득 찰 때까지 그대를 충분히 용서할 수 있다고 말한다. 상황이 아무리 나쁘더라도, 문제가 아무리 극악하다고 해도 '그분은 끝까지 구원하실 수 있다'……이 충만은……그대 안에서 죄가 행하는 것보다……그리스도 안에서 더 오래 거하셨다는 것을 숙고해 보라. 아니, 이 충만은 영원토록 그분 안에 거할 것이다. 그것은 영원한 의다.[55]

굿윈은 "그대의 마음과 그대에 대한 기록이 아무리 나쁘다고 해도 그대가 그분에게 나아올 의지를 갖고 있다면 그대는 환영을 받을 것이다"라고 말한다. 왜냐하면 아무리 흉악한 죄인이라도 그분은 구원하기를 기뻐하시기 때문이다.[56]

6. 우리는 그리스도의 피를 더 열렬하고 일관되게 열망해야 한다. 암브로스는 이 성향을 위해 날마다 기도하라고 말하고 이렇게 덧붙였다. "오! 나의 예수님! 내 안에 열렬한 갈망, 간절한 소원, 말로 표현할 수 없는 신음, 강력한 갈급함을 심어 주소서. 오, 저는 빗방울을 갈망하여 벌어져 있고 갈라져 있고 입을 벌리고 있는 마르고 건조한 땅과 같습니다! 내 영이 올바른 체제 속에 있을 때 그리

54) Ambrose, *Looking unto Jesus*, p. 372.
55) Goodwin, "Reconciliation by the Blood of Christ," in *Works*, 5:516.
56) Goodwin, "Reconciliation by the Blood of Christ," in *Works*, 5:516.

스도의 피를 바라는 갈망을 얼마간 느끼지만 지금은 이 갈망이 얼마나 부족할까요? 얼마나 무가치한 것들을 갈망할까요? 오, 주여, 제안에 뜨겁게 불타는 갈망을 일으키고, 제게 갈망하는 대상을 주소서."[57]

여러분은 그리스도의 피로 씻겼는가? 씻기지 못했다면 하나님께 여러분의 질병을 보여 달라고 기도하고, 지금 여러분의 유일한 치료약인 그리스도의 피로 날아가라. 그리고 신자로서 "우리는 날마다 죄책을 접하기 때문에 날마다 치료약을 사용해야 한다." 우리 가운데 어느 누구도 날마다 "예수 그리스도의 피가 모든 죄에서 우리를 깨끗하게 하는" 것을 경험하지 않고는 안식하지 못한다.[58] 결론적으로 이런 경험이 곧 십자가 그늘 아래 날마다 사는 것이 청교도 경건의 목표다.

---

57) Ambrose, *Looking unto Jesus*, pp. 384~385.

58) Charnock, "Cleansing Virtue of Christ's Blood," in *Works*, 3:531~534.

24장

우리를 위한 그리스도의 중보에 대한 앤서니 버지스의 견해

그리스도의 중보 기도가 우리의 모든 기도가 받아들여지는 근거다. 우리의 기도는 그리스도 안에서 발견되지 않으면 응답은커녕 오히려 하나님의 분노를 자극한다.
만일 경건한 사람의 기도가 크게 효력이 있다면 그것은 그리스도의 기도가 크게 효력이 있기 때문이다.
그리스도는 모든 봉헌을 성결하게 하는 제단이고, 거기서 그들의 기도의 향이 풍기고, 그래서 하나님은 그들 속에서 향기를 발견하신다.
– 앤서니 버지스[1] –

앤서니 버지스(사망, 1664년)는 설교자, 교사, 변증자로서 경건, 학문, 재능으로 유명한 청교도 목사 겸 저술가였다. 버지스는 케임브리지 대학의 임마누엘 칼리지에서 잠시 강의 조교로 활동했다. 이어서 1635~1662년에는 워릭셔 주의 서튼 콜드필드에서 교회의 목사로 섬겼다. 버지스의 목회 사역은 1640년대에 다년간 중단되었다. 첫째 이유는 왕과 의회 간에 벌어진 내전으로 도피해야 했기 때문이고, 둘째 이유는 웨스트민스터 총회에 참석해서 웨스트민스터 표준 문서를 작성하는 데 중요한 역할을 맡았기 때문이다. 버지스는 1649년에 서튼 콜드필드로 돌아와 거기서 통일령(1662년)으로 공적 사역을 마칠 때까지 사역했다. 버지스는 은퇴 후에 스태퍼드셔 주 탬워스로 가서 2년 후 죽을 때까지 그곳 교구 교회에 출석했다.[2]

15년 동안(1646~1661년) 버지스는 주로 설교와 강의를 기초로 최소한 열두 권의 책을 썼다. 그의 작품들을 보면, 버지스가 아리스토텔레스, 세네카, 아우구스티누스, 아퀴나스, 루터, 칼빈과 같은 학자들에게 정통했다는 것을 알게 된다. 버지스는 많은 헬라어 및 라틴어 인용문을 사용했으나 무분별하게 인용한 것은 아니었다. 버지스는 또한 청교도 설교의 특징인 평이한 문체로 설교를 작성했다. 이 교양 있는 학자 겸 실험적인 설교자는 날카롭고, 따스하고, 경건한 작품을 저술했다. 그의 작품들은 버지스가 하나님의 비밀에 대해 신실한 청지기였음을 보여 준다. 버지스는 하나님의 율법에 대한 청

---

1) Anthony Burgess, *CXLV Expository Sermons upon the Whole 17th Chapter of the Gospel according to St. John*… (London: Abraham Miller, 1656), p. 227 (42). 페이지를 매기는 것이 불규칙하고, 따라서 설교 번호도 괄호 안에 넣어 인용될 것이다.

2) 앤서니 버지스의 전기와 작품들에 대한 개관은 Joel R. Beeke, *Puritan Reformed Spirituality* (Darlington: Evangelical Press, 2006), pp. 172~174와 Joel R. Beeke & Randall J. Pederson, *Meet the Puritans: With a Guide to Modern Reprints* (Grand Rapids: Reformation Heritage Books, 2006), pp. 112~117을 보라.

교도의 관점의 정당화, 오직 믿음으로 얻는 칭의의 변증, 원죄에 대한 논문, 고린도전서 3장과 고린도후서 1장에 대한 방대한 강론 등을 저술했다. 버지스는 또한 천 페이지가 넘는 구원의 은혜와 확신에 대한 대작 『영적 품위』[3]도 저술했다. 버지스는 성경을 심령에 적용시키고, 참 신자와 구원받지 못한 자를 구분하는 데 탁월했고, 그래서 "모든 교리와 논쟁들을 모든 것의 생명이자 영혼인 실천과 실험적(경험적) 차원으로 환원시키는……참되고 건전한 강해에 힘쓰는" 자가 되겠다는 자신의 목표를 달성했다.[4]

버지스는 기도에 대한 논문은 쓴 적이 없지만 요한복음 17장의 그리스도의 기도에 대해 145편에 달하는 설교를 전했다. 버지스의 설교는 일관되게 그리스도에게 초점을 맞추는 한편, 교리적이고 경험적인 주제들을 광범하게 망라하고 있다.[5] 버지스는 요한복음 17장을 신적 계시의 최정상 곧 성경의 "황금 속에 있는 진주"로 간주했다.[6] 주님은 이 기도를 제자들 곧 이 기도를 듣는 자들(그리고 이후의 그것을 읽는 자들)이 기쁨을 충만히 가질 수 있도록 제공하신다(요 17:13).[7] 버지스는 이렇게 말한다.

> 그리스도의 이 기도는 그 안에 담긴 위로의 보물로 볼 때 젖과 꿀이 흐르는 땅과 비교할 수 있을 것이다……그러므로 이것이 고침과 회복의 원천임을 알게 되면, 영적 목마름을 갖고 나아오는 자들은 이 원천에서 해갈하게 될 것이다. 여기서 보는 것은 벌꿀과 벌집으로 요나단이 벌꿀을 조금 맛본 것과 같지 않고 자유롭게 얼마든지 맛볼 수 있는 것이다. 진지하게 지속적으로 묵상하면 여러분은 이 그리스도의 기도 속에서 이런 하늘의 보화를 발견하고 그리스도의 형상을 닮게 될 것이다. 이 변화 산 위로 올라갈 때 세상의 모든 영광이 여러분에게 얼마나 헛되고 공허한 것으로 보이게 될까! 열대 지역에 사는 자들이 어떤 차가움을 느끼지 못하는 것처럼 그리스도의 이 기도를 가슴 속에 품고 적극적이고 열렬하게 찾는 자들도 다른 많은 사람이 그 아래에 있는 둔감함, 형식화, 냉랭함에 대해 결코 불평하지 않게 될 것이다.[8]

요한복음 17장의 기도가 특히 중요한 것은 예수께서 지상 생애의 절정인 십자가에 달려 죽으시기 전날 밤에 그 기도를 제공하시기 때문이다. 따라서 버지스는 청자들에게 이렇게 묻는다. "죽어가는 사람의 말이 중요한 것으로 간주되어야 한다면, 죽어가는 그리스도의 말씀은 얼마나 더 중요하겠는가?"[9] 이 점에서 버지스는 요한복음 17장을 우리의 중보자-만일 우리가 신자라면-로서, 그리고 경건한 사람의 모델로서 우리에게 주시는 그리스도의 기도로 설명한다.

---

3) Anthony Burgess, *Spiritual Refining: or, A Treatise of Grace and Assurance*, 전 2권 (재판, Ames: International Outreach, 1996~1998)로 재출간됨.

4) Anthony Burgess, introduction to *An Expository Comment, Doctrinal, Controversial and Practical upon the Whole First Chapter of the Second Epistle of St Paul to the Corinthians* (London: Abraham Miller for Abel Roper, 1661).

5) 이 작품은 성부 하나님과 성자 하나님, 하나님의 사랑, 죽음에 대한 섭리, 선택, 그리스도의 신격, 교사와 제사장과 왕으로서의 중보자, 그리스도와의 연합, 하나님을 아는 지식, 영생, 칭의, 성화, 순종, 세상과의 분리, 믿음, 기도, 견인, 예배, 그리스도인의 연합, 복음 사역, 하늘의 영광 등과 같은 주제를 망라하고, 모두 요한복음 17장 본문의 순서에 따라 설명되었다.

6) Burgess, *Expository Sermons*, p. 2 (1).

7) Burgess, *Expository Sermons*, p. 400 (76).

8) Burgess, *Expository Sermons*, "The Epistle to the Reader."

9) Burgess, *Expository Sermons*, p. 1 (1).

우리 중보자로서의 그리스도의 기도

요한복음 17장 4절에서 예수는 "아버지께서 내게 하라고 주신 일을 내가 이루어"라고 기도하셨다. 버지스는 그리스도 예수는 "편안함과 즐거움, 외적 영광을 갖고 세상 속에 오신 것이 아니라 일하러 오셨다"고 말한다. 이 일은 예수를 땅으로 보내신 아버지의 뜻을 행하는 것이었다(요 4:34). 그리스도는 "영광스러운 주님과 율법 수여자로" 오신 것이 아니라 율법 아래 종으로 오셨다. 확실히 그리스도는 도덕법에 순종하셔야 했을 뿐만 아니라 아버지께서 자기에게 주신 자들의 중보자가 되라는 아버지와의 언약에 따라 주어진 특수 명령(요 10:18)에 대해서도 순종하셔야 했다.[10]

십자가에 못 박히기 전날 밤에 그리스도는 하나님에게서 받은 자신의 사명의 결말에 대해 미리 말씀하신다.[11] 그리스도는 아버지에 대한 순종을 고백하는 것으로 기도를 시작하는데, 이 순종은 "단순한 순종이 아니라 공로적인 순종"이라고 버지스는 말한다. 따라서 그리스도의 기도는 다른 사람들이 지은 빚을 갚아 주심으로써 신적 공의를 만족시키신 것을 의미하는 "중보자와 대속물"로서 완수하신 사역에 근거를 두고 있다.[12] 버지스는 이렇게 말한다. "그리스도는 공의의 심판자이신 하나님을 만족시키셨다……그리스도는 하나님의 공의가 우리를 처벌하기 위해 우리에게 결코 임하지 않도록 자신의 피와 만족을 통해 책임을 지셨다."[13] 그것은 그리스도께서 진노하시는 아버지를 이기셨다는 것을 의미하는 것이 아니다. 왜냐하면 그리스도는 이 참된 사명을 위해 사랑하는 아버지께 보내심을 받았기 때문이다(요 17:18).[14] 그리스도는 자기 백성들의 대표와 대리인으로서 죽으셨다. 이사야서 53장 5절에서 말하는 것처럼 "하나님은 우리 모두의 죄악을 그분에게 두셨고, 그분이 채찍에 맞으므로 우리가 나음을 받았다." 따라서 그리스도의 죽음은 우리를 위해서라고 도처에서 말해진다. 그리스도 안에는 그분이 십자가 저주를 받으실 만한 것이 하나도 없었다. 그분이 저주를 받고 죽으신 것은 우리와 우리 죄를 위해서였다.[15]

예수 그리스도는 하나님과 사람 사이의 유일한 중보자이시다. 그러므로 그리스도는 단순히 우리가 하나님께 기도할 때 따라야 할 우리의 본보기이신 것만은 아니다. 그리스도는 우리 하나님과의 관계를 세우는 기초다. 버지스는 이렇게 말한다.

> 그리스도는 하나님에 대한 중재 및 중보와 관련해서 유일한 기초가 되어야 한다. 우리는 그리스도가 없으면 하나님께 나아갈 수 없다. 왜냐하면 하나님과 우리 사이에 죄의 거대한 만이 가로막고 있기 때문이다. 그리스도는 소멸하는 불이고, 우리는 그리스도가 없으면 그루터기에 불과하다……하나님은 내게 원수이고, 나는 하나님과 원수다. 그리고 옛 시대에 정해진 모든

10) Burgess, *Expository Sermons*, p. 108 (20).

11) 다른 설교에서 버지스는 예수는 현재 시제로 "나는 세상에 더 있지 아니하오나"(요 17:11)라고 말씀하지만 그분이 세상에서 떠나신 것은 분명히 미래의 일이었다고 지적했다(Burgess, *Expository Sermons*, p. 271 [50]).

12) Burgess, *Expository Sermons*, pp. 119~120 (22).

13) Anthony Burgess, *The True Doctrine of Justification Asserted, and Vindicated* (London: Robert White, 1648), p. 101.

14) Burgess, *Expository Sermons*, pp. 487~488 (95). 여기서 버지스는 삼위 하나님이 죄인들의 구속 사역에서 어떻게 서로 협력하시는지를 지적했다. 성부는 사랑으로 구속을 취득하도록 성자를 보내셨다. 성부와 성자는 구속을 적용하도록 성령을 보내셨다.

15) Burgess, *Expository Sermons*, pp. 193~194 (35).

> 속죄 제사 제도는 이 목적 곧 모두가 그리스도로 말미암은 화목과 속죄였다는 것을 보여 주기 위한 것이다.[16]

그리스도의 사명은 죄인들을 하나님과 화목시키기 위함이었다는 것을 이해하게 되면, 우리가 그분의 기도와 그 기도를 우리 자신에게 적용시키는 것을 어떻게 볼 것인지에 대해 깊은 지식을 갖게 된다.

대제사장의 중보

버지스는 요한복음 17장의 기도는 특별한 기도라고 주장한다. 그것은 한정된 사람들에게 영생을 주기 위해 하나님이 정하신 분의 기도이기 때문이다(요 17:2). 그것은 사람들이 영생을 가지려면 하나님을 알아야 할 뿐만 아니라 복음을 통해 예수 그리스도도 알아야 한다고 선언하신 분의 기도이기 때문이다(요 17:3).[17] 버지스는 이렇게 말한다.

> 그리스도의 기도는 중보 기도이고, 따라서 다른 사람들의 기도와는 차원이 다르다. 그들이 단순한 사람임을 드러내는 것처럼 그들의 기도도 단순한 기도임을 드러낸다. 그들의 기도 속에는 공로도, 중보도 없다. 하지만 그리스도의 기도는 크게 초월적인 성격을 갖고 있고, 심지어 순교자들의 피도 그리스도의 피와 비교하면 아무것도 아니다. 순교자들의 피는 속죄도, 죄를 위한 속죄 제사를 거치는 것도 아니었지만 그리스도의 피는 그들의 피와 달랐다. 따라서 기도 사이에 엄청난 차이가 있다……그러나 중보자의 직분에 따른 그리스도의 기도는 모든 기도를 크게 능가한다. 따라서 그리스도의 기도에서 우리는 특별히 중보 능력과 간청의 효력[18]을 보게 된다. 그리스도의 기도는 우리의 기도와 달리 단순한 간구가 아니라 바라는 것을 얻는 데 강력한 효력을 갖고 있다. 그리스도의 기도는 그분의 피가 거절당할 수 없는 것처럼 거절당할 수 없다.[19]

중보자 그리스도의 기도는 강력한 효력을 갖고 있는데, 그것은 그분이 하나님이자 사람이기 때문이다. 그리스도의 신성은 그분의 기도에 하나님 보시기에 무한한 가치를 부여한다. 그리스도는 아버지의 독생자이고, 하나님은 크신 사랑으로 자기 아들의 말을 들으신다. 주 예수는 완전한 신뢰, 사랑, 열심을 갖고 하나님께 기도하신다. 버지스는 "그리스도의 영혼의 넓이는 바닷물로 채워도 다 채우지 못한다"고 말한다. 그리스도는 또한 하나님의 뜻에 따라 기도하신다. 왜냐하면 그분이 처음부터 하나님을 위해 정해진 영광을 구하기 때문이다.[20] 그리고 그리스도는 "가장 사랑하는 친구들이 가질 수 있는 것보다 더 큰 연민과 동정을 가진" 사람으로서 기도하신다. 그리스도의 마음은 우리와

---

16) Anthony Burgess, *The Scripture Directory for Church-Officers and People*… (London: Abraham Miller, 1659), p. 147.

17) Burgess, *Expository Sermons*, 설교 10, 11, 18을 보라.

18) "간청의 효력"은 간청하는 것을 얻어내는 능력이다.

19) Burgess, *Expository Sermons*, p. 10 (2).

20) Burgess, *Expository Sermons*, pp. 10~12 (2).

똑같이 고난을 당하고, 우리와 똑같이 시험을 당하고, 우리와 똑같이 인간적 연약함을 겪으셨기 때문에 동정으로 가득 차 있다(히 4:15).[21]

그리스도는 또한 제사장의 중보 기도로 특별히 기도하신다.[22] 예수는 "또 그들을 위해 내가 나를 거룩하게 하오니"(요 17:19)라고 기도하신다. 예수는 자신의 속죄 제물을 하나님께 신성하게 바치신 제사장이시다.[23] 자기 백성들을 위한 제사장으로서 그리스도의 직분은 두 가지 직무를 요청한다. 곧 제물을 바치는 것과 기도를 드리는 것이다.[24] 그리스도 안에서 구약 제사장 직분의 모형이 성취되는 것을 발견한다. 왜냐하면 이 제사장들은 가멸적인 죄인들이었지만 그리스도는 무죄하고 불멸적인 중보자이시기 때문이다(히 7:25~27).[25] 버지스는 이렇게 설명한다.

> 그리스도께서 하나님의 교회 및 모든 신자와 관련시켜 제공하는 이 기도는 그분의 제사장 직분의 한 부분이다. 왜냐하면 제사장은 두 가지 일을 행하는데, 첫째는 기도하는 것이고 둘째는 속죄 제물을 바치는 것이기 때문이다. 따라서 그리스도는 먼저 기도하시고, 이후에 자기 백성들의 죄를 위해 거룩하고 흠 없는 속죄 제물로 자신을 바치고, 대제사장이 하나님께 열두지파를 나타내기 위해 가슴에 열두지파의 이름을 달아야 했던 것처럼 그리스도 역시 이 기도를 통해 자신의 모든 자녀를 아버지 하나님께 제시하신다. 경건한 사람 가운데 너무 비천하고, 너무 연약하고, 너무 보잘 것 없어서 아버지에게 추천될 수 없는 자는 하나도 없고, 정당하게 이 기도의 응답을 기대할 수 있다.[26]

그리스도의 중보는 자기 피로 모든 영적 복에 대한 권리를 얻은 것과 성령으로 말미암아 이 복을 적용시키는 것 간에 다리를 놓는다. 그리스도는 단순히 구원을 취득하셨을 뿐이고, 이 구원의 적용은 인간의 자유의지에 맡겨 놓지 않으신다. 구원의 적용을 위해서도 그리스도는 값없이 고난을 받고 죽임을 당하셨고, 버지스는 구원의 적용이 인간의 자유의지에 맡겨짐으로써 하나님께 주어질 불명예를 상상할 수 없었다.[27] 그리스도는 자신이 위해 죽은 모든 자를 중보하신다. 신자들은 확실히 그리스도께서 그토록 비싼 값을 지불하고 취득한 복을 받게 될 것이다(롬 8:34).[28]

그리스도의 중보 기도의 범주

예수 그리스도는 아버지께 "내가 그들을 위해 비옵나니 내가 비옵는 것은 세상을 위함이 아니요 내게 주신 자들을 위함이니이다 그들은 아버지의 것이로소이다"(요 17:9)라고 기도하신다. 그리스도는 아버지께서 자기에게 주신 자들을 위해 기도하신다. 여기서 버지스는 그리스도의 사람들은 또한 그

---

21) Burgess, *Expository Sermons*, p. 225 (42).
22) 버지스는 칼빈까지 거슬러 올라가는 개혁파 전통의 연장선상에서 우리의 삼중의 곤경-우리의 무지와 맹목성과 어둠, 하나님의 진노 아래 있는 우리의 죄책, 죄와 사탄에 속박되고 사로잡혀 있는 우리의 상태-과 대응시켜 삼중의 중보 직분-선지자, 제사장, 왕-을 설명했다(Burgess, *Expository Sermons*, pp. 503~504 [98]).
23) Burgess, *Expository Sermons*, p. 501 (98).
24) Burgess, *Expository Sermons*, p. 508 (99).
25) Burgess, *Expository Sermons*, p. 227 (42).
26) Burgess, *Expository Sermons*, p. 8 (2).
27) Burgess, *Expository Sermons*, pp. 225~226 (42).
28) Burgess, *Expository Sermons*, p. 233 (43).

분의 "양"으로 불리는데, 그 가운데 어떤 이들은 아직은 하나님의 원수이고, "단지 하나님의 목적과 선택에 있어서만" 양이라고 지적한다(요 10:16). 다른 이들은 "실제로 그리스도의 소유 속에 있고, 새 본성을 갖고 있으며, 따라서 자신에게 주어진 권리와 자격을 누리고 있다." 이 두 부류의 사람들이 그리스도의 중보기도 아래 포함되어 있다. 하지만 후자가 더 직접적인 대상이다. 우리 주님은 땅 위에 있는 동안 자기 양들을 위해 기도하신 것처럼 하늘에서도 그들을 위해 계속 중보하신다. 하지만 이때는 낮아지심의 지위에서 부르짖음과 눈물로 간구하시는 것이 아니라 높아지심의 지위에서 간구하시는 것이다.[29]

버지스는 "하나님의 모든 자녀는 그리스도의 중보기도의 열매와 유익 아래 있다"고 말한다. 모든 신자는 그리스도를 아버지 앞에서 그들의 대언자로 갖고 있다(요일 2:1). 그리스도는 자기 백성들의 유익을 위해 자신의 사랑과 연민을 포기하지 아니하고, 그들을 위해 계속 중보하신다(히 7:25). 버지스는 이렇게 말한다. "하늘 법정에 이런 친구가 있다는 것은 큰 행운이다……오, 그리스도의 중보 아래 있는 것은 얼마나 형언할 수 없는 긍지와 행복일까! 우리가 땅 위의 경건한 자의 기도를 그토록 소중히 여긴다면……그리스도 자신의 기도에 대해서는 얼마나 더 소중히 여겨야 할까?"[30]

나아가 주 예수는 "내가 비옵는 것은 이 사람들만 위함이 아니요 또 그들의 말로 말미암아 나를 믿는 사람들도 위함이니"라고 기도하신다(요 17:20). 버지스는 이렇게 지적한다. "그들이 태어나기 오래전에 그분의 기도와 죽음 속에 그들이 기억되고 있을 정도로 자기 백성들에 대한 그리스도의 관심과 사랑은 각별하다." 그리스도의 중보는 영원 전에 이루어진 신적 작정과 목적에서 나온다(엡 1:4; 딤후 1:9).[31] 버지스는 이렇게 말한다. "그리스도의 중보의 기초는 선택으로 말미암아 그들이 그리스도를 통해 구원받는 백성으로 그분에게 주어졌다는 데 있다."[32]

그리스도는 자기는 모든 사람 곧 세상을 위해 기도하는 것이 아니라고 말씀하는데, 버지스는 이들이 아버지께서 그리스도에게 주시지 않은 자 곧 유기된 자를 가리킨다고 말한다. 버지스는 "그리스도의 중보기도, 따라서 그분의 죽음도 세상 전체를 위한 것이 아니라 다만 아버지께서 그리스도에게 주시는 특정한 어떤 사람들을 위한 것"이라고 말한다. 버지스는 제한적, 특수적 구속 교리는 논란의 여지가 있다는 것을 인정한다.[33] 버지스는 "모든 인간, 심지어는 유기된 자들 자신도 그리스도의 죽음으로 말미암아 자비의 세계를 얻는다"는 것을 부인하지 않는다. 그러나 그리스도는 죄인들을 위해 죽으셨을 때 단순히 그들의 유익을 위해서가 아니라 그들의 대리인으로서 "그들 대신 그들에게 임하도록 되어 있던 하나님의 모든 진노를 감당하기 위해" 죽으신 것이다. 하나님이 자기 아들에게 주신 자들이 칭의에서 영화까지 하나님의 모든 복을 받을 것이다(롬 8:30~32). 그리스도께서 자신이 위하여 죽은 자들은 그리스도의 중보를 받고, 따라서 아무도 그들을 정죄할 수 없다(롬 8:34). 버지스는 논쟁을 자극하기 위해서가 아니라 그리스도의 양떼의 평안과 기쁨을 확립하고, 그리하여 그들이

---

29) Burgess, *Expository Sermons*, p. 226 (42).
30) Burgess, *Expository Sermons*, p. 8 (2).
31) Burgess, *Expository Sermons*, pp. 532~533 (105).
32) Burgess, *Expository Sermons*, p. 536 (106).
33) 도르트 회의(1618~1619년)는 당시 몇십 년 동안 기승을 부린 아르미니우스주의의 보편적 속죄 교리를 거부했다. 존 캐머런(대략, 1579~1625년)과 모이제 아미로(1596~1664년)도 프랑스의 개혁파 진영에서 제한적 선택과 보편적 속죄 교리를 결합시키려고 했다. 버지스는 *Expository Sermons*, p. 241 (44)에서 아르미니우스주의자와 아미로주의자를 함께 언급했다.

그리스도의 중보를 충분히 확신할 수 있도록 하려고 제한적 구속에 대해 설교한다.[34)]

버지스는 제사장으로서 그리스도의 중보의 대상을 택함받은 자로 한정시키지만 그분이 베푸시는 복의 포괄적 범주에 대해서도 크게 기뻐한다. 왜냐하면 모든 영적 복이 그리스도의 죽음과 중보로 말미암아 오기 때문이다. 버지스는 이렇게 말한다. "이 기도는 이전에 그리스도께서 땅에서 구하신 것이고 지금은 기도가 멈췄지만, 이 기도의 효력과 능력은 여전히 살아 있고, 그분은 하늘에서 이를 위해 계속 중보하고 계시므로, 이것이야말로 이 기도의 재현이 아니고 무엇이겠는가? 그분의 피로 말미암은 이 기도 덕택으로 우리는 거룩하게 되고, 의롭게 되고, 장차 영원히 영화롭게 될 것이다."[35)] 버지스는 그리스도는 자기 백성들의 회심을 위해 기도하신다고 말한다. "그리스도께서 그 사람의 회심을 위해 기도하시지 않는 한, 말씀으로 회심할 사람은 하나도 없다." 그리스도는 또한 "죄사함과 종종 저질러지는 범죄의 용서"에 대해서도 기도하신다. 왜냐하면 "죄에서 보호받음으로써…… 그들의 믿음은 결코 실패하지 않을 것이고", "그들의 영화로…… 그들은 그리스도께서 그들을 위해 취득하신 영광을 누리게 될 것이기" 때문이다. 요약하면 주 예수는 "여기 이곳에서 누릴 모든 은혜와 장차 임할 영광의 달성을 위해 기도하신다. 그리스도께서 위해 기도하지 않으면 하늘의 자비나 영적 자비는 절대로 없다."[36)]

버지스는 그리스도는 죄인들이 하나님께 나아올 때 그들을 결코 낙담시키지 않고, 비록 효과적인 적용이 택함받은 자로 제한되어 있기는 해도, 그분의 죽음은 충분함을 갖고 있다고 본다. 곧 "수많은 세상 사람들을 구속하기에 충분한 가치가 있다"고 가르친다.[37)] 사람의 죄가 아무리 크더라도 죄를 위한 그리스도의 고난의 크기와 비교할 수 없다. 그래서 버지스는 이렇게 말한다. "만일 그대가 신자라면, 만일 그대가 회개한다면, 그리스도의 죽음이 그대에게도 효력을 미친다는 것을 절대로 의심하지 마라. 이런 굶주림과 목마름이 있고, 그러므로 어떤 영혼이 죄의 짐 아래 있으면서 그리스도를 통해 오는 하나님의 은혜를 갈망한다면, 절대로 머뭇거리지 말고 확신을 갖고 그리스도께 나아가라."[38)]

우리 중보자의 높아지신 지위

예수 그리스도는 요한복음 17장 11절에서 자기 아버지께 "나는 아버지께로 가옵나니"라고 기도하신다. 이에 대해 버지스는 "그분은 아버지께 가시고, 거기서 그들을 위해 하늘의 법정에서 유력한 변호사가 되실 것이다"라고 말한다. 이 예수의 약속은 자기 제자들과 오늘날 신자들을 위로하기 위해 주어진다. 버지스는 요셉에게 나타나 있는 그리스도의 그림자를 언급하고, 이렇게 말한다. "우리

---

34) Burgess, *Expository Sermons*, pp. 232~234 (43). 설교 43과 44는 이 교리를 설명하고 변증한다.

35) Burgess, *Expository Sermons*, p. 702 (145).

36) Burgess, *Expository Sermons*, p. 9 (2). 또한 pp. 326~327 (42)도 보라. 버지스의 요점은 예수께서 그들의 보존(요 17:11, 15), 성화(요 17:17, 세상에서 돌아섬(요 17:20~21. 참고, 6절), 미래에 자신의 영광을 누림(요 17:24)을 특별히 자신의 것으로 요청하신 것으로 확증된다.

37) 이 고전적인 구분은 피터 롬바드(사망, 1160년)까지 거슬러 올라간다. 롬바드는 그리스도께서 자신을 대속물로 제공하신 것은 "충분성으로 보면 모든 사람을 위한 것이지만 유효성으로 보면 오직 택함받은 자만을 위한 것이다. 왜냐하면 그것은 오직 예정된 자들에게만 구원의 효력을 일으키기 때문이다"(*Sententiae in IV Libris Distinctae* 3.20.5. Raymond A. Blackster, "Definite Atonement in Historical Perspective," *The Glory of the Atonement*, Charles E. Hill & Frank A. James III 편집 [Downers Grove, Ill.: InterVarsity, 2004], 311에 인용됨).

38) Burgess, *Expository Sermons*, pp. 233~234 (43).

구주는 그들의 불안한 마음을 이렇게 위로하신다. 곧 자기는 자신의 영광과 존귀를 위할 뿐만 아니라 그들의 유익을 위해 아버지께 가서 구할 것인데, 요셉이 바로의 궁정에서 자기 아버지와 자기 형제들의 유익을 자신의 영광과 똑같이 구했던 것처럼 구할 것이라고 말이다." 그러나 버지스는 또한 그리스도께서 십자가의 죽음을 거쳐 아버지께 가셨다고 지적한다. 가장 낮은 비천한 자리가 가장 높아지신 자리보다 먼저 있어야 하고, 그래야 신적 공의가 만족되고 사람들이 구속받게 된다.[39]

이어서 버지스는 그리스도의 승천에 대해 말한다. "승천에는 그리스도께서 하늘에서 갖게 될 영광과 존귀의 지위가 함축되어 있다…… 따라서 그분은 더 이상 종과 같지 않고 영광의 임금이 되셨다…… 이 안에는 그리스도인의 모든 보화가 들어 있다. 우리의 모든 위로의 원천이 바로 이 안에 곧 그리스도께서 아버지께 가신 것 속에 있다." 버지스는 승천하신 그리스도의 이 위로들 가운데 몇 가지를 이렇게 제시한다.

1. 첫 번째는 그분의 성령이 더 충분히 그리고 풍성하게 주어진다는 것이다(요 7:39).
2. 그리스도께서 아버지에게 가심으로 얻는 두 번째 유익은 성결하게 되거나 사역을 감당하도록 우리에게 모든 거룩한 하늘의 은사를 베풀어 능력 있게 하신다는 것이다(요 14:12; 엡 4:8~12).
3. 그리스도께서 아버지에게 가심으로 얻는 세 번째 유익은 자기 자녀들의 처소를 예비하신다는 것이다(요 14:3).
4. 그리스도께서 아버지에게 가시는 것은 대언자가 되어 우리의 입장을 변론하기 위함이다(요일 2장; 히 7장). 그리스도는 항상 우리를 중보하기 위해 사신다. 그리스도는 하나님이 자기에게 두신 영광과 존귀에 도취되어 자기 자녀들의 가장 비천한 모습을 잊어버리지 아니하신다. 그리스도는 바로의 술 관원처럼 높아지셨을 때 가난한 요셉을 잊어버리지 아니하신다. 아니, 우리는 생각하지도 못하거나 생각할 수도 없거나 염려할 때 그리스도는 우리의 지위를 아버지께 알려 주신다. 따라서 우리는 이렇게 하늘 법정에서 우리를 반대하는 어떤 참소가 있을 때마다 우리를 위해 말씀하시는 영광스러운 친구를 두고 있다.
5. 그리스도께서 아버지께 떠나신 것은 영원한 떠나심이 아니다. 그리스도는 우리를 영원히 버려두지 아니하시고, 다시 오셔서 우리도 아버지께 이끄실 것이다.[40]

우리의 속죄 제사를 드리고 기도하시는 제사장의 높아지심에 기쁨이 충만해서 버지스는 이렇게 말한다. "오, 이것은 우리의 귀에 얼마나 반가운 소식일까! 그리스도께서 아버지에게 올라가신 것은 죄나 마귀가 결코 그분을 이길 수 없었고, 그러므로 그분은 구속자로서의 사역을 충분히 감당하셨다고 말하는 것이나 다름없다. 그리스도는 가장 값비싼 대가를 지불하셨고,[41] 따라서 하나님의 사랑과 공의는 그분이 이루신 속죄로 만족될 수밖에 없다."[42]

하늘에서 중보하실 때 예수 그리스도는 하나님이 정하신 땅의 어떤 제사장과는 차원이 다르게

39) Burgess, *Expository Sermons*, pp. 289~290 (53).
40) Burgess, *Expository Sermons*, pp. 290~292 (53).
41) 파딩은 4분의 1페니에 해당되는 영국의 작은 동전이다.
42) Burgess, *Expository Sermons*, p. 292 (53).

"하늘에서 공인되고 지정된 유일한 제사장으로서" 자기 백성들을 위해 기도하신다. 우리 주님의 기도는 아버지께서 맡기신 그분의 완수된 사역, 곧 완료된 속죄 사역에 근거를 두고 있다. 우리 주님은 자신이 위해 죽은 자들을 위해 기도하고, 그럼으로써 "자신이 자기 백성들을 위해 취득하신 것이 그들에게 적용되게 하신다." 이 기도는 "아버지의 사랑하는 아들이신 분의 기도이고, 따라서 공로적이고 순종적인 기도이므로, 공의에 따라 그리스도의 기도를 부정할 수 있는 것이 아무것도 없다."[43]

그리스도의 중보를 통한 기도

그러므로 우리는 하나님이 그리스도를 중보자로 보내신 것을 믿음으로써, 하나님께 가까이 나아가야 한다. 버지스는 "영혼이 그리스도를 의지하는 것"이 하나님을 기쁘시게 하는 유일한 길이라고 말한다. 그리스도를 믿는 이런 믿음을 가진 자는 마치 우리가 하나님의 율법을 이룬 것처럼 하나님께 받아들여진다. 믿음은 "가장 잘 비우는 은혜"이므로 하나님께 받아들여진다. 믿음은 완전히 우리 자신을 비우게 한다. 하나님은 겸손함을 즐거워하신다. 버지스는 이렇게 말한다. "지금 그리스도를 믿는 믿음만큼 우리를 낮추고, 우리의 외견상 가치를 제거하는 것은 아무것도 없고, 그러기에 나는 자 자신에게 속한 것을 전혀 갖고 있지 않으므로 의를 위해 그리스도를 전적으로 신뢰할 것이다."[44] 믿음은 그리스도와 그분의 유익을 받아들이는 데 합당한 유일한 은혜다. "몸의 모든 부분 가운데 손이 주어진 보물을 붙잡고, 그로 말미암아 사람은 부유하게 된다……손으로 붙잡지만 부유하게 하는 것은 손이 아니라 손이 붙잡은 보물이다." 믿음은 칭의와 성화에 있어서 충만 속에 있는 그리스도를 받아들이는 손이다.[45] 중보자를 믿는 믿음이 없으면 기도는 무익하다. 그리스도를 의지하는 기도는 천국의 보고(寶庫)를 뚫고 들어간다.

하나님의 백성들은 하나님께 드리는 자기들의 기도가 받아들여지려면 의식적으로 그리스도의 중보를 의지해야 한다. 이것은 기도와 싸우는 자들에게 큰 위로를 준다. 버지스는 이렇게 말한다. "이 그리스도의 기도는 우리의 모든 기도를 성결하게 한다. 우리의 모든 기도는 그분을 통해 하나님께 받아들여지게 된다……우리의 눈물은 그리스도의 피로 닦을 필요가 있는 것처럼 우리의 기도는 그리스도의 기도를 필요로 한다. 그리스도께서는 우리의 기도가 받아들여지도록 기도하셨다……나는 무가치하지만 그리스도는 들으시기에 합당하시니까."[46] 버지스는 또한 이렇게 말한다.

> 그리스도의 중보기도가 우리의 모든 기도가 받아들여지는 근거다. 우리의 기도는 그리스도 안에서 발견되지 않으면 응답은커녕 오히려 하나님의 분노를 자극한다. 만일 경건한 사람의 기도가 크게 효력이 있다면 그것은 그리스도의 기도가 크게 효력이 있기 때문이다. 그리스도는 모든 봉헌을 성결하게 하는 제단이고, 거기서 그들의 기도의 향이 풍기고, 그래서 하나님은

---

43) Burgess, *Expository Sermons*, p. 508 (99).
44) Burgess, *Expository Sermons*, pp. 211, 214 (38).
45) Burgess, *Expository Sermons*, p. 217 (39). 버지스는 "말하자면 그리스도의 전부가 아니라 그리스도의 일부 사실만 받아들이려는 믿음을 거부했다. 그들은 믿음은 단지 그리스도를 죄사함의 구조로만 믿는 것이라고 생각한다. 그들은 순종을 거부하기 때문에 그리스도를 순종해야 할 자기들의 주님으로는 선택하지 않는다"(*Expository Sermons*, p. 213 [38]).
46) Burgess, *Expository Sermons*, p. 12 (2).

> 그들 속에서 향기를 발견하신다…… 이것은 그대가 기도할 수 없는 슬픈 시험 아래 있을 때 그대를 말로 표현할 수 없을 정도로 위로할 것이다. 그대의 심장은 심하게 고동친다. 그대의 감정은 희미하고 냉랭하다. 그대는 오, 죄와 기도의 결함을 갖고 부르짖지만 그리스도의 기도는 충분하고 그대를 위해 간절하다. 그분에게서 발견되는 불완전함과 하자는 조금도 없다. 오, 그대가 둔감하고 형식적이고 심란한 기도로 말미암아 매우 의기소침해 있을 때 그리스도의 기도는 달려 들어가기에 안전한 피난처다![47]

버지스가 기도에 대한 한 장을 그리스도와 그분의 사역에 대한 장으로 거의 채우는 이유는 무엇인가? 그것은 예수가 하나님께 나아가는 유일한 길이기 때문이다. 우리의 중보자이신 그리스도의 기도가 없으면 우리는 그분의 율법이 우리의 처벌을 요구하는 성난 심판자 외에 다른 존재에게 기도할 수 없다. 버지스는 중보자의 사역이 우리가 믿음과 평강으로 기도하는 강력한 기초라는 사실을 우리에게 상기시킨다.

경건한 사람의 모델인 그리스도의 기도

중보자로서의 그리스도의 기도는, 하나님은 전능하고 최고의 권세를 갖고 계신 분으로서 기도하실 수 없기 때문에 인간의 기도로서 제공된다.[48] 그리스도는 제한된 능력을 갖고 있고, 하나님의 율법에 예속된 한 인간으로서 자기 백성들을 위해 은혜를 구하도록 하나님이 지정하신 수단을 사용해 경배의 한 행위로서, 그리고 우리가 따를 경건한 사람의 모델이나 본보기로서 기도하신다.[49] 여기서 버지스가 전하는 요한복음 17장 설교로 돌아가 완전한 사람 곧 예수 그리스도의 모범적인 기도에 대한 그의 설명을 들어 보자.

기도의 필연성과 유익

하나님의 절대 주권과 그리스도의 완전한 충분성을 강조한 후에 버지스는 "그러나 그리스도의 기도가 이처럼 완전하다면 과연 우리가 기도할 필요가 있겠는가? 우리의 기도는 불필요하지 않은가?"라고 묻는다. 이에 대해 버지스는 먼저 우리의 기도는 그리스도의 기도와 같은 목적 즉 "공로나 중보의" 목적을 갖고 있지 않다고 상기시키는 것으로 대답한다. 우리의 기도는 이처럼 다양한 목적을 갖고 있다. "하나님을 높이 세우는 것" 즉 하나님을 우리의 기도의 대상으로 높이는 것, "우리 자신을 낮추는 것" 즉 우리 자신을 겸손하게 만드는 것, "우리의 은혜를 활성화시키는 것" 즉 우리 영혼을 자극시켜 살아 있는 믿음, 소망, 사랑으로 이끄는 것, "하나님과의 거룩한 교제와 친교를 제공하는 것", "하나님의 명령에 대한 순종을 보여 주는 것" 등이다.[50]

버지스는 개혁파 예정 교리와 주권적 섭리 교리를 강력히 천명한다. 버지스는 사람이 하나님의 마

---

47) Burgess, *Expository Sermons*, pp. 227, 225 (42). 이 부분은 그 책에서 이 순서에 따라 서로 직접 이어진다.
48) Burgess, *Expository Sermons*, p. 519 (102).
49) Burgess, *Expository Sermons*, p. 520 (102). 또한 p. 8 (2)도 보라.
50) Burgess, *Expository Sermons*, p. 12 (2).

음을 변화시킬 수 있고, 하나님의 뜻을 바꿀 수 있다고 생각하고 기도하는 것은 잘못이고 죄라고 말한다. 하나님은 불변적이고, 변하실 수 없는 분이라고 버지스는 말한다. 그러나 심지어는 하나님이 자기 백성들에게 주겠다고 약속하신 것들도 우리의 기도로 성취되도록 되어 있다. 왜냐하면 하나님의 목적과 약속들은 우리의 간구를 필요로 하기 때문이다. 버지스는 하나님이 정하신 순서는 다음과 같다고 말한다. "구하라 그리하면 너희에게 주실 것이요 찾으라 그리하면 찾아낼 것이요 문을 두드리라 그리하면 너희에게 열릴 것이니"(마 7장). 버지스는 하나님이 죄인들을 구원하도록 그리스도를 세상에 보내시는 것과 우리의 회심이 시작되도록 최초에 은혜로 역사하시는 행위와 같이 하나님의 어떤 행위는 기도와 상관없이 일어난다고 말한다. 버지스는 이렇게 설명한다. "우리의 기도는 공로적인 것이 아니다. 우리의 기도는 하나님의 손에 받아들여질 만한 [어떤 것으로] 합당하지 못하다." 하나님은 우리가 기도하기 때문에 자비를 베푸시는 것이 아니라 자신이 우리에게 의도하시는 자비를 베푸시려고 우리가 기도하도록 자극하신다. 우리의 기도는 하나님 은혜의 한 부분인데, 그것은 하나님이 우리에게 단순히 기도할 기회를 제공하시는 것이 아니라 우리의 실제 기도를 제공하시기 때문이다. 기도의 필연성을 주장하는 버지스의 견해의 중심에는 하나님은 자신의 목적을 성취하기 위해 주권적으로 수단을 사용하신다는 교리가 놓여 있다. 버지스는 이렇게 말한다. "하나님은 자신이 예정하거나 자기 백성들에게 약속하신 놀라운 일들에 있어서 그 일들을 일으키시는 지정된 수단을 갖고 계셨다. 따라서 하나님은 말씀을 통해 회심시키는 것처럼 자신의 자비도 기도하는 백성들에게 베푸신다."[51]

따라서 하나님의 백성들은 말씀의 성취를 위해 기도해야 한다. 요한복음 17장 1절은 "예수께서 이 말씀을 하시고 눈을 들어 하늘을 우러러"라고 말한다. 이 말씀에서 버지스는 "기도는 모든 교훈과 위로의 선한 결과를 얻기 위해 필수적"이라고 추론한다. 버지스는 "그리스도 자신도 심는 것으로 충분하다고 생각하지 않고 위에서 비가 오기를 위해 기도하신다"고 말한다. 따라서 모든 사역자는 그리스도의 방법을 취해야 하고, 그것은 낮에는 설교하고 밤에는 기도하는 데 시간을 보낸다는 것을 의미할 것이다.[52] 하나님이 모든 은혜의 원천이다. 하나님은 자신의 말씀의 효력으로 말미암아 자신이 모든 영광을 받도록 기도하라고 사람들에게 명하신다. 사람들은 그들 자신의 부패한 본성으로는 선한 일을 전혀 행할 수 없다. 따라서 모든 사역 속에서 "우리는 오직 아버지만 의지하는 어린아이와 같아야 한다."[53]

하나님은 자신의 목적을 이루시기 위해 우리의 기도를 필요로 하는 이유들을 다음과 같이 갖고 계신다.

1. 하나님은 우리에게 자신에게 기도하도록 하시는데, 그것은 "이 기도로 말미암아 하나님이 우리가 갖고 있는 모든 선의 창시자이자 원천으로 인정받기 때문이다⋯⋯기도 없이 사는 자는 마치 하나님이 없는 것처럼 사는 자다."
2. 하나님은 우리가 기도할 때 은혜로 우리를 존귀하게 하시고, "그때 우리는 하나님의 임재를

51) Burgess, *Expository Sermons*, pp. 137~139 (25).
52) Burgess, *Expository Sermons*, p. 2 (1).
53) Burgess, *Expository Sermons*, pp. 2~4 (1).

인정하고, 하나님과 거룩한 교제[54]를 가질 수 있다……기도는 하나님과의 거룩한 거래다."

3. 하나님은 믿음 및 회개와 더불어 기도가 자신이 정하신 공인 수단이기 때문에 우리가 기도하게 하실 것이다. 따라서 하나님의 목적과 약속들은 이 기도라는 수단과 대립되거나 분리되어서는 안 된다……아우구스티누스가 말한 것처럼 스데반이 자신의 박해자들을 위해 기도하지 않았다면, 교회는 바울과 같은 이런 영광스러운 박사를 결코 갖지 못했을 것이다.
4. 하나님은 우리의 영예뿐만 아니라 우리의 영적 진보와 유익을 위해 기도를 정하셨다. 열렬히 기도함으로써 마음은 고양되고, 더 거룩하게 되며, 심지어는 삼층 천까지 들려 올려진다……우리가 하나님의 임재 속에 들어가 효과적으로 기도할 때 하나님의 영, 마음의 거룩한 체질이 우리에게 주어질 것이다. 우리는 기도를 통해 교회와 함께 황홀하게 되고, 내 사랑하는 자가 많은 사람 가운데 가장 뛰어나다고 말하게 될 것이다.
5. 하나님은 우리가 기도를 통해 우리가 얻으려고 기도하는 자비에 대해 갖고 있는 욕구와 높은 평가를 증언하기 때문에 우리가 기도하게 하실 것이다. 우리는 구할 가치가 없는 것은 가치가 별로 없다고 말하지 않는가?……그래서 하나님은 씨름하는 열렬한 기도를 사랑하시는 것이다.
6. 하나님은 기도를 필수적인 것으로 만드셨는데, 그것은 "기도를 통해 믿음이 가장 좋은 최선의 결과를 이끌어 내기 때문이다. 믿음 없는 기도는 소리를 선율로 만들 손이 없는 악기와 같다."[55]

버지스는 이렇게 말한다. "열렬히 간청할 때 우리는 하나님의 뜻을 우리의 뜻에 맞추는 것이 아니라 우리의 뜻을 하나님의 뜻에 맞추게 된다. 기도는 하늘에서 땅에 이르는 황금 사슬이고, 비록 우리가 하나님을 우리에게 맞출 것이라고 생각한다고 해도, 우리가 우리의 자아를 하나님께 맞추게 된다. 닻줄에 매여 있는 배는 항구를 배로 이끌지 않고 배를 항구로 이끄는 것처럼 기도가 만들어 내는 변화는 하나님께 있는 것이 아니라 우리의 자아에 있다."[56] 기도의 필연성과 유익에 대해 버지스는 이렇게 날카로운 질문들을 한다.

> 이 마지막 때에는 선포된 말씀이 왜 더 놀라운 일을 만들지 못하는가? 복음이 처음 전파될 때에는 그물이 찢어질 정도로 정말 많은 물고기가 잡혔다. 그리고 로마 가톨릭교회에서 벗어나 처음 종교개혁이 일어났을 때 하나님의 나라는 침노를 겪었지만, 지금은 모독하는 자는 여전히 모독하고, 눈먼 자는 여전히 눈멀고, 교만한 자는 여전히 교만하다. 무엇이 문제인가? 하나님의 말씀은 항상 변함없이 강하지 않은가? 주의 팔은 항상 변함없이 강하지 않은가? 그렇다. 하지만 사람들의 열심이 차갑게 식어 있다. 이런 열렬한 기도, 은혜의 수단에 대한 이런 높은 평가가 없다. 사람들은 천국으로 몰려들어 자기들의 영혼 속에 구원이 주어질 때까지 밤낮으로 매달려 하나님이 쉬지 못하게 하지 않는다. 하지만 영적 자비를 얻으려면 확실히 먼저 선구자로 기도의 영이 임해야 한다.[57]

---

54) 버지스는 여기서 성찬과 관련해서 "거룩한 친교"라는 말을 사용하지 않고, 이 말을 주님과의 거룩한 교제의 의미로 사용한다.

55) Burgess, *Expository Sermons*, pp. 139~141 (25).

56) Burgess, *Expository Sermons*, p. 141 (25).

57) Burgess, *Expository Sermons*, p. 5 (1).

거룩한 기도의 태도

그리스도는 "눈을 들어 하늘을 우러러 보고" 기도하셨다고 요한복음 17장 1절은 말한다. 여기서 버지스는 우리의 모든 기도는 영적이고 거룩한 마음에서 나와야 한다고 추론한다. 기도의 참된 정의는 온 마음과 영혼을 하나님께 들어 올리는 것이다. 버지스는 이렇게 말한다. "기도하는 것은 대다수 [사람들이] 의식하고 있는 것보다 훨씬 어렵고 고상한 행사다. 기도는 앵무새처럼 몇 마디 말을 쏟아내는 것이 아니다." 버지스는 더 나아가 거룩한 마음에서 나오는 기도는 이런 특징을 갖고 있다고 설명한다.

1. 하나님의 영이 영혼에게 이 의무를 감당할 수 있도록 이끄는 것이 필수적이다(롬 8장). 성령의 불이 없으면 우리의 기도는 영혼 없는 몸이나 날개 없는 새와 같다.
2. 거룩한 기도는 거룩한 일들을 즐거워하는 거룩한 마음에서 나와야 한다. 우리는 먼저 하나님의 영광과 영적 복을 구해야 한다.
3. 기도는 하나님을 즐거워하기 위해 마음과 감정을 순화시키고 성결하게 할 때 거룩하다.
4. 거룩한 기도는 거룩한 일들을 즐거워하도록 마음을 자극한다. 기도는 본질상 거룩해야 할 뿐만 아니라 결과도 거룩해야 한다. 참된 기도는 우리가 더 강하고 활동적이 되도록 육체를 단련시키는 것과 같다. 참된 기도는 영광스럽게 하나님께 돌아오는 만선과 같다.[58]

기도는 크신 하나님과의 교제일 뿐만 아니라 하나님에 대한 경건한 예배라고 버지스는 말한다. 따라서 기도는 "신성하고, 거룩하고, 열렬하고, 혼란스럽지 않은 기질"을 요구한다. 대부분의 기도는 인간이 아니라 원숭이가 흉내 내는 말과 같다. 우리는 기도할 때 다음과 같은 사실에 특별히 주의를 기울여야 한다.

1. **우리가 기도하는 것**: 그것은 하나님의 뜻에 합당하고, 선하고, 일치되어야 한다. 우리는 하나님을 기쁘시게 하는 것을 모르고 이교도처럼 기도해서는 안 된다. 왜냐하면 우리는 우리를 지시하는 하나님의 말씀과 우리를 이끄시는 성령을 소유하고 있기 때문이다.
2. **우리가 기도하는 것의 순서**: 우리는 하나님의 나라를 먼저 구하고(마 6:33), 하나님의 영광과 우리의 구원에 최고 우선권을 둬야 한다. 그리고 그 다음에 그것들이 하나님의 뜻이라면, 그리고 우리의 영적 선을 촉진시킬 수 있는 것이라면, 순종하고 복종하는 마음으로 현세의 것을 위해 기도해야 한다.
3. **기도할 때 우리가 사용하는 말**: 기도의 말은 진지하고, 고상하고, 알맞아야 한다. 우리의 기도는 "허영, 겉치레,[59] 불경"에서 벗어나야 한다. 기도는 하나님을 예배하는 것이다.
4. **우리가 기도하는 대상 즉 전능하신 하나님**: 우리의 위엄하신 왕은 집중된 마음의 관심을 받으시기에 합당하다. 기쁘시게 할 준비 없이 왕 앞에 나아갈 자가 누구인가?

---

58) Burgess, *Expository Sermons*, pp. 5~6 (1).

59) "겉치레"는 사실이 아닌 것을 사실처럼 꾸미는 것이다. 여기서는 마음속에 없는 영적 욕구를 있는 것처럼 보여 주는 것이다.

5. 우리가 기도하는 방법: 우리는 "모든 것의 생명이자 영혼"인 믿음, 열심, 열정, 신뢰, 거룩한 마음, 죄에 대한 미움과 같이 동반된 은혜들과 함께 기도해야 한다. 이 은혜들이 없으면 기도는 날개 없는 새나 녹슨 열쇠와 같다.
6. 우리가 기도하는 이유: 우리는 기도의 참된 목적을 결코 놓쳐서는 안 된다. 야고보서 4장 3절은 "구하여도 받지 못함은 정욕으로 쓰려고 잘못 구하기 때문"이라고 말한다. 우리는 현세의 것들을 구하기 전에 하나님 나라를 먼저 구해야 한다.[60]

기도는 전 인격을 사용하기 때문에 기도하는 사람의 인격이 기도의 능력에 중요하다. 버지스는 우리의 기도는 죄를 씻겨낸 의인의 기도와 같아야 하는데, 그 이유는 죄는 "혀를 갖고 있어서 복수를 외치고, 금방 우리의 기도보다 더 크게 외치기 때문"이라고 말한다. 버지스는 기도를 위해 완전할 것을 요구하지 않는다. 버지스는 죄인들에게 누가복음 18장 13절에서 세리가 그러는 것처럼 기도하고, 슬퍼하고, 회개하라고 권면한다. 그러나 버지스는 고의로 죄를 계속 범하는 죄인이 기도하는 것은 하나님께 가증한 것이라고 경고한다(잠 28:9). 버지스는 이렇게 말한다. "오, 그러므로 그대가 기도하러 갈 때 그대 자신과 그대의 인생을 살펴보라. 만일 기도하는 혀가 저주하고 욕하는 혀라면, 하늘을 우러러 보는 눈이 부정과 간음으로 가득 차 있다면, 하늘을 향해 들고 있는 손이 폭력, 사기, 불의로 가득 차 있다면, 하나님은 이런 것들을 바라보기에는 더 순전한 눈을 갖고 계신다."[61]

기도는 마음에서 시작되지만 그리스도는 큰 소리로 기도하신다고 버지스는 지적한다. 이것도 유용한 모델이다. 왜냐하면 비록 하나님이 우리의 마음을 알기 위해 우리의 말을 들으실 필요가 없다고 할지라도, 소리를 내어 드리는 기도는 우리의 감정을 자극하고 고양시키는 데 도움이 되고, 그리하여 영혼과 몸이 상호 간에 서로 돕게 되기 때문이다. 따라서 우리는 입술로 마음속에 있는 강한 것을 표현함으로써, 몸과 영혼을 갖고 하나님을 영화롭게 한다.[62] 소리를 내어 드리는 기도는 목사, 장로, 가정의 가장이 기도로 다른 사람들을 이끌 때 중요하다. 공적으로 기도하는 자는 또한 듣는 자들에게 덕을 세울 것을 고려해야 한다(고전 14:15~17). 그는 그들이 필요로 하는 것이 무엇인지와 그들의 마음에 어떻게 영향을 미칠 것인지 고려해야 한다.[63]

때때로 기도할 때 반복이 유용할 수 있다. 예수는 "아들을 영화롭게 하사"(요 17:1)라고 기도한 직후에 "나를 영화롭게 하옵소서"(요 17:5)라고 또 기도하신다. 따라서 버지스는 이렇게 추론한다. "기도할 때 같은 문제를 반복하는 것이 꼭 잘못된 동어 반복은 아니고, 때때로 합법적이다. 아니 유용하고 필수적이다."[64] 기도할 때 반복은 죄인이 용서를 구하는 것(시 51편)과 큰 위험에 빠진 사람(마 26:44)처럼 어떤 문제가 마음을 압박할 때 유효하다. 문제가 매우 중요할 때에도 같은 간청이 반복될 수 있지만 마음이 행동을 촉발시켜야 한다. 성령이 하나님의 자녀들에게 "아버지, 아버지"를 의미하는 말인 "아빠, 아버지"라고 부르며 기도하도록 이끄실 때처럼(갈 4:6), 뜨거운 감정을 갖고 기도할 때에도 우리는 정당하게 반복을 사용할 수 있다. 반복은 또한 우리가 기도하는 진리의 확실성을 우리에게 보

60) Burgess, *Expository Sermons*, pp. 131~133 (24). 또한 p. 8 (2)도 보라.
61) Burgess, *Expository Sermons*, p. 141 (25).
62) Burgess, *Expository Sermons*, p. 7 (2).
63) Burgess, *Expository Sermons*, p. 133 (24).
64) Burgess, *Expository Sermons*, p. 131 (24).

증할 수 있다.[65]

동시에 버지스는 주님이 기도할 때 중언부언하는 것을 경고하신 것(마 6:7)도 인정한다. 버지스는 이런 중언부언 속에 지성의 이해가 없이 말만 재잘거리는 것, 마음의 냉랭함을 가리기 위해 웅변적이거나 장황하게 말을 늘어놓는 것, 다른 사람들에게 강한 인상을 남기려는 의도를 갖고 기도하는 것이나 죄를 상쇄시키기 위해 주기도문이나 **아베 마리아**를 낭송하는 것처럼 하나님을 달래기 위해 기도 형식을 반복하는 것 등을 포함시켰다.[66]

성도들과 세상에 대한 중보

우리 주님이 그렇게 하신 것처럼 우리 자신뿐만 아니라 타인을 위해 기도하는 것은 우리의 의무다. 그리스도는 우리에게 중보자가 될 것을 요구하신다. 버지스는 이렇게 말한다.

> 다른 사람들을 위해 기도하는 것은 경건한 자들의 의무다. 우리 구주는 자신의 기도 형식에서 **우리 아버지**를 전제하고, 이것을 마태복음 5장에서는 심지어 우리의 경건을 위해 우리를 박해하고 괴롭히며, 계속 악을 저지르는 우리의 실제 원수들에게까지 확대시킨다…… 그뿐만이 아니라 바울도 디모데전서 2장 1절에서 **간구와 기도를 모든 사람을 위해** 즉 온갖 부류의 사람들을 위해 하라고 권면한다.[67]

선택 교리는 죄인들의 회심을 위해 기도하는 데 절대로 장애가 되는 것이 아니다. 버지스는 "우리는 아버지께서 그리스도에게 주신 자와 주시지 않은 자가 누구인지 알 수 없기 때문에, 아무리 악하다고 할지라도, 특정한 사람의 회심을 위해 기도해야 한다"고 말한다. "우리의 기도 규칙은 사건들에 대한 하나님의 작정이 아니라 하나님의 말씀이다."[68]

요한복음 17장에 나타나 있는 그리스도의 기도는 특히 그리스도에게 속해 있는 자들을 위해서 기도하라고 우리에게 권면한다. 언약에 속해 있고, 하나님과 동행하기를 바라고, 하나님이 이미 구원 역사를 시작한 신자들을 위해 그리스도께서 기도하시기 때문에, 우리의 기도가 더 강력한 응답을 받게 될 것임을 아는 것은 우리가 기도할 때 힘이 된다. 버지스는 이렇게 말한다. "그리스도께서 이런 사람의 상태를 주목하시는데, 내가 그를 잊어서야 되겠는가? 경건한 사람이 이것을 필수적인 의무로 간주하지 않는 것은 두려운 일이고, 서로에 대한 이 큰 기도의 의무를 크게 등한시하고 있음을 걱정하지 않으면, 확실히 서로 간에 불화와 소외가 일어나게 될 것이다."[69]

버지스는 신자들이 서로를 위해 기도할 책임에 대해 이렇게 주장한다.

> 1. 하나님은 여러분을 그리스도 몸의 한 부분으로 만드셨다. 만일 여러분의 몸의 일부가 상처를 입으면 그 상처가 여러분에게 얼마나 영향을 미치는가? 여러분은 그리스도의 몸에 대해서도

65) Burgess, *Expository Sermons*, pp. 133~135 (24).
66) Burgess, *Expository Sermons*, pp. 135~136 (24).
67) Burgess, *Expository Sermons*, p. 229 (41).
68) Burgess, *Expository Sermons*, pp. 229~230 (41).
69) Burgess, *Expository Sermons*, pp. 230~231 (41).

여러분 자신의 몸에 대한 감정과 같은 태도를 가져야 한다.

2. 하나님은 기도를 타인을 돕는 수단으로 정하셨다. 그러나 우리는 서로를 비판하는 데 빠르다. 우리는 동료 신자들에 대해 비난하기보다 기도해 줘야 한다. 그것은 우리 의무다.
3. 서로를 위해 기도하는 것은 차별, 질투, 의심을 제거할 것이다. 그것은 경건한 사람들을 한 마음과 한 뜻으로 만들 것이다. 만일 여러분이 어떤 형제가 여러분을 매우 힘들게 한다고 생각되면 그 사람을 위해 기도하라. 그러면 즉시 "그 바람과 파도가 잦아질 것이다."[70]

버지스는 우리가 경건한 사람들만 위해 기도한다면 어떻게 되느냐고 묻는 사람을 상정해 본다. 만일 그렇게 한다면 우리는 그리스도의 선한 사마리아 사람 비유에 나오는 제사장 및 레위인처럼 악인들의 필요를 무시하게 될 것이다. 버지스는 이런 반응을 금지시키고, 하나님이 우리에게 기도하지 말라고 말씀하는 유일한 사람들은 사망에 이르는 죄를 범하는 자들이라고 말한다(요일 5:16).[71] 버지스는 유다를 "멸망의 자식"(요 17:12)으로 설교하면서, "가로막더라도 막무가내로 그 길을 가서 매우 완강하고 완고하게 파멸을 자초하는 자들이 있다"고 지적한다. 그러나 버지스는 또한 이런 사람들이 누구인지 아는 것이 쉽지 않고, 유다도 오랫동안 제자로 활동했다고 지적한다.[72] 그러므로 버지스는 이렇게 말한다. "죄에 빠져 있다고 해도 하나님께 회심하고 나아올 수 있도록 악인들을 위해 기도하는 것은 우리 의무다." 그리스도는 자기를 십자가에 못 박은 악인들의 구원을 위해 기도하셨다(눅 23:34). 내가 기도하는 죄인에게 하나님이 어떻게 역사하실지 누가 알겠는가? 당연히 내 기도는 "하나님의 선택의 수행"에 도움을 줄 것이다.[73]

영광의 하나님을 끌어들임

버지스는 그리스도께서 그렇게 하신 것처럼(요 17:1~4), 거룩한 논증을 하나님께 가지고 갈 것을 추천한다. 버지스는 최고의 기도는 논증적인 기도라고 보는데, 그 이유는 "논증 없이 말만 많은 것은 신경이나 근육 없는 몸과 같기" 때문이라고 말한다. 버지스에 따르면, 여기서 "논증적인" 기도라는 말은 하나님에 대해 비판적, 논쟁적 태도에서 나오는 기도를 의미하는 것이 아니다. 버지스는 믿음에 의해 강화되고, 하나님이 우리의 간청을 받아 주시는 것이 왜 선하고 옳은지 이유를 제시하는 기도를 가리킨다. 버지스는 우리 주님이 세 가지 강력한 논증 즉 하나님이 자기 아버지라는 것, 자신은 하나님이 이때를 위해 정하신 하나님의 아들이라는 것과 그리스도의 목적은 아버지를 영화롭게 하는 데 있었다는 것을 언급하는 것으로 기도를 시작하셨다고 지적한다.[74]

기도할 때 제시할 첫 번째 논증은 우리 아버지로서의 하나님과 우리의 관계다. 버지스는 그리스도의 아들 자격과 우리의 양자 자격을 조심스럽게 구분하면서 이렇게 말한다. "그리스도께서 본질상 갖고 계시는 것을 우리는 은혜로 말미암아 갖고 있다. 그러므로 그리스도는 아버지에게 아들로, 아버지와 같은 본성을 갖고 계시고, 아버지와 같은 신격의 모든 속성을 갖고 계시지만, 우리는 단지 은

70) Burgess, *Expository Sermons*, pp. 232, 225 (41). 이 부분은 그 책에서 직접 순차적으로 이루어져 있다.
71) Burgess, *Expository Sermons*, pp. 229, 231 (41).
72) Burgess, *Expository Sermons*, p. 364 (68), p. 372 (70).
73) Burgess, *Expository Sermons*, pp. 231~232 (41).
74) Burgess, *Expository Sermons*, p. 13 (3).

혜로 아들로 입적된 양자일 뿐이다." 그러나 놀랍게도 그리스도는 요한복음 20장 17절에서 제자들을 자신의 "형제"로 부르고, "내가 내 아버지 곧 너희 아버지, 내 하나님 곧 너희 하나님께로 올라간다"고 말씀함으로써 우리의 아들 자격을 자신의 아들 자격과 결합시키셨다. 그러므로 성공적인 기도는 하나님을 우리 아버지로 고백하는 기도다. 그리스도는 "남겨 두신 기도의 지침" 즉 주의 기도에서 "우리 아버지"에게 기도하라고 가르치셨다. 버지스는 모든 사람은 본질상 하나님의 원수지만 그리스도께서 자신의 고난을 통해 "아버지 하나님과의 이 달콤한 아들 관계"를 취득하셨다고 주장한다. 입양된 자녀로서 기도하기 위해 우리는 다음과 같은 사항을 필요로 한다.

> 하나님을 아버지로 부를 수 있는 것은 매우 큰 문제로, 우리를 그곳으로 이끌기 위해서는 양자의 영을 필요로 한다. 하나님이 그 아들의 영을 우리 마음 가운데 보내사 아빠 아버지라 부르게 하셨느니라(갈 4:6). 비록 주제넘게 자기 의에 사로잡힌 인간이 하나님을 아버지로 부르는 것은 쉬울지 모르지만 자신이 하나님께 큰 불명예를 안긴 것을 느끼고 죄를 괴로워하며 슬퍼하는 자에게는 하나님을 자기의 아버지로 생각하는 것은 세상에서 가장 완고한 일이다. 그러므로 그것이 그토록 큰일이기 때문에 하나님은 우리 마음속에 자신의 영을 보내셔서 우리가 담대하게, 열렬하게, 그리고 온갖 반대를 무릅쓰고 아빠, 아버지라고 부를 수 있게 하신다. 따라서 이 호칭[아버지][75]을 능력과 생명을 갖고, 성공과 거룩한 유익을 갖고 사용하는 곳에서 하나님의 영은 그 마음을 불태우고, 그리하여 우리의 모든 비굴한 두려움과 고통스런 의심은 제거될 것이다.[76]

양자의 영 안에서 하나님 아버지께 기도하게 되면 영혼은 선을 행하려는 자극을 크게 받는다. 아버지로서 하나님께 다가가게 되면 우리의 신뢰와 소망이 솟아나고, 우리의 기도가 열렬하고 열정적이 되며, 어린아이 같은 존경과 겸손이 소생하고, 평화롭고 고요한 정신이 자라나고, 거룩하게 하나님을 닮아가는 것을 추구하는 데 열심을 내고, 하나님의 영광과 존귀를 위한 열망이 불타오르고, 우리 아버지께서 우리의 유익을 위해 우리를 연단하시는 것을 믿음으로써 환난 속에서도 견디게 된다. 나아가 이런 기도는 우리에게 응답하도록 하나님의 마음을 이끈다. 왜냐하면 하나님은 여인이 자기 자식을 사랑하는 것보다 더 자기 자녀를 사랑하시는 아버지이기 때문이다(사 49:15). 하나님의 영광은 자기 자녀들이 기도할 때 그들의 기도를 들으시는 것이고, 그러기에 하나님은 그들의 부르짖음과 필요를 결코 경시하지 아니하실 것이다.[77]

모든 기도의 궁극적 목적은 하나님의 영광이다. 그리스도는 "아들을 영화롭게 하사 아들로 아버지를 영화롭게 하게 하옵소서"(요 17:1)라고 기도하셨다. 따라서 버지스는 이렇게 말한다. "그리스도께서 [그렇게 하셨던 것처럼] 모든 사람은 자기 자신을 위해서가 아니라 하나님을 영화롭게 할 수 있도록 어떤 위로나 유익을 바라고 기도하는 것이 당연하다." 그리스도는 낮아지심의 지위에서나 높아지심의 지위에서나 자기 아버지의 영광을 위해 모든 일을 하신다. 버지스는 이렇게 탄식한다. "오, 하지

75) "호칭"은 사람을 부르거나 사람에게 인사하는 방법이다. 여기서 호칭은 하나님을 "우리 아버지"로 부르는 것이다.
76) Burgess, *Expository Sermons*, pp. 13~15 (3).
77) Burgess, *Expository Sermons*, pp. 15~18 (3). 또한 p. 658 (135)도 보라.

만 우리의 모든 종교적 의무는 얼마나 크게 헛된 영광으로 오염되고 부패했을까? 그것은 다시는 좋은 물건을 적재하고 돌아오지 못하도록 우리 기도의 황금 함대를 가로막는 해적이다." 그러나 사실상 우리의 영적, 거룩한 행복은 하나님의 영광이라는 포괄적 목적을 돕는 역할을 한다. 확실히 우리는 우리 자신을 증진시키거나 우리의 욕망을 만족시키기 위해서가 아니라 오직 하나님을 영화롭게 하기 위해 땅의 것을 추구해야 한다. 버지스는 우리의 행복이 하나님을 영화롭게 하는 궁극적 목적을 돕는 역할을 한다면 인간적 욕구와 행복은 합당하다는 것을 부인하지 않는다.[78)]

하늘에 가면 우리는 하나님의 영광과 우리의 행복이 둘이 아니라 하나의 목표라는 것을 알게 될 것이다. 버지스는 하나님 안에서 우리는 "우리의 모든 행복과 영광"을 갖고 있다고 말한다. 현세에서 우리는 부, 명예, 위대함을 자랑하는 것이 금지되고, 오직 하나님을 아는 것을 자랑해야 한다(고전 1:31). 그렇다면 하늘에서 우리는 하나님을 즐거워하는 영광을 얼마나 더 크게 경험하겠는가? 하늘에서의 모든 행복, 은혜, 영광은 우리가 하나님께 참여하는 자들임을 아는 것으로 소급시킬 수 있다. 하나님 안에 있는 것이 영광이고, 그 영광과 우리의 궁극적 행복은 결국 하늘에서 완전히 하나가 될 것이다.[79)]

그리스도께서 하나님의 임재 속에서 자신이 영화롭게 되는 것을 위해 기도했던 것처럼 그리스도인들도 하나님의 영광을 영원히 즐거워하도록 기도하고, 땅의 모든 영광보다 하나님의 영광을 먼저 구해야 한다. 성경은 하나님에게서 나온 영광을 추구하고(롬 2:7) 하나님 나라의 도래를 위해 기도하라(마 6:10)고 명령한다. 이 영광을 위해 기도할 때 이 영광을 위한 우리의 욕구는 불타오르고, 이 영광에 대한 우리의 소망은 강화될 것이다. 버지스가 말하는 것처럼 "이 하나님의 영광은 우리의 모든 질병의 만병통치약이다. 우리의 모든 결핍을 채우기에 충분한 보고(寶庫)다……이것은 바다고 다른 것은 단지 조개 껍질에 불과하다." 다른 모든 것은 우리의 마음을 채우거나 만족시키지 못할 것이다.[80)] 기도의 궁극적 목적은 온전히 사랑하시는 삼위 하나님과의 교제다.

결론적 위로: 그리스도의 기도는 효과적이다

성경은 기도에 대해 매우 높은 평가를 제공한다. 그리스도는 우리에게 완전한 기도의 모델을 제공하셨고, 따라서 우리는 겸손해야 한다. 그러나 자녀로서 마땅히 가져야 할 경외와 믿음과 열정을 갖고 자주 기도하는 자는 누구일까? 버지스는 이렇게 말한다.

> 기도하는 것은 하나님에 대한 엄숙한 예배로 전 인격을 필요로 하고, 따라서 기도할 때 지성적 요소, 우리의 모든 판단, 생각, 기억을 사용해야 하고, 또 온 마음, 의지와 감정뿐만 아니라 몸도 마찬가지다. 그 외에도 단순한 판단과 생각을 하는 데 있어서 지성을 계발하고 마음을 성결하게 하기 위해 하나님의 영이 필요하고, 하나님의 영이 없이 그것들을 활성화시키는 것은 불 없는 속죄 제물과 같다. 오, 그렇다면 이 모든 것을 종합할 때 우리는 "기도하기에 충분한

78) Burgess, *Expository Sermons*, pp. 30~34 (6).
79) Burgess, *Expository Sermons*, p. 144 (26).
80) Burgess, *Expository Sermons*, pp. 146~147 (26).

자가 누구일까?"라고 외치지 않을 수 없을 것이다.[81)]

그러나 그리스도 안에서 우리는 절망할 필요가 없다. 기도하려고 정직하게 노력할 때 신자들은 결단코 완전한 중보자이신 그리스도에게서 쫓겨나지 아니할 것이다. 그리스도의 피와 기도는 우리의 죄를, 아니 심지어는 우리 기도의 죄까지 덮어 버린다. 경건한 친구가 여러분을 위해 기도하는 것도 큰 위로다. 어떤 이는 아우구스티누스는 어머니 모니카가 자기를 위해 울면서 기도한 것 때문에 자기는 타락하는 것이 불가능하다고 생각했다고 말했다. 버지스는 단순한 사람들의 기도와 눈물을 이 정도로 신뢰하지는 않았다. 하지만 이렇게 말했다. "그리스도의 기도와 눈물의 자녀는 타락하는 것이 절대로 불가능하다."[82)]

81) Burgess, *Expository Sermons*, p. 136 (24).
82) Burgess, *Expository Sermons*, p. 9 (2).

25장

그리스도의 마음에 대한 토머스 굿윈의 견해

오, 깊고 깊은 예수의 사랑! 방대하고, 측량할 수 없고, 무한히 자유롭네.
거센 파도 몰려와 나를 온통 휘감아도, 내 아래, 내 주변에는 온통 주님의 사랑이 흐르고 있네.
본향을 향해 앞으로 나아가세, 저 위 주님의 영광의 안식으로!
– 새뮤얼 트레버 프랜시스[1] –

이번 장에서 우리는 예수 그리스도의 아름다운 마음을 살펴볼 것이다. 특히 그리스도께서 여기 이 땅에 사는 자기 백성들에게 보여 주시는 영광스러운 인성의 마음에 대해 묵상할 것이다. 우리는 오늘날 육체를 가지신 예수를 눈으로 보지는 못하지만 믿음으로 그분과 그분의 자애로운 마음을 즐거워할 수 있다. 이번 장에서 이 통찰력에 대해 우리를 인도할 자는 그리스도의 마음에 대해 특별한 열정과 자유를 갖고 작품을 쓴 17세기 잉글랜드 청교도 토머스 굿윈이다.

그리스도의 마음에 대한 굿윈의 가르침을 제시할 때, 우리는 첫 번째는 이 청교도 설교자에 대해 말하고, 두 번째는 문제점에 대해 말하고, 세 번째는 약속들에 대해 말하고, 네 번째는 그리스도의 자애로운 마음의 증거에 대해 말할 것이다. 먼저 굿윈의 생애를 간략히 요약해 보자.

굿윈의 생애

토머스 굿윈은 1600년에 태어나 하나님을 경외하는 부모 밑에서 자랐다.[2] 굿윈이 스무 번째 생일을 맞이하기 직전에 하나님은 그에게 자신의 죄를 깊이 자각하게 하시고, 은혜로 그를 신자로 삼으셨다. 명예에 대한 개인적 야망을 포기하기로 결심한 굿윈은 잃어버린 자를 그리스도에게 이끌고 신자들의 영혼을 세우기 위해 단순히 하나님의 말씀을 전하는 자가 되기를 원했다.

굿윈은 곧 청교도의 영적 형제 운동에 가담했고, 이 집단은 지금 우리가 개혁파 정통주의로 부르는

1) 새뮤얼 트레버 프랜시스, "오 깊고 깊은 예수의 사랑," 1연. 이번 장에 대해 도움을 준 폴 스몰리에게 감사를 전한다.

2) 그의 일대기를 간명하게 다룬 것은 Joel R. Beeke의 서론, Thomas Goodwin, *The Works of Thomas Goodwin*, Thomas Smith 편집 (1861~1866, 재판, Grand Rapids: Reformation Heritage Books, 2006), 1:[2~10, 22]와 James Reid, "Life of Thomas Goodwin," *Memoirs of the Westminster Divines* (1811, 재판, Edinburgh: Banner of Truth Trust, 1982), pp. 319~343을 보라. 또한 *Diversities of Gifts*, Westminster Conference Reports, 1980 (London: The Westminster Conference, 1981), pp. 7~56에서 Brian Freer, "Thomas Goodwin, the Peaceable Puritan," Graham Harrison, "Thomas Goodwin and Independency," Paul E. G. Cook, "Thomas Goodwin-Mystic?"을 보라. 더 상세한 언급은 Mark Jones, *Why Heaven Kissed Earth: The Christology of the Puritan Reformed Orthodox Theologian, Thomas Goodwin (1600~1680)* (Gottingen: Vandenhoeck & Ruprecht, 2010), pp. 37~52를 보라.

믿음 체계에 기반을 두고, 신자와 목사들 간의 유기적인 연계성을 확립하고, 개인적, 가정적, 교회적, 국가적 차원에서 성경에 기초를 둔 개혁과 성령의 역사를 통한 부흥을 일으켰다.[3] 1620년대와 1630년대 초에 굿윈은 로드 대주교가 1634년에 케임브리지 대학에서 청교도를 쫓아낼 때까지 케임브리지 대학에서 강의와 설교를 했다. 굿윈은 런던에서 목회를 하려고 그곳을 떠났지만 이후에도 박해는 계속되었다. 5년 후에 굿윈은 네덜란드로 도피했다. 그리고 청교도가 세력을 회복한 1641년에 런던으로 다시 돌아왔다. 굿윈은 웨스트민스터 총회에서 주도적인 역할을 한 인물이었지만 다수파인 장로교회 소속이 아니라 독립교회 소속이었다.[4] 1650년에 굿윈은 옥스퍼드 대학의 마들렌 칼리지의 학장이 되어 존 오웬(1616~1683년)과 함께 옥스퍼드 대학을 섬겼다. 찰스 2세가 1660년에 잉글랜드로 귀환한 후에 굿윈은 박해, 전염병, 런던 대화재 사건에도 불구하고, 런던에서 독립교회 소속 기독교인들을 이끌었다. 당시 런던 대화재 사건으로 굿윈의 방대한 신학 장서 절반이 소실되었다.

굿윈은 1680년에 죽었다. 사후에 다른 청교도들이 그의 작품을 모아 출판했다. 그의 작품은 지금 열두 권으로 된 『전집』을 입수하면 읽어 볼 수 있다.[5] 간단한 읽을거리를 편집해 묶은 소책자에서 굿윈에 대한 소개를 보려면 『토머스 굿윈에 대한 통상적 시각: 그의 그리스도 중심적 경건』[6]을 참고하라.

스코틀랜드 사람 알렉산더 화이트(1836~1921년)는 굿윈에 대해 이렇게 말했다. "굿윈은 항상 매우

---

3) "잉글랜드 초기 스튜어트 왕가 시대에 윌리엄 할러의 '영적 형제애'와 유사한 경건한 신학자들의 명단을 추적해 보면, 십스, 구지, 프레스턴, 도드와 같은 위대한 이름들 외에도 옥스퍼드와 케임브리지 출신으로 힘들게 사역하는 매우 겸손한 설교자와 열정적인 소장파 사역자들이 있었던 것으로 판명되었다……이 운동은 '잠재적으로 개인 및 전체 사회 질서에 영향을 미치는 복음의 변혁적인 효력'으로 설명되는 것 곧 피터 레이크가 '어떤 복음적인 개신교 세계관'으로 부른 것 속에 뿌리를 뒀다. 레이크의 주장에 따르면, 청교도 사상은 제대로 정의된다면, 이 '영적 역동성'에 따라 정의되어야 한다……이 영적 역동성의 본질은 하나님과의 교제 의식이고, 이것은 성경에 근거하고, 매우 정서적이지만 주관적인 것 너머에 있는 어떤 것을 열망하는 의식이다"(Tom Webster, *Godly Clergy in Early Stuart England: The Caroline Puritan Movement, c. 1620~1643* [Cambridge: Cambridge University Press, 1997], p. 333). 웹스터는 William Haller, *The Rise of Puritanism* (New York: Columbia University Press, 1938), 1장과 Peter Lake, *Moderate Puritans and the Elizabethan Church* (Cambridge: Cambridge University Press, 1982), pp. 279, 282~283을 인용한다. 참고, Joel R. Beeke & Randall J. Pederson, *Meet the Puritans: With a Guide to Modern Reprints* (Grand Rapids: Reformation Heritage Books, 2006), p. xvii.

4) 웨인 스피어는 굿윈은 다른 어떤 신학자보다 웨스트민스터 총회에서 더 자주 연설을 했다고 주장한다. "Covenanted Uniformity in Religion: The Influence of the Scottish Commissioners upon the Ecclesiology of the Westminster Assembly" (철학박사학위논문, University of Pittsburgh, 1976), p. 362. 참고, Chad van Dixhoorn, "Reforming the Reformation: Theological Debate at the Westminster Assembly 1642~1652" (철학박사학위논문, Cambridge University, 2004). 장로교-독립파 논쟁에서 굿윈이 맡은 역할에 대해서는 다음 자료들을 보라. Stanley Fienberg, "Thomas Goodwin, Puritan Pastor and Independent Divine" (철학박사학위논문, University of Chicago, 1974), pp. 80~265, "Thomas Goodwin's Scriptural Hermeneutics and the Dissolution of Puritan Unity," *Journal of Religious History* 10 (1978), pp. 32~49, Berndt Gustafsson, *The Five Dissenting Brethren: A Study of the Dutch Background of Their Independentism* (London: C. W. K. Gloerup, 1955), R. B. Carter, "The Presbyterian-Independent Controversy with Special Reference to Dr. Thomas Goodwin and the Years 1640 to 1660" (철학박사학위논문, Edinburgh, 1961), David R. Ehalt, "The Development of Early Congregational Theory of the Church with Special Reference to the Five 'Dissenting Brethren' at the Westminster Assembly" (철학박사학위논문, Claremont, 1969); J. R. De Witt, Jus Divinum: *The Westminster Assembly and the Divine Right of Church Government* (Kampen: Kok, 1969), Gordon D. Crompton, "The Life and Theology of Thomas Goodwin, D.D." (신학석사학위논문, Greenville Presbyterian Theological Seminary, 1997), pp. 180~224, D. J. Walker, "Thomas Goodwin and the Debate on Church Government," *Journal of Ecclesiastical History* 34 (1983), pp. 85~99.

5) 재출간, Grand Rapids: Reformation Heritage Books, 2006. 굿윈 이해에 대한 지침은 Beeke의 서론, *Works*, 1:[11~14]를 보라.

6) Joel R. Beeke & Mark Jones 편집, *"A Habitual Sight of Him": The Christ-Centered Piety of Thomas Goodwin* (Grand Rapids: Reformation Heritage Books, 2009).

성숙한 성경적, 종교개혁 학문으로 가득 차 있다. 또 항상 당대와 이전 모든 시대의 최고의 신학적, 철학적 학문으로 가득 차 있다. 그리고 굿윈은 항상 매우 심도 깊은 영적 경험으로 가득 차 있다. 그럼에도 불구하고 그는 항상 매우 단순하고, 명쾌하고, 솔직하고, 쉽고, 인격적이며, 목회적이다."[7)]

동정하시는 그리스도를 전하는 설교자

굿윈의 작품은 그리스도 중심적인 청교도 사상에 대한 빛나는 한 실례다. 하늘에 계신 그리스도의 마음에 대한 굿윈의 가르침을 검토하기 전에 우리는 먼저 땅에서 십자가에 못 박히신 그리스도에 대한 그의 가르침으로 시작해야 한다.

굿윈은 하나님과 사람 사이의 화목에 대한 기쁜 소식을 설교하기 좋아했다. 특히 하나님이 자신과 교제 속에 두려고 모든 인간을 창조하신 것을 강조했다. 그런데 인간은 하나님을 거역하고 하나님의 공의를 크게 손상시켰다. 그러나 아버지 하나님은 무한한 사랑과 풍성한 자비로 창세전에 자기 아들과 영원한 평화의 언약을 맺으셨다.[8)] 성부는 죄악 된 인간과 거룩하신 하나님 사이의 중보자로 사역하도록 자기 아들을 보내기로 정하셨다. 그리스도는 인간이 하나님을 거역하고 저지른 모든 잘못에 대해 아버지를 만족시키는 임무를 맡으셨다. 그리스도는 택함받은 하나님 백성들의 죄책과 죄를 자신이 짊어지고, 죄인들에 대한 하나님의 율법의 저주 아래 죽으셨다. 성부는 그리스도의 사역에 크게 만족하셨고, 그래서 구원을 위해 오직 그리스도만을 의지하는 모든 자를 용서하실 뿐만 아니라 예수의 참된 의로 말미암아 신자들을 의롭다고 간주하신다. 설교자들은 그리스도의 사역을 기초로 세상에 하나님과 화목하라고 촉구해야 한다.[9)] 따라서 굿윈도 우리에게 "오직 그리스도만을, 특히 십자가에 못 박히신 그리스도만을 의지하라"고 말한다.[10)]

고든 크럼프턴은 굿윈은 믿음을 그리스도에 대한 영적 시각과 지식으로 정의했다고 말한다. 굿윈에 따르면, "우리는 그리스도의 영적 장점과 영광을 보고, 우리의 마음은 그것들을 매력적이라고 생각한다."[11)] 마이클 호튼은 굿윈이 좋아하는 믿음의 정의가 다음과 같다고 봤다. "따라서 이 성령은 마음속에 들어와 눈과 발과 손과 모든 것에 역사하심으로써 그리스도를 보게 하며, 그리스도께 나아오게 하며, 그리스도를 붙잡게 하신다……그리고 믿음은 눈, 손, 발, 아니 더 나아가 입, 위, 그리고 모든 것이다. 왜냐하면 우리는 믿음으로 그리스도의 몸을 먹고, 그리스도의 피를 마시기 때문이다."[12)]

---

7) Alexander Whyte, *Thirteen Appreciations* (Edinburgh: Oliphant, Anderson, and Ferrier, 1913), pp. 170~171. 참고, J. C. Philpot, *Reviews by the Late Mr. J. C. Philpot* (London: Frederick Kirby, 1901), 2:479 이하. 필보트는 이렇게 설명한다. "훌륭한 경험자로서 굿윈은 거룩한 판단과 열정을 갖고, 강해에 큰 힘을 주고, 양심에 매우 민감하고 유익한 방법을 스스로 추천하는 거룩한 판단과 열정을 갖고 수준 높은 강해를 펼침으로써 강해의 모든 부분에서 [그의 건전한 성경 강해를] 성령의 역사와 결합시킨다."

8) 굿윈의 은혜 언약에 대한 견해는 Paul Edward Brown, "The Principle of the Covenant in the Theology of Thomas Goodwin" (철학박사학위논문, Drew University, 1950)을 보라.

9) Thomas Goodwin, *Of Christ the Mediator*, in *The Works of Thomas Goodwin*, Thomas Smith 편집 (1861~1866, 재판, Grand Rapids: Reformation Heritage Books, 2006), 5:3~5.

10) Goodwin, *Of Christ the Mediator*, in *Works*, 5:292.

11) Crompton, "The Life and Theology of Thomas Goodwin," pp. 139, 142.

12) Michael S. Horton, "Thomas Goodwin and the Puritan Doctrine of Assurance: Continuity and Discontinuity in the Reformed Tradition, 1600~1680" (철학박사학위논문, Wycliffe Hall, Oxford, and Coventry University, 1995), p. 182. 호튼은 Thomas Goodwin, *Of the Object and Acts of Justifying Faith*, in *The Works of Thomas Goodwin*, Thomas

굿윈은 또한 그리스도의 부활과 승천에 대해 설교하기를 좋아했다. 굿윈은 영광 속에 들어가신 그리스도께서 자기 자녀들에 대해 행하시는 친밀한 사역에 대해 아름다운 관점을 갖고 있었다. 굿윈은 이 주제에 대해 『땅 위의 죄인들을 향한 하늘에 계신 그리스도의 마음』(The Heart of Christ in Heaven towards Sinners on Earth, 1645)이라는 제목의 유용한 작품을 썼다.[13] 이 책의 부제목은 "죄나 비참과 같이 온갖 종류의 연약함 아래 있는 자신의 지체들을 향하신, 지금 영광 속에 들어가 계시는 그리스도의 인성 속에 나타나 있는 은혜로운 성향과 부드러운 감정을 예증하는 논문"이다. 이 논문의 직접적 목적은 사도 시대 이후의 그리스도인들은, 그리스도께서 지금 영광 속에 들어가 계시므로 인성의 영향을 덜 받기 때문에, 땅에 계셨던 그리스도를 알았던 그리스도인들보다 불리한 입장에 있다는 대중적인 관념을 거부하는 데 있었다. 굿윈은 성경을 통해 그리스도는 심지어는 하나님 우편에 앉아 계시는 동안에도 고난 속에 있는 자기 백성들에게 강한 애정, 깊은 동정, 정서적인 공감을 느끼신다고 주장했다. 이 논문은 가장 대중적인 굿윈의 작품 가운데 하나로 잉글랜드에서 여러 번에 걸쳐 재출간되었고 독일어로도 번역되었다.[14]

크럼프턴은 이렇게 말한다. "굿윈은 그리스도는 높아지심으로 감정이 감소한 것이 아니라 오히려 증가했다고 표현하기를 바란다. 그리스도는 땅 위에 계시는 동안 보여 주신 것처럼 하늘에서도 여전히 자애로우신 분이다."[15] 많은 개혁파 신학자들이 그리스도의 높아지심과 중보에 대해 작품을 썼지만 하늘에 계신 그리스도께서 땅 위에 있는 우리에게 갖고 계시는 감정에 대해 글을 쓰는 것은, 폴 쿡이 지적하는 것처럼 "생소한 주제"였다.[16]

굿윈은 인간적 사변이 가미된 거짓 색채로 글을 쓰지 않았다. 대신 자신이 "그리스도의 마음을 들여다보는 창문을 열어 놓고 있다"고 말한 성경을 주시했다.[17] 성경만이 우리의 권위다.[18] 우리의 지성이 성경 말고 다른 곳에서 그리스도께서 하늘에서 생각하고 느끼시는 것을 파악할 수 있을까?[19] 굿윈은 성경은 "말하자면 우리의 손을 들어 그리스도의 가슴에 대보게 하여 우리가 그분의 심장이 얼마나 고동치고 있는지를, 심지어는 영광 속에 계시는 [때인] 지금도 느끼게 한다"고 말했다.[20]

Smith 편집 (1861~1866, 재판, Grand Rapids: Reformation Heritage Books, 2006), 8:147을 인용한다. 굿윈의 믿음과 확신 견해에 대한 추가적인 검토는 Alexander McNally, "Some Aspects of Thomas Goodwin's Doctrine of Assurance" (신학석사학위논문, Westminster Theological Seminary, 1972)와 Joel R. Beeke, *The Quest for Full Assurance: The Legacy of Calvin and His Successors* (Edinburgh: Banner of Truth Trust, 1999), pp. 245~268을 보라.

13) Thomas Goodwin, *The Heart of Christ in Heaven*, in *The Works of Thomas Goodwin*, Thomas Smith 편집 (1861~1866, 재판, Grand Rapids: Reformation Heritage Books, 2006), 4:93~150. 이 책의 요약에 대해서는 Cook, "Goodwin-Mystic?" pp. 49~56과 Crompton, "The Life and Theology of Thomas Goodwin," pp. 289~308을 보라.

14) Crompton, "The Life and Theology of Thomas Goodwin," p. 289.

15) Crompton, "The Life and Theology of Thomas Goodwin," p. 290.

16) Cook, "Goodwin-Mystic?," p. 45.

17) Goodwin, *The Heart of Christ in Heaven*, in *Works*, 4:96.

18) 굿윈은 이렇게 말한다. "첫째, 성경은 하나님을 알고 하나님을 위해 살기 위한 그 규칙이므로, 성경을 믿지 않고, 진리를 찾는 다른 어떤 방법을 의지하고, 거기서 하나님의 마음을 찾는 자는 구원받을 수 없다"(Thomas Goodwin 외, *The Principles of Faith* [London, 1654], Jones, *Why Heaven Kissed Earth*, p. 88에서 인용함).

19) 그리스도께서 어떻게 자기 백성들과 함께 고난을 당하시는지(히 4:15)를 주석하면서, 굿윈은 이렇게 말했다. "따라서 여기에 이렇게 표현된 것처럼, 이 감정에 대해 말한다면, 그것이 얼마나 멀리 미치고 얼마나 깊이 이르는지 현세에서는 아무도 헤아릴 수 없을 것이라고 나는 생각한다. 만일 솔로몬이 말하는 것처럼[잠 25:3] 왕의 마음(cor regis)을 헤아릴 수 없다면, 지금 영광 속에 계시는 만왕의 왕의 마음은 참으로 헤아리기가 더 어려울 것이다. 그러므로 나는 '내가 보지 못한 것을 억지로 강요하지' 않고, 성경의 빛과 올바른 이성이 내게 보증하는 것만 안전하고 신중하게 말하려고 할 것이다"(*The Heart of Christ in Heaven*, in *Works*, 4:143).

20) Goodwin, *The Heart of Christ in Heaven*, in *Works*, 4:111.

굿윈은 동정하시는 그리스도를 설교하는 청교도 설교자였다. 이 위대한 설교자이자 신학자가 우리 구주의 부드러운 자비에 대해 가르친 것이 무엇인지 검토하기 전에, 우리 구주의 높아지심으로 말미암아 나타난 실제 문제점이 무엇인지 고찰해야 한다.

동정하시는 그리스도의 문제

토머스 굿윈은 히브리서 4장 14~15절에 나타나 있는 그리스도의 거룩한 동정의 마음을 설명하는 데 중점을 뒀다. "그러므로 우리에게 큰 대제사장이 계시니 승천하신 이 곧 하나님의 아들 예수시라 우리가 믿는 도리를 굳게 잡을지어다 우리에게 있는 대제사장은 우리의 연약함을 동정하지 못하실 이가 아니요 모든 일에 우리와 똑같이 시험을 받으신 이로되 죄는 없으시니라." 굿윈이 그렇게 본 것처럼 이 성경 본문은 그리스도에 대한 우리의 믿음에 대해 문제점과 해결책을 함께 담고 있다.

문제점: 우리의 큰 대제사장이 승천하신 것

굿윈은 죄인들은 "큰 대제사장이 승천하셨다"는 말에 당황할 것이라고 주장했다. 우리는 높아지신 그리스도는 너무 위대하셔서 우리 같은 것은 잊어버리실 것이라고 생각할 수 있다. 시골 출신의 한 소년이 대학을 졸업했다고 생각해 보자. 그는 대도시에서 높은 보수를 받는다. 그는 자기 뒤에 있는 친구와 가족이 새로운 지인들보다 부족하다고 생각할 것이다. 마찬가지로 굿윈도 우리는 그리스도께서 하늘에서 우리를 기억하신다고 해도, "이곳에 계실 때 갖고 있던 육체의 연약함을 벗어 버리고 그분의 인성에 큰 영광이 입혀졌기 때문에, 이 아래에서 우리 가운데 거하셨을 때 그랬던 것과는 달리, 이제는 우리를 동정하실 수 없고 우리의 비참을 사무치게 느끼거나 어루만지거나 하실 수 없을 것"이라고 생각할 수 있다고 말했다. 확실히 그리스도는 연약함과 고통에 대한 모든 기억을 이제는 뒤에 남겨 놓았다.[21]

굿윈은 이런 생각을 "믿음의 길에 있는 사람들의 생각 속에서 만나는(그러나 보이지 않게 놓여 있는) 커다란 걸림돌"로 봤다. 그리스도는 땅위에 있는 우리를 떠나셨다. 확실히 마리아와 베드로가 땅 위에서 그렇게 했던 것처럼 우리가 그리스도와 직접 대화를 나눌 수 있었다면 더 좋을 것이다. 그리스도는 그들에게 매우 자상하셨다. "그러나 지금 그리스도는 영광과 불멸성을 입고 계시는 먼 나라로 가셨다"고 굿윈은 지적한다.[22] 그리스도는 지금 하나님 우편에 왕으로 앉아 계신다. 그리스도의 인성은 영광으로 번쩍거리고 있다. 우리가 어떻게 이런 왕에게 대담하게 나아갈 수 있을까? 우리가 그토록 높아지신 권능과 거룩하심 속에 있는 그분이 이토록 연약하고, 미련하고, 죄악 된 우리를 참아 주실 것이라고 어떻게 기대할 수 있을까? 그러나 굿윈은 그리스도의 높아지심에 대해 말하는 동일한 성경이 그분의 동정에 대해서도 계시한다고 말한다.

여전히 동정으로 어루만져 주심

굿윈은 성령의 검 곧 하나님의 말씀을 휘둘러 이 걸림돌을 제거했다. 굿윈은 그리스도의 자비는

21) Goodwin, *The Heart of Christ in Heaven*, in *Works*, 4:112.
22) Goodwin, *The Heart of Christ in Heaven*, in *Works*, 4:95.

매우 확실하기 때문에 성경은 이 긍정적 진리를 강력히 선포하기 위해 이중 부정 용법을 사용하고 있다고 가르쳤다. "우리에게 있는 대제사장은 우리의 연약함을 동정하지 못하실 이가 아니요."

우리의 연약함은 그리스도의 동정을 자극한다. 굿윈은 히브리서에서 "연약함"은 우리의 고통과 우리의 죄를 함께 포함하는 개념이라고 주장한다. 히브리서는 압박과 박해에 직면한 자들에게 쓴 편지였다. 따라서 여기서 "연약함"은 땅에서 우리가 겪는 고통을 가리킬 것이다. 그러나 우리의 죄도 연약함이다. 히브리서 5장 2절은 대제사장은 "무식하고 미혹된 자를 능히 용납할 수 있다"고 선언한다. 심지어는 우리의 미련함과 죄악 된 선택들도 그리스도의 동정을 일깨웠다.[23]

굿윈은 과감한 비교를 통해 자신의 요점을 납득시킨다. 굿윈은 신자들에게 이렇게 말한다. "여러분의 실제 죄는 이 대제사장을 분노보다 동정으로 이끈다…… 이것은 아버지가 어떤 끔찍한 질병을 앓고 있는 자녀에 대해 갖고 있는 마음과 같고, 또는 나병 환자가 자신의 몸의 지체를 그것이 자신의 몸이기 때문에 미워하지 않는 것과 같다. 이 대제사장은 죄가 영향을 미친 것보다 죄인에게 더 큰 동정을 가지신다."[24] 여러분은 자녀가 매우 아프다면 자녀를 절대로 쫓아내지 아니할 것이다. 자녀의 질병을 슬퍼하고 보살필 것이다. 그리스도는 우리의 죄에 대해 그것을 싫어함에도 불구하고 동정으로 반응하신다.

그리스도의 동정은 그분이 개인적으로 겪으신 인간적 경험에서 흘러나온다. 히브리서 4장 15절은 그리스도는 "모든 일에 우리와 똑같이 시험을 받으신 이로되 죄는 없으시니라"고 말한다. 이보다 앞서 히브리서 2장 18절은 "그가 시험을 받아 고난을 당하셨은즉 시험받는 자들을 능히 도우실 수 있느니라"고 말한다. 굿윈은 이것이 어떻게 일어나는지를 설명한다. 땅에 계시는 동안 "그리스도는 자기에게 임하는 모든 감정을 최대한 가장 깊게 느끼셨다. 그분은 하나님이나 사람들에게서 오는 십자가를 등한시하시지 않고, 최대한 십자가의 짐을 짊어지고 느끼셨다. 그뿐만 아니라 그분의 마음은 온갖 감정 속에서, 심지어는 사랑과 연민 속에 있을 때에도, 우리보다 훨씬 예민하게 느끼셨다. 이것 때문에 그분은 '슬픔의 사람'이 되셨고, 그 감정은 다른 어떤 사람이 가졌거나 가질 것보다 더 컸다."[25]

지금 하늘에서 예수는 자신의 인성에 따라 땅 위에 있는 신자들에게 일어나는 모든 것을 알고 계신다. 예수는 요한계시록 2장 2절에서 자신의 교회에 "내가 네 행위와 수고와 네 인내를 알고"라고 말씀하신다. 이것은 그리스도의 인성이 한량없이 성령으로 충만하기 때문에, 그리고 성령이 온 땅을 지켜보는 그리스도의 눈과 같기 때문에(계 5:6) 가능하다. 우리의 고통을 아시는 그리스도는 비슷한 불행에 직면했을 때 자신이 어떻게 느꼈는지를 기억해 내신다.[26] 심지어 그리스도는 죄책에 대한 경험과 죄에 대한 하나님의 진노에 직면하는 두려움도 알고 계신다. 비록 개인적으로는 죄가 없으시지만 그리스도는 자기 백성들의 모든 죄를 짊어지셨다.[27] 우리의 고통에 대한 그리스도의 지식은 자신의 고통에 대한 기억을 따라 마음이 동정으로 흘러넘치게 된다.

---

23) Goodwin, *The Heart of Christ in Heaven*, in *Works*, 4:111~112.
24) Goodwin, *The Heart of Christ in Heaven*, in *Works*, 4:149.
25) Goodwin, *The Heart of Christ in Heaven*, in *Works*, 4:141.
26) Goodwin, *The Heart of Christ in Heaven*, in *Works*, 4:141~142.
27) Goodwin, *The Heart of Christ in Heaven*, in *Works*, 4:149.

은혜로운 인간적 부드러움

그리스도는 우리를 동정하신다. 그것은 그리스도께서 여전히 하늘에서 고통을 겪고 계신다고 말하는 것이 아니다. 항상 조심스러운 신학자로서 굿윈은 그리스도의 낮아지심은 십자가와 무덤으로 끝났다고 분명히 가르쳤다. 높아지심 지위에서 그리스도의 인성은 영화롭게 되고, 모든 고통에서 벗어나 있다.

그러면 그리스도는 우리의 연약함을 어떻게 어루만져 주실 수 있는가? 굿윈은 이것은 약함의 행위가 아니라 거룩한 사랑의 능력의 행위라고 말했다. 굿윈은 이렇게 말한다. "하지만 이것이 약함이었다는 것은 반박될 수 있을 것이다. 사도는 이것이 그리스도의 능력, 그리고 확실히 그 말[능히]이 의미하는 것처럼, 그분 안에 있는 사랑의 속성과 힘이라고 주장한다. 즉 이 사랑으로 말미암아 그리스도는 비록 영광 속에 들어가셨다고 해도, 우리의 비참을 자신의 마음속에 능히 집어넣으실 수 있고, 따라서 마치 자신이 우리와 같이 고난당하신 것처럼 우리를 동정하실 수 있다."[28)]

한편으로 우리는 예수께서 땅에서 그러신 것처럼 하늘에서도 고난을 당하신다고 생각해서는 안 된다. 하늘에서 예수는 더 이상 어떤 연약함, 피곤함, 눈물, 소모나 두려움에 예속되어 있지 않다. 다른 한편으로 예수는 하늘에서도 인간의 감정과 인간의 몸을 가지신 인격으로 계속 존속하신다. 예수는 신령이나 유령이 아니다. 그리고 그분의 연약함은 엄청나게 방대한 능력을 가진 사랑의 감정으로 대체된다. 그리스도는 하나님이자 사람이다. 하나님으로서 그리스도는 무한하고, 영원하고, 불변적이다. 그러나 사람으로서 그리스도는 높아져서 새로운 차원의 영광 속에 들어가셨다. 굿윈은 이렇게 말했다. "확실히 그리스도께서 영광 속에 들어가셨을 때 그분의 지식이 확대되었던 것처럼, 그분의 인간적인 사랑과 동정의 감정도 견고함, 힘, 진실성이 확대되었다……에베소서 3장 18절에 따르면, 신인(神人)이신 '그리스도의 사랑'이 '지식에 넘친다.'"[29)] 또 그리스도는 우리의 고난으로 상처를 입는 것은 아니지만 그분의 인간적 영혼은 우리의 고난에 은혜롭고 아름다운 감정으로 반응한다.

크럼프턴은 굿윈의 가르침을 다음과 같이 말하는 것으로 요약했다. "우리의 대제사장으로서 그리스도는 단순히 땅에 계시는 동안 우리의 연약함을 깊은 감정으로 어루만져 주시기만 한 것이 아니라 우리의 연약함에 대한 기억을 갖고 하늘로 올라가셨다. 그러나 지금은 영광 속에 들어가신 하늘에서 그리스도는 자신의 참된 감정으로 우리를 어루만져 주신다. 이것은 어떤 종류의 연약함이 절대로 아니다. 오히려 우리에 대해 느끼시는 이 효력은 그분 능력의 한 부분이다. 그것은 사랑과 은혜의 속성과 힘이다."[30)]

이제 우리에 대한 그리스도의 예민한 생각들을 우리에게 다시 확신시키는 성경의 약속들을 살펴보자. 이 약속들은 놀랍게도 포괄적이고, 우리에게 위로를 준다.

동정하시는 그리스도에 대한 약속

히브리서 4장 14절은 "그러므로 우리에게 큰 대제사장이 계시니 승천하신 이 곧 하나님의 아들

28) Goodwin, *The Heart of Christ in Heaven*, in *Works*, 4:112~113.
29) Goodwin, *The Heart of Christ in Heaven*, in *Works*, 4:143~146.
30) Crompton, "The Life and Theology of Thomas Goodwin," p. 299.

예수시라 우리가 믿는 도리를 굳게 잡을지어다"라고 말한다. 우리는 그리스도 교리에 대해 우리가 믿는 도리를 굳게 잡아야 하는데, 이 도리는 그리스도에 대한 약속들에 근거를 두고 있다. 이후에 히브리서 10장 23절은 "(또 약속하신 이는 미쁘시니) 우리가 믿는 도리의 소망을 움직이지 말며 굳게 잡고"라고 말한다. 굿윈이 말한 것처럼 하나님의 약속들은 자비의 손 안에서 하나님의 자녀들이 가져가는 동전과 같다.[31)]

히브리서 4장의 본문(14절)은 그리스도를 "승천하신 이"로 말한다. 그러면 그리스도는 하늘에 계시는 동안 자신의 마음이 자비로 가득 차 있다는 약속을 언제 주셨는가?

그리스도의 죽음 이전에 주어진 약속들

굿윈은 여기서 요한복음 13~17장에 초점을 맞춘다. 굿윈은 요한복음 13장 1절에서 다음과 같이 시작하는 말씀을 우리에게 상기시킨다. "유월절 전에 예수께서 자기가 세상을 떠나 아버지께로 돌아가실 때가 이른 줄 아시고 세상에 있는 자기 사람들을 사랑하시되 끝까지 사랑하시니라." 굿윈은 이렇게 말했다. "심지어는 자신의 마음이 완전히 최고의 영광까지 높아지신 상태에 두어져 있었을 때에도 예수는 '자기 사람들'을 사랑하시되 끝까지 사랑하는 마음을 가지셨고……여기서 '자기 사람들'은 재산권[소유권]을 기반으로 가장 가깝고 소중하고 친밀한 자들을 가리킨다."[32)] 바로 그때가 되자 예수는 제자들의 발을 씻기셨는데, 이것은 그리스도의 영광은 자기 백성들에 대한 그분의 사랑과 은혜의 섬김을 감소시키는 것이 아니라 오히려 증가시킨다는 것을 예증했다.

예수는 요한복음 14~16장에서 신자로서의 우리의 행복을 보장하기 위해 하늘로 올라가실 것이라고 말씀하셨다. 그리스도는 우리를 위해 그곳에 처소를 예비하실 것이다. 그리고 우리를 영원한 본향으로 이끌기 위해 신랑처럼 다시 오실 것이다. 굿윈은 이렇게 말했다. "그것은 마치 [예수께서] 이렇게 말씀하시는 것과 같다. '사실 나는 너희 없이는 살 수 없고, 다시는 헤어지지 않도록 내가 있는 곳으로 너희를 데려갈 때까지 안심할 수 없다. 그것이 내가 그렇게 하는 이유다. 내가 너희와 함께하지 않으면 하늘은 나를 붙들지 못하고, 내 아버지의 천사들도 나를 붙들지 못할 것이다. 내 마음은 너희에게 있다. 만약 내가 어떤 영광을 갖고 있다면 너희도 그 한 부분을 갖게 될 것이다.'"[33)]

그 사이에 그리스도는 자기 신부를 고아로 만들거나 방치해 두지 아니하고, "가장 절친한 친구"인 보혜사의 보살핌에 맡기실 것이다. 굿윈의 말에 따르면, 예수는 성령이 우리를 "오직 자기의 사랑 이야기"로 우리를 위로하실 것이라고 말씀하셨는데, 그것은 성령이 자신은 다만 그리스도에게 보내심을 받은 자라고 언급하신 것으로 확인된다. 그 사이에 그리스도는 하늘에서 우리를 위해 기도하고, 신랑이 사랑하는 신부에게 쓴 연애편지처럼 답장을 보내겠다고 약속하셨다. 그리스도는 요한복음 17장에 확인된 것처럼, 거기서도 중보하심으로써 우리를 위해 기도하신다는 약속을 예증하셨다.[34)]

---

31) Goodwin, *Of the Object and Acts of Justifying Faith*, in *Works*, 8:5~6. 참고, Horton, "Thomas Goodwin and the Puritan Doctrine of Assurance," p. 177.

32) Goodwin, *The Heart of Christ in Heaven*, in *Works*, 4:96~97.

33) Goodwin, *The Heart of Christ in Heaven*, in *Works*, 4:100.

34) Goodwin, *The Heart of Christ in Heaven*, in *Works*, 4:98~103.

그리스도의 부활 이후에 주어진 약속들

굿윈은 이렇게 물었다. "그러면 그리스도가 죽은 자에게서 부활해서 다른 세상에서 나와 하늘에서 입게 될 마음과 몸을 입고 처음 나타나셨을 때 제자들에게 처음으로 보낸 메시지는 무엇인가?" 이에 대한 대답은 요한복음 20장 17절에 있다. 거기 보면 예수는 제자들을 "내 형제"로 부르시고, "내가 내 아버지 곧 너희 아버지께로 올라간다"고 말씀하셨다. 이것은 그리스도께서 가장 힘들 때 그분을 부인하고 버리고 도망친 사람들에게 얼마나 달콤한 은혜의 말씀일까! 형제로서 우리를 위해 중보하겠다고 약속하신 그리스도는 역시 나머지 자기 가족 곧 우리를 위해 아버지께 중보하고 계신다. 나중에 예수께서 제자들에게 나타나셨을 때 첫 번째로 주신 말씀은 "너희에게 평강이 있을지어다"였다(요 20:19, 21). 부활하신 이후에도 그리스도의 마음은 죄인들에 대한 자비와 관심으로 가득 차 있었다.[35]

확실히 그리스도는 제자들을 꾸짖으셨다. 그러나 무엇 때문에 꾸짖으셨는가? 누가복음 24장 25절은 우리에게 이렇게 말해 준다. "이르시되 미련하고 선지자들이 말한 모든 것을 마음에 더디 믿는 자들이여." 굿윈은 이렇게 말한다. "그리스도께서 이렇게 책망하신 것은 다만 그들이 자기를 믿지 않기 때문이었다…… 그리스도는 사람들이 자기를 믿는 것 외에 다른 것을 바라시지 않는다. 이것은 영광 속에 들어가신 지금도 마찬가지다." 예수는 베드로가 자기를 부인한 후에 그에게 "내 양을 치라"고 명령하심으로써 그를 회복시키셨다. 그리스도는 베드로에게 그리스도에 대한 그의 사랑을 보여 주는 의미에서 자신의 양을 치라고 요구하셨다. 굿윈은 "그리스도의 마음은 완전히 자신의 양 곧 회심하는 영혼들에게 가 있다"고 지적한다.[36] 영화롭게 된 그리스도의 마음은 여전히 죄인들을 위해 계속 고동치고 있다.

그리스도의 승천에 담긴 보증들

굿윈은 예수께서 승천하셨을 때 지상에서 행하신 마지막 행위는 제자들에게 복을 선언하는 것이었다(눅 24:50~51)고 강조한다. 이어서 보좌에 등극한 왕으로서의 그리스도의 첫 번째 공식 행위는 자신의 교회에 성령을 부으시는 것이었고(행 2:33), 성령의 모든 역사는 그리스도의 그의 교회에 대한 사랑의 임재를 증언한다. 목사가 성령으로 말미암아 복음을 설교하는가? 그것은 죄인들을 위한 그리스도의 마음 때문이다. 성령이 여러분을 기도하도록 이끄시는가? 그것은 그리스도께서 여러분을 위해 기도하고 계시기 때문이다. 신약 성경이 죄인들에 대한 그리스도의 사랑을 표현하고 있는가? 그것은 모두 "그리스도께서 하늘에 계시면서 성령을 통해" 그렇게 기록하셨기 때문이다.[37]

굿윈은 그리스도께서 다메섹 도상에서 바울에게 영광스럽게 나타나신 것 속에서 죄인들에게 주어진 또 하나의 보증을 찾아낸다. 디모데전서 1장 15~16절에서 바울은 이렇게 말한다. "미쁘다 모든 사람이 받을 만한 이 말이여 그리스도 예수께서 죄인을 구원하시려고 세상에 임하셨다 하였도다 죄인 중에 내가 괴수니라 그러나 내가 긍휼을 입은 까닭은 예수 그리스도께서 내게 먼저 일체 오래 참으심을 보이사 후에 주를 믿어 영생 얻는 자들에게 본이 되게 하려 하심이라." 굿윈은 바울이 자기

35) Goodwin, *The Heart of Christ in Heaven*, in *Works*, 4:104~105.
36) Goodwin, *The Heart of Christ in Heaven*, in *Works*, 4:106.
37) Goodwin, *The Heart of Christ in Heaven*, in *Works*, 4:107~108.

자신의 구원이 "모든 죄인을 향하신 그리스도의 마음을 세상 끝 날까지 그들에게 보증하기 위한" 것임을 알리기 위해 생생하게 진술하고 있다고 설명한다.[38]

그리스도의 동정에 대한 굿윈의 마지막 보증은 그리스도께서 기록하신 마지막 말씀 속에 나온다. 성령과 신부가 그리스도께서 땅으로 돌아오는 것을 말씀할 때 요한계시록 22장 17절은 이에 대한 답변을 준다. "목마른 자도 올 것이요 또 원하는 자는 값없이 생명수를 받으라." 이에 대해 굿윈은 이렇게 설명한다. "그들은 그리스도께서 그들이 자기에게 나아오기를 바라시는 것만큼 그리스도께서 자기들에게 오시기를 바랄 수 없다……따라서 이것은 그분의 마음이 지금 얼마나 간절하게 그들을 기다리고 있는지를 표현하는 것이다."[39]

그리스도는 자신의 높아지심 이전이나 이후나 자신의 마음이 죄인들에 대해 매우 민감하다는 것을 믿도록 우리를 돕기 위해 약속과 보증들을 주셨다. 이제 이 동정의 증거를 고찰해 보도록 하자.

동정하시는 그리스도에 대한 증거

굿윈은 그리스도의 사역에 미친 삼위일체 하나님의 영향으로 말미암아 그리스도께서 동정적이 되신다고 설명했다. 삼위일체 교리는 굿윈의 신학에 심원한 영향을 미쳤다.[40] 굿윈은 "삼위일체 하나님의 외적 사역은 분리할 수 없다." 즉 하나님이 창조, 섭리, 구속에 있어서 행하신 모든 일은 삼위 상호 간의 협력 사역으로, 이때 각 인격은 자신의 독특한 방법에 따라 역사하신다는 전통적인 교리를 믿었다.[41] 동정하시는 그리스도의 사역은 성부와 성령에게서 흘러나온다.

성부에게서 나오는 그리스도의 사명

히브리서 4장 14~15절은 그리스도를 "대제사장"으로 묘사한다. 그리스도는 이 직분을 자신의 주도권에 따라 취하신 것이 아니라 성부에게 지정을 받으셨다. "이 존귀는 아무도 스스로 취하지 못하고 오직 아론과 같이 하나님의 부르심을 받은 자라야 할 것이니라 또한 이와 같이 그리스도께서 대제사장 되심도 스스로 영광을 취하심이 아니요 오직 말씀하신 이가 그에게 이르시되 너는 내 아들이니 내가 오늘 너를 낳았다 하셨고 또한 이와 같이 다른 데서 말씀하시되 네가 영원히 멜기세덱의 반차를 따르는 제사장이라 하셨으니"(히 5:4~6). 굿윈은 "그러므로 하나님이 그리스도에게 그것을 요청하셨고……그러므로 그리스도는 그것을 '아버지의 일'로 부르신다"고 주장한다.[42]

성부 하나님은 자비와 동정을 보여 주도록 그리스도에게 대제사장 직분을 부여하셨다. 굿윈은

---

38) Goodwin, *The Heart of Christ in Heaven*, in *Works*, 4:108.

39) Goodwin, *The Heart of Christ in Heaven*, in *Works*, 4:109.

40) 마크 존스는 이렇게 말한다. "토머스 굿윈은 삼위일체에 대해 많은 글을 썼고, 그의 작품『성부 하나님과 성자 예수님을 아는 지식』(The Knowledge of God the Father, and His Son Jesus Christ)은 17세기의 삼위일체 교리에 대한 가장 상세한 해설서 가운데 가장 대표적인 작품이다……굿윈의 삼위일체 교리 변증은 주석적으로 엄밀하고, 굿윈이 삼위 자체 간의 연합 및 교제, 그리고 이것이 그리스도인과 하나님 간의 교제에 대해 갖고 있는 실천적 함축성을 강조한다는 것이 두드러진 특징이다……하나님의 삼위일체는 굿윈 신학의 필수적인 근거를 구성하는데, 이것은 특히 타락한 인간의 구속과 회복에 있어서 삼위일체 하나님이 구원자로서 역할을 할 때 더욱 그렇다……삼위일체는 굿윈의 구원론의 필수적인 존재론적 준거 틀을 형성한다"(*Why Heaven Kissed Earth*, pp. 99~100).

41) Jones, *Why Heaven Kissed Earth*, pp. 108~109.

42) Goodwin, *Of Christ the Mediator*, in *Works*, 5:23.

이렇게 말한다. "이 제사장 직분은 자기에게 나아올 죄인들에게 온전한 자비와 은혜를 베푸실 것을 그리스도에게 요청한다…… 그리스도의 왕 직분이 능력과 지배권의 직분이고, 그분의 선지자 직분이 지식과 지혜의 직분인 것처럼 그분의 제사장 직분은 은혜와 자비의 직분이다." 굿윈은 대제사장은 동정을 보여줄 내적 능력을 갖고 있어야 한다고 말하는 히브리서 5장 2절과 2장 18절을 통해 이것을 증명했다.[43] 성부 하나님은 성자 하나님께, 그분에게 나아올 죄인들을 끝까지 받아들이고 구원하라고 명령하셨다. 예수도 친히 요한복음 6장 37~40절에서 이것을 가르치셨다. 거기 보면 예수께서 자기는 결단코 아버지의 뜻을 행할 것이라고 말씀하신다. 확실히 시편 40편 6~8절이 말하는 것처럼, 하나님은 자신의 자비의 법을 자기 아들의 인간적인 마음속에 기록하셨다.[44]

그리스도는 성부께서 자신을 보내 행하게 하신 것을 모두 우리를 위해 행하셨다. 굿윈이 상세히 설명한 것처럼, 그리스도는 우리를 위해 죽으시고, 부활하시고, 승천하셨다. 그리스도는 우리를 위해 하나님 우편에 앉아 계신다. 그리스도는 우리를 위해 중보하신다. 처음부터 끝까지 우리의 대제사장은 아버지가 정하신 대로 택함받은 백성들의 담보물과 대표로 활동하신다.[45]

따라서 우리는 그리스도를 통해 하나님 아버지의 사랑을 보게 된다. 믿음의 궁극적 대상은 우리의 언약의 아버지시다. 왜냐하면 의롭다 하신 이는 아버지 하나님이시기 때문이다(롬 8:33). 우리는 그리스도를 통해 아버지 하나님을 의지한다. 왜냐하면 아버지 하나님이 자신의 은혜 언약에 따라 그리스도를 보내셨기 때문이다.[46] 아버지 하나님의 마음을 들여다 볼 때 신자는 하나님이 창세전에 자기에 대해 갖고 계셨던 사랑을 알게 된다. 스탠리 피엔버그가 말하는 것처럼 구속 전체의 목표는 "하나님의 충만한 사랑을 드러내는" 것이다.[47]

굿윈은 이렇게 말한다. "그리스도께서 우리를 위해 행하시는 것은 모두 하나님 자신의 마음속에 원래 자리 잡고 있던 사랑의 표현이다…… 그리스도는 하나님의 마음에 한 방울의 사랑을 더하지 아니하시고, 다만 그 사랑을 떨어뜨리신다."[48] 성자의 아름다운 마음은 성부의 아름다운 마음의 표현이다. 따라서 굿윈은 우리에게 "먼저 그리스도께 나아오라. 그러면 그분은 그대의 손을 붙잡고, 그대와 함께 걸으며, 그대를 자기 아버지께 인도하실 것이다"라고 말한다.[49] 하나님 아버지의 사랑의 마음을 들여다 볼 때 우리는 그분의 순종하는 아들이 영원히 우리를 사랑하실 것이라는 것을 확신하게 된다. 이것은 그리스도의 동정에 대한 한 가지 중요한 증거다.

하나님 아들로서의 그리스도의 신성

히브리서 4장 14절은 우리의 큰 대제사장이 "하나님의 아들"이라고 말한다. 그리스도의 아들 됨을 기초로, 굿윈은 그리스도의 사랑은 그분이 자기 아버지가 명하셨기 때문에 어쩔 수 없이 행하는 강요된 사랑이 아니라고 결론지었다. 그리스도는 자신이 "자비의 아버지"의 자연적인 아들이기

43) Goodwin, *The Heart of Christ in Heaven*, in *Works*, 4:127~128.
44) Goodwin, *The Heart of Christ in Heaven*, in *Works*, 4:113~114.
45) Goodwin, *The Heart of Christ in Heaven*, in *Works*, 4:1~91.
46) Horton, "Thomas Goodwin and the Puritan Doctrine of Assurance," p. 183. 참고, Goodwin, *Of the Object and Acts of Justifying Faith*, in *Works*, 8:133~134.
47) Fienberg, "Thomas Goodwin, Puritan Pastor and Independent Divine," p. 16.
48) Goodwin, *The Heart of Christ in Heaven*, in *Works*, 4:86. 굿윈은 요 3:16과 롬 5:8을 인용했다.
49) Goodwin, *The Heart of Christ in Heaven*, in *Works*, 4:89.

때문에 "자발적이고 자연적인" 자비의 성향을 갖고 계신다.[50] 하나님 아버지께서 바라시는 것은 무엇이나 아들도 바라신다. 왜냐하면 그분들은 한 분이기 때문이다. 그분들은 한 의지와 한 능력을 공유하신다(요 5:19, 10:30). 그러므로 하늘에서 자기 백성들을 위해 중보하실 때 그리스도의 마음은 곧 하나님 아버지의 마음이다.[51] 삼위일체 교리는 매우 실제적이고, 위로를 준다!

굿윈은 또한 예수를 하나님의 높아지신 아들로 계시하는 본문인 마태복음 11장 28~29절을 인용한다. 그러나 이 본문에서 예수는 이렇게 말씀하신다. "수고하고 무거운 짐 진 자들아 다 내게로 오라 내가 너희를 쉬게 하리라 나는 마음이 온유하고 겸손하니 나의 멍에를 메고 내게 배우라 그리하면 너희 마음이 쉼을 얻으리니." 굿윈은 이렇게 말한다. "우리는 그토록 거룩하신 그분은 그러기에 죄인들에 대해 엄격하고 까다로운 성향을 갖고 계실 것이고, 그래서 죄인들을 참아 주실 수 없을 것이라고 생각하는 경향이 있다. 그러나 그분은 아니라고 대답하신다. '나는 마음이 온유하고', 온순함이 나의 본성이자 기질이다…… 그렇다. 하지만 하나님의 아들이자 천국의 상속자이시고, 특히 지금은 영광으로 충만하고 하나님 우편에 앉아 계신 그분은 이 아래에 있는 우리의 비천함을 경멸하실 수 있다(고 우리는 생각할 수 있다)…… 그러나 그리스도는 역시 아니라고 말씀하신다. '나는 겸손하다', 따라서 나의 사랑과 호의를 가장 비천한 자들에게 기꺼이 베풀 것이다." 그러므로 굿윈은 우리는 사랑하는 친구에 대해 우리가 지금까지 갖고 있던 가장 감미로운 생각을 취해 그 생각으로 예수의 자상하심에 대한 우리의 생각을 무한히 더 높여야 한다고 말했다.[52]

세상에 우리가 예수를 친구로 갖고 있다니! 하나님의 아들로서 그리스도의 신성은 그분이 자기에게 나아오는 모든 죄인에게 동정을 갖게 되리라는 것을 증명한다.

성령에게서 나오는 그리스도의 인성

히브리서 4장 14절은 우리의 큰 대제사장은 영원한 하나님의 아들일 뿐만 아니라 "예수"라고 말한다. 삼위일체 하나님의 둘째 인격이 어떻게 우리와 같은 인간이 되셨을까? 누가복음 1장 35절은 성령이 동정녀의 태에 이적을 행하셨다고 말한다. 굿윈은 이렇게 말한다. "그의 어머니를 덮으시고, 그동안에 우리의 본성과 둘째 인격 간의 끊을 수 없는 매듭을 연결하고, 또한 그분의 마음을 우리에게 연결시킨 당사자는 성령이셨다."[53]

그러나 굿윈은 성령은 그 이상의 일을 행하셨다고 말한다. 그리스도의 인성을 가득 채운 모든 "장점" 또는 은혜는 그분 안에서 행하신 성령의 역사의 결과였다. 여기서 우리에게 위로가 되고 설득력이 있는 굿윈의 논증은 다음과 같다. "만일 그리스도께서 땅에 계셨을 때 그분에게 임하고, 그분 안에 계신 동일한 성령을 하늘에 계신 그분이 지금도 여전히 의존하고 계신다면, 이 특성들은 전적으로 성령에게 의존하고 있는 것이 틀림없다."[54]

굿윈은 그리스도 안에서 행하시는 성령의 역사는 성육신에서 승천에 이르기까지 그리스도의 거의

---

50) Goodwin, *The Heart of Christ in Heaven*, in *Works*, 4:115.
51) Goodwin, *The Heart of Christ in Heaven*, in *Works*, 4:71, 81.
52) Goodwin, *The Heart of Christ in Heaven*, in *Works*, 4:116~117.
53) Goodwin, *The Heart of Christ in Heaven*, in *Works*, 4:118. 참고, Paul Blackham, "The Pneumatology of Thomas Goodwin" (철학박사학위논문, University of London, 1995), pp. 55~61.
54) Goodwin, *The Heart of Christ in Heaven*, in *Works*, 4:118.

모든 주요 사건들 속에서 증명된다고 말했다.[55] 그리스도께서 세례를 받으실 때 성령이 그리스도 위에 온유와 자비의 상징인 비둘기처럼 임하셨다.[56] 성령은 그리스도의 인성을 성결하게 하고, 그분을 그리스도로 세우셨다.[57]

따라서 성령으로 충만해서 사역을 시작하신 예수는 누가복음 4장 18절에서 주의 성령이 자기에게 임해 가난한 자에게 복음을 전하게 하셨다고 선언하셨다. 예수는 이사야가 예언한 것처럼 여호와께서 자신의 영을 위에 두신 종이었다. 여호와는 상한 갈대를 꺾지 아니하셨다. 굿윈은 그리스도는 영광 속에 들어가셨기 때문에 "인성이 취할 수 있는 최대의 분량으로 성령을 소유하신다"고 말했다.[58]

성령은 우리에게 하나님의 자비의 통로가 되도록 그리스도의 인성에 능력을 베푸셨다. 그리스도의 인성은 모든 인간과 천사의 마음이 갖고 있는 것보다 더 큰 자비의 능력을 갖고 있다.[59] 하나님은 무한히 자비로우시다. 그리스도의 인성은 그분을 더 자비롭게 만드는 것이 아니라 그분을 우리의 필요에 맞추어 자비롭도록 만든다. 성육신은 하나님의 자비를 더 증가시키지 않고, 하나님의 자비를 우리에게 가까이 이끈다.[60] 굿윈은 요한이 말하는 것처럼 "'하나님은 사랑이시고', 그리스도는 육체, 아니 우리의 육체를 갖고 임하신 사랑"이시라고 말했다.[61] 예수는 육체 속에 거하는 자비이시다.

> 오, 깊고 깊은 예수의 사랑! 해안에서 해안으로 주님의 찬양을 전파하네.
> 얼마나 사랑하시는지, 항상 사랑하고, 결코 변함없이, 다시는 변함없이 사랑하시네.
> 얼마나 사랑하는 자들을 돌보시는지, 그들을 모두 자신의 것으로 부르며 죽으셨네.
> 얼마나 그들을 위해 중보하시는지, 보좌에서 그들을 돌보시네![62]

그리스도의 동정하시는 마음의 경이로움

굿윈은 자신의 걸작 『땅 위의 죄인들을 향한 하늘에 계신 그리스도의 마음』을 다음과 같이 네 가지를 신자들에게 적용하는 것으로 끝맺었다.

- 그리스도의 동정의 마음은 우리에게 죄를 반대하도록 가장 강력한 자극을 제공한다. 우리는 그리스도께서 우리의 죄를 제거하시지 않는 한 그분의 마음이 편안하지 않을 것이라는 것을 알고 있다. 그리스도는 이 죄 때문에 죄를 미워함에도 불구하고 진노가 아니라 동정을 더 갖게 되신다.

---

55) Goodwin, *Of Christ the Mediator*, in *Works*, 5:9~10. 참고, Jones, "Why Heaven Kissed Earth," pp. 205~206. 존스는 여기서 굿윈의 강조점은 "그리스도께서 사람으로서 행하신 것은 무엇이나 성령으로 말미암아 행하셨다"는 리처드 십스의 진술(*The Works of Richard Sibbes* [재판, Edinburgh: Banner of Truth Trust, 2004], 3:162)을 상기시킨다고 지적한다(p. 207).
56) Goodwin, *The Heart of Christ in Heaven*, in *Works*, 4:118.
57) Goodwin, *Of Christ the Mediator*, in *Works*, 5:43.
58) Goodwin, *The Heart of Christ in Heaven*, in *Works*, 4:119~121.
59) Goodwin, *The Heart of Christ in Heaven*, in *Works*, 4:116.
60) Goodwin, *The Heart of Christ in Heaven*, in *Works*, 4:135~136, 139.
61) Goodwin, *The Heart of Christ in Heaven*, in *Works*, 4:116.
62) 프랜시스, "오 깊고 깊은 예수의 사랑", 2연.

- 우리가 겪는 시련, 시험이나 비참이 무엇이든 간에, 우리는 그리스도 역시 그것을 겪으셨고, 그분의 마음은 우리를 고통 속에서 구원하려는 경향을 갖고 있다는 것을 알고 있다.
- 우리가 죄와 불순종으로 그리스도의 마음을 얼마나 근심하게 하는지 생각하면 죄를 범해서는 안 된다는 매우 강력한 자극을 받게 될 것이다.
- 우리는 모든 비참과 고통 속에서도 모든 인간 위로자는 실패하지만, 결코 실패하지 않고 우리를 돕고, 동정하고, 위로하실 친구가 있다는 것을 알고 있다. 그분은 곧 하늘에 계시는 그리스도다.[63]

사랑하는 신자들이여, 영광의 보좌에 앉아 계실 때 그리스도께서 우리를 위해 얼마나 충만한 동정을 갖고 계시는지 아는가! 확실히 이 진리를 반성해 보면, 우리는 그리스도를 즐거워하고, 우리의 마음을 그리스도께서 하나님 우편에 앉아 계시는 위의 것에 고정시키는 데 도움을 받을 것이다.[64] 굿윈은 이렇게 말한다. "이처럼 그리스도를 믿음으로 마음속에 갖고 있다는 것은 무엇인가?……그것은 예수 그리스도를 계속 시선 속에 두고 습관적으로 그분을 바라본다는 것이다."[65] 햇빛을 받으며 살고 걷는 것처럼 우리는 하나님의 아들의 빛 속에서 살고 걷는 법을 배워야 한다. 하나님이 그리스도의 영광을 우리에게 두시고, 그리하여 우리의 마음이 죽을 때까지 한평생 그리스도로 불타고 빛나도록 하시기를 바란다.

굿윈은 한평생 그리스도의 아름다운 마음을 경험했다. 그의 아들은 굿윈이 임종할 때 이렇게 말했다고 전한다. "나는 이 시간에 가진 것과 같은 분량의 믿음을 가진 적을 생각해 낼 수 없다……그리스도는 지금 사랑하시는 것보다 더 나를 사랑하실 수 없다. 나는 내가 지금 사랑하는 것보다 더 그리스도를 사랑할 수 없을 것이라고 생각한다."[66] 영광 속에서 영원히 그리스도와 포옹하고, 연합되기 위해 죽는 것은 얼마나 좋을까![67]

자신의 작품 『하늘은 우리를 돕는다』(Heaven Help Us)에서 스티브 로슨은 열 살 때 눈이 멀어 괴로워하던 젊은 귀족 윌리엄 몬터규에 대해 말한다. 윌리엄은 대학원에서 영국 해군 제독의 아름다운 딸을 만났다. 그리고 로맨스로 불타올랐던 사랑은 약혼으로 결실을 맺었다. 결혼식 직전에 윌리엄은 새로 안과 수술을 받는 데 동의했다. 시력이 회복될 것이라는 확신도 없이 의사들은 수술을 했다. 윌리엄은 결혼식 날에 가장 먼저 신부의 얼굴을 보기를 원했다. 그래서 가망이 없는데도 불구하고, 윌리엄은 신부가 예식장 통로에 왔을 때 눈에 감긴 붕대를 풀어달라고 요구했다. 신부가 다가오자 윌리엄의 아버지는 아들의 눈을 감은 붕대를 풀기 시작했다. 마지막 붕대가 풀렸을 때 윌리엄의 눈은 열렸고, 빛이 쏟아져 들어왔으며, 그는 신부의 빛나는 얼굴을 봤다. 신부의 아름다운 얼굴을 봤을 때 그의

---

63) Goodwin, *The Heart of Christ in Heaven*, in *Works*, 4:149~150. 참고, Cook, "Goodwin-Mystic?" pp. 55~56.

64) 참고, Paul Ling-Ji Chang, "Thomas Goodwin (1600~1680) on the Christian Life" (철학박사학위논문, Westminster Theological Seminary, 2001).

65) Thomas Goodwin, "The Second Sermon on Ephesians 3:16~21," *The Works of Thomas Goodwin*, Thomas Smith 편집 (1861~1866, 재판, Grand Rapids: Reformation Heritage Books, 2006), 2:411.

66) *Memoir of Thomas Goodwin…by His Son*, in *The Works of Thomas Goodwin*, Thomas Smith 편집 (1861~1866, 재판, Grand Rapids: Reformation Heritage Books, 2006), p. xl.

67) Goodwin, "Sermon on Ephesians 3:16~21," *Works*, 2:411~412. 굿윈의 매우 독특한 천년왕국 견해에 대해서는 A. R. Dallison, "The Latter-Day Glory in the Thought of Thomas Goodwin," *Evangelical Quarterly* 58 (1986), pp. 53~68을 보라.

눈에서는 눈물이 흘러내렸고, "당신은 내가 상상했던 것보다 더 아름답소"라고 속삭였다.[68]

굿윈은 이와 비슷하게 영광 속에 들어가 우리의 눈에서 수건이 벗겨질 때 우리가 더 이상 부분적으로가 아니라 온전히 예수를 우리의 구주, 중보자, 친구로 바라보게 되는 일이 일어날 것에 대해 가르친다. 그때 우리는 그리스도의 크신 사랑과 아름다운 마음을 보게 될 것이다. 우리는 러더퍼드가 다음과 같이 쓴 것을 경험하게 될 것이다.

> 수건 없이 보니,
> 아름다운 왕이 거기 계시네.
> 일곱 죽음이 사이에 놓여 있었지만
> 정말 유익한 여행이었네.
> 어린 양이 엄청난 군대를 이끌고
> 시온 산에 서 계시니,
> 임마누엘의 땅에
> 영광, 영광이 있도다.
> 오, 그리스도, 그분은 샘,
> 깊고 달콤한 사랑의 우물이네!
> 땅의 물을 맛본 것보다 더 깊이
> 위의 물을 마시리라.
> 그곳에는 주님의 자비를 충분히
> 담을 대양이 있네.
> 임마누엘의 땅에
> 영광, 영광이 있도다.
> 신부의 눈은 자신의 옷이 아니라
> 사랑하는 신랑의 얼굴을 보네.
> 나는 나의 은혜의 왕에게서
> 오직 영광만 보네.
> 그분이 뚫린 손으로
> 면류관을 주시고
> 어린 양이 임마누엘의 땅의
> 모든 영광이네.[69]

여러분의 마음은 그리스도와 영원히 함께 있고, 그분의 아름다운 마음을 점차 더 깊이 알고 있다는 생각으로 따스해지는가? 하나님의 참 자녀는 이것으로 확인할 수 있다. 만약 그렇게 할 수 없다면

---

68) Steven J. Lawson, *Heaven Help Us!: Truths about Eternity That Will Help You Live Today* (Colorado Springs: NavPress, 1995).

69) A. R. Cousin, "The Sands of Time are Sinking." 새뮤얼 러더퍼드의 『서한집』(Letters)에 기초를 둠.

여러분은 하나님의 자녀가 아니다. 여러분은 여전히 회심하지 않고 하나님에 대해 죽어 있는 것이다. 여러분은 하나님의 영이 죄를 미워하고, 죄에 대해 회개하고, 죄를 포기하고, 그리스도께 돌아서고, 구원을 위해 오직 그분만 믿고, 다른 무엇보다 그분을 사랑하도록 여러분을 가르치지 않는 한, 천국에 들어갈 수 없을 것이다.

사랑하는 신자여! 즐거워하라. 영광 속에 들어가면 우리는 신랑의 아름다운 마음을, 그분이 우리의 마음을 아는 것처럼 알게 되고, 우리의 마음도 그렇게 온전하게 될 것이다. 오, 무죄하신 우리의 구주와 신랑의 임재 속에서 무죄하게 되리라! 영원토록 우리는 대제사장으로서의 그리스도의 마음 곧 하나님의 어린 양, 평강과 사랑의 왕의 마음을 경험하게 될 것이다. 영광 속에서 우리는 그분이 노래 부르며 우리를 즐거워하시는 것처럼(습 3:17) 그분의 사랑을 즐거워하게 될 것이다.

시편 45편 11절은 그리스도와 그의 신부 사이의 예견된 결혼에 대해 "왕이 네 아름다움을 사모하실지라"고 말한다. 사랑하는 신자여, 만왕의 왕이 우리를 하늘의 왕후로 삼고, 우리는 그분 보시기에 아름다운 자가 될 것이다. 천사들은 우리의 종이 되고, 왕은 우리 손을 붙잡고 낙원의 동산을 거닐며 자신의 지위를 보여 주실 것이다.

그 사랑에 대해 우리는 찬송과 찬양으로 반응해야 하리라.

> 오, 깊고 깊은 예수의 사랑! 모든 사랑 가운데 최고의 사랑이네.
> 복으로 가득 찬 대양이고, 감미로운 안식으로 충만한 항구라네.
> 오, 깊고 깊은 예수의 사랑! 내게는 항구 중의 항구라네.
> 나를 영광으로 끌어올리고, 나를 주님에게 들어 올리시네.[70]

---

70) 프랜시스, "오, 깊고 깊은 예수의 사랑," 3연.

26장

하나님의 약속에 대한 청교도의 이해 및 사용

하나님의 약속들은 의의 태양이신 그리스도의 광선과 광채로
모두 그리스도 안에 기반을 두고 세워진다.
– 에드워드 레이놀즈[1] –

청교도는 하나님의 약속을 사랑했다. 그 이유 가운데 하나는 그들이 그리스도를 사랑하고, 모든 약속 안에서 그리스도를 봤기 때문이다. 에드워즈 레이놀즈(1599~1676년)가 말한 것처럼 예수 그리스도는 "모든 약속의 총체, 원천, 보증, 보고"(寶庫)다.[2] 그리스도 안에서 하나님의 약속은 예와 아멘이 된다(고후 1:20). 새뮤얼 러더퍼드(1600~1661년)는 자신의 교리문답에서 이렇게 진술했다. "새 언약은 우리 구원의 무게를 우리보다 더 강하신 분 곧 그리스도께 두고 있고, 그분에 대해 알려 주는 약속들의 집합이고, 믿음은 약속들을 붙들게 하고, 그리스도에게 익숙하게[정통하게] 되어 우리 자신에게서 나와 그리스도께 가게 합니다."[3]

이 약속들은 그리스도께서 영혼들을 만나는 통로다. 토머스 굿윈(1600~1680년)은 이렇게 말했다. "어떤 약속이 그대에게 속해 있다면 모든 약속이 그대에게 속해 있는 것이다. 모든 약속이 그리스도를 전달하고, 그리스도 안에서 모든 약속이 주어지며, 그리스도가 약속들의 주제다."[4] 윌리엄 스퍼스토(대략, 1605~1666년)는 이렇게 말했다. "약속들은 그리스도의 오심의 도구이자 영혼의 도구다. 약속들은 믿음이 그리스도께 나아가 그분을 붙들도록 용기를 주는 보증이다. 그러나 믿음이 이끄는 연합은 신자와 약속 사이의 연합이 아니라 신자와 그리스도 사이의 연합이다."[5]

레이놀즈는 이렇게 설명했다. "모든 약속은 그리스도의 공로로 말미암아 취득되므로 그리스도 안에서 세워지고, 또 그리스도의 능력과 직분에 따라 수행되므로 그리스도 안에서 성취된다…… 믿음으로 붙잡은 모든 약속은 사람을 그리스도께 이끌고, 우리가 이 약속들에 대해 갖고 있는 권리 안에서 그리스도와 우리의 연합을 고려하도록 만든다."[6]

---

1) Edward Reynolds, *Three Treatises of the Vanity of the Creature. The Sinfulnesse of Sinne. The Life of Christ* (London: R. B. for Rob Boftocke and George Badger, 1642), part 1, 357.

2) Reynolds, *Three Treatises*, part 1, 365.

3) *Catechisms of the Second Reformation*, Alexander F. Mitchell 편집 (London: James Nisbet & Co., 1886), p. 176에 인용된 것과 같다.

4) Thomas Goodwin, *A Child of Light Walking in Darkness*, in *The Works of Thomas Goodwin*, Thomas Smith 편집 (1861~1866, 재판, Grand Rapids: Reformation Heritage Books, 2006), 3:321.

5) William Spurstowe, *The Wells of Salvation Opened*··· (London: T. R. & E. M. for Ralph Smith, 1655), pp. 44~45.

6) Reynolds, *Three Treatises*, part 1, pp. 356~357, 345.

이번 장에서 우리는 먼저 하나님의 약속들을 성경 계시의 한 형태로 올바르게 이해하는 청교도의 견해를 살펴보고, 이어서 하나님의 약속들의 올바른 사용에 대해 살펴볼 것이다. 우리는 윌리엄 스퍼스토, 에드워드 리(1602~1671년), 앤드루 그레이(1633~1656년)가 성경의 약속들에 대해 쓴 세 작품을 다룰 것이다.[7)]

하나님의 약속들에 대한 올바른 이해

청교도가 크게 감동을 주는 한 가지 이유는 하나님이 그들에게 성경의 진리에 대한 심원한 통찰력을 주셨고, 그들은 이 통찰력을 적절하고 철저하게 적용했기 때문이다. 청교도는 실천적 적용을 위해 이 진리의 포괄적인 영향력에 관심을 뒀기 때문에 진리의 본질을 밝혀 우리의 이해를 돕는 데 힘썼다.

이것은 엄밀하게 청교도가 하나님의 약속들을 다루는 것의 힘이고 지속적인 복이다. 청교도는 하나님의 약속들에 대해 가르칠 때 지성을 깨우치고, 이성을 교육시킨 이후가 아니면 이 약속들을 적용시키거나 사용하는 것에 대해 말하지 않았다. 청교도는 이렇게 생각했다. "우리는 이 약속들을 적용하기 전에 먼저 이 약속들의 본질과 다양한 종류를 이해하고, 그것들의 장점과 가치를 파악해야 한다. 우리는 이 약속들이 두고 있는 기초와 이 약속들이 흘러나오는 원천을 알아야 한다. 우리는 이 약속들이 누구에게 속해 있는지 확실히 알아야 하고, 또 우리에게 이 약속들에 대한 믿음과 적용을 촉구하기 위해 이 약속들의 내재적인 다양한 속성이나 특성들에 대해 먼저 확실한 지식을 가져야 한다. 다만 이런 궤도 조명용 전등들을 제자리에 두고 우리는 이 광범한 영역을 가로지를 때 태만과 억측은 피하고, 믿음과 적용을 자극해야 할 것이다."

그러므로 우리는 하나님의 약속들에 대한 청교도의 이해를 이 약속들의 본질, 종류, 장점과 가치에 따라 살펴보는 것으로 시작할 것이다. 왜냐하면 우리는 가장 좋은 구조는 가장 좋은 기초에서 시작된다는 것을 잘 알기 때문이다. 폭풍이 지나갈 때 넘어지지 않고 그대로 서 있는 나무는 매우 깊은 뿌리를 가진 나무다.

하나님 약속의 본질

에드워드 리는 하나님의 약속들에 대한 자신의 논문을 시작할 때, 하나님의 말씀이 세 가지 방식으로 즉 순종을 가르치는 교훈이나 계명을 통해, 불순종을 제어하는 경고를 통해, 우리의 순종을 확증하는 약속을 통해 가르치는 것을 말하는 것으로 시작했다.[8)] 하나님의 약속들은 그분의 계명 및 경고와 구별되어야 한다. 왜냐하면 약속은 우리에게 어떤 의무를 말하거나 우리가 의무를 이행하지 못했을 때 하나님이 어떻게 행하실지에 대해 말하지 않기 때문이다. 오히려 하나님의 약속들은 그분의 주권적 자비와 선하신 즐거움에 동기를 부여받아 하나님이 우리를 위해 행하실 것을 확증하는 것이다.

---

7) Spurstowe, *The Wells of Salvation Opened* Edward Leigh, *A Treatise of the Divine Promises* (London: A. Miller for Henry Mortlocke, 1657), Andrew Gray, "Great and Precious Promises," *The Works of Andrew Gray* (재판, Ligonier, Pa.: Soli Deo Gloria, 1992), pp. 115~168.

8) Leigh, *A Treatise of the Divine Promises*, p. 1.

따라서 약속은 특히 우리에게 유익을 줄 진리를 계시한다. 약속은 하나님이 우리를 유복하게 하실 선이나 우리에게서 제거하실 악에 대한 그분의 뜻을 선언한다. 하나님의 약속들은 하늘에 계신 우리 아버지께서 우리에게 전하시는 복의 창고이자 은혜의 상자다.

에드워드 리는 하나님의 약속들은 "우리의 소망의 근거, 우리의 믿음의 대상, 기도의 법칙"이라고 말한다.[9] 우리는 하나님이 주겠다고 이미 선언하신 것 외에는 어떤 것도 바랄 수 없기 때문에 하나님이 우리에게 약속하신 것만을 바란다. 우리가 주님이 우리에게 약속하신 것을 바란다면 우리의 소망은 견고하다. 하나님의 약속들이 없으면 우리는 절망적이거나 소망이 지나친 것이다.

또한 하나님의 약속들은 그것들을 약속하신 분으로 말미암아 약속된 것은 무엇이든 믿을 수 있다는 점에서 우리 믿음의 대상이다. 우리는 그것들이 인간의 약속이 아니라 하나님의 약속이기 때문에 믿을 수 있다. 발람은 민수기 23장 19절에서 하나님의 약속들을 믿는 이 믿음을 강조하면서 이렇게 말한다. "하나님은 사람이 아니시니 거짓말을 하지 않으시고 인생이 아니시니 후회가 없으시도다 어찌 그 말씀하신 바를 행하지 않으시며 하신 말씀을 실행하지 않으시랴." 하나님의 약속들은 하나님이 그것들 배후에 계시므로 확실히 믿을 만한 말씀이다. 약속이 없으면 무엇을 믿든 간에 그것은 단지 억측에 불과하다(히 11:11).

마지막으로 하나님의 약속들은 곧 기도의 법칙이다. 우리는 하나님이 약속하신 것을 바라고 믿는 것처럼 하나님이 약속하신 것을 위해 기도해야 한다. 다윗은 사무엘하 7장 27절에서 "만군의 여호와 이스라엘의 하나님이여 주의 종의 귀를 여시고 이르시기를 내가 너를 위하여 집을 세우리라 하셨으므로 주의 종이 이 기도로 주께 간구할 마음이 생겼나이다"라고 기도할 때 이것을 증명한다. 하나님의 약속을 붙들고 있었기에 다윗의 소망은 견고하게 되고 다윗의 믿음은 강하게 되었을 뿐만 아니라 다윗의 기도도 촉진되고 활력 있게 되었다(참고. 눅 1:38). 확실히 우리에게는 하나님의 약속들이 없으면 기도도 없다.

하나님의 약속들에 대한 다섯 편의 설교 가운데 첫 번째 설교에서 앤드루 그레이는 약속을 "하나님이 죄인들에게 베푸시는 **호의**, 아울러 그들에게 어떤 영적, 시간적 선을 베풀거나 그들에게서 어떤 영적, 시간적 악을 거두시는 것에 대한 **목적**, **의도**, **계약**에 대한 은혜로운 발표"로 정의했다.[10] 다시 말하면 하나님의 약속은 죄인들에 대한 하나님의 호의, 목적, 의도를 선언한다. 하나님의 약속은 우리 주 하나님이 우리를 위해 **행하실** 것을 계시한다. 곧 하나님이 행하기를 **바라거나** 행하기를 **시도할** 것을 계시하는 것이 아니라 하나님이 우리를 위해 이미 행하신 것과 **성취하기로** 맹세하신 것을 계시한다. 그레이는 약속을 하심으로써 주님이 그것을 확실히 일어나도록 하는 데 있어서 그것에 매이고 종사하게 된다는 것을 강조하기 위해 **계약**이라는 말을 추가로 사용한다. 약속을 하고 그 약속에 매이신 분에게 성취의 확실성이 달려 있다는 점에서, 이것은 하나님의 약속은 **진리**에 대한 약속이라는 에드워드 리의 요점과 일치한다.

윌리엄 스퍼스토도 하나님의 약속들은 "하나님의 의지의 선언으로 그것들을 통해 하나님은 자신이 값없이 베푸실 특정한 선한 일과 자신이 제거하실 악한 일이 무엇인지 알리신다"고 말함으로써

---

9) Leigh, *A Treatise of the Divine Promises*, pp. 4~5.

10) Gray, "Great and Precious Promises," in *Works*, p. 117. 강조 표시는 추가한 것이다.

하나님의 약속들의 본질에 대해 똑같은 사실을 지적했다.[11] 이런 의미에서 하나님의 약속은 하나님의 목적과 수행, 하나님의 선에 대한 의도와 하나님이 사랑하는 자들에게 그것을 시행하는 것 사이에서 일어나는 일종의 "중간 사건"이라고 스퍼스토는 말했다. 이것은 하나님이 우리를 위해 행하기로 목적하고 의도하는 선을 약속의 형태로 우리에게 미리 계시해서 현재에 대해서는 우리를 위로하고, 미래에 대해서는 소망과 기대를 이끌어 낸다는 점에서 보아 과연 그렇다. 따라서 약속은 현재의 위로와 미래의 복에 대한 기대의 근거다.

에드워드 리와 마찬가지로, 스퍼스토도 하나님의 약속을 하나님의 경고 및 명령과 구분하는 것이 중요하다고 이해했다. 약속은 경고와 다른데 그 이유는 약속에서 하나님은 악보다 선을 선언하기 때문이다. 또 약속은 명령과도 다른데 그 이유는 약속은 마땅히 행해야 할 의무보다는 값없이 부여되는 선과 관련되어 있기 때문이다.

나아가 스퍼스토는 하나님의 약속들은 신자들에게 "하나님이 자유롭게 제공하신 취소할 수 없는 하나님의 보증[인증]과 선언"이라고 주장했다.[12] 하나님의 약속들은 우리의 믿음과 소망의 대상이다. 왜냐하면 믿음은 하나님이 약속하신 것들을 참되다고 믿고, 소망은 믿음이 믿는 것들의 수행을 기대하는 것이기 때문이다. 하나님은 우리를 위해 행하는 것에 매여 있고, 또 반드시 행하실 것이므로, 우리는 하나님이 약속하신 것을 믿는다. 우리의 믿음이 거짓말하실 수 없는 하나님의 확실한 말씀에 뿌리를 두고 있으므로, 우리는 우리가 믿는 것을 바란다.

마치 삼부 합창으로 노래하는 것처럼 이 청교도 저술가들은 각각 하나님의 약속을 우리가 하나님의 말씀의 성취를 기다릴 때 위로와 확신을 가질 수 있도록, 하나님이 그것들을 수행하시기 전에 우리에게 미리 알려 주신 부여될 선이나 제거될 악에 대한 주권적 선언으로 봤다. 그러나 하나님의 약속들은 성격상 이런 본질적 통일성을 갖고 있지만, 하나님이 주신 약속들의 종류는 무척 다양하다. 우리는 주님이 의도하시는 대로 약속들에서 유익을 얻으려면 이 다양성을 알고 이해해야 한다.

하나님 약속들의 종류의 다양성

매우 철저하지만 유용한 개관을 통해 에드워드 리는 하나님의 약속들은 율법적 약속 또는 복음적 약속, 일반적 약속 또는 특수적 약속, 일차적 약속 또는 부차적 약속, 직접적 약속 또는 간접적 약속, 무조건적(절대적) 약속 또는 조건적 약속으로 분류되고, 각각 현세나 내세와 관련되어 있다고 주장했다. 마찬가지로 그레이도 하나님의 약속들을 무조건적 약속 또는 조건적 약속, 시간적 약속 또는 영적 및 영원한 약속, 특수적 약속(특정 신자에게 하나의 특권으로 주어진 약속) 또는 공통적 약속(그리스도 안에 있는 모든 신자가 권리를 갖고 있는 약속)으로 구분했다.

율법적 약속은 완전한 의를 조건으로 한다. 이 약속의 실례는 예레미야서 7장 23절에서 확인할 수 있다. "오직 내가 이것을 그들에게 명령하여 이르기를 너희는 내 목소리를 들으라 그리하면 나는 너희 하나님이 되겠고 너희는 내 백성이 되리라 너희는 내가 명령한 모든 길로 걸어가라 그리하면 복을 받으리라." 우리의 죄악 된 본성과 하나님의 명령을 하나도 지킬 수 없는 우리의 무능력을 감안하면 이 약속의 종류는, 우리의 머리, 대표, 구주이신 그리스도께서 그것들의 성취가 달려 있는 의를

11) Spurstowe, *The Wells of Salvation Opened*, p. 10.
12) Spurstowe, *The Wells of Salvation Opened*, p. 29.

이루시지 않는 한, 우리에게는 아무 소용이 없다. 우리는 그리스도를 믿는 믿음으로 말미암아 하나님의 율법을 굳게 세우고(롬 3:31; 8:1~4), 그리하여 이 약속들의 상속자가 된다(갈 3:14, 29).

복음적 약속은 믿고 회개하는 것을 조건으로 한다(요 3:36; 고후 7:10). 에드워드 리는 이 약속은 "그의 수고의 공로가 아니라 그리스도의 공로에 따라 그의 인격과 사역이 받아들여지는 일꾼에게" 주어진다고 말했다.[13] 이 약속은 마치 하나님 앞에서 그들의 공로 행위인 것처럼 믿거나 회개하는 자로 말미암아서가 아니라 우리가 하나님 앞에서 공로가 있는 것처럼 받아들여지게 하시는 분인 그리스도로 말미암아 성취된다.

이 두 종류의 약속-율법적 약속과 복음적 약속-은 다른 모든 약속의 뿌리다. 이 두 약속은 믿음의 중요성을 보여줄 뿐만 아니라 하나님의 약속을 상속받는 자들의 믿음은 오직 하나님 율법의 공의의 요청들을 만족시키신 그리스도 안에 있어야 한다는 것을 분명히 한다. 이 두 약속은 그리스도를 위해 주어지는 것이 아니라 그리스도께서 구원하러 오신 자들 곧 신성한 성품에 참여할 자들을 위해 주어진다(벧후 1:4). 어떤 것이든 다른 믿음은 잘못된 것이고, 그러므로 무익하다.

일반적 약속은 하나님이 모든 사람에게 제공하시는 불특정적인 선에 대한 선언이다. 이 약속을 믿고 받아들일 수 있는 자는 한정되어 있지 않은데, 그 이유는 하나님이 이 약속들을 많은 사람의 피난처로, 그리고 죄인들을 그리스도께 이끄는 핵심 수단으로 정하셨기 때문이다(요 6:44~45). 하나님의 은혜로 자기들의 죄를 보고 그리스도를 크게 필요로 하는 자들은 이 제한 없는 약속들을 통해 그들도 그리스도를 바라보고 구원을 찾을 수 있다는 것을 믿도록 이끌린다. 요한복음 3장 16절은 이 일반적 약속을 진술하는 본문이다. "하나님이 세상을 이처럼 사랑하사 독생자를 주셨으니 이는 그를 믿는 자마다 멸망하지 않고 영생을 얻게 하려 하심이라." 반면에 **특수적** 약속은 특정 집단의 사람들에게 주어진다. 출애굽기 20장 12절을 보면, 하나님이 자기 부모를 공경하는 자녀들에게 장수를 약속하신다. 마찬가지로 민수기 25장 12~13절을 보면, 여호와께서 열심 있는 비느하스와 그의 후손들에게만 영원한 제사장 직분을 약속하신다.

일차적 약속은 영적 약속이고, 그러므로 중요성이 매우 큰 약속이다. 이 약속에는 의에 대한 약속(롬 4:5)과 죄사함에 대한 약속(요일 1:9)이 포함된다. **이차적** 약속은 시간적 약속이고, 이 약속에는 고통에서의 해방, 위험에서의 안전, 건강과 부와 같은 것에 대한 약속이 포함된다. 이사야는 여호와께서 "내가 네 수한에 십오 년을 더하고"(사 38:5)라고 말씀하셨을 때 히스기야에게 이 약속을 전했다.

직접적 약속은 로마로 가는 배에서 폭풍을 만난 바울과 같은 사람들에게 주어진 명시적인 서약이다(행 27:22~25). 이때 한 천사가 바울에게 "바울아 두려워하지 말라 네가 가이사 앞에 서야 하겠고 또 하나님이 너와 함께 항해하는 자를 다 네게 주셨다"(24절)고 말했다. 결과를 수반하고 결과에 따라 추론되는 **부차적** 약속은 신실한 성도들의 본보기나 기도로 증명된다. 왜냐하면 하나님이 약속하시는 것이 동등한 상태에 있는 모든 자에게 약속하는 것이기 때문이다. 예를 들어 야고보서 5장 11절에서 야고보는 굳게 서 있는 자들에게 주시는 하나님의 복을 약속함으로써, 고난 속에서 인내하라고 권면한다. 이어서 야고보는 그 약속의 근거를 주께서 욥을 다루시는 것에 둔다. 마찬가지로 우리는 성도들이 기도해서 이후에 얻은 것들을 살펴보면, 그들의 기도 속에서 약속들을 발견한다. 에드워드 리가 말

13) Leigh, *A Treatise of the Divine Promises*, p. 11.

한 것처럼 "신실한 자들이 하나님께 간청하고 하나님이 그 간청을 은혜로 들으시는 것은 하나님이 이런저런 일들 속에서 우리가 간청하는 것을 들으시겠다고 하신 약속 때문이다. 다윗은 시편 22편 4~5절에서 이것을 자신의 믿음의 근거로 삼았다."[14] 나아가 어떤 약속들은 영적인 것이든 시간적인 것이든 현세 또는, 영생에 대한 약속과 같이, 내세와 관련되어 있는 것으로 구분될 수 있다.

마지막으로 가장 중요하게, 우리는 하나님의 약속들을 무조건적 약속과 조건적 약속으로 구분할 수 있다. **무조건적** 약속은 주님이 우리가 할 일과 아무 상관없이 성취하겠다고 결정하시는 것을 선언하는 약속이다. 이런 약속은 그리스도의 동정녀 탄생에 대한 이사야의 예언(7:14)에서 암시되었다. 주님은 이 약속을 절대적, 주권적으로 주셨다.

반면에 **조건적** 약속은 "하나님이 지혜로 자신의 영광과 자기 자녀들의 유익을 위해 가장 좋다고 보시는 것 외에 다른 것은 약속되지 않는다."[15] 하나님의 영광과 우리의 유익에 예속된 조건에 따라 주님은 온갖 시간적 복(나사로가 갖고 있지 못한), 모든 십자가와 환난(욥이 겪은)에서의 자유, 시험(그리스도께서 직면하신)에서의 자유, 부차적 은혜와 성령의 통상적 은사(다양하게 분배하시는[고전 12:8]), 성결하게 하는 은혜(성도들 사이에서 다양하게 나타나는)를 약속하지만, 이것들은 하나님이 자신의 영광과 우리의 유익을 위해 특정 상황 속에서 가장 좋은 것이 무엇인지 알고 계시는 것으로 조건적 약속이다.

따라서 무조건적 약속은 확실하고 주권적인 하나님의 목적을 알려 준다. 반면에 조건적 약속은 하나님이 이 약속들의 성취가 자신을 영화롭게 하고 자기 백성들에게 가장 좋을 경우에 하나님이 행하실 것을 계시한다. 무조건적 약속에 대해 말한다면, 우리는 하나님의 주권적인 즐거움을 수동적으로 수용한다고 말할 수 있다. 하지만 조건적 약속에 대해 말한다면, 우리에게 요구되는 것이 먼저다. 만일 우리가 이 요구를 만족시키지 못하면 큰 영적 위로를 상실할 것이다.

무조건적 약속과 조건적 약속의 중요한 구분에 대해 설명하면서 그레이는 하나님이 자기 아들을 세상에 보내시는 것과 같은 무조건적 약속은 약속 수행에 동반 조건이 없지만, 믿는 자는 구원을 받게 될 것이라는 약속과 같은 조건적 약속은 약속이 성취되기 전에 그리스도인이 충족시켜야 할 어떤 조건이 요구된다고 말했다. 그래서 그레이는 우리에게 이렇게 상기시킨다. "그러나 모든 은혜 언약 속에 조건적 약속은 없다. 하지만 약속된 것이…… 절대적으로 값없는 선물이고, 그 약속의 **조건**은 또 다른 무조건적 약속이라는 점에서, 그것은 무조건적 약속으로 귀속시킬 수 있다."[16] 다시 말하면, 하나님 약속의 뿌리는 하나님의 주권적 선이고, 이 주권적 선에 따라 하나님은 죄인들 속에 있는 어떤 공로가 아니라, 심지어는 조건(믿음, 회개 등)이 요구될 때에도 값없는 은혜로 하나님이 스스로 죄인들에게 선을 행하기를 의도하고 약속하신다는 것이다(딤후 2:25; 행 13:48; 요 6:44~45, 65).

이 모든 종류의 약속을 구분할 때 어떤 유익이 주어질까? 에드워드 리는 "상인들이 자기들이 먹고 사는 상품을 분류하는 것처럼 신자들도 자기들이 의지하는 약속들을 분류한다"고 말했다.[17] 이사야서 40장 31절과 같은 어떤 약속들은 격려를 제공하고, 고린도전서 10장 13절과 같은 어떤 약속들은 위로를 제공한다. 또 어떤 약속들은 상을 약속하고(시 84:11), 또 어떤 약속들은 권세를 약속한다(요

---

14) Leigh, *A Treatise of the Divine Promises*, p. 12.
15) Leigh, *A Treatise of the Divine Promises*, p. 13.
16) Gray, "Great and Precious Promises," in *Works*, p. 117. 강조 표시는 추가한 것이다.
17) Leigh, *A Treatise of the Divine Promises*, p. 16.

1:12). 우리가 다루고 있는 약속이 어떤 종류에 속하는지 알면 그것을 적용할 때 적절하게 인도받을 뿐만 아니라 억측의 악도 방비할 것이다.

하나님 약속들의 장점과 가치

하나님의 약속만큼 뛰어나고, 보배롭고, 감미로운 것은 없다. 성경은 하나님의 약속들을 측량할 수 없는 그리스도의 풍성함, 사랑의 줄, 하나님의 백성들의 기업으로 부른다. 하나님의 약속들은 "영적이고 거룩한 보물이 풍성한 광산, 매우 아름다운 꽃과 약초로 가득 찬 정원이다. 또 모든 시대 온갖 부류의 사람들의 온갖 질병을 고치는 벳새다의 연못이다."[18]

에드워드 리는 하나님의 약속들은 하나님이 그것들을 주신 장본인이고, 그리스도가 그것들을 취득하신 분이기 때문에 보배롭다고 말했다. 하나님의 약속들은 그것들이 값없이 주어지고, 그것들에서 흘러나오는 크고 헤아릴 수 없는 유익 때문에 보배롭다. 하나님의 약속들은 그것들이 영원한 영광과 미덕을 약속하고, 또 그것들을 통해 우리가 신성한 성품에 참여하게 되기 때문에 보배롭다(벧후 1:4).

그레이는 하나님의 약속들이 지극히 보배로운 여덟 가지 이유를 제시했다. 첫째, 하나님의 약속들은 그것들을 위해 큰 대가가 치러졌기 때문에 곧 그리스도의 피가 흘려졌기 때문에 보배롭다. 둘째, 하나님의 약속들은 그것들 안에 큰일이 약속되고 있기 때문에 보배롭다. 셋째, 하나님의 약속들은 그것들을 누리는 그리스도인에게 큰 유익을 제공하기 때문에 보배롭다. 하나님의 약속들은 "그리스도의 형상의 용모를 영혼 속에……그리는 연필이다."[19] 넷째, 하나님의 약속들은 예수 그리스도와 긴밀한 관계 속에 있기 때문에 보배롭다. 하나님의 약속들은 그분에게서 흘러나오는 개울과 시내 외에 무엇이겠는가? 그레이가 말한 것처럼 "본질상 달콤한 이 샘이 어떤 쓴 물을 내보낼 수 있겠는가?"[20]

다섯째, 하나님의 약속들은 그것들이 믿음의 대상 곧 모든 은혜의 보배로운 어머니이기 때문에 보배롭다. 여섯째, 하나님의 약속들은 우리를 그리스도께 안내하고 인도하기 때문에 보배롭다. 하나님의 약속들은 큰 소리로 우리에게 "오, 그리스도께 나아오라!"고 외치지 않는 약속이 하나도 없고, 약속을 통해 나아가는 것이 아니면 예수께 나아가는 길은 절대로 없다. 일곱째, 하나님의 약속들은 모든 시대의 성도가 그것들 속에서 큰 감미로움과 형언할 수 없는 즐거움을 맛보았기 때문에 보배롭다. 여덟째, 하나님의 약속들은 성도들이 그것들에 대해 소중하고 비견할 수 없는 설명서를 갖고 있고, 따라서 우리에게 그것들을 추천하기 때문에 보배롭다. 이런 논증들이 구름 같은 증인처럼 우리를 둘러싸고 있는데 우리가 어떻게 하나님의 약속들의 보배로움을 의심할 수 있겠는가?[21]

스퍼스토는 하나님의 약속들의 장점과 보배로움을 세 가지 핵심 요점에 따라 정리했다. 첫째, 하나님의 약속들은 그리스도께서 그 약속들을 발생시킨 뿌리이자 원리이기 때문에 보배롭다. 둘째, 하나님의 약속들은 다른 모든 은혜를 자라게 하고, 양육시키고, 유지시키는 도구로서 믿음의 대상이기 때문에 보배롭다. 셋째, 하나님의 약속들은 신자들의 관심을 끄는 것이 포함되어 있고, 그들에게 믿을 권리를 부여하기 때문에 보배롭다. 따라서 우리는 빙 돌아 그리스도에게 다시 돌아온다. 곧 그리

---

18) Leigh, *A Treatise of the Divine Promises*, p. 16.
19) Gray, "Great and Precious Promises," in *Works*, p. 157.
20) Gray, "Great and Precious Promises," in *Works*, p. 157.
21) Gray, "Great and Precious Promises," in *Works*, pp. 157~158.

스도에게서 약속들로, 약속들에서 믿음으로, 믿음에서 약속된 것들로, 그리고 약속된 것들에서 다시 그리스도로. 그런데 약속된 것들의 핵심은 그리스도 자신이고, 그분 안에 다른 모든 복이 들어 있다!

마지막으로 하나님의 약속들의 크고 측량할 수 없는 가치에 대해 스퍼스토는 모든 신자의 삶의 원리는 그리스도를 믿는 믿음이지만, 삶을 보존하는 수단은 하나님의 약속들이라고 주장했다.[22] 처음에 우리가 그리스도 안에 심겨지는 것에서 마지막에 그리스도를 충분히 누리는 것에 이르기까지 하나님의 약속들은 우리의 삶과 우리의 성장을 위한 핵심 보조 도구다. 요한일서 2장 12~14절(자녀들, 아비들, 청년들)을 기독교적 삶의 세 단계로 사용해서 스퍼스토는 하나님의 약속들이 삶의 모든 국면에 얼마나 적합한지 보여 주었다. 스퍼스토는 이렇게 말했다.

> 하나님의 약속들은 **아기들의** 젖으로, 아기들은 이 젖을 먹고 자라고, 이 약속들의 풍성한 가슴에서 은혜와 위로를 빨아들인다. 하나님의 약속들은 **청년들의** 증거로, 이 증거를 통해 그들은 악한 자와 맞서 싸우는 힘을 얻고, 그에 대한 승리의 면류관을 얻는 것을 보장받는다. 하나님의 약속들은 **노인들의** 지팡이로, 노년의 야곱처럼 그들은 지팡이 끝에 안전하게 기대고, 하나님을 경배할 수 있다. 그것은 모세의 지팡이처럼 능력의 지팡이가 되고, 아론의 지팡이처럼 점차 자라 싹을 맺고, 꽃을 피우고, 보배 같은 열매를 맺을 것이다. 따라서 하나님의 약속들은 자신을 신자로 여기는 모든 자에게 통상적인 관심 이상의 것을 갖고 있고…… 그들이 약속들을 자주 사용하고 적절히 적용하는 데 게으르고[무기력하고] 부주의하지 않게 한다.[23]

이렇게 청교도의 글을 통해 하나님의 약속들의 본질, 다양한 종류, 그리고 그것들의 보배로움에 대해 간략히 살펴봤다. 이 세 가지 요점을 감안하면, 우리는 이미 이전보다 하나님의 약속들에 대해 더 깊은 지식을 갖게 되었다. 그러나 우리는 사실 청교도가 가르친 것을 간신히 겉만 긁었다. 만일 이 보석과 보화가 우리의 연구의 표면 위로 쉽게 떠오른다면 날마다 경험적으로, 그리고 실제로 이 약속들을 사용할 때 우리는 얼마나 엄청난 다이아몬드를 발견하게 될까?

하나님 약속의 올바른 사용

만일 하나님의 약속들이 모두 우리가 확인한 그대로라면, 그것들은 이 세상에서 우리가 숨 쉬는 공기보다 더 유용하다. 만일 하나님의 약속들 배후에 하나님이 지지자로, 그리고 그것들 속에 본질로 계신다면, 우리는 땅에서 하나님의 약속들보다 천국에 대해 더 큰 보장책이 없고, 하나님을 충분히 즐거워하는 더 큰 길을 갖고 있지 못하다. 만일 하나님의 약속들이 우리에게 복을 베푸시는 하나님의 손이라면, 삶 속에서 그것들이 무엇인지, 그리고 그것들에서 어떻게 유익을 얻는지 아는 것보다 더 본질적인 일은 없다. 하나님의 약속들이 무엇인지 확인했으므로, 이제 하나님의 백성으로서 우리에게 아무 값없이 주어진 약속들을 사용하는 법을 고찰해 보도록 하자(벧후 1:3~4).

에드워드 리는 하나님의 약속들을 올바르게 사용하는 것을 다루는 장을 시작할 때 이렇게 말하는

22) Spurstowe, *The Wells of Salvation Opened*, p. 2.
23) Spurstowe, *The Wells of Salvation Opened*, pp. 2~3.

것으로 시작했다. "하나님의 약속을 올바르게 사용하는 것은 우리의 모든 고통을 완화시키고, 우리의 믿음을 확증하고, 선을 행하도록 우리를 자극하며, 무엇이든 모든 상태와 조건 속에서 마음의 [만족을] 향상시키는 수단이다."[24] 만일 이런 유익이 하나님의 약속들을 올바르게 사용할 때 나온다면 우리는 그것에 포함되는 것이 무엇인지 묻지 않을 수 없다. 우리는 하나님의 약속들을 올바르게 사용하는 것은 하나님의 약속을 믿는 것, 하나님의 약속을 적용하는 것(하나님의 약속을 의지하는 것), 그리고 하나님의 약속에 대해 기도하는 것을 포함한다고 주장할 것이다.

이 권면들은 너무 당연해서 부질없는 것처럼 보일 수 있지만 사실은 그렇지 않다. 때때로 하나님 말씀을 믿는 것이 얼마나 어려울까! 우리는 다른 버팀대를 붙잡고 있을 때 하나님 말씀을 의지하기 위해 하나님 약속의 가르침을 실제 삶 속에 적용하는 것을 얼마나 자주 망각하고, 기도할 때 하나님의 약속들을 취하는 것을 얼마나 싫어할까! 그러므로 이 권면들은 우리가 하나님의 약속들에서 유익을 얻으려면 날마다 규칙적으로 우리 앞에 둬야 한다.

우리는 하나님의 약속들을 믿어야 한다

우리 가운데 많은 이들이 성경은 하나님의 약속으로 충만하다는 것을 알고 있다. 우리 가운데 많은 이들이 그렇게 하도록 요구를 받으면 이 약속들을 더러 인용할 수도 있다. 그러나 우리 가운데 실제로 그 약속들을 믿는 자는 무척 드물고, 그 약속들이 우리의 쓰라린 고통을 완화시키고, 시험 아래에서 빈약하고 비틀거리는 우리의 믿음을 확증하고, 역경에도 불구하고 의무를 감당하게 하며, 혼란과 격변의 시기에 설명할 수 없는 만족을 제공했을 때에 이에 대해 증언할 수 있는 자는 거의 없다. 우리 가운데 예루살렘에 대한 하나님의 심판을 통탄한 후에 하나님 언약의 약속에서 지속적인 위안을 찾은 예레미야의 위로를 아는 자는 별로 없다. 예레미야애가 3장 21~23절을 보면 예레미야 선지자가 이렇게 기도한다. "이것을 내가 내 마음에 담아 두었더니 그것이 오히려 나의 소망이 되었사옴은 여호와의 인자와 긍휼이 무궁하시므로 우리가 진멸되지 아니함이니이다 이것들이 아침마다 새로우니 주의 성실하심이 크시도소이다." 우리는 하나님의 약속들이 참되고, 우리에게 주어진 것을 알고 있지만, 하나님이 약속하신 것을 믿는 초보 단계에서 너무 자주 실패하고, 그러므로 그 약속들의 열매를 맛보지 못하고 만다.

히브리서 저자가 광야에서의 이스라엘에 대해 종종 말한 것은 하나님의 약속을 믿지 못하는 우리의 실패를 묘사하려고 함이다. "그들과 같이 우리도 복음 전함을 받은 자이나 들은 바 그 말씀이 그들에게 유익하지 못한 것은 듣는 자가 믿음과 결부시키지 아니함이라"(히 4:2). 또 히브리서 3장 19절이 말하는 것과 같다. "그들이 믿지 아니하므로 능히 [하나님의 안식에] 들어가지 못한 것이라." 이스라엘은 믿었더라면 하나님의 약속들의 실체 즉 하나님의 안식을 누렸을 것이다.

따라서 우리는 그리스도께서 부정한 영이 들린 소년의 아비에게 하신 것처럼 하나님이 우리에게도 그렇게 하실 줄을 알고, 그 아비처럼 하나님께 부르짖어야 한다. "내가 믿나이다 나의 믿음 없는 것을 도와 주소서"(막 9:24). 하나님은 우리의 약한 믿음을 용서하고, 자신의 영으로 역사해서 우리의 믿음을 강화시키심으로써, 우리가 그리스도 안에서 하나님이 우리에게 약속하신 것을 모두 누리게

---

24) Leigh, *A Treatise of the Divine Promises*, pp. 23~24.

하실 것이다. 그러므로 하나님의 약속들에 직면했을 때, 우리는 "뒤로 물러가 멸망할 자가 아니요 오직 영혼을 구원함에 이르는 믿음을 가진 자다"(히 10:39).

하나님의 약속들을 믿는 적극적이고 활력적인 믿음의 필요성은 베드로후서 1장 4절에 묘사되어 있다. 거기서 우리는 우리가 신성한 성품에 참여하고 정욕 때문에 세상에서 썩어질 것을 피하게 되는 것은 하나님의 약속으로 말미암아 또는 우리가 하나님의 약속을 믿음으로 말미암아서라는 말을 듣는다. 그리스도와 연합되고 하나님에 대해 성결하게 되는 것은 하나님의 주권적 행위로 우리에게 임하는 것이고, 우리 자신이 이루는 어떤 것이 아니지만, 5~11절에서 베드로가 계속 천명하는 것처럼, 우리가 그리스도 안에 있고, 일상적 경험 속에서 그리스도를 위해 구별된 것을 누리는 것은 믿음으로 이 연합과 성결을 적용시키기에 가능하다는 것은 여전히 사실이다. 우리가 갖고 있는 것은 하나님이 주신 것이지만, 우리는 그것을 오직 믿음으로만 경험으로 누릴 수 있다. 이 믿음은 단순한 동의가 아니라 우리가 하나님의 약속들을 붙잡는 포옹하는 믿음이다. 이 믿음은 약속들을 기꺼이 받아들이고, 그것들을 붙잡고, 그것들을 포옹하며, 그것들에 입맞춤하는 믿음이다. 우리의 마음이 하나님의 약속들을 이런 식으로 붙잡을 때, 시므온과 같이, 우리도 확실하게 팔로 그리스도를 안게 될 것이다(눅 2:28).[25]

앤드루 그레이는 하나님의 약속들을 통해 그리스도인에게 흐르는 형언할 수 없는 유익은 그것들을 믿는 믿음 행위를 통해 누리게 된다고 말했다. 왜냐하면 약속들을 믿을 때 영혼은 "거룩함과 지혜와 의로움에 있어서 [그리스도를] 닮아가고 일치하게 되기" 때문이다.[26] 우리는 만일 하나님이 말씀하신 것을 신실하게 믿지 못한다면 그리스도의 복을 기대할 수 없다. 그레이가 말한 것처럼 "우리는 모든 약속의 열매는 약속들을 믿음으로써, 그리고 그것들을 적용할 때 주어진다는 것을 명심해야 한다."[27]

따라서 그레이는 약속들을 믿는 믿음의 열매에 대해 설명했다.[28] 그레이는 다음과 같이 말했다. 첫째, 하나님의 약속을 믿게 되면 죄를 죽이는 어려운 작업이 크게 강화된다. 고린도후서 7장 1절에서 우리에게 말하는 것과 같다. "그런즉 사랑하는 자들아 이 약속을 가진 우리는 하나님을 두려워하는 가운데서 거룩함을 온전히 이루어 육과 영의 온갖 더러운 것에서 자신을 깨끗하게 하자."

둘째, 하나님의 약속을 믿는 것은 그리스도인이 영적이고 거룩한 기도를 수행하는 데 도움을 준다. 사무엘하 7장 27절을 보면, 다윗이 하나님의 약속을 받아들이고 이렇게 결론을 내린다. "주의 종이 이 기도로 주께 간구할 마음이 생겼나이다." 시편 119편 147절을 보면 다윗은 "내가 날이 밝기 전에 부르짖으며 주의 말씀을 바랐사오며"라고 말한다.

셋째, 하나님의 약속을 믿는 것은 영적 황폐와 시험으로 고통받는 그리스도인에게 힘을 준다. 왜냐하면 "믿음은 아무리 큰 고통 속에 있을지라도 다가오는 아침을 볼 것이기" 때문이다(참고, 시 94:18; 119:81).[29]

넷째, 하나님의 약속을 믿는 것은 아무리 슬픈 고통 속에서라도 인내와 복종을 촉진시킨다. 다윗이 다음과 같이 말하는 것과 같다. "이 말씀은 나의 고난 중의 위로라 주의 말씀이 나를 살리셨기 때

25) Leigh, *A Treatise of the Divine Promises*, pp. 25~26.
26) Gray, "Great and Precious Promises," in *Works*, p. 158.
27) Gray, "Great and Precious Promises," in *Works*, p. 158.
28) Gray, "Great and Precious Promises," in *Works*, pp. 158~163.
29) Gray, "Great and Precious Promises," in *Works*, p. 160.

문이니이다", "주의 법이 나의 즐거움이 되지 아니하였더면 내가 내 고난 중에 멸망하였으리이다"(시 119:50, 92).

다섯째, 하나님의 약속을 믿는 것은 그리스도인이 세상과 거리를 두고 땅에서 순례자로 사는 데 더 주력하도록 도움을 준다. 히브리서 11장 13절은 우리에게 족장들이 약속된 것을 받지 못했으나 약속된 것이 땅에서는 발견되지 않고 하나님 안에 있었기 때문에(16절) 그것들이 진실임을 인정하고, 믿음을 따라 죽었다고 말한다. 그들은 하나님의 약속을 "땅에서는 외국인과 나그네"로 경험했다.

여섯째, 하나님의 약속을 믿는 것은 많은 영적 기쁨과 신적 위로의 어머니로서, 그리스도인이 하나님을 찬양하는 데 도움을 준다. 다윗은 이 약속들에 대해 소망을 품고 있었기 때문에 "나는 항상 소망을 품고 주를 더욱더욱 찬송하리이다"(시 71:14)라고 말하게 되었다. 베드로는 하나님의 약속이 그리스도에 대해 말하는 것과 우리가 그리스도를 소망할 때 우리의 것이라는 확신으로 말미암아 주어지는 말할 수 없는 영광스러운 즐거움에 대해 말했다(벧전 1:8~9).

일곱째, 하나님의 약속을 믿는 것은 영적 생명을 얻는 획기적인 수단이다(사 38:16; 시 119:50). 그레이는 이렇게 물었다. "우리의 마음이 종종 우리 안에서 돌처럼 죽어가고, 우리가 죽은 자들 속에서나 자유로운 자들처럼 되는 주된 이유는 무엇인가? 그것은 우리가 하나님의 약속들을 활용하지 못하기 때문이 아닌가?"[30]

여덟째, 하나님의 약속을 믿는 것은 그리스도인으로 하여금 약속된 것을 소중히 여기게 한다. 그레이는 이렇게 물었다. "우리는 왜 영원한 언약의 큰일들이라는 제목 아래 기록하지 못하는가? 이것이 작은 성읍 소알인가? 우리가 믿지 아니하기 때문이 아닌가?" 그레이는 계속해서 이렇게 말했다. "만일 우리가 겨자씨만한 믿음만 갖고 있다면 이렇게 외칠 수 있을 것이다. '성도들이 취득한 이 일들은 얼마나 좋고, 모든 것을 충분히 규제하고 확실한 영원한 언약의 한 노선에 따라 그들이 오직 권리를 갖고 있으니 이 일들은 얼마나 영원히 계속될까!'"[31]

아홉째, 믿음은 약속들의 성취로 들어가는 문이다(눅 1:45; 사 25:9). 그레이는 이렇게 말했다. "하늘의 자비와 관련해서 말할 때, 믿음은 우리의 생각을 높이 올라가게 하고, 불신앙은 우리의 생각을 아래로 내려가게 한다."[32]

열째, 하나님의 약속을 믿는 것은 베드로후서 1장 4절에 언급된 유익을 얻게 한다. 곧 우리는 타락할 때 잃어버린 하나님과 복된 일치 속에 들어가고, 또 우리는 타락으로 말미암아 우리의 영혼 속에 새겨진 사탄의 형상의 추한 오염을 벗어 버리게 된다.

그러므로 하나님의 약속을 믿는 믿음은 얼마나 열매가 많고, 불신앙의 삶은 얼마나 메마른 것일까! 당연하게도 하나님의 약속을 믿음으로써 얻게 되는 엄청난 수확을 알고, 마귀는 하나님의 약속을 믿는 우리의 믿음에 어떻게든 타격을 가해야 한다고 느낀다. 아니 하나님의 약속들의 진리를 믿는 믿음보다는 오히려 이 약속들을 우리 자신에게 적용시키는 믿음을 갖지 못하게 해야 한다고 느낀다.[33]

에드워드 리와 그레이의 견해를 반영해서 윌리엄 스퍼스토는 우리에게 "복음의 약속들은 참되다

---

30) Gray, "Great and Precious Promises," in *Works*, p. 162.
31) Gray, "Great and Precious Promises," in *Works*, p. 162.
32) Gray, "Great and Precious Promises," in *Works*, p. 163.
33) Leigh, *A Treatise of the Divine Promises*, p. 31.

는 것을 단순히 동의하는 것 이상으로는 나아가지 못하고, 이 약속들을 유익한 것으로 받아들이고 인정한다고 선포하지 못하는 일반적 믿음에 안주하지 않도록" 경고했다. 참된 믿음은 단순한 이해 행위가 아니라 로마서 10장 10절이 우리에게 말하는 것처럼 마음의 역사라고 스퍼스토는 말했다.[34] 참된 믿음은 약속들의 진리에 대한 동의를 낳고, 그리하여 그리스도께 가까이 나아가 그 약속의 열매를 받아들이고, 그리스도께 생명과 행복을 맡기게 한다. 확실히 단순한 동의에 그치는 믿음의 위험성은 시몬 마구스(행 8:13, 23), 그리스도에 대해 들은 무리(요 2:23), 미련한 다섯 처녀(마 25:11)에게서 찾아볼 수 있는데, 이들은 각각 하나님의 약속을 믿은 것이 사실이지만, 이 약속들을 유익한 것으로 받아들이고 붙잡지는 못했다.

귀신들의 동의하는 믿음(마 8:29)과 참 신자들의 의지하는 믿음(마 16:16) 간의 차이는 얼마나 클까! 왜냐하면 전자는 단순한 인정에 불과하지만 후자는 신적 신뢰이기 때문이다.[35] 성경은 참 신자들의 의지하는 믿음을 하나님을 의뢰하며 의지하는 것(사 50:10), 하나님을 신뢰하는 것(사 26:4), 하나님을 받아들이는 것(골 2:6), 하나님께 나아오는 것(요 6:36)으로 묘사할 때 이것을 분명히 한다. "이상의 모든 묘사는 그리스도를 붙들고 붙잡을 때 나타나는 그리스도를 향한 영적 동기와 감정에 대해 말하는 것으로 오직 신자들만이 행사하는 것이다."[36]

반면에 비신자(종종 위선자와 버림받은 자로 묘사되는)는 하나님을 앙모하지 않거나 구하지 않고(사 31:1), 하나님을 의지하지 않고(시 78:22), 그리스도를 영접하지 않고(요 1:11), 그리스도께 나아오지 않는데(요 5:40), 그 이유는 그들의 믿음은 단순히 "구원하는 믿음에 동반된 능력과 효력을 [결여하는] 믿음의 형식"이기 때문이다.[37]

그리스도와 그분의 약속은 모든 사람에게 유익이 주어지는 것이 아니라 그리스도와 그분의 약속을 특별히 믿음으로 자신에게 적용시키는 자들에게만 유익이 주어진다.[38] "그리스도의 약속들에서 나오는 위로와 평강의 참된 즐거움을 바라는 자는 누구나 별로 가치가 없는 일반적 동의로 만족해서는 [안 되고], 그리스도와 그분의 약속을 [신뢰로] 자신에게 적용시킴으로써 그것들에 대해 특별한 관심을 갖고 있음을 분명히 하고 증명하도록 힘써야 한다."[39]

따라서 우리는 하나님의 약속들의 진리성에 동의할 뿐만 아니라 우리의 지위에 따라 우리에게 유익하고 당연히 적용되는 것을 신뢰하는 것으로 믿어야 한다. 왜냐하면 그레이가 말한 것처럼 "그리스도는 여러분이 논쟁하지 않고 믿는 것과 여러분이 그리스도께서 그 약속들을 믿도록 촉구하시므로 그 약속들을 여러분의 필수품으로 간주하는 것을 매우 소중히 여기실 것이기 때문이다."[40]

우리는 하나님의 약속들을 적용시켜야 한다

하나님의 약속들을 적용시킨다는 것은, 요약하면 우리가 하나님의 약속들이 우리의 삶 속에서 실

---

34) Spurstowe, *The Wells of Salvation Opened*, p. 111.
35) Spurstowe, *The Wells of Salvation Opened*, p. 113.
36) Spurstowe, *The Wells of Salvation Opened*, p. 114.
37) Spurstowe, *The Wells of Salvation Opened*, p. 114.
38) Spurstowe, *The Wells of Salvation Opened*, p. 115.
39) Spurstowe, *The Wells of Salvation Opened*, pp. 120~121.
40) Gray, "Great and Precious Promises," in *Works*, p. 128.

현되기를 게으르게 앉아 기다리지 않고, 오히려 성령의 은혜로 이스라엘 왕이 그의 장관의 손을 의지하고(왕하 7:2), 다윗이 자신의 주머니 속의 돌을 의지하며(삼상 17:40), 엘리야의 사환이 바다 쪽을 보고 비구름이 몰려오기를 고대했던(왕상 18:43~44) 것처럼 하나님의 약속들을 의지해야 한다는 것을 의미한다.

우리는 왕이 자기 장관의 손을 의지한 것처럼 진지하고 부지런히 묵상함으로써 하나님의 약속들을 의지해야 한다. 다시 말하면 우리는 하나님의 약속들을 일관되게 의지함으로써 그 안에 있는 "달콤함을 이끌어 내고 아름다움을 찾아낼 수 있다"고 스퍼스토는 말했다.[41] 우리는 한 양동이 물을 퍼냄으로써 우물을 다 비우거나 물 한 냄비로 흙을 씻어냄으로써 강에서 모든 금을 추출할 것을 기대하는가? 우리는 그것을 대충 읽어 보거나 그것을 기계적으로 암기하는 것으로 그 모든 가치 곧 위로, 위안, 격려, 확신에 대한 약속을 비워낼 것을 기대해서는 안 된다.

스퍼스토는 특정 약속에 대한 묵상은 밤하늘을 바라보는 것과 같다고 말했다.[42] 처음에 우리는 우리에게 그 빛을 비추려고 애를 쓰는 것처럼 보이는 한두 개의 별을 본다. 그런데 다시 볼 때 우리는 처음에는 볼 수 없었던 다른 별들을 볼 수 있다. 마지막으로 우리가 한 번 더 보게 되면 별빛이 크게 증가해서 모든 방향에서 무수한 별들이 반짝거리며 온 하늘이 봐 달라고 서 있는 것처럼 보인다.

스퍼스토는 이렇게 말했다. "적용에 대해 말한다면, 그리스도인은 처음에 하나님의 약속에 대한 자신의 생각에 시선을 둘 때 그들을 비추는 빛과 위로는 종종 두려움이나 어둠을 몰아내지 못하는 약하고 불완전한 광선처럼 보인다. [하지만] 다시 하나님의 약속에 대한 자신의 생각을 성숙시키고 진전시킬 때 그 약속들이 영혼에 제공하는 증거와 위로는 더 명확해지고 명백해진다. 그러나 마음과 감정이 충분히 약속을 묵상하는 데 고정되면, 오! 믿음의 눈에는 그 약속이 얼마나 더 밝게 비칠까! 그때는 신자의 영혼을 황홀하게 하고 즐거움으로 채우는 무수한 아름다움이 약속의 모든 면에서 나타날 것이다!"[43]

따라서 우리의 문제는 하나님의 약속에 대한 믿음이 부족한 것에 있는 것이 아니라 그 약속들을 의지하기 위해 실제로 삶 속에 적용하지 못하는 것에 있다. 우리는 성경을 읽고 우리의 상황에 대해 직접 말하는 특정 약속을 만날 때 그 약속에 마음으로 '아멘'이라고 반응하지만 성경을 덮을 때 우리의 마음도 금방 덮어 버리고, 더 이상 그것을 생각하지 않음으로써, 하나님의 약속과 상관없이 사는 길을 다시 획책하게 된다. 그것은 단순히 우리가 하나님의 약속을 알고 동조하기만 하면, 하늘에서 우리 무릎 위로 약속의 성취가 떨어질 것이라고 기대하는 것과 같다. 그 약속의 성취가 일어나지 않을 때 우리는 또 다른 약속을 찾고, 그것이 효과적으로 우리 위에 빛을 비추기를 바란다.

문제는 약속이 아니다. 우리가 우리의 입으로 그 달콤함을 맛볼 때까지 묵상할 때 그 약속을 의지하고, 그 약속을 제시하고, 그 약속을 깊이 숙고하지 못하는 것이 문제다. 우리가 "약속의 깊은 곳으로 뛰어들고", "약속의 틈 속으로 파고드는" 것은 묵상을 통해서다.[44] 왜냐하면 스퍼스토가 말한 것처럼 "철저히 반추되고 묵상된 하나의 약속은 잘 씹히고 소화된 고기 한 조각과 같아서 통째로 먹은

41) Spurstowe, *The Wells of Salvation Opened*, p. 78.
42) Spurstowe, *The Wells of Salvation Opened*, p. 78.
43) Spurstowe, *The Wells of Salvation Opened*, pp. 78~79.
44) Spurstowe, *The Wells of Salvation Opened*, p. 80.

다량의 고기보다 몸에 더 큰 양분과 힘을 제공하기"[45] 때문이다. 하나님의 약속들을 적용하는 것은 우리 사상의 참된 무게와 분량이 포도즙 짜는 통처럼 약속을 "강화제와 강장제"로 만들 때까지, 우리의 마음을 하나님의 약속들에 고정시킨다는 것을 의미한다.[46]

하나님의 약속들을 적용하는 것은 항상 어떤 특정 약속들을 붙잡는다는 것을 의미한다. 우리는 강물이 우리 주위에서 언제 불어날지 알 수 없지만, 준비가 되어 있다면 얼마든지 높은 곳으로 피할 수 있다. 우리는 언제 고통으로 몹시 괴롭게 될지 알 수 없지만, 약을 준비하고 있다면 신속하게 고통에서 벗어날 수 있다. 마찬가지로 우리는 언제 시험에 직면할지, 언제 고난이 엄습할지, 경륜이 어떤 결과를 가져올지, 우리 마음속에서 언제 의심이 일어날지 알 수 없을 것이다. 하지만 왜 우리가 불시에 습격을 받아야 할까? 왜 우리가 대책을 세우기 전에 시험이 올 때까지 기다려야 할까? 하나님의 약속들을 적용하는 것은 다양한 시험들과 관련된 약속들을 "준비 완료 상태로" 항상 옆에 둠으로써 어떤 일이 임하든 간에 우리가 하나님의 도우심과 위로에 의지한다는 것을 의미한다.

스퍼스토는 우리가 항상 옆에 둘 수 있는 다양한 약속들을 제시했다. 우리는 죄로 괴로워하고 절망에 빠져 있을 때 출애굽기 34장 6~7절의 돌판을 찾아갈 수 있다. "여호와께서 그의 앞으로 지나시며 선포하시되 여호와라 여호와라 자비롭고 은혜롭고 노하기를 더디하고 인자와 진실이 많은 하나님이라 인자를 천대까지 베풀며 악과 과실과 죄를 용서하리라 그러나 벌을 면제하지는 아니하고" 만일 우리가 거룩하지 못한 것에 대해 슬퍼하고 있다면 호세아서 14장 5~7절을 찾아갈 수 있다. 거기 보면 하나님이 우리의 모든 은혜를 심고 물 주신다고 약속하신다. "내가 이스라엘에게 이슬과 같으리니 그가 백합화 같이 피겠고 레바논 백향목 같이 뿌리가 박힐 것이라 그의 가지는 퍼지며 그의 아름다움은 감람나무와 같고 그의 향기는 레바논 백향목 같으리니 그 그늘 아래에 거주하는 자가 돌아올지라 그들은 곡식 같이 풍성할 것이며 포도나무 같이 꽃이 필 것이며 그 향기는 레바논의 포도주 같이 되리라." 우리가 위험에 처했을 때 이사야서 43장 2~3절에서 이끌어 낼 수 있는 격려와 위로를 생각해 보라. "네가 물 가운데로 지날 때에 내가 너와 함께 할 것이라 강을 건널 때에 물이 너를 침몰하지 못할 것이며 네가 불 가운데로 지날 때에 타지도 아니할 것이요 불꽃이 너를 사르지도 못하리니 대저 나는 여호와 네 하나님이요 이스라엘의 거룩한 이요 네 구원자임이라 내가 애굽을 너의 속량물로, 구스와 스바를 너를 대신하여 주었노라." 하나님은 환난에서 우리를 구원하거나 환난 가운데 있는 우리를 도와주겠다고 약속하시지만 어느 쪽이든 우리는 이런 약속을 항상 옆에 두고 있으면 큰 위로를 얻는다.

나는 이 글을 쓰고 몇 주 되지 않아 첫 번째 실례에 대해 증언했다. 나는 금방 암 진단을 받은 런던의 귀중한 중년의 한 신자를 보살펴 달라는 부탁을 받았다. 그런데 그녀는 심지어 심각한 신장 질환을 가진 두 맹아 아이를 위해 은혜를 구하고 있었는데, 그 중의 한 아이는 불과 몇 주 밖에 살 수 없을 것으로 예상되었다. "이 모든 시련을 어떻게 극복하려고 합니까?"라고 묻자 그녀는 미소를 지으며 이렇게 대답했다. "제게 주님은 매우 좋으신 분이었습니다. 주님은 자신의 보배로운 약속들을 제 마음속으로-종종 밤 시간에-계속 끌고 들어오십니다. 그런데 그 중에는 제가 오랫동안 잊고 있었던 약속들도 있습니다. 주님의 약속은 저의 모든 시련에 충분한 것 이상입니다."

---

45) Spurstowe, *The Wells of Salvation Opened*, p. 79.
46) Spurstowe, *The Wells of Salvation Opened*, p. 81.

우리는 하나님의 약속들을 모르고 있을 때 얼마나 잃어버리는 것이 많을까! 우리는 하나님의 자녀로서 하나님의 약속들을 의지한다고 믿지만 우리는 그것을 기억해 내지 못한다. 우리는 제자리에 있는 돌판처럼 하나님의 약속들을 항상 옆에 두는 것을 등한시하고, 사자, 곰, 또는 골리앗이 다가오면 빈손임을 느끼고, 유용한 위로와 평강을 잃어버리고 만다. 스퍼스토가 이렇게 말한 것과 같다. "오! 그럴 때 이 약속들에 따라 믿음을 행사하고, 극단적인 최악의 상황 속에서 전능자의 품속에 자신을 맡기는 신자는 얼마나 안전하고 느긋할까! 이것은 입에 젖을 물고 자상한 엄마 팔에 안겨 잠들어 있는 아기와 똑같다. 이때 아기는 잠에서 깨자마자 배고픔을 만족시키고, 불안함을 차단하는 새로운 공급을 받는다."[47]

마지막으로 하나님의 약속을 적용하는 것은 엘리야의 사환이 바다 쪽에서 비구름이 몰려오는지 주시하는 것처럼 하나님의 약속을 주시하고, 그 성취를 인내하면서 기다리는 것을 의미한다. 베드로는 마지막 때에 그리스도의 재림에 대한 약속을 조롱하는 자들에 대해 말하는데, 그들이 그렇게 하는 이유는 "만물이 처음 창조될 때와 같이 그냥 있기" 때문이다(벧후 3:3~4). 사물들이 예상된 것처럼 실현되지 않고, 성취가 오랫동안 그대로 있기 때문에 사람들은 하나님이 거짓말하신다고 조롱하고 기다리는 것을 포기한다. 우리는 하나님의 약속들을 적용하려면 인내해야 하고, 하나님의 약속들에 대한 신뢰를 포기해서 안 되며, 격려와 소망을 위해 날마다 그것들에 의지하고 의존하는 것을 등한시해서는 안 된다. 하나님은 이렇게 약속하셨다. "이는 비와 눈이 하늘로부터 내려서 그리로 되돌아가지 아니하고 땅을 적셔서 소출이 나게 하며 싹이 나게 하여 파종하는 자에게는 종자를 주며 먹는 자에게는 양식을 줌과 같이 내 입에서 나가는 말도 이와 같이 헛되이 내게로 되돌아오지 아니하고 나의 기뻐하는 뜻을 이루며 내가 보낸 일에 형통함이니라"(사 55:10~11).

스퍼스토는 우리는 종종 그동안 약이, 질병이 그들의 몸에 더 큰 힘을 발휘하지 못하도록 막고 있는데도 불구하고, 약이 고통을 즉시 가라앉히지 못하면 아무 효능이 없다고 결론내리는 병자처럼 행동한다고 말했다. 그렇기는 하지만 우리가 어려움 속에 있고, 하나님의 약속이나 규례가 즉각 구원의 능력을 제공하지 않을 때 우리는 참지 못하고, 이 수단들은 아무 소용이 없다고 결론을 내리고 적용을 포기하는 경향이 있다.

하나님의 약속들을 믿지 않는 것은 상상할 수 있는 것보다 더 큰 참화를 가져온다. 왜냐하면 우리는 하나님이 우리 마음속에서 행하시는 사역이 무엇인지 알 수 없지만, 그리고 우리가 보기를 기대하는 열매를 보지 못할 수 있지만, 우리가 하나님의 약속들을 주시하는 것은 항상 우리에게 유익을 주기 때문이다. 하나님의 약속들은 우리의 영혼을 깨끗하게 하고 정화시키는 효과를 갖고 있고 이것을 우리는 인식할 수는 없지만, 우리가 악한 일을 범하지 않고, 죄에 걸려 넘어지지 않을 때 분명히 드러난다. 우리 마음속에서 조용하고 느끼지 못하는 하나님의 약속들의 역사가 없으면, 우리는 벌써 길을 잃었을 것이다. 스퍼스토가 이렇게 말한 것과 같다. "따라서 나는 그들에게 그들의 생각 속에서 하나님의 약속들을 종종 곰곰이 반추해 보고, 기도할 때 이 약속들을 변론으로 내세우고, 말씀 속에서 이 약속들을 읽지만 아무 유익이나 열매가 없다고 불평하는 자들에게 말해줄 것이 있다. 곧 그렇게 할 때 그들은 그렇게 하는 것을 등한시하는 다른 사람들보다 더 거룩하게 되고, 정욕에서 벗어나

---

47) Spurstowe, *The Wells of Salvation Opened*, pp. 95~96.

게 되리라는 것이다. 하지만 이런 영적 및 복된 섬김을 위한 용도로 사용하지 못했다고 해도, 그것들은 [그들] 자신이 취하는 다른 어떤 방법보다 훨씬 나을 것이다."[48] 때때로 하나님의 약속들은 한낮의 봄비처럼 떨어지고, 다른 때에는 새벽에 오는 이슬처럼 감지할 수 없게 우리를 비춘다. 후자의 경우에도 그 활동의 장점이 전자의 경우만큼 실제적이다.

하나님의 약속들을 주시하는 데 있어서 우리의 소망은 성취가 확실히 이뤄질 것이라는 것이다. 하박국서 2장 3절은 낙심하지 말고 주님을 기다리라고 우리에게 권면한다. 하박국은 이렇게 말한다. "비록 더딜지라도 기다리라 지체되지 않고 반드시 응하리라." 주님은 자신의 약속들이 열매를 맺을 때와 시기를 정하셨다. 하지만 그것은 주님의 시간이지 우리의 시간이 아니다. 우리는 주님을 전지하신 하나님으로서 바라보고, 복종과 만족함을 갖고 주님을 기다려야 한다. 왜냐하면 주님의 시간은 완전하기 때문이다. 주님은 결코 늦으시지 않고 항상 제 시간에 역사하신다. 스퍼스토는 이렇게 말했다. "선한 심령은, 그 순종에 대해……하나님이 오랫동안 기다리게 하시지 않겠지만, 하나님이 자신의 약속들에 유익하다고 보시는 동안 기다리고, 다만 다윗과 같이 '주의 종에게 하신 말씀을 기억하소서 주께서 내게 소망을 가지게 하셨나이다'(시 119:49)라고 말할 것이다."[49] 확실히 우리는 "하나님의 약속들은 시를 뿌린 날에 추수하지 않는 것처럼 주어짐과 동시에 이뤄지는 것이 아니다."[50]

그레이는 우리는 하나님의 시간에 따라 기다리고, 우리가 감지하는 것이 약속된 것과 일치하지 않을 때 신뢰를 포기해서는 안 된다고 말했다. 그레이는 우리의 감지는 약속의 한 부분이 아니고, 오히려 주님이 자신이 적합하다고 보는 것에 따라 처리하시는 것은 그분의 자유라고 말한다. 다시 말하면 하나님은 어떤 것을 약속하실 때 감각과 이성이 성취보다 앞서거나 동반할 것이라고 약속하시지 않는다. 우리는 약속의 성취의 개연성이나 확실성을 이런 근거들에 따라 판단해서는 안 된다. 그레이는 이렇게 말했다. "하나님의 약속들을 믿은 직후에 위로를 느낄 수 있을 것이라고 기대하지 마라. 그리스도인은 약속들을 적용할 수 있지만 그 약속들 속에 있는 기쁨과 달콤함은 부족할[결여될] 수 있다."[51]

다윗은 하나님께 자신의 말씀을 이루시라고 부르짖는다. "내 영혼이 진토에 붙었사오니 주의 말씀대로 나를 살아나게 하소서"(시 119:25). 그레이는 이렇게 설명했다. "나는 여러분에게 이렇게 강조할 것이다. 곧 여러분은 약속을 믿기 전에는 절대로 예언하지 마라. 그러나 믿었다면 그 약속은 때가 되면 이뤄질 것이고, 하나님이 말씀하신 것은 반드시 일어날 것이라고 확실히 예상할 수 있다. 그러나 감각, 소생, 위로, 받아들임에 대해 말한다면, 여러분은 그분이 적합하다고 보시는 대로 여러분에게 이 일들을 처리하도록 그리스도의 손에 맡겨야 한다."[52]

나아가 그레이는 큰 믿음과 오랫동안 기다림 끝에 성취되는 약속들은 우리가 망루에서 지평선에 우리의 시선을 고정시키고 많은 밤을 보냈기 때문에 더 보배롭고 더 달콤하다고 말했다. 어떤 의미에서 그 약속들은 우리에게 많은 희생을 요구한다. 그러므로 우리는 약속들이 임할 때 그것들을 소중히 여긴다. 만일 우리가 소망을 던져 버린다면, 비록 결국은 약속의 성취를 본다고 할지라도, 계속

---

48) Spurstowe, *The Wells of Salvation Opened*, p. 85.
49) Spurstowe, *The Wells of Salvation Opened*, p. 89.
50) Spurstowe, *The Wells of Salvation Opened*, p. 63.
51) Gray, "Great and Precious Promises," in *Works*, p. 130.
52) Gray, "Great and Precious Promises," in *Works*, p. 130.

주목하면서 기다렸다면 가졌을 것과 같은 달콤함은 갖지 못할 것이다. 그레이는 이렇게 결론지었다. "나는 때때로 그리스도인은 열왕기하 7장 2절의 믿지 않는 장관과 같다고 생각한다. 거기 보면 이 장관은 약속의 성취를 접하지만, 여호와의 말씀을 믿지 않기 때문에 약속 안에 있는 달콤함을 맛보지 못한다."[53)]

따라서 하나님의 약속들을 믿는 우리는 진지한 묵상과 습관적인 의존을 통해 하나님의 약속들을 우리 자신에게 적용시켜야 한다. 우리는 인내하며 그 약속들의 성취를 기다리고, 그러는 가운데 주님이 지혜로 정하신 시간과 방법 속에서 그것들이 우리에게 이뤄질 때 하나님의 약속들의 완전한 달콤함을 소유하고 누릴 수 있도록 준비해야 한다.

우리는 하나님의 약속들을 기도해야 한다

하나님의 약속들을 기도하는 것은 약속들을 올바르게 사용하는 일에서 매우 중요한 요소다. 이것은 우리가 아무리 하나님의 약속들을 믿고 적용하려고 애를 써도 "사방으로 환난을 당하여 밖으로는 다툼이요 안으로는 두려움에 있고"(고후 7:5), "힘에 겹도록 심한 고난을 당하여 살 소망까지 끊어지고", "우리 자신이 사형 선고를 받은" 것처럼 느끼는(고후 1:8~9) 우리 자신의 모습을 여전히 발견하기 때문이다. 그러면 우리는 소망이 없는가? 우리는 이런 극단적 곤경 속에서 헤매는 우리 자신을 발견할 때 하나님의 약속의 닻이 없이 인생의 폭풍의 파도에 휘말리도록 운명지어져 있는가?

절대로 아니다. 이런 곤경 속에서 하나님의 약속이 멀리 있고 우리에게 미치지 못하는 것처럼 보일 때에도, 강력한 위로의 수단이 우리에게 여전히 있다. 이 수단은 곧 기도다. 심지어 모든 것이 실패한 것처럼 보이고, 인생의 맨 밑바닥에 떨어진 것처럼 느껴질 때에도, 우리가 오직 기도로 하나님께 부르짖기만 한다면, 하나님 보좌 앞에서 단순히 신음 소리만 쏟아 놓는다고 해도(시 22:11~15), 그것으로 충분할 것이다. 우리는 거의 설명할 수 없는 힘을 찾아 계속 나아갈 것이고, 다른 날에 대해 소망을 찾을 것이며, 여호와와 하나님의 약속을 자랑할 수 있을 것이다(시 22:19, 22~24). 다른 무엇보다 기도는 자기를 부인하고, 통제를 포기하고, 곤경을 고백하고, 하나님을 의지하고, 우리 자신에서 벗어나고, 도움을 부르짖는다. 하나님의 약속에 기반을 두고, 하나님의 약속을 기억해서 하나님께 제시하는 기도는 우리의 불신앙, 성급함, 의심의 결함을 크게 보완할 것이다. 하나님의 약속을 변론으로 제시하고 하나님의 말씀 안에서 우리의 소망을 고백하는 기도는 결코 실망시키지 않고, 우리를 강화시키고, 주님이 우리를 구원하실 때까지 사망의 음침한 골짜기를 통과시킬 것이다(시 27:12~14, 21:7).

에드워드 리에 따르면, 하나님의 약속을 기도하는 것은 다음 두 가지 사실을 의미한다. 곧 하나는 하나님의 약속을 우리가 구하는 것의 근거로 사용하는 것이고, 다른 하나는 우리가 구하는 방법의 규칙으로 사용하는 것이다. 어떤 복에 대한 하나님의 약속은 우리에게 그 복을 변론으로 내세우는 확실한 근거를 제공한다. 에드워드 리는 "우리는 구하기 전에 우리가 구하는 것들을 확인하고, 어떤 약속과 서약을 우리의 것으로 삼아야 한다"고 말했다.[54)] 그 근거가 없으면 우리는 응답에 대한 희망이 없다. 왜냐하면 요한은 요한일서 5장 14~15절에서 이렇게 말하기 때문이다. "그를 향하여 우리가 가진 바 담대함이 이것이니 그의 뜻대로 무엇을 구하면 들으심이라 우리가 무엇이든지 구하는 바

---

53) Gray, "Great and Precious Promises," in *Works*, p. 166.
54) Leigh, *A Treatise of the Divine Promises*, p. 39.

를 들으시는 줄을 안즉 우리가 그에게 구한 그것을 얻은 줄을 또한 아느니라." 우리의 기도가 들려지고 확실히 응답받을 것을 믿고 믿음으로 구하는 것은 특정 약속을 변론으로 내세우는 것 외에 다른 것이 아니다. 에드워드 리는 이렇게 결론지었다. "그러므로 약속 없이 기도하는 자는 자신의 간청을 스스로 부인하는 것이다."[55] 왜냐하면 "믿음으로 기도하는 것은 약속이 가라는 데까지만 가는 것이기 때문이다."[56] 그레이는 하나님의 약속을 믿는 믿음은 그리스도인이 기도할 때 큰 도움이 되는데, 그것은 "하나님의 약속을 믿는 그리스도인은 그 약속을 자기 손으로 붙들고 가 그것을 하나님께 제시하며, '주는 항상 미쁘시니 자기를 부인하실 수 없으므로 이 약속을 지키소서'라고 말하기 때문"이라고 말했다.[57]

성경에 언급된 다수의 성도들이 바로 그렇게 했다. 야곱은 자기 형 에서가 자기를 죽일 것을 두려워했고, 그래서 하나님의 약속을 변론으로 내세움으로써 하나님께 부르짖었다(창 32:9~12). 얍복 강을 건너기 전에 야곱은 이렇게 기도했다. "내가 주께 간구하오니 내 형의 손에서, 에서의 손에서 나를 건져 내시옵소서 내가 그를 두려워함은 그가 와서 나와 내 처자들을 칠까 겁이 나기 때문이니이다 주께서 말씀하시기를 내가 반드시 네게 은혜를 베풀어 네 씨로 바다의 셀 수 없는 모래와 같이 많게 하리라 하셨나이다"(11~12절).

다니엘도 기도할 때 하나님의 약속을 변론으로 내세웠다. 다니엘서 9장 2~3절은 이렇게 말한다. "나 다니엘이 책을 통해 여호와께서 말씀으로 선지자 예레미야에게 알려 주신 그 연수를 깨달았나니 곧 예루살렘의 황폐함이 칠십 년만에 그치리라 하신 것이니라 내가 금식하며 베옷을 입고 재를 덮어쓰고 주 하나님께 기도하며 간구하기를 결심하고." 다니엘은 이어서 하나님께 자기 백성들을 약속하신 대로 구원해 달라고 간구했다(4~19절).

마찬가지로 다윗도 여호와께 여호와께서 사전에 그렇게 하겠다고 하신 약속을 기초로 자기 집이 복을 받게 해 달라고 구했다(삼하 7:28~29). 이런 믿음의 기도는 기도의 대상으로서 하나님의 특정 약속을 갖고 있고, 주님이 말씀한 대로 행하실 것을 주님에게 요구한다.[58]

이것은 우리가 주님에게서 나온 특별한 약속이 없으면 우리가 원하는 것을 믿음으로 기도할 수 없다는 것을 의미하는가? 에드워드 리는 다음과 같은 질문을 예상하고 이렇게 말했다. "만약 내가 다른 사람의 구원을 위해 기도한다면, 나는 약속을 갖고 있지 않는 것인데,[59] 그때는 내가 어떻게 믿음으로 기도할 수 있겠는가? 또한 마찬가지로 사람이 사업을 인도해 달라고, 이 계획을 이뤄 달라고, 겪고 있는 이런 환난, 이런 질병, 이런 재난에서 구해 달라고 기도할 때, 해당되는 특정 약속을 찾지 못하고 전혀 알지 못하다면, 어쨌든 약속은 주어지지 못할 것이다. 그때 그는 믿음으로 기도한다고 어떻게 말할 수 있을까? 믿음으로 기도하는 것은 그것이 이뤄질 것을 믿는 기도인데 말이다."[60] 자신의 이런 질문에 대한 에드워드 리의 대답은 우리가 변론을 내세울 약속을 갖고 있던 갖고 있지 않든 간에 믿음은 우리의 신뢰와 복종을 포함한다는 사실을 상기하고, 하나님의 선하심과 지혜

---

55) Leigh, *A Treatise of the Divine Promises*, p. 40.
56) Leigh, *A Treatise of the Divine Promises*, p. 41.
57) Gray, "Great and Precious Promises," in *Works*, p. 160.
58) 느 1:8~11과 대하 20:1~12도 보라.
59) 즉, 우리가 기도하는 특정한 사람이 반드시 구원받게 될 것이라는 약속.
60) Leigh, *A Treatise of the Divine Promises*, p. 40.

로 돌아가라는 것이다. 에드워드 리는 이렇게 말했다. "믿음으로 기도하는 것은 하나님의 약속이 가라는 데까지 가는 것이다. 그런데 어떤 특별한 사람도 '그가 이런 구원을 얻을 것이다, 그가 이런 자비를 받을 것이다'와 같은 어떤 특별한 약속을 갖고 있지 않고, 그러므로 그 특별한 일이 일어날 것에 대해 믿음이 요구되는 것이 아니라 [오히려] 하나님이 내게 가장 좋은 일 곧 이 특별한 경우에 하나님 자신의 영광과 나의 유익에 가장 좋은 일을 행하실 준비가 되어 있다는 것에 대해 믿음이 요구된다."[61] 우리가 계속 믿음으로 기도할 수 있으려면 명확한 확신을 갖고 기도할 것이 아니라 복종의 믿음을 갖고 기도해야 한다. 이런 형태의 믿음을 갖고 있을 때, 받게 될 선이 주님의 가장 영화롭게 하는 것과 우리와 우리가 기도하는 자들에게 가장 좋은 것에 따라 결정될 것이라고 알고, 우리는 우리가 좋은 소식에 대한 응답을 받게 되리라고 믿는다.

적절한 때에 자신의 약속을 이루실 때 작용하는 하나님의 지혜에 대해 설명하면서 스퍼스토도 복종의 기도를 주장했다. 스퍼스토는 이렇게 말했다. "기도할 때 감정의 날개를 가진 소원을 갖고 있고, 충분한 힘을 갖고 날아가는 화살처럼 되는 것이 좋다. 하지만 거룩하고 지혜로운 하나님의 뜻에 대한 복종이 있어야 하고, 그래야 우리가 콘테스트가 아니라 간청을 통해 하나님께 구하는 것처럼 보일 것이다. 그래야 우리가 하나님을 우리 의무와 우리 자신의 목적을 위한 대상으로 만들지 않고, 하나님이 우리가 그분께 드리는 모든 섬김의 대상과 목적이 될 것이다.[62] 기도할 때 하나님의 지혜와 뜻에 복종함으로써 우리는 우리가 위해 기도하는 것보다 더 크게 우리가 원하는 것은 주님을 영화롭게 하는 것이라는 것을 보여 주게 된다. 우리는 하나님의 이름이 거룩하게 되기를 바라고, 우리의 행복과 자신의 영광에 가장 알맞을 때 하나님이 자신의 약속을 이루실 것을 믿는다. 그때 우리는 하나님이 우리의 분깃이고, 하나님 외에 우리가 바라는 것은 아무것도 없다는 것을 보여 준다(시 73:25~26).

만일 하나님의 약속이 우리에게 기도의 근거를 제공한다면, 또한 그것은 우리가 어떻게 기도해야 하는지에 대한 규칙도 제공한다. 에드워드 리는 우리는 약속된 것에 대해 기도해야 한다고 말했다. 무조건적으로 약속된 것은 무조건적으로 응답될 것이다. 이때 우리는 주님이 지혜로 정하신 시간과 방법에 따라 약속하신 것을 응답하실 것을 진정으로 크게 확신해야 한다. 그러나 주님이 약속에 조건과 예외를 두셨을 때 우리의 기도는 조건적이어야 한다. 이때 우리는 우리의 기도에 다음과 같은 제한을 포함시켜야 한다. "하나님이 그것을 좋게 보신다면……", "그것이 하나님의 선하신 기쁨에 따르는 것이라면……", "그것이 하나님의 영광을 세우는 것이라면……", "주님이 그것을 원하신다면……."[63]

우리는 여기서 앞에서 제시한 하나님의 약속의 다양한 종류를 돌이켜 생각해 봐야 한다. 일단 우리가 다루고 있는 약속이 어떤 종류의 약속인지 알고 있다면, 우리는 하나님이 자신이 말씀하신 대로 행하실 것을 믿음으로 기도할 수 있다. 만일 우리가 구원에 필수적인 영적 사건에 대해 기도하고 있다면, 주님이 누가복음 11장 13절에서 성령이 구하는 자들에게 주어질 것이라고 무조건적으로 약속하셨기 때문에 무조건적으로 기도할 수 있다. 만일 우리가 시험을 당해 도움을 기도하고 있다면,

61) Leigh, *A Treatise of the Divine Promises*, p. 41.
62) Spurstowe, *The Wells of Salvation Opened*, p. 65.
63) Leigh, *A Treatise of the Divine Promises*, pp. 41~42.

하나님은 그 시험을 감당하실 수 있도록 피하는 방법을 제공하실 것이다.

그러나 심지어는 무조건적 약속에 대한 이런 기도 속에서도 우리는 하나님의 뜻과 지혜에 복종할 것을 기도해야 한다. 무조건적으로 약속된 것을 위해 기도하는 것은 하나님이 자신의 약속을 언제 또는 어떻게 지키실지 하나님께 요구하는 것을 의미하지 않는다. 우리는 시간, 수단, 방책의 상황들에 대해 하나님을 신뢰해야 한다. 왜냐하면 하나님이 자신의 능력으로 이 일들을 정하셨기 때문이다.[64] 스퍼스토는 이렇게 말했다.

> 하나님은 자신의 말씀 속에 불변적인 경륜과 목적이 그토록 많이 발견되는 것처럼, [약속들을] 기록하셨고, 그리하여 믿음은 모든 위급한 경우에 하나님을 의지하고 하나님의 구원을 기대할 확실한 근거를 가질 수 있지만 성취의 때와 시기는 하나님이 주실 것뿐만 아니라 주실 때를 가장 잘 아시기 때문에 자신의 몫으로 남겨 두셨다. 따라서 신자들은 하나님의 약속을 하나님께 변론으로 내세울 수 있지만 자기들이 가장 적합하다고 판단하는 때로 하나님을 제한하고 한정시키지 않도록 조심하고, 모든 피조물이 때를 따라 먹을 것을 바라고 받는 하나님의 지혜로운 처방에 철저히 맡겨야 한다(시 145:15).[65]

우리의 성급함을 교정하기 위해 이것을 기억하는 것이 얼마나 중요한가! 만일 우리가 무조건적으로 우리에게 약속된 것이 아닌 시간적인 것을 위해 기도한다면, 우리는 하나님을 영화롭게 하고 우리의 영적 유익을 위하는 한에서만, 어떤 것을 조건적으로 기도해야 한다. 우리는 또한 하나님이 우리가 기도하는 것이나 그에 상응하는 것을 우리에게 주실 것을 믿고 기도해야 한다. 예를 들어 우리가 시련 속에 있을 때 평강을 위해 기도하고 있다면, 하나님이 평강이 자신에게 영광이 되면 주실 것이라고 신뢰해야 한다. 하지만 만일 그렇지 않다면 주님은 대신 우리에게 인내를 주실 것이다. 이런 복에 대해 우리는 성령께 감사해야 한다. 왜냐하면 성령이 우리가 무엇을 기도할지 모를 때 또는 우리가 무지하거나 이기적이어서 잘못 기도할 때 하나님의 뜻에 따라 우리를 위해 간구하시기 때문이다. 성경이 약속하는 것처럼 그리스도의 형상을 본받게 하기 위해 모든 것이 우리의 선을 위해 합력한다(롬 8:26~29). 다른 실례를 취해 보자. 만약 우리가 재물이나 봉급 인상처럼 단순한 어떤 것을 위해 기도할 때 그것이 하나님을 기쁘시게 하고 우리의 최고의 유익이 된다면, 하나님이 확실히 응답하실 것이라고 믿을 때 올바르게 기도하는 것이다. 그러나 우리는 또한 만일 그것이 하나님을 기쁘시게 하지 않고 우리의 영성에 독이 될 것이라면, 하나님이 우리에게 우리가 갖고 있는 것으로 채우도록 필요한 만족을 제공하실 것이라고 믿고 기도해야 한다.

따라서 우리는 하나님의 약속을 믿고, 적용하고 기도할 때 올바르게 사용하는 데 힘써야 한다. 이것이 하나님의 약속에 대한 청교도의 가르침에서 유익을 얻는 유일한 길이다. 지식은 추상적 진리로 우리 머리 안에 집어넣는 것을 가리키는 것이 아니라 실제 삶에 적용되고, 그리하여 우리가 그 참된 복과 실제 변화를 누릴 수 있어야 한다. 이번 장이 여러분이 믿음으로 하나님께 나아오는 모든 자에게 주신 하나님의 약속의 헤아릴 수 없는 풍성함과 도움을 경험하는 데 도움이 되기를 바란다.

---

64) Leigh, *A Treatise of the Divine Promises*, p. 43.

65) Spurstowe, *The Wells of Salvation Opened*, pp. 63~64.

A PURITAN THEOLOGY

| 5부 |

구원론

27장

청교도의 성령론

성령이 주어지지 않으면 하나님의 성도들 속에서 성령의 인격으로 말미암은 영광은 완전히 소멸된다……
성령이 우리를 위해 고유하게 행하시는 사역은 성부나 성자의 사역만큼 중요하다.
– 토머스 맨턴[1] –

아브라함 카이퍼가 쓴 『성령의 사역』(The Work of the Holy Spirit)의 서언에서 B. B. 워필드는 이렇게 진술한다. "성령의 사역에 대한 발전된 교리는 철저히 종교개혁의 교리이고, 구체적으로 말하면, 개혁파의 교리이며, 더 구체적으로 말하면 청교도의 교리다……청교도 사상은 성령의 사역에 대한 충실한 연구로 거의 전부 채워져 있고, 그 교리의 다양한 국면들에 대한 교리적, 실천적 해설 속에 이에 대한 최고의 표현이 나타나 있다"[2] 워필드는 확실히 진실을 말하고 있다. 마르틴 루터와 마르틴 부처가 성령의 신학자로 지칭되어 왔지만 사실 이 호칭은 무엇보다 존 칼빈에게 붙여질 것이다. 성령은 칼빈의 사상 모든 곳에서 발견되고, 걸작 『기독교강요』 3권은 지금까지 나온 작품 속에서 성령론에 대한 가장 탁월한 진술의 하나이기 때문이다.

칼빈과 마찬가지로 종교개혁 이후 개혁파 신학자들도 계속 구원론 분야에서뿐만 아니라 그들의 신학적 강론 전체(예, 기도, 설교, 성경 해석)에서 성령의 역할에 주도적인 지위를 부여했다. 만일 어떤 전통이 성령의 인격과 사역에 대한 세밀한 견해를 교회에 물려준 특별한 영예를 갖고 있다면, 그것은 바로 청교도 전통이다. 리처드 러블레이스는 칼빈은 종교개혁자들 가운데 성령의 신학자로서 독보적인 위치를 차지하지만 "영국의 청교도(특히 존 오웬과 리처드 십스)는 우리에게 성령의 사역에 대해 어떤 언어로 존재하는 연구 가운데 가장 심원하고 포괄적인 성경신학적 연구를 제공했다고 평가한다."[3] 이차 문헌을 보면 청교도 사상의 성령론에 대한 제프리 너틀의 통찰력 있는 분석 외에는[4] 청교도 성령론에 그리 큰 관심이 없는 것이 이상해 보인다.[5] 그러나 청교도 시대에 두 저명한 회중주의

---

1) Thomas Goodwin, *The Work of the Holy Ghost in Our Salvation*, in *The Works of Thomas Goodwin, D.D.*, Thomas Smith 편집 (1861~1866, 재판, Grand Rapids: Reformation Heritage Books, 2006), 6:3.

2) B. B. Warfield, introductory note to *The Work of the Holy Spirit*, Abraham Kuyper 지음, Henri de Vries 번역 (1900, 재판, Grand Rapids: Eerdmans, 1956), pp. xxxiii, xxviii.

3) Richard Lovelace, *Dynamics of Spiritual Life: An Evangelical Theology of Renewal* (Downers Grove, Ill.: InterVarsity Press, 1979), p. 120.

4) Geoffrey Nuttall, *The Holy Spirit in Puritan Faith and Experience*, 2판 편집 (Chicago: University of Chicago Press, 1992)을 보라.

5) 그러나 Garth B. Wilson, "The Puritan Doctrine of the Holy Spirit: A Critical Investigation of a Crucial Chapter in the History of Protestant Theology" (신학박사학위논문, Toronto School of Theology, 1978)를 보라.

신학자인 토머스 굿윈(1600~1680년)과 존 오웬(1616~1683년)의 성령론[6]은 박사학위 논문들의 주제가 되었다.[7] 하지만 성령의 인격과 사역에 대해 광범하게 글을 쓴 다른 청교도 신학자들도 있었다.[8] 본서를 보면, 청교도 성령론의 각 국면들이 사실상 명시적으로나 암묵적으로 모든 장에서 발견되는데, 그 내용은 웨스트민스터 신앙고백에 나오는 것과 똑같다. 그럼에도 불구하고 청교도 작품들 속에서 성령이 차지하는 두드러진 지위를 감안하면, 청교도의 성령론을 다루는 데 특별히 한 장을 할애하는 것은 너무 당연하다. 이번 장에 언급된 목표들은 부분적으로 본서 나머지 부분에서도 주제로 다뤄진다. 청교도의 작품들 속에서 성령의 사역은 적용된 구원론 분야에서 가장 큰 관심을 받는다. "청교도의 거듭남 교리"를 다루는 29장과 같은 본서의 다른 장들은 택함받은 자를 진노 상태에서 은혜 상태로 옮기는 성령의 역사를 다룬다. 성령의 인격은 또한 "청교도의 삼위일체 교리"를 다루는 5장에서도 고찰된다. 그럼에도 불구하고 성령이 청교도의 작품들 속에서 주도적인 특징이 된 점을 고찰하기 전에 이번 장에서 성령의 사역과 인격을 좀 더 상세히 다룰 것이다.

삼위일체론적인 배경

사도 시대 이후로 성령의 인격과 사역에 대한 신약 성경의 모든 통찰력을 밝히기 위해서는 상당한 시간과 사고가 필요했다. 확실히 신약 시대에서 4세기까지 성령론의 핵심적인 작업은 성령의 충분한 신성과 인격성을 명확히 인정하고 옹호하는 데 초점이 두어졌다. 이것은 381년에 콘스탄티노플 교회회의의 신조 진술에서 잘 증명된다. "성령을 [우리는 믿는다.] 성령은 주님이시고, 생명을 주시는 분으로, 성부에게서 나오시고, 성부 및 성자와 함께 경배와 영광을 받으시며, 선지자들을 통해 말씀하신 분이다." 청교도가 성령을 강조한 것은 성령의 신격의 존재론적 기초 위에 세워져 있고, 당시 기승을 부리던 소키주스주의의 위협에 대처하기 위한 반응에서였다.[9] 다수의 주요 청교도 신학자들

---

6) Goodwin, *Work of the Holy Ghost in Our Salvation*, in *Works*, 제6권, John Owen, *A Discourse Concerning the Holy Spirit*, in *The Works of John Owen, D.D.* (Edinburgh: Johnstone & Hunter, 1850~1855), 제3권.

7) Paul Blackham, "The Pneumatology of Thomas Goodwin" (철학박사학위논문, University of London, 1995), Dale Arden Stover, "The Pneumatology of John Owen: A Study of the Role of the Holy Spirit in Relation to the Shape of a Theology" (철학박사학위논문, McGill University, 1967). 스토버의 케케묵고 약간은 문제가 있는 논문은 Kelly M. Kapic, *Communion with God: The Divine and the Human in the Theology of John Owen* (Grand Rapids: Baker Academic, 2007), pp. 31~33과 Joel R. Beeke, *Assurance of Faith: Calvin, English Puritanism, and the Dutch Second Reformation* (New York: Peter Lang, 1991), p. 221에서 비판을 받았다.

8) Richard Sibbes, *The Works of Richard Sibbes* (Aberdeen: Printed by J. Chalmers, 1809), 도처, Thomas Manton, *The Complete Works of Thomas Manton* (London: J. Nisbet, 1870~1875), 도처, William Gouge, *A Commentary on the Whole Epistle to the Hebrews: Being the Substance of Thirty Years' Wednesday's Lectures at Blackfriars, London* (Edinburgh: James Nichol, 1866), 도처.

9) 예컨대 잉글랜드의 소키누스주의자 존 비들의 다음 작품을 보라. 비들은 "잉글랜드 유니테리언파의 아버지"로도 불린다. *XII Arguments Drawn Out of the Scripture wherein the Commonly-Received Opinion Touching the Deity of the Holy Spirit Is Clearly and Fully Refuted: To Which Is Prefixed a Letter Tending to the Same Purpose, Written to a Member of the Parliament…* (London, 1647). 이 작품에 대한 반응에 대해서는 Nicolas Estwick, *Pneumatologia: or, A Treatise of the Holy Ghost. In Which, the God-Head of the Third Person of the Trinitie Is Strongly Asserted by Scripture-Arguments. And Defended against the Sophisticall Subtleties of John Bidle…* (London, 1648)를 보라. 17세기에 잉글랜드에 미친 소키누스주의의 영향에 대한 최근의 평가로 Sarah Mortimer, *Reason and Religion in the English Revolution: The Challenge of Socinianism* (Cambridge: Cambridge University Press, 2010)을 보라. 비들의 논증에 대한 존 오웬의 반응에 대해서는 최근 작품인 Kelly Kapic, "The Spirit as Gift: Explorations in John Owen's Pneumatology," *The Ashgate Companion to John Owen's Theology*, Kelly M. Kapic &

은 소키누스주의 신학과 싸우는 데 신학적 에너지를 크게 소비했다. 굿윈 및 오웬을 따라 프랜시스 셰닐(1608~1665년)은 삼위일체 신학을 다룬 17세기의 고전 작품인 『성부, 성자, 성령의 신성한 삼위일체』를 썼다.[10]

건전한 삼위일체 사상을 고수한 청교도는 성령의 신격에 대해 모호한 태도를 취하지 않았다. 성령은 신격의 세 번째 인격으로 곧 여호와이시다. 셰닐이 지적하는 것처럼 그리스도는 성령을 "그분의 특별한 위격 곧 인격을 지적하기" 위해 "그"로 지칭하신다(요 16:13).[11] 따라서 소키누스주의자가 믿은 것처럼 성령은 단순히 하나님의 능력이 아니고 전능하신 여호와 자신이라는 것을 감안하면, 성령은 당연히 모든 신적 속성(예. 전지성과 편재성)을 공유하신다. 존 하우(1630~1705년)는 이 점을 강력히 천명한다. 성령은 창조되지 않은 인격(정통적 견해), 아니면 창조된 인격(이단적 견해) 둘 중의 어느 하나여야 할 것이다. 하나님의 단순성은 그분의 능력이 창조되지 않은 것임을 요구한다. 왜냐하면 "창조되지 않은 모든 것은 곧 하나님이기" 때문이다.[12] 그래서 하우는 성령이 하나님이라는 것을 증명하기 위해 논리학의 힘을 빌린다.

> 만일 성령이 창조된 능력 곧 창조된 하나님의 능력이거나 하나님의 능력이지만 창조된 것이라면, 그것은 하나님이 능력 없이 이 능력을 창조하신 것처럼 보이고, 이 능력이 창조될 때까지는 능력이 없으셨다는 것이다. 따라서 하나님은 능력이 없었을 때 창조 행위(전능하신 행위)를 하신 것이 되고 만다. 그것은 먼저 능력이 없으신 하나님을 가정하고, 이어서 능력이 없으셨을 때 자신의 능력을 창조하신 것을 가정하는 것이다. 즉 하나님이 모든 능력이 없으셨을 때 무한한 능력을 필요로 하는 행위를 하셨다는 것, 즉 창조하셨다는 것이다. 나는 성령이 이 사람들이 가정하는 창조된 능력일 수 없다는 것 또는 하나님과 구별되는 곧 하나님의 참 본질과 구별되는 신적 능력일 수 없다는 것 외에 다른 증거를 더 분명히 제시하는 것에 대해서는 전혀 모르겠다. 하나님께 속해 있는 모든 것은 하나님이지, 다른 어떤 것일 수가 없다.[13]

이와 관련해서 스티븐 차녹(1628~1680년)은 전능성(능력)의 사역은 성령에게 귀속된다고 지적한다. 더 작은 것에서 더 큰 것으로 추론해 가면서 차녹은 인간 창조는 하나님 능력의 결과(욥 33:4)라고 지적한다. 따라서 "마음을 변화시키고 오염된 본성을 성결하게 하는 큰 능력은 창조 사역보다 더 큰 사역으로서 성경에서 성령의 특별한 역사로 자주 인정되고 있다."[14] 성령은 하나님이심이 틀림없다. 왜냐하면 그렇지 않다면 하나님 자신의 창조 사역보다 더 큰 사역은 성령에게 귀속될 수 없기 때문이다. 다른 신적 속성들도 성령에게 귀속된다. 오웬은 이 속성들을 다수 제시한다. 영원하심(히 9:14),

---

Mark Jones 편집 (Farnham, England: Ashgate, 근간), 7장을 보라.

10) London, 1650. 또한 소키누스주의를 직접 반대한 셰닐의 다른 초기 작품인 *The Rise, Growth and Danger of Socinianism* (London, 1643)도 주목하라.

11) Cheynell, *The Divine Triunity*, p. 32.

12) John Howe, "The Principles of the Oracles of God," *The Works of the Rev. John Howe*, Edmund Calamy 편집 (New York: John P. Haven, 1838), 2:1094.

13) Howe, "Oracles of God," 2:1094.

14) Stephen Charnock, *Discourses upon the Existence and Attributes of God* (London: Thomas Tegg, 1840), p. 86.

광대하심(시 139:7), 예지하심(행 1:16), 전지하심(고전 2:10~11), 권세(행 13:2, 4).[15]

오웬은 성령이 영원하고 창조되지 않은 하나님 자신인지, 아니면 단순히 창조된 능력인지와 관련된 또 다른 요점-종종 정통 신학자들이 주장한-을 추가로 제시한다. "능력"은 근심시키거나 속일 수 없다. 베드로 사도는 아나니아에게 왜 "성령을 속였는지" 묻고(행 5:3), 다음 구절에서 베드로는 아나니아가 "사람에게 거짓말한 것이 아니요 하나님께 한" 것이라고 말하는데, 이것은 성령의 신성과 인격성을 증명한다. 이 구절들을 주석하면서, 오웬은 성령의 인격성을 이렇게 설명한다. "어느 누구도 증언을 들으시고 받아 주실 수 있는 이런 분에게 절대로 거짓말을 할 수 없다…… 이처럼 속임의 대상이 되는 자는 판단하고 결정할 수 있는 자여야 한다. 의지와 이성의 인격적 속성이 없으면 아무도 그럴 수 없기 때문이다."[16]

나아가 오웬은 성령의 신성과 구별된 인격성을 증명하는 논증을 다음과 같이 제공한다.

- 성령은 성부 및 성자와 같은 등급과 질서를 갖고 계신다(마 28:19; 고전 12:3~6).
- 성령은 "신적 인격에만 붙여지는 이름"을 갖고 계신다(행 5:3~4, 9).
- "성령은 인격적 속성을 갖고 계신다." 곧 의지와 이성을 갖고 계신다(고전 12:11, 2:10).
- "성령은 신적 활동의 자발적 장본인"으로, 여기에는 창조(창 1:2), 선지자들을 통해 말씀하심(벧후 1:21), 생명을 일으키심, 거룩하게 하심, 위로하심, 가르치심 등이 포함되어 있다.
- "다른 인격들이신 성부 및 성자에 대해서와 마찬가지로 성령에 대해서도 믿음, 경배, 순종이 주어졌다"(마 12:31~32; 행 5:3~4, 9, 13:2, 4).[17]

마지막으로 오웬은 경배가 성부와 성자에게만 주어지는 것이 아니라 성령에게도 주어진다고 지적한다. 오웬과 마찬가지로 셰닐도 성경이 성령에게 경배를 돌리는 것을 부인하는 자들을 강렬한 언어를 사용해서 반박한다. 셰닐에 따르면, 소키누스주의자 외에 아르미니우스주의자와 예수회 신학자들도 성령에게는 경배가 주어지지 않는다고 주장한다. 이 "불경한 이단자들은…… 은혜의 성령에 반대해 지옥의 언어를 내뱉고", 그럼으로써 성령의 인격에 합당한 경배를 부인한다.[18]

성령께 경배가 주어져야 한다는 청교도의 핵심 논증은 마태복음 28장 19절에서 그리스도께서 세례를 제정하신 것에서 나온다. 거기 보면 그리스도의 사역자들에게 모든 민족을 제자로 삼아 "아버지와 아들과 성령의 이름으로 세례를 베풀라"는 명령이 주어진다. 이에 따라 오웬은 "우리의 모든 순종과 고백은…… 이 최초의 서약에 따라 규제되어야 한다"고 지적한다.[19] 따라서 신격의 통일성으로 말미암아 "삼위 하나님 자신들과 관련된 것이거나 삼위 하나님에 대한 우리의 의무와 관련된 것이거나, 다른 인격들에게 귀속되는 것은 무엇이든 동등하게 성령에게도 귀속된다."[20] 그러므로

15) Owen, *A Discourse Concerning the Holy Spirit*, in *Works*, 3:91.
16) Owen, *A Discourse Concerning the Holy Spirit*, in *Works*, 3:87.
17) John Owen, *A Brief Declaration and Vindication of the Doctrine of the Trinity*, in *The Works of John Owen, D.D.* (Edinburgh: Johnstone & Hunter, 1850~1855), 2:401~403. 참고, Owen, *A Discourse Concerning the Holy Spirit*, in *Works*, 3:72~92.
18) Cheynell, *The Divine Triunity*, p. 39.
19) Owen, *A Discourse Concerning the Holy Spirit*, in *Works*, 3:72.
20) Owen, *A Discourse Concerning the Holy Spirit*, in *Works*, 3:72.

삼위 하나님의 이름으로 세례를 받은 자들은 "성부, 성자, 성령에 대한 섬김과 경배를 위해…… 거룩하게 시작하고 성결하게 되었고", 그렇지 아니하면 세례는 의미를 상실하고 만다.[21] 성령을 경배하지 않게 되면 삼위일체 신학을 약화시키고, 이것을 자각한 참으로 많은 개혁파 신학자들이 아르미니우스주의 신학자들의 아(亞)-삼위일체 사상을 여러 가지로 비판했다.

존재론적으로 성령에 해당되는 것-성령이 신격 속에서 구별된 신적 인격이라는 것-은 다른 두 인격과의 관계 속에 있는 신자들의 삶 속에서 성령의 사역과 중요한 상관성을 갖고 있다. 신격의 내적 행위(opera Dei ad intra)는 삼위에게 공통적이고, 하나님의 참된 내적(ad intra) 행위는 확실히 하나님의 외적(ad extra) 행위와 평행 관계를 갖고 있다. 따라서 구원론 분야에서 삼위는 서로 동등한 사역을 공유한다. 물론 청교도는 삼위의 본질적 통일성으로 말미암아 삼위일체 하나님의 외적 사역은 불가분리적(opera Trinitatis ad extra sunt indivisa)이라고 주장했다. 그러나 청교도는 또한 이 "불가분리적인 사역"이 종종 특별히 한 인격이 그 사역의 창시자 또는 활동의 귀착점(terminus operationis)으로 명시된다는 견해도 주장했다.

삼위 하나님의 이런 사역은 종종 내재적(예, 성부의 택하심), 외재적(예, 성자의 이루심), 작용적(예, 성령의 적용하심) 사역으로 구분된다.[22] 이 세 가지 구분에서 성부, 성자, 성령에 의한 사역들은 모두 균등하다. 굿윈은 성령에 대한 자신의 논문에서 이 점을 자주 강조한다. 예를 들면, 굿윈은 택함받은 자들을 위한 성령의 사역은 "그 자체로 성부나 성자의 사역만큼이나 위대하다"라고 서두에서 주장한다.[23] 왜 그런가? 그 이유는 "만일 성령께서 우리 마음에 오셔서 거주하지 아니하셨다면, 그리스도께서 행하신 모든 것들이 우리에게 아무런 유익을 주지 못했을 것"이기 때문이다.[24] 굿윈은 또한 이렇게 첨언한다. "그리스도께서는 한 손으로는 성부 하나님께로 다른 한 손으로는 성령 하나님께로 우리를 인도하신다."[25] 그리스도께서는 택함받은 자들을 위해 죽으심으로 그들에 대한 자신의 사랑을 보여 주셨고, 성령께서는 그들 안에 거하심으로써 동일하게 자신의 사랑을 보여 주셨다. 이런 이유로 굿윈은 다음과 같이 도발적으로 주장한다. 신자들은 반드시 "이로 인해 우리 안에 성령의 내주하시는 은혜가 머물도록 해야 하되 그 은혜가 동일하게 솟아오르도록 해야 한다. 성령의 내주하시는 은혜가 다른 측면의 그리스도의 은혜를 초월하면서 때로 어느 시점에서는 내려간다 할지라도 그 규모는 균등한 것으로 인정되어야 한다."[26] 그러할 때 비로소 삼위 하나님의 세 인격들은 모든 면에서 동등하게 다뤄지는 것이며, 구원에 관한 그분들의 사역에 있어서 이는 필연적으로 그래야만 한다.

기독론적인 배경

택함받은 자에 대해, 그리고 택함받은 자 안에서 이루어지는 신격의 각 인격의 구별된 사역은 또한 성령의 사역의 기독론적인 배경에 비춰 조심스럽게 이해되어야 한다. 이것은 청교도가 매우 탁월

21) Owen, *A Discourse Concerning the Holy Spirit*, in *Works*, 3:73.
22) See Goodwin, *Work of the Holy Ghost in Our Salvation*, in *Works*, 6:47.
23) Goodwin, *Work of the Holy Ghost in Our Salvation*, in *Works*, 6:3.
24) Goodwin, *Work of the Holy Ghost in Our Salvation*, in *Works*, 6:15.
25) Goodwin, *Work of the Holy Ghost in Our Salvation*, in *Works*, 6:21.
26) Goodwin, *Work of the Holy Ghost in Our Salvation*, in *Works*, 6:41.

하게 제시한 분야였을 뿐만 아니라 아마 기독교 신학에 독보적으로 공헌한 분야였을 것이다. "청교도의 기독론"을 다룬 본서 21장은 성령의 사역과 그리스도의 인격 및 사역과의 밀접한 연관성을 강조한다. 요약하면 적용된 구원론 분야에서 신자들이 받는 모든 복은 다른 무엇보다 그리스도 자신에게 해당된다.[27] 존 플라벨(1628~1691년)이 지적하는 것처럼 "여기서 성도들에게 어떤 존엄성이 귀속되던 간에 독보적으로는 그리스도에게 인정되고 귀속되어야 하고, 또 계속 그렇게 되어야 한다."[28]

성령의 사역과 그리스도의 사역 간의 관련성을 강조하는 청교도 저술가들의 실례에는 플라벨, 굿윈, 오웬, 리처드 십스(1577~1635년), 아이작 암브로스(1604~1664년)가 포함된다. 초기에 성령에 대한 자기들의 방대한 작품에서 굿윈과 오웬은 그리스도의 인성과 관련해서 성령에 주의를 기울인다. 그리스도에 대한 성령의 사역은 하나님의 택함받은 자의 유일한 구속주로서 그분의 사역을 준비시키는 데 있다. 확실히 암브로스가 이렇게 진술하는 것과 같다. "그리스도 안에는 성령의 모든 은혜가 섞여 있고…… 그리스도는 성령을 한량없이 받으셨다. 그리스도 안에는 피조물 속에 있을 것으로 예상되는 것이 모두 들어 있고, 무엇이든 간에 다른 모든 피조물 속에 있는 것보다 더 많이 들어 있었다."[29] 성령의 사역은 그리스도께서 낮아지심의 지위에 있을 때만이 아니라 높아지심의 지위에 있을 때에도 유효했다.

낮아지심의 지위에 있을 때 그리스도는 성육신에서 무덤에 장사될 때까지 성령을 의존하셨다.[30] 성령은 동정녀 마리아의 태속에 그리스도의 인성을 형성시키셨다. 인성을 취하시는 것이 성자의 특별한 행위였던 것은 사실이지만 성령이 마리아의 질료 속에 그리스도의 인성을 형성시키셨다. 공적 사역을 행하실 때 그리스도는 "한량없이" 성령으로 기름부음을 받으셨다(웨스트민스터 신앙고백 8.3, 요 3:34; 행 10:38). 그리스도는 설교하거나(눅 4:18) 이적을 행하거나(마 12:28; 행 10:38) 십자가에 스스로 달리거나(히 9:14) 하실 때 이 모든 일을 성령의 능력으로 행하셨다. 기도 생활을 비롯해서 그리스도의 인간적 순종도 성령의 능력으로 행하신 것이다. 그리스도께서 성경을 읽고 자신의 메시아 사명을 깨달았을 때 그분의 마음과 생각 속에 이 진리를 확증하고 조명하신 분은 성령이셨다. 오웬이 언급한 것처럼, 따라서 성령이 성자 자신의 모든 신적 행위의, 심지어는 그분의 인성에 대해서까지도 직접적 행위자이시다. 하나님의 아들은 그 인성 안에서, 그 인성에 의해 또는 그 인성에 대해 무엇을 행하시든 간에 아버지의 영이실 뿐만 아니라 자신의 영인 성령으로 말미암아 행하셨다."[31]

그리스도께서 무덤에서 나와 높아지심의 지위로 높아지실 때 성령은 그분을 죽은 자 가운데서 살

27) Richard Sibbes, "A Description of Christ," *The Works of Richard Sibbes* (Aberdeen: J. Chalmers, 1809), 1:98~104에서 이에 대한 짧지만 탁월한 설명을 보라.

28) John Flavel, *The Method of Grace*… (London: The Religious Tract Society, 1853), p. 126.

29) Isaac Ambrose, *Looking unto Jesus*… (London, 1674), p. 201.

30) 이 주제에 대해서는 다음 자료를 보라. Goodwin, *Work of the Holy Ghost in Our Salvation*, in *Works*, 6:10~13, Owen, *A Discourse Concerning the Holy Spirit*, in *Works*, 3:159~188, Alan Spence, *Incarnation and Inspiration: John Owen and the Coherence of Christology* (London: T&T Clark, 2007), Mark Jones, *Why Heaven Kissed Earth: The Christology of the Puritan Reformed Orthodox Theologian, Thomas Goodwin (1600~1680)* (Gottingen: Vandenhoeck & Ruprecht, 2010), pp. 165~168.

31) Owen, *A Discourse Concerning the Holy Spirit*, in *Works*, 3:162. 십스도 비슷하게 설명한다. "그리스도께서 사람으로서 하신 일은 무엇이든 성령으로 말미암아 아신 것이다"("Description of Christ," in *Works*, 1:102). 오웬은 그리스도의 인격과 관련된 성령의 사역에 대해 더 전문적인 설명을 제공하지만 십스는 의심할 것 없이 오웬 및 굿윈과 같은 자기 이후의 사람들에게 영향을 미친 청교도 선구자로 보인다.

리셨다(롬 8:11).[32] 성령은 또한 그리스도의 지상적인 몸을 변화시키거나 영화롭게 하셔서 "하늘에 속한 자의 형상을 갖게" 하셨다(고전 15:48). 하늘의 왕으로서 그리스도는 사람들의 마음속에 성령을 부어 주셨고, 이것이 구속의 적용의 시작이다. 말하자면 거듭남의 순간에서 부활의 날까지 사람들의 마음속에서 행하시는 성령의 역사는 전적으로 승리하신 선지자, 제사장, 왕으로서 그리스도의 등극과 중보를 조건으로 한다. 만일 그리스도께서 믿음을 갖고 계시지 않았더라면 그의 백성들은 불신앙 상태에 그대로 남아 있었을 것이다. 만일 그리스도께서 의롭게 되고(딤전 3:16), 아들이 되고(시 2:7; 롬 1:4), 거룩하게 되고(롬 6:9~10; 요 17:19), 영화롭게 되지(고전 15:35~49) 아니하셨다면, 그의 택함받은 자도 이 복을 받지 못하게 되었을 것이다. 성령은 먼저 그리스도께 부여되었기 때문에 이 복들을 교회 지체들에게 부여하신다. 따라서 청교도의 그리스도 중심적인 성령론은 이렇게 요약될 수 있다. 곧 그리스도의 백성들에게 해당되는 것은 무엇이든 먼저 그리스도 자신에게 해당되어야 한다.[33]

그러므로 청교도의 성령론에 대한 어떤 설명도 반드시 기독론적인 관심사와 결합되어 있고, 그 반대도 마찬가지다. 본서 다른 장들에서 분명히 하는 것처럼 이 두 주제를 분리시키는 것은 불가능하다. 그럼에도 불구하고 그리스도의 지체들에 대한 성령의 사역과 관련해서 더 깊이 반성할 가치가 있는 두 분야는 성령의 기도 사역과 성령의 하나님의 말씀과 관련된 사역이다. 청교도에게 이 두 주제의 중요성은 아무리 강조해도 지나칠 수 없는데, 그것은 특히 은혜의 수단으로서 기도와 말씀 선포가 청교도의 전체적인 교회 생활과 개별적인 기독교인의 생활을 이해하는 데 결정적인 역할을 했기 때문이다.

성령과 기도

성령과 기도는 당연히 그리스도의 인격 및 사역과 연계되어 있다. 그리스도의 제사장 직분에 대한 개혁파와 청교도의 사상의 근본 원칙은 그리스도께서 우리를 위해 중보하시기 때문에 성령도 우리 안에서 중보하신다는 것이다.

기독교적 삶의 바다에서 숙달된 항해자로서 청교도는 리처드 그린햄(대략, 1542~1594년)의 "우리는 수단을 통해 하나님께 가까이 나아간다"는 말로 보아 올바른 식별력을 갖고 있었다.[34] 그린햄은 하늘의 항구에 도착할 때까지 그리스도인들을 그리스도 안에서 자라게 하려고 하나님이 사용하실 수 있는 경건 훈련이나 영적 훈련의 다양한 수단이 있다고 주장했다. 마찬가지로 존 프레스턴(1587~1628년)도 그리스도인이 영적 생활과 영적 성장을 유지하기 위해 부지런히 사용해야 하는 다양한 경건 훈련의 수단이 있다고 주장했다. 그는 이런 훈련으로 "말씀을 듣는 것, 성례에 참여하는 것,

32) 그러나 *A Discourse Concerning the Holy Spirit*, in *Works*, 3:181~182에서 부활의 삼위일체적인 성격에 대한 오웬의 설명을 주목하라.

33) 십스의 말을 참고하라. 이 말은 당시의 어느 개혁파 신학자에게나 반영될 수 있었다. "우리는 이렇게 이해해야 한다. 곧 그리스도에게 합당한 존귀와 존경을 돌리고, 우리가 갖고 있는 모든 것이 어디서 왔는지 알아야 한다는 것이다. 그러므로 여기서 먼저 성령이 그리스도에게 임하는 것으로 말해진다. 우리는 하나님에게서 직접 오신 성령을 소유하는 것이 아니고, 우리는 그리스도를 먼저 거룩하게 하고, 이어서 우리를 거룩하게 하신 성령을 소유하는 것이다. 그리고 성령이 우리 안에서 행하시는 일은 무엇이나 그리스도에게 먼저 동일하게 행하시는 일이고, 성령은 그리스도 안에서 행하셨기 때문에 우리 안에서 그렇게 행하신다"("A Description of Christ," in *Works*, 1:104).

34) Simon K. H. Chan, "The Puritan Meditative Tradition, 1599~1691: A Study of Ascetical Piety"(철학박사학위논문, Cambridge University, 1986), p. 11에 인용됨.

기도, 묵상, 콘퍼런스, 성도들의 교제, 선을 행하겠다는 특별한 결단" 등을 들었다.[35] 이런 은혜의 수단이나 영적 훈련의 수단 가운데 자체로, 그리고 본질상 신자의 영혼을 자라게 하거나 회중의 영적 생명을 유지시키는 데 충분한 힘을 가진 것은 없었다. 오직 성령만이 그렇게 할 능력을 갖고 계셨다. 그러나 청교도는 또한 지정된 수단들과 상관없이 성령의 능력을 추구하는 것은 비성경적이고, 잘못된 길로 나아가게 된다고 알고 있었다.

프레스턴은 다양한 은혜의 수단을 제시하지만, 청교도 전통 속에서 중심적인 역할을 한 은혜의 수단으로는 세 가지가 있었다. 기도, 말씀 선포, 성례 곧 세례와 성찬이 그것이다. 예를 들어 그린햄은 이렇게 말했다. "은혜의 첫 번째 수단은 기도다……두 번째 수단은 하나님의 말씀을 듣는 것이다……우리를 가까이 이끄는 세 번째 수단은 성례다."[36]

성령에 대한 깊은 관심을 감안하면, 청교도는 항상 기도를 설명할 때 성령과 성령의 사역에 뿌리를 두었다. 이 결정적 주제에 대한 청교도의 반성의 형태와 내용에서 중심적인 역할을 한 일련의 성경 본문은 다음과 같았다. 성령을 "은총과 간구하는 영"으로 묘사하는 것(슥 12:10), 성령을 아버지께 구하라는 권면(눅 11:13), 항상 성령 안에서 기도하라는 것(엡 6:18; 유 1:20), 하나님을 아빠 아버지로 부르게 되는 경험(롬 8:15~16; 갈 4:6), 성령의 중보 사역에 대한 유일한 언급 속에 나타나 있는 격려(롬 8:26~27).[37] 이어지는 부분에서 우리는 청교도가 기도와 성령을 명시적으로 연계시키는 두 본문 곧 스가랴서 12장 10절과 로마서 8장 26~27절을 통해 기도에 대해 살펴볼 것이다.[38]

간구하는 영(슥 12:10)

존 오웬은 "스가랴서 12장 10절은 항상 우리의 생각 속에서 주도적인 위치를 점하고 있다"고 말했다.[39] 이런 주도적인 위치는 오웬의 청교도 사상 속에서 이 본문과 함께 다음과 같은 허다한 사실들이 언급되고 있기 때문에 놀라운 것이 아니다. 성령의 부어지심의 관념, 칼빈주의자의 영원한 관심사인 성령을 "은혜(은총)의 영"으로 지칭하는 것, 십자가에 못 박히신 그리스도에 대한 예언적 언급, 그리고 특히 성령을 기도를 분발시키는 분으로 묘사하는 것. 오웬은 생애 말엽에 이 구약 본문을 한평생 묵상함으로써 얻은 열매들을 작품으로 발표했다. 오웬의 기도 관련 핵심 논문인 『기도에 대한 성령의 사역』(A Discourse of the Work of the Holy Spirit in Prayer, 1682)은 이 본문을 주제 본문으로 선택했다.[40]

이 본문에서 성령은 "은총의 영"으로 불린다. 오웬은 성령이 신자들 안에 기도할 마음을 일으킬

---

35) Chan, "Puritan Meditative Tradition," p. 13에 인용됨.

36) Chan, "Puritan Meditative Tradition," p. 11에 인용됨. *The Spirituality of the Later English Puritans: An Anthology* ([Macon, Ga.: Mercer University Press, 1987], p. xxv)에서 듀이 윌리스 주니어는 이렇게 지적했다. "후기 청교도 영성의 핵심 주제는 다양하게 표현되고 계발되었다. 영적 생활에 자극을 주는 이 수단들 가운데 중요한 것은 성경 읽기, 설교 듣기, 영적으로 성숙한 자와의 상담, 성찬 참여, 기도, 묵상이었다."

37) Roy Williams, "Lessons from the Prayer Habits of the Puritans," *Teach Us to Pray: Prayer in the Bible and the World*, D. A. Carson 편집 (Exeter, U.K.: Paternoster Press, 1990), p. 279.

38) 이 주제에 대한 일반적 연구는 Gordon Stevens Wakefield, *Puritan Devotion: Its Place in the Development of Christian Piety* (London: Epworth Press, 1957), pp. 67~82, Williams, "Lessons from the Prayer Habits of the Puritans," pp. 272~285를 보라.

39) John Owen, *Of Communion with God the Father, Son, and Holy Ghost*, in *The Works of John Owen, D.D.* (Edinburgh: Johnstone & Hunter, 1850~1855), 2:230.

40) 오웬의 기도 이해에 대한 유용한 연구는 Sinclair B. Ferguson, *John Owen on the Christian Life* (Edinburgh: Banner of Truth, 1987), pp. 224~231을 보라.

뿐만 아니라 기도에 종사할 수 있도록 하시기 때문에 이렇게 추론한다. "성령은 사람들 속에 기도할 마음을 일으키고, 그들이 기도할 수 있도록 역사하신다."[41] 오웬은 우리 자신에 대해 이렇게 지적한다. "우리는 하나님과의 대화와 교제를 무조건 싫어한다" 왜냐하면 "우리 안에는 하나님에 대한 모든 의무와 하나님과의 직접적 교제에서 은밀하게 멀어지게 하는 역사가 있기" 때문이다.[42] 다시 말해 성령이 신자들에게 기도할 마음을 일으키지 아니하셨다면 그들 속에 있는 죄의 본성의 잔재들이 하나님과의 교제를 방해할 것이다.

오웬의 친구 존 번연(1628~1688년)은 그의 특유의 문체로 이와 완전히 동일한 사실을 언급했다. 1662년경에 쓴 『나는 성령과 함께 기도할 것이다』(I Will Pray with the Spirit)에서 자신의 경험을 언급하면서,[43] 번연은 오직 성령만이 일단 신자가 기도를 시작하면 끝까지 인내할 수 있도록 하신다고 강조한다.

> 나 자신의 경험으로 보면, 내가 마땅히 드려야 할 기도를 하나님께 드리는 것의 어려움을 여러분에게 말하지 않을 수 없다. 무능하고 눈멀고 육욕적인 사람들은 나에 대한 이상한 생각들을 즐길 것이다. 왜냐하면 내 마음에 대해 말한다면, 나는 기도할 때 하나님께 나아가는 것을 매우 싫어하고, 또 하나님과 함께 있을 때에도 하나님과 계속 함께 있는 것을 매우 싫어해서 허다하게 기도를 억지로 하기 때문이다. 그러므로 하나님께 내게 힘을 주어 나 자신을 그리스도 안에 서 있게 하고, 또 그리스도 안에 있을 때 계속 그곳에 있을 수 있도록 해 달라고 기도하는 것이 **우선이다**(시 86:11). 그런데도 나는 허다하게 무엇을 위해 기도하는지 모르고, 그렇게 눈이 멀어 어떻게 기도해야 하는지도 모른다. 오직 (은혜로) **성령이 우리의 연약함을 도우신다**[롬 8:26].
>
> 오, 마음이 기도할 시간을 갖기 시작할 때 나타나는 구멍들이여! 마음이 갖고 있는 샛길 곧 하나님의 임재에서 미끄러져나가 벗어나는 뒷길이 얼마나 많은지 아무도 모른다. 솔직하게 표현한다면, 얼마나 엄청난 교만일까? 다른 사람들 앞에서라면, 얼마나 심각한 위선일까? **간구하는 영**[슥 12:10]이 거기서 도와주시지 않는다면, 하나님과 영혼이 은밀하게 기도할 때 양심은 얼마나 적을까?[44]

이 인용문은 청교도의 두 가지 매우 매력적인 특징을 보여 준다. 투명한 정직함과 인간의 마음에 대한 심도 있는 지식이 그것이다. 개인적인 경험을 통해 번연은 하나님의 임재에 대한 옛 본성의 알레르기 반응을 잘 알고 있었다. 따라서 성령이 없었다면 어느 누구도 기도할 때 인내할 수 없을 것이다. 기도의 어려움에 대한 이 인용문 다음에 번연은 스가랴서 12장 10절을 인유하는 내용으로 끝맺는

---

41) John Owen, *A Discourse of the Work of the Holy Spirit in Prayer*, in *The Works of John Owen, D.D.* (Edinburgh: Johnstone & Hunter, 1850~1855), 4:260.

42) Owen, *Work of the Holy Spirit in Prayer*, in *Works*, 4:257~259.

43) 연대에 대해서는 Richard L. Greaves, introduction to *John Bunyan: The Doctrine of the Law and Grace Unfolded and I Will Pray with the Spirit*, Richard L. Greaves 편집 (Oxford: Clarendon Press, 1976), pp. xl~xli을 보라. *I Will Pray with the Spirit*에서의 이후의 인용은 가장 최근의 결정판인 이 원문에서 취해질 것이다. *I Will Pray with the Spirit*의 최근 현대어판과 축약판은 Louis Gifford Parkhurst Jr. 편집, *Pilgrim's Prayer Book* (Wheaton, Ill.: Tyndale House, 1986)을 보라.

44) Bunyan, *I Will Pray with the Spirit*, pp. 256~257.

것이 이상한 일이 아니다. "성령이 마음속에 들어올 때 확실히 기도가 있고, 그러기 전에는 기도할 수 없다."[45] 또한 이 본문을 주석하면서, 존 플라벨도 같은 요점을 제시한다. "기도의 습관은 은혜의 원리들이 먼저 영혼 속에 주입될 때 성령이 주시는 것이다"(슥 12:10; 행 9:11).[46] 플라벨은 이 원리를 주님이 사도행전 9장 11절에서 새로 회심한 다소 사람 사울에 대해 아나니아에게 전하는 말씀으로 예증한다. 주님은 아나니아에게 "그가 기도하는 중이니라"고 말씀하신다. 우리는 플라벨의 동료 장로교인인 토머스 맨턴(1620~1677년)의 말에서도 같은 본문들이 함께 인용된 것을 본다. "습관적 은혜가 기도에 필수적이다. '내가 다윗의 집과 예루살렘 주민에게 은총과 간구하는 심령을 부어 주리니'(슥 12:10). 은혜가 있는 곳에 간구도 있을 것이다. 우리는 새로 태어나는 순간 울음을 터뜨린다. '그가 기도하는 중이니라'(행 9:11)는 우리가 바울이 회심한 후에 그에 대해 듣는 첫 번째 소식이다."[47]

마지막으로 기도할 수 없다고 말하는 그리스도인들에 대해 유명한 청교도 설교자 토머스 브룩스(1608~1680년)는 같은 본문을 갖고 대답한다. 확실히 이 본문은, 브룩스가 『천국의 열쇠 또는 골방 기도를 위한 스무 가지 논증』(The Privie Key of Heaven; or, Twenty Arguments for Closet-Prayer, 1665)에서 주장하는 것처럼 모든 참된 신자는 성령이 내주하신다는 것을 암시한다. 그들 속에 내주하시는 성령은 "기도와 간구의 영"이므로 그들은 기도할 수 있게 된다.[48] 브룩스는 이 본문을 기초로 "지금 그리스도의 영에게서 쏟아지는 복 아래 더 있을수록 그 사람은 그리스도와의 은밀한 교제 속에 그만큼 더 깊이 들어간다"고 확신한다.[49]

중보하시는 성령(롬 8:26~27)

청교도가 기도 교리를 설명할 때 첫 번째 지위를 부여한 성경 본문이 하나 있다면, 그것은 로마서 8장 26~27절이다.[50] 마땅히 기도할 바를 알지 못하는 신자들의 무능력과 성령이 중보하시는 탄식에 맞춰진 이 본문의 초점은 성경에서 유일하게 등장하는 초점이다. 놀랍게도 청교도는 성령이 실제로 "탄식하며" 기도하신다는 관념에 대해 쉽게 납득하지 못했다. 오웬은 성령이 실제로 신자들을 위해 기도하신다고 가정하게 되면 그리스도의 중보 사역의 필요성을 제거하게 될 것이라고 주장한다. 오웬은 또 그것은 성령이 충분히 하나님이 아니라는 것을 함축하게 될 것이라고 믿는다. 왜냐하면 "모든 기도……는 기도를 받으시는 대상보다 저급한 본성의 행위이기" 때문이다.[51] 따라서 이 본문이 암시하는 것은 스가랴서 12장 10절 배후에 있는 사상과 평행을 이루고 있다. 곧 성령이 모든 참된 기도의 창시자라는 것이다. 오랜 세월 존 오웬을 보좌했던 데이비드 클라크슨(1622~1686년)은 "기도에 있어서 믿음"이라는 제목의 설교에서 이 노선을 따라 이 본문에 대한 세부적인 분석을 제공한다. 클라크슨은 청교도 전통에 대해 이렇게 진술한다.

---

45) Bunyan, *I Will Pray with the Spirit*, p. 257.

46) John Flavel, *Preparations for Suffering, or The Best Work in the Worst Times*, in *The Works of the Rev. Mr. John Flavel* (1820, 재판, Edinburgh: Banner of Truth Trust, 1968), 6:66.

47) Thomas Manton, *An Exposition of the Epistle of Jude* (London: Banner of Truth Trust, 1958), p. 338.

48) Thomas Brooks, *The Privie Key of Heaven; or, Twenty Arguments for Closet-Prayer*, in *The Works of Thomas Brooks*, Alexander B. Grosart 편집 (1861~1867, 재판, Edinburgh: Banner of Truth, 1980), 2:225.

49) Brooks, *Privie Key of Heaven*, in *Works*, 2:297.

50) Wilson, "The Puritan Doctrine of the Holy Spirit," p. 222.

51) Owen, *Discourse of the Work of the Holy Spirit in Prayer*, in *Works*, 3:258.

> 우리를 위해 중보하고, 우리 안에서 기도하는 것 즉 우리의 기도를 만드는 것이 성령의 기능이다. 말하자면 성령이 마음속에 우리의 간청을 기록하시면 우리는 그것을 기도로 제공한다. 성령이 우리 마음속에 좋은 것을 쓰시고, 우리는 그것을 표현한다. 우리가 응답될 것이라고 믿는 그 기도는 성령의 사역이다. 그것은 성령의 음성, 동작, 작용, 곧 성령의 기도다. 그러므로 우리가 기도할 때 성령이 기도하는 것으로 말해지고, 우리의 탄식은 성령의 탄식으로 불리며, 기도할 때 우리의 계획과 의도는 성령의 계획과 의도로 간주된다……(롬 8:26, 27).[52)]

성령이 모든 참된 기도의 배후에 계신다는 것은 기도할 때 그리스도인은 단순히 성령의 소생시키는 손에서 수동적인 존재가 되거나 성령이 움직이시지 않으면 아무것도 하지 못한다는 것을 의미하는 것으로 취해져서는 안 된다. 1662년에 통일령이 통과된 후에도 잉글랜드 교회에 계속 남아 있던 소수의 청교도 가운데 하나인 윌리엄 거닐(1616~1679년)은 "성령은 단순한 수동적 기구인 관이나 나팔을 통해 역사하는 것처럼 우리 안에서 활동하시는 것이 아니다"라고 선언한다. 거닐은 기도 행위 속에는 "하나님의 영과 그리스도인의 영혼 또는 영의 동시 협력"이 존재한다고 주장한다.[53)] 둘 다 능동적이다. 맨턴도 이렇게 지적한다. "우리는 성령이 움직이시는 것을 볼 때까지 기도의 의무에 대해 아무것도 하지 않고 머물러 있어서는 안 된다. 이성적인 피조물로서 우리가 갖고 있는 능력을 활용하고……그 의무를 행하는 과정에서 주의 영의 필수적인 역사를 기다리고 간청해야 한다. '북풍아 일어나라 남풍아 오라 나의 동산에 불어서 향기를 날리라 나의 사랑하는 자가 그 동산에 들어가서 그 아름다운 열매 먹기를 원하노라'"(아 4:16).[54)] 오웬은 이 문제를 세련된 청교도 식의 표현으로 이렇게 요약한다. "성령의 은사들은 우리가 하나님께 바치는 모든 제물을 태우는 불이다."[55)]

로마서 8장 26~27절의 처음 두 소절은 우리가 기도하려고 할 때 성령의 도우심을 필요로 하는 이유를 제시한다. 곧 우리는 연약함에 사로잡혀 있고, 그래서 "마땅히" 기도할 바를 모르고 있기 때문이다. 허다한 청교도 저술가들이 이 본문의 의미를 상세히 설명했다. 이 본문에 대한 맨턴의 설교와 보조를 맞추는[56)] 대표적인 작품이 오웬의 『기도에 대한 성령의 역사』와 번연의 『나는 성령과 함께 기도할 것이다』인데, 우리는 이 작품들을 통해 기도할 때 성령의 도우심의 절대적인 필요성을 강조하는 청교도 사상의 핵심 속으로 들어가게 된다.

일반적으로 말하면, 이 청교도 저술가들은 기도문을 기록하거나 작성하는 것에 대해서는 비판적이었다. 예를 들면 1661년의 존 번연 재판을 보면, 재판장 존 켈린은 번연에게 그가 지역 교구 교회의 예배에 참석하지 않은 것이 정당한지 물었다. 물려받은 청교도의 유산에 합당하게 번연은 "자기는 하나님의 말씀 속에서 그렇게 명하는 것을 찾지 못했다"고 진술했다.[57)] 켈린은 기도는 의무라고

---

52) David Clarkson, "Faith in Prayer," *The Practical Works of David Clarkson, B.D.* (Edinburgh: James Nichol, 1864), 1:207. 또한 Owen, *Discourse of the Work of the Holy Spirit in Prayer*, in *Works*, 4:288~290, Thomas Manton, *Several Sermons upon the Eighth Chapter of Romans*, in *The Works of Thomas Manton, D.D.* (Worthington, Pa.: Maranatha Publications, n.d.), 12:226도 보라.

53) Williams, "Lessons from the Prayer Habits of the Puritans," p. 280에서 인용함.

54) Manton, *Sermons upon the Eighth Chapter of Romans*, in *Works*, 12:236.

55) Owen, *A Discourse of the Work of the Holy Spirit in Prayer*, in *Works*, 4:320.

56) Manton, *Sermons upon the Eighth Chapter of Romans*, in *Works*, 12:225~257.

57) John Bunyan, *A Relation of the Imprisonment of Mr. John Bunyan*, in *Grace Abounding to the Chief of Sinners*, W. R. Owens 편집 (Harmondsworth: Penguin, 1987), p. 95.

지적했다. 이에 번연도 동조했지만 그것은 잉글랜드 교회의 공적 예배의 형식과 내용을 선포하는 공동 기도서의 규정에 따라서가 아니라 성령의 도우심에 따라 수행되는 의무라고 주장했다. 번연은 계속해서 이렇게 주장했다.

> 공동 기도서의 이 기도문은 다른 사람들이 작성한 기도문이지 우리 마음속에서 성령의 역사로 말미암아 적성된 것이 아니다……성경은 성령께서 우리의 연약함을 도우실 것이라고 말한다. 왜냐하면 우리가 마땅히 기도할 바를 알지 못하고, 성령께서 직접 우리를 위해 말할 수 없는 탄식과 신음으로 중보하시기 때문이다……성경은 공동 기도서가 아니라 성령이 우리에게 기도하는 법을 가르친다고 말한다.[58]

번연이 기도문을 작성하는 것을 거부한 것은 청교도 동료와 선조들의 견해와 분리시켜서는 적절히 이해될 수 없다.[59] 존 칼빈은 기도를 본질상 "하나님 앞에 쏟아 놓고 내놓는……마음의 정서"라고 정의했다.[60] 동시에 칼빈은 공적 예배를 위해 기도문을 작성하기도 했다. 잉글랜드 청교도 가운데 칼빈의 영적 후손 가운데 리처드 백스터(1615~1691년)와 같은 일부 청교도는 두 용도를 다 인정했다. 그러나 많은 청교도가 칼빈의 기도 견해에서 기도문을 기록하거나 작성하는 것의 필요성은 거의 또는 전혀 없었다고 결론지었다. 웨일스 출신 독립파 설교자이자 저술가인 월터 크래덕(대략, 1606~1659년)은 솔직하게 이렇게 진술했다. "가난한 목사로……자신의 영혼을 주님에게 쏟아 놓는 것을 즐거워했을 때 자기는 옛날 기도서를 가까이 해서 하나님의 영을 근심시키고 자신의 영이 무미건조하게 메말랐을 때까지 그것을 읽어야 했고, 그래서 결국은 기도할 수 없는 상태가 되었다."[61] 번연의 친구이자 찬미자인 오웬[62]도 비슷하게 "고정된 기도문 형식을 일률적으로 변경 없이 사용하는 것은 성령을 소멸시키는 큰 빌미를 제공할 수 있다"고 주장했다.[63] 오웬은 작성된 기도문을 사용하는 것은 본질상 나쁜 것은 아니지만 하나님이 신자에게 주신 성령이 "은총과 간구하는 영"(슥 12:10)이므로 신자는 기도에 필요한 모든 자원을 갖고 있다고 결론지었다. 나아가 오웬은 이렇게 주장했다. "은총과 간구하는 영으로서 성령은 내가 아는 한 다른 사람들을 위해 기도문을 작성하도록 돕거나

---

58) Bunyan, *Imprisonment of Bunyan*, pp. 95~96.

59) "성령 안에서의 기도"에 대한 다음 설명은 다음 자료들에 힘입었다. Geoffrey F. Nuttall, *The Holy Spirit in Puritan Faith and Experience*, 2판 편집 (Oxford: Basil Blackwell, 1947), pp. 62~74, A. G. Matthews, "The Puritans at Prayer," *Mr. Pepys and Nonconformity* (London: Independent Press, 1954), pp. 100~122, Horton Davies, *The Worship of the English Puritans* (1948, 재판, Morgan, Pa.: Soli Deo Gloria, 1997), pp. 98~161, Wilson, "Puritan Doctrine of the Holy Spirit," pp. 208~223, Alan L. Hayes, "Spirit and Structure in Elizabethan Public Prayer," E. J. Furcha 편집, *Spirit within Structure: Essays in Honor of George Johnston on the Occasion of His Seventieth Birthday* (Allison Park, Pa.: Pickwick Publications, 1983), pp. 117~132.

60) John Calvin, *Institutes of the Christian Religion*, John T. McNeill 편집, Ford Lewis Battles 번역 (Philadelphia: Westminster Press, 1960), 3.20.29.

61) Walter Cradock, *Glad Tydings, from Heaven to the Worst of Sinners on Earth* (London, 1648), p. 29.

62) 오웬은 번연이 『천로역정』(The Pilgrim's Progress)을 출판하는 데 도움을 주었다. 오웬은 찰스 2세에게 만일 자신이 번연과 같이 설교할 수만 있다면 자신의 모든 학문을 기꺼이 포기하겠다고 말했다. N. H. Keeble, "'Of Him Thousands Daily Sin and Talk': Bunyan and His Reputation," *John Bunyan: Conventicle and Parnassus, Tercentenary Essays*, N. H. Keeble 편집 (Oxford: Clarendon Press, 1988), pp. 243을 보라.

63) John Owen, *The Reason of Faith*, in *The Works of John Owen, D.D.* (Edinburgh: Johnstone & Hunter, 1850~1855), 4:92.

보조한다고 약속한 본문은 어디에도 없고, 그러므로 우리는 특히 그 목적을 위해 성령께 기도하거나 그분의 도우심을 구해서 기도하거나 할 근거가 전혀 없다."[64] 이런 비판은 정확히 청교도가 공동 기도서의 형태와 내용에 불만을 갖고 있었다는 것을 반영한다.

크래덕과 오웬의 기도에 대한 접근법을 밑받침하는 근거는 그들이 일반적으로 성령의 사역에 대해 깊은 관심을 갖고 있었고, 아울러 하나님을 올바르게 섬기고 경배할 수 있도록 성령의 능력이 주어져야 한다는 사실(요 4:24)을 인정했다는 것이다.

말씀과 성령: 퀘이커 사상에 대한 오웬의 논박

1654년 6월에 웨스트모얼랜드의 커비 켄들에서 태어나서 자랐으며 퀘이커 교도인 엘리자베스 플레처(대략, 1638~1658년)과 엘리자베스 레븐스(사망, 1665년)는 옥스퍼드를 방문해서 이 대학 도시에서 처음으로 퀘이커 교회의 메시지를 전했다.[65] 그녀들은 경건하지 못한 학계 분위기에 대해 경고하고, 자신들의 진정한 필요는 지성적 계발이 아니라 성령이 주시는 내면의 빛이라고 역설했다. 그녀들의 메시지는 귀먹은 자들에게 크게 영향을 미쳤다. 엘리자베스 플레처는 학생들의 관심을 촉발시키기 위해 보다 극적인 증언을 하도록 하나님의 인도를 받았다고 느꼈다. 그녀는 "주로 장로교회와 독립교회 신자들로 구성된 학생들의 위선적인 신앙고백을 반대하는 표징"으로 가슴을 풀어 제치고 반나체가 되어 옥스퍼드 거리를 걸어 다녔다. 이때 그녀는 그들의 신앙고백에 대해 주님이 그들을 벌거벗겨서 그들의 벌거벗은 상태를 드러내게 하실 것이라고 말했다.[66] 플레처가 "표징으로서 옷을 벗고 다닌 것"은 초기 퀘이커 교도들의 통상적인 관습이었는데,[67] 이로 말미암아 학생들 사이에서 적대감이 불붙듯 일어나게 되었다. 어떤 학생들은 플레처와 그녀의 동료를 붙잡아 더러운 시궁창 속에 밀어 넣었고, 그리하여 그녀들은 세인트 존스 칼리지 땅에 있는 물 펌프 아래 물에 반쯤 몸이 잠기게 되었다. 그러다 플레처는 묘석 위로 휩쓸려가 열린 무덤 속으로 빨려들어갔고, 이때 부상을 당해 계속 고생하다 결국은 인생을 짧게 마감했다.

어쨌든 이런 시련도 이 여인들의 영의 기를 꺾어 놓지 못했다. 그녀들은 다음 주일에 회중에게 신적

---

64) John Owen, *The Causes, Ways, and Means of Understanding the Mind of God as Revealed in His Word, with Assurance Therein*, in *The Works of John Owen, D.D.* (Edinburgh: Johnstone & Hunter, 1850~1855), 4:139.

65) 이 두 여성에 대한 간략한 전기적 묘사는 *Biographical Dictionary of British Radicals in the Seventeenth Century*, R. L. Greaves & Robert Zaller 편집 (Brighton, U.K.: Harvester Press, 1982), 1:292; 2:182에서 R. L. Greaves, "Fletcher, Elizabeth"와 D. P. Ludlow, "Leavens, Elizabeth"를 보라. 이 두 여성이 옥스퍼드를 방문한 이유에 대해서는 다음 자료들을 보라. William Sewel, *The History of the Rise, Increase and Progress of the Christian People Called Quakers* (New York: Baker & Crane, 1844), 1:120~121, Peter Toon, *God's Statesman: The Life and Work of John Owen: Pastor, Educator, Theologian* (Exeter, U.K.: Paternoster Press, 1971), p. 76. 퀘이커 사상이 케임브리지 대학에 들어간 비슷한 이유에 대해서는 John Twigg, *The University of Cambridge and the English Revolution 1625~1688* (Cambridge: Cambridge University Press, 1990), pp. 193~195를 보라.

66) Kenneth L. Carroll, "Early Quakers and Going Naked as a Sign," *Quaker History* 67 (1978), p. 80.

67) 이 현상에 대한 두 탁월한 연구로 Carroll, "Early Quakers and Going Naked as a Sign," pp. 69~87과 Richard Bauman, *Let Your Words Be Few: Symbolism of Speaking and Silence among Seventeenth-Century Quakers* (Cambridge: Cambridge University Press, 1983), pp. 84~94를 보라. 또한 관련된 두 연구로 Kenneth L. Carroll, "Sackcloth and Ashes and Other Signs and Wonders," *The Journal of the Friends' Historical Society* 53 (1972~1975), pp. 314~325와 "Quaker Attitudes towards Signs and Wonders," *The Journal of the Friends' Historical Society* 54 (1976~1982), pp. 70~84도 보라.

경고를 발하기 위해 예배를 훼방했던 옥스퍼드 대학 교회를 방문했다. 이때 그녀들은 체포되어 보카도 감옥으로 끌려갔다. 다음 날 부총장으로 대학 내의 규율을 책임지고 있던 오웬은 두 퀘이커 교도를 성령을 모독하고 성경을 오용한 죄로 고소했다. 이 여인들의 행동이 처벌받지 않은 상태로 놔둔다면 대학 내에서 큰 소동이 일어날 것이라고 생각한 오웬은 이 여인들을 채찍으로 때리고 도시에서 추방하라고 명령을 내렸다.

2년 후에 오웬은 퀘이커 교도와 또 다른 기억할 만한 만남을 가졌다. 이때는 화이트 홀 궁전에서 17세기 영국 퀘이커 공동체의 가장 저명한 인물인 조지 폭스(1624~1691년)로 간주되는 인물과 신학 논쟁을 벌였다.[68] 폭스는 훗날 자신과 또 다른 퀘이커 교도인 에드워드 파이어트(사망, 1670년)가 호국경으로 잉글랜드 공화국을 통치한 올리버 크롬웰(1599~1658년)을 방문했을 때 있었던 일을 이렇게 상세히 설명했다.

> 에드워드 파이어트와 나는 잠시 후에 화이트홀로 가서 크롬웰을 만났는데, 그곳에 옥스퍼드 대학의 부총장인 존 오웬 박사가 함께 있었다. 그래서 우리는 올리버 크롬웰에게 프렌드파(퀘이커 공동체)의 고난에 대해 말하도록 이끌렸고, 그 앞에 프렌드파의 고난에 대해 말하고, 그가 세상 모든 사람에게 비춘 그리스도의 빛을 향하도록 했다. 그러자 크롬웰은 그것은 자연적인 빛이라고 말했고, 우리는 그가 잘못 알고 있다는 것과 그것이 어떻게 신령하고 거룩하신 사람 그리스도에게서 나온 신적이고 영적인 빛으로, 그리스도 안에 있는 생명 곧 말씀으로 불리고, 또 우리 안에 있는 빛으로 불리는지를 설명했다. 그리고 주 하나님의 능력이 내 안에서 일어나 나는 그에게 왕좌를 내려놓고 예수의 발 앞에 무릎을 꿇으라고 명하도록 이끌렸다. 여러 번에 걸쳐 나는 크롬웰에게 똑같은 말을 했고, 나는 탁자 옆에 서 있었다. 그때 그가 다가와 내 옆 탁자에 앉았고, 자기도 이전에는 나만큼 고상했다고 말했다. 그런 다음 그는 계속해서 그리스도 예수의 빛에 반대하는 말을 했다.[69]

이 두 사건은 초기 퀘이커 사상의 중심 특징들을 어느 정도 보여 준다. 그것은 모든 인간 속에 신적 빛이 자리 잡고 있다는 것(요 1:9에서 이끌어 낸 확신)을 크게 강조함, 이 강조점을 열렬하게 선전하고 퀘이커 교도로의 개종을 시도하는 것, 대학 교육을 무시하는 것, 극적이고 사회적으로 파괴적인 선동에 의지하는 것 등이다.

잉글랜드 공화국 시대의 퀘이커 사상

퀘이커 운동은 익숙한 사회적, 종교적 경계선이 갈등의 조류에 휘말려 무너지고, 신뢰할 수 있고 참된 종교적 관습과 신념들이 더 이상 예전과 같은 비중을 갖지 못하게 된 잉글랜드 시민전쟁(1642~1651년)의 소용돌이 속에서 일어난 한 부산물이다. 수많은 개인들, 특히 그들 가운데 인간의

---

68) 최근의 폭스에 대한 전기는 H. Larry Ingle, *First among Friends: George Fox and the Creation of Quakerism* (Oxford: Oxford University Press, 1994)을 보라.

69) George Fox, *The Journal of George Fox*, John L. Nickalls 편집 (Philadelphia: Religious Society of Friends, 1985), pp. 274~275.

근본적인 부패함과 성령의 주권적인 회심 사역의 필요성을 강조한 청교도 환경 속에서 자란 많은 이들이 시대의 폭발적인 격동의 와중에서 그들의 영혼에 평강을 주시는 하나님의 사역을 추구하기 시작했다. 이런 소위 구도자들 가운데 어떤 이들은 자기들이 사도 교회 당시 특징으로 믿은 활력적이고 단순한 은사의 회복을 갈망했다. J. F. 맥그리거가 지적하는 것처럼 그들은 참된 그리스도의 교회의 표지가 "사도들에게 주어지고 이적을 통해 예증된 은혜를 소유하는 것"으로 간주했다. 청교도 회중들 가운데 이런 카리스마적이거나 특수적인 은사를 소유하고 있다고 주장한 자는 아무도 없었기 때문에 이 구도자들은 교단을 탈퇴하고 자기들이 고대하는 새로운 영적 시대가 임하기를 기다려야 한다고 느꼈다.[70] 많은 구도자들이 이 새로운 영적 시대가 퀘이커 교도와 그들의 메시지의 등장과 함께 시작되었다고 봤다.

비록 초기 퀘이커 공동체 안에는 다수의 핵심 인물들 곧 에드워드 버러우(1634~1662년), 리처드 후버손(1628~1662년), 윌리엄 듀스베리(대략, 1621~1688년), 제임스 네일러(1616~1660년)와 같은 인물들이 있었지만, "느슨하게 연결된 이데올로기로 뭉친 이 교회 공동체" 속으로 많은 구도자들을 이끄는 데 주도적으로 기폭제 역할을 한 인물은 조지 폭스였다.[71] 1660년대 후반에 이들 초기 퀘이커 지도자들은 대다수가 죽었지만 폭스는 생존해서 퀘이커 공동체를 17세기 후반에 결국 프렌드파로 결집시키는 핵심 지도자가 되었다.

한때 목동과 제화공으로 "글을 읽고 쓸 수 있었지만 공부를 한 적은 없는"[72] 폭스는 1643년에 레스터셔의 드레이턴-인-더-클레이(현재의 페니 드레이턴)의 고향 마을을 떠나 이후로 4년 이상 동안 미들랜즈 지역을 거쳐 런던 극남 지역까지 돌아다녔다. 폭스가 이 기간 물리적 유랑을 한 목적은 영적 지혜를 얻기 위함이었을 것이다. 폭스는 오랜 기간 일반(즉 아르미니우스주의) 침례교회에 속해 있었고, 거기서 받은 영향으로 후기에 정통 청교도 구원론, 특히 예정 교리를 거부한 것으로 보인다.[73]

마지막으로 1647년과 1648년에 폭스는 "어떤 사람이나 책이나 작품의 도움 없이" 지혜를 찾았다.[74] 폭스는 그가 일련의 내적 계몽의 "출범"이나 경험으로 부른 것을 통해 다른 무엇보다 "사람들을 그리스도의 사역자로 적합하게 만들거나 자격을 갖추게 하는 것은 옥스퍼드나 케임브리지 대학에서 공부한 것이 아니고", 참된 기독교는 본질상 내적인 영적 경험의 문제라고 확신했다.[75] 폭스는 훗날 자신의 〈일기〉에서 이렇게 회상했다.

> 주 하나님이 내게 보이지 않는 능력으로 모든 사람이 그리스도의 신적 빛을 통해 어떻게 계몽되는지 알려 주셨다. 나는 그것이 모든 사람을 비추고, 그것을 믿은 자들은 정죄에서 벗어나 생명의 빛으로 나아오고 그 빛의 자녀가 되었지만, 그 빛을 미워하고 그 빛을 믿지 않은 자들은 그리스도를 고백한다고 할지라도 그 빛의 정죄를 받는다는 것을 알았다. 나는 어떤 사람의

---

70) J. F. McGregor, "Seekers and Ranters," *Radical Religion in the English Revolution*, J. F. McGregor & B. Reay 편집 (Oxford: Oxford University Press, 1984), pp. 122~123.

71) Barry Reay, *The Quakers and the English Revolution* (New York: St. Martin's Press, 1985), p. 9.

72) Gordon Rupp, *Religion in England 1688~1791* (Oxford: Clarendon Press, 1986), p. 139.

73) 침례교도와의 이 접촉에 대해서는 Ingle, *First among Friends*, pp. 35~38, 42를 보라.

74) Fox, *Journal of George Fox*, p. 11.

75) Fox, *Journal of George Fox*, p. 7.

> 도움 없이 그 빛의 순전한 개시를 본 것이지 성경에 어디 있는지 찾아보고 안 것도 아니다. 다만 알고 난 후에 성경을 찾아보고 거기에 있는 것을 알았다. 왜냐하면 나는 성경에 제시되기 전에 있었고, 하나님의 거룩한 사람들에게 제시되어 그들을 이끈 빛과 성령을 봤고, 만일 그들이 하나님이나 그리스도나 성경을 올바르게 알고 있다면, 모든 사람이 그것들을 받아 인도를 받고 가르침을 받은 영에게 나아와야 한다는 것을 알았기 때문이다.[76]

폭스는 요한복음 1장 9절의 "참 빛 곧 세상에 와서 각 사람에게 비추는 빛이 있었나니" 가운데 이 본문의 첫 부분을 인유하는데, 이것이 그의 특별한 메시지와 동료 퀘이커 교도들의 메시지 핵심에 있었다. 그들은 이 본문을 모든 개인이 그리스도의 빛을 갖고 태어나고, 이 빛이 죄로 어두워졌지만 완전히 소멸된 것은 아니라고 가르치는 것으로 이해했다. 퀘이커 교도의 메시지를 확신한 자들에게 이 빛은 죄의 장벽을 뚫고 들어와 그들의 영혼을 그리스도와 연합시키는 데 성공했다.[77] 따라서 이 본문은 폭스 자신의 영적 계몽에 대한 묘사를 사용하면 그들이 "경험적으로" 알았던 것을 묘사한 것이다. 나아가 그들은 이 그리스도의 빛이 청교도가 통상적으로 강조한 다양한 은혜의 수단 곧 성경을 읽는 것과 선포된 말씀을 듣는 것과 같은 수단과는 상관없이 자기들의 어두운 마음속을 비쳤다고 믿었다.

이 본문은 또한 퀘이커 공동체의 선교를 정의하는 데 도움이 되었다. 예를 들어 회심한 후에 폭스는 이렇게 생각했다. "사람들을 내면의 빛, 영, 은혜로 이끌어 모든 사람이 자기들의 구원과 하나님께 나아가는 자기들의 길을 알 수 있게 하라는 명령을 받았다. 심지어는 모든 사람을 모든 진리 속으로 이끌고, 내가 하자 없이 알고 있는 신적 영은 어느 누구도 결코 속이지 않을 것이다."[78] 침례교도였으나 개종한 또 한 명의 퀘이커 교도인 새뮤얼 피셔(1605~1665년)는 퀘이커 교도로의 개종의 목표와 관련해서 이렇게 선언했다. "우리는 모든 사람이 그들 자신의 양심 속에 있는 빛을 주목하도록 촉구한다. 그 빛의 인도를 받아 그들은 하나님께 나아오고 그들의 구원을 이룰 수 있다."[79]

퀘이커 운동 처음 10년 동안 이 메시지는 현상만 놓고 보면 성공을 거뒀다. 역사가들은 종종 1652년에 퀘이커 운동이 시작된 것으로 본다.[80] 그 해 봄에 폭스는 자신의 메시지의 전파를 페나인과 웨스트모얼랜드 북쪽까지 확대시켰다. 그 해 성령강림절에 폭스는 커비 켄들에서 그리 멀지 않은 곳에서 천여 명의 구도자들이 모인 대규모 집회에서 설교했다. 한때 침례교도로서 지역 설교자였던 프랜시스 하우질(대략, 1618~1669년)은 이렇게 회상했다. "그가 사람 속에 있는 그리스도의 빛이 그리스도에게 가는 길이라……고 선언하는 것을 들을 때마다 나는 영원한 진리의 말씀을 믿고, 내 양심 속에서 하나님의 진리가 그것을 보증했다." 하우질은 폭스의 메시지를 신뢰했을 뿐만 아니라 "주님을

---

76) Fox, *Journal of George Fox*, p. 33.

77) Michael R. Watts, *The Dissenters* (Oxford: Clarendon Press, 1978), 1:203, T. L. Underwood, *Primitivism, Radicalism, and the Lamb's War: The Baptist-Quaker Conflict in Seventeenth-Century England* (Oxford: Oxford University Press, 1997), pp. 105~111.

78) Fox, *Journal of George Fox*, pp. 34~35. 또 *Primitivism, Radicalism, and the Lamb's War*, p. 112에서 이 부분에 대한 언더우드의 설명을 보라.

79) Reay, *Quakers and the English Revolution*, p. 33에서 인용함.

80) Hugh Barbour, *The Quakers in Puritan England* (New Haven, Conn.: Yale University Press, 1964), p. 45, Arthur O. Roberts, "George Fox and the Quakers," *Great Leaders of the Christian Church*, John D. Woodbridge 편집 (Chicago: Moody Press, 1988), p. 273.

갈망한 자들이 수백 명이 넘었다"고 기억했다.[81]

퀘이커 운동의 메시지는 북 잉글랜드, 특히 웨스트모얼랜드, 랭커셔, 요크셔, 컴벌랜드 지역들에 뿌리를 내렸다. 다음 10년 동안 퀘이커 운동의 메시지는 남쪽으로 파급되어 최소한 다음 네 지역 곧 체셔, 런던과 런던 북동쪽에 인접한 지역들 곧 하트퍼드셔, 버킹엄셔, 케임브리지셔, 에식스, 서머싯 및 윌트셔를 포함한 브리스틀, 그리고 미들랜즈 지역의 워릭과 우스터에 깊은 영향을 미쳤다.[82] 그러나 퀘이커 교도의 선교 노력은 영국 제도로 한정되지 않았다. 1660년경에 열렬한 퀘이커 복음 전도자들이 매사추세츠, 독일, 로마, 몰타, 예루살렘까지 이르렀다.[83] 이 노력의 결과 퀘이커 교도는 1660년대 초에 영국에서만 3만 5천에서 4만 명에 이르렀던 것으로 추산된다. 배리 레이에 따르면, 6만 명 정도에 달할 수도 있었다.[84]

말씀을 희생시키고 성령을 높임

퀘이커 교도가 다양하게 내주하는 그리스도 또는 내주하는 성령으로 부른 내면의 빛에서 나온 계몽을 강조하는 것과 함께,[85] 리처드 바우만이 지적한 것처럼 퀘이커 교도의 경험에는 내면의 신적 음성을 듣는 것이 포함되어 있다는 강력한 주장이 있었다. 퀘이커 교도는 하나님은 사람들에게 성경의 기록된 본문의 중재를 통해서 말씀하고, 말씀하실 수 있었다는 것을 부정하지 않았고, 그들도 사도와 신약 시대 성도들이 그랬던 것처럼 성령의 직접적 감동과 인도를 알고 누린다고 확신했다.[86] 퀘이커 신학자 윌리엄 펜(1644~1718년)의 말에 따르면, 성령에 대한 직접적 경험은 "이전에는 신약 시대 신자들의 지식과 위로의 큰 원천이었지만 지금은 퀘이커 공동체 안에서 큰 조롱거리로…… 비웃음을 사고 있다."[87] 바우만의 말에 따르면, "내면에 말씀하시는 하나님과의 직접적 교제가 초기 퀘이커 사상의 핵심 신앙적 경험이었다."[88]

바우만의 설명은 소(小) 아이작 페닝턴(1616~1679년)이 1670년에 동료 퀘이커 교도인 나다니엘 스토나에게 쓴 한 편지로 증명된다. 다수의 초기 퀘이커 개종자 가운데 "현학적인 지성인의 대표적 실례"인 페닝턴[89]은 이 편지에서 자기들 자신과 회중주의자와 침례교도를 가리키는 다른 "고백자들" 간의 주요 차이 가운데 하나는 "그 규칙에 대한" 차이라고 말했다. 여기서 다른 "고백자들"은 성경은 사람들의 삶과 생각을 지시하는 규칙이라고 주장했지만 페닝턴은 내주하시는 생명의 성령이 "말씀 곧 성경 속의 사실들에 대한 외적 관계보다 더 가깝고 더 강하다"고 확신했다. 페닝턴은 이렇게 지적했다.

---

81) Francis Howgill, *The Inheritance of Jacob* (1656), in *Early Quaker Writings*, Hugh Barbour & Arthur O. Roberts 편집 (Grand Rapids: Eerdmans, 1973), p. 173.

82) Reay, *Quakers and the English Revolution*, pp. 27~29.

83) Barbour, *Quakers in Puritan England*, pp. 67~70.

84) B. G. Reay, "Early Quaker Activity and Reactions to It, 1652~1664" (철학박사학위논문, University of Oxford, 1979), pp. 218~220, Reay, *Quakers and the English Revolution*, pp. 26~27, Underwood, *Primitivism, Radicalism, and the Lamb's War*, p. 10.

85) Underwood, *Primitivism, Radicalism, and the Lamb's War*, pp. 105~107.

86) Underwood, *Primitivism, Radicalism, and the Lamb's War*, pp. 26~27, 32~33.

87) Underwood, *Primitivism, Radicalism, and the Lamb's War*, p. 26에서 인용함.

88) Bauman, *Let Your Words Be Few*, pp. 24~25.

89) J. W. Frost, "Penington, Isaac (the Younger)," *Biographical Dictionary of British Radicals in the Seventeenth Century*, R. L. Greaves & Robert Zaller 편집 (Brighton, U.K.: Harvester Press, 1982), 3:23.

> 복음 상태에서 주님은 자기 백성들과 함께 하겠다고 약속하셨다. 밤에 여행하는 자로서가 아니라 그들 속에 거하고 그들 속에서 행하기 위해서 말이다. 그뿐만이 아니다. 만일 시험을 받거나 오류의 위험에 빠진다면 그들은 그들 배후에서 "이것이 그 길이니 그 안에서 행하라"는 음성을 듣게 될 것이다. 그들은 이것을 성경과 마찬가지로 규칙으로 인정하지 않겠는가? 아니, 사실 이것이 성경에서 취할 수 있는 것보다 그 상태에서는 마음에 더 충분한 지시가 아닌가?…… 말씀을 주신 성령이 말씀보다 더 크다. 그러므로 우리는 성령을 소중히 여기지 않을 수 없고, 우리 마음과 생각 속에서 성령에 대해 증언하는 말씀보다 그분을 더 높이 세우지 않을 수 없다. 물론 말씀도 우리의 입맛에 매우 달콤하고 보배롭기는 하지만 말이다.[90]

여기서 페닝턴은 퀘이커 교도는 성경을 "달콤하고 보배로운" 것으로 평가한다고 주장하지만 또한 내주하시는 성령이 그리스도인의 삶과 사고의 지침이 될 때 최고의 권위를 갖고 있는 것으로 간주되었다고 강경하게 주장했다.[91]

마찬가지로 설교자가 회중에게 "성경이 모든 교리, 종교, 견해를 재는 시금석과 심판자였다"고 말한 베드로후서 1장 19절에 대한 설교를 들은 조지 폭스는 반대 의견을 억제할 수 없다는 것을 알았다. 폭스는 "오, 아닙니다. 그것은 성경이 아닙니다"라고 외쳤다. 이어서 폭스는 시금석과 심판자는 "성령으로, 성령으로 말미암아 하나님의 거룩한 사람들이 성경을 썼고, 이 성경을 통해 견해, 종교, 판단이 검증되었는데, 그 이유는 성경이 모든 진리 속으로 이끌었고, 그리하여 진리의 지식이 주어졌기 때문"이라고 충격을 받은 청중에게 자신의 견해를 계속해서 피력했다.[92] 그리고 헌팅던셔와 케임브리지셔의 일부 침례교도들이 퀘이커 교도가 되었을 때, 그들은 이후로는 성경이 아니라 "자기들의 양심 속에 있는 빛이 따라 살기를 바라는 규칙"이었다고 재빨리 천명했다.[93]

따라서 퀘이커 사상은 말씀을 희생시키고 성령을 높이는 경향이 있었다.[94] 많은 경우에 이것은 초기 퀘이커 교도를 행동과 말에 있어서 색다른 패턴을 가진 자들로 만들었다. 엘리자베스 플레처가 보여 준 표징으로서의 반나체 시위는 단지 한 가지 사례에 불과했다. 다른 사례로는 장차 폭스의 아내가 되는 마거릿 펠(1614~1702년)이 포함되는데, 그녀는 폭스를 "모든 민족이 앞에서 머리를 숙일" "영생의 원천"으로 묘사했다.[95] 리처드 세일(사망, 1658년)의 폭스에 대한 찬사도 마찬가지다. "그대에게 언제까지나 찬양, 찬양, 영원한 찬양이 있으라. 그대는 존재했고, 존재하고, 또 앞으로 다시 올 자요, 모든 사람을 다스리고 영원히 복되게 할 신이다."[96] 제임스 네일러는 충격적으로 그리스도의

---

90) Isaac Penington, *Letters of Isaac Penington*, 2판 편집 (London: Holdsworth and Ball, 1829), pp. 202~203. 이 원문에 접근하게 된 것은 온타리오에 있는 Heinz G. Dschankilic of Cambridge의 도움을 받았다.

91) 또한 Richard Dale Land, "Doctrinal Controversies of English Particular Baptists (1644~1691) as Illustrated by the Career and Writings of Thomas Collier" (철학박사학위논문, Oxford University, 1979), pp. 205~211의 언급도 보라.

92) Fox, *Journal of George Fox*, pp. 39~40.

93) Reay, *Quakers and the English Revolution*, p. 34에서 인용함.

94) 이 문제에 대한 다양한 관점은 James L. Ash Jr., "'Oh No, It is not the Scriptures!' The Bible and the Spirit in George Fox," *Quaker History* 63, no. 2 (1974년 가을호), pp. 94~107을 보라.

95) Watts, *Dissenters*, 1:209.

96) Richard G. Bailey, "The Making and Unmaking of a God: New Light on George Fox and Early Quakerism," *New Light on George Fox (1624 to 1691)*, Michael Mullett 편집 (York: William Sessions Limited, The Ebor Press, 1991), p. 114에서 인용함.

승리의 예루살렘 입성을 1656년에 브리스틀에서 재현된 것으로 봤다.[97] 이처럼 퀘이커 진영에서는 성경을 "뒤로 그리고 저편으로" 넘기고, 당시 청교도의 작품들 속에서 발견되는 것들을 대부분 "완전히 혐오스러운 것"으로 설명한다.[98] 존 오웬은 퀘이커 교도가 가장 날카롭게 비판하는 청교도 인물 가운데 하나였다. 그러나 일부 청교도 동시대인들과 달리, 오웬은 퀘이커에 대해 단순히 "매도가 아니라 세밀하고 조심스러운 논증으로" 비판을 가했다.[99]

존 오웬, 퀘이커 사상의 비판자

오웬은 퀘이커 교도의 "침묵 예배"에서 몇 가지 "본받을 만한 점"을 찾을 수 있다는 것을 기꺼이 인정했다.[100] 그러나 전체적으로 오웬은 퀘이커 교도를 "가련하게 미혹된 영혼들"로 봤다.[101] 퀘이커의 내면의 빛에 대한 가르침은 성령의 사역과 인격을 공격하는 요소로 "거짓 빛", 아니 사실은 "어두운 사탄의 산물"이었다.[102] 퀘이커 교도가 그들의 집회에서 때때로 사로잡힌 사람들이 떨며 몸부림치는 것을 성령의 강력한 임재에 대한 증거로 제시했을 때, 오웬은 거기서 단지 "속박의 영"의 역사만을 봤다. 그들의 예배는 그들이 "교회의 신비적인 예배의 매우 중대한 부분인 성례……곧 세례와 성찬"을 폐지시킨 것에서도 흠이 있었다.[103]

하지만 오웬은 놀라지 않았다. 이 두 규례는 "거룩하게 하고 의롭게 하는 그리스도의 피"를 기독교 신앙의 핵심으로 말하는 것이다. 하지만 퀘이커 교도는 "사람들의 내면의 빛"에 초점을 맞춤으로써 그리스도의 객관적인 속죄 사역을 강조하는 복음을 포기했다고 오웬은 확신했고, 퀘이커 교도는 이 두 규례는 "그 빛의 향상, 증가나 확립에 어떤 기여도" 할 수 없다고 봤다.[104] 퀘이커 교도의 이런 잘못된 초점의 핵심에는 그들이 구속 사역의 삼위일체적인 본질을 보지 못하는 무지가 놓여 있다고 오웬은 봤다. 1674년에 오웬은 이렇게 썼다. "그들 가운데 어느 누구에게 삼위일체 교리를 납득시켜 보라. 그들의 나머지 모든 상상은 연기 속으로 사라질 것이다."[105]

오웬은 퀘이커 교도가 종종 성령과 동일시하며 내면의 빛을 찬미하는 것은 성령으로 성령을 높이려는 교묘한 시도처럼 보인다고 주장한다. 요한복음 16장 14절에서 성령이 "내 영광을 나타내리니 내 것을 가지고 너희에게 알리시겠음이라"는 예수의 진술은 삼위일체 하나님의 구원 사역을

---

97) 이 사건에 대한 간명한 설명은 Watts, *Dissenters*, 1:209~211을 보라. 또한 Charles L. Cherry, "Enthusiasm and Madness: Anti-Quakerism in the Seventeenth Century," *Quaker History* 74, no. 2 (1984년 가을), pp. 7~9도 보라.

98) Geoffrey F. Nuttall, "The Quakers and the Puritans," *The Puritan Spirit: Essays and Addresses* (London: Epworth Press, 1967), pp. 170, 174~175.

99) Maurice A. Creasey, "Early Quaker Christology with Special Reference to the Teaching and Significance of Isaac Penington, 1616~1679" (철학박사학위논문, University of Leeds, 1956), p. 158. 크레이시의 작품은 퀘이커의 가르침에 대한 오웬의 종합적 비판에 크게 유용했다(특히 pp. 154~158을 보라).

100) Owen, *Work of the Holy Spirit in Prayer*, in *Works*, 4:331.

101) Owen, *A Discourse Concerning the Holy Spirit*, in *Works*, 3:66.

102) Owen, *A Discourse Concerning the Holy Spirit*, in *Works*, 3:36~37. 또한 *A Defense of Sacred Scripture against Modern Fanaticism* (John Owen, Stephen P. Westcott 번역, *Biblical Theology* [Pittsburgh: Soli Deo Gloria, 1994], p. 777)도 보라. 거기서 오웬은 퀘이커 교도 또는 어떤 이들이 그들을 그렇게 부른 것처럼 "떠는 자들"은 "악령의 권능에 의해" 움직였다고 주장한다.

103) Owen, *Of Communion with God the Father, Son, and Holy Ghost*, in *Works*, 2:258.

104) John Owen, *The Nature of Apostasy from the Profession of the Gospel, and the Punishment of Apostates Declared*, in *The Works of John Owen, D.D.* (Edinburgh: Johnstone & Hunter, 1850~1855), 7:219~220.

105) Owen, *A Discourse Concerning the Holy Spirit*, in *Works*, 3:66.

이해하는 데 중요하고, 그것은 퀘이커 교도의 메시지가 사실은 "신적 섭리의 질서"와는 정반대라는 것을 보여 준다. 성령은 자신을 영광스럽게 하려고 오신 것이 아니다. 오웬의 요한복음 16장 14절 이해에 따르면, 성부께서 사랑으로 성령을 보내신 것은 성자가 "신자들의 마음속에서 영화롭게 되고, 존귀하게 되고, 크게 존경받도록" 그리고 "우리의 마음속에서 하나님의 사랑이 널리" 전파되도록 하기 위함이었다. 이 점에서 성령의 사명은 성부께서 성자를 보내 "우리를 위해…… 예루살렘에서 고난을 받고", 자기를 보내신 분을 영화롭게 하도록 하신 것과 평행을 이룬다.[106)]

퀘이커 교도에 대한 오웬의 가장 집중적인 공격은 1659년에 출판된 『광신자를 반대하는 성경의 변증』(Pro Sacris Scripturis Exercitationes adversus Fanaticos)에서 발견된다.[107)] 자신이 쓴 오웬 전기에서 피터 툰은 라틴어로 쓴 오웬의 논문은 대학 교육을 무시하는 퀘이커 교도에 맞서 의도적으로 전통적 학문을 옹호하는 의미를 갖고 있다고 주장한다.[108)] 툰이 당연히 맞을 것이다. 왜냐하면 오웬은 이 논문 2장을 사실상 건전한 주석과 대부분 신학 대학의 대학 환경 속에서 배운 주석 기법을 옹호하는 데 할애하고 있기 때문이다.[109)]

이 논문은 네 개의 장으로 나눠져 있다. 첫 장에서 오웬은 퀘이커 교도가 "하나님의 말씀"이라는 명칭은 오로지 그리스도에게만 적용되어 불려야 하므로 성경은 하나님의 말씀으로 불려서는 안 된다고 주장하는 것을 논박한다.[110)] 물론 오웬은 요한복음 1장 1절, 요한복음 1장 14절, 요한계시록 19장 13절과 같이 그리스도를 "말씀"으로 부르는 성경 본문이 있다는 것을 알고 있었다. 따라서 오웬도 퀘이커 교도와 같이 "그리스도 자신이 하나님의 말씀 곧 본질적인 말씀"이라고 주장한다.[111)] 그러나 이 말은 또한 오웬이 쉽게 증명하는 것처럼 빈번하게 성경의 자기 지칭으로 사용된다. 예를 들어 오웬은 마가복음 7장 13절을 인용한다. 거기 보면 예수께서 성령의 명령보다 자기들의 전통을 더 중시하고, 그럼으로써 "하나님의 말씀을 폐하는" 것에 대해 바리새인들을 비난하신다. 성경은 또한 하나님의 뜻과 마음을 말로 선언하는 것으로 간주되어야 하고, 따라서 그런 의미에서 하나님의 말씀이다. 이어서 오웬은 출애굽기 34장 1절과 요한계시록 21장 5절과 같은 본문을 독자들에게 제시한다. 이 본문들은 하나님의 선포된 말씀을 성경으로 기록하는 것을 언급한다. 오웬은 또 골로새서 3장 16절과 같은 본문을 지적한다. 거기 보면 "그리스도의 말씀"이라는 말이 언급되는데, 이것은 그 말씀은 그리스도 자신일 수 없다는 것이라고 오웬은 당연하게 진술한다. 오웬은 이렇게 결론

---

106) Owen, *Of Communion with God the Father, Son, and Holy Ghost*, in *Works*, 2:257~258. 오웬의 신학에서 삼위일체 사상의 결정적 중요성에 대해서는 Carl R. Trueman, *The Claims of Truth: John Owen's Trinitarian Theology* (Carlisle, U.K.: Paternoster Press, 1998)를 보라.

107) 이것은 존 오웬이 쓴 논문의 영어판인 *Biblical Theology*, pp. 775~854에서 쉽게 이용할 수 있다. 이 논문의 연대에 대해서는 Donald K. McKim, "John Owen's Doctrine of Scripture in Historical Perspective," *The Evangelical Quarterly* 45 (1973년 가을): 198n16을 보라. 오웬의 성경 교리에 대한 전반적 연구는 다음 자료들을 보라. Stanley N. Gundry, "John Owen on Authority and Scripture," *Inerrancy and the Church*, John D. Hannah 편집 (Chicago: Moody Press, 1984), pp. 189~221, Sinclair B. Ferguson, *John Owen on the Christian Life* (Edinburgh: Banner of Truth Trust, 1987), pp. 185~201, John Wesley Campbell, "John Owen's Rule and Guide: A Study in the Relationship between the Word and the Spirit in the Thought of Dr John Owen" (신학석사논문, Regent College, Vancouver, 1991).

108) Toon, *God's Statesman*, 76n4.

109) Owen, *Defense of Sacred Scripture*, pp. 805~816.

110) 이 주장에 대해서는 Underwood, *Primitivism, Radicalism, and the Lamb's War*, p. 28을 보라.

111) Owen, *Defense of Sacred Scripture*, pp. 781~782, 791.

을 내린다. "성경은 하나님의 기록된 말씀으로 하나님이 우리에게 말씀하시는 것이다."[112] "하나님의 말씀"이라는 말의 용법에 대해 오웬이 퀘이커 교도와 다투는 것은 단순히 의미상의 문제가 아니다. 이후 1678년에 저술한 논문인 『하나님의 마음을 하나님의 말씀 속에 계시된 것으로 이해하는 것에 대한 원인, 방법, 수단』(The Causes, Ways, and Means of Understanding the Mind of God as Revealed in His Word)에서 이렇게 쓴 것과 같다. "성경을 하나님의 말씀이나 신적 계시로 보는 우리의 믿음과 하나님의 마음과 뜻이 성경 속에 계시된 것으로 보는 우리의 이해는 기독교 안에 있는 우리의 모든 유익의 두 샘이다. 이 두 샘에서 우리의 영혼이 상쾌하게 물을 마시고, 하나님을 위해 열매를 맺는 빛과 진리의 모든 물줄기가 흘러나온다."[113]

『광신자를 반대하는 성경의 변증』의 둘째 장은 얼핏 보면 아무 상관없는 문제로 보이는 것 곧 성경에 대한 "하나의 완전하고 독립적인 가시적 심판자와 해설자"를 자처하는 로마 가톨릭교회의 교도권에 대한 주장을 논박하는 것으로 시작된다.[114] 오웬은 로마 가톨릭교회의 성경관과 퀘이커 교도의 성경관은 두 집단이 모두 하나님의 기록된 말씀을 크게 손상시킨다는 점에서 연계성이 있다고 본다.[115] 로마 가톨릭교회는 성경의 충분성을 거부했지만 퀘이커 교도는 성경의 필연성을 부인했다. 그러나 오웬이 17세기의 로마 가톨릭교회의 사상과 일치하는 분야가 있다. 그것은 하나님의 말씀에 대한 적절한 공적 해석자들이 필수적이라는 것이다.[116]

그렇지만 잉글랜드 청교도는 공적으로 하나님의 말씀을 해설할 수 있는 자가 누구인지의 문제에 대해 격렬한 논쟁을 벌였다.[117] 리처드 백스터와 같은 이들은 설교자의 정규 통로는 안수라고 주장했다. 오웬은 이것을 반대하고 다음과 같이 주장했다.

> 하나님을 아는 지식과 다른 사람들을 교화시키는 필수적인 성경적 은사(은혜로 하나님이 부여하신)를 공급받고, 또한 섭리에 따라 이 의무를 적절히 수행하는 데 필요한 시간과 다른 요건들을 구비한……신실한 사람이라면, 나는 비록 안수를 받지 않았다고 해도-제도권 교회의 사역을 방해하지 않는 한-그에게 성경을 해석하고 다른 사람들을 교화시킬 자격을 확실히 부여할 것이다…… 그리스도께서 은사를 주신 곳에 소명도 있어야 한다.[118]

평신도 설교가 "제도권 교회의 사역을 방해하지" 않는다는 오웬의 주장이 이 진술에서 중요한 요점이다. 그것은 오웬이 퀘이커 교도와 같은 급진주의자들을 반대한다는 것을 암시한다. 퀘이커 교도는 한 술 더 떠 자신의 의견을 표현하기를 바라는 자는 누구나 설교할 수 있다고 주장함으로써

---

112) Owen, *Defense of Sacred Scripture*, pp. 790~791.

113) Owen, *Causes, Ways, and Means*, in *Works*, 4:121. 오웬의 *Defense of Sacred Scripture*의 이 첫째 장의 다른 국면들에 대한 추가 설명은 Trueman, *Claims of Truth*, pp. 67~71을 보라.

114) Owen, *Defense of Sacred Scripture*, pp. 793~798.

115) Trueman, *Claims of Truth*, pp. 65~66. 오웬은 *Causes, Ways, and Means*, in *Works*, 4:121~160에서 동일하게 연계시킨다.

116) 참고, 웨스트민스터 대교리문답 질문 pp. 156, 158.

117) 이 논쟁에 대해서는 특히 Nuttall, *The Holy Spirit in Puritan Faith and Experience*와 Richard L. Greaves, "The Ordination Controversy and the Spirit of Reform in Puritan England," *Journal of Ecclesiastical History* 21 (1970), pp. 225~241을 보라.

118) Owen, *Defense of Sacred Scripture*, pp. 802~803.

강단의 완전한 자유를 표방했다.[119]

적절한 자격을 가진 강해자라면, 적절한 경계 안에서 사역할 때 하나님의 말씀을 전하는 것이 타당하다고 주장한 다음, 오웬은 이제 퀘이커 교도가 강해와 강해 기법들을 싫어하고, 아울러 성경의 의미를 확실히 하는 주석과 다른 책들을 사용하는 것을 거부하는 것에 공격을 가한다. 인간을 짐승과 다른 존재로 만드는 인간 이성을 하나님이 선물하신 것과 하나님의 길을 배우기 위해서는 성경 지식이 필수적이라는 것을 퀘이커 교도는 무시한다.[120] 오웬은 이렇게 언급한다. "하나님은 무한한 지혜로 성경 속에 자신의 뜻을 선언하셨을 뿐만 아니라 성경이 계속 존속되는 한, 강해 의무를 절대로 필수적인 교회의 기능으로 선언하셨다."[121]

3장은 성경의 완전성을 다룬다. 퀘이커 교도와의 개인적 대화와 그들의 일부 책들을 정독한 것을 통해[122] 오웬은 자신이 논박하기를 바라는 퀘이커의 성경 관련 다수의 주요 견해들을 제시한다. 특히 두 견해는 상세한 설명을 요한다. 오웬은 퀘이커 교도는 "성경이 신적 경배와 인간적 순종의 고정되고, 통상적이고, 완전한 부동의 규칙"이라는 것을 부인한다고 지적한다. 오웬의 글에 따르면, 퀘이커 교도는 또한 성경의 목표는 사람들을 그들 속에 있는 "내적 빛"을 주목하도록 이끄는 데 있고, 일단 이 목적이 이뤄지면 성경의 핵심 목적은 달성된 것이라고 주장했다.[123]

이 견해들 가운데 첫 번째 견해에 대한 오웬의 논박은 성경은 두 가지 포괄적인 목적을 성취하도록 주어졌다는 사실을 강조하는 것으로 시작된다. 자신이 물려받은 개혁파 유산과 일치되게, 오웬은 성경의 핵심 목적은 송영을 위한 것 즉 하나님을 영화롭게 하기 위한 것이라고 추론한다. "하나님은 자신을 위해 자신이 행하시는 모든 일을 행하시기 때문에, 그리고 자신의 절대적인 주권적 뜻에 따라 주어진 기록된 성경의 이 탁월한 성취를 이루셨기 때문에 하나님은 이 최고의 목적을 위해 성경을 주실 수 있다." 성경의 두 번째 목적은 구원론적인 목적이다. 성경은 죄인들을 구원함으로써 "하나님을 아는 지식과 하나님에 대한 경배를 가르치기" 위해 주어졌다. 이 두 가지 목적은 깊이 연계되어 있는데, 그 이유는 사람들이 성경의 구원에 대한 가르침에 따라 인도를 받을 때 하나님이 그것으로 영광을 받으시기 때문이라고 오웬은 주장한다. 성경은 주어진 목적을 온전히 이루기 때문에 "신적 경배와 순종 전체의 유일하고 절대적이고 완전한 규칙"으로 간주되어야 한다.[124] 이런 일련의 성경 본문들이 이것을 지지한다.

> 성경의 목적은…… 믿음을 일으키는 데 있다. "이 일들은 믿을 수 있도록 기록되었다"(요 20:31). "믿음은 들음에서 나며 들음은 그리스도의 말씀으로 말미암았느니라"(롬 10:17). "구

---

119) Greaves, "Ordination Controversy," p. 227. 성경 해석 문제에 대한 오웬의 사상을 더 깊이 설명한 것으로는 다음 자료들을 보라. Ferguson, *John Owen on the Christian Life*, pp. 196~199, J. I. Packer, "John Owen on Communication from God," *A Quest for Godliness: The Puritan Vision of the Christian Life* (Wheaton, Ill.: Crossway Books, 1990), pp. 93~95, Campbell, "John Owen's Rule and Guide," pp. 153~207, Trueman, *Claims of Truth*, pp. 84~90.

120) Owen, *Defense of Sacred Scripture*, pp. 806~814.

121) Owen, *Defense of Sacred Scripture*, p. 814.

122) Owen, *Defense of Sacred Scripture*, p. 822.

123) Owen, *Defense of Sacred Scripture*, pp. 823~824. 또한 pp. 833~835도 보라.

124) Owen, *Defense of Sacred Scripture*, pp. 824~825. "John Owen on Authority and Scripture"에서 건드리는 단지 성경의 구원론적인 목적만을 지적한다(p. 194).

원에 이르는 지혜가 있게 하는"(딤후 3:15) "이 일들은 확실하다"(눅 1:4). 성경은 "더 확실한 예언"(벧후 1:19)으로 우리는 성경을 통해 "모든 선한 일을 행할 능력을 갖추게 되고"(딤후 3:17), 성경으로 말미암아 우리는 영생을 얻는다(요 5:39, 20:31)……"여호와의 율법은 완전하여 영혼을 소성시키고"(시 19:7), 따라서 주의 말씀은 "내 발에 등이요 내 길에 빛이며"(시 119:105). "구원을 주시는 하나님의 능력"(롬 1:16)으로 "구원에 이르는 지혜가 있게 하고"(딤후 3:15), "모든 선한 일을 행할 능력을 갖추게 한다"(17절). 성경은 "너희 영혼을 능히 구원할 수 있다"(약 1:21). 따라서 성경은 하나님의 영광과 인간의 구원에 필수적인 모든 것을 성취한다.[125)]

성경의 완전성에 대한 다른 논증들은 성경을 가감하는 것을 정죄하는 본문과 하나님이 자기 백성들에게 부지런히 성경을 살피라고 말씀으로 자주 명령하는 것에서 연원한다. 오웬은 또한 역사 전체에 걸쳐 인간을 함정에 빠뜨리려고 "거짓 계시와 내적 영감의 가면"을 사용하는 사탄이 수행하는 미혹의 역사를 예증으로 제시한다. 인간을 보호하는 데 "지속적인 도움과 안내자"를 제공하기 위해 하나님은 이처럼 자신의 말씀을 성경에 기록되게 하셨다.[126)]

오웬은 퀘이커 교도의 다른 주요 주장 즉 그들의 "내적 빛" 교리에 대한 논박을 매우 중요한 것으로 간주해서 이 주제를 마지막 4장에 배치한다. 오웬은 먼저 구원 역사의 두 중심 국면에 대한 설명 문맥 속에 퀘이커의 내적 빛 교리에 대한 자신의 답변을 집어넣는다. 첫째, 타락 사실 곧 아담과 하와가 낙원에서 소유하고 있던 "선천적인 영적 빛"을 소멸시킨 사건이 있다. 오웬의 말에 따르면, 아담과 하와는 타락했을 때 "영적 그늘이 실제로 침투해" 들어왔고, 이후로 그들은 그들의 후손이 그런 것처럼 어둠 속에서 살았다.

이 상황은 그리스도께서 오실 때까지 본질적으로 바뀌지 않았다. 하지만 인간의 어둠은 구약 시대 선지자들이 던져 준 빛으로 말미암아 어느 정도 완화되었다. 영적으로 눈먼 자들이 보게 되고, 따라서 "하나님의 백성들이 흑암의 영역에서 그의 매우 놀라운 빛의 영광으로 들어가" 변화된 것은 세상의 참 빛이신 그리스도의 오심과 성령의 부어 주심 때문이었다.[127)] 오웬이 여기서 이 사실들을 상세히 거론하는 것은 인간의 본성 속에 남아 있는 아담의 빛의 어떤 잔재도 모든 인간이 "본질상 지성이 죽고, 귀먹고, 눈멀고, 어두워진 것, 아니 완전히 맹목적인 상태와 어둠 자체가 된" 것을 계시하기에 충분한 힘을 갖고 있음을 강조하는 데 있다. 구원을 얻기 위해 "마음과 지성을 밝히는 외적이고 영적인 빛의 주입"이 요구된다.[128)]

오웬은 퀘이커 교도의 내적 빛 관념은 타락이 개혁파 신학이 주장하는 것과 같이 근본적인 사건이 아니라고 주장하고, 따라서 타락하기 전에 소유한 "선천적인 영적 빛"이 여전히 하나님을 아는 구원 지식을 제공할 수 있다고 본다고 올바르게 이해한다.[129)] 비록 남아 있는 이 자연적 빛이 하나님에

---

125) Owen, *Defense of Sacred Scripture*, pp. 828~829. 성경의 목적에 대한 오웬의 개념을 간략히 요약한 것은 Ferguson, *John Owen on the Christian Life*, pp. 199~201을 보라.

126) Owen, *Defense of Sacred Scripture*, pp. 829~832.

127) Owen, *Defense of Sacred Scripture*, pp. 841~843.

128) Owen, *Defense of Sacred Scripture*, pp. 846~847.

129) 성령이 모든 사람 속에 있다는 퀘이커의 관념에 대해서는 Nuttall, *Holy Spirit in Puritan Faith and Experience*, pp.

대해 얼마간 타당한 지식을 갖게 해 줄 수 있다는 것을 인정할 대비가 되어 있다고 하더라도,[130] 오웬은 본질상 퀘이커 교도의 입장을 거부했다. 오웬은 여러 해 후에 저술한 『기독론: 신인이신 그리스도의 인격의 영광스러운 신비에 대한 선언』(Christologia: or, A Declaration of the Glorious Mystery of the Person of Christ-God and Man, 1679)에서 최고의 헬라 철학 사상에 대한 비판을 담았는데, 거기서 이렇게 말했다.

> 철학자들 간에도 현자의 주요 노력은 신과 같이 되는 데 있다는 관념이 있었다. 그러나 그것을 증진시킨 아무리 똑똑한 현자라고 해도 미련하고 교만한 상념 속에 빠졌다. 그렇다고 할지라도 이 관념 자체는 우리의 **최초의 빛** 곧 우리의 자연적 속성의 마지막 유물의 중심 광채였다……하지만 이성의 빛에 따라 단순히 신적 본성의 절대적인 본질적 속성을 성찰하는 자들은 이 관념에 따라 하나님과 일치되는 일과 특히 그것을 실제로 향상시키는 일에 있어서 모두 철저히 실패했다.[131]

퀘이커 교도의 내적 빛 관념은 또한 그들이 종종 이 내적 빛과 동등시한 성령의 은사에 대해 성경이 우리에게 말하는 것에 의해 모든 사람이 내적 빛을 공통적으로 소유하고 있다고 보는데, 이것은 거짓말이다. 오웬은 유다서 1장 19절 같은 본문은 "어떤 사람들은 분명히 성령을 소유하고 있지 않다"는 사실을 선언한다고 지적한다. 로마서 8장 9b절의 "누구든지 그리스도의 영이 없으면 그리스도의 사람이 아니라"는 말씀을 언급하면서, 오웬은 "그리스도는 자신의 거룩한 영을……누구나 모두에게 주시지 않는다"고 추론한다.[132]

당연하게도 오웬은 퀘이커 교도가 자기들의 입장의 요체를 담은 것으로 보는 본문인 요한복음 1장 9절-"참 빛 곧 세상에 와서 각 사람에게 비추는 빛이 있었나니"-을 주석하는 데 얼마간 지면을 할애한다.[133] 이 본문에 대한 퀘이커 교도의 이해는 "와서"로 해석된 분사가 "모든 사람"을 가리키는 것으로 추정하는 것이다. 반면에 이 본문에 대한 오웬의 설명은 앞에서 다룬 구원 역사에 대한 장에서 그가 언급한 내용으로 보아 확인된다. 참 빛이신 그리스도는 성육신으로 말미암아 "깊은 그늘에 싸여" 앉아 있는 죄인들에게 빛을 주신다. 따라서 오웬은 이렇게 진술한다. "그리스도는 세상에 온 모든 사람을 비추신다고 말해지지 않고, 오히려 그분이 세상 속에 오셔서 모든 사람을 비추신다고 말해진다." 다시 말하면 오웬은 "오사"의 분사의 지시 대상을 "참 빛"으로 본다.

오웬의 해석은 요한복음 1장 9절이 말하는 비춤이 모든 인간이 갖고 있는 자연적 빛이 아니라 영적 빛을 의미한다는 것이다. 오웬의 말에 따르면, 그것은 "창조에 의해 주입된 것이 아니라 은혜로 말미암아 거듭난 것의 열매"다. 오웬이 계속 인정하는 것처럼 이 본문에 대한 그의 이해는 "모든 사람"을 상대적인 의미에서 "하나님의 모든 백성"을 가리키는 것으로 보는 것이지 절대적인 의미에서

159~162를 보라.

130) Creasey, "Early Quaker Christology," pp. 164~165와 거기서 인용된 본문들을 보라. *Defense of Sacred Scripture*, p. 853에서 오웬의 다음 언급을 참고하라. "비록 연약한 자들이라도 모든 사람 속에 창조의 빛은 여전히 남아 있지만 남아 있는 이 빛이 어느 정도 구원 능력을 가질 수 있다는 주장을 나는 강력히 논박할 것이다."

131) John Owen, *Christologia: or, A Declaration of the Glorious Mystery of the Person of Christ-God and Man*, in *The Works of John Owen, D.D.* (Edinburgh: Johnstone & Hunter, 1850~1855), 1:172~173.

132) Owen, *Defense of Sacred Scripture*, pp. 848, 849.

133) Owen, *Defense of Sacred Scripture*, pp. 850~854.

"예외 없이 모든 사람"을 가리키는 것으로 보는 것이 아니다.[134)]

오웬은 이 구원의 빛을 가져오는 수단은 "말씀과 성령"이라고 주장한다.[135)] 오웬이 이후 논문인 『기독론』(Christologia)에서 주장하는 것처럼 말씀은 객관적인 빛으로, 이 빛으로 말미암아 그리스도를 아는 지식이 우리의 지성에 전달된다(medium revelans 또는 lumen deferens). 성경이 없으면 우리는 그리스도에 대해 아무것도 알 수 없다. 반면에 성령은 성경을 수단으로 "그리스도 앞에서 하나님의 영광을 보고 분별하도록" 지성을 조명하는 빛(lumen præparans, elevans, disponens subjectum)이다.[136)] 따라서 퀘이커 교도의 내적 빛 관념과 그들의 성경에 대한 평가절하는 그리스도의 구원하는 빛에 대한 결정적인 경험의 근원을 잘라내는 것이다. 거의 20년 후에 오웬은 이런 노선에 따라 자신의 입장과 퀘이커 교도의 입장의 차이를 이렇게 요약했다.

> 우리는 사람들에게 성경을 **유일한 규칙**으로 받아들이고, 그 목적을 위해 그리스도께서 정하신 모든 수단을 사용해서 **그들의 인도자로** 약속된 하나님의 거룩하신 영을 열렬한 기도와 간구로 구하도록 권면한다. 반면에 그들은 사람들을 그들 자신에게 집중하도록 하고, 그들 안에 있는 빛을 따르도록 권면한다. 우리가 이 매우 거리가 먼 원리들 위에 서 있는 한, 우리 간의 차이는 화해할 수 없고, 영원할 것이다……그러므로 그들이 "율법과 증거판"-이것들이 없으면, 어떤 핑계를 대더라도, 어느 누구 안에 어떤 **빛**도 없다-으로 돌아올 때까지, 우리는 "성도들에게 주어진 믿음"에 대한 고백으로 그리스도의 양떼를 보호하려고 애쓰면서, 마지막 날에 예수 그리스도의 판단에 대비해 한편의 **말씀과 성령**, 다른 한편의 **내면의 빛** 간의 차이를 고수하는 것 외에 더 할 일이 없다.[137)]

결론

성령은 신격 안에서 구별된 한 신적 인격이다. 삼위일체를 같은 신적 본질을 공유하고 있는 세 인격(tres personae in una essentia divina)으로 존재하는 한 하나님으로 정의하면서, 우리는 성령의 인격과 사역을 이해하는 입장을 취한다. 이번 장에서 우리는 성령의 존재론을 제시했을 뿐만 아니라 하나님의 외적 사역에 따라 성령이 활동하는 방식에 대해서도 다뤘다. 성령의 특수 사역은 중요할 뿐만 아니라 성부 및 성자의 사역과 동등하다.

더 구체적으로 말하면, 구속에 있어서 성령의 사역에 대한 우리의 지식은 청교도의 독특한 개혁파 기독론과 연계시켜 이해되어야 한다. 청교도의 기독론과 성령론은 그리스도 중심적이었다. 이 요소들은 택함받은 자에게 부여된 특별한 구원의 복으로 올 뿐만 아니라 신자들의 기도의 삶과 신자들이 성령으로 말미암아 하나님의 말씀 속에 담긴 하나님 자신의 계시를 적용하는 방식에 따라서도 온다. 성령이 없으면 영적 생명도 없다. 단도직입적으로 말하면, 성령과 상관없는 하나님 백성들의 기도는

134) Owen, *Defense of Sacred Scripture*, p. 852.
135) Owen, *Defense of Sacred Scripture*, p. 852.
136) Owen, *Christologia*, in *Works*, 1:74~75.
137) Owen, *Causes, Ways, and Means*, in *Works*, 4:159~160.

이방인의 기도와 같이 아무 효력이 없을 것이다. 마찬가지로 성령이 없으면 하나님의 기록된 말씀도 코란 정도로 유용하거나 유익한 것에 그칠 것이다. 동시에 퀘이커 교도에 반대해 청교도는 하나님의 말씀이 없으면 성령도 아무 소용이 없고 거짓 신비주의로 나아가고 말 것이라고 주장했다. 성경을 저술한 성령은 성경을 통해 역사하신다. 하나님은 교회 지체들을 거룩하게 하기 위한 지정된 수단을 갖고 계시고, 기도 및 하나님의 말씀과 같은 이 수단들은 성령의 사역과 결합될 때에만 유익하거나 효과적이다.

28장

청교도의 예비적 은혜 교리

먼저 율법이 우리를 겸손하게 하는 것으로 우리를 준비시킨다.
그러면 이어서 복음이 와서 믿음을 일으킨다.
– 윌리엄 퍼킨스[1] –

청교도의 가르침 가운데 구원하는 믿음을 준비시키는 것에 대한 그들의 견해만큼 강력한 반발과 대립적인 해석을 일으킨 것은 거의 없었다. 대다수 20세기 학자들은 청교도를 종교개혁의 은혜 교리를 인간 중심적인 율법주의로 바꿔 버린 최고의 실례로 보고, 그들의 준비 교리를 무시했다. 보다 최근의 학자들은 좀 더 긍정적으로 평가했다.

"준비" 교리는 하나님이 죄인들에게 자신의 율법을 사용해서 그들의 죄책, 위험성, 절망을 깨닫게 하셔서 은혜로 그들이 그리스도께 나아올 수 있게 하시는 것을 가리킨다. 청교도 사상은 죄를 자각하게 하시는 하나님의 사역을 설명하고, 죄인들에게 자신을 살피고, 그들의 죄에 대해 슬퍼하고, 부지런히 은혜의 수단(성경 읽기, 설교 듣기, 묵상, 기도, 영적 교제 등)-믿음으로 그리스도께 나아가는 온갖 수단-을 사용하는 것으로 반응하도록 권면하는 것에 대해 폭넓은 강론을 전개했다. 청교도 설교자들은 열렬한 개혁과 복음 전도자였다.

구원하는 믿음을 위한 준비 개념은 허다한 질문을 일으킨다.[2] 이 가운데 가장 많은 질문은 죄인이 죄로 죽어 있고, 그래서 하나님을 기쁘시게 할 어떤 일을 전혀 할 수 없다면(엡 2:1; 롬 8:7~8) 어떻게 회심을 준비할 수 있느냐의 문제다. 교회 역사 속에서 윌리엄 오컴(대략, 1288~1348년)의 가르침의 영향을 받은 일부 중세 신학자들은 만일 사람들이 자기 자신의 의지로 할 수 있는 것을 하면 하나님이 그들에게 합당한 상으로 회심의 은혜를 주실 것이라고 주장했다.[3] 그들의 노력은 구주와 "일치된 공로"를 얻게 할 것이다.

이번 장에서 살펴볼 것처럼 자유의지로 일치된 공로를 준비한다는 이 개념-펠라기우스 신학에서 이미 그 씨를 발견할 수 있는 개념-은 존 칼빈과 16세기 모든 종교개혁자에 의해 죄인의 영적 무능

---

1) William Perkins, *A Commentary on Galatians*, Gerald T. Sheppard 편집 (1617, 팩시밀리 재판, New York: Pilgrim Press, 1989), p. 200.

2) 이번 장은 Joel R. Beeke & Paul M. Smalley, *Puritan Preparation by Grace* (Grand Rapids: Reformation Heritage Books, 근간)의 내용을 개조한 것이다. 거기 보면 이 문제들에 대한 훨씬 철저한 설명과 1차 자료에 대한 탐구를 확인할 수 있다.

3) Steven Ozment, *The Age of Reform, 1250~1550: An Intellectual and Religious History of Late Medieval and Reformation Europe* (New Haven, Conn.: Yale University Press, 1980), p. 234.

력과 오직 은혜로만 얻는 구원이라는 성경적 가르침과 반대되는 것으로 거부되었다. 이 개념은 또한 웨스트민스터 신앙고백 9장 3절로 분명한 것처럼 청교도 주류 사상에 의해서도 거부되었다. 동시에 웨스트민스터 표준 문서들은 성령이 죄인들이 구원하는 믿음과 생명을 얻게 하는 회개의 중요한 선구자로 율법을 통해 죄를 자각하게 하시는 것을 그분의 일반 사역으로 말했다.[4] 웨스트민스터 총회 신학자들도 회심하지 않은 죄인들에게 믿음이 없이는 당연히 은혜의 수단들을 사용할 수 없지만 "이 수단들을 등한시하는 것은 더 죄가 크고, 하나님을 불쾌하게 한다"고 경고했다(웨스트민스터 신앙고백 16.7).

그러나 많은 청교도가 회심을 위한 준비와 관련된 말을 사용하고, 잃어버린 죄인들에게 회심에 대한 소망을 갖고 은혜의 수단들을 사용하도록 권면했기 때문에 "준비주의"라는 딱지가 붙는 오명을 쓰고 비판을 받았다. 특히 일부 뉴잉글랜드 청교도가 "준비주의자"로 낙인이 찍혔는데, 그것은 그들이 이 주제를 매우 광범하게 다뤘기 때문이다. 때때로 이 소위 준비주의자들은 칼빈과 하나님의 주권에 대한 칼빈의 관점에 충실한 사람들을 반대하는 자로 비난을 받았다. 따라서 청교도 운동 속에 순수한 개혁파 신학에서 벗어난 이탈 곧 준비주의로 끌려간 이탈이 있는 것으로 말해진다.

우리는 이 이분법이 사실을 규명하는 데 유익하거나 참되다고 믿지 않는다. 우리의 주장은 믿음의 준비 교리에 대해 칼빈과 청교도 속에 근본적인 통일성이 있었다는 것이다. 칼빈은 준비 교리를 믿었고, 대다수 청교도 역시 그렇게 믿었다. 하지만 청교도는 준비 교리의 세부 사실에 대해서는 서로 논쟁을 벌였다. "준비주의"와 "준비주의자"라는 딱지는 이 교리에 대한 복잡한 설명과 율법을 적절하게 사용하는 것 및 잃어버린 자들에게 은혜의 수단들의 사용을 권면하는 것과 같은 개혁파 신학자들의 일치된 견해를 애매하게 만든다. 칼빈과 청교도는 "인간은 죄로 죽었고, 하나님이 오직 은혜로 거듭나게 하시며, 이 회심은 통상적으로 죄의 자각과 말씀에 대한 주의 깊은 경청 과정을 포함한다"고 가르쳤다. 사실 준비주의자는 청교도가 아니라 로마 가톨릭 교도와 아르미니우스주의자였다.

이번 장에서 우리는 세 가지 사실을 다룰 것이다. 첫째, 구원하는 믿음의 준비에 대한 한 청교도의 견해를 제시할 것이다. 둘째, 칼빈에 대립하는 준비주의자 논제를 개관할 것이다. 셋째, 청교도의 준비 교리에 대해 평가할 것이다.

존 플라벨의 준비 교리에 대한 설명

존 플라벨(1628~1691년)은 잉글랜드의 항구 도시인 다트머스에 있는 교회 목사로 섬겼고, 1662년에 비국교도라는 이유로 목사직을 박탈당한 후에도 은밀하게 그곳에서 계속 목회를 감당했다. 플라벨은 그리스도를 설교하는 데 책임감을 갖고 밤에 몰래 숲에 숨어서 설교를 했다. 플라벨은 특별히 선원과 농부들을 염두에 두고 영적 진리에 대한 책들을 썼다. 그의 교구민 가운데 하나는 플라벨의 설교에 영향을 받지 않고 들으려면 매우 부드러운 머리를 갖고 있거나 아니면 매우 단단한 머리를 갖고 있어야 한다고 말했다. 한 사람은 플라벨이 85년 전에 했던 설교를 기억하고 회심했다. 플라벨은 복음 전도 사역을 강력히 추진했다. 플라벨의 죄인들의 믿음을 위한 준비 견해는 무엇이었을까?

---

4) 웨스트민스터 대교리문답 질문 68, 72, 76, 95, 96, 155와 웨스트민스터 소교리문답 질문 31, 87, 89를 보라.

예비적 자각의 필요성

플라벨은 『은혜의 방식』(Method of Grace, 1681)에서 바울이 로마서에서 하나님의 율법에 대해 두 가지 핵심 진리를 가르쳤다고 말했다. 곧 바울은 "율법이 우리를 의롭게 하는 능력을 갖고 있다는 것은 부인했지만", "율법이 우리를 납득시키고, 그리하여 우리를 그리스도에게 합당하게 준비시키는 능력을 갖고 있는 것은 인정했다는" 것이다.[5] 플라벨은 "거듭나지 아니한 자는 일반적으로 근거 없는 확신과 즐거움으로 가득 차 있으나 사실 그들의 상태는 슬프고 비참하기" 때문에 이런 율법의 준비 과정이 필수적이라고 믿었다.[6]

죄인들은 사탄의 권세 아래 있지만 "육적 안일함" 속에서 편안하다(눅 11:21). 죄인들은 "주제넘은 소망"을 갖고 있고(요 8:54~55), 하나님의 말씀을 "거짓 기쁨"으로 받는다(마 13:20). 죄인들은 교회에서의 특권, 무지, 자기 속임, 외적 자비에 따라 은혜의 표지를 주장함, 복음에 대한 피상적인 반응, 자기 사랑에 치우친 자기 평가, 더 악한 상황 속에 있는 죄인들과 자신을 비교함 등으로 이 망상적인 확신을 지원하는데, 이것들은 모두 사탄이 그들을 눈멀게 하고 파멸시키기 위해 사용하는 도구다.[7] 플라벨은 이런 냉혹한 결론에 이르렀다. "그러므로 대다수 세상 사람들은 직접 영원한 파멸의 길에 있다는 결론이 따라 나온다."[8]

플라벨은 "타락한 사람들은 하나님의 초자연적 사역 없이는 그리스도께 나아가는 것이 불가능하다"고 말했다. 청교도의 회심 교리는 개혁파의 인간의 부패 교리 없이는 이해할 수 없다. 플라벨은 이렇게 말했다. "사람들의 마음은 오류로 가득 차 있고, 이로 말미암아 그들은 그리스도에 대해 편견을 갖게 된다. 사람의 자연적인 마음은 하나님이 가르쳐 주기 전에는 하나님의 진리를 무시하고, 가르쳐 주셔야 비로소 그 진리들에 대해 엄숙한 존중심을 품고 두려워 떤다."[9] 죄는 사람들의 마음을 굳게 붙잡는 힘을 갖고 있어서 "어떤 인간적 논증이나 설득도 죄인들에게서 죄를 분리시키거나 떼놓을 수 없다."[10]

성경은 신적 도움이 없으면 타락한 인간 영혼을 감동시킬 수 없다. 플라벨은 『잉글랜드의 의무』(England's Duty)에서 하나님의 율법은 돌 벽에 때린 테니스공보다 타락한 사람들의 마음에 영향을 더 미치지 못한다고 말했다.[11] 마음이 불신앙으로 죽어 있는 사람들에게 값없는 은혜의 복음 자체는 그들이 죄 속에서 더 조용히 잠들도록 그들을 달래는 감미로운 노래 외에 다른 것이 아니다.[12]

그러므로 사람들은 성령의 능력 안에서 선포된 말씀을 들을 필요가 있다. 플라벨은 이렇게 말했다. "하나님의 말씀이나 율법 속에는 하나님이 사람들의 양심에 그것을 각인시키실 때 그들의 마음속에서 헛된 확신을 죽이고 육적 환락을 소멸시키는 강력한 효력이 있다."[13] 여기서 플라벨은 "말씀"이

---

5) John Flavel, *The Method of Grace*, in *The Works of the Rev. Mr. John Flavel* (1820, 재판, Edinburgh: Banner of Truth Trust, 1997), 2:287.
6) Flavel, *Method of Grace*, in *Works*, 2:288.
7) Flavel, *Method of Grace*, in *Works*, 2:289~291.
8) Flavel, *Method of Grace*, in *Works*, 2:294.
9) Flavel, *Method of Grace*, in *Works*, 2:320.
10) Flavel, *Method of Grace*, in *Works*, 2:321.
11) 17세기에 테니스는 공개된 잔디가 아니라 벽으로 둘러싸인 공간에서 펼쳐졌다.
12) John Flavel, *England's Duty*, in *The Works of the Rev. Mr. John Flavel* (1820, 재판, Edinburgh: Banner of Truth Trust, 1997), 4:48. 또한 *Christ Knocking at the Door of Sinners' Hearts*로도 알려져 있다.
13) Flavel, *Method of Grace*, in *Works*, 2:295.

단순히 율법을 가리키는 것이 아니라 율법과 복음의 결합된 사역을 가리키는 것으로 봤다. “율법은 상처를 입히고 복음은 치료한다.”[14] 플라벨은 회심 능력을 단순히 율법이 아니라 율법과 복음이 함께 하는 것에 귀속시켰다.

플라벨은 『잉글랜드의 의무』에서 그리스도는 율법으로 죄를 자각시킬 때와 복음으로 달콤하게 유혹할 때 죄인의 마음 문을 두드리신다고 말했다. 율법은 의미가 깊지만 복음이 없으면 “어떤 마음도 그리스도를 향해 열리게 하지 못할 것이다.” 플라벨은 이렇게 예증했다. “봄에 꽃이 피도록 만드는 것은 서리, 눈, 폭풍, 천둥이 아니라 조용히 떨어지는 이슬과 따사한 햇빛이다. 율법의 두려움은 죄인의 마음을 준비시킬 수는 있지만 그 마음을 효과적으로 여는 것은 복음의 은혜다.”[15]

그럼에도 율법은 자체로 능력을 갖고 있고, 성령의 손에서 기능을 발휘한다. 율법은 잠자는 죄인들을 “깨우는 효력”과 눈먼 죄인들을 “계몽시키는 효력”을 갖고 있다.[16] 율법은 거대한 두려운 군대가 영혼을 에워싸고 있어서 “영혼이 양심의 법정에서 침묵을 지키고 스스로 정죄하는” 것처럼 사람의 죄를 끌어내는 “설득력”을 갖고 있다.[17] 율법은 또한 “영혼에 상처를 입히고 마음을 도려내는 효력을 갖고 있고, 그래서 사람의 영혼과 영을 꿰뚫는다.”[18]

은혜의 수단 속에 들어 있는 그리스도의 능력과 임재를 감안해서 플라벨은 사람들에게 “말씀 사역에 근면하게[부지런히] 참여하고 시중들며, 여러분의 모든 것이 여러분과 함께 그리스도를 시중들 수 있도록 가능한 모든 힘을 다하라”고 권면했다.[19] 하나님은 말씀으로 자신이 기뻐하는 대로 자유롭게 행하시지만(요 3:8), 말씀 사역은 우리가 그분을 만나기 바라는 곳에서 “성령이 행하시는 방법”이다.[20] 죄인들은 스스로 회심할 수 없지만, 플라벨은 그들에게 “최대한” 구원을 위해 “노력하라”고 권면했다. 왜냐하면 그들은 죄의 외적 행위를 피하고, 외적 예배에 참여하고(왜 그대가 그들의 발을 술집으로 끌고 가는 것처럼 성도들의 모임에 끌고 갈 수 없겠는가?), 또 말씀에 더 주의를 기울이고, 자신을 살피며, 하나님께 자비를 부르짖는 것에 자신의 마음을 적용할 능력을 갖고 있기 때문이다. 천국은 힘으로 빼앗는 것이다(마 11:12).[21]

그러나 죄인들은 마치 회심이 인간의 능력에 따라 기계적으로 일으킬 수 있는 것처럼 은혜의 수단을 붙잡아서는 안 된다. 설교자는 자신이 회심을 일으킬 수 있다고 생각해서는 안 된다. 플라벨은 설교자에게서가 아니라 성령의 “은혜로운 주권”에서 나오는 율법과 복음의 말씀이 본질상 이 능력을 갖고 있다고 말했다. 하나님의 영이 말씀, 영혼, 그리고 죄에 대한 각성과 회심의 때에 대해 주권자가 되신다(사 55:10~11; 겔 36:26; 요 16:8~9).[22] 죄인들은 환상이나 직접적 계시가 아니라 말씀을 통해 회심하려면 성령으로 말미암아 하나님의 가르침을 받아야 한다(요 6:45).[23]

---

14) Flavel, *Method of Grace*, in *Works*, 2:297. 그가 이에 대해 인용한 많은 성경 본문과 “말씀이나 율법”의 능력을 증명하는 이전 페이지는 복음 선포를 가리킨다(행 2:37; 롬 1:16; 빌 3:7~9; 고후 4:6; 벧전 1:23; 살전 1:9).
15) Flavel, “England's Duty,” in *Works*, 4:95.
16) Flavel, *Method of Grace*, in *Works*, 2:296~297.
17) Flavel, *Method of Grace*, in *Works*, 2:297.
18) Flavel, *Method of Grace*, in *Works*, 2:297.
19) Flavel, *England's Duty*, in *Works*, 4:39.
20) Flavel, *England's Duty*, in *Works*, 4:40.
21) Flavel, *England's Duty*, in *Works*, 4:52~53.
22) Flavel, *Method of Grace*, in *Works*, 2:298~299.
23) Flavel, *Method of Grace*, in *Works*, 2:309.

성령은 율법을 "복음의 적절한 방법과 질서에 따라" 죄인들을 그리스도께 이끄는 자신의 통상적인 방법의 하나로 사용한다. 플라벨은 이렇게 말했다. "그러므로 이 질서에 따라 성령은 (통상적으로) 영혼들을 그리스도께 이끌고, 조명을 통해 그들의 마음속에 빛을 비추고, 죄에 대한 효과적인 자각에 의해 그들의 양심에 그 빛을 적용시키고, 죄로 말미암아 양심의 가책(뜨끔함이나 비탄)으로 그들의 마음을 깨뜨리고 상하게 하시며, 생명과 구원을 위해 믿음의 길에서 그리스도를 포옹하고 가까이 하도록 의지를 움직이신다."[24] 클리퍼드 분은 "플라벨은 다른 작품들에서 이 과정을 묘사할 때 조금 다양하게 제시하지만 일반적으로 이런 패턴을 따른다"고 지적한다. 지성의 조명, 지성을 통한 양심의 죄의 자각과 감정의 후회, 그리스도를 아는 지식으로 지성을 더 깊이 조명하는 것에 따른 의지의 갱신.[25] 플라벨의 회심 견해는 영혼을 지성, 감정, 의지의 기능으로 구분하는 것에 맞춰 형성되었다. 분은 이렇게 말한다. "플라벨의 기능 심리학은 효과적 부르심에 대한 그의 견해와 불가분리적으로 연계되어 있었다. 각 단계는 영혼의 어떤 기능과 관련되어 있었다. 효과적 은혜는 죄의 권능이 영혼의 기능들에게 영향을 미치지 못하도록 막았다."[26] 부르심의 예비 단계에서 주님은 그리스도 안에서 치료의 길을 열기 위해 영혼에 상처를 입히신다. 하나님은 오직 수확을 얻을 수 있는 씨를 뿌리기 위해 땅을 갈아엎으신다.[27]

플라벨의 의도는 고정적인 회심 패턴을 제시함으로써 누구나 인정할 수 있도록 하나님의 다루심의 일반적 단계나 과정을 묘사하는 데 있지 않았다. 플라벨은 이렇게 말했다.

> 이 여러 단계는 다른 그리스도인들보다 어떤 그리스도인들 속에서 더 두드러지게 식별된다. 이 단계는 어린 시절에 그리스도께 나아온 자들보다 성인이 되어 회심한 자에게서 더 분명히 확인된다. 또 경건 교육을 받은 이점을 가진 자들보다 불경한 상태에서 벗어나 그리스도께 나아온 자들에게서 더 분명히 확인된다. 하지만 이 순서에 따라 단계마다 명확성의 정도가 아무리 다르다고 해도 이 사역은 회심한 모든 자 속에서 통상적으로 수행된다.[28]

또는『잉글랜드의 의무』에 나타나 있는 언어를 사용해 말한다면, 사도행전 16장에서 그리스도는 빌립보 감옥의 간수의 마음에 강하게 두드리시지만 루디아의 마음 문은 조용히 두드리셨다. "하나님의 영은 자신이 역사하시는 영혼의 기질에 따라 자신의 방법을 다양하게 변화시키신다."[29]

이 단계들을 절대적으로 의지해서는 안 된다. 오히려 그것들은 유일한 구주로서 그리스도를 의지하기 위한 단계들이다. 플라벨은 거의 정복할 수 없는 상태로 이런 경건의 모양 속에 숨겨진 "보다 세련된 형태의 자기 의"에 대해 경고했다. 플라벨은 이렇게 설명했다.

---

24) Flavel, *Method of Grace*, in *Works*, 2:71. 또한 Stephen J. Yuille, *The Inner Sanctum of Puritan Piety: John Flavel's Doctrine of Mystical Union with Christ* (Grand Rapids: Reformation Heritage Books, 2007), pp. 65~66도 보라.

25) Clifford B. Boone, "Puritan Evangelism: Preaching for Conversion in Late-Seventeenth Century English Puritanism as Seen in the Works of John Flavel" (박사학위논문, University of Wales, 2009), pp. 156~160. 참고, 웨스트민스터 소교리문답 질문 31.

26) Boone, "Puritan Evangelism," p. 166. 이 "기능심리학"은 플라벨이 원조가 아니라는 것과 당시에도 유일하게 그의 견해기만 한 것도 아니었다는 사실이 지적되어야 한다. 그것은 17세기 청교도 신학자들의 "통상적인 전달 수단"이었다.

27) Boone, "Puritan Evangelism," pp. 182, 184.

28) Flavel, *Method of Grace*, in *Works*, 2:71.

29) Flavel, *England's Duty*, in *Works*, 4:99.

> 나는 이런 이유로 그리스도에게서 멀리 떨어져 있는 많은 가련한 영혼들이 그리스도를 위해 이런저런 적합한 자격들을 결여하기[부족하기] 때문에 믿지 못하는 것을 안타깝게 생각한다. 오, 어떤 사람은 나는 죄로 이처럼 마음이 상한 것을 알고 있으므로 큰 개혁과 부패를 이기는 능력을 갖고 있어야 그리스도께 나아갈 수 있으리라고 말할 것이다. 이 말의 의미는 이것이다. 곧 만약 내 손에 그리스도를 구입할 값을 갖고 갈 수 있다면 그리스도께 다가갈 용기를 가질 수 있다. 그런데 여기에 겸손의 큰 휘장으로 덮인 무서운 교만이 놓여 있다. 가련한 죄인아, 벌거벗고 나오거나 빈손으로 나오거나 하라(사 55:1, 롬 4:5). 그렇지 않으면 거절당할 것을 예상해야 하리라.[30]

따라서 플라벨은 준비는 겸손을 요청한다고 가르쳤지만 준비를 교만의 구실로 삼는 것은 경고했다. 청교도는 오직 믿음으로 의롭게 되는 복음 원리를 부인하는 행위 기초적인 의에 대해서는 부단히 경계하는 태도를 취했다.

죄를 자각하게 하는 조명인가, 구원하는 조명인가

죄의 자각과 회심 사이의 차이와 마찬가지로 준비와 거듭남 간의 차이를 이해하는 것이 중요하다. 플라벨은 "빛이 세상에 왔으되 사람들이 자기 행위가 악하므로 빛보다 어둠을 더 사랑한 것이니라"(요 3:19)를 본문으로 한 설교에서 이것을 설명했다. 플라벨은 "그리스도의 빛은 죄인들에게 다양하게 임할 수 있다"고 말했다. 첫째, 수단들 속에서 빛나는 빛이 있다. 즉 설교를 통해 주어진 지식이 그것이다. 둘째, 영혼 속에서 빛나는 빛이 있다. 하지만 이 빛은 "**죄의 자각**을 가져오는 것으로 일반적이고, 단지 지성적이다." 셋째, 영혼 속에서 빛나는 "특별하고 효과적인 빛"이 있다. 이 빛은 "참된 **회심**을 통해 영혼을 그리스도께 이끈다."[31] 모든 빛이 하나님을 계시한다. 예비적인 죄의 자각과 구원하는 조명 간의 차이는 자연적 양심의 하나님의 두려운 위엄에 대한 자각과 그리스도의 공로에 대한 새로운 영적 통찰력 간의 차이이다. 여기서 후자가 조나단 에드워즈(1703~1758년)가 가르친 "새로운 영적 의식"을 가져온다.[32]

단순한 죄의 자각이나 "부분적인 죄의 자각"은 자연인의 "이성"에 작용해서 "지식"과 "정통적 판단"을 낳고, 더러는 "감정에 영향을 미쳐 일시적인 변화"를 일으키기도 한다.[33] 그것은 "그 수단들을 통해 사람들의 양심에 실제로 빛을 비출 수 있고, 그들의 죄를 자각시킬 수도 있다. 하지만 사람들은 그것을 싫어하고, 빛보다는 어둠을 선택할 것이다."[34] 단순한 죄의 자각은 지성과 양심을 "가르치고" "교정할" 수 있고, 심지어는 "죄를 짓는 계획과 과정을 추구할 때 감정에 제동을 걸어" 도덕적 개혁을 주도할 수도 있다.[35] 그것은 배우지 못한 사람들이 죄에 대해 갖고 있는 "전통적인" 지식

---

30) Flavel, *England's Duty*, in *Works*, 4:57.

31) Flavel, *Method of Grace*, in *Works*, 2:440~441. "죄에 대한 자각"과 "회심" 간의 대조에 붙여진 강조 표시는 원문의 것이다.

32) Jonathan Edwards, "A Divine and Supernatural Light," *The Works of Jonathan Edwards, Volume 17, Sermons and Discourses, 1730~1733*, Mark Valeri 편집 (New Haven, Conn.: Yale University Press, 1999), pp. 414~418.

33) Flavel, *England's Duty*, in *Works*, 4:202.

34) Flavel, *Method of Grace*, in *Works*, 2:441.

35) Flavel, *Method of Grace*, in *Works*, 2:442.

이상의 것이고, 배운 사람들이 죄에 대해 갖고 있는 "추론적인" 지식 이상의 것이다. 그것은 살아서 으르렁거리는 사자와 벽에 그림으로 그려져 있는 사자처럼 앞의 두 종류의 지식과는 차원이 다른 "죄에 대한 직관적 지식"이다.[36]

죄를 자각할 때 죄인에게 하나님의 위대하심과 거룩하심이 생생하고 실제적으로 부각되고, 심판날이 양심 속에 가까이 다가온다. 그래서 플라벨은 이렇게 말했다. "하지만 하나님에게서 온 빛이 속으로 들어와 하나님의 본성과 죄의 본질을 발견하게 될 때 영혼은 율법의 끔찍한 경고에 따라 죄인들에게 어떤 진노가 쌓여 있든지 간에 그것은 다만 죄과에 불과하다는 것을 보게 된다."[37] 그러나 그것은 영혼 속에 새로운 영적 의식이나 하나님에 대한 새로운 종류의 감정을 심는 것은 아니다. 오히려 그것은 단지 타락한 사람들의 자연적 양심을 일깨우는 것에 불과하다. 확실히 이런 죄의 자각은 이성의 기능에 사탄이 역사하지 못하도록 하지만 "영혼은 그리스도를 단지 절반만 얻는다." 왜냐하면 "사탄이 여전히 성채를 지키고, 마음과 의지는 사탄의 소유 속에 있기" 때문이다.[38] 따라서 죄인들은 이런 죄의 자각 아래에서 지옥을 두려워하지만 여전히 빛은 미워한다.

마찬가지로 윌리엄 퍼킨스(1558~1602년)는 지성에 대한 성령의 사역과 의지에 대한 성령의 사역을 구분했다.[39] 존 오웬(1616~1683년)도 예비적 죄의 자각에 대해 이렇게 말했다. "우리는 이 사역의 모든 결과를 지성, 양심, 감정, 대화 속에 두었다고 지적될 수 있다. 따라서 그것에 대해 말해지거나 말해질 수 있는 모든 것에도 불구하고, 의지는 실제로 변하지도 않고 내적으로 그것으로 말미암아 새롭게 되는 것도 아니라는 결론이 따라 나온다."[40]

플라벨은 죄를 자각시키는 예비적인 조명과 달리 구원하는 조명은 "하나님의 영이 사람들의 마음을 비추는 신령하고 거룩한 빛으로 '예수 그리스도의 얼굴에 있는 하나님의 영광을 아는 빛'을 그들에게 제공하기 위해" 역사된다고 말했다(고후 4:6).[41] 플라벨은 에드워드 레이놀즈(1599~1676년)를 인용해서 구원하는 조명은 마음속에 "영적 진리의 적절한 맛과 달콤한 풍미"를 제공한다고 말했다.[42] 하나님의 달콤함을 새롭게 맛본 마음이 구원하는 조명에 대한 플라벨의 개념의 핵심 요소다. 플라벨은 이렇게 말했다. "어떤 지식도 마음이 머리에 전달하는 것만큼 그렇게 명확하고, 그렇게 분명하고, 그렇게 달콤하지 않다." 그것은 성경을 완전히 새로운 빛 속에 두는 새로운 "영적 의식과 경험"이다. 확실히 그것은 "하나님의 말씀을 사람의 마음"에 기록하는 것이다(참고. 렘 31:33). 믿음으로 그리스도를 바라보는 것은 진심 어린 감정으로 그분의 능가할 수 없는 사랑을 보는 것이다.[43] 그리스도는 "강력한 죄의 자각과 가책으로 이성과 양심을 제어하실" 뿐만 아니라 "마음의 문" 즉 "의지"를 열어 "달콤하고 은밀한 효력을 통해" 의지를 정복하고 의지를 원하는 상태로 만드신다. 플라벨은 "이 일이

---

36) Flavel, *Method of Grace*, in *Works*, 2:310.

37) Flavel, *Method of Grace*, in *Works*, 2:311.

38) Flavel, *Method of Grace*, in *Works*, 2:449.

39) William Perkins, "Exposition of the Creede," *A Golden Chaine* (London: John Legat, 1600), pp. 192~193.

40) John Owen, *Pneumatologia, or, A Discourse Concerning the Holy Spirit*, in *The Works of John Owen*, William H. Goold 편집 (1850~1855, 재판, Edinburgh: Banner of Truth Trust, 1999), 3:238.

41) Flavel, *Method of Grace*, in *Works*, 2:309.

42) John Flavel, *Fountain of Life*, in *The Works of the Rev. Mr. John Flavel* (1820, 재판, Edinburgh: Banner of Truth Trust, 1997), 1:133. Edward Reynolds, *Animalis Homo*, in *The Whole Works of the Right Rev. Edward Reynolds* (1826; repr., Morgan, Pa.: Soli Deo Gloria, 1999), 4:368을 보라.

43) Flavel, the epistle dedicatory to *Fountain of Life*, in *Works*, 1:xviii~xx.

이뤄지면 마음이 열리고, 드디어 구원의 빛이 마음속을 비춘다"고 말했다.[44]

이와 마찬가지로 토머스 굿윈(1600~1680년)도 믿음은 그리스도를 "영적으로 바라보는 것"인데, 이것은 새로운 "의식"이 초자연적으로 창조된 것으로, 사람이 귀로 음악을 듣는 것과 책 속에 인쇄된 음악을 이해하는 것이 다른 것만큼이나 타락한 인간 이성과는 다르다고 말했다.[45] 오웬은 이렇게 말했다.

> 이 [예비적] 사역이 일으킨 첫 번째 대상인 지성에 미친 결과는 지성에 계시된 것들의 활력적인 영적 본성과 탁월함이 즐거움, 안심, 만족을 줄 정도로 작용하지는 않는다. 하지만 구원하는 조명의 참된 본질은 바로 이것인데, 곧 이 조명은 지성에 영적 사실들에 대한 직접적인 직관적 통찰력과 전망을 제공하고, 그리하여 이 영적 사실들은 자체의 영적 본질에 따라 지성을 알맞게 하고 기쁘게 하고 만족하게 함으로써 지성이 그것들에 맞게 바뀌고, 그것들의 형태를 취하고, 그것들에 의존하게 하는 것이다.[46]

플라벨은 죄를 자각시키는 조명과 구원하는 조명을 두 가지 면에서 구별했다. 첫째, 플라벨은 죄의 자각은 지성과 양심에 영향을 미치지만 구원은 오직 의지를 변화시킨다고 말했다. 둘째, 플라벨은 사람이 예수 그리스도 안에서 하나님의 아름다움을 보고, 하나님의 달콤함을 맛보는 마음의 새로운 의식을 가르쳤다. 죄의 자각은 죄인에게 하나님의 두려운 공의와 능력에 대한 강력한 깨달음을 제공하지만, 오직 구원하는 조명은 죄인에게 하나님의 마음을 사로잡는 사랑에 대한 영적 의식을 제공한다. 거듭남을 새로운 영적 의식을 부여받는 것으로 보는 이 견해는 다른 청교도도 공유하고 있는 것으로, 특히 에드워즈를 통해 불후의 진리가 되었다.

죄의 자각, 회심, 소망, 확신

회심 사역은 잉태 및 탄생과 같다. 어떤 영혼들은 불모 상태에 있고, 말씀의 능력에 대한 느낌도 결코 갖고 있지 못하다. 다른 영혼들은 "약간 가볍고, 일시적이고, 효과 없는 복음의 역사가 자신의 영혼에 미치는 것"을 느낀다. 이 역사는 영적 "유산과 조산"으로, 결코 생명의 탄생에 이르지 못한다.[47] 그러나 또 다른 사람들의 경우는 "말씀이 효과적이고 강하게 역사해서……그들의 헛된 소망을 죽인다." 플라벨은 이 강력한 역사를 성령의 최초 역사 아래 있는 "태아" 또는 성령으로 거듭나게 된 "완전한 탄생"으로 분류시켰다.[48] 이 말은 플라벨이 새 탄생을 이런 사람들이 그리스도 안에서 산 소망을 갖고 살 때까지 완결되지 않는 과정으로 간주했음을 암시한다.

그러나 심지어는 영적 "태아" 상태에서도 본질상 희망적이고 고무적인 표징들을 발견할 수 있다고 플라벨은 말했다. 그들은 유산시키는 자들에게 일어나는 것보다 그들의 마음속에서 말씀의 "더

---

44) Flavel, *Fountain of Life*, in *Works*, 1:137.

45) Thomas Goodwin, *The Object and Acts of Justifying Faith*, in *The Works of Thomas Goodwin*, Thomas Smith 편집 (Edinburgh: James Nichol, 1861~1864), 8:258~259.

46) Owen, *Pneumatologia*, in *Works*, 3:238.

47) Flavel, *Method of Grace*, in *Works*, 2:301~303.

48) Flavel, *Method of Grace*, in *Works*, 2:304.

깊고 더 강력한" 역사를 확인하는가?[49] 플라벨은 성령이 구원으로 이끌기 위해 사용하는 죄의 자각의 비참함에 대한 희망적인 표징들을 정의하는 데 도움을 줄 수 있는 세 가지 질문을 제시했다.

- 말씀은 여러분에게 이런저런 죄의 악함뿐만 아니라 여러분의 전체 마음, 생활, 본성의 부패함과 사악함도 보여 주는가?
- 말씀은 여러분이 거룩하고 선하신 하나님께 죄를 범한 것 때문에 단순히 지옥에 갈 것을 두려워하게 하는가, 아니면 슬픔으로 마음을 상하게 하는가?
- 말씀은 단지 여러분의 소망을 흔들리게 하는가, 아니면 여러분이 구원에 이르는 유일한 문으로서 그리스도께 이끄는가?[50]

이 질문들을 제기함으로써 플라벨은 구원하는 은혜가 그리스도를 의식적으로 신뢰하기 전에 어떻게 작용할 수 있는지를 검토했다. 그리스도를 갈망하는 죄를 자각한 죄인은 아직 자신을 구원받은 자로 간주할 근거를 갖고 있지 못할 수 있다. 하지만 그는 "믿음의 길"을 가고 있는 중이다. 그는 때가 되면 자신의 "감지할 수 있는 변화"를 확인하고, 이렇게 말할 것이다.

> 나는 죄 의식도, 죄에 대한 슬픔도 갖고 있지 못한 때가 있었다. 또 그리스도에 대한 갈망도, 의무를 행할 마음도 갖고 있지 못한 때가 있었다. 그러나 지금 나는 그렇지 않다. 이전에는 죄의 악함을 보지 못했지만 지금 나는 그것을 본다. 지금 내 마음은 그 악에 대한 의식으로 상해 있다. 내 욕구는 예수 그리스도를 향해 불타오르기 시작했다. 주 예수에 대해 은밀한 갈망 속에 있을 때까지 나는 어디서도 쉬지 않을 것이다. 확실히 이것들은 자비의 날의 징조다. 나는 이런 식으로 계속 갈 것이다.[51]

플라벨은 사람의 죄와 하나님의 진노에 대한 경험적 지식을 참된 회심의 본질적 요소로 간주하고, 그것을 종종 구원에 대해 희미한 소망만을 갖고 있는 사람들 속에서도 발견되는 것으로 봤다. 플라벨은 이런 두려움을 예수 그리스도가 "아버지께 듣고 배운 사람마다 내게로 오느니라"(요 6:45)고 말씀하신 것처럼 하나님의 내적 가르침의 한 부분으로 간주했다. 이 신적 가르침에 대해 플라벨은 이렇게 말했다. "믿음의 길에 서 있는 자라면 어떤 사람도 아버지의 특별한 교훈과 가르침 아래 있기 때문에 그리스도를 놓칠 수 없고, 잘못된 길을 갈 수 없다."[52]

따라서 그리스도 안에 있는 확실한 신자는 마음을 찢는 죄의 자각과 구주에 대한 갈망이 있었던 날을 돌아보고 이렇게 말할 것이다. "그때는 그것을 확실히 알지 못했지만 그때 이미 아버지의 구원의 부르심이 내 삶에 임했던 것이다." 우리는 회심은 일련의 과정이라는 청교도의 신념에 비춰 준비에 대한 질문들을 살펴봐야 한다. 죄인은 죽음에서 생명으로 건너간 때를 반드시 아는 것은 아니다.

---

49) Flavel, *Method of Grace*, in *Works*, 2:304.
50) Flavel, *Method of Grace*, in *Works*, 2:305.
51) Flavel, *Method of Grace*, in *Works*, 2:317.
52) Flavel, *Method of Grace*, in *Works*, 2:307.

처음에 준비로 보였던 것이 나중에는 구원을 받은 것으로 판명될 수 있다. 성령의 거듭남의 사역은 비밀이다. 우리는 바람이 임의로 불 때 어디서 와서 어디로 가는지 알지 못하는 것을 인정해야 한다(요 3:8).

플라벨의 『은혜의 방식』을 통해 청교도의 준비 견해를 소개했으므로, 이제는 청교도의 준비 견해를 심하게 비판한 학문 노선을 살펴볼 것이다. 준비 견해를 학문적으로 다루면서, 청교도는 구원에 있어서 하나님의 절대 주권과 인간의 전적 무능력에 대한 개혁파 교리에서 심각하게 이탈했다고 말한 20세기의 세 명의 유명한 학자들에 초점을 맞출 것이다.

칼빈과 청교도 준비주의자가 대립된다는 논제에 대한 재검토

페리 밀러는 칼빈의 회심 교리를 "강력한 강탈 곧 놀란 의지의 침범"로 해석했다.[53] 밀러는 이것이 하나님이 사람들의 구원을 예정하셨다는 관념에서 논리적으로 이끌어져 나왔다고 생각했다. 모든 것이 하나님에게서 나와야 했기 때문에 회심 속에는 인간의 행동 과정이 거의 있을 수 없었다. 그러나 우리는 이런 절대 주권에서 한 걸음 물러난 청교도는 언약신학을 통해 그것을 완화시켰다는 말을 듣는다. 청교도가 그렇게 한, 한 가지 방식은 준비 관념 곧 죄인들은 그들 자신의 능력으로 하나님께 향할 수 있다는 관념을 통해서였다.

밀러는 이런 생각에 반대해서 이렇게 말했다. "거듭나지 아니한 사람이 준비 행위를 할 수 있는 범주를 묘사하는 많은 부분들을 보면, 이 저술가들 일부는 칼빈주의와 조화될 수 있는 한계를 넘어갔다. 뉴잉글랜드에서 분명히 이에 대해 가장 극단적인 인물이 토머스 후커였고, 그는 인간이 자신 속에 받아들일 마음의 상태를 창출하는 것이 가능하다고 큰 소리로 외쳤다."[54] 이에 대해 밀러는 이렇게 결론지었다. "심지어는 매우 비굴하게 청교도의 여호와에게 매우 비굴한 충성을 고백하는 동안에도 청교도 신학자들은 결과적으로는 여호와를 폐위시켰다."[55]

모든 청교도가 토머스 후커와 같았던 것은 아니다. 밀러는 윌리엄 펨블(대략, 1591~1623년)은 후커의 신학을 "정교한 형태의 아르미니우스주의"라고 공격했다고 말했다.[56] 자일스 퍼민(1614~1697년)은 하나님을 찾는 자들을 낙심시킨다는 이유로 후커와 그의 동료 토머스 셰퍼드(1605~1649년)를 공격했다.[57] 밀러에 따르면, 대다수 뉴잉글랜드 청교도는 존 코튼(1585~1652년)의 "불길한 예외"를 빼고 후커의 발자국을 따랐다. 코튼은 칼빈주의 신학을 사랑했지만 준비 교리는 부인했다. 이런 의미에서 밀러는 "코튼이 더 나은 칼빈주의자였다"고 결론지었다.[58] 밀러는 또 조나단 에드워즈를 뉴잉글랜드 선조들이 심어 놓은 아르미니우스주의의 수확에 맞서는 전쟁에서 칼빈주의 측의 전사로 봤다.[59]

---

53) Perry Miller, *The New England Mind: From Colony to Province* (Cambridge: Harvard University Press, 1953), p. 56.

54) Perry Miller, *Errand into the Wilderness* (Cambridge: Harvard University Press, 1956), 87n154.

55) Perry Miller, "'Preparation for Salvation' in New England," *Journal of the History of Ideas* 4, no. 3 (June 1943), p. 286.

56) Miller, "'Preparation for Salvation' in New England," p. 265.

57) Miller, "'Preparation for Salvation' in New England," p. 266.

58) Miller, "'Preparation for Salvation' in New England," pp. 266~267.

59) Miller, "'Preparation for Salvation' in New England," p. 286.

밀러의 논제는 모든 세부 사실이 받아들여진 것은 아니었으나, 이후 학자들에게 매우 큰 영향력을 미친 것으로 판명되었다.

노먼 페티트는 밀러보다 1차 자료를 훨씬 철저하게 탐구하기는 하지만 칼빈과 대립하는 준비주의자 논제를 옹호한다. 페티트는 매우 놀랍게도 이렇게 말한다. "16세기 정통개혁파 신학에서는 의를 위해 마음을 준비하라는 것을 성경적 요청으로 전혀 고려하지 않았다. 엄밀한 예정 교리에 따르면, 죄인은 단번에 지위가 바뀌었다. 곧 마음이 부패 상태에서 은혜 상태로 순식간에 바뀌었다."[60] 페티트는 청교도의 준비 교리는 이런 "신적 강제 교리의 그늘과 학정"에서 해방을 찾기 위한 싸움이었다고 말한다.[61] 페티트의 근본 가정은 "어떤 일이든 사람 편에서 행한 일은 하나님의 주권을 감소시킨다"는 것이다.[62]

페티트가 다양한 개혁파 저술가들에 대해 해석한 것을 보면, 일관되게 거짓 이분법에 따라 회심과 관련해서 그들이 벌여 놓은 간격 가운데 어느 쪽이 좋은지 곧 마치 그것이 유일한 대안인 것처럼 절대 주권의 갑작스러운 개입인지 아니면 인간 활동의 점진적 과정인지 양자택일을 하려고 애쓴다. 예를 들어 페티트는 이렇게 말한다. "모든 준비주의자 가운데 리처드 십스는 자연인에게 능력을 부여한 것에 따르면 단연코 맨 꼭대기에 있는 사람이었다."[63] 페티트는 자연인과 관련해서 말하면서, 윌리엄 에임스(1576~1633년)에 대해 이렇게 지적한다. "에임스는 율법을 굳게 붙드는데, 율법은 그를 굳게 붙들지 않는다."[64] 반면에 코튼에 대해서는 이렇게 말한다. "코튼은 자신의 교리를 너무 극단적으로 끌고 가서 준비에 대한 신적 권면을 '유용한' 것으로 받아들일 수 없었다."[65] 페티트는 코튼에 대해 이렇게 덧붙인다. "아브라함이 그랬던 것처럼 인간은 하나님께 돌아설 수 없고, 하나님께 붙잡혀야 한다. 인간은 뒤틀리고 넘어져서 자신이 현세에서 아무 역할을 하지 못하는 새로운 관계를 어쩔 수 없이 믿을 때까지는 하나님을 기꺼이 인정할 수 없다."[66] 반면에 후커는 코튼과는 "완전히 다른 회심 교리를 설교했다."[67] 따라서 페티트는 뉴잉글랜드에서 벌어진 율법폐기주의 논쟁(1636~1638년)은 준비의 타당성을 중심에 두고 벌어졌다고 결론을 짓는다.[68] 페티트는 또 잉글랜드 개혁파 사상가들 속에는 준비주의자들과 하나님을 절대 주권자로 보는 칼빈의 관점에 충실한 자들 간에 분열이 있다고 설명한다. 페리 밀러의 발자취를 따르는 로버트 켄달은 자신의 독특한 요점을 강조하는 한편, 칼빈과 대립하는 준비주의자 논제를 크게 보급시켰다. 켄달은 청교도가 칼빈에게서 이탈한 것은 제네바에서 칼빈의 후계자가 된 테오도루스 베자(1519~1605년) 때문이었다고 말했다. 켄달은 베자는 "칼빈의 체계와는 근본적으로 다른 체계의 건축자였다"고 말했다.[69] 베자의 예정론은 퍼킨스와 같은 사람들의 사역을 통해 잉글랜드에 보급되었고, 은혜로운 체계가 준비 교리가 포함된 보

---

60) Norman Pettit, *The Heart Prepared: Grace and Conversion in Puritan Spiritual Life* (New Haven, Conn.: Yale University Press, 1966), p. vii.
61) Pettit, *The Heart Prepared*, p. 217.
62) Pettit, *The Heart Prepared*, p. 218.
63) Pettit, *The Heart Prepared*, p. 73.
64) Pettit, *The Heart Prepared*, p. 83.
65) Pettit, *The Heart Prepared*, p. 139.
66) Pettit, *The Heart Prepared*, p. 138.
67) Pettit, *The Heart Prepared*, p. 133.
68) Pettit, *The Heart Prepared*, p. 149.
69) R. T. Kendall, *Calvin and English Calvinism to 1649* (Carlisle, U.K.: Paternoster, 1997), p. 38.

다 율법적인 체계로 바뀌었다. 켄달은 이렇게 말한다. "칼빈의 관점은 인간 편에서 볼 때 믿음에 대한 어떤 준비도 배제한다……칼빈의 교리를 보면, 거듭남의 과정 속에도 인간이 믿음에 앞서는 율법의 행위를 포함해서 모든 것을 준비해야 한다는 관념이 전혀 없다." 율법은 사람들을 자극해서 구원을 찾도록 할 수 있지만 칼빈에게는 이것이 "우발적인 결과에 불과하다."[70]

켄달에 따르면, 후커의 구원에 대한 설교는 칼빈과는 완전히 반대로 "준비주의"로 요약될 수 있다.[71] 인간이 "준비 과정을 시작하고", 그래서 후커의 "하나님의 '효과적' 부르심에 대한 변론들은 인간의 의지에 대한 하나님의 직접적 호소-확실히 절박하고 열렬한 조언-로 말미암아 무의미한 것이 되고 만다."[72] 그러므로 켄달은 후커를 칼빈의 오직 주권적 은혜로 얻는 구원 교리에서 이탈한 청교도의 가장 중요한 실례로 보고 비난한다.

칼빈에 대립하는 준비주의자 논제는 자료들 자체와 부합하지 않는 신적 주권에 대한 가정을 역사적 자료들 위에 두려고 하기 때문에 잘못이다. 이 논제는 하나님의 주권이 인간의 책임 및 행동과 양립할 수 없다고 가정한다. 윌리엄 스토버는 이렇게 말하며 이것을 논박한다. "개혁파의 신적 주권 교리는 정통주의 시대에는 거듭남에 인간의 행동이 배제되는 것으로 간주되지 않았다……은혜를 배분하기 위한 규정된 수단들의 배경 속에서 인간의 행동은 구속 적용의 한 방편이다."[73] 하나님은 인간적 수단을 통해 역사하고, 따라서 신학자가 인간의 행동을 긍정하는 것은 신적 주권을 부정하는 것을 함축하지 않는다. 하나님의 주권과 인간의 행동은 양립할 수 없다는 거짓 가정으로 말미암아 학자들은 청교도의 작품들을 오해하고 왜곡시키는 결과를 빚었다. 예를 들어 스토버는 율법 폐기 논쟁 자료들은 준비의 합당성을 둘러싸고 있지 않음을 증명했다. 준비 문제는 이 논쟁에서 "상대적으로 눈길을 끌고 있지 않다."[74] 후커와 다른 뉴잉글랜드 신학자들은 은밀한 아르미니우스주의자가 아니었다. 스토버는 이렇게 말한다. "당시의 공식적 신학에 따라 판단하건대, 장로들이 규범적인 개혁파 교리에서 이탈했다는 주장은 완전히 부정확하다."[75] 마이클 윈십은 이렇게 말한다. "역사가들은 윌리엄 K. B. 스토에버가 코튼은 다른 목사들과 마찬가지로 준비주의자였고, 그들의 논쟁은 다른 주제들을 둘러싸고 벌어졌다는 것을 충분히 증명하기 전까지는 밀러의 논증을 받아들였다."[76]

1차 자료를 고찰해 보면 이 결론이 확증된다.[77] 충실한 칼빈주의자와 명목상 칼빈주의적인 준비주의자 사이에 날카로운 구분이 있기보다는 오히려 주권적 은혜와 죄를 자각시키는 율법의 역할에 따른 믿음의 준비와 관련하여 16세기와 17세기 개혁파 저술가들 사이에 근본적인 통일성이 있다. 따라서 이런 학문 노선은 칼빈과 청교도를 함께 오해하고, 그리하여 칼빈을 어떤 형태든 준비

---

70) Kendall, *Calvin and English Calvinism*, p. 26.

71) Kendall, *Calvin and English Calvinism*, p. 128.

72) Kendall, *Calvin and English Calvinism*, pp. 132, 138.

73) William K. B. Stoever, *'A Faire and Easie Way to Heaven': Covenant Theology and Antinomianism in Early Massachusetts* (Middleton, Conn.: Wesleyan University Press, 1978), p. 195.

74) Stoever, *A Faire and Easie Way to Heaven*, pp. 193~194.

75) William K. B. Stoever, "Nature, Grace and John Cotton: The Theological Dimension in the New England Antinomian Controversy," *Church History* 44, no. 1 (1975), p. 32.

76) Michael P. Winship, *Making Heretics: Militant Protestantism and Free Grace in Massachusetts, 1636~1641* (Princeton, N.J.: Princeton University Press, 2002), p. 69.

77) 이어지는 내용은 Beeke & Smalley, *Puritan Preparation by Grace*에서 발견되는 1차 자료에 대한 보다 심층적인 고찰을 요약한 것이다.

교리를 철저히 반대한 사람으로 그리고 청교도를 반(半)아르미니우스주의적인 "준비주의자"로 낙인을 찍었다.

존 칼빈은 타락한 인간은 아무리 약할지라도 하나님을 향한 동기를 가질 수 있다는 사실을 부정했고, 따라서 인간은 자신의 자유의지로 구원을 준비할 수 있다는 중세의 명목론자의 관념을 거부했다.[78] 인간은 스스로 구원할 수 있는 공로나 능력을 전혀 갖고 있지 못하다. 구원은 전적으로 하나님의 은혜로만 받는다. 그러나 구원을 위한 은혜의 준비도 있다. 칼빈은 택함받은 자 안에 믿음을 준비시키실 때 "주님은 그들에게 자주 은밀한 욕구를 전달하고, 그로 말미암아 그들은 주님에게 이끌린다"고 믿었다.[79] 하나님은 특별히 자신의 율법을 사용하고, 율법은 신자들의 행위를 지시하는 역할을 할 뿐만 아니라 비신자들의 양심을 일깨워 그들의 죄책과 구주에 대한 필요성을 깨닫게 한다.[80] 하나님은 거친 죄인들을 붙들어 "자신에게 나아와 자신의 교훈을 받아들이도록 그들의 마음을 준비시키신다."[81] 따라서 칼빈은 로마 가톨릭교회의 준비주의는 거부하고, 대신 하나님이 믿음을 위해 죄인들을 어떻게 준비시키시는지에 대한 개혁파 견해를 가르쳤다.

퍼킨스와 같이 엘리자베스 여왕 시대의 청교도는 칼빈과 같은 사상 노선-무조건적 선택, 인간의 무능력, 모든 인간적 공로와 상관없는 구원, 하나님이 믿음 앞에 율법을 두심으로써 죄인들을 준비시키심-을 견지했다. 예를 들어 페티트의 진술과는 반대로 리처드 십스(1577~1635년)는 자연인이 결정적인 준비 능력을 갖고 있다는 것을 주장하지 않았고, 자기를 낮추는 것은 성령의 깨닫게 하시는 역사가 없으면 불가능하기는 해도 우리 의무라고 주장했다.[82] 또 십스는 이렇게 말했다. "이런 낮아짐이 회심 이전에 요구되고, 그때 모든 교만한 생각이 일소됨으로써 성령이 마음속에 회심의 길을 여신다."[83]

1633년에 에임스는 준비 교리의 세밀한 요점들을 주장하고, 그것을 로마 가톨릭과 아르미니우스주의의 가르침과 구별시켰다. 에임스는 준비를 불을 붙이기 전의 마른 나무, 하나님이 생기를 불어넣으시기 전에 아담의 몸을 만드신 것, 에스겔의 골짜기 환상에서 생명의 영이 일어서도록 하기 전에 시체들의 뼈와 살이 붙는 것으로 비유했다.[84] 에임스의 세밀한 구분과 흥미로운 예증은 이후로 존 노턴(1606~1663년) 및 존 오웬과 같은 청교도에게 준비 교리의 표준 자료가 되었다.

종종 준비주의자의 태두로 간주된 후커는 확실히 통회와 낮춤을 통한 죄인들의 준비에 대해 많은 설교를 쏟아냈다. 그러나 켄달의 주장과 반대로 후커의 준비 교리는 하나님의 주권과 그리스도 안에

---

78) John Calvin, *Institutes of the Christian Religion*, John T. McNeill 편집, Ford Lewis Battles 번역 (Philadelphia: Westminster Press, 1960), 2.2.27, 2.3.7, *Commentary on the Gospel according to John*, William Pringle 번역 (재판, Grand Rapids: Baker, 1996), pp. 258~259(요 6:45 부분).

79) John Calvin, *Commentary on a Harmony of the Evangelists*, William Pringle 번역 (재판, Grand Rapids: Baker, 1996), 2:433~34(눅 19:1~10 부분).

80) John Calvin, *Sermons on Timothy and Titus* (1579, 팩시밀리 재판, Edinburgh: Banner of Truth Trust, 1983), pp. 50~51, *Institutes*, 2.7.11.

81) John Calvin, *Sermons on Deuteronomy* (1583, 팩시밀리 재판, Edinburgh: Banner of Truth Trust, 1987), p. 423.

82) Richard Sibbes, *The Bruised Reede and Smoaking Flax*, 3판 편집 (London: M. F. for R. Dawlman, 1631), pp. 33~35.

83) Sibbes, *The Bruised Reede and Smoaking Flax*, p. 13.

84) William Ames, "The Preparation of a Sinner for Conversion," Steven Dilday 번역, theses 6, 16, in *Disceptatio Scholastica de circulo pontificio* (1644). 딜데이의 번역은 Beeke & Smalley, *Puritan Preparation by Grace*의 부록에서 발견된다.

서의 특별 은혜, 사람들이 회심할 때 소유하는 기쁨과 사랑이라는 배경 안에서 제시되었다.[85] 후커는 참된 준비는 성령이 구원받지 못한 사람들에게 행하시는 사역이라고 주장했다. 또 "주님은 자신의 영으로 영혼을 준비시키신다"고도 말했다.[86] 후커는 또 복음의 값없는 제공을 설교하고, 모든 사람에게 그리스도께 나아올 것을 권면했다.[87]

밀러는 펨블은 준비 교리의 반대자였다고 말했지만, 오직 은혜로 얻는 구원에 대한 펨블의 책은 도리어 정반대 사실을 증명한다. 확실히 펨블은 아르미니우스주의와 로마 가톨릭의 자기 의지를 통한 자기 향상이나 공로적인 준비 견해를 공격했다.[88] 그러나 동시에 회심 전에 죄에 대한 자각과 은혜의 수단의 사용으로 구성된 유익하고 유용한 준비 단계가 있다고 가르쳤다.[89] 후커는 이렇게 말했다. "우리는 통상적으로 하나님이 사람을 은혜로 이끄시는 많은 준비가 있다는 것과 말씀은 아직은 참된 은혜를 결여하고 있지만 사람들의 마음과 삶 속에 많은 효과를 일으킨다는 것을 부정하지 않는다."[90]

코튼도 그렇게 논박당하는 것과는 다르게 반(反)준비 교리를 주장한 자로 증명되지 않는다. 코튼은 그리스도와의 연합에 대해 몇 가지 혼란스러운 진술을 했고, 그가 당혹스러워 할 정도로 율법폐기주의자가 그것을 악용한 것은 사실이다. 그러나 코튼도 하나님은 죄인들에게 그들의 죄를 자각시키기 위해 "속박의 영"을 보내고, 그들의 자만심을 무너뜨리기 위해 "태워 버리는 영"을 주심으로써 그들이 회심을 준비하게 하신다고 가르쳤다.[91] 코튼은 은혜 언약으로 이끌기 전에 행위 언약을 경험하도록 죄인들을 이끄시는 것이 하나님의 통상적인 방법이라고 말했다.[92] 코튼은 다음과 같이 말했다.

> 학교 선생이 학생을 이런저런 의무로 두려움을 갖도록 이끄는 것처럼……하나님의 율법도 두려움을 통해 영혼을 예수 그리스도에게 이끈다……이전에 스스로 구원하는 데 자신의 무능력과 하나님의 진노에서 구속받는 데 자신의 무가치함을 느꼈기 때문에 지금 영혼은 복음의 음성을 듣기에 적합하고, 지금 영혼은 그리스도에 대한 소식을 아름답고 반가운 소식으로 느끼게 된다. 하나님의 택함받은 자는 하나님의 은혜 언약 아래 나아오기 전에 율법 아래 있는 것이 이처럼 유익하다.[93]

---

85) Thomas Hooker, *The Application of Redemption, by the Effectual Work of the Word, and Spirit of Christ… The First Eight Books* (1657, 팩시밀리 재판, New York: Arno Press, 1972), *The Soules Implantation into the Natural Olive* (London: by R. Young, 1640), pp. 179~320.

86) Thomas Hooker, *The Soules Preparation for Christ* (Leiden: W. Christiaens, 1638), p. 219.

87) T[homas] Hooker, *The Unbeleevers Preparing for Christ* (London: by Tho. Cotes for Andrew Crooke, 1638), pp. 2, 19~20.

88) William Pemble, *Vindiciae Gratiae*, in *The Workes of the Late Learned Minister of God's Holy Word, Mr William Pemble*, 4판 편집 (Oxford: by Henry Hall for John Adams, 1659), pp. 27~29, 56.

89) Pemble, *Vindiciae Gratiae*, in *Workes*, pp. 30, 76, 80~82.

90) Pemble, *Vindiciae Gratiae*, in *Workes*, p. 78.

91) John Cotton, *The New Covenant, Or, A Treatise, Unfolding the Order and Manner of the Giving and Receiving of the Covenant of Grace to the Elect* (London: by M. S. for Francis Eglesfield and John Allen, 1654), pp. 21~23.

92) Cotton, *The New Covenant*, pp. 20~21.

93) Cotton, *The New Covenant*, pp. 109~110.

코튼은 또한 비신자는 부지런히 성경 읽기, 선포된 말씀 듣기, 기도와 같은 은혜의 수단들을 사용해서 조치를 취하게 된다고 주장했다. 눈먼 자는 스스로 볼 수 없지만 다윗의 후손에게 고쳐 달라고 외칠 수는 있다고 코튼은 말했다.[94] 그러므로 페티트가 코튼과 후커가 회심 교리에 있어서 완전히 다른 견해를 설교했다고 말한 것은 잘못이다. 온갖 차이에도 불구하고 그들은 개혁파 준비 교리의 공통적 요소를 공유했기 때문이다.

청교도는 준비 교리의 세부 사실들을 갖고 논쟁을 벌였다. 그러나 그들을 분리시킨 관념이 예정 대(對) 준비 교리라는 것은 낭설이다. 칼빈에서 에드워즈에 이르기까지 신학 작품들을 조심스럽게 연구해 보면, 개혁파 전통은 솔라 그라티아 그리고-윌리엄 에임스의 말을 사용하면-프라에파라티오네 페카토리스 아드 콘베르시오넴[95]과 관련해서 괄목할 만하게 한 목소리를 내고 있음을 보여 준다.

칼빈과 대립하는 준비주의자 논제를 개관하고 간단하게 논박했으므로, 이제 청교도가 이 문제에 대해 무엇을 가르치는지 평가해 보도록 하자. 단순히 준비 교리가 종교개혁의 유산에서 벗어난 것이 아님을 예증하는 것으로는 충분하지 못하다. 따라서 우리는 청교도의 준비 교리가 우리 시대에 얼마나 적합한지 고찰해 봐야 한다.

청교도의 준비 교리에 대한 평가

청교도는 많은 경탄할 만한 요소들을 갖고 있었다. 청교도는 성경 속에서 그리스도의 보물을 캐냈고, 역사를 통해 내려온 교회 최고의 통찰력에서 결론을 이끌어 내려고 애썼다. 따라서 청교도의 믿음에 대한 준비 교리가 지혜롭게 영혼에 적용되는 성경적 진리를 상당 부분 포함하고 있는 것은 놀랍지 않다. 그러나 청교도가 설교한 죄의 교리를 보면 우리는 모든 그리스도인이 지성을 흐리게 하고 행실을 더럽게 하는 죄와 싸우고 있음을 상기하게 된다. 그러므로 청교도의 준비 교리에 대해 몇 가지 조심할 사항과 거기서 배울 수 있는 교훈을 여기서 제시하려고 한다.

오해, 오류, 불균형에 대한 경고

우리는 단순히 어떤 인간 작품을 읽을 때와 마찬가지로 청교도의 작품도 분별력을 갖고 읽어야 한다. 청교도가 의무를 강조하는 것은 우리 자신이 구원할 능력을 갖고 있음을 긍정하는 것으로 오해할 수 있다. 예컨대 우리가 의무는 능력을 함축한다고 가정하면, 청교도는 우리를 펠라기우스주의로 끌고 갈 것이다. 물론 칼빈이나 지금까지 성령의 명령들에 대해 설교한 어느 누구도 그렇게 되지 않았다. 청교도나 칼빈 이상으로 이런 결론에 이르는 것을 두려워한 자는 없을 것이다. 따라서 존 노턴은 이렇게 경고했다. "우리는 합리적인 피조물이기 때문에 하나님은 수단들을 사용해서 우리를 다루신다. 또 수단들의 효력에 대해 우리는 죽은 피조물이기 때문에 전적으로, 그리고 절대적으로 하나님을 의지한다."[96]

---

94) John Cotton, *The Way of Life, Or, Gods Way and Course, in Bringing the Soule into, and Keeping It in, and Carrying It On, in the Ways of Life and Peace* (London: by M. F. for L. Fawne and S. Gellibrand, 1641), pp. 184~185.

95) "오직 은혜로 [얻는 구원]"과 "회심을 위한 죄인의 준비"라는 뜻이다.

96) John Norton, *The Orthodox Evangelist, or A Treatise wherein Many Great Evangelical Truths… Are Briefly*

청교도는 항상 마땅히 그래야 할 만큼 지혜롭게 자기들의 말을 선택하는 것이 아니었다는 것이 또 다른 문제점이다. 예를 들어 노턴은 이렇게 말했다. "준비 사역을 통해 우리는 어떤 본질적인 자격을 깨닫는다……죄인들은 믿으라고 직접 초대받기 전에 이런 죄인들 곧 자격 있는 죄인들이어야 한다."[97] 여기서 "자격"이나 "자격 있는 죄인"이라는 용어는 준비가 죄인에게 그리스도를 신뢰할 권리나 자신을 택함받은 자로 간주할 권리를 주는 것을 암시한다. 노턴은 이런 언어를 사용했지만 분명히 이런 오해를 부인하고, 모든 사람의 의무는 복음을 믿는 것이고,[98] 준비는 택함받은 자와 유기된 자 모두가 경험하는 일반 은총이라고 가르쳤다.[99] 자격 있다는 말은 이런 오해에 맞서 싸우는 것을 피하기 위해 사용하지 않는 것이 더 좋을 것이다.

어떤 청교도는 다른 청교도, 아니 사실은 대다수 다른 그리스도인이 당연히 거부하는 준비 국면들을 가르쳤다. 이에 대한 전형적인 실례는 후커와 셰퍼드의 가르침이다. 그들은 죄인들은 그리스도를 영접하도록 준비되기 위해 기꺼이 파멸당할 지점까지 낮아져야 한다고 주장했다.[100] 이 선행 조건은 성경에 반대되고 하나님이 창조하신 인간의 본성과도 반대된다. 퍼민은 후커와 셰퍼드가 그렇게 말한 것을 당연히 비난했다.[101] 그러나 이 오류 속에도 어느 정도 진실이 들어 있음을 우리는 인정한다. 왜냐하면 사람은 자신의 공로를 고수하는 한 단독으로는 그리스도를 의지할 수 없고, 모든 자기 공로를 포기하는 것은 하나님이 완전한 공의에 따라 그를 지옥에 떨어뜨릴 것이라는 것을 인정하는 것을 의미하기 때문이다. 노턴은 이렇게 말했다. "하나님을 공의롭게 하는 것은 우리 의무지만 파멸당하는 것으로 만족하라는 것은 어디서도 명령되지 않는다. 아니 액면 그대로 말하면, 그것은 금지된다. 파멸당하는 것으로 만족하는 것은 영원히 하나님과 원수가 되고, 하나님을 거역하고 죄를 짓는 것으로 만족하는 것이기 때문이다."[102]

후커, 셰퍼드, 퍼민이 마음은 그리스도와 연합되기 전에 죄와 분리되어야 한다고 또는 그리스도의 나무에 접붙여지기 전에, 길든 짧든 간에 얼마 동안 아담의 나무에서 잘라져야 한다고 가르친 관념은 이해하기가 매우 미묘하다.[103] 노턴 및 에드워즈와 같은 다른 청교도는 이 관념을 거부했는데, 당연히 그것이 옳았다.[104] 왜냐하면 이것은 신학적으로 부조리하기 때문에 에임스와 다른 많은 청교도가 거부한 영적 죽음과 영적 생명 사이의 중간 상태를 함축하기 때문이다.[105] 이 견해는 성경적

Discussed (London: John Macock for Henry Cripps and Lodowick Lloyd, 1654), p. 271.

97) Norton, *The Orthodox Evangelist*, p. 130. 참고, p. 141.

98) Norton, *The Orthodox Evangelist*, pp. 17, 81, 84, 158, 162, 171, 191~192, 194, 199, 202, 231.

99) Norton, *The Orthodox Evangelist*, pp. 163, 170.

100) Thomas Hooker, *The Soules Humiliation* (London: by T. Cotes for Andrew Crooke and Philip Nevill, 1640), pp. 112~117, Thomas Shepard, *The Sound Beleever. Or, a Treatise of Evangelicall Conversion* (London: for R. Dawlman, 1645), pp. 147~154.

101) Giles Firmin, *The Real Christian, or A Treatise of Effectual Calling* (London: for Dorman Newman, 1670), pp. 19~24, 107~149.

102) Norton, *The Orthodox Evangelist*, p. 151.

103) Hooker, *The Application of Redemption… The First Eight Books*, pp. 150~151, Thomas Hooker, *The Application of Redemption by the Effectual Work of the Word, and Spirit of Christ… The Ninth and Tenth Books* (London: Peter Cole, 1657), pp. 673~675, 679, Shepard, *The Sound Beleever*, pp. 97~116, Firmin, *The Real Christian*, pp. 87~93.

104) Norton, *The Orthodox Evangelist*, pp. 180~183, Jonathan Edwards, "Miscellanies," no. 862, 1019, *The Works of Jonathan Edwards*, 제20권, *The "Miscellanies" 833~1152*, Amy Plantinga Pauw 편집 (New Haven, Conn.: Yale University Press, 2002), pp. 90~91, 350~351.

105) Ames, "The Preparation of a Sinner for Conversion," thesis 17, objection 5.

지지가 전혀 없고, 어느 정도 그리스도께서 죽으실 때 우리가 그분과 연합된다는 중요한 교리를 뒤집어엎는다.

아마 일부 청교도의 준비 교리가 갖고 있는 가장 큰 위험성은 그들의 주장에 균형이 결여된 것일 것이다. 오랫동안 죄인들을 다그치기 위해 율법을 사용함으로써 후커와 같은 사람들은 종종 달콤한 것과 쓰디쓴 것을 혼합하는 것을 등한시했다. 그들의 설교를 듣는 자들은 통회를 강조하는 수십 편의 설교 앞에서 쉽게 그리스도에 대한 시각을 잃어버렸을 것이다. 십스는 지혜롭게 다음과 같이 조언했다. "이 상처를 지나치게 강조하고 너무 오래 두게 되면……위험스럽다. 왜냐하면 그렇게 되면 그들은 다시 살아나기 전에 상처와 고통에 눌려 죽을 수도 있기 때문이다. 그러므로 신자와 불신자가 혼합된 모임에서 모든 영혼이 적절한 몫을 차지할 수 있도록 위로를 섞는 것이 바람직하다."[106]

우리는 또한 교리적 분석에서 일부 청교도가 보여 준 열정 속에 성령의 역사의 비밀에 대한 평가가 부족한 탓에 균형이 결여된 면을 보게 된다. 청교도는 그 길을 따라가지 않았지만 일부 청교도가 엄격하게 전개하고 애를 써서 적용시킨 연속적인 회심 단계는 사람들을 쉽게 잘못된 길로 이끌어 자신이 아직 구원받지 못했다고 생각하게 할 우려가 있었다. 왜냐하면 그들은 열두 단계 과정 가운데 다만 세 번째 단계에 있었기 때문이다. 설상가상으로 그들은 자신이 그리스도께 나아갈 권리나 근거가 없다고 생각할 것이다. 왜냐하면 그들은 열두 단계 가운데 아직 네 번째 단계를 계속 기다리고 있었기 때문이다. 에드워즈는 네덜란드 신학자 빌헬뮈스 아브라껄(1635~1711년)이 그랬던 것처럼 이에 대한 유용한 교정책을 제시했다. 아브라껄은 성령 역사의 비밀 속에서 우리는 종종 사람이 거듭날 때 그것을 정확히 말할 수 없다는 사실을 상기시켰다.[107]

청교도의 준비 교리에서 배우는 긍정적 교훈

청교도 준비 교리에서 다양한 경고와 주의 사항을 확인해 봤으니, 이제 거기서 우리가 배울 수 있는 긍정적 교훈을 몇 가지 확인해 보자.

1. 청교도가 가르치는 준비는 복음의 값없는 제공을 돕는 역할을 한다. 준비를 모든 사람이 그리스도께 나오도록 공개적으로 초대하는 것과 정반대되는 것으로 묘사하는 것은 거짓이다. 존 프레스턴(1587~1628년)은 이렇게 말했다. "우리는 일반적으로 모든 사람에게 그리스도를 선포하고, 원하는 자는 누구나 그리스도를 영접할 수 있다. 하지만 사람들은 겸손해져야 비로소 그분을 영접하고, 그러기 전에는 그리스도가 필요하지 않다고 생각할 것이다."[108] 확실히 준비는 사람들을 억압하는 용도로 나타날 수도 있다. 그러나 청교도는 준비에 대한 가르침을 복음의 요청 및 흥미로운 초대와 혼합시킴으로써 이 오류를 피하려고 힘썼다.

후커는 이렇게 설교했다. "왜 그것이 값없는 자비이고, 그러므로 왜 여러분은 다른 사람과 마찬가

---

106) Sibbes, *The Bruised Reede and Smoaking Flax*, p. 37.

107) Jonathan Edwards, *The Works of Jonathan Edwards*, 제20권, *Religious Affections*, John E. Smith 편집 (New Haven, Conn.: Yale University Press, 1959), pp. 160~162, "Miscellanies," no. 899, *Works*, 20:156, Wilhelmus a Brakel, *The Christian's Reasonable Service*, Joel R. Beeke 편집, Bartel Elshout 번역 (Grand Rapids: Reformation Heritage Books, 2007), 2:245.

108) John Preston, "Pauls Conversion. Or, The Right Way to Be Saved," *Remaines of that Reverend and Learned Divine, John Preston* (London: for Andrew Crooke, 1634), p. 187.

지로 그것을 가질 수 없겠는가?⋯⋯ 만일 여러분이 단지 나아와 은혜를 붙잡기만 한다면, 이것이 하나님이 바라시는 모든 것 곧 주님이 기대하고 원하시는 모든 것이고, 여러분은 붙잡기만 하면 그것을 얻을 것이다."[109] 그러나 후커는 또한 "원하는 자"(계 22:17)는 죄인들이 구원을 위해 그리스도께 나아올 의지를 갖고 있어야 한다는 것을 함축한다고 이해했다.[110] 죄인들은 합당하게 그리스도를 선택하기 전에 그분에 대한 필요성을 느껴야 한다.

거듭남은 하나님이 죄인에게 믿음을 주시고, 그 믿음을 가진 자에게 그리스도 안에서 영생을 주시는 단순하고 순간적인 행위이다. 따라서 복음의 요청은 매우 단순하다. "회개하고 복음을 믿으라"(막 1:15). 그러나 거듭남에 앞서 일어나는 죄인의 경험은 통상적으로 많은 생각, 느낌, 행동이 관련된 과정이다. 따라서 단순한 복음의 요청에는 다음과 같은 다수의 복종적 의무가 동반된다. "내 말에 귀를 기울이라"(행 2:14). "너희는 귀를 기울이라"(사 55:3). "우리가 서로 변론하자"(사 1:18). "하나님을 금이나 은이나 돌에다 사람의 기술과 고안으로 새긴 것들과 같이 여길 것이 아니니라"(행 17:29). "너희 자신을 시험하라"(고후 13:5). "슬퍼하며 애통하며 울지어다"(약 4:9). 청교도는 비신자들에게 이런 의무를 설교했을 때 바울이 "의와 절제와 장차 오는 심판을 강론했을" 때(행 24:25)와 같이 당장 어떤 방책을 그리스도를 신뢰하기 위한 대안으로 제시하지 않았다. 준비 의무는 단지 믿음에 예속된 종에 불과하다.

셰퍼드는 왕이신 예수는 모든 사람에게 은혜를 위해 자기에게 나아오라고 명령하신다고 말했다. 예수는 큰 교환물로 자신을 제공하신다.[111] 그러나 죄는 "구원받는 것을 굉장히 힘든 일"로 만든다.[112] 따라서 웨스트민스터 총회 신학자들은 하나님이 "우리의 죄와 비참함을 깨닫게 하시고", "우리에게 복음 안에 값없이 제시된 예수 그리스도를 받아들이도록 설득하며 능력을 주시는" 것을 첫 번째 사역으로 가르쳤다(웨스트민스터 소교리문답 질문 31). 따라서 하나님은 이사야서 55장 1절에서 이렇게 우리를 초청하신다. "오호라 너희 모든 목마른 자들아 물로 나아오라 돈 없는 자도 오라 너희는 와서 사 먹되 돈 없이, 값없이 와서 포도주와 젖을 사라." 거스리가 말한 것처럼 준비는 우리의 최초의 목마름과 배고픔을 일으킨다.[113]

2. 청교도가 가르치는 준비는 철저히 개혁파 견해였다. 칼빈, 퍼킨스, 펨블, 에임스, 코튼, 노턴은 모두 개혁파 준비 교리와 로마 가톨릭교회의 준비 교리를 구분했는데, 로마 가톨릭교회의 견해는 타락한 사람들에게 부분적으로 공로를 인정하는 것으로 보고 거부하고, 개혁파의 견해는 사람들에게 그들의 공로의 결핍을 철저하게 드러내는 것으로 보고 인정했다.[114] 그들은 아르미니우스주의의 준비 교리를 은밀한 로마 교회 사상으로 간주하고, 개혁파 형제들의 준비 교리와는 다른 범주 속에 두었다.

우리는 로마 가톨릭교회의 준비 교리와 개혁파의 준비 교리의 차이를 "아무개 씨는 자신의 집을

---

109) Hooker, *The Unbeleevers Preparing for Christ*, pp. 19~20.

110) Hooker, *The Unbeleevers Preparing for Christ*, pp. 2~3.

111) Thomas Shepheard [Shepard], *The Sincere Convert, Discovering the Paucity of True Believers; and the Great Difficultie of Saving Conversions* (London: by T. P. and M. S., 1643), pp. 106~112.

112) Shepard, *The Sincere Convert*, p. 144.

113) William Guthrie, sermon upon Isaiah 55:1~2, *A Collection of Lectures and Sermons⋯ Mostly in the Time of the Late Persecution*, J. H. 편집 (Glasgow: J. Bryce, 1779), pp. 113~114.

114) Calvin, *Institutes*, 2.2.27, Ames, "The Preparation of a Sinner for Conversion," theses 1~2, Pemble, *Vindiciae Gratiae*, in *Workes*, pp. 27~29, 56, Cotton, *The Way of Life*, 182, Norton, *The Orthodox Evangelist*, p. 130. 퍼킨스에 대해서는 Pettit, *The Heart Prepared*, p. 62를 보라.

팔 준비가 되어 있는가?"라는 질문을 통해 예증할 수 있다. 이 질문은 먼저 그가 부자인가, 아니면 가난한 자인가에 따라 다양한 사실을 의미할 수 있을 것이다. 부자는 그 집을 깨끗하게 치우고, 멋있게 꾸미고, 여러 수리를 함으로써 사는 자에게 가능한 한 집이 매력적으로 보이도록 할 것이므로 그렇게 했을 때 집을 팔 준비가 되어 있다고 말할 것이다. 구매자로 하여금 부자의 집을 구입하게 할 수 있는 준비에 단계는 없지만 이 준비는 시장에서 그 집의 "가치"를 증가시킨다. 이것은 청교도가 비성경적이고, 인본주의적인 사고로 간주하고 거부한 견해와 일치된다. 로마 교회의 일치된 공로 교리에 따르면, 구원받지 못한 자는 하나님으로 하여금 자기를 구원하도록 할 수 없지만 자기 안에 있는 것으로 가장 좋은 일을 행함으로써 자신을 가능한 한 매력적으로 보이게 할 수 있다.

반면에 가난한 사람은 더 이상 집값을 지불할 수 없다는 것을 깨달을 때 자신의 집을 팔 준비를 하게 된다. 그는 이전에는 집을 소중히 여겼지만 이제는 부담스러운 대부금에서 벗어나기 위해 구매자에게 집을 팔아야 한다. 가난한 자의 준비는 집의 가치와는 아무 상관이 없다. 오히려 그것은 집의 가치를 떨어뜨릴 수도 있다. 왜냐하면 빚이 늘어나면서 집을 지킬 돈은 더 줄었기 때문이다. 그러나 그는 집을 팔 준비를 한다. 그는 구매자가 자기에게 자비를 베풀어 집을 사갈 것을 바란다. 이것은 청교도가 받아들인 개혁파 준비 교리와 일치된다. 그것은 증가한 가치가 아니라 증가한 궁핍 의식으로 구성된 준비다. 그것은 자기 안에 자랑할 것 없이 회심으로 나아가는 준비다. 왜냐하면 모든 영광은 가련한 죄인들의 대속자에게 돌아가야 하기 때문이다.

3. 청교도가 가르치는 준비는 성령의 일반 사역을 강조하는 것이다. 청교도는 거듭날 때까지 하나님의 영을 수동적인 존재로 간주하지 않고, 성령이 사람들이 죄를 자각하도록 말씀 선포를 통해 강력히 역사하신다는 것을 깨달았다. 에임스는 도르트 총회에 영국 대표로 참석한 신학자들이 이렇게 말한 것을 인용했다. "아직 의롭다 함을 얻지 못한 자들의 마음속에 말씀과 성령의 능력으로 말미암아 자극을 받아 회심이나 거듭남으로 나아가는 어떤 내적 효력들이 있다."[115] 후커는 통회를 죄와 사탄이 말씀에 저항하는 "요새들을 무너뜨리는 그리스도의 영의 행위"로 묘사했다.[116] 굿윈과 에드워즈는 요한복음 16장 8~11절에서 그리스도께서 약속하신 성령의 삼중 사역의 배경에 따라 자기들의 준비 교리를 전개했다.[117] 청교도가 가르치는 준비 교리는 죄를 자각시키는 통상적인 성령의 사역을 통해 우리의 이 신적 인격에 대한 의존과 감사를 확대시킴으로써 성령론에 크게 공헌한다.

4. 청교도가 가르치는 준비는 죄인들을 율법주의가 아니라 율법과 관련시킨다. 죄를 자각시키는 율법의 용도는 믿음의 준비에 중심적인 역할을 한다. 칼빈은 이렇게 말했다. "그러므로 율법은 하나의 예외가 없이 모든 세상을 하나님 앞에 소환한다. 율법은 아담의 모든 후손을 정죄한다……지금은 하나님이 우리에게 호통을 치시는 것을 볼 때 우리는 우리 주 예수 그리스도 안에서 우리에게 제공된 하나님의 자비에게 달려갈 필요가 있다."[118] 퍼킨스는 이렇게 말했다. "먼저 율법이 우리를 겸

---

115) Ames, "The Preparation of a Sinner for Conversion," thesis 5.

116) Hooker, *The Application of Redemption… The First Eight Books*, p. 151.

117) Thomas Goodwin, *The Work of the Holy Ghost in Our Salvation*, in *The Works of Thomas Goodwin*, Thomas Smith 편집 (1861~1866, 재판, Grand Rapids: Reformation Heritage Books, 2006), 6:359~361, Jonathan Edwards, "The Threefold Work of the Holy Ghost," *The Works of Jonathan Edwards*, 제14권, *Sermons and Discourses 1723~1729*, Kenneth P. Minkema 편집 (New Haven, Conn.: Yale University Press, 1997), p. 391.

118) Calvin, *Sermons on Timothy and Titus*, p. 50.

손하게 하는 것으로 우리를 준비시킨다. 그러면 이어서 복음이 와서 믿음을 일으킨다."[119] 퍼킨스는 갈라디아서 3장 24절에 이렇게 말했다.

> 율법, 특히 도덕법은 사람들을 그리스도께 나아가도록 재촉하고 강요한다. 그 이유는 다음과 같다. 율법은 우리의 죄를 우리에게 보여 주고, 그것은 치료책이 아니라는 것을 보여 주기 때문이다. 또 율법은 우리에게 합당한 것이 파멸이라는 것을 보여 주고, 우리 자신의 구원에 대해 절망하게 함으로써 우리 자신을 벗어나 그리스도 안에서 도움을 구하도록 우리를 다그치기 때문이다. 따라서 율법은 단순한 가르침이 아니라 채찍과 제재를 통해 가르치는 우리의 초등교사다.[120]

따라서 율법은 우리가 율법으로는 의롭다 함을 얻을 수 없다는 것을 보여 줌으로써 복음을 돕는 역할을 한다. 존 번연(1628~1688년)은 그리스도인이 율법을 지키는 것이 자신의 죄의 짐을 벗겨 주기를 바랄 때 구원의 길에서 얼마나 크게 벗어나는지를 말함으로써 이 진리를 묘사했다. 시내 산에서 머뭇거리다 지체했기 때문에 복음 전도자는 어서 빨리 은혜로 구원의 문으로 달려가라고 권면했다.[121] 에드워즈가 지적한 것처럼 율법을 가볍게 적용시키면 자기 의를 일으키기 십상이지만 율법에 대한 엄격한 설교와 율법을 엄밀하게 지키려고 노력하면 자기 의를 파괴하는 경향이 있다.[122]

5. 청교도가 가르치는 준비는 우리가 거듭날 때에 대한 비밀을 미결정 상태로 놔둔다. 이번 장에서 우리는 준비를 그리스도를 믿는 의식적인 믿음에 대한 준비로 간주하고 있다. 청교도는 사람은 그리스도를 믿는 믿음으로 구원받을 수 있지만 여전히 자신의 믿음을 의식하지 못할 수 있다는 것 곧 단지 그리스도와 구원을 갈망하는 상태 속에 여전히 있을 수 있다는 것을 인정했다.

에드워즈는 새 탄생은 "엄청나게 신비스럽고 불가해한…… 당혹스런 혼돈" 속에서 임할 수 있다고 말했다. 에드워즈는 전도서 11장 5절을 언급했다. "바람의 길이 어떠함과 아이 밴 자의 태에서 뼈가 어떻게 자라는지를 네가 알지 못함 같이 만사를 성취하시는 하나님의 일을 네가 알지 못하느니라."[123] 후커도 영적 태동의 신비를 인정했다.[124] 잉글랜드 청교도는 거듭남을 영혼의 그리스도와의 최초의 의식적인 연합과 결합시키는 경향이 있었지만 네덜란드 제2 종교개혁 신학자들은 거듭남을 초기의 죄에 대한 자각 및 양심과 더 가깝게 결합시키는 경향이 있었다. 그것이 네덜란드 제이 종교개혁 후기 신학자 가운데 하나인 알렉산더 꼼리(1706~1774년)가 믿음에 대한 준비는 있지만 그것이 거듭나기 전의 준비는 아니라고 가르친 이유다.[125] 여기서 어떤 사람이 거듭남을 영혼의 경험 속에서 어디에 두느냐에 따라 크게 좌우된다. 거듭남에 대해 아브라껠은 지혜롭게 이렇게 지적했다. "만

---

119) Perkins, *A Commentary on Galatians*, p. 200.
120) Perkins, *A Commentary on Galatians*, p. 200.
121) John Bunyan, *The Pilgrim's Progress* (London: by A. W. for J. Clarke, 1738), p. 14~21.
122) Jonathan Edwards, "Pressing into the Kingdom of God," *The Works of Jonathan Edwards*, 제19권, *Sermons and Discourses 1734~1738*, M. X. Lesser 편집 (New Haven, Conn.: Yale University Press, 2001), pp. 284~285.
123) Edwards, *Religious Affections*, in *Works*, 2:160~161.
124) Thomas Hooker, "To the Reader," *The Doctrine of Faith*, John Rogers 지음 (London: for Nathanael Newbery and William Sheffard, 1627).
125) Alexander Comrie, *Verhandeling van eenige* (Leiden: Johannes Hasebroek, 1744), p. 222.

일 그가 최초에 진지한 죄의 자각과 함께 시작했다면 아마 그는 아직 믿음을 가진 것이 아닐 것이다. 만일 그가 처음에 의식적으로 믿음을 경험하고 매우 진심으로 자신이 너무 늦었다고 평가하는 순간과 함께 시작했다면 그는 아마 이미 믿음을 가졌을 것이다."[126]

6. 청교도가 가르치는 준비는 하나님을 창조주와 구주로서 높인다. 에임스는 사람을 단지 "돌멩이"처럼 다루는 것은 "유치한" 일이라고 말했다.[127] 에임스는 하나님이 인간을 지성과 의지를 가진 존재로 지으셨다고 말했다. 하나님은 수단을 통해 일하실 세상을 창조하셨다. 하나님의 피조물은 선하고 감사하며 사용되어야 한다. 이것들은 타락으로 사라진 것이 아니다. 그러나 죄는 사람을 하나님에 대해 죽은 존재로 만들었다. 오직 신적 은혜의 주권적이고 과분한 행위만이 죽은 자를 그리스도 안에서 살아 있는 믿음, 소망, 사랑으로 일으킬 수 있다. 하나님을 창조주로 높이는 것은 우리에게 사람들을 이성적이고 의지적인 존재로 다룰 것을 요청한다. 하나님을 구주로 높이는 것은 우리에게 사람들을 그들 스스로 거듭나기에는 철저히 무능력한 존재로 다룰 것을 요청한다. 청교도는 이 두 가지를 다 감당했고, 그래서 잃어버린 자에게 읽고, 생각하고, 듣고, 느끼고, 기도하는 자연적 능력을 사용하도록 권면하는 한편, 그들에게 믿음을 줄 수 있는 것은 오직 초자연적 은혜 사역이라는 것을 동시에 가르쳤다.

새뮤얼 윌러드(1640~1707년)는 효과적 부르심에 대해 이렇게 말했다. "하나님의 영은 적용 사역을 행하실 때 사람들을 합리적인 피조물로 다루고, 권면을 통해 역사하신다. 곧 그들을 억압적인 강제를 통해 이끄는 것이 아니라 논증을 통해 이끌고, 그리하여 그들은 '주의 권능의 날에 즐거이 헌신하게 된다'"(시 110:3).[128] 제러마이어 버로스(대략, 1600~1646년)는 이렇게 말했다. "예수 그리스도는 비록 자신은 이성을 초월해서 행하신다고 할지라도 합리적인 피조물이므로 심령에 합리적인 방법으로 역사하고, 이성을 넘어서는 초자연적 은혜를 제공하신다."[129] 에드워즈는 이렇게 말했다. "인간을 구원하실 때 하나님은 그들의 지성적인 합리적 본성에 알맞게 그들을 다루신다."[130]

7. 청교도가 가르치는 준비는 그리스도의 충분하심을 드러낸다. 준비는 최초의 죄의 자각에서 평안을 발견하는 것에 이르기까지 구원으로 이끄는 모든 것이 그분에게서 나온다는 것을 보여 줌으로써 그리스도의 충분하심을 계시한다. 후커는 준비 단계에서 "주 그리스도"가 죄의 권세와 자비로운 싸움을 벌이신다고 말했다.[131] 죄의 자각은 그리스도께서 영혼의 문을 두드리시는 것이다.[132] 우리는 준비를 그리스도와 영혼 사이의 장애물로 생각할 수 없고, 오히려 문지방을 흔드는 음성으로 영혼을 부르시는 살아 계신 그리스도를 만나는 것으로 생각할 수 있다.

준비는 또한 죄인들에게 그리스도가 없으면 아무것도, 아니 심지어는 그리스도께 나아가는 것조차 할 수 없다는 것을 납득시킴으로써 그리스도의 충분하심을 드러낸다. 후커는 이렇게 말했다. "영혼이 오직 그리스도가 아니라 어떤 다른 수단을 통해 고침을 받았다면 그것은 진실로 죄 때문에 받

---

126) Brakel, *The Christian's Reasonable Service*, 2:245.
127) Ames, "The Preparation of a Sinner for Conversion," corollary.
128) Samuel Willard, *A Compleat Body of Divinity* (1726, 팩시밀리 재판, New York: Johnson Reprint, 1969), p. 432.
129) Jeremiah Burroughs, *Four Books on the Eleventh of Matthew* (London: Peter Cole, 1659), 1:22.
130) Edwards, *Religious Affections*, in *Works*, 2:152.
131) Hooker, *The Application of Redemption… The Ninth and Tenth Books*, pp. 47~50, 98~99.
132) Hooker, *The Application of Redemption… The Ninth and Tenth Books*, pp. 101, 111~112.

은 상처가 결코 아닐 것이다⋯⋯그러나 만일 영혼이 죄 때문에 진실로 상처를 입었다면 그를 용서하고, 은혜로 그를 깨끗하게 하실 구주를 제외하고는 어떤 것도 그를 고칠 수 없을 것이다."[133] 굿윈은 이렇게 말한다. "죄인들은 낮아지기 전까지는 돈은 없지만 몸이 건강한 사람들과 같다. 곧 그들은 자기들이 언제든 직업을 구할 수 있다고 생각한다. 그러나 낮아졌을 때 그들은 자기들이 그리스도를 영접할 손조차 없는 불구자로 보고, 따라서 그들은 손을 위해서라도 그리스도를 바라본다."[134]

8. 청교도가 가르치는 준비는 성경적이다. 청교도는 자기들의 준비 교리를 주로 성경의 특정 본문들을 강해하는 것을 통해 확립했다. 이때 그들은 이런 본문을 사용했다. 역대하 33장 12절, 34장 27절, 욥기 11장 12절, 이사야서 40장 3~4절, 42장 3절, 55장 1절, 57장 15절, 61장 1~3절, 66장 2절, 예레미야서 4장 3절, 23장 29절, 31장 19절, 에스겔서 36장 31절, 호세아서 5장 15절, 6장 1~2절, 마태복음 3장 7절, 11장 28절, 마가복음 12장 34절 누가복음 15장 14~18절, 요한복음 4장 16~18절, 16장 8절, 사도행전 2장 37절, 9장 6절, 16장 13~14절, 29~30절, 24장 24~25절, 로마서 3장 19~20절, 7장 7~13절, 8장 15절, 고린도후서 10장 4절, 갈라디아서 3장 19절, 24절, 요한계시록 3장 17절, 20절. 그 외에도 더 있다.

더 근본적으로 말하면, 청교도는 하이델베르크 교리문답의 구조가 된 로마서의 삼중 패턴을 주목했을 것이다. 죄와 진노에 대한 바울의 언급(1:18~3:20), 그리스도 안에서의 구원(3:21~11:36), 하나님의 자비에 대한 우리의 순종적인 반응(12:1~15:13). 로마서는 아마 성경 전체에서 가장 명확하게 복음을 제시하고, 종교개혁 당시에 가장 영향력이 컸던 책일 것이다. 로마서는 회심에 대한 개혁파의 사고의 명확한 패턴을 제공했는데, 그것은 죄와 비참에 대한 지식이 구원 및 하나님과의 평화에 앞서 있다는 것이다. 청교도의 준비 교리를 무시하는 자들은 로마서를 읽고, 그리스도 안에서 의롭게 하시는 은혜의 좋은 소식을 해설하기 전에 하나님의 진노에 대한 나쁜 소식에 매우 많은 시간을 할애하는 바울의 근본적 이유를 묵상하는 것이 좋을 것이다.

---

133) Hooker, *The Soules Preparation for Christ*, p. 133.
134) Goodwin, *The Work of the Holy Ghost in Our Salvation*, in *Works*, 6:384~385.

29장

청교도의 거듭남 교리

새 탄생은 영혼의 모든 부분에 필수적이다…… 타락으로 보편적 부패가 있었기 때문에
거듭남은 영혼의 모든 기능 속에서 광범위하게 일어나야 한다.
그렇지 않으면 그것은 그 사람의 탄생이 아니라 한 부분만의 탄생에 불과하다.
– 스티븐 차녹[1] –

종교개혁은 거행을 통해 은혜를 신실한 자들에게 배분하는 로마 가톨릭교회의 성례 제도를 거부했다. 로마 교회가 세례에 귀속시킨 일차 효력이 거듭남이었기 때문에 세례에 의한 거듭남 교리를 거부하는 개신교인은 그러면 다른 어떤 것이 거듭나게 할 수 있는지를 설명해야 했다.[2] 새 탄생이나 거듭남의 필요성은 모든 학자에게 인정되었다. 개혁파 견해는 토머스 왓슨(대략, 1620~1686년)이 잘 표현했다. 왓슨은 이렇게 말했다. "그리스도인을 만드는 것은 세례가 아니다. 많은 사람이 세례를 받은 이교도에 불과한 상태에 있다. 종교의 본질적 부분은 새 피조물이 되는 것에 있다."[3] 거듭난다는 것은 종교적이 되는 것보다 더 중요하다. 왓슨은 우리가 새 피조물이 되지 않으면 우리의 종교적 의무도 받아들여지지 않을 것이라고 주장했다.[4] 우리는 로마 교회와 마찬가지로 거듭나야 한다는 것을 인정하지만 마음의 내적 거듭남이 세례 의식에서 외적으로 물로 몸을 씻는 것에 의해 효력을 갖게 된다는 것을 왓슨은 부인했다.

청교도는 하나님의 주권을 강조하고 세례에 의한 거듭남 관념을 강하게 거부하는 확고한 거듭남의 신학을 전개했다. 개인적 거듭남이 청교도의 전체 실천신학의 기초로 작용했다. 거듭나지 않으면 그들의 실천적, 실험적 권면은 아무 의미가 없었다. 청교도의 전체 신학과 마찬가지로 거듭남도 기독론적인 초점을 갖고 있고, 죄인과 그리스도와의 연합이 없으면 일어나지 않는 것으로 간주되었다. 따라서 거듭남 교리는 칭의, 양자, 성화와 같은 구체적인 구원의 유익들과 밀접하게 관련되어 있을 뿐만 아니라 그 모든 유익의 총화인 예수 그리스도와의 연합과 밀접하게 관련되어 있었다. 이번 장은 거듭남 교리를 다루고, 다음 장은 그리스도와의 연합, 칭의, 거듭남 사이의 관계에 초점을 맞출 것이다.

---

1) Stephen Charnock, "The Necessity of Regeneration," *The Complete Works of Stephen Charnock* (1845, 재판, Edinburgh: Banner of Truth Trust, 1985), 3:26~27.
2) 트렌트 공의회 회기 5에서 원죄에 대한 교령을 보라.
3) Thomas Watson, *A Plea for the Godly* (Pittsburgh: Soli Deo Gloria Publications, 1993), p. 287.
4) Watson, *A Plea for the Godly*, p. 288.

효과적 부르심과 거듭남

청교도의 거듭남 신학은 그리스도인이 되는 것이 무엇을 의미하는지에 대한 개혁파 개념의 완결판이다. 그 길을 따라 청교도는 이전에 죄와 허물로 죽었던 죄인의 최초의 소생, 믿음과 회개로 구성된 하나님에 대한 죄인의 회심, 그리고 이후의 성화 과정을 통한 일상적인 삶의 갱신이 포함된 거듭남의 다양한 국면들을 구분하는 데 힘썼다.[5] 종교개혁자들은 "거듭남"이라는 말을 가장 좁은 의미에서 죄인이 자신이 만든 흑암에서 벗어나 하나님의 기이한 빛 속으로 들어갔을 때 일어나는 새 탄생의 순간으로만 간주하지 않고, 가장 넓은 의미에서 이상의 모든 의미를 포함시켜 사용했다.[6] 종교개혁자와 청교도에게는 거듭남이 가장 넓은 의미에서 신자의 경험 속에서 한 사건이 아니라 모든 면에서 한 과정 곧 하나님의 지속적인 사역으로 이해되었다는 것을 지적해야 한다.[7] 청교도는 단순히 "갑작스러운" 회심을 믿거나 기대하지 않았고, 신자에게 현세에서 완전히 죄가 없는 상태 속에 들어가게 하시는 성령의 역사에 대한 경험은 더욱더 믿거나 기대하지 않았다.

웨스트민스터 신앙고백은 거듭남 교리를 이렇게 제시한다. 첫째, 거듭남을 택함받은 자의 효과적 부르심으로 제시하고(8.8, 10.1), 어려서 죽은 택함받은 유아의 거듭남을 제시한다(10.3). 둘째, 거듭남은 효과적으로 부르심을 받고 거듭난 자들 속에서(13.1) 그들의 믿음을 향상시키고(14.1, 3), 그들을 생명에 이르는 회개로 이끌고(15.1, 2), 그들이 선행을 할 수 있게 하며(16.3), 끝까지 은혜 상태를 견인해 구원받게 하시며(17.1, 2) 현세에서 신자들을 은혜와 구원에 대한 확신으로 이끄시는(18) 성령의 성화 사역으로 제시된다. 거듭남은 또한 "거룩함 속에서 온전하게 된 의인들의 영혼이 지극히 높은 하늘로 받아들여지는" 때인(32.1) 죽음까지 그리고 그리스도께서 "자신의 영으로 의인들의 몸을 영광스러운 몸"으로 일으키고, 그들을 자신의 영광스러운 몸과 닮게 하실(32.3) 마지막 날까지 확대된다. 웨스트민스터 신앙고백은 부르심, 소생, 거듭남, 새롭게 됨, 능력을 받음, 살아 있는 믿음으로 열매를 맺음, 확신, 평강과 기쁨과 회복의 확대, 거룩함으로 온전하게 됨, 몸의 부활에 대해 말하는데, 이 모든 것은 하나님께 귀속되고, 그리스도로 말미암아 택함받은 자에게 일어나는 거듭남의 역사다.

이보다 앞서 벨기에 신앙고백(1561)은 22조와 23조에서 칭의를 설명한 다음, 24조 "인간의 성화와 선행" 부분에서 거듭남 개념을 소개했다.[8] 하이델베르크 교리문답은 거듭남의 필연성(질문 8)을 주장하고, 거듭남을 그리스도의 부활(질문 45)과 관련시키고, 또 세례로 상징되는 것처럼 그리스도의 피와 영으로 씻김을 받는 것(질문 69~70)과 관련시키지만, 벨기에 신앙고백과 똑같이 거듭남에 대한 충분한 설명은 그리스도인들이 행해야 하는 선행(질문 86~91)의 근거로서, 교리문답 세 번째 부분(감사에 대해)에서 이신칭의를 설명하고 난 다음 부분에 두고 있다. 도르트 신조는 "부르심", "회심", "거

5) 나아가 이번 장의 범주를 벗어난 주제인 피조물 자체의 거듭남도 있다.

6) 참고, Louis Berkhof, *Systematic Theology* (Grand Rapids: Eerdmans, 1938), p. 466, Herman Bavinck, *Reformed Dogmatics*, John Vriend 번역 (Grand Rapids: Baker Academic, 2006), 3:581, John Calvin, *Institutes of the Christian Religion*, John T. McNeill 편집, Ford Lewis Battles 번역 (Grand Rapids: Eerdmans, 1975), 3.3.9. 여기에 인용할 한 실례가 있다. "그러므로 한 마디로 나는 회개를 거듭남으로 해석하고, 거듭남의 유일한 목적은 아담의 범죄로 말미암아 손상되고 거의 지워진 하나님의 형상을 우리 안에서 회복시키는 것이다."

7) 우리는 거룩하지 않은 삶을 살아도 "그리스도를 영접하고", "거듭났다고" 주장하고, 천국에 갈 것을 기대할 수 있다는 현대의 복음주의 이단 사상은 정통 청교도 사상과 엄청나게 거리가 멀다.

8) 벌콥은 벨기에 신앙고백이 이 용어를 광범하게 사용한다고 믿는다.

듭남"이라는 말을 상호 교체적으로 사용해서 가장 좁은 의미에서 거듭남을 영혼 속에서 이루어지는 구원하는 은혜의 최초 역사로 제시한다(3~4 교리, 3, 4, 10, 11, 12, 16, 17장). 마찬가지로 스코틀랜드 출신 신학자로 『우리의 효과적 부르심에 대한 논문』(A Treatise of Our Effectual Calling)[9]을 쓴 로버트 롤로크(1555~1599년)도 거듭남을 "우리의 영화의 시작 및 새 피조물의 시작"으로 묘사한다.[10] 루이스 벌콥은 "부르심"이라는 말이 왜 그토록 통상적으로 사용되었는지에 대해 그럴듯한 설명을 제시한다. "종교개혁 이후 시대에 죄인들의 삶 속에서 은혜의 사역이 시작된 것을 지칭하기 위해 '거듭남'보다 '부르심'이라는 말이 더 널리 사용된 것은 하나님의 말씀과 하나님의 은혜의 작용 간의 밀접한 관련성을 강조하기 위해서였다."[11]

효과적 부르심과 거듭남 사이의 확고하고 전문적인 구분이 정확히 언제 이루어졌는지는 확인하기 어렵지만 17세기 중반에서 후반 사이에 고착된 것으로 보인다. 거듭남과 효과적 부르심 간의 구분이 이루어진 것에 대한 초기의 증거는 윌리엄 에임스(1576~1633년)의 유고 작품인 『그리스도인의 교리문답 개요』(A Sketch of the Christian's Catechism, 1635)에서 확인할 수 있다.[12] 데이비드 딕슨(대략, 1583~1662년)은 거듭남을 따로 언급하면서 거듭남이 부르심과 어떻게 관련되어 있는지를 설명했다. 딕슨은 거듭남은 "결과적으로 효과적인 부르심과 하나"라고 지적했다.[13] 우리는 프랜시스 투레틴(1623~1687년)에게서 비슷한 사실을 확인한다. 가시적 교회와 불가시적 교회의 구분에 따라 설명하면서 투레틴은 "이중 부르심" 곧 외적 부르심과 내적 부르심을 가르쳤다.[14] 내적 부르심 곧 효과적 부르심을 설명하면서 투레틴은 습관적(수동적) 회심과 실제적(능동적) 회심을 구분하고, 본질적 순서상 습관적 회심이 실제적 회심보다 앞선다고 말한다. "어떤 일이 활동하려면 먼저 그 일이 존재해야 한다." 따라서 거듭남 곧 습관적 회심은 실제적 회심(믿음의 행위)보다 앞선다. 이 "습관적 곧 수동적 회심은 거듭남으로 불리는 것이 더 적절하다"고 투레틴은 말한다.[15]

투레틴은 『변증 신학 강요』(Institutes)에서 거듭남을 분리해서 다루지 않았지만 거듭남을 분명히 구별된 한 사역으로 봤다. 딕슨은 거듭남은 "결과적으로 효과적 부르심과 하나"라고 말했다. 즉, 둘 다 사람의 마음의 갱신을 일으킨다는 것이다. 새뮤얼 윌러드(1640~1707년)는 효과적 부르심에 대해 설명하는 가운데 거듭남을 "성령이 일으키시는 최초의 특별 사역"이라고 말했다.[16] 그러나 많은 청교도가 거듭남에 훨씬 큰 관심을 보여 주었다.[17] 스티븐 차녹(1628~1680년)은 거듭남에 대한 논문을 여러 편 발표했고, 존 오웬(1616~1683년)과 토머스 굿윈(1600~1680년)은 성령에 대한 논문에서 거듭남 교리에 초점을 맞춘다. 헤르만 위트시우스(1636~1708년)는 『인간과 맺으신 하나님의 언약들의 경륜』(Oeconomia

9) Robert Rollock, *Select Works of Robert Rollock* (Edinburgh: Wodrow Society, 1849), 1:29~288.

10) Rollock, *Treatise of Our Effectual Calling*, in *Select Works*, 1:244~245.

11) Berkhof, *Systematic Theology*, p. 470.

12) William Ames, *A Sketch of the Christian's Catechism*, Todd M. Rester 번역, Classic Reformed Theology (Grand Rapids: Reformation Heritage Books, 2008), pp. 108, 148~153.

13) David Dickson, *Therapeutica Sacra*… (Edinburgh: Printed by Evan Tyler, 1664), p. 10.

14) Francis Turretin, *Institutes of Elenctic Theology*, James T. Dennison Jr. 편집, George Musgrave Giger 번역 (Phillipsburg, N.J.: P&R, 1992), 2.15.1.6.

15) Turretin, *Institutes*, 2.15.4.13.

16) Samuel Willard, *A Compleat Body of Divinity* (Boston: B. Green and S. Kneeland for B. Eliot and D. Henchman, 1726), p. 441.

17) 토머스 콜은 이렇게 말했다. "거듭남은 칭의와 성화보다 범주와 의미가 더 넓었다. 거듭남은 주로 은혜 상태에 속해 있는 모든 것을 가리킨다"(*A Discourse of Regeneration* [London: for Thomas Cockerill, 1692], p. 9).

Foederum Dei cum hominibus, 1677)에서 거듭남을 따로 다뤘다. 페트루르 판 마스트리흐트(1630~1706년)도 『이론적-실천적 신학』(Theoretico-Practica Theologia, 1699)에서 거듭남의 교리를 전개했다.[18] 17세기 말엽에 효과적 부르심 교리는 분리된 신학적 주제로 확고하게 자리를 잡았다.

거듭남의 필연성

스티븐 차녹은 요한복음 3장을 사용해서 거듭남의 필연성을 증명한다. 여러 다른 청교도 신학자들도 요한복음 3장을 사용해서 동일한 요점을 제시한다.[19] 요한복음 3장 3, 5절의 주님 말씀을 설명하면서 차녹은 "이 말씀은 여기서 모든 실천적 종교의 기초와 내세의 행복을 담고 있다"고 선언한다.[20]

차녹은 거듭남의 필연성에 대해 여덟 가지 진술을 제시하고, 이어서 몇 가지 추가 논증을 제공한다. 사람들은 죄의 상태 속에 있거나 의의 상태 속에 있거나 둘 중 하나이고, 오직 거듭날 때에만 우리는 의의 상태 속에 들어갈 수 있다.[21] 거듭남은 "인간의 타락과 그 타락의 결과로 말미암아" 필연적이다. 인간은 어떤 선도 행하기에 적합하지 않고, 심지어는 선을 행하기를 바랄 수조차 없다. "우리는 악덕에 대해 갖고 있는 감정만큼 미덕에 대한 감정은 갖고 있지 못하다. 우리의 삶은 대부분 자발적으로 미련하지 않은가?" 기꺼이 선을 행하려는 마음을 갖고 있지 못한 것 외에도, 우리는 또한 선을 행할 수도 없다. 그러므로 거듭남은 보편적으로 필연적이라고 차녹은 주장한다. "거듭남은 모든 곳에서, 모든 고백들 속에서…… 필수적이다."[22]

차녹은 또 삼위일체 우리 하나님의 사역들에서 거듭남의 필연성을 증명한다. 차녹은 인간은 하나님과 교제하는 존재로 지음을 받았지만 거듭나지 않으면 하나님과 교제가 전혀 불가능하다는 것을 증명한다.[23] 성자의 성육신과 고난은 거듭남이 없으면 즉 사람들이 죄로 말미암아 죽음 속에 계속 놓여 있게 된다면 "무의미한 일로 보일" 것이다. "단순히 다가올 진노에서 우리를 구원하는 것만이 아니라 우리를 깨끗하게 함으로써 그 진노의 취득 원인에서 우리를 구원하는 것이 그리스도의 목적"이었다. 윌리엄 횟틀리(1583~1639년)는 더 정곡을 찌른다. "그리스도께서 오셔서 한 사람을 위해 만 번을 죽으신다고 해도 이 모든 죽음은 그 사람이 새 피조물이 되지 않으면 그의 구원에 아무 유익이 없을 것이다."[24] 성령의 내주하심 또한 거듭남의 필연성을 보여 준다. "성령이 거룩하지 않은 본

---

18) 여기서 거듭남 부분은 1769년에 익명의 저술가가 영어로 번역했고, 2002년에 재출간되었다(Peter van Mastricht, *A Treatise on Regeneration* [Morgan, Pa.: Soli Deo Gloria, 2002]). 조나단 에드워즈가 당시까지 저술된 작품 가운데 최고의 신학 작품으로 간주한 판 마스트리흐트의 이 방대한 분량의 작품은 현재 네덜란드 개혁파 번역 협회의 후원 아래 토드 레스터가 영어로 번역하고 조엘 비키와 넬슨 클루스터만이 편집하고 있고, 리포메이션 헤리티지 북스 출판사에서 출판될 예정이다.

19) 예, Ezekiel Hopkins, *The Nature and Necessity of Regeneration: Or, the New Birth*, in *The Works of Ezekiel Hopkins* (Morgan, Pa.: Soli Deo Gloria, 1997), 2:221~298, Cole, *A Discourse of Regeneration*, p. 1.

20) Charnock, "The Necessity of Regeneration," *Works*, 3:7.

21) 조지 스윈녹은 다음과 같이 말했다. "은혜에서 영광으로 변화될 수 있으려면 먼저 자연에서 은혜로 변화가 있어야 한다" (*The Door of Salvation Opened by the Key of Regeneration* [London, 1660], p. 9).

22) Charnock, "The Necessity of Regeneration," *Works*, 3:16~22.

23) 윌리엄 횟틀리도 이에 대해 동조했다. "그렇다. 하나님의 형상에 따라 새롭게 되지 않은 어떤 인간이 하나님의 복된 환상, 소유, 결실로 받아들여지게 된다면 하나님은 하나님이시기를 멈추게 될 것이다…… 사람이 하나님을 따라 의와 진리의 거룩함으로 지으심을 받지 않고 부패한 본성의 상태 속에 남아 있는 한……하나님과 인간 간의 어떤 교제도 불가능할 것이다"(*The New Birth* [London, 1622], pp. 4~5).

24) Whately, *The New Birth*, p. 13.

성을 가진 영혼 속에 내주하실 수 있을까?"[25]

거듭남의 필연성을 주장하는 마지막 두 진술은 짧지만 정곡을 찌른다.[26] 일곱째 진술은 이전의 모든 진술에서 추론해 낸 결과다. "이 모든 진술에 따르면, 이 새 탄생이 영혼의 모든 부분에서 필수적이라는 결론이 따라 나온다." 사람의 모든 기능은 부패되었고, 회복을 필요로 한다. "타락으로 말미암아 보편적 부패가 있었기 때문에 거듭남은 사람의 모든 기능에서 포괄적으로 일어나야 한다. 그렇지 않으면 그것은 그 사람 전체의 탄생이 아니라 단지 부분만의 탄생이 되고 말 것이다."[27] 마지막 여덟째 진술에서 차녹은 "자연적 이성의 희미한 눈"에 따라 거듭남의 필연성을 주장한다.[28] 자연적 이성(일부 사상가들 속에서)은 현재 존재하는 상태에서 사람은 어떤 종류의 변화를 필요로 한다고 결론을 내렸다.

여기서 마지막 요점은 논란이 많았다. 토머스 콜(1627~1697년)은 "거듭난 사람 외에 거듭남의 참된 본질을 이해하는" 자는 아무도 없다고 말한다.[29] 콜은 거듭남은 "어느 정도 그것을 느낄 때까지는 큰 비밀이고, 이해될 수 없다"고 말하고, 거듭남은 관념이 아니라 본질이라고 덧붙인다.[30] 콜은 거듭남의 **본질**을 이해하는 데 초점을 맞추지만, 차녹은 거듭남의 **어떤 종류의 필요성**에 대한 일반적인 동의에 대해 설명하는데, 우리는 차녹이 "자연적 이성의 희미한 눈"에 그리 큰 의미를 부여하지 않은 것이 놀랍다.

앤서니 버지스(사망, 1664년)는 자연인은 거듭남에 철저히 무지하다고 설명하는 한 설교에서 "거듭남의 이중 지식"이 있다고 지적한다. 하나는 "단순히 사변적이고 이론적인 지식"이지만 다른 하나는 "실천적이고 실험적인 지식"이다.[31] 니고데모는 거듭남의 이론적 지식도 갖고 있지 못한 것처럼 보인다. 하지만 버지스는 사변적 지식만을 갖고 있는 것으로는 불충분하고, 결국은 아무 유익이 없다는 것을 보여 준다. 콜은 자연인은 이 영적 진리를 어쩔 수 없이 "인간의 이해의 차원"에 순응시키는 경향이 있다고 주장했다. 즉 비신자는 이 영적 진리의 초자연적 필요성을 인간의 자연적 이성에 맞추려고 왜곡시킨다는 것이다.[32]

결국 차녹의 마지막 진술은 청교도에게 보편적 동의를 얻지 못할 것이다. 그러나 차녹은 자신이 사용하는 "용례들"을 더 명확히 구분한다. 차녹은 자연적 지식은 불충분하다는 것과 영적 지식(영적 사실들에 대한 지식)을 소유하는 데 얼마나 부족한 것인지를 강조하는 것으로 끝마친다. "복음적인 머리는 마음에 주어지는 복음적인 감동과 새 본성의 표지가 없으면 영원히 불타는 데 필요한 연료를 더 마르게 할 뿐이다."[33]

차녹은 거듭남이 필수적인 다른 많은 이유를 제시한다. 거듭나지 않으면 우리는 복음의 의무를 수

25) Charnock, "The Necessity of Regeneration," *Works*, 3:22~26.
26) Charnock, "The Necessity of Regeneration," *Works*, 3:26~27.
27) Charnock, "The Necessity of Regeneration," *Works*, 3:26~27.
28) Charnock, "The Necessity of Regeneration," *Works*, 3:27.
29) Cole, *A Discourse of Regeneration*, p. 8.
30) Cole, *A Discourse of Regeneration*, p. 2.
31) Anthony Burgess, *Spiritual Refining: or A Treatise of Grace and Assurance* (London: A. Miller for Thomas Underhill, 1652), p. 211.
32) Cole, *A Discourse of Regeneration*, pp. 4~5.
33) Charnock, "The Necessity of Regeneration," *Works*, 3:59.

행하거나 복음의 특권을 누릴 수 없다.[34] 이 "복음 상태"는 거듭남을 필수적으로 요청한다. 왜냐하면 땅에 사는 동안 우리는 거듭나지 않으면 하나님을 기쁘시게 할 수 없거나 하나님을 즐거워할 수 없기 때문이다. 거듭남을 필요로 하는 다음 단계는 "영광의 상태"다. 차녹은 "천국은 더러운 자가 아니라 성결하게 된 자의 기업이다"라고 말한다. 우리의 거듭난 상태와 영광의 상태 사이에는 공로에 따른 인과 관계가 전혀 없다는 것을 증명한 다음, 차녹은 이렇게 말한다. "칭의와 양자는 우리에게 그 기업에 대한 권리를 부여하지만 거듭남은 우리를 '빛 가운데서 성도의 기업의 부분을 얻는 데 합당하게' 한다"(골 1:12).[35]

차녹은 구속사 전체 기간을 아담의 타락에서 우리가 영광 속에 들어갈 때까지 망라하는 것으로 보고, 거듭나지 않으면 사람은 멸망해야 한다는 것을 증명한다. 그러므로 거듭남의 필연성은 거듭남의 본질을 조심스럽게 설명할 것을 요구했다. 만일 인간이 진정으로 이 초자연적인 거듭남의 사역을 필요로 한다면 거듭남의 초자연적 성격도 옹호되어야 한다.

거듭남의 본질

개혁파 신학자들이 거듭남에 대한 자기들의 이해를 제시할 때 여러 변질된 견해가 등장했다. 종교개혁 당시에 루터교회 학자인 플라키우스 일리리쿠스(1520~1575년)는 거듭남은 물리적, 실질적 변화를 요청한다(사람 속에 심겨진 배종 또는 물리적 씨와 같이)고 가르쳤다.[36] 일리리쿠스는 "죄는 사람의 실체"라고 가르쳤다.[37] 그러므로 거듭남은 사람 속에서 이적적인 "실질적"(물리적) 변화를 함축했다. 이와는 정반대로 소키누스주의자(16세기 후반)는 성령은 단지 우리가 더 나아지는 것을 돕는 역할을 할 뿐이라고 믿었다.[38] 소키누스주의자에 따르면, 거듭남은 도덕적 향상 외에 다른 것이 아니었다. 인간은 신적 영을 받아들임으로써 "하나님이…… 요구하시는 한, 하나님께 순종할 능력을 스스로 만들어 낼" 수 있다.[39] 영적 거듭남은 요구되지 않는다. 사람은 자신의 행동을 변화시키는 것만 필요로 했다. 인간은 그리스도의 본보기를 따라 견인하기 위한 정확한 지식과 자극을 필요로 했다.[40]

도르트 신조가 거부한 아르미니우스주의 견해(여러 오류 가운데 하나)는 교리 3~4, 잘못된 주장을 거부함 7에서 발견된다.

---

34) Charnock, "The Necessity of Regeneration," *Works*, 3:28~48.

35) Charnock, "The Necessity of Regeneration," *Works*, 3:48~51.

36) 참고, Berkhof, *Systematic Theology*, p. 467.

37) "Flacius, Illyricus, Matthias," *The Oxford Encyclopedia of the Reformation*, Hans J. Hillerbrand 편집 (Oxford: Oxford University Press, 1996), 2:110~111. 또한 *Cyclopedia of Biblical, Theological, and Ecclesiastical Literature*에서 Flacius 편도 보라. 플라키우스는 자신이 멜란히톤과 그의 계승자들이 신봉한 것으로 생각한 것과 반대로 인간의 타락한 본성의 실상을 보여 주기 원한 것으로 보인다. 그럼에도 플라키우스는 마니교 사상을 가진 자로 비난받았고, 그의 새로운 견해는 이후에 개혁파 신학자들의 논박을 받았다. 예컨대 Charnock, *Works*, 3:91에 이렇게 되어 있다. "어떤 이들은 아담 영혼의 실체는 죄를 범했을 때 부패했고, 그러므로 그의 영혼의 실체는 그가 거듭났을 때 새롭게 된 것으로 보인다고 생각했다." 앤서니 버지스도 *Spiritual Refining*, p. 258에서 이 문제에 대해 답변한다.

38) Thomas Rees 번역, *The Racovian Catechism* (London: Longman 외, 1818), p. 331.

39) Rees, *Racovian Catechism*, p. 326.

40) 참고, "Socinus and Socinianism," *New Dictionary of Theology*, Sinclair B. Ferguson & David F. Wright 편집 (Downers Grove, Ill.: InterVarsity, 1988), p. 649.

> 우리가 하나님께 돌이키게 되는 은혜는 일종의 점잖은 권고라는 것, 또는 (다른 말로 설명하면) 이것이 인간의 회심에 작용하는 가장 고상한 방법이라는 것이다. 그리고 권고를 통한 이 역사 방법은 사람의 본성과 가장 잘 조화된다. 그리고 이런 권고의 은혜만으로 자연인을 영적 존재로 만드는 것이 충분하지 못할 이유는 없다. 확실히 하나님은 이 권고의 방법을 통하지 않으면 의지의 동의를 이끌어 내지 못하신다. 신적 역사의 능력이 사탄의 역사를 능가하는 것은 이것 곧 사탄은 일시적인 것만 약속하는 반면에 하나님은 영원한 것을 약속하신다는 것에 있다.

이 다양한 견해는 잘 다듬어지고 성경에 근거를 둔 거듭남 교리에 의해 조목조목 논박되어야 했다.

1. 거듭남은 태도의 개혁 이상의 것이다[41)]

거듭남을 태도의 개혁으로 보는 오류는 역사적으로 펠라기우스주의자가 주장한 것이고, 많은 현대의 지성인 속에서 발견되는 매우 통상적인 오해일 것이다. 사람은 단순히 자신의 삶을 변화시키고, 자신의 행동을 바꾸고, 더 친절한 사람이 되고, 더 관대한 사람이 될 필요가 있다. 사람이 자신의 태도를 개혁하면 문제는 없다. 시민 분야에서 법은 나쁜 행동을 억제시키거나 선한 행동을 권장하기 위해 시행된다. 이 법에 순응하는 것은 법을 지키는 시민의 의무다. 만일 거듭남이 단순히 시민적 복종이라면 국가의 원수(怨讎)도 자신의 개인적이고 반역적인 목적을 위해 법에 복종할 수 있었다. 그렇지만 거듭남은 확실히 그 이상이어야 했다. 그러나 소키누스주의자는 거듭남은 사람의 삶의 도덕적 개혁에(in morali reformatione vitae) 있는 것이지, 사람 본성의 영적 갱신에(in spirituali renovatione naturae) 있는 것이 아니라고 주장했다.[42)] 물론 거듭남은 도덕적 개혁을 일으키지만 도덕적 개혁은 단지 거듭남의 결과에 불과하고, 거듭남의 본질이 아니다.

예수는 우리가 허물과 죄로 죽어 있는 타락한 상태에 있기 때문에 거듭나야 한다고 말씀하신다. 인간은 단순한 개혁이 아니라 거듭날 필요가 있다. 그 변화는 안에서 밖으로 일어나야 한다. 좋은 나무가 좋은 열매를 맺는다. 마음의 보고(寶庫)에서 사람은 선이나 악을 내놓는다(참고. 마 12:33~37). 무덤을 회칠한다고 해서 안에서 썩고 있는 것을 바꾸지는 못한다. 변화되어야 하는 것은 마음이고, 거듭남은 근본적인 본질적 변화다.

청교도는 외적 개혁은 승진에 대한 욕망이나 처벌에 대한 두려움과 같은 자연적(거듭나지 않은) 원리에서 나올 수 있다는 것을 인정했다. 거듭남은 "하나님의 율법의 외적 준수" 이상의 것이며,[43)] "국가 관습" 이상의 것이며,[44)] 신학적 학문 이상의 것이며, 고상한 신앙고백 이상의 것이다.[45)] 차녹은 이렇게 말한다. "우리는 내적 원리가 없어도 외적 그리스도인은 될 수 있는데, 그것은 외적 개혁은 단지……새 피조물이 아니라 새 모습에 불과하고, 마음의 변화가 아니라 삶의 변화에 불과하기

---

41) 이 주요 요점들 가운데 많은 것이 마스트리흐트의 거듭남에 대한 작품에서 나온 것이다.

42) John Owen, *Pneumatologia, or, A Discourse Concerning the Holy Spirit*, in *The Works of John Owen, D.D.*, William H. Goold 편집 (재판, Edinburgh: Banner of Truth Trust, 1991), 3:219.

43) David Clarkson, "The New Creature," *The Works of David Clarkson* (재판, Edinburgh: Banner of Truth Trust, 1988), 2:9.

44) Swinnock, *The Door of Salvation Opened*, p. 61.

45) 스윈녹은 *The Door of Salvation Opened*, pp. 60~107에서 열 가지 "모래 같은 기초"를 제공한다.

때문이다."[46] 에제키엘 홉킨스(1634~1690년)는 자연인은 죄에 물리거나 그렇지 않으면 한 죄에서 다른 죄로 바꾸거나 함으로써 바뀐다고 지적한다. 어떤 죄는 사람이 나이를 먹으면 더 이상 그 죄를 지을 수 없기 때문에 줄어든다.[47] 이런 식의 변화는 새 탄생이 아니다. 조지 스윈녹(대략, 1627~1673년)은 이렇게 경고한다. "그대의 예의바름은 자비이고, 그대는 예의바름에 대해 하나님께 감사해야 한다. 그러나 오, 예의바름을 그대의 선한 지위에 대한 확고한 증거로 의지하고 있는 것은 아닌지 주의하라."[48] 청교도는 거듭난 사람은 또 개혁된 삶을 통해 그것을 증명해야 한다는 것을 부인하지 않았다. 하지만 최소한 그것이 겉으로만 모방한 것일 수도 있다는 것도 알고 있었다. 차녹은 "거듭남은 삶의 개혁이 없는 것이 아니지만 삶의 개혁이 없을 수도 있다"고 주장했다.[49] 앤서니 버지스는 우리는 옛날 습관을 벗어 버리고 "새로운 사람"으로 바뀔 수 있지만, 그렇더라도 그리스도 안에 있는 "새 피조물"이 아닐 수 있다고 말한다.[50] 새 탄생에 대한 우리 주님의 요구는 행동과 태도 개혁에 대한 단순한 권면 이상의 것이다. 이런 외적 변화는 은혜가 아니라 본성에서 나온 것일 수 있다. 새로운 태도를 취한다고 해서 그것이 그리스도 예수 안에서 새 피조물이 된 것과 같은 것은 아니다.

2. 거듭남은 하나님의 주권적 사역이다

반(半)펠라기우스주의자와 아르미니우스주의자는 인간이 죄로 말미암아 손상을 입은 것을 인정한다. 이들의 견해에 따르면, 인간은 의지를 자극하기 위해 은혜를 필요로 하지만 거듭남이 좌우하는 최후의 지점은 인간 의지다. 인간은 은혜에 저항하고 은혜를 억누를 수 있다. 하나님의 목적은 좌절될 수 있다. 그러므로 거듭남은 인간과 하나님 간의 협력적인 노력으로 이루어지는 인간 의지의 행위다. "인간이 자연적으로 갖고 있는 능력이 자신의 거듭남에 어느 정도 기여할 수 있다"고 믿은 루터교회 신학자들 가운데에도 "신인협력주의자"가 더러 있었다. 자연인은 의지의 행위로 하나님의 영이 자기 안에서 역사하도록 허용할 수 있다.[51] 이것은 거듭남이 부분적으로 인간의 협력 행위라는 것을 의미한다. 청교도는 거듭남에 있어서 공조나 협력을 주장하는 것을 강력하게 비난했다. 차녹은 단호하게 이렇게 진술한다. "의지는 은혜 원리의 실제 주입에 일으킬 수 없는데, 그 이유는 의지는 본성상 자체 속에 은혜 원리를 영혼 속으로 이끄는 데 알맞은 불꽃을 전혀 갖고 있지 못하기 때문이다."[52]

성경은 인간이 단순히 허물과 죄로 손상된 정도가 아니라 죽었다는 것을 분명히 한다(엡 2:1~3). 거듭남은 새 마음과 새 영을 함축하고, 영적으로 죽어 있는 자연인은 본질상 이 새 탄생을 일으킬 수 없다. 판 마스트리흐트는 이렇게 말한다. "바울의 단언(고전 4:7)과 달리 인간이 전체적으로나 부분적으로 자신의 거듭남의 창시자라면, 인간은 자신을 다르게 만들 수 있을 것이다."[53]

---

46) Charnock, "The Necessity of Regeneration," *Works*, 3:59~60.
47) Hopkins, *The Nature and Necessity of Regeneration*, in *Works*, 2:225~226.
48) Swinnock, *The Door of Salvation Opened*, p. 65.
49) Charnock, "The Necessity of Regeneration," *Works*, 3:59.
50) Burgess, *Spiritual Refining*, p. 278.
51) Van Mastricht, *A Treatise on Regeneration*, pp. 34~35.
52) Stephen Charnock, "A Discourse on the Efficient of Regeneration," *The Complete Works of Stephen Charnock* (1845, 재판, Edinburgh: Banner of Truth Trust, 1985), 3:207.
53) Van Mastricht, *A Treatise on Regeneration*, p. 36.

인간은 거듭남에 있어서 수동적 존재다. 거듭날 때 인간은 성령으로 태어나고(요 3:5~6), 하나님에게서 태어나는 것이지, 인간 속에 있는 어떤 것에서 태어나는 것도 아니고, 혈통으로나 육정으로나 사람의 뜻으로 태어나는 것도 아니다(요 1:13). 거듭남은 성령 하나님의 주권적 사역이 틀림없다.[54] 거듭남이 주어질 때 거기에 공조나 협력은 전혀 없다. 거듭날 때 인간은 성령과 자신의 뜻으로 난 것이 아니다. 새 탄생은 단독적 행위이지 협력적 행위가 아니다. 새 탄생은 "우리 안에서 행하시는 성령의 결과나 사역"이지 "성령 자신과 같은 어떤 본성이나 존재를 낳는 것"이 아니다.[55] 하나님의 영이 거듭남의 "유효" 원인이나 "일차적인 유일한 창시자"이시다.[56] 이 사역에서 우리가 감당해야 할 몫이 없다. 신자는 성화의 경우에는 성령과 협력할 수 있지만 "이 영적 원리의 첫 번째 결과(거듭남)에 있어서는 아무것도 할 수 없다"고 존 플라벨(1628~1691년)은 말했다. 나아가 거듭날 때 인간의 본성이 협력할 수 있다면 "최고의 본성은 매우 신속하게 협력하겠지만", 우리는 거듭난 사람들에게서도 최악의 본성을 종종 본다.[57] 거듭날 때 인간은 "이 사역에 기여하지 못하는데" 그 이유는 거듭남은 하나님의 주권적이고 초자연적인 사역이기 때문이다.[58] 성령이 "거듭남의 효과적인 주동자다."[59] 이렇게 말할 때 청교도는 거듭남에 있어서는 신적 은혜가 지배적이고, 인간의 본성은 수동적이라고 말하는 것이다. 은혜가 본성에 생명을 주기 위해 역사한다. 본성은 은혜와 협력할 수도 없고, 또 협력하지 않는다.

3. 거듭남은 도덕적 설복 이상의 것이다

오웬과 다른 청교도는 거듭남은 도덕적 설복(설득) 이상의 것이라고 강력하게 주장한다.[60] 그것은 모든 설복 형식을 부정한다고 말하는 것이 아니라 다만 거듭남은 그 이상의 것을 요청한다고 말하는 것이다. 웨스트민스터 신앙고백은 구속을 택함받은 자에게 적용시키는 그리스도의 사역은 "그의 성령으로 믿고 순종하도록 효과적으로 설득하시는" 것을 포함한다고 진술한다(8.8). 또한 외적 부르심으로서 말씀 선포를 통한 지성적인 도덕적 설복도 있다. 그러나 그것은 사역의 전부가 아니라 단지 시작일 뿐이다. 사람을 변화시키는 내적 사역이 없으면 이런 도덕적 설복은 아무 소용이 없을 것이다. 외적 부르심은 은혜의 내적 사역이 있을 때에만 효과가 있다.

인간의 마음과 의지의 이런 변화의 필연성을 소뮈르 학파의 논쟁가 클로드 파종(1626~1685년)이 격렬하게 거부했다. 혼인 잔치 비유에 대한 그의 유명한 다섯 번째 설교에서 파종은 이렇게 선언했다. "인간은 돌멩이도 아니고…… 생기 없는 나무줄기도 아니다…… 인간은 이성과 의지 능력을 갖고 있다. 인간의 이성은 판단하고 생각할 수 있고, 인간의 의지는 선택할 수 있다. 인간에게 사물들은

---

54) Thomas Goodwin, *The Work of the Holy Ghost in Our Salvation*, in *The Works of Thomas Goodwin*, Thomas Smith 편집 (1861~1866, 재판, Grand Rapids: Reformation Heritage Books, 2006), 6:47~49.

55) Goodwin, *The Work of the Holy Ghost*, in *Works*, 6:158.

56) Whately, *The New Birth*, p. 15.

57) John Flavel, *The Method of Grace*, in *The Works of the Rev. Mr. John Flavel* (1820, 재판, Edinburgh: Banner of Truth Trust, 1997), 2:96~98.

58) Flavel, *The Method of Grace*, in *Works*, 2:92.

59) Swinnock, *The Door of Salvation Opened*, p. 10.

60) Owen, *Discourse Concerning the Holy Spirit*, in *Works*, 3:301 이하, Charnock, "A Discourse on the Efficient of Regeneration," *Works*, 3:238~239.

외적으로 주어져야 하고, 그것이 소명이 일하는 방식이다."[61] 요구되는 것은 잘 구축된 지성과 믿는 성향을 가진 의지가 전부다. 파종의 이론의 궁극적 결과는 성령은 인간 의지의 움직임에 동조하는 것 외에 별다른 일을 하시지 않는 것과 성령의 마음속에서의 내적 역사는 불필요하다는 것이었다.[62] 워필드는 파종의 이론을 이렇게 설명했다. "은혜는 은혜가 '적합하게' 제공되는 자들에게 작용한다. 말하자면 어떤 사람들은 구원을 받고, 또 어떤 사람들은 구원을 받지 못하는 이유는 성령 하나님이 은혜로 설복하실 때 조심스럽고 하자 없이 그들이 복음을 지키도록 조종하심으로써 역사하신다는 단순한 사실 속에 놓여 있다는 것이다."[63] 다시 말하면 하나님이 인간에게 맞춰 자신을 적응시키되, 적어도 어떤 사람들에게는 그들이 믿고 구원받기를 원하시기 때문에 그들을 복음을 받아들이기 좋게 만드셔야 한다는 것이다.

파종은 청교도가 거듭날 때 일어나는 은혜의 사역을 "물리적 역사"에 따라 곧 단순한 지성의 변화를 넘어서서 죄인의 본성을 변화시키는 성령의 역사에 따라 설명하는 방식에 반대하는 관점을 갖고 자신의 입장을 전개했다. 청교도는 죄인의 내면(마음, 의지, 영혼 등)에 초자연적 역사가 일어났다고 주장했다.[64] 이 중대한 역사는 새 마음, 새 영, 새 피조물 등으로 지칭된다(참고, 겔 36:25~27; 렘 31:33). 사람은 "나무 조각이나 돌멩이"가 아니고 자신의 모든 내적 기능에 영향을 받는 존재다. 사람은 협력하는 것이 아니라 인간으로서 반응하게 된다. 판 마스트리흐트는 이렇게 말한다. "거듭남은 외적으로 부르심을 받은 후에 도덕적 설복의 방식으로 은혜가 제공되고, 그것을 받아들이도록 초대를 받은 사람 속에서 일어난다."[65] 차녹은 거듭남을 이렇게 규정짓는다. "거듭남은 성령의 효과적인 역사로 말미암아 영혼 속에 일어난 강하고 능한 변화로서 영혼이 거룩하고 기쁘게 하나님을 위해 행하고, 그 안에서 영원한 영광을 위해 자라갈 수 있도록 거듭나는 순간에 생명 원리, 새 습관, 하나님의 법, 거룩한 본성이 마음속에 주입되고 형성된다."[66] 마찬가지로 투레틴도 거듭남은 "성령으로 말미암은 초자연적 습관의 주입"이라고 설명한다.[67] 이상의 모든 정의 속에는 성령의 초자연적 역사가 내적으로 일어난다는 것이 포함되어 있다.

레너드 리센(1636~1700년)은 이렇게 묻는다. "하나님은 새 생명을 성령의 물리적 행동을 통해 집어넣으시는가?" 이것은 거듭남의 핵심을 찌르는 중요한 질문이다. 리센은 이렇게 대답한다.

---

61) Emile G. Leonard, *A History of Protestantism*, Joyce M. H. Reid 번역 (London: Thomas Nelson, 1965), 2:393에서 인용함.

62) Bavinck, *Reformed Dogmatics*, 3:532.

63) Benjamin B. Warfield, *The Plan of Salvation* (Grand Rapids: Eerdmans, 1942), p. 91. 워필드는 파종주의(Pajonism)가 아미로주의의 "변질된 형태"라고 믿었지만(p. 92), 브라이언 암스트롱은 "아미로 사상의 대표"가 아니라고 믿었다. *Calvinism and the Amyraut Heresy: Protestant Scholasticism and Humanism in Seventeenth-Century France* (Madison: University of Wisconsin Press, 1969), pp. xix~xx을 보라. 주류 견해는 워필드의 해석을 옹호하는 것처럼 보인다. 파종주의에 대해서는 다음 자료들을 보라. George Park Fisher, *History of Christian Doctrine* (New York: Charles Scribner's Sons, 1902), pp. 346~347, J. A. Dorner, *History of Protestant Theology*, George Robson & Sophia Taylor 번역 (Edinburgh: T&T Clark, 1871), 2:28~29, 짧은 요약인 John Macpherson, *Christian Dogmatics* (Edinburgh: T&T Clark, 1898), p. 271, John Anderson, *Precious Truth* (Pittsburgh: Ecclesiastical and Literary Press of Zadok Cramer, 1806), p. 261.

64) 차녹은 거듭남의 본질에 대해 벌어진 논쟁들을 지적한다. 그 논쟁들은 우리가 전개하고 있는 바로 이 문제를 중심으로 펼쳐졌다. "그것이 특성인지 아니면 영적 실체인지의 여부, 그리고 그것이 특성이라면 습관인지 아니면 능력인지, 또는 인격적으로 성령인지의 여부"("A Discourse on the Nature of Regeneration," *Works*, 3:86~87).

65) Van Mastricht, *A Treatise on Regeneration*, p. 39.

66) Charnock, "A Discourse on the Nature of Regeneration," *Works*, 3:87~88.

67) Turretin, *Institutes*, 15.4.13.

> 이에 대한 대답은 항론파 및 소키누스주의자의 대답과는 다르게 '그렇다'다. 이 문제에 대해 정통파의 관점은 효과적 은혜의 활동은 엄밀하게 말하면 물리적 활동이나 윤리적 활동으로 불리지 않고, 초자연적 및 신적 활동으로 불리는데, 여기에는 각각의 스케시스가 포함되어 있다. 효과적 은혜의 활동은 단순히 물리적인 활동이 아니다. 왜냐하면 도덕적 기능도 포함되어 있고, 이 기능은 효과적 은혜의 본질에 따라 움직여야 하기 때문이다. 또한 단순히 윤리적 활동도 아닌데, 그렇게 되면 하나님이 펠라기우스주의자가 종종 주장한 것처럼 단지 객관적 방법으로만 행동하고, 점잖은 설복을 사용하시기 때문이다. 하지만 그것은 이 모든 범주를 초월하는 초자연적이고 신적인 활동이다.[68)]

그렇기는 하지만 판 마스트리흐트는 주저하지 않고 거듭남에 "물리적 역사"(operatio physica)라는 말을 사용한다.[69)] 아르미니우스주의자는 효과적 부르심(거듭남)을 단순한 도덕적 설복을 가리키는 것으로 제한시켰다.[70)] 차녹은 만일 거듭남이 도덕적 설복에 지나지 않는 것이라면, "가장 웅변적인 설교가 가장 큰 도움이 되고", "따라서 가장 웅변적인 설교가 복음의 그물을 가장 잘 채우게 될 것"이라고 주장했다.[71)] 그러므로 오웬은 "거듭날 때 성령이 사람들의 영혼에 일으키는 실제적인 물리적 역사"가 있다고 말한다.[72)] 싱클레어 퍼거슨은 오웬과 많은 청교도가 거듭나게 하시는 하나님의 사역을 가리키기 위해 "물리적" 역사라는 말을 쉽게 사용한 이유를 설명한다. 청교도는 종종 형용사 "도덕적"이라는 말과 "물리적"이라는 말을 대립시켰다. 퍼거슨은 "리처드 후커는 '성례는 구원의 물리적 도구가 아니라 도덕적 도구'라고 말했다"고 지적한다.[73)] 이것이 그 배경이 될 것이다.[74)] 우리는 또한 청교도가 의식적으로 아르미니우스주의자의 설명을 거부한 것과 "물리적"이라는 말(자연적, 실제적, 실질적이라는 의미)이 이런 목적에 도움이 되었다는 것을 알 수 있다. 청교도는 오늘날 우리가 "실제적인" 것과 "가상적인" 것을 대립시키는 것과 같은 방법과 같은 의미에서 "물리적인" 것과 "도덕적인" 것을 대립시켰다. 거듭남은 도덕적 설복 이상의 것이고, 실제로 성령의 "물리적 역사"였다고 주장할 때, 청교도는 의식적으로 아르미니우스주의자의 거듭남 관념과 맞서 그들의 견해를 거부한 것이다. 사실 "물리적"이라는 말은 아무리 애매하더라도 거듭남 속에 초자연적 요소가 있다는 것을 온전히 전달했다. 도덕적 설복은 죄인에게 해야 할 일을 남겨 놓았다. 하지만 거듭날 때 외부에서 들어오는 것은 아무것도 없었다. 성령의 물리적 역사는 외부에서 영혼 속에 침투한 것이다. 이것은 거듭남의 초자연적 성격을 확실히 했다. 이 말은 또한 성령이 실제로 영혼 속에 어떻게 역사하시는지를

---

68) Leonard Rijssen, *Francisci Turretini Compendium Theologiae*… (Amsterdam, 1695), pp. 13, 18. Heinrich Heppe, *Reformed Dogmatics: Set Out and Illustrated from the Sources*, G. T. Thomson 번역 (Grand Rapids: Baker, 1950), p. 522에서 인용함. 스케시스라는 말은 사물의 본질, 몸의 습관을 의미한다. 예컨대 비우 스케시스는 고전 헬라어에서 "삶의 방식"으로 번역된다.

69) Van Mastricht, *A Treatise on Regeneration*, pp. 39~40, *Theoretio-Practica Theologia* (Utrecht: Thomas Appels, 1699), 6.3.25~26.

70) Thomas Watson, *A Body of Divinity* (Grand Rapids: Sovereign Grace Publishers, n.d.), p. 155.

71) Charnock, "A Discourse on the Efficient of Regeneration," *Works*, 3:238.

72) Owen, *Discourse Concerning the Holy Spirit*, in *Works*, 3:307(강조 표시는 원문의 것이다).

73) Sinclair Ferguson, *John Owen on the Christian Life* (Edinburgh: Banner of Truth Trust, 1987), pp. 42~43.

74) 그것은 또 판 마스트리흐트가 "사람을 거듭나게 하시는 하나님의 행동은 도덕적인가, 아니면 물리적인가?"라고 물을 때(*A Treatise on Regeneration*, p. 37)에도 증명된다.

암시했고, 이것은 거듭남의 본질을 이해하는 다음 요소로 우리를 이끈다.

4. 거듭남은 수단을 통해, 그리고 수단 없이 사람에게 일어난다

앤서니 버지스는 이렇게 말했다. "거듭남의 은혜의 사역은 그의 자아나 다른 사람들에게 표현하거나 알릴 수 있는 정도는 아니고 자신이 거듭난 것을 느끼거나 지각할 수 있는 정도다. 이 사역은 놀랍게 숨겨져 있고, 은밀한 생명의 역사다."[75] 거듭남은 신비의 역사이지만 사람이 지각할 수 있는 역사다. 빌헬뮈스 아브라껄(1635~1711년)은 사람은 거듭남이 이루어진 방법을 파악할 수 없다고 할지라도 성령이 직접적으로 그의 영혼에 역사하신 것이라는 사실을 인정했다. 알렉산더 꼼리(1706~1774년)도 거듭남은 성령의 직접적 역사라고 주장했다.[76]

청교도는 거듭남에 작용하는 성령의 활동을 묘사하면서 "물리적"이라는 말을 사용했을 때 성령의 죄인에 대한 직접적 역사를 강조하는 의미로 사용했다고 봐야 할 것이다.[77] 즉 하나님과 죄인의 영혼 사이에 직접적 접촉이 있다는 것이다. 만일 거듭남의 자리가 영혼이라면 영혼과 성령 간의 접촉은 직접적 접촉 즉 수단 없는 접촉이다. 따라서 우리는 토머스 콜이 유아로 죽은 택함받은 어린아이의 거듭남은 "말씀 없이 하나님의 영의 유일한 직접적 행위로, 이것은 확실히 말씀에 따라 역사하는 것과 같고, 아브라함에게 주어진 언약 및 약속에 의거한 것과 같다"는 말하는 것을 본다.[78] 콜은 이런 특별한 경우에 성령의 효과적이고 직접적인 역사를 주장한 것이다. "택함을 받은 유아"의 경우에 우리는 그것이 왜 직접적 역사인지 쉽게 확인할 수 있다. 그러나 오웬은 성령의 직접적 역사를 택함받은 유아로 제한시키지 않고, 거듭남의 전체 역사를 "내적이고 직접적인 은혜의 유효한 역사"로 설명한다.[79]

그러나 청교도는 하나님이 죄인을 거듭나게 하기 위해 사용하신 도구적 수단에도 강조점을 두었다. 에제키엘 홉킨스는 하나님의 말씀은 거듭남의 "생식적 효능이나 수단"이라고 선언한다.[80] 차녹은 이에 대한 전체 강론을 담은 "거듭남의 도구, 말씀에 대한 강론"을 펴냈다.[81] 콜은 같은 사실을 강조하고, 하나님의 말씀은 거듭남의 "도구적 원인"이라고 말한다.[82]

홧틀리는 더 세밀하게 구분했다. 홧틀리는 거듭남에 대해 성령은 유효적 원인이고, 말씀은 도구적 원인이며, 거룩함은 질료적 원인이라고 말한다.[83] 홧틀리는 이 원인을 모두 매우 상세히 설명한다. "성령 자신은……자신이 새 생명을 다시 일으킬 사람 속에 들어가 역사하신다……그러나 자기 힘으로,

---

75) Burgess, *Spiritual Refining*, p. 225.

76) Herman Bavinck, *Saved by Grace: The Holy Spirit's Work in Calling and Regeneration*, Nelson D. Kloosterman & J. Mark Beach 번역 (Grand Rapids: Reformation Heritage Books, 2008), pp. 52~53.

77) 오웬은 이 둘을 결합시킨다. "그들의 거듭남 속에는……도덕적일 뿐만 아니라 물리적인 성령의 직접적 역사가 있다" (*Discourse Concerning the Holy Spirit*, in *Works*, 3:316).

78) Cole, *A Discourse of Regeneration*, p. 68.

79) Owen, *Discourse Concerning the Holy Spirit*, in *Works*, 3:330. 오웬은 또 *Works*, 3:334에서 성령은 "의지에 직접, 그리고 효과적으로" 역사하신다고 언급한다. 참고, 3:317.

80) Hopkins, *The Nature and Necessity of Regeneration*, in *Works*, 2:245.

81) Stephen Charnock, "A Discourse of the Word, the Instrument of Regeneration," *The Complete Works of Stephen Charnock* (1845, 재판, Edinburgh: Banner of Truth Trust, 1985), 3:307~335.

82) Cole, *A Discourse of Regeneration*, p. 49, Whately, *The New Birth*, p. 17, Isaac Ambrose, *The Compleat Works* (London, 1674), p. 12, Hopkins, *Works*, 3:245.

83) Whately, *The New Birth*, p. 22.

그리고 수단 없이 역사하실 수 있지만 하나님의 영은 이 중대한 사역에서 그렇게 하는 것을 기뻐하지 않고, 자신의 자유로운 뜻에 따라 그 목적을 위해 합당하고 복된 도구를 스스로 선택하신다. 심지어는 하나님의 율법, 성경의 전체 교리를 도구로 선택하신다."[84] 대다수 종교개혁자 및 청교도와 마찬가지로 콜은 주님이 읽히는 말씀보다 선포된 말씀을 더 자주(더 빈번하게, 더 흔히, 더 통상적으로) 사용하신다고 믿었다.[85] 그것이 사실이기 때문에 우리는 하나님의 말씀 선포에 큰 가치를 두고, 그 말씀 아래 앉아 있도록 힘써야 한다. "그러므로 오, 사람들은 하나님의 말씀 선포 아래 나아가고, 또 사는 데 얼마나 유의해야 할까! 이것은 마른 뼈를 살아나게 하는 바람이다. 이것은 죽은 자를 무덤에서 나오게 만드는 나팔 소리다. 사람들은 이것을 참으로 [하찮고], 무기력하고, 멸시할 만한 것으로 간주하지만 하나님은 초자연적 생명을 전달하기 위해 이 방법 외에 다른 방법은 정하시지 않았다."[86] 그것은 성령이 말씀과 함께 가야 한다는 것을 의미한다. 성령이 없으면 말씀 선포는 아무 효능이 없다. 존 오웬은 성령이 없이 말씀만 선포하는 것으로는 아무것도 할 수 없다고 주장했다. "사람들의 지성에 호소하는 것에 불과한 말씀 자체는 그들에게 아무 효력을 일으키지 못할 것이다." "성령의 도우심"은 성령이 "모든 조명의 원천"이시기 때문에 요구된다.[87]

청교도는 오직 하나님만이 "거듭남의 일차 유효 원인"이라는 진리를 매우 명확하게 주장했지만,[88] 또한 하나님은 통상적으로 하나님의 말씀을 자신의 도구로 사용하신다고 주장했다. 위에서 지적한 것처럼 콜은 하나님이 직접 거듭나게 하는 자는 택함받은 유아이고, 성인의 경우에 하나님은 말씀을 자신의 도구로 사용하신다고 말한다. 즉 하나님이 성인을 거듭나게 하실 때는 "말씀 없이 거듭나게 하시는 것이 아니라 말씀을 도구적 원인으로 사용해서 거듭나게 하신다"는 것이다.[89] 청교도는 말씀이 요구되고, 그것이 통상적이고 지정된 방법이라는 것을 강조했다. 그러나 우리는 또한 투레틴의 구분도 주목해야 한다. 투레틴은 이렇게 말한다. "성령은 말씀 이전이나 이후보다는 말씀이 함께 할 때 직접 우리에게 역사하신다."[90] 말씀은 도구지만 성령은 여전히 궁극적으로 거듭남의 유효 원인 및 직접 원인이시다.

아서 덴트의 인기 작품 『보통 사람이 천국에 가는 길』(The Plain Man's Pathway to Heaven)은 이 점을 간결하고 명확하게 제시한다. 필라가투스는 이렇게 묻는다. "사람은 말씀과 성령이 없으면 거듭남과 새 탄생에 이를 수 없을까?" 데오로구스는 이렇게 대답한다. "그렇다. 왜냐하면 말씀과 성령은 하나님이 사용하시는 도구와 수단이기 때문이다."[91] 이 짧은 대화는 거듭날 때 말씀에 동반된 성령의 역사에 대한 청교도의 이해를 정확히 그대로 전달한다.

---

84) Whately, *The New Birth*, pp. 16~17.

85) Whately, *The New Birth*, pp. 17~18. 존 코튼은 하나님 말씀을 새 생명의 두 번째 "원인"으로 제시하고, 하나님은 "율법의 말씀"을 통해 생명을 주시지 않는다고 주장하는 한편, "통상적으로" 선포된 "약속의 말씀"을 사용하신다고 주장한다(*Christ the Fountaine of Life* [London, 1651], pp. 95~96).

86) Burgess, *Spiritual Refining*, p. 207.

87) Owen, *Discourse Concerning the Holy Spirit*, in *Works*, 3:235~236. 투레틴의 말이 여기서 유용하다. "그러나 그 효력이 무엇이든 간에 성령의 직접적 역사가 없으면 그것은 여전히 충분하지 못하다"(*Institutes*, 15.4.23).

88) Charnock, "A Discourse on the Efficient of Regeneration," *Works*, 3:169.

89) Cole, *A Discourse of Regeneration*, p. 69.

90) Turretin, *Institutes*, 15.4.51.

91) Arthur Dent, *The Plain Man's Pathway to Heaven; Wherein Every Man May Clearly See Whether He Shall Be Saved or Damned* (1599, 재판, Morgan, Pa.: Soli Deo Gloria, 1994), p. 19.

5. 거듭남은 전 인간을 새롭게 한다

하나님은 복음 선포를 통해 단순히 생명의 조건을 우리에게 말씀하거나 제공하시는 것이 아니다. 하나님은 복음을 이해하도록 지성을 새롭게 하고, 복음을 믿도록 마음을 새롭게 하고, 하나님을 바라고 하나님께 반응하도록 의지를 실제로, 그리고 효과적으로 새롭게 하신다. 이 하나님의 사역은 조작이 아니고 거듭남이다. 거듭남의 결과로서 사람은 최종적으로 믿을 수 있게 된다. 프랜시스 부르만(1632~1679년)은 "거듭남의 최초 행위와 새 사람의 최초 움직임은 믿음이다"라고 말한다.[92] 의지는 영향을 받으면 그에 따라 행동해야 한다. 말씀이 선포될 때 사람은 믿을 수 있게 되고, 이때 의지는 자유롭게 믿는다. 하나님은 결단하라고 사람을 구슬리지 않고, 대신 초자연적으로 사람을 소생시키고, "영적 선을 행하는 새로운 성향"을 주심으로써 그의 의지에 역사하신다.[93] 하나님은 또한 지성을 조명하고 감정을 자극하신다. 청교도는 모두가 하나님의 역사가 신비에 속한다는 것을 인정함에도 불구하고, 사람의 내면에 일어나는 일을 정확히 설명하는 데 많은 시간을 할애했다.

거듭남에 대한 청교도의 정의는 이 내적 역사를 더 깊이 이해하는 데 도움이 되고, 차녹의 정의도 마찬가지다. 차녹은 이렇게 말한다. "거듭남은 전 인간의 보편적 변화다. 거듭남은 단순히 새 능력이나 새 기능이 아니라 새 피조물이다. 이것은⋯⋯ 모든 부분에 미친다⋯⋯ [그것은] 죄가 지워지는 것만큼 새롭게 되는 것이다."[94] 이와 마찬가지로 스윈녹도 하나님의 새롭게 하심의 대상은 "전 인간"이라고 말한다.[95] 그러나 "은혜의 적절한 자리"는 영혼이고, 따라서 결국 영혼의 모든 기능에 영향을 미친다.[96] 영혼은 어느 기능보다 다른 기능에 더 치우치지 않는다. 그러나 그것이 보편적으로 믿어지지는 않았다.

토머스 쿨과 같이 어떤 이들은 은혜는 "대부분 의지 속에 나타나거나" 은혜는 "보통 의지 속에 처음 나타난다"고 말할 것이다.[97] 판 마스트리흐트는 은혜가 의지에 영향을 미친다는 것에 동조하고 찬성한다. 그러나 그는 또한 개혁파 전통 속에 있는 어떤 이들(예, 존 캐머런)은 "확실히 의지에 물리적으로 역사하지만, 거듭날 때 하나님이 매우 강하게 조명하고 의지가 이 최후의 실제적 명령을 따를 수밖에 없음을 확신시키는 것은 오직 이성의 매개를 통해서"라고 말한다고 지적한다.[98] 존 오웬은 존 캐머런(대략, 1579~1625년)의 견해에 동조하는 것으로 보인다. 오웬은 거듭남이 역사하는 영혼의 기능에 대해 설명하면서 "영혼의 주도적이고 지도적인 기능은 지성 곧 이성이다"라고 말한다.[99] 이 지도적인 기능은 대체되는 것이 아니라 새롭게 되는 것이고, 이것으로 우리는 "적절하게 하나님을

---

92) Francis Burmann, *Synopsis Theologiae*⋯ (Amsterdam, 1699), 6, 4, 1 (*Primus regenerationis actus, primusque novi hominis motus est fides*⋯). Heppe & Bizer, *Reformed Dogmatics*, p. 526에서 인용함.

93) Van Mastricht, *A Treatise on Regeneration*, p. 40.

94) Charnock, "A Discourse on the Nature of Regeneration," *Works*, 3:95.

95) Swinnock, *The Door of Salvation Opened*, p. 22.

96) Charnock, "A Discourse on the Nature of Regeneration," *Works*, 3:96. 참고, Swinnock, *The Door of Salvation Opened*, p. 24. 홧틀리도 그것은 전 인간과 관련되고, 이성, 양심, 의지의 "주요 기능들"에 초점을 맞추고 있다고 말한다(*The New Birth*, p. 69). 아이작 암브로스는 모든 "영혼의 능력"을 말하고, 몇 가지를 더 제시한다(예, 기억과 감정). *The Doctrine of Regeneration*, in *Compleat Works*, pp. 5~11에서 *The Doctrine of Regeneration*을 보라.

97) Cole, *A Discourse of Regeneration* (London, 1689), p. 12.

98) Van Mastricht, *A Treatise on Regeneration*, p. 40.

99) Owen, *Discourse Concerning the Holy Spirit*, in *Works*, 3:330. 켈리 카픽은 오웬이 실천적 주의주의자에 더 가까웠다는 것을 증명한다(*Communion with God: The Divine and the Human in the Theology of John Owen* [Grand Rapids: Baker, 2007], pp. 50~53).

알" 수 있게 된다.[100] 이때 성령이 의지에 역사하신다. 의지는 직접 성령의 역사를 받아 그 성향이 결정된다. 의지는 "미결정 상태로" 남아 있지 않고, 성령이 의지를 "믿음과 순종의 행위"를 하도록 결정하신다. 성령은 사람들의 "의지를 미결정의 자유 상태로" 놔두시지 않는다. 동시에 성령은 "의지의 자유나 해방을 조금도 방해하지 않고" 그렇게 하신다.[101]

따라서 영혼의 어떤 기능이 최초로 영향을 받는지에 대해 청교도들 간에 차이가 있었다. 이런 차이에도 불구하고 청교도는 한결같이 전 영혼이 거듭난다고 믿었다. 청교도는 영혼의 각 기능에 대한 효력을 똑같이 설명한다. 청교도는 단순히 순서에 있어서만 차이가 있다. 거듭남은 전 영혼을 포함하기 때문에 그것은 거듭난 각 신자의 지성, 의지, 감정 등이 변화되었다는 것을 의미한다. 단순한 정신적 동의로는 불충분하고, 하나님을 갈망하는 감정이 없이 하나님의 법에 단순히 외적으로 순응하는 것은 거듭나지 않은 것이다. 영혼의 모든 기능이 영향을 받는다(아무리 우리가 그것들에 순위를 매긴다 하더라도). 이런 이유로 청교도는 신자에게 삶의 모든 부문에서 주님을 영화롭게 하라고 호소할 수 있었다. 전 인간이 거듭났고, 전 인간이 구주에게 복종해야 한다.

6. 거듭남은 불가항력적이다

펠라기우스주의자, 소키누스주의자, 많은 아르미니우스주의자가 거듭남은 거부할 수 있다고 믿는다. 개혁파 저술가들은 이런 의미에서 불가항력적이라는 말을 사용하는 것을 반드시 좋아하지는 않았지만, 그럼에도 불구하고 이 말을 사용하는 것이 유용하다고 봤다. 투레틴은 이렇게 말한다. "은혜의 '가항력성'과 '불가항력성'이라는 표현은 조잡하고, 원하는 의미를 드러내는 데 역부족이다……우리는 이 말들을 우리 대적의 가면을 벗겨내려고 인신공격(ad hominem)에 사용하는 경향이 있다."[102] 판 마스트리히트는 도덕적 설복은 거부할 수 있지만 거듭남은 거부할 수 없다고 지적했다.[103] 그럼에도 불구하고 오웬은 성령의 죄인들에 대한 역사는 "틀림이 없고, 승리하고, 불가항력적이고 또는 항상 효과적"이라고 강조한다.[104] 앤서니 버지스도 거듭남은 "하나님의 영의 정복할 수 없는 효능으로 말미암아 우리 안에서 불가항력적으로 일어난다"고 선언한 정통주의 신학자들에게 동조했다.[105]

이 모든 것에 대해 성경이 말하는 것은 무엇인가? 바울의 다음과 같은 수사학적 질문은 이 진리를 액면 그대로 전달한다. "누가 그[하나님의] 뜻을 대적하느냐?"(롬 9:19). 이에 대한 대답은 아무도 없다는 것이다! 로마서 9장에서 핑계의 힘은 바울이 "이 사람아 네가 누구이기에 감히 하나님께 반문하느냐? 그대는 아무 할 말이 없다"고 대답하는 것으로 완전히 상실될 것이다. 바울은 느부갓네살 왕과 같은 확신을 갖고 있었기 때문에 이런 사실을 말하게 되리라고는 꿈도 꾸지 못했을 것이다. "지극히 높으신 이……하늘의 군대에게든지 땅의 사람에게든지 그는 자기 뜻대로 행하시나니 그의

---

100) Owen, *Discourse Concerning the Holy Spirit*, in *Works*, 3:331. 오웬은 pp. 318~319의 목록에서 지성을 첫 자리에 두고, 또 p. 334에서는 죄인의 갱신은 무엇보다 먼저 이성적 갱신이라는 것을 분명히 한다.

101) Owen, *Discourse Concerning the Holy Spirit*, in *Works*, 3:333~334.

102) Turretin, *Institutes*, 15.6.3.

103) Van Mastricht, *A Treatise on Regeneration*, pp. 43~46.

104) Owen, *Discourse Concerning the Holy Spirit*, in *Works*, 3:317, 324, 336.

105) Burgess, *Spiritual Refining*, p. 226. 차녹은 그것은 "무적의 승리다……성령의 능력은 달콤하고 불가항력적이다"라고 말한다("A Discourse on the Efficient of Regeneration," *Works*, 3:288).

손을 금하든지 혹시 이르기를 네가 무엇을 하느냐고 할 자가 아무도 없도다"(단 4:34~35). 그러므로 새 탄생은 그때 하나님의 뜻이 우리에게 작용하기 때문에 불가항력적이다. "그가 그 피조물 중에 우리로 한 첫 열매가 되게 하시려고 자기의 뜻을 따라 진리의 말씀으로 우리를 낳으셨느니라"(약 1:18). 사도행전 7장 51절에서 스데반은 "너희도 항상 성령을 거스르는도다"라고 말한다. 이 구절은 거듭남은 거부할 수 있다고 가르치는 것이 아니다. 하지만 복음에 대한 외적 부르심과 거듭날 때 일어나지 않는 성령의 통상적인 역사는 거부할 수 있다(웨스트민스터 신앙고백 10.4). 복음에 대한 외적 부르심은 항상 거부할 수 있다. 자연인은 복음의 요청에 동조할 수 없고, 동조하지 못할 것이고, 동조하지 못한다. 이것이 죄인의 자연적 반응이다. 그러나 거듭나게 하시는 성령은 죄인들을 그리스도께 이끄실 때 그들의 뜻을 새롭게 하고 선한 것을 판단하도록 이끄심으로써 그들이 먼저 나아갈 마음을 갖게 하신다(웨스트민스터 신앙고백 10.1).

판 마스트리흐트는 거듭남의 불가항력적 성격을 확증하기 위해 다른 성경 본문을 인용한다. 마스트리흐트는 이렇게 주장한다. "만일 어떤 사람이 거듭날 때 일어나는 신적 행위를 임의로 거부할 수 있다면 모두가 그렇게 할 것이고, 결국 아무도 거듭날 수 없게 될 것이며, 그리하여 영광스러운 전체 구속 계획은 좌절되고 말 것이다."[106] 하나님의 목적은 좌절될 수 없다.

이 불가항력적 역사는 의지와 충돌하지 않는다. 존 오웬은 이렇게 말한다. "회심의 최초 행위에서 의지는……행동을 받을 때에만 행동하고, 움직임을 받을 때에만 움직이며, 그러므로 그 점에서 수동적이다." 이것이 의미하는 바는 극히 은혜로운 "은밀한 행위"가 의지 자체의 행위에 앞서 일어난다는 것이다.[107] 즉 은혜가 의지가 행하기 전에 의지에 작용하고, 의지가 자체의 성향에 따라 자유롭게 행하도록 만든다. 의지는 새로운 성향 곧 새로운 원리에 따라 판단을 받고 또 그것이 주어졌다. 그러므로 불가항력적 은혜는 의지를 강요하거나 인간 본성을 떨어뜨리거나 하지 않는다. 거듭남은 인간성을 파괴하는 것이 아니라 온전하게 한다. "거듭남은 지위의 변화와 본성의 변화를 함축한다."[108] 그러므로 거듭남의 불가항력적 역사는 의지를 해방시키되, "의지가 자유로운 행위에 따라 하자 없이 결정하도록 한다."[109]

청교도는 성령이 전능하다는 것과 영적으로 죽은 죄인은 그에게 직접 역사하는 성령의 전능하고 물리적인 역사를 필요로 한다고 믿었다. 그것 외에 완강하게 악한 의지의 저항을 이겨낼 수 있는 것은 아무것도 없었다. 청교도는 성령의 불가항력적 역사는 새 탄생의 필연성에서, 죄와 허물로 죽은 사람의 무력함에서, 그리고 하나님의 주권적 본성에서 동시에 흘러나온다고 봤다.

7. 거듭남은 실패할 수 없다

사람이 이 거듭남의 사역을 거부할 수 있는가? 펠라기우스주의자는 그들의 자유의지 교리를 근거로 거부할 수 있다고 주장했다. 인간의 의지는 "받은 은혜를 제거할 수도 있고, 임의로 은혜를 받는 것을 거부할 수도 있다"(이 관점에는 적어도 루터교인도 해당된다. 왜냐하면 그들은 진실로 거듭난 자는 은혜에서 완전히 떨

106) Van Mastricht, *A Treatise on Regeneration*, pp. 43~44.
107) Owen, *Discourse Concerning the Holy Spirit*, in *Works*, 3:319~320.
108) Cole, *A Discourse of Regeneration*, p. 14.
109) Owen, *Discourse Concerning the Holy Spirit*, in *Works*, 3:324. 참고, Charnock, "A Discourse on the Efficient of Regeneration," *Works*, 3:286~287.

어져 나갈 수 있다고 주장하기 때문이다).[110] 이 견해에 따르면, 거듭남은 도덕적 설복 외에 다른 것이 아니기 때문에 사람이 오늘 설복될 수 있는 것이 내일이면 완전히 바뀔 수 있다. 설사 천국에 들어가도록 설득될 수 있다고 해도, 우리는 천국에 들어가지 않도록 쉽게 설득될 수도 있을 것이다.

그렇지만 청교도는 다르게 가르쳤다. 존 플라벨은 거듭남의 새 생명은 "절대로 일시적이거나 사라지는 것이 아니고, 고정되고 영속적인 원리로 영혼 속에 영원히 거한다"고 말한다. 나아가 "은혜는 영혼과 분리될 수 없다. 모든 것이 우리를 버린다고 해도 이것은 우리를 떠나지 아니할 것이다."[111] 요한은 하나님의 씨가 하나님께로부터 난 자 속에 있다고 말한다(요일 3:9). 나아가 예수는 천국에 들어가려면 거듭나야 한다고 말씀하신다. 예수는 두 탄생을 절대적으로 구분하신다. "육으로 난 것은 육이요 영으로 난 것은 영이니"(요 3:6). 이 구절은 움직임이 오직 한 방향으로 곧 영에서 육으로가 아니라 육에서 영으로 일어난다는 것을 함축한다.

판 마스트리흐트는 거듭남으로써 우리 안에서 태어난 새 생명은 절대로 상실될 수 없다고 설명한다. "개혁파는 거듭남은 결코 완전히 상실될 수 없다고 주장하고, 이것이 거듭난 자의 능력이 아니라 하나님의 불변하시는 선택의 작정과 하나님의 전능하신 지탱 능력에 의존한다고 전제한다."[112] 하나님은 자신이 시작하시는 것을 유지하신다.[113] 새 피조물의 모든 행위와 거듭난 자의 지속은 하나님께 속하는 일이기 때문에 거듭남은 우리 안의 내재적 능력이 아니라 하나님이 우리 안에서 유지하시는 사역이다.[114] 차녹은 이렇게 추론한다. "만일 또 다시 그렇게 기록해야 한다면 왜 하나님이 마음속에 새롭게 법을 기록하는 수고를 하셨겠는가?……하나님이 단순히 더 큰 정죄를 초래하는 아담의 변덕스런 상태를 회복시키기 위해 그토록 큰 대가를 치르셔야 한다고 생각하는 것은 합리적이지 못하다."[115]

8. 거듭남은 오직 택함받은 자만을 위한 것이다

거듭남을 보편적인 것으로 만들기 위해 거듭남을 매우 포괄적으로 정의하는 자들이 더러 있다고 판 마스트리흐트는 말한다. 즉 그들은 모든 사람이 구원에 필수적인 일들을 포함해서 선행을 행할 능력을 받았다고 주장한다. 판 마스트리흐트는 교황주의자는 "모든 사람이 구원받을 수 있도록 충분한 은혜가 주어진다"고 가르친다고 지적한다.[116] 많은 이들이 모든 사람이 믿기로 선택하면 거듭날 수 있다고 믿는 경향이 있다. 하지만 선택 교리는 그들에게 적용되지 않는다. 이런 이유로 존 코튼(1585~1652년)과 같은 개혁파 신학자들은 우리의 "영적 생명의 일차 원인은 하나님의 거룩하고 자비로우신 뜻"이라고 말하지 않을 수 없었다(약 1:18을 인용해서). 특히 코튼은 "하나님의 자녀를 낳는 것은 언약 속에 있는 하나님의 뜻"에 있다고 말한다.[117] 그러므로 거듭남은 하나님이 영생을 받도록 정하신 자들 즉 택함받은 자로 한정된다.

---

110) Van Mastricht, *A Treatise on Regeneration*, p. 47.
111) Flavel, *The Method of Grace*, in *Works*, 2:91.
112) Van Mastricht, *A Treatise on Regeneration*, p. 47.
113) Charnock, "A Discourse on the Efficient of Regeneration," *Works*, 3:292~293.
114) Charnock, "A Discourse on the Efficient of Regeneration," *Works*, 3:252~253.
115) Charnock, "A Discourse on the Efficient of Regeneration," *Works*, 3:253.
116) Van Mastricht, *A Treatise of Regeneration*, p. 49.
117) Cotton, *Christ the Fountaine of Life*, pp. 92~93.

인간적 관점에서 보아 우리는 모든 사람이 죽을 때까지 구원과 영생의 가능한 후보자로 간주해야 한다. 이런 이유로 우리는 복음을 차별 없이 모든 사람에게 선포한다. 그러나 신학적으로 우리는 오직 택함받은 자만이 거듭나게 된다는 것을 알고 있다. 베드로는 "하나님 아버지의 미리 아심을 따라 성령이 거룩하게 하심으로 순종함과 예수 그리스도의 피 뿌림을 얻기 위해 택하심을 받은" 자들에게 편지를 쓰는데(벧전 1:2), "그의 많으신 긍휼대로 우리를 거듭나게 하사 산 소망이 있게 하시는" 하나님 아버지를 찬송하는 것으로 시작함으로써(3절), 선택에서 거듭남까지 직선을 긋는다. 토머스 콜은 거듭남의 대상은 "택함받은 자, 오직 택함받은 자와 모든 택함받은 자"라고 말한다.[118] 스윈녹은 이렇게 말한다. "하늘에 이름이 등록된 자들은 그들의 본성이 땅에서 거듭난 자들이다."[119] 판 마스트리흐트도 거듭남을 택함받은 자로 한정시킨다.[120] 이것은 청교도들 간에 논란이 없다. 청교도는 모두 에제키엘 홉킨스가 하나님은 예정하신 자들을 거듭나게 하셨다고 말한 것에 동조했다.[121] 외적 부르심은 모든 사람에게 확대되어야 하지만 택함받은 자만이 "효과적으로 부르심 받게 되고" 즉 거듭나게 되고, 따라서 복음 선포에 이해와 믿음과 회개로 반응할 수 있게 될 것이다.

거듭남과 세례

청교도의 거듭남 이해는 세례와 어떻게 관련되었을까? 소수의 청교도가 물세례주의자였고, 대부분의 청교도는 한편으로는 로마 가톨릭교회의 견해에 반대하고, 다른 한편으로는 "단순한 상징적" 입장을 반대하기 위해 자기들의 입장을 유아세례주의자로 정의하기를 원한 자들이었다. 온갖 복잡성과 논쟁 속에 들어가지 않고, 몇 가지 사실은 여전히 말할 필요가 있다.[122] 차녹은 거듭남은 "외적 세례"와 같은 것이 아니라고 말하는데, 그 이유는 다음과 같다. "세례는 은혜를 전달하는 것이 아니라 은혜로 이끄는 것으로, 외적 물(水)은 내적 생명을 전달할 수 없다. 물질적인 사물인 물이 어떻게 물리적으로 영혼에 역사할 수 있겠는가?"[123] 차녹은 우리는 세례는 하자 없이 거듭남을 일으킨다고 가정할 수 없다고 주장한다.[124] 차녹은 이렇게 말한다. "세례는 이 [거듭남의] 은혜를 전달하는 수단이지만, 오직 성령이 그때에 기꺼이 역사하실 때만 그렇다." 웨스트민스터 신앙고백은 세례는 "세례받은 자를 가시적 교회에 엄숙히 가입시키고", "그가 그리스도에게 접붙임 된 것"과 "거듭남의" 표지와 보증으로 정해진 것이라고 말한다(28.1). 비록 "세례의 유효성이 세례가 거행되는 순간으로 제한되는 것은 아니라고 해도……약속된 은혜는 그 은혜가 속한 자들에게(성인이든 유아든 막론하고) 성령으로 말미암아 제공될 뿐만 아니라 실제로 드러나고 전달된다"(28.6). 그러나 차녹은 거듭남이 "세례받을 때 택함받은 자에게 전달된다"고 가르치는 자들에게 동조하지 않는다. 왜냐하면 그는 영적 생

---

118) Cole, *A Discourse of Regeneration*, p. 33.
119) Swinnock, *The Door of Salvation Opened*, p. 53.
120) Van Mastricht, *A Treatise of Regeneration*, p. 50.
121) Hopkins, *The Nature and Necessity of Regeneration*, in *Works*, 2:230.
122) 이 문제에 대해 잉글랜드에서 벌어진 논쟁의 개관은 E. Brooks Holifield, *The Covenant Sealed: The Development of Puritan Sacramental Theology in Old and New England, 1570~1720* (1974, 재판, Eugene, Ore: Wipf & Stock Publishers, 2002), pp. 75~108을 보라.
123) Charnock, "A Discourse on the Nature of Regeneration," *Works*, 3:93.
124) 참고, Burgess, *Spiritual Refining*, pp. 277~278.

명이 회심할 때까지 어떻게 휴지 상태에 있을 수 있는지 헤아릴 수 없기 때문이다.[125] 이 논쟁에 깊이 휘말리기를 원하지 않은 존 오웬은 이 맥락에서 거듭남은 유아로 세례를 받은 자는 성인으로 믿음을 고백하는 것과 동일한 결과에 이르는 것 외에 다른 것을 의미하지 않는다고 주장한다. 분명히 세례는 거듭남의 수단이 될 수 있지만, 신앙고백으로 이어진다고 해서 세례 자체가 거듭남은 아니다. 말하자면 사람이 세례를 받고 이어서 신앙고백을 한다고 해도, 그것이 그 사람 자신이 거듭났다는 것을 의미하는 것은 아니기 때문이다.[126]

에제키엘 홉킨스는 그 말의 진정한 의미에서 세례에 의한 거듭남을 믿지 않았다. 그러나 홉킨스는 "유아세례에 의한 거듭남"은 믿었다. 즉 "외적이고 교회적인 거듭남"으로 믿었다. 유아는 내적으로는 거듭나지 않고 성령으로 깨끗하게 되는 것은 아니지만 세례를 통해 단지 "외적으로 성결하게 된다."[127] 자신이 쓰는 말을 그렇게 정의함으로써, 홉킨스는 세례에 의한 거듭남이라는 말을 그 자연적 의미로 사용하는 경우에는 그대로 보존할 수 있었다. 이 점에서 홉킨스가 『거듭남의 본질과 필연성』(The Nature and Necessity of Regeneration)에서 주장한 것은 『두 성례 교리』(The Doctrine of the Two Sacraments)에서 다른 특징을 취했다. 이 설명은 그의 전체 "거듭남" 교리를 약화시키는가? 우리는 이미 이 주제와 관련된 복합적인 문제들을 접했고, 말해질 수 있는 말은 훨씬 많았다. 그러나 이 짧은 개관으로 청교도가 이구동성으로 로마 가톨릭교회의 세례에 의한 거듭남 견해를 거부하고, 그들 사이에 세례와 거듭남이 정확히 서로 어떻게 관련되어 있는지에 대한 약간씩 다른 어감이 있었다는 것을 보여 주기에 충분할 것이다. 이 문제에 대한 더 깊은 설명은 이번 장의 범주에 벗어난다.[128]

거듭남의 표지들

거듭남의 표지들이나 "표징들"에 대해서는 많은 것을 말할 수 있다. 사실 청교도는 어떻게든 실천적인 사람이 되기를 원했기 때문에 이 주제에 대해 많은 힘을 쏟았다. 실제 삶 속에서 거듭남이 실제로 어떻게 드러나는지 설명하지 않고 거듭남의 필연성을 가르치는 것은 무익할 것이다. 우리는 이 주제를 원하는 것만큼 충분히 전개할 수 없지만 몇 가지 사실은 고찰되어야 할 것이다.

청교도는 종종 거듭남의 거짓 표지들을 지적하는 데 시간을 할애했다. 우리는 이미 거듭남의 본질을 개관할 때 한 가지 실례를 지적했다. 다른 거짓 표지들 속에는 행함으로 정당화되지 못한 그리스도를 믿는 믿음에 대한 형식적인 고백이 포함된다. "그들은 말로는 그리스도를 인정하지만 행위로는 그리스도를 부인한다." 도덕적 개혁에 대해 말한다면, 사람은 "이전 근거에 따라" 새 피조물일 수 있다. 다른 이들은 "일시적인 경외감"과 "외적 자비"에 대한 사랑 때문에 그리스도를 고백한다. 또 다른 거짓 표지는 "혼동된 지성 원리" 곧 영적인 것과 육적인 것의 혼합에 기반을 둔 삶의 변화다.[129]

에제키엘 홉킨스는 "이 은혜의 진리에 대한 표지"를 여러 가지 제시한다. 첫 번째 표지는 사람이

---

125) Charnock, "A Discourse on the Nature of Regeneration," *Works*, 3:93~94. 기스베르투스 푸치우스(1589~1676년)와 같은 사람들이 이 견해를 지지했다. Bavinck, *Saved by Grace*, p. 84 이하를 보라.

126) Owen, *Discourse Concerning the Holy Spirit*, in *Works*, 3:216.

127) Hopkins, "The Doctrine of the Two Sacraments," *Works*, 3:324.

128) 청교도의 유아세례 견해에 대한 더 상세한 설명은 45장을 보라.

129) Burgess, *Spiritual Refining*, p. 277 이하.

"자신이 은혜 속에 있는지 아닌지를 기꺼이 살피고 검토하는" 것이다. 위선자는 도둑이 드러나는 것을 싫어하는 것처럼 빛을 싫어한다. 하지만 거듭난 자는 다윗처럼 "하나님이여 나를 살피사 내 마음을 아시며 나를 시험하사 내 뜻을 아옵소서"(시 139:23)라고 말한다. 두 번째 표지는 하나님의 성도들에 대한 진실한 사랑이다(요일 3:14). 진실로 은혜를 받은 사람은 그들이 경건하기 때문에 성도들을 사랑하되, 그들 모두를 사랑한다. 또 다른 표지는 "하나님의 모든 계명에 대한 보편적인 존중과 순종"이다. 우리는 완전히 순종하지 못하지만 순종하기를 "끊임없이 갈망한다." 여기서 "보편적"이라는 말은 하나님의 어떤 계명이 아니라 모든 계명에 따라 사는 것을 의미한다.[130]

홉킨스가 제시하는 마지막 실례는 신자는 죄를 짓지 않는다는 것이다(요일 3:9~10). 이 말은 무슨 뜻인가? 이 말은 "그가 마귀의 자식이 그러는 것처럼 악의적인 방법으로 죄를 짓지 않는다는 뜻이다. 곧 죄와 거래하지 않고, 지속적인 죄의 습관을 허용하는 삶을 살지 않는다는 것이다." 거듭난 자는 모든 죄를 반대한다. "그대의 눈이 주시하거나 그대의 마음이 애착을 가질 욕심이 조금도 없는가?"[131]

이 점에 대해 토머스 콜은 좀 더 깊이 들어가 그것을 절대적 의미로 취하고, 거듭난 신자는 죄를 지을 수 없다고 즉 이전에 그랬던 것처럼 죄를 저지를 수는 없다고 말한다. "새 피조물이 된 자는 죄를 지을 수 있지만 새 피조물로서 죄를 짓는 것이 아니다." 콜은 이 말이 다음과 같은 사실을 뜻한다고 말한다. "거듭난 자는 계속 죄를 지을 수 없다. 그것은 그의 본성에 반하는 일이기 때문이다. 그는 죄의 행위에 놀랄 수 있지만 새 본성은 속히 회복되어 회개로 그 죄를 물리칠 것이다."[132] 거듭난 자는 죄를 범할 때 "죄가 거듭난 사람에게 타고난 것이 아니기" 때문에 죄에 대한 반감을 갖고 있을 것이다.[133] 콜은 거듭난 신자가 죄를 싫어하는 생생한 능력을 강조한다. 죄를 반대하는 이 내재적인 원리는 거듭남의 확실한 표지다. 차녹은 "어떤 피조물도 뿌리 깊은 습관에 반하여 쉽게 행동할 수 없다"고 말한다. 차녹은 "새 피조물이 습관의 영향을 받아 죄를 짓는 것은 불가능하다"고 말한다.[134]

물론 하나님의 참된 자녀는 이 모든 것을 알기 원할 것이다. 아마 이 문제에 대한 홉킨스의 강조점 즉 그리스도 안에서 새 피조물이 된 자는 자신의 삶을 시험하기를 바란다는 것은 정확할 것이다. 우리의 영적 상태에 대해 아는 데 관심을 갖는 것은 거듭남의 필수 요소다. 이 표지들에 대해 홉킨스는 네 가지 포괄적인 표지를 제시한 반면에 콜은 여섯 가지를 제시했다. 더 많은 "표지"가 제시될 수 있지만 독자는 이 목록만으로도 중요성을 이해하게 될 것이다. 표지들을 제시한 다음, 청교도는 이 목록을 사용해서 신자들에게 그리스도 안에서 마땅히 가져야 할 삶을 살도록 권면했다.[135] 콜은 독자에게 "실천보다 성찰에 더 집중하는" 것에 대해 경고한다.[136] 그것은 우리가 거듭난 것을 아는 것으로 충분하지 않다는 것이다. 우리는 또한 하나님의 자녀로 살면서 세상을 포기하고, 우리의 옛 본성을 십자가에 못 박고, 새롭고 거룩한 삶을 따라 살아야 한다.

---

130) Hopkins, *The Nature and Necessity of Regeneration*, in *Works*, 2:277~285.

131) Hopkins, *The Nature and Necessity of Regeneration*, in *Works*, 2:285~291.

132) Cole, *A Discourse of Regeneration*, pp. 120~121.

133) Cole, *A Discourse of Regeneration*, pp. 121~122.

134) Charnock, "A Discourse on the Nature of Regeneration," *Works*, 3:117~118.

135) Ezekiel Hopkins, "Discourses Concerning Sin," *The Works of Ezekiel Hopkins* (Morgan, Pa.: Soli Deo Gloria, 1997), 2:29~98.

136) Cole, *A Discourse of Regeneration*, p. 156.

30장

청교도의 그리스도와의 연합, 칭의, 거듭남 교리

[택함을 받은 자는] 참되고 실제적인 연합(하지만 그들 편에서는 단지 수동적인)을 통해 그리스도의 영이 먼저 그들을 붙들고, 그들 속에 새 생명의 원리를 심으실 때 그리스도와 연합하게 된다. 그 삶의 시작은 오직 그리스도의 영과의 연합에서 올 수 있다…… 나아가 믿음은 영적 생명과의 연합에서 흘러나오는 행위이므로 당연히 건전한 의미에서 택함받은 사람은 실제 믿음을 갖기 전에 진실로, 그리고 실제로 그리스도와 연합된다고 말해질 수 있다.

– 헤르만 위트시우스[1] –

거듭남은 신자의 그리스도와의 연합 및 오직 믿음으로 얻는 칭의와 어떻게 관련되어 있을까? 다른 문제들과 마찬가지로 청교도는 이 문제에 대해서도 잠잠히 있지는 않았다. 스코틀랜드 교회의 목사이자 신학자로 청교도 정신을 지닌 토머스 할리버턴(1674~1712년)은 『본질의 순서상 거듭남이 우선인가, 아니면 칭의가 우선인가에 대한 간소한 탐구』[2]에서 거듭남과 칭의의 관계에 대해 특히 날카로운 안목을 제공한다. 칭의는 "본질적 순서상 그리스도의 영으로 말미암은 우리의 본성의 갱신보다 앞서 있는가……아니면 반면에 택함받은 죄인이 먼저 새롭게 되고, 거듭나고, 생명의 원리를 제공받고……그런 다음 칭의가 같은 순간에 이어지지만, 본질상 순서로는 이후의 결과인가?"[3] 이 질문과 얽혀 있는 복잡한 문제들에 민감하게, 할리버턴은 이 질문 양편 모두의 다수의 난점을 목록으로 제시한다.

거듭남이 칭의보다 앞서 있다는 것을 가정하고, 할리버턴은 다음과 같은 일곱 가지 난점을 열거한다. (1) 하나님은 자신의 지혜로 어떻게 저주 아래 있는 죄인에게 자신의 형상을 전달하실 수 있을까? (2) 따라서 하나님의 저주 아래 있는 죄인이 어떻게 "하나님의 형상으로 존엄하게" 될 수 있을까? (3) 칭의 대상이 어떻게 거듭난 성도가 될 수 있고, 이것은 로마서 4장 5절과 모순처럼 보이지 않는가? (4) 영혼은 그리스도와 연합하기 전에 영적 생명에 참여할 수 있을까? "연합은 믿음으로 말미암고, 우리는 믿음으로 생명을 위해 그리스도께 나아온다. 하지만 우리가 연합하기 전에 생명을 갖기 때문에 이것은 그것을 불필요한 것으로 만든다." (5) 이런 순서는 연합과 믿음보다 앞서 성령

1) Herman Witsius, *Conciliatory, or Irenical Animadversions on the Controversies Agitated in Britain, under the Unhappy Names of Antinomians and Neonomians*, trans. Thomas Bell (Glasgow: W. Lang, 1807), p. 68.

2) Thomas Halyburton, *A Modest Inquiry Whether Regeneration or Justification Has the Precedency in Order of Nature*, in *The Works of the Rev. Thomas Halyburton*… (London: Thomas Tegg & Son, 1835).

3) Halyburton, *A Modest Inquiry*, in *Works*, p. 547.

을 받게 하지만 우리는 믿음으로 성령을 받는다(갈 3:14). (6) 이것은 믿음에 앞서 마음을 깨끗하게 하지만 마음은 믿음으로 말미암아 깨끗하게 된다(행 15:9). (7) 사람은 말씀으로 그리스도인이 된다. 말씀은 믿음으로 받고, 이것은 믿음이 거듭남보다 앞서 있다는 것을 암시한다.[4] 이 다양한 문제와 애매함은 거듭남이 칭의보다 앞서 있다는 견해에서 파생되어 나오는 것이다.

반면에 칭의가 거듭남보다 앞서 있다면, 그것도 다수의 난점이 연루되어 있다. 첫 번째 난점은 본질상 교회와 관련되어 있다. 즉 개혁파 신학자들은 "거듭남이 칭의보다 앞서 있다는 것을 조화롭게 가르치고", 개혁파 신앙고백들도 칭의가 거듭남보다 앞서 있다는 것을 부인한다. 나아가 생명 행위들을 진행시키는 지속 원리가 존재하지 않는다면 생명 행위들이 어떻게 존재할 수 있겠는가? 훨씬 적절하게 말한다면, 죽은 영혼이 어떻게 "그리스도와 연합하는 가장 고상한 믿음 행위의 대상이 될" 수 있겠는가? 결국 그리스도를 선택하고, 인정하고, 의지하는 것과 같이 의롭게 하는 믿음에는 많은 행위가 있다. 죽은 영혼이 이런 일들을 할 수 있겠는가? 믿음의 열매는 뿌리를 필요로 하고, 죽은 뿌리는 그런 열매를 맺지 못할 것이다.[5] 할리버턴은 이렇게 이런 난점과 또 다른 난점들이 칭의가 거듭남보다 앞서 있다는 견해 속에 들어 있다고 주장한다.

삼중의 연합

17세기 영국의 개혁파 신학자들은 대체로 하나님의 내재적 사역, 시간적 사역, 적용적 사역에 따라서 그리스도와의 연합을 삼중으로 설명했다. 어떤 이들은 심지어 칭의까지도 이 세 단계와 관련시켜 설명했는데, 여기서 영원한 칭의 교리가 나왔다.[6] "내재적 연합"은 창세전에 곧 영원 전에 그리스도와의 연합으로 택함받은 것을 가리킨다(엡 1:4). "시간적 연합"은 과거에 곧 그리스도의 중보적인 죽음과 부활이 있었을 때 신자가 그리스도와 연합된 것을 가리킨다(롬 6:3~11). 그리고 "적용적 연합"은 현재 신자가 그리스도와의 연합을 경험하는 것을 가리킨다(엡 2:5~6). 피터 벌클리(1583~1659년)는 칭의 교리를 언급할 때 다음과 같이 삼중 패턴을 따른다. "첫째, 하나님의 마음과 의지 속에서 계획되고 결정된 칭의……둘째, 그리스도의 순종으로 말미암아 우리를 위해 간청되고 획득된 칭의……셋째, 실제로 우리에게 적용되는 칭의"[7] 그리스도와의 연합 세 번째 단계는 종종 우리와 그리스도의 "신비적" 연합으로 지칭된다.

할리버턴도 이 구분을 지적하고, 그리스도와의 이 삼중 연합의 각 부분은 근본적으로 다른 부분들과 관련되어 있다고 주장한다. 과거 영원 속에서 그리스도 안에서 택함받은 자들은 그리스도께서 과거 시간 속에서 위하여 죽고 부활하신 자들이고, 그들은 성령이 그리스도의 중보 사역의 모든 유익을 그들에게 적용시키는 자들이다. 하나님의 뜻에도 연합이 있다. 삼위 하나님은 모두 영원한 구속 언약에서 구원 사역에 협력하셨다. 말하자면 택함받은 자의 구원은 영원하고 불변적인 하나님의 작정에 뿌리를 두고 있기 때문에 확실하다. 나아가 그리스도의 봉헌으로 말미암아 일어난 "일반적 칭

---

4) Halyburton, *A Modest Inquiry*, in *Works*, p. 547.
5) Halyburton, *A Modest Inquiry*, in *Works*, p. 548.
6) 본서 8장, "토머스 굿윈과 요하네스 마코비우스의 영원 전 칭의 교리"를 보라.
7) Peter Bulkeley, *The Gospel-Covenant* (London: Tho[mas] Parker, 1674), p. 358.

의"가 있었지만 이것은 "적절하고 엄밀한 의미에서 칭의로 불리지" 않는다.[8] 심지어는 영원한 칭의를 주장하는 자들(예. 토머스 굿윈[1600~1680년])도, 그럼에도 불구하고 그가 믿기 전에는 하나님의 진노 아래 있다고 봤다.[9]

그러므로 확실히 신자들은 그리스도와 연합하는 다양한 방법을 갖고 있고, 그것들은 모두 구원에 필수적이다. 어느 누구도 영원 전에 택함받지 않고, 그리스도의 봉헌과 중보의 유익이 없이는 믿음으로 나아가지 못할 것이다. 이번 장은 "적용적 연합" 곧 신자와 그리스도 간의 신비적, 경험적 연합을 다룰 것이다. 청교도는 신자의 그리스도와의 경험적 연합과 신자의 개인적 거듭남 간의 관계에 대해 견해가 일치된 것처럼 보인다.

최고의 복은?

구원의 모든 복 가운데 어떤 것이 최고의 복 또는 일차적인 복일까? 그것은 교회를 서거나 넘어지게 하는 신앙의 근본 항목(articulus stantis aut cadentis Ecclesiae)인 이신칭의인가?[10] 여러 주요 청교도 신학자들의 판단에 따르면, 이신칭의가 아니라 '그리스도와의 연합'이 그리스도인이 하나님에게서 받는 최고의 복이다. 신자는 그리스도와의 연합을 통해 칭의, 양자, 성화를 포함한 그리스도의 사역의 모든 유익을 받을 수 있다. 그리스도를 소유하는 것은 모든 것을 소유하는 것이다.

『기독교강요』 3권을 시작하면서 나오는 존 칼빈의 유명한 진술은 그리스도와의 연합의 중요성에 대해 개혁자들과 청교도 간에 기본적인 연속성이 있다는 것을 보여 준다.[11] 칼빈은 이렇게 묻는다. "우리는 아버지 하나님이 그리스도 자신의 개인적인 용도로 쓰도록 하기 위함이 아니라 가련하고 곤궁한 사람들을 풍요롭게 하기 위해 베푸신 독생자에게 베푸신 유익들을 어떻게 받는가?" 이에 대해 칼빈은 이렇게 대답한다. "첫째, 우리는 그리스도께서 우리 밖에 계시고 우리가 그분과 분리되어 있는 한, 그분이 인간의 구원을 위해 고난당하고 행하신 모든 것이 우리에게 아무 소용이 없고 아무 가치가 없다는 것을 알아야 한다."[12] 그러므로 간명한 말로 칼빈은 구원을 위해 그리스도와의 연합

---

8) Halyburton, *A Modest Inquiry*, in *Works*, p. 550.

9) 즉 "성령이 적당한 때에 실제로 그리스도를 그들에게 적용하실 때까지는"(웨스트민스터 신앙고백 11.4).

10) 흥미롭게도 로버트 맥켈비는 "마르틴 루터는 칭의를, 비록 그 개념이 그에게 속한 것이기는 해도, 교회가 서거나 넘어지게 하는 근본 신앙 항목으로 부르지 않았다는 것"을 보여 주었다. 맥켈비는 이렇게 말한다. "'서거나 넘어지게 하는'이라는 말이 종종 마르틴 루터에게 돌려지기는 해도, 1차 자료에는 전혀 언급되지 않았다. 17세기 초에 그에게 귀속된 것처럼 루터는 여전히 그 말의 창시자일 수 있었다. 예를 들어 윌리엄 에어는 칭의를, 루터가 그렇게 부르는 것처럼 '교회를 세우거나 넘어지게 할 수 있는 항목'(articulus stantis aut cadentis Ecclesiae)으로 부른다……따라서 리처드 존 노이하우스는……잘못되게도 '서거나 넘어지게 하는'이라는 말은 18세기까지는 등장하지 않았다고 주장한다"(Robert J. McKelvey, "That Error and Pillar of Antinomianism: Eternal Justification," *Drawn into Controversie: Reformed Theological Diversity and Debates within Seventeenth-Century British Puritanism*, Michael A. G. Haykin & Mark Jones 편집 [Gottingen: Vandenhoeck & Ruprecht, 2011], 10장).

11) 칼빈의 그리스도와의 연합 교리를 설명하는 최근의 세 권의 연구서는 살펴볼 가치가 있지만 도처에 그들의 다른 강조점과 차이점이 없지는 않다. 다음 자료들을 보라. Cornelis P. Venema, *Accepted and Renewed in Christ: The "Twofold Grace of God" and the Interpretation of Calvin's Theology* (Göttingen: Vandenhoeck & Ruprecht, 2007), Todd J. Billings, *Calvin, Participation, and the Gift: The Activity of Believers in Union with Christ* (Oxford: Oxford University Press, 2007), Mark A. Garcia, *Life in Christ: Union with Christ and Twofold Grace in Calvin's Theology* (Milton Keynes: Paternoster, 2008). 참고, Lee Gatiss, "The Inexhaustible Fountain of All Goodness: Union with Christ in Calvin's Commentary and Sermons on Ephesians," *Themelios* 34, no. 2 (July 2009), pp. 194~206.

12) John Calvin, *Institutes of the Christian Religion*, John T. McNeill 편집, trans. Ford Lewis Battles 번역 (Philadelphia:

이 절대적으로 필수적이라고 주장한다. 우리가 그리스도와 상관없이 서 있는 한, 그분이 중보자로서 행하신 것은 우리에게 아무 소용이 없을 것이다.

청교도는 그리스도와의 연합의 필연성에 대해 칼빈과 견해가 일치했다. 존 오웬(1616~1683년)은 "그리스도와의 연합이 모든 영적 누림과 기대의 원리이자 척도"라고 본다.[13] 나아가 오웬은 첫 번째 영적 은혜는 "존엄"이라고 지적한다. 즉 "그것은 우리가 참여하는 모든 은혜 가운데 가장 크고, 가장 영광스럽고 자애로운 은혜다."[14] 토머스 굿윈도 비슷하게 "그리스도 안에 있고, 그리스도와 연합하는 것이 그리스도인의 근간"이라고 설명한다.[15] 이 설명들은 그리스도와의 연합이 칭의, 양자, 성화와 어떻게 관련되어 있는지에 대한 통찰력을 제공한다.

그리스도와의 연합과 구원의 순서(Ordo Salutis)

할리버턴이 지적하는 것처럼 칭의와 거듭남의 순서에 대한 개혁파의 공통적 관점은 거듭남이 칭의보다 앞서 있다는 것이다. 그러나 거듭남 및 칭의와 관련해서 그리스도와의 연합이 맡는 역할은 무엇일까? 우리가 예상할 수 있는 것처럼 굿윈은 그리스도와의 연합은 "칭의와 성화와 모든 것의 첫 번째 근본적인 일"이라고 주장한다.[16] 따라서 칭의와 특별히 관련해서 굿윈은 이렇게 주장한다. "하나님이 우리를 의롭게 하시는 모든 행위는 그리스도와의 연합에 의존하고, 그리스도와의 연합에서 우리는 먼저 그분을 소유하고 그분 안에 있게 되고, 이어서 그로 말미암아 그분의 의에 대한 권리를 갖게 된다."[17] 그러나 거듭남과 관련해서, 아니 더 구체적으로, 효과적 부르심과 관련해서 굿윈은 그리스도와의 연합이 거듭남보다 앞서 있다고 주장한다. 그리스도께서 먼저 신자를 "붙드신다." "나를 이 모든 복의 권리 속에 두는 것은 내가 거듭난 자여서가 아니라 나를 붙들고, 그래서 내게 자신의 영, 믿음, 거룩함 등을 주시는 그리스도 때문이다. 우리가 은혜 언약의 특권에 참여하는 것은 우리의 그리스도와의 연합과 우리가 연합되어 있는 그분의 본성의 온전한 거룩하심 때문이다."[18] 이 진술은 그리스도와의 연합이 논리적으로(연대순이 아니라) 칭의보다 앞서 있을 뿐만 아니라-전형적인 개혁파 견해-심지어는 거듭남(좁은 의미에서)보다도 앞서 있다는 것을 암시하는 것으로 보인다.

이 문제에 대한 굿윈의 견해를 복잡하게 만드는 것은 여섯 페이지 정도에서 그가 "그리스도와의 삼중 연합"[19]과 "그리스도와의 이중 연합"[20]이 있다고 주장하는 사실에 있다. 첫 번째 연합은 남편과 아내 간의 연합과 같은 관계적 연합이다. "이 연합은 먼저 우리가 하나님께 돌아설 때와 그리스도

Westminster Press, 1960), 3.1.1.

13) John Owen, *An Exposition of the Epistle to the Hebrews*, in *The Works of John Owen, D.D.* (Edinburgh: Banner of Truth Trust, 1991), 20:146.

14) Owen, *Epistle to the Hebrews*, in *Works*, 20:148.

15) Thomas Goodwin, *Of Christ the Mediator*, in *The Works of Thomas Goodwin*, Thomas Smith 편집 (1861~1866, 재판, Grand Rapids: Reformation Heritage Books, 2006), 5:350.

16) Goodwin, *Of Christ the Mediator*, in *Works*, 5:350.

17) Thomas Goodwin, *The Object and Acts of Justifying Faith*, in *The Works of Thomas Goodwin* (1861~1866, 재판, Grand Rapids: Reformation Heritage Books, 2006), 8:406.

18) Goodwin, *Of Christ the Mediator*, in *Works*, 5:350.

19) Thomas Goodwin, *Exposition of Various Portions of the Epistle to the Ephesians*, in *The Works of Thomas Goodwin* (1861~1866, 재판, Grand Rapids: Reformation Heritage Books, 2006), 2:404.

20) Goodwin, *Epistle to the Ephesians*, in *Works*, 2:409.

께서 우리를 붙드실 때 충분히, 그리고 온전히 일어난다."[21] 두 번째 연합은 인간의 몸속에 그리스도께서 거하시는 것 곧 "그분의 인격의 실제 내주"와 관련되어 있다(엡 3:17). 세 번째 연합은 객관적 연합이다. 즉 "기능이 대상을 바라보는 것처럼" 그리스도를 믿음의 대상으로 소유하는 것이다.[22] 굿윈은 나중에 이중의 연합을 말할 때 처음 두 연합을 염두에 두고 이 두 연합을 "실질적 연합과 전달적 연합"이라는 제목 아래 설명한다.[23] 이 가운데 우리가 특별히 관심을 두고 있는 연합은 첫째 연합 곧 죄인이 그리스도와 맺는 연합이다. 이 연합이 어떻게 일어나는가? 그리스도께서 먼저 나를 붙들고, 이어서 내게 자신의 영, 믿음, 거룩함 등을 주신다는 위에서의 굿윈의 설명으로 돌아가 보면, 우리는 그리스도와의 연합이 믿음 자체보다 앞서 있는지의 문제에 봉착하게 된다.

굿윈의 『의롭게 하는 믿음의 대상과 행위』(The Object and Acts of Justifying Faith)가 이 문제에 답변하는 데 유익한 책이다. 이 책에서 굿윈은 신자들을 "궁극적으로 그리스도와 하나"로 만드는 그리스도와 신자 간의 연합을 완결시키는 의지의 행위에 대해 말한다.[24] 그러나 신부로서 우리는 단순히 일어난 연합을 확인할 따름이다. 따라서 남자가 여자의 뜻을 거슬러서는 결혼할 수 없기에 양 당사자의 동의를 필요로 하는 통상적인 결혼 관념과는 달리, 그리스도 편에서 연합은 "우리가 그분을 붙들기에 앞서 먼저 우리를 붙드시는 성령의 은밀한 역사로 말미암아" 죄인 편의 동의를 필요로 하지 않는다.[25] 말하자면 그리스도는 택함받은 죄인을 "붙드심으로써", 그리고 이어서 그에게 성령을 주심으로써 그와의 연합을 이루신다.

그러나 이 연합은 죄인이 그리스도를 믿는 믿음을 행사할 때에 비로소 완료된다(궁극적 연합). 이 기본 패턴이 이후에 의롭게 하는 믿음에 대한 굿윈의 작품에서 확증된다.

> 확실히 그리스도 편에서 연합은 본질적 순서상 성령의 역사가 먼저 있는 것이 사실이다. 그러므로 빌립보서 3장 12절을 보면, 그리스도께서 "우리가 그분을 붙잡기 전에 우리를 먼저 붙드시는" 것으로 말해진다. 하지만 우리 편에서 이 연합을 이루는 것은 믿음으로, 우리는 믿음을 통해 그리스도를 붙들고 굳게 결합한다……이 연합을 이루는 것은 오직 믿음이다. 확실히 사랑도 우리가 그리스도와 굳게 결합하도록 만들지만 먼저는 믿음이다.[26]

굿윈은 매우 세련되게 그리스도께서 죄인을 "붙잡고", "붙들고", "포옹하시는" 것에 대해 말한다. 그리스도는 "우리가 믿기 전에 우리를 붙드시고" "우리의 믿음이 아무것도 시인하지 못하는 것을 천 번 만 번 역사하신다……우리가 우리의 연합에 대해 아무것도 행하지 못하고 있을 때나 역사하시는 분이 그리스도임을 전혀 모르고 있을 때 그분은 우리 안에 거하고 우리 안에서 역사하신다."[27] 새 신자가 깨닫기 전에 우리 주님이 우리를 자신과 연합시키고(우리를 붙드시고), 우리 안에서 역사하신

21) Goodwin, *Epistle to the Ephesians*, in *Works*, 2:409~410.
22) Goodwin, *Epistle to the Ephesians*, in *Works*, 2:404.
23) Goodwin, *Epistle to the Ephesians*, in *Works*, 2:410.
24) Goodwin, *The Object and Acts of Justifying Faith*, in *Works*, 8:273.
25) Goodwin, *The Object and Acts of Justifying Faith*, in *Works*, 8:273.
26) Goodwin, *The Object and Acts of Justifying Faith*, in *Works*, 8:463.
27) Goodwin, *Works*, 2:404.

다. 그때 성령이 죄인을 거듭나게 하고, 그에 따라 죄인은 그리스도를 믿는 믿음을 행사하고 연합을 완료시킨다. 그 연합에서 다른 모든 영적 복이 흘러나온다.

오웬은 그리스도와의 연합을 모든 은혜 가운데 "가장 큰 은혜"로 만드는 다수의 요점을 강조한다. 현재 다루고 있는 문제에서 볼 때, 그리스도와의 연합이 "원인성과 유효성 면에서 첫 번째 핵심 은혜"라는 오웬의 요점은 우리가 구원의 순서(ordo salutis)에서 그리스도와의 연합을 어느 자리에 둘 지 정하는 데 매우 적절한 역할을 한다. 굿윈과 마찬가지로 오웬도 그리스도와의 연합이 신자가 받는 다른 모든 은혜의 원인이라고 주장한다. "우리의 양자, 우리의 칭의, 우리의 성화……우리의 견인, 우리의 부활, 우리의 영광이 여기서 나온다."[28] 그러므로 그리스도와의 연합은 그리스도의 의가 신자들에게 전가되는 근거다.[29] 칭의에 대한 오웬의 긴 작품(5권)은 칭의와 같은 다른 은혜가 있기 전에 그리스도와의 연합이 먼저 오는 논리적 순서를 확증한다.[30] 그러나 연합과 거듭남의 관계에 대해 오웬은 굿윈의 입장과 비슷한 견해를 취하는 것으로 보인다. 얼핏 보면 그렇지 않은 것처럼 보인다. 왜냐하면 오웬은 "거듭남의 씻김과 성령의 새롭게 하심에 참여하지 못한 자는 어느 누구도 그리스도와의 연합을 절대로 가질 수 없다"고 주장하기 때문이다.[31] 이것은 거듭남이 연합보다 논리적으로 앞서 있는 것처럼 보인다. 그러나 오웬은 그 진술 직후에 이렇게 언급한다. "나는 지금 우리가 깨끗하게 되는 것이 시간과 본질의 순서상 우리가 그리스도와 연합하는 것보다 앞서 있었던 것처럼 말하는 것이 아니다. 왜냐하면 사실은 우리가 깨끗하게 되는 것은 그리스도와의 연합의 결과이기 때문이다. 하지만 이 결과는 그리스도와의 연합에 직접, 그리고 불가분리적으로 수반되기 때문에 하나가 없으면 다른 하나도 없다."[32] 굿윈과 기본적으로 같은 입장을 주장하지만, 조금 더 엄밀하게 오웬은 그리스도께서 자신의 택함받은 자와 연합하는 행위는 그분이 그들을 거듭나게 하시는 것과 같은 행위라고 주장한다.[33]

오웬 및 굿윈과 같은 시기에 대륙에서 저술 활동을 한 네덜란드 신학자 헤르만 위트시우스-그의 작품은 영국의 율법폐기주의자와 신율법주의자 논쟁에 공헌했다-도 거듭남과 그리스도와의 연합의 관계에 대해 비슷한 입장을 취한다. 위트시우스는 이렇게 주장한다.

> [택함받은 자는] 참되고 실제적인 연합(하지만 그들 편에서는 단지 수동적인)을 통해 그리스도의 영이 먼저 그들을 붙들고, 그들 속에 새 생명의 원리를 심으실 때 그리스도와 연합하게 된다. 그 삶의 시작은 그리스도의 영과의 연합에서만 나올 수 있다……나아가 믿음은 영적 생명과의 연합에서 흘러나오는 행위이므로 당연히 건전한 의미에서 택함받은 사람은 실제 믿음을 갖기 전에 진실로, 그리고 실제로 그리스도와 연합된다고 말해질 수 있다.

위트시우스는 택함받은 자가 그리스도의 영이 "그들을 붙들고", 그들을 거듭나게 하실 때 그리스

28) Owen, *Epistle to the Hebrews*, in *Works*, 20:150.
29) Owen, *Epistle to the Hebrews*, in *Works*, 20:150.
30) 본서 31장, "존 오웬의 오직 믿음으로 얻는 칭의 교리"를 보라.
31) John Owen, *Pneumatologia, or, A Discourse Concerning the Holy Spirit*, in *The Works of John Owen, D.D.* (Edinburgh: Banner of Truth Trust, 1991), 3:464.
32) Owen, *Discourse Concerning the Holy Spirit*, in *Works*, 3:464.
33) Owen, *Discourse Concerning the Holy Spirit*, in *Works*, 3:464.

도와 연합하게 된다고 주장함으로써 굿윈 및 오웬과 매우 비슷한 말을 한다. 비취우스는 또한 연합이 실제 믿음에 앞서 있다고 주장한다. 그러나 이어서 그는 굿윈의 주장과 비슷한 요점을 제시한다. 즉 "상호 연합"은 불가피하게 거듭남의 원리에서 나온다고 주장한다.

> 그러나 영혼이 그리스도에게 가까이 나아가고, 그리스도에게 합류하고, 그리스도에게 적용하고, 어떤 혼란 없이 걸맞고 적절한 방식으로 그리스도에게 결합하는 상호 연합(택함받은 자 편에서 이것은 능동적이고 활동적임)은 오직 믿음으로 이루어진다. 그리고 순서상 이 다음에 은혜 언약의 다른 유익들 곧 칭의, 평안, 양자, 인 치심, 견인 등이 온다.[34)]

"상호 연합"이 죄인의 믿음 행위로 강조될 뿐만 아니라 은혜 언약의 유익들(예. 칭의)이 이 연합에서 흘러나온다는 사실로도 강조되고 있다.

굿윈, 오웬, 위트시우스는 존 볼(1585~1640년)이 『신앙론』(A Treatise of Faith)에서 먼저 말했던 것을 주장한다. 신자들이 그리스도에게서 받는 영적 복의 순서에 대해 말하면서 볼은 이렇게 주장한다. "믿음은 우리를 그리스도와 연합시키는 끈이다. 연합 다음에는 그리스도와의 친교가 이어진다. 칭의, 양자, 성화가 이 친교의 유익과 열매다."[35)] 그리스도와의 연합의 중요성을 설명하면서, 볼은 이후에 이렇게 주장한다. "우리가 그리스도와 하나가 되면 그리스도와 그분의 모든 유익이 진실로, 그리고 실제로 우리의 것이 된다. 그분의 이름이 우리에게 두어진다. 우리는 죄의 죄책과 처벌에서 의롭다 함을 받는다. 우리는 그분의 의로 옷 입는다. 우리는 우리 본성이 고침을 받고 우리 마음이 깨끗하게 되어 죄의 권능을 극복하고 거룩하게 된다."[36)]

존 프레스턴(1587~1628년)도 마찬가지로 "그리스도 안에 있는 것이 모든 구원의 근거"라고 주장한다.[37)] 따라서 모든 은혜와 특권이 그리스도와의 연합에서 흘러나오기 때문에 이 연합이 선행의 동기다.[38)] 그리스도는 자신과 연합한 자들 속에서 죄책을 제거할 뿐만 아니라 죄의 권능도 제거하고, 이것은 그리스도와의 연합이 구원론에서 차지하는 중요성을 설명해 준다.[39)]

토머스 콜(1627~1697년)은 거듭남과 칭의를 관련시키는 미묘한 요점들을 설명하는 데 도움을 주는 매우 중요한 질문을 제기한다. 콜은 이렇게 묻는다. "거듭남의 첫 단계는 죄에서 거룩함으로 이동하는 것인가, 아니면 그분을 통해 거룩해질 수 있도록 죄악 된 상태와 본성에서 그리스도께 이동하는 것인가?" 즉 우리는 먼저 깨끗하게 되는 것인가, 아니면 먼저 그리스도와 연합되는 것인가? 콜은 이렇게 대답한다.

> 이 단계에서 우리의 성화에 있어서는 우리의 본성 속에 그리스도의 영으로 말미암은 변화가

34) Witsius, *Conciliatory, or Irenical Animadversions on the Controversies Agitated in Britain*, p. 68.
35) John Ball, *A Treatise of Faith* (London: for Edward Brewster, 1657), p. 85.
36) Ball, *Treatise of Faith*, p. 132.
37) John Preston, *The Saints Qualification*, in *An Abridgment of Dr. Preston's Works*… (London: J. L. for Nicholas Bourn, 1648), p. 738.
38) Preston, *The Saints Qualification*, in *An Abridgment*, pp. 739~740.
39) Preston, *The Saints Qualification*, in *An Abridgment*, p. 749.

> 있을 수 없고, 다만 칭의를 위해 그리스도의 피로 말미암아 일어나는 상태의 변화가 있다. 그리스도의 영은 항상 그리스도의 피를 따른다. 그것은 그리스도의 피로 얻는 것이다. 따라서 거룩하게 하시는 그리스도의 영은 모든 구원 역사 속에서 그리스도의 피가 미치는 곳까지만 개입하신다. 그들의 머리이신 그리스도에게 활력적으로 결합된 지체만이 그분으로 말미암아 소생할 수 있다. 그러므로 어떤 사람도 계속 그리스도와 분리 상태 속에 있는 한, 그리스도의 영으로 말미암은 구원의 역사를 결코 받을 수 없다.[40]

콜은 이 모든 유익이 어떻게 그리스도에게서 오는지 조심스럽게 지적했고, 그러므로 거듭남은 우리 그리스도와의 연합에 비춰 파악해야 한다고 봤다. 이어서 콜은 매우 엄밀하게 "거듭남은 영혼 속에 그리스도를 심는 것"이라고 말함으로써, 거듭남의 정의를 제공한다.[41]

윌리엄 에번스는 최근에 청교도는 그리스도와의 교제를 "'그리스도와의 연합'으로 바꾸는 경향이 있었다"고 주장했다.[42] 위에서 보여 주는 증거로 보아 이런 비난은 완전히 설득력이 없다. 그리스도와의 연합은 그리스도와의 교제 기초이고, 칼빈과 같이 청교도도 그분의 신인(神人) 인격 속에서 그리스도와의 연합을 구속의 유익들을 택함받은 자에게 적용시키는 필수적 배경 및 수단으로 봤다. 에번스의 요점은 청교도는 개혁파 기독론적인 초점에서 이탈했다고 가정하지만, 분명히 청교도는 연합과 교제가 어떻게 함께 가는지를 이해했다. 윌리엄 브리지(1600~1671년)는 "연합은 교제의 뿌리이고" "연합은 교제의 근거"라고 말했다. 그 문맥에서 브리지는 우리의 그리스도와의 연합의 유익에 대해 설명한다. 브리지는 그리스도와의 연합을 박탈시키지 않았고, 대신 그것을 자신의 실천신학의 근거로 간주했다.[43] 마찬가지로 오바디아 그루(1607~1689년)도 이렇게 말했다. "연합은 우리가 주 예수 그리스도로 말미암아 갖는 우리의 모든 위로와 특권의 근거다."[44] 브리지와 그루는 신자의 그리스도와의 연합에서 신자의 그리스도와의 교제를 잘라내지 않았다.

그리스도와의 연합이 본질적 순서상 먼저이고, 거듭남이 칭의보다 앞서 있는 것은 이유가 있다. 그리스도께서 죄인을 붙들어 자신과 연합시키실 때 성령이 죄인을 거듭나게 하신다. 성령이 죄인을 거듭나게 하실 때 죄인은 여전히 죄책이 있다. 곧 법적으로 죄의 상태 속에 있다. 사실 그는 새 본성을 갖고 있지만 그것이 과거의 죄(그리고 거기서 나온 모든 허물)에 대해 그의 법적 지위를 변경시킨 것은 아니다. 살인자는 단지 이후에 모범 시민이 되기 때문에 석방된다. 스티븐 차녹(1628~1680년)에 따르면, 그의 지위가 바뀌는 것은 죄인이 믿음으로 그리스도를 바라볼 때다.[45] 칭의는 "우리에게 권리 곧 다른 [거듭남의] 타당성을 부여한다." 차녹은 또한 이렇게 말한다. "칭의에서 우리는 죄의 죄책에서 해방되고, 따라서 생명에 대한 호칭을 갖게 된다. 거듭남에서 우리는 죄의 오염에서 해방되고, 부분

---

40) Thomas Cole, *A Discourse of Regeneration*… (London: for Will Marshall, 1698), pp. 81~82.

41) Cole, *A Discourse of Regeneration*, p. 83.

42) William B. Evans, *Imputation and Impartation: Union with Christ in American Reformed Theology* (Eugene, Ore.: Wipf & Stock, 2008), p. 78.

43) William Bridge, *The Works of the Rev. William Bridge* (1845, 재판, Beaver Falls, Pa.: Soli Deo Gloria Publications, 1989), 1:371. 이 언급은 네 번째 시리즈 설교인 "영적 생명과 그리스도의 모든 신자 속에서의 내재"에서 취한 것이다.

44) Obadiah Grew, *The Lord Jesus Christ the Lord Our Righteousness* (London, 1669), p. 97.

45) Stephen Charnock, "A Discourse on the Nature of Regeneration," *The Complete Works of Stephen Charnock* (1845, 재판, Edinburgh: Banner of Truth Trust, 1985), 3:89.

적으로 우리에게 회복된 순전한 하나님의 형상을 갖게 된다."[46] 죄인들은 거듭났기 때문이 아니라 그리스도께서 죄에 대한 형벌을 치르고, 자신의 모든 유익을 죄인들에게 적용하셨기 때문에 의롭다 함을 받는 것이다.[47] 실제적인 것이 법적인 것에 앞서 있다. 왜냐하면 둘 다 요구되지만 어떤 의미에서 이 둘은 서로에게 의존하지 않기 때문이다. 둘 다 신자가 받는 모든 구원의 유익이 흘러나오는 신자의 그리스도와의 연합에 의존한다. 그러나 다른 의미에서는 칭의가 거듭남에 의존한다. 즉 사람은 거듭남으로 말미암아 믿을 수 있고, 오직 믿음으로 의롭다 함을 받는다. 차녹은 이렇게 말한다. "칭의는 관계적이고, 거듭남은 내적으로 실제적이다. 그리스도와의 연합은 칭의와 거듭남 모두의 근거다. 그리스도는 둘 모두의 공로적 원인이다."[48]

그리스도와의 연합의 또 다른 국면을 윌리엄 라이퍼드(1598~1653년)가 설명한다. 라이퍼드는 우리는 믿음을 행사하기 전에 그리스도와 연합되고, 이어서 그리스도를 붙잡기 위해 믿음을 행사한다고 매우 엄밀하게 말했다. 이런 진술은 아무리 조심스럽게 진술된다고 해도 오해의 소지가 있다. 분명히 뉴잉글랜드 교회 총회는 존 코튼(1585~1652년)을 "성령으로 말미암아 우리 안에서 일어난 믿음이 없어도 또는 그 믿음이 일어나기 전에도 우리는 그리스도와 완전히 연합된다"고 진술한 것으로 추정되어 오류를 가르친다고 비난했다.[49] 코튼은 교회 총회의 비난을 논박했지만, "완전히"라는 말이 그의 문제 원천이었던 것으로 보인다. 라이퍼드는 우리가 행사하는 믿음의 행위와 그리스도와의 연합으로 우리가 소유하는 믿음의 습관을 구분하는 것이 오해를 받은 원인이었다고 믿었다. 왜냐하면 "그것은 율법폐기주의와 열광주의의 누룩에 호의를 보이는 것처럼 보이기" 때문이다. 그러나 라이퍼드는 또한 그것은 "믿음이 행함으로 시작되는" 한, 어느 정도 진리를 제공한다고 인정했다. 즉 그는 이 연합을 믿음의 직접적 행사가 없어도 완전하게 되는 것으로 보기를 주저했다는 것이다. "따라서 연합은 성령이 우리에게 역사하는 행위로 말미암아 시작되고, 믿음으로 그리스도를 붙잡도록 우리에게 믿음이 주어진다."[50]

라이퍼드는 청교도의 그리스도와의 연합 및 칭의 교리에 비판적인 한 가지 요점을 더 덧붙인다. 다른 어떤 사람의 의가 어떻게 우리의 것이 될 수 있을까? 이것은 교황주의자들이 제기한 질문이었다. 라이퍼드는 우리의 그리스도와의 연합을 제시하는 것으로 이 질문에 대답한다. 라이퍼드는 이렇게 설명한다. "그리스도와 신자는 둘이 아니고 하나다. 베드로는 바울 안에 있는 의로 말미암아 구원받을 수 없다. 왜냐하면 그들은 둘이기 때문이다. 하지만 지체는 그들의 머리의 의로 말미암아 구원을 받는다. 왜냐하면 머리와 지체는 둘이 아니기 때문이다."[51] 오바디아 그루도 같은 대답을 제시한다. "그리스도의 의의 이런 타당성이 사람에게 적용되는 것은 이 그리스도와의 연합 때문이다." 그리스도와의 연합이 그리스도의 의가 우리의 것이 될 수 있는 근거다. "결혼 관계에서 아내가 남편의

---

46) Charnock, "A Discourse on the Nature of Regeneration," *Works*, 3:90.

47) "우리는 내재적인 의로 의롭게 되지 못한다. 하지만 내재적인 의 밖에서 의롭게 되는 것은 아니다. 우리는 그것[즉 거듭남]으로 의롭게 될 수 없다"(Stephen Charnock, "The Necessity of Regeneration," *The Complete Works of Stephen Charnock* [1845, 재판, Edinburgh: Banner of Truth Trust, 1985], 3:43).

48) Charnock, "The Necessity of Regeneration," *Works*, 3:43.

49) William Lyford, *The Plain Mans Senses Exercised*… (London: for Richard Royston, 1655), p. 120. David D. Hall, 편집, *The Antinomian Controversy, 1636~1638: A Documentary History* (Durham, N.C.: Duke University Press, 1990), pp. 34~42를 보라. 거기 보면 신자의 그리스도와의 연합을 다루고 있다.

50) Lyford, The Plain Mans Senses Exercised, pp. 121~122.

51) Lyford, The Plain Mans Senses Exercised, pp. 125~126.

영예로 말미암아 영예롭게 되는 것과 같다……따라서 우리가 그리스도와 결혼해서 연합하게 되면 내 사랑하는 분이 나의 것이고, 나는 그분의 것이다. 그렇게 우리는 그분의 공로와 영, 그리고 그분의 의와 생명에 관련되고 적절하게 된다."[52] 라이퍼드와 그루는 우리의 그리스도와의 연합은 그리스도의 의의 전가를 부인하는 교황주의자들에 대한 최고의 논박이라고 믿었다. 우리는 그리스도와 연합되기 때문에 믿음으로 말미암아 그분의 의가 우리에게 존재하고 전가될 수 있다.

결론

청교도는 거듭남 교리는 구원론의 근본 국면이고, 거듭남 교리와 신자의 그리스도와의 연합 교리 간의 관계가 매우 중요하다고 보았다. 그리스도와의 연합은 대체로 삼중의 방법으로 이해되었다. 내재적·영원한 방법, 시간적·구속사적 방법, 적용적·신비적 방법이 그것이다. 영원 속에서 하나님이 계획하고, 시간 속에서 그리스도께서 이루신 구속은 신자의 경험 속에 적용될 때까지는 완료되지 않는다.

성령의 특수 사역은 성령께서 그리스도의 중보의 유익을 택함받은 자에게 적용하시는 사역이다. 그리스도의 사역과 성령의 사역 간에는 엄밀한 대응 관계가 있다. 이런 이유로 거듭남은 그리스도와 상관없이 고려되어서는 절대로 안 된다. 긍정적으로 진술하면, 거듭남은 항상 그리스도와의 연합과의 관계 속에서 이해해야 한다.

이번 장에서 보여 준 것은 구원을 위한 거듭남의 근본적 필연성과 거듭남의 그리스도와의 연합의 밀접한 관련성이다. 부활하신 구주는 먼저 택함받은 자를 붙드시고, 그리스도의 영으로 활동하는 성령으로 말미암아 그들을 살리시고, 그리하여 그들은 그리스도께서 그들의 중보자로서 그들을 위해 이루신 사역의 모든 유익을 그분에게서 받을 수 있게 된다. 믿음은 그리스도께서 성령으로 말미암아 죄인을 자기와 결합시키셨기 때문에 오로지 가능하게 된다. 반면에 죄인은 거듭남의 결과로서 그리스도를 믿는 믿음을 행사한다. 온전한 연합으로 죄인은 그리스도에게서 칭의, 양자, 성화를 포함해서 그분이 공로로 세우신 모든 것을 받는다. 간단하지만 이것이 거듭남과 그리스도와의 연합 간의 관계에 대한 청교도의 견해다.

---

52) Grew, *The Lord Jesus Christ*, pp. 96~98.

31장

존 오웬의 오직 믿음으로 얻는 칭의 교리

그토록 자연스럽게 겸손, 거룩한 두려움, 자기 비움을 향상시키는 데 그와 같이 적합한 교리는 없다. 왜냐하면 이 교리를 통해 우리는 심지어는 우리의 성화의 가장 높은 수준에서 우리의 자아를 벗어나 더 나은 의를 바라보도록 배우기 때문이다.

– 앤서니 버지스[1] –

종교개혁 이후로 참된 성경적 종교를 반대하는 자들은 오직 믿음으로 얻는 칭의 교리를 공격했다. 17세기에 존 오웬(1616~1683년)은 개신교 칭의 교리를 변증하는 가장 긴 작품 가운데 하나인 『이신칭의 교리』(The Doctrine of Justification by Faith)를 썼다. 오웬은 4백 페이지가 넘는 분량을 이 주제를 다루는 데 할애하고, 자신이 탁월한 논증신학자임을 보여 준다.[2] 이 주제의 중요성은 오웬에게 각별한 의미가 있었다. "그러므로 나는 누가 그것을 공격하든 간에 곧 만일 우리가 그리스도의 피를 믿는 믿음을 통한 칭의에 대한 전통적인 교리와 우리에게 전가된 그리스도의 의의 교리를 잃는다면 종교의 공적 업무는 신속하게 교황주의나 무신론으로 전락하게 될 것이라고 담대하게 말할 것이다."[3] 오웬은 다른 곳에서 이렇게 주장한다. "내가 보기에 루터는 '칭의 교리를 상실하는 것은 기독교 교리 전부를 상실하는 결과를 낳는다'(Amisso articulo justificationis, simul amissa est tota doctrina Christian)라고 말했을 때 진실을 말한 것이다."[4]

1677년에 출판된 오웬의 칭의 관련 작품은 그의 생애 후반기에 저술되었고, 그러므로 이 주제에 대해 그의 가장 성숙한 사상을 보여 준다. 이것은 오웬이 다수의 문제들에 대해 자신의 신학적 입장을 바꾼 명백한 증거가 있기 때문에 중요하다. 이렇게 입장을 바꾼 것 가운데 가장 두드러진 것으로 교회론과 속죄의 필연성 견해가 있다.[5] 그러나 오웬의 칭의 견해가 중대한 변화를 겪었다는 증거는 전혀 없다.

---

1) Anthony Burgess, *The True Doctrine of Justification Asserted & Vindicated*… (London; for Thomas Underhill, 1654), p. 149.

2) 버지스의 *The True Doctrine of Justification Asserted & Vindicated* 외에도, 오웬과 병행해서 참고할 만한 다른 작품은 토머스 굿윈의 *The Object and Acts of Justifying Faith* (제8권), in *The Works of Thomas Goodwin* (1861~1866, 재판, Grand Rapids: Reformation Heritage Books, 2006)이다. 굿윈이 보다 목회적인 관점에서 자신의 칭의 관련 작품을 저술하고 있음을 염두에 두는 것이 중요하다.

3) John Owen, *Justification*, in *The Works of John Owen, D.D.* (Edinburgh: Johnstone & Hunter, 1850~1855), 5:206~207.

4) Owen, *Justification*, in *Works*, 5:67.

5) 오웬의 속죄의 필연성 견해의 변화에 대해서는 Carl Trueman, "John Owen's Dissertation on Divine Justice: An Exercise in Christocentric Scholasticism," *Calvin Theological Journal 33*, no. 1 (1998), pp. 87~103을 보라.

현재는 오웬의 칭의 교리에 대해 심층적인 연구가 전혀 없다.[6] 그러나 앨런 클리퍼드는 칼빈에 대립하는 칼빈주의자 논제를 지지하는 작품에서 존 웨슬리의 칭의 교리가 오웬보다는 존 칼빈의 견해와 더 가깝다는 사실을 증명하는 데 그의 연구의 3분의 1을 할애하고 있다.[7] 이번 장은 오직 믿음으로 얻는 칭의에 대한 그의 해설 속에서 언약신학이 얼마나 중요한 역할을 맡고 있는지를 보여 주려는 의도를 갖고, 오웬의 칭의 교리에 대한 세부적인 개관을 제공할 것이다. 오웬보다 먼저 존 칼빈과 카스파르 올레비아누스(1536~1587년)가 칭의의 복을 언약 교리와 관련시켰다.[8] 오웬이 칭의 교리를 언약과 관련시켜 다루는 것은 새로운 시도가 아니다. 오히려 그것은 16세기의 주요 언약신학자들의 기본 관념과 연속성을 갖고 있고, 또 그것을 더 깊이 전개한 것을 보여 준다.

언약과 칭의

오웬에 따르면, 창세기 3장 15절의 원시복음(protoevangelium)에서 시작된 은혜 언약 속에는 애매하기는 하지만 칭의, 복음적 회개, 영원한 상, 육체 부활과 같은 구원의 유익들이 함축되어 있었다.[9] 아브라함과 맺어진 언약(창 17:7)에 대해 말하면서 오웬은 "전능하신 하나님"이라는 호칭은 언약의 약속과 직접 연계되어 있다고 지적한다. 그리스도로 말미암아 아브라함과 그의 믿는 후손은 은혜의 약속을 받았다. 즉 하나님이 자신을 자비롭고, 거룩하게 하고, 의롭게 하고, 구원하시는 하나님이라는 것을 증명하고, 자기들에게 믿음과 회개를 요청하는 약속을 받았다. 그러나 오웬이 "의롭게 하고"라는 말을 어떤 뜻으로 사용하고, 특히 그것을 언약과 어떻게 관련시키는지에 대한 문제는 그대로 남아 있다.

오웬의 〈대교리문답〉 19장에 따르면, 칭의는 "하나님의 값없는 은혜의 행위로, 믿는 죄인에게 그리스도의 의를 전가시키고, 그로 말미암아 그가 죄사함을 받아 그의 양심에 평안을 말하는 것 곧 그가 의롭다 함을 받고 하나님 앞에서 인정받았다고 선언하는 것"이다.[10] 이 은혜로운 칭의는 오직 믿음으로 받게 된다.[11] 오웬의 칭의 교리는 죄인이 하나님 앞에서 어떻게 의롭게 되는지에 대한 역사적

---

6) 칼 트루먼은 *John Owen: Reformed Catholic, Renaissance Man* (Aldershot: Ashgate, 2007), pp. 101~121에서 한 장에서 오웬의 칭의 교리를 다룬다.

7) Alan Clifford, *Atonement and Justification: English Evangelical Theology, 1640~1790: An Evaluation* (Oxford: Clarendon, 1990), pp. 169~244.

8) 칼빈에 대해서는 Peter Lillback, *The Binding of God: Calvin's Role in the Development of Covenant Theology* (Grand Rapids: Baker, 2001), pp. 176~193을 보라. 올레비아누스에 대해서는 R. Scott Clark, *Caspar Olevian and the Substance of the Covenant: The Double Benefit of Christ* (Edinburgh: Rutherford House, 2005), pp. 137~180을 보라.

9) "*Hisce autem capitibus omnem de mediatoris persona et officio, de justificatione gratuita, de resipiscentia, de morte aeterna, vita, et praemio, de resurrectione carnis, doctrinam (utut obscurius) contineri, facile esset probare*"(John Owen, *Theologoumena*, in *The Works of John Owen, D.D.* [Edinburgh: Johnstone & Hunter, 1850~1855], 2.i.4).

10) John Owen, *Two Great Catechisms*, in *The Works of John Owen, D.D.* (Edinburgh: Johnstone & Hunter, 1850~1855), 1:487. 개신교 스콜라 신학자인 요하네스 마코비우스는 칭의 주제에 대한 그의 첫째 논박에서 칭의에 대한 비슷한 정의를 제시한다. "칭의는 하나님이 죄인에 대해 그의 죄를 사하고 그리스도의 의를 그에게 전가시키신 후에 그를 의롭다고 선언하시는 방법으로 그리스도로 말미암아 그를 은혜로 받아 주시는 하나님의 행위다"("*Iustificatio est actus Dei, qua hominem peccatorem, gratis, propter Christum in gratiam suscipit, ita, ut peccatis remissis, ac Christi justitia imputata, eum justum pronunciet*" *Collegia Theologica*… [Franeker: U. Balck, 1641], p. 128). 또한 Maccovius, *Thesium Theologicarum per Locos Communes* (Franeker: U. Balck, 1641), pp. 309~310도 보라.

11) Owen, *Justification*, in *Works*, 5:290~295.

개신교의 정통적 견해를 그대로 반영한다. 오웬이 이런 정의를 주장하는 근거에 대해서는 더 깊은 고찰을 요한다.

예비적 고찰

오웬의 연구 목표는 죄인이 "하늘의 기업에 대한 권리와 자격을 갖고 하나님 앞에서 받아들여진 것"을 발견할 때 드러나는 "그리스도 안에서의 하나님의 영광"을 보여 주는 데 있다.[12] 하나님이 영화롭게 되는 여부는 우리가 칭의는 "우리 안에서 그리고 우리로 말미암아 일어난" 것으로 믿는 것에 의존하는가, 아니면 칭의는 "우리 안에 내재하는 것이 아니라……우리에게 전가된" 것이라고 믿는 것에 의존하는가? 오웬에 따르면, 후자 견해는 하나님의 은혜와 영광에 대한 참된 이해로 자명한 공리지만 전자 견해는 모든 거짓 종교와 철학의 특징이다.[13] 오웬의 작품, 특히 칭의 문제에 대한 작품 속에는 깊은 목회적인 의도가 나타나 있다는 사실이 기억되어야 한다. 예를 들어 보자.

> 자기에게 **전가된** 그리스도의 의를 소중히 여기지만 자기들 속에 **내재된** 그들 자신의 불의에 대해 어두운 자들은 소망이 작다. 자기 자신을 더 잘 알 때까지 사람들은 그리스도를 깊이 아는 것에 대해 별로 관심을 두지 않을 것이다……죄에 마음이 찔려 '우리가 어찌해야 구원을 받을 것인가?'라고 외치는 자들은 우리가 무슨 말을 해야 하는지 이해할 것이다.[14]

"우리가 어찌해야 구원을 받을 것인가?"라고 묻는 죄인들에게 유일한 소망은 "최초의 약속 곧 여자의 후손의 고난으로 말미암아 마귀의 역사가 파괴되는 것이 죄인들에게 유일한 구원책이고 하나님의 호의를 회복하는 유일한 수단으로 제시되는 그 약속(원시복음)에 두어져 있다. '여자의 후손은 네 머리를 상하게 할 것이요 너는 그의 발꿈치를 상하게 할 것이니라'"(창 3:15).[15] 여기서 오웬은 은혜 언약의 시작인 원시복음을 승리한 여자의 후손으로서 그리스도의 중보 사역으로 말미암아 죄인이 하나님과 호의 관계를 찾을 수 있는 것과 연계시킨다.

칭의에 있어서 은혜의 중요성은 앞에서 언급한 고찰 사실에서 나온다. 의롭다 함을 받은 죄인으로서 그리스도인이 하나님과 새로운 관계에 들어가는 것은 전적으로 은혜에 속한 일이다. 이 관계의 반정립이 행위 언약에서 발견되는데, 행위 언약에는 구속 은혜의 비밀이 전혀 없었다. 행위 언약에서 인간의 "하나님과의 관계의 유일한 지배" 원리는 "이를 행하면 그로 말미암아 살리라"였다.[16] 대조되는 두 언약(행위 언약과 은혜 언약)은 개신교의 율법과 복음의 구분을 반영한다. 이 율법과 복음의 반정립 관계를 이해하지 못하면, 독자는 오웬의 칭의 교리와 행위 언약 및 은혜 언약에 대한 그의 가르침을 제대로 파악할 수 없다는 것을 알게 될 것이다.

---

12) Owen, *Justification*, in *Works*, 5:7.
13) Owen, *Justification*, in *Works*, 5:9.
14) Owen, *Justification*, in *Works*, 5:21~23.
15) Owen, *Justification*, in *Works*, 5:27.
16) Owen, *Justification*, in *Works*, 5:44.

믿음의 본질과 용도

오웬은 심지어는 로마 교회 교인과 소키누스주의자도 인정하는 "우리 편에서의 칭의 수단은 믿음"이라는 명제를 취한다.[17] 그러나 오웬의 주 관심사는 믿음이 무슨 뜻인지를 고찰하는 데 있다. 오웬은 믿음을 두 가지 제목 아래 고찰한다. 첫째는 믿음의 본질이고, 둘째는 우리의 칭의에서의 믿음의 용도다. 믿음의 본질에 대해 말한다면, 오웬은 구원하는 참 믿음과 가짜 믿음을 구분한다.

> 우리를 의롭게 하는 믿음이 있는데, 이 믿음을 갖고 있는 자는 확실히 구원받고, 사랑으로 마음과 행위를 깨끗하게 한다. 그리고 이 모든 것과 아무 관련이 없는 믿음 또는 믿는 것이 있는데, 이 믿음을 가진 자는 전혀 믿음을 가진 것이 아니고, 의롭게 되지 못하며, 구원받을 수 없다……따라서 마술사 시몬에 대해 말한다면, 그는 믿었으나(행 8:13) 사실은 악독이 가득하며 불의에 매인 바 되었다.[18]

오웬은 죄에 대한 자각을 구원하는 믿음을 행사하기 위한 필수 전제 조건으로 본다. 이 자각은 "죄인의 눈을 열어 그의 양심에 적용된 율법의 선고와 저주 속에서 죄의 오염과 죄책을 보는 것에 있다"(롬 7:9, 10).[19] 이것은 죄인에게 "하나님 앞에서 자신의 죄책을 느낄 수 있는" 결과를 일으키고, 이것은 주권적 은혜의 행위로 말미암아 일어나는 상태다. 이 죄책 의식은 단순히 지성의 동의(assensus)에 있는 것이 아니다. 왜냐하면 믿는 것은 "마음의 행위"이기 때문이다.[20] 만일 "단지 지적 동의"(assentia)에 불과하다면, 오웬은 이런 믿음은 거부한다. 동의하는 믿음은 "약속들 속에 선언된 그리스도로 말미암아 하나님의 은혜를 의존하는 신뢰"와 짝을 이루어야 한다.[21] 많은 개혁파 신학자들이 의롭게 하는 신앙에 대해 3요소 곧 지식(notitia), 동의(assensus), 신뢰(fiducia)를 말했지만, 오웬은 이 문맥에서 지식과 동의를 하나로 묶은 것처럼 보인다. 그렇게 한 이유는 이 문맥에서 오웬은 믿음은 단순한 동의라는 로마 가톨릭교회의 관념과 맞서 싸우는 가운데 동의의 구원하는 본질에 특히 초점을 맞추고 있기 때문이다.

오웬은 그리스도를 의롭게 하는 믿음의 대상으로 간주한다. 그럼에도 오웬은 그리스도만이 아니라 성부도 믿음의 적절한 대상이라고 주장한다. 오웬이 이렇게 주장하는 이유는 그리스도만이 절대적으로 우리 믿음의 대상이 아니라 "하나님의 규례에 따라 성부도 의롭게 하시는……분으로서 믿음의 직접적 대상이기 때문이다. '나 보내신 이를 믿는 자는 영생을 얻었고.'"[22] 구속 언약(pactum salutis)과 관련해서 말한다면, 우리는 "하나님 아버지를 보내신 분으로, 성자를 보내심 받은 분으로서 즉 잃어버린 죄인들의 회복과 구원을 위한 하나님의 규례에 따라 중보 사역을 행하시는 예수 그리스도로서 믿음의 대상"으로 이해해야 한다.[23] 오웬은 이 하나님의 규례는 "원인으로서 하나님의 은혜

---

17) Owen, *Justification*, in *Works*, 5:70~71.
18) Owen, *Justification*, in *Works*, 5:71.
19) Owen, *Justification*, in *Works*, 5:79.
20) Owen, *Justification*, in *Works*, 5:81.
21) Owen, *Justification*, in *Works*, 5:84.
22) Owen, *Justification*, in *Works*, 5:84.
23) Owen, *Justification*, in *Works*, 5:84.

와 결과로서 죄사함, 그리고 그리스도와 그분의 중보의 유익을 우리에게 전달하는 수단으로서 복음의 약속들"을 포함한다고 주장한다.[24)]

따라서 의롭게 하는 믿음의 본질은 "하나님의 은혜와 지혜와 사랑에서 나오는 복음 속에 제시된 예수 그리스도로 말미암은 죄인들의 칭의와 구원의 길을 마음으로 인정하는 데" 있다.[25)] 이것은 그리스도를 통한 길을 제외하고 어떤 다른 수단으로 의와 구원을 얻으려는 시도를 단념하는 것을 포함한다. 오웬은 구원하는 믿음의 본질은 단순한 동의(assensus)가 아니라고 보기 때문에 믿음과 관련된 순종에 대해 중요한 구분을 행한다. 의롭다 함을 받은 자들은 예수 그리스도와 연합되고, 성령에 참여하는 자가 되어야 한다. 따라서 이런 믿음으로 말미암아 죄인은 지성을 새롭게 할 수 있고, 그리하여 하나님께 순종하며 살 수 있다. 그러나 오웬은 이렇게 주장한다. "다만 우리는 이렇게 말하는데, 곧 이 믿음에 생명과 형식을 제공하는 것은 **사랑** 등과 같은 어떤 다른 은혜도 아니고 어떤 **순종**도 아니다. 오히려 이 믿음이 다른 모든 은혜에 생명과 효능을 제공하고 모든 복음적 순종을 형성시킨다."[26)]

이것은 또 다른 중요한 문제를 야기한다. 오웬에 따르면, 어떤 이들은 잘못되게도 새 언약의 필수 조건은 무엇이든 칭의의 필수 조건도 된다고 주장한다.[27)] 예를 들어 끝까지 견인하는 것은 은혜 언약의 조건이다. 그 결과 만일 은혜 언약의 조건으로서 견인이 또한 칭의의 조건이라면 어떤 사람도 이 세상에 사는 동안 의롭다 함을 받지 못할 것이다. 이에 대해 오웬은 이렇게 말한다. "왜냐하면 조건은 그것이 이루어질 때까지는 실존 속에서 조건으로서는 정지되기 때문이다."[28)] 따라서 오웬은 새 언약의 출범을 칭의와 동등시하거나 구원을 칭의와 동연의 것으로 만들지 않는다. 견인 곧 효과적으로 은혜 언약에 참여하는 자들은 끝까지 견인할 것이라는 약속은 또한 은혜 언약의 복이기도 하다.[29)] 그러나 이 현세에서 칭의는 끝까지 견인하는 것에 부차적으로 수반되는 것이 아니다. 웨스트민스터 대교리문답 질문 73도 비슷하게 진술한다. "믿음은 하나님 앞에서 죄인을 의롭게 하는데, 이는 믿음에 항상 수반되는 다른 은혜나 그 열매인 선행 때문도 아니고, 그렇다고 믿음의 은혜나 믿음에서 나온 어떤 행위가 칭의를 위해 죄인에게 전가된 것도 아니다. 다만 믿음은 죄인이 그리스도와 그분의 의를 받고 적용시키는 도구일 따름이다." 따라서 은혜 언약의 복으로서 칭의는 성화 및 견인과 같은 다른 복과 구별된다.

오웬은 이어서 우리의 칭의 속에서의 믿음의 용도를 고찰한다. 여기서 오웬은 종교개혁자들과 웨스트민스터 총회 신학자들[30)]이 그랬던 것처럼, 믿음은 "우리의 칭의의 **도구적 원인**"이라고 주장한

---

24) Owen, *Justification*, in *Works*, 5:87. 의롭게 하는 믿음의 대상에 대한 토머스 굿윈의 말도 비슷한 사실을 강조한다. "그리스도 안에서의 하나님, 의롭게 하시는 분으로서의 하나님, 상을 주시고 죄를 사하시는 분으로서의 하나님, 하나님은 곧 이런 분이시므로 믿음의 특별한 대상이 되신다"(*The Object and Acts of Justifying Faith*, in *Works*, 8:290).

25) Owen, *Justification*, in *Works*, 5:93.

26) Owen, *Justification*, in *Works*, 5:104.

27) Owen, *Justification*, in *Works*, 5:105.

28) Owen, *Justification*, in *Works*, 5:105.

29) John Owen, *The Doctrine of the Saints Perseverance*, in *The Works of John Owen, D.D.* (Edinburgh: Johnstone & Hunter, 1850~1855), 제11권을 보라.

30) 웨스트민스터 신앙고백은 다음과 같이 진술한다. "이같이 그리스도와 그분의 의를 받아들이고 의지하는 믿음은 칭의의 유일한 도구다"(11.2). 웨스트민스터 대교리문답은 칭의는 "오직 믿음으로 받는" 것이고(질문 70. 또한 웨스트민스터 소교리문답 질문 33도 보라), 하나님은 "그들에게 믿음 외에 다른 것은 아무것"도 요구하시지 않는다고 설명한다(질문 71).

다.[31] 오웬은 바울이 "믿음을 통한" 하나님의 의에 대해 말하는 로마서 3장 28절을 갖고 논증한다. 오웬은 이렇게 덧붙인다. "그러므로 우리는 '믿음으로'…… 의롭게 된다고 말해지는…… 곳에는 도구적 효능이 의도되어 있다는 결론이 따라 나온다."[32] 어떤 이들이 "믿음은 우리의 칭의 조건"이라고 주장하는 것을 의식하고, 오웬은 우리가 의롭다 함을 받을 수 있도록 하나님이 우리에게 믿음을 요구하시는 것이 의도된 경우에 한해서만 믿음은 우리의 칭의의 조건으로 불릴 수 있다고 주장한다.[33] 그러나 오웬은 믿음과 순종에 대해 이렇게 경고한다.

> 만일 그것이 믿음과 순종이 어떤 은혜, 자비 또는 은혜 언약의 특권들에 참여하기 위해 우리가 **선행적으로** 수행해야 하는 언약의 조건이라는 뜻이라면, 그리하여 그것들이 믿음과 순종에 대한 보수와 취득 원인이 되어 버린다면, 곧 그것들은 어떤 이들이 말하는 것처럼, **우리의 믿음과 순종에 대한 보상**이라는 것이 전부라면, 그것은 매우 거짓된 것으로 성경의 증언을 표현하는 것과는 반대될 뿐만 아니라 은혜 언약 자체의 본질을 파괴하는 것이다.[34]

여기서 오웬은 은혜 언약과 칭의 본질을 다 말하고 있다. 은혜 언약은 믿음이 우리의 편에서 언약의 복을 붙들도록 요구되는 것으로 이해되는 한에 있어서만 조건적 언약이다. 그러나 이 믿음은 하나님의 선물로, 순종을 낳고, 그리하여 은혜, 자비, 그리고 은혜 언약의 특권들은 순종에 의존하는 것이 아니라 오히려 순종이 은혜, 자비, 은혜 언약의 특권들에서 나온다.

칭의의 의미

오웬은 "칭의"라는 말의 성경적 의미가 자신의 언약신학과 칭의 교리에 매우 중대한 함축성을 갖고 있다고 본다. 오웬은 칭의에 해당되는 라틴어 **유스티피카티오**(justificatio)는 "의롭게 되는" 과정으로서 내재적 불의에서 내재적 의로 바뀌는 내적 변화를 함축할 수 있다고 알고 있었다. 그러나 오웬은 라틴어 **유스티피카티오**(justificatio)와 **유스티피코**(justifico)가 표상하는 개념이 고전 라틴어에는 속하지 않고, "항상 그 말을 사용한 어떤 훌륭한 저술가도 이전에 그렇지 못했던 자를 **내재적으로** 의롭게 하는 뜻으로 그 말을 사용하지 않았다"고 주장한다.[35] 따라서 오웬은 이렇게 말한다. "그런데 로마 교회 전체 진영에서는 칭의를 사람을 **정당화 곧 내재적으로** 의롭게 만드는 것의 의미로 취한다."[36] 오웬이 지적하는 것처럼, 이 말이 이렇게 오해되기 때문에 일부 "옛날 학자들"은 칭의와 성화를 혼동했다. 개신교 주석의 특징인 "오직 성경으로"(Scriptura sola)라는 종교개혁 표어에 따라 오웬은 칭의라는 말의 의미는 그 말의 성경적 용법에 따라 결정되어야 한다고 봤다. 따라서 오웬은 히브리어에서 칭

---

31) Owen, *Justification*, in *Works*, 5:108.
32) Owen, *Justification*, in *Works*, 5:109.
33) Owen, *Justification*, in *Works*, 5:113.
34) Owen, *Justification*, in *Works*, pp. 113~114. 은혜 언약의 선행적 조건과 결과적 조건의 변증에 대해서는 John Flavel, *Planelogia*… (London: R. Roberts, 1691), pp. 244~248을 보라. 플라벨의 주요 논점은 믿음을 은혜 언약의 조건으로 부르기를 거부한 율법폐기주의 신학자들을 겨냥하고 있다.
35) Owen, *Justification*, in *Works*, 5:124.
36) Owen, *Justification*, in *Works*, 5:124.

의는 차다크에서 오기 때문에 "모든 개신교인은……이 말들의 용법과 의미는 법정적인 것이라고 주장한다"고 말한다. 그리고 그 의미는 욥기 13장 18절과 같은 본문에서 취해질 수 있다.

> הנה-נא ערכתי משפט ידעתי כי-אני אצדק-"보라 내가 내 사정을 진술하였거니와 내가 정의롭다 함을 얻을 줄 아노라." 그의 사정(그의 판단) 곧 판단을 받아야 할 그의 사정은 사죄(赦罪)나 정죄 선고에 대한 그의 준비를 가리킨다. 이에 따라 그의 확신은 자신이 의롭게 될 것이라는 것이다. 즉 용서를 받고, 석방되고, 의롭다고 선언될 것이라는 것이다. 그리고 그 의미는 다른 곳에도 매우 풍성하게 제공되고 있다.[37)]

나아가 이 모든 본문은 동사 차다크의 히필형을 사용하고, 70인역에서는 이 말을 디카이오오로 번역한다. 이 말의 법정적 의미를 옹호하고, 따라서 전가 교리를 변호할 때 오웬은 이렇게 말한다. "차다크는 어떤 다른 의미로 사용되지 않고 오직 '용서하다. 석방하다, 존중하다, 선언하다, 의롭다고 선포하다 또는 의를 귀속시키다'는 의미로만 사용되는데, 이것은 우리가 옹호하는 그 말의 법정적인 의미를 가리킨다……따라서 어떤 이들이 칭의는 오직 죄사함만으로 구성된다고 주장하는 것은 헛되고, 성경 어디서도 그 말이 그렇게 사용된 적은 없다."[38)] 오웬은 "그러므로 비록 칼형으로 사용된 차다크가 '의롭게 되는 것'(justum esse)을 의미하고, 때때로 내재적 의와 관련시킬 수 있는 '의롭게 하는 것'(juste agere)을 가리킨다고 해도, 다른 행동을 향한 어떤 행동이 함축된 곳에서 이 말은 단지 어떤 사람이 용서받고, 방면되고, 깨끗하게 되고, 의롭게 된 것으로 간주하고, 선언하고, 선포하고, 판결하는 것을 가리킨다. 그러므로 구약 성경에 언급된 것 가운데 다른 종류의 칭의는 절대로 없다."[39)] 오웬은 법정적 칭의가 구약 성경에서 "의롭게 하다"는 말의 일차 의미라는 것을 확립하는 데 심혈을 기울인다.

"칭의"라는 말의 신약 성경의 용법을 연구해 봐도 비슷한 결과가 나온다. 오웬은 이렇게 단정한다. "어떤 훌륭한 저술가도 이 말을 사람 안에 내적 의를 낳는 것에 적용시킴으로써 그를 의롭게 하는 것의 의미로 사용하지 않는다. 오히려 용서를 받고 방면되는 것이나 의롭다고 판단하고 간주하고 선언하는 것을 가리키고, 그렇지 않으면 반대로 정죄하는 것을 의미한다."[40)] 오웬의 일차 목적은 이 말의 법정적 의미를 확립하는 데 있는데, 그 이유는 칭의 교리에서 이 말이 함축하고 있는 의미가 그렇기 때문이다. 만일 이 말이 주로 법정적 의미로 사용된다는 것 즉 의롭다고 선언하고, 따라서 단순한 용서 이상의 의미를 갖고 있다는 것을 확립할 수 있다면, 개혁파 칭의 교리는 로마 가톨릭교회 신학자들의 입장과는 반대된다고 주장할 수 있다.

---

37) Owen, *Justification*, in *Works*, 5:125.
38) Owen, *Justification*, in *Works*, 5:125~126.
39) Owen, *Justification*, in *Works*, 5:128. 또한 Maccovius, *Collegia*, pp. 128~129도 보라.
40) Owen, *Justification*, in *Works*, 5:128.

이중 칭의

로마 교회 견해에 대한 오웬의 논박은 이중 칭의의 구별이 거짓이라는 사실도 포함하고 있다. 로마 교회 견해에 따르면, 첫 번째 칭의는 세례에 의해 은혜가 주입되는 것으로, 이것은 하자 없이 작용하기(ex opere operato) 때문에 이로 말미암아 원죄가 소멸되고 죄의 습관이 제거된다. 두 번째 칭의는 첫 번째 칭의의 결과다. 즉 선행을 행함으로써 의롭게 되는 것으로, 주입된 은혜의 습관을 행사하는 것이다.

> 로마 교회는 이렇게 말한다. 곧 바울은 단지 **첫 번째 칭의**만 다루고, 거기에는 모든 선행이 제외된다……하지만 야고보는 **두 번째 칭의**를 다루는데, 그것은 선행을 통한 칭의다……그런데 여기서 성화가 칭의로 바뀐다……값없는 죄사함과 의의 전가로 구성되어 있는 **복음적 칭의**의 전체 본질은……로마 교회의 견해로 완전히 박살나고 만다.[41]

다른 곳에서 오웬은 로마 가톨릭교회가 옹호하고 제공하는 두 칭의의 구분은 우리에게 칭의는 전혀 존재하지 않는 것처럼 만들고 만다고 주장한다.[42]

오웬에 따르면, 사람이 의롭게 될 수 있는 길은 오직 두 가지가 있다. 첫 번째 길은 "율법의 행위로" 칭의를 얻는 것이다. 이때 죄인은 그리스도께서 그렇게 하신 것처럼 율법의 모든 요청을 이뤄야 한다. 두 번째 길은 "은혜로" 즉 그리스도를 택함받은 자를 위해 율법의 모든 요청을 이루신 분으로 믿는 믿음으로 칭의를 얻는 것이다. 칭의는 "그것이 권리와 자격을 주는 모든 것에 대한 충분한 소유는 아니지만, 모든 원인과 전체 결과에 있어서……은혜로" 하나님이 행하시는 사역이다.[43] 다시 말하면 사람은 자신의 믿음을 그리스도에게 둘 때 의롭다고 선언된다. 그러나 예컨대 천국과 같은 칭의의 추가 유익은 미래에 소유하도록 되어 있다. 나아가 의롭게 하는 믿음을 갖고 믿음으로써, 그리스도인들은 "하나님의 자녀"가 되고 그리스도의 중보의 모든 유익을 차지할 권리를 갖게 되는데, 그리스도의 중보는 다른 모든 중보를 불필요한 것으로 만든다. 게다가 그리스도를 믿는 믿음을 통해 신자들의 죄는 사함받고, 그리하여 아무도 하나님의 택함받은 자를 비난할 수 없다. 왜냐하면 "믿는 자는 영생을 가졌기" 때문이다. 만일 칭의가 즉시 완결되지 않고 이차 칭의를 필요로 하게 된다면, "어떤 사람도 이 세상에서 의롭다 함을 받을 수 없을 것이다."[44]

> 순종의 시간도 정해질 수 없고 순종의 척도도 한정될 수 없으므로, 그렇게 되면 의롭게 되기 위해 하나님 앞에 나아온 어떤 사람도 첫 번째 믿음에 따라서는 의롭게 되지 못한다고 가정될 수 있다. 왜냐하면 성경은 어디서도 이런 시간이나 척도를 지정하지 않기 때문이다. 그리고 하나님 보시기에 현세에서는 **아무도 완전히 의롭게 되지 못한다**고 말하는 것은 성경이 칭의에 대

---

41) Owen, *Justification*, in *Works*, 5:138.
42) Owen, *Justification*, in *Works*, 5:141.
43) Owen, *Justification*, in *Works*, 5:143.
44) Owen, *Justification*, in *Works*, 5:145.

해 가르치는 모든 것을 뒤집어엎고, 그로 말미암아 하나님과의 모든 평강과 신자들의 위로도 무너진다. 그러나 사람은 법적 재판에 따라 방면된 사람은 법이 그에게 부과한 모든 것이 즉시 면제된다.[45]

은혜 언약 안에서 의롭게 된 죄인들의 지위에 대해 말할 때, 오웬은 여러 타당한 설명을 제공한다. "의롭게 된 죄인은 이런 죄들에 빠져들어 당연히(ipso facto) 그들의 법적 지위를 상실하고, 그 죄들이 은혜 언약에서 행위 언약으로 넘겨지지 않는 한, 모든 미래의 죄에 대해 용서받는다. 우리는 신실하게 하나님을 믿으면 그 죄들에서 보존을 받을 것이다."[46] 여기서 오웬은 그리스도와 그분의 유익을 거부하고, 그래서 하나님의 율법의 충분한 요청에 예속되게 된 배교자들에 대해 말하고 있다. 그러나 자신의 견인 교리에 따라 오웬은 택함받은 신자는 떨어져 나갈 수 없다고 주장한다. 오웬은 계속해서 비록 죄는 저질러지기 전에는 사함받을 수 없는 것이라고 할지라도, 율법의 저주는 의롭게 된 자들에게 적용되지 않고, 이것은 "의롭게 된 지위 또는 은혜 언약의 조건과 일치된다"고 주장한다.[47] 신자들은 "의롭게 하시는 이는 하나님"이라는 사실과 이것은 "'모든 것이 질서가 있고 확실한' 영속적인 언약의 불변성"에 의존한다는 사실에서 자기들의 칭의에 대한 안전성을 취득한다.[48] 오웬은 칭의 교리를 다룰 때, 비록 종종 하나님과 언약 속에 있는 자들에게 요구되는 조건에 대해 말하기는 해도, 은혜 언약의 무조건적 성격을 강조한다.

전가와 보증

오웬은 전가 교리, 특히 그리스도의 능동적 순종의 전가 교리를 옹호할 때 개혁파 신학 전통 안에 확고하게 서 있다.[49] 앨런 클리퍼드는 잘못되게도 오웬의 칭의 진술과 칼빈의 칭의 진술을 이분법적으로 날카롭게 구분하면서, 오웬이 그리스도의 능동적 순종을 강조하는 것은 "이후 세대의 고도의 정통주의 사상을 반영한다"고 말한다.[50] 흥미롭게도 오웬은 "능동적 순종"이라는 고전적인 개혁파 용어를 사용하지만 그리스도의 사역과 관련해서 "수동적 순종"이라는 표현을 부적절한 용어로 일축한다. 왜냐하면 순종은 본질상 단순히 수동적일 수는 없기 때문이다.[51] 클리퍼드의 주장의 핵심은 칼빈의 칭의 교리는 단지 죄사함에 대해서만 말하고, 그리스도의 능동적 순종의 전가에 대해서는 말하지 않는다는 주장이다. 클리퍼드는 이렇게 단언한다. "따라서 분명히 말하면 오웬 당시의 높은 칼빈주의자들은 종교개혁자들의 사상에서 심각하게 이탈했다."[52] 그러나 이것은 이 종교개혁자 곧 칼빈을 오해한 것이다. 칼빈은 이렇게 말한다.

---

45) Owen, *Justification*, in *Works*, 5:145.
46) Owen, *Justification*, in *Works*, 5:146.
47) Owen, *Justification*, in *Works*, 5:146.
48) Owen, *Justification*, in *Works*, 5:147.
49) 웨스트민스터 신앙고백 11.1을 보라.
50) Clifford, *Atonement and Justification*, p. 170.
51) John Owen, *On Communion with God*, in *The Works of John Owen, D.D.* (Edinburgh: Johnstone & Hunter, 1850~1855), 2:157, 163을 보라.
52) Clifford, *Atonement and Justification*, p. 173.

> 우리는 누구든 율법을 지키는 자에게 주어질 것을 그리스도에게 구해야 한다. 또는 마찬가지겠지만 하나님이 우리 행위에 대해 율법에 약속하신 것-"사람이 이를 행하면 그로 말미암아 살리라"[레 18:5. 참고, 주석]-을 우리는 그리스도의 은혜로 말미암아 얻는다. 이것은 안디옥에서 전한 설교에서 매우 분명히 확인된다. 거기 보면 그리스도를 믿음으로써, "모세의 율법으로 너희가 의롭다 하심을 얻지 못하던 모든 일에도 이 사람을 힘입어 믿는 자마다 의롭다 하심을 얻는다"[행 13:39. 참고, 예컨대 13:38]고 천명한다. 만일 의가 율법을 지키는 것에 있다면, 그리스도께서 친히 그 짐을 짊어지심으로써, 마치 우리가 율법을 지킨 것처럼, 우리를 하나님과 화목시켰을 때 우리를 위한 자비를 위해 공로를 세우신 것을 누가 부인하겠는가?……따라서 바울은 행위로 말미암지 않는 의의 전가를 설명하는 것이다[롬 4장]. 왜냐하면 오직 그리스도 안에서 발견되는 의만 우리의 것으로 간주되기 때문이다.[53]

칼빈도 오웬과 똑같이 주장한다. 곧 칭의는 단순한 죄사함 이상의 것을 의미한다. 전가는 "하나님의 행위로……이때……하나님은 그리스도 자신의 것인 참되고 실제적이고 완전한 의를 믿는 모든 자에게 효과적으로 허락하고 제공하신다. 그리고 자신의 은혜로운 행위에 따라 그것을 그들의 것으로 간주하신다. 곧 그들을 방면하고, 그들에게 영생에 대한 권리와 자격을 부여하신다."[54] 물론 전가 교리는 능동적이고 수동적인 그리스도의 의가 신자들에게 전가되는 것일 뿐만 아니라 신자들의 죄가 그리스도에게 전가되는 것도 망라한다.[55]

전가의 기초는 그리스도와 그의 교회 간의 연합이다. 오웬은 이것이 그리스도와 그의 교회가 성령의 연합시키는 효능을 통해 하나의 신비적인 몸으로 결합된다는 것을 의미한다고 본다. 그 몸에서 그리스도는 머리가 되고, 신자들은 지체가 되는 이 신비적인 연합으로 말미암아 그리스도께서 이루신 공로는 무엇이든 간에, 마치 그분이 행하신 것이 그들이 행한 것인 것처럼 택함받은 자에게 전가된다. 물론 이 신비적인 연합은 또한 택함받은 자가 죄로 말미암아 마땅히 받아야 할 것이 그리스도에게 전가된 것을 의미하고, 따라서 그리스도의 속죄 제사의 필연성도 의미한다.[56] 이 연합의 원인은 "타락한 인간의 회복과 구원에 대해 성부와 성자 간에 맺어진 영원한 계약"에 있다.[57] 독특한 삼위일체 신학을 제시하려고 하기 때문에 오웬은 또한 성령이 그리스도와 교회 간의 이 연합을 일으키

---

53) John Calvin, *Institutes of the Christian Religion* (Louisville, Ky.: Westminster John Knox Press, 2008), 2.17.5. 그러나 차드 판 딕호른은 몇 가지 경고와 함께 이렇게 주장한다. "종교개혁자들은 그리스도의 능동적 순종의 전가에 대해 혼합적 견해를 제공한다. 칼빈은 이 총회의 칭의 논쟁 의사록에서 가장 빈번하게 인용된 종교개혁자다(5회). 하지만 칼빈은 교리문답에서는 그리스도의 능동적 순종의 전가를 가르치지 않는다. *The School of Faith: The Catechisms of the Reformed Churches*, T. F. Torrance 편집 (London: James Clarke, 1959), p. 13이나 칼빈의 로마서 주석 로마서 5장 19절 부분이나 『기독교강요』에서 칼빈의 교리문답을 보라…… 마크 가르시아 박사는 『기독교강요』 최종판이 출판된 이후에 전한 설교를 보면 칼빈의 견해는 그리스도의 능동적 순종의 전가 교리에 가깝다고 내게 말했다. 예를 들면 대략 1560~1561년에 전해진 창세기 15장 6절에 대한 설교가 그렇다……이상의 언급은 능동적 순종의 전가를 지지하는 진술로 이해될 수 있지만 확실한 것은 아니다"("Reforming the Reformation: Theological Debate at the Westminster Assembly, 1642~1652" [철학박사학위논문, University of Cambridge, 2004], 1:327n247). 칼빈을 어떻게 해석하든 간에 클리퍼드가 오웬이 칼빈에게서 심각하게 이탈했다고 말한 것은 확실히 잘못이다. 그리고 우리는 비록 정확히 그 말이 사용된 것은 아니지만 그 관념은 칼빈의 진술 속에 확실히 나타나 있다고 생각하고 싶다.

54) Owen, *Justification*, in *Works*, 5:173.

55) Owen, *Justification*, in *Works*, 5:175.

56) Owen, *Justification*, in *Works*, 5:176.

57) Owen, *Justification*, in *Works*, 5:179.

시는 것에 대해서도 말한다.

구속 언약은 그리스도께서 택함받은 자를 위해 은혜 언약을 최종적으로 시행하심으로써 "새 언약의 담보물"이 되셔야 했음을 의미했다.[58] 오웬은 죄인들은 그들을 위한 담보물을 필요로 하고, 그래야 은혜 언약이 굳게 서고 영속적이 될 수 있다고 덧붙인다. 행위 언약에서 아담은 담보물을 갖고 있지 않았다. 하나님과 인간이 행위 언약의 직접 당사자였다. 아담은 행위 언약의 의무를 수행할 능력을 갖고 있었으나 어겼고, 그러므로 행위 언약은 폐지되었다. 하나님이 아니라 인간이 다만 행위 언약을 어겼기 때문에 새 언약은 당연히 언약의 의무를 수행해야 했던 인간 편의 담보물을 요청하게 되었고, 따라서 하나님 앞에서 칭의는 오직 담보물인 그리스도의 순종을 제외하고는 다른 어느 누구의 순종에도 수반되지 않았다.[59] 주 그리스도는 은혜 언약의 자발적인 담보물로서 "우리 편에게 요구된 모든 것을 수행하실 수 있었고, 그리하여 우리는 은혜 언약의 유익을 누릴 수 있게 된다."[60] 오웬은 "하나님께로의 회심, 죄사함, 성화, 칭의, 양자 등과 같은 은혜 언약의 은혜가 그리스도 죽음의 결과나 획득물이라는 것"을 부인하는 자들의 견해를 거부한다. 그리스도의 사역이 실제로 "은혜 언약의 핵심 약속"이다.[61] 담보물로서의 그리스도 중보 사역을 통한 구원을 약속하는 은혜 언약의 "유일한 원인"은 하나님의 은혜와 사랑과 지혜다.[62]

칭의의 형식적 원인

오웬은 다양한 견해를 알고 있었지만, 칭의의 형식적 원인은 "그리스도의 하나님에 대한 온전한 순종"에 포함되어 있는 그분의 의의 전가라고 가르쳤다.[63] 오웬의 가장 유명한 신학적 호적수인 리처드 백스터(1615~1691년)는 『칭의에 대한 경구』(condition of our justification)에서 칭의의 형식적 원인은 그리스도의 의로 말미암아 의로 전가되거나 간주되는 신자 개인의 믿음이었다고 주장했다.[64] 이 교리 배후에서 백스터는 옛 언약과 새 언약을 구분했다. 백스터에게 이 구분은 본질상 구약과 신약 간의 차이를 의미했다. 이 구분은 옛 언약을 성취하셨고, 그러므로 사람이 복음의 "새 법"의 더 가벼운 조건(이것 때문에 "신율법주의"라는 말이 붙는다)을 기초로 의롭게 되는 것을 가능하게 하신 그리스도에게 기반을 두고 있다. 백스터의 신학에 따르면, 그리스도의 의는 옛 언약을 성취하심으로써 칭의의 공로적 원인이 되고, 그로 말미암아 이것은 새 언약 아래에서 신자의 믿음을 칭의의 형식적 원인으로 만든다. 백스터의 신율법주의를 겨냥하면서, 오웬은 율법의 완화가 있을 수 있다는 견해를 무시한다. "왜냐하면 그렇게 되려면, 그것은 전 존재를 율법과 관련시키고, 최소한 한동안은 율법의 전체 의무를 중단시키거나 율법의 요청을 충족시키기 위해 원래 의무 속에 있지 않은 다른 사람이 그들을 대신

58) Owen, *Justification*, in *Works*, 5:181.
59) Owen, *Justification*, in *Works*, 5:186.
60) Owen, *Justification*, in *Works*, 5:187.
61) Owen, *Justification*, in *Works*, 5:194.
62) Owen, *Justification*, in *Works*, 5:193, 195.
63) Owen, *Justification*, in *Works*, 5:209.
64) Richard Baxter, *A Treatise of Justifying Righteousness in Two Books* (London: for Nevil Simons and Jonathan Robinson, 1676), pp. 29, 88, 129~130. 백스터의 칭의 교리에 대해서는 Hans Boersma, *A Hot Pepper Corn: Richard Baxter's Doctrine of Justification in Its Seventeenth-Century Context of Controversy* (Vancouver: Regent College Publishing, 2003)을 보라.

하거나 해야 하기 때문이다."[65]

칭의의 형식적 원인으로서 전가는 오웬의 전체 논증 속에서 중대한 역할을 맡고 있다. 죄인이 하나님 앞에 서기 위해서는 두 가지가 요구된다. 첫째, 그는 죄악을 용서받아야 한다. 둘째, 그는 하나님의 공의 요청을 만족시킬 의를 갖고 있어야 한다. 우리 자신의 내재적인 의는 아무리 해도 불완전하고, 하나님의 율법의 요구를 만족시킬 수 없다. 자신의 성화 교리에서 오웬은 "내재적 의"에 대해 말한다. 그러나 이 의는 하나님에게서 나오는 의 곧 칭의에 고유한 것으로 오직 믿음으로 전가되고 받는 의와 혼동해서는 안 된다. 오웬은 이렇게 말한다. "성경은 모든 믿는 자 안에 이런 내재적 의가 있다는 것을 분명히 언급한다……[그러나] 그것이 우리의 칭의의 조건이라는 것, 따라서 그것에 선행한다는 것은 사도의 말에 분명히 반대되는 것이다……그것은 은혜 언약 자체의 조건도 아니다."[66] 칭의의 조건은 우리의 개인적 의가 아니고, 우리의 의는 은혜 언약 자체의 조건도 아니다. 오히려 칭의와 성화는 오직 은혜로 이루어지기 때문에 은혜 언약은 그리스도 안에 있는 의와 분리시킬 수 없다. 따라서 의롭게 하지 못하는 우리의 개인적 의와 의롭게 하는 그리스도의 의 사이 구분이 오웬에게는 매우 중요한 구분이다.

율법의 요구

오직 믿음으로 얻는 칭의 논증은 하나님이 요청하는 순종의 본질과 모든 인간이 지킬 의무를 갖고 있는 하나님의 율법의 불변성으로 말미암아 더 보강된다. 도덕법은 구속사 과정 속에서 절대로 바뀌거나 폐지되지 않는다. 오웬은 행위 언약은 공식적으로 폐지되었지만 도덕법은 죄가 들어온 후에도 여전히 힘을 발휘하고 있다고 본다. 따라서 논쟁은 "율법의 연합적 부속물에 대한 것이 아니라 오직 율법의 도덕적 성격에 대한 것에 있다."[67] 율법은 계속 인간에게 행위 언약에 규정된 대로 원래의 죽음의 형벌 아래 완전한 순종으로 반응하라는 의무를 지운다. 그러므로 하나님의 율법이 완전히 순종되거나 성취되지 않으면 죽음의 형벌이 율법을 어긴 모든 자에게 임하도록 되어 있다는 결론이 필수적으로 따라 나온다.[68] 그러나 이전에 죄인이었던 사람이 "이후에 율법이 요구하는 하나님에 대한 완전한 모든 순종을 이루었다고 해도, [그는] 그것으로 언약의 약속의 유익을 얻을 수 없었다…… 왜냐하면 그는 이전에 이미 죄인이었고, 따라서 율법의 저주를 받아야 하기 때문이다."[69] 그러므로 하나님이 율법을 "다시 언약으로" 새롭게 하시지 않았기 때문에 인간이 율법을 완전히 지키는 것은 불가능하다.[70] 이런 오웬의 주장은 잉태했을 때부터 모든 인간을 하나님 앞에서 죄책 있는 존재로 만드는 그의 원죄 교리와 일치된다.

따라서 율법은 어쨌든 계속 존속하고, 그렇다고 "느슨해지는" 것이 아니다. 나아가 하나님의 본성에서 나오는 율법은 모든 면에서 완전한 순종을 요구한다. 그 결과 "믿는 모든 자의 의에 대해 율법

65) Owen, *Justification*, in *Works*, 5:248.
66) Owen, *Justification*, in *Works*, 5:232.
67) Owen, *Justification*, in *Works*, 5:243.
68) Owen, *Justification*, in *Works*, 5:243.
69) Owen, *Justification*, in *Works*, 5:243.
70) Owen, *Justification*, in *Works*, 5:244.

의 마침이 되시는 그리스도의 완전한 순종과 의의 전가로 말미암지 않고는 하나님의 불변의 율법이 우리와 관련해서 확립되고 성취될 수 있는 다른 방법은 없다."[71] 따라서 율법은 비록 구원의 가치는 없다고 해도 타락 이전에 그랬던 것처럼 폐지되지 않고 계속 존속할 수 있다. 따라서 언약의 중보자로서 그리스도의 사역은 그분을 위해 죽은 자들의 칭의를 보장한다.

두 언약으로 증명된 칭의

오웬의 칭의 교리는 그의 언약 사용에 따라 형성된다. 오웬은 "두 언약"과 두 언약의 차이에 대해 말한다. 여기서 오웬이 말하는 두 언약은 약속 및 경고와 함께 인간에게 주어진 행위 언약과 원시복음(protoevangelium)에 계시되고 제시된 은혜 언약이다.[72] 칭의는 두 언약의 차이로 증명되지만, 반대로 두 언약의 차이로 칭의가 증명되는 것은 아니다. 오웬은 행위 언약은 이것 곧 "우리의 개인적 순종에 따라……우리가 하나님의 인정을 받고, 상을 받는" 것에 있다고 본다.[73] 이 언약에는 중보자가 없었기 때문에 "모든 것이 하나님과 인간 사이에 직접 체결되었고", 따라서 행위 언약의 복은 중보자가 아니라 개인적 순종에 달려 있었다.[74] 이에 따라 오웬은 "오로지 완전하고, 죄가 없는 순종만이 하나님의 인정을 받도록 되어 있다"고 주장한다.[75] "그것의 본질적 형식이 다른 성격에 속한 것이 아니라면, 즉 우리 자신의 개인적 순종이 하나님 앞에서 우리의 인정받음과 칭의의 법칙과 원인이라면", 새 언약은 있을 수 없었을 것이다.[76]

오웬이 여기서 주장하는 것의 중요성은 아무리 강조해도 지나치지 않다. 행위 언약 속에 어떤 은혜가 들어왔든 간에, 즉 구원하는 은혜와는 구별되는 단순한 은혜가 들어왔다고 해도, 결과는 우리의 행위는 우리의 칭의 원인에서 제외된다는 것일 수밖에 없다. 그러나 "새 언약은 체결되면, 그 언약의 첫 번째 목적에 비춰 볼 때, 우리에게 속한 행위와는 절대로 일치되지 않는 은혜가 제공되어야 한다."[77] 오웬은 칭의는 이 두 언약 속에서 우리의 행위와 관련해서 결정적으로 상이한 성격을 갖고 있다는 것을 증명하기 위해, 두 언약 사이에 경계선을 긋는다. 이 율법-복음 이분법은 새 언약에서 행위를 철저히 배제시키고 칭의의 은혜성을 보존하기 위해 사용된다. 나아가 은혜 언약은 중보자(담보물)를 갖고 있다. 이 실재는 다음과 같은 가정 곧 "우리는 스스로 우리에게 원래 요구되었던 것을 이행할 수 없고, 첫 번째 언약의 법을 우리는 수행할 수 없고, 그래서 우리의 중보자와 담보물이 우리를 위해 대신 수행해야 한다는 것"에 따라 세워져 있다.[78] 기독교의 본질은 택함받은 자에게 그들의 중보자로 주어진 그리스도께서 그들을 대신해서 그들이 행할 수 없었던 것을 행하신다는 사실에 있다. 이것은 다음과 같은 결과를 낳는다.

---

71) Owen, *Justification*, in *Works*, 5:250.
72) Owen, *Justification*, in *Works*, 5:275.
73) Owen, *Justification*, in *Works*, 5:275.
74) Owen, *Justification*, in *Works*, 5:276.
75) Owen, *Justification*, in *Works*, 5:276.
76) Owen, *Justification*, in *Works*, 5:276.
77) Owen, *Justification*, in *Works*, 5:276.
78) Owen, *Justification*, in *Works*, 5:276.

> 우리는 우리 자신의 의 대신에 우리는 "하나님의 의"를 갖고, 하나님 앞에서 스스로 의롭게 되는 대신에 그분이 "우리의 의 여호와"가 되신다. 그리고 하나님 앞에서 칭의를 위해 오직 다른 종류와 성격에 속한 의만이 다른 언약을 구성할 수 있었다. 그러므로 우리를 의롭게 하는 의는 우리에게 전가된 그리스도의 의이고, 그렇지 않으면 우리는 여전히 율법 아래 곧 행위 언약 아래 있을 것이다.[79)]

두 언약 간의 구분은 행위로 말미암지 않는 칭의 이유를 제공한다.

오직 믿음

죄인들이 오직 믿음으로 의롭다 함을 받는다는 것이 성경적인 개혁파 칭의 교리의 핵심 요소다. "오직 믿음으로"(sola fide)라는 말은 루터에게서 연원했지만 그 관념은 훨씬 오래전에 유래되었다. 로마서 3장 28절에 대한 자신의 독일어 번역에서 루터는 "믿음으로 의롭다 하심을 얻는 것"이라는 말에 알라인(오직)이라는 말을 추가해 "오직 믿음으로 의롭다 하심을 얻는 것"으로 바꿨다.[80)] 오웬은 로마서 3장 28절을 그렇게 번역하지 않고 루터가 강조하려고 한 의미를 함축시켰다. 오웬이 솔라 피데를 옹호하는 것은 간헐적인 증거 본문에서 기초를 발견하는 것이 아니라 구원의 본질, 언약, 자신을 구원하는 데에서 인간의 전적 무능력과 같은 성경의 전반적인 가르침 속에서 기초를 발견한다. 오웬은 다음과 같이 덧붙인다.

> 우리 편에서 보면, 오직 믿음으로 우리는 그 의에 참여하도록 요구받고 또는 그것으로 우리가 하나님의 인정과 그 전달을 따르고 또는 그것을 받아들임으로써 우리의 향유와 유익을 얻게 된다. 왜냐하면 비록 이 믿음이 본질상 모든 순종의 근본 원리라고 해도…… 그것으로 우리가 의롭게 될 때, 그 행위와 의무는 본질상 다른 어떤 은혜, 의무나 사역을 그것과 연계시키거나 고려할 수 없기 때문이다.[81)]

오직 믿음으로에 대한 오웬의 논증은 5중 요소를 갖고 있다. 당연하게도 그것은 명확하게 기독론적인 초점을 강조한다. 첫째, 신약 성경에서 의롭게 하는 믿음은 매우 빈번하게 "받는" 것으로 표현된다. 오직 믿음으로만 그리스도를 받아들일 수 있고, "믿음이 영접하는 것이 우리 칭의의 원인이다"(요 1:12). 나아가 심지어는 하나님의 은혜와 의 자체도 "우리의 칭의의 효과적이고 질료적인 원인으로서" 역시 받는 것이다. 둘째, "믿음은 보는 것으로 표현된다"(요 3:14~15). 오직 그리스도를 바라보는 것으로 "믿음의 본질이 표현되고", 그러므로 "그것이 무엇이든 다른 모든 은혜와 의무는 제외된다." 셋째, 믿음은 그리스도께 나아가는 것을 함축한다(마 11:28). "생명과 구원을 위해 그리스도께 나아가는 것은 생명의 칭의를 위해 그분을 믿는 것이다. 그러나 다른 은혜나 의무는 그리스도께 나아

---

79) Owen, *Justification*, in *Works*, 5:277.

80) 그의 독일어 번역은 다음과 같이 되어 있다. *So halten wir nun dafür, daß der Mensch gerecht werde ohne des Gesetzes Werke, allein durch den Glauben.*

81) Owen, *Justification*, in *Works*, 5:291.

가는 것이 없고, 그러므로 그들은 칭의에 있어서 차지할 자리가 없다." 넷째, 믿음은 "피난처로 도망치는 것"으로 표현된다(히 6:18).

> 여기에는 다음과 같은 사실들이 가정되어 있다. 곧 믿는 자는 이전에 자신의 잃어버린 상태를 자각하게 되고, 만일 그 상태에 계속 거한다면 자기는 영원히 멸망하게 되리라는 것, 자기는 그 상태에서 구원받을 수 있는 것을 전혀 갖고 있지 못하다는 것, 자기는 구원을 위해 어디로든 도망가야 한다는 것, 이 목적을 위해 자기는 그리스도께서 자기 앞에 서서 자기에게 복음의 약속을 제공하시는 것으로 간주한다는 것, 자기는 이것이 자신의 구원과 하나님의 인정하심을 위해 거룩하고 안전한 길이라고 판단하는 것 등이다.[82]

다섯째, 마지막으로 구약 성경에서 믿음을 표현하는 말들은 "하나님……또는 그리스도를 기대는 것……하나님을 의지하는 것……주님을 붙잡는 것……또는 신뢰하는 것, 바라는 것, 기다리는 것이다"[83] 이런 믿음 방식에 따라 행한 자들은 "자신을 잃어버리고, 소망이 없고, 의지할 데 없고, 쓸쓸하고, 가난하고, 고아와 같다고 선언한다. 그리고 그들은 자신의 모든 소망과 기대를 오직 하나님께 둔다."[84] 오웬은 성경이 명시적으로 "칭의는 오직 믿음으로 얻는다"고 말하지 않는다는 것을 알고 있다.[85] 그러나 오웬은 "오직 믿음으로"는 "그리스도의 피를 믿는 믿음으로"라는 말 속에 함축되어 있다고 지적한다. 왜냐하면 "그리스도의 피를 죄에 대한 속죄를 이루는 것으로 중시하는-그 중시 속에서 오직 사도는 우리가 믿음으로 말미암아 의롭다 함을 얻는다고 주장한다-믿음은 다른 은혜나 의무에는 아무 관심을 두지 않기 때문이다."[86] 오웬의 작품 전체 속에서 명백히 드러나는 핵심 주제는 인간의 공로와 아무 상관없는 칭의 교리를 지지하는 것이다. 다시 말하면 칭의에 붙여지는 "오직"이라는 말은 우리 구원의 모든 영광이 오직 하나님께(soli Deo gloria) 속해 있음을 보여 주기 위한 오웬의 종합적 목표의 필수적 산물이다.

그리스도와 아담

오웬에 따르면, 로마서에서 바울이 칭의 교리를 선포할 때 고려하는 첫 번째 사실은 모든 사람이 죄인이고, 그러므로 하나님 앞에서 죄책이 있으므로, "우리를 의롭게 만드는 의는 우리 자신의 어떤 의가 아니라 하나님의 의"(롬 1:17, 3:21, 22)라는 것을 보여 주는 것이다.[87] 로마서 3장 21~31절에서 바울이 말하는 의는 "율법 외에"(코리스 노무) 있다. 즉 그것은 율법에 대한 순종 행위로 얻는 의는 모두 배제시킨다. 나아가 율법과 선지자는 이 하나님의 의에 대해 증언한다. 이 하나님의 의는 우리가 이미 지적한 것처럼 "복된 후손에 대한 최초의 약속 속에 약속되었다…… 왜냐하면 오직 그 후손만이

---

82) Owen, *Justification*, in *Works*, 5:292~294.
83) Owen, *Justification*, in *Works*, 5:294.
84) Owen, *Justification*, in *Works*, 5:294.
85) Owen, *Justification*, in *Works*, 5:311.
86) Owen, *Justification*, in *Works*, 5:311~312.
87) Owen, *Justification*, in *Works*, 5:307.

'죄를 종식시키고 영원한 의를 가져오실' 수 있었기 때문이다."[88] 이 하나님의 의는 오직 예수 그리스도를 의지하는 자들에게만 약속된다. 오웬에 따르면, 그리스도를 믿는 믿음이 이 하나님의 의가 하나님의 백성들에게 주어지는 유일한 근거다.

더 나아가 오웬은 칭의는 "그의 은혜로 값없이 의롭게 되는 것"(디카이우메노이 도레안 테 아우투 카리티)으로 확실히 정의된다고 주장한다. 하나님은 우리의 칭의의 일차 유효 원인이시므로 우리 행위가 아니라 하나님의 은혜가 구원의 유일한 동력인이다. 이에 따라 솔라 피데는 로마서 3장 27절에서 바울이 3장 27절에서 인간의 충분함을 철저히 부정하는 것으로 증명된다. "그런즉 자랑할 데가 어디냐 있을 수가 없느니라." 복음적 칭의에서 인간의 노력은 인정될 여지가 전혀 없기 때문에 자랑이 배제된다. 확실히 행위의 자리가 있었다면 그 자랑도 인정되어야 한다. 그리스도와 아담 간의 평행 관계(롬 5:12~21)도 오웬의 전체 논증에 중요하고, 그것은 그의 언약 교리에도 중요한 함축적 의미를 갖고 있다. 오웬은 신학자들은 "생략법, 대조법, 전치법, 그리고 다른 비유 언어" 때문에 특별히 이해하기가 어려운 로마서 5장 12~21절을 역사적으로 확인했다는 것을 인정한다.[89] 그러나 "기독교의 공통 원리에 익숙한" 자들은 바울이 "아담의 죄가 모든 사람에게 전가되어 그들을 정죄로 이끄는 것처럼 그리스도의 의나 순종도 믿는 모든 자에게 전가되어 그들을 생명의 칭의로 이끈다"는 것을 보여 주고 있음을 알 수 있을 것이다.[90] 확실히 심지어는 소키누스도 이 본문이 개혁파가 이중 전가에 대해 참된 것으로 고수하는 것을 가장 명확하게 진술하고 있음을 인정했다.

오웬은 로마서 5장 12~21절에서 두 사람 곧 아담과 그리스도 간의 비교를 본다. 첫 사람 아담으로 말미암아 죄가 세상 속에 들어왔다. 둘째 사람 그리스도로 말미암아 죄가 제거된다. 죄가 아담으로 말미암아 세상 속에 들어왔을 때 죄의 결과로 사망도 들어왔다. 죄가 들어올 때 사망이 모든 사람에게 미쳤다. "즉 모든 사람이 죄에 대한 형벌로 죽음에 매인 존재가 되었다." 오웬은 계속해서 이렇게 말한다.

> 지금까지 살았고, 지금 살고 있고, 앞으로 살 모든 사람이 그들 자신의 인격 속에 존재하지 않고, 죄가 처음 들어왔을 때 그들 모두 사망에 종속되거나 형벌에 처해지게 되었다. 그들은 하나님의 구성에 따라 죄를 지은 한 사람 안에서의 **연합적 실존**에 따라 그렇게 되었다. 그리고 실제로 그들은 그들 자신의 인격 속에서 그들의 최초의 자연적 실존에 따라 진노의 자식으로 태어남으로써 사망의 선고에 매인 존재가 되었다.[91]

모든 인간에게 전가된 특정 죄는 아담의 죄로, 이것은 이 죄의 전가가 자연적 "출생"이나 번식을 통해서 전달되는 것이 아님을 의미한다.[92] "모든 사람이 죄를 지었으므로"(에프 호 판테스 하마르톤)이라

---

88) Owen, *Justification*, in *Works*, 5:308.
89) Owen, *Justification*, in *Works*, 5:322.
90) Owen, *Justification*, in *Works*, 5:322.
91) Owen, *Justification*, in *Works*, 5:323.
92) 오웬은 여기서 소위 "대표주의"를 설명하고 있다. 대표주의는 언약신학자들이기도 한 이들 개혁파 신학자가 옹호한 견해다. 이 사상은 아담이 인간의 연합적 머리이자 인류의 대표라고 설명한다. 즉 아담은 인간을 위해 행한다. 이 사상은 또한 "직접적 전가"로 지칭되고, 간접적 전가와 대립된다. 간접적 전가는 하나님이 자연적 출생을 통해 죄를 전가시키신다는 관념이다. 즉 원죄가 간접적으로 세대들에게 이전된다는 것이다. 이것은 프랑스 소뮈르 학파의 견해로 죠

는 어구는 바울이 "모든 사람이 보편적으로 사망의 형벌에 처하게 된 것"을 선언하는 데 사용하는 말이다.[93] 모든 사람이 사망의 저주에 빠지게 된 것은 그들 자신의 실제 죄 때문이 아니다. 왜냐하면 "다음 구절들에서 바울이 아담의 범죄와 같은 죄를 짓지 아니한 자들까지도 사망이 왕 노릇했다"고 말하기 때문이다.[94] 직접적 전가 견해를 논증하면서 오웬은 "만일 사람들의 실제 죄를…… 염두에 둔 것이었다면 사람들은 죄를 범하기 전에 사망에 매여 있어야 했는데, 그 이유는 죄가 세상에 처음 들어왔을 때 아담이 죄를 범한 것 말고는 어느 한 사람도 실제로 죄를 범하지 않았는데도 사망이 온 세상에서 왕 노릇했었기 때문"이라고 주장한다.[95]

> 그러나 사람들이 죄를 범하지 않았을 때 단순히 죄의 형벌인 사망에 매여 있어야 했다는 것은 확실한 모순이다. 왜냐하면 비록 하나님이 주권적 능력으로 아직 죄가 없는 무구한 피조물에게 사망이 왕 노릇하게 하실 수 있다고 해도, 사망의 죄책을 지우려면 죄를 지어야 하므로 무구한 피조물에게 사망의 죄책을 지우는 것은 불가능하기 때문이다. 그러므로 사망의 과실과 죄책을 표명하는 "모든 사람이 죄를 지었으므로"라는 표현은 죄와 사망이 세상에 들어왔을 때 아담의 죄 외에는 아직 죄가 세상 속에서 저질러질 수 없었고, 그 안에 있는 힘이 밖으로 미쳤다. "그 한 사람으로 말미암아 모든 사람에게 이르렀다"(Eramus enim omnes ille unus homo). 이것은 그 죄의 죄책을 우리에게 전가시키는 것 외에 다른 방법으로는 있을 수 없다.[96]

오웬은 로마서 5장 12~21절에 나타나 있는 그의 모든 후손의 대표자인 아담의 죄의 그들에 대한 전가에 대한 논증이 믿는 모든 자에게 그리스도의 의의 법적 전가에 대한 논증을 보강한다고 본다. 오웬은 바울이 차이점에 따라 아담과 그리스도 사이를 비교하는 곧 "범죄"(파라프토마)와 "값없는 은사"(카리스마) 간의 차이를 설명하는 로마서 5장 15~16절에 기반을 두고 이 논증을 고찰한다. 바울은 그리스도의 순종과 아담의 불순종을 대조시킴으로써, 아담 안에서의 정죄와 그리스도 안에서의 구원의 연합적 성격을 매우 명확하게 제시한다.[97] 오웬이 단정하는 이 연합적 구조는 또한 아담이 하나님 앞에서 인정받는 상태에 있었을 때 그의 후손도 마찬가지였다는 것을 의미한다. 이 행위 언약은 인간과 체결된 것이지만 아담 편의 자발적인 순종이 그 언약에 대한 서명과 보증의 수단이었다. 아담의 순종은 "이를 행하면 그로 말미암아 살리라"는 율법의 원리에 따라 하나님을 영원히 즐거워하는 결과를 낳았을 것이다.

로마서 5장 19절은 오웬의 논증에 더 깊은 증거를 제공한다. "한 사람이 순종하심으로 많은 사람이 의인이 되리라"는 말은 오웬에게 결정적인 말인데, 그 이유는 오웬은 그 말로 아담과 그리스도 간의 차이점을 더 깊이 부각시키기 때문이다. "순종하심으로"(디아 테스 휘파코에스)라는 말은 하나님의 전체 율법을 어긴 아담과 대조적으로, 하나님의 전체 율법에 실제로 순종하신 그리스도에 대해 말해

수아 플라케우스가 주장한다.
93) Owen, *Justification*, in *Works*, 5:324.
94) Owen, *Justification*, in *Works*, 5:325.
95) Owen, *Justification*, in *Works*, 5:325.
96) Owen, *Justification*, in *Works*, 5:325.
97) Owen, *Justification*, in *Works*, 5:325~327.

준다. 따라서 오웬은 "많은 사람이 의인이 되리라"는 말을 그리스도의 온전한 순종 즉 그분의 능동적, 수동적 순종의 결과로 설명한다.[98]

그리스도와의 연합

오웬의 사상에 따르면, 은혜 언약과의 관계 속에서 칭의 교리는 그것을 그리스도와의 연합 교리와 관련시킬 때 비로소 충분히 이해된다. 은혜 언약의 1차 기능은 은혜 언약의 약속된 복에 참여하도록 죄인들을 예수 그리스도와의 연합으로 이끄는 것이다. 이 연합은 영원한 구속 언약에 기초를 둔 구원 경륜에 따라 주어지는 성령으로 말미암아 일어난다. 오웬은 이렇게 말한다. "그리스도와의 연합이 모든 영적 즐거움과 기대의 원리이자 척도다"[99] 오웬은 계속해서 다음과 같이 말한다.

> 따라서 그리스도와의 연합이 우리의 칭의다. 왜냐하면…… 그리스도와 연합된 우리는 최대한 율법을 만족시키셨을 때 자신에게 주어진 율법의 정죄 선고에서 해방되는 그분의 무죄 석방에 관심을 갖고 있다…… 우리의 그리스도와의 연합이 그분의 의의 우리에 대한 실제 전가의 근거다. 왜냐하면 그분은 자신의 몸의 지체들만 보호하시기 때문이다.[100]

오웬의 절친한 친구인 토머스 굿윈(1600~1680년)도 칭의를 설명할 때 그리스도와의 연합을 오웬과 비슷하게 강조한다. 굿윈은 그리스도와의 연합을 "그리스도인의 근본 법칙"으로 지칭한다.[101] 사실상 그리스도와의 연합은 "칭의와 성화 그리고 모든 것의 첫 번째 근본 사실"이다. 은혜 언약의 목표는 하나님이 그의 아들 안에서 영화롭게 되고, 죄인들이 그리스도와의 연합으로 인도받아 그분 안에 거하는 것에 있다. 칭의와 특별히 관련해서 굿윈은 이렇게 주장한다. "하나님이 우리를 의롭게 하시는 모든 행위는 그리스도와의 연합에 달려 있는데, 우리는 먼저 그분을 차지하고 그분 안에 있게 되고, 이어서 그것으로 그분의 의에 대한 권리를 갖게 된다."[102] 마찬가지로 존 볼(1585~1640년)도 이렇게 주장한다. "그리스도 안에서 우리에게 주어지는 영적 복의 순서는 다음과 같다. 즉 믿음은 우리를 그리스도와 연합시키는 끈이고, 연합 후에는 그리스도와의 교제가 온다. 칭의, 양자, 성화는 이 교제의 유익이자 열매다."[103] 이 청교도들은 그리스도와의 연합이 택함받은 자의 칭의 근거와 배경으로 작용한다고 본다. 다시 말하면 그리스도와의 연합이 칭의보다 앞서 있고, 그 반대가 아니다.

---

98) Owen, *Justification*, in *Works*, 5:334.

99) John Owen, *Exposition of Hebrews*, in *The Works of John Owen, D.D.* (Edinburgh: Johnstone & Hunter, 1850~1855), 21:146. 다른 곳에서 오웬은 이렇게 주장한다. "공인된 전가의 근거는 연합이다. 이에 대해서는 주장된 것처럼, 많은 근원과 원인들이 있지만 우리가 이 전가의 근거로서 직접 관심을 갖고 있는 것은 이 연합으로 말미암아 주 예수와 신자들이 실제로 하나의 신비적 인격으로 결합한다는 것이다. 이것은 성령으로 말미암아 이루어지는 것으로 성령은 교회의 머리이신 그분 안에 모든 충만으로 거하시고, 또 그분량에 따라 모든 신자 속에 내주하시는데, 이에 따라 신자들은 그리스도의 신비적인 몸의 지체가 된다. 그리스도와 신자들 간에 이런 연합이 있다는 것이 보편 교회의 믿음이고, 모든 시대의 교회가 그렇게 믿었다"(Owen, *Justification*, in *Works*, p. 209).

100) Owen, *Exposition of Hebrews*, in *Works*, 21:150.

101) Thomas Goodwin, *Of Christ the Mediator*, in *The Works of Thomas Goodwin, D.D.* (Grand Rapids: Reformation Heritage Books, 2006), 5:350.

102) Goodwin, *The Object and Acts of Justifying Faith*, in *Works*, 8:406.

103) John Ball, *A Treatise on Faith* (London: [William Stansby] for Edward Brewster, 1631), p. 85.

결론

오웬은 기독교 교리에 있어서 오직 믿음으로 얻는 칭의가 차지하고 있는 중요성을 충분히 인식했다. 오웬은 루터와 마찬가지로 이신칭의 교리를 "교회를 서거나 넘어지게 하는 신앙 항목"(articulus stantis vel cadentis ecclesiae)으로 봤다. 나아가 "모든 참된 신학은……언약에 기반을 두고 있다"는 오웬의 주장은 그의 오직 믿음으로 얻는 칭의 교리에 구속적 배경을 제공한다.[104] 오웬이 칭의 교리를 연구하는 핵심 목적은 그것을 "그리스도 안에서의 하나님의 영광이자 신자들의 평안과 순종의 촉진이라는 고유의 목적에 유용하도록" 다루는 것에 있다.[105] 그 결과 오웬의 작품 전체에 걸쳐 나타나는 것은 인간이 율법의 행위와 상관없이 하나님의 은혜에 전적으로 의존하는 것에 대한 일관된 모티프다. 존 오웬의 설명은 오늘날에도 오직 믿음으로 얻는 칭의 교리에 대해 가장 박식하고 포괄적인 변증 가운데 하나로 남아 있고, 이번 장은 이 매우 중요한 기독교 교리에 대한 오웬 사상의 서론을 제공하려고 노력했다.

---

104) Owen, *Theologoumena*, in *Works*, 17 (1.4.10).
105) Owen, *Justification*, in *Works*, 5:7.

32장

청교도의 그리스도께 나아감 교리

그리스도의 마음은 여러분에게 열려 있고, 그리스도의 팔은 여러분에게 활짝 펴져 있다.

– 토머스 보스턴[1] –

아담과 하와의 타락 이후로 중대한 문제는 바로 이것이었다. 곧 "죄를 지은 인간은 어떻게 하나님께 돌아갈 수 있을까?" 창세기 3장을 보면, 하나님은 아담과 하와를 쫓아내셨다. 창세기 3장 24절은 이렇게 말한다. "이같이 하나님이 그 사람을 쫓아내시고 에덴동산 동쪽에 그룹들과 두루 도는 불 칼을 두어 생명 나무의 길을 지키게 하시니라." 그러나 성경은 치료책이 있다는 것을 분명히 한다. 요한계시록 22장을 보면, 새 예루살렘이 하늘에서 내려온다. 거기서 우리는 하나님의 보좌에서 흘러나오는 새로운 강가에 심겨진 생명나무를 다시 발견한다(계 22:1~2). 그러므로 요한은 이렇게 증언한다. "성령과 신부가 말씀하시기를 오라 하시는도다 듣는 자도 오라 할 것이요 목마른 자도 올 것이요 또 원하는 자는 값없이 생명수를 받으라 하시더라"(17절). 인간은 하나님에게서 쫓겨났지만 이제는 하나님께 나아간다. 인간은 생명나무로 나아가는 것을 금지당했지만 이제는 하나님께 나아가는 길이 그리스도로 말미암아 활짝 열렸다(참고. 계 2:7). 그러므로 남아 있는 문제는 바로 이것이다. 곧 여러분과 나는 그리스도께 어떻게 나아갈까?

오늘날도 청교도 시대와 마찬가지로 많은 사람이 타락한 죄인이 그리스도께 어떻게 나아가는지를 이해하지 못하고 있다. 잘못된 견해로 가득 차 있다. 어떤 복음주의 집회를 보면, 사람들에게 그들 자신의 힘으로 곧 의지의 행위로 그리스도를 위해 결단하도록 요구한다. 그들은 침묵 기도를 하는 동안 손을 들도록, 죄인 기도를 암송하도록, 또는 제단 초청에 반응해서 앞으로 걸어 나오도록 요구받는다.

어떤 이들은 세례에 의한 거듭남이 그리스도께 나아가는 열쇠라고 가르친다. 다른 이들은 그리스도께 나아가는 것을 지적 동의와 동일시한다. 그들은 그리스도께 나아가기 위해 자기들이 그리스도에 대한 일부 기본 진리를 알고 동의만 하면 된다고 생각한다. 또 다른 이들은 그리스도께 나아가기 위해 비성경적인 신비적 경험을 요구한다. 그들은 성령에게서 계시를 받았거나 자기들이 그리스도께 나아온 것을 보증하는 이적을 체험했다고 주장한다.

그러나 다른 사람들은 그리스도께 나아가는 것이 무슨 뜻인지 제대로 알고 있지 못하다. 그들은 두려워하며 확신 없는 것과 씨름하면서, 항상 이렇게 묻는다. "나는 과연 그리스도께 나아갔을까?",

1) Thomas Boston, *The Beauties of Thomas Boston*, Samuel M'Millan 편집 (Inverness, Scotland: Christian Focus, 1979), p. 256.

"내가 그리스도께 나아갔다는 것을 어떻게 알게 되는가?", "그리스도께 나아간다는 것은 과연 무슨 뜻일까?", "내 안에서 하나님이 진실로 구원 사역을 시작하셨을까?"

청교도는 죄인이 그리스도께 어떻게 나아가는지를 보여 주는 데 심혈을 기울임으로써, 이런 문제들 및 다른 거짓 견해들을 붙잡고 씨름했다. 이제 청교도의 안경을 끼고 그리스도께 나아가는 것에 대한 성경적 교리를 간략히 검토해 보자. 첫째, 우리는 나아오라는 **초청**에 대해 고찰할 것이다. 둘째, 나아갈 **충동**에 대해 고찰할 것이다. 셋째, 그리스도께 나아가는 것을 가로막는 **장애물**에 대해 고찰할 것이다. 그러므로 우리는 우리가 그리스도께 **어떻게** 나아가는지와 어떤 이들은 그리스도께 **왜** 나아가지 못하는지를 다룰 것이다. 성령의 복을 받아 이 검토가 자신이 진실로 그리스도께 나아갔는지를 의심하는 자들에게 건전한 답변을 제공하기를 바란다.

그리스도께 나아오라는 보편적 초청

윌리엄 에임스는 그리스도의 구속 사역은 "그리스도와의 연합"으로 말미암아 적용되고, 하나님은 이 연합을 "부르심"을 통해 이루시는데, 부르심은 "그리스도의 제공과 그리스도를 받아들임"이라는 두 가지 요소를 갖고 있다고 말했다.[2] 이어서 에임스는 이렇게 설명했다. "그리스도의 제공은 그리스도를 객관적으로 구원에 대한 충분 및 필수 수단으로 제시하는 것이다. 고린도전서 1장 23, 24절은 우리는 그리스도를 전하니 …… 그리스도는 하나님의 능력이요 하나님의 지혜라고 말한다."[3]

청교도 사역자들은 그리스도께서 자기에게 나아오라고 부르시는 것은 보편적인 것이라고 즉 온 세상의 모든 사람에게 전달되는 것이라고 가르쳤다. 그리스도는 "수고하고 무거운 짐 진 자들아 다 내게로 오라 내가 너희를 쉬게 하리라"(마 11:28)고 말씀하신다. 젊거나 늙거나 부유하거나 가난하거나 남자거나 여자거나 간에 그리스도는 자기에게 나아오라고 부르시는데, 심지어는 여러분에게도 그렇게 명령하신다. 토머스 보스턴(1676~1732년)이 말한 것처럼 "나는 항상 이렇게 설교할 것인데, 곧 모든 사람이 파멸의 고통 아래에서 그리스도께 나아갈 의무가 있고, 그들은 나아갈 때 환영받고 반드시 그렇게 될 것이다."[4] 하나님은 모든 곳에 있는 모든 사람에게 회개하고 그리스도께 나아오라고 명하신다(행 17:30). 토머스 셰퍼드(1605~1649년)는 그리스도께서 왕으로서 확실히 모든 민족과 모든 지역에 대해 권세를 갖고 계시므로 모든 사람은 그분에게 복종하고 그분을 섬기도록 부르심을 받는다(마 28:18~20).[5]

청교도는 하나님을 충실하게 그리고 충심으로 자기에게 나아오도록 죄인들을 부르시는 분으로 제시했다. 복음 전도에 특별한 마음을 품었던 청교도 목사 조지프 얼라인(1634~1668년)은 이렇게 말했다. "여러분을 지으신 하나님은 가장 크신 은혜로 여러분을 초대하신다. 그분은 매우 감미롭고 자비로운 본성으로 여러분을 초대하신다. 오, 하나님의 자비하심이여, 무한하신 긍휼이여, 부드러운 자

---

2) William Ames, *The Marrow of Theology*, John D. Eusden 번역 및 편집 (Grand Rapids: Baker, 1968), p. 157 (1.xxvi.1, 3, 7).
3) Ames, *The Marrow of Theology*, p. 157 (1.xxvi.8).
4) Boston, *The Beauties of Thomas Boston*, p. 263.
5) Thomas Shepard, *The Sincere Convert and the Sound Believer* (Morgan, Pa.: Soli Deo Gloria, 1999), p. 49.

비여!"[6] 리처드 백스터(1615~1691년)는 이렇게 큰 소리로 외쳤다. "살아 계신 하나님이 그토록 심혈을 기울여 피조물에게 메시지를 보내시는데, 불순종해서야 되겠는가? 그러므로 너희 육체를 따라 사는 모든 자들아, 들으라. 너희에게 호흡과 존재를 주신 하나님이 하늘에서 너희에게 메시지를 보내셨으니, 이것이 바로 그분의 메시지다. 곧 '돌이키고 돌이키라, 어찌 죽으려고 하느냐?'"[7] 그러므로 청교도는 모든 사람에게 그리스도께 나아오라고 촉구했다. 청교도는 복음 전도 설교를 전했다.[8] 청교도는 복음 전도에 대한 긴 논문들을 썼다.[9] 청교도는 자신의 구원에 대해 염려하는 자들을 지도하는 법을 담은 사역자용 지침서를 만들었다.[10] 제임스 제인웨이(1636~1674년)와 코튼 매더(1663~1728년)는 각각 복음 속에 제공된 예수 그리스도를 영접하도록 자극하기 위해 어린이가 그리스도께 나아가고 신실하게 그리스도와 동행하는 법에 대한 이야기책을 썼다.[11]

마태복음 11장 28절의 수고하고 무거운 짐 진 자들은 보편적 범주를 가리킨다. 예수는 자신의 죄를 자각하고 있는 자들만 자기에게 나아오라고 초청한다고 말씀하시는 것이 아니다. 예수는 일부 극단적 칼빈주의자가 가르치는 것처럼, 단지 의식 있는 죄인들만 자신의 발 앞에 나아오는 것을 환영받게 될 것이라고 말씀하시는 것이 아니다. 예수는 단지 성령이 바다 같은 영혼의 유익을 자극하기 시작한 자들만 나오도록 초청한다고 말씀하신 것이 아니다. 그리스도는 수고로 지쳐 있는 모든 사람, 삶이 무거운 짐에 불과한 모든 사람(참고. 전 1:8; 사 55:2)에게 쉼을 위해 자기에게 나아오도록 부르신다. 셰퍼드는 사람들의 반박을 예상하고, 그리스도는 심지어는 그리스도에 대한 필요성을 느끼지 못하는 자들에게도 자신을 제공하신다고 대답했다.

> 만일 그리스도를 받아들일 마음만 있다면 내게 제공된 그리스도를 가질 수 있을 것이다. 하지만 주님은 그리스도를 가질 마음이 없는 자들에게도 자신을 제공하실까?
>
> 대답은 '그렇다'다. 우리 구주는 "암탉이 그 새끼를 날개 아래에 모음 같이 내가 네 자녀를 모으려 한 일이 몇 번이더냐"[마 23:37, 눅 13:34]고 말씀하셨다…….
>
> 오, 나는 시간이 지나가는 것이 두렵다! 오, 시간이 지나간다! 나는 이전에 그리스도를 가질 수 있었지만 지금 내 마음은 강퍅함, 맹목성, 불신앙으로 가로막혀 있다. 오, 지금은 시간이 지나갔다!
>
> 아니다. 그렇지 않다. 이사야서 65장 1~3절을 보라. "내가 종일 손을 펴서 자기 생각을 따라 옳지 않은 길을 걸어가는 패역한 백성들을 불렀나니." 그대의 은혜의 날은……아직도 지속되고 있다.[12]

---

6) Joseph Alleine, *An Alarm to the Unconverted* (Evansville, Ind.: Sovereign Grace Publishers, 1959), p. 97.
7) Richard Baxter, *A Call to the Unconverted to Turn and Live*, in *The Practical Works of the Rev. Richard Baxter*, William Orme 편집 (London: James Duncan, 1830), 7:395.
8) 참고, Joel R. Beeke, "Evangelism Rooted in Scripture: The Puritan Example," *Puritan Reformed Spirituality* (Darlington, England: Evangelical Press, 2006), pp. 143~169.
9) 얼라인의 Alarm과 백스터의 Call 같은 것이 있다. 각주 6과 7을 보라.
10) Solomon Stoddard, *A Guide to Christ*, Don Kistler 편집 (Morgan, Pa.: Soli Deo Gloria, 1993).
11) James Janeway & Cotton Mather, *A Token for Children* (Morgan, Pa.: Soli Deo Gloria, 1994).
12) Shepard, *The Sincere Convert and the Sound Believer*, p. 51.

하나님은 죄로 말미암아 아무리 부패하고 무능력하다고 해도 모든 사람이 이성과 의지를 갖고 있기 때문에 그리스도께 나아오도록 보편적 부르심을 제공하셨다. 앞으로 살펴볼 것처럼 청교도는 타락한 인간은 하나님을 선택할 능력을 갖고 있지 못하다고 봤다. 하지만 스티븐 차녹(1628~1680년)과 같은 청교도는 또한 죄인은 "짐승"은 아니고, 대신 "인간은 이성과 의지의 능력을 갖고 있으며, 그것이 그를 인간으로 만든다"고 주장했다. 그러므로 "그 명령과 권면은 우리의 본성에 적합하다."[13] 청교도는 사람들을 돌멩이나 나무 조각처럼 다루지 않았다. 청교도는 사람들이 지성과 의지를 갖고 있고, 따라서 자신의 행동에 책임을 지는 존재이기에 그들에게 복음을 전했다. 이것은 청교도가 사람들에게 그리스도께 나아오라고 촉구했을 때 그들을 잃어버린 죄인으로 간주하고 그들에게 권면한 이유를 설명해 준다.[14] 이 보편적 부르심은 청자들을 지성, 인격, 도덕적 책임을 구비한 인간 존재로 존중한다.

여러분은 이 보편적 부르심이 우리 주 예수 그리스도의 은혜를 얼마나 높이는지 깨닫는가? 여러분은 그리스도께서 얼마나 기꺼이 죄인들을 구원하려고 하시는지 아는가? 그리스도는 다음과 같은 약속을 갖고 자신의 안식을 받아들이도록 죄인들을 자기에게 부르신다. "나는 마음이 온유하고 겸손하니 나의 멍에를 메고 내게 배우라 그리하면 너희 마음이 쉼을 얻으리니 이는 내 멍에는 쉽고 내 짐은 가벼움이라"(마 11:29~30). 그리스도는 우리의 선행, 우리의 의 또는 우리의 다른 어떤 것 때문이 아니라 오직 자신이 자발적인 구주이시기 때문에 죄인들을 자기에게 부르신다. 그리스도는 하나님께 나아오는 유일한 길로서 죄인들을 자기에게 부르신다(참고. 요 14:6). 그리스도는 우리를 기꺼이 구원하시고, 우리는 그분에게 나아가 우리의 짐에서 해방되고 그분의 안식에 들어가야 한다.

어떤 이들은 이것을 의심하고 이렇게 말할 것이다. "만일 그 부르심이 보편적으로 모든 사람에게 주어지는데 모든 사람이 나아오지 않는다면, 그 초청은 불충분한 것이 틀림없다." 이것은 거짓 추론이다. 존 번연(1628~1688년)의 이야기 속에서 크리스천이 파괴의 성에서 도망치는 것을 생각해 보라. 크리스천은 자기 가족과 이웃에게 진지하게 그들의 성에 임할 진노에 대해 경고했다. 대다수 사람들은 그 경고에 크리스천을 조롱하는 것으로 반응했으나 그들이 그렇게 거부했다고 해서 자기와 함께 가자는 크리스천의 초대가 불충분하고 불성실한 것이 되는 것은 아니다. 경고 자체는 불충분하거나 불성실한 것이 아니었다.[15]

여러분이 어떤 사람을 결혼식에 초대하는데, 그 사람이 오기를 거절할 때 그것이 그 초대가 충분하지 못했다는 것을 의미하는가? 그것은 초대한 자들의 불성실함을 보여 주는가? 아니다. 그리스도인의 경우에 불충분함은 경고에 있는 것이 아니라 오히려 경고를 받아들이지 않은 자들에게 있다. 마찬가지로 결혼식 초대에 불성실함은 전혀 없다. 문제는 오기를 거절한 자들에게 있다.

이것은 그리스도께 나아오라는 초청도 마찬가지다. 그리스도의 초청에는 잘못, 불충분함이나 불성실함이 전혀 없다. 모든 잘못은 영생을 위해 그분께 나아오기를 거부하는 자들에게 있다. 이것은 도르트 신조가 분명히 가르친 것이다. 잉글랜드 청교도인 윌리엄 에임스는 도르트 회의(1618~1619년)

---

13) Stephen Charnock, "A Discourse of the Efficient of Regeneration," *The Complete Works of Stephen Charnock* (1864~1866, 재판, Edinburgh: Banner of Truth Trust, 1985), 3:227.

14) E. F. Kevan, *The Puritan Doctrine of Conversion* (London: Evangelical Library, 1952), pp. 7~13.

15) John Bunyan, *The Pilgrim's Progress* (Edinburgh: Banner of Truth Trust, 1997), pp. 1~2, 4~7, 51~52.

의 서곡이 된 논쟁이 벌어지는 동안 네덜란드에서 개혁파 신앙을 옹호하는 데 중요한 역할을 맡고, 도르트 회의 의장의 신학 고문으로 활약했다.[16] 도르트 신조는 3~4 교리, 8~9장에서 국제적인 청교도 및 개혁파의 관점을 잘 보여 준다.

> 복음으로 부르심을 받은 많은 자들이 거짓 없이[진실하게] 부르심을 받는다. 왜냐하면 하나님이 자기에게 인정받을 만한 것 즉 부르심을 받은 모든 자가 초대에 응해야 한다는 것을 자신의 말씀 속에 매우 진지하고 참되게 선언하셨기 때문이다. 나아가 하나님은 자기에게 나아와 자기를 믿는 자들에게 영생과 안식을 진지하게 약속하신다…… 말씀 사역에 따라 부르심을 받은 자들이 나아오기를 거부하고 회심하지 않는 것은 복음이나 복음 속에 제공된 그리스도나 하나님의 잘못이 아니다. 잘못은 그들 자신에게 있다.[17]

도르트 신조는 죄인들을 기꺼이 구원하시려는 하나님의 마음속에는 불충분함이 전혀 없다는 것을 분명히 한다. 이 초대는 거짓말하거나 속이는 것이 아니다. 그것은 참되고, 풍부하고, 충분하고, 값없는 초청이다. 복음은 선한 의도로 제공된 것이다. 그리스도는 자기에게 나아오는 모든 자를 기꺼이 받아 주고, 그들을 구원하실 준비가 되어 있다고 직접 선언하셨다. 이것이 번연이 조건적 약속으로 지칭한 것이다.[18] 이 부르심은 믿음의 조건에 기반이 두어져 있으나 그것은 참된 초청이다. 자기에게 나아올 모든 자, "곧 그 이름을 믿는 자들에게"(요 1:12) 그리스도는 값없이 영생을 베푸신다. 그럼에도 불구하고 단순히 이 보편적 부르심으로 말미암아 그리스도께 나아올 자는 아무도 없다. 우리의 부패하고 무력한 생태로 말미암아 우리는 마땅히 보여야 할 반응을 보여줄 수 없고, 또 보여 주지 못할 것이다. 우리의 끈질긴 불신앙과 죄로 말미암아 우리는 그리스도의 부르심에 반응하지 못한다. 그 잘못은 전적으로 우리에게 있다. 예수는 이렇게 말씀하셨다. "너희가 영생을 얻기 위해 내게 오기를 원하지 아니하는도다"(요 5:40).

이 진리는 심판 날에 확증될 것이다. 마지막 날에 하나님 앞에 서서 이렇게 말할 수 있는 자는 아무도 없을 것이다. "초대가 내게 주어진 것으로 생각지 못했고, 그래서 나아가지 못했습니다." "초대를 받았지만 그것이 진실하다고 생각하지 못했습니다." 그리스도께 나아오라는 부르심은 모든 인간에게 선한 의도로 구원을 제공하는 것이다. 이에 따라 우리는 다음과 같은 질문을 하게 된다. "나는 어떻게 나아가야 할까? 어떻게 나아갈 수 있을까? 그리스도께 진실로 나아갔다는 것을 어떻게 확신할 수 있을까?"

그리스도께 나아가게 하는 신적 충동

그리스도께 나아가는 것에 대한 성경적 교리를 적절히 이해하는 데 있어서 우리가 피해야 할 두

16) John D. Eusden의 서론, William Ames, *The Marrow of Theology*, pp. 6~7.

17) Joel R. Beeke & Sinclair B. Ferguson 편집, *Reformed Confessions Harmonized* (Grand Rapids: Baker, 1999), p. 88.

18) John Bunyan, *Come and Welcome to Jesus Christ*, in *The Works of John Bunyan*, George Offor 편집 (1854, 재판, Edinburgh: Banner of Truth Trust, 1991), 1:255.

극단이 있다. 한편으로 우리는 보통 안일한 신앙주의로 불리는 손쉬운 믿음의 문제점을 피해야 한다. 그리스도께 나아가는 것은 단순히 작은 기도문을 암송하는 것, 손을 드는 것, 카드에 서명하는 것, 또는 제단 초청에 따라 앞으로 나가는 것과 같은 어떤 의식 행위를 수행하는 것으로 이루어지는 것이 아니다. 누구든 이런 일은 자신의 힘으로 할 수 있고, 이런 일 가운데 어느 것도 성경에 규정된 것이 아니다. 다른 한편으로 우리는 전혀 알 수 없고, 그러니 시도조차 할 필요도 없다고 결론짓는 것을 피해야 한다. 우리는 "그리스도께 나아가는 것을 내게 보장할 수 있는 것은 아무것도 없다"고 말하고 포기하기를 바란다. 여기에는 흔히 영적 왜곡이 포함되고, 또한 영적 게으름도 포함된다.

청교도는 이 두 극단을 피하고 우리가 진실로 그리스도께 나아가는 법을 명확히 제시했다. 청교도는 그리스도께서 죄인들을 구원하실 마음을 갖고 계실 뿐만 아니라 구원하실 능력도 갖고 계시기 때문에 그리스도께 나아가는 것이 가능하다는 것을 보여 주는 데 주력했다. 그리스도는 자신의 손을 내미실 뿐만 아니라 자신의 팔로 죄인들을 품으신다. 그리스도는 구원을 제공하실 뿐만 아니라 구원을 이루신다.

하나님의 외적 및 보편적 부르심 외에, 하나님의 내적 및 효과적 부르심이 있다. 이 효과적 부르심은 청교도가 하나님의 절대적, 무조건적 약속으로 부르는 것과 불가분리적으로 연계되어 있다. 무조건적 약속은 조건적 약속이 요청하는 것을 제공한다. 예를 들어 믿음을 보라. 믿음은 그리스도께 나아가는 것에 본질적 요소다. 마가복음 9장 23절은 믿음에 대한 조건적 약속을 제시하신다. "할 수 있거든이 무슨 말이냐 믿는 자에게는 능히 하지 못할 일이 없느니라." 사도행전 16장 31절도 이 실례에 대한 또 하나의 본문이다. "주 예수를 믿으라 그리하면 너와 네 집이 구원을 받으리라." 그러나 믿음은 하나님의 선물이다. 믿음은 하나님이 자기 백성들에게 무조건적으로 약속하신 것이다. 스바냐서 3장 12절은 믿음에 대한 무조건적 약속을 제시한다. "내가 곤고하고 가난한 백성을 네 가운데에 남겨 두리니 그들이 여호와의 이름을 의탁하여 보호를 받을지라." 에베소서 2장 8절도 이 실례에 대한 또 하나의 본문이다. "너희는 그 은혜에 의해 믿음으로 말미암아 구원을 받았으니 이것은 너희에게서 난 것이 아니요 하나님의 선물이라."

존 번연은 이것을 다음과 같이 설명한다.

> 조건적 약속은 회개를 촉구하고, 무조건적 약속은 회개를 제공한다(행 5:31). 조건적 약속은 믿음을 촉구하고, 무조건적 약속은 믿음을 제공한다(습 3:12, 롬 15:12). 조건적 약속은 새 마음을 촉구하고, 무조건적 약속은 새 마음을 제공한다(겔 36:25~26). 조건적 약속은 거룩한 순종을 촉구하고, 무조건적 약속은 새 마음을 제공한다. 또는 새 마음을 일으킨다(겔 36:27).[19]

그리스도의 속죄 사역에 근거가 두어진 무조건적 약속은 그리스도께서 죄인들을 자기에게 이끌 수 있고, 또 기꺼이 이끄실 것이라고 제시한다. 무조건적 약속은 하나님께 택함을 받고, 그리스도 안에서 영생이 정해진 자들에게 주어진다. 따라서 그리스도께서 친히 우리가 자신에게 나아올 때 우리에게 요구하시는 조건을 이루신다. 사도행전 5장 31절은 이렇게 말한다. "이스라엘에게 회개함과 죄

---

19) Bunyan, *Come and Welcome to Jesus Christ*, in *Works*, 1:255.

사함을 주시려고 그를 오른손으로 높이사 임금과 구주로 삼으셨느니라."

존 플라벨(1628~1691년)은 효과적 부르심의 필요성에 대해 설명하면서 이렇게 말했다. "하지만 세상에서 전하는 모든 설교는 초자연적 및 강력한 능력이 그 결말과 목적에 동반되지 않으면 본질상 그리고 자체의 힘으로 이 그리스도와의 연합을 일으킬 수 없다. 보아너게와 바나바가 그들의 힘을 다 쓰게 해 보라. 하늘의 천사들이 설교하도록 해 보라. 하나님이 이끄시지 않는 한 영혼은 절대로 그리스도께 나아올 수 없을 것이다."[20] 따라서 보편적 부르심은 사람들을 그리스도께 이끄는 데 충분하지 않고, 그리스도는 보편적 부르심으로 멈추시지 않는다. 그리스도는 여기서 더 나아가, 무조건적 약속에 뿌리를 둔 효과적 부르심을 통해 택함받은 자의 지성을 조명하고, 마음을 통찰하며, 의지를 새롭게 하신다. 성령은 말씀을 사용해서 그들의 마음에 믿음을 역사하고, 그들을 그리스도께 이끄시며, 은혜로 그들이 그리스도께 나아갈 마음을 갖게 하고, 또 나아갈 수 있게 하신다.

인간적 무능력의 신적 극복

하나님께 적절히 반응하지 못하는 인간의 무능력에 대한 청교도의 견해는 아담 안에서 일어난 인간의 타락이라는 성경적 신학에 뿌리가 내려져 있었다. 토머스 후커(1586~1647년)는 타락 이후로 죄가 인간의 마음을 사로잡았다고 언급하고, "부패가 의지에 대해 주권적 능력과 명령을 행사한다"고 말했다.[21] 인간은 스스로 구원할 수 없을 뿐만 아니라 심지어는 그리스도의 은혜가 없으면 그분의 구속을 받을 수도 없다. 후커는 이렇게 말했다. "아담은 자신의 거역으로 말미암아 초래된 무력함과 무익함으로 비참에서 스스로 구원할 수 있는 일을 행하기에 조금도 충분하지 못한 것처럼, 그리스도의 예방적인 은혜로 말미암아 합당하게 되는 것 외에는 자기를 위해 행해진 것을 자기에게 적용시킬 능력도 충분히 갖고 있지 못하다."[22]

설교자로서 얼라인은 잃어버린 죄인들을 구원하는 데 있어서 자신의 무능력을 이렇게 반성했다. "내가 무덤에 가서 말하면 죽은 자가 내게 순종하여 무덤에서 나올 수 있을까?……내가 눈먼 자를 보게 만들 수 있을까?"[23] 리처드 십스(1577~1635년)는 사람들의 마음의 완악함에 대해 이렇게 말했다. "어떤 자연인이라도 그는 하나님께는 철이고 마귀에게는 밀랍이다."[24] 하나님은 친히 자신의 말씀을 통해 그리스도께 나아가라고 우리에게 호소하시지만, 우리의 마음은 단단한 철과 같다. 사람들은 자연적인 일들 속에서 큰 자유를 갖고 있고, 심지어는 자기들의 삶의 도덕적 개혁을 시도할 자유도 갖고 있지만 영적인 일에 대해서는 그런 자유가 전혀 없다. 윌리엄 그린힐(1598~1671년)은 이렇게 말했다.

---

20) John Flavel, *The Method of Grace*, in *The Works of the Rev. Mr. John Flavel* (1820, 재판, Edinburgh: Banner of Truth Trust, 1997), 2:67. "보아너게와 바나바"는 "우뢰의 아들과 위로의 아들"을 의미하는 성경적 인유다. 플라벨의 요점은 지옥에 대한 통렬한 설교도, 또 하나님의 사랑에 대한 따스한 설교도 죄로 죽은 자들은 감동시키지는 못할 것이라는 것이다.

21) Thomas Hooker, *The Application of Redemption…The Ninth and Tenth Books* (1657, 재판, Ames: International Outreach, 2008), p. 273.

22) Thomas Hooker, *The Application of Redemption, by the Effectual Work of the Word, and Spirit of Christ, for the Bringing Home of Lost Sinners to God, The First Eight Books* (1657, 재판, New York: Arno, 1972), p. 4.

23) Alleine, *An Alarm to the Unconverted*, p. 1.

24) John Blanchard, *The Complete Gathered Gold* (Darlington, England: Evangelical Press, 2006), p. 403에서 인용함.

> 성경은 인간의 무능력에 대한 언급으로 충만하다. 성경은 우리에게 이렇게 말한다. 곧 인간은 "하나님의 법에 굴복하지 아니할 뿐만 아니라 할 수도 없고"(롬 8:7), 인간은 "하나님을 기쁘시게 할 수 없고"(롬 8:8), 인간은 그리스도께 나아올 수 없고(요 6:44), 인간은 그리스도를 떠나서는 아무것도 할 수 없고(요 15:5), 인간은 믿을 수 없고(요 12:39, 5:44), 인간은 하나님을 사랑할 수 없고(요일 4:20), 인간은 선을 행할 수 없고(렘 13:23), 인간은 좋은 열매를 맺을 수 없고(마 7:17), 인간은 좋은 생각을 가질 수 없다(고후 3:5).[25]

청교도는 사람들은 자기들이 하나님을 찾기 위해 할 수 있는 모든 일을 해야 하지만 어느 누구도 자신이 할 수 있고, 또 해야 할 모든 일을 하는 것은 아니라고 가르쳤다. 그린힐은 회심하지 못한 자도 많은 유익한 일을 할 수 있는 능력을 갖고 있다고 말했다. 그들은 강력한 말씀이 선포되는 예배에 참석하고, 죄에 대한 하나님의 섭리적인 심판을 유의하고, 다른 사람들의 삶 속에서 참된 회심이 만들어 낸 차이점을 주목하고, 자기들을 창조하신 주님을 섬기는 것이 공명정대하다는 것을 인정할 수 있다. 잃어버린 자도 자신의 죄를 근심과 슬픔을 갖고 참회하고, 자신의 죄를 고백하고, 자신의 삶을 개혁하고, 하나님이 자기를 정죄하는 것을 당연히 여기고, 자신의 죄의 악함을 크게 반성하고, 자신이나 어떤 다른 피조물도 자신을 구원할 수 없다는 것을 인정하고, 무슨 일이 있어도 구원을 추구하기로 결단할 수 있다. 또 잃어버린 자도 자기 속에 죄인들에 대한 구원의 소망, 이 구원에 대한 갈망, 구원에 대한 기도, 하나님이 자신에게 초자연적 역사를 행하실 것에 대한 기대가 있다는 것을 알 수 있다. 이런 행동이나 태도는 그들을 천국 근처로 이끈다. 그러나 이런 행동이나 태도 가운데 어느 것도 회심에 이르거나 회심을 일으킬 능력은 없다. 그렇게 할 때 회심하지 못한 자는 여전히 하나님의 저주 아래 하나님의 원수로 남아 있다.[26]

무력한 죄인들이 그리스도께 나아가기 위해서는 하나님의 효과적 부르심을 필요로 한다. 웨스트민스터 소교리문답은 효과적 부르심을 이렇게 정의한다. "효과적 부르심은 하나님 영의 사역으로, 이때 하나님의 영은 우리에게 우리의 죄와 비참을 자각시키고, 우리의 지성을 밝혀 그리스도를 아는 지식을 갖게 하고, 우리의 의지를 새롭게 하심으로써 우리를 설복시켜 우리가 복음을 통해 값없이 제공된 예수 그리스도를 받아들일 수 있게 하신다"(질문 31). 그리스도는 요한복음 6장 37, 44, 63절에서 효과적 부르심을 분명히 가르치신다. "아버지께서 내게 주시는 자는 다 내게로 올 것이요 내게 오는 자는 내가 결코 내쫓지 아니하리라……나를 보내신 아버지께서 이끌지 아니하시면 아무도 내게 올 수 없으니 오는 그를 내가 마지막 날에 다시 살리리라……살리는 것은 영이니 육은 무익하니라." 우리가 여기서 주목하는 것은 아버지께서 이끌지 아니하시면 그리스도께 나아올 자는 아무도 없다는 것이다. 그리스도에게 이끌리는 자들은 그리스도께 나아올 것이고, 그들은 자기 스스로 그렇게 하는 것이 아니라 하나님의 영으로 말미암아 그렇게 하는 것이다. 이 본문들 속에 나타나 있는 무조건적 약속은 아버지께서 이끄는 자들은 하나님의 주권적 은혜로 말미암아 그리스도께 나아오고,

---

25) William Greenhill, "What Must and Can Persons Do towards Their Own Conversion," *Puritan Sermons 1659~1689* (Wheaton, Ill.: Richard Owen Roberts, 1981), 1:39. 이 설교들은 종종 "The Morning Exercises"로도 불린다.

26) Greenhill, "What Must and Can Persons Do," *Puritan Sermons*, 1:44~48.

유능하고 자발적인 구주가 되시는 그리스도는 그들을 내쫓지 아니하실 것이라는 것이다. 그러므로 백스터가 말한 것처럼 회심은 "그리스도의 영의 사역으로, 그분은 그리스도의 교훈에 따라 사람들의 지성과 마음과 삶을 효과적으로 변화시키신다."[27]

죄인의 마음을 변화시키는 성령의 사역은 매우 신비적이다. 무한하신 성령이 인간의 불가시적인 영에게 역사하시는 것을 누가 이해할 수 있겠는가? 요한복음 3장 8절에서 우리 주 예수는 성령을 바람에 비유하신다. "바람이 임의로 불매 네가 그 소리는 들어도 어디서 와서 어디로 가는지 알지 못하나니 성령으로 난 사람도 다 그러하니라." 토머스 후커는 이렇게 말했다. "죄인이 회심할 때 작용하는 하나님의 전능한 능력은 하나님의 모든 사역 가운데 가장 신비적이다."[28]

청교도는 이 효과적 부르심은 그의 의지에 반하여 강제로 사람에게 작용하지 않는다고 주장했다. 오히려 의지 자체가 은혜의 내적 사역으로 말미암아 새롭게 되고 변화된다. 존 브린슬리(1600~1665년)는 하나님이 말씀과 성령으로 "그들의 의지를 감미롭게 제압하고, 그리스도께 나아올 마음을 갖게 하심으로써", 사람들을 그리스도께 이끄신다고 말했다.[29] 십스는 이렇게 말했다.

> 목사가 귀에 말씀을 전할 때 동시에 그리스도께서 마음에 말씀하고, 열고, 풀어 놓으신다. 그리고 마음을 여는 능력은 마음 자체가 아니라 그리스도에게서 나온다…… 합리적인 피조물에 대한 역사 방식은 강제가 아니라 달콤한 기울어짐을 통해 자유롭게 역사하는 것이다. 그러므로 그리스도는 회심 사역을 행하실 때 감미로운 방법으로 역사하신다. 하지만 그 유효성은 강력하다.[30]

따라서 그리스도는 죄인을 나아오도록 부르실 뿐만 아니라 죄인이 그 부르심에 응할 수 있도록 하신다. 그리스도는 초청장을 전달하라고 자신의 사자들을 보내시고, 택함받은 자의 마음이 구원을 위해 반응하고 자신에게 나아오게끔 움직이도록 성령을 보내신다. 그리스도는 모든 면에서 우리의 구주시다!

그런데도 여러분은 이렇게 말한다. "이것이야말로 정말 복된 소식이다! 그러나 나는 아직 확신이 없다. 그리스도께서 나를 효과적으로 부르시는 것을 내가 어떻게 알까? 내가 이 내적, 효과적 부르심의 수혜자인지 어떻게 알까? 이 부르심이 무가치한, 아니 사실은 지옥에 떨어져야 마땅한 죄인들의 마음에 어떻게 적용된다는 말일까?"

---

27) Timothy K. Beougher, *Richard Baxter and Conversion: A Study of the Puritan Concept of Becoming a Christian* (Fearn, Scotland: Christian Focus, 2007), p. 79에서 인용함. 백스터는 성경에 대해 합리주의적이고 정치적인 이론을 취함으로써 통상적인 청교도 속죄 및 칭의 교리에서 이탈했다. 그러나 그의 회심 견해는 청교도 주류 견해였다. 또한 pp. 39~40, 142~143도 보라.

28) Blanchard, *The Complete Gathered Gold*, p. 115에서 인용함.

29) John Brinsley, *Three Links of the Golden Chain* (London: S. Griffin, 1659), p. 29.

30) Richard Sibbes, *Bowels Opened, in The Works of Richard Sibbes* (Edinburgh: Banner of Truth Trust, 1973), 2:63. Mark E. Dever, *Richard Sibbes: Puritanism and Calvinism in Late Elizabethan and Early Stuart England* (Macon, Ga.: Mercer University Press, 2000), p. 123에서 인용함.

신적 회심에 대한 묘사

이 효과적 부르심은 본질로 보아 내적이고 영적인 부르심이지, 가시적이거나 유형적인 부르심이 아니다. 여기서 우리가 의미하는 것은 효과적 부르심은 그리스도께 가시적이거나 물리적인 나아감으로 경험되지 않는다는 것이다. 이 부르심은 목사가 요구할 때 손을 들거나 제단에 초청하는 동안 앞으로 걸어 나오거나 십자가 표지를 만들거나 세례를 받거나 성찬에서 요소들을 취하는 것과는 상관이 없다. 효과적 부르심을 물리적 행위와 동등시하는 것의 속임수를 잘 알고 있던 번연은 많은 사람이 그리스도께 "육신적으로나 육체적으로는 구원의 이점을 가진 것이 없이" 그리스도께 나아왔다고 말했다.[31] 물리적 행위는 구원을 위해 그리스도께 나아온 것의 참된 수단이 아니고, 또 참된 수단일 수도 없다. 브린슬리는 그리스도께 나아가는 것은 발로 나아가는 것이 아니라 마음의 감정을 갖고 나아가는 것 곧 그리스도를 바라보는 눈, 그리스도를 붙잡는 손, 그리스도를 먹는 입, 그리스도께 가까이 나아가는 발이 있는 믿음을 갖고 나아가는 "내적이고 실제적인" 나아감이 되어야 한다고 말했다.[32] 그리스도께 나아가는 것은 영혼의 운동이나 활동이다.

그리스도께 나아가는 것은 진리에 대한 단순한 지적 동의의 문제도 아니다. 성경은 믿음을 그리스도를 바라보는 것으로 말하는데(히 12:1~3), 이것은 단순한 이성의 바라봄이 아니라 아이작 암브로스(1604~1664년)가 말한 것처럼 "예수를 알고, 숙고하고, 바라고, 소망하고, 믿고, 사랑하고, 기뻐하고, 간청하고, 또 예수를 따르는 것"을 포함하는 내적인 경험적 바라봄이다.[33] 이것은 우리의 전 존재를 새로운 방향 곧 그리스도 지향적인 방향으로 재정립하는 것이다. 영혼은 그리스도께 나아와 그리스도를 영접한다. 토머스 왓슨(대략, 1620~1686년)은 이렇게 말했다. "믿음은 동화시키는 은혜다……피 흘리시는 그리스도를 바라보면 부드럽게 피 흘리는 마음이 된다. 거룩하신 그리스도를 바라보면 거룩한 마음이 된다. 겸손하신 그리스도를 바라보면 영혼은 겸손하게 된다."[34]

또한 그리스도께 나아가는 것은 단순히 의지적인 행위도 아니다. 예수를 따르겠다고 결단하는 것은 그리스도의 부르심을 효과적으로 만드는 것이 아니다. 그리스도를 향한 우리 의지의 운동은 하나님이 우리의 영혼 속에 만드신 새 피조물에서 유래한다. 차녹은 이렇게 말했다. "거듭남은 영적 변화이고, 회심은 영적 운동이다……회심은 원인에 대한 결과로서 거듭남과 관련되어 있다. 생명이 운동에 앞서 있고, 운동의 원인이다……이것은 아기가 태내에서 처음 형성될 때 생명의 최초 주입에 아무런 기여를 하지 못하는 것과 같다. 하지만 생명을 가진 후에는 활동하게 된다."[35]

성경은 자신의 의지나 자신의 힘으로 그리스도께 나아올 수 있는 자는 아무도 없다고 말한다. 우리는 이 부르심의 조건적 약속을 충족시킬 수 없다. 우리는 우리의 의지적, 물리적 행위 이상의 어떤 것을 필요로 할 정도로 매우 무력하다. 만일 구원받기 위해 그리스도께 나아가는 것이 우리의 의지에 맡겨져 있었다면 우리는 모두 절망적으로 상실된 존재가 되었을 것이다. 우리 가운데 어느 누구도 그리스도께 나아가지 못했을 것이다. 아무도 그리스도를 따르지 못했을 것이다. 하나님은 효과적

31) Bunyan, *Come and Welcome to Jesus Christ*, in *Works*, 1:247.
32) Brinsley, *Three Links of the Golden Chain*, pp. 22~23.
33) Isaac Ambrose, *Looking unto Jesus* (Harrisonburg, Va.: Sprinkle Publications, 1986), p. 28.
34) Thomas Watson, *A Body of Divinity* (1692, 재판, Edinburgh: Banner of Truth Trust, 2000), p. 219.
35) Stephen Charnock, "A Discourse of the Nature of Regeneration," *The Complete Works of Stephen Charnock* (Edinburgh: Banner of Truth Trust, 1985), 3:88.

부르심을 영적 행위로 만드시고, 이것은 플라벨이 말하는 것처럼 우리를 그리스도께 나아가도록 이끄는 "초자연적이고 강한 능력"이다.[36] 그러므로 효과적 부르심은 그리스도께 나아가도록 우리 안에 우리의 의지적 행위를 일으키는 하나님의 강하신 역사다. 우리는 "주의[그리스도의] 권능의 날에"(시 110:3) 즉 복음이 선포되고 성령과 하나님의 말씀이 우리 안에서 강하게 역사할 때 기꺼이 나아가게 될 것이다.

청교도는 죄인들이 자신이 그리스도께 나아왔는지 또는 그들이 종종 그렇게 말하는 것처럼, 그리스도께 다가갔는지 또는 그리스도를 차지했는지 또는 그리스도를 붙잡았는지를 어떻게 알 수 있는지 알아보려고 했다. 이상의 말은 모두 청교도 사상에서 동의어였다. 청교도는 이 말들을 설명할 때 성경에 근거를 두고 자기들의 설명을 변론했다. 우리는 (1) 믿음으로 그리스도께 적극적으로 이끌릴 때, (2) 그리스도께서 복음 속에 죄인들에게 자신을 제공하실 때, (3) 성령의 능력으로 말미암을 때 그리스도께 나아가게 된다고 청교도는 말했다. 이 사실들을 각자 간략히 고찰해 보자.

1. 우리는 믿음으로 그리스도께 이끌려야 한다. 번연은 그리스도께 나아가는 것을 마음의 행위로 말했다. 번연은 그리스도께 나아가는 자들은 마음에 감동을 받아 마음으로 그리스도께 나아가게 된다고 말했다. 여기서 번연이 의미하는 것은 그리스도께 나아가는 자는 나아갈 마음을 갖게 된다는 것이다. 그는 자발적으로 나아간다. 이 나아감은 우리가 앞에서 확인한 것처럼 절대로 손쉬운 믿음이 아니다. 오히려 번연은 이렇게 말했다. "주 예수께서 이 약속을 효과적으로 수행하실 것과 같이 모든 은혜의 충분함을 나타내기로 적극 결정하신다."[37]

그리스도는 자기에게 나아오도록 우리를 강제하시지 않는다. 그리스도는 우리의 지성과 의지를 변화시키시고, 따라서 우리는 그분에게 나아가는 것 외에 다른 일을 할 수 없다. 그렇게 그리스도는 주의 권능의 날에 우리가 자기에게 나아올 마음을 갖게 하신다(시 110:3). 믿음은 성경이 인간의 죄성, 하나님의 거룩하심, 그리스도의 구원 사역에 대해 가르치는 것을 마음에서 우러나와 기꺼이 믿는 것이다. 죄인은 하나님의 위엄한 거룩하심을 접할 때 그의 믿음은 자기 의를 부인하게 된다. 은혜는 죄인이 성경에 계시된 대로 그리스도를 갈망하게 한다. 믿음은 그리스도의 장점과 공로에 점차 끌릴수록 모든 자기 공로를 포기한다(롬 7:24~25).

그리스도가 이 적극적 믿음의 대상이라는 것이 중요하다. 적절히 말하면, 믿음은 결코 한 사람도 구원하지 못한다. 신자로서 우리는 우리의 믿음 안에서 믿음을 갖고 있는 것이 아니다. 우리는 그리스도 안에서 믿음을 행사해야 한다. 참된 믿음은 전체 구원을 위해 오로지 그리스도를 붙잡고, 그리스도를 포옹하고, 그리스도를 의지한다. 왓슨은 의롭게 하는 참 믿음을 이렇게 말했다.

> a. 자기포기: 믿음은 우리 자신의 자아에서 벗어나 우리 자신의 공로를 벗어 버리고 우리 자신의 의는 전혀 갖고 있지 않다고 보는 것이다……(빌 3:9).
>
> b. 신뢰: 영혼은 자신을 예수 그리스도에게 던진다. 믿음은 그리스도의 인격을 의지한다. 믿음은 그리스도의 십자가를 자랑한다……그러므로 믿음은 '그의 피로 믿는 믿음'으로 불린다(롬 3:25).

36) Flavel, *Method of Grace*, in *Works*, 2:67.
37) Bunyan, *Come and Welcome to Jesus Christ*, in *Works*, 1:246.

> c. 전유(專有): 곧 그리스도를 자신에게 적용시키는 것이다. 약이 아무리 특효가 있다고 해도 사용하지 않으면 아무 소용이 없다……이렇게 그리스도를 적용시키는 것은 그분을 영접하는 것으로 불린다(요 1:12).[38]

그리스도에게(to Christ)라는 이 간략한 두 마디 말은 그리스도에게 나아오는 두 가지 중요한 원인을 가리킨다. 번연은 이렇게 말했다. "이 가운데 첫째 원인에 대해 말한다면, 모든 것, 심지어는 우리를 행복하게 하는 데 필요한 모든 것에 대한 완전히 충만한 충분함이 그리스도 안에 있다. 둘째 원인에 대해 말한다면, 확실히 그리스도께 나아가는 자들은 그리스도의 손에서 그것을 받아 내려고 그분에게 나아간다."[39] 우리는 **그리스도를**(to Christ) 바라봐야 한다. 우리는 **그리스도에게**(to Christ) 돌아서야 한다. 우리는 **그리스도에게**(to Christ) 나아가 오직 그분의 손에서 복음이 주는 죄사함과 영생의 복을 받아야 한다.

믿음은 복음에 굴복하고, 그리스도의 펼쳐진 팔에 안긴다. 믿음은 철저히 은혜로 말미암아 자아에서 벗어나 그리스도를 바라본다. 믿음은 그리스도의 부요함을 위해 영혼의 가난함을 포기한다. 믿음은 영혼의 죄책에서 화목자이신 그리스도께, 영혼의 속박에서 해방자이신 그리스도께 도망친다. 믿음은 어거스터스 톱레이디(1740~1778년)처럼 고백한다.

> 빈 손 들고 앞에가
> 십자가를 붙드네.
> 의가 없는 자라도
> 도와주심 바라고,
> 생명 샘에 나가니
> 맘을 씻어 주소서.

믿음은 죄인을 그의 구주와 연합시킨다. 존 칼빈이 말한 것처럼 믿음은 "우리를 그리스도의 의와의 교제 속으로 이끄는 것 외에 다른 방법으로는 절대로 의롭게 하지 못한다."[40] 믿음은 자아를 굴복시키고, 죄를 포기하고, 그분의 말씀을 붙들고, 그분의 약속을 의지함으로써, 포옹하는 믿음으로 그리스도를 붙잡고(fides apprehensiva), 그리스도와 밀착되고, 그리스도와 결합한다.

그리스도는 믿음의 대상일 뿐만 아니라 믿음으로 표현된다. 믿음은 그리스도에게 나아와 듣고, 보고, 신뢰하고, 포옹하고, 알고, 즐거워하고, 사랑하고, 자랑함으로써, 그분의 인격을 의지한다. 믿음은 위대한 의사로서 그리스도의 손에 질병을 맡기고, 그분의 지시를 따르고, 그분이 이루신 사역의 치료책을 신뢰한다. 마르틴 루터가 말한 것처럼 "믿음은 그리스도를 붙들고, 마치 반지에 보석이 박혀 있는 것처럼, 그분을 현재 재산으로 소유한다."[41] 믿음은 영혼을 그리스도의 의로 감싼다. 믿음은

---

38) Watson, *A Body of Divinity*, pp. 215~216.
39) Bunyan, *Come and Welcome to Jesus Christ*, in *Works*, 1:258.
40) John Calvin, *Institutes of the Christian Religion*, John T. McNeill 편집, Ford Lewis Battles 번역 (Philadelphia: Westminster Press, 1960), 3.11.20.
41) Blanchard, *The Complete Gathered Gold*, p. 202에서 인용함.

믿는 마음을 그리스도의 완전한 의, 만족, 거룩하심으로 충당한다. 믿음은 그리스도의 피의 의의 효능을 하나님 자신의 의로 맛본다(롬 3:21~25, 5:9, 6:7; 고후 5:18~21). 믿음은 영혼을 그리스도와 결혼시키고, 사랑하시는 분 안에서 하나님의 용서와 인정하심을 경험하게 하며, 영혼을 다른 모든 언약의 복에 참여시킨다.

2. 우리는 복음 속에 그리스도가 죄인들에게 제공될 때 그분에게 나아간다. 우리가 나아가야 하는 대상인 그리스도는 추상적 개념이 아니다. 그분은 우리 상상의 그리스도가 아니다. 그분은 우리 자신의 선택에 따른 그리스도가 아니고 성경에서 하나님이 우리에게 계시하신 그리스도다.

우리가 나아가야 하는 대상인 그리스도는 복음 속에서 죄인들에게 제시된다. 이것은 여러분이 여러분의 죄 속에서, 그리고 죄인으로서 여러분 자신 그대로 그리스도께 나아올 수 있다는 것을 의미한다. 번연은 이렇게 설명했다. "그것은 사람이 자신의 칭의와 구원에 대해 자신에게 갖고 있는 건전한 절대적 결여 의식에 따라 그리스도께 나아가려는 지성의 움직임이다. 확실히 그리스도가 없는 잃어버린 상태에 대한 이 의식이 없이는 그리스도를 향해 나아가는 지성의 움직임도 있을 수 없다."[42] 얼라인은 회심하지 못한 자들에게 "여러분의 죄에 대한 철저한 시각과 생생한 의식과 느낌을 갖도록 힘쓰라"고 권면했다.[43]

청교도는 우리가 칭의와 성화를 위해 그리스도를 필요로 한다는 자각이 그리스도께 나아가는 핵심 수단이나 동기라고 말했다. 윌리엄 퍼킨스(1558~1602년)는 복음의 주홍 실이 꿰어지기 전에 먼저 율법의 날카로운 바늘이 마음을 찔러야 한다고 말했다.[44] 자신이 견지하는 기독교 신앙의 근본 원리를 제시하면서 퍼킨스는 이렇게 말했다.

> **질문**: 그대는 어떻게 그리스도와 그분의 유익에 참여할 수 있습니까?
> **답변**: 회개한 겸손한 영을 갖고, 오직 믿음으로 그리스도를 붙잡고, 그분의 모든 공로를 자신에게 적용시키는 사람이 하나님 앞에서 의롭다 함을 얻고 거룩하게 됩니다…….
>
> **질문**: 하나님은 어떻게 사람들을 진실로 그리스도를 믿도록 이끄십니까?
> **답변**: 하나님은 먼저 그들의 마음을 준비시켜 그들이 믿음을 가질 수 있는 상태로 만들고, 그런 다음 그들 속에 믿음을 역사하십니다.
>
> **질문**: 하나님은 어떻게 사람들의 마음을 준비시킵니까?
> **답변**: 하나님은 마치 단단한 돌을 가루로 만들 듯이 그들을 박살 내심으로써 마음을 준비시키고, 이것이 그들을 겸손하게 하실 것입니다(겔 11:19, 호 6:1~2).
>
> **질문**: 하나님은 어떻게 사람을 겸손하게 하십니까?

---

42) Bunyan, *Come and Welcome to Jesus Christ*, in *Works*, 1:247.
43) Alleine, *An Alarm to the Unconverted*, p. 71.
44) Ernest F. Kevan, *The Grace of Law: A Study in Puritan Theology* (Ligonier, Pa.: Soli Deo Gloria Publications, 1993), 92n109에서 인용함.

답변: 하나님은 사람이 자신의 죄를 보고, 그 죄에 대해 슬퍼하게 하심으로써 겸손하게 하십니다.

질문: 죄를 어떻게 보게 됩니까?
답변: 십계명으로 요약되는 도덕법을 통해 죄를 보게 됩니다(롬 3:20, 7:7~8).[45]

플라벨은 율법은 "사람들의 마음속에서 헛된 신뢰를 죽이고, 육적 쾌락을 소멸시킨다"고 말했다.[46] 우리는 우리의 모든 필요를 충족시키기 위해 살고, 죽고, 부활하고, 높이 올라가신 복음의 그리스도께 나아간다. 데이비드 클라크슨(1622~1686년)은 이렇게 말했다. "사람들은 자기 의를 붙들고 있기 때문에 본질상 그리스도께 나아오기를 꺼려하지만 그리스도께 나아가는 자들은 "죄와 진노로 말미암아 초래된 자신의 비참을 의식하고…… 그리스도에 대한 절대적 필요성을 깨달으며, '우리에게 그리스도를 주소서, 아니면 우리는 죽습니다'라고 생각한다."[47] 십스는 우리 마음은 숨겨진 장소에서 나올 때까지 절대로 심판자에게 자비를 구하지 않을 죄수와 같다고 말했다.[48]

여러분은 자신이 하나님께 얼마나 큰 죄를 지었는지 보기 시작했는가? 여러분은 구원에 대한 유일한 소망으로서 성경에 계시되고 복음 속에 제공된 이 그리스도를 얼마나 절실하게 필요로 했는가? 여러분의 마음은 그리스도께 이끌리고, 그리스도를 사랑하고, 오직 그리스도만이 주실 수 있는 보배로운 선물을 갈망했는가? 이것은 여러분을 영생으로 가는 길로 이끄는 효과적 부르심의 확실한 표지다.

3. 우리는 오직 성령의 능력으로 말미암아 그리스도께 나아간다. 성령은 우리가 그리스도께 나아가는 것의 유효 원인이시다. 믿음은 성령 하나님으로 말미암아 말씀을 듣는 것 즉 그리스도의 이름을 부르는 모든 사람에게 주어진 구원에 대한 약속을 갖고 있는 복음의 선포를 통해 주어진다(롬 10:17). 듣는 자들은 단지 성령의 능력이 그들을 거듭나게 했기 때문에 그렇게 할 수 있다. 이것이 사람이 그리스도께 나아가기 위해 가져야 하는 믿음의 종류다. 오직 성령이 죄인들에게 역사해서 그들의 눈먼 상태를 제거시키고, 그들의 귀를 열고, 그들을 거듭나게 하신 후에야 사람들은 하나님의 영적, 무조건적 약속을 얻는 소망을 가질 수 있다. 따라서 바울은 "성령으로 아니하고는 누구든지 예수를 주시라 할 수 없느니라"(고전 12:3)고 말했다.

성령은 제공되신 그리스도 안에서 택함받은 자의 마음에 구원을 적용시키실 때 죄인들에게 적극적인 믿음으로 그리스도를 포옹하기 위해 시든 팔과 손을 펼치도록 초자연적 능력을 주신다. 우리가 하기를 바라지만 우리 자신의 힘으로 할 수 없는 것을 바라고 할 수 있도록 우리에게 성령께서 능력을 주신다. 플라벨은 그것을 이렇게 말했다. "하나님은 의지가 본성에 반하도록 강제하시지 않지만

---

45) William Perkins, "The Foundation of Christian Religion Gathered into Six Principles," *The Work of William Perkins*, Ian Breward 편집 (Appleford, U.K.: Sutton Courtenay Press, 1970), pp. 147, 156.
46) Flavel, *Method of Grace*, in *Works*, 2:295.
47) David Clarkson, *Men by Nature Unwilling to Come to Christ, in The Works of David Clarkson* (1864, 재판, Edinburgh: Banner of Truth Trust, 1988), 1:341.
48) Richard Sibbes, *The Bruised Reed*, in *The Works of Richard Sibbes* (Edinburgh: Banner of Truth Trust, 1973), 1:44.

이 이끄심 속에는 진정한 내적 효능이 있다. 즉 마음과 의지에 대한 성령의 직접적 역사가 있고, 이 역사는 의지의 본성과 일치하고 적합하고, 그러면서도 의지의 거역과 주저함과 미온적 태도를 제거하고, 기꺼이 그리스도께 나아가게 한다."[49]

청교도는 **삼위일체 하나님의 역사는 분할할 수 없다**[50]는 사실을 강조했는데, 이것은 죄인이 그리스도께 나아가는 것에 있어서도 사실이었다. 그리스도는 요한복음 6장 37절에서 아버지께서 자기에게 주시는 자는 다 자기에게로 올 것이라고 약속하신다. 요한복음 6장 44절에서 그리스도는 아버지께서 이끌지 아니하시면 아무도 자기에게 올 수 없다고 말씀하신다. 요한복음 6장 63절에서 예수는 살리는 것은 영이니 육은 무익하다고 말씀하신다. 그리스도는 자신이 성령의 역사로 말미암아 아버지께서 자기에게 이끄는 모든 자를 기꺼이 구원할 것이라고 말씀하시는 것이다. 신격의 역사에는 분할이 없다. 아버지 하나님은 값없이 은혜로, 자비로, 성령의 능력으로 말미암아 자신의 복된 아들에게 영혼들을 이끄신다. 그러므로 그리스도께서 무조건적 약속을 주실 때 우리는 아버지 하나님과 성령 하나님이 같은 마음을 갖고 계신다는 것을 확신할 수 있다. 성부는 기꺼이 이끄시는 분이고(엡 1:4~6), 성자는 기꺼이 구원하시는 분이며(요 6:37b), 성령은 기꺼이 능력을 행하시는 분이다(롬 8:15). 삼위일체 하나님의 세 인격이 동등하게 그리스도의 속죄 사역을 통해 죄인들을 구원할 수 있고, 또 기꺼이 그렇게 하신다.

하나님이 죄인을 회심시키기 위해 자신의 능력을 행사하실 때 그것은 새 창조의 역사다. 회심은 도덕적 개혁 이상의 것이다. 회심은 새로운 내적 생명의 표출이다. 구원에 대한 대화로 번연에게 영향을 미친 아서 덴트(1553~1607년)는 "모든 외적 정직함과 의는 하나님에 대한 참 지식과 내적 느낌이 없으면 영생에 아무 도움이 되지 않는다"고 말했다.[51] 그러므로 **구원하는 은혜의 표지들**은 우리가 믿음으로 진실로 그리스도께 나아간 것을 확신시켜 주는 중요한 수단이다. 청교도는 참된 회심자와 위선자 및 율법주의자를 구별해 내는 많은 표지들을 우리에게 제시했다.[52] 우리는 다음과 같이 몇 가지 표지를 지적함으로써 청교도가 말하는 것을 종합할 수 있을 것이다.

- 그리스도께 나아가는 자들은 복음의 긴급함을 알고 있다. 그들은 자신들의 죄의 심각함과 자신들이 누구를 거역하고 죄를 지었는지 알고 있다.
- 그들은 오직 그리스도만이 자신들을 자신들의 짐에서 구원하실 수 있고, 그래서 자신들은 그분과 언약을 맺고 있으며, 그분이 자신들의 것이 되신다는 것을 알고 있다.
- 그들은 하나님을 하나님으로 사랑하고, 하나님을 자신들의 온전한 분깃으로 선택한다.
- 그 결과 그들은 성령으로 자신들의 악한 육체와 맞서 싸운다.

---

49) Flavel, *Method of Grace*, in *Works*, 2:70.

50) 칼 트루먼은 존 오웬에 대해 이렇게 말했다. "하나님이나 구속이나 칭의나 어느 것을 다루든 간에, 오웬의 작품은 전체에 걸쳐 삼위일체 교리가 항상 근간을 이루고 있다……거듭해서 오웬은 하나님의 모든 외적 사역은 한 하나님의 사역으로 이해되어야 하고, 이 모든 사역은 또한 특수적이고 구별된 방식으로 삼위일체 하나님의 세 인격 각자에게 돌려져야 한다고 주장한다"(*John Owen: Reformed Catholic, Renaissance Man* [Aldershot: Ashgate, 2007], p. 124).

51) Arthur Dent, *The Plain Man's Pathway to Heaven* (Morgan, Pa.: Soli Deo Gloria, 1994), pp. 14~15.

52) 다음 자료들을 보라. Anthony Burgess, *Spiritual Refining, or a Treatise of Grace and Assurance* (1652, 재판, Ames, Iowa: International Outreach, 1990), Jonathan Edwards, *The Works of Jonathan Edwards*, 제2권, *Religious Affections*, Paul Ramsey 편집 (New Haven, Conn.: Yale University Press, 1959), Thomas Shepard, *The Works of Thomas Shepard*, 제2권, *The Parable of the Ten Virgins* (1852, 재판, New York: AMS Press, 1967).

- 그들은 그리스도와 교제를 나누고 새 생명의 삶을 산다.
- 그들은 자기들 자신의 의와 세상의 칭찬을 멸시하고, 먼저 하나님의 나라와 그 의를 구한다.

그러므로 그리스도께 나아가는 것에 대한 청교도의 견해는 전인적 접근법이다. 그리스도께 나아가는 자들은 여생 동안 하나님이 범사에 영광을 받으셔야 한다는 것을 알고 있다. 청교도가 말한 것처럼 그들의 삶의 목적은 "하나님을 영화롭게 하고, 그분을 영원토록 즐거워하는 것"이다(웨스트민스터 소교리문답 질문 1).

여러분도 그리스도께 전인적으로 나아갔는가? 여러분이 "하나님을 영화롭게 하고, 그분을 영원토록 즐거워하는 것"이 여러분 마음의 욕구인가? 이런 삶과 마음의 변화는 오직 여러분 안에서 역사하는 성령의 능력으로 말미암아 이루어질 수 있다.

그리스도께 나아가는 데 있어서 인간적 장애물

복음 제공의 자유로움과 은혜로움, 그리스도의 죄인 구원에 대한 자발성과 능력에도 불구하고, 많은 사람이 그리스도께 나아가지 않는다. 어떤 이들은 의심으로 머뭇거리며 나아가기를 주저하지만 다른 이들은 완강하게 나아가기를 거부한다. 사람들은 왜 나아가기를 주저하거나 망설일까? 사람들은 왜 자기들의 치명적인 질병을 고칠 유일한 치료책을 거부할까? 어떤 장애물이 있을까? 무엇이 그들이 그리스도께 나아가는 것을 방해할까?

청교도는 이런 질문을 철저히 탐구했다. 리처드 백스터는 20가지 회심의 방해물에 대해 말했다. (1) 은혜의 수단을 고의로 등한시함, (2) 나쁜 친구, (3) 성경적 진리에 대한 전반적인 무지, (4) 불신앙, (5) 분별력 없는 생각, (6) 완강한 마음, (7) 세상에 대한 큰 존중과 관심, (8) 지성을 압도하는 죄의 습관, (9) 미련한 자기사랑과 주제넘음, (10) 가짜 회심, (11) 죄에 대한 강한 유혹 가운데 살아감, (12) 교회의 스캔들과 분열, (13) 빈곤한 아동 교육, (14) 성령을 거역하는 싸움, (15) 종교에 대한 열의 없는 태도, (16) 미룸, (17) 용두사미, (18) 성경에 대한 일부 오해, (19) 교만과 말을 듣지 않는 태도, (20) 고의적인 완고함.[53] 우리 시대와 청교도 시대 사이는 수백 년의 간격이 있지만 우리는 인간적 본성의 경향들을 볼 때 여전히 청교도와 직결되어 있다. 청교도 시대처럼 오늘날도 죄인들이 그리스도께 나아가는 것을 방해하는 장애물이 많이 있다.

이 장애물 가운데 몇 가지를 살펴보자. 살펴볼 때 여러분 자신을 시험하고, 이 장애물이 여러분의 길에 놓여 있지 않은지 확인해 보기를 바란다. 만약 놓여 있다면 여러분의 짐에서 벗어나기 위해 자비로우신 구주의 발 앞에 나아가 은혜로우신 성령을 통해 이 장애물을 극복하도록 도움을 찾으라. 그러므로 어떤 장애물도 사람이 만들어 낸 것이 틀림없다. 잘못은 우리에게 있지 하나님께 있는 것이 아니다.

장애물 1: 성경의 그리스도를 등한시함. 어떤 이들은 성경에 계시된 대로 그리스도를 이해하지 못하기 때문에 그리스도께 나아가기를 거부한다. 이런 일은 최소한 두 가지 다른 방식으로 일어난다. 첫

53) Richard Baxter, *A Treatise of Conversion*, in *The Practical Works of the Rev. Richard Baxter*, ed. William Orme (London: James Duncan, 1830), 7:251~332.

째, 어떤 이들은 성경에 대한 관심은 별로 없이 그리스도께 나아가 위로를 찾는다. 그들은 자기 생각대로 그리스도를 찾는다. 하지만 그래서는 안 된다. 우리는 사람들에게 율법적 정신을 갖고 성경을 읽으라고 권유하지 않는다. 우리는 사람들에게 하나님과 다른 사람들에게 좋은 인상을 주도록 성경을 읽으라고 권장하지 않는다. 또한 우리는 사람들에게 어떤 신비적 경험이나 환상을 받기 위해 성경을 읽으라고 말하지도 않는다. 우리는 성경을 읽을 때 성령이 그들 속에 그리스도께서 진실로 어떤 분인지, 그리고 구원을 위해 그분께 나아가는 참된 길을 계시하기 때문에 성경을 읽으라고 권면한다. 성경이 없으면 우리는 그리스도를 알 수도, 그리스도께 나아갈 수도 없다.

둘째, 어떤 이들은 성경을 읽거나 설교를 들을지라도 그리스도를 파악하지 못하고 성경이 가르치는 것에 대해 거짓 견해를 굳게 고수한다. 그 결과 그들은 성경이 그리스도를 계시하는 것에 대해 눈이 멀어 있다. 그들은 그리스도께서 다음과 같이 말씀하는 바리새인과 같다. "그 말씀이 너희 속에 거하지 아니하니 이는 그가 보내신 이를 믿지 아니함이라 너희가 성경에서 영생을 얻는 줄 생각하고 성경을 연구하거니와 이 성경이 곧 내게 대해 증언하는 것이니라"(요 5:38~39). 그들은 성경은 정서와 도덕을 위한 책으로서 감동과 자기 계발을 목적으로 갖고 있다고 보기 때문에 성경이 그리스도를 죄인들의 구주로, 그리고 타락한 인간이 하나님의 진노에서 벗어나는 유일한 소망으로 높인다는 사실을 보지 못한다. 그들은 성경이 그리스도를 중심으로 돌아가고 있다는 것을 이해하지 못한다. 토머스 왓슨은 이렇게 말했다. 성경의 약속들은 금고와 같고, 그리스도는 그 금고 안에 있는 보석이다. 성경은 그릇과 같고, 그리스도는 그 그릇에 놓여 있는 음식이다.[54)]

이런 사람들은 결국 실패하고 만다. 그리스도께 나아갈 어떤 소망을 가지려면 우리는 그리스도에 대한 하나님의 증언인 성경으로 돌아가야 한다. 우리는 성경 속에 계시된 대로 그리스도를 바라 봐야 한다. 우리는 우리의 조건이 아니라 하나님의 조건에 따라 그리스도께 나아가야 한다.

장애물 2: 거짓 회심. 어떤 이들은 자기들이 이미 그리스도께 나아갔다고 생각하지만 그들의 회심은 마음의 회심이 아니라 피상적인 가짜 회심이다. 얼라인은 사람은 부드러운 흙덩이를 취해 그것을 식물로, 이어서 동물 형태를 만들고 형성시킬 수 있지만 그것은 여전히 흙덩이로 남아 있다고 말한다. 마찬가지로 구원받지 않은 사람은 성경에 대한 어떤 지식을 얻고, 불경을 범하는 것을 자제하고, 큰 죄를 피하며, 심지어는 신앙적 의무를 수행할 수도 있다. 하지만 그의 본성이 변화된 것이 아니라면, 그는 구원을 받지 아니한 상태에 여전히 남아 있는 것이다.[55)] 회심은 단순히 새로운 삶의 태도가 아니다. 그것은 새 생명이다. 얼라인은 이렇게 말했다. "회심은 깊은 활동 곧 마음의 활동이다. 회심은 새 세계에서 새 사람을 만든다. 회심은 전 인간에, 지성에, 지체에, 전체 삶의 활동에 미친다."[56)]

청교도는 사람들이 단순히 자신의 외적 삶을 개혁했기 때문에, 또는 그리스도께서 죄인들을 위해 죽으셨다는 진술에 동조하기 때문에 자신은 구원받았다고 착각하지 않도록 조심시켰다. 얼라인은 이렇게 말했다. "많은 사람이 이것 곧 그리스도께서 죄인들을 위해 죽으신 것을 자기들 소망의 충분한 근거로 주장하지만, 나는 여러분에게 말하는데, 그리스도는 결단코 완고하고 회심하지 않고 그것

---

54) Watson, *A Body of Divinity*, p. 216.
55) Alleine, *An Alarm to the Unconverted*, p. 7.
56) Alleine, *An Alarm to the Unconverted*, p. 13.

을 계속 고수하는 죄인들을 구원하려고 죽으신 것이 아니다."[57]

장애물 3: 큰 죄로 말미암아 절망함. 어떤 이들은 자기들이 구원받기에는 너무 큰 죄인이라고 알고 있기 때문에 그리스도께 나아가기를 거부한다. "하나님이 어찌하여 나 같은 죄인을 구원하시겠는가?"라고 그들은 묻는다. 그들은 자신들이 구원의 소망에서 벗어나 있다고 믿는다. 그들은 이렇게 생각한다. "만일 사람들이 나의 실상을 봤다면 내가 그리스도께 결코 나아갈 수 없는 사람이라는 것을 알 것이다." 그들은 자기 자신을 그리스도의 자비와 은혜 너머에서 본다. 그들은 자기들의 죄는 너무 커서 용서받을 수 없다고 믿는다.

사랑하는 친구여, 그대의 죄가 그대가 그리스도께 나아가는 것을 어찌 방해하겠는가? 십자가 자체가 그대의 죄의 엄청난 죄악 됨을 증언하지 않는가? 수고하고 무거운 짐 진 자에게 주시는 그리스도의 안식에 대한 약속은 그대에게 말하는 것이 아닌가? 우리는 우리 죄의 사소함이나 우리의 행위의 위대함을 갖고 그리스도께 나아가지 않는다. 다윗은 여호와께 이렇게 부르짖었다. "여호와여 나의 죄악이 크오니 주의 이름으로 말미암아 사하소서"(시 25:11). 또한 죄를 사하는 그리스도의 능력이나 모든 죄의 죄책에서 의롭게 하는 그분의 속죄의 죽음의 능력이나 죄와 부정함을 씻어내는 그분의 깨끗하게 하는 피의 능력에 한계가 있다고 주장하는 것은 그리스도에 대한 큰 모욕이라는 것을 유념하라. 결과적으로 이것은 "하나님이 그리스도 안에서 제공하신 것은 단순히 우리가 필요로 하는 것에 미치지 못한다"고 말하는 것이다. 하나님은 비록 우리의 죄를 위한 화목 제물로 자기 아들을 십자가에 보내 고난을 받고 죽게 하셨을지라도(요일 2:2) 우리를 위해 충분히 행하지 못하신 것이 되고 말았다.

그래도 우리에게는 소망이 있다. 존 플라벨은 이렇게 말했다. "주님은 영혼의 영이 최대한 큰 두려움과 고민 아래에서 어떤 소망을 자라게 하시는 것을 기뻐하신다……확실히 지옥에서는 어둠을 비추는 소망이 전혀 없지만 땅에서는 그렇지 않다."[58] 그대의 엄청난 죄를 갖고, 그대의 모든 가방을 갖고 그리스도께 나아와 그분이 위대한 구주라는 것을 발견하라. 찬송가 작가는 올바르게 다음과 같이 쓴다.

> 나아오라, 수고하고 무거운 짐 진 자들아,
> 타락으로 잃어버리고 파멸한 자들아.
> 좀 더 나아질 때까지 지체한다면
> 결코 나아가지 못할 것이니,
> 양심 때문에 지체하지 말고,
> 분별없이 꿈꾸는 것은 적절하지 않다.
> 주님이 합당하게 요구하시는 것은 오로지
> 그대가 주님의 필요성을 느끼는 것이다.

지금 그리스도께 나아가라. 있는 모습 그대로 나아가라. 나아가서 예수 그리스도께 용서를 받으라!

---

57) Alleine, *An Alarm to the Unconverted*, p. 36.
58) Flavel, *Method of Grace*, in *Works*, 2:163.

장애물 4: 영적 안일함. 어떤 이들은 영적 게으름 때문에 그리스도께 나아가는 것을 거부한다. 그들은 내일로 미룰 수 있는 것은 오늘 할 필요가 없다고 생각한다. 복음은 그들이 구원의 날인 오늘 그리스도께 나아오기를 거부하므로 이런 자들에게는 알맞지 않다. 그들은 복음이 이후에도 자기들을 찾을 것이라고 생각하고 내일을 기약한다. 설상가상으로 그들은 자기들이 현재는 죄를 계속 범할 수 있고, 언제든 다른 날에 하나님과 함께 할 수 있다고 계산한다. 그들은 일상적인 관심사에 빠져 있다. 그들은 세상 쾌락으로 인생을 허비한다.

그들은 그리스도께 나아가는 것을 귀찮고 거북한 짐으로 여긴다. 그들은 믿음의 난관을 감수하기보다는 가공적인 불신앙의 안일함에 앉아 있기를 바란다. 그들 가운데 많은 이들이 어떤 어려움이나 불편함을 감당하기를 죽도록 거부할 것이다. 데이비드 클라크슨이 말한 것처럼 "많은 이들이 그리스도와 먼 거리를 유지하는 것을 그만두지 못할 것이다. 그들은 그리스도께 나아가기 위해 죄와 결별하지 못할 것인데, 거기서 돌아서지 않고는 그리스도께 나아가지 못할 것이다."[59]

얼라인은 참된 회심은 사람이 "자신의 충분하고 영원한 행복의 전부로 알고" 삼위 하나님께 돌아서는 것이라고 말했다. 마음은 우상들 속에서 안식을 추구하는 한, 살아 계신 하나님께 결코 돌아서지 못했다. 얼라인은 우리에게 이렇게 묻는다. "여러분은 여러분의 행복을 위해 하나님을 받아들였는가? 여러분 마음의 욕망을 어디에 두고 있는가?"[60] 얼라인은 우리에게 한편으로는 세상의 온갖 "쾌락과 승진"을 갖고 세상 편에 서는 것과 다른 한편으로는 하나님의 모든 속성을 갖고 하나님 편에 서는 것을 제시하고, 거기서 하나님을 선택하라고 요구한다. 은혜로 말미암아 성부 하나님을 여러분의 아버지로, 성자 하나님을 여러분의 구속주와 의로, 성령 하나님을 여러분의 거룩하게 하시는 분과 위로하시는 분으로 선택하라. 그분의 용서하심과 거룩하심을 보고 하나님을 선택하라. 여러분의 필요를 만족시키는 그분의 전충족성과 여러분의 삶을 다스리시는 그분의 주권을 보고 하나님을 선택하라.[61] 영적 게으름의 악습에 빠지지 마라. 죽은 자 가운데서 안일한 삶을 추구하지 마라.

여러분은 예수 그리스도의 영광보다 이 세상의 보화를 더 가치 있는 것으로 찾음으로써 멸망하지 마라. 새뮤얼 러더퍼드(1600~1661년)의 간청을 경청하라. "여러분에게 권면하는데, 제발 그리스도의 [긍휼] 속에서 약해지지 말고 지치지 않기를 바란다. 천국의 필요성은 크다. 여러분은 천국을 마땅히 차지해야 한다…… 그것을 손쉬운 것으로 생각하지 마라. 왜냐하면 그것은 영원한 영광으로 급격히 상승하는 것이기 때문이다. 그런데 많은 이들이 안일함에 살해를 당해 시체로 누워 있다."[62] 그러나 그리스도께 나아가라. 그분의 멍에는 쉽고 그분의 짐은 가볍다!

장애물 5: 배역함으로써 절망함. 어떤 이들은 자기들은 배역했기 때문에 그리스도께 나아갈 자격을 박탈당했다고 믿고 그리스도께 나아가기를 거부한다. 그들은 자신들이 도저히 용서받을 수 없는 죄를 지었다고 믿는다. 그들은 자신들이 한때는 구원을 받았지만 지금은 끔찍한 죄를 범했기 때문에 모든 소망이 사라졌다고 생각한다. 그들은 성령을 거스르는 죄를 범했고, 따라서 영원히 버림받을 것이라고 본다.

---

59) Clarkson, *Men by Nature Unwilling to Come to Christ*, in *Works*, 1:337.
60) Alleine, *An Alarm to the Unconverted*, p. 23.
61) Alleine, *An Alarm to the Unconverted*, pp. 77~79.
62) Samuel Rutherford, to Lady Cardoness, *The Letters of Samuel Rutherford*, Frank E. Gaebelein 편집 (Chicago: Moody, 1951), p. 170.

오, 배역한 친구여, 그리스도께 나아가라. 왜냐하면 그분은 "내게 오는 자는 내가 결코 내쫓지 아니하리라"고 말씀하시기 때문이다. 여기에는 그대도 포함되어 있다. 그리스도의 약속에는 절대 예외가 없다. 아버지께서 그리스도에게 주시는 자는 모두 그분이 일으키실 것이다. 주님은 예레미야서 3장 12절에서 이렇게 말씀하신다. "여호와께서 이르시되 배역한 이스라엘아 돌아오라 나의 노한 얼굴을 너희에게로 향하지 아니하리라 나는 긍휼이 있는 자라 노를 한없이 품지 아니하느니라 여호와의 말씀이니라." 매튜 헨리(1662~1714년)는 이 말씀은 "하나님이 회개하고 돌아오는 죄인들의 죄를 용서하고, 그들을 받아들일 [그리고 복을 베풀어 환영할] 준비를 하고 계심"을 보여 준다고 말했다.[63] 하나님은 여러분이 자신에게 나아올 때 여러분을 용서하실 준비를 하고 계신다! 그리스도께서 우리는 형제의 죄를 "일곱 번을 일흔 번까지라도" 용서해야 한다고 가르치신 것(마 18:22)을 기억하라. 하나님의 용서는 이런 인간적 기준을 크게 능가할 것이다.

여러분은 이렇게 반론을 제기할 것이다. "나는 성부께서 자기 아들에게 주신 자가 분명히 아니다. 왜냐하면 만일 내가 그런 자라면 이토록 심각한 배역을 저지르지 않았을 것이기 때문이다." 사랑하는 친구들이여, 여러분은 그리스도를 갈망하는가? 자신의 죄를 멸시하는가? 자신이 저지른 것에 대해 가책을 느끼는가? 만일 이에 대해 '그렇다'고 대답한다면 여러분을 위해 복음의 약속이 여기 있다. 하지만 여러분이 "내게는 속할 수 없다"고 말하고 복음의 약속을 계속 거부한다면 다윗이나 베드로, 그리고 다른 많은 사람이 큰 죄를 범한 후에 그리스도께 돌아온 것을 생각해 보라. 여러분도 주권적 은혜의 범주에서 벗어나 있지 않다. 무거운 짐을 짊어진 그대로 그리스도께 나아가 그분의 발 앞에 여러분의 짐을 던져라. "만일 우리가 우리 죄를 자백하면 그는 미쁘시고 의로우사 우리 죄를 사하시며 우리를 모든 불의에서 깨끗하게 하실 것이요"(요일 1:9).

장애물 6: 선택에 대한 혼란. 어떤 이들은 자기들이 하나님의 택함받은 자 가운데 있다고 생각하지 못하기 때문에 그리스도께 나아가기를 거부한다. 그들은 이렇게 말한다. "그리스도께서 택함받은 자만을 구원하고, 나는 택함받은 자가 아니라고 생각한다면 내가 그분에게 나아가려는 모든 시도는 헛될 것이다." 사랑하는 친구여, 그대는 선택 교리를 잘못 이해했도다. 이 교리는 사람들을 그리스도에게서 내쫓는 것이 아니다. 올바르게 이해한다면 오히려 이 교리는 사람들을 그리스도께 이끈다. 은혜로운 그리스도의 자유로운 선택 교리가 없다면 아무도 나아갈 수 없을 것이다. 선택은 죄인들의 친구다. 선택은 죄인들이 그리스도께 나아갈 길을 열어 놓는다. 그 문은 열려 있다.

"하지만 내게는 열려 있지 않다"고 그대는 말할 것이다. 사랑하는 친구여, 그대의 선택으로 그대가 나아가는 것을 결정하지 마라. 그대가 나아가는 것을 그대의 선택이 결정하게 하라. 선택 교리는 우리는 그리스도께 이끈다. 그리스도께 나아가라. 그러면 그분이 그대의 소명과 그대의 선택을 그대에게 확실히 하실 것이다.

얼라인은 이렇게 말했다. "만일 여러분이 먼저 자신의 선택에 대해 문제를 삼는다면 잘못된 목적을 갖고 시작하게 되는 것이다. 여러분의 회심을 증명하라. 그러면 여러분의 선택을 결코 의심하지 않게 될 것이다……은밀한 하나님의 목적이 무엇이든 간에 나는 하나님의 약속들이 단순하다고 확신한다……여러분의 선택에 대해 왈가왈부하지 말고, 회개하고 믿는 것에 굳게 서라."[64]

---

63) Matthew Henry, *Matthew Henry's Commentary* (Peabody, Mass.: Hendrickson, 2003), 4:331.
64) Alleine, *An Alarm to the Unconverted*, p. 12.

장애물 7: 복음 초청에 대한 무지. 어떤 이들은 자신들이 그리스도께 나아가라는 명령을 들은 적이 없기 때문에 그리스도께 나아가는 것을 거부한다. 그들은 자신의 죄를 회개하지 않고, 성령이 자신들의 마음을 열어 복음 속에 제공된 그리스도를 영접하게 하신 것을 느낀 적이 없었다. 이런 사람들에게는 경고의 메시지와 소망의 메시지가 함께 있다. 경고의 메시지는 만일 여러분이 계속 무지와 불신앙 속에 있다면 그러다 멸망하고, 그리스도께 나아갈 소망이 전혀 없게 되리라는 것이다. 천국의 문은 속히 닫힐 것이다. 여러분은 주 예수 그리스도에게서 영원토록 멀리 떨어져 나갈 것이다. 내가 경고하고 권면하고 간청하는데, 그렇게 할 시간이 있을 때 그리스도를 배우라. 그리스도께 나아가라. 그리스도를 신뢰하라.

장애물 8: 불신앙. 이상의 모든 장애물-그리고 더 많은 장애물이 있다-은 불신앙이라는 토양에 뿌리를 박고 있다. 불신앙은 모든 죄의 "어머니 죄", 곧 모든 죄의 뿌리와 저장소다. 불신앙은 사탄의 거짓말을 믿는 것이다. 불신앙은 그리스도께 나아가지 않는 궁극적 이유다. 불신앙은 우리를 그리스도보다 세상에 더 집착하도록 한다.

존 칼빈은 이렇게 말했다. "비신자들의 맹목성으로 복음의 명료함이 감소하는 것은 절대로 아니다. 태양은 맹인이 그 빛을 보지 못한다고 해서 밝음이 감소하는 것이 아니다……불신앙은 우리를 반역자와 이탈자로 만든다. [불신앙은] 항상 교만하다……우리 자신의 불신앙은 하나님이 온갖 좋은 것으로 우리를 크고 관대하게 만족시키지 못하도록 가로막는 유일한 장애물이다."[65]

언젠가 자신의 불신앙과 강하게 맞서 싸우는 한 사람과 상담을 한 적이 있었다. 얼굴에 눈물을 흘리면서 그는 이렇게 부르짖었다. "나는 나의 불신앙이 싫다! 오, 나의 저주받은, 저주받은 불신앙아!" 여러분은 여러분의 불신앙을 싫어하고 저주하는가? 여러분은 그것이 하나님을 가장 불쾌하게 하기 때문에 불신앙에서 도망치는가?

매튜 헨리는 이렇게 말했다. "하나님이 불쾌하게 여기시는 것 가운데 자신의 약속을 불신하는 것과 그 길에 놓여 있는 것처럼 보이는 몇 가지 어려움 때문에 그 약속을 실천하는 데 절망하는 것보다 더 큰 것은 없다……불신앙은 당연히 파멸을 일으키는 큰 죄로 불릴 수 있다. 왜냐하면 불신앙은 우리를 우리의 다른 모든 죄의 죄책 아래 두기 때문이다. 불신앙은 치료를 거부하는 죄다."[66] 궁극적으로 그리스도께 나아가기를 거부하는 모든 자를 지옥으로 이끄는 것은 불신앙이다. J. C. 라일은 "불신앙만큼 영혼을 그토록 확실하게 파멸로 이끄는 소란을 피우는 죄는 없다"고 말했다.[67]

결론: 세상 돼지의 음식을 거부하고 그리스도의 자원하는 종이 되라

인기 있고 복음적인 잉글랜드 설교자 롤런드 힐(1744~1833년)은 목회 사역 도중 몇 달 동안 침체에 빠졌다. 힐은 목회에 열매가 없는 것에 대해 크게 실망했다. 어느 날 힐은 서재 창문 밖으로 돼지 사육자가 돼지들을 끌고 도살장으로 가는 것을 봤다. 그런데 돼지들이 도살장으로 끌고 가는 사육자를 따라가는 것을 보고 깜짝 놀랐다. 힐은 밖으로 나가 그를 만났다. 힐이 물었다. "당신은 어떻게 죽음

65) Blanchard, *The Complete Gathered Gold*, p. 661에서 인용함.
66) Blanchard, *The Complete Gathered Gold*, p. 662에서 인용함.
67) Blanchard, *The Complete Gathered Gold*, p. 663에서 인용함.

으로 끌고 가기 위해 돼지들을 따라오게 했습니까? 나는 사람들이 그들의 영생을 위해 그리스도를 따르도록 할 수가 없습니다." 돼지 사육자는 이렇게 대답했다. "주머니에 돼지 음식을 넣고 걸을 때마다 그것을 조금씩 떨어뜨리는 것을 보지 못했습니까? 음식 부스러기 몇 조각을 위해 돼지들은 자기들을 죽음으로 이끄는 나를 졸졸 따라온답니다."

여러분은 여러분을 영원한 사망으로 이끄는 이 세상의 쾌락 부스러기 몇 조각을 위해 사탄을 믿고 따르겠는가? 아니면 구주께서 다음과 같이 말씀하신 영생을 믿고 따르겠는가? "나는 생명의 떡이니 내게 오는 자는 결코 주리지 아니할 터이요 나를 믿는 자는 영원히 목마르지 아니하리라"(요 6:35).

다음과 같은 찰스 스펄전의 말을 마음에 새겨 두라. "불신앙은 우리를 가장 좋게 파멸시킬 것이다. 신앙은 우리를 가장 나쁘게 구원할 것이다."[68] 만일 은혜로 여러분이 예수께 나아간다면 여러분이 갖게 될 것을 생각해 보라. 데이비드 클라크슨은 이렇게 말했다. "여러분은 그분의 자애와 사랑만이 아니라 그분의 기쁨과 즐거움이 있는 그리스도와의 이런 연합, 그리스도와의 이런 관계를 허락받게 될 것이다…… 그분은 여러분을 영원한 언약 곧 결코 깨지지 않고 이혼하지 않을 결혼 언약에 여러분을 참여시키실 것이다."[69]

잉글랜드 출신 한 부자가 골드러시 시기인 1850년대에 돈을 벌기 위해 캘리포니아로 갔다. 크게 돈을 벌어 성공한 후에 그는 잉글랜드로 돌아가게 되었다. 그는 고향으로 가던 도중에 뉴올리언스에 머물렀고, 당시의 모든 여행자가 그런 것처럼 악명 높은 노예 거래 시장을 찾았다. 현금으로 사람들이 팔리는 그곳에 다가갔을 때 그는 아름답고, 젊은 한 아프리카 여인이 판매대에 서 있는 것을 봤다. 그는 두 사람이 그 여인에게 서로 더 비싼 값을 매기며 그녀를 사려면 무엇을 해야 할지 대화를 나누는 것을 엿듣게 되었다. 그런데 놀랍게도 이 잉글랜드 사람이 두 배의 값을 제시함으로써 입찰에 참여했다.

경매인은 깜짝 놀라면서 "그때까지 노예를 위해 이런 많은 금액을 제시한 자는 아무도 없었습니다"라고 말했다.

그녀를 비싼 값을 치르고 사고 난 후에 이 잉글랜드 사람은 그녀를 데려가려고 앞으로 나갔다. 그가 그녀에게 자기 자리로 내려 오라고 요청하자 그녀는 그의 얼굴에 침을 뱉었다. 그는 침을 닦아내고 도시 다른 곳에 있는 건물로 그녀를 데리고 갔다. 거기서 그가 서류를 작성하자 그녀는 이해할 수 없다는 듯이 바라봤다. 놀랍게도 그는 노예 해방 문서를 그녀에게 내밀면서 "자, 이제 당신은 자유로운 여인이오"라고 말했다. 그녀는 다시 한 번 그의 얼굴에 침을 뱉었다.

그는 다시 침을 닦아내면서 "아직도 이해 못하겠소?"라고 물었고, 이어서 이렇게 말했다. "당신은 자유롭소! 당신은 자유롭다는 말이오!" 그녀는 오랫동안 믿지 못하겠다는 듯이 그를 응시했다. 이윽고 그녀는 그의 발 앞에 엎드리더니 울고 또 울었다. 마침내 그녀는 그를 올려다보면서 이렇게 물었다. "선생님, 단지 나를 해방시켜 주기 위해 어느 누구보다 높은 대가를 지불하고 노예로 나를 사신 것이 진정 사실입니까?" "그렇소." 그는 조용히 대답했다.

그녀는 더욱 세게 흐느껴 울었다. 그리고 결국에는 이렇게 말했다. "선생님, 한 가지 청이 있습니다. 나를 영원히 당신의 종으로 삼아 주실 수 있겠습니까?"

---

68) Blanchard, *The Complete Gathered Gold*, p. 663에서 인용함.
69) Clarkson, *Men by Nature Unwilling to Come to Christ*, in *Works*, 1:347.

이것은 다음과 같은 청교도의 상투적인 가르침을 예증한다. 예수 그리스도께 나아가라. 왜냐하면 그분은 자기에게 나아오는 자들을 결코 내쫓지 아니하실 것이기 때문이다. 그분은 오직 자신의 피 값으로 그들을 사셨다. 그분만이 죄의 사망의 속박에서 그들을 해방시키실 수 있다. 그분만이 그들을 영생으로 이끄실 수 있다. 그리고 그렇게 하실 때 그분은 그들이 현세에서, 그리고 영원히 자신의 자발적인 종으로서 자원해서 자기를 위해 살 수 있도록 하신다.

33장

그리스도 안에서의 삶에 대한 청교도의 교리

주 그리스도는…… 성령을 우리 마음속에 보내시는데, 이것이 모든 거룩함과 성화의 유효 원인이다. 곧 성령께서 그의 성도들의 영혼을 소생시키고, 조명하시고 정화시키신다.

–존 오웬[1] –

우리는 청교도의 그리스도께 나아감 교리를 살펴보면서, 성경에 제시된 대로 그리스도께 나아가는 이중적인 부르심에 따라 문제를 고찰했다. 첫 번째 부르심은 보편적 부르심이다. 그리스도는 복음을 듣는 모든 죄인에게 자신에게 나아오라고 촉구하고 명령하신다. 하지만 이 부르심은 사람들이 본질상 죄인이기 때문에 충분하지 못하다. 따라서 그리스도는 택함받은 자에게 효과적 부르심을 발하신다. 선택은 하나님의 택하심을 받은 죄인들에게는 장애물을 세워 놓는 것이 아니라 오히려 그리스도께 나아가는 문을 열어 놓는다. 그들은 예수 그리스도께 나아갈 수 있고, 또 나아간다. 청교도는 우리는 복음에 제공된 대로 성령의 능력으로 말미암아 그리스도께 믿음으로 이끌리면 그리스도께 나아간 것을 확신할 수 있다고 가르쳤다.

이제 그리스도께 나아감의 실천적 측면을 검토해 보도록 하자. 그리스도께 나아가는 것은 일생에 단 한 번 행하는 결단으로 끝나는 것이 아니다. 그리스도께 나아가는 것은 현재 및 미래와 아무 관련이 없는 의지의 순간적인 행위가 아니다. 오히려 토머스 보스턴(1676~1732년)이 우리에게 상기시키는 것처럼 그리스도께 나아가는 것은 그리스도를 향한 첫 발걸음이자 마지막 발걸음이다. 보스턴은 신자는 그리스도와의 연합 및 교제를 통해 "행복의 바다 속에 뛰어 들어가고, 즐거움의 낙원으로 인도받으며, 복음의 밭에 숨겨져 있는 보물 곧 헤아릴 수 없는 그리스도의 재산 속에서 구원의 유익을 누린다"고 말했다.[2] 그러므로 성도들은 믿음으로 그리스도의 "샘에서 새롭게 공급되는 은혜"를 끌어내려고 끊임없이 힘써야 한다.[3] 우리는 단지 한 번만 그리스도께 나아가서는 안 되는데, 그 이유는 죄의 죄책에서 벗어나는 칭의를 위해서는 단지 한 번만 그리스도께 나아가면 되지만 지속적인 성화를 위해서는 삶 속에서 날마다 나아가야 하기 때문이다. 그리스도는 단순히 문이기만 한 것이 아니라 천국의 길이다. 확실히 그리스도는 천국의 영광 자체다.

많은 사람이 처음에 그리스도께 나아갔던 일을 신뢰하고, "나는 어렸을 때 그리스도께 나아갔다.

---

1) John Owen, *Of Communion with God the Father, Son, and Holy Ghost*, in *The Works of John Owen* (Edinburgh: Banner of Truth Trust, 1965), 2:199. 이번 장은 부분적으로 Joel R. Beeke, *Living for God's Glory: An Introduction to Calvinism* (Orlando, Fla.: Reformation Trust, 2008)에서 청교도의 성화 교리를 다룬 두 장을 손질한 것이다.

2) Thomas Boston, *Human Nature in Its Fourfold State* (재판, Edinburgh: Banner of Truth Trust, 1964), p. 285.

3) Boston, *Human Nature in Its Fourfold State*, p. 316.

그런데 왜 다시 나아갈 필요가 있는가?"라고 말한다. 예수는 여러분이 자기에게 처음 나아왔을 때가 스무 살 때인지 아니면 지난주인지 관심이 없으시다. 그리스도는 여러분이 지금 자신에게 계속 나아오고 있는지에 관심을 갖고 계신다. 우리는 그리스도를 닮아가고 거룩함을 계발하기 위해, 그리스도 안에서 살고 그리스도와 함께 살기 위해 믿음으로 날마다 그리스도께 나아가야 한다. 우리는 매순간 그리스도의 영광을 추구해야 한다. 그리스도께 나아가는 것은 평생 추구할 일이다.

믿음으로 그리스도 안에서 살아감

존 플라벨(1628~1691년)은 "영혼은 육체의 생명이고, 믿음은 영혼의 생명이며, 그리스도는 믿음의 생명이다"라고 말했다.[4] 오늘날 많은 사람이 자신들의 믿음을 내적으로 관조하는 데 주력하고, 자신들의 믿음의 대상을 외적으로 주목하는 것은 집중하지 않는다. 종교개혁자들은 믿음은 오직 믿음이 바라보는 대상과 마찬가지라고 가르쳤다. 믿음은 단지 우리를 그리스도와의 연합으로 이끄는 수단이다. 왜냐하면 플라벨이 말한 것처럼 "그리스도는 믿음의 생명이기" 때문이다. 그리스도가 없으면 믿음은 무의미하다. 그리스도가 믿음의 목표다. 따라서 조지 스윈녹(대략, 1627~1673년)은 이렇게 말했다. "첫째, 믿음은 그리스도를 찾아야 한다. 둘째, 믿음은 은혜를 위해 그리스도를 우러러봐야 한다. 셋째, 믿음은 그리스도를 붙잡아 당기거나 그분과 은혜를 받아야 한다."[5]

히브리서 12장 1~2절은 우리에게 죄를 벗어 버리고, 우리 앞에 당한 경주를 하며, "예수를 바라보라"고 명령한다. 예수를 바라보는 것은 큰 은혜의 수단으로, 다른 모든 수단은 이 수단을 통해 효력이 발휘된다. 아이작 암브로스(1604~1664년)는 이렇게 그리스도를 바라보는 것은 단순한 지성적 지식이 아니라 다음과 같은 것이라고 말했다. "그리스도를 바라보는 것은 마음속에 감정을 자극하고, 그로 말미암아 우리의 삶 속에 결과가 나타나는 내적인 실험적[경험적] 바라봄이고…… 예수에 대한 내적인 실험적 앎, 성찰, 갈망, 소망, 믿음, 사랑, 기쁨, 소명, 그리고 예수에 대한 순응이다."[6] 암브로스는 우리에게 그리스도의 구속 사역의 모든 단계에서 곧 영원한 선택, 역사적 약속, 성육신, 탄생, 지상 사역, 죽음, 부활, 중보, 영광 속에서의 재림 등에서 그분을 바라보라고 권면했다.

존 오웬(1616~1683년)은 "이 세상과 영원 속에서 신자들의 가장 큰 특권과 혜택 가운데 하나는 그들이 그리스도의 영광을 바라보는 것에 있다"고 우리에게 상기시켰다.[7] 신자들은 현재 믿음으로 성경을 따라 그렇게 하고 있다. 오웬은 이렇게 말했다. "여기 이곳에서 그리스도의 영광을 바라본 신자들은 장차 그리스도와 같은 형상으로 변화되거나 변모된다"(고후 3:18).[8] 우리의 믿음이 "생명과 능력" 속에서 행사되는 것, 그리스도를 향한 우리의 사랑이 "생겨나고 솟아나는 것", 그리고 우리가 "안식, 안심, 만족"을 발견하는 것은 우리가 영적으로 그리스도의 영광을 보기 때문이다.[9] 오웬은 그리

4) John Flavel, *The Method of Grace*, in *The Works of John Flavel* (Edinburgh: Banner of Truth Trust, 1968), 2:104.
5) George Swinnock, *The Christian Man's Calling*, in *The Works of George Swinnock* (Edinburgh: Banner of Truth Trust, 1992), 1:203.
6) Isaac Ambrose, *Looking unto Jesus* (재판, Harrisonburg, Va.: Sprinkle Publications, 1986), p. 28.
7) Owen, *The Glory of Christ*, in *The Works of John Owen* (Edinburgh: Banner of Truth Trust, 1965), 1:286.
8) Owen, *The Glory of Christ*, in *Works*, 1:287.
9) Owen, *The Glory of Christ*, in *Works*, 1:291.

스도는 새 피조물이 필요로 하는 "선, 은혜, 생명, 빛, 능력, 자비"가 몽땅 들어 있는 보고(寶庫)라고 말했다.[10] 성령은 그리스도 안에 "모든 충만으로" 그리고 "측량할 수 없이" 거하시는데, 그리스도는 이 성령을 "모든 신자에게 주심으로써, 성령이 그들 속에 내주하고 거하게 하신다"(요 14:14~20; 고전 6:17; 롬 8:9).[11]

믿음으로 그리스도와 연합한 신자들은 그리스도의 모든 유익을 차지한다(엡 1:3). 참 신자는 성령이 믿음으로 말미암아 적용시키실 때 이 유익들을 충분히 경험한다. 은혜와 믿음이 그리스도 안에서 주어지므로, 신자 안에 의가 없다 하더라도 그리스도께서 그 안에 계신다. 토머스 맨턴(1620~1677년)은 이렇게 말했다. "믿음은 두 개의 손을 갖고 있다. 하나는 그리스도를 붙잡고 있는 손이고, 다른 하나는 그리스도의 집인 마음을 청소하고 있는 손이다."[12] 믿음은 우리가 칭의를 위해 그리스도와 그분의 의를 받아들일 수 있게 할 뿐만 아니라 우리가 죄를 벗어 버리고 우리 자신을 깨끗하게 함으로써 그리스도께서 자신의 영을 통해 거하시는 성전이 되도록 우리를 분발시킨다. 이것은 우리가 그리스도 안에서 날마다 성화를 필요로 한다는 것을 보여 준다. 하나님 우편에 거하시는 그리스도는 우리의 칭의 근거다. 우리 안에 거하시는 그리스도는 칭의에 수반되는 열매의 원천이자 우리 그리스도와의 연합 증거다.

단순히 말하면, 우리가 그리스도와 연합한다면 이 연합은 선을 행하도록 우리의 삶에 영향을 미친다. 그리스도를 따라 사는 것은 믿음으로 사는 것을 의미하고, 성화의 열매로 증명된다. 따라서 믿음으로 바라볼 때 그리스도는 우리에게 희고도 붉어 많은 사람 가운데에 뛰어나신 분이다(아 5:10, 16). 우리는 위대한 솔로몬의 인격과 공로를 바라보며 다음과 같이 말하는 스바의 여왕과 같다고 말할 수 있다. "이제 와서 본즉 당신의 지혜가 크다 한 말이 그 절반도 못 되니 당신은 내가 들은 소문보다 더하도다"(대하 9:6). 믿음 안에서 우리는 이렇게 찬송한다. "오직 그리스도는 만유시요 만유 안에 계시니라"(골 3:11). 청교도는 하나님이 그리스도를 신자들에게 만유 중의 만유로 삼으신 것을 즐겁게 묵상했다. 랠프 로빈슨(1614~1655년)은 그리스도께서 우리에게 어떤 분인지에 대한 묵상 시리즈를 다음과 같은 항목들에 따라 제시했다. 우리의 생명, 양식, 의의 옷, 보호자, 의사, 빛, 목자, 포도나무, 구원의 뿔, 이슬, 모퉁잇돌, 의의 태양, 보배로운 연고, 위로, 샘, 어린 양, 몰약, 길, 진리, 영광, 선물, 우리의 믿음의 창시자와 완결자, 반석, 검, 욕구, 언약, 소망, 강, 능력, 지혜, 거룩하신 분, 제단, 유월절.[13]

히브리서 11장 6절은 "믿음이 없이는 하나님을 기쁘시게 하지 못하나니"라고 말한다. 하나님은 믿음을 기뻐하시는데, 그 이유는 믿음이 그리스도를 기쁘시게 하기 때문이다. 믿음은 날마다 우리 주 예수 그리스도의 피, 죽음, 고난, 순종에서 위안을 찾는다.[14] 믿음은 단지 처음에만 신자를 위하는 것이 아니다. 믿음은 성령이 날마다 모든 신자를 새롭게 하고 거룩하게 하기 위해 사용하는 도구다. 제임스 더럼(대략, 1622~1658년)은 이렇게 말했다. "우리는 믿음으로 모든 것을 그리스도에게서

---

10) Owen, *The Glory of Christ*, in *Works*, 1:362.

11) Owen, *The Glory of Christ*, in *Works*, 1:365.

12) Thomas Manton, *The Works of Thomas Manton* (재판, Vestavia Hills, Ala.: Solid Ground Christian Books, 2009), 2:455.

13) Ralph Robinson, *Christ All and in All: or Several Significant Similitudes by Which the Lord Jesus Christ Is Described in the Holy Scriptures* (1660, 재판, Ligonier, Pa.: Soli Deo Gloria, 1992). 참고, Philip Henry, *Christ All in All: or What Christ Is Made to Believers* (1676, 재판, Swengel, Pa.: Reiner Publications, 1970).

14) 벨기에 신앙고백(1561년), 29조를 보라.

나와 우리에게 유용하고 필요한 것으로 바라봐야 한다……오, 달콤하고 아름다운 신비로운 삶이여!"[15] 믿음은 신자의 전 인격을 그리스도의 전 인격에 맡긴다. 다른 무엇보다 믿음은 그리스도 중심적이기 때문에 칭의와 분리될 수 없고, 칭의 안에 있는 다른 모든 은혜를 능가한다.

믿음은 모든 영적 은혜의 대장으로 불렸다. 토머스 왓슨은 이렇게 말했다. "사랑은 하늘에서 면류관을 쓰고 있는 은혜지만 믿음은 땅에서 정복하는 은혜다……믿음은 주축 바퀴다. 그래서 다른 모든 은혜를 달려가게 한다."[16] 왓슨은 또 "다른 은혜들은 우리를 그리스도를 닮게 하지만 믿음은 우리를 그리스도의 지체로 만든다"고 말했다.[17] 스윈녹은 이렇게 덧붙였다. "먼저 총사령관 곧 믿음을 불러 일으켜라. 그러면 사병 곧 다른 은혜들이 따를 것이다."[18] 믿음은 그리스도의 인격에 반해 있다. 그리스도 안에서 사는 것은 그리스도를 전부로 삼는 방식에 따라 사는 것이다.

따라서 믿음은 날마다 우리를 그리스도께 이끈다. 믿음은 살아 있고, 활동적이고, 전체적이다. 친구여, 그리스도께 나아가는 것이 그대의 인생 전체에 걸쳐 일어났는가? 그대는 계속 그리스도께 나아가는가? 그대는 날마다 그리스도께 나아가 그분의 피로 새롭게 되고, 그분 곁에서 피난처와 은혜를 찾고 있는가? 그대는 날마다 시간마다 그리스도를 졸졸 따라다니는 활력적이고 적극적인 믿음을 갖고 있는가?

여러 세기 동안 청교도는 성화의 길을 따라 그리스도 안에서 사는 문제에 헌신적인 역할을 한 강력한 횃불로 서 있었다. 그러므로 청교도의 실천적 제안은 우리에게 지혜와 격려를 제공한다. 먼저 청교도의 성화 관념을 살펴보고, 이어서 그들의 성화의 실제를 살펴보자.

청교도의 성화 개념

성화는 오늘날 아무리 강조해도 지나치지 않다. 왜냐하면 많은 사람이 그리스도의 구원을 원하지만 거룩함을 추구하라는 그분의 요청에는 아무 관심을 보여 주지 않기 때문이다. 예수 시대나 청교도 시대나 오늘날 우리 시대나 많은 영혼들이 성화의 필요성에 눈을 닫고 있다. 그럼에도 성경은 거룩함이 없이는 "아무도 주를 보지 못할" 것이라고 선언한다(히 12:14). 많은 이들이 그리스도를 믿는 믿음으로 말미암아 얻는 칭의는 성화의 필요성을 제거한다고 가정한다. 이런 사람들에 대해 오웬은 이렇게 말했다. "사람이 사로잡히는 상상 가운데 이것만큼 곧 현세에서 순결하게 되지 못하고, 성결하게 되지 못하고, 거룩하게 되지 못한 자들이 이후에 하나님을 향유할 때 주어지는 지복 상태에 들어가게 된다고 상상하는 것만큼, 미련하고도 유해한 것은 없다."[19]

또 많은 사람이 그릇되게도 성화는 칭의를 낳고, 우리는 하나님께 순종하려는 우리 자신의 노력을 통해 하나님께 받아들여질 수 있다고 믿는다. 또는 칭의는 오직 믿음으로 얻지만 성화는 하나님의

15) James Durham, *Christ Crucified: The Marrow of the Gospel in 72 Sermons on Isaiah 53*, Christopher Coldwell 편집 (Dallas: Naphtali Press, 2001), pp. 160~161.

16) Thomas Watson, *A Body of Practical Divinity* (London: A. Fullarton, 1845), p. 145.

17) Watson, *A Body of Practical Divinity*, p. 376.

18) Swinnock, *The Christian Man's Calling*, in *Works*, 1:202.

19) John Owen, *Pneumatologia, or, A Discourse Concerning the Holy Spirit*, in *The Works of John Owen* (Edinburgh: Banner of Truth Trust, 1965), 4:574.

명령에 순종함으로써 하나님을 기쁘시게 하는 것이 전부라고 믿는다. 우리는 성화는 칭의에서 흘러나오지만 둘 다 은혜의 사역이라는 것을 깨달아야 한다. 칼빈의 말을 의역하면, 그리스도를 갖는 것은 그리스도의 전부를 갖는 것이다. 곧 그리스도를 둘로 갈라놓지 않는 한, 그분의 의롭게 하시는 은혜뿐만 아니라 거룩하게 하시는 은혜도 함께 갖는 것이다(참고, 고전 1:30).[20] 성화에 대한 고전적인 청교도의 정의는 웨스트민스터 소교리문답 질문 35에 진술되어 있다. "성화는 하나님의 형상을 따라 우리의 전 인간이 새롭게 되고, 죄에 대해서는 점점 더 죽고 의에 대해서는 살 수 있게 되는 하나님의 값없는 은혜의 역사다." 다시 말하면 성화는 우리 안에서 행하시는 하나님 은혜의 역사로, 그리스도의 형상을 닮아가는 평생의 과정이다.

웨스트민스터 소교리문답 질문 36은 이렇게 묻는다. "현세에서 칭의, 양자, 성화에서 따라 나오거나 흘러나오는 유익들은 무엇입니까?" 그리고 이에 대한 답변은 다음과 같다. "**현세에서** 칭의, 양자, 성화에서 따라 나오거나 흘러나오는 유익들은 하나님의 사랑에 대한 확신, 양심의 평안, 성령 안에서 얻는 기쁨, 은혜의 증가, 은혜 안에서 끝까지 인내하는 견인 등입니다"(강조 표시는 추가한 것이다). 거룩한 삶을 살게 되면 우리는 그만큼 하나님 안에서 더 즐거워하고, 하나님과의 평안을 누리게 된다. 또한 그만큼 확신, 기쁨, 견인을 더 보장받게 된다. 하나님이 이런 유익들을 맛보게 하려고 우리에게 거룩함을 명하신 것을 아는 것은 얼마나 위로가 될까! 우리는 그리스도 안에서의 기쁨, 하나님과의 평화, 하나님의 사랑에 대한 확신을 위해 적극적으로 거룩한 삶을 추구해야 한다. 청교도의 성화 교리를 고찰할 때 우리는 다음과 같은 진리들을 염두에 둬야 한다.

성화는 하나님 본성에 뿌리를 두고 있다

청교도는 거룩함을 다른 모든 속성에 빛을 던져 주는 하나님의 최고 속성으로 본다. 조나단 에드워즈(1703~1758년)는 이렇게 피력했다. "거룩함은 특별히 신적 본성의 백미다……거룩함은 하나님의 다른 모든 속성들을 영광스럽고 사랑스럽게 한다. 거룩함은 하나님 지혜의 영광으로 사악한 교활함과 간교함이 아니라 거룩한 지혜다. 거룩함은 하나님의 위엄을 단순히 무섭고 두려운 것이 아니라 사랑스럽게 하고, 그래서 그것은 거룩한 위엄이다."[21]

하나님의 거룩하심 속에서 우리는 두 가지 중요한 진리를 확인한다. 첫째, 하나님은 피조물, 특히 악과 분리되신다. 하나님의 거룩하심은 하나님을 만물보다 높은 곳에 둔다. 하나님은 모든 거룩함의 최초 및 최후의 원천이시다. 둘째, 하나님은 거룩하시기 때문에 피조물은 거룩하지 않은 상태에서 속죄 제물의 도움을 받지 않고는 하나님께 나아갈 수 없다(레 17:11; 히 9:22). 그리스도의 흠 없는 삶과 온전한 속죄 제사의 능력으로 그분을 믿는 죄인들은 이제 이 거룩하신 하나님께 나아갈 수 있다. 고린도후서 5장 21절이 말하는 것과 같다. "하나님이 죄를 알지도 못하신 이를 우리를 대신하여 죄로 삼으신 것은 우리로 하여금 그 안에서 하나님의 의가 되게 하려 하심이라." 자신의 속죄 제사를 통해 그리스도는, 말하자면 우리의 손을 붙잡고 우리를 자기 아버지 앞으로 데리고 가신다(벧전 3:18).

---

20) John Calvin, *Institutes of the Christian Religion*, John T. McNeill 편집, Ford Lewis Battles 편집 (Philadelphia: Westminster Press, 2008), 3.11.6과 3.16.1 그리고 *Commentaries*, 창세기 14:18, 로마서 4:1, 로마서 8:9, 고린도전서 1:30 부분을 보라.

21) Jonathan Edwards, *The Works of Jonathan Edwards*, 제2권, *Religious Affections*, John E. Smith 편집 (New Haven, Conn.: Yale University Press, 1959), p. 257.

성화는 하나님의 거룩하심을 찬미한다

하나님의 거룩하심에 대해 빈약한 시각을 갖고 있는 자들은 하나님을 자기 자신의 형상에 따라 형성하는 경향이 있다. 우리는 하나님의 거룩하심에 대해 성경적 관점으로 돌아와야 한다. 우리는 이사야가 본 환상 곧 서로 "거룩하다 거룩하다 거룩하다 만군의 여호와여 그의 영광이 온 땅에 충만하도다"라고 화답하는 스랍들에게 둘러싸여 보좌에 앉아 계신 하나님에 대한 환상(사 6:3)을 기억해야 한다. 스티븐 차녹(1628~1680년)은 이렇게 말했다. "거룩하심은 하나님의 생명이다. 거룩하심은 하나님의 생명만큼 지속된다. 하나님은 영원히 죄를 싫어하고, 하나님은 죄를 미워하고 싫어하며 살지 않고는 사실 수 없다."[22]

신자들은 하나님 앞에서 완전한 거룩함의 지위에 있지만 아직 완전한 거룩함의 상태 속에 있지는 못하다. 신자들은 여전히 자신의 옛 본성과 씨름하고 있는 죄인들이다. 바울은 데살로니가 교회 교인들이 온전히 거룩하게 되도록 기도했는데, 이것은 성화가 믿는 데살로니가 교회 교인들 속에서 시작되었지만 아직은 완성을 향해 나아가야 한다는 것을 의미한다(살전 5:23). "나는 단지 인간일 뿐이다"라고 말하지 마라. 하나님은 인간을 자신의 완전한 형상으로 지으셨고, 그 전체 형상을 새롭게 하기를 원하신다. 차녹은 이렇게 말했다. "우리는 이처럼 완전하게 하나님께 일치되기 위해 힘써야 한다. 비록 짧은 선(線)은 무한히 긴 길이를 갖고 있지는 못하더라도 다른 선만큼 곧은 선이 될 수는 있다."[23] 우리는 무한히 작더라도 하나님만큼 곧은 "짧은 선"이 되도록 부르심을 받았다. 우리가 참 신자라면 그리스도의 힘 안에서 거룩함을 계발해야 한다(엡 1:4). 그리스도로 말미암아 하나님은 우리를 거룩하게 하고, 우리에게 매일의 삶 속에서 거룩함을 추구하도록 요구하신다(빌 3:12). 속지 마라. 거룩함이 없이는 아무도 주를 보지 못할 것이다(히 12:14). 그러므로 거룩함을 위한 싸움은 항상 신자의 삶의 중대한 부분이다. 그래서 하나님은 "내가 거룩하니 너희도 거룩할지어다"(벧전 1:16)라고 말씀하신다.

성화는 포괄적이고 도덕적이다

청교도는 성화를 포괄적인 것 곧 보편적인 것으로 봤다. 청교도는 모든 것이 거룩해져야 한다고 말했다(참고. 딤전 4:4~5). 거룩함은 하나님과 홀로 있을 때, 은밀한 가정생활을 할 때, 경쟁하는 일을 할 때, 사회적 교제를 즐길 때, 부지런히 주일 예배를 준수할 때에 똑같이 우리 삶으로 증명되어야 한다. 모든 순간과 모든 일(죄를 짓는 것은 제외하고)이 외적, 내적으로 거룩함을 위해 주어진 것이다. 보스턴이 말한 것처럼 "거룩함은……은혜들의 성좌(星座)다."[24] 왓슨은 이렇게 말했다. "회개는 전 인간 속에서 변화를 일으킨다. 이것은 포도주가 물이 들어 있는 잔에 부어지면 물의 모든 부분에 스며들어 물의 색깔과 맛을 변화시키는 것과 같다."[25]

성화는 또한 도덕적이다. 성화는 신자를 도덕적 미덕과 실천적 의로 끌고 간다. 웨스트민스터 소교리문답 질문 36이 보여 주는 것처럼 청교도는 날마다 거룩한 삶을 살기 위한 노력을 하지 않는 한

---

22) Stephen Charnock, *Discourses on the Existence and Attributes of God* (1682, 재판, Grand Rapids: Baker, 1979), 2:181.

23) Charnock, *Discourses on the Existence and Attributes of God*, 2:199.

24) Boston, *Human Nature in Its Fourfold State*, p. 294.

25) Watson, *A Body of Practical Divinity*, p. 354.

하나님의 성령이 여러분에게 강하고 즐거운 확신을 주시기를 기대할 수 없다고 강조했다.

성화는 점진적인 싸움이다

청교도는 성화를 위한 이 노력을 영적 싸움으로 봤다(롬 7:14~25).[26] 윌리엄 거널(1616~1679년)은 성도와 사탄의 세력 간의 싸움 강도는 인간의 모든 살벌한 싸움을 "장난이나 어린아이의 놀이"처럼 만든다고 말했다.[27] 십계명을 지키는 것은 어떤 이들이 생각하는 것처럼 그리 쉽지 않다. 왜냐하면 그것은 내적 태도 및 외적 행위의 동기들과 관련되어 있기 때문이다. 성화는 성령이 육체와 맞서 싸우는 싸움이다. 성화는 죄가 신자를 죽이면 안 되므로 영적으로 필연적이다. 청교도는 "우리는 삶의 모든 단계에서 그리스도의 힘으로 거룩함을 위한 싸움을 해야 하고, 그렇지 않으면 우리는 패하고 말 것"이라고 말했다(엡 6:10~12). 보스턴은 이렇게 말했다. "그것은 힘든 싸움이다. 하지만 아무리 힘들더라도 그 안에서 믿음이 여러분을 도울 것이다……그리스도의 피는 무한한 가치를 갖고 있고, 그리스도의 영은 무한한 효력을 갖고 있으므로 믿음은 이것들을 의지할 것이다."[28] 앤드루 그레이는 신자는 가만히 있을 수 없다고 말했는데, 그 이유는 "신자는 '크게 빛나 한낮의 광명에 이르는' 돋는 햇살과 같기 때문이다(잠 4:18). 신자는 영원한 영광의 고지에 이를 때까지 은혜 안에서 자라간다."[29]

성화는 회개와 의를 포함한다

회개는 죄에서 돌아서는 것을 의미한다고 청교도는 역설했다. 웨스트민스터 소교리문답은 이렇게 진술한다. "생명에 이르는 회개는 구원의 은혜로, 이로 말미암아 죄인은 자신의 죄를 바로 알고 그리스도 안에서 하나님의 자비를 깨닫게 됨으로써, 자신의 죄를 슬퍼하고 미워하여 죄에서 떠나 하나님께 돌아가고, 하나님에 대한 새로운 순종을 충분한 목적으로 삼아 이를 위해 노력하게 됩니다"(질문 87의 답변). 회개는 믿음의 일상적 사역이다(사 1:16~17). 그러나 회개는 후회 이상의 것이다. 참된 회개는 후회에서 시작될 수 있지만 후회만으로는 삶을 변화시키지 못할 것이다. 회개는 본질상 변화된 삶이다. 참된 회개는 슬퍼하는 것 이상이다. 참된 회개는 죄에서 의로 돌아서는 것이다. 우리는 죽음에서 생명으로 옮겨진다. 그리스도 안에서, 그리스도로 말미암아 우리는 악한 행위에서 의로운 행위로 옮겨간다.

성화는 언약을 배경으로 파악되어야 한다

거룩하게 되는 것은 우리를 새 탄생으로 이끄신 하나님이 우리를 영광으로 이끄신다는 언약에서 나오는 언약의 복을 받는 것이라고 청교도는 말했다. 피터 벌클리(1583~1659년)는 은혜 언약은 하나님

---

26) 예컨대 John Downame, *The Christian Warfare against the Devil, World, and Flesh* (1604, 팩시밀리 재판, Vestavia Hills, Ala.: Solid Ground Christian Books, 2009)를 보라.

27) William Gurnall, *The Christian in Complete Armour: A Treatise of the Saints' War against the Devil* (1662~1665, 재판, Edinburgh: Banner of Truth Trust, 2002), p. 2.

28) Thomas Boston, "The Christian Warfare; or, The Good Fight of the Faith," *The Complete Works of the Late Rev. Thomas Boston*, Samuel M'Millan 편집 (1853, 재판, Stoke-on-Trent, U.K.: Tentmaker Publications, 2002), 6:667~668.

29) Andrew Gray, *A Door Opening into Everlasting Life* (Sioux Center, Iowa: Netherlands Reformed Book and Publishing Committee, 1989), p. 88.

을 우리 하나님으로 갖는 유익과 죄사함의 유익을 가져 오는 것으로 말한 다음 이렇게 말했다. "은혜 언약의 세 번째 유익은 성령의 은혜로 말미암아 우리의 본성을 새롭게 하고 거룩하게 하는 것이다." 벌클리는 주님이 자신의 언약 백성들에게 다음과 같이 말씀하시는 것으로 설명했다. "내가 너희 안에 있는 죄악되고 악한 본성을 새롭게 하고 개조하고 변화시킬 것이다. 내가 너희 마음을 새 마음으로 만들어 너희가 내 뜻을 행하고 내 길을 따라 살게 할 것이다. 내가 나 자신을 위해 너희를 성결하게 하여 거룩하고 보배로운 백성이 되게 할 것이다."[30)]

성화는 그리스도 안에서 하나님이 신자들과 맺으신 언약 속에 뿌리를 두고 있다. 따라서 언약의 약속에 따르면, 신자는 하나님이 그리스도 안에서 성령으로 말미암아 거룩하게 하시는 사역 대상이다. 우리 하나님과의 언약 관계에는 신자에게 주어지는 약속들과 신자에게 부과된 의무들이 포함된다. 우리를 거듭나게 하는 것은 성령의 사역이지만 우리의 삶 속에서 거듭남의 열매를 맺는 것은 우리의 소명이다. 우리는 하나님이 자기 백성들과 맺으시는 은혜 언약의 배경 속에서 그리스도의 형상을 닮아가야 한다.

청교도의 성화 실천

청교도는 그리스도 안에서 이루어지는 성화는 일상적인 삶의 통상적인 의무들을 포함한다는 것을 강조한다. 날마다 믿음으로 그리스도 안에서, 그리고 그리스도와 함께 살 때 거룩함의 삶을 크게 결과한다고 청교도는 말했다. 따라서 믿음으로 그리스도 안에서 사는 청교도의 견해의 다양한 요소를 검토하는 것은 우리에게 유익하다.

신자는 삼위 하나님의 삼위일체적인 형상을 추구해야 한다

삼위일체 하나님의 각 인격이 신자의 거룩한 삶을 형성한다. 첫째, 신자들은 사랑 안에서 행함으로써 하나님 성품을 본받아야 한다(엡 5:1; 요일 4:16). 차녹은 이렇게 말했다. "우리는 하나님에 대한 웅대한 찬양이나 웅변적인 자랑, 성대한 예배로 하나님을 영광스럽게 하는 것이 아니라 더러움 없는 영으로 하나님과 교제를 나누고 하나님처럼 살면서 하나님을 위해 살겠다는 열망을 가질 때 비로소 하나님을 영광스럽게 한다."[31)]

둘째, 신자들은 성부의 뜻에 순종하며 살아감으로써 그리스도의 형상을 닮아가야 한다. 그리스도를 닮은 삶을 추구하는 것은 구원의 조건이 아니라 구원의 열매다. 그리스도 안에서 우리는 전체 삶이 참된 거룩함으로 이루어진 온전한 본보기를 갖고 있을 뿐만 아니라 그리스도는 우리의 거룩함의 원천이다. 그리스도는 신자들을 거룩하게 하신다. 마르틴 루터가 말한 것처럼 "우리 안에서 그리스도는 성화를 균등하게 하신다."[32)]

셋째, 신자들은 성경에 계시된 대로 우리를 거룩하게 하실 성령의 마음에 복종해야 한다. 청교도

---

30) Peter Bulkeley, *The Gospel-Covenant; or The Covenant of Grace Opened* (London: Matthew Simmons, 1651), pp. 241~242.

31) Charnock, *Discourses on the Existence and Attributes of God*, 2:201(강조 표시는 추가한 것이다).

32) John Blanchard, *The Complete Gathered Gold* (Darlington, England: Evangelical Press, 2006), p. 301에 인용됨.

는 성령은 우리에게 거룩함의 필요성을 보여 주심으로써, 우리의 죄를 깨닫게 하심으로써, 거룩함에 대한 열망을 심으심으로써, 우리의 전 본성이 죄에 저항하도록 역사하심으로써, 그리고 거룩함 속에서 견딜 수 있도록 우리를 도우심으로써 우리를 거룩하게 하신다고 말했다. 에드워즈는 성령은 우리의 거룩함의 내재적 원리인데, 그 이유는 성령이 "성도의 마음과 연합해서 그를 자신의 성전으로 삼고, 새로운 초자연적 삶과 행동의 원리로서 그에게 역사하고 영향을 미치시기" 때문이라고 말했다.[33] 하나님의 거룩하심이 우리가 거룩한 삶을 계발하는 1차 원인이 되어야 한다.

신자들은 죄 죽이기와 새 생명을 따르는 삶을 실천해야 한다

죄 죽이기는 온갖 형태의 죄를 지속적으로 죽이는 것을 의미한다. 오웬은 우리는 "날마다 그리고 모든 의무 속에서" 죄를 죽여야 한다고 경고했다.[34] 오웬은 이렇게 말했다. "죄는 다만 점차, 꾸준히 약화시키는 것 외에 다른 방법으로는 죽이지 못할 것이다. 죄를 그대로 놔둬 보라. 그러면 죄는 상처를 치료하고 힘을 회복할 것이다."[35] 우리는 이 죄의 원리가 작용하지 않도록 지속적으로 주의해야 한다. "곧 의무를 이행할 때, 소명을 감당할 때, 타인과 대화할 때, 은퇴했을 때, 우리 영의 체질 속에서 궁핍할 때, 자비 속에 있을 때, 즐거움을 누릴 때, 시험 속에 있을 때를 막론하고 지속적으로 주의해야 한다. 만일 우리가 잠시라도 등한시한다면 죄 때문에 고생하게 될 것이다……모든 실수와 모든 방치는 치명적이다."[36] 우리는 그리스도 안에서 죄를 죽일 힘을 찾아야 한다. 그리스도는 우리가 그렇게 할 수 있는 은혜를 충분히 갖고 계신다. 우리의 죄는 그리스도의 십자가로 말미암아 죽임을 당해야 한다. 보스턴이 이렇게 설명한 것과 같다. "신자들은 다시는 내려 오지 못하도록 완전히 죽을 때까지 자신의 정욕과 탐심을 십자가에 못 박았다(갈 5:24). 친구들을 남겨 두고 죽어가는 사람처럼 그는 자신의 옛 정욕과 결별하게 된다."[37]

죄 죽이기의 여집합은 **새 생명으로 살기**다. 새 생명으로 사는 것은 우리가 하나님께 받은 새 본성을 살리는 것이나 생명으로 이끄는 것을 의미한다. 우리는 죄 죽이기를 추구할 뿐만 아니라 동시에 하나님의 뜻을 행하는 삶을 추구해야 한다. 우리는 하나님이 주신 기준에 우리 삶을 일치시켜야 한다. 십계명, 산상수훈, 그리고 신약 성경에 나오는 다양한 윤리적 가르침은 단순히 훌륭한 충고가 아니다. 그것들은 우리 삶의 방식을 형성시키는 목적을 갖고 있다. 보스턴은 새 생명으로 사는 것을 사람이 죽은 자 가운데서 살아나는 것으로 묘사했다. "따라서 거룩하게 된 죄인은 다른 세상에 속한 사람으로 살되, 죄악 된 이 세상의 과정에 순응하는 것이 아니라 더 나은 세상에 속한 자들의 형상으로 변화되는 삶을 산다"(롬 12:2; 빌 3:20).[38]

우리의 삶 속에서 죄 죽이기와 새 생명으로 살기 간에 균형을 이루는 것이 중요하다. 땅에 속한 정

---

33) Jonathan Edwards, "A Divine and Supernatural Light," *The Works of Jonathan Edwards*, 제17권, *Sermons and Discourses, 1730~1733*, Mark Valeri 편집 (New Haven, Conn.: Yale University Press, 1999), p. 411.

34) Owen, *A Discourse Concerning the Holy Spirit*, in *Works*, 3:545.

35) Owen, *A Discourse Concerning the Holy Spirit*, in *Works*, 17:411.

36) Owen, *A Discourse Concerning the Holy Spirit*, in *Works*, 3:546.

37) Thomas Boston, *An Illustration of the Doctrines of the Christian Religion*, in *The Complete Works of the Late Rev. Thomas Boston*, Samuel M'Millan 편집 (1853, 재판, Stoke-on-Trent, U.K.: Tentmaker Publications, 2002), 1:657.

38) Boston, *An Illustration of the Doctrines of the Christian Religion*, in *Works*, 1:657.

욕을 죽이는 것으로 충분하지 않고, 또는 순종하는 삶을 살려고 애쓰는 것 자체만으로도 충분하지 않다. 우리는 죄를 죽이는 것과 새 생명으로 사는 것, 악을 멈추는 것과 선을 행하기를 힘쓰는 것을 다 필요로 한다(사 1:16, 17). 죄와 싸우는 것을 포기하지 마라. 거룩한 의의 삶을 사는 데 냉담해지지 않도록 조심하라.

신자들은 은혜의 수단을 부지런히 사용해야 한다

플라벨은 하나님은 우리에게 "영혼을 죄에서 보호하고 하나님과의 감미롭고 자유로운 교제를 유지하기 위해 온갖 거룩한 수단과 의무를 부지런히, 그리고 부단히 사용하고 증진시키는 것"을 촉구하셨다고 말했다.[39]

청교도는 그리스도를 닮는 것과 거룩함을 계발하기 위해 다양한 영적 훈련을 제안했다. 이 훈련은 삶의 모든 분야와 모든 관계에 영향을 미친다. 사적이든 공적이든, 가정이나 교회나 직장이나 막론하고 삶의 모든 분야는 특수한 훈련 내용을 갖고 있다. 오늘날 우리는 우리의 삶을 따로따로 구분하는 경향이 있다. 예를 들어 우리는 단지 주일에만 그리스도인으로서 살면서, 그것을 주간의 다른 날들에 성화를 필요로 하는 것과 분리시킬 수 있다. 또는 우리는 우리의 가족과 이웃 앞에서는 거룩하게 살 수 있으나 다른 곳에서는 거듭나지 않는 사람들처럼 산다. 우리는 교회에서는 하나님을 찬양하지만 은밀한 가정에서는 배우자나 이웃을 멸시한다. 청교도는 삶의 모든 국면이 성령으로 말미암아 거룩해야 한다고 말했다. 바울이 이렇게 말하는 것과 같다. "그런즉 너희가 먹든지 마시든지 무엇을 하든지 다 하나님의 영광을 위해 하라"(고전 10:31).

청교도는 성경을 그리스도인의 거룩한 삶의 규칙서나 지침서로 봤다. 성경이 없으면 거룩하게 되는 것이 불가능하다(요 17:17). 헨리 스미스(1560~1591년)는 이렇게 말했다. "우리는 하나님의 말씀을 항상 우리 앞에 규칙으로 세워 놓고, 그것이 가르치는 것 외에는 아무것도 믿지 말고, 그것이 명령하는 것 외에는 아무것도 사랑하지 말고, 그것이 금지하는 것 외에는 아무것도 미워하지 말고, 그것이 명하는 것 외에는 아무것도 하지 말아야 한다."[40]

플라벨은 "성경은 가장 훌륭한 삶의 길, 가장 고귀한 고난의 길, 가장 아늑한 죽음의 길을 우리에게 가르친다"고 말했다.[41] 하나님의 말씀을 무시하는 것은 거룩하게 되는 법에 대한 하나님의 지침을 무시하는 것이다. 우리는 하나님의 구원을 우리에게 이끌고 하나님의 은혜 안에서 우리를 지키기 위해 성령으로 말미암아 강력하고 효과적인 말씀을 사용하는 것을 등한시해서는 안 된다. 성화를 추구할 때 성경을 무시하거나 제쳐 두게 되면 도덕주의, 율법주의 또는 자기 개선의 헛된 노력을 조장하게 된다. 무엇보다 성령의 은혜로 말미암아 우리는 성경 속에서 참된 성화의 핵심 요체인 예수 그리스도의 인격과 사역을 믿는 우리의 믿음을 강화시키는 수단을 발견한다.

청교도는 또한 성경 묵상의 중요성을 강조했다(시 1:2). 청교도는 묵상은 독서를 통해 얻은 지식에 깊이를 더하는 것이라고 말했다. 토머스 후커(1586~1647년)는 묵상을 "우리가 진리를 찾아내 그것

---

39) John Flavel, *A Saint Indeed, or The Great Work of a Christian*, in *The Works of John Flavel* (Edinburgh: Banner of Truth Trust, 1968), 5:423.

40) Henry Smith, "The True Trial of the Spirits," *The Works of Henry Smith* (Stoke-on-Trent, U.K.: Tentmaker Publications, 2002), 1:141.

41) Blanchard, *Complete Gathered Gold*, p. 49에서 인용함.

을 마음속에 효과적으로 새기기 위한 지성의 진지한 의도"로 정의했다.[42] 묵상에는 지성의 건전함을 위한 기도와 묵상하는 본문 속에서 구절이나 교리를 선택하는 것이 포함된다. 이런 묵상은 믿음을 강화시키고, 우리의 증언에 도움이 되며, 하나님의 인도하심을 촉진시킨다. 청교도는 이런 묵상이 하나님을 영화롭게 하고 우리의 지성이 공손하고 거룩한 결단을 일으키기 위해 우리의 감정을 자극하는 데 사용되어야 한다고 믿었다. 청교도는 대체로 묵상 시간을 하나님의 도와주심에 대해 감사하고, 시편을 찬송하는 순서로 끝냈다.

성경을 읽고 묵상하는 것 외에도 청교도는 종교개혁 이전 교회의 옛날 수도회만큼이나 모든 면에서 기도와 노동을 강조했다. 청교도는 자기들의 모든 일을 기도로 감쌌고, 그리스도의 영광을 위해 기도하면서 일했다. 청교도는 기도와 일을 배의 두 개의 노로 간주했다. 이 두 개의 노를 사용해서 배는 오직 궤도 안에서 항해한다. 청교도는 기도의 필연성을 가르쳤을 뿐만 아니라 주님이 자신의 기도를 들으시고 응답하실 것에 대한 확신을 가질 필요성에 대해서도 가르쳤다. 청교도는 거룩함이 계획, 힘든 노동, 기도를 끌고 온다고 인정했다. 새뮤얼 러더퍼드(1600~1661년)는 "침노를 통해 천국을 차지하는 것은 쉬운 문제가 아니라는 것을 생각하라"고 말했다.[43]

신자가 되는 것은 영혼의 힘든 수고를 인정하고, 하나님과 그리스도에게 일치되는 삶을 경건한 열정을 갖고 추구하는 것이다. 현세에서 일은 우리의 몫이다. 하지만 안식이 영원한 영광 속에서 우리를 기다리고 있다. 새뮤얼 러더퍼드의 마지막 말은 "영광, 영광이 임마누엘의 땅에 있도다"였다.[44]

청교도는 당시의 장애물에 전혀 구애받지 않은 슈퍼 그리스도인이 아니었다. 청교도는 기도의 어려움을 이해했기 때문에 그리스도인들에게 기도에 우선권을 두라고 권면했다. 존 번연(1628~1688년)은 "여러분은 기도한 후에는 기도하는 것보다 더 나은 일을 할 수 있지만 기도할 때까지는 기도하는 것보다 더 좋은 일을 할 수 없다"고 말했다.[45] 번연은 또 "자주 기도하라. 왜냐하면 기도는 영혼의 방패, 하나님께 바치는 희생 제사, 사탄에 대한 응징이기 때문이다"라고 말했다.[46] 청교도는 "기도는 사람의 전 인격과 연루되고, 습관이 될 정도로 규칙적으로 이루어져야 한다"고 말했다. 기도에 가장 좋은 길은 성경을 기도하는 것으로, 성경에 나오는 말을 우리 기도의 내용으로 사용하는 것이다.

가족 훈련과 단체 훈련도 필수적이다. 청교도는 개인 예배와 가정 예배, 교회의 대가족 예배를 강조했다. 청교도는 말씀을 가정과 사회에 설명하고 적용하는 것을 강조했다. 왜냐하면 말씀은 마음을 부드럽게 하는 데 효과적이기 때문이다. 그리고 청교도는 말씀을 가시화하는 성례에 대한 참여도 강조했다. 로버트 브루스(1555~1631년)는 이렇게 말했다. "우리는 말씀보다 성례를 통해 더 나은 그리스도를 갖는 것은 아니지만, 성례에서 우리는 그리스도를 더 좋게 할 때가 있다."[47] 성례는 은혜를 믿음으로 참여하는 자들에게 가시적인 말씀으로 제공된다. 그리스도가 없으면 성례는 공허한 표징 외

---

42) Thomas Hooker, *The Application of Redemption by the Effectual Work of the Word, and Spirit of Christ, for the Bringing Home of Lost Sinners to God. The Ninth and Tenth Books* (London: Peter Cole, 1657), p. 210.

43) Samuel Rutherford, to Carsluth (1637), *The Letters of Samuel Rutherford*, Frank E. Gaebelein 편집 (Chicago: Moody Press, 1951), p. 263.

44) Andrew Thomson, *The Life of Samuel Rutherford* (Glasgow: Free Presbyterian Publications, 1988), p. 130.

45) I. D. E. Thomas 편찬, *The Golden Treasury of Puritan Quotations* (Chicago: Moody, 1975), p. 210.

46) John Bunyan, "Dying Sayings," *The Works of John Bunyan*, George Offor 편집 (1854, 재판, Edinburgh: Banner of Truth Trust, 1991), 1:65.

47) Robert Bruce, *The Mystery of the Lord's Supper*, Thomas F. Torrance 번역 및 편집 (Richmond, Va.: John Knox Press, 1958), p. 82.

에 아무것도 아닐 것이다.

신자들은 일상적인 일을 통해 거룩함을 실천해야 한다

종교개혁은 "그리스도인들은 온갖 종류의 일에 대해 거룩함을 가져야 한다"는 의식을 회복시켰다. 중세 가톨릭 사상은 헌신을 수도원으로 크게 제한시켰다. 종교개혁자들은 헌신을 시장 속으로 풀어 놓았다. 이전에는 성적 순결이 독신으로 한정되었다. 청교도는 결혼에 있어서 인간 성의 순결로 확대시켰다. 청교도는 삶의 모든 부분을 하나님의 전체 경륜 아래 이끄는 데 목표를 두었고, 그래서 인간의 모든 수고에서 영적 의미를 찾았다. 청교도는 "직업"이 단순한 일 곧 생계유지를 위한 방도가 아니라, 창조주 하나님에게서 온 소명이었다. 각 사람은 인간 사회의 벌통에서 무익한 수벌이 아니라 분주한 일벌이 되어야 한다. 윌리엄 퍼킨스(1558~1602년)는 모든 사람이 철저히 근면하고 자족하며 "사랑의 모든 의무에 따라 형제의 종이 되는" 특별한 소명을 감당해야 한다고 말했다.[48]

그리스도인의 직업에 대한 청교도의 개념은 기독교적 헌신을 자연인들의 통상적 삶으로 환원시키거나 기독교적 헌신을 목사와 복음 전도자의 특별한 활동으로 제한시키지 않는다. 대신 통상적 삶을 새로운 영적 동기 곧 살아 계신 하나님의 임재 의식과 하늘에 대한 소망으로 채운다. 스윈녹은 말했다.

> 그대의 의무는……땅에서 그대의 거래를 따르는 동안 하늘에서의 거래를 추진하는 것이다. 그대는 주님에게 부르심을 받을 때 그대의 수고에 따라 부르심을 받는 것이 아니다. 아니 오히려 그대는 그리스도의 종이기 때문에 어떤 정신적, 육체적 소명 속에서 그대의 나라를 섬길 의무를 갖고 있다. 그러나 그대의 부지런함은 탐욕이 아니라 양심에서 곧 그대의 부에 대한 갈망이 아니라 하나님의 말씀에 대한 복종에서 나와야 한다.[49]

따라서 거룩함은 홀로 사는 삶을 위해 바쁜 세상을 떠나는 것을 의미하는 것이 아니라 이 세상의 일에 종사할 때, 리처드 스틸(1629~1692년)이 실천적 작품『경건한 상인』(The Religious Tradesman)에서 말한 것처럼 기독교적 지혜, 근면, 공의, 진실, 자족, 하나님에 대한 일관된 헌신을 갖고 종사하는 것을 의미한다.[50] 기독교인들에게 노동은 "자체가 중심"이 아니고, 각자 "삶 속에서 어떤 지위에 있거나 간에 자신을 신적 섭리의 종으로 간주하고, 자신의 통상적인 일에 대해 하나님의 말씀을 규칙으로 삼고, 하나님의 존귀를 목적으로 삼아야 한다."[51]

신자들은 성화의 유익에 초점을 맞춰야 한다

청교도는 거룩함을 위해 분투하는 것을 힘든 노동으로 봤지만 큰 유익이 있는 일로 간주했다. 청교도는 하나님이 우리의 유익과 자신의 영광을 위해 우리에게 거룩함을 촉구하신다고 말했다. 플라벨은

---

48) William Perkins, "A Treatise of Callings," *The Workes of That Famous and Worthy Minister of Christ in the Universitie of Cambridge, Mr. William Perkins* (London: John Legatt, 1612~1613), 1:752~756.

49) Swinnock, *The Christian Man's Calling*, in *Works*, 1:300.

50) Richard Steele, *The Religious Tradesman; or Plain and Serious Hints of Advice for the Tradesman's Prudent and Pious Conduct*… (Harrisonburg, Va.: Sprinkle Publications, 1989).

51) Steele, *The Religious Tradesman*, pp. 72~73.

"건강이 마음에 달린 것처럼 거룩함은 영혼에 달려 있다"고 설명했다.[52] 마찬가지로 토머스 굿윈(1600~1680년)도 "거룩하게 된 마음이 탁월한 언변보다 낫다"고 말했다.[53] 그리고 토머스 브룩스(1608~1680년)는 우리는 "거룩함이 하나님의 존귀를 가장 크게 높이는 것"이므로 우리의 영적 위로보다 거룩함을 훨씬 소중히 여겨야 한다고 말했다.[54]

만일 우리가 신자라면 율법의 저주에서 해방되어 인생의 참된 거룩함 속에서 그리스도를 위해 살았을 것이다. 우리가 알아야 할 것은 우리의 일이 우리를 하나님께 추천하는 것이 아니고, 우리는 성령의 은혜로 그리스도의 일을 추천하는 데 있어서 선행으로 충만할 수 있고, 또 충만해야 한다는 것이다. 우리는 거룩하다. 하지만 그것은 율법에서 나오는 의가 아니라 하늘에 계신 우리 아버지를 기쁘시게 하려는 데서 나오는 의에 기초를 두고 있다. 거룩함을 추구할 때 우리는 그리스도의 형상을 닮게 되는데, 그것은 그분이 거룩하시기 때문이다. 왓슨이 이렇게 말한 것과 같다. "우리는 성결함에 있어서 하나님을 닮으려고 노력해야 한다. 우리가 얼굴을 볼 수 있는 것은 맑은 거울이다. 하나님의 어떤 것을 볼 수 있는 것은 거룩한 마음이다."[55]

청교도는 거룩한 삶은 우리의 유익과 우리의 기쁨을 위한 것이라고 천명했다. 그리스도 안에서 살아감으로써 우리는 하나님과 교제하는 최고의 기쁨, 지속적인 확신, 그리스도를 사랑하는 자들을 위해 쌓아둔 영원한 상을 얻는다.

신자들은 하나님이 거룩함을 사용해 자신들을 천국에 합당하도록 만드신다는 것을 기억해야 한다

우리는 거룩함을 통해 "마지막 날에 [우리가] 그리스도의 심판 앞에 두려움 없이 나타날 수 있도록" 의와 평강 가운데서 하나님을 만나는 준비를 하게 된다(계 21:27).[56] 거룩함의 열매를 맺지 못하는 자들에게는 이런 만남은 불가능하다. 왜냐하면 히브리서 12장 14절에서 말하는 것처럼 우리는 "거룩함이 없이는 아무도 주를 보지 못하므로…… 거룩함을 따라야[문자적으로는, 추구해야] 하기" 때문이다. 브룩스는 이렇게 말했다. "행복에 이르게 하는 거룩함의 길은 좁은 길이다. 그곳에는 거룩하신 하나님과 거룩한 영혼이 함께 들어가기에 충분한 방만 있기 때문이다."[57] 만일 하나님이 거룩함에 그토록 관심이 많고, 우리가 그토록 절실하게 거룩함을 필요로 한다면, 사랑하는 친구들이여, 여러분은 땅에서 거룩함을 위해 분투하지 않는다면 거룩한 하늘에서 편안함을 누리지 못할 것이다. 에드워즈가 말한 것처럼 모든 참 신자는 "거룩한 천국"을 갈망하기 마련이다.[58] 만일 여러분이 지

52) John Flavel, *A Saint Indeed*, in *Works*, 5:423.

53) Thomas Goodwin, "Short, Holy, and Profitable Sayings," *The Works of Thomas Goodwin*, Thomas Smith 편집 (1861~1866, 재판, Grand Rapids: Reformation Heritage Books, 2006), 12:131.

54) Thomas Brooks, *Heaven on Earth*, in *The Works of Thomas Brooks* (Edinburgh: Banner of Truth Trust, 1980), 2:370.

55) Watson, *Body of Practical Divinity*, p. 165.

56) "Form for the Administration of Baptism," *Doctrinal Standards, Liturgy, and Church Order*, Joel R. Beeke 편집 (Grand Rapids: Reformation Heritage Books, 1999), p. 127.

57) Thomas Brooks, *The Crown and Glory of Christianity: or Holiness, The Only Way to Happiness*, in *The Works of Thomas Brooks* (Edinburgh: Banner of Truth Trust, 1980), 4:81.

58) Jonathan Edwards, "Personal Narrative," *The Works of Jonathan Edwards*, 제16권, *Letters and Personal Writings*, George S. Claghorn 편집 (New Haven, Conn.: Yale University Press, 1998), p. 795.

금 거룩한 삶에 대한 관심이 있다는 것을 보여 주지 못한다면, 그것은 다가올 세상에서의 거룩함에 대한 관심도 없다는 것을 보여 주는 것이다.

결론

하나님은 그리스도 안에서 살고 거룩함을 따라 걷도록 우리를 구원하신다. 그리스도는 자신의 모든 유익에 참여할 수 있도록 자신의 보배로운 피로 우리를 값 주고 사셨다. 성령이 우리에게 주어진 것은 삶 속에서 은혜와 거룩함을 자라게 하기 위함이다. 우리는 삶의 매순간 거룩함으로 부르심을 받는다. 하나님은 영광의 주이신 자기 아들을 우리 죄로 말미암아 십자가에 못 박으심으로써 거룩함에 대한 자신의 마음을 예증하셨다. 우리는 그리스도 안에서 우리의 모든 것을 추구하고, 그리하여 그리스도가 우리의 삶의 참된 배경이 되신다는 것을 기억해야 한다. 그러므로 믿음으로 그리스도 안에서 살면서 모든 생각과 말과 행동이 그리스도에 대한 순종에 사로잡히도록 그리스도와 성령의 힘으로 분투하라.

34장

청교도의 양자 교리

우리는 우리를 고치도록 하나님을 움직일 만한 것을 우리 안에 충분히 갖고 있지만,
우리를 양자로 택하도록 하나님을 움직일 만한 것은 아무것도 갖고 있지 못하다.
그러므로 이곳에서 하나님의 값없는 은혜를 찬미하고, 천사들의 일을 시작하며,
여러분을 자신의 아들과 딸로 삼는 복을 베푸신 하나님을 찬양하라.
– 토머스 왓슨[1] –

청교도는 양자에 대한 가르침 곧 모든 참된 그리스도인은 하나님의 입양된 자녀라는 성경 교리를 결여하고 있다는 혹평을 들었다. J. I. 패커는 고전인 『하나님을 아는 지식』(Knowing God) 중 "하나님의 자녀"라는 제목이 붙은 탁월한 장에서 "다른 면들이 너무 강했기 때문에 기독교적 삶에 대한 청교도의 가르침은 양자 교리에 대해서는 현저하게 부족했다"고 말한다.[2] 마찬가지로 양자에 대한 훌륭한 한 논문에서 에롤 헐스도 "청교도는 산발적으로 몇 문단 정도를 언급한 것을 제외하고 양자 교리를 거의 다루지 않았다"고 주장한다.[3] 이와 같은 진술들로 말미암아 청교도의 구원의 순서에서 등한시된 바로 그 국면은 양자 교리였다는 익숙한 평가가 더욱 가속화되었다.

그러나 증거는 양자 교리가 청교도들 가운데 칭의, 성화, 확신과 같은 긴밀하게 결합된 다른 교리들만큼 철저하지는 않지만 그렇다고 확실히 등한시된 주제는 아니었음을 보여 준다. 윌리엄 에임스, 토머스 왓슨, 새뮤얼 윌러드, 그리고 청교도 성향을 지닌 네덜란드 신학자 헤르만 위트시우스는 자신들의 조직신학에서 양자 교리를 충분히 다뤘다. 위트시우스는 『하나님과 인간 간의 언약들의 경륜』(The Economy of the Covenants between God & Man)에서 양자 교리를 28면에 걸쳐 다뤘다.[4]

종종 청교도 사상의 아버지로 지칭되는 윌리엄 퍼킨스는 자신의 작품들 속에서 최소한 아홉 군데

---

1) Thomas Watson, *A Body of Divinity in a Series of Sermons on the Shorter Catechism* (London: A. Fullarton, 1845), p. 160. 이번 장은 Joel R. Beeke, "Transforming Power and Comfort: The Puritans on Adoption," *The Faith Once Delivered: Essays in Honor of Dr. Wayne R. Spear*, Anthony T. Selvaggio 편집 (Phillipsburg, N. J.: P&R, 2007), pp. 63~105를 짧게 압축한 것이다. 이 주제에 대한 충분한 설명은 Joel R. Beeke, *Heirs with Christ: The Puritans on Adoption* (Grand Rapids: Reformation Heritage Books, 2008)을 보라.

2) J. I. Packer, *Knowing God* (Downers Grove, Ill.: InterVarsity, 1973), p. 207.

3) Erroll Hulse, "Recovering the Doctrine of Adoption," *Reformation Today* 105 (1988), p. 10.

4) 다음 자료들을 보라. William Ames, *The Marrow of Theology*, John D. Eusden 번역 및 편집 (Boston: Pilgrim Press, 1968), pp. 164~167, Watson, *A Body of Divinity*, pp. 155~160, Samuel Willard, *A Compleat Body of Divinity* (1726, 재판, New York: Johnson Reprint, 1969), pp. 482~491, Herman Witsius, *The Economy of the Covenants between God and Man: Comprehending a Complete Body of Divinity* (재판, Escondido, Calif.: den Dulk Christian Foundation, 1990), 1:441~468.

에 걸쳐 꽤 길게 양자의 다양한 국면들을 설명했다.[5] 윌리엄 베이츠, 휴 비닝, 토머스 브룩스, 앤서니 버지스, 스티븐 차녹, 조지 다우네임, 존 플라벨, 토머스 굿윈, 윌리엄 구지, 에제키엘 홉킨스, 에드워드 리, 존 오웬은 모두 어느 정도 양자 교리를 다룬 청교도다.[6] 제러마이어 버로스, 토머스 콜, 로저 드레이크, 토머스 후커, 토머스 맨턴, 스티븐 마셜, 리처드 십스, 존 테넌트, 존 웨이트와 같은 청교도도 양자에 대한 설교를 한 편 또는 한 편 이상 설교했다.[7]

청교도의 양자 교리를 강조한 것이 매우 중요했기 때문에 웨스트민스터 총회 신학자들은 신앙고백 문서 곧 웨스트민스터 신앙고백 12장에서 양자 주제를 별개의 장을 마련해서 가장 먼저 다뤘다. 웨스트민스터 대교리문답(질문 74), 웨스트민스터 소교리문답(질문 34)도 이후로 웨스트민스터 표준 문서에 대한 다수의 주석자들이 그런 것처럼 양자 주제를 다뤘다.[8] 가장 중요한 사실은 일부 잉글랜드

5) William Perkins, *The Workes of that Famous and Worthy Minister of Christ in the Universitie of Cambridge, Mr. William Perkins* (London: John Legatt and Cantrell Ligge, 1612~13), 1:82~83, 104~105, 369~370, 430, 2:277~280, 3:154~155, 205, 138 그리고 두 번째 페이지 매김의 382.

6) 다음 자료들을 보라. William Bates, *The Whole Works of the Rev. W. Bates, D.D.*, W. Farmer 편집 (재판, Harrisonburg, Va.: Sprinkle, 1990), 4:299~301, Hugh Binning, *The Works of the Rev. Hugh Binning, M.A.*, M. Leishman 편집 (재판, Ligonier, Pa.: Soli Deo Gloria, 1992), pp. 253~255, Thomas Brooks, *The Works of Thomas Brooks*, Alexander B. Grosart 편집 (1861~1867, 재판, Edinburgh: Banner of Truth Trust, 2001), 4:419~420, Anthony Burgess, *Spiritual Refining: or A Treatise of Grace and Assurance* (London: A. Miller for Thomas Underhill, 1652), pp. 237~243, Stephen Charnock, *The Complete Works of Stephen Charnock* (Edinburgh: James Nichol, 1865), 3:90, George Downame, *A Treatise of Justification* (London: Felix Kyngston for Nicolas Bourne, 1633), pp. 239~242, John Flavel, *The Works of the Rev. Mr. John Flavel* (1820, 재판, Edinburgh: Banner of Truth Trust, 1997), 6:197~199, Thomas Goodwin, *The Works of Thomas Goodwin* (재판, Eureka, Calif.: Tanski, 1996), 1:83~102, William Gouge, *A Guide to Goe to God: or, An Explanation of the Perfect Patterne of Prayer, The Lords Prayer*, 2판 편집 (London: G. M. for Edward Brewster, 1636), pp. 10~21, Ezekiel Hopkins, *The Works of Ezekiel Hopkins*, Charles W. Quick 편집 (재판, Morgan, Pa.: Soli Deo Gloria, 1997), 2:120~121, 569~576, 3:198~199, Edward Leigh, *A Treatise of Divinity* (London: E. Griffin for William Lee, 1646), pp. 510~511, John Owen, *The Works of John Owen*, William H. Goold 편집 (재판, London: Banner of Truth Trust, 1966), 2:207~222, 4:265~270, 23:255~276.

7) 다음 자료들을 보라. Jeremiah Burroughs, *The Saints' Happiness, Delivered in Divers Lectures on the Beatitudes* (재판, Beaver Falls, Pa.: Soli Deo Gloria, 1988), pp. 193~202, Thomas Cole, *A Discourse of Christian Religion, in Sundry Points…Christ the Foundation of Our Adoption, from Gal. 4. 5* (London: for Will. Marshall, 1698), Roger Drake, "The Believer's Dignity and Duty Laid Open…," *Puritan Sermons 1659~1689: Being the Morning Exercises at Cripplegate, St. Giles in the Fields, and in Southwark by Seventy-five Ministers of the Gospel in or near London* (재판, Wheaton, Ill.: Richard Owen Roberts, 1981), 5:328~344, Thomas Hooker, *The Christians Two Chiefe Lessons* (재판, Ames, Iowa: International Outreach, 2002), pp. 159~173, Thomas Manton, *The Complete Works of Thomas Manton* (London: James Nisbet, 1870), 1:33~57, 10:116~121, 12:111~139, Stephen Marshall, *The Works of Mr Stephen Marshall, The First Part* (London: Peter and Edward Cole, 1661), Richard Sibbes, *The Works of Richard Sibbes* (Edinburgh: Banner of Truth Trust, 2001), 4:129~149, John Tennent, "The Nature of Adoption," *Salvation in Full Color: Twenty Sermons by Great Awakening Preachers*, Richard Owen Roberts 편집 (Wheaton, Ill.: International Awakening Press, 1994), pp. 233~250, John Waite, *Of the Creatures Liberation from the Bondage of Corruption, Wherein Is Discussed…* (York: Tho. Broad, 1650).

8) 예컨대 웨스트민스터 신앙고백에 대해서는 Robert Shaw, *The Reformed Faith: An Exposition of the Westminster Confession of Faith* (재판, Inverness: Christian Focus, 1974), pp. 137~141을 보라. 웨스트민스터 대교리문답에 대해서는 Thomas Ridgley, *Commentary on the Larger Catechism* (재판, Edmonton: Still Waters Revival Books, 1993), 2:131~137을 보라. 그리고 웨스트민스터 소교리문답에 대해서는 John Brown (of Haddington), *An Essay towards an Easy, Plain, Practical, and Extensive Explication of the Assembly's Shorter Catechism* (New York: Robert Carter & Brothers, 1849), pp. 162~165, James Fisher, *The Assembly's Shorter Catechism Explained, by Way of Question and Answer* (재판, Lewes, East Sussex: Berith Publications, 1998), pp. 184~187, Thomas Vincent, *The Shorter Catechism of the Westminster Assembly Explained and Proved from Scripture* (재판, Edinburgh: Banner of Truth Trust, 1980), pp. 96~97을 보라. 추가 신앙고백들의 양자 관련 진술들에 대해서는 Tim Trumper, "An Historical Study of the Doctrine of Adoption in the Calvinistic Tradition" (철학박사학위논문, University of Edinburgh, 2001), pp. 5~10을 보라.

청교도는 양자만을 다루는 논문을 썼다는 것이다. 하지만 유감스럽게도 이 논문들은 오늘날 찾아보기가 매우 드물고, 그 중 일부는 청교도 시대 이후에는 거의 재출간되지 못했다.[9] 또한 청교도 사상을 가진 스코틀랜드와 네덜란드의 신학자들도 양자 교리를 상세히 저술했다.[10] 이번 장에서 우리는 청교도 사상이 양자 교리가 하나님의 자녀들에 대해 얼마나 폭넓은 변혁 능력을 갖고 있고 위로를 주는지 확인할 것이다.

양자의 중대성과 정의

청교도는 양자에 대해 최상급 가치를 부여하고 불가사의한 경이를 표현하기 좋아했다. 청교도는 종종 양자의 중대성, 장점, 존엄성, 포괄성에 대해 말했다.

윌리엄 퍼킨스(1558~1602년)는 신자는 자신이 하나님의 자녀로 입양된 것을 "어떤 지상의 왕의 왕자나 후사"가 되는 것보다 더 위대하게 된 것으로 존중해야 하는데, 그 이유는 "세상에서 가장 높은 통치자의 아들은 진노의 자식이 될 수 있지만 하나님의 자녀는 은혜로 그리스도 예수를 맏형으로 갖고 그분과 하늘에서 동반 상속자가 되고, 또 자신의 보혜사로 성령을 갖고 있고, 천국이 그의 영원한 기업이 되기" 때문이라고 말했다. 퍼킨스는 이것을 경험적으로 깨닫는 자들이 별로 없는 것을 통탄했다. "사람들이 땅에 우선권을 두는 데 있어서는 깜짝 놀랄 정도지만 하나님의 자녀라는 사실에서 기쁨을 누리는 자는 거의 발견하지 못할 것이다."[11] 청교도는 종종 요한이 다음과 같이 가졌던 경외심을 가졌다. "보라 아버지께서 어떠한 사랑을 우리에게 베푸사 하나님의 자녀라 일컬음을 받게 하셨는가"(요일 3:1).

그리고 양자는 얼마나 포괄적일까! 대다수 청교도는 구원의 순서에서 웨스트민스터 총회 신학자들이 세운 순서를 따라 칭의와 성화 사이에 양자를 뒀다. 논리적으로 보면, 그것은 상당히 중요한 의미를 갖고 있는데, 앞으로 간단히 살펴보겠지만, 칭의와 양자, 성화의 양자 간의 불가분리적인 결합 관계를 보여 준다. 그러나 다른 청교도는 양자는 때로는 구원의 한 국면으로 또는 때로는 구원 순서의 한 부분으로 간주될 수 있지만, 포괄적인 구원론 전체로서 가장 잘 이해될 수 있다고 지적했다.

---

9) 다음 자료들을 보라. John Crabb, *A Testimony Concerning the Works of the Living God*… (London: John Gain, 1682), Simon Ford, *The Spirit of Bondage and Adoption*… (London: T. Maxey, for Sa. Gellibrand, 1655), M. G., *The Glorious Excellencie of the Spirit of Adoption* (London: Jane Coe, for Henry Overton, 1645), Thomas Granger, *A Looking-Glasse for Christians. Or, The Comfortable Doctrine of Adoption* (London: William Jones, 1620), Cotton Mather, *The Sealed Servants of Our God, Appearing with Two Witnesses*… (Boston: Daniel Henchman, 1727), Samuel Petto, *The Voice of the Spirit. Or, An Essay towards a Discoverie of the Witnessings of the Spirit* (London: Livewell Chapman, 1654), Samuel Willard, *The Child's Portion: Or the Unseen Glory of the Children of God, Asserted, and Proved*… (Boston: Samuel Green, to be sold by Samuel Phillips, 1684). 크랩과 그레인저의 책은 최근에 EEBO판을 통해 팩시밀리 재판을 구입할 수 있다.

10) 다음 자료들을 보라. John Forbes, *A Letter for Resolving This Question: How a Christian Man May Discerne the Testimonie of Gods Spirit, from the Testimonie of His Owne Spirit, in Witnessing His Adoption* (Middelburg: Richard Schilders, 1616), Thomas Boston, *The Complete Works of the Late Rev. Thomas Boston,* Samuel M'Millan 편집 (재판, Wheaton, Ill.: Richard Owen Roberts, 1980), 1:612~653, 2:15~27, Wilhelmus a Brakel, *The Christian's Reasonable Service,* Joel R. Beeke 편집, Bartel Elshout 번역 (Grand Rapids: Reformation Heritage Books, 1999), 2:415~438, 3:486~487.

11) William Perkins, *A cloud of Faithfull Witnesses, Leading to the Heavenly Canaan: or, A Commentarie upon the 11. Chapter to the Hebrews*, in *The Workes of that Famous and Worthy Minister of Christ in the Universitie of Cambridge, Mr. William Perkins* (London: John Legatt and Cantrell Ligge, 1612~1613), 3:138(2판 페이지 매김).

예를 들면 스티븐 마셜(1594~1655년)은 이렇게 말했다. "때때로 성경 속에서 우리의 자녀 됨은 그저 우리의 특권 가운데 하나일 따름이지만, 성경은 매우 빈번하게 모든 신자가 갖고 있는 모든 것은 현세와 내세, 지금과 영원 속에서 그리스도에게서 얻는 것이고, 그들이 하나님의 자녀가 된다는 사실, 바로 이 사실 속에 모든 것이 포괄되어 있다고 언급한다." 마셜은 계속해서 이에 대한 다수의 실례를 제시한다. "나는 그 말 곧 나는 그들의 아버지가 되고 그들은 내 아들이 되리라는 말씀으로 얼마나 자주 표현되는지 모르겠다." 또는 마셜은 에베소서 1장 5절을 보라고 말했다. 거기 보면 바울은 "우리를 예정하사 자기의 아들들이 되게 하셨으니라는 한 표현 속에" 구원 전체를 포괄하고 있다.[12] 분명히 청교도는 자기들의 구원론 속에서 양자에 대해 높고 포괄적인 위치를 부여했다.

양자가 아닌 것

청교도의 양자 교리를 더 엄밀하게 분석하기 위해 먼저 그들이 양자가 아닌 것으로 생각한 것이 무엇인지 고찰하는 것이 유익하다.

1. 양자는 거듭남이 아니다

우리는 거듭남과 양자를 동의어로 취하기 쉽다. 왜냐하면 거듭날 때 그리스도인은 위에서 태어난 자가 되기 때문이다. 양자는 얼핏 보면 새 탄생을 묘사하는 또 하나의 방법처럼 보인다. 그러나 청교도는 이것이 그렇지 않다는 것을 우리에게 납득시킨다. 제러마이어 버로스(대략, 1600~1646년)가 말한 것처럼 거듭난 자는 모두 양자가 되고, 양자가 된 자는 모두 거듭나지만 거듭남과 양자는 구별된 두 개의 복이다.[13]

거듭남과 양자는 별개의 두 문제를 다룬다. 양자는 우리 지위가 소외 상태에서 소중한 아들로 취해진 것을 다룬다. 거듭남은 우리의 본성이 하나님을 미워하는 자에서 하늘에 계신 아버지를 사랑하는 자로 바뀐 것을 다룬다.

청교도는 거듭남과 양자는 여러 가지 면에서 구별되어야 한다고 가르쳤다. 여기서 토머스 맨턴(1620~1677년)과 스티븐 차녹(1628~1680년)이 지적한 요점들을 요약하면 다음과 같다.

- 거듭남은 우리를 그리스도께 가까이 이끌고, 양자는 우리 마음속에 성령이 거하시게 한다.
- 거듭남은 성령이 새롭게 하시는 것이고, 양자는 성령이 내주하시는 것이다. 거듭날 때 성령은 자신을 위해 집을 세우시고, 양자가 될 때 성령은 그 집 안에 거하신다. 이것은 "먼저 자기들의 봉방(蜂房)을 만들고 이어서 그 안에 거하는" 벌들과 같다.
- 거듭남은 믿음이 조건이 아니고, 양자는 믿음이 조건이다.
- 거듭남은 우리가 칭의와 양자를 위해 믿을 수 있게 한다.
- 거듭남은 아버지의 형상을 우리에게 새기고, 양자는 우리를 하나님을 우리 아버지로 관련시킨다.

---

12) 마셜도 롬 8:23과 갈라디아서 4장 시작 부분을 사용해서 성경의 빈번한 포괄적인 양자 용법에 대한 자신의 요점을 보강한다(*Works*, pp. 37~38).
13) Burroughs, *The Saints' Happiness*, p. 192.

- 거듭남은 새 생명의 원리를 전달함으로써 우리를 하나님의 자녀로 만들지만(벧전 1:23), 양자는 새 생명의 능력을 전달함으로써 우리가 하나님의 자녀 됨을 유지하게 한다(요 1:12).
- 거듭남은 우리를 신성한 성품에 참여하도록 하지만, 양자는 신적 감정에 참여하게 한다.
- 거듭남은 우리의 본성에 영향을 미치지만, 양자는 우리의 관계에 영향을 미친다.[14)]

2. 양자는 칭의가 아니다

칭의는 복음의 일차적이고 근본적인 복이다. 칭의는 가장 기본적인 우리의 영적 필요 곧 죄사함과 하나님과의 화목을 만족시킨다. 우리는 칭의가 없이는 양자가 될 수 없었다. 그러나 양자는 우리를 법정에서 가정으로 이끌기 때문에 더 풍성한 복이다. 고든 쿡은 버로스가 "칭의는 율법의 조건에 따라 생각되지만 양자는 사랑의 조건에 따라 생각된다. 칭의는 하나님을 심판자로 보지만 양자는 아버지로 본다"고 말했다고 썼다.[15)]

칭의와 양자는 분명히 공통점이 많다. 청교도는 양자의 지위는 칭의와 마찬가지로 하나의 과정이 아니라 하나의 행위라고 가르쳤다. 로마 가톨릭 변증학자인 로버트 벨라민(1542~1621년)과 반대로 청교도 조지 다우네임(1560~1634년)은 이 행위는 주입이 아니라 전가로 말미암아 일어난다고 말했다.[16)] 이 행위는 선 동작이 아니라 점 동작이다. 신자들은 점진적으로 양자가 되고 갈수록 하나님의 자녀가 되어가는 것이 아니다. 양자는 칭의와 마찬가지로 단계에 예속되어 있지 않다. 죄인들은 믿을 때 완전한 하나님의 자녀가 되고, 이 상태를 계속 유지한다. 칭의는 그들을 한순간에 의롭다고 선언한다! 그들은 그 순간에 하나님의 자녀 곧 하나님의 아들과 상속자가 되고, 그리스도와 함께 하는 상속자가 된다.

대다수 청교도는 웨스트민스터 총회의 입장을 지지해서 칭의와 양자는 긴밀하게 관련되어 있지만 구별된 두 특권이고, 신학에서 분리된 교리로 다뤄져야 한다는 사실을 강조했다. 예를 들어 웨스트민스터 소교리문답을 상설할 때 새뮤얼 윌러드(1640~1707년)는 성경은 분명히 로마서 8장 14절 이하, 에베소서 1장 5절과 다른 곳에서 칭의와 양자를 구분한다고 강조했다. 성경은 의롭다고 판단을 받는 것과 하나님 자녀로서의 지위를 갖는 것은 구별된 사실이라는 것을 분명히 한다. "하나님이 심판자로서 우리를 용납하시는 것과 아버지로서 우리를 용납하시는 것은 별개다." 아버지로서 우리를 용납하시는 것에는 전폭적인 사랑과 관심이 포함되어 있다.[17)] 칭의는 법적 관계를 함축하지만, 양자는 인격적 관계를 함축한다.

3. 양자는 성화가 아니다

토머스 브룩스(1608~1680년)는 성화는 다만 양자와 아들 자격에서 나오는 삶이라고 주장했다(요 1:12; 롬 8:17). 브룩스는 이렇게 말했다. "만일 그대가 거룩한 사람이라면, 진노의 자식에서 하나님의 거룩

---

14) Thomas Manton, Sermon 23 upon Romans 8, *The Complete Works of Thomas Manton, D.D.* (London: James Nisbet, 1870), 12:113~114, Charnock, "A Discourse on the Nature of Regeneration," *Works*, 3:90.

15) Gordon Cooke, "The Doctrine of Adoption and the Preaching of Jeremiah Burroughs," *Eternal Light, Adoption, and Livingstone* (Congregational Studies Conference papers, 1998), p. 23.

16) Downame, *A Treatise of Justification*, pp. 241~242.

17) Willard, *Compleat Body of Divinity*, p. 483.

한 자녀 및 사랑의 자녀가 되고, 지옥의 상속자에서 천국의 상속자가 되며, 종에서 아들이 된다."[18]

청교도는 다음과 같은 J. I. 패커의 주장에 충분히 동조할 것이다. "성화는 단순히 복음이 우리를 이끄는 하나님과의 부자 관계에서 나오는 것과 조화된 삶이다. 성화는 단순히 하나님의 자녀가 표본에 참되고, 자기 아버지에게 참되고, 자기 구주에게 참되며, 또 자기 자신에게 참되는 것의 문제다. 성화는 사람의 삶 속에서 그의 양자에 대한 표현이다. 성화는 왕족의 탕자나 골칫덩어리와 구별되게 좋은 아들이 되는 것의 문제다."[19]

신자는 성화를 통해 자신의 양자에 대한 충분한 경험적 깨달음을 갖게 된다. 신자는 성화를 통해 양자가 무엇인지 더 충분하게 배우고, 양자의 경이로운 특권에 따라 삶을 영위하는 법을 배운다.

웨스트민스터 총회의 양자에 대한 정의

다수의 청교도가 회원으로 참여한 웨스트민스터 총회는 양자에 대해 세 가지 공식적인 정의를 제시했다. 곧 웨스트민스터 소교리문답에 기본 정의가 나타나 있고, 웨스트민스터 대교리문답에 중간적인 정의가 나타나 있으며, 웨스트민스터 신앙고백에 포괄적인 정의가 나타나 있다.

> 웨스트민스터 소교리문답 질문 34: 양자는 우리가 하나님의 자녀 수에 받아들여지고, 하나님 자녀의 모든 특권에 대한 권리를 갖게 되는 하나님의 값없는 은혜의 행위입니다.

> 웨스트민스터 대교리문답 질문 74: 양자는 하나님의 유일하신 아들이신 예수 그리스도 안에서, 그리고 그분으로 말미암아 의롭다 함을 받은 모든 이들이 하나님 자녀의 수에 받아들여지고, 그들에게 하나님의 이름이 주어지고, 하나님의 아들의 영이 그들에게 제공되고, 그들이 하나님의 자상하신 돌보심과 다스리심 아래 있고, 그들에게 하나님의 자녀로서의 모든 자유와 특권이 허락되며, 영광 속에서 모든 약속의 상속자가 되는데, 그것도 그리스도와 공동 상속자가 되는 하나님의 값없는 은혜의 행위입니다.

> 웨스트민스터 신앙고백 12장: 하나님은 의롭다 함을 받은 모든 자가 자신의 유일하신 아들 예수 그리스도 안에서, 그리고 그분으로 말미암아 양자의 은혜에 참여하게 하시고, 이 은혜로 말미암아 그들은 하나님 자녀의 수에 들어가고, 하나님 자녀의 자유와 특권을 누리고, 하나님의 이름이 그들에게 두어지고, 양자의 영을 받고, 담대하게 은혜의 보좌에 나아가 아빠 아버지라고 부를 수 있게 되며, 아버지이기에 아버지에게 불쌍히 여김을 받고 보호를 받고 징계를 받고, 또 결코 버림을 당하지 않고 구속의 날까지 인 치심을 받으며, 영원한 구원의 상속자로서 약속들을 물려받는다.[20]

---

18) Thomas Brooks, *The Crown and Glory of Christianity: or, Holiness, the Only Way to Happiness*, in *The Works of Thomas Brooks* (1861~1867, 재판, Edinburgh: Banner of Truth Trust, 2001), 4:419.

19) Packer, *Knowing God*, p. 201.

20) *Reformed Confessions Harmonized*, Joel R. Beeke & Sinclair B. Ferguson 편집 (Grand Rapids: Baker, 1999), p. 107.

웨스트민스터 총회의 양자 사역과 관련해서 여러 중대한 요점을 다음과 같이 제시할 수 있다.

첫째, 기독교 교회의 양자에 대한 최초의 신앙고백장과 공식 조항-기독교 신앙 가운데 가장 "스콜라적"이지 않은 교리 가운데 하나-을 감안하면 웨스트민스터 신학자들이 종종 신학이 너무 "스콜라적"이라는 비난을 받는 것은 무척 흥미롭다![21] 웨스트민스터 총회가 양자에 별개의 자리를 할당하기로 결정한 이유는 분명하지 않다. 웨스트민스터 총회의 출판 의사록 및 미출판 의사록을 봐도 우리는 그렇게 된 기본 날짜와 사실 외에는 알 것이 없다.[22] 아마 웨스트민스터 총회 신학자들은 칭의, 성화, 믿음의 확신, 견인, 그리고 다른 부수적 교리들과 관련시켜 볼 때 양자가 교리적, 경험적으로 성경적이고 중요하다는 것을 점차 깊이 깨달았기 때문에 동기를 부여받은 것일 것이다.

둘째, 웨스트민스터 총회 신학자들은 과거의 신앙고백 속에서 양자 교리가 빠져 있었던 것, 양자 교리에 대한 언급을 절실하게 요구하게 만든 반대파나 이단이 없었던 것, 그리고 확신 및 견인과 같은 자들과 내용이 중복되는 것을 포함해서 양자를 간단히 다룰 만한 충분한 이유를 갖고 있었다. 이 모든 요소는 이 신학자들이 이 방대한 교리를 매우 간결하게 설명하는 데 일조하는 역할을 했다.[23]

셋째, 웨스트민스터 총회 신학자들은 예정을 개인적 구원에 적용시키는 데 관심을 두었다. 그것은 이미 웨스트민스터 신앙고백 3장 6절에서 증명된다. 거기 보면 양자에 대한 최초의 언급이 예정과 관련되어 나타난다. "아담 안에서 타락하였으나 택함을 받은 자들은 그리스도로 말미암아 구속을 받고, 때가 되면 성령의 역사로 말미암아 효과적으로 부르심을 받아 그리스도를 믿고, 의롭다 함을 받고, **양자가 되고**, 거룩하게 되고, 성령의 능력에 따라 믿음을 통해 구원을 얻는다"(강조 표시는 추가한 것이다). 이후에 웨스트민스터 총회 신학자들은 양자는 "하나님의 값없는 은혜의 행위"로서 나온다는 사실(웨스트민스터 대교리문답 질문 74. 참고, 웨스트민스터 소교리문답 질문 34와 웨스트민스터 신앙고백 3.5)을 강조하고, 택함받은 자로 "취해진"(웨스트민스터 신앙고백 12장) 것이나 택함받은 자의 "수에 받아들여진" 것(웨스트민스터 소교리문답 질문 34, 웨스트민스터 대교리문답 질문 74)을 포함시킨다. 팀 트럼퍼는 "웨스트민스터 총회 위원들도 칼빈만큼 예정을 구원론에 적용시키는 데 관심을 갖고 있었기 때문에, 종종 언급되는 것처럼 이 문제에 대해 칼빈과 이후의 칼빈주의자들을 분열시키는 데 거의 목적을 두지 않는다"고 올바르게 결론짓는다.[24]

넷째, 그리스도와의 연합은 양자와 불가분리적이다. 우리가 받는 자녀의 자격은 그리스도가 맨 윗자리에 있다. 양자는 "하나님의 아들 예수 그리스도 안에서 그리고 그분으로 말미암아" 일어나고, 따라서 양자가 된 자들은 "그들에게 하나님의 이름이 주어지고, 하나님 아들의 영이 그들에게 제공

---

21) 여기서 "스콜라적"이라는 말은 개신교 스콜라주의를 아리스토텔레스의 방법을 갖고 숙명론적인 예정 교리 위에 세워진 완강한 합리주의신학 체계로 보는 잘못된 판단에 따라 비꼬는 의미로 사용되고 있다. 이런 허위적인 사람은 칼빈과 같은 종교개혁자들의 따스한 성경적 가르침을 반대한다. 사실 개신교 스콜라주의는 철학이 아니라 성경적 진리에 대한 질문들을 탐구하는 학문적 방법이었다. 그것은 대체로 16세기 종교개혁자들이 제시한 것을 스타일만 다르게 표현한 신학과 경건을 의미했다. Richard A. Muller, "The Problem of Protestant Scholasticism-A Review and Definition," *Reformation and Scholasticism*, Willem J. van Asselt & Eef Dekker 편집 (Grand Rapids: Baker, 2001), pp. 45~64를 보라.

22) 웨스트민스터 의사록의 양자 관련 진술들에 대한 세부적인 연구는 Trumper, "Study of the Doctrine of Adoption in the Calvinistic Tradition," pp. 227~229를 보라.

23) Chad van Dixhoorn, "The Sonship Program, for Revival: A Summary and Critique," *Westminster Theological Journal 61* (1999), pp. 235~236.

24) Trumper, "Study of the Doctrine of Adoption in the Calvinistic Tradition," p. 231.

된다"(웨스트민스터 대교리문답 질문 74, 웨스트민스터 신앙고백 질문 12). 칭의, 양자, 성화는 모두 그리스도와의 연합에서 흘러나온다(웨스트민스터 대교리문답 질문 69). 어떤 학자들이 주장한 것과는 반대로 웨스트민스터 총회 신학자들은 트럼프가 말하는 것처럼 "양자가 되는 것은 그리스도의 아들 되심 속에서 그분과 연합되는 것"이라는 사실을 주장하는 데 칼빈만큼 관심이 있었다.[25]

다섯째, 웨스트민스터 총회 신학자들은 양자의 법적 요소와 가족적 요소를 조화시켰다. 그들은 양자에 대한 법적 선언(웨스트민스터 대교리문답 질문 74, 웨스트민스터 신앙고백 8.5, 12)과 양자의 "자유와 특권"으로 언급된 아들 자격의 관계적 경험(웨스트민스터 대교리문답 질문 74, 웨스트민스터 신앙고백 12)을 강조했다. 이것은 칭의에 대한 장에서도 증명되는데, 거기 보면 의롭다 함을 받은 자들은 "칭의 상태에서 절대로 떨어져 나갈 수 없지만 죄로 말미암아 하나님의 **아버지로서의** 불쾌감 아래 떨어질 수는 있다"(웨스트민스터 신앙고백 11.5, 강조 표시는 추가한 것이다)고 진술할 때 법적 국면과 가족적 국면이 결합되어 있다. 그러므로 양자는 법적 국면으로 한정되는 것이 아니다. 오히려 법적 국면은 "하나님의 집과 가족으로 묘사되는"(웨스트민스터 신앙고백 25.2) 가시적 교회에서 실상이 드러나는 자녀로서의 가족적 삶이 이어지는 것을 함축한다.[26]

여섯째, 마지막으로 웨스트민스터 총회 신학자들은 양자는 값없는 은혜의 행위라는 것을 강조한다(웨스트민스터 소교리문답 질문 34, 웨스트민스터 대교리문답 질문 74, 웨스트민스터 신앙고백 12). 양자가 되면 사랑을 받을 수 없는 죄인이 값없이 하나님의 사랑을 받게 되고, 하나님의 가족의 일원으로 취해진다. 토머스 왓슨(대략, 1620~1686년)은 그것을 이렇게 말한다. "양자는 값없는 은혜의 창자에서 뽑아낸 자비다. 모든 사람이 본질상 나그네이고, 그러기에 아들로서의 자격을 전혀 갖고 있지 않다. 그런데 하나님이 다른 사람이 아니라 그를 기꺼이 양자로 삼고, 다른 사람은 진노의 그릇으로 만들지만 그는 영광의 그릇으로 만드신다. 입양되어 상속자가 된 자는 '주여, 어떻게 주님이 하필이면 세상의 다른 사람들을 놔두고 제게 보여 주셨나이까!'라고 외칠 것이다."[27]

양자의 변화 능력

우리가 거듭나면 하나님은 우리를 사탄의 종이 된 가족에서 해방시키고, 자신의 놀라우신 은혜로 우리를 아버지의 아들 자리로 옮기신다. 하나님은 우리를 자녀로 부르신다. 우리는 하나님의 가족으로 입양되고, "죄와 비참의 상태에서" "고귀함과 존엄성의 상태로" 이전된다고 왓슨은 말했다. "그것은 하나님이 먼지 덩어리를 취해 별을 만드신 것과 다름없었다. 그것은 하나님이 흙과 죄 덩어리를 취해 자신의 상속자로 삼으시는 것 이상이다."[28]

요한 시대에 양자로 입적시키는 시기는 보통 유아기가 아니라 청년기나 성인기였다. 로마 법 아래에서 양자는 사람이 가족이 아닌 어떤 사람을 자신의 기업의 상속자로 선택한 법적 행위였다. 마찬가지로 신자들도 그들을 자신의 상속자로 택해 그리스도와 함께 하는 상속자로 삼으시는 하나님 아

---

25) Trumper, "Study of the Doctrine of Adoption in the Calvinistic Tradition," p. 232.
26) Trumper, "Study of the Doctrine of Adoption in the Calvinistic Tradition," pp. 234~236.
27) Watson, *Body of Divinity*, p. 155.
28) Watson, *Body of Divinity*, p. 156.

버지의 은혜의 행위로 말미암아 하나님의 자녀가 된다.

윌리엄 에임스(1576~1633년)는 인간적 양자와 신적 양자 간에 네 가지 차이점이 있다고 말했다.

- 인간적 양자는 외부인처럼 양자를 통하지 않으면 기업에 대한 권리가 전혀 없는 사람과 관련되어 있다. 그러나 신자들은 자연적 출생을 통해서는 생명의 기업에 대한 권리를 전혀 갖고 있지 못하지만 재탄생, 믿음, 칭의로 말미암아 그것을 받는다.
- 인간적 양자는 단지 외적 재산에 대한 외적 지정 및 증여다. 그러나 신적 양자는 새로운 내적 생명의 내적 행위와 전달에 기초를 둔 진정한 관계다.
- 인간적 양자는 자연적 자녀가 전혀 없을 때, 또는 있더라도 매우 적을 때 시행되었다. 그러나 신적 양자는 어떤 부족함 때문이 아니라 충만한 선 때문에 행해지고, 그로 말미암아 자연적 자녀의 형상과 신비적 연합이 입양된 자들에게 주어진다.
- 인간적 양자는 자녀가 아버지의 기업을 상속받을 수 있도록 정해진다. 그러나 신적 양자는 상속을 위해 정해지는 것이 아니라 정해진 기업에 참여하도록 정해진다. 하나님 아버지와 하나님의 맏아들은 영원히 살고, 이것은 상속을 필요로 하지 않는다.[29]

자신들의 재산을 친구들과 공유하지 못하는 사람들의 상속자와 달리, 하나님의 입양된 자녀로서 우리는 하나님의 외아들이신 아들에게 속해 있는 동일한 특권을 공유한다는 것이 얼마나 놀라운 일일까! 청교도는 그리스도께서 요한복음 17장 23절에서 기도하신 것, 곧 "나를 사랑하심 같이 그들도 사랑하신 것을"을 매우 좋아했다.[30] 이 사랑이 하나님의 아버지 되심의 본질이다. 그것은 하나님이 우리를 자신과 화목하게 하시는 것을 얼마나 바라시는지를 우리에게 보여 준다.

하나님 아버지께서 우리를 하나님의 자녀로 삼으실 정도로 우리에게 곧 하나님을 우리의 삶 속에서 퇴출시키고, 하나님의 사랑을 거부하며, 하나님의 법을 거역함으로써 하나님의 심판을 받아야 할 우리에게, 아낌없이 베푸신 사랑은 얼마나 클까(요일 3:1)! 확실히 하나님 아버지께서 지옥에 가야 할 그를 사랑하신 것, 바로 여기에 하나님의 자녀에 대한 큰 보증이 있다. 아버지의 말씀의 보증은 얼마나 놀라울까! "내가 영원한 사랑으로 너를 사랑하기에"(렘 31:3).

존 오웬(1616~1683년)에 따르면, 양자의 핵심 속에는 하나님과의 사랑 및 교제가 있다. 오웬은 양자의 다섯 가지 요소를 제시했는데, 싱클레어 퍼거슨은 이것을 이렇게 요약한다. (1) 사람이 먼저 다른 가족에게 속하게 된다는 것, (2) 그가 그렇게 속할 권리가 전혀 없는 가족이 있다는 것, (3) 한 가족에서 다른 가족으로 권위적인 법적 이동이 있다는 것, (4) 입양된 자는 이전에 속했던 가족에 대한 법적 의무에서 완전히 해방된다는 것, (5) 그의 이동으로 말미암아 그는 새 가족의 모든 권리, 특권, 유익을 부여받게 된다는 것.[31]

---

29) Ames, *The Marrow of Theology*, pp. 165~167.

30) Anthony Burgess, *CXLV Expository Sermons upon the whole 17th Chapter of the Gospel According to St. John*… (London: Abraham Miller for Thomas Underhill, 1656), pp. 641~648.

31) Sinclair Ferguson, *John Owen on the Christian Life* (Edinburgh: Banner of Truth Trust, 1987), pp. 90~91. 참고, John Owen, *Of Communion with God the Father, Son, and Holy Ghost*, in *The Works of John Owen*, William H. Goold 편집 (재판, London: Banner of Truth Trust, 1966), 2:207 이하.

청교도는 삼위일체 하나님의 모든 인격이 우리의 양자에 연루된다는 것을 강조한다. 스티븐 마셜은 이것을 다음과 같이 요약했다. 양자는 하나님 아버지께서 우리를 택하시고, 우리를 자신에게 부르시고, 우리에게 자신의 자녀가 되는 특권과 복을 주시는 은혜의 행위다. 성자 하나님은 대속적인 죽음과 속죄 제사를 통해 우리가 이 복을 얻도록 하셨고, 이로 말미암아 우리는 하나님의 자녀가 되며(요일 4:10), 그 복을 만형으로서 우리에게 적용시키신다. 그리고 성령은 거듭남을 통해 우리를 진노의 자식에서 본질상 하나님의 자녀로 변화시키고, 우리를 그리스도와 연합시키고, 우리 안에서 하나님과 그리스도를 향하기에 "알맞은 성향"을 심으며, 양자의 영으로 우리의 자녀 됨을 인 치심으로써 우리가 하나님의 자녀인 것을 우리의 영과 함께 증언하신다. 그렇게 증언하실 때 성령은 우리에게 우리 마음과 삶 속에 하나님 은혜의 사역을 보여 주시고, "우리의 마음을 하나님께 이끌고, 하나님이 [우리의] 아버지이심을 영혼에게 증언한다."[32]

양자의 표지

청교도는 우리가 속해 있는 가족이 하나님의 가족인지, 아니면 사탄의 가족인지 판정하는 명확한 표지들을 제시했다. 청교도는 자기 검토가 성경적으로 취해지면 성령께서 종종 그것을 하나님 자녀들의 삶을 긍정적으로 변화시키는 능력으로 사용하신다고 믿었다.

윌리엄 퍼킨스는 양자를 검증하는 데 도움을 줄 수 있는 여섯 가지 표지를 제시했다.

- 범사에 하나님의 영광을 촉진시키겠다는 간절하고 진심 어린 열망.
- 생각과 말과 행위 속에서 하나님의 말씀과 영의 지배를 받기 위해 하나님께 자신을 쳐서 복종시키는 것에 대한 관심과 준비.
- 우리가 악한 것으로 알고 있는 모든 것에 대해 양심을 지키면서 모든 일 속에서 즐겁게 하나님의 뜻을 행하려는 진지한 노력.
- 적법한 소명에 따라 정직하게 행하되, 무슨 일이든 간에 하나님이 보내시는 것으로 기쁘게 받아들임으로써 계속 믿음으로 하나님의 섭리를 의지하는 것.
- 그리스도 안에서 하나님의 호의를 기꺼이 구하지 못한 죄악에 대해 날마다 자신의 자아를 하나님 앞에서 낮추고, 그리하여 자신의 믿음과 회개를 새롭게 하는 것.
- 영과 육의 싸움을 계속하면서, 한편으로는 부패함을 세게 끌어내리고, 다른 한편으로는 은혜에 대한 저항을 똑같이 끌어내리는 것.[33]

로저 드레이크(1608~1669년)는 다음과 같은 표지를 제시했다. 믿음과 의존의 정신(고후 4:13), 기도의 정신(행 9:11), 증언의 정신(롬 8:16), 자유의 정신(고후 3:17), 기다림의 정신(롬 8:23), 사랑의 정신(요일 5:2).[34]

---

32) Marshall, *Works*, pp. 43~48.

33) William Perkins, *A Godly and Learned Exposition of Christs Sermon on the Mount*, in *The Workes of that Famous and Worthy Minister of Christ in the Universitie of Cambridge, Mr. William Perkins* (London: John Legatt and Cantrell Ligge, 1612~1613), 3:154.

34) Drake, "The Believer's Dignity and Duty," *Puritan Sermons*, 5:344.

코튼 매더(1663~1728년)는 우리가 우리 구원에 대한 유일한 신뢰를 예수 그리스도와 그분의 속죄의 피에 두고 있다는 것, 우리가 성령으로 말미암아 효과적으로 부르심을 받았다는 것, 우리가 하나님을 경외하고, 하나님께 영광을 돌리고, 이웃을 사랑하는 것으로 구성된 활력적인 경건을 실천하고 있다는 것에 긍정으로 답변할 수 있을 때 하나님의 가족에 속해 있다고 말했다.[35] 스티븐 마셜은 우리는 다음과 같은 질문들에 답해야 한다고 말했다. "성령이 우리를 그리스도와 연합시키기 위해 우리 안에 거하려고 오시는가? 성령이 우리 안에서 어린아이 같은 마음을 역사하시는가? 우리는 하나님을 존귀하게 하고, 하나님을 공경하고, 하나님께 돌아설 수 있는가? 그리고 우리는 최소한 우리 영혼의 일관된 성향과 조건에 따라 하나님 앞에서 순종하는 자녀로서 행할 수 있는가?"[36]

양자로 말미암은 변화된 관계

신자는 개인적으로 하나님의 가족으로 입양된 것을 의식하게 되면 삶 전체가 영향을 받는다. 청교도는 다음과 같은 패커의 말에 동조할 것이다. "아들 됨은 모든 면에서 지배적 사상-여러분이 그 말을 사용하기 원한다면, 규범적 범주-이 되어야 한다."[37] 신자의 삶의 모든 관계는 양자로 말미암아 변화되는데, 이것은 마치 그리스도의 삶 전체가 자신의 독특한 아버지와의 부자 관계에 대한 의식으로 지배를 받은 것과 같다(요 5:30, 10:37).

존 코튼(1585~1652년)은 요한일서 3장을 상설하면서 양자의 의미는 다음과 같은 관계들에 영향을 미친다는 것을 분명히 했다.

우리와 하나님과의 관계

"보라 아버지께서 어떠한 사랑을 우리에게 베푸사 하나님의 자녀라 일컬음을 받게 하셨는가, 우리가 그러하도다"(요일 3:1a). 하나님의 가족은 우리의 참된 안전 수단이 된다. 자기 자녀들에 대한 하나님의 아버지 되심과 사랑은 코튼이 다음과 같이 말한 대로 고백하지 않을 수 없는 우리의 단점에도 불구하고 흠이 없다. "확실히 내 마음속에서 큰 교만이, 내 영 속에서 큰 거역과 부패가 발견되는 것으로 보아 나는 하나님의 자녀가 아니다. 확실히 내가 그리스도에게서 태어났다면 그리스도를 닮아야 할 것이다. 그러나 여기서 요한이 말하는 것은 무엇인가? 우리 마음속에 큰 불신앙이 있고 우리 안에 큰 연약함과 많은 부패함이 있는 지금도 우리는 여전히 하나님의 자녀라는 것이다."[38] 우리의 온갖 죄에도 불구하고 예수는 우리에게 하늘에 계신 우리 아버지의 사랑이 상상을 넘어 폭넓고 은혜롭다는 것을 보여 주실 것이다.

세상과 우리와의 관계

"그러므로 세상이 우리를 알지 못함은 그를 알지 못함이라"(요일 3:1b). 세상이 우리를 거부하는 것은

---

35) Mather, *The Sealed Servants of Our God, Appearing with Two Witnesses*, p. 9 이하.

36) Marshall, *Works*, pp. 54~55.

37) Packer, *Knowing God*, p. 190.

38) John Cotton, *An Exposition of First John* (1657, 재판, Evansville, Ind.: Sovereign Grace, 1962), p. 319.

우리가 하나님의 양자라는 한 증거다. 코튼은 이렇게 말했다. "만일 하나님이 자기 아들이 이처럼 세상에서 고통을 겪고 하나님의 진노의 쓴 잔을 마셔야만 그것이 충족되는 것으로 보셨다면, 우리도 그리스도께서 마신 것과 같은 잔을 마시지 않고는 그리스도께서 우리를 위해 준비하신 천국에 올라가고 하늘의 큰 저택에 들어갈 것을 생각해서는 안 된다. 하지만 하나님이 우리를 자기 자녀로 삼으실 정도로 우리를 소중히 여기시므로 우리는 행복하게 생각해도 된다."[39]

미래와 우리와의 관계

"우리가 지금은 하나님의 자녀라 장래에 어떻게 될지는 아직 나타나지 아니하였으나 그가 나타나시면 우리가 그와 같을 줄을 아는 것은 그의 참모습 그대로 볼 것이기 때문이니"(요일 3:2). 입양된 하나님의 가족에 대한 전망은 하나님의 자녀들이 영광의 기업을 받게 될 것이므로 매우 밝다. 그들은 그 기업의 규모를 상상조차 할 수 없다. 코튼의 말에 따르면, 하나님은 그것을 숨겨 두셨고, 따라서 그들은 (1) 고난을 받으신 그들의 머리와 같게 되어야 하고, (2) 믿음을 굳게 지키며 깨어 있어야 하고, (3) 이 세상에서 어느 정도 묵묵히 견뎌야 한다. 왜냐하면 "만일 하나님이 그들에게 이 세상에서 완전히 거룩하게 하실 것이었다면 세상 사람들이 그들 속에 살도록 허용하지 아니하셨을 것이기(신 7:22) 때문이다."[40]

우리 자신과 우리의 관계

"주를 향하여 이 소망을 가진 자마다 그의 깨끗하심과 같이 자기를 깨끗하게 하느니라"(요일 3:3). 코튼은 이 본문에서 양자 교리를 이끌어 낸다. "하나님의 모든 자녀는 그리스도 안에서 그분이 나타나실 때 그분과 같이 되는 것에 소망을 두고 있다." 이 소망은 "믿음으로 우리가 우리에게 속해 있는 것으로 확신하고 있는 그리스도 안에서의 모든 약속에 대한 끈질기고, 확실하고, 근거 있는 기대"다. 하나님은 은혜의 수단을 통해 이 소망을 우리에게 주시고, 따라서 우리는 "세상에 이리저리 휘둘리지 않을 수 있게" 된다.[41] 그러므로 우리는 날마다 그리스도를 우리의 본보기로 삼아 자신을 깨끗이 해야 한다. 자신을 깨끗이 하는 것은 "전 인간"을 포함하는데, 코튼은 우리의 지성, 감정, 의지, 생각, 혀, 눈, 손, 실망, 상처, 원수를 다루는 것 등이 포함된다고 말했다.[42]

하나님의 가족으로서 우리와 교회와의 관계

입양된 하나님의 자녀로서 우리는 대가족의 일원이 되었다. 만일 우리가 올바르게 이것을 이해했다면 하나님의 가족에 속한 형제, 자매들에 대한 우리의 태도는 크게 영향을 받게 될 것이다(요일 3:14~18). 코튼이 말한 것처럼 "하나님의 자녀들은 우리의 사랑과 즐거움의 대상이어야 한다"(요삼 1:1; 2, 5; 벧전 2:11; 빌 4:1).[43] 우리는 입양된 동료 하나님의 자녀들을 사랑해야 하는데, 코튼은 그 이유로 다음과 같은 것을 들었다. (1) 그들에 대한 하나님의 한결같은 사랑, (2) 그들의 하나님에 대한 사랑,

---

39) Cotton, *An Exposition of First John*, p. 318.
40) Cotton, *An Exposition of First John*, pp. 320~321.
41) Cotton, *An Exposition of First John*, pp. 327~329.
42) Cotton, *An Exposition of First John*, p. 331.
43) Cotton, *An Exposition of First John*, p. 316.

(3) 모든 기독교 신자 속에 있는 진리(요이 1:1, 2).[44] 하나님에게서 큰 사랑을 경험한 자들은 다른 사람들을 사랑하지 않을 수가 없다. 코튼이 결론지은 것처럼 "우리 형제에 대한 사랑이 없는 것은 계속 파멸 상태 속에 있거나 거듭나지 않은 육신 상태 속에 있는 것의 표지다."[45]

양자의 특권과 유익

청교도는 양자의 다른 어느 국면보다 다양하게 양자의 특권, 자유, 유익, 복, 권리로 불리는 것을 상술하는 데 더 많은 시간을 할애했다. 이것은 또한 웨스트민스터 신앙고백(12장)과 웨스트민스터 대교리문답(질문 74)으로도 증명된다. 거기 보면 양자에 대한 내용 절반 이상이 이 "자유와 특권들"을 열거하는 데 주어지는데, 이것들은 각각 성령이 하나님의 자녀들의 삶 속에서 변화를 일으키고 위로를 제공하기 위해 사용하는 것이다.

무엇보다 중요한 특권은 상속권으로 가장 잘 요약될 수 있다. 입양된 하나님의 자녀들은 모두 명확히 왕의 상속자들이고, 그리스도와 함께 한 상속자들이다(롬 8:16~17). 버로스는 이렇게 말했다. "사람들은 많은 자녀를 갖고 있으나 상속자는 하나다. 그러나 하나님의 자녀들은 모두가 상속자다."[46] 히브리서 12장 23절은 그들을 "장자" 상속자로 부른다.

청교도는 그리스도와의 공동 상속권을 중시한다. 그리스도와의 공동 상속자로서 신자들은 그리스도의 왕권을 공유하고, 그러므로 그들의 기업으로서 천국에 참여한다. 신자들은 세 가지 면에서 아버지의 영적 나라에서 그분을 돕는 왕들이 된다고 토머스 그레인저(출생, 1578년)는 말했다. "1. 그들은 그들의 원수들 곧 죄, 사탄, 세상, 사망, 지옥의 주와 정복자들이기 때문이다. 2. 은혜를 위해 은혜를, 영광을 위해 영광을 그리스도께 받은 자로서 그들은 그리스도의 나라와 구원에 참여하기 때문이다. 3. 그들은 그리스도로 말미암아 모든 것에 대한 이권, 지배권, 주권을 갖고 있기 때문이다."[47] 헤르만 위트시우스(1636~1708년)는 다시 네덜란드 개혁파와 잉글랜드 청교도 간의 연속성을 보여 주면서, 이 "모든 것"에는 아담에게 주어졌지만 그로 말미암아 상실되고(창 1:28, 3:24), 아브라함에게 약속되고(롬 4:13), "자기 자신과 자기 형제들을 위해" 그리스도께서 다시 찾으신(시 8:6) "온 세상의 소유물"에 대한 권리가 포함되어 있고, 따라서 지금은 현세와 내세의 모든 것이 하나님의 백성들의 것임을 강조했다.[48] 궁극적으로 신자들은 만물의 주인과 소유자가 된다. 왜냐하면 그들은 하나님을 소유하고 계시는 그리스도를 소유하고 있기 때문이다(고전 3:21~23).[49]

이 세상에는 신자들의 기업과 비견할 수 있는 것이 아무것도 없다. 그것은 썩는 것을 모른다(벧전 1:4). 곧 그것은 불, 폭력 등과 같은 외적 원리에 의한 것도 아니고 죄와 죄가 오염시키는 다른 오점과

---

44) Cotton, *An Exposition of First John*, p. 317.

45) Cotton, *An Exposition of First John*, p. 372.

46) Burroughs, *The Saints' Happiness*, p. 192.

47) Granger, *A Looking Glasse for Christians*, p. 26.

48) Witsius, *Economy of the Covenants*, 1:452~453.

49) William Perkins, *A Golden Chaine: or, The Description of Theologie*, in *The Workes of that Famous and Worthy Minister of Christ in the Universitie of Cambridge, Mr. William Perkins* (London: John Legatt and Cantrell Ligge, 1612~1613), 1:82, *A Treatise Tending unto a Declaration, Whether a Man Be in the Estate of Damnation, or in the Estate of Grace*, in *The Workes of that Famous and Worthy Minister of Christ in the Universitie of Cambridge, Mr. William Perkins* (London: John Legatt and Cantrell Ligge, 1612~1613), 1:369.

같은 내적 원리에 의한 것도 아니다(벧전 1:18). 그것은 계승도 없다. 하늘에 계신 아버지와 그의 자녀들은 항상 같은 기업에 따라 살고, 그리하여 신자들의 기업은 그리스도의 제사장 직분과 같이 변함이 없다(히 7:24). 그것은 분할에 직면하지 않는다. 모든 상속자가 기업 전부를 누린다. 왜냐하면 하나님이 "무한하실 뿐만 아니라 불가분리적이기 때문이다." 드레이크는 이렇게 말했다. "하나님은 자신의 절반이 아니라 전부를 주시고, 자신의 전체 나라를 주신다"(창 25:5; 계 21:7).[50]

신적 기업과 영적 양자로 말미암아 신자인 우리에게 주어지는 특별한 복에는 우리가 상상할 수 있는 이 세상과 다가올 세상의 가장 놀라운 특권들이 포함되어 있다. 청교도에게서 이끌어 낸 그 복들의 요약은 다음과 같다.

• 우리 아버지는 우리가 자연적으로 진노와 마귀의 자식으로서 아담 안에 속해 있는 가족에게서 빼내 하나님 자신의 가족으로 접붙이셔서 하나님의 언약 가족의 지체가 되게 하신다. 토머스 콜(1627~1697년)은 이렇게 말했다. "양자는 우리를 비참한 상태에서 행복한 상태로 이전시킨다. 하나님은 우리와 맺으신 언약 안에 있고, 우리는 하나님 안에 있다."[51] 스티븐 마셜은 본질상 우리는 "진노의 자식, 벨리알의 자식, 옛 아담의 자식, 죄와 사망의 자식이다. 그런데 우리는 그 가족에게서 잘려 더 이상 그 가족으로 [또는 그] 속박, 비천함, 의무, 저주 아래 있는 것으로 간주되지 않고", "하나님의 아들과 딸들로서 하나님의 가족으로 취해진다. 즉 하나님이 영원히 지속적으로 우리와 약혼하셨고", 따라서 이 가족 관계는 영원토록 지속될 것이다(요 8:35).[52]

• 우리 아버지는 우리에게 아버지라는 이름으로 자신을 부를 자유를 주시고, 또 우리에게 하나님의 아들과 딸들로 하나님의 집에 들어가는 것이 허락되는 우리의 보증인으로 사용할 새 이름을 주신다(계 2:17, 3:12). 우리는 특별한 백성 곧 하나님의 이름으로 불리는 하나님의 백성들이다(대하 7:14). 토머스 보스턴(1676~1732년)의 말에 따르면, 그것은 우리의 "옛 이름은 영원히 도말된다. [우리는] 더 이상 마귀의 자식으로 불리지 않고 하나님의 아들들로 불린다"(히 12:5).[53] 존 코튼은 한 걸음 더 나아가 이 이름은 양자라고 명백히 말한다. "[우리는] 죄의 사면이 있는 이 흰 돌을 갖고 있고, 그 안에 새 이름 즉 양자가 기록되었다. 만일 우리가 온유하고, 겸손하고, 무구한 마음 상태를 갖고 있다면 이런 위로를 갖고 있는 것이다."[54] 양자의 영으로 말미암아, 우리는 그리스도로 말미암아 화목하신 하나님께 나아가게 된다. 우리는 하나님을 아버지로 부를 자유를 갖고 있고, 이것은 일천 개의 세상보다 더 가치가 있다"(렘 3:4).[55]

• 우리 아버지는 우리에게 양자의 영을 주신다. 신자들은 은혜로 성령에 참여한다. 버로스가 말한 것처럼 이 영은 우리의 지성을 조명하고, 우리의 마음을 성결하게 하며, 하나님의 지혜와 뜻을 우리

---

50) Drake, "The Believer's Dignity and Duty," *Puritan Sermons*, 5:334. 참고, Owen, *Of Communion with God*, in *Works*, 2:218~21, Burroughs, *The Saints' Happiness*, p. 196.

51) Cole, *Christ the Foundation of Our Adoption*, p. 351.

52) Marshall, *Works*, pp. 50~51.

53) Thomas Boston, *An Illustration of the Doctrines of the Christian Religion…upon the Plan of the Assembly's Shorter Catechism*, in *The Complete Works of the Late Rev. Thomas Boston*, Samuel M'Millan 편집 (재판, Wheaton, Ill.: Richard Owen Roberts, 1980), 1:624.

54) Jesper Rosenmeir, "'Clearing the Medium': A Reevaluation of the Puritan Plain Style in Light of John Cotton's *A Practicall Commentary upon the First Epistle Generall of John*," *William and Mary Quarterly* 37, no. 4 (1980), p. 582에서 인용함.

55) Boston, *An Illustration of the Doctrines of the Christian Religion*, in *Works*, 1:623.

에게 알려 주며, 우리를 영생으로 이끌고, 또한 우리 안에서 구원의 전체 사역을 행하며, 구원의 날까지 그것을 우리에게 인 치신다(엡 4:30).[56] 윌러드는 이렇게 말했다. "성령은 우리의 아들 됨이 결코 변함이 없다는 것을 실증하고, 모든 약속에 대한 우리의 자격이 절대로 취소될 수 없다는 것을 확증한다. 이런 영으로서 성령은 우리 안에서 증언하심으로써 우리의 모든 증거를 실증하고, 우리의 아들 됨과 상속권을 충분히 보증하신다."[57]

• 우리 아버지는 우리에게 자신과 자신의 아들의 형상을 닮도록 허락하신다. 아버지는 자기 자녀들에게 자신을 닮도록 효도하는 마음과 기질을 심으신다. 로저 드레이크는 이렇게 말했다. "입양된 하나님의 모든 자녀는 기드온의 형제들이 기드온을 닮은 것처럼(삿 8:18), 자기 아버지의 형상을 닮는다. 그들은 거룩함과 존엄성에서 하나님과 같다"(마 5:44~45; 롬 8:29; 히 2:7; 요일 3:2~3).[58]

토머스 콜도 기독론적인 관점에 따라 비슷하게 말했다. "그리스도는 그들 모두 속에서 형성된다(갈 4:19). 그리스도가 그런 것처럼 그들도 각자 왕자를 닮는다(삿 8:18). 그들은 부활할 때 정확히 그리스도의 형상처럼 될 것이다(시 17:15). 그들은 영원부터 이것을 위해 예정되었다"(롬 8:29).[59] 앤서니 버지스(사망, 1664년)는 이것은 "그리스도를 위해 고난도 받게 되는"(빌 1:29) 특권을 포함한다고 우리에게 상기시켰다.[60]

• 우리 아버지는 특히 자신의 약속들의 선물과 기도를 통해 우리의 믿음을 강화시키신다. 토머스 왓슨은 이렇게 말했다. "만일 우리가 입양된다면 온갖 약속과 이해관계를 갖게 되고, 이 약속들은 자녀의 양식이다." 왓슨은 계속해서 약속들은 정원과 같은데, 그 안에 있는 어떤 풀은 만병을 치료하는 데 사용된다고 말한다.[61] 또는 윌리엄 스퍼스토(대략, 1605~1666년)가 말한 것처럼 하나님의 약속들은 하나님이 입양된 자신의 자녀들의 발 앞에 풀어 놓고 쏟아 놓으며, "네가 갖고 싶은 대로 가져라"고 말씀하는 동전이 가득 들어 있는 가방과 같다.[62] 윌러드는 성령은 신자들의 믿음에 "활력을 주고", 신자들이 "아버지로서 하나님께 다가가" 이 부자 관계를 주장할 수 있게 하고, 이 주장에 따라 자기들의 인격을 받아 주고, 자기들의 기도에 응답하고, 자기들의 간청을 승낙하고, 자기들의 모든 필요를 채워 주실 것을 믿음으로 간청할 수 있다(롬 8:15).[63]

• 우리 아버지는 우리의 성화를 위해 우리를 교정하고 징계하신다. "주께서 그가 받아들이시는 아들마다 채찍질하심이라"(히 12:6). 모든 징계는 우리 아버지의 손에서 나오는 연단을 포함하고, 우리의 최대의 행복을 위해 합력한다(삼하 7:14; 시 89:32~33; 롬 8:28, 36~37; 고후 12:7). 오웬은 우리의 고난은 "하나님의 가족으로서 우리의 훈계와 가르침을 위한" 것이라고 말했다.[64] 또는 윌러드가 말한 것처럼

---

56) Burroughs, *The Saints' Happiness*, p. 196.
57) Willard, *A Compleat Body of Divinity*, p. 489.
58) Drake, "The Believer's Dignity and Duty," *Puritan Sermons*, 5:333.
59) Cole, *Christ the Foundation of Our Adoption*, p. 350. 참고, Burroughs, *The Saints' Happiness*, pp. 195~196.
60) Burgess, *Spiritual Refining*, p. 242.
61) Watson, *A Body of Practical Divinity*, p. 160.
62) William Spurstowe, *The Wells of Salvation Opened: or A Treatise Discovering the Nature, Preciousness, and Usefulness, of the Gospel Promises, and Rules for the Right Application of Them* (London: T. R. & E. M. for Ralph Smith, 1655), p. 34 이하.
63) Willard, *The Child's Portion*, p. 21.
64) John Owen, *An Exposition of the Epistle to the Hebrews*, in *The Works of John Owen*, William H. Goold 편집 (재판, London: Banner of Truth Trust, 1966), 24:257.

"우리의 모든 고통은 천국으로 가는 데 도움이 된다." 우리의 고난은 "영원한 영광을 높이는 데 공헌한다. 모든 책망과 상처는 오직 그 면류관의 무게를 더하는 역할을 한다."[65] 우리는 미련하게도 하나님이 우리를 멸망시키려고 징계하신다고 생각하지만, 고린도전서 11장 32절은 이렇게 말한다. "우리가 판단을 받는 것은 주께 징계를 받는 것이니 이는 우리로 세상과 함께 정죄함을 받지 않게 하려 하심이라."[66] 하나님의 징계는 우리의 아들 됨과 아버지의 사랑에 대한 훈장이다(히 12:3~11). 하나님의 징계는 오직 현세에서 신자들을 위해 준비된 것이다. 오웬은 이렇게 말했다. "천국에서나 지옥에서는 징계가 없다. 천국에서 징계가 없는 것은 죄가 없기 때문이다. 지옥에서 징계가 없는 것은 교정이 없기 때문이다."[67]

• 우리 아버지는 자신의 사랑과 동정으로 우리를 위로하고, 자신과 자기 아들과의 친밀한 교제를 누리도록 우리를 이끄신다(롬 5:5). 하나님은 윌러드가 지적한 것처럼, 다양하게 그렇게 하신다. "하나님은 그들의 영혼에 보배로운 약속들을 적용하시고, 그들에게 위로의 감로주를 주시며, 그들에게 미리 맛보고 시식하도록 영광을 제공하시며, 그들을 내적 기쁨과 활력으로 채우신다."[68] 아버지는 심지어 참으로 작은 우리의 순종 행위에 대해서도 우리를 칭찬하고, 격려하신다.[69] 아버지는 우리에게 할당하신 고통에 비례해서 위로를 베푸신다.[70] 따라서 하늘에 계신 아버지의 자기 자녀들을 향하신 사랑은 얼마나 보배로울까! 제러마이어 버로스는 이렇게 말했다. "무한히 영광스러운 제일-존재이신 하나님은 완전히 자애로운 사랑으로 그들을 감싸 주신다. 부모들이 자녀에게 베푼 지금까지 존재했던 모든 사랑은 단지 하나님이 자기 백성들에게 베푸시는 무한히 자애로운 사랑의 바다의 한 방울 물에 불과하다."[71]

• 우리 아버지는 자신의 아들과 딸들로서 우리에게 영적, 기독교적 자유를 제공하신다(요 8:36). 이 자유는 우리를 속박에서 해방시킨다(갈 4:7). 이 자유는 율법의 규제 능력에서 나온 것이 아니지만 행위 언약으로서의 율법의 굴종적인 예속, 굴욕적인 교육, 정죄하는 힘, 견딜 수 없는 멍에, 천둥 같은 저주(갈 3:13)에서 우리를 해방시킨다.[72] 우리는 우리의 칭의와 행복을 율법에 대한 순종에 의존하지 않고(롬 3:28), 하나님의 자녀-고용인이 아니라-로서 우리는 율법을 "사랑의 섬김"에 따라 지킨다.[73] 기독교적 자유는 남용되어서는 안 된다. 콜이 말한 것처럼 "기독교적 자유를 너무 값없이 말하는 것은 위험한 일인데, 그 이유는 많은 사람이 그런 구실 아래 중용을 철저히 무시하고 매우 부당한 과정 속에 들어가 극단으로 치닫기 때문이다."[74]

영적 자유는 우리를 세상과 세상의 온갖 강력한 유혹, 박해, 위협에서 우리를 해방시킨다(요일 5:4).

---

65) Willard, *The Child's Portion*, p. 28.

66) Perkins, *A Golden Chaine*, in *Works*, 1:82, Willard, *The Child's Portion*, pp. 18~19, Granger, *A Looking Glasse for Christians*, [pp. 31~32].

67) Owen, *An Exposition of the Epistle to the Hebrews*, in *The Works of John Owen*, William H. Goold 편집 (재판, London: Banner of Truth Trust, 1966), 24:260.

68) Willard, *The Child's Portion*, p. 22.

69) Willard, *The Child's Portion*, p. 19.

70) Perkins, *A Treatise Tending unto a Declaration*, in *Works*, 1:369.

71) Burroughs, *The Saints' Happiness*, p. 194.

72) Boston, *An Illustration of the Doctrines of the Christian Religion*, in *Works*, 1:625, Cole, *Christ the Foundation of Our Adoption*, pp. 352~353.

73) Burroughs, *The Saints' Happiness*, p. 194.

74) Cole, *Christ the Foundation of Our Adoption*, p. 355.

영적 자유는 사탄의 속박에서, 위선과 염려에서, 사람들의 전통에서 우리를 해방시키고, 그리하여 우리가 자유롭게 하나님의 가르침에 매진할 수 있게 한다. 영적 자유는 하나님 앞에서 투명하게 살도록, 하나님과 하나님의 길을 마음과 뜻과 힘을 다하여 섬기고 사랑하도록(시 18:1) 우리에게 자유를 주고, 그리하여 우리는 우리에게 주어진 하나님의 멍에를 기꺼이 짊어지고 날마다 효성스러운 순종으로 하나님을 섬기며(벧전 1:14), "이것이 내 아버지의 세상"이라고 고백하게 된다.[75]

• 우리 아버지는 실족하지 않도록 우리를 보호하고 지키신다(시 91:11~12; 벧전 1:5). 하나님은 배역하는 모든 길에서 우리를 건지고, 우리를 회복시켜 겸손하게 하시며, 항상 우리의 위선을 방비하신다.[76] 새뮤얼 윌러드는 이렇게 말했다. "하나님의 자녀는 현세에서 항상 비틀거리고 뒤뚱거리고 넘어지는 어린 자녀와 같고, 그래서 그들은 하나님이 아니면 곧 그들을 붙잡고 계시는 하나님의 손과 그들을 아래에서 받치고 있는 하나님의 영원한 팔이 없으면 결코 다시 일어설 수 없다."[77]

• 우리 아버지는 육적, 영적으로 우리가 자녀로서 필요로 하는 모든 것을 제공하고(시 34:10; 마 6:31~33), 모든 해악에서 우리를 보호하실 것이다. 하나님은 우리의 원수들 곧 사탄, 세상, 우리 자신의 육체에서 우리를 방어해 주고, 우리의 잘못된 원인을 바로잡아 주실 것이다. 하나님은 온갖 어려움과 시험을 통과하도록 도움의 손으로 우리를 이끄심으로써 우리를 돕고 강화시키실 것이다(딤후 4:17). 우리는 하나님이 우리를 버리거나 떠나지 아니하실 것(히 13:5~6)을 알기에 하나님의 자애로운 손에 모든 것을 안전하게 맡길 수 있다. 우리는 우리 아버지의 특별한 돌보심과 보호 아래 있는 자녀이므로(벧전 5:7) 우리의 지상에서의 전체 순례 과정은 우리가 모든 위험에서 완전히 벗어나 영광 속에 있게 될(계 21:25) "구원의 날까지 인 치심을 받았다"(웨스트민스터 신앙고백 12장).[78]

• 우리 아버지는 섬기는 영인 천사들을 보내 우리의 유익을 위해 우리를 섬기게 하신다(시 34:7; 히 1:14).[79] 천사들은 우리를 지키고 보호한다. 윌러드는 우리를 악에서 보호하고 지키며 우리의 유익을 위해 돌보는(시 91:11) 그들을 "수호천사"로 불렀다. "천사들은 주위에 [신자들의] 장막을 치고 각기 그 처소에서 먹이고(렘 6:3), 심지어 신자들은 천사들의 기도의 응답으로 하늘에서 평강의 메시지를 받으며(단 9:23), 천사들은 신자들의 은밀한 싸움 속에서 신자들을 강화시키고 확증하며(눅 22:43), 신자들이 죽을 때 천사들은 신자들의 영혼을 호위해서 영원한 안식을 위해 본향으로 이끈다"(눅 16:22).[80]

양자의 책임이나 의무

청교도는 "양자의 모든 특권은 이에 대응하는 책임이나 의무를 갖고 있고, 그것들은 각각 신자들의 사고방식과 삶의 방식을 변화시킨다"고 가르쳤다. 양자의 책임이나 의무는 다음과 같이 요약될 수 있다.

---

75) Willard, *The Child's Portion*, pp. 23~27.
76) Ridgley, *Commentary on the Larger Catechism*, 2:136.
77) Willard, *The Child's Portion*, p. 17.
78) Willard, *The Child's Portion*, pp. 16~18, Boston, *An Illustration of the Doctrines of the Christian Religion*, in *Works*, 1:625.
79) Perkins, *A Golden Chaine*, in *Works*, 1:83, *A Treatise Tending unto a Declaration*, in *Works*, 1:369.
80) Willard, *The Child's Portion*, pp. 27~28; Granger, *A Looking Glasse for Christians*, pp. 30~31.

모든 일 속에서 네 아버지께 어린아이 같은 공경과 사랑을 보여라.

습관적으로 네 아버지의 큰 영광과 위엄을 생각하라. 네 아버지를 경외하라. 모든 일 속에서 네 아버지께 찬양과 감사를 돌려라.

네 거룩하신 아버지께서 만사를 한 눈에 보고 계심을 유념하라. 어린아이는 때때로 부모가 없을 때 두려운 행동을 하지만 네 아버지는 결코 부재하시지 않는다. 앤서니 버지스는 이렇게 설명했다. "그대의 아버지가 그것을 보고 계시니 은밀하게 행해진 일은 하나도 없다. 그대의 아버지가 보시지 못하는 교만한 마음은 없고, 세속적인 마음도 없다. 그대가 기도하고 말씀을 들을 때 성령이 어떻게 하시는지 그대의 아버지께서 보지 못하는 순간은 결코 없다. 그러므로 오, 그대가 하나님의 자녀라면 그대의 전체 태도 속에서 다음과 같은 사실을 알아차릴 것이다. 곧 아들이라면 자기 아버지의 찌푸린 얼굴을 두려워하는 법이다. 나는 절대로 그렇게 하지 않겠다. 즉 내 아버지께서 기분이 상하게 하지 않을 것이다. 내가 어디로 가겠는가? 따라서 베드로는 너희가 아버지라 부른즉 너희가 나그네로 있을 때를 두려움으로 지내라(벧전 1:17)고 말했다."[81]

어린아이 같은 공경이 네 아버지에 대한 사랑 곧 온갖 은혜의 수단을 사용해서 그분의 명령에 순종하고 그분을 위해 수고하라고 강권하는 사랑으로 흘러넘치게 하라. 버로스는 이렇게 말했다. "무엇을 행하든지 여러분은 대가를 목적으로 하지 말고 사랑으로 행하라. 종은 대가로 지불받는 것 외에는 어떤 일을 하려고 애쓰지 않지만 자녀는 그렇게 하지 않는다. 자녀는 무슨 일을 하든지 사랑으로 행한다."[82]

모든 섭리 속에서 네 아버지께 복종하라.

하나님이 여러분을 회초리를 갖고 찾아오실 때 저항하거나 불평하지 마라. 즉각 다음과 같이 말하는 것으로 반응하지 마라. "나는 하나님의 자녀가 아니고 하나님은 내 아버지가 아니며, 하나님은 나를 가혹하게 다루신다. 만일 하나님이 내 아버지시라면 나를 동정하실 것이다. 또한 내게서 이 쓰라린 일에서, 그리고 특히 이 욕된 십자가에서 해방시키실 것이다." 이렇게 말하는 것은 정직한 자녀의 본성에 어울리지 않는다고 빌헬뮈스 아브라껄(1635~1711년)은 말했다. 대신 "자녀라면 묵묵히 받아들이고 겸손하게 복종하면서 '내가 여호와께 범죄하였으니 그의 진노를 당하려니와'(미 7:9)라고 말하는 것이 합당한 일이다."[83] 버지스도 이렇게 말했다. "만일 그대가 자녀다운 성품을 갖고 있다면 비록 내가 느끼는 모든 것이 쓰라리지만 그분은 여전히 내 아버지시다. 그대는 '나는 못된 자녀였고, 징계하실 때 그분은 선한 아버지로 그렇게 하시는 것'이라고 말할 것이다"[84]

네 아버지께 순종하고 그분을 본받으며, 그분의 형상을 지닌 자들을 모방하라.

하나님을 닮는 데 힘쓰고 그분이 거룩하신 것처럼 거룩하고, 그분이 사랑하시는 것처럼 사랑하는 자가 되도록 하라. 우리는 우리가 하나님의 가족 형상을 지니고 있음을 보여 주기 위해 "하나님을 본받는 자"가 되어야 한다(엡 5:1).

또한 우리는 어디서 보든지 아버지의 형상을 사랑해야 한다. 월러드는 이렇게 말했다. "성도들은

81) Burgess, *Spiritual Refining*, p. 239.
82) Burroughs, *The Saints' Happiness*, p. 199.
83) Brakel, *Christian's Reasonable Service*, 2:437.
84) Burgess, *Spiritual Refining*, p. 239.

주님의 살아 있는 형상이다. 우리는 성도들 속에서 단지 주님의 전달된 속성들의 형상만이 아니라 그 속성들의 번쩍거리는 반사도 함께 볼 수 있다. 따라서 우리는 성도들을 사랑해야 한다."[85] 우리는 같은 아버지, 맏형, 그리고 내주하시는 성령을 두고 있으므로, 서로 사랑하고 서로에 대해 인내하면서 하나님 자녀답게 살아야 한다. 버로스는 이렇게 결론지었다. "세상 자식들이 서로 다투고 싸우는 것은 당연하다. 하나님을 자기 아버지로 고백하는 자들은 아버지의 임재 앞에서 서로 다투고 싸워서는 안 된다. 왜냐하면 하나님의 영이 그것을 견디실 수 없기 때문이다."[86]

네 아버지가 주시는 양자의 은혜를 누리지 못하도록 방해하는 모든 장애물을 물리쳐라.
사이먼 포드(대략, 1619~1699년)는 이 장애물들을 다음과 같이 제시했다.

- 자신에 대한 하나님의 현재 처분에 은밀하게 불평하는 정신 상태.
- 자아에 대한 불평을 즐기고, 자신의 영혼에 불리하게 거짓 증언할 때 자주 사탄의 편이 되는 태도.
- 마음속에서 행하시는 하나님의 거룩하게 하시는 영의 역사를 염치없이 거부하는 태도.
- 하나님이 말씀 사역이나 다른 방식을 통해 우리 상태에 대해 깊이 깨닫게 하시는 약속과 위로가 되는 진리를 부당하게 신뢰하지 않는 것.
- 우리와 아무 상관이 없는 이런저런 성경의 경고에 따라 우리 상태를 돌이킬 수 없다고 생각하는 근거 없는 추측.
- 사탄의 간계에 넘어감.
- 은밀하게 하나님을 시험하는 것과 평강을 위해 어떤 수단과 사람들을 의존하는 것과 이런저런 시간으로 하나님을 제한하는 것, 그 시간 외에는 하나님을 기대하지 않기로 어떤 다른 수단들에 따라 그것을 기대하지 않기로 결심하는 것.
- 위로와 평강을 스스로 준비하려는 죄악 된 욕망: 이때 빈곤한 영혼은 내가 정말 겸손했다면 내 죄로 그토록 쉽고 순진하게 영향을 받지는 않았을 것이라고 말한다. 또 내가 이 침체에서 회복되었더라면, 실천을 통해 김빠진 영이 얼마간 활력과 영성을 회복했다면 위로와 하나님의 사랑이 내게 속해 있다는 확신을 가질 수 있었을 것이라고 말한다.
- 너무 많은 길을 제시받아 하나님에 대해 편견을 갖고, 하나님의 사랑에 대해서도 현재의 감각과 느낌으로 편견을 가짐.
- (때때로 제대로 지키지 못하여) 규례와 의무를 등한시하고 부주의함.
- 지나치게 빈틈없고 회의적인 문제에 사로잡혀 있음.[87]

네 아버지의 임재 안에 있음을 즐거워하라.
하나님과의 교제를 즐거워하라. 버지스는 이렇게 말했다. "아들은 아버지와 대화를 나누고, 특히

85) Willard, *The Child's Portion*, p. 43.
86) Burroughs, *The Saints' Happiness*, p. 200.
87) Ford, *The Spirit of Bondage and Adoption*, pp. 258~287.

아버지의 임재를 누리기 위해 아버지에게서 오는 편지를 좋아하는 법이다."[88] 천국에서는 이 기쁨이 충만할 것이다. 그때가 되면 우리의 양자도 온전하게 될 것이다(롬 8:23). 그때가 되면 우리는 아버지의 "임재와 궁정"으로 들어가고, 거기서 우리는 "영원토록 하나님을 누리고, 즐거워하고, 찬양할 것이다."[89] 우리는 우리의 충만한 기업을 간절히 바라는 자녀로서 삼위 하나님이 우리의 모든 것이 되실 그때를 기다리고 갈망해야 한다.[90]

결론적 적용

웨스트민스터 표준 문서들 속에 나타나 있는 양자에 대한 청교도의 고전적 진술은 많은 말을 하지 않고 있다. 팀 트럼퍼는 이 진술이 불충분하게 바울 신학적이고, 불충분하게 퍼져 있으며, 불충분하게 구속사적 진술이라는 논거가 정당하다는 것을 증명한다.[91] 이런 우려 가운데 처음 두 가지는 청교도 문헌에서 적절하게 설명되고 있다. 양자에 대한 구속사적 전개는 "청교도" 성향을 가진 네덜란드 출신 헤르만 위트시우스가 제공했다.[92] 그러나 청교도는 영적 양자 교리에 전혀 철저하지 않다. 예를 들어 청교도는 성경 교리 속에서 아들 됨의 중심적 위치를 적절하게 설명하지 않았다. 또는 싱클레어 퍼거슨이 주장하는 노선에 따라 구원을 이해하는 조직 원리로 보지도 않았다.[93]

그럼에도 청교도는 우리에게 영적 양자와 그 변화 능력에 대해 인정된 것보다 훨씬 크다고 가르친다. 청교도는 죄에서 도망치고, 우리의 양자를 의식적으로 추구하는 것의 중요성을 강조한다.[94] 패커가 유용하게 요약하는 것처럼 청교도는 우리에게 우리의 양자는 성령의 사역, 복음의 거룩함의 능력, 우리 자신의 믿음에 대한 확신, 기독교적 가정의 견고함, 기독교적 소망의 영광을 더 잘 파악하도록 도움을 준다는 것을 보여 준다.[95]

또한 청교도는 우리에게 특히 은혜의 수단 아래 있는 동안 사탄의 가족의 일원으로 남아 있는 것의 위험성에 대해 경고한다. 토머스 보스턴은 이렇게 말했다. "많은 복음 초청이 그대의 귀에 죄인에 대해 말했다. 그대는 그 초청에서 떨어져 나가지 않았는가? 그때 그대는 마귀의 자식이었고(행 13:10), 그러므로 지옥과 진노의 상속자였다." 비신자가 반박할 때 보스턴은 이렇게 말했다. "그대는 누구의 형상을 지니고 있는가? 거룩함은 하나님의 형상이고, 부정함은 마귀의 형상이다. 그대의 어두운 마음과 부정한 삶은 분명히 그대가 어느 가족에 속해 있는지를 말해 준다."[96]

청교도는 강하게 권면하는 것처럼 강하게 초대한다. 윌러드는 이렇게 말했다. "여러분은 그것 곧

---

88) Burgess, *Spiritual Refining*, p. 240.

89) Thomas Manton, Sermon 24 upon Romans 8, *The Complete Works of Thomas Manton, D.D.* (London: James Nisbet, 1870), 12:125.

90) Drake, "The Believer's Dignity and Duty," *Puritan Sermons*, 5:342. 참고, Willard, *The Child's Portion*, p. 71.

91) Trumper, "Study of the Doctrine of Adoption in the Calvinistic Tradition," pp. 238~248.

92) Witsius, *The Economy of the Covenants*, 1:447~452.

93) 참고, Sinclair B. Ferguson, "The Reformed Doctrine of Sonship," *Pulpit and People: Essays in Honour of William Still on his 75th Birthday*, Nigel M. de S. Cameron & Sinclair B. Ferguson 편집 (Edinburgh: Rutherford House, 1986), pp. 84~87.

94) William Perkins, *Exposition of Christs Sermon on the Mount*, in *Works*, 3:205.

95) Packer, *Knowing God*, pp. 198~207.

96) Boston, *An Illustration of the Doctrines of the Christian Religion*, in *Works*, 1:627. 참고, Mather, *The Sealed Servants of Our God, Appearing with Two Witnesses*, pp. 23~28.

[그리스도를] 영접하라는 복음의 초청을 받은 자에 대해 어떻게 생각하는가? [양자는] 여러분 앞에 그분을 누릴 만한 가치가 있는 분으로 두지 않는가? 참된 믿음으로 그분을 영접하라. 그러면 그분은 여러분을 친구뿐만 아니라 하나님의 자녀가 되게 할 것이다."[97]

무엇보다 먼저 청교도는 양자의 진리를 하나님의 곤궁한 자녀들을 강력한 위로를 통해 변화시키는 원천으로 사용한다. 토머스 후커는 양자가 자기들의 무가치함, 외적 가난함, 세상의 경멸, 결점, 고통, 박해, 위험들을 보고 의식할 때 그들을 얼마나 크게 위로하는지를 보여 준다.[98] 죄로 억압받고, 사탄에게 농락당하고, 세상에 미혹당하고 사망의 두려움에 겁을 먹을 때 청교도는 신자들에게 그들의 보배롭고 거룩하신 아버지께 도망치라고 권면한다. 이에 대해 윌러드는 이렇게 말했다. "나는 여전히 자녀가 아닌가? 만일 그렇다면 하나님이 나를 교정하시지만(나는 마땅히 그래야 하고, 그것을 인내하며 복종할 것이다) 자신의 은혜로운 자비를 내게서 거두시지 아니하실 것이라고 나는 확신한다."[99]

윌러드는 이렇게 결론지었다. "항상 여러분의 양자에 대한 생각으로 여러분의 자아를 위로하라. 여러분의 위로를 이 꼭지에서 끌어내고, 여러분의 위안을 이 관계에서 가져오라. 그러므로 종종 양자의 보배로운 특권들을 숙고하고, 그것들을 여러분의 즐거움으로 삼으라. 이 즐거움이 다른 모든 즐거움의 활력을 능가하게 하라. 이 즐거움이 모든 슬픔의 안개를 퇴치시키고, 온갖 고뇌와 난관의 와중에서 여러분의 영혼을 깨끗하게 하라." 그리고 삼위 하나님과 영원히 교제함으로써 여러분의 완전한 양자에 따라 살게 될 하늘의 영광을 기다려라. 거기서 여러분은 "그 샘에 거하고, 둑도 없고 바닥도 없는 영광의 바다에서 영원토록 헤엄칠 것이다."[100]

---

97) Willard, *The Child's Portion*, pp. 34~42. 참고, Mather, *The Sealed Servants of Our God, Appearing with Two Witnesses*, pp. 28~36.
98) Hooker, *The Christian's Two Chief Lessons*, pp. 170~174.
99) Willard, *The Child's Portion*, pp. 51~52.
100) Willard, *The Child's Portion*, pp. 54, 66~70.

청교도의 율법의 세 번째 용도 교리

순종은 종교의 활력의 근원이다.

– 토머스 왓슨[1] –

개신교 종교개혁과 청교도 운동의 많은 부분이 하나님의 율법 문제를 중심으로 전개되었다. 어니스트 케빈은 『율법의 은혜』(The Grace of Law)에서 청교도 신학에 나타나 있는 율법을 능숙하게 언급하는데, 거기서 이렇게 말했다. "하나님의 도덕법이 차지하고 있는 위상은 신학의 모든 분야에서 확인할 수 있는데, 특히 청교도 신학에서 두드러진다. 죄는 율법을 어기는 것이고, 그리스도의 죽음은 율법을 만족시킨 것이며, 칭의는 율법에 입각한 판결이며, 성화는 신자가 율법을 이루는 것이다."[2]

하나님의 율법을 강조하는 것은 성경에 기초가 두어져 있다. 성경학자 레온 모리스는 이렇게 말한다. "구약 시대 사람들에게 하나님은 율법의 하나님이었고, 그들 종교의 대부분은 이 사실을 시야에서 놓치면 이해될 수 없다."[3] 그리스도와 사도들은 히브리 선지자들의 작품과 그들의 관점을 인정하고 기꺼이 받아들였다. 그들은 항상 구약 성경을 하나님의 말씀으로 인용하고, 하나님의 율법으로 거듭 지칭했다. 아드 폰테스 곧 "원천으로" 돌아가자는 르네상스 충동을 갖고 종교개혁도 교회를 구약과 신약 성경으로 되돌렸다. 부분적으로 이것은 하나님의 율법으로의 복귀로 이루어졌다.

이번 장은 청교도의 율법신학의 특정 국면인 율법의 세 번째 용도 곧 그리스도인의 행동에 대한 율법의 명령에 초점을 맞출 것이다. 언약, 오직 믿음으로 얻는 칭의, 양심과 결의론(또는 도덕신학과 윤리), 지속적인 안식일 준수와 같은 다른 국면들은 다른 장들에 포함될 것이다. 율법의 세 번째 용도에 대해 초점을 맞출 때 우리는 율법의 역사적 배경, 율법의 세 번째 용도에 대한 청교도의 견해, 청교도의 실천적 율법신학을 다룰 것이다.

하나님의 율법에 대한 청교도 신학의 역사적 배경

청교도는 그리스도인의 율법에 대한 순종을 개신교 종교개혁의 발자취를 따라, 그리고 그들 당대

1) Thomas Watson, *A Body of Practical Divinity* (London: A. Fullarton, 1845), p. 211. 이번 장은 부분적으로 Joel R. Beeke, *Puritan Reformed Spirituality* (Darlington, England: Evangelical Press, 2006), pp. 101~111의 내용을 손질한 것이다.

2) Ernest F. Kevan, *The Grace of Law: A Study in Puritan Theology* (repr., Ligonier, Pa.: Soli Deo Gloria, 1993), p. 21.

3) Leon Morris, *The Apostolic Preaching of the Cross*, 3판 편집 (Grand Rapids: Eerdmans, 1965), p. 253.

의 소용돌이의 와중에서 설명을 제공했다. 그러므로 우리는 16세기와 17세기의 역사적 배경을 모두 살펴봐야 한다.

16세기의 역사적 배경: 율법폐기주의에 반대하는 개신교 사상

율법폐기주의는 "신자는 율법의 모든 의무에서 완전히 해방되었다……어떤 식으로든 율법적 의무를 용인하는 것은 값없는 은혜를 위반하는 것이다"라고 가르친다.[4] 종교개혁을 반대하는 로마 가톨릭 진영도 소위 오직 믿음으로 얻는 칭의 교리를 빌미로 죄의 허가증을 인정한다는 이유로 개신교 사상을 공격했다. 트렌트 공의회(1547년)의 칭의 관련 교령을 보면, 그리스도인에게 율법을 폐지시켰다는 것을 이유로 암묵적으로 종교개혁자들을 비난했다.[5] 율법폐기주의 관념은 급진파 루터교인인 요하네스 아그리콜라(1492~1566년)의 가르침 속에서 더 일찍이 등장했는데, 마르틴 루터는 아그리콜라의 견해를 거부했다.[6] 율법폐기주의는 극단적인 재세례파의 기괴하고 부도덕한 문란 속에서 가장 실질적으로 구현되었다.[7]

종교개혁자들의 율법 견해를 보면, 그들은 율법의 세 가지 구별된 "용도" 또는 적용에 대해 말했다. 율법의 첫 번째 용도는 **시민적** 용도다. 이것은 국가 당국이 선을 상주고 악을 처벌하는 데 율법이 안내자 역할을 하는 것이다(롬 13:3~4; 딤전 2:1~2). 이 율법의 용도에 대해 개신교 종교개혁자들은 완전히 하나로 일치한다. 마르틴 루터는 이렇게 말했다. "율법에 대한 첫 번째 이해와 용도는 악인들을 제어하는 것이다……이 시민적 제어는 공공 평화를 위해, 그리고 만사를 보존하기 위해 절대로 필수적이고 하나님이 정하신 것으로, 특히 복음의 길이 악인들의 준동과 난동으로 방해받지 않도록 하는 데 효과가 있다."[8] 존 칼빈도 이에 동조하고 이렇게 말했다. "그 율법의 기능은 이것이니, 곧 옳고 바른 것에 대한 관심이 전혀 없는 특정한 사람들에게 율법에 주어져 있는 끔찍한 위협을 들려주어 처벌에 대한 두려움을 갖게 함으로써 그들을 억제시키는 것이다."[9]

율법의 두 번째 용도는 **복음적** 용도다. 이것은 죄인들이 그들 자신의 의를 버리고 오직 그리스도만을 신뢰하도록 이끈다(갈 3:10, 24). 여기서도 루터와 칼빈은 견해가 일치했다. 루터의 작품들 가운데 이에 대한 대표적인 글이 갈라디아서 2장 17절에 대한 주석에 나온다.

> 율법의 적절한 용도와 목적은 점잖고 평안 속에 있는 사람들이 죄와 진노와 사망의 위험 속에 빠져 있음을 볼 수 있도록, 그들이 바람에 불린 잎사귀 소리에 새파랗게 질려 전율할 정도로 두려워 떨고 절망하도록(레 26:36) 그들의 죄책을 지적하는 데 있다……만일 율법이 죄의 사역자라면, 진노와 사망의 사역자라는 결론도 따라 나온다. 왜냐하면 율법은 죄를 드러내는

---

4) Kevan, *The Grace of Law*, p. 22.

5) 트렌트 공의회, 6차 회기, 교령 19~21, Philip Schaff 편집, *The Creeds of Christendom* (1931, 재판, Grand Rapids: Baker, 1998), 2:114~115에서 발췌함.

6) Kevan, *The Grace of Law*, p. 23.

7) George H. Williams, *The Radical Reformation* (Philadelphia: Westminster Press, 1975), pp. 133, 202. 벨기에 신앙고백은 36장에서 이 극단주의자들을 지칭하며 특별히 언급하고 있다.

8) Martin Luther, *Lectures on Galatians, 1535*, in *Luther's Works*, Jaroslav Pelikan 편집 (St. Louis: Concordia, 1963), 26:308~309.

9) John Calvin, *Institutes of the Christian Religion*, John T. McNeill 편집, Ford Lewis Battles 번역 (Philadelphia: Westminster Press, 1960), 2.7.10.

것처럼 동시에 사람 속에 하나님의 진노로 타격을 가하고 사망으로 위협하기 때문이다.[10]

칼빈도 마찬가지로 다음과 같이 진술했다.

> [율법은] 자기 의를 가진 모든 사람에게 경고하고, 알려 주고, 깨닫게 하고 마지막으로는 정죄한다……거짓된 의의 온갖 뻔뻔함을 제쳐 두고 자신의 삶 전체를 율법의 저울에 올려놓고 달아보지 않을 수 없게 되면, 자신이 거룩함과는 참으로 거리가 멀며 이전에는 더럽혀 지지 않은……상태에 있다고 봤던 자신이 사실은 무수한 악으로 가득 차 있다는 것을 발견한다……율법은 거울과 같다. 거울 속에서 얼굴에 묻은 얼룩을 보는 것처럼, 우리는 율법 속에서 우리의 연약함을 보고 또 그 연약함 때문에 저지르는 불법을 보며, 결국에는 연약함과 불법에서 나오는 저주를 본다.[11]

율법의 세 번째 용도는 **교훈적**, **규범적** 용도다. 이것은 신자들이 그들의 하나님과 구주를 기쁘시게 하는 길로 인도하는 교훈적인 "삶의 규칙"으로 작용한다. 루터는 자신의 신학에서 이 개념을 명확히 전개하지 않았고, 그리하여 학자들은 루터가 믿은 것이 정확히 무엇인지에 대해 논쟁을 벌이게 되었다.[12] 그러나 루터는 자신의 소교리문답(1529년)에 십계명을 포함시키고, 각 계명이 어떻게 우리에게 "하나님을 경외하고 사랑하도록" 가르치는지를 설명함으로써, 율법의 세 번째 용도를 암묵적으로 지지했다.[13] 루터는 회심하기 전에 율법은 우리의 죄에 대해 하나님의 손에 쥐어져 있는 때리는 막대기(회초리)지만, 회심한 후에 율법은 우리가 하나님과 동행하는 것을 돕기 위해 우리 손에 쥐어져 있는 걸어가는 막대기(지팡이)라고 말했다. 따라서 율법은 죄인들을 그리스도께 이끌고, 그리스도로 말미암아 그들은 "율법을 행하는 자가 된다."[14]

율법의 세 번째 용도라는 말의 신학적 역사는 루터의 동역자이자 오른팔이었던 필립 멜란히톤(1497~1560년)과 함께 시작되었다.[15] 1521년에 이미 멜란히톤이 육체의 죄를 죽이는 데 "신자들은

---

10) Luther, *Lectures on Galatians*, in *Works*, 26:148, 150.

11) Calvin, *Institutes*, 2.7.6~7.

12) 다음 자료들을 보라. Paul Althaus, *The Theology of Martin Luther*, trans. Robert Schultz (Philadelphia: Fortress, 1966), p. 267, Hans Engelland, *Melanchthon, Glauben und Handeln* (Munich: Kaiser Verlag, 1931), Werner Elert, "Eine theologische Falschung zur Lehre vom tertius usus legis," *Zeitschrift für Religions-und Geistesgeschichte* 1 (1948), pp. 168~170, Wilfried Joest, *Gesetz und Freiheit: Das Problem des tertius usus legis bei Luther und die neutestamentliche Parainese* (Göttingen: Vandenhoeck & Ruprecht, 1951), Hayo Gerdes, *Luthers Streit mit den Schwarmern um das rechte Verständnis des Gesetzes Mose* (Göttingen: Gottiner Verlagsanstalt, 1955), pp. 111~116, Gerhard Ebeling, *Luther: An Introduction to His Thought*, R. A. Wilson 번역 (Philadelphia: Fortress, 1970), Eugene F. Klug, "Luther on Law, Gospel, and the Third Use of the Law," *The Springfielder* 38 (1974), pp. 155~169, A. C. George, "Martin Luther's Doctrine of Sanctification with Special Reference to the Formula *Simul Iustus et Peccator*: A Study in Luther's Lectures on Romans and Galatians" (신학박사학위논문, Westminster Theological Seminary, 1982), pp. 195~210, Donald MacLeod, "Luther and Calvin on the Place of the Law," *Living the Christian Life* (Huntingdon, England: Westminster Conference, 1974), pp. 10~11.

13) 루터의 소교리문답, Philip Schaff, 편집, *The Creeds of Christendom* (1931, 재판, Grand Rapids: Baker, 1998), 3:74~77에서 발췌함.

14) Luther, *Lectures on Galatians, 1535*, in *Works*, 26:260.

15) 이 문제에 있어서 예상되는 멜란히톤의 칼빈에 대한 영향력의 검토는 Ralph R. Sundquist Jr., "The Third Use of the Law in the Thought of John Calvin" (철학박사학위논문, Columbia University, 1970), pp. 305~322를 보라.

십계명이 유익하다"고 주장했을 때 이 씨앗을 심었다.[16] 형식적 의미에서 멜란히톤은 1534년[17] 곧 칼빈이 『기독교강요』 초판을 발행하기 2년 전에 골로새서에 대한 작품 제3판에서 처음으로 율법의 기능이나 용도의 수를 두 가지에서 세 가지로 늘렸다. 멜란히톤은 율법은 억제하고(첫 번째 용도), 떨게 하고(두 번째 용도), 순종을 요구한다(세 번째 용도)고 주장했다. 멜란히톤은 "십계명이 계속 시행되고 있는 세 번째 이유는 순종이 요구되기 때문이다"라고 말한다.[18]

칼빈은 신자에게 "율법의 핵심적인 용도는 삶의 규칙"이라는 교리를 부각시켰다. 칼빈은 제네바 교리문답에서 "[하나님이] 우리에게 주신 삶의 규칙은 무엇입니까?"라고 묻고, 이 질문에 "하나님의 율법"이라고 대답한다. 이 교리문답 이후에서 칼빈은 이렇게 말한다.

> [율법은] 우리가 겨냥해야 할 표적 곧 우리가 강조해야 할 목표를 보여 주고, 따라서 우리 각자는 율법을 통해 자기에게 주어진 은혜의 분량에 따라 가장 정직한 삶을 살기 위해 지속적으로 조금씩 꾸준히 노력하면서 살아갈 수 있습니다.[19]

『기독교강요』에서 칼빈은 "신자들은 율법에서 다음과 같이 두 가지 면에서 유익을 얻는다는 사실"을 강조했다. 첫째, "율법은 신자들이 사모하는 주님 뜻의 본질을 날마다 더 철저하게 배우도록 해 주며, 또한 그 뜻을 깨닫고 있음을 확증해 주는 최고의 도구가 된다." 둘째, "율법을 자주 묵상하면 율법에 순종하고 싶은 마음이 일어나 그 안에서 강건해지며 미끄러지는 죄악의 길에서 돌아서게 된다. 그러므로 성도들은 율법을 계속 묵상해야 한다."[20] 존 헤셀링크는 다음과 같이 정확히 지적한다. "칼빈에게 율법은 일차적으로 하나님의 뜻에 대한 적극적인 표현으로 간주되었다……칼빈의 견해는 신명기적 견해로 불릴 수 있는데, 그 이유는 칼빈에게 율법과 사랑은 반정립 관계가 아니라 상관관계 속에 있기 때문이다."[21]

16세기에 잉글랜드의 청교도는 언약적인 율법 준수에 따라 이 강조점을 계속 전개했다. 토머스 카트라이트(1535~1603년)는 골로새서 2장 14~17절을 주석하면서, 율법의 의식들은 폐지되었지만 안식일이나 주일은 하나님의 창조의 법의 한 부분으로서 "여전히 주님을 위해 온전하고 거룩하게 지켜져야 한다"고 말했다.[22] 윌리엄 퍼킨스(1558~1602년)는 한편으로 "양심을 찌르는 율법의 선고"가 믿음 안에서 "은혜의 보좌로 날아가도록" 우리에게 주어지고, 다른 한편으로 거룩하게 된 사람은 "하나님의

---

16) Philip Melanchthon, *The Loci Communes of Philip Melanchthon*, Charles L. Hill 번역 (1521, 재판, Boston: Meador, 1944), p. 234.

17) Philip Melanchthon, *Scholia in Epistolam Pauli ad Colossense iterum ab authore recognita* (Wittenberg: J. Klug, 1534), 48r, 82v~83v.

18) Melanchthon, *Scholia in Epistolam Pauli ad Colossense*, 93v.

19) John Calvin, *Selected Works of John Calvin: Tracts and Letters*, Henry Beveridge & Jules Bonnet 편집 (1849. 재판, Grand Rapids: Baker, 1983), 2:56, 69.

20) Calvin, *Institutes*, 2.7.12.

21) I. John Hesselink, "Law-Third Use of the Law," *Encyclopedia of the Reformed Faith*, Donald K. McKim 편집 (Louisville: Westminster/John Knox, 1992), pp. 215~216. 참고, Edward A. Dowey Jr., "Law in Luther and Calvin," *Theology Today* 41, no. 2 (1984), pp. 146~153, I. John Hesselink, *Calvin's Concept of the Law* (Allison Park, Pa.: Pickwick, 1992), pp. 251~262.

22) Thomas Cartwright, *A Commentary upon the Epistle of St Paul Written to the Colossians* (Edinburgh: James Nichols, 1864), p. 39. 이것은 헨리 아이레이의 빌립보서 강론과 함께 묶여 있다.

모든 계명에 따라 기독교적 삶을 살도록" 고정된 목적을 갖게 된다고 말했다.[23)]

이것 곧 신자들에게 율법에 대해 지속적인 권세와 복음적인 달콤함을 준 율법의 세 번째 용도는 후기 청교도가 16세기 종교개혁 선조들에게서 받은 유산이었다. 청교도는 이 교리를 논쟁의 와중에서 옹호해야 했다.

17세기의 역사적 배경: 율법폐기주의에 반대하는 청교도 사상

청교도 시대가 절정에 이르렀을 때 율법폐기주의 문제는 정치적, 신학적 논쟁을 다시 한 번 촉발시켰다. 17세기 중반의 혼돈 속에서 잉글랜드의 개혁파 공동체는 현기증이 날 정도로 종교적 분파가 난립했고, 각 분파마다 표준 개신교 신앙에서 벗어난 자기들의 교리가 옳다고 선전했다.[24)] 새뮤얼 러더퍼드(1600~1661년)는 이런 현실에 대해 이렇게 불평했다. "수많은 경건한 사람들이 패밀리즘(가족주의), 율법폐기주의에 빠져들고, 외부인들을 따르기를 좋아했다는 것은 부인할 수 없는 사실이다."[25)] 토머스 에드워즈(1599~1647년)는 범신론, 동물과 사람의 동등성, 온갖 종교들을 통한 보편적 구원, 율법폐기주의, 펠라기우스주의, 유니테리언주의와 같은 다른 믿음들을 포함해서 176가지의 신학적 오류를 제시했다. 에드워즈는 특별히 율법폐기주의의 오류를 다음과 같이 지적했다.

- 구약 성경은 현재 신약 아래 있는 그리스도인들과는 관련이 없거나 그들을 구속하지 않는다는 주장.
- 만일 사람이 영으로 자신이 은혜 상태에 있다는 것을 알았다면, 살인을 저지르거나 술주정뱅이가 된다고 해도 하나님은 그에게 죄가 없다고 보셨다는 주장.
- 성화는 칭의의 증거가 아니고 그리스도인의 지위에 대한 모든 흔적과 표지들은 합법적이고 비합법적이라는 주장.
- 도덕법은 신자들에게는 아무 효력이 없고, 도덕법은 신자들이 따라 살아야 하고, 자신의 삶을 검토해야 하는 규칙이 아니며, 그리스도인들은 율법의 명령적인 힘에서 해방되었다는 주장.[26)]

이 시기에 일부 정통파 사람들이 부당하게 율법폐기주의자로 비난을 받았다. 이전에 다른 방향에서 추를 돌리던 사람들에게 율법주의자로 불린 토비아스 크리스프(1600~1643년)는 그의 비판자들에

---

23) William Perkins, "The Foundation of Christian Religion: Gathered into Sixe Principles," *A Golden Chaine: or, The Description of Theologie* ([London]: John Legat, 1600), pp. 1038~1039.

24) Meic Pearse, *The Great Restoration: The Religious Radicals of the 16th and 17th Centuries* (Carlisle, U.K.: Paternoster Press, 1998), p. 224. 또한 David R. Como, *Blown by the Spirit: Puritanism and the Emergence of an Antinomian Underground in Pre-Civil-War England* (Stanford, Calif.: Stanford University Press, 2004)도 보라.

25) Samuel Rutherford, "A Brotherly and Free Epistle," *A Survey of the Spirituall Antichrist*… (London: J. D. & R. I. for Andrew Crooke, 1648). "패밀리스트"(사랑의 벗 교도, 가족주의자)는 신자와 하나님 사이에 직접적인 신비적 연합이 있고, 이때 신자는 성경과 상관없이 하나님께 계시를 직접 받는다고 믿었다.

26) Thomas Edwards, *The First and Second Part of Gangraena: or, A Catalogue and Discovery of Many of the Errors, Heresies, Blasphemies and Pernicious Practices of the Sectaries of This Time*, 3판 편집 (London: by T. R. and E. M. for Ralph Smith, 1646), 1:16, 20, 21. 176개의 오류는 이 책 1부에서 발견된 것만 센 것이다.

게 율법폐기주의자로 간주되었고, 그가 주장한 것은 때때로 "크리스프주의"로 불렸다.[27] 크리스프는 값없는 은혜에 대해 약간 부주의한 진술을 했기 때문에 사람들을 오류로 이끌 수 있는 빌미를 제공하고 말았다.[28] 그러나 크리스프는 경건한 삶을 살았고, 율법은 신자들에게 거룩함을 지시한다고 가르쳤다. 크리스프는 이렇게 말했다. "의의 규칙이나 순종의 문제와 관련해 말한다면, 우리는 여전히 율법 아래 있고, 그렇지 않으면 우리는 불법적이 되어 누구나 자기 소견에 옳은 대로 살게 될 것인데, 이것은 그리스도인이 감히 생각조차 해서는 안 된다고 나는 알고 있다."[29] 크리스프는 계속해서 이렇게 말했다. "다시 말해 율법의 규칙과 교훈은 그리스도를 위해 크게 도움이 되는데, 그것들이 우리에게 부정함을 따르지 말고 거룩함을 따르라고 촉구하시는 그리스도의 동반자에게 걸맞는 생활로 삶을 장식하도록 하기 때문이다. 따라서 우리에게 율법의 지시가 없다면 사람들은 자기들이 원하는 대로 살 것이고, 그때 그리스도인들은 사람이 아니라 괴물이 될 것이다."[30]

따라서 율법폐기주의 논쟁은 때때로 빛보다 열을 생산했다. 이 논쟁의 배경 안에서 청교도는 율법의 권위를 천명했고, 이때 율법은 신자를 그의 죄로 저주하는 것이 아니라 그리스도께 순종하도록 지시한다.

율법의 세 번째 용도에 대한 청교도 신학

청교도는 율법을 마음에서 우러나오는 감사에 따라 신자가 지켜야 할 삶의 규칙으로 보는 율법에 대한 관점을 강조하는 칼빈의 사상을 그대로 이어받아 율법폐기주의적인 방종이 아니라 진정한 자유를 추구했다. 앤서니 버지스(사망, 1664년)는 자기들이 율법 위에 있다거나 거듭날 때 마음속에 새겨진 율법이 "기록된 율법을 필요 없는 것으로 만든다"고 주장하는 사람들을 정죄한다.[31]

전형적인 청교도의 입장은 토머스 베드퍼드(사망, 1653년)가 기록된 율법을 신자의 지침으로 필수적이라고 주장한 것이다. "돌판에 기록된 또 다른 율법이 있어서 눈으로 읽히고 귀로 들려져야 한다. 그렇지 않으면……신자 자신은 어떻게 자신이 걸어가야 할 옳은 길에서 벗어나 있지 않은지 확신할 수 있겠는가?……나는 성령이 의롭게 된 사람의 인도자와 교사임을 인정한다……그러나 성령은 율법과 증거 판을 통해……가르치신다."[32]

새뮤얼 러더퍼드는 성령의 가르침은 그리스도인들을 율법의 "친구"가 되게 했다고 말했는데, 그 이유는 "그리스도께서 율법과 우리 사이에 다리를 놓으신 후로 우리는 그리스도를 사랑하므로 율법 안에서 즐겁게 살아가기 때문이다."[33] 복음에 대한 감사의 은혜에서 나온 이 즐거움은 말할 수 없는

27) Kevan, *The Grace of Law*, p. 26.
28) 크리스프에 대해서는 K. M. Campbell, "The Antinomian Controversies of the 17th Century," *Living the Christian Life* (Huntington, England: Westminster Conference, 1974), pp. 70~75를 보라.
29) Tobias Crisp, *Christ Alone Exalted*, John Gill 편집, 7판 편집 (London: for John Bennett, 1832), 2:401.
30) Crisp, *Christ Alone Exalted*, 2:399~400.
31) Anthony Burgess, *Spiritual Refining: or a Treatise of Grace and Assurance* (London: A. Miller, 1652), p. 563.
32) Thomas Bedford, *An Examination of the Chief Points of Antinomianism* (London, 1646), pp. 15~16. 베드퍼드의 생애에 대해서는 Joel R. Beeke, "Bedford, Thomas," *Oxford Dictionary of National Biography*, H. C. G. Matthew & Brian Harrison 편집 (Oxford: Oxford University Press, 2004), 4:776~777을 보라.
33) Samuel Rutherford, *The Trial and Triumph of Faith* (Edinburgh: William Collins, 1845), p. 102, Samuel Rutherford, *Catechisms of the Second Reformation*, Alexander F. Mitchell 편집 (London: James Nisbet, 1886), p. 226.

자유를 가져온다. 새뮤얼 크룩은 그것을 다음과 같이 말했다. "[신자들은] 삶의 법칙인 율법에서 자유롭지 않고, 반대로 [그들의] 자유로운 영에 의해 율법에 기꺼이 순종하도록 이끌리고 나아가는 경향이 있다. 따라서 거듭난 자들에게 율법은 복음과 같은 것 곧 자유의 율법이 된다."[34)]

청교도 신학자들이 주축이 되어 작성한 웨스트민스터 대교리문답은 신자의 도덕법과의 관계에 대한 개혁파 청교도의 입장을 다음과 같이 가장 정확하게 제시하고 있다.

> 질문 97: 도덕법은 거듭난 자들에게 어떤 특별한 용도가 있습니까?
>
> 답변: 거듭나서 그리스도를 믿는 자는 행위 언약인 도덕법에서 해방되었으므로 그것으로 의롭다함을 얻거나 정죄를 받는 일은 없습니다. 그러나 도덕법은 모든 사람에게 공통적으로 적용된다는 일반적 용도 외에도 특수한 용도가 있는데, 그것은 이 법을 친히 완성하고 그들을 대신해서 저주를 받으신 그리스도와 그들이 얼마나 밀접한 관계가 있는지를 보여 줌으로써 그들로 하여금 더욱더 감사하게 하며 이 감사를 표시하려고 순종의 법칙으로서 도덕법을 더욱더 조심해서 따르게 한다는 것입니다.

율법의 세 번째 용도에 대한 청교도 신학을 더 깊이 고찰하기 위해 우리는 율법의 저주, 명령, 연속성, 충분성에 대해 검토해 봐야 한다.

율법의 명령에서의 자유가 아니라 저주에서의 자유

『기독교적 자유의 참된 경계』(The True Bounds of Christian Freedom, 1645)에서 새뮤얼 볼턴(1606~1654년)은 가장 성숙하고 충분한 형태로 율법에 대한 청교도의 가르침을 제시한다. 볼턴은 종교개혁자들의 율법의 "세 가지 용도"를 반영하는 라무스주의의 양단법에 따라 율법의 목적을 분석한다. 우리는 율법의 목적에 대한 그의 견해를 다음과 같이 요약할 수 있다.

Ⅰ. 정치적 목적: 죄인들의 처벌과 억제

Ⅱ. 신학적 목적

A. 아직 의롭다 함을 받지 못한 자들에 대한 목적

1. 죄를 드러내기 위함.
2. 죄인들을 겸손하게 하고 그들을 그리스도께 이끌기 위함.

B. 이미 의롭다 함을 받은 자들에 대한 목적

1. 신자들에게 그들의 의무를 가르치기 위함.
2. 신자들의 결함을 반성시키고, 억제시키고, 책망해서 그들을 겸손하게 하고 그들이 그리스도를 의존하도록 하기 위함.
3. 신자들이 순종에 박차를 가하도록 하기 위함.[35)]

---

34) Samuel Crooke, *The Guide unto True Blessedness* (London, 1614), p. 85.

35) Samuel Bolton, *The True Bounds of Christian Freedome*… (London: for P.S., 1656), pp. 109~119. 이 개요는 볼턴의 개요와 이 요점들에 대한 그의 후속적 전개를 결합시킨다. 볼턴의 책은 현대적인 형태로 편집되어 *The True Bounds of Christian Freedom* (Edinburgh: Banner of Truth, 2001)로 출판되었다.

하나님의 율법은 여전히 예수 그리스도 안에서 은혜와 자유를 갖고 있는 신자에 대한 하나님의 목적을 드러낸다. 율법은 신자들의 삶에 여전히 적합하다. 볼턴은 기독교적 자유는 그리스도인들을 율법에 대한 순종에서 해방시키는 것이 아니라 죄와 사망에서 해방시키고, 따라서 그들은 율법에 순종할 수 있게 된다고 설명한다. 그러나 볼턴은 어떤 중요한 관점에서 보면 그리스도는 다음과 같이 우리를 율법에서 해방시킨다고 말한다(롬 7:3, 6; 갈 2:19, 5:18; 롬 6:14).

- 그리스도는 우리를 행위 언약으로서의 즉 "우리에게 예상되는 삶의 순종에 대한 조건으로서의" 율법에서 해방시키셨다.[36]
- 그리스도는 우리를 율법을 어긴 자들에게 주어지는 율법의 저주에서 해방시키셨다(갈 3:10). 그리스도 안에 있는 자들에게는 결코 정죄함이 없다(롬 8:1).[37]
- 그리스도는 우리를 특히 율법의 정죄에 대한 "고소와 고발"에서 해방시키셨다.[38] 하지만 율법은 여전히 우리의 죄를 자각시키고 우리를 겸손하게 한다.[39]
- 그리스도는 우리를 율법의 "엄격함"에서 해방시키셨다. 이것은 우리를 "정확한 순종에서" 해방시키는 것이 아니라 받아 주심을 위한 율법의 완전한 요구에서 해방시키는 것이다.[40]

그러나 청교도는 그리스도인은 자신의 삶의 권위적인 인도자로서의 도덕법에서는 해방되지 않았다고 주장했다. 에제키엘 홉킨스(1634~1690년)는 "현세에서의 거룩하지 못한 생활과 내세에서의 행복한 생활"을 연계시키려는 자들을 비난했다. 홉킨스는 과감하게 "이 율법은 천국으로 들어가는 문이다"라고 말하고, 요한계시록 22장 14절을 인용한다. "자기 두루마기를 빠는 자들은 복이 있으니 이는 그들이 생명나무에 나아가며 문들을 통하여 성에 들어갈 권세를 받으려 함이로다."[41] 홉킨스는 이렇게 설명했다.

> 비록 우리의 구원은 그리스도께서 취득하신 것이고, 오직 그분이 자신의 보혈로 우리를 사망에서 구속하고, 우리에게 영광과 썩지 아니함을 제공하셨다고 해도, 여기서 성경은 우리가 순종함으로써, 그리고 하나님의 계명을 지킴으로써 "생명나무에 나아갈 권세" 즉 영원한 생명에 대한 권세를 얻는다고 주장하는데, 물론 이 권세는 공로의 권세가 아니라 증거의 권세다. 율법에 대한 우리의 순종은 우리가 복음의 약속들에 대한 권리를 가질 수 있게 되는 유일하게 건전한 권세다.[42]

토머스 보스턴(1676~1732년)은 신자는 신학적 "사슬"에 따라 자신이 하나님의 은혜 속에 있다는 확

36) Bolton, *True Bounds*, p. 21.
37) Bolton, *True Bounds*, p. 28.
38) Bolton, *True Bounds*, p. 36.
39) Bolton, *True Bounds*, pp. 42~44.
40) Bolton, *True Bounds*, pp. 47~52.
41) Ezekiel Hopkins, "Discourses on the Law," *The Works of Ezekiel Hopkins*, ed. Charles W. Quick (1874, 재판, Morgan, Pa.: Soli Deo Gloria, 1995), 1:537~538.
42) Hopkins, "Discourses on the Law," *Works*, 1:537~538.

신을 가질 수 있다고 말했다. 우리는 그 사슬의 첫 번째 고리를 붙잡는다. "나는 그리스도의 법에 순종의 행위를 행한다." 이어서 우리는 두 번째 고리를 붙잡는다. "나는 내 마음이 진실한 사랑으로 행하기 때문에 선을 행한다." 다음 고리는 이것이다. "하나님의 은혜가 내게 변화된 습관을 주었기 때문에 내 마음은 진실한 사랑으로 행한다." 다음 고리는 이것이다. "은혜로운 나의 습관은 깨끗하게 되고 의롭게 된 양심에서 흘러나온다." 그 다음은 이것이다. "내 양심은 믿음으로 깨끗하게 된다." 그리고 마지막으로 우리는 다음 고리를 붙잡는다. "나는 믿음으로 예수 그리스도를 영접했다."[43] 따라서 신자는 오직 그리스도를 믿는 믿음으로 말미암아 얻는 칭의를 통해 확신을 갖게 된다. 하지만 첫 단계는 십계명에 요약된 그리스도의 법에 대한 순종을 고려하는 것이다.[44]

존 번연(1628~1688년)은 율법의 행위와 상관없이 오직 그리스도를 믿는 믿음으로 의롭다 함을 얻는다는 것을 열렬히 옹호했지만, 그럼에도 불구하고 의롭게 하는 믿음은 거룩한 선행의 삶을 일으킨다고 가르쳤다.[45] 번연은 "현세는 하나님의 율법이 중심이 된다"고 정의했다. "나는 여기서 거룩한 삶이란 도덕법에 따르는 삶을 의미하고, 이 삶은 성령이 자기 아들을 나의 구속주로 주신 것에 대해 하나님께 감사하도록 하는 데서 흘러나온다고 본다. 내가 이것을 거룩한 삶으로 부르는 것은 그것이 거룩함의 규칙 곧 율법에 따라 이루어지기 때문이다."[46]

그러나 이런 견해는 교황주의자들의 견해가 아니었다. 새뮤얼 볼턴은 교황주의자들에 반대해 이렇게 말했다. "우리는 율법에 대한 순종을 설교하지만 그들이 전하는 것과 같지 않다. 그들은 칭의에 대한 순종을 설교하지만 우리는 우리가 순종해야 하는 칭의를 설교한다. 우리는 칭의에 있어서 은혜와 대립되는 행위를 거부하고, 성화에 있어서 은혜의 열매로서의 순종을 지지한다."[47] 자기 정당화를 위해 애쓰는 자들은 단지 도살당하기 위해 멍에를 멘 황소처럼 애쓴다고 볼턴은 말했다. 볼턴은 사람들이 자기 의를 세우는 경향이 얼마나 강한지에 대해 이렇게 통탄했다. "슬프게도 우리는 모두가 그렇게 되는 데 너무 적당하다. 아무것도 의존하지 않고 모든 의를 행하는 것은 힘들다. 수행과 관련해서 말한다면 의무 안에 있기가 힘들고, 의존과 관련해서 말한다면 의무에서 벗어나기가 힘들다. 슬프게도 그리스도를 자기들의 행위로 만들어 버리는 방법이 세상에는 천 가지나 있다."[48]

율법은 우리의 칭의를 위한 언약으로서는 폐지되지만 순종의 규칙으로는 여전히 존속한다고 볼턴은 말했다.[49] 볼턴은 이렇게 설명했다. "우리는 율법의 저주 아래 있는 것이 아니라 율법의 명령 아래 있다. 우리는 심판을 위해 율법 아래 있는 것이 아니라 행함을 위해 율법 아래 있다."[50] 율법은 더 이상 우리를 정죄할 힘을 갖고 있지는 못하지만, 여전히 우리를 겸손하게 하고 우리의 더 큰 유익

---

43) Thomas Boston, editorial notes, *The Marrow of Modern Divinity* (재판, Edmonton: Still Waters Revival Books, 1991), p. 188.

44) Boston, editorial notes, *Marrow*, p. 172.

45) Brian G. Najapfour, "'The Very Heart of Prayer': Reclaiming John Bunyan's Spirituality" (석사학위논문, Puritan Reformed Theological Seminary, 2009), pp. 92~94.

46) John Bunyan, "Israel's Hope Encouraged," *The Miscellaneous Works of John Bunyan*, Roger Sharrock 편집 (Oxford: Clarendon, 1994), 9:79. 또한 Anjov Ahenakaa, "Justification and the Christian Life in John Bunyan: A Vindication of Bunyan from the Charge of Antinomianism" (철학박사학위논문, Westminster Theological Seminary, 1997), pp. 259~263도 보라.

47) Bolton, *True Bounds*, p. 96.

48) Bolton, *True Bounds*, p. 97.

49) Bolton, *True Bounds*, p. 25.

50) Bolton, *True Bounds*, p. 45.

을 위해 우리를 높이 세우는 힘을 갖고 있다. 토머스 왓슨(대략, 1620~1686년)은 이 문제를 이렇게 요약했다. "도덕법은 우리를 의롭게 하는 그리스도가 아니라 우리를 가르치는 규칙이다."[51)]

우리는 그리스도의 의롭게 하는 의 아래에서 안전하고, 따라서 우리의 불완전한 선행은 더 이상 하나님의 엄격한 율법을 불러오지 않는다. 볼턴은 이렇게 말했다. "복음 속에서 하나님은 행동을 위한 열정, 수행을 위한 노력, 능력에 대한 갈망을 받아 주신다."[52)] 하나님은 자기 자녀들이 좁은 길을 가다 넘어지는 아기의 발걸음을 기뻐하신다. 따라서 그리스도인은 위협과 두려움 아래 속박 속에 있지 않고, "모든 두려움을 사라지게 하는" 하나님의 "긍휼과 사랑"으로 말미암아 순종하는 마음을 갖게 된다.[53)] 왓슨은 "복음은 율법을 감미롭게 하고, 우리가 하나님을 즐겁게 섬기도록 만든다"고 말했다.[54)]

그리스도 안에서 순종 규칙으로서 지속되는 율법

볼턴은 성경은 율법의 "폐지"에 대해 말하는 본문을 더러 담고 있지만(렘 31:31~33; 롬 6:14, 7:1~3, 8:2, 10:4; 갈 3:19, 24, 4:4~5, 5:18; 딤전 1:8~10), 또한 "율법의 의무"의 존속에 대해 말하는 본문도 포함하고 있다고 주장했다(롬 3:31; 마 5:17).[55)] 이 외견상 모순을 설명하기 위해 볼턴은 율법에 대한 전통적인 삼중 구분 곧 도덕법, 의식법, 시민법에 따라 설명했다.[56)] 이 구분은 청교도 시대보다 앞서 있었고, 사실은 종교개혁 시대 당시보다 앞서 있었다. 토마스 아퀴나스(1225~1274년)는 율법의 이 세 국면을 분명히 구분했다.[57)] 아우구스티누스는 구약 성경에서 "도덕적 교훈과 상징적 교훈"을 구분했다.[58)] 그리고 교회 역사에 정통했던 칼빈도 이 삼중 구분을 "고대 저술가들"의 가르침으로 간주했다.[59)] 궁극적으로 이 삼중 구분은 성경 자체에 근거를 두고 있다(삼상 15:22; 호 6:6; 잠 21:3; 고전 7:19).

볼턴은 의식법은 "도덕법의 첫 번째 돌판의 부록"으로서 교회 역사 초기에 신자들의 소망을 보존하고, 인본주의적인 예배에서 신자들을 보호하기 위해,[60)] 그리고 이스라엘과 이방인 간의 "분리의 벽"으로 작용하도록[61)] 교회 예배를 규정한 것이었다고 말했다. 의식법은 폐지되었고, 그래서 시민법이 공적 정의의 규칙을 제공하고, 이스라엘과 다른 국가들을 구분하며, 그리스도의 통치의 모형이 되도록 이스라엘의 국가 정부와 관련해서 "두 번째 돌판의 부록"이 되었다. 시민법은 "통상적이고 일반적인 형평에 속해 있는" 한 효력이 존속되고 있고, 그렇지 않으면 그것도 중지되었을 것이다.[62)]

---

51) Watson, *Body of Practical Divinity*, p. 219.

52) Bolton, *True Bounds*, p. 51.

53) Bolton, *True Bounds*, p. 52.

54) Watson, *Body of Practical Divinity*, p. 241.

55) Bolton, *True Bounds*, pp. 65~67.

56) 또한 Edward Elton, *Gods Holy Mind Touching Matters Morall, Which Himself Uttered in Tenne Words, or Tenne Commandements* (London: by A. M. and I. N. for Robert Mylbourne, 1625), pp. 1~2와 Hopkins, *On the Commandments*, in *Works*, 1:245~252도 보라.

57) Thomas Aquinas, *Summa Theologica*, Fathers of the English Dominican Province 번역, 2판 편집 (London: Burns, Oates, and Washbourne, 1920~1922), part 2a, q. 99, art. 3~4.

58) Augustine, "Reply to Faustus the Manichaean," 6.2, *A Select Library of Nicene and Post-Nicene Fathers of the Christian Church*, Series 1 (Buffalo, N.Y.: Christian Literature Co., 1887), 4:167.

59) Calvin, *Institutes*, 4.20.14.

60) 헬라어: 에델로드레스키아(골 2:23).

61) Bolton, *True Bounds*, pp. 71~72.

62) Bolton, *True Bounds*, p. 72.

논란이 된 것은 그리스도인과 십계명 속에 요약된 도덕법의 관계였다. 청교도는 십계명의 독특한 성격을 인정했다. 제임스 더럼(대략, 1622~1658년)은 이렇게 말했다. "모든 성경이 자신의 말씀이지만", 하나님은 십계명을 "자기 백성들의 의무의 포괄적인 총체로서" 특별히 지정하셨다. 십계명은 독특하게 시내 산에서 하나님의 음성으로 말해졌고, 두 번에 걸쳐 하나님이 "손가락"으로 돌판에 직접 쓰셨고, 거룩한 언약궤 속에 보관되었으며, 그리스도와 사도들이 상술했다.[63] "십계명" 속에서 청교도는 모든 삶의 원리를 찾아낸다.[64]

그리스도인들은 시내 산 폭풍 구름 아래에서가 아니라 그리스도의 달콤한 은혜 안에서 율법을 받지만, 여전히 그 율법의 권세는 하나님의 위엄과 영광에 기초가 두어져 있다. 스티븐 차녹은 이렇게 말했다. "하나님이 되는 것과 주권자가 되는 것은 불가분리적이다. 만약 지극히 높으신 분이 아니라면 하나님은 하나님이실 수가 없었다. 또 율법 수여자가 되지 않고는 하나님은 창조자가 되실 수 없었다."[65] 존 배럿(1631~1713년)은 이렇게 말했다. "인간은 하나님의 피조물인 한, 모든 가능한 복종과 순종을 자신의 조물주이신 하나님께 바치지 않는 것은 불가능하다. 하나님께 순종하는 이 의무가 중단될 수 있으려면 인간이 먼저 피조물이기를 중지해야 하거나 하나님이 인간의 정당한 최고 통치자가 되기를 멈춰야 할 것이다."[66] 율법은 인간의 마음속에 매우 깊이 새겨져서 아무리 근본적이고 포괄적인 죄라고 하더라도 하나님의 도덕법에 대한 우리의 본능을 바꿔 놓을 수 없다. 율법에 대해 거역하거나 아니면 순종하거나 간에, 우리는 율법의 규칙을 피할 수 없다.[67] 토머스 블레이크(대략, 1597~1657년)는 "하나님은 택함받은 인간의 구주가 되셨다고 해서 주권자가 되는 것을 멈추신 것이 아니다"라고 말했다.[68]

도덕법은 하나님의 변함없는 의에 기초가 두어져 있다. 볼턴은 이렇게 주장했다. "율법은 규칙으로 고려될 때 선과 악의 본질이 폐지되거나 변경될 수 없는 것보다 더 폐지되거나 변경될 수 없다."[69] 하나님에 대한 경건, 이웃에 대한 사랑, 우리 자신에 대한 근신에 대한 율법의 가르침은 "도덕적이고 영원한 것으로, 절대로 폐지될 수 없다."[70] 율법은 "하나님 자신의 형상에 대한 특수 관념이나 표상, 아니 심지어는 하나님 자신의 거룩하심의 광선으로, 절대로 변경되거나 폐지될 수 없다."[71] 홉킨스는 "그리스도는 우리를 우리의 죄 속에서가 아니라 우리의 죄에서 구원하기 위해 우리에게 주어진다"고 말했다.[72] 따라서 볼턴은 "개혁파 신앙고백들은 그리스도인들이 도덕법에 순종

---

63) James Durham, *A Practical Exposition of the Ten Commandments*, ed. Christopher Coldwell (Dallas, Tex.: Naphtali Press, 2002), p. 51. 이것은 원래 *The Law Unsealed*라는 제목으로 출판되었다.
64) Sinclair B. Ferguson, "Preaching the Law of God-Reformers and Puritans," *Puritans and Spiritual Life* (Mirfield, U.K.: Westminster Conference, 2001), p. 20.
65) Stephen Charnock, "The Existence and Attributes of God," *The Complete Works of Stephen Charnock* (Edinburgh: James Nichol, 1864), 1:192.
66) Kevan, *The Grace of Law*, p. 48에서 인용함.
67) Sinclair B. Ferguson, *John Owen on the Christian Life* (Edinburgh: Banner of Truth, 1987), p. 53, Renfeld E. Zepp, "Covenant Theology from the Perspective of Two Puritans" (문학석사학위논문, Reformed Theological Seminary, 2009), pp. 28~31.
68) Kevan, *The Grace of Law*, p. 156에서 인용함.
69) Bolton, *True Bounds*, p. 74.
70) Bolton, *True Bounds*, p. 75.
71) Bolton, *True Bounds*, p. 77.
72) Hopkins, "Discourses on the Law," *Works*, 1:540.

해야 할 지속적 의무를 천명한다"고 말했다.[73] 로마 가톨릭 교도들은 그릇되게도 개혁파 교회가 그리스도인들은 자기들이 좋아하는 대로 살기 위한 자유를 갖고 있다고 가르친다고 비난했다.[74]

윌리엄 페너(1600~1640년)는 자신의 교리문답에서 이렇게 물었다. "신자들이 율법 아래 있다는 것은 어떤 의미입니까?" 이에 대해 페너는 다음과 같은 이유로 신자들이 율법 아래 있다고 답변했다.

> 첫째, 신자들은 율법을 지키고(시 105:45), 율법을 규칙으로 삼아 삶을 규율하도록(시 119:9) 명령을 받기 때문이다.
>
> 둘째, 생명의 원인이 아니라 생명의 길로서 선행의 필요성 때문이다(딛 3:14).
>
> 셋째, 하나님은 신자들이 율법을 어길 때 그들을 불쾌하게 여기고(삼하 11:27), 아버지가 자기를 거스르는 아들에게 그러는 것처럼(히 12:7), 아니 때때로 양을 일시적 죽음에 처하게 하는 것처럼(고전 11:30) 그들을 처벌하시기 때문이다(암 3:2).
>
> 넷째, 신자들은 죄를 범할 때마다 회개하고(계 3:19) 죄사함을 구해야 할(시 51:1) 의무가 있기 때문이다.
>
> 다섯째, 신자들의 하나님은 자애롭고 영속적인 아버지이지만, 파멸당할 비신자들(살후 2:12)에게는 소멸하는 불이시므로(히 12:29) 율법의 경고가 신자들에게 주의하도록 동기를 부여하기 때문이다(욥 31:23). 그러나 신자들은 하나님의 심판을 듣고 봄으로써 그들의 육체가 두려움으로 재갈을 물 수 있도록 해야 한다(시 52:6).
>
> 여섯째, 신자들은 율법으로 말미암아 겸손하게 되고, 종종 율법을 범하는 것에 대해 자신에게 탄식해야 하기 때문이다(롬 7:14).[75]

볼턴은 다수의 성경 본문을 인용해 삶의 규칙으로서의 율법의 지속성을 증명했다. 그리스도는 마태복음 5장 17~18절에서 다음과 같이 말씀하셨다. "내가 율법이나 선지자를 폐하러 온 줄로 생각하지 말라 폐하러 온 것이 아니요 완전하게 하려 함이라 진실로 너희에게 이르노니 천지가 없어지기 전에는 율법의 일점 일획도 결코 없어지지 아니하고 다 이루리라." 계속해서 그리스도는 산상 설교에서 모세에게 계시된 도덕법을 상술하셨다. 바울은 율법은 거룩하고, 의로우며, 선하고, 자기 즐거움의 대상이며, 자기 마음의 섬김의 초점이라고 말했다(롬 7:12, 22, 25). 바울은 십계명과 레위기 19장 18절을 인용해서 신자들의 행실을 지시한다(롬 13:8~10; 엡 6:2). 야고보서 2장 8절은 "너희가 만일…… 최고의 법을 지키면 잘하는 것이거니와"라고 말하고, 11절은 명백히 십계명을 언급한다. 요한은 하나님을 안다고 하고 하나님의 계명을 지키지 않는 자는 거짓말하는 자라고 경고한다(요일 2:4). 죄는 율법을 어기는 것으로 계속 정의된다(요일 2:4, 3:4).[76] 따라서 볼턴은 "율법은 사실상 하나님의 백성들에게 삶의 규칙으로 여전히 존속한다"고 결론지었다.[77]

---

73) Bolton, *True Bounds*, pp. 78~79.

74) Bolton, *True Bounds*, p. 95.

75) William Fennor [Fenner], *The Spirituall Mans Directory* (London: for John Rothwell, 1651), pp. 51~52. 이 인용문은 원문에 나오는 한 문단이다.

76) Bolton, *True Bounds*, pp. 80~82.

77) Bolton, *True Bounds*, p. 83.

볼턴은 또 신자들의 양심은 삶의 규칙으로서의 율법의 지속적 힘을 경험적으로 증언한다고 주장했다.[78] 왜냐하면 그리스도인의 양심은 하나님의 율법을 지키거나 어기는 것을 기초로 그를 용서하거나 고소하기 때문이다. 하나님의 율법은 마땅히 행해져야 할 것 및 마땅히 행해져서는 안 되는 것과 관련해서 신자의 양심을 속박한다. 볼턴은 이렇게 설명했다. "그것은 '이것은 파멸의 고통이나 저주의 고통에 따라 행해져서는 안 되고 또는 이것은 칭의나 생명 등과 관련하여 행해져야 한다'고 말할 수 없지만, 그것은 '이것은 선으로서, 그리고 하나님을 기쁘시게 하는 것으로서 행해져야 하고, 이것은 하나님을 불쾌하게 하는 것으로서 행해져서는 안 된다는 것'을 보여 준다."[79] 이것이 양심의 적절한 기능이다. 왜냐하면 성경은 죄를 율법을 위반하는 것으로 정의하고(요일 3:4), 신자들은 "죄에 매여 있지 않고" 그러므로 "율법을 지키는 것에 매여 있기" 때문이다.[80]

"어떤 사람은 그리스도 안에서 신자들은 더 이상 죄를 범하지 않는다고 말함으로써 이 의무를 피하고 싶을 것"이라고 볼턴은 말했다. 볼턴은 요한일서 1장 8절로 이 주장을 일축했다. 거기 보면 "만일 우리가 죄가 없다고 말하면 스스로 속이고 또 진리가 우리 속에 있지 아니할 것이요"라고 말한다. 따라서 어떤 사람은 신자들이 죄를 짓는 것을 인정하지만 하나님이 그들 속에서 죄를 보시지 않는다고 주장할 것이다. 볼턴은 이런 식으로 그리스도의 의의 전가 교리를 왜곡시키는 것을 예상했다. 볼턴은 이에 대한 반응으로 이렇게 말했다. "확실히 하나님은 죄로 신자들을 정죄하기 위해서나 신자들의 죄를 묵인하거나 허용하기 위해 죄를 보시는 것이 아니다." 대신 하나님은 모든 사람을 보고, 누구든 심판으로 이끌기 위해 죄를 보신다.[81]

반대자는 계속해서 하나님은 신자 속에서 죄를 보시지만 그것을 불쾌하게 여기지 아니하신다고 말할 것이다. 이에 대한 볼턴의 대답은 완전히 선하신 하나님은 항상 악을 미워하신다는 것이다. 볼턴은 여기서 중요한 구분을 추가했다. "악인 속에서 하나님은 죄와 죄인들을 모두 미워하신다. 그러나 여기서는 죄는 미워하시지만 그리스도 안에 있는 가련한 죄인은 불쌍히 여기고 사랑하신다."[82] 따라서 다시 한 번 볼턴은 "율법이 그리스도인들을 속박하는 것은 칭의를 위해서가 아니라 그들이 사랑하는 하늘에 계신 아버지를 섬김으로써 기쁘시게 하기 위해서"임을 강조했다.

그러므로 그리스도 안에서 우리의 자유는 우리를 율법에 대한 순종에서 해방시키는 것이 아니다. 왜냐하면 그렇게 되면 우리는 우리의 유익과 우리의 영광을 위해 율법에 순종하는 것에서 해방되는 것이 되기 때문이다.[83] 율법에 대한 순종은 죄인들에게 하나님이 베푸시는 은혜의 한 부분이다. 토머스 맨턴(1620~1677년)은 이렇게 대답했다. "만일 율법이 새 피조물에게 무효로 된다면 왜 하나님의 영이 율법을 그들의 마음속에 이처럼 명료한 글자로 기록하겠는가?……성령이 마음속에 새겨 넣은 것을 그리스도께서 제거하고 폐지시키기 위해 오셨겠는가?"[84]

---

78) Bolton, *True Bounds*, pp. 88~89.
79) Bolton, *True Bounds*, p. 89.
80) Bolton, *True Bounds*, p. 90.
81) Bolton, *True Bounds*, p. 90.
82) Bolton, *True Bounds*, p. 91.
83) Bolton, *True Bounds*, pp. 94~95.
84) Kevan, *The Grace of Law*, p. 157에서 인용함.

도덕적 교훈을 위한 율법의 충분성

종교개혁자들은 도덕법이 자기 백성들에 대한 하나님의 모든 뜻을 포함하는지, 아니면 인간적 헌신이 하나님을 기쁘시게 하거나 추가적인 의무의 요청(공덕 행위)으로 나아가는 것인지를 놓고 논쟁을 벌였다.[85] 율법에 대한 개혁파 견해에 반대하는 다른 이들은 신약 성경의 고등 윤리나 초영성을 추구했다. 청교도는 종교개혁이 율법의 충분함을 강조하는 것을 계속 고수했다. 페너는 이렇게 물었다. "하나님의 율법은 매우 완전해서 무엇을 명하든지 선하고, 하나님을 기쁘시게 한다고 말해질 수 있고, 교황주의의 여공(餘功) 교리 또는 복음적 권면과 교훈을 구분하는 교리의 여지는 전혀 없는가?" 이에 대해 페너는 이렇게 대답했다. "하나님의 율법은 매우 포괄적이므로 선의 범주를 모두 포함하고, 그 완전함은 끝이 없다(시 119:96). 하나님이 명령하지 않은 일로 하나님께 순종하게 되면 모순을 함축한다(신 12:32). 하나님의 말씀에 무엇을 더한다고 말하는 자는 거짓말하는 자다(잠 30:6). 그러므로 여공은 전혀 있을 수 없다."[86]

페너는 율법은 "네 마음을 다하며 목숨을 다하며 힘을 다하며 뜻을 다할" 것을 요구한다고 말했다(눅 10:27). 무엇이 "다하며"를 넘어설 수 있겠는가? 아무도 율법이 요구하는 모든 것을 지킬 수 없고, 심지어는 우리 가운데 아무리 수준이 높고, 아무리 거룩한 사람이라도 지킬 수 없다(마 6:12; 전 7:20). 만일 사람들이 하나님이 명령하는 것을 넘어서서 명령한다면, "주님은 그들에게 자신의 율법을 헛되이 지킨다고 말씀하신다"(마 15:9). 사람들 사이에서 아무리 높이 평가된다고 할지라도 인간적 마음과 지성으로 만든 계명들은 하나님의 계명과 반대되고 하나님이 미워하시는 것이다(민 15:39; 눅 16:15).[87]

페너는 "율법은 모든 사람의 의무의 모든 세부 사실을 언급한다"고 순진하게 가정하지 않았다. 페너는 그리스도인들에게 하나님의 뜻을 찾기 위해 삼단논법의 논리를 사용하도록 권면했다. 이에 따르면, 대전제는 성경의 교훈이고, 소전제는 개인의 상황이며, 결론은 그 상황에서 그 사람에 대한 하나님의 뜻이다. 따라서 바울은 하나님이 계시를 통해 하나님이 우리에게 자신의 영광을 위해 살고, 다른 사람들을 넘어지게 하거나 해를 가하는 사람이 되지 말라고 명령하신다는 것을 알았다. 바울은 또한 이방인에게 복음을 전하고, 그 길에서 지금처럼 그때도 부패한 사람들을 믿음의 사람으로 만들도록 부르심을 받은 사도로서 자신의 상황도 알았다. 그러므로 바울은 복음 전하는 자들이 회중에게 경제적 지원을 받는 것이 잘못이 아님에도 불구하고 자신의 청자들에게 보수나 대가를 받지 않고 복음을 전해야 한다고 결론지었다.[88]

청교도의 율법에 대한 실천신학

율법 준수와 그리스도 안에서의 자유

율법과 복음은 상호 보완적이다. 율법과 복음은 영적 생명을 일으키기 위해 일꾼의 두 손처럼 합

---

85) Calvin, *Institutes*, 2.8.5; 3.14.12~15. "공덕"이라는 말은 의무 이상의 대가를 치르는 것을 의미한다(라틴어: 수퍼 에로가레).

86) Fenner, *The Spirituall Mans Directory*, p. 48.

87) Fenner, *The Spirituall Mans Directory*, p. 48.

88) Fenner, *The Spirituall Mans Directory*, p. 49.

력한다. 볼턴은 이렇게 말했다.

> 율법은……복음에 예속되어 우리의 죄를 자각시키고 우리를 겸손하게 한다. 복음은……[우리를] 율법에 순종할 수 있게 한다. 율법이 우리를 복음에게 보내 의롭다 함을 받게 하면, 복음은 우리의 [행위를] 정립하도록 우리를 다시 율법에게 보내고, 우리의 율법에 대한 순종은 아무 값없이 우리를 의롭게 하신 하나님께 감사하는 마음의 표현 외에 다른 것이 아니다.[89]

율법은 우리를 그리스도께 인도함으로써 "복음적 목적"을 달성하지만, 복음은 율법 준수에 대한 동기를 부여하는 "복음적 원리들" 곧 "믿음, 사랑, 기쁨"을 제공한다.[90] 이 내적 원리들은 하나님과의 교제에서 우리에게 힘을 주고, 우리의 삶을 하나님의 영광과 복음의 광채를 위해 살도록 이끈다.[91] 이 점에서 율법과 복음은 구속의 목적을 이루기 위해 합력한다. "여러분은 섬기도록 곧 여러분을 위해 죽으신 분을 위해 살도록 구속받았다"(참고. 눅 1:74~75).[92]

제러마이어 버로스(대략. 1600~1646년)는 복음에 합당하거나 어울리는 삶은 율법에 순종하는 삶이어야 한다고 말했다. "율법의 장점은 율법 자체의 교리보다 복음 속에서 더 명확하게 드러난다……확실히 하나님은 자신의 율법에 높은 가치를 부여하고, 따라서 율법을 이루기 위해 오신 자기 아들로 말미암아서가 아니면 율법을 어긴 삶을 사는 영혼을 절대로 구원하지 아니하실 것이다."[93] 그러므로 버로스는 그리스도인들은 "하나님의 율법을 존중하는 법을 배워야" 한다고 말했다.[94] 복음이 율법에 순종할 우리의 의무를 폐지시킨다고 말하는 자들은 하나님이 그리스도의 복음보다 자신의 율법을 더 높게 평가하시는 것을 보여 주는 것은 아무것도 없고, 그리스도는 자기를 희생시켜 우리를 위해 율법의 요구를 만족시키도록 보내심을 받았다고 선언하는 것을 깨달아야 한다. 율법에 대한 "그리스도의 준비와 온전한 복종"에 따라 우리도 율법 안에 나타나 있는 하나님의 뜻의 계시에 복종해야 한다.[95] 따라서 왓슨은 이렇게 말했다. "그리스도인은 하나님의 율법을 지킬 수 없지만 하나님의 율법을 사랑한다. 그리스도인은 하나님을 온전히 섬길 수 없지만 하나님을 기꺼이 섬긴다."[96]

어떤 이는 의무에 매이는 것은 기독교적 자유와 모순된다고 반박할 것이다. 이에 대한 볼턴의 대답은 그리스도는 하나님을 섬기는 것에서 우리를 구속하신 것이 아니라 우리가 자유와 양자의 영으로 하나님을 섬길 수 있게 하려고 속박과 굴종의 영으로 하나님을 섬기는 것에서 우리를 구속하신 것이라는 것이다. 그리스도의 멍에는 가볍다(마 11:30).[97]

그러나 반대자는 계속해서 더 구체적으로 선을 행하는 의무는 하나님이 그것을 명령하시기 때문에 기독교적 자유를 침해한다고 말할 것이다. 이 반론은 선을 행하기 위한 더 높은 영적 근거를 암시한

---

89) Bolton, *True Bounds*, p. 100.
90) Bolton, *True Bounds*, p. 101.
91) Bolton, *True Bounds*, p. 102.
92) Bolton, *True Bounds*, p. 103.
93) Jeremiah Burroughs, *Gospel Conversation*, Don Kistler 편집 (Orlando, Fla.: Soli Deo Gloria, 1995), p. 95.
94) Burroughs, *Gospel Conversation*, p. 95.
95) Burroughs, *Gospel Conversation*, pp. 96~97.
96) Watson, *Body of Practical Divinity*, p. 342.
97) Bolton, *True Bounds*, p. 196.

다. 왜냐하면 우리는 그것을 행해야 하기 때문이 아니라 그것을 행하기 원하기 때문이다. 이런 추론은 성경에 근거가 전혀 없다. 그래서 맨턴은 이렇게 말했다. "때때로 하나님은 자신의 율법에 대해 '나는 여호와니라'는 말씀 외에 다른 설명은 전혀 제공하시지 않는다."[98]

이 반론에 대한 볼턴의 대답은 하나님의 권세에서 내적 성향으로 바꾸는 것은 건전하지 못한 주관주의를 결과한다고 말하는 것이었다. 그것은 우리를 마귀에게서 올 수도 있는 충동의 자비에 맡긴다. 그것은 우리를 우리의 소명에 대해 고정되고, 질서 있고, 규칙이 바른 것 대신에 변덕스럽고 가변적이 되도록 만든다. 우리는 성령이 우리를 움직이는 것을 느낄 때까지 기다릴 수 없는데, 그것은 성령이 은밀하게 역사하시기 때문이라고 볼턴은 말했다. 우리는 우리의 마음이 아직 그 안에 있지 못할 때에도 하나님께 순종해야 한다. 종종 그렇게 하는 동안에 우리의 마음이 우리 의무에 활발해지는 것을 발견하기도 한다.[99]

아이러니하게도 기록된 율법 대신 우리 자신의 마음의 인도에 의존하는 것은 또 다른 율법주의 곧 자연적으로 행위의 의로 기우는 우리 자신의 종교적 충동에의 속박을 일으킬 수 있다. 이와 함께 어떤 이들은 구원에 대해 반복해서 기도할 강박감을 느낄 수도 있고, 그리하여 그리스도 대신에 자기들의 기도를 의존하게 될 것이다.[100]

순종의 동기는 율법의 종류에 따라 다양하다. 볼턴은 하나님의 어떤 명령은 본성과 아무 상관 없는 의식들과 같은 그분의 뜻(실정법)에 단순히 의존한다고 말했다. 다른 명령들은 하나님의 본성(자연법)에 의존하고, 따라서 본질적으로 선하다.[101] 하나님의 단순한 뜻에 기초를 둔 명령들은 하나님이 그렇게 말씀하셨기 때문에 순종이 요구된다. 구약의 의식들과 같은 명령(행 15:10)은 무거운 짐이 될 수 있겠지만 어떤 경우에는 여전히 "그것을 명하신 하나님의 사랑에 따라" 행해져야 한다.[102] 하나님의 본성에 기반을 둔 명령, 그러므로 자체로 거룩하고 선한 명령은 하나님의 권세에 대한 사랑의 복종에 따라, 그리고 그 행동 속에서 느끼는 개인적 즐거움에 따라 순종이 요구된다. 예를 들어 우리는 하나님이 기도를 요구하시기 때문에 기도할 뿐만 아니라 우리가 기도로 하나님과 가까워지기 원하기 때문에 기도한다.[103] 두 가지 명령의 형태 곧 실정법과 자연법 모두 순종은 하나님에 대한 사랑에서 나온다.

구원은 복종 곧 자발적인 예속을 낳는다. 율법의 저주에서의 해방은 신자의 마음속에 이전과 전혀 다르게 율법에 매이는 결과를 일으킨다. 페너에 따르면, 율법의 저주 아래 있지 않는 자들은 그들의 순종을 통해, 특히 복음에 대한 복종으로 말미암아 곧 "감사하며 복음에 합당하게 살고", "굳건하게 주의 사역을 감당하고", "하나님의 모든 계명에 대한 보편적 존중"을 나타내고, "하나님의 규례에 따라 더욱 지시되고 규제될 수 있도록 하나님 앞에서 탄식하고 신음하며" "자원하는 사람들로서 지옥과 심판에 대한 두려움 때문이 아니라 사랑으로 이 모든 것을 행함으로써" 알려지게 된다(시 119:5~6, 110:3).[104]

---

98) Kevan, *The Grace of Law*, p. 50에서 인용함.
99) Bolton, *True Bounds*, pp. 197~203.
100) Bolton, *True Bounds*, pp. 204~205.
101) Bolton, *True Bounds*, pp. 205~206.
102) Bolton, *True Bounds*, p. 207.
103) Bolton, *True Bounds*, pp. 208~209.
104) Fenner, *The Spirituall Mans Directory*, p. 50.

볼턴은 "복음적 순종은 하나님을 사랑하기 때문에 점화된 율법에 대한 복종으로 구성된다"고 말했다. 하나님의 자녀는 "하나님께 나아가는 것과 하나님과의 교제를 소중히 여기고 자신의 최고의 행복으로 삼는다."[105] 신자가 추구하는 상은 하나님을 누리는 것이다. 신자가 피하는 형벌은 하나님과의 교제가 없는 것이다. 모든 의무 속에서 신자의 마음은 하나님을 갈망하는 것이다.[106] 마음에서 나오는 사랑에 반하여 계명에 순종하는 것은 잘못이다. 왜냐하면 하나님은 자신의 계명을 마음속에 기록하시기 때문이다.[107]

율법 준수와 성경 해석

웨스트민스터 대교리문답은 청교도가 십계명 속에서 처음에 그 말씀 속에 나타나 있는 것보다 훨씬 깊은 가르침을 찾아냈다는 것을 보여 준다. 산상 설교에서 그리스도께서 특정 계명에 대해 상술하시는 방법을 따라 청교도도 각 계명을 윤리적 진리의 넓고 깊은 범주를 표시하는 것으로 설명하는 해석 방법을 사용했다. 조지 다우네임(1560~1634년)은 각 계명을 상설하는 데 적용할 다섯 가지 규칙을 제시했다.

- 어떤 의무가 명령되는 곳에서 반대 악덕은 금지되고, 어떤 악덕이 금지되는 곳에서 반대 의무가 명령된다. 따라서 각 명령 아래에는 작위의 죄와 무작위의 죄가 함께 들어 있다.
- 하나님의 율법은 영적이고 완전하므로 마음에 미치고, 명령된 모든 의무에 대해서는 순종이 요구되고 금지된 온갖 죄에 대해서는 절제가 요구된다. 다우네임은 각 명령의 뿌리와 열매를 살펴보면서 "계명 속에 언급된 한 특정 악덕 아래 동일한 모든 종류의 악덕이 금지되고, 명령된 한 특정 미덕 아래 동일한 모든 종류의 미덕이 명령된다"고 말했다.
- 어떤 의무가 명령되는 곳에서 그것을 위한 수단들이 명령되고, 어떤 악덕이 금지되는 곳에서는 그것을 위한 수단, 도발, 미혹도 금지된다.
- 어떤 의무에 대한 명령이나 어떤 악덕에 대한 금지는 그것의 외적 "표지들"의 명령이나 금지도 함축한다. 우리의 선행은 우리 아버지를 찬양하기 위해 사람들 앞에서 빛나야 하지만 또한 우리가 자주 행하는 몸짓, 자주 입는 옷 또는 자주 가는 장소에서 어떤 악의 모양이라도 피해야 한다.
- 하나님의 명령은 우리 자신에 대해 우리의 책임을 말할 뿐만 아니라 의무와 악덕과 관련해서 다른 사람들을 가르치고, 권면하고, 격려하고, 책망하고, 교정시킬 우리의 책임에 대해서도 말하고 있다.[108]

---

105) Bolton, *True Bounds*, p. 211.
106) Bolton, *True Bounds*, p. 213.
107) Bolton, *True Bounds*, p. 220.
108) George Downame, preface to *An Abstract of the Duties Commanded and Sinnes Forbidden in the Law of God* (n.p., 1615). 율법을 해석하는 비슷한 규칙에 대해서는 다음 자료들을 보라. Elton, *Gods Holy Mind*, p. 5, Fenner, *The Spirituall Mans Directory*, p. 20, Hopkins, *On the Commandments*, in *Works*, 1:253~265, Watson, *Body of Practical Divinity*, pp. 242~243. 또한 Calvin, *Institutes*, 2.8.6~9도 보라.

율법 준수와 말씀 묵상

그리스도인은 여호와의 율법을 묵상해야 한다(시 1:2). 따라서 볼턴은 빌립보서 4장 8절을 인용했다. "끝으로 형제들아 무엇에든지 참되며 무엇에든지 경건하며 무엇에든지 옳으며 무엇에든지 정결하며 무엇에든지 사랑 받을 만하며 무엇에든지 칭찬 받을 만하며 무슨 덕이 있든지 무슨 기림이 있든지 이것들을 생각하라." 이어서 볼턴은 "나는 율법이 이것들 속에 있기를 바란다"고 말했다.[109)]

율법에 대한 청교도의 실천신학을 이끈 또 다른 주요 성경 본문은 시편 119편이다.[110)] 페너는 십계명은 "내 발걸음 속에서(시 119:133) 항상(117절) 내 기억 속에서(109절), 내 이성 속에서(130절), 매일의 묵상 속에서(97절) 규칙으로서, 삶 속에서 내가 온갖 죄를 범하지 않고(101절), 무익하고 헛된 생각과 모든 것을 피하고(113절), 그것이 내게 천천 금은보다 더 소중하다"(72절)고 말했다.[111)] 왓슨은 이렇게 말했다. "만일 하나님이 이 모든 말씀을 하셨다면 그 계명들을 이렇게 사랑하라. '내가 주의 법을 어찌 그리 사랑하는지요 내가 그것을 종일 작은 소리로 읊조리나이다.'(시 119:97)……도덕법은 하나님의 뜻의 복사판으로 우리의 영적 지침서다……십계명은 우리를 장식하는 진주 사슬이고, 우리를 부요하게 하는 우리의 보고(寶庫)이며, 향신료 땅이나 다이아몬드 암석보다 더 보배롭다."[112)]

그리스도인들에게 십계명을 묵상하도록 촉구할 때 청교도는 기초가 튼튼한 중세 전통을 따랐다. 존 맥닐은 이렇게 말했다. "사도신경 및 주의 기도와 함께 십계명은 요크 대주교인 토레스비(사망, 1373년)의 작품으로 간주되는 잉글랜드의 〈평신도 교리문답〉과 같은 무수한 중세의 신앙 지침서의 평신도 교육의 한 주제를 구성한다."[113)] 이 전통에도 불구하고 청교도는 하나님의 율법에 대해 암울한 무지의 시대를 증언했다. 1551년에 존 후퍼 주교(대략, 1495~1555년)는 자신의 관구의 311명의 성직자를 조사했는데, 그들 가운데 168명이 십계명을 암송할 수 없음을 확인했다.[114)] 이런 상황에 대처해서 청교도는 십계명에 대한 교리문답과 강해들을 수없이 양산했다.[115)] 청교도는 목사의 인도로 교회에서, 그리고 가장의 인도로 가정 예배에서 이 교리문답들을 사용하도록 장려했다. 청교도는 도덕적 지혜에 능숙한 그리스도인 세대를 일으키는 데 목표를 두고, 성경에서 말하는 하나님의 율법, 그리스도의 계명, 성령의 음성에 대한 순종에 불을 붙이는 데 주력했다.

---

109) Bolton, *True Bounds*, p. 99.

110) 토머스 맨턴은 시편 119편에 대해 190편의 설교를 전했다. *The Complete Works of Thomas Manton* (London: James Nisbet, 1872), 6, 7, 8, 9권을 보라. 또한 John Calvin, *Sermons on Psalm 119* (Audubon, N.J.: Old Paths Publications, 1996)도 보라.

111) Fenner, *The Spirituall Mans Directory*, pp. 19~20.

112) Watson, *Body of Practical Divinity*, p. 220.

113) John T. McNeill, editorial note, *Institutes of the Christian Religion*, John T. McNeill 편집, Ford Lewis Battles 번역 (Philadelphia: Westminster Press, 1960), 367n1.

114) John Hooper, *Later Writings of Bishop Hooper* (Cambridge: Cambridge University, 1852), pp. 130, 151.

115) 예컨대 다음 자료들을 보라. Thomas Boston, *An Illustration of the Doctrines of the Christian Religion…upon the Plan of the Assembly's Shorter Catechism*, in *The Complete Works of the Late Rev. Thomas Boston* (Stoke-on-Trent, U.K.: Tentmaker Publications, 2002), 2:84~374, John Dod, *A Plaine and Familiar Exposition of the Ten Commandements*, 17판 편집 (London: by I. D. for Thomas and Jonas Man, 1628), Downame, *Abstract;* Durham, *A Practical Exposition of the Ten Commandments* Elton, *Gods Holy Mind* Fenner, *The Spirituall Mans Directory*, pp. 19~46, Hopkins, *On the Commandments*, in *Works*, 1:267~535, William Twisse, *A Brief Catecheticall Exposition of Christian Doctrine* (London: for John Wright, 1645), pp. 21~41, Watson, *Body of Practical Divinity*, pp. 244~339, Samuel Willard, *A Compleat Body of Divinity* (1726, 팩시밀리 재판, New York: Johnson Reprint Corporation, 1969), pp. 585~753.

결론

이제 그리스도인의 율법의 세 번째 용도에 대해 몇 가지 중요한 결론을 이끌어 낼 수 있다.[116] 첫째, 율법의 세 번째 용도는 **성경적**이다. 신약과 구약 성경은 지속적으로 성화를 추구하도록 돕기 위해 주로 신자들에게 초점을 맞춘 율법에 대한 해설들을 풍부하게 담고 있다. 시편은 "신자는 마음과 외적 삶 속에서 하나님의 율법을 맛본다는 것"을 반복해서 역설한다. 시편 기자들의 최고 관심사 가운데 하나는 하나님의 선하고 완전하신 뜻을 확인하고, 나아가 하나님의 계명들을 지키며 사는 것이다(시 119:32). 산상 설교와 바울 서신의 윤리적 부분들은 율법을 그리스도인의 삶의 법칙으로 사용한 신약 성경의 훌륭한 사례들이다.

둘째, 율법의 세 번째 용도는 **율법폐기주의** 및 **율법주의**와 맞서 싸운다. 율법폐기주의자는 율법의 행위로 구원받는다는 사상은 거부하지만 성화의 필수성은 배제하지 않는 이신칭의 교리를 잘못 적용시킨다. 성화의 가장 중요한 요소 가운데 하나는 날마다 감사하는 마음으로 율법에 순종하는 태도를 장려하는 것이다. 나아가 율법의 세 번째 용도를 등한시하는 것은 율법주의를 결과할 수 있고, 우리는 율법이 없으면 살 수 없기 때문에 종종 율법주의에 빠지게 된다. 하나님의 율법 대신 사람이 만든 정교한 법이 신자들이 따르도록 전개되고, 도덕적 삶 속에서 상상할 수 있는 온갖 문제와 긴장이 나타날 때에, 신자들은 성경의 원리에 기초해서 개인적인 결단을 할 자유가 전혀 없다. 이런 배경 속에서 인간이 만든 법은 하나님의 복음을 억누르고, 율법주의적인 성화가 은혜의 칭의를 집어삼켜 버린다. 이때 그리스도인은 중세 시대 로마 가톨릭의 금욕주의와 유사한 속박 속에 떨어질 것이다. 그리스도인이 자신의 감정과 충동을 따르도록 만드는 자유도 똑같은 속박을 가져온다. 건전한 기독교적 영성은 하나님의 뜻을 행하는 진심 어린 자기 성결과 결합된 하나님의 율법의 원리들에 대한 주의 깊은 묵상에서 나온다(롬 12:1~2).

셋째, 율법의 세 번째 용도는 **사랑**을 촉진시킨다. "하나님을 사랑하는 것은 이것이니 우리가 그의 계명들을 지키는 것이라 그의 계명들은 무거운 것이 아니로다"(요일 5:3). 하나님의 율법은 자기 자녀들에 대한 하나님의 자비로운 사랑의 선물이자 증거다(시 147:19~20). 율법은 그리스도 안에 있는 사람들에게 잔인하거나 완고한 감독자가 아니다. 자신의 가축과 말들이 길과 도로로 나가 헤매는 것을 막기 위해 담장을 설치하는 농부 이상으로 하나님이 자기 백성들에게 율법을 주시는 것은 결코 잔인한 일이 아니다. 하나님의 백성들은 율법을 사랑의 하나님의 선물로 소중히 여긴다(시 147:19, 20; 롬 9:4). 성경에서 율법과 사랑은 원수지간이 아니라 최고의 친구다. 사실상 율법의 본질은 사랑이다. "네 마음을 다하고 목숨을 다하고 뜻을 다하여 주 너의 하나님을 사랑하라 하셨으니 이것이 크고 첫째 되는 계명이요 둘째도 그와 같으니 네 이웃을 네 자신 같이 사랑하라 하셨으니 이 두 계명이 온 율법과 선지자의 강령이니라"(마 22:37~40. 참고. 롬 13:8~10).

넷째, 마지막으로 율법의 세 번째 용도는 **자유** 곧 참된 기독교적 자유를 촉진시킨다. 오늘날 만연되어 있는 잘못된 기독교적 관념으로, 자유를 육체를 섬기는 기회 곧 인간적 자율 또는 하나님에게서의 독립으로 보는 것은 자체로 잘못이다. 참된 기독교적 자유는 신자를 위해 하나님의 율법이 그

---

116) 이런 결론은 Donald MacLeod, "Luther and Calvin on the Place of the Law," pp. 12~13의 결론을 반영한다.

어 놓은 선에 따라 정의되고 보호된다. 하나님의 율법이 우리의 자유를 제한할 때 우리에게 더 큰 유익이 주어지고, 하나님의 율법이 이런 제한을 두지 않을 때 그리스도인은 사람들의 교훈과 계명에서 벗어나 양심의 자유를 누릴 수 있을 것이다. 일상생활의 문제 속에서 참된 기독교적 자유는 신자가 하나님과 그리스도에게 자발적이고 감사하며 즐겁게 드리는 순종 속에 있다. 요한복음 8장 34, 36절에서 주님이 친히 선언하시는 것처럼 "진실로 진실로 너희에게 이르노니 죄를 범하는 자마다 죄의 종이라…… 그러므로 아들이 너희를 자유롭게 하면 너희가 참으로 자유로우리라."

성령을 향유함에 대한 리처드 십스의 교리

나는 리처드 십스에게…… 감사하는 것을 멈출 수가 없다. 그는 내가 크게 힘들고 너무 지쳐 있었을 때, 그러므로 마귀의 공격에 특별히 예속되어 있었던 시기에 내 인생에서 내 영혼에 진통제가 되어 줬던 인물이었다…… 나는 그 시기에 리처드 십스가…… 확실한 치료제였음을 알았다. 그의 책 『상한 갈대』(The Bruised Reed)와 『영혼의 갈등』(The Soul's Conflict)은 나를 가라앉히고, 진정시키고, 위로하고, 격려하고, 치유했다.

– 마틴 로이드 존스[1] –

리처드 십스(1577~1635년)는 당대에 가장 위대한 청교도 가운데 하나였다. 십스는 잉글랜드와 미국에서 청교도의 설교, 신학, 저술의 방향과 내용에 큰 영향을 미쳤다.[2] 십스의 성령신학은 성령이 그리스도인의 일상생활에서 어떻게 역사하는지를 강조하기 때문에 특히 중요했다. 십스는 이 역사 과정을 영혼이 "성령을 누리는 것"으로 지혜롭게 설명했다. 십스는 성령을 누리는 것을 성령을 환대하며 받아들이고, 우리가 내주하시는 성령과 교제 속에서 자라가는 것을 의미하는 것으로 봤다. 십스는 "만약 우리가 성령을 누리기만 한다면 세상에서 성령만큼 그토록 중요하고 감미롭게 우리에게 잘하는 친구는 절대로 없다"고 말했다.[3]

---

1) D. Martyn Lloyd-Jones, *Preaching and Preachers* (Grand Rapids: Zondervan, 1971), p. 175.

2) 추가로 십스에 대해서는 다음 자료들을 보라. Frank E. Farrell, "Richard Sibbes: A Study in Early Seventeenth Century English Puritanism" (철학박사학위논문, University of Edinburgh, 1955), Sidney H. Rooy, "Richard Sibbes: The Theological Foundation of the Mission," *The Theology of Missions in the Puritan Tradition: A Study of Representative Puritans: Richard Sibbes, Richard Baxter, John Eliot, Cotton Mather, and Jonathan Edwards* (Grand Rapids: Eerdmans, 1965), pp. 15~65, Bert Affleck Jr., "The Theology of Richard Sibbes, 1577~1635" (철학박사학위논문, Drew University, 1969), Harold P. Shelly, "Richard Sibbes: Early Stuart Preacher of Piety" (철학박사학위논문, Temple University, 1972), Beth E. Tumbleson, "The Bride and Bridegroom in the Work of Richard Sibbes, English Puritan" (석사학위논문, Trinity Evangelical Divinity School, 1984), Cary Nelson Weisiger III, "The Doctrine of the Holy Spirit in the Preaching of Richard Sibbes" (철학박사학위논문, Fuller Theological Seminary, 1984), Maurice Roberts, "Richard Sibbes: The Heavenly Doctor," *The Office and Work of the Minister* (London: Westminster Conference Papers, 1986), pp. 96~113, J. William Black, "Richard Sibbes and *The Bruised Reed*," *Banner of Truth*, no. 299~300 (1988년 8~9월), pp. 49~58, Mark E. Dever, *Richard Sibbes: Puritanism and Calvinism in Late Elizabethan and Early Stuart England* (Macon, Ga.: Mercer University Press, 2000), Paul Oliver, "Richard Sibbes and the Returning Backslider," *Puritans and Spiritual Life* (London: Westminster Conference papers, 2001), pp. 41~56, Ronald N. Frost, "*The Bruised Reed* by Richard Sibbes (1577~1635)," *The Devoted Life: An Invitation to the Puritan Classics*, Kelly M. Kapic & Randall C. Gleason 편집 (Downers Grove, Ill.: InterVarsity, 2004), pp. 79~91.

3) Richard Sibbes, *A Fountain Sealed*, in *The Complete Works of Richard Sibbes*, Alexander B. Grosart 편집 (1862~1864, 재판, Edinburgh: Banner of Truth Trust, 2004), 5:431. 이 장에서 십스의 전집 이 판은 *Works*로 표기될 것이다.

성령의 누림에 대한 십스의 가르침은 다음과 같이 네 범주로 세분될 수 있다. (1) 성령의 내주하심, (2) 성령의 인 치심, (3) 성령의 위로하심, (4) 성령을 근심시키는 것. 십스의 성령론을 다루기 전에 리처드 십스가 어떤 사람이었는지 간단히 살펴보자.

리처드 십스의 생애 개관

리처드 십스는 뉴잉글랜드로 수많은 이주민을 보낸 옛 잉글랜드 청교도 지역인 서퍽의 토박이로 출생했다.[4] 십스는 루터교인들이 일치신조를 입안한 해인 1577년에 베리 세인트 에드먼즈에서 몇 킬로미터 떨어진 곳에서 태어났다. 십스는 성장하고 학교를 다닌 곳인 서스턴의 교구 교회에서 세례를 받았다. 십스는 여섯 자녀 가운데 장남이었다.

어렸을 때 십스는 책을 사랑했다. 아버지 폴 십스는 고된 직업인 수레바퀴 제조공이었고, (십스의 전기 작가인 재커리 캐틀린에 따르면) "착하고 건전한 마음을 가진 그리스도인"이었지만 아들의 도서 구입비에 짜증을 내기도 했다.[5] 아버지는 아들에게 수레를 제조하는 연장을 쥐어줌으로써 책 구입 병을 치료하려고 했다. 그러나 소년 십스는 단념하지 않았다. 다른 사람들의 도움으로 십스는 18세에 케임브리지 대학의 세인트존스 칼리지에 입학했다. 십스는 1599년에 문학사 학위를 취득했고, 1601년에는 특별 연구원이 되었으며, 1602년에는 석사 학위를 취득했다. 그리고 1603년에 십스는 폴 베인스(1573~1617년)의 설교를 듣고 회심했다. 에베소서 주석의 저자로 주로 기억되는 베인스는 케임브리지의 세인트 앤드루스 교회에서 윌리엄 퍼킨스(1558~1602년)의 뒤를 이어 목회했다.

십스는 1607년에 노리치의 잉글랜드 교회에서 목사로 임명되었고, 1609년에는 대학 설교자 가운데 하나로 선임되었으며, 1610년에는 신학사 학위를 취득했다. 1611~1616년에 십스는 케임브리지의 홀리 트리니티 교회에서 설교자로 재임했다. 십스의 설교는 퍼킨스가 죽은 이후로 침체에 빠진 케임브리지를 영적 무감각에서 일깨웠다. 청자들을 다 수용하기 위해 계랑을 설치해야 할 정도였다. 당시 십스의 설교를 듣고 존 코튼과 휴 피터스가 회심했다. 홀리 트리니티 교회에서 사역하는 동안 십스는 또한 토머스 굿윈(1600~1680년)이 아르미니우스주의에서 등을 돌리는 데 일조했고, 존 프레스턴(1587~1628년)이 기교가 넘치는 설교에서 평이한 영적 설교로 전환하도록 영향을 미쳤다.

십스는 1617년에 4대 법학원 가운데 가장 큰 그레이스인의 강사로 런던으로 왔다. 이 법학원은 지금도 잉글랜드에서 법학 연구와 실습에 가장 중요한 센터 가운데 하나로 남아 있다. 1626년에 십스는 케임브리지 대학의 캐서린 홀(현재의 세인트 캐서린스 칼리지)의 학장이 됨으로써 강사직 경력을 보강했다. 십스의 지도 아래 이 칼리지는 예전의 명성을 되찾았다. 이 칼리지는 존 애로스미스(1602~1659년), 윌리엄 스퍼스토(대략, 1605~1666년), 윌리엄 스트롱(사망, 1654년)을 비롯해서 웨스트민스터 총회에서 주도적으로 활약한 다수의 인물들을 배출했다. 학장으로 임명된 직후에 십스는 케임브리지 대학에서 신학 박사 학위를 취득했다. 십스는 곧이어 경건한 설교와 거룩한 삶으로 말미암아 "천상의 박사"로 알려지게 되었다. 아이작 월턴(1593~1683년)은 십스에 대해 이렇게 말했다.

---

4) 이 부분의 일부는 Joel R. Beeke & Randall J. Pederson, *Meet the Puritans: With a Guide to Modern Reprints* (Grand Rapids: Reformation Heritage Books, 2003), pp. 534~537을 손질한 것이다.

5) Richard Sibbes, *Works*, 1:cxxxv에 나오는 Alexander B. Grosart, "Appendix to Memoir."

그가 천국에 있기 전에 천국이 그 안에 있었으니,
이 거룩한 사람에 대해 이런 찬양은 당연히 주어져야 하리라.[6)]

1633년에 찰스 1세는 십스를 케임브리지의 홀리 트리니티 교회의 교구 목사로 임명했다. 이곳은 십스가 18년 전에 어쩔 수 없이 그만두었던 바로 그 교회였다. 십스는 1635년에 세상을 떠날 때까지 계속해서 그레이스인의 설교자, 세인트 캐서린스 홀의 학장, 홀리 트리니티 교회의 교구 목사로 사역했다.

십스는 결혼하지 않았으나 초기 스튜어트 왕가 시대에 다양하게 경건한 목사들, 저명한 법률가들, 의회 지도자들과 놀라울 정도로 폭넓은 친분 관계를 유지했다. 마크 데버는 십스는 "경건한 신자들을 걸어 다니는 설교"로 믿었다고 지적한다.[7)] 십스는 13회에 걸쳐 청교도 동료들의 작품 서론을 썼다.

십스는 당시에 벌어진 논쟁을 최대한 피한 온화하고 따스한 사람이었다. "파편은 파벌을 낳는다"고 십스는 주장했다.[8)] 하지만 예외적으로 이 규칙에서 벗어나 대주교 로드, 로마 가톨릭 교도, 아르미니우스주의자와는 맞서 싸웠다. 십스는 잉글랜드 교회를 위해 죽을 바에는 차라리 근본적인 개혁을 지지한 많은 목사 및 지도자들과 절친한 관계를 유지했다.

십스는 많은 형제들에게 영향을 미쳤다. 십스는 당시 잉글랜드에서 세 주도적 교파인 국교회, 장로교회, 독립파에 모두 영향을 미쳤다. 십스는 중용의 삶을 산 목사 중의 목사였다. 십스는 이렇게 말했다. "거룩함이 가장 큰 곳에 중용도 가장 크고, 중용이 있는 곳에서 하나님에 대한 경건과 다른 사람들의 유익에 대해 치우침이 없을 것이다."[9)]

역사가 다니엘 닐은 십스를 고명한 설교자, 숙달된 신학자, 그리고 자신의 은사를 거듭 낮게 평가한 자애롭고 겸손한 사람으로 묘사했다.[10)] 그러나 모든 청교도가 십스를 그리스도 중심적이고 경험적인 위대한 설교자로 인정했다. 배운 자나 배우지 못한 자, 상류 계층이나 하류 계층 모두 매력적인 설교자인 십스에게 큰 유익을 얻었다.

십스는 운명적인 구애자였다. 십스는 "설교하는 것은 구애하는 것이다"라고 말했다.[11)] 그리고 이렇게도 말했다. "모든 [설교]의 핵심 목적은 그리스도의 온화하고, 안전하고, 지혜롭고, 승리하는 통치를 누리도록 우리를 매혹시키는 것이다."[12)] 십스는 로버트 번스가 말한 것처럼 진리를 "사람들의 업무이자 가슴"으로 매우 소중히 여겼다. 캐틀린은 십스에 대해 이렇게 말했다. "지금까지 내가 알고 있는 사람 가운데 십스만큼 깊이 내 마음속을 파고들거나 안으로 가깝게 스며든 자는 없었다." 모리스 로버츠도 이렇게 덧붙인다. "물론 십스의 신학은 철저히 정통적이지만, 영혼이 하나님을 섬기도록, 그리고 무엇보다 하나님을 누리고 향유하도록 항상 타오르게 하고, 그래서 언제든 에너지로

6) 월턴은 자신이 갖고 있는 십스의 *The Returning Backslider*에 이것을 써놓았다. Stapleton Martin, *Izaak Walton and His Friends* (London: Chapman & Hall, 1903), p. 174.

7) Dever, *Richard Sibbes*, p. 50.

8) Richard Sibbes, *Works*, 1:lxi에 나오는 Alexander B. Grosart, "Memoir"에서 인용함.

9) Richard Sibbes, *The Bruised Reed and Smoking Flax*, in *Works*, 1:57.

10) Daniel Neal, *The History of the Puritans* (New York: Harper & Bros., 1843), 1:323.

11) Richard Sibbes, "The Fountain Opened," *Works*, 5:505.

12) Sibbes, *The Bruised Reed and Smoking Flax*, in *Works*, 1:40.

바뀔 수 있는 어떤 큰 연소 기관의 연료와 같다."[13]

존 밀턴의 전기 작가로 유명한 데이비드 매슨은 이렇게 말했다. "1630년 이후로 20여 년 동안 실천신학 분야의 작품 가운데 경건한 잉글랜드 중산층 사람들 사이에서 십스의 작품만큼 널리 읽힌 것은 거의 없는 것으로 보인다."[14] 20세기의 역사가 윌리엄 할러는 십스의 설교가 "청교도의 전투하는 교회의 모든 설교 가운데 가장 탁월하고 인기 있는 설교에 포함된다"고 판단했다.[15]

죽기 한 주 전에 전한 십스의 마지막 설교는 요한복음 14장 2절의 "내 아버지 집에 거할 곳이 많도다……내가 너희를 위해 거처를 예비하러 가노니"라는 말씀의 강해였다. 이 마지막 주간에 영혼이 얼마나 무고한지 질문을 받자 십스는 "정말 좋다고 말하지 않는다면, 하나님을 매우 나쁜 분으로 만드는 것이다"라고 대답했다.[16] 임종하기 전날인 1635년 7월 4일에 구술된 십스의 유언은 이렇게 시작된다. "가장 보배로운 피로 내 영혼을 구속하고 지금 천국에서 내 영혼을 맞아 주실 은혜로운 구주의 손에 내 영혼을 부탁하고 맡깁니다."[17]

『리처드 십스 작품 전집』(The Complete Works of Richard Sibbes)은 알렉산더 그로사트의 110면에 달하는 회상록과 함께 세밀하게 편집되어 1860년대에 에든버러의 제임스 니콜을 통해 출판되었고, 배너 오브 트루스 트러스트 출판사에 의해 재출간되었다.[18] 십스의 가장 유명한 작품으로, 상처 받은 영혼을 치유하는 데 매우 유익한 내용을 담고 있는 『상한 갈대』는 지금 배너 오브 트루스 트러스트 출판사에서 보급판 책으로 구입할 수 있다.[19]

내주하시는 성령

이제 십스의 성령의 누림 교리로 시선을 돌려 보자. 성령을 누리기 위해서는 성령의 내주하심이 필수 조건이라고 십스는 말했다. 십스는 하나님의 영은 죄인의 마음속에 들어와 그를 거듭나게 하고, 그에게 복음의 진리를 납득시키실 때 직접 그 사람 안에서 살기 시작한다고 말했다.[20] 그러나 이때 성령은 자기 자신에게 관심을 두시는 것이 아니다. 오히려 성령은 우리의 마음을 하나님 및 예수 그리스도와 밀착시키기 위해 일하신다. 십스는 이렇게 말했다.

> 그분은[성령은] 성결하게 하고 정결하게 하시며, 모든 것을 성부와 성자에 따라 행하시며, 우리를 성부와 성자에게 밀착시키신다. 먼저 성자에게 밀착시키고, 이어서 성부에게 밀착시키신다……왜냐하면 우리가 하나님과 갖는 모든 교제는 성령으로 말미암아 이루어지기 때문이다.

---

13) Roberts, "Richard Sibbes," p. 104.
14) David Masson, *The Life of John Milton* (Boston: Gould and Lincoln, 1859), 1:406.
15) William Haller, *The Rise of Puritanism* (New York: Columbia University Press, 1938), p. 152.
16) Dever, *Richard Sibbes*, p. 94.
17) Grosart, "Memoir," Sibbes, *Works*, 1:cxxviii.
18) 제7권의 결론적인 라틴어 설교의 영어 번역에 대해서는 Richard Sibbes, "Antidote against the Shipwreck of Faith and a Good Conscience," *Banner of Truth*, no. 433 (1999년 10월), pp. 11~22와 no. 434 (1999년 11월), pp. 11~22를 보라.
19) Richard Sibbes, *The Bruised Reed* (1630, 재판, Edinburgh: Banner of Truth Trust, 1998).
20) Sibbes, *A Fountain Sealed*, in *Works*, 5:413~414, *Divine Meditations and Holy Contemplations*, in *Works*, 7:199~200.

> 그리스도께서 사람으로서 하나님과 갖는 모든 교제는 성령으로 말미암아 이루어지고, 하나님이 우리와 갖고, 우리가 하나님과 갖는 모든 교제도 성령으로 말미암아 이루어진다. 왜냐하면 성령이 그리스도와 우리, 하나님과 우리 사이의 연합의 끈이기 때문이다.[21]

성부와 성자는 성령이 없이는 사역을 행하지 못하지만 성령도 성부와 성자가 없으면 사역을 행하지 못하신다. 십스는 이렇게 설명했다. "성령은 성부와 성자 하나님에게서 오시므로 우리를 성부와 성자에게 다시 데리고 가신다. 성령은 하늘에서 오시므로 우리를 하늘로 다시 데리고 가신다."[22] 성령의 역할은 성부와 성자를 우리에게 소개하고, 그분들이 우리와 친분을 갖게 하는 것이다.

따라서 우리가 신자라면 성령은 우리와 삼위일체 하나님의 다른 두 인격 간의 교제를 세우신다. 그것은 마치 우리를 위하시는 성부와 성자의 사랑을 알도록 성령이 우리를 붙잡아 높이 들어 올리시는 것과 같다. 성령은 우리를 높이 들어 올려 믿음으로 십자가에 달려 죽으시고 부활하신 예수께서 영광 속에 앉아 계신 것을 보게 하신다. 그것이 성령이 오시는 이유고, 그것이 성령이 우리의 삶 속에서 활동하시는 방법이다. 그러므로 우리는 어떤 의미에서는 우리 자신과 하나님 간의 교제는 완전히 재건되지만 다른 의미에서는 성령께서 한평생 우리가 사는 동안 그 교제를 유지시키고 증진시키신다고 말할 수 있다.

십스는 "성령은 우리를 성부와 성자에게 이끄시므로 우리의 마음속에서 자신의 통치를 확증하신다"고 말했다. 이 통치는 그리스도의 일을 우리에게 계시하는 성령의 목적과 충돌되지 않는다. 오히려 성령의 내적 통치는 은혜의 보좌에 앉아 계시는 예수 그리스도를 계시한다. 확실히 성령은 우리가 그리스도의 인격과 행위를 따르도록 도우신다. 성령은 우리의 영혼을 회복시키고 변화시키며, 또 우리가 영광을 위해 자라가도록 하려고 우리 안에서 사신다. 따라서 성령께 복종하는 것이 결정적으로 중요하다고 십스는 말했다. 『봉인된 샘』(A Fountain Sealed)에서 십스는 이렇게 말했다.

> 우리는 우리 영혼의 통치를 성령께 내드려야 한다. 우리의 안전을 위해 그렇게 하는 것이 우리 자신의 길을 지도할 능력이 없는 우리 자신이 통치하는 것보다 더 지혜롭다. 우리 자신의 것보다 더 큰 지혜와 선하심 아래 있는 것은 우리의 자유다. 성령이 우리 안에서 생각하고, 우리 안에서 바라고, 우리 안에서 기도하고, 우리 안에서 살며, 우리 안에서 모든 것을 행하게 하자. 성령이 행하기에 합당한 상태가 될 수 있도록 우리가 항상 힘쓰자.[23]

신자는 성령이 조율하고 연주하는 "악기"와 같다. 십스는 "우리는 성령의 만지심에 우리 자신을 드러내야 한다"고 말했다.[24] 성령은 우리의 삶 속에서 지배권을 갖고 계실 때 우리의 영혼을 악기와 똑같이 훌륭하게 조율하고, 하나님 앞에서 피아노 협주곡처럼 우리의 삶을 연주하신다.

십스는 이런 성령의 조율과 접촉 과정을 이렇게 묘사했다. "성령이 통치해야 한다. 성령은 자신에

---

21) Richard Sibbes, "A Description of Christ," *Works*, 1:17.
22) Richard Sibbes, *The Church's Echo*, in *Works*, 7:545.
23) Sibbes, *A Fountain Sealed*, in *Works*, 5:426.
24) Sibbes, *A Fountain Sealed*, in *Works*, 5:426.

게 주어진 열쇠를 갖고 계신다. 우리는 성령의 통치에 복종해야 한다. 그리고 성령이 우리 마음속에 계실 때 조금씩 온갖 교만한 생각, 거역적인 태도, 절망적인 두려움을 정복하실 것이다."[25]

우리가 내주하시는 성령의 이 복된 통치를 어떻게 알 수 있을까? 십스는 이렇게 말했다. "활력적인 행동 등에 따라 살고 움직임으로써 알 수 있는데, 곧 영혼이 육체에 대해 그러는 것처럼, 오직 성령이 영혼에게 행하시는 행동들로 말미암아 우리가 하나님의 영을 소유하고 있음을 알 수 있다……구원의 모든 은혜는 성령이 우리 안에서 행하시는 것의 표지다."[26] 내주하시는 성령은 어디에 계시든지 점차 영혼을 변화시켜 자기처럼 거룩하고 은혜롭게 하신다. 성령의 통치는 즉각 깨닫게 되는 것은 아니다. 우리의 옛 본성의 혁명과 전복은 회심할 때 바로 오지만, 성령의 통치는 다만 우리가 예수 그리스도 안에서 우리의 새 생명의 체질에 대해 더 잘 알고, 더 잘 거하게 되는 과정을 거치면서 확립된다.

성령의 통치로 말미암아 이루어진 성부 및 성자 하나님과의 회복된 교제는 영적 싸움을 필수적으로 일으킨다. 성령이 신자 안에서 일으키는 변화는 외적 및 내적 싸움을 동반한다. 외적으로 보면, 우리는 흑암의 세력, 심지어는 흑암의 임금 자신을 만난다고 십스는 경고했는데, 그 이유는 마귀는 성령 안에서 사는 사람에 대해 매우 질투심이 강하기 때문이다.[27] 사탄은 성령의 위로를 파괴하기 위해 자신의 힘이 닿는 한 무슨 짓이든 할 것이다.

확실히 "참된 것에 대해 가짜의 엄청난 저항이 있기 마련이므로" 모든 영적 은혜는 반드시 싸움을 만나게 된다고 십스는 말했다.[28] 성령께 속해 있는 것은 항상 성령께 속해 있지 않은 것과 다툼 속에 있다. 내적으로 보면 우리의 정욕은 끊임없이 성령과 맞서 싸우는데, 그것은 성령이 사람 속에 들어오실 때 정욕의 온갖 요새를 무너뜨리시기 때문이다. 성령은 치열한 싸움에서 혼자 힘으로 진로를 개척하신다.

우리의 영혼은 성령이 진군하는 전쟁터이고, 결국은 성령이 최후의 승리를 거두실 것이라고 십스는 말했다. 성령은 정욕에 굴복하지 아니하시기 때문에 어디에 거하시든 간에 정욕을 지배하신다. 성령은 영혼의 균열을 고치신다. 그러나 이 싸움에서 우리는 모든 면에서 성령께 복종해야 한다. 왜냐하면 그래야만 우리는 예수 그리스도 안에서 주어지는 신자들의 기업인 승리의 삶을 경험할 것이기 때문이다. 확실히 가장 큰 싸움은 갈보리에서, 그리고 우리의 마음속에서 새 탄생이 일어났을 때 승리로 끝났지만, 우리는 또한 성화를 이루는 삶 속에서 날마다 전투를 치러야 한다. 우리의 현재 원수들 곧 우리의 육체, 세상, 마귀는 끊임없이 지극히 높으신 이의 자녀로 우리가 서 있는 기반을 무너뜨리려고 획책할 것이다.

십스는 "우리는 내주하시는 성령의 능력을 소중히 여기고 있음을 보여 주어야 한다"고 말했다. 우리는 자기를 부인하지 않고는 성령 안에서 우리에게 허락된 하나님의 사랑과 거룩하심을 소중히 여길 수 없다. 성령 안에서의 삶은 거듭날 때 시작되지만 지속적으로 열매를 맺는 삶이 되어야 한다. 십스가 이렇게 말한 것과 같다. "우리는 집안으로 출입하는 자들이 누군지 확인하는 것으로 집에 누가 거하는지 알 수 있는 것처럼 우리 안에서 성령이 발하시는 거룩한 말과 특별한 일에 대해 성령이

---

25) Sibbes, *A Fountain Sealed*, in *Works*, 5:431.
26) Richard Sibbes, *Exposition of 2 Corinthians Chapter 1*, in *Works*, 3:478.
27) Sibbes, *Exposition of 2 Corinthians Chapter 1*, in *Works*, 3:478.
28) Sibbes, *Exposition of 2 Corinthians Chapter 1*, in *Works*, 3:478.

일으키시는 즐거움과 우리가 그것들에게 부여하는 가치를 확인해 보면 성령이 우리 안에 거하시는 것을 알 수 있다."[29]

영적 싸움에서 신자가 받는 가장 큰 격려는 **성령의 지속적 임재**다. 성령은 우리 영혼의 지도자이자 능력 수여자시다. 십스는 이렇게 말했다. "만일 우리가 건강한 그리스도인이라면 하나님의 영으로 말미암아 복음적으로 행하도록 요구받는 것을 무엇이든 할 수 있을 것이다."[30] 또한 십스는 이렇게 말했다. "그러므로 우리는 성령 및 성령의 운동을 크게 존중하고, 이 존중에 따라 우리의 마음속에서 성령의 인도하심을 하나님께 구해야 하고, 그리하여 하나님이 자신의 영을 통해 우리를 인도하고 우리의 부패함을 억제시켜 주심으로써 우리 자신의 정욕의 인도를 받지 않도록 해야 한다."[31] 성령이 내적으로 우리를 공격하는 죄와 외적으로 우리를 반대하는 흑암의 세력을 물리칠 수 있게 되는 것은 십스가 말하는 "성령의 운동"이나 "성령의 거룩한 분발"을 통해서다.[32] 그리스도의 영은 강하고 능하다. 성령의 내주하심을 통해 우리는 "본성을 넘어 의무를 수행하고, 자기 자신과 상처를 극복할" 수 있다고 십스는 말했다.[33] 또한 성령은 "우리를 살고 죽을 수 있는 자로 만드시고, 그렇게 하심으로써 다른 사람이 할 수 없었던 일을 그리스도께서 하실 수 있도록 하실" 것이라고 덧붙였다.[34]

십스가 불가피하게 이런 결론을 내렸다. "갈등이 없는 곳에는 그리스도의 영도 절대로 없다."[35] 여기서 십스는 너희가 육신대로 살면 반드시 죽을 것이로되 영으로써 몸의 행실을 죽이면 살 것이라는 바울의 가르침(롬 8:13)을 반영한 것이다. 따라서 우리는 은혜로 성령을 누린다. 우리는 믿음으로 모든 원수를 이기는 승리를 주시는(요일 5:4) 성령과 사귀고, 그분을 환대해야 한다.

그러나 성령은 신자 안에 내주하시며 영적 싸움에서 승리를 주시는 것 이상의 일을 행하신다. 성령은 또한 우리 영혼을 인 치시는 분이다.

우리 영혼을 인 치시는 분

십스는 성령의 인 치심에 대해 종종 설교했다. 귀부인인 엘리자베스 브루크 여사가 필기한 십스의 일련의 설교가 1637년에 『봉인된 샘』이라는 제목으로 출판되었다.[36] 고린도후서 1장 22~23절을 본문으로 한 십스의 설교가 1655년에 『고린도후서 1장 강해』[37]라는 제목으로 출판되었는데, 성령의 인 치심을 내용으로 담고 있었다. 또한 로마서 8장 15~16절을 본문으로 한 설교도 『구원의 증인: 우리의 영과 함께 증언하는 하나님의 영』(The Witness of Salvation: or, God's Spirit Witnessing with Our Spirits)이라는 제목으로 1629년에 출판되었다.[38]

십스와 다른 많은 청교도에 따르면, 신자들의 영혼을 인 치시는 데 있어서 성령의 역할을 고찰하

---

29) Sibbes, *Divine Meditations and Holy Contemplations*, in *Works*, 7:199.
30) Richard Sibbes, *The Soul's Conflict with Itself*, in *Works*, 1:188.
31) Sibbes, "A Description of Christ," *Works*, 1:26.
32) Sibbes, "The Ungodly's Misery," *Works*, 1:392.
33) Sibbes, "A Description of Christ," *Works*, 1:22.
34) Sibbes, "A Description of Christ," *Works*, 1:22.
35) Sibbes, "A Description of Christ," *Works*, 1:22.
36) Sibbes, *A Fountain Sealed*, in *Works*, 5:409~456.
37) Sibbes, *Exposition of 2 Corinthians Chapter 1*, in *Works*, 제3권.
38) Sibbes, "The Witness of Salvation," *Works*, 7:367~385.

는 것은 믿음과 구원에 대한 개인적 확신 속에서 역사하시는 성령의 사역을 검토하는 것과 거의 비슷하다. 그러나 십스는 성령이 우리를 인 치시는 것을 두 가지 구별된 문제에 따라 봤다. 십스는 거듭날 때 죄인에게 주어지는 인 치심으로서의 성령의 직분이나 기능과 신자의 의식에 그 인 치심을 적용시키는 성령의 사역을 구분했다.

존 오웬(1616~1683년)은 나중에 이 구분을 따르지 않았는데, 그 이유는 우리는 거듭났을 때 인 치심을 받았고, 성경은 두 번째 종류의 인 치심에 대해서는 정당성을 부여하지 않는다고 그가 말했기 때문이다. 초기 종교개혁자들을 따라 오웬도 성령으로 말미암아 거듭난 자들과 성령으로 인 치심을 받은 자들 간의 일대일 상관관계를 가르쳤다. 예를 들어 칼빈은 성령의 인 치심 없이 믿는 것은 불가능하다고 말했다. 칼빈은 인 치심은 성령의 활동이 아니라 성령의 임재를 표상하는 것으로 봤다. 따라서 성령의 인 치심 사역은 믿음의 본질에 속해 있는 것이다.[39]

청교도 사상의 아버지로 불린 윌리엄 퍼킨스가 활동하던 시기에는 복음의 약속을 신자에게 보증하시는 성령의 활동에 종종 더 큰 관심이 주어졌다. 곧 내주하시는 보증으로서의 성령 자신이 아니라 약속들을 보증하거나 증명하시는 성령의 활동에 더 초점이 있었다는 것이다. 퍼킨스의 계승자인 폴 베인스는 성령의 인 치심에 대한 칼빈과 퍼킨스의 사상을 조화시키려고 노력했다. 베인스는 인 치심은 내주하시는 성령과 거듭난 자의 삶 속에 나타나는 인 치심의 결과에 모두 적용될 수 있다고 가르쳤다. 베인스는 이렇게 말했다. "성령과 성령의 은혜는 우리의 구속을 보증하는 인 치심이다."[40] 따라서 베인스는 성령의 인 치심(모든 신자가 소유하고 있는)과 이 인 치심을 의식하는 것(단지 성령의 은혜를 의식하고 있는 자들만이 소유하고 있는) 사이를 구분했다.

십스는 선배인 베인스의 견해에 동조했지만 신자들의 믿음에 대한 "추가 사역"과 "확증"으로서의 성령의 인 치심을 더 강조했다.[41] 그렇게 함으로써 십스는 수십 년 동안 청교도 사이에서 주도적이었던 성령의 인 치심 교리의 방향을 돌려놓았다.

십스는 성령의 인 치심을 두 가지 방식으로 생각했다. (1) 단회적인 인 치심, (2) 이후에 기독교적 삶의 성숙함의 표지로 주어지는 인 치심. 구원에 대한 단회적인 인 치심은 사람이 처음에 그리스도와 하나님의 약속을 믿을 때 주어진다. 십스는 왕의 형상이 밀랍에 새겨지는 것처럼 성령도 신자들의 영혼에 믿는 첫 순간에 그리스도의 형상을 새겨 넣는다고 가르쳤다.[42] 이 인 치심 때문에 모든 신자는 한평생 그리스도의 형상으로 온전히 변화되겠다는 욕구를 갖는다.

모든 신자가 소유하고 있는 이 인 치심은 그것을 의식하고 있거나 그렇지 않거나 간에 진정성의 표지로 작용한다. 이 인 치심은 신자를 세상과 구별시킨다. 상인들이 자기들의 상품에 목자들이 자신의 양에 표시를 하는 것처럼 하나님도 자기 백성들에게 그들이 자신의 정당한 재산이라는 것과 자신이 그들에 대해 권한을 갖고 있다는 것을 선언하기 위해 인 치신다고 십스는 말했다.[43]

---

39) Joel R. Beeke, *The Quest for Full Assurance: The Legacy of Calvin and His Successors* (Edinburgh: Banner of Truth Trust, 1999), pp. 201~208을 보라.

40) Paul Bayne [Baynes], *Commentary upon the Whole Epistle of St. Paul to the Ephesians* (repr., Stoke-on-Trent, England: Tentmaker Publications, 2001), p. 81.

41) Sibbes, *Exposition on 2 Corinthians Chapter 1*, in *Works*, 3:455~456.

42) Sibbes, *Exposition on 2 Corinthians Chapter 1*, in *Works*, 3:453.

43) Sibbes, *Exposition on 2 Corinthians Chapter 1*, in *Works*, 3:454.

십스의 인 치심 교리의 두 번째 국면은 파악하는 것이 조금 까다롭다. 오웬은 "십스는 인 치심이 신자의 삶 속에서 두 번에 걸쳐 일어나야 한다고 말한다"고 주장했다. 하지만 마치 회심할 때 하나님이 자신에 대한 우리의 위치나 우리에 대한 자신의 위치를 완전히 확실히 하신 것이 아님을 함축하는 것처럼, 십스는 제이의 위치적 확신에 대해 주장한 것이 아니다. 십스는 단순하게 이렇게 말했다. "성령으로 우리를 인 치시는 것은 하나님과 관련된 것이 아니라 우리 자신과 관련된 것이다. 하나님은 자신의 것이 누구인지 알고 계시지만, 우리는 인 치심이 없으면 우리가 하나님의 것임을 알지 못한다."[44] 따라서 인 치심은 하나님이 아니라 오로지 우리의 유익을 위해 주어진다.

따라서 십스가 말한 두 번째 인 치심은 일련의 과정에 해당되었다. 그것은 특별한 경험들로 말미암아, 그리고 날마다 영적 성장을 통해 우리의 삶 전체에 걸쳐 점차 증진될 수 있는 일종의 확신이었다. 이 인 치심은 단계를 갖고 있었다. 곧 영적 성숙도에 따라 자라갈 수 있었다. 십스는 이렇게 말했다. "성령은 단계적으로 인 치신다. 성령을 기쁘시게 하는 데 우리의 관심이 증가할 때 우리 위로도 증가한다. 우리의 빛이 돋는 햇살 같아서 크게 빛나 한낮의 광명에 이를 때까지 증가할 것이다. 한 거룩한 역사 속에서 성령께 복종하면 그분은 우리를 또 다른 역사로 이끌고, 이후로도 우리의 구원에 대한 하나님의 전체 경륜이 더욱 충분히 깨달을 때까지 계속 이끄실 것이다."[45]

십스는 많은 신자들이 회심할 때 받은 믿음과 확신의 분량에 만족하고, 더 깊은 성장을 위해 노력하지 않는다는 것을 목회 경험을 통해 배웠다. 그것 때문에 십스는 세 종류의 그리스도인이 있다고 주장하게 되었다.[46]

첫째, 구원하는 믿음을 갖고 있지만 속박의 영 아래에서 사는 자들이 있다. 그들은 의심과 두려움으로 가득 차 있다. 그들은 자기들의 삶 속에서 성령의 구원 사역의 표지와 증거들을 확인하는 믿음에 대한 반성 행위가 없다. 십스는 이런 자들은 자기들 안에서 행하시는 성령의 역사를 식별하기 위해 더 큰 믿음과 빛을 달라고 기도해야 한다고 말했다.

둘째, 어떤 그리스도인들은 양자의 영 아래에 있지만 여전히 두려움을 갖고 있다. 그들은 믿음의 증거들로 보증을 받지만 여전히 종종 혼란과 의심에 사로잡힌다. 그들의 확신의 정도는 대체로 시련이 가장 클 때에 가장 높다. 십스는 이렇게 말했다. "성령으로 인 치심을 받았지만 자기들의 지위에 대한 모든 의심을 충분히 잠재우지 못하는 자들은 자기들이 느끼는 시작된 위로를 더 증진시키기 위해 성령에 대한 적응력을 키우는 데 힘써야 한다."[47]

셋째, 십스는 어떤 신자들은 자기들이 하나님의 아들임을 확신시키는 성령의 추가적이고 직접적인 인 치심의 열매로서 "자기들의 아버지에게 순종하는 큰마음을 갖고" 있다고 말했다.[48] "큰마음"의 자유를 경험하는 자들은 개인적인 인 치심 곧 성령이 그들의 영혼에 의심할 여지 없이 제공하는 증언을 받아들인다. 성령의 개인적인 인 치심은 "확증과 증명의 은혜"라고 십스는 말했다.[49] 십스는 이 인 치심을 아버지의 사랑이 보통 "나는 네 구원이라"나 "네 죄사함을 받았느니라"와 같은 말씀

44) Sibbes, *A Fountain Sealed*, in *Works*, 5:446~447.
45) Sibbes, *A Fountain Sealed*, in *Works*, 5:452.
46) Sibbes, *A Fountain Sealed*, in *Works*, 5:447~448.
47) Sibbes, *A Fountain Sealed*, in *Works*, 5:447~448.
48) Sibbes, *A Fountain Sealed*, in *Works*, 5:447~448.
49) Sibbes, *Exposition on 2 Corinthians Chapter 1*, in *Works*, 3:422.

의 적용을 통해 특히 신자에게 선언되는 성령의 직접 증언으로 간주했다.[50] 십스에 따르면, 이 확증적인 인 치심은 신자들에게 삼위일체 하나님의 각 인격의 사역을 통해 충분한 확신을 전유할 자유를 제공하지만 강조점은 성령의 구원 활동에 있다. 십스는 이렇게 말했다. "은혜로운 삼위일체 하나님의 모든 인격은 구별된 다양한 사역을 갖고 계신다. 성부는 우리를 택하고 우리 구원의 전체 토대를 작정하신다. 성자는 우리의 구원을 충분히 집행하신다. 성령은 우리의 구원을 적용하고 우리의 영혼이 자신을 붙들게 하심으로써, 우리의 영혼이 구원에 대한 확신을 높이 갖게 하심으로써, 그리고 성령과 똑같이 우리를 인 치시는 성부 및 성자와의 달콤한 교제를 장려하고 소중히 여기도록 하심으로써, 구원에 있어서 우리의 유익을 증언하신다. 이 기쁨과 위로는 성령의 사역으로 돌려지고, 그래서 성령의 이름으로 말해진다."[51]

십스는 이 특별한 인 치심을 묘사할 때, 특히 "성령은 우리 영혼 속에 미끄러져 들어오고, 은근히 스며들며, 자신을 불어넣으신다"는 진술과 같이 때때로 신비주의자 목소리를 낸다.[52] 그러나 십스는 두 가지 면에서 신비주의를 피한다. 첫째, 십스는 이 특별한 인 치심은 하나님의 말씀과 분리되어서는 안 된다고 주장했다.[53] 단계별 인 치심을 말하면서 십스는 은혜의 모든 진보를 성령과 말씀에 연계시켰다. 왜냐하면 성령의 인 치심에 대한 어떤 의식도 항상 적용된 말씀을 통해 이루어지기 때문이다.

둘째, 십스는 이 인 치심의 진정성은 쉽게 검증될 수 있다고 말했다. 우리는 실험적인 인 치심에 "이 황홀한 기쁨"이 따랐는지를 확인해 보면 하나님의 영의 음성을 알 수 있다고 십스는 말했다.[54] 양심의 평안, 우리가 "아빠 아버지"라고 부르짖는 양자의 영, 열렬한 간청의 기도, 그리스도의 거룩한 형상을 닮아감, 옛 정욕이 아니라 거룩한 의무를 실천함과 같은 성화의 열매들은 불가피하게 "성령이 영혼에 알려 주는 은밀한 속삭임과 통지"의 결과다.[55] 따라서 십스는 성령의 직관적 증언과 성령의 거룩한 열매를 함께 강조했다. 성령의 인 치심은 본질로 보면 내적이고, 열매로 보면 외적이다.

십스는 이 특별한 인 치심은 성령이 그들이 특별히 큰 시험 아래 있을 때 성도들에게 주셨다고 가르쳤다. 십스는 성령은 "부모가 자녀가 병들고 위로를 필요로 할 때 미소를 보여 주는 것처럼 무엇보다 하나님도 자기 자녀들이 그것을 가장 필요로 할 때 기쁨의 영으로 은밀하게 그들을 인 치시는 역사를 마련하신다"고 말했다.[56] 이 인 치심은 "영혼에게 허락된 달콤한 입맞춤"이었다.[57] 바울은 토굴에서, 다니엘은 사자 굴에서, 그리고 그의 세 친구는 활활 타는 풀무 속에서 이 인 치심의 격려를 경험했다. 이 인 치심은 감추었던 만나이고, 그 돌 위에 새 이름을 기록한 이름을 받는 자 밖에는 알 사람이 없는 흰 돌이었다(계 2:17).[58]

이 성령의 인 치심은 특히 임종할 때 신자를 위로한다고 십스는 말했다. 비록 성령의 인(印)이 매

50) Sibbes, *A Fountain Sealed*, in *Works*, 5:440.
51) Sibbes, *A Fountain Sealed*, in *Works*, 5:439.
52) Sibbes, "A Description of Christ," *Works*, 1:24.
53) Sibbes, *A Fountain Sealed*, in *Works*, 5:441.
54) Sibbes, *A Fountain Sealed*, in *Works*, 5:441.
55) Richard Sibbes, *Yea and Amen; or, Precious Promises and Privileges*, in *Works*, 4:134.
56) Sibbes, *Exposition on 2 Corinthians Chapter 1*, in *Works*, 3:458.
57) Sibbes, *Yea and Amen*, in *Works*, 4:134.
58) Sibbes, *Exposition on 2 Corinthians Chapter 1*, in *Works*, 3:458.

우 희미해진다고 해도 "부패함에 반대하는 어떤 증거, 어떤 충동, 어떤 탄식과 신음"이 있다면 그것은 여전히 타당하다.[59] 이 인이 희미해지는 원인은 신자가 자신의 부패함에 너무 쉽게 굴복하는 것에 있다. 그럼에도 그 인은 남아 있다.

요약하면 십스가 인 치심에 관심을 가진 것은 학문적인 면보다는 목회적인 면에 이유가 있었다. 십스는 참된 확신은 거룩함과 하나님과의 친밀한 교제에 대한 욕구를 증가시킨다고 알고 있었다. 십스의 논증은 명확했다. 곧 성령이 자신의 거룩한 인을 신자에게 두었을 때 그 사람은 거룩함의 열매를 맺을 것이라는 점이다. 인 치심은 확신을 촉진시키고, 우리가 확신을 더 크게 가질수록 하나님에 대한 사랑도 더 크게 느끼고, 그만큼 더 하나님께 순종하게 될 것이다. 따라서 모든 그리스도인이 "우리가 더 인 치심을 받을 수 있게 하는 계시의 영"을 위해 기도해야 한다고 십스는 말했다.[60]

오웬은 십스와 당시의 다른 청교도가 거듭남 이후에 주어지는 인 치심 관념을 주장한 이유를 알고 있었다. 오웬은 십스와 다른 청교도가 신자들에게 확신의 삶을 촉구하려고 애썼다는 것을 인정했다. 하지만 오웬은 이런 종류의 확신을 인정했지만 충분한 확신을 성령의 인 치심과 동등시하는 것은 반대했다. 오웬은 에베소서 1장 13절을 주석해 보면 이 견해를 지지할 수 없다고 봤다.

우리 가운데 어떤 이들은 십스가 인 치심 교리에서 때때로 성경을 넘어갔다고 염려할 수 있지만, 우리는 십스가 오웬이 지적한 것과는 다른 종류의 사항을 다뤘다는 것을 인정해야 한다. 오웬은 십스가 인 치심에 대해 역동적인 견해를 가졌다고 지적했다. 십스는 인 치심은 지속적이고 점진적인 활동이라고 말했다. 오웬은 인 치심에 대해 정적인 견해를 주장했다. 오웬은 인 치심을 "인 쳐진 것"으로 봤지만 십스는 인 치심을 주로 "인 치는 것"으로 봤다. 십스는 하나님의 사랑의 깊이에 대한 경험적, 행동적, 성격 개조적인 깨달음 곧 삶을 통해 자라는 성령의 증언으로 말한 것이다. 십스는 이런 종류의 인 치심은 우리의 성화를 크게 활성화시키는 것이라고 말했다.

보혜사

십스는 성화는 성령의 내주하심과 인 치심으로 촉진될 뿐만 아니라 보혜사로서의 성령의 활동으로도 촉진된다고 가르쳤다. 십스는 이렇게 말했다. "하나님이 수단이 없이 직접 우리에게 오셔서 자신의 영으로 우리를 위로하실 때 그리스도인의 영혼에게 가장 큰 위로가 아니겠는가?"[61] 여기서 십스가 말하는 "수단이 없이"는 상황과 땅의 위로가 우리에게 없을 때를 의미했다.

만일 여러분이 그리스도인이라면 삶과 삶의 어려움이 실망적일 수 있다는 것을 알고 있을 것이다. 특히 하나님의 약속과 섭리가 서로 모순처럼 보일 때 우리는 하나님에 대한 잔잔한 신뢰를 상실하고, 다윗과 같이 낙담하고 내적 불안에 빠지기 십상이다. 우리는 육체의 낙담에 굴복한다. 십스는 이런 불안과 근심은 "영혼을 무겁게 내리누르고 냉각시키는 납과 같다"고 말했다.[62]

그럴 때 특히 우리는 성령이 우리 영혼에 가까이 다가오는 역사를 필요로 한다. 『예와 아멘』(Yea

59) Sibbes, *Exposition on 2 Corinthians Chapter 1*, in *Works*, 3:461.
60) Sibbes, *A Fountain Sealed*, in *Works*, 5:454.
61) Richard Sibbes, "The Saint's Safety in Evil Times," in *Works*, 1:319.
62) Sibbes, *The Soul's Conflict*, in *Works*, 1:142.

and Amen)에서 십스는 이렇게 말했다. "하나님의 영은 시험에 빠졌을 때 우리의 혼란한 영을 얼마든지 진정시키실 수 있으므로 당연히 그렇게 할 필요가 있다."[63] 십스는 계속해서 "영적 위로는 그 목적을 위해 주어진 직분을 갖고 있는 위로의 영에게서 직접 흘러나온다"고 말했다.[64]

십스는 오직 성령만이 우리의 상한 영혼을 위로할 수 있는 이유를 보여 주는 데 매우 탁월했다. 십스는 이렇게 말했다.

> 영혼은 상처를 입을 때 어떤 열쇠로도 열 수 없는 고장 난 자물쇠와 같다. 또 양심이 괴로움에 빠졌을 때에 어떤 피조물이 괴로워하는 양심을 고치고, 이런 당혹스러움과 혼란 속에서 괴로워하는 양심의 미로를[꼬불꼬불한 길을] 헤쳐갈 수 있겠는가? 그러므로 괴로워하는 양심을 제대로 고칠 수 있으려면 양심 이상의 어떤 것이 있어야 한다. 그리고 영을 진정시키는 것도 우리의 영 이상의 존재인 성령이 있어야 한다.[65]

십스는 개인들의 복잡한 현실을 파악하고, 그 복잡한 현실이 신자가 된 후에도 여전히 남아 있다는 것을 알고 있었다. 고난은 그리스도인의 한 부분인데, 그리스도인이 거룩함을 추구하는 데 중요한 역할을 하기 때문이다. 그런데 성령은 낙담이 아무리 크다고 해도 신자를 그 이상으로 끌어올리는 은혜를 베푸실 수 있다. 십스는 이렇게 말했다. "오, 그러므로 이 은혜로운 영에게 그대를 조명하고, 그대를 소생시키고, 그대를 지원해 달라고 구하라. 그러면 그대의 영혼은 그것들이 아무리 행복을 방해한다고 해도 온갖 반대와 낙담을 담대하게 극복하게 될 것이다."[66] 삶의 어려움이 참된 것과 마찬가지로 성령의 위로도 참되고 유능할 것이다.

성령은 단순한 영적 붕대가 아니다. 성령은 그 보혜사(위로자) 곧 우리의 마음의 치료제다. 우리는 십스가 성령은 "우리가 그것들을 가장 필요로 할 바로 그때에 유용한 것들을 마음으로 가져오시는 보혜사"라고 말하는 것에 전적으로 동조한다.[67] 만일 우리의 비참한 상태에도 불구하고 우리를 향하신 하나님의 깊은 사랑-고난을 통해 우리를 이끌고 우리의 모든 삶에 목적을 부여하는 사랑-이 없다면 이 유용한 것들이 무슨 소용일까!

십스는 또한 성령의 보혜사로서의 역할은 하나님의 말씀과 연계되어 있다고 가르쳤다. 십스는 이렇게 말했다. "성령은 말씀이 없으면 아무런 위로를 베풀지 않으신다……만일 그것이 하나님의 위로라면 하나님이 그것 때문에 자신의 말씀을 갖고 계신다는 것을 유념하라."[68] 십스는 낙심할 때 신자는 자신의 영혼에게 불만의 원인이 무엇인지 물어봐야 한다고 말했다. 신자는 자신 속에 보혜사로서 성령이 내주하시기 때문에 낙심할 이유가 전혀 없다는 것을 인정하고, 하나님과 하나님의 말씀을 신뢰하는 데 집중해야 한다. 신자는 "하나님의 약속들을 묵상하고, 그 약속들을 마음속에 새겨 넣

---

63) Sibbes, *Yea and Amen*, in *Works*, 4:144.
64) Sibbes, *Yea and Amen*, in *Works*, 4:144.
65) Sibbes, *Exposition on 2 Corinthians Chapter 1*, in *Works*, 3:477.
66) Richard Sibbes, "The Difficulty of Salvation," in *Works*, 1:399.
67) Sibbes, *Divine Meditations and Holy Contemplations*, in *Works*, 7:200.
68) Richard Sibbes, "The Witness of Salvation," in *Works*, 7:383.

어야" 한다고 십스는 말했다.[69] 신자는 약속들을 사용할 때 성령이 영혼을 "온순하게 할" 때까지 말씀의 씨를 받는 것이 절대로 충분하지 않다고 변론함으로써 잔잔한 영을 갖기 위해 힘써야 한다. 십스가 말한 것처럼, "폭풍 속에서 씨를 뿌리는 것이 힘든 일인 것처럼 폭풍 속에 있는 영도 말씀을 제자리에 집어넣기가 쉽지 않을 것이다."[70]

십스는 괴로워하는 영혼에 말씀을 적용시키실 때 성령은 신자 속에 반응하는 운동을 일으키고, 하나님 안에서 평안과 안식을 찾도록 신자를 이끄신다고 가르쳤다. 확실히 신자는 하나님 안에서 안식을 찾을 때까지 믿음으로 자신의 영혼을 계속 살펴봐야 한다. 하나님 안에서 누리는 완전한 안식은 단지 천국에서 찾게 될 것이라고 십스는 말했다. 그러나 이 땅에서도 신자는 "거룩하게 하고 평온하게 하는 은혜"를 통해 안식을 누릴 수 있다.[71]

영혼이 평안하게 되면 신자는 타락으로 말미암아 깨어진 하나님과의 교제를 얼마간 회복하는 데 도움을 받는다. 십스는 이렇게 말했다. "타락하기 전 사람의 영혼은 어떤 의무를 이행하기에 합당한 조율된 악기, 맑고 깨끗한 유리[또는 거울]과 같았고, 그 영혼은 하나님의 형상과 모양을 대변했다."[72] 타락 이후에 "위에서 오는 빛을 받기에 깨끗한 거울로서 합당한"[73] 이런 영혼의 조화를 찾는 유일한 길은 성령에 의존하고, 하나님 곧 "평강의 하나님과 질서의 하나님"과의 평강과 조화를 목표로 하는 데 있다.[74] 십스는 신자들에게 하나님의 영과 조화 속에 있는 "정돈된 영혼의 아름다움"을 추구하도록 촉구했다.[75] 이런 영혼은 큰 시험의 와중에 있을 때에도 위로를 받는다고 십스는 말했다. 이런 영혼은 관련된 말씀을 겸손하게 받아들이고, 이에 적절히 비례해서 감정을 유지함으로써 성령의 내적 역사에 반응하며, 이것으로 영혼은 하나님 안에서 안식과 평안을 찾게 된다. 이런 모든 역사는 영혼의 센터와 안식처인 하나님 안에 기초를 두고 하나님 안에서 끝나며, 따라서 "어떤 순간이든 우리는 하나님을 은신처와 성소로 확신하게 된다"고 십스는 말했다.[76]

여러분은 자신의 영혼이 위로 받고 안심하게 되기를 바라는가? 그러면 성령을 누리도록 힘쓰라. 십스가 다음과 같이 결론지은 것을 유념하고, 여러분의 영혼 속에서 역사하시는 성령의 활동에 기회를 드리라. "성령이 없으면 영혼은 지가 비난과 자기 고통으로 얼룩진 생각으로 가득 찬 어둠과 혼란이다. 만일 우리가 성령이 들어오게 한다면 [그분은] 이 모든 것을 뿔뿔이 흩어 버리고, 영혼이 달콤한 평안 속에 거하도록 하실 것이다."[77]

성령을 근심시키는 것

만일 성령이 우리가 성부 및 성자와 교제하는 것을 돕고, 우리의 영을 다스리고, 영적 싸움에서 우

69) Sibbes, "The Witness of Salvation," in *Works*, 7:383.
70) Sibbes, *The Soul's Conflict*, in *Works*, 1:143.
71) Sibbes, *The Soul's Conflict*, in *Works*, 1:279.
72) Sibbes, *The Soul's Conflict*, in *Works*, 1:173.
73) Sibbes, *The Soul's Conflict*, in *Works*, 1:211.
74) Sibbes, *The Soul's Conflict*, in *Works*, 1:168.
75) Sibbes, *The Soul's Conflict*, in *Works*, 1:167.
76) Sibbes, *The Soul's Conflict*, in *Works*, 1:289.
77) Sibbes, *A Fountain Sealed*, in *Works*, 5:452.

리를 변호하고, 우리를 믿음으로 이끌고, 우리의 영혼을 인 치시며, 죽을 때까지 우리를 위로하신다면, 우리가 성령을 의지하지 못하고 우리의 죄와 미련함에 굴복하게 될 때 어떤 일이 벌어질까?

이런 경우에 우리는 성령을 근심시킨다고 십스는 말했다. 『봉인된 샘』에서 십스는 이렇게 역설했다. "우리가 우리를 거룩함과 행복으로 이끄는 성령의 움직임이 있기 전에 비천한 먼지를 더 좋아하는 것보다 성령을 더 크게 모욕하는 것은 없을 것이다. 친구의 지시를 무시하고 원수의 간계를 따르는 것보다 더 큰 매정함, 아니 더 큰 배반은 없을 것이다. 우리가 하나님의 뜻을 알고 있으면서도 참된 인도자를 떠나 약탈자를 따르게 되면……혈과 육에 동조하게 될 것이다."[78]

동료 청교도와 마찬가지로 십스도 구원하는 믿음의 열매를 보여 주지 못하는 제도권 교인들에 대해 매우 비판적이었다. 십스는 오랫동안 하나님과 동행한다고 주장하지만 삶은 전능자와의 관계의 효력을 거의 보여 주지 못한 자들에게 항의를 제기했다. 십스는 이렇게 말했다. "모든 죄 가운데 신앙고백자들[그리스도인을 자처하는 자들]의 죄가 성령을 가장 크게 근심시킨다. 그리고 모든 신앙고백자 가운데 지식이 가장 많은 자들의 죄가 가장 크다. 왜냐하면 그들의 의무는 더 깊고, 그들의 임무는 더 크기 때문이다……친구들의 불법이 원수들이 주는 상처보다 근심이 더 크다."[79]

십스는 거기서 멈추지 않았다. 계속해서 성령은 영이시므로 교만 및 시기, 악한 영과 같은 영적 죄가 성령을 가장 크게 근심시킨다고 말했다.[80] 육적 죄도 물론 성령을 근심시킨다. 왜냐하면 영혼을 육신적 쾌락으로 이끌어 성령의 전을 오염시키기 때문이다. 우리는 하나님의 영으로 말미암아 먼저 내면을 변화시킬 필요가 있다. 우리는 예수 그리스도에 대한 헌신과 복종을 목표로 하지 않는 한, 성령을 근심시키게 된다.

십스는 우리가 성령을 근심시키는 방법들을 이 외에도 더 많이 제시했다. 십스는 이렇게 말했다. "우리는 대체로 너무 분주해서 정신이 없을 때, 영혼이 너무 시끄러워 다른 소리를 들을 수 없는 풍차와 같을 때, 모든 대화[소통]을 차단할 정도로 잡음이 많을 때……하나님의 영을 근심시키게 된다."[81] 말하자면 우리의 삶을 영적 관심사가 아닌 다른 것들로 채우게 될 때 우리는 은혜로운 성령을 근심시키게 된다. 기독교 대중문화가 그렇게 믿게 만드는 것처럼 활동은 영성과 동의어가 아니다. 오히려 성령님은 우리에게 겸손한 의존과 묵상을 요구하신다. 십스가 말한 것처럼 "사람들이 성령의 직무를 대신 취할 때" 즉 우리가 우리 자신의 힘으로, 우리 자신의 빛에 따라 일을 행할 때 성령을 근심시킨다.[82] 우리는 모두 우리 자신의 힘으로 기독교적 임무를 기꺼이 감당하지만, 그렇게 함으로써 그것이 우리 자신의 목적이 되어 버리고, 우리의 활동이 무의미하게 된다는 것을 깨닫지 못하고 있다.

결론: 성령을 의지함

십스에 따르면 성령은 우리의 삶, 우리의 교회, 우리 세계의 필수 부분이 되어야 한다. 성령은 그

---

78) Sibbes, *A Fountain Sealed*, in *Works*, 5:416.
79) Sibbes, *A Fountain Sealed*, in *Works*, 5:417.
80) Sibbes, *A Fountain Sealed*, in *Works*, 5:419.
81) Sibbes, *A Fountain Sealed*, in *Works*, 5:422.
82) Sibbes, *A Fountain Sealed*, in *Works*, 5.422.

리스도인의 삶과 경험의 모든 국면에서 향유되어야 한다. 우리는 성령의 내주하심, 성령의 인 치심, 성령의 위로하시는 사역을 누리되, 성령을 근심시키지 않도록 조심해야 한다. 십스는 평신도와 관련된 성경신학을 정립하는 데 힘썼다. 십스의 작품들은 성령에 대한 성경적 견해를 추구하고, 그 견해를 그리스도의 몸의 일원인 다른 사람들에게 신실하게 전달하도록 도전을 준다.

오늘날 신자와 성령의 관계는 너무 자주 남편이 아내의 공헌을 취하지만 아내와의 관계를 인정하거나 축하해 주지 못하는 나쁜 결혼 관계와 같다. 이런 상황을 역전시키기 위해 십스는 우리는 날마다 성령을 인정하는 데 힘쓰고, 기도할 때 믿음으로 하나님의 얼굴을 대면하는 가운데 우리의 생각과 계획을 성령과 공유하라고 권면했다. 우리는 성경에 묘사된 대로 성령에 제공하는 모든 직무에 의존함으로써 날마다 말씀을 통해 성령과 교제하며 살아야 한다. 십스가 말한 것처럼 "내주하면서 자신의 안식과 즐거움을 취할 집으로 우리를 준비하신 후에 우리 안에 계시는 성령은 또한 여기 우리 안에서 자신의 거처가 도달할 천국에서 우리가 영원히 거할 때까지 우리의 모든 의심을 해결하는 상담자가 되고, 우리의 모든 고통을 위로하시는 보혜사가 되고, 우리의 모든 의무의 권고자가 되며, 한평생 우리의 인도자가 되신다."[83] 따라서 성령으로 말미암아 우리는 리처드 십스처럼 우리가 천국에 있기 전에 우리 안에 천국을 가질 수 있다.

---

83) Sibbes, *A Fountain Sealed*, in *Works*, 5:414.

37장

윌리엄 퍼킨스와 그의 양심의 최대 문제

주님은 자신의 이름이 하늘에 기록되어 있는 것을 즐거워할 사람들의 수를 증가시킨다.
– 윌리엄 퍼킨스[1] –

현대 학자들은 윌리엄 퍼킨스(1558~1602년)를 "엘리자베스 시대 청교도 사상의 핵심 건축자", "튜더 왕조 시대의 청교도 신학자", "가장 중요한 청교도 저술가", "청교도 신학자들의 왕자", "가장 조용한 시대의 이상적인 청교도 성직자", "모든 청교도 신학자 가운데 가장 유명한 사람", "청교도 사상의 아버지" 등으로 불렀다.[2] 그들은 퍼킨스를 칼빈 및 베자와 함께 "정통주의의 삼인방" 가운데 세 번째 인물로 분류했다.[3] 퍼킨스는 잉글랜드에서 칼빈보다 더 광범하게 책이 출판된 최초의 신학자였고, 영국 제도, 유럽 대륙, 북미에 주도적인 영향을 미친 최초의 잉글랜드 개신교 신학자였다. 청교도를 연구하는 학자들이 퍼킨스의 진귀한 작품들을 지금도 거의 입수할 수 없는 것에 놀라는 것은 이상한 일이 아니다.[4]

자신의 작품을 통해 교리적 신학과 실험적 신학을 결합시키려는 퍼킨스의 시도는 주목할 가치가 있다.[5] 타락 전 예정설과 실험적 영혼 검토를 융합시킨 퍼킨스는 생생한 구원의 순서를 보여 주는 과감한 도표를 제시함으로써, 회심했거나 아니했거나 간에 모든 사람이 그리스도의 사역을 기초로

1) William Perkins, *The Workes of That Famous and Worthy Minister of Christ in the Universitie of Cambridge, Mr. William Perkins* (London: John Legatt, 1612~1613), 1:422. 이후로 *Works*로 표기할 것이다.

2) J. I. 패커는 이렇게 말한다. "청교도 사상은 교회와 국가와 가정에서, 교육과 복음 전도와 경제 분야에서, 개인적인 제자도와 헌신 영역에서, 목회 사역과 능력에 있어서, 국가적이고 개인적으로 영적 갱신에 대한 비전을 실현시키기 위해 애쓰는 복음적인 성결 운동이었다……청교도 사상을 이런 특징을 가진 사상으로 확립시킨 인물을 확실하게 구체적으로 든다면 퍼킨스였다"("An Anglican to Remember-William Perkins: Puritan Popularizer" [London: St. Antholin's Lectureship Charity Lecture, 1996], pp. 1~2).

3) 다음 자료들을 보라. John Eusden, *Puritans, Lawyers, and Politics* (New Haven, Conn.: Yale University Press, 1958), p. 11, Paul Seaver, *The Puritan Lectureships: The Politics of Religious Dissent, 1560~1662* (Palo Alto, Calif.: Stanford University Press, 1970), p. 114, Christopher Hill, *God's Englishman: Oliver Cromwell and the English Revolution* (New York: Harper & Row, 1970), p. 38, Packer, "An Anglican to Remember," p. 1.

4) 참고, Louis Wright, "William Perkins: Elizabethan Apostle of 'Practical Divinity,'" *Huntington Library Quarterly* 3, no. 2 (1940), p. 171, George L. Mosse, *The Holy Pretence: A Study in Christianity and Reason of State from William Perkins to John Winthrop* (Oxford: Blackwell, 1957), p. 48.

5) 여기서 우리는 "실험적"이라는 말을 성경의 교리에 따라 행해진 활력적인 영적 경험을 의미하는 것으로 본다. 더 충분한 정의에 대해서는 Joel R. Beeke, *Living for God's Glory: An Introduction to Calvinism* (Orlando, Fla.: Reformation Trust, 2008), 19장을 보라.

그들 자신의 영혼 안에서 예정의 열매를 찾도록 했다.

이번 장에서 우리는 먼저 퍼킨스의 확신 교리를 개관하고, 이어서 간명하게 양심의 최대 문제에 대한 자신의 견해를 제시하는 퍼킨스의 짧은 논문 『사람은 자신이 하나님의 자녀인지 아닌지를 어떻게 알 수 있는가』(How a Man May Know Whether He Be the Child of God, or No)를 검토할 것이다.[6)]

선택과 믿음의 확신

16세기 말엽에 개인적 믿음의 확신 문제 곧 "우리는 자신의 선택을 어떻게 확신할 수 있는가?"가 적어도 두 가지 중요한 이유로 주도적 관심사가 되었다. 첫째, 제이 및 제삼 세대 개신교인들은 부분적으로 교회 안에서 많은 사람이 하나님의 구원의 은혜를 당연히 여기는 경향이 증가했기 때문에 종교개혁자들의 확신 교리를 명확히 제시하지 않을 수 없게 되었기 때문이다. 특히 초기 청교도는 죄에 대한 심각성이 감소되고, 성경 진리들에 대한 단순한 지적 동의를 구원의 충분조건으로 간주한 죽은 정통주의에 반발했다. 따라서 개인적 은혜에 대한 확신과 성경 진리에 대한 단순한 동의에 기반을 둔 확실성을 구분하는 것이 본질적인 일이 되었다. 이런 배경 속에서 윌리엄 퍼킨스와 같은 청교도는 자신의 양들을 그들의 선택과 구원에 대해 충분한 근거가 있는 확신 교리로 이끄는 데 심혈을 기울였다.[7)]

둘째, 청교도가 죄와 자기 검토를 진지하게 여긴 탓에 청교도 운동 내부에서 확신 교리의 정립이 중요한 일이 되었기 때문이다. 사람들은 죄와 하나님 앞에서의 죄의 심각성에 사로잡힐수록 죄와 자기들 자신에 대해 그만큼 더 절망하게 된다. 이런 절망은 선택과 구원에 대한 확신을 중심으로 돌아가는 양심 문제들에게 비옥한 토양이 된다.

항상 양심적인 목사로서 퍼킨스는 진지하게 찾는 자는 자비로우신 하나님 앞에서 자신이 유리한 상태에 있음을 확신할 수 있는 수단을 예견할 수 있게 제공하려고 힘썼다. 퍼킨스는 1580년대와 1590년대에 우리는 자신이 구원받았는지를 어떻게 알 수 있는가를 설명한 책 여러 권을 다음과 같이 썼다. 『황금 사슬』(A Golden Chaine),[8)] 『사람이 파멸 상태에 있는지 또는 은혜 상태에 있는지에 대한 선언적 논문』(A Treatise Tending unto a Declaration, Whether a Man Be in the Estate of Damnation or in the Estate of Grace),[9)] 『양심의 문제』(A Case of Conscience),[10)] 『양심론』(A Discourse of Conscience),[11)] 『겨자씨 난알』(A Graine of Musterd-Seede).[12)]

자신의 다양한 작품들을 통해 퍼킨스는 사람들이 그리스도의 구원 사역에 기초를 둔 선택에 대해 최소한의 증거라도 찾도록 자신의 양심을 탐색하는 법을 가르쳤다. 퍼킨스는 이런 노력을 신적 주권

---

6) Perkins, *Works*, 1:421~428.
7) Joel R. Beeke, *The Quest for Full Assurance: The Legacy of Calvin and His Successors* (Edinburgh: Banner of Truth Trust, 1999), p. 18.
8) Perkins, *Works*, 1:9~116.
9) Perkins, *Works*, 1:353~420.
10) Perkins, *Works*, 1:421~428.
11) Perkins, *Works*, 1:515~554.
12) Perkins, *Works*, 1:627~634.

과 인간의 책임 간에 "성소의 균형"을 지키게 하려는 목사의 근본 업무의 한 부분으로 봤다.[13] 죄인들은 하나님의 부동의 뜻이 사람의 뜻을 어떻게 움직였는지, 그리고 선택과 하나님의 언약에 포함된 것에 대한 증거를 어떻게 찾아보는지를 확인해야 했다.

은혜 언약을 통한 확신

퍼킨스는 하나님이 자신의 선택을 수행하기 위해 사용하시는 한 가지 핵심 수단을 은혜 언약이라고 가르쳤다. 로마서 8장 29~30절에 기록된 구원의 황금 사슬(예정, 효과적 부르심, 칭의, 영화)은 하나님의 은혜의 언약을 선포하는 도구를 통해 선택과 연계되었다. 따라서 퍼킨스는 영원 전에 택함받은 자의 하나님의 주권적 은혜, 그리고 선택을 실현시키는 구원에 대한 하나님의 언약 행위를 설교했지만, 특별히 이 구속 과정이 택함받은 자의 경험 속에 어떻게 뚫고 들어오는지에 자신의 실천신학의 관심을 두었다. 퍼킨스는 택함받은 자가 하나님의 제안과 행위에 어떻게 반응하는지 곧 그들이 최초의 믿음에서 충분한 확신으로 나아가도록 은혜 언약이 택함받은 자의 의지에 어떻게 영향을 미치는지를 설명하려고 했고, 이로 말미암아 그들은 "나는 성부에게 택함받고, 성자의 피로 구속받고, 성령이 내주하시는 하나님의 자녀임을 확신한다"고 말할 수 있다.

퍼킨스는 은혜 언약을 확신의 기초로 제시하고, "하나님은 우리의 어떤 공로 때문이 아니라 그리스도 안에서, 그리스도로 말미암아 죄사함과 사면이 약속된 복음 속에 선언된 은혜 언약으로 말미암아 우리의 하나님이 되신다"고 주장했다. 이것은 "하나님이 우리 하나님이라는 것을 우리가 어떻게 진실로, 그리고 확신을 갖고 말해야 하는가?"라는 질문을 촉발시킨다. 이에 대한 퍼킨스의 기본적인 대답은 다음과 같다.

> 우리는 상대방 당사자의 동의가 요구되는 언약을 하나님과 맺어야 한다. 먼저 하나님 편에서는 그분이 우리 하나님이 되고……우리 편의 동의가 요구된다……우리가 성례를 받을 때……우리의 동의로 마음의 외적 동의를 대변하는 더 깊은 수준의 동의가 요구되고, 이에 따라 사람은 하나님을 자신의 하나님으로 취한다. 따라서 이것은 먼저 사람이 자신의 죄를 인정하고 통탄할 때……그가 하나님과 화목하려고 노력할 때……그가 다시는 죄를 짓지 않겠다고 결심할 때 시작된다. 따라서 양당사자의 동의로 이 언약이 완결되면 사람은 안전하게, 그리고 진실로 하나님이 자기 하나님이라고 말할 수 있게 된다. 따라서 우리는 이 일들을 알기 때문에 우리 의무를 확고하게 확신하려고 노력하는 것이다……첫째, 이 확신이 모든 참된 위로의 근거다. 하나님의 모든 약속은 여기에 근거되고……그것은 현세에서 모든 위로의 근거일 뿐만 아니라 죽음 이후의 모든 행복의 근거이기도 하다…… 왜냐하면 이 언약으로 말미암아 우리는 죽은 다음에 생명, 영광, 썩지 아니함으로 다시 살아날 것이기 때문이다.[14]

따라서 퍼킨스에 따르면, 인간은 하나님과의 언약 관계 속에서 실천해야 할 상당한 책임을 갖고

---

13) Irvonwy Morgan, *Puritan Spirituality* (London: Epworth Press, 1973), 2장.

14) William Perkins, *A Godlie and Learned Exposition upon the Whole Epistle of Jude* (London: Felix Kyngston for Thomas Man, 1606), p. 520.

있다. 그러나 퍼킨스는 확신이 단지 조건적 언약에서는 얻어질 수 없다는 것을 인정한다. 왜냐하면 인간의 조건적 성격은 인간적 부패, 신적 주권, 그리고 선택과 결부된 모든 문제에 대해서는 결코 대답할 수 없기 때문이다. 퍼킨스는 "은혜 언약은 조건적 관계와 무조건적 관계를 함께 포함한다"고 본다. 확신은 인간의 수행과 관련된 은혜 언약의 조건적 성격에서가 아니라 하나님의 은혜로우신 존재와 약속에 근거가 두어져 있는 무조건적 성격에서 흘러나온다. 퍼킨스는 이렇게 말했다. "하나님은 우리에게 말씀하셨다. 하나님은 우리에게 복을 약속하셨다. 하나님은 우리에게 맹세하셨다. 우리가 하나님께 무엇을 더 요구할 수 있겠는가? 더 나은 참된 위로의 근거가 [있겠는가]?" 그리고 이후에 퍼킨스는 "그 약속은 일이 아니라 일꾼에게 주어지고, 일꾼에게 주어지는 것은 그의 일의 공로 때문이 아니라 그리스도의 공로 때문이다"라고 말했다.[15]

따라서 퍼킨스는 사람들에게 확신을 갖기 위해 노력하라고 촉구하지만 궁극적으로 우리는 확신을 하나님의 일방적인 은혜에 기대야 하고, 은혜 언약 자체는 그리스도의 공로에 뿌리를 둔 신적 선물이라고 선언한다. 결론적으로 확신은 자신의 언약의 약속들에 대한 하나님의 신실하심에 의존하고, 심지어는 믿음의 조건의 성취도 사람 편에서 보면 오직 하나님 은혜의 선물로만 가능하게 된다.

믿음의 그리스도 중심성

퍼킨스는 믿음은 하나님이 구원에 대한 모든 약속에 따라 그리스도를 붙잡도록 죄인에게 주시는 초자연적 선물이라고 본다.[16] 믿음의 대상은 죄인이나 죄인의 경험 또는 믿음 자체가 아니다. 믿음의 대상은 오직 예수 그리스도시다. 믿음은 그리스도를 먼저 죄사함을 위해 십자가에서 죽으신 속죄제물로 보고, 이어서 그분을 시험에 맞서 싸우는 힘으로, 고난의 폭풍 속에서 위로로, 그리고 궁극적으로 현세와 내세에서 필요한 모든 것으로 경험하는 것을 배운다.[17] 요약하면 믿음은 "누구든 그리스도 예수 안에서 하나님의 자비에 대해 성령의 효과적인 증명 외에 다른 방법으로는 어느 누구도 갖도록 하지 못하는 내적 설복으로 말미암아 자신을 특별히 그리스도 및 그분의 공로에 적용시킬" 때 드러난다.[18]

믿음은 예수 그리스도가 없으면 아무 의미가 없다. 퍼킨스는 이렇게 말한다. "믿음은…… 하나님의 핵심 은혜로 믿음을 통해 사람은 그리스도께 접붙여지고, 그리하여 그리스도와 하나가 되며 그리스도는 그와 하나가 된다."[19] 믿음을 "도구"나 "손"으로 보는 퍼킨스의 모든 지칭은 이런 맥락에서 이해되어야 한다. 믿음은 말씀 선포를 통해 사람이 그리스도께 반응하도록 이끌기 위한 하나님의 주권적인 뜻에서 나오는 선물이다.

"도구"나 "손"이라는 말의 퍼킨스의 용법은 이 구속 활동에 믿음이 수동적 역할과 능동적 역할을 동시에 맡고 있다는 사실을 함의한다. 히데오 오키가 말하는 것처럼 "'도구'에 내포된 뜻은 활동성이

---

15) William Perkins, *A Commentary on Galatians*, Gerald T. Sheppard 편집 (1617, 재판, New York: Pilgrim Press, 1989), pp. 243, 393.

16) William Perkins, *Exposition of the Symbole or Creed of the Apostles*, in *Works*, 1:124.

17) Perkins, *Exposition of the Symbole*, in *Works*, 1:124.

18) William Perkins, *A Golden Chaine, Or, The Description of Theologie, Containing the order of the causes of Salvation and Damnation*, in *Works*, 1:79.

19) William Perkins, *The Whole Treatise of the Cases of Conscience*, in *Works*, 2:18.

다. 그러나 이 활동성은 단순히 '능동적'인 것을 말하는 것이 아니라 오히려 매우 활동적일 때 자체보다 차원이 더 높은 다른 어떤 것에 의해 움직여지고 사용된다는 것을 의미한다. 따라서 활동성 가운데 수동성이 있고, 수동성 가운데 매우 활력적인 활동이 있다."[20]

이것이 엄밀히 퍼킨스가 가리키는 의미다. 처음에 믿음은 하나님이 예수 그리스도를 영접하도록 죄인에게 주시는 수동적 "도구" 또는 "손"이다. 그러나 엄밀히 말하면 그리스도를 영접하는 순간에 믿음은 은혜의 선물에 반응한다. 따라서 이 반응은 믿음으로 받아들인 분에게 완전히 복종하고, 또 그분이 중심이 될 때 매우 활동적이다.

언약의 배경 안에서 이 믿음 개념이 퍼킨스 신학의 진수(眞髓)다. 퍼킨스의 경건한 삶에 대한 깊은 관심은 종교개혁의 오직 은혜로 구원을 얻는다는 원리를 유지하는 데 깊은 관심을 두는 것과 동등하게 병행된다. 왜냐하면 사람은 믿음 때문에 구원을 얻는 것이 아니라 믿음을 통해 구원을 얻기 때문이다.

믿음과 확신

때때로 퍼킨스는 믿음과 확신을 동일시하는 것처럼 보인다. 퍼킨스는 이렇게 말한다. "참된 믿음은 틀림없는 확신이자 죄사함과 영생에 대한 특수한 확신이다."[21] 하지만 다른 경우에는 믿음과 확신을 분리시키는 경향이 있다. "어떤 이들은 믿음은 확신이나 신뢰라는 견해를 갖고 있지만 그것은 그렇지 않은 것으로 보인다. 왜냐하면 확신이나 신뢰는 믿음의 열매이기 때문이다."[22]

이런 외견상 모순 때문에 일부 학자들은 퍼킨스가 뛰어난 신학자가 아니거나 단순히 자신의 제한된 관점에 따라 글을 쓴 것이라고 주장했다.[23] 로마 가톨릭 사상에 반대할 때 퍼킨스는 믿음의 확실성을 확증했다고 학자들은 말한다. 그러나 퍼킨스는 초기 종교개혁자들의 확신에 대한 강력한 주장을 반대해서 말할 때 믿음과 확신을 분리시키는 경향이 있었다.[24] 하지만 이상의 견해들은 퍼킨스 자신의 사상에 비춰 볼 때 유지될 수 없다. 퍼킨스는 자신이 무엇을 말하고 있는지 잘 알고 있었다. 퍼킨스는 어떤 종류의 확신이 거론되고 있느냐에 따라 확신은 믿음의 본질이면서 믿음의 본질의 한 부분이 아니라고 가르치려고 했던 것이다.

퍼킨스의 믿음과 확신에 대한 견해를 이해하기 위해 우리는 퍼킨스가 확신이라는 말을 두 가지 의미로 사용하고 있음을 파악해야 한다. 첫 번째 확신은 본질상 객관적인 것으로 이 용서에 대한 개인적 깨달음이 없어도 자신의 죄가 용서받은 것을 죄인에게 보증할 수 있는 확신이다. 두 번째 확신은 본질상 주관적인 것으로 죄인이 그리스도로 말미암아 하나님이 개인적으로 자신의 모든 죄를 사하신 것을 믿을 수 있는 충분한 확신이다.

---

20) Hideo Oki, "Ethics in Seventeenth Century English Puritanism" (신학박사학위논문, Union Theological Seminary, New York, 1960), p. 141.

21) William Perkins, *A Reformed Catholicke: Or, A Declaration Shewing How Neere We May Come to the Present Church of Rome in Sundry Points of Religion: and Wherein We Must For Ever Depart from Them*, in *Works*, 1:564.

22) Perkins, *Exposition of the Symbole*, in *Works*, 1:125.

23) Marshall Knappen, *Tudor Puritanism: A Chapter in the History of Idealism* (Chicago: University of Chicago Press, 1939), p. 219.

24) Robert W. A. Letham, "The Relationship between Saving Faith and Assurance of Salvation" (신학석사학위논문, Westminster Theological Seminary, 1976), pp. 29~30.

따라서 퍼킨스(이후의 많은 청교도도 마찬가지)는 믿음의 역사를 칼빈이 말한 것을 넘어서서 "지속적인 인식 단계로" 분류하는 경향이 있다.[25] 예를 들어 『황금 사슬』에서 퍼킨스는 우리에게 "믿음의 행위의 다섯 가지 단계"를 제시하는데, 그의 말에 따르면 이 단계들은 모두 다음과 같이 "하나로 연계되고 결합되어 있다."

- 하나님의 영의 조명을 통해 복음을 알게 됨.
- "죄인이 자신의 죄가 확실히 용서받은 것을 느끼지 못함에도 죄가 사함받을 수 있을 것이라고 믿고" 용서를 소망함.
- "사람이 음식과 음료를 갈망하고 갈급해하는 것처럼" 그리스도 예수 안에서 제공된 은혜를 갈망하고 갈급해 함.
- "율법의 두려움에서 도망해서 그리스도를 붙잡고 하나님의 호의를 찾을 수 있도록" 은혜의 보좌로 나아감. 이것의 첫 번째 부분은 "알려져 있으면 특수적으로, 알려져 있지 않으면 일반적으로, 하나님 앞에서 우리의 죄를 겸손하게 고백하는 것"이다. 이것의 두 번째 부분은 "말할 수 없는 탄식과 함께, 그리고 견인하면서 어떤 죄들에 대한 용서를 갈망하는 것"이다.
- 성령의 설복을 통해 "복음 속에 주어져 있는 약속들을 자신에게" 적용시키는 것.[26]

이 믿음의 단계들은 하나님의 말씀 선포에 의존할 뿐만 아니라 성령의 내적 증언에도 의존하는데, 여기서 하나님의 은혜로 말미암아 그리스도를 영접하도록 "붙잡혔다"는 개인적 확신이 나타난다. 이 맥락에서 퍼킨스는 약한 믿음과 강한 믿음을 구분함으로써 확신에 대한 설명에 크게 공헌했다. 약한 믿음은 겨자씨 한 알 또는 "열이나 불꽃은 낼 수 없고 단지 연기만 피울 수 있는" 꺼져가는 심지와 같다. 약한 믿음은 지식을 조명하고 약속들에 적용하는 것(앞에서 언급한 구원하는 믿음의 첫 번째와 마지막 단계)이 낮은 수준에 있지만 "진지하게 믿는 욕구나 하나님의 호의를 얻기 위한 노력"을 통해 갖고 있는 믿음을 보여 준다. 연약한 신자라도 믿음을 증가시키기 위해 은혜의 수단을 부지런히 사용한다면, 하나님은 아무리 작더라도 믿음의 불꽃을 무시하지 아니하신다고 퍼킨스는 말했다. 연약한 신자는 "하나님의 말씀에 대한 묵상, 진지한 기도, 믿음에 속해 있는 다른 실천들을 통해 자신의 믿음을 분발시켜야" 한다.[27]

퍼킨스에게는 약한 믿음도 "확실하고 참된" 믿음인데, 그것은 믿음 안에는 의심이 없을 수가 없기 때문이다. 하지만 강한 믿음은 "마음의 충분한 확신으로 이 확신을 가진 그리스도인은 더욱 굳건하게 그리스도 예수를 붙들고, 하나님이 자기를 사랑하시는 것과 하나님이 자기의 이름을 불러 그리스도와 영생과 관련된 그분의 모든 은혜를 주실 것을 충분하고 단호하게 설명한다."[28] 강한 믿음이나 "충분한 확신"은 복음적 약속들은 스스로 원하지 않는 자들만 제외시킨다는 것(사 55:1; 마 11:28)을 기억하고, 하나님의 약속들을 개인적 소유물로 주장한다. 강한 믿음은 그리스도의 생애와 사역에 대

---

25) Edmund Morgan, *Visible Saints: The History of a Puritan Idea* (New York: University Press, 1963), pp. 68~69.
26) Perkins, *Golden Chaine*, in *Works*, 1:79~80.
27) Perkins, *Golden Chaine*, in *Works*, 1:80.
28) Perkins, *Golden Chaine*, in *Works*, 1:80.

한 약속들을 묵상함으로써, 그리고 믿음을 자극하고 증진시키기 위해 성령에 의존함으로써 그렇게 한다.[29] 따라서 퍼킨스는 이렇게 말한다. "그리스도를 믿는 것은 그분이 인간의 구속주라고 믿는 것과 혼동되지 않고, 동시에 그분은 나의 구주이고, 나는 택함받고 의롭게 되고 거룩하게 되고 또 영화롭게 될 것이라고 믿는 것과도 혼동되지 않는다."[30]

퍼킨스는 다양한 사상들을 하나로 결집시킨다. 첫째, 약한 믿음도 하나님의 약속들을 보기는 하지만 연약한 신자는 성령이 그의 양심 속에 공동 증언하는 것을 통해 그 약속들을 차지할 자유가 아직은 없다. 둘째, 약한 믿음과 강한 믿음의 구분은 연약한 신자들이 약한 믿음도 여전히 진정한 믿음이라는 것을 믿도록 격려함으로써 목회 차원에서 연약한 신자들이 절망에서 벗어나도록 돕는다. 셋째, 각 신자는 강한 믿음을 추구해야 하지만 대체로 "처음에는 그것을 받지 못하고, 얼마간 시간이 흐른 후에 곧 오랫동안 하나님 앞과 사람들 앞에서 선한 양심을 지키고, 그리스도 안에서 자기에게 주어지는 하나님의 사랑과 호의를 다양하게 경험한 후에 그것을 받게 될 것이다."[31] 넷째, 강한 믿음 속에서 충분한 확신은 믿음에 내재하는 것으로 일어나는 것이 아니라 성령의 역사로 말미암은 믿음의 유익들의 개인적 적용으로 확증되는 믿음의 열매로 일어나는 것이다.

확신의 근거

퍼킨스는 세 가지 확신의 근거를 제시했다. 하나님의 언약으로 비준되는 복음의 약속, 우리의 영과 함께 우리가 하나님의 자녀임을 증언하는 성령의 증언, 성화의 열매가 그것이다. 이 세 가지 상호 관련된 근거는 모두 성령의 적용 사역에 의존하고, 퍼킨스가 "천국 문의 중심 돌쩌귀"로 부를 정도로 매우 중요하다.[32] 신자는 항상 이 세 가지 모든 근거나 수단에 따라 확신의 정도를 가능한 한 크게 추구함으로써 확신이 자라도록 힘써야 한다.

하나님의 약속들은 항상 확신의 일차 근거다. 믿음으로 받아들여질 때 하나님의 약속들은 성화의 열매를 맺고, 종종 성령의 증언과 결합된다. 신자는 때때로 자신의 경험으로 하나 또는 그 이상의 확신의 근거들을 깨닫는 데 어려움을 겪을 수 있다. 이 어려움은 특히 성령의 증언의 경우에 해당된다. 그러나 그것 때문에 신자는 괴로워해서는 안 된다고 퍼킨스는 말하는데, 그것은 성령의 증언이 신자에게 그의 선택을 납득할 정도로 충분히 깊이 느껴지지 않을 때에도 성령의 결과들은 성화로 예증될 수 있기 때문이다.

퍼킨스는 확신을 성화의 수단으로 설명하는 데 대부분의 시간을 할애했는데, 그것은 부분적으로 대다수 목회 문제가 이 종류의 확신과 연루되었기 때문이다. 퍼킨스는 성화의 행위들은 믿음의 일차 근거나 믿음의 기초가 아니라 "믿음의 표지나 증서"라고 천명했다. 그럼에도 이 행위는 신자가 그리스도 안에서의 자신의 선택과 구원을 확신하는 데 중요하다. 왜냐하면 이 행위는 칭의의 본질적 결과에 대한 확신을 제공하기 때문이다. 신자는 비록 불꽃이 눈에 보이지 않는다고 해도 자기들의

29) Perkins, *Golden Chaine*, in *Works*, 1:87.

30) William Perkins, *A Discourse of Conscience: Wherein Is Set Downe the Nature, Properties, and Differences Thereof: As Also the Way to Get and Keepe Good Conscience*, in *Works*, 1:523.

31) William Perkins, *A Treatise Tending unto a Declaration, Whether a Man Be in the Estate of Damnation, or in the Estate of Grace*, in *Works*, 1:367.

32) Perkins, *Galatians*, p. 278.

열로 위로를 이끌어 낼 수 있다.[33] 이 행위들은 또한 그리스도의 유익들이고, 그래서 신자가 그리스도를 바라보도록 이끈다. 그것들은 신자를 하나님 앞에서 의롭게 만드는 것은 결코 아니지만, 페리 밀러가 말하는 것처럼 "청교도는 자신의 눈에 행동들의 핵심 가치가 상징적인 것에 있다고 봤다. 행동들은 윤리적으로 훌륭한 행위라기보다는 오히려 그의 선택을 상징하는 표상이었다……어떤 행위를 할 때 그의 일차 관심사는 그 행위의 원천에 있었다."[34]

따라서 퍼킨스는 자신의 황금 사슬을 하나님의 영원 속에서의 구원에 대한 확신에서 택함받은 자의 시간 속에서의 확신까지 하강시킨다. 하나님의 주권, 언약의 확립, 중보자의 속죄 사역, 그리스도를 믿는 믿음, 성령의 확증적인 증언으로 이어지는 사슬은 "실천적 삼단논법"을 통해 영혼 속에 확신을 낳는다. 실천적 삼단논법은 간단히 말하면 행동에서 이끌어 낸 결론이다. 그것은 대전제, 소전제 결론으로 이루어진다. 퍼킨스는 삼단논법의 기본 형식을 구원을 설명하는 데 다음과 같이 사용한다.

> 대전제: 구원을 위해 회개하고 오직 그리스도를 믿는 자만이 하나님의 자녀다.
> 소전제: 성령의 은혜로운 사역으로 말미암아 구원을 위해 나는 회개하고 오직 그리스도를 믿는다.
> 결론: 그러므로 나는 하나님의 자녀다.[35]

삼단논법에 의한 확신은 일차 근거(성부의 주권적 사역, 성자의 구속 사역, 성령의 적용 사역)에 의존하는 확신의 이차 근거를 제공하지만, 이 확신은 그럼에도 실제적인 확신이다. J. I. 패커는 이렇게 말한다. "내가 보기에 퍼킨스는 첫째, 실천적 삼단논법에 따라 작동하는 것으로 양심을 분석하는 것과 둘째, 성경적 자기 검토는 기본적으로 그리스도인이 자신의 거듭남과 하나님과의 지위에 대해 신뢰의 견고한 기초를 낳을 것이라고 주장하는 점에서 옳았다."[36]

퍼킨스는 하나님의 구원 사역에 대한 인간의 영의 삼단논법에 입각한 반응은 어쨌든 그리스도를 격하시키는 것이 아니라고 강조했다. 오히려 그것은 성자의 공로로 이루어지고 성령에 의해 적용된 하나님의 구원의 황금 사슬의 깨뜨릴 수 없는 힘을 확대시킨다. 우리는 퍼킨스가 확신의 이 이차 근거들을 개인적인 신앙고백과 연계시킨다고 주장할 수 있지만 이 근거들은 단지 일차 근거들의 증거로서만 타당하다. 이 성화의 연기는 은혜의 불에서 나와야 한다. 그러므로 행위들은 은혜의 열매로 증명될 때 "선택과 구원을 증명한다."[37] 퍼킨스는 칼빈과 마찬가지로 행위들은 택함받은 자를 구원하지는 못하지만 종종 택함받은 자를 확신시키는 데는 성공한다고 주장한다. 행위들은 선택의 원인이 아니라 선택의 증거다.[38] 확신은 그리스도를 믿는 믿음에 본질적이고, 성화는 어쨌든 확신을

33) Perkins, *Golden Chaine*, in *Works*, 1:82, 115.
34) Perry Miller, *The New England Mind: The Seventeenth Century* (Boston: Beacon Press, 1961), p. 52.
35) 참고, Robert T. Kendall, *Calvin and English Calvinism to 1649* (New York: Oxford University Press, 1979), p. 71, Beeke, *The Quest for Full Assurance*, pp. 65~72, 131~141.
36) Packer, "An Anglican to Remember," p. 19.
37) Ian Breward, "The Significance of William Perkins," *Journal of Religious History* 4, no. 2 (1966), p. 123.
38) Gordon J. Keddie, "'Unfallible Certenty of the Pardon of Sinne and Life Everlasting': The Doctrine of Assurance in the Theology of William Perkins," *The Evangelical Quarterly* 48 (1976), pp. 230~244, Joel R. Beeke, *Assurance of Faith: Calvin, English Puritanism, and the Dutch Second Reformation* (New York: Peter Lang, 1991), pp. 105~118.

촉진시킬 수 없다고 주장하는 학자들은 앤드루 울시가 말하는 것처럼, 그리스도와 그분의 유익을 분리시키는 죄를 범하는 것이다.[39)]

자신의 작품들을 통해 퍼킨스는 신자가 성령을 의지해서 삼단논법에 따라 사용할 수 있는 성화의 다양한 표지나 행위들을 제시한다. 이 목록 가운데 하나가 여기 있다.

> I. 우리의 필요들을 느끼는 것과 온갖 죄로 하나님을 불쾌하게 한 것을 슬퍼하기 위한 마음의 쓰라림, II. 육체에 맞서 싸우는 것 즉 육체에서 나오는 경건하지 못한 동기들을 저항하고 싫어하는 것과 그것들을 무거운 짐과 골치 아픈 것으로 생각하고 슬퍼하는 것, III. 영생을 얻기 위해 하나님의 은혜와 그리스도의 공로를 진심으로, 열렬하게 갈망하는 것, IV. 그것을 얻었을 때 그것을 가장 보배로운 보석으로 여기는 것(빌 3:8), V. 하나님의 말씀 사역자를 그가 사역자이자 그리스도인이라는 이유로, 그리고 그런 이유로, 만약 필요하다면, 우리의 피를 그들에게 나눠 줄 준비를 할 정도로 사랑하는 것(마 10:42, 요일 3:16), VI. 하나님께 간절하게, 그리고 눈물로 간구하는 것, VII. 죄의 시대를 끝장낼 그리스도의 다시 오심과 심판의 날을 열망하고 사모하는 것, VIII. 온갖 죄를 범할 기회에서 도망치고 새 생명으로 나아가기 위해 진지하게 노력하는 것, IX. 목숨이 다할 때까지 이 일들 속에서 견인하는 것.[40)]

만일 신자가 매우 작게라도 이 은혜의 표지들을 경험했다면 그는 하나님의 영으로 말미암아 성화되고 있다고 확신할 수 있다. 따라서 구원의 전체 황금 사슬-선택, 부르심, 믿음, 칭의, 성화, 영화 등-은 "불가분리적인 동반자"로 신자는 "마음속으로 자신이 이것들을 소유하고 있고, 때가 되면 다른 모든 것도 차지하게 될 것이라고 확고하게 결론지을 수 있다."[41)]

마크 쇼는 퍼킨스의 견해를 다음과 같이 요약한다.

> 하나님의 자녀는 구원의 황금 사슬에서 [성화나 선행의] 고리를 붙잡고, 나머지 모든 고리를 확실히 느낄 수 있다⋯⋯ [퍼킨스의] 전체 원리는 명확하다. 곧 손이 미치는 한 구원의 순서의 어떤 부분이든 붙잡으면 전체 사슬을 차지할 것이라는 것이다. 중간 고리(은혜 언약, 믿음으로 얻는 칭의, 성령으로 말미암는 성화)를 붙잡은 자는 누구든 끝 부분 고리(선택과 영화)를 차지한다고 확신할 수 있다.[42)]

인간의 의지는 신적 작정을 좌절시키는 것이 불가능하다. 아무리 연약한 성도라고 해도 앎은 불확실성이 아닌 확실성을 높인다. 확신이 확신인 것은 선택이 죄인의 견고한 소망이기 때문이다. 듀이

---

39) Andrew Alexander Woolsey, "Unity and Continuity in Covenantal Thought: A Study in the Reformed Tradition to the Westminster Assembly" (철학박사학위논문, University of Glasgow, 1988), 2:212.

40) Perkins, *Golden Chaine*, in *Works*, 1:113.

41) Perkins, *William Perkins, 1558~1602, English Puritanist-His Pioneer Works on Casuistry: "A Discourse of Conscience" and "the Whole Treatise of Cases of Conscience,"* Thomas F. Merrill 편집 (Nieuwkoop: B. DeGraaf, 1966), pp. 111~112.

42) Mark R. Shaw, "The Marrow of Practical Divinity: A Study in the Theology of William Perkins" (철학박사학위논문, Westminister Theological Seminary, 1981), p. 166.

월리스가 다음과 같이 말하는 것과 같다.

> 사람이 전적으로 의존하는 선택 곧 두렵지만 은혜로 택함받은 자 가운데 하나로서 갖고 있는 예정의 은혜에 대한 경건은 경험이 특히 확신과 확실성을 제공하는 데 초점이 있었기 때문에, 사람의 무가치함에도 불구하고, 붙잡히는 것에 대한 경험으로 염려들이 해소되기 때문에 주어진다. 강력한 신앙적 경험은 항상 버려지는 것에 대한 것이 아니라 택함받은 것에 대한 경험이고, 따라서 이런 신앙 방법의 독특한 논리에서 나오는 것은 절망이 아니라 확실성과 확신이라는 사실이 기억되어야 한다.[43]

사람은 자신이 하나님의 자녀인지 아닌지를 어떻게 알 수 있는가

지금까지 퍼킨스의 믿음의 확신 교리를 개관했으므로 이제 그의 짧은 논문 『양심의 문제, 지금까지 있었던 최대의 문제: 사람은 자신이 하나님의 자녀인지 아닌지를 어떻게 알 수 있는가』(A Case of Conscience, The Greatest That Ever Was: How a Man May Know Whether He Be the Child of God, or No)를 검토해 보자. 이 논문(히에로니무스 잔키우스가 덧붙인 논설은 포함시키지 않음)[44]은 길이가 2절지로 6페이지이고,[45] 주로 살아 있는 교회와 요한 사이의 대화로 이루어져 있다. 확신을 추구하는 교회 곧 신자는 질문을 제기하고 요한은 영혼의 갈등에 그의 첫 서신서(제네바 번역 성경)의 정확한 말씀으로 대답을 한다. 여기에 퍼킨스는 난외주와 괄호 안에 짧은 설명을 추가했다.

퍼킨스는 이 소논문 외에도 양심에 대한 중요한 두 작품을 썼다. 첫 번째 작품은 『양심론』으로 이론적 관점에 따라 양심을 다룬다.[46] 퍼킨스는 성경의 용어인 양심을 "공동-지식" 또는 "공동-증거"로 번역한다. 퍼킨스는 이 말 자체가 양심의 신적 차원을 증언한다는 것을 보여 준다. 왜냐하면 하나님과 우리 자신 외에는 우리의 가장 깊은 생각과 느낌을 "공동으로 알" 수 있는 존재가 없기 때문이다. 따라서 퍼킨스는 이렇게 말했다. "양심은 신적 본성에 속하고, 하나님께 찬성하는 사람이나 반대하는 사람에게 판결을 내리고 선언하는 심판자로서, 하나님과 인간 가운데 하나님께 두어져 있는 것이다."[47] 퍼킨스는 양심은 두 가지 주요 의무를 갖고 있다고 결론짓는다. 곧 증언을 제공할 의무와 판결을 내릴 의무다.[48]

양심에 대한 퍼킨스의 가장 방대한 작품 『양심 문제에 대한 총괄적 논문』(The Whole Treatise of Cases

---

43) Dewey D. Wallace, *Puritans and Predestination: Grace in English Protestant Theology, 1525~1695* (Chapel Hill: University of North Carolina Press, 1982), pp. 195~196.

44) 히에로니무스 잔키우스 곧 지롤라모 잰키(1516~1590년)는 스트라스부르크와 하이델베르크 대학에서 가르친 이탈리아 개혁파 신학자였다. 잰키는 신자의 구원에 대해 세 가지 증언을 강조했다. 첫째, **하나님의 영**: 하나님의 영은 신자에게 그리스도와 그분의 유익을 지시하신다. 둘째, **복음 선포**: 복음 선포는 우리의 양심에 믿으라고 명령한다. 셋째, **거룩한 삶 및 깨끗한 양심과 같은 은혜의 결과들**: 은혜의 결과들은 확신을 "보증한다." 잰키가 제시한 내용에 덧붙임으로써, 퍼킨스는 자신이 대륙의 개혁파 신학이 이미 확립해 놓은 경계에서 벗어나 딴 길로 가지 않겠다는 것을 보여 준다 (Perkins, *Works*, 1:429~431).

45) Perkins, *Works*, 1:423~428.

46) Perkins, *English Puritanist*, pp. 1~78.

47) Perkins, *English Puritanist*, p. 6.

48) Perkins, *English Puritanist*, p. 7.

of Conscience, 1606)은 영국에서 13판, 유럽 대륙에서 6판이 발행되어 청교도 다수의 실천신학의 교본이 되었다.[49] 이 작품에서 퍼킨스는 자기 자신, 하나님, 타인과의 관계를 포함해서 양심의 특별한 문제들을 광범하게 다룬다.[50] 이 책 첫 부분에서 퍼킨스는 사람이 구원받기 위해 무엇을 해야 하는지, 신자들은 자신의 구원을 양심 속에 어떻게 납득시킬 수 있는지, 그리고 타락했을 때 어떻게 회복할 수 있는지를 설명한다. 이 부분 전체에 걸쳐 퍼킨스는 확신과 관련된 질문으로 되돌아가서 자신이 확신을 양심의 최대 문제로 간주하고 있음을 분명히 한다.

요한일서에 기반을 둔 자신의 소책자의 제목에서 믿음에 대한 확신을 양심의 최대 문제로 확고하게 주장함으로써, 퍼킨스는 어떤 이들이 주장한 것처럼 결국은 건전하지 못한 경건주의로 나아가고 마는 일종의 주관주의에 빠지지 않는다. 오히려 퍼킨스는 더 유용한 목표를 염두에 두고 있었다. 퍼킨스는 만일 어떤 사람이 그리스도 안에서 자신에 대한 하나님의 호의를 확신한다면 자신이 발견하는 상태가 어떠하든지 승리하는 삶을 살 수 있다고 주장했다. 퍼킨스는 실천신학자였다. 퍼킨스는 신학을 "영원히 복되게 사는 학문"으로 정의한다. 기독교적 삶에 대한 퍼킨스의 모든 가르침은 그리스도 예수 안에서 하나님의 구원에 대해 확신을 갖고 있는 선한 양심에 기초가 두어져 있다.[51]

이 각각의 작품들 속에서 퍼킨스는 선한 양심을 요한일서의 주요 목적으로 본다. 『양심론』에서 퍼킨스는 단지 한 문단으로 이 요점을 증명한다.[52] 『양심 문제에 대한 총괄적 논문』에서 퍼킨스는 요한일서의 가르침을 세 가지 진술 아래 요약한다.

- 하나님과의 교제가 의심할 여지 없는 확신을 가져온다(요일 1:3~7). 만일 우리가 하나님과 교제를 갖는다면 하나님의 영원한 작정에 대해 걱정할 필요가 없다고 퍼킨스는 말한다. 우리는 그리스도 안에서 확실한 구원을 발견한다. 우리는 그리스도의 피로 말미암은 죄사함, 우리 안에서 거룩하게 하시는 성령의 역사, 마음과 삶의 거룩함과 정직함, 복음에 대한 지식과 순종 안에서의 견인을 통해 그리스도 안에 있음을 알 수 있다.
- 입양된 하나님의 모든 자녀는 의심할 여지 없이 구원받을 것이다(요일 3장). 입양된 하나님의 자녀들은 진실로 하나님의 아들을 믿고, 그분을 주님으로 섬기며 순종하는 데 힘쓰고, 다른 그리스도인들을 형제, 자매로 사랑하게 되고, 그렇게 함으로써 자기들의 구원에 대한 확실한 증거를 제공하게 될 것이다.
- 하나님의 사랑을 아는 것은 구원에 대한 확신을 제공한다(요일 4:9). 따라서 그 사랑은 하나님과 우리 형제들에 대한 사랑으로 증명될 것이다.[53]

---

49) Ian Breward, "William Perkins and the Origins of Puritan Casuistry," *Faith and a Good Conscience*, Puritan and Reformed Studies Conference, 1962 (London: A. G. Hasler, 1963), pp. 3~17. 참고, James F. Keenan, "Was William Perkins' *Whole Treatise of Cases of Consciences* Casuistry?: Hermeneutics and British Practical Divinity," *Contexts of Conscience in Early Modern Europe, 1500~1700,* Harald Braun & Edward Vallance 편집 (New York: Palgrave MacMillan, 2004), p. 29. 키넌은 퍼킨스의 작품은 결의론보다는 영적 지침서로 가장 잘 분류된다고 결론짓고, 그 작품의 독특성은 장르가 아니라 포괄적 범주에 있다고 주장한다(p. 30).

50) Perkins, *English Puritanist*, pp. 79~240.

51) Breward, "William Perkins and the Origins of Puritan Casuistry," p. 14.

52) Perkins, *English Puritanist*, pp. 53~54.

53) Perkins, *English Puritanist*, pp. 114~116.

퍼킨스는 『양심의 문제』라는 소논문에서 요한일서에 대해 보다 상세한 설명을 제공했다. 요한이 독자들의 기쁨을 충만하게 하려고 편지를 쓰고 있다고(1:4) 진술하는 것에 대해 퍼킨스는 이렇게 덧붙인다. "말하자면 여러분의 양심에 건전한 위안을 줄 것이다."[54] 퍼킨스는 거듭 양심의 주제로 돌아간다. 퍼킨스는 우리 양심에 대해, 죄로 인해 우리를 고소하지 않는 것(요일 2:28, 3:19~21에 대한 주석)과 "양심의 저지와 고통"(요일 4:18에 대한 주석)에 대해, 그리고 "내적으로 깨끗하게 된" 양심에 대해(요일 5:6에 대한 주석) 말한다.[55]

퍼킨스가 제시한 괄호 안의 다른 주석들은 신자들이 입양된 하나님의 자녀임을 그들의 양심 속에서 확신할 수 있게 하는 은혜의 표지를 열거하는 점검표와 같다. 이 표지를 몇 가지만 제시하면 다음과 같다.

- 하나님의 계명에 순종하기를 원함: 요한일서 2장 3절에서 언급하는 하나님의 계명을 지키는 것에 대해 퍼킨스는 이렇게 지적한다. "지키는 것은 이루는 것을 가리키는 것이 아니라 그렇게 하겠다고 관심과 소원을 갖는 것을 의미한다. 왜냐하면 자비의 하나님은 자신의 종들 속에 있는 행위에 대한 의지를 받아 주시기 때문이다."[56] 퍼킨스는 회심의 기준을 너무 높이 세우지 않기를 바란다. 왜냐하면 양심적인 신자는 자신이 아무리 그렇게 하기를 열망한다 해도 마땅히 지켜야 할 하나님의 계명을 지키지 못한다는 것을 인정하는 것이 급선무이기 때문이다. 하나님이 행위에 대한 내적 욕구를 받아 주시는 것은 두려워 떠는 신자에게 매우 큰 위로가 된다. 동시에 그것은 퍼킨스가 "내적 마음의 운동"으로 부르는 것에 이른다.
- 마음의 성실함을 소유하는 것: 하나님의 사랑이 온전하게 되는 것에 대해 말하는 요한일서 2장 5절을 설명하면서, 퍼킨스는 온전함을 "불완전함과 반대되는 개념이 아니라 위선과 반대되는 개념으로 보고, 성실하고 건전한 완전함"으로 해석했다. 요한이 "행함과 진실함"으로 사랑하는 것에 대해 말할 때(요일 3:18), 퍼킨스는 "성실하게"라는 말을 덧붙인다.[57] 퍼킨스는 성실함이 없으면 건전하고 건강한 양심을 갖는 것이 불가능하다고 본다.
- 하나님과 하나님의 은혜를 즐거워하는 것: 요한일서 2장 13절을 주석하면서 퍼킨스는 하나님의 자녀들의 즐거움을 세 번에 걸쳐 말한다. 퍼킨스는 어른은 "오래된 문제들에 대해 말하고 듣는 것을 즐거워하고", 젊은이는 "자신의 용기와 힘을 과시하는 것을 즐거워하며", 어린아이는 "항상 아버지의 날개 아래 있는 것을 즐거워한다"고 설명한다.[58] 퍼킨스는 하나님 안에서 즐거워하는 것은 은혜 안에 있는 젊은이나 노인에게 공통적인 은혜의 핵심 표지라고 본다. 하나님 안에서 즐거워하는 것이 부족한 기독교는 바리새주의다.
- 세상 정욕을 피함: 요한일서 2장 16절을 주석하면서 퍼킨스는 육신의 정욕을 "주로 악한 욕망으로 표출되는 본성의 부패함"으로, 안목의 정욕은 "간음이나 탐욕으로 표출되는 것처럼 외적 자극으로 말미암아 촉발되는" 육신의 정욕의 열매로, 이생의 자랑은 "오만과 야망"으로 규정한다.

---

54) William Perkins, *A Case of Conscience, the Greatest That Ever Was*, in *Works*, 1:423.
55) Perkins, *A Case of Conscience, the Greatest That Ever Was*, in *Works*, 1:427.
56) Perkins, *A Case of Conscience, the Greatest That Ever Was*, in *Works*, 1:423.
57) Perkins, *A Case of Conscience, the Greatest That Ever Was*, in *Works*, 1:424, 426.
58) Perkins, *A Case of Conscience, the Greatest That Ever Was*, in *Works*, 1:424.

신자들은 입양된 아들과 딸로 살기 때문에 "세상 사람들에게 찌꺼기와 폐물"로 간주된다(요일 3:1에 대한 주석).[59]

- **다른 사람들을 신자로서 사랑함:** 이 사랑은 하나님이 은혜로 우리를 자신의 가족으로 삼으신 것의 열매다. 교회는 요한일서 3장 15절에 "너희는 우리에게 사랑이 양자의 사역이라는 것을 충분히 보여 주었다"고 말하는 것으로 반응한다. 이 양자는 우리를 향하신 하나님의 사랑으로 말미암아 가능하다. 퍼킨스는 요한일서 4장 12절을 이렇게 주석했다. "하나님이 베푸시는 사랑은 철저히 우리의 사랑으로 말미암아 우리에게 표현된다. 그것은 우리를 비추는 달빛이 달을 비추는 햇빛 곧 달이 달빛을 취하는 원천인 햇빛을 증거하는 것과 같다."[60]
- **자신의 자아를 깨끗하게 함:** 요한일서 3장 3절을 주석하면서 퍼킨스는 신자들은 자신을 깨끗하게 한다는 것을 분명히 하지만 그들은 양자의 열매로, 그리고 하나님의 은혜로 그렇게 한다고 덧붙인다. 동반된 난외주에서 퍼킨스는 "우리의 부패함과 개인적인 죄에서 자신을 깨끗하게 하는 데 유용한 수단을 사용하려는 욕구와 노력은 양자의 표지"라고 말한다.[61]

퍼킨스는 이것들과 추가적인 은혜의 표지들을 다른 난외주를 통해 보강했다. 그것들은 다음과 같다.

1. 삶과 신앙 생활이 성실한 것은 하나님과의 사귐의 표시다(요일 1:7).
2. 하나님께 죄를 겸손히 고백하는 것은 죄사함의 표시[표지]다(요일 1:9).
3. 계명을 지키려고 노력하는 것은 믿음의 표시다(요일 2:1).
4. 우리의 형제를 사랑하는 것은 거듭남의 표시다(요일 2:10).
5. 마음속에 하나님의 영이 내주하시는 것은 견인의 표지다(요일 2:20).
6. 복음의 지식과 순종 안에서 견인하는 것은 그리스도와의 교제의 표지다(요일 2:25).
7. 그가 그리스도인 곧 경건한 사람이므로 그를 사랑하는 것은 하나님 자녀의 표시다(요일 3:14).
8. 마음속에서 촉발되는 동정은 사랑의 표시다(요일 3:17).
9. 자비의 행위는 사랑의 표지다(요일 3:18).
10. 진실한 사랑은 진실한 신앙고백의 표시다(요일 3:19).
11. 담대하게 기도하는 것은 평화로운 양심의 표지다(요일 3:20).
12. 우리를 성결하게 하시는 하나님의 영의 역사는 하나님과의 교제의 표지다(요일 3:24).
13. 복음에 대한 진실한 고백은 그리스도와의 교제의 표시다(요일 4:15).
14. 거룩한 삶을 통해 하나님을 닮는 것은 특별히 우리를 향하신 하나님 사랑의 표지다(요일 4:17).
15. 우리가 하나님을 사랑하는 것은 하나님이 우리를 특별히 사랑하시는 표지다(요일 4:19).
16. 계명들에 순종하려고 노력하는 것은 우리의 형제에 대한 사랑의 표지다(요일 5:2).
17. 만일 하나님이 우리의 기도를 들으신다면 우리의 기도가 받아들여졌다는 표지다(요일 5:15).

---

59) Perkins, *A Case of Conscience, the Greatest That Ever Was*, in *Works*, 1:424, 425.
60) Perkins, *A Case of Conscience, the Greatest That Ever Was*, in *Works*, 1:426~427.
61) Perkins, *A Case of Conscience, the Greatest That Ever Was*, in *Works*, 1:425.

다수의 난외주는 위선자를 다음과 같이 묘사한다.

1. 실천 없는 신앙고백은 위선자의 표시다(요일 1:6).
2. 현세에서 완전한 성화를 고백하는 것은 위선자의 표시다(요일 1:8).
3. 순종 없는 믿음은 위선자의 표시다(요일 2:4).
4. 미움과 악의와 결합된 신앙고백은 위선자의 표시다(요일 2:9).
5. 삶의 느슨함 또는 죄의 습관은 현재 마귀의 자녀의 표시다(요일 3:10).[62]

퍼킨스는 은혜의 모든 표지를 인간 중심적 종교가 되지 않도록 삼위일체적인 구조에 따라 정립하는 것이 필요함을 날카롭게 의식하고 있었다. 요한일서 4장 7절을 주석하면서 퍼킨스는 신자들은 "그리스도의 아버지이신 하나님이 자신들의 아버지이고, 그리스도는 자신들의 구속주이며, 성령은 자신들의 거룩하게 하시는 분임을 확신시키는 특별한 지식에 따라" 하나님을 안다고 말했다.[63] 모든 확신은 기독론적인 확신이다. 곧 그것은 그리스도의 공로에 기초가 두어져 있고(요일 2:12에 대한 주석), 그리스도를 믿는 믿음으로 받게 되며(요일 5:4에 대한 주석), 그리스도를 본보기로 삼는다(요일 3:3에 대한 주석).[64] 그것은 성령의 기름부음에 의존한다. 퍼킨스는 요한이 요한일서 2장 20, 27절에서 언급하는 기름부음을 우리가 그리스도에 대해 받는 하나님의 영의 은혜로 봤고, 이것은 구약 성경에 나오는 기름부음의 성취다.[65] 요약하면 은혜의 표지들은 그리스도에게서 흘러나오고 성령의 기름부음으로 비준되기 때문에, 사람은 삶 속에서 구원하는 은혜의 표지들을 검토함으로써 자신이 하나님의 자녀인지 알 수 있다.

결론

퍼킨스의 믿음의 확신 교리는 종교개혁자들이 강조한 것 이상으로 은혜 언약, 확신의 이차 근거, 확신에 대한 적극적 추구, 주관적 경험, 믿음의 단계를 강조했다.[66] 퍼킨스는 또한 언약적인 순종과의 관계에 있어서 그의 실천적 삼단논법에 따라 양심의 역할을 강조했다.[67]퍼킨스의 신학은 은혜 안에서 자라가는 것은 확신의 표지로 양심의 면밀한 검토와 불가분리적이라고 주장했다.

그러나 퍼킨스는 믿음과 확신에 대한 종교개혁자들의 가르침을 저버리지 않았다. 오히려 퍼킨스의 강조점은 목회적인 관심사에서 나왔다. 퍼킨스는 수시로 하나님과 하나님 은혜의 우선권보다 구원을 더 강조했지만 확신의 근거를 그리스도에게서 다른 것으로 바꾸지도 않았고, 솔라 그라티아를 포기하지도 않았다. 퍼킨스는 칼빈 및 종교개혁자들과 본질적으로 달랐던 것이 아니라 강조점이

---

62) Perkins, *A Case of Conscience, the Greatest That Ever Was*, in *Works*, 1:423~428.
63) Perkins, *A Case of Conscience, the Greatest That Ever Was*, in *Works*, 1:427.
64) Perkins, *A Case of Conscience, the Greatest That Ever Was*, in *Works*, 1:423, 427, 425.
65) Perkins, *A Case of Conscience, the Greatest That Ever Was*, in *Works*, 1:424, 425.
66) Perkins, *Whether a Man*, in *Works*, 1:363.
67) Coleman C. Markham, "William Perkins' Understanding of the Function of Conscience" (철학박사학위논문, Vanderbilt University, 1967), p. 26.

달랐던 것이다.

퍼킨스는 구원 문제에 있어서 주의주의자가 아니었다.[68] 퍼킨스는 언약의 조건들은 성취되어야 한다고 주장했지만 또한 하나님은 신자가 그 조건들을 성취할 수 있도록 하신다고도 말했다. "하나님께 돌아서는 자는 무엇보다 먼저 하나님이 돌아서도록 하셔야 하고, 그렇게 돌아선 후에야 우리는 회개한다"고 퍼킨스는 말했다.[69] 퍼킨스는 구원하는 믿음의 대상은 예수 그리스도이고, 확신의 일차 근거는 삼위 하나님의 기독론적인 약속들이 믿음으로 파악될 때 그 속에 있다고 주장했다.[70]

퍼킨스의 요한일서 및 요한의 다른 작품들과의 대화는 "높은 칼빈주의" 및 스콜라적 방법론과 함께 성경적이고 따스한 경건과 공명을 이루는 확신 교리를 드러낸다. 퍼킨스는 "스콜라적 높은 칼빈주의자"와 "경건주의의 아버지"라는 말을 함께 들었다.[71] 퍼킨스의 신학은 성부의 예정하시는 작정과 택함받은 자를 위해 그리스도께서 이루신 속죄의 만족, 그리고 거룩하게 하시는 성령의 사역의 신적 주권을 인정한다. 그러나 퍼킨스는 또한 개인 신자가 자신의 구원을 위해 말씀을 듣는 자, 그리스도를 따르는 자, 양심의 전사로서 힘쓰는 실천적인 복음적 강조점도 제시했다. 퍼킨스는 신적 주권, 개인적 경건, 성령이 역사하는 확신, 복음의 구원 제공을 항상 염두에 두고 있다.

퍼킨스가 건전한 교리와 영혼들의 성화와 확신을 강조한 것은 오랫동안 청교도 사상에 영향을 미쳤다.[72] J. I. 패커가 말하는 것처럼 "우리는 청교도 사상이 그들의 성경적, 헌신적, 교회적, 개혁적, 논쟁적, 문화적 관심사와 함께 퍼킨스와 함께 성숙한 단계에 도달했고, 특히 이전에는 보지 못했던 온전한 영적 비전과 성숙한 기독교적 인내를 보여 주기 시작했다고 말할 수 있다."[73]

퍼킨스의 신학은 구주를 필요로 하는 죄인과 성도들을 다룰 때 그를 냉랭하고 무정한 사람으로 만들지 않았다. 오히려 퍼킨스의 따스한 실천신학은 믿음의 확신에 대한 청교도의 문헌과 17세기에 출판된 작품들이 쏟아낸 다수의 다른 교리들의 기풍을 조성하는 역할을 했다. 『윌리엄 퍼킨스 작품 전집』의 예상된 재출간은 지난 반세기 동안 재출간된 청교도 문헌의 적합한 갓돌이 될 것이다.[74]

---

68) 여기서 "주의주의자"는 죄인에게 믿음을 주시는 하나님이 없어도 인간 의지로 그리스도를 믿는 믿음을 창출해낼 수 있다고 가르치는 자를 가리킨다.

69) William Perkins, *Of the Nature and Practice of Repentance*, in *Works*, 1:455.

70) Perkins, *Exposition of the Symbole*, in *Works*, 1:124, *Whether a Man*, in *Works*, 1:363.

71) Heinrich Heppe, *Geschichte des Pietismus und der Mystik in der reformierten Kirche namentlich in der Niederlande* (Leiden: Brill, 1879), pp. 24~26.

72) Richard Muller, "William Perkins and the Protestant Exegetical Tradition: Interpretation, Style, and Method," *William Perkins, A Commentary on Hebrews 11*, John H. Augustine 편집 (New York: Pilgrim Press, 1991), p. 72.

73) Packer, "An Anglican to Remember," p. 4.

74) 1950년대 이후로 재출간된 청교도 문헌의 포괄적인 목록과 해석이 달린 참고 문헌은 Joel R. Beeke & Randall Pederson, *Meet the Puritans: With a Guide to Modern Reprints* (Grand Rapids: Reformation Heritage Books, 2006)를 보라. 리포메이션 헤리티지 북스 출판사는 현재 조엘 비키와 데릭 토머스의 감수 아래 10권으로 된 『윌리엄 퍼킨스 작품 전집』을 새로 편집 중에 있다.

성도의 견인에 대한 청교도의 교리

그리스도께서 우리를 위해 자신의 사역을 이루셨는가? 그렇다면 우리 안에서 행하시는
자신의 사역도 이루실 것이라는 점은 의심의 여지가 있을 수 없다.
- 존 플라벨[1] -

청교도는 관례처럼 성경책이나 선택한 성경 본문들을 통해 연속적으로 설교하고, 교리문답적인 설교는 거의 하지 않았기 때문에[2] 조직신학 주제를 다룬 설교는 자주 하지 못했다. 이런 이유로 청교도의 대부분 작품들은 특별히 존 오웬을 빼고 성도의 견인 교리를 성경의 다른 교리들과 분리시켜 따로 다루지 않는다. 청교도는 오히려 이 교리를 성경에서 이 교리와 관련된 교리들 곧 구원의 순서, 구원하는 믿음, 선행, 구원의 확신 등과 연계시켜 다뤘다.

청교도는 구원의 순서에 포함된 모든 교리에서 그런 것처럼 경험적인 요점에 강조점을 두고 견인 교리를 설명했다. 이것 때문에 청교도는 견인 교리를 천상의 성읍으로 가는 그들 자신의 기독교적 순례에 적용시켰다. 이런 신학 방법은 또한 견인 교리를 일반적으로는 목회신학에, 특수적으로는 목회자의 감독과 카운슬링에 쉽게 이전시키는 특별한 이점을 갖고 있다.

우리는 청교도가 성도의 견인 교리를 가르친 것을 고찰할 때 견인의 확실성, 견인 교리에 대한 반박, 견인의 근거, 견인의 어려움, 견인의 필연성, 견인의 수단을 고찰할 것이다.

견인의 확실성

개혁파 구원론의 주요 진리 가운데 하나는, 도르트 신조(교리 5의 1, 8, 9장)에 따르면, 하나님이 자기 아들과의 교제로 부르시고, 성령으로 거듭나게 하고, 죄의 지배에서 해방시키는 하나님의 택함받은 자가 이 구원을 보존 받고, 그들 자신의 공로나 힘이 아니라 그리스도 안에서 값없는 하나님의 자비로 말미암아 믿음으로 견인한다는 것이다. 청교도는 견인 교리를 충분히 수용하고, 진실로 그리스

1) John Blanchard 편찬, *The Complete Gathered Gold* (Darlington, England: Evangelical Press, 2006), p. 170에서 인용함.

2) 다음 자료들은 예외다. John Flavel, *An Exposition of the Assembly's Shorter Catechism with Practical Inferences From Each Question*, in *The Works of the Rev. Mr. John Flavel* (Edinburgh: Banner of Truth, 1968), 6:138~317, Matthew Henry, *A Scripture Catechism, in the Method of the Assembly's*, in *The Complete Works of the Rev. Matthew Henry* (Grand Rapids: Baker, 1979), 2:174~263, Thomas Vincent, *The Shorter Catechism of the Westminster Assembly Explained and Proved from Scripture* (Edinburgh: Banner of Truth, 1980).

도와의 구원 연합으로 인도를 받은 모든 자는 그리스도와 결코 끊어질 수 없고, 그 모든 유익 및 열매와 함께 그리스도와의 연합이 영원히 지속될 것이라는 사실을 강조했다. 존 플라벨(1628~1691년)은 "끝까지 견인한다는 것은 무슨 뜻인가?"라는 질문에 "그리스도인들이 온갖 시험과 낙심 중에도 의무와 순종의 길에 변함없이 굳게 서 있는 것이다"라고 대답했다.[3] 웨스트민스터 신앙고백 17장 "성도의 견인에 대한" 부분은 시작하는 말에서 견인에 대해 매우 조심스럽게 세밀한 정의를 제공한다. "하나님이 그의 사랑하시는 자 안에서 받아들이고, 성령으로 효과적으로 부르시고 거룩하게 하신 자들은 완전히 또는 최종적으로 은혜의 상태에서 타락할 수 없고, 은혜 상태에서 끝까지 견인하고 영원히 구원을 받을 것이다." 웨스트민스터 총회 신학자들은 견인의 **확실성**을 천명하는 것으로 진술을 시작하고, 구원의 황금 사슬 속에서 견인을 다른 고리들과 연관시킨다. 그들이 부르심, 성화, 견인의 상호 관계를 천명할 때, 독자는 유다서 1장 1절을 생각하지 않을 수 없다. "예수 그리스도의 종이요 야고보의 형제인 유다는 하나님 아버지에 의해 **거룩하게 되고**, 예수 그리스도 안에서 **지키심을 받고 부르심을 받은** 자들에게 편지하노라"(강조 표시는 추가한 것이다).

웨스트민스터 총회 신학자들은 계속해서 어떤 신자도 **최종적으로** 타락할 수 없다고 말한다. 이것은 참 하나님의 백성이 **일시적으로** 타락할 수 없다는 의미가 아니다. 이 신학자들이 웨스트민스터 신앙고백(17.3)에서 견인의 어려움을 제시할 때 택함받은 자는 확실히 "심각한 죄에 빠져 한동안 그 상태에 머물러 있을" 수 있다는 것을 인정하기 때문에 이 구분을 지적하는 것이 중요하다. 청교도는 견인 교리를 "한 번 구원받으면 항상 구원받는다"는 의미로 정의하지 않았다. 왜냐하면 이런 언명은 참 그리스도인은 시험에 직면했을 때 절대로 실족하지 않고, 확신이 없어 괴로워하는 경우가 절대로 없다는 것을 의미하는 것으로 쉽게 오해될 수 있기 때문이다. 토머스 왓슨(1620~1686년)은 아우구스티누스를 인용해서 "은혜는 두려움과 의심으로 흔들릴 수 있으나 뿌리째 뽑혀 나갈 수는 없다"고 말했다.[4] 청교도가 구원에 대해 가르친 것은 "만일 구원을 갖고 있다면 그것을 절대로 상실하지 않을 것"이라는 것이다. 청교도는 또한 이렇게 가르쳤다. "만일 구원을 상실한다면 그것은 구원을 갖고 있지 못한 것이다." 토머스 왓슨은 위선자들은 확실히 타락하지만 참된 신자들은 결코 그렇지 않다고 말하면서, "혜성은 떨어지겠지만 진짜 별들이 떨어지는 일은 벌어지지 않는다"고 덧붙였다.[5]

청교도는 견인 교리를 지지하기 위해 베드로전서 1장 3~5절을 제시했다. "우리 주 예수 그리스도의 아버지 하나님을 찬송하리로다 그의 많으신 긍휼대로 예수 그리스도를 죽은 자 가운데서 부활하게 하심으로 말미암아 우리를 거듭나게 하사 산 소망이 있게 하시며 썩지 않고 더럽지 않고 쇠하지 아니하는 유업을 잇게 하시나니 곧 너희를 위해 하늘에 간직하신 것이라 너희는 말세에 나타내기로 예비하신 구원을 얻기 위해 믿음으로 말미암아 하나님의 능력으로 보호하심을 받았느니라." 베드로는 성령의 감동을 받아 참 신자들은 명목적인 그리스도인들과 달리 무한하고 영원하고 불변적인 하나님의 전능하신 능력으로 보호를 받는다고 천명한다. 왓슨은 이 본문을 "하늘의 유업은 성도들을 위해 간직되고, 성도들은 하늘의 유업을 위해 간직된다"고 설명했다.[6] 웨스트민스터 총회 회원이었

---

3) Flavel, *An Exposition of the Assembly's Catechism*, in *Works*, 6:206.
4) Thomas Watson, *A Body of Divinity* (Edinburgh: Banner of Truth, 1958), p. 285.
5) Watson, *Body of Divinity*, p. 284.
6) Watson, *A Body of Divinity*, p. 279.

던 윌리엄 그린힐(1598~1671년)은 이렇게 주장했다. "그리스도 안에서 믿음으로 사함받고 의롭다 함을 받은 사람은 부정한 죄에 빠질 수 있고, 또 때때로 빠지기도 하지만, 그 죄가 죄사함을 뒤집고 [그를] 비(非)칭의 상태로 되돌릴 정도로 기승을 부리지는 못할 것이다."7) 엘리사 콜스(대략, 1608~1688년)는 잠언 24장 16절의 "대저 의인은 일곱 번 넘어질지라도 다시 일어나려니와"라는 말씀을 인용했다.8)

바울은 빌립보서 1장 3~6절에서 이렇게 말한다. "내가 너희를 생각할 때마다 나의 하나님께 감사하며 간구할 때마다 너희 무리를 위해 기쁨으로 항상 간구함은 너희가 첫날부터 이제까지 복음을 위한 일에 참여하고 있기 때문이라 너희 안에서 착한 일을 시작하신 이가 그리스도 예수의 날까지 이루실 줄을 우리는 확신하노라." 윌리엄 브리지(1600~1671년)는 이 본문을 설명하면서 "하나님의 부르시는 은혜는 하나님의 확증하시는 은혜를 우리에게 보증한다"고 말함으로써 자기 회중을 격려한다.9) 토머스 맨턴(1620~1677년)은 다음과 같이 말했다.

> 하나님의 자녀는 은혜가 떨어지면 곤란을 겪게 될 것이다. 왜냐하면 은혜가 확실한 것만큼 은혜의 특권도 확실하기 때문이다. 이것이 율법 아래에서 일어났던 일이다. 이스라엘 백성들은 땅에 대한 기업과 권리를 완전히 상실하지 않았다. "토지를 영구히 팔지 말 것은 토지는 다 내 것임이니라"(레 25:23). 이것은 우리에게서 절대로 제거시킬 수 없는 그리스도 안에서의 우리의 영적 기업에 대한 모형이었다. 그는 한동안 땅의 기업에서 끊어질 수 있으나 다시 회복할 것이다. 마찬가지로 그리스도와 공동 상속자가 된 자들도 절대로 상속을 박탈당하지 않는다. 우리 행동의 공로로는 그것을 상실하는 것이 당연하지만 하나님은 모든 위반을 따지시지 않는다. 우리는 성령 안에 있는 우리의 의, 양심의 평강, 희락의 증거들을 상실하는 것이 사실이지만 그 지위 자체는 무효화될 수 없고 우리에게서 제외시킬[빼앗아 갈] 수 없다.10)

청교도는 성도의 견인 교리를 신자가 현세에서 받는 구원의 3대 복 곧 칭의, 양자, 성화의 유익들 가운데 하나로 이해했다. 웨스트민스터 총회 신학자들은 웨스트민스터 소교리문답 질문 32에서 "효과적으로 부르심을 받은 자들은 현세에서 어떤 유익에 참여합니까?"라고 묻는다. 이에 대한 답변은 다음과 같다. "효과적으로 부르심을 받은 자들은 현세에서 칭의, 양자, 성화, 그리고 이것들에서 흘러나오는 여러 유익들에 참여합니다." 청교도는 일반적으로 성도의 견인을 객관적으로 사실이고, 주관적으로 믿음에 동반되거나 그리스도인의 삶 속에서 경험되는 네 가지 추가 유익이나 하나님의 선물에 포함시켰다. 웨스트민스터 소교리문답(질문 36)은 이렇게 말한다. "현세에서 칭의, 양자, 성화에 수반되거나 거기서 흘러나오는 유익으로는 하나님의 사랑에 대한 확신, 양심의 평강, 성령 안에서의 희락, 은혜의 증거, 그리고 그 안에서 끝까지 견인하는 것이 있습니다."

청교도의 견인 교리는 로마 교회 교리와 반대된다. 트렌트 공의회는 의롭게 된 사람은 "은혜를 상실할 수 없고, 그러므로 타락하고 죄를 짓는 자는 절대로 진실로 의롭게 된 것이 아니라"고 말한 자

---

7) William Greenhill, *Ezekiel* (Edinburgh: Banner of Truth, 1994), p. 461.
8) Elisha Coles, *A Practical Discourse of God's Sovereignty* (Newburyport: Edmund Blunt, 1798), p. 307.
9) William Bridge, "The Good and Means of Establishment," *The Works of the Rev. William Bridge* (1845, 재판, Beaver Falls, Pa.: Soli Deo Gloria, 1989), 4:262.
10) Thomas Manton, *Commentary on Jude* (Edinburgh: Banner of Truth, 1958), p. 51.

에게 저주를 선포했다.[11] 로마 가톨릭 사상은 만일 그대가 치명적인 죄를 저질렀다면 은혜 상태에서 떨어져 나가고,[12] 고백 행위를 통해 사제의 사죄(赦罪)를 받지 않으면 이 상태를 회복할 수 없다고 가르친다. 로마 가톨릭의 가르침에 따르면, 그리스도인은 치명적인 죄를 저지름으로써 언제든지 은혜 상태에서 떨어져 나가고, 이 상태는 고백 성사를 통해 회복될 수 있다. 청교도는 하나님의 말씀에 대한 그들의 입장에 따라 이런 견해의 모든 국면을 거부하고, 그리스도인들이 신적으로 규정된 고백 성사가 있고, 사제에게 자기들의 죄를 고백해야 하며, 사제의 사죄를 받지 못하면 그리스도 안에서 우리에게 약속된 구원을 상실하게 된다는 것을 전면 부인했다.

개혁파 견인 교리에 대한 반박

어떤 저술가도 존 오웬(1616~1683년)이 『성도의 견인 교리에 대한 설명과 확증』(The Doctrine of the Saints' Perseverance Explained and Confirmed, 1654)에서 제시한 것만큼 개혁파 견인 교리에 대한 깊은 사고, 철저한 강해, 엄격한 적용을 보여 주지 못했다. 오웬이 견인 교리를 변증한 것은 존 굿윈(1594~1665년)이 『구속받은 구속』(Redemption Redeemed, 1651)이라는 제목으로 쓴 논문에 대응하기 위해서였다. 존 굿윈은 이 논문에서 하나님이 신자의 믿음의 지속성을 보장하신다는 것을 부인했다.[13] 존 굿윈(오웬의 독립파 동료이자 친구인 토머스 굿윈과 구별되는 사람)은 아르미니우스주의자였다. 오웬이 존 굿윈의 견해를 반박한 것을 보면, 청교도가 개혁파 견해에 대한 아르미니우스주의자의 반박을 어떻게 다뤘는지를 이해하는 데 유익하다.

존 굿윈의 작품은 산만하고 중복적이고 논리적 전개를 결여했기 때문에 이에 대응하는 오웬의 반박도 체계적이지는 않았다. 그럼에도 불구하고 오웬은 굿윈이 견인 교리에 대해 제기한 세 가지 핵심 반론에 대응했다. 왜냐하면 이 반론에 대처하지 않고 방치하면 결국은 은혜 교리를 손상시킨다고 믿었기 때문이다.[14]

반박 1: 배교의 현실

존 굿윈은 히브리서 6장 1~8절과 10장 26~39절과 같은 본문은 신자가 은혜 상태에서 이탈할 가능성을 가르친다고 주장했다. 굿윈은 이것은 교회를 다니는 대다수 사람들이 처음에는 열심이었지만 나중에는 무관심하게 된 것으로 보아 확실하다고 말했다.

---

11) Philip Schaff 편집, "Canons and Dogmatic Decrees of the Council of Trent," Sixth Session (1547년 1월 13일), "Decree on Justification," canon 23, *The Creeds of Christendom* (1877, 재판, Grand Rapids: Baker, 1998), 2:115.

12) "The state of the soul which is free of original sin and actual mortal sin." Donald Attwater 편집, *A Catholic Dictionary* (New York: Macmillan, 1942), p. 502.

13) 존 굿윈에 대해서는 다음 자료들을 보라. John Coffey, *John Goodwin and the Puritan Revolution: Religion and Intellectual Change in Seventeenth-Century England* (Woodbridge, U.K.: Boydell Press, 2008), Thomas Jackson, *The Life of John Goodwin* (London: Longmans, Green, Reader, and Dyer, 1872), Dewey D. Wallace Jr., "The Life and Thought of John Owen to 1660: A Study of the Significance of Calvinist Theology in English Puritanism" (철학박사학위논문, Princeton University, 1965), pp. 242~247. 이 부분의 내용은 Joel R. Beeke, *The Quest for Full Assurance: The Legacy of Calvin and His Successors* (Edinburgh: Banner of Truth Trust, 1999), pp. 167~172를 손질한 것이다.

14) John Owen, *The Doctrine of the Saints Perseverance Explained and Confirmed*, in *The Works of John Owen* (Edinburgh: Banner of Truth Trust, 1965), 11:82 이하.

오웬은 타락하고 배교하는 자들의 존재를 부정하지 않았다. 그러나 오웬은 굿윈의 오류는 모든 아르미니우스주의자의 오류와 똑같이 그리스도 안에서 믿음을 고백하는 모든 사람이 참 신자라는 사실을 가정하는 것이라고 주장했다. 매우 세부적으로 오웬은 믿음에서 떨어져 나간 사람들을 묘사하는 성경 본문을 검토하고, 그들은 참 신자가 아니었다고 결론지었다. 오웬은 이 배교자들은 단지 본성을 변화시키지 못하는 "일시적 거룩함"을 경험한 것이라고 말했다.[15] 예를 들어 성경은 후메내오와 빌레도를 언급할 때 "그러나 하나님의 견고한 터는 섰으니 인침이 있어 일렀으되 주께서 자기 백성을 아신다 하며"라고 선언한다(딤후 2:17~19. 참고. 히 6:1~9, 10:26~39). 따라서 주님의 밀 가운데 뿌려진 가라지인 위선자들에 대한 성경의 언급은 참 그리스도인의 믿음 안에서의 견인에 반하는 논증이 결코 아니다.

오웬은 자신의 입장을 진술하기 전에 빌립보서 1장 6절, 베드로전서 1장 5절, 요한복음 10장 27~29절을 주석함으로써 견인에 대한 성경적 기초를 확립했다. 이어서 오웬은 굿윈의 반박에 대응해서 다음과 같은 삼단논법을 제시했다.

1. 택함받은 자는 떨어져 나갈 수 없다(요 10:27~29 등).
2. 믿는다고 고백하는 이들이 더러 믿음에서 떨어져 나간다.
3. 따라서 떨어져 나가는 신앙고백자들은 택함받은 신자가 아니다.[16]

그런 다음 오웬은 세 가지 유력한 초점과 관련시켜 견인 교리를 설명했다.

(1) **하나님의 불변적 속성과 하나님의 약속 및 영원한 목적**: 이것들은 하나님의 택하시는 사랑과 언약으로 확대된다. 하나님의 은사와 부르심에는 후회하심이 없다(롬 11:29).[17] 이 은사에는 견인이 포함된다. 왜냐하면 하나님은 자신의 약속을 통해 자기 백성들에게 매이고, 이것이 은혜 언약의 핵심을 구성하기 때문이다.[18] 따라서 은혜 언약은 그리스도의 중보 사역으로 말미암아 신자에게는 무조건적인 은혜와 견인에 대한 약속이 된다.[19] 하나님의 미리 아시는 능력, 약속, 언약, 불변성은 모두 하나님의 주권적이고 영원한 사랑을 구성하는 요소다. 그리고 견인은 택함받은 자에게 주어진 구원의 끊을 수 없는 사슬의 한 부분이다.

(2) **은혜 자체의 성격**: 은혜는 성경에서 항상 승리를 거둔다. 은혜는 견인하기 때문에 하나님도 친히 신자에 대해 견인하심으로써 은혜를 승리의 능력으로 만들고, 그리스도를 승리의 왕으로 만드신다.[20] 그리스도 역시 자신의 영을 그리스도인들에게 주신다. 이 영은 그들의 견인을 보장하신다. 왜냐하면 은혜 언약을 성취하실 때 보혜사는 택함받은 자와 영원히 함께 거하실 것이기 때문이다(요 14:16).[21]

(3) **구원 계획의 통합적인 통일성**: 만일 하나님이 신자 속에서 행하시는 구원 활동의 결과가 의심

---

15) Owen, *The Saints Perseverance*, in *Works*, 11:90.
16) Owen, *The Saints Perseverance*, in *Works*, 11:113 이하.
17) 마찬가지로 오웬도 영속적인 하나님의 언약, 취소할 수 없는 하나님의 약속과 맹세, 거역할 수 없는 하나님의 은혜를 다뤘다(*The Saints Perseverance*, in *Works*, 11, 4~8장).
18) Owen, *The Saints Perseverance*, in *Works*, 11:227.
19) Owen, *The Saints Perseverance*, in *Works*, 11:289 이하.
20) Owen, *The Saints Perseverance*, in *Works*, 11:172~173.
21) Owen, *The Saints Perseverance*, in *Works*, 11:308~315.

스럽다면 구원의 전체 계획은 실패하고 말 것이다. 만일 성령이 신자들을 은혜 안에서 지키지 못하신다면 그들을 부르시고, 거듭나게 하고, 거룩하게 하고, 확신할 수 있도록 하시지 못할 것이다. 왜냐하면 이 모든 것은 불가분리적으로 연계되어 있기 때문이다.[22] 또한 그리스도 역시 단지 무기력한 중보자에 불과하게 될 것이다.[23]

반박 2: 인간의 책임

견인을 반대하는 존 굿윈의 두 번째 논증은 그리스도인들이 은혜 상태를 스스로 유지한다고 주장하는 성경 본문들에 기초가 두어져 있었다. 굿윈은 "이런 본문들은 견인이 신자의 유일한 책임이라는 것을 증명한다"고 말했다.

이에 대한 오웬의 대응은 굿윈은 의무가 능력을 포함하지 않음을 보지 못했다는 것이다. 다시 말하면 죄인들은 회개하고 믿을 의무가 있지만 이것은 그들이 그렇게 할 능력을 갖고 있음을 증명하는 것은 아니라는 것이다. 마찬가지로 하나님은 성도들에게 은혜의 수단을 사용해서 믿음 안에서 견인하라고 명령하시지만, 그렇다고 그것이 그들이 자신의 힘으로 그렇게 할 수 있음을 의미하는 것은 아니다. 그들은 좁은 문으로 들어가기를 힘써야 하므로(눅 13:24) 선포된 말씀을 굳게 지키고(고전 15:2), 자기들의 부르심과 택하심을 굳게 해야 하지만(벧후 1:10), 오직 그리스도 안에서 하나님의 능력으로 말미암아 이 일들을 할 수 있다. 신자들은 자기들의 구원을 의심이나 불확실함이 아니라 거룩한 경외심을 갖고 두렵고 떨림으로 이루어야 한다. 왜냐하면 그들은 하나님이 친히 자기들 속에서 뜻을 갖고 행하도록 역사하시는 것을 알고 있기 때문이다(빌 2:12~13). 오웬은 이렇게 말했다. "아무리 훌륭한 사람이라도 사람은 본질상 그리고 당연히 권능, 능력, 힘이 하나님께 아무리 강하게 또는 전폭적으로 받아들여진다고 하더라도, 어떤 고려할 만한 가치를 일으켜 마음으로 영적인 선한 어떤 일을 행하거나 하나님과 동행하는 복음의 경향을 가질 수 있다는 것은 완전히 부인된다"고 말했다.[24]

아르미니우스주의자가 주장하는 것처럼 성도들이 스스로 자신들의 믿음을 유지한다고 믿는 것은 전적 부패 교리를 손상시킨다. 왜냐하면 거듭난 후에도 신자는 선한 것에 대해 완전한 지식은 갖고 있지 못하고, 자기 속에 그렇게 할 수 있는 확고한 욕구나 손상되지 않은 능력은 더더욱 갖고 있지 못하기 때문이다.[25] 신자는 지속적인 성화를 통해 자신의 구원을 이루어 가지만, 그것은 오직 그 안에서 강하게 역사하시는 하나님의 영원한 능력으로만 가능하다(골 1:29). 요약하면 오웬은 "확신과 견인의 관계는 견인과 하나님의 선택 및 신실하심과 같다"고 가르쳤다. 그러므로 선택이 믿음, 거룩함, 확신 안에서 견인하는 동기가 되어야 한다. 오웬은 다음과 같이 말했다.

> [선택은] 거기서부터 우리가 갖고 있는 확신 속에 같은 경향과 효력을 갖고 있고, 우리가 접하는 온갖 반대에도 우리는 완전히 그리고 최종적으로 타락하지 않을 것이다. 하나님의 "선택"

---

22) John Owen, *Of Temptation: The Nature and Power of It, Etc.*, in *The Works of John Owen* (Edinburgh: Banner of Truth Trust, 1965), 6:145~146.

23) Owen, "The Saints Perseverance," in *Works*, 11:499.

24) John Owen, *The Nature, Power, Deceit, and Prevalency of the Remainders of Indwelling Sin in Believers*, in *Works*, 6:165.

25) 오웬은 이것을 롬 7:17~21과 요 15:5에 기초했다(*Indwelling Sin*, in *Works*, 6:153~156).

> 은 드디어 "얻게" 될 것이고(롬 11:17), "하나님의 견고한 터는 굳게 설 것이다"(딤후 2:19). "선택에 따라" 하나님의 목적은 변할 수 없고, 그러므로 선택과 관련된 자들의 최후의 견인과 구원은 영속적으로 보장된다……그리고 복된 목적과 거기서 나오는 것에 대한 이 확신으로 말미암아 주어지는 것보다 거룩함 속에서 자라고 견디는 것에 대한 더 큰 자극은 없다.[26)]

오웬은 필립 크레이그가 "하나님의 은혜와 인간적 의무의 협력"으로 부르는 것을 가르쳤다.[27)] 오웬은 이렇게 말했다. "우리의 의무와 하나님의 은혜는 성화 문제를 다룰 때 어디서도 대립하지 않는다. 아니 우리의 의무는 하나님의 은혜를 절대적으로 전제한다. 우리는 하나님의 은혜가 없으면 의무를 수행할 수 없다. 또한 하나님도 우리가 의무를 올바르게 수행할 수 있도록 하는 목적 외에 다른 어떤 목적을 위해 우리에게 이 은혜를 주시지 않는다."[28)] 따라서 견인을 수행하는 우리의 책임은 하나님이 우리 안에서 견인을 행하신다는 하나님의 약속을 무력화시키지 않고, 오히려 그것에 의존한다(빌 2:12~13).

반박 3: 율법폐기주의의 위험

존 굿윈은 견인 교리를 광범하게 가르치면 불법이 조장되고, 성경의 도덕법을 무시하는 일이 벌어질 것이라고 말했다. 굿윈은 또한 견인은 하나님의 권고와 명령의 중요성을 손상시킨다고 말했다. 굿윈은 이렇게 말했다. "만일 하나님이 자기 백성들을 배교에서 보존하시는 것이 절대로 확실하고, 그렇게 할 의도를 갖고 계신다면, 어찌하여 하나님은 그들에게 은혜의 수단을 힘써 사용할 것을 권면하시는가? 그러므로 이 교리는 하나님의 모든 명령의 의미를 완전히 제거한다."[29)]

오웬이 율법폐기주의와 관련된 굿윈의 반박에 대응하는 본질은 간단하다. 곧 하나님은 자기 성도들을 거룩함 속에서 보존하신다는 것이다. 그리스도는 자기 백성들을 그들의 죄 안에서가 아니라 그들의 죄에서 구원하신다. 칭의는 성화와 불가분리적이다. 하나님과의 화목은 필수적으로 새 생명을 낳는 거듭남과 함께 간다. 견인은 느슨한 삶을 조장하는 것이 아니라 오히려 신자가 천국에 들어갈 유일한 길 곧 왕의 거룩함의 대로를 따르는 영원한 구원에 대한 확신을 약속한다.[30)] 견인 교리는 오직 순종을 가져올 수 있는 사랑을 불러일으킨다. 왜냐하면 "[죄의] 숨통을 자르고 죄를 파괴하는 것은 복음 안에서 역사하는 그리스도의 영이기" 때문이라고 오웬은 말했다.[31)] 그리스도인은 죄에 빠질 수 있지만 그리스도께서 그의 믿음이 떨어지지 않도록 효과적으로 기도하신다.[32)] 따라서 견인은 신자의 지속적 성화와 결정적 영화를 보장한다(참고, 살후 1:3~5, 2:13; 히 12:14; 벧전 1:2; 고전 6:9~11; 엡 5:3~6).

---

26) John Owen, *Pneumatologia, or, A Discourse Concerning the Holy Spirit*, in *The Works of John Owen* (Edinburgh: Banner of Truth Trust, 1965), 3:601~602. 참고, John Owen, *An Exposition of the Epistle to the Hebrews*, William H. Goold 편집 (Edinburgh: Banner of Truth Trust, 1991), 4:155~157.

27) Philip A. Craig, "The Bond of Grace and Duty in the Soteriology of John Owen: The Doctrine of Preparation for Grace and Glory as a Bulwark against Seventeenth-Century Anglo-American Antinomianism" (철학박사학위논문, Trinity International University, 2005), p. 89.

28) Owen, *Pneumatologia*, in *Works*, 3:384.

29) Owen, *The Saints Perseverance*, in *Works*, 11:243.

30) Owen, *The Saints Perseverance*, in *Works*, 11:254 이하.

31) Owen, *The Saints Perseverance*, in *Works*, 11:393.

32) Owen, *The Saints Perseverance*, in *Works*, 11:495.

오웬은 견인은 거룩하라는 하나님의 명령을 손상시킨다는 굿윈의 염려에 하나님의 명령에 순종하는 것은 모든 사람의 도덕적 의무고, 또 신자들이 그렇게 할 때 그들의 순종은 그들 안에서 행하시는 하나님의 역사를 함축한다는 사실을 지적하는 것으로 대응했다. 따라서 하나님의 주권적 활동은 은혜의 수단이나 은혜의 수단의 효력을 부정하는 것이 아니다. 하나님은 인과 관계에 따라 운행하도록 우주를 창조하셨다. 따라서 어떤 사람도 하나님의 도덕적 명령에 불순종하는 것에 대해 핑계를 댈 수 없다. 오웬은 이렇게 설명했다. "이것은 하나님이 우리에게 호흡을 주시기 때문에 호흡하는 것이 불필요하다고 주장하거나 하나님에게서 15년의 수명을 더해 주기로 약속하셨기 때문에 히스기야가 더 이상 먹고 마실 필요가 없다고 주장하는 것과 같다…… 은혜는 우리의 책임을 무력화시키지 않고, 오히려 그것을 이행하는 데 적합하다. 은혜는 우리의 의무를 면제시키지 않고, 의무의 수행을 준비시킨다."[33]

따라서 청교도가 주장하는 인간의 책임과 하나님의 주권 결합을 오웬은 견인 교리에서 예증했다. 아르미니우스주의는 하나님의 주권적인 뜻에 대한 성경 교리를 손상시키는 견해로 인간의 책임을 강조했지만, 개혁파 청교도는 인간의 책임과 하나님의 주권을 함께 강조하면서 하나님 뜻에 인간의 뜻을 종속시킬 것을 주장했다. 이런 성경적인 이원적 행위는 청교도의 견인 교리와 견인하기 위해 사용하는 인간의 은혜 수단들에 대한 설명에서 정교하게 드러난다.

견인의 근거

웨스트민스터 총회 신학자들(웨스트민스터 신앙고백 17.2)은 또한 견인의 근거에 대해서도 말했다. "이 성도의 견인은 그들 자신의 자유의지에 의존하는 것이 아니라 하나님 아버지의 값없고 불변적인 사랑에서 흘러나오는 선택에 대한 작정의 불변성에 의존하고, 또한 예수 그리스도의 공로와 중보의 효력, 그들 안에 거하시는 성령의 내주하심과 하나님의 씨의 내재, 은혜 언약의 본질에 의존하며, 이 모든 것에서 또한 견인의 확실성과 무오성이 일어난다." 견인의 이런 상부 구조는 깊은 기초를 갖고 있다. 청교도는 신자가 눈물 골짜기에서 사는 동안 견인하는 기초를 이해하는 것이 얼마나 중요한지를 인정했다.

청교도는 견인은 궁극적으로 신자 의지에 기초를 두고 있는 것이 아니라 하나님의 의지에 기초를 두고 있다고 말했다. 청교도는 이 가르침을 요한복음 10장 28~29절의 "내가 그들에게 영생을 주노니 영원히 멸망하지 아니할 것이요 또 그들을 내 손에서 빼앗을 자가 없느니라 그들을 주신 내 아버지는 만물보다 크시매 아무도 아버지 손에서 빼앗을 수 없느니라"과 같은 본문에 기초했다.[34] 청교도에 따르면, 이 약속과 이와 비슷한 다른 약속들의 말씀은 하나님이 세우고 하나님의 말씀 속에 선포된 다음과 같은 사중 근거에 따라 서 있다.

근거 1: 성부의 택하시는 사랑

견인의 사중 근거는 성부 하나님의 사랑과 함께 시작된다. 신자의 견인은 무엇보다 먼저 "하나님 아버지의 값없고 불변적인 사랑에서 흘러나오는 선택에 대한 작정의 불변성에" 의존한다(웨스트민스터

33) Owen, *The Saints Perseverance*, in *Works*, 11:280.
34) Coles, *A Practical Discourse of God's Sovereignty*, p. 307을 보라.

신앙고백 17.2). 이 조항에 첨부된 증거 본문은 디모데후서 2장 19절이다. "그러나 하나님의 견고한 터는 섰으니 인침이 있어 일렀으되 주께서 자기 백성을 아신다 하며." 왓슨은 이렇게 말했다. "하나님의 기초는 하나님의 선택의 작정 외에 다른 것이 아니다. 그리고 이 기초는 견고하다. 하나님은 그것을 바꾸지 아니하실 것이고, 다른 자들도 그것을 바꿀 수 없기 때문이다."[35)]

콜스는 그리스도 안에서 신자들을 향하신 하나님의 자애로운 사랑이 그들의 미래를 보장한다고 말했다. "신자들은 선택과 거듭남과 관련해서 하나님 아버지의 사랑의 산물이고, 그렇게 하실 때 그분은 그들에게 부성애를 가지실 수밖에 없다."[36)] 성부의 무한하신 사랑은 실패 없이 그들에게 제공되고, 그들을 보호하실 것이다. 콜스는 이렇게 덧붙였다. "피조물 자체의 모든 자연적 사랑은 성부의 광대하신 충만함의 한 조각에 불과하다. 어머니는 자신의 태의 자녀를 잊을 수 있지만 주님은 자기 자녀를 잊으실 수 없다"(참고, 사 49:15).[37)]

청교도는 믿음 안에서 이루어지는 우리의 견인은 은혜 안에서 우리를 보존하시는 하나님의 보호에 기초가 두어져 있음을 강조했다. 하나님의 명령과 인간의 책임에 대한 아르미니우스주의자의 접근법은 하나님의 주권이 우리의 모든 행동을 지배하는 것(웨스트민스터 신앙고백 질문 11)을 제대로 설명하지 못한다. 콜스는 성도들의 견인은 자신의 목적을 이루는 데 절대로 실패가 없으신 하나님의 전(全)통제적인 섭리의 맥락 속에 두어져야 한다고 말했다(시 115:3; 단 4:35).[38)] 하나님의 자녀가 견인하기 위해 애쓰는 것은 궁극적으로 자녀의 인간적 힘에 달려 있는 것이 아니라 하늘에 계신 그의 아버지의 능력에 달려 있다. 왓슨은 이렇게 말했다. "우리가 견인하는 것은 우리가 하나님을 붙들고 있기 때문이 아니라 하나님이 우리를 붙들고 계시기 때문이다. 배가 암벽에 매여 있으면 안전한 것처럼 우리도 시대의 반석에 굳게 매여 있으면 난공불락이다."[39)] 우리의 견인은 하나님의 창조, 구속, 섭리의 사역에 따라 열매를 맺기 때문에 하나님의 사랑과 선택에 근거를 두고 있다.

근거 2: 그리스도의 공로와 중보

웨스트민스터 총회 신학자들은 성도의 견인은 또한 "예수 그리스도의 공로와 중보의 효력"에 기초를 두고 있다고 말했다(웨스트민스터 신앙고백 17.2). 그들은 이에 대해 다음과 같은 본문을 인용한다.

- 히브리서 9장 14~15절: 하물며 영원하신 성령으로 말미암아 흠 없는 자기를 하나님께 드린 그리스도의 피가 어찌 너희 양심을 죽은 행실에서 깨끗하게 하고 살아 계신 하나님을 섬기게 하지 못하겠느냐 이로 말미암아 그는 새 언약의 중보자시니 이는……부르심을 입은 자로 하여금 영원한 기업의 약속을 얻게 하려 하심이라.
- 히브리서 7장 25절: 그러므로 자기를 힘입어 하나님께 나아가는 자들을 온전히 구원하실 수 있으니 이는 그가 항상 살아 계셔서 그들을 위해 간구하심이라.

---

35) Watson, *A Body of Divinity*, p. 282.
36) Coles, *A Practical Discourse of God's Sovereignty*, p. 311.
37) Coles, *A Practical Discourse of God's Sovereignty*, p. 311.
38) Coles, *A Practical Discourse of God's Sovereignty*, pp. 315~320.
39) Watson, *A Body of Divinity*, p. 289.

청교도는 우리의 그리스도와의 연합은 해체될 수 없다고 말했다. 왓슨은 이렇게 설명했다. "만일 한 신자가 그리스도에게서 끊어질 수 있다면 같은 규칙에 따라 다른 신자는 어찌하여 끊어지지 않겠는가? 왜 모두는 아니겠는가? 그러면 그리스도는 몸이 없는 머리가 되고 말 것이다."[40] 그리스도는 머리가 몸에서 잘라지거나 남편이 아내에게서 갈라지지 않는 것 이상으로 자기 백성들이 자기에게서 떨어져 나가도록 아니하실 것이다. 호세아서 2장 19절은 "내가 네게 장가들어 영원히 살되 공의와 정의와 은총과 긍휼히 여김으로 네게 장가들며"라고 말한다. 왓슨은 이렇게 설명했다. "하나님은 자기 백성들과 결혼하고 난 후에 다시 이혼하지 아니하신다. 하나님은 헤어지는 것을 미워하신다(말 2:16). 하나님의 사랑은 결혼의 끈을 매우 견고하게 묶으시기 때문에 죽음이나 지옥도 그것을 두 동강이로 나눌 수 없다."[41]

청교도는 그리스도께서 십자가에서 제공한 속죄 제물의 공로나 가치가 그분이 위하여 죽으신 자들이 영원히 구원받게 되는 것을 보증한다고 가르쳤다. 왓슨은 그리스도의 신자들의 구입 본질에 대해 다음과 같은 수사적 질문을 물었다. "여러분은 그리스도께서 우리가 한동안 자기를 믿고 이후에는 떨어져 나가도록 자기 피를 흘리신 것이라고 생각하는가? 우리는 그리스도께서 자신이 취득하신 것을 상실할 것이라고 생각하는가?"[42] 오바디야 세즈윅(대략, 1600~1658년)은 이렇게 말했다.

> 우리의 중보자이신 예수 그리스도는 자신의 죽음을 통해 은혜 언약을 확증하셨다! 그러니 오, 그리스도인이여, 그리스도 안에서 그대의 믿음을 지키고, 그대의 믿음을 이끌어 내고, 크게 즐거워하라. 왜냐하면 그리스도의 죽음으로 말미암아 모든 것이 확실하게 확증되므로 그대의 지위는 확실하고, 그대의 영혼은 확실하고, 그대의 구원은 확실하고, 모든 것이 확실하기 때문이다. 그리스도의 죽음은 전체, 유언, 전체 언약, 곧 언약의 모든 부분과 자격을 비준한 것이다. 그리스도께서 죽으신 것이 확실한 것처럼 그대가 하나님이 그대와 맺으신 모든 것을 누리는 것도 확실하다. 왜냐하면 [그분이] 약속하신 모든 유익이 한 마디도 떨어지지 아니할 것이기 때문이다.[43]

청교도는 우리의 대제사장이신 그리스도의 중보 사역을 믿음 안에서 이루어지는 신자의 견인의 필수 요소로 간주했다. 오웬은 요한복음 17장의 그리스도의 기도를 "그리스도께서 하늘에서 살며 행하시는 것을 명백히 땅에서 선언하시는 것"이라고 말했다.[44] 오웬은 자기 백성들을 위한 그리스도의 중보는 그분이 아버지께서 구속 언약에서 원하고 조인하신 일들을 위해 기도하고, 또 그리스도께서 그 언약에서 자신이 맡으신 책임을 이미 이루셨기 때문에 효력이 나타날 것이라고 말했다.

> 중보자로서 주 예수께서 계속 아버지께 그분이 자신의 마음에 따라 자신에게 주신 약속과 자

---

40) Watson, *A Body of Divinity*, p. 282.
41) Watson, *A Body of Divinity*, p. 281.
42) Watson, *A Body of Divinity*, p. 283.
43) Obadiah Sedgwick, *The Bowels of Tender Mercy Sealed in the Everlasting Covenant*… (London: Edward Mottershed for Adoniram Byfield, 1661), p. 272.
44) Owen, *The Saints Perseverance*, in *Works*, 11:367.

> 신과 맺으신 언약을 이루도록 계속 간청하고 기도하시는 것(행하고 고난받으실 때 하나님의 온전하신 뜻이 정확히 완전히 이루어지는 바탕이 되는 그분의 모든 욕구)은 확실히 이루어지고 일어날 것이다. 그러나 그러기에 이런 식으로, 이런 이유들에 따라 주 예수는 신자들의 견인을 위해 중보하고, 그들의 견인은 성부의 사랑 안에서 끝까지 유지되며, 그러기에 그들은 의심할 것 없이 당연히 보존을 받을 것이다.[45]

윌리엄 거널(1616~1679년)은 이것을 훨씬 개인적인 말로 다음과 같이 표현했다. "그리스도께서 우리를 위해 기도하시는가? 그렇다. 그리스도께서 우리를 위해 기도하며 살지 아니하시는가? 오, 그토록 많은 기도를 받은 자녀들이 이런 기도에도 불구하고 어떻게 멸망할 수 있겠는가? 그리스도께서 기도를 멈추시거나 거절당했다는 말을 듣기 전에는 약한 믿음으로 멸망할 것이라고 말하지 마라."[46] 그러나 그리스도께서 우리를 위해 기도하시는 것은 우리에게 게으름이나 무관심을 조장하지 않는다. 거널은 이렇게 말했다. "그리스도께서 하늘에서 성도들을 위해 기도하시는 것은 이미 모두가 들었지만 그 기도들의 응답은 하나님이 그들 자신의 기도에 응답을 보내실 때까지 봉인되어 유보된다. 그리스도인은 땅에서 자기 의무를 등한시하며 사는 한, 믿음 안에서 그리스도께서 하늘에서 기도하시는 자비를 받는 것을 기대할 수 없다."[47] 우리는 아버지의 영원한 사랑과 선택으로 말미암아 그리고 또한 그리스도 십자가에서의 사역 가치와 우리를 위하신 지속적인 중보로 말미암아 은혜 안에서 견인한다.

근거 3: 성령의 내주하심

웨스트민스터 총회 신학자들은 견인은 세 번째로 "그들 안에 거하시는 성령의 내주하심과 하나님의 씨의 내재"에 의존한다고 말했다(웨스트민스터 신앙고백 17.2). 리처드 십스(1577~1635년)는 "하나님의 영을 자기들의 교사와 설복자로 갖고 있는 자들 외에 견인할 자는 아무도 없다"고 말했다.[48] 왓슨도 이렇게 말한다. "사람들이 믿음 안에서 견인하지 못하는 이유는 결정적 원리를 갖고 있지 못하기 때문이다. 가지는 자라게 하는 뿌리가 없으면 시들기 마련이다."[49]

에베소서 1장 13~14절에서 바울은 "신자들은 약속의 성령으로 인 치심을 받았으니 이는 우리 기업의 보증이 되사 그 얻으신 것을 속량하시고 그의 영광을 찬송하게 하려 하심이라"고 말한다. 존 오웬은 이렇게 말했다. "영혼이 하나님께 받아들여진 것에 대해 증거를 갖기 위해 성령의 이 흔적을 가지려면 성령의 인 치심을 받아야 한다. 이 은유는 인 치심의 본질에서 나온다."[50] "성령의 인 치심의 특권은 무엇인가?"라는 질문에 답변할 때 플라벨은 이렇게 말했다. "그대의 영혼을 인 치실 때

---

45) Owen, *The Saints Perseverance*, in *Works*, 11:369.

46) William Gurnall, *The Christian in Complete Armour: A Treatise of the Saints' War against the Devil* (Edinburgh: Banner of Truth Trust, 1964), 1:265.

47) Gurnall, *The Christian in Complete Armour*, 1:269.

48) Richard Sibbes, *Faith Triumphant*, in *The Complete Works of Richard Sibbes* (Edinburgh: Banner of Truth Trust, 2001), 7:438.

49) Watson, *A Body of Divinity*, p. 288.

50) John Owen, *Of Communion with God*, in *The Works of John Owen* (Edinburgh: Banner of Truth Trust, 1965), 2:242.

성령의 계획과 목표를 숙고해 보라. 그것은 다음과 같다. 1. 그대에게 영원히 천국을 보장하기 위해서다. 2. 이 천국의 매개체로서 천국에 이르는 길에서 그대의 영혼을 천국으로 더욱 가까이 이끌기 위해서다. 곧 다른 많은 사람은 두 지옥에서 고통을 겪지만 그대에게는 확실히 두 천국을 제시하기 위해서다."[51] 오웬은 이렇게 말했다.

> 사람들은 자신들 스스로 안전하게 지키기를 바라고 원하는 것에 대해 인을 친다. 따라서 분명히 이런 의미에서 하나님의 종들도 인침을 받는다고 말해진다(계 7:4). 즉 하나님의 특별한 소유로 하나님의 표가 찍혀 있다는 것이다. 왜냐하면 이 인 치심은 표를 그리는 것과 일치하기 때문이다(겔 9:4). 따라서 신자들도 하나님이 취득하신 기업의 상속자라는 표시로, 구원의 날까지 보존된다는 표시로 인 치심을 받는다. 따라서 만일 이것이 의도된 인 치심이라면 그것은 마음속 의식의 한 행위가 아니라 그 사람의 안전에 대한 한 행위를 내포한다. 성부는 택함받은 자가 구속을 받도록 그리스도의 손으로 이끄신다. 그들은 때가 되면 구속을 받는데, 그때 성령으로 말미암아 부르심을 받아 하나님의 소유로 표시가 되고, 그리하여 성부의 손에 자신들을 맡긴다.[52]

견인의 근거는 우리 안에서 거하시는 하나님의 말씀과 밀접하게 연계되어 있는데, 그 이유는 하나님의 말씀과 하나님의 영은 항상 밀접하게 연계되어 있기 때문이다. 요한은 이렇게 말했다. "하나님께로부터 난 자마다 죄를 짓지 아니하나니 이는 하나님의 씨가 그의 속에 거함이요 그도 범죄하지 못하는 것은 하나님께로부터 났음이라"(요일 3:9). 청교도는 이 본문을 정확히 이해하려면 먼저 포괄적인 문맥을 검토해야 한다고 말했다. "만일 우리가 죄가 없다고 말하면 스스로 속이고 또 진리가 우리 속에 있지 아니할 것이요 만일 우리가 우리 죄를 자백하면 그는 미쁘시고 의로우사 우리 죄를 사하시며 우리를 모든 불의에서 깨끗하게 하실 것이요"(요일 1:8~9). 분명히 요한일서 3장 9절은 신자의 죄와의 근본적인 단절을 말하는 것이지 완전한 무죄 상태를 말하는 것이 아니다. 존 트랩(1601~1669년)은 이렇게 설명했다. "그는 철저히 그리고 최종적으로 죄를 짓지 않는 것이 아니다. 그는 배교자로 완전히 타락할 수 없다. 왜냐하면 하나님의 씨가 그 안에 거하기 때문이다."[53] 오웬은 이렇게 말했다. "여기서 요한의 목적과 의도는 하나님의 자녀와 마귀의 자녀를 식별하는 성격을 부여하자는 것이다."[54] 요한은 요한일서 5장 4절에서 이렇게 말한다. "무릇 하나님께로부터 난 자마다 세상을 이기느니라 세상을 이기는 승리는 이것이니 우리의 믿음[믿음도]이니라"(강조 표시는 추가한 것이다). 거널은 이렇게 말했다. "승리의 기록이 어디서 오는지 주목해 보라. 사실은 날 때부터다. 그의 새 본성 속에 뿌려진 승리가 있다. 아니 죄나 사탄이 그를 삼켜 버리지 못하도록 하나님의 씨가 심겨져 있다."[55]

---

51) John Flavel, *Sacramental Meditations*, in *The Works of the Rev. Mr. John Flavel* (Edinburgh: Banner of Truth, 1968), 6:407.
52) Owen, *Of Communion with God*, in *Works*, 2:243.
53) John Trapp, *Commentary on the New Testament* (Evansville, Ind.: Sovereign Grace Book Club, 1958), p. 729.
54) Owen, *The Saints Perseverance*, in *Works*, 11:561.
55) Gurnall, *The Christian in Complete Armour*, 1:263.

근거 4: 은혜 언약

제시된 견인의 네 번째 근거는 "은혜 언약의 본질"이다(웨스트민스터 신앙고백 17.2). 영원 전에 체결된 성부, 성자, 성령의 협정은 우리를 향하신 하나님의 언약의 자비와 긴밀하게 연계되어 있다. 왜냐하면 이 언약에서 하나님은 성육신하신 중보자를 통해 삼위일체 하나님의 협력 사역의 순서를 계시하셨기 때문이다. 존 오웬은 이렇게 말했다. "만약 우리가 그렇게 말할 수 있다면, [견인의] 이 진리에 대한 존재 원리는 하나님의 작정과 목적 속에 있고, 이 진리를 아는 인식 원리는 하나님의 언약, 약속, 맹세 속에 있고, 이것은 또한 이 진리의 참된 안정성 곧 그것들 속에서 그로 말미암아 특별히 그 안에서 약속하신 하나님의 진실하심과 신실하심을 크게 높인다."[56]

사무엘하 23장 5절을 보면, 하나님은 다윗에게 "영원한 언약을 세우사 만사에 구비하고 견고하게 하셨다." 새뮤얼 러더퍼드(1600~1661년)는 이것을 "무한한 사랑에 바탕을 둔 확실하고 영원한 언약"으로 불렀다.[57] 하나님은 모든 신자에게 "내가 너희를 위해 영원한 언약을 맺으리니 곧 다윗에게 허락한 확실한 은혜이니라"(사 55:3)고 약속하신다. 이 언약은 하나님이 자기 백성들에게 신실하실 것과 하나님이 자신에 대한 그들의 신실함을 보장하실 것을 약속한다. 올리버 헤이우드(1630~1702년)는 이렇게 말했다. "그러나 그들이 하나님을 떠날 수 있을까? 완전히 그리고 최종적으로 떠날 수 없다. '왜냐하면 하나님은 자기에게서 떠날 수 없도록 그들의 마음속에 자기에 대한 경외함을 두셨기 때문이다'"(렘 32:40).[58] 거널은 에스겔서 36장 27절에서 평행적인 어구에 대해 이렇게 말했다. "하나님은 만일 그들이 자신의 법에 따라 산다면 자신의 영을 갖게 될 것이라고 말씀하는 것이 아니다. 오히려 자신의 영이 그들이 그렇게 행하도록 하실 것이라고 말씀하는 것이다."[59]

소망의 견고한 근거

이상의 근거들에 따라 청교도는 그리스도인의 소망은 견고하고, 실질적이고, 확실하다고 말했다. 데이비드 딕슨(대략, 1583~1662년)은 견인 교리와 관련된 오류들을 논박하면서 "교황주의자, 소키누스주의자, 아르미니우스주의자, 퀘이커 교도 가운데 오류를 범하는 일부 지도자들은 성도들은 완전히 그리고 최종적으로 하나님에게서 떨어져 나갈 수 있다고 주장하지 않는가?"라는 질문에 자신이 긍정으로 답하는 것을 지지하는 열한 가지 이유를 제시했다. 이 이유들은 다음과 같은 것들을 포함하고 있다.

1. 성도들은 모래 위가 아니라 반석 위에 세워져 있다. 그러므로 어떤 종류의 시험이 공격하더라도 그들은 넘어질 수 없고 지옥문도 그들을 이길 수 없다(마 7:24, 16:16, 18).
2. 성도들 속에서 착한 일을 시작하신 이가 그리스도 예수의 날까지 이루실 것이다(빌 1:6).
3. 바울은 우리를 하나님의 사랑에서 끊을 수 있는 것은 아무도 없다고 말한다(롬 8:35, 38~39).
4. 떨어져 나가는 자들은 의롭게 하는 참된 믿음을 가진 적이 없었다(눅 8:4~15; 요일 2:19).

---

56) Owen, *The Saints Perseverance*, in *Works*, 11:205.

57) Samuel Rutherford, *The Tryal and Trivmph of Faith* (London: John Field, 1645), p. 63.

58) Oliver Heywood, *Sure Mercies of David*, in *The Whole Works of the Rev. Oliver Heywood* (Idle, U.K.: by John Vint for F. Westley 외, 1825), 2:319.

59) Gurnall, *The Christian in Complete Armour*, p. 265.

5. 택함받은 자가 미혹되는 것은 불가능하다(마 24:24).
6. 하나님의 아들을 믿는 자들은 영생을 갖고 있고(요일 5:13; 요 6:47, 54, 58), 사망에서 생명으로 옮긴 자들은 더 이상 주리거나 목마르지 아니할 것이다(요 6:35).
7. 하나님은 언약에서 그들의 잘못에 대해 자기 자녀들을 징계할 수 있지만 그들을 자신의 자비와 인자함에서 절대로 끊어내지 아니하실 것이라고 약속하셨다(시 89:30~34; 렘 32:38~40).
8. 바울이 미리 정하신 그들을 또한 부르시고 등으로 말하는 구원의 황금 사슬은 깨뜨려질 수 없다(롬 8:30).
9. 그리스도는 나를 보내신 이의 뜻은 내게 주신 자 중에 내가 하나도 잃어버리지 않고 마지막 날에 다시 살리는 이것이라고 말씀하신다(요 6:39).
10. 우리는 말세에 나타나기로 예비하신 구원을 얻기 위해 믿음으로 말미암아 하나님의 능력으로 보호하심을 받는다(벧전 1:5).
11. 그리스도는 우리를 위해 우리의 믿음이 떨어지지 않도록 우리를 위해 기도하셨다(눅 22:32; 요 17:20).[60]

웨스트민스터 총회 신학자들은 이상과 같이 견인의 근거들을 제시한 다음, 이렇게 결론지었다. "이 모든 것에서 또한 견인의 확실성과 무오성이 일어난다"(웨스트민스터 신앙고백 17.2). 청교도는 결과적으로 이런 객관적 진리에 따라 믿음을 행사함으로써 그리스도인은 주관적인 충분한 "은혜와 구원에 대한 확신"을 경험할 수 있다고 주장했다(웨스트민스터 신앙고백 18). 조나단 에드워즈(1703~1758년)는 이렇게 말했다. "생명권이 불확실한 우리 자신의 견인에 달려 있고, 우리 자신의 선한 뜻과 결단보다 더 확실하고 견고한 것은 아무것도 없다고 가정하는 것은……복음 계획의 본질과 목적과 완전히 불일치한다."[61] 신자가 자기 자신의 힘에 의존하는 것은 그에게서 위로와 힘을 박탈시킨다.

오웬은 하나님의 뜻이 인간의 의지에 달려 있다고 말한 자들에게 경고하는 것으로 끝맺었다.

> 이 언약에서 양편에 대한 하나님의 약속에도 불구하고, 자신이 약속하는 것을 수행하실 때 하나님의 신실하심에도 불구하고, 예수의 피로 그것을 비준하는 것과 예수께서 그것을 확증하기 위해 행하신 모든 것에도 불구하고……하나님이 그것에 대해 세우신 맹세의 보증에도 불구하고-정말이지, 이 모든 사실에도 불구하고, 하나님의 이 언약의 불변성을 인간 의지의 변덕스러움과 불확실성과 불안정[변덕스러움]에 매달 자들은 "자기들 스스로 불을 붙인 불꽃의 빛 속에서 걷겠지만" 우리는 주 우리 하나님의 빛 속에서 걸어갈 것이다.[62]

은혜 언약 속에 근거가 두어진 신자들의 안전은 궁극적으로 자신이 우리 하나님이 되신다는 하나님의 약속에 근거가 두어져 있다. 따라서 견인의 이 네 번째 근거는 이전의 성부의 선택, 성자의 취

---

60) David Dickson, *Truth's Victory over Error* (Burnie: Presbyterian Armoury Publications, 2002), pp. 84~85.
61) Jonathan Edwards, "Miscellanies," no. 695, *The Works of Jonathan Edwards*, vol. 18, *The "Miscellanies," 501~832*, Ava Chamberlain 편집 (New Haven, Conn.: Yale University Press, 2000), p. 280.
62) Owen, *The Saints Perseverance*, in *Works*, 11:211.

듯, 성령의 인 치심이라는 근거와 함께 결합되어 있다. 참 신자들은 자기들이 이미 주님을 자기들의 언약의 하나님으로 갖고 있고, 그것이 땅에서 천국의 본질이기 때문에 자기들이 천국을 갖고 있다고 확신할 수 있다. 리처드 얼라인(대략, 1610~1681년)은 주님이 언약을 주실 때 그분이 그분의 영광, 전능하심, 전지하심, 지혜, 의, 거룩하심, 전충족성, 신실하심 속에 있는 모든 것이 영원히 우리의 친구, 우리의 분깃, 우리의 태양, 우리의 방패로서 우리의 것이 된다고 말했다.[63] 콜은 성도들이 끝까지 견인할 것을 보증하는 데 "하나님의 모든 속성이 작용한다"고 말했다.[64] 이처럼 청교도의 논리는 적용을 크게 강조한다. 주님을 위해 어떤 일이 너무 힘들겠는가? 확신의 신적 근거는 영혼의 평강에 매우 중요하다. 왜냐하면 견인이 단순한 사람들에게는 쉬운 문제가 아니기 때문이다.

견인의 어려움

웨스트민스터 총회 신학자들은 웨스트민스터 신앙고백 17장 처음 두 부분에서 견인의 확실성과 근거를 다룬 다음, 계속해서 견인의 어려움 즉 신자들이 현세에서 만나게 되는 위험들을 확인한다. 이 세 번째 부분은 이렇게 되어 있다. "그럼에도 불구하고 그들은 사탄과 세상의 시험, 그들 안에 남아 있는 부패성의 기승, 그리고 그들의 보존의 수단들을 등한시하는 것으로 말미암아 심각한 죄에 빠지고, 한동안 그 가운데 계속 머물러 있기도 한다." 여기서 **그럼에도 불구하고**라는 말은 중요한 고백이다. 왜냐하면 청교도는 이 말로 참 그리스도인은 여전히 죄를 짓고, 때로는 심각한 죄를 짓기도 한다는 것을 인정했기 때문이다. 그러나 **한동안**이라는 말도 웨스트민스터 신앙고백 17장 1절의 **최종적으로**라는 말과 대조시켜 첨가된다.

웨스트민스터 신앙고백은 계속해서 신자들이 이렇게 일시적으로 죄에 빠진 것에 대해 주어질 결과들을 제시한다. "그들은 하나님의 불쾌감을 초래하고, 하나님의 거룩하신 영을 근심시키고, 그들의 은혜와 위로를 얼마간 박탈당하고, 그들의 마음은 완강해지고, 그들의 양심은 상처를 입고, 다른 사람들을 해치고 중상하며, 일시적으로 심판을 자초한다"(웨스트민스터 신앙고백 17.3). 여기서 초점은 비신자의 배교에 있는 것이 아니라 **완전히** 그리고 **최종적으로** 떨어져 나가지 않고 때때로 크게 실족하는 신자들의 죄에 있다. 매튜 헨리(1662~1714년)는 이렇게 말했다. "죄를 짓는다고 해서 모두 떨어져 나가는가? 아니다. 왜냐하면 그는 넘어지나 아주 엎드러지지 아니할 것이기 때문이다(시 37:24). 그러면 그들은 안전할 것인가? 아니다. 그러므로 높은 마음을 품지 말고 도리어 두려워하라(롬 11:20). 그렇다면 그들은 용기를 가질 수 있는가? 그렇다. 그분이 그의 천국에 들어가도록 구원하실 것이다"(딤후 4:18).[65]

존 번연(1628~1688년)은 벽 옆에서 타오르는 불의 비유를 통해 견인의 투쟁과 확실성을 함께 예증했다. 불은 마음속에서 이루어진 은혜의 역사를 표상한다. 마귀를 상징하는 한 사람이 불꽃을 소멸시키기 위해 불에 물을 퍼붓는다. 그러나 벽 뒤에서 다른 사람(그리스도)이 간헐적이지만 계속해서 불

---

63) Richard Alleine, *Heaven Opened… The Riches of God's Covenant of Grace* (New York: American Tract Society, n.d.), p. 9.

64) Coles, *A Practical Discourse of God's Sovereignty*, p. 322.

65) Henry, *A Scripture Catechism*, in *Works*, 2:212.

위에 기름(은혜)을 퍼붓기 때문에 불은 타오르는 상태가 유지된다. 여기서 우리는 신자가 마귀와 싸우는 것과 하나님이 자기 백성들을 유지하고 보존하기 위해 종종 불가시적인 승리의 역사를 행하신다는 것을 확인한다.[66]

청교도는 일시적이고 부분적인 타락과 "뒤로 물러가 멸망할" 타락(히 10:39) 곧 배교를 대조시킨다. 돌밭과 가시밭에 해당되는 청자들은 말씀을 듣고 한동안 적극적으로 반응하지만 참된 믿음에 대한 증거인 열매를 맺지 못한다. 왓슨이 말한 것처럼 "꽃이 핀다고 해서 모두가 열매를 맺는 것은 아니다."[67] 리처드 페어클러프(1621~1682년)는 "길에서 넘어지는 것과 길에서 벗어나는 것은 별개의 일이다"라고 말했다.[68] 페어클러프는 이렇게 덧붙였다. "은혜에서 후퇴하는 것과 은혜에서 퇴출되는 것[잘라지는 것]은 차이가 있다. 은혜에서 후퇴하는 것은 한동안 신자에게 일어나는 것이 가능하지만 하나님은 은혜에서 퇴출되는 것이 그에게 일어나도록 하지 않으실 것이다. 왜냐하면 비록 신자는 타락할 수 있다고 해도 코르크가 물속에 빠지는 것처럼 타락하는 것에 불과하고, 한동안 물에 빠져 있을 수 있지만 다시 나와 높이 떠오르기 때문이다. 하지만 위선자는 빠지면 다시 나올 수 없는 물속에 빠져 타락한다."[69]

청교도는 다윗과 베드로와 같이 유명한 경우에서 보는 것처럼 일시적인 타락이나 죄에 빠질 가능성을 인정했다. 누가복음 22장 31~32절에서 그리스도께서 베드로를 위해 중보하신 것을 생각해 보라. "시몬아, 시몬아, 보라 사탄이 너희를 밀 까부르듯 하려고 요구하였으나 그러나 내가 너를 위해 네 믿음이 떨어지지 않기를 기도하였노니 너는 돌이킨 후에 네 형제를 굳게 하라." 왓슨은 그리스도께서 "그가 완전히 타락하지 않도록" 베드로의 믿음을 위해 기도하셨다고 말했다.[70] 어떤 의미에서 우리는 베드로가 믿음을 제대로 행사하지 못했다고 말할 수도 있을 것이다. 베드로의 믿음은 그리스도를 부인하는 세 가지 시험을 이겨낼 정도로 충분히 강하지 못했다. 그러나 베드로의 연약함은 또한 그리스도의 힘을 증명했는데(고후 12:9), 그 중에서도 특히 우리를 위한 그리스도의 중보 능력을 증명했다. 토머스 맨턴은 이렇게 말했다. "곤경이 클수록 온전한 신적 도움도 그만큼 더 눈에 띈다. 세상에서 성도를 지키는 것이 천사의 보호보다 더 중요하다. 왜냐하면 천사는……총과 위협의 길에서 벗어나 있지만 우리는 거의 모든 길에서 다툼과 정복의 단계를 거쳐야 천국에 이르기 때문이다."[71]

하나님이 호세아서 14장 4절에서 약속하신 것은 사실이다. "내가 그들의 반역을 고치고." 하나님이 우리의 반역을 고치신다는 것은 얼마나 복된 일일까! 나아가 하나님은 우리의 반역을 우리를 더 나은 성화의 길로 이끄는 데 사용하신다. 하나님은 실제로 우리의 죄를 우리의 유익을 위해 사용하신다. 왜냐하면 죄가 우리를 겸손하게 하고, 우리 안에 다시 타락하는 것에 대한 두려움을 낳기 때문

---

66) Robert A. Richey, "The Puritan Doctrine of Sanctification: Constructions of the Saints' Final and Complete Perseverance as Mirrored in Bunyan's *The Pilgrim's Progress*" (신학박사학위논문, Mid-America Baptist Theological Seminary, 1990), pp. 148~149.

67) Watson, *A Body of Divinity*, p. 279.

68) Richard Fairclough, "The Nature, Possibility, and Duty of a True Believer's Attaining to a Certain Knowledge of His Effectual Calling, Eternal Election, and Final Perseverance to Glory," *Puritan Sermons, 1659~1689*, James Nichols 편집 (Wheaton, Ill.: Richard Owen Roberts, 1981), 6:411.

69) Fairclough, "Nature, Possibility, and Duty," *Puritan Sermons*, 6:412.

70) Watson, *A Body of Divinity*, p. 281.

71) Thomas Manton, "Sermon upon Luke 22:31, 32," *The Works of Thomas Manton* (Homewood, Ala.: Solid Ground Christian Books, 2008), 17:401.

이다. 십스는 이렇게 말했다. "종종 하나님의 자녀들은 실족을 통해 유익을 얻는데, 그것이 그들을 그 후에 영원히 있을 그 길을 더 신중하게 보도록 하기 때문이다. 천국의 길을 가는 자는 그가 선한 사람이라면, 넘어지고 타락한 후에는 하나님의 길에서 더 안전한 발판을 딛으려고 주의하기 마련이다."[72] 콜스는 이렇게 말했다. "사탄은 베드로를 밀 까부르듯 했으나 아무것도 얻지 못했다. 베드로는 왕겨를 얼마간 잃었지만 그것이 더 좋은 일이었고, 유혹자는 이후의 유익을 크게 잃어버렸다. 왜냐하면 신자들의 세계가 이후로 전사의 세계가 되었기 때문이다."[73]

견인의 필연성

청교도는 "성경적인 성도의 견인 교리는 진정으로 은혜 상태에 있는 모든 자는 거의 확실하게 끝까지 견인할 것을 가르친다"고 말했다. 그들은 영원한 영광을 얻기 위해 그렇게 해야 한다. 아우구스티누스가 말한 것처럼 "그에게 주어진 약속은 싸울 것이라는 것이 아니라 승리할 것이라는 것이다."[74] 왓슨은 "면류관은 경주가 끝날 때 쓰게 된다. 만일 우리가 경주에서 이긴다면 면류관을 쓰게 될 것이다."[75] 그리고 거널도 이렇게 말했다. "그리스도의 군사가 될 자는 인생이 끝날 때까지 사탄과의 이 싸움에서 견뎌야 한다. 출전하는 자가 아니라 진지를 지키는 자가, 이 거룩한 전쟁을 시작하는 자가 아니라 계속 버티는 자가 성도의 이름에 합당하다."[76]

에드워즈는 "회심의 결여가 선택의 결여 표지인 것처럼 견인의 결여는 바로 참된 회심의 결여의 증거다."[77] 존 번연은 독자들에게 이렇게 권면했다. "우리가 천국에 있기 전에 널브러져 있고, 안식처에 이르기 전에 진저리가 나는 것은 슬픈 일이다. 친구여, 만일 이것이 그대의 경우라면 나는 그대가 얻기 위해 힘차게 달려가지 않았다고 생각한다."[78]

청교도는 성경적 견인 교리와 로마 교회 및 아르미니우스주의자의 견해를 차별화하는 데 예민했다. 청교도는 "성경은 견인의 확실성과 견인의 필연성을 모두 가르쳤다"고 말했다. 신자들은 하나님의 말씀 속에서 그들에게 약속된 견인의 확실성에 위로와 격려를 찾아야 하지만 동시에 그들은 성경이 그들에게 신앙고백 속에서 견인하라고 명령하는 의무, 그리스도에 대한 순종의 실천, 거룩함의 추구에 대해 부담을 가져야 한다.

청교도는 하나님의 말씀과 조화를 이루어 그리스도인은 그리스도께서 구원을 누리도록 우리를 보호하고 보존하신다는 것을 알고 믿음 안에서 견인하는 일에 적극적으로 참여해야 한다고 주장했다(하이델베르크 교리문답 질문 31). 왓슨은 이렇게 말했다. "사람은 전쟁터에서 한 번의 전투는 패할 수 있지만 결국은 승리한다. 하나님의 자녀는 베드로처럼 시험에 맞서 싸울 때 한 번은 질 수 있지만 결

72) Richard Sibbes, *The Returning Backslider*, in *The Complete Works of Richard Sibbes* (Edinburgh: Banner of Truth Trust, 2001), 2:427.
73) Coles, *A Practical Discourse of God's Sovereignty*, p. 309.
74) Watson, *Body of Divinity*, p. 287에 인용됨.
75) Watson, *Body of Divinity*, p. 289.
76) Gurnall, *The Christian in Complete Armour*, pp. 258~259.
77) Jonathan Edwards, "Miscellanies," no. 415, *The Works of Jonathan Edwards*, vol. 13, *The "Miscellanies," a~z, aa~zz, 1~500*, Harry S. Stout 편집 (New Haven, Conn.: Yale University Press, 1994), p. 475.
78) John Bunyan, *The Heavenly Footman*, in *The Whole Works of John Bunyan*, George Offor 편집 (London: Blackie and Son, 1862), 3:392.

국에는 승리한다. 따라서 성도는 승리자로 면류관을 쓰려면, 세상이 성도에게 승리를 내주도록 하려면, 반드시 견인해야 한다."[79] 에드워즈는 "만일 그리스도인들이 견인에 힘쓰기를 멈춘다면 바로 일어날 일은 떨어져 나가는 것"이라고 말했다.[80]

견인의 수단

청교도는 성도의 견인은 그것이 삼위 하나님의 사역, 하나님 말씀의 불변적 진리, 은혜 언약의 변함없는 본질에 근거가 두어져 있기 때문에 확실하다고 말했다. 청교도는 우리의 관점에 따라 성도의 견인은 힘들고 필수적이라고 말했다. 견인은 하나님이 자신의 구원 목적을 이루기 위해 정하신 수단들을 우리가 부지런히 사용하는 데 적극적으로 참여할 것을 전제로 한다. 청교도는 견인 교리가 율법폐기주의와 유사점이 전혀 없다는 것을 인정했다. 에드워즈는 청교도의 입장을 다음과 같이 말하는 것으로 잘 요약했다. "순종의 길에서 견인하는 데 최선의 노력을 하는 자는 자신의 순종과 의가 참되다는 것을 발견하고, 그렇게 하지 않는 자는 그것이 거짓이라는 점을 발견한다."[81]

자기 백성들에게 베풀어지는 지속적 은혜의 통로가 되도록 하나님이 정하신 수단은 은혜의 수단으로 알려져 있다. "그리스도께서 자신의 중보의 유익들을 교회에 전달하는 외적이고 통상적인 수단은 그분의 전체 규례, 특히 말씀, 성례, 기도다. 이 모든 것은 택함받은 자가 구원을 얻는 데 효과적으로 작용한다"(웨스트민스터 대교리문답 질문 154). 이 수단들을 통해 그리스도인은 살아 있고 활력적인 믿음을 유지한다. 왓슨은 독자들에게 이렇게 권면했다. "자신의 믿음을 지켜라. 그러면 여러분의 믿음이 여러분을 지켜줄 것이다. 조타수가 배를 지키면 배는 그를 지켜 주는 법이다."[82] 오웬은 이 진리를 깨달으면 믿음이 향상된다고 말했다. "성도의 견인과 성도에 대한 하나님 사랑의 견고함 교리는 하나님의 약속들 속에서 언급되고 있는 하나님 속성들의 영광을 하나님께 돌리고, 믿음의 성장과 증가를 가져오는 데 합당하게 된다."[83] 그리고 십스는 『승리하는 믿음』(Faith Triumphant)에서 이렇게 말했다. "하나님의 능력에 기초를 두고 있는 믿음은 영혼을 진정시키고, 영혼에 준비되어야 할 것을 전달한다……참된 믿음이 있는 곳에서는 믿어지는 것들 속에 항상 사랑과 기쁨과 즐거움이 있다……우리의 보배로운 믿음은 보배로운 약속들을 붙들고, 그것들을 영혼 전체에 전달한다."[84]

믿음의 양은 믿음의 질만큼 결정적인 것은 아니다. 약한 믿음도 그것이 참된 믿음인 한에 있어서는 사람을 천국으로 이끌 것이다. 그러나 오웬이 매우 적절하게 말하는 것처럼 약한 믿음은 "그를 편안하거나 즐겁게 저곳으로 이끌지 못할 것이다……참된 믿음은 아무리 작더라도 그 사역을 안전하게 감당하지만 매우 달콤하게 감당하지는 못할 것이다."[85] 그럼에도 신자들은 자신의 믿음을 증진시키는 데 힘써야 하고 은혜의 수단들은 이 목적을 위해 정해진 것이다.

---

79) Watson, *A Body of Divinity*, p. 283.
80) Jonathan Edwards, "Miscellanies," no. 945, *The Works of Jonathan Edwards*, vol. 20, *The "Miscellanies," 833~1152*, Amy Plantinga Pauw 편집 (New Haven, Conn.: Yale University Press, 2002), p. 203.
81) Edwards, "Miscellanies," no. 84, *Works*, 13:249.
82) Watson, *A Body of Divinity*, p. 289.
83) Owen, *The Saints Perseverance*, in *Works*, 11:404.
84) Sibbes, *Faith Triumphant*, in *Works*, 7:443.
85) Owen, *The Saints Perseverance*, in *Works*, 11:28.

청교도는 선한 양심을 유지하는 것의 필연성을 강조했다. 청교도는 사도행전 24장 16절에서 바울의 표어는 동시에 우리의 표어가 되어야 한다고 말했다. "이것으로 말미암아 나도 하나님과 사람에 대해 항상 양심에 거리낌이 없기를 힘쓰나이다." 새뮤얼 아네슬리(대략, 1620~1696년)는 다음과 같이 말했다.

> 선한 양심보다 더 큰 재산, 더 큰 즐거움, 더 큰 안전은 없다. 육체의 압력, 세상의 성급함, 사탄의 으름장을 아무리 크게 해 보라. 그렇다고 해도 그것들은 양심을 건드릴 수는 없다. 선한 양심은 특별히 죽어가는 육체를 기쁘게 하고, 하나님께 가는 죽은 영혼을 기쁘게 동반하고, 원하던 심판대에 의기양양하게 영혼과 육체를 세운다. 선한 양심보다 영원한 행복에 대해 더 유익한 수단은 없고, 더 확실한 증언은 없으며, 더 뛰어난 전달자는 없다.[86]

선한 양심을 유지하게 되면 깊이 깨어 있게 된다고 청교도는 말했다. 청교도는 그리스도께서 제자들에게 경고하신 것을 진지하게 취했다. "시험에 들지 않게 깨어 기도하라"(마 26:41). 청교도는 또 바울이 신앙고백에서 떨어져 나가도록 유혹을 받던 히브리 그리스도인들에게 주는 경고도 진지하게 취했다. "……혹 너희 중에 누가 믿지 아니하는 악한 마음을 품고 살아 계신 하나님에게서 떨어질까 조심할 것이요"(히 3:12). 왓슨은 "주제넘지 않도록 조심하라. 두려움을 기도를 낳고, 기도는 힘을 낳고, 힘은 견고함을 낳는다."[87] 번연이 『천로역정』에서 "절망의 사람"을 해석자의 집의 쇠 우리 속에 갇혀 있는 것으로 묘사하는 것을 숙고해 보라. 어떻게 현재 그런 상태 속에 있게 되었는지 묻자 그 사람은 이렇게 말한다. "나는 경계하고 절제하는 일을 게을리했소. 욕망에 눈이 어두워 스스로 쇠사슬에 묶였다오."[88] 해석자는 크리스천에게 이렇게 권면한다. "이 사람의 비참함을 명심하시오. 당신에게 영원한 경고가 될 것입니다."[89] 누구든 깨어 기도하기 위해서는 하나님 앞에서 겸손해야 한다. 왓슨은 이렇게 말했다. "나무는 뿌리가 땅에서 더 낮을수록 그만큼 더 견고하다. 마찬가지로 영혼도 겸손에 뿌리를 더 깊이 박을수록 그만큼 더 굳게 세워지고, 그만큼 쓰러질 위험이 덜하다."[90]

청교도는 배교가 환상이 아니라 실제 위험이라는 것을 알고 있었다. 청교도는 배교에 대한 유일한 대안은 끝까지 견인하는 것에 있다고 이해했다. 청교도는 우리의 견인 근거가 삼위 하나님의 인격 속에 두어져 있다고 해도 그 수단은 하나님의 지정에 따라 우리 자신의 손에 있다는 것을 인정했다. 하나님은 우리가 자신의 목적을 이루는 데 효과적인 은혜의 수단을 사용하도록 하심으로써 은혜로 우리를 보존하실 것이다. 그러므로 청교도는 하나님이 정하신 은혜의 수단을 사용하지 않고 보존받기를 기대하는 자는 누구나 하나님을 모욕하고 하나님의 은혜를 하찮게 여기는 것이라고 가르쳤다. 왓슨은 이렇게 말했다. "바울이 '이 사람들이 배에 있지 아니하면 너희가 구원을 얻지 못하리

---

86) Samuel Annesley, "How We May Be Universally and Exactly Conscientious?", *Puritan Sermons, 1659~1689: Being the Morning Exercises at Cripplegate, St. Giles in the Fields, and in Southwark by Seventy-five Ministers of the Gospel in or near London*), trans. James Nichols (1674, 재판, Wheaton, Ill.: Richard Owen Roberts, 1981), 1:32~33. 이것은 55장에서 확대된다.

87) Watson, *A Body of Divinity*, p. 287.

88) John Bunyan, *The Pilgrim's Progress* (Edinburgh: Banner of Truth Trust, 1977), p. 32.

89) Bunyan, *The Pilgrim's Progress*, p. 33.

90) Watson, *A Body of Divinity*, pp. 288~289.

라'(행 27:31)고 말한 것처럼 신자들은 결국은 해안에 당도해서 천국에 도달할 것이다. 하지만 '그들이 배에 있지 아니하면' 즉 정해진 규례를 사용하지 아니하면 '구원을 얻지 못하리라.' 그 규례는 은혜를 소중히 여긴다. 그것은 영원까지 자라고 보존받기 위해 먹는 모유다."[91] 번연은 자신의 논문 『하늘가는 마부』(The Heavenly Footman)를 이렇게 끝맺는다. "만일 그대가 그 길을 모르고 있다면 하나님의 말씀을 탐구하라. 만일 그대가 친구를 원한다면 하나님의 영을 구하라. 만일 그대가 격려를 바란다면 하나님의 약속들을 생각하라. 그러나 반드시 늦지 않게 시작해야 한다. 그 길을 가라. 가되 속히 달려가라. 끝까지 달려가라. 그러면 주님이 성공적인 여행을 그대에게 주실 것이다."[92]

결론

오늘날 많은 그리스도인들이 성경적인 견인 교리를 제대로 이해하지 못하고 있다. 이런 주장의 증거는 견인 교리의 열매들 즉 은혜의 수단의 부지런한 사용, 하나님의 뜻에 대해 진심으로 순종하면서 견인함, 하나님과의 교제에 대한 열망, 하나님의 영광과 천국에 대한 갈망, 교회에 대한 사랑과 부흥에 대한 중보기도 등이 부족한 것으로 판명된다. 많은 사람은 "손쉬운 신앙주의"에 빠져 참된 견인 교리를 너무 지나치게 단순화시키고 잘못 이해하는 한편, 다른 사람들은 현세의 싸움 속에서 위로받기 위해 하나님의 지속적인 사랑과 은혜에 대한 확고한 의식 없이 막연하게 살고 있다.

청교도의 성도의 견인 교리는 하나님의 주권과 인간의 책임에 대한 성경적 이해를 제공한다. 한편으로 우리가 끝까지 그리스도를 따르는 견인에 대한 어떤 요청 없이 "한 번 구원받으면 영원히 구원받는다"는 교리를 선포한다면 자기기만에 근거를 둔 거짓 소망을 조장하거나 강화시키게 될 것이다. 하지만 다른 한편으로 우리가 신자들은 자신이 천국에 갈지 알 수 없다고 가르친다면 우리는 하나님의 주권을 거부하고, 구원에 이르기 위해 그들 자신의 노력에 매진하도록 청자들을 이끌 것이다. 왓슨은 이렇게 말했다. "그리스도인의 핵심 위로는 이 견인 교리에 달려 있다. 이 교리를 제거해보라. 그러면 여러분의 믿음은 왜곡되고, 온갖 즐거운 수고의 힘줄을 자르게 될 것이다."[93] 교회는 참된 견인 교리를 통해 주를 경외함과 성령의 위로로 전진하게 될 것이다(행 9:31).

---

91) Watson, *A Body of Divinity*, p. 280.
92) Bunyan, *The Heavenly Footman*, in *Works*, 3:394.
93) Watson, *A Body of Divinity*, p. 279.

| 6부 |

교회론

39장

교회 정치에 대한 청교도의 교리

다수의 회중에게 학대받은 형제를 구할 권위적인 방도가…… 없다…… 교회가 근본 오류에 빠졌을 때 회중 대다수를 치유할 권위적인 방도가 없다…… 종교의 다원성을 근절할 권위적인 방도가 없다…… 왜냐하면 교회 정치의 전체 권세가 독립적으로 회중에게 있다면 회중은 자기들이 적합하다고 생각하는 종교를 세워야 하기 때문이다…… 교회 행정의 통일성과 일관성을 위한 권위적인 방도가 없다.

–『장로제도 정치와 사역에 대한 옹호』[1]–

청교도에게 교회론의 중요성은 아무리 강조해도 지나치지 않다. 청교도 사상은 국가 교회를 개혁하기 위해 일어났다. 청교도는 어떤 정치 형태가 교회에서 좋은지에 대해 견해가 날카롭게 대립되었다. 역사가들은 영국 혁명의 교회와 관련된 전망을 계속 재평가했는데, 각각의 새로운 평가로 말미암아 이전보다 외견상 더 복잡하고, 미묘한 차이가 더 두드러진(또는 애매한) 분류 상태를 보여 주었다.[2] 예를 들어 헌터 파웰–그의 최근 작품은 청교도의 교회론을 재평가하는 데 매우 귀중한 안내서가 되었다[3]–은 '장로교회 대 독립파'의 자명한 이원적 대립 모델이 "획일적인 정적 범주"로 이끌었고, 이것은 유감스럽게도 17세기 동안 심지어는 장로교회 진영에서도 등장한 다양한 교회론을 정당화하지 못했다고 주장했다.[4] 나아가 "독립파"라는 말은 토머스 굿윈(1600~1680년), 필립 나이(대략, 1595~1672년), 윌리엄 브리지(1600~1671년), 존 오웬(1616~1683년)과 같은 비국교회 형제들(옹호론자들)이 받아들인 호칭은 아니었다. 『옹호의 변』(Apologeticall Narration, 1643)에서 옹호론자들은 독립파가 아니라 회중교회로 알려지기를 바라는 자신들의 입장을 분명히 했다. "독립파라는 오만하고 무례한 호칭을

---

1) *A Vindication of the Presbyteriall Government, and Ministry: Together with an Exhortation to All the Ministers, Elders, and People, within the Bounds of the Province of London, whether Joyning with Us, or Separating from Us. Published by the Ministers and Elders Met Together in a Provinciall Assembly, Novemb. 2d 1649* (London, 1650), pp. 31~32. 이 작품은 에드문드 칼라미가 주동적인 역할을 한 런던 지역 총회를 통해 저술되었다.

2) 예컨대 다음 자료들을 보라. Joel Halcomb, "A Social History of Congregational Religious Practice during the Puritan Revolution" (철학박사학위논문, University of Cambridge, 2010), Polly Ha, *English Presbyterianism, 1590~1640* (Stanford, Calif.: Stanford University Press, 2011), Hunter Powell, "The Dissenting Brethren and the Power of the Keys, 1640~1644" (철학박사학위논문, University of Cambridge, 2011), Jacqueline Rose, *Godly Kingship in Restoration England: The Politics of the Royal Supremacy, 1660~1688* (Cambridge: Cambridge University Press, 2011).

3) 우리는 이번 장에 도움을 준 것과 곧 출간될 자신의 작품 내용에 따라 이 문제들을 다루도록 기꺼이 허락해 준 것에 대해 헌터 파웰에게 감사를 전하고 싶다. 청교도의 교회론에 대해 관심이 있는 학생과 학자들은 파웰의 작품을 읽게 되면 더 놀라운 결과를 발견하게 될 것이다.

4) Powell, "The Dissenting Brethren," p. 6. 파웰은 "스코틀랜드 장로교인과 잉글랜드 장로교인 간에, 그리고 아울러 두 집단 안에 있는 자들 사이에 현저하고 중요한 교회적인 차이점"이 있었다고 덧붙인다(p. 7).

우리에게 붙인 것은[……그것은] 영적 권력이거나 시민적 권력이거나 간에 권력에 도전하는 나팔이고, 우리는 그 호칭을 싫어하고 혐오한다."[5]

이번 장에서 우리는 교회론 입장의 범주가 복합적이라는 것을 인정하지만 그럼에도 "회중교회"와 "장로교회"가 17세기의 많은 인물들이 자신들에 대해 사용한 호칭임을 상기하는 것이 중요하다. 그렇다. 그들은 종종 특별히 자신들의 비판자의 공격에 대응하는 가운데 자신들의 특수한 믿음, 실천, 용어에 대해 세밀하게 명료화하려고 했다. 하지만 그들은 이런 호칭들이 완전히 가망 없고 무익하다고 보지는 않았다. 이것은 특히 존 오웬의 경우에 중요하다. 오웬은 때때로 당시의 대표적인 호칭 용어들의 문제점을 통탄하는 것을 발견할 수 있지만,[6] 또한 자신의 인생의 각각 다른 시기에 (훨씬 빈번하게) 자발적으로 자신을 "장로교회"나 "회중교회"와 같은 깃발 아래 둔다.[7] 그러므로 이번 장에서 가끔은 단순한 호칭과 교파의 복합성과 뉘앙스를 지적하기도 하지만, 다른 면에서는 장로교회와 회중교회라는 말을 일반적인 정치 체제의 차이를 가리키는 의미로 사용할 것이다.

장로교회는 다수의 청교도 신학자들이 옹호한 교회 정치 형태였다. 대릴 하트와 존 뮤터는 청교도는 장로교인이 아님을 함축하고 있는 것처럼 "청교도의 관심사는 장로교회의 관심사와 달랐다"고 주장했다.[8] 이것은 대다수 청교도가 교회 정치와 관련해서 장로교인을 자처했다는 것을 감안하면 매우 놀라운 주장이다. 물론 잉글랜드 장로교회와 스코틀랜드 장로교회는 차이가 있었다. 사실 스코틀랜드 출신 일부 신학자는 잉글랜드 회중교인과 공통점이 더 많았다.[9] 그럼에도 이번 장 첫 부분은 장로교회의 일반적 관련 사실을 먼저 검토하고, 이어서 존 오웬의 눈을 통해 회중교회 관련 사실을 고찰할 것이다. 오웬은 장로교회에서 회중교회로 적을 옮겼기 때문에 17세기 잉글랜드의 회중교회에 대한 흥미 있는 사례 연구와 견본이다.

장로교회 사상

웨스트민스터 신앙고백 30장과 31장은 교회 정치 체제의 기본 요소로 장로교회 정치 제도를 제시한다. 한편으로 웨스트민스터 신앙고백은 이렇게 말한다. "주 예수는 교회의 왕과 머리로서 교회 정치를 국가 통치자가 아니라 교회 직원의 손에 맡기셨다. 이 직원에게 천국의 열쇠가 맡겨졌고……이들은 말씀과 권징을 사용해서 회개하지 않는 자들에게는 천국 문을 닫고, 복음 사역을 통해, 필요하면 권징의 해제를 통해 회개하는 죄인들에게 천국 문을 연다"(30.1, 2). 다른 한편으로 웨스트민스터 신앙고백은 이렇게 말한다. "교회의 더 나은 정치와 더 깊은 교화를 위해 흔히 대회(Synods)나 회의(Councils)로 불리는 모임이 있어야 한다"(31.1). 이런 모임에서의 결정들은 "하나님 말씀과 일

5) ["Dissenting Brethren"], *An Apologeticall Narration*… (London: for Robert Dawlman, 1643), p. 23.

6) John Owen, "The Glory and Interest of Nations Professing the Gospel," *The Works of John Owen, D.D.* (Edinburgh: Johnstone & Hunter, 1850~1855), 8:470.

7) 라이언 켈리는 근간될 자신의 박사학위논문(Vrije Universiteit, Amsterdam)에서 오웬의 사상의 이것과 다른 변화들 또는 전개들을 분석하고 있다. 이번 장의 일부는 그 작품에서 뽑아온 것이다.

8) D. G. Hart and John R. Muether, *Seeking a Better Country: 300 Years of American Presbyterianism* (Phillipsburg, N.J.: P&R, 2007), p. 6.

9) 예를 들어 스코틀랜드 맹약파인 데이비드 칼더우드는 확실히 스코틀랜드 출신 웨스트민스터 총회 위원들이 수시로 회중교인과 같은 목소리를 낸 것을 몹시 못마땅하게 여겼다(Powell, "The Dissenting Brethren," p. 103).

치되면 존중과 복종의 자세로 받아들여져야 하는데, 그것은 그 결정들이 말씀과 일치되기 때문일 뿐만 아니라 그 결정들을 하나님이 자신의 말씀 속에 정하신 규례로 만드는 권세 때문이다"(31.2). 그것 외에 웨스트민스터 신앙고백은 이 기본 관념들이 형성되게 된 방법에 대해서는 침묵을 지킨다.

웨스트민스터 신앙고백의 이 장들은 웨스트민스터 총회의 다수파인 장로교인을 만족시킨 것이었음에도 불구하고, 타협의 산물이다. 파웰이 지적한 것처럼 "그들은 대회가 어떻게 관할권을 받았는지에 대해 불일치할 수 있었다. 아니 실제로 불일치했다. 그러나 그들은 구속력 있는 관할권을 갖고 있었다는 것에 동조할 수 있었다."[10] 대회들의 권세는 오늘날 장로교회 정치의 특징이다. 장로교회 정치에 대해 더 세부적인 설명은『장로교회 정치 형태와 목사 안수 형태, 웨스트민스터 총회 신학자들의 결정』(The Form of Presbyterial Church-Government, and of Ordination of Ministers; Agreed upon by the Assembly of Divines at Westminster, 1645)과 유명한 작품인『복음 사역의 신적 권리』(Jus Divinum Ministerii Evangelici, 1654)를 보라.『장로교회 정치 형태와 목사 안수 형태, 웨스트민스터 총회 신학자들의 결정』은 교회 권세의 주체를 다룬다. 이 작품은 다양한 입장들(교황 제도, 감독제도, 브라운주의, 에라스투스주의, 그리고 소위 "독립파")을 거부한 다음 "그리스도께서 모든 교회 권세를 제공하고 위임하신, 그래서 그 권세를 행사하는 적절한 주체는 오직 그분 자신의 교회 직원"이라고 주장한다.[11] 웨스트민스터 총회에서는 천국의 열쇠에 대한 논쟁이 교회 정치에 대한 핵심적인 주석 논쟁이었고, 따라서 이것이 장로교회와 회중교회 정치 간의 근본적인 차이를 규정한다.[12]『복음 사역의 신적 권리』-공교롭게도 이 작품은 웨스트민스터 총회의 회원들이 쓴 것이 아니다[13] -는 부분적으로는 회중교인인 존 코튼의 유명한 작품『천국의 열쇠』(The Keyes of the Kingdom of Heaven, 1644)에 반대해서 저술된 것이지만, 대부분의 내용은 에라스투스주의에 반대하는 것으로 되어 있다.『복음 사역의 신적 권리』외에도 에드문드 칼라미를 필두로 런던의 장로교인 학자들이 쓴『장로교회 정치와 사역의 옹호』(A Vindication of the Presbyteriall-Government, and Ministry, 1649)라는 작품도 있는데, 이 작품도 잉글랜드 장로교회를 명확하게 대변하는 작품으로 면밀하게 고찰할 가치가 있다. 이 작품에서 저자들은 장로교회의 다음과 같은 교의들을 증명하려고 시도한다. 1. 성경은 다양한 회중들로 구성된 교회를 제시한다는 것, 2. 대회는 교회적 권세를 갖고 있다는 것, 3. 회중은 대회에 복종하고, 아울러 대회에 호소할 수 있다는 것.[14] 이 요점들은 좀 더 상세히 설명되겠지만, 먼저 장로교회 제도에서 천국 열쇠의 역할을 설명하는 것이 우선이다.

---

10) Powell, "The Dissenting Brethren," p. 244. 흥미롭게도 파웰도 존 코튼의『천국의 열쇠』는 "확실히 스코틀랜드 위원들과 옹호론자들 간의 타협 문서일 수 있었지만 [나자로스] 시만 및 코넬리우스 버지스와 같은 사람들은 그것을 인정하지 않았다"(p. 244).

11) [Provincial Assembly of London], *Jus Divinum Ministerii Evangelici. Or The Divine Right of the Gospel-Ministry: Divided into Two Parts*… (London: John Legat and Abraham Miller, 1654), p. 71.

12) Hunter Powell, "October 1643: The Dissenting Brethren and the Proton Dektikon," *Drawn into Controversie: Reformed Theological Diversity and Debates within Seventeenth-Century British Puritanism,* Michael A. G. Haykin & Mark Jones 편집 (Göttingen: Vandenhoeck & Ruprecht, 2011), pp. 52~82를 보라.

13) 엘리엇 베넌은 개인적인 서신에서 자기는 저자들이 웨스트민스터 총회 회원들이었다고 생각하지 않는다는 사실을 우리에게 알려 준다. 그러나 우리는『복음 사역의 신적 권리』는 네 명의 장로교회 목사들이 저술했고, 그 가운데 하나는 분명히 새뮤얼 클라크였다는 것을 알고 있다. "나는 세 번에 걸쳐 인쇄되고 확대된『복음 사역의 신적 권리』를 저술한 네 명의 목사 가운데 하나였다"(Samuel Clarke, *The Lives of Sundry Eminent Persons in This Later Age in Two Parts*… [London: for Thomas Simmons, 1683], p. 9). 우리는 이 언급에 대해 경각심을 준 엘리엇 베넌에게 감사를 전한다.

14) *A Vindication*, p. 20.

장로교회의 '열쇠'

『복음 사역의 신적 권리』는 교회 권세에 대해 다수의 중요한 문제들을 다루는데, 교회 권세가 장로들에게만 위임되었는지, 아니면 장로와 함께 신자들의 모임에도 위임되었는지 문제를 특별히 다뤘다. 천국의 열쇠는 처음에 베드로에게 주어졌다(마 16:19). 베드로는 누구를 대표했는가? 이 질문에 대한 대답은 다양했고, 장로교인과 회중교인은 자신들 간에도 견해가 엇갈렸다. 그렇다고 해도 파웰은 일부 잉글랜드 장로교인은 "평신도에게 어떤 권세가 속해 있는 것을 크게 두려워했지만" 옹호론자들은 "베드로가 신실한 평신도를 대표한다는 견해를 부인하는 것의 위험성을 극렬하게 반대한 웨스트민스터 총회에 대해 경고한 찰스 헐레와 같은 사람들에게 동조적이었다."[15] 따라서 많은 사람이 두 극단 사이에서 머뭇거렸다. 만일 권세가 어떤 의미에서 평신도에게 속해 있다면 직원은 교회를 대표할 수 없다. 반면에 이 견해에는 재세례파 민주주의(지체의 지배)의 위험성이 잠복해 있었다.

『복음 사역의 신적 권리』는 존 코튼(1585~1652년) 및 토머스 굿윈과 같은 회중교인의 견해를 크게 존중한다. 그럼에도 장로교회 모델을 지지하기 위해 회중교회의 견해는 다수의 스콜라적 구분과 설명이 사용되어 거부된다. 그리스도께서 교회에 주신 천국의 열쇠는 특별히 교회 직원에게 주어졌다(마 16:19, 18:18, 28:18~20). 성경이 "권세" 행위가 회중에게 귀속시키는 것처럼 보인다는 것을 의식하고, 이 문서는 "어떤 경우에 평신도에게 속해 있는 권세를 부적절한 개인적인 통속적 권세"라고 말한다.[16] 이 권세의 유형은 수동적이면서 능동적이다. 평신도의 수동적 권세는 예컨대 출교 행위와 같은 장로들의 권세 행위에 복종하는 것이다. 능동적 권세는 성경에 따라 "범사를 헤아리거나" 시험하는 것(살전 5:21)과 교회 장로들을 지명하거나 선택하는 것으로 이것은 둘 다 회중의 의무다. 그러나 이 권세는 "고유의 권세"가 아니다. 즉 이 권세는 열쇠 자체의 권세가 아니다. 교회의 "고유의, 공적, 공식적, 권위적 권세"는 교회 직원과 회중에게 함께 속해 있는 것이 아니라 직원에게만 속해 있기 때문이다.[17]

장로회 또는 장로들이 교회 정치를 위해 갖고 있는 유일한 권세는 회중을 완전히 배제시키는 것이 아니다. 『복음 사역의 신적 권리』의 저자들은 "고유의 권세"의 객체와 주체 간에 중요한 구분을 행한다. 가시적 교회는 그리스도께서 교회에 주시는 이 권세의 객체지만 교회 직원은 "매고 푸는" 다양한 행사를 위해 권세를 받는 주체다. 권세의 증여와 권세의 지명 간에도 구분이 이루어진다. 교회는 직분을 맡을 어떤 사람들을 선택하는 권리를 갖고 있으나 "권세 자체의 증여는 원천으로서 교회에서 오는 것이 아니라 직접 그리스도 자신에게서 오는 것이다"(고후 13:10).[18] 따라서 그리스도는 가시적 교회를 배경으로 자신을 위해 권세를 행사하는 자로서 교회 직원을 지명하신다. 회중은 실정법에 따라 그리스도에게서 이런 특권을 받지 못했다. 통상 직원은 그리스도에게서 직분을 받고, 그러므로 사도들의 직접 계승자로서 활동한다. 말하자면 목사와 장로의 권세는 교회가 아니라 그리스도에게서 직접 연원한다. 장로교인은 회중교회가 회중에게 지나치게 권세를 부여하고, 이것은 장로들을 잠재적으로 유명무실화한다고 느꼈다. 그러나 이것이 논란의 유일한 요점이 아니었다.

---

15) Powell, "The Dissenting Brethren," p. 81.
16) [Provincial Assembly of London], *Jus Divinum*, p. 92.
17) [Provincial Assembly of London], *Jus Divinum*, p. 92.
18) [Provincial Assembly of London], *Jus Divinum*, p. 93.

으뜸 교회와 파생적 교회: 상승하는 정치 체제와 하강하는 정치 체제

교회 정치에 대한 작품에서 회중교인인 토머스 굿윈은 장로교회와 회중교회 간의 심각한 논쟁 가운데 하나를 강조한다.[19] 장로교인은 보편적인 가시적 교회를 하나의 정치 체제 곧 그리스도께서 세우신 통치 조직으로 믿었다.[20] 그 본질을 설명하는 데는 두 가지 일반적인 방식이 있었다. 굿윈은 상승하는 권세 또는 하강하는 권세 관념에 따라 다른 장로교회 견해들을 설명한다. "정치 체제가 상승하는 권세에 따르게 되면, 회중이 으뜸 교회 곧 최초로 제도 속에서 계획되고 제도를 책임지는 교회가 된다……하강하는 권세에 따라 제도를 형성하는 다른 정치 체제는 첫 번째 핵심 강령이 보편적 교회에 주어지는 것으로 천명하고, 따라서 그것이 제도상 첫 번째 교회이고, 개별 교회들은 파생된 권리에 의해서만 강령을 갖게 된다."[21] 이 견해들에 따르면, 어떤 장로교인은 교회 권세는 단일한 교회에서 장로회로 파생된다고 주장하지만(상승하는 권세), 다른 장로교인은 교회 권세는 장로회에서 지역 교회로 파생된다고 주장한다(하강하는 권세). 파웰은 하강하는 권세 입장은 "장로교회 목사들이 견지하는 것으로 시만, 게이테커, 버지스는 각기 구별된 입장을 갖고 있음에도 불구하고, 자기들이 속해 있었던 감독교회 전통의 잔존 흔적을 반영한 것으로 보인다"고 지적한다.[22]

물론 상승하거나 하강하는 교회 권세의 관념은 전반적으로 장로교회 정치 모델에 알맞다. 그러나 다수의 잉글랜드 장로교인과는 반대로 스코틀랜드 장로교인은 보편적 정치 체제에 따라 잉글랜드 교회와 같이 주장하기는 했지만 이렇게 교회를 보는 방법을 거부했다. 굿윈과 같은 회중교인은 확실히 이런 관념을 좋아하지 않았다. 그렇다고 하더라도 이 문제는 장로교회의 대표적인 특징 곧 장로회나 대회의 권위적인 단체로서의 기능을 강조하고, 이것이 대회에 대한 회중교회의 견해와 결별하게 되는 요점이었다. 런던의 장로교인은 "하나님의 법에 따라" 대회는 교회이고, 따라서 대회는 천국의 열쇠를 소유했다고 주장했다. 그러므로 개별 교회는 대회의 권위에 종속되므로 대회의 결정에 복종한다. 파웰에 따르면, 다수의 런던의 장로교인에 비해 계급 제도를 크게 강조하지 않은 로버트 패커(1569~1614년), 존 패짓(사망, 1640년)과 같은 다른 장로교 신학자들은 "연합에 참여한 교회들은 대회에 복종해야 하지만 그것은 대회가 교회이기 때문이 아니었다고 믿었다……웨스트민스터 총회가 차이점을 갈라놓았다."[23] 여기서 장로교회 대회의 본질과 권위를 이해하기 위해 보편적인 가시적 교회에 대한 장로교회 견해에 대한 설명이 요구된다.

하나의 보편적인 가시적 교회

『교회 정치와 출교에 대한 신적 권리』(The Divine Right of Church-Government and Excommunication, 1646)에서 새뮤얼 러더퍼드(1600~1661년)는 그리스도의 나라를 엄밀하게 또는 오로지 영적이고, 불가시적이고, 신비적인 나라로 이해하는 존 캐머런(대략, 1579~1625년) 및 토머스 후커(1586~1647년)와 같은 사람

19) 이 논쟁의 보다 세부적인 설명에 대해서는 Powell, "The Dissenting Brethren," pp. 83~91을 보라.

20) 따라서 굿윈은 장로교인의 견해에 반대해서 교회는 "전체가 아니라 모든 하부 부분에 있어서 정치적 교회이고, 제도적 통치의 자리를 갖고 있음"을 증명하는 데 목표를 둔다(Thomas Goodwin, *The Government of the Churches of Christ, in The Works of Thomas Goodwin*, Thomas Smith 편집 [1861~1866, 재판, Grand Rapids: Reformation Heritage Books, 2006], 11:179).

21) Goodwin, *Government of the Churches*, in *Works*, 11:50.

22) Powell, "The Dissenting Brethren," p. 86.

23) Powell, "The Dissenting Brethren," p. 197.

들의 견해를 겨냥한다.[24] 러더퍼드에 따르면, 이들의 견해로는 그리스도는 "외적 사람에게 매인 왕이 아니고, 또 국가 통치자와 같은 자신의 집의 외적 통치를 보살피는 왕으로서 행하시는 것도 아니다."[25] 장로교인은 교회를 보편적이고, 가시적이고, 정치적인 나라로도 본다(참고, 웨스트민스터 신앙고백 25.1~2). 말하자면 그리스도는 "자신의 교회에서 정치적, 외적으로" 다스리신다.[26] 그리스도는 가시적 교회를 "자신의 직원, 합법적 대회, 규례에 따라 다스리시고, 그들에게 모든 긍정적인 외적 형식들에 따라 법을 주셨다."[27] 이것은 전형적인 장로교회 입장이고, 잉글랜드의 장로교회는 잉글랜드 교회가 자기들의 정책을 채택하기를 원했고, 이것은 잉글랜드의 단일한 국가 교회가 장로교회 교회 정치 원리에 따라서 전체 신자들을 규제하는 것을 의미했다. 오웬과 굿윈도 보편적인 가시적 교회를 믿었고, 굿윈은 "정치적 교회"에 대해 말했지만, 그들은 교회 정치의 권세의 주체를 보편적인 가시적 교회가 아니라 지역 교회로 제한시켰다.[28]

『복음 사역의 신적 권리』 서언에서 저자들은 유용한 도표나 차트를 제시하는데, 그것은 이 문제에 대해 장로교회와 독립파 간의 차이점을 강조한다. 제시된 많은 차이점 가운데 다음과 같은 것이 있었다. 곧 저자들은 회중교인은 "모든 규례에 참여하기 위해 한 곳에서 모이는 단일한 회중교회 모임 외에 다른 가시적인 그리스도의 교회는 인정하지 않지만", 장로교인은 "땅에서 하나의 보편적인 가시적 그리스도의 교회를 인정하고, 모든 개별 교회들과 단일한 회중들은 단지 전체 교회의 한 부분들로 간주하는" 사실에 주의를 집중한다.[29] 마찬가지로 『장로교회 정치와 사역의 옹호』도 성경은 예루살렘 교회의 경우처럼 복수의 교회들로 구성된 교회에 대해 말한다고 주장한다. 이것은 예루살렘 교회 안에 다수의 신자들, 사도들, 설교자들이 있는 것으로, 그리고 다양한 언어를 사용하는 것으로 증명된다.[30] 웨스트민스터 총회의 중요한 한 문서인 『웨스트민스터 총회에 참석한 신학자들의 모임에서 벌어진 장로교회와 독립파의 대 논쟁……』(The Grand Debate Concerning Presbitery and Independency by the Assembly of Divines Convened at Westminster…, 1652)은 장로교회 정치와 회중교회 정치 원리에 대해 많은 사실들을 보여 준다. 첫 번째 진술은 『장로교회 정치와 사역의 옹호』에서 제시된 것과 같은 요점을 갖고 있다. 즉 "성경에서 많은 교회들이 한 교회를 이룬다는 것이다."[31] 물론 이 요점은 두 교파 간에 논쟁을 촉발시켰다. 장로교회에 따르면, 신약 성경에서 가시적 교회는 하나의 교회로 나타난다. 따라서 위에서 확인한 것처럼 장로교인은 교회를 하나의 가시적인 보편적 체제로 묘

---

24) Samuel Rutherford, *The Divine Right of Church-Government and Excommunication* (London: Printed by John Field for Christopher Meredith, 1646), p. 13. 보편적인 가시적 교회를 주장하는 장로교회 개념에 반대하는 회중교회 입장을 옹호하는 가운데 굿윈은 이렇게 말한다. "그리스도의 내적 나라는 이처럼 거대하고, 전체적으로 및 부분적으로 독자적으로, 그리고 그리스도의 영으로 말미암아 유지되지만 그리스도의 외적 나라는 이런 식으로 생각할 수 없다는 것이 사실이다"(*Government of the Churches*, in *Works*, 11:181).

25) Rutherford, *The Divine Right*, p. 13.

26) Rutherford, *The Divine Right*, p. 16.

27) Rutherford, *The Divine Right*, p. 18.

28) Goodwin, *Government of the Churches*, in *Works*, 11:132를 보라. 오웬은 장로교회의 "가시적, 유기적, 정치적 체제"로서의 교회 개념에 반대한다(John Owen, *Of Schism: The True Nature of It Discovered and Considered wiht Reference to the Present Differences in Religion*, in *The Works of John Owen*, D.D. [Edinburgh: Johnstone & Hunter, 1850~1855], 13:151~153.

29) [Provincial Assembly of London], preface to *Jus Divinum*.

30) *A Vindication*, pp. 20~21.

31) [Westminster Assembly of Divines], *The Grand Debate Concerning Presbitery and Independency by the Assembly of Divines Convened at Westminster*… ([London]: Anthony Williamson, 1652), p. 1.

사하는 것을 옹호했다. 이 원리와 예루살렘 교회와 관련해서 엘리엇 버넌은 1644년에 "웨스트민스터 총회의 다수 회원은 성경적인 예루살렘 교회는 한 장로회 아래 많은 교회로 구성되었다고 결론지었다"고 보고한다.[32] 예루살렘 교회는 한 교회로 시작되었지만 점차 많은 교회들로 불어났고, 심지어는 동시에 예루살렘에 있는 교회들로 생각될 권리를 갖게 되었음에도, 예루살렘에 있는 하나의 교회로 간주될 권리를 상실하지 않았다.

일부 잉글랜드 장로교인은 보편적 교회의 우월성을 매우 강하게 견지하면서 보편적 교회가 천국의 열쇠의 권세의 첫 번째 주체였다고 주장했다. 새뮤얼 러더퍼드는 이 견해를 거부했지만 이 견해는 잉글랜드에 널리 파급되었다.[33] 파웰이 지적하는 것처럼 잉글랜드 장로교인은 "모든 권세는 보편적인 가시적 교회에서 파생되어 나오고, 그러므로 그들의 생각에 권세가 한 특정 회중에까지 미치는지의 여부는 장로교회 정치 기능에 결정적인 것이 아닌" 것으로 봤다.[34] 천국의 열쇠와 관련해서 장로교인은 "열쇠는 보편적인 가시적 교회에 주어진 것으로, 그것을 교회 직원이 행사한다"고 주장했다.[35] 그것은 그들의 강조점이 교회를 국가적인 정치적 체제로 보고, 장로들이 회의, 장로회, 교단 총회와 같은 대회를 통해 지역 교회와 교인들에게 권세를 행사하는 것에 있음을 설명해 준다.

대회

『장로교회 정치와 사역의 옹호』는 대회에 교회로서의 권세가 주어졌다고 주장한다. 사도행전 15장은 대회의 합법성과 대회의 권세의 행사와 관련해서 중요한 주석의 전쟁터로 판명되었다. 런던의 장로교인은 『장로교회 정치와 사역의 옹호』에서 사도행전 15장에서 사도들은 "사도로서 과실 없는 권세를 갖고 활동한 것이 아니라 장로로서 예루살렘 회의를 통상적인 대회 패턴에 따라 진행한 것"이라고 주장한다.[36] 이 요점을 증명하기 위해 다수의 논증들이 제시된다. 먼저 바울과 바나바는 안디옥에서 예루살렘으로 가는 데 기꺼이 동의했고, "그것은 그들이 그동안에 안디옥 장로회의 교인이 아니라 사도로서 행동한 것이라면……그렇게 할 필요가 없었다."[37] 나아가 바울과 바나바는 사도들에게 파견되었고, 교회 안에 장로들의 대집단이 있었던 것이 특히 예루살렘 교회 성장의 계기가 되었다. 이것은 바울과 바나바가 사도들에게 "특별하고 오류 없는 자로 파견된 것이 아니라(그러면 무엇 때문에 장로들의 조언을 필요로 할까?) 어떤 지혜로운 조언을 받아 그들을 구원하거나 이후 세대에 선례를 만들기 위해 지혜롭고 거룩한 교회 지도자로서 파견된 경우라는 점에서 장로교회 정치를 확립한다."[38] 예루살렘 회의에 장로들이 출석한 것을 기반으로, 저자들은 그 논쟁은 사도의 권세(즉 하나님에게서 온 직접적 계시)로 해결된 것이 아니라 통상적으로 성경을 숙고하고 탐구한 결과에 따라 해결되었다고 주장한다. 전체 대회가 논증에 만족했을 때 권위적인 사법적 판결이 주어졌다. 따라서 이 특별한

---

32) Elliot Curt Vernon, "The Sion College Conclave and London Presbyterianism during the English Revolution" (철학박사학위논문, University of Cambridge, 1999), p. 106.

33) Powell, "The Dissenting Brethren," p. 56을 보라.

34) Powell, "The Dissenting Brethren," p. 91.

35) 굿윈은 회중교인으로서 "보편적인 전체 교회가 모든 열쇠를 갖고 있지 않다"고 주장한다(*Government of the Churches*, in *Works*, 11:179).

36) *A Vindication*, p. 21.

37) *A Vindication*, p. 21.

38) *A Vindication*, p. 21.

대회의 판결은 사도와 장로들에 의해 주어진다.[39]

대회의 권위에 대한 이런 관점에 따라 장로교회 정치는 교회들은 대회에 복종해야 한다고 주장한다. 『장로교회 정치와 사역의 옹호』는 마태복음 18장 15~18절을 사용해서 이 요점을 증명한다. 폴리 하가 지적하는 것처럼 이 성경 본문은 "회중교회 사상에 반대하는 장로교회의 핵심 논증 본문"이었다.[40] 여기서 전제는 "교회와 교회 사이의 관계는 형제와 형제 사이의 관계와 똑같고, 만일 법을 위반한 한 형제가 소속된 특수 교회에 종속된다면 같은 이유로 법을 위반한 특수 교회도 더 큰 회의에 종속된다"는 것이다.[41] 지역 교회가 대회에 종속되는 것을 부인하는 것은 무엇보다 그리스도께서 "법을 위반한 교회의 물의를 치유할 효과적인 대책을 마련하지 않았다"고 주장하는 것이 될 것이다.[42] 웨스트민스터 신앙고백이 분명히 하는 것처럼 대회는 "신앙 논쟁과 양심 사건을 판결할" 수 있고, 또한 "하나님에 대한 공적 예배와 교회 정치에 대해 더 나은 규칙과 지침을 결정할 수 있으며, 잘못된 행정으로 생긴 불만을 접수해서 그것을 권위 있게 결정하는 것도 가능하고, 이때 이것이 하나님의 말씀과 일치되면 존중과 복종하는 자세로 받아들여져야 하는데, 그것은 그 결정들이 말씀과 일치되기 때문일 뿐만 아니라 그 결정들을 하나님이 자신의 말씀 속에 정하신 규례로 만드는 권세 때문이다"(31.2). 장로교회와 회중교회의 결정적인 논쟁은 장로회가 지역 교회에 구속력 있는 권위를 갖고 있느냐에 있었다. 관건은 회중교회는 대회를 갖고 있지 않았다는 것이 아니라,[43] 오히려 그들이 대회에 출교의 열쇠가 주어졌다는 관념을 거부한다는 데 있었다.[44] 폴리 하는 이렇게 설명한다. "회중교회는 대회가 본질적 교리를 제외한 부분에서는 역할을 감당할 수 있었다는 것을 궁극적으로 인정했지만, 대회의 판결 권위와 본질에 대한 장로교인의 견해는 거부했다."[45]

한 장로교인은 『장로교회 정치와 사역의 옹호』에서 확인되는 것처럼 권위적인 대회를 거부하는 회중교회 견해에서 나오는 다양한 결함을 이렇게 제시했다.

- 다수의 회중에게 학대받은 형제를 구할 권위적인 방도가…… 없다…….
- 교회가 근본 오류에 빠졌을 때 회중 대다수를 치유할 권위적인 방도가 없다…….
- 종교의 다원성을 근절할 권위적인 방도가 없다. 왜냐하면 교회 정치의 전체 권세가 독립적으로 회중에게 있다면 회중은 자기들이 적합하다고 생각하는 종교를 세워야 하기 때문이다…….
- 교회 행정의 통일성과 일관성을 위한 권위적인 방도가 없다.[46]

---

39) *A Vindication*, p. 22.

40) Ha, *English Presbyterianism*, p. 62.

41) *A Vindication*, p. 25.

42) *A Vindication*, p. 26.

43) 대회에 대한 굿윈의 설명은 *Government of the Churches*, in *Works*, 11:232~284를 보라.

44) 굿윈은 만약 장로회가 "그들의 일반적인 관계 외에도 다수의 회중에 대해 권위적인 권세를 갖고 있다면 각 회중과의 특수 관계에 대해서도 권세를 갖게 될 것"이라고 평가한다(*Government of the Churches*, in *Works*, 11:213). 굿윈의 대회에 대한 견해는 *Government of the Churches*, in *Works*, 11:232~284를 보라. 또한 분리파 형제들이 대회 문제에 있어서 얼마나 면밀하게 장로교회 사상을 갖게 되었는지에 대한 파웰의 설명도 보라("The Dissenting Brethren," pp. 225~227).

45) Ha, *English Presbyterianism*, p. 95.

46) *A Vindication*, pp. 31~32.

이 문제의 핵심은 권세와 관련된 것이다. 장로교회에 따르면, 회중교회는 이런 문제들을 다루는 방법을 가질 수 있지만 그들의 정치 체제는 다양한 문제들이 개별 교회들에서 불가피하게 일어날 때 어떤 권위적인, 그러므로 효과적인 조치를 취하는 것을 허용하지 않는다. 따라서 대회는 보편적인 가시적 교회의 행복을 위한 영적 필수 제도다. 장로교회와 회중교회 간의 핵심적인 차이는 대회의 권위 문제에 집중되어 있었다. 대회의 권위가 논의되었을 때 그것은 불가피하게 천국의 열쇠를 소유한 자가 누구인가의 문제와 관련되었다.

회중교회 사상

이번 장의 한계로 말미암아 우리는 비분리주의자 회중교회의 기원에 대한 논쟁의 격동적인 물결 속에 뛰어들지 않을 것이다. 그러나 지적한 것처럼 존 오웬의 교회론은 여러 이유로 회중교회로 끌려 들어가게 하는 매혹적인 창문을 제공하는데, 그 이유는 그가 장로교회에서 회중교회로 적을 옮겼고, 날카로운 신학적 지성으로 자신이 선택한 거의 모든 입장에 대해 튼튼한 변론을 제공하기 때문이다. 이 부분은 오웬을 비롯해서 당시에 "분리주의자" 운동보다 장로교 형제들에게 훨씬 가까웠던 존 코튼과 같은 다른 학자들이 제시한 원리에 따라 17세기 배경 속에서 회중교회 사상을 설명하는 데 목표가 있다.

'열쇠' 문제의 핵심

코튼은 회중교회 사상의 대변자와는 거리가 먼 사람이지만 확실히 1640년대에 회중교회 정치 체제를 명확히 하는 데 유력한 영향을 미친 인물이었다.[47] 오웬이 좋은 예다. 오웬은 반복해서 코튼의 『천국의 열쇠』(1644)가 자신이 회중교회로 적을 옮기도록 설복시킨 유일한 작품이었다고 주장했다.[48] 오웬은 또한 코튼이 죽은 후에 코튼을 변호하기 시작했다.[49] 유감스럽게도 오웬은 코튼의 열쇠의 어떤 부분이나 논증이 자신을 회중교회 사상으로 전향하도록 만드는 데 가장 설득력 있는 역할

---

47) 오웬과 굿윈의 작품 외에도 1640년대의 중요한 회중교회 작품으로는 존 코튼의 *The True Constitution of a Particular Visible Church* (London: for Samuel Satterthwaite, 1642), *The Way of the Churches of Christ in New England* (London: Matthew Simmons, 1645), *The Way of the Congregational Churches Cleared* (London: Matthew Simmons for John Bellamie, 1648), 그리고 분리파 형제들의 다음과 같은 작품이 있다. *The Petition for the Prelates Briefly Examined* (London, 1641), *An Apologeticall Narration*… (London: for Robert Dawlman, 1643), *A Copy of a Remonstrance Lately Delivered into the Assembly* (London, 1645), *The Reasons Presented by the Dissenting Brethren against…Presbyteriall Government* (London: T. R. and E. M. for Humphrey Harward, 1648), Jeremiah Burroughs, *Irenicum*… (London: for Robert Dawlman, 1646), Thomas Hooker, *A Survey of the Summe of Church-Discipline* (London: A. M. for John Bellamy, 1648), Richard Byfield, *Temple Defilers Defiled, Wherein a True Visible Church of Christ Is Described* (London: John Field for Ralph Smith, 1645), Henry Burton, *A Vindication of Churches Commonly Called Independent* (London: for Henry Overton, 1644), William Bartlet, *Ichongraphia, Or A Model of the Primitive Congregational Way* (London: W. E. for H. Overton, 1647). 또한 코튼의 *The Keyes of the Kingdom of Heaven*… (London: M. Simmons for Henry Overton, 1644)의 1644년 런던 판의 굿윈과 나이의 11면에 달하는 서문도 중요하다.

48) 또한 John Owen, *An Answer to a Late Treatise of Mr Cawdrey* (1658), in *The Works of John Owen, D.D.* (Edinburgh: Johnstone & Hunter, 1850~1855), 13:293도 보라.

49) 코튼은 분명히 자신의 작품에 대한 코드레이의 당시 비평에 대한 답변인 미출판 원고를 오웬에게 맡겼다. 오웬은 그 작품이 *A Defence of Mr. John Cotton* (London, 1658)으로 출판된 것을 봤고, 자신이 직접 쓴 100페이지 분량의 서문을 포함시켰다.

을 했는지에 대해 세부적인 설명을 전혀 제시하지 않았다. 그러나 장로교회 사상과 회중교회 사상을 구별시키고 두 교파간의 논쟁에서 되풀이된 문제들을 해명한 논증들은 오웬이 자신의 교회론을 재평가할 때 결코 작은 역할을 한 것이 아니었다.

제목이 암시하는 것처럼 코튼의 작품은 "천국의 열쇠"(마 16:19)를 받은 자가 누구인지의 문제와 열쇠가 표상하는 권세의 크기를 설명함으로써 고르디우스의 매듭을 자르려고 시도한다. 이것은 17세기 중반에 잉글랜드에서 교회 정치에 대한 논쟁의 중심 전쟁터가 되었다. 확실히 파웰은 열쇠 문제가 1643년 10월에 웨스트민스터 총회의 토론과 저술의 주요 부분을 차지했다는 것을 예증했다.[50] 모두가 마태복음 16장에서 그리스도는 베드로에게 열쇠를 주셨다는 데 동의했다. 문제는 베드로가 누구를 대표했느냐에 있었다. 로마 교회가 주장한 것처럼 베드로는 단순히 베드로를 대표했는가? 아니면 베드로는 모든 사도를 대표했고, 이것을 연장시키면 사도들의 계승자로서 말씀 사역자와 치리 장로들을 대표했는가? 파웰에 따르면, "[새뮤얼 러더퍼드를 인용하면] '그리스도께서 교회의 모든 권세를 부여하고 맡기신 적절한 주체와 이 권세의 행사는 다만 자신의 교회의 직원'이라는 것이 일부 잉글랜드 장로교인의 중심 교의였다."[51] 한편으로 비국교회 형제들은 베드로가 성찬에 참여할 자격이 있는 교회 지체를 대표했다고 주장했다. 열쇠는 "그리스도는 하나님의 아들이라고 신앙고백을 하고, 그러므로 신자들의 교회를 대표하는 신자로 간주되어 모든 교회 권세가 최초로 주어진 인물로서" 베드로에게 주어졌다.[52] 따라서 그들은 열쇠는 "정치 기관으로서가 아니라 […… 다만] 여러 집단이나 특수 모임들로 분할된 성도들과 사역자 모두를 대표하는 기관으로서" 교회에 주어졌다고 주장했다.[53]

웨스트민스터 총회에서 이 논쟁이 진행 중이던 때와 거의 같은 시기에 오웬은 『목사와 평신도의 구별된 의무』(The Duty of Pastors and People Distinguished, 1643)라는 작품을 썼다.[54] 이 작품에서 오웬은 "열쇠의 권세"는 "직분" 즉 "평신도"가 아니라 사역자 그리고/또는 대회에 주어졌다고 주장한다.[55] 다시 말하면 오웬은 웨스트민스터 총회에서 다수파인 장로교회 편을 들었다. 이 관념은 오웬의 최초의 교회론 작품 속에 그저 간략히 다뤄졌지만, 웨스트민스터 총회의 10월 논쟁에서 매우 중대한 안건이었다. 동시는 아니지만, 그것은 또한 『천국의 열쇠』에서 코튼의 논증의 초점이기도 했다. 앞으로 살펴볼 것처럼 그것은 오웬이 종종 자신의 후기 교회론 관련 작품들에서 되돌아가는 문제다. 그러므로 『천국의 열쇠』의 두드러진 요점들을 간략히 개관해 보는 것이 그 작품이 오웬에게 미친 영향을 설명하고, 오웬의 회중교회 교회론의 몇 가지 핵심 문제들을 더 깊이 검토하는 데 도움을 줄 것이다.

---

50) Powell, "October 1643," pp. 52~82.

51) Powell, "October 1643," p. 67. 이 인용은 *Jus Divinum*, p. 67에서 취한 것이다.

52) Powell, "October 1643," p. 65. 굿윈의 *Constitution, Right Order, and Government of the Churches of Christ* (1696)에서 취한 인용. 파웰은 굿윈이 이 중요한 작품을 자신의 개인적인 웨스트민스터 총회 관련 메모를 따라 저술했다고 주장한다. 따라서 이 작품은 1696년 출판에도 불구하고 총회에서 굿윈이 진술한 발언을 대변한다고 주장한다 ("October 1643," p. 55). 이것은 렘버트 카터가 "The Presbyterian-Independent Controversy with Special Reference to Dr. Thomas Goodwin and the Years 1640~1660" [철학박사학위논문, University of Edinburgh, 1961], pp. 14~15에서 처음 주장한 것이다.

53) Powell, "October 1643," p. 68. Goodwin, *Government of the Churches*, in *Works*, 11:44에서 취한 인용.

54) John Owen, *The Duty of Pastors and People Distinguished*, in *The Works of John Owen, D.D.* (Edinburgh: Johnstone & Hunter, 1850~1855), 13:1~49.

55) Owen, *Duty of Pastors*, in *Works*, 13:5, 18~19.

코튼의 『천국의 열쇠』 내용 요약

웨스트민스터 총회에서의 옹호론자들과 같이 코튼도 "열쇠는 교회의 형제단에 주어진다"고 주장한다.[56] 열쇠의 "권세"를 갖는다는 것은 전체 교인 총회가 다음과 같은 "권세 곧 특권과 자유를 갖고 있다"는 것을 의미한다.

- "자기들의 직원을 선택하는 것."
- "그리스도의 공적 예배"에 "자기들의 장로들 가운데 하나 또는 그 이상을 파견하는 것."
- "자기들의 교제 속에 받아들이기에" 부적합한 자들과 그런 교제의 "인증"을 거부하는 것.
- "견책하거나" "회개하는 자를 용서하기" 위해 "공적 추문을 심문하고 듣고 판결하는 데 있어서 장로들에게 가담하는 것."[57]

코튼은 출교는 "최고의 치리 행위" 가운데 하나이기 때문에 "일부 치리 담당자 외에는" 행할 수 없다고 주장한다. 그러므로 "전체 교인 총회"는 장로들이 없으면 이 열쇠의 권세를 행사할 수 없다. 그러나 장로들은 "교회에 그렇게 해야" 할 하등의 다른 이유가 없다면 자기들 스스로 그렇게 할 수 없다.[58]

코튼의 『천국의 열쇠』가 대회를 반대하지 않는 것에 일부 독자는 놀랄 것이다. "교회는 그들 사이에서 의견 차이가 있을 때 대회에 의존할 자유를 갖고 있다."[59] 마찬가지로 각 개별 교회는 "다른 교회들과 교제를 가질 자유"를 갖고 있다. 한 교회의 개인들은 수시로 "참여"를 위해 다른 교회로 갈 수 있다. 이들 교회는 교제할 때 특히 교회들 간의 지체들의 활동을 위해 교제해야 하고, 또 의논과 "서로에게서 상호 공급과 지원을 받기" 위해서도 교제해야 한다.[60] 교회들 간의 이 교제는 또한 한 대형 교회를 두 교회로 분할하거나 인접해 있는 작은 두 교회를 하나로 합병하는 것처럼 "교회들의 번식과 증가"에 대한 항목도 포함할 수 있다.[61]

코튼 작품의 한 부분은 개별 교회의 장로들에게 배타적으로 위임된 열쇠의 한 국면이 있다고 주장한다. 코튼에 따르면, 권세의 "열쇠"는 평신도에게 주어졌지만 권위의 "열쇠"는 장로들에게 주어졌다. 후자는 대체로 교회의 공적 회합에 대한 소집과 지도와 관련되어 있다.[62] 회중교회 형제들 가운데 코튼의 입장이 매우 독특하다는 것을 주목하라. 실제로 모든 회중교인은 회중 교회 조직 안에서 목사와 장로들의 유일한 지도력을 믿었지만, 그들 대다수는 장로들에게 열쇠의 한 부분을 할당하는 코튼의 견해에 따라 이 입장에 이른 것이 아니었다.

『천국의 열쇠』의 또 한 부분은 대회의 권세 및 권위에 할애된다. 여기서 코튼은 대회에서 장로들의 집단적 권위는 각 회중을 대표하도록 권한이 위임되고, 그들의 지시에 복종해야 하는 파생적인

---

56) Cotton, *Keyes of the Kingdom of Heaven*, p. 12.
57) Cotton, *Keyes of the Kingdom of Heaven*, pp. 12~13.
58) Cotton, *Keyes of the Kingdom of Heaven*, p. 16.
59) Cotton, *Keyes of the Kingdom of Heaven*, pp. 16~17.
60) Cotton, *Keyes of the Kingdom of Heaven*, p. 18.
61) Cotton, *Keyes of the Kingdom of Heaven*, p. 19.
62) Cotton, *Keyes of the Kingdom of Heaven*, pp. 20~23.

권위라고 주장한다. 그러나 코튼에 따르면, 이것은 대회에 참석한 장로들이 "교회들을 구속할 어떤 행위를 결정하거나 결론을 지을 권위가 전혀 없다는 것을 의미하는 것이 아니고, [다만] 이전에 교회에서 받아온 지시를 따라야 한다는 것"을 의미한다.[63] 동시에 코튼은 어떤 대회도 자기들의 교회와 "무관한" 일이 아니라 단지 "복음의 진리와 평강"에 따르는 일에 "관여할" 권세를 갖고 있다고 제한한다.[64] "예배"와 "질서"의 아디아포라(아무래도 좋은 것들)에 대해 말한다면, 대회는 "그리스도께서 획일성이 아니라 오직 통일성을 제공하시므로"[65] "이에 대해서는 어떤 권세"도 갖고 있지 않다.[66]

또한 대회가 "안수와 출교에 대해 권세"를 갖고 있는지의 문제도 대회의 권위의 한계와 관련되어 있다.[67] 위에서 지적한 것처럼 이것이 회중교회와 장로교회 교회론 사이의 실제 갈림길이다. 코튼은 의심할 여지 없이 회중교회의 입장이 미숙한 "독립성"과 "분리주의"의 덜 세련된 형태로 너무 쉽게 치부될 것이라는 우려를 갖고 이 문제에 접근하는 데 있어서 매우 신중하다. 그럼에도 코튼은 안수나 출교에 대한 결정을 하는 것은 대회에서 "성급하게" 다뤄져서는 안 되는 문제라고 주장한다. 대회는 이런 문제들에 대한 "결정"을 "판단하고, 발표하고, 선언하기로" 정할 수 있으나 어떤 것이든 결정에 "대한 시행"은 "여러 교회들의 장로회[즉 지역 교회 직원들]에게" 맡겨져야 한다.[68] 다시 말하면 회중교회 대회가 안수나 출교 문제에 연루되는 것은 단지 어쩔 수 없는 경우에 한해서이고, 연루된다고 해도 대회의 권위는 단지 선언적 권위에 불과하므로 대회의 "결정"은 개별 교회 지도자에게 맡겨져야 한다.[69]

교회의 본질: 보편적인 가시적 교회인가

위에서 지적한 것처럼 장로교회와 회중교회는 불가시적인 보편적, 포괄적 교회의 현존에 대해서는 확고하게 믿었다. 즉 교회는 모든 시대의 "택함받은 자의 총수"로 간주되었다(웨스트민스터 신앙고백 25.1). 이것은 보편적인 가시적 교회의 현존을 인정하게 될 때 일어나는 것과는 다른 문제였다. 이 요점은 잉글랜드 청교도 간의 교회론 논쟁의 핵심 전쟁터 가운데 하나가 되었다.[70] 이 보편적·가시적 범주에 대한 견해들은 항상 장로교회 진영과 회중교회 진영의 노선에 따라 산뜻하게 제시된 것은 아니었다. 왜냐하면 확실히 이 문제에 대해 두 가지 이상의 견해가 난무했기 때문이다.[71] 예를 들어 어떤 회중교인은 이 범주를 완전히 부정했다. 예컨대 아이작 초운시(1632~1712년)가 사후 출판된 오웬의

63) Cotton, *Keyes of the Kingdom of Heaven*, p. 26.
64) Cotton, *Keyes of the Kingdom of Heaven*, pp. 26~27.
65) Cotton, *Keyes of the Kingdom of Heaven*, p. 27.
66) Cotton, *Keyes of the Kingdom of Heaven*, p. 28.
67) Cotton, *Keyes of the Kingdom of Heaven*, p. 28.
68) Cotton, *Keyes of the Kingdom of Heaven*, p. 28.
69) 굿윈의 말은 "임시 대회"는 "종속적" 권세를 갖고 있다는 것이다. 굿윈이 *Government of the Churches*, in *Works*, 11:232~284에서 언급한 대회에 대한 설명은 『천국의 열쇠』보다 훨씬 철저하고, 굿윈의 견해는 코튼의 견해보다 대회의 역할에 대해 약간 더 제한을 가한다. 굿윈과 나이는 코튼의 『천국의 열쇠』 서언에서 자기들은 사도행전 15장과 예루살렘 회의를 대회의 기초로 보는 코튼의 용법과 일치하지 않는다고 진술한다. 대회의 지위에 대한 그들의 견해는 코튼의 견해보다 17세기 중반의 주류 잉글랜드 회중교회 사상을 더 대변한다. 대회에 대한 이와 비슷한 접근법이 이보다 먼저 1629년판 윌리엄 에임스의 *Medulla theologica* (Amsterdam: apud Robertum Allottum), 39.27에서 발견된다.
70) 웨스트민스터 총회에서의 이 문제에 대한 분석은 Powell, "October 1643," pp. 71~82를 보라. 파웰은 이것이 영국에서 개혁파 교회론과 관련해서 유일하게 벌어진 논쟁이었다고 주장한다.
71) 이것은 "October 1643," pp. 71~79에서 잘 예증된다.

『복음 교회의 참된 본질』(The True Nature of a Gospel Church)에 대해 쓴 서언을 보라. 초운시는 이렇게 주장한다. "성경은 교회를 보편적인 가시적 교회로 말하지 않는다. 그 사실 자체는 어떤 사람들의 뇌에 붙은 키메라에 불과하다."[72] 코튼도 이 관념을 완전히 거부했다.[73] 그러나 대다수 회중교인은 보편적인 가시적 교회의 현존을 인정했으나 그것에 어떤 구조적·정치적 권위를 부여하는 것은 인정하지 않았다.[74]

오웬의 입장은 1657년에 사실상 이 문제를 처음 다룬 것과 일치하고, 그 후로 한평생 변하지 않았지만, 그것은 초운시가 오웬의 작품 서언에서 취한 입장과 같은 것은 아니었다.[75] 다수의 회중교회 형제들과 마찬가지로 오웬도 보편적인 가시적 교회를 "외적 신앙고백에 있어서…… 그리스도를…… 고백하는 자가 모두 속해 있는" 교회로 정의한다. 그것은 "세상 전역에서 외적으로 복음에 의지하는 모든 사람을 망라한다."[76] 다른 회중교인과 마찬가지로 오웬도 그것은 특수적 범주가 아니라 보편적 범주이기 때문에 "보통 그것에 주어지는 통치와 질서의 어떤 법칙이나 규칙을 갖고 있지 않고……그것이 이런 법칙이나 규칙을 실행하는 것이 자체로 [불가능하다]"고 단호하게 주장한다. 사실상 예수 그리스도에 의해 그에게 또는 그들에게 위임된 전체에 대한 규제와 통치를 시행하는 데 관심을 갖고 있는 동질의 통치자나 통치자들이 없다.[77] 또는 다르게 말하면, 어떤 "통상적인 교회 직원"(의심할 것 없이 비상 직원인 사도들과 구분되는)도 "단일한 개별 교회 외에 교회들이나 어떤 다른 교회"에 관여하도록 되어 있지 않다.[78]

보편적인 가시적 교회 문제는 17세기 논쟁에서 천국 열쇠의 수령자 문제와 밀접하게 관련되고 중첩되어 있었다. 지적한 것처럼 장로교인은 열쇠가 교회 직원으로 대표되는 보편적인 가시적 교회에 주어졌다고 믿었다.[79] 그러므로 복수 교구들에 속해 있는 신자들에 대해 권위를 행사하는 국가적, 정치적, 합의적인 집단이 있어야 했다.[80] 반면에 회중교인은 지역 교회의 회합 외에 교회적인 권위와 권세를 가진 집단은 없다고 주장했다. 사보이 선언의 진술에 따르면, 그리스도는 "교회 제도, 질서, 정치의 권세"를 "개별적인 공동체나 교회들"에게 주셨고(1~4조), 이 선물은 매개자를 통해서가 아니라 "그리스도 자신에게서 직접" 주어진다(5조). 따라서 "이 개별 교회들 외에 그리스도의 규례를 시행하거나 그리스도의 이름으로 어떤 권위를 행사하는 권세를 위임받은 포괄적이거나 보편적인 어

72) Isaac Chauncy, preface to *The True Nature of a Gospel Church and Its Government*, John Owen 지음, *The Works of John Owen, D.D.* (Edinburgh: Johnstone & Hunter, 1850~1855), 16:4. 여러 다른 비슷한 수사적 설명이 3~5면에서 초운시에 의해 제시된다.

73) John Cotton, *The Way of the Congregational Churches Cleared* (London: Matthew Simmons for John Bellamie, 1648), 2:5~6.

74) 따라서 사보이 선언은 이렇게 되어 있다. "복음에 대한 신앙과 복음에 따라 그리스도로 말미암은 하나님에 대한 순종을 고백하는 세계 전역의 사람들의 전체 집단은……그리스도의 보편적인 가시적 교회로 불릴 수 있다. 그렇지만 이 집단 자체로는 어떤 규례를 시행할 권리가 맡겨져 있지 않고, 전체 집단 속에서나 이 집단에 대해 다스리거나 통치할 직분자를 갖고 있는 것은 아니다(26.2)." (1658, 재판, London: Evangelical Press, 1971).

75) 오웬의 이 범주의 인정은 *Of Schism*, in *Works*, 13:156, 160, 248을 보라.

76) John Owen, *A Discourse Concerning Evangelical Love, Church Peace, and Unity*, in *The Works of John Owen, D.D.* (Edinburgh: Johnstone & Hunter, 1850~1855), 15:81~82.

77) Owen, *Of Schism*, in *Works*, 13:152.

78) Owen, *Of Schism*, in *Works*, 13:126. 교회의 권세, 직분, 본질에 대해 이 문제와 관련 문제들을 굿윈이 설명하는 것은 청교도 회중교인 가운데 가장 철저하다. Goodwin, *Government of the Churches*, in *Works*, 11:1~298을 보라.

79) Samuel Rutherford, *The Due Right of Presbyteries* (London: E. Griffin for Richard Whittaker and Andrew Crook, 1644), pp. 9~19를 보라.

80) Rutherford, *The Due Right of Presbyteries*, pp. 54~62와 *The Divine Right of Church-Government*, pp. 13~18을 보라.

떤 교회도 그리스도께서 세우신 것이 아니다"(6조).[81]

오웬의 최초의 교회론 관련 작품인 『목사와 평신도』(Pastors and People)는 "교회"라는 말을 주로 보편적이거나 포괄적인 가시적 교회를 가리키는 데 사용한다. 마찬가지로 그 작품에서 천국의 열쇠에 대한 간략한 언급을 보면, 오웬은 천국 열쇠의 권세를 "교회 직원"이나 "목사"에게 할당한다. 오웬은 심지어 익살스러운 표현을 통해 만약 열쇠가 "평신도"에게 주어지면, 그들은 그 열쇠를 사용해서 교회 밖에서 [성직자를] 가두는 데 사용할 것이라고 넌지시 말한다.[82] 알려지지 않은 몇 가지 이유로 1646~1648년에 저술된 오웬의 교회론 작품들은 마태복음 16장의 열쇠 문제에 대해 전혀 언급하지 않지만, 그 작품들은 분명히, 그리고 반복해서 교회의 본질과 조직을 다룬다. 자신의 작품 『에스골』(Eshcol)에서 오웬은 교회를 거의 오로지 회집된 지역 회합을 가리키는 특수적인 표현에 따라 정의한다. 이 회합의 구성원은 거듭나야 하고, 의지적으로 그들 자신의 장로를 임명하고, 장로들과 함께 새 구성원을 받아들이며, 권징을 행사하는 가시적인 언약 성도들의 공동체를 구성해야 한다. 오웬이 초기 회중교회 작품들에서만 열쇠 문제를 다뤘다고 해도, 모든 증거는 그가 다른 회중교인과 같이 열쇠를 받는 자는 신자들의 교회이지 목사나 교회 직원이 아니라고 주장했을 것이라는 사실을 암시한다. 그러나 오웬의 후기 교회론 작품들, 곧 더 철저한 작품들은 열쇠 문제를 다루지만 그 속에서 우리는 오웬의 교회론의 새로운 사상을 발견하게 된다.

교회의 권위: 천국의 열쇠를 누가 쥐고 있는가

천국 열쇠의 수령자에 대한 오웬의 입장을 판단하기는 쉽지 않다. 간단히 말해 오웬은 회중교회 해석의 전형적인 노선을 따르지 않는다. 때때로 오웬은 마태복음 16장의 천국 열쇠가 평신도가 아니라 장로들에게 주어졌음을 강조하는 것처럼 보이지만, 또 다른 때에는 장로들이 아니라 평신도에게 주어졌다는 것을 똑같이 강조하는 것처럼 보이기도 한다. 누구든 생각해 보면 문제가 더 복잡해지는데, 그것은 열쇠의 복합적인 사용이나 열쇠가 행사되어야 할 여러 분야가 있기 때문이다. 예를 들면 장로들의 임명, 새 교인의 허락, 권징의 시행, 말씀 사역(평신도 예언에서나 목회 설교에서), 교회 예배, 교회의 종합적 리더십이나 "통치" 등이 그것이다. 우리는 이미 코튼의 접근법을 언급했다. 코튼은 열쇠의 권세와 권위를 구분했는데, 전자는 평신도에게 주어졌고, 후자는 장로들에게 주어졌다. 굿윈과 나이도 "목사의 교리적인 권위"(설교하고 가르치는 권위)와 "전체 교회"에 주어지는 "출교의 권세"를 구분할 것을 제안했다.[83] 다른 이들은 열쇠의 "일차 주체"와 "이차 주체" 사이 또는 "권위"와 "권한" 사이의 구별을 제안했다.[84] 또 다른 견해는 교회가 먼저 열쇠를 받았지만 지금은 장로들이 "열쇠의 대표자로 활동한다"는 것이었다.[85] 또한 열쇠의 몫을 다른 편보다 어느 한 편에 완전히 할당하는 자들

---

81) 회중교인은 행정 당국자의 권세는 다른 문제로, 엄밀하게 교회의 권세도 아니고, 엄밀하게 천국의 열쇠의 기능도 아니라고 봤다. John Owen, *An Inquiry Concerning…Evangelical Churches*, in *The Works of John Owen, D.D.* (Edinburgh: Johnstone & Hunter, 1850~1855), 15:238~247에서 존 오웬이 이 문제를 다룬 것을 보라.

82) Owen, *Duty of Pastors*, in *Works*, 13:5.

83) Goodwin & Nye, "To the Reader," John Cotton, *Keyes of the Kingdom*.

84) Powell, "October 1643," pp. 54~82를 보라.

85) Powell, "October 1643," p. 81.

이 있다. 예를 들어 러더퍼드는 포괄적인 국가 교회를 믿었지만 "열쇠는 모든 신자가 아니라 사도들과 목회 업무를 담당하는 그의 계승자들을 대표하는 베드로에게 주어졌다"고 주장했다.[86]

그러나 오웬의 경우를 보면, 두 주요 견해 가운데 한 특정 견해를 명확히 일괄적으로 받아들이거나 한 특정 견해에 대해 일관되게 세밀하고 절대적인 설명을 제공한 것으로 나타나지 않는다. 또한 이것은 단순히 오웬이 자신의 입장을 바꾸는 경우 가운데 하나로도 보이지 않는다. 오히려 오웬의 열쇠에 대한 견해는 매우 복합적이고, 다년에 걸쳐 다양한 작품들 속에서 진술됨으로써 심지어는 혼란스럽기조차 하다. 천국 열쇠에 대한 오웬의 가장 철저한 진술은 『복음 교회의 참된 본질』(1689)과 『하나님의 예배와 교회의 권징에 대한 간략한 가르침』(A Brief Instruction in the Worship of God and Discipline of the Churches, 1667)에서 발견된다.[87]

『복음 교회의 참된 본질』에서 오웬의 열쇠에 대한 긴 설명은 마태복음 16장에 나오는 베드로의 신앙고백이 "[그리스도께서] 천국의 열쇠를 주신 근거였고", 그러므로 "모든 교회 권세가 신자들에게 [주어졌다]"고 주장하는 것으로 시작된다.[88] 이 권세와 교회 조직 속에서 이 권세의 위치는 여러 방식으로 행사된다고 오웬은 주장한다. (1) 그리스도 안에서 영적 양자로 말미암아 허락된 특권의 위치로서 행사된다. (2) "서로 덕을 세우기 위해" 함께 모이는 회합에서 행사된다. (3) 통일된 신앙고백을 하는 것처럼 그리스도의 명령에 따른 "온갖 교회 의무"를 수행할 때 행사된다. (4) 그리스도의 엄숙한 예배 규례를 시행할 때 행사된다. (5) "교회 직원"을 안수하고 임명할 때 행사된다. (6) 이 직분을 위해 "사람들을 소집하고, 선택하고, 임명하고, 구별시키기 위해" 그리스도께서 이 "권리와 권세"를 주시는 대상이 교회라는 것을 명확히 하는 진술 속에서 행사된다.[89] 몇 페이지 뒤에서 오웬은 이렇게 반복한다. "이 권세는 '천국의 열쇠'의 이름 아래 원래 신앙을 고백하는 전체 신자들의 교회에 주어진다." 여기서 오웬은 교회는 열쇠를 사용할 때 "이중의 행사"가 있다고 주장한다. 곧 첫째는 교회 직원을 소집하거나 선택할 때, 둘째는 모든 치리 의무에 있어서 자원해서 그들과 함께, 그리고 그들에게 복종하여 행할 때다.[90] 이 이원성 곧 교회가 직원들을 소집하는 것과 이후에 이 직원들에게 복종하는 것은, 우리가 살펴볼 것처럼 오웬의 교회의 권세 견해에서 중대한 의미가 있다.

오웬은 이 지점까지 자신은 문제를 오직 "객관적으로" 다뤘지만, 그것은 또한 "주관적으로" 다뤄져야 한다고 설명한다. 여기서 오웬이 말하는 구분이 무엇을 의미하는지는 후자가 "정치를 행사할 때" "교회 직원"이 "그 안에서 예수에 의해 정해진다"는 것을 함축한다는 것을 제외하고는 분명하지 않다.[91] 오웬은 나중에 비슷한 구분을 제시한다. 장로들의 소집은 "천국 열쇠의 권세의 행위"이고, 이 "열쇠는 원래 그리고 당연히 전체 교회에 주어지는 것"이라고 오웬은 말한다.[92] 그러나 이 열쇠는 또한 "목회를 위해……장로들에게" 주어진다. 또는 약간 다르게 말하면, "교회 권세의 수여"는 "장로들에 의해서만 행사되지만, 주어지는 것은 전체 교회에 주어진다."[93] 이 구분은 이미 오웬의

86) Rutherford, *The Due Right of Presbyteries*, pp. 18~19(pp. 9~17도 보라).
87) Owen, *The Works of John Owen, D.D.* (Edinburgh: Johnstone & Hunter, 1850~1855), 16:1~208과 15:445~530.
88) Owen, *Gospel Church*, in *Works*, 16:15.
89) Owen, *Gospel Church*, in *Works*, 16:36~37.
90) Owen, *Gospel Church*, in *Works*, 16:40.
91) Owen, *Gospel Church*, in *Works*, 16:40.
92) Owen, *Gospel Church*, in *Works*, 16:63.
93) Owen, *Gospel Church*, in *Works*, 16:63.

정확한 입장을 확인하는 것이 어렵다는 것을 보여 준다. 오웬은 계속해서 설명하는데 그럴수록 더 애매해진다.

첫째, 오웬은 교회는 항상 "자발적인 공동체"이고, 따라서 "목사와 양떼" 간의 관계는 "서로" 간에 "상호 자발적인" 관계 속에 있어야 한다고 주장한다. 그러므로 이 "자격 있는 직원"에 대한 "교회의 복종"은 항상 "동의"에 따른 것이어야 한다.[94] 또는 『하나님의 예배에 대한 간략한 가르침』(A Brief Instruction in the Worship of God)에서도 비슷하게 설명한다.

> 목사나 교사의 부르심에는 교회의 찬성과 동의에 따른 선택이 요구된다……그들의 동의 없이 그들에게 지도자, 통치자, 감독자를 갖는 것만큼 이 자유에 반대되는 것은 없다. 게다가 교회 조직은 교회의 모든 제도 속에서 의무를 이행해야 한다. 이 점에서 그들은 그들의 목사나 장로들의 선택에 자유롭게 동의하지 못한다면 말 못하는 사람이나 짐승 같은 피조물에 불과할 것이다.[95]

오웬은 개개의 교회들은 그들의 목사와 장로들을 선택할 자유가 있어야 한다고 강력히 주장한다. 오웬은 이 점에 대해 명확하고 일관적이다. 때때로 오웬은 이것을 열쇠의 권세에 따라 설명한다.[96]

교회의 동의에 대한 오웬의 두 번째 설명은 약간 다른 방향을 띠고 있다. 따라서 오웬은 자신의 지도자들에 대한 교회의 자발적인 선임과 선택은 "마치 권세가……공식적으로 선택하는 자들 속에 내재되어 있는 것처럼 이 권세를 선택하는 자들에게서 선택받는 자들에게 넘겨주는 것이 아니라고" 덧붙인다. 임명 과정은 "그들에게 주어지는 권세와 권위 속에 이 직원들을 두는 도구적이고 목회적인 수단일 따름이다."[97] 『하나님의 예배에 대한 간략한 가르침』에서 같은 원리가 제시되는데, 여기서는 더 길고 세부적인 뉘앙스가 더해져 설명된다. 오웬이 장로들의 치리와 권세에 대해 여러 문단에 걸쳐 직접 말하는 것을 보는 것은 가치가 있다.

> 하나님을 예배하는 것과 관련된 일들에 있어서 교회 치리와 교회의 지도가 그들에게 위임된다. 그러므로 그들이 치리에 따라 교회에서 장로로서 행하는 것은 무엇이든 그것을 그들에게 권세를 파생시키는 교회의 이름이나 권위로 하는 것도 아니고, 그렇다고 그들 자신의 동의나 서약에 따라 단지 교인으로서 행하는 것도 아니라 자신의 법과 규례를 통해 그들에게 목회 직분과 권세를 주신 예수 그리스도의 이름과 권위로 행하는 것이다. 따라서 교회 동의에 의해, 그리고 교회 동의와 함께 어떤 교회 권세를 행사할 때 거기서 나오는 의무가 있는데, 이것은 그들이 예수 그리스도에게서 받은 권위에서 직접 나오고, 이 권위가 모든 치리와 권위의 원천이며……이 권위로 말미암아 교회 장로들은 그리스도께서 그의 교회에서 행사하도록 정하신 권세와 권위에 참여하게 된다…….

---

94) Owen, *Gospel Church*, in *Works*, 16:67.
95) Owen, *Brief Instruction*, in *Works*, 15:495~496.
96) Owen, *Gospel Church*, in *Works*, 16:63~65를 보라.
97) Owen, *Gospel Church*, in *Works*, 16:67.

> 그들은 교회에 의해 자신들의 권세를 갖고 있지만 그 권세는 교회에서 나온 것이 아니고, 그렇다고 말해진 것처럼 그들이 참여하는 그 권세가 그들이 참여하기 전 교회 조직에 공식적으로 내재하는 것도 아니라 실제로는 오직 그리스도 자신 속에 그리고 도덕적으로 그리스도의 말씀이나 법에 내재하는 것이다. 그리고 거기에 그리스도로 말미암아 그들에게 위임된 교회의 치리와 지도가 있다…….
>
> 장로로서 그들은 교회의 이름으로 어떤 것을 행하거나 선언할 때 자체로는 교회에서, 그리고 교회에 의해 그들에게 위임된 어떤 권위를 행사하는 것이 아니고, 다만 예수 그리스도로 말미암아 [그들에게] 위임된…… 그들 자신의 자유와 권한을 행사할 때 교회의 동의와 결정을 선언하는 것이다.
>
> 그러므로 장로들의 권위적인 활동에 교회의 동의가 요구되는 이유는 교회에서 사실상, 그리고 근본적으로 그들이 이전에는 갖지 못한 어떤 권위가 그들에게 새롭게 주어지기 때문이 아니라 복음의 규칙에 따라 그들의 권세의 질서 있는 행사에 이것이 요구되기 때문이고, 그것이 없으면 치리에 반하고, 그러므로 효과가 없다…….[98]

여기서 오웬은 장로들의 권위는 평신도에게서 받은 것이 아니라 오직, 그리고 직접 그리스도에게서 받은 것이라고 주장한다. 그들은 독특하게 교회 사역에 대해 그리스도의 "청지기"다. 교회의 "동의"가 "요구되지만"(오웬은 어떤 문제들인지는 말하지 않는다), 이 동의는 회중의 권위에서 나오는 것이 아니다. 그것은 단순히 "복음의 규칙"이다. 그것은 "질서 있게" 하는 데 필수적이고, 그렇지 않으면 "효력이 없게" 될 것이다. 천국 열쇠는 앞의 인용문에서는 언급되지 않지만, 강조점은 장로들의 권위와 장로들이 행사하는 유일한 권세에 있는 것으로 보인다.

이 작품 뒷부분으로 가 보면, 오웬은 특별히 교회 권징 및 출교와 같은 중요한 테스트 케이스와 관련해서 이 문제들로 다시 돌아온다. 여기서 천국 열쇠에 대한 말이 다시 등장한다. 다시 한 번 다음과 같은 긴 인용문을 보면 오웬의 설명의 특징을 예증하는 데 도움이 될 것이다.

> [권징 시행의] 이 권세가 그리스도의 법과 조직에 따라 교회에 부여된다는 것을 확인했다. 따라서 이 법은 어떤 사람들이건 그것의 유익을 얻고, 그것과 관련된 모든 자에게 그 유익을 정당하게 할당하는 수단과 방법을 정한다. 이 그리스도의 법, 조직이나 말씀이 어떤 사람들에게 주어지면 자체로 그들은 거기서 위임받게 되는 어떤 방법이나 수단에 의해 일차 지위와 주체가 된다. 따라서 교회 장로들에게 주어지는 권세나 권위는 처음에 공식적으로 그들이 가입하지 않은 또는 그들과 구별된 교회 조직 속에 내재하는 것이 아니고…… 그들 자신이 자체로 직분에 대한 권세의 일차 주체다…… 그것이 무엇이든 장로들에게 주어진 이 권징의 권세는 전체 교회 권리가 아니라 주 예수의 뜻과 법에 의해 전체 교회에 직접 주어진 것이다…… 이런 방식과 수단에 따라 위에서 설명한 권위가 먼저 자체로 교회 장로들에게 주어진다…… 그리고 그들이 자기들의 전체 의무를 이행할 수 있는 직분의 권세가…… "열쇠의 권세"로 불리는 것이다.[99]

---

98) Owen, *Brief Instruction*, in *Works*, 15:499~501.
99) Owen, *Brief Instruction*, in *Works*, 15:514.

요약하면 최소한 이 문단에서 오웬은 장로들을 "열쇠"의 "일차 주체"로 본다. 권징의 시행은 주로 장로들의 손에 있다.

오웬은 계속 나아가면서 자신이 다른 사람들이 제안한 "질서"와 "관할권"이나 "사역"과 "권징" 사이의 구분에 동조하지 않는다는 것을 분명히 한다. 대신 오웬은 "권세"는 전체 "직분"에게 주어지고, 그것은 모두 그들에게 "위임된 그리스도의 권위"에서 나오는 "사역적" 권세라고 믿는다.[100] 오웬은 "교회 조직"도 "이 권징의 권세 시행"과 관련이 있다는 것을 명확히 한다. 오웬은 이것이 그렇게 되는 두 가지 경우를 제시한다. (1) 그들이 권징의 경우에 "검토하고, 조사하고, 판단할" 때와 (2) 그들이 "교회 권세의 모든 행위에 동의"를 제공할 때. 두 번째 경우를 명확히 설명하면서 오웬은 이렇게 말한다. "[권징의 권세는] 공식적으로 그들의 권위에 속하는 것이 아니지만 평신도의 동의는 권징의 종합적 타당성과 유효성을 위해 필수적이다."[101] 나아가 오웬은 평신도는 어떤 것이 "말씀에서……나오는 보증" 없이 "행해지도록 제안될 때 반대할 자유"를 갖고 있다고 주장한다.[102]

『복음 교회의 참된 본질』에서 교인의 "입회와 퇴출" 주제가 함께 다뤄진다. 오웬은 여기서 권위의 기초와 행사는 교회의 앞문과 뒷문 모두 똑같다는 것을 분명히 한다. "이 둘은 모두 오직 장로들이 행사하도록 되어 있는……교회 권세의 행위다."[103] 물론 교회 조직은 "교회의 합병을 받아들이거나 그 특권을 "거부하거나 보류할" "내재적인 권세"를 갖고 있다. 그러나 교회의 이런 "행위들" 속에 "열쇠의 권세에 대한 행사는 들어 있지 않다."[104] 반대로 "장로나 지도자들"은 "교인들의 입회와 퇴출" "행위를 위해" 자신들에게 "위임된 특별한 권위"를 갖고 있다. 요약하면 "다스리는 열쇠는 전체 교회의 동의와 함께 적용되도록 교회 장로들에게 맡겨진다."[105]

오웬의 입장에 대한 분석

이 두 중요한 후기 교회론 작품 속에서 오웬이 천국 열쇠를 다룬 것을 어떻게 말할 수 있을까? 다수의 관찰 사실을 다음과 같이 제시할 수 있다.

첫째, 우리는 가능한 비일관성 또는 최소한 불확실성이 있는 것처럼 보이는 곳을 지적할 수 있다. 이에 대한 최고의 실례는 오웬이 어떤 때는 열쇠를 신앙고백에 기초한 교회 조직에 두고 있으나 다른 때는 성도들을 통해 전달되는 것이 아니라 그리스도에게서 직접 주어지는 것으로 장로들에게 두고 있다는 것이다. 때때로 이런 진술은 문맥에서 뉘앙스, 설명, 제한을 더하지만 일관되거나 균일하게 하지 않는다. 오웬의 동료들은 권위의 경계선을 긋기 위해 그들 나름의 분류법을 취하고, 종종 열쇠에 대해 말할 때 반복해서 이 분류법을 언급했다. 그런데 오웬의 경우는 그렇지 못하다. 따라서 그의 견해가, 열쇠가 교회에 주어지고 장로들에 의해 사용되는지 또는 장로들을 대표로 하는 교회에 주어지는지 또는 열쇠가 교회 직원과 평신도 사이에 분포되어 구별할 수 있는 열쇠나 구별할 수 있

100) Owen, *Brief Instruction*, in *Works*, 15:513~514.
101) Owen, *Brief Instruction*, in *Works*, 15:515~516.
102) Owen, *Brief Instruction*, in *Works*, 15:516.
103) Owen, *Gospel Church*, in *Works*, 16:136.
104) Owen, *Gospel Church*, in *Works*, 16:136~137.
105) Owen, *Gospel Church*, in *Works*, 16:137.

는 부분들이 있는지 명확하지 않다. 더 깊이 연구해 보면, 열쇠에 대한 오웬의 견해를 명확히 확인할 수 있을 것이다. 그러나 지금으로서는 17세기에 교회의 권세에 대한 자신들의 견해를 제시한 다른 많은 학자들과 달리, 오웬은 열쇠에 대해 분명하고 일관된 말로 명백한 뉘앙스를 가진 설명에 도달하지 못한 것처럼 보이는 것이 사실이다.

둘째, 오웬은 교인들의 "입회와 퇴출"을 행하도록 장로들에게 직접 할당된 열쇠에 대해 말할 때 전반적으로 회중교회 형제들보다 장로교회 사상의 해석 노선과 일치한다. 놀랍게도 오웬은 또한 자신의 후기 입장이 기본적으로 자신이 장로교인임을 공언하던 시기에 쓴 최초의 교회론 작품에서 간략히 언급한 것과 일치된다는 것을 예증한다. 거기서 오웬은 열쇠를 "평신도"보다 "직분"에 부여했다. 권징과 출교의 테스트 케이스가 이것을 효과적으로 보여 준다. 거의 모든 회중교인은 훈계와 출교에 있어서 장로들의 필수적인 리더십을 인정했다. 그러나 권징의 열쇠(또는 열쇠의 권징 기능)는 통상적으로 목사보다는 회중 전체와 연계되었다.[106] 오웬은 이 부분의 열쇠를 장로들에게 부여하고, 다만 간략하게 회중의 "동의"를 얻는 것의 필연성을 인정한다. 코튼의 『천국의 열쇠』와는 반대다.[107] 아마 오웬의 모델은 실제로 코튼이나 굿윈의 모델과 전혀 다르지 않게 작용하지만 신학적·주석적 노선과 강조점은 다를 것이다. 이 점에서 오웬은 회중교회로 적을 옮겼다고 해서 일률적으로 어느 한 길과 한 모델을 따른 것이 아니다. 그러나 아울러 오웬이 열쇠를 다룬 것은 어느 누구보다 코튼의 입장과 가깝다는 사실이 지적되어야 할 것이다. 왜냐하면 코튼도 열쇠의 작은 부분만 장로들에게 직접 할당한 것이 아니었기 때문이다.[108]

셋째, 이것에 비춰 보면, 또한 오웬의 후기 교회론 작품들 속에서 회중교회 사상의 기본 교의에서 벗어난 것은 없다는 사실이 확고하게 진술되어야 한다. "회중교회 형제들"에게 주어진 열쇠는 회중교회를 옹호하는 논증-그리고 빈번하게 오웬의 동료들이 사용한-의 하나였다. 그러나 열쇠가 목사들에게 주어졌다는 다른 주요 견해는 장로교회 교회 견해를 당연히 요하는 것은 아니다. 오웬은 1646년에 시작해서 이후 남은 생애 동안 교회의 본질을 모이고, 의지적이고, 거듭나고, 지역적이고 개별적인 성격으로 봤기 때문에 그것을 증명한다. 오웬은 또한 분명하고 일관되게 교회 직원의 임명은 지역 교회에서 처리되고, 항상 회중의 동의에 종속되어야 한다고 주장했다. 오웬의 견해 속에 사보이 총회의 문서 내용과 직접 대립되는 것은 아무것도 없다는 것도 유효하다.[109] 오웬은 열쇠를 보편적인 가시적 교회에 연계시키거나 복수의 교회들에 대해 권위를 행사하는 교회 직원 집단을 구상하지 않는다. 그러므로 일부 사람들이 주장한 것처럼, 오웬의 마지막 교회론 작품인 『복음 교회의 참

---

106) 또 다른 실례는 뉴잉글랜드 문서인 *A Platform of Church Discipline* [*The Cambridge Platform*] (Cambridge, Mass.: S[amuel] G[reen], 1649), 5장일 것이다.

107) Cotton, *Keyes of the Kingdom of Heaven*, pp. 12~16.

108) 예컨대 John Cotton, *The Doctrine of the Church*… (London: for Ben. Allen, 1644)를 보라: "질문 30: 그리스도는 자신의 교회 통치를 누구에게 위임하셨는가? 답변: 부분적으로 후보자나 교회 조직에 관련해서는 교회 집단에 위임하셨지만 교회 질서 및 행정과 관련해서는 장로회[또는 장로직]에게 위임하셨다"(10). 위의 사실에 비춰 보면 제프리 너틀의 사보이 총회에 대한 다음과 같은 평가는 유감스럽다. "그들 가운데 많은 이가 코튼보다는 브라운과 로빈슨에게서 나온 보다 급진적이고 분리주의적인 전통을 추종했다"(*Visible Saints: The Congregational Way, 1640~1660* [Weston Rhyn, Shropshire: Quinta Press, 2001], p. 19).

109) 사보이 선언의 교회 질서는 "권세"에 대해 많은 부분을 할애하지만 마태복음 16장의 천국의 열쇠에 대한 명시적인 언급은 나타나 있지 않다.

된 본질』은 장로교회로 되돌아갔다고 볼 하등의 이유가 없다.[110] 오웬은 어떤 면에서 회중교회 모델에 비해 약간 덜 민주적인 모델을 갖고 있는 회중교인이라는 점에서 독특하고, 따라서 확실히 장로교회 사상과 일치점을 갖고 있을 수 있지만 그렇다고 해서 그가 장로교인이 된 것은 아니다.

넷째, 오웬에 따르면, 회중의 "동의"가 이상적인 회중교회의 삶과 기능처럼 보였는지는 분명하지 않다.[111] 오웬은 "교회가 정치를 행할 때 주요 행위에 대해 평신도의 필수적인 동의를 받는 것이 얼마나 민주적인 제도로 지칭될 수 있는지에 대해 나는 결정을 못하겠다"고 말할 때 사실은 이런 특수 사실들을 피하려는 의도를 갖고 있는 것으로 보인다.[112] 다시 말하면 오웬은 교회 정치가 얼마나 민주적이어야 하는지-동의해야 할 어떤 문제들에 있어서 단순한 과반수 의견으로 충분한지와 같은-에 대해 동조하지 않는다고 말할 것이다. 오히려 오웬은 교회 정치에 대해 두 가지 성경적 원리만을 주장한다. (1) 교회 정치는 "정치를 시행하는 방법에 있어서 자발적"이라는 것, (2) 교회 정치는 "규칙의 지침을 충실히 준수해야 하는 것"이라는 것,[113] 한편으로 오웬은 자신의 교회론 작품들 속에서 빈번하게, 아니 때로는 심지어 장로들의 권세와 권위에 대해 매우 확고하게 말할 때에도 "동의"에 대해 말한다. 또한 오웬은 분명히 "찬성"(투표를 통해 표현된 동의)을 동의를 결정하는 데 본질적 요소로 본다.[114] 다른 한편으로 오웬은 주기적으로 단순히 "민주적인" 것에 대해 비판을 가한다.[115] 또한 오웬은 "찬성이나 복수의 발언권을 통해 교회에서 어떤 것이 행해지고 처리되는 경우에 평신도의 투표는 결정적이거나 권위적이지 않고, 단지 동의와 순종에 대한 선언이다"라고 주장한다.[116] 교인들의 "동의"와 "권위" 간의 이 구분은 오웬의 독특한 견해처럼 보인다. 평신도의 동의는 "당연히" 필수적이지만 평신도의 "투표"는 권위의 행사가 아니다.[117] 또한 교인 총회가 교회 직원들의 결정이나 조치에 동의하지 않을 때 오웬이 교회 직원들에게 주는 조언도 경청할 만하다. 목자들은 다음과 같이 해야 한다. (1) 가르치고, (2) 경고하고,(3) 기다리며, 그리고 필요하면 (4) 다른 교회들의 조언을 받으라.[118] 이것은 교회 직원과 평신도 간 관계의 두 측면에 효과가 있다. 교회 직원은 독재적, 주권적, 절대적으로 다스릴 수 없고, "자연스럽게" 교인들을 "예수 그리스도께서 정하신 아름다운 질서"를 파괴하지 않도록 이끌어 "무질서", 아니 심지어는 "무정부 상태"에 이르지 않도록 해야 한다.[119] 정리하면 오웬의 교회론과 실천 사항을 확인하면, 목회자의 권위와 회중의 동의에 대한 노선이 교차하고, 중첩되고, 때로는 대립하는 곳이 어디인지 엄밀하게 명확한 것은 아니지만, 오웬은 이

110) Francis Nigel Lee, *John Owen Represbyterianized* (Edmonton: Still Waters Revival Books, 2000)은 이와 반대임. John Owen, *Works* 16.2의 *Gospel Church*의 서문에서 윌리엄 굴드가 이 문제를 설명한 것을 참고하라.

111) 오웬의 교회 경험에 대해서는 유감스럽게도 관심을 거의 갖지 않지만, 할콤의 최근 작품은 영국 혁명 시기에 실제 회중교회의 삶에 대해 탁월한 설명을 제공한다. Halcomb, "Congregational Religious Practice," 특히 2~4장을 보라.

112) Owen, *Gospel Church*, in *Works*, 16:131.

113) Owen, *Gospel Church*, in *Works*, 16:131.

114) Owen, *Gospel Church*, in *Works*, 16:131. 오웬이 "투표"라는 말을 사용하는 경우는 매우 드물고, 대신 덜 전문적인 용어인 "동의"와 "찬성"이라는 말을 사용한다.

115) 예컨대 John Owen, *An Inquiry into the Original, Nature, Institution, Power, Order, and Communion of Evangelical Churches*, in *The Works of John Owen, D.D.* (Edinburgh: Johnstone & Hunter, 1850~1855), 15:194를 보라.

116) Owen, *Gospel Church*, in *Works*, 16:131.

117) 동의는 단순히 본성에 따르는 것이라는 오웬의 주장에 대해서는 Owen, *Gospel Church*, in *Works*, 16:131~36 참고.

118) Owen, *Brief Instruction*, in *Works*, 15:502. 이 네 가지 요점은 각각의 문맥에서 정성스럽게 제시된다.

119) Owen, *Gospel Church*, in *Works*, 16:131.

들을 긴장-오웬 자신의 주석적, 교리적, 역사적, 실천적, 스콜라적 논증들의 결합에 기초한 독특한 긴장-속에 두기로 결정한다.

결론

사려 깊은 교회론은 청교도가 그들 이후의 교회 세대들에게 끼친 가장 중요한 공헌 가운데 하나다. 그러나 교회 역사 속에서 대다수 다른 신학적 공헌들과 마찬가지로, 그것도 청교도 간의 일치점보다는 오히려 날카로운 불일치점과 그들의 발자취를 따르는 자들에게 가장 큰 교훈으로 판명된 열띤 논쟁을 보여 주었다. 17세기 중반에 "경건한 자들"은 교회 정체의 "더 깊은 개혁"의 필요성에 공감하고 있었다. 1640년대에 개최된 웨스트민스터 총회와 1650년대에 크롬웰식 교회 정착 시기의 시도들은 하나의 국가 교회로 "경건한 자들을 연합시키려는" 이 소망의 핵심 실례다.[120] 그러나 결국 교회론의 차이들, 특히 두 주요 교파인 장로교회와 회중교회 간의 차이들은 이런 가시적인 연합을 극복할 수 없을 정도로 가로막는 장애물을 구성했다.[121] 그럼에도 불구하고 개혁파의 연합에 대한 청교도의 갈망 속에서, 그들의 신념들에 대한 열정 속에서, 그리고 그들의 철저한 토론과 논쟁 속에서 우리는 이후로 청교도의 상속자와 계승자들의 모델을 발견한다. 우리는 이번 장이 만일 어떤 신학적 주제가 개혁파 신자들을 복잡하게 한다면, 그것은 바로 교회론 분야라는 것을 보여 주기를 바란다.

---

120) Ryan Kelly, "Reformed or Reforming: John Owen and the Complexity of Theological Codification for Mid-Seventeenth-Century England," *Ashgate Research Companion to John Owen*, Kelly Kapic & Mark Jones (Aldershot: Ashgate, forthcoming 2012)를 보라.

121) 잉글랜드의 장로교인과 회중교인은 잉글랜드의 장로교회와 잉글랜드 및 웨일스의 회중교회가 연합 개혁파 교회로 통합한 1972년까지 서로 분리된 상태에 있었다.

40장

청교도의 교회 직분 교리

[교사는] 성경과 자신의 교재에 대한 건전한 말씀 체계나 형식을 갖고 있고,
목사는 사람들을 더 깊이 연구하고 사람들에게 말씀이 알맞도록 한다. 그리고 목사는 특별히 사람들의
영에 합당한 것을 분별하고, 그리하여 그들에게 지혜롭게 말할 수 있지만, 교사는 진리에 합당하게 말한다.
교사는 성경과 성경을 오가며 서로 비교하고, 목사는 말씀을 분배하고 구분하며, 성경과 사람들의 양심을
결합시킨다…… 목사는 실천적 요점들 곧 행해져야 할 것을 더 깊이 다루고,
교사는 믿음의 요점 곧 믿어져야 할 것을 더 깊이 다룬다…… 목사는 사람들의 죄를 더 깊이 다루고,
교사는 사람들의 오류를 더 깊이 다룬다. 교사는 지식을 더 깊이 다루고,
목사는 죄 죽이는 법을 더 깊이 다룬다. 목사는 옛 사람을 죽이는 데 있어서 그리스도의 제사장 직분을
더 깊이 가르치고…… 장로가 사람들의 양심을 다스리는 데 있어서 그리스도의 왕의 직분에
더 집중하는 것처럼 교사는 진리를 제시하는 데 있어서 그리스도의 선지자 직분에 더 집중한다.

– 토머스 굿윈[1] –

그리스도께서 그의 교회에 대해 정하신 적절한 정치 형태가 무엇인지의 문제는 격렬한 논쟁을 불러 일으켰고, 청교도 신학자들 사이에서 끊이지 않는 불협화음을 일으켰다. 앞장에서는 얼마간 장로교회와 회중교회 간의 이 논쟁과 불일치를 다뤘다. 두 교파 간의 차이점들에도 불구하고, 청교도는 로마 교회의 교황이나 주교가 보편적인 가시적 교회의 우두머리라고 주장하는 "교황주의"와 한 사람이 다른 사람들보다 "우선하거나" 더 높이 세움 받아 한 교구의 감독이나 한 지역의 대감독으로서 독보적인 권세를 행사하는 관념을 가르치는 "감독제도"를 거부하는 데에는 서로 일치했다. 또한 그리스도께서 교회에게 주신 직분 곧 교회 안에서 영속적으로 유지되도록 되어 있던 직분과 그렇지 않은 직분에 대해 일반적인 일치가 있었다.

제러마이어 버로스(대략, 1600~1646년)는 "교회는 신적 지정에 따라 그리스도께서 교회의 모든 필요를 위해 제공한 장로나 집사 또는 더 구체적으로 교사, 장로, 집사 외에 다른 직분 보유자는 있을 수 없다"고 주장함으로써 청교도의 기본 입장을 요약한다.[2] 청교도 신학자들은 직분자를 가리키는 데

1) Thomas Goodwin, *The Constitution, Right Order, and Government of the Churches of Christ*, in *The Works of Thomas Goodwin*, Thomas Smith 편집 (1861~1866, 재판, Grand Rapids: Reformation Heritage Books, 2006), 11:338~339.

2) Jeremiah Burroughs, *The Petition for the Prelates Briefly Examined, Wherein You Have These Pleas for Prælacy, Discussed, and Answered, etc.* (London, 1641), pp. 31~32. 또한 Hunter Powell, "The Dissenting Brethren and the Power of the Keys, 1640~1644" (철학박사학위논문, University of Cambridge, 2011), p. 29도 보라.

다양한 호칭을 사용했지만 이 호칭들은 감독 직분에 대한 감독 제도의 주장을 거부하는 데 하나가 되었다. 예를 들면 웨스트민스터 총회의 옹호론자(회중교인), 존 오웬(1616~1683년), 스코틀랜드 장로교인은 모두 기본적으로 교회 직분에 대해 한 마음을 가졌다. 잉글랜드 장로교인 나자로스 시만(사망, 1675년) 및 코넬리우스 버지스(대략, 1589~1665년)와 같은 잉글랜드 장로교인은 스코틀랜드 장로교인이나 옹호론자보다 교회의 회합에 대해 더 계층적 구조 견해를 갖고 있었다. 하지만 그들은 여전히 의식적으로 감독제도는 반대했다. 유명한 장로교회 작품인 『교회 정치의 신적 권리』(Jus Divinum Regiminis Ecclesiastici)는 교회 직분에 대해 독립파와 공통적인 일치점을 주장한다. "독립파의 정치 형태의 탁월함은 어디에 있는가? 그들은 단지 그리스도께서 친히 정하신 직원으로 목사와 교사, 치리 장로와 집사만 갖고 있는가? 그것은 장로교회도 마찬가지다."[3)]

감독제도와 교황주의를 반대하는 사례의 한 부분으로서 청교도는 지역 교회의 각 직분의 근본 본질과 기능을 제시한다. 장로교회나 회중교회를 막론하고 지역 교회는 신약 성경에서 발견되는 유형에 따라 기능하는 목사, 장로, 집사를 필요로 했다. 청교도 신학자들은 언약신학자였기 때문에 교회 개념은 새 언약 시대로 한정되지 않았고, 교회는 창세기에서 아담과 함께 시작되었다. 따라서 교회 직분은 교회의 복음 시대에 완전히 새로운 것이 아니라 구약에 뿌리를 두고 있다. 그렇기는 해도 다양한 항구적 직분에 대한 명백한 명칭들(즉 목사 및 교사, 치리 장로, 집사)은 새 언약에 특유하고, 이번 장의 초점이 될 것이다. 나아가 이번 장은 직분에 대한 청교도의 기본 입장을 제시하려고 시도하겠지만, 초점은 주로 존 오웬과 토머스 굿윈(1600~1680년)에게 맞출 것이다. 그렇지만 이 주제에 대한 다른 중요한 신학자들의 견해도 제외시키지 아니할 것이다.

삼위일체론적인 교회론

토머스 굿윈도 존 오웬처럼 단순히 삼위일체적인 구원 교리만 주장한 것이 아니라 전체적으로 삼위일체적인 신학을 견지했다. 이런 이유로 굿윈은 교회 직원과 그들의 필수적 은사는 "삼위 하나님 모두의 공동 사역이자 구별된 사역"이라고 주장한다.[4)] 마찬가지로 오웬도 그리스도는 성령의 기름 부으심을 통해 하나님 아버지께 그분의 직분을 감당하도록 부르심을 받았다는 사실을 주목하는데, 이것은 그리스도 자신의 사역의 삼위일체적인 배경을 강조하는 것이다.[5)] 굿윈은 교회 안에서 성부, 성자, 성령이 교회 직원을 포함해서 은사들을 배분하는 역할을 하신다는 것을 보여 주는 고린도전서 12장 4~6절을 언급한다. 교회 직분은 승천하신 그리스도께서 보내신 은사다. 교회 직분은 그리스도의 유산이다(엡 4:11).[6)] 그리스도께서 떠나신 것은 또한 성령의 강림이 신자들을 소유하고, 신자들 속에 내주하기 위해 그리스도의 영으로 오신 것이므로 그분이 돌아오신 것과 같았다(롬 8:9; 엡 3:17). 교회를 세우실 때 그리스도는 성령을 통해 자신의 직원들에게 은사를 주신다. 굿윈에 따르면, 그리스

---

3) [Provincial Assembly of London], *Jus Divinum Ministerii Evangelici. Or The Divine Right of the Gospel-Ministry: Divided into Two Parts*… (London: John Legat and Abraham Miller, 1654), 서문.

4) Goodwin, *Government of the Churches*, in *Works*, 11:309.

5) John Owen, *The True Nature of a Gospel Church and Its Government*, in *The Works of John Owen, D.D.* (Edinburgh: Johnstone & Hunter, 1850~1855), 16:56.

6) Goodwin, *Government of the Churches*, in *Works*, 11:310.

도로 말미암은 성령의 은사는 교회를 널리(즉 교인의 수를 더함으로써) 세울 뿐만 아니라 강하게(즉 은혜를 더함으로써) 세운다.[7] 하나님의 뜻에 따라 다양한 직분(예, 사도, 선지자, 목사 및 교사)이 교회에 주어진다(고전 12:18). 하나님이 교회를 위해 직원을 선임하시는 것은 무작위 행위가 아니라 그분의 지혜를 반영하고, 각 사람을 자신의 직분에 맞게 준비시키는 그분의 능력에 의존한다.[8] 그러나 어떤 직분이 시대를 막론하고 교회에서 존속하도록 되어 있는가?

비상 사역자와 통상 사역자

유명한 작품 『신학의 정수』에서 윌리엄 에임스는 교회 안에서 두 등급의 사역 곧 비상 사역과 통상 사역을 구분하는 것의 차이점을 설명한다.[9] 이 구분은 청교도 사이에서 일반적이었고, 에임스의 작품은 오웬과 굿윈에게뿐만 아니라 런던 장로교회에도 영향을 준 것으로 보인다.[10] 에임스에 따르면, "비상" 사역은 "통상적인 수단을 통해 얻을 수 있는 것보다 더 높고 더 완전한 명령"을 갖고 있다.[11] 따라서 "비상 사역자"는 오류 없이 사역하고, 예수 그리스도와 성령으로 말미암아 하나님께 직접 권위를 받는 자다.[12] 여기서 "직접"이라는 말을 에임스는 반드시 엘리사와 맛디아가 사람들을 통해 부르심을 받은 것처럼 인간적 도구를 사용하는 것을 제외하는 것을 가리키지 않는다. 그렇다고 해도 그들의 부르심 속에는 오류 없는 명령이 포함되어 있었다. 따라서 신약 성경의 선지자, 사도, 복음 전도자는 특별한 방법으로 교회를 세우고, 교회를 보존하고 또는 교회를 붕괴에서 회복시킨 비상 사역자였다.[13] 그러나 존 위클리프(대략, 1328~1384년), 마르틴 루터, 울리히 츠빙글리는 "엄격히 말하면 비상 사역자"가 아니었다. 그렇더라도 그들을 비상 사역자로 부르는 것이 완전히 잘못된 것은 아니다. 왜냐하면 그들은 "과거의 비상 사역자가 행한 것과 비슷한 사역을 수행했기" 때문이다.[14] 그러나 교회는 이 사람들의 터 위에 세워진 것이 아니라 사도들과 선지자들의 터, 그리고 친히 모퉁잇돌이 되신 그리스도 자신 위에 세워졌다(엡 2:20).

비상 사역자는 하나님의 말씀을 전했을 뿐만 아니라 작품들을 통해 영속적으로 교회를 가르쳤다. 이 작품들은 교회의 "믿음과 행위의 규칙을 세웠고" "그들이 하나님께 직접 받은 오류 없는 지시로 말미암아 온갖 오류에서 벗어나 있다."[15] 반면에 통상 사역은 성경이라는 이름으로 보존된 작품들 속에 계시된 하나님의 뜻에 기초가 두어져 있다. 성경은 지금 통상 사역자들의 "고정된 법칙"이

---

7) Goodwin, *Government of the Churches*, in *Works*, 11:310.

8) Goodwin, *Government of the Churches*, in *Works*, 11:315.

9) William Ames, *The Marrow of Theology*, John Dykstra Eusden 번역 및 편집 (Grand Rapids: Baker, 1997), p. 183.

10) 다음 자료들을 보라. John Owen, *The Duty of Pastors and People Distinguished*, in *The Works of John Owen, D.D.* (Edinburgh: Johnstone & Hunter, 1850~1855), 13:29~49, John Owen, *Eshcol: A Cluster of the Fruit of Canaan*, in *The Works of John Owen, D.D.* (Edinburgh: Johnstone & Hunter, 1850~1855), 13:73, Goodwin, *Government of the Churches*, in *Works*, 11:320, 499, *Jus Divinum*, p. 96. 또한 J. I. Packer, *A Quest for Godliness: The Puritan Vision of the Christian Life* (Wheaton, Ill.: Crossway, 1990), pp. 227~228도 보라.

11) Ames, *Marrow*, p. 183.

12) Ames, *Marrow*, pp. 183~184.

13) 오웬은 그리스도는 "사도와 복음 전도자를 부르셨는데, 이들의 부르심은 중단되었다"고 주장한다(*True Nature of a Gospel Church*, in *Works*, 16:56, 73도 보라).

14) Ames, *Marrow*, p. 185.

15) Ames, *Marrow*, pp. 185~186.

고, 오직 하나님의 말씀 속에 규정된 대로 행하도록 허용된다. 나아가 통상 사역자는 오직 직접적으로가 아니라 간접적으로 하나님의 부르심을 받는다. 곧 "그들은 통상적으로 부르심을 받는데, 그것은 그들이 보통 사역자로 부르심을 받을 수 있고, 또 받는 것은 하나님이 세우신 질서에 따르기 때문이다." 통상 사역자의 목적은 "정규 수단을 통해 교회를 보존하고, 선전하고, 새롭게 하는" 것이다.[16] 이런 이유로 새 언약 교회 안에는 지금 세 가지 항구적인 직분이 있다. 곧 말씀 사역자(목사와 교사), 장로, 집사가 그것이다.[17] 청교도가 신약 성경에 따라 사도와 같은 말씀 사역자가 동시에 장로(벧전 5:1)였다는 것과 나아가 "장로"(프레스뷔테로스)와 "감독"(에피스코포스)이라는 말은 같은 직분을 가리키는 두 명칭이었다고 주장한 사실이 주목되어야 한다.

목사 및 감독

오웬에 따르면, 지역 교회에서 그리스도는 감독(장로)과 집사의 손에 권위를 두셨다. 장로는 두 부류가 있다. 먼저 한 장로는 말씀을 가르치고 전하는 일과 성례를 거행하는 일을 행하는데, 오웬은 이것을 "질서의 권세"로 부른다. 그리고 다른 한 장로는 치리하는 일을 하는데, 오웬은 이것을 "관할의 권세"로 부른다.[18] 가르치는 장로와 치리 장로 간의 구별이 있지만 장로와 집사 간의 구분처럼 절대적이거나 무조건적인 구분은 아니다.

청교도는 감독교회의 의미로 이해되는 감독 직분을 거부하는 데 하나가 되었다.[19] 감독제도의 주장을 논박할 때 청교도는 "장로"와 "감독"이라는 말은 동의어라고 했다. 에드문드 칼라미(1600~1666년)는 자신이 "감독은 장로와 구별된 서열이 아니라 성경에서 감독과 장로는 완전히 하나였다"고 주장했음을 밝힌다.[20] 오웬은 교구 감독의 특별한 권위와 통제를 강조하는 감독제도의 주장은 "매우 다양하게 다뤄지고", 감독의 역할을 어떻게 이해하든지 "감독제도 지지자"가 "서열과 직급에 있어서 장로보다 감독의 우월권"을 주장하는 것은 의심할 여지가 없다고 지적한다.[21] 그러나 오웬은 신약 성경은 "의심할 것 없이" 장로와 감독은 "서열이나 직급에 있어서 차이가 없이 같은 기능을 갖고 있는" 한 직분이라는 것을 보여 준다고 생각한다.[22] 이것을 증명하기 위해 오웬은 디도서 1장 5~9절

---

16) Ames, *Marrow*, p. 190.

17) 그러나 Goodwin, *Government of the Churches*, in *Works*, 11:326~333에서 로마서에 대한 주석적 언급을 주목하라.

18) Owen, *True Nature of a Gospel Church*, in *Works*, 16:42.

19) *Smectymnuus, An Answer to a Book Entituled, An humble Remonstrance. In Which, the Originall of Liturgy Episcopacy Is Discussed*⋯ (London: for I. Rothwell, 1641)를 보라. "스멕팀누스"(Smectymnuus)는 잉글랜드 교회의 감독제도를 반대한 5인의 신학자들을 가리키고, 스티븐 마셜, 에드문드 칼라미, 토머스 영, 매튜 뉴코멘, 윌리엄 스퍼스토의 이름의 두문자를 따 만든 것이다.

20) Edmund Calamy, *A Just and Necessary Apology against an Unjust Invective Published by Mr. Henry Burton*⋯ (London: for Christopher Meredith, 1646), p. 9. 회중교회 선언서인 Petition Examined을 평가하면서 파웰은 이렇게 지적한다. "이 소책자의 강조점은 관련된 두 주제에 집중되어 있다. 첫째 주제는 개개의 회중이 신약 성경의 최초 교회라는 것이었다. 키프리아누스를 인용하면서 버로스는 이렇게 말한다. '교회의 경계는 감독이 교회 사건들에 대해 전체 무리를 소집할 수 있는 것보다 더 큰 것이 아니다.' 둘째 주제는 칼라미 집의 모든 소책자에 공통적인 것으로, 버로스가 '박사 휘테커'를 인용해서 '신적 권리가 장로와 감독 모두 똑같다'고 말한 것이다. 버로스는 또한 정체(政體)에 대한 사고에 있어서 옹호론자들에게 큰 영향을 미친 대륙의 신학자 요한 게르하르트도 인용했다. 게르하르트의 행 20:17, 18 용법에 따라 버로스는 '우리는 감독이 장로보다 우위에 있는 관할권의 불공평함을 절대로 인정하지 않는다'고 주장했다"(Powell, "The Dissenting Brethren," p. 30).

21) Owen, *True Nature of a Gospel Church*, in *Works*, 16:43.

22) Owen, *True Nature of a Gospel Church*, in *Works*, 16:44.

로 돌아간다. 거기 보면 장로의 자격에 대해 말하는데 "감독"이라는 말을 "장로"와 동의어로 사용한다. 그리고 빌립보 교회에는 단순히 한 명의 감독이 아니라 여러 명의 감독이 있었고(빌 1:1), 이것은 한 명의 감독이 장로들에 대한 권위를 갖고 있다는 관념을 논박한다. 오웬은 감독은 영혼들을 보살피는 것에 대해 그리스도의 심판대에서 회계해야 하므로(히 13:17) "영혼들의 구원을 확대시키기 위해 싸우는" 것에 대해 무척 조심스럽게 생각해야 한다는 중대한 요점을 제시한다.[23]

"교회의 첫 번째 직원 곧 장로는 목사이고……양떼를 치고 치리하는 장로로서……양떼의 교사이자 감독이다."[24] 오웬은 목사-은유적인 명칭-는 자신의 보호에 맡겨진 양떼를 칠 때 "사랑, 보살핌, 자상함, 깨어 있음"을 보여 줘야 한다. 목회 직분에는 "치는 것"에 두 부분이 관련되어 있는데, 가르치는 것과 다스리는 것이 그것이다. 장로들 간에는 가르치는 장로와 다스리는 장로 간의 구별이 있지만 목사는 가르치는 것과 다스리는 것을 다 해야 한다.[25] 가르치는 것과 다스리는 것은 목자장이신 그리스도에게 주어진 것들처럼 성령이 베푸시는 특별한 은사와 능력을 필요로 한다. 그리스도처럼 목사도 양떼에게 동정과 사랑을 보여 주고, 계속 깨어서 모든 양떼를 지키고, 하나님의 영광을 위해 열심을 내며, 삶이 거룩하고 흠이 없어야 한다.[26]

어떤 사람도 이 직분을 합법적인 외적 부르심 없이는 취할 수 없다(히 5:4). 만일 이것이 그리스도에게 해당된다면 그분의 수하 목자들에게는 얼마나 더 해당되겠는가? 청교도는 교회의 부르심이 타당한 임직에 본질적 요소라고 주장했다. 이런 이유로 잉글랜드 교회의 사역자인 윌리엄 브리지(1600~1671년), 존 워드(대략, 1599~대략, 1658년), 시드라흐 심슨(대략, 1600~1655년)은 그들의 "감독제도" 임직을 포기하고, 자신들이 섬기도록 부르심을 받은 교회의 사역자로 "새롭게 안수를 받았다."[27] 대다수 청교도는 이 재임직을 불필요한 것으로 봤지만 그들은 모두 목사를 부르는 권세는 지역의 유지, 통치자나 감독이 아니라 지역 교회에 속해 있다고 확고하게 믿었다. 오웬은 목사의 부르심에는 두 가지 사실 곧 선임과 안수가 요청된다고 주장한다. 선임하기 전에 목사 후보자들이 그들의 "적성" 곧 사역에 대한 자격과 준비에 대해 검증을 받고, 덕을 세우는 은사 곧 "이 목적을 위해 주 그리스도께서 부여하고, 사람들의 마음속에서 성령이 역사하시는 영적 재능"에 대해 시험을 거쳐야 했다.[28]

오웬이 "복음적 교회"로 부르는 새 언약 교회를 따를 때 목사를 부를 권리는 전체 교회에 속해 있다. 오웬은 직원의 선임에 대한 사도행전의 묘사는 사도 이후 시대에 지켜야 할 규범이라고 지적한다.[29] 교회에서 장로와 집사의 선임은 열쇠가 그리스도, 그리스도의 교회 직원과 신자와의 관계 속에서 어떻게 이해되어야 하는지의 문제와 명백한 관련성을 갖고 있다. 옹호론자와 오웬, 새뮤얼 러더퍼드(1600~1661년)와 같은 장로교인의 관점에 따르면, 평신도는 일종의 장로와 공유하는 권세를 갖

---

23) Owen, *True Nature of a Gospel Church*, in *Works*, 16:43.

24) Owen, *True Nature of a Gospel Church*, in *Works*, 16:47.

25) Owen, *True Nature of a Gospel Church*, in *Works*, 16:48.

26) Owen, *True Nature of a Gospel Church*, in *Works*, 16:50~51.

27) Keith L. Sprunger, *Dutch Puritanism: A History of English and Scottish Churches of the Netherlands in the 16th and 17th Centuries* (Leiden: Brill, 1982), p. 325. 1654년 런던 지역 총회는 "재안수"에 대해 이렇게 천명한다. "이 진리에 대해 우리는 보편 교회의 동의를 갖고 있는데, 그것은 두 번째 안수를 인정하지 않을 뿐만 아니라 정죄하는 것이다. 우리는 이런 식으로 가르치거나 실시하는 개혁파 교회는 전혀 모르고 있고, 많은 교회들이 이와 반대로 가르치고 실시하는 것으로 알고 있다"(*Jus Divinum*, p. 147).

28) Owen, *True Nature of a Gospel Church*, in *Works*, 16:55.

29) Owen, *True Nature of a Gospel Church*, in *Works*, 16:56~57.

고 있었다. 파웰이 지적하는 것처럼 "코튼과 옹호론자의 독특한 열쇠 개념은 장로의 권세가 있을 수 있고, 평신도의 권세가 있을 수 있다는 것을 의미했는데, 이 두 권세는 구별된 권세였다. 장로는 장로의 권세의 일차 주체이고, 교회는 교회 권세의 일차 주체다. 러더퍼드는 평신도가 자신들의 목사를 투표할 권리를 가질 수 있다고 믿었지만, 이것을 '열쇠의 대중적 권세' 외에 다른 말로 부르지 않았다. 따라서 우리는 여기서 '실질적' 권세와 '형식적 권세'에 대한 복합적인 논리적 개념 속에 들어가게 된다."[30] 오웬은 확실히 신자들은 장로들을 선임하고, 또 사도행전 1장에서처럼 장로들의 감독 아래 집사들을 선임할 책임이 있고, 그리하여 집사들은 "장로들에 대한 동의를 통해 활동을 주재하고, 지시하며, 추인한다"고 주장했다.[31] 오웬은 장로의 부르심은 열쇠의 권세를 행사하는 것이고, 이 열쇠는 전체 교회에 주어진다고 지적한다. 따라서 장로들은 열쇠를 오직 목회를 위해 행사한다. 즉 장로들은 "교회에서 눈과 같다. 그러나 하나님과 자연은……전체 몸에, 아니 전체 인간에 빛을 제공한다. 이때 빛은 주관적, 최종적으로 주어지지만, 실제로는 특별히 눈 속에 위치하게 된다. 교회 권세의 수여도 이와 같다. 교회 권세는 전체 교회에 주어지지만 권세 행사는 오직 장로들이 한다."[32]

전체 집단이 장로와 집사들을 선임할 권리를 갖고 있지만 그들을 임명할 권세는 오로지 장로들에게 있다.[33] 직원을 임명할 때 지역 교회의 장로회로 하나가 되어 활동하는 장로들은 금식하고 기도하고, 이어서 가시적으로 임명된 자에게 안수해야 한다. 물론 오웬의 견해는 비국교회 형제들의 견해와 일치했다. 하지만 지적한 것처럼 오웬의 견해는 또한 많은 스코틀랜드 장로교인의 견해와도 일치했다.[34] 패커가 지적하는 것처럼 "오웬이 독립파 정치 체제 원리를 채택한 것은 목회 서열, 성격, 권위에 대한 장로교회 원리를 고수하는 데 아무런 영향을 미치지 않았다."[35] 오웬과 마찬가지로 러더퍼드는 선택과 임직 사이를 구분한다. 사실 파웰은 스코틀랜드 장로교인인 조지 길레스피(1613~1648년)는 웨스트민스터 총회에서 "평신도의 교회 직원 선임은 출교 및 임직과 같은 '관할권과 권위' 문제가 아니므로 선임은 '원래 회중에게 속해 있는' 것"이라고 주장했다고 지적한다.[36] 나아가 파웰은 이렇게 지적한다. "잉글랜드 장로교인인 나자로스 시만은 '이 모든 특별한 일들에서 평신도는 아무 권세가 없고 단순히 수동적이라고 즉 평신도는 어느 정도 자유와 동의의 권리를 갖고 있지만 그 권세는 단지 장로회에만 있다'고 반응했다."[37] 여기서 우리는 잉글랜드와 스코틀랜드 장로교인은 교회 직원의 선임에 있어서 세부 사실에 대해서는 일치하지 않았음을 주목하게 된다. 스코틀랜드 장로교인은 사실상 시만과 다른 잉글랜드 장로교인과 비슷하기보다는 옹호론자 및 오웬과 더 비슷했다.[38] 이 점에 대해 스코틀랜드 장로교 사상이 도르트 교회 질서 4조에 표현된 것과 같은

---

30) Powell, "The Dissenting Brethren," pp. 175~176.

31) Owen, *True Nature of a Gospel Church*, in *Works*, 16:61.

32) Owen, *True Nature of a Gospel Church*, in *Works*, 16:63.

33) Owen, *True Nature of a Gospel Church*, in *Works*, 16:64, 73.

34) Samuel Rutherford, *The Due Right of Presbyteries* (London: E. Griffin for Richard Whittaker and Andrew Crook, 1644), pp. 191~194와 George Gillespie, *An Assertion of the Government of the Church of Scotland*… (Edinburgh: for James Bryson, 1641), p. 2를 보라.

35) Packer, *A Quest for Godliness*, p. 226.

36) Powell, "The Dissenting Brethren," p. 240.

37) Powell, "The Dissenting Brethren," p. 240.

38) 파웰은 "스코틀랜드 맹약파인 데이비드 칼더우드는 스코틀랜드 출신 웨스트민스터 총회 위원들이 1644년 초에 그들이 저술한 교회 정치에 대한 논문에서 '독립파'와 매우 비슷한 목소리를 낸 것을 비난했다"고 지적한다("The Dissenting Brethren," p. 248). 또한 파웰이 장로들의 선임에 있어서 회중의 역할에 대한 기스베르투스 푸치우스와 존 코튼의 견해

대륙의 개혁파 견해와 일치했다는 것도 중요하다. 물론 러더퍼드와 오웬은 "임직은 장로회가 수행할 일"이라고 말했지만 장로회의 구성에 대해서는 서로 일치하지 않았다. 곧 오웬은 단지 지역 교회의 장로들로 구성된다고 봤고, 러더퍼드와 웨스트민스터 총회 신학자들은 한 "장로교회 정치" 아래 동맹한 도시나 지역의 여러 교회들의 집단적 장로들로 구성된다고 봤다.[39]

선임과 임직 간의 관계에 대한 치열한 논쟁은 장로교회와 회중교회 간의 긴장과 불일치를 크게 보여줄 뿐만 아니라 장로교인들 간의 긴장과 불일치도 보여 준다. 그렇기는 해도 장로교인과 회중교인은 비록 가시적 교회에 대한 서로 다른 견해로 말미암아 불가피하게 이 주제에 대해 불일치가 있었기는 해도 선임과 임직의 필요성에 대해서는 서로 일치했다. 폴리 하는 장로교인에게 임직은 목사의 직무에 속해 있고, 선임은 특수 평신도 집단에게 속해 있다고 지적한다.[40] 그녀는 이렇게 덧붙인다. "임직이 특수 회중들을 통해 수행되었다는 것은 보편적인 가시적 교회에 부여된 임직의 권위와 대립하는 것이 아니었는데, 그 이유는 '어떤 일이 전체 교회에 주어질 수 있지만 그 일의 행사는 특정인들에게 주어질 수 있기' 때문이다."[41] 다시 말하면 장로교인은 "임직은 한 특수 교회를 섬기도록 선임하는 것 이상의 일을 의미한다"고 봤다. 왜냐하면 그 지역 교회는 장로회로 대표되는 더 큰 교회를 위해 행한 것이기 때문이다.

그러나 지역 교회에서 목사의 다양한 의무에 대해 일반적 일치가 있었다. 오웬은 열한 가지 책임을 강조하는데, 거기에는 다음과 같은 의무가 포함되어 있었다.

- **말씀을 설교함으로써 양떼를 먹임**: 목사는 회중에게 성경 진리를 강하게 설교하기 전에 자신의 영혼에게 먼저 설교해야 한다.
- **양떼를 위해 계속 열렬하게 기도함**: 목사가 자신의 직무에 성실하다는 표시는 교인들을 위한 기도 생활이나 부족한 기도 생활로 요약될 수 있다. 나아가 기도는 말씀 선포와 중요한 관련성을 갖고 있다. 왜냐하면 "말씀을 설교하는 것에 설교의 성공을 위한 지속적이고 열렬한 기도가 따르지 않으면 설교의 목적을 등한시하고, 복음의 씨를 닥치는 대로 뿌리게 되기" 때문이다.[42]
- **성례를 거행함**: 성례의 주요 목적은 "선포된 말씀의 특별한 확증과 적용"이다.[43]
- **복음 교리를 보존하고 변증함**: 목사는 하나님의 말씀에 대해 "명쾌하고, 건전하고, 포괄적인 지식"을 갖고 있어야 한다. 목사는 새로운 견해 및 의견을 권장할 때 고심하고 두려워하는 마음을 가질 정도로 진리를 사랑해야 한다. 오웬은 "헛된 호기심, 과감한 억측, 그들 자신의 자만을 기꺼이 드러내는 것은 교회에 결코 작은 분란과 손해를 일으키는 것이 아니다"라고 지적한다.[44]

를 설명하는 것도 보라("The Dissenting Brethren," pp. 183~185).

39) Rutherford, *Due Right*, p. 199를 보라.

40) Polly Ha, *English Presbyterianism, 1590~1640* (Stanford, Calif.: Stanford University Press, 2011), p. 107.

41) Ha, *English Presbyterianism*, p. 107. 교회 정치에 대한 장은 가시적 교회의 본질에 대해 장로교회와 회중교회 간의 차이점을 좀 더 세밀하게 설명한다.

42) Owen, *True Nature of a Gospel Church*, in *Works*, 16:78.

43) Owen, *True Nature of a Gospel Church*, in *Works*, 16:79. 굿윈이 "가르침은 성례보다 더 고귀한 규례"라고 주장한다는 것을 주목하라(Goodwin, *Government of the Churches*, in *Works*, 11:337).

44) Owen, *True Nature of a Gospel Church*, in *Works*, 16:82.

- 영혼들의 회심을 위해 힘씀: 오웬은 회심의 도구적 원인이 목사의 의무인 하나님 말씀인 설교에 있기 때문에 회심의 통상적인 수단은 교회에 속해 있다고 주장한다.[45]
- 신자들의 필요를 보살핌: 영적 문제에서 육체적 문제에 이르기까지, 그것이 무엇이든지 목사는 양떼의 필요를 보살펴야 한다(예, 병자 심방, 가난한 자 구제, 고난 속에 있는 지체에게 동정을 보여 줌).[46]
- 경건한 삶을 인도함: 오웬은 이렇게 말한다. "만일 [교회의……] 목사가 복음의 순종과 거룩함에서 본보기가 되지 못한다면 종교는 교인들 사이에서 수행되거나 향상되지 못할 것이다."[47]

여기서 오웬이 강조하는 것은 신실한 복음 사역자의 표지들을 많이 보여 준다. 이상의 언급은 바울이 디모데에게 "네가 네 자신과 가르침을 살펴 이 일을 계속하라 이것을 행함으로 네 자신과 네게 듣는 자를 구원하리라"(딤전 4:16)고 한 권면과 완전히 일치된다. 이 본문은 목사가 추구해야 할 표지로서 믿음 안에서 개인적 경건함과 건강함의 필요성을 강조하는 청교도의 작품들 속에서 빈번하게 인용된다.

교사

대다수 청교도 신학자들은 목사와 교사를 구분하는 입장을 취했다. 하지만 오웬이 인정하는 것처럼 "성경에서 교사로 부르심을 받은 자에 대해 식자들의 생각은 매우 다양하다."[48] 어떤 이들은 칼빈과 도르트 교회 질서(2조)의 태도에 따라 "교회 박사"나 "신학 교수"의 직무를 가리킨다고 주장했다. 다른 이들은 지역 교회의 사역에서 교사와 목사를 말씀 사역자의 두 구별된 종류로 간주하기를 원했다. 여기서 후자의 견해를 취한 자들은 이 두 사역자의 범주적 차이를 보여 주는 데 어려움이 있었지만 그럼에도 그것을 보여 주려고 애썼다.

이 저술가들은 대체로 두 직분 간의 유사점을 보여 줌으로써 차이점을 부각시키고, 그런 다음 차이점들을 제시했다. 이 주제에 대한 굿윈의 설명을 보면, 그는 먼저 성례와 같은 일을 목사는 거행할 수 있지만 교사는 거행할 수 없다고 지적한다. 나아가 목사와 교사는 동일한 존경과 영예를 받을 자격이 있다(딤전 5:17). 그러나 이 두 직분 사이에는 차이점이 있다.[49] 오웬은 교사는 목사와 구별된 직원이라는 견해를 고수하지만 "교사 직분은 실질적으로나 형식적으로 지위에 있어서는 서로 구별되지만 목사 직분과 같은 종류에 속해 있다"고 주장한다.[50] 오웬과 굿윈은 두 직원은 각각 소유하는 은사가 다르다는 것을 지적함으로써, 먼저 목사와 교사 간의 차이점을 강조한다. 예를 들어 굿윈은 두 직원 모두에게 교리와 훈계가 요구된다고 지적한다. 그렇지만 이 두 부분을 다루는 데 있어서 강조점에 차이가 있다. 목사는 "위로와 권면을 통해 자신의 모든 설교를 적용과 관련시키지만 [교사

45) Owen, *True Nature of a Gospel Church*, in *Works*, 16:83.
46) Owen, *True Nature of a Gospel Church*, in *Works*, 16:87~88.
47) Owen, *True Nature of a Gospel Church*, in *Works*, 16:88~89.
48) Owen, *True Nature of a Gospel Church*, in *Works*, 16:97.
49) Goodwin, *Government of the Churches*, in *Works*, 11:337~338.
50) Owen, *True Nature of a Gospel Church*, in *Works*, 16:103.

는] 판단력을 제공하려고 애를 쓴다."[51] 굿윈은 이렇게 덧붙인다.

> [교사는] 성경과 자신의 교재에 대한 건전한 말씀 체계나 형식을 갖고 있고, 목사는 사람들을 더 깊이 연구하고 사람들에게 말씀이 알맞도록 한다. 그리고 목사는 특별히 사람들의 영에 합당한 것을 분별하고, 그리하여 그들에게 지혜롭게 말할 수 있지만, 교사는 진리에 합당하게 말한다. 교사는 성경과 성경을 오가며 서로 비교하고, 목사는 말씀을 분배하고 구분하며, 성경과 사람들의 양심을 결합시킨다……목사는 실천적 요점들 곧 행해져야 할 것을 더 깊이 다루고, 교사는 믿음의 요점 곧 믿어져야 할 것을 더 깊이 다룬다……목사는 사람들의 죄를 더 깊이 다루고, 교사는 사람들의 오류를 더 깊이 다룬다. 교사는 지식을 더 깊이 다루고, 목사는 죄 죽이는 법을 더 깊이 다룬다. 목사는 옛 사람을 죽이는 데 있어서 그리스도의 제사장 직분을 더 깊이 가르치고……장로가 사람들의 양심을 다스리는 데 있어서 그리스도의 왕의 직분에 더 집중하는 것처럼 교사는 진리를 제시하는 데 있어서 그리스도의 선지자 직분에 더 집중한다.[52]

물론 굿윈의 요점은 목사와 교사는 말씀 사역자로서의 그들 각자의 직분에 요구되는 은사를 공유한다는 것이다. 그러나 목사와 교사는 다른 방향보다는 어떤 방향에서 더 두드러지게 은사가 탁월하거나 은사를 소유한다. 그리스도께서 교회에 주신 은사(엡 4:11)는 목사와 교사를 구분하는 결과를 낳지만 둘 다 하나님 백성들의 다양한 필요를 채우는 데 있어서 소중하다.

치리 장로

잉글랜드의 장로교회 사상에 대한 매력적인 작품에서 폴리 하는 논쟁이 벌어진 것은 대체로 감독제도 교회 정치 형태와 개혁파 또는 장로교회 교회 정치 형태 사이였다고 지적했다. "장로교인은 자기들의 교회 정치 체제를 통해 특히 평신도 장로의 역할을 통해 개혁을 위한 실천적 계획을 옹호하는 한편, 감독제도 관습 속에서 감독 직분의 본질이 악용되는 것을 염두에 두었다."[53] 평신도 장로의 개념은 잉글랜드 교회 질서 어디에도 없었다. 따라서 청교도가 잉글랜드 교회에 제안한 개혁에는 그리스도의 교회 정치의 결정적인 부분으로 치리 장로의 도입이 포함되었다. 웨스트민스터 총회 신학자들에 따르면 "교회를 다스릴 때 유대인 교회에 제사장 및 레위인과 함께 백성들의 장로가 있었던 것처럼 그리스도도……자신의 교회에 말씀 사역자 외에 정치에 대한 은사를 갖고 교회 정치에 사역자와 함께 참여하는 이들을 세우셨다. 교회를 개혁한 이 직원은 통상적으로 장로로 불린다."[54] 청교도들은 그리스도의 교회 치리가 감독이나 장로에게 속해 있다고 주장했다. 모든 장로들이 전부 다 목사나 교사는 아니지만, 그들 모두는 그리스도를 대신해서 교회를 치리할 권세를 부여받는다. 장로들은 하나님 나라의 열쇠를 지니는데, 오웬에 따르면, 이 열쇠는 "대게 두 수장을 가리킨다. 즉,

---

51) Goodwin, *Government of the Churches*, in *Works*, 11:338.

52) Goodwin, *Government of the Churches*, in *Works*, 11:338~339.

53) Ha, *English Presbyterianism*, p. 38.

54) "The Form of Presbyterial Church-Government," *Westminster Confession of Faith* (Glasgow: Free Presbyterian Publications, 1994), p. 402.

하나는 질서의 수장이고, 다른 하나는 관할권을 지닌 수장이다."[55] 목사와 교사만이 질서의 열쇠를 갖고 있고, 여기에는 사람들의 양심을 매고 푸는 것을 포함하는 설교와 성례의 거행이 함축되어 있다. 관할권의 열쇠는 "교회의 통치, 정치나 권징"을 가리킨다.[56] 평신도 장로는 목사와 교사들이 행하는 것처럼 관할권의 열쇠에 대한 권리를 갖고 있다. 오웬은 목사와 치리 장로 간의 차이점을 그들의 각기 다른 은사에 따라 제시한다. "어떤 이들은 말씀에 대한 처방과 목양의 길에 대한 교훈에 적합한 은사를 갖고 있으나 다스리는 사역에 유용한 능력은 갖고 있지 못하고, 또 어떤 이들은 다스리는 데 합당한 은사는 갖고 있으나 설교하는 목회 사역을 감당하는 데 합당한 은사는 갖고 있지 못하다. 정말이지 한 사람이 이 두 은사를 특출하게 겸비하거나 어떤 두드러진 결함 없이 겸비하는 것은 매우 드물다."[57] 그렇다고 해서 목사와 교사가 다스림에서 면제되는 것은 아니다. 왜냐하면 다스림의 의무는 장로 직분의 필수적인 의무이기 때문이다. 그러나 치리 장로는 "기회가 있을 때마다 권위를 갖고 교인들을 권면하고, 위로하고, 훈계하고, 책망하고, 격려하고, 지시함으로써 교인들의 행위와 삶을 감독하는" 자다.[58] 이것은 목사가 이런 일을 행해서는 안 된다고 주장하는 것이 아니라 성례의 거행을 포함해서 목사의 설교와 기도 의무는 "이 일들의 특별한 적용에 속해 있는 온갖 의무와 함께……양떼를 위해 통상적으로 전 인격을 다해, 그리고 교회 안에서 목회 직분을 위해 부르심을 받은 그들의 능력을 최대한 발휘하는 데 충분하다는 것이다."[59]

장로를 목사와 치리 장로로 구분하는 것의 주석적 증거는 디모데전서 5장 17절에 나타나 있다. 오웬은 이 본문을 심도 있게 설명한다. 요약하면 오웬은 이 본문이 어떤 "편견 없는 합리적인 사람"에게 두 "부류"의 장로 즉 말씀과 교리에 종사하는 자와 그렇지 않은 자가 있다는 것을 증명한다고 주장한다. 교회의 유익을 위해 그리스도는 각 교회가 한 장로 이상의 장로를 갖도록 정하셨다. 각 교회에서 복수의 장로는 복수의 은사를 필수적으로 수반하고, 각 장로의 은사는 그들이 감당하도록 부르심을 받은 사역에 필수적이다. 장로는 독재적으로나 법적으로 다스리지 않고, 오히려 성경에 따라 그리스도의 뜻을 선언함으로써, 목회적인 방법으로 다스려야 한다. 오직 그리스도만이 교회의 법 수여자시고, 따라서 "다른 어떤 법도 교회 통치의 목적이나 의도에……유효하지 않다."[60] 이 특권들은 모두 각 개별 교회의 모든 장로에게 속해 있다.

통치, 정치, 권징이 목사 및 교사와 똑같이 치리 장로에게도 속해 있다는 것은 의심의 여지가 없다. 치리 장로는 그리스도를 주님으로 모시는 자들이 그분의 명령에 복종해야 한다는 것을 확신하고 "용기"를 갖고 교인들의 삶을 "부지런히 살필" 책임을 부여받는다.[61] 그 외에도 치리 장로는 대체로 교회 안에서 벌어지는 "온갖 차별 및 분열의 등장 및 현상들에 대해 경계해야" 한다.[62] 사랑의 대계명은 그리스도와 그의 교회를 위해 순종되어야 한다. 이에 따라 치리 장로는 또한 교회 안에서 교인들에게 영적인 것이든 현세적인 것이든 그들의 달란트에 따라 그들이 지켜야 할 특수 의무를 상기시

55) Owen, *True Nature of a Gospel Church*, in *Works*, 16:106.
56) Owen, *True Nature of a Gospel Church*, in *Works*, 16:106.
57) Owen, *True Nature of a Gospel Church*, in *Works*, 16:109.
58) Owen, *True Nature of a Gospel Church*, in *Works*, 16:109.
59) Owen, *True Nature of a Gospel Church*, in *Works*, 16:110.
60) Owen, *True Nature of a Gospel Church*, in *Works*, 16:135.
61) Owen, *True Nature of a Gospel Church*, in *Works*, 16:138.
62) Owen, *True Nature of a Gospel Church*, in *Works*, 16:138.

켜야 한다. 다른 의무들로는 예컨대 병자 심방, 집사들에 대한 조언과 지시, 목사에게 양떼의 상태를 알려 줌 등이 있다. 이 모든 것은 오웬이 목회 사역과 관련되어 있다고 봤음을 암시한다. 목사는 자신의 책임을 갖고 있지만 교회 성장, 안정, 건강을 위해 요구되는 의무를 모조리 이행할 수는 없다. 목사 및 교사와 함께 교회는 교인의 다양한 필요를 효과적으로 섬길 치리 장로를 필요로 한다.

집사

집사 직분은 가난한 자와 곤궁한 자를 위해 마련되었다. 오웬과 굿윈은 사도행전 6장을 새 언약 교회에서 집사 직분을 세우는 것에 대한 기록으로 제시한다.[63] 집사 직분은 임시 제도가 아니라 장로 직분처럼 교회 안에서 항구적인 제도였다(딤전 3:15). 집사의 자격은 디모데전서 3장 8~13절에 제시된다. 바울이 디모데에게 분명히 하는 것처럼 장로와 집사의 영적 자격은 거의 같다. 이런 이유로 집사 직분은 장로 직분과 마찬가지로 영적 직분으로 교회의 건강과 복지를 위해 중요한 의미를 갖고 있다. 굿윈은 자신의 교리문답의 교회 직분 부분에서 집사의 자격을 디모데전서 3장 8~13절을 상술하는 것으로 제시한다. 집사는 어떤 사람이어야 하는지에 대한 바울의 묘사를 통해 집사들은 "하나님과 하나님의 교회가 자신들에게 맡긴 책임을 신실하게 이행할 수 있도록" 자기들에게 요구되는 것이 무엇인지 파악하고, 교인들은 "집사 직분을 위해 선임할 자들이 어떤 사람이어야 하는지" 알 수 있다.[64]

집사 직분의 기능은 가난하고 곤궁한 자를 구제할 뿐만 아니라 교회 헌물을 거두는 일도 한다. 따라서 집사는 헌물을 교회 목사나 목사들과 곤궁함 속에 있는 다른 지체들에게 배분한다(행 6:3~4). 집사 직분은 당시 사도들이 교사, 장로, 집사로서 기능했기 때문에 세워졌다. 따라서 사도들은 과중한 짐을 져야 했고, 그래서 "영적 사역 가운데 가장 아래 부분" 즉 식탁을 섬기는 일에서는 빠졌다.[65] 이와 함께 다른 목회 직분이나 질서가 교회에 등장한 것이다. 오웬은 장로와 집사의 차이는 "직급 차이가 아니라 질서 차이"라고 주장한다. 장로가 된 집사는 자신의 질서 속에서 더 높은 단계로 올라간 것이 아니라 다른 사역을 위해 그 사역을 떠나는 것이다."[66] 사실 오웬은 더 나아가 집사 직분을 부지런히 수행하는 것은 장로 직분을 위한 "디딤돌"이 되는 것이 아니라 실제로는 목사나 장로가 되는 것을 방해한다고 주장한다. "왜냐하면 집사 직분은 완전히 현세적인 일을 제공하고 처리하는 것, 교회의 식탁을 섬기는 것, 은밀하게 가난한 자를 구제하는 것을 감당하는 것이지만, 목회 사역을 위한 준비는 연구, 기도, 묵상에 전념하는 데 있기 때문이다."[67]

---

63) Owen, *True Nature of a Gospel Church*, in *Works*, 16:143~151, Goodwin, *Government of the Churches*, in *Works*, 11:510~521.
64) Goodwin, *Government of the Churches*, in *Works*, 11:512.
65) Goodwin, *Government of the Churches*, in *Works*, 11:512.
66) Owen, *True Nature of a Gospel Church*, in *Works*, 16:149.
67) Owen, *True Nature of a Gospel Church*, in *Works*, 16:149.

결론

부활하신 그리스도는 자신의 승천에 따라 교회에 은사를 주셨는데, 여기에는 비상 직분 및 통상 직분 제도가 포함되었다(엡 4:10~12). 비상 직분은 일시적이고, 그들의 시기와 지역의 특별한 필요와 관련되어 있었다. 하지만 통상 직분은 현세가 끝날 때까지 교회 안에 계속 유지되도록 그리스도께서 정하신 것이다. 이 통상 직분에는 말씀 사역자(목사와 교사), 치리 장로, 집사가 포함된다. 한 신념 있는 장로교인이 〈메르쿠리우스 브리타니쿠스지〉에 기고한 것은 교회의 항구적 직분을 포함해서 다수의 요점에 대해 장로교인과 회중교인 간에 일치가 있음을 보여 준다. 파웰에 따르면, 기고한 저자는 이렇게 말한다. "독립파가 아니라 존경하는 우리 형제들이 쓴 최근에 나온 한 권의 책이 있다. 말하자면 그 책에서 여러분은 굿윈 선생, 나이 선생, 브리지 선생, 심슨 선생, 버로스 선생이 얼마나 오랫동안 우리 손을 붙잡고, 우리를 데리고 가서 손가락으로 어디를 가리키는지 볼 수 있을 것이다."[68] 교회 정치에 대해 그들은 다음과 같은 유사점을 갖고 있다. "같은 예배와 설교와 기도, 같은 성례 형식, 같은 교회 직원 곧 박사, 목사, 집사, 같은 교회 권징."[69]

교회 정치에 대해 그들 간의 차이점에도 불구하고 청교도는 모두 항구적인 통상 직분은 각각 교회 유지, 성장, 행복을 위해 본분을 지키는 것이 필요하다고 믿었다. 목사, 장로나 집사를 막론하고 각 직원은 먼저 경건한 사람이 되어야 한다. 또한 설교나 가르침이나 다스림이나 식탁을 섬기는 것을 막론하고 교회에서 자기 직분을 수행하는 데 필요한 은사를 갖고 있어야 한다. 정당하게 자격이 있는 자는 그리스도께서 교회 안에 세우신 이 세 직분을 감당하도록 교회의 합법적인 선택을 받아 장로들에게 임명되었을 때 이 "통상 사역"은 에임스의 말에 따르면, 하나님과 주 예수 그리스도의 영광을 위해 "정규 수단을 통해 교회를 보존하고 부흥시키고 새롭게 하는 데" 충분하다.[70]

---

68) Powell, "The Dissenting Brethren," p. 101.
69) Powell, "The Dissenting Brethren," p. 101.
70) Ames, *Marrow*, p. 190.

41장

기독교적 안식일과 예배에 대한 존 오웬의 교리

자연의 빛은 만물에 대해 지배권과 주권을 갖고 있고, 공의롭고, 선하고, 만물에 선을 행하고, 그러므로 온 마음과 온 영혼과 온 힘을 다해 경외하고, 사랑하고, 찬양하고, 간구하고, 신뢰하고, 섬겨야 할 하나님이 계신다는 것을 보여 준다. 그러나 참 하나님을 경배하는 합당한 방법은 하나님 자신이 직접 세우시고, 따라서 하나님 자신의 계시된 뜻에 따라 한정되므로, 하나님은 사람들의 상상과 고안에 따라 또는 사탄의 암시에 따라 어떤 가시적인 표상 아래 또는 성경에 기록되지 않은 어떤 다른 방법으로 경배될 수 없다.

–사보이 선언 22장 1절–

존 오웬(1616~1683년)은 십계명의 넷째 계명의 지속적 타당성과 매주 영적 안식의 날로서의 기독교적 안식일을 옹호했는데, 이것은 그의 예배 교리에 매우 중요한 측면이었다. 개신교 신학자들은 넷째 계명에 대해 견해가 반드시 일치된 것은 아니었다. 존 칼빈 및 요하네스 콕세이우스(1603~1669년)와 같은 선각자들은 그리스도인들에게 안식일을 주장했지만 안식일 준수를 청교도가 이해한 것과 똑같이 이해하지는 않았다.[1] 칼빈이나 콕세이우스는 안식일의 근거를 창조에 두지 않았다. 그들에게 매주 안식의 날은 에덴동산에서 세워진 것이 아니었고, 오히려 시내 산에서 토라를 받았을 때 세워진 이스라엘 민족 특유의 제도였다.[2]

네덜란드에서는 이 문제를 두고 콕세이우스를 따르는 자들과 기스베르투스 푸치우스(1589~1676년)를 따르는 자들 사이에 치열한 논쟁이 벌어졌다.[3] 오웬은 안식일에 대해 개혁파 신학자들 간에 차이가 있다는 것을 분명히 의식하고 있었고, 안식일 개념에 대한 세부적인 변증으로 자신의 입장에 비난을 퍼붓는 다양한 반론에 답변할 뿐만 아니라 기독교 예배와 관련해서 거룩한 안식일은 지속되고 있다는 것을 적극적으로 제시한다. 이 주제에 대한 오웬의 작품의 제목 『거룩한 안식의 날의 명칭, 기원, 본질, 용도, 지속에 대한 설명: 창세 당시에 세워진 안식일의 기원, 넷째 계명의 도덕성과 일곱째 날의 변화에 대한 탐구 및 주일의 신적 제정에 대한 주장과 적절한 주일성수를 위한 실천적 지

1) 칼빈의 안식일 교리에 대한 분석과 비판은 Richard B. Gaffin, *Calvin and the Sabbath* (Fearn, Scotland: Mentor, 1998)를 보라. 칼빈은 청교도의 의미에서 보면 "미성숙한 안식일주의자"였다는 관념은 단순히 특히 히브리서 4장에 대한 칼빈의 주석을 감안하고, 신자는 그리스도 안에서 안식하기 때문에 안식일 준수가 한 주의 다른 날에 행해질 수도 있다는 사실을 감안하면, 우리가 보기에 증거의 지지가 없다.

2) 콕세이우스에 대한 반응은 Johannes Hoornbeeck, *Heyliginghe van Gods Naam en dagh*… (Leiden, 1655)를 보라.

3) H. B. Visser, *De geschiedenis van den sabbatsstrijd onder de gereformeerden in de seventiende eeeuw* (Utrecht: Kemink, 1939)를 보라.

침』(Exercitations Concerning the Name, Original, Nature, Use, and Continuance of a Day of Sacred Rest: Wherein the Original of the Sabbath from the Foundation of the World, the Morality of the Fourth Commandment, with the Change of the Seventh Day, are Inquired Into; Together with an Assertion of the Divine Institution of the Lord's Day, and Practical Directions for its Due Observation)은 이것이 사실임을 보여 준다.[4]

오웬이 특별한 한 날(즉, 한 주의 첫날)을 안식과 예배를 위한 날로 제시한 것은 확실히 대다수 청교도가 주장한 것이다.[5] 이차 문헌에서 오웬의 입장이 종교적, 정치적 배경 안에서 충분히 다뤄졌으면 좋겠다. 이번 장은 주일 곧 기독교적 안식일에 대한 오웬의 신학적 기초의 국면들과 그 날에 기독교 예배에서 행해진 것에 특별히 초점을 맞출 것이다. 그러나 그 전에 소위 "청교도 안식일의 발흥"에 대한 간략한 배경을 살펴보는 것이 순서다.

역사적 배경

J. I. 패커는 청교도는 "영국식 기독교 일요일 즉 매주 첫째 날에 일과 정규적인 오락을 중지하고 하루의 모든 시간을 예배, 교제, '선행'에 자유롭게 할당하는 날로 지키는 개념과 준수"를 창조했다고 본다.[6] 청교도 방식의 안식일 준수는 브리튼(잉글랜드, 스코틀랜드, 웨일스)에서 가장 강력하게 시행되었지만, 그럼에도 잉글랜드 및 스코틀랜드 신학자들과 같은 입장을 견지한 대륙의 개혁파 신학자들도 많이 있었다. 카이트 스프룽거가 지적한 것처럼 수많은 "저명한 개혁파 신학자들(몇 명만 들자면, 트레멜리우스, 잼키, 주니어스)이 안식일 엄수주의 국면들을 주장했다. 그러나 그들은 자기 지역에서 안식일 준수 운동을 본격적으로 펼치지는 못했다."[7] 엄격한 안식일 준수는 확실히 16세기 후반과 17세기 전체 기간에 잉글랜드 교회의 근본적인 개혁을 추진하는 가운데 일어난 청교도 운동의 한 특징이었

---

4) John Owen, *Exercitations Concerning the Name, Original, Nature, Use, and Continuance of a Day of Sacred Rest*…, in *The Works of John Owen, D.D.* (Edinburgh: Johnstone & Hunter, 1850~1855), 19:265~546. 기독교적 안식일에 대한 오웬의 긴 변증 외에도 당시의 다른 중대한 작품으로는 다음과 같은 것들이 있다. Nicholas Bownd, *The Doctrine of the Sabbath Plainely Layde Forth*… (London: Widdow Orwin for Iohn Porter and Thomas Man, 1595), William Twisse, *Of the Morality of the Fourth Commandement as Still in Force to Binde Christians*… (London: E. G. for John Rothwell, 1641), Thomas Shepard, *Theses Sabbaticae*… (London: S. G. for John Rothwell, 1655). 우리가 알고 있는 가장 세밀한 변증은 웨스트민스터 총회 신학자인 다니엘 코드레이와 허버트 팔머의 두 작품 *Sabbatum Redivivum: or The Christian Sabbath Vindicated: The First Part* (London: Robert White for Thomas Underhill, 1645)와 *Sabbatum Redivivum: or, The Christian Sabbath Vindicated, The Second Part* (London: Thomas Maxey for Samuel Gellibrand and Thomas Underhill, 1651)에서 주어진다.

5) 이차 문헌 가운데 잉글랜드 청교도의 안식일을 다룬 제임스 데니슨의 작품이 16세기 신학자들의 입장뿐만 아니라 17세기에 잉글랜드에서 이 교리에 대해 나타난 다양한 위협과 관련해서 청교도의 안식일 견해를 매력적으로 분석한다(*The Market Day of the Soul: The Puritan Doctrine of the Sabbath in England, 1532~1700* [Lanham, Md.: University Press of America, 1983]). 또한 다음 자료들도 보라. Kenneth L. Parker, *The English Sabbath: A Study of Doctrine and Discipline from the Reformation to the Civil War* (Cambridge: Cambridge University Press, 1988), Keith L. Sprunger, "English and Dutch Sabbatarianism and the Development of Puritan Social Theology (1600~1660)," *Church History* 51, no. 1 (1982년 3월), pp. 24~38, Patrick Collinson, "The Beginnings of English Sabbatarianism," *Studies in Church History*, 제1권, C. W. Dugmore & C. Duggan 편집 (London: Nelson, 1964), pp. 211~214, Winton U. Solberg, *Redeem the Time: The Puritan Sabbath in Early America* (Cambridge: Harvard University Press, 1977).

6) J. I. Packer, *A Quest for Godliness: The Puritan Vision of the Christian Life* (Wheaton, Ill.: Crossway, 1990), p. 235.

7) Sprunger, "English and Dutch Sabbatarianism," p. 25.

다. 이 현상에 대한 토머스 셰퍼드(1605~1649년)의 설명이 유효적절하다. "그러나 주 그리스도는 잉글랜드와 스코틀랜드의 자신의 종들을 통해 안식일에 대한 이 요점을 분명히 옹호하셨고, 그것을 타국 교회들이 다른 어떤 보배로운 진리들을 사랑하는 것보다 더 사랑하게 하신 이유는 바람이 언제 어디서 불지 모르는 것처럼 하나님 자신의 값없는 은혜와 자애로운 사랑 외에 다른 것은 절대로 상상할 수 없다."[8] 요약하면 유럽 대륙의 안식일 운동은 우리가 17세기에 잉글랜드에서 발견하는 것과 같은 열정에는 확실히 이르지 못했다.

매주 하루를 일하지 않고 쉬는 것은 국민 생활에서 논란의 여지가 없는 준수 사항이었으나 청교도는 그 이상으로 나아갔다. 찰스 햄브릭 스토우는 청교도 사상의 참된 특징으로서 안식일 준수를 다음과 같이 정확히 설명한다.

> 일하지 않고 쉬는 것은 오래전에 인정된 사회적 규범이었지만 그 날을 예배에 곧 가정 및 개인의 경건, 그리고 다른 신앙적 실천에 바치는 관념은 그 날의 한 부분을 육체적 오락에 바쳐도 되었던 평신도에게는 요구되지 않았던 사실이었다. 청교도는 수도원의 특징보다 더 엄격한 영적 훈련을 스스로 적용시킨 광신자로 조롱을 받았다. 청교도는 이런 안식일 개혁안을 국가 정책에 반영하려고 했을 때 훨씬 가혹한 조롱을 받았다. 1617년 제임스 1세가 공표하고(1633년에 찰스 1세가 다시 공표함) 모든 교구에서 법으로 선포된 스포츠령에 따라 잉글랜드 교회는 주일 오락으로 사냥과 댄싱과 같은 활동을 공식적으로 허용함으로써 청교도의 안식일 계획을 거부했다. 청교도는 그들 자신만의 주일 일정표를 짤 기회를 얻었을 때…… 대체로 오전 예배에 3시간, 오후 예배에 3시간, 공적 예배에 도합 6시간을 충분히 할애했다. 성도들은 진지하게 특별한 백성으로서 안식일에 자기들을 구별시킴으로써 하나님을 영화롭게 하는 사역을 시작했다. 확실히 이런 엄격함 때문에 이 운동 초기에 '청교도'라는 멸시어가 처음으로 그들에게 붙여졌다.[9]

청교도가 잉글랜드 교회의 개혁을 시도한 것은 이런 배경 속에서였다. 청교도는 단순히 매주 안식의 날을 지키는 데 크게 성공했을 뿐만 아니라-사실 이것은 청교도 사상이 발흥하던 17세기 초 이전에도 오랫동안 존속했던 관습이었다-그 날을 하나님 말씀의 요청에 따라 삼위 하나님을 예배하는 데 바쳤다. 대략 1600~1605년에 청교도의 안식일 견해는 대중화되었지만 여러 진영(예. 안식일 교회)에서 얼마간 반발을 불러 일으켰다.

청교도 사상은 여러 면에서 좌절할 수 있었다. 하지만 패커는 대 축출 사건(1662년) 있고 난 훨씬 후인 1677년에 반청교도 의회가 주일 준수 법을 통과시킨 것을 지적한다. 이 법은 "모든 국민은 주일을 보낼 때 장사, 여행, '일상적인 직업에 따른 세속적 노동, 사업이나 일'을 하지 않고, '공적으로나 사적으로 경건과 참 신앙의 의무들을 수행하면서 보내야 한다'고 규정했다"[10] 이 법의 통과는 과소

---

8) Shepard, preface to the reader, *Theses Sabbaticae*.

9) Charles E. Hambrick-Stowe, "Practical Divinity and Spirituality," *The Cambridge Companion to Puritanism*, John Coffey & Paul C. H. Lim 편집 (Cambridge: Cambridge University Press, 2008), p. 199.

10) Packer, *Quest for Godliness*, p. 236.

평가되어서는 안 된다. 주일은 성경에서 예배를 위해 정해진 날이라는 것을 믿지 않은 자들을 포함해서 반청교도 역시 청교도의 대표적 특징인 안식일 준수를 옹호했다. 이것은 안식일은 사회적 및 정치적 근거에 따라 명해졌다는 이전의 관점이 진일보한 것이다. 리런드 라이켄의 말에 따르면, "청교도는 주일성수의 신학적 기초를 제공했다. 따라서 모든 청교도가 안식일 엄수주의자였다고 해도 모든 안식일 엄수주의자가 청교도인 것은 아니었다."[11] 안식일 준수의 신학적 이유는 무엇이었을까? 이 질문에 답변하기 위해 주일 안식일을 단호하게 변증하는 존 오웬의 견해를 검토할 것인데, 그의 몇 가지 핵심 논점에 초점을 맞추려고 한다.

창조 규례

오웬과 그의 동료들이 주창한 청교도의 견해와 소위 "대륙의" 견해 간의 논쟁의 핵심 원천은 안식일이 에덴동산에서 정해졌는지의 여부에 있었다.[12] 예를 들어 윌리엄 구지(1575~1653년)는 안식일 관련 소논문을 쓸 때 창세기 2장을 언급하는 것으로 시작하면서 안식일 교리의 뿌리를 창조에 둔다.[13] 마찬가지로 존 프리도(1578~1650년)도 창세기 2장을 안식일의 기원으로 보는 것을 반대하는 다양한 논증들을 반박하는 데 많은 시간을 할애한다.[14]

오웬의 견해에 따르면, 창조 당시에 안식일이 제정되었다는 것은 성경의 두 본문에 기초가 두어져 있는데, 하나는 구약 본문이고, 다른 하나는 신약 본문이다. 오웬은 이렇게 말한다. "내가 보기에 이 두 본문은 건전하고 학식 있는 사람들이 이 근거에 미치는 이 본문들의 힘이나 효력을 피하려고 무던히 애쓴 것이 종종 의아할 정도로 확실한 증거로 보인다."[15] 물론 이 두 본문은 창세기 2장 1~2절과 히브리서 3~4장이다. 창세기 2장 1~2절에 따라 오웬은 하나님은 이 날을 "거룩하게 하셨다"고 지적한다. "하나님은 그 날을 거룩하게 지키신 것은 아닌데, 그것은 신성이 결코 할 수 없는 일이기 때문이다. 또 우리가 하나님의 이름을 거룩하게 하자 하나님이 본질상 그 날을 거룩한 날로 축하하신 것도 아닌데, 그것은 열등한 자가 우월한 자에게 하는 행위이기 때문이다. 대신 하나님은 그 날을 권위적으로 거룩한 용도를 위해 구별하셔서, 그 용도에 따라 순종함으로써 그 날을 거룩하게 할 것을 요구하셨다."[16] 일부 "식자들"은 창세기 2장 3절이 실제로는 역사적 기사의 한 부분이 아니라 이 본문(하나님이 그 일곱째 날을 복되게 하사……)은 "예변법이나 사전제시법에 따라" 삽입된 것이라고 단정한다.[17] 말하자면 이 저술가들은 하나님은 일곱째 날 이후에 곧 그 다음 날(여덟째 날)에 안식하셨고, 이 여덟째 날은 창조의 처음 7일 주간 이후로 24시간 하루가 아닌 기간이 불명확한 날이라고 주장한다. 오웬의 생각에 따르면, 이런 식자들이 이 본문에 대해 어떻게 이런 부자연스러운 견해를 제공할 수

---

11) Leland Ryken, *Worldly Saints: The Puritans as They Really Were* (Grand Rapids: Zondervan, 1986), p. 129.

12) 청교도는 거의 만장일치로 주일 안식일을 견지했지만 대륙의 신학자들 간에는 상당히 큰 다양성이 존재했다. 따라서 안식일에 대해 "대륙의" 표준적 입장을 말하는 것은 신중해야 한다. 아니 사실은 포기해야 한다. 그렇기는 해도 안식일에 대한 오웬의 논문과 다른 청교도의 작품들로 보아 청교도가 논란이 많은 이 주제에 대해 일치하거나 불일치하는 대륙의 많은 개혁파 신학자들과 대화를 나눴던 것이 분명하다.

13) William Gouge, *The Sabbaths Sanctification*… (London, 1641).

14) John Prideaux, *The Doctrine of the Sabbath*… (London: E. P. for Henry Seile,1634), p. 5 이하.

15) Owen, *Day of Sacred Rest*, in *Works*, 19:294.

16) Owen, *Day of Sacred Rest*, in *Works*, 19:298.

17) Owen, *Day of Sacred Rest*, in *Works*, 19:299. 프리도는 이것을 주장하고, 모세가 창 2:1~3을 "예변법에 따라" 말했다고 주장한 교황주의자 주석가인 토스타투스 아불렌시스를 언급한다(*The Doctrine of the Sabbath*, p. 10).

있는지 이해할 수 없다. "이와 같은 매우 기괴하고 이상한 예변법은······성경에서 주어질 수 있는 사례가 전혀 아닐 것이다."[18] 오웬은 이 주장을 자신의 히브리서 4장 강해에서 더 충분히 전개하지만 자신의 입장에 반대하는 다양한 논증들을 모두 명확히 파악하고 있다. 그러므로 오웬은 특유의 엄밀한 필치로, 압도적인 힘을 보여 주며 종종 자신이 논박하는 자들의 이름을 명확히 밝히지 않고, 또 부분적으로는 당당하게 개혁파의 선각자가 된 자들에게 존경심을 보여 주면서 이 반대에 대응한다.

어떤 신학자들은 안식일은 율법 수여의 한 부분으로 이스라엘에 도입된 한 제도라고 주장했다. 오웬에 따르면, 만일 그렇다면 그것은 "이상한 비약"을 집어넣은 것이다.[19] 지적한 것처럼 오웬은 안식일 계명은 나머지 다른 계명과 달리 부분적으로 의식(儀式)의 한 계명으로서 시내 산에서 이스라엘 백성들에게 처음 주어졌다고 주장하는 개혁파 신학자들의 논증을 충분히 파악하고 있었다.[20] 오웬은 이들의 논증에 넷째 계명은 "이스라엘 백성들의 교회의 교육 상태에 맞게 조절된" 것이었다고 주장하는 것으로 대응한다.[21] 넷째 계명에 어떤 수정(즉 실정법)이 이루어졌든지 오웬은 그것이 그 계명의 내용이 아담과 아담 이후 족장들에게 주어진 것이 아니라고 주장할 하등의 이유는 아니라고 주장한다. 리처드 개핀은 "타락 이전에 안식일이 제정되었다는 의미가 칼빈의 지성에 걸림돌이 된 것이 아닌 것으로 보인다"고 주장한다.[22] 칼빈은 안식일은 죄에 대한 해독제로 주어진 것이고, 신자들은 죄로 얼룩진 자기들의 일을 쉬는 것으로 넷째 계명을 지키는 것이라고 봤다. 반면에 오웬은 안식일을 칼빈보다 더 적극적으로 이해하고, 확실히 창조 규례의 근본 국면의 하나로 본다.

안식일은 에덴에서 아담에게 주어진 창조 규례였다고 주장할 때, 오웬은 실정법과 도덕법 간의 차이점을 고려한다. 실정법은 "본질적으로 그렇게 할 이유를 갖고 있지 않은" 법이다. 실정법은 구약의 속죄 제사처럼 하나님 자신의 단순한 뜻에 따라 명령되는 법이다.[23] 반면에 도덕법은 하나님 자신의 본성에 근거를 두고 있고, 그러기에 절대로 폐지될 수 없다. 하지만 하나님의 결정에 따라 고쳐지는 실정법은 하나님이 원하시면 변경될 수 있다. 안식일 논쟁에서 오웬은 자신의 반대자들이 안식일 계명은 일반적으로는 실정법이고, 특수적으로는 의식적이고 모형적인 법이라고 주장한다고 역설한다. 그러나 오웬은 안식일을 내용상 도덕법으로 보는데, 이것은 이 계명을 지키는 의무는 보편적이라는 것을 의미한다. 그러나 특별한 날이 거룩하게 된 것은 실정법이고, 따라서 이것으로 안식일이 어떻게 일곱째 날에서 한 주의 첫째 날로 바뀔 수 있는지가 설명된다.

오웬은 안식일에 대한 자신의 변증을 자연법에 근거시킨다. 첫째, 오웬에게 안식일은 자연법에 따라 지정된 것으로, 엄숙하게 하나님을 예배하도록 구별된 시간이다. 확실히 이 자연법 또는 자연의 빛이 인간에게 예배를 위해 어떤 시간을 구별할 것을 요청한다는 것에 대해 청교도 사이에는 보편적인 일치가 있었다. 따라서 오웬은 7일 가운데 하루를 쉬는 원리는 안식일이 하나님 자신에게서 기초가 발견되는 도덕법이므로 영속적 명령이라는 것을 계속해서 증명한다. 이 계명을 주실 때 하나님은 자신이 일곱째 날에 일을 마치고 쉬심으로써(출 20:11) 창조의 일을 마치신 것을 자기 백성들에게

18) Owen, *Day of Sacred Rest*, in *Works*, 19:300.
19) Owen, *Day of Sacred Rest*, in *Works*, 19:298.
20) Owen, *Day of Sacred Rest*, in *Works*, 19:313.
21) Owen, *Day of Sacred Rest*, in *Works*, 19:314.
22) Gaffin, *Calvin and the Sabbath*, p. 146.
23) Owen, *Day of Sacred Rest*, in *Works*, 19:328.

상기시키신다. 하나님의 일은 자연적(그분의 권능과 지혜의 결과), 도덕적으로(그분이 합리적인 피조물의 순종을 통해 받으시는 영광) 이해될 수 있다. 따라서 하나님은 일곱째 날에 "쉬실" 때 일하는 것을 완전히 멈추시는 것이 아니다. 오히려 하나님의 쉬심은 "자연적 의미가 아니라 도덕적 의미에 속한 것이다. 왜냐하면 그 쉬심은 하나님이 자신의 일에 대해 취하신 만족과 안심에 있기" 때문이다.[24] 결론적으로 사람들은 "하나님이 자연의 행위를 통해서든, 아니면 은혜의 행위를 통해서든, 우리에게 자신에 대해 주시는 계시에 따라" 하나님을 영화롭게 할 의무가 있다.[25] 이 주제를 다루는 청교도 신학자들은 대체로 에덴동산에서 아담이 안식일을 준수한 것은 창조 역사에 대해 묵상하고, 창조 역사에 대해 하나님께 감사하는 데 목적이 있었다고 주장했다. 타락 이후로는 안식일 준수의 일차 목적이 죄인들이 구속의 빛 속에서 하나님을 경배하는 데 두어진다(신 5:15).

아담과 하와뿐만 아니라 그들의 후손도 안식일을 포함해서 하나님의 명령을 지킬 의무를 갖고 있는데, 그 이유는 자연법은 항구적이기 때문이다. 다른 모든 법은 "다만 자연법에서 나온 것이고, 자연법의 적용이다."[26] 이런 이유로 안식일(즉 하나님을 예배하기 위해 매주 하루를 구별하는 것)은 자연법의 명령이고, 따라서 도덕법이다. 그러나 그것은 또한 "도덕적 실정법"으로 이해될 수도 있다. 왜냐하면 옛 언약과 같은 어떤 배경에서는 하나님이 요구하시는 의무가 추가되기 때문이다.[27] 따라서 오웬은 자신의 안식일 논증을 더 깊이 옹호하기 위해 십계명에 기록된 넷째 계명의 의미로 돌아간다.

십계명

십계명은 명확히 정치적 목적을 갖고 있고, 이스라엘 백성들을 구속하는 옛 언약의 한 부분이었다. 이 특수한 구속사적 배경 속에서 율법은 이스라엘 백성들을 그리스도께 인도하는 초등교사로서 작용했다. 나아가 일부 계명(첫째, 넷째, 다섯째 계명)은 당시 교회 상태에 맞추어 특별히 추가된 것이었다. 그럼에도 이 계명들에 덧붙여진 적용은 그것들이 단순히 변경과 폐지가 가능한 실정법적 명령이었다는 것을 증명하는 것은 아니다. 이 배경을 염두에 두고 오웬은 넷째 계명은 "나머지 아홉 계명과 함께 십계명 전체의 모든 특권을 동등하게 공유하고 있다"고 주장하고, 그렇게 넷째 계명의 영속성을 증명한다.[28]

오웬은 넷째 계명이 나머지 아홉 계명과 함께 이스라엘에게 주어진 의식법과 구별된다는 것을 증명하는 다수의 이유를 제시하는데, 그 가운데 몇 가지는 언급할 가치가 있다. 먼저 한 가지 이유는 십계명은 의식법이나 시민법과 달리 하나님이 음성으로 직접 말씀하셨다는 것이다. 게다가 넷째 계명은 나머지 아홉 계명과 함께 하나님의 손으로 돌판에 두 번에 걸쳐 기록되었다. 하나님은 죄를 짓기 전에 아담의 마음속에 먼저 새겨진 율법을 객관적으로 재발표하기 위해 그렇게 하셨다. 이것은 죄의 침투가 아담의 마음과 그의 후손들의 마음속에 새겨진 율법이 지워졌다는 것을 의미했기 때문에 필수적이었다. 나아가 돌판 위에 기록된 하나님의 객관적 율법은 택함받은 자의 마음속에 성령이 새기게 될 율법의 영적 현실을 미리 지시했다. 새 언약의 약속에는 하나님의 백성들의 마음속에

24) Owen, *Day of Sacred Rest*, in *Works*, 19:334.
25) Owen, *Day of Sacred Rest*, in *Works*, 19:335.
26) Owen, *Day of Sacred Rest*, in *Works*, 19:339.
27) Owen, *Day of Sacred Rest*, in *Works*, 19:355.
28) Owen, *Day of Sacred Rest*, in *Works*, 19:366.

새겨질 하나님의 법이 포함된다. 그리고 안식일 계명은 도덕법의 한 부분이기 때문에 새 언약 아래에서 택함받은 자의 마음속에 반드시 새겨진다. 마지막으로 십계명은 의식법과 달리 언약궤에게 담겨 보존되었다. "도덕법은 언약궤 안에 넣고, 그에 비해 의식법은 책 속에 담아 다르게 취급한 이유는, 의식법은 그리스도로 말미암아 제거되고 폐지되지만 도덕법은 그리스도 안에서 성취되고 충족된다는 것을 분명히 하기 위함이었다."[29] 오웬은 이 요점들을 대충 넘어갈 수 없다. 왜냐하면 그의 전체 주장이 이 전제 즉 안식일은 본래 의식법이 아니라 도덕법이고, 그러므로 모든 세대의 인간을 영속적으로 구속한다는 것에 의존하기 때문이다.

오웬의 입장을 거부하는 "식자층" 반대자들은 대체로 그리스도가 오셨기 때문에 안식일 모형은 폐지되었다고 주장했다. 이제 신자들은 그들의 악한 행위에서 벗어나 그리스도 안에 거하고 그리스도를 위해 살기 때문에 그리스도 안에서 안식을 찾는다는 것이다. J. I. 패커는 오웬과 그의 청교도 동료들의 기본 입장을 다음과 같이 말하는 것으로 요약한다. "청교도는 사실상 만장일치로 비록 종교개혁자들은 유대인의 안식일 세부 규정 가운데 어떤 것은 단순히 모형적이고 한시적인 의미를 갖고 있다고 당연히 여겼지만, 6일간의 일을 마치고 하나님에 대한 공적, 사적 예배를 위해 하루를 쉬는 원칙은 자체로 인간을 위해 마련된 것이고, 그러므로 이 세상에 사는 동안 인간을 구속하는 창조의 법이라고 주장했다. 청교도는 십계명의 나머지 아홉 계명은 의심할 것 없이 도덕법이고, 영속적으로 구속력을 갖는 법으로 세워져 있는데, 넷째 계명만이 자체로 모형적이고 한시적인 본질을 가질 수는 절대로 없다고 지적했다."[30]

이 논증의 힘은 강력했지만 자체만으로는 완전하지 않다. 그래서 오웬은 히브리서 4장으로 돌아가 자신의 입장을 견고하게 확립하고, 따라서 날의 변경을 거친 안식일이 새 언약 아래 있는 교회의 그리스도인들을 구속한다는 것을 증명한다.

히브리서 4장

기독교적 안식일을 찬성하는 자들과 그것을 반대하는 자들 모두 자기들의 입장을 증명하기 위해 히브리서 4장으로 종종 눈길을 돌렸다.[31] 당연히 오웬도 히브리서 4장을 주석할 때 기독교적 안식일을 찬성하는 자신의 논증을 계속 전개한다. 이번 장에서 이에 대한 오웬의 주석적 논증을 충분히 분석하는 것은 범주에서 벗어나는 것이지만, 그가 제시하는 그의 다수의 요점을 살펴보면, 이 주제에 대해 신약 성경에 기반을 둔 그의 논증의 전반적인 그림을 확인할 수 있다.

히브리서 4장 3절에 대한 해석은 역사적으로 안식일 견해를 취하는 데 중요한 영향을 미쳤다. 문제는 예수 그리스도의 죽음 및 부활을 통한 새 언약의 출범과 함께 신자들은 그들의 안식일 쉼에 들

29) Owen, *Day of Sacred Rest*, in *Works*, 19:368.

30) Packer, *Quest for Godliness*, p. 237.

31) 흥미 있는 독자들은 Andrew T. Lincoln, "Sabbath, Rest, and Eschatology in the New Testament," *From Sabbath to Lord's Day: A Biblical, Historical, and Theological Investigation*, D. A. Carson 편집 (Grand Rapids: Zondervan, 1982), pp. 197~220을 참고하기를 바란다. 링컨은 히 3:7~4:13을 사용해서 주일은 안식일이 아니라는 것을 보여 주려고 한다. 반면에 리처드 개핀은 안식일의 관점에 따라 히브리서 3~4장을 가장 잘 설명한 주석을 제공한다. 공교롭게도 개핀의 주석은 비록 두 사람이 같은 입장을 주장하고 있음에도 여러 면에서 오웬의 설명과 차이가 있다. "A Sabbath Rest Still Awaits the People of God," *Pressing Toward the Mark: Essays Commemorating Fifty Years of the Orthodox Presbyterian Church*, Charles G. Dennison & Richard C. Gamble 편집 (Philadelphia: The Committee for the Historian of the Orthodox Presbyterian Church, 1986), pp. 33~51을 보라.

어갔는지-"이미-아직 사이"에 있음에도 불구하고-또는 그 안식이 아직 미래의 일인지의 여부와 관련되어 있다. 이 강조점은 실제 현실로 이해되어야 하는가, 아니면 미래 사실로 이해되어야 하는가? 우리는 동작 동사들과 함께 에이세르코메다(들어가는도다)를 미래 사실로 이해하는 것을 선호하고, 이것은 매주 안식일 쉼이 하나님의 백성들이 영원 속에서 자신들을 기다리고 있는 미래의 안식일 쉼의 모형으로서 그들에게 아직 남아 있는 것을 의미한다(9절). 존 오웬은 기독교적 안식일을 옹호하는 자신의 입장을 제시할 때 이 본문을 붙들고 씨름했다. 오웬은 3절에서 말하는 안식은 "하나님의 영적 안식을 가리키는 것으로, 신자들이 복음의 믿음과 경배 속에서 예수 그리스도로 말미암아 들어감을 얻게 되었고, 천국에서 영원한 안식을 누릴 때까지 억제되어서는 안 되는" 것이라는 견해를 취한다.[32]

안식을 구성하려면 세 가지 사실이 요구된다. (1) 자신이 안식하기 위해 하나님이 이루시고 마치시는 일, (2) 신자들이 하나님 자신의 안식을 반사하기 위해 들어가는 영적 안식, (3) "하나님의 안식을 우리에게 표현하고, 우리가 그것에 들어가는 수단과 담보가 되는" 새로운 또는 새롭게 된 안식의 날.[33] 오웬에 따르면, 교회는 다음과 같은 세 유형의 안식 아래 있었다. 에덴동산에서 교회가 가졌던 안식, 복음 안식의 모형으로서 작용하는 가나안과 함께 옛 언약 아래에서 교회가 가졌던 안식, 교회가 복음 아래에서 들어가는 안식. 복음 안에 있는 새 안식은 하나님이 행하신 새 일로 말미암아 확립된다. 따라서 자신의 일을 마치신 후에 안식에 들어가신 그리스도는 신자들이 자신의 안식에 들어갈 수 있게 하신다. 새로운 또는 새롭게 된 안식일은 이제 기독교적 안식일이다. 새 창조가 일어났고, 새 교회-지위가 세워진다.

10절의 "이미 그의 안식에 들어간 자는 하나님이 자기의 일을 쉬심과 같이 그도 자기의 일을 쉬느니라"는 말씀을 주석하기 전에 오웬은 히브리서 4장 9절에서 하나님이 창조 당시에 일하는 것을 쉬고 예배하고 안식하는 날을 세우셨다는 것, 그리고 이것을 하나님이 자기 백성들이 매주 정해진 날 곧 일곱째 날에 자신을 예배할 수 있도록 가나안 땅에서 공식적으로 재확립하셨다는 것을 다시 확언한다. 오웬은 여기서 의심할 것 없이 자신이 히브리서 저자로 간주하는 바울은 "하나님의 예배가 지속적으로 준수되도록 복음적 안식일 곧 안식의 날을 부여하신 것을 증명하고 천명한다"고 생각하고 있다.[34] 교회의 삼중 상태 속에는 항상 하나님을 예배할 수 있도록 신자들에게 약속된 안식이 있다. 따라서 새 언약에서 안식일은 "항구적이다."

오웬은 많은 주석자가 이 점에 대해 자신과 견해가 다르지만, 10절은 신자들을 가리키는 것이 아니라고 주장한다. 만일 10절에서 신자들을 염두에 두고 있다면 그들이 어떤 일에서 쉬게 되는지 의문스럽다고 오웬은 본다. 어떤 이들은 신자들은 선행을 하도록 능력을 주시는 그리스도 안에서 안식을 찾음으로써 자기들의 죄악된 일에서 안식하게 된다고 주장한다. 오웬은 이 입장을 거부한다. 왜냐하면 "하나님은 자신의 일을 기뻐하시지만 신자들은 자기들의 죄악 된 일을 기뻐하지 않으므로 신자들은 하나님이 자신의 일에서 쉬신 것처럼" 자기들의 일에서 쉬는 것이 아니기 때문이다. 하나님은 "자신의 일 속에서 안식하신 것처럼 자신의 일에서 안식하셨고, 자신의 일을 복되게 하고 그 일

32) John Owen, "An Exposition of the Epistle to the Hebrews with Preliminary Exercitations," *The Works of John Owen, D.D.* (Edinburgh: Johnstone & Hunter, 1850~1855), 21:256.

33) Owen, *Exposition of Hebrews*, in *Works*, 21:276.

34) Owen, *Exposition of Hebrews*, in *Works*, 21:327.

들이 마칠 때 복을 주고 거룩하게 하셨다."[35] 신자들은 단지 천국에서 이 안식에 들어간다고 주장하게 되면 바울이 말하고 있는 안식 곧 복음 안식은 제외된다. 이런 이유로 10절은 하나님과 신자들이 아니라 하나님과 그리스도를 가리킨다. 그리스도는 자신의 일을 마치고 안식하셨고, 이것은 창조 당시에 하나님이 자신의 일을 마치고 안식하고 그 안에서 기뻐하신 것과의 유비가 일치한다.

이것은 안식일이 매주 일곱째 날에서 첫째 날로 바뀐 것의 기초를 제공한다. "온 세상이 지키도록 되어 있던 안식이 세상과 세상 속에 있는 모든 것을 세우고 만드신 분의 일과 안식에 기반이 두어진 것처럼 복음의 교회 안식도 교회를 세우신 예수 그리스도 그분의 일과 인식에 기반이 두어져 있었다. 왜냐하면 자신의 일과 안식에 따라 그분은 또한 한 안식일을 폐지시키고 다른 안식일을 세우시는 안식일의 주인이기 때문이다."[36]

부활하실 때 그리스도는 자신의 안식에 들어가셨다. 그리스도는 자신의 일에서 쉬고, "새 창조의 기초를 세우고 온전하게 [하셨다.]"[37] 그러므로 사도가 독자들에게 9절에서 하나님의 백성에게 안식할 때가 남아 있다고 말할 때, 사도는 독자들에게 "안식할 때"(삽바티스모스)에 들어가라고 권면하는 것이 아니라고 오웬은 주장한다. "안식할 때"라는 말을 사용함으로써 사도는 신자들이 기독교적 안식일에 하나님을 예배함으로써 "안식의 날에 주어질 복음의 안식을 절대적으로가 아니라 그 안식을 보증하는 것과 관련시켜 표현하기"를 바라고 있다고 오웬은 주장한다.[38] 만일 바울이 여기서 영원한 하늘의 안식에 대해 말하려고 했다면 히브리서 3장 11, 18절과 4장 1, 3, 5, 10절에서 발견되는 헬라어 카타파우시스를 사용했을 것이다. 4장 9절에서 삽바티스모스를 사용할 때 바울은 기독교적 안식일을 의도하는 것이다.[39]

하나님의 백성에게 안식의 때가 남아 있기 때문에 그 날은 단순히 6일 간의 노동을 멈추고 쉬는 날을 가리키는 것이 아니라 오히려 공적·사적 예배를 위해 정해진 시간이다. 기독교적 안식일에 하나님을 예배하는 청교도의 비전은 교회의 공적 예배에 참석하는 것으로 한정되지 않고, 하루 전체를 공적으로 교회에서, 가족과 가정에서 하나님을 예배하기 위해 구별하고, 사적으로는 그리스도 자신의 가르침과 본보기를 따라 허용되는 필수적인 의무와 자비의 실천을 필연적인 조건으로 갖고 생활하는 데 있었다. 따라서 청교도는 안식일에 오락을 즐기는 것을 지지하는 증거 본문을 찾아내려는 자들은 헛된 일을 하는 것이라고 믿었다.

안식일을 거룩하게 함

찰스 왕의 궁정 목사이자 잉글랜드 교회의 역사가인 피터 헤일린(1599~1662년)은 청교도의 안식일 견해에 반대하는 책을 써서 청교도가 안식일에 영적 의무를 실천하는 열심이 너무 지나치다고 헐

35) Owen, *Exposition of Hebrews*, in *Works*, 21:332.
36) Owen, *Exposition of Hebrews*, in *Works*, 21:332~333.
37) Owen, *Exposition of Hebrews*, in *Works*, 21:335. 오웬은 *Day of Sacred Rest*, in *Works*, 19:409에서 그리스도께서 부활 이후에 자신의 사역을 쉬셨지만 계속해서 자신의 은혜의 수단과 성령을 통해 일하시는 것에 대해 설명한다.
38) Owen, *Exposition of Hebrews*, in *Works*, 21:338.
39) Owen, *Exposition of Hebrews*, in *Works*, 21:327.

뜨었다.[40] 헤일린은 청교도가 안식일 하루를 예배의 날로 거룩하게 하려고 노력하는 것을 반박했다. 조지 스윈녹(대략, 1627~1673년)은 안식일이 세속적, 현세적 일들을 위한 날인지의 문제에 답변하면서 이렇게 말한다. "독자여, 그대의 의무는 그 날 하루 종일 악하고 세속적인 일에서 벗어나 쉬는 것인 것처럼, 또한 그 날 하루를 온전히 기도하거나 성경을 읽거나 말씀을 듣거나 찬송하거나 묵상하거나 하나님의 사역 및 말씀에 대해 다른 사람들과 대화를 나누거나 함으로써 하나님을 예배하며 보내야 하는 데 있도다. 항상 공적, 사적 의무나 은밀한 의무를 수행하라."[41] 존 플라벨(1628~1691년)도 안식일에 "마음은 하나님의 일에 가장 적극적이고 분주하지만 몸은 쉬어야 한다"고 주장함으로써 스윈녹의 생각을 반영한다.[42] 스윈녹과 플라벨이 안식일의 적용에 대해 청교도의 표준 입장을 옹호한다는 것은 의심의 여지가 전혀 없다. 심지어는 안식일 이전부터 그리스도인들은 하나님을 예배하기 위해 자신들의 마음을 준비해야 한다. 웨스트민스터 신앙고백이 분명히 하는 것처럼 주일 안식일은 "사람들이 미리 마음을 잘 준비하고, 일상사를 정돈한 다음, 온종일 세속적인 직업과 오락에 대한 일, 말, 생각에서 벗어나 거룩한 안식을 지켜야 할 뿐만 아니라 하루의 모든 시간을 공적, 사적으로 하나님을 예배하는 것과 필수적인 의무와 자비를 실천하는 데 바쳐야 한다"(21.8).[43]

오웬은 일부 "식자들"이 "주일을 적절히 거룩하게 지키는 것에 대해 지침이 많은 것은 너무 지나치다"고 불평하는 것을 알았다.[44] 그리고 이 문제에 대해 과도한 열심이 가능하다는 것도 솔직히 인정한다. 오웬은 주일 견해에 대해 바리새인의 오류와 율법폐기주의자의 오류를 함께 피하기를 원한다. 그럼에도 오웬은 "세상은 하나님의 계명, 특히 안식일 준수 계명을 자연스럽게 포용하지 않는다"고 이해한다. "그렇지만 이런 탈선을 멈추게 하는 길은 사람들의 부패한 과정과 길에 하나님의 명령을 쏟아 붓는 것은 아니라고" 오웬은 말한다.[45] 오웬이 옹호하는 대책은 오로지 하나님의 말씀에 기반을 둔 안식일 준수(그리고 예배)다. 성경의 다양한 부분들을 통해 오웬은 "안식일 준수는 어느 날이나 우리가 아침부터 저녁까지 사용하는 자연적 힘과 같은 힘을 사용해야" 한다고 단정한다.[46] 오웬은 그리스도인들이 넷째 계명을 지키기 위해 하나님 앞에서 의무를 수행하려고 할 때 요구되는 다수의 실천 지침을 제시한다.

안식일은 성도들이 그분이 하나님이기 때문에 그분을 예배할 권리와 의무를 갖고 있는 날이다. 이 날에 하나님의 백성은 그들의 조물주를 반사해서 안식하고, 특히 하나님 안에서 쉬면서 자신들을 기다리고 있는 영원한 안식일 쉼에 대해 묵상하는 날로 활용한다. 택함받은 자는 또한 하나님의 은혜 언약에 참여하는 자로서 안식한다. 하나님은 친히 "그리스도 안에서 곧 그분의 인격 안에서, 그분의 사역 안에서, 그분의 법 안에서 안식하고 새 힘을 얻으시며……이 모든 일 속에서 하나님의 영혼은

40) Peter Heylyn, *The History of the Sabbath. In Two Books* (London, 1636).
41) George Swinnock, *The Christian Man's Calling*, in *The Works of George Swinnock* (Edinburgh: James Nichol, 1849), 1:245.
42) John Flavel, *An Exposition of the Assembly's Catechism*, in *The Works of John Flavel* (Edinburgh: Banner of Truth Trust, 1968), 6:235.
43) 플라벨은 주중에는 합법적인 육체의 오락을 죄로 말한다. 허용할 수 있는 일은 그리스도의 본보기를 따라 필수적인 의무와 자비의 일이다(마 12:3~4). *An Exposition*, in *Works*, 6:236을 보라.
44) Owen, *Day of Sacred Rest*, in *Works*, 19:438.
45) Owen, *Day of Sacred Rest*, in *Works*, 19:440.
46) Owen, *Day of Sacred Rest*, in *Works*, 19:443.

크게 기뻐하신다."[47] 따라서 어린 양의 피로 값 주고 산 자들은 하나님이 그렇게 행하고 그렇게 계시는 것처럼 어린 양 안에서 안식하고 새 힘을 얻는다.

오웬은 또한 그리스도인들이 안식일에 수행해야 할 특별한 의무에 대해 말한다. 먼저 안식일을 준비해야 한다. 오웬의 생각에 따르면 전날 저녁은 안식일의 한 부분이 아니다. 그러나 명령에 기초를 둔 것은 아니지만 하나님의 성도들에게 도움을 주기 때문에 전날 저녁의 묵상, 기도, 가르침은 주일에 하나님을 예배하도록 영혼을 준비시키는 유용한 의무라고 오웬은 주장한다. 예배 날의 의무에 대해 오웬은 공적 의무와 사적 의무로 구분하고, 공적 의무가 사적 의무보다 우선한다고 주장한다.[48] 공적 예배 이전이나 이후에 행할 수 있는 사적 의무는 "거기서 그들이 힘과 도움을 발견하기 때문에 그들의 양심, 능력, 기회를 위해 추천할 수 있는 기도, 성경 읽기, 묵상, 공적 규례의 유익에 입각한 가족 훈계"와 같은 실천 사항들을 포함한다.[49]

공적 예배: 서론

존 오웬의 예배신학을 형성시키는 핵심 주제 가운데 하나는 성경의 충분성이다.[50] 높은 개혁파 정통주의 신학자로서 오웬은 성경을 참된 신학을 아는 인식의 원리 또는 근원으로 간주했다.[51] 이것은 바젤의 초기 정통파 신학자인 아만두스 폴라누스 폰 폴란스도르프(1561~1610년)의 말로 가장 간명하게 진술되었다. "우리의 신학의 원천은 하나님의 말씀이다."[52] 프라네커 출신 신학자 요하네스 마코비우스(1588~1644년)는 유고집으로 출판된 『철학에 대한 신학의 특징과 지침』(Distinctiones et Regulae Theologicae ac Philosophicae, 1652)에서 하나님의 말씀이 "첫 번째 진리"이고, "믿어지고 행해져야 할 모든 것의 첫 번째 규칙"이라고 말했다.[53]

오웬도 마찬가지로 성경을 "자신의 지성 생활의 핵심 준거점"으로 간주했다.[54] 오웬은 성경의 역할을 샘 비유를 통해 인식 원리로 묘사했다. "성경을 하나님의 말씀이나 신적 계시로 믿는 우리의 믿음과 성경 속에 계시된 것을 하나님의 생각과 뜻으로 보는 우리의 이해는 기독교에 대한 우리의 모든 관심사의 두 샘이다. 이 두 샘에서 우리의 영혼이 물을 얻고, 새 힘을 얻고, 하나님을 위한 열매

47) Owen, *Day of Sacred Rest*, in *Works*, 19:448.

48) 참고, David Clarkson, "Public Worship to Be Prefered Before Private," *The Works of David Clarkson* (1864, 재판, Edinburgh: Banner of Truth, 1988), 3:187~209.

49) Owen, *Day of Sacred Rest*, in *Works*, 19:460. 또한 Flavel, *An Exposition*, in *Works*, 6:236~237도 보라.

50) 오웬의 전례신학에 대해서는 Daniel R. Hyde, "'Of Great Importance and of High Concernment': The Liturgical Theology of John Owen (1616~1683)" (신학석사학위논문, Puritan Reformed Theological Seminary, 2010)을 보라.

51) Richard A. Muller, *Dictionary of Latin and Greek Theological Terms: Drawn Principally from Protestant Scholastic Theology* (Grand Rapids: Baker, 1985), pp. 245~246, Richard A. Muller, *Post-Reformation Reformed Dogmatics* (Grand Rapids: Baker, 2003), 2:151~223.

52) Amandus Polanus von Polansdorf, *Syntagma Theologiae Christianae* (Hanau, 1615), *Synopsis, libri 1*. 폴라누스에 대해서는 Robert W. A. Letham, "Amandus Polanus: A Neglected Theologian?" *Sixteenth Century Journal* 21, no. 3 (1990), pp. 463~476을 보라.

53) Johannes Maccovius, *Scholastic Discourse: Johannes Maccovius (1588~1644) on Theological and Philosophical Distinctions and Rules*, Willem J. van Asselt, Michael D. Bell, Gert van den Brink & Rein Ferwerda 번역 (Apeldoorn, The Netherlands: Instituut voor Reformatieonderzoek, 2009), p. 57.

54) Carl R. Trueman, "John Owen as a Theologian," *John Owen: The Man and His Theology*, Robert W. Oliver 편집 (Phillipsburg, N.J.: P&R, 2002), p. 47. 오웬의 성경 교리에 대해서는 Trueman, *The Claims of Truth: John Owen's Trinitarian Theology* (Carlisle, England: Paternoster Press, 1998), pp. 64~101을 보라.

를 맺는 빌과 진리의 모든 물줄기가 나온다."[55] 오웬의 사상 속에서 성경이 차지하고 있는 이 근본적인 위치는 『데오로구메나 판토다파』(Theologoumena Pantodapa, 1661)에서 확인될 수 있는데, 거기 보면 성경은 하나님의 전체 계획 내용과 구조를 제공했고, 그것은 하나님이 사람과 맺으신 언약들에 따라 이 "온갖 종류의 신학적 언명들"을 성경에 묘사하셨기 때문이다.[56]

일반적으로는 개혁파에게, 특수적으로는 오웬에게, 성경은 교회 예배를 결정하고 규제하는 데 충분하다. 이것은 벨기에 신앙고백과 같은 문서들에서 표현된 것처럼 초기 정통주의 시대에 사실이었다. "우리는 성경이 하나님의 뜻을 충분히 담고 있으며, 인간이 구원을 얻기에 필요한 모든 것을 충분히 그 안에서 가르치고 있음을 믿는다. 그러므로 하나님이 우리에게 요구하는 예배의 전반적인 방법이 그 안에 상세히 기록되어 있다"(7조).[57] 높은 정통주의 시대에 토머스 왓슨(대략, 1620~1686년)은 대체로 유명한 그의 특유의 방식에 따라 "[성경은] 크레덴다 곧 우리가 믿어야 할 것과 아겐다 곧 우리가 실천해야 할 것을 보여 준다"고 말했다.[58] 오웬은 예배에 대해 이 성경의 충분성 교리를 믿었고, 이 사실은 그의 〈소교리문답〉과 〈대교리문답〉,[59] 『하나님의 예배에 대한 간략한 가르침』에서 주로 확인될 것이다.[60]

청교도의 교리?

성경은 구원과 예배에 충분하다는 이 신념은 오직 청교도만의 교리인가? 아니면 오웬은 나머지 개혁파 정통주의와 관련된 특유의 믿음의 상속자였는가? R. J. 고어와 J. I. 패커는 최근에 오웬의 성경의 충분성 교리를 오로지 "청교도의 예배 견해"로만 보고, 그것이 예배에 적용되는 것으로 설명했다.[61]

예를 들어 패커는 "모든 실질적 항목이 하나님의 공적 예배 속에 포함된 것을 비준하기 위해서는……성경의 직접적 근거가 요구된다는 관념은 청교도의 혁신적 관념"이라고 주장한다.[62] 오웬의

---

55) John Owen, *The Causes, Ways, and Means of Understanding the Mind of God as Revealed in His Word, with Assurance Therein*…, in *The Works of John Owen, D.D.* (Edinburgh: Johnstone & Hunter, 1850~1855), 4:121.

56) Trueman, "John Owen as a Theologian," pp. 52~53. 하나님의 인간과의 언약들의 전개를 통해 기독교 교리를 비슷하게 다루는 것에 대해서는 John Ball, *A Treatise of the Covenant of Grace*… (London: Simeon Ash, 1645)를 보라. 16세기와 17세기의 신학 방법론 문제에 대해서는 Sebastian Rehnman, *Divine Discourse: The Theological Methodology of John Owen* (Grand Rapids: Baker, 2002), pp. 155~177을 보라.

57) 라틴어 원문은 다음과 같다. "*Credimus Sacram hanc Scripturam Dei voluntatem perfecte complecti et quodcumque ab hominibus, ut salutem consequantur, credi necesse est, in illa sufficienter edoceri. Nam cum illic omnis divini cultus ratio, quem Deus a nobis exigit, fusissime descripta sit*"(*De Nederlandse belijdenisgeschriften*, J. N. Bakhuizen van den Brink 편집 [Amsterdam: Uitgeverij Ton Bolland, 1976], p. 79).

58) Thomas Watson, *A Body of Divinity* (1692, 재판, Edinburgh: Banner of Truth Trust, 1986), p. 30. 왓슨에 대해서는 Barry Till, "Watson, Thomas (d. 1686)," *Oxford Dictionary of National Biography*, H. C. G. Matthew & Brian Harrison 편집 (Oxford: Oxford University Press, 2004), 57:671~672를 보라. 말씀의 충분성에 대한 전형적인 청교도의 설교는 Thomas Manton, "The Scripture Sufficient without Unwritten Tradition," *The Complete Works of Thomas Manton* (London: James Nisbet, 1870), 5:487~500을 보라.

59) John Owen, in *The Works of John Owen, D.D.* (Edinburgh: Johnstone & Hunter, 1850~1855), 1:465~494.

60) John Owen, in *The Works of John Owen, D.D.* (Edinburgh: Johnstone & Hunter, 1850~1855), 15:447~530.

61) R. J. Gore, *Covenantal Worship: Reconsidering the Puritan Regulative Principle* (Phillipsburg, N.J.: P&R, 2002), pp. 93~95, Packer, *Quest for Godliness*, pp. 245~257.

62) Packer, *Quest for Godliness*, p. 247.

교리를 검토하기 전에 고어와 패커의 이 지나친 단순화를 논박하기 위해 오웬의 상황을 들여다볼 필요가 있다.

오웬이 이 교리에 대해 청교도 "영적 형제들"과 일치된 견해를 갖고 있었다는 것은 논란의 여지가 없다. 예를 들면 1605년에 발표한 논박 논문 『잉글랜드 청교도 사상』(English Puritanism)에서 윌리엄 브래드쇼(1571~1618년)는 "구약과 신약 성경은 하나님의 말씀이므로 공적 예배에서 하나님을 섬기는 데 충분한 것으로 간주되어야 한다"는 청교도의 관심사를 다음과 같이 요약했다. "청교도는 선지자들과 사도들의 글에 포함된 하나님의 말씀은 교회의 머리이신 그리스도로 말미암아 주어진 절대적으로 완전한 말씀이고, 그래서 신앙의 모든 문제와 하나님에 대한 모든 예배 및 섬김의 유일한 하나의 경전과 규칙이다. 그리고 선포된 말씀이 같은 섬김과 예배에서 행해지는 것을 무엇이든 정당화시킬 수 없다는 것은 불합리하다. 그러므로 어떤 그리스도인이 같은 말씀에 의해 분명히 보장될 수 없는 어떤 종교 행위나 신적 섬김의 행위를 하도록 강요하는 것은 죄다."[63] 브래드쇼의 주장은 청교도의 표준적인 주장이었다. 긍정적으로 말하면 그리스도께서 자신의 말씀을 자신의 교회에 주셨기 때문에 그것은 "완전하다." 즉 "하나님에 대한 예배와 섬김"에 충분하다. 부정적으로 말하면 말씀 속에 명해지지 않은 것은 공적 예배에서 "불법"이다. 그 실제 결과는 그리스도인들이 하나님의 말씀에 반하는 방법으로 하나님을 섬기게 한다는 것이다.

1601년에 윌리엄 퍼킨스(1558~1602년)는 『마지막 때의 우상 숭배에 대한 경고』(A Warning against the Idolatry of the Last Times)를 썼는데, 그 이유는 "무지한 다수가 하나님에 대한 참된 예배에 다가가도록 가르치기 위함이었고, 그것은 교황주의의 잔재가 그들의 마음속에 여전히 남아 있고, 그들이 하나님을 섬기는 것은 사람들을 진실하게 대하는 것 외에 다른 것이 아니고, 아침과 저녁에 가정이나 교회에서 무슨 뜻인지 알지 못하는 몇 마디 말을 읊는 행위라고 생각하기 때문이었다."[64] 무지한 자들을 가르치려고 할 때 퍼킨스는 먼저 우상 숭배에 대해 경고해야 했다. 하나님 및 그리스도에 대한 거짓 개념들을 숭배하는 우상 숭배 외에 퍼킨스는 두 번째 종류의 우상 숭배에 대해 경고했는데, 그것은 "하나님이 다른 방식으로 곧 하나님이 말씀 속에 계시하신 방법이 아니라 다른 수단에 따라 경배를 받는 것이었다. 사람들은 날조된 예배를 세울 때 동시에 날조된 하나님을 세우기 때문이다."[65] 퍼킨스는 말씀에 따라 예배하는 것은 참 하나님을 예배하는 것이고, 말씀에 반하여 예배하는 것은 완전히 다른 하나님을 예배하는 것이라고 봤다. 이런 우상 숭배에 대해 경고한 다음, 퍼킨스는 이 논문을 참된 예배의 법칙에 대한 긍정적인 가르침으로 끝을 맺었다. 거기서 퍼킨스는 "하나님이 자신의 말씀 속에 정하시지 않고, 자신의 예배로 우리에게 명하시지 않은 것이 하나님의 예배의 이름 아래 들어올 수는 절대로 없다"고 말했다.[66] 따라서 퍼킨스에 따르면, 하나님의 말씀은 참된 예배의 원천이자 규칙이다.

---

63) William Bradshaw, *English Puritanism, Containing the Main Opinions of the Ridgedest Sort of Those Called Puritans in the Realm of England*, 1.1, in *Several Treatises of Worship & Ceremonies* (London: Printed for Cambridge and Oxford, 1660), p. 35.

64) William Perkins, *A Warning against the Idolatry of the Last Times*, in *The Workes of That Famous and Worthy Minister of Christ*… (London: John Legatt and Cantrell Ligge, 1612~1613), 1:670.

65) Perkins, *Warning against Idolatry*, in *Workes*, 1:672, col. 2.

66) Perkins, *Warning against Idolatry*, in *Workes*, 1:698, col. 2.

또 다른 실례는 토머스 왓슨에게서 온다. 웨스트민스터 소교리문답 질문 1에 대한 답변 곧 "사람의 첫 번째 목적은 하나님을 영화롭게 하고 그분을 영원토록 즐거워하는 것"이라는 말을 강해하면서 왓슨은 "하나님을 영화롭게 하는 것은 경배, 곧 예배에 있다"고 설명했다.[67] 이 예배는 이중적으로 나타나는데, 하나는 존귀한 자들에 대한 시민적 존경이고, 다른 하나는 하나님께 주어지는 신적 경배다. 신적 경배에 대해 왓슨은 웅변적이고 열정적으로 이렇게 말했다.

> 이 신적 예배에 대해 하나님은 매우 질투가 많으시다. 이것은 하나님의 눈의 사과다. 이것은 하나님의 면류관의 진주다. 하나님은 그룹들과 불 칼로 생명나무에 대해 그렇게 하신 것처럼 그것을 위반하기 위해 아무도 다가갈 수 없도록 이것을 보호하신다. 신적 예배는 하나님이 친히 정하신 것에 따라야 하고, 그렇게 되지 않으면 그것은 다른 불을 바치는 것이다(레 10:2). 여호와는 모세에게 "산에서 보인 양식대로" 성막을 만들게 하셨다(출 25:40). 모세는 이 양식 가운데 어느 것도 제외시켜서는 안 된다. 또 그것에 어떤 것을 추가해서도 안 된다. 만일 하나님이 예배 처소에 대해 그토록 정밀하고 주의를 기울이신다면 예배 내용에 대해서는 얼마나 더 그러하시겠는가! 확실히 여기서 모든 것은 하나님의 말씀 속에 규정된 양식에 따라야 한다.[68]

왓슨은 예배에 대한 신적 규정은 하나님의 질투의 연장이라고 봤다. 이것 때문에 왓슨은 하나님이 자신의 예배 처소에 대해 주의를 기울이셨다면 자신의 예배 내용에 대해서는 얼마나 더 많이 관심을 기울이시겠느냐고 수사적으로 물었던 것이다.

오웬은 예배 문제에 대해 이런 청교도 전통 노선에 서 있었다. 예배에 적용된 것처럼 성경의 충분성에 대한 오웬의 이해는 청교도 형제들의 견해와 일치되지만 그것은 그에게나 그들에게만 있었던 독특한 견해는 아니었다. 명백히 말하면 존 칼빈은 이 시대와 다른 시대에 개혁파 정통주의의 시금석은 아니었지만,[69] 고어와 패커가 소위 초기 개혁파 신학과 오웬 및 청교도 신학 간의 불연속성을 보여 주려고 칼빈에게 의존하기 때문에 여기서 칼빈의 교리를 간단히 살펴보는 것이 필요하다. 이 주제에 대해 칼빈 및 개혁파와 오웬 및 청교도 간에는 전원 이의가 없었다. 학자들은 칼빈의 예배 교리를 상세히 다뤘지만, 그럼에도 불구하고 그의 작품들에서 간략히 몇 가지 발췌해 보는 것이 유용할 것이다.[70]

---

67) Watson, *A Body of Divinity*, p. 7.

68) Watson, *A Body of Divinity*, p. 8.

69) Richard A. Muller, "Was Calvin a Calvinist? Or, Did Calvin (or Anyone Else in the Early Modern Era) Plant the 'TULIP'?" Calvin College, 2011년 3월 10일 접속, http://www.calvin.edu/meeter/lectures/Richard%20Muller%20-%20Was%20Calvin%20a%20Calvinist.pdf.

70) 칼빈의 교리에 대해서는 다음 자료들을 보라. W. Robert Godfrey, "Calvin and the Worship of God," *The Worship of God: Reformed Concepts of Biblical Worship* (Fearn, Scotland: Christian Focus, 2005), pp. 31~49, *John Calvin: Pilgrim and Pastor* (Wheaton, Ill.: Crossway, 2009), Hughes Oliphant Old, "Calvin's Theology of Worship," *Give Praise to God*, Philip G. Ryken, Derek W. H. Thomas, & J. Ligon Duncan III 편집 (Phillipsburg, N.J.: P&R, 2003), pp. 412~435, John D. Witvliet, "Images and Themes in John Calvin's Theology of Liturgy," *The Legacy of John Calvin: Calvin Studies Society Papers 1999*, David Foxgrover 편집 (Grand Rapids: Calvin Studies Society, 2000), pp. 130~152. 청교도의 교리와 마주보는 칼빈의 교리에 대해서는 William Young, "The Puritan Principle of Worship," *Puritan Papers, Volume 1: 1956~1959*, D. Martyn Lloyd-Jones 편집 (Phillipsburg, N.J.: P&R, 2000), pp. 141~153을 보라.

예배에 대한 칼빈의 기본 입장은 교회 개혁이 왜 필요하고, 개혁이 어떻게 일어나야 하는지에 따라 전개되었는데, 이것이 1544년에 황제 찰스 5세에게 〈교회 개혁의 필연성〉이라는 제목으로 쓴 편지에서보다 더 잘 진술된 것은 없었다.

> 하나님이 자신의 말씀에 분명히 인정하지 않는 모든 예배 양식을 인정하시지 않는다는 것을 세상에 납득시키는 것이 얼마나 어려운지 잘 알고 있습니다. 말하자면 떼놓아야 할 그들의 골수 속에 자리 잡고 있는 정반대의 신념은 어떻게 하든 간에 본질상 그것이 하나님의 존귀를 위해 일종의 열심을 보여 준다면 본질상 충분히 인정받을 것이라는 것입니다. 그러나 우리가 하나님을 예배하는 데 아무리 열심을 다하더라도 하나님은 열매가 없는 것으로 간주하실 뿐만 아니라 분명히 가증한 것으로 규정하시므로, 만일 하나님의 명령과 일치되지 않는다면 우리가 반대 과정을 통해 무슨 유익을 얻겠습니까? 하나님의 말씀은 분명하고 명백하게 "순종이 제사보다 더 낫다"(삼상 15:22), "사람의 계명으로 교훈을 삼아 가르치니 나를 헛되이 경배하는도다"(마 15:9)라고 말합니다. 특히 이 문제에 있어서 하나님의 말씀에 무엇이든 덧붙이는 것은 거짓말입니다. 단순히 "자기 소견에 옳은 예배"는…… 헛된 것입니다. 이제 결단해야 하고, 일단 결단이 이루어지면 더 이상 왈가왈부할 일이 아닙니다.[71]

청교도처럼 칼빈도 하나님의 말씀 속에서 명령된 모든 예배가 거부되고, 효력 없이 되고, 가증한 것이 되었으며, "자기 소견에 옳은 대로 행하는 예배"가 되었다고 봤다. 칼빈은 나중에 "자기 소견에 옳은 예배"를 골로새서 주석에서 "사람들이 하나님에게서 온 명령이 없이 자신의 뜻대로 전하는 자의적인 예배"로 정의했다.[72] 하나님의 명령이 없으면 예배는 단순히 사람들이 날조한 것이 되고 만다. 칼빈은 시편 9장 11절 주석에서 이것을 다음과 같이 진술했다.

> 더 나아가 우리는 경건한 조상들이 시온에서 하나님께 제물을 드렸을 때 단순히 그들 자신의 마음의 의도에 따라 행하지 않고, 그들이 행한 것은 믿음으로 하나님의 말씀에서 나왔고, 하나님의 명령에 순종해서 그렇게 한 것을 알고 있다. 그러므로 그들은 그들의 신앙적 섬김을 하나님께 인정받았다. 여기서 나오는 결론은 사람들이 무엇이든 간에 그들의 본보기를 자신들이 갖고 있는 미신을 자신들의 환상에 따라 스스로 날조해서 신앙적으로 준수하는 것에 대한 증명이나 구실로 삼을 근거는 절대로 없다는 것이다…… 우리는 하나님을 하나님 말씀의 규정에 따라 순전하고 적절한 방식으로 예배하는 신실한 자들은, 어디서든 엄숙한 신앙적 예배 행위에 함께 참여한다면, 하나님은 그들 가운데 은혜로 임재하고, 그들을 주관하실 것이라는 것을

71) John Calvin, "The Necessity of Reforming the Church," *Selected Works of John Calvin: Tracts and Letters*, Henry Beveridge & Jules Bonnet 편집 (Grand Rapids: Baker, 1983), 1:128~129.

72) John Calvin, *Galatians, Ephesians, Philippians, and Colossians*, T. H. L. Parker 번역, *Calvin's New Testament Commentaries*, David W. Torrance & Thomas F. Torrance 편집 (1965, 재판, Grand Rapids: Eerdmans, 1972), 11:343. 참고, John Calvin, *Institutes of the Christian Religion*, John T. McNeill 편집, Ford Lewis Battles 번역 (Philadelphia: Westminster Press, 1960), 2.8.17.

알고 충분히 납득해야 한다.[73)]

다시 말해 칼빈은 분명히 사람의 생각에 입각한 예배와 하나님의 말씀에 믿음으로 따르는 예배를 대조시켰다. 사람의 생각에 입각한 예배는 미신이고, 하나님의 말씀에 믿음으로 따르는 예배는 하나님이 인정하시는 예배다. 이것 때문에 칼빈은 16세기 청자들에게 하나님 말씀의 명령에 따라 하나님을 예배하고, 그리하여 그 예배의 신령한 복을 받으라고 권면했다. 이 점에서 칼빈은 한 유고 작품에서 "신적으로 규정되지 않고 지정되지 않은 종교적 예배는 하나님이 받아 주시지 않는 거짓 예배"[74)] 라고 말한 오웬을 비롯한 청교도와 마찬가지로 성경을 공적 예배에 적용시키는 데 관심을 가진 것이 분명하다. 오웬은 성경과 예배에 대한 이런 접근법은 자신이나 잉글랜드 청교도에게 특유한 교리가 아니라 국제적인 개혁파 신학자로서 자신이 그 사상에서 물려받은 유산의 한 부분이라고 봤다. 이것은 오웬의 〈소교리문답〉과 〈대교리문답〉, 그리고 1662년 이후 교리문답서인 『하나님의 예배에 대한 간략한 가르침』을 더 상세히 검토해 보면 확인될 것이다.

오웬의 교리문답서의 배경

포드햄 교구의 목사가 된 후 1643년 7월 16일에 존 오웬은 목회자 입장에서 교리적인 무지 문제에 봉착했다. 오웬이 받은 충격은 엄청 컸다. 포드햄은 완전히 무지한 사람들로 가득 차 있었다.[75)] 이 문제에 대한 오웬의 대책은 공적 설교 외에 교인들의 집을 가가호호 방문해서 교리문답을 가르치는 것이었다. 이것은 바울이 에베소 교인들에게 행한 고전적인 목회 전략과 중세와 종교개혁 당시 교리문답 공부 방식에 뿌리를 두고 있었다(행 20:20). 1645년에 오웬은 〈소교리문답〉과 〈대교리문답〉을 썼고, 그것을 하나로 묶어 『두 짧은 교리문답: 그리스도의 교리의 원리가 전개되고 설명됨』(Two Short Catechisms: Wherein the Principles of the Doctrine of Christ are Unfolded and Explained)으로 발표되었다. 이후로 20년 이상이 지난 다음 오웬은 53개의 질문과 답변으로 구성된 또 다른 교리문답을 썼다. 『하나님의 예배에 대한 간략한 가르침』의 처음 18가지 질문은 확립된 예배와 관련되어 있지만 19~53가지 질문은 확립된 권징을 다룬다.

이 세 개의 문서는 모두 교리문답 책이지만, 한편으로 〈소교리문답〉과 〈대교리문답〉, 그리고 다른 한편으로 『하나님의 예배에 대한 간략한 가르침』 간의 차이점은 많다. 전자는 포드햄의 "무지한 사람들"을 위해 쓴 것이지만 후자는 국민 전체 독자를 위해 저술된 것이다. 전자는 교제에 참여하는 데 필수적인 최소한의 지식을 포함하고 있지만, 후자는 정치적 소용돌이의 와중에서 쓴 교리적 논문이었다. 이 사실만으로 『하나님의 예배에 대한 간략한 가르침』의 명확함이 더 크게 드러난다. 클래런던 법전에도 불구하고, 찰스 2세 통치 초기에 비국교회 회중들이 증가하고 있었다. 『하나님의 예배에 대한 간략한 가르침』은 회중 교회가 안내서로 간주한 자료 가운데 하나가 되었다. 회중교회

---

73) John Calvin, *Commentary on the Book of Psalms*, James Anderson 번역, in *Commentaries* (1845~1849, 재판, Grand Rapids: Baker, 1996), 4:121~122.

74) John Owen, "An Answer unto Two Questions: with Twelve Arguments against Any Conformity to Worship Not of Divine Institution," *The Works of John Owen, D.D.* (Edinburgh: Johnstone & Hunter, 1850~1855), 16:249.

75) Owen, *Lesser Catechism*, in *Works*, 1:465.

교리와 정치 체제를 정리한 이 책은 크게 인기를 끌어 독립파의 교리문답서로 알려지게 되었다.[76] 이 책의 영향력은 또한 그것이 일으킨 비판적인 반응으로도 확인된다. 1668년에 더비셔, 휫비의 교구 목사인 벤저민 캠필드는 『독립파의 교리문답 및 그 안에 담긴 비국교회의 핵심 원리와 잉글랜드 교회와의 분리에 대한 진지한 검토』(A Serious Examination of the Independents' Catechism, and Therein of the Chief Principles of Nonconformity to, and Separation from, the Church of England)라는 제목의 347페이지에 달하는 8절판 책으로 이 책을 공격했다.[77] 이후 1670년에 조지 베넌(대략, 1638~1720년)의 『오웬 박사의 몇 가지 원리와 실천에 대해 친구에게 보내는 편지』(A Letter to a Friend Concerning some of Dr Owen's Principles and Practices)라는 형태로 또 다른 공격이 가해졌다.[78]

사람의 주된 목적

『하나님의 예배에 대한 간략한 가르침』에서 오웬은 칼빈 및 웨스트민스터 총회 신학자들이 시작한 곳에서 설명을 시작한다.[79] 곧 사람의 주된 목적, 최고 목적에 대한 질문으로 시작한다. "하나님은 우리를 통해 영광을 받고 우리가 자신의 인정을 받도록 우리가 자신을 의존할 때 우리에게 무엇을 요구하실까?" 이 질문이 언약 관계의 언어로 이루어져 있음을 주목하라. 오웬이 "하나님이 우리를 통해 영광을 받고 우리가 자신의 인정을 받도록" 우리에게 무엇을 요구하시는지에 대해 말할 때 비록 언약이라는 말이 명시적으로 사용되고 있지는 않아도, 오웬은 언약의 기본 관념을 함축시키고 있다. "너희는 내 백성이 되겠고 나는 너희들의 하나님이 되리라"(렘 30:22).

이 질문에 대한 오웬의 답변은 이중적이었다. 첫째, 신자들은 하나님을 예배해야 한다. 둘째, 신자들은 "하나님 자신이 정하신 방법에 따라" 하나님을 예배해야 한다. 이 예배는 첫째 계명에 반영된 "자연적 또는 도덕적" 예배-그것은 하나님 자신의 본성에 의존했다는 점에서 그리고 그것이 "인간 본성과 결합되었기" 때문에 자연적 예배였다-가 아니었다. 대신 오웬의 논문은 "하나님이 자신의 자유롭고 자발적인 처분에 대해……자신의 영광을 위해 행사되고 표현되어야 할 자신에 대한 믿음과 사랑과 두려움을 정하신 외적 방법과 수단"에 관심을 두었다.[80] 이 규정된 예배는 단순히 내적 행위가 아니었다. 그것은 또한 외적 행동을 요구했다. 오웬이 계속해서 말하는 것처럼 죄인들은 하나님의 외적으로 자유롭게 정해진 예배를 등한시한다면 하나님의 인정을 받을 수 없다. 만일 그렇게 한다면 그들은 아담과 똑같이 하나님의 규정을 위반한 것이다. 나아가 외적 예배를 통해 신자들은 그들의 자연적 예배에서 도움과 보조를 받고, 그리하여 자연적 예배의 습관이 강화되고, 실천 능력이 증진된다.[81]

---

76) 같은 이름인 J. C. 오웬의 초기 교리문답 작품인 *The Independants Catechism* (London, 1654)과 혼동해서는 안 된다.

77) Benjamin Camfield, *A Serious Examination of the Independents' Catechism, and Therein of the Chief Principles of Nonconformity to, and Separation from, the Church of England* (London: J. Redmayne, 1668).

78) George Vernon, *A Letter to a Friend Concerning Some of Dr Owen's Principles and Practices* (London: J. Redmayne for Spencer Hickman, 1670).

79) 제네바 교회 교리문답, 웨스트민스터 대교리문답, 웨스트민스터 소교리문답의 John Owen, *A Brief Instruction in the Worship of God and Discipline of the Churches of the New Testament*, in *The Works of John Owen, D.D.* (Edinburgh: Johnstone & Hunter, 1850~1855), 15:447. 질문 1을 보라.

80) John Owen, *A Brief Instruction in the Worship of God and Discipline of the Churches of the New Testament*, in *The Works of John Owen, D.D.* (Edinburgh: Johnstone & Hunter, 1850~1855), 15:447.

81) Owen, *Brief Instruction*, in *Works*, 15:448.

예배와 말씀

오웬의 〈대교리문답〉을 보면 1장 "성경에 대해" 부분에서 분명히 성경을 인식 원리로 가르쳤다. 오웬은 기독교를 "하나님을 올바르게 알고, 하나님을 위해 사는" 즉 하나님을 예배하는 "유일한 길"이라고 설명했다(〈대교리문답〉 질문 1). 이 설명을 보면 오웬은 윌리엄 에임스(1576~1633년)와 같은 잉글랜드의 청교도 노선을 따른다. 에임스는 실천적 의미에 따라 신학을 규정했다. 곧 신학은 하나님을 위한 삶의 교리라고 봤다.[82)]

사람들은 어떻게 하나님을 올바르게 알고 하나님을 위해 살 수 있을까? 자신의 〈소교리문답〉에서 오웬은 "하나님과 우리 자신에 대해 배우게 되는 모든 진리는 어디서 옵니까?"라는 종합적인 기본 질문과 함께 시작했다. 이 질문에 대한 오웬의 답변은 "성경 곧 하나님의 말씀에서" 온다는 것이었다.[83)] 잉글랜드에서 자신이 "매우 무지한 사람들"로 묘사한 자들을 위해 이 작품을 쓴 오웬은 교리문답 방식에 따라 성경은 인식 원리라고 표현했다. 그의 〈대교리문답〉도 마찬가지였다. "배워야 할 이것은 어디서 옵니까? 오직 성경에서 옵니다"(질문 2). 그러나 오웬의 교리문답 작품들에서 가장 충분한 묘사는 『하나님의 예배에 대한 간략한 가르침』에 나온다. 거기 보면 이렇게 되어 있다. "그러면 하나님의 예배에 대한 이 길과 수단은 어떻게 우리에게 알려집니까? 오직 하나님의 예배 전체와 모든 관련 사실을 망라한 하나님 뜻의 충분하고 완전한 계시를 담고 있는 기록된 말씀 안에서 그리고 그 말씀으로 말미암아서입니다"(질문 3). 이 질문과 답변들은 하나님을 아는 지식과 예배의 삶을 통해 하나님을 위해 사는 법에 대한 지식이 오직 성경에서 유래된 것이라는 오웬의 신념을 보여 준다. 이것 때문에 오웬은 성경의 본질에 대한 질문으로 나아가 지식과 예배에 따라 그랬던 것처럼 성경 본질에 대해 말하게 되었다. "성경은 무엇입니까? 구약과 신약 성경은 하나님에게서 온 영감으로 말미암아 주어졌고, 믿음과 행위에 필수적인 모든 것이 담겨 있으며, 거기에는 하나님이 경배를 받고 우리 영혼이 구원받는 법이 포함되어 있습니다"(〈대교리문답〉 질문 3). 오웬은 성경을 신구약 두 정경으로 제한할 뿐만 아니라 구원으로 이끄는 믿음의 대상과 올바른 예배로 이끄는 의무의 대상에 대해 충분한 책의 범주를 성경으로 제한했다.[84)] 오웬은 예배에 있어서 성경의 충분함에 대한 언급을 난외주에 써넣는다. 질문 3에 대해 오웬은 이렇게 말했다. "인간적인 모든 고안은 하나님의 예배를 돕는 데 불필요하다." 오웬은 자신이 성경의 본질에 대해 말한 것으로 볼 때 이렇게 말할 수 있었다. 오웬은 또한 이런 결론을 이끌어 냈다. "그러므로 말씀이 믿음과 예배와 삶의 유일한 지침이다."[85)] 예배에 대한 지식의 불충분하거나 부분적인 원천과 달리 오직 성경만이 말씀이 예배에 대해 "충분하고" "완전하기" 때문에 충분한 성경을 함축한다고 오웬은 말했다(『하나님의 예배에 대한 간략한 가르침』 질문 3). 따라서 전충적인 성경이 참된 예배의 내용과 방식을 찾는 지점이었다. 이것은 오웬이 이전에 웨스트민스

82) William Ames, *Medulla theologica* (Amsterdam: apud Robertum Allotum, 1627), p. 1. 신학의 이 실천적 국면에 대해서는 A. C. Neele, "Post-Reformation Reformed Sources and Children," *Hervormde teologiese studies* 64, no. 1 (2008), pp. 653~664를 보라.

83) Owen, *Lesser Catechism*, in *Works*, 1:467. 일부 교리문답의 역사에 대해서는 다음 자료들을 보라. Fred H. Klooster, *The Heidelberg Catechism: Origin and History* (Grand Rapids: Calvin Theological Seminary, 1981), pp. 171~172, Gottfried G. Krodel, "Luther's Work on the Catechism in the Context of Late Medieval Catechetical Literature," *Concordia Journal* 25, no. 4 (1999년 10월), pp. 364~404.

84) 성경의 충분성의 범주에 대한 간략한 서론은 Muller, *Post-Reformation*, 2:318~322를 보라.

85) Owen, *Greater Catechism*, in *Works*, 1:470.

터 신앙고백(21.1)에서 취한 사보이 선언에서 주장한 것과 같다.

> 자연의 빛은 만물에 대해 지배권과 주권을 갖고 있고, 공의롭고, 선하고, 만물에 선을 행하고, 그러므로 온 마음과 온 영혼과 온 힘을 다해 경외하고, 사랑하고, 찬양하고, 간구하고, 신뢰하고, 섬겨야 할 하나님이 계신다는 것을 보여 준다. 그러나 참 하나님을 경배하는 합당한 방법은 하나님 자신이 직접 세우시고, 따라서 하나님 자신의 계시된 뜻에 따라 한정되므로 하나님은 사람들의 상상과 고안에 따라 또는 사탄의 암시에 따라 어떤 가시적인 표상 아래 또는 성경에 기록되지 않은 어떤 다른 방법으로 경배될 수 없다.

하나님이 자신의 말씀을 주시는 목적은 자기 백성들이 하나님이 요구하는 예배와 순종에 대해 하나님의 생각과 뜻을 알 수 있도록 하기 위함이었다. 이 가르침은 타락한 인간의 어두워진 지성으로 말미암아, 따라서 "우리 자신이 하나님이 어떤 분인지, 하나님이 어떻게 계시고 경배를 받아야 하는지에 대해 무지하게 되었기" 때문에 필수적인 것이 되었다.[86] 오웬은 하나님이 자신의 예배를 결정하실 권리를 갖고 계시는 근거를 그분이 질투하시는 하나님이라는 사실에 두었고, 이것을 "특별히 자신의 예배에 대한 하나님 본성의 거룩한 특성"으로 묘사했다.[87]

교회가 말씀에 따라 하나님을 예배할 때 할 일은 정확히 무엇인가? 오웬은 새 언약 예배의 주요 제도로 예배 모임, 기도, 시편 찬송, 설교, 성례, 권징을 들었다(『하나님의 예배에 대한 간략한 가르침』 질문 17).[88] 시편 찬송과 관련해서 말한다면, 오웬은 『예배를 위한 다윗의 시편』(The Psalms of David in Meeter, 1673)의 서문을 쓰고, 24편에 달하는 다른 시편들을 하나로 묶었다.[89] 이 서문에 따르면, "단순한 인간적 평정을 위한 영적인 노래들도 자체로 의미를 가질 수 있지만, 우리의 헌신은 내용과 가사가 신적 영감에 직접 속해 있는 노래를 부를 때 가장 높아지고, 우리에게는 『예배를 위한 다윗의 시편』이 분명히 사도가 사용하는 '시와 찬송과 신령한 노래들'(엡 5:19; 골 3:16)로 이루어진 바로 그런 찬송가로 보인다."[90]

창조, 예배, 말씀

하나님, 삼위일체, 하나님의 내적 사역을 다룬 장들 다음에 오웬의 〈대교리문답〉 5장은 "외적으로 하나님께 속하는 그분의 사역에 대해" 초점을 옮긴다. 이 장에서 오웬은 인간의 창조와 인간의 목적 곧 창조주를 예배하는 것을 다뤘다. 이와 관련해서 오웬은 말씀이 타락하기 전부터 하나님을 예배하도록 사람을 이끄는 데 왜 필수적인지를 설명했다. 오웬은 창조와 섭리 사역에 대해 간략히 진

---

86) Owen, *Brief Instruction*, in *Works*, 15:450.
87) Owen, *Brief Instruction*, in *Works*, 15:450.
88) Owen, *Brief Instruction*, in *Works*, 15:477.
89) 서명자 명단에는 토머스 맨턴, 헨리 랭글리, 존 오웬, 윌리엄 젠킨, 제임스 인스, 토머스 왓슨, 토머스 라이, 매튜 풀, 존 밀워드, 존 체스터, 조지 코케인, 매튜 미드, 로버트 프랭클린, 토머스 둘리틀, 토머스 빈센트, 나다니엘 빈센트, 존 뤼더, 윌리엄 톰슨, 니콜라스 블레이키, 찰스 모턴, 에드문드 칼라미, 윌리엄 카슬레이크, 제임스 제인웨이, 존 힉스, 존 베이커가 포함되어 있다.
90) *The Psalms of David in Meeter, Newly Translated and Diligently Compared with the Original Text, and Former Translations: More Plain, Smooth and Agreeable to the Text, Than Any Heretofore* (London: for the Company of Stationers, 1673).

술하고(〈대교리문답〉 질문 1, 2), 이 사역의 예배 및 말씀과의 관련성을 다뤘다. "하나님은 왜 사람을 지으셨습니까? 자신에 대한 섬김과 순종을 통해 자신에게 영광을 돌리도록 사람을 지으셨습니다"(〈대교리문답〉 질문 3). 〈소교리문답〉은 이와 동일한 가르침 노선에 따라 말씀에 대한 첫 번째 질문을 인간의 전체 생활이 예배의 일환이어야 한다는 진리에 적용시킨다. "질문: 전능하신 하나님에 대해 우리에게 요구되는 것은 무엇입니까? 답변: 우리에게 주어진 하나님의 법에 입각한 거룩하고 영적인 순종입니다."[91] 우리는 하나님께 순종하고 하나님을 영화롭게 하기 위해 지음을 받았다(참고, 웨스트민스터 대교리문답과 소교리문답, 질문 1). 오웬의 〈소교리문답〉에서 핵심 어구는 인간은 "우리에게 주어진 하나님의 법에 따라 그렇게 해야 한다는 것이다. 말씀이 사람의 예배 생활을 지배한다. 이것이 오웬이 자기 교구민들을 위해 로마 가톨릭 사상뿐만 아니라 자신의 또 다른 논쟁 대상 가운데 하나인 퀘이커 교도와 첨예하게 맞선 근본적인 논쟁점이었다. 오웬이 『데오로구메나 판토다파』에서 어느 정도 상세히 설명한 것처럼 퀘이커 교도는 성경을 자기들의 예배 안내자로 인정하지 않았다.[92]

사람은 섬김과 순종을 통해 즉 가장 넓은 의미의 예배를 통해 하나님을 영화롭게 하도록 지음을 받았다. 에덴동산에서 사람의 예배는 "순전하고 부패하지 않은 본성의 상태"에 있었다.[93] 사람은 "그의 전 인격으로 곧 그의 영혼과 육체로, 말하자면 그의 모든 기능, 능력, 감각으로, 다시 말해 자신에게 주어지고 맡겨진 모든 것으로" 창조주에게 전적으로 헌신해야 하는 종으로 지음을 받았다.[94] 사람의 지음을 받은 상태의 모든 국면이 예배에 사용되어야 했다. 오웬은 아리스토텔레스가 제시한 인간 구성에 대한 전통적인 범주 곧 지성, 의지, 감정을 사용해서 설명했다.[95] 원래 이 모든 부분이나 기능은 오웬이 "하나님을 위한 습관적 순응……곧 사람에게 요구된 순종의 모든 의무를 향한 습관적 기질"로 부른 것 속에 들어 있었다.[96]

하나님이 하나님 자신의 뜻과 지정에 따라 예배되어야 한다는 사실은 먼저 마음속에 새겨지고, 둘째 계명으로 재진술되고 확립된 "우리 창조의 법의 근본 분야"였다(『하나님의 예배에 대한 간략한 가르침』 질문 2). 여기서 오웬은 예배를 자연법의 효력을 언급하는 전형적인 본문들(롬 1:21, 2:14~15; 행 14:16~17, 17:23~31)[97]을 인용하면서 자연법과 연계시켰고, 또한 둘째 계명(출 20:4~6)을 인용하면서 모세 율법과

---

91) Owen, *Lesser Catechism*, in *Works*, 1:467.

92) John Owen, *Biblical Theology*, Stephen P. Westcott 번역 (Morgan, Pa.: Soli Deo Gloria Publications, 1994), pp. 823~824, 833~835. 오웬의 논박에 대해서는 pp. 824~825를 보라. *A Defense of Sacred Scripture*의 연대에 대해서는 Donald K. McKim, "John Owen's Doctrine of Scripture in Historical Perspective," *The Evangelical Quarterly* 45 (1973년 가을), p. 198을 보라.

93) John Owen, *Christologia: or, A Declaration of the Glorious Mystery of the Person of Christ-God and Man*, in *The Works of John Owen, D.D.* (Edinburgh: Johnstone & Hunter, 1850~1855), 1:48. 이 상태에서 원래의 종교는 "질서 있고, 아름답고, 영광스러웠다."

94) Owen, *Person of Christ*, in *Works*, 1:206.

95) Kelly M. Kapic, *Communion with God: The Divine and the Human in the Theology of John Owen* (Grand Rapids: Baker, 2007), pp. 45~56.

96) John Owen, *Discourse on the Holy Spirit*, in *The Works of John Owen, D.D.* (Edinburgh: Johnstone & Hunter, 1850~1855), 3:285. 참고, Sinclair B. Ferguson, *John Owen on the Christian Life* (Edinburgh: Banner of Truth Trust, 1987), p. 274.

97) 교리의 위치로서의 자연법과 관련해서 이 본문들과 다른 본문들의 용법에 대해서는 다음 자료들을 보라. J. V. Fesko & Guy M. Richard, "Natural Theology and the Westminster Confession of Faith," *The Westminster Confession into the 21st Century, Volume 3: Essays in Remembrance of the 350th Anniversary of the Westminster Assembly*, J. Ligon Duncan 편집 (Fearn, Scotland: Christian Focus, 2009), pp. 223~266, David VanDrunen, "Medieval Natural Law and the Reformation: A Comparison of Aquinas and Calvin," *American Catholic Philosophical Quarterly* 80,

연계시켰다. 오웬이 말한 것처럼 사람들이 하나님에 대해 어떤 개념을 갖고 있다고 할지라도, 그들은 자연적으로 하나님이 단순히 개인으로서뿐만 아니라 집단으로서 "어떤 외적 엄숙한 예배를 통해 경배를 받아야 한다는" 것을 알았다.[98]

비록 이것이 자연적으로 사실이라고 해도 오웬은 옛 언약의 법이 자연법과 구별되는 한 가지 요점을 적시했다. 그것은 곧 하나님을 예배하는 법을 엄밀히 아는 수단이었다. 이 국면은 오웬에게 매우 중요했다. "예배의 방법과 수단은 오로지 하나님의 주권적 기쁨과 제정에 의존한다."[99] 둘째 계명을 설명하는 가운데 오웬은 인간은 예배에 "우리 자신의 고안"을 덧붙이는 것을 "엄격하게 금지당했다"는 표준적인 개혁파 주장을 따랐다.[100] 이 계명에서 하나님의 목적은 신자들을 우리의 대선지자이신 예수 그리스도 곧 하나님이 "자신의 뜻을 계시하고, 자신의 예배를 정하도록 주권적 권위를 부여하신" 분에게 보내는 것이었다. 오웬이 이 주장을 위해 제공한 증거들 가운데 하나가 요한복음 1장 18절이었다. "본래 하나님을 본 사람이 없으되 아버지 품속에 있는 독생하신 하나님이 나타내셨느니라."[101]

자신의 〈대교리문답〉 질문 3 난외주에서 오웬은 예배 목적을 위한 인간 창조의 함축적 의미 가운데 하나를 설명하면서 이렇게 말했다. "섬김을 통해 하나님께 나아가는 것은 우리의 본성을 멸망할 짐승보다 크게 높이는 것이다."[102] 오웬은 이 예배의 섬김을 수행할 수 있는 인간 본래의 능력을 짐승과 사람을 구별시키는 사람 속의 이마고 데이 곧 하나님의 형상과 연관시켰다. "사람은 하나님이 요구하시는 섬김과 예배를 수행할 수 있었습니까? 예, 힘껏 수행할 수 있습니다. 그것은 순결함, 순전함, 의, 거룩함 속에서 하나님의 형상으로 정직하게 지음을 받았기 때문입니다"(〈대교리문답〉 질문 4). 하나님은 사람에게 자신이 지으신 본성을 통해 예배할 수 있는 능력을 주셨다.[103] 카픽은 최근에 많은 교부들과 같이 오웬도 창세기 1장 26절에 나오는 하나님의 형상과 하나님의 모양을 구별했다고 주장했다. 카픽은 "형상"은 적절하게 하나님을 향하는 사람의 본래 기능을 의미하지만 모양은 의와 하나님께 순종으로 반응할 수 있는 능력을 가리켰다고 말한다.[104] 하지만 카픽이 오웬의 『전집』에서 뽑아오는 인용문(10:80, 12:156~158, 22:158)은 이 구분을 분명히 보여 주지 못하고, 이 점에 대해서는 맥도널드가 적절하게 대답했다.[105] 오웬이 이 두 용어를 상호 교체적으로 사용했다는 증거가 1679년 논문인 『기독론』에서 발견된다. "우리는 죄로 말미암아 하나님의 형상을 상실했고, 그로 말미암아 하나님의 받아 주심에 대한 모든 은혜-하나님의 사랑과 호의 안에 있는 모든 유익-도 상실했다. 앞에서 선언한 것처럼 우리가 회복되면 이 형상은 다시 복원되거나 우리가 하나님의 모양으로 새롭게 된다."[106]

---

no. 1 (2006), pp. 77~98을 보라.

98) Owen, *Brief Instruction*, in *Works*, 15:448, 449.

99) Owen, *Brief Instruction*, in *Works*, 15:448.

100) 예, 하이델베르크 교리문답 질문 96~98, 웨스트민스터 대교리문답 질문 108~109.

101) Owen, *Brief Instruction*, in *Works*, 15:449.

102) Owen, *Brief Instruction*, in *Works*, 1:474.

103) Ferguson, *John Owen on the Christian Life*, pp. 156~158을 보라.

104) Kapic, *Communion with God*, pp. 37~42.

105) Suzanne McDonald, "The Pneumatology of the 'Lost' Image in John Owen," *Westminster Theological Journal* 71, no. 2 (2009년 가을), pp. 324~325.

106) Owen, *Person of Christ*, in *Works*, 1:218.

따라서 예배에 대해 전술한 내용과 성경의 충분성이 중요하기 때문에 오웬은 이런 말로 결론내렸다. "사람이 처음에 하나님께 순종하도록 지시받은 법칙이 무엇이었습니까? 창조로 말미암아 사람의 본성 속에 심겨지고 사람의 마음속에 기록되어 하나님과 사람 사이의 언약의 취지가 되고, 성례전적으로 선악을 알게 하는 나무로 모형된 하나님의 영원한 도덕법입니다"(《대교리문답》 질문 5).[107] 오웬에 따르면, 심지어는 무죄 상태에서도 아담의 예배는 하나님이 주신 법칙에 따라 행하도록 하나님이 지시하셨다. 난외주에서 오웬은 이렇게 말했다. "하나님은 처음부터 피조물의 의지가 자신의 예배와 존귀의 척도가 되는 것을 허용하지 아니하셨다."[108] 창조로 말미암아 사람은 하나님을 영화롭게 할 때 지침이 될 도덕법이 마음속에 새겨져 있었다. 하나님과 언약을 맺음으로써 사람은 주님의 법을 따라야 했다. 오웬은 나중에 히브리서 주석에서 하나님과 사람 간의 언약에는 항상 외적 예배가 동반되었다고 진술했다.[109]

이 가르침의 배후에 한 가지 핵심 구분이 놓여 있다. 개혁파 정통 신학자들은 중세 교회에서 신학을 원형신학과 모방신학으로 구분하는 것을 받아들였다. 프란시스쿠스 유니우스(1545~1602년)가 최초로 이 두 용어를 사용했다.[110] 이 구분은 하나님이 아는 것을 의미하는 본래 의미의 신학과 사람이 아는 것을 의미하는 모방적 의미의 신학으로 구분하는 것이다. 이 두 범주는 신학적 지식의 본질과 사람이 그것을 아는 법을 제시하는 것이다.[111] 오웬도 이 용어를 채택했다.[112] 린만은 이렇게 주장한다. "개혁파 학자들은 인간의 하나님에 대한 지식을 무한한 신적 지식의 복사가 아니라 모방적인 지식으로 적절히 간주하는데, 그것은 인간의 지식은 하나님의 계시적 주도권에 의존하기 때문에 사람은 존재의 유비에 따라 신학을 수행할 수 없다는 것을 함축하는 것처럼 보인다."[113] 이 진술은 "타락하기 전에도 곧 원죄와 원죄의 지성적 결과가 나타나기 전에도, 인간의 하나님 및 하나님의 뜻과 예배에 대한 지식은 항상 피조된 지식 곧 파생적 지식이므로, 인간은 여전히 하나님에 대한 의무를 인간에게 지시하는 계시를 필요로 했다"고 보는 오웬의 요점을 밝혀준다.[114] 타락하기 전에 이 계시는 창조나 섭리에서 연원하는 본유적인 신 의식이었다. 그러나 타락한 이후로 이 지식은 크게 손상되었으므

---

107) Owen, *Greater Catechism*, in *Works*, 1:474.

108) Owen, *Greater Catechism*, in *Works*, 1:474.

109) Owen, *Exposition of Hebrews*, in *Works*, 6:185. *Works* 15:473에서 *Brief Instruction*을 보면 오웬은 이렇게 말했다. "따라서 교회의 어떤 지위나 상태에서도 하나님은 다양한 지위와 상태에 자신의 지혜를 적용시킨 어떤 제도적 예배의 준수가 없이 도덕적 순종만을 받아 주지는 아니하셨다." 참고, Ferguson, *John Owen on the Christian Life*, p. 22.

110) A. Kuyper 편집, *De Vera Theologia* IV~V, in *Opera Selecta* (Amsterdam, 1882), pp. 51~56. 참고, H. Bavinck 편집, *Synopsis purioris theologiae*…, 6판 편집 (1625, 재판, Leiden: D. Donner, 1881), 1:3~4, Francis Turretin, *Institutes of Elenctic Theology*, James T. Dennison Jr. 편집, George Musgrave Giger 번역 (Phillipsburg, N.J.: P&R, 1992), 3.2.6.

111) 다음 자료들을 보라. Muller, *Post-Reformation*, 1:225~238, Willem van Asselt, "The Fundamental Meaning of Theology: Archetypal and Ectypal Theology in Seventeenth-Century Thought," *Westminster Theological Journal* 64, no. 2 (2002년 가을), pp. 319~335, R. Scott Clark, "Janus, the Well-Meant Offer of the Gospel and Westminster Theology," *The Pattern of Sound Words: A Festschrift for Robert B. Strimple*, David VanDrunen 편집 (Phillipsburg, N.J.: P&R, 2004), pp. 149~180, *Recovering the Reformed Confession: Our Theology*, Piety, and Practice (Phillipsburg, N.J.: P&R, 2008), pp. 142~150.

112) Trueman, "John Owen as a Theologian," pp. 49~51. 참고, Trueman, *The Claims of Truth*, pp. 54~56, Rehnman, *Divine Discourse*, pp. 57~71.

113) Rehnman, *Divine Discourse*, p. 63.

114) 참고, John Owen, *Of Communion with God the Father, Son, and Holy Ghost*, in *The Works of John Owen, D.D.* (Edinburgh: Johnstone & Hunter, 1850~1855), 2:150.

로 인간을 예배로 적절히 이끌기에는 불충분했다. 따라서 참된 예배에 대한 추가 계시가 필요하게 되었다.[115] 이 필요성은 "타락이 지금은 정직하지 못한 인간 속에서 하나님의 형상을 지워 버렸다"는 사실에 있다. 타락은 하나님의 형상을 손상시킴으로써 인간이 타락 이전처럼 자연적으로 예배할 수 없게 했다. 동시에 아담을 하나님과 관계를 가질 수 있도록 하는 능력이 인간 속에 남아 있었다.[116]

예배와 족장들

1643년에 쓴 작품[117] 인 『목사와 평신도의 구별된 의무』에서 오웬은 아담에서 그리스도까지 예배 주제를 추적해서 하나님을 예배하기 위해 말씀이 필수적이라는 사실을 보여 주었다. 오웬이 율법이 주어지기 전 족장들에 대한 질문 가운데 하나는 "족장들은 성경이 없는데 어떻게 하나님을 예배했느냐"는 것이다. 오웬의 답변은 가정과 그들의 이웃이 함께 모여 "자연, 전통이나 특별 계시(당시에는 기록되지 않은 말씀)의 법에 따라 하나님을 섬기는 데 요구되는 것으로 그들이 알았던 것을 수행했다"는 것이다.[118] 오웬은 이 세 가지를 계시의 각기 다른 원천으로 보지 않았고, 성직자가 없더라도 인간이 창조주를 예배하게 하는 하나의 계시의 서로 다른 양식들로 봤다. 왜냐하면 "하나님은 어떤 식으로든 피조물의 뜻에 따라 자신의 존귀와 예배가 좌우되는 것을 결코 인정하시지 않기" 때문이다.[119] 자연법에 대해 말한다면, 오웬은 최초의 가정은 아담의 구술 가르침에 따라 하나님을 예배했지만, 이후에 교회는 전통에 따라 하나님을 예배했는데, 이 전통은 산발적으로 "노아와 같이 자기 세대에 주어진 특별 계시를 받는 것으로 보충되었다"고 말했다.[120]

율법이 주어진 후로 예배는 하나님 말씀의 특별 계시로 말미암아 훨씬 명확하게 규정되었다. 반면에 율법이 주어지기 전 시대에 "우리는 사람들의 관습에서 하나님을 예배하는 방식을 찾았다." 하나님의 언약이 이스라엘 시대에 다르게 시행되기 시작했을 때 예배 내용과 형태는 "하나님의 명령에 따라" 결정되었다. 오웬은 계속해서 타락 이후로 아담에서 모세까지 인간은 후천적 추론에 따라 "행해진 것에 비춰 명령된 것을 추측했다."[121] 모세 시대의 언약 시행에 따라 많은 예배가 성막이나 성전에서 제사장이 수행하는 속죄 제사와 제물에 대한 의식적 예배였지만 하나님의 백성들은 여전히 두 가지 주요 방식 곧 읽고 설명된 말씀을 듣는 것과 들은 말씀을 묵상하는 것으로 예배하는 데 관심을 갖고 있었다.[122]

---

115) 이에 대해서는 Rehnman, *Divine Discourse*, pp. 73~89와 Trueman, *The Claims of Truth*, pp. 56~60을 보라.

116) John Owen, *Vindiciae Evangelicae; or The Mystery of the Gospel Vindicated and Socianism Examined*, in *The Works of John Owen, D.D.* (Edinburgh: Johnstone & Hunter, 1850~1855), 12:143, John Owen, *An Exposition of the Epistle to the Hebrews*, in *The Works of John Owen, D.D.* (Edinburgh: Johnstone & Hunter, 1850~1855), 18:387.

117) 표지 면은 1644년(*Works*, 13:1)을 말하고 있지만, 오웬은 *The Duty of Pastors and People Distinguished*, in *The Works of John Owen, D.D.* (Edinburgh: Johnstone & Hunter, 1850~1855), 13:222에서 그것을 수정했다.

118) Owen, *Pastors and People*, in *Works*, 13:7.

119) Owen, *Pastors and People*, in *Works*, 13:8.

120) Owen, *Pastors and People*, in *Works*, 13:8.

121) Owen, *Pastors and People*, in *Works*, 13:11. 오웬은 족장 시대에 기록된 하나님의 말씀이 있었는지에 대한 아우구스티누스, 요세푸스, 식스투스, 세네시스, 크리소스토무스의 사변을 "일고의 가치도 없는" 것으로 간주하고 거부한다(*Pastors and People*, in *Works*, 13:11).

122) Owen, *Pastors and People*, in *Works*, 13:12~13.

옛 언약에서 새 언약까지의 예배

오웬의 핵심 관심사 가운데 또 하나는 옛 언약 아래 예배와 새 언약 아래 예배 간의 연속성 및 불연속성 문제였다. 오웬은 "이 방법과 수단들이 항상 처음부터 같았는지"를 물었다.[123] 오웬의 대답은 예배의 "내적" 행위는 동일하게 남아 있었지만 예배의 "외적" 형태는 크게 달라졌다는 것이다.[124] 이것은 통상적인 청교도의 구분이었다. 오웬의 동료인 토머스 맨턴(1620~1677년)은 빌립보서 3장 3절을 상술하면서 같은 구분을 제시했다. "하나님의 성령으로 봉사하며……우리가 곧 할례파라." 맨턴은 "이것은 신자들이 하나님을 거듭난 마음의 내적, 영적 감정을 갖고" 하나님을 예배했다는 것을 함축한다고 말했다.[125] 이 내적 예배는 하나님에 대한 믿음, 존경, 사랑, 즐거움으로 구성되었다.[126] 반면에 외적 예배는 "직분과 의무를 통해 하나님에 대한 우리의 존귀와 공경을 표명하고 표현하는 것"이다. 이 예배는 말씀, 기도, 찬양, 감사, 성례, 그리고 "하나님에 대한 일관적인 찬미나 지속적인 예배 행위"를 가리키는 전체 기독교적 삶으로 구성된다.[127] 이 구분은 "그러므로 그리스도인은 외적 예배 형태에 안주해서는 안 되고",[128] "외적 예배는 내적 예배에 이르는 수단에 불과하다"는 것을 깨달아야 함을 보여 준다.[129] 맨턴은 라틴어 피니스 에스트 노빌리오르 메디스(목적은 수단보다 더 우월하다)라는 말로 자신의 요점을 기억하도록 수사적인 표현을 사용했다.

오웬은 하나님은 구속사 전체 기간에 각기 다른 시대에 각기 다른 방식으로 역사하셨다는 것을 성경에서 이끌어 냈다(참고. 히 1:1~2). 창세기 3장 15절에서 약속이 주어진 후로 예배는 가인과 아벨 시대에는 제물이 수단으로 제공되었고(창 4장), 이어서 아브라함 시대에는 할례가 수단으로 제공되었으며(창 17:10), 그 다음에는 유월절이(출 12장), 그 다음에는 율법과 율법의 모든 규례가(출 20장) 수단으로 제공되었다.[130] 하나님이 자신의 권세로 이 모든 외적 예배 형식을 규정하셨기 때문에 이 동일한 권세로 말미암아 그리스도가 오신 이후로 외적 예배 형식은 폐지되었다.[131] 하나님은 이전에 외적 예배 형식을 바꾸셨기 때문에 복음 아래에서도 그것을 바꾸실 수 있는가? 없다. 그 이유는 하나님의 뜻에 대한 최종적 계시가 성육신하신 아들 안에서, 그리고 그분을 통해 이미 임했고, "하나님의 모든 명령과 제도는 세상 끝날 때까지 변경이나 삭제나 증보 없이 확고하게 준수되도록 되어 있기" 때문이다.[132] 옛날 예배 형식은 "율법의 마침"이 되시는 그리스도를 미리 지시한 것이므로(롬 10:4), 그리고 그리스도께서 자기 이전 사람들과 달리 충분한 권세를 갖고 하나님 집의 주인으로 오셨기 때문에 폐지되었다. 여기서 오웬은 히브리서 3장 1~6절 말씀을 계속 상술하면서 하나님 집의 예배를 아들이신 그리스도 안에서 이루어지는 것으로 바꾸시는 그리스도의 권세를 제시한다. 그리스도는 천사,

---

123) Owen, *Brief Instruction*, in *Works*, 15:450.

124) 참고, John Owen, *A Discourse Concerning Liturgies, and Their Imposition*, in *The Works of John Owen, D.D.* (Edinburgh: Johnstone & Hunter, 1850~1855), 15:8. 여기서 오웬은 이렇게 말했다. "하나님의 예배는 도덕적, 내적인 예배 또는 외적이고 주권적, 임의적인 제도에 입각한 예배다."

125) Thomas Manton "A Description of the True Circumcision," *The Complete Works of Thomas Manton* (London: James Nisbet, 1870), 2:24.

126) Manton, "True Circumcision," in *Works*, 2:24~25.

127) Manton, "True Circumcision," in *Works*, 2:25. 참고, 2:29.

128) Manton, "True Circumcision," in *Works*, 2:24.

129) Manton, "True Circumcision," in *Works*, 2:27.

130) Owen, *Brief Instruction*, in *Works*, 15:450~451.

131) Owen, *Brief Instruction*, in *Works*, 15:451~452.

132) Owen, *Brief Instruction*, in *Works*, 15:452. 참고, 7, 217.

선지자, 그리고 모세 자신보다 더 크신 분으로 오셨다.[133] 따라서 기독론은 새 언약의 예배의 열쇠이자, 열쇠로 남아 있다.[134]

예배와 율법폐기주의

옛 언약 아래에서의 예배와 새 언약 아래에서의 예배 구분에 비춰 청교도에게 한 가지 중요한 질문은 "옛 언약과 옛 언약 아래에서의 예배 형식의 폐지가 새 언약 아래에 있는 그리스도인들은 모든 의무에서 벗어난다는 것을 의미하는지"의 여부에 있었다. 차드 판 딕호른은 웨스트민스터 총회와 17세기 개혁파 교회들이 직면한 중대한 도전 가운데 하나가 율법폐기주의였다는 것을 자신의 박사학위 논문에서 보여 주었다.[135]

오웬이 제기한 엄밀한 질문은 신자들은 "믿음의 지위와 온전한 순종 속에" 들어갈 수 있고, 그래서 "복음의 제도들의 준수"에서 벗어날 수 있었는지의 여부에 대한 것이었다(『하나님의 예배에 대한 간략한 가르침』 질문 6). 오웬은 언약신학에 호소해서 이에 대한 답변을 제공했다.[136] 오웬이 이 질문에 대해 그런 가능성을 거부한 것은 복음 예배의 규례들이 "불가피하게 은혜 언약의 복음적 시행에 동반된 것이고", 어떤 것이든 이 규례들을 거부하는 것은 은혜 언약을 거부하는 것일 뿐만 아니라 "예수 그리스도의 지혜와 권세"를 거부하는 것이라는 사실에 기반을 두고 있었다.[137] 오웬은 계속해서 다음과 같은 요점을 제시했다.

첫째, 기독교적 삶은 은혜 언약에 따라 하나님과 동행하는 삶이다. 모든 믿음과 순종은 은혜 언약에 속해 있고, "천국과 영광 이편에서 하나님과 교제하고, 하나님께 순종하며, 하나님을 즐거워하는 다른 길을 하나님은 지정하거나 계시하지 아니하셨다."[138] 오웬은 히브리서 8장 9~12절을 은혜 언약의 바탕으로 인용했는데, 이 바탕은 하나님 백성들의 지성 속에 심겨지고, 그들의 마음속에 새겨져 있는 법으로 구성되었다.[139] 그러나 현세에서 "온전함의 상태까지 이르게 하겠다고 약속된 은혜는

133) Owen, *Brief Instruction*, in *Works*, 15:453~454. 오웬의 히브리서 3:1~6 강해는 *An Exposition of the Epistle to the Hebrews*, W. H. Goold 편집 (1855, 재판, Grand Rapids: Baker, 1980), 3:487~572를 보라.

134) Owen, *Hebrews*, 3:521을 보라.

135) Chad B. van Dixhoorn, "Reforming the Reformation: Theological Debate at the Westminster Assembly, 1642~1652" (철학박사학위논문, University of Cambridge, 2004), 1:276~296, 302~303, 307~309, 342~344. 참고, David R. Como, *Blown by the Spirit: Puritanism and the Emergence of an Antinomian Underground in Pre-Civil-War England* (Stanford, Calif.: Stanford University Press, 2004), "Radical Puritanism, c. 1558~1660," *The Cambridge Companion to Puritanism*, John Coffey & Paul C. H. Lim 편집 (Cambridge: Cambridge University Press, 2008), pp. 241~258, Theodore Dwight Bozeman, *The Precisionist Strain: Disciplinary Religion and Antinomian Backlash in Puritanism to 1638* (Chapel Hill: University of North Carolina Press, 2004).

136) *Hebrews*, 6:71~73에서 오웬은 옛 언약 아래에서의 예배와 새 언약 아래에서의 예배를 다음과 같이 다섯 가지에 걸쳐 대조시켰다(참고, Ferguson, *John Owen on the Christian Life*, pp. 29~30).

1. 그리스도의 사랑이 선언되는 방식이 다르다.
2. 은혜가 전달되는 방식이 다르다.
3. 하나님께 나아가는 방식이 다르다.
4. 옛 언약 아래에서의 예배는 율법적이고 새 언약 아래에서의 예배는 은혜롭다.
5. 새 언약 아래에서 복음이 보편적으로 전파되는 것이 옛 언약과 다르다.

137) Owen, *Brief Instruction*, in *Works*, 15:454.

138) Owen, *Brief Instruction*, in *Works*, 15:454. 오웬의 언약의 은혜 교리에 대해서는 Trueman, *John Owen*, pp. 76~80을 보라.

139) *Hebrews*, 6:147~151에서 지성 속에 두어지고 마음속에 새겨진 율법에 대한 오웬의 설명을 보라.

없고, 영광도 부족하다."[140]

둘째, 은혜 언약에는 복음 예배의 제도들이 동반되어 있다. 만일 이 제도들이 "생략되거나 무시된다면" 은혜 언약 자체와 이 언약의 은혜는 거부되고 포기될 것이다.[141] 오웬은 그리스도인들이 자신들은 "하나님의 은혜나 하나님의 자비나 그리스도의 피나 그리스도의 영"이 필요 없다고 생각하는 상황을 상상할 수 없었다. 그렇게 상상하는 자들은 오웬과 같은 곳에 서 있을 수 없었다. "그들이 예배 규례에 대해 생각하는 것은 그리 중요한 일이 아니다…… 그들의 교만과 미련함은…… 그들을 속히 파멸시킬 것이다."[142]

셋째, 오웬은 다시 한 번 히브리서 3장 3~6절을 인용해서 "주 그리스도는 '자신의 집에 대한' 절대적인 주인이고, 이 세상에 계시는 동안 자신이 그 집을 인도하고 다스릴 법을 주셨다"는 것을 예증한다. "이 법의 의무에서 면제를 주장한 결과는…… 그리스도 자신의 지배권과 주권을 던져 버리는 것 외에 다른 것이 아니다."[143] 따라서 오웬은 "그리스도의 명령에 따라 예배하기를 거부하는 것은 그분의 말씀 속에 계시된 그리스도의 지배권에 복종하기를 확고하게 거부하는 것"이라고 봤다.

예배와 신자의 경험

청교도로서 오웬의 하나님 말씀의 예배에 대한 충분성 교리는 단순한 지성적 추론으로 그치는 것이 아니라 잉글랜드의 교회들 속에서 변화를 일으키고 신자들의 마음속에 헌신을 자극하려는 목적을 갖고 있었다. 『하나님의 예배에 대한 간략한 가르침』에서 오웬은 신자는 예배에서 여러 목적을 갖고 있어야 한다고 가르쳤다.

첫 번째 목적은 하나님의 이름을 거룩하게 하는 것이다(『하나님의 예배에 대한 간략한 가르침』 질문 8). 신자들은 하나님의 하나님으로서의 주권적 권세를 존중해야 했다. 이 존중은 예배는 사람들의 형식이나 관습이나 교훈을 고수하는 문제가 아니라 하나님이 자신의 예배를 자신의 말씀 속에 정하고, 복종으로 이끄신다는 성찰에서 나오는 것이다.[144] 하나님의 이름이 거룩하게 되어야 하는 또 다른 이유는 하나님이 예배를 명하신 곳에 특별히 임재하시기 때문이다. 하나님은 "자기 백성들에게 자신의 임재를 제공하고, 그들이 자신의 규례를 사용할 때 그들에게 복을 베푸실 것이라는 복된 약속을 주셨다"(『하나님의 예배에 대한 간략한 가르침』 질문 15). 오웬은 결혼 심상을 사용해서 이 특별한 임재와 이 임재의 복을 계속 설명한다. 왜냐하면 예배 규례는 "하나님과 신자들 간에 있는 결혼 관계의 징표"였기 때문이다.[145] 신자가 하나님의 규례에 순종하는 것은 그가 그리스도 안에서 하나님과 맺은 "혼인 언약"의 한 부분이다. 신자는 예배하러 나올 때 자신이 그리스도와 결혼한 자라는 것을 보여 주지만 예배를 등한시하거나 "[자기] 자신의 고안이나 첨가로" 예배를 모독하면 "자신의 영혼이 혐오하는

140) Owen, *Brief Instruction*, in *Works*, 15:454.
141) Owen, *Brief Instruction*, in *Works*, 15:454~455.
142) Owen, *Brief Instruction*, in *Works*, 15:455.
143) Owen, *Brief Instruction*, in *Works*, 15:455.
144) Owen, *Brief Instruction*, in *Works*, 15:456.
145) Owen, *Brief Instruction*, in *Works*, 15:471. 오웬은 이 특별한 임재와 이 임재에서 나오는 복이 모든 성경 곧 옛 언약의 성막과 새 언약의 그리스도 안에 있는 것으로 봤다(*Brief Instruction*, in *Works*, 15:475).

영적 불충성과 매춘과 간음을 저지르는 것이 되고, 그로 말미암아 그는 교회나 교인들을, 그것도 영원히 저버리는 것이다."[146)]

신자들은 또한 하나님이 자신의 규례에 동반시킨 약속들을 믿는 믿음을 행사함으로써 하나님의 이름을 거룩하게 한다. 여기서 믿음이 필수적이었다. 오웬은 개혁파 성례신학이 "신적 제도에 따라 성례적인 요소와 그 요소들이 보여 주고 확증하는 언약의 특별한 은혜 간에 있는 거룩한 관계와 이 약속들의 믿음과의 결합"을 설명하도록 이끌었다.[147)] 그리스도인들은 또 복음 규례 속에 표현된 대로 하나님의 "뜻, 지혜, 사랑, 은혜"를 즐거워함으로써 하나님의 이름을 거룩하게 한다.[148)] 이 즐거움은 "육적인 자기만족"에 이르거나 "신적 예배의 외적 수행 방식이나 양식에서 만족을 얻는 것"이 아니다. 여기서 오웬은 감정을 즐겁게 하거나 심지어 로마 교회의 미사나 공동기도서와 결부된 의식들처럼 눈을 즐겁게 하거나 간에, 예배는 인간적 즐거움을 위한 것이라는 관념을 철저히 배제시키려고 했다. 대신 예배의 즐거움은 신자들이 "우리와 같이 가련하고 죄악 된 피조물에게 자신을 나타내시고, 또 우리의 영혼이 자신을 향하도록 자극하고 이끄시며, 또 예수 그리스도로 말미암아 우리와 은혜의 교제를 나누시는 것에 대한 서약을 우리에게 주시는 등 자신의 주권적인 단순한 뜻과 은혜를" 기뻐하시는 "하나님의 뜻과 지혜와 은혜와 낮추심을 성찰할" 때 하나님의 이름을 거룩하게 하는 것에 있다.[149)] 마지막으로 하나님의 규례에 순종하면서 견인하는 것이 하나님의 이름을 거룩하게 한다. 오웬의 목회자로서의 마음이 이 지점에서 확인될 수 있다. 당시에 회중교회 교인으로 살려면 견인이 필수적이었다. 그들은 하나님에 대한 순전한 예배를 따랐고, 그것 때문에 박해를 받았으며, 더 쉬운 길을 가도록 유혹을 받았기 때문이다.[150)] 안디바와 같이 견인하고(계 2:13), 자기 십자가를 짊어지며(마 10:38~39), 자기들이 해 왔던 것을 고수한(요이 1:8) 자들은 "온전한 상을 받을" 것이다.[151)]

예배에서 신자의 두 번째 목적은 "그리스도를 주님으로 인정하는 고백을 소유하는 것"이다(『하나님의 예배에 대한 간략한 가르침』 질문 9). 여기서 "소유하는 것"이라는 말은 청교도가 하나님이 주신 복음의 약속들을 개인적으로 적용하고, 그리하여 그것들을 그들 자신의 것으로 삼는 것을 가리킬 때 사용하는 말이었다. 신자들은 그리스도의 복음 규례를 준수함으로써 그분에게 복종했을 때 자기들의 고백을 "소유하거나" 포옹했다.[152)] "세상에서 너무 자주 남용되고 왜곡되는" 이 고백은 사실상 "그리스도의 계명을 지키는 것을 본질로 한다."[153)] 그리스도는 교회의 주님이시고, 예배 제도는 "그분의 매우 특별한 명령이기" 때문에 신자들이 예배 제도에 순종하는 것은 그분의 주 되심과 그분에 대한 복종을 고백하는 것이다.[154)] 『목사와 평신도의 구별된 의무』에서 오웬은 신실한 신자들의 복종과 거짓 신앙고백자들의 복종을 획기적으로 대조시켰다. 오웬은 이렇게 말했다. "우리 가운데 언약궤에 손을 대고 싶어 안달이 난 웃사들이 많이 있다." 오웬은 이들은 자신들의 방식으로 예배하기를 원한다고

---

146) Owen, *Brief Instruction*, in *Works*, 15:475.
147) Owen, *Brief Instruction*, in *Works*, 15:458. 오웬의 주의 만찬신학에 대해서는 Jon D. Payne, *John Owen on the Lord's Supper* (Edinburgh: Banner of Truth Trust, 2004)를 보라.
148) Owen, *Brief Instruction*, in *Works*, 15:456.
149) Owen, *Brief Instruction*, in *Works*, 15:458.
150) Owen, *Brief Instruction*, in *Works*, 15:458.
151) Owen, *Brief Instruction*, in *Works*, 15:459.
152) Owen, *Brief Instruction*, in *Works*, 15:459.
153) Owen, *Brief Instruction*, in *Works*, 15:460.
154) Owen, *Brief Instruction*, in *Works*, 15:460.

말했다. 하지만 오웬은 아무도 "기독교적 자유의 양심의 자유를 가장하고 형제와의 모든 교제를 포기하고, 교회의 친교와 거리를 두어서는" 안 된다고 경고했다.[155] 따라서 오웬은 예배에서 하나님의 명령에 복종하는 것을 참된 경건의 표지로 봤다.

세 번째 목적은 믿음을 세우는 것이다. 그리스도께서 정하신 규례를 준수할 때 하나님은 자기 백성들의 믿음을 세우신다(『하나님의 예배에 대한 간략한 가르침』 질문 10). 이 논문 뒷부분에서 오웬은 참된 헌신은 믿음 곧 하나님의 교훈과 약속들을 믿는 믿음의 결과라고 말했다. 이것은 중요한 요점이다. 단지 믿음으로 사용되었을 때에만 하나님의 제도들은 믿음을 세운다. 반면에 하나님의 말씀에 권위를 두지 않는 예배에 인간적인 것이 더해진 것에는 참된 믿음을 둘 수 없고, 따라서 그것들은 참된 믿음과 참된 헌신을 세울 수 없다.[156] 오웬은 분명히 자신이 복음 예배의 제도들을 덕을 세우는 도구적 원인으로 믿었음을 증명한다. 오웬은 이렇게 말했다. "그것들 안에서 그리고 그것들을 통해 신자들의 믿음은 세워진다. 그러나 덕을 세우는 것의 효과적 원인은 그리스도 예수 안에서 하나님과 교제를 나누는 것에 있고, 이때 그 제도들이 적절히 준수되면 하나님이 은혜로 우리를 초대하고 인정하신다."[157] 오웬이 계속해서 말하는 것처럼 이 제도들의 모든 유효성은 하나님 자신에게 의존한다.[158]

네 번째 목적은 신자들 간에 서로 사랑하고 교제하는 것이다. 하나님의 규례는 두 가지 이유로 이 목적을 성취한다. 첫째, 하나님의 규례가 이 목적을 정하고 있기 때문이다. 예를 들어 주의 만찬은 신자들을 하나의 떡으로 연합시키는 의도를 갖고 있다. 둘째, 하나님의 규례는 본질상 신자들을 거룩하신 삼위일체 하나님의 각 인격과 교제로 이끌기 때문이다.[159]

신자들은 말씀에 따라 예배하는 데 관심을 가져야 한다(『하나님의 예배에 대한 간략한 가르침』 질문 12). 이것은 주님이 명하신 것은 무조건 준수하는 것을 의미한다(참고. 마 28:18~20). 왜냐하면 "만일 우리가 그리스도의 친구이자 제자라면 그분의 계명을 지킬 것이기" 때문이다.[160] 오웬은 종교개혁 시대에서 자기 당대를 위한 교훈을 이끌어 낸 다음 이렇게 말했다. "적그리스도의 배교 아래 복음의 모든 규례가 더럽힘을 당하고 있음에도 성전과 제단은 다시 측량되어야 하고(계 11:1), 하나님의 장막이 사람들 가운데 다시 세워져야 한다"(계 21:3).[161] 따라서 그리스도의 교회 모든 지체는 "성경을 상고하고, 그리스도의 마음을 묻고, 그리스도께서 정하시거나 제자들에게 요구하신 것은 무엇이든 찾아보되, 마음과 뜻을 다하여 그리스도의 뜻으로 발견되는 것은 무엇이든 적절히 준수할 준비를 해야 한다."[162] 히브리서 8장 3절의 "대제사장마다 예물과 제사 드림을 위해 세운 자니"라는 말씀을 주석하면서, 오웬은 말씀에 따라 예배하라는 명령을 부정적 의미에 따라 제시했다. "종교나 신적 예배 속에서 그것[하나님의 지정이나 규례] 없이, 그것 외에, 그것을 넘어 어떤 것을 행하는 자는 누구나 죄를 범하는 것이고, 그 점에서 하나님을 헛되이 예배하는 것이다. 하나님이 정하신 대로 예배하지 않는

155) Owen, *Brief Instruction*, in *Works*, 15:45.
156) Owen, *Brief Instruction*, in *Works*, 15:467~468.
157) Owen, *Brief Instruction*, in *Works*, 15:460.
158) Owen, *Brief Instruction*, in *Works*, 15:461.
159) Owen, *Brief Instruction*, in *Works*, 15:461~462.
160) Owen, *Brief Instruction*, in *Works*, 15:463.
161) Owen, *Brief Instruction*, in *Works*, 15:463. 로마 교회의 미사에 나타나 있는 예배의 부패성에 대해서는 John Owen, *The Work of the Holy Spirit in Prayer*…, in *The Works of John Owen, D.D.* (Edinburgh: Johnstone & Hunter, 1850~1855), 4:241~249를 보라.
162) Owen, *Brief Instruction*, in *Works*, 15:464.

자는 훼방꾼이고, 하나님이 정하시지 않은 것은 찬탈이다. 하나님은 자신이 그렇게 정하신 것 외에 다른 의무는 어떤 것이라도 받아 주시지 아니할 것이다."[163] 하나님의 예배는 신자에게 중대사다. 왜냐하면 하나님의 말씀에 따라 예배를 드려야 하나님이 그를 받아 주실 것이고, 그 말씀에 반하는 예배를 드린다면 거부될 것이기 때문이다.

오웬은 또한 신실한 그리스도인들에게 그들이 마지막 때에 살고 있음을 유념하고, 예배에 적절하게 반응할 것을 촉구했다. 오웬의 종말론적 기대는 그의 축출 이후 작품인 『하나님의 예배에 대한 간략한 가르침』에서뿐만 아니라 그의 축출 이전 작품들에서도 발견된다. 제프리 주가 예증한 것처럼 이 종말론적 이해는 청교도 시대에 널리 퍼져 있었고, 통일령과 1662년 성 바돌로뮤의 날에 일어난 대 축출 사건 이후에도 계속된 기대였다.[164] 한 실례를 든다면 『목사와 평신도의 구별된 의무』에서 오웬의 서문은 이런 말과 함께 시작된다. "우리 삶의 안경으로 보면 극히 위험한 시기일 때에도 평화를 지키고 유지하는 것처럼 보인다. 복음과 함께 시작된 '세상 끝 날'의 끝은 의심할 것 없이 우리에게 임해 있다……(시간의) 많은 모래가 뒤에 있을 수 없고, 그리스도는 안경을 뒤흔드신다. 많은 시간이 남아 있을 수 없다."[165] 다시 말해 오웬의 마지막 때 기대는 1649년에 의회 앞에서 전한 설교 제목 곧 "천지의 진동과 격동"으로 확인할 수 있다.[166]

오웬은 종말론과 예배의 관계에 대해 말하면서 이렇게 말했다. "마지막 때에 일어날 교회의 대 배교는……주로 거짓 예배와 그리스도의 제도에서의 이탈(계 13:4, 5, 17:1~5)로 이루어져 있다"(『하나님의 예배에 대한 간략한 가르침』 질문 16).[167] 1676년 논문인 『복음의 고백에서 떠난 배교의 본질과 배교자로 선언된 자에 대한 처벌』(The Nature of Apostasy from the Profession of the Gospel and the Punishment of Apostates Declared)에서 오웬은 복음적 예배에서의 배교에 대해 이렇게 말했다. "사도가 예언한 대 배교(살후 2:3~12)는 요한계시록에서도 예언되는데, 대 배교는 이미 일어났다."[168] 그것은 사람들이 복음에 대한 믿음을 상실했기 때문에 일어났다. 이것 때문에 사탄은 자신의 간계로 사람들이 "그것들을 행하도록 한 내적 원리와 빛에 알맞았던 예배에 육신적이고 가시적이고 허례적인 것을 집어넣도록" 이

---

163) Owen, *Hebrews*, 6:25.

164) Jeffrey K. Jue, "Puritan Millenarianism in Old and New England," *The Cambridge Companion to Puritanism*, John Coffey & Paul C. H. Lim 편집 (Cambridge: Cambridge University Press, 2008), pp. 257~276. 16세기와 17세기 개신교 사상의 종말론 주제에 대해서는 다음 자료들을 보라. Irena Backus, *Reformation Readings of the Apocalypse: Geneva, Zurich, and Wittenburg* (Oxford: Oxford University Press, 2000), Bryan W. Ball, *Great Expectation: Eschatological Thought in England Protestantism to 1660* (Leiden: E. J. Brill, 1975), Richard Bauckham, *Tudor Apocalypse* (Oxford: Sutton Courtenay Press, 1978), Bernard Capp, *The Fifth Monarchy Men: A Study in Seventeenth-Century English Millenarianism* (London: Faber and Faber, 1972), Katherine Firth, *The Apocalyptic Tradition in Reformation Britain 1530~1645* (Oxford: Oxford University Press, 1979), Crawford Gribben, *The Puritan Millennium* (Dublin: Four Courts Press, 2000), Howard B. Hotson, *Paradise Postponed: Johann Heinrich Alsted and the Birth of Calvinist Millenarianism* (Dordrecht: Kluwer, 2001), Jeffrey K. Jue, *Heaven upon Earth: Joseph Mede* (1586~1638) and the Legacy of Millenarianism (Dordrecht: Springer, 2006).

165) Owen, *Pastors and People*, in *Works*, 13:5.

166) John Owen, "The Shaking and Translating of Heaven and Earth," *The Works of John Owen, D.D.* (Edinburgh: Johnstone & Hunter, 1850~1855), 8:247~279.

167) Owen, *Brief Instruction*, in *Works*, 15:476. 참고, Owen's sermon on 2 Timothy 3:1 in *The Works of John Owen, D.D.* (Edinburgh: Johnstone & Hunter, 1850~1855), 9:320~334.

168) John Owen, *The Nature of Apostasy from the Profession of the Gospel and the Punishment of Apostates Declared*, in *The Works of John Owen, D.D.* (Edinburgh: Johnstone & Hunter, 1850~1855), 7:217.

끝났다.[169] 『하나님의 예배에 대한 간략한 가르침』에서 오웬은 이 거짓 예배를 "하나님의 예배 희석과 자기 날조적인 거짓 예배의 허용"으로 이루어진 "간음"과 "매춘"으로 묘사했다.[170] 이로 말미암아 오웬은 "특히 이 마지막 날에 그것이 우리에게 얼마나 큰 중대사인지 증거를 수집하는 것은 쉽다"고 말했다.[171]

예배의 참된 장점

옛 언약 아래에서의 예배에서 새 언약 아래에서의 예배로 바뀌는 것과 관련해서 오웬은 예배의 장점을 설명한다. 『하나님의 예배에 대한 간략한 가르침』에서 오웬이 답변을 추구한 반론 가운데 하나는 거룩한 입맞춤과 발 씻김과 같은 그리스도의 계명 가운데 일부는 중지되었으므로, 이것은 교회가 예배를 "더 품위 있고, 아름답고, 질서 있게" 만들어 더 깊은 헌신을 위해 새로운 의식을 지정할 자유를 갖고 있다는 것을 의미했다는 반론이었다(『하나님의 예배에 대한 간략한 가르침』 질문 14).[172] 그러나 오웬은 복음 예배의 장점은 사람들의 외적 의식과 의례에서 발견되는 것이 아니라 삼위 하나님 자신에게서 발견된다고 봤다. "그것은 그 안에서 행하시는 성령의 은혜로우신 역사와 함께 자신의 집을 다스리는 자비로우신 대제사장으로서 예수 그리스도로 말미암은 하나님과의 관계 속에 있다."[173] "복음 예배의 본질과 장점"이라는 설교에서 오웬은 이 장점에 대한 확증으로 에베소서 2장 18절을 인용했다. 사역 초기에 오웬은 이 본문을 "하늘의 지침"으로 묘사했다.[174] "신령한 복음 예배에서 은혜로우신 전체 삼위일체 하나님과 그 안에서 구별된 각 인격은 명백하게 우리의 구속 사역을 개별적이고 특수적으로 경륜과 섭리에 따라 행하고, 예배하는 자들의 영혼에 자신들과 각별한 교제를 갖는 기회를 제공하신다."[175] 만일 예배가 삼위일체적인 예배가 아니라면 기독교적 예배가 아니다. 구원의 삼위일체적인 본질은 예배와 분리될 수 없다. 둘은 유기적으로 연계되어 있고, 따라서 삼위 하나님에 대한 우리의 예배는 우리의 삼위일체적인 구원을 반영한다.

오웬은 삼위 하나님과의 이 교제를 자신의 논문 『하나님과의 교제』에서 매우 상세히 설명했다. 그리스도인의 성부, 성자, 성령과의 교제의 절정은 성경 규칙에 따른 예배 속에서 발견되었다. 그러나 오웬은 성령은 삼위일체 하나님을 예배하지 않고서는 예배되지 않는다고 경고했다. 공동기도서를 논박할 때 오웬은 이렇게 말했다. "따라서 불경스럽지 않다고 해도, 여러 사람들에게 같은 간청을 반복함으로써(호칭 기도에서처럼) 삼위일체 하나님께 기도하는 것은 근거가 없다."[176] 나아가 오웬은 에베

---

169) Owen, *Nature of Apostasy*, in *Works*, 7:221.
170) Owen, *Brief Instruction*, in *Works*, 15:477.
171) Owen, *Brief Instruction*, in *Works*, 15:477.
172) Owen, *Brief Instruction*, in *Works*, 15:467.
173) Owen, *Brief Instruction*, in *Works*, 15:467.
174) Owen, *Communion with God*, in *Works*, 2:269. 참고, *Works*, 9:57, Ferguson, *John Owen on the Christian Life*, p. 275.
175) John Owen, "The Nature and Beauty of Gospel Worship," *The Works of John Owen, D.D.* (Edinburgh: Johnstone & Hunter, 1850~1855), 9:56~57. 참고, 9:73~74. 하나님과의 교제에 대해서는 J. I. Packer, "The Puritan Idea of Communion with God," *Puritan Papers, Volume Two: 1960~1962*, J. I. Packer 편집 (Phillipsburg, N.J.: P&R, 2001), pp. 103~118을 보라.
176) Owen, *Communion with God*, in *Works* 2:268.

소서 2장 18절 말씀에 따라 성령 안에서 그리스도로 말미암아 성부를 예배하는 것은 "우리의 예배의 중대한 항목"이고, "이것은 큰 규범으로, 만일 등한시된다면, 이런 식으로 행해지는 것은 무엇이든 고결함이 없을 것"이라고 주장했다.[177]

오웬은 히브리서 9장 1절, 고린도후서 3장 7~11절, 에베소서 2장 18절, 히브리서 10장 19~21절과 같은 본문들을 인용해서 옛 언약 아래에서의 세속적이고 육적인 예배와 새 언약 아래에서의 천상적이고 영적인 예배를 대조시켰다.[178] 오웬은 즉시 이렇게 결론짓는다. "이것이 복음 예배의 영광이자 장점이다. 여기서 고려할 사항은 사람들의 지성이 왜곡되어 외적 의식을 준비하는 데서 장점을 보는 한, 신자들을 위해 그리스도의 피로 말미암아 값 주고 산 특권을 상실한다는 것이다."[179] 이와 같이 오웬은 예배의 장점을 신령하고, 단순하고, 거룩한 것과 연관시켰다.

결론

존 오웬의 사상 속에 나타나 있는 안식일과 예배에 대해 설명하면서 우리는 17세기 청교도 신학의 두 가지 두드러진 특징을 다뤘다. 아마 역사상 다른 어디서도 우리는 이처럼 주일을 거룩하게 지키는 것에 대한 깊은 관심을 찾아보지 못할 것이다. 이 관심은 주일이 둘째 계명 속에서 확증되고, 또 날의 변경을 설명해 주는 구속으로 굳건해진 보편적 규례에 뿌리를 두고 있는 기독교적 안식일이라는 청교도의 신념에서 나온 것이다. 기독교적 안식일로서 그 날에 함께 모여 예배를 드리는 것은 최고의 기독교적 경험이라고 오웬은 봤다. 새 언약에서 신자들은 육적인 방법이 아니라 영적인 방법으로 하나님을 예배하는 규칙을 제공하는 성경전서의 빛을 갖고 있다. 지적한 것처럼, 오웬의 예배 견해는 로마 가톨릭, 라우디안파, 율법폐기주의, 퀘이커 교도와의 논쟁을 배경으로 형성되었다. 그러나 이 논쟁들은 개혁파 예배에 대해 순전히 부정적인 변증에 힘을 쏟기만 한 것은 아니다. 오히려 이 배경 속에서 오웬은 새 언약 아래에서 성경적 예배의 본질, 내용, 형식을 두드러지게 명확성을 갖고 제시하고, 따라서 그리스도 안에서 하나님의 최종적 계시의 영광스러운 모든 장점을 반영할 수 있었다.

---

177) Owen, "Gospel Worship," in *Works* 9:57.

178) 새 언약의 하늘의 예배와 대조적인 옛 언약의 "세속적" 예배에 대한 오웬의 상세한 설명은 Owen, *Hebrews*, 23:186~189, 498~509를 보라.

179) Owen, *Brief Instruction*, in *Works*, 15:469.

청교도의 설교 (1)

설교는 그리스도를 믿는 믿음을 일으키기 위해, 그리스도를 아는 지성의 문을 열기 위해,
의지와 감정을 그리스도에게 이끌기 위해 구별된 하나님의 규례다.
– 윌리엄 에임스[1] –

16세기 중반부터 17세기 후반까지 펼쳐진 청교도 운동은 설교의 황금시대로 불렸다.[2] 청교도는 설교 활동과 설교집 출판을 통해 교회와 사람들의 일상적 삶을 개혁하는 데 힘썼다.[3] 청교도는 교회를 개혁하지는 못했지만 일상적 삶을 개혁하는 데는 성공했고, 알렉산더 미첼이 말하는 것처럼 "영국 교회 역사 속에서 이후로 일어난 어떤 부흥보다 더 깊고 광범한 영적 부흥의 시기에" 들어갔다.[4]

몇몇을 제외하고 청교도 목사들은 성경에 선포된 하나님의 전체 경륜을 사랑과 열정을 갖고 선포한 위대한 설교자였다. 교회 역사상 어떤 설교자 집단도 청교도만큼 폭넓고 강력하게 성경적, 교리적, 경험적, 실천적 설교를 전하지 못했다.[5]

---

1) William Ames, *The Marrow of Theology*, John D. Eusden 번역 및 편집 (Boston: Pilgrim Press, 1968), p. 194.

2) Tae-Hyeun Park, *The Sacred Rhetoric of the Holy Spirit: A Study of Puritan Preaching in a Pneumatological Perspective* (Apeldoorn: Theologische Unversiteit, 2005), p. 4.

3) J. I. Packer, foreword to *Introduction to Puritan Theology: A Reader*, Edward Hindson 편집 (Grand Rapids: Baker, 1976).

4) Alexander F. Mitchell, introduction to *Minutes of the Sessions of the Westminster Assembly of Divines*, Alexander F. Mitchell & John Struthers 편집 (Edmonton: Still Waters Revival Books, 1991), p. xv.

5) 이번 장은 부분적으로 Joel R. Beeke, *Puritan Evangelism: A Biblical Approach* (Grand Rapids: Reformation Heritage Books, 2007)을 손질한 것이다. 청교도 설교에 대한 추가 작품과 논문으로는 다음 자료들을 보라. R. Bruce Bickel, *Light and Heat: The Puritan View of the Pulpit* (Morgan, Pa.: Soli Deo Gloria, 1999), J. W. Blench, *Preaching in England in the Late Fifteenth and Sixteenth Centuries* (Oxford: Basil Blackwell, 1964), John Brown, *Puritan Preaching in England* (London: Hodder and Stoughton, 1900), J. A. Caiger, "Preaching-Puritan and Reformed," *Puritan Papers, Volume 2 (1960~1962)*, J. I. Packer 편집 (Phillipsburg, N.J.: P&R, 2001), pp. 161~185, Murray A. Capill, *Preaching with Spiritual Vigour* (Fearn, Scotland: Mentor, 2003), Horton Davies, *The Worship of the English Puritans* (Morgan, Pa.: Soli Deo Gloria, 1997), pp. 182~203, Eric Josef Carlson, "The Boring of the Ear: Shaping the Pastoral Vision of Preaching in England, 1540~1640," *Preachers and People in the Reformations and Early Modern Period, Larissa Taylor* 편집 (Leiden: Brill, 2003), pp. 249~296, Mariano Di Gangi, *Great Themes in Puritan Preaching* (Guelph, Ontario: Joshua Press, 2007), Alan F. Herr, *The Elizabethan Sermon: A Survey and a Bibliography* (New York: Octagon Books, 1969), Babette May Levy, *Preaching in the First Half Century of New England History* (New York: Russell & Russell, 1967), Peter Lewis, *The Genius of Puritanism* (Grand Rapids: Reformation Heritage Books, 2008), D. M. Lloyd-Jones, *The Puritans: Their Origins and Successors* (Edinburgh: Banner of Truth Trust, 1987), pp. 372~389, Irvonwy Morgan, *The Godly Preachers of the Elizabethan Church* (London: Epworth Press, 1965), Hughes Oliphant Old, *The Reading and Preaching of the Scriptures in the Worship of the Christian Church, Volume 4: The Age of the Reformation* (Grand Rapids: Eerdmans, 2002), pp. 251~279와 *The Reading and Preaching of the Scriptures in the Worship of the Christian Church, Volume 5: Moderatism,*

일반인도 청교도의 설교를 즐겨 들었다. 종종 황금의 입을 가진 청교도의 크리소스토무스로 불린 헨리 스미스(1560~1591년)는 설교자로서 인기가 매우 높아 토머스 풀러가 말하는 것처럼 "유명인사들이 자리를 가득 채웠고, 그것도 모자라 줄이 통로까지 이어져 있었다."[6] 청교도 목사가 "16세기 청교도 사상의 영웅"으로 불린 것은 이상한 일이 아니었다.[7]

그러면 청교도의 설교를 그토록 효과적이고, 두드러지게 만든 것은 무엇이었을까? 그것은 청교도 설교자의 하나님과 영혼에 대한 깊은 사랑, 설교 방식, 말씀에 대한 충실, 설교에 대한 열심, 성령에 대한 의존, 거룩한 삶의 방식이 결합된 결과였다고 우리는 믿는다. 그러므로 이번 장은 주로 청교도 설교자들이 사랑으로 설교 동기를 부여받고, 설교를 계발하는 데 얼마나 탁월했는지에 초점을 맞출 것이다. 우리는 이번 장과 다음 장, 두 장의 내용을 이 사랑의 영향을 받은 다음 다섯 가지 범주로 한정시켜 제시할 것이다. 설교의 우선성, 청교도의 설교 능력, 청교도 설교의 평이성, 청교도의 설교 계획, 청교도의 설교 열정. 만일 우리가 청교도 설교자들이 갖고 있던 설교에 대한 사랑을 절반만이라도 계발한다면 교회는 금방 더 나은 모습을 보여줄 수 있을 것이다. 오늘날 이 곤궁한 시대에 교회 강단과 평신도석에서 설교에 대한 사랑이 보편적으로 회복되도록 진지하게 기도하자. 청교도는 설교를 깊이 사랑했다. 존 F. N. 뉴는 "입술로 하거나 펜으로 하거나 설교는 청교도에게 생명이었다"고 지적한다.[8] 이것을 확인해 보자.

Pietism, and Awakening (Grand Rapids: Eerdmans, 2004), pp. 170~217, J. I. Packer, *A Quest for Godliness* (Wheaton, Ill.: Crossway, 1990), pp. 163~176, 277~308, Park, *The Sacred Rhetoric of the Holy Spirit* Joseph A. Pipa Jr., "Puritan Preaching," *The Practical Calvinist, Peter A. Lillback* 편집 (Fearn, Scotland: Mentor, 2002), pp. 163~182, John Piper, *The Supremacy of God in Preaching* (Grand Rapids: Baker, 1990), Caroline F. Richardson, *English Preachers and Preaching 1640~1670* (New York: Macmillan, 1928), Michael F. Ross, *Preaching for Revitalization* (Fearn, U.K.: Mentor, 2006), Leland Ryken, *Worldly Saints* (Grand Rapids: Zondervan, 1986), pp. 91~107, Harry S. Stout, *The New England Soul: Preaching and Religious Culture in Colonial New England* (Oxford: Oxford University Press, 1986). 청교도의 설교를 다루는 학위 논문으로는 다음과 같은 자료들이 있다. Ruth Beatrice Bozell, "English Preachers of the 17th Century on the Art of Preaching" (철학박사학위논문, Cornwell University, 1939), Ian Breward, "The Life and Theology of William Perkins 1558~1602" (철학박사학위논문, University of Manchester, 1963), Diane Marilyn Darrow, "Thomas Hooker and the Puritan Art of Preaching" (철학박사학위논문, University of California, San Diego, 1968), Andrew Thomas Denholm, "Thomas Hooker: Puritan Preacher, 1568~1647" (철학박사학위논문, Hartford Seminary, 1972), M. F. Evans, "Study in the Development of a Theory of Homiletics in England from 1537~1692" (철학박사학위논문, University of Iowa, 1932), Frank E. Farrell, "Richard Sibbes: A Study in Early Seventeenth Century English Puritanism" (철학박사학위논문, University of Edinburgh, 1955), Anders Robert Lunt, "The Reinvention of Preaching: A Study of Sixteenth and Seventeenth Century English Preaching Theories" (철학박사학위논문, University of Maryland College Park, 1998), Kenneth Clifton Parks, "The Progress of Preaching in England during the Elizabethan Period" (철학박사학위논문, Southern Baptist Theological Seminary, 1954), Joseph Pipa Jr., "William Perkins and the Development of Puritan Preaching" (철학박사학위논문, Westminster Theological Seminary, 1985), Harold Patton Shelly, "Richard Sibbes: Early Stuart Preacher of Piety" (철학박사학위논문, Temple University, 1972), David Mark Stevens, "John Cotton and Thomas Hooker: The Rhetoric of the Holy Spirit" (철학박사학위논문, University of California, Berkeley, 1972), Lynn Baird Tipson Jr., "The Development of Puritan Understanding of Conversion" (철학박사학위논문, Yale University, 1972), Cary Nelson Weisiger III, "The Doctrine of the Holy Spirit in the Preaching of Richard Sibbes" (철학박사학위논문, Fuller Theological Seminary, 1984).

6) Winthrop S. Hudson, "The Ministry in the Puritan Age," *The Ministry in Historical Perspectives*, H. Richard Niebuhr & Daniel D. Williams 편집 (New York: Harper and Brothers, 1956), p. 185에서 인용함.

7) Michael Walzer, *The Revolution of the Saints: A Study in the Origins of Radical Politics* (Cambridge, Mass.: Harvard University Press, 1965), p. 119.

8) John F. H. New, *Anglican and Puritan* (Stanford, Calif.: Stanford University Press, 1965), p. 71.

설교의 우선성

청교도는 하나님이 자신의 교회를 세우실 때 주로 설교를 도구로 사용하셨다는 것을 깊이 의식하고 있었다. 이런 의식으로 말미암아 청교도 사이에 설교가 예배와 헌신의 중심을 차지한다는 풍조가 형성되었다. 설교에 대한 청교도의 이런 사고방식이나 정신은 다양한 사실과 연관되어 있었다. 그 가운데 가장 중요한 네 가지를 설명할 것이다.

설교의 성격

청교도는 설교란 사람들의 사고와 뜻을 변화시켜 죄인들은 회심시키고 성도들은 더 거룩하게 하기 위해 하나님이 구원받은 자와 구원받지 아니한 자에게 자신의 거룩한 말씀을 반사하고 설명하도록 정하신 하나님의 종이라고 봤다. 존 프레스턴(1587~1628년)은 단순하지만 전형적인 청교도 설교의 정의를 이렇게 제시했다. "하나님을 대신해서 그리스도의 이름으로 사람들에게 말하는 대사 또는 사자가 공적으로 말씀을 해석하거나 분배하는 것"[9]

청교도는 "설교는 말씀으로 국한되어야 한다"고 주장했다. 존 메이어(1583~1664년)는 이렇게 말했다. "모든 말씀 설교자는 하나님이 말씀을 따라 설교하도록 이끄시는 동안 오직 하나님이 그의 입술에 두신 것만 말한다. 이런 의미에서 바울은 데살로니가 교회 교인들을 '하나님의 말씀으로 받음이니 진실로 그러하다'(살전 2:13)고 칭찬한다."[10] 이것이 청교도가 종종 자기들의 이름 뒤에 직급 대신 "복음 설교자" 또는 "말씀 설교자"라는 말을 적은 이유다.[11] 목사는 강단에서 하나님의 말씀으로 일하는 "하나님의 대사"이자 "하나님의 변호사"다.[12]

전형적인 청교도식 표현에 따라 앤서니 버지스(사망, 1664년)는 "목사는 말씀[의 거울] 앞에서 모든 설교를 다듬어야 한다. 목사는 성경을 읽은 대로 설교해야 한다"고 강조했다.[13] 버지스는 목사는 오직 말씀만 설교해야 한다고 말하면서 그 이유로 다음 세 가지를 들었다. (1) 하나님 편에서 본 이유-목사가 선포하는 것은 하나님의 말씀이므로 중요한 것은 하나님의 존귀이고, 하나님은 자신의 생각을 대신하는 목사의 생각을 가볍게 여기지 아니하신다. (2) 사람 편에서 본 이유-선포된 말씀이 하나님의 말씀이 아니라면 설교는 모든 능력과 자양분을 상실하고, 단지 풀과 짚에 불과하게 된다. (3) 목사 편에서 본 이유-설교자는 "지배권"이 아니라 섬김의 사명을 받은 것이므로 즉 주인이 아니라 종으로 부르심을 받은 것이기 때문에 자신의 말을 전함으로써 자신의 영혼을 위태롭게 해서는 안 되고, 청자들이 필요로 하는 것을 가장 잘 결정할 수 있는 자는 자신이 아니라 하나님이라는 것을 유념해야 한다.[14]

---

9) I. D. E. Thomas, *The Golden Treasury of Puritan Quotations* (Chicago: Moody Press, 1975), p. 221에서 인용함.

10) John Mayer, Praxis Theologica: *or The Epistle of the Apostle St. James…Expounded* (London: R. Bostocke, 1629), p. 127.

11) Lewis, *Genius of Puritanism*, p. 35.

12) John Wells, *The Practical Sabbatarian: or Sabbath Holiness Crowned with Superlative Happiness* (London, 1668), p. 274.

13) Anthony Burgess, *The Scripture Directory, for Church Officers and People…* (London: Abraham Miller for T. U., 1659), p. 141.

14) Burgess, *The Scripture Directory*, pp. 142~144.

청교도는 설교에서 성경적 결과를 기대했고, 니콜라스 바이필드(1579~1622년)에 따르면 이런 결과에는 사람들의 마음을 여는 것(행 16:14), 믿음을 일으킴(롬 10:14), 성령을 주심(행 10:44), 어린아이 같이 하나님을 경외하는 것을 제공함(행 13:16), 교만한 마음이 떨며 겸손해짐(사 66:2), 성령을 통해 교회에 말함(엡 1:13) 등이 포함되어 있다. 청교도는 하나님의 말씀이 하나님께 헛되이 돌아오지 않을 것이라고 믿었다(사 55:10~11). 존 칼빈과 같이 청교도 역시 모든 설교는 두 사역자 곧 목소리로 말씀을 선포하고 그것이 귀에 받아들여지게 하는 외적 사역자와 "선포된 것 [곧] 그리스도를 진정으로 전달하는" 내적 사역자 즉 성령의 설교를 갖고 있다고 믿었다.[15)]

설교의 필연성

청교도는 설교를 목사의 "핵심 사역"과 청자의 "핵심 유익"으로 봤다.[16)] 청교도는 "설교는 하나님의 위대한 회심을 위한 규례"라고 말했다. 누구든지 설교가 없으면 회심하는 것이 거의 불가능했다. 윌리엄 에임스(1576~1633년)는 이렇게 말했다. "설교는 그리스도를 믿는 믿음을 일으키기 위해, 그리스도를 아는 지성의 문을 열기 위해, 의지와 감정을 그리스도에게 이끌기 위해 구별된 하나님의 규례다."[17)] 그러므로 당연히 청교도는 "만일 복음을 전하지 아니하면 내게 화가 있을 것이로다"(고전 9:16)라는 바울의 말을 경험적으로 잘 알고 있었고, 그래서 그 말을 자주 즐겨 인용했다. 토머스 홀(1610~1665년)은 그것을 이렇게 말했다. "목사는 설교자가 되어야 한다. 목사는 설교할 수 있을 뿐만 아니라 설교하지 않으면 안 된다. 그렇게 하지 않으면 반드시 화가 있다(고전 9:16). 그러므로 목사는 설교하든지 아니면 멸망하든지 해야 한다. 이대로 행해야지, 그렇지 않으면 목사는 파멸할 것이다."[18)] "설교하지 않는 목사는 일종의 모순"이라고 로버트 트레일(1642~1716년)은 결론지었다.[19)]

토머스 카트라이트(1535~1603년)는 "설교는 단순히 성경을 읽는 것 이상으로 절대 필수적인 일"이라고 말했다. 카트라이트는 이렇게 말했다. "불이 더 높은 열을 촉발시키는 것처럼 말씀도 설교를 통해 내뿜어질 때 청자들 속에 말씀을 읽을 때보다 더 큰 불길을 일으킨다."[20)] 존 오웬(1616~1683년)은 이렇게 말했다. "말씀은 창공에 떠있는 해와 같다…… 그것은 사실상 그 안에 모든 영적 빛과 열을 갖고 있다. 그러나 말씀의 설교는 해의 운행과 광선과 같고, 이것은 실제로 그리고 효과적으로 빛과 열을 모든 피조물에게 전달한다."[21)] 느헤미야 로저스(대략 1594~1660년)는 그것을 이렇게 표현했다. "본문은 축약된 하나님의 말씀이고, 설교는 확대된 하나님의 말씀이다."[22)]

---

15) John Calvin, *Tracts and Treatises*, Henry Beveridge 번역 (Grand Rapids: Eerdmans, 1958), 1:173.
16) 다음 자료들을 보라. Robert Traill, *Select Practical Writings of Robert Traill* (Edinburgh: Printed for the Assembly's Committee, 1845), p. 120, Arthur Hildersham, *CLII Lectures upon Psalm LI* (London: J. Raworth, for Edward Brewster, 1642), p. 732, Lewis, *Genius of Puritanism*, pp. 37~43.
17) Ames, *The Marrow of Theology*, p. 194.
18) Thomas Hall, *A Practical and Polemical Commentary…upon the Third and Fourth Chapters of the Latter Epistle of St. Paul to Timothy* (London: E. Tyler for John Starkey, 1658), p. 329.
19) Traill, *Select Practical Writings*, p. 126.
20) Horton Davies, *The Worship of the English Puritans* (Morgan, Pa.: Soli Deo Gloria, 1997), p. 186에서 인용함.
21) John Owen, *An Exposition of the Epistle to the Hebrews*, ed. William H. Goold (Edinburgh: Banner of Truth Trust, 1991), 7:312~313.
22) Nehemiah Rogers, *The True Convert* (London: George Miller for Edward Brewster, 1632), p. 71.

설교의 존엄성

청교도는 아무것도 아닌 사람이 전능하신 삼위 하나님의 대변자와 대사가 될 수 있다는 것에 두려운 마음을 갖고 있었다. 리처드 백스터(1615~1691년)는 이렇게 말했다. "회중 앞에 서서 살아 계신 하나님에게서 나온 구원의 메시지나 파멸의 메시지를 우리 구속주의 이름으로 전하는 것은 결코 작은 일이 아니다."[23]

승천하신 그리스도는 성령을 제외하고, 땅에서 신약 시대 교회에 설교하도록 부르신 것보다 더 큰 선물을 주시지 않는다고 리처드 십스(1577~1635년)는 말했다. "설교의 명령, 이것이야말로 은사 중의 은사다. 하나님은 설교를 매우 소중히 여기시고, 그리스도 역시 설교를 매우 소중히 여기신다. 그러므로 우리도 설교를 소중히 여겨야 한다."[24] 토머스 굿윈(1600~1680년)은 "하나님은 세상에 오직 한 아들을 갖고 계시는데, 그분을 목사로 삼으셨다"고 말했다.

설교의 중심적 위치를 강조하기 위해 청교도는 교회의 중앙에 제단이 아니라 강단을 두었다. 강단 위에는 펼쳐진 성경이 놓여 있었는데, 이것은 모든 참된 설교의 원천이 성경임을 가리키기 위함이었다. 청교도는 설교를 성례나 전례보다 훨씬 중요한 것으로 간주했다.[25]

청교도는 설교에 이런 절대적인 중요성을 부여하고, 설교 사역에 대한 인격적 및 신적 소명이 결정적으로 필요하다고 말했다.[26] 목사의 삶 속에서 지속적인 거룩함도 완전히 필수적이다. 목사의 인격과 삶은 그의 설교와 일치되어야 한다.[27]

설교의 중대성

청교도는 설교자는 매번 처음 설교하는 것처럼, 그리고 그 설교가 마지막이 될 것처럼 강단에 올라가고, 그것이 자신이 그때까지 한 설교 가운데 가장 좋은 설교가 되게 해 달라고 기도해야 한다고 믿었다. 윌리엄 거널(1616~1679년)은 이렇게 말했다. "하나님의 말씀은 매우 성스럽고, 설교는 매우 엄숙한 일이므로 절대로 장난치거나 갖고 놀 수 없다."[28] "들려지는 설교 가운데 우리를 천국이나 지옥으로 가까이 이끌지 않는 설교는 없다"고 존 프레스턴은 말했다.[29] 존 코튼(1585~1652년)의 설교를 들은 자 가운데 한 사람이 코튼의 설교에 대해 이렇게 반응했다. "코튼 목사님은 매우 큰 권위와 논증과 생명력을 갖고 설교하기 때문에 내가 들어 보지 못한 선지자나 사도의 말씀을 설교할 때 나는 바로 그 선지자와 사도에게서 듣는 것처럼 생각된다. 아니 사실은 주 예수 그리스도가 내 마음속에 말씀하시는 것을 듣는다."[30]

---

23) Richard Baxter, *Christian Economics, The Practical Works of Richard Baxter* (Ligonier, Pa.: Soli Deo Gloria, 1990~1991), 4:383.

24) Ryken, *Worldly Saints*, p. 94에서 인용함.

25) Lloyd-Jones, *The Puritans*, p. 380.

26) 목회에의 부르심에 대한 청교도의 견해는 Owen C. Watkins, *The Puritan Experience* (London: Routledge & Kegan Paul, 1972), pp. 61~63을 보라.

27) Gardiner Spring, *The Power of the Pulpit* (Edinburgh: Banner of Truth Trust, 1986), p. 154.

28) John Blanchard, *The Complete Gathered Gold* (Darlington: Evangelical Press, 2006), p. 487에서 인용함.

29) Christopher Hill, *Society and Puritanism in Pre-Revolutionary England* (New York: Schocken Books, 1964), p. 46에서 인용함.

30) Alden T. Vaughan and Francis J. Bremer, eds., *Puritan New England: Essays on Religion, Society, and Culture* (New York: St. Martin's, 1977), p. 70에서 인용함.

청교도는 사람들보다 하나님을 기쁘시게 하는 것을 목적으로 하고 말씀을 선포한 진정한 설교자였다. 하나님이 그들의 증인이었다. 모든 가면은 벗겨졌다. 모든 아첨은 거부되었다. 리처드 백스터의 말을 들어 보자. "설교자 여러분, 설교할 때 죄인들의 마음을 일깨우는 데 적합할 수 있도록 하나님의 이름으로 강단에 오르기 전 여러분 자신의 마음을 일깨우는 데 힘쓰십시오. 죄인들은 일깨워지거나 파멸하거나 둘 중 하나라는 것을 명심하십시오. 잠자는 설교자는 죄인들을 절대로 일깨울 수 없을 것입니다……여기서 일깨우지 못하면 지옥에 있게 될 사람들로 보고 죄인들에게 말씀을 전하십시오."[31]

설교와 관련된 모든 것이 매우 중대하기 때문에 우리 자신을 바쳐 설교에 헌신한다 해도 지나치다고 할 수 없다. 존 플라벨(1628~1691년)은 이렇게 말함으로써 청교도 설교의 정신을 잘 제시했다. "우리는 얼마나 많은 진리를 연구해야 할까! 얼마나 많은 사탄의 간계와 부패의 비밀을 찾아내야 할까! 얼마나 많은 양심 문제들을 해결해야 할까! 당연히 우리는 우리가 전하는 진리들을 변증하고, 기진맥진할 때까지 진리들을 연구하고, 진리들을 신실하게 전하기 위해 분투해야 한다. 하지만 머리, 가슴, 허파, 그리고 모든 것에 효과적이어야 한다. 상한 가슴, 아픈 등, 떠는 다리도 환영하라. 우리가 우리 자신을 그리스도의 신실한 종으로 인정할 수 있으려면, 그래서 하나님의 입술에서 즐거운 음성으로 '잘하였도다 착하고 충성된 종아!'라는 말을 들을 수 있으려면 그렇게 해야 한다."[32]

설교의 능력

청교도 설교의 능력은 첫째, 청교도의 관점이 영국 국교회의 관점과 얼마나 다른지 확인해 볼 때, 둘째, 청교도가 지성, 양심, 마음에 전달하기 위해 얼마나 성경의 틀에 따라 설교했는지를 고찰해 볼 때 가장 잘 파악할 수 있다.

청교도의 설교 대 국교도의 설교

잉글랜드의 제도권 교회를 대표하는 국교회는 청교도가 구원과 하나님에 대한 적절한 지식을 제공하는 데 있어 다른 은혜 수단들을 손상시키고, 대신 설교의 역할을 지나치게 과장한다고 느꼈다. 호튼 데이비스는 국교회는 "교회 품안에서의 생활, 종교 교육, 학자들이 쓴 책의 독서, 집회에서 얻은 지식, 성경과 설교집에 대한 공적, 사적 독서 등을 하나님에 대한 구원 지식으로 이끄는 또 다른 수단들로 간주했다"고 말했다.[33] 엘리자베스 여왕과 다른 국교회 사람들은 설교집(본질상 읽혀진 설교들)이 즉흥적으로 전해진 설교보다 더 낫다고 봤다. 왜냐하면 설교집이 더 세밀하게 구성되고 다듬어져 있기 때문이다.

반면에 청교도는 국교도의 설교는 지나치게 화려하고, 수사적이고, 형이상학적이고, 도덕적인 반면에 충분히 복음적이고, 경험적이고, 실천적이지는 못하다고 불평했다. 리처드 백스터가 절박하게

---

31) Baxter, *Christian Economics*, in *Works*, 4:412, 426.

32) John Flavel, "The Character of a Complete Evangelical Pastor, Drawn by Christ," *The Works of John Flavel* (Edinburgh: Banner of Truth Trust, 2001), 6:569.

33) Davies, *The Worship of the English Puritans*, p. 16.

"죽어가는 사람이 죽어가는 사람들에게 [말하는] 것"[34]으로 묘사하는 설교와 "자기들의 교회의 우월한 체제, 수동적 순종, 분리를 반대하는 항의, 도덕적 담화 또는 단지 본성의 빛이 정죄하는 것과 같은 악덕에 대한 반대를 주제로 한 연설"로 묘사되는 국교회의 설교[35]는 얼마나 크게 대조될까! 국교회 설교의 수사적 화려함을 묘사한 다음 존 오웬은 이렇게 말했다. "이런 수사적 화려함은 그 안에서 말씀하시는 분의 권위, 엄위하심, 위대하심, 거룩하심을 제대로 드러내지 못한다. 땅의 통치자는 자신의 칙령, 법, 선언에서 수사적 화려함을 이용해야 하고, 그렇게 함으로써 자신의 권위가 멸시당하는 것을 차단하며, 자신의 신하들이 불순종하는 것을 가로막았다. 가련한 벌레들에게 하늘과 땅의 위대한 소유자이신 하나님의 마음과 뜻이 선언하는 데 수사적 화려함은 얼마나 더 어울리지 못하겠는가!"[36]

국교회는 청교도의 설교는 너무 열렬해서 광신주의를 의미하는 "열광주의"가 특징이라고 생각했다. 그러나 청교도의 설교에 대한 국교회의 적대감은 오히려 설교를 강조하는 청교도의 경향을 부채질했을 따름이다. 그 사이에 청교도는 "국교도의 설교는 절박함과 거룩한 열심이 결여되어 있고, 설교자가 지나치게 고전 학문에 대한 지식을 과시하는 데 초점이 맞춰져 있었다"고 생각했다. 설교는 연설이 되었고, 성령이 역사하는 능력을 결여했다. 국교회의 설교는 영혼을 망칠 정도로 아리스토텔레스의 변증법에 의존하는 단순한 도덕적 훈계와 철학적 담론이 되어 버렸다. 청교도는 국교회의 설교가 "여호와께서 말씀하여 이르시되"와 같은 언급 곧 말씀과 하나님의 뜻에 대한 권위적인 선포를 전혀 포함하지 않는 것을 통탄했다. 국교회의 설교는 지나치게 많은 무리한 대구법과 희한한 세부 구분을 중시했다. 수사적 장치는 반복, 수많은 실례, 말의 점층법, 교부들과 다양한 세속 문헌들에서 뽑아온 무수한 인용들로 넘쳐났고, 이런 인용들 가운데 많은 것이 헬라어 원문이나 라틴어 원문으로 제시되었으며, 이것들은 모두 절박성과 직접성을 결여하는 데 일조했고, 그리하여 성경적 설교의 날카롭고 양날 가진 칼을 무디게 했다.[37]

의심할 것 없이 이런 국교회의 설교에 반대하면서, 토머스 브룩스(1608~1680년)는 이렇게 말했다. "한껏 위엄을 부린 연설은 뇌를 간지럽힐 수는 있겠지만, 판단을 제공하고, 양심을 자각시키고, 의지를 굴복시키며, 마음을 얻는 것은 평이한 교리다."[38] 조나단 에드워즈(1703~1758년)는 청교도 시대가 막바지에 이르렀을 때 "나는 일만 번에 걸친 찬사를 받기보다 열 번에 걸친 충분한 이해를 받고 싶다"고 말했다.[39]

지성, 양심, 마음에 전하는 설교

이런 배경 속에서 청교도는 전 인격에 강력히 전하는 설교신학을 전개했다. 이런 설교의 다음과 같은 세 가지 특징은 오늘날 설교자들이 회복해야 할 필요가 있다.

---

34) Richard Baxter, *The Dying Thoughts of the Reverend Learned and Holy Mr. Richard Baxter*, Benjamin Fawcett 요약 (Salop: J. Cotton and J. Eddowes, 1761), p. 167.

35) *Plain Reasons for Dissenting from the Church of England*, 3판 편집 (London, 1736), p. 6.

36) John Owen, *An Exposition of Hebrews* (Marshalltown, Del.: The National Foundation for Christian Education, 1960), 1:52.

37) 엘리자베스 여왕 시대 잉글랜드의 국교회 설교에 대한 연구는 Pipa, "William Perkins and the Development of Puritan Preaching," pp. 28~67을 보라. 참고, Lloyd-Jones, *The Puritans*, pp. 375, 381~383.

38) Blanchard, *Complete Gathered Gold*, pp. 475, 484에서 인용함.

39) Blanchard, *Complete Gathered Gold*, p. 480에서 인용함.

(1) 청교도의 설교는 지성에 명료하게 전해졌다. 청교도의 설교는 합리적 존재인 사람들에게 전해졌다. 청교도는 지성을 믿음의 궁전으로 간주했다. 청교도는 지성과 마음이 서로 대립한다는 것을 거부하고, 지식은 성령이 거듭남의 씨를 심은 땅과 같다고 가르쳤다. 존 프레스턴은 이성은 회심하면 향상된다는 점을 강조했고, 코튼 매더(1663~1728년)는 무지는 헌신의 어머니가 아니라 이단의 어머니라고 덧붙였다. 따라서 청교도는 우리는 거룩해지려면 생각하는 자가 되어야 한다고 설교했다. 청교도는 거룩함은 오직 감정의 문제라는 관념에 이의를 제기했다.

청교도 설교자들은 죄인들에게 죄에 대한 집착의 불합리성을 보여 주려고 애를 썼다. 그들은 비신자 자신의 무능력 및 마지못함이거나 신적 주권 및 선택이거나 간에, 사람들이 거듭나지 않은 자로 남아 있는 것에 대해 붙이는 온갖 구실을 박살냈다. 존 오웬이 청자들에게 말한 것처럼 선택은 불신앙에 계속 머물러 있는 것에 대한 핑계거리가 절대로 못 된다. 오웬은 선택은 하나님 편에서 먼저 행하시지만 신자들 편에는 나중에 알려진다는 사실을 강조했다.[40] 조지프 얼라인(1634~1668년)은 이렇게 덧붙였다.

> 여러분은 자신의 선택에 대해 왈가왈부한다면 잘못된 목적에서 시작하는 것이다. 여러분의 회심을 증명해 보라. 그러면 절대로 자신의 선택을 의심하지 않게 될 것이다……하나님의 목적은 무엇이든지 그것은 은밀하고, 하나님의 약속은 명백하다. "만일 내가 택함받았다면 내가 무엇을 하려고 해도 구원받을 것이고, 만일 택함받지 않았다면 무엇을 할 수 있다고 하더라도 파멸할 것이다"라고 주장하는 것은 얼마나 지독한 거역일까! 완고한 죄인이여, 여러분은 끝나는 지점에서 시작하겠는가? 여러분 앞에 말씀이 있지 않은가? 말씀이 뭐라고 말하는가? "회개하고 돌이켜 너희 죄 없이 함을 받으라"(행 3:19), "몸의 행실을 죽이면 살리니"(롬 8:13), "주 예수를 믿으라 그리하면 너와 네 집이 구원을 받으리라"(행 16:31). 이보다 어떻게 더 명백할 수 있겠는가? 여러분의 선택에 대해 더 이상 왈가왈부하지 말고, 회개하고 믿으라. 하나님께 회심의 은혜를 구하라. 계시된 것들은 여러분에게 속해 있다. 이 바쁜 여러분 자신 속에 말이다.[41]

이처럼 청교도는 평이한 설교를 통해 죄인들을 설복시켰고, 그때 삶의 가치와 목적뿐만 아니라 죽음과 영원의 확실성으로 말미암아 하나님을 찾지 않고 섬기지 않는 것은 미련한 짓이라는 점을 각 청자에게 납득시키려고 성경적 논리를 사용했다.

하나님은 납득시키려고 우리에게 지성을 주셨다고 청교도는 말했다. 우리는 사유할 때 그리스도처럼 되는 것이 중요하다. 우리의 지성은 믿음으로 조명되고 말씀으로 훈련되어 세상에서 하나님을 섬기는 데 종사해야 한다. 우리는 청교도에게 도전을 받아 성경적 복음 전도를 통해 하나님의 나라를 확장하는 데 우리의 지성을 사용해야 한다. 명확한 사고가 없으면 우리는 우리가 살고, 일하고, 사역하고 있는 문화를 복음화할 수 없고 거스를 수 없다. 우리는 말씀에 기초를 두고 내적 생명을 계

---

40) 참고, John Owen, *Pneumatologia or, A Discourse Concerning the Holy Spirit*, in *The Works of John Owen*, William H. Goold 편집 (1850~1855, 재판, Edinburgh: Banner of Truth Trust, 1965), 3:595~604. 또한 Christopher Love, A Treatise of Effectual Calling and Election (Morgan, Pa.: Soli Deo Gloria, 1998)도 보라.

41) Joseph Alleine, *A Sure Guide to Heaven* (Edinburgh: Banner of Truth Trust, 1995), p. 30.

발하지 아니하면 공허하고, 비생산적이고, 자기애에 빠지고 말 것이다.

청교도는 지성적이지 못한 기독교는 줏대 없는 기독교를 조장한다고 이해했다. 반지성적 복음은 절실한 필요를 넘어서지 못하는 부적절한 복음을 낳는다. 그것이 오늘날 우리 교회에서 일어나는 일이라는 것이 우리는 두렵다. 우리는 믿음에 대한 지성적 이해를 상실했고, 우리 대부분이 지성적 이해를 회복해야 할 필요성을 깨닫지 못하고 있다. 우리는 우리가 생각하는 것과 믿는 것이 비기독교인과 다른 것이 전혀 없을 때 우리가 사는 법도 머잖아 비신자와 전혀 다르지 않게 되리라는 점을 이해하지 못하고 있다.

(2) 청교도의 설교는 양심과 날카롭게 마주했다. 청교도는 죄인들의 양심을 "본성의 빛"으로 간주했다. 청교도의 평이한 설교는 죄를 구체적으로 적시하고, 남녀노소를 불문하고 사람들의 양심에 죄의 죄책을 부각시키는 질문을 제기했다. 한 청교도가 말한 것처럼 "우리는 신적 진리의 지팡이를 갖고 나아가 아담이 그랬던 것처럼 하나님 앞에 벌거벗고 설 때까지 죄인이 뒤에 숨기고 있는 모든 수풀을 헤쳐야 한다." 청교도는 이런 마주함이 필수적이라고 믿었는데, 그 이유는 죄인은 수풀 뒤에서 나올 때까지 그리스도의 의로 옷 입는 것을 결코 부르짖지 아니할 것이기 때문이다.

따라서 청교도는 많은 청자들이 지옥으로 가는 길에 있다고 믿고 그들의 양심에 절박하게 설교했다. 청교도는 또한 청자들이 아담 안에서 초래된 죽음과 그리스도 안에서 주어지는 생명에 직면하도록 직접 설교했다. 그리고 나아가 청교도는 특별히 "그의 이름으로 죄사함을 받게 하는 회개"(눅 24:47)에 대한 그리스도의 명령을 진지하게 제시하며 설교했다.

오늘날 많은 설교자들이 양심과 마주하게 하는 데 미온적이다. 우리는 청교도에게서 우리를 가장 사랑하는 친구가 우리 자신에 대해 가장 유익한 진리를 말해줄 것이라는 것을 배울 필요가 있다. 바울 및 청교도처럼 우리도 "하나님에 대한 회개와 우리 주 예수 그리스도에 대한 믿음"(행 20:21)의 필요성에 대해 진지하게, 눈물을 머금고 증언해야 한다.

(3) 청교도의 설교는 마음에 열렬하게 호소하는 설교였다. 청교도의 설교는 열정적이고, 열성적이고, 낙관적이었다. 월터 크래덕(대략, 1606~1659년)은 자기 양떼에게 이렇게 말했다. "우리는 고된 일을 하도록, 싫은 일을 마지못해 하도록 보냄을 받은 것이 아니다. 하나님은 우리를 보내 여러분이 배우자로서 그리스도와 결혼하도록 구애하게 하신다."[42] 오늘날에는 견고한 성경 내용으로 지성을 양육하고, 애정 어린 따스함으로 마음을 감동시키는 사역을 찾아보기가 힘들지만 청교도에게는 이런 결합이 특징이었다. 청교도는 단순히 지성으로 추론만 한 것이 아니라 양심과 마주하도록 설교했다. 청교도는 또한 마음에 호소했다. 청교도는 하나님의 말씀에 대한 사랑으로, 하나님의 영광을 위해, 모든 청자의 영혼을 위해 설교했다. 청교도는 자기들을 구원하고, 자기들의 삶을 찬송의 제사로 만드신 그리스도에 대해 따스하게 감사하며 설교했다. 청교도는 신자가 그리스도 안에서 갖고 있는 것을 구원받지 아니한 자들이 질투하게 하겠다는 소망을 품고 그분의 사랑 안에서 그리스도를 전했다.

마음을 움직이는 것이 설교의 가장 중요한 부분이라고 청교도는 믿었다. 따라서 조나단 에드워즈는 이렇게 말했다. "사람들은 자신들의 머리에 저장된 것보다는 그들의 마음이 감동받은 것을 갖고 있을 필요가 있고, 그들이 그렇게 하게 하는 설교를 하는 것이 매우 절실하다."[43]

---

42) Thomas, *Puritan Quotations*, p. 222에서 인용함.
43) Blanchard, *Complete Gathered Gold*, p. 476에서 인용함.

청교도는 감동적인 설교, 인간적 간청, 진지한 기도, 성경적 추론, 준엄한 경고, 즐거운 삶-그들이 사용할 수 있는 수단은 어떤 것이든-을 사용해서 지성, 양심, 마음-순서대로-을 통해 죄인들이 파멸의 길에서 떠나 하나님께 나아오게 했다. 새뮤얼 윌러드(1640~1707년)는 이것을 다음과 같이 말했다.

> 말씀의 진리는 먼저 지성에 적용되고, 그로 말미암아 우리는 의미를 알 수 있으며, 이유들을 분별하게 된다. 왜냐하면 여기서 모든 인간 행동이 시작되기 때문이다. 그리고 이어서 말씀의 진리는 판단에 적용되고, 그런 다음 선택[결단]을 위해 의지로 넘어가야 한다. 그러면 의지는 추천된 진리를 받아들이고, 그 진리에 끌리며, 그때부터 그 진리는 감정에 인상을 주게 된다.[44]

청교도는 하나님이 자신들의 강력한 설교를 죄인들을 정복하고 회심시키는 무기로 사용하실 것이라고 믿었다. 청교도는 하나님이 그리스도를 "이스라엘에게 회개함과 죄사함을 주시려고 오른손으로 높이사 임금과 구주로 삼으셨다"(행 5:31)고 믿었다. 청교도는 성경과 경험으로 오직 전능하신 그리스도가 죄악된 욕심과 결혼한 죄인을 체포해서 그의 마음이 가장 사랑하는 것과 그를 이혼시키고, 그가 자신의 마음속 죄를 기꺼이 포기하고 하나님께 순종하며 하나님을 존귀하게 하겠다고 굳게 결단하며 하나님께 돌아서도록 하실 수 있다는 것을 알고 있었다. 청교도는 오직 그리스도 안에 있을 때에만 이런 일들이 충분히 가능하다고 설교했다. 그래서 윌리엄 에임스는 이렇게 말했다. "그러므로 설교는 죽어서는 안 되고 살아서 효과적이어야 하며, 그래야 비신자가 신자들의 회중 속에 나아와, 말하자면 말씀을 들음으로써 영향을 받고 꼼짝 못하게 되어 하나님께 영광을 돌릴 수 있게 된다."[45]

설교의 평이함

청교도는 평이한 설교 문체를 강조했다. 이런 견해의 주도적 지지자인 윌리엄 퍼킨스는 이렇게 말했다. "설교는 평이하고, 명료하고, 분명해야 한다……**매우 평이한 설교**, 그것이 우리의 금과옥조다. 그리고 다시 말하지만 설교는 **평이할수록 더 좋다**."[46] 이후에 토머스 풀러는 퍼킨스의 설교에 대해 이렇게 말했다. "퍼킨스의 설교는 평이하지도 그렇다고 박식하지도 않았지만, 경건한 사람들은 그의 설교에 감탄했고 일반인들도 잘 이해할 수 있었다."[47]

평이함의 정의

이 평이함은 반지성주의를 의미하는 것이 아니었다. 헨리 스미스는 이렇게 말했다. "평이하게 설

---

44) Perry Miller, *New England Mind: The Seventeenth Century* (Boston: Beacon Press, 1961), p. 295에서 인용함. 참고, 웨스트민스터 대교리문답 질문 68.

45) Ryken, *Worldly Saints*, p. 107에서 인용함.

46) William Perkins, *A Commentarie or Exposition upon the Five First Chapters of the Epistle to the Galatians*, in *The Works of William Perkins* (London: John Legatt, 1613), 2:222. 참고, William Perkins, *The Art of Prophesying*, 개정 편집 (Edinburgh: Banner of Truth Trust, 1996), pp. 71~72, Charles H. George & Katherine George, *The Protestant Mind of the English Reformation 1570~1640* (Princeton, N.J.: Princeton University Press, 1961), pp. 338~341.

47) Ryken, *Worldly Saints*, p.105에서 인용함.

교하는 것은 무식하거나 헛갈리게 설교하는 것이 아니고, 매우 단순한 사람도 듣고 가르치는 바가 무엇인지 마치 자기 이름을 듣는 것처럼 이해할 수 있을 정도로 간명하고 명료하게 설교한다는 것이다."[48] 코튼 매더는 청교도 출신의 위대한 인디언 선교사인 존 엘리엇(1604~1690년)에 대한 찬사에서 이렇게 말했다. "엘리엇의 설교 방식은 매우 평이했다. 그래서 어린 양도 본문과 주제에 대한 그의 강론 속에 뛰어들 수 있고, 그 안에서 코끼리도 헤엄칠 수 있다."[49]

청교도 설교의 평이한 문체는 단조롭고 무미건조한 전달 방식이 아니라 고귀한 전달 방식이었다. 청교도는 평이한 설교 문체를 사용했는데, 그것은 그들이 모든 사람에게 설교를 전달해서 누구나 구원 방법을 알기를 원했기 때문이다. 뉴잉글랜드에서 인크리스 매더(1639~1723년)는 자신의 아버지 리처드 매더의 설교에 대해 이렇게 말했다. "아버지의 설교 방식은 교인들의 머리가 아니라 그들의 마음과 양심을 향해 화살을 날리려는 목표를 갖고 있었기에 평이했다."[50]

청교도의 설교 목표는 감탄시키는 데 있지 않고 가르치는 데 있었다. 설교 내용 속에서나 설교 전달 과정 속에서 사람의 지혜는 숨겨져야 한다. 그래서 퍼킨스는 이렇게 말했다. "말씀에 대한 설교는 하나님에 대한 증언이자 그리스도에 대한 지식의 고백이지 인간적 재능에 대한 과시가 아니다. 나아가 청자들은 자기들의 믿음을 사람의 재능이 아니라 하나님 말씀의 능력으로 돌려야 한다."[51]

청교도의 설교는 중학교 수준의 어휘력을 가진 사람들을 목표로 삼았는데, 이것은 쉬운 어휘가 칭의나 성화와 같은 성경의 중요한 신학적 개념들을 망라하지 못했음을 의미하는 것은 아니다. 평이함은 풍성한 교리적 내용을 희생시키지 않는다. 오히려 설교자는 주기적으로 이런 개념들을 정의해 줘야 한다고 청교도는 말했다. 하나님 말씀을 누구나 이해할 수 있도록 전달하려면 불명료함과 웅변은 피해야 한다.

평이한 성경 강해

퍼킨스에 따르면, 평이한 설교는 일반적으로 다음과 같은 세 단계 강해 방식을 따랐다.

- 문맥에 따라 성경 본문 의미를 제시했다.
- 본문의 자연적 의미에서 수집한 교리의 몇 가지 유익한 요점들을 가르쳤다.
- 정확하게 수집된 교리들을 간명한 말에 담아 "사람들의 삶과 태도에" 적용시켰다.[52]

청교도 설교의 첫 번째 요소는 주석적인 강해 설교라는 것이다. 두 번째 요소는 교리적인 가르침

---

48) Henry Smith, "The Art of Hearing," *The Works of Henry Smith* (Stoke-on-Trent, U.K.: Tentmaker Publications, 2002), 1:337.

49) Cotton Mather, *The Great Works of Christ in America: Magnalia Christi Americana, Book 3* (London: Banner of Truth Trust, 1979), 1:547~548. 엘리엇의 설교와 작품 목록에 대해서는 Frederick Harling, "A Biography of John Eliot" (철학박사학위논문, Boston University, 1965), pp. 259~261을 보라.

50) Increase Mather, *The Life and Death of that Reverend Man of God, Mr. Richard Mather* (Cambridge, Mass.: S. G. and M. J., 1670), pp. 31~32.

51) Perkins, *The Art of Prophesying*, p. 71.

52) William Perkins, *The Arte of Prophecying, or, A Treatise Concerning the Sacred and Onely True Manner and Methode of Preaching*, in *The Works of William Perkins* (London: John Legatt, 1613), 2:662. 참고, *The Art of Prophesying*, p. 79, Packer, *Quest for Godliness*, p. 284.

설교라는 것이다. 세 번째 요소는 적용적인 설교라는 것이다.[53] 첫 번째 요소는 보통 간명했고, 청교도가 성경을 주석하는 데 탁월했다는 것을 보여 줬다. 두 번째 요소는 상당히 길었는데, 그것은 청교도 목사들이 성경에서 찾아낸 다수의 증언, 증거, 이유들과 함께 본문 속에서 발견한 교리들을 뒷받침하는 데 유능했기 때문이다. 청교도는 교리를 본질적인 성경적, 실천적 분야로 봤다. 청교도는 교리적 설교와 실천적 설교 간의 긴장이 없다고 봤다. 교리는 단순히 성경 의미를 밝혀 주는 것이었기 때문이다. 청교도는 사람들은 잘 살기 위해 교리를 알아야 한다고 믿었다.

건전하고 말씀 중심적인 청교도의 평이한 설교는 청교도 해석학의 지원을 받았다. J. I. 패커는 평이한 설교는 청교도가 성경을 문자적이고 문법적으로, 일관적이고 조화롭게, 교리적이고 신본주의적으로, 기독론적이고 복음주의적으로, 실험적이고 실천적으로, 그리고 신실하고 현실적인 적용에 따라 성경을 해석하는 데 도움을 주었다고 말한다.[54] 토머스 레아는 청교도 목사들은 설교 준비할 때 철저히 개혁주의적인 다음과 같은 원칙들을 사용했다고 말한다.

- 청교도는 성경 본문에서 낱말의 중요성을 강조했다.
- 청교도는 본문 문맥의 중요성을 인정했다.
- 청교도는 성경을 이해하고 적용시키는 데 있어서 이치에 합당한 사고를 예증했다.
- 청교도는 성경을 사용해서 성경을 해석하고, 그리하여 성경의 각 부분은 성경 전체와 조화시켜 해석되어야 한다는 것을 의미하는 신앙의 유비를 강조했다.
- 청교도는 문맥이 다른 방향에서 의미를 지시하지 않는 한 본문의 문자적 의미에 초점을 맞췄다.
- 청교도는 성경 속의 비유 언어를 분별력 있게 다뤘다.
- 청교도는 신앙과 관련된 모든 문제 속에서 성경의 명료성을 주장했다.
- 청교도는 정확한 해석을 위해 성령의 조명에 의존했다.[55]

평이한 교리

윌리엄 퍼킨스는 교리를 "영원히 복되게 사는 학문"으로 불렀다.[56] 윌리엄 에임스는 "하나님을 위해 사는 것의 교리나 가르침"을 말했다.[57] 퍼거슨은 청교도에 대해 이렇게 말한다. "청교도에게 목사와 조직신학의 관계는 의사와 해부학 지식과 같았다. 목사는 오직 신학 전체 체계(청교도는 그렇게 부르기를 좋아했다)에 비춰 봄으로써 죄와 사망의 독소에 의해 감염된 사람들의 영적 질병에 진단과 처방, 궁극적인 치료법을 제공할 수 있었다."[58]

청교도는 모든 다양한 교리 속에서 하나님의 전체 경륜을 설교하는 데 목표를 두었다. 청교도는

53) Miller, *The New England Mind: The Seventeenth Century*, pp. 332~333.

54) Packer, *Quest for Godliness*, 6장.

55) Thomas Lea, "The Hermeneutics of the Puritans," *Journal of Evangelical Theological Society* 39, no. 2 (1996년 6월), pp. 276~282.

56) William Perkins, *A Golden Chaine: or, The Description of Theologie, Containing the Order of the Causes of Salvation and Damnation, according to Gods Word*, in *The Works of William Perkins* (London: John Legatt, 1613), 1:11.

57) Ames, *The Marrow of Theology*, p. 77.

58) Sinclair B. Ferguson, "Evangelical Ministry: The Puritan Contribution," *The Compromised Church: The Present Evangelical Crisis*, John H. Armstrong 편집 (Wheaton, Ill.: Crossway, 1998), p. 266.

교리적으로 건전한 방법으로 영원한 진리를 다루는 것과 썩지 아니할 영혼에게 이 진리를 전달하는 데 두려운 책임감을 느꼈다(겔 33:8). 패커는 청교도의 신념을 이렇게 묘사한다. "'우리는 교리를 설교해야 하는가?'라는 질문에 대한 청교도의 답변은 다음과 같을 것이다. '사실 그것 말고 설교할 것이 더 있을까? 교리 설교는 확실히 위선자들을 따분하게 한다. 하지만 그리스도의 양을 구원할 설교는 오직 교리 설교뿐이다. 설교자의 업무는 비신자에게 즐거움을 제공하는 것이 아니라 믿음을 선포하는 것이다."[59] 청교도가 교리를 어떻게 설교했는지에 대해 세 가지 실례가 여기 있다.

1. 청교도는 죄 교리를 다룰 때 죄를 죄로 부르고, 죄를 영원한 죄책을 거둬들이는 하나님에 대한 도덕적 거역으로 선언했다. 청교도는 생각, 말, 행위 속에서 저질러지는 작위의 죄와 부작위의 죄에 대해 설교했다. 제러마이어 버로스(대략, 1600~1646년)의 『악 중의 악: 죄의 엄청난 사악함』(The Evil of Evils: The Exceeding Sinfulness of Sin)과 같은 작품들은 죄의 가증함을 강조했다. 버로스는 67개의 장에 걸쳐 죄를 폭로하는데, 어떤 죄도 가장 큰 고통으로도 갚지 못할 큰 악을 포함하고 있고, 죄와 하나님은 서로 반대되며, 죄는 선한 것과는 무조건 대립하고, 죄는 온갖 악의 독이며, 죄는 무한한 범주와 성격을 갖고 있으며, 죄는 우리에게 마귀와 편안한 관계를 갖게 한다고 말했다.[60]

2. 청교도는 하나님 교리를 애매함 없이 확실하게 설교했다. 청교도는 하나님의 위엄하신 존재, 삼위일체적인 인격, 영광스러운 속성을 선포했다.[61] 청교도는 속죄, 칭의, 화목 교리는 죄를 정죄하고, 죄인들을 구속하고, 의롭게 하고, 자신과 화목시키는 하나님에 대한 참된 이해가 없으면 무의미하다고 말했다.

3. 청교도는 또 성화를 강조했다.[62] 신자들은 왕이신 그리스도의 거룩함의 길을 감사, 섬김, 순종, 사랑, 자기부인을 갖고 걸어야 한다.[63] 신자들은 믿음과 회개라는 쌍둥이 은혜를 경험적으로 실천해야 한다.[64] 신자들은 묵상의 비결, 하나님을 경외하는 것, 어린아이와 같은 기도를 배워야 한다.[65]

---

59) Packer, *Quest for Godliness*, pp. 284~285.

60) Jeremiah Burroughs, *The Evil of Evils* (Morgan, Pa.: Soli Deo Gloria, 1995). 참고, Ralph Venning, *The Plague of Plagues* (London: Banner of Truth Trust, 1965), Thomas Watson, *The Mischief of Sin* (Morgan, Pa.: Soli Deo Gloria, 1994), Samuel Bolton, *Sin: the Greatest Evil*, in *Puritans on Conversion* (Pittsburgh: Soli Deo Gloria, 1990), pp. 1~69.

61) 하나님의 속성에 대한 고전 작품은 Stephen Charnock, *Discourses on the Existence and Attributes of God*, 전 2권 (Grand Rapids: Baker, 1996)이다. 또한 William Bates, *The Harmony of the Divine Attributes in the Contrivance and Accomplishment of Man's Redemption* (Harrisonburg, Va.: Sprinkle, 1985)도 보라.

62) 성화에 대한 청교도의 고전 작품은 Walter Marshall, *The Gospel Mystery of Sanctification* (Grand Rapids: Reformation Heritage Books, 1999)이다. 마셜은 성화 교리 기초를 적절하게 신자의 그리스도와의 연합에 두고, 일상생활의 실천적인 거룩함이 필수적이라고 주장한다. 또한 다음 자료들도 보라. Lewis Bayly, *The Practice of Piety* (Morgan, Pa.: Soli Deo Gloria, 1996), Henry Scudder, *The Christian's Daily Walk, in Holy Security and Peace*, 6판 편집 (Harrisonburg, Va.: Sprinkle, 1984), Henry Scougal, *The Life of God in the Soul of Man* (Harrisonburg, Va.: Sprinkle, 1986).

63) 다음 자료들을 보라. Thomas Brooks, *The Crown and Glory of Christianity: or Holiness, the Only Way to Happiness*, in *The Works of Thomas Brooks* (Edinburgh: Banner of Truth Trust, 1980), 제4권, George Downame, *The Christian's Freedom: The Doctrine of Christian Liberty* (Pittsburgh: Soli Deo Gloria, 1994), Samuel Bolton, *The True Bounds of Christian Freedom* (London: Banner of Truth Trust, 1964), Jonathan Edwards, *Charity and Its Fruits* (London: Banner of Truth Trust, 1969), Thomas Watson, *The Duty of Self-Denial* (Morgan, Pa.: Soli Deo Gloria, 1995), pp. 1~37.

64) Samuel Ward, *The Life of Faith*, 3판 편집 (London: Augustine Mathews, 1622)과 Thomas Watson, *The Doctrine of Repentance* (Edinburgh: Banner of Truth Trust, 1987)를 보라.

65) 다음 자료들을 보라. Nathanael Ranew, *Solitude Improved by Divine Meditation* (Morgan, Pa.: Soli Deo Gloria, 1995), Jeremiah Burroughs, *Gospel Fear* (Pittsburgh: Soli Deo Gloria, 1991), Thomas Cobbet, *Gospel Incense, or A Practical Treatise on Prayer* (Pittsburgh: Soli Deo Gloria, 1993), John Bunyan, *Prayer* (London: Banner of

그리고 신자들은 하나님의 은혜로 말미암아 힘을 얻어 자기들의 부르심과 택하심을 굳게 하는 데 힘써야 한다.[66]

교리를 설교할 때 청교도는 다음과 같은 사실들을 반영했다.

1. 성경이 각 설교의 강조점을 지시해야 한다. 청교도는 다양한 교리들을 적당히 배분하는 설교를 전하지 않았다. 오히려 성경 본문이 각 메시지의 내용과 강조점을 결정하도록 했다. 예를 들어 조나단 에드워즈는 지옥에 대해 설교했을 때 천국에 대해서는 한 마디도 언급하지 않았다. 이후에 천국에 대해 설교했을 때에는 지옥에 대해서는 한 마디도 포함시키지 않았다.[67]

2. 설교에는 각 성경적 교리에 대한 평가가 스며들어 있어야 한다. 전형적인 청교도 교인은 이번 주에는 창세기 19장 17절(도망하여 생명을 보존하라)에 대해 악에서 도망쳐 하나님을 따르도록 경고를 받는 설교를 듣고, 다음 주에는 하나님이 자신에게 우리를 이끌지 아니하시면 하나님을 따르는 것이 전혀 불가능하다는(요 6:44) 메시지를 듣기도 한다. 청교도 목사와 교인들은 좋아하는 본문이나 특정 교리에 따라 설교를 평가하기보다는 하나님 진리의 전체 범주를 소중히 여겼다.

3. 설교는 매우 다양한 설교 주제들을 망라해야 한다. 청교도는 상상할 수 있는 거의 모든 주제를 망라할 정도로 온갖 다양한 성경 교리를 다뤘다. 예를 들어 한 청교도의 설교를 보면, 다음과 같은 사항이 포함되어 있다.

> 우리는 진실한 경건함이 공상보다 낫다는 것을 어떻게 우리 자신 속에서 경험하고, 또 다른 사람들에게 증명할 수 있는가?
> 우울함과 과도한 슬픔에 대한 최고의 예방책은 무엇일까?
> 우리는 그리스도를 아는 지식을 어떻게 증가시킬 수 있을까?
> 우리는 영적 교만을 어떻게 방비하고 치유해야 할까?
> 우리는 우리의 이해를 초월하는 교리와 섭리들을 어떻게 은혜로 증진시킬 수 있을까?
> 우리가 살고 있는 시대에 유행하는 이상한 패션을 따르지 않고 얼마나 거리를 둬야 할까?
> 우리는 영혼의 가치를 어떻게 가장 잘 알 수 있을까?[68]

평이한 적용

종종 본문의 "용도"로 불리는 설교의 세 번째 부분은 목사가 다양한 청자들에게 성경을 적용시키

Truth Trust, 1965), John Preston, Nathaniel Vincent, Samuel Lee, *The Puritans on Prayer* (Morgan, Pa.: Soli Deo Gloria, 1995).

66) William Perkins, *A Christian and Plain Treatise on the Manner and Order of Predestination, and of the Largeness of God's Grace*, in *Works*, 2:687~730, Anthony Burgess, *Spiritual Refining* (Ames, Iowa: International Outreach, 1990), pp. 643~674.

67) 참고, *The Wrath of Almighty God: Jonathan Edwards on God's Judgment against Sinners*, Don Kistler 편집 (Morgan, Pa.: Soli Deo Gloria, 1996), Jonathan Edwards, "Heaven," *The Works of Jonathan Edwards* (1834; Edinburgh: Banner of Truth Trust, 1974), 2:617~641, John H. Gerstner, *Jonathan Edwards on Heaven and Hell* (Grand Rapids: Baker, 1980).

68) *Puritan Sermons 1659~1689: Being the Morning Exercises at Cripplegate*, James Nichols 편집 (Wheaton, Ill.: Richard Owen Roberts, 1981), 제3권.

는 것으로 내용이 길어질 수 있었다. 이 적용은 퍼킨스가 그렇게 말한 것처럼 "경건하지 못한 모습에서 벗어나 삶을 개혁하도록"[69] 경고 형태를 취하거나 위로에 대한 언급 속에 스며들어 있었다.[70] 목표는 항상 하나님의 말씀을 납득시키는 것, 또는 백스터가 말한 것처럼 사람들을 압박해서 그들의 거룩함이 자라도록 하는 것에 있었다.

이 용도 및 적용은 청교도 웨스트민스터 총회 신학자들이 작성한 예배 모범의 "말씀 선포에 대해" 부분의 짧은 장에 다음과 같이 아름답게 요약되어 있다.

> [설교자는] 비록 매우 명확하고 확실하지 않아도 일반적으로 교리에 멈추지 않고 특별한 용도 곧 청자들에게 적용하는 것을 소중히 여겨야 한다. 그것은 설교자 자신에게는 각별한 신중함, 열심, 묵상을 필요로 하는 어려움이 큰 일로 판명되고, 자연적이고 부패한 사람들에게는 매우 불쾌한 일로 나타나지만 설교자는 청자들이 하나님의 말씀을 마음의 생각과 의도를 분별하는 것으로 민감하고 강력하게 느낄 수 있도록, 그리고 어떤 비신자나 무지한 사람이 나와 있다면 설교자는 그의 마음의 비밀을 드러내 하나님께 영광을 돌릴 수 있도록 그렇게 하는 데 힘써야 한다.[71]

웨스트민스터 총회 신학자들은 이런 여섯 가지 적용을 이끌어 냈다.

1. **가르침**: 교리를 적용함.
2. **논박**: 현재의 오류를 논박함.
3. **권면**: 설교된 본문 속에 제시된 명령과 의무에 순종하도록 양에게 강조하고 권고할 뿐만 아니라 "그렇게 하는 데 도움을 주는 수단"에 대해 상술함.
4. **경고**: 죄의 가증함과 죄에 대한 미움을 납득시키고, 죄의 두려운 결과를 선언하며, 죄를 피하는 방법을 제시함으로써 죄를 책망함.
5. **위로**: 온갖 환난과 고통에도 불구하고 믿음의 선한 싸움을 싸우도록 신자들을 격려함.
6. **시험**: 그들의 영적 상태에 따라 신자들에게 의무를 수행하고, 죄로 말미암아 겸손하며, 위로로 힘을 얻도록 자극해서 자기검토와 교정 목적을 달성하도록 은혜의 기준과 표지들을 설교함.[72]

이상의 항목 외에 우리는 **영광을 위한 적용**을 추가할 수 있다. 곧 하나님의 아름다움과 영광, 그리고 하나님의 진실하심을 느끼도록 사람들을 돕고, 성경에 계시된 대로 하나님을 찬양하도록 사람들을 이끄는 성경의 진리들을 적용시킬 수 있다. 이런 식의 설교는 우리 주 예수 그리스도 안에서 그리고 그분을 통해 삼위 하나님의 아름다움과 영광과 사랑에 경이를 느끼도록 우리의 마음과 감정을 높이 끌어올린다.[73]

이 적용은 적절한 사람들을 목표로 삼아야 한다. 그렇지 아니하면 그들에게 영적 유익보다는 해가

---

69) Perkins, *The Art of Prophesying*, pp. 64~68.
70) Packer, *A Quest for Godliness*, p. 278.
71) *Westminster Confession of Faith* (Glasgow: Free Presbyterian Publications, 1994), p. 380.
72) *Westminster Confession of Faith*, p. 380.
73) 이 주장에 대해 나는 그린빌 장로교회 신학 세미나의 의장인 조지프 피파 박사와 했던 대화에서 도움을 받았다.

더 크게 미칠 것이다. 윌리엄 퍼킨스는 성경의 적용을 일곱 범주의 청자들에게 제시하는 법을 다음과 같이 우리에게 말했다.

1. **무지하고 배우지 못한 비신자:** 이 비신자들은 말씀의 교리를 명확하고 조리 있는 가르침을 듣고 그들의 양심을 날카롭게 찌르는 책망을 받을 필요가 있다.

2. **무지하지만 배운 비신자:** 이 비신자들은 기독교의 근본 교리를 배워야 한다. 퍼킨스는 그들이 회개, 믿음, 성례, 말씀의 적용, 부활, 최후 심판을 망라하는 자신의 책 『기독교의 근본』(Foundations of the Christian Religion)에서 배우도록 추천했다.

3. **약간의 지식을 갖고 있으나 겸손하지 않은 자:** 이런 자들에게 설교자는 죄에 대한 근심과 회개를 촉구하는 율법을 선포하고, 그런 다음 복음을 설교해야 한다.

4. **겸손한 자:** 설교자는 이런 자들을 너무 성급하게 위로해서는 안 되고, 먼저 그들의 겸손이 믿음에 뿌리를 둔 하나님의 구원 역사에서 나오는 것인지, 아니면 단순히 흔한 후회감에서 나오는 것인지 판단해야 한다. 아직 자기 의에서 벗어나지 못했지만 부분적으로 겸손한 자들에게 퍼킨스는 비록 복음으로 완화되기는 해도 율법을 더 통렬하게 제시함으로써 그들이 "자신의 죄로, 그리고 하나님의 심판을 묵상하며 두려움을 갖도록 함과 동시에 복음의 위로를 즉시 받을 수 있게 해야 한다"고 말한다. 충분히 겸손한 자들에 대해서는 "믿음과 회개, 복음의 위로 교리를 선포하고 진정시켜야 한다."

5. **믿는 자:** 신자들은 율법의 침과 저주보다는 행위 규칙으로서 율법과 함께 칭의, 성화, 견인과 같은 핵심 교리를 배워야 한다. "믿기 전에는 저주를 가진 율법이 선포되어야 한다. 회심 후에는 저주 없는 율법이 선포되어야 한다"고 퍼킨스는 말했다.

6. **믿음이나 실천에서 타락한 자:** 이들은 믿음에 있어, 지식에 있어, 그리스도를 파악하는 데 있어 타락한 자들이다. 만일 지식에 있어 타락한다면 그들은 그들이 잘못을 범한 특정 교리에 대해 가르침을 받아야 한다. 만일 그리스도를 파악하지 못했다면 그들은 은혜의 표지로 자신을 검토해 보고, 그런 다음 복음의 치료제이신 그리스도에게 날아가야 한다. 죄악된 행동에 연루된 자들은 율법과 복음을 설교해서 회개시켜야 한다.

7. **혼합된 자:** 이것은 교회 안에 있는 신자와 비신자를 모두 가리킬 수 있고, 또는 그들 안에 이전의 여섯 부류의 청자들의 결합을 포함하고 있는 개인을 가리킬 수도 있다. 만일 퍼킨스가 의도한 자가 후자라면 그들에게 참으로 많은 율법과 많은 복음을 알려 주기 위해 큰 지혜를 필요로 할 것이다.[74)]

청교도 설교자들은 시대를 넘어 모든 설교에서 이 일곱 부류의 청자들에게 설교를 전했다. 웨스트민스터 총회의 예배 모범은 목사들에게 강해하는 본문이 담고 있는 "모든 용도"를 제시하려고 하지 말라고 권고했다. 그러나 각 설교는 신자와 비신자 모두에게 주는 지침을 담고 있었다. 비신자는 보통 그가 어떻게 살았는지, 그리고 어떤 행동이 변화를 요하는지 검토해 보도록 요구를 받고, 그런 다음 유일하게 그의 필요를 충족시킬 수 있는 그리스도에게 피하라고 권면을 받았다. 신자에게 주는 "적용"에는 보통 위로, 지침, 자기검토의 요점들이 포함되었다.[75)] 적용 부분이야말로 "설교의 생명"

---

74) Perkins, *The Art of Prophesying*, pp. 56~63. 뉴잉글랜드 청교도가 설교한 일부 주요 교리들에 대한 설명은 Levy, *Preaching in the First Half Century of New England History*, pp. 25~40을 보라.

75) Murray A. Capill, *Preaching with Spiritual Vigour: Including Lessons from the Life and Practice of Richard*

이라고 제임스 더럼(대략. 1622~1658년)은 말했다. "따라서 설교는 설복하는 것, 증언하는 것, 간원하는 것, 간청하는 것이나 요청하는 것, 권면하는 것으로 불린다."[76]

평이한 전달

대다수 청교도 목사들은 한 시간 정도 설교했고, 긴 개요가 담긴 노트를 들고 강단에 올라갔다. 어떤 목사는 설교를 완전히 글로 적어두었고, 특히 적용 부분을 더욱 상세히 적어두었지만 실제로는 일부만 사용했다. 어떤 목사는 개요 노트가 전혀 없이 철저히 기억에만 의존했다. 레비는 뉴잉글랜드에서 청교도는 먼저 목사가 원고 없이 즉흥적으로 설교하는 것을 최고로 느꼈다고 지적한다. 그러나 1636~1670년에 코네티컷, 윈저에서 사역했던 인기 있는 설교자 존 워럼이 설교할 때 광범하게 개요 노트를 활용하자 다른 설교자들도 그의 모습을 모방하기 시작했다.[77] 그들은 보통 자신들의 설교 내용, 특히 적용 부분을 실제 설교한 것보다 훨씬 많은 분량을 적어두었다.

청교도의 평이한 설교 문체는 평범한 청자가 듣기에 분명하지 않거나 명료하지 않은 것은 모두 피했다. 목사는 하나님의 공인된 말씀 해석자였으므로 웅변적인 요소에 관심을 두어 복음의 진실성과 명료성을 떨어뜨려서는 안 되었다. 설교자가 평이함을 추구한 것은 자신의 설교 문체는 거부하고, 그리스도와 복음이 부각되도록 하기 위해서였다. 존 플라벨은 이렇게 말했다. "십자가에 못 박힌 문체가 십자가에 못 박히신 그리스도의 설교자에게 가장 알맞다. 말들은 내용의 종에 불과하다. 자물쇠에 맞는 철 열쇠가 보물함의 문을 열 수 없는 황금 열쇠보다 더 유용하다."[78] 로버트 볼턴(1572~1631년)은 이렇게 말했다. "참 그리스도인의 마음은 다정다감한 영혼의 묵상 능력을 통해 작성되고, 생명의 말씀의 참되고 자연적이고 필수적인 의미의 지지를 받으며, 비견할 수 없이 강력한 성경의 설득력으로 다듬어진 한 설교에서……비록 모든 예술, 인문학, 철학의 꽃과 진수로 채워져 있다고 해도 일반적인 [강론]에서보다 더 온전한 위로를 받고, 진실로 기독교적인 감동을 느낀다."[79]

이런 설교는 매우 도전적이고, 심도 있는 오랜 연구를 필요로 한다. 토머스 셰퍼드(1605~1649년)가 두 번의 주일 예배에서 전하기 위해 매주 3일을 꼬박 준비한 것이 대표적일 것이다.[80] 코튼 매더는 존 코튼의 설교는 모두 "등불 냄새가 난다"고 말했다.[81] 청교도는 목사가 게으른 것을 멸시했다. 청교도는 성경에서 하나님의 마음을 통찰하려면 간절한 기도, 단어 어원을 찾기 위한 끈질긴 작업, 복잡한 문법의 탐지, 가능한 한 충분하고 정확하게 문제의 본문에 표현된 요점들을 상술하는 것이 요구된다고 가르쳤다. 본문에 대해 기도하고 생각하고 씨름한 후에야 청교도 목사는 하나님의 마음을 교인들에게, 심지어는 초등학교 어린아이도 충분히 이해할 수 있도록 메시지를 단순하게 풀어 놓는 데 심혈을 기울였다. 리처드 백스터는 이렇게 말했다. "무지한 자가 이해할 수 있도록 그렇게 평이하

Baxter (Fearn, Scotland: Christian Focus, 2003), pp. 153~156.

76) James Durham, *A Commentary upon the Book of the Revelation* (Amsterdam: John Frederickszoon Stam, 1660), pp. 260~266.

77) Levy, *Preaching in the First Half Century of New England History*, pp. 82~83.

78) Flavel, "Evangelical Pastor," *Works*, 6:572.

79) Robert Bolton, *The Works of the Reverend, Truly Pious, and Judiciously Learned Robert Bolton* (London: George Miller, 1641), 4:161.

80) Thomas Shepard, *Four Necessary Cases of Conscience* (London, 1651), p. 5.

81) Miller, *Seventeenth Century*, p. 352에서 인용함.

게, 깊이 죽어 있던 심령이 느낄 수 있도록 그렇게 진지하게, 그리고 부정적 반박에 빠져 있는 신사를 침묵시킬 수 있도록 그렇게 설득력 있게 전하는 것은 쉽지 않다."[82]

설교자는 교회 안에 있는 다양한 집단에게 설교할 때 그의 설교 방식에서 메시지의 중대성을 보여 줘야 했다. 웨스트민스터 총회 신학자들은 설교 방식과 내용 간의 이 근본적인 연계성을 바로 이해했다. 그들은 예배 모범에서 설교와 사역은 다음과 같은 방법으로 수행되어야 한다고 지적함으로써 설교에 대한 설명을 결론짓는다.

1. **힘써**: 즉 게으르지 않고 심혈을 기울여 전해야 한다.
2. **평이하게**: 따라서 교육받지 못한 대다수 사람들도 성경의 가르침을 파악할 수 있도록 전해야 한다.
3. **신실하게**: 그리스도의 존귀, 잃어버린 자의 구원, 신자들의 교화를 갈망하는 마음으로 전해야 한다.
4. **지혜롭게**: 교인들을 설복시키는 데 가장 적합한 방법으로 가르치고 권면해야 한다.
5. **진지하게**: 말씀을 말씀되게 전해야 한다.
6. **사랑으로**: 영혼의 행복을 위한 경건한 열심과 진심 어린 열망을 갖고 전해야 한다.
7. **열심을 다해**: 그리스도의 진리를 내적으로 확신하고, 개인적으로나 공적으로 경건한 태도로 양떼 앞에서 전해야 한다.[83]

만일 이 일곱 가지 참된 설교 표지가 오늘날의 설교와 사역에 더 충분히 제공되었다면 우리는 하나님의 교회에서 하나님 말씀의 변혁 능력을 더 많이 볼 수 있지 않았을까?

평이한 의존

평이한 문체는 설교의 영적 성격을 강조하는 요소가 되어야 한다고 퍼킨스는 말했다. 성령의 역사는 목사의 설교가 본문과 일치해서 영적이고 은혜로울 때, 하나님 은혜의 증거들이 심령 속에 받아들여질 때 증명된다.[84]

목사들은 자신들이 말하고 행하는 모든 것 속에서 성령에 대한 깊은 의존을 보여 줘야 한다. 목사들은 사람들을 그리스도께 이끌거나 회심을 일으키는 데 있어 자신은 아무 능력이 없다는 것을 날카롭게 의식하고 있어야 한다. "하나님은 여러분이 보냄을 받은 자들을 회심시킬 능력을 여러분에게 주지 아니하셨다. 절대로 아니다. 복음을 전하는 것이 여러분의 의무다"라고 윌리엄 거널은 목사들에게 말했다.[85] 그리고 리처드 백스터는 이렇게 말했다. "회심은 대부분이 알고 있는 것과는 다른 종류의 역사다. 사람이 결코 소멸될 수 없는 사랑으로 하나님을 사랑하지 않는 한, 땅의 마음을 하늘로 끌어올리고, 자애로운 하나님의 속성들을 그에게 보여 주는 것은 결코 작은 문제가 아니다. 곧 죄

---

82) Blanchard, *Complete Gathered Gold*, p. 475에서 인용함.
83) *Westminster Confession of Faith*, p. 381.
84) Perkins, *The Art of Prophesying*, pp. 72~73.
85) William Gurnall, *The Christian in Complete Armour* (London: Banner of Truth Trust, 1964), 2:574.

를 향한 마음을 끊고 그리스도께 피난하기 위해 도망쳐서 감사함으로 자기 영혼의 생명으로 그분을 포옹하는 것, 자신의 삶의 참된 경향과 성벽을 변화시키는 것, 그리하여 자신의 행복을 위해 취했던 것을 포기하고 이전에는 취하지 않았던 곳에 자신의 행복을 두는 것은 결코 사소한 일이 아니다."[86)]

청교도는 설교자나 청자는 자신이 원하는 자 속에 거듭남과 회심을 일으키시는 성령의 역사에 전적으로 의존한다고 확신했다.[87)] 성령은 인간의 마음속에 하나님의 임재를 가져오신다. 성령은 죄인들을 설복시켜 구원을 추구하고, 부패한 의지를 새롭게 하고, 굳은 마음속에 성경적 진리가 뿌리박히게 하신다. 토머스 왓슨이 말한 것처럼 "목사들이 사람들의 마음의 문을 두드리면, 성령이 열쇠를 갖고 와 문을 여신다."[88)] 조지프 얼라인은 이렇게 말했다. "여러분은 스스로 회심할 수 있다고 절대로 생각하지 마라. 만일 여러분이 회심하고 구원을 받았다면 여러분 자신의 힘으로 그렇게 된 것에 대해서는 절망해야 한다. 그것은 죽은 자에게서의 부활(엡 2:1), 새 창조(갈 6:15; 엡 2:10), 절대적인 전능자의 사역(엡 1:19)이기 때문이다."[89)]

평이한 거룩함

은혜로운 설교는 오직 은혜로 말미암아 목사의 거룩한 삶이 동반될 때에만 가능하다. 목사는 거룩한 사람이어야 한다. 청교도의 인용문은 이 주제로 충만하다.

- 여러분 자신의 마음을 살피고, 부패함을 제압하며, 하나님과 동행하는 것이 여러분의 일상적인 업무가 아니라면, 이 업무를 꾸준히 이행하지 않는다면 모든 것이 잘못되고, 여러분은 여러분의 청자를 굶겨 죽일 것이다……우리는 잘 설교하는 법 못지않게 잘 사는 법도 부지런히 연구해야 한다(리처드 백스터).
- 사람이 정직하게 가르치고 부정직하게 산다면 그가 낮에 세운 교리는 그의 인생의 밤에 더 무너질 것이다(존 오웬).
- 우리의 사역은 우리의 마음이 행하는 것이다. 어떤 사람도 자신의 습관적인 경건함의 수준 이상으로 자라지 못한다(토머스 윌슨).[90)]

청교도의 설교는 올바른 삶으로 지지를 받았다. 설교자들은 자신들이 설교한 대로 살았다. 그들에게는 균형 잡힌 교리가 균형 잡힌 삶과 불가분리적이었다. 청교도 목사들은 자신들의 가정과 교회 및 사회에서 가르치는 선지자, 중보하는 제사장, 다스리는 왕이었다. 그들은 개인기도, 가정 예배, 공적 중보의 사람들이었다.

---

86) Baxter, *Call to the Unconverted*, in *Works*, 2:513.
87) Packer, *Quest for Godliness*, pp. 296~299.
88) Thomas Watson, *A Body of Divinity* (1692, 재판, Edinburgh: Banner of Truth Trust, 2000), p. 221.
89) Alleine, *A Sure Guide to Heaven*, pp. 26~27.
90) Blanchard, *Complete Gathered Gold*, pp. 491, 493에서 인용함.

결론: 기도의 필요성

이번 장을 읽고 난 후에 어떤 이는 "이 일을 누가 할 수 있겠는가?"라고 탄식할 수도 있다. 그러나 우리는 설교 기준을 낮추기보다는 오히려 아버지 앞에서 우리의 무릎을 더 낮추어야 한다. 청교도는 오로지 자기 설교의 신적 복을 위해 하나님과 씨름하는 위대한 청원자였기 때문에 위대한 설교자가 된 것이다. 리처드 백스터는 이렇게 말했다. "기도는 설교뿐만 아니라 우리 사역에 대해서도 이뤄져야 한다. 교인들을 위해 열심을 다해 기도하지 않는 자는 그들에게 충심으로 설교하지 못하는 법이다. 만일 우리가 교인들에게 믿음과 회개를 제공하기 위해 하나님과 씨름하지 않는다면 결코 그들을 믿고 회개하게 만들지 못할 것이다."[91] 로버트 트레일은 이렇게 말했다. "평범한[더 적은] 은사와 재능을 가진 어떤 목사들이 능력에서 그들을 크게 능가하는 다른 목사들보다 더 성공적인 목회를 한다. 그 이유는 그들이 설교를 더 잘하기 때문이 아니라 더 많이 기도하기 때문이다. 많은 탁월한 설교가 서재에서 기도하지 않기 때문에 효력을 상실하고 만다."[92] 존 오웬도 이렇게 말했다. "교인들을 위해 골방에 들어가는 것보다 교인들을 위해 강단에 올라가는 것이 더 많은 목사는 불쌍한 파수꾼이다."[93] 그러므로 우리는 우리 자신과 우리의 설교를 하나님의 임재 속으로 갖고 가 거기서 우리가 곤경 속에 있을 때 은혜를 찾자(히 4:16).

---

91) Richard Baxter, *The Reformed Pastor*, S. Palmer 축약 (1862, 재판, London: Banner of Truth Trust, 1974), p. 123.

92) Robert Traill, "By What Means May Ministers Best Win Souls?" *The Works of the Late Reverend Robert Traill* (1810, 재판, Edinburgh: Banner of Truth Trust, 1975), 1:246.

93) Blanchard, *Complete Gathered Gold*, p. 495.

43장

청교도의 설교(2)

설교는 그리스도를 세상 위와 아래로 태우고 다니는 수레다.

–리처드 십스[1]–

앞장에서 우리는 청교도 설교의 특성을 그 우선성, 능력, 평이성에 따라 검토했다. 이번 장에서는 청교도의 설교 계획과 열정에 대해 고찰할 것이다.

설교 계획

청교도는 설교를 사랑했기 때문에 교회의 포괄적 개혁을 위해 감동적인 설교 계획을 세우는 데 초점을 맞출 수 있었다. 기본적으로 청교도는 설교를 통해 사람들에게 영향을 미치고 목회 개혁을 촉진시키기 위해 다섯 가지 부분에서 접근해서 들어갔다.

설교 자체

청교도 설교의 첫 번째 부분은 설교 자체를 개혁하는 것이었다. 청교도는 자주 설교함으로써 설교에서도 위대한 신자가 되었다. 청교도는 다양한 방법으로 강단에 나아가 주일과 주중에 가능한 한 모든 기회를 사용해서 설교했다. 교구 교회의 생계비 지원이 종종 후원자의 손에 있었고, 그래서 주교가 묵인하고 후원자가 청교도에 동조적인 곳에서는 청교도 목사가 정식 목사로 초빙되는 경우가 더러 있었다. 다른 목사들은 잉글랜드 교회의 모든 요청에 순응하지 않은 교구 교회를 찾았고, 그래서 양심이 허락하는 한도 내에서 설교와 사역을 계속할 수 있었다. 그러나 또 다른 목사들은 집과 멀리 떨어진 시골에서 또는 자신들의 가정이나 헛간, 오지에서 설교했다. 청교도 목사들이 한 주에 다섯 번씩 설교하는 것이 드문 일이 아니었다.[2]

청교도의 설교는 교리적 설교라는 특징 외에 성경적 설교라는 특징으로도 유명했다. 청교도 설교자는 하나님의 말씀 속에서 메시지를 찾았다. "신실한 목사는 그리스도와 마찬가지로 하나님의 말

---

1) Richard Sibbes, *The Fountain Opened; or, The Mystery of Godliness Revealed*, in *The Complete Works of Richard Sibbes*, Alexander B. Grosart 편집 (1862~1864, 재판, Edinburgh: Banner of Truth Trust, 1977), 5:508.

2) 예컨대 Horsfall Turner, *The Reverend Oliver Heywood, B.A., 1630~1702: His Autobiography, Diaries, Anecdotes and Event Books* (London: Bingley, 1883), 3:238에 따르면, 올리버 헤이우드는 1690년에 한 주에 평균 5회에 걸쳐 설교했다.

씀 외에 다른 것은 전하지 않는 사람"이라고 청교도 에드워드 데링(대략, 1540~1576년)은 말했다.[3] 존 오웬(1616~1683년)도 여기에 동조했다. "목사의 첫 번째 핵심 의무는 부지런히 말씀을 설교함으로써 양떼를 먹이는 것이다."[4] 밀러 머클루어는 이렇게 지적했다. "청교도에게 설교는 단순히 성경에 매여 있는 것이 아니다. 설교는 확실히 문자 그대로 하나님의 말씀 안에 있다. 본문이 설교 속에 있지 않고 설교가 본문 속에 있다…… 요약해서 말한다면, 설교를 듣는 것은 성경 속에 있는 것이다."[5]

청교도 설교자 존 코튼(1585~1652년)은 교인들에게 "말씀을 먹으라. 그러면 그것이 [우리를] 말씀 안에서 즐거워하도록 만들 것이다"라고 말했다.[6] 제네바 성경 서문도 비슷한 권면을 담고 있다. "성경은 우리 길의 빛, 천국의 열쇠, 고통 속에서 우리의 위로, 사탄을 대적하는 우리의 방패와 칼, 우리 지혜의 학교, 우리가 하나님의 얼굴을 보는 거울, 하나님의 호의에 대한 증언, 우리 영혼의 유일한 양식과 자양물이다."[7]

따라서 청교도 설교의 전형적인 원고에는 5~10개 정도의 성경 본문 인용과 12개 정도의 본문에 대한 언급이 담겨 있다. 청교도 설교자들은 성경에 정통했다. 그들은 수천 개는 아니더라도 수백 개 정도의 성경 본문을 암기했다. 또한 어떤 관련 사실에 어떤 성경 본문을 인용할지를 알고 있었다. "성경 적용에 오랫동안 개인적으로 익숙한 것이 청교도 목회 제도의 핵심 요소였다"고 싱클레어 퍼거슨은 말한다. "청교도는 보석 감정인이 다이아몬드의 다양한 면들을 끈질기게 검사하는 것처럼 계시된 진리의 부요함을 숙고했다."[8] 청교도는 성경을 지혜롭게 사용해서 교리나 양심 문제와 관련된 본문들을 즉각 인용했다.[9]

게다가 청교도의 설교는 거의 항상 **실험적**이고 **실천적**이었다. 청교도의 설교는 그리스도인이 일상적인 삶 속에서 성경적 진리를 어떻게 경험하는지를 설명했다. "실험적"이라는 말은 동사 "시도하다, 시험하다, 증명하다 또는 시험에 부치다"에서 파생된 명사인 라틴어 **엑스페리멘툼**에서 나온다. 이 동사는 또한 "경험으로 찾거나 알다"는 의미를 가질 수 있고, 따라서 "시험, 실험"과 "실험으로 얻은 지식"을 의미하는 **엑스페리엔티아**라는 말을 일으킨다.[10] 존 칼빈은 경험적(엑스페리엔티아)이라는 말과 실험적(엑스페리멘툼)이라는 말을 상호 교체적으로 사용했다. 왜냐하면 두 말은 모두 성경적 설교의 관점에서 보면, 성경의 시금석에 따라 경험된 지식을 검사하거나 시험할 필요성을 가리키기 때문이다(사 8:20).[11]

---

3) Edward Dering, *M. Derings Workes* (1597, 재판, New York: Da Capo Press, 1972), p. 456.

4) John Owen, *The True Nature of a Gospel Church and Its Government*, in *The Works of John Owen*, William H. Goold 편집 (London: Banner of Truth Trust, 1965), 16:74.

5) Millar Maclure, *The Paul's Cross Sermons, 1534~1642* (Toronto: University of Toronto Press, 1958), p. 165.

6) John Cotton, *The Way of Life. Or, Gods Way and Course, in Bringing the Soule Into, Keeping It In, and Carrying It On, in the Wayes of Life and Peace* (London: M. F. for L. Fawne and S. Gellibrand, 1641), p. 432.

7) *Geneva Bible* (1599; reprint Ozark, Mo.: L. L. Brown, 1990), p. 3.

8) Sinclair B. Ferguson, "Evangelical Ministry: The Puritan Contribution," *The Compromised Church: The Present Evangelical Crisis*, John H. Armstrong 편집 (Wheaton, Ill.: Crossway, 1998), p. 267.

9) 예, *William Perkins, 1558~1602: English Puritanist. His Pioneer Works on Casuistry: "A Discourse of Conscience" and "The Whole Treatise of Cases of Conscience,"* Thomas F. Merrill 편집 (Nieuwkoop: B. DeGraaf, 1966). 이 작품들은 퍼킨스에게 "청교도 결의론의 아버지"라는 호칭을 붙였다.

10) *Cassell's Latin Dictionary*, J. R. V. Marchant & J. F. Charles 교정 (New York: Funk & Wagnalls, n.d.), s.vv. "experimentum," "experientia."

11) Willem Balke, "The Word of God and *Experientia* according to Calvin," *Calvinus Ecclesiae Doctor*, W. H. Neuser 편집 (Kampen: J. H. Kok, 1978), pp. 20~21. 참고, Calvin's commentary on Zechariah 2:9.

실험적 설교는 경험으로 하나님 말씀의 진리를 아는 것의 필요성을 강조한다. 실험적 설교는 기독교적 삶 속에서 성경적 진리에 따라 문제들이 어떻게 가야 하는지, 그리고 문제들이 어떻게 가는지를 설명하려고 한다. 실험적 설교는 신자가 하나님과 동행하는 가운데 겪는, 그리고 가정, 교회, 자기 주변 세상과의 관계 속에서 겪는 모든 경험에 신적 진리를 적용하는 것을 목표로 삼는다. 우리는 이런 양식의 설교를 청교도에게서 많이 배울 수 있다.

청교도는 그리스도가 부각되지 않는 설교는 타당한 경험적 설교가 아니라고 말했다. 토머스 애덤스(1583~1652년)에 따르면, "그리스도는 모든 장, 거의 모든 줄에서 예언되고, 모형되고, 예시되고, 표시되고, 예증되고, 발견되는 성경전서의 결정적 요점으로, 성경전서는 말하자면 아기 예수의 강보 외에 다른 것이 아니다."[12] "성경전서의 핵심 실체, 정수, 영혼, 목적으로 그리스도를 생각하라"고 아이작 암브로스는 말했다.[13]

청교도의 설교는 그리스도의 맥락에서 진리를 경험에 차별적으로 적용하는 것이 특징이었다. 차별적인 설교는 비기독교적인 것과 기독교적인 것의 차이를 명확히 한다. 차별적인 설교는 믿지 않는 자와 회개하지 않는 자에게 하나님의 진노와 영원한 정죄를 선언한다. 또한 참된 믿음으로 예수 그리스도를 구주와 주님으로 영접하는 모든 자에게 죄사함과 영생을 선포한다(마 7:22~27; 고전 1:30, 2:2).

청교도는 인간 마음의 기만성을 잘 알고 있었다. 따라서 청교도 설교자들은 교회와 세상, 참 신자와 단순한 고백 신자, 구원하는 믿음과 일시적인 믿음을 구분하는 은혜의 표지들을 확인하는 데 심혈을 기울였다.[14] 토머스 셰퍼드는 『열 처녀』(The Ten Virgins)에서, 매튜 미드는 『유사 그리스도인』(The Almost Christian Discovered)에서, 조나단 에드워즈는 『신앙감정론』(Religious Affections[부흥과개혁사 역간, 2005])에서, 그리고 다른 청교도는 다수의 작품들 속에서 가짜 신자와 참 신자를 구별하는 법에 대해 썼다.[15]

이런 종류의 차별적인 설교가 오늘날에는 거의 없다. 심지어는 보수적인 복음주의 교회에서도 성경 진리에 대한 머리의 지식이 종종 마음의 경험을 대신하고, 또는 거꾸로 마음의 경험이 머리의 지식을 대신한다. 실험적 설교는 머리의 지식과 마음의 경험을 함께 요구한다. 존 머리에 따르면 실험적 설교의 목표는 "지성적인 경건"이다.

청교도는 하나님 말씀이 실험적으로 선포될 때 성령께서 말씀을 사용해서 개인과 민족을 변화시키신다고 가르쳤다. 이런 설교는 하나님의 자녀의 활력적 경험과 관련시키기 때문에 변화를 가져오고(롬 5:1~11), 신자 속에 나타나는 구원하는 은혜의 표지들을 분명히 설명하고(마 5:3~12; 갈 5:22~23), 세상 속에서 하나님의 종으로서 신자들을 부르시는 고귀한 소명을 선포하며(마 5:13~16), 신자와 비신자들의 영원한 운명을 보여 준다(계 21:1~9).[16]

---

12) Thomas Adams, *Meditations upon Some Part of the Creed*, in *The Works of Thomas Adams* (1862, 재판, Eureka, Calif.: Tanski, 1998), 3:224.

13) Isaac Ambrose, *The Works of Isaac Ambrose* (London: for Thomas Tegg & Son, 1701), p. 201.

14) Thomas Watson, *The Godly Man's Picture* (Edinburgh: Banner of Truth Trust, 1992), pp. 20~188은 자기검토를 위한 24개의 은혜의 표지를 제시한다.

15) 다음 자료들을 보라. Thomas Shepard, *The Parable of the Ten Virgins* (Ligonier, Pa.: Soli Deo Gloria, 1990), Matthew Mead, *The Almost Christian Discovered; Or the False Professor Tried and Cast* (Ligonier, Pa.: Soli Deo Gloria, 1988), Jonathan Edwards, *Religious Affections* (New Haven, Conn.: Yale University Press, 1959).

16) 실험적 설교를 장려하는 개혁파 신앙고백 진술에 대해서는 하이델베르크 교리문답을 보라. 이것은 다음과 같은 것으로 증명된다. (1) 신자들의 경험에 일치되는 하이델베르크 교리문답의 개요 강해(비참, 해방, 감사), (2) 하이델베르크 교리문답의 대다수 교리의 신자의 양심과 영적 유익에의 직접적 적용, (3) 신자에게 규칙적으로 이인칭으로 전달하는

청교도의 경험적 설교의 변화 능력에 대한 실례들은 청교도의 자서전 작품과 일기 속에 충만하다. 존 스필만을 대표적인 한 실례로 들 수 있다.

> 이전에 육신적 상태 속에 있었을 때 나는 그리스도의 사역자들, 특히 여러분의 오래된 설교자들을 멸시했고, 설교를 오래 전하는 것을 견딜 수 없었지만, 드디어 나는 한 설교에 사로잡혔는데, 그는 그리스도 안에서 맺어진 새 언약에 대한 히브리서 8장 8, 10절을 [설교하고] 있었다. 그런데 이 설교가 바로 나의 가정에 적용되고, 내 마음에 와 닿았다.[17]

강사직

비록 당시에는 오늘날과 다른 의미를 갖고 있었지만 청교도 설교의 또 다른 형태는 강의였다. 청교도 시대에 전형적인 교회 교구는 한 명의 교구 목사와 1~2명의 부목사(즉 담임목사와 보조 목사들)를 두었다. 청교도 강사들은 교구 교회에 대한 의무를 지고 있지 않았다. 그들의 전문적인 직업은 설교하고 가르치는 것에 있었다. 그들은 보통 부유한 개인 후원자나 시의회나 법학원(런던의 법률학교)에 고용되어 청교도 정신을 가진 교회나 교회 단체(교구 목사나 부목사의 지원을 받은)에서 사람들의 영적 욕구를 만족시키는 일에 종사했다.[18] 공식적으로 강사직은 목회를 보충하는 역할을 했지만 실제로는 잉글랜드 교회의 기도서 사역을 외면하고 수시로 설교하는 데 종사했다. 따라서 강사들은 국교회 규칙을 회피했다.

강사들은 종종 레스터의 백작과 같은 귀족들이나 그들이 갖고 있던 권력이나 영향력에 따라 보호를 받았다.[19] 윌리엄 할러는 강사직을 다음과 같이 묘사한다.

> 강사는 간혹 그럴 수도 있기는 했지만 대체로 교구 후원자의 지정을 받거나 인정을 받지 않았고, 또 정규 성직록 소유자에게 주어진 십일조에서 수입을 얻은 것도 아니었다. 강사는 회중에 의해 또는 일부 교인이나 교인 집단에 의해 또는 그를 부양하는 데 비용을 부담할 용의가 있는 일부 부유한 지지자에 의해 설교자로 선임되었다. 강사의 직무는 주변의 많은 교구민들이 요구할 수도 있었다. 강사의 의무는 성경을 강의하고, 때때로 주일에는 정규 예배에 출석한 사람들 말고 다른 사람들에게 설교하는 데 있었는데, 주중에도 대부분 마찬가지였다. 강사는 주교나 의무를 게을리했을 때 처벌할 수 있는 책임을 가진 교회의 다른 합당한 권위자에게 허

하이델베르크 교리문답의 따스하고 인간적인 성격. 참고, Tae-Hyeun Park, *The Sacred Rhetoric of the Holy Spirit: A Study of Puritan Preaching in Pneumatological Perspective* (Apeldoorn: Theologische Universiteit, 2005), pp. 373~374.

17) Owen C. Watkins, *The Puritan Experience: Studies in Spiritual Autobiography* (New York: Schocken, 1972), p. 58에서 인용함.

18) 강사직의 기원과 변천이 Paul S. Seaver, *The Puritan Lectureships: The Politics of Religious Dissent, 1560~1662* (Stanford, Calif.: Stanford University Press, 1970), pp. 72~87에 기록되어 있다. 참고, Irvonwy Morgan, *The Godly Preachers of the Elizabethan Church* (London: Epworth Press, 1965), pp. 33~60, William Haller, *The Rise of Puritanism* (Philadelphia: University of Philadelphia Press, 1972), p. 330.

19) D. M. Lloyd-Jones, *The Puritans: Their Origins and Successors* (Edinburgh: Banner of Truth Trust, 1987), p. 378.

가를 받아 활동한 것으로 보인다.[20)]

청교도 강사직에 대한 권위자인 폴 시버는 이렇게 말한다. "모든 강사가 청교도였던 것도 아니고, 모든 청교도가 강사였던 것도 아니다. 하지만 강사직이 본질상 청교도 기관이었던 것은 의심의 여지가 있을 수 없다. 강사직 뒤에 있는 힘 때문에 청교도는 이 직분에 대한 동기를 부여받았고, 청교도 설교자들이 이 직분에 주도적으로 참여했다."[21)] 강사직은 청교도 운동 첫 세기(1560~1662년)에 점차 인기를 끌었다. 잉글랜드 도처에서 곧 런던은 말할 것도 없고 케임브리지와 옥스퍼드, 소도시와 시골에서도 강사들이 생겨났다. 17세기 처음 30년 동안은 백 명 이상의 강사들이 활동했다.

위대한 청교도 가운데 많은 이들이 강사로서 활동했는데, 그들 가운데 윌리엄 에임스, 폴 베인스, 토머스 카트라이트, 로렌스 채더턴, 존 도드, 존 필드, 리처드 그린햄, 아서 힐더샴, 윌리엄 퍼킨스, 존 프레스턴, 리처드 십스 등이 있었다.[22)] 1640년대에는 많은 강사들이 웨스트민스터 총회로 불리는 장기의회에서 지도자가 되었다. 그래서 마셜 내픈에 따르면 귀족의 개인적인 지도 목사도 종종 강사로 변신했는데, "그 이유는 가정 예배당이 주간 설교가 전해질 때에는 이웃에게 개방되었기 때문이다. 세월이 흐르면서 많은 강사직이 목회 직무의 한 형태로 주어졌다."[23)]

크리스토퍼 힐은 이 강사들을 "프리랜서 성직자"로 부르는데,[24)] 피터 루이스가 말하는 것처럼, 프리랜서 성직자는 "일종의 현대 성경 공부의 할아버지, 곧 대체로 이웃의 청교도 교회 목사와 교인들이 참석한 상당히 길고 매우 깊이가 있는 설교 사역"을 감당한 강사였기 때문이다.[25)] 강의는 대체로 성격상 강해나 교리 설교였고, 이 강의는 종종 이후에 주석이나 논문으로 출판되었다.

대다수 청교도는 강사들의 설교를 소속 교회 목사의 설교보다 더 좋아했다. 청교도 강사들은 그들의 마음과 감정을 훔쳤다. 대체로 사람들은 아침 예배에는 충실하게 잉글랜드 교회 목사의 매우 무미건조한 설교를 들으러 가고, 오후에는 강사가 교리적, 경험적, 실천적 성경을 강하게 펼쳐 놓는 것을 들으러 갔다. 강사들이 크게 인기가 있었기 때문에 시버는 이렇게 결론짓는다. "청교도 요새에서 강사직이 득세함으로써 왕과 국교회 주교들의 권력과 쌍벽을 이루는 평신도 교회 권력이 형성되었다."[26)]

예언 집회

청교도 설교의 세 번째 형식은 예언 집회였는데, "연습"이나 "경건한 연습"으로도 불렸다. 예언은 일종의 목사들을 위한 성경 콘퍼런스 또는 지속적인 교육 방식이었다.[27)] 다양한 지역에서 형태

---

20) Haller, *The Rise of Puritanism*, p. 53.
21) Seaver, *The Puritan Lectureships*, p. 22.
22) Seaver, *The Puritan Lectureships*, pp. 30~31.
23) Marshall M. Knappen, *Tudor Puritanism: A Chapter in the History of Idealism* (Chicago: University of Chicago Press, 1939), pp. 221~222.
24) Christopher Hill, *Society and Puritanism in Pre-Revolutionary England* (New York: Schocken, 1964), p. 80.
25) Peter Lewis, *Genius of Puritanism* (Grand Rapids: Reformation Heritage Books, 2008), pp. 61~62.
26) Seaver, *The Puritan Lectureships*, 책 표지.
27) 특히 Patrick Collinson, *The Elizabethan Puritan Movement* (London: Jonathan Cape, 1967), pp. 168~176과 Morgan, *The Godly Preachers of the Elizabethan Church*, pp. 61~101을 보라. 더 짧은 언급에 대해서는 다음 자료들을 보라. Knappen, *Tudor Puritanism*, pp. 253~254, Joseph A. Pipa Jr., "William Perkins and the Development of Puritan Preaching" (철학박사학위논문, Westminster Theological Seminary, 1985), pp. 25~26, Daniel Neal, *The History of the Puritans* (Stoke-on-Trent, U.K.: Tentmaker, 2006), 1:181~182, Horton Davies, *The Worship of*

는 다양했지만 예언 집회는 중심지에 위치한 교회에서 3~6명의 목사가 연소자에서 연장자 순으로 같은 본문에 대해 설교하는 것으로 개최되었다. 마지막 설교자는 결론을 요약하고, 전해진 교리들의 실천적 "적용"을 강조했다. 이어서 의장이 설교를 비판하는 회의를 주재했다. 이 "철을 철로 날카롭게 하는" 회의에서 목사들은 자신들의 주석 및 설교 기술을 연마할 수 있었다.

1570년대 초반 이후로는 일반 대중도 건전한 설교에 대한 열정이 매우 강했기 때문에 일부 이런 설교 세미나에 초청을 받았다. 그러나 모든 목사가 이런 관행에 호의적인 것은 아니었다. 프랜시스 베이컨(1561~1626년)은 훗날 이렇게 말했다. "내가 알기로는 예언 집회가 크게 악용되었고, 지금은 논쟁의 열기가 너무 뜨거워 더 크게 악용되고 있다. 그러나 이런 악용의 한 가지 이유로 나는 예언 집회가 일반 대중에게 허용됨으로써 목사들의 개인적인 콘퍼런스로 한정되지 않았기 때문이라고 말하고 싶다."[28] 일반 대중-때때로 몇백 명에 달하기도 한-은 보통 제네바 성경을 무릎 위에 펼쳐 놓고 목사들이 인용하는 본문을 찾아보며 콘퍼런스 뒤에 앉아 있었다. 그 후에 그들은 종종 목사들에게 답변을 요구하는 질문을 던질 수도 있었다. 그러나 때로는 비판 회의에서는 제외되어 설교를 "잘하지 못하는" 목사들을 괴롭히지는 못했다.

예언 집회의 성경적 선례는 고린도전서 14장 29, 31절로 거기 보면 "예언하는 자는 둘이나 셋이나 말하고 다른 이들은 분별할 것이요……너희는 다 모든 사람으로 배우게 하고 모든 사람으로 권면을 받게 하기 위해 하나씩 하나씩 예언할 수 있느니라"고 말한다. 1520년대에 취리히에서 처음 시작된 이 예언 집회는 1550년대에 초기 청교도에게 도입되어 로렌스 채더턴(대략, 1536~1640년)에 의해 크라이스트 칼리지에서 광범하게 사용되었고, 곧이어 잉글랜드 다수의 지역으로 널리 확대되었다. 예언 집회는 자기들의 설교를 향상시키려는 청교도 목사들의 요청으로 점차 번성했지만 때때로 "무지한 설교"를 고칠 필요성을 느낀 주교들에 의해서도 시작되었다. 예언 집회는 1570년대 중반에 절정에 달했다. 1577년에 대주교 그린달의 조언에 따라 예언 집회를 국가와 교회에 대한 자신의 통제에 대한 위협으로 본 엘리자베스 여왕은 주교들에게 예언 집회를 금지하도록 권장했다.[29] 이때 여왕의 조치는 부분적으로만 성공했다. 일부 예언 집회는 특히 주교들에게 예언 집회를 용납한 제임스 1세 통치기까지 계속되었다.[30]

설교집

네 번째로 청교도의 설교는 설교의 인쇄와 출판으로 크게 확대되었다. 청교도는 수많은 설교들을 책의 형태로 인쇄했고, 그것은 중요한 은혜와 소통 수단이 되었다. 1560년대에 청교도 설교 9권이 출판되었다. 1570년대에는 69권이, 1580년대에는 113권이, 1590년대에는 140권이 출판되었다.[31] A. F. 헤어는 이렇게 말한다. "설교 출판은 엘리자베스 시대 잉글랜드에서 매우 중대한 업무였다. 평가

---

the English Puritans (Morgan, Pa.: Soli Deo Gloria), pp. 188~189.

28) Francis Bacon, *The Letters and Life of Francis Bacon, in The Works of Francis Bacon*, James Spedding, Robert Leslie Ellis & Douglas Denon Heath 편집 (London: Longman, 1857), 8:88.

29) S. E. Lehmberg, "Archbishop Grindal and the Prophesyings," *Historical Magazine of the Protestant Episcopal Church* 24 (1965), pp. 87~145.

30) Collinson, *The Elizabethan Puritan Movement*, p. 168.

31) A. F. Herr, *The Elizabethan Sermon: A Survey and a Bibliography* (New York: Octagon, 1969), p. 27.

해 보면, 당시에 발행된 모든 출판물 가운데 40% 이상이 본질상 종교나 철학 서적이었고, 그것은 설교가 이 종교 출판물의 큰 부분을 차지한 것을 증명한다."[32)]

J. I. 패커가 말한 것처럼 청교도 저술가들은 지성의 교육자, 양심의 해설자, 영혼의 의사, 진리의 집행자, 성령의 사람들이었기 때문에 인기가 있었다.[33)] 수많은 청교도의 설교집이 영문판으로 수십 판을 찍었고, 어떤 책들은 율법 대륙의 다양한 언어로 번역되었다. 17세기에 네덜란드어로만 7백 권 이상의 청교도 설교집이 번역되어 출판되었다.[34)] 최근에 잉글랜드 청교도 운동과 평행을 이루는 네덜란드의 제이 종교개혁이 낳은 네덜란드어 위대한 고전 가운데 일부가 번역됨으로써 다시 유행되기 시작했다.[35)]

청교도의 설교집은 자주 폭넓게 읽혀졌고, 하나님은 그것을 사용해서 많은 사람의 회심을 이끌고, 수많은 신자들이 은혜 안에서 자라도록 역사하셨다. 오늘날 어느 고서적상이나 알고 있는 것처럼 옛날 청교도의 작품들은 빈번한 사용으로 매우 헐었지만 국교회 설교들은 사용되지 않아 깨끗한 상태를 갖고 있음을 발견하는 것은 드문 일이 아니다.

청교도 작품들의 90% 이상이 처음에는 설교로 전해졌던 것이다. 1950년대 후반에 시작된 청교도 문헌이 다시 유행함에 따라 지난 50년 동안 재출간된 7백 권에 달하는 청교도 작품들도 똑같이 해당된다.[36)]

목회 훈련

마지막으로 청교도의 설교 계획은 목회 훈련 형태를 취했고, 이것이 좋은 설교를 낳는 역할을 했다. 청교도는 사역자로 대학 교육을 받은 목사를 요구했다. 이것을 갖추기 위해 청교도는 케임브리지와 같은 대학에서 교육을 받았다. 조지프 피파는 이렇게 말한다.

> 케임브리지 대학에서 크라이스트 칼리지가 수많은 청교도 동지와 로렌스 채더턴이 주도한 튜터들을 이끌었다. 세인트 존스 칼리지와 트리니티 칼리지도 청교도 신념을 가진 많은 사람을 배출했다. 엘리자베스 여왕 통치 초기에 이들 대학은 청교도 신학자의 진정한 "인명록"을 만들었다. 엘리자베스 여왕 통치 후기에 청교도는 케임브리지 대학 안에 두 개의 그들 자신의 칼리지를 세웠다. 1584년에 월터 마일드메이는 초대 학장이 된 로렌스 채더턴과 함께 임마누엘 칼리지를 설립했고, 1596년에는 서섹스의 백작 부인이 시드니 서섹스를 세웠다.[37)]

32) Herr, *The Elizabethan Sermon*, p. 67.

33) J. I. Packer, *Quest for Godliness: The Puritan Vision of the Christian Life* (Wheaton, Ill.: Crossway, 1990), pp. 11~34.

34) Fred A. van Lieburg, "From Pure Church to Pious Culture: The Further Reformation in the Seventeenth-Century Dutch Republic," *Later Calvinism: International Perspectives*, W. Fred Graham 편집 (Kirksville, Mo.: Sixteenth Century Journal Publishers, 1994), pp. 423~425. 참고, C. W. Schoneveld, *Intertraffic of the Mind* (Leiden: Brill, 1983), Willem Jan op 't Hof, *Engelse pietistische geschriften in het Nederlands*, 1598~1622 (Rotterdam: Lindenberg, 1987).

35) 이 번역된 네덜란드어 작품들의 서평은 Joel R. Beeke and Randall Pederson, *Meet the Puritans: A Guide to Modern Reprints* (Grand Rapids: Reformation Heritage Books, 2006), pp. 739~823을 보라.

36) 700권에 달하는 모든 작품의 서평에 대해서는 Beeke & Pederson, *Meet the Puritans*를 보라. 이 작품들이 개인적 삶에 미친 영향은 Watkins, *The Puritan Experience*, pp. 59~61을 보라.

37) Pipa, "William Perkins and the Development of Puritan Preaching," p. 24. 참고, Knappen, *Tudor Puritanism*, p.

채더턴과 퍼킨스의 영향으로 임마누엘 칼리지는 17세기 초에 결국 크라이스트 칼리지를 추월해서 청교도 운동의 온상이 되었다.[38)]

옥스퍼드 대학도 수많은 청교도 설교자를 훈련시켰다. 폴 시버는 수많은 청교도 정신을 가진 런던의 강사들 가운데 59%가 케임브리지 대학에서 훈련을 받았고, 56%는 옥스퍼드 대학에서 훈련을 받음으로써 여러 강사들이 양 대학에서 모두 훈련을 받았다고 판단한다.[39)] 더블린에 있는 트리니티 칼리지도 다수의 청교도 설교자들을 훈련시켰다. 그리고 뉴잉글랜드에서는 청교도가 도착한지 6년 후에 하버드 대학이 창건되었는데(1636년), 이것은 그들이 교회를 무식한 사역자에게 맡기는 것을 크게 두려워했다는 것을 보여 준다.[40)]

이 모든 칼리지는 청교도 동료와 튜터들, 그리고 동료 학생들의 영향과 함께 설교에 대해 청교도 신념에 철저한 젊은이들을 양성하는 데 큰 힘을 갖고 있었다.[41)] 성령의 기름부음이 있는 설교는 가르침을 받는 것보다 붙잡힘을 받는 것이 더 낫다는 청교도 신념과 조화를 이루어, 지역 교회들은 종종 윌리엄 퍼킨스, 리처드 십스, 로렌스 채더턴과 같은 훌륭한 청교도 설교자들로 가득 찼고, 이들은 목회를 준비하는 학생들에게 깊은 영향을 미쳤다. 채더턴이 세인트 클레멘트 칼리지에서 강사직을 사임했을 때 40명의 목사들이 "그에게 자기들이 회심하는 은혜를 입었다"고 증언하면서 계속 강의해 달라고 간청했다.[42)] 종종 영향력이 연쇄적으로 반응을 일으키기도 했다. 가장 주목할 만한 실례로는 리처드 십스의 설교가 존 코튼을 회심시키는 데 사용되고, 이어서 코튼의 설교가 존 프레스턴(1587~1628년)을 회심시키는 데 사용된 것이다.[43)]

설교의 열정

포괄적인 청교도 설교 계획은 하나님의 영이 일으킨 내적 열정의 인도를 받았다. 청교도의 설교에 대한 사랑은 여러 면에서 열정적이었다.

그리스도의 복음을 사랑한 청교도

청교도는 전체 복음을 선포하기를 좋아했고, 거기에는 패커가 지적한 것처럼 사람의 곤경과 죄 문제에 대한 진단과 은혜의 목적과 그분의 낮아지심 및 높아지심을 통한 그리스도의 충분성에 대한 강조, 그리고 복음적인 회개와 믿음의 요청들에 대한 선포와 함께 은혜의 제공이 포함되었다.[44)]

따라서 청교도의 설교는 주로 청교도 목사들이 주 예수 그리스도 안에서 이루어지는 죄인들의 구

195, pp. 218~219, Haller, *The Rise of Puritanism*, p. 20.

38) Seaver, *The Puritan Lectureships*, p. 183.

39) Seaver, *The Puritan Lectureships*, p. 183.

40) *New England's First Fruits*, Perry Miller & Thomas H. Johnson 편집, *The Puritans*, 2판 편집 (New York: Harper, 1963), 2:701에서 인용함.

41) 청교도 커리큘럼에 대해서는 Knappen, *Tudor Puritanism*, pp. 466~480, H. C. Porter, *Puritanism in Tudor England* (New York: MacMillan, 1970), pp. 180~203, 223~227을 보라.

42) Haller, *The Rise of Puritanism*, p. 54.

43) John Norton, *Abel Being Dead Yet Speaketh* (Delmar, N. Y.: Scholars Facsimiles & Reprints, 1978), p. 14, Pipa, "William Perkins and the Development of Puritan Preaching," p. 25.

44) Packer, *Quest for Godliness*, pp. 170~175.

원에 대한 하나님 말씀을 선포하는 것과 관련되어 있다. 그리스도 안에서 이루어지는 죄인들의 구원은 은혜로 주어지고, 믿음을 통해 받게 되며, 하나님의 영광을 반사한다. 청교도는 설교를 사람들이 성령의 능력으로 말미암아 그리스도를 통해 하나님께 나아오도록 그리스도를 제시하는 것으로 본다. 어쨌든 최초의 회심은 단지 개인적 변화와 그리스도에 대한 복종의 시작일 뿐이라고 청교도는 말했다. 따라서 청교도의 설교는 신자가 그리스도 안에서 자라가서 그의 교회의 교제를 통해, 그의 나라를 세상 속에 확장하는 것을 통해 그리스도를 주님으로 섬길 수 있도록 그분을 제시한다. 청교도의 설교는 삼위일체 하나님의 세 인격 모두의 구원 사역에 초점을 맞춤으로써 구속을 선언하는 한편, 동시에 죄인들을 믿음과 헌신의 삶으로 부르고, 복음은 불신앙과 완악함을 고집하는 자들을 영원히 정죄할 것이라고 경고하는 것을 포함한다. 토머스 맨턴(1620~1677년)은 그것을 이렇게 말했다.

> 복음의 총체는 바로 이것이다. 곧 참된 회개와 믿음으로 말미암아 육신, 세상, 마귀를 버리고, 창조주, 구속주, 성화자로서 성부, 성자, 성령 하나님께 자신을 맡기는 자는 모두 하나님을 아버지로 찾고, 하나님과 화목하게 된 자녀가 되며, 그리스도로 말미암아 죄사함을 받고, 그리스도의 영을 통해 그리스도의 은혜가 주어질 것이며, 만일 그들이 이 길에서 견인한다면 결국 그들은 영광 속에 들어가고 영원한 행복이 주어질 것이지만, 회개하지 않고 경건하지 못한 비신자들은 영원한 형벌에 처해질 것이라는 것이다.[45)]

청교도는 특별히 그리스도를 성경적, 교리적, 모형적으로 전하기를 좋아했다.[46)] "설교는 그리스도를 세상 위와 아래로 태우고 다니는 수레"라고 리처드 십스는 말했다.[47)] 존 플라벨은 "설교의 탁월함은 예수 그리스도에 대한 가장 명확한 발견과 가장 생생한 적용에 있다"고 말했다. 리처드 백스터는 이렇게 덧붙였다. "만일 우리가 우리 교인들에게 오직 **그리스도**만 가르칠 수 있다면 그들에게 전부를 가르치는 것이다." 그리고 토머스 브룩스는 이렇게 결론지었다. "복음을 나눠 주는 자들은 신랑의 친구로, 그들은 신랑을 위해서는 한 마디를 말하고, 자기 자신을 위해서는 두 마디를 말해서는 안 된다."[48)]

토머스 테일러의 『계시된 그리스도』(Christ Revealed), 토머스 굿윈의 『우리의 중보자 그리스도』(Christ Our Mediator), 알렉산더 그로스의 『그리스도를 누리고 신속히 활용하는 것의 행복』(Happiness of Enjoying and Making a Speedy Use of Christ), 아이작 암브로스의 『예수를 바라보라』(부흥과개혁사 역간, 2011), 랄프 로빈슨이나 필립 헨리의 『전부이신 그리스도』(Christ All in All), 존 브라운의 『그리스도: 길, 진리, 생명』(Christ: The Way, the Truth, and the Life), 존 오웬의 『그리스도의 인격의 영광스러운 비밀』(The Glorious Mystery of the Person of Christ), 제임스 더럼의 『십자가에 못 박히신 그리스도』(Christ Crucified)와 같은 작품

---

45) Thomas Manton, "Wisdom Is Justified of Her Children," *The Complete Works of Thomas Manton*, T. Smith 편집 (Worthington, Pa.: Maranatha, 1980), 2:102 이하.

46) Chad Van Dixhoorn, "Preaching Christ in Post-Reformation Britain," *The Hope Fulfilled: Essays in Honor of O. Palmer Robertson*, Robert L. Penny 편집 (Philipsburg, N.J.: P&R, 2008), pp. 361~389를 보라.

47) Sibbes, *Fountain Opened*, in *Works*, 5:508. 참고, Lewis, *Genius of Puritanism*, pp. 50~52.

48) John Blanchard 편찬, *Complete Gathered Gold* (Darlington, England: Evangelical Press, 2006), pp. 476, 477, 490.

들에서 청교도는 그리스도를 온전한 사람으로 설교했다.[49] 청교도는 그리스도를 선지자, 제사장, 왕으로 제시했다. 청교도는 그리스도의 유익을 그분의 인격과 분리시키지 않았고, 또는 자신을 주님으로 강조하는 그분의 주장을 무시하지 않으면서 그리스도를 죄에서 구원하시는 구주로 제시했다.

매력 있고 은혜롭게 그리스도를 설교하는 것이 청교도 설교자의 가장 본질적인 업무였다. 퍼킨스는 설교에 대한 자신의 걸작 논문에서 다음과 같이 말하는 것으로 끝을 맺었다.

> 전부 중의 전부:
> 그리스도를 찬양하기 위해
> 그리스도로 말미암아
> 한 분 그리스도를 설교하는 것.[50]

"십자가에 못 박히신 그리스도"가 "복음 설교의 주제"가 되어야 한다고 로버트 트레일(1642~1716년)은 말했다. "목사들이 해야 할 일이 두 가지가 있다……1. 그리스도를 사람들에게 설명하는 것 곧 그분의 사랑, 공로, 구원 능력에 맞춰 그분을 그려내는 것, 2. 사람들에게 자유롭고 충분히, 죄인들이나 그들의 죄악된 상태에 어떤 제한이 없이 그리스도를 제공하는 것."[51] 로버트 볼턴(1572~1631년)도 이렇게 동조했다. "예수 그리스도는 어떤 사람에게나 모든 안식일에, 모든 설교에서 매우 자유롭고 예외 없이 제공된다."[52] 청교도 설교자들은 반복해서 구원에 대한 그분의 능력과 자발성, 잃어버린 죄인들의 유일한 대속주로서의 그분의 보배로움에 맞춰 그리스도를 제시했다. 그들은 신학적 명료함, 신적 웅대함, 인간적 열정을 갖고 그렇게 설교했다.

설교 사역을 사랑한 청교도

"내가 무익하게 설교하기보다는 차라리 하지 않는 것이 더 낫다는 것을 하나님은 아신다"고 필립

---

49) Thomas Taylor, *Christ Revealed: or The Old Testament Explained; A Treatise of the Types and Shadowes of Our Saviour* (London: M. F. for R. Dawlman and L. Fawne, 1635)는 구약 성경에 나타나 있는 그리스도를 다룬 것으로 최고의 청교도 작품이다. Thomas Goodwin, *Christ Our Mediator*, 제5권, *The Works of Thomas Goodwin* (Eureka, Calif.: Tanski, 1996)은 그리스도의 중보 직분과 관련된 주요 신약 본문들을 탁월하게 설명한다. Alexander Grosse, *The Happiness of Enjoying and Making a True and Speedy Use of Christ* (London: Tho: Brudenell, for John Bartlet, 1647)와 Isaac Ambrose, *Looking unto Jesus* (Harrisonburg, Va.: Sprinkle, 1986)는 최고의 경험적 기독론을 담고 있다. Ralph Robinson, *Christ All and In All: or Several Significant Similitudes by Which the Lord Jesus Christ Is Described in the Holy Scriptures* (1660, 재판, Ligonier, Pa.: Soli Deo Gloria, 1992), Philip Henry, *Christ All in All, or, What Christ is Made to Believers* (1676, 재판, Swengel, Pa.: Reiner, 1976), 그리고 John Brown, *Christ: The Way, the Truth, and the Life* (1677, 재판, Morgan, Pa.: Soli Deo Gloria, 1995)는 신자들과의 모든 관계 속에서 그리스도를 크게 높이는 보배로운 설교들을 포함하고 있다. John Owen, *A Declaration of the Glorious Mystery of the Person of Christ* (*The Works of John Owen* 제1권을 재인쇄한 것, *Banner of Truth Trust edition*)는 그리스도의 본성들의 그분의 인격과의 관계를 다룬 걸작이다. James Durham, *Christ Crucified, or The Marrow of the Gospel, Evidently Set Forth in 72 Sermons on the Whole Fifty-Third Chapter of Isaiah*, 전2권 (Glasgow: Alex Adam, 1792)은 그리스도의 수난을 성경적으로 강해하는 것으로 비견할 만한 작품이 없다.

50) William Perkins, *The Arte of Prophecying, or, A Treatise Concerning the Sacred and Onely True Manner and Methode of Preaching*, in *The Workes of That Famous and Worthy Minister of Christ in the Universitie of Cambridge, Mr. William Perkins* (London: John Legatt, 1613), 2:673.

51) Robert Traill, "By What Means May Ministers Best Win Souls?" *The Works of the Late Reverend Robert Traill* (Edinburgh: Banner of Truth Trust, 1975), 1:246.

52) Robert Bolton, *A Treatise on Comforting Afflicted Consciences* (Ligonier, Pa.: Soli Deo Gloria, 1991), p. 185.

헨리(1631~1696년)는 말했다.[53] 청교도 목사들은 또한 설교 준비를 사랑했다. 그들은 이런 맥락에서 성경 본문 의미를 숙고하는 데 많은 시간을 할애했다. 그들은 강해 설교자이자 교훈적인 설교자였다. 그들은 거의 항상 본문들을 통해 직접 설교했다. 또한 그들은 설교 행위 자체 때문이 아니라 하나님이 설교를 사용해서 믿도록 되어 있는 자들을 구원하신다고 믿었기 때문에 설교 행위를 사랑했다. 따라서 대다수 청교도 설교자들은 특히 그리스도에 대해 설교할 때 강력한 열정을 갖고 전했다. 새뮤얼 러더퍼드(1600~1661년)는 "그리스도 다음으로 내가 갖고 있는 한 가지 즐거움은 나의 주님 그리스도를 설교하는 것"이라고 말했다.[54]

청교도 목사들은 설교는 죄인들을 회심시키는 것과 신자들을 믿음 안에서 세우는 것-또는 퍼킨스가 그렇게 말한 것처럼 "교회를 세우고 택함받은 자의 수를 채우는 것"[55]-의 핵심 수단이라고 믿었기 때문에 그들이 목사직이나 강사직을 잃는 것-그들이 종종 염려하고, 충분히 그만한 이유가 있었던-은 개인적으로 그들 자신에게, 그리고 그들이 섬긴 교회에 큰 재앙이었다. 리처드 로저스(1551~1618년)는 강사직을 정지당했다는 말을 들었을 때 "깊은 슬픔"에 빠져 "설교 사역의 공백"으로 교인들이 흩어지고, 경건한 교제가 상실되며, 구원받지 못한 자들이 죄를 짓는 길에서 더 완고하게 될 것을 크게 안타까워했다.[56]

따라서 그도 그럴 것이 존 번연(1628~1688년)과 같은 많은 청교도가 설교를 그만두기보다는 차라리 감옥에 가겠다고 말했다. 설교를 그만두는 데 동의하면 감옥에서 석방될 수 있다는 말을 들었을 때 번연은 만약 석방된다면 다음 날에 바로 설교할 것이라고 대답했다.

번연과 같은 청교도에게 설교는 목숨과 같았다. 설교는 그들 자신의 영혼의 최고봉이었다. 청교도 설교자들은 무엇보다 가장 먼저 자신에게 설교하기를 좋아했다. 그들은 냉정한 프로의식을 경멸했다. 그들은 최고의 설교는 설교자가 먼저 자신의 마음에 전하는 설교라고 말했다. "어떤 사람도 자신의 설교를 자신의 마음에 먼저 전하지 않는다면 다른 사람들에게 잘 전하지 못할 것"이라고 존 오웬은 말했다.[57] 또 존 번연은 "나는 내가 느낀 것, 곧 내가 호되게[고통스럽게] 느꼈던 것을 설교했다"고 말했다. "확실히 나는 죽은 자들에게서 나와 그들에게 보냄을 받았다. 나는 사슬에 매인 채 사슬에 매인 그들에게 설교하러 갔고, 그 불을 내 자신의 양심 속에 동반한 채 그들에게 조심하라고 설득했다."[58] 리처드 백스터는 그것을 이렇게 말했다. "사람들에게 설교하기 전에 먼저 더 큰 열심을 갖고 여러분 자신에게 설교하라. 오, 주여, 기독교의 기술을 연구하고 배우지만 기독교적인 거룩함은 전혀 갖고 있지 못하고, 또 죽은 자들에게서 그들과 그들의 예배를 차별화시키는 결정적인 원리를 결코 갖고 있지 못한 세속적인 목사들에게서 당신의 교회를 구하소서."[59] 때때로 백스터는 이것이 자신을 반대하는 설교 곧 위선, 교만, 세속화, 게으름과 같은 자신 마음의 죄들에 반대하는 설교를 의

53) Blanchard, *Complete Gathered Gold*, p. 489에서 인용함.
54) Blanchard, *Complete Gathered Gold*, p. 478에서 인용함.
55) Lloyd-Jones, *The Puritans*, p. 381.
56) Marshall M. Knappen 편집, *Two Elizabethan Puritan Diaries* (Chicago: American Society of Church History, 1933), p. 100.
57) Blanchard, *Complete Gathered Gold*, p. 481에서 인용함.
58) John Brown, *Puritan Preaching in England* (New York: Scribner, 1900), p. 146에서 인용함.
59) Richard Baxter, "A Sermon Preached at the Funeral of Mr. Henry Stubbs" (1678), *The Practical Works of Richard Baxter* (Ligonier, Pa.: Soli Deo Gloria, 2000), 4:974.

미할 것이라고 가르쳤다. 그것은 묵상하고 기도하며 설교를 준비함으로써 자신의 영혼을 분발시키는 것을 필수적으로 수반할 것이다.[60)]

조나단 에드워즈(1703~1758년)는 이렇게 지적했다. "나는 마음속에 두 가지 전제를 갖고 설교하러 갔다. 첫째, 모든 사람은 그리스도께 자신의 목숨을 내놓아야 한다. 둘째, 어떤 다른 사람이 그리스도께 자기 목숨을 내놓든 내놓지 않든지 나는 내 목숨을 그리스도께 바칠 것이다."[61)]

사람들을 사랑한 청교도

마지막으로 청교도는 설교 대상인 사람들을 사랑했고, 그들의 회심과 교화를 가차 없이 촉구했다. 존 오웬은 이렇게 말했다. "설교는 설교에 대한 눈을 갖고 만들어지는 것이 아니라 사람들에 대한 눈과 하나님에 대한 온 마음을 갖고 만들어진다⋯⋯목사는 지속적으로 죄인들의 회심을 목표로 하지 않는 한 성공의 영예를 얻지 못할 것이다."[62)]

청교도 설교자들은 설교에 특출한 은사를 가졌지만 교인들을 사랑하지 못한 목사는 불행하게도 자신의 소명을 감당하지 못할 것이라고 봤다. 그리고 사랑에서 실패하는 것은 모든 것에서 실패하는 것이라고 이해했다. 청교도 설교자들은 아버지가 탕자를 영접하는 것과 이에 대해 큰 아들이 보여주는 반응에 묘사된 것처럼(눅 15:11~32), 목사는 하나님 아버지의 사랑을 반사할 정도로 큰 사랑을 갖고 교인들에게 설교하고 목회하는 데 힘써야 한다고 말했다.

여기에 두 가지 실례가 있다. 첫 번째 실례는 토머스 맨턴이 영적 속박에 사로잡혀 있는 자들에게 목회자로서 자상하게 제공한 조언이다. 맨턴은 하나님을 자신의 아버지로 부르고, 그리스도 안에서 더 큰 자유를 얻기 위해 나아오도록 믿음이 약한 자들을 돕기 위해 네 가지 방법을 제안했다.

(1) 그들은 "적용할 수 없을 때 있는 그대로 말해야" 한다. 만일 여러분이 "아버지"라고 부를 수 없다면, 호세아서 14장 3절의 "고아가 주로 말미암아 긍휼을 얻음이니이다"와 같은 말씀을 사용해서 아버지 없는 자신의 상태를 변론해야 한다고 맨턴은 말했다.

(2) 그들은 "겸손하게 하나님을 의지해야" 한다. 탕자처럼 그들은 자신의 무가치함을 아버지께 고백할 수 있어야 한다. 또는 바울처럼 죄인의 괴수로 나아와야 한다고 맨턴은 말했다. 그들은 자신의 아버지-구주로서 하나님께 나아갈 수 없다면 자신의 아버지-창조자로서 하나님께 나아갈 수 있을 것이다.

(3) 그들은 "하나님을 아버지로 부르는 것을 소원해야" 한다. 만일 여러분이 하나님을 직접 아버지로 부를 수 없다면 그렇게 부르는 것을 소원하라고 맨턴은 말했다. "우리는 우리 자신이 이 관계 속에 들어가기를 위해 기도하고, 하나님이 그리스도 안에서 우리 아버지라는 사실에 대해 더 분명한 의식을 가질 수 있도록 그것을 탄식하며 간청해야 한다."

(4) 이처럼 연약한 자들은 그리스도를 써먹어야 한다. "만일 여러분이 자신의 아버지로서 하나님께 나아올 수 없다면, 하늘에서도 그와 같음을 의미하는 우리 주 예수 그리스도의 하나님과 아버지

---

60) 참고, Murray A. Capill, *Preaching with Spiritual Vigour: Including Lessons from the Life and Practice of Richard Baxter* (Fearn, Scotland: Christian Focus, 2003), pp. 39~50.

61) Blanchard, *Complete Gathered Gold*, p. 486에서 인용함.

62) Blanchard, *Complete Gathered Gold*, pp. 487, 498에서 인용함.

로서 하나님께 나아가라"(엡 3:14)고 맨턴은 말했다. "그리스도가 여러분을 하나님의 임재 속으로 이끌게 하라. 그리스도가 여러분과 함께 하도록 그분을 팔로 안으라. '너희가 내 이름으로 무엇을 구하든지 내가 행하리니'라고 하셨으니, 그리스도의 이름으로 하나님께 나아가라."[63]

두 번째 실례는 이 청교도 목사가 교인들 가운데 구원받지 아니한 자에게 열정적으로 설교했다는 것이다. 종종 맨턴은 이런 말을 하기도 했다. "여러분에게 좋은 소식을 전하겠다. 나는 여러분을 위한 구주를 갖고 있다. 여러분에게 제공할 죄사함을 갖고 있다. 하나님은 죄인들을 이토록 사랑하사 여러분에게 놀랍게도 영생을 주실 것이고, 하나님은 지금 그것을 받으라고 여러분에게 간절히 바라신다. 하나님은 여러분이 죽기를 바라시지 않는다. 하나님은 여러분이 멸망하지 않고 살기를 바라신다." 이 청교도 설교자는 자신을 보내신 분처럼 사랑하는 자가 됨으로써, 거역하고 불순종하는 사람들에게 손을 펼쳐 무한한 사랑으로 "돌이키고 돌이키라 너희 악한 길에서 떠나라 어찌 죽고자 하느냐?"(겔 33:11)고 외치시는 하나님께 온전히 신실한 자가 되는 데 심혈을 기울였다.

토머스 브룩스는 그것을 이렇게 요약했다. "목사들은 사람들에게 마치 자신들이 사람들의 마음속에서 실제로 사는 것처럼 마치 자신들이 사람들의 모든 소원과 모든 길, 모든 죄, 모든 의심을 알고 있는 것처럼 말해야 한다."[64] 목사들이 사람들을 크게 사랑하고 그들이 그들 속에서 역사하는 하나님의 은혜를 보기 좋아할 때 토머스 맨턴의 다음 말에 동조할 것이다. "듣는 자의 생명이 설교자가 받는 최고의 상이다."[65]

오늘날 얼마나 많은 목사들이 사랑을 결여하고 있을까! 사랑이 결여될 때 사람들은 항상 사랑을 확인할 수 없을 때에도 사랑을 느낀다. 청교도는 이렇게 권면했다. "여러분의 교인들을 사랑하라. 여러분의 교인들을 사랑하지 않는 것을 회개하라. 사랑이 없는 것을 주님에게 하소연하고, 성령께 여러분을 사랑으로 채워 달라고 간구하라." 백스터는 이렇게 말했다. "우리의 목회 전체 과정은 교인들에 대한 자애로운 사랑 안에서 수행되어야 한다⋯⋯ 교인들은 여러분이 [진실하게] 자신들을 사랑하는 것을 볼 때 어떤 말이든 듣고, 어떤 것이든 실천하고, 여러분을 더 쉽게 따를 것이다."[66]

결론: 청교도가 가졌던 사랑의 부흥이 요구됨

청교도의 설교는 변화를 일으키는 설교다. 브라이언 헤지스는 이렇게 말한다. "청교도 설교자들은 우리의 시선을 높여 하나님의 위대하심과 기뻐하심을 보게 한다. 그들은 우리의 눈을 열어 그리스도의 공로와 사랑을 보게 한다. 그들은 우리의 양심을 찔러 죄의 간교함과 사악함을 느끼게 한다. 그들은 은혜의 능력과 영광으로 영혼이 황홀해하고 기뻐하게 한다. 그들은 영혼의 깊이를 심원한 성경적, 실천적, 심리적 통찰력으로 측량한다. 그들은 하나님의 주권 교리를 상술함으로써 고난 속에서도 영혼을

---

63) Thomas Manton, *A Practical Exposition of the Lord's Prayer*, in *The Complete Works of Thomas Manton*, T. Smith 편집 (Worthington, Pa.: Maranatha, 1980), 1:36, pp. 50~51. 참고, Simon Ford, *The Spirit of Bondage and Adoption* (London: T. Maxey, for Sa. Gellibrand, 1655), p. 200, Samuel Petto, *The Voice of the Spirit: or, An Essay towards a Discovery of the Witnessings of the Spirit* (London: Livewell Chapman, 1654), pp. 56~62.

64) Blanchard, *Complete Gathered Gold*, p. 494에서 인용함.

65) Blanchard, *Complete Gathered Gold*, p. 498에서 인용함.

66) Baxter, "Funeral of Stubbs," in *Works*, 4:394.

유지시키고 강화시킨다. 그들은 우리의 시야와 초점을 영원한 실재에 대한 사랑에 고정시킨다."[67]

청교도 설교자들은 우리가 성경으로 우리의 삶을 형성시키도록 돕는다. 그들은 우리에게 쉬지 말고 기도하도록 권면하고, 묵상하는 법을 가르친다. 그들은 우리의 교만을 책망하고, 우리가 성령을 의지하도록 이끈다. 그들은 우리가 한 눈은 영광에 고정시키고, 다른 한 눈은 땅에 고정시키고 살도록 돕는다. 그들은 우리의 눈을 열어 하나님 및 우리 서로 간의 약속의 아름다움을 보게 한다. 그들은 우리에게 참된 경건을 실천하는 법, 경험적으로 설교하는 법, 우리의 삶 속에서 성경적 균형을 유지하는 법, 그리고 무엇보다 우리가 순례자로서 그리스도 안에서 살 수 있도록 그리스도 안에서 우리의 모든 것을 발견하는 법을 보여 준다.[68]

패커가 말하는 것처럼 우리는 우리의 믿음을 우리의 일상생활 속에 융합시키고, 우리의 신앙적 경험의 질을 높이고, 효과적인 행동을 향해 나아가고, 인간의 가치에 대해 더 깊은 의식을 갖고, 교회 부흥의 이상을 위해 분투하고, 그리고 특히 하나님을 영화롭게 하고 그리스도를 자랑하는 우리의 이중 욕구를 확대시키는 법을 청교도에게 배우는 것이 필수적이다.[69]

청교도는 또한 우리를 더 나은 설교자로 만들어 줄 것이다. 존 파이퍼처럼 우리도 조나단 에드워즈에게서, 아니 거의 모든 청교도에게서, 청자들을 성경으로 흠뻑 적시고, 거룩한 열정을 자극하고, 비유와 심상들을 활용하고, 위협과 경고를 사용하고, 반응을 간청하고, 마음의 일들을 탐사하고, 기도로 성령께 복종하고, 깨어지고 다정하고 진지한 모습이 되는 법을 배울 수 있다.[70] 우리는 마틴 로이드 존스의 촉구를 유의해야 한다. "우리는 청교도가 시작한 '평이한 실천적 설교'가 우리 가운데서 소멸되지 않도록 확실히 해야 한다."[71]

청교도 목사들과 그들의 설교는 완전하지 않았다. 때때로 그 가운데 어떤 것은 율법주의 요소를 갖고 있었다. 그들의 설교 가운데 일부는 지나치게 교리로 꽉 차 있어서 본문에 대한 상술을 잊고 있다. 때로는 그들의 "적용"은 끝이 없는 것처럼 보인다. 또 때로는 그들이 그리스도의 연합한 몸에 대한 시야는 잃어버리고 개인에게만 너무 지나치게 초점을 맞추고 있다. 그러나 우리는 우리 자신에게 진지하게 이렇게 질문해야 한다. "우리도 청교도처럼 삼위 하나님을 영화롭게 하기를 갈망하는가? 우리와 우리의 설교도 성경적 진리와 성경적 열정으로 고동치고 있는가?"

우리는 서로 도전을 주고받아야 한다. 우리 가운데 누가 청교도처럼 그리스도 예수 안에서 경건하게 살 것인가? 누가 청교도의 작품을 연구하고, 청교도의 관념을 설명하고, 청교도의 성취를 상기시키며, 청교도의 실패를 질책하는 것을 넘어서겠는가? 누가 청교도가 그토록 붙들고 씨름한 하나님의 말씀에 수준 높은 순종을 행하겠는가? 누가 청교도가 그랬던 것처럼 설교를 사랑하겠는가?

청교도를 읽는 것으로는 충분하지 못하다. 우리는 우리의 마음, 우리의 삶, 우리의 설교, 우리 교회 속에서 청교도의 진정하고 성경적이고 지성적인 경건을 필요로 한다.

---

67) Brian G. Hedges, "Puritan Writers Enrich the Modern Church," *Banner of Truth* (U.K.) no. 529 (2007년 10월), pp. 5~10.

68) 참고, Joel R. Beeke, "Learn from the Puritans," *Dear Timothy: Letters on Pastoral Ministry*, Thomas K. Ascol 편집 (Cape Coral, Fla.: Founders Press, 2004), pp. 219~270. 청교도에게서 배우는 추가 교훈에 대해서는 Park, *The Sacred Rhetoric of the Holy Spirit*, pp. 378~386과 Packer, *Quest for Godliness*, pp. 11~34를 보라.

69) Packer, *Quest for Godliness*, pp. 23~27, 175~176.

70) John Piper, *The Supremacy of God in Preaching* (Grand Rapids: Baker, 1990), pp. 81~105.

71) Lloyd-Jones, *The Puritans*, p. 388.

44장

존 번연의 마음에 전하는 설교

왕자가 거지에게 자신의 적선을 받아달라고 간청하는 모습을 보는 것은 이상한 광경일 것이다.
왕이 역적에게 자신의 자비를 받아달라고 간청하는 모습을 보는 것은 더 이상한 광경일 것이다.
또한 하나님이 여는 자에게 주실 은혜로 충만한 마음과 천국을 갖고
'내가 문 밖에 서서 두드리노니'라고 말씀하는 그리스도의 말을 제발 들어 달라고 죄인에게 간청하는 모습을
보는 것, 이것이야말로 천사들의 눈을 어리둥절하게 할 정도로 희한한 광경이다.[1]

오늘날 우리는 전례 없이 성경적 설교가 와르르 무너지는 것을 목격하고 있다.[2] 위대한 복음 전도자 조지 휫필드(1714~1770년)에 대한 결정판 전기에서 아놀드 댈리모어는 다음과 같이 말했다.

> 성경에 강하고, 하나님의 위대하심과 위엄하심과 거룩하심에 대한 의식으로 충만한 삶을 살고, 지성과 마음이 은혜 교리의 중대한 진리들로 불타오르고…… 그리스도를 위해 기꺼이 바보가 되고, 비난과 오해를 감수하고, 수고하고 고난을 당하며, 최고의 욕구가 땅의 영예를 얻는 데 있는 것이 아니라 주님의 두려운 심판대 앞에 나타날 때에 그분의 인정을 받는 것에 두는 자들이 성경적 설교자로 불릴 것이다. 그들은 상한 마음과 눈물로 가득 찬 눈을 갖고 설교하는 자들일 것이다.[3]

주권적 은혜에 정복당하고 시온 산에서 내려온 사역자들이 어디 있는가? 우리 주변을 돌아보면 교회가 냉랭해진 강단만큼이나 비틀거리고 있는 것이 보인다.

그러나 이런 때에도 소망은 있다. 성경 자체가 복음 사역의 요청들을 선포하는 한편, 설교 역사를 훑어보면 주님이 자기 양떼를 포기하지 아니하셨음을 확인하게 된다. 모든 세대에 걸쳐 주님은 단순한 천국의 지혜로 지옥문을 강타하는 자들을 일으키셨다. 우리에게 과거는 우리 자신의 시대에 대해

1) John Bunyan, *Saved by Grace*, in *The Works of John Bunyan*, George Offor 편집 (1854, 재판, Edinburgh: Banner of Truth Trust, 1991), 1:350. 이번 장은 매사추세츠, 휘턴스빌에서 2010년 10월 22일에 열린 뉴잉글랜드 개혁파 협회의 볼턴 콘퍼런스에서 행한 강연을 확대시킨 것이다. 이때 나는 John Harris, "Moving the Heart: The Preaching of John Bunyan," *Not by Might nor by Power*, Westminster Conference Paper, 1988 (London: Westminster Conference, 1989), pp. 32~51의 도움을 받았는데, 여러 생각과 인용문에 힘입었다. 또한 연구를 도와준 카일 보그에게 감사하고 싶다.

2) 데이비드 고든은 최근에 자기가 보기에 개혁파 교회에서 목회자로 안수 받은 자들 가운데 평균적인 설교를 할 수 있는 자들이 30%도 되지 않는다고 말했다(*Why Johnny Can't Preach* [Phillipsburg, N.J.: P&R, 2009], p. 11).

3) Arnold Dallimore, *George Whitefield: The Life and Times of the Great Evangelist of the 18th Century Revival* (Edinburgh: Banner of Truth Trust, 2009), 1:16.

용기를 발견하는 소망의 횃불이 된다. 건전한 청교도 설교자들 가운데 존 번연(1628~1688년)은 가장 독보적인 인물의 하나로 우뚝 서 있다. 왜냐하면 번연은 설교를 통해 사람들의 지성과 마음을 이끄는 하나님이 주신 능력을 가진 자였기 때문이다. 이제 설교자로서, 특히 마음을 감동시킨 설교자로서 번연에게 초점을 맞춰 보자.[4)]

설교자 번연

찰스 2세는 언젠가 "청교도의 왕자"인 존 오웬(1616~1683년)에게 교육을 전혀 받지 못한 베드퍼드의 땜장이 존 번연의 설교를 들으러 가는 이유를 물었다. 이에 오웬은 이렇게 대답했다. "기뻐하시기를 바라는데 폐하, 그 땜장이의 설교 능력을 가질 수만 있다면 저는 기꺼이 저의 모든 학문을 포기하겠습니다."[5)]

1655년에 자신의 지역 교회 다수의 형제들의 요청에 따라 27세의 번연은 다양한 베드퍼드 지역 회중들에게 설교하기 시작했지만 여전히 자신의 영원한 상태에 대한 의심으로 혹독한 곤욕을 치르고 있었다. 너무 일찍 시작한 설교에 대해 번연은 이렇게 말한다. "율법과 나의 범죄의 죄책에 대한 두려움으로 내 양심은 크게 짓눌렸다. 나는 내가 느낀 것, 곧 내가 호되게[수고스럽게] 느꼈던 것을 설교했다. 심지어는 나의 가련한 영혼이 당혹스러움에 신음하고 벌벌 떠는 가운데에서도 설교했다……나는 사슬에 매인 채 사슬에 매인 그들에게 설교하러 갔고, 그 불을 나 자신의 양심 속에 동반한 채 조심하라고 그들을 설득했다."[6)]

수백 명의 사람들이 번연의 설교를 들으러 왔고, 이에 번연은 정말 크게 놀랐다. 올라 윈슬로우는 이렇게 말한다. "처음에 하나님이 자신을 통해 '누구든 사람의 마음속에' 말씀하신 것을 믿지 못한 번연은 현재는 그것이 당연하다고 결론짓고, 자신의 성공에 확신이 배가되었다."[7)] 앤 아놋은 이렇게 말한다. "번연은 은혜로 구원받은 죄인으로서, 자신의 어두운 경험을 통해 다른 죄인들에게 설교했다. 그는 이렇게 말했다. '나는 죽은 자들에게서 나와 그들에게 보냄을 받은 자였다. 나는 사람들이 말씀에 접촉되어 그들의 마음이 자기들의 죄의 심각함과 예수 그리스도의 필요성을 깨닫고 크게 괴로워하기 시작하기 전에는 오래 설교하지 않았다.'"[8)]

번연은 2년 만에 죄에 대한 설교를 줄이고, 그리스도에 대해 더 많이 설교하기 시작했다. 번연은 고든 웨이크필드가 다음과 같이 언급한 것처럼 그리스도를 높이 들어올렸다.

> 번연은 자신의 '직분'에 따라 즉 자신이 인간 영혼과 세상에 대해 할 수 있었던 모든 분야에서 그리스도를 높이 들어올렸다. 곧 사고파는 위조 증권이나 불경스러운 자기 이익의 철학 대

4) 번연의 생애를 간략히 정리한 것은 Joel R. Beeke & Randall J. Pederson, *Meet the Puritans: With a Guide to Modern Reprints* (Grand Rapids: Reformation Heritage Books, 2006), pp. 101~108을 보라.

5) Andrew Thomson, "Life of Dr. Owen," *The Works of John Owen* (1850~1853, 재판, Edinburgh: Banner of Truth Trust, 1965~1968), 1:xcii.

6) Christopher Hill, *A Tinker and a Poor Man: John Bunyan and His Church, 1628~1688* (New York: Alfred A. Knopf, 1989), pp. 103~104에서 인용함.

7) Ola Winslow, *John Bunyan* (New York: MacMillan, 1961), p. 75.

8) Anne Arnott, *He Shall with Giants Fight* (Eastbourne, U.K.: Kingsway, 1985), p. 67.

> 신 구원의 대안으로 그리스도를 높이 들어올렸다. 그리고 이 결과 '하나님이 나를 그리스도와의 연합의 어떤 신비 속으로 이끄셨다'고 [번연은 말했다.] 그리고 이로 말미암아 번연은 칼빈주의 영성의 핵심인 그리스도와의 연합에 대해서도 설교하게 되었다.[9]

번연의 설교는 더 이상 "훈계의 말"로 그치지 않았고, 신자들에게 교화와 위로의 말이 되었다. 이것은 그의 내적 부르심에 대한 의식을 크게 높였고, 그가 진리를 선포한 사람을 설복하는 데 강력한 도움을 주었다.

하나님의 말씀을 선포하기 시작하고 5년이 지난 후인 1660년에 한 농가에서 설교하다 번연은 왕명에 의해 공식 자격 없이 설교했다는 죄목으로 체포되었다. 번연은 확실히 반역자나 정치인이 아니었지만, 베드퍼드셔 귀족들은 그의 설교를 복고된 정권과 교회에 대해 많은 사람이 느낀 불만을 부채질해서 "위험스럽게 민중 폭동을 선동하는" 것으로 봤다.[10] 지방 재판관인 헨리 체스터 경은 훨씬 강하게 번연을 반대하는 말을 했다. "그는 매우 악질적인 인물로, 그 지역에서 그와 같은 [다른] 사람은 없다."[11] 따라서 번연은 투옥되었고, 감옥에서 12년 반 동안(1660~1672년) 많은 작품을 썼으며, 구두끈을 만드는 일을 했다.

체포되기 전 번연은 엘리자베스라는 이름을 가진 경건한 한 젊은 여성과 결혼했다. 엘리자베스는 자신이 네 명의 어린 자녀(눈먼 한 아이를 포함해서)를 양육하는 것과 최근에 유산한 것을 근거로 번연의 석방을 거듭 탄원했다. 재판장은 엘리자베스에게 번연이 설교하는 것을 중단시키라고 말했다. 이에 그녀는 이렇게 대답했다. "재판장님, 남편은 말할 수 있는 한 절대로 설교를 그만두지 아니할 것입니다."[12] 번연은 어떤 식으로든 선동적인 설교를 하지 않았다는 것을 보증하려고 사법 당국에 자신의 설교 원고를 전부 넘기겠다고 제안했다. 그러나 아무 소용이 없었다. 그래서 번연은 성인에게 최소한 한 달에 한 번은 잉글랜드 교회의 예배에 참석할 것을 요구한 법과 잉글랜드 교회가 인정하지 않는 종교 집회(비밀 집회)를 금지한 법을 위반한 죄로 계속 감옥에 갇혀 있었다.[13]

투옥되어 있는 동안에도 번연의 설교에 대한 극진한 사랑은 계속 유지되었다. 번연은 이렇게 말했다. "5, 6년 동안 하나님의 선하신 손이 함께 함으로써 아무 방해를 받지 않고 자유롭게 우리 주 예수 그리스도의 복된 복음을 전했을 때……사람의 구원의 철천지원수인 마귀에게 수하들의 마음을 선동할 기회를 주었고……드디어 재판관의 영장이 발부되어 나는 체포되고 투옥되었다."[14] 감옥에서 석방되면 어떻게 할 것인지 질문을 받자 번연은 이렇게 대답했다. "만일 내가 오늘 감옥에서 나간다면 하나님의 도움을 받아 내일 다시 복음을 설교할 것이다."[15] 다른 시기에 번연은 이렇게 말했다. "유죄도 지옥도 내 일을 빼앗아 갈 수 없을 것이다."[16] 계속해서 번연은 자기는 "[자신의] 은사

9) Gordon Wakefield, *Bunyan the Christian* (London: Harper Collins, 1992), p. 32.
10) Hill, *A Tinker and a Poor Man*, pp. 106~107.
11) Hill, *A Tinker and a Poor Man*, p. 108.
12) John Bunyan, *A Relation of the Imprisonment of Mr. John Bunyan*, in *The Works of John Bunyan*, George Offor 편집 (1854, 재판, Edinburgh: Banner of Truth Trust, 1991), 1:61.
13) Bunyan, *Relation of Bunyan's Imprisonment*, in *Works*, 1:57, 59.
14) Bunyan, *Relation of Bunyan's Imprisonment*, in *Works*, 1:50.
15) Bunyan, *Relation of Bunyan's Imprisonment*, in *Works*, 1:57.
16) John Bunyan, *Grace Abounding*, in *The Works of John Bunyan*, George Offor 편집 (1854, 재판, Edinburgh: Banner of Truth Trust, 1991), 1:42.

를 발휘하는 데서 발견되지 않으면 만족할 수 없을 것"이라고 말했다.[17]

이 모든 역경 속에서도 번연의 마음속에서 말씀은 타오르는 불과 같았다. 사실 번연은 말씀을 위해 죽기를 각오했다. 번연은 나중에 이렇게 말했다. "내가 이 상태에 있었던 것 [그리고] 내가 거기서 한 발자국도 물러서지 않았던 것은 하나님의 말씀과 길 덕분이었다…… 하나님이 나를 보시든 안 보시든 간에 또는 마지막에 나를 구원하시든 아니든 간에, 하나님의 말씀을 세우는 것이 나의 의무였다. 그러므로 가라앉거나 헤엄치거나, 천국에 가거나 지옥에 가거나 간에, 주 예수여, 당신이 나를 붙잡아 주신다면, 눈이 가려진 채 영원 속으로 사다리에서 뛰어내릴 것이고, 그렇지 않더라도 당신의 이름을 위해 위험을 무릅쓸 것이라고 나는 생각했다."[18]

1661년에, 그리고 1668~1672년에 일부 간수들이 번연에게 때때로 감옥을 떠나 설교할 기회를 줬다. 조지 오퍼는 이렇게 지적했다. "베드퍼드셔에서 많은 침례교회 회중들이 믿음을 갖게 된 것은 번연이 한밤중에 전하는 설교를 통해서였다."[19] 그러나 감옥 생활은 혹독한 시련의 시기였다. 번연은 『천로역정』의 인물인 '크리스천'과 '신실'이 나중에 순례자들을 "매우 더럽고 지독한 악취가 나는 칠흑 같은 토굴 속에" 가두는 절망의 거인의 손에 고난을 겪었던 것을 실제로 경험했다. 번연은 특히 아내와 자녀들, 특히 "내 뼈에서 살을 발라내는" 것으로 묘사한 "나의 가련한 눈먼 아이" 메리와 헤어지는 고통을 겪었다.[20]

번연의 설교자로서의 인기는 생애 말기에도 시들지 않았다. 로버트 사우디가 말하는 것처럼 번연은 런던을 종종 방문했는데, "런던"에서 "번연의 명성은 매우 높아서 집회 일이 공지되면 번연이 일반적으로 설교하던 서더크의 집회 처소는 참석한 사람들을 절반도 수용하지 못했다. 3천 명이 그곳에 운집했고, 주중에는 천 2백 명을 훨씬 넘었으며, 어두운 겨울 아침 7시에 모이는 집회도 마찬가지였다."[21]

번연은 사람들의 지성뿐만 아니라 마음에 전달되는 설교를 했다. 의심할 것 없이 이것은 번연이 개인적으로 시험, 죄, 두려움에 익숙했기 때문에, 그리고 예수 그리스도 안에서 괄목할 정도로 하나님의 은혜를 경험했기 때문에 가능했다. 번연의 『공개된 몇 가지 복음 진리』(Some Gospel Truths Opened)의 서론에서 존 버튼은 저자에 대해 이렇게 말했다. "저자는 은혜로 말미암아 세 가지 거룩한 학위 즉 그리스도와의 연합, 성령의 기름부음, 사탄의 시험의 경험을 거쳤고, 그것은 복음을 설교하는 강력한 사역을 감당하는 사람이 가질 수 있는 모든 대학의 학문이나 학위보다 더 적합한 조건이다."[22]

번연은 설교자의 직무를 높이 평가했다. 『천로역정』의 크리스천이 해석자의 집을 여행했을 때 설교자의 그림을 봤는데, 그는 "매우 근엄한 사람"으로 그의 눈은 "하늘을 향하여 치켜뜨고 있고, 그의 손에는 가장 훌륭한 책들이 들려 있었다." 번연은 계속해서 이렇게 묘사한다. "그의 입술에는 진

---

17) Bunyan, *Grace Abounding*, in *Works*, 1:41.
18) Hill, *A Tinker and a Poor Man*, p. 109에 인용됨.
19) George Offor, "Memoir of John Bunyan," *The Works of John Bunyan*, John Bunyan 지음, George Offor 편집 (1854, 재판, Edinburgh: Banner of Truth Trust, 1991), 1:lix.
20) Bunyan, *Grace Abounding*, in *Works*, 1:48.
21) Robert Southey, "A Life of John Bunyan," *John Bunyan, Pilgrim's Progress* (London: John Murray and John Major, 1830), lxxiii.
22) John Bunyan, *Some Gospel Truths Opened*, in *The Works of John Bunyan*, George Offor 편집 (1854, 재판, Edinburgh: Banner of Truth Trust, 1991), 2:141.

리의 율법이 기록되어 있었고, 그의 등 뒤에는 세상이 그려져 있었으며, 그의 머리에는 황금 왕관이 씌어져 있었다. 그는 마치 사람들에게 탄원하는 모습으로 서 있었다." 해석자는 크리스천에게 이 그림이 무엇을 표상하는지 다음과 같이 말해 준다. "이 그림은 당신에게 그의 일이 죄인들에게 어두운 일들을 알아내 밝혀 주는 데 있음을 보여 주고……또 존재하는 것들을 경시하고 멸시하는 것을 보여 주려고 함이오. 왜냐하면 그는 주님을 섬기기 위한 사랑을 갖고 있어서 다음에 임할 세상에서는 주님의 상으로 영광을 받을 것을 확신하고 있기 때문이오."[23] 번연에게는 이것이 설교자가 마땅히 되어야 할 이상이다. 번연에게는 설교자가 하나님의 공인된 영적 인도자다. 고든 웨이크필드는 이렇게 말한다.

> 해석자는 신약 성경의 은유들에 따라 이 사람이 (영적) 자녀들을 낳는데, 해산의 수고를 겪고 그들을 낳으며, 그들을 기르는 것을 설명한다. 하늘을 바라보는 그의 자세와 그의 성경적 자료, 그리고 그의 입술에 적혀있는 진리는 "그의 사역이 어두운 일들을 알아내 죄인들에게 밝혀 주는 것"임을 분명히 한다. 그는 자비와 심판의 신적 비밀들을 공개한다. 그리고 그는 이 세상을 포기하고, 자신의 상은 오는 세상에 있다는 믿음을 갖고 그렇게 행한다. 왜냐하면 여기서 그는 스튜어트 왕가의 통치 아래 번연과 다른 많은 자들이 겪은 것처럼 비방, 조롱, 박해를 받기 때문이다.[24]

번연의 설교 사랑은 말씀에 한정되지 않았다. 그는 교인들에게도 열렬한 관심을 갖고 있었다. 번연은 설교를 사랑했다. 그리고 사람들의 영혼도 사랑했다. 번연은 언젠가 이렇게 말했다. "설교할 때 나는 실제로 고통을 느끼고, 말하자면 하나님을 위해 자녀들을 낳는 해산의 수고를 겪었다. 내 사역에서 열매가 나타난 것처럼 보이지 않으면 결코 만족할 수 없었다."[25] 다른 때에 번연은 이렇게 말했다. "만일 나의 사역을 통해 깨달은 사람들이, 때때로 매우 많은 사람이 그런 것처럼 이후에 다시 타락한다면, 나는 정말이지 그들의 잃어버린 것이 만약 내 몸에서 태어난 나 자신의 자녀 가운데 하나가 죽은 것보다 더 큰 상실감을 갖게 될 것이다."[26] 번연은 영혼의 위대함에 대해서도 압도되었다. "영혼과 영혼의 구원은 매우 중대하고, 굉장히 큰일이다. 여러분 각자의 영혼에 대해 관심을 갖고, 또 관심을 가져야 하는 것보다 더 큰 문제는 없다. 집과 땅, 직업과 영예, 지위와 승진, 그것들이 구원과 무슨 상관이 있는가?"[27]

만일 지금까지 한 사람이 복음 사역을 위해 부르심을 받았다면 그 사람은 바로 번연이었다. 성령은 번연에게 신적 복을 허락하셨고, 번연은 양심을 심각하게 거슬리지 않고는 이 은사들을 방치할 수가 없었다. 심지어는 그가 감옥에 갇혀 있었을 때에도 대부분의 시간을 자신이 전한 설교를 책으로 묶는 데 할애했다. 크리스토퍼 힐은 이렇게 결론짓는다. "번연의 모든 작품은 설교들에서 나온

---

23) John Bunyan, *The Pilgrim's Progress*, in *The Works of John Bunyan*, George Offor 편집 (1854, 재판, Edinburgh: Banner of Truth Trust, 1991), 3:98.

24) Wakefield, *Bunyan the Christian*, p. 34. "비방"은 모욕하고 비난하는 말이다.

25) Bunyan, *Grace Abounding*, in *Works*, 1:43.

26) Bunyan, *Grace Abounding*, in *Works*, 1:43.

27) John Bunyan, *The Greatness of the Soul and Unspeakable of the Loss Thereof*, in *The Works of John Bunyan*, George Offor 편집 (1854, 재판, Edinburgh: Banner of Truth Trust, 1991), 1:105.

『넘치는 은혜』(Grace Abounding) 이전에 출판되었고, 그가 이후에 출판한 작품 대부분도 그런 것으로 보인다." 번연이 말로 전한 설교들은 출판된 설교 작품들보다 훨씬 많이 인격과 감정이 담겨 있었을 것이라고 힐은 판단한다. 힐은 이렇게 덧붙인다. "우리는 또한 출판물 속에 남아 있는 구어체 곧 소박한 필치는 구두로 전한 그의 말들에서는 더 큰 역할을 맡았을 것이라고 추정할 수 있다."[28]

마음을 이해함

번연을 이처럼 유능한 설교자로 만든 것은 웅변 기술이나 열정이 아니었다. 그렇다고 그가 케임브리지 대학이나 다른 어느 대학의 학위를 받은 것도 아니다. 번연은 생생한 경험적 믿음을 갖고 있었고, 이 믿음으로 번연은 전반적으로 신앙적 문제와 감정들에 익숙했다. 번연은 어떤 교과서에서 배울 수 없는 일들을 오직 살아 있는 믿음의 학생으로 경험했다. 이것이 번연을 원수의 요새를 무너뜨리기 위해 하나님의 손에 붙잡힌 이처럼 강력한 무기로 만들었다. 그의 고백에 따르면, 번연은 자신이 느낀 것을 설교했다.[29] 번연의 영적 역사에 대해 더 많은 사실을 말할 수 있지만, 우리는 고찰 대상을 몇 가지 분야로 제한하고, 그가 자신의 지성과 마음을 역력히 드러내고 있는 그의 자서전, 『죄인 중 괴수에게 넘치는 은혜』(Grace Abounding to the Chief of Sinners)를 통해 번연에 대한 더 깊은 사실을 제시하려고 한다.

두려움

자신의 영적 상태를 평가하면서 번연은 심지어 어린 시절부터 자신의 불의는 "필적할 자가 거의 없을 정도"였다고 언급했다.[30] 번연은 아홉 살 때 "잠자는 동안 귀신과 악령들에게 사로잡혀 크게 고통을 겪은" 사실을 상기했다.[31] 그러나 이런 외적 혼란에도 번연은 죄와 불온한 교우 관계를 계속 즐겼다. 젊어서 결혼한 번연은 특히 주일을 가볍게 여긴 사실에서 자신의 죄를 자각하게 되었다. 그러나 이 자각은 참된 개혁을 낳지는 못했다. 오히려 은혜에 대해 그의 마음을 완고하게 했다. 번연은 이렇게 말했다. "그 당시 나는 죄를 짓는 데서 얻는 것 외에 다른 위로는 얻을 수 없다고 생각했다."[32]

믿음 없는 한 여성의 질책과 한 신앙고백자와의 만남으로 번연은 외적 변화를 겪게 되었다. 어떤 사람들이 보기에 번연은 사로잡혔던 죄에서 어느 정도 벗어남으로써 새롭게 되었다. 그러나 그럴 때에도 번연은 자신은 "그리스도도, 은혜도, 믿음도, 소망도 알지 못했다"고 말했다.[33] 외적 칭송에도 번연은 자신의 위선을 알고 있었고, 두려움, 특히 죽음에 대한 두려움에 압도되어 있었다. 자서전에서 번연은 교회 종이 울리는 것을 보고 싶었던 때에 대해 말한다. 그러나 종 아래 섰을 때 번연은 종이 자기 위에 떨어져 자기를 박살낼 것 같은 두려움에 사로잡히기 시작했고, 그래서 얼른 어미보 밑으로 피했다. 이번에는 어미보가 떨어질까 봐 염려했고, 그래서 뾰족탑 문으로 이동했다. 그런데 거기

28) Hill, *A Tinker and a Poor Man*, pp. 104~105.
29) Bunyan, *Grace Abounding*, in *Works*, 1:42.
30) Bunyan, *Grace Abounding*, in *Works*, 1:6.
31) Bunyan, *Grace Abounding*, in *Works*, 1.6.
32) Bunyan, *Grace Abounding*, in *Works*, 1:8~9.
33) Bunyan, *Grace Abounding*, in *Works*, 1:9.

서도 뾰족탑이 자신에게 떨어질 것이라는 생각이 들었고, 그래서 건물에서 완전히 벗어나려고 도망쳤다.

번연은 회심하기 전날 사탄의 유혹과 새 탄생의 소망에 대해 나누던 네 명의 베드퍼드 여인의 대화를 엿들었던 것에 대해 말한다. 번연은 이 대화를 엿들으면서 영혼의 깊은 고뇌에 빠졌다. "종교와 구원에 대한 나의 모든 생각 속에서 새 탄생은 내 지성 속에 전혀 들어오지 못했고, 나는 말씀과 약속의 위로를 알지 못했으며, 나의 악한 마음의 기만과 배반에 대해서도 알지 못했다."[34] 번연은 자주 베드퍼드를 방문해 서로 영적으로 교제하는 사람들에게 들었고, 그 결과에 대해 이렇게 말했다. "매우 부드럽고 자애로운 마음이 일어났고, 거기서 성경으로 그들이 제시한 것에 대해 확신이 생겼다."[35] 그러나 그럴 때에도 율법과 율법을 어긴 것에 대한 죄책으로 두려움이 번연의 양심을 무겁게 내리눌렀다.[36]

의심

허다한 시험의 와중에서 번연은 주님의 보호하시는 손길을 느꼈다. 성경은 번연에게 점차 보배로운 책이 되어 갔으나 읽으면 읽을수록 자신의 무지를 깨닫게 되었다. 이처럼 신실한 상태에서 번연은 자신이 믿음 없는 자신의 모습 보기를 두려워한다는 사실을 깨달았다. 그러나 번연은 확실한 믿음의 지식을 갖기 전에는 만족할 수 없었다. "이것이 항상 내 마음속에서 떠돌아다녔다"고 번연은 말했다.[37] 번연은 씨름하면서 자신의 영원한 상태에 대한 염려를 극복했다. "나는 내 영혼이 나 자신의 미래의 행복에 대한 새로운 의심으로, 특히 내가 과연 택함받았는지에 대한 염려로 공격받는다는 것을 깨닫기 시작했다. 그러나 은혜의 날이 지금은 지나가 버렸다면 나는 과연 어떻게 될까?"[38]

은혜가 그의 영혼에 쏟아졌지만 의심은 번연을 공격했다. 번연은 이렇게 말했다. "고뇌 속에서 하나님께 자비를 베풀어 달라고 부르짖었다. 하지만 그때에도 헛된 망상으로 기가 꺾였다. 하나님이 이런 내 기도를 조롱하시며 "이 가련하고 그저 비참한 놈아, 너는 마치 내가 자비와는 아무 관련 없는 자인 것처럼 내게 구하는구나! 내가 저런 놈에게 은혜를 베풀다니……"라고 말씀하신다고 생각했다. "아아, 불쌍한 바보여! 그대는 얼마나 속임을 당하고 있을까!"[39]

은혜

두려움과 의심에도 불구하고 번연은 점차 하나님의 은혜를 경험하게 되었다. 번연은 이렇게 말했다. "주님은 더 충분히 그리고 은혜롭게 내가 자신을 발견하도록 역사하셨고, 확실히 이런 일들로 내 양심을 내리눌렀던 죄책에서 해방시키셨을 뿐만 아니라 죄책에서 나오는 더러움에서도 나를 해방시키셨다. 시험은 제거되고, 나는 다시 제정신을 차렸다."[40] 이때부터 번연은 마음속에 사악함과 불경

34) Bunyan, *Grace Abounding*, in *Works*, 1:10.
35) Bunyan, *Grace Abounding*, in *Works*, 1:11.
36) Bunyan, *Grace Abounding*, in *Works*, 1:42.
37) Bunyan, *Grace Abounding*, in *Works*, 1:12.
38) Bunyan, *Grace Abounding*, in *Works*, 1:13.
39) Bunyan, *Grace Abounding*, in *Works*, 1:19.
40) Bunyan, *Grace Abounding*, in *Works*, 1:19.

함이 찾아올 때마다 자신과 하나님을 친구 사이로 만든 그리스도의 피로 달려갔다.

1651년에 하나님을 경외하는 일단의 여인들이 번연을 자신들의 베드퍼드 목사인 존 기포드에게 소개했다. 번연은 한 설교에서 기포드가 아가서 4장 1절의 "내 사랑 너는 어여쁘고도 어여쁘다"는 말씀을 본문으로 전한 설교에서 특별히 도움을 받았다. 또한 번연은 루터의 갈라디아서 주석을 읽으면서 은혜를 받았다. 거기서 번연은 "마치 [루터의] 책이 자기 마음에서 나온 것을 쓴 것처럼" 자신의 경험을 크고 깊이 다뤘다고 생각했다.[41] 하루는 들판을 걷고 있는데, 번연의 영혼 속에 그리스도의 의가 계시되었고, 번연은 승리했다. 번연은 그 잊을 수 없는 경험을 다음과 같이 기록했다.

> 어느 날 들판을 걷고 있는 동안 양심에 가해지는 몇 가지 세찬 공격에 이 모든 것이 사실이 아니라면 어떡하나 하는 두려움이 몰려오는데, 갑자기 내 영혼에 '네 의는 하늘에 있다'는 선고가 임했다. 나는 영혼의 눈으로 예수 그리스도가 하나님 우편에 앉아 계시는 것을 봤고, 그곳에 나의 의가 있다는 것을 알았다. 따라서 어디에 있거나 무슨 짓을 했거나 간에 하나님은 내 의가 부족하다고 내게 말씀하실 수 없었다. 왜냐하면 그 의가 하나님 앞에 늘 있었기 때문이다. 나는 또한 내 의를 더 낫게 하는 것이 내 마음의 선한 상태에 있는 것도 아니고, 또 내 의를 더 나쁘게 하는 것도 내 마음의 나쁜 상태에 있는 것이 아니라는 것을 알았다. 왜냐하면 내 의는 어제나 오늘이나 영원토록 동일하신 예수 그리스도 자신이었기 때문이다.
>
> 드디어 내 다리에서 쇠사슬이 떨어져 나갔다. 확실히 나는 고통과 속박에서 벗어났고, 시험도 달아났다. 따라서 그때부터 무섭게 들렸던 하나님의 말씀도 나를 괴롭히지 않았다. 나는 하나님의 은혜와 사랑으로 충만해져 즐거운 마음으로 집으로 향했다…….
>
> 나는 그리스도로 말미암아 얼마 동안 매우 달콤한 하나님과의 평강을 누리며 살았다. 나는 '오, 그리스도, 그리스도!'를 생각했다. 눈앞에 그리스도 밖에 없었다. 이제 나는 그분의 피, 장사 지냄, 부활과 같은 그리스도의 이런저런 유익을 하나씩 볼 수 있을 뿐만 아니라 하나로 묶어 전체 그리스도를 생각할 수도 있게 되었다…….
>
> 그분의 높아지심을 보고 그분의 모든 유익의 가치와 우월함을 보는 것이 내게는 영광이었고, 그것은 바로 이것 때문이었다. 곧 이제 나는 나 자신에게서 벗어나 그분을 볼 수 있었고, 내 안에 생생하게 남아 있는 하나님의 모든 은혜는 부자가 금이 가득 담긴 큰 가방을 집에 놔두고, 다만 지갑 속에 갈라진 귀리와 4펜스 반 페니 동전을 갖고 다니는 것과 같다고 생각했다! 오, 나는 내 금이 집에 있는 큰 가방 안에 있다는 것을 알고 있었다! 나는 내 주님과 구주가 되시는 그리스도 안에 있다! 지금은 그리스도가 나의 전부였다.[42]

번연은 죄, 죄의 자각, 시험, 의심, 두려움, 사탄, 용서, 은혜를 알았다. 번연은 이렇게 말했다. "하나님이 사람에게 그가 저지른 죄, 그가 마땅히 갈 지옥, 그가 잃어버린 천국을 보여 주신다고 해도 그리스도와 은혜와 용서가 있을 수 있다면, 이것은 그를 진지하게 하고, 부드럽게 하고, 그의 마음을 깨뜨리고……또 이것은 그를 곧 그의 마음, 그의 생명, 그의 생활, 그리고 모든 것을 그의 보배롭고

41) Bunyan, *Grace Abounding*, in *Works*, 1:22.
42) Bunyan, *Grace Abounding*, in *Works*, 1:36.

불멸적인 영혼의 영원한 구원 문제 속에 참여시킬 것이다."[43] 번연에게 경험은 그의 설교의 생명이었다. 번연의 말은 단순히 수사적 표현으로 그친 것이 아니라 죄의 독보적인 사악함과 은혜의 복음의 영광스러운 진리를 직접 겪은 사람의 말이었다. 번연은 하나님을 직접 접촉한 사람으로서 설교했다.

마음에 전하는 설교

번연은 경험적 지식을 자기 설교의 화살로 삼아 사람들의 마음을 겨냥했다. 사람이 "이해하고, 의욕하고, 느끼고, 추론하고, 판단하는" 것은 마음으로 하는 일이기 때문이다.[44] 번연은 설교할 때 "일깨우는 말씀"을 오성, 의지, 감정, 이성, 판단력에 전달하려고 의식적으로 노력했다.[45] 올라 윈슬로우는 이렇게 말한다. "번연은 자신의 말 뒤에 감정적인 충동을 일으킬 수 있는 은사를 가졌고, 또한 듣는 자들에게 그 자리에서 당장 절박성을 느끼게 하는 법을 알고 있었다."[46]

주로 성경과 성구 사전을 갖고 설교를 준비하고, 자기 설교의 뿌리를 성경에 깊이 둔 번연은 자신이 느끼고, 청자들이 갈망했던 것을 설교했다. 번연은 이렇게 말했다. "오, 내게서 설교를 들은 자들도 오늘 죄와 죽음과 지옥과 하나님의 저주가 무엇인지를, 아울러 예수 그리스도로 말미암은 하나님의 은혜와 사랑과 자비가 무엇인지를 내가 보는 것처럼 볼 수 있기를 바란다."[47] 번연이 마음에 어떻게 설교했는지를 더 잘 파악하기 위해 이제 구체적으로 그의 설교의 세 가지 특징을 검토해 보도록 하자. 이 세 가지 특징은 참여적인 설교, 간청하는 설교, 그리스도를 높이는 설교다.

참여적인 설교

번연은 설교를 듣는 자들이 관찰자일 뿐만 아니라 참여자가 되어야 한다고 믿었다. 이 목적을 위해 번연은 대체로 청자들에게 보통 이인칭 어법을 사용함으로써 매우 개인적으로 설교했다. 번연은 직접적이었고, 종종 이름을 거명하며 다양한 양심 사건을 다뤘다. 번연의 설교는 또한 구체적이고 단순한 설교였으며, 그래서 평범한 사람들도 즐겁게 듣도록 만들었다.[48] 웨이크필드는 이렇게 말한다. "번연은 생과 사, 천국과 지옥의 문제를 청자들에게 언급할 때 일상적인 대화를 나누는 것처럼" 종종 성경의 범주 안에서 상상력을 동원해서 전했다. 예를 들면 요한복음 6장 37절의 "아버지께서 그리스도에게 주시는 자는 다 그분에게로 올 것"이라는 말씀을 본문으로 설교했을 때가 그런 경우였다. 번연은 "올 것이요"라는 말을 그런 이름을 가진 인물로 만든다. 번연은 크게 두려워하며 의심하는 자들의 반박에 그들은 '올 것이요가 이 모든 것의 해답으로……올 것이요가 이 죽음에서 그들을

---

43) John Bunyan, *The Acceptable Sacrifice*, in *The Works of John Bunyan*, George Offor 편집 (1854, 재판, Edinburgh: Banner of Truth Trust, 1991), 1:719.

44) John Bunyan, *The Greatness of the Soul*, in *The Works of John Bunyan*, George Offor 편집 (1854, 재판, Edinburgh: Banner of Truth Trust, 1991), 1:108.

45) 번연의 작품들 가운데 단지 한 작품만이 설교로 분류되지만, 다른 많은 작품들이 손질한 설교 또는 최소한 그가 설교한 방식을 반영한 것이다. 따라서 나는 자유롭게 그의 많은 작품들에서 내용을 뽑아내서 그의 설교 방식에 적용시켰다.

46) Winslow, *John Bunyan*, p. 75.

47) Bunyan, *Grace Abounding*, in *Works*, 1:42.

48) John Brown, *Puritan Preaching in England* (London: Hodder and Stoughton, 1900), p. 149.

일으킬 수 있기' 때문에 걱정할 필요가 없다고 주장하는 것으로 대답한다.[49] 이 모든 방식과 더 많은 방식에 따라 번연은 청자들을 자신의 설교 속으로 끌어들여 참여자로 만들었다.

번연의 설교의 직접성의 실례는 굉장히 많다. "구원받은 예루살렘 죄인"이라는 설교에서 번연은 베드로의 설교를 다음과 같이 묘사한다.

> 여러분은 모두 회개하십시오. 여러분 모두 예수 그리스도의 이름으로 세례를 받고 죄사함을 받으십시오. 그리하면 여러분은 모두 성령의 선물을 받을 것입니다.
>
> **반대자:** '하지만 나는 그의 생명을 취하는 음모를 꾸민 자들 가운데 하나였습니다. 그런데 어떻게 내가 그로 말미암아 구원받을 수 있겠습니까?'
>
> **베드로:** 여러분 모두가 구원받을 것입니다.
>
> **반대자:** '하지만 나는 그에 대해 거짓 증언을 한 자들 가운데 하나였습니다. 그런데 어떻게 내게 은혜가 미치겠습니까?'
>
> **베드로:** 그래도 여러분 모두가 구원받을 것입니다.
>
> **반대자:** '하지만 나는 그를 십자가에 못 박으라고 외치고, 그 대신 살인자인 바라바를 살리기를 바란 자들 가운데 하나였습니다. 그런데 내가 어떻게 구원에 적합하다고 생각하겠습니까?'
>
> **베드로:** 나는 여러분 모두에게 회개와 죄사함을 전하고 있습니다.
>
> **반대자:** '하지만 나는 그의 얼굴에 침을 뱉고 그를 고소한 자들 앞에 서 있었던 자들 가운데 하나였습니다. 또한 나는 그가 고통 속에서 나무에 달려 피를 흘리고 있을 때 그를 조롱한 사람이었습니다. 그런데 나에게 구원의 여지가 있겠습니까?'
>
> **베드로:** 그래도 여러분 모두에게 구원이 있을 것입니다.
>
> **반대자:** '하지만 나는 그가 극도의 고통 속에 있을 때 그에게 쑥을 먹이며 독한 물을 마시게 하라고 외친 자들 가운데 하나였습니다. 그런데 어떻게 내가 고통과 죄책이 임했을 때 똑같은 것을 기대할 수 있겠습니까?'
>
> **베드로:** 여러분의 이런 죄악들을 회개하십시오. 그러면 여기 여러분 모두에게 죄사함이 있습니다.
>
> **반대자:** '하지만 나는 그에게 저주를 퍼부었고, 그에게 욕했으며, 그를 미워했습니다. 나는 그가 다른 사람들에게 조롱당하는 것을 보고 즐거워했습니다. 그런데 내가 소망을 가질 수 있겠습니까?'
>
> **베드로:** 그래도 여러분 모두에게 소망이 있습니다. '너희(Every one of you)가 회개하여 각각 예수 그리스도의 이름으로 세례를 받고 죄사함을 받으라 그리하면 성령의 선물을 받으리니'(행 2:38).[50]

번연의 작품들은 그가 청자들 앞에 죄와 은혜에 대해 강력한 증거를 내놓고, 그리고 이어서 그들

---

49) Wakefield, *Bunyan the Christian*, pp. 38~39.

50) John Bunyan, *The Jerusalem Sinner Saved*, in *The Works of John Bunyan*, George Offor 편집 (1854, 재판, Edinburgh: Banner of Truth Trust, 1991), 1:71~72.

에게 판단을 촉구한다는 것을 보여 준다. 번연은 말씀에 대한 설교를 우리의 판단에 도움을 주는 어떤 것으로 간주하지 않았다. 오히려 번연은 청자들에게 그들 자신의 죄와 비참을 명백히 보여 줌으로써 그들을 무장 해제시키고, 그런 다음 은혜의 영광들을 보여 주기를 원했다. 그렇게 할 때 번연은 청자들과 긴밀한 관련성을 이끌어 냈다. 번연은 이렇게 말했다. "나는 하나님이 내게 어느 정도 사람들의 영혼에 대한 긍휼과 동정의 마음을 주신 것을 감사하게 여기고, 이것 때문에 나는, 하나님이 은혜를 베푸신다면, 양심을 지배하고 일깨울 수 있는 말씀을 찾아내는 데 부지런하고 진지하게 힘쓰게 되었다."[51]

번연은 죄와 심판, 용서와 은혜에 대한 진리에 반응하도록 청자들을 열렬히 설득했다. 번연은 이렇게 말했다. "가련한 죄인이여, 깨어나라. 영원이 오고 있다. 하나님과 하나님의 아들, 그분들이 세상을 심판하러 오고 계신다. 가련한 죄인아, 깨어나라, 그대는 아직도 잠들어 있는가? 나는 그대의 귀에 다시 한 번 나팔 소리가 될 것이다! 하늘은 곧 타오르는 불길에 휩싸일 것이다. 땅과 땅의 일들은 불에 타 없어지고, 악인들은 파멸할 것이다. 죄인이여, 그대는 이 말을 듣고 있는가?"[52] 번연은 단순히 진리를 제시하는 것으로 만족하지 않았다. 청자들의 귀에 "나팔을 불고", 그들에게 반응을 촉구했다. 번연은 이렇게 설교했다. "죄인이여, 권면을 받으라. 그대의 마음에 '나는 예수 그리스도께 나아갔는가?'라고 다시 물어보라. '나아갔는가, 아니면 나아가지 못했는가?' 이 한 가지 질문에 그대에게 천국과 지옥이 달려 있다. 만일 그대가 '나는 나아갔다'고 대답할 수 있다면 그대는 정말 행복하고, 행복한 사람이라고 말하는 것을 하나님이 인정하실 것이다! 그러나 나아가지 않았다면 그대가 과연 행복할 수 있을까? 정말이지, 생명을 위해 예수 그리스도께 나아가지 않은 사람은 지옥에서 저주를 받도록 되어 있는 사실 앞에서 어떻게 행복할 수 있겠는가?"[53]

번연은 마음을 살펴보라고 권했다. 번연은 청자가 말씀을 듣는 것으로 만족하지 않고 마음으로 진리를 추구하도록 자극했다. 그래서 이렇게 경고했다. "아, 친구들이여, 지금 자비에 대한 소망이 있는지 살펴보라. 이후에는 그럴 기회가 없을 것이다. 지금 그리스도가 여러분에게 자비를 선포하고 계신다. 하지만 나중에 그분은 선포를 멈추실 것이다. 지금은 그분의 종들이 여러분에게 그분의 은혜를 받아들이도록 간청하고 있다. 하지만 여러분 손에 있는 기회를 놓친다면 이후에는 여러분 자신이 간청해야 하고, 간청하더라도 더 이상 자비는 없을 것이다."[54]

자신의 모든 설교에서 번연은 교인에게 선포된 말씀에 반응할 것을 촉구했다. 설교는 학교 강의가 아니었다. 오히려 설교는 마음의 기능들을 압박해서 죄인들에게 반응을 강요했다. 번연의 설교에는 절박함이 내포되어 있었다. 번연은 설교가 단순히 진리와 소망을 선포하는 것으로 만족하지 못하고 미래에 반응을 일으키도록 했다. 대장장이가 쇠가 달아올랐을 때 철을 내리쳐야 한다고 알고 있는 것처럼 번연도 직접적 반응을 요구했다. 번연은 자신의 설교를 들은 각 사람이 설교 메시지에 반응할 때까지 만족할 수 없었다. 교인들이 행해야 할 것을 내려놓고 집으로 돌아가는 것을 그냥 두고 볼

---

51) Bunyan, *Grace Abounding*, in *Works*, 1:41.

52) John Bunyan, *The Strait Gate*, in *The Works of John Bunyan*, George Offor 편집 (1854, 재판, Edinburgh: Banner of Truth Trust, 1991), 1:386.

53) John Bunyan, *Come and Welcome to Jesus Christ*, in *The Works of John Bunyan*, George Offor 편집 (1854, 재판, Edinburgh: Banner of Truth Trust, 1991), 1:296.

54) John Bunyan, *A Few Sighs from Hell*, in *Works*, 3:702.

수가 없었다. 번연의 명령은 "오늘, 너희가 그의 음성을 듣거든 너희 마음을 완고하게 하지 말라"(히 4:7)는 것이었다.

간청하는 설교

사탄의 시험의 권능을 익히 알고 있던 번연은 이렇게 말했다. "오! 이 사자의 격노와 포효, 그리고 주 예수를 반대하고, 그분의 피로 값 주고 산 자들에게 그가 표출하는 미움은 얼마나 강할까!"[55] 어떤 면에서 목사들은 사탄의 간계에서 배울 만한 요소들이 있다. 마귀는 영혼을 괴롭히고, 사람들의 마음이 그리스도를 포기하도록 유도하고, 그들이 죄와 시험에 빠지도록 미혹시키기 위해 사는 존재다. 사탄의 고소에 반응하는 최고의 길은 설교자들이 "마귀 자신의 화살로 마귀에게 활을 쏘는 데" 있다고 번연은 말했다.[56] 번연은 사람들의 눈앞에 단순히 생과 사를 제시하지 않고, 반드시 죄를 포기하고 그리스도 안에서 생명을 받아들이도록 최대한 간청했다.

자신의 설교에서 번연은 영원한 정죄에 대한 끔찍한 그림을 그렸다. 번연은 이렇게 말했다. "말씀에 대한 설교에서 나는 다음 한 가지 사실 즉 주님이 나를 자신의 말씀이 죄인들과 함께 시작하는 지점에서 시작하도록 이끄셨다는 것을 특별히 주목했다. 곧 모든 육체를 정죄하고, 율법의 하나님의 저주가 죄로 말미암아 세상에 태어날 때부터 모든 사람에게 속해 있고, 또 그들에게 놓여 있다는 것을 알리고 주장하는 곳에서 시작하도록 이끄셨다는 것을 말이다."[57] 다시 말하면, "상실될 영혼은 다시는 찾아지지 않고, 다시는 회복되지 않고, 다시는 구속받지 못할 것이다. 하나님에게서 영혼이 추방되면, 그것은 영원하다. 영혼을 태워 버리고, 영혼을 괴롭히는 불은 끝없이 타오르는 영원한 불이다. 그것은 정말 두려운 일이다." 번연은 계속해서 이렇게 말했다. "만일 그대가 할 수 있다면 지금 별들을 세어 보고, 지금 물방울들을 세어 보고, 지금 온 땅의 표면을 둘러싸고 있는 풀잎들을 세어 보라. 정죄를 받은 영혼이 지옥에 떨어질 무수한 세월들을 계산하는 것보다 이것이 더 빠를 것이다."[58]

번연은 종종 죄인이 그리스도에게 돌아와 살 수 있도록 간청할 때 자신이 하나님, 그리스도, 지옥을 향하고 있는 죄인으로 분장했다. 이것은 그리스도인을 자처하지만 열매가 없는 사람과 열매를 맺지 못하는 무화과나무를 비교하는 그의 설교에 특별히 해당된다. 번연이 어떻게 간청하는지 들어보자.

> 사망이 이 무화과나무와 같은 나를 치러 옵니다. 그리고 동시에 주님이 이 죄인을 흔들어 병상을 빙빙 돌며 이렇게 말씀합니다. '사망아, 그를 데리고 가라. 그는 사망이 회개와 회개의 열매를 맺도록 이끈다는 사실을 기억하지 못하고 내 인내와 관용을 악용했다. 사망아, 이 무화과나무를 잘라 불에 던져 버려라. 이 메마른 신앙고백자를 지옥으로 던져 버려라!' 이때 사망은 소름끼치도록 방안으로 들어옵니다. 정말이지, 지옥이 베갯머리까지 따라오고, 사망과 지옥은

55) Bunyan, *The Jerusalem Sinner Saved*, in *Works*, 1:96.

56) John Bunyan, *The Law and Grace Unfolded*, in *The Works of John Bunyan*, George Offor 편집 (1854, 재판, Edinburgh: Banner of Truth Trust, 1991), 1:572.

57) Bunyan, *Grace Abounding*, in *Works*, 1:42.

58) Bunyan, *The Greatness of the Soul*, in *Works*, 1:124.

> 이 신앙고백자의 얼굴을 응시합니다. 그리고 드디어 그를 손으로 붙잡기 시작합니다. 두통, 상심, 요통, 호흡 곤란, 까무러침, 현기증, 관절통, 가슴이 답답해짐, 회복이 완전히 사라진 사람의 거의 모든 증상과 함께 그의 몸에 고통으로 공격을 가합니다. 이제 사망이 이처럼 몸을 괴롭히는 동안 지옥은 지성과 양심을 공격해서 고통을 겪게 하고, 저쪽에서 불꽃을 던지고, 영원한 파멸에 대한 근심과 두려움으로 이 가련한 피조물의 영혼에 상처를 입힙니다. 그리고 이제 그는 자신에 대해 생각하고, 하나님께 자비를 구하기 시작합니다. "주여, 저를 구하소서! 주여, 저를 보존하소서!" 하지만 하나님은 "너는 이 삼 년 동안 나를 성나게 했다"고 말씀합니다. "내가 너에게 얼마나 많은 세월을 실망한 줄 아느냐? 얼마나 많은 시간은 네가 헛되이 보냈을까? 나의 인내에 대한 얼마나 많은 설교와 다른 자비들이 네게 주어졌을까? 하지만 아무 소용이 없었다. 사망아, 그를 데리고 가라!"[59)]

번연은 열매 없는 신앙고백자의 죽음을 이처럼 강력하게 묘사함으로써 신자들이 임종의 자리에 있음을 실감나게 한다. 에롤 헐스가 말하는 것처럼 "번연은 매우 잘 넘어지는 나무의 예증을 제시함으로써 회개하지 않는 자를 잘라내고, 후들거리게 하고, 질식시킬 정도의 소름끼치는 죽음의 여운을 남겨 놓는다."[60)]

번연은 사람들에게 죄와 지옥의 가혹함을 보도록 간청하는 한편, 하나님의 자비도 함께 보도록 간청했다. 번연은 이렇게 주장했다. "그대의 눈을 조금만 더 높이 들고 보라. 그러면 그곳에 그대가 나아가 구원받을 수 있는 은혜의 보좌가 있다."[61)] 번연은 이렇게 덧붙였다. "그리스도께 나아오는 죄인이여, 그대는 그리스도의 말씀 속에서 약속을 발견하고, 그것을 어디로든 잡아끌며, 그리하여 그 약속을 더럽히지 않고 그리스도의 피와 공로가 모든 것을 이루게 하는가! 말씀이 말하는 것이나 말씀에서 이끌어 내는 어떤 참된 결론에 따라 우리는 담대히 행할 수 있고……따라서 그대가 누구든지 나아온다면, 당연히 나아올 수 있을 것이다."[62)]

만일 사탄이 사람들의 영혼을 고소하는 데 한순간도 쉬지 않는다면 설교자들도 사람들의 영혼을 위해 간청하는 큰 의무를 한순간도 중단해서는 안 된다. 그리고 우리는 모든 탄원 속에서 죄를 추하고 혐오스러운 것으로 드러내고, 그리스도를 전체적으로 사랑스럽게 만들기 위해(아 5:16) 노력하고, 그리하여 우리 원수의 노력이 수포로 돌아가도록 해야 한다. 마음에 간청하는 번연의 능력은 자신의 영적 여정에 크게 의존했다. 죄와 죄책의 무게를 경험했기 때문에 번연은 죄의 가책 아래 있는 자들에게 간청할 수 있었다. 번연은 하나님의 은혜를 맛보았기 때문에 똑같이 하나님의 자비도 간청할 수 있었다. 요약하면 번연은 이렇게 말했다.

> 나는 그로 말미암아 사람들의 죄와 그들의 두려운 상태에 대해 부르짖는 시기를 2년이나 가

---

59) John Bunyan, *The Barren Fig Tree*, in *The Works of John Bunyan*, George Offor 편집 (1854, 재판, Edinburgh: Banner of Truth Trust, 1991), 3:579~580.

60) Erroll Hulse, *The Believer's Experience* (Haywards Heath, Sussex: Carey, 1977), p. 64.

61) Bunyan, *The Saint's Privilege and Profit*, in *The Works of John Bunyan*, George Offor 편집 (1854, 재판, Edinburgh: Banner of Truth Trust, 1991), 1:647.

62) Bunyan, *Come and Welcome*, in *Works*, 1:263.

> 졌다. 그 후로 주님이 내 영혼 속에 오셨고, 그분으로 말미암아 얼마간 변함없는 평강과 위로를 가졌다. 그분으로 말미암아 그분의 복된 은혜에 대한 많은 달콤한 발견들이 내게 주어졌기 때문이다……나는 계속 내가 본 것과 느낀 것을 설교했다. 그러므로 지금 나는 그리스도의 세상에 대한 모든 직분, 관계, 유익 속에서 예수 그리스도를 선포하는 데 크게 힘썼다.[63)]

한 가지 실례를 들어 보자. 번연은 중죄인을 흉내 내며 이렇게 말했다. "그대가 무릎을 꿇고 '주여, 예루살렘 죄인이 여기 있습니다! 가장 큰 죄인입니다! 저의 짐은 가장 크고 가장 무거운 무게를 갖고 있습니다! 주님이 도와주시지 않는다면 지옥으로 떨어지지 않고는 견딜 수 없는 짐입니다'라고 말할 때……나는 그대는 막달라 마리아나 므낫세 같은 죄인들이 범한 것과 같은 죄를 지었으므로 그대의 이름을 막달라 마리아나 므낫세로 부를 것이라고 말할 것이다!"[64)]

그리스도를 높이는 설교

은혜의 지배를 받는 마음의 유일한 목표는 예수 그리스도를 계시된 말씀의 그리스도로서, 그리고 그 말씀에 기초가 두어진 인격적 경험의 그리스도로서 높이고 자랑하는 데 있다. 번연은 이 두 그리스도를 다 높였다.[65)] 번연은 특히 그리스도와 그분의 은혜의 풍성함에 초점을 맞추고, 청자들에게 구주를 높일 것을 강조했다. 번연은 이렇게 설교했다. "오, 하나님의 아들이시여! 주님의 모든 눈물 속에 은혜가 있고, 피와 함께 주님의 옆구리에서 은혜가 용솟음치고, 주님의 감미로운 입술의 모든 말씀에서 은혜가 선포되었다. 채찍으로 주님을 내려친 곳에서, 가시가 주님을 찌른 곳에서, 못과 창이 주님을 찌른 곳에서 은혜가 흘러나왔다. 오, 은혜로우신 하나님의 아들이여! 여기에 진실로 은혜가 있다! 헤아릴 수 없이 풍성한 은혜여! 은혜는 천사를 놀라게 하기에 충분하고, 은혜는 죄인들을 행복하게 하기에 충분하며, 은혜는 마귀를 질겁하게 하기에 충분하다."[66)] 번연에게는 이 은혜는 결코 사라지지 아니할 것이기 때문에 이것이 견인하는 은혜다.[67)]

번연의 첫 번째 사랑은 열정과 신학적 웅대함을 갖고 그리스도를 교리적으로 설교함으로써 그분을 높이는 것이었다.

> 특히 마치 하나님의 천사가 내게 힘을 주기 위해 내 등 뒤에 서 있는 것처럼 행위 없이 그리스도로 말미암아 얻는 생명 교리에 끌렸을 때 나는 나의 설교가 어떤 것인지 알았다. 오! 그 교리를 밝히고, 그 교리를 예증하고, 그 교리를 다른 사람들의 양심에 적용시키려고 애쓰는 동안 나 자신의 영혼은 참으로 큰 능력과 거룩한 증거를 갖게 되었고, 그리하여 "나는 믿고 확신한

---

63) Bunyan, *Grace Abounding*, in *Works*, 1:42.
64) Bunyan, *Jerusalem Sinner Saved*, in *Works*, 1:89.
65) Austin Kennedy DeBlois, "England's Greatest Protestant Preacher," *John Bunyan, the Man* (Philadelphia: Judson Press, 1928), pp. 156~157.
66) John Bunyan, *Saved by Grace*, in *The Works of John Bunyan*, George Offor 편집 (1854, 재판, Edinburgh: Banner of Truth Trust, 1991), 1:346.
67) Robert Alan Richey, "The Puritan Doctrine of Sanctification: Constructions of the Saints' Final and Complete Perseverance as Mirrored in Bunyan's *The Pilgrim's Progress*" (신학박사학위논문, Mid-America Baptist Theological Seminary, 1990)를 보라.

> 다"고 말하는 것으로 만족할 수 없었는데, 그것은 내가 참되다고 단언했던 것들보다 더 확실하다고(그렇게 표현하는 것이 합당하다면) 생각했기 때문이다.[68)]

번연의 설교는 믿음의 중대한 문제들을 다룬다는 점에서 교리적인 설교였지만, 마음을 일깨움으로써 찬양을 촉발시킨다는 점에서 송영적인 설교이기도 했다. 번연은 이렇게 말했다. "오, 은혜로다! 오 놀라운 은혜로다! 왕자가 거지에게 자신의 적선을 받아 달라고 간청하는 모습을 보는 것은 이상한 광경일 것이다. 왕이 역적에게 자신의 자비를 받아달라고 간청하는 모습을 보는 것은 그보다 더 이상한 광경일 것이다. 그러나 하나님이 죄인에게 여는 자에게 주실 은혜로 충만한 마음과 천국을 갖고 죄인에게 '내가 문 밖에 서서 두드리노니'라고 말씀하는 그리스도를 들어 달라고 간청하는 모습을 보는 것, 이것이야말로 천사들의 눈을 어리둥절하게 할 정도로 희한한 광경이다.[69)]

번연은 그리스도가 우리를 회심시키기 때문에 그분을 높이는 것은 단순히 그분을 찬양하는 것 이상의 의미를 갖고 있다고 본다. 궁극적으로 번연은 구원받은 자는 예수 그리스도를 영광 속에서 영원토록 높일 것이라는 점을 염두에 두고 있다.

> 그때 우리는 하나님과 은혜로운 하나님의 아들 곧 예수 그리스도에 대한 완전하고 영원한 환상을 갖게 될 것이다……그때 우리 의지와 감정은 하나님과 하나님의 아들 곧 예수 그리스도에 대한 사랑으로 항상 타오르는 불길 속에 있을 것이다……그때 우리의 양심은 사람이나 천사들의 혀나 펜으로는 결코 표현할 수 없는 평강과 기쁨을 누리게 될 것이다……그때 우리의 기억력은 크게 향상되어 이 세상 속에서 우리에게 일어나는 모든 일을 기억하게 될 것이다……그리고 하나님이 자신의 영광과 우리의 유익을 위해 모든 것이 합력하게 하심으로써 우리의 마음은 영속적인 황홀함 속에 있게 될 것이다.[70)]

번연은 이렇게 그리스도를 높이는 것은 신자들의 영혼 속에서 역사하시는 성령의 은혜의 사역으로만 가능하다고 가르쳤다.

> 이 성령으로 말미암아 우리는 그리스도의 공로를 보게 되고, 이 시야가 없으면 우리는 결코 그분을 바랄 수 없고, 확실히 그분을 등한시하며 살게 되며, 결국 멸망할 것이다. 이 성령으로 말미암아 우리는 하나님이 인정하시는 방법으로 찬양을 드리는 데 도움을 받고, 그것이 없으면 구원에 대한 소식을 듣는 것이 불가능하다. 이 은혜로운 성령으로 말미암아 하나님에 대한 사랑이 우리의 마음속에서 풍성하게 흐르고, 우리의 마음은 하나님에 대한 사랑을 향해 나아가게 된다.[71)]

---

68) Bunyan, *Grace Abounding*, in *Works*, 1:42.
69) Bunyan, *Saved by Grace*, in *Works*, 1:350.
70) Bunyan, *Saved by Grace*, in *Works*, 1:341~342.
71) Bunyan, *Saved by Grace*, in *Works*, 1:346.

마지막으로 번연은 이 영광스럽고, 그리스도를 높이는 구원으로 말미암아 우리는 하나님에 대한 갈망과 흥분을 갖고 활동해야 한다는 사실을 거듭해서 강조한다. 이것은 그리스도가 자기에게 나아와 이 영광스러운 구주에게 참여하도록 초청하실 때 그분의 따스함과 신실하심을 볼 때에 특별히 해당된다. 번연은 이렇게 말한다.

> 오, 죄인이여! 그대는 어떻게 말하겠는가? 그대는 구원받는 것을 어떻게 생각하는가? 그대의 입은 침을 흘리지 않는가? 그대의 마음은 구원받는 것에 들떠 있지 않은가? 그렇다면 당장 나아오라. '성령과 신부가 말씀하시기를 오라 하시는도다 듣는 자도 오라 할 것이요 목마른 자도 올 것이요 또 원하는 자는 값없이 생명수를 받으라 하시더라'(계 22:17).[72]

결론

존 번연은 그리스도인으로 살면서 실패와 승리를 모두 겪었다. 번연의 영혼은 죄의 무게로 짓눌렸고, 그러기에 번연은 예수 그리스도의 풍성한 은혜를 깊이 들이마시는 법을 배웠다. 번연은 영적 여정을 통해 죄인들과 이전에 죄인이었던 성도들을 만날 수 있었다. 우리는 이 저명한 청교도 설교자를 통해 많은 것을 배울 수 있다. 미국 교회의 강단은 익살꾼, 이야기 작가, 상당한 심리학자들의 공연장이 되어 버려 약화되고 있지만, 베드퍼드 출신의 이 사상가는 방종과 영적 무감각 시대에 성령의 강력한 능력에 대해 괄목할 만한 기념비로 남아 있다. 하나님이 세상의 약한 것과 미련한 것들을 어떻게 사용해서 지혜 있는 자들을 부끄럽게 하시는지 보는 것은 놀라운 일이다. 번연의 대학은 토굴 감옥이었고, 번연의 장서는 성경이었다. 에베소서 6장의 갑주를 입은 번연은 흑암의 임금과 맞장을 뜨는 능력을 갖고 나섰다.

하나님은 심지어 순전히 인간적이고 자연적인 측면에서도 번연에게 특별한 능력을 부여하셨다. 의심할 것 없이 번연 외에도 당시에 잉글랜드의 다른 많은 사상가들 가운데에 매우 헌신적인 그리스도인들이 더러 있었다. 독학자로서 번연의 언어적 은사, 상상력, 그리고 괄목할 만한 업적은 하나님의 섭리의 손이 평범한 설교자를 택해서 죄인과 성도들의 지성과 마음에 영향을 미치도록 크게 사용한 것을 그대로 증명한다. 이것으로 설교자로서의 번연의 성공과 유용한 역할을 전부 설명하는 것은 아니지만 그렇다고 해도 하찮다고 여길 만한 이유도 없다.

번연의 날카로운 설교는 보통 사람들에게 매력이 있는 간명한 문체를 갖고 있지만 세련된 웅변가를 부끄럽게 만들 정도로 매우 감동적이었다. 번연은 사람을 낚는 복음 전도 어부이자 탁월한 경험적 설교자로서 죄인들을 따스하게 그리스도께 초대하고, 그리스도인들이 어떤 경험을 해야 하는지, 그리고 영적 순례 과정에서 실제로 경험하게 되는 것을 감동적으로 선포했다. 우리가 살펴본 세 가지 요소 곧 참여적인 설교, 간청하는 설교, 그리스도를 높이는 설교는 번연이 사람들의 마음을 붙들기 위해 사용한 강력한 무기 가운데 몇 가지에 불과했다. 이 요소들은 부분적으로 번연의 설교에 성령의 은혜 아래 거룩한 힘을 부여함으로써 큰 열매를 맺게 만든 원동력이었다.

---

72) Bunyan, *Saved by Grace*, in *Works*, 1:342.

번연의 설교가 맺은 열매에 대한 이야기는 참으로 많다. 번연의 사역을 통해 괄목할 만한 회심의 역사들이 일어났다. 앤 아놋은 한 사례를 다음과 같이 알려 준다. "번연이 한 시골 교회에 설교하러 가고 있었다. 한 케임브리지 대학 학자가 술에 취한 채 '그 사상가의 시시껄렁한 이야기를 들어 보기로' 결심했다고 말했다. 그래서 그는 조소하러 교회로 가서 설교를 들었는데, 설교를 듣고 회심하고 설교자가 되었다."[73)]

번연은 특별한 은사를 받은 설교자였지만 그가 의지했던 성령은 여전히 오늘날도 예수 그리스도의 교회에서 역사하고 계신다. 번연의 생애와 사역을 통해 우리는 말씀에 대한 설교는 하나님의 손 안에서 강력한 무기가 된다는 사실을 깨닫게 된다. 번연에게는 "그 싸움이 마음이 포로 상태에 있기에 지성이 어둠 속에 있는 사람들의 마음을 위한 싸움이었다. 번연은 그들의 지성의 끔찍한 현실 때문에 그들의 마음에 설교할 때 내면의 요새를 공격하고 파괴하기 위해 자신의 병기고 안에 있는 온갖 무기를 다 사용했다." 스펄전이 말하는 것처럼 만일 우리가 "오류의 숲을 태우고 이 차가운 땅의 영혼을 따스하게 한 불길을 일으키기" 원한다면,[74)] 우리 뒤에는 지옥의 불로 설교하고, 우리 앞에는 천국의 영광으로 설교해야 한다. 우리는 어떻게든 청자들이 자신의 영혼에 대한 사랑의 신적 드라마 속에 참여하도록 초대하고, 왕이신 예수를 영원토록 높이기 위해 그리스도와 가까워지도록 간청하는 데 각고의 노력을 기울여야 한다. 성령께서 자유롭고 주권적인 은혜에 사로잡혀 신적 진리로 후끈 달아오르고, 그리스도를 위해 기꺼이 바보가 되고 감옥에 가는 것도 불사한 존 번연과 같은 사람들을 우리에게 보내 주시기를 바란다.

---

73) Arnott, *He Shall with Giants Fight*, p. 69.

74) C. H. Spurgeon, *Lectures to My Students* (Pasadena, Tex.: Pilgrim Publications, 1990), 1:83.

45장

청교도와 유아세례 사상

복음 언약을 맺은 사람들 속에는 아브라함과 그의 유아 후손, 그리고 창세기 17장 4, 12절에 나타나 있는 것처럼 우리 영국인과 우리의 유아 후손도 포함되었다.

– 윌리엄 라이퍼드[1] –

유아세례 관습에 대한 논쟁이 17세기 잉글랜드에서 매우 치열하게 벌어졌다.[2] 유아세례주의자와 유아세례 반대주의자 모두의 펜에서 방대한 분량의 문헌이 쏟아져 나왔다. 실제로 리처드 백스터(1615~1691년)에 대한 연구에서 폴 림은 이렇게 주장했다. "런던 서적상 조지 토마슨이 1642~1660년에 유아세례 문제에 대해 저술된 논문을 125편 이상 수집할 정도로 많았는데, 이것은 '재세례파'의 논증이 경건한 자들의 공동체가 이 문제에 대한 논쟁에 나서도록 자극했기 때문이다."[3] 폴 림은 수많은 논문 외에도 "최소한 79회에 걸쳐 공개 토론회"가 있었다고 지적한다.[4] 이 논쟁들은 주로 성경의 핵심 본문들에 대한 해석에 집중되어 있었고, 간헐적으로 단일한 한 본문이 장기간에 걸친 주석 논쟁의 빌미를 제공하기도 했다.

처음부터 개혁파 신학자들은 은혜 언약의 배경 안에서 유아세례의 타당성과 필연성을 인정했다.[5] 하이델베르크 교리문답 질문 74는 이에 대해 전형적인 개혁파 견해를 담고 있다. "유아도 세례를 받아야 합니까? 그렇습니다. 그것은 유아도 어른과 마찬가지로 하나님의 언약과 교회에 속해 있기 때문입니다. 그러므로 유아도 언약의 표징인 세례로 말미암아 기독교 교회에 들어가고, 비신자의 자녀와 구별되어야 하며, 이것이 옛 언약이나 유언 아래에서는 할례로 이루어졌으나 새 언약 아래에서는 대신 세례가 제정되었습니다." 유아세례를 믿은 잉글랜드 청교도는 유아세례와 은혜 언약 간의 이런 연계성을 굳게 확신했다. 17세기 잉글랜드에서 벌어진 이 논쟁에서 특별히 흥미로운 점은 상당수의 유아세례 반대주의자가 히브리서 8장 6~13절의 새 언약에 대한 존 오웬(1616~1683년)의 견해를 받아들였다는 것이다. 이런 유아세례 반대주의자 가운데 하나가 17세기 침례교회 목사 느헤미야 콕

1) William Lyford, *An Apologie for Our Publick Ministerie, and Infant-Baptism* (London, 1653), p. 32.

2) 예컨대 Hans Boersma, *Richard Baxter's Understanding of Infant Baptism* (Princeton, N.J.: Princeton Theological Seminary, 2002)와 Jonathan D. Moore, "The Westminster Confession of Faith and the Sin of Neglecting Baptism," *Westminster Theological Journal 69*, no. 1 (Spring 2007), pp. 63~86의 연구를 보라.

3) Paul Chang-Ha Lim, *In Pursuit of Purity, Unity, and Liberty: Richard Baxter's Puritan Ecclesiology in Its Seventeenth-Century Context* (Leiden: Brill, 2004), p. 55.

4) Lim, *In Pursuit of Purity, Unity, and Liberty*, p. 55.

5) Ulrich Zwingli, *Refutation of the Tricks of the Katabaptists, 1527*, in *Selected Works of Huldreich Zwingli*, Samuel M. Jackson 편집 (Philadelphia: University of Pennsylvania, 1901), pp. 219~237, 248~251.

스(사망, 1688년)였다. 오늘날 개혁파 침례교회 학자인 제임스 르니한은 재출간된 느헤미야 콕스와 존 오웬의 언약 관련 작품들에서 자신이 쓴 서론에서 다음과 같이 지적한다.

> 침례교도인 느헤미야 콕스에 대해 말한다면, 히브리서 이 본문에 대한 존 오웬의 작품은 분명히 콕스 자신이 말하려고 했던 것들을 말했다(그리고 그는 오웬이 그것들을 훨씬 잘 말했다고 인정했다). 이것은 콕스가 오웬의 작품을 일점일획까지 찬성했다는 의미하는 것이 아니라 단순히 둘 사이에 일치점이 많다는 것을 의미한다. 오웬은 새 언약은 옛 언약과 큰 차이가 있다는 것 곧 새 언약은 새로움이 특징이라는 것을 주석적으로 예증한다. 콕스와 콕스의 신학에 동조하는 개혁파 고백 침례교도들은 새 언약의 새로움을 강조하는 오웬의 요점이 토론을 유용하게 진전시킨다고 본다.[6]

말하자면 개혁파 침례교회 연구소의 웹사이트에 따르면, 르니한은 "우리가 존 오웬을 크게 좋아하는 이유"라는 제목의 게시물 속에 이 인용문을 포함시킨다.[7] 르니한은 분명히 오웬이 침례교도였다고 주장하려고 하는 것이 아니라 단지 오웬이 옛 언약과 새 언약을 날카롭게 구분하는 것이 유아세례 반대주의자 견해에 매우 유용하다는 것을 주장하려고 하는 것이다. 이번 장은 두 진영 간의 매우 중요한 논점 즉 언약신학은 새 언약 아래 있는 유아도 칭의에 포함시키는지 여부를 살펴볼 것이다.

이것을 살펴보기 위해 우리는 먼저 오웬의 옛 언약과의 관계에서 본 새 언약에 대한 견해가 유아세례 반대주의자들에게 유용하도록 되어 있지 않다는 것을 증명하기 위해 존 오웬의 유아세례에 대한 언약적인 주장을 고찰할 것이다. 오웬의 많은 동료들의 견해도 유아세례 사상에 대한 오웬의 주장이 독특한 견해가 아니라 공유한 학자들이 많이 있었다는 것을 보여 주기 위해 인용될 것인데, 몇 명만 이름을 든다면, 토머스 굿윈(1600~1680년), 스티븐 마셜(1594~1655년), 새뮤얼 페토(1624~1711년) 등이 있다. 이제 유아세례주의자인 존 플라벨(1628~1691년)과 유아세례 반대주의자인 필립 케리(사망, 1710년) 사이에 벌어진 논쟁을 살펴보도록 하자. 그들의 논쟁을 세세히 살펴보면 이 논쟁의 핵심에 언약신학이 놓여 있었음을 분명히 확인할 수 있다.

모세가 아닌 아브라함

개혁파 신학자를 자처하는 청교도 가운데 옛 언약과 새 언약 간의 절대적인 구별이나 대립 관계를 주장한 자는 매우 드물었다. 대다수 개혁파 신학자들은 옛 언약과 새 언약을 본질과 종류가 하나라고 봤다. 옛 언약과 새 언약은 단지 단계와 시행 형식이 다를 뿐이라는 것이다. 이것은 분명히 16세기의 존 칼빈과 17세기의 존 볼의 견해였다. 옛 언약이 새 언약과 종류가 다르다는 관념은 세부적인

---

6) Nehemiah Coxe & John Owen, *Covenant Theology from Adam to Christ*, Ronald D. Miller, James M. Renihan, & Francisco Orozco 편집 (Palmdale, Calif.: Reformed Baptist Academic Press, 2005), pp. 2~3. 콕스의 매우 간략한 신학적 전기에 대해서는 이 책에서 제임스 르니한의 논문 "An Excellent and Judicious Divine"(pp. 7~24)을 보라.

7) James Renihan, "Why We Like John Owen So Much," The Institute of Reformed Baptist Studies, 2008년 5월 12일, http://www.reformedbaptistinstitute.org/?p=93, 2010년 12월 13일에 접속함.

차이는 있지만 루터교회와 소뮈르 전통에 속한 신학자들이 취한 견해였다.[8] 오웬의 옛 언약과 새 언약에 대한 입장은 본서 18장에서 보다 상세히 설명되었다. 정리하면 오웬은 옛 언약과 새 언약은 단계가 아니라 종류가 다르다고 주장하는데, 이것은 대다수 개혁파 정통 동료들의 견해와 구별된다. 포괄적으로 보면, 이 두 입장 모두 개혁파 언약신학의 범주 안에 들어 있지만, 오웬의 입장은 확실히 주류 견해는 아니다. 중요하게도 이번 장의 주장에 비춰 볼 때, 오웬은 옛 언약과 새 언약을 유언으로 보기는 해도, 구약(옛 유언)과 신약(새 유언) 사이를 구별하는 것은 아니다. 오히려 오웬은 성경에 명시적으로 이름이 나오지 않는 말인 행위 언약과 은혜 언약을 구별하지 않고 성경에 실제로 이름이 나오는 두 역사적 언약 사이를 구별한다. 르니한이 오웬이 새 언약의 새로움을 강조했다고 지적하는 것은 확실히 옳지만, 이 강조점은 사실상 오웬이 유아를 신약 교회에 포함시키는 이유와는 거의 관련성이 없다.

유아세례를 찬성하는 신학자들은 아브라함에게 주어진 약속의 영속성을 기초로 어린아이도 새 언약에 포함된다고 주장했다. 오웬의 사고의 원리는 구약 시대에 교회는 최초의 약속(창 3:15)이 주어짐으로써 존재하게 되었고, 아울러 구약 교회의 언약적인 특권은 아브라함 언약(창 17:7)으로 말미암아 새 언약의 신자들의 유아 후손에게도 전달된다는 관념이다.[9] 마찬가지로 옛 언약과 새 언약에 대해 비슷한 견해를 갖고 있던 오웬의 친구 토머스 굿윈도 아브라함에게 주어진 약속에서 유아세례의 정당성을 찾아낸다.[10] 굿윈은 아브라함과 맺어진 언약은 "우리 신학자들에게는 이 큰 특권의 핵심적이고 근본적인 근거가 되었다"고 주장한다.[11] 유아세례의 합법성에 대해 17세기에 가장 유명한 설교가 된 작품을 쓴 스티븐 마셜은 아브라함 언약을 자신의 논증을 전개하는 데 중요한 출발점으로 삼았다.[12] 유아세례를 옹호하는 새뮤얼 페토의 작품은 아브라함 언약이 유아세례의 근거를 제공한다는 사실을 증명하는 문제를 주로 다룬다.[13] 이 사람들은 모두 본질상 같은 논증을 제시하고, 이 논쟁 가운데 일부는 매우 상세히 고찰할 가치가 있다.[14]

굿윈은 한 가지 핵심 논점은 이방인 신자들의 특권이 아브라함 언약에서 유래하는지가 관건이라

---

8) 다음 자료들을 보라. Anthony Burgess, *Vindiciae Legis* (London: James Young for Thomas Underhill, 1647), p. 251, Richard Muller, "Divine Covenants, Absolute and Conditional: John Cameron and the Early Orthodox Development of Reformed Covenant Theology," *Mid-America Journal of Theology* 17 (2006), pp. 11~56, Sebastian Rehnman, "Is the Narrative of Redemptive History Trichotomous or Dichotomous? A Problem for Federal Theology," *Nederlands archief voor kergeschiedenis 80* (2000), pp. 296~308, J. Mark Beach, *Christ and the Covenant: Francis Turretin's Federal Theology as a Defense of the Doctrine of Grace* (Göttingen: Vandenhoeck & Ruprecht, 2007), pp. 264~265, 301~316.

9) John Owen, *Theologoumena*, in *The Works of John Owen, D.D.* (Edinburgh: Johnstone & Hunter, 1850~1855), 17:266 (4:i.13). "*Et quinto, communicatio privilegiorum foederis et ecclesiae, cum semine infantili* (quod postquam modo peculiari Deo curae esse coeperat, ecclesia nunquam absolute defecit) conceditur, Gen. xvii. 7."

10) Thomas Goodwin, *A Discourse of Election*, in *The Works of Thomas Goodwin, D.D.*, Thomas Smith 편집 (1861~1866, 재판, Grand Rapids: Reformation Heritage Books, 2006), 9:428.

11) Goodwin, *A Discourse of Election*, in *Works*, 9:428.

12) Stephen Marshall, *A Sermon of the Baptizing of Infants* (London: Richard Cotes for Stephen Botwell, 1645).

13) Samuel Petto, *Infant Baptism of Christ's Appointment or A Discovery of Infants Interest in the Covenant with Abraham, Shewing Who Are the Spiritual Seed and Who the Fleshly Seed* (London: for Edward Giles, 1687).

14) 마이클 홀은 뉴잉글랜드 청교도 역시 창 17:7에서 아브라함에게 주어진 약속으로 말미암아 유아세례를 옹호했다는 것을 보여 준다(*The Last Puritan: The Life of Increase Mather, 1639~1723* [Hanover, N.H.: University Press of New England, 1988], p. 55). 그리고 데이비드 호우블러는 "뉴잉글랜드 청교도에게 유아세례 반대주의는 극단적이고 위험한 개신교 사상으로 간주되었다"고 지적한다(*Creating the American Mind: Intellect and Politics in the Colonial Colleges* [Lanham, Md.: Rowman & Littlefield, 2002], p. 39).

는 것을 인정한다. 그렇지 않으면 유아세례 관습의 핵심 근거는 완전히 무너지고 말 것이다. 굿윈은 산 자의 어머니로서의 하와와 세상의 많은 민족의 신실한 자의 조상으로서의 아브라함을 서로 관련시키는 것으로 설명을 시작한다. 따라서 이방인은 유대인이 속해 있는 "나무"(언약)에 접붙여진다(롬 11장).[15] 믿는 이방인은 믿는 유대인이 옛 언약과 새 언약에서 갖고 있는 것과 같은 영적 특권을 갖고 있다.[16] 그러므로 "언약에 자녀들이 포함된다는 것은 엄청난 특권으로, 현재 믿는 이방인의 경건한 부모는 믿는 유대인의 후손과 마찬가지로 자기 후손도 언약 안에 있으므로, 그때 믿는 유대인 부모가 받았던 것처럼 한없는 위로를 받게 될 것이다."[17] 이와 같은 요점을 염두에 두고, 마셜은 새 언약 아래 있는 신자들의 특권이 "크게 확대되어 유대인 시기에 시행된 것보다 더 명예롭고 충분하다"고 주장한다.[18] 마셜은 이렇게 덧붙인다. "성경 어디에도 신자들의 어린 자녀가 은혜 언약에서 제외된다고 말하는 곳은 없다. 확실히 어린 자녀에게서 이 특권을 박탈시키고, 그래서 믿는 부모의 위로 가운데 이 큰 부분을 잘라내는 자는 누구든 자신의 견해로 신자들을 설득하려면 명확한 증거를 제시해야 할 것이다."[19] 또한 오웬도 창세기 17장에 대한 자신의 주장에 기반을 두고 이렇게 덧붙인다. "이전에 하나님이 어느 누구에게 주신 영적 특권은 그 특권을 취소했거나 그 특권 대신 더 큰 다른 특권을 주셨다는 특별한 신적 언급이 없는 한, 변경되거나 무효화되거나 취소될 수 없다."[20] 페토도 이 요점을 강조한다. 곧 믿는 이방인의 유아 후손은 심지어는 옛 언약 아래에서도 아브라함에게 주어진 약속의 참여자였고, 따라서 하나님과 맺어진 언약 속에 들어가 있었다. "그러므로 유아는 하나님이 언약을 취소하지 않는 한, 그 언약 속에 들어가 있다."[21] 사실 오웬은 유아를 새 언약의 대상에서 빠뜨리는 것은 "하나님의 선하심, 사랑, 언약에 반하는 것이고, 특히 예수 그리스도와 복음의 가치를 손상시키는 것"이라고 주장한다.[22] 마셜도 지적한 것처럼 유아세례 반대주의자의 견해는 "모든 신자의 어린 자녀들을 터키 사람이나 인도 사람의 어린 자녀들과 똑같은 상태 속에 두는 것이고, 그들도 쉽게 이 사실을 인정할 것이다."[23] 분명히 말하면, 오웬과 마셜은 이 논쟁에서 결정적인 말을 했다.

이상의 요점은 이 논쟁의 핵심적인 해석학 문제를 명확히 하는 데 도움을 준다. 개혁파 신학자들은 항상 유아세례의 근거는 모세에게서 나오는 것이 아니라는 점을 분명히 했다. 우리는 누구에게서도 새 언약을 아브라함에게 주어진 약속과 대립시키는 것을 보지 못한다. 확실히 "옛 언약"이 무엇을 의미하는지, 그리고 옛 언약과 새 언약의 관계가 어떤지에 대해 불일치가 많았다. 하지만 개혁파 신학자들은 이구동성으로 새 언약은 아브라함에게 주어진 약속의 성취였다고 주장했다.[24] 확실히

---

15) Goodwin, *A Discourse of Election*, in *Works*, 9:429. 또한 Marshall, *A Sermon of the Baptizing of Infants*, pp. 17~18도 보라.

16) 페토도 동일하게 주장한다. "유대인과 그들의 후손까지 미치는 이 약속은 또한 믿는 이방인의 후손에게도 당연히 미치고, 따라서 그들이 유대인보다 더 많은 특권을 갖고 있었다"(*Infant Baptism*, p. 13).

17) Goodwin, *A Discourse of Election*, in *Works*, 9:430.

18) Marshall, *A Sermon of the Baptizing of Infants*, p. 30. 또한 Petto, *Infant Baptism*, pp. 16~17도 보라.

19) Marshall, *A Sermon of the Baptizing of Infants*, pp. 30~31.

20) John Owen, *Of Infant Baptism and Dipping*, in *The Works of John Owen, D.D.* (Edinburgh: Johnstone & Hunter, 1850~1855), 26:258~259.

21) Petto, *Infant Baptism*, p. 17.

22) Owen, *Of Infant Baptism*, in *Works*, 26:259.

23) Marshall, *A Sermon of the Baptizing of Infants*, p. 7.

24) 마셜은 이렇게 지적한다. "하나님 편에서 볼 때 이 언약의 내용은 하나님이 아브라함의 하나님과 그의 후손의 하나님

새 언약은 아브라함 언약에서 약속된 것의 성취였다는 것을 제외하고는, 아브라함 언약과 새 언약 간에는 사실상 차이가 전혀 없고, 이것이 개혁파 신학자들이 아담 시대에서 그리스도 시대에 이르기까지 하나님이 교회를 은혜로 다루신 것이 포함된 "은혜 언약"을 긍정하는 데 아무 어려움이 없었던 이유다. 특히 오웬과 굿윈이 주장한 것처럼 새 언약은 시내 산 언약 곧 옛 언약과 종류가 다르다고 우리는 주장할 수 있다. 하지만 오웬과 굿윈은 유아세례를 긍정하는 데 있어서는 옛 언약과 새 언약을 본질상 하나로 본 사람들 편에 서 있었다. 왜냐하면 모두가 유아에게 세례를 베풀라는 명령은 모세에게 주어진 어떤 율법이나 규례에서 나온 것이 아니라 여러 민족의 아버지인 아브라함에게 주어진 영속적 약속에 기반을 두고 있다는 데 동조했기 때문이다.

물론 모세가 아니라 아브라함이 유아세례 사상의 이론적 근거를 제공한다는 논증은 깨어 있는 유아세례 반대주의자도 인정한 것이다.[25] 이어지는 부분에서는 서로 반대편에 서 있는 두 사람 곧 존 플라벨과 필립 케리 간의 논쟁을 설명할 것이다. 이 논쟁은 다른 무엇보다 침례교도와 유아세례주의자 간의 논쟁 핵심 속에 언약신학이 놓여 있었음을 보여줄 것이다. 또한 성경에 나타나 있는 다양한 언약들이 서로 어떻게 관련되어 있는지도 보여줄 것이다.

이 논쟁의 선봉장 : 1684년 필립 케리

필립 케리는 분리주의자 겸 침례교도로서 다트머스 출신의 약제상이었다. 플라벨과 논쟁을 벌이기 몇 년 전인 1682년 1월 19일에 케리는 다트머스 출신 의사이자 장로교인인 리처드 버소게와 세례 주제로 개인적으로 벌인 논쟁의 마지막 편지를 보냈다.[26] 케리는 둘 간의 논쟁이 다트머스 지역으로 한 병든 신사를 치료하러 갔을 때 그곳의 의사가, 그것도 숙녀들이 있는 자리에서 자신에게 유아세례에 대한 논쟁을 자극했을 때 시작되었다고 쓴다.[27] 케리는 버소게가 대중 앞에서 자신보다 더 나았다는 점을 인정하고, 그래서 얼마 후에는 논쟁의 수단을 서면(書面)으로 바꿨다.[28] 케리는 서면 수단이 더 나았을지 모르지만 두 논쟁자는 오히려 균형이 맞지 않게 되었다.[29]

이 되신다는 것, 아브라함에게 전충족적인 분깃 곧 전충족적인 상이 되신다는 것, 아브라함에게 예수 그리스도를 주신다는 것, 아브라함에게 칭의와 성화의 의, 영생이 함께 한다는 것이었다. 아브라함 편에서 볼 때 이 언약의 내용은 약속된 메시아를 믿는 것, 온전한 마음으로 하나님 앞에서 행하는 것, 계시된 뜻에 따라 하나님을 섬기는 것, 자기 가족을 가르치는 것 등이었다"(*A Sermon of the Baptizing of Infants*, p. 10).

25) 예컨대 Mike Renihan, *Antipaedobaptism in the Thought of John Tombes: An Untold Story from Puritan England* (Auburn, Mass.: B&R, 2001)을 보라.

26) Richard Burthogge, *An Argument for Infants Baptisme*… (London: Jonathan Greenwood, 1684). 78페이지에서 버소게는 자신을 장로교인으로 간주한다.

27) Philip Cary, *A Disputation between a Doctor and Apothecary: or A Reply to the New Argument of Dr. R. Burthogge, M.D. for Infants Baptism* (London: B. W., 1684), pp. 16~17. 케리는 뒤에서(p. 130) 버소게의 공개 논쟁 도전에 박해를 이유로 사양했다. "하지만 그 외에도 법이 이런 만남을 허락하지 않고, 나와 내 친구는 은둔자로 이런 일에 나타날 수 없습니다."

28) 버소게가 먼저 자기 입장을 발표했고, 이어서 케리가 자기 입장을 발표했다(Cary, *Disputation*, pp. 17~19, compare A4r~v, Burthogge, *Infants Baptisme, A7v~A8v, A15v~A16v*). 두 작품은 상대방의 편지를 포함하고 있기 때문에 한 저자에 대한 이 논문의 언급들은 다른 저자의 발표를 언급할 수 있다.

29) 버소게는 라틴어뿐만 아니라 자신의 헬라어 신약 성경도 인용하고, 히브리어도 알고 있음을 암시한다. 심지어는 헬라어 사본의 이문들도 다룬다. 반면에 케리는 영어와 라틴어만 알았다(Burthogge, *Infants Baptisme*, A15v~A16v. 참고, pp. 37, 39, 47, 51. Cary, *Disputation,* p. 2. 참고, A2r~A3r, p. 129. 케리는 자신의 견해를 엄밀히 느헤미야 콕스, 리처드 알렌[초기 작품들], 존 톰베스, 벤저민 키이치와 같은 박식한 저술자들에게 의존하기 때문에 연구에 두각을 나타

그들의 논쟁은 대부분 창세기 17장의 올바른 해석에 집중되었다. 버소게 박사는 이 본문에서 유아세례의 새로운 기초로 부를 만한 것 곧 이전의 모든 논증을 넘어선 것을 찾았다고 주장했다. 버소게는 창세기 17장에 의존함으로써-본질상 새로운 것은 아님-거기서 "최초의 엄숙한 공식적 은혜 언약"을 찾아냈는데, 이때 "입회 의식"을 구비한 최초의 "분리적인 제도적 교회"가 성립되었다. 버소게가 창세기 17장에 의존하는 논리는 창세기 17장의 언약이 없이는 교회도 없었고, 그러므로 창세기 17장에서 장에서 발견되고 유아에게 적용된 성례는 훗날에 형태는 변화되었을지언정 처음부터 교회 구성에 본질적이었다는 것이다. 9절은 언약을 지키는 것에 대한 하나님의 요청을 일반적인 말로 제시한 것이고, 10절은 구체적으로 아브라함과 아브라함에게 속한 모든 자에게 적용된 특수 요청 곧 할례를 명시한 것이다.[30] 이 언약에서 아브라함은 자신과 자신에게 속한 모든 자를 하나님께 바침으로써 "재계약"(자신과 하나님과의 언약을 재확립)해야 했고, 이 헌신의 표지로 아브라함은 자기 가족 가운데 받을 수 있는 모든 자에게 할례를 표징으로 시행해야 했다. 버소게에 따르면, 할례가 훗날 세례로 대체된 것은 이 본문에 따라 이루어진 일로, 그 이유는 영속적인 것과 이스라엘에 국한된 것 간의 분리가 이루어졌기 때문이다. 10절에서 "너희"와 "후손"(나와 너희와 너희 후손 사이에)은 각기 다른 지시 대상을 갖고 있는데, "너희"는 유대인을 지칭하고, "후손"은 믿는 이방인을 가리켰다.[31] 이런 버소게의 주석은 특히 교회의 시작에 대한 그의 견해로 보면 개혁파 주류 견해를 반드시 대변한 것은 아니었지만, 버소게는 분명히 창세기 17장을 신자들의 어린 자녀에게 세례를 베푸는 규례의 핵심 근거로 봤다.[32]

존 플라벨과 정면으로 맞설 정도였기 때문에 그의 위치가 어느 정도인지 더 흥미로워 보이는 케리는 창세기 17장을 유아세례를 지지하는 본문에서 제외시키기 위해 언약 논증을 사용했다. 케리는 아브라함과 맺어진 언약은 "복음적" 또는 "복음" 언약일 수 없는데, 그 이유는 시간적 요소와 영원한 요소가 함께 결합되어 있기 때문이라고 주장했다(참고. 창 17:7~8).[33] 케리는 할례 자체가 최초로 명령된 10절은 언약의 준수를 명령하는 9절을 설명한 것이라고 덧붙였다. 곧 두 구절은 단지 할례 언약을 묘사한 것이라는 것이다. 따라서 할례가 그리스도와 함께 폐지되었을 때 이 언약을 지키라는 명령도 끝났다. 창세기 17장의 "골자"는 남아 있지 않았다. 케리는 믿는 이방인은 로마서 4장에 따라 아브라함의 후손이지만 그들은 아브라함의 할례 언약에서 가리키는 자들이 전혀 아니라고 주장했다.

비록 두 사람은 성경관, 신학과 주석적 원천과 방법이 크게 공통적이었기는 해도, 유아세례 관습 문제에 대해 보여 주는 차이는 아브라함과 언약의 본질 및 이 언약의 참여자에 대한 그들의 이해 차이와 결부되어 있었다. 버소게는 이렇게 말한다. "아브라함 언약은 무조건적인 약속의 말로 제시되는 것이 사실이고, 그러기에 약속의 언약으로 불리지만, 두 당사자가 있는 만큼 그들 간에 상호 규정

낸다. 케리의 견해는 이번 장의 다양한 각주에서 예증되는 것처럼 그들의 견해와 일치된다).

30) Cary, *Disputation*, p. 57.

31) Cary, *Disputation*, pp. 53~54. 버소게는 "후손"을 "율법 조문과 영에 있어서 이삭"과 연계시키고, "너희"는 "너 아브라함과 육체를 따라 난 네 아들 이스마엘"과 연계시켰다.

32) 다음 해에 버소게는 창 3:15는 약속은 없고 마귀에 대한 저주만 있다는 이유로 똑같은 근거를 제공할 수 없다고 주장했다. 거기서 그리스도가 예언되고, 속죄 제사가 예시되지만(창 17장 이전에), "거기에는 언약으로 이루어지거나 거기서는 아담에 대한 약속으로 말해지는 것은 하나도 없다. 모두가 '뱀'에 대한 경고로 이루어져 있다"(Burthogge, *Vindiciae Paedo-baptismi, or, a Confirmation of an Argument Lately Emitted for Infants Baptism*… [London: Thomas Simmons, 1685], pp. 34, 35. 참고, Burthogge, epistle dedicatory, *Infants Baptisme*, A4~A5, pp. 99~106).

33) Burthogge, *Infants Baptisme*, p. 13에서 다시 언급되는 것과 같다.

이 있어야 하므로 동시에 언약이기도 하다."[34] 따라서 버소게의 언약 견해는 분명히 무조건적 국면과 조건적 국면을 함께 갖고 있다. 반면에 케리는 이 논쟁에서 회개가 세례의 필수 선행 조건이라는 사실을 강조한 침례교도라는 사실에도 불구하고, 은혜 언약은 무조건적 성격을 갖고 있다는 견해를 견지했다. 케리는 이렇게 주장한다. "성부 하나님과 그리스도 사이에 언약이 있었고, 그 후에 그리스도의 모든 후손이 이 언약에 참여했다."[35] 케리가 주장하는 은혜 언약의 무조건적 성격은, 또한 할례 받은 남자는 "은혜 언약 속에 있을 수 있는지"에 대한 그의 질문을 설명해 준다. 다시 말하면, 표징으로서의 할례는 은혜 언약 "속에" 들어 있는 것을 요하지 하지 않았다.[36] 이런 이유로 케리는 또한 버소게가 고린도전서 7장 14절을 설명하면서 "연합적 거룩함"을 지지하는 것을 인정할 수 없었다.[37] 케리는 은혜 언약은 택함받은 자와 맺어진 것으로 본다. 오직 택함받은 자만이 적절한 의미에서 거룩해질 수 있다. 또한 케리는 로마서 11장에 나오는 감람나무의 "뿌리"를 그리스도로 본다. 하지만 버소게는 이 뿌리를 은혜 언약으로 본다.[38]

버소게와 케리의 이 논쟁-많은 논쟁 가운데 하나-은 6년 후에 펼쳐진 플라벨과 케리 간의 논쟁 상황을 파악하는 데 도움을 준다. 이 논쟁의 전말을 보면, 주석(특히 창 17장 주석)에 초점이 맞춰져 있었고, 개혁파 신학적 방침에 따라 형성되었으며, 대략 스콜라적 형태로 펼쳐졌고, 세례의 본래 대상에 대한 실제 문제에서 절정에 달했다.

1회전: 케리의 『엄숙한 소명』(A Solemn Call)과 플라벨의 『율법의 옹호와 언약』(Vindiciae Legis & Foederis)

1690년에 케리는 침례교회 입장을 지지하는 다음과 같은 제목의 새 논문을 발표했다.

> 그리스도의 신실한 증언으로 인정되고, 신속하고 진지하게 복음 교리와 예배의 근원적인 순결함에 참여하게 할 모든 자에 대한 엄숙한 소명이나 세례에 대한 강론: 유아세례를 논박함……시내 산에서 이스라엘과 맺어진 언약(출 20장), 모압 땅에서 맺어진 언약(신 29장), 아브라함과 맺어진 할례의 언약(창 17:7, 8, 9). 이 언약들은 유아세례를 지지하는 것으로 크게 강조되지만 사실은 행위 언약의 세 번에 걸친 선포를 가리키는 것으로 분명히 판명됨. 따라서 거기서 유아세례 관습의 정당성이 추론될 수 있는 정당한 논증은 있을 수 없음. 하나님이 믿는 아브라함과 기꺼이 맺으신 참된 복음적 언약에 대한 묘사를 함께 담음.[39]

이 제목은 케리의 1684년 논증과의 연속성을 암시하지만 동시에 특별히 핵심 논증에 있어서는 진

---

34) Burthogge, *Infants Baptisme*, p. 17. 참고, Burthogge, *Vindiciae Paedo-baptismi*, pp. 36~37.
35) Cary, *Disputation*, p. 121. 케리가 회개를 강조하는 것은 *Disputation*, p. 99를 보라.
36) Cary, *Disputation*, p. 29.
37) Burthogge, *Infants Baptisme*, p. 36. 참고, pp. 32~48.
38) Cary, *Disputation*, pp. 35~36.
39) Philip Cary, *Solemn Call* (London: John Harris, 1690). 벤저민 키이치와 5인의 다른 침례교인이 독자 공개장에 서명했다.

전도 있음을 암시한다. 왜냐하면 케리는 이제 특정 언약들을 하나로 결합시키고, 그것들 모두를 행위 언약 아래 묶었기 때문이다. 케리는 서언에서 "두 언약 곧 행위 언약과 은혜 언약의 참된 본질과 두 언약 간의 차이점"에 대해 어느 다른 저술가도 발표하지 않은 내용을 진술한다.[40] 창세기 17장, 출애굽기 20장, 신명기 29장을 행위 언약이라는 항목 아래 하나로 묶어 다루면서, 케리는 하나님이 세례를 정하신 은혜 언약의 본질, 목적, 범주에 있어서 이 세 본문의 내용을 불연속적인 것으로 다룰 수 있었다. 행위 언약에서 나온 어떤 명령도 은혜 언약에 영향을 줄 수 없었다. 두 언약은 "정반대 특성을 갖고 있거나 본질상 다르다."[41] 이것은 아브라함이 은혜 언약 속에 있지 않았음을 의미하는 것은 아니었다. 오히려 아브라함은 동시에 두 언약 아래 있었고, 따라서 모든 택함받은 자는 구약에도 속해 있었다. 케리의 논문은 244페이지 가량 전개된다. 케리는 윌리엄 알렌, 리처드 백스터, 커스버트 시드님, 리처드 버소게의 논증을 하나하나 집어넣는다.[42] 또한 플라벨을 지칭하지 않고, 플라벨의 관심사를 제시한다. 왜냐하면 케리는 출판 전에 플라벨과 원고를 공유하고 있었고, 플라벨의 반응을 이미 확인했기 때문이다.[43] 플라벨이 자신의 책 서언에서 당연히 거듭해서 언급하는 것처럼 플라벨과 케리는 다스머스 지역에서 서로 이웃이었다. 케리가 자신의 반응을 책으로 출판함으로써 플라벨과의 논쟁이 촉발되었다.

플라벨은 충분히 답변했는데, 이때 17세기 후반의 언약신학의 특징들을 제시하는 것으로 이 논쟁을 정리했다. 플라벨은 시내 산에서 받은 율법은 순전히 행위 언약이라는 케리의 입장을 다음과 같이 언급하는 것으로 설명을 시작한다.

> 여기서 우리 두 사람은 다음과 같은 질문에 대답하는 데 대해서는 차이가 없다. (1) 두 언약은 성경에서 언약으로 불리는가? (2) 두 언약 속에 은혜가 전혀 없거나 아니면 둘 가운데 어느 한쪽에 은혜가 없었는가? 왜냐하면 우리는 어떤 언약에서든 하나님이 사람과의 언약 속에 들어가시는 것 자체가 은혜라는 데 동조했기 때문이다. (3) 시내 산 율법은 그들 자신의 잘못과 기회에 따라 어떤 사람들에게는 행위 언약이 아닐 수 있는가? (4) 성경은 자주 행위 언약을 세상 재판이 파악하고 취하는 의미와 관념에 따라 말하지 않는가? 그리고 그리스도를 거부함으로써 그들 스스로 그렇게 만드는 것인가? (5) 본성의 법 문제가 시내 산 율법에서 되살아나고 제시된 것이 아닌가? 이상의 요점은 우리가 서로 다투는 것들이 아니다. 그러나 문제는 바로

---

40) Cary, *Solemn Call*, A7v.

41) Cary, *Solemn Call*, A7v.

42) 이 4인 가운데 윌리엄 알렌은 이 토론에서 특히 흥미로운 인물이다. 1653년에 알렌은 분리주의와 유아세례 반대 사상을 옹호했다. 그러나 세월이 흐르자 알렌은 자신의 견해를 바꾸었는데, 1660년에 분리주의에 대한 견해를 철회하고, 1672년에 언약들에 대한 견해를 발표했으며, 마지막으로 1676년에 유아세례 반대주의자에 반대해서 글을 썼다. 따라서 케리가 자신의 강론을 위해 기회가 있을 때마다 알렌의 논문을 인용한 것(알렌이 누구인지 전혀 모른다고 말함에도 불구하고)은 그리 놀랄 일이 아니다(Cary, *Solemn Call,* A10r~v). 작품 속에서 케리는 또 오바디야 세즈윅과 프랜시스 로버츠도 반대한다.

43) John Flavel, *Vindiciae Legis & Foederis, or, A Reply to Mr. Philip Cary's Solemn Call* (London: M. Wotton, 1690), A8r. 참고, John Flavel, *The Whole Works of the Rev. Mr. John Flavel* (London: W. Baynes, 1820), 4:322(이후로 이것은 특히 공통적인 1799년과 1822년판을 가리키는 *Works*로 지칭될 것이다). 플라벨의 작품 제목은 이전의 두 작품의 제목 곧 버지스의 작품과 블레이크의 작품의 제목(Burgess, *Vindiciae Legis*. *Thomas Blake*, *Vindiciae Foederis*… [Able Roper: London, 1658])을 하나로 묶고 있다는 것을 주목하라. 두 작품은 언약 교리를 광범하게 설명하고 있다.

> 이것이다. 곧 시내 산 율법은 자체의 본질 속에, 그리고 그것을 공표하는 하나님의 목적과 계획에 따라 아담 언약에서 작용한 것과 같은 목적과 용도를 위해 본성의 법을 소생시키고, 따라서 당연히, 그리고 진실로 행위 언약이 되도록 하기 위함이냐? 아니면 하나님이 은혜롭고 복음적인 목적과 의도를 갖고 계시지 않다는 것, 즉 이런 두려운 공표를 통해……그들에게 법적 정의의 불가능성을 납득시키고, 교만한 본성을 겸손하게 하며, 그리스도께 나아가는 것의 필연성을 보여 주려고 함이었느냐?……여기서 나는 성경에 따라 후자를 옹호하는데, 케리 선생은 전자를 천명하고 열렬히 찬성하는 것처럼 보인다.[44]

플라벨은 이 문제를 시내 산 율법의 엄밀한 기능이 무엇인지로 시야를 좁힘으로써 스콜라적인 엄밀성 경향을 보여 주는데, 이것은 후에 그가 케리에게 "논객답게 제한하고, 구분하고, 부정하는 방식"을 고수하라고 상기시키는 것으로도 판명된다.[45] 플라벨은 두 논문 속에서 이 논쟁에 대해 언급하는데, 반복해서 자신의 논증을 명백히 삼단논법에 따라 구성한다. 그러나 플라벨의 면밀한 구분은 또한 타협적인 성격을 암시하기도 한다. 왜냐하면 플라벨은 케리와 자기 자신 간의 공통 근거를 증명하고, 명확하고 간결한 논증을 구성하기 원하기 때문이다.[46]

케리는 출애굽기 20장을 구조로 보아 실질적으로나 형식적으로 행위 언약을 재천명하는 본문으로 규정하는데, 이런 규정은 다른 사람들에게 인정을 받을 수 있을 것이다. 하지만 몇 명의 이름을 든다면, 플라벨, 볼, 버지스, 로버트와 같은 사람들의 견해는 확실히 이와 달랐다. 케리는 창세기 17장과 출애굽기 20장을 동등하게 보는데, 이것은 개혁파의 주석 및 언약신학과 날카롭게 단절된 견해다. 흥미롭게도 플라벨은 시내 산 문제에 대한 케리의 입장을 무너뜨리면 그의 창세기 17장에 대한 견해도 무너뜨릴 수 있다는 이유로 먼저 시내 산 문제를 다룬다.

플라벨의 견해에 따르면, 케리의 두 번째 핵심 논증은 창세기 17장의 아브라함과 맺어진 특수 언약은 한 가지 의무, 곧 할례를 포함했기 때문에 그것은 전체 율법을 지키는 문제로 부과된 것이고, 그러므로 행위 언약이 되었다는 것이다. 플라벨은 이 차이점을 다음과 같이 정확히 지적한다.

> 이 요점에 있어서 우리 두 사람 간의 논란은 (1) 할례가 하나님이 아브라함과 맺으신 언약에 부과하신 하나님의 규례인지에 있었던 것도 아니고, (2) 아브라함의 통상적이고 특별한 후손이 할례로 표시되어야 하고, 실제로 그렇게 표시되었는지에 있었던 것도 아니고, (3) 하나님이 아브라함에게 그런 것으로 인정하시기 때문에 어느 개인에게도 할례가 믿음의 의의 표징

---

44) Flavel, *Vindiciae Legis & Foederis*, A9r~v, in *Works*, 4:323. 여기서 16세기의 구두법과 대문자 용법을 따랐음을 주의하라. 1820년 작품들 속에서 발견되는 변경은 특히 이탤릭체 강조 표시로 인해 당혹스럽다(옮긴이-이런 특징이 한글 번역문에는 나타나지 않는다).

45) "만일 당신이 나의 이 답변에 대응하는 것이 적합하다고 생각한다면 가능한 한 지루한 장광설은 피하고, **논객답게 제한하고, 구분하거나 부정하는 방식으로** 내 논증에 엄밀하고 체계적으로 대응하기를 바란다"(Flavel, *Vindiciae Legis*, p. 140, in *Works*, 4:378. 강조 표시는 추가한 것이다).

46) 플라벨의 회유적인 성격은 논문의 처음과 마지막에 담겨 있다. 플라벨이 자신이 갖고 있던 프랜시스 로버츠와 오바디야 세즈윅의 책을 케리에게 빌려준 것을 유의하라(*Vindiciae Legis*, pp. 133~134, in *Works*, 4:375). 또한 플라벨이 클레멘트 레이크라는 이름을 가진 이웃의 한 퀘이커 교도와 친절하게 편지를 주고받은 것과 비교해 보라. John Galpine 편집, *Flavel, the Quaker, and the Crown: John Flavel, Clement Lake and Religious Liberty in Late 17th Century England* (Cambridge, Mass.: Rhwymbooks, 2000), pp. 4~7을 보라.

> 이었는지에 있었던 것도 아니며, (4) 할례가 의식법에 적합하고, 그래서 그리스도가 죽으셨을 때 중단되어야 하는지에 있었던 것도 아니었다. 다만 우리 사이의 차이점은 바로 이것이다. (1) 할례는 오직 아브라함에게만 언약의 표징이었는가? (2) 아담이 무구 상태에서 전체 율법을 지키도록 되어 있었던 것처럼 사람들이 전체 율법을 지켜야 했던 것은 율법 행위 자체의 본질에서 나온 것인가, 아니면 단순히 행위자의 의도에서 나온 것인가? (3) 할례는 그리스도가 죽으셨을 때 행위 언약의 조건으로서 완전히 폐지되었는가, 아니면 지금 우리가 속해 있는 은혜 언약의 표징도 되기 때문에 할례는 새로운 복음-표징인 세례로 이어지지 않는가? 케리 선생은 할례는 자체로 행위 언약의 조건이라고 주장하고, 창세기 17장의 하나님이 아브라함과 맺으신 언약에 부가됨으로써, 할례는 참된 아담의 행위 언약의 요소가 되었다고 봤다. 나는 이것을 철저히 부정한다.[47]

여기서 문제는 언약 체계 안에서 할례가 어떤 위치를 갖고 있느냐와 관련되어 있다. 케리는 할례를 행위 언약 안에 둠으로써 할례는 은혜 언약 안에 위치해 있는 세례와 아무 관련성이 없다고 주장할 수 있었다.[48] 따라서 케리는 할례는 에덴동산에 있던 나무들과 같은 기능을 갖고 있다고 봤다. 반면에 플라벨은 "할례와 세례는 한 은혜 언약 안에 위치해 있는 것"으로 본다. 왜냐하면 개혁파 선조들이 누가복음 1장 54~74절, 마태복음 21장 41, 43절, 로마서 11장, 갈라디아서 3장 8, 14, 16절, 에베소서 2장 13절을 통해 증명한 것처럼 "창세기 17장에서 하나님이 아브라함과 맺으신 언약은 지금 우리 이방인 신자들도 속해 있는 언약과 본질상 같은 언약"이기 때문이다.[49]

플라벨은 은혜 언약의 본질을 "완전히 값없는 무조건적인 성격"으로 보거나(케리의 견해) 어떤 조건을 포함하고 있는 성격으로 보거나(플라벨의 견해) 하는 데서 또 하나의 핵심적인 차이점을 찾아냈다. 플라벨은 이 차이점을 다음과 같이 제시했다.

> 여기서 우리 두 사람 간의 논쟁은 다음과 같은 것은 아니다. (1) 복음 언약은 그 아래에 있는 자들 모두에게 의무를 전혀 요구하지 않는가? (2) 복음 언약이 아담의 언약 속에서 요구된 것과 같은 조건들 즉 가장 엄격한 저주의 형벌 아래 회개의 여지를 전혀 인정하지 않는 완전하고 개인적이고 영속적인 순종을 요구하는가? (3) 복음 언약에서 우리 편에게 요구되는 어떤 조건은 자체로 약속된 유익들에 대해 공로적인 성격을 갖고 있는가? (4) 우리가 우리 자신의 힘으로, 그리고 우리의 자유의지의 힘으로, 하나님의 예방적인 은혜와 도우시는 은혜를 갖고 우리가 조건으로 부르는 행위나 의무를 수행할 수 있는가? 우리 두 사람은 이런 일들에 있어서는 논쟁을 벌이지 않았다. 여기서 우리 둘 사이의 유일한 문제는 바로 이것이다. 곧 새 언약 아래에서 우리는 약속에 따라 주어질 복이나 특권을 위해 사전에 어떤 행위(그 안에 어떤 공로도 없고, 우리 자신만의 힘으로는 행할 수 없는)를 수행할 것이 우리에게 요구되지 않는 것인가? 그리고

47) Flavel, *Vindiciae Legis*, A11v~A12r, in *Works*, 4:325.
48) William Allen, *Some Baptismal Abuses Briefly Discovered* (London: J. M., 1653), pp. 30~32와 비교해 보라. 알렌은 할례와 세례의 연속성을 부인한다. 그 이유는 할례는 "율법 직무의 핵심 부분"으로 "복음 직무"에는 속하지 않는다고 봤기 때문이다.
49) Flavel, *Vindiciae Legis*, pp. 7~8.

이런 의무 행위가 약속된 복을 보류시키는 성격을 갖고 있다면, 그것은 복음 조건의 참되고 적절한 성격을 갖고 있지 않는 것인가? 나는 이것을 부정하고, 케리는 적극적으로 긍정한다.[50)]

플라벨은 핵심 문제를 유효적절하게 요약하고, 그리하여 이 복잡한 논증들의 성격을 우리에게 예증했다. 분명히 두 사람의 입장은 서로 그리고 개혁파 전통과 공통적인 요소를 많이 갖고 있었다. 케리의 경우를 보면 비록 그의 언약 교리 체계가 매우 결함이 많다고 해도 그의 말은 매우 다양하게 언약 관련 표현들을 담고 있었다. 당시에 통상적이었던 것처럼 행위 언약은 쉽게 "율법적 언약", 또는 때로는 "생명의 언약"으로 지칭될 수 있고, 은혜 언약은 더 흔하게 "믿음의 언약"이나 "복음 은혜의 언약"으로 지칭된다. 케리는 또 "의식적 언약", "언약의 책"(출 24:7), "할례의 언약"이라는 말도 사용한다.[51)] 케리는 아론이나 비느하스와 맺어진 언약도 특별히 언급한다.[52)] 케리는 비록 세즈윅에게서 인용하는 한 본문에서 어느 정도 이 구분을 인정하기는 해도 언약(포에두스/팍툼)과 유언(테스타멘툼) 사이의 차이는 언급하지 않는다.[53)]

그러나 케리는 모든 율법 문제를 한 언약 즉 행위 언약으로 한정시킨다. 이 한정에 따라 케리는 자의적이지는 않지만 모든 것을 어떻게든 기계적으로 해석한다. 명백한 요구가 포함되지 않은 약속들은 반드시 무조건적이지만, 모든 요구나 율법은 비록 그것이 엄밀하게 은혜의 약속 다음에 나온다고 해도 반드시 행위 언약에 속해 있다. 케리는 이 구분을 자신의 언약 체계가 모든 본문에 부과된 율법-대-복음 형판(形板)이 되도록 일관되게 적용시킨다. 예를 들면 창세기 17장 1~9절은 무조건적 은혜 언약을 지지하지만 10절은 조건적 행위 언약으로 이동한다. 왜냐하면 이 구절은 할례에 대한 요구를 담고 있기 때문이다. 확실히 케리에게는 율법-복음 해석법이 두 유언의 통일성, 믿음의 규칙이나 문맥에 입각한 본문 해석법(유수스 로쿠엔디)보다 더 중요한 규칙이다. 예를 들어 십계명의 서언은 은혜 언약을 보여 주지만 이어지는 명령은 행위 언약을 구성한다.[54)] 케리는 본문들에 이 형판을 적용시킴으로써 어쩔 수 없이 모세와 이스라엘의 택함받은 자는 동시에 상반된 두 언약 아래 있었다고 단정하게 된다. 왜냐하면 행위 언약은 모세와 맺어지고, 또 모세 안에서 온 이스라엘과 맺어진 것이지만, 은혜 언약은 그리스도와 맺어지고, 또 분명히 모세를 포함해서 이스라엘의 택함받은 자와 맺어진 것으로 확대되기 때문이다. 마찬가지로 아브라함과 그의 육적 후손은 행위 언약의 당사자지만 그들 가운데 택함받은 자는 또한 은혜 언약에도 포함된다.[55)] 하지만 플라벨은 이런 견해가 불가능하다고 본다. 케리는 로마서 11장 33절에 호소함으로써 플라벨의 반박을 피한다. 그러면서 케리는

---

50) Flavel, *Vindiciae Legis*, A12v~A13r, in *Works*, 4:325~26.

51) Cary, *Solemn Call*, pp. 138, 143, 168, 173, 178~182, 192.

52) Cary, *Solemn Call*, p. 216.

53) Cary, *Solemn Call*, p. 146.

54) Cary, *Solemn Call*, p. 175. 다른 실례들에 대해서는 pp. 224, 229를 참고하라.

55) Cary, *Solemn Call*, pp. 138, 140, 179, 223. 은혜 언약이 할례 언약을 받기 약 25년 전에 아브라함과 맺어졌고, 그것에 덧붙여진 외적 표징은 갖고 있지 않다고 주장하는 느헤미야 콕스의 견해와 비교해 보라. 나중에 콕스는 창세기 17장을 다루면서, 그것은 "시내 산 언약의 전주곡"이라고 말한다. 콕스는 창 17:1에서 아브라함에게 주어진 하나님의 명령은 할례 언약을 흠 없이 행위 언약으로 소개하는 것이라고 주장한다. "주님은 [창 17:1~11에서] 아브라함의 자연적 후손에게 기꺼이 언약-관계 형성의 일차 선을 그으셨는데, 이것은 '행위 언약'인 '모세의 율법'에 의해 '이를 행하면 그로 말미암아 살리라'는 조건이나 규약으로 충분히 진술되었다"(*A Discourse of the Covenants…Wherein the Covenant of Circumcision is more largely handled…* [London: J. D., 1681], pp. 90, 104~105).

"깊도다!"라고 말한다.[56)]

플라벨은 자신의 입장을 제시할 때 복음 언약은 조건적이라고 명백하게 진술한다. 그러므로 플라벨은 은혜 언약에 할례나 세례의 조건을 동반시키는 데 문제가 없다고 본다. 언약에서 어떤 것을 수행하라고 요구한다고 해서 그것이 언약을 행위 언약으로 만드는 것은 아니다. 오히려 하나님의 은혜와 인간의 책임은 은혜 언약에서 함께 간다.

플라벨은 중요한 정의를 행하는 것으로 설명을 시작한다. "조건은 미래에 어떤 것이 이루어질 때까지 허락을 정지시키는 것이다."[57)] 은혜 언약에서 이것은 다음과 같은 사실을 의미한다. "복음 언약에서 하나님이 구원을 베푸시는 것은 믿을 때까지 모든 사람에게 정지되고, 약속(공로가 아니라)에 따라 진심으로 믿을 때에 그들에게 주어진다."[58)] 우리는 이렇게 지적할 수 있다. 곧 어떤 것이 하나님에게서 "마땅히 받아야 할 것"이지만, 그렇다고 그것이 인간의 공로와 연계되는 것은 아니다. 그것은 오직 하나님이 약속에 따라 자신을 제한하시기 때문에 하나님께 "의무"가 된다. 따라서 우리는 약속과 언약 간의 차이의 경계선을 매우 분명하게 긋는 것을 보는데, 그것은 무조건적인 것과 조건적인 것 간의 차이에서 나오는 경계선이다. 플라벨은 다음과 같이 말한다.

> 언약은 두 당사자 간의 상호 계약이나 협정으로 언약 안에서 두 당사자는 서로 자기들이 각기 약속하는 것을 수행할 의무를 갖게 된다. 따라서 한 당사자의 재약정 또는 재의무와 다른 당사자에 대한 약속이 없는 다른 적절한 언약은 있을 수 없다. 그러나 무조건적인 약속은 오직 한 당사자만을 구속하고, 다른 당사자는 약속된 유익을 누리기 위해 어떤 일을 행하는 것에서 완전히 자유롭고 의무가 없다. 그러면 만일 신약 성경의 모든 약속이 무조건적이고 절대적이라면, 그것들은 언약의 한 부분이 아니다……그것들은 무조건적인 약속으로, 사람이 약속된 자비를 누리기 위해 어떤 의무에도 속박을 받지 아니한다.[59)]

플라벨은 약속과 언약의 언어를 분석함으로써 케리의 "무조건적 언약" 견해를 사실은 "언약"이 아니라 단순한 "약속"이라고 본다. 플라벨은 케리의 견해는 율법폐기주의적인 방종으로 나아가는데, 그 이유는 이 무조건적 약속을 받은 사람들은 그들이 회개하는 여부와 상관없이 구원받게 될 것이기 때문이다. 그러므로 성경적으로 하나님의 약속들은 조건적이어야 한다. 물론 케리는 이에 반대하고, 새로운 조건이 부과된 것을 "당연히 그렇게 불려야 할 은혜 언약으로 부르지 않고 어떤 자비를 갖고 있는 새로운 행위 언약"으로 부른다.[60)] 플라벨은 만일 하나님이 요구하시는 참된 믿음이 그분의 선물이라면 그 언약은 행위 언약이 아니라고 맞선다. 케리는 만일 믿음이 조건이면서 동시에 선물이라면 그 언약은 무조건적 언약이라고 반박한다. 이것 때문에 플라벨은 능력과 행위 간의 차이를 다음과 같이 제시한다.

---

56) Cary, *Solemn Call*, pp. 174~175. 참고, Flavel, *Vindiciae Legis*, pp. 11~31, in *Works*, 4:331~338.
57) Flavel, *Vindiciae Legis*, pp. 62, 66, in *Works*, 4:348~349.
58) Flavel, *Vindiciae Legis*, p. 63, in *Works*, 4:349.
59) Flavel, *Vindiciae Legis*, p. 70, in *Works*, 4:352.
60) Cary, *Solemn Call*, p. 233.

> 이것은 잘못이고, 이 잘못 때문에 당신은 나머지 모든 것에 대해서도 잘못으로 나아가고 만다. 믿음(우리가 조건으로 부르는)은 하나님의 선물이고, 믿는 능력은 하나님에게서 나오지만 믿는 행위는 당연히 우리의 행위다……그렇다면 우리가 믿음, 회개, 순종과 같은 어떤 은혜를 행할 때 하나님이 우리 안에서 믿고, 회개하고, 순종한다는 사실이 따라 나오고, 이 모든 일을 행하는 당사자는 우리가 아니라 하나님이다.[61]

플라벨은 은혜 언약의 조건적 성격은 신학적으로 주권적인 신적 원인과 "이차 원인의 자유나 우발성"의 관계에서 나온다고 말하고 있는 것이다(웨스트민스터 신앙고백 3:1). 사실 그것은 창조주-피조물 구분에 뿌리를 두고 있다. 하나님은 인간을 자신과 구별된 지성과 의지를 가진 존재로 지으셨기 때문에 믿는 행위는 인간 자신의 것이 되어야 한다. 그러므로 인간의 언약적인 의무는 비록 하나님이 은혜로 그들에게 의무를 이행할 능력을 주신다고 할지라도 인간이 충족시켜야 하는 조건이다. 따라서 플라벨은 신적 의지의 행위와 인간적 의지의 행위를 하나로 일치시키는데, 그렇다고 둘 사이가 긴장 속에 있는 것처럼 일치시키는 것도 아니고, 플라벨이 선택 교리에 있어서는 칼빈주의자가 되고 언약 교리에 있어서는 아르미니우스주의자가 되기 때문도 아니라 스콜라적 방식에 따라 조건들을 면밀하게 구분한 결과 때문이다. 이 모든 것은 분명히 개혁파 전통 안에 있다.[62] 페리 밀러의 논지와는 반대로 플라벨은 분명하고 명료하게 신적 은혜를 확언한다. 곧 플라벨은 은혜 언약 안에서 아르미니우스주의 의미로 자유의지의 능력으로 이루어지는 인간의 행위를 옹호하거나 이런 행위를 공덕이거나 신덕(神德)이거나 간에 어떤 공로를 소유하는 것으로 간주하는 정통 신학자는 전혀 모르겠다고 말한다. 하지만 계속된 설명에서 플라벨은 또한 명료하게 무조건적 신적 선택과 성도의 견인을 지지한다.[63]

아브라함의 할례는 단지 그에게만 표징이었지 그의 후손들에게는 표징이 아니었다는 케리의 주장에 대해 플라벨은 벨라민에게서 그런 사실을 발견했다고 말하는 침례교인인 톰베스의 견해를 추적한다.[64] 따라서 플라벨은 간접적으로 침례교도가 반종교개혁 개념에 의존하는 것을 비난한다. 사실 청교도는 에임스가 이 점에 대해 벨라민을 유효적절하게 논박한 것을 매우 자주 상기하고 이것을 지적했다. 벨라민은 할례의 지시 대상을 아브라함에게 주어진 땅과 육적 후손의 현세적 유익으로 한정시키려고 했다. 1663년에 토머스 셰퍼드(1605~1649년)는 자신이 언약과 세례에 대한 재세례파 견해로 부른 것의 흔적을 대부분 다양한 교황주의 오류 속에서 발견하고, 그것을 예증한다.[65]

플라벨은 자신의 견해를 적절한 구속사 구조 속에 세우기 위해 행위 언약과 은혜 언약의 관계를 일곱 가지 요점으로 요약한다. 첫째, 에덴동산에서 아담의 언약은 완전한 본성의 법이 포함되었고,

---

61) Flavel, *Vindiciae Legis*, p. 72, in *Works*, 4:352~353.

62) Willem J. van Asselt, J. Martin Bac & Roelf T. te Velde, *Reformed Thought on Freedom: The Concept of Free Choice in Early Modern Reformed Theology* (Grand Rapids: Baker, 2010)를 보라.

63) Flavel, *Vindiciae Legis*, pp. 73, 115~116, in *Works*, 4:368.

64) Flavel, *Vindiciae Legis*, pp. 46, 58, in *Works*, 4:343, 347. 1654년에 이미 톰베스는 아브라함의 국가 언약과 보편적인 복음 언약 간의 차이를 강조했다. Michael J. Walker, "The Relation of Infants to Church, Baptism, and Gospel in Seventeenth-Century Baptist Theology," *Baptist Quarterly* 21 (1966), p. 254를 보라. 같은 논문 257페이지에서 워커는 또 초기 침례교회의 고전 7:14에 대한 해석을 언급한다.

65) Thomas Shepard, *The Church Membership of Children and Their Right to Baptism* (Cambridge, New England: Samuel Green, 1663), A4r~B2v.

이때 아담은 이 법을 지킬 수 있었다(전 7:29). 둘째, 일단 이 행위 언약은 깨뜨려지면 다시는 구원의 수단이 될 수 없었고, 단지 저주만 죄인에게 남아 있었다(창 3:24). 셋째, 하나님은 자신의 은혜 언약을 직접 발표하셨고(창 3:15), 이것은 점차 구속사를 통해 밝게 드러날 것이다. 따라서 최초의 언약은 영원히 끝났는데, 그것은 하나님이 동시에 펼쳐지는 구원의 두 길을 갖고 계시는 것은 그분의 뜻에 반하기 때문이다. 오직 그리스도만이 길과 진리와 생명이시다. 넷째, 하나님은 인간의 교만을 제어하기 위해 시내 산에서 본성의 법의 내용을 복원시키고, 약속이 수반된 율법을 주신다. 비록 율법 자체 속에 본질상 본성의 법이 포함되어 있다고 해도 율법의 목적은 주로 첫 번째와 세 번째 용도에 있었다.[66] 의식법이 상당히 담겨진 것으로 보아 율법은 또한 그리스도를 충분히 드러내고 가르쳤다. 다섯째, 이것은 시내 산 언약에 "복음적 목적 및 계획과 관련해서" 하나님의 약속이 덧붙여졌다는 것을 의미했다. 여섯째, 다수의 유대인이 율법의 목적을 잘못 알고, 남편으로서 율법과 결혼했다(롬 10:3, 2:17, 7:2~3). 일곱째, 이 치명적인 잘못은 바울 서신에서 외견상 모순을 설명하는 근거를 제공한다. 왜냐하면 "율법은 사람이 그것을 적법하게만 **쓰면** 선한 것임을 우리는 알고 있기" 때문이다(딤전 1:8, 강조 표시는 추가한 것이다).[67] 분명히 플라벨의 견해는 모든 율법을 행위 언약으로 간주하고, 모든 약속을 은혜 언약으로 간주하는 것보다 더 깊은 뉘앙스를 갖고 있다. 율법 및 은혜와 마찬가지로, 두 언약도 복합적인 관계 속에 있다. 우리는 율법 안에 은혜가 있고, 은혜 안에 율법이 있다고 말할 수 있다.[68]

플라벨은 분명히 세 가지 언약을 주장했다. 구속 언약, 행위 언약, 은혜 언약이 그것이다. 행위 언약은 타락으로 목적이 폐지되었다. 다만 비신자들에게 저주와 경고만 남아 있다. 은혜 언약은 약속으로 시작되었고, 이 약속을 받는 당사자에게 조건이 전혀 없다. 그러나 일단 주어지면 그 당사자에게 확립된 약정 안에서 책임 있게 살 의무가 주어졌다. 요약하면 은혜 언약은 쌍방 계약이 되었다. 따라서 은혜 언약은 하나님의 백성들의 반응을 요구하고, 이 반응은 약속의 은혜를 조금도 감소시키지 않는다. 약속을 수납하는 인간에게 믿을 능력이 주어지지만 믿는 행위는 그들 자신의 몫이다. 그러므로 할례가 요구된 아브라함 시대에서 할례 대신 세례가 요구되는 사도들의 시대에 이르기까지 은혜 언약의 연속성은 견고하게 유지되었다. 따라서 옛 언약의 할례 성례를 주목함으로써 새 언약의 성례인 세례의 적절한 수납인이 누구인지 판단하는 것은 합당하다. 다음 해 초에 벌어진 이 논쟁의 2회전에서 더 깊은 설명이 제시되었다.

---

66) 다른 곳에서 플라벨은 "엄밀하게 십계명으로 취해진" 율법과 "복합적으로 취해진" 율법이나 "복합적 의미의" 율법을 구분한다. 플라벨의 첫째 용도에 대한 설명은 헤셀링크가 칼빈 속에서 단순한 율법(누다 렉스)에 대해 확인한 것과 비견된다. I. John Hesselink, *Calvin's Concept of the Law* (Allison Park, Pa.: Pickwick, 1992), pp. 158, 188을 보라. 플라벨의 구분에 대한 추가 언급과 플라벨의 로버트와 세즈윅에 대한 귀속은 케리에 대한 그의 다음 답변인 *Vindiciarum Vindex*와 *The Whole Works of the Rev. Mr. John Flavel* (London: W. Baynes, 1820), 3:503, 549에서 *Planelogia, a Succinct and Seasonable Discourse of the Occasions, Causes, Nature, Rise, Growth, and Remedies of Mental Errors* (London: R. Roberts, 1691), pp. 192, 302에 그가 덧붙인 것을 보라. 또한 *Vindiciae Legis*, a9r~v, in *Works*, 4:323도 보라.

67) Flavel, *Vindiciae Legis*, pp. 32~37, in *Works*, 4:338~340.

68) Ernest Kevan, *The Grace of Law: A Study in Puritan Theology* (Grand Rapids: Reformation Heritage Books, 2011).

2회전: 케리의 『정당한 답변』(A Just Reply)과 플라벨의 『대응적인 변호』(Vindiciarum Vindex)

플라벨의 『율법의 옹호』(Vindiciae Legis)가 출판되기 전인데도 케리는 이 책에 반응했고, 그래서 플라벨은 『율법의 옹호』 마지막 부분에 이 반응에 대한 논박을 몇 페이지 더 실었다. 『정당한 답변』 전체 184페이지 중 케리는 128페이지를 플라벨을 논박하는 데 할애한다. 케리는 반복해서 플라벨이 자기를 잘못 알았다고 단언하지만, 플라벨은 케리가 자신의 견해를 얼마간 수정하도록 영향을 미친 것으로 보인다.[69]

그런데 정말 희한한 수정 가운데 하나는 구약 시대 택함받은 자의 삶에 두 언약을 적용시키는 새로운 방법이다. 플라벨은 반대되는 두 언약을 신자들에게 동시에 적용시키는 것은 하나님의 목적에 반하는 것이라고 주장했다. 하지만 이제 케리는 다음과 같이 주장한다.

> 하나님과 이스라엘 사이에 이중 언약이 있었다. 하나는 이스라엘의 언약으로 불렸고, 다른 하나는 하나님의 언약으로 불렸다. 하지만 둘 다 하나님의 언약이다. 첫째 언약은 이스라엘이 언약의 조건을 수행하도록 요구되기 때문에 이스라엘의 언약으로 불렸다. 곧 이 언약은 모세가 중보자인 행위 언약으로, 여기서 그들 자신의 순종의 의무에 따라 그들 자신의 구원을 얻는 것과 직접 관련되었고, 불가능한 이 순종의 의무가 시내 산 언약의 참된 본질이었다(롬 10:5, 갈 3:10, 12). 둘째 언약은 복음 은혜의 언약으로, 완전히 자유롭고 무조건적이다. 이 언약은 그리스도가 유일한 중보자와 보증인이 되신다(롬 10:6, 7, 8 등, 히 8:6, 7 등). 이 언약은 하나님의 언약으로 불리는 것이 적절하고, 하나님이 내가 세우는 언약이라고 말씀하신다.[70]

이 이중 언약은 조건을 성취하기 위한 온갖 수고가 아무 소용이 없고 불필요하다는 사실을 모른 채 조건을 성취하려고 애쓰는 구약 시대 신자를 정신분열적인 실존 상황 속에 빠뜨릴 것이다. 사실 행위 언약 속에서 이런 수고를 하는 것은 은혜 언약 속에서 요구되는 믿음에 해가 되지 않겠는가? 그것은 마치 케리가 플라벨이 자기에게 주장하려고 한 입장-율법을 사용해서 칭의를 얻으려고 애쓴 유대인들(그들 자신의 순종의 의무를 통해 그들 자신의 구원을 얻는 것과 관련된)이 율법의 적절한 목적을 올바르게 이해했다는 것-을 취한 것처럼 보인다.

한편으로 케리는 최소한의 조건에 대해 말함으로써 이제 플라벨 견해를 향해 나아간 것처럼 보인다. 케리는 용서를 취득하는 것과 용서를 받는 것 사이를 구분한다. 믿음은 용서를 취득하기 위한 조건이 아니라 용서를 받기 위한 조건으로서 요구된다. 만일 믿음이 용서를 취득하는 것에 속해 있다면 조건은 공로가 될 것이다. 하지만 용서를 받는 것에 속해 있다면 믿음은 단지 수단이나 도구가 된

---

69) 그릇된 설명에 대한 비난이 17~18, 68, 82~83, 94페이지를 가득 채우고 있고, 그 외에도 더 있다. 그는 특히 "율법폐기주의 비방"에 민감하다. Philip Cary, *A Just Reply to Mr. John Flavell's Arguments by Way of Answer to a Discourse Lately Published, Entitled, A Solemn Call*··· (London: John Harris, 1690)을 보라.

70) Cary, *A Just Reply*, p. 9. 참고, pp. 123~125.

다.[71] 케리는 에임스가 "은혜의 나라"에서 조건을 "부수물이나 결과"로 인정하는 것을 인용한다.[72] 마찬가지로 우리는 이제 하나님의 최초의 부르심은 "무조건적인 은혜"지만 이후에는 "순서가 있는데, 그것은 사실……즉 믿음과 순종이 그것들의 증가와 확대에 앞서 있다는 것이다."[73]

플라벨이 무조건적이고 의무가 없는 약속과 반드시 최소한 한 당사자의 의무를 포함하는 언약을 구분하는 것에 대응하기 위해 케리는 존 오웬의 히브리서 주석에서 그럴듯한 본문을 찾아낸다. 오웬은 **베리트**와 이 말의 헬라어 번역어인 **디아데케**를 설명하는데, 하나님이 주야(晝夜)와 맺은 언약(렘 33:20, 25)과 노아와 맺은 언약(창 9:10)을 무조건적인 "자유로운 무상의 약속"으로서의 **베리트**의 실례로 규정한다. 케리는 오웬이 이런 설명으로 단순히 언약 자체보다 약속을 강조하는 플라벨의 견해를 논박함으로써 자신의 결백을 증명한다고 단정한다. 유감스럽게도 케리는 오웬이 "언약"의 신학적 의미가 아니라 히브리 단어의 엄밀한 의미를 설명하고 있다는 사실을 인정하지 않는다.[74] 그럼에도 케리는 시내 산 언약과 창세기 17장에 대한 자신의 견해를 굳게 고수한다.

플라벨은 그 내용을 더 깊이 파헤친다. 이번에는 두 언약과 은혜 언약의 조건들 간의 관계에 대한 내용을 풍부하게 인용하는 것과 함께 확실히 믿을 만한 권위자 군단(투레틴, 오웬, 풀, 로버트, 버지스, 매더, 볼턴, 스트롱, 레이놀즈, 그린힐, 차녹, 버로스, 펨블, 퍼킨스, 볼, 대버넌트, 다운햄, 그리고 심지어는 케리가 인정할 수 있다는 이유로 크리스프까지 포함해서)을 제시한다.[75] 플라벨이 조건에 대해 설명하는 것을 보면, 먼저 선행 조건과 결과 조건의 구분을 세우고, 선행 조건에 대한 논쟁을 확인한다(결과 조건에 대해서는 일치가 있다). 플라벨은 이 범주 속에서 "그리스도 안에서 이루어진 언약의 최초의 비준"과 관련된 선행 조건은 제외시키고, "언약의 유익을 사람들에게 적용하기" 위해 요구되는 선행 조건으로 이동한다. 다시 말하면 플라벨은 언약의 무조건적 확립과 조건적 시행을 구분한다. 따라서 플라벨은 다시 한 번 구분해서 이 범주 속에서 "공로적이고 충동적인 원인을 일으키는 힘을 갖고 있는" 선행 조건은 모두 제외시킨다. 이로 말미암아 플라벨은 다음과 같은 범주(이후에 한 번 더 구분이 이루어지는)를 제시한다.

> 단순하게 우리의 행위를 의미하는 선행 조건은 모든 단계에서 완전하지 않고, 주어진 유익에 절대로 공로로 작용하지도 않으며, 우리 자신의 자연적 힘으로 수행되는 것도 아니지만 언약의 규약에 따라 약속에 의해 결과로 주어지는 복을 받기 위해 우리에게 요구되고, 따라서 이

---

71) Cary, *A Just Reply*, p. 34. 참고, p. 106.

72) Cary, *A Just Reply*, p. 111.

73) Cary, *A Just Reply*, pp. 85~86.

74) 나아가 오웬은 전체 설명을 "……뿐 아니라……도"라는 표현법으로 시작한다. 오웬은 이렇게 주장한다. "언약은 적절하게 쉰데케다. 그러나 전체 히브리어 단어 속에 그것에 정확히 해당되는 말은 없다……디아데케라는 말에 대해 말한다면, 그것은 부적절하게 언약을 가리키게 된다. 적절하게 말하면 그것은 유언의 의미가 있다. 그리고 이것은 어떤 것을 물려받는 자 편에게 어떤 조건이 없을 수 있다." 오웬이 말하는 "어떤 조건이 없을 수 있다"는 말의 애매함을 유의하라(Cary, *A Just Reply,* pp. 118~119).

75) Flavel, *Vindiciarum Vindex*, pp. 181~186, 196~213, 230, 237~246, 250~255, in *Works*, 3:499~501, 505~512, 520, 523~524, 528~530. 플라벨은 일부 "저명한 외국 신학자들"의 특정 작품을 추가로 언급한다. 즉 캐머런, 우르시누스, 파레우스, 폴리안더, 리베투스, 월레우스, 티시우스의 작품들을 언급하고, 여기에 *Leiden Synopsis*를 추가한다(*Vindiciarum Vindex*, p. 255, in *Works*, 3:530). 플라벨이 은혜 언약의 단독적 설립과 쌍방적 시행을 함께 말하는 주류 견해를 입증하기 위해 이토록 많은 증인들-유럽 대륙의 증인과 잉글랜드의 증인-을 열거할 수 있었다는 사실은 이 시대에 개혁파 세계 전체에 언약에 대해 실질적인 연속성이 있었음을 증명하고, 언약에 대한 20세기 학문이 보여 주는 다수의 역사적 흐름들을 반대하는 강력한 증거로 서 있다.

> 순서에서 약속으로 주어진 유익과 자비들은 이 요구가 수행될 때까지 수여자나 처분자에 의해 정지되고, 또 정지되어야 한다. 우리는 믿음이 이런 조건에 해당되는 것으로 인정한다.[76] 그러나 여기서 다시 한 번 믿음(이 의미에서 새 언약의 조건)은 1. 본질적으로 또는 2. 유기적으로 및 도구적으로 간주된다. 첫 번째 관점을 살펴보면, 본질에 따를 때 믿음은 순종 아래 유지되고, 그런 의미에서 우리는 믿음을 우리의 인격을 의롭게 하는 데서 제외시킨다…… 그러나 우리는 믿음으로 그리스도를 영접하기 때문에 믿음을 유기적으로, 상대적으로 그리고 (가장 빈번하게 말하는 것처럼) 도구적으로 간주한다.[77]

플라벨의 마지막 구분과 함께 우리는 믿음의 도구적 본질 곧 구원의 필수 조건으로서의 피데스 쿠아([사람을 의롭게 하는] 믿음)를 확인하게 되고, 물론 능력과 관련해서는 믿음이 선물이라는 것을 기억하게 된다.[78] 따라서 원인과 조건 간에는 상관관계가 있다. 도구적으로 원인인 것은 당연히 도구적으로 조건적이고, 무엇이든 원인이 되는 것이 결과보다 선행되어야 한다.

우리가 확인하는 것처럼 플라벨의 결론은 그가 성경에서 뽑아내 세운 여러 개의 견고한 기둥에서 나온다. 첫째, 구원과 믿음은 모두 은혜에 속해 있다. 둘째, 믿음은 그럼에도 인간의 행위다. 셋째, 어떤 사람도 믿음 없이는 구원받지 못한다. 플라벨은 특유의 스콜라적 방법을 통해 이 모든 진리를 한 체계 속에 결합시키는 방법을 알았다.[79] 그렇게 함으로써 플라벨은 포괄적인 개혁파 전통 안에 굳게 서 있는데, 그것은 그 후에 그가 인용하는 다양한 저술가들로 증명될 수 있다.

여러 본문에서 "그 이전에는 아니고 조건이 수행될 때 자신의 율법이나 유언이 작용하거나 효력을 일으키도록 하는 것은 유언자, 입법자나 수여자의 뜻"이라고 진술함으로써, 조건의 성격을 되풀이한다. 이런 조건은 공덕이나 신덕(神德)이 될 수 없다. 왜냐하면 공로는 조건에 본질적인 요소가 아니고, 따라서 인간의 믿음은 진실로 어떤 공로가 없이 새 언약의 조건이기 때문이다.[80]

그 외에도, 플라벨은 케리에 대한 첫 번째 답변에서 상술했던 언약 체계를 그대로 유지한다. 플라벨은 자기 동료들의 관련 작품을 더 많이 읽을 여유를 갖지 못하는 자들을 위해 유아세례를 지지하는 핵심 논증 일곱 가지 명제를 하나로 묶는 것으로 설명을 마친다.[81]

'또 한 번의 공격': 키이치의 『뿌리에 놓인 도끼』(The Ax Laid to the Root)

1691년에 플라벨의 죽음으로 논쟁이 끝났지만, 침례교회의 다작 저술가인 벤저민 키이치(1640~1704년)

---

76) 또한 *Vindiciarum Vindex*, pp. 256~257, in *Works*, 3:536~37도 보라. 거기서 플라벨은 하나님이 자비를 죄인들의 영혼에 적용시키는 것은 인간의 믿음 행위에 따라 보류되거나 그 행위의 결과로 일어난다는 말을 반복한다. "만일 당신이 믿음의 참된 보류적인 성격을 보기만 한다면……금방 믿음의 조건적 성격을 인정할 것이다"(*Vindiciarum Vindex*, p. 257, in *Works*, 3:537).

77) Flavel, *Vindiciarum Vindex*, pp. 248~250, in *Works*, 3:526~528.

78) 플라벨은 자신이 따르는 입장을 가진 투레틴을 인용해서 이 구분을 소개한다.

79) 우리는 하나님의 선물인 믿음 자체가 그리스도의 구원의 유익의 적용의 시작이라고 모호하게 말할 수 있다. 이것은 사실이지만, 그것이 구원의 실제 참여는 논리적으로 도구적 원인이 먼저 작용하는 곳에서만 나타난다는 더 세부적인 사실을 바꾸지는 않는다.

80) Flavel, *Vindiciarum Vindex*, pp. 264~265, in *Works*, 3:534.

81) Flavel, *Vindiciarum Vindex*, pp. 280~296, in *Works*, 3:540~547.

는 분명히 플라벨을 반박하지 않고 그냥 놔 둘 수 없다고 생각했다. 케리의 논증을 지지하는 키이치의 논증은 중요하다. 왜냐하면 키이치는 케리의 『엄숙한 소명』(1690)의 서언에 서명한 자 가운데 하나였기 때문이다. 그러나 우리는 플라벨에 대한 답변을 담고 있는 하나의 책을 두 가지 제목으로 출판하고, 각 책에서 플라벨에 대한 자신의 답변을 담고 있는 "두 번째 부분"을 인쇄했다고 말함에도 불구하고, 키이치는 실제로는 자신의 반응을 출판하지 않았다는 흥미로운 사실을 마주하게 된다. 여기서 우리가 할 수 있는 가장 좋은 방법은 키이치가 구상했던 제목에 따라 내용을 판단하고 그의 한 설교에서 몇 가지 논점을 주목하는 것이다. 이 제목에 따르면, 키이치는 창세기 17장에서 유아세례의 근거를 찾는 것을 케리와 동일한 기초 곧 하나님은 두 구별된 언약을 아브라함과 맺으셨고, 할례는 은혜 언약이 아니라 행위 언약에 속한다는 것에 따라 반대한다. 우리는 다음과 같은 제목을 본다. "하나님은 아브라함과 이중 언약을 맺으셨고, 할례는 은혜 언약에 속한 것이 아니라 하나님이 아브라함의 자연적 후손과 맺으신 법적 및 외적 언약에 속해 있다는 것을 드러냄. 존 플라벨 선생이 『율법의 옹호』에서 제시한 마지막 중대한 논증에 대한 답변."[82] 방금 언급한 설교에서 키이치는 케리에 대한 감사와 케리의 견해에 동조함을 표현하는 한편, 플라벨에 대해서는 가차 없는 응징을 선언한다.[83] 키이치는 케리의 입장을 다듬어 "행위 언약의 다양한 역할"을 찬성한다(비록 부정확하게 이것이 케리 자신의 입장이라고 천명하기는 하지만).[84] 키이치는 또한 아브라함의 할례의 표징으로서의 기능은 오직 그에게만 해당되었다는 견해를 주장한다.[85]

당시의 많은 유아세례주의자의 논문이 플라벨의 입장을 지지한 것처럼 키이치의 『뿌리에 놓인 도끼』와 다른 작품들도 두 언약 견해와 은혜 언약의 무조건적 성격을 침례교회 입장으로 취한 것은 케리만이 아님을 보여 준다.[86] 그들의 입장은 이후에 세대주의 진영에서 주장될 견해 곧 구약 시대 성도들은 신약 시대 성도들과 다른 방식으로 구원을 받았다는 것에 한 단계 더 다가간 것이다.[87]

결론

언약신학은 개혁파 전통에서만 배타적으로 견지된 신학이 아니고, 확실히 말해 리처드 멀러의 말을 사용한다면, "주로 개혁파 진영의 사상"이다.[88] 17세기 잉글랜드에서 "칼빈주의 침례교회"는 그들 나름의 언약신학을 전개했는데, 그것은 개혁파 형제들의 견해와는 달리, 유아를 새 언약 교회에서 제외시키는 것, 곧 "유아세례 반대주의"를 정당화하는 것이었다. 이것을 정당화하기 위해 케리

---

82) Benjamin Keach, *The Ax Laid to the Root, or, One Blow More at the Foundation of Infant Baptism, and Church-Membership, Part I* (London: B. Keach, 1693).

83) 이 작품은 플라벨에게 바쳐진 부분이 없다. 우리는 이 설교에서 플라벨과 케리에 대한 단편적인 언급을 조금씩 찾아내 수집해야 한다(Benjamin Keach, *The Ax Laid to The Root: Containing an Exposition of that Metaphorical Text of Holy Scripture, Mat. 3:10. Part II. Wherein Mr. Flavel's Last Grand Arguments*… [London: B. Keach, 1693], pp. 5~6, 16, 18, 26~27).

84) Keach, *The Ax Laid to the Root, Part II*, pp. 17~18, 26.

85) Keach, *The Ax Laid to the Root, Part II*, pp. 27~28.

86) 키이치의 두 언약 견해는 구속 언약으로 둘러싸인 은혜 언약과 함께 Benjamin Keach, *The Display of Glorious Grace, or, The Covenant of Peace Opened* (London: S. Bridge, 1698)에 제시되어 있다.

87) Flavel, *Vindiciarum Vindex*, p. 177, in *Works*, 3:497.

88) Richard Muller, *Dictionary of Latin and Greek Theological Terms: Drawn Principally from Protestant Scholastic Theology* (Grand Rapids: Baker, 1985), p. 120.

및 키이치와 같은 침례교회 신학자들은 많은 점에서 오웬 및 플라벨과 같은 정통 개혁파 신학자들의 언약신학과 확실히 다른 언약신학을 전개했다. 우리가 지적한 것처럼 이 논쟁은 차이점이 어떤 것이든 간에 옛 언약과 새 언약 간의 차이점에 대한 것이 아니다. 심지어는 옛 언약과 새 언약 간의 관계에 대해 소수파 견해를 주장한 오웬도 옛 언약과의 관계 속에서 새 언약의 새로움 속에서 유아세례 사상을 반대할 만한 어떤 문제점도 찾아내지 못했다. 오히려 이 논쟁은 아브라함 언약이 새 언약과 어떻게 관련되어 있는지에 초점이 있었다. 이번 장에서 예증한 것처럼 문제는 우리가 아브라함 언약(개혁파 입장에서는 하나)에 대해 말할 수 있는지, 아니면 아브라함 언약들(침례교회에 입장에서는 둘)에 대해 말할 수 있는지의 여부다. 유아세례 반대주의자는 아브라함과 맺어진 두 언약 곧 행위 언약과 은혜 언약에 대해 말해야 했다. 그들은 그렇게 함으로써 할례는 아브라함의 은혜 언약이 아니라 아브라함의 행위 언약에 속해 있다고 주장할 수 있었다. 개혁파 유아세례주의자는 특히 로마서 4장 11절에 비춰 볼 때 이것을 완전히 설득력이 없는 억지 해석으로 보고, 전통적인 개혁파 언약신학에서 크게 이탈한 것으로 간주할 것이다. 이 모든 것은 17세기에 유아세례 반대주의자는 사실 언약 개념을 자기들의 신념을 정당화하는 데 사용했지만, 개혁파 신학자들이 은혜 언약 교리를 형성시킨 방법과는 사실상 다른 방법으로 그렇게 했다는 것을 암시할 것이다. 다른 교리적 요점들에 대해 일치함에도 이 유아세례 반대주의자의 주장은 이 두 전통 간의 심각한 분열을 표상했다.

성찬에 대한 청교도의 이해

하나님이 몸을 보존하고 강건하게 하기 위해 떡과 포도주에 복을 베푸시는 것처럼…… 믿음으로 붙들고 영접한 그리스도 역시 [신자를] 양육하고, 영생을 위해 몸과 영혼을 보존하실 것이다.

– 윌리엄 퍼킨스[1] –

성찬은 지상에서 하늘에 계시는 그리스도를 만나는 것이라고 청교도는 말했다. 이 점에서 청교도는 존 칼빈의 가르침과 일치했다.[2] 칼빈과 영국 청교도 사상의 연결 고리 역할을 한 존 녹스(대략, 1505~1572년)[3]는 이렇게 말했다.

> 그리스도는 "자기 자신이 우리 영혼이 영생을 얻기 위해 먹을 생명의 떡"이라고 말씀하신 것처럼, 떡과 포도주를 먹고 마시는 일을 정하실 때 우리에게 자신의 약속과 친교를 확증하고 보증하시고……자신의 하늘의 선물을 우리에게 나타내고, 그것을 우리의 감각에 분명히 하신다. 또한 입이 아니라 믿음으로 받아먹도록 우리에게 자신을 주시는데, 이것은 실체를 먹는 것이 아니다. 그러나 성령의 공로[능력]로 말미암아 우리는 그리스도의 몸을 먹고 자라고, 그리스도의 피를 마시고 기운을 냄으로써 참된 경건과 썩지 아니함에 이를 때까지 새롭게 될 것이다.[4]

따라서 성찬에서 "우리는 예수 그리스도를 영적으로 받아들인다."[5] 스티븐 차녹(1628~1680년)은 성찬에 대해 이렇게 말했다. "이 행동 속에는……다른 어떤 종교 행위보다 더 깊은 하나님과의 친교

---

1) William Perkins, *The Foundation of Christian Religion, Gathered into Six Principles*, in *The Workes of That Famous and Worthy Minister of Christ in the Universitie of Cambridge, Mr. William Perkins* (London: John Legatt, 1612~1613), 1:8. 이번 장의 일부는 Matthew Westerholm, "The 'Cream of Creation' and the 'Cream of Faith': The Lord's Supper as a Means of Assurance in Puritan Thought," *Puritan Reformed Journal 3*, no. 1 (2011), pp. 205~222에서 취한 것이다.

2) 칼빈의 성찬 교리에 대한 일차 자료에는 다음과 같은 자료들이 포함되어 있다. *Treatises on the Sacraments, Catechism of the Church of Geneva, Forms of Prayer, and Confessions of Faith*, Henry Beveridge 번역 (Grand Rapids: Reformation Heritage Books, 2002), pp. 119~122, 163~579, *Institutes of the Christian Religion*, John T. McNeill 편집, Ford Lewis Battles 번역 (Philadelphia: Westminster Press, 1960), 4.14, 17~18.

3) 제네바 성찬 전례를 잉글랜드 청교도 사상에 파급시키는 데 녹스가 맡은 역할에 대해서는 Stephen Mayor, *The Lord's Supper in Early English Dissent* (London: Epworth, 1972), pp. 1~12를 보라.

4) John Knox, "A Summary, according to the Holy Scriptures, of the Sacrament of the Lord's Supper," *The Works of John Knox*, David Laing 편집 (Edinburgh: The Bannatyne Club, 1854), 3:73.

5) Knox, "A Summary…of the Sacrament of the Lord's Supper," *Works*, 3:75.

가 있다……우리는 어떤 사람에게 우리가 원하는 어떤 것을 간청함으로써 또는 받은 은혜에 대해 감사함으로써 그와 교제하는 것보다 그와 함께 식탁에 앉아 같은 떡과 같은 포도주를 마시는 것이 더 친밀한 교제를 갖는 것이 될 것이다."[6] 차녹은 이렇게 설명했다. "성찬에서 그리스도는 실제로 우리에게 나타나시고, 믿음은 실제로 그분을 붙들며, 그분과 교제하며, 그분이 영혼 속에 머물게 하며, 그분을 내주하시는 분으로 만들며, 영혼은 마치 우리가 실제로 요소들 속에서 우리에게 나타나신 그분의 살을 먹고 그분의 피를 마신 것처럼 그분의 생애와 죽음 속에서 그분과 영적 친교를 갖는다."[7]

존 윌리슨(1680~1750년)은 성찬에 참여할 때 우리는 경외, 존경, 우리의 죄에 대한 절실한 슬픔, 우리의 죄에 대한 미움, 감사, 우리의 온전한 칭의를 위한 그리스도에 대한 신뢰를 충분히 갖고 그리스도를 기념해야 한다고 말했다. 윌리슨은 이렇게 말했다. "우리는 진노의 큰 홍수가 자신의 영혼에 쏟아졌지만 우리를 위한 자신의 사랑을 소멸시키지 아니하신 그리스도를 기념할 때 우리 마음은 그리스도에 대한 사랑으로 불타올라야 한다."[8]

성찬에 대해 이처럼 고상한 견해를 가진 청교도가 성찬을 성경적으로 이해하고 영적으로 성찬을 거행하는 것에 큰 가치를 부여한 이유를 우리는 쉽게 이해할 수 있다. 따라서 이번 장은 청교도가 성찬 교리를 다룰 때 핵심 속에 둔 두 가지 관련 사실 곧 성찬의 의미에 대한 교리적인 문제와 교인이 성찬에 어떻게 참여하는지에 대한 목회적인 문제를 설명할 것이다.

성찬의 참된 의미

청교도는 종교개혁의 성찬 논쟁의 상속자였다. 오늘날 그것을 파악하는 사람들은 거의 없다. 토머스 데이비스는 "현대의 관점에서 보면, 16세기 성찬 논쟁이 비기독교적인 것처럼 보인다"고 말한다. 데이비스는 이렇게 말했다. "우리가 발견하는 사실은, 성찬신학은 단순히 교회 의식에 대한 것이 아니라 오히려 하나님이 누구신지, 하나님이 어떻게 역사하시는지, 인간은 어떻게 구원받는지, 하나님은 어디서 발견될 수 있는지에 대한 것이라는 것이다."[9]

성찬은 종교개혁 기간에 교리 논쟁의 핵심 초점이 되었다. 마르틴 루터는 종교개혁에 참여한 교회들이 화체(化體)의 이적을 통해 그리스도의 살과 피가 다시 속죄 제물로 바쳐지는 속죄 제사의 지속으로 보는 로마 교회의 미사와 결별하도록 이끌었다.[10] 확실히 개신교는 강력히 미사를 반대함으로써 로마 가톨릭교회도 인정한 성찬의 악용에서 벗어나게 되었다. 한 로마 가톨릭교회 학자는 미사를 빌미로 연옥에서의 해방, 현세에서의 건강과 형통을 약속하는 탐욕스러운 사제들로 말미암아 야

---

6) Stephen Charnock, "A Discourse of the End of the Lord's Supper," *The Complete Works of Stephen Charnock* (1864~1866, 재판, Edinburgh: Banner of Truth Trust, 1985), 4:407.

7) Charnock, "The End of the Lord's Supper," *Works*, 4:408.

8) John Willison, *A Sacramental Catechism*, in *The Whole Works of the Reverend and Learned Mr John Willison* (Edinburgh: J. Moir, 1798), 2:88~89.

9) Thomas J. Davis, *This Is My Body: The Presence of Christ in Reformation Thought* (Grand Rapids: Baker, 2008), pp. 13~14.

10) "화체설"은 성찬 요소들이 변화된 것으로 보는 것이 아니라 실체의 변화를 통해 물리적으로 그리스도의 실제 살과 피로 바뀐다는 교리다. 화체설은 4차 라테란 공의회(1215년)에서 가톨릭교회의 교의로 확정되었고, 종교개혁자들을 반대하기 위해 트리엔트 공의회(1551년)에서 다시 선포되었다.

기된 "거룩한 속죄 제사의 상업화"를 통탄한다.[11] 그러나 이 문제에 있어서 잉글랜드 교회와 교황주의 간의 가장 심각한 분열은 실천적 악용보다는 교리적 차이점에 있었다.[12] 잉글랜드의 종교개혁자 토머스 크랜머(1489~1556년)는 니콜라스 리들리(대략, 1500~1555년) 및 존 브래드포드(1510~1555년)와 함께 메리 여왕 박해 시대에 목숨을 걸고 교리적으로 로마 교회의 미사를 반대했다.[13] 엘리자베스 1세 여왕 통치 기간(1558~1603년)인 1571년에 비준되고, 이후 세대에 법제화된 잉글랜드 교회의 39개조 신앙고백은 교황주의의 성체성사에 대한 가르침을 거부했다(28~31조).[14]

칼빈과 베자의 노력에도 불구하고, 개혁파와 루터교회 사이에 생겨났던 신학적 차이점들이 청교도 시대에는 더 강화되었다.[15] 루터는 그리스도의 몸과 피는 요소들과 결합되어 위치적, 물리적으로 임재하고, 그래서 입으로 먹게 되었다고 가르쳤다. 반면에 칼빈은 성찬에 참여하는 자들은 믿음으로 자신들의 "마음과 지성을 높은 곳 곧 아버지의 영광 속에서 예수 그리스도가 계시는 곳으로 들어 올리고, 거기서 우리 구속을 위하시는 그분을 바라봄으로써" 영적이지만 실제적으로 그리스도의 몸과 피의 참여자가 된다고 가르쳤다.[16] 여기서 칼빈과 청교도 간의 차이점이 부각된다. 청교도는 천상의 참여를 거의 강조하지 않는다. 토머스 크랜머가 그런 것처럼 청교도는 성찬에서 우리의 마음을 그리스도에게 들어 올려 높은 곳에 계시는 그리스도에게 참여하는 것보다 그리스도가 말씀과 성령으로 우리에게 내려 오셔서 자신을 우리의 영적 양식과 음료로 제공하신 것을 강조했다.

루터의 가르침은 잉글랜드 종교개혁에 영향을 미쳤다.[17] 그러나 로버트 반스(대략, 1495~1540년)는 루터의 성찬 견해를 채택한 유일한 잉글랜드 종교개혁자로 간주되었다.[18] 16세기와 17세기에 루터의 작품들은 계속 영어로 번역되었지만 대부분 이신칭의를 통한 영적 위안 주제를 다룬 작품들이었

---

11) Francis Clark, S. J., *Eucharistic Sacrifice and the Reformation*, 2판 편집 (1967, 재판, Devon: Augustine Publishing, 1981), p. 59. 그리고 Timothy George, *Theology of the Reformers* (Nashville: Broadman, 1988), p. 146을 보라.

12) Clark, *Eucharistic Sacrifice and the Reformation*, p. 64.

13) 교황주의 성찬 교리를 반대하는 영국 종교개혁자들의 작품으로는 다음 작품들을 보라. Thomas Cranmer, *A Defense of the True and Catholic Doctrine of the Sacrament of the Body and Blood of Our Saviour Christ*, in *The Remains of Thomas Cranmer* (Oxford: Oxford University Press, 1833), 2:275~463, Nicholas Ridley, *A Brief Declaration of the Lord's Supper* (London: Seeley and Co., 1895), John Bradford, "Sermon on the Lord's Supper," *The Writings of John Bradford* (1848~1853, 재판, Edinburgh: Banner of Truth Trust, 1979), 1:82~110, Thomas Becon, "The Displaying of the Popish Mass," *Prayers and Other Pieces* (Cambridge: Cambridge University Press, 1844), pp. 251~286, Knox, "A Vindication of the Doctrine that the Sacrifice of the Mass Is Idolatry," *The Works of John Knox*, David Laing 편집 (Edinburgh: The Bannatyne Club, 1854), 3:29~70.

14) Philip Schaff, *The Creeds of Christendom* (1931, 재판, Grand Rapids: Baker, 1998), 3:505~507.

15) 다음 자료들을 보라. E. Brooks Holifield, *The Covenant Sealed* (New Haven, Conn.: Yale University Press, 1974), pp. 4~26, Richard A. Muller, "Calvin on Sacramental Presence, in the Shadow of Marburg and Zurich," *Lutheran Quarterly* 23 (2009), pp. 147~167, Jill Raitt, *The Eucharistic Theology of Theodore Beza: Development of Reformed Doctrine*, AAR Studies in Religion, no. 4 (Chambersburg, Pa.: American Academy of Religion, 1972), pp. 2~7.

16) Calvin, *Treatises on the Sacraments*, pp. 119~122에서 "The Manner of Celebrating the Lord's Supper"를 보라. 존 녹스는 칼빈의 견해에 동조해서 다음과 같이 가르쳤다. "우리의 영혼이 본질상 자양물, 구원, 소생을 얻도록 다루는 유일한 길은 우리가 믿음으로 세속적이고 육욕적인 모든 것 위로 우리의 지성을 끌어올려 하늘로 올라가는 것이고, 그렇게 함으로써 우리는 참 하나님과 참 사람으로 비견할 수 없는 자기 아버지의 영광 속에서 그곳에 거하시는 그리스도를 찾고 받을 수 있다"(Charles W. Baird, *Presbyterian Liturgies: Historical Sketches* [재판, Eugene, Ore.: Wipf & Stock, 2006], pp. 123~124).

17) Carl R. Trueman, *Luther's Legacy: Salvation and English Reformers, 1525~1556* (Oxford: Clarendon, 1994).

18) Carl. R. Trueman & Carrie Euler, "The Reception of Martin Luther in Sixteenth-and Seventeenth-Century England," *The Reception of the Continental Reformation in Britain*, Polly Ha & Patrick Collinson 편집, Proceedings of the British Academy, 164 (Oxford: Oxford University Press, 2010), pp. 65~67.

고, 그 가운데 특히 갈라디아서 주석이 있었다.[19] 루터의 성찬 견해는 개혁파의 실제적인 영적 임재 교리를 견지한 청교도에게 거의 영향을 미치지 못한 것으로 보였다. 하지만 청교도는 유형적, 육체적 임재를 주장하는 로마 가톨릭의 관념은 아예 거부했다.

청교도는 그리스도가 물리적으로 성찬 요소들에 임재하신다는 로마 가톨릭교회와 루터교회의 견해를 함께 반대했다.[20] 브룩스 홀리필드는 이렇게 말한다. "루터교회와 로마 가톨릭교회의 성찬 교리를 반대할 때 청교도는 단호했다."[21] 반면에 청교도는 육체적 임재를 철저히 반대하는 츠빙글리나 재세례파의 견해도 따르지 않았다.[22] 일부 청교도는 츠빙글리 견해의 경향을 가졌지만,[23] 대다수 청교도는 칼빈주의 진영에 속해 있었다. 윌리엄 퍼킨스(1558~1602년)는 이렇게 말했다. "우리는 성찬을 너무 중시하지도 않고, 그렇다고 너무 무시하지도 않으며, 중도를 취한다."[24]

교황주의자의 성찬 견해의 오류

청교도는 화체설을 "성경만이 아니라 심지어는 상식과 이성에도 어긋나는" 견해로 간주했다(웨스트민스터 신앙고백 29.6). 존 오웬(1616~1683년)은 이렇게 말했다. "유형적 요소들이 죄를 사하는 능력을 갖고 있고 영적 은혜를 부여하는 것, 이것이야말로 로마 교회 마술과 요술의 최대 신비 가운데 하나다……기독교의 어느 부분도 우리 구주의 이처럼 순전하고 거룩하고 명백한 행동과 제도만큼 불경한 사람들에 의해 그토록 혐오스럽게 오염되고 악용되지는 않았다. 화체설이라는 교황주의의 끔찍한 괴물과 그들의 우상 숭배적인 미사를 보라."[25] 조나단 에드워즈(1703~1758년)는 이렇게 설명했다. "성찬의 목적은 은유가 아니면 우리가 그리스도의 살을 먹고 피를 마실 수 없다는 것이다. 그런데 우리가 교황주의자가 화체설에서 그러는 것처럼 그토록 무섭고 그토록 기괴한 일을 제안해야 한다면 그것이 우리에게 무슨 유익이 되겠는가?"[26]

퍼킨스는 성찬의 표징은 "물질" 자체와 관련해서는 변하는 것이 없고, "거룩한 용도를 위해 평범한 것과" 구별되는 것에 변화가 있다고 말했다.[27] 퍼킨스는 다음과 같은 논증으로 화체설을 논박했다. (1) 어떻게 그리스도의 몸을 그분이 십자가에 못 박혀 죽기 전에 정말로 먹을 수 있었겠는가? 그리스도의 제자들은 최초의 성찬 예식에서 떡을 먹었다. (2) 떡은 조각으로 나눠지지만 모든 성찬 참

---

19) Trueman & Euler, "The Reception of Martin Luther," pp. 68~76.

20) 다음 자료들을 보라. William Perkins, *A Golden Chaine*, in *The Workes of That Famous and Worthy Minister of Christ in the Universitie of Cambridge, Mr. William Perkins* (London: John Legatt, 1612~1613), 1:75~76, Thomas Watson, *The Lord's Supper* (Edinburgh: Banner of Truth Trust, 2004), pp. 17~19, Edward Reynolds, "Meditations on the Holy Sacrament," *The Whole Works of the Right Rev. Edward Reynolds* (1826, 재판, Morgan, Pa.: Soli Deo Gloria, 1999), 3:68~72.

21) Holifield, *The Covenant Sealed*, p. 59.

22) Ulrich Zwingli, *Writings* (Allison Park, Pa.: Pickwick, 1984), 1:92~127, 2:127~145, 187~369. 최근에 나온 탁월한 개관은 Bruce A. Ware, "The Meaning of the Lord's Supper in the Theology of Ulrich Zwingli (1484~1531)," *The Lord's Supper: Remembering and Proclaiming Christ until He Comes*, Thomas R. Schreiner & Matthew R. Crawford 편집 (Nashville: B&H, 2010), pp. 229~247을 보라.

23) Holifield, *The Covenant Sealed*, p. 59의 설명을 보라.

24) William Perkins, *A Reformed Catholike*, in *The Workes of That Famous and Worthy Minister of Christ in the Universitie of Cambridge, Mr. William Perkins* (London: John Legatt, 1612~1613), 1:611.

25) John Owen, *Two Short Catechisms*, in *The Works of John Owen*, William Goold 편집 (재판, Edinburgh: Banner of Truth Trust, 1991), 1:490~491.

26) Jonathan Edwards, *Sermons on the Lord's Supper* (Orlando, Fla.: Northampton Press, 2007), p. 5.

27) Perkins, *A Golden Chaine*, in *Works*, 1:71.

여자는 그리스도의 전체 몸을 받는다. (3) 떡은 그리스도의 몸에 "참여하는 것"이고(고전 10:16), 그러므로 몸 자체는 아니다. (4) 만일 이것이 진실로 그리스도의 몸이라면, 그 몸은 마리아의 물질에서 만들어진 것이면서 동시에 "떡집 주인의 떡에" 속한 것이란 말인가? (5) 시간이 지나면 남은 떡은 곰팡이가 피고, 남은 포도주는 시게 되어 음식 부스러기로 남아 있는 것으로 판명될 것이다. (6) 화체설은 표징과 실재를 바꿈으로써 표징과 그것이 표상하는 것 간의 유비를 무너뜨린다.[28)]

퍼킨스는 화체설은 떡을 우상으로 바꾼다고 말하고, 이렇게 덧붙였다. "이것은 떡이 사람과 천사보다 더 높아지고, 삼위일체 하나님의 두 번째 인격의 연합 속으로 받아들여진다는 것을 의미한다." 퍼킨스는 이것은 로마 가톨릭 교도들이 성찬이 끝난 후에 떡을 다루는 모습으로 증명된다고 말했다. "그러므로 행렬을 지어 전달되고 숭배되는 성체(그렇게 불리는 것처럼) 곧 용기 안의 떡은 단지 아론의 금송아지 못지않게 밀로 만든 떡 신과 우상에 불과하다."[29)] 이런 이유로 청교도는 무릎 꿇고 성찬을 받는 국교회 관습을 반대하고, 그것은 떡과 잔에 대한 미신적인 숭배를 함축하고 있다고 말했다.[30)]

퍼킨스는 성찬이 그리스도의 십자가 죽음에 대한 찬송의 제사이자 가난한 자를 돕는 자선의 제사를 동반하고, 그리스도의 자비에 반응해서 우리 자신을 산 제물로 바치는 제도라는 점을 기꺼이 인정했다(히 13:15~16; 롬 12:1). 성찬에서 그리스도의 속죄 제사는 상징들 속에 성례전적으로 나타나 있고, 성찬 참여자의 믿음의 기억 속에 정신적으로 나타나 있다.[31)]

그러나 퍼킨스는 목사는 성찬에서 죄사함을 위한 그리스도의 실제적이고 육체적인 속죄 제물을 제공하는 제사장으로 섬긴다는 관념은 거부했다. 왜냐하면 청교도는 "다만 그리스도가 이전에 단번에 제공하신 십자가 봉헌[제물]만" 인정했기 때문이다.[32)] 이에 대해 퍼킨스는 다음과 같은 논증을 제시했다.

1. 성경에서 성령은 "그리스도가 자신을 단번에 드리셨다"고 말한다(히 9:15, 26, 10:10). 이것은 피 흘림이 없는 미사의 속죄 제사가 아니라 피 흘림이 있는 속죄 제사에 해당되는 것이라고 반응하는 교황주의자의 대답은 피 흘림이 없으면 사함도 없다는 가르침(히 9:22)을 제대로 설명하지 못한다. 피 흘림이 없는 제사와 피 흘림이 있는 제사를 구분하는 것은 성경에 기초를 둔

28) Perkins, *A Golden Chaine*, in *Works*, 1:76. 영어로 출판된 개신교의 미사 반대 관련 추가 자료로는 다음 작품들을 보라. Alexander Cooke, *Worke, More Worke, and a Little More Worke for a Mass-Priest* (London: Jones, 1628), David de Rodon, *The Funeral of the Mass, or, The Mass Dead and Buried without Hope of Resurrection*, trans. out of French (London: T. H. for Andrew Clark, 1677), John Owen, *A Vindication of the Animadversions on* 'Fiat Lux,' in *The Works of John Owen*, William Goold 편집 (재판, Edinburgh: Banner of Truth Trust), 14:411~426, William Payne, *The Three Grand Corruptions of the Eucharist in the Church of Rome* (London: for Brabazon Ayler, 1688). 그리고 *Puritan Sermons*, 1659~1689 (재판, Wheaton, Ill.: Richard Owen Roberts, 1981), 6:453~529에서 다음 세 편의 설교도 보라. Edward Lawrence, "There Is No Transubstantiation in the Lord's Supper," Richard Steele, "The Right of Every Believer to the Blessed Cup in the Lord's Supper," Thomas Wadsworth, "Christ Crucified the Only Proper Gospel-Sacrifice," in *Puritan Sermons, 1659~1689* (repr., Wheaton, Ill.: Richard Owen Roberts, 1981), 6:453~529.

29) William Perkins, *The Idolatrie of the Last Times*, in *The Workes of That Famous and Worthy Minister of Christ in the Universitie of Cambridge, Mr. William Perkins* (London: John Legatt, 1612~1613), 1:680. "떡 신"(bread-god)의 원문은 "breaden god"이다.

30) Mayor, *The Lord's Supper in Early English Dissent*, pp. 18~19, 50~51. 그리고 Willison, *A Sacramental Catechism*, in *Works*, 2:80을 보라.

31) Perkins, *A Reformed Catholike*, in *Works*, 1:593.

32) Perkins, *A Reformed Catholike*, in *Works*, 1:593.

것이 아니므로 "인간 두뇌의 날조에 불과하다."

2. 미사의 속죄 제사에서 그리스도의 몸과 피를 봉헌하는 것은 그리스도의 속죄 제사의 지속이나 반복으로, 어느 쪽이든 그것은 그리스도의 십자가 사역이 불완전하다는 것을 의미한다(히 10:1~3). 그러나 그리스도는 "다 이루었다"(요 19:30)고 말씀하셨다.
3. 그리스도는 우리에게 기념하는 것으로 성찬에 참여하라고 명령하셨다(눅 22:19). 이것은 우리가 지금 당장 일어나고 있는 어떤 일이 아니라 과거에 일어난 어떤 일을 회고하라는 것을 의미한다.
4. 성경은 그리스도는 자신의 제사장 직분을 다른 이에게 넘기지 아니하고 영원히 계속하신다고 가르친다(히 7:24~25). 인간 제사장들도 확실히 속죄 제사를 드리기는 했지만, 유일한 제사장이신 그리스도를 대신하는 것에 불과하다.
5. 만일 제사장이 그리스도의 실제 몸과 피를 하나님께 봉헌한다면 그 제사장은 하나님과 그리스도 사이의 중보자가 된다. 단순한 사람이 그리스도를 위해 중보하는 것은 불합리하다.
6. 고대와 중세 교회의 교부들은 우리 예배의 속죄 제사에 대해 말하고, 우리가 그리스도를 먹는 것은 인간적인 피를 마시는 것이 아니라 영적인 피를 마시는 것이라고 말했다.[33]

청교도는 성찬이 하나님에게서 나온 내재적인 은혜 부여 능력을 갖고 있다는 로마 가톨릭교회의 교리를 반대했다. 퍼킨스는 성찬의 결과는 하나님의 뜻에 복종하는 것이라고 말했다. 퍼킨스는 이렇게 말했다. "성찬이 거행될 때 어떤 행동도 행해진 일로, 즉 성찬 행동 자체의 효능과 힘으로, 은혜를 부여하지 않는다." 오히려 이와 반대로 성찬은 신자들의 마음속에 언약의 약속들을 전달하고, 이 약속들을 합리적으로 생각하도록 신자들을 이끌며, 그리하여 믿음을 확증하는 역할을 한다고 퍼킨스는 말했다. 퍼킨스는 또한 부여된 은혜는 칭의의 은혜가 아니라 성화의 증가라고 명확히 말했다. 퍼킨스는 "시간상으로 사람은 어떤 성찬의 적절한[자격 있는] 참여자가 되기 전에 먼저 믿고 의롭다함을 받아야 한다"고 말했다.[34] 오직 하나님만이 은혜를 주실 수 있으므로, 성찬 행동을 행하는 것으로 성찬을 효능 있게 만드는 것(엑스 오페라 오페라토)은 성찬을 우상으로 만드는 것이다.[35]

성찬에서의 그리스도 임재

오웬은 이렇게 말했다. "우리가 [성찬] 규례에 가치를 별로 부여하지 않고 성찬을 통해 그리 유익을 얻지 못하는 한 가지 이유는 성찬에서 그리스도와 갖는 특별한 교제의 본질에 대해 제대로 이해하지 못하고 있기 때문이다."[36]

에드워드 레이놀즈(1599~1676년)는 "성찬에는 실제적이고 참되고 완전한 그리스도의 임재가 있다"고 주장했다.[37] 하지만 레이놀즈는 이것은 그리스도의 신적 편재성도 아니고, 그분의 인간적 몸의

33) Perkins, *A Reformed Catholike*, in *Works*, 1:594~595.
34) Perkins, *A Reformed Catholike*, in *Works*, 1:610~611.
35) Perkins, *The Idolatrie of the Last Times*, in *Works*, 1:680.
36) John Owen, *Sacramental Discourses*, in *The Works of John Owen*, William Goold 편집 (재판, Edinburgh: Banner of Truth Trust, 1991), 9:523.
37) Reynolds, "Meditations on the Holy Sacrament," in *Works*, 3:68.

물리적 임재도 아니라고 말했다. 그리스도는 해가 따스한 광선의 빛남으로 땅에 임하는 것처럼 "성령의 강력한 역사를 통해" 임재하신다.[38] 레이놀즈는 이렇게 말했다. "성찬의 핵심 목적은…… 신실한 자들을 그리스도와 연합시키는 것이다." 우리와 그리스도의 연합은 물리적이 아니라 신비적이기 때문에 그리스도의 임재도 물리적이 아니라 신비적이다.[39] 그것은 확실히 하늘에 계신 그리스도의 "거룩하신 몸"과의 연합이지만, 그렇다고 해서 성찬 참여자들이 영광 속에 들어간 그리스도의 인성의 은혜를 받기 위해 떡 속에 그리스도의 몸이 물리적으로 임할 것을 요청하는 것은 아니다.[40]

퍼킨스는 표징과 그것이 지시하는 실재 간의 "성례적인 연합"이 있다고 말했는데, 이것은 표징과 실재가 성경에서 자주 상호 교체적으로 사용되는 이유를 설명해 준다(창 17:10; 출 12:11; 신 10:16; 마 26:28; 눅 22:20; 요 6:51, 53; 행 7:8; 고전 5:7, 10:17, 11:24; 딛 3:5). 성례적인 연합은 자연적 연합이나 "표징이 그것이 지시한 것으로 바뀌는 것"이 아니라 "각각의" 연합 곧 유비에 입각한 연합이고, 따라서 그리스도인의 영혼이 이 영적 실재를 숙고하고, 이 실재를 적용하도록 이끈다.[41] 그러므로 회심하지 않은 자들은 "표징이 지시한 것은 없이 단지 표징만 받는다." 하지만 회심한 자들은 "그들의 구원에 대해 표징과 표징이 지시한 것을 다 받는다."[42] 매튜 헨리(1662~1714년)는 이렇게 설명했다. "우리는 영들의 세계 속에서 살고 있는 것이 아니라 감각의 세계 속에서 살고 있다. 그러므로 보이는 것 외에 다른 것은 보기가 어렵다는 것을 알고 있기 때문에 우리는 성찬에서 보이는 것들을 통해 보이는 것들이 지시하는 보이지 않는 것들을 보도록 지시를 받는다."[43]

매튜 풀(1624~1679년)은 이렇게 말했다. "그리스도는 **받아서 먹으라고** 말씀하실 때 단순히 참 신자들이 자신들의 몸의 손으로 떡을 받아 자신들의 몸의 입으로 그것을 먹는 것과 동시에 믿음의 손과 입으로 그리스도의 복된 죽음과 고난의 모든 유익을 자기들의 영혼에 받아 적용시키는 것을 의미하신 것이다."[44] 토머스 둘리틀(1630~1707년)도 이에 동조해서 신자는 "자신이 그리스도와 연합하고 그분을 누리는 것"을 지시하는 떡을 먹고 포도주를 마시는데, 그때 자신의 영혼 속에 계시는 하나님의 영의 은혜를 강화시키기 위해 믿음으로 그리스도를 먹는다고 말했다.[45]

어떤 학자들은 청교도는 성찬 견해에서 지나치게 스콜라적인 경향을 갖게 되었다고 말한다. 예를 들어 홀리필드는 청교도 목사들은 성찬을 거행할 때 "성찬 예식이 **교리적 지식을 전달할** 것을 바라면서" 성찬을 거행했다고 말한다.[46] 홀리필드는 청교도의 접근법과 칼빈의 접근법을 비교하면서 이렇게 말한다. "칼빈은 **단순히 교훈적인 가능성**을 지나치게 강조하는 것을 경계했지만, 청교도 진영에서 **성찬은 복음의 구원 진리를 상기시키는** 생생한 장면을 거리낌 없이 보여 주었다."[47] 홀리필드는 이

---

38) Reynolds, "Meditations on the Holy Sacrament," *Works*, 3:72.
39) Reynolds, "Meditations on the Holy Sacrament," *Works*, 3:73.
40) Reynolds, "Meditations on the Holy Sacrament," *Works*, 3:73~74.
41) Perkins, *A Golden Chaine*, in *Works*, 1:72.
42) Perkins, *A Golden Chaine*, in *Works*, 1:72~73.
43) Matthew Henry, *The Communicant's Companion* (Philadelphia: Presbyterian Board of Publication, 1843), p. 32.
44) Matthew Poole, *A Commentary on the Holy Bible* (재판, London: Banner of Truth Trust, 1969), 3:127.
45) Thomas Doolittle, *A Treatise Concerning the Lord's Supper* (Morgan, Pa.: Soli Deo Gloria Publications, 1998), p. 146.
46) Holifield, *The Covenant Sealed*, p. 54.
47) Holifield, *The Covenant Sealed*, p. 54. 강조 표시는 추가한 것이다.

왜곡의 결과로 "칼빈주의의 신비가 [청교도의] 심리학적 설명의 무게 아래 무너졌다"고 본다.[48] 여기서 홀리필드는 청교도의 마음속에서 진리가 맡고 있던 역할을 낮게 평가하고, 이분법을 주장하는데, 이 이분법은 청교도가 비성경적인 것으로 알고 있었던 것이다. 말하자면 청교도는 교리적 지식은 정서적 참여 및 성령이 이끄신 경배와 대립하는 것이 아니라고 봤다. 에드워즈가 자신의 설교에 대해 다음과 같이 말한 것과 같다. "나는 청자들이 오직 진리로 영향을 받고, 그들이 영향을 받은 것의 본질에 불쾌하지 않은 감정을 갖도록 그들 속에 어떻게든 감정을 높이 일으키는 것이……내 의무라고 생각할 것이다."[49] 성부는 영과 진리로 예배하는 신자들을 바라고, 삼위일체 하나님의 세 번째 인격은 신자들을 진리 가운데로 인도하는 진리의 영이시다(요 16:13).

성찬에서의 성경적 충실함

종교개혁의 실질적 원리가 오직 믿음으로 얻는 칭의라면 형식적 원리는 오직 성경만(솔라 스크립투라)이 믿음과 순종의 규칙이라는 것이다. 청교도는 이 진리를 그리스도가 자기 백성들 사이에 왕으로 등극하는 것과 같은 것으로 봤다. 윌리슨은 참된 성찬은 "그리스도가 자신의 규례를 정하실 권세를 갖고 계시는, 교회의 유일한 왕과 머리라는 사실을 보여 주기 위해" 친히 정하신 것이라고 말했다.[50] 청교도는 열심히 솔라 스크립투라 원리를 예배에 적용시켰다. 오웬은 문답 형식으로 다음과 같이 말했다.

> 질문: 하나님은 우리가 자신에게 의존할 때 자신이 우리 안에서 영화롭게 되고 우리가 자신을 받아들이도록 우리에게 무엇을 요구하십니까?
> 답변: 우리가 하나님이 직접 정하신 방식 안에서, 그리고 그 방식에 따라 자신을 예배하기를 원하십니다…….
>
> 질문: 그러면 하나님을 예배하는 이런 방법과 수단은 우리에게 어떻게 알려집니까?
> 답변: 오직 온전히 하나님을 예배하는 법과 예배와 관련된 모든 사실에 대한 하나님의 뜻을 충분하고 온전하게 계시하는 내용을 담고 있는 기록된 말씀 안에서, 그리고 그 말씀으로 말미암아 알려집니다…….
>
> 질문: 하나님에 대한 예배 방식과 복음의 제도와 규례의 준수에서 우리가 주로 주의해야 할 것은 무엇입니까?
> 답변: 우리는 주 그리스도가 우리에게 준수하도록 명하는 것은 무엇이든 정하신 대로 준수하고 행해야 하고, 우리는 그것들을 준수하기 위해 그리고 준수할 때 사람의 고안이나 결정에 속하는 것은 조금도 더해서는 안 됩니다.[51]

---

48) Holifield, *The Covenant Sealed*, p. 61.
49) Jonathan Edwards, *Select Works of Jonathan Edwards* (London: Banner of Truth Trust, 1965), p. 391.
50) Willison, *A Sacramental Catechism*, in *Works*, 2:42.
51) John Owen, *A Brief Instruction in the Worship of God*, in *The Works of John Owen*, William Goold 편집 (재판, Edinburgh: Banner of Truth Trust, 1991), 15:447, 449~450, 462. 또한 William Ames, *A Fresh Suit against Human Ceremonies in God's Worship* (Rotterdam, 1633)과 George Gillespie, *A Dispute against the English Popish*

청교도는 또한 솔라 스크립투라 원리를 성찬에도 적용시켰다. 퍼킨스는 이렇게 말했다. "성찬의 올바른 방식은……(성경에 정해진 대로) 가감이나 변경 없이 성찬을 준수하는 것이다."[52] 이런 이유로 청교도는 성찬을 "거룩한 친교"나 "성체성사"로 부르기보다는 성경에 뿌리를 두고 있는 용어(고전 11:20)인 "주의 만찬"으로 부르는 것을 선호했다.[53] 청교도는 성찬은 말씀, 특히 그리스도의 성찬 제정의 말씀을 중심으로 행해진다고 봤다(마 26:26~28; 고전 11:23~26). 퍼킨스는 이렇게 말했다. "그러므로 성찬 거행에 대한 이 말씀은 명확하고 큰 소리로 선포되고, 아울러 거행될 때마다 설명되어야 한다." 퍼킨스는 성찬의 "모든 효능과 가치"는 그리스도의 성찬 제정 말씀에 달려 있다고 말했다.[54] 확실히 성찬의 요소들은 "가시적인 말씀"[55] 곧 "귀에 들리는 말씀을 눈으로 보도록 표상하는 표지"다.[56]

성찬의 각 행동은 영적 의미를 갖고 있다. 퍼킨스는 "목사는 성찬 행동에서 다음과 같이 하나님을 대표한다"고 했다. 곧 목사는 (1) 떡과 포도주를 성부 하나님이 자기 아들을 중보자 직분에 임명하는 표지로 떡과 포도주를 집음으로써, (2) 하나님이 때가 찰 때 자기 아들을 자기 사역을 감당하도록 보내신 것의 표지로 거룩한 용도를 위한 성천 제정의 말씀을 통해 떡과 포도주를 복되게 함으로써, (3) 우리의 죄악을 위해 그리스도가 죽으신 것의 표지로서 떡을 떼고 포도주를 부음으로써, (4) 하나님이 그리스도를 모든 사람에게 제공하지만, 신실한 자들의 믿음과 회개를 증진시키기 위해서만 그리스도를 주신 것의 표지로 성찬 참여자에게 떡과 포도주를 배분함으로써 하나님을 대표한다.[57]

퍼킨스에 따르면, 성찬 참여자의 행동도 다음과 같이 영적 사건들을 상징한다. (1) 성찬 참여자가 손으로 떡과 포도주를 집는 것은 믿음으로 그리스도를 붙잡는 것의 표지다. (2) 성찬 참여자가 떡을 먹고 포도주를 마시는 것은 자신이 그리스도와 연합하고 교제하는 것을 증진시키기 위해 믿음으로 그리스도를 자신에게 적용시키는 것의 표지다.[58] 한 세기 이상이 지난 후에 윌리슨은 이와 같은 의미를 목사와 성찬 참여자의 이 성찬 행동들에게 돌렸는데, 이것은 성찬에 대한 청교도 전통의 연속성을 보여 준다.[59]

성찬의 단순한 형식은 성경의 권위에 따라 정해졌다. 웨스트민스터 공중 예배 모범(1645년)은 목사들에게 성찬을 "자주" "매우 편할 때", 특히 아침 예배 설교와 기도 후에 거행하도록 지시했다. 장로교회의 성찬 형식은 다음과 같은 절차를 갖고 있다. (1) 성찬의 복과 믿음, 회개, 사랑, 영적 갈망의 필요성에 대한 간략한 권면, (2) "무지한 자, 추문을 일으킨 자, 독신적인 자 또는 어떤 죄나 불법을 저지르고 사는 자는 참여하지 못하고, 참여하려면 회개하고 상한 마음을 가져야 한다는 경고, (3) 복음 또는 고린도전서 11장 23~27절에 나오는 성찬 제정 말씀을 낭독하고 설명과 적용을 제시함, (4) 그리스도로 말미암은 죄인들의 구속에 대해 진심 어린 감사의 기도를 드리고, "우리를 위해

Ceremonies Obtruded on the Church of Scotland (1637, 재판, Dallas, Tex.: Naphtali Press, 1993)도 보라.

52) Perkins, *The Idolatrie of the Last Times*, in *Works*, 1:713.

53) Horton Davies, *The Worship of the English Puritans* (Morgan, Pa.: Soli Deo Gloria Publications, 1997), p. 204. 그러나 친교(참여함)와 감사(축복, 유카리스테이아)라는 말이 성경 고전 10:16에서 성찬과 관련되어 있다는 사실이 지적되어야 한다. 유카리스테이아 곧 감사의 제공이 그리스도께서 세우신(고전 11:24) 성찬의 한 부분이다.

54) Perkins, *A Golden Chaine*, in *Works*, 1:71.

55) Perkins, *A Golden Chaine*, in *Works*, 1:72, Perkins, *A Reformed Catholike*, in *Works*, 1:611.

56) Perkins, *A Reformed Catholike*, in *Works*, 1:610.

57) Perkins, *A Golden Chaine*, in *Works*, 1:75.

58) Perkins, *A Golden Chaine*, in *Works*, 1:75.

59) Willison, *A Sacramental Catechism*, in *Works*, 2:74~78.

십자가에 못 박혀 죽으신 예수 그리스도의 살과 피를 믿음으로 받고, 그분을 먹음으로써 그분이 우리와 하나가 되고, 우리가 그분과 하나가 될 수 있도록" 해 달라고 성찬 규례에 임할 하나님의 복을 간청함, (5) 목사가 수행되는 행동들을 설명하기 위해 성찬에 대한 제정, 명령, 그리스도의 본보기를 소개함. "거룩한 제정, 명령, 그리고 우리의 은혜로우신 구주 예수 그리스도의 본보기에 따라 이 떡을 취해 감사하고, 떼어 여러분에게 줄 것입니다……." (6) "받아서 먹으라" 등의 그리스도의 말씀과 함께, 떡을 떼고 포도주를 부어 배분함, (7) 성찬에서 선포된 그리스도의 은혜에 합당하게 살라고 권면함, (8) 감사의 기도, (9) 가난한 자를 돕기 위한 헌금.[60] 청교도는 성찬 예식을 그리스도의 본보기(마 26:30)를 따라 시편을 찬송하는 것으로 마쳤다.[61]

성찬 거행 방식의 일부 국면들은 성경에 나타나 있지 않기 때문에 청교도 성찬 관습은 다양했다. 성찬의 세부적인 의식은 웨스트민스터 총회에서 열띤 논쟁거리였다. 성찬 참여자가 식탁에 앉을지의 여부만 놓고서도 3주나 걸렸다.[62] 일반적으로 잉글랜드 독립파는 주일마다 성찬을 거행했고, 침례교회는 한 달에 한 번 거행했으며, 장로교회는 일 년에 네 번 거행했다. 침례교회는 때때로 성경적 본보기(막 14:17; 고전 11:23)를 따라 저녁에 성찬을 거행하는 것을 선호했다.[63] 그러나 장로교인인 윌리슨은 이렇게 주장했다. "최초의 성찬식이 거행될 때 시간, 장소, 모임의 환경은 규례에 본질적인 것이 아니었고, 그래서 우리가 본받도록 의도된 것은 아니다. 우리는 저녁에 성찬을 거행하거나 다락방에서 거행하거나 12명으로 모임을 맞추거나 할 필요는 없다. 나아가 그 시기가 유월절일 때에는 항상 저녁에 먹었고, 개인 가정에서 거행되었다."[64] 스코틀랜드 장로교회는 성찬 참여자가 식탁에 앉았지만 독립파는 신도 석에 앉아 있는 사람들에게 성찬 요소들을 전달했다.[65] 각 집단 안에서 다양한 변경이 이루어졌다.

성찬의 다양한 세부 사실들에도 불구하고 이 세부 사실들은 레이놀즈가 성찬의 "가장 명확한 목적"으로 부른 것 곧 "그리스도의 죽음과 고난을 기념하는 것"에 따라 규정되었다.[66] 이것은 단순히 "역사적 기념"이 아니라 레이놀즈가 "실천적 기념"으로 부른 것이었다. 곧 믿음, 감사, 순종, 기도에 대한 기억이었다.[67] 여기서 우리는 청교도가 그렇게 이해한 것처럼 영적으로 성찬에 참여하는 방식에 대해 살펴봐야 한다.

성찬에 대한 영적 참여

성찬에서 그리스도와의 위엄 있는 교제 가능성을 염두에 두고, 청교도는 올바른 성찬 참여 문제를 심각하게 다뤘다. 깨어 있는 양심은 이런 거룩한 식탁에 "하나님이 네게 무엇을 요구하실까?"라는

---

60) "The Directory for the Publick Worship of God," *Westminster Confession of Faith* (재판, Glasgow: Free Presbyterian Publications, 2003), pp. 384~386.
61) Davies, *The Worship of the English Puritans*, p. 216.
62) Mayor, *The Lord's Supper in Early English Dissent*, p. 76.
63) Davies, *The Worship of the English Puritans*, pp. 205~208, 213.
64) Willison, *A Sacramental Catechism*, in *Works*, 2:68.
65) Davies, *The Worship of the English Puritans*, p. 214.
66) Reynolds, "Meditations on the Holy Sacrament," *Works*, 3:87.
67) Reynolds, "Meditations on the Holy Sacrament," *Works*, 3:104, 107, 108, 110.

질문 없이 참여를 생각할 수 없다. 성찬에 참여하는 것은 선택이 아니었다. 하지만 퍼킨스는 성찬은 구원에 "절대 필수적인" 것은 아니고, 다만 "믿음의 버팀목이나 지주"라고 말했다. 불시의 죽음이나 지리적 고립으로 말미암아 참여할 수 없는 자들은 비난받지 않았다. 그럼에도 강팍하고 완강하게 성찬을 "무시하는 것"은 범죄로, 하나님의 정죄를 받았다.[68] 하나님의 백성들은 성찬에 참여하도록 권면을 받았고, "합당하게 참여하는" 법의 문제를 피하지 못했다(웨스트민스터 대교리문답 질문 170).

성찬 참여 자격

청교도 저술가들은 성찬 참여 자격에 대해 깊은 주의를 기울였다. 대다수 청교도는 칼빈의 이런 가르침을 따랐다. "만일 성령이 결여되면 성례는 우리 마음속에서 아무것도 이룰 수가 없다. 그것은 마치 태양의 광채가 맹인의 눈에 비치고, 귀머거리의 귀에 소리가 울려 퍼지는 것과 같다."[69] 차녹은 이렇게 말했다. "주의 만찬에서는 그리스도인이 되고, 가게에서는 이교도가 되며, 골방에서는 마귀가 되는 것은 슬픈 일이다."[70] 조나단 에드워즈는 성찬을 신자들을 위한 성례로 간주하고, 신자들이 그리스도 안에서 갖는 연합을 축하하는 것으로 봤다. 에드워즈는 고린도전서 10장 17절을 본문으로 한 설교에서 이렇게 말했다. "주의 만찬은 그리스도의 백성들이 **서로**……간에 갖는 거룩하고 영적인 연합의 엄숙한 표현이자 보증으로 제정되었다."[71]

일부 청교도, 특히 솔로몬 스토더드(1643~1729년)와 윌리엄 프린(1600~1669년)은 성찬을 "회심을 위한 규례"로 봤다.[72] 그들은 "성찬은 결정적 회심을 위한 수단"으로 기독교적 믿음에 대한 기본 지식을 갖고 있는 비신자들에게 "복음에 대한 내적 동의를 일으키는" 역할을 함으로써 그들을 회심시키는 의도를 갖고 있다고 말했다.[73] 이 소수파 견해를 조지 길레스피(1613~1648년)와 새뮤얼 러더퍼드(1600~1661년)는 논박했다. 홀리필드는 이렇게 요약한다.

> 러더퍼드나 길레스피는 성례의 효능이 박탈되는 것을 바라지 않았다. 주의 만찬은 여전히 "그들 안에 그리스도가 살고 있는 자들의 자양물"로, "새로운 단계의 믿음"을 더함으로써 "이전에 있었던 회심"을 증진시키는 역할을 했다. 칼빈과 마찬가지로 그들도 성찬의 효능을 성화 교리와 연계시켰고, 이것은 그리스도인의 믿음과 거룩함의 성장을 의미했다. 나아가 성찬은 택함받은 자에게 주어진 하나님의 약속들을 보증했다. 이 보증은 "일반적으로 자기에게 주어진 약속을 특별히" 합당한 참여자에게 적용시켰기 때문에 그는 하나님의 자비에 대한 확신을 갖고 식탁을 떠날 수 있었다.[74]

---

68) Perkins, *A Golden Chaine*, in *Works*, 1:72.

69) Calvin, *Institutes*, 4.14.9.

70) Charnock, "The End of the Lord's Supper," *Works*, 4:400.

71) Edwards, *Sermons on the Lord's Supper*, p. 70. 강조 표시는 추가한 것이다.

72) 다음 자료들을 보라. William Prynne, *Lord's Supper Briefly Vindicated, and Clearly Demonstrated to Be a Grace-Begetting, Soul-Converting…Ordinance* (London: Edward Thomas, 1657), Solomon Stoddard, *An Appeal to the Learned, Being a Vindication of the Right of the Visible Saints to the Lords Supper…* (Boston: B. Green for Samuel Phillips, 1709), Thomas M. Davis & Virginia L. Davis 편집, *Edward Taylor vs. Solomon Stoddard: The Nature of the Lord's Supper* (Boston: Twayne, 1981).

73) Holifield, *The Covenant Sealed*, pp. 109~110.

74) Holifield, *The Covenant Sealed*, p. 115. 홀리필드는 각각 Samuel Rutherford, *The Divine Right of Church*

회심을 성찬 참여자의 자격 조건으로 강조하는 것은 어린아이들이 주의 만찬에 참여해서는 안 된다는 것을 함축했다.[75] 웨스트민스터 대교리문답은 "무지한 자"가 성찬 식탁에 앉는 것을 반대하고, 세례와 성찬 간의 한 가지 차이점은 세례는 "유아에게도" 시행되지만 성찬은 "오직 자신을 검토할 수 있는 연령과 능력에 이른 자들에게만" 시행되어야 한다는 것이라고 말한다(웨스트민스터 대교리문답 질문 177).

퍼킨스는 성찬에 참여할 자격을 갖기 위해 "우리는 하나님, 인간의 타락, 그리스도로 말미암은 구원의 약속에 대한 지식 외에 그리스도를 믿는 믿음과 죄에서의 회개, 그리고 날마다 새롭게 되는 믿음과 회개를 갖고 있어야 한다"고 말했다. 만일 이 자격을 구비한 사람이 자신이 "부패하고 거역하는 마음"을 갖고 있다고 느끼고 성찬에 참여하기를 주저한다면, 이에 대해 퍼킨스는 이렇게 말했다. "그대는 자신의 부정한 경향을 깊이 의식하고 있을 때 주의 만찬에 참여할 충분한 자격이 있다." 약은 병에 걸린 자를 위해 있는 것이다.[76] 그것은 신자들이 알려진 죄에 대해 회개하지 않고 참여할 수 있다는 것을 말하는 것이 아니다. 왜냐하면 "고린도 교회 교인들은 믿음과 회개를 갖고 있었지만 이 점에서 실패했기 때문에 곧 자기들의 믿음과 회개를 새롭게 하지 못했기 때문에 그들 가운데 많은 이가 합당치 못한 참여자로, 자기들에 대한 심판을 먹는 것으로 말해지기" 때문이다.[77]

청교도는 신자에게 성찬에 참여하기 위해서는 충분한 확신이 있어야 것을 요구하지 않았다. 확신은 바람직한 것이기는 했지만 필수적인 것은 아니었다.[78] 에드워드 테일러(대략, 1642~1729년)는 이렇게 말했다. "그것은[확신은] 누구나 주의 만찬에 참여하기 위해 기다려야 하는 것은 아니다."[79] 테일러는 "이 규례에 필수적인 것은 확신의 믿음이 아니라 신뢰와 의존의 믿음"이라고 말했다.[80] 도덕적 완전함은 요구되지 않았다. 에드워즈는 이렇게 말했다. "여러분의 죄가 방해를 일으키는 것은 아니다. 그리스도는 이런 자들을 위해 구원의 유익을 취득하셨다. 그리스도는 이런 자들을 위해 자신을 주셨다."[81] 둘리틀은 더 나아가 "만일 사람이 자신이 하나님을 사랑한다고 말할 수 없고, 또 자신이 믿음을 갖고 있다고 말할 수 없지만 자신이 그리스도에 대한 갈망과 갈증을 갖고 있음을 알고 있다면 주의 만찬에 나아올 수 있다"고 말했다.[82] 토머스 왓슨(대략, 1620~1686년)은 이런 사고를 다음과 같이 진술하는 것으로 요약했다. "약한 믿음은 강한 그리스도를 붙잡을 수 있다. 마비된 손도 결혼식 매듭을 묶을 수 있다."[83] 헨리는 다음과 같이 실제적으로 호소했다. "만일 그대가 그리스도가

Government and Excommunication (London: Printed by John Field for Christopher Meredith, 1646), pp. 340, 523과 George Gillespie, *Aaron's Rod Blossoming* (Harrisonburg, Va.: Sprinkle Publications, 1985), p. 500, 그리고 Rutherford, *Divine Right*, p. 253을 인용한다.

75) Cornelis P. Venema, *Children at the Lord's Table?: Assessing the Case for Paedocommunion* (Grand Rapids: Reformation Heritage Books, 2009), pp. 22~26.

76) Perkins, *A Golden Chaine*, in *Works*, 1:76.

77) Perkins, *The Idolatrie of the Last Times*, in *Works*, 1:713.

78) Holifield, *The Covenant Sealed*, p. 56.

79) Edward Taylor, *Edward Taylor's Treatise Concerning the Lord's Supper* (Boston: Twain Publisher, 1988), p. 121.

80) Taylor, *Treatise Concerning the Lord's Supper*, p. 189.

81) Edwards, *Sermons on the Lord's Supper*, p. 156.

82) Doolittle, *A Treatise Concerning the Lord's Supper*, p. 137. 그리고 *Sermons on the Lord's Supper*, pp. 54~69에서 에드워즈의 설교 "The Lord's Supper Ought to Be Kept Up and Attended in Remembrance of Christ"를 참고하라.

83) Watson, *The Lord's Supper*, p. 73.

그대 자신의 것인지 의심한다면 지금 그분에게 동의함으로써 의심에서 벗어나라. 나는 그리스도를 나의 것으로 취한다. 완전히, 오로지, 그리고 영원히 나의 것으로 말이다."[84]

성찬의 올바른 수납

성찬은 많은 준비와 조심스러운 자기 검토, 그리스도 중심적인 참여로 진지하게 취해져야 했다. 에드워즈는 이렇게 말했다. "성찬은 생각할 수 있는 가장 엄숙한 예식이다……성찬은 단순한 맹세보다 더 엄숙하다."[85] 나중에 에드워즈는 이렇게 덧붙였다. "죽임을 당한 그리스도의 몸과 흘리신 그리스도 피의 이 상징들을 모욕적으로 다루는 자들은 주님의 몸과 피에 대해 죄책이 있다. 즉 그분을 죽이는 죄를 범하는 것이다."[86] 이 엄숙함은 성찬의 중대성과 조화를 이룬다. 에드워즈는 이렇게 말했다. "그리스도는 그의 교회의 가장 큰 친구이고, 주의 만찬에서 기념되는 것은 그리스도의 사랑에 대한 가장 큰 표시 곧 지금까지 어느 순간에 있었던 것보다 더 큰 자비 행위로서 사람이 다른 사람에게 베푼 모든 자비 행위를 무한히 능가한다. 그것은 지금까지 있었던 신적 인자하심과 은혜의 가장 큰 전시였다."[87]

성찬은 그리스도를 만나는 것이라고 청교도는 말했다. 하나님과 신자가 서로를 향해서 행동한다. 퍼킨스는 성찬에서 하나님의 행동은 "그리스도와 그리스도의 은혜를 신실한 자들에게 제공하거나 적용하는 것"이라고 말했다. 성찬에서 신자의 믿음의 행동은 "성찬의 합법적인 용도에 따라 그리스도를 숙고하고, 바라고, 붙잡고, 받아들이는 것이다."[88]

존 페인은 오웬의 성찬 교리를 "하나님의 자기 백성들에 대한 사랑의 거룩한 드라마"로 묘사한다. 곧 "주의 만찬에서 그리스도를 믿는 믿음을 행사하는 자들이 그리스도를 경험하고 그리스도에게 참여하는" 것으로 설명한다.[89] 오웬은 성찬 요소들을 "피조물의 꽃으로 불렀는데, 그것은 찾아본다면, 그리스도의 비밀을 드러내는 무한한 창고다."[90]

청교도는 성찬 참여자는 질적으로나 양적으로 충분히 묵상하는 시간을 갖고 성찬을 준비해야 한다고 말했다. 오웬은 이렇게 말했다. "우리가 성찬의 제정과 본질과 목적을 파악하지 못하는 한 성찬 규례의 준수는 우리에게 아무 유익이 되지 못할 것이다."[91] 단순한 이해 이상의 것이 요구되는데, 그 이유는 "하나님의 언약의 약속들은 믿음과 순종하는 마음으로 받지 않으면 성례를 통해 '영적으로 보증되지' 않기 때문이다.[92]

---

84) Henry, *The Communicant's Companion*, p. 73. 헨리는 이렇게 말한다. "그대는 삶 속에서 성찬에 나오는 데 충분히 진지하지 않고, 충분히 경건하지 않고, 충분히 규칙적이지 않다고 생각할 것이다. 하지만 그대는 왜 그렇지 않을까? 무엇이 그대를 방해할까? 그대가 성찬에 합당하려면 천국에 합당하기 위해 그대에게 필요한 것 말고 무엇이 더 요구되겠는가?"(*The Communicant's Companion*, p. 70).

85) Edwards, *Sermons on the Lord's Supper*, p. 76.

86) Edwards, *Sermons on the Lord's Supper*, p. 107.

87) Edwards, *Sermons on the Lord's Supper*, p. 86. "그리스도인은 그리스도와 교제를 갖는다"라는 설교에서 에드워즈는 "여러분에게 권면하는데……주의 만찬에 진지하고 조심스럽고 즐겁게 참여하도록 하라"고 말했다(*Sermons on the Lord's Supper*, p. 150).

88) Perkins, *A Golden Chaine*, in *Works*, 1:72.

89) Jon D. Payne, *John Owen on the Lord's Supper* (Edinburgh: Banner of Truth Trust, 2004), p. 64.

90) Owen, *Sacramental Discourses*, in *Works*, 9:540.

91) Owen, *Sacramental Discourses*, in *Works*, 9:583.

92) Payne, *John Owen on the Lord's Supper*, p. 34. 그리고 Joel R. Beeke, *The Quest for Full Assurance: The*

이 묵상은 성찬이 시작될 때까지 멈추어서는 안 된다. 오히려 그때 더 깊어져야 한다. 오웬은 1669년과 1682년 사이에 『주의 만찬에 알맞은 25편의 강론』(Twenty-Five Discourses Suitable to the Lord's Supper)을 발표했다. 이 작품에서 오웬은 회중들에게 성찬에 참여할 때 가장 큰 유익을 얻는 법을 가르쳤다. 오웬은 회중들에게 먼저 "**죄 속에 있는 두려운 죄책과 도발**"에 대해 묵상하도록 권면했다.[93] 다음에 "**하나님의 순전하심과 거룩하심** 즉 '죄를 자기 아들에게 부과시켜 죄를 지나치지 아니하는' 하나님의 거룩하심에 대해 묵상하라"고 권면했다.[94]

성찬의 초점은 예수 그리스도의 인격과 사역이다. 그리스도의 인격과 사역은 "신실한 믿음의 행사를 통해 함께 받아들여진다."[95] 이 믿음의 행사는 영적인 눈을 가진 것처럼 하나님의 아들을 **보려고** 시도하는 것이다. 오웬은 회중들에게 "이 규례에서 우리가 노력해야 할 것은 높이 들리신 그리스도를…… 보는 것이다. 그것은 우리의 죄악을 짊어지고 자신의 몸을 나무에 달리신 장면이다…… 오, 이 규례에서 하나님이 우리의 영혼이 그리스도를 보게 하시기를!"[96]

이 영적 바라봄의 한 가지 결과는 죄 죽이기다. 오웬은 이렇게 말했다. "우리는 믿음으로 죽어가는 그리스도를 바라보도록 힘써야 하고, 그렇게 하면 우리 영혼 속에 죄를 죽일 힘을 일으킬 수 있다."[97] 또 다른 결과는 믿음의 소생이다. "하나님은 그리스도가 우리의 눈앞에서 증거가 되도록 십자가에 못 박히도록 정하셨고, 그리하여 죄에게 쏘이고, 죄로 말미암아 죽을 준비가 되어 있는 모든 가련한 영혼이 그분을 바라보고 고침을 받게 될 것이다."[98]

이런 결과는 어떤 성경 외적인 신비적 경험을 추구한 것에 기인하는 것이 아니라 신자가 객관적인 성경적 진리를 개인적으로 적용하는 것과 함께 성령의 협력적인 역사에 기인하는 것이다. 오웬은 성찬에서 "그리스도와 그리스도의 유익은 **객관적으로 제공되고**, 믿음의 행사와 성령의 주권적 행위를 통해 받는다"고 말했다.[99] 둘리틀은 이렇게 말했다. "믿음이 이 피를 그 모든 공로와 효능을 특별히 적용시키고, '오, 내 영혼아, 여기 사죄의 피가 있고, 그것은 너의 것이다. 여기 소생시키고 부드럽게 하는 피가 있고, 그것은 너의 것이다. 의롭게 하고, 거룩하게 하고, 탄원하는 피가 여기 있고, 그것은 너에게 속해 있다'고 말하게 하라. 이것은 주의 만찬에서 믿음이 그 일을 행하도록 이끌 것이다."[100]

굿윈은 성찬과 설교를 비교하면서 이렇게 말했다. "설교에 대해 말한다면, 어떤 이들은 위로를 받고, 어떤 이들은 지식을 얻고, 어떤 이들은 자극을 받을 것이다. 그러나 성찬에 대해 말한다면, 그대는 그것들 모두를 기대할 수 있다. 성찬에서 그리스도는 빛, 지혜, 위로가 되시고, 그 모두가 그대의 것이다. 성찬에서 그리스도는 눈먼 자에게 눈이고, 절룩거리는 자에게 발이시다. 아니 사실은 모든 자에게 모든 것이다."[101]

Legacy of Calvin and His Successors (Edinburgh: Banner of Truth Trust, 1999), p. 211을 보라.

93) Owen, *Sacramental Discourses*, in *Works*, 9:559. 강조 표시는 추가한 것이다.
94) Owen, *Sacramental Discourses*, in *Works*, 9:559. 강조 표시는 추가한 것이다.
95) Payne, *John Owen on the Lord's Supper*, p. 62.
96) Owen, *Sacramental Discourses*, in *Works*, 9:593.
97) Owen, *Sacramental Discourses*, in *Works*, 9:582.
98) Owen, *Sacramental Discourses*, in *Works*, 9:571. 참고, 갈 3:1.
99) Payne, *John Owen on the Lord's Supper*, p. 75. 강조 표시는 추가한 것이다.
100) Doolittle, *A Treatise Concerning the Lord's Supper*, p. 96.
101) Thomas Goodwin, *The Government of the Churches of Christ*, in *The Works of Thomas Goodwin*, Thomas Smith 편집 (1861~1866, 재판, Grand Rapids: Reformation Heritage Books, 2006), 11:408.

성찬이 있기 전 주의 깊은 묵상과 준비를 활용한 것처럼, 신자는 이후로도 계속 묵상하고 사고해야 한다. 둘리틀은 이렇게 말했다.

> 한 사람의 신자로서 성찬을 통해 어떤 유익을 받았는지 자신을 성찰해 봐야 한다…… 그리스도를 믿는 믿음과 하나님에 대한 사랑의 증가로, 죄에 대한 미움과 죄를 반대하는 힘이 더 커진 것으로, 하늘에 계신 하나님을 누리기를 갈망하는 것으로, 필요한 음식보다 이 규례를 더 소중히 여기는 것으로, 그리스도의 힘으로 나를 위해 죽으신 그리스도를 위해 고난을 받겠다고 결심하는 것으로 [나는 이것을 알게 될 것이다.][102)]

진지한 성찬 참여는 정확한 십자가 교리에 대한 단순한 지성적 동의가 아니라 진심 어린 가담이었다. 윌리슨은 성찬 참여자에게 이렇게 묵상하라고 권면했다. "오, 이제는 피 흘리시는 구주의 시야가 나를 눈물 흘리는 죄인으로 만들기를! 내가 갈보리 산에 있었더라면…… 특히 그분이 나를 대신해서, 그리고 내 죄를 위해 이 모든 일을 당하셨음을 생각할 때 과연 눈물 없는 눈과 무감각한 마음으로 서 있을 수 있었겠는가?"[103)] 감정적인 참여는 성찬에 매우 필수적이고, 복합적인 감정이 나타날 것으로 예상된다. 만일 이 감정들이 서로 충돌한다면 신자는 용기를 내야 한다. 왜냐하면 슬픔(신자의 죄가 그리스도를 죽음으로 내몰았기 때문에)이 기쁨(자신들의 죄를 위한 그리스도의 죽음으로 인한)을 가로막지 못할 것이기 때문이다. 둘리틀은 다음과 같은 신자의 질문을 예상했다. "'하지만 나는 즐거워하면서 동시에 슬퍼해야 하는가? 슬픔이 즐거움을 방해하거나 즐거움이 슬픔을 방해하거나 하지 않을까?' 아니다. 둘 다 가질 수 있으며, 둘 다 가져야 한다. 신자는 주의 만찬에서 이런 복합적인 감정을 얼마든지 가질 수 있고, 여러분은 자신의 죄가 그리스도를 죽음으로 내몬 것을 슬퍼해야 하지만 한편으로 그리스도가 여러분의 죄를 위해 죽으신 것을 즐거워해야 한다."[104)]

성찬의 방해물

성찬은 모든 신자에게 열려 있지만 모든 신자가 성찬에 충분히, 그리고 정식으로 참여한 것은 아니다. 신자들이 성찬의 모든 유익을 받는 것을 가로막는 여러 방해물이 있다.

첫 번째 방해물은 마귀다. 둘리틀은 마귀는 "성찬에서 여러분과 함께 있으면서 여러분의 위로를 빼앗고, 가득 차 있어야 할 기쁨을 방해할 것"이라고 말했다.[105)] 왓슨은 이렇게 말했다. "사탄은 사울이 백성들에게 꿀에 손을 대지 못하게 한 것처럼(삼상 14:26) 성찬을 방해할 것이다."[106)] 그러나 성찬을 주의 깊게 행하게 되면 사탄의 역사는 차단된다. 오웬은 이렇게 말했다. "그리스도의 죽음을 기념할 때 우리는 사탄을 반대하는 고백을 해야 하고, 그렇게 하면 그의 권세를 파괴하고, 사탄을

---

102) Doolittle, *A Treatise Concerning the Lord's Supper*, p. 146.

103) John Willison, *A Sacramental Directory…to Which Are Added* (by Way of Appendix) Meditations and Ejaculations Proper for Communicants Before, in Time of, and After Partaking of the Holy Sacrament (Edinburgh: Sam. Willison and Matt. Jarvie for Alexander Donaldson, 1761), p. 301.

104) Doolittle, *A Treatise Concerning the Lord's Supper*, p. 100. 참고, 바울이 역설적으로 자신에 대해 "근심하는 자 같으나 항상 기뻐하고"(고후 6:10)라고 묘사하는 것.

105) Doolittle, *A Treatise Concerning the Lord's Supper*, pp. 94~95.

106) Watson, *The Lord's Supper*, p. 60.

정복할 수 있을 것이다. 사탄은 그를 무장해제시키신 그리스도의 수레바퀴에 끌려 다니게 될 것이다."[107] 매튜 헨리는 더 나아가 이렇게 말했다. "이처럼 우리의 발아래 사탄을 짓밟으신 그리스도는 여호수아가 이스라엘의 지휘관들에게 '가까이 와서 이 왕들의 목을 발로 밟으라'고 한 것처럼 우리에게 그렇게 하도록 요구하신다."[108]

두 번째 방해물은 잊어버림이다. 하나님의 자녀들은 성찬을 준수할 때 영적 건망증과 싸워야 한다(시 103:2, 106:12~13). 에드문드 칼라미(1600~1666년)는 이렇게 말했다. "우리의 마음이 얼마나 쉽게 속이는 활처럼 어긋나고, 우리에게 지속적으로 영향을 미치고 지배해야 하는 일들에 대한 감각을 잃어버리는지에 대해 절대로 무지해서는 안 된다."[109] 둘리틀은 이렇게 말했다. "정말 놀랄 만한 것은 우리가 너무 쉽게 우리 구주 하나님을 잊어버린다는 것이다. 곧 우리는 우리를 위해 저주가 되심으로써 우리를 율법의 저주에서 해방시키신 분, 친히 자신이 감당하심으로써 하나님의 진노를 우리에게서 벗어나게 하신 분, 우리를 위해 죽으심으로써 죽음의 독침에서 우리를 구원하신 분, 그분을 너무 쉽게 잊는다."[110] 마찬가지로 매튜 헨리도 이렇게 말했다. "그리스도를 기억하라! 우리가 그리스도를 잊으면 어떤 위험이 있을까? 만일 우리가 세상 및 육신과 비참하게 어울리지 않고 우리 영혼의 관심사에 특별히 부주의하지 않는다면 우리는 그리스도를 잊지 아니할 것이다. 하지만 우리 기억의 배반을 고려할 때 이 규례는 그리스도를 상기하도록 지정된 것이다."[111] 그리스도를 잊지 않는 것이 성찬의 주요 목적 가운데 하나이고, 성찬은 지속적으로 "나를 기념하라"고 우리에게 도전을 준다.

세 번째 방해물은 태만함이다. 청교도는 성찬에 태만하게 되는 여러 이유를 진술했는데, 개인적인 무가치 의식에서 개인적인 교만 의식까지 다양하다. 어느 쪽이든 태만함은 위선이라고 청교도는 경고했다. 둘리틀은 태만함의 위험성을 경고하는 한편 대책도 제시했다. 둘리틀은 이렇게 말했다. "여러분의 강퍅한 마음에 대해 불평하지만 그 마음을 부드럽게 하는 수단을 사용하지 않는 것, 여러분의 죄의 권능에 대해 불평하면서 그 권능을 약화시키는 수단을 사용하지 않는 것은 위선이다."[112] 윌리슨은 이렇게 말했다. "우리의 마음을 부드럽게 하고, 우리의 회개를 새롭게 하고, 우리의 믿음을 강화시키고, 우리의 사랑을 부추기고, 우리의 감사를 향상시키고, 죄에 대한 우리의 결심에 힘을 주고, 우리에게 거룩한 의무를 자극시키는 데 최고의 도움을 주는 이 규례를 그리스도가 정하신 방법에 따라 자주 사용하지 않고, 그렇게 등한시할 것인가?"[113] 성찬을 거듭 등한시하는 것에 대해 헨리는 이렇게 경고했다. "그대는 하나님의 사랑의 포도주를 바라지 않고 대신 감각적 쾌락의 흙탕물을 선택한다. 하지만 그대는 어린 양 앞에서 섞인 것이 없이 부어질 '하나님의 진노의 포도주를 마실' 수 있겠는가?"[114]

---

107) Owen, *Sacramental Discourses*, in *Works*, 9:543.
108) Henry, *The Communicant's Companion*, p. 175.
109) Edmund Calamy, "The Express Renewal of Our Christian Vows," *The Puritans on The Lord's Supper*, Don Kistler 편집 (Morgan, Pa.: Soli Deo Gloria Publications, 1997), p. 39.
110) Doolittle, *A Treatise Concerning the Lord's Supper*, p. 14.
111) Henry, *The Communicant's Companion*, p. 44. 이후에 헨리는 이렇게 덧붙인다. "우리가 우리에게서 떠나 있지만 우리의 일을 처리하고, 사실은 우리를 위해 떠나 있는 친구를 기억하지 않고, 항상 잊어버릴 수 있겠는가?"
112) Doolittle, *A Treatise Concerning the Lord's Supper*, p. 155.
113) Willison, *A Sacramental Catechism*, in *Works*, 2:10.
114) Henry, *The Communicant's Companion*, p. 61.

성찬의 유익

퍼킨스는 성찬의 유익을 이렇게 제시했다. (1) "우리의 믿음을 더 깊이 확증하게 된다. 왜냐하면 주어진 어떤 약속들을 통한 것처럼 성찬을 통해서도 하나님이 큰 자비로, 말하자면 우리를 자신과 묶으시기 때문이다." (2) "하나님의 참된 교회와 다른 교회들을 구분시키는 신앙고백의 표지와 표시가 된다." (3) "복음 교리를 보존하고 널리 전파하는 수단이 된다." (4) "신실한 자들이 자신들의 주 하나님께 계속 충성하고 감사하도록 그들을 결속시키는 역할을 한다." (5) "신실한 자들의 상호 친목[사랑]의 끈이다."[115] 확실히 성찬은 언약적인 유대의 표지와 보증이다.

레이놀즈는 성찬은 "교회와 교회의 머리이신 그리스도의 신비적 연합을 증진시키기" 위해 "그리스도를 보여 주도록" 규정되었다고 말했다.[116] 육체의 음식이 우리 몸의 한 부분이 됨으로써 우리의 몸을 강건하게 하는 것처럼 성찬에서 우리는 "이 거룩한 신비를 통해 우리와 연합하는 그리스도가 우리의 모든 길에서 우리를 위로하고, 원기를 주고, 강건하게 하고, 다스리고, 지시하도록" "활력적인 그리스도의 영" 안에서 "영적 자양분"을 받는다.[117] 죄는 우리의 영적 건강을 해치려고 고투하지만 성찬은 우리를 그리스도와 하나로 묶음으로써 우리가 영적으로 자라 "우리의 믿음을 강화시키는" 수단이다.[118] 레이놀즈도 성찬은 교회 연합을 향상시키는데, 그것은 부분적으로 함께 먹는 것이 자연적으로 사람들의 감정을 하나로 묶기 때문이라고 지적했다.[119]

토머스 왓슨은 이렇게 말했다. "그리스도인들은 은혜의 낮은 수준에 안주해서는 안 되고, 더 높은 수준을 열망해야 한다. 우리의 믿음이 강해질수록 우리와 그리스도의 연합은 그만큼 더 견고해지고, 우리가 그리스도에게서 받는 영향도 그만큼 더 달콤해진다."[120] 마찬가지로 매튜 헨리도 이렇게 말했다. "만일 그대가 이 규례에 적절하게 참여하고 이 규례를 올바르게 발전시킨다면, 그대는 그대의 믿음을 강화시키고, 그대 안에 거룩한 감정을 자극하고, 그대의 모든 선한 말과 행실을 촉진시키기 위해 이 규례를 당연히 사용하게 될 것이다."[121] 청교도에게 자기 검토 습관은 매우 중요했는데, 그것은 자체로 확신의 수단이다.[122]

성찬의 신비적 요소는 성경에 묶여 있다. 곧 이루 말할 수 없이 그리스도와 교제를 갖는 것이다. 윌리슨은 성찬은 잔치, 그것도 혼인 잔치로 불리는 것이 올바른데, "그 이유는 성찬을 통해 신자들은 그리스도를 풍성하게 누리고, 그리스도와 감미로운 친교를 나누고, 그리스도의 사랑을 크게 표현하고, 그들의 영혼은 의무를 위해 자라나 강화되기 때문이다."[123] 성찬은 은혜 언약에서의 우리의 위치를 보증한다. 왜냐하면 윌리슨이 말한 것처럼 "그리스도는 주의 만찬에서 합당한 모든 참여자의

---

115) Perkins, *A Golden Chaine*, in *Works*, 1:72.
116) Reynolds, "Meditations on the Holy Sacrament," *Works*, 3:68, 75.
117) Reynolds, "Meditations on the Holy Sacrament," *Works*, 3:75.
118) Reynolds, "Meditations on the Holy Sacrament," *Works*, 3:76~77.
119) Reynolds, "Meditations on the Holy Sacrament," *Works*, 3:82.
120) Watson, *The Lord's Supper*, p. 73.
121) Henry, *The Communicant's Companion*, p. 69.
122) 자기 검토에 대한 묵상을 다룬 것으로는 다음과 같은 자료들이 있다. Edwards, "Persons Ought to Examine Themselves of their Fitness Before They Presume to Partake of the Lord's Supper," *Sermons on the Lord's Supper*, pp. 97~109, Joseph Alleine, "Self Examination," *The Puritans on the Lord's Supper*, pp. 85~109, Watson, *The Lord's Supper*, pp. 39~47.
123) Willison, *A Sacramental Catechism*, in *Works*, 2:70.

손에 봉인된 자신의 유언 복사본을 주시기" 때문이다.[124)]

레이놀즈는 성찬의 또 다른 효과는 "각 신자의 영혼에 새로운 은혜 언약에 대한 그의 개인적인 권리와 자격을 표시하고 비준하는[봉인하는] 것"이라고 말했다.[125)] 성찬은 "우리의 구원의 담보물"을 받는 수단이고, 그리하여 "우리는 이 영적 제단에서 (이를테면) 우리 눈앞에 십자가에 못 박히고 자기 십자가를 붙들고 계신 그리스도를 볼 수 있다."[126)] 따라서 성찬은 그리스도 안에서의 우리 구속의 표징이자 인(印)이다. "왜냐하면 표징의 본질은 본질상 애매하거나 결여된 것을 확인하고 나타내는 것에 있지만……인(印)의 속성은 그것이 없으면 효능이 없는 것을 비준하고 확증하는 것에 있기 때문이다."[127)]

토머스 둘리틀은 모든 신자는 주의 만찬에 참여할 때 더 깊은 확신을 추구한다고 말했다. 둘리틀은 하나님의 자녀들은 다음과 같은 이유로 성찬 자리에 온다고 말했다. "하나님과 교제를 갖기 위해, 그리스도를 믿는 우리의 믿음과 하나님에 대한 사랑을 증진시키기 위해, 성령 안에서의 우리의 기쁨을 향상시키기 위해, 우리의 양심의 평안과 영생에 대한 소망을 위해……그리스도 안에서 우리에게 주어진 하나님의 자비에 대해 하나님께 감사하기 위해, 우리의 죄를 이기기 위한 능력을 얻기 위해, 그리고 특히 그리스도의 죽음을 기념하고 전시하기 위해."[128)] 둘리틀은 강한 신자들은 약한 신자들보다 이 유익들을 훨씬 진지하게 추구하기 마련이라고 말했다. 강한 신자들은 하나님을 위한 사랑으로 불타오른 마음과 그리스도를 향한 갈망을 갖고 주의 만찬에 나아가려고 애쓴다. 강한 신자들은 자신의 영혼보다 구주를 더 소중히 여기는 마음, 부드러워진 심령, 정복된 죄, 강화된 믿음, 명확한 증거, 영생을 확신하는 영혼을 갖고 나아가려고 힘쓴다.[129)]

둘리틀은 약한 신자들에게 "주의 만찬에 나아가 이 복음의 유익들을 공유하고 확신하도록 하라"고 권면했다.[130)] "만일 여러분이 이 규례에 나아온다면 적절한 때에 하나님이 여러분의 영혼에 평안과 위로를 말씀하는 것을 듣게 될 것이라고 나는 생각한다."[131)] 둘리틀은 강한 확신을 가진 신자는 성찬에 참여할 때 온전한 기쁨을 얻는다고 말했다. 신자로서 내가 "그리스도를 믿는 믿음, 하나님을 위한 사랑, 죄에 대한 미움, 하나님이 그리스도 안에서 주신 약속의 진리"를 붙잡을 때, "나는 떡을 먹고 포도주를 마시면서 확실히 하나님이 내 죄를 용서하신 것과 내 영혼을 구원하실 것을 확신한다."[132)] 나아가 확신을 가진 신자는 "성령 곧 내 영에게 그리고 내 영과 함께 증언하시는 하나님이 이때에도 나와 함께 계신 것을 발견한다. 오, 그때 그리스도는 내 영혼에 얼마나 감미로웠던가!"[133)]

홀리필드는 청교도는 믿음으로 적절하게 받아들인 성찬은 "믿음을 강화시키는 기회를 제공할" 것을 믿었다고 말했다.[134)] 왓슨은 이렇게 말했다. "그리스도는 믿음의 증진을 위해 우리에게 자신의

124) Willison, *A Sacramental Catechism*, in *Works*, 2:90.
125) Reynolds, "Meditations on the Holy Sacrament," *Works*, 3:83.
126) Reynolds, "Meditations on the Holy Sacrament," *Works*, 3:83.
127) Reynolds, "Meditations on the Holy Sacrament," *Works*, 3:84.
128) Doolittle, *A Treatise Concerning the Lord's Supper*, p. 139.
129) Doolittle, *A Treatise Concerning the Lord's Supper*, p. 153.
130) Doolittle, *A Treatise Concerning the Lord's Supper*, p. 154.
131) Doolittle, *A Treatise Concerning the Lord's Supper*, p. 156.
132) Doolittle, *A Treatise Concerning the Lord's Supper*, p. 175.
133) Doolittle, *A Treatise Concerning the Lord's Supper*, p. 175.
134) Holifield, *The Covenant Sealed*, p. 57.

몸과 피를 주신다. 그리스도는 우리가 어떤 유익과 소득을 거두고, 우리의 연약하고 작은 믿음이 큰 믿음으로 자라기를 기대하신다."[135] 오웬은 육체적 먹음과 영적 먹음 간의 유효한 평행 관계를 언급하면서 "생명 원리의 증가와 소생이 있으면 성장이 있고, 만족이 있다"고 말했다.[136] 마찬가지로 에드워즈도 "여러분은 이전에 수시로 배고픔과 목마름을 느꼈을 것이지만 이 복음 잔치에 나오면 배고픔과 목마름이 더 이상 없을 것"이라고 말했다.[137] 신자들은 그리스도의 십자가에 대해 묵상할 때 하나님이 자신의 약속을 지키시는 분임을 상기하게 된다. 오웬은 성찬은 "하나님이 그리스도를 가시적인 보증과 저당물이 되도록 정하신 것으로, 그리스도 안에서 모든 신자에게 은혜 언약의 약속들을 확증하고 그들의 믿음과 순종이 자라도록 다시 규정하는 것"이라고 믿었다.[138] 마찬가지로 매튜 헨리도 이렇게 말했다. "예수 그리스도에게 신실하게 전념하라. 그런 다음 나아와 그분과 함께 잔치를 즐겨라. 그러면 그대는 이 규례에서 그분의 호의의 저당물, 그대의 그분과의 화목에 대한 확신, 그분의 인정을 갖게 되고, 모든 것이 잘될 것인데, 그 이유는 그것이 영속적이기 때문이다."[139]

성찬으로 증거되는 그리스도의 충분한 속죄 제사로 말미암아 신자들은 또한 자기들이 더 이상 하나님의 정죄에 직면하지 않는다는 사실을 상기하게 된다. 하나님의 진노를 두려워하는 자들은 성찬을 통해 확신을 얻을 수 있다. 오웬은 이렇게 말했다. "보라! 죄에 대한 형벌로서 받게 될 것으로 요구된 하나님의 공의, 하나님의 율법이 무엇이든지, 하나님의 경고가 무엇이든지, 그리스도께서 모든 것을 감당하셨도다."[140] 리처드 바인스(1600~대략 1655년)는 성찬은 "우리의 의심, 두려움, 흔들림을 제거하는 데 필수적이다. 왜냐하면 다음과 같은 문제는 영혼을 괴롭히는 큰 고민거리이기 때문이다. '내 죄가 용서받을까? 내 죄가 지워질까?' 하나님은……성찬을 정하셔서 믿음이 약한 자들이 이 문제를 해결하도록 하셨다."[141]

마지막으로 신자들은 성찬에서 자신들이 하나님과 평화를 누리고 있음을 상기하게 된다. 오웬은 이렇게 말했다. "이 모든 것의 결말은 무엇인가? 그것은 우리가 하나님과 평화를 누리고, 우리의 모든 죄에서 해방되고, 의롭고 거룩하고 신실하신 하나님께 받아들여지고, 하나님 앞에서 담대한 마음을 갖도록 우리를 하나님께 이끄는 것이다. 이것이 결말이다."[142]

결론

청교도는 성경과 영적 단순함을 크게 사랑했지만 성경에서 그리스도가 정하신 성례를 포기할 마음이 전혀 없었다. 청교도는 특별히 성찬을 즐거워했다. 레이놀즈는 이렇게 말했다. "따라서 이 거룩한 요소들이 신실한 영혼에게 그리스도를 제시하고 보여 주도록 정해진 것인 한, 우리는 어떤 감정

135) Watson, *The Lord's Supper*, p. 68.
136) Owen, *Sacramental Discourses*, in *Works*, 9:592.
137) Edwards, "The Spiritual Blessings of the Gospel Are Fitly Represented By a Feast," *Sermons on the Lord's Supper*, p. 126.
138) Owen, *Two Short Catechisms*, in *Works*, 1:490.
139) Henry, *The Communicant's Companion*, pp. 62~63.
140) Owen, *Sacramental Discourses*, in *Works*, 9:522.
141) Richard Vines, "The Fruit and Benefit of Worthy Receiving," *The Puritans on the Lord's Supper*, p. 124.
142) Owen, *Sacramental Discourses*, in *Works*, 9:569.

을 갖고 그리스도께 나아가야 하는지, 그리고 이 요소들에 대해 우리가 얼마나 존중하는 태도를 가져야 하는지 추론할 수 있다." 그리스도는 모든 민족의 희망이고, 우리의 행복의 총체다. 그러나 우리는 그리스도와 연합하지 않으면 그리스도를 누릴 수 없다. 레이놀즈는 이렇게 말했다. "우리는 그리스도를 그분의 영으로 말미암아 기쁘게 하지 않는 한, 말하자면 그리스도가 지금 계시는 천국에서 내려 오셔서 자신의 몸의 한 부분이 되는 것으로 자신을 기쁘게 하는 자들에게 자신을 보여 주시지 않는 한, 그리스도와 연합을 가질 수 없다."[143]

우리는 이전에 스데반이 환상을 통해 그렇게 한 것처럼 하늘로 올라가 거기서 그리스도를 볼 수 없다.[144] 그러나 레이놀즈는 그리스도는 빈약한 피조물을 통해 역사함으로써 자신의 능력을 영화롭게 하기를 기뻐하신다고 말했다. 그리스도는 "성찬에서 떡과 포도주라는 빈약하고 평범한 요소들을 통해" 우리가 자신과 연합하는 것을 확증하고 강화시키는 것을 좋아하신다. 그러므로 주님은 우리에게 주의 만찬에 존중심과 갈망과 애정을 갖고 나아올 것을 요구하신다.[145]

청교도는 그리스도를 기념하고, 그리스도의 은혜와 지식이 자라고(벧후 3:18), 삼위 하나님께 영광을 돌리도록 존중심과 영적 갈망을 갖고 성찬에 나아와야 한다고 우리를 가르친다. 따라서 우리는 은혜로 온전히, 그리고 오로지 하나님을 위해 살겠다고 거룩한 결심을 하고 성찬 자리를 떠나야 한다.

---

143) Reynolds, "Meditations on the Holy Sacrament," *Works*, 3:111.
144) Reynolds, "Meditations on the Holy Sacrament," *Works*, 3:111.
145) Reynolds, "Meditations on the Holy Sacrament," *Works*, 3:112.

47장

세계 선교를 위한 청교도의 기도

우리는 다른 사람들을 하나님께 인도하려고 애쓸 때, 곧 다른 사람들을 회심시켜
그들을 하나님을 영화롭게 하는 도구로 만들려고 노력할 때 하나님을 영화롭게 한다.
– 토머스 왓슨[1] –

개혁파 경험적 기독교는 다음과 같이 선교를 위해 힘쓴 선구자들을 낳았다. 존 엘리엇(1604~1690년), 데이비드 브레이너드(1718~1747년), 윌리엄 케리(1761~1834년), 아도니람 저드슨(1788~1850년), 존 페이턴(1824~1907년). 이 선교 노력은 18세기 말엽에 케리가 시작한 근대 선교 운동이 전개되기 전까지는 규모가 작고, 투쟁적이었다. 유럽에서의 로마 가톨릭 당국의 박해, 허다한 전쟁, 먼저 복음 전도를 필요로 하는 유럽과 북미의 나라들, 질병과 순교로 인한 선교사들의 죽음, 지상 명령에 대한 교회의 느슨한 반응 등 모두가 개혁파 교회의 선교 발전을 방해했다. 그러나 처음부터 개혁파와 청교도 그리스도인들은 세계 복음화와 부흥을 위해 간절히 기도했다. 어떤 면에서 대각성과 오늘날의 선교 운동은 여러 세기에 걸쳐 진행된 끈기 있는 기도 응답으로 간주될 수 있을 것이다.

존 칼빈은 기도에 대해 이렇게 말했다. "우리는 하나님이 땅의 모든 곳에서 교회들을 자신에게 모으도록, 교회들을 확대시켜 숫자를 늘리도록, 교회들에게 은사를 주도록, 교회들 속에 합법적인 질서를 세우도록, 반면에 순전한 가르침과 신앙을 반대하는 모든 원수를 내쫓도록, 원수들의 의도를 흩어 버리고 그들의 노력을 박살내도록 날마다 간구해야 한다."[2] 칼빈은 기도를 잃어버린 영혼들과 하나님의 영광을 위한 선교 운동의 무기로 봤다.

이런 선교 기도의 관점은 칼빈 신학의 상속자인 청교도에게서 계속되었다. 스코틀랜드 순교자인 월터 스미스(사망, 1681년)는 죽기 2년 전에 남서 스코틀랜드 지역에서 개최된 기도회에서 기도에 대해 몇 가지 지침을 말했다. 그 가운데 다음과 같은 지침이 들어 있다.

> 그리스도의 나라 도래를 위해 기도하는 것은 모든 그리스도인의 확실한 의무이므로, 우리 주 예수 그리스도를 신실하게 사랑하고, 매우 진지하게 무릎을 꿇는 것이 무엇인지 아는 모든 사람도 왕이신 그리스도가 복음의 흰 말을 타고 정복하고 또 정복하시는 마지막 날에 그리스도의 교회에 주신 복음 약속들이 실현되도록…… 그리고 기록되고 선포된 주님의 말씀이 능력

---

1) Thomas Watson, *A Body of Practical Divinity* (London: A. Fullerton, 1845), p. 15.
2) John Calvin, *Institutes of the Christian Religion*, John T. McNeill 편집, Ford Lewis Battles 번역 (Philadelphia: Westminster Press, 1960), 3.20.42.

> 으로 [파급되어] 그리스도와 그분의 이름에 대한 지식이 없이 암담하고 멸망하는 어둠 속에서 살고 있는 가련한 이방 세계를 밝히도록 갈망하고 기도해야 할 것이다.[3)]

개혁파와 청교도가 세상을 위해 기도하게 된 동기는 무엇이었을까? 그들을 선교를 위해 기도하도록 만든 것은 무엇이었을까? 이 질문에 답변하기 위해 우리는 칼빈과 16세기, 17세기, 18세기의 청교도 지도자들의 작품에 시선을 돌릴 것이다.

선교 기도를 위한 청교도의 동기

종교개혁과 청교도 사상은 여러 세기에 걸쳐 교회 안에 누적된 인간적 관념들을 제거하고, 하나님 말씀의 권위적인 위치를 회복시켜 하나님의 백성들에게 지침을 제공하고 활력을 주는 데 심혈을 기울였다. 성경은 죄인들을 구원하기 위해 자기 아들을 세상에 보내신 하나님이 쓰신 선교 작품이므로 당연히 청교도에게 잃어버린 세상을 위해 기도할 강력한 이유들을 제공했다.

인간 영혼의 운명

모든 시대의 그리스도인은 마태복음 16장 26절의 “사람이 만일 온 천하를 얻고도 제 목숨을 잃으면 무엇이 유익하리요 사람이 무엇을 주고 제 목숨과 바꾸겠느냐”는 그리스도의 말씀에 깊은 자극을 받았다. 존 플라벨(1628~1691년)은 인간의 영혼은 하나님이 특별히 창조하셨고, 그리하여 하나님의 은혜와 영광을 위한 능력을 포함해서 내재적인 가치와 장점을 갖고 있다고 지적했다. 하나님은 자기 아들의 피로 값 주고 산 영혼들을 위해 하늘에 처소를 준비하셨다. 영혼의 행동들에는 영원이 각인되어 있다. 왜냐하면 모든 순종의 행동은 기쁨의 씨앗이고, 모든 죄악의 행동은 슬픔의 씨앗이기 때문이다.[4)] 플라벨은 이렇게 말했다. “인간의 영혼은 천국과 지옥이 차지하려고 다투는 상이다. 천국의 중대한 계획은 인간의 영혼을 구원하는 것이고, 지옥의 모든 음모는 인간의 영혼을 파멸시키는 것이다.”[5)] 하지만 영혼은 아무리 소중하다고 해도 영원히 지옥에 떨어질 수 있다.[6)]

인간의 영혼의 가치는 국적이나 사회적 지위와 상관없이 같다. 매튜 헨리(1662~1714년)는 마태복음 9장 35~38절에서 그리스도의 전도를 언급하면서 “그리스도는 크고 부유한 도시들만 다니신 것이 아니라 가난하고 멀리 떨어진 시골도 다니셨다. 그분은 거기서 설교하셨고, 또 거기서 치유하셨다. 이 세상에서 아무리 비천한[하찮은] 자들의 영혼도 그리스도에게는 가장 위대한 인물의 영혼만큼 보배롭고, 그것은 우리에게도 마찬가지다……예수 그리스도는 보배로운 영혼들의 매우 자비로운 친구다.”[7)] 이런 성찰을 통해 청교도는 모든 동료 인간들의 영혼을 가치 있게 여기고, 온 세상에

---

3) Iain H. Murray, *The Puritan Hope: A Study in Revival and the Interpretation of Prophecy* (Edinburgh: Banner of Truth Trust, 1971), pp. 101~102에서 인용함.

4) John Flavel, *Pneumatologia: A Treatise on the Soul of Man*, in *The Works of the Rev. Mr. John Flavel* (1820, 재판, Edinburgh: Banner of Truth Trust, 1997), 3:153~161.

5) Flavel, *Pneumatologia*, in *Works*, 3:161.

6) Flavel, *Pneumatologia*, in *Works*, 3:180~181.

7) Matthew Henry, *Matthew Henry's Commentary* (Peabody, Mass.: Hendrickson, 1991), 5:104.

복음 전파가 확대되도록 기도하게 되었다.

성령의 효능

종교개혁은 사제가 교회 의식들을 수행하는 것처럼 인간적인 종교 활동의 역사와 반대되는 성령의 역사를 재발견했다. 스가랴서 4장 6절은 하나님의 성전 건축에 대해 "이는 힘으로 되지 아니하며 능력으로 되지 아니하고 오직 나의 영으로 되느니라"고 말한다. 칼빈은 이렇게 말했다. "우리는 하나님의 은혜가 우리에게 충분하다는 것을 제대로 납득하려면 오로지 하나님만 의존해야 한다."[8] 이런 믿음 때문에 사람들은 기도로 하나님을 의존하고, 인간적 힘을 의존하는 자신의 내재적 경향을 억제하게 되었다. 존 하우(1630~1705년)는 이렇게 말했다. "우리의 마음은 다른 수단들을 의지하고, 그것들을 내세우는 경향이 매우 크다. 전능하신 성령의 능력이 아무것도 아닌 것으로 간주될 때 육신의 힘이 상당한 힘을 발휘한다. 그리고 사람들은 이런저런 외적 형식들로 우리의 임무를 행하고, 교회와 기독교적 관심사를 크게 번성시키려고 궁리하고 예측하는 경향을 갖고 있다."[9]

종교개혁자와 청교도는 성경과 경험을 통해 많은 죄인들을 회심시키고, 교회를 새로운 거룩함의 단계로 끌어올리기 위해 실제로 성령이 폭발적으로 부어지신 것을 깨달았다. 존 녹스(대략, 1505~1572년)는 1559년에 스코틀랜드에 임한 하나님의 괄목할 만한 역사에 대해 언급하면서 "하나님은 우리의 수를 크게 늘리셨는데, 그때 사람들이 마치 구름 속에서 쏟아지는 비처럼 보였다"고 말했다.[10] 성령은 우리의 제한된 열망을 크게 넘어서서 큰일을 하실 수 있다.

하우의 말에 따르면, 하나님의 약속들과 성령의 능력을 신뢰할 때 우리는 세계적인 영적 추수를 "인내하며 기다리고, 간절히 기도하게 된다." 우리는 또한 "하나님이 자기에게 구하는 자들에게 자신의 영을 주실" 것을 확신할 수 있다.[11]

복음의 도구적인 역할

칼빈처럼 청교도 역시 주권적, 무조건적 선택 교리를 가르쳤다. 곧 하나님은 어떤 개인들을 택해서 그들이 구원을 받아 자신의 은혜의 영광을 찬송하도록(엡 1:4~6) 그들을 영생으로 정하셨다는 것이다. 동시에 청교도는 하나님은 복음 전파를 통해 자신이 택하신 자들을 믿음과 구원으로 이끄신다(엡 1:13)고 말했다. 그러므로 청교도는 복음을 전하는 데 힘썼다.[12] 청교도는 복음 전도자를 훈련시켜 파송했고, 잃어버린 세상 속에 복음이 전파되도록 기도했다.

잉글랜드 청교도 사상의 원조인 윌리엄 퍼킨스(1558~1602년)는 기독교의 근본 원리는 그리스도와 그분의 유익이 믿음으로 영혼에게 적용되어야 하고, 믿음은 오직 말씀을 들음으로 온다는 데 있다고 말했다.[13] 복음은 "도구로, 말하자면 믿음을 영혼 속에 형성시키고 파생시키는 성령의 도관이다. 믿

---

8) Calvin, *Commentaries*, 15:110.
9) Murray, *The Puritan Hope*, p. 243.
10) Murray, *The Puritan Hope*, p. 5.
11) Murray, *The Puritan Hope*, pp. 254~255.
12) Joel R. Beeke, *Puritan Reformed Spirituality* (Darlington, England: Evangelical Press, 2004), pp. 54~72, 143~169.
13) William Perkins, *The Foundation of Religion, Gathered into Sixe Principles*, in *The Workes of That Famous and Worthy Minister of Christ in the Universitie of Cambridge, Mr. William Perkins* (London: John Legatt, 1612), 1:2.

음으로 믿는 자는 손으로 붙잡는 것처럼 그리스도의 의를 붙잡는다."[14] 퍼킨스는 복음 전도자를 세상에 파송하도록 하나님께 기도하라고 사람들을 가르쳤다. 퍼킨스는 주의 만찬에 대한 강론에서 이렇게 말했다. "우리는 지식이 없고 훌륭한 인도자나 교사가 없는 사람들을 볼 때 또는 가르치는 능력이 없는 교회에 출석하는 사람들을 볼 때 슬퍼해야 한다……지금은 주여, 주의 나라가 임하게 하소서라고 기도할 때다." 퍼킨스는 그리스도인들은 복음 사역자들을 위해 기도하되, "그들의 마음이 하나님 나라의 건설을 위해, 죄와 사탄의 나라의 전복을 위해, 그리고 하나님 백성들의 영혼 구원을 위해 준비되도록 기도해야 한다"고 말했다.[15]

그리스도는 모든 민족을 제자로 삼는 사명을 교회에 주셨다(마 28:18~20). 그래서 헨리는 이렇게 말했다. "그리스도로 말미암은 구원은 모든 사람에게 제공되어야 하고, 따라서 스스로 불신앙과 완고함을 따라 행하는 사람 외에는 하나도 구원에서 제외되지 않아야 한다."[16] 헨리는 그리스도의 긍휼과 일꾼들을 위해 기도하라는 명령(마 9:35~38)에 비춰 이렇게 말했다. "그리스도와 영혼을 사랑하는 자는 모두 하나님께……그리스도의 추수를 위해 유능하고 신실하고 지혜롭고 부지런한 일꾼들을 보내 주시도록, 그들을 일으켜 죄인들의 회심과 성도들의 교화를 행하시도록, 그들에게 그 일을 위한 영을 주시며, 그 일로 그들을 부르시며, 그 일에 그들이 성공하도록 위해 기도해야 한다."[17] 하나님이 사람들의 구원을 위한 이 중대한 은혜의 수단을 정하고 사용하시기 때문에 우리는 땅 끝까지 복음을 전할 사람들의 소집과 훈련과 파송을 위해 기도할 힘을 얻는다.

우리 주 예수 그리스도의 승리

선교 사역은 그리스도가 중보자로서 죄와 사망과 세상을 이기신 승리에 기반을 두고 있다. 그럼에도 선교 활동을 하는 과정 속에 엄청난 장애물이 놓여 있는데, 이런 장애물로는 거리, 비용, 언어, 문화, 부패한 인간들의 악랄한 적대감과 강퍅한 마음, 그리스도인들의 죄와 허물, 냉랭한 마음, 경쟁, 교회의 오류, 사탄의 광범한 반대와 파괴 활동 등이 있다. 선교 사역과 선교 기도는 이 모든 장애물을 물리치고 교회의 머리와 주님으로 등극하신 그리스도의 능력에 대한 확신으로 불타올라야 한다.

조국 프랑스 정부는 복음 전파를 가혹하게 탄압했지만, 칼빈은 왕에게 이렇게 편지를 썼다. "확실히 우리는 우리 자신이 얼마나……보잘 것 없이 미미한 사람들인지 잘 알고 있습니다……그러나 우리의 교리는 굴하지 않고 세상의 모든 영광과 세상의 모든 힘을 넘어서서 우뚝 솟아올라야 합니다. 왜냐하면 그것은 우리에게 속한 것이 아니라 살아 계신 하나님과 아버지께서 '바다에서부터 바다까지와 강에서부터 땅 끝까지 다스리도록'[시 72:8] 정하신 그리스도에게 속한 것이기 때문입니다."[18]

---

14) William Perkins, *A Golden Chaine: or, The Description of Theologie, Containing the Order of the Causes of Salvation and Damnation, according to Gods Word*, in *The Workes of That Famous and Worthy Minister of Christ in the Universitie of Cambridge, Mr. William Perkins* (London: John Legatt, 1612), 1:70.

15) William Perkins, *An Exposition of the Lords Prayer*, in *The Workes of That Famous and Worthy Minister of Christ in the Universitie of Cambridge, Mr. William Perkins* (London: John Legatt, 1612), 1:336, 339. 이 두 페이지는 이 책에서 연속된 것이다. 339페이지는 337페이지로 봐야 한다.

16) Henry, *Commentaries*, 5:361~362.

17) Henry, *Commentaries*, 5:105.

18) Calvin, *Institutes*, p. 12(프랑수아 왕에게 쓴 서문).

칼빈의 계승자인 청교도는 주권적인 그리스도가 자신의 나라로 땅을 가득 채우실 것이라는 성경의 환상(시 72편; 단 2:34~35, 44)에 따라 열심히 기도했다.[19] 조나단 에드워즈(1703~1758년)는 『마지막 때에 대한 성경의 약속 및 예언들에 따라 기독교의 부흥과 그리스도의 나라의 땅에서의 확장을 위한 특별 기도회에 모인 하나님의 백성들의 명백한 일치와 가시적인 연합을 독려하기 위한 겸손한 제안』(An Humble Attempt to Promote Explicit Agreement and Visible Union of God's People in Extraordinary Prayer for the Revival of Religion and the Advancement of Christ's Kingdom on Earth, Pursuant to Scripture-Promises and Prophecies Concerning the Last Time, 1748)을 썼다. 이 책에서 에드워즈는 교회 부흥과 세계 복음화를 위해 주기적으로 기도회를 갖도록 촉구했다. 이 기도의 동기는 "온 세상은 최종적으로 그리스도 곧 원래 모든 민족의 왕이자 하늘과 땅의 소유자이신 분의 적절한 상속자로, 다스리는 것이 자신의 권리이신 그분에게 주어질 것으로 가정하는 것이 자연적이고 합리적이라는 데" 있었다고 에드워즈는 설명했다. 성부 하나님은 자신의 아들을 하나님 나라의 중보자와 모든 나라의 상속자로 삼으셨다(시 2:6~8; 히 1:2, 2:8).[20]

『겸손한 제안』(An Humble Attempt)에서 에드워즈는 땅에서 하나님의 나라가 크게 확장될 것이라고 주장했다. 에드워즈는 땅의 모든 족속이 복을 얻을 것이라는 약속(창 12:3, 18:18, 22:18, 26:4, 28:14), 모든 민족이 메시아를 섬길 것이라는 약속(시 72:11, 17), 모든 민족이 주께 나아올 것이라는 약속(사 2:2; 렘 3:17), 참 종교가 세상 전역에 퍼질 것이라는 약속(시 22:27, 65:5, 8, 67:7, 98:3, 113:3; 사 11:9, 54:1, 2, 5; 말 1:11), 우상과 우상 숭배하는 민족들이 땅에서 멸망당할 것이라는 약속(사 60:12; 렘 10:11, 15), 유대인과 이방인의 충만한 수가 구원받게 되리라는 약속(롬 11:12, 25)을 증거로 들었다.[21] 전형적인 청교도 표현법에 따라 에드워즈는 신자들에게 이 약속들을 기도 제목으로 삼아 하나님께 자기 아들의 나라를 확장시키실 것을 간구하도록 권면했다. 승리하신 그리스도가 하나님 우편에 앉아 계시므로 우리는 하나님께 원수들 중에서 왕으로 다스리시는 그리스도의 지배권(주의 권능의 규) 확립(시 110편)을 위해 기도해야 한다.

살아 계신 하나님의 영광

청교도 운동의 정수는 하나님 중심 사상에 있었다. 청교도는 주권적인 하나님께 매혹되었고 하나님의 위엄하심 속성에 압도되었다.[22] 청교도는 웨스트민스터 소교리문답의 첫 번째 질문 답변의 유명한 말을 작성했다. "인간의 최고 목적은 하나님을 영화롭게 하고 그분을 영원토록 즐거워하는 것이다." 토머스 왓슨(대략, 1620~1686년)은 "영광은 신격의 불꽃이다"라고 말했다.[23] 왓슨은 하나님을 영화롭게 하는 것은 다음과 같은 내용으로 구성된다고 말했다.

- 감사: 하나님을 영화롭게 하는 것은 하나님을 우리의 생각에서 최고로 삼는 것이다……하나님 안에는 경이로움과 즐거움을 이끌어 낼 수 있는 모든 것이 들어 있다. 모든 속성의 성운(星運)이

19) 이안 머리의 『청교도의 소망』(The Puritan Hope[부흥과개혁사 역간, 2011])은 이 환상 및 이 환상과 관련된 종말론이 주제다.

20) Jonathan Edwards, *The Works of Jonathan Edwards*, 제5권, *Apocalyptic Writings*, Stephen J. Stein 편집 (New Haven, Conn.: Yale University Press, 1977), p. 330.

21) Edwards, *Apocalyptic Writings*, in *Works*, 5:329~334.

22) Joel R. Beeke, *Living for God's Glory: An Introduction to Calvinism* (Orlando, Fla.: Reformation Trust, 2008), pp. 39~42.

23) Thomas Watson, *A Body of Divinity* (1692, 재판, Edinburgh: Banner of Truth Trust, 2000), p. 6.

있다……우리는 하나님을 찬미할 때 하나님을 영화롭게 한다.

- 하나님을 영화롭게 하는 것은 예배나 경배로 이루어진다……하나님에 대한 예배는 하나님 자신이 정하신 방법으로 이뤄져야지, 그렇지 않으면 다른 불을 바치는 것이다(레 10:1).
- 감정: 감정은 깊고 열렬하다. 참 성도는……하나님에 대한 거룩한 사랑으로 불타고 있다.
- 복종: 복종은 우리가 하나님께 자신을 바치고, 하나님을 섬길 채비를 하고 서 있는 것이다.[24]

왓슨은 계속해서 이렇게 말한다. "우리는 다른 사람들을 하나님께 인도함으로써 곧 다른 사람들을 회심시켜서 그들을 하나님을 영화롭게 하는 도구로 만들려고 노력함으로써 하나님을 영화롭게 한다."[25] 지상 명령은 큰 계명을 다르게 표현하는 것이다. 왜냐하면 선교는 하나님에 대한 사랑과 하나님의 이름이 땅의 모든 족속을 통해 높임을 받게 하려는 갈망에 따라 나오는 것이기 때문이다.

흘러넘치는 하나님의 영광을 경험하게 되면 우리의 마음은 다른 사람들을 위해 기도하는 것으로 넘쳐흐르게 된다. 미국 원주민 선교사인 데이비드 브레이너드는 일기에 다음과 같이 썼다. "하나님이 유일하게 영혼을 만족시키는 분깃임을 알았고, 실제로 하나님 안에서 만족을 찾았다. 내 영혼은 모든 곳의 동료 인간들, 특히 먼 곳에 있는 많은 그리스도인 친구들을 위한 달콤한 중보 기도로 크게 넓어졌다."[26] 브레이너드는 사역을 행할 때 침체와 심각한 학대로 고통을 겪었다. 브레이너드는 폐결핵으로 오랫동안 고생하다 20대에 죽었다. 브레이너드는 갖은 어려움 속에서도 하나님의 영광을 위한 사랑 때문에 선교사로서의 수고를 계속 감당했다. 브레이너드는 이렇게 썼다. "하나님이 변함없이 행복하고 영광스러울 것이므로, 또 하나님이 자신의 피조물을 어떻게 대하시던 간에 영광을 받게 될 것이므로, 내 영혼은 즐거움을 느꼈다."[27] 1646년 말에 브레이너드는 병이 크게 악화되어 기도 외에는 아무것도 할 수 없었다. 그러나 자신이 섬긴 미국 원주민들 속에서 하나님이 역사하시는 것을 봤고, 그것을 다음과 같이 증언했다.

> 기도는 이제 완전히 찬양으로 바뀌었다. 살아 계신 하나님을 찬미하고 송축하려고 애쓰는 것 외에 다른 일은 거의 할 수 없었다. 여기 불쌍한 인디언들 속에서 교회를 자신에게 모으시는 역사에서 나타난 하나님의 경이로운 은혜는 내 묵상 주제가 되었고, 가끔 하나님의 이름을 찬양하고 송축하도록 내 영혼을 흥분시켰다……나는 하나님이 그 사역을 친히 행하시는 것을 즐거워할 수 있을 뿐이다. 하늘이나 땅의 어느 누구도 하나님과 그 사역의 영예를 감히 공유할 수 없다. 나는 다만 하나님의 영광의 선포가 이 영혼들의 회심으로 진전되고, 그것이 세상 속에 하나님의 나라를 확장시킨 것에 감사할 따름이다……오, 하나님의 모든 지성적인 피조물이 그들의 힘과 능력이 닿는 한 최대한 하나님을 앙모하고 찬양하기를![28]

---

24) Watson, *Body of Divinity*, pp. 7~8.

25) Watson, *Body of Divinity*, p. 16.

26) Jonathan Edwards, *The Works of Jonathan Edwards*, 제7권, *The Life of David Brainerd*, Norman Pettit 편집 (New Haven, Conn.: Yale University Press, 1984), p. 177. 그리고 Tom Wells, *A Vision for Missions* (Edinburgh: Banner of Truth Trust, 1985), pp. 121~129를 보라.

27) Edwards, *The Life of David Brainerd*, in *Works*, 7:275~276.

28) Edwards, *The Life of David Brainerd*, in *Works*, 7:404.

윌리엄 케리도 모든 민족 속에서 하나님의 영광을 보는 이 환상에 압도되어 "하나님께 큰일을 기대하고, 하나님을 위해 큰일을 시도하게" 되었다. 이처럼 세계 선교를 위한 치솟는 기도의 불꽃은 하나님을 사랑하는 심령 속에서 달아오른 석탄을 폭발시켰다. 모든 참된 선교를 위한 기도의 본질은 "이름이 거룩히 여김을 받으시오며"라는 그리스도의 간구 속에서 발견된다.

청교도의 선교 기도 방법

청교도는 모든 면에서 체계적이었다. 즉 청교도는 원리에 따라 삶을 규제했다. 이것은 세상 속에 복음 전파를 위해 기도하는 것에도 그대로 적용되었다. 청교도는 정해진 형식을 거부하고 기도에 대한 성령의 도우심에 의존하는 경향이 있었지만, 또한 이런 기도를 촉진시키고 인도하는 방법들을 받아들였다.

열정적인 선교 전통: 웨스트민스터 총회 표준 문서

청교도의 첫 번째 선교 기도의 방법은 지역 교회의 공적 예배 속에 선교 기도를 집어넣는 것이었다. 신앙고백과 두 교리문답으로 유명한 웨스트민스터 총회도 하나님의 공적 예배를 위한 예배 모범(1644년)을 작성했다. 이 예배 모범은 설교를 전하기 전에 목사는 교인들이 죄를 고백하고 그리스도 예수를 통해 은혜를 구하도록 기도를 이끌어야 한다고 규정했다. 목사는 또한 다음과 같은 것들에 대해 기도하도록 지시를 받았다.

> 복음과 그리스도의 나라를 모든 민족에게 전파하는 것, 유대인의 회심, 이방인의 충만한 수가 차는 것, 적그리스도[로마 가톨릭 교황주의]의 몰락, 우리 주님의 신속한 재림, 고통받는 교회들의 적그리스도의 파당의 폭정에서의 구원, 투르크족[무슬림 권력]의 가혹한 반대와 불경에서의 구원, 모든 개혁파 교회, 특히 잉글랜드, 스코틀랜드, 아일랜드의 교회와 왕국들에 대한 하나님의 복…… 그리고 세계 먼 지역에 있는 우리의 식민지를 위해 기도해야 한다.[29]

따라서 청교도는 공적 예배에 주기적으로 세계 선교와 유럽에서 로마 가톨릭교회 아래 고통받고, 또 중동에서 이슬람교 아래 고통받고 박해받는 교회 구원을 포함해서 세계 전역에서의 그리스도의 복음 전파를 위한 기도를 포함시킬 정도로 관심을 두었다. 마찬가지로 웨스트민스터 대교리문답(1647년)도 주의 기도 강해 부분(질문 191)에서 이렇게 말했다. "우리 자신과 모든 인간이 본질상 죄와 사탄의 지배 아래 있음을 인정하는 두 번째 간구(즉 '나라가 임하시오며')에서, 우리는 죄와 사탄의 나라는 멸망하고, 복음이 전 세계에 전파되며, 유대인들이 부르심을 받고, 이방인의 충만한 수가 들어오도록 기도한다."[30] 웨스트민스터 표준 문서들은 국제적인 개혁파 그리스도인 세대의 경건을 형성시

---

29) [Westminster Divines], "A Directory for Publique Prayer, Reading the Holy Scriptures, Singing of Psalmes, Preaching of the Word, Administration of the Sacraments, and other parts of the Publique Worship of God, Ordinary and Extraordinary," *The Westminster Standards: An Original Facsimile* (1648, 재판, Audubon, N.J.: Old Paths Publications, 1997), p. 10.

30) [Westminster Divines], "The Humble Advice of the Assembly of Divines…Concerning a Larger Catechism," in "A

켰고, 많은 그리스도인들을 세계를 위해 중보기도를 하도록 이끌었다.

토머스 보스턴(1676~1732년)은 웨스트민스터 소교리문답에 대한 설교를 시리즈로 전했다. "나라가 임하시오며" 부분을 설교할 때 보스턴은 웨스트민스터 예배 모범과 대교리문답의 언어를 반영했다. 보스턴은 주의 기도에서 이 간구는 우리에게 하나님의 자녀들의 의무와 목표는 사람들의 마음을 지배하고 있는 죄와 사탄의 나라가 멸망하고, 하나님의 나라가 임하는 것을 바라는 것이라고 가르친다. "모든 성도가 그렇게 기도해야 한다"고 보스턴은 말했다. 보스턴은 우리는 "데살로니가후서 3장 1절의 '우리를 위해 기도하기를 주의 말씀이 너희 가운데서와 같이 퍼져 나가 영광스럽게 되고'라는 말씀을 따라 죄인들이 하나님께 회심하도록 기도하고, 회심한 자들은 교회의 자녀이므로, 교회는 그들을 위해 해산의 수고를 하고, 교회의 목사와 교인들은 산고를 겪는 여인이 자신의 태의 열매를 보기를 갈망하는 것처럼 자연스럽게 영혼들의 회심을 갈망해야 한다"고 말했다. 이 간구는 또한 우리에게 하나님이 복음 전파와 능력을 위해 사탄의 반대를 물리치고, "복음이 모든 반대를 무릅쓰고 승리할 수 있도록" 기도할 것을 요구한다. 또한 보스턴은 이렇게 말하기도 했다. "하나님의 자녀들은 모든 민족에게 복음이 전달되도록……그리스도가 온 땅의 왕이 될 수 있도록 세계 복음 전파를 바라고 기도해야 한다."[31]

이런 기도 방식은 사람들의 마음속에 각인되어 있었기 때문에 단순히 공적 기도 형식이 아니었다. 잉글랜드 출신 주부인 엘리자베스 헤이우드(사망, 1661년)의 죽기 전에 마지막으로 한 말은 "유대인이 회심하고, 복음이 나머지 이방 민족들에게 전파되도록 하나님의 교회를 위해" 기도하는 말이었다.[32] 하나님이 민족들을 위한 기도를 교회 예배의 필수 부분으로 삼아 이 기도가 우리 자신의 마지막 소원 가운데 포함되도록 하시기를!

신적 선교 교과서: 성경

청교도의 세계 선교를 위한 두 번째 기도 방법은 사람들에게 성경의 내용을 그대로 기도하라고 가르치는 것이었다. 매튜 헨리는 『기도의 방법』(Method for Prayer, 1710)을 썼는데, 이 책은 웨스트민스터 표준 문서들을 따라 "잃어버린 세계"를 위한 기도, 특히 외국 민족의 복음 전파, 많은 회심을 통한 교회 성장, 유대인의 구원, 이슬람의 압제 속에 있는 동방 교회의 구원, 미국과 같은 영국 식민지 교회들의 복을 위한 기도를 제공했다.[33]

헨리의 기도 방식의 열쇠는 성경의 말씀을 하나님의 백성들의 입술에 둔 것에 있었다. 헨리는 그리스도인들의 마음을 감동시키기 위해 다음과 같이 성경의 말씀에 따라 기도문을 작성했다.

> 오, 하나님, 사람들이 하나님을 찬양하게 하소서. 아니, 모든 사람이 하나님을 찬양하게 하소서.
> 오, 하나님의 구원과 의가 이방인의 눈에 날날이 드러나게 하시고, 땅 끝까지 모든 사람이

Directory for Publique Prayer," p. 62.

31) Thomas Boston, "The Third Petition," *The Complete Works of the Late Rev. Thomas Boston*, Samuel M'Millan 편집 (1853, 재판, Stoke-on-Trent, England: Tentmaker Publications, 2002), 2:578~580.

32) Murray, *The Puritan Hope*, p. 99.

33) Matthew Henry, *A Method for Prayer*, in *The Complete Works of the Rev. Matthew Henry* (1855, 재판, Grand Rapids: Baker, 1979), 2:48~49.

우리 하나님의 구원을 보게 하소서.
오, 하나님의 아들에게 이방 나라를 유업으로 주시고, 땅 끝까지 그분의 소유로 주소서. 하나님의 아들이 야곱의 지파들을 일으키고, 이스라엘 중에 보전된 자를 돌아오게 할 것은 매우 쉬운 일이지만 이방인에게도 빛을 주게 하소서.
이 세상의 모든 나라가 여호와의 나라와 그리스도의 나라가 되게 하소서.
오, 복음이 모든 피조물에게 전파되게 하소서. 그렇지 아니하면 듣지도 못한 이를 어찌 믿을 수 있겠습니까? 전파하는 자가 없이 어찌 들을 수 있겠습니까? 보내심을 받지 아니하였으면 어찌 전파할 수 있겠습니까? 그리고 추수하시는 주님 말고 일꾼을 보낼 자가 누구이겠습니까?
오, 물이 바다를 덮음 같이 여호와를 아는 지식이 세상에 충만하게 하소서.[34]

이 선택된 본문들이 암시하는 것처럼 시편은 하나님이 온 땅을 다스리는 지배권과 기름부음을 받은 왕이 민족들을 다스리는 미래의 통치에 대한 표현들을 풍성하게 담고 있다. 성령의 계획에 따르면, 시편은 선교를 위한 찬송과 기도의 책이다. 청교도는 시편을 사랑했고, 날마다 시편의 내용을 노래했다.

복음에 대한 요청은 영국과 북미에서 여러 세대 동안 사용된 스턴홀드와 홉킨스의 시편(1560년)에 나오는 시편 2편 번역에서 생생히 울려 퍼지고 있다.

자, 너희 모든 왕과 통치자들아,
그런즉 지혜를 얻고 교훈을 받으라.
너희로 말미암아 세상의 문제들이
판단을 받고 분별되느니라.
너희는 위에 계신 여호와를
떨며 두려움 속에서 섬겨라.
또한 너희는 존경심을 갖고
여호와를 즐거워하라.

너희는 여호와의 은혜로운 아들에게
입 맞추고, 또한 포옹하라. 자,
여호와의 진노에 너희가 갑자기
중도에서 멸망하지 않도록 하라.
만일 그리 작지 않은 여호와의 진노가
가슴 속에서 타오른다면,
오, 그러면 그리스도를 의지하는 모든 자는

34) Henry, *Method for Prayer*, in *Works*, 2:48~49.

행복하고 복을 받으리라.[35]

뉴잉글랜드의 『베이 시편서』(Bay Psalm Book, 1640)는 시편 96편 번역에서 온 땅에 대한 복음의 승리를 축하한다.

새 노래로 여호와를 노래하고,
온 땅이여 여호와께 노래하라.
여호와께 노래하여 그의 이름을 송축하고,
그의 구원을 계속 보여 주라.
이방인에게 여호와의 영광을,
만민에게 여호와의 기이한 행적을 선포하라.
여호와는 위대하시므로 크게 찬양받아야 하고,
모든 신들보다 더 두려워하며……
만국의 족속들아
여호와께 바쳐라.
영광과 권능을
여호와께 돌려라.[36]

마찬가지로 1650년의 스코틀랜드 시편도 그리스도로 말미암아 구속받고, 복음 전파로 말미암아 새롭게 된 세상을 예견하고, 시편 100편의 유명한 번역에서는 다음과 같이 하나님을 즐거워한다.

온 땅에 거하는 만민아,
여호와께 즐거운 목소리로 노래하라.
기쁨으로 여호와를 섬기고, 여호와의 찬양을 노래하라.
여호와 앞에 나아와 즐거워하라.[37]

청교도는 여호와께서 세상을 위해 기도하도록 자기 백성들을 가르치기 위해 사용하시는 최고의 수단이 하나님의 말씀이라고 믿었다. 오늘날도 만일 우리가 신실한 자들이 세상 전역에 복음이 전파되기를 위해 기도하기를 원한다면, 우리의 예배 의식을 그 선교 책(곧 성경)의 말씀으로 채워야 한다. 골로새서 3장 16절은 이렇게 말한다. "그리스도의 말씀이 너희 속에 풍성히 거하여 모든 지혜로 피차 가르치며 권면하고 시와 찬송과 신령한 노래를 부르며 감사하는 마음으로 하나님을 찬양하고."

---

35) *The Booke of Psalms, Collected into English Meeter, by Thomas Sternhold, Iohn Hopkins, and Others: Conferred with the Hebrew, with Apt Notes to Sing Them Withal* (London: for the Company of Stationers, 1628, 재판, Columbus, Ohio: Lazarus Ministry Press, 1998).

36) *The Bay Psalm Book* (1640, 재판, Bedford: Applewood, 2002), pp. 185~186.

37) *The Psalms of David in Metre, According to the Version Approved by the Church of Scotland, and Appointed to Be Used in Worship* (Cambridge: Cambridge University Press, n.d).

공적 예배와 가정예배에서 시편을 노래하는 습관을 갖게 되면 교회의 내적 초점을 밖으로 돌려 참 하나님에 대한 예배를 절실하게 필요로 하는 세상을 보는 데 도움이 될 것이다.[38)]

결론: "광대한 대양을 넘어가라"

윌리엄 거널(1616~1679년)은 이렇게 물었다. "오 사람아, 그대 외에 하나님의 자비를 필요로 하는 자가 아무도 없는가?" 오늘날의 말로 말하면, "여러분은 여러분 자신 외에 구원받기를 바라는 자가 아무도 없는가?"가 될 것이다. 하나님은 우리의 사랑이 가정에서 시작되는 것을 허락하신다. 그러므로 여러분의 가족을 위해 기도하라. 그 후에 여러분의 이웃에게 일어나는 일을 살펴보라. 그 다음에는 여러분의 공동체를 위해 기도하라. 계속해서 여러분의 국가를 위해 기도하라. 하지만 거기서 멈춰서는 안 된다. 그래서 거널은 이렇게 말했다.

> 그대의 기도는 광대한 대양을 넘어가야 한다…… 외국의 그리스도의 교회들을 찾아가라. 정말이지, 불쌍한 인디언과 다른 멸망할 인간들 곧 아담의 죄가 우리와 함께 그들에게도 던져진 곳에 사는 다른 인간들은 복음을 통해 그들의 회복을 위한 어떤 시도도 없이, 주님 앞에 자기들의 통탄할 상태를 갖고 갈 것이다. 우리의 드레이크는 몇 년 동안 자기 배와 함께 땅을 돌아다닌 것으로 유명하다. 그대는 날마다 그대의 기도를 통해 드레이크가 했던 것보다 더 유용한 항해를 할 수 있다.[39)]

---

38) 교회 예배를 위한 시편 근대판은 *The Psalter* (Grand Rapids: Reformation Heritage Books, 1999)를 보라. 현대 교회에서 크게 인기가 떨어진 역사적으로 유명한 시편 찬송 관습에 대해서는 Joel R. Beeke & Anthony T. Selvaggio, *Sing a New Song: Recovering Psalm Singing for the Twenty-First Century* (Grand Rapids: Reformation Heritage Books, 2010)를 보라.

39) William Gurnall, *The Christian in Complete Armour*… (1662~1665, 재판, Edinburgh: Banner of Truth Trust, 2002), 2:524~25. 프랜시스 드레이크(1540~1596년)는 1577~1580년에 지구를 한 바퀴 돈 잉글랜드 출신 선장이었다.

| 7부 |

종말론

48장

'언덕 위의 도시': 마지막 때에 대한 미국 청교도의 낙관적인 견해

그러므로 우리는 언덕 위에 세운 도시로 존재해서 모든 사람의 눈이 우리에게 있을 것을 생각해야 한다.

–존 윈스럽[1)]–

17세기의 불안한 상황에도 불구하고 잉글랜드 청교도는 낙관적 종말론 곧 마지막 때에 대해 낙관적인 관점을 견지했다. 당시의 혹독한 시련과 박해에도 불구하고 청교도는 절망에 빠지지 않았고, 개혁파 교회의 더 나은 날에 대한 일관된 소망을 갖고 있었다. 이 낙관주의는 뉴잉글랜드로 이주한 다수의 청교도에게서 가장 두드러지게 나타났다. 토머스 틸먼의 단시 "뉴잉글랜드의 첫 광경에 대해"는 이 이주민의 새 땅에 대한 소망을 찬미한다. 하나님은 이 이주민을 다음과 같이 격려하신다.

이 땅을 차지하라. 온갖 괴로움에서 벗어나라.
여기서 내가 너희와 함께 하리라.
여기서 너희는 나의 안식일, 성례, 나의 사역
그리고 규례를 온전히 누리리라.[2)]

청교도는 "개혁은 폭넓게 국가 문제까지 함축하고 있는 교회 문제"라고 믿었다. J. I. 패커는 청교도는 중세의 기독교 사회의 이상을 물려받았다고 말한다. "청교도의 현실에 대한 이상은 단편적인 것이 아니었다. 청교도는 기독교의 관심사는 교회 질서나 개인의 복지로 한정되지 않는다는 점을 필수적으로 주장한 것은 아니지만, 이 둘은 물론이고 국가의 정치, 경제, 문화도 관심사에 포함시켜야 한다고 봤다."[3)] 청교도의 확고한 소망은 뉴잉글랜드는 잉글랜드와 같지 않은 곳 곧 그들이 "언덕 위의 도시"로 부른 기독교 사회를 유일하게 세울 수 있는 곳이라는 점이었다. 그들의 종말론적 기대는 이 소망으로 불이 붙었다. 청교도는 마지막 때를 단지 추상적인 신학적 개념으로만 생각하지 않고, 역사를 통해 최종적인 완성을 향해 나아가고 있는 과정으로 봤다. 이제 청교도의 역사관과 성경

---

1) William S. Barker & Samuel T. Logan Jr 편집, *Sermons That Shaped America* (Phillipsburg, N.J.: P&R, 2003), pp. 35~36에서 인용함. 이번 장의 연구를 도와준 것에 대해 카일 보그에게 감사를 전한다.

2) Alan Heimert & Andrew Delbanco 편집, *The Puritans in America: A Narrative Anthology* (Cambridge, Mass.: Harvard University Press, 1985), p. 127에서 인용함.

3) Edward Hindson 편집, *Introduction to Puritan Theology: A Reader* (Grand Rapids: Baker, 1976), p. 10에서 서론을 보라. 참고, Barker & Logan, *Sermons That Shaped America*, p. 2.

관에 기초를 두고 있는 뉴잉글랜드에 대한 그들의 낙관주의를 검토해 보고, 이 사상이 미국 청교도의 일상생활에 어떻게 영향을 미쳤는지 확인해 보자.

청교도 종말론의 난점

청교도의 종말론 연구는 처음부터 설명하고 넘어가야 할 몇 가지 난점을 갖고 있다. 첫 번째 난점은 청교도의 역사 연구의 문제인데, 단지 최근 들어 청교도의 묵시적 전통을 재검토하는 진지한 연구가 다양하게 펼쳐졌다는 것이다.[4] 두 번째 난점은 우리가 청교도의 종말론에 무천년왕국설, 전 천년왕국설, 후천년왕국설과 같은 20세기와 21세기 범주들을 적용시키는 경향이 있다는 것인데, 청교도의 종말론은 이런 범주들을 갖고 있지 않았다. 크로퍼드 그리븐은 청교도 신학은 "현대의 개념들과 일치하지 않고, 현대의 개념들을 넘어설" 수 있음을 설득력 있게 주장한다.[5] 세 번째 난점은 17세기는 "종말론 폭발" 시대였다는 것이다.[6] 17세기에는 청교도 사이에 특수한 견해들이 다양하게 전개되었기 때문에[7] 우리는 청교도의 "마지막 때" 관점들을 정의할 때 단순주의 사고에 빠지는 유혹을 피해야 한다.

17세기에 청교도는 종말론에 대해 다양한 견해를 갖고 있었지만 아우구스티누스의 종말론을 다르게 제시하는 데 있어서는 서로 일치되었다. 아우구스티누스는 그리스도의 천 년 통치는 그리스도가 부활하실 때 시작되었고, 요한계시록 20장의 천 년 통치 기간은 부활에서 세상이 끝날 때까지의 기간을 가리킨다고 주장했다.[8] 마르틴 루터는 대체로 아우구스티누스의 견해를 따랐지만, 요한계시록을 해석하는 데 있어서는 역사주의 접근법을 받아들임으로써 천년왕국 사상에 변화를 일으켰다. 칼빈주의자도 곧 마르틴 루터의 인도를 따랐고, 개신교의 복음이 승리를 거두는 영광스러운 미래 시대를 주장하는 낙관적 종말론을 전개함으로써 아우구스티누스의 역사주의 접근법을 계속 수정해 나갔다.[9] 아직 성취되지 않은 예언을 해석하는 데 있어서 이 접근법이 청교도 사이에 공통적인 요소였다. 말할 것 없이 구체적인 성취 사건과 성취 연대에 대해서는 불일치가 있었지만, 일반적으로 말하면, 청교도는 예언을 역사주의 해석법에 따라 해석했다.[10]

---

4) 예, Jeffrey K. Jue, *Heaven upon Earth: Joseph Mede (1586~1638) and the Legacy of Millenarianism* (Dordrecht, The Netherlands: Springer, 2006), pp. 1~4.

5) Crawford Gribben, *The Puritan Millennium: Literature and Theology, 1550~1682* (Milton Keynes, U.K.: Paternoster, 2008), p. 239. 참고, pp. 27~28. 또한 다음 자료들도 보라. James A. De Jong, *As the Waters Cover the Sea* (Laurel, Miss.: Audubon, 2006), p. 37, Iain H. Murray, *The Puritan Hope: A Study in Revival and the Interpretation of Prophecy* (Edinburgh: Banner of Truth Trust, 1971), p. xviii, Nancy Koester, "The Future in Our Past: Post-Millennialism in American Protestantism," *Word & World 2* (1995년 봄), pp. 137~144.

6) Gribben, *The Puritan Millennium*, p. 21.

7) 이것은 종말론과 교회론 간의 관계를 추적해 보면 훨씬 분명해진다. 개혁파 주류 교파 곧 장로교회, 독립파, 감독교회는 각각 하나님이 점차 교회를 자기들이 더 선호하는 교회론으로 이끄셨다고 느꼈다. 예컨대 Thomas Goodwin, *An Exposition of the Revelation*, in *The Works of Thomas Goodwin* (Grand Rapids: Reformation Heritage Books, 2006), 3:128~133, 140을 보라. 그리븐은 미드는 하나님이 감독교회를 더 좋아하신다고 주장했다고 말한다(*The Puritan Millennium,* p. 42).

8) Augustine, *The City of God* (Brewster, Mass.: Paraclete Press, 2006), 20:7.

9) Peter Toon, *Puritans, The Millennium and the Future of Israel: Puritan Eschatology 1600 to 1660* (Cambridge, England: James Clarke, 1970), p. 6.

10) 머리는 성취되지 않은 예언에 대한 다양한 사상 노선을 추적한다. *Puritan Hope*, pp. 39~55를 보라.

역사주의 해석법

이 역사주의 해석법은 종교개혁의 솔라 스크립투라 원리를 헛된 사변이나 부적합한 것으로 보게 된다는 것을 의미하지 않았다. 토머스 굿윈의 『요한계시록 강해』(An Exposition of the Revelation) 서문에서 자기 아버지의 주장을 옹호한 토머스 굿윈의 아들은 이렇게 말했다. "여기서 아버지의 주장은 하나님의 말씀이 정한 범주를 따르는 것 외에 다른 것이 아니기 때문에 아버지는 동일한 근원에서 자신의 증거를 가져왔다……아니 사실 아버지는 성경의 신적 권위가 지지하는 것만 주장하고 있다."[11] 청교도는 "종교개혁은 하나님의 능하신 행위로, 확실히 하나님에게서 나온 일이기에 승리하게 된 것"이라고 충실히 믿었다.[12] 정치와 교회가 크게 격동하는 가운데 청교도는, 리처드 십스(1577~1635년)가 "우리는 세상 끝 날에 살고 있다"[13]고 말하는 것처럼 자신들이 마지막 때에 살고 있다고 봤다. 제프리 너틀은 다음과 같이 올바르게 결론짓는다. "많은 청교도가 자기들은 괄목할 만한 시기, 새 시대, 아니 사실은 마지막 시대에 살고 있다고 믿었다."[14]

그러므로 청교도는 시대의 표적과 구약 및 신약 성경(특히 다니엘서와 요한계시록)의 아직 성취되지 않은 예언들을 자신들의 역사적 배경 안에서 해석했다. 청교도는 성경이 자기들이 살던 시대를 언급하고 있는 것으로 봤다. 청교도는 대체로 은사 중지주의자였고, 그래서 특별 계시는 신약 성경으로 끝났다고 믿었다. 하지만 간접적 예언 관념은 배제하지 않았고, 때때로 미래 사건들을 성경 예언의 성취로 예측하기도 했다. 간접적 예언은 하나님에게서 나온 새로운 진리에 대한 계시를 가리키는 것이 아니라 성령의 능력으로 성경의 예언을 해석하는 것과 펼쳐지고 있는 역사 속에 이 예언들을 적용시키는 것을 가리킨다. 가넷 밀른은 이렇게 주장한다. "직접적 예언이 중단되었다고 해서 기록된 하나님의 말씀을 따라 사는 자들에게 미래에 대한 통찰 가능성을 무력화시키는 것으로 보이지 않았던 이유를 설명해 주는 것은 성경이 중심적 역할을 하는 간접적 예언에 대한 믿음 때문이다."[15] 청교도는 성경이 교회에 주어진 것은 교훈과 가르침을 위해서라고 주장했다(롬 15:4). 따라서 성경을 식별할 때 우리는 하나님의 섭리를 식별할 수 있다. 왜냐하면 "하나님의 말씀은……교회의 모든 구체적인 사건들에게 그을 수 있는 우리의 선"(線)이기 때문이다.[16] 토머스 맨턴(1620~1677년)은 이것을 다음과 같이 말하는 것으로 요약한다. "하지만 지금 복음 시대에 하나님은 자기 백성들이 절대로 실패하게 하지 않으신다. 왜냐하면 하나님의 백성들은 미래 사건에 대해 지식을 가질 수 없지만 하나님이 자기 자녀들의 마음속에 어떤 강한 본능을 일으키고, 그 본능을 이런저런 상황을 피하도록 그들의 마음속에 두시기 때문이다. 우리는 사건에 대한 절대 확실한 지식을 갖고 있지 못하지만 하나님의 섭리는

---

11) Thomas Goodwin Jr., preface to *An Exposition of the Revelation*, in *Works*, 3:xxviii.

12) Toon, *Puritans, The Millennium and the Future of Israel*, p. 25.

13) Richard Sibbes, *The Spiritual Man's Aim*, in *The Works of Richard Sibbes* (Edinburgh: Banner of Truth, 1983), 4:43.

14) Geoffrey F. Nuttall, *The Holy Spirit in Puritan Faith and Experience* (Oxford: Oxford University Press, 1946), pp. 102, 109.

15) Garnet Howard Milne, *The Westminster Confession of Faith and the Cessation of Special Revelation* (Eugene, Ore.: Wipf and Stock, 2007), p. 210.

16) William Bridge, "Sermon on Zechariah 1:18~21," *The Works of William Bridge* (Beaver Falls, Pa.: Soli Deo Gloria, 1989), 4:339.

깊이 식별할 수 있다."[17)]

청교도는 특별 계시의 중단이 하나님이 자신의 교회를 현재에 대해 적절한 말씀이 없는 상태에 두셨음을 의미하는 것은 아니라고 봤다. 오히려 말씀을 철저히 연구함으로써 신자들은 자기들이 살던 시대에 대해 잘못된 예측을 할 수밖에 없는 모든 사실을 파악하게 된다.

잉글랜드의 사회, 정치적 분위기

미국 청교도는 잉글랜드의 역사적 환경을 고려하지 않으면 제대로 이해될 수 없기 때문에 청교도 잉글랜드의 사회, 정치적 분위기를 먼저 간략히 고찰해 봐야 한다. 17세기 잉글랜드의 정치 상황은 불안으로 가득했다. 교회는 대변동과 개혁의 와중에 있었다. 하지만 왕권은 개신교와 로마 가톨릭 사이에서 오락가락했다. 개신교는 지켜보는 세상에 메리 1세(1516~1558년)가 잉글랜드 여왕이 되던 해인 1553년에 치명적인 타격을 받았다. 메리 여왕은 개신교를 몹시 싫어했고, 개신교 믿음을 로마 가톨릭 믿음으로 대체시키려고 했다. 훗날 메리의 추방(the Marian exiles)으로 불린 사건으로 말미암아 수많은 개신교인들이 공포 정치를 피해서 대륙으로 망명해야 했다. 망명 기간에 영국 신학자들은 특히 제네바에서 일부 대륙의 주도적 신학자들과 접촉했다.[18)]

많은 사람이 이 추방 사건을 다니엘의 바벨론 포로 사건과 요한의 밧모 섬 추방 사건을 반영하는 것으로 봤다. 그리븐은 이렇게 말한다. "묵시적 관심은 항상 경건한 자들이 박해를 받거나 지리적으로 멀리 떨어진 곳에 있을 때 번성한 것처럼 보였다."[19)] 망명지는 청교도가 전통적인 아우구스티누스 종말론을 수정하기 시작한 실험실이 되었다. 그리븐은 이렇게 말한다. "논란이 많은 요한계시록의 강해에 따라 역사는 다시 기록되었고, 점차 낙관적 종말론이 허용됨으로써 모든 시대의 임박한 클라이맥스는 뒤로 미루어지게 되었다."[20)]

1558년에 메리 1세가 죽고 엘리자베스 여왕(1533~1603년)이 왕좌에 등극한 이후로 개신교는 회복되었다. 메리의 추방으로 망명했던 자들이 새로 정립한 종말론과 묵시적 소망을 갖고 1559년에 잉글랜드로 돌아왔다. 개신교인인 여왕의 통치 아래 많은 망명자들이 교황주의의 모든 관습의 근절을 제안함으로써 제이 종교개혁을 추구했다. 그러나 엘리자베스 여왕은 어떻게든 교회의 단합을 유지하는 데 심혈을 기울였다. 엘리자베스 여왕은 국교 신봉을 권장하는 통일령을 발표함으로써 교회의 불안을 통제하려고 했다. 수장령에 따라 엘리자베스 여왕은 자신을 제도권 교회의 주권자로 선언하고, 통일령에 따라 모든 공적 예배에서 필수적으로 사용할 공동기도서를 만들었다. 이것을 거부하는 자는 벌금을 물거나 투옥되었다.[21)] 그것은 망명자들이 바랐던 것과는 거리가 멀었다. 망명자들이 보

---

17) Thomas Manton, *Sermons upon Hebrews 11*, in *The Works of Thomas Manton* (Homewood, Ala.: Solid Ground, 2008), 14:179.

18) Gribben, *The Puritan Millennium*, p. 34. 머리는 망명 기간에 마르틴 부처와 피터 마터 버미글리의 영향이 묵시 사상에 미쳤다고 설명한다(*Puritan Hope*, pp. 6~7). 툰은 이렇게 지적했다. "칼빈은 복음이 온 세상에 전파될 것을 확신을 갖고 기대했다……잉글랜드 청교도는……이 교리가 매우 합당하다고 알고 그것을 더 깊이 전개했다"(*Puritans, The Millennium and the Future of Israel*, p. 26). 청교도의 작품들 속에서 제네바의 영향을 쉽게 식별해 낼 수 있다.

19) Gribben, *The Puritan Millennium*, p. 59.

20) Gribben, *The Puritan Millennium*, p. 60.

21) Ezra Hoyt Byington, *The Puritans in England and New England* (Boston: Roberts Brother, 1896), p. 13.

기에 이 새로운 요구들은 로마 교회의 오류를 반복하는 것이었다.[22]

엘리자베스 여왕은 이 법들을 엄격하게 시행하지는 않았다. 그러나 세월이 흐르면서 이 법들에 담겨 있는 소위 교황주의 관습을 따르지 않음으로써 처벌받는 비국교회 청교도가 점차 증가했다. 1603년에 엘리자베스 여왕의 뒤를 이어 왕이 된 제임스 1세(1566~1625년)는 엘리자베스 여왕의 정책을 계속 고수하기로 결정했고, 그의 아들 찰스 1세(1600~1649년)는 대주교 윌리엄 로드(1573~1645년)와 함께, 다양하게 반청교도 정책을 실시했다. 조국에서 점차 청교도에 대한 적의가 증가하자 잉글랜드가 영광을 충만하기를 바랐던 청교도의 소망은 "씩씩하게 싸웠지만 성공하지 못한 탓에" 차츰 지쳐 사그라졌다. 청교도는 시선을 미국으로 돌렸고, 거기서 새로운 소망을 찾으려고 했다.[23]

1640년대에 정치적 격변과 잉글랜드의 시민전쟁으로 묵시 사상이 만연되었다. 호국경인 올리버 크롬웰(1599~1658년)의 등장과 함께 왕정은 폐지되고 잉글랜드 공화정이 새롭게 출범했다. 크롬웰은 청교도 사상에 적대적이지 않았다. 크롬웰의 호민관 정치는 관용 정책으로 알려졌다.[24] 이 극적인 사태 전환으로 천년왕국 사상이 급속히 퍼져 기승을 부렸다. 그리븐은 이렇게 말한다. "많은 사람이 1640년대 초기에 일어난 사건들을 천년왕국을 일으킨 사건들과 동일시했다."[25]

영향력 있는 천년왕국 저술가들

이런 사회, 정치적 혼돈의 배경 속에서 문학, 시, 노래, 설교에서 묵시 관련 내용이 돌풍을 일으켰는데,[26] 그 가운데 많은 부분이 성격상 천년왕국과 관련된 것이었고, 이것은 하워드 핫슨이 말한 것처럼 사탄이 결박당하고 성도들이 다스리는 요한계시록 20장의 천 년 통치의 환상이 문자적으로 땅에서, 그리고 미래에 이루어질 예언이라는 것을 의미했다.[27]

다년간 헬라어 신약 성경을 두 주마다 통독한 것으로 소문난 토머스 브라이트맨(1562~1607년)[28]은 『요한계시록의 계시』(A Revelation of the Revelation)에서 최초로 "개혁파와 아우구스티누스의 천년왕국 개념을 중요하고 영향력 있는 영어로 제시함으로써"[29] 이 분야에 크게 공헌했다. 이 작품에서 브라이트맨은 요한계시록 2장과 3장에서 소아시아에 보낸 일곱 편지는 사도 시대에서 마지막 때에 이르기까지 교회 역사의 일곱 시기를 묘사하는 것이라는 견해를 옹호했다. 브라이트맨은 요한계시록 자체는 연대순에 따라 전개되는 교회 역사를 제시했고, 이 역사는 세상이 장차 "물이 바다를 덮음 같이 하나님을 아는 지식으로 충만하게" 될 마지막 때 영광에 대한 낙관적인 기대를 담고 있는

22) Byington, *The Puritans in England and New England*, p. 13.
23) Gribben, *The Puritan Millennium*, p. 35. 그리븐에 따르면, 당시에 많은 이들이 로드는 잉글랜드 교회를 로마 교회와의 융합 속으로 이끌고 있었다고 믿었다(p. 51을 보라). 또한 De Jong, *As the Waters*, p. 6과 Jue, *Heaven upon Earth*, p. 21도 보라.
24) De Jong, *As the Waters*, p. 35.
25) Gribben, *The Puritan Millennium*, p. 36.
26) 데 용과 그리븐은 이 시대 문헌에 대해서 탁월한 서평을 제공한다(De Jong, *As the Waters*, pp. 13~33, Gribben, *The Puritan Millennium*, pp. 21~58).
27) Howard Hotson, "The Historiographical Origins of Calvinist Millenarianism," *Protestant History and Identity in Sixteenth-Century Europe*, 제2권, *The Later Reformation*, Bruce Gordon 편집 (Aldershot, U.K.: Ashgate, 1996), p. 160.
28) Toon, *Puritans, The Millennium and the Future of Israel*, pp. 26~27.
29) Toon, *Puritans, The Millennium and the Future of Israel*, p. 26.

20~22장에서 절정에 이른다고 가르쳤다.[30] 브라이트맨은 요한계시록 20장의 첫째 부활을 비유적으로 해석해서 종교개혁의 성경적 설교와 건전한 신학의 부흥을 가리키는 것으로 이해했다.[31] 천년왕국은 1300년에서 2300년까지의 기간으로, 이 기간에 종교개혁이 교회 원수들, 특히 교황 제도를 박살내고, 유대인의 회심이 세상을 밝게 비출 것이다.

성경적 종말론에 대한 작품으로 잘 알려진 히브리어 학자 조지프 미드(1586~1638년)는 케임브리지 대학의 크라이스트 칼리지의 교수로, 종종 청교도와 비슷한 글을 썼지만 성찬 및 교회 정치와 같은 결정적인 문제에 대해서는 잉글랜드 교회에 동조적인 태도를 보여 주었다.[32] 사후에 리처드 모어가 영어로 번역하고, 장기의회의 인가를 받아 『계시록의 열쇠』(The Key of Revelation, 1643)라는 제목으로 출판된 『클라비스 아포칼립티카』(Clavis Apocalyptica, 1627)에서 미드는 부분적으로만 브라이트맨의 발자취를 따랐다. 미드는 확실히 브라이트맨의 낙관적 종말론을 지지했다. 천년왕국은 교회가 사탄을 물리친 승리의 기간이 될 것이라고 미드는 말했다. "이 기간에 교회는 이전 시기의 박해와 고난에서 벗어나 행복한 평안과 안전을 누릴 것이다."[33] 그러나 미드는 브라이트맨의 천년왕국 시기 산정에 대해서는 동조하지 않았다. 약간 미온적이지만 미드는 천년왕국은 완전히 미래의 일이라는 입장을 견지했다. 데이비드슨이 지적하는 것처럼 "미드는 요한계시록을 파악하는 데 도움을 주는 일련의 일곱 개의 핵심 연대별 사건을 제시했다."[34] 연대별 사건 예언들을 지지할 때 미드는 또한 훗날에 전천년왕국설로 불릴 몇 가지 경향의 사상을 수용했다. 툰도 미드를 전천년왕국설의 아버지로 지칭하는 것이 가능하다고 본다.[35] 하여튼 『계시록의 열쇠』의 빈번한 재출판에 대해 브라이언 볼은 이렇게 말한다. "이 책은 잉글랜드와 대륙에서 동시대인들의 거의 보편적인 찬사를 받았고, 17세기 잉글랜드의 종말론 사상에 깊은 영향을 미쳤다."[36]

브라이트맨과 미드는 이후의 천년왕국 사상에 지대한 영향을 미쳤다.[37] 묵시 작품들이 잉글랜드 청교도 사이에서 인기를 얻게 되었다. 윌리엄 퍼킨스(1558~1602년), 윌리엄 트위스(1578~1646년), 토머스 굿윈(1600~1680년), 윌리엄 구지(1575~1653년), 프란시스쿠스 유니우스(1545~1602년), 제임스 어셔(1581~1656년), 요하네스 피스카토르(1546~1625년)는 천년왕국 기대에 대한 다양한 작품들을 썼다.[38]

---

30) Toon, *Puritans, The Millennium and the Future of Israel*, p. 31.

31) Toon, *Puritans, The Millennium and the Future of Israel*, p. 29.

32) 미드의 동시대인인 요한 하인리히 알스테드(1588~1638년)도 이후에 천년왕국 사상에 큰 영향을 미쳤지만 그를 청교도로 분류할 수 없기 때문에 이 연구에는 포함되지 않는다. 알스테드의 영향력에 대해서는 Robert G. Clouse, "Johann Heinrich Alsted and English Millennialism," *Harvard Theological Review* 62 (1969), pp. 189~207을 보라.

33) Toon, *Puritans, The Millennium and the Future of Israel*, p. 60.

34) James West Davidson, *The Logic of Millennial Thought: Eighteenth-Century New England* (New Haven, Conn.: Yale University Press, 1977), p. 46.

35) Toon, *Puritans, The Millennium and the Future of Israel*, p. 62.

36) Bryan W. Ball, "Mede, Joseph," *Oxford Dictionary of National Biography*, H. C. G. Matthew & Brian Harrison 편집 (Oxford: Oxford University Press, 2004), 37:684. 참고, Robert Clouse, "The Apocalyptic Interpretation of Thomas Brightman and Joseph Mede," *Bulletin of the Evangelical Theological Society* 11 (1968), pp. 181~193.

37) 토머스 굿윈은 자신의 『요한계시록 강해』에서 두 사람을 자유롭게 인용했다. 심지어는 극단적인 제오 왕국파도 미드의 노선을 계속 따랐던 것으로 말해진다. 하지만 미드는 제오 왕국파가 나아간 것처럼 극단적이지 않았다(참고, Murray, *Puritan Hope*, p. 48). 미드는 뉴잉글랜드 청교도에게도 큰 영향을 미쳤다(Jue, *Heaven upon Earth*, p. 248). 책으로 출판된 주의 논문은 미드의 신학과 영향력에 대해 탁월한 연구를 보여 준다.

38) 예컨대 굿윈은 미드의 학생이었다. 굿윈의 요한계시록 작품은 미드가 선봉장이 된 해석 전통을 따른다(*An Exposition of the Revelation*, in *Works*, 3:1~218). 윌리엄 트위스는 미드의 요한계시록 해석에 대해 "많은 해석자들이 탁월하게 해석했지만 [미드가] 그 가운데 최고봉"이라고 평가한다(Joseph Mede, *The Key of the Revelation, Richard More*

천년왕국 기대 가운데 세 가지 지배적인 주제가 있었다. 첫 번째 주제는 교황은 적그리스도이고, 따라서 요한계시록은 로마 가톨릭교회의 최후의 몰락을 예언한다는 것이다.[39] 그리븐은 어셔가 교황을 적그리스도와 동일시하는 것은 거의 모든 청교도의 공통적 사상이었다고 지적한다.[40] 다니엘서와 요한계시록에 대한 역사주의 접근법에 기초를 두고 청교도는 그들이 사탄의 권세의 화신으로 간주한 교황 제도가 머지않아 붕괴될 것이라고 믿었다.

두 번째 주제는 유대인의 예견된 회심이었다. 이 주제는 청교도의 종말론의 근본 주제가 되었다. 하지만 청교도 자신들은 이 주제를 다양한 입장에 따라 다뤘다.[41] 이안 머리는 청교도 사이에 존재했던 네 가지 다른 입장을 다음과 같이 요약한다. (1) 유대인의 회심은 "세상 끝 날이 가까이 이르렀을 때" 일어날 것이라는 17세기 중반의 다수파 견해, (2) 이스라엘의 미래의 회심은 교회가 영적으로 크게 번성하는 영광스러운 시기에 일어날 것이라고 믿지만, "천년왕국은 그리스도의 나타나심과 성도들의 부활로 시작될 것이라는 관념은 반대하는" 소수파 견해, (3) 민족들의 전체 회심이 있고, 이어서 그리스도가 천년왕국 전에 오심으로써 이스라엘이 회심하고 그리스도의 나라가 심판 이전에 최소한 천년 동안 땅에 세워지는 것을 옹호하는 일시적인 극소수파 견해, (4) 종교개혁자들처럼 유대인의 미래의 회심을 거부하고, 어떤 종류의 다가올 "황금시대"도 부인하는 일부 청교도의 견해.[42]

세 번째 주제 곧 우리의 연구에 가장 적합한 주제는 마지막 때 교회와 새 예루살렘의 영광이다. 다수의 청교도는 단순히 대다수 유대인의 회심을 믿는 것으로 그치지 않았다. 툰은 브라이트맨, 구지, 존 오웬(1616~1683년), 제임스 더럼(대략, 1622~1658년)은 "옛날 하나님의 백성들의 회심과 회복을 세상의 마지막 때 영광의 시기와 연계시켰다"고 지적한다. 따라서 "천년왕국 신봉자(예, 미드, 트위스, 굿윈, 홈스)는 하나님이 유대인을 참 메시아인 나사렛 예수에게 나아오게 하고, 아브라함에게 약속하신 땅으로 돌아오게 하시면, 그것으로 천년왕국이 시작되고, 아니면 최소한 그것이 천국왕국에서 이루어질 최초의 일들 가운데 하나가 될 것이라고 예상했다. 온건한 미드의 영향을 받아 이들은 순교자들을 부활시키고 성도들의 지상 통치를 시작하도록 그리스도가 나타나실 것을 기대했다." 툰은 그것이 "천년왕국 신봉자들이 최소한 그리스도의 두 번의 재림을 기대한 곧 천년왕국이 시작될 때 한 번, 그리고 끝날 때 또 한 번 나타나실 것을 기대한" 이유라고 결론짓는다.[43]

소용돌이치는 마지막 때에 대해 대부분이 성격상 역사주의 관점에 속해 있는 이 모든 견해들을 갖게 되면, 청교도가 어떻게 뉴잉글랜드를 그곳에 대한 모든 약속과 함께 하나님의 참된 사명으로 이

번역 [London, 1643], p. 1).

39) 예, William Bridge, "Babylon's Downfall," *The Works of William Bridge* (Beaver Falls, Pa.: Soli Deo Gloria, 1989), 4:290~313.

40) Gribben, *The Puritan Millennium*, pp. 23~26. 참고, Toon, *Puritans, The Millennium and the Future of Israel*, p. 126.

41) 루터 및 칼빈과 같은 초기의 개신교인은 유대인의 미래의 회심을 보지 못했지만 이탈리아 출신 종교개혁자 피터 마터 버미글리(1499~1562년)는 로마서 주석에서 그것에 대해 말하기 시작했다(Frank A. James III, 편집, *Peter Martyr Vermigli and the European Reformations* [Leiden: Brill, 2004]). 테오도루스 베자는 롬 11:25 이하 본문을 주석하면서 그것을 확대시켰다(Toon, *Puritans, The Millennium and the Future of Israel*, p. 6). 잉글랜드와 대륙에서 다른 많은 신학자들이 선례에 따라 이 주제를 전개했다. 예컨대 De Jong, *As the Waters*, pp. 9, 27, Gribben, *Puritan Millennium*, pp. 37~38, Murray, *Puritan Hope*, pp. 39~55를 보라.

42) Murray, *Puritan Hope*, pp. 52~53. 제시된 견해들은 머리의 2, 4, 3, 1 견해와 대응을 이룬다.

43) Toon, *Puritans, The Millennium and the Future of Israel*, p. 127.

해하게 되었는지 쉽게 이해할 수 있다. 뉴잉글랜드 청교도와 그곳으로 이주하지 않은 많은 잉글랜드 청교도에게 신세계는 진실로 하나님의 빛을 민족들에게 비추도록 부르심을 받은 "언덕 위의 도시"였다.

뉴잉글랜드의 신적 사명

17세기의 불안한 상황과 엄격한 아우구스티누스의 종말론에서 보다 낙관적인 종말론으로 수정된 견해로 말미암아 신세계에 대한 소망과 기대가 크게 만발했다. 이주 초기에 뉴잉글랜드는 현대판 "약속의 땅"으로 주목을 받았다. 잉글랜드 교회의 목사이자 매사추세츠, 퀸시 정착지(훗날 메리마운트로 알려진)의 창립자인 토머스 모턴(1575~1646년)은 뉴잉글랜드에 대해 이렇게 말했다. "나는 이제……깨어 있는 자들이 능력으로 이스라엘 백성들의 가나안과 쌍벽을 이루는 나라로 만들 땅을 찾을 것인데, 이곳은 본래의 모습으로 보아 올드 잉글랜드보다 훨씬 좋은 땅임을 아무도 부인하지 못할 것이다."[44]

잉글랜드에서 나온 청교도 문헌에는 미국에 대해 이와 비슷한 확신과 소망이 충만하다. 예를 들어 윌리엄 트위스는 조지프 미드에게 미국은 새 예루살렘이 될 수 있을 것이라고 말했다.[45] 뉴잉글랜드 컴퍼니와 매사추세츠 베이 컴퍼니의 설립에 도움을 주었지만 정작 자신은 그곳에 가보지 못한 도체스터(잉글랜드)의 청교도 목사 존 화이트(1575~1648년)는 "하나님은 뉴잉글랜드에 정착하고, 거기서 스페인이 미국의 다른 지역에 세운 적그리스도의 제국을 견제하는 대항마로 번성하도록 영국인을 택하셨다고 주장했다."[46]

여기서 깨달아야 할 중요한 요점은 청교도는 종말론을 단순한 신학적 사변으로 보지 않았다는 것이다. 오히려 청교도는 자신들을 온전한 종말론적 실현으로 이끌 사건들에 참여할 자로 봤다. 미국으로의 이주는 청교도가 하나님 섭리의 인도를 받는 것으로 믿은 주요 사건의 하나였다. 청교도는 자신들의 새 땅으로의 이주를 단순한 인간적 사역이 아니라 신적 사역으로 봤다. 이에 대한 확신은 에드워드 존슨(1598~1672년)의 이런 말에서 분명하게 드러난다. "오, 그렇다! 오, 그렇다! 오, 그렇다! 여기서 압제받고, 투옥되고, 심하게 조소당하고 있는 너희 모든 그리스도의 백성들은 너희 아내와 자녀들과 함께 모여 여러 가족에게 설명하고 서양 세계에서 하나님을 섬기기 위해 배를 탈 때……거기서 만왕의 왕을 섬기는 데 참여하게 될 것이다."[47]

청교도는 자신들에게서 신적 사명을 봤기 때문에 몇 가지 관련된 의무를 이행했다. 낙관적인 청교도 종말론을 철저히 받아들인 매우 유명한 뉴잉글랜드 설교자인 존 코튼(1585~1652년)은 1630년 잉글랜드의 보스턴에서 "하나님의 심으심에 대한 약속"이라는 제목으로 설교를 전했다.[48] 사무엘하 7장

---

44) Heimert & Delbanco, *Puritans in America*, p. 50.
45) De Jong, *As the Waters*, pp. 25, 93.
46) Frederic J. Baumgartner, *Longing for the End: A History of Millennialism in Western Civilization* (New York: Palgrave, 1999), p. 124.
47) Edward Johnson, *Johnson's Wonder-Working Providence 1628~1651*, J. Franklin Jameson 편집 (New York: Charles Scribner's Sons, 1910), p. 24.
48) Barker, *Sermons That Shaped America*, pp. 6~17.

10절을 본문으로 한 그 설교는 청자들에게 하나님이 기대하신 것과 하나님이 약속하신 것의 이상 또는, 윌리엄 바커가 지적한 것처럼 "이민자들이 신세계를 찾아가게 만든 이상"을 심어 주었다.[49] 특히 코튼은 교인들에게 하나님이 미국에서 "집을 짓도록" 부르셨는지 확인해 보라고 촉구했다. 이어서 코튼은 하나님이 사람들을 심는 것이 무엇을 의미하고 이 사람들이 어떤 역할을 하게 될지를 설명했다. 코튼은 "본국에 심거나 해외에 심거나 여러분의 심음이 잘 되게 하라"고 권면하는 것으로 설교를 끝마친다.[50] 데 용은 이렇게 지적한다. "이주민들은 분명히 '이스라엘', 곧 여호와를 섬기는 '후손'이었다. 그들의 신실함은 세상 모든 민족에게 증명될 것이고, 세상은 미래에 뉴잉글랜드의 하나님을 인정할 것이다."[51] 코튼은 이민이 있기 전에 이런 열렬한 소망을 갖고 있었다.

코튼은 또한 특히 책으로 출판된 세 작품 곧 『요한계시록 13장 강해』(An Exposition upon the Thirteenth Chapter of the Revelation), 요한계시록 16장 주석인 『일곱 대접의 쏟음』(The Powring Out of the Seven Vials), 요한계시록 20장의 천년왕국 약속에 대한 설교인 『교회의 부활』(The Churches Resurrection)을 통해 청교도의 다른 낙관적인 종말론 주제들이 전개되는 데에도 도움을 주었다. 제임스 매클리어는 이렇게 지적한다. "처음 두 작품은 최종 단계의 지구의 역사와 장소를 그들 당대의 무대로 간주한다. 세 번째 마지막 작품은 코튼이 밝아 오는 영광을 열광적으로 환영하는 내용을 담고 있다. 의미심장하게도 이 세 작품은 1639년과 1641년 사이에 곧 잉글랜드 청교도의 분위기가 절망에서 낙관주의로 급변하는 결정적 시기에 저술되었다. 이 작품들을 통해 나타난 것처럼 코튼의 전체 체계는 독립파가 브라이트맨의 관념을 전개한 것과 일치되고, 동시대에 굿윈이 네덜란드에서 전한 유명한 천년왕국 설교와 평행을 이루었다."[52]

요한계시록 13장 강해에서 코튼은 첫째 짐승(1~9절)은 로마 가톨릭교회이고, 둘째 짐승(11~18절)은 교황 제도 자체라고 주장했다.[53] 하나님은 순전한 복음 전파와 순전한 기독교를 촉진시키고 있고, 또 촉진시킬 복음의 참된 사역자들이 "로마 교황"의 권세를 박탈할 때까지 로마 교황에게 진노의 일곱 대접을 쏟으실 것이라고 코튼은 가르쳤다.[54] 코튼은 요한계시록 20장 4~5절은 "정치와 종교에 대한 교황의 권세와 영향력이 소멸된 후에 살고 있는 땅의 경건한 자들의 상태"를 가리킨다고 본다.[55] 따라서 참된 사역자들의 설교가 하나님의 은혜로 크게 효력을 발휘함으로써 뉴잉글랜드, 아니 사실은 세계가 사탄의 영향에서 해방될 것이다. 왜냐하면 사탄은 천 년 동안 결박당할 것이기 때문이다.[56]

---

49) Barker, *Sermons That Shaped America*, p. 5.

50) Barker, *Sermons That Shaped America*, p. 15.

51) De Jong, *As the Waters*, p. 30.

52) James F. Maclear, "New England and the Fifth Monarchy: The Quest for the Millennium in Early American Puritanism," *Puritan New England: Essays on Religion, Society, and Culture*, Alden T. Vaughan & Francis J. Bremer 편집 (New York: St. Martin's, 1977), p. 70.

53) John Cotton, *An Exposition upon the Thirteenth Chapter of the Revelation* (London: Livewel Chapman, 1655). 이 책 전체는 로마 가톨릭교회의 견해를 논박하는 내용으로 이루어져 있다.

54) John Cotton, *The Powring Out of the Seven Vials: or An Exposition of the 16. Chapter of the Revelation, with an Application of It to Our Times* (London, 1642).

55) Toon, *Puritans, The Millennium and the Future of Israel*, p. 35.

56) Toon, *Puritans, The Millennium and the Future of Israel*, pp. 34~36. 브라이언 볼은 존 코튼과 에드먼드 홀의 이 낙관적인 "후천년왕국설"을 18세기에 대니얼 휫비가 취했고, 메서디스트파, 국교회, 그리고 예컨대 각각 애덤 클라크, 토머스 스콧, 알렉산더 캠벨과 함께 형제단에서 다시 등장했다(*A Great Expectation: Eschatological Thought in*

브라이트맨의 견해와 결별한 코튼은 미래에 하나의 천년왕국만 있을 것이라고 생각했다. 코튼은 교인들에게 천년왕국은 아마 다음 세대(대략 1655년경)에 시작될 것이라고 말했다. 천년왕국 시대는 그리스도의 육체적 재림으로 시작되는 것이 아니라 신실한 복음 전파를 통해 시작되고, 유대인의 대규모 회심이 일어나고, 신자들의 독보적인 세계 통치를 통해 국가와 교회 안에 그리스도의 나라가 세워지는 괄목할 만한 장기적인 부흥을 가져올 것이다. 천 년 후에 사탄이 잠깐 놓이게 되면 로마 가톨릭 사상이 부흥되고, 악인들이 득세하며, 성도들의 박해가 팽배해질 것이다.[57)]

뉴잉글랜드를 하나님의 사명으로 보는 주제는 존 윈스럽(1588~1649년)이 전한 "기독교적 사랑의 모델"이라는 제목의 설교에서 더 충분히 전개되었다.[58)] 윈스럽은 1630년에 코튼의 권고를 받아들인 다른 청교도와 함께 뉴잉글랜드로 가는 도중에 아벨라 호 선상에서 이 설교를 전했다. 이 설교에서 윈스럽은 영적 책임을 갖고 이 새 집을 짓는 데 있어서 하나님께 순종하는 공동체의 필요성을 강조한다. 윈스럽은 다음과 같은 말로 설교를 끝마친다.

> 우리가 평강의 끈으로 이루어진 성령의 연합을 지킬 때 주님은 우리의 하나님이 되고, 즐겁게 자기 백성인 우리 가운데 거하시며, 우리의 모든 길에서 우리에게 복을 명령하심으로써 우리가 이전에 얻었던 것보다 훨씬 큰 주님의 지혜, 능력, 선하심, 진리를 맛보게 하실 것입니다. 우리 열 명이 일천 명의 원수들에게 맞서 싸울 수 있을 때, 사람들이 성공적으로 정착했다고 말할 정도로 하나님께 찬양과 영광을 돌릴 때 우리는 이스라엘의 하나님이 우리 가운데 계시는 것을 알게 될 것입니다. 주님은 뉴잉글랜드를 그런 곳으로 만드실 것입니다. 그러므로 우**리는 언덕 위에 세운 도시로 존재해서 모든 사람의 눈이 우리에게 있을 것을 생각해야 하고,** 따라서 우리가 맡은 이 사역에서 우리 하나님을 거짓으로 대함으로써 하나님이 지금 우리에게서 도움의 역사를 거두시게 된다면, 우리는 세상에 이야깃거리와 웃음거리가 되고 말 것입니다. 우리는 원수들이 하나님의 길을 나쁘게 말하도록 입술을 열게 할 것입니다.[59)]

윈스럽과 그의 동료 매사추세츠 베이 콜로니 이주민들은 마태복음 5장 14절의 그리스도의 말씀을 염두에 두고, 바라보는 세상 앞에서 자기들이 언덕 위의 도시를 세우고 있다고 믿었다.

신세계는 뉴잉글랜드에서 잉글랜드에서는 할 수 없었던 것을 할 수 있는 기회를 청교도에게 제공했다. 청교도의 새로운 정착은 단순히 개인적인 신앙의 자유가 시작되거나 그 자유를 얻는 것에 대한 문제가 아니었다. 그것은 교회와 국가 분야에서 하나님의 백성 집단에 대한 하나님의 계획을 성취하는 것의 문제였다. 뉴잉글랜드 이주민들은 성령의 복을 받아 이주와 정착을 통해 자기들의 종말론적 소망을 현실로 만들 것이라고 믿었다. 뉴잉글랜드가 "언덕 위의 도시"로 세워졌을 때 올드 잉글랜드를 포함해서 나머지 세상은 자기들의 길을 회개하고 뉴잉글랜드의 본보기를 따라 필수적인 개혁을 시작할 것이다. 데 용은 다음과 같이 말한다. "뉴잉글랜드에 정착한 청교도는 어둠 속을 비

English Protestantism to 1660 [Leiden: Brill, 1975], p. 10).

57) Maclear, "New England and the Fifth Monarchy," p. 70.

58) Barker, *Sermons That Shaped America*, pp. 23~36.

59) Barker, *Sermons That Shaped America*, pp. 35~36. 강조 표시는 추가한 것이다.

추는 빛으로 언덕 위의 도시를 세우기를 원했고, 그것은 잉글랜드와 그들의 어머니 교회가 참된 개혁의 길로 돌아오도록 촉구할 것이다. 신실한 하나님의 언약 백성들이 성취하는 이 사명은 미국에서 하나님 나라를 충분히 실현시키는 기초로 작용할 것이다."[60]

실망에도 불구하고 종말론적 소망을 보존함

당연하게도 뉴잉글랜드는 이 이상과 낙관적 종말론을 실현시키지 못했다. 몇 년 못 되어 이 "언덕 위의 도시"는 유명무실해졌다. 데 용이 말하는 것처럼 "잉글랜드에 회개와 개혁을 촉구하기는커녕 오히려 이교도의 신을 추종함으로써 우상 숭배의 죄를 범했다."[61] 그러나 뉴잉글랜드 교회의 이런 호된 시련의 와중에서도 낙관적 종말론은 사라지지 않았고, 도리어 청교도 설교자들은 끊임없이 뉴잉글랜드에 회개를 촉구했다.[62]

아버지 리처드 매더(1596~1669년), 아들 인크리스 매더(1639~1723년), 손자 코튼 매더(1663~1728년)로 이어지는 뉴잉글랜드 매더 가문이 이 설교자들의 선봉에 서 있었다. 그들은 공동으로 1635년에서 1728년까지 매사추세츠 교회의 강단에서 강력한 메시지를 전했고, 종종 회개와 개혁의 필요성을 역설했다. 그들은 정착한 첫 세기에 변화된 천년왕국 개념을 이구동성으로 강조한다. 리처드 매더는 잉글랜드에서 청교도 신념을 가졌다는 이유로 교회에서 퇴출되어 망명자로서 뉴잉글랜드로 왔다. 리처드 매더는 뉴잉글랜드를 순전한 교회가 세워지고 적그리스도가 발을 붙일 수 없는 하나님의 신세계로 간주했다. 리처드 매더는 1650년대 동안 원주민인 인디언의 최초의 회심 사건을 천년왕국이 임박했음을 알려 주는 표지로 봤다. 유대인이 회심하게 되면 그리스도는 천년왕국을 시작하기 위해 육체로 재림하실 것이다. 로버트 미들코프는 리처드 매더가 말한 거의 모든 것은 "종말론적 기대로 가득 차 있다"고 말한다.[63]

인크리스 매더가 아버지의 뒤를 이어 강단에 섰다.[64] 자기 아버지 세대가 뉴잉글랜드 교회 발전에 실망한 것을 깨닫고, 인크리스 매더는 처음 몇 십 년 동안 설교할 때 천년왕국에 대한 기대를 축소시켰다. 그는 런던 대화재(1666년)와 같은 사건들을 하나님의 뜻과 시간표에 따라 결정된 마지막 때의 표지로 보는 것을 경고했다.[65] 그러나 18세기가 시작될 때 인크리스 매더는 뉴잉글랜드에 대한 환멸로 말미암아 그리스도의 재림이 임박했다는 신념을 점차 더 크게 갖게 되었다. 이 신념은 투르크 족의 오스트리아 전투 패배(1697년)와 함부르크에서 일어난 수백 명의 유대인의 회심과 같은 사건들로 말미암아 강화되었고, 인크리스 매더는 이 사건들을 그리스도의 재림이 임박했음에 대한 표지로 봤다. 그리스도는 천년왕국을 시작하는 과정 속에 있었다.

---

60) De Jong, *As the Waters*, p. 29.

61) De Jong, *As the Waters*, p. 86.

62) 이 부분에 대해 나는 Baumgartner, *Longing for the End*, pp. 125~130의 도움을 받았다.

63) Robert Middlekauff, *The Mathers: Three Generations of Puritan Intellectuals* (Oxford: Oxford University Press, 1971), 372n25.

64) 마이클 홀은 인크리스 매더를 마지막 미국 청교도로 부른다. *The Last American Puritan, The Life of Increase Mather, 1639~1723* (Hanover, N.H.: University Press of New England, 1988)을 보라. 바커와 로건도 그와 일치한다(*Sermons That Shaped America*, pp. 37~38).

65) Middlekauff, *The Mathers*, p. 179. 미들코프는 10장과 18장에서 그들의 변화된 견해를 포함해서 인크리스 매더와 코튼 매더의 종말론 견해를 설명한다.

자기 아버지보다 불과 다섯 살을 더 산 코튼 매더는 뉴잉글랜드와 천년왕국에 대해-천년왕국의 구체적인 사건들과 연대에 대해-더 진취적인 견해를 가졌다. 자신들은 단순히 "마지막 대에" 살고 있다고 주장하는 것으로 만족한 뉴잉글랜드의 대다수 청교도 목사들[66]과 달리 코튼 매더는 예언들을 더 엄밀하게 다뤘고, 자기 아버지와 달리 연대순 시간표를 제시했다.

『미국에서의 그리스도의 위업』(Magnalia Christi Americana)에서 뉴잉글랜드의 교회 역사를 상술하는 가운데 코튼 매더는 식민지 건설의 본래 목표는 "반그리스도의 나라를 방어하는 성채를 세우는" 것에 있다고 말할 때 과거에 대한 동경에 사로잡혀 있었다. 뉴잉글랜드 공동체는 또한 하나님이 종종 잉글랜드에 내리신 처벌을 피하려고 했던 자들의 피난처로 작용했다. 그들은 "개혁된 특수 교회"를 세우는 고귀한 사역을 실천하려고 했다.[67] 사람들은 하나님과의 국민적 언약에 따라 "우리는 우리 주님과 그리고 서로 간에 언약을 맺고, 하나님의 임재 속에서 하나님의 모든 길에서 함께 걷는 데 스스로 복종한다"고 말함으로써 이 특수 의무에 조인했다.[68]

코튼 매더는 이것이 매우 좋고 유익하다고 봤지만 당시의 거대하고 다양한 사회는 매사추세츠에 세워진 청교도의 작은 콜로니와는 전혀 달랐다. 코튼 매더는 새로운 정착에 크게 실망했다. 코튼 매더는 이렇게 말한다. "이런 조상들의 자녀인 우리가 그들 속에 있던 경건의 삶 및 능력을 점차 잃어버리고, 악을 선동하는 사람이 우리 가운데 있게 된 것을 크게 통탄하지 않을 수 없다. 이것은 우리 하나님을 엄격하게 우리에게 불리한 증언을 하도록 만들 것이다."[69] 요약하면 이것은 청교도 조상들이 세운 국민적 언약을 깨뜨린 것이다.

교회와 관련해서 말한다면, 당시 뉴잉글랜드 교회는 분열, 이단, 부도덕함으로 충만했고, 창건자들이 구상했던 현실과는 거리가 멀었다. 뉴잉글랜드 교회가 하나님의 새 나라의 기초가 되지 못할 것이라는 두려움을 없애기 위해 코튼 매더는 천년왕국의 연대를 결정하는 데 상당한 시간을 할애했다. 코튼 매더는 1697년을 적그리스도의 최후의 패배와 천년왕국의 출범 연대로 처음 정했다. 1697년에 심각한 지진과 오스만 제국의 패배로 그의 기대를 증진시켰지만 결국은 실망하게 되었다. 따라서 매더는 잉글랜드의 신학자, 천년왕국 신봉자, 역사가, 수학자, 그리고 아이작 뉴턴의 절친한 친구로, 1716년에 적그리스도의 몰락이 시작될 것이라고 판단한 윌리엄 휘스턴(1667~1752년)의 사상을 받아들였다. 그동안 루이 14세가 프랑스에서 신자들을 어떻게 박해했는지 소식을 들은 매더는 그리스도와 맞서 싸우는 적그리스도의 세력이 미국에서는 기승을 부리지 못하고(미드가 가르친 것처럼), 유럽에서나 일어날 일이라고 판단했다. 이것은 계속해서 미국을 하나님의 새 나라로 보고, 유럽을 옛 나라와 도덕적으로 부패한 나라로 보기를 원한 많은 뉴잉글랜드 사람들에게 큰 안도감을 주었다.

자신의 아버지와 같이 코튼 매더도 종말론적 약속들의 문자적인 성취를 믿었다. 이 부자는 이중 부활 관념을 받아들여 신자들은 첫째 부활에서 죽은 자에게서 문자적으로 다시 살아나게 될 것이라고 주장했는데, 이것은 그들의 견해로 보면 단지 비신자들만 세상이 끝날 때 심판받게 된다는 것을 의미했다. 그리스도가 재림하실 때 아직 살고 있는 자들에 대해, 그들은 명확한 개념을 갖고 있지 않

66) Davidson, *Logic of Millennial Thought*, pp. 38~42.

67) Cotton Mather, *Magnalia Christi Americana: or, The Ecclesiastical History of New England* (Hartford, Conn.: Silas Andrus and Son, 1855), 1:69~70.

68) Mather, *Magnalia Christi Americana*, 1:71.

69) Mather, *Magnalia Christi Americana*, 1:14.

왔다. 그들은 그리스도가 오실 때 큰 화재가 있을 것이고, 그리하여 그리스도는 불꽃에 둘러싸이게 될 것이라고 가르쳤다. 미국은 곡과 마곡에게서 벗어날 불타지 않은 피난처가 될 것이라는 미드의 견해가 아마 정확할 것이라고 그들은 생각했다. 큰 화재 이후로 성도들은 놀랍게 복을 받을 것이다. 코튼 매더는 신자들이 시험이나 죄에 더 이상 예속되지 않고 어떤 육체적 질병도 겪지 않게 될 지상 낙원으로 끝날 이적의 시대가 다가오고 있다고 말함으로써 인크리스 매더의 견해를 넘어섰다.[70)]

1716년이 또 한 번 실망스러운 해로 판명되었지만 코튼 매더의 소망은 더 확대된 것처럼 보였다. 코튼 매더는 신자들은 회심한 자들을 만드는 데 더 열심히 수고할 필요가 있다고 결론지었다. 왜냐하면 그는 "그리스도는 회심한 자들의 수가 늘어날 때 오직 다시 오실 것"이라고 그는 가르쳤기 때문이다. 그러므로 신자들은 그리스도의 재림의 조건들을 촉진시키는 역할을 했다. 따라서 코튼 매더는 부흥이 자신의 죽음 직후에 일어날 것으로 예견하고 생애 말기에 다수의 책과 논문을 출판하는 데 심혈을 기울였다.

코튼 매더가 죽고 12년이 지난 후에 하나님은 대각성을 주셨고, 이로 말미암아 미국 전역에서 신앙 활동이 크게 활성화되었다. 뉴잉글랜드에서 일어난 대각성은 회중교회에 영향을 미쳤다. 중부와 남부 콜로니에서 일어난 대각성은 장로교회에 영향을 미쳤다. 남부의 낮은 연안 지대에서 일어난 대각성은 침례교회와 감리교회에서 많은 회심자를 배출시켰다. 때때로 마지막 청교도로 불리는 조나단 에드워즈(1703~1758년)는 뉴잉글랜드에서 부흥 운동을 주도한 핵심 지도자였다. 에드워즈의 부흥 관련 작품인 『균형잡힌 부흥론』(Some Thoughts Concerning the Present Revival of Religion, 1742[부흥과개혁사 역간, 2005])과 『신앙감정론』(1746[부흥과개혁사 역간, 2005])은 부흥을 신학적으로 정의하는 데 도움을 줬다.

에드워즈는 "교회는 바야흐로 영광의 날에 들어갈 시점에 있고, 뉴잉글랜드 설교자들은 그 날을 일으키는 데 있어서 핵심 역할을 맡고 있다"고 확신했다. 에드워즈는 『구속사』에서 교회의 미래 상태를 지식, 거룩함, 아름다움, 온전함이 충만한 영광의 시대로 설명한다.[71)] 코튼 매더가 인간을 점차 악화되는 존재로 본 것과는 달리, 에드워즈와 동료 설교자들은 교회가 더 강하고 더 순전해질 것으로 보는 경향이 있었다. 에드워즈는 그것은 천국이 가까이 임한 것을 의미한다고 봤다. 그리스도는 천년왕국이 끝날 때 오직 한 번만 육체로 다시 오실 것이다. 에드워즈에게 천년왕국은 물리적 왕국이라기보다는 영적 왕국이고, 엄밀한 기간 지속되는 왕국이라기보다는 상징적인 왕국이었다. 사탄은 그리스도에 대한 거역을 이끌기 위해 세상이 끝날 때 잠시 회복될 것이다. 그러나 그리스도가 사탄을 패배시키고, 죽은 자를 부활시키고, 최후 심판을 행하고, 성도들을 영광으로 옮기고, 사탄과 유기된 자들을 지옥으로 던져 넣기 위해 다시 오실 것이다.

매더 가문의 견해와 근본적으로 차이가 있는 에드워즈의 종말론은 그렇다고 절대로 그만의 유일한 견해는 아니었다. 에드워즈의 종말론은 새뮤얼 윌러드(1640~1707년)와 벤저민 콜먼(1673~1747년)처럼 청교도 정신을 가진 당시의 다른 저명한 신학자들의 지지를 받았다.[72)] 따라서 뉴잉글랜드 청교

70) Cotton Mather, *Things for a Distress'd People to Think upon* (Boston: B. Green and J. Allen for Duncan Cambel, 1696), p. 36. 참고, Davidson, *Logic of Millennial Thought*, pp. 60~63.

71) Jonathan Edwards, *The History of the Work of Redemption* (New York: American Tract Society, 1816), pp. 395~408.

72) Samuel Willard, *The Fountain Opened* (Boston, 1700), pp. 106~114, Benjamin Colman, *Practical Discourses* (London: for Thomas Parkhurst, 1707), pp. 416~420.

도는 그들의 잉글랜드 동료들과 마찬가지로 마지막 때에 대한 통일된 견해를 구축하지 못했다. 데이비드슨이 다음과 같이 결론짓는 것과 같다. "역사가들은 일반적으로 매더 가문의 견해를 [뉴잉글랜드 청교도의] 대표 견해로 취하는데, 그것은 부분적으로 인크리스 매더와 코튼 매더가 대체로 다른 모든 사람보다 훨씬 많은 책을 출판했기 때문이고, 또 부분적으로는 이 논쟁 자체가 종종 난해하고 암시적이었기 때문이다. 사실 매더 가문은 자신들 특유의 천년왕국설을, 자기들의 고민과 함께 다른 모든 사람에게 떠넘길 수 없었다."[73]

존 엘리엇, 기독교화된 인디언, 종말론적 소망

미국 인디언에게 복음을 전한 저명한 청교도 선교사 존 엘리엇(1604~1690년)은 그리스도의 왕정을 자신이 그리스도인으로 만든 인디언들 가운데서 행하시는 하나님 통치의 모델로 삼으려고 애를 썼다. 제임스 홀스툰은 엘리엇의 이상을 "뉴잉글랜드의 거대한 청교도 유토피아 안에 존재하는 매우 야심적인 하나의 유토피아 구상"으로 부르고, 이렇게 말한다. "……다른 올드 잉글랜드와 뉴잉글랜드의 어느 청교도도 하나의 유토피아 구상에 그토록 오랫동안, 그토록 집중적으로 몰두하지 않았고, 다른 어느 청교도 유토피아주의자도 유토피아 작품과 실천을 연관시키는 데 그토록 헌신하지 않았다."[74]

대다수 청교도와 마찬가지로 엘리엇은 마지막 때가 가까웠다는 것을 강하게 믿었다. 복음은 그리스도의 재림 이전에 온 땅에 전파될 것이기 때문에 인디언은 직접 복음화되어야 한다.[75] 엘리엇은 알곤킨 말을 3년 동안 공부하고, 이어서 1646년에 원주민 언어로 원주민에게 복음을 전하기 시작했다.

엘리엇은 뉴잉글랜드 사역자들 가운데 이런 신념을 가진 유일한 사람이 아니었다. 토머스 셰퍼드는 브라이트맨을 인용해서 1648년에 자신은 이슬람 세력이 곧 무너지고, 유대인이 회심하고, "이 서양 인디언이 곧 복음을 받아들이게" 될 것으로 예상한다고 말했다. 이와 같은 신념으로 다음 해에 잉글랜드 복음 전도 협회가 창설되었는데, 이 협회는 엘리엇과 다른 복음 전도자들의 인디언 전도 사역을 지원하기 위해 설립되었다.[76] 이후로 20년 이상 엘리엇은 엘리엇 인디언 소책자로 알려지게 된 매우 많은 작품들을 쓰거나 후원했고, 이 책자들은 기금 마련을 위해 런던에서 출판되었다.

엘리엇은 "인디언을 위해 기도하는" 마을들을 세우기 시작했다. 네이틱이 최초의 "기도하는 마을"이었다(1651년). 하나님은 엘리엇의 사역에 은혜를 베풀어 수많은 인디언을 회심으로 이끄셨고, 이에 따라 엘리엇은 인디언 개종자들에 대해 종말론적 소망에 불타올랐다. 1652년쯤 엘리엇은 자신의 많은 소책자 가운데 하나인 『회개의 눈물』(Tears of Repentance)에서 이미 그리스도의 나라는 "세상의 이 서쪽 부분에 세워졌다"고 썼고,[77] 제임스 매클리어에 따르면, 이것을 보고 크롬웰은 모든 곳에 그

---

73) Davidson, *Logic of Millennial Thought*, p. 76.

74) James Holstun, *A Rational Millennium: Puritan Utopias of Seventeenth-Century England and America* (Oxford: Oxford University Press, 1987), p. 103.

75) Maclear, "New England and the Fifth Monarchy," p. 76. 이 부분의 일부는 Joel R. Beeke & Randall J. Pederson, *Meet the Puritans: With a Guide to Modern Reprints* (Grand Rapids: Reformation Heritage Books, 2006), pp. 234~239를 손질한 것이다.

76) Maclear, "New England and the Fifth Monarchy," p. 76.

77) Thomas Shepard, *The Clear Sun-shine of the Gospel Breaking Forth upon the Indians in New-England* (London: R. Cotes for John Bellamy, 1648), p. 30.

리스도의 통치를 일으키겠다는 자극을 받았다.[78] 매클리어가 지적하는 것처럼 열심을 다해 인디언을 복음화할 때 엘리엇은 자신의 사상에 대해 두 가지 매우 극단적인 신념을 더했다. "첫째, 엘리엇은 인디언이 히브리인이고, 성경의 족장들과 이스라엘의 잃어버린 열 지파의 후손은 퇴보하고 있다는 신념을 가짐으로써 종말론에 인디언의 위치에 대한 새로운 사변적 사상을 추가시켰다. 둘째, 엘리엇은 네이틱의 자신의 겸손한 인디언 양들이 천년왕국의 첫 단계를 취하도록 되어 있다고 믿었다."[79]

이런 견해들에도 불구하고, 엘리엇은 1674년경에 3,600명의 인디언으로 추산되는 열아홉 개의 기도하는 마을을 세웠고, 대략 1,100명이 회심했다. 각 마을에서 원주민은 새로운 시민 통치 구역의 기초로서 자기들 자신과 자녀들을 "하나님께 하나님의 백성으로" 바치겠다는 엄숙한 서약을 했다. 엘리엇은 출애굽기 18장에서 이드로가 모세에게 준 조언을 따라 새로운 통치 체제를 조직했다. 엘리엇은 각 마을에서 법과 질서를 지키게 하려고 수백 명, 오십 명, 열 명을 다스리는 통치자를 임명했다. 이들 마을은 거의 완전히 자치적이었으나 주요 문제들은 매사추세츠 주 의회에 위임해서 처리할 수 있었다. 원주민은 대부분 기독교 신앙에 따라 청교도 삶의 방식을 채택할 것이 기대되었다.

시민 통치 구역을 조직한 후에 엘리엇은 회중주의에 따라 교회를 세우기 시작했다. 수많은 난관을 극복하고 15년 만에 최초의 원주민 교회가 1660년에 네이틱에 정식으로 세워졌다. 곧이어 기도하는 마을들 속에 다른 교회들도 세워졌다.

그동안 엘리엇은 1653년 이후로 성경을 미국의 원주민 언어로 번역하는 일에 심혈을 기울였다. 가장 어려운 과제 가운데 하나는 원주민 언어에는 없는 시공간 관계를 표현하기 위해 단어와 문법을 고안해 내는 일이었다. 엘리엇은 잉글랜드 후원자들의 도움으로 케임브리지에 인쇄소를 설립했다. 1661년에 마마듀크 존슨은 매사추세츠 언어로 신약 성경을 최초로 인쇄했다. 1663년에는 시편과 함께 구약 성경이 인쇄되었고, 이것은 아메리카 대륙에서 최초로 인쇄된 완결판 성경이었다. 알곤킨어 성경은 많은 사람에게 엘리엇의 최대의 업적으로 평가받는다. 하지만 엘리엇은 그리스도가 재림하기 전 성경은 미국 원주민의 회심에 사용될 보조 도구일 따름이라고 봤다.

엘리엇은 많은 작품들을 매사추세츠 언어로 번역했는데, 청교도 경건의 고전에서 입문서와 한 페이지 분량의 교리문답집까지 망라되었다. 이 시기에 엘리엇에게는 동역자가 함께 했다. 그들의 운영으로 필립 왕의 전쟁이 일어날 때까지 전도 협회의 인쇄소는 무척 바빴다. 그들은 또한 원주민 마을에 학교를 세웠다. 학교에 도움을 주기 위해 엘리엇은 『기초 인디언 문법』(The Indian Grammar Begun, 1666), 『인디언 입문서』(The Indian Primer, 1669), 『논리학 입문』(The Logic Primer, 1672)을 출판했다. 비록 인디언 교사와 학생이 무척 드물어 원주민의 등록은 소수에 불과했지만 심지어는 하버드에서 한 건물이 "인디언 대학"의 후보로 제공되었다.

엘리엇의 생각은 온통 원주민의 영혼들로 가득차 있었기 때문에 엘리엇은 목숨의 위험을 두려워하지 않았다. 이전에 원주민 추장에게 칼로 찔렸을 때 엘리엇은 이렇게 말했다. "나는 위대하신 하나님의 일을 하고 있고, 하나님은 나와 함께 하시므로 원주민 추장들이 결코 두렵지 않다. 나는 계속

---

78) Maclear, "New England and the Fifth Monarchy," p. 76.

79) Maclear, "New England and the Fifth Monarchy," p. 77. 참고, John Eliot, *The Light Appearing More and More towards the Perfect Day, or a Farther Discovery of the Present State of the Indians in New-England* (London: T. R. & E. M. for John Bartlet, 1651), pp. 14~18, 24~25.

전진할 것이다. 하고 싶은 대로 해 봐라."[80)]

엘리엇의 사역은 1675년에 필립 왕의 전쟁이 시작될 때까지 성공적이었다. 목숨의 위협을 느낀 수많은 원주민 개종자들이 보스턴 항구의 한 섬으로 이주했다. 많은 개종자들이 거기서 죽었다. 이런 양상은 다른 마을들에서도 반복되었다. 거기서 기도하는 인디언들은 적대적인 부족들 아니면 성난 식민지 개척자들에게 죽임을 당했다. 유감스럽게도 기도하는 인디언들은 잉글랜드 이주자와 원주민 인디언 모두에게 원수로 간주되었다. 다만 엘리엇과 몇몇 다른 사람들만이 이 전쟁에서 그들 편을 들었다. 끔찍한 대량 학살로 기도하는 마을들과 그곳에 살고 있던 대다수 인디언이 진멸되었다.

전쟁이 끝나자 살아남은 원주민 인디언들이 네이틱으로 돌아왔다. 엘리엇은 다시 시작하는 데 힘썼다. 잉글랜드 이주자들의 불신에도 불구하고 네이틱과 다른 세 마을을 재건했다. 처음에는 신세계에서의 엘리엇의 시도가 계속 성공하는 것처럼 보였다. 하지만 그 시도는 천년왕국 약속을 결코 회복시키지 못했다. 19세기경에 매사추세츠 언어로 성경을 읽을 수 있는 개종자는 하나도 남아 있지 않았다.

엘리엇은 훌륭하게 살다 죽은 유명한 경건한 사람이 어떻게 극단적인 종말론적 견해를 가질 수 있는지에 대한 전형적인 한 실례다(엘리엇의 마지막 말은 "기쁨이여 오라"였다). 그러나 이런 견해에도 불구하고, 하나님은 수많은 인디언의 회심을 위해 엘리엇을 크게 사용하셨다.

낙관적 종말론의 실제 영향

이런 종말론적 기대들은 청교도에게 개인적 · 집단적으로 교회 및 사회 분야에 큰 영향을 미쳤다.

첫째, 청교도의 이 종말론적 소망은 말씀 선포에 영향을 미쳤다. 낙관적 천년왕국 사상은 통상적인 은혜의 수단과 결코 분리되지 않았다. 툰이 지적하는 것처럼 "청교도는 '마지막 때 영광 또는 천년왕국은 은혜의 수단들을 통해, 특히 성령의 감동을 받은 설교를 통해 세상 속에 들어올 것이라는 믿음'에 동의한다."[81)] 마찬가지로 에드워즈도 천년왕국 시대가 오면 "은혜의 수단들을 세우신 목적이 이루어질 것"이라고 예견했다.[82)] 마지막 때 영광은 그리스도가 직접 시작하는 것이 아니라 오히려 교회의 통상적인 사역을 통해 시작될 것이다. 따라서 교회는 미래에 대해 증언하는 일에서뿐만 아니라 그 미래를 충분한 실현으로 이끄는 데 있어서도 필수적인 역할을 담당했다.

둘째, 청교도의 이 종말론적 소망은 세계 선교에 동기를 부여했다. 교회 미래의 영광은 한 민족이나 지역으로 한정되지 않고 물이 바다를 덮음 같이 세상에 충만할 것이다. 유대인을 복음화하는 선교 노력은 잉글랜드 청교도에게 특별히 중요한 사역이 되었다. 다른 많은 청교도와 마찬가지로 윌리엄 구지도 마지막 때는 유대인과 이방인이 회심해서 하나의 가시적 교회를 이루는 것이 특징이 될 것이라고 주장했다.[83)] 뉴잉글랜드에서 이 강조점은 다른 관심사로 말미암아 사그라졌지만 천년왕국에 대한 기대는 인디언의 복음화 열정에 불을 지폈다. 잉글랜드 청교도 조지프 카릴(1602~1673년)은 인디언 선교 사

---

80) Ola Winslow, *John Eliot: Apostle to the Indians* (Boston: Houghton-Mifflin, p. 1968), p. 1.

81) Toon, *Puritans, The Millennium and the Future of Israel*, p. 36.

82) Edwards, *History of the Work of Redemption*, p. 408.

83) De Jong, *As the Waters*, p. 49.

역을 성경 예언의 성취로 봤다. 그러므로 카릴은 뉴잉글랜드 선교 지원을 적극적으로 장려했다.[84)]

셋째, 청교도의 이 종말론적 소망은 사회 분야에서 사람들에게 잉글랜드의 죄를 피하도록 자극했다. 잉글랜드의 왕권이 관용령을 제정해서 개신교와 로마 가톨릭 사이에서 오락가락할 때 청교도는 하나님을 존중하는 나라를 세우려고 했다. 많은 청교도가 잉글랜드의 제도권 교회는 목사들에게 부당한 교황주의 관습들을 이행하도록 강요했다고 믿었다. 청교도는 기독교 사회를 세움으로써 자신들이 순전한 하나님의 규례에 따라 예배할 수 있고, 따라서 교회에 은혜의 수단을 통해 종말론적 소망을 진전시킬 기회를 제공할 것이라고 믿었다. 뉴잉글랜드가 기반으로 삼고, 본질상 일종의 청교도의 거룩한 사회를 세운 국가적 언약은 천년왕국 기대와 결합되어 있었다.[85)] 교회와 국가는 언덕 위에 세운 도시 또는 모든 민족의 빛을 위해 함께 일했다.

넷째, 청교도의 이 종말론적 소망은 뉴잉글랜드에서 개인적 경건도 증진시켰다. 성경은 종말론적 소망이 반드시 경건을 낳는 것은 아니라고 말한다(살후 3장). 머리는 이렇게 말한다. "청교도 목사들은 종말론적 위험성에 민감했고, 탈선을 예방하는 조치를 취했다. 사람들에게는 종말론적 예언에 지나치게 중요성을 부여하는 것의 위험성을 경고했다."[86)] 청교도의 경건은 기도에 대한 헌신이 특징이었다. 머리는 이렇게 말한다. "청교도는 기도의 의무만큼 소중하게 여긴 의무가 없었다."[87)] 이것은 청교도 시대에 작성된 신앙고백 문서들 속에 반영되어 있다. 예를 들어 웨스트민스터 대교리문답(질문 191)은 주의 기도의 두 번째 간구(즉 '나라가 임하시오며')에서 "우리는 죄와 사탄의 나라는 멸망하고, 복음이 전 세계에 전파되며, 유대인들이 부르심을 받고, 이방인의 충만한 수가 들어오도록 기도한다. 또 교회는 모든 복음 사역자와 규례를 갖추고, 부패에서 정화되고, 국가 통치자의 지원과 지지를 받아 그리스도의 규례가 온전히 시행될 수 있도록 기도한다." 조지 뉴턴(1602~1681년)은 교인들에게 "기도로 그리스도와 겨루라"고 권면했다.[88)] 그리고 존 코튼은 일기에 자신이 유대인의 회심을 위해 간절히 기도한 것을 기록했다.[89)] 청교도는 신실한 자들의 기도로 말미암아 하나님이 자신의 은혜로운 약속들을 이루실 것이라고 믿었다.

마지막으로 청교도의 이 종말론적 소망의 가장 큰 영향으로 짐작되는 것은 그것이 소망을 자극하는 한 방법이었다는 것이다. 잉글랜드의 전쟁과 박해의 와중에서, 위험들과 개인적 상실 속에서, 미지의 땅과 외국으로 여행할 때, 순전한 개혁파 교회를 세우는 일을 추진할 때 청교도는 항상 더 나은 날에 대한 영광스런 소망을 앞에 두었다. 청교도는 차갑고 생기 없는 패배의 공허 속에서 살지 않았다. 오히려 천국이 침노를 당한 것처럼 침노를 당한 그들도 왕이신 예수가 죄와 사망을 정복하고, 또 계속 정복할 것이라는 확신에 사로잡힘으로써 사회, 교회, 개인적 경건에 있어서 동기를 부여받았다. 그것 때문에 청교도는 열정에 사로잡히고 자신들의 사역에 불을 붙였다. 청교도는 현세에서 어떤 운명이 주어지든지 미래의 영광을 바라보면서 인생을 살았다.

---

84) De Jong, *As the Waters*, p. 53.

85) De Jong, *As the Waters*, p. 39. 청교도의 삶의 이 공동체적 국면에 대한 더 상세한 설명은 Barker, *Sermons That Shaped America*, pp. 20~21을 보라.

86) Murray, *Puritan Hope*, p. 86.

87) Murray, *Puritan Hope*, p. 99.

88) Murray, *Puritan Hope*, p. 91.

89) Murray, *Puritan Hope*, p. 101.

소망에 대한 부르심

이제 결론을 내려 보자. 첫째, 청교도 종말론에 대한 연구는 쉬운 문제가 아니다. 이 연구는 장애물이 허다하게 많은데, 그 중 핵심적인 것은 얼마간 편견에 기초를 두고 다양한 역사적 해석이 있다는 것이다. 현대의 해석자들은 때때로 21세기의 범주를 청교도에게 적용시키지만 청교도 자신은 명확하게 통일된 범주를 갖고 있지 않았다. 우리는 하나님의 말씀에 따라 시대의 표적들을 판단하는 데 유연한 자세를 보이게 만든 청교도의 역사주의 해석법을 제대로 파악해야 한다. 청교도의 종말론은 무질서와 불안에 깊이 빠져 있던 당시의 사회, 정치적 상황과 연관되어 있다. 17세기 잉글랜드의 고단한 시기에 청교도는 역사적인 아우구스티누스의 교리를 깨뜨리고 교회 미래에 대한 보다 낙관적인 견해를 형성하기 시작했다. 수많은 청교도 저술가들이 전개한 이 낙관주의는 뉴잉글랜드 정착의 중추 사상이 되었다. 그들의 새로운 사회는 올드 잉글랜드에 회개를 촉구하고, 온갖 소망과 함께 미래의 천년왕국 속에 들어가는 "언덕 위의 도시"로 만족될 것이다. 이 낙관주의는 청교도의 일상적인 삶 속으로 흘러 들어갔고, 교회 사역에, 특히 인디언에 대한 선교 사역과 사회, 개인 경건에 영향을 미쳤다.

실천적인 면에서 보면, 우리는 이와 같은 연구를 통해 청교도에게서 많은 것을 배울 수 있다. 청교도의 예견들 가운데 많은 예견이 세월이 흐르면서 약화되었고, 신학의 많은 흐름들이 그들의 낙관적 종말론에서 벗어나 다른 길로 갔지만, 청교도는 교회의 삶과 사역은 소망의 삶과 사역이라는 것을 우리에게 가르친다. 이안 머리가 말한 것처럼 청교도는 "소망의 사람들"이었다.

> 청교도의 소망은 미국 콜로니들의 영적 사상에 영향을 미쳤다. 청교도의 소망은 성령의 큰 부어지심을 기대하도록 사람들을 가르쳤다. 청교도의 소망은 세계 선교의 새 시대의 길을 예비했다. 그리고 청교도의 소망은 영어권 개신교 국가들의 특징이 된 신명(神命) 의식에 큰 공헌을 했다. 윌리엄 윌버포스와 같은 19세기 기독교 지도자들은 세상을 개인 영혼들이 피해야 하는 난파선이 아니라 오히려 그 모든 것을 그리스도의 나라에 속한 그리스도의 소유로 봤다. 이런 사고는 청교도들이 지녔던 관점의 진정한 특징을 반영한다.[90]

우리는 근거가 충분한 이런 소망을 절실히 필요로 한다. 오늘날 미국의 교회 상태는 심각한 연약함과 무지가 특징이다. 교회들은 여전히 널려 있지만 우리의 국가는 종교적 기근에 시달리고 있다. 청교도를 통해 우리는 기독교적 삶의 핵심 원리 가운데 하나가 소망이라는 것을 상기하게 된다. 우리는 하나님이 아직 해야 할 일을 갖고 계시고, 이 일을 통상적인 은혜의 수단과 말씀 선포를 통해 이루시기를 바라야 한다. 우리는 복음에 대해 큰 소망을 품고, 물이 바다를 덮음 같이 세상에 충만하도록 복음 선포를 촉진시키는 위대한 사역에 매진해야 한다. 그리고 간절히 기도하도록 자극받아야 한다. 마라나타!

---

90) Murray, *Puritan Hope*, pp. xxi~xxii.

49장

행위에 따른 심판에 대한 토머스 맨턴의 견해

하지만 일부 박식한 정통 저술가들은 일차 칭의와 이차 칭의를 인정하는데,
그것을 교황주의의 의미에 따라 인정하는 것은 아니다.
그들은 교황주의 개념은 완전히 싫어하지만, 일차 칭의와 이차 칭의를 인정한다.
– 앤서니 버지스[1] –

개신교의 오직 믿음으로 얻는 칭의 교리는 교회 역사 속에서 반드시 제대로 받아들여진 것은 아니었다. 특별히 이 문제를 놓고 벌어진 논쟁은 죄인이 그리스도의 전가된 의를 받아 오직 믿음으로 얻는 칭의의 명확한 본질과 "땅에서 산 모든 사람이 그리스도의 심판대 앞에 나타나 자신들의 생각, 말, 행위에 대해 해명하고, 선악 간에 몸으로 행한 대로 보응을 받게 될"(웨스트민스터 신앙고백 33.1) 미래의 최후 심판이 있을 것이라고 말하는 명확한 성경의 증언과 어떻게 가장 잘 조화가 되느냐와 관련되어 있다.[2] 여러 저명한 청교도 신학자들은 이 긴장 관계를 잘 알고 있었고, 자신들의 작품 속에서 하나를 위해 다른 하나를 포기하지 않고, 이 두 진리를 서로 조화시키려고 노력했다.[3] 장로교인인 토머스 맨턴(1620~1677년)은 고린도후서 5장 10절을 본문으로 한 일련의 설교에서 행위에 따른 최후 심판에 대해 다음과 같이 설명했다. "우리는 모두 그리스도의 심판대 앞에 서야 하는데, 그때 모든 사람이 선악 간에 몸으로 자기가 행한 대로 보응을 받게 될 것이다." 과연 그답게 이 본문에 대한 맨턴의 강해는 철저하고 명확하다. 맨턴은 청교도의 으뜸 주석자 가운데 하나였다. 그의 많은 동료들과 마찬가지로 맨턴의 작품도 주로 설교로 이루어져 있고, 이 설교들 속에서 그의 목표는 문제의 특정 본문을

---

1) Anthony Burgess, *The True Doctrine of Justification Asserted and Vindicated*… (London: for Thomas Underhill, 1654), p. 151.

2) 스티븐 콕스헤드는 존 칼빈에게 나타나 있는 이 문제를 설명하고, 다수 학자들의 견해와는 반대로 칼빈은 칭의 교리를 두 가지 차원에 따라 가르쳤다고 주장한다. "칼빈의 사고 속에서 오직 믿음으로 얻는 칭의는 절대적 의의 차원에서 작용하고, 행위로 얻는 칭의는 하나님의 은혜로운 언약의 차원에서 작용한다. 칼빈이 행위로 얻는 칭의의 종속적이고 합법적인 교리를 가르친 것을 부인하는 자들은 틀림없이 이 문제에 대한 칼빈의 가르침의 특징을 이해하지 못한 것이다"("John Calvin's Subordinate Doctrine of Justification by Works," *Westminster Theological Journal* 71 [2009], pp. 1~19). 또한 콕스헤드 논문의 첫째 부분인 "John Calvin's Interpretation of Works Righteousness in Ezekiel 18," *Westminster Theological Journal* 70 (2008), pp. 303~316도 보라. 또한 Anthony Lane, "Twofold Righteousness: A Key to the Doctrine of Justification (Reflections on Article 5 of the Regensburg Colloquy)," *Justification: What's at Stake in the Current Debates*, Mark Husbands & Daniel J. Treier 편집 (Downers Grove, Ill.: InterVarsity Press, 2004), pp. 205~224도 보라.

3) 대륙의 개혁파 신학자들도 이 주제에 관심을 가졌다. 이 주제에 대한 비교적 간략한 설명은 Francis Turretin, *Institutes of Elenctic Theology*, James T. Dennison Jr. 편집, George Musgrave Giger 번역 (Phillipsburg, N.J.: P&R, 1997), 20.6.1~22를 보라. 맨턴과 투레틴은 본질상 같은 논증을 제시한다.

충실하게 설명하고, 이 주제를 필요로 하는 목회에 민감하게 적용하는 데 있다. 이번 장은 오직 믿음으로 얻는 칭의를 주장하는 정통 개혁파 신학자로서 한 청교도가 행위에 따른 최후 심판의 본질을 어떻게 이해하는지 한 견본을 제공하기 위해 맨턴이 고린도후서 5장 10절을 강해한 내용을 고찰할 것이다.

맨턴은 "지금까지 살았던 모든 사람이 행위에 따라 그리스도 앞에서 심판을 받게 될 날이 확실히 올 것"이라는 자신의 입장을 증명하기 위해 고린도후서 5장 10절에 대한 자신의 강해를 이 본문에서 흘러나오는 여섯 가지 요점으로 나누어 제시한다. (1) 최후 심판은 선택적이 아니라 필연적임, (2) 모든 사람이 예외 없이 심판을 받게 됨, (3) 그리스도가 심판자가 되심, (4) 최후 심판의 방법, (5) 최후 심판의 과목 즉 "그 몸으로 행한 것", (6) 심판의 목적 곧 각 사람을 기다리고 있는 상과 처벌.[4] 맨턴의 접근법은 명료하고 체계적이며, 맨턴의 강해는 감동적인 주석과 개혁파의 기본 공리와 특징을 결합시킴으로써, 그리스도인들을 그들의 행위에 따라 심판하는 것에 대해 의심하는 자들을 충분히 만족시키는 데 요구되는 엄밀한 형식으로 견해를 설명할 수 있는 힘을 갖고 있다.

최후 심판의 필연성

하나님이 최후 심판을 작정하거나 정하셨기 때문에 하나님의 작정의 성취는 확실하다는 사실이 최후 심판이 일어나야 하는 이유를 설명해 준다. 하지만 땅에서 지금까지 살아온 또는 앞으로 살 모든 사람에게 미래의 심판이 기다리고 있는 똑같이 강력한 다른 이유들도 있다. 첫째, 최후 심판에서 하나님의 은혜가 하나님의 백성들 속에서 영광을 받게 될 것이기 때문이다(벧전 1:13). 즉 그때 하나님의 자비가 택함받은 자에게서 충분하고 공개적으로 드러날 것이다. 맨턴은 최후 심판은 주로 악인들의 마음속에 두려움을 주는 기회가 아니라 하나님이 공개적이고 결정적으로 경건한 자들에 대한 자신의 사랑을 예증할 기회라고 본다. 현재 신자들이 누리는 칭의와 성화는 하나님의 사랑과 자비의 맛보기를 제공하지만 최후 심판은 용서와 용납이 심판자 자신의 입에서 직접 선언되고 확증될 때(행 3:19), 하나님이 우리를 자신의 가족으로 받아 주고 자신의 직접적 임재와 궁정으로 이끄실 때(요 12:26; 마 25:34) 확실히 "또 다른 은혜와 호의의 방법"을 경험할 기회가 될 것이다.[5] 둘째, 최후 심판에서 악인과 회개하지 않은 자들은 최종적으로 하나님의 의의 기준에 따라 자신들의 죄책을 깨닫고 심판에 부쳐질 것이기 때문이다(롬 3:20; 시 50:21). 경건하지 못한 자들의 죄는 최후 심판에서 다시 기억되고, 그리하여 하나님의 정죄 선고가 정당하고 공정하다는 것이 (공개적으로) 증명될 것이다. 따라서 셋째, 최후 심판에서 하나님의 공의가 정당화될 것이기 때문이다(시 51:4). 하나님의 공의는 의인과 악인 간에 차별을 둘 것을 요구한다. "선을 행하는 자들은 선을 거두고, 악을 행하는 자들은 악을 거둠으로써 모든 사람이 자신이 심은 것에 따라 거둘 것이다."[6]

최후 심판에서 하나님의 공의는 모든 사람을 그 행위에 따라 보응하실 뿐만 아니라 현세에서의 의

4) Thomas Manton, *Sermons upon 2 Corinthians V*, in *The Complete Works of Thomas Manton, D.D.* (London: J. Nisbet & Co., 1875), 13:45. 맨턴도 *Sermons upon Matthew XXV*, in *Works*, 10:3~106에서 행위에 따른 최후 심판을 설명한다. 많은 동시대인(예, 토머스 굿윈)과 마찬가지로 맨턴도 어느 정도 "복사하고 덧붙인" 것으로 보인다.

5) Manton, *Sermons upon 2 Corinthians V*, in *Works*, 13:46.

6) Manton, *Sermons upon 2 Corinthians V*, in *Works*, 13:46.

인의 고난과 악인의 "허세와 안일" 간의 불평등을 시정할 것이다. 지금 번성하는 악인은 언젠가 처벌받게 되겠지만 경건한 자는 약속된 상을 고대할 수 있다. 의로우신 하나님으로서의 하나님 자신의 본성도 이런 최후 심판을 요청하지만, 하나님의 섭리도 최후 심판을 요청한다. 세상이 홍수로 멸망을 당한 것과 소돔과 고모라가 파괴된 것과 같은 현세에서의 심판은 미래의 최후 심판에 대한 경고로 주어진 것이다. 소돔의 죄의 방식에 따라 죄를 범하는 자들은, 만약 회개하지 않는다면 확실히 처벌을 받게 될 것이다. 특정 심판들은 하나님이 인간이 땅에서 저지르는 악에 대해 무관심한 분이 아님을 보여 주지만, 현세에서 처벌받지 아니하는 죄들은 확실히 미래에 처벌받을 것이다. 마찬가지로 인간의 양심도 이런 최후 심판을 요청한다. 왜냐하면 심지어는 비신자들도 자신의 죄가 사형에 해당한다는 것을 알고 있기 때문이다(롬 1:32; 행 24:25). 신자들은 하나님의 말씀이 그렇게 선언하므로(마 12:36~37, 13:49~50; 요 5:28~29; 히 9:27; 롬 14:12; 계 20:12) 이런 최후 심판을 믿는다고 고백한다.[7]

이런 이유들 외에도 그리스도는 최후 심판에 대해 개인적으로 사중적인 관련성을 갖고 있다. 첫째, 그리스도의 영광이, 세상이 보도록 드러나야 한다. 그리스도의 초림은 그분의 낮아지심의 상태에서 일어난 일이었으나 재림은 그분의 높아지심의 상태에서 일어날 일이다. 초림하실 때 "그리스도는 사람들의 심판석 앞에 서고, 저주를 받은 십자가의 죽음으로 정죄되었다. 그러나 이제 그리스도는 영광의 보좌에 앉아 계실 것이다……그때 그리스도는 심판하러 오지 않고 구원하러 오셨다. 그러나 이제 그리스도는 모든 사람을 그들의 행위에 따라 보응하실 것이다."[8] 둘째, 그리스도는 자신이 취득하신 것을 소유하실 것이다.[9] 셋째, 그리스도는 자신의 임재 속으로 자신의 양을 맞아들이고, 왕으로서 공개적이고 결정적으로 자신의 모든 원수를 물리치고 승리하실 것이다. 공개적으로 고난을 받으신 그리스도는 공개적으로 승리하실 것이다. 넷째, 그리스도는 자신의 종들이 달란트를 어떻게 처리했는지(마 25장)와 교회가 주어진 규례들을 어떻게 사용했는지 물으실 것이다. 따라서 맨턴은 최후 심판의 기초를 하나님의 공의로우신 성격, 하나님의 섭리 사역, 양심의 빛, 그리스도의 중보자로서의 영광에 둔다.

심판의 보편성

맨턴은 고린도후서 5장 10절에 나오는 "다"를 예외 없이 모든 사람을 가리키는 것으로 이해한다. "지금까지 살았고, 살고 있고 앞으로 살 모든 인간을 가리킨다. 나이, 성, 민족, 존엄성, 능력, 부, 위대함 등 어떤 것도 우리를 제외시킬 수 없다."[10] 맨턴은 심판받게 될 사람들의 다양한 부류를 더 깊이 설명하기 위해 일곱 가지 구분을 사용해서 말한다. (1) 어른과 유아 간에, (2) 이미 죽은 자와 그리스도가 재림하실 때 살아 있는 자 간에, (3) 선한 자와 악한 자 간에, (4) 신자와 비신자 간에, (5) 부자와 가난한 자 간에(마 25:33), (6) 부르심 받아 교회 안에 있는 자들(예. 사도, 사역자, 평신도) 간에

7) Manton, *Sermons upon 2 Corinthians V*, in *Works*, 13:47~48.

8) Manton, *Sermons upon 2 Corinthians V*, in *Works*, 13:49.

9) *The Heart of Christ in Heaven Towards Sinners on Earth*, in *The Works of Thomas Goodwin*, Thomas Smith 편집 (1861~1866, 재판, Reformation Heritage Books, 2006), 4:100에서 토머스 굿윈의 재림을 갈망하시는 그리스도에 대한 설명을 보라.

10) Manton, *Sermons upon 2 Corinthians V*, in *Works*, 13:50.

차별이 없다. 확실히 기독교의 기본법과 상관없이, 교회 직원들도 자신의 신실함을 설명해야 한다(고전 4:4~5; 히 13:17). 따라서 그들은 그리스도인으로서뿐만 아니라 직원으로서 자신의 특수 부르심에 신실했는지 심판받을 것이다. (7) 마지막으로 지금까지 산 모든 개인이 심판받을 것이다(마 25:33).[11] 맨턴은 최후 심판은 이 세상에서 태어난 모든 영혼을 망라할 것이라는 사실을 단호하게 주장한다. 맨턴의 생각에 따르면, 단지 비신자만이 심판받게 되리라는 관념은 성경과는 완전히 상관없는 것이고, 따라서 교회 안에 있는 자들, 특히 안수 받은 직원들은 자신들의 행위를 그리스도의 인격 앞에서 심판받게 된다고 말해져야 하고, 여기서 맨턴은 다음 주제 곧 그리스도는 심판자가가 되실 것이라는 사실을 다루는 것으로 넘어간다.

살아 있는 자와 죽은 자의 재판장(행 10:42)

맨턴에 따르면, 세상을 심판하실 자가 누구인가의 문제는 중대한 기독론적인 문제들을 함축하고 있다. 맨턴은 심판의 영예가 왜 삼위일체 하나님 가운데 두 번째 인격에게 주어지는지, 또 하나님의 아들이 자신의 신성이나 인성에 따라 심판하는지, 아니면 두 본성 모두에 따라 심판하는지를 고찰한다. 맨턴은 그리스도는 두 본성에 따라 심판하실 것이라고 대답하지만, 이 특수한 심판에서 신성의 역할을 더 강조한다. 그리스도는 온 세상을 심판하는 이 영예를 지키기 위해 지혜, 공의, 능력, 권세를 소유하고 있어야 한다. 지혜는 증거를 달아보고 옳거나 정당한 것(즉 율법에 일치하는 것)을 알아보기 위해 요구된다. 공의는 옳은 것과 선한 것에 따라 공평한 선고를 선언하기 위해 요구된다. 그리스도는 거룩하고 공의롭기 때문에 어느 누구도 최후 심판에서 불공평하게 심판받지 아니할 것이다. 능력은 사람들을 재판하고, 악인에게 형벌을 부과하기 위해 요구된다. 마지막으로 하나님의 권세의 강제력이 요구되는데, 이 권세에 따라 그리스도는 신인(神人)으로서 심판자로 지정되셨다. 상은 우월한 자에게서 나오는 것이다. 처벌하는 자는 형을 선고할 때 잘못을 저지른 자보다 훨씬 큰 권세를 갖고 있어야 한다. 지혜, 공의, 능력, 권세는 모두 높아지심의 상태에 있는 그리스도에게 속해 있고, 따라서 그리스도는 공의로 세상을 심판하실 수 있다.[12]

지적한 것처럼 맨턴은 그리스도는 신인(神人)으로서 곧 성육신하신 아들로서 자신의 두 본성에 따라 심판자가 되실 것이라고 주장한다. 신인(神人)으로서 그리스도의 지혜와 지식은 이중적이다. 곧 신적이고 인간적이다. 그리스도의 신성에 대해 말한다면, 그분의 지혜와 지식은 무한하다. 그리스도는 "존재하고, 존재했고, 또 존재할 또는 존재할 수 있는 모든 것"을 다 아신다.[13] 그러나 개혁파 정통주의와 일치되게 맨턴은 "유한한 것은 무한한 것을 담을 수 없다"는 진리를 인정한다. 따라서 그리스도의 인간적 지혜와 지식은 그분의 신적 지혜와 지식과 동연적인 것이 아니지만, 확실히 그리스도는 인성에 있어서 모든 인간 및 천사보다 더 잘 아신다. 맨턴은 이렇게 덧붙인다.

> 그리스도는 땅 위에 계셨을 때 사물들의 형태를 자신의 지성으로 연속적인 사고를 통해 아

---

11) Manton, *Sermons upon 2 Corinthians V*, in *Works*, 13:50.
12) Manton, *Sermons upon 2 Corinthians V*, in *Works*, 13:51~52.
13) Manton, *Sermons upon 2 Corinthians V*, in *Works*, 13:53.

> 실 수밖에 없었지만(사람들이 제한된 지성과 이성의 본질로 말미암아 깨달음에 따라 이해하는 것처럼, 그분도 사람으로서 그렇게 이해하셔야 하므로) 그때에도 그분은 자신이 원하는 것은 무엇이든 아실 수 있다. 그리스도는 자신의 지성에 적용하신 것은 무엇이든 즉시 그것을 이해하셨고, 한순간에 모든 것이 그분에게 제시되었다. 따라서 그분은 자신이 알려고 마음에 두신 것의 본질을 정확히 아셨다.[14)]

맨턴은 분명히 한 인격 속의 두 본성의 구분을 인정한다. 개혁파 신학자들은 두 본성 간의 관계를 이해할 때 다양한 신비가 함축되어 있다는 것을 인정했다. 특히 그리스도의 인성의 제한들을 가장 잘 묘사하는 법이 그랬다. 맨턴은 낮아지심의 상태에서 그리스도의 이성의 인간적 제한을 인정한다. 그러나 토머스 굿윈(1600~1680년) 및 존 오웬(1616~1683년)과 같은 동시대인들과 마찬가지로 맨턴도 그리스도의 지혜와 지식은 높아지심 상태에서 확대되었고, 그래서 최후 심판 때에 그분은 "모든 피조물의 방식과 수단을 크게 능가하는 비견할 수 없는 지식을 갖게 되실" 것이라고 지적한다.[15)] 그러나 그리스도의 인성은 이제 영광 속에 들어가 있고, 따라서 그분은 가능한 한 많이 이해하고 알고 계신다. 맨턴은 하나님으로서의 그리스도의 무한한 지식은 최후 심판 사역에서 빛을 발할 것이라고 지적한다. 그럼에도 명시적으로는 아니지만 맨턴은 확실히 그리스도의 인간적 지식은 하나님의 작정만큼 광대하고, 성령의 조명으로 말미암아 자체로 마지막 날에 세상을 심판하시기에 충분하다는 기본 개혁파 스콜라적 입장에 동조할 것이다.

이런 기독론적인 문제들은 또한 "공의로" 심판할(행 17:31) 그리스도의 능력과 관련되어 있다. 만일 그리스도가 이중의 지식 곧 하나는 신성에 따른 지식, 다른 하나는 인성에 따른 지식을 소유하고 있다면 또한 이중의 공의도 소유하고 계시고, 이 두 공의는 "정밀하고 변경할 수 없이 완전하다."[16)] 공의는 하나님 존재의 본질적 속성이다. 인간과 천사들에게 거룩함은 덧붙여진 속성이고, 그러므로 아담 및 무수한 천사들과 마찬가지로 상실될 수 있는 것이다. 따라서 그리스도의 신성에 대해 말한다면, 그리스도는 자체로 거룩하시다. 위격의 연합으로 말미암아 그리스도의 인성은 거룩하게 되었고, 그리스도가 낮아지심이나 높아지심의 상태에서 죄를 짓는 것은 불가능했다. 두 본성은 최후 심판에서 역할을 하겠지만, 위에서 언급한 것처럼 그리스도의 공의는 주로 그분의 신성에 속해 있다. 따라서 맨턴은 자신의 요점을 예증하기 위해 "사역의 교류"에 대해 말한다.

> 보라, 인간의 활동을 보면, 인간이 행하는 모든 외적 활동은 육체와 영혼에 의해 행해진다. 각기 본성에 따라 육체도 활동하고, 영혼도 활동한다. 그러나 육체와 영혼은 어느 한쪽에 적절한 방법으로 협력하고 합력한다. 다만 어떤 활동들을 보면, 야만적인 행동에서처럼 또는 힘을 더 요하는 행동에서처럼 육체의 힘이 더 요구된다. 하지만 육체와 영혼은 서로 협력한다. 이와 마찬가지로 그리스도의 두 본성도 신적 활동을 할 때 협력한다. 다만 어떤 활동들에 있어서는 그분의 인성이, 다른 활동들에 있어서는 그분의 신성이 더 드러난다. 보라! 그리스도의 낮아지심

14) Manton, *Sermons upon 2 Corinthians V*, in *Works*, 13:53.
15) Manton, *Sermons upon 2 Corinthians V*, in *Works*, 13:53.
16) Manton, *Sermons upon 2 Corinthians V*, in *Works*, 13:54.

상태의 활동을 보면, 그분의 인성이 더 두드러지지만 여전히 그분의 신성도 드러나고, 따라서 그분은 자신을 신인(神人)으로 나타내셨다. 하지만 그분의 높아지심과 영광 속에 들어간 상태에 속해 있는 활동을 보면, 그분의 신성이 가장 분명하게 드러났다. 이와 마찬가지로 세상에 최대의 위엄과 영광을 보여 주시는 이 엄정한 심판에서 그리스도는 신인으로 행하시고, 다만 신성이 더 분명하게 드러나고 부각된다. 이 심판은 그분의 높아지심에 속해 있는 활동이기 때문이다.[17]

존 오웬은 어느 다른 청교도보다 그리스도의 공적 활동 기간에 행해진 성령의 역사를 더 크게 강조했다. 사실상 오웬은 "성자의 인격은 인성에 대해 딱 한 번 직접적 행위가 있었는데, 그것은 스스로 인성을 취해 자신의 현존 속에 들어가신 것"이라고 주장했다.[18] 성령이 "성자 자신의 모든 신적 행위, 심지어는 성자의 인성에 대해서까지도 직접적 행위자이셨다. 하나님의 아들이 인성 안에서, 인성에 의해 또는 인성에 대해 행하는 것은 무엇이나 자신의 영인 성령으로 말미암아 행하셨다."[19] 맨턴도 이런 기독론적인 문제를 명시적으로 언급하지는 않지만 분명히 그리스도의 신성은 그분의 높아지심 상태에서 직접/즉시(성령을 통해 간접적으로가 아니라) 작용한다고 주장한다. 따라서 낮아지심의 상태에서 그리스도는 자신의 신성이 자체로 공의롭기 때문에 공의의 심판자로 행하신다. 이런 이유로 그리스도는 심판하실 때 공의로 심판하실 것이다. 그러나 그리스도는 또한 심판자에게는 능력이 필수적이므로 능력으로 심판하실 것이다.

따라서 어느 누구도 심판을 피하지 못할 것이고, 심판자(그리스도)는 신적 능력을 소유하고 있어야 한다. 최후 심판에서 그리스도는 신적 능력으로 자신이 하나님이심을 보여줄 것이다(마 24:30). 그리스도의 능력은 또한 그분에게 심판에 대한 권세를 부여한다. 사실 하나님으로서 그리스도는 자신이 손해를 입은 당사자이므로 심판하셔야 한다. 그리스도의 법은 깨뜨려졌다. 그리스도의 영광은 발로 짓밟혔다. 물론 맨턴은 하나님의 영광과 행복이 어쨌든 감소될 수 없지만, 그럼에도 하나님의 피조물의 죄는 "하나님의 선언적 영광에 대해 [저질러진] 잘못"이라는 것을 인정한다.[20] 하나님이 최고의 권세이자 법 수여자이시므로 죄는 무엇보다 하나님에 대해 저질러지는 것이다(시 51:4). 이런 이유로 심판의 특별한 특전과 권리는 삼위 하나님께 속해 있고, 이것은 하나님은 한 분이시므로(요일 5:7) 그리스도가 심판을 행하실 수 있다는 것을 보여 준다. "삼위일체 하나님의 외적 사역은 분리되지 않는다"는 공리에 따라 맨턴은 삼위는 공통의 본성(즉 신적 본질)을 갖고 있기 때문에 창조처럼 심판도 각 인격에게 동등하게 돌려진다.

그러나 개혁파 신학자들은 또한 이 "분리되지 않는 사역"이 종종 특별히 한 인격이 그 사역의 장

---

17) Manton, *Sermons upon 2 Corinthians V*, in *Works*, 13:55. 또한 웨스트민스터 신앙고백도 주목하라. "그리스도는 중보 사역을 감당하실 때 두 본성에 따라 행하고, 각 본성은 자체에 고유한 것을 행하지만, 인격의 통일성으로 말미암아 한 본성에 고유한 것이 때때로 성경에서 다른 본성으로 지칭되는 인격에 돌려지기도 한다"(8.7).

18) John Owen, *Pneumatologia*, in *The Works of John Owen, D.D.* (Edinburgh: Johnstone & Hunter, 1850~1855), 3:160.

19) Owen, *Pneumatologia*, in *Works*, 3:162. 또한 Donald Macleod, *The Person of Christ* (Downers Grove, Ill.: InterVarsity, 1998), p. 195도 보라.

20) Manton, *Sermons upon 2 Corinthians V*, in *Works*, 13:56.

본인이나 행위자로 표시되는 관념을 염두에 두고 있었다.[21] 따라서 맨턴은 삼위 하나님의 상호 동의에 따라 삼위 하나님을 대표해서 성자가 심판자로 지정된다고 주장한다. 질서는 삼위일체 하나님의 인격들에 속해 있다. "삼위의 존재 방식에서와 똑같이 피조물에 대한 삼위의 모든 활동을 낳고 일으키는 어떤 질서와 경륜이 있다."[22] 맨턴은 심판이 성부와 성자에게 함께 속해 있는 여러 이유를 제시한다. 구속의 맥락에서 자기 백성들의 대속물인 그리스도는 자기 백성들이 받아야 할 형벌을 대신 받으셨다. 이 배경에 따라 심판은 만족의 대상이신 성부에게 속해 있었다. 그러나 그리스도는 구원을 주셨기 때문에 믿음으로 구원에 참여하는 자들과 불신앙으로 구원을 거부하는 자들을 심판할 권리를 갖고 계신다.

또한 중보자로서 그리스도는 대리 행위와 임명에 따라 심판자가 되신다. "본원적 주권은 지극히 높으신 왕이신 하나님께 속해 있고, 파생과 대리를 통해 그분의 인성이 신격의 두 번째 인격에 연합되어 중보자이신 주 예수 그리스도가 심판자가 되신다. 우리와 같은 피조물과 관련해서 그리스도의 권세는 절대적이고 독보적이다. 하지만 하나님과 관련해서 그리스도의 권세는 대리적이다. 따라서 그리스도는 심판자로 정해지고 지명되신다"(요 5:27; 행 10:42, 17:31; 고전 15:25).[23] 그리스도의 심판에 대한 권리는 자기 백성들의 구원을 취득하신 것과 구속 언약에 신실하신 것에 대한 상으로 주어진다. 신인(神人)으로서 두 본성을 갖고 그리스도는 세상을 심판하실 것이다. 그 심판은 가시적이고, 따라서 심판자도 가시적일 것이다. 신자와 비신자가 똑같이 그들의 심판자 앞에 나타나지만 결과는 전혀 다를 것이다.

심판자로서 그리스도는 (1) 하나님의 나라를 멸시하고(눅 19:27), (2) 하나님의 은혜를 거부하고(시 81:11), (3) 하나님이 베푸신 유익들을 무시하고(히 2:3), (4) 하나님의 은혜를 악용하고 방탕함에 빠지고(유 1:4), (5) 하나님의 계명을 어기고(요 15:10), (6) 하나님의 약속들의 진리를 의심하고(벧후 3~4장), (7) 하나님의 규례를 왜곡시킨(마 24:48~51) 자들에게는 두려움이 될 것이다. 심판자로서 그리스도는 (1) 그리스도의 교훈을 믿고(요 11:25), (2) 그리스도를 사랑하고(엡 6:24; 고전 16:22), (3) 그리스도의 원수들 곧 마귀, 세상, 육체와 맞서 싸우고(계 3:21), (4) 그리스도의 계명을 지킨(요일 2:28, 4:17) 자들에게는 위로가 될 것이다. 신자들은 심판자가 자기들의 친구, 자기들의 형제, 자기들의 대제사장, 그리고 자기들의 죄를 위해 죽으신 분이기 때문에 위로를 받게 될 것이다. 그리스도는 신자들을 그들을 위해 하늘에 예비한 처소로 데리고 갈 것이다.[24] 따라서 분명히 심판하시는 자의 인격이 가장 중요하다. 그리스도가 심판자라면 구원과 심판, 두려움과 위로의 필수적 요소가 있다. 왜냐하면 그리스도의 인격과 사역이 이런 최후의 결과를 요청하기 때문이다. 믿음으로 그리스도와 연합한 자들에게 최후 심판은 두려운 경험이 아니라 오히려 상을 받는 경험이 될 것이다.

---

21) 예컨대 인성을 취하시는 성자의 특별한 행위에 대해 존 오웬은 "원래의 유효성으로 보면" 그것은 삼위 하나님의 외적 행위였다고 주장한다. 그러나 "권위적인 지칭으로 보면" 그것은 성부의 행위였다……인성의 형성으로 보면, 그것은 성자의 인격의 특수 행위였다(*Of the Person of Christ, in The Works of John Owen, D.D.* [Edinburgh: Johnstone & Hunter, 1850~1855], 1:225).

22) Manton, *Sermons upon 2 Corinthians V*, in *Works*, 13:59.

23) Manton, *Sermons upon 2 Corinthians V*, in *Works*, 13:59.

24) Manton, *Sermons upon 2 Corinthians V*, in *Works*, 13:62~63.

심판 방법

이제 맨턴은 최후 심판 방법을 고찰한다. 맨턴은 헬라어 파네로데나이는 "나타나다"와 "명백하게 되다"를 의미한다는 것을 보여 준다. "우리가 다 반드시 나타나게 되어"라는 말은 네 가지 사실을 함축한다. (1) 심판자의 지혜와 공의, (2) 그리스도의 천사들의 능력, 공평함, 신실함, (3) 일어날 심판을 위해 나타나라는 요청이나 소환, (4) 심판의 목적.[25]

첫째, 맨턴은 그리스도 앞에 나타나지 않은 것은 아무것도 있을 수 없다(히 4:13)고 주장한다. 심판이 온전하고 공의롭도록 하나님은 선악 간에 각 사람의 행위에 대해 완전한 지식을 갖고 계셔야 한다(시 69:5; 렘 17:10). 둘째, 맨턴은 "천사들은 최후 심판에서 많은 일을 수행하게 될 것"(마 24:31)이라고 주장한다. 천사들은 무덤에서 의인과 악인을 데리고 나오고, 각각 그들의 영원한 처소까지 호송하는 데 종사할 것이다(마 13:39~41, 49~50). 셋째, 심판은 심판자로서의 그리스도와 심판 대상인 모든 사람의 가시적인 등장을 필요로 한다. 왜냐하면 아무도 결석 재판을 받을 수 없기 때문이다. 악인은 변호를 받지 못할 것이다(시 130:3). 악인은 심판대 앞에 서겠지만 견디지 못할 것이다(롬 14:10; 시 1:5). 선고는 생명이나 죽음 가운데 하나이기 때문에 누구나 사형 죄와 관련된 재판을 받기 위해 나타나야 한다. "모든 사람이 하나님 앞에서 자신을 해명해야 한다"(롬 14:12). 죽음을 선고받은 자들은 그들의 불경건함의 명백한 증거로 말미암아 정죄를 받게 될 것이다. 그리스도는 신실한 자들에게 그들의 선행의 증거로 말미암아 상을 주심으로써 하나님의 공의를 입증할 것이다. "하나님의 백성들이 심판을 받으러 와서 하나님의 명령에 순종한 것이 확인되었을 때…… 그리스도는 하나님과 사람들과 천사들 앞에서 그들을 시인하실 것이다"(계 3:5).[26] 그리고 그리스도는 악인을 그들의 악한 행위를 기초로 처벌하실 것이다. 본질상 하나님은 각 사람이 자기 행위에 따라 보응을 받을 때 정당화되신다.

파네로데나이는 "나타나다"는 의미 외에 "명백하게 되다"는 의미를 갖고 있다. 맨턴은 이 말을 모든 사람이 재판을 위해 물리적으로 나타날 뿐만 아니라 "그들의 마음의 비밀이 드러나 심판받게 되리라"는 뜻으로 이해한다(눅 12:2; 고전 4:5). "하나님의 종들의 무고함은 한동안 흐려지고 사람들의 죄는 한동안 숨겨져 있지만 결국은 드러나 위선은 폭로되고 신실함은 상을 받게 될 것이다"(각 사람의 공적이 나타날 터인데[고전 3:13]).[27] 마지막 날에 펼쳐지는 책들(계 20:12를 보라)은 다음과 같다. (1) 규칙으로서의 성경책, (2) 증인으로서의 양심의 책, (3) 선고로서의 하나님 기억의 책.[28]

하나님은 경건하지 못한 자들의 죄를 철저히 찾아내고(시 33:13~16), 선한 천사들이 증인으로 나설 것이다. 또한 하나님의 말씀도 죄인들을 고발할 것이다(요 5:45). 그 외에 신실했던 복음 사역자들도 죄인들을 깨닫게 하는 증거의 한 부분을 구성할 것이다. "말씀 선포는 사람들에게 충분히 경고한 증인이 될 것이다"(막 6:11). 마찬가지로 양심도 죄인들에게 자기들의 죄책을 깨닫게 할 것이다. "하나님은 거룩한 조명을 통해서가 아니라 강제적인 납득을 통해 우리의 눈을 여실 것이다…… 하나님은 마치 새로 주어진 것처럼 모든 것을 새롭게 기억하고, 한순간에 허비된 인생 이야기를 제시하실 수 있

---

25) Manton, *Sermons upon 2 Corinthians V*, in *Works*, 13:63.
26) Manton, *Sermons upon 2 Corinthians V*, in *Works*, 13:65.
27) Manton, *Sermons upon 2 Corinthians V*, in *Works*, 13:65.
28) Manton, *Sermons upon 2 Corinthians V*, in *Works*, 13:66.

다."[29] 양심이 자기들을 납득시킬 때 그들은 "자기들 자신의 수치를 토해냄으로써" 곧 실제로 자신들을 반대하는 말을 함으로써 스스로 정죄할 것이다(내가 네 말로 너를 심판하노니[눅 19:22]). 스스로 정죄하는 것 말고도 악인들은 서로를 정죄할 것이다. 맨턴은 타락 후에 아담과 하와가 서로에게 한 말(창 3:12~13)은 "전체 심판에 대한 두드러진 예고편"이라고 설명한다.[30] 악인은 서로를 심판할 뿐만 아니라 경건한 자도 심판에서 적극적인 역할을 담당할 것이다(히 11:7; 고전 6:2). 마지막으로 비신자들의 죄악의 상황이 그들을 반대하는 증인이 될 것이다(합 2장). 즉 삶 속에서 그들이 이룬 업적이나 성취는 그들의 탐욕과 이기심, 다른 죄들을 보여줄 것이다.

최후 심판의 엄밀한 집행 계획, 특히 지금까지 살았던 각 사람이 심판받게 된다는 사실로 말미암아 의심할 여지 없이 많은 그리스도인들은 이것이 어떻게 일어날지 놀라지 않을 수 없었다. 맨턴은 다수의 성경의 언급들을 열거하고, 심판은 그리스도, 그의 천사들, 그의 사자들, 의인과 악인이 모두 관련되고, 그들은 모두 이런저런 방식으로 하나님이 의인은 상 주시고 악인은 정죄하기로 결정한 것에 대해 하나님의 공의를 증언한다는 것을 보여 준다.

행위에 따른 심판

그리스도의 심판은 선악 간에 "그 몸으로" 행한 것을 따라 보응을 받게 할 것이다(마 16:27; 계 20:12). 맨턴은 자신의 다섯 번째 주제에서 최후 심판에서 행위의 역할을 이해할 때 다음과 같이 세 가지 제목 아래 설명한다. (1) 행위가 제시되는 이유, (2) 모든 사람이 받는 심판에서 행위를 헤아리는 방법, (3) 결과로 주어지는 벌과 상에서 행위의 역할.[31] 최후 심판의 두 가지 핵심 목적은 하나님의 영광을 드러내는 것과 하나님의 공의로운 심판을 정당화하는 것이다. 인간이 행한 행위에 대한 심판은 이 행위의 성격에 따른 하나님의 상이나 형벌과 함께 필수적으로 하나님의 거룩하심, 종의, 진실, 사랑, 자비로 말미암아 하나님을 영화롭게 할 것이다.

첫째, 거룩하심에 있어서 하나님은 자기 성도들의 거룩함을 즐거워하고, 죄와 죄인들을 싫어하신다. 마지막 날에 하나님은 "자기 백성들의 수고와 섬김에 상을 베푸실 것이다……반면에 죄와 죄인들에게는 선고와 형벌로 자신의 미움을 보여 주실 것이다. 따라서 당연한 결과로 그들의 다양한 행위가 고려 대상이 되어 거룩한 자는 그에 합당한 칭찬과 상을 받고, 악인은 세상의 심판자에게 그에 합당한 형벌을 받을 것이다."[32]

둘째, 공의에 있어서 하나님은 삼중의 공의를 갖고 계신다고 맨턴은 단정한다. (1) 하나님의 일반적 공의, (2) 하나님의 엄격한 공의, (3) 복음의 법에 따른 하나님의 인자하신 공의.[33] 하나님의 일반적 공의는 각 사람이 자신의 행위에 따라 심판받아야 할 것을 요청한다. 왜냐하면 사람은 자신이 심은 대로 거둬야 하기 때문이다(행 17:31; 살후 1:6~7). 하나님의 엄격한 공의는 행위 언약에서 최초로 선언되었고, 이때 하나님은 아담에게 완전한 순종에 대해서는 상을 약속하고, 하나님의 도덕법을

29) Manton, *Sermons upon 2 Corinthians V*, in *Works*, 13:68.
30) Manton, *Sermons upon 2 Corinthians V*, in *Works*, 13:69.
31) Manton, *Sermons upon 2 Corinthians V*, in *Works*, 13:72.
32) Manton, *Sermons upon 2 Corinthians V*, in *Works*, 13:73.
33) Manton, *Sermons upon 2 Corinthians V*, in *Works*, 13:73.

조금이라도 위반할 경우에는 처벌이 있을 것이라고 경고하셨다. 최후 심판에서 인간은 자기들이 속해 있는 언약(즉 행위 언약 또는 은혜 언약)에 따라 심판받게 될 것이다. 다시 말하면 "어떤 이들은 불완전한 순종일지라도 하나님이 그들의 신실한 마음을 받아 주심으로써 자유의 율법으로 심판을 받게 될 것이다."[34] 그러나 어떤 이들은 행위 언약의 방침에 따라 심판받게 될 것이다. 회개하지 않은 자들은 "당연히 우리가 태어났을 때 있었던 옛 언약 아래 두어지고, 따라서 자비 없는 심판을 받는다."[35] 하나님의 인자하신 공의는 하나님의 복음의 법에 따라 발효된다. 이 기준들에 따라 하나님은 자신의 백성들이 행한 믿음과 사랑의 행위를 기억하고 상 주심으로써 자신의 공의를 보여 주신다(히 6:10).

자신의 언약에 대한 하나님의 진실하심이나 신실하심은 최후 심판에서 충분히 증명될 것이다. 하나님은 믿고 순종하는 자들에게 생명을 약속하셨다. 이런 이유로 하나님은 자신의 약속을 성취하시고, 의인에게 그들의 행위에 따라 상을 베푸실 것이다. 맨턴은 로마서 2장 6~9절을 인용해서 하나님이 의인에게는 상을 주고, 악인은 정죄하실 것임을 보여 준다.[36] 따라서 하나님의 말씀이 의인에게 생명을 약속했다면 하나님이 그 약속을 성취하실 때 하나님의 신실하심이 입증될 것이다.

마지막으로 하나님의 값없는 은혜, 특히 하나님의 사랑과 자비가 칭송받게 될 것이다. 하나님의 엄격한 공의에 따를 때 마땅히 정죄를 받아야 할 무가치한 죄인으로서, 하나님의 백성들은 그리스도의 손에서 선물로 영생을 받게 될 것이다. "새 언약의 은혜가 없었다면 우리는 다른 사람들과 마찬가지로 멸망당했을 것이다."[37] 최후 심판에서 하나님의 성도들은 자신들의 구속에 대해 크게 확대된 지식과 평가를 갖게 될 것이다. 확실히 하나님이 죄인들에게 베푸시는 은혜는 그리스도가 자기 신부에게 주어질 기업에 대해 친히 말씀하실 최후 심판 때까지는(마 25:34) "그 모든 영광이나 은혜로움이 드러나지 않게 된다."[38] 그리스도의 백성들의 선행은 하나님의 율법의 기준에 따를 때 절대로 공로가 아니다(눅 17:10). 하나님이 죄로 얼룩진 우리의 행위에 상을 베푸시는 것은 하나님의 은혜를 드러낸다. 그것도 금상첨화로 영생, 영광, 은총으로 상을 주신다.

심판의 두 번째 핵심 목적은 심판대 앞에 나타난 모든 사람이 자신에 대한 선고가 정당하고, 그리스도가 자신의 율법의 규칙에 따라 그들의 행위를 헤아림으로써 이 목적을 이루실 것을 납득시키는 데 있다. 그리스도인들은 이중의 법 곧 본성의 법과 은혜의 법 아래에 있다. 이 구분은 맨턴의 강해에서 중요한 요점으로 판명되고, 맨턴이 그리스도인도 최후 심판에서 그들의 행위에 따라 심판받게 될 것이라고 주장하는 이유를 설명하는 데 도움이 된다. 물론 비기독교인도 첫 번째 언약(즉 행위 언약) 아래 있고, 그들은 율법에 완전히, 영속적으로 순종할 것이 요구된다. 그러나 두 번째 언약 곧 은혜 언약을 받은 자들이 있다. 맨턴에 따르면, 그리스도는 그들이 회개하고 하나님의 은혜를 받았다고 주장하는 것을 헤아려야 하고, 그것으로 그들은 행위 언약에서 은혜 언약으로 나아가고, 그들이 참된 회심자임이 드러나게 된다. 이것을 행하는 방법은 "우리의 행위에 따라 확인되어야 한다."[39] 따라서 최후 심판에서 사람에게 두 가지 죄목이 제시될 것이다. 첫 번째 죄목은 죄를 지음으로써 행위

---

34) Manton, *Sermons upon 2 Corinthians V*, in *Works*, 13:74.
35) Manton, *Sermons upon 2 Corinthians V*, in *Works*, 13:74.
36) Manton, *Sermons upon 2 Corinthians V*, in *Works*, 13:74.
37) Manton, *Sermons upon 2 Corinthians V*, in *Works*, 13:75.
38) Manton, *Sermons upon 2 Corinthians V*, in *Works*, 13:75.
39) Manton, *Sermons upon 2 Corinthians V*, in *Works*, 13:76.

언약을 어긴 것이고, 두 번째 죄목은 가짜로 그리스도를 고백한 것이다. 맨턴은 첫 번째 죄목을 면하기 위해 우리는 오직 믿음으로 의롭다 함을 받아야 한다고 주장한다(롬 3:24). 두 번째 죄목을 면하기 위해 우리는 행함으로 정당화되어야 한다. "그리하여 야고보와 바울이 조화를 이루게 된다."[40] 맨턴은 이렇게 덧붙인다.

> 이 이중 심판은 이중 칭의와 대응 관계가 있다. 곧 죄인의 칭의는 믿음으로 붙잡는 그리스도의 만족으로 말미암아 주어지고, 신자의 칭의나 은혜 상태에서의 칭의는 행위로 정당화된다. 왜냐하면 여기서는 그가 율법에 따라 살아감으로써 율법을 만족시켰는지를 묻지 않고 스스로 그리스도인임을 고백하는 그가 참 신자인지를 묻기 때문이다. 그리고 그것은 그의 행위로 시험되어야 한다. 왜냐하면 은혜 언약에서 하나님이 우리에게 두 가지 유익 곧 죄사함과 성령으로 말미암은 성화를 주시는 것처럼, 우리에게 두 가지 의무 곧 믿음으로 하나님의 은혜를 감사함으로 받아들이는 것과 사랑의 열매로서 새로운 순종을 요구하시기 때문이다.[41]

따라서 맨턴은 이중 칭의를 인정하는데, 하나는 선언적 칭의이고, 다른 하나는 예증적 칭의다. 선언적 칭의는 하나님의 율법을 온전히 성취하는 문제와 대응을 이루고, 예증적 칭의는 열매 없는 믿음의 문제와 대응을 이룬다. 행위에 따른 칭의에 대해 말한다고 해서 반드시 교황주의의 형태로 퇴보하는 것은 아니고, 오히려 교회 안에서 진정으로 은혜 언약의 유익들을 받아들인 자들과 가시적인 교회 안에 있으나 그 유익들을 받아들이지 못한 자들을 구분하는 한 방법이다. 행위는 심판자가 정당한 평가를 행하는 데 필수적인 증거를 제공할 것이다. 왜냐하면 심판자는 자신의 판단을 증거, 사건의 진상이나 피고소인의 행위에 기초를 둬야 하기 때문이다.

맨턴은 신자와 비신자들의 행위가 어떻게 평가되는지를 계속 다룬다. 결정적인 문제는 마음이고, 마음이 모든 행동의 동기를 제공한다. 선행은 마음속에 있는 은혜의 원리에서 흘러나온다. 구원의 단독적 성격을 보호하기를 바라면서 맨턴은 이렇게 지적한다. "원리가 주입되면 행동은 따라 나오는 법이다……경건한 사람은 율법에 대한 어떤 외적 복종으로 만족할 수 없고, 그 행동이 우리 안에서 행하시는 하나님에게서 곧 하나님의 은혜와 성령에서 나온다는 것을 알아야 한다……약간의 외적 거룩함으로는 그리스도를 만족시키지 못할 것이다."[42] 이것은 맨턴에게 중요한 요점으로 작용한다. 곧 모든 선행은 의롭다 함을 받은 상태에서 이루어져야 한다는 것이다. 선행은 칭의의 근거가 아니고, 다만 칭의의 증거일 따름이다. 거듭나지 아니한 자가 행한 행위는 주님에게 가증한 것이다. 왜냐하면 그 행위는 불신앙의 악한 마음에서 나오는 것이기 때문이다. 그리스도는 단순히 몇 개의 행동이나 행위만을 평가하시는 것이 아니라 사람의 인생 전체 과정을 평가하실 것이다. 악인과 의인 모두의 행위를 검사할 때 일치나 일관성이 있어야 한다. 따라서 사람은 심판 날에 하나 또는 몇 가지 선행으로 자격을 갖추지는 못할 것이다. 대신 사람은 "의의 열매를 가득 채우기 위해" 한평생 힘

40) Manton, *Sermons upon 2 Corinthians V*, in *Works*, 13:76.

41) Manton, *Sermons upon 2 Corinthians V*, in *Works*, 13:77. 본서 19장 "청교도의 언약의 조건 교리" 부분은 토머스 굿윈도 이런 식으로 이중 칭의를 주장했다는 것을 보여 준다. 또한 *Gospel Holiness*, in *The Works of Thomas Goodwin*, Thomas Smith 편집(1861~1866, 재판, Reformation Heritage Books, 2006), 7:181도 보라.

42) Manton, *Sermons upon 2 Corinthians V*, in *Works*, 13:78.

써야 한다.[43] 하지만 이런 행위를 행할 때 목표는 행동과 마찬가지여야 한다. 어떤 선행을 행하든지 하나님의 영광이 그리스도인의 중대한 목표나 의도가 되어야 한다. 그리스도인들은 믿음이 자라갈 때 거룩함과 의로움도 증가되어야 한다. 신실한 행동은 더 신실한 행동을 낳을 것이다. 어떤 행동은 다른 행동보다 덜 중요하지만 그리스도는 모든 행동을 주목하실 것이다(마 10:42). 마찬가지로 완고한 의지를 가진 자는 오래 살수록 그들 행위의 죄악성을 그만큼 더 증가시킬 것이다.[44]

마지막으로 맨턴은 이 행위들이 형벌 및 상급과 어떻게 관련되어 있는지를 설명한다. 거듭나지 아니한 자의 행위는 형벌에 영향을 미칠 것이다. 하나님을 거역해서 저지른 죄는 무한한 형벌을 초래한다. 반면에 창조주로서의 하나님의 위엄으로 말미암아 인간은 하나님을 사랑하고 하나님께 순종할 의무가 있다. 그들이 어떤 선을 행하든지 그것은 그들을 지으신 하나님께 지고 있는 의무일 뿐이다. 하나님은 "어떤 권리나 공의에 의해 행동 자체의 공로에 따라 상을 베푸실 의무가 없으시다……[하나님은] 자연적 공의에 의해 우리에게 상을 베푸실 의무를 갖고 계시지 않고, 다만 자신의 선하신 뜻에 따라 그렇게 하실 마음을 갖고, 자신의 자유로운 약속과 은혜 언약에 의해 그렇게 하실 의무를 가질 뿐이다."[45] 이 요점은 무시되어서는 안 된다. 개혁파 정통주의는 대체로, 여기서 맨턴이 그렇게 하는 것처럼, 하나님이 피조물에게 주시는 상을 언약의 배경 속에 두었다. 요약하면 죄는 마땅히 형벌을 받아야 하고, 선행은 상을 받게 만드는 공로가 아니다. 그러나 언약의 배경 속에서 선행은 신자들이 최후 심판에서 받을 상과 관련되어 있다. 첫째, 신자들에게 선행은 "하나님께 즐거움을 드리고 인정을 받는 더 유용한 도구"가 될 수 있다.[46] 둘째, 신자들에게 선행은 "상을 받는 더 유용한 도구"가 될 수 있다. 순종을 고수함으로써 신자들은 머리에 면류관을 쓰게 될 것이다(딤후 4:7~8). 셋째, 신자들에게 선행은 구원하는 믿음의 증거가 된다. 선행은 참된 신자들이 누구인지 세상 앞에 더 "주목할 만한 표징으로" 예증한다. 넷째, 선행은 각 신자가 받을 상의 분량이다(고후 9:6).[47] 맨턴은 선행의 본질과 필연성에 대한 이 설명을 통해 모든 사람은 자기 행위에 따라 상을 받거나 심판을 받거나 둘 중 하나가 될 것이라는 자신의 마지막 요점을 증명할 수 있다.

각 사람을 기다리고 있는 것

만일 최후 심판에서 상과 벌이 각 사람을 기다리고 있지 않다면 "심판 날의 전체 과정은 엄숙하고 무익한 희한한 구경거리에 불과하게 될 것이다."[48] 하지만 심판 날에 염소와 양 곧 악인과 의인이 서로 분리될 것이다. 이 분리는 시간을 초월한다. "이 분리는 영원히 지속되고, 그들 가운데 한 쪽은 천국을 채우고, 다른 한 쪽은 지옥을 채울 것이다."[49] 경건한 자들은 위로를 받고, 경건하지 못한 자들은 고통을 받을 것이다. 모든 신자는 이 현세의 삶은 허다한 불행으로 점철되지만 그것은 시

43) Manton, *Sermons upon 2 Corinthians V*, in *Works*, 13:78.
44) Manton, *Sermons upon 2 Corinthians V*, in *Works*, 13:79.
45) Manton, *Sermons upon 2 Corinthians V*, in *Works*, 13:79.
46) Manton, *Sermons upon 2 Corinthians V*, in *Works*, 13:79.
47) Manton, *Sermons upon 2 Corinthians V*, in *Works*, 13:80.
48) Manton, *Sermons upon 2 Corinthians V*, in *Works*, 13:81.
49) Manton, *Sermons upon 2 Corinthians V*, in *Works*, 13:82.

작과 끝을 갖고 있다는 것을 인정한다. 그러나 내세는 끝이 없고 기쁨으로 충만하다. 반면에 경건하지 못한 자들에 대해 말한다면, 그들의 형벌은 두려움이다(요일 4:18). 맨턴은 "상실의 형벌"(포에나 담니)과 "느낌의 형벌"(포에나 센수스) 간의 통상적인 구별을 사용해서 상실과 고통(마 25:41)을 설명하는데, 이것은 이런 사실을 의미한다. "하나님은 죄인의 존재를 없애는 것이 아니라 죄인의 존재에서 위로를 없앤다. 죄인은 영원히 하나님의 눈에서 사라지고, 하나님의 호의를 박탈당하고, 경건한 자에게 주어지는 모든 기쁨과 복을 잃게 된다. 그리고 그것으로 죄인은 비참한 상태에 빠지기에 충분하다."[50] 악인은 현세에서 하나님을 소유하는 데 유의하지 않고, 지옥에 가서야 하나님을 상실한 현실을 더 충분히 깨닫게 될 것이다. 왜냐하면 정죄를 받은 죄인은 "자신의 마음을 오락, 운동, 쾌락이나 먹고 마시는 것으로 돌려서 위로를" 찾을 것인데, 이것들 때문에 지금 그들은 그리스도를 영접하지 못하고 있기 때문이다.[51] 상실만 있는 것이 아니라 고통도 함께 있다. "거기서는 그들의 벌레도 죽지 않고 불도 꺼지지 않느니라"(막 9:44). 맨턴에 따르면, 벌레는 양심인데, 그것은 죄의 인생을 반영할 것이다. 그리고 불은 하나님의 진노인데, "그것은 육체에 형언할 수 없는 고통을 가져올 것이다."[52]

천국에 있는 의인이나 지옥에 있는 악인에게 삶은 영원하다. 의인에게는 "그들의 행복의 변경이나 중단은 결코 없고, 상상할 수 있는 무수한 세월이 흐른 후에도 그들은 처음에 그랬던 것처럼 이 생활을 영속적으로 영위할 것이다"(살전 4:17).[53] 하나님의 악인에 대한 심판은 심판을 받는 자들이 영원히 하나님을 빼앗기고, 하나님의 진노의 힘을 느끼게 될 것이므로 영원한 심판이 될 것이다. 지옥은 철저하고 끝없는 비참의 장소가 될 것이다. 맨턴은 어떻게 일시적인 행동이 영원한 형벌을 초래하는지에 대해 묻는 어떤 사람들(예. 소키누스주의자)의 반박에 대답한다. 개혁파 신학자들은 어떤 인간도 하나님에게서 상을 받을 수 있을 정도로 적극적으로 공로를 세울 수 있다는 것을 부인했지만 인간이 영원한 형벌을 받을 자격은 충분히 가질 수 있다는 사실은 인정했다. 이것은 인간 공로의 비대칭이다. 맨턴은 유한한 피조물의 일시적인 행동이 하나님에게서 무한하고 영원한 형벌을 초래할 수 있는 여러 이유를 제시한다.

첫째, 하나님은 세상을 자신의 방법과 자신의 이유에 따라 다스리신다. 하나님은 법 수여자로서 자신의 법의 규약을 결정할 모든 권리를 갖고 계시고, 여기에는 상과 벌이 포함되어 있다. 둘째, 하나님은 분명히 사람들에게 회개하지 않는 죄인들에게 임할 형벌의 위협을 경고하신다(롬 8:13). 맨턴은 이렇게 주장한다. "장차 일어날 일이 현재 일보다 얼마간 유익이 더 많게 계획하는 것과 믿음의 문제인 다른 세상의 기쁨과 고통이 이 세상의 기쁨과 고통보다 더 크게 하시는 것은 우리의 법 수여자의 지혜에 걸맞는 것이다"(눅 16:25).[54] 셋째, 율법, 심지어는 인간의 법을 어긴 것에 대한 처벌은 범죄 시간보다 더 길게 지속된다. 형벌의 지속(모라 포에나)은 일반적으로 범죄의 지속(모라 쿨파)보다 더 길다. 모든 죄는 최고의 법 수여자이신 하나님의 위엄에 대해 저질러진다. 나아가 사람들은 "잠시 죄악의 낙을 누리기 위해" 영생을 거부한다(히 11:25). 사람들은 그 결과를 잘 알고 있지만 장차 임할 진노를 피하기보다는 오히려 죄의 낙을 누리기 위해 지체한다. 설상가상으로 사람들은 할 수 있으면

50) Manton, *Sermons upon 2 Corinthians V*, in *Works*, 13:84.
51) Manton, *Sermons upon 2 Corinthians V*, in *Works*, 13:84.
52) Manton, *Sermons upon 2 Corinthians V*, in *Works*, 13:84.
53) Manton, *Sermons upon 2 Corinthians V*, in *Works*, 13:85.
54) Manton, *Sermons upon 2 Corinthians V*, in *Works*, 13:86.

영원히 죄 속에 거할 것이다. 따라서 맨턴은 이렇게 추론한다. "사람들은 영원하신 하나님의 율법을 어기고, 죄의 참된 본질이 일시적인 쾌락이나 이익을 위해 하나님의 호의를 멸시하는 데 있기 때문에, 만일 그들이 여기서 오래 살 수 있다면, 영원히 그렇게 할 것이다." 하나님은 사람들의 일시적인 죄에 대해 그들을 영원히 정죄하실 때 정당하시다.[55]

마지막으로 맨턴은 하나님의 선고는 취소할 수 없는 것이라고 설명한다. 현세에서 하나님은 자신의 심판을 취소하고,[56] 긍휼을 베푸실 수 있다(렘 8:7~8). 그렇지만 최후 심판에서는 일단 판결이 내려지면 취소 가능성이 전혀 없어질 것이다. 이 판결은 신속하게 이뤄지고, 악인에게는 어떤 도움도 제공되지 않으며, 그들은 절대로 피하지 못할 것이다(마 13:42). 나아가 선고는 경건한 자와 함께 시작되고, 선고의 집행은 악인과 함께 시작될 것이다. 왜냐하면 경건한 자는 심판받는 것으로 그치는 것이 아니라 그리스도 및 그분의 천사들과 함께 세상을 심판할 것이기 때문이다(고전 6:2). 경건한 자들은 심판하기 전에 하늘과 땅의 심판자 앞에서 모든 죄책을 면제받아야 한다. 그러나 선고 집행은 악인들과 함께 시작될 것이다. "먼저 악인이 지옥 불에 던져지고, 그리스도와 그와 함께 경건한 모든 자가 지켜보고……그리고 경건한 자는 자기들이 구원받은 진노를 바라보면서 자신들의 행복에 대해 더 깊은 의식을 갖게 된다."[57] 따라서 악인을 심판하기 위한 의인과 그리스도의 이 연합으로 최후 심판이 끝나는데, 그때 의인은 경건하지 못한 자들을 파멸시키는 일에서 하나님의 공의를 증명하고, 영원히 영광과 행복과 하나님에 대한 사랑의 영원한 상태 속으로 들어감으로써 자신들의 구속의 충분한 유익을 받는다.

결론

개혁파의 신학적 신념들을 고수하는 자들은 믿음으로 얻는 칭의 교리를 당연히 소중히 여긴다. 그러나 이 교리에서 최후 심판은 신자들의 행위와는 아무 관련이 없다고 추론하는 어떤 이들에게는 시험이 있을 수 있다. 맨턴이 고린도후서 5장 10절 강해에서 확인한 것처럼 이런 추론은 잘못이다. 맨턴의 강해의 핵심 요점은 다시 생각해 볼 가치가 있다. 맨턴의 "이중 칭의" 교리는 그리스도인들이 이중의 법 곧 본성의 법과 은혜의 법 아래에 있음을 인정한다. 여기서 최후 심판에서 신앙을 고백하는 신자에게 두 가지 죄목이 있을 수 있다. 하나는 그가 땅에서 사는 동안 첫 번째 언약을 어기고 하나님께 온전하고 영속적으로 순종하지 못한 것이다. 오직 그리스도만이 하나님의 뜻에 이런 순종을 해냈고, 그러므로 믿음으로 신자에게 전가된 그리스도의 의만이 첫 번째 죄목에 대응할 수 있다. 두 번째 죄목은 그리스도인의 믿음이 진정으로 구원하는 믿음인지 또는 구원할 수 없는 죽은 믿음인지의 여부와 관련되어 있다. 두 번째 죄목에 대해 말한다면, 참된 믿음에서 나오는 선행은 신자를 정당화하는 것으로 말해질 수 있다. 이 점에서 바울과 야고보는 조화를 이루고, 신자는 자신의 믿음과 마지막 날에 그리스도의 심판대 앞에 나타나도록 소환될 때 두려움을 갖지 않게 하는 믿음의 열매로

---

55) Manton, *Sermons upon 2 Corinthians V*, in *Works*, 13:87.

56) "하나님은 선고는 변경하시지만 자신이 정하신 율법은 바꾸시지 않는다"(*mutat sententiam, sed non decretum*). Manton, *Sermons upon 2 Corinthians V*, in *Works*, 13:88.

57) Manton, *Sermons upon 2 Corinthians V*, in *Works*, 13:88.

보증을 받을 수 있다.

맨턴만이 이런 이중 칭의에 대해 말한 것이 아니다. 맨턴의 동시대인인 토머스 굿윈도 이중 칭의를 인정했다. 만일 스티븐 콕스헤드가 분석한 칼빈의 행위로 말미암은 종속적 칭의 교리가 정확하다면 이 청교도 저술가들은 위대한 제네바 종교개혁자의 발자취를 따르고 있는 것이다.[58] 보다 최근에 다른 개혁파 신학자들이 이 특수 주제에 관심을 가졌다. 그들은 자신들의 견해를 반드시 같은 방법으로 표현하는 것은 아니지만, 증거는 오직 믿음으로 얻는 칭의를 인정하는 것이 개혁파인 것처럼 그리스도인들이 최후 심판에서 그 행위에 따라 심판받을 것을 인정하는 것도 똑같이 개혁파라는 것을 암시한다.[59] 이 행위들은 구원의 공로는 아니지만 확실히 교회 안에서 그리스도를 신실하게 사랑하는 자들(엡 6:24)과 단지 위선자에 불과한 자들 간의 차이를 드러낼 것이다. 그리스도에게 순종하면서 선행을 행한 자들은 하나님의 은혜로운 언약 약속에 따라 자기들의 선행에 기초를 둔 상을 받을 것을 기대할 수 있다. 이런 상을 베푸실 때 하나님의 은혜가 칭송을 받는다. 왜냐하면 하나님은 자유롭게 죄인들에게 그리스도의 의를 전가시킴으로써 그들을 의롭게 하실 뿐만 아니라 은혜로 그들이 선행을 행하도록 하심으로써 그들이 의롭게 된 이후에 행한 행위로 말미암아 상을 받도록 하시기 때문이다. 칼빈이 주장한 것처럼 "우리가 그리스도에게 접붙여질 때 우리 죄악이 그리스도의 무죄하심으로 덮여지기 때문에 우리 자신이 하나님 보시기에 의롭게 된다. 마찬가지로 우리 행위도 그 안에 어떤 허물이 있더라도 그리스도의 순결하심 속에 묻히고, 우리의 책임으로 돌려지지 않기 때문에 의롭게 되고, 그렇게 간주된다. 따라서 우리는 오직 믿음으로 우리 자신뿐만 아니라 우리 행위까지도 의롭다 함을 받는다고 당연히 말할 수 있다."[60]

행위에 따른 최후 심판에 모든 사람 곧 기독교인과 비기독교인 모두가 포함된다는 관념은 웨스트민스터 신앙고백 33장 1절에 신앙고백 형태로 진술되어 있고, 다음과 같다. "하나님은 예수 그리스도를 통해 세상을 의로 심판하실 한 날을 정하셨고, 그리스도에게 아버지의 모든 능력과 심판이 위임되어 있다. 그 날에는 배교한 천사들만 심판을 받는 것이 아니고, 또한 땅에서 살았던 모든 사람이 그리스도의 심판대 앞에 나타나 자기들의 생각, 말, 행동을 설명하고, 선악 간에 자기들이 몸으로 행한 것에 따라 보응을 받을 것이다."[61] 맨턴은 긴 논문을 통해 웨스트민스터 신앙고백에 요약되어 있는 것을 강해한다. 그리고 그 목적을 달성하기 위해 이번 장은 한 개혁파 정통 신학자가 행위에 따른 최후 심판 교리를 어떻게 이해했는지 한 실례를 제공하려고 했다.

---

58) 또한 코넬리우스 베네마의 칼빈의 이중 칭의 교리 해설서인 *Accepted and Renewed in Christ: The "Twofold Grace of God" and the Interpretation of Calvin's Theology* (Gottingen: Vandenhoeck & Ruprecht, 2007), pp. 163~170도 보라. 루카 바셰라의 최근 작품은 피터 마터 버미글리가 이중 칭의 교리 곧 하나는 법정적 의, 다른 하나는 본래적 의(하비투스)를 주장했다는 것을 보여 준다(*Tugend und Rechtfertigung: Peter Martyr Vermiglis Kommentar zur Nikomachischen Ethik im Spannungsfeld von Philosophie und Theologie* [Zurich: TVZ, 2008]).

59) 나는 다음 작품들이 특히 유용하다는 것을 알았다. Richard Gaffin, *"By Faith, Not by Sight": Paul and the Order of Salvation* (Bletchley: Paternoster, 2006), p. 94 이하, Geerhardus Vos, *The Pauline Eschatology* (Phillipsburg, N.J.: P&R, 1979), pp. 261~287, Herman Ridderbos, *Paul: An Outline of His Theology* (Grand Rapids: Eerdmans, 1975), pp. 178~181, John Murray, *The Epistle to the Romans: Chapters 1 to 8* (Grand Rapids: Eerdmans, 1960), 1:78~79, Robert Letham, *The Work of Christ* (Downers Grove, Ill.: InterVarsity, 1993), pp. 181~186.

60) Turretin, *Institutes*, 3.17.10.

61) 제공된 증거 본문들은 맨턴이 자신의 강해에서 사용한 본문들과 똑같다(예, 행 17:31, 요 5:22, 27, 유 1:6, 벧후 2:4, 고후 5:10, 전 12:14, 롬 2:16, 14:10, 12, 마 12:36~37, 25:31~46, 25:21, 막 9:48).

후기

"이중" 칭의를 인정하면서 개혁파의 오직 믿음으로 얻는 칭의 교리를 유지하는 것이 가능할까? 이 특수한 문제는 당연히 여기서 다룰 수 없는 방대한 연구를 필요로 한다. 하지만 이번 장을 시작할 때 제시한 인용문에서 앤서니 버지스(사망, 1664년)가 염두에 둔 인물인 마르틴 부처(1491~1551년)가 일찍이 주장한 것처럼 개혁파 신학자들이 이중 칭의를 인정한 것은 의심의 여지가 없다. 확실히 알리스터 맥그래스는 "레겐스부르크의 책" 저술에 관여한 마르틴 부처에게서 이중 칭의 교리를 발견했다.[62] 맥그래스는 "부처가 칭의 배경 속에서 행하는 도덕적 행동(하비투스)에 대해 말하고 있음"을 지적한다. 확실히 "훗날 칼빈이 성화로 부른 것이 '이차 칭의'나 부처에 의해 경건한 자의 칭의로 불린다."[63] 맥그래스는 정확하게 말했다. 하지만 부처가 그리스도의 전가된 의가 칭의의 유일한 형식적 원인이라는 개신교 견해를 견지한 것은 의심의 여지가 없다. "우리는 모두 우리가 영생을 위해 하나님 앞에서 의롭거나 정당화되는 [근거가] 오직 그리스도의 의에 있다고 인정하고 가르친다."[64] 부처는 이중의 의(두플렉스 유스티아) 곧 법정적 의와 본래적 의를 인정했을 것이다. 그러나 이것은 칭의의 형식적 원인을 이중으로 본 로마 가톨릭 트리엔트 공의회의 견해와 같은 것이 아니다.

마르틴 부처 외에 버지스도 이 견해의 지지자로 루도빅 데 듀(1590~1642년)와 존 칼빈을 제시한다. 루도빅 데 듀는 레이덴 대학(왈룬 칼리지)에서 크게 존경받는 교수이자 목사였다. 로마서 8장 4절 강해에서 데 듀는 이중 칭의 곧 "일차와 이차" 칭의 견해를 제시한다.[65] 모든 개신교인과 마찬가지로 데 듀도 죄인이 스스로 의롭게 되지 못하고 오직 믿음으로 의롭게 되는 칭의를 주장한다. 예컨대 부처, 버미글리, 굿윈, 맨턴의 견해와 비슷하게 데 듀도 죄인은 또한 하나님 앞에서 실제로 의롭게 된다고 주장한다. 두 번째 칭의(행위에 따른)는 첫 번째 칭의(오직 믿음으로 얻은)에서 나온다. 두 번째 칭의는 첫 번째 칭의가 실제로 일어난 것을 예증한다. 이 모든 사실 속에서 데 듀는 경건한 자는 율법의 행위로 의롭게 된다는 관념을 거부한다. 버지스는 데 듀의 견해를 해석하면서 이렇게 지적한다. "이런 성화 행위는 근원에 있어서는 율법의 행위가 아니다. 왜냐하면 하나님의 영이 그들 속에서 역사하고, 다만 그 행위가 따르는 양식에 있어서만 그 행위가 규정된 규칙과 관련되기 때문이다."[66] 지적한 것처럼 버지스는 데 듀의 견해는 부처의 견해와 공통점이 많다는 것을 인정한다. 하지만 버지스는 또한 칼빈도 이런 식으로 말했다고 주장하면서 『기독교강요』 3권 17장 3절을 언급하는데, 자체만 놓고 보면 반드시 이중 칭의를 증명하는 것은 아니지만 그의 작품들의 포괄적인 경향은 칼빈이 이중 칭의 입장을 견지한다는 것을 보여 준다.[67] 그럼에도 버지스는 성경 속에서 이중 칭의의 근거를 보지 못

62) Alister McGrath, Justitia Dei: *A History of the Christian Doctrine of Justification* (Cambridge: Cambridge University Press, 2005), p. 222.

63) McGrath, *Doctrine of Justification*, p. 222.

64) "*Consentienter agnoscamus et doceamus id, quo accepto apud Deum ad vitam aeternam iustificati ac iusti sumus, solam esse iustitia Christi*"(Martin Bucer, *De vera ecclesiarum in doctrina, ceremoniis et disciplina reconciliatione et compositione* [Strasbourg: Wendelin Rihel, 1542], 179v°).

65) Ludovic de Dieu, *Animadversiones in D. Pauli Apostoli Epistolam ad Romanos* (Leiden: Elzevir, 1646), pp. 101~113을 보라.

66) Burgess, *The True Doctrine of Justification*, p. 121.

67) 베네마는 이렇게 말한다. "칼빈은 1541년에 로마 가톨릭 대표들과 함께 레겐스부르크 회의에 참석했을 때……'이중적 칭의'나 '이중적 의'에 대해 기꺼이 말할 용의가 있다고 말했다"(*Accepted and Renewed in Christ*, p. 163).

한다. 이것은 일부 개혁파 신학자들은 이중적 칭의와 이중적 의, 곧 외부적·법정적 칭의 및 의와 개인적·본래적 칭의 및 의를 주장하는 데 매우 적극적이었다는 것을 보여 주었다. 버지스와 같은 다른 신학자들은 여러 이유로 이런 말을 사용하는 것을 자제했다. 하지만 이 논란은 최소한 정통 개혁파 신학 전통 속에 다양성이 존재하는 또 다른 분야가 있다는 것을 표상한다.

역사는 역사주의자에게 어떻게 지식을 제공하는가: 토머스 굿윈의 요한계시록 이해

> 그들은 자신들의 계산이 잘못된 것이었음을 증명했지만 그것들을 설명할 때 많은 사실들이 나타나 있고, 그 설명은 언급할 가치가 전혀 없는 것은 아니다. 확실히 그들의 설명은 지금은 구시대적이다. 하지만 저자가 이 강론을 저술할 당시인 1639년에는 그것을 언급하는 것이 매우 적절했다.
>
> – 토머스 굿윈 주니어[1] –

토머스 굿윈의 아들은 자신의 아버지이자 회중교회 신학자인 토머스 굿윈이 죽고 3년이 지난 1683년에 위와 같이 말했다. 굿윈 아들의 의견은 우리가 굿윈의 요한계시록 견해를 17세기 배경 속에서 더 정확하고 유용하게 이해하려면 더 상세히 파악되어야 할 다수의 분야가 있다는 것을 암시한다.

굿윈의 요한계시록 강해 시기

굿윈의 『전집』 대부분의 작품들은 1681년과 1704년 사이에 유고집으로 출판되었다. 굿윈의 요한계시록 강해는 1683년에 다섯 권의 큰 2절판 책 가운데 두 번째 책으로 출판되었다. 굿윈의 아들은 굿윈이 1639년에 요한계시록 주석을 썼다고 주장한다. 이 서언은 약간 신뢰성이 떨어지는 1861~1866년의 니콜라스 판에 담겨 있었기 때문에 대다수 학자들은 굿윈이 이 주석을 네덜란드에서 한 회중교회를 섬기고 있을 때 쓴 것이라고 주장했다.[2] 그러나 마이클 로렌스는 새뮤얼 하트립의 일기인 『에페메리데스』(Ephemerides)가 굿윈의 요한계시록 강해는 "1635년이 아니라 1634년 후반기에 시작되었다"고 지적한다.[3] 따라서 로렌스는 하트립의 일기에 나타난 증거를 기초로, 굿윈이 제시한 요한계시록의 지배적인 주제 가운데 몇 가지는 네덜란드로 이주하기 전의 상황과 잘 부합된다고 설득력 있게 주장했다. 확실히 1634년까지 몇 년 간의 사건들은 굿윈의 요한계시록 강해 이유와 내용을 설명하는 데 도움을 준다.

---

1) Thomas Goodwin Jr의 서언, *An Exposition upon the Book of Revelation*, by Thomas Goodwin, in *The Works of Thomas Goodwin D.D. Sometime President of Magdalen College in Oxford* (London: J. D. and S. R. for T. G., 1681~1704), 2:1.

2) 1681~1704년판(이절지 전 5권으로 이루어진)과 니콜라스 1861~1866년판(전 12권)의 우수성에 대해서는 Michael Lawrence, "Transmission and Transformation: Thomas Goodwin and the Puritan Project 1600~1704" (철학박사학위논문, Cambridge University, 2002)를 보라.

3) Lawrence, "Transmission and Transformation," p. 126.

굿윈의 배경

1622년 3월 2일에 굿윈은 피터버러에서 집사로 임명되었다. 3년 후에 대학 설교자 자격을 얻은 굿윈은 케임브리지 대학의 세인트 앤드루스 교회에서 설교를 시작했다. 1626년에 굿윈은 "거룩하고 존경할 만한 사람" 리처드 십스가 세인트 캐서린 홀의 학장이 되는 데 영향을 미쳤다.[4] 마침내 굿윈은 세인트 앤드루스 교회의 부목사가 되었고, 1628년에는 존 프레스턴(1587~1628년)의 뒤를 이어 트리니티 교회 강사로 선임되었다. 프레스턴은 십스, 존 데이번포트(1597~1670년), 존 볼(1585~1640년)과 함께 굿윈을 자신의 설교의 편집자로 선정했다.[5]

트리니티 교회에서 사역하는 동안 일리의 감독인 존 버커리지(사망, 1631년)는 "왕의 선포에 따라" 굿윈에게 "논란이 되는 신학적 교리에 대해서는 설교하지 않겠다는" 서약을 받으려 했다.[6] 굿윈은 이에 대해 신학의 거의 모든 교리가 논란이 되기 때문에 그렇게 되면 자신은 설교할 것이 거의 남아 있지 않게 될 것이라고 대답했다. 특히 굿윈은 버커리지에게 아르미니우스주의에 대한 논박은 언급하지 않고 교황주의의 심각한 오류만 지적했다. 굿윈은 교회법 36의 세 가지 항목에 서명했기 때문에[7] 강사로 인정받고 트리니티 교회에서 계속 사역했는데, 1632년 이후로는 1634년까지 교구 목사로 재임했다.[8] 톰 웹스터는 굿윈이 트리니티 교회를 사임한 것은 "교황주의 의식들"에 반대했기 때문이라고 설명한다.[9] 웹스터는 이렇게 말한다. "새뮤얼 하트립은 굿윈은 의식(儀式)에 대한 관점이 바뀌었기 때문에 케임브리지 대학에서 사임했다고만 썼다."[10] 이와 관련해서, 그리고 자신의 요한계시록 11장 주석에 기초해서 국가 교회에 대한 굿윈의 이상은 그가 살고 있던 종말 시대에 비춰 다듬어졌다.[11] 청교도인 굿윈은 자신을 로마 교회에 반대해서 더 순수한 잉글랜드 교회가 되기를 원한 개혁자로 봤다.

이제 요한계시록 11장 주석을 통해 제이 종교개혁의 필연성을 확신한 굿윈은 잉글랜드 교회를 "참된 또는 가시적인 성도들로 구성된 특수 회중교회를 중심으로" 조직하기를 원했다.[12] 굿윈의 교

4) Thomas Goodwin [Jr.], "The Life of Dr. Thomas Goodwin: Compos'd from His Own Papers and Memoirs," *The Works of Thomas Goodwin D.D. Sometime President of Magdalen College in Oxford*, by Thomas Goodwin (London: J. D. and S. R. for T. G., 1681~1704), 5:xiv. 현대에 17세기 배경에서 십스의 신학을 잘 설명한 것은 Mark E. Dever, *Richard Sibbes: Puritanism and Calvinism in Late Elizabethan and Early Stuart England* (Macon, Ga.: Mercer University Press, 2000)를 보라.

5) 프레스턴의 설교를 편집하는 것 외에도 굿윈은 십스, 제러마이어 버로스(대략, 1600~1646년), 존 코튼(1585~1652년), 토머스 후커(1586~1647년)의 작품 편집자 겸 출판자였다.

6) Goodwin, "Life," in *Works*, 5:xvii. 로렌스는 버커리지가 "왕의 선언"으로 언급하고 있는 것이 무엇인지 분명하지 않다고 지적한다("Transmission and Transformation," pp. 88~94). 만일 언급된 선언이 찰스 1세가 발하고, 39개조의 발단이 된 왕의 선언이라면 그것은 굿윈의 칼빈주의 교리에 특별히 부정적인 의미를 함축하고 있었을 것이다.

7) 1604년에 발효된 요청으로 말씀 사역자들이 잉글랜드 교회의 통치자로서의 왕의 지상권, 39개조 신앙고백, 공동기도서에 동조한다는 것을 충심어린 맹세 형식으로 선언한 것을 말한다.

8) Lawrence, "Transmission and Transformation," p. 95. 또한 Thomas Goodwin, *The Works of Thomas Goodwin*, Thomas Smith 편집 (1861~1866, 재판, Grand Rapids: Reformation Heritage Books, 2006), 2:xxiv에 나오는 Robert Halley, "Memoir of Thomas Goodwin, D.D."도 보라.

9) 청교도의 양심을 괴롭힌 공동기도서에 나타나 있는 "교황주의 의식들"의 실례로는 세례를 받을 때 십자가 표시를 하는 것, 결혼할 때 반지를 주고받는 것, 성찬을 받기 위해 무릎을 꿇는 것 등이 있다.

10) Tom Webster, *Godly Clergy in Early Stuart England: The Caroline Puritan Movement, c. 1620~1643* (Cambridge: Cambridge University Press, 1997), p. 306.

11) Goodwin, *Revelation*, in *Works*, p. 2.

12) Lawrence, "Transmission and Transformation," p. 113.

회론은 또 회중교회 지지자인 존 코튼(1585~1652년)의 영향을 받아 재고되었다.[13] 1644년에 코튼은 굿윈과 필립 나이(대략, 1595~1672년)에게 자신의 작품『천국의 열쇠』의 출판을 맡겼다. 이 책 서언에서 굿윈과 나이는 회중교회주의를 브라운주의와 장로교회주의의 "중도"로 묘사한다. 따라서 굿윈은 네덜란드가 아니라 잉글랜드에서 회중주의자가 되었다. 그러나 네덜란드, 특히 아른헴에서 굿윈은 여러 해 전 잉글랜드에 있을 때 믿게 된 것을 실천에 옮겼다. 1638년에 네덜란드로 피신한 굿윈은 원래 다른 "비국교회 형제들"과 함께 암스테르담에 정착했다. 그들은 분리 정책에 동조했고, 굿윈은 100명 정도의 교인이 모이는 한 회중교회의 공동 목사로, 얼마 동안 아른헴에 정착한 나이와 함께 활동하게 되었다.

이상의 사실로 미루어 역사가들은 굿윈을 회중교회의 창시자로 봤다.[14] 하지만 아무리 그렇다고 해도 굿윈의 교회 정치에 대한 견해는 그의 종말론을 배경으로 이해되어야 한다. 굿윈은 그의 요한계시록 주석 작품에 나타나 있는 증거로 보면, 자신을 엄격한 분리주의자가 아니라 잉글랜드 교회의 개혁자로 봤음을 보여 준다.[15] 만일 잉글랜드 교회가 요한계시록 11장에 예언된 형태로 철저한 개혁을 거쳐야 했다면, 개혁은 잉글랜드 교회 안에 있는 가시적인 성도들로 이루어진 특수 회중교회에서 발산되어야 했을 것이다.

로버트 할리는 굿윈이 1634년에 케임브리지 대학을 떠난 후에 대주교 윌리엄 로드의 국교 신봉 규약에 복종하지 않은 것을 근거로 "다음 5년 동안 굿윈에 대해 알려진 것은 1638년의 엘리자베스[프레스코트]와의 결혼(굿윈에게 중요한 경제적 도움과 사회적 관계를 제공한 사건) 외에 거의 없다"고 지적한다.[16] 1638년 11월 어느 시점에 굿윈은 네덜란드로 망명했고, 결국 아른햄에 정착했다. "아른햄에서 굿윈은 양심껏 자신의 복음 사역을 펼치고 그리스도의 규례를 향유했는데", 그것은 잉글랜드에서는 누릴 수 없었던 행복이었다.[17] 굿윈은 어쩔 수 없이 "아내의 경제력에 완전히 의지했고, 그래서 교회의 부양을 받아야 할 상황에 있었던" 것은 어느 정도 진실이겠지만,[18] 굿윈을 실직자로 만든 다른 세력이 있었다. 일리의 감독으로 새로 임명된 매튜 렌(1585~1667년)이 청교도 사상을 강력히 반대하고, 찰스 1세 및 대주교 로드와 결탁해서 국교 신봉을 강력히 추진하려는 욕망을 갖고 있었기 때문에 굿윈은 망명 외에 다른 선택이 없었다. 당시 잉글랜드 교회의 예배 관습에 대한 논쟁이 심화되었고, 이 논쟁은 1642년의 시민전쟁의 발발에 적잖은 영향을 미쳤다.[19] 반칼빈주의자는 개혁파 예정

---

13) 코튼 매더는 1633년에 뉴잉글랜드로 떠나기 전에 존 코튼은 굿윈과 회중교회 다른 동료들을 납득시켰다고 기록한다. Cotton Mather, Magnalia Christi Americana: *or, The Ecclesiastical History of New England* (New York: Russell & Russell, 1967), 1:264~265를 보라.

14) "회중교회주의"와 "장로교회주의"와 같은 말은 약간은 1640년 이전의 구시대적인 말임을 지적하는 것이 중요하다. Webster, *Godly Clergy*, pp. 310~332를 보라. 그러나 신학 용어로서 "회중교회주의"는 굿윈의 교회론 관념의 궤적을 이해하는 데 유용하다.

15) 굿윈의 교회론과 종말론 간의 관계에 대한 설명은 Lawrence, "Transmission and Transformation," pp. 95~141을 보라. 요한계시록 11장에 대한 굿윈의 주석은 아래에서 설명할 것이다.

16) Halley, "Memoir," *Works*, 2:xxiv.

17) Goodwin, "Life," *Works*, 5:xviii.

18) Thomas Edwards, *Antapologia* (London: G. M. for John Bellamie, 1644), p. 25. 에드워즈의 *Antapologia*는 "비국교회 형제들"의 *An Apologeticall Narration*… (London: for Robert Dawlman, 1643)에 대한 매우 격렬한 논박을 담은 답변이다. 굿윈, 나이, 시드라흐 심슨(대략, 1600~1655년), 윌리엄 브리지(1601~1671년), 버로스는 교회 정치와 관련해서 웨스트민스터 총회에 *An Apologeticall Narration*을 제출한 5인의 독립파 목사들이었다.

19) 피터 레이크, 앤서니 밀턴, 케네스 핀챔이 예증한 것처럼 예정 교리 외에도 17세기에 잉글랜드에서 최초로 시민전쟁이 일어나게 된 다른 종교적, 정치적 원인들이 있었다. 그들의 목표는 "현재의 역사 편찬 논쟁이 한 교리 곧 예정 교리에 지나

교리를 공격했을 뿐만 아니라 "내적 경건을 강조하는 칼빈주의의 요점을 기도서와 교회법에 의거해서 정교한 공적 예배 의식으로" 대체시켰다.[20] 따라서 굿윈은 네덜란드로 망명함으로써 안전을 지켰을 뿐만 아니라 양심껏 예배할 수 있는 기회도 얻었다.

이 모든 사실은 굿윈의 요한계시록 견해가 이 작품을 쓸 당시의 역사적 배경에 따라 확립되었다는 것을 암시할 것이다. 17세기의 종교 및 정치 역사에 비춰 보면, 종말론에 대한 굿윈의 사상과 결론은 완전히 놀랄 일만은 아니다. 그렇기는 해도 굿윈의 모든 동시대인이 굿윈의 요한계시록 주석과 일치한 것은 아니다. 특히 스코틀랜드 출신 동시대인들은 더 그랬다. 사실 굿윈의 요한계시록 사상은 일부 개혁파 정통 동시대인의 견해뿐만 아니라 개혁파 전통과도 결정적으로 차이가 있다. 굿윈 시대의 종교적, 정치적 분위기가 부분적으로 이 차이를 설명해 줄 수 있으나 할 이야기는 더 많다.

천년왕국 사상의 부활

제프리 주는 초대 교회와 16세기의 개신교 교회 모두 천년기설(millenarianism, 천 년 기간을 뜻하는 '밀레니움'이라는 라틴어에서 나옴) 또는 천년왕국설(chiliasm, "1천"을 의미하는 라틴어 '킬리아스'에서 나온 말)을 거부한다고 지적했다. 그러나 흥미롭게도 17세기경에 "천년왕국 사상은 많은 청교도 사이에서 받아들여지고 인기를 얻었다."[21] 그런데 헌신적인 마음과 영혼을 갖고 종교개혁 전통에 헌신한 신학자들 사이에서 이런 교리적 변화가 일어난 이유는 무엇이었을까? 굿윈의 경우를 보면, 그가 이런 비정통적인 입장을 수용하게 된 이유를 설명하는 데 여러 요소가 복합적으로 작용한다. 앞에서 지적한 것처럼 아르미니우스주의 당파가 잉글랜드 교회 안에서 영향력이 커진 것을 굿윈의 교회론의 변화(회중교회 사상으로 바뀌는)와 결부시키는 것은 과장될 수 없다. 이런 교회론 배경 속에서 조지프 미드(1586~1638년)가 취한 입장이 굿윈을 포함해서 그의 케임브리지 대학 학생들에게 매력을 끈 것으로 판명되었다.[22] 웨스트민스터 총회의 의장이었던 윌리엄 트위스(1578~1646년)는 요한계시록과 관련해서 "많은 해석자들이 탁월하게 분석했지만 그 중에서도 미드가 가장 뛰어났다"고 주장함으로써 미드의 영향력을 강조한다.[23] 굿윈의 요한계시록 작품은 미드가 선도한 해석 전통을 따른다.

일반적으로 굿윈의 『전집』은 그가 기독교인 저술가는 물론이고 비기독교인 저술가들과 광범하게 상호 교류를 가졌음을 보여 준다. 요한계시록 강해도 예외는 아니다. 굿윈은 요한계시록 6, 8, 9장에 대한 자신의 주석이 최고의 주석자들과 같은 해석 노선을 따른다는 것을 정직하게 인정한다. 그

치게 사로잡혀 있는 데서 벗어나" 논쟁 안건들의 넓은 범주-국교 신봉, 질서, 예배, 성직자의 권위와 부 등-를 파악하도록 이끄는 데 있었다(Kenneth Fincham 편집, *The Early Stuart Church: 1603~1642* [Stanford, Calif.: Stanford University Press, 1993], pp. 1~2).

20) Esther Gilman Richey, *The Politics of Revelation in the English Renaissance* (Columbia: University of Missouri Press, 1998), p. 9.

21) Jeffrey Jue, "Puritan Millenarianism in Old and New England," *The Cambridge Companion to Puritanism*, John Coffey & Paul Chang-Ha Lim 편집 (Cambridge: Cambridge University Press, 2008), p. 259. 261페이지에서 제프리 주는 이렇게 지적한다. "16세기의 대다수 개신교인은 요한계시록 20장을 해석하는 데 있어서 성 아우구스티누스를 이어받아 중세의 전통을 따랐다." 아우구스티누스는 천년왕국을 엄밀하게 미래 사건으로 간주하지 않고, 상징적으로 그리스도의 초림과 역사가 끝날 때 있을 재림 사이의 기간을 가리킨다고 믿었다."

22) 미드의 묵시사상에 대해서는 Jeffrey K. Jue, *Heaven upon Earth: Joseph Mede (1586~1638) and the Legacy of Millenarianism* (Dordrecht: Springer, 2006)을 보라.

23) Joseph Mede, *The Key of the Revelation*, Richard More 번역 (London: R. B. for Phil Stephens, 1643), p. 1.

중에서도 특히 미드에 대해 이렇게 말했다. "미드 선생은 이 전체 예언을 인(印) 예언과 책 예언으로 조직하고 구분하는데……나는 지금까지 요한계시록을 이해할 때 이 행복한 관념을 갖고 설명했다……비록 7장 강해에서 일부 몇 가지 다른 사실에 있어서와 같이 그의 견해와 완전히 다르기는 했지만 말이다."[24] 이것은 굿윈이 일부 특수 요점에 대해 미드와 다르지만 미드의 해석 가설들을 취하고, 그 취함은 자연스럽게 그의 요한계시록 주석에 실질적으로 영향을 미쳤다는 것을 보여 준다.[25] 미드의 연대별 배열 용법은 의심할 것 없이 굿윈의 요한계시록 해석법에 중대한 영향을 미쳤다.[26] 이 해석학 구조를 사용해서 미드와 굿윈은 천년왕국이 가까이 임했다고 결론지었다. 즉 17세기에 교황 제도(즉 적그리스도)가 전복되고 참 성도들이 땅에서 다스리기 시작할 것이라고 봤다. 굿윈이 청교도 종말론에 끼친 공로를 이해하기 위해 우리는 천년왕국을 출범시키는 사건들을 포함해서 천년왕국이 어떻게 일어나는지 정확한 세부 사실을 전개할 필요가 있다.

굿윈의 요한계시록 강해

요한계시록의 해석적 개요

굿윈의 요한계시록 해석법은 "역사주의"("미래주의"와 반대되는) 접근법이나 제프리 주가 그렇게 부르는 것처럼 "역사적·예언적 주석 방법"으로 이해될 수 있다.[27] 이것이 17세기의 지배적인 해석법이었다.[28] 요한계시록 처음 세 장은 요한 당시의 일곱 교회를 언급하지만, 4장 이후의 초점은 "요한 당시에서 세상 끝까지를 망라하는 보다 일반적인 예언"이다.[29] 이 예언은 "모든 시대에 행해지고 나타나는 이야기" 즉 단순히 교회 역사가 아니라 교회 역사와 관련된 세상 역사에 대한 이야기다.[30] 이런 결론에 이르기 위해 굿윈은 요한계시록을 "인" 예언(6~12장)과 "책" 예언(12~20장)으로 나눈다.[31] 지적한 것처럼 굿윈은 다음과 같이 말하는 미드의 견해를 따르고 있다. "첫 번째 인들의 예언은 제국의 운명을 담고 있다. 그리고 작은 책의 다른 예언은……결국 이 두 세력이 다스리는 교회로 연합될 때까지 교회의 운명을 담고 있다."[32] 이 두 예언은 서로 다른 문맥 속에서 제시되지만 그럼에도 역사에 동시적으로 작용한다.[33] "인"의 책은 역사에 대한 외적 해석으로, 국가, 특히 로마 제국과 관련해서 교회의 사건들을 담고 있다.[34] "책" 예언은 모든 시대의 그리스도의 교회의 내적 상태와 관련되어 있다. 미드와 같이 굿윈도 이렇게 말한다. "인 예언은 외적 사건들과 교회의 시간적 상태를 다룬다. 반면에 책 예언은 교회 내부의 영적 사건들을 다룬다……교회 이야기가 전자에도 포함되어

---

24) Goodwin, *Revelation*, in *Works*, 2:75.
25) 굿윈이 미드와 다른 특수 요점에 대한 실례는 Goodwin, *Revelation*, in *Works*, 2:129~130을 보라.
26) 미드의 연대별 배열 용법에 대해서는 Mede, *The Key of the Revelation*, 1:1~29와 Jue, *Heaven upon Earth*, pp. 102~106을 보라.
27) Jue, *Heaven upon Earth*, p. 151.
28) 그러나 제프리 주는 역사주의자의 두 가지 선택-천년왕국 사상과 과거주의-이 있고, 이것은 "18세기에 잉글랜드에서 요란한 논쟁을 일으켰다"고 지적한다(*Heaven upon Earth*, p. 151).
29) Goodwin, *Revelation*, in *Works*, 2:1.
30) Goodwin, *Revelation*, in *Works*, 2:1.
31) Goodwin, *Revelation*, in *Works*, 2:18, 75.
32) Mede, *The Key of the Revelation*, 1:38.
33) Goodwin, *Revelation*, in *Works*, 2:18.
34) Goodwin, *Revelation*, in *Works*, 2:7, 22~23.

있고, 로마 제국 이야기가 후자에도 포함되어 있다."[35] 그렇기는 하지만 굿윈은 각 부분의 요소들이 다른 부분 속에서 발견될 수 있음을 부인하지 않는다. 나아가 이 두 예언을 역사상 자기들의 시대에 따라 배열하고 동시화하는 것이 굿윈에게는 "핵심적인 해석의 열쇠"다.[36]

굿윈의 종말론 두 번째 책을 보면, 인 예언은 별로 관심을 받지 못했다. 이것은 부분적으로 책 예언이 17세기의 종교적, 정치적 분위기와 더 직접적으로 관련되기 때문으로 설명될 수 있다. 물론 굿윈의 강해의 가장 큰 부분은 책 예언에 집중되고 있다. 따라서 학자들은 책 예언의 내용에 대부분의 관심의 초점을 두었다.[37] 하지만 굿윈의 요한계시록 강해를 이해하기 위해 인 예언에 대한 그의 견해를 무시하고 넘어갈 수는 없다.

'인 예언'

굿윈에 따르면, 요한계시록은 교회 안과 교회 밖 모두에서 그리스도가 그의 원수들을 물리치고 궁극적으로 승리하는 것을 담은 책으로 요약될 수 있다. 교회 밖에 있는 이 원수들은 교회와 직접 상호 관계 속에 있는 "이방인의 왕국이나 제국"만을 가리킨다. 왜냐하면 굿윈에게 요한계시록은 교회에 위로를 주기 위해 기록된 책이었기 때문이다.[38] 따라서 로마 제국과 로마 제국의 교회와의 관계는 "인 예언"의 핵심 주제다.[39] 요한계시록 6장은 하나님이 자기 백성들을 박해한다는 이유로 로마 제국에 내리는 다양한 심판을 묘사하고(계 6:10, 8:3), 이것은 이미 다니엘서 7장에 예언되었다.

굿윈은 요한계시록 6장에 대한 설명을 시작할 때 그리스도가 사탄의 권세 아래 우상을 숭배하는 로마 제국을 정복하시는 것을 염두에 두고 있다. 굿윈의 역사 이해에 따르면, 그리스도가 승천하고 대략 3백 년이 지난 후에 콘스탄티누스 대제가 밀비안 다리 전투에서 승리했을 때(AD 312년) 복음 전파는 로마 제국을 정복했다. 로마 제국은 기독교 신앙에, 아니 최소한 "외적 신앙고백"으로는 굴복했다.[40] 그러나 8장과 9장은 이후에 동로마 제국(콘스탄티노플)과 서로마 제국(로마)으로 갈라진 국가 권력과 황제 권력의 지배권을 빼앗기 위한 그리스도의 추가적인 싸움을 강조한다.[41] 요한계시록 8장에서 천사들은 네 개의 나팔을 분다. 이 나팔들은 고트족과 반달족의 침략의 결과로 로마 시를 비롯해서 서로마 제국에 임하는 다양한 전쟁과 대응을 이룬다. 그들의 목적은 로마의 원래 제국을 멸망시키고 교황에게 권력을 인계하는 데 있었다. 굿윈은 이것이 본질상 한 짐승(교황)이 다른 짐승(로마 황제)을 대체시키는 것을 의미하는 것으로 봤다. 그러나 서로마 제국을 향한 이 네 개의 나팔은 "동로마 제국에 임한 것과 비교하면 덜 나쁜 악"이다.[42] 요한계시록 9장은 두 개의 나팔을 더 묘사하는데, 다섯 번째 나팔은 "세계 역사상 최대의 사기 집단인 마호메트교[이슬람]"의 발흥을 염두에 두고 있다.[43] 여섯 번째 나팔은 오스만(터키) 제국에 대한 하나님의 심판을 묘사한다. AD 1300년경에 시작

35) Goodwin, *Revelation*, in *Works*, 2:25.
36) Goodwin, *Revelation*, in *Works*, 2:76.
37) Jue, *Heaven upon Earth*, pp. 177~180, 219~223과 Crawford Gribben, *The Puritan Millennium: Literature and Theology, 1550~1682* (Milton Keynes: Paternoster, 2008), pp. 44~48을 보라.
38) Goodwin, *Revelation*, in *Works*, 2:22~23.
39) Goodwin, *Revelation*, in *Works*, 2:23.
40) Goodwin, *Revelation*, in *Works*, 2:26.
41) Goodwin, *Revelation*, in *Works*, 2:27, 29.
42) Goodwin, *Revelation*, in *Works*, 2:52.
43) Goodwin, *Revelation*, in *Works*, 2:53.

된 이 제국은 "처음 출범하고 396년"이 될 때까지 전복되지 아니할 것이다. 즉 1696년에 멸망당할 것이다.[44] 이 여섯 인과 나팔은 그리스도 당시에서 굿윈 자신의 시기까지 즉 마지막 나팔(일곱째 나팔)이 그리스도의 천 년 통치를 알릴 때까지 계속된다. 확실히 미드가 주장한 것처럼 일곱째 나팔은 천년왕국을 출범시키는 역할을 했다. 그러므로 굿윈은 기록할 때 일곱째 나팔은 아직 울리지 않았다고 믿었다. 굿윈의 역사주의 해석법은 그리스도의 교회만 함축하고 있는 것이 아니라 그리스도의 세상에 대한 궁극적 승리와 관련되어 있기 때문에 전체 역사도 함축하고 있고, 여기에는 참된 그리스도의 교회를 박해한 제국들도 포함되어 있다.

'책 예언'

책 예언은 요한계시록 12장에서 시작되고, 그리스도의 부활과 그리스도의 천년 통치의 출범 사이의 세월을 다룬다. 이 세월은 두 시기 곧 그리스도의 승천 이후로 처음 4백 년 동안의 교회와 적그리스도의 시대 곧 교황주의 시대의 교회로 나누어질 수 있다.[45] 굿윈은 요한계시록에 대한 자신의 역사주의 관점에 따라 요한계시록 12장은 그리스도의 승천 이후로 처음 4백 년 동안의 교회 상태를 묘사하고, 요한계시록 13~14장은 적그리스도의 시대 즉 로마 교황이 교회의 머리이신 그리스도를 대적해서 자신을 높이는 로마 교황 시대의 교회를 묘사한다고 주장한다.

요한계시록 12장에서 요한은 "만국을 다스릴 남자 아이"(계 12:5)를 언급한다. 분명히 굿윈은 이 아이를 최초의 기독교인 황제인 콘스탄티누스로 봤다. 만일 요한계시록 12장이 초대 교회 당시 기독교의 전성기를 표상한다면, 13장이 교회가 교황과 사제들이 기독교와 예배를 "이전에 로마 제국이 만들어 놓은 이방 종교와 정말 똑같고, 이 종교에 일치시킴으로써" 개조시켰을 때 우상 숭배 종교로 전락하기 시작한 것을 표상한다는 것은 의심할 여지가 없다.[46] 교황이 자신을 교회의 머리로 높이는 한 교회는 "거짓 적그리스도의 교회"가 된다. 그럼에도 요한계시록 14장은 적그리스도의 시대에도 오직 그리스도만이 머리가 되시는 참된 교회를 묘사한다. 참된 교회에 속해 있는 자들은 창세기 3장 15절의 최초의 복음 약속(프로토에반겔리움)의 성취로 이해되는 여자의 후손이다.[47] 굿윈은 교황주의 시대에 존속하는 참된 그리스도의 교회 상태는 삼중의 시기로 구분된다고 주장한다. (1) 교황 제도의 어두운 시대에 공식적으로 교황주의자들과 분리되지 않지만 여전히 우상 숭배 예배에서 자신을 지킨 신자들이 존재하던 시기로, 교황이 등장한 이후로 700년 정도의 시기, (2) 로마 교회와 분리되어 복음을 선포함으로써 참된 교회가 처음 시작된 시기(대략, AD 1100년), (3) 루터와 칼빈 시대에 참된 교회가 공식적으로 로마 교회와 분리된 종교개혁 시기.[48]

교황 제도가 지배하는 시대에 참된 교회의 뒤의 두 활동 시기는 굿윈의 요한계시록 강해에서 가장 많은 부분을 차지하고, 따라서 첫 활동 시기 곧 가장 어두운 시대(대략, AD 400~1100년)에 자신을 교황

---

44) Goodwin, *Revelation*, in *Works*, 2:54. 오스만 제국은 전성기에 있을 때 동쪽으로는 비엔나 외곽에서 아덴만으로, 북쪽으로는 이집트에서 흑해 북쪽으로 영토를 넓혔다. 1차 세계대전에서 핵심 세력으로 참전했던 오스만 제국은 1918년에 연합군의 손에 패배당해 분할되면서 멸망했다.
45) Goodwin, *Revelation*, in *Works*, 2:61.
46) Goodwin, *Revelation*, in *Works*, 2:64.
47) Goodwin, *Revelation*, in *Works*, 2:70.
48) Goodwin, *Revelation*, in *Works*, 2:70.

주의에서 분리시키지 못한 신자들에 대해서는 단지 몇 가지 평가만으로 그친다. 그리스도와 연합된 이 신자들이 요한계시록 14장의 구속받은 144,000명을 구성한다. 그들은 명시적인 교회나 교회 직원을 갖고 있지 못했지만 성상을 만드는 것이나 화체설 교리처럼 교황주의의 미신적인 다양한 제도들을 거부했다.[49] 이 첫 시기는 희미하지만 여전히 빛이 비치고 있다. 참된 교회의 두 번째와 세 번째 시기는 그리스도의 땅에서의 자신의 교회에 대한 목적을 드러내는 데 필수적이기 때문에 빛이 더 밝게 비춰졌고, 이것은 궁극적으로 천년왕국에서 회중교회의 승리를 가져올 것이다. 그러나 그 일이 일어나기 전에 마지막 두 시기가 성취에 이르러야 했다. 굿윈은 역사는 완전히 자신의 요한계시록 주석과 일치하는 것으로 봤다. 확실히 우리는 요한계시록에 대한 굿윈의 역사주의 해석법을 채택하면, 주석이 역사에 종속되어 버릴 정도까지 역사가 그의 요한계시록 주석에 실제로 지식을 제공했다고 주장할 수 있다.[50]

종교개혁

요한계시록 14장 6절과 이어지는 구절들은 참된 교회가 세워지고 "영광스러운 종교개혁이 일어날" 정도로 복음이 폭발적으로 역사해서 처음으로 공식적으로 적그리스도와 분리된 것을 강조한다.[51] 세 다른 천사들로 표상되는 세 단계를 갖고 있는 이 종교개혁은 신자들이 "거짓 교회"에 반대하는 것으로 수행되었다. 피터 왈도(사망, 1218년)와 그의 계승자인 왈도파는 "교황주의 교리 및 예배"와 분리된 최초의 신자들이었다.[52] 그들은 복음-그들의 신앙 항목-을 전하고, 사람들에게 우상숭배적인 예배에서 돌아서라고 촉구한 사실로 주목을 받았다. 존 위클리프(대략, 1328~1384년), 존 후스(1372~1415년), 프라하의 히에로니무스(1379~1416년)와 그들의 계승자는 왈도파처럼 설교와 성경 번역을 통해 교회 안에서 종교개혁의 대의를 크게 촉진시켰다.[53] 굿윈은 이렇게 말한다.

> 그러나 이어서 나머지 사자들보다 더 열렬히 활동하는 제3의 사자가 나타나는데, 곧 루터와 그의 계승자들이다…… [루터는] 교황주의의 예배와 교리는…… 저주받은 교리로…… 거짓과 오류가 명백히 드러나 이제 이 시대에 선포된 매우 분명한 복음의 빛 아래에서는 교황주의 안에 사는 것으로 결코 구원을 주장할 수 없게 되었다.[54]

그러나 칼빈과 다른 이들이 교리와 예배에 있어서 종교개혁의 책임을 주로 짊어졌다. 이 종교개혁 시대는 "복음의 영광스러운 평안과 햇빛"의 시대였다.[55] 굿윈은 이런 개혁들이 교황 제도의 전복 과정의 특징이라고 봤다. 확실히 굿윈은 이렇게 확신했다. "칼빈 시대 이후로 많은 우리의 개혁파 교회들 속에서 발산되고, 적그리스도가 제거될 때까지 계속 증가하고, 또 증가할 빛은 교리, 성경 해석,

---

49) Goodwin, *Revelation*, in *Works*, 2:70~71.
50) *Revelation*, in *Works*, 2:75에서 굿윈의 설명을 주목하라.
51) Goodwin, *Revelation*, in *Works*, 2:83.
52) Goodwin, *Revelation*, in *Works*, 2:84.
53) Goodwin, *Revelation*, in *Works*, 2:85.
54) Goodwin, *Revelation*, in *Works*, 2:85.
55) Goodwin, *Revelation*, in *Works*, 2:86.

예배, 교회 정치 등의 문제에 있어서 초기 시대의 후반부 세 단계의 이야기와 작품들 속에서 비치는 것보다…… 훨씬 순전하게 비칠 것이다."[56)]

칼빈과 다른 이들이 일으킨 진보에도 불구하고, 굿윈은 자기 당대의 교회는 "새로운 종교개혁"이나 "제이 종교개혁"이 필요하다고 확신했다.[57)] 요한계시록 11장에 대한 자신의 연대 산정법과 상세한 주석적 분석에 기초를 두고, 굿윈은 자신이 개혁파 목사들이 가혹한 박해를 받고 있는 시대에 살고 있다고 믿었다. 물론 교황주의의 문제점은 로마 교회로 한정되지 않았다. 굿윈은 교황주의의 예배, 의식, 교리가 특히 대주교 윌리엄 로드(1573~1645년)의 영향력을 통해 잉글랜드 교회에도 침투했다고 느꼈다. 로렌스는 이렇게 지적한다. "의심할 것 없이 굿윈은 로드와 그의 동조자들 곧 화이트, 커즌, 몬터규와 같은 사람들이 교황의 마지막 투사라고 생각했다. 이 사람들과 그들의 정책은 머잖아 문자적으로나 비유적으로 잉글랜드의 경건한 목사와 관리들의 도살자가 될 것이다. 하지만 그때는 아직 임하지 않았다."[58)] 그러나 불과 몇 십 년 만에 그때가 임했다. 따라서 최후의 종교개혁은 필수적이었고, 그것은 굿윈이 경건한 노선을 따라 회중교회 교회 정치 원리의 도입을 의미하는 개혁을 통해 잉글랜드 교회의 개혁을 추구했을 때 그에게 직접 영향을 주었다. 굿윈에 따르면, 요한계시록 11장에 묘사된 것이 이 회중교회의 개혁이었다.

요한계시록 11장

굿윈은 요한계시록이 매우 정확하게 교회 역사를 묘사하고 있는 것에 대해 기쁨을 감출 수가 없었다. 굿윈은 이렇게 말한다. "이 환상이 얼마나 정확하게…… 지금 유럽 교회들 속에서 일어나고 있는 현재의 형세, 사건, 동요, 변천 등을 제시하는지 보는 것은 내게는 경이로운 일이다."[59)] 이것은 다음과 같은 방식으로 일어난다. 42개월 동안 거룩한 성을 짓밟는 이방인은 이교 국가인 로마 제국의 예배와 유사한 예배를 제시하고, 42개월이 다 채워질 때까지……그들의 권력과 지배권을 행사하는 교황과 그의 "우상 숭배하는 패거리"다.[60)] 42개월이 끝나갈 즈음 적그리스도가 권력을 잃기 시작하고, 이것은 북유럽에서 시작된 종교개혁과 대응을 이룬다. 그러나 심지어는 개신교 교회들 속에서도 부패와 결함이 나타나고, 이 부패와 결함이 지속적이어서 제이 종교개혁이 필수적이었다.[61)] 사실 개신교인들 가운데 "참된 예배자는 백분의 일도 안 된다."[62)] 굿윈은 개신교인 속에서 종교개혁이 절실하게 요구된다고 봤다.

굿윈은 이런 통찰력이 요한계시록 11장에 대한 자신의 주석에서 나온다고 주장했다. 흥미롭게도 요한계시록 강해로 굿윈에게 두 번째로 큰 영향을 미친 인물로 보이는 토머스 브라이트맨은 요한계

---

56) Goodwin, *Revelation*, in *Works*, 2:129.
57) Goodwin, *Revelation*, in *Works*, 2:78~79.
58) Lawrence, "Transmission and Transformation," pp. 124~125.
59) Goodwin, *Revelation*, in *Works*, 2:118.
60) Goodwin, *Revelation*, in *Works*, 2:118. 42개월과 관련해서 굿윈의 연대 산정은 이번 장 이후 부분에서 설명될 것이다.
61) 굿윈은 이렇게 말한다. "따라서 아무리 교황주의자들이……바깥뜰로 불릴 수 있다고 하더라도 이들도 그럴 수 있다" (*Revelation*, in *Works*, 2:120).
62) Goodwin, *Revelation*, in *Works*, 2:121.

시록 11장을 "옛날부터 오랫동안 반복된 문제들"을 다룬 것으로 해석했다.[63] 그러나 굿윈은 여기서 브라이트맨 및 미드의 견해와 결별했다.[64] 로렌스가 지적하는 것처럼 굿윈의 "해석은 이 본문에 대한 주석 역사에 새로운 지반을 구축했을 뿐만 아니라…… 배후에 새로운 교회론을 채택한 논리가 놓여 있음을 드러낸다."[65]

굿윈은 개신교 교회 안에 거짓 신앙고백자가 있는 문제에 대한 답변을 요한계시록 11장에 묘사된 "갈대"에 기초를 두고 제시하고, 거기서 참된 예배의 필요성을 역설한다. 즉 오로지 성경이 명령하는 예배만을 강조한다. 교황주의자들의 비성경적이고 우상 숭배적인 날조된 예배를 반대하고, 굿윈은 "우리는 말씀이 보증하지 않는 교회 문제들은 일체 허용하지 않는다"고 주장했다.[66] 하나님의 성전을 측량하는 데 사용된 "갈대"는 참된 교회를 확인하는 규칙 즉 "모든 교회 예배와 출교, 성례 [그리고] 거룩한 일들을 담당하는 직원들의 임명과 같은 규례 시행의 올바른 방식"을 따르는 규칙이다.[67]

출교는 굿윈의 교회론에서 중대한 역할을 했다. 요한에게 주어진 갈대는 참된 예배자와 거짓 예배자를 구별하는 데 사용된다. 사람들이 하나님 백성들의 지위를 인정받거나 퇴출되거나 여부는 "말씀의 규칙"에 달려 있다.[68] 모든 것이 참된 교회의 적절한 구조에 따라 행해져야 하고, 이것이 "이 마지막 때에 잉글랜드의 경건한 목사들의 핵심 사역이었다."[69] 이 최후 개혁의 진보 외에도 굿윈은 또 요한계시록 11장은 단지 "바깥뜰"만 밟는 육적 그리스도인에 대해서도 말한다고 믿었다. 잉글랜드 교회가 로마 교회의 우상 숭배적 예배를 고수하는 것은 실제로 요한이 예언한 것이다(계 11:1~2).[70] 따라서 로렌스가 지적하는 것처럼 "로드 대주교의 정책과 이 정책에 대한 경건한 저항은 제이 종교개혁이 시작되었다는 굿윈의 신념을 서로 강화시키는 결과를 일으켰다."[71] 굿윈 자신이 잉글랜드 교회의 은밀한 교황주의로 인식한 것과 또 거기서 분리된 것은 여러 면에서 그의 종말론의 자연스러운 결과였다. 그러므로 굿윈의 입장은 다양한 요소들을 결합시켜 이해해야 하고, 그 가운데 두 가지는 종말론과 교회론 간의 중요한 관계를 함축하고 있다.

두 증인

종말론적 영광이 시작되기 전에 고난의 시기가 있어야 한다. 굿윈은 이 관념이 두 증인의 정체성과 순교를 포함할 수도 있는 그들의 최후 박해를 다루는 요한계시록 11장 나머지 부분에 제시되어 있다고 봤다. 로드니 페터슨이 지적한 것처럼 개신교인들은 대체로 "두 증인"을 구약 성경과 신약 성경을 가리키거나 신실한 설교자들을 가리키는 것으로 봤다. 루터와 브라이트맨은 전자의 해석의 변형된 형태를 취하지만 불링거와 미드는 후자의 해석을 택했다.[72] 이 해석들 간의 차이를 너무 과

---

63) Thomas Brightman, *A Revelation of the Revelation* (Amsterdam, 1615), p. 348.
64) 미드의 해석에 대해서는 *The Key of the Revelation*, 1:11~12를 보라.
65) Lawrence, "Transmission and Transformation," p. 117.
66) Goodwin, *Revelation*, in *Works*, 2:122.
67) Goodwin, *Revelation*, in *Works*, 2:123.
68) Goodwin, *Revelation*, in *Works*, 2:123.
69) Goodwin, *Revelation*, in *Works*, 2:124.
70) Goodwin, *Revelation*, in *Works*, 2:125.
71) Lawrence, "Transmission and Transformation," p. 120.
72) Rodney Peterson, *Preaching in the Last Days: The Theme of "Two Witnesses" in the Sixteenth and Seventeenth Centuries* (New York: Oxford University Press, 1993), pp. 99~100, 203~209.

장해서는 안 된다. 왜냐하면 신실한 복음 선포는 항상 성경에 근거를 두고 있기 때문이다. 굿윈은 미드와 불링거의 견해를 따라 두 증인을 "저명한……사역자와 국가 당국자"로 간주했다.[73] 두 증인은 굿윈이 "하나님의 예배의 인간적인 날조"로 부르는 것을 도입하려고 애쓰는 "교황주의 당파"[74]의 증인들과 맞서 싸운다.[75] 그러나 요한계시록 11장 7절이 분명히 하는 것처럼 두 증인은 죽임을 당할 것이다. 여기서 굿윈은 두 증인을 "죽이는 것"은 "이미 오래전에 성취되었다"고 주장한 브라이트맨의 견해와 결별한다. 굿윈은 두 증인의 박해는 아직 성취를 기다리고 있다고 본다.[76] 두 증인의 박해의 엄밀한 본질에 대한 굿윈의 견해는 로렌스가 지적하는 것처럼 미드의 견해보다 더 "정치적 관점에 치우친 견해"였다.[77]

따라서 두 증인을 제압하는 짐승은 교황주의자를 가리킬 뿐만 아니라 세상적인 다른 원수도 가리켰다.[78] 굿윈은 박해는 순교 외에도 "사역자들의 일반적인 침묵, 신앙을 고백하고 기독교를 지지하는 국가 당국자와 사람들의 해고……그들이 운영하는 상점의 폐쇄, 그들이 소지하고 있는 책의 소각" 등도 포함할 것이라고 예견했다.[79] 그러나 이 박해는 반드시 문자적인 죽음을 포함하는 것은 아니었다. 왜냐하면 그들의 "부활은 자연적 죽음에서의 부활이 아니고, 그러므로 그들이 꼭 죽임을 당하는 것은 아니기" 때문이다.[80] 경건한 사역자와 국가 당국자에 대한 이 가혹한 박해는 영광 속에 들어가기 전 고난을 당하신 그리스도의 삶과 평행을 이룬다. 십자가가 구원받기 전 그리스도의 고난의 최저점을 표상한 것처럼 성도들도 교황주의자의 손에 고난을 당할 때 구원이 가까이 다가온 것을 알게 될 것이다. 짐승의 이 "마지막 투사"[81]는 의심할 여지 없이 윌리엄 로드, 리처드 몬터규(1575~1641년), 존 커즌(1595~1672년)과 같은 반칼빈주의자를 포함했다. 로렌스가 지적하는 것처럼 "이 사람들과 그들의 정책은 머잖아 문자적으로나 비유적으로 잉글랜드의 경건한 목사와 관리들의 도살자가 될 것이다. 하지만 그때는 아직 임하지 않았다."[82] 그러나 굿윈은 부분적으로 몇 가지 수정을 하기는 했지만 미드에게서 물려받은 정밀한 연대 산정 체계에 따라 그때가 곧 임할 것이라고 믿었다.

연대와 연대 산정

제국과 교회에 대한 서양 역사의 주요 사건들의 예언은 굿윈의 요한계시록 견해에 따르면, 그들

73) Goodwin, *Revelation*, in *Works*, 2:135.
74) Goodwin, *Revelation*, in *Works*, 2:139.
75) Goodwin, *Revelation*, in *Works*, 2:138.
76) Goodwin, *Revelation*, in *Works*, 2:144~145.
77) Lawrence, "Transmission and Transformation," p. 123.
78) Goodwin, *Revelation*, in *Works*, 2:151.
79) Goodwin, *Revelation*, in *Works*, 2:154.
80) Goodwin, *Revelation*, in *Works*, 2:154. 굿윈은 다른 곳에서 이렇게 말한다. "여기서 두 증인의 시체가 이처럼 길에 놓여 있는 것은 비유적인 의미를 갖고 있고, 시민권 상실, 그들과 그들의 주장에 대한 억압과 같은 것으로 이해되어야 한다. 그리고 그들은 증인으로서 한동안 죽임을 당하고 진멸을 당해 시체의 담에 눕혀져 있는 사람들처럼 존재하고, 또 증언하는 데 있어서 생명이 없는 모양 또는 소생 가능성이 없는 것처럼 존재하는데, 지금 그들을 억누르는 권세를 갖고 있는 원수는……반면에 그들과 그들의 주장의 소생은 죽은 자의 부활로 확립된다"(*Revelation*, in *Works*, 2:155). 그러나 같은 페이지에서 굿윈은 어떤 이들은 실제로 순교하게 될 것이라고 염려한다.
81) Goodwin, *Revelation*, in *Works*, 2:151.
82) Lawrence, "Transmission and Transformation," p. 125.

당시에 성취가 확인되었다. 이 심판은 요한계시록이 절정에 달하는 엄밀한 시점에 대한 굿윈의 분석으로 더 깊이 확증되었다. 예를 들면 두 증인의 "죽임" 및 "부활"과 관련해서 굿윈은 저술가들은 "이때"를 "성취가 그리 멀지 않은" 1650년과 1656년 사이 또는 1666년 사이의 두 시기 가운데 한 시기가 될 것으로 본다고 지적한다.[83] 이런 저술가 가운데 하나가 굿윈의 동료인 회중주의자 윌리엄 브리지였다. 브리지는 요한계시록 11장 3절의 1,260일을 "성경에서 통상적으로 그렇게 본다는 이유로" 연수(年數)와 동일시했다.[84] 그러므로 이 42개월 곧 1,260년은 "AD 400년 또는 406년 또는 410년 또는 그 무렵에" 시작되었다.[85] 이 시기는 서로마 제국이 몰락할 때를 가리키고, 여기서 다시 한 번 17세기의 요한계시록 해석에서 세속 역사의 중요성이 확인된다. 따라서 브리지는 1666년을 하나님이 자기 백성들을 과거 1,260년의 박해에서 구원하실 해라고 봤다.[86] 제프리 주가 지적하는 것처럼 굿윈은 이때가 초기 연대인 1650~1656년이 될 것이라고 이해했다. 왜냐하면 미드가 "첫 번째 나팔이 울려 퍼진 것을 AD 395년에 교황의 통치가 시작될 때와 일치시켰기 때문이다. 여기에 1,260년(짐승의 통치에 대한 예언의 날수)을 더함으로써 [굿윈은] 짐승의 통치의 결말이 1655년에 끝날 것이라고 결론지었다. 따라서 그리스도는 1656년에 재림하실 것이다."[87] 그러나 제프리 주의 견해를 따르면, 굿윈이 미드의 천년왕국의 시작 연대로 이해한 것은 "완전히 정확한 것은 아니었다."[88] 사실 대주교 제임스 어셔(1581~1656년)에게 쓴 편지에서 미드는 실제로 짐승의 통치는 1736년에 끝날 것이라고 주장했다.[89] 그렇기는 하지만 굿윈은 그리스도의 천년왕국의 출범에 대해 자신만의 결론을 갖게 되었다. 그리고 당연하게도 브리지 및 미드의 견해와는 어느 정도 달랐지만, 17세기에 성취될 것이라는 것이 그 결론의 예상이었다.

굿윈은 정확한 연대 산정의 열쇠가 다니엘서 12장 11~12절에서 발견된다고 봤다.[90] 굿윈에 따르면, 로마 황제 율리아누스(대략, 331~363년)-별칭은 "배교자"-가 다니엘서 11장에서 매일 드리는 제사를 폐하는 왕으로 묘사된 바로 그 인물이었다.[91] 율리아누스는 그리스도인들을 박해하는 것 말고도, "세상 속에 이교도 우상 숭배를 심은" 죄책이 있었다.[92] 이 기본적인 가정을 염두에 두고 굿윈은 적그리스도의 통치 기간이 얼마나 되고, 그 기간이 언제 끝날지 파악하기 위해 요한계시록 11장을 분석한다. 다니엘서 11장에 비춰 보면, 언급되어야 할 두 시기가 있다. 첫 번째 시기는 지적한 것처럼 율리아누스 시대 이후로 "매일 드리는 제사가 중단된 것"을 가리킨다. 다니엘서 12장 11절에서 말한 1,290 "일"에 360일(즉 율리아누스의 통치 기간)을 더하면 1650년이나 그 무렵이 된다.[93] 그러나 다니엘서

---

83) Goodwin, *Revelation*, in *Works*, 2:182.

84) William Bridge, *Seasonable Truths in Evil-Times in Several Sermons* (London: for Nath. Crouch, 1668), p. 113.

85) Bridge, *Seasonable Truths*, pp. 113~114.

86) Bridge, *Seasonable Truths*, p. 115.

87) Jue, *Heaven upon Earth*, p. 179.

88) Jue, *Heaven upon Earth*, p. 179.

89) Jue, *Heaven upon Earth*, p. 179.

90) 단 12:11~12: "매일 드리는 제사를 폐하며 멸망하게 할 가증한 것을 세울 때부터 천이백구십 일을 지낼 것이요 기다려서 천삼백삼십오 일까지 이르는 그 사람은 복이 있으리라."

91) Goodwin, *Revelation*, in *Works*, 2:183. 율리아누스의 종교에 대해서는 Rowland Smith, *Julian's Gods: Religion and Philosophy in the Thought and Action of Julian the Apostate* (London: Routledge, 1995), Adrian Murdoch, *The Last Pagan: Julian the Apostate and the Death of the Ancient World* (Stroud: Sutton, 2003)를 보라.

92) Goodwin, *Revelation*, in *Works*, 2:183.

93) Goodwin, *Revelation*, in *Works*, 2:184.

12장 12절은 1,335 "일"이라는 추가된 숫자가 제시되는데, 그렇게 되면 "1690년과 1700년 사이에" 중단된다.[94] 굿윈은 이 두 시기를 "두 시점을 묘사하는 것으로 곧 하나는 전체 시기의 시작 시점이고 다른 하나는 종결 시점으로 봤는데, 이것은 그리스도의 나라가 임하기 전에 일어날 것으로 예언된 중대 사건들의 처리에 할당되어 있다."[95] 1650과 1700년 사이에 역사는 그리스도의 나라를 출범시키는 사건들로 펼쳐질 것이다. 즉 "로마 제국의 멸망 및 적그리스도의 통치의 종말, 그리고 이어서 터키 제국의 파멸"로 전개될 것이다.[96] 다시 말하면 1650년은 적그리스도의 통치의 종말을 알리는 것이 특징이 아니고, 오히려 역사의 전환점과 그리스도의 나라 도래를 위한 준비의 시작이 특징이 될 것이다. 이 모든 것 속에서 굿윈은 자신의 연대 산정 체계가 잘못된 것으로 판명될 수 있다는 것을 인정했다. 따라서 굿윈은 이렇게 말한다. "이 모든 관념과 추측을……나는 이것이 종종 실패하고 다른 사람들을 속인다는 것을 알았기 때문에 추가 빛과 이차 성찰에 맡길 것이다. 그리고 또한 감안할 것은 하나님의 중대한 이적의 역사의 시기와 시점을 정할 때에는 표현되어야……할 가장 큰 겸손이 있다는 것이다."[97] 이런 단서에도 불구하고 굿윈은 역사상 이 중대한 사건들은 속히 다가오고 있고, 경건한 자들은 그것에 대비해야 한다고 주장했다. 왜냐하면 "두 증인의 죽임과 부활, 유대인의 부르심은 우리가 알고 있는 것보다 더 빨리 일어날 것이 사실이기" 때문이다.[98] 물론 이 모든 것은 명확한 목표 곧 그리스도의 천년왕국을 땅에 설립하는 것을 염두에 두고 있다.

천년왕국

굿윈의 『요한계시록 강해』는 천년왕국이 세워질 때까지의 역사 전개에 대한 그의 모든 추측에 사실상 천년왕국 자체에 대한 언급은 거의 없기 때문에 매우 특이하다. 그러나 굿윈이 그리스도의 천년왕국에 대해 주장하는 것은 특별한 매력이 있는데, 그것은 특히 크로퍼드 그리븐이 지적하는 것처럼,[99] 굿윈이 "땅에 임하는 이 그리스도의 나라는 성도들의 영혼이 지금 천국에 있는 것보다 훨씬 영광스러운 상태 속에 있게 되는 나라"라고 주장함으로써, 테오도루스 베자, 토머스 브라이트맨, 조지프 미드, 윌리엄 에임스(1576~1633년), 제임스 어셔와 같은 인물들의 견해와 결별하기 때문이다.[100] 그리븐이 주장하는 것처럼 "굿윈은 천년왕국에 대해 미드의 전통적인 주장을 훨씬 뛰어넘는 주장을 제시했다."[101]

---

94) Goodwin, *Revelation*, in *Works*, 2:184.
95) Goodwin, *Revelation*, in *Works*, 2:184.
96) Goodwin, *Revelation*, in *Works*, 2:185.
97) Goodwin, *Revelation*, in *Works*, 2:190. 폴 링지 창은, 굿윈은 『에베소서 강해』에서 연대 산정에 대해 "더 신중하게 되었다"고 주장했다. 창은 이를 지지하기 위해 굿윈의 에베소서 2장 7절 주석을 예증으로 제시한다. 창은 이렇게 말한다. "'이것이 언제 이루어질 것인지'하는 질문에 대해 [굿윈은] '우리는 전혀 알지 못하고 우리에게 숨겨져 있다'고 대답했다. 굿윈은 이전처럼 연대를 전혀 제공하지 않았다. 굿윈은 근거 없는 추측을 피했다"("Thomas Goodwin [1600~1680] on the Christian Life" [철학박사학위논문, Westminster Theological Seminary, 2001], p. 61). 그러나 창의 주장과는 반대로 굿윈의 설명은 분명히 자기들의 구원의 유익을 충분히 파악하고 있는 에베소 교회의 반응을 언급하고 있다.
98) Goodwin, *Revelation*, in *Works*, 2:190.
99) Gribben, *Puritan Millennium*, p. 45.
100) Goodwin, *Revelation*, in *Works*, 2:14.
101) Gribben, *Puritan Millennium*, p. 45.

굿윈의 천년왕국 사상을 이끄는 한 가지 중요한 요소는 신인(神人)이신 예수 그리스도의 영광이다. 사실 모든 청교도 가운데 굿윈은 자신의 모든 동시대인, 심지어는 존 오웬(1616~1683년)을 능가할 정도로 그리스도의 영광을 신학적으로 높이 평가한다. 그리고 이것은 의심할 것 없이 굿윈이 부분적으로 종말론에 이끌린 결과다. 굿윈은 그리스도는 삼중의 영광을 소유하고 있다고 본다. (1) 신성으로 말미암아 증가하거나 감소할 수 없는 본질적 영광, (2) 위격의 연합으로 말미암아 오직 그리스도에게만 속해 있는 본래적 영광, (3) 사역을 감당하신 상으로 주어지는 중보적 영광.[102] 여기서 뒤의 두 영광은 그리스도의 인격 및 사역과 대응을 이룬다. 세 번째 영광 곧 중보적 영광이 굿윈의 천년왕국 사상에 근거를 제공하고, 굿윈은 이 천년왕국을 "오는 세상"으로 부른다. 굿윈은 『요한계시록 강해』에서 천년왕국에 대해 단지 몇 가지 평가만 담고 있지만 『에베소서 강해』(Exposition of Ephesians), 특히 에베소서 1장 21~22절의 강해 부분에서는 "이 주제를 길게 다뤘다."[103]

그리스도가 높아지신 중보자로서 특별한 다스림을 행사하는 오는 세상은 하늘과 땅을 포함한다. 그리스도의 부활과 승천으로 새 피조물이 시작된다(엡 1:21). 따라서 굿윈은 "그리스도인들은 창세기 1장에서 나온 피조물보다 그리스도의 부활에서 나온 피조물을 더 주목하게 된다"고 주장한다. "그러나 우리는 그리스도에게서 나온지……천 6백 년이 된 것으로 계산된다고 말하는데, 그것은 그때 우리의 새 세상이 시작되었기 때문이다."[104] 여기서 "새 세상"은 그리스도께서 부활 이후로 하늘에서 세상을 다스리시는 통치를 가리킨다. 부활하실 때 그리스도는 "이교 사상과 유대주의(그리스도의 첫째 날의 사역인)를 무너뜨렸고, 이어서 교황주의의 밤이 온다……그리스도는 둘째 날의 사역을 행하고, 적그리스도나 교황주의의 모든 누더기를 제거할 때까지 중단하지 아니하실 것이다."[105]

굿윈이 염두에 두고 있는 목표는 천년왕국의 시작이다. "이 영광의 상태 곧 땅의 교회의 영광스러운 상태가 천 년 동안 계속될 것이고, 그동안 유대인이 천년왕국을 차지하고, 이방인이 그들과 함께할 것이다."[106] 새 세상에서 그리스도는 땅에 "천국이 내려 오게 하실 것이다." 즉 그리스도는 육체로 내려 오시는 것(그것이 어떤 이들의 케케묵은 잘못이다)은 아니지만 마귀가 "천 년 동안 결박되기" 때문에 하늘에서 땅을 다스리실 것이다(계 20:1~3).[107] 그리스도가 다스리시는 수단은 순교자들의 부활을 통해서다. 하늘에 있는 순교자들의 영혼이 땅으로 돌아와 부활한 몸과 연합되어 그리스도가 심판 날에 다시 오실 때까지 천 년 동안 다스릴 것이다.[108] 굿윈 이전의 요한 하인리히 알스테드(1588~1638년)가 땅에 세워지는 천년왕국의 본질에 대해 비슷한 주장을 했다. 알스테드는 신약 교회를 네 개의 시기로 나눴다. 세 번째 시기는 요한계시록 20장에서 말한 천 년 기간을 가리킨다.[109] 이 기간에 순교자

---

102) Thomas Goodwin, *Ephesians*, Pt. 1, 1:402와 *Of the Knowledge of God the Father*, 2:131 이하를 보라. 두 작품은 *The Works of Thomas Goodwin D.D. Sometime President of Magdalen College in Oxford* (London: J. D. and S. R. for T. G., 1681~1704)에 들어 있다.

103) Gribben, *Puritan Millennium*, p. 47.

104) Goodwin, *Ephesians*, Pt. 1, in *Works*, 1:454.

105) Goodwin, *Ephesians*, Pt. 1, in *Works*, 1:455.

106) Goodwin, *Ephesians*, Pt. 1, in *Works*, 1:456.

107) Goodwin, *Ephesians*, Pt. 1, in *Works*, 1:456.

108) Goodwin, *Ephesians*, Pt. 1, in *Works*, 1:457~459. 굿윈은 아우구스티누스의 천년왕국에 대한 설명, 즉 오직 영적 즐거움이 하늘에서 오는 것이라면 천년왕국 신봉자들의 견해도 용납될 수 있다는 말을 언급한다. 그러나 아우구스티누스에 따르면, 천년왕국 신봉자는 자기 멋대로 떠드는 유물론자였다. 또한 Jue, *Heaven upon Earth*, pp. 119~121도 보라.

109) Johann Heinrich Alsted, *The Beloved City, or, The Saints Reign on Earth a Thousand Yeares Asserted and Illustrated from LXV places of Holy Scripture*, trans. William Burton (London, 1643), p. 7. 알스테드의 종말

들이 살아날 것이다. "이방인의 이중 회심이나 부르심"이 일어나고, 유대인이 회심할 것이다.[110] 굿윈 이후에, 심지어는 천년왕국 신봉자들에게 중대한 해인 1666년 이후에, 제오의 왕정주의자이자 회중교회 목사인 새뮤얼 페토(1624~1711년)가 굿윈 및 알스테드와 같은 강조점을 주장했다. 즉 "두 증인"(즉 순교자들)의 부활과 유대인의 회심으로 천년왕국 시대가 시작될 것이라는 것이다.[111] 페토는 이렇게 말한다. "유대인의 회심 곧 이스라엘의 다수의 회심이 예상된다."[112] 1693년의 페토의 작품은 천년왕국 사상이 1662년의 왕정복고에도 소멸되지 않았고, 약간씩 다른 주석적 결론에도 불구하고 17세기 후반에 크게 활성화되었다.[113]

지적한 것처럼 알스테드에 따르면, 천년왕국은 신약 교회 역사의 네 개의 시기 가운데 세 번째 시기에 해당되었다. 교회 전체 기간은 신약 교회가 속해 있는 네 개의 시기를 포함할 뿐만 아니라 타락 이전과 타락 이후 시기도 포함했다. 이것이 땅 위의 교회다. 알스테드는 또한 그리스도가 하늘에서 다스리시는 곳이 교회라는 것도 인정했다.[114] 이것도 굿윈의 기독론적이고 교회론적인 영광의 기본 패턴과 일치된다. 육체로는 하늘에 계시지만 그리스도는 만왕의 왕이시다. "그리스도는 천사들의 왕 곧 모든 통치자들과 권세들의 머리시다."[115] 오웬은 "하나님이 하늘과 땅에 있는 모든 것을 하나 곧 한 몸으로 모으시는 머리는…… 예수 그리스도"라고 지적한다.[116] 이 영광은 "그리스도를 위해 마련된" 것이고, 오직 그리스도만이 "이 영광의 무게를 감당하실 수 있었다."[117] 굿윈과 마찬가지로 오웬도 오는 세상 속에서의 그리스도의 영광에 신인(神人)으로서의 영광(즉 그분의 본래적 영광)과 중보자로서의 영광(덧붙여진 영광)이 함께 포함된다고 이해한다. 하나님과 사람 간의 화목은 오직 신인(神人)만이 이루실 수 있었다. 여기서 그리스도와 인격과 사역 간의 유기적 관계의 절정이 하늘과 땅을 포함하는 "새 세상"으로 표현된다.[118]

굿윈이 가리키는 그리스도의 영광과 하늘에서의 통치 의미는 특히 그리스도가 자신의 나라를 하나님 아버지께 바친다고 말하는 고린도전서 15장 24절에 비춰 조심스럽게 이해되어야 한다. 굿윈에 따르면, 그리스도는 자신이 하나님이므로 자연적 나라를 소유하고 계신다. 그리스도는 자연적 유업으로 나라를 받으신다. 왜냐하면 사람으로서 그리스도는 신적 성자와 연합되고, 그리하여 "둘째 인격의 특권을 물려받으시기" 때문이다.[119] 따라서 신인(神人)으로서 그리스도는 계속 하늘에서 "충만

론에 대해서는 Howard B. Hotson, *Paradise Postponed: Johann Heinrich Alsted and the Birth of Calvinist Millenarianism* (Dordrecht: Kluwer, 2000)을 보라.

110) Alsted, *The Beloved City*, pp. 7~9. 제프리 주는 특히 잉글랜드 천년왕국 사상과 천년왕국을 둘러싸고 벌어진 다양한 논쟁들을 명확히 밝히는 설명을 제공한다. *Heaven upon Earth*, pp. 141~174를 보라.

111) Samuel Petto, *The Revelation Unvailed*… (London: for John Harris, 1693), pp. 142~143. 페토는 많은 사람이 17세기에 연대를 예측하는 데 실패했다는 사실을 인정하고, 그 문제를 설명하는 후기를 쓴다. 161~164페이지를 보라.

112) Petto, *The Revelation Unvailed*, p. 157.

113) 워렌 존스턴은 왕정복고(1660년) 이후로 묵시적 신념들이 훨씬 크게 기승을 부렸고, 1688~1689년의 명예혁명도 그것을 보여 준다고 주장했다("Revelation and the Revolution of 1688~1689," *The Historical Journal* 48 no. 2 [2005], pp. 351~389). 또한 Ernestine van der Wall, "'Antichrist Stormed': The Glorious Revolution and the Dutch Prophetic Tradition," *The World of William and Mary: Anglo-Dutch Perspectives on the Revolution of 1688~89*, Dale Hoak & Mordechai Feingold 편집 (Stanford, Calif.: Stanford University Press, 1996), pp. 152~164도 보라.

114) Alsted, *The Beloved City*, p. 11.

115) Goodwin, *Ephesians*, Pt. 1, in *Works*, 1:425.

116) Owen, *The Glory of Christ*, in *Works*, 1:371.

117) Owen, *The Glory of Christ*, in *Works*, 1:371.

118) Owen, *The Glory of Christ*, in *Works*, 1:371~374를 보라.

119) Goodwin, *Ephesians*, Pt. 1, in *Works*, 1:438.

한 기쁨"과 "확실히 처음에 하늘에 오셨을 때 주어진…… 개인적인 모든 존귀 및 영광과 같은 많은 특권을 보존하고 누리시고, 그것들은 그분에게 자연적 특권이다."[120] 이런 자연적 기업 외에 굿윈이 "분배적 나라"로 부르는 것이 있는데, 이것은 하나님과 택함받은 자 간의 중보자로서의 그리스도와 관련되어 있다. 이 나라는 그리스도의 자연적 특권이 아니다. 오히려 이 나라는 순종으로 말미암아 아버지께서 상으로 분배하신 것이다. 토머스 브룩스(1608~1680년)는 이 영광을 그리스도에게 돌려야 할 은혜로 언급한다.[121] 이런 진술은 그리스도의 본래적 영광과 중보적 영광 간의 구분을 강조한다. 심판의 날까지 그리스도에게 나라 곧 "새 세상"의 나라가 맡겨져 있다. 그러나 심판의 날이 지나면 그 나라는 "하나님 아버지에게 더 두드러지게 귀속될" 것이다.[122]

이에 대한 이유는 두 가지가 있다. 첫째, 아버지는 그리스도에게 분배적 나라를 주셨고, 따라서 그리스도는 더 큰 영광과 존귀를 받으실 것이다. 굿윈은 이렇게 말한다. "모든 일에는 때가 있다. 따라서 모든 인격도 그들이 특별히 더 큰 영광을 받으실 때가 있기 마련이다."[123] 둘째, 그리스도의 하늘에서의 통치는 그분이 "아버지께 순종해서 자신의 신성을 감추셨기" 때문에 "모든 영광과 존귀"를 받으신 그분에게 합당한 상이다.[124] 따라서 그리스도가 승천하자 아버지는 아들에게 모든 심판을 맡기신다. "모든 원수로 그분의 발등상이 되게 하신" 후에 아버지는 그리스도가 자신에게 나라를 바치고, 자신에게 복종하게 될 때 아들에게 존귀를 받으신다(고전 15:28).[125] 다시 말하면 그리스도는 교회가 온전하게 되고 모든 불완전함에서 깨끗하게 될 때 아버지께 자신의 중보적 나라를 바치신다. 따라서 이 나라는 "존속될 필요가 없기 때문에 중단된다."[126] 그리스도의 중보적 나라는 중단되지만, 그리스도는 신인(神人)으로서 항상 자신의 자연적, 본래적 영광을 소유하실 것이므로 그리스도의 영광은 중단되지 않는다는 사실을 굿윈은 분명히 한다. 지적한 것처럼 이 영광은 중보자 직분으로 말미암아 주어진 덧붙여진 영광(곧 중보적 영광)을 크게 능가한다.

결론

굿윈의 요한계시록에 대한 결론은 여러 중요한 요소와 밀접히 관련되어 있다. 첫째, 17세기의 종교적, 정치적 분위기는 분명히 잉글랜드 모든 청교도가 그런 것처럼 굿윈에게도 영향을 미쳤다. 그러나 굿윈은 잉글랜드 교회 안에서 교황 제도 정책이 실패하고, 참된 종교의 대의가 순수한 회중주의 형태로 승리하게 될 것이라고 굳게 믿었다. 굿윈은 요한계시록에서 이런 약속을 찾아냈다. 나아가 조지프 미드의 해석적 통찰력을 기초로 한 굿윈의 요한계시록에 대한 역사주의 관점은 교회 및 제국의 역사와 결합되어 그가 교황 제도와 오스만 터키 제국의 임박한-만일 임박함의 의미를 수십 년 안에 일어나는 것을 가리키는 것으로 이해한다면-붕괴를 예견하는 데 필수적인 주석적 기반을

120) Goodwin, *Ephesians*, Pt. 1, in *Works*, 1:438.
121) Thomas Brooks, *Paradice Opened*… (London: for Dorman Newman, 1675), p. 166.
122) Goodwin, *Ephesians*, Pt. 1, in *Works*, 1:439.
123) Goodwin, *Ephesians*, Pt. 1, in *Works*, 1:439.
124) Goodwin, *Ephesians*, Pt. 1, in *Works*, 1:439.
125) Goodwin, *Ephesians*, Pt. 1, in *Works*, 1:439.
126) Goodwin, *Ephesians*, Pt. 1, in *Works*, 1:440.

제공했다. 확실히 굿윈의 연대 산정 체계를 보면, 천년왕국의 영광이 17세기가 끝날 즈음에 시작될 것이라고 예견했다. 그러나 영광이 시작되기 전에 고난의 밤이 먼저 있어야 한다(1650~1666년). 그러나 경건한 자들의 고난은 적그리스도 몰락의 시작 표징이다. 만일 역사가 이 방향 속에서 움직이고, 요한계시록이 역사의 전개를 이해하는 데 해석적 열쇠를 제공한다면, 그것은 궁극적으로 그리스도의 영광이 이런 결말을 요청하기 때문이었다. 그리스도의 중보적 영광 곧 아버지께서 그분에게 덧붙이신 영광은 최후 심판에서 그리스도가 자신의 나라를 아버지께 바치시기 전천년왕국 시대에 완성될 것이다.

학자들, 특히 역사가는 영국의 묵시 사상의 배후에 놓여 있는 이유들을 놓고 계속 논란을 벌이고 있으나 뚜렷하게 일치된 견해는 없다.[127] 그리고 17세기의 종교적, 정치적 배경에 대한 그들의 통찰력은 몇 가지 중요한 결론을 도출해 냈지만, 굿윈의 경우에는 신학적 관심사도 동등하게 두드러졌다는 것은 의심의 여지가 전혀 없다. 따라서 땅에서 "회중주의 정치 방식"을 채택한 교회들에서 실현되는 그리스도의 영광이 굿윈의 요한계시록 견해를 더 깊이 설명해야 할 강력한 이유로 작용한다.

이제 굿윈의 해석이 매력을 끄는 것 못지않게 그가 예언을 해석할 때 큰 잘못을 저질렀다는 것을 인정하는 것만 남아 있다. 로마 교황과 그의 거짓 교회의 붕괴, 오스만 제국의 몰락, 잉글랜드 교회의 제이 종교개혁이나 다른 모든 교회 정치 형태를 압도하는 회중교회 정치의 최후 승리를 증명하지 못하고 17세기는 지나갔다. 사실은 오스만 제국의 몰락을 제외하고, 굿윈이 예언한 일들은 조금도 일어나지 않은 채 이후로도 3세기가 더 지나갔다. 그러나 20세기에 훨씬 사악한 "악의 제국"이 오스만 제국을 대신해서 일어났다. 여기서 얻는 교훈은 사람들은 요한계시록을 설명하려는 시도를 삼가야 한다는 것이 아니다. 다만 모든 해석자는 건전한 자기 각성을 요하고, 순전히 역사와 현재 사건들에 대한 그들 자신의 지식에 따라, 그리고 그들 자신의 개인적 희망과 꿈에 따라 예언을 이해하지 않도록 조심해야 한다는 것이다. 우리 자신의 의미를 거룩한 본문에 집어넣는 것의 위험성은 정말 끔찍하다.

---

127) *Heaven upon Earth*, pp. 1~5에서 제프리 주가 논쟁을 유용하게 요약하고 있는 것을 보라.

51장

크리스토퍼 러브의 하늘의 영광과 지옥의 두려움 교리

선생, 나는 하나님을 찬송하고, 내 마음은 천국에 있습니다. 나는 괜찮습니다.
-크리스토퍼 러브가 1651년 8월 22일에 처형당하면서 한 말.[1] -

청교도는 현세의 삶에 대해 영원한 관점의 필요성을 크게 강조했다. 청교도는 현세가 천국이나 지옥을 준비하기 위해 주어졌다고 주장했다. 이런 관점의 한 실례가 다음과 같은 존 도드(대략, 1549~1645년)의 말이다. "매일의 지침. 첫째, 아침의 지침. 매일 아침 다음과 같이 하는 것을 전제로 한다. 1. 나는 반드시 죽을 것이다. 2. 저녁이 되기 전에 죽을 수도 있다. 3. 내 영혼은 어디로 갈 것인가, 천국인가 지옥인가?"를 살펴야 한다.[2] 리처드 백스터(1615~1691년)는 유명한 작품인 『성도의 영원한 안식』(The Saints' Everlasting Rest)에서 이런 관점을 "안식을 찾아 움직이는" 자들의 천국을 가까이 하고 지옥을 멀리 하기 위한 지침으로 요약했다.[3] 백스터는 나중에 이 책은 "의사에게 죽음을 선고받은" 중병에 걸렸을 때 쓴 책이라고 고백했다. 이때 백스터는 "나는 이제 막 다가가기 시작한 것으로 알게 된 영원한 안식에 대해 더 진지하게 성찰하기 시작했다"고 말했다.[4]

이번 장의 초점은 일반적으로는 청교도 전통의, 그리고 특수적으로는 크리스토퍼 러브(1618~1651년)의 천국과 지옥 관련 작품들 속에서 영원에 대한 이런 고찰을 살펴보는 것이다. 러브의 다수 작품들 가운데 많은 작품이 사후에 출판되었는데, 『천국의 영광, 지옥의 두려움』(Heaven's Glory, Hell's Terror, 1653)을 보면 천국과 지옥을 주제로 한 설교가 17편이 담겨 있다.[5] 러브가 하늘로 간 이후에 그의 친구들이 쓴 이 작품의 서언을 보면, 우리에게 천국과 지옥에 대해 묵상하라고 권면한다. 천국에 대한 묵상은 우리에게 선행을 하도록 박차를 가하지만 지옥에 대한 묵상은 악을 저지시키는 역할을 한다. 이 서언의 필자들은 이렇게 선언한다. "사람들이 천국과 지옥에 대해서는 거의 관심이 없이 세상의 많은 일로 분주하고, 그럭저럭 살면서 필수적인 일을 등한시하고, 천국의 기쁨을 얻는 법과 지옥의

1) Don Kistler, *A Spectacle unto God: The Life and Death of Christopher Love* (Morgan, Pa.: Soli Deo Gloria Publications, 1994), p. 108에서 인용함.
2) John Dod, *Old Mr. Dod's Sayings* (London: A. Maxwell, 1671), saying 20.
3) Richard Baxter, *The Saints' Everlasting Rest: Or a Treatise of the Blessed State of the Saints in Their Enjoyment of God in Glory* (London, 1649), p. 13.
4) Richard Baxter, *Reliquiae Baxterianae, or, Mr. Richard Baxters Narrative of the Most Memorable Passages of His Life and Times* (London, 1696), 1:108.
5) Christopher Love, *Heaven's Glory, Hell's Terror. Or, Two Treatises; The One Concerning the Glory of the Saints with Jesus Christ, as a Spur to Duty: The Other, Of the Torments of the Damned, as a Preservative against Security* (London: [T. M.] for John Rothwell, 1653).

고통을 피하는 법에 대해 진지하게 생각하지 않는 것은 세상에서 가장 큰 어리석음이다. 사람들이 돌이킬 수 없을 정도로 천국의 기쁨을 상실하고, 회복할 수 없을 정도로 지옥의 고통 속에 던져진 후에 자신들의 미련함을 깨닫게 된다면 너무 늦다."[6)]

천국과 지옥에 대해 설교하고 저술한 크리스토퍼 러브는 청교도로서 천국과 지옥의 현실 아래 살고 죽었다. 러브가 청교도의 손에 고소당해 올리버 크롬웰의 공화정을 반대했다는 대역죄로 죽은 것은 문제가 있었다. 러브는 찰스 2세의 왕정복고를 도모한 소위 러브의 음모 사건에 연루되어 재판을 받아 처형당했다. 당시는 공화정의 의회 법이 지배하고 있었기 때문에 장로교인이 왕권신수설을 주장하는 것은 좋지 않았다. 그러나 돈 키슬러가 이렇게 지적하는 것과 같다. "여전히 하나님이 왕을 지정하고 사람은 왕을 폐위시킬 수 없다고 믿는 사람들이 많이 있었다. 크리스토퍼 러브도 그들 가운데 하나였고, 그것은 철저한 장로교인에게는 충분히 예상될 수 있는 일이었다."[7)] 비록 러브는 토머스 왓슨(대략, 1620~1686년), 토머스 케이스(1598~1682년)와 같은 저명한 청교도 목사들(그리고 동료 장로교인들)을 따라 소수파에 가담한 것을 시인했다고 해도, 장로교회 사상을 확립하겠다는 찰스와 서약한 스코틀랜드인들의 군사적 저항을 모의하고 지원한 주모자였다는 낭설에 직면했다.[8)] 일부 죄과는 증거가 없고, 증인들도 설득력이 없었지만 러브는 유죄 판결을 받아 1651년 8월 22일에 반역자로 타워 힐에서 참수되었다.[9)] 엘리엇 베넌은 이렇게 지적한다. "러브는 전문적으로 보면 유죄가 맞지만 그에 대한 재판은 공화정의 야만적 권력이 법정 주권으로 포장된 것임을 예증하는 것 외에 다른 것이 아니었다. 이 점은 헨리 베인 경이 크롬웰에게 한 말로 여실히 증명된다. 베인 경은 크롬웰에게 러브가 처형당해야 하는 이유는 장로교인들이 '우리를 합법적 재판자로 판단하지 않고, 또 스코클랜드인들의 왕을 그 맹약의 머리로 삼기 위해 우리를 멸망시키려고 반역을 저지르는 것으로 조금도 보이지 않기' 때문이라고 말했다."[10)] 리처드 백스터는 러브의 처형 배후에 놓여 있는 폭정 곧 세상에서 이처럼 가치 있고 명성 있는 빛을 제거하고 "일거에 이처럼 탁월한 인물을 잘라 버린" 폭정을 통탄했다.[11)]

러브의 사형 선고를 뒤집기 위해 그의 친구들과 함께 애쓰던 아내 메리에게 러브가 보낸 편지들은 그들의 관계에 대해서뿐만 아니라 하나님과 언약 속에 있는 자들에 대한 하나님의 자비와 선하심을 믿는 그의 강력한 믿음에 대해서도 많은 것을 증명한다. 러브는 자신이 지옥의 두려움이 아니라 천국의 영광을 위해 운명 지어진 것에 대해 굳건한 확신을 갖고 죽었다.[12)]

---

6) Edmund Calamy, Simeon Ashe, Jeremiah Whitaker, William Taylor, Allen Geare, "To the Christian Reader," in Love, *Heaven's Glory, Hell's Terror*.

7) Kistler, *A Spectacle unto God*, p. 50. 그를 재판과 처형으로 이끈 사건들에 대한 설명은 50~56페이지를 보라.

8) 즉 이 서약은 1643년의 엄숙동맹에 1650년에 왕이 서명한 것을 가리킨다. 이 동맹의 당사자들은 영국의 교회들을 "신앙, 신앙고백, 교회 정치 형태, 예배 지침과 교리문답에서 최대한 결속과 통일로" 이끌기로 서약했을 뿐만 아니라 "왕의 인격과 권위를 보존하고 옹호하는 것"도 약속했다.

9) Kistler, *A Spectacle unto God*, pp. 50~53, 63~71.

10) *Dictionary of National Biography*, s.v. "Love, Christopher (1618~1651)."

11) Baxter, *Reliquiae Baxterianae*, 1:67.

12) 죽기 직전에 러브가 친구들에게 자신의 목숨을 구하려고 애쓴 것에 대해 쓴 작품인 *A Cleare and Necessary Vindication of the Principles and Practices of Mr Christopher Love, Since My Tryall Before, and Condemnation by, the High Court of Justice*… (London: s.n., 1651)를 보라.

천국의 영광

천국의 영광은 17세기 혼란한 시대에 청교도 목사와 양들의 위로의 핵심 원천이었다. 토머스 굿윈(1600~1680년)은 『성도가 죽음 후에 소유하는 복된 영광의 상태에 대해』(Of the Blessed State of Glory Which the Saints Possess after Death)라는 통찰력 있는 작품에서 이렇게 지적했다. "경건한 자들이 천국까지 올라간 마음을 갖고 현세의 고통을 기꺼이, 즐겁게 통과하고 악한 세상을 이겨낼 수 있는 것만큼……사람들을 그리스도께 이끌기에 더 강력한 것은 없고……경건한 자들에게 더 큰 격려가 되는 것은 없다."[13)]

천국의 영광을 설명할 때 청교도는 철저히 그리스도 중심적이었다.[14)] 천국에 들어가는 것은 보통 그리스도의 중보 사역을 배경으로 설명되었다. 나아가 천국을 누리는 것은 대체로 그리스도 인격의 영광에 초점이 두어졌다. 땅에서 하나님의 아들을 믿는 믿음으로 사는 성도들은 보이지 않는 하나님의 형상이신 신인(神人)의 행복한 모습(복된 환상)을 보기를 소망한다.[15)] 그리스도의 모습은 택함받은 자의 변화된 모습이 되고(요일 3:2), 택함받은 자는 땅에서 사람이 자신의 이웃을 직접 보는 것처럼 하늘에서 직접 그리스도를 보게 될 것이다. 천국의 영광은 그리스도의 임재와 상관없이 결코 생각되지 않았다.

러브는 죽기 전날 밤, 아내와 마지막으로 만났을 때 이런 영광에 대한 소망을 피력했다. "머리가 몸에서 떨어져 나갈 때 나는 그 순간 천국에서 내 머리이신 그리스도와 연합될 것이오. 그러니 당신과 결혼하기 위해 자일스 교회로 갔던 것처럼, 내일 반드시 나의 구속자를 위해 기쁘게, 그리고 영원히 순교자가 되기 위해 타워 힐로 올라갈 것이오."[16)] 이 증언에서 우리는 번연의 『천로역정』 2부 마지막 부분에서 똑바로 섬 씨의 말을 상기하게 된다. "이제 내 여행의 끝에 이르렀고, 괴로운 날들도 끝나게 된 것을 알았습니다. 나는 지금 나를 위해 가시관을 쓰셨고, 얼굴에 침 뱉음을 당했던 그분의 얼굴을 뵈러 가고 있습니다."[17)] 새뮤얼 러더퍼드(1600~1661년)가 임종할 때 한 말도 이만큼 통렬하다. "나는 빛날 것이다. 그분의 참 모습을 볼 테니 말이다. 나는 그분이 다스리시는 모습을 볼 것이다……내 눈이, 바로 이 두 눈이, 다른 사람이 아니라 바로 내가 내 구속자를 볼 것이다."[18)] 천국은 많은 영광을 갖고 있지만, 대속자 그리스도의 모습을 보는 것이 천국의 핵심 영광이었다.

영광스러운 생명의 창시자이신 그리스도

크리스토퍼 러브가 『천국의 영광』에서 열 편에 달하는 설교 본문으로 삼은 것은 골로새서 3장 4절이다. "우리 생명이신 그리스도가 나타나실 그때에 너희도 그와 함께 영광 중에 나타나리라." 러브

---

13) Thomas Goodwin, *Of the Blessed State*, in *The Works of Thomas Goodwin*, Thomas Smith 편집 (1861~1866; 재판, Grand Rapids: Reformation Heritage Books, 2006), 7:457.

14) Goodwin, *Of the Blessed State*, in *Works*, 7:461을 보라. 거기서 굿윈은 그리스도를 천국의 유효적 원인, 공로적 원인, 모범적 원인으로 본다.

15) 청교도 작품 가운데 복된 환상을 다룬 최고의 내용은 John Owen, *Meditations and Discourses on the Glory of Christ*, in *The Works of John Owen* (Edinburgh: Johnstone & Hunter, 1850~1855), 1:285~415에 나와 있다.

16) Kistler, *A Spectacle unto God*, p. 95에서 인용함.

17) John Bunyan, *The Pilgrim's Progress from This World to That Which Is to Come*, Parts 1 and 2, James Blanton Wharey 편집, 2판 편집, 개정판, Roger Sharrock (Oxford: Oxford University Press, 1960), p. 311.

18) Samuel Rutherford, *Letters of the Rev. Samuel Rutherford* (Glasgow: Printed for William Collins, 1827), p. 44.

는 그리스도인인 우리에게 우리가 세상에 대해 죽었고, 다른 이들은 "볼 수 없는" 그리스도 안에 감춰진 생명을 소유하고 있으므로 하늘에 있는 "위의 것"을 찾으라고 권면한다. 영원 속에서 그들을 기다리고 있는 영광스러운 생명을 갖고 있는 자로서 당장 우리는 단순히 "이 비열한 세상 아래에 있는 것"을 찾을 것이 아니라 "위의 생명과 위의 세상"을 찾아야 한다. 그리스도는 자신의 죽음으로 말미암아 그리스도인의 생명의 "창시자와 원인"이 되신다는 점에서 우리의 생명이시다. 그리스도는 "세상이 끝날 때" "은혜의 생명"(점진적 성화)과 "영광의 생명"(최종적 영화)을 모두 취득하신다. 나아가 그리스도는 부활하신 후에 "영적으로" 복음 선포 속에서 우리 생명의 창시자가 되셨고, 재림하실 때 "영광스럽게" 이 창시자가 되실 것이다. 이 생명은 우리가 하나님을 열망하고 악을 미워할 때 자라고 온전하다. 하나님을 열망하고 악을 미워하는 것은 은혜의 내적 원리가 우리를 "세상에 대해 죽은" 자로 만들기 때문에 동기를 부여받는 것이지, 단순히 지옥의 공포를 두려워하고 천국의 지복을 바라는 외적 동기에 자극을 받아서가 아니다.[19] 예수가 영원히 이 생명과 영광의 창시자이므로 우리는 "지금 이 영원한 생명을 준비하도록" 자극받아야 한다고 러브는 주장한다. 예를 들어 우리는 우리의 영광스러운 "추구"를 방해하는 "사소한 일들"을 조심해야 한다. 나아가 지금 "이 영광스러운 상태를 바라고 갈망하는" 한편 무엇이든 악한 것이 이 영광스러운 상태를 짓밟지 않도록 항상 조심해야 한다.[20]

죄에서의 회개와 그리스도를 믿는 믿음을 통해 은혜와 구원의 확신을 갖게 된다면, 그리하여 "이 영광의 생명에 참여하는" 모든 자를 사랑하고, 죄를 죽이는 한편 양심적으로 순종하는 삶을 산다면, 어떤 면에서 우리는 지금 영광의 생명을 붙잡을 수 있다고 러브는 증언한다.[21] 종교개혁자들의 계승자이자 로마 가톨릭 사상과 아르미니우스주의의 반대자인 청교도를 볼 때 우리는 영생을 소유하는 것을 넘어 영생이 우리에게 속해 있다는 확신을 소유하는 데까지 나아갈 수 있다. 토머스 브룩스(1608~1680년)가 『지상천국』(Heaven on Earth, 1654)에서 주장한 것처럼 그리스도인은 믿는 것뿐만 아니라 자신이 믿는 것을 알고 있음으로써 위로를 얻는 것을 의무로 삼아야 한다. 따라서 믿음의 확신은 "천국을 여러분의 가슴 속에 내려 오게 하고, 이 땅에서 천국을 소유하도록 만들 것이다(히 11:1). 확신을 가진 영혼은 낙원에서 살고, 낙원에서 거닐며, 낙원에서 일하고, 낙원에서 쉰다. 그는 자신 안에 천국을 갖고 있고, 자신 위에 천국이 있다. 확신을 가진 영혼의 언어는 '천국, 천국! 영광, 영광!'이 전부다."[22] 이것이 러브가 타워 힐에서 참수당하기 직전에 타워 교관인 세리프 티크번에게 "선생, 나는 하나님을 찬송하고, 내 마음은 천국에 있습니다. 나는 괜찮습니다"라고 말할 수 있었던 이유다.[23]

영광스러운 생명의 완성자이신 그리스도

러브는 그리스도인의 생명이신 그리스도가 "언젠가 세상을 심판하러 영광중에 나타나실" 것에 대

19) Love, *Heaven's Glory* (1653), pp. 3~5, 6~15. 특히 pp. 5~6을 보라. 거기서 러브는 성도들이 "땅에서" 천 년 동안 직접 다스린다고 주장하는 천년왕국 신봉자들과는 반대로, 그리스도가 영광중에 나타나는 것은 그분이 이 기간 땅에서 다스리신 후가 아니라 심판 날에 재림하실 때 성도들이 그분과 함께 영광 속에 들어갈 것을 함축한다고 주장한다. 또한 예수 그리스도의 천년왕국 이전 재림을 추가로 논박하는 것에 대해서는 68~85페이지와 190페이지도 보라.

20) Love, *Heaven's Glory*, pp. 19~28.

21) Love, *Heaven's Glory*, pp. 28~30.

22) Thomas Brooks, *Heaven on Earth: A Treatise on Christian Assurance* (1654), in *The Works of Thomas Brooks* (Edinburgh: James Nichol, 1866), 2:3.

23) Kistler, *A Spectacle unto God*, p. 108에서 인용함.

해 계속해서 묵상한다. 예수 그리스도의 돌연한 나타나심은 "태양 앞에서 다이아몬드가 번쩍거리는 것"처럼 심판의 권세, 위엄, 공평성을 갖고 "세상의 모든 영광"을 어둡게 하고 무색하게 만드실 정도로 자기 인격의 장점을 갖고 계시기(히 1:3) 때문에 무척 영광스러울 것이다. 나아가 이 영광은 그분의 수종 천사들도 공유하고, 재림하실 때 이 왕을 크게 찬미할 그분의 성도들에게도 계시된다. 성부 하나님은 이 나타나심이 땅에서 그리스도와 그의 백성들에게 주어진 비난을 단번에 일소하고, 동시에 "악인에게는 더 두려운 가책과 괴로움을 던져 줄" 정도로 영광스럽게 될 것이라고 생각하셨다.[24)] 러브는 그리스도가 영광중에 오시는 개념이, 만일 여러분이 다음 세 범주에 드는 사람들 속에서 자신을 발견한다면, 여러분에게 "두려움의 못이 박히기"를 바란다. (1) "육욕적이고 방탕한 삶을 살면서 예수 그리스도가 나타나실 때 그분에게 해야 할 해명을 전혀 생각하지 않는" 자들(눅 17:26~27), (2) 명령과 책망에 자극받지 못하는 마음을 가진 "강퍅하고 완고한 죄인들"(롬 2:4~5), (3) 배교자들, 즉 신앙고백은 했지만 "그리스도에게서 벗어나" "믿음을 저버린 자들"(히 10:26). 동시에 러브는 여러분이 "세상의 잘못된 판단으로" 그리스도로 말미암아 고난을 받고, 그리스도를 위해 수고하면, 그리스도가 심판자로서 나타나시는 것으로 여러분이 위로를 얻기 바란다. 여러분이 즐거워하는 날이 오고 있고, 여러분은 그리스도가 여러분을 "잘못 판단한 모든 일들을 심판하실" 것을 확신할 수 있다.[25)]

그리스도의 재림 시기에 대해 말한다면, 러브는 "이때에 대해 공상하는" 자들에게 그리스도 역시 사람으로서 알지 못하는 것을 우리가 안다고 생각함으로써 "함정에 빠지고 덫에 걸리지 않도록" 경고한다(마 24:36). 우리는 그리스도의 재림의 날, 달, 해를 알 수 없지만 성경은 "그 날과 그때가 멀지 않음"을 보여 주는 암시를 제공한다. 결국 "하나님은 지혜로 그때를 자신의 가슴 속에 묻어 두고 계심으로써 [우리가] [우리] 자신의 구원에 대한 일을 너무 늦지 않게 시작하도록 하신다."[26)] "예수 그리스도의 이 나타나심이 일어날 장소"에 대해 말한다면, 러브는 그리스도는 하늘에서(빌 3:20) 지정되지 않은 장소로 내려 오실 것이라고 지적한다. 성경이 스스로 말하는 것에 따라 러브는 사도행전 1장 11절은 단지 "그리스도가 어디로 오실지에 대한 장소가 아니라 어떻게 오실지[에 대한] 방법"을 언급하는 것이라고 말한다. 특별히 언급된 유일한 위치는 공중인데, 이곳에서 죽은 성도와 살아 있는 성도들은 "온 세상 위에서 영광으로 빛나는" 그리스도를 영접할 것이다. 결론적으로 어느 곳도 "예수 그리스도의 심판에서 벗어날 수 있는 곳은 없을 것이다. 여러분은 산들과 바위에게 그리스도의 얼굴에서 가려 달라고 아무리 요청해도 가릴 수 없을 것이다."[27)]

러브는 이후에 예수 그리스도가 "세상에 대한 심판을 집행하는 데 시간이 얼마나 걸릴지" 묻는다. 러브는 이 심판은 미지의 문제로 남아 있는 그 "날과 때"라는 말로 보아 "거의 시간이 걸리지" 않을 것이라고 주장한다. 러브는 심판을 집행하기 위해 걸리는 시간의 길이는 증거의 양과 반비례한다고 본다. 하나님은 충분한 증거를 갖고 계시고, 게다가 사람의 양심이 자신을 정죄한다(롬 2:14~16). 이 신속한 심판은 사람들의 마음속에 "두려움과 놀람의 못"을 박고, 우리 안에 특별히 다음 다섯 가지 죄를 억제시키는 "재갈"로 작용해야 한다. (1) 술 취함: 그 날이 술 취한 자에게 "뜻밖에" 임함으로써

---

24) Love, *Heaven's Glory*, pp. 30~32, 34~40.
25) Love, *Heaven's Glory*, pp. 40~53.
26) Love, *Heaven's Glory*, pp. 61~62.
27) Love, *Heaven's Glory*, pp. 63~67.

"술을 너무 사랑하는" 자들은 입을 심판의 불로 채우게 될 것이다(눅 21:34). (2) 간음: 하나님은 이 죄를 "특별한 방법"으로 심판하신다(벧후 2:10). (3) 완악한 말이나 "하나님의 백성들을 욕함"(유 1:15). (4) 무지와 불순종(살후 1:7~8). (5) 학대와 잔인함이나 다른 사람들의 얼굴을 "짓밟는" 자들(약 2:13).[28]

몸과 영혼의 영광스러운 생명

그리스도는 오직 세상을 심판하러 나타나실 때 택함받은 자를 온전히 영광스럽게 하실 것이다. 러브는 이렇게 주장한다.

> 온전히 영광스럽게 되는 것은 하나님이 심판 날 이후에 누리도록 예수 그리스도로 말미암아 값없는 은혜로 하늘에서 택함받은 자에게 제공하신 가장 행복하고, 가장 은혜롭고, 절대로 변하지 않는 상태를 내포하고, 그때 몸이 무덤에서 부활해서 영혼과 연합됨으로써 하나님, 예수 그리스도, 성령, 성도들 및 천사들과 영원히 영광을 차지할 것이다. 이것이 우리가 영광이라고 부르는 것이다. 몸과 영혼은 다시 연합하게 되어 함께 영광 속에 참여하고, 이 영광을 삼위일체 하나님의 세 인격, 모든 성도, 천사들과 영원히 누리게 된다.[29]

이 상태는 몸과 영혼 모두의 영화를 포함한다. 웨스트민스터 총회 위원이었던 러브는 청교도의 표준 가르침인 웨스트민스터 신앙고백 32장 1절을 반영한다. 거기 보면 몸은 마지막 날 부활의 때에 곧 그리스도가 재림하실 때에 영원히 영혼과 다시 연합되고, 죽을 때 이 몸은 흙으로 돌아가 "썩게" 되지만 영혼은 "지극히 높은 하늘로 받아들여진다"고 되어 있다.[30] 몸에 대해 말한다면, 택함받은 자의 몸은 "이 세상에서 예수 그리스도로 말미암아 고난을 받았기" 때문에(갈 6:17) 영화롭게 되는데, 당연히 "그리스도로 말미암아" 영화롭게 되어야 한다. 또한 몸은 기도와 같은 의무를 행하는 데 영혼과 "공동 파트너"가 되므로(고후 5:10), 영광도 함께 받게 될 것이다. 마지막으로 고난(예. 슬픔)과 행복(예. 기쁨)에 있어 몸과 영혼 간의 "자연적 공감"이나 연합은 땅에서 그런 것처럼 영광 속에서도 반드시 계속될 것이다.[31]

장차 임할 영광은 우리에게 영의 몸을 제공할 것인데(고전 15:44), 이 일은 "음식, 잠, 옷 등과 같이 생명을 유지하기 위해 자연적 양식을 필요로 하는" 단순히 자연적인 육체의 삶과 죽음 이후에 일어난다. 러브는 영의 몸은 더 이상 육적 실체를 소유하지 않는다는 플라톤의 관념을 부인한다. 대신 영의 몸은 단순히 하늘에서는 자연적 음식물이 더 이상 필요하지 않을 것이라는 것을 의미한다. 대신 우리의 부활한 몸은 "[우리] 하나님에 대한 영적 즐거움으로 활력을 얻게 될" 것이다.

나아가 영화된 자들은 절대로 죽지 않는 "썩지 아니할 몸"을 갖게 되고, 썩지 아니할 상태에서 영

---

28) Love, *Heaven's Glory*, pp. 83~85. 재판 과정에서 러브에게 주어진 죄목의 하나는 간음죄였다. 러브는 이 죄를 강력히 부인했고 죄를 입증할 만한 증거는 결코 없었다.

29) Love, *Heaven's Glory*, p. 86.

30) [Westminster Divines]. *The Confession of Faith and Catechisms, Agreed upon by the Assembly of Divines at Westminster Together with Their Humble Advice Concerning Church Government and Ordination of Ministers* (London: for Robert Bostock, 1649). 그리고 러브와 웨스트민스터 총회 의장인 윌리엄 트위스의 관계로 말미암은 연루(그리고 연루의 결여)에 대해서는 Kistler, *A Spectacle unto God*, p. 33을 보라.

31) Love, *Heaven's Glory*, pp. 86~87.

원히 살 것이다(고전 15:42~52). 하지만 이 불멸성은 본질상 오직 하나님만이 소유하고 계시는 불멸성과 동등하지 않다(딤전 6:16). 대신 우리는 오직 하나님의 은혜로 썩지 아니할 존재가 되고, 이것은 타락하기 전 아담이 누렸던 조건적 불멸성을 뛰어넘는다. 이 불멸성은 또한 "우리 안에서 하나님의 형상이 완전히 새롭게 되는 것"을 포함한다.

따라서 우리의 몸은 고난을 받거나 슬픔, 질병, 가난, 배고픔, 갈증, 추위, 결핍을 겪을 수 없는 "무감정 상태"에 있게 될 것이다. 천국에서 여러분은 "슬픔과 고난을 멀리 가버리라고 명령할" 수 있다. 마지막으로 우리의 몸은 그리스도의 영광의 몸을 따라 온갖 썩을 것과 결함이 제거된 몸으로 아름답게 변화될 것이다(빌 3:21). 또한 우리는 현재의 "둔하고 무거운" 상태에서 벗어나 신속하게 "모든 선한 의무를 수행할" 정도로 "재빠른" 몸을 갖게 될 것이다. 이 몸은 또한 죄의 방해와 속박에서 벗어나 순전해질 것이다(롬 7:8, 8:27). 요약하면 우리의 몸은 그리스도와 함께 영광중에 나타날 때 "영화롭게" 될 것이다(골 3:4). 따라서 우리가 영혼과 육체가 영화롭게 되려면 이 몸이 우리 구주를 욕되게 하는 "도구가…… 되도록" 해서는 안 된다. 그래서 러브는 이렇게 권면한다. "오, 여러분의 몸은 예수 그리스도로 말미암아 영화롭게 될 것이므로 몸을 갖고 있는 동안 죄를 조심하기를 바란다."[32)]

영혼의 영화에 대해 말한다면, 러브는 우리는 "그때 성경이 말하거나 우리의 마음이 생각할 수 있는 것보다 더 잘 알게" 될 것(고전 2:9)이라고 지적한다. 이 영광은 비참에서 해방된다는 점에서는 "소극적이고", 복이 주어진다는 점에서는 "적극적"이다. 소극적 국면에는 영과 육체의 싸움에 따라 죄에서 벗어나는 자유(갈 5:17) 곧 우리의 인간적 본성의 부패와 같은 죄의 원인과 도발, 사탄의 사주, 그리고 육신의 정욕과 안목의 정욕과 이생의 자랑과 같은 세상의 유혹(요일 2:16)과 형벌, "상실과 고난", 사망과 다가올 진노와 같은 죄의 결과에서 벗어나는 자유가 포함되어 있다. 적극적 국면에는 하나님을 있는 그대로 보는 "하나님에 대한 복된 환상"(마 5:8; 요일 3:2; 욥 19:26~27), 하나님이 그리스도 안에서 우리에게 베푸시는 호의, 삼위 하나님을 본성, 속성, 위엄에 따라 이해하는 것, 그리고 모든 기독교적 은혜의 결실이자 완성인 진실로 하나님을 누리는 것과 같은 유익이 포함된다.

러브는 프랜시스 투레틴(1623~1687년)이 그랬던 것과 거의 똑같이 복된 환상의 지성적 본질에 더 초점을 맞춘다.[33)] 그러나 존 오웬(1616~1683년)은 그분의 인성 속에서 그리스도에 대한 복된 환상을 천국 영광의 핵심 초점으로 삼았다. 하늘에서 그리스도는 영광 속에 들어간 인간의 머리로 나타나신다. 그리스도는 하나님이 자신의 마음을 피조물에게 계시하는 직접적 수단이다. 그리스도는 신적 영광의 목적이다. 변함없는 사랑으로 그리스도를 사랑하는 자들은 그리스도의 형상으로 변화될 것이다. 땅의 성도들은 천국을 소망하지만 천국은 그리스도의 가시적인 모습과 절대로 분리될 수 없다.[34)] 이상의 개념과 일치하게 리처드 십스(1577~1635년)는 설득력 있게 다음과 같이 지적한다. "천국은 그리스도가 없으면 천국이 아니다. 그리스도가 없는 천국에 있는 것보다 어디든지 그리스도와 함께 있는 것이 더 낫다. 그리스도가 없으면 진수성찬은 단지 장례식 연회 음식이 될 뿐이다. 잔치집에 주인이 없으면 엄숙함 외에 다른 것은 없다. 그리스도가 없으면 모든 것이 무슨 소용인가? 나는

---

32) Love, *Heaven's Glory*, pp. 88~91.

33) Francis Turretin, *Institutes of Elenctic Theology*, James T. Dennison Jr. 편집, George Musgrave Giger 번역 (Phillipsburg, N.J.: P&R, 1992), 20.8.1~18.

34) Owen, *Meditations*, in *Works*, pt.1.

천국의 기쁨은 그리스도가 없으면 천국의 기쁨이 아니라고 말하고 싶다. 그리스도가 천국의 천국이다."[35] 십스의 그리스도 중심 초점은 많은 청교도가 공유하는 초점으로 천국에서 영화롭게 된 그분의 인성 속에서 부활하신 그리스도와의 복된 만남을 필요로 한다. 십스에게 많은 것을 배운 것으로 보이는 굿윈도 천국의 영광을 그리스도를 보는 것과 관련시킨다.

> 그리스도가 그렇게 영광스러운가? 그리스도의 영광을 보지 않으면 천국이 무엇이 되겠는가? 하나님이 영광스러운 피조물의 세계를 창조하셨다고 해도 피조물은 하나님의 아들만큼 하나님의 영광을 나타낼 수 없었을 것이다. 그러므로 천국은 요한복음 17장에서 이렇게 표현된다. '내가 나와 함께 있는 그들로 나의 영광을 보게 하리라.' 그러므로 하늘에서 있게 될 영광의 위대한 참여가 어디에 있겠는가? 경배를 받으시는 보이지 아니하는 하나님의 형상이신 그리스도의 영광을 보는 것 속에 있다…… 그러므로 그리스도를 보는 것은 천국을 만드는 것이다. 그러기에 어떤 이는 만일 내가 어떤 구덩이 속에 던져진다고 해도, 틈으로 항상 그리스도를 볼 수만 있다면 그곳은 충분히 천국이 될 것이라고 말했다.[36]

러브는 이렇게 하나님을 보는 것에는 우리가 하나님을 충분한 분량으로 누리는 "성과" 곧 지금 우리가 갖고 있는 양동이와 비교하면 대양과 같은 즐거움의 분량이 끊임없이 동반될 것이라고 단정한다.[37] 마찬가지로 하늘과 땅을 대조시키는 특유의 자극적인 방식으로 굿윈도 "하늘에 있는 성도는 마음속에 땅에 있는 모든 기쁨보다 더 큰 영광과 즐거움을 갖고 있으나 마지막 날이 되면 그들의 영광은 지금 갖고 있는 것을 훨씬 크게 능가할 것"이라고 주장한다.[38] 나아가 우리는 영광 속에 들어가면 하나님 안에서 하나님의 충만한 영광, 기쁨이나 즐거움 속에서 하나님과 다른 사람들에 대한 사랑 및 하나님을 아는 지식과 같은 분야에서 "완전한 모든 은혜"를 소유하게 될 것이다. 영광 속에서 우리가 소유하게 될 것을 생각한다면, 지금 우리는 어떻게든 하나님을 추구하는 데 있어서 우리의 정욕, 무지, 완고함에서 벗어나는 데 힘써야 할 것이다.[39]

우리가 영광 속에 있을 때 하나님은 모든 성도를 똑같이 사랑하고, 모든 성도가 완전히 죄에서 해방될 것이다. 그러나 어떤 성도는 이 상태에서 다른 성도들보다 더 충분히 하나님을 즐거워하게 될 것이다. 러브는 어떤 주의 종들에게는 더 큰 영광이 발산되는 것을 암시하는 것으로 보이는 다니엘서 12장 3절과 고린도전서 15장 41~42절, 그리고 어떤 신자들에게는 그들이 받은 고난을 근거로 더 높은 자리에 있을 것을 보여 주는 마태복음 19장 28절과 같은 말씀에서 이런 결론을 이끌어 낸다. 이런 영광의 차이는 또한 우리가 지옥의 고통 등급(눅 12:47~48), 하늘의 천사들 계급과 땅의 성도들이 받는 은사와 은혜 차이와 그것들의 사용 차이(고전 3:8; 고후 5:10; 눅 19:16~17) 등을 생각해 봐도 확인된다.

---

35) Richard Sibbes, *Christ Is Best, Or St. Paul's Strait*, in *The Complete Works of Richard Sibbes* (Edinburgh: James Nichol, 1862), 1:339.

36) John Owen, *Three Sermons on Hebrews, 1.1,2*, in *The Works of John Owen* (Edinburgh: Johnstone & Hunter, 1850~1855), 5:547~48.

37) Love, *Heaven's Glory*, pp. 98~99.

38) Goodwin, *Of the Blessed State*, in *The Works of Thomas Goodwin*, ed. Thomas Smith (1861~1866, 재판, Grand Rapids: Reformation Heritage Books, 2006), 7:459.

39) Love, *Heaven's Glory*, p. 99.

천국의 영광의 다양한 등급은 공로에 기초하는 것도 아니고, 그렇다고 천국의 즐거움이 등급으로 말미암아 방해를 받는다는 것을 의미하는 것도 아니다. 또 땅에서 은사 차이로 말미암아 그러는 것처럼 시기를 일으키는 것도 아니고, 균등하지 않은 배분으로 하나님이 불의한 분이 되는 것도 아니다. 다양한 등급이 존재하는 것은 이 세상에서 "은혜를 더 탁월하게" 만들기 위한 동기를 제공한다. 러브는 "은혜의 힘을 더 키우라. 이 세상에서 더 은혜롭게 살수록 장차 임할 세상에서 더 은혜롭게 될 것이다"라고 말한다.[40]

영광스러운 삶의 장소인 천국

러브는 하나님이 거하시는 장소이자 하나님 나라의 자리인 천국은 이 세상의 모든 나라보다 높은 곳에 있고(왕상 8:30; 사 66:1; 마 25:34; 행 14:22; 고후 12:2), 죽을 때 영혼과 이후에 부활할 때 몸과 영혼이 영광 속에 들어갈 장소라고 우리에게 말한다. 천국은 낙원(눅 23:43), 영원한 거처(요 14:2; 고후 5:1; 눅 16:9), 영구한 도성(히 13:14), 영광스러운 기업(골 1:12), 기쁨의 처소(시 16:11)로 있다. 러브는 이 천국의 위치에 대해 "새 하늘과 새 땅이 있을 것이고, 여기서[즉 새 땅에서] 택함받은 자가 살며 영화롭게 될 것"이라는 관념을 거부한다. 러브는 또한 특정한 장소에 매이지 않고 단순히 하나님이 거하는 곳은 어디나 천국이라는 관념도 거부한다.[41]

대신 러브는 다른 청교도와 마찬가지로 삼층천을 이렇게 주장한다. 땅과 달 사이의 공간과 관련된 "대기권"(aerean)[42] 하늘, 나머지 행성과 별의 영역인 "은하계"(etherean)[43] 하늘(예. 신 17:3), 그리고 "셋째 하늘"로 알려진 나머지 "모든 하늘보다 위에" 있는 "최고천"(empyrean)[44]이 그것이다. 그리고 이 최고천이 그리스도가 계시는 곳이고(골 3:1), "예수 그리스도가 올라가신 곳은 공중보다, 일월성신보다 위에 있다……이 하늘은 가시적인 하늘들보다 훨씬 높은 곳에 있는 가장 밝고 영광스러운 공간으로 셋째 하늘로 불린다. 이곳이 천사와 성도들을 행복하게 하기 위해 하나님이 자신의 영광을 나타내시는 곳이다. 따라서 우르신[45]과 몇몇 다른 신학자들도 이 견해를 충분히 지지한다." 우리는 이 장소를 세부적으로 묘사할 수 없지만 그곳의 영광에 대해서는 확실히 주장할 수 있다고 러브는 증언한다. 러브는 만일 천국이 최후의 안식 장소라면 그것은 "날이 이르면 돌 하나도 돌 위에 남지 않고 다 무너지고, 언젠가는 땅 위에 아무것도 남아 있지 않게 될 여러분의 호화찬란한 집을 가꾸는 것을 그만둘 것을 요청한다는 사실을 생각하고, 하늘에서 영원히 존속할 영원한 집을 잃어버리지 않도록 여기서 땅의 집을 위해 살지 말라"고 우리에게 도전을 준다.[46]

---

40) Love, *Heaven's Glory*, pp. 99~104.

41) Love, *Heaven's Glory, Hell's Terror. Or, Two Treatises; The One Concerning the Glory of the Saints with Jesus Christ, as a Spur to Duty: The Other, Of the Torments of the Damned, as a Preservative against Security* (London: for Peter Barker, 1671), pp. 148~152. 이 후기 판은 1653년판의 페이지 매김 오류가 없기 때문에 이 점에서 유용하다.

42) "aerial"의 폐어 형태.

43) "ethereal"의 폐어 형태.

44) "불의 요소의 자리인 가장 높은 하늘에 속하거나 그것과 관련된"이라는 뜻을 가진 중세 라틴어 엠퓌레우스에서 나온 말.

45) 독일 종교개혁자 자카리아스 우르시누스(1534~1583년)를 가리킴.

46) Love, *Heaven's Glory, Hell's Terror* (1671), pp. 153~156. 우르시누스의 삼층천에 대한 입장은 *The Commentary of Dr. Zacharias Ursinus on the Heidelberg Catechism* (1563), G. W. Williard 번역 (Columbus, Ohio: Scott & Bascom, 1852), pp. 242~243을 보라. 러브와 같이 윌리엄 에임스도 셋째 하늘을 "최고천, 하늘의 하늘, 낙원……"으로(고후 12:2, 3) 지칭한다(*The Marrow of Theology*, John Dykstra Eusden 번역 및 편집 [Grand Rapids: Baker, 1997], p. 103).

이처럼 삼층천을 대기권, 은하계, 최고천으로 구분하는 것은 적어도 아리스토텔레스만큼 오래된 것이다. 이것을 설명할 때 러브는 로버트 볼턴(1572~1631년)의 『마지막 네 가지 일 곧 죽음, 심판, 지옥, 천국에 대한 볼턴 선생의 마지막 학문적 작품』(Mr. Boltons Last and Learned Worke of the Foure Last Things, Death, Iudgement, Hell, and Heaven, 1632)에 전개된 사상의 영향을 받았을 것이다.[47] 러브는 삼층천을 다룰 때 볼턴을 직접 인용하지는 않지만 볼턴을 의지하는 것은 매우 확실하다.[48] 이 작품에서 볼턴은 셋째 하늘을 "영광스러운 최고천"으로 부른다.[49] 셋째 하늘은 그리스도께서 승천하신 곳이고 특히 하나님이 거하시는 곳이다. 그곳은 "복 있는 모든 자가 영원히 거할" 곳이다.[50] 볼턴과 러브의 견해는 단순히 완전한 의인들의 영혼만이 아니라 부활한 성도들이 영원히 거처할 곳이 바로 셋째 하늘이 될 것이라는 통상적인 역사적 기독교의 견해를 그대로 반영한다.

그러나 그것은 청교도가 땅이 새롭게 되는 것을 거부했다고 말하는 것이 아니다. 토머스 브룩스는 일부 식견 있는 신학자들은 땅의 미래와 관련된 특수 문제들에 있어 견해가 서로 다르다고 지적하지만 대다수 신학자들은 땅의 파멸이 아니라 땅의 갱신을 긍정한다고 말한다.[51]

성도들이 천국에서 서로 알아볼 수 있는지의 문제에 대해 말한다면, 러브는 다음과 같은 성경 본문의 지지를 근거로 우리가 지금 갖고 있는 교제를 천국에서도 확실히 누리게 될 것이라고 주장한다. (1) 영광 속에 들어간 모세와 엘리야를 베드로, 야고보, 요한이 알아본다(마 17:3). (2) 부자가 지옥에서도 아브라함과 나사로를 알아본다(눅 16:23). 이것은 비록 비유로 표현되어 있기는 해도 멸망당한 자가 죽은 의인을 보게 될 것이라는 점을 (다른 본문들과 함께) 확증한다(눅 13:28). (3) 영화롭게 된 자가 지옥에 떨어진 멸망당한 자들을 알아보게 된다면 영광 속에 들어간 다른 자들은 더 확실히 알아보게 될 것이다(눅 16:22). (4) 천국에서 아브라함, 이삭, 야곱과 같은 성도들과 갖는 교제가 인정되었다. (5) 아담이 무구 상태에서 자기 아내를 알아봤다면 우리도 영광 속에 들어간 다른 신자들을 알아볼 것이다(마 8:11). 영광 속에 들어간 성도들을 알아보게 되면 지옥에 떨어진 멸망당한 자들을 고통스럽게 바라보는 일이 수반된다는 반론에 대해, 러브는 고통을 가져오는 것이 아니라 오히려 그 고통을 피하게 된 것으로 인해 기쁨의 기폭제가 될 것이라고 주장한다. 우리가 영광 속에 들어간 사람들을 알아보는 것은 현세에서 결혼한 부부처럼 육감적이거나 감각적인 육체적 지식이 아니라 거룩한 천사들이 그런 것처럼 모두가 서로를 동일하게 "사랑하고 즐거워하게" 될 것이다. 따라서 우리는 우리를 확실히 영광에 이르게 하는 "참되고 근거 있는 지식을 갖기 위해" 노력할 뿐만 아니라 동시에 영광 속에서 그들과 교제를 가질 수 있도록 다른 사람들의 회심을 위해서도 힘써야 한다.[52]

---

47) Robert Bolton, *Mr. Boltons Last and Learned Worke of the Foure Last Things, Death, Iudgement, Hell, and Heaven* (London: George Miller, 1639), pp. 117~120을 보라.

48) Love, *Heaven's Glory, Hell's Terror* (1671), p. 153을 보라. 거기서 러브는 셋째 하늘을 "궤도를 따라 운행하는 모든 천체 위에 있는 곳"으로 지칭한다. 또 Bolton, *Foure Last Things*, p. 119도 보라. 거기서 볼턴은 셋째 하늘을 "궤도를 따라 움직이는 모든 천체 위에" 있다고 말한다. 각각 관련 페이지에서 볼턴은 아리스토텔레스를 어느 철학자보다 "자연의 신비에 대해 가장 날카로운 독수리 눈을 가진 자"로 부르고, 러브도 볼턴을 본 따 아리스토텔레스를 "자연의 신비를 꿰뚫어 보는 가장 예리한 독수리 눈을 가진 자"로 부른다. 러브는 또한 삼층 천에 대해 볼턴이 언급하는 여러 성경 본문들을 이용한다. 볼턴의 언급을 직접 인용하는 실례는 Love, *Heaven's Glory*, Hell's Terror (1671), pp. 157, 217을 보라.

49) Bolton, *Foure Last Things*, p. 117.

50) Bolton, *Foure Last Things*, p. 118.

51) Thomas Brooks, *Paradise Opened*, in *The Works of Thomas Brooks* (Edinburgh: James Nichol, 1866), 5:404~405.

52) Love, *Heaven's Glory, Hell's Terror* (1671), pp. 156~164.

죽음: 영광스러운 삶의 시작

이어서 러브는 신자들이 중간 상태에서 죽을 때 즉 그리스도가 오시기 전에 죽을 때 신자들의 영혼에 어떤 일이 일어나는지의 문제를 다룬다. 죽을 때 영혼에 어떤 일이 일어나는가? 영혼이 곧장 천국으로 가는 것을 부인한 자들은 취할 선택이 별로 없다. 영혼은 지옥으로 가거나 연옥으로 가거나 아니면 존재를 완전히 멈추거나(절멸하거나) 할 것이다.[53] 어쨌든 이 세 가지 견해는 모두 현세에서 무신론을 조장하고, 천국에 갈 동기를 자극받는 기회를 제거한다. 첫째, 우리는 구속받은 영혼이 지옥에 갈 가능성을 철저히 거부해야 한다. 둘째, 영혼의 가멸을 주장하는 것은 영혼이 육체와 함께 죽는다고 믿는 플라톤주의자의 사상을 만족시키는 것이다. 셋째, 연옥 관념을 인정하는 것은 로마 가톨릭교회의 오류에 굴복하는 것이고, 우리가 "이 세상에서 저지른 죄를 정화시킬" 필요가 있다는 관념은 우리의 죄를 정화시키기 위한 그리스도의 죽음을 죄에 대한 "충분하고 온전하고 완전한 속죄 제사, 봉헌, 배상"[54]이 되지 못하는 것으로 만든다.

연옥에 대해 러브는 이렇게 주장한다.

> 택함받은 자의 영혼이 죽은 뒤에 즉시 영광 속에 들어간다는 것이 사실이라면, 오 신자여, 연옥이 그대의 죄를 제거할 것이라고 믿지 마라. 예수의 피가 그대의 연옥이 아니라면(오직 이것만이 죽은 행위에서 그대의 양심을 정화시킬 것이므로) 어떤 연옥도 그대를 깨끗하게 하지 못할 것이다. 그대가 죽은 후에는 구원을 위해 애쓸 기회가 절대로 없다. 오, 현세의 삶 속에서 구원받을 기회를 찾고, 행복해질 시간을 얻기 위해 노력하라. 왜냐하면 그대의 몸에서 호흡이 멈추는 순간 그대의 영혼은 천국으로 가서 행복을 얻거나 지옥으로 가서 무한한 비참 속에 떨어지거나 둘 중 하나이기 때문이다.[55]

러브는 다음과 같은 성경적 이유로 말미암아 우리 영혼은 죽은 뒤에 곧장 천국으로 올라가지만 우리 육체는 부활의 날까지 무덤 속에 남아 있다고 주장한다. (1) 누가복음 23장 43절에서 예수는 십자가 강도에게 그가 바로 그 날 자기와 낙원에 함께 있을 것이라고 약속하시는데, 여기서 낙원은 천국의 또 다른 이름이다(고후 12:4). (2) 누가복음 16장 22, 26절에서 나사로는 부활의 날 이전에 아브라함의 품에 안겨 있는 것으로 묘사된다.[56] (3) 빌립보서 1장 23절에서 바울은 우리가 죽을 때 영혼이 몸을 떠나 주님과 함께 있을 것이라는 점을 분명히 한다. (4) 고린도후서 5장 6~7에서 바울은 우리는 죽을 때 육체의 장막(몸)을 떠나 주와 함께 있을 것이라고 지적한다.[57]

인정할 수 없는 중간 상태 견해들을 논박할 때 러브는 죽음과 부활의 날 사이에 영혼이 "꿈 없는" 잠 또는 무반응과 몰이해 상태에 남아 있다는 논란 많은 관념을 가리키는 "영혼수면설"(프쉬코파니키)을 다루지 않는다. 러브는 존 칼빈이 『프쉬코파니키아』(Psychopannychia, 1534)에서 영혼수면설을 논박한 것을 이미 잘 알고 있었을 것이다. 무엇보다 영혼수면설은 잉글랜드에서 잘 알려져 있었고, 예컨

53) 프쉬코파니키 곧 "영혼 수면" 견해도 있다.
54) 공동기도서(1662년)의 성찬 규칙.
55) Love, *Heaven's Glory, Hell's Terror* (1671), p. 167.
56) 러브는 이것이 비유일 수도 있음을 깨달았다.
57) Love, *Heaven's Glory, Hell's Terror* (1671), pp. 164~167.

대 공위시대(空位時代)의 급진 파벌과 관련되어 있었다. 영혼수면설은 분명히 소수파 입장으로, 공식적으로 에드워드 6세의 42개조(1553년) 제40조에서 "이생을 떠나는 자들의 영혼은 육체와 함께 죽는 것도 아니고 무익하게 잠을 자는 것도 아니라"고 진술됨으로써, 멸절설(영혼 절멸설)과 함께 정죄되었다. 웨스트민스터 신앙고백도 사람들의 영혼은 "죽거나 자거나 하지 않고 불멸의 실존을 갖고" 있다고 진술한다(32.1). 이와 관련된 견해로 영혼은 가멸하고 육체와 함께 죽으며 심판 날에 육체와 함께 부활하도록 되어 있다는 관념(thnetopsychism)도 일반적으로 거부되었다.[58]

부활 : 영광스러운 삶의 완성

다음에 러브는 우리가 지금 갖고 있는 몸이 부활해서 영화롭게 되는 문제를 설명한다. 특히 러브는 "혈과 육은 하나님 나라를 이어받을 수 없다"고 말하는 고린도전서 15장 50절을 기초로 육체 부활을 부인하는 자들을 겨냥한다. 이 본문 의미는 육체 부활을 부인하는 것이 될 수 없다. 왜냐하면 그렇게 되면 지금 천국에서 육체로 에녹, 엘리야와 함께 계시는 그리스도의 육체 부활에 대해서 분명히 말하는 다른 본문들을 부정하게 되기 때문이다. 대신 여기서 "혈과 육"은 언젠가 부활해서 썩지 아니할 상태가 될 썩을 몸을 가리킨다. 나아가 하나님이 썩어 벌레가 먹은 해체된 몸을 어떻게 부활시킬 수 있는지를 이해하는 것은 "이성을 넘어서지만" 전능하신 하나님은 얼마든지 그렇게 하실 수 있다고 주장하는 것은 "이성에 반하는" 것이 아니다. 다음 본문들은 이 육체의 부활을 증언한다. (1) 러브는 욥기 19장 26~27절은 심지어는 벌레가 우리의 육체를 갉아먹은 후에도 우리가 "육체"로 대속자를 보게 되리라는 점을 확실히 하고, 이것은 부활한 몸의 영광의 상태를 증언하는 것이라고 주장한다. (2) 고린도전서 15장 35~36절은 뿌려진 씨가 죽어야만 살아난다고 말하고, 이것은 가멸적인 몸이 죽어 무덤에서 썩는 일이 먼저 있어야 영화된 몸으로 다시 살아나게 될 것이라는 사실을 함축한다. (3) 고린도후서 5장 2절은 신자들이 하늘의 처소로 덧입기를 간절히 사모하는 것은 "죽을 것이 생명에 삼킨 바 되게 하기 위함"(4절)이라고 말한다. 우리의 몸은 영화 상태로 부활할 것이기 때문에 우리는 죽음을 두려워하거나(고후 5:1), 고난이 찾아왔을 때 낙심해서는 안 되며(히 11:35), 믿는 친구들의 죽음을 지나치게 슬퍼하거나(살전 4:13), 우리 지체를 불의의 무기로 사용해서는 안 된다(롬 6:13).[59]

그리스도가 재림하실 때까지 이 온전한 영화가 유보되는 이유에 대해 말한다면, 러브는 그것이 택

---

58) [Church of England], *Articles Agreed upon by the Bishoppes, and Other Learned Menne in the Synode of London* (London: Richardus Craftonus, 1553), John Calvin, *An Excellent Treatise of the Immortalytie of the Soule*… (London: John Daye, 1581). 영혼 수면설에 대한 칼빈의 작품을 1536년판 『기독교강요』의 기초로 다루는 것은 George H. Tavard, *The Starting Point of Calvin's Theology* (Grand Rapids: Eerdmans, 2000)를 보라. 조슈아 스코델은 *The English Poetic Epitaph: Commemoration and Conflict from Jonson to Wordsworth* (Ithaca, N. Y.: Cornell University, 1991), p. 81에서 칼빈이 『기독교강요』에서 중간 상태의 시간적 성격을 주장하고 있다고 과장하고, 칼빈이 믿는 영혼들이 죽을 때 즉시 낙원에 들어간다는 사실을 부인한다고 잘못 주장한다. John Calvin, *Institutes of the Christian Religion*, John T. McNeill 편집, Ford Lewis Battles 번역 (Philadelphia: Westminster Press, 1960), 3.25.6을 보라. 종교개혁 이전과 이후에 잉글랜드에서 언급된 영혼수면설 및 절멸설에 대한 설명은 다음 자료들을 보라. Christopher Hill, *The Collected Essays of Christopher Hill*, 제2권, *Religion and Politics in 17th Century England* (Amherst, Mass.: University of Massachusetts Press, 1986), p. 103, Peter Marshall, *The Beliefs and the Dead in Reformation England* (Oxford: Oxford University Press, 2002), pp. 223~225, N. T. Burns, *Christian Mortalism from Tyndale to Milton* (Cambridge, Mass.: Harvard University Press, 1972).

59) Love, *Heaven's Glory, Hell's Terror* (1671), pp. 168~176.

함받은 자의 영광을 더 가시적으로 만들고, 악인들을 더 짜증나게 하며, 그러므로 그리스도가 영광중에 재림하실 때 "하나님의 성도들이 영화롭게 되는 것을 가장 잘 받아들일 수 있도록" 하기 때문이라고 주장한다. 그리스도가 재림하실 때 택함받은 자의 몸과 영혼이 영화롭게 된다는 것 때문에 우리가 "예수 그리스도와 함께 영광중에 나타나는 것을 우리 자신의 양심 속에 보증할" 수 있는지 스스로 검토해 봐야 한다.[60] 러브는 1651년에 반역죄로 재판을 받던 시기에 개인적으로 자신에게는 이 시련이 큰 열매를 맺었다고 말했다. 자신의 몸이 언젠가 그리스도와 함께 부활할 것이라는 것 때문에 러브는 두려움 없이 죽음을 맞이할 수 있었다.

영광스러운 삶의 표지

러브는 이 영원한 영광에 참여할 자들은 다음과 같은 표지를 보여줄 것이라고 지적한다. 첫째, 우리는 자연 상태에서 은혜 상태로 변화된 새 피조물이 될 것인데, 이때 자연 상태를 변화시키기 위해서 마음속에 은혜가 역사된다(벧후 1:3). 둘째, 우리는 현세에서 거룩함(고후 3:18)과 고난(딤후 2:12)에서 그리스도를 닮게 될 때에만 영광 속에서 그리스도와 함께 하게 될 것이다. 셋째, 우리는 영원 속에서 그리스도를 영화롭게 하고 경배하기 위해 지금 이 세상에서 그리스도를 영화롭게 하는 데 힘쓸 것이다(롬 15:6~7). 넷째, 우리는 말씀 사역을 통해 강하고 담대하게 죄를 자각하고 예민한 양심을 가질 것이다(살전 2:12~13). 다섯째, 우리는 그리스도의 나타나심과 그리스도가 구원과 심판에서 보여주실 영광을 갈망할 것이다(딤후 4:8). 여섯째, 우리는 지금 이 세상에서 그리스도에 대해 불타는 사랑을 소유할 것이다(벧전 1:7~8). 일곱째, 우리는 마음속에 있는 "죄와 정욕의 힘"을 죽일 수 있게 될 것이다(골 3:3~5). 여덟째, 우리는 이 세상에서 겪는 고난에도 불구하고 지속적으로 선을 행할 것이다(롬 2:6~7, 10). 아홉째, 우리는 궁극적 영화를 위해 점차 진보하는 성화를 경험할 것이다(롬 8:30; 살후 2:13~14). 마지막으로 우리는 영광을 향해 가는 동안 선한 양심을 유지하는 데 최선을 다할 것이다(행 24:15~16; 벧후 3:11).[61] 분명히 러브는 천국을 향해 가고 있는 자들은 여기 이 땅에서 그리스도를 바라보고 갈망하며(히 9:28), 그리스도의 고난에 함께 참여하면서 그리스도의 부활 능력을 경험하게 될 것이라고 본다.

러브는 그리스도가 나타나실 때 주어질 영광에 대한 이 교리는 충성스럽게 의무를 수행하는 목사처럼 이 세상에서 비난을 받는 자들에게(벧전 5:1~4), 그리고 반대를 무릅쓰고 그리스도를 위해 굳게 서 있는 자들에게(벧전 4:14) 위로가 될 것이라고 주장함으로써 "고난 속에 있는 심령들에게 위로의 생각을 심어준다." 나아가 어떤 성도들은 "여기 이 세상에서 초라하고 궁색하게" 살면서(약 2:5) 그리스도로 말미암아 고생을 하지만(벧전 4:13), 그리스도를 고백하는 것을 부끄러워하지 않는다(마 10:32; 막 8:38).[62] 고통이나 상실에도 불구하고 그리스도의 고난에 참여하는 우리는 그리스도의 부활 능력을 확실히 알 것이다. 이 확실함 때문에 우리는 삶 속에서 물리적, 경제적, 정서적, 관계적, 영적으로 문제가 끝없이 일어나는 세상에서 낙심하지 않고 소망을 갖게 된다.

---

60) Love, *Heaven's Glory, Hell's Terror* (1671), pp. 177~179, 191.
61) Love, *Heaven's Glory, Hell's Terror* (1671), pp. 192~203.
62) Love, *Heaven's Glory, Hell's Terror* (1671), pp. 203~207.

지옥에 대한 두려움

청교도는 천국의 갈망을 자극했을 뿐만 아니라 지옥의 두려움을 주입시키는 일에도 힘썼다. 그래서 예컨대 존 번연은 『천로역정』 1부(1678)와 정반대 대응을 이루는 작품으로 『악인 씨의 삶과 죽음』(Life and Death of Mr. Badman, 1680)을 썼는데, 이때는 천상의 성읍으로 가는 여정을 다룬 『천로역정』 2부(1684)를 쓰기 훨씬 전이었다. 『악인 씨의 삶과 죽음』에서 번연은 이렇게 증언한다. "이 세상에서 영광으로 가는 순례자의 길과 그 길이 이 나라의 많은 사람에게 어떻게 받아들여질 수 있는지에 대해 썼던 것을 스스로 성찰해 봤다. 그때처럼……지금도 다시 한 번 경건하지 않은 자들의 삶과 죽음에 대해, 그리고 그들이 이 세상에서 지옥으로 여행하고 있는 것에 대해 쓰고 싶은 생각이 들었다." 따라서 이 작품은 유기된 자인 악인 씨가 현자 씨와 세심 씨 간의 대화를 통해 지옥으로 멸망해 가는 과정을 추적한다. 번연은 우리가 "지옥으로 가는 단계를 거울로 보는 것처럼 눈으로 직접 바라보고" 우리가 같은 길을 "걷고 있는" 것은 아닌지, 그리고 우리가 "악인 씨의 계보에 속한 사람인지 아닌지" "진지하게 물어보도록" 악인 씨의 인생을 "어린 시절부터 죽을 때까지" 추적한다고 말한다. 확실히 "세상 자체는 악인 씨의 친척으로 가득 차 있고", 심지어는 "도시에서 악인 씨의 형제나 조카나 친구가 없는 가족이나 가문은 거의 찾을 수 없다."[63)]

번연의 『악인 씨의 삶과 죽음』이 아내와 함께 읽고 대화를 나누다 회개하게 된 작품인 아서 덴트의 『평범한 사람이 천국에 이르는 좁은 길』(Plain Man's Pathway to Heaven, 1599)의 영향을 받았음을 분명히 보여 주는 것처럼, 번연은 이런 진리를 전달하기 위해 대화의 방법을 사용하는 데 전문가였다. 영원한 관점으로 가득 차 있는 덴트의 작품은 결국 독자에게 그리스도의 심판 주제 곧 그리스도의 심판의 두려움과 그리스도의 심판과 관련해서 장차 임할 심판을 개인적으로, 강력하게 제시한다. 덴트는 이렇게 말한다. "우리는 항상 죽어야 하는 것처럼 또는 우리 침상이 우리 무덤이 되어야 하는 것처럼 살아야 한다. [우리는] 그리스도가 지금 당장 심판하러 오시는 것처럼 계속 살아야 한다." 덴트는 이후에 계속해서 "지옥의 고통"을 "극한적임, 영속적임, 돌이킬 수 없음"과 같은 표현을 사용해서 설명한다. 이런 전형적인 청교도의 접근법은 두려움을 심고 죄를 폭로하기 위해 사용되었지만, 항상 그리스도의 자비의 길로 나아가게 하는 목적을 갖고 있었다. 덴트의 작품의 대화 속에서 담당 목사 데오로구스는 지옥불과 심판에 대한 대화를 통해 무지한 사람 아수네투스에게 "두려움과 전율"을 불러일으킨다. "나는 양심에 큰 두려움을 느끼네. 파멸당할까 봐 겁이 난다네." "트집쟁이" 안틸레곤은 미련하게도 지옥에 대한 이런 관념과 솔직한 아수네투스의 생각을 반박한다. "만일 자네 같은 사람이 파멸당해야 한다면 과연 누가 구원받아야 할지 나는 모르겠네." 데오로구스는 아수네투스와 자신의 비참을 탄식하고 자신의 죄를 슬퍼하는 모든 자에게 "그리스도가 내 편"이라는 것을 믿고, "오직 그리스도의 공로와 의 외에 다른 치유책이나 피난처는 갖고 있지 못하므로 곧 그리스도가 '우리가 도망치고 우리를 거룩하게 만들 우리의 도피성'이므로, 다시 말해 그리스도가 우리 영혼이 고침을 받는 길르앗의 유향이므로", 주어지는 "그리스도와 복음의 모든 약속을 자신에게 적용시키

---

63) John Bunyan, "The Author to the Reader," *The Life and Death of Mr. Badman, Presented to the World in a Familiar Dialogue Between Mr. Wiseman, and Mr. Attentive*, James F. Forrest & Roger Sharrock 편집 (Oxford: Oxford University Press, 1988), pp. xliii, 1을 보라.

라"고 권면한다.[64)]

이런 그리스도 중심의 지옥 불 전통 안에서, 그리고 천국에 있는 성도들의 영광에 대해 전한 10편의 설교에 비춰, 러브는 "지옥에 떨어진 파멸당한 자들의 고통 받는 상태"로 관심을 돌린다. 자신이 전하는 장차 임할 영광에 대한 설교에 "아무 감동을 받지" 못한 자들에게 러브는 "[그들의] 양심을 펄쩍 뛰게" 한다. 러브가 전한 지옥 교리에 대한 이 일곱 편의 설교는 "우리는 주의 두려우심을 알므로 사람들을 권면하거니와"라는 고린도후서 5장 11절과 함께 소개되지만, "오직 몸과 영혼을 능히 지옥에 멸하실 수 있는 이를 두려워하라"는 마태복음 10장 28절에 기반을 두고 있다. 이 본문에서 그리스도는 우리가 현세에서 다른 사람들의 손에 고난을 겪게 되지만 인간의 힘은 단지 몸을 죽일 수 있는 것으로 제한되어 있다고 증언하신다. 우리는 그런 자들을 두려워해서는 안 되고, 오히려 "몸과 영혼을 죽이실 수 있는" 분을 두려워해야 한다. 이 죽임은 진멸이나 절멸을 가리키는 것이 아니고, "영원무궁토록 몸과 영혼이 계속 고통을 당하는 것"을 가리킨다(마 22:13, 25:30; 계 20:14~15).[65)]

러브는 성경에서 "지옥"으로 번역된 말은 무덤("이는 주께서 내 영혼을 스올[지옥]에 버리지 아니하시며"[시 16:10]), "고래 뱃속"("내가 스올[지옥]의 뱃속에서 부르짖었더니"[욘 2:2]), 마귀 자신("혀는……지옥 불에서 나느니라"[약 3:6]), 영원한 고통의 장소(마 5:29; 눅 12:5, 16:23)를 가리킬 수 있다고 주장한다.[66)] 사람보다 하나님을 더 두려워하게 하고 "둔감한 양심"을 일깨우기 위해 우리의 동기를 자극하는 가운데, 러브는 우리 마음속에 "하나님을 경외하는 두려움을 일으키려고" 사람들을 영원한 고통 속에 두시는 하나님의 능력에 초점을 맞춘다. 이런 고통에 대해 듣게 되면 우리 양심은 거짓 안도감에서 "펄쩍 뛰며 놀라고", 근거 없는 영광의 소망을 떨쳐 버리고, 죄를 탐닉하는 삶에서 벗어나려고 애쓰기 마련이다.[67)]

러브 당시에도 사람들은 "복음이 아니라 율법을 설교한다는" 이유로 지옥에 대한 설교를 반대했다. 이에 러브는 예수는 율법 전도자가 아니라 복음 전도자였지만 성경의 다른 어떤 인물보다 지옥에 대해 더 직설적으로 말씀을 전했다고 반박한다. 또한 마귀는 사람들을 "안전하게 죄로 밀어 넣으려고" 획책할 때 지옥에 대한 설교를 나쁘게 인식하도록 할 수 있는 모든 짓을 다한다. 따라서 두려움에 대한 설교가 율법 설교라면 왜 지옥 교리가 구약 성경보다 그리스도의 복음을 훨씬 명확히 계시하는 신약 성경에서 더 명백히 선언되고 있을까? 러브는 "회심하지 아니한 영혼들에게는 두려움에 대한 설교가 위로를 전하는 설교보다 더 유용하다"고 과감하게 주장한다. 요약하면 우리가 "값없는 은혜만을 유창하게 전한다면" 하나님의 전체 경륜을 설교한다고 주장할 수 없다.[68)]

---

64) Arthur Dent, *The Plain Man's Pathway to Heaven; Wherein Every Man May Clearly See Whether He Shall Be Saved or Damned* (1599, 재판, Morgan, Pa.: Soli Deo Gloria, 1994), pp. 1, 277, 285, 287, 295~297, 300, 305. 번연이 덴트를 처음 접한 것은 회심하기 전에 아내와 함께 "아내의 아버지가 죽을 때 아내에게 남겨 놓은……평범한 사람이 천국에 이르는 좁은 길"을 함께 볼 때였다. 그때 번연은 죄에 대한 자각은 없었지만 이 책에서 "어느 정도 즐거움을 주는 몇 가지 사실을 발견했다"(John Bunyan, *Grace Abounding to the Chief of Sinners*, Roger Sharrock 편집 [Oxford: Clarendon Press, 1962], 8, §15).

65) Love, *Heaven's Glory, Hell's Terror* (1671), pp. 211~214.

66) Love, *Heaven's Glory, Hell's Terror* (1671), pp. 214~215.

67) Love, *Heaven's Glory, Hell's Terror* (1671), pp. 216~218. 러브는 볼턴의 *Four Laste Things*를 언급하지만 여기서 이 주제에 대해 저술된 것이 거의 없었다고 말한다.

68) Love, *Heaven's Glory, Hell's Terror* (1671), pp. 218~220, 223.

지옥은 있는가

러브는 지옥에 대한 열다섯 가지의 의문 및 질문을 제시한다. 첫째, 러브는 "지옥은 있는가?"라고 묻는다. 이 질문에 대해 답변할 때 러브는 "본성의 희미한 빛으로" 지옥에 대해 약간의 관념을 갖고 있는 이교도가 증언하는 고백들에 주의를 환기시킨다. 정말 중요하게도 "지옥의 파멸"에 대해 말하는 마태복음 23장 33절과 심판이 예정된 자들이 "지옥에 던져지는" 것으로 언급하는 베드로후서 2장 3~4절과 같은 다양한 성경 본문의 명확한 증언이 있다.[69] 앞에서 지적한 것처럼 러브는 영혼이 존재를 멈추거나 절멸된다는 멸절 관념을 거부한다. 이것은 영혼이 지복 아니면 고통 상태 속에 있게 된다는 불멸성 관념을 반드시 수반했다.

존 번연은 『지옥의 탄식』(A Few Sighs from Hell, 1658)에서 지옥의 실상을 설명한다. 이 작품에서 번연은 부자 곧 대부호와 나사로 이야기를 다루는 누가복음 16장 19~31절로 설명을 시작한다. 번연은 이 본문을 비유로 간주하지만, 천국과 지옥이 실재한다는 한 가지 가르침은 비유가 아니라고 단호하게 주장한다. 번연은 사탄은 사람들이 계속 "장차 임할 죽음과 심판에 대한 두려움이 없이" 계속 죄를 저지르며 살도록 지옥에 대한 생각을 하지 못하게 할 수 있는 일은 뭐든지 다 할 것이라고 생각한다. 이런 식으로 이 세상 많은 사람이 악한 삶으로 보여 주는 실천적 무신론과 비슷하게, 지옥의 실재성을 이론적으로는 부인하지 않지만 실제로는 부인하고 있다. 번연은 누가복음 16장 23절의 "그가[부자가] 음부에서 고통 중에 눈을 들어"라는 말씀에 대해 주의를 환기시킨다. 이 본문에 따라 번연은 "이생이 끝날 때……죽어 장사된 후에 영혼들이 고통받는 지옥이 있다"고 결론짓는다. 이런 말씀은 영혼에게, 아니 육체에게도, 이생을 떠난 후에 고통받는 지옥이 있다는 것을 분명히 한다. 번연은 그리스도가 무덤이나 "이 세상에서" 겪는 어떤 고통 개념을 제시하기 위해 이 말씀을 비유적으로 사용하고 있다고 보지 않는다. 이어서 번연은 지옥에 대해 설교하는 설교자를 "조롱"하는 자들에게 그들은 "이생이 끝난 뒤에 이 지옥을 발견할 것이라는 것과 영원토록 다시는 지옥에서 벗어나지 못할 것이라는 것"을 경고한다. 번연은 자신의 경험으로 입증할 수 있었기 때문에 "지옥을 경시하고 지옥을 조롱하기"보다는 "주 예수 그리스도를 찾도록" 자극하려고 우리 안에 지옥에 대한 생각을 촉발시키려고 한다.[70]

지옥은 왜 있어야 할까

다음으로 러브는 "지옥은 왜 있어야 할까?"라고 묻는다. 첫째, 무한하신 하나님을 거역한 "죄의 추악한 성격"으로 인해 오는 세상에서 이에 대응하는 처벌이 필수적이기 때문이다. 둘째, 그리스도는 악인들을 위해서는 하나님의 공의를 만족시키지 아니하셨고, 그러므로 그들은 지옥에서 하나님의 진노를 감당해야 하기 때문이다. 셋째, 임종 직전에 악인들을 괴롭히는 양심의 두려움은 "감당해야 할 고통의 때가 있다는 것을 예증하기" 때문이다.[71] 토머스 굿윈은 (80페이지에 걸쳐) 지옥의 처벌을 설명하기 전에 하나님 앞에서 인간의 유죄 사실을 설명하는 데 대략 490페이지를 할애한다. 지옥은 우리

---

69) Love, *Heaven's Glory, Hell's Terror* (1671), pp. 224~225.

70) John Bunyan, *The Miscellaneous Works of John Bunyan*, Roger Sharrock 편집 (Oxford: Oxford University Press, 1976~1994), 1:246~247, 261, 266, 267.

71) Love, *Heaven's Glory, Hell's Terror* (1671), pp. 226~227.

생각으로 파악될 수도 없고, 또 충분히 표현될 수 없을 정도로 형벌이 매우 크기 때문에, 굿윈은 하나님이 공의로 자신을 거역한 죄로 죄인들을 정죄하시는 것에 큰 관심을 가졌다.[72] 거룩하신 하나님을 거역한 죄의 가증함이 지옥 교리의 핵심 이유다. 그리고 청교도는 통상적으로 죄의 가증함은 오직 구속의 대가(代價) 곧 하나님의 사랑하는 아들의 죽음에서만 올바르게 추론될 수 있다고 주장했다.

지옥은 무엇인가

러브는 이어서 "지옥은 무엇인가?"라는 근본 질문을 다룬다. "악인의 몸과 영혼이 고통받는" 이 장소는 성경에서 뽑아낸 다음과 같은 특성을 가진 곳으로 설명될 수 있다. 결코 소멸되지 않는 **꺼지지 않는 불**(눅 3:17), 느부갓네살의 풀무불(단 3:21~22)을 상기시키고 오직 경건한 자만이 해를 받지 않는 **풀무불**(마 13:42), 풍부한 바닷물처럼 고통으로 충만한 **유황불 붙는 못**(계 19:20), 영원한 고통이 함께 하는 **영원한 불**(유 1:7), 우리가 "하나님의 얼굴의 빛을 박탈당하는" **바깥 어두운 데**(마 22:13), 지금 사람들을 떨게 만드는 두려움의 장소로서 **영원히 예비 된 캄캄한 흑암**(유 1:13), 속박의 성격과 도망의 불가능함을 가리키는 **어두운 구덩이**(벧후 2:4), 아무도 피하지 못할 **지옥의 판결**(마 23:33), 거기서 일어나는 일을 "두렵게 표현하는" **이 고통받는 곳**(눅 16:28), 거기서 표현된 하나님의 진노를 가리키는 **장래의 노하심**(살전 1:10), 성육신하기 전 그리스도가 노아의 사역을 통해 지금 그곳에 갇힌 자들에게 설교하신 것을 가리키는 **옥**(벧전 3:19), 어린아이가 제물로 바쳐지고 날카로운 비명과 울부짖는 소리가 들리는 몰렉 신의 불을 가리키는 **도벳**(사 30:33), "한 번 들어가면 다시는 나오지 못할" **무저갱**(계 9:1), **둘째 사망**(계 2:11), **멸망**(마 7:13), **영벌**(마 25:46), 그리고 "육체를 위해 심은 것"으로 말미암아 거둘 것을 가리키는 **썩어질 것**(갈 6:8).[73]

러브는 이 생생한 성경의 묘사들을 요약하면서, 지옥에 대해 다음과 같이 적절하게 일반적인 설명을 제공한다. "지옥은 하나님이 마귀들과 유기된 죄인들을 위해 마련하신 고통의 장소로, 하나님은 자신의 공의에 따라 영원한 형벌로 그들을 그곳에 가두신다. 그들은 하나님의 진노 대상으로 영원토록 몸과 영혼이 고통당하고, 하나님의 호의를 박탈당한 채 지옥에 있어야 한다."[74]

지옥은 어디인가

러브는 "지옥은 어디인가?"라고 묻는다. 어떤 이들은 마귀가 "공중의 권세 잡은 임금"(엡 2:2, 6:12)으로 말해진다는 이유로 지옥은 "공중"에 있다고 말한다. 하지만 이 말이 들어 있는 본문들은 마귀의 통치나 투쟁 장소를 의미한다. 다른 이들은 성경적으로, 그리고 다른 여러 이유로 지옥은 여호사밧 골짜기(욜 3:12)의 "땅 아래", 땅의 중간이나 바다 밑바닥에 있다고 다양하게 주장한다. 러브는 이런 모든 주장을 일축하고, 성경은 지옥의 정확한 위치를 언급하지 않지만 하늘에서 멀리 떨어져 있고, 하늘 아래에 지옥과 같은 장소가 있음(잠 15:24; 눅 10:15)을 확실히 말한다고 지적한다. 하나님이 지

---

72) Thomas Goodwin, *An Unregenerate Man's Guiltiness before God*, in *The Works of Thomas Goodwin*, Thomas Smith 편집 (1861~1866, 재판, Grand Rapids: Reformation Heritage Books, 2006), 10:490.

73) Love, *Heaven's Glory, Hell's Terror* (1671), pp. 230~234.

74) Love, *Heaven's Glory, Hell's Terror* (1671), pp. 235.

옥의 정확한 위치를 우리에게 제시하지 않기로 하신 것은 우리 마음의 불안감과 "호기심을 예방해서" 우리가 우리를 지옥으로 이끄는 죄보다 지옥에 대한 두려움을 더 크게 갖지 않도록 하고, 지옥이 어떤 곳인지, 지옥이 어디 있는지 "명확히 알지" 못하는 것으로 하나님을 믿는 믿음을 더 분발시키며, 부자가 자신의 형제들에게 하고 싶어 한 것처럼 특수한 증언 방식이 아니라 말씀 선포를 통한 통상적인 수단을 더 강조하기(눅 16:27~31) 위함이었다. 이런 의문을 통해 우리는 지옥이 어디 있는지는 알지 못하지만 죄가 직접 지옥으로 가는 "대로"라는 것을 확신할 수 있게 됨으로써, 지옥이 어디 있는지 찾아보는 것보다 지옥을 피하는 일에 더 관심을 둬야 함을 상기하게 된다. 우리는 지옥 위치를 알지 못하기 때문에 "죄에는 지옥이 바로 따라온다는 사실(창 4:7을 보라)을 기억하고 어디서든 죄를 조심할" 수 있고, 지옥이 어디 있는지 알지 못하므로 악한 삶과 죄책감을 갖고 사는 사람들을 "지옥 자체의 생생한 그림"으로 볼 수 있다.[75]

이어서 지옥의 위치와 관련해서 "이생을 떠나면 지옥이 아닌 다른 어떤 고통의 장소가 있는가?"라는 질문이 온다. 여기서 러브는 지옥 외의 장소로 연옥 곧 정화의 불이 그리스도인들의 영혼을 정화시켜 천국에 합당한 자로 준비시키는 장소를 주장하는 교황주의자의 관념을 거부한다. 러브는 죄의 정화를 언급하는 본문이 아니라 은유적으로 불로 우리의 행위를 시험하고 소멸되는 것을 언급하는 본문인 고린도전서 3장 12~14절에 의존해서, 연옥 교리를 거부한다. 러브는, 연옥 교리는 그리스도의 고난과 피의 공로(요일 1:7; 히 1:3)를 훼손하기 때문에 곧 그리스도가 하나님의 공의를 충분히 만족시켰다는 것을 부정하고, 마치 하나님이 "이미 사하신 죄에 대해" 자기 자녀들을 괴롭히는 것처럼 하나님을 잔인하고 불의하신 분으로 만들며, 로마 교회의 면죄부 "거래"를 돈을 벌기 위한 부당 거래로 만들기 때문에 "연옥과 같은 고통의 장소는 절대로 있을 수 없다"고 결론을 내린다. 죽을 때 영혼이 즉시 영광 속에 들어간다는 것은 성경에 충분한 증거가 있다(빌 1:23; 고후 5:6, 8). "죄를 정화시키는 연옥은 절대로" 존재하지 않는다는 사실은 그리스도인들은 죽을 때 고통을 두려워할 필요가 없음을 보장하고, 악인들에게는 "죽는 순간 가야 할 곳은 연옥이 아니라 여호와의 기운으로 타오른 불이 그들을 영원히 불태울 지옥으로 가게 될 것을 경고한다. 지옥 외에 그대의 영혼과 몸이 둘로 나뉠 때 그대에게 제공되는 더 좋은 곳은 없다."[76]

하나님이 사람들을 영원히 멸망시키시는 것이 정당한가

많은 사람이 심판 장소의 정당성에 대해 질문하는 것처럼 러브도 "하나님은 이생에서 일시적으로 죄를 지은 사람들을 영원히 멸망시키시는 것이 정당한가?"라고 질문한다. 비록 어떤 사람이 땅에서 매우 짧은 인생을 산다고 해도, 이 하나님의 행동은 다음과 같은 이유로 정당하다고 러브는 주장한다. 첫째, 도둑에게 집에 들어가 물건을 훔치는 시간보다 훨씬 긴 시간 동안 감옥에 수감하도록 형벌이 선고되는 것처럼 영원한 멸망의 심판은 우리가 죄를 범하는 시간의 길이에 기반을 두고 있지 않고, 죄를 지은 사실에 기초를 두고 있다. 둘째, 우리는 무한하신 하나님께 죄를 범하고, 따라서 길에서 평범한 사람에게 죄를 저지르는 것보다 왕과 같은 공인에게 죄를 범했을 때 형벌이 더 큰 것처럼 무한한 형벌을 받아 마땅하다. 셋째, 우리는 만일 영원히 살았다면 영원히 죄를 범하게 되었을 것이

75) Love, *Heaven's Glory, Hell's Terror* (1671), pp. 248~255.
76) Love, *Heaven's Glory, Hell's Terror* (1671), pp. 305~311.

고, 살아 있는 동안에 할 수 있는 한 "오래" 죄를 범할 것이다. 넷째, 우리는 땅을 떠난 후에 지옥에서도 죄를 계속 지을 것이고, 따라서 하나님의 진노를 더욱 자극할 것이다. 마지막으로 한순간일지라도 죄를 범하는 것은 우리가 하나님의 무한한 인자하심을 거부한다는 것을 보여 주고, 따라서 무한한 형벌을 받아 마땅하다. 순간적인 죄가 정당하게 영원한 형벌을 초래하므로, 우리는 이런 고통을 부여하시는 무한하고 공의로우신 하나님에 대해 "가벼운 생각으로라도" 죄를 범하지 않도록, 그리고 하나님이 고통을 부여하시는 것에 대해 가혹하다고 비난하지 않도록 조심해야 한다. 은밀하신 구원의 은혜 행위가 없으면, 하나님은 "이 세상에서 단지 1분을" 살고 죽은 유아라도 영원한 형벌을 받도록 정하실 수 있다.[77] 청교도 신학자들은 이런 설명을 통해 공로의 비대칭 관계라는 중요한 요점을 이끌어 낸다. 개혁파 신학자들 사이에서 아담의 상에 대해 논쟁이 벌어졌다. 아담의 상은 하늘과 땅 가운데 어디에 있었는가?[78] 어떤 이들은 아담이 순종으로 영생을 얻게 되어 있지 않았다면 불순종으로 영원한 죽음에 처해질 수도 없는 것이므로 하늘이 아담의 상이었다고 주장한다. 개혁파 신학자들은 "인간은 적극적으로 하나님에게서 어떤 상을 받을 공로를 쌓을 수 있다"는 것은 부인하고, 피조물은 영원한 형벌을 받을 수 있다는 것에는 동조했다. 이런 "인간의 자격의 불균형"이 개혁파 신학 전통에서는 당연한 사실이었다. 따라서 윌리엄 에임스(1576~1633년)는 이렇게 말한다. "이 언약에서 지성적 피조물의 도덕적 행위는 상으로서 행복을 낳거나 형벌로서 불행을 낳는다. 후자는 당연히 그럴 만하지만 전자는 당연히 그럴 만한 것이 아니다."[79] 마찬가지로 굿윈도 오직 하나님이 "죄의 형벌로 하나님을 만족시킬 수 있는" "피조물의 모든 은혜나 순종의 비율보다 더 크게 죄를 범한 피조물로 말미암아 위대하신 하나님께 가해진 엄청난 부당함, 아니 사실은 엄청난 손해"가 있다고 주장한다.[80] 다시 말하면 무한하신 하나님께 저지른 한 가지 죄를 한 가지 순종 행위로 청산할 수 없다. 세상의 모든 피조물이 행한 아무리 큰 선이라도 공로의 비대칭으로 말미암아 한 피조물의 가장 작은 하나의 죄도 청산할 수 없다.

일반적으로 공의와 관련해서 심판의 공평성과 보편성에 대한 다음과 같은 질문이 제기된다. "대다수 세상 사람들이 지옥에서 고통을 당할 것인가?" 러브는 대다수 사람들이 그렇게 될 것이고, 그것을 확증하는 것이 목사가 설교하는 "가장 우울한 교리 가운데 하나"로 간주된다고 본다. 첫째, 유대인, 무슬림, 이교도나 교황주의자를 막론하고, 대다수 사람들이 이런 고통에서 구원받기 위해 그리스도를 바라보지 않기 때문에 지옥에 갈 것이다. 둘째, 심지어는 "예수 그리스도를 믿는다고 고백하는" 자들 가운데에서도 청함을 받은 자는 많되 택함을 입은 자는 적은데(마 22:14), 그들은 대부분 "삶이 불경하거나 마음이 위선적이다." 셋째, 사람들을 황충(렘 46:23), 벌(시 118:12), 가시와 찔레(사 10:17), 진흙과 더러운 것(사 57:20), 돌밭(마 13:5), 나무 그릇과 질그릇(딤후 2:20) 등으로 묘사하는 것을 볼 때, "세상에서 매우 많은 사람의 수"가 멸망으로 정해졌다는 것을 깨닫게 된다. 넷째, "예수 그리스도를 찾는" 자는 거의 없고 쾌락과 음란과 정욕을 추구하는 "죄의 길"을 회개하지 않고 죽기 때문에 대다

---

77) Love, *Heaven's Glory, Hell's Terror* (1671), pp. 280~285. 참고, 웨스트민스터 신앙고백 10.3과 도르트 신조 1.17.

78) 이 논쟁에 대해서는 Mark A. Herzer, "Adam's Reward: Heaven or Earth?", *Drawn into Controversie: Reformed Theological Diversity and Debates within Seventeenth-Century British Puritanism*, Michael A. G. Haykin & Mark Jones 편집 (Gottingen: Vandenhoeck & Ruprecht, 2011), 7장을 보라.

79) Ames, *The Marrow of Theology*, p. 111.

80) Goodwin, *An Unregenerate Man's Guiltiness*, in *Works*, 10:516.

수 사람들이 지옥으로 이끄는 죄를 지으며 살고 죽는다. 다섯째, 세상의 다양한 온갖 사람과 그들 대다수를 살펴보면, 대부분이 "이 고통의 장소인 지옥에 갈 운명이다"는 것을 확인할 수 있다. 여섯째, 성경의 증언들 곧 멸망으로 인도하는 "넓은" 길(마 7:13), 들어갈 자가 별로 없는 "좁은" 문(눅 13:24), 하나님의 양들의 "적은 무리"(눅 12:32), 구원받을 유대인의 남은 자(롬 9:27)와 같은 표현들로 이것이 확인된다. 만일 대다수 사람들이 파멸에 이른다면, 우리는 다수 의견이 우리를 생명으로 이끈다고 보는 일의 어리석음을 깨닫고, 우리가 구원받을 소수에게 속해 있는지 알아보기 위해 우리의 마음을 시험해 봐야 한다. 우리는 "신자들의 수가 적다"는 사실에 감정이 상해서는 안 되고, 오히려 이런 고통에 직면할 다수의 사람들에 대해 슬퍼하고, 세상에 신자들이 대다수라는 환상에서 깨어나고, 대다수 사람들이 멸망하게 되는 원인인 "하나님의 자비에 대한 악한 생각"을 조금이라도 해서는 안 된다.[81]

그렇지만 하나님이 어떻게 자신이 지으신 사람들을 대다수 파멸시키실 수 있겠는가? 이런 질문은 오리게네스와 같은 보편구원론자와 이 관념이 하나님의 자비를 배격한다고 믿는 아르미니우스주의자에게서 나온다. 러브는 하나님의 자비를 이렇게 입증한다. 첫째, 러브는 자신의 뜻대로 구원하기 원하는 자들을 구원하시는 창조자로서의 하나님의 주권적 권리를 상기시킨다(롬 9:21). 둘째, 타락 후 선택설 관점에 따라 러브는 하나님은 이미 멸하기로 준비된 진노의 그릇으로 간주되지 않는 사람은 절대로 지옥으로 보내시지 않는다고 주장한다(롬 9:22). 셋째, "하나님의 작정에 따라 서는 것은 무엇이든 둘이 서로 충돌할 수 없으므로 하나님의 자비로 충분히 서게 될 것이다. 넷째, 하나님이 어떤 사람을 구원하기로 택하시는 것은 전적으로 어떤 사람을 "긍휼의 그릇"으로 만들어 자기 자비의 풍성함을 알게 하신다(롬 9:22~23). 다섯째, "하나님은 세상에서 오직 한 사람만 구원하신다면 그것은 하나님의 더 큰 자비를 보여줄 것이고, 따라서 온 세상을 파멸시키시는 것은 하나님의 최고 공의를 보여줄 것이다." 우리는 미련하게도 하나님이 보내시는 고통에 대해 "악한 생각을 품는다." 하지만 우리가 마땅히 받아야 할 죄에 대한 형벌을 내리시지 않고 예수 그리스도 안에서 우리를 진노에서 벗어나게 하실 때 우리는 우리에 대한 하나님의 자비를 쉽게 인정할 수 있다.[82]

지옥의 고통은 무엇인가

러브가 이 설교들을 준비할 때 가장 심혈을 기울인 주제는 지옥의 고통 문제다. 러브는 "지옥에서 파멸당한 자들의 고통은 무엇인가?"라고 묻는다. 러브는 이것에 대해 말할 때 "내 마음은 떨린다"고 증언한다. 첫째, 러브는 다음과 같은 것들이 포함된 상실이나 박탈의 의미로 지옥의 소극적 형벌에 대해 말한다. "저주를 받은 자들아 나를 떠나라"(마 25:41)고 선언하는 하나님 임재의 상실, 성도와 천사들의 교제 상실(마 22:13, 24:41), 천국의 지복 상실(눅 16:23), 하나님과 그리스도와 경건한 자들의 자비의 상실(잠 1:26), 그리고 파멸당한 자에게 "구속이 지나간" 연유로 말미암은 "회복에 대한 모든 희망"의 상실 등이 지옥에서 파멸당한 자들이 겪는 고통이다. 러브는 파멸당한 자가 지옥에서 비참하게 되는 여러 요점에 따라 고통의 다양함을 환기시키는 것으로 지옥의 적극적 형벌에 대해 말한다. 고통은 악인들의 몸과 영혼 모두에 미치는 보편성을 갖고 있다. 또 결코 소멸되거나 견딜 수 없을 정도로 고통이 극한적이다. 악인들이 함께 모여 괴로움을 겪는 고통의 사회는 정지가 없고, "절대로 중단

81) Love, *Heaven's Glory, Hell's Terror* (1671), pp. 286~300.
82) Love, *Heaven's Glory, Hell's Terror* (1671), pp. 300~304.

되지 않으며", 지속적으로 지옥을 더 큰 괴로움 속에서 경험하게 된다. 비참과 같은 고통의 질은 위로와 즐거움을 완전히 결여하고 있다. "악인들을 괴롭게 하는" 귀신들(마 18:34)과 마귀 자신의 손에 있는 고통은 견딜 수 없이 잔혹하고, 영원한 고통은 "내 고통이 끝나는 것"에 대해 아무런 희망이 없이 영원토록 악인들 위에 쌓일 것이다. 러브는 우리가 지옥에서 무엇을 상실하게 되는지, 그리고 우리에게 어떤 고통이 임할지 생각해 보고 이런 바보짓을 반성하고 그것을 두려워하라고 권면한다. 우리가 현세에서 잠시 죄의 낙을 누리기 위해 영원한 지옥에 떨어지는 "모험을 할" 것인가?[83] 러브는 회심하기 전 하늘에서 자신의 영혼 속으로 "날아오는" 음성을 들었다고 생각한 번연의 자각을 우리도 느끼게 한다. "너는 죄를 버리고 천국에 가겠느냐? 아니면 죄를 갖고 지옥에 가겠느냐?"[84]

러브는 영광 속에서 누리는 즐거움의 단계를 자신이 제시한 것과 관련시켜 "지옥에도 고통의 단계가 있는가?"라고 묻는다. 모든 죄와 벌은 똑같다고 주장한 스토아 학자들과 반대로, 러브는 거의 모든 개혁파 및 청교도처럼 형벌에는 단계가 있다고 주장한다. 러브는 모든 형벌은 영원하다는 점에서 똑같고, 형벌을 받는 자는 누구나 그리스도를 박탈당하고, 형벌에서 피할 희망이 전혀 없을 것이라고 주장한다. 그러나 고통당하는 자들이 고통의 단계를 경험한다는 것은 다음과 같은 성경 본문으로 증명된다. 복음 시대에 회개하지 않는 자들은 소돔과 고모라 시대에 살았던 자들보다 더 악할 것이라고 말하는 마태복음 10장 15절, 복음이 선포된 도시로 이방 성읍인 두로 및 시돈과 비교되는 고라신에게도 똑같은 사실이 해당된다고 말하는 마태복음 11장 22절, 하나님의 뜻을 모르는 자들보다 아는 자들에게 더 많은 "매질"이 있을 것이라고 말하는 누가복음 12장 47~48절, 일반적인 악인보다 위선자에게 "더 큰 파멸"을 선고하는 마태복음 23장 14절(개역개정에는 없음). 이 고통의 단계가 존재하는 것은, 어떤 이들은 예수를 빌라도에게 끌고 가고, 예수를 해할 권세를 갖고 있었던 가야바처럼(요 19:11) 다른 이들보다 더 큰 죄를 범하기 때문이다. 러브는 이렇게 주장한다. "의심할 것 없이 하나님의 공의는 죄에 치명적인 타격을 가하므로 가장 큰 죄를 갖고 있는 자가 가장 큰 고통을 겪을 것이다"(요 15:22; 마 7:4, 23:24). "은혜가 매우 특출한" 자들이 천국을 더 크게 누리는 것처럼 "극도로 악한 죄를 지은" 자들이 더 크게 고통을 받는 것이 이치에 합당하다. 그러므로 "매우 나쁜 죄에 쉽게 빠지는" 자들은 더 벌벌 떨어야 한다. 러브는 이렇게 말한다. "멸망당한 자들의 고통은 아무리 작더라도 그들을 비참하게 하기에 충분하고, 하나님 진노의 높이를 매우 높이 쌓은 자에게는 화가 있으리라."[85]

고통의 지속과 관련해서 러브는 "지옥의 고통은 영원한가?"라고 묻는다. 성경에 따르면, 지옥 불은 꺼지지 않는 불(마 3:12)과 영원한 불(유 1:7)로 불리고, 지옥의 고통과 멸망(살후 1:9)은 영원하다(마 25:46). 나아가 러브는 "하나님의 공의는 그리스도 안에서 택함받은 자의 경우를 제외하고, 고통이 없이는 만족될 수 없기 때문에(눅 12:59) 지옥의 고통은 영원해야 한다. 사람들은 죄를 영원히 저지를 것이므로 처벌도 영원토록 계속되어야 한다. 경건한 자들이 영원한 기쁨을 누리는 것처럼 경건하지 못한 자들은 영원한 고통을 겪을 것"이라는 사실을 도출해 낸다. 나아가 러브는 지옥이 영원한 이유들을 이렇게 제시한다. 악인들을 지옥에 가도록 정하신 하나님은 영원하시고, 그러므로 지옥은 하나님

---

83) Love, *Heaven's Glory, Hell's Terror* (1671), pp. 255~268.
84) Bunyan, *Grace Abounding*, p. 10, §22.
85) Love, *Heaven's Glory, Hell's Terror* (1671), pp. 235~237.

이 활동하시는 한 존속되어야 마땅하다(사 33:14). "양심을 물어뜯는" 벌레는 영원하고(사 66:24), 고통당하는 몸과 영혼도 결코 소멸되지 않고 영원할 것이다. 사실이 이러하므로 오리게네스와 같은 사람들이 모든 사람의 보편적 구원 관념을 선포한 것을 정확하다고 보기는 어렵다.[86] 우리는 세상의 허영을 붙잡을 때 영원이 위험하게 된다는 생각을 함으로써 세상의 허영을 추구해서는 안 된다. 사람들은 자신의 파멸을 바라기 전에, 하나님이 자신들을 지옥에 두시기 전에, 거듭 생각해야 한다. 우리는 영광 속에서 피하게 될 영원한 고통을 생각함으로써 세상의 환난 속에서 인내하는 법을 배워야 한다(살전 1:6). 그리고 지금 이 영원한 고통 상태를 피하기 위한 소망을 갖고 부지런히 힘써야 한다.[87]

청교도는 다양한 방법으로 지옥의 영원함을 주장했는데, 그 중에서도 핵심적인 방법은 하나님의 속성과 관련된 것이었다. 예를 들면 성경은 살아 계신 하나님의 손에 빠져 들어가는 것의 무서움에 대해 말한다(히 10:31). 거듭나지 아니한 자는 크고 강하고 공의롭고 복수하시는 분이자 살아 계시는 분인 하나님의 손에 들어간다. 따라서 굿윈은 하나님은 살아 계신 하나님으로서 영원토록 형벌을 집행하고, "영원 전체 기간에 하나님은 영속적으로 형벌을 과하실 것"이라고 주장한다.[88] 하나님은 "살아 계신 하나님"이시므로 영원하고, 악인에게 지속적으로 역사하신다. 하나님이 영원히 계시는 것처럼 악인도 영원히 존재할 것이다. 지옥의 지속은 하나님의 지속에 맞춰져 있고, 이것은 필수적으로 지옥이 한시적이 아니라 영원하다는 것을 의미한다. 지옥에서 악인은 절망할 것이다. 왜냐하면 "지옥에서 비참한 영혼은…… 그 비참이 끝나리라는 것을 발견하지 못하고, 살아 계신 하나님과 함께 하는 자유와 안식은 한 공간이나 한순간도 찾을 수 없기" 때문이다.[89] 악인은 살아 계신 하나님의 진노가 끝이 없기 때문에 절망할 것이다. 그러기 때문에 완전한 두려움이 있을 것이다. 왜냐하면 지옥에서 악한 영혼은 자신들이 현재 경험하는 것뿐만 아니라 영원토록 고통을 경험하게 되리라는 것으로도 고통을 겪을 것이기 때문이다.[90]

고통 자체를 성경이 정의하는 대로 생각하는 러브는 "지옥에 문자 그대로 불이 있는가?"라고 묻는다. 러브는 현재 상황에서 불은 지옥에서 타오르고 있지 않지만 그리스도께서 심판하러 "불꽃 가

86) Ronald E. Heine, *Origen: Scholarship in the Service of the Church* (Oxford: Oxford University Press, 2010), pp. 218, 255~256. 오리게네스(대략, 185~254년)는 생애 말엽에 알렉산드리아 시기의 오리게네스와 후기의 가이사랴 시기의 오리게네스, 특히 『켈수스 논박』(Contra Celsum, p. 248) 및 사탄의 멸망을 염두에 둔 가르침과 비교할 때 "하나님의 제한적 구속 사역"을 견지했다고 주장한다. 이것은 J. W. 핸슨과 같은 학자들의 결론에 이의를 제기하는 것이다. 핸슨은 *Universalism: The Prevailing Doctrine of the Christian Church during Its First Five Hundred Years* (Boston: Universalist Press, 1899), pp. 61, 64, 67~74에서 오리게네스를 일관되게 "명백한 보편구원론자"로 간주한다. 초기 오리게네스와 후기 오리게네스를 비교해 보면, 이런 일관성이 명백히 드러나는 것으로 보인다. 『원리론』(De Principiis, 231년 이전)에서 오리게네스는 하나님을 모든 것을 완전한 상태로 회복시키는 정화적인 치료의 불이라는 의미에서 악인들을 소멸하시는 불로 보는데, 그것은 그가 단순히 "몇몇 개인이나 상당한 수의 개인과 관련해서" 모든 개인에게 "모든 것"이 되기 때문이 아니라 이 불의 정화시키는 효력을 통해 그 자신이 '만유'이기 때문이다(*De Principiis*, 3:6. 그러나 후기의 『켈수스 논박』(p. 248)에서도 오리게네스는 그리스도를 구주로 따르는 것을 이렇게 말한다. "하지만 우리의 믿음은 말씀이 전체 합리적 피조물을 주관하고 모든 영혼을 완전한 상태로 변화시킬 것이라는 것이다……왜냐하면 우리는 육체의 질병과 상처는 의료 기술로 치료할 수 없는 것이 있지만 마음에 대해서는 최고의 말씀과 하나님이 극복할 수 없을 만큼 강한 악이 없다고 확신하기 때문이다. 영혼 속에 있는 모든 악보다 더 강한 것이 말씀과 하나님 안에 있는 치료 능력이다. 하나님은 이 치료를 자신의 뜻에 따라 모든 사람에게 적용시키신다"(*Contra Celsum*, 8:72). 이 두 작품들의 글은 *Ante-Nicene Fathers*, 제4권, Frederick Crombie 번역, Alexander Roberts, James Donaldson, A. Cleveland Coxe 편집 (Buffalo, N. Y.: Christian Literature Publishing, 1885)에서 인용한 것이다.

87) Love, *Heaven's Glory, Hell's Terror* (1671), pp. 269~280.

88) Goodwin, *An Unregenerate Man's Guiltiness*, in *Works*, 10:547~548.

89) Goodwin, *An Unregenerate Man's Guiltiness*, in *Works*, 10:548.

90) Goodwin, *An Unregenerate Man's Guiltiness*, in *Works*, 10:549.

운데에" 나타나실 때에 타오를 것이라고 주장한다. 다시 말하면 지옥에 간 영혼을 괴롭게 하는 "불"은 열과 빛이 있는 물리적, 유형적인 불이 아니라 어떤 면에서 문자 그대로 불이 몸에 고통을 일으키듯이 고통을 일으키는 것이다. 그러나 부활할 때의 불은 확실히 유형적인 불이고, 고통을 주는 것은 변함이 없지만 소멸되지 않고 타오르는 불이 될 것이다. 결론적으로 우리는 "지옥 불에 대해 무턱대고 우기지는 말고, 어떻게 하든지 지옥 불을 피하도록 조심해야 한다." 우리는 경건한 삶을 살고, 그리스도 안에서 구속받은 자로서 지옥 불을 두려워하지 않으므로, 지옥 불과 지옥 불로 이끄는 "불같은 죄"를 피하도록 힘써야 한다. 러브는 이렇게 증언한다. "도드 선생이 말하는 것처럼 만일 지옥 불 때문에 사람들이 그리스도를 돌아보게 된다면, 지옥 불에 대한 생각은 소중히 여겨지고 활발히 이루어져야 한다." "그러므로 여러분은 어떤 정욕의 유혹을 받을 때마다 지옥 불에 불타는 것은 결코 견딜 수 없다는 것과 지옥 불에 대한 생각이 불같은 정욕을 저지시키는 강력한 억제 장치가 되리라는 것을 염두에 둬야 한다."[91]

또한 고통의 본질과 관련해서 러브는 이렇게 묻는다. "절대로 죽지 않고 영원히 양심을 갉아먹을 벌레는 무엇을 의미하는가?" 이 질문은 마가복음 9장 44절(옮긴이 – 한글 성경에는 이 구절이 없다)과 누가복음 13장 28절을 상기시킨다. 러브는 자신은 이것을 "부활 이후에 실제로 몸의 살을 갉아먹는 유형적 벌레"로 보는 자들에게 동조하지 않음을 분명히 한다. 대신 이것은 "멸망당한 영혼에게 엄습하는 양심의 공포를 가리키는데, 그 이유는 그 양심이 영원토록 복수하고 격앙된 하나님의 진노 아래 있기 때문이다." 땅 위에서는 사람들의 양심이 마비되어 양심이 그들을 결코 귀찮게 하지 않지만, 지옥에서는 "피할 희망은 조금도 없이 하나님의 진노 아래 영원히 놓여 있게 됨으로써 양심이 그들에게 벌레처럼 되어, 영원히 그들을 갉아먹고 불안과 공포 아래 두고 그들을 괴롭힐 것이다. 벌레가 끊임없이 시체를 갉아먹는 것처럼 죄도 양심을 그렇게 갉아먹을 것이다." 따라서 우리는 땅에 사는 동안 완고한 죄로 양심을 더럽히지 말고 양심에 지옥의 짐을 지우지 않도록 여기 이 땅에서 선한 양심을 갖는 데 힘써야 한다고 러브는 추론한다. 이 부분에서 러브는 또한 이를 가는 문제(눅 13:28) 곧 지옥에서 "멸망당한 자들이 마음속에 구원받게 될 모든 자에게 갖게 되는 뿌리 깊은 증오"를 가리키는 것을 다룬다. 나아가 그들은 예수 그리스도가 자신들을 구원하지 않은 것과 그분에게 보복할 수 없는 것에 대해 분노를 표출할 것이다. 그들은 자신들이 예수 그리스도를 영접할 기회를 놓친 것에 대해 분격할 것이다. 러브는 이렇게 통탄한다. "오, 멸망당한 자들은 이 세상에서 은혜의 기회를 많이 가졌으나 그것을 철저히 등한시한 것을 생각만 해도 정말 고통스러울 것이다."[92]

지옥에 대한 설교

지옥을 설교하는 것의 일반적 관념에 대해 말한다면, 러브는 지옥에 대한 설교를 듣는 것은, 그것이 마음속에 지옥에 대한 두려움을 일으켜 지옥 자체를 느끼는 데 머무르지 않고 지옥으로 이끄는 죄에서 벗어나게 한다면 유익하다고 증언한다. 러브는 다음과 같은 부류의 사람들에게 지옥에 대한 설교를 전한다. 거룩한 삶을 살지 않거나 다른 사람들이 그렇게 사는 것을 인정하지 않아서(예, 기독교

---

91) Love, *Heaven's Glory, Hell's Terror* (1671), pp. 322~330.
92) Love, *Heaven's Glory, Hell's Terror* (1671), pp. 333~334, 337.

인 아내와 악한 남편의 관계) "더 큰 파멸"을 당할 자들(마 23:14~15), "어떤 개선이나 교정"도 없이 은혜의 수단 아래 사는 자들(마 10:22~23) 곧 잉글랜드와 같은 경우처럼 신앙고백을 잘하고 종교적인 지식을 많이 갖고 있지만 "실천은 없는" 사람들을 "전혀 개혁시키지 못하는 복음 아래 있는" 자들(눅 12:47~48), 그들 자신의 악한 본보기로 다른 사람들이 죄를 범하게 하는 자들(예, 자녀와 관계 속에서 아버지가 보여 주는 나쁜 본보기),[93] 간음하고 회개하지 않고 죽은 자들(벧후 2:9~10; 히 13:4), "더 중하고 가증한 죄"를 저지르기 위해 단순한 "구실과 핑계"로 종교를 악용하는 위선자와 같은 자들(막 12:40), "하나님의 인내와 오래 참으심에 반하여" 계속 회개하지 않고 사는 자들(롬 2:5).[94] 러브가 지옥에 대한 설교를 통해 제어하기를 바라는 죄에는 정욕, 폭식, 교만, 탐욕, 사람을 두려워함 등이 있다.

지옥 강하

사도신경의 "지옥에 내려가사"라는 말(옮긴이 - 한글 사도신경에는 이 말이 빠져 있다)과 관련해서 러브는 "예수는 개인적으로 고통의 장소인 지옥에 내려가셨는가?"라고 묻는다. 러브는 다음과 같은 이유로 예수는 지옥에 내려가지 아니하셨다고 주장한다. 첫째, 역사가였던(눅 1:3; 행 1:1을 보라) 누가는 이 개인적인 지옥 강하를 기록하지 않고 있는데, 그런 일이 있었다면 당연히 기록했을 것이다.[95] 둘째, 이 지옥 강하에 그리스도의 육체는 포함될 수 없었을 것이다. 왜냐하면 그리스도의 육체는 죽은 그 날에 무덤 속에 있었기 때문이다. 나아가 죽은 "그 날"(오늘)에 그리스도의 영혼은 아버지와 함께 있었다(눅 23:43). 셋째, 그리스도는 지옥에 내려가실 하등의 이유가 없었다. 그리스도가 지옥에서 영혼들을 구원하려고 하셨다는 것(교황주의자가 주장하는 것처럼), 그리스도가 마치 십자가 사역이 충분하지 못한 것처럼 추가 만족을 이루셔야 했다는 것, 또는 그리스도가 "마귀를 정복하고 물리치기" 위해 지옥에 가셨다는 것과 같은 설명은 받아들일 수 없다. 또한 한 번 지옥에 간 영혼들은 다시는 그곳에서 "빠져나올 수 없다"(눅 16:26). 그리스도의 사역의 충족성은 그분의 죽음으로 "완료되었고"(요 19:30) 그리스도는 "죽음을 통해" 마귀를 물리치셨다(히 2:14). 러브는 "성경과 이성에 맞지 않기" 때문에 사도신경에 따른 문자적인 지옥 강하 관념을 결코 지지하지 않고, 대신 윌리엄 퍼킨스(1558~1602년)와 일부 교회 회의 결정에 의지해서 이 교리의 타당성을 부인한다.[96]

러브는 그 말이 문자적 지옥 강하를 가리키는 것이 아니라 단지 그리스도가 십자가에서 사망과 지옥의 권세를 경험하신 것(웨스트민스터 신앙고백 8.4, 하이델베르크 교리문답 질문 44)을 가리킨다고 말함으로써 의미를 완화시키는 해석도 거부한다. 이런 해석은 이 말이 육체로 지옥에 내려가신 것을 가리킨다고 믿는 "대다수 해석자들"을 완전히 무시하기 때문에 "사람들의 판단을 더" 왜곡시킨다. 이 "종교개혁

93) 이것이 러브가 눅 16:27~28에 대해서 취하는 의미로 러브는 "부자는 자기 사랑에 따라 자신이 살아 있을 때 자신의 형제들에게 가하고, 자신에게 더 큰 고통을 가져오게 한 죄악에 대해 그들에게 경고하기를 원했다"고 주장했다.

94) Love, *Heaven's Glory, Hell's Terror* (1671), pp. 238~247.

95) 러브는 여기서 누가가 침묵을 지킨 것을 너무 크게 부각시킨다. 그렇게 되면 누가가 다른 복음서 저자들이 기록한 역사적 사실들을 조금도 생략하지 않고 기록했다는 것이 되고 말기 때문이다. 이것은 분명히 사실이 아니다.

96) 존 칼빈, 윌리엄 퍼킨스, 그리고 그리스도의 낮아지심과 관련된 논쟁에 대해서는 Mark Jones, "John Calvin's Reception at the Westminster Assembly (1643~1649)," *Church History and Religious Culture* 91, no. 1~2 (2011), pp. 215~227을 보라. 참고, Danny Hyde, *In Defense of the Descent: A Response to Contemporary Critics* (Grand Rapids: Reformation Heritage Books, 2010).

의 문제들" 속에서 우리가 지지하는 유일한 선택은 "그 말을 바꾸든지 아니면 그 말을 완전히 빼든지 둘 중 하나다."[97]

이것은 러브에게서 나온 중요한 진술이다. 대다수 개혁파 신학자들은 연합 신조들의 내용이 변경되는 것을 바라지 않았다. 그들은 그리스도의 지옥 강하에 새로운 의미를 부여하는 것을 선호했다. 사도신경은 "아드 인페르눔"(지옥/게헨나에)이 아니라 "아드 인페로스"("하데스에" 곧 죽은 자의 처소에)로 되어 있다. 윌리엄 퍼킨스는 그리스도의 강하에 대해 네 가지 견해를 언급했다. (1) 지역적 강하, (2) "장사됨"의 동의어로서의 강하, (3) 그리스도의 고난을 묘사하는 은유로서의 강하, (4) 죽음의 저주를 가리키는 의미로서의 강하.[98] 대다수 개혁파 신학자들은 두 번째 견해(그리스도를 장사 지낸 무덤)를 지지했다. 칼빈은 세 번째 견해를 지지한 것으로 유명하고, 자카리아스 우르시누스는 사도신경 해석에서 칼빈의 견해를 옹호했다. 웨스트민스터 총회는, 비록 웨스트민스터 교리문답서가 주로 부활하실 때까지 죽음의 권세 아래 들어가 있었다는 두 번째 견해를 지지하기는 했어도(웨스트민스터 대교리문답 질문 50), 두 번째와 세 번째 견해를 지지했다(웨스트민스터 신앙고백 8.4). 웨스트민스터 총회에서 굿윈과 같은 일부 위원들은 그럼에도 칼빈의 견해를 채택했다.[99] 러브는 굿윈의 견해에 동조하고, "그리스도는 지옥에 내려가신 것은 아니지만 여러분을 위해 십자가에서 지옥의 고통과 괴로움을 크게 겪으셨다"고 말한다.[100] 러브는 그리스도가 "옥에 있는 영들"에게 선포하셨다는 말씀(벧전 3:19)에 의존하는 것은 도움이 되지 않는다는 것을 보여 준다. 왜냐하면 이 본문은 단순히 노아의 선포를 통한 그리스도의 사역을 가리키기 때문이다. 러브는 또한 지옥 강하 교리를 지지하는 것으로 알려진 본문들 곧 그리스도께서 문자적으로 지옥에서가 아니라 단지 무덤 속에서 "썩는 것"을 보지 아니하신다고 말하는 시편 16편 10절과 "죽은 자들" 곧 지옥에 가 있는 자들(그들에게 두 번째 기회를 주기 위해)이 아니라 일단 복음을 받았으나 복음을 거부하고 죽은 자들(벧전 3:19에 언급된 대로)에게 복음을 전하는 베드로전서 4장 6절과 같은 구절들을 다룬다.[101]

결론

크리스토퍼 러브의 천국과 지옥 관련 작품들은 천국과 지옥에 대한 청교도의 통상적 견해를 충분히 드러내고 있다. 러브와 그의 동시대인들의 천국에 대한 견해는 오늘날 우리가 이 주제를 다루는 개혁파 작품(예, 그레고리 빌의 인상적인 요한계시록 주석) 속에서 발견하는 것과 같은 뉘앙스를 가질 수 없겠지만, 17세기까지 천국의 영광과 지옥의 두려움을 선포하는 것에 비춰 보면, 청교도와 비견할 만한 세대의 신학자들이 없었다는 것은 거의 의심할 여지가 없다. 러브의 작품은 최고의 작품 가운데 하나다. 그것은 러브의 작품이 조나단 에드워즈(1703~1758년)의 비교적 작은 서재 속에 들어가 있는 것

97) Love, *Heaven's Glory, Hell's Terror* (1671), pp. 316~317.
98) William Perkins, *An Exposition of the Symbole, or Creed of the Apostles* (London: John Legat, 1621), 1:231.
99) Thomas Goodwin, *Of Christ the Mediator*, in *The Works of Thomas Goodwin*, Thomas Smith 편집 (1861~1866, 재판, Grand Rapids: Reformation Heritage Books, 2006), 5:284.
100) Love, *Heaven's Glory, Hell's Terror* (1671), p. 321.
101) Love, *Heaven's Glory, Hell's Terror* (1671), pp. 316~318, 321.

으로 증명된다.[102] 그리고 그것은 죽음을 앞두고 러브가 자신 앞에 지옥의 두려움-그가 그토록 많이 설교한-이 아니라 천국의 영광을 둔 믿음으로도 증명된다. 러브의 마음은 천국에 있었고, 그래서 러브는 괜찮았다. 러브의 열망 곧 이 주제에 대한 청교도 저술가들의 열망은 천국과 지옥에 대한 설교로 이 실재에 대해 듣는 모든 사람을 같은 신앙고백 곧 예수 그리스도는 주님이시고, 성부 하나님의 찬송이 되실 분이라는 고백으로 이끄는 것이었다. 믿음의 선물에서 나오는 이 고백은 천국으로 예정된 자들과 지옥의 길로 가는 자들 간의 차이였고, 지금도 차이이며, 앞으로도 항상 차이가 될 것이다.

102) Kistler, *A Spectacle unto God*, p. vii.

A PURITAN THEOLOGY

| 8부 |

실천신학

순례자 정신이 만들어 낸 청교도 신학

청교도는 자신들을 본향을 향해 여행하는 하나님의 순례자,
세상과 육체와 마귀와 맞서 싸우는 하나님의 전사,
그리고 사는 동안 할 수 있는 한 모든 선한 일을 행하라는 명령 아래 사는 하나님의 종으로 봤다.
- J. I. 패커[1] -

오늘날 세계 전역의 목사, 기독교 사역자, 경건한 젊은이 가운데 성경적인 개혁파 신앙을 실천하려고 애쓰는 사람들이 점차 증가하고 있다. 그들은 하나님께 영광을 돌리고, 가정과 교회와 국가를 바로 세우는 성경적 생활방식을 실천하기를 갈망한다.

동시에 오늘날 세계 전역에서 개혁파 신학을 단지 부분적으로 받아들이는 사람들의 수도 증가하고 있다. 그들은 칼빈주의의 기본 구원론의 다섯 가지 요점(TULIP)을 인정하고, 그리스도 중심적이고 하나님을 영화롭게 하는 방법에 따라 오직 은혜로 얻는 구원을 가르친다. 하지만 그들은 세속적인 삶의 방식에 집착하고 있다. 이 세속적인 삶은 성경에서 명하지 않은 현대적인 교회 예배 방식에 참여하는 것에서 기독교적 삶의 안내자인 하나님의 도덕법과 명백히 갈등을 낳는 오락에 탐닉하는 것에 이르기까지 다양하게 표출된다.

오늘날 우리는 은혜로 얻는 구원은 율법주의의 함정에 빠지지 않고 경건한 삶이나 실천적 거룩함의 추구와 함께 가야 함을 촉구할 필요가 있다. 또한 제대로 이해되면 은혜 교리는 도덕적 무관심 및 교회와 세상이 누가 그리스도인이고 아닌지를 식별하기 어렵게 하는 세속적 삶의 방식을 반대하는 입장에 있다. 아마 교회 역사 속에서 기독교의 어떤 다른 집단도 청교도만큼 이 문제를 성경적인 방법으로 올바르게 균형을 잡지 못했을 것이다.

청교도의 전체 신학과 삶의 길은 J. I. 패커가 순례자 정신(Pilgrim Mentality)으로 부른 것에 따라 형성되었다.[2] 청교도는 자신들을 존 번연(1628~1688년)의 『천로역정』에 나오는 인물들과 매우 비슷하게 이 세상을 통과해서 여행하는 순례자로 봤다. 순례자는 세상 속에 있지만 세상에 속해 있지는 않은데, 그것은 날카로운 긴장 관계를 함축한다. 한편으로 그리스도인들은 이 세상에서 하나님의 형상을 지닌 자로 지음을 받았기 때문에 세상 속에 있다. 그리스도인들은 이 세상에 속해 있지 않지만 세상의 소금과 빛으로 불린다. 청교도는 복음이 그리스도인들의 삶의 모든 영역, 모든 문화, 그리고 지

1) J. I. Packer, "A Man for All Ministries: Richard Baxter, 1615~1691," *Reformation & Revival* 1, no. 1 (1992년 겨울), p. 55.
2) 나는 이번 장의 기본 골격과 안에 포함된 몇 가지 사상에 대해서 오래전에 J. I. 패커에게서 들은 강연의 도움을 받았다.

구상의 모든 사람 집단에 선포되어야 한다고 믿었다(마 28:18~20; 살전 4:11~12). 그래서 리런드 라이켄은 청교도에 대한 유용한 입문서의 제목을 『청교도-이 세상의 성자들』(Worldly Saints: The Puritans as They Really Were)로 붙였다.[3] 이런 의미에서 청교도는 세상 속에 깊이 들어가 살았고, 철저히 세상 속에서 일어나는 모든 일에 관여했다.

다른 한편으로 청교도는 그리스도인들이 이 세상과 거리를 둬야 한다고 믿었다. 기독교적 삶의 이 측면은 성경이 모든 신자에게 요청하는 순례자로서의 지위를 강조한다(히 11:13; 벧전 2:11). 그리스도인들은 세상 문화에서 떠나 세상과 대립하며 살도록 요구받는다(고후 6:17). 그리스도인들은 자신이 속한 사회에서, 아니 심지어는 자신의 가족 속에서도 자신을 외국인으로 봐야 한다(눅 12:53. 참고. 마 10:34~35). 그리스도인들은 "믿지 않는 자와 멍에를 함께 메어서는" 안 되고(고후 6:14), "열매 없는 어둠의 일에 참여해서도" 안 된다(엡 5:6~11). 하나님과 이웃을 사랑하면서, 그리스도인들은 죄가 만연되어 고통으로 탄식하는 이 세상에서 순례자로 겸손하고 신중하게 살아야 한다(롬 8:23). 신자들은 죄 때문에 영속적인 갈등 속에서 세상, 육체, 마귀와 끝없이 싸우는 상태에 있다(요일 2:15~17; 롬 7:14~25; 엡 6:10~20).[4]

이 세상은 번연이 그렇게 부르는 것처럼 허영의 시장이다. 그리스도인은 이 세상의 문을 통과해야 하고, 그렇게 할 때 이 세상의 사악한 세력과 끊임없이 거리를 둬야 한다. 이 사악한 세력은 그리스도인의 육신이 자연적으로 세상적인 것을 갈망하고, 사탄은 이 세상 쾌락으로 그리스도인을 미혹하기 때문에 매우 강력하다. 순례자로서 그리스도인들은 하나님의 영광을 위해 살면서 하늘의 성읍을 향해서 발길을 재촉하고, 그리스도의 나라 도래를 고대해야 한다(히 11:13~16).

다이아몬드가 빛이 투영될 때 다양한 면의 아름다움을 보여 주는 것처럼 청교도의 순례자 정신도 다양한 면에서 빛을 발한다. 우리는 순례자 정신의 여섯 가지 면을 검토할 것이다. 정말이지 청교도든 다른 사람들이든 어떤 인간도 모든 이상에 충분히 걸맞게 살 수는 없다. 그럼에도 청교도의 이상적인 삶은 오늘날 우리의 기독교적 삶 속에서 목표로 삼을 만한 목표물을 우리에게 제공한다.

첫 번째 측면: 성경적 관점

성경적 관점은 하나님 말씀에 따라 결정된 대로 사는 것이다. 청교도는 그들이 유일하게 살아 있는 책으로 본 성경책의 사람들이었다. 청교도는 말씀에 수반된 성령의 능력을 맛보면서 성경을 사랑하고, 성경을 따라 살고, 성경과 함께 호흡했다.[5] 청교도는 66권의 성경책을 그들에게 은혜로 전해진 성령의 책으로 간주했다. 청교도는 성경을 아버지가 자녀에게 말하는 것처럼 하나님이 자기들에게 말씀하시는 것으로 간주했다. 청교도는 성경을 성령의 능력으로 말미암아 자신들의 마음을 새롭게 하고 자신들의 삶을 변화시키는 것으로 봤다. 청교도는 즐겁게 말씀을 읽고 듣고 노래하며, 다른

---

3) Leland Ryken, *Worldly Saints: The Puritans as They Really Were* (Grand Rapids: Zondervan, 1986).

4) 참고, Jeffrey Volkmer, "The Indigenous Pilgrim Principle: A Theological Consideration of the Christian, the Church, and Politics," *Bible.org*, http://bible.org/article/indigenous-pilgrim-principle-theological-considerationchristian-church-and-politics, 2010년 6월 10일 접속.

5) 이 부분의 일부는 Joel R. Beeke, *Puritan Evangelism: A Biblical Approach* (Grand Rapids: Reformation Heritage Books, 2007), pp. 9~14와 Joel R. Beeke & Ray B. Lanning, "The Transforming Power of Scripture," *Sola Scriptura: The Protestant Position of the Bible*, Don Kistler 편집 (Morgan, Pa.: Soli Deo Gloria, 1995), pp. 221~276에서 뽑은 것이다.

사람들에게 똑같이 하라고 권장했다. 리처드 그린햄(대략, 1542~1594년)은 성경을 읽는 여덟 가지 방법을 제시했다. 곧 성경을 부지런히, 지혜롭게, 각오를 다지고, 묵상하고, 토론하며[다른 신자들과 대화하며], 믿음으로, 실천하고, 기도하며 읽어야 한다고 봤다.[6] 토머스 왓슨(대략, 1620~1686년)은 말씀 듣는 법에 대해 다수의 지침을 제시했다. "거룩한 갈망을 갖고, 가르침을 받을 수 있는 마음을 갖고 말씀 앞에 나오라"고 왓슨은 말했다. 또 "정중하게 말씀 아래 앉고, 온유함으로 말씀을 받으며, 말씀에 믿음을 섞으라"고 말했다. 이어서 "말씀을 잊지 말고, 말씀을 따라 기도하며, 말씀을 실천하고, 말씀에 대해 다른 사람들에게 말하라"고 했다.[7] 왓슨은 "지옥에 대한 설교를 들어야 하는 자들의 경우가 되는 것은 두려운 일"이라고 경고했다. 반면에 성경을 "하나님이 자신에게 보낸 연애편지"로 생각하는 자들은 성경의 따스하고, 변화시키는 힘을 경험할 것이라고 말했다.[8]

청교도 설교자 존 코튼(1585~1652년)은 교인들에게 말씀을 먹고 살라고 말했다.[9] 제네바 성경의 서문도 비슷한 권면을 담고 있다. "성경은 우리의 길의 빛, 천국의 열쇠, 고통 속에서 우리의 위로, 사탄을 대적하는 우리의 방패와 칼, 우리의 지혜의 학교, 우리가 하나님의 얼굴을 보는 거울, 하나님의 호의에 대한 증언, 우리 영혼의 유일한 양식과 자양물이다."[10]

청교도는 사람들에게 믿음과 실천에서 말씀 중심적이 되어야 한다고 권면했다. 청교도는 성경을 신앙적 진리의 시금석이 되고, 도덕 문제들의 지침이 되고, 교회 예배와 정치 형식을 결정하고, 온갖 종류의 영적 시험 속에서 도움을 주는 권위적이고 신뢰할 수 있는 안내서로 간주했다.[11] 헨리 스미스(1560~1591년)는 교인들에게 이렇게 말했다. "우리는 하나님 말씀을 항상 우리 앞에 법칙처럼 두고, 오로지 하나님 말씀이 가르치는 것만 믿고, 하나님 말씀이 지시하는 것만 사랑하고, 하나님 말씀이 금하는 것은 싫어하고, 하나님 말씀이 명하는 것만 행해야 한다."[12] 그리고 존 플라벨(1628~1691년)은 "성경은 가장 좋은 삶의 길, 가장 고결한 고난의 길, 가장 편안한 죽음의 길을 우리에게 가르친다"고 말했다.[13]

청교도 설교자들은 하나님 말씀의 메시지를 근거로 이런 삶의 관점의 본보기를 세운다. 에드워드 데링(대략, 1540~1576년)은 "신실한 목사는 그리스도처럼 하나님 말씀 외에 다른 것은 전하지 않는 사람"이라고 말했다.[14] 존 오웬(1616~1683년)도 이렇게 동조했다. "목사의 첫 번째 핵심 의무는 말씀을

---

6) Richard Greenham, "A Profitable Treatise, Containing a Direction for the Reading and Understanding of the Holy Scriptures," *The Works of the Reverend and Faithfull Servant of Jesus Christ*, M. Richard Greenham, H.[enry] H[olland] 편집 (1599, 재판, New York: Da Capo, 1973), pp. 389~397. 참고, Thomas Watson, *How We May Read the Scriptures with Most Spiritual Profit*, in *Heaven Taken by Storm: Showing the Holy Violence a Christian Is to Put Forth in the Pursuit after Glory*, Joel R. Beeke 편집 (1669, 재판, Pittsburgh: Soli Deo Gloria, 1992), pp. 113~129.

7) Watson, *How We May Read the Scriptures*, in *Heaven Taken by Storm*, pp. 16~18과 Thomas Watson, *A Body of Divinity* (1692, 재판, London: Banner of Truth Trust, 1974), pp. 377~379.

8) Watson, *A Body of Divinity*, p. 379. "우리를 천국이나 지옥으로 더 가깝게 세우지 않으면 들려지는 설교는 없다"(John Preston, *A Pattern of Wholesome Words*, Christopher Hill, *Society and Puritanism in Pre-Revolutionary England*, 2판 편집 [New York: Schocken, 1967], p. 46에서 인용함).

9) John Cotton, *Christ the Fountain of Life* (London: Robert Ibbitson, 1651), p. 134.

10) *Geneva Bible* (1599, 재판, Ozark, Mo.: L. L. Brown, 1990), p. 3.

11) Ryken, *Worldly Saints*, p. 142.

12) Henry Smith, "Food for New-Born Babes," *The Works of Henry Smith*, Thomas Smith 편집 (Edinburgh: James Nichol, 1866), 1:494.

13) John Blanchard, *The Complete Gathered Gold* (Darlington: Evangelical Press, 2006), p. 49에서 인용함.

14) Edward Dering, *M. Derings Workes* (1597, 재판, New York: Da Capo, 1972), p. 456.

부지런히 선포함으로써 양들을 먹이는 것이다."[15] 밀러 머클루어는 이렇게 지적했다. "청교도에게 설교는 단순히 성경에 의해 정해지는 것이 아니다. 확실히 문자 그대로 말하면 설교가 하나님 말씀 안에 존재한다. 본문이 설교 속에 있는 것이 아니라 설교가 본문 속에 있다…… 요약해서 말하면, 설교를 듣는 것은 성경 안에 있는 것이다."[16]

전형적인 청교도 설교 한 편에는 다섯 개에서 열 개 정도의 성경 본문 인용이 담겨 있고, 열두 번 정도의 성경 본문 언급이 포함되어 있다. 청교도 설교자들은 성경에 정통했다. 수천 개는 아니더라도 수백 개 정도의 성경 본문을 암기했다. 또한 어떤 관련 사실에 어떤 성경 본문을 인용할지도 알고 있었다. "성경 적용에 오랫동안 개인적으로 익숙한 것이 청교도 목회의 핵심 요소였다"고 싱클레어 퍼거슨은 말했다. "청교도는 보석 감정인이 다이아몬드의 다양한 면들을 끈질기게 검사하는 것처럼 계시된 풍성한 진리를 숙고했다."[17] 또한 청교도는 건전한 해석 원리에 기초를 두고 인용 본문을 교리나 양심 문제[18]와 즉각 연계시킴으로써 성경을 지혜롭게 시용했다.[19]

청교도 설교자들은 대부분 성서 언어나 고전 학문에 충분한 소양을 갖고 있었다. 그러나 그들은 또한 "거듭난 것은 썩어질 씨로 된 것이 아니요 썩지 아니할 씨로 된 것이니 살아 있고 항상 있는 하나님의 말씀으로 되어야 한다"(벧전 1:23)는 것도 잘 알고 있었다. 그리고 성령이 성경을 통해 죄인들이 진리를 깊이 깨닫도록 역사하신다는 것도 확신했다. 청교도의 참된 사고방식은 성경 표현에 깊이 뿌리를 두고 있었다.

만일 우리가 성경 지식을 자랑하는 경향이 있다면, 존 오웬, 토머스 굿윈(1600~1680년)이나 토머스 브룩스(1608~1680년)의 책을 펼쳐 보고, 거기서 나훔서의 어떤 애매한 본문이 요한복음의 익숙한 본문과 똑같이 인용될 때 어떻게 두 본문이 저자의 요점을 완벽하게 예증하는지 주목해 보고, 우리의 지식과 그들의 지식을 비교해 보라. 우리가 이 신학자들의 경이로운 성경 이해를 그들이야말로 **정통 말씀 사역자였다**고 말하는 것 말고 어떻게 다르게 설명할 수 있겠는가? 이 사람들은 성경을 매일 연구하고, 하나님의 영이 자신들 마음속에 말씀을 깨닫게 하실 때 무릎을 꿇었다. 따라서 복음 메시지를 쓰거나 설교할 때 그들에게는 성경 본문이 연달아 떠올랐다.

하나님의 영광을 위해 살려고 하는 우리의 노력은 당연히 성경에 근거를 두어야 한다. 우리는 더 자주 성경을 연구하고, 하나님 말씀을 더 열렬히 사랑해야 한다. 우리가 성경적으로 더 깊이 생각하고 말하고 행동할 때 우리의 메시지는 그만큼 더 권위적이고, 우리의 대화는 그만큼 더 결실을 맺고, 우리의 증언은 그만큼 더 효과적이고, 우리 삶의 방식은 그만큼 더 세상과 구별될 것이다.

오늘날 우리의 문제점은 우리 생각의 근거를 성경에 두고 있지 않은 것이다. 지식 없는 기독교는

---

15) John Owen, *The True Nature of a Gospel Church and Its Government*, in *The Works of John Owen*, William H. Goold 편집 (1853, 재판, London: Banner of Truth Trust, 1965), 16:74.

16) Millar Maclure, *The Paul's Cross Sermons, 1534~1642* (Toronto: University of Toronto Press, 1958), p. 165.

17) Sinclair B. Ferguson, "Evangelical Ministry: The Puritan Contribution," *The Compromised Church: The Present Evangelical Crisis*, John H. Armstrong 편집 (Wheaton, Ill.: Crossway, 1998), p. 267.

18) 예, William Perkins, *William Perkins, 1558~1602: English Puritanist. His Pioneer Works on Casuistry: "A Discourse of Conscience" and "The Whole Treatise of Cases of Conscience,"* Thomas F. Merrill 편집 (Nieuwkoop: B. DeGraaf, 1966). 이 작품들로 말미암아 퍼킨스는 "청교도 결의론의 아버지"라는 호칭을 얻었다.

19) 다음 자료들을 보라. J. I. Packer, *A Quest for Godliness: The Puritan Vision of the Christian Life* (Wheaton, Ill.: Crossway, 1990), pp. 81~105, Ryken, *Worldly Saints*, pp. 143~149, 154, Thomas D. Lea, "The Hermeneutics of the Puritans," *Journal of the Evangelical Theological Society* 39, no. 2 (1996), pp. 271~284.

단지 줏대 없는 세속적 기독교를 만들 수 있다. 성경에 대한 무지로 말미암아 또는 우리 구미에 맞게 성경을 왜곡시킴으로써 우리는 우리 주변의 불경한 세상과 대립하는 신념들을 상실하고 말았다. 따라서 오늘날 교회는 부끄러움 없이 여성에게 목사 안수를 하는 것을 정당화하거나 명백히 반대로 말하는 성경의 증언에도 동성애 관습과 같은 다른 수많은 악들을 그대로 묵인하는 태도를 보여 주고 있다. 최근에 어떤 사람이 자신이 저지른 죄에 대해 지적을 받자 이렇게 반응했다. "그렇지만 내 생각은 이런데, 성경이 실제로 말하는 것에 대해 누구나 의견이 다르다는 거야. 그래서 나도 그것이 옳다고 느끼기 때문에 계속 그렇게 할 거야."

오늘날 자칭 그리스도인이 "물론 이것이 잘못이라는 것은 알고 있지만……"이라고 말을 시작하는 경우를 보는 것은 흔한 일이다. 한 개혁파 교회 장로가 매력적인 한 젊은 여성을 빤히 쳐다본 후에 내게 농담으로 이렇게 말했다. "아내는 만지지만 않으면 쳐다보는 것은 괜찮다고 말했소." 이 장로는 죄책감 없이 또는 음욕을 품고 여자는 보는 자마다 마음이 이미 간음했다고 경고하신 예수의 말씀(마 5:28)을 상기하지 않고 이렇게 말한 것이다. 더 어이가 없었던 것은 비행기에서 옆 좌석에 앉은 최근 은퇴한 한 복음주의 목사가 내게 "지금까지 나는 내 전 인생을 주님과 주님의 교회에 바쳤다고 생각되오. 그래서 이제 남은 인생은 나를 위해 살 작정이오"라고 말한 것이었다.

청교도는 이런 말에 기절초풍하겠지만 나는 우리 가운데 많은 이들이 혐오감 없이 그렇게 말하는 것이 걱정스럽다. 왜냐하면 자기 부인보다 자기 긍정에 더 큰 가치를 부여하는 비성경적 세속주의가 우리 가운데 이미 발판을 구축했기 때문이다. 이것은 제러마이어 버로스(대략. 1600~1646년)의 모세의 선택과 자기 부인에 대한 작품을 읽은 지난달, 내 가슴 속에 뼈저리게 와 닿았다.[20] 오늘날 모든 그리스도인이 이 책을 읽고, 죄를 회개하고, 경건한 삶의 방식에 따라 살기 위해 하나님께 자비와 능력을 구하기를 얼마나 바랐던가! 자기 부인에 대해 청교도의 견해와 우리의 현대적 견해가 너무 동떨어져 있는 것이 참으로 염려된다.

친구여, 여러분은 어떤가? 여러분은 자기 부인을 요청하는 경건하고 성경적인 구별된 삶의 방식에 따라 사는 것에 진지한가? 성경이 그렇게 하는 것을 찬성하지 않는다고 알고 있기 때문에 여러분이 자기를 부인하고, 하고 싶은 어떤 일을 행하지 않은 때가 마지막으로 언제였는가? 여러분은 날마다 자기를 부인하고, 자기 십자가를 지고, 예수를 따르고 있는가(마 16:24), 아니면 야고보가 묘사하는 것(1:8)처럼, 여러분은 그리스도인으로 사는 동시에 세상 사람으로 살려고 하기 때문에 삶 속에서 두 마음을 품어 모든 일에 정함이 없는가?

두 번째 측면: 경건주의자 관점

청교도 순례자 정신의 두 번째 면은 경건주의자 관점이다.[21] 경건주의자는 교회와 자신을 둘러싸

---

20) Jeremiah Burroughs, *Moses' Self-Denial* (재판, Grand Rapids: Reformation Heritage Books, 2010).

21) 나는 여기서 총칭적 의미로 "경건주의자"라는 말을 사용하고 있다. 경건주의자라는 말은 청교도라는 말과 똑같이 우리가 경건주의자(pietist)라는 말을 독일에서 펼쳐진 역사적인 경건주의 운동의 당사자들을 가리키는 대문자 "P"를 집어넣은 말(Pietist)을 사용하지 않고, 소문자 "p"를 집어넣은 말(pietist)을 사용한다면, 다른 누구보다 이와 관련된 신학자들을 가리키는 것으로 보는 것이 더 적절하다. Joel R. Beeke, *Piety: The Heartbeat of Reformed Theology* (Grand Rapids: Reformation Heritage Books, forthcoming)와 Carter Lindberg 편집, *The Pietist Theologians* (Oxford:

고 있는 공동체 안에서 우리가 갖는 하나님 및 사람과의 관계 속에서 드러나는 개인적 거룩함을 자신의 핵심 관심사로 본다. 이런 의미에서 청교도는 경건주의자였다.

경건이라는 말은 오늘날 멸시적인 말이 되고 말았다. 어떤 사람을 "경건주의자"로 분류할 때 매우 자주 그가 과도한 종교성, 자기의, 잘난척하는 태도를 갖고 있는 것을 의미한다. 그러나 경건이라는 말의 어원은 긍정적인 의미를 갖고 있다. 이 말에 해당하는 구약 성경 용어의 의미는 "여호와를 경외함"이고, 이와 비견되는 신약 성경의 용어인 유세베이아는 "하나님에 대한 존경"과 "경건함"을 의미한다. 경건에 해당되는 라틴어 용어(피에타스)는 하나님, 가정, 조국(파트리아)에 대한 의무와 관련해서 양심적이고 세심한 것을 가리킨다. 그러기에 피에타스는 사랑에 뿌리를 두고 있고, 자체로 충성, 친절, 정직, 동정을 보여 준다. 이에 해당하는 독일어 단어(프롬)는 "경건하고 독실함" 이나 "온순하고, 악의 없고, 수수함"을 가리킨다. 영어 단어는 동정과 연민을 의미한다.[22]

16세기 종교개혁자, 그 중에서도 존 칼빈은 오늘날 심지어는 개혁파를 자처하는 자들 속에서도 경건이 얼마나 불충분하게 다뤄지는지 알면 충격을 받을 것이다. 칼빈에게 경건은 하나님에 대한 올바른 태도를 드러내는 것을 함축한다. 경건은 신학에서 흘러나오고, 진심 어린 예배, 구원하는 믿음, 효성스러운 경외, 헌신적인 복종, 공손한 사랑을 포함한다.[23] 하나님이 어떤 분인지 아는 것(신론)은 하나님에 대한 올바른 태도와 하나님이 원하시는 것을 행하는 것(경건)을 포함한다. 칼빈은 신학과 경

Blackwell, 2005)를 보라. 독일 경건주의, 잉글랜드 청교도 사상, 네덜란드 제이 종교개혁 간의 유사점과 차이점에 대한 간명한 요약은 Joel R. Beeke, *Quest for Full Assurance: The Legacy of Calvin and His Successors* (Edinburgh: Banner of Truth Trust, 1999), pp. 288~293을 보라. 참고, Horst Weigelt, "Interpretations of Pietism in the Research of Contemporary German Church Historians," *Church History* 39 (1970), pp. 236~241. 독일 경건주의 운동의 뿌리는 다양하게 제시되었다. 하인리히 슈미트는 대체로 그 뿌리가 루터 교회로 한정되어야 한다고 믿었다(*Die Geschichte des Pietismus* [Nordlingen: Beck, 1863]). 다른 학자들은 독일 경건주의를 중세 신비주의의 부흥으로 봤다(Albrecht Ritschl, *Geschichte des Pietismus*, 전 3권 [Bonn: Marcus, 1880], Ronald R. Davis, *Anabaptism and Asceticism* [Scottdale, Pa.: Herald, 1974]). 그러나 대다수 학자들은 독일 경건주의는 잉글랜드 청교도 사상 그리고/또는 네덜란드 제이 종교개혁에 뿌리를 두고 있다는 데 동조한다. 다음 자료들을 참고하라. Heinrich Heppe, *Geshichte des Pietismus und der Mystik in der Reformierten Kirche, namentlich der Niederlande* (Leiden: E. J. Brill, 1879), August Lang, *Puritanismus und Piëtismus: Studies zu ihrer Entwicklung von M. Butzer his zum methodismus* (Ansbach: Brugel, 1941), F. Ernest Stoeffler, *German Pietism during the Eighteenth Century* (Leiden: E. J. Brill, 1973), Edgar C. McKenzie, "British Devotional Literature and the Rise of German Pietism," 전 2권 (철학박사학위논문, St. Mary's College, University of St. Andrews, 1984), Peter Damrau, *The Reception of English Puritan Literature in Germany* (London: Many Publishing, 2006). 데일 브라운은 이 학파를 이렇게 간단히 요약한다. "슈페너는 열네 살에 루이스 베일리의 『경건의 실천』(Praxis Pietatis)을 비롯해서 다이크, 손톰, 백스터와 같은 다른 잉글랜드 청교도의 경건 서적을 읽었다. 양심, 일상생활의 검토, 삶의 규칙 형성에 초점을 맞춘 이 청교도 문헌은 경건주의 진영에서 열렬히 읽혀졌다. 17세기에 네덜란드에서는 경건주의 사상이 떼일링크와 그의 신비주의, 푸치우스와 엄밀주의로 불린 운동을 일으킨 그의 비밀 훈련 집단, 콕케이우스와 그의 언약 성경신학, 로덴스테인과 그의 은사주의 비밀 단체, 라바디(젊은 슈페너에게 깊은 영향을 미친 인물)와 그의 급진적인 분리주의 경향 등으로 나타났다. 이 네덜란드 개혁 운동의 영향은 독일 지역에 널리 퍼졌고, 역사가들은 그 운동에 개혁파 경건주의라는 이름을 붙임으로써 이 네덜란드의 경험과 훗날 독일에서 나타난 운동의 유사성을 확증했다"(Dale Brown, *Understanding Pietism* [Grand Rapids: Eerdmans, 1978], pp. 17~18).

22) 이 단락은 Brown, *Understanding Pietism*, p. 9를 손질한 것이다.

23) 칼빈의 경건에 대한 견해를 다루는 것은 다음 자료들을 보라. Joel R. Beeke, "Calvin on Piety," *The Cambridge Companion to John Calvin*, Donald C. McKim 편집 (Cambridge: Cambridge University Press, 2004), pp. 125~152, "*The Soul of Life": The Piety of John Calvin*, Joel R. Beeke 편집 (Grand Rapids: Reformation Heritage Books, 2009), Lucien Joseph Richard, *The Spirituality of John Calvin* (Atlanta: John Knox, 1974), pp. 100~101, Sou-Young Lee, "Calvin's Understanding of *Pietas*," *Calvinus Sincerioris Religionis Vindex*, W. H. Neuser & B. G. Armstrong 편집 (Kirksville, Mo.: Sixteeenth Century Studies, 1997), pp. 226~233, H. W. Simpson, "*Pietas* in the *Institutes* of Calvin," *Reformational Tradition: A Rich Heritage and Lasting Vocation* (Potchefstroom, South Africa: Potchefstroom University for Christian Higher Education, 1984), pp. 179~191.

건을 연계시키고, "나는 '경건'을 하나님의 유익에 대한 지식이 일으키는 하나님에 대한 사랑과 결합된 존경이라고 부른다"고 진술한다.[24] 칼빈은 이렇게 말했다. "그리스도인의 전체 삶은 일관되게 경건을 실천하는 삶이 되어야 한다."[25] 경건한 삶에 대한 이와 동일한 관심이 칼빈의 『기독교강요』 초판 부제에 반영되어 있다. "경건에 대한 전체 개요와 구원론을 이해하는 데 필수적인 제반 사항을 거의 망라함: 경건에 열심히 있는 사람들은 모두 일독할 가치가 충분히 있는 작품."[26]

칼빈과 그의 계승자들-개신교 스콜라주의자, 잉글랜드 청교도, 네덜란드 제이 종교개혁 신학자, 어느 정도는 독일의 경건주의자까지-은 "신학과 실천은 불가분리적으로 융합되어 있다"고 봤다. 개혁파 신학자들은 경건을 자신들의 신학과 경건한 삶의 맥박으로 간주했다. 이것은 특별히 청교도에게 더 해당되었다. 예를 들어 저명한 청교도로 『신학의 정수』라는 고전 작품을 저술한 윌리엄 에임스(1576~1633년)는 신학을 "하나님을 위해 사는 법에 대한 교리나 가르침[독트리나]"으로 정의했다.[27] 에임스는 신학을 단순히 사변적인 것이 아니라 실천적 목적에서 절정에 달하는 하나님과 인간의 만남 곧 인간의 뜻과 거룩하신 하나님의 뜻의 결합이라고 봤다.[28] 에임스는 더 나아가 신학 연구의 모든 것은 실천적인 경건의 삶과 관련되어 있다고 말했다. 에임스는 이렇게 말했다. "이런 실천적 삶은 신학 속에 매우 완벽하게 반영되어 있기 때문에 보편적 진리의 개념이 가정 도덕, 정치 생활에 있어 잘 사는 것과 관련되지 않은 경우는 없고, 또는 신학에 적절하게 부합되지 않는 입법도 절대로 없다."[29]

청교도는 경건을 촉진시키기 위해 다양한 수단을 활용했다. 이런 수단으로는 이런 것들이 포함된다. (1) 말씀 중심적이고, 교리적이고, 경험적이고, 영혼을 구원하는 설교를 장려함, (2) 성경을 읽고 연구함, (3) 성경적 진리와 의무를 묵상함, (4) 자주 그리고 오랫동안 열렬한 기도를 드림, (5) 특히 비밀 집회나 영적 교제를 통해 성도들과 친교를 나눔, (6) 지속적인 회개를 강조함, (7) 일상적 헌신과 은혜의 수단을 통해 내적 경건의 삶을 계발함, (8) 시편을 노래함, (9) 주의 만찬을 검토하고 부지런히 활용함, (10) 하나님께 감사해서 십계명을 지킴, (11) 가시적 교회보다 불가시적 교회를 강조함, (12) 가정 예배를 유지함, (13) 평신도 교리 문답 교육을 실시함, (14) 설교와 다른 교양 문

---

24) John Calvin, *Institutes of the Christian Religion*, John T. McNeill 편집, Ford Lewis Battles 번역 (Philadelphia: Westminster Press, 1960), 1.9.

25) Calvin, *Institutes*, 3.19.2(강조 표시는 추가한 것이다).

26) John Calvin, *Institutes of the Christian Religion: 1536 Edition*, Ford Lewis Battles 번역 (Grand Rapids: Eerdmans, 1986). 이 라틴어 원문 제목은 다음과 같다. *Christianae religionis institutio total fere pietatis summam et quidquid est in doctrina salutis cognitu necessarium complectens, omnibut pietatis studiosis lectu dignissimum opus ac recens editum* (*Joannis Calvini opera selecta*, Peter Barth, Wilhelm Niesel, & Dora Scheuner 편집 [Munich: C. Kaiser, 1926~1952], 1:19). 1539년 이후로 이 제목은 단순히 *Institutio Christianae Religionis*가 되었지만 "경건을 위한 열심"은 칼빈의 작품의 핵심 목적으로 계속 유지되었다. Richard Muller, *The Unaccommodated Calvin: Studies in the Foundation of a Theological Tradition* (New York: Oxford University Press, 2000), pp. 106~107을 보라.

27) William Ames, *The Marrow of Theology*, John D. Eusden 번역 (1629, 3판 편집, 재판, Boston: Pilgrim Press, 1968), 1.1.1. 라틴어판은 Guilielmum Amesium, *Medulla s.s., theologiae: Ex sacris literis, earumque interpretibus, extracta, & methodice disposita per*, Editio Quarta (London: Apud Robertum Allotium, 1630)를 보라. 윌리엄 에임스의 간단한 생애 소개와 그의 고전 작품의 요약은 Joel R. Beeke & Jan van Vliet, "*The Marrow of Theology by William Ames*," in *The Devoted Life: An Invitation to the Puritan Classics*, Kelly M. Kapic & Randall C. Gleason 편집 (Downers Grove, Ill.: InterVarsity, 2004), pp. 52~65를 보라. 참고, Jan van Vliet, "William Ames: Marrow of the Theology and Piety of the Reformed Tradition" (철학박사학위논문, Westminster Theological Seminary, 2002).

28) Ames, *Marrow*, 1.1.9~13.

29) Ames, *Marrow*, 1.1.12.

헌을 출판함, (15) 목회자를 위한 신학 교육을 강조함, (16) 온종일 하나님께 헌신하는 것으로 안식일을 지킴, (17) 일지나 영적 일기를 씀.[30)]

개혁파와 청교도 신학의 핵심에는 경건주의자 관점이 있다. 종교개혁 신학은 교리적인 것 못지않게 실천적인 것에도 관심을 둔다. 대다수 정통 신학자들이 인정하는 것처럼 신학은 부분적으로는 이론적이고, 또 부분적으로는 실천적이다(파르팀 파르팀).[31)] 머리와 가슴은 서로에게 필연적인 결말이다. 칼빈과 청교도는 교회 개혁은 신학의 개혁과 함께 경건의 개혁이나 영성의 개혁을 포함한다고 봤다. 매튜 풀(1624~1679년)이 말한 것처럼 성경적 교리는 "경건한 삶 곧 하나님에 대한 참된 예배와 하나님의 뜻에 대한 보편적 순종을 낳는 진리다."[32)] 여러 세기 동안 수도원 담 뒤에 숨겨져 있었던 영성으로 인해 경건이 독신과 금욕과 고행이 주축이 된 헌신으로 귀결되었다. 그러나 개혁파 신학자들은 "참된 영성은 영성의 핵심 원천인 예수 그리스도에게서 흘러나오는 것"으로 이해하도록 그리스도인들을 도왔다. 가정과 들판과 공장과 시장-요약하면, 삶의 전 분야-에서 그리스도인의 행동은 예수 그리스도 안에서 발견하는 은혜에 대해 감사하고, 그 은혜를 경건하게 반사해야 한다.

오늘날에는 지성과 영혼의 양육을 이렇게 함께 강조하는 것이 절실하게 요구된다. 한편으로 우리는 교리를 정확하게 가르치지만 활력적인 경건한 삶은 강조하지 않는 메마른 개혁파 정통주의의 문제점에 봉착해 있다. 이 문제점의 결과는 사람들이 교리의 하나님과의 생명력 있는 영적 연합을 갈망하지 않고 하나님의 교리 앞에 머리만 숙이고 있다는 것이다. 다른 한편으로 오순절파와 은사 운동 지지자는 형식적이고 생명력 없는 기독교에 저항하고 감정주의를 표방한다. 하지만 이 감정주의는 성경에 견고하게 뿌리를 두고 있지 않다. 그리고 그 결과는 사람들이 인간적 감정을 성경에 자신을 계시하신 삼위 하나님보다 위에 두는 것이다. 진정한 개혁파 경건의 특징은 신학과 경건을 융합시키고, 그리하여 머리, 가슴, 손이 서로 하나님의 영광과 이웃의 행복을 위해 살도록 동기를 부여한다는 데 있다.

이런 의미로 이해된 경건은 무시되거나 회피되어서는 안 된다. 오히려 우리는 종교개혁의 거룩하고 의존적이고 사랑하고 경건한 삶의 가르침에 따라 이 경건을 촉진시키도록 요구받는다. 진정한 의미에서 "경건하다"거나 "경건주의자"로 불리는 것은 칭찬이다! 만일 우리가 다르게 생각한다면 우리의 경건의 정의를 재고할 필요가 있다. 우리의 정의는 성경의 적절한 용도에서 나오는 것인가, 아니면 급진 경건주의와 많은 현대 사회의 부적절한 적용에서 나오는 것인가? 독실함, 영성이나 경건은 목적(즉 영원하고 행복한 삶)을 위한 수단이 아니라 예수 그리스도의 공로로 얻은 영원하고 행복한 삶의 표현이다. 이런 이유로 경건의 계발은 은혜의 수단들과 각별히 관련되어 있다. 요약하면 경건은 회개와 의 속에 표현된 신적이고 은혜로운 거듭남의 사역으로 성화를 경험하는 것을 의미하고, 신자

---

30) 이 표지들 가운데 많은 것에 대한 설명은 Brown, *Understanding Pietism* and Stoeffler, *German Pietism*을 보라.

31) 이 파르팀 파르팀 구성 진술에 대해서는『기독교 신학 요약』(Compendium Theologiae Christianae)으로 번역된 요하네스 볼레비우스의 *Compendium Theologiae Christianae*, Alexander Ross 번역, 3판 편집 (1626, 재판, London: T. Mabb for Joseph Nevill, 1660), 1.29.10을 보라. 거기서 볼레비우스는 이렇게 말했다. "확고한 신뢰와 결합되지 않은 믿음은 역사적 믿음에 지나지 않는다. 교황주의자는 믿음은 의지와 마음속에 있는 것이 아니라 단순히 지성 속에 있다고 가르친다. 성경은 분명히 그와는 정반대로 선언한다. '사람이 마음으로 믿어 의에 이르고'"(롬 10:10).

32) Matthew Poole, *A Commentary on the Holy Bible* (Peabody, Mass.: Hendrickson, 2005), 3:800(딛 1:1 부분). 풀의 아주 상세한 라틴어 작품 *Synopsis*는 성경 어구 "*et agnitionem veritatis quae est secundum pietatem*"(딛 1:1)을 피스카토르의 "*cujus finis ac fructus est pietas*"라는 말을 인용해서 주석한다(Matthaeo Polo [Matthew Poole], *Synopsis Criticorum Aliorumque Sacrae Scripturae* [Francofurti: Balthasaris Christophori Wustii, 1679], 5:1082).

는 경건이 천국에서 영원한 성화로 완성될 날을 고대하면서 한평생 그리스도를 닮아가는 삶을 통해 경건을 향상시킨다.

세 번째 측면: 교회적 관점

청교도는 패커가 교회적 관점이라고 부르는 것을 받아들였다. 청교도는 "참된 교회는 그리스도를 머리로 하는 구속받은 자들의 불가시적인 연합체"라고 가르쳤다. 교회는 제도적, 계층적, 물리적 구조가 아니라 영적 실재다. 그것이 청교도가 "물리적 장소에서 교회 예배의 참된 핵심인 영적 활동으로 관심을 돌리기" 위해 자신들의 교회 건물을 "만남의 집"으로 부른 한 가지 이유다.[33] 청교도는 "이것이 국가 교회의 강요된 통일성 관념이 아니라 자발적인 교회 지체 관념을 함축한다"고 봤다.

청교도는 지역 교회와 지역 교회의 교제를 크게 중시했다. 작품을 통해 웨스트민스터 총회 표준문서들에 큰 영향을 미친 제임스 어셔(1581~1656년)는 하나님은 땅에서 구원을 찾는 모든 자가 자발적으로 참여하는 "특수 교인 집단" 속에서 자신의 교회를 가시적으로 만드신다고 말했다.[34] 에베소서는 "어떤 그리스도인도 홀로 하나님을 찾도록 부르심을 받지 않는다"는 청교도의 신념을 충분히 정당화한다. 우리는 교회 가족으로 거듭난다. 우리는 사귐을 위해 지음을 받았다. 우리는 사귐 속에서 살아가야 한다. 신자들은 교회로 간주되고, 교회의 한 부분이 되어 그들의 기도와 노력을 모든 면에서 교회의 행복을 증진시키는 데 쏟아야 한다. 왜냐하면 교회는 하나님의 목적을 이루는 본부기 때문이다. 아무리 복음이 개인에게 자신은 개인적으로 하나님과 관계를 맺고 다른 어느 누구도 자신을 위해 해 줄 수 없다는 것을 깨닫게 한다고 할지라도, 복음은 어떤 사람을 나머지 하나님의 백성들이 알거나 관심을 갖고 있는 것이 무엇인지 안중에 없이 자기 일 밖에 모르는 개인주의자로 만들지 않는다.

청교도는 교회 사람들이었고, 그래서 교회 예배를 통해 하나님을 영화롭게 하는 데 관심을 두었다. 청교도 운동 초기부터 그들의 양심은 공적 예배의 부패를 방지하는 데 매우 단호했다. 청교도는 삶의 모든 부분에서 성경이 명하는 대로 되기를 원했기 때문에 성경이 명하는 대로 교회 예배 드리기를 원했다. 하지만 이것은 성경이 명하는 예배에 대한 청교도의 이해가 잉글랜드 교회가 공동기도서에 법적으로 정해 놓은 예배 방식과 일치되지 않았기 때문에 문제가 되었다.

공동기도서를 작성한 자들은 아디아포라 곧 "아무래도 좋은 것들"에 대한 루터, 멜란히톤, 부처의 견해를 지지했다. 이 견해는 성경이 예배에 대해 규정하는 것은 모두 존속시켜야 하지만 성경이 규정하지 않고 공경, 경건, 교화를 촉진시키는 가치가 있는 것으로 판명된 다른 요소들은 보존되어야 한다고 가르쳤다. 이 기초에 따라 공동기도서는 청교도가 거부한 네 가지 의식 요소를 그대로 보존시켰다. 곧 백의(사제들의 특별 전례복)를 입는 것, 성찬을 받을 때 무릎을 꿇는 것(떡과 잔에 대한 중세 예배의 잔재), 결혼 반지를 주는 것(로마 가톨릭교회의 성사의 표징으로서), 세례 시에 물이 부어지는 자의 이마에 십자가

33) Ryken, *Worldly Saints*, p. 117.

34) James Ussher, *A Body of Divinity*, Michael Nevarr 편집 (1648, 재판, Birmingham, Ala.: Solid Ground Christian Books, 2007), p. 358(43번째 제목).

표시를 긋는 것이 그것이다.[35] 예배에 대한 성경의 권위를 인정하는 청교도의 견해는 이것들은 모두 하나님의 말씀 속에 명해진 것이 아니기 때문에 이런 아디아포라가 계속되는 것을 허용하지 않았다.

따라서 1560년대와 1570년대에 이미 확립된 청교도의 신념은 "공동기도서는 이 의식들을 보존함으로써 하나님 말씀에 새로운 것을 덧붙였기 때문에 예배를 부패시켰다"는 것이었다. 청교도는 "이 의식들은 예배에서 제외되어야 하고, 그런 예배는 하나님 말씀에 따를 때 참된 예배가 아니고, 우리는 그런 예배로 하나님을 기쁘시게 할 수 없다"고 말했다. 예배 목표는 우리 자신이 아니라 하나님을 기쁘시게 하는 데 있어야 한다. 존 오웬은 이렇게 말했다. "하나님의 예배는 사람의 고안에 속하는 것이 아니다……하나님의 예배는 사람의 지혜로 가르쳐지는 것도 아니고, 사람의 연구가 아니라 하나님의 영의 지혜와 계시로 달성되는 것이다. 하나님의 예배는 발생과 발명이 모든 면에서 신적이고 천상적이야 하며, 따라서 하나님의 위대하심과 거룩하심에 상응해야 한다. 하나님을 기쁘시게 해야 하는 이유는 하나님 자신이 유일한 심판자이시기 때문이다."[36] 예배 규제 원리로 불리게 된 청교도의 입장은 신약 성경에서 본보기로 명백히 명령되지 않거나 시인되지 않는 것은 절대로 기독교 예배에서 허용되어서는 안 된다는 것이었다.[37] 예배 규제 원리는 십계명의 둘째 계명에 대한 개혁파의 기본 이해에서 연원했다. "어떤 형태로든 하나님의 형상을 만들지 말고, 절대로 하나님이 자신의 말씀 속에 명하신 방법과 다르게 하나님을 예배하지 말라는 것입니다"(하이델베르크 교리문답 질문 96).

청교도 시대든 오늘날이든 이 규제 원리를 고수하는 자들은 "하나님은 자신의 예배에 인간이 독단적으로 집어넣은 것에 불쾌한 마음을 갖고 계신다"고 믿었다. 그렇게 되면 그리스도의 왕권이 방해받고 그리스도의 법이 무시되기 때문이다.[38] 청교도는 이런 식으로 덧붙이는 것은 악하고 불경스러운 것으로, 성경이 충분한 책이 아니라고 주장하는 것과 같다고 믿었다. 청교도는 이런 일들을 많은 복음주의자들이 어떤 사람들의 예언에 대한 주장-곧 예언을 계속 주장하는 것은 성경의 충분함을 공격하는 것이고, 정경은 이미 완결되었기 때문에 지금은 예언이 필요 없다고 보는 주장-을 보는 것과 같이 봤다.

우리는 특히 오늘날 그토록 많은 교회가 예배의 순수성에 주의를 기울이지 않고 하나님보다 사람들을 즐겁게 하는 것에 모든 강조점을 두는 것에 대해 청교도에게서 많은 것을 배워야 한다. 청교도는 엄밀하게 이와는 반대 입장을 취했다. 청교도의 목표는 거룩한 예배를 통해 하나님을 기쁘시게 하는 데 있었다. 문제는 결코 "예배에서 내가 원하는 것이 무엇인가?"에 있지 않고, 항상 "예배에서 하나님이 원하시는 것이 무엇인가?"에 있었다.

교회의 모든 삶 속에서 청교도는 순결함을 목표로 삼았다. 곧 예배의 순결함, 교리의 순결함, 영혼의 경험(성경과 교회의 건전한 교리에 근거를 둔 경험을 의미하는)의 순결함, 교회 정치와 권징의 순결함, 주일성수의 순결함과 예배의 열매인 삶 자체의 순결함을 추구했다. 청교도는 순전한 교리, 순전한 예배 방식,

35) Daniel Neal, *The History of the Puritans* (재판, New York: Harper & Bros., 1843), 1:107.

36) John Owen, "The Nature and Beauty of Gospel Worship," *The Works of John Owen*, William H. Goold 편집 (1853, 재판, London: Banner of Truth Trust, 1965), 9:72.

37) Owen, "Gospel Worship," *Works*, 9:71. 참고, Daniel R. Hyde, "'Of Great Importance and of High Concernment': The Liturgical Theology of John Owen (1616~1683)" (신학석사논문, Puritan Reformed Theological Seminary, 2010).

38) Christopher J. L. Bennett, "Worship among the Puritans: The Regulative Principle," *Spiritual Worship: Being Papers Read at the 1985 Conference* (London: Westminster Conference, 1986), p. 20.

교인들의 순전한 삶이 있는 순전한 교회를 목표로 삼았다. 청교도의 목표는 정통적 교리와 삶에서 흘러나온 개인적 거룩함과 교회의 거룩함에 있었다. 청교도는 하나님이 우리에게 요구하시는 것과 우리가 하나님께 복종해야 하는 것에 대해 포괄적인 견해를 갖고 있었다.

청교도는 옳은 것과 우리가 하나님을 존귀하게 하려고 할 때 목표로 해야 하는 것에 대해 포괄적인 교회적 관점을 가진 것으로 유명했다. 오늘날 교회는 다른 것의 중요성은 망각하고 한 가지 것에만 크게 사로잡혀 있는 사람들로 가득하다. 청교도는 자신들의 교회적 관점에 따라 모든 것이 다 중요하다는 것을 잊지 않았다. 모든 것이 중요했다. 우리는 여기서 많은 것을 배워야 한다. 왜냐하면 우리는 순결함과 의로움의 어떤 분야에 대해서도 결코 무관심해서는 안 되기 때문이다.

네 번째 측면: 전투적 관점

땅 위의 교회는 전투하는 교회다. 각 신자의 영혼 속에서 싸움이 휘몰아친다. 청교도는 이것도 순례자의 삶의 일부라고 가르쳤다. 청교도는 내면의 삶을 매우 중대한 싸움이 일어나는 갈등과 긴장의 전쟁터로 봤다. 어셔는 "영적 싸움"에 대해 이렇게 말했다.

> 영적 싸움에서 모든 대적에 맞서 우리는 날마다 보장된 승리의 확신을 갖고 영적 힘과 갑주를 사용한다. 현세에서 신실한 자들의 지위는 확실히 그리스도 안에 있지만 그들은 죄와 맞서 싸우는 상태에 있다. 회개와 관련해서 말한다면, 사람 자신의 육체의 공격에 맞서, 그리고 마귀의 활동과 세상의 미혹에 맞서 지속적으로 싸우고 투쟁하는 일이 벌어진다.[39]

청교도는 로마서 7장 14~25절을 즐겨 인용하는데, 그들은 이 본문이 신자들의 내면에서 일어나는 거룩한 전쟁을 묘사한다고 믿었다.[40] 바울의 내면의 삶은 새 본성과 잔재하는 옛 본성 사이에서 지속적인 다툼이 벌어지고 있었다. 존 오웬은 이것을 이해하도록 우리를 돕는다. 오웬은 신자로서 우리는 죄를 법과 같이 경험한다고 말했다. 우리가 선을 행하려고 할 때 죄가 항상 "나타난다"(롬 7:21). 죄는 항상 우리 곁에 있다. 오웬은 여기서 헬라어 단어 파라케이마이에 의지하는데, 이 말에서 죄가 항상 함께 있는 것과 우리를 괴롭히고 우리를 성가시게 하기 위해 우리 집안으로 걸어 들어오는 불청객과 같이 행하는 것을 추론해 낸다.[41]

악을 행하는 이런 성향은 법과 같은데, 그 이유는 그 성향이 절대로 떠나가지 않기 때문이다. 이 악한 법은 거듭나는 순간부터 영혼 속에 두어진 선한 법에 어떻게든 반대한다. 선한 법은 옳은 것과 선한 것을 행하려고 한다. 하지만 계속 올바른 길을 가려고 할 때마다 이 악한 법이 우리가 행하는 것에 제동을 건다. 바울은 악을 행하는 성향이 "내 마음의 법과" 싸운다고 말한다(롬 7:23).

악한 법은 경계선이 없다. 설득력 있게 다가오는 악한 제안에는 한계가 없는 것처럼 보인다. 악한

---

39) Ussher, *A Body of Divinity*, p. 301(32번째 제목).

40) 참고, John Owen, *Of the Mortification of Sin in Believers, Etc.*, in *The Works of John Owen*, William H. Goold 편집 (1853, 재판, London: Banner of Truth Trust, 1965), 6:2~322.

41) Owen, *Mortification of Sin*, in *Works*, 6:161~169.

법은 우리를 죄수로 만들기 전에는 결코 만족하지 못할 것이다. 악한 법은 어떤 희생을 치르더라도 우리 모두를 원한다. 오늘날 우리는 때때로 암시장에서 사람 몸의 온갖 장기가 거래되는 것에 대해 듣는다. 정말이지 사탄은 암시장을 소유하고, 우리의 자연적 성향의 법을 통해 역사함으로써 어떤 희생을 치르더라도 우리의 눈, 손, 발, 감정, 의지, 마음을 빼앗아 소유하려고 한다.

사탄과 그의 마귀 군단에 맞서는 우리의 싸움은 치열하다. 윌리엄 거널(1616~1679년)은 사탄의 군대가 호전적이고 악랄하고 잔혹하고, 그래서 우리가 우리 자신의 힘으로 맞서 싸우기에는 너무 강하지만, 우리가 그리스도 안에 있다면 사탄과 타협하거나 사탄에게 굴복할 수 없고, 또는 낙심할 필요도 없다는 점을 우리에게 상기시켰다.[42] 우리는 이 영적 싸움에 참가해야 한다. 우리는 사탄의 보이지 않는 군대와 죽을 때까지 영적 백병전을 치러야 한다.[43] 이 싸움에서 사탄은 우리의 옛 본성과 미혹하는 세상을 자신의 동지로 편입시키고, 이 둘은 사탄과 함께 우리의 옛 본성의 욕망을 만족시켜 우리가 위로 향하지 못하도록 만드는 데 혈안이 되어 있다. 궁극적으로 사탄은 우리가 세속화 곧 하나님 없는 인간 본성이나 실천적 무신론에 굴복하도록 만들기를 원한다. 이 세상 사람들은 쾌락, 이득, 지위 추구와 같은 세속적 욕망에 지배를 받고 있다. 세상에 속한 사람은 부패한 인간 정신 곧 하나님을 공경하지 않고 이기적이고 방종적인 정신에 굴복한다.[44] 청교도가 종종 "삼대 원수"로 부르는 사탄, 우리의 옛 본성, 세상을 통해 사탄은 우리가 죄의 법 아래 끌려 나오도록 획책한다.

바울은 신자들 속에서 이 두 법이 항상 서로 반대하며 싸우고 있다고 말한다. 존 번연은 눈의 문과 귀의 문, 그리고 다른 인간적 감각을 도구로 참 신자의 영혼 속에서 벌어지는 거룩한 싸움을 묘사하기 위해 『성전(聖戰)』을 썼다.[45]

참 신자로서 우리는 속죄로 말미암아 예수 그리스도 안에서 하나님과의 안식 및 평강을 발견한다. 바울은 "우리가 믿음으로 의롭다 하심을 받았으니 우리 주 예수 그리스도로 말미암아 하나님과 화평을 누리자"(롬 5:1)고 말한다. 그러나 우리는 죄와 화평을 누려서는 안 된다. 오히려 우리는 우리 안에서 서로 싸우는 두 큰 군대의 충돌을 경험한다. 한편에서는 사탄이 우리 육체와 육체의 소욕을 자신의 명령 아래 두고 싸운다. 다른 편에서는 성령이 우리 마음속에 심겨진 새 생명 원리에게 명령한다. 따라서 육체의 소욕은 성령을 거스르고, 성령은 육체를 거스른다.

그리스도인의 삶은 두 극단 사이에서 중간 길을 가는 것이 아니라 두 벼랑 사이에서 좁은 길을 가는 것이다. 그리스도인의 삶은 자기 부인을 통해 유혹하나 적대적인 세상 가운데서 거룩한 싸움을 수행하면서 믿음으로 사는 삶이다. 그리고 세상은 공정하거나 깨끗하게 싸우지 않기 때문에 싸움이 있을 때 공격을 중지하는 데 동조하지 않고 평화 조약을 체결하지 않는다.[46]

슬프게도 우리는 항상 이 싸움에서 승리하는 것이 아니다. 바울이 로마서 7장 23절에서 사용하는 표현 곧 "나를 사로잡는 것을 보는도다"라는 말은 실제로 헬라어 원어로는 "나를 포로로 만들고 붙잡다"는 의미다. 우리는 우리 영혼 속에 하나님의 은혜가 부어질 때 성령이 우리의 옛 본성을 정복

---

42) William Gurnall, *The Christian in Complete Armour, Two Volumes in One* (1662~1665, 재판, Edinburgh: Banner of Truth Trust, 2002), 1:140~148.

43) Joel R. Beeke, *Striving against Satan* (Darlington, England: Evangelical Press, 2004), pp. 13~15.

44) Joel R. Beeke, *Overcoming the World: Grace to Win the Daily Battle* (Phillipsburg, N.J.: P&R, 2005), pp. 15~16.

45) John Bunyan, *The Holy War* (Fearn, Scotland: Christian Focus, 2007).

46) Beeke, *Overcoming the World*, p. 14.

하신다고 믿는다. 그리스도의 자애로운 구원의 임재를 누리는 동안 우리는 심지어 마치 우리가 죄와 세속화를 극복한 것처럼 느낄 수 있다. 하지만 이후에 우리는 우리의 영적 원수-세상, 사탄, 우리의 육체-가 다시 추악한 머리를 쳐들고, 그래서 다시 한 번 싸움이 관건이 되는 것을 확인한다.

우리의 옛 본성의 잔재는 화산과 비슷하다. 때때로 이 잔재들은 단지 작은 연기만이 희미하게 피어오르는 화산과 같이 잠복 상태에 있다. 그러나 화산 내부에는 여전히 불이 존재하고, 은혜로 억제되지 않으면 다시 치솟아 오를 것이다. 따라서 우리는 또 다시 우리 안에서 우리를 죄의 법의 포로로 만드는 우리 지체 속의 한 다른 법의 권능을 경험하게 된다. 우리가 거룩하려고 할 때 부정한 것이 들고 일어난다. 우리가 천국을 지향적인 마음을 갖으려 할 때 땅의 것을 지향하는 마음이 우리를 아래로 이끈다.

여러분은 우리의 삼대 원수에 맞서는 싸움에서 패배를 당하는가? 이것 때문에 여러분은 로마서 7장 19절에서 "내가 원하는 바 선은 행하지 아니하고 도리어 원하지 아니하는 바 악을 행하는도다" 라고 바울처럼 고백하게 되는가? 이 딜레마로 말미암아 우리는 바울처럼 "오호라 나는 곤고한 사람이로다"(24절)라고 부르짖게 된다.

하지만 바울의 말을 오해하지 마라. 이 세상에 있는 어느 누구도 참 신자만큼 행복하지 않다. 하나님은 영원히 우리의 분깃이다. 우리는 그리스도를 찾았고, 그리스도의 속죄를 의지한다. 우리는 우리 안에 거하시는 성령을 갖고 있다. 우리의 죄는 용서받았다. 우리의 죄책은 제거되었다. 우리는 우리 앞에 영원한 영광의 소망을 갖고 있다. 그러나 우리는 종종 이렇게 부르짖는다. "오호라 나는 곤고한 사람이로다!"

청교도는 "죄와의 싸움은 건강한 표지"라고 말했다. 존 브래드포드(1510~1555년)는 죽기 직전에 한 동료 죄수에게 편지를 썼을 때 이런 말로 서명했다. "가장 비참하고 악하고 강퍅한 마음을 가진 배은망덕한 죄인이." 그리고 며칠 후에 브래드포드는 그리스도 안에서 순교자로 기쁘게 죽었다. 여러분은 새뮤얼 러더퍼드(1600~1661년)처럼 이렇게 말할 수 있는가? "이 죄로 얼룩지고 썩을 몸은 우리의 즐거움을 더 비참하게 만들고 더 망쳐 놓는다. 오, 더는 죄를 짓지 않을 본향에 있었으면!"[47]

다행스럽게도 청교도는 이 비참한 싸움에 대한 해답을 찾았는데, 해답은 곧 **주 예수 그리스도**다. 바울은 "우리 주 예수 그리스도로 말미암아 하나님께 감사하리로다"(롬 7:25a)라고 말한다. 바울과 청교도는 비록 죽을 때까지 싸움이 계속될지라도, 신자는 믿음으로 오직 그리스도 안에서 죄를 물리치는 정복자 이상의 존재가 된다고 봤다. 그들은 "그리스도는 이미 십자가에서, 그리고 빈 무덤을 통해 싸움을 승리로 이끌었다"고 봤다. 그들은 자신들이 그리스도의 힘으로 이기는 싸움을 하고 있고, 도중에 작은 싸움에서는 질 수도 있지만 궁극적으로는 그리스도의 힘으로 싸움에서 승리하게 된다고 봤다.

바울은 충분한 확신을 갖고 말한다. 그리스도는 이미 십자가에서 죄를 패배시켰고, 우리에게 불리한 율법의 필적을 지워 버렸다. 죄는 해치는 일을 계속하고 수시로 우리 양심을 교란시킴으로써 우리에게서 내적 평강을 빼앗아 가겠지만 그리스도께서 최후 승리를 거두실 것이다. 죄는 일시적으로 영혼에게서 천국을 빼앗아 갈 수 있지만 우리의 지혜와 의로움과 거룩함과 구원함이 되시는 예수로

---

47) Alexander Whyte, *Samuel Rutherford and Some of His Correspondents* (Edinburgh: Oliphant Anderson and Ferrier, 1894), p. 75.

말미암아(고전 1:30) 신자의 영혼을 천국에서 빼앗아 갈 수 없다. 그리스도의 능력 안에서 신자는 믿음의 선한 싸움을 싸우기 위해 에베소서 6장 10~20절에 묘사된 하나님의 전신 갑주를 입는 힘을 발견한다. 그리스도인은 이 세상에서 다음 세상으로 나아갈 때 굳게 서기 위해 예수를 바라봄으로써, 그리고 예수께서 준비하신 갑주를 사용함으로써 마귀, 세상, 옛 본성과 맞서 싸운다.

우리보다 훨씬 부지런히 자기 검토를 실천한 청교도는 내면 생활은 기복이 심하다는 것을 매우 깊이 의식하고 있었다. 청교도는 자신들을 바로 평가하기 위해 하나님과 동행한 삶이 기록된 영적 일기를 썼다. 청교도는 그렇지 않으면 사장되므로 하나님과 자신에 대한 생각을 표현하는 데 도움을 주는 개인적인 고백록으로 일기를 사용했다. 청교도는 "일기가 묵상, 기도, 주의 사역과 신실하심에 대한 기억, 자신들의 목표와 우선순위에 대한 점검, 다양한 영적 훈련의 유지에 도움을 준다"고 생각했다.[48] 청교도는 다른 사람들에게 보여 주기 위해 일기를 쓰지 않았다. 자신들이 하나님과의 동행에 진보가 있는지, 아니면 퇴보가 있는지 식별하기 위해 다시 읽으려고 일기를 썼다. 청교도의 일기에 대해 더 알아보려면, 마셜 내픈의 편집으로 재출간된 리처드 로저스의 『두 엘리자베스 시대 청교도의 일기』(Two Elizabethan Puritan Diaries)[49] 또는 이 일기들을 연구해 보면 무엇이 드러나는지를 설명하는 오웬 왓킨스의 『청교도의 경험』(The Puritan Experience)[50]이라는 책을 보는 것이 좋다. 또한 청교도의 일기와 이와 동등한 현대의 일기를 비교하는 것도 매우 유익하다는 것이다.

다섯째 측면: 방법적 관점

구별되고 훈련된 삶의 방식에 열정을 가진 청교도의 경건은 경건이 수도원에서 벗어나 대중의 삶 속에 들어왔을 때 수도원의 질서 있는 삶의 이상과 같은 것을 표방한다. 거룩함에 대한 묘사로서 방법적이라는 말은 청교도의 용어다.[51] 청교도는 모든 것을 곧게 하고 적절하게 조직하는 방법이 어떤 계획이 성공하는 데 결정적인 요소라고 믿었다. 확실히 그것은 기독교적 삶에도 해당되었다.

물론 청교도를 개혁파 수도사로 묘사하는 것은 잘못이다. 왜냐하면 청교도는 세상 속에서 살고, 하나님의 창조를 즐거워하고 결혼하고 가정을 세웠으며, 이것을 기독교적 소명의 한 부분으로 봤기 때문이다. 그러나 질서, 방법, 계획, 지혜로운 시간 사용을 강조하는 기독교의 개인적인 삶의 구조에 대한 청교도의 접근법은 수도원의 이상 및 수도원의 규칙과 비교된다. 또한 청교도와 청교도의 거룩함을 향한 열정에 대한 방법적 요소도 있다. 루이스 베일리(대략, 1575~1631년)의 『경건의 실천: 하나님을 기쁘시게 할 수 있는 기독교적 삶의 지침』[52]이 이것의 한 실례다. 베일리는 하루 동안 곧 침상에서 일어날 때, 옷을 입을 때, 아침 식사를 할 때 무엇을 묵상할 것인지를 말해 준다.

---

48) 참고, Donald S. Whitney, *Spiritual Disciplines for the Christian Life* (Colorado Springs: NavPress, 1991), pp. 196~210.

49) Knappen, *Two Elizabethan Puritan Diaries*.

50) Owen C. Watkins, *The Puritan Experience: Studies in Spiritual Autobiography* (New York: Schocken, 1972).

51) Packer, *A Quest for Godliness*, pp. 330~331. 예컨대 John Flavel, *The Fountain of Life: A Display of Christ in His Essential And Mediatorial Glory*, in *The Works of the Rev. Mr. John Flavel* (1820, 재판, Edinburgh: Banner of Truth Trust, 1997), 1:21~23을 보라.

52) Lewis Bayly, *The Practice of Piety: Directing a Christian How to Walk, That He May Please God* (1611, 재판, Morgan, Pa.: Soli Deo Gloria, 1997).

자유로운 사고방식을 가진 시대에 살고 있는 우리 대부분에게 이런 청교도 삶의 방법적 국면은 지나친 것처럼 보인다. 물론 어떤 경우에는 정말 지나치다. 그러나 우리는 우리의 삶이 청교도의 삶보다 더 훈련되어야 한다는 것을 청교도에게서 배워야 한다.

청교도의 방법적 삶을 비난하기 전에 우리는 영적 훈련을 통합한 청교도의 삶의 방식을 우리가 절실하게 배워야 할 필요가 있음을 유념해야 한다. 최근에 나는 보수적인 개혁파 신학교의 한 교수에게서 자신이 맡은 주일학교 학생들에게 매일 영적 훈련을 시키는 것은 중요하지 않으므로 매일 경건을 유지하지 못해도 걱정할 필요가 없다고 말하는 것을 들었다. 주간 첫날에 하나님의 집에서 하나님을 예배하는 것이 그에게는 유일하게 중요한 일이었다. 이어서 그는 계속해서 주일학교 학생들이 기도하지 못하거나 성경을 읽지 못하거나 다른 영적 훈련을 따르지 못할 때 죄책감을 느껴서는 안 된다고 확신시켰다. 청교도는 이런 가르침은 당연히 신자와 교회에 재앙이 될 것이라고 볼 것이다.

여섯 번째 측면: 두 세계 관점

이 세상과 오는 세상을 포함하는 청교도의 삶의 두 세계 관점은 리처드 백스터(1615~1691년)의 경건에 대한 최초 논문인 『성도의 영원한 안식』에 매우 상세히 설명되고 있다. 이 책은 백스터 당시 베스트셀러로 청교도의 천국에 대한 묵상에 크게 공헌했다.[53] 이 책은 800페이지가 넘는 방대한 부피지만 10년 동안 매년 재출간되었다. 이 책은 많은 청교도 가정에서 온 가족이 읽는 책이 되었다. 이 책은 청교도의 인생관의 기본 요소에 대해 탁월한 진술을 담은 책으로 인정받았다. 같은 인생관이 번연의 『천로역정』에서 탐구되었다.

현대의 그리스도인들과 달리, 청교도는 땅에서 사는 동안 한평생 "우리 눈에" 천국이 보여야 한다고 믿었다. 대체로 오늘날 복음적인 그리스도인들은 그렇게 살지 않는다. 아니 사실은 그보다 더 빈약하다. 신약 성경은 일관되게 우리에게 "두 세계 관점에 따라 살라"고 권면한다. 곧 땅에서 우리의 삶이 정직하고 통제적이고 활력적이 되도록 마음속에 천국에 대한 소망을 품으라고 역설한다. 우리는 우리가 갖는 것은 현세가 전부고, 지금 갖지 못하는 것은 절대로 가질 수 없다고 가정하고 에피쿠로스 학파 사람들처럼 살려는 경향이 있다. 이런 경향을 갖고 있기에 우리는 지금 여기서 성취, 만족, 충만을 얻는 것이 매우 중요하다. 그러므로 근본적인 자기 부인 사상을 우리의 실존 법칙으로 받아들이게 되면 우리는 비참해질 것이다.

요즘 우리는 자기 부인을 잘 하지 않는다. 방종에 빠져 있고 영적으로 무기력하다. 우리는 신약 성경이 권고하고 청교도가 권면한 것처럼 두 세계 관점에 따라 살지 않는다. 청교도는 그리스도를 신실하게 따른다면 우리가 땅에서 겪는 어떤 상실, 불행, 부담, 고통을 천국의 기쁨으로 보상받게 될 것이라고 확신했다. 이 관점은 청교도에게 필수적이었다. 나는 그것이 오늘날 우리에게도 필수적인 것이 되기를 바란다.

청교도는 이 세상에서 최선의 삶을 살았지만 그렇게 살면서 그들의 눈은 영원에 고정되어 있었

---

53) Beeke, *Puritan Reformed Spirituality*, p. 90.

다. 조나단 에드워즈(1703~1758년)는 이렇게 말했다. "오, 하나님, 내 눈 속에 영원을 각인시켜 주옵소서."[54] 세속화된 이 시대에 우리는 얼마나 더 "오, 하나님, 내 지성과 영혼, 내 손과 발, 내 전 존재에 영원을 각인시켜 주옵소서"라고 부르짖어야 할까!

만일 우리가 이 세상에서 하나님을 위한 참된 순례자가 되려면 오는 세상을 향한 적극적인 순례자가 되어야 한다. 어떤 신자들은 지나치게 천국 지향적인 마음을 갖고 있어서 땅에서 아무 쓸모가 없다고 말해진다. 그 말은 청교도에 대해서는 잘못된 말이 될 것이다. 청교도는 우리에게 천국 지향적인 마음을 갖고 있지 않으면 땅에서 아무 쓸모 없게 될 것이라는 사실을 보여 준다. 내가 종종 깨닫는 것은 미래의 영광에 초점을 맞출수록 내 주변 사람들의 참된 행복을 위해 내가 갖게 되는 열정도 그만큼 더 커진다는 것이다. 나는 스코틀랜드의 던디로 청교도 정신을 가진 로버트 머리 맥체인(1813~1843년)의 교회와 교회 인근 묘지를 방문했을 때, 가로로 한 단어가 새겨진 퇴색한 편평한 큰 돌을 발견했다. 나는 무릎을 꿇고 손가락을 더듬거려 그 단어를 찾아봤다. ETERNITY 곧 영원이라는 말이었다. 분명히 맥체인은 모든 방문자가 죽은 자 사이를 걸어 다니는 동안 자신의 영원한 운명을 생각해 보기를 원했던 것이다.

친구여, 만일 그대가 오늘 죽는다면 영원에 들어갈 준비가 되어 있는가? 단순히 이 세상을 위해서만 살지 마라. 영원을 위해서도 살라. 그대는 영원 속에서 무고하기 위해 지금 그리스도 안에 있어야 함을 명심하라. 그대는 영원을 그리스도와 함께 보내려고 한다면 이 세상에서 그리스도를 바라봐야 한다. 히브리서 9장 27~28절은 분명히 이렇게 말한다. "한 번 죽는 것은 사람에게 정해진 것이요 그 후에는 심판이 있으리니 이와 같이 그리스도도 많은 사람의 죄를 담당하시려고 단번에 드리신 바 되셨고 구원에 이르게 하기 위해 죄와 상관없이 자기를 바라는 자들에게 두 번째 나타나시리라."

머지않아 그리스도께서 모든 사람에게 심판을 행하실 것이다. 마태복음 25장 46절은 이렇게 말한다. "그들은 영벌에, 의인들은 영생에 들어가리라." 이 세상에 사는 동안 복음의 유쾌한 초대에 반응하지 않은 자들은 어쩔 수 없이 그리스도의 채찍의 두려운 소리를 듣게 될 것이다. 고린도후서 5장 11절은 "우리는 주의 두려우심을 알므로 사람들을 권면하거니와"라고 말한다. 사탄과 함께 지옥으로 떨어져 항상 죽어가지만 결코 죽지 못하는 것 곧 항상 소멸되고 있지만 결코 소멸되지 못하는 것은 얼마나 끔찍한 일일까!

그대가 그 날에 그리스도 안에 있지 않으면 하나님은 그대에 대해 "그 손발을 묶어 바깥 어두운 데에 내던지라 거기서 슬피 울며 이를 갈게 되리라"(마 22:13)고 말씀하실 것이다. **내던지라**-이게 어떤 말인가! 요셉은 구덩이 속으로 **던져졌다**. 바울과 실라는 옥 안으로 **던져졌다**(행 16:23). 하지만 지옥과 같은 구덩이나 옥은 없을 것이다. 크신 요셉이자 유대 지파의 사자이신 예수는 모든 비신자를 밑바닥 없는 구덩이 속으로 내던지실 것이고, 그곳에서 하나님의 불같은 진노와 불타는 양심이 영원히 그들을 조금씩 갉아먹을 것이다. 하나님 진노의 열과 비교하면 느부갓네살의 활활 타는 뜨거운 풀무는 얼음에 불과할 것이다.

지옥의 도시는 출구가 전혀 없고, 지옥의 건물은 비상구가 전혀 없으며, 지옥의 사회는 관계가 전혀 없다. 지옥은 근본적인 외로움 곧 하나님과 사람들의 호의에 대한 근본적인 포기가 있는 곳이다.

---

54) Gabe Phillips, "Stamp My Eyeballs with Eternity," *Life Changers*, 2010년 2월 24일, http://www.lifechangers.org.za/popular/stamp-my-eyeballs-with-eternity/, 2010년 6월 15일 접속.

히브리서 2장 3절은 이렇게 묻는다. "우리가 이같이 큰 구원을 등한히 여기면 어찌 그 보응을 피하리요?" J. C. 라일은 이렇게 말했다. "가장 슬픈 지옥의 길은 강단 아래를 달리며, 성경을 지나치고, 경고와 초대를 그대로 통과하는 것이다."[55] 그대의 생명을 위해 서둘러라. 다가올 진노를 피하라. 이 세상에 마음을 두는 것을 멈추라. 만일 그대가 온 세상을 다 얻는다고 해도 그대의 영혼을 잃는다면 그것이 그대에게 무슨 유익이 되겠는가? 아직 은혜와 구원의 날이 있는 동안 회개하고 복음을 믿으라!

머지않아 회개하기에 너무 늦는 날이 올 것이다. 그리스도는 심판 날에 "불의를 행하는 자는 그대로 불의를 행하고 더러운 자는 그대로 더럽고 의로운 자는 그대로 의를 행하고 거룩한 자는 그대로 거룩하게 하라"(계 22:11)고 말씀하실 것이다. 지옥에는 무신론자가 절대로 없을 것이다. 하지만 지옥문을 가로질러 "**너무 늦었노라**"고 적혀 있을 것이다. 친구여, 영원의 영원이 지옥의 지옥임을 생각하라! 무한한 지옥이 성경에서 지워질 수 없는 것은 무한한 천국이 지워질 수 없는 것과 같다.

우리는 다만 영원 아주 가까이에 있고, 영원은 시간의 가는 실에 매달려 있다. 만일 영원에 대한 환상이 없다면 그대는 시간에 대한 이해도 갖고 있지 못하다는 것을 기억하라. 우리의 삶은 단순히 죽음으로의 여행이 아니다. 우리는 천국 곧 해 지는 것을 모르는 영원한 날로 여행을 하고 있거나 지옥 곧 해 뜨는 것을 모르는 영원한 밤으로 여행을 하고 있거나 둘 중 하나다. 어느 목적지가 그대가 향하고 있는 곳인가? 그대는 그리스도 예수를 따르는 자인가? 만일 그대가 오늘 그리스도인이 되는데 이끌렸다면 그대를 납득시킬 충분한 증거를 갖고 있는가?

친애하는 신자들이여, 여러분은 심판 날에 결코 쇠하지 않을 면류관을 받을 것이다. 여러분의 구주가 여러분을 다른 신자들과 함께 한 가족으로 하늘들의 하늘로 이끄실 것이다. 자신의 완성된 교회의 살아 있는 머리로서 구주는 자신의 신부인 여러분을 티나 주름 잡힌 것이 없이 자신의 아버지께 바치심으로써 영광 속에 들어가게 하실 것이다. 여러분은 여러분을 양육하고 생명수로 인도하실 그리스도와 영원히 함께 살 것이다. 여러분은 영원토록 생각지도 못한 매우 거룩하고 영광스러운 모습으로 삼위 하나님을 찬양하며(고전 2:9), 삼위 하나님의 샘에서 마실 것이다. 여러분이 여기서 하나님과 하나님 은혜의 구원에 대해 경험한 것은 모두 천국에서 누릴 것과 비교하면 단순히 그림자에 불과할 것이다.

천국에는 부정적인 것은 모두 사라지고, 긍정적인 것은 모두 모일 것이다. 부정적인 것의 사라짐에 대해 말한다면, 우리가 그 좋은 세상에 들어가면 사라질 것이기 때문에 천국에는 사탄, 유혹하는 세상, 우리의 옛 본성과의 싸움이 더 이상 없고, 또 눈물과 슬픔, 질병, 다른 사람들의 학대 등도 없다는 것이다. 시험, 죽음, 타락, 그리스도의 이름으로 수치를 당하는 것이나 믿음에서 떠나는 일 등에 대한 두려움도 더는 없을 것이다.

천국은 또한 긍정적인 것들로 가득할 것이다. 긍정적인 것 가운데 최고의 것은 제네바에서 학생들에게 설교하다 부흥을 목격한 로버트 홀데인(1764~1842년)이 죽기 전에 마지막으로 한 말의 성취가 될 것이다. 홀데인은 죽어가는 순간에 거듭해서 "주님과 함께 영원히!"라는 말을 외쳤다.[56] 사랑하는

---

55) J. C. Ryle, *Home Truths* (London: Wertheim, Macintosh, and Hunt, 1860), p. 14.

56) Alexander Haldane, *Memoirs of Robert Haldane of Airthrey, and His Brother, James Alexander Haldane* (New York: Robert Carter, 1853), p. 549.

신자여, 천국에서 그리스도는 결코 여러분의 눈에서 사라지지 아니하실 것이다. 그리스도는 여러분의 눈 안에 계시고, 여러분의 얼굴 앞에 계시며, 여러분이 대화하고 예배하도록 부르면 들리는 곳 안에 계실 것이다. 그리스도는 경배를 받기 위해, 여러분의 질문에 대답하기 위해, 여러분에게 행하신 것에 대해 감사를 받기 위해 천국에 계실 것이다.

천국은 또한 찬송과 노래로 하나님을 경배하고, 하나님을 섬기며, 그리스도와 함께 다스림으로써 권세를 행사하고, 성도들 및 천사들과 교제를 나누며, 하나님과 하나님의 진리에 대해 배우고, 온전한 평강 속에서 안식하는 것처럼 온전한 활동의 장소가 될 것이다. 또한 천국은 여기 아래에서 신자들의 신실함에 대해 은혜의 상을 베풀고, 땅에서 겪은 고난에 대해 충분한 보상을 제공하는 곳이 될 것이다. 천국은 또한 온전한 거룩함의 장소가 될 것이다. 롤런드 힐(1744~1833년)이 말한 것처럼 "만일 거룩하지 못한 사람이 천국에 갔다면 그는 꽃밭에서 한 마리 돼지처럼 느낄 것이다."[57] 천국은 절대적으로 순전하고 깨끗한 곳이 될 것이다. 그곳에는 부족한 것이 전혀 없고, 먼지 한 점 없을 것이다. 모든 악은 차단되고 모든 선이 들어올 것이다.

마지막으로 천국은 사랑의 세계가 될 것이다. 스펄전은 이것을 다음과 같이 표현했다. "우리가 천국에서 하나님의 사랑을 고갈시킬 수 있는 것보다 한 마리 물고기가 바닷물을 다 마셔 바다를 마르게 할 수 있는 것이 더 쉬울 것이다." 스펄전은 이렇게 덧붙였다. "작은 물고기는 바닷물을 다 마실지라도, 여러분은 천국을 절대로 마르게 하지 못할 것이다." 오, 엄청난 소망이여! 엄청난 사랑이여! 에드워즈는 천국에서 하나님의 사랑은 바닥이 없고 해안이 없는 대양이라고 말했다.[58] 사랑하는 순례자여, 그대의 눈을 천성에 두라!

결론

청교도 정신은 성경에 기반을 두고, 경건주의적, 교회적, 전투적, 방법적이고, 두 세계적이었다. 이런 점에서 청교도는 이 세상을 통과해서 오직 성경 속에서 믿음의 눈으로 볼 수 있었던 땅으로 여행하는 순례자 곧 천국 환상을 가진 자들이었다. 우리가 약한 곳에서 청교도는 강했다. 우리는 성경적으로 무지하고, 독실한 경건을 거의 강조하지 않고, 교회를 소중히 여기지 않으며, 죄를 힘껏 반대하지 않으며, 천성을 향해 가는 순례자로서 여행하기보다는 사소한 것을 추구하는 데 더 신경을 쓰고, 훈련 없는 삶을 살기 때문에 청교도를 깊이 공부할 필요가 있다. 청교도는 교회 역사의 다른 어떤 저술가 집단보다 죽은 정통주의나 치명적인 율법주의에 빠지지 않고 하나님 영광을 위한 훈련된 삶을 사는 법을 우리에게 더 잘 가르칠 것이다. 하나님이 우리 모두가 번연의 순례자처럼 "나는 멸망의 성을 떠나 시온 산으로 가고 있다."[59]고 말할 수 있도록 인도하시기를 바란다.

---

57) Vernon J. Charlesworth, *Rowland Hill: His Life, Anecdotes, and Pulpit Sayings* (London: Hodder and Stoughton, 1877), p. 224.

58) Jonathan Edwards, *Heaven, A World of Love* (Amityville, N.Y.: Calvary Press, 1992), p. 43(참고, http://www.jonathan-edwards.org/Worldoflove.html, 2010년 6월 14일 접속).

59) John Bunyan, *The Pilgrim's Progress* (1895, 재판, Edinburgh: Banner of Truth Trust, 1990), p. 46.

청교도의 가정 사역

가정 예배를 실천하고 가정 예배로 명성을 얻는 것보다 이 선행의 증진에 기여하는 일을 나는 잘 모르겠다. 바로 여기서 개혁이 시작되어야 한다.

– 매튜 헨리[1] –

청교도는 교회의 힘은 가정의 경건과 결합되어 있다고 가르쳤다. 공적 거룩함은 개인적 거룩함에 따라 서거나 넘어진다. 하나님을 제외하고 우리의 아내와 자녀보다 우리의 참된 성품을 더 분명히 볼 수 있는 자는 없다. 우리의 영적 삶의 번성이나 실패의 관건은 가정에 있다고 청교도는 말했다.

윌리엄 구지(1575~1653년)는 주님에게 크게 쓰임 받은 사람이었다. 구지는 45년 동안 한 주에 세 번씩 설교하고, 가난한 자를 돕고, 다른 목사들의 귀감이 되고, 열한 권의 책을 썼으며, 웨스트민스터 총회 위원으로 섬기면서 교회의 탁월한 교리적 표준을 확립하는 데 공헌했다. 구지는 기도와 말씀에 전념했다. 구지와 아내 엘리자베스는 열세 명의 자녀를 두었는데, 그 가운데 여덟 명만 생존해서 어른이 되었다. 구지의 가족은 큰 슬픔을 알았다. 그러나 구지의 가족은 또 크신 그리스도 역시 알았다. 구지의 한 동료는 구지는 그리스도를 높이고 자신을 낮추는 데 힘썼다고 말했다. 윌리엄 구지는 기도하며 매일 가정 예배를 드렸고, 가족을 사랑으로 극진히 보살폈다. 한 사람이 구지에 대해 이렇게 언급했다. "그와 함께 살고 함께 일한 아내, 자녀, 하인 등 어느 누구도 함께 있는 동안 구지가 자신들을 향해 화내는 얼굴을 한 번도 본 적이 없고 화내는 말을 한 번도 들어본 적이 없었다."[2]

위대한 복음 전도자 조지 휫필드(1714~1770년)는 종종 미국의 가장 위대한 신학자로 불리는 조나단 에드워즈(1703~1758년)의 집에서 주말을 보냈다. 당시 미혼이었던 휫필드는 에드워즈의 가정을 보고 큰 감동을 받았다. 휫필드는 이렇게 말했다.

> 에드워즈 목사는 견실하고 훌륭한 그리스도인이다……뉴잉글랜드 전 지역에서 그와 같은 사람[또는 그와 동등한 사람]을 본 적이 없다……[나는] 에드워즈 목사의 집에 있는 동안 크게 만족했다. 그토록 행복한 부부는 본 적이 없었다. 그들의 자녀는 기독교적 순수함의……본보기였다. 에드워즈 목사 사모는 온순하고 조용한 성품을 가졌다. 그녀는 하나님의 일에 대해

1) Matthew Henry, "A Church in the House, A Sermon Concerning Family Religion," *The Complete Works of the Rev. Matthew Henry* (1855, 재판, Grand Rapids: Baker, 1979), 1:248.

2) Joel R. Beeke & Randall J. Pederson, *Meet the Puritans: With a Guide to Modern Reprints* (Grand Rapids: Reformation Heritage Books, 2006), pp. 284~286.

단호했고, 남편의 충실한 배필로 보였다. 그래서 나는 새로운 기도 제목을 갖게 되었다. 즉 몇 달 동안 하나님께 아브라함의 딸을 내 아내로 보내 달라고 기도했다.[3)]

어떤 사람이 한동안 여러분의 집에 머물렀다면 어떻게 될까? 그는 무엇을 보게 될까? 무엇을 듣게 될까? 이것이 살펴볼 문제들이다. 이번 장에서 우리는 가정에서의 신실한 리더십과 가정 예배에 대한 청교도의 가르침을 검토해 볼 것이다.

기독교 가정의 신실한 리더십

청교도 사상의 아버지인 윌리엄 퍼킨스(1558~1602년)는 이렇게 말했다. "가정을 규제하는 유일한 법칙은 기록된 하나님의 말씀이다. 다윗은 다음과 같이 말할 때 기록된 하나님의 말씀을 통해 자기 집을 다스리기로 결심했다. '내가 완전한 마음으로 내 집 안에서 행하리이다'"(시 101:2).[4)] 청교도는 시편 101편에서 가정에 대한 풍성한 지침을 발견했다. 이 시편은 간략히 요약되어 인도자가 가정과 가장의 지위에 충실할 것을 서약할 때 선포된다. 매튜 헨리(1662~1714년)는 시편 101편을 "가장의 시편"으로 부르고, 이 시편은 "가정의 선한 통치자와 선한 주인이 되는 비결"을 선포한다고 말했다.[5)]
윌리엄 플러머(1802~1880년)는 이렇게 지적했다.

> 일부 옛날 저술가들은 이 시편을 가장의 시편으로 부른다. 17세기와 아마 그 이전에는 경건한 사람들이 새 가정을 꾸릴 때나 새 집을 마련했을 때 설교를 전하는 것이 관습이었다. 옛날 책들을 보면 이에 대한 이야기들이 실려 있다. 자기 영토 안에서 선한 왕은 자기 집안의 선한 아버지와 가장처럼 되어야 한다.[6)]

이 주제에 대한 청교도의 관점을 더 깊이 조명하기 위해 시편 101편 처음 몇 구절에 대한 청교도의 주석을 살펴볼 것이다.

가정을 인자와 정의로 인도하라

시편 101편 1절을 보면 다윗은 "내가 인자와 정의를 노래하겠나이다 여호와여 내가 주께 찬양하리이다"라고 말함으로써 성실함에 대한 헌신을 다짐하는 것으로 서두를 시작한다. 데이비드 딕슨(대략, 1583~1662년)은 이 주제들에 대해 "노래하겠다"는 다윗의 결심은 그가 "모든 훌륭한 미덕을 즐거워하는" 자가 되는 것을 지도자로서 첫 번째 의무로 봤다는 것을 증명한다고 지적했다. 특별히 다윗은 "인자와 정의"를 즐거워했는데, 그것은 "의로운 정부의 모든 의무가 이 두 주제 곧 인자와 정의 아래

---

3) Arnold Dallimore, *George Whitefield, The Life and Times of the Great Evangelist of the Eighteenth-Century Revival* (Edinburgh: Banner of Truth Trust, 1970), 1:475, 537~538.
4) William Perkins, "Oeconomie: or, Houshold-Government," *The Works of That Famous and Worthy Minister of Christ in the Universitie of Cambridge, M. William Perkins* (London: John Haviland, 1631), 3:669.
5) Matthew Henry, *Matthew Henry's Commentary* (재판, Peabody, Mass.: Hendrickson, 1991), 3:502.
6) William S. Plumer, *Studies in the Book of Psalms* (Philadelphia: Lippinscott, 1867), p. 898.

포괄될 수 있기 때문이다. 여기서 인자는 가난한 자, 곤궁한 자, 압제를 받는 자나 상처 입은 자를 보살피는 것을 의미하고, 정의는 자신의 국민들을 평등하고 공의롭게 다루는 것을 의미한다."[7] 따라서 가장은 인자와 정의로 가족을 이끌어야 한다.

청교도에 대한 고정관념을 감안하면, 우리는 청교도가 가정에서 가혹한 율법주의자였을 것이라고 추측할 수 있다. 그러나 이것은 사실이 아니다. 에베소서 5장 25절과 6장 4절을 따라 청교도는 "가족에게 긍휼과 인자를 보이라"고 사람들에게 촉구했다. 윌리엄 구지는 이렇게 말했다.

> 남편의 어떤 의무도 사랑이 가미되지 않으면 올바르게 수행될 수 없다……아내와의 관계 속에서 보여 주는 남편의 표정, 말, 태도[또는 행실], 그리고 모든 행동은 사랑이 가미되어야 한다……소금이 식탁에서 첫 번째로 놓이고 마지막으로 치워져야 되고, 모든 고기 조각과 함께 먹도록 되어 있는 것처럼 사랑도 남편의 마음속에서 첫 번째가 되고 마지막에 나와야 하며, 남편이 아내에 대해 행하는 모든 일 속에 섞여 있어야 한다.[8]

또한 구지는 아버지가 자녀에게 "불쾌한 얼굴을 하는 것, 말로 위협하고 욕을 하는 것, 손찌검이 지나치게 심한 것, 징계가 너무 과도한 것, 자유를 지나치게 제한하는 것, 필요한 물건을 지나치게 제한하는 것"과 같은 일로 "너무 엄격하고 가혹해서는" 안 된다고 경고했다.[9]

아버지는 오직 온유한 심령으로 아내와 자녀들을 징계해야 하고, 그렇게 함으로써 그리스도의 법을 이루어야 한다(갈 6:1~2). 새뮤얼 리(1625~1691년)는 이렇게 말했다. "자녀의 잘못의 성격과 특징에 따라 적절하고 신중한 책망이 이루어지도록 하라. 조용히 시작하라. 설득할 수 있는 모든 동기를 사용해서 가능하면, 하나님의 길로 이끌고, 그 길에 끌리도록 하라. 자녀에게 영광의 상, 천국의 달콤한 교제에 대해 말해 주라. 하나님이 피조물 속에서는 찾아볼 수 없는 기쁨으로 자녀의 영혼을 채울 수 있도록 자녀의 마음을 만족시키는 데 힘쓰라."[10]

때때로 책망이 필요하고, 심지어 만일 가족이 죄를 계속 짓는다면 거룩한 분노를 갖고 징계하는 것도 필요하다. 그러나 여기서도 청교도는 리가 말한 것처럼 "울화통"과 "무서운 호통 소리"를 터뜨려서는 안 된다고 경고했다.[11] 징계는 겸손하고 공손하게 해야 한다. 리는 이렇게 말했다. "아내는 아내의 부차적인 권위가 떨어지지 않도록 자녀와 하인들 앞에서 책망을 받아서는 안 된다……또한 자녀와 하인들의 작은 범죄는 공개적으로 저질러진 것이 아니라면 따로 불러 은밀하게 책망해야 한다. 그러나 무엇보다 크신 하나님에 대해 저질러진 죄보다 그대 자신에 대해 저질러진 잘못을 더 심하게 책망하지 않도록 조심하라."[12] 가정을 인자와 정의로 다스릴 때에 리는 아버지에게 연약함 곧 노골적인 반항에 의해 저질러지지 않은 죄와 공개적이고 추악하고 완고한 거역 사이를 구분할 것과

7) David Dickson, *A Commentary on the Psalms: Two Volumes in One* (1653~1655, 재판, Edinburgh: Banner of Truth Trust, 1995), 2:197.

8) William Gouge, *Of Domestical Duties* (1622, Edinburgh, Ind.: Puritan Reprints, 2006), pp. 252~253 (4.2).

9) Gouge, *Domestical Duties*, pp. 113~114(1.117).

10) Samuel Lee, "What Means May Be Used towards the Conversion of Our Carnal Relations?", *Puritan Sermons, 1659~1689* (재판, Wheaton, Ill.: Richard Owen Roberts, 1981), 1:154~155.

11) Lee, "What Means May Be Used Towards the Conversion of Our Carnal Relations?", *Puritan Sermons*, 1:154.

12) Lee, "What Means May Be Used Towards the Conversion of Our Carnal Relations?", *Puritan Sermons*, 1:155.

처음에는 못 본 채 눈감아 주고, 다음에는 단순히 불쾌한 표정을 지으며, 마지막으로 날카롭고 공개적인 책망을 준비하라고 권면했다.

개인적 경건을 실천하라

시편 101편 2절을 보면, 다윗은 하나님의 은혜로운 임재를 갈망했기 때문에 "내가 완전한 길을 주목하오리니 주께서 어느 때나 내게 임하시겠나이까?"라고 외침으로써 성실함을 서약했다. 다윗은 하나님과의 교제를 추구했다. 거룩함의 추구는 하나님에 대한 추구다(시 15:1~5; 사 57:15; 마 5:8; 요 14:21; 23; 히 12:14). 그러므로 우리가 가정에서 거룩하게 살기 위해서는 하나님과의 개인적인 교제를 추구하는 시간을 필요로 한다. 매튜 헨리는 이렇게 말했다. "사람이 자기 집에 있을 때 하나님이 그에게 나아오고, 그 안에서 하나님과 함께 거하는 것은 바람직한 일이다."[13]

하나님과 친밀한 교제를 바라는 다윗 왕의 갈망은 우리와 하나님 간의 교제와 우리를 통한 하나님 나라의 확장이 불가분리적으로 결합되어 있다는 것을 보여 준다. 다시 말하면 청교도는 다윗이 하나님이 자신에게 나아오실 것을 갈망하는 것은 부분적으로 하나님 나라가 다윗의 통치 속에 임하기를 바라는 갈망이었다는 것을 인정했다.[14] 매튜 풀(1624~1679년)은 이렇게 말했다. "하나님은 종종 성경에 곧 창세기 18장 10절, 출애굽기 20장 24절, 시편 80장 2절, 이사야서 35장 4절 등에 나타나 있는 것처럼 사람들에게 하신 약속을 이루실 때나 사람들에게 호의나 복을 베푸실 때 그들에게 나아가겠다고 말씀하신다." 따라서 풀은 다윗의 기도를 "나 자신과 주의 백성들의 유익을 위해 내가 이 선한 목적을 이룰 수 있도록 주께서 내게 약속하신 나라가 어느 때나 임하시겠나이까?"로 바꿔서 제시했다.[15]

이 관점을 집안 가장에게 적용시키면 우리는 하나님의 은혜로운 임재를 추구해야 한다는 것을 상기하게 된다. 왜냐하면 그리스도가 없으면 우리는 그리스도인 부모로서 아무것도 할 수 없기 때문이다(요 15:5). 우리는 자녀에게 부지런히 가르치기 전에, 우리가 진실로 주님을 사랑한다면(신 6:5), 경건한 묵상을 통해 하나님의 말씀을 마음속에 새겨야 한다(신 6:6).

그러므로 청교도는 매일 계획표 속에 성경 읽기, 묵상, 기도, 다른 건전한 경건 서적 읽기를 통해 주님과 만나는 시간을 집어넣도록 권장했다. 훈련하라. 매일 훈련하라. 조용하고 은밀한 장소를 찾으라. 계획표에 따라 성경을 읽으라.

청교도는 말씀을 묵상하는 방법에 대해 실천적 지침을 많이 갖고 있었다. 기독교적 묵상은 마음을 비우는 동양 종교들과 같지 않고, 대신 묵상할 때 마음은 꽃에 날아들어 꽃의 온갖 향기를 흡려내는 벌처럼 진리를 누비고 다닌다. 읽기와 공부는 성경 속에서 진리를 찾아낸다. 묵상은 이 진리들을 자신의 영혼에게 전해 마음을 따스하게 하고, 감정을 자극하며, 하나님을 사랑하고 죄를 미워하도록 의지를 높인다.

첫째, 도와 달라고 성령께 기도하라. 이때 시편 119편 18절의 "내 눈을 열어서 주의 율법에서 놀라운 것을 보게 하소서"라는 기도를 활용할 수 있다. 둘째, 성경을 읽으라. 묵상할 시간을 갖지 못할 정

---

13) Henry, *Commentary*, 3:503.

14) Dickson, *Commentary on the Psalms*, 2:198.

15) Matthew Poole, *A Commentary on the Whole Bible* (Peabody, Mass.: Hendrickson, 2001), 2:154.

도로 너무 많이 읽지는 마라. 셋째, 쉽고 삶에 적용할 수 있는 구절이나 교리에 초점을 맞추라. 암기할 수 있을 정도로 여러 번에 걸쳐 구절이나 교리를 반복하라. 넷째, 마음속으로 그 구절이나 교리를 다양한 명칭, 속성, 원인, 결과를 예증, 비교, 대립 등과 함께 분석하라. 하나님이 말씀하신 것을 넘어 사변에 빠지지 않도록 조심하라. 다섯째, 하나님의 임재 속에서 믿음, 사랑, 열망, 소망, 용기, 슬픔, 감사, 기쁨을 자극하기 위해 진리를 자신의 영혼에게 설교하라. 자신의 삶을 검토하고, 세부적으로 적용하라. 여섯째, 은혜 안에서 자라도록 기도로 결단하라. 일곱째, 감사하며 주님을 찬양하라. 따라서 묵상하는 것은 성경의 한 가지 진리를 중심으로 기도하고, 읽고, 초점을 맞추고, 분석하고, 자신에게 설교하고, 기도로 결단하고, 하나님을 찬양하는 것이다. 주기적으로 묵상하면 여러분은 주님에 대한 개인적 헌신을 실천하고, 요한복음 15장 5절을 경험하게 될 것이다. "그가 내 안에, 내가 그 안에 거하면 사람이 열매를 많이 맺나니"[16]

가정에서 경건하고 성실하게 살라

시편 101편 2절은 또한 "내가 완전한 마음으로 내 집 안에서 행하리이다"라고 말한다. "완전한"으로 번역된 히브리어 단어는 "열의 없는 위선적 신앙과 반대되는 온전함이나 성실함"을 가리킨다. 이것은 죄가 전혀 없는 완벽함이 아니라 진실한 경건을 의미한다.[17] 존 트랩(1601~1669년)은 이렇게 말했다. "위선자들이 가정에서 어떻게 하는지 따라가 보라. 그러면 그들이 어떤 사람인지 알게 될 것이다."[18] 조지 스윈녹(대략, 1627~1673년)은 이렇게 말했다. "다윗은 위선자가 아니었다. 다윗은 가장 좋은 옷을 입고 외출하고 집에 들어와 그 옷을 벗어 놓지 않았다. 하지만 밖에서나 안에서나 순결함이 그의 제복[또는 복장]이었다."[19] 매튜 헨리는 이렇게 말했다. "우리는 밖에 나가 사람들 앞에 설 때 신앙을 충분히 입고 있는 것이 아니다. 오히려 가정에서 신앙으로 자신을 다스려야 한다. 공직에 있는 자는 그것을 핑계 삼아 가정을 다스리는 책임을 게을리해서는 안 된다. 아니 오히려 자신의 가정을 잘 다스리는 일에 선한 본보기가 되도록 더 큰 관심을 둬야 한다"(딤전 3:4).[20]

청교도는 가정 경건의 기초를 하나님의 편재성을 예민하게 의식하는 것에 두었다. 청교도는 항상 코람 데오 곧 하나님 앞에서 살려고 힘썼다. 시편 119편 168절은 이렇게 말한다. "내가 주의 법도들과 증거들을 지켰사오니 나의 모든 행위가 주 앞에 있음이니이다." 토머스 맨턴(1620~1677년)은 이렇게 설명했다.

> 따라서 가장은 집안에서 완전한 마음으로 행해야 한다(시 101:2). 가장은 집안에서 다른 사람들의 시선에서 벗어나 있지만, 집밖에서처럼 집안에서도 대부분의 사람들이 자신의 참 모습을 자연스럽게 발견하는[또는 드러내는] 가정생활에서 하나님과 동행하는 데 힘쓰고, 가정에서

---

16) 청교도의 묵상 실천에 대한 더 세부적인 규정은 본서 55장을 보라.

17) 히브리어 톰은 어근 타맘에서 연원함(창 20:5~6; 왕상 9:4; 욥 1:1, 8, 2:3; 시 7:9, 25:21, 26:1, 11).

18) John Trapp, *A Commentary on the Old and New Testaments*, Hugh Martin 편집 (London: Richard D. Dickinson, 1868), 2:624.

19) George Swinnock, *The Christian Man's Calling*, in *The Works of George Swinnock* (Edinburgh: James Nichol, 1868), 1:331.

20) Henry, *Commentary*, 3:503(시 101편 부분).

> 신중하고 거룩하고 신실하게 처신해야 한다. 바울은 그들의 상전이 하늘에 계신다고 주의를 촉구한다(엡 6:9). 여러분의 태도를 주목하고 지켜보시는 분은 여러분의 모든 행위에 대해 설명을 요구하실 것이다. 여러분의 죄와 은혜는 그분 앞에서 숨겨지지 아니할 것이다.[21]

맨턴은 또한 이렇게 말했다. "다윗은 시편 101편 2절에서 '내가 완전한 마음으로 내 집 안에서 행하리이다'라고 말한다. 만일 어떤 사람이 진실로 거룩하다면 밖에서와 마찬가지로 가정에서도 거룩함을 보여줄 것이다. 아니 사실은 골방과 은거지에서도 보여줄 것이다. 그리스도인은 하나님이 모든 곳에 계시기 때문에 어디서나 똑같다."[22]

가정의 순결함을 보호하라

시편 101편 3절에서 다윗은 이렇게 말했다. "나는 비천한 것을 내 눈 앞에 두지 아니할 것이요 배교자들의 행위를 내가 미워하오리니 나는 그 어느 것도 붙들지 아니하리이다." 여기서 "비천한 것"으로 번역된 말은 도덕을 부패시키는 악한 것-사탄의 도구-을 가리킨다. "붙들다"는 말은 긴밀한 유대 관계를 함축하고, 결혼에 대해 쓴 것과 같은 말이다(창 2:24). 우리는 사생활과 가정 속에 부패의 힘이 들어오지 못하도록 조심해야 한다. 이런 일은 우리를 꼼짝 못하게 하고, 사탄에게 길을 내준다.

트랩은 다윗의 말을 이렇게 의역했다. "나는 금지된 것을 쳐다보지 아니할 것이요, 시험이나 죄를 범할 빌미에 대해서도 절대로 쳐다보지 아니 하리이다."[23] 이것은 우리 마음의 순결함을 위한 싸움이다. 풀은 이렇게 말했다. "만일 어떤 불경스럽거나 부정한 일이 내게 제시된다면……펄쩍 뛰며 내 지성과 생각에서 그 일을 제거할 것이다."[24]

존 번연(1628~1688년)은 『천로역정』으로 매우 유명하지만 『성전』(The Holy War)도 썼다. 이 책은 물리적 전쟁을 촉구하는 것이 아니라 영적 전쟁을 촉구하는 영적 비유를 담고 있다. 곧 거인 디아볼루스가 맨소울 성읍을 지배하는 상황 속에서 이 성읍의 왕이 자신의 합법적인 통치를 되찾는 과정을 묘사하고 있다. 번연은 이 성읍은 난공불락의 성벽과 성읍 사람들의 뜻이 아니면 결코 열릴 수 없는 성문을 갖고 있다고 썼다. 디아볼루스가 이 성읍을 정복한 유일한 길은 거짓말로 "귀의 문"과 "눈의 문"을 자신에게 열도록 성읍 사람들을 설득하는 방법이었다.[25] 따라서 청교도는 만일 지금까지 우리가 마귀의 공격에 저항하려면 우리의 귀와 눈을 통해 우리의 영혼 속에 들어오는 것을 차단해야 한다고 경고했다.

청교도는 만약 오늘날에 살았다면, 당연히 이 점을 우리에게 말해 줬을 것이다. 청교도는 여기서 우리가 듣는 음악, 우리가 말하는 농담과 같은 나쁜 영향들에 대해 말할 것이다. 시편 101편은 특별히 우리의 "눈"에 대해 말한다. 우리는 비슷한 결심이 시편 119편 36~37절에 기도 형식으로 표현

---

21) Thomas Manton, "Sermons upon Psalm 119," *The Complete Works of Thomas Manton* (London: James Nisbet, 1872), 9:241.

22) Thomas Manton, "Sermons upon 1 John 3," *The Complete Works of Thomas Manton* (London: James Nisbet, 1872), 21:203.

23) Trapp, *Commentary*, 2:624.

24) Poole, *Commentary*, 2:154.

25) John Bunyan, *The Holy War*, in *The Works of John Bunyan* (Glasgow: Blackie and Son, 1859), 3:256, 260.

된 것을 발견한다. "내 마음을 주의 증거들에게 향하게 하시고 탐욕으로 향하지 말게 하소서 내 눈을 돌이켜 허탄한 것을 보지 말게 하시고 주의 길에서 나를 살아나게 하소서." 많은 유혹들이 눈의 문을 통해 영혼 속에 침투한다. 형상 곧 가시적인 우상은 항상 이스라엘에게 큰 걸림돌이었다. 주 예수를 시험했을 때 사탄은 주님을 지극히 높은 산으로 데리고 가서 만국과 만국의 영광을 보여 주었다(마 4:8). 오늘날 우리는 이미지 시대에 살고 있다. 텔레비전, 컴퓨터 스크린, 책, 잡지, 포스터, 광고판, 심지어는 휴대 전화까지 우리를 그림으로 둘러싸고 있다. 우리는 우리를 현혹시키는 우상 숭배 이미지들이 세상에 난무하는 것을 금지시킬 수가 없다. 그러나 우리는 어떤 이미지를 우리 집안으로 들여올지는 조절해야 한다. 그것이 포르노가 될 수 있다. 그것이 매우 교묘하게 세속화의 위험을 초래할 수 있다. 영적 리더십은 우리 가정에서 이런 미디어나 기술을 제한하거나 차단하거나 폐기하도록 촉구할 수 있어야 한다.

이런 나쁜 영향들이 여러분의 가정에서 빌립보서 4장 8절 말씀을 지키는 데 얼마나 도움이 될지 자문해 보라. "끝으로 형제들아 무엇에든지 참되며 무엇에든지 경건하며 무엇에든지 옳으며 무엇에든지 정결하며 무엇에든지 사랑 받을 만하며 무엇에든지 칭찬받을 만하며 무슨 덕이 있든지 무슨 기림이 있든지 이것들을 생각하라."

청교도는 우리의 감각의 문을 보호하는 것으로는 유혹에 충분히 대처하지 못한다는 것을 인정했다. 우리는 가정에서 거룩함을 일으키는 영향들을 끌어들여야 한다. 여기서 가정에서 경건하게 사는 법의 또 다른 중요 국면을 살펴보도록 하자.

기독교 가정의 가정 예배

그리스도인들은 오랫동안 하나님이 종종 가정 예배를 회복시켜 교회 개혁과 부흥을 이끄신다는 것을 인정했다. 예를 들어 1677년에 매사추세츠, 도체스터의 청교도 교회의 교회 결의문에는 이런 항목이 들어 있다. "우리는 가정에서 성실하게 하나님을 예배하고, 이 예배를 유지하며, 자녀들을 교육하고 훈계하고 견책하며, 가족에게 여호와의 길을 지키도록 하는 것을 포함한 가정의 모든 의무를 충실히 이행하며, 온전한 마음으로[26] 가정을 세워 나감으로써 가정을 개혁하기로 결의한다."[27]

개혁파 그리스도인들은 웨스트민스터 표준 문서들이 17세기에 이미 자녀에게 기독교를 가르치도록 부모에게 호소함으로써 가정 사역의 길을 열었다는 것에 놀랄 수도 있을 것이다. 청교도는 가정 경건과 교리 교육을 등한시하는 것을 "하나님과의 언약을 깨뜨리는 것과 자녀의 영혼을 마귀에게 팔아먹는 것"으로 간주했기 때문에 가정 예배의 의무를 매우 진지하게 받아들였다.[28] 사탄의 나라는 "무지와 오류"라는 두 기둥 위에 세워져 있고, 따라서 "가정교육의 부재"는 사회 속에 불경건의 "홍수가 쏟아져 들어오도록 문을 활짝 열어 놓는 것"으로서 가장 큰 죄 가운데 하나로 간주되었다.[29] 청교도는 이렇게 말했다.

---

26) 시 101:2의 인유를 주목하라.

27) Leland Ryken, *Worldly Saints: The Puritans as They Really Were* (Grand Rapids: Zondervan, 1986), p. 80.

28) Thomas Manton, "Epistle to the Reader," *Westminster Confession of Faith* (Glasgow: Free Presbyterian Publications, 2003), p. 10.

29) Henry Wilkinson 외, "To the Christian Reader," *Westminster Confession of Faith*, p. 5.

경건한 부모의 진지한 노력이 부모의 보호 아래 있는 어린 시절에 자녀에게 얼마나 큰 영향을 미치는지는 자녀에 대한 권위, 자녀에 대한 관심, 지속적으로 자녀와 함께 하는 시간, 자녀에게 도움을 줄 수 있는 빈번한 기회 등을 통해 자녀에게 특별히 미치는 영향력으로, 그리고 이와 반대로 이 의무를 태만히 할 때 나타나는 서글픈 결과로 충분히 증명된다.[30]

청교도는 가정 예배 드리는 것을 이상적인 아버지의 표지로 주장했다. 런던 시장인 토머스 애브니 경(1640~1721년)의 가정생활은 이렇게 묘사된다. "여기서 날마다 아침과 저녁에 기도와 찬송의 제사를 드리고, 성경을 읽는 일이 벌어졌다……이런 가정을 들여다본 사람들은……당연히 이렇게 외칠 것이다. '이 집이 바로 하나님의 집이다. 이 집이 곧 천국의 문이다.'……그는 목사로서 사역을 감당할 때를 제외하고는 한평생 자기 가정의 제사장이었다."[31]

가정 예배는 종교개혁의 만인 제사장 교리의 대표적인 한 본보기였다. 선지자, 제사장, 왕으로 역할을 감당하신 그리스도의 기름부음에 참여한 그리스도인 아버지들은 가정에서 하나님이 그들에게 부여하신 권세를 행사했다(참고. 하이델베르크 교리문답 질문 32). 청교도는 "하나님은 공적 예배에 특별히 임재하시고(시 87:2)[32] 공적 예배는 세례와 성찬을 유일하게 시행하는 예배"라고 가르쳤지만,[33] 가정에서 드리는 개인 예배도 일상적인 기독교적 삶의 본질적 요소라고 가르쳤다.

가정 예배의 성경적 기초

조지 해먼드(1620~1705년)는 "영원하고 살아 계시고 참되신 하나님은 모든 사람의 경배를 받아야 한다"고 말했다. 해먼드는 이것을 시편 22편 27~28절 곧 "땅의 모든 끝이 여호와를 기억하고 돌아오며 모든 나라의 모든 족속이 주의 앞에 예배하리니 나라는 여호와의 것이요 여호와는 모든 나라의 주재심이로다"라는 말씀과 시편 66편 4절 곧 "온 땅이 주께 경배하고 주를 노래하며 주의 이름을 노래하리이다"라는 말씀으로 증명했다.[34] 예배는 "은밀하고 개인적이어야" 할 뿐만 아니라 아울러 "사회적"이어야 한다(시 34:3; 행 12:12).[35] 예배는 교회 예배당만이 거룩한 공간인 것처럼 특별한 건물로 한정될 필요는 없다(요 4:24).[36] 해먼드는 이렇게 말했다. "우리는 여기에 이렇게 덧붙일 수 있다. 곧 우리는 쉬지 말고 기도하고 하나님께 찬송의 제사를 드리라는 많은 명령을 갖고 있고, 하나님은 모든 곳에서 경배를 받아야 한다."[37] 청교도는 예배하라는 이 요청 속에서 가정 예배를 제외시킬 어떤 이유나 권리를 우리가 갖고 있는지 물었다.

---

30) Wilkinson 외, "To the Christian Reader," *Westminster Confession of Faith*, p. 5.

31) Horton Davies, *The Worship of the English Puritans* (1948, 재판, Morgan, Pa.: Soli Deo Gloria, 1997), p. 281에서 인용함.

32) David Clarkson, "Public Worship to Be Preferred before Private," *The Works of David Clarkson* (1864, 재판, Edinburgh: Banner of Truth Trust, 1988), 3:187~209(일차 페이지 매김), Oliver Heywood, "A Family Altar, Erected to the Honour of the Eternal God; or, A Solemn Essay to Promote the Worship of God in Private Houses," *The Whole Works of Rev. Oliver Heywood* (Idle: John Vint, 1826), p. 324.

33) Richard Baxter, *A Christian Directory*, in *The Practical Works of Richard Baxter* (재판, Grand Rapids: Reformation Heritage Books, 2008), 1:410.

34) George Hamond, *The Case for Family Worship* (1694, 재판, Orlando, Fla.: Soli Deo Gloria, 2005), p. 1.

35) Hamond, *The Case for Family Worship*, p. 9.

36) Hamond, *The Case for Family Worship*, p. 12.

37) Hamond, *The Case for Family Worship*, p. 13.

가정 예배를 받으셔야 하는 하나님의 권리는 하나님의 각 가정에 대한 주권에서 나온다. 토머스 둘리틀(1630~1707년)은, 하나님은 "우리 가정의 창건자", "우리 가정의 주인", "여러분의 가정의 주인이자 통치자", "여러분의 가정의 시혜자"가 되시므로(창 2:21~24; 엡 5:22~6:9), 가정이 하나님을 예배하는 것은 당연한 의무라고 주장했다.[38]

청교도는 가정 예배가 성경 전체에 걸쳐 예증되는 본보기를 갖고 있다고 봤다. 청교도는 독자들 앞에 "아브라함, 여호수아, 솔로몬의 부모, 디모데의 할머니와 어머니, 아우구스티누스의 어머니를 어린 자녀의 몸처럼 영혼을 잘 기르고 보살핀 자의 본보기"로 제시했다.[39] 토머스 맨턴은 이렇게 말했다. "신앙은 먼저 가정에서 부화하고, 마귀는 가정에서 신앙을 박살내려고 획책한다. 족장들의 가정은 모두 당시 세상에서 하나님의 교회였다. 그러므로 (내 생각으로 보면) 가인은 아담의 가정에서 떨어져 나갔을 때 여호와 앞에서 떠난 것으로 말해진다"(창 4:16).[40]

창세기 18장 19절에서 여호와는 아브라함에 대해 이렇게 말씀하셨다. "내가 그로 그 자식과 권속에게 명하여 여호와의 도를 지켜 의와 공도를 행하게 하려고 그를 택하였나니 이는 나 여호와가 아브라함에게 대해 말한 일을 이루려 함이니라." 헨리는 이렇게 지적했다. "아브라함은 자기 가족과 함께 기도했을 뿐만 아니라 가족을 지식으로 가르쳤다. 아니 아브라함은 권세 있는 사람으로 가족에게 명령하고, 자기 가정에서 선지자와 왕, 제사장이었다…… 가정의 복을 기대하는 자들은 가정의 의무를 양심적으로 지켜야 한다."[41]

하나님은 사람들이 자신들이 경험한 자신의 인자하심을 다른 사람들에게, 특히 자신들의 자녀에게 알려 줄 것을 아실 때 기도에 응답하심으로써 자신의 인자하심을 보여 주기를 좋아하신다. 매튜 풀은 하나님이 이렇게 말씀하시는 것으로 묘사했다. "그렇게 내가 나의 모든 일에서 의도한 목표를 이루고, 그리하여 그가 그 일들을 다른 사람들의 유익을 위해…… 특히 그가 죽었을 때 살아 있을 그의 자녀와 그의 가족의 유익을 위해 알릴 수 있기를 바란다. 그는 매우 부지런히 이 일들을 그들의 마음속에 각인시킴으로써 그들이 절대로 그 일들을 잊지 않도록 해야 할 것이다."[42]

헨리는 또 "여호와의 길을 지켜 공의와 정의를 행하라"고 지적하고 이렇게 말했다. "아브라함은 자신의 가정에서 신앙을 실천하는 것을 관심과 의무로 삼았다. 아브라함은 세련된 사변이나 의심스러운 논쟁 문제로 가족의 골치를 아프게 하지 않고, 가족이 하나님을 예배하고 모든 사람을 정직하게 대하는 데 진지하고 헌신적인 자가 되도록…… 가르쳤다."[43]

청교도는 야곱이 창세기 35장 1~15절에서 자신의 가족을 예배로 이끌었다고 가르쳤다. 거기 보면 야곱은 벧엘로 올라가 계시를 받고, 거기서 제단을 쌓으며, 가족을 가르치고, 그들을 성별시키고 예배로 이끌었다고 되어 있다. 올리버 헤이우드(1630~1702년)는 이렇게 말했다. "유명한 족장인 경건한 야곱은 선지자로서 가족에게 참된 믿음을 가르치고 왕으로서 하나님을 위해 살도록 가족을 다스린

---

38) Thomas Doolittle, "How May the Duty of Daily Family Prayer Be Best Managed for the Spiritual Benefit of Every One in the Family," *Puritan Sermons*, 2:212~217.

39) Wilkinson 외, "To the Christian Reader," *Westminster Confession of Faith*, p. 5.

40) Manton, "Epistle to the Reader," *Westminster Confession of Faith*, p. 9.

41) Henry, *Commentary*, 1:95.

42) Poole, *Commentary*, 1:43.

43) Henry, *Commentary*, 1:95.

것처럼, 제사장으로서 제단을 쌓고 가족을 위해, 그리고 가족과 함께 제사를 드리고 믿음의 경배를 실천한다. 가족이 있는 자는 아무리 가난한 자라도 가족에게 선지자와 제사장, 왕이 되어야 한다."[44]

가정 예배의 의무

오늘날 많은 그리스도인들이 가정의 경건, 곧 개인적 경건을 기독교적 자유의 문제로 본다. 그들은 개인적 경건을 하나님이 명령하신 의무로 보지 않고, 영적으로 하나님이 요구하시는 필수적인 의무를 건너뛸 기회로 생각한다. 해먼드는 "그리스도인들이 그리스도 안에서 자유를 누리지만 이런 식으로 의무와 건너뛸 기회를 구분하게 되면 로마 가톨릭교회의 '공덕 행위'의 오류와 차이가 없게 된다"고 경고했다. "공덕(또는 여공) 행위" 교리는 평범한 그리스도인들에게 하나님의 말씀에 순종하지 않아도 되는 구실을 제공하고, 일부 성도들을 평범한 교인들에게 면죄부가 주어지도록 추가 공로를 세우는 초영적 성인으로 높인다.[45]

윌리엄 퍼킨스는 가족의 "하나님에 대한 의무는 하나님을 개인적으로 예배하고 섬기는 것으로 이것은 모든 가정에서 시행되고 보장되어야 한다"고 말했다.[46] 퍼킨스는 이것은 다음과 같은 사실에 기반을 둔 구속력 있는 의무라고 주장했다. (1) 디모데전서 2장 8절의 "그러므로 각처에서 남자들이 분노와 다툼이 없이 거룩한 손을 들어 기도하기를 원하노라"는 명령, (2) 아브라함(창 18:19), 여호수아(수 24:15), 고넬료(행 10:2)의 본보기, (3) 남편과 아내의 사랑과 연합, 자녀의 부모에 대한 순종으로 가정이 번성하도록 예배를 통해 얻는 하나님의 복의 필요성(시 127, 128편).[47]

청교도는 또 욥과 다윗의 본보기도 지적했다. 욥은 주기적으로 아침마다 다 자란 자녀들을 모아 속죄 제사를 드렸다(욥 1:5).[48] 다윗은 공적 예배를 드리고 돌아와 자기 가족의 복을 위해 기도했다(삼하 6:20).[49]

여호수아서 24장 14~15절은 이렇게 말한다.

> 그러므로 이제는 여호와를 경외하며 온전함과 진실함으로 그를 섬기라 너희의 조상들이 강 저쪽과 애굽에서 섬기던 신들을 치워 버리고 여호와만 섬기라 만일 여호와를 섬기는 것이 너희에게 좋지 않게 보이거든 너희 조상들이 강 저쪽[즉 갈대아 우르 저쪽]에서 섬기던 신들이든지 또는 너희가 거주하는 땅[즉 가나안 땅 이쪽]에 있는 아모리 족속의 신들이든지 너희가 섬길 자를 오늘 택하라 오직 나와 내 집은 여호와를 섬기겠노라.

해먼드는 이렇게 말했다. "여호와를 섬기는 것에는 당연히 여호와에 대한 예배가 포함되고, 또 의도되어 있다"(출 8:1과 5:3, 20:5; 신 11:16; 마 4:10에 증언됨).[50] 따라서 비록 성막을 섬기는 제사장들을 비롯해

---

44) Heywood, "A Family Altar," *Works*, 4:303.
45) Hamond, *The Case for Family Worship*, p. 19.
46) Perkins, "Oeconomie: or, Houshold-Government," *Works*, 3:669.
47) Perkins, "Oeconomie: or, Houshold-Government," *Works*, 3:669.
48) Hamond, *The Case for Family Worship*, p. 38.
49) Heywood, "A Family Altar," *Works*, 4:317.
50) Hamond, *The Case for Family Worship*, p. 60.

서 온 이스라엘이 하나님에게서 떠나간다 해도 여호수아는 계속 가족과 함께 여호와를 섬기겠다고 결심했다.

해먼드는 또 그리스도의 본보기를 아버지들에게 제시한다. 그리스도는 개인적인 가르침(마 13:51; 막 4:34), 질문에 대한 설명(막 13:3~4; 눅 11:1), 기도(눅 9:18), 찬미(마 26:30)을 위해 자신의 영적 가족인 제자들을 주기적으로 만났다. 아버지들은 육신의 자녀를 위해 이보다 덜해야 하겠는가?[51]

헤이우드도 바울이 "쉬지 말고 기도하라"(살전 5:17), "각처에서 기도하라"(딤전 2:8), 그리고 온갖 기도 형태를 동원해서 "모든 기도와 간구를 하되 항상 기도하라"(엡 6:18)고 말하는 일반적 명령에 기초해서 가정 예배의 의무를 확립했다. 헤이우드는 이렇게 말했다. "만일 기도가 항상, 각처에서, 온갖 형태로, 의무로 행해져야 한다면 확실히 가족 기도는 의무다. 왜냐하면 가족 기도도 당연히 여기에 포함되기 때문이다."[52]

윌리엄 퍼킨스는 이 의무를 두 가지 핵심 분야로 나눠서 설명했다.

1. **하나님 말씀을 날마다 가르침**: 퍼킨스는 "가정에서 하나님의 섬기는 것"의 첫 번째 분야는 "모든 가족을 변화시켜 영생을 얻도록 하나님 말씀을 제시하는 것"이라고 말했다.[53] 말씀을 날마다 읽고 가르침으로써 하나님은 경배를 받아야 한다. 질문, 답변, 훈계를 통해 부모와 자녀는 날마다 거룩한 진리에 대한 것을 서로 주고받아야 한다. 퍼킨스는 신명기 6장 6~7절을 인용했다. "오늘 내가 네게 명하는 이 말씀을 너는 마음에 새기고 네 자녀에게 부지런히 가르치며 집에 앉았을 때에든지 길을 갈 때에든지 누워 있을 때에든지 일어날 때에든지 이 말씀을 강론할 것이며."

매튜 헨리는 이 말씀이 하나님을 사랑하라는 큰 계명을 따른다는 사실을 지적하면서 이렇게 말했다. "여호와 하나님을 사랑하는 자들은 자녀들의 마음이 하나님께 감동될 수 있도록 마땅히 해야 할 일을 행해야 한다……모든 기회를 사용해서 자녀에게 신적 사실들을 강론하라."[54] 이런 가르침의 목표는 단순히 "뇌의 지식, 단순한 사변"이 아니라 "내적이고 풍미 있는 마음의 지식"인 사랑이라고 청교도는 말했다.[55]

신명기 6장이 명하는 활동은 밤에 자리에 눕고, 아침에 일어나고, 집에 앉아 있고, 길을 걸어가는 경우에 동반되는 일상적 활동이다. 웨스트민스터 신앙고백(21.6)은 다음과 같이 말할 때 이 신명기 본문을 증거 본문으로 인용한다. "하나님은 어디서나 곧 날마다 개인적으로 가정에서나 각 사람이 은밀하게 홀로 있을 때나 영과 진리로 경배를 받아야 한다. 또한 공적 예배에서는 더 엄숙하게 경배를 받아야 한다." 명령을 지키는 가정에서 이 활동은 구체적, 주기적, 일관적으로 날마다 행해진다.

신약 성경에서 이 신명기 본문과 평행을 이루는 말씀이 에베소서 6장 4절이다. "또 아비들아 너희 자녀를 노엽게 하지 말고 오직 주의 교훈과 훈계[즉 가르침]로 양육하라." 아버지가 몸소 이 의무를 이행할 수 없을 때에는 아내가 이 일을 수행하도록 권장해야 한다. 예를 들어 디모데는 하나님을 경외하는 어머니와 할머니의 일상적 가르침을 통해 큰 유익을 얻었다. 매튜 헨리는 아버지는 자녀를 "그리스도인으로" 양육해야 한다고 말하고 이렇게 덧붙였다. "자녀가 죄를 두려워하도록 가르치고,

---

51) Hamond, *The Case for Family Worship*, pp. 72~74.

52) Heywood, "A Family Altar," *Works*, 4:312~313.

53) Perkins, "Oeconomie: or, Houshold-Government," *Works*, 3:669~670.

54) Henry, *Commentary*, 1:586.

55) Wilkinson 외, "To the Christian Reader," *Westminster Confession of Faith*, p. 6.

또 자녀에게 하나님에 대한 전체적인 의무를 알려 주고 그 의무를 수행하도록 자극하라."[56]

2. 하나님의 보좌 앞에서 드리는 매일의 기도와 찬양: 퍼킨스는 가정 예배의 두 번째 분야는 "하나님 은혜에 대해 감사하면서 하나님 이름을 부르는 것"이라고 말했다.[57] 퍼킨스는 이에 대해서 시편 14장 1, 4절을 인용했다. "어리석은 자는 그의 마음에 이르기를 하나님이 없다 하는도다……여호와를 부르지 아니하는도다." 또 디모데전서 4장 4~5절도 인용했다. "하나님이 지으신 모든 것이 선하매 감사함으로 받으면 버릴 것이 없나니 하나님의 말씀과 기도로 거룩하여짐이라."

나아가 가족은 매일 죄를 저지르지 않는가? 그렇다면 매일 용서를 구해야 하지 않겠는가? 하나님이 가족에게 날마다 다양하게 복을 베푸시지 않는가? 그렇다면 이 복에 대해 날마다 감사해야 하지 않겠는가? 가족은 날마다 자신들 나름대로 하나님께 감사하고, 하나님께 자신들의 길의 인도를 구해야 하지 않는가? 또 가족은 하나님의 보살핌과 보호를 날마다 필요로 하지 않는가?

시편 118편 15절은 이렇게 말한다. "의인들의 장막[또는 집]에는 기쁜 소리, 구원의 소리가 있음이여 여호와의 오른손이 권능을 베푸시며." 유명한 매튜 헨리의 아버지 필립 헨리(1631~1696년)는 이 본문이 가정에서 시편을 노래하는 것의 성경적 기초를 제공한다고 믿었다.[58] 필립 헨리는 의인들의 개인적인 장막에서 기쁜 노래 소리가 나온다고 주장했다. 여기에는 성전 찬송뿐만 아니라 가족 찬송도 포함된다. 그러므로 기쁜 소리와 구원의 소리가 가정에서 일상적으로 나와야 한다.

성경의 증거 외에도 청교도는 가정 예배를 본성의 법에 따라 주어지고 인간 이성으로 인정되는 의무로 봤다. 리처드 백스터(1615~1691년)는 하나님은 가정을 세워 가정에 하나님을 섬기도록 사람들을 훈련시키는 "특별한 자격과 기회"를 부여했다고 주장했다. 이 자격과 기회는 하나님이 자신의 종들에게 맡기신 "달란트"다(마 25:14~30). 그러므로 부모는 신실한 종이 되어 가정을 하나님의 영광을 위해 사용해야 한다.[59]

가정 예배의 시행 지침

유명한 웨스트민스터 신앙고백 외에도 1647년에 스코틀랜드 교회가 가정 예배 모범을 채택했다.[60] 더글러스 코민은 웨스트민스터 공적 예배 모범(1645년)과 혼동되어서는 안 되는 이 가정 예배 모범은 "웨스트민스터 총회의 직접적 산물이 아니고" 오히려 "스코틀랜드 교회의 전체 총회를 통해 작성되고 채택되었다"고 말했다.[61] 이 주목할 만한 문서는 스코틀랜드 그리스도인들의 가정 예배에 대한 관심을 잘 보여 주고, 가정 예배 시행의 간략한 지침을 제공한다. 당시 잉글랜드 청교도와 스코틀랜드 장로교회 간의 신학적 상호 교류를 감안하면, 우리는 이 가정 예배 모범이 영국 청교도 사상의 포괄적인 경향을 표현하고 있다고 간주할 수 있다.

이 가정 예배 모범은 가정 예배를 설명하기 전에 촉구하는 것이 개인적이고 개별적인 "기도와 묵

---

56) Henry, *Commentary*, 6:578.
57) Perkins, "Oeconomie: or, Houshold-Government," *Works*, 3:670.
58) Matthew Henry, *An Account of the Life and Death of Mr. Philip Henry* (London: J. Laurence, 1712), p. 60.
59) Baxter, *Christian Directory*, in *Works*, 1:410~411.
60) "The Directory for Family-Worship," *Westminster Confession of Faith*, pp. 417~422.
61) Douglas W. Comin, *Returning to the Family Altar: A Commentary and Study Guide on the Directory for Family Worship* (Aberdeen: James Begg Society, 2004), p. 7.

상이었고……이것은 특별히 하나님과 교제를 누리고 다른 모든 의무를 올바르게 준비하는 수단이다."[62] 이런 식으로 작성자들은 교인들에게 가정 예배는 개인적 경건으로 대체할 수 없고, 사실상 개인 기도와 묵상은 가정을 이끄는 본질적 준비 수단이라는 것을 상기시켰다.

해먼드는 "가장은 가정 예배의 시간과 장소를 결정할 책임과 자유가 있다"고 말했다. 이런 예배 상황에 대해 목사는 독단적이어서는 안 된다.[63] 그럼에도 해먼드는 이렇게 말했다. "이렇게 경고하고 싶다. 가정 예배의 태만과 부주의한 시행을 묵인하기 위해 여러분의 자유를 육체의 기회로 삼지 마라."[64] 가정 예배 계획과 준비는 하나님이 주신 필수적인 아버지의 의무다.

이 가정 예배 모범은 "매일 가정 예배는 통상적으로 다음 여섯 가지 요소를 갖고 있다"고 가르쳤다. (1) 기도, (2) 찬송, (3) 성경 읽기, (4) 간략한 교리 문답 교육, (5) 온 가족의 교화를 위한 경건한 콘퍼런스, (6) 가족 가운데 권위를 갖고 있는 자의 정당한 이유에 따른 권면과 책망.[65] 청교도의 정신에 따라 이 요소들을 실천적 권면과 함께 하나씩 살펴보도록 하자.[66]

1. 기도: 교회, 나라, 가정, 각 가족을 위해 기도하라. 가정 기도는 웨스트민스터 공적 예배 모범에 규정된 것처럼, 공적 예배에서의 경험에 따라 형성되었다. 웨스트민스터 공적 예배 모범은 앙모에서 시작해서 고백, 영적 복의 간청, 세계 선교와 박해를 받는 교회와 국가와 정부를 위한 중보, 그리고 감사에 이르는 순서로 기도 내용을 확립했다.[67] 매튜 헨리도 성경 언어로 충만한 기도 지침을 썼는데 많은 청교도가 사용했다.[68]

청교도의 가정 기도에 대한 권면은 다음과 같다. "짧게 기도하라. 특별히 예외적인 경우를 제외하고는 5분 이상 기도하지 마라. 지루한 기도는 유익보다 해가 더 크다. 기도로 하나님을 가르치려고 하지 마라. 하나님은 훈계를 필요로 하시는 분이 아니다. 천박하게 말고 단순하게 기도하라. 자녀가 어느 정도 알고 있는 것을 기도하되, 기도가 하찮은 것이 되지 않도록 하라. 기도를 자기중심적이고 천박한 간청으로 만들지 마라."

할 말을 똑바르게 기도하라. 하나님 앞에 여러분의 필요를 표현하고, 여러분의 입장을 변론하며, 자비를 구하라. 십대 자녀의 이름을 부르고, 자녀의 필요를 하나씩 매일 구하라. 자연스럽게 기도하되, 엄숙하게 기도하라. 분명하고 공손하게 구하라. 여러분의 마음을 분발시켜서 하나님을 붙잡으라(사 64:7). 졸리는 기도는 자녀를 졸게 할 것이다. 둘리틀은 가장에게 "활력적인 마음과 열렬한 감정을 갖고 기도하러 나오라. 그러면 여러분의 열이 자녀들을 따스하게 할 것"이라고 권면했다.[69]

다채롭게 기도하라. 날마다 똑같은 기도를 하지 마라. 그러면 지루해진다. 하나님께 여러분의 기

---

62) "The Directory for Family-Worship," *Westminster Confession of Faith*, p. 419.

63) Hamond, *The Case for Family Worship*, pp. 15~17.

64) Hamond, *The Case for Family Worship*, p. 17.

65) "The Directory for Family-Worship," *Westminster Confession of Faith*, p. 419.

66) 이 부분의 일부는 Joel R. Beeke, *Family Worship* (Grand Rapids: Reformation Heritage Books, 2009)을 손질한 것이다.

67) "The Directory for the Publick Worship of God," *Westminster Confession of Faith*, pp. 375~381.

68) Matthew Henry, *A Method for Prayer with Scripture Expressions Proper to Be Used under Each Head*, in *The Complete Works of the Rev. Matthew Henry* (1855, 재판, Grand Rapids: Baker, 1979), 2:1~95. 이것은 Matthew Henry, *A Method for Prayer*, J. Ligon Duncan III 편집 (Fearn, Scotland: Christian Focus, 1994)로 재출간되었다.

69) Doolittle, "How May the Duty of Daily Family Prayer Be Best Managed for the Spiritual Benefit of Every One in the Family," *Puritan Sermons*, 2:239.

도를 들어 달라고 촉구하고, 하나님의 이름과 속성으로 하나님을 찬양하며, 여러분의 겸손한 의존과 필요를 선언하고, 가족의 죄를 고백하며, 가족에 대한 자비(물질적이고 영적인)를 구하고, 친구와 교회와 나라를 위해 중보 기도하며, 하나님의 베푸신 복에 감사를 표현하고, 하나님 나라와 영광에 대해 하나님을 송축하는 것과 같은 참된 기도의 다양한 요소들을 기억하고 강조하는 것으로 다양한 기도를 계발하라. 여러분의 기도 속에 이런 요소들을 다양하게 배분해서 기도하라.

2. 찬양: 찬양은 웨스트민스터 신앙고백 21장 5절에 규정된 대로 공적 예배에서처럼 주로 시편을 찬송하는 것으로 이루어져 있다. 다른 노래와 찬송도 청교도 시대가 진행되면서 개인적으로 그리고 가정에서 사용되도록 도입되었다.

교리적으로 순수한 노래를 부르라. 아무리 곡조가 매력적이라고 해도 교리적 오류를 노래하는 것은 변명의 여지가 없다. 건전한 찬송을 등한시하지 말고 무엇보다 먼저 시편을 노래하라. 진심으로, 느낌을 갖고 부르라. 골로새서 3장 23절에서 말하는 것처럼 "무슨 일을 하든지 마음을 다하여 주께 하듯 하고 사람에게 하듯 하지 마라." 여러분이 노래하는 가사에 대해 묵상하라. 때때로 노래 가사에 대해 토론하라.

3. 성경 읽기: 로마 가톨릭교회는 성경을 라틴어 성경과 사제의 통제로 엄격히 제한했지만 종교개혁자와 청교도는 모든 가정에 성경을 보급하려고 애썼다. 웨스트민스터 대교리문답(질문 156)은 "하나님 말씀은 누구나 읽어야 하는가?"라고 묻고 이렇게 답변한다. "누구에게나 공적으로 회중에게 말씀을 읽는 것이 허락되는 것은 아니지만 모든 사람이 혼자서 그리고 가족과 함께 말씀을 읽을 의무가 있습니다. 이 목적을 위해 성경은 원어에서 보통[즉 공통] 언어로 번역되어야 합니다."

계획을 세워라. 아침에는 구약 성경에서 열 개나 스무 개 정도의 구절을 읽고 저녁에는 신약 성경에서 열 개나 스무 개 정도의 구절을 읽으라. 또는 비유, 이적, 역사적 기사 별로 연속해서 읽으라. 반드시 장시간에 걸쳐 성경 전체를 읽으라.

가족을 포함시키라. 글을 읽을 수 있는 모든 가족이 함께 읽을 성경을 갖고 있어야 한다. 성경은 살아 있고 "호흡하는" 책이므로 감정을 담아 가락 있게 읽으라. 아내와 자녀가 읽을 부분을 다양하게 할당하라. 자녀에게 분명히, 이해할 수 있게, 공손하게 읽는 법을 가르치라. 필요하면 간략하게 설명을 덧붙이라.

4. 간략한 교리 문답 교육: 교리 문답서는 어린 자녀와 교육을 받지 못한 성인의 이해에 충분함과 깊이를 더함으로써 지식이 더 자랄 수 있게 하려고 작성되었다.[70] 교리 문답 교육을 교회에 미루지 마라. 매튜 헨리는 "공적 교리 문답 교육은 가정 교리 문답 교육이 없으면 거의 소용이 없을 것"이라고 말했다.[71] 자녀와 함께 공부한 자라면 누구나 단지 교회 모임에서 공부하는 자보다 가정에서 부모와 함께 배우는 자녀가 훨씬 잘 배운다는 것을 알고 있다.

토머스 맨턴은 웨스트민스터 신앙고백서와 교리문답서를 소개할 때 이렇게 말했다. "목사와 부모는 하나님을 아는 것과 경외하는 것에 있어서 아직 순종적이고, 밀랍처럼 어떤 형태로 각인이 가능할 때 젊은이들을 훈련시키고, 그리하여 늦지 않게 가장 거룩한 믿음의 원리를 심어줌으로써, 그들을 교리문답서의 대의로 이끌고, 그들이 철저히 양심에 비춰 살도록 하는 데 얼마나 신경을 써야 할까!"

---

70) 따라서 소교리문답, 대교리문답, 신앙고백이 세 단계 사닥다리를 구성한다.
71) Henry, "Family Religion," *Works*, 1:252.

맨턴은 성경적 교리 문답의 질문과 답변들을 기억을 자라게 하는 진리의 씨, 죄를 억제시키는 굴레, 젊은이들의 정욕의 끓어오르는 정열을 잠잠하게 하는 차가운 물로 비유했다.[72)]

교리문답서를 사용하면 자녀에게 도움이 될 뿐만 아니라 종종 신학적 지식을 결여하고 있는 부모도 도움을 받는다. 교리문답서는 가족 교사가 중심 교리를 놓치지 않고, 어려운 성경 본문들에 휩쓸리지 않고, 오류에 빠져 헤매지 않도록 보호한다. 백스터는 이렇게 말했다. "하지만 통상적으로 그것은 가장이 논쟁과 애매한 성경 본문은 그대로 놔두고, 교리문답서 속에 일반적으로 포함된 간명하고 필수적인 몇몇 교리들을 가르치고, 필수적인 실천 문제들을 지시하는 데 가장 안전하고, 가장 겸손하고, 가장 지혜롭고, 매우 체계적인 방법이다."[73)]

5. **온 가족의 교화를 위한 경건한 콘퍼런스:** 여기서 "콘퍼런스"라는 말은 설교자들이 모이는 큰 학회를 가리키는 것이 아니고, 신자들 간의 통상적인 교제와 영적 대화를 가리킨다. 가정 예배는 설교하는 시간이 아니라 설명하고 적용하는 시간이다. 이 가정 예배 모범은 성경에서 나오는 가능한 사례들을 고찰함으로써 이것을 다음과 같이 확대시켰다.

- 만일 어떤 죄를 책망한다면 죄를 경계하도록 가족으로서 죄를 다뤄라.
- 만일 어떤 신적 심판을 경고한다면 심판을 두려워하고 죄를 조심하도록 심판에 대해 말하라.
- 만일 어떤 의무를 요구한다면 의무를 행할 수 있도록 그리스도를 의지하자고 서로 격려하라.
- 만일 약속에 따라 어떤 위로를 제공한다면 마음속에 위로를 적용하는 방법을 토론하라.[74)]

가정 예배는 자녀가 질문을 구하는 데 큰 잠재력을 제공한다. 이 가정 예배 모범은 이렇게 말한다. "모든 일에 가장이 주도권을 갖고 있어야 한다. 그리고 어떤 가족이라도 결정에 대한 질문이나 의심을 표시할 수 있다."[75)]

의미를 명확히 하라. 자녀에게 여러분이 읽고 있는 것을 이해하는지 물어보라. 성경 본문의 적용을 명백히 하라. 히브리인의 관습인 가족 간의 질문과 대답 과정에 따라 가족 간에 하나님 말씀에 대한 대화를 권장하라(참고. 출 12장; 신 6장; 시 78편). 특별히 십대 자녀에게 질문을 권장하라. 질문을 유도하라. 만일 여러분이 답변을 알고 있다면 그들에게 말해 주라. 그리고 그들에게 답변을 찾아보도록 권장하라. 존 칼빈, 매튜 풀, 매튜 헨리, 존 길이 쓴 것과 같은 하나 또는 그 이상의 좋은 주석서를 손에 들고 참고하라.

순수한 교리를 추구하라. 어린 자녀를 가르칠 때 교리적 엄밀함을 포기하지 마라. 단순함과 건전함을 목표로 삼으라. 적절하게 적용하라. 적절하다면 여러분의 경험을 나눌 때 두려워하지 마라. 하지만 간단히 나눠야 한다. 구체적인 예증을 사용하라. 이상적으로 성경적 교훈과 여러분이 최근 설교에서 들은 것을 하나로 연결시키라.

주의를 촉구하라. 잠언 4장 1절은 이렇게 말한다. "아들들아 아비의 훈계를 들으며 명철을 얻기에

---

72) Manton, "Epistle to the Reader," *Westminster Confession of Faith*, p. 10.

73) Baxter, *Christian Directory, Works*, 1:414.

74) "The Directory for Family-Worship," *Westminster Confession of Faith*, p. 419.

75) "The Directory for Family-Worship," *Westminster Confession of Faith*, p. 420.

주의하라." 부모는 전할 중요한 진리를 갖고 있다. 여러분은 가정에서 하나님의 진리를 들으라고 촉구해야 한다. 여기에는 시작할 때 다음과 같이 거듭 말하는 것도 포함시킬 수 있을 것이다. "아들아 여기 앉아서 내가 말할 때 나를 보라. 우리는 지금 하나님 말씀에 대해 말하고 있고, 하나님은 마땅히 들려져야 할 분이다." 가정 예배를 드리는 동안 자녀가 자리를 떠나지 않도록 주의시켜라.

6. **가족 가운데 권위를 갖고 있는 자의 정당한 이유에 따른 권면과 책망:** 자녀에게 따스하고 사랑스럽게 하나님을 의지하고 순종하라고 촉구하는 것을 두려워하지 마라. 태도는 다정해야 한다. 잠언은 계속해서 **내 아들아**라는 말을 사용함으로써 하나님을 경외하는 아버지의 따스함, 사랑, 가르침의 절박성을 보여 준다. 아버지이자 친구로서 자녀에게 아픔을 줘야 할 때에는 진심 어린 사랑으로 하라. 자녀에게 하나님의 전체 경륜을 말해 줘야 한다. 왜냐하면 여러분은 자녀 없이 영원을 보낼 생각을 견딜 수 없기 때문이다. 내 아버지는 종종 우리에게 눈물로 "얘들아, 너희 가운데 하나라도 천국을 놓치게 할 수 없다"고 말했다. 여러분의 자녀에게 이렇게 말해 주라. "우리는 펼친 성경이 너희에게 줄 모든 특권을 너희에게 주려고 한다. 하지만 너희에게 말하지 않아도 우리가 사랑으로 그렇게 한다는 것을 알아야 한다."

가정 예배를 드릴 때 짧게 드리는 것을 목표로 하라. 자녀들을 자극하지 마라. 토머스 라이(사망, 1684년)는 "길고 지루한 강론보다 어린아이의 영을 싫증나게 하는 것은 없다"고 말했다.[76] 새뮤얼 리는 이렇게 말했다. "가족을 가르칠 때 자주, 간결하고 명확히 가르쳐라……그러나 모든 가르침에서 지루한 장광설을 조심하라. 자주 짧게 가르쳐라……긴 연설은 자녀의 짧은 기억력에 부담이 되고, 이런 경솔함은 영적 만나에 싫증을 내게 할 수 있다."[77] 만일 여러분이 하루에 두 번씩 예배를 드린다면 아침에 10분, 저녁에 25분 정도를 드려라. 일관성을 유지하라.

매일 한 번의 예배 속에 위의 여섯 가지 요소를 모두 포함시키려고 애쓰지 마라. 무리하게 그렇게 하면 가족이 싫증을 낼 것이다. 리는 이렇게 말했다. "신앙의 의무는 변화를 주는 것이 매우 유익하다. 때로는 찬송하고, 때로는 성경을 읽으라. 때로는 반복하고, 때로는 교리 문답 교육을 실시하고, 때로는 권면하라……이처럼 다양하게 진행하면 시간이 짧게 느껴질 것이다."[78] 예를 들어 아버지는 짧게 경건 서적을 읽고, 아침 식사를 할 때 기도할 수 있다. 어머니는 점심 식사를 할 때 자녀가 교리 문답 공부를 하거나 성경 구절을 암기하는 것을 도와줄 수 있다. 아버지는 저녁 식사를 할 때 성경 본문을 읽고 그 본문을 적용하는 법에 대한 토론을 이끌고, 가족 찬양과 기도를 할 수 있다.

가정 예배를 드리고 잠자리에 들 때 가정 예배에 대해 다음과 같이 하나님의 복을 구하는 기도를 드리라. "주여, 이 가르침을 사용해서 우리 자녀를 구원하고, 자녀가 은혜 안에서 자라가서 주님 안에 소망을 두게 하소서. 주님의 이름을 노래하는 우리의 찬송을 사용해서 자녀의 불멸하는 영혼이 하나님의 이름, 하나님의 아들, 하나님의 영을 소중히 여기게 하소서. 우리의 더듬거리는 기도를 사용해서 자녀가 회개하게 하소서. 주 예수 그리스도여, 이 예배를 드리는 동안 우리 가족이 당신의 말씀과 영을 호흡하게 하소서. 이 시간을 소생하는 시간으로 만드소서!"

---

76) Thomas Lye, "By What Scriptural Rules May Catechising Be So Managed as That It May Become Most Universally Profitable?" *Puritan Sermons*, 2:120.

77) Lee, "What Means May Be Used towards the Conversion of Our Carnal Relations?", *Puritan Sermons*, 1:150.

78) Lee, "What Means May Be Used towards the Conversion of Our Carnal Relations?", *Puritan Sermons*, 1:156.

가정 예배에 대한 반론

청교도는 어떤 이들은 가정 예배를 규칙적으로 드리는 것을 반대할 것이라고 예상했다. 여기서 이 반론 가운데 몇 가지를 답변과 함께 다뤄 보자.

• **성경에 가정 예배에 대한 명시적인 언급이 전혀 없다:** 명시적인 명령은 없지만 앞에서 인용한 본문들은 하나님이 매일 자신을 경배하는 가족을 갖고 계신다는 것을 분명히 한다. 성경은 우리의 삶을 기도로 채우라는 일반 법칙을 제시하고, 또 가정 기도의 구체적인 실례도 제시한다. 하나님은 우리에게 우리의 구체적인 상황들에 적용할 것을 기대하신다.[79)]

• **가정 예배는 단지 청교도의 한 특징에 불과하다:** 아니 오히려 가정 예배에 대한 명령은 사람들이 아니라 성경, 곧 하나님에게서 나온다. 청교도는 가정 예배를 주장했지만 오직 성경에 순종하겠다는 열심에서 그렇게 한 것이다. 게다가 청교도는 역사를 소중히 여기는 학생들로, 성경이 그렇게 하도록 권한을 부여하는 한, 기독교적 신앙의 주류를 지키는 데 힘썼다. 역사가 필립 샤프는 이렇게 말했다. "크리소스토무스[대략, 349~407년]는 모든 집이 교회가 되고, 모든 가장은 자녀와 종들에게 줘야 할 가르침을 기억하고 영적 목자가 되어야 한다고 주장했다."[80)] 가정 예배는 청교도가 만들어 낸 것이 아니다.

• **이런 식의 계획은 하나님의 영을 통제하고 제한하는 경향이 있다:** 확실히 하나님의 영은 바람처럼 자신이 원하시는 대로 움직이고, 우리는 하나님의 영의 길을 통제하거나 파악하지 못한다(요 3:8). 그러나 하나님은 우리에게 분발해서 자신을 붙잡으라고 요구하신다(사 64:7; 딤후 1:6). 우리는 하나님이 가시는 길-은혜의 수단-에 서 있는 훈련을 함으로써 규칙적으로 하나님을 붙잡는다. 그러므로 이 반론은 만약 인정된다면 모든 예배 규례를 무너뜨리고 말 것이다.[81)]

• **우리 가족은 가정 예배를 가질 시간이 없다:** 만일 여러분이 오락과 여가를 즐길 시간은 있는데 가정 예배를 드릴 시간이 없다면 쾌락 사랑하기를 하나님을 사랑하는 것보다 더한 사람들에게 경고하는 디모데후서 3장 4~5을 생각해 보라. 그들은 경건의 모양은 갖고 있으나 경건의 능력은 부인한다. 가족 활동과 사업에 들이는 시간을 하나님의 복을 구하는 데 할애하는 것은 결코 낭비가 아니다. 만일 우리가 하나님의 말씀을 진지하게 취한다면 "가정에서 하나님과 하나님의 말씀에 우선권을 두지 않는 것은 용납할 수 없다."[82)] 새뮤얼 데이비스(1723~1761년)는 언젠가 이렇게 말했다. "여러분이 단지 이 세상을 위해 지음을 받았다면 이 반론이 얼마간 효력이 있을 것이다. 하지만 이 반론이 영원의 상속자에게서 나온 것이라면 얼마나 이상할까! 여러분에게 주어진 시간을 어떻게 사용할지 위해 기도하라. 그것은 주로 여러분이 영원을 준비하는 데 써야 할 시간이 아닌가? 여러분은 인생의 가장 큰 업무에 사용할 시간이 없다는 말인가?"[83)]

• **가정 예배에서 내가 가정을 이끄는 것이 좋지 않다:** 이런 반론은 다른 사람들 앞에서 말하는 것을

---

79) Heywood, "A Family Altar," *Works*, 4:328.

80) Philip Schaff, *History of the Christian Church* (1910, 재판, Grand Rapids: Eerdmans, 1981), 3:545.

81) Heywood, "A Family Altar," *Works*, 4:329~330.

82) 참고, Heywood, "A Family Altar," *Works*, 4:338~339.

83) Samuel Davies, "The Necessity and Excellence of Family Religion," *Sermons on Important Subjects* (New York: Robert Carter and Brothers, 1853), p. 60.

쑥스러워하거나 어떤 말을 어떻게 해야 할지 모르는 자에게서 나올 것이다.[84] 헤이우드는 독자들에게 이렇게 권면했다.

> 하나님은 은사, 연설[웅변] 또는 준비된 발표력에 의존하지[근거를 두지] 않으신다. 하나님의 제사는 상한 심령이다[시 51:17]……만일 그대가 기도할 수 없다면 무릎을 꿇고 하나님께 기도할 수 없다고 말할 수 없는가? 하나님께 기도하도록 도와 달라고 바랄 수 없는가? 가련한 세리가 "하나님이여 불쌍히 여기소서 나는 죄인이로소이다"라고 외친 것처럼 말할 수 없는가? 만일 고의가 아니라 연약함이 문제라면 하나님은 자신의 영이 그대의 연약함을 도울 수 있게 하셔서 그대에게 할 말과 기도하는 법을 가르쳐 주실 것이다.[85]

만일 이것이 여러분의 문제라면 나는 여러분에게 청교도 정신에 따라 몇 가지 제안을 하고 싶다. 첫째, 제임스 알렉산더나 매튜 헨리의 가정 예배에 대한 작품을 읽어 보라.[86] 둘째, 하나님을 경외하는 목사와 아버지들에게 인도를 구하라. 만일 그들이 여러분의 집을 찾아올 수 있다면 가정 예배를 인도하는 법을 보여 주거나 가정 예배를 드리는 법을 가르쳐 달라고 하라. 셋째, 단순하게 시작하라. 나는 여러분이 이미 함께 성경을 읽고, 기도하고 있다고 믿는다. 만일 아니라면 그렇게 하는 것에서 시작하라. 만일 여러분이 함께 성경을 읽고 기도하고 있다면 여기에 읽는 부분을 1~2가지 더 추가하고 일부 시편이나 찬송을 부르는 것을 포함시키라. 25분 정도가 될 때까지 매주 1~2분씩 시간을 늘려 가라.

그럼에도 여러분이 가정 예배를 인도하는 것을 지체하면 그것은 용기나 지식이 부족해서 일어난 결과가 아니라 자신이 하나님과 온전한 관계 속에 있지 못함을 알고 있기 때문일 것이다. 그때 여러분은 죄를 회개하고 주 예수 그리스도를 의지할 필요가 있다. 매튜 헨리는 이렇게 말했다. "올바른 방법으로 진행하라. 먼저 여러분의 마음을 그리스도의 보좌 앞에 두고, 그 다음에 여러분의 집안에 그리스도의 교회를 두라. 곧 먼저 믿음으로 여러분의 마음속에 그리스도가 거하게 하고, 그 다음에 그리스도가 여러분의 집에 거하도록 하라……그리고 루디아처럼 여러분의 마음이 그리스도에게 열렸을 때, 여러분의 집이 루디아처럼 그리스도에게도 열리게 하라"(행 16:14~15).[87]

• **가족 가운데 참여를 거부할 자가 있을 것이다:** 가정 예배를 유지하기 어려운 가정이 있을 수 있다. 하지만 이런 경우는 드물다. 만일 여러분이 참여시키기 힘든 자녀를 두고 있다면 다음과 같이 단순한 규칙을 따르라. 성경, 찬송, 기도가 없는 것은 양식이 없는 것을 의미한다. 그러니 이렇게 말하라. "우리는 이 집에서 주님을 섬길 것이다. 호흡하는 우리는 모두가, 그러므로 우리 모든 가족들은 주님을 찬양해야 한다." 시편 150편 6절은 심지어는 아직 회심하지 않은 자녀도 여기서 예외가 되지

---

84) Heywood, "A Family Altar," *Works*, 4:337, 343.

85) Heywood, "A Family Altar," *Works*, 4:344.

86) 이 책들은 최근에 James W. Alexander, *Thoughts on Family Worship* (1847, 재판, Morgan, Pa.: Soli Deo Gloria, 1998)과 Matthew Henry, *Family Religion: Principles for Raising a Godly Family* (재판, Fearn, Scotland: Christian Focus, 2008)로 재출간되었다.

87) Henry, "Family Religion," *Works*, 1:262~263.

않음을 분명히 한다. 이 구절은 이렇게 말한다. "호흡이 있는 자마다 여호와를 찬양할지어다 할렐루야." 헤이우드는 이렇게 말하는 것으로 우리에게 도전을 준다. "주인이 누구인가, 그대인가 그들인가?…… 만일 하나님이 주인이라면 하나님의 이름과 힘으로 그것을 인정하라. 그러면 하나님이 그대 옆에 계실 것이다. 의무를 수행할 때 사람을 두려워하지 마라."[88]

• 우리는 위선자가 되고 싶지 않다: 어떤 가족은 아직 회심하지 않은 상태에 있을 수 있고, 하나님은 악인의 기도를 미워하신다(잠 15:8). 그러나 한 가지 죄-회심하지 않은 상태에서 기도하는 것-가 다른 죄-전혀 기도하지 않는 것-를 정당화하는 것은 아니다. 이런 반론을 제기하는 자의 마음은 위험한 상태에 있다. 회심하지 않은 사람이라고 해도 회심하지 못한 상태를 핑계로 의무를 게을리해서는 안 된다. 회심하지 않은 자의 사악한 마음은 기도하지 않는 것의 핑계거리가 못된다. 자녀가 이런 구실을 붙여 가정 예배를 피하지 않도록 권면하라. 자녀에게 그들이 모든 은혜의 수단을 사용할 필요 속에 있음을 강조하라. 가정 예배가 그들의 회심 수단이 될 수도 있지 않은가?[89]

가정 예배를 위한 동기 부여

청교도는 가정 예배가 하나님 앞에서 의무일 뿐만 아니라 주님을 사랑하고 경외하는 모든 자가 갖고 있는 깊고 진심 어린 확신에서 나오는 즐거움이기도 하다고 가르쳤다. 여기서 세 가지 동기 부여를 언급하려고 한다.

• 사랑하는 자들의 영원한 행복: 하나님은 수단을 사용해서 영혼을 구원하신다. 매우 통상적으로 하나님은 설교를 사용하신다. 그러나 하나님은 가정 예배를 사용하실 수도 있다. 매튜 헨리는 이렇게 말했다. "그들이[여러분의 자녀가] 다른 세계를 위해 마련하신 것을 특별히 생각해 보라. 그들은 영원을 위해 지음을 받았다. 여러분의 자녀는 모두 보배로운 불멸의 영혼을 갖고 있고, 현재 어떻게 준비하느냐에 따라 영원히 천국 아니면 지옥에 가도록 되어 있다. 어쩌면 그들의 영혼은 머지않아 금방 영들의 세계에서 제거될 수도 있다."[90] 여러분은 가족의 영원을 어떻게 준비했는가?

• 가족이 하나님을 영화롭게 하고 즐거워하기를 바라는 열망: 퍼킨스는 가정 예배를 실천하지 않는 가정은 먹이를 향해 탐욕스럽게 달려들지만 자신들에게 먹이를 준 손을 주의하지 않는 "돼지"와 같다고 말했다. 한편 퍼킨스는 "이렇게 하나님을 섬기는 가정은 (말하자면) 작은 교회, 아니 사실은 일종의 지상낙원"이라고 말했다.[91] 매튜 헨리는 이렇게 말했다. "우리 가정에 하나님이 은혜로 우리와 함께 계시는 것-'두세 사람이 내 이름으로 모인 곳에' 약속되는 하나님의 임재-은 매우 바람직한 일이다."[92]

경건한 부모는 하나님을 영화롭게 하고 하나님의 얼굴을 보고 싶어 한다. 여러분의 가정은 하나님께 감사할 것이 하나도 없는가? 여러분은 주님 앞에 함께 모이는 데 힘든 것이 없는가? 헨리는 이렇게 말했다. "가정의 은혜와 가정의 고난은 모두 가족의 신앙에 대한 촉구다."[93]

88) Heywood, "A Family Altar," *Works*, 4:336.
89) Heywood, "A Family Altar," *Works*, 4:329~330.
90) Henry, "Family Religion," *Works*, 1:253.
91) Perkins, "Oeconomie: or, Houshold-Government," *Works*, 3:670.
92) Henry, "Family Religion," *Works*, 1:258.
93) Henry, *Commentary*, 3:503(시 101편 부분).

• 하나님의 교회와 나라에 대한 사랑: 시편 78편 5~6절은 이렇게 말한다. "여호와께서 증거를 야곱에게 세우시며 법도를 이스라엘에게 정하시고 우리 조상들에게 명령하사 그들의 자손에게 알리라 하셨으니 이는 그들로 후대 곧 태어날 자손에게 이를 알게 하고 그들은 일어나 그들의 자손에게 일러서." 헨리는 하나님은 "부모가 하나님의 법을 아는 지식으로 자녀를 훈련시키도록……하나님의 종과 경배하는 자들의 한 세대가 지날 때 다른 세대가 오고 땅처럼 교회도 영원히 존속하도록, 그리하여 하나님의 이름이 사람들 사이에서 천국에서와 같이 울려 퍼질 수 있도록 정하셨다"고 주석했다.[94]

토머스 맨턴은 아버지들에게 다음 사실을 생각하라고 도전을 주었다. "여러분은 자녀를 낳아 단순히 세상과 육체를 위한 가정으로 삼겠는가, 아니면 하나님의 자녀로 양육해서 가정을 성별된 사회로 다스리겠는가?" 아버지들아, 여러분은 가장이고, 하나님은 여러분에게 해명을 요구하실 것이다. 어머니들아, 여러분은 여기서 영원한 선을 위해 특별한 기회를 갖고 있다. 맨턴은 이렇게 말했다.

> 특히 여성은 이 의무에 유의해야 한다. 왜냐하면 여성은 대부분 자녀를 두고 있을 때 일찍부터, 그리고 자주 자녀를 가르칠 기회를 갖고 있는 만큼 이것이 이 세상에서 하나님을 위해 할 수 있는 핵심적인 섬김이고, 그런 이유로 공적인 일[공적 권세의 직무]에서 벗어나 있기 때문이다. 그리고 의심할 것 없이 많은 탁월한 관리가 국가로 보냄을 받고, 많은 훌륭한 목사가 교회로 보냄을 받으며, 많은 보배로운 성도가 천국으로 보냄을 받았는데, 그것은 어쩌면 교회에서 무익하고 쓸모없다고 스스로 생각했던 여성이 가정에서 경건 교육을 행복하게 준비한 결과다.[95]

가정 예배가 가정에서 시행되는 교회는 복이 있도다! 이런 교회에서 목사는 많은 영적 아버지들의 일을 스스로 행하는 데 힘을 소진할 필요가 없다. 맨턴은 부모에게 교리 문답 교육을 잘 받은 교인들은 "다른 과정을 거쳐 행하는 것보다 다른 책들을 더 잘 이해하고, 더 유익하게 설교를 듣고, 더 슬기롭게 [기독교 교제에] 참여하며, 더 견고하게 그리스도의 교리를 고수할 수 있을 것"이라고 말했다.[96]

경건한 부모는 교회에 영적으로 튼튼한 자녀를 보내고 싶어 한다. 여러분의 자녀가 교회에서 기둥이 될 수 있도록 기도하라. 언젠가 경배하는 자들의 무리 속에서 자신의 자녀를 볼 수 있는 자는 복이 있도다! 가정 예배는 이런 미래의 토대다.

결론

가장의 신실한 리더십과 가정 예배는 가정 경건의 오른손과 왼손이다. 가정 예배는 가족 간에 경건의 틀을 형성시킨다. 신실함은 이 틀을 생명과 능력으로 채운다. 외적 예배 형태와 하나님을 경외

94) Henry, *Commentary*, 3:434(시 78:1~8 부분).
95) Manton, "Epistle to the Reader," *Westminster Confession of Faith*, p. 10.
96) Manton, "Epistle to the Reader," *Westminster Confession of Faith*, pp. 11~12.

하는 개인적인 실천을 분리시키지 마라. 조지 해먼드는 만약 여러분의 가족이 "여러분이 무릎을 꿇고 천사의 혀로 말하는 것을 듣지만 쓴 말이나 욕설로 여러분의 불만을 드러내거나 불미스럽게 교만이나 격노를 터뜨리는 것"을 목격한다면 여러분의 삶은 "위험한 걸림돌"이 되고 말 것이라고 경고한다.[97] 한편 가정 예배의 틀이 없이 가정 경건을 계발하려고 시도하는 것은 겨울에 벽이나 지붕 없는 집에서 살려고 시도하는 것과 같을 것이다. 우리는 삶 속에서 틀, 습관, 훈련을 필요로 한다. 토머스 브룩스(1608~1680년)가 말한 것처럼 "기도 없는 가정은 하늘의 온갖 폭풍에 그대로 노출되어 있는 지붕 없는 집과 같다."

---

97) Hamond, *The Case for Family Worship*, p. xviii.

매튜 헨리의 실제적인 매일 기도 방법

하나님이 자기 백성들에게 큰 자비를 베풀려고 할 때 행하시는

첫 번째 일은 그들을 기도하게 하는 것이다.

– 매튜 헨리[1] –

성경 주석자 가운데 매튜 헨리(1662~1714년)보다 더 유명한 사람은 거의 없다. 헨리의 이름을 달고 있는 『성경 전체 주석』(Commentary on the Whole Bible)은, 비록 헨리 자신이 창세기에서 사도행전까지만 쓰고 죽었고, 나머지는 친구들이 헨리의 노트를 기초로 저술한 것이기는 해도 계속 재출간되고 있다. 위대한 복음 전도자 조지 휫필드(1714~1770년)는 기도하는 동안 헨리의 성경 주석을 거듭 읽고 영혼의 풍성한 양식을 거기서 찾았다. 그러나 주석가로서의 명성에도 불구하고, 헨리가 한 세기 반 동안 베스트셀러로 인기가 대단했던 기도 관련 작품을 썼다는 것을 아는 이는 별로 없다.[2] 그리고 헨리의 주석은 미국에서 필리핀까지 세계 전역에서 읽혀지지만 많은 사람이 정작 헨리의 생애에 대해서는 잘 모르고 있다.

매튜 헨리는 잉글랜드 교회가 규정한 예배 형식을 받아들이지 않는다는 이유로 청교도 목사들이 잉글랜드 교회에서 퇴출된 해에 태어난 잉글랜드 청교도였다. 헨리의 아버지 필립 헨리(1631~1696년) 목사는 1661년에 이미 강단을 잃었다. 1660년대에서 1680년대까지는 청교도에게 암울한 박해 시기였다. 매튜 헨리는 건강이 좋지 않았지만 어렸을 때부터 지적으로 특출했고, 불과 세 살 때 성경을 읽었다. 헨리는 처음에는 법률가가 되려고 공부했다. 그러나 주님은 다른 계획을 갖고 계셨다. 24세에서 50세까지 헨리는 리처드 스틸(1629~1692년)과 같은 장로교회 목사들에게 개인적으로 안수를 받고 체스터의 교회에서 목사로 사역했다. 교회는 개인 가정집에서 시작되었지만 세월이 흐르면서 350명에 달하는 성찬 참여자를 비롯해서 출석자들이 크게 늘어났다. 헨리는 하루에 여덟 시간을 연구에 할애했고, 때로는 새벽 4시에 일어나 연구하기도 했다. 교회를 섬기는 것 외에도 헨리는 인근의 다섯 마을에서, 그리고 죄수들에게 달마다 말씀을 전했다. 헨리의 첫째 아내는 해산하다 죽었고, 둘째 아내에게서 얻은 자녀 세 명은 유아기에 죽었다.

헨리는 히브리어, 헬라어, 라틴어, 프랑스어로 오랫동안 해 온 강해 설교와 연구의 우물 속에서 내용

1) John Blanchard 편찬, *The Complete Gathered Gold* (Darlington, England: Evangelical Press, 2006), p. 462에서 인용함.

2) "매튜 헨리의 『기도의 방법』은 많은 인기를 얻어 150년 동안 무려 30판 이상을 찍은 고전이었다"(Hughes Oliphant Old, "The Reformed Daily Office: A Puritan Perspective," *Reformed Liturgy and Music* 12, no. 4 [1978], p. 9).

을 끌어내서 42세에 성경 주석을 저술하기 시작했다. 헨리는 생애 마지막 2년 동안 런던에 있는 한 유명한 교회를 섬겼다. 헨리는 신약 성경 서신들에 대한 주석 임무를 열세 명의 목회자 친구들에게 맡겨 놓고, 낙마 사고로 죽었다.[3]

1710년에 헨리는 『각각의 제목 아래 사용하기 적절한 성경 표현이 포함된 기도의 방법』(A Method for Prayer with Scripture Expressions Proper to Be Used under Each Head)을 출판했다.[4] 1712년에는 『하나님과의 일상적 교제에 대한 지침』(Directions for Daily Communion with God)이라는 제목으로 출판된 설교를 전했다.[5] 이 두 작품은 성경적 영성에 대한 헨리의 열정을 잘 보여 준다. 왜냐하면 분주한 목회자 겸 방대한 성경 주석의 저자가 기도에 대한 책을 쓸 시간을 내는 것은 굉장히 힘들었을 것이기 때문이다. 우리는 헨리의 두 번째 책 곧 『하나님과의 일상적 교제에 대한 지침』에서 기도에 대한 지침을 살펴보고, 이어서 성경 표현을 넣어 기도하는 그의 기도 방법으로 고찰을 바꿀 것이다.

종일 기도하는 법에 대한 지침

헨리는 일기에서 이렇게 말했다. "나는 기도를 사랑한다. 모든 그리스도인의 갑주에 죔쇠를 채우는 것은 기도다."[6] 그리스도인은 항상 하나님의 갑주를 입어야 하므로 쉬지 말고 기도해야 한다. 헨리에 따르면, 그리스도인들이 그리스도 안에서 하나님께 나아가면 다음과 같은 것이 주어진다.

1. 홀로 있을 때보다 훨씬 외롭고 철저한 고독 속에 있을 때 도움을 주는 벗. 우리가 하나님 아버지와 더 좋은 사귐과 교제를 필요로 할까?
2. 모든 의심 속에 있을 때 도움을 주는 카운슬러…… 인도자(시 73:24), 곧 그의 눈으로 인도하고 우리가 가야 할 길로 이끄시는 분.
3. 온갖 슬픔에서 도움을 주는 위로자…… 곧 침체에 빠진 영혼들을 지지하고 힘 빠진 심령에게 힘이 되시는 분.
4. 온갖 필요를 채워 주시는 공급자. 하나님께 나아가는 자들은 풍성한 샘, 무진장의 보물, 풍부한 광산에 나아가는 것이다.
5. 온갖 짐을 벗겨주는 후원자. 그들은 아도나이 [나의 주] 곧 내 마음의 반석과 힘(시 73:26)이신 하나님께 나아간다.
6. 모든 위험에서 지켜주시는 피난처 곧 가까이 있는 도피성. 여호와의 이름은 견고한 망대다(잠

---

3) Joel R. Beeke & Randall J. Pederson, *Meet the Puritans: With a Guide to Modern Reprints* (Grand Rapids: Reformation Heritage Books, 2006), pp. 323~328, J. Ligon Duncan III, "A Method for Prayer by Matthew Henry (1662~1714)," *The Devoted Life: An Invitation to the Puritan Classics*, Kelly M. Kapic & Randall C. Gleason 편집 (Downers Grove, Ill.: InterVarsity, 2004), pp. 239~240.

4) Matthew Henry, *The Complete Works of the Rev. Matthew Henry* (1855, 재판, Grand Rapids: Baker, 1979), 2:1~95. 이 "전집"은 그의 주석들이나 최근에 출판된 *Matthew Henry's Unpublished Sermons on The Covenant of Grace*, Allan Harman 편집 (Fearn, Scotland: Christian Focus, 2002)은 포함하지 않는다.

5) Matthew Henry, *The Complete Works of the Rev. Matthew Henry* (1855, 재판, Grand Rapids: Baker, 1979), 1:198~247. *A Method for Prayer*과 *Directions for Daily Communion with God*은 하나의 책으로 묶여 Matthew Henry, *A Method for Prayer*, J. Ligon Duncan III 편집 (Fearn, Scotland: Christian Focus, 1994)으로 재출간되었다.

6) J. B. Williams, *The Lives of Philip and Matthew Henry* (Edinburgh: Banner of Truth Trust, 1974), 2:210.

18:10).

7. 일을 할 때나 싸울 때에 모든 일을 수행하는 힘. 하나님은 아침마다 그들의 팔이시다(사 33:2).
8. 달콤하고 확실한 보증으로 확보된 구원……만일 하나님이 자신의 경륜에 따라 우리를 이같이 인도하신다면 우리가 영광을 얻게 하실 것이다.[7)]

하나님은 이처럼 풍성한 충만하심 속에서 우리에게 유용하신 분이므로, 우리는 하나님께 나아가야 한다. 헨리는 이렇게 말했다. "다윗은 다니엘처럼 하루에 세 번씩 엄숙하게 기도하는 의무를 지켰다. '저녁과 아침과 정오에 내가 근심하여 탄식하리니'(시 55:17). 아니 사실 다윗은 그것으로 충분하다고 생각하지 않았다. '내가 하루 일곱 번씩 주를 찬양하나이다'"(시 119:164).[8)] 따라서 헨리는 기도 지침에 대해 세 가지 강론을 썼다. 곧 매일 하나님과 함께 하루를 시작하는 법, 매일 하나님과 함께 하루를 보내는 법, 매일 하나님과 함께 하루를 끝내는 법.

첫째 지침: 매일 하나님과 함께 하루를 시작하는 법

다윗은 시편 5편 3절에서 말했다. "여호와여 아침에 주께서 나의 소리를 들으시리니 아침에 내가 주께 기도하고 바라리이다." 헨리는 이렇게 말했다. "매일 하나님과 함께 시작하는 것이 우리의 지혜이자 의무다." 헨리는 우리의 기도를 자극하는 것에 강론의 많은 부분을 할애했다. 헨리는 우리는 "하나님이 기도하는 심령을 찾으시는 곳은 어디서나 기도를 들으시는 하나님을 찾아보게 될 것"이라는 확신을 갖고 기도할 수 있다는 사실을 상기시켰다. 만일 우리가 성경에 계시된 하나님 뜻에 따라 중보자 그리스도를 통해 아버지 하나님께 기도한다면, 우리는 하나님 아버지가 우리 기도를 들으시고, 자신의 인자하심에 따라 우리에게 응답하실 것을 알 수 있다.[9)] 하나님은 우리에 대한 자신의 권세와 우리를 향하신 자신의 사랑과 긍휼을 상기시키려고 기도하라고 우리에게 요구하신다. 우리는 항상 하나님께 말씀드릴 어떤 것을 갖고 있다. 하나님은 사랑하는 친구시고, 따라서 하나님을 인격적으로 알고 하나님과 친밀하게 동행하는 것은 즐거운 일이다. 하나님은 또한 우리와 우리 삶과 관련된 모든 것의 주님이시다. 종이 주인에게 말하지 않아도 되겠는가? 의존하는 자가 자신의 공급자에게 말하지 않아도 되겠는가? 위험 속에 있는 자가 자신의 보호자에게 말하지 않아도 되겠는가?[10)]

어떤 장애물도 여러분이 하나님께 나아가는 것을 방해하지 못하게 하라. 하나님은 하늘에 계시지만 깊은 곳에서 부르짖는 여러분의 외침을 들으실 것이다(시 130:1). 하나님은 무서운 분이지만 신자들에게 자신과 함께 하는 자유를 주기 위해 양자의 영을 허락하신다(롬 8:15). 그렇다. 하나님은 이미 여러분이 무엇을 필요로 하는지 다 아신다. 하지만 자신의 영광을 위해, 그리고 여러분이 자비를 받기에 합당한 상태가 되도록 여러분에게 기도를 요구하신다(겔 36:37~38). 여러분은 여러 일로 분주하지만 유일하게 필수적인 한 가지는 평강과 사랑 안에서 하나님과 동행하는 것이다.[11)]

기도를 시작하는 것에 대해 헨리는 궁사가 표적에 눈을 고정시키고 힘 있게 손으로 화살을 당기

---

7) Henry, *The Covenant of Grace*, p. 200.
8) Henry, *Communion with God*, in *Works*, 1:199.
9) Henry, *Communion with God*, in *Works*, 1:199~200.
10) Henry, *Communion with God*, in *Works*, 1:201~202.
11) Henry, *Communion with God*, in *Works*, 1:203~204.

는 것처럼 "확고한 생각과 근면한 지성"으로 기도에 임하라고 권면했다. 우리 기도의 표적은 항상 "하나님의 영광과 우리 자신의 참된 행복"이고, 그래서 헨리는 하나님은 이 두 목적을 은혜 언약 안에서 결코 분리시킬 수 없는 하나의 목적으로 "꼬아 놓으셨고", 따라서 "하나님의 영광을 구하는 것이 진정으로, 그리고 효과적으로 우리의 참된 유익을 구하는 것"이라는 사실을 우리에게 강력히 상기시킨다. 궁사가 한 눈을 감고 다른 눈으로 표적을 겨냥하는 것처럼 기도할 때 우리도 "흩어져 있는 우리의 생각을 하나로 모아야 한다." 기도할 때 사람들의 영광과 칭찬(마 6:2), 그리고 이 세상 빛과 영예(호 7:14)에 대해서는 눈을 감아야 한다.[12] 주의 기도 처음 세 가지 간청에 비춰 헨리는 이렇게 말했다.

> 하나님이 아니라 자아 곧 육신의 자아가 여러분 기도의 원천과 중심이 되지 않도록 하라. 영혼의 눈을 여러분의 최고 목적이신 하나님께 고정시키고, 여러분의 모든 것을 하나님께 적용시키도록 하라. 하나님의 이름과 찬양을 위하는 것, 이것이 여러분의 영혼의 습관적 기질이 되게 하라. 하나님이 영광을 받는 것, 이것이 모든 욕구 속에서 여러분의 목표가 되게 하라. 그리고 여러분의 모든 것이 이 목표에 따라 지시되고, 결정되고, 거룩하게 되고, 또 필요하면, 지배되도록 하라.[13]

편지가 적절하게 원하는 수신자에게 배달되어야 하는 것처럼 우리의 기도 역시 적절하게 하나님께 배달되어야 한다. 헨리는 이렇게 말했다. "여러분이 존경하는 사람에게 편지를 쓸 때처럼 하나님께 호칭을 붙여라……두려운 위엄과 헤아릴 수 없는 위대하심을 가지신 영광의 하나님으로서 그분에게 기도를 전달하라." 또한 그리스도가 특별히 기도할 때 사용하도록 가르치신 감미로운 호칭인 "하늘에 계신 우리 아버지"를 잊지 마라. 따라서 여러분의 편지를 집어 그것을 "주 예수 곧 하나님과 사람 사이의 유일하신 중보자의 손에 쥐어 주고……그러면 그분이 그것을 조심스럽고 신속히 전달하고, 우리의 섬김이 받아들여질 수 있도록 하실 것이다."[14]

다윗은 시편 5장 3절에서 아침이 기도하기에 특별히 좋은 시간이라고 증언했다. 마찬가지로 헨리도 제사장은 매일 아침에 속죄 제물인 어린 양을 바치고 향을 피웠고(출 29:39, 30:7), 찬송하는 자들은 매일 아침 여호와께 감사했다(대상 23:30)고 지적했다. 헨리는 이런 본보기를 인용해서 그리스도 안에서 영적 제사장인 모든 그리스도인이 매일 아침 하나님께 영적 속죄 제물을 바쳐야 한다고 지적했다. 알파이신 하나님은 우리의 첫 열매를 요구하고, 그러므로 우리는 하나님께 하루의 첫 부분을 하나님께 바쳐야 한다. 하나님은 단순히 우리가 피곤하고 지쳐 있는 시간인 하루의 나머지 부분이 아니라 가장 좋은 부분을 받으셔야 한다.[15] 헨리는 이렇게 말했다. "아침에 우리는 사람들과 일에서 가장 자유롭고, 통상적으로 홀로 있기에 가장 좋은 기회를 갖고 있다."[16] 하나님은 우리에게 매일 아침 새로운 자비를 베푸시고, 따라서 우리는 하나님께 하나님의 은혜에 대해 새로운 감사와 새로운 묵상을 드려야

---

12) Henry, *Communion with God*, in *Works*, 1:204~205.
13) Henry, *Communion with God*, in *Works*, 1:205.
14) Henry, *Communion with God*, in *Works*, 1:205~206.
15) Henry, *Communion with God*, in *Works*, 1:207~208.
16) Henry, *Communion with God*, in *Works*, 1:208.

한다. 우리는 아침에 하루의 일을 준비할 때 모든 것이 하나님을 위해 준비되도록 해야 한다.[17] 그러므로 매일 하나님과 함께 하는 것으로 하루를 시작하라.

둘째 지침: 매일 하나님과 함께 하루를 보내는 법

다윗은 "내가 종일 주를 기다리나이다"(시 25:5)라고 말했다. 헨리는 이 기다림을 하나님이 때가 되면 자비를 임하게 하실 것을 "인내하며 기대하고", 주님에 대한 개인적 예배의 의무를 "꾸준히 준수하는" 것을 함축한다고 말했다. 성도들은 인내하며 기대할 필요가 있다. 왜냐하면 성도들은 종종 하나님이 자신들의 기도에 응답하실 때까지 오랫동안 어둡고 험한 날들을 기다리기 때문이다. 그러나 성도들은 소망을 갖고 기다린다.[18] 헨리는 잉글랜드 교회의 사제이자 시인인 조지 허버트(1593~1633년)의 말을 인용했다.

> 절망아, 멀리 떨어져라! 내 은혜로우신 하나님이 들으시느니라.
> 바람과 파도가 내 배를 공격할 때,
> 심지어는 배가 크게 휘청거리는 것처럼 보일 때에도
> 하나님이 보존하시고, 하나님이 조종하시느니라.
> 폭풍은 하나님 능력의 승리이고,
> 하나님은 마음이 아니라 눈을 감으시리라.[19]

그리스도인이 온종일 하나님을 주목하는 것이 주를 기다리는 것이라는 말에 잘 나타나 있다. "하나님을 기다리는 것은 하나님을 바라고, 하나님을 즐거워하고, 하나님을 의존하고, 하나님께 헌신하는 삶을 사는 것"이라고 헨리는 말했다. 우리는 거지가 자선을 베푸는 자를 끈질기게 기다리는 것처럼 하나님을 바라고, 하나님의 선물뿐만 아니라 생명의 떡이신 분을 갈망하며 시간을 보내야 한다. 우리는 사랑하는 자와 함께 있는 연인처럼 하나님을 즐거워하며 살아야 한다. 헨리는 "우리는 하나님을 사랑하는 것을 좋아하는가?"라고 물었다. 끈질기게 의존하는 것은 자기 아버지를 의지해서 무조건 믿고 모든 염려를 맡겨 버리는 아이의 태도다. 헌신의 삶은 "주인의 뜻을 주목하고, 주인의 일을 행하고, 모든 일 속에서 주인의 영예와 이익을 고려할 준비를 하고" 주인을 위하는 종의 삶이다. 헌신의 삶은 "하나님 명령의 뜻을 우리의 실천 규칙으로 삼는 것"이고 "하나님 섭리의 뜻을 우리 인내의 규칙으로 삼는 것"이다.[20] 따라서 헨리는 종일 쉬지 말고 기도할 때나 주님을 기다릴 때 마음의 성향을 강조했다.

우리는 날마다 곧 주일에 드리는 공적 예배에서나 주중에 직업에 따라 일을 하거나 쉴 때 하나님을 기다려야 한다. 우리는 형통의 날이든 역경의 날이든 하나님을 기다려야 한다. 우리는 젊어서든

17) Henry, *Communion with God*, in *Works*, 1:208~211.
18) Henry, *Communion with God*, in *Works*, 1:213~215.
19) Henry, *Communion with God*, in *Works*, 1:215. 인용문은 2010년 12월 3일에 http://www.ccel.org/h/herbert/temple/Bag.html에 접속해서 *Christian Classics Ethereal Library*의 George Herbert, *The Temple* (1633)의 "The Bag"에서 뽑은 것이다.
20) Henry, *Communion with God*, in *Works*, 1:216~218.

늙어서든 하나님을 의지해야 한다. 우리는 종일 하나님을 기다려야 한다.

여러분은 염려의 짐을 짊어지고 있는가? 그 짐을 주님께 던져 버리라. 여러분에게 져야 할 책임이 있는가? 여러분의 업무는 하나님이 이 "직업과 일"을 여러분에게 맡기셨음을 알려 주고, 여러분에게 하나님 말씀의 교훈에 따라 일하도록 요구하는 것임을 아는가? 오직 하나님만이 여러분의 수고에 복을 베푸실 수 있고, 하나님의 영광이 여러분의 모든 일의 궁극적 목적이 되어야 한다. 여러분은 다른 길을 따르고 싶은 유혹을 받는가? 하나님의 은혜 아래로 피하라. 여러분은 고난 속에 있는가? 하나님의 뜻에 굴복하고 자상하신 징계 뒤에 있는 하나님의 사랑을 신뢰하라. 여러분의 마음은 미래에 대해 소망을 붙들고 있는가, 아니면 두려움에 사로잡혀 있는가? 생과 사, 선과 악을 지배하시는 하나님을 기다리라.[21] 헨리의 작품들은 매일 매순간이 주님을 바라볼 충분한 이유로 채워져 있다는 것을 우리에게 보여 준다.

우리는 반복해서 하나님께 개인 기도를 드림으로써 이렇게 하나님을 끊임없이 바라보는 일을 실천하게 된다. 헨리는 사람들에게 그들의 기도가 영적 교만과 자기 과시의 유혹을 받은 것으로 증명되지 않도록 은밀한 기도를 촉구했다. 헨리는 "그곳에 위선의 바람이 불어들지 못하도록 문을 닫으라"고 말했다.[22]

나아가 헨리는 가족에게 경건을 훈련시키는 가정 예배를 드리라고 촉구했다. 헨리는 『가족 찬송』(Family Hymns, 1694)과 『집안에 있는 교회: 가정 예배』(A Church in the House: Family Devotions, 1704)에서 가정 예배를 강력히 옹호했다. 헨리는 가정 예배는 지역 교회를 퇴보시키는 것이 아니라 가족의 경건을 촉진시키기 때문에 오히려 교회를 강하게 한다고 주장했다. 헨리는 자신이 설교한 것을 그대로 자신의 가정에서 실천했다. 매일 아침 헨리는 이전 주일 설교를 가족과 함께 한 부분씩 다시 음미하고, 그 내용에 따라 기도했다. 오후에는 자녀에게 교리 문답 교육을 실시하고, 나이가 더 많은 자녀는 어린 자녀가 잠이 든 후에 가르쳤다.[23] 헨리는 가정 예배를 온 가족이 하나님께 나아와 복을 구하고, 베푸신 자비에 감사하고, 하나님과의 관계가 깨져 있으면 그것을 고쳐 달라고 기도하는 기회로 삼았다. 헨리는 자녀의 지혜가 점차 자라도록, 그리고 "하나님이 은혜로 자녀 교육을 성공으로 이끄실 때까지 기다리도록" 기도하라고 말했다. 헨리는 "기도는 인내를 낳는다"는 점을 상기시키면서 부모들에게 이렇게 말했다. "만일 자녀가 여러분이 원하는 것만큼 나아지지 못하고 더디다면 하나님이 나아지게 하고, 하나님이 정하신 시간에 은혜를 베푸실 때까지 기다리라. 그리고 인내하며 기다리는 동안 자녀와 함께 수고하고[부지런히 힘쓰고], 또 자녀에게 인내하고 자녀를 부드럽게 대하도록 하라"[24]

일하러 갈 때 여러분의 일은 "여러분이 매일 그리고 종일 꾸준히 일할 것을 요구한다"고 헨리는 말했다. 그러나 일할 때 하나님을 등한시하지 마라. 하나님의 임재 속에서 일을 하라. 하나님이 정하신 순종의 길에 있고, 그 길에서 하나님을 의존할 때 하나님이 복을 베푸실 것이라는 생각을 갖고 가게 문을 열라. 모든 고객 및 손님을 하나님의 섭리에 따라 보내심을 받은 사람으로 생각하라. 하나

---

21) Henry, *Communion with God*, in *Works*, 1:219~224.
22) Williams, *Lives of Philip and Matthew Henry*, 2:211. 마 6:5~6을 보라.
23) Beeke & Pederson, *Meet the Puritans*, p. 327.
24) Henry, *Communion with God*, in *Works*, 1:224~225.

님의 거룩하신 눈이 여러분 위에 있는 것처럼 모든 거래를 정직하게 행하라. 정직한 부지런함으로 정직한 이익을 얻는 능력을 달라고 하나님께 구하라.[25)]

만일 책을 손에 들고 있다면 그것을 "하나님의 책이나 다른 어떤 유용한 양서로 보고" 그 책이 여러분에게 유익이 되도록 하나님을 의지하라. 무익한 책을 읽는 데 시간을 허비하지 마라. 점심 식사를 할 때에는 창조자가 자신이 만드신 양식을 먹을 권리를 우리에게 주셨음을 기억하라. 하지만 우리는 하나님의 영광을 위해 먹고 마셔야 한다. 무엇을 읽든지 헛된 호기심에 따라 읽지 말고, 하나님 나라에 대한 사랑, 인간에 대한 동정, 배우는 것을 기도와 찬양으로 삼겠다는 의도를 갖고 읽으라. 친구를 방문할 때에는 친구가 있음을, 친구들과 함께 누릴 옷과 집과 가구가 있음을 하나님께 감사하라. 만일 여행을 간다면 여정을 하나님의 보호에 맡기라. 헨리는 이렇게 말했다. "여행할 때 여러분에게 임하는 온갖 위로와 편의에 대해 하나님의 섭리의 도우심이 얼마나 큰지 깨달으라."[26)]

"매일 어디로 가든 무엇을 하든 기도와 찬양의 충분한 이유를 찾아내라"고 헨리는 말했다. 야고보가 말한 것처럼 고난당하면 하나님께 기도하고 즐거우면 하나님을 찬송하라(약 5:13). 그것으로 인생 전체를 수놓으라.

셋째 지침: 매일 하나님과 함께 하루를 끝내는 법

시편 기자 다윗은 이렇게 말했다. "내가 평안히 눕고 자기도 하리니 나를 안전히 살게 하시는 이는 오직 여호와이시니이다"(시 4:8). 헨리는 주님을 우리 하나님으로 갖고 있다면 우리는 하루하루를 만족하며 끝낼 수 있다고 말했다. 헨리는 이렇게 말했다. "그대의 영혼 속에 이 계속되는 온갖 폭풍에게 잠잠하라고 명령하고 잔잔함을 만들어 내라. 하나님은 언약에 따라 우리 하나님이 되시므로, 우리는 충분히 소유하고 있다. 우리는 모든 것을 갖고 있다. 은혜로운 영혼은 계속 하나님을 더 간절히 바라지만, 하나님 외에 다른 것은 바라지 않는다. 은혜로운 영혼은 하나님 안에서 온전한 만족을 누린다. 하나님 안에서 편안하고, 안식을 누린다."[27)]

헨리는 "우리는 밤에 하나님께 감사하고 잠자리에 들어야 한다"고 권면했다. 날마다 하루가 끝날 때 하나님의 자비와 도우심을 재음미해야 한다. 헨리는 이렇게 말했다. "우리가 먹고 마시는 모든 것이 자비다. 우리가 걷는 모든 발걸음과 우리가 쉬는 모든 호흡이 자비다." 우리는 저녁 시간을 우리 휴식을 위해, 우리의 머리를 눕히는 공간을 위해, 우리에게 잠을 주는 몸의 건강과 마음의 평안을 위해 하나님이 예비하신 것으로 알고 감사해야 한다.[28)]

취침 시간은 또한 우리의 죽음과 기독교적 소망에 대해 반성할 기회를 준다. 헨리는 하루 일과를 마치고 집에 돌아와 잠자러 침상으로 갈 때마다 죽으면 부활의 날까지 잠자게 될 것을 생각하라고 우리에게 권면했다. 우리는 밤에 옷을 벗는 것처럼 그리스도께서 재림하시는 날 아침에 새 몸을 받기 위해 이 몸을 벗어 버리게 될 것이다. 우리가 쉬기 위해 침상에 눕는 것처럼 죽으면 악몽이 우리를 괴롭힐 수 없는 그리스도의 임재 속에서 쉬기 위해 누울 것이다.[29)] 헨리의 죽음에 대한 초점은

25) Henry, *Communion with God*, in *Works*, 1:225.
26) Henry, *Communion with God*, in *Works*, 1:225~227.
27) Henry, *Communion with God*, in *Works*, 1:231.
28) Henry, *Communion with God*, in *Works*, 1:235~236.
29) Henry, *Communion with God*, in *Works*, 1:237.

불행한 사망에 있는 것이 아니라 많은 사람이 현세를 넘어 영원한 영광에 이르는 기독교적 소망을 갖거나 갖지 않고 매일 죽는 타락한 세상에 대한 현실적 판단에 두어져 있었다.

영원의 빛은 해가 진 뒤에도 우리에게 비치기 때문에 우리는 우리의 부패한 본성을 기억하고, 율법의 특별 규정을 위반한 것에 대해 우리의 양심을 검토함으로써 회개하는 마음을 갖고 죄를 반성해야 한다. 헨리는 용서를 위해 그리스도의 피를 우리의 영혼에 새롭게 적용시키고, 평안과 용납을 위해 은혜의 보좌 앞에 밤마다 나아감으로써, 경건한 슬픔을 갖고 계속 회개해야 한다고 우리를 가르쳤다. 우리는 밤마다 하나님의 천사들의 보호에 몸을 맡기고, 은밀하게 역사하시는 하나님의 영의 능력에 영혼을 맡겨야 한다(욥 33:15~16; 시 17:3, 16:7). 또한 우리에게 하나님과의 화평을 제공하는 그리스도의 중보에 영혼을 의탁하고, 주변 사람들이 우리에게 저지른 죄를 용서함으로써 우리 마음이 하나님 및 사람과 화평 속에 있을 때 평안하게 자리에 누울 수 있다.[30]

헨리는 우리는 다음과 같은 생각을 갖고 잠들 수 있어야 한다고 주장했다.

> 오, 하나님, 하나님 영광을 위해 이제 잠을 자러 갑니다. 우리는 먹든지 마시든지, 아니 잠을 자든지 하나님의 영광을 위해 하는 것은 '무엇을 하든지' 속에 포함됩니다. 우리는 하나님의 영광을 위해 그렇게 해야 합니다……오, 하나님, 하나님의 은혜에, 그리고 하나님 은혜의 말씀에 이제 마음이 끌립니다. 우리의 전체 자아 곧 몸, 혼, 영을 하나님께 새롭게 복종시키는 마음을 갖고 잠을 자는 것이 좋습니다. 이제 '오, 내 영혼아, 그대의 안식처인 하나님께 돌아오라. 하나님이 관대하게 그대를 대하실 것이니'……오, 내가 깼을 때 여전히 하나님과 함께 있기를, 비록 길더라도 잠을 자는 사이가 하나님과의 교제의 끈이 끊어지지 않고 내가 깨어났을 때 교제가 다시 시작되기를![31]

헨리는 "그리스도인은 기도할 때 하나님과 동행하는 놀라운 경험을 하게 될 것"이라고 가르쳤다. 아침부터 밤에 눈을 감을 때까지 하루 종일 우리는 예수 그리스도의 복음으로 말미암아 주어진 하나님께 나아가는 특권을 누리도록 초대받는다. 에베소서 2장 18절은 "이는 그[예수 그리스도]로 말미암아 우리 둘이 한 성령 안에서 아버지께 나아감을 얻게 하려 하심이라"고 말한다. 헨리는 이렇게 말했다. "기도는 우리가 하나님께 나아가는 것이고, 우리는 기도로 하나님께 나아간다. 우리는 담대하게 나아가고……우리의 온 마음을 털어놓을 수 있다. 우리는 자유롭게 나아갈 수 있다……우리는 하나님의 귀에 나아가고, 하나님의 귀는 우리의 간청 소리를 듣기 위해 항상 열려 있다. 우리는 언제 어디서나 하나님께 나아간다." 우리는 하나님을 즐거워하기 위해 천국에 갈 때까지 기다릴 필요가 없다. 헨리는 "천국에서는 하나님께 영원히 나아가고, 현재 나아가는 것은 그에 대한 보증"이라고 말했다.[32] "현세에서 하나님과 교제를 나누고 지속적으로 하나님을 바라는 것은 땅에서 누리는 천국이다."[33]

---

30) Henry, *Communion with God*, in *Works*, 1:238~240.
31) Henry, *Communion with God*, in *Works*, 1:243.
32) Henry, *The Covenant of Grace*, pp. 185, 200.
33) Henry, *Communion with God*, in *Works*, 1:228.

성경의 표현을 담아 기도하는 방법

"그리스도인은 개인적으로나 공적으로 기도할 때 그의 짐, 염려, 필요, 소원, 죄 등이 매우 많고, 하나님의 자비는 매우 크기 때문에 기도 역시 많고 충분해야 한다"고 헨리는 말했다. 이것은 기도할 때 어떤 방법을 사용하는 것이 좋다는 것을 함축한다. 하지만 그리스도인의 마음이 기도할 때 높이 올라가는데, 방법이 날개를 잘라 버리는 경우가 있다. 그러나 이런 경우는 드물다. 통상적으로 우리의 기도는 방법을 필요로 한다. 왜냐하면 우리는 "하늘과 땅의 영광스러운 지존" 앞에서 분별없이 말하고 싶지 않기 때문이다. 성경은 우리의 기도는 기도하기 전에 무슨 말을 하고 있는지 잊고 있는 산만한 의식(또는 반[半]의식) 흐름이 아니라 짧고 명확하고 효과적인 문장(예. 주의 기도)으로 구성되어야 한다는 것을 보여 준다.

우리가 보다 초점 있는 기도를 작성하도록 돕기 위해 헨리는 모든 선한 것의 충분한 원천인 성경을 주목하도록 지시한다.[34] 헨리는 이렇게 말했다. "여러분에게 말씀하시는 그분[하나님]의 말씀을 듣고, 여러분이 그분에게 말하는 모든 것 속에서 그 말씀을 주의하라. 여러분이 업무 서한에 답장을 쓸 때처럼 여러분 앞에 하나님의 말씀을 두라. 하나님의 말씀은 기도할 때 여러분의 소원의 안내자와 여러분 기대의 근거가 되어야 한다."[35]

헨리의 기도 방법의 중심은 하나님 말씀으로 하나님께 기도하는 것이다. 팔머 로버트슨은 이렇게 말했다. "이런 형태의 기도는 옛날 청교도가 '약속을 내세우는 기도'로 부른 바로 그것이다. 하나님은 자신의 백성들에게 약속을 주셨다. 하나님 백성들은 기도 형식으로 주님께 이 약속들을 다시 환기시키는 것으로 반응한다."[36] 그러나 헨리는 모든 것을 성경의 약속으로 제한하지는 않았다. 리건 던컨은 헨리에 대해 이렇게 지적한다. "헨리는 하나님의 속성들을 언급하기 위해 성경을 샅샅이 찾고, 그 언급들을 예배 요소로 삼는다."[37] 비록 "기도할 때 순전히 성경에 나오는 말씀 외에 다른 표현을 사용하는 것이 편리하고, 종종 필수적이라는" 것을 인정하기는 했어도 헨리는 어떻게든 하나님 백성들의 입에 하나님 자신의 말씀을 채우려고 애썼다.[38]

헨리의 기도 방법은 경배, 고백, 자기 자신을 위한 간청, 감사, 타인을 위한 중보, 결론으로 이뤄졌다. 이 방식은 일반적으로 웨스트민스터 공적 예배 모범(1645년)에 제시된 것을 따른다.[39] 각 부분에

---

34) Henry, *Method for Prayer*, in *Works*, 2:2~3.

35) Henry, *Communion with God*, in *Works*, 1:204.

36) O. Palmer Robertson의 서론, Matthew Henry, *A Way to Pray: A Biblical Method for Enriching Your Prayer Life and Language by Shaping Your Words with Scripture*, O. Palmer Robertson 편집 (Edinburgh: Banner of Truth Trust, 2010), p. xii. 헨리의 *Method for Prayer*의 이 재출간에 대해 로버트슨은 이렇게 말한다. "이 판은 매튜 헨리의 원문 언어를 단순히 현대화하는 노력을 표방하는 것은 아니다. 대신 면밀한 주석적 고찰에 비춰 매튜 헨리의 원문을 존중하지만 철저한 재작업을 제공하려고 노력한다"(p. xvii). 로버트슨은 헨리의 원문 일부를 제외시키고, 자신의 글을 덧붙였으며, 새로운 성경 해석을 제시했다.

37) Duncan, "A Method for Prayer," *The Devoted Life*, p. 241.

38) Henry, *Method for Prayer*, in *Works*, 2:2~3.

39) Duncan, "A Method for Prayer," *The Devoted Life*, p. 240. 웨스트민스터 예배 모범은 예배 순서가 다음과 같이 되어 있다. (1) 예배에의 부르심, (2) 하나님의 위대하심을 인정하는 기도, (3) 성경 봉독, (4) 시편 찬송, (5) 중보자를 통한 고백의 기도 및 교회, 세계 선교, 통치 당국의 은혜에 대한 간구, (6) 말씀 선포, (7) 감사 기도와 은혜에 대한 간구, (8) 주의 기도, (9) 시편 찬송, (10) 폐회. *The Westminster Directory of Public Worship Discussed by Mark Dever and Sinclair Ferguson* (Fearn, Scotland: Christian Focus, 2008)을 보라.

서 헨리는 간략하게 초점을 소개하고 그 부분 개요를 제시했다. 개요 각각의 요점에는 가능한 기도 내용으로 성경 어구들이 융합되어 포함되어 있다. 헨리는 독자들에게 묵상 없이 이 기도들을 단순히 소리내어 읽는 것에 그치지 않도록 경고하면서 이렇게 말했다. "그러나 결국은 마음의 의도와 열망, 믿음과 사랑의 활력적인 행사, 하나님을 향한 거룩한 소원의 표출이 기도에 본질적인 필수 요소이므로, 진실로 이것들이 없으면, 아무리 세련되고 적절한 언어라고 해도, 다만 생명 없는 형상[즉 죽은 우상]에 불과할 것이다."[40] 그러나 헨리는 분명히 성경이 우리의 마음을 통찰한 언어를 기도에 제공해야 한다고 믿었다.

이제 헨리의 기도 방법의 한 작은 실례를 살펴보자. 헨리는 먼저 우리가 주님을 경외하는 마음으로 기도하는 것에 관심을 두고 이렇게 말했다. "모든 기도에서 여러분이 하나님께 말하고 있고, 그것은 여러분의 영이 하나님에 대한 경외심을 갖고 있음을 보여 주는 증거임을 잊지 마라. 우리는 '하나님 앞에서 함부로 입을 열지 말며 급한 마음으로 말을 내지 말고' 모든 말을 깊이 숙고한 후에 말해야 한다. 왜냐하면 '하나님은 하늘에 계시고 우리는 땅 위에 있기' 때문이다"(전 5:2).[41] 헨리는 독자에게 이렇게 말하는 것으로 하나님에 대한 경외를 당부했다.

> 우리의 영을 매우 공손하고 진지한 체질로 만들고, 우리의 생각을 모으며, 우리 안에 있는 모든 것이 하나님의 이름으로 조심스럽게 우리 앞에 있는 엄숙하고 경건한[경외를 자극하는] 예배에 참여하고, 거기서 떨어지지 않도록 해야 한다. 우리는 마음의 확고한 의도와 열망, 살아 있는 적극적인 믿음을 갖고 주님을 우리 앞에 두고, 우리를 바라보시는 주님의 눈을 보며, 우리 자신을 주님의 특별한 임재 속에 둬야 한다. 우리 자신을 산 제물로 바치는 것, 이것이 거룩하고 인정할 만하고 합당한 예배로 우리가 바라는 것이고, 따라서 제단 뿔에 줄로 묶인 제물을 이와 같은 생각으로 묶는 것이다…….
>
> 그러므로 이제 겸손한 담대함을 갖고 예수의 피로 말미암은 지성소 곧 그리스도가 우리를 위해 휘장을 갈라놓아 성결하게 하신 새로운 산 길 속으로 들어가자![42]

이어서 헨리는 다양한 주제들에 따라 배치된 성경 언어로 경배의 기도를 갈피갈피 제공했다. 그것은 성경적 신론 교리 공부를 기도로 바꿔 놓은 것과 다름없다. 헨리의 기도 방법을 충분히 파악하기 위해 우리의 앙모를 지시하는 성경적 내용에 대한 그의 개요를 살펴보자.

I. 무한히 크고 영광스러운 존재이신 하나님.
  A. 거룩한 두려움과 존경을 갖고 말함.
  B. 하나님을 거짓 신들과 구별함.
II. 하나님을 초월적으로 빛나고 복되신 분으로 경배함.
  A. 자존적이고, 자충족적이고, 무한하신 영.

40) Henry, *Method for Prayer*, in *Works*, 2:3.
41) Henry, *Communion with God*, in *Works*, 1:204.
42) Henry, *Method for Prayer*, in *Works*, 2:4.

B. 논박의 여지가 없는 하나님의 현존.
C. 우리의 이해를 넘어서 있는 하나님의 본성.
D. 비견할 수 없는 하나님의 완전하심.
E. 우리와 다른 존재들을 무한히 초월함.

특히 다음과 같은 분으로 주님을 경배하라.

1. 영원하고 불변하시는 분.
2. 모든 곳에 계시는 분.
3. 모든 것에 대한 지식이 완전하신 분.
4. 헤아릴 수 없는 지혜를 가지신 분.
5. 만물의 주권자, 소유자, 주님이신 분.
6. 저항할 수 없는 능력을 가지신 분.
7. 순결함과 의로움이 완전무결하신 분.
8. 통치하실 때 항상 공의로우신 분.
9. 항상 참되고 무한히 선하신 분.
10. 아무리 큰 찬양을 드려도 그보다 무한히 더 크신 분.

III. 하늘에서 그분의 영광에 대한 찬양이 하나님께 주어짐.
IV. 우리의 창조자, 보호자, 시혜자, 통치자로서 영광이 하나님께 돌려짐.
V. 신격의 세 구별된 인격에게 존귀가 주어짐.
VI. 우리가 하나님을 의존하는 것과 창조자에 대한 의무를 갖고 있음을 인정함.
VII. 하나님을 우리를 소유하시는 우리의 언약의 하나님으로 선언함.
VIII. 자기에게 가까이 나아오도록 초청하시는 하나님의 헤아릴 수 없는 호의를 인정함.
IX. 우리가 하나님께 가까이 나아가는 데 아무 가치가 없음을 표현함.
X. 하나님을 우리의 행복으로 바라는 마음을 고백함.
XI. 하나님의 전충족성에 우리의 소망과 신뢰를 두고 있음을 고백함.
XII. 우리와 우리의 빈약한 기도를 은혜로 받아 주실 것을 하나님께 구함.
XIII. 우리가 기도할 때 성령의 도와주심을 위해 간구함.
XIV. 하나님의 영광을 우리 기도의 최고 목표로 삼음.
XV. 오로지 주 예수 그리스도만 의지할 것을 고백함.[43]

개요의 각 요점 속에는 성경에서 뽑아낸 다양한 기도가 포함되어 있다. 예를 들면 비견할 수 없는 하나님의 완전하심이라는 항목 아래 나오는 한 기도는 다음과 같다. "주와 같이 거룩함으로 영광스러우며 찬송할 만한 위엄이 있으며 기이한 일을 행하는 당신과 같은 하나님은 과연 누구십니까?"[44] 하나님의 충분하심에 대한 소망을 고백하는 부분에서 헨리는 이렇게 말했다. "오, 하나님, 주께 피

---

43) Henry, *Method for Prayer*, in *Works*, 2:4~12.
44) Henry, *Method for Prayer*, in *Works*, 2:5. 출 15:11을 보라.

하오니 나를 영원히 부끄럽게 하지 마시고, 또 주를 바라는 자들은 수치를 당하지 않게 하소서. 우리 영혼은 잠잠히 하나님만 바라고, 우리의 구원은 하나님에게서 나옵니다. 오직 하나님만이 우리의 반석이시요 우리의 구원이십니다! 하나님 안에 우리의 영광, 우리의 힘, 우리의 피난처가 있고, 우리의 기대는 하나님에게서 나옵니다."[45]

하나님의 능력을 찬양할 때 헨리는 이렇게 기도했다.

> 오, 하나님, 우리는 하나님이 무엇이든 행하실 수 있음을 알고 있습니다……능력은 하나님께 있고, 하나님께는 불가능한 것이 아무것도 없습니다. 하늘에서나 땅에서나 모든 능력은 하나님의 것입니다. 하나님은 죽이기도 하며 살리기도 하며, 상하게도 하며 낫게도 하시는 분입니다. 하나님의 손에서 벗어날 수 있는 것은 아무것도 없습니다. 하나님은 약속하신 것을 또한 이루실 수 있습니다.[46]

고백 및 간청과 같은 다른 부분도 세부적인 개요를 갖고 있다. 헨리의 기도 방법은 우리가 그의 책을 주기적으로 참고한다면 우리의 기도에 괄목할 만한 깊이와 다양성을 줄 것이다. 헨리의 기도 방법은 우리가 기도할 때 지루한 반복과 분별없는 불경한 언어를 사용하지 못하도록 방비할 것이다. 헨리의 기도 방법은 우리가 고백할 때 더 구체적이고 상한 심령을 가진 자가 되어 이렇게 기도하게 할 것이다. "우리는 우리 자신의 영에 대해 마땅히 가져야 할 규칙을 갖고 있지 못하고, 그러므로 우리의 영은 무너져 내려 성읍이 무너지고 성벽이 없는 것과 같았습니다. 우리는 너무 쉽게 화를 내고, 우리의 가슴 속에는 여전히 분노가 남아 있습니다. 우리의 영이 자극을 받으면 우리는 입술로 경솔하게 말하고, 우리는 불평과 빈정댐의 죄를 범하게 됩니다."[47]

기도할 때 헨리의 고백은 겸허하다. 입심 좋게 경솔한 말을 하는 날에 우리는 죄를 고백하겠다는 생각을 가져서는 안 된다. 하지만 던컨은 이렇게 말한다. "헨리는 우리는 기도할 때 죄에 대해 충분한 고백이 없으면 진정하고 올바른 의미에서 하나님의 용서와 화해에 이를 수 없고……우리는 해결되지 않은 죄책으로 짐을 짊어지고, 그렇지 않으면 부인, 미혹, 자기 속임으로 말미암아 괴로운 죄책을 잘못 처리하게 될 것이라고 이해했다."[48]

교회에 대한 우리의 중보는 우리가 이런 말을 사용한다면 훨씬 강력해질 것이다. "하나님 아버지 앞에서 정결하고 더러움이 없는 경건을 갖게 하시고, 어디서나 번성하고 승리하게 하소서. 먹고 마시는 것이 아니라 성령 안에서 의와 평강과 희락인 하나님의 나라가 사람들 속에서 확장되게 하소서. 오, 주의 일을 이 수년 내에 부흥하게 하소서. 이 수년 내에 나타나게 하소서. 우리의 시대가 개혁의 시기가 되게 하소서."[49] 따라서 우리는 성경적인 담대함을 갖고 이렇게 외쳐야 한다. "하나님의 교회를 가로막는 무기는 조금도 번성하지 못하게 하고, 하나님의 교회를 대적해서 송사하는 모든 혀

---

45) Henry, *Method for Prayer*, in *Works*, 2:10~11. 시 31:1, 25:3, 62:1, 2, 5~7을 보라.
46) Henry, *Method for Prayer*, in *Works*, 2:6. 욥 42:2, 시 62:11, 눅 1:37, 마 28:18, 신 32:39, 롬 4:21을 보라.
47) Henry, *Method for Prayer*, in *Works*, 2:15. 잠 25:28, 14:17, 전 7:9, 시 106:33,엡 4:31을 보라.
48) Duncan, "A Method for Prayer," *The Devoted Life*, p. 244.
49) Henry, *Method for Prayer*, in *Works*, 2:50. 약 1:27, 롬 14:17, 합 3:2, 히 9:10을 보라.

는 정죄를 당하게 하소서."[50] 헨리는 또한 잃어버린 세상을 위한 중보와 이방 민족들에 대한 복음 전파에 대해서도 성경 표현들을 제시했다. 헨리는 우리에게 만민을 위해 기도하고, 민족들이 여호와를 찬양하고 기쁘게 노래하도록 외치고, 유대인의 회심을 위해, 이슬람 민족 속에서 고난받는 교회를 위해, 무신론자와 이신론자의 회심을 위해 기도하라고 촉구했다. 헨리는 독자들에게 이렇게 기도하라고 가르쳤다. "오, 하나님, 하나님의 아들에게 이방인을 유업으로 주시고, 땅 끝까지 그의 소유로 주소서. 하나님이 그가 야곱의 지파들을 일으키며 이스라엘 중에 보전된 자를 돌아오게 하고, 또 그를 이방의 빛으로 삼겠다고 말씀하셨으니 말입니다. 이 세상 모든 나라가 주와 그의 그리스도의 나라가 되게 하소서."[51] 성경이 하나님에 대해 표현된 구절들을 따라 기도하게 되면 우리는 선교를 위해 기도하게 될 것이다.

우리는 단지 헨리의 책 표면만 핥았다. 경배, 고백, 경배, 고백, 우리 자신을 위한 간청, 감사, 타인을 위한 중보와 같은 성경적 기도의 많은 요소들 외에도 헨리는 또한 성경 구절들을 모아 주의 기도 해설, 어린아이를 위한 성경의 기도, 교리 문답 답변에 기반을 둔 어린아이를 위한 기도, 아침과 저녁, 주일에 드리는 가정 예배에서의 성경적 기도, 자녀를 위한 부모의 기도, 성찬을 준비하는 기도, 식사 기도 등을 작성했다. 시편과 신약 성경을 발췌해서 시의 형태로 만든 모음집인 헨리의 『가족 찬송』(1694)은 가정 예배를 성경적 진리로 더 풍성하게 할 수 있다.[52] 던컨은 『기도의 방법』에 대해 이렇게 말한다. "헨리의 책을 읽고 다시 읽어 보면 우리는 성경 진리와 언어를 기도에 사용하는 법을 훈련할 수 있고, 따라서 공적, 사적 기도에서 현대 그리스도인들을 돕고 자극을 줄 것이다." 성경 표현을 따라 기도하는 것은 "우리의 마음속에 성경적 사고방식을 각인시키고" 우리를 "하나님 중심적 기도 방식"으로 이끌 것이다.[53]

다른 것은 몰라도 우리는 매튜 헨리에게서 성경 표현을 기도하라는 중대한 공리를 배워야 한다. 이런 주장을 할 때 헨리는 모든 시대의 개혁파 저술가들과 견해를 함께 했다. 윌리엄 거널(1616~1679년)은 이렇게 말했다. "누구든 말씀에 더 강할수록 기도에서 그만큼 더 강할 것이다." 로버트 머리 맥체인(1813~1843년)은 "성경을 기도로 바꾸라"고 말했다.[54] 이 모든 것은 우리 주 예수의 권위적인 말씀을 그대로 반영한다. "너희가 내 안에 거하고 내 말이 너희 안에 거하면 무엇이든지 원하는 대로 구하라 그리하면 이루리라"(요 15:7).

---

50) Henry, *Method for Prayer*, in *Works*, 2:51. 사 54:17을 보라.
51) Henry, *Method for Prayer*, in *Works*, 2:48~49. 시 2:8, 사 49:6을 보라.
52) Henry, *Communion with God*, in *Works*, 1:413~443.
53) Duncan, "A Method for Prayer," *The Devoted Life*, p. 249.
54) Blanchard, *Complete Gathered Gold*, p. 473.

청교도의 묵상 실천

묵상은 적용을 낳고, 묵상은 치유하고, 묵상은 가르친다.

– 에제키엘 컬버웰[1] –

영적 성장은 신자들의 기독교적 삶의 한 부분이 되어야 한다. 베드로는 신자들에게 "우리 주 곧 구주 예수 그리스도의 은혜와 그를 아는 지식에서 자라 가라"(벧후 3:18)고 권면한다. 하이델베르크 교리문답은 "참된 그리스도인은 믿음으로 그리스도의 지체가 되고, 그리스도의 기름부음에 참여하게 된다"고 말한다. 참된 그리스도인은 그리스도의 능력으로 말미암아 새 생명을 얻어 살아나고, 그에 대한 보증으로 그들에게 성령이 주어진다. 그리고 성령의 권능으로 말미암아 "위의 것을 찾는다"(골 3:1). 참된 그리스도인에게는 영적 성장이 당연히 기대되는 일인데, 그 이유는 "참된 믿음으로 그리스도에게 접붙여져 있는 사람들이 감사의 열매를 맺지 않는 것은 불가능하기 때문이다"(하이델베르크 교리문답 질문 32, 45, 49, 64).

오늘날 그리스도인들의 성장을 가로막는 한 가지 장애물은 그리스도인들이 영적 지식을 계발하지 않는다는 데 있다. 우리는 기도와 성경 읽기에 시간을 충분히 할애하지 못하고 있고, 묵상 습관을 실천하지 못했다. 한때 기독교의 핵심 훈련의 한 분야로 간주되고, "기도 활동에 극히 필수적인 예비 단계이자 보조 업무"로 간주되었던 묵상(meditation)이라는 단어가 지금은 비성경적인 뉴에이지 영성과 결탁되어 있는 것은 얼마나 큰 비극일까! 우리는 당연히 초월 명상과 마인드 컨트롤과 같은 다른 수련에 종사하는 자들을 비판한다. 왜냐하면 이런 수련은 불교나 힌두교와 같은 거짓 종교에 연루되어 있고, 성경과는 아무 관계가 없기 때문이다. 이런 명상은 마음을 비워 세상과 격리시키고 소위 우주 정신에 합일되도록 하는 데 초점이 맞춰져 있고, 살아 계신 인격적인 하나님께 다가가 귀를 기울이고, 적극 반응하는 것과는 무관하다. 그러나 우리는 이런 사람들을 통해 조용한 반성과 묵상의 중요성을 배울 수 있다.[2]

한때 기독교 교회는 죄를 멀리하고 하나님과 이웃을 가까이 하는 데 초점을 둔 성경적 묵상에 깊이 참여한 적이 있었다. 청교도 시대에 수많은 목회자가 묵상 방법에 대해 설교하고 글을 썼다. 이번 장에서 우리는 청교도의 묵상 관습을 살펴보면서 묵상 본질과 의무, 방식과 주제, 유익과 장애물,

---

1) *Divine Meditations and Holy Contemplations, The Works of Richard Sibbes* (Edinburgh: Banner of Truth Trust, 2001), Introduction, p. 184.

2) Richard J. Foster, *Celebration of Discipline* (San Francisco: Harper & Row, 1978), pp. 14~15.

자기 검토 등에 대해 확인해 볼 것이다.[3] 여기서 우리는 청교도들을 스승으로 삼으면, 우리 시대에 합당한 성경적 묵상 관습을 회복할 수 있을 것이다.

묵상의 정의, 본질, 종류

묵상하다(meditate) 또는 명상하다(muse)는 말은 "깊이 생각하다" 또는 "반성하다"는 뜻이다. 다윗은 "작은 소리로 읊조릴 때에 불이 붙으니"(시 39:3)라고 말했다. 여기서 "작은 소리로 읊조리다"(muse)는 말은 "속삭이다, 중얼거리다, 입으로 소리를 내다"는 뜻이다. 곧 이 말은 "우리가 혼잣말을 하는 것"을 표현하는 데 쓰는 말이다.[4] 이런 식의 묵상은 성경 구절을 암기하기 위해 낮은 소리로 홀로 낭송하는 것을 가리켰다.

성경은 종종 묵상에 대해 언급한다. 창세기 24장 63절은 "이삭이 저물 때에 들에 나가 묵상하다가"라고 말한다. 가나안을 정복하는 일을 지휘해야 하는 힘든 업무를 맡고 있음에도, 주님은 여호수아에게 율법책을 주야로 묵상하여 그 안에 기록된 대로 다 지켜 행하라고 명하셨다(수 1:8). 그러나 묵상이라는 말은 시편에 가장 자주 등장하는데, 그 횟수가 다른 모든 성경 속에 나오는 것을 합친 것보다 많다. 시편 1편은 여호와의 율법을 즐거워하여 그의 율법을 주야로 묵상하는 사람을 복 있는 사람이라고 부른다. 시편 63편 6절을 보면, 다윗은 자신이 침상에서 주를 기억하며 새벽에 주의 말씀을 작은 소리로 읊조린(meditating) 것에 대해 말한다. 시편 119편 148절은 "주의 말씀을 조용히 읊조리려고(meditate) 내가 새벽녘에 눈을 떴나이다"라고 말한다(참고. 시 4:4, 77:10~12, 104:34, 119:16, 48, 59, 78, 97~99).

생각하는 것, 반성하는 것이나 명상하는 것은 묵상 주제를 전제로 한다. 공식적 묵상은 중요한 주제를 대상으로 한다. 예를 들면 철학자들은 물질과 우주와 같은 개념들을 묵상하고, 신학자들은 하나님, 영원한 작정, 인간의 의지 등에 대해 묵상한다.

청교도는 성경적 묵상은 삼위 하나님과 하나님의 말씀에 대해 생각하는 것을 포함한다고 말하기

---

3) 청교도의 묵상에 대한 연구서는 별로 없다. 묵상과 시의 밀접한 관련성을 주장한 루이스 마츠는 리처드 백스터의 묵상 견해에 대한 결정적인 작품인 *The Poetry of Meditation* (New Haven, Conn.: Yale, 1954)을 썼다. 마일로 카우프만은 *The Pilgrim's Progress and Traditions in Puritan Meditation* (New Haven, Conn.: Yale, 1966)이라는 작품에서 번연이 『천로역정』을 쓰는 데 청교도의 묵상이 얼마나 중요한 영향을 미쳤는지를 보여 주었다. 바바라 르왈스키는 *Donne's "Anniversaries" and the Poetry of Praise, the Creation of a Symbolic Mode* (Princeton, N.J.: University Press, 1973)과 *Protestant Poetics and the Seventeenth-Century Religious Lyric* (Princeton, N.J.: University Press, 1979)에서 개신교의 특징적인 묵상 형식이 끼친 공헌에 초점을 맞췄다. 노먼 그라보는 "The Art of Puritan Devotion," *Seventeenth-Century News* 26, no. 1 (1968), p. 8에서 칼빈주의 사고는 17세기 중반까지 개신교 사상에서 묵상의 방법이 발전하는 것을 가로막았다는 마르츠의 전제를 적절하게 논박했다. 프랑크 리빙스톤 헌틀리는 *Bishop Joseph Hall and Protestant Meditation in Seventeenth-Century England: A Study with the Texts of* The Art of Divine Meditations *(1606) and* Occasional Meditations *(1633)* (Binghamton, N. Y.: Center for Medieval & Early Renaissance Studies, 1981)에서 개신교의 묵상이 철학적으로는 플라톤 철학에, 심리학적으로는 아우구스티누스 사상에, 신학적으로는 바울과 칼빈주의 사상에 기초되어 있음을 로마 가톨릭의 명상이 아리스토텔레스와 토마스 아퀴나스 사상에 기초되어 있는 것과 대조시켜, 매우 날카롭게 분석했다. 사이먼 찬은 "The Puritan Meditative Tradition, 1599~1691: A Study of Ascetical Piety" (철학박사학위논문, Cambridge University, 1986)에서 청교도의 묵상에 대한 새로운 역사적 평가를 제공했는데, 앞에서 확인한 책들보다 더 방대한 본문을 망라하고 있고, 문학적 관점을 넘어 다루고 있다. 사이먼 찬은 청교도의 묵상은 17세기 후반에 이르러 점차 방법론적 경향을 띠었다고 주장했다. 청교도의 묵상에 대해 신학적, 실제적 평가를 다룬 책은 아직 나오지 않았다.

4) William Wilson, *OT Word Studies* (McLean, Va.: MacDonald Publishing., n.d.), p. 271.

를 결코 게을리한 적이 없었다. 청교도는 묵상 대상을 살아 있는 말씀인 예수 그리스도와 기록된 말씀인 성경에 고정시킴으로써 행함을 무시하고 명상만 강조하며, 성경 내용을 무시하고 상상의 나래를 펼치는 데 몰두하는 거짓 영성이나 신비주의와 같은 부류와는 거리를 두었다.

청교도는 묵상을 통해 지성과 마음(감정)을 함께 단련시켰다. 묵상하는 자는 지성뿐만 아니라 감정을 갖고 주제에 접근한다. 토머스 왓슨(대략, 1620~1686년)은 묵상을 "하나님의 진리를 기억하고, 이 진리를 진지하게 상고해서 우리 자신에게 적용시키는 지성의 거룩한 실천"으로 정의했다.[5]

에드문드 칼라미는 다음과 같이 말했다. "참된 묵상은 묵상할 때 그리스도에 대해 묵상해서 마음이 그리스도에 대한 사랑으로 불타오르게 하고, 하나님의 진리에 대해 묵상해서 마음이 그 진리에 따라 변화되게 하며, 죄에 대해 묵상해서 마음이 죄를 미워하게 만드는 것이다." 칼라미는 계속해서 말하기를, 묵상을 통해 유익을 얻기 위해서는 세 개의 문 곧 지성의 문, 마음과 감정의 문, 실천적 삶의 문으로 들어가야 한다고 했다. 칼라미는 이렇게 말했다. "그대는 하나님이 걷는 것처럼 걷기 위해 하나님을 묵상하고, 그리스도를 존중하고 그리스도께 순종하는 삶을 살기 위해 그리스도를 묵상해야 한다."[6]

묵상은 매일 이행해야 할 의무로서 청교도가 말하는 기독교적 삶의 다른 모든 의무를 더 잘 이행하게 하는 역할을 한다. 기계에 윤활유를 바르는 것처럼 묵상도 은혜의 수단들(성경 읽기, 설교 듣기, 기도, 그리스도에 대한 다른 모든 규례)을 부지런히 사용하도록 돕고(참고, 웨스트민스터 대교리문답 질문 154), 은혜의 표지(회개, 신앙, 겸손)를 더 깊이 있게 하며, 다른 존재들과의 관계(하나님에 대한 사랑, 동료 그리스도인과의 관계, 이웃과의 관계)를 강화시켜 준다.

청교도는 두 종류의 묵상 곧 임시적 묵상과 계획적 묵상에 대해 말했다. 칼라미는 "하늘의 일들에 대한 돌발적이며 짧고 일시적인 묵상이 있고, 엄숙하며 정해져 있고 계획적인 묵상이 있다"고 말했다. 임시적 묵상은 감각을 통해 관찰한 것으로 "자신의 생각을 하늘에 대한 묵상으로 들어 올리는 것"이다. 신자는 자신의 눈으로 보거나 귀로 듣는 것을 "천국에 오르는 사닥다리"로 이용한다. 다윗이 시편 8편에서 달과 별들을 보고 한 것, 솔로몬이 잠언 6장에서 개미들을 보고 한 것, 그리스도께서 요한복음 4장에서 우물을 보고 한 것이 바로 임시적 묵상이다.[7] 토머스 맨턴(1620~1677년)은 이렇게 설명했다. "하나님이 모형과 의식들을 통해 구약교회를 훈련시키셨는데, 이것은 그들로 하여금 일상적인 대상을 통해 영적 사고에 이를 수 있도록 하신 것이다. 신약 시대에 우리 주님은 세상사를 위해 모든 직업과 일터를 갖고 일하는 사람들 속에서 발견되는 통상적인 기능과 직무들에서 취한 비유와 비사를 통해 우리가 일하는 곳이 가게든 공장이든 들판이든지 지속적으로 그리스도와 천국에 대해 생각하도록 천국 정신을 가르치셨다."[8]

---

5) Thomas Watson, *Heaven Taken by Storm* (Morgan, Pa.: Soli Deo Gloria, 2000), p. 23. 다른 청교도가 제공한 비슷한 정의에 대해서는 다음 자료들을 보라. Richard Greenham, "Grave Counsels and Godly Observations," *The Works of the Reverend and Faithfull Servant of Jesus Christ M. Richard Greenham*, H. H. 편집 (London: Felix Kingston for Robert Dexter, 1599), p. 37, Thomas Hooker, *The Application of Redemption…The Ninth and Tenth Books* (London: Peter Cole, 1657), p. 210, Thomas White, *A Method and Instructions for the Art of Divine Meditation with Instances of the Several Kindes of Solemn Meditation* (London: for Tho. Parkhurst, 1672), p. 13.

6) Edmund Calamy, *The Art of Divine Meditation* (London: for Tho. Parkhurst, 1634), pp. 26~28.

7) Calamy, *The Art of Divine Meditation*, pp. 6~10.

8) Thomas Manton, "Sermons upon Genesis 24:63," *The Works of Thomas Manton* (London: James Nisbet & Co., 1874), 17:267~268.

임시적 묵상이나 "즉흥적" 묵상[9]은 실천하기가 비교적 쉽다. 왜냐하면 언제 어디서든 어떤 사람들 속에서든 실천할 수 있기 때문이다. 영적 성향의 사람은 자연물을 영적 진리로 삼는 법을 쉽게 배울 수 있다. 그의 욕구는 영적인 것까지도 육적인 것으로 만들어 버리는 육적 성향의 사람과는 반대되기 때문이다.[10] 맨턴이 말한 것처럼 "은혜를 받은 마음은 증류기[증류 기관] 같아서 접하는 모든 것 속에서 유용한 묵상 자료를 증류해 낼 수 있다. 은혜를 받은 마음은 하나님 안에서 모든 것을 보는 것처럼 모든 것 속에서 하나님을 본다."[11]

묵상에 대한 거의 모든 청교도 작품이 임시적 묵상을 언급하고 있다. 윌리엄 스퍼스토(대략, 1605~1666년), 토머스 테일러(1576~1633년), 에드워드 버리(1616~1700년), 헨리 루킨(1628~1719년)과 같은 청교도는 임시적 묵상만을 다룬 책을 썼다.[12]

그러나 임시적 묵상은 위험성도 있다. 조지프 홀(1574~1656년) 주교는 이런 묵상은 억제하지 않고 방치하면 쉽게 말씀에서 이탈해서 로마 가톨릭 영성의 경우처럼 미신적인 것이 되고 만다고 경고했다.[13] 즉 사람의 상상력은 거룩한 말씀의 통제를 받아야 한다.

청교도는 임시적 묵상을 어디까지 인정해야 하는지에 대해 각기 의견이 달랐다. 『천로역정과 청교도 묵상의 전통』(The Pilgrim's Progress and Traditions in Puritan Meditation)에서 마일로 카우프만은 청교도의 묵상에는 두 가지 전통이 있다고 말했다. 카우프만은 "교회정치 분야에서는 아니지만 신학 분야에서는 온건한 청교도인 조지프 홀은 1606년에 처음 출판된 『신적 묵상의 방법』(Art of Divine Meditation)이라는 책을 통해 청교도 속에서 묵상 문학이 발전하는 길을 열어 놓았다"고 말했다. 홀은 묵상 내용을 말씀으로 한정시킴으로써 묵상할 때 상상력을 발휘하는 것에 제동을 걸었다. 홀의 생각은 1650년대에 주로 활동했던 아이삭 암브로스(1604~1664년)와 토머스 후커(1586~1647년), 그리고 그로부터 한 세대 후에 활동했던 존 오웬(1616~1683년)과 에드문드 칼라미에게 크게 영향을 미쳤다. 카우프만은 로마 가톨릭 저술가들과 달리 대다수 청교도 저술가들은 "그리스도의 생애 속에서 일어난 사건들보다는 성경 교리나 특수한 명제들에 대해 묵상했던 것으로 보인다"고 말했다.[14]

카우프만에 따르면 리처드 십스(1577~1635년)와 리처드 백스터(1615~1691년)는 이런 전통에서 벗어나 성례와 천국에 대한 묵상을 추천했다. 특히 십스는 영혼은 제약 없는 상상력으로 크게 상처를 받을 수도 있지만, 또한 "그로 인해 큰 도움을 받을 수도 있다"고 주장했다. 천국을 잔치로 그리스도와의 연합을 혼인으로 표현하는 것처럼 하늘의 일들을 땅의 말로 표현하는 것은 "우리의 상상력이 허

---

9) Huntley, *Hall and Protestant Meditation*, p. 73.

10) Calamy, *The Art of Divine Meditation*, pp. 14~15.

11) Manton, "Sermons upon Genesis 24:63," *Works*, 17:267. 참고, Thomas Watson: "A Gracious Heart, Like Fire, Turns All Objects into Fuel for Meditation," *The Sermons of Thomas Watson* (Ligonier, Pa.: Soli Deo Gloria, 1990), p. 247.

12) William Spurstowe, *The Spiritual Chymist: or, Six Decads of Divine Meditations* (London: n.p., 1666), Thomas Taylor, *Meditations from the Creatures* (London: [H. Lownes] for I. Bartlet, 1629), Edward Bury, *The Husbandmans Companion: Containing One Hundred Occasional Meditations, Reflections, and Ejaculations, Especially Suited to Men of That Employment…* (London: for Tho. Parkhurst, 1677); Henry Lukin, *An Introduction to the Holy Scriptures* (London: S. G. for Allen Banks and Charles Harper, 1669).

13) Huntley, *Hall and Protestant Meditation*, p. 74.

14) Kaufmann, *The Pilgrim's Progress and Traditions in Puritan Meditation*, p. 126. 카우프만은 토머스 후커가 상상력을 강력히 거부하는 글을 인용한다. "우리 생각을 공허하고 헛된 상상에서 보호하려면 우리 지성이 복된 하나님의 진리들을 정해진 일용할 양식으로 취해야 한다"(Hooker, *The Application of Redemption*, p. 232).

다한 영적 유익을 얻으면서……걸어가는 넓은 들판"을 제공했다고 십스는 썼다.[15] 카우프만은 백스터가 감각 대상과 신앙 대상을 비교함으로써 상상력을 강조할 때, 십스의 『영혼의 갈등』에 영향을 받은 것이라고 생각했다. 또한 존 번연은 『천로역정』을 쓸 자극을 받게 되는데, 이 책에서 그는 상상력을 동원해서 신자의 영적 순례에 결정적인 아주 광범한 주제들을 다루고 있다.[16]

카우프만의 평가는 어느 정도 진실을 담고 있는 것이 사실이지만, 그는 청교도가 성경을 벗어나 상상력을 자유롭게 사용하는 것을 두려워했다는 것을 거의 의식하지 못하고 있다. 청교도는 안셀무스, 로욜라의 이그나티우스, 그리고 다른 로마 가톨릭 학자들이 지나치게 복음서 이야기-특히 그리스도의 체포와 재판과 고난과 부활-를 시각화해서 오감을 통한 상상력에 문을 열어 놓은 것을 당연히 경계했다.[17] 나아가 홀과 암브로스에 대한 카우프만의 부정적 평가는 두 저술가가 성경적 상상력과 감각 활용에 대해 얼마나 괄목할 만한 자유를 부여했는지를 고려하지 못한 데서 기인한다.[18] 홀의 『묵상』(Contemplations)과 암브로스의 『예수를 바라보라』는 성경의 경계를 이탈하지 않으면서 자유롭게 묵상에 전념했다. 이 균형은 청교도 전통 속에서 결정적으로 중요하고, 그것만으로도 청교도는 우리가 거룩한 상상력을 어떻게 사용해야 하는지 스승과 같은 역할을 한다.[19]

가장 중요한 묵상 종류는 날마다 시간을 정해 놓고 하는 계획적 묵상이다. 칼라미는 계획적 묵상은 "사람들에게서 분리되어……어떤 시간에 은밀한 골방에 들어가거나 홀로 걸으면서" 갖는 묵상으로서, 이때 묵상하는 자는 엄숙하게 그리고 숙고하며 하늘의 일들에 대해 묵상한다고 말했다. 이런 숙고는 "벌이 꽃 위에 머물러 있으면서 꿀을 몽땅 빨아들이는 것처럼" 하나님과 그리스도와 진리 위에 머물러 있다. 이런 묵상은 "영혼의 반성적 행위로서 이 행위를 통해 영혼은 자신을 돌아보면서, 그 원인과 결과와 속성들을 비롯한 주제에 대해 자신이 알고 있는 모든 사실을 깊이 성찰한다."[20]

토머스 화이트(대략, 1577년~대략, 1610년)는 "계획적 묵상은 네 가지 원천 곧 성경, 기독교의 실천적 진리, 섭리적인 사건(경험), 설교에서 나온다"고 말했다. 특히 설교는 묵상을 위한 비옥한 땅이다. 화이트가 말한 것처럼 "단지 한 편의 설교를 듣고 묵상하는 것이 두 편의 설교를 듣고 전혀 묵상하지 않는 것보다 낫다."[21]

어떤 청교도는 계획적 묵상을 두 부분으로 나눴다. 직접적 묵상 곧 묵상 대상에 초점을 맞추는 묵상과 반성적(또는 "반사적") 묵상 곧 묵상하고 있는 사람에 초점을 맞추는 묵상이 그것이다. 직접적 묵상은 "사고하는 지성의 행위"지만, 반성적 묵상은 "양심의 행위"다. 직접적 묵상은 지식으로 지성을 계몽하지만, 반성적 묵상은 마음을 선으로 가득 채운다.

계획적 묵상은 말씀을 대상으로 삼고 있으므로 교리적일 수 있고, 또는 우리의 삶을 대상으로 삼고 있으므로 실천적일 수 있다.[22] 토머스 구지(1605~1681년)는 계획적 묵상의 다양한 국면을 종합해서

15) Kaufmann, *The Pilgrim's Progress and Traditions in Puritan Meditation*, pp. 144~145에서 인용함.

16) Kaufmann, *The Pilgrim's Progress and Traditions in Puritan Meditation*, pp. 150~251.

17) Peter Toon, *Meditating as a Christian* (London: Collins, 1991), pp. 175~178, *The Spiritual Exercises of St. Ignatius*, Anthony Mottola 번역 (New York: Doubleday, 1964).

18) Huntley, *Hall and Protestant Meditation*, pp. 44~54.

19) 참고, Peter Toon, *From Mind to Heart: Christian Meditation Today* (Grand Rapids: Baker, 1987), pp. 99~100.

20) Calamy, *The Art of Divine Meditation*, pp. 22~23, Greenham, "Grave Counsels and Godly Observations," *Works*, p. 38.

21) White, *A Method and Instructions for the Art of Divine Meditation*, pp. 17~20.

22) Manton, "Sermons upon Genesis 24:63," *Works*, 17:268.

이렇게 말했다. "정시의 계획적 묵상은 진지하게 지성을 영적 주제나 천상의 주제에 적용하고, 그렇게 함으로써 자신과 대화를 나누는 것으로 결국에는 마음이 따스해지고 감정은 되살아나고 결심은 더욱 굳건해져 하나님을 더욱 사랑하고 죄는 더욱 미워하는 일 등이 일어나게 된다."[23]

리처드 백스터는 "정시의 계획적" 묵상은 "임시적이고 즉흥적인" 묵상과는 크게 다른데, 그것은 정시 기도가 일상적 업무를 수행하면서 임의로 간구하는 기도와 다른 것과 같다고 말했다.[24] 이 두 종류의 묵상은 모두 경건에 필수적이다. 이 두 묵상은 머리와 가슴의 필요를 충족시킨다.[25] 가슴의 적용이 없으면 묵상은 연구와 다르지 않을 것이다. 토머스 왓슨이 말한 것처럼 "연구는 진리를 찾아내는 것이고, 묵상은 진리를 영적으로 진보시키는 것이다. 즉 전자는 금맥을 찾는 것이고 후자는 금을 캐내는 것이다. 연구는 따스함과 영향력이 거의 없는 겨울의 태양과 같다. 반면에 묵상은……마음이 얼어붙어 있을 때 녹이고, 마음이 사랑의 눈물을 떨어뜨리도록 만든다."[26]

묵상의 의무와 필요성

청교도는 묵상의 필요성을 강조했다. 첫째, 청교도는 "하나님은 말씀을 묵상하도록 명하신다"고 말했다. 그것만으로도 우리가 묵상해야 할 이유는 충분하다. 청교도는 묵상의 필요성을 강조하기 위해 수많은 성경 본문(신 6:7, 32:46; 시 19:14, 49:3, 63:3, 94:19, 119:11, 15, 23, 28, 93, 99, 143:5; 사 1:3; 눅 2:19; 요 4:24; 엡 1:18; 딤전 4:13; 히 3:1)과 사례(멜기세덱, 이삭, 모세, 여호수아, 다윗, 마리아, 바울, 디모데)를 인용한다. 묵상하지 못할 때 우리는 하나님과 하나님 말씀을 경시하고 우리가 경건하지 못하다는 것을 드러낸다(시 1:2).

둘째, 우리는 말씀을 하나님이 우리에게 보낸 편지로서 묵상해야 한다. 토머스 왓슨은 이렇게 말했다. "우리는 말씀을 성급하게 대충 훑어보고 넘어가서는 안 되고, 말씀을 기록하게 하신 일 속에 나타나 있는 하나님의 지혜와 이 말씀을 우리에게 보내신 일에 나타나 있는 하나님의 사랑을 묵상해야 한다."[27] 이런 묵상은 하나님에 대한 우리의 감정과 사랑에 불을 붙여 놓을 것이다. 다윗이 말한 것과 같다. "또 내가 사랑하는 주의 계명들을 향하여 내 손을 들고 주의 율례들을 작은 소리로 읊조리리이다"(시 119:48).

셋째, 묵상이 없으면 우리는 견고한 그리스도인이 될 수 없을 것이다. 토머스 맨턴은 이렇게 말했다. "약속에 대한 묵상을 지속적으로 먹지 않으면 신앙은 비쩍 말라 굶어 죽게 될 것이다. 다윗이 시편 119편 92절에서 말한 것과 같다. '주의 법이 나의 즐거움이 되지 아니하였더면 내가 내 고난 중에 멸망하였으리이다.'"[28] 또 토머스 왓슨은 이렇게 말했다. "묵상을 하지 않는 그리스도인은 무장하지 않은 군인이나 연장 없는 직공과 같다. 묵상이 없으면, 하나님의 진리는 우리에게 머무르지 못할

23) Thomas Gouge, *Christian Directions, Shewing How to Walk with God All the Day Long* (London: R. Ibbitson and M. Wright, 1661), p. 65.

24) Richard Baxter, *The Saints' Everlasting Rest* (재판, Fearn, Scotland: Christian Focus, 1998), p. 553. 참고, White, *A Method and Instructions for the Art of Divine Meditation*, p. 14.

25) Henry Scudder, *The Christian Man's Calling* (Philadelphia: Presbyterian Board of Publication, n.d.), pp. 103~104. 참고, William Bates, "On Divine Meditation," *The Whole Works of the Rev. W. Bates, D.D.*, W. Farmer 편집 (재판, Harrisonburg, Va.: Sprinkle, 1990), 3:113~165.

26) Thomas Watson, *Gleanings from Thomas Watson* (Morgan, Pa.: Soli Deo Gloria, 1995), p. 106.

27) Watson, *Sermons*, p. 238.

28) Manton, "Sermons upon Genesis 24:63," *Works*, 17:270.

것이다. 곧 마음은 강퍅하고 기억은 쇠퇴할 것이다. 묵상이 없으면 모든 것을 잃고 만다."[29]

넷째, 묵상이 없으면 선포된 말씀이 우리에게 아무 유익이 되지 못할 것이다. 묵상이 없으면 성경 읽기도 "날 음식을 씹지 않고" 삼키는 것과 같다고 스쿠더는 말했다.[30] 여기에 리처드 백스터는 "지나치게 많이 먹으면 제대로 소화시킬 수 없다"고 덧붙였다.[31]

토머스 왓슨은 이렇게 말했다. "진리에 대한 지식과 진리에 대한 묵상은 큰 차이가 있는데, 그 차이는 마치 횃불의 빛과 태양 빛의 차이와 같다. 태양 빛이 비추고 있는 정원에 등불이나 횃불을 놓아 보라. 아무 영향을 주지 못할 것이다. 그러나 태양은 엄청난 영향을 미친다. 식물을 자라게 하고, 풀을 무성하게 한다. 마찬가지로 지식도 지성 속에서 빛나고 있는 횃불처럼 별로, 아니 전혀 영향을 미치지 못한다. 지식은 사람을 더 나은 존재로 만들지 못한다. 그러나 묵상은 태양 빛과 같다. 묵상은 감정을 변화시키고 마음을 따스하게 하고 더 거룩하게 한다. 묵상은 진리 속에 생명을 낳는다."[32]

다섯째, 묵상이 없으면 우리 기도는 효력이 감소하게 될 것이다. 토머스 맨턴은 이렇게 말했다. "묵상은 말씀과 기도 사이에서 의무의 매개체로서 양자를 관련시킨다. 말씀은 묵상에 힘을 주고, 묵상은 기도를 힘 있게 한다. 우리는 우리가 오류가 있는 것은 아닌지 들어야 하고 열매가 없는 것은 아닌지 묵상해야 한다. 이 두 의무는 항상 함께 가야 한다. 묵상은 들음 뒤에, 그리고 기도 전에 이뤄져야 한다."[33]

여섯째, 묵상 없는 그리스도인들은 진리를 변증할 수 없게 될 것이다. 그들은 중추가 전혀 없고, 자신의 지식도 거의 없다. 토머스 맨턴이 말한 것처럼 "묵상이 생소한 사람은 자신에 대해서도 생소하다."[34] 토머스 왓슨은 "그리스도인을 만드는 것은 묵상이다"라고 말했다.[35] 제임스 어셔(1581~1656년) 대주교는 "우리는 묵상의 필요성을 알고 있다. 우리는 천국에 가고 싶다면 이 의무를 실천하기로 결심해야 한다"고 말했다.[36]

마지막으로 이 묵상은 설교 준비에 필수적인 한 부분이다. 묵상이 없으면 설교는 깊이 있는 지성, 풍부한 감정, 명확한 적용이 결여될 것이다. 벵겔이 헬라어 신약 성경을 공부하는 학생들에게 준 지침은 이런 묵상의 본질을 잘 포착하고 있다. "네 자신 전체를 본문에 적용시키라. 본문 전체를 네 자신에게 적용시키라."[37]

묵상 방법

청교도 저술가들에 따르면, 묵상에는 필수 조건과 규칙들이 있었다. 그들이 묵상 빈도와 시간, 묵

---

29) Watson, *Sermons*, p. 238.
30) Henry Scudder, *The Christian's Daily Walk, in Holy Security and Peace*, 6판 편집 (1635, 재판, Harrisonburg, Va.: Sprinkle, 1984), p. 108.
31) Baxter, *The Saints' Everlasting Rest*, p. 549.
32) Watson, *Sermons*, p. 239.
33) Manton, "Sermons upon Genesis 24:63," *Works*, 17:272.
34) Manton, "Sermons upon Genesis 24:63," *Works*, 271.
35) Watson, *Sermons*, p. 240.
36) James Ussher, *A Method for Meditation: or, A Manuall of Divine Duties, Fit for Every Christians Practice* (London: for Joseph Nevill, 1656), p. 21.
37) Johann Albrecht Bengel, *New Testament Word Studies* (Grand Rapids: Kregel, 1971), 1:xxxix.

상을 위한 준비, 묵상 지침 등에 대해 쓴 것을 고찰해 보자.

빈도와 시간

첫째, 경건한 묵상은 자주 해야 한다. 시간과 의무감이 허락된다면, 하루에 두 번이 이상적이다. 최소한 하루에 한 번은 해야 한다. 빈틈 없는 지도자였던 여호수아가 하나님에게서 그분의 법을 주야로 묵상하라는 명령을 받았다면, 우리가 매일 아침, 저녁으로 하나님의 진리를 묵상하는 것을 즐거워하는 것은 당연하지 않은가? 일반적으로 말하면, 삼위 하나님과 그분의 진리를 자주 묵상할 수록 하나님을 더 깊이 알게 될 것이고, 아울러 묵상도 그만큼 더 쉬워질 것이다.[38)]

묵상과 묵상 사이의 간격이 길어지면 묵상의 열매를 잘 맺지 못할 것이다. 윌리엄 베이츠가 다음과 같이 쓴 것과 같다. "새가 오랫동안 둥지를 떠나 있으면, 알은 차가워지고 부화에 적절하지 못한 상태가 되지만 계속 품고 있으면 부화할 것이다. 마찬가지로 우리도 오래 신앙의 의무를 떠나 있으면, 감정은 차가워져 냉랭해지며, 거룩함을 낳고 영혼을 위로하는 데 적절하지 못한 상태가 될 것이다."[39)]

둘째, 묵상 시간을 정해 놓고 시간을 엄수하라고 청교도는 권면했다. 그렇게 하면 "빼먹고 싶은 허다한 유혹을" 막게 될 것이라고 백스터는 말했다.[40)] 가장 정신이 맑고 다른 의무 때문에 방해받지 않는 시간이 묵상을 하기에 가장 "좋은 시간"이 될 것이다. 이른 아침이 묵상에 가장 좋은 시간이다. 왜냐하면 그 시간의 묵상이 하루의 나머지 시간의 분위기를 결정하기 때문이다(출 23:19; 욥 1:5; 시 119:147; 잠 6:22; 막 1:35). 그러나 사람에 따라서는 저녁이 묵상에 더 유익할 수도 있다(창 24:63; 시 4:4). 그들은 하루 일과를 다 마치고 "달콤한 묵상을 통해 하나님의 품"에서 안식할 준비를 하게 된다(시 16:7).[41)]

넉넉한 묵상 시간을 가지려면 주일을 활용하라. 웨스트민스터 총회의 문서 작성자들은 예배 모범에서 "회중의 엄숙한 공적 모임 사이나 후, 비어 있는 시간에 성경 읽기와 묵상과 설교의 반추에 보내는 것이 좋다"고 권면했다.[42)] 토머스 구지는 "그대가 이 경건한 묵상의 의무가 주는 달콤함을 맛본 적이 있다면, 특히 주일에는 잡담이나 한가한 담화에 시간을 거의 쓰지 않을 것"이라고 말했다.[43)] 백스터는 "우리 주님이 땅에서 일어나 사망과 지옥을 완전히 정복하고 우리를 위해 천국을 취하신 날보다 우리가 천국에 올라가기에 합당한 날이 언제겠는가?"라고 물었다.[44)]

또한 특별한 시간을 묵상에 활용하라. 청교도에 따르면 다음과 같은 시간들이 있다. 1. 하나님이 우리 영에 특별한 부흥과 능력을 주실 때, 2. 고난이나 두려움이나 염려나 시험으로 말미암아 복잡한 심적 혼란에 빠져 있을 때, 3. 하나님의 사자들이 죽음에 대해 환기시킬 때, 곧 노년에 이르러서든, 육체가 노쇠해서든 아니면 모종의 죽음의 징후에 의해서든 떠날 때가 그리 멀지 않았다고 말해 줄 때,[45)] 4. 설교나 성례를 통해 감동을 받거나 하나님 섭리의 어떤 심판이나 자비나 한 행위를 확인

---

38) Calamy, *The Art of Divine Meditation*, pp. 96~101.
39) Bates, "On Divine Meditation," *Works*, 3:124~125.
40) Baxter, *The Saints' Everlasting Rest*, p. 555.
41) Bates, "On Divine Meditation," *Works*, pp. 126~127. 토머스 왓슨은 아침 묵상을 매우 강하게 옹호한다(*Sermons*, pp. 250~254).
42) [Westminster Divines], "Of the Sanctification of the Lord's Day," *Directory for the Publique Worship of God* (London: T. R. and E. M. for the Company of Stationers, 1651)을 보라.
43) Gouge, *Christian Directions*, pp. 66~67.
44) Baxter, *The Saints' Everlasting Rest*, p. 560.
45) Baxter, *The Saints' Everlasting Rest*, pp. 561~563.

했을 때. 철은 빨갛게 달궈졌을 때가 단련하기에 가장 좋은 때다(시 119:23).[46] 5. 성찬과 깊은 회개의 시간과 주일과 같이 엄숙한 의무를 시행하기 전이다.[47]

셋째, "영혼에 주어진 각별한 유익을 발견할 때까지 통상적으로" 묵상해야 한다. 베이츠는 "묵상은 젖은 나무에 불을 붙이려고 시도하는 것과 같다"고 말했다. 이때 끝까지 참는 자가 불을 붙이게 될 것이다. 묵상을 시작할 때, 처음에는 소량의 연기와 작은 불꽃 정도 밖에 일으키지 못하지만, "결국에는 거룩한 감정의 불길이 치솟아 하나님을 향해 올라갈 것이다." 그래서 베이츠는 "불길이 그렇게 올라갈 때까지" 인내하며 묵상하라고 말했다.[48]

불길이 올라가지 못할 때도 있을 것이다. 그때 여러분은 막연히 계속해서는 안 된다. 이에 대해 토머스 맨턴은 이렇게 말했다. "게으름에 빠지거나 영적인 따분함에 빌미를 주지 마라. 마귀는 이 두 가지 태도에 있어 여러분보다 유리한 위치를 차지하고 있다. 힘을 소진해서 여러분의 영이 혼란 속에 있을 때, 마귀는 하나님의 역사를 가로막을 것이다."[49]

대다수 청교도는 묵상에 구체적으로 어느 정도의 시간을 할애해야 하는지는 말하지 않았다. 그러나 제임스 어셔는 최소한 한 주에 한 시간 정도는 할애해야 한다고 주장했고, 토머스 화이트는 이렇게 주장했다. "묵상에는 준비, 성찰, 감정, 결단 등 여러 요소가 있는데, 이 요소 가운데 어느 것도 경홀히 여겨서는 안 된다. 왜냐하면 감정은 그리 쉽게 일어나는 것이 아니며, 불이 붙기 시작하면 멈추지 않고 바람을 불어 넣어야 하기 때문이다. 이때 불길이 타오를 정도가 되려면, 입문자들은 적어도 하루에 30분 정도, 묵상에 익숙한 사람들은 한 시간 정도가 적합하다."[50]

준비

청교도 저술가들은 효과적인 묵상을 위한 몇 가지 준비 단계를 제시했는데, 모두 "마음 상태에 크게" 좌우되는 것들이다.

1. **마음을 이 세상의 것에서 분리시키라:** 곧 세상 일과 세상이 주는 즐거움과 세상과 관련된 내적 고뇌 및 동요 등에서 벗어나라. 칼라미는 이렇게 말했다. "외부의 친구뿐만 아니라 내부의 친구 즉 무익하고 세속적이고 마음을 산란하게 하는 생각들도 차단시켜 달라고 하나님께 기도하라."[51]

2. **마음을 죄의 죄책과 오염에서 깨끗하게 하고, 영적인 것에 대한 열렬한 사랑으로 타오르게 하라:** 성경 본문과 영적 진리의 보물을 축적하라. 시편 119편 11절의 "내가 주께 범죄하지 아니하려 하여 주의 말씀을 내 마음에 두었나이다"라는 다윗의 고백에 따라 살기 위해 은혜를 구하라.

3. **가장 진지한 마음으로 묵상에 임하라:** 묵상의 중요성과 탁월성과 잠재력을 유념하라. 만일 묵상에 성공한다면, 여러분은 하나님의 참된 임재 속에 들어가게 될 것이며, 다시 한 번 이 땅에서 영원한 기쁨을 맛보기 시작할 것이다(하이델베르크 교리문답 질문 58). 어셔는 이렇게 말했다. "다음과 같은

---

46) William Fenner, *The Use and Benefit of Divine Meditation* (London: for John Stafford, 1657), p. 10.
47) Manton, "Sermons upon Genesis 24:63," *Works*, 17:298.
48) Bates, "On Divine Meditation," *Works*, 3:125.
49) Manton, "Sermons upon Genesis 24:63," *Works*, 17:299.
50) Ussher, *A Method for Meditation*, pp. 30~31, White, *A Method and Instructions for the Art of Divine Meditation*, p. 29.
51) Calamy, *The Art of Divine Meditation*, p. 173.

생각이 그대 마음의 생각이어야 한다. 곧 나는 그 앞에서 모든 것이 벌거벗은 것처럼 고스란히 드러나는 하나님을 믿고 있다. 그러므로 나는 지혜로우신 하나님 앞에서 어리석게 말하지 않도록 조심하고, 나의 생각이 탈선에 이르지 않도록 해야겠다. 사람은 다른 일로 분주해진 마음을 갖고 땅에서 가장 위대한 임금과 대화를 나눌 수 있다. 그럴 때에는 하나님과 대화를 나누지 않도록 하라. 하나님의 눈이 그 마음 위에 있고, 그렇기 때문에 그대의 주 관심사는 마음의 방향키를 굳게 지키는 데 있어야 한다. 삼위일체의 하나님이 임재하고 계신다는 사실을 유념하라."[52)]

4. **묵상을 방해받지 않을 고요하고 자유로운 공간을 찾으라:** 조지프 홀은 "첫째, 사람이 없고, 둘째, 소음이 없고, 셋째, 움직임이 없는 내밀함과 조용함과 쉼을 목표로 삼으라"고 말했다.[53)] 일단 적합한 장소를 찾으면 그 장소를 계속 고수하라. 어떤 청교도는 주의를 산만하게 하는 눈에 보이는 것들을 피하도록 방을 어둡게 하거나 눈을 감는 방법을 권장했다. 다른 청교도는 자연 속을 산책하거나 앉아서 묵상하는 방법을 추천했다. 여기서 우리는 나름대로 좋은 방식을 찾아야 할 것이다.

5. **앉아 있거나 서 있거나 걷거나 누워 있거나 간에, 전능자 앞에 경건한 몸가짐을 유지하라:** 묵상하는 동안 몸은 영혼의 종이 되어야 하고, 영혼의 감정을 따라야 한다. 묵상 목표는 영혼과 지성과 몸을 "예수 그리스도의 얼굴에 있는 하나님의 영광"(고후 4:6)에 집중시키는 것이다.[54)]

지침

청교도는 묵상 실천을 위한 지침도 제시했다. 그들은 성령의 도우심을 구하는 것으로 묵상을 시작해야 한다고 말했다. 묵상할 때 마음을 조절해서 신앙의 눈으로 바라보는 능력을 달라고 기도하라. 칼라미가 다음과 같이 말한 것처럼 하라. "나는 여러분이 지성을 조명하고 경건을 소생시키고 감정을 뜨겁게 해 달라고 하나님께 기도하고, 그리하여 그 시간이 여러분에게 복이 되기를 바라고, 나아가 경건의 일에 대해 묵상함으로써 여러분이 더욱 거룩해지고, 여러분의 욕심은 더욱 죽고 은혜는 더욱 증가되며, 세상과 세상의 허영에 대해서는 죽고 천국과 천국의 일에 대해서는 더욱 고조되기를 바란다."[55)]

이어서 청교도는 성경을 읽고, 묵상해야 할 구절이나 교리를 선택하라고 말했다. 청교도는 처음에는 묵상하기에 비교적 쉬운 주제를 선정하는 것이 좋다고 권면했다. 예를 들어 삼위일체 교리보다는 하나님 속성에 대한 주제에서 시작해 보라. 그리고 한 번에 한 가지 주제를 묵상하는 것이 좋다.

아울러 여러분의 현재 상황에 가장 잘 적용할 수 있고 여러분 영혼에 가장 유익이 될 주제를 선택하라. 예를 들어 보자. 만일 여러분이 영적으로 낙심한 상태 속에 있다면 불쌍한 죄인들을 용납하고 자신에게 나아오는 모든 자를 용서해 주시는 그리스도의 자상한 마음에 대해 묵상하라. 양심이 너무 괴롭다면, 회개하는 자에게 은혜를 베푸시는 하나님의 약속을 묵상하라. 경제적으로 어려움에 처해 있다면, 곤궁한 자들에 대한 하나님의 놀라운 섭리에 대해 묵상하라.[56)]

이후에는 선택한 구절이나 주제 내용을 암기해 둠으로써 묵상을 자극하고 신앙을 강화시키며 하

52) Ussher, *A Method for Meditation*, pp. 32~33.
53) Huntley, *Hall and Protestant Meditation*, pp. 80~81.
54) Bates, "On Divine Meditation," *Works*, pp. 136~139, Baxter, *The Saints' Everlasting Rest*, pp. 567~570.
55) Calamy, *The Art of Divine Meditation*, p. 172.
56) Calamy, *The Art of Divine Meditation*, pp. 164~168.

나님의 인도 수단으로 삼으라.

그 다음에는 여러분의 생각을 성경이나 성경 주제에 고정시키고, 하나님이 계시하신 것 이상으로 알려고 하지 마라. 여러분의 기억을 활용해서 성경이 여러분이 택한 주제에 대해 말씀하는 것에 철저히 초점을 맞추라. 과거에 들은 설교들과 다른 교훈적인 책들을 참고하라.

여러분이 선택한 주제의 다양한 측면들 곧 제목과 원인, 특징과 결과와 영향 등을 생각할 때, "양심이라는 책, 성경이라는 책, 피조물이라는 책"[57]을 활용하라. 마리아처럼 이런 것들을 마음속으로 숙고하라. 예증과 비유와 반대 사실 등을 생각함으로써, 여러분의 지성을 조명하고 여러분의 감정을 불타오르게 하라. 그리고 여러분이 묵상하고 있는 것의 가치를 평가하라.

칼라미가 보여 주는 실례가 여기 있다. 만일 여러분이 죄에 대한 주제를 묵상하려고 한다면, "죄에 대한 설명에서 시작하고, 이어서 죄의 파급에 대해 다루고, 원죄와 죄의 원인, 죄의 저주스러운 결과와 영향, 일반적으로 죄의 성격 및 속성과 특수적으로 개인적인 죄의 성격 및 속성, 죄의 반대 사실인 은혜, 죄에 대한 은유, 죄에 붙여진 명칭, 성경이 죄에 대해 말씀하는 모든 사실을 묵상해야 한다."[58]

여기서 두 가지 경고가 순서대로 나온다. 첫째, 맨턴이 말한 것처럼 "방법의 규칙성 때문에 자유로운 영에 재갈을 물려서는 안 된다. 하나님이 요구하시는 것은 신앙이지 논리가 아니다. 그리스도인들이 이런 규칙과 규정에 얽매이게 되면, 생각이 좁아져 샘에서 나오는 물이 아니라 증류기에서 나오는 물처럼 흘러나오게 될 것이다."[59] 둘째, 여러분의 마음이 산만해지면, 정신을 바짝 차리고, 용서를 위해 짧은 기도를 드리고, 힘을 달라고 간구하며, 합당한 성경 본문을 찾아 다시 읽어 보고 묵상하도록 하라. 성경 읽기와 묵상과 기도는 동반자라는 것을 기억하라. 어느 한 부분이 약해지면, 다른 부분에서 대책을 찾으라. 인내하라. 이 의무를 포기함으로써 사탄에게 굴복해서는 안 된다.

이어서 사랑과 욕구와 소망과 용기와 감사와 열심과 기쁨과 같은 감정[60]을 분발시켜 하나님을 영화롭게 하라.[61] 여러분 자신의 영혼과 대화를 나누라. 자신의 무능력과 단점으로 야기된 불평은 내려놓고, 하나님 앞에 여러분의 영적인 갈망을 토설하라. 하나님이 여러분을 도우실 것을 믿으라.

폴 베인스(1573~1617년)는 묵상을 은혜의 "개인적 수단"으로 설명하면서, 묵상을 첫째는 마음에 영향을 미치는 시각 능력으로 비유하고, 둘째는 잉태 및 탄생 과정으로 비유했다. "임신을 하면 출산의 고통과 때가 이를 때 아기가 탄생한다는 것을 기대하게 된다. 마찬가지로 영혼이 생각을 통해 임신을 하게 되면, 감정은 즉시 즐겁고 흥분 상태가 된다. 왜냐하면 불쏘시개처럼 불꽃이 튀기면 불이 붙는 것처럼, 생각에 따라 감정은 불길에 휩싸이기 때문이다. 감정이 움직이면 의지는 자극을 받고 분발하게 된다."[62]

이렇게 여러분의 기억과 판단과 감정이 환기되면, 여러분의 영혼을 의무와 위로로 이끌고 죄를 멀리하도록 묵상 내용을 여러분 자신에게 적용시키라.[63] 윌리엄 페너(1600~1640년)가 다음과 같이

---

57) George Swinnock, *The Christian Man's Calling*, in *The Works of George Swinnock* (Edinburgh: Banner of Truth Trust, 1998), 2:417.

58) Calamy, *The Art of Divine Meditation*, pp. 178~184. 참고, Gouge, *Christian Directions*, pp. 70~73.

59) Manton, "Sermons upon Genesis 24:63," *Works*, 17:281.

60) Baxter, *The Saints' Everlasting Rest*, pp. 579~590.

61) Jonathan Edwards, *Religious Affections* (London: Banner of Truth Trust, 1959), p. 24.

62) Paul Baynes, *A Help to True Happinesse* (London: R. Y[oung] for Edward Brewster, 1635).

63) Bates, "On Divine Meditation," *Works*, 3:145.

쓴 것처럼 하라. "그대 자신의 영혼 속으로 뛰어들라. 그대 자신의 마음을 예상해 보고 대책을 세우라. 그대의 마음을 약속, 경고, 자비, 심판, 계명으로 채우라. 묵상을 통해 그대의 마음을 살피라. 그대의 마음을 하나님 앞으로 끌고 가라."[64]

은혜 안에서 자라고 있는지 여러분 자신을 검토하라. 과거를 반성해 보고 "내가 어떻게 했지?"라고 물으라. 미래를 전망하고 "하나님의 은혜로 내가 무엇을 하기로 할까?"라고 물으라.[65] 율법적으로 질문하지 말고, 거룩한 열정과 성령이 역사하는 은혜 안에서 자라갈 기회를 얻기 위한 마음으로 질문하라. "율법 업무는 우리의 일이지만, 묵상 업무는 달콤한 일이다."[66]

칼라미가 다음과 같이 권면하는 대로 하라. "만일 묵상을 실천함으로써 유익을 얻으려고 한다면, 여러분은 **구체적인 적용**에까지 이르러야 한다. 또 그리스도를 묵상하되, 그리스도를 여러분의 영혼에 적용시켜야 한다. 또 천국에 대해 묵상하되, 천국을 여러분의 영혼에 적용시켜야 한다."[67] 여러분이 묵상한 대로 살라(수 1:8). 묵상과 실천은 두 자매처럼 손을 잡고 함께 가야 한다. 실천 없는 묵상은 다만 여러분의 죄악을 더하게 할 뿐이다.[68]

그 다음에는 여러분의 적용이 결심과 함께 이루어지도록 하라. 화이트는 "여러분의 결심은 단순한 소원이 아니라 결연한 목표나 결정으로서 굳건하고 강력해야 한다"고 말했다.[69] 여러분의 결심을 죄에 대한 유혹과 맞서 싸우는 의지로 삼으라. 여러분의 결심을 기록해 두라. 무엇보다 먼저 "거룩하고 경건한 일들을 묵상하는 사람이 되는 데" 목숨을 바치겠다고 결심하라. 여러분 자신과 여러분의 가족과 여러분이 소유한 모든 것을 "즐거운 체념"과 함께 하나님의 손에 내려놓으라.

그리고 기도와 감사와 시편 찬송으로 묵상을 끝내라. 조지 스윈녹(대략, 1627~1673년)은 "묵상은 가장 좋은 기도의 시작이며, 기도는 가장 좋은 묵상의 끝이다"라고 말했다. 토머스 왓슨은 이렇게 말했다. "묵상한 내용에 대해 기도하라. 기도는 모든 것을 거룩하게 한다. 기도가 없으면 묵상은 단지 부정한 것일 뿐이다. 기도는 영혼을 묵상에 고정시킨다. 기도는 묵상이 탈선하지 않도록 묵상의 끝에 매듭을 매는 것이다. 하나님이 여러분의 지성에 영원히 경건한 묵상을 거하게 하고, 묵상의 맛을 여러분의 마음속에 머무르게 하시도록 기도하라."[70] 묵상할 때 도와주신 것에 대해 주님께 감사하라. 그렇지 않으면 리처드 그린햄(대략, 1542~1594년)이 경고한 것처럼 "우리는 다음 묵상을 할 때 고투에 시달리게 될 것이다."[71]

시편 찬송은 묵상에 큰 도움이 된다. 이 시편의 운율 형식은 기억하기에 좋게 되어 있다. 하나님 말씀으로서 시편은 묵상에 적절한 주제를 제공한다. 칼빈이 그렇게 부른 것처럼 "영혼에 대한 완벽한 해부학"으로서 시편은 묵상에 풍성한 자료와 지침을 제공한다. 기도문으로서(시 72:20), 감사의 시로서(시 118:1) 시편은 묵상의 적절한 수단이자 묵상을 끝내는 적절한 방법이다. 조지프 홀은 이렇게

64) Fenner, *The Use and Benefit of Divine Meditation*, pp. 16~23.
65) Ussher, *A Method for Meditation*, p. 39.
66) William Bridge, *Christ and the Covenant, the Work and Way of Meditation, God's Return to the Soul or Nation, Together with His Preventing Mercy: In Ten Sermons*, in *The Works of the Rev. William Bridge* (1845, 재판, Beaver Falls, Pa.: Soli Deo Gloria, 1989), 3:153.
67) Calamy, *The Art of Divine Meditation*, p. 108.
68) Watson, *Sermons*, pp. 269, 271.
69) White, *A Method and Instructions for the Art of Divine Meditation*, p. 53.
70) Watson, *Sermons*, p. 269.
71) Greenham, "Grave Counsels and Godly Observations," *Works*, p. 41.

말했다. "묵상을 마칠 때 나의 마음과 음성을 하나님께 바쳐 다윗 시편의 한두 구절-우리 기질과 우리의 묵상 주제에 어울리는 구절-을 노래함으로써 큰 위로를 받았다. 이렇게 하면 마음은 큰 달콤함과 만족을 누리게 된다."[72] 존 라이트풋(1602~1675년)은 "하나님에 대한 찬양을 노래하는 것은 우리가 공적으로 묵상할 때 행할 수 있는 최고의 사역이다. 이런 찬송은 찬송한 내용을 마음이 가장 오래 기억하게 한다. 기도와 설교를 듣는 것은 이 문장에서 저 문장으로 넘어가는 것이 빠르다. 그러나 찬송은 그 내용을 오래 고수하게 한다."

마지막으로 묵상을 마친 다음에 너무 빠르게 세상일에 몰두하지 마라. 토머스 구지가 권면한 것처럼 "그래야 묵상할 때 그대의 마음속에 불을 붙여 놓았던 영적인 마음이 갑자기 꺼지지 않게 될 것이다."[73] 한 시간 동안의 이런 묵상이 "천 편의 설교보다 더 가치가 있음"을 명심하라. 어셔 주교는 "이것은 말씀의 가치를 떨어뜨리는 것이 아니라 오히려 말씀을 영예롭게 한다"고 말했다.[74]

묵상 주제

청교도는 다양한 묵상 주제와 대상과 자료를 제시했다. 각 항목 뒤에 붙어 있는 숫자는 그 주제에 대한 묵상을 요청한 청교도 저술가들로서 내가 찾아낸 사람들의 수를 표시한다. 이 목록은 개혁파 조직신학의 전통적인 구분법을 따르고 있다.

서론

거룩한 하나님의 말씀(3)
기독교에 대한 변증(1)

신론

하나님의 본질과 속성(7)
하나님의 사역과 섭리(7)
인간의 제일 목적인 하나님의 영광(4)
하나님의 엄위(3)
하나님의 자비(3)
창조주이신 하나님(2)

인간론

죄의 죄악성과 우리의 개인적인 죄(9)
마음의 부패함과 기만성(5)
아담의 타락과 하나님으로부터의 소외(4)

72) Joseph Hall, *The Art of Meditation* (Jenkintown, Pa.: Sovereign Grace Publishers, 1972), pp. 26~27.
73) Gouge, *Christian Directions*, p. 70.
74) Ussher, *A Method for Meditation*, p. 43.

인간의 헛됨(4)
영혼의 가치와 불멸성(3)
육체의 허약성(2)
세상이 주는 위로의 불확실성(1)
탐심의 죄(2)
하나님과 인간 간의 대조(1)

기독론

그리스도의 수난과 죽음(8)
그리스도의 사랑(5)
그리스도의 인격(4)
복음의 신비와 경이(4)
그리스도의 본성(2)
그리스도의 직분(2)
그리스도의 생애(2)
그리스도의 지위(1)

구원론과 기독교적 삶

하나님의 약속(7)
은혜의 경험적 증거에 대한 자기 검토(5)
신자들의 풍성한 특권(3)
성령의 은혜와 인격(3)
신앙의 유익(2)
성화(2)
기도(2)
하나님의 계명(2)
하나님의 권면과 경고(2)
배교의 위험성(1)
구원받은 자의 수가 적음(1)
영적 위험들(1)
사랑과 기쁨과 소망(1)
안식일(1)
자기 부인(1)

교회론

하나님의 규례(5)

성찬(4)
세례(2)
말씀을 듣는 것과 읽는 것(2)
교회의 기쁨과 슬픔(2)

종말론

천국(10)
죽음(8)
심판(7)
지옥(7)
영원(5)

청교도는 이 주제들을 하나님의 명백하고 강력하고 유용한 진리로 불렀다. 조지프 홀과 같은 일부 청교도는 다른 사람들보다 더 상세한 목록을 제시했다. 홀은 묵상해야 할 87가지의 주제를 열거하고, 왜 그렇게 해야 하는지 각각의 주제마다 설명을 붙여 놓았다. 그 주제들은 다음과 같다.

> 명예와 위대함, 무지, 타락, 거룩한 삶, 잡담, 악한 친구, 하나님의 약속, 세상을 사랑함, 만족, 위선, 행복, 세상을 사랑함, 친구, 하늘과 땅, 일과 수고, 재산, 천국과 지옥, 죽음, 고통, 선한 싸움, 죄, 성공, 은혜 안에서 자라감, 교만, 죄를 미워함, 편견, 탐심, 기도, 사랑, 불경, 고결함, 기도, 시험, 수단의 사용, 예배, 행복, 순종, 회개, 야망, 자만심, 짧은 인생, 자기 검토, 역경, 고통, 신앙과 철학, 쾌락, 죄, 신실한 친구, 분열과 진리, 근심과 걱정, 두려움, 이교도와 그리스도인, 눈의 빛, 지성과 마음, 진심 어린 신앙, 스스로 받는 상처, 마음과 혀, 시간 사용, 염려, 섭리, 사랑, 불쾌, 우정, 싼 물건 찾아다니기, 책망, 시기, 세속적 쾌락, 훌륭한 본보기를 따름, 시간, 향유, 선행, 열매 맺음, 어리석음, 선을 행함, 은둔 생활, 행복한 삶, 하늘의 징계, 영적 갈망, 회개, 영적 싸움, 시련 속에서 얻는 힘, 천국을 향한 마음, 겸손, 죽음, 삶의 목적, 악이 주는 유익, 광기, 묵상 자체의 실천.[75)]

분명히 말하면, 청교도는 이 가운데 어떤 주제는 다른 것보다 더 중시되어야 한다고 생각했다. 이에 대해 존 오웬은 다음과 같이 말했다. "만일 내가 경험을 통해 확인한 것이 있다면 바로 이것이다. 곧 사람은 그리스도의 인격, 그리스도의 나라의 영광, 그리스도의 사랑에 대한 자신의 생각과 묵상에 따라 은혜의 성장과 쇠퇴를 가늠해 볼 수 있다는 것이다."[76)]

아마 청교도에게 가장 중요한 묵상 주제는 천국 곧 하나님을 가장 깊이 알고 가장 크게 경배하고 가장 크게 즐거워하는 곳, 그리스도가 아버지 보좌 우편에 앉아 있는 곳, 성도들이 영광에서 영광으로 옮겨가며 즐거워하는 곳이었을 것이다. 리처드 백스터는 "묵상은 대다수 다른 의무들의 생명이고,

---

75) Hall, *The Art of Meditation*, pp. 37~60.
76) Blanchard, *Complete Gathered Gold*, p. 409.

천국을 보는 것이 묵상의 생명이다"라고 말했다.[77] 천국은 이런 이유로 묵상할 때 최상의 주제다.

- 그리스도는 지금 천국에 계시고, 우리의 구원은 성령으로 말미암아 그리스도와 연합을 이루고 있는 것이다. 그리스도는 우리의 지혜와 의로움과 거룩함과 구원함이시다. 천국의 중심이신 그리스도는 그대로 우리의 믿음과 소망과 사랑의 중심이 되어야 한다.
- 우리는 그리스도의 마음을 갖고 있어야만 즉 우리가 진실로 천국을 향한 마음을 갖고 천국의 관점에 따라 이 땅과 이 시대를 바라봐야만, 오늘날처럼 악한 시대에 그리스도인으로서 살 수 있다.
- 천국은 우리 순례의 목적지다. 우리는 이 땅에서 믿음과 소망과 사랑으로 그리스도와 함께 하기 위해 천국을 향해 여행하고 있는 순례자다.[78]

청교도는 천국과 다른 주제들에 대한 묵상이 다음과 같은 세 가지 이유로 우선권을 갖는다고 가르쳤다. 첫째, 예배, 특히 설교에 대해서는 특별 묵상이 필수적이기 때문이다. 칼라미는 "하나님은 여러분이 설교를 듣기를 원하시고, 또 들은 설교를 묵상하기 원하신다"고 말했다.[79] 제임스 어셔가 말한 것처럼 "모든 설교는 단지 묵상을 위한 준비에 불과하다."[80]

훌륭한 설교는 지성에 건전한 교리를 알려 줄 뿐만 아니라 감동을 주는 설교다. 훌륭한 설교는 의지를 죄에서 돌이키게 하고 하나님과 이웃을 사랑하도록 이끈다. 묵상은 지성을 통해 하나님 말씀을 마음속에 받아들이도록 함으로써 감정을 넓히고 지시한다. 사람들은 설교에 대해 묵상하지 않을 때 설교에서 아무 유익을 얻지 못한다.

리처드 백스터는 이렇게 말했다. "왜 그토록 많은 설교가 우리에게 아무 소용이 없고, 신앙고백자들은 온갖 다양한 설교를 듣거나 읽는 데 결코 지치지 않으면서도, 영혼은 쇠잔하고 굶주리게 되는지, 그 이유에 대해 나는 그들의 묵상에 대한 무지와 이해할 수 없는 게으름 말고 더 참되고 더 큰 다른 원인은 모르겠다." 백스터는 어떤 청중은 "식욕도 없고 소화력도 없어" 영적 식욕 부진에 빠져 있는 반면에 또 어떤 청중은 영적 폭식증에 걸려 "식욕은 있으나 소화력이 없다"[81]고 말했다.

신실한 청교도는 묵상하는 데 활용하기 위해 자주 설교를 받아 적었다. 우리 교회에서 나이가 많은 한 여성도가 이런 습관을 본받기로 결심했다. 매주일 저녁마다 그녀는 무릎을 꿇고 한 시간씩 그날 받아 적은 설교 내용으로 기도하고 묵상했다. 그녀는 주일의 시간 가운데 이 시간이 가장 좋은 시간이라고 고백했다.

둘째, 성찬 예식에 바르게 참여하기 위해 신자는 자신의 죄를 위해 속죄 제물이 되신 주 예수에 대한 묵상이 요구되기 때문이다. 이에 대해 토머스 화이트는 이렇게 말했다. "여러분은 성찬을 준비할 때,

---

77) Baxter, *The Saints' Everlasting Rest*, p. 702.

78) Toon, *From Mind to Heart*, pp. 95~96. 천국에 대해 묵상하는 법은 다음 자료들을 보라. White, *A Method and Instructions for the Art of Divine Meditation*, p. 281~294, Baxter, *The Saints' Everlasting Rest*, pp. 620~652, Thomas Case, *The Select Works of Thomas Case*, pp. 1~232(두 번째 책).

79) Calamy, *The Art of Divine Meditation*, p. 4.

80) Ussher, *A Method for Meditation*, p. 49.

81) Baxter, *The Saints' Everlasting Rest*, pp. 549~550.

거행할 때, 거행한 후에 감당해야 할 의무에 대해 묵상하라. 성부 하나님의 사랑과 성자 예수 그리스도의 사랑을 묵상하라. 특히 그리스도의 인격의 탁월하심과 그리스도의 고난의 위대하심, 그리고 그 고난이 하나님의 공의를 얼마나 타당하게 만족시키셨는지를 숙고하라. 그리고 나아가 성찬의 효력과 본질과 용도에 대해서도 숙고하라."[82]

칼라미는 성찬에 참여하는 동안 묵상해야 할 주제로 12가지를 제시했다. "그리스도를 주신 것에 나타나 있는 성부 하나님의 크고 놀라우신 사랑, 자신을 내놓은 것에 나타나 있는 그리스도의 사랑, 죄의 가증함, 성찬 예식의 효력, 우리 자신의 무가치함, 우리의 영적 기갈과 궁핍, 자격 없는 수찬자가 받게 되는 저주, 자격 있는 수찬자에게 주어지는 복, 성찬의 요소[떡과 포도주], 성찬에서의 행동[목사의 행동이 어떻게 그리스도를 표상하는지], 성찬의 약속, 보응으로 주어지는 그리스도[성찬의 은사]."[83] 에드워드 레이놀즈와 같은 청교도 신학자들은 성찬에 임할 때 신자들이 어떻게 해야 되는지에 대한 논문을 썼다.[84] 존 오웬은 성찬 준비 방법으로 묵상, 자기 검토, 간구, 기대 등을 요구했다.[85] 모든 신자는 이런 준비에 동참해야 한다(참고, 웨스트민스터 대교리문답 질문 171, 175).

셋째, 매주일은 묵상에 특별히 좋은 시간이다. 주일은 하나님의 사람들이 영적 양식을 공급받아 다가올 한 주간을 위해 그 양식을 비축해 놓는 날이었다. 따라서 주일은 단순히 "영혼의 장날"로 불렸다.

넷째, 마지막으로 나다니엘 레이뉴와 같은 청교도는 묵상에 대한 글을 광범하게 썼는데, 영적 성숙도에 따라 신자들이 다양하게 도움을 받도록 지침을 제시했다. 레이뉴는 각각 "갓 회심한 초신자를 위해", "더 성숙하고 연륜이 있는 신자를 위해", "노년 신자를 위해" 장을 따로 구분해서 글을 썼다. 그리스도인은 나이가 들수록 더 깊은 묵상을 당연히 기대하게 된다.[86]

묵상의 유익

청교도는 묵상의 유익, 장점, 효능, 이점, 활용 등에 대해 방대한 글을 썼다. 여기서 그들이 강조한 묵상의 유익을 열거해 보자.

- 묵상은 삼위 하나님에 초점을 맞추도록 도움을 줌으로써, 그 인격들에 따라 지성적, 영적, 심미적으로 하나님을 사랑하고 즐거워하도록(요일 4:8) 이끈다.
- 묵상은 경건한 진리에 대한 지식을 증진시키는 데 도움을 준다. 묵상은 "진리의 얼굴에서 수건을 제거한다"(잠 4:2).
- 묵상은 "지혜의 유모"인데, 그 이유는 지혜의 근본인 하나님에 대한 경외를 자라게 하기 때문

82) White, *A Method and Instructions for the Art of Divine Meditation*, p. 88.

83) Calamy, *The Art of Divine Meditation*, pp. 88~96. 참고, Manton, "Sermons upon Genesis 24:63," *Works*, 17:288~297.

84) Edward Reynolds, *Meditation on the Holy Sacrament of the Lord's Last Supper*, in *The Whole Works of the Right Rev. Edward Reynolds* (Morgan, Pa.: Soli Deo Gloria, 1999), 3:1~172.

85) John Owen, *Sacramental Discourses*, in *The Works of John Owen*, William H. Goold 편집 (재판, Edinburgh: Banner of Truth Trust, 1999), 9:558~563.

86) Nathanael Ranew, *Solitude Improved by Divine Meditation* (Morgan, Pa.: Soli Deo Gloria, 1995), pp. 280~321.

이다(잠 1:7).

- 묵상은 우리의 온갖 영적 환난 속에서 약속의 하나님을, 우리의 온갖 외적 시련 속에서 섭리의 하나님을 신뢰하도록 도움을 줌으로써 우리의 믿음을 확대시킨다.[87]
- 묵상은 우리의 감정을 자극한다. 토머스 왓슨은 묵상을 "감정의 고함소리"로 불렀다. 왓슨은 이렇게 말했다. "묵상은 암탉이 달걀 위에 앉아 병아리를 부화시키듯이 좋은 감정을 부화시킨다. 우리는 이 묵상의 불로 감정을 점화시킨다"(시 39:3).[88]
- 묵상은 회개와 삶의 개혁을 일으킨다(시 119:59; 겔 36:31).
- 묵상은 기억의 절친한 친구다.
- 묵상은 예배를 계발할 필요가 있는 분야로 생각하도록 도움을 준다. 묵상은 우리 자신의 집보다 하나님의 집을 더 좋아하게 한다.
- 묵상은 영혼의 천에 성경을 수놓는다.
- 묵상은 기도의 유익한 도구다(시 5:1). 묵상은 기도하기 전 기도라는 악기를 조율한다.
- 묵상은 말씀을 듣고 읽을 때 실제 유익을 얻도록 돕는다. 묵상은 말씀이 "우리 영혼을 생명과 에너지로 채우게 하는" 역할을 한다. 윌리엄 베이츠는 이렇게 말했다. "말씀을 듣는 것은 음식물을 섭취하는 것과 같고, 들은 말씀을 묵상하는 것은 섭취한 음식물을 소화시키는 것과 같다. 묵상을 통해 말씀을 소화시키는 것은 따스한 감정, 강한 결심, 거룩한 행동을 낳는다."[89]
- 성례에 대한 묵상은 우리가 받은 "은혜를 더 유익하게 하고 더 강하게 하는 데" 도움을 준다. 묵상은 믿음, 소망, 사랑, 겸손, 그리고 수많은 영적 위로가 영혼 속에서 풍성하게 자라도록 도움을 준다.
- 묵상은 죄의 가증함을 강조한다. 묵상은 "우리의 죄를 제압하기 위해 필요한 모든 무기를 모으고, 모든 논쟁의 힘을 집약시키고 그것들을 마음 위에 무겁게 올려놓는다"고 페너는 말했다.[90] 토머스 후커는 "묵상은 타락의 침과 힘을 날카롭게 해서 영혼을 더 아프게 찌른다"고 말했다.[91] 묵상은 "죄에 대한 강력한 해독제"요, "탐심에 대한 치료약"이다.
- 묵상은 "영혼에 하나님의 선하심에 대한 생생한 느낌과 감정을 전달하기 때문에 신앙적 의무를 이행할 수 있게 한다."[92]
- 묵상은 헛되고 사악한 생각을 예방하는 데 도움을 준다(렘 4:14; 마 12:35). 묵상은 우리를 오늘날이 악한 시대에서 분리시키는 데 도움을 준다.
- 묵상은 일상적 삶에 대한 지침을 비롯해서(잠 6:21~22), 유용한 내적 자원들을 제공한다(시 77:10~12).
- 묵상은 믿음 안에서 인내하도록 도움을 준다. 윌리엄 브리지는 묵상은 "우리가 외적, 세속적

87) Calamy, *The Art of Divine Meditation*, pp. 40~42.
88) Watson, *Sermons*, p. 256.
89) Bates, "On Divine Meditation," *Works*, 3:131.
90) Fenner, *The Use and Benefit of Divine Meditation*, p. 3.
91) Hooker, *The Application of Redemption*, p. 217.
92) Bates, "On Divine Meditation," *Works*, 3:135.

으로 즐기는 모든 것 속에서 향기롭고 영적인 것으로" 우리의 마음을 지켜 준다고 말했다.[93)]

- 묵상은 사탄과 시험을 물리치는 강력한 무기가 된다(시 119:11, 15; 요일 2:14).
- 묵상은 고통 속에 있을 때 구원을 제공한다(사 49:15~17; 히 12:5).
- 묵상은 영적 교제와 권면을 통해 다른 사람들을 돕게 한다(시 66:16, 77:12, 145:7).
- 묵상은 하나님이 자기 아들을 통해 우리에게 베푸신 온갖 복에 대해 더욱 감사하게 한다.
- 묵상은 하나님을 영화롭게 한다(시 49:3).[94)]

정리하면 토머스 브룩스(1608~1680년)가 이렇게 말한 것과 같다. "묵상은 여러분 영혼의 음식이다. 또 묵상은 영적 진리들을 소화시키는 진정한 위(胃)이자 참된 열(熱)이다. 사람은 심장이 뛰지 않아도 살 수 있다면, 묵상하지 않아도 자신이 읽은 것을 통해 유익을 얻을 수 있을 것이다……가장 훌륭하고 가장 멋지고 가장 지혜롭고 가장 강한 그리스도인으로 판명될 수 있는 자는 가장 잘 읽는 자가 아니라 가장 잘 묵상하는 자다."[95)]

묵상의 장애물

청교도 지도자들은 사람들에게 묵상의 장애물에 대해 자주 경고했다. 여기서 이런 장애물에 대한 그들의 반응을 요약해 보자.

장애물 1: 불안정이나 무지-이런 자신은 "자신들의 생각을 하나의 대상에 한정시킬 수 없다"고 말한다. 그들의 "생각은 가볍고 깃털처럼 이리저리 떠돌아다닌다."

답변: 불안정, 무지, 생각이 요동한다고 해서 의무에 대한 면죄부가 주어지지는 않는다. 여러분의 "능력 상실"이 하나님의 "권리 상실"을 의미하는 것은 아니다. 진리가 말해졌을 때, 여러분은 아마 묵상을 게을리하고 진리를 사랑하지 않아서 불안정한 상태가 되었을 것이다. 토머스 맨턴은 "죄악된 불안정한 기질이 하나님에 대한 우리 의무를 무효화하지는 않는다. 이것은 종이 술에 취했다고 해서 할 일을 면제받는 것이 아닌 것과 같다"고 말했다.[96)] "성결한 지식을 충분히 비축하고" 그 지식을 "꾸준히 실천함으로써" 문제를 해결하도록 하라. 그리고 이렇게 하는 동안 반드시 성령의 도우심을 의지하라. 그렇게 할 때 여러분은 묵상이 더 수월하고 더 달콤하게 되는 것을 발견하게 될 것이다.

장애물 2: 분주함-이런 사람들은 "자신들이 세상일에 너무 바빠 묵상의 의무를 엄숙하고 진지하게 실천할 시간이 없다"고 말한다.

---

93) Bridge, *Christ and the Covenant*, in *Works*, 3:133.

94) 참고, Oliver Heywood, *The Whole Works of the Rev. Oliver Heywood* (Idle, U.K.: by John Vint for F. Westley 외, 1825), 2:276~281.

95) Thomas Brooks, "A Word to the Reader," *Precious Remedies against Satan's Devices*, p. 8, "Epistle Dedicatory," *The Mute Christian under the Smarting Rod*, p. 291과 *The Works of Thomas Brooks*, Alexander Grosart 편집 (1861~1867, 재판, Edinburgh: Banner of Truth Trust), *Works*, 1:8, 291.

96) Thomas Manton, *Sermons upon Psalm 119*, in *The Works of Thomas Manton* (London: James Nisbet & Co., 1874), 6:145.

답변: 참된 신앙은 단순히 한가한 시간에 펼쳐지는 것이 아니다. 우리는 바쁠수록 더 묵상에 힘써야 한다. 바쁠 때 우리는 하나님 앞에 나아가 묵상할 필요가 더욱 많아지기 때문이다.

장애물 3: 영적 무감각-이런 사람들은 선한 의도는 있으나 묵상할 때 영혼이 집중할 수 없다고 생각한다.

답변: 마태복음 11장 12절에서 천국은 "침노하여 빼앗는 자"가 받는 상이라고 말한다. 왜 여러분은 단지 세상에서 얻는 상을 수확할 뿐인 세상사를 추구하는 데 있어서는 게으르지 않으면서 영원한 상을 수확할 수 있는 영적 추구는 게을리하는가? 영적 "잠자기"를 즐겨하는 자는 헤어진 옷을 입게 될 것이다(잠 23:21b). 맨턴이 말한 것처럼 "고통을 당하는 것보다는 수고하는 것이 낫고, 어둠의 사슬에 묶이는 것보다는 의무의 줄에 묶이는 것이 낫다."[97]

장애물 4: 세속적 쾌락과 교제-이런 사람들은 자신들이 지나치게 의로운 자가 되는 것은 원하지 않고, 그래서 헛된 즐거움과 친구들을 포기하고 싶지 않다고 말한다.

답변: 이에 대해 베이츠는 이렇게 말했다. "세상 쾌락은 우리 영혼을 불안하게 하고, 우리 육체가 묵상 의무를 수행하는 데 부적합한 상태로 만든다……이것을 기억하라. 곧 신앙의 즐거움은 감각적인 모든 쾌락과 비교할 수 없다는 사실을 말이다."[98]

장애물 5: 마음의 거역-이런 사람들은 이처럼 힘든 의무의 멍에를 메고 싶지 않다고 말한다. 그들은 죄책을 짊어지고 하나님과 대면하는 것에 대해 두려움을 갖고 있다.

답변: 이에 대해 맨턴은 "그리스도의 피를 진지하게 적용시켜 양심을 깨끗하게 하고", 묵상을 비롯해 은혜의 수단들의 멍에를 메라고 권면했다(시 19:14).[99]

"묵상을 빼먹은 결과는 심각하다"고 칼라미는 경고했다. 그 결과 마음이 완고해진다. 하나님의 약속과 경고들이 왜 우리에게 별로 영향을 미치지 못하게 될까? 하나님의 약속과 경고들에 대해 우리가 묵상하지 않기 때문이다. 왜 우리가 하나님에 베푸신 복에 대해 감사하지 못할까? 왜 하나님의 섭리와 고난이 우리의 삶 속에서 경건의 열매를 맺지 못할까? 왜 우리가 말씀과 성례에서 유익을 얻지 못하고, 왜 우리가 다른 사람을 판단하며, 왜 우리가 영원을 준비하는 데 그토록 빈약할까? 그것은 묵상을 하지 않는 데 가장 큰 원인이 있지 않을까?[100]

우리는 묵상 훈련을 해야 한다. 대다수 청교도 목회자들이 그렇게 말했다. 그러나 청교도 시대에도 상대적으로 묵상 훈련을 자신의 의무로 본 사람은 거의 없었다. 백스터는 이렇게 말했다. "많은 사람이 설교, 금식, 공적 및 사적 기도 등을 빼먹으면 혼란을 느끼지만, 묵상을 빼먹는 일에 대해서

---

97) Manton, "Sermons upon Genesis 24:63," *Works*, 17:283.

98) Bates, "On Divine Meditation," *Works*, 3:122~123.

99) Manton, "Sermons upon Genesis 24:63," *Works*, 17:285. 참고, Hooker, *The Application of Redemption*, pp. 230~240.

100) Calamy, *The Art of Divine Meditation*, pp. 28~40.

는 혼란을 느끼지 않았다. 그들은 한평생 지금 이 순간까지 그랬을 것이다."[101]

결론: 자기 검토로서의 묵상

청교도에게 묵상은 은혜의 특별 수단 이상의 것이었다. 묵상은 청교도의 헌신을 위한 포괄적인 방법이었다. 곧 성경적이고 교리적이고 경험적이고 실천적인 방법이었다. 묵상 신학은 바울과 아우구스티누스와 칼빈 신학이었다. 묵상 주제는 성경이라는 책, 피조물이라는 책, 양심이라는 책에서 나왔다. 윌리엄 브리지가 말한 것처럼 "묵상은 영혼이 어떤 것을 열렬히 그리고 긴밀하게 적용하는 것으로, 묵상을 통해 사람의 지성을 그 일을 깊이 생각하고, 자신의 유익과 이득을 위해 그 일에 거하고 고정되며" 결국 그것은 하나님의 영광으로 나아간다.[102]

청교도는 전형적으로 자신들이 쓴 묵상에 대한 글에서 독자에게 자기 검토를 요청하는 것으로 끝을 맺고 있다. 이 자기 검토는 다음과 같은 요소로 이루어진다.

시험

• 여러분의 묵상이 "살아 있는 신앙"을 행사하는 데서 연원하고 있는가? 참된 묵상은 신앙의 실천과 불가분리적이다. 여러분은 새뮤얼 워드가 다음과 같이 설명하는 것처럼 묵상하는가? "묵상할 때 하나님과 대화하도록 그대의 영혼을 각성시키라. 그대가 습관적으로 믿고 있는 약속과 권면들이 무엇인지 확인해 보고, 이제부터는 그것들을 진심으로 생각해 보라. 곧 그대 영혼의 미각으로 달콤함을 느낄 때까지 그것들을 그대의 혀로 굴려 보고 그것들을 씹으라. 그것들을 전체적으로, 여러 번에 걸쳐 바라보라. 때로는 하나를 숙고하고 때로는 다른 하나를 더 깊이 생각해 보라. 이것은 배우자가 동산을 거닐면서 과실을 따먹도록 부르는 것으로 단순하게 말하면, 내가 믿음을 사용하고, 믿음으로 사는 것으로 부르는 것이다."[103]

• 여러분의 마음속에 있는 이 영적 생각들이 그대의 삶 속에서 거룩함을 낳고 있는가? "하나님에 대한 생각이 싫증 난다는 것은 귀신들처럼 된다는 것"임을 명심하라(약 2:19).[104]

책망이나 권면

• 비신자에게: 하나님이 여러분을 이성적인 피조물로 만드셨을 때, 여러분이 생각을 이기적이고 죄를 범하는 데 사용하도록 의도했겠는가? 여러분의 모든 생각 속에 왜 하나님이 없는가? 이에 대해 맨턴은 이렇게 물었다. "그대는 하나님과 그리스도에 대해 생각해 본 적이 없는가? 그리스도를 통한 구원과 영원한 영광이 그대가 해 볼 최고의 생각으로 가치가 없는가? 그대는 다른 일들-속된 일, 아주 유치한 일-에 대해서는 충분히 생각하고 충분히 시간을 내면서 하나님과 그분의 말씀에 대해서는 왜 그렇게 생각하지 않는가?"[105]

---

101) Baxter, *The Saints' Everlasting Rest*, p. 549.
102) Bridge, "On Divine Meditation," *Works*, 3:125.
103) Samuel Ward, *A Collection of Sermons and Treatises* (London, 1636), pp. 69~70.
104) Manton, *Sermons upon Psalm 119*, in *Works*, 7:480.
105) Manton, *Sermons upon Psalm 119*, in *Works*, 6:145.

• 신자에게: 묵상을 게을리하면 우리는 "두려움과 근심에 직면할" 것이다. 우리가 하나님을 묵상하지 않고 죄악된 일들을 생각한다면, 그것은 얼마나 하나님을 욕되게 하는 것일까? 농부는 자신의 땅에 대해, 의사는 자신의 환자에 대해, 법률가는 자신이 맡은 소송 사건에 대해, 가게 주인이 자신의 판매 상품에 대해 심사숙고한다면, 그리스도인들은 자신들의 하나님과 구주에 대해 묵상하는 것이 당연하지 않겠는가?[106)]

청교도는 우리에게 이렇게 말할 것이다. "여러분이 계속 묵상을 게을리한다면, 하나님에 대한 여러분의 사랑은 곧 약화되거나 파괴되고 말 것이다. 하나님에 대해 생각하는 것이 불쾌한 일이 되고 말 것이다. 죄를 즐거운 것으로 간주할 정도로 죄에 대해 문을 열어 놓고 말 것이다. 온갖 종류의 시험과 유혹 앞에서 상처를 입고 무너지기 쉬울 것이다. 요약하면 여러분은 하나님으로부터 멀리 떨어져 나가게 될 것이다."[107)]

레이뉴가 말한 것처럼 "어떤 경건의 의무도 우리에게 먼저 다가오는 것은 없다. 우리가 다가가야 한다."[108)] 마지막으로 여기서 토머스 왓슨의 권면을 주목해 보자. "여러분이 이전에 묵상을 게을리 했다면, 그 게으름을 슬퍼하고, 이제부터는 양심에 부끄럽지 않게 해야 한다. 경건한 묵상을 통해 여러분 자신을 하나님께 묶어 두라(적어도 하루에 한 번은). 이 산을 올라가라. 정상에 도달하면 여러분 앞에 멋진 광경 곧 그리스도와 천국이 보일 것이다. 베르나르의 말을 명심하기를 바란다. '오 성도여, 그대는 그대의 남편인 그리스도께서 숫기가 없어 사람들 속에서 잘 어울리지 못하신다는 것을 알라. 그런즉 뒤로 물러가 골방이나 들에서 묵상을 통해 그리스도를 만나라. 그러면 그대는 거기서 그리스도의 포옹을 받게 될 것이다.'"[109)]

---

106) Calamy, *The Art of Divine Meditation*, pp. 58~75.
107) Edmond Smith, *A Tree by a Stream: Unlock the Secrets of Active Meditation* (Fearn, Scotland: Christian Focus, 1995), p. 36.
108) Ranew, *Solitude Improved by Divine Meditation*, p. 33.
109) Watson, *Sermons*, pp. 241~243.

56장

청교도의 양심 교리

우리는 기쁨 없이 잘 할 수 있는 것이 아무것도 없고, 기쁨의 근원은 선한 양심이다.

– 리처드 십스[1] –

개신교 신학은 양심에 초점을 두고 있는 것으로 유명하다. 마르틴 루터가 이신칭의 통찰력을 양심 문제로 갈등하던 가운데 얻게 된 것을 생각해 보라. 루터는 아무리 애를 써도 자신의 양심을 진정시킬 수 없었던 죄를 자각하게 되면서 상한 마음을 크게 갖게 되었다. 루터의 기독교는 죄와 죄책 문제뿐만 아니라 성경과 성경이 요구하는 순종의 문제가 포함된 양심의 종교였다.

보름스에서 루터는 작품 속에 제시한 견해를 철회하도록 요구받았을 때 이렇게 대답했다. "내 양심은 하나님의 말씀에 사로잡혀 있다. 나는 어떤 것도 바꿀 수 없고, 바꾸지 아니할 것이다. 왜냐하면 양심을 거스르는 것은 옳은 일도 아니고 안전한 일도 아니기 때문이다."[2] 안전한이라는 말을 사용할 때 루터는 그 말을 자신의 양심에 거스르는 것은 자신의 영혼을 곧바로 위험에 빠뜨리는 것을 의미하는 것으로 봤다. 따라서 루터는 사람들 앞에 나아가고, 하나님의 손에 복종해서 자신이 얼마나 기꺼이 기독교가 어떤 종교인지를 고백하려고 했는지를 보여 줬다.

존 칼빈은 기독교적 자유의 맥락 안에서 양심 문제를 다뤘다. 칼빈은 "양심은 우리가 하나님의 법정 앞에 나타날 때 하나님과 우리 사이에 있는 것"이라고 말했다. 칼빈은 양심을 "최고 심판자의 법정에서 사람들이 자신의 죄를 숨기거나 고발에서 벗어나지" 못하게 하는 "특별한 증인으로서 하나님의 공의에 대한 지각"이라고 정의했다.[3]

루터 시대 이후로 청교도 시대를 거치는 동안 거의 모든 종교개혁 지도자들이 인간의 양심은 하나님 말씀과 일치해야 한다는 사실을 강조했다. 하나님 말씀은 우리의 양심을 가르치려고 우리에게 주어지고, 양심은 우리가 하나님 말씀에 복종하며 살 수 있도록 우리에게 주어진 것이다. 청교도는 이 관계에 초점을 맞추고, 종교개혁자들보다 더 살을 붙여 상세히 설명했다. 청교도 설교자의 가장 중대한 업무는 인간 양심을 일깨우고 인도하는 것이었다. 청교도에게 양심은 무시무시하고 피할 수

1) Richard Sibbes, *An Exposition of 2 Corinthians Chapter 1*, in *The Complete Works of Richard Sibbes*, Alexander B. Grosart 편집 (1862~1864, 재판, Edinburgh: Banner of Truth Trust, 2001), 3:223. 이번 장과 다음 장의 부분들은 2011년 10월 29일에 텍사스, 댈러스에서 개최된 16세기 연구 콘퍼런스에서 논문으로 발표되고 *The Banner of Truth*, no. 585 (2012년 6월), pp. 20~25와 no. 586 (2012년 7월), pp. 13~18에 수록된 것이다.

2) Roland H. Bainton, *Here I Stand: A Life of Martin Luther* (New York: Abingdon-Cokesbury Press, 1950), p. 185.

3) John Calvin, *Institutes of the Christian Religion*, John T. McNeill 편집, Ford Lewis Battles 번역 (Philadelphia: Westminster Press, 1960), 3.19.15.

없는 실재였다.

다수의 청교도가 양심에 대한 책을 썼다. 윌리엄 퍼킨스(1558~1602년)는 『양심의 본질, 속성, 차이를 적어둔 양심에 대한 강론, 또한 선한 양심을 얻고 지키는 법』(A Discourse of Conscience wherein Is Set Down the Nature, Properties, and Differences Thereof: as Also the Way to Get and Keep a Good Conscience)을 썼다.[4] 윌리엄 에임스(1576~1633년)는 『양심의 능력과 사건』(Conscience, with the Power and Cases Thereof)을 썼다.[5] 윌리엄 페너(1600~1640년)는 『하나님 앞에서 영혼의 지위를 생생하게 보여 주는 영혼의 거울: 양심에 대한 논문, 양심의 정의와 특징에 대한 설명과 다양한 사건 연구』(The Souls Looking-Glasse, Lively Representing Its Estate before God: With a Treatise of Conscience; Wherein the Definitions and Distinctions Thereof Are Unfolded, and Severall Cases Resolved)를 썼으며,[6] 나다니엘 빈센트(1638~1697년)는 『지상천국: 양심에 대한 강론』(Heaven upon Earth: or, A Discourse Concerning Conscience)을 썼다.[7] 이상의 책들은 청교도의 양심신학을 형성시키는 데 기여했다. 청교도의 양심신학은 청교도에게 양심이 얼마나 중요한지와 카운슬링에 대한 청교도 특유의 관점이 무엇인지를 파악하는 데 결정적인 역할을 한다. 이번 장에서는 첫 번째로 하나님이 창조하신 양심의 본질에 대한 청교도의 견해를 고찰하고, 두 번째로 인간의 죄로 말미암은 양심의 부패 상태에 대해 고찰하며, 세 번째로 그리스도의 말씀과 영을 통한 양심의 회복에 대해 고찰할 것이다.

양심의 본질

청교도에 따르면, 양심은 인간 본성의 보편적 요소로서 사람들이 합리적으로 자신을 판단하도록 하나님이 영혼 속에 두신 권세다.

모든 사람이 양심을 갖고 있다

청교도 저술가들은 각기 성경, 경험, "본성의 빛"이 모든 사람이 양심을 갖고 있음을 확실히 한다는 사실을 먼저 강조하는 것으로 양심에 대한 작품 설명을 시작했다.[8] 예를 들면 나다니엘 빈센트는 이렇게 말했다.

> 이것 곧 양심으로 불리는 것은 모든 사람 속에 있다. 양심이 없는 사람은 아무도 없다. 여러분은 당연히 양심이 없으면 이성이 없는 사람으로 가정할 것이다. 그리고 자신에 대해 반성할 능력이 없으면 어떤 것을 알 능력이 없는 사람으로 간주할 것이다. 죄와 은혜의 가능성을 함께 갖고 있는 모든 합리적인 영혼은 죄는 정죄를 받아야 하고, 은혜는 부여를 받아야 한다는 것을 자체로 반성할 능력을 갖고 있다. 모든 사람은 "자신의 행위를 살피도록" 요구받지만(학 1:5, 7) 우리 자신의 행위를 살피는 것은 양심의 일이다. 그러므로 양심은 모든 사람 속에 있다.[9]

---

4) William Perkins, *A Discourse of Conscience* (London, 1596).
5) William Ames, *Conscience, with the Power and Cases Thereof* (London, 1639).
6) William Fenner, *The Souls Looking-Glasse*··· (Cambridge: Roger Daniel, for John Rothwell, 1643).
7) Nathanael Vincent, *Heaven upon Earth* (London: for Thomas Parkhurst, 1676).
8) Vincent, *Heaven upon Earth*, pp. 5~17.
9) Vincent, *Heaven upon Earth*, pp. 17~18.

빈센트는 계속해서 이렇게 말했다. "이 양심은 일깨워지면 아무리 큰일이라도 명확히 처리할 것이다…… 양심은 피할 수 있는 것이 아니다. 우리는 우리 자신에게서 도망칠 수 없는 것 이상으로 양심에게서 도망칠 수 없다."[10]

페너는 이렇게 덧붙였다. "주님은 처음에 사람을 창조하셨을 때 사람 속에 양심을 새겨 넣으셨다. 불행하게도 사람이 타락한 이후로 양심이 부패하게 된 것은 사실이다. 하지만 인간은 이 부패한 양심을 벗어 버릴 수 없다. 양심은 그가 땅에 있든 하늘에 있든 지옥에 있든지 모든 사람 속에 영원히 있다."[11] 페너는 계속해서 양심은 억누를 수 없고(요셉의 형들의 죄책감은 20년 후에 그들의 범죄를 증언함), 최고 위치에 있고(증인이자 명령자가 됨), 정통하다(즉 우리가 생각하고 말하고 행하는 모든 것을 내밀하게 탐지함)고 강조했다.[12]

양심의 존재를 부인하는 자들은 양심의 가책보다는 죄에 의해 더 지배되고 있다. 빈센트는 이렇게 말했다. "미련한 죄인들이 양심과 같은 것은 없다고 말하는 참된 원인은 바로 이것이다. 곧 양심이 자신들을 고발하고 비난하고 불안하게 하고, 따라서 자신들이 먼저 이런 것이 없기를 바라고, 자신들의 부패한 이성을 사용해서 양심에 반하는 주장을 펼치기 때문이다."[13]

노먼 클리퍼드는 이렇게 말한다.

> 청교도는 사람의 영혼 속에 있는 양심의 증언이 하나님에 대한 모든 자연적 지식을 유지시키는 수단이라고 봤다. 양심의 존재는 사람의 영혼 속에 항상 하나님에 대한 그의 책임을 상기시키는 하나님의 증인과 대사가 존재하는 것을 의미했다. 이로 말미암아 사람은 하나님을 믿지 않고, 하나님의 합당하신 뜻을 이루지 못하는 것에 대해 어떤 핑계도 댈 수 없었다(롬 1:19, 20).[14]

양심은 자기 지식과 자기 판단 능력을 준다

새뮤얼 워드(1577~1640년)는 중세 신학자 성 빅토르 위고(대략, 1096~1141년)와 클레르보의 베르나르(1090~1153년)를 따라 "양심은 영혼 자체에 대해 반성하도록 하나님이 주신 영혼의 능력"이라고 말했다.[15] 이보다 앞서 리처드 십스(1577~1635년)는 이렇게 말했다. "왜 양심은 오직 영혼이 자체에 대해 반성하는 것을 가리킬까? 자체를 돌아볼 수 있는 것이 합리적인 영혼의 속성이자 영혼의 두드러진 특징이기 때문이다."[16]

윌리엄 퍼킨스 이후로 대다수 청교도 신학자들은 "양심을 옳고 그름, 의무와 태만에 대해 하나님 음성의 권위를 갖고 질문들을 다루는 도덕적 자기 지식과 도덕적 판단을 제공하는 합리적 능력"으로 정의했다.[17] 이 정의를 구축할 때 청교도는 때때로 양심이라는 말 자체에 의존했다. 청교도는 양

---

10) Vincent, *Heaven upon Earth*, pp. 18~21.

11) Fenner, *The Souls Looking-Glasse*, p. 23.

12) Fenner, *The Souls Looking-Glasse*, p. 23.

13) Vincent, *Heaven upon Earth*, p. 5.

14) Norman Keith Clifford, "Casuistical Divinity in English Puritanism during the Seventeenth Century: Its Origins, Development and Significance" (철학박사학위논문, University of London, 1957), p. 149.

15) Samuel Ward, "Balm from Gilead to Recover Conscience," *Sermons and Treatises* (1636, 재판, Edinburgh: Banner of Truth Trust, 1996), p. 97. Gary Brady, "A Study of Ideas of the Conscience in Puritan Writings, 1590~1640" (신학석사논문, Westminster Theological Seminary, 2006), p. 46을 보라.

16) Sibbes, *2 Corinthians Chapter 1*, in *Works*, 3:208.

17) 대다수 청교도는 도미니크 학파 및 토머스 학파의 전통과 조화되게 양심은 합리적인 영혼이나 이성 속에 있다고 가르쳤

심이라는 말은 두 개의 라틴어 단어가 합해져서 나왔다고 주장했다. 하나는 "지식"을 의미하는 스키엔티아이고 다른 하나는 어떤 것을 함께 나누는 공유나 결합을 의미하는 접두사 콘이다. 이런 의미에서 양심은 하나님과 공동으로 갖고 있는 지식이다. 따라서 콘스키엔티아는 하나님과 공유하고 있는 지식이나 하나님과 우리가 공유하고 있는 우리의 지식을 의미한다.

그러므로 양심은 하나님 아래 그리고 하나님의 임재 속에서 옳은 것과 그른 것을 행하는 것에 대해 우리가 갖고 있는 도덕 의식이나 자기 지식을 가리킨다. 간단히 말하면, 양심은 하나님 자신이 우리를 아시는 것에 맞추어 우리의 생각, 말, 행동을 판단하는 지식이다.[18] 따라서 지식과 양심은 상호 보완적이다. 토머스 애덤스(1583~1652년)가 말한 것처럼 "지식은 양심을 지시하고, 양심은 지식을 온전하게 한다."[19]

윌리엄 에임스는 양심 주제에 대한 책 시작 부분에서 "양심"을 이렇게 정의한다. "하나님의 사람에 대한 판단에 따른 사람의 자신에 대한 판단."[20] 청교도 작품들은 이 정의를 다양하게 변형시켜 제시하고 있다. 청교도는 토마스 아퀴나스(1225~1274년)를 따라 양심을 실천 이성의 한 부분으로 봤다. 즉 인간의 지성이 도덕적 판단을 행사하는 것으로 봤다.[21] 청교도는 양심의 기능을 이성의 통상적 행사와 구별된 것으로 보지 않았다. 청교도는 이성과 양심을 분리시킨 분석을 절대로 인정하지 않았다. 이런 분석은 훗날 철학 분야에서 수시로 전개되었지만 청교도는 그렇게 하지 않았다.[22]

오히려 청교도는 양심을 실제 도덕 문제들에 작용하는 이성으로 간주했다. 즉 옳고 그름이 무엇인지를 판단하는 이성으로 봤다. 따라서 청교도가 양심을 "우리 안에 있는 하나님의 대리인이자 부섭정", "우리의 가슴 속에 있는 하나님의 정탐꾼", "죄인을 체포하는 데 종사하는 하나님의 부사관"으로 부를 때, 우리는 이 관념들을 희한한 발상으로 치부해서는 안 된다. 청교도는 우리 경험이 말해주는 인간적 및 성경적 양심 개념 곧 양심을 진실을 선언하는 증인(롬 9:1; 고후 1:12), 악을 금지시키고 표준을 제시하는 스승(행 24:16; 롬 13:5), 우리의 악한 행실을 우리에게 말해 주는 심판자(요일 3:20~21)로 보는 것을 정당화하는 데 심혈을 기울인다. 신약 성경은 이 정의를 확증한다. 예를 들면 바울은 로마서 2장 15절에서 이렇게 증언한다. "이런 이들은 그 양심이 증거가 되어 그 생각들이 서로 혹은 고발하며 혹은 변명하여 그 마음에 새긴 율법의 행위를 나타내느니라."[23]

다. 반면에 소수파는 프란체스코 학파의 전통과 조화되게 양심의 자리를 의지에 두었다. 리처드 백스터와 같은 극소수파는 어느 쪽에도 속하지 않았다(*A Christian Directory, or, A Body of Practical Divinity and Cases of Conscience*, in *The Practical Works of the Rev. Richard Baxter*, William Orme 편집 [London: James Duncan, 1830], 6:96~97). 실제로 말하면, 견해들의 이런 다양성이 실질적인 차이를 낳은 것은 아니었다(Clifford, "Casuistical Divinity," pp. 149~156. 참고, Thomas Wood, *English Casuistical Divinity during the Seventeenth Century*, with Special Reference to Jeremy Taylor [London: S.P.C.K., 1952], pp. 67~69).

18) J. I. Packer, *A Quest for Godliness: The Puritan Vision of the Christian Life* (Wheaton, Ill.: Crossway, 1990), p. 111.

19) John Blanchard, *The Complete Gathered Gold* (Darlington: Evangelical Press, 2006), p. 107에서 인용함.

20) Ames, *Conscience*, p. 1. 패커는 에임스의 정의는 아퀴나스에게서 온 것이라고 말한다(*Quest for Godliness*, p. 109).

21) 빈센트는 양심은 우리의 과거 행동과 관련해서는 증언하고, 미래의 가능한 행동과 관련해서는 판단하고 속박하기 위해 우리의 지식을 우리의 행동에 적용하는 것이라는 아퀴나스의 정의를 인용했다(Vincent, *Heaven upon Earth*, p. 30). 빈센트는 Thomas Aquinas, *Summa Theologica*, part 1, Q. 79, art. 13을 인용했다. 윌리엄 에임스는 자신의 서재에 토마스 아퀴나스의 작품들을 비치하고 있었다(Keith L. Sprunger, "The Learned Doctor Ames" [철학박사학위논문, University of Illinois, 1963], p. 206).

22) Packer, *Quest for Godliness*, p. 111.

23) 양심의 본질과 종류에 대한 간명한 설명은 Samuel Rutherford, *A Free Disputation against Pretended Liberty of Conscience: Tending to Resolve Doubts* (London: R. I. for Andrew Crook, 1649), pp. 1~22를 보라.

요약하면 청교도는 "양심은 죄책감을 사용해서 어떤 것이 잘못이고 교정이 필요하다는 것을 우리에게 알려 주는 영적 신경계로 작용한다"고 가르친다. 양심의 경고를 주의하지 않으면 양심의 완고함이나 마비가 일어나서 결국 우리는 파멸하게 될 것이다. 십스는 양심의 권위를 인간 영혼 속에 있는 신적 법정으로 비유했다. 곧 이 법정에서 양심은 증인, 고발인, 재판관, 집행자로서 역할을 한다.[24)]

양심은 삼단논법에 따라 추론한다

청교도는 토마스 아퀴나스가 그런 것처럼 양심의 추론을 삼단논법으로 설명했다.[25)] 하나의 방법으로서 삼단논법 추론은 아리스토텔레스(BC 384~322년)까지 거슬러 올라간다. 아리스토텔레스는 삼단논법을 사실이나 가치에 대한 유일하게 타당한 추론 방법으로 주장했다.[26)] 삼단논법 추론은 일반 원리를 진술하는 대전제, 관찰이나 사실을 진술하는 소전제, 이 전제들을 결합시킬 때 나오는 결론으로 구성된다.

양심 관련 논문에서 에임스는 양심의 추론을 두 가지 삼단논법으로 예증했다. 첫 번째 삼단논법은 정죄하고, 두 번째 삼단논법은 위로를 제공한다. 첫 번째 삼단논법의 대전제는 **죄 안에서 사는 자는 죽으리라**는 것이다. 소전제는 **나는 죄 안에서 살고 있다**는 것이다. 따라서 결론은 **그러므로 나는 죽을 것이다**라는 것이다.[27)]

에임스는 또한 더 행복한 결론에 이르는 양심의 삼단논법을 제시했다. 이 삼단논법의 대전제는 **그리스도를 믿는 자는 누구나 죽지 않고 살리라**는 것이다. 소전제는 **나는 그리스도를 믿고 있다**는 것이다. 만일 이것이 참된 것으로 확립되면 신자는 자유롭게 다음 결론을 이끌어 낼 수 있다. **그러므로 나는 죽지 않고 살 것이다.**[28)] 청교도는 양심의 모든 추론은 이 삼단논법 방식을 갖고 있고, 이 방식에 따라 우리를 변론하거나 고발하거나 한다.

퍼킨스는 양심의 이런 추론을 다음과 같이 요약했다.

> **고발하는** 것은 "이런저런 일을 행한 것은 악하다"는 판단을 제공하는 양심의 행동이다……**정죄하는** 것은 전자와 관련해서 양심이 행하는 또 다른 행동으로, 이 행동을 통해 양심은 이런저런 죄로 사람에게 죽음이 마땅하다는 판단을 제공한다……**변론하는** 것은 이런저런 일에 대해 잘했다는 판단을 제공하는 양심의 행동이다. **사면하는** 것은 잘못에서, 따라서 처벌에서 자유롭거나 벗어났다고 사람에게 판단을 제공하는 양심의 행동이다.[29)]

---

24) Sibbes, *2 Corinthians Chapter 1*, in *Works*, 3:210.

25) Brian Davies, *The Thought of Thomas Aquinas* (Oxford: Clarendon Press, 1992), pp. 235~237.

26) "삼단논법은 진술되고 있는 어떤 사실, 진술되는 것과 다른 어떤 사실, 그리고 다음에 그에 대한 필연적 결과를 진술하는 화법이다. 여기서 나는 마지막 말은 그것들이 필연적으로 결과를 일으키는 것을 의미하고, 이때 결과를 필연적인 것으로 만들기 위해 외부에서 더 이상 어떤 말이 요구되지 않는다"(Aristotle, *Analytica Priora*, A. J. Jenkinson 번역, 1.1, Brady, 64에 인용됨, http://ebooks.adelaide.edu.au/a/aristotle/에서 입수, 2011년 1월 17일 접속).

27) Ames, *Conscience*, p. 3.

28) Ames, *Conscience*, p. 3.

29) William Perkins, *A Discourse of Conscience: Wherein Is Set Downe the Nature, Properties, and Differences Thereof*, in *The Workes of That Famous and Worthy Minister of Christ in the Universitie of Cambridge*, Mr. William Perkins (London: John Legatt, 1612), 1:535~536.

오늘날 우리는 삼단논법 추론을 어떻게 적용할 수 있을까? 패커는 이렇게 말한다.

> 삼단논법 추론은 오늘날 우리에게는 약간 합리주의적인 것처럼 보일 수 있으나 양심의 추론은 우리 대부분의 사고 과정과 마찬가지로 종종 매우 간결해서 우리는 추론이 어떻게 작용하는지 그 역학 관계를 제대로 인식하지 못한다. 이 추론은 메시지가 컴퓨터를 통해 번쩍 스쳐 지나가는 것만큼 빠르게 우리 지성을 통해 스쳐 지나간다. 우리가 의식적으로 자각하는 것은 결론이 전부다. 그러나 여러분이 양심의 결론을 검토한다면 청교도의 가르침이 타당하다는 것을 발견하게 될 것이다. 양심의 결론은 모두 배후에 일반적 진리에 대한 대전제와 특수 사실 문제에 대한 소전제가 놓여 있다. 조사해 보라.[30)]

요약하면 대체로 양심의 임무와 추론은 우리 의지와 독립적이고 자율적이다. 우리는 양심을 억압하거나 억누를 수 있지만 통상적으로 양심은 우리 의지와 독립적으로 말하고, 때로는 우리 의지와 정반대 입장을 취하기도 한다. 양심은 우리가 실제로 침묵을 지키려고 할 때 오히려 큰 소리로 말한다. 그러나 양심이 말할 때, 이상하게도 양심은 우리와 구별된다. 양심은 우리를 옆에서 지켜보고, 마치 우리가 부여한 것도 아니고 우리가 빼앗아 갈 수도 없는 절대적인 권위를 갖고 있는 것처럼, 양심이 우리에게 말하고 있다고 우리는 느낀다. 따라서 청교도처럼 오늘날 우리도 양심을 의인화시키고, 영혼 속에 있는 하나님의 대변자로 말한다. 양심의 제안은 말도 안 되는 제안이 아니다. 양심은 우리의 도덕적 본성과 경험의 필수 요소다.

양심은 우리 영혼 속에 하나님을 제시한다

청교도는 다양하게 생생한 심상과 의인법으로 영혼 속에서 신적 권위를 갖고 있는 양심의 역할을 예증했다.

양심은 하나님의 대사 또는 대리인이다. 양심은 끊임없이 사람에게 하나님 형상으로 지음을 받은 존재로서 인간의 의무를 상기시킨다. 데이비드 클라크슨(1622~1686년)은 이렇게 말했다. "양심은 하나님의 대리인이므로, 이 직무의 행사는 주권자이신 주님의 명령과 지시로 제한되어야 한다."[31)] 조지 스윈녹(대략, 1627~1673년)은 "양심은 작은 세상인 사람 속에서 하나님의 대리인"이라고 말했다.[32)]

또한 양심은 하나님의 설교자 역할을 한다. 존 트랩(1601~1669년)은 양심을 하나님의 "가정 목사"로 불렀다.[33)] 그리고 윌리엄 페너는 이렇게 말했다.

> [양심은] 또한 하나님과 사람에 대한 우리 의무를 말해 주는 목사다. 그것도 매우 힘 있는 설교자다. 양심은 권면하고, 경고하고, 자극한다. 아니 사실 [양심은] 있을 수 있는 가장 강력한

30) J. I. Packer, lecture on the Puritans, Reformed Theological Seminary, Jackson, Mississippi.

31) David Clarkson, "The Lord Rules over All," *The Works of David Clarkson* (1864, 재판, Edinburgh: Banner of Truth Trust, 1988), 2:475.

32) George Swinnock, *The Door of Salvation Opened by the Key of Regeneration*, in *The Works of George Swinnock* (1868, 재판, Edinburgh: Banner of Truth Trust, 1992), 5:64.

33) Cited in Blanchard, *Complete Gathered Gold*, p. 106.

> 설교자다. 양심은 하늘 아래에서 아무리 완고하고 강팍한 심령일지라도 종종 그 속을 뒤집어 놓을 정도로 강력하다. 양심은 우리가 하나님과 마귀 가운데 어느 한 쪽으로 이끌릴 때까지 절대로 내버려 두지 않을 것이다. 양심은 하나님 자신의 영과 함께 우리가 사명을 감당할 때 마땅히 가야 할 길을 우리에게 가르치고, 따라서 성령과 양심은 함께 저항을 받고, 또 순종을 받거나 함께 근심하거나 즐거워한다. 우리는 양심을 거스르지 않고는 죄를 지을 수 없고, 또한 하나님의 영을 거스르지 않고는 죄를 지을 수 없다. 우리는 우리 자신의 양심을 저지할 수 없다. 하지만 우리는 하나님의 영을 억제시키고 소멸시킨다.[34]

양심은 하나님의 **기록자** 또는 서기다. 양심은 기억과 관련되어 있기에 임마누엘 보언(1590~1672년)은 이렇게 말했다. "기억[양심] 속에는 일어난 일이나 일어나지 않은 일을 증언하는 기록자가 있다."[35] 페너는 양심은 "심판 날에 펼쳐지도록 되어 있고, 그 안에 우리의 생각, 말, 행위가 적혀 있는 하나님의 기록 명부"로 작용한다고 말한다.[36] 우리의 내적 및 외적 활동들이 기록된 이 명부는 심판 날에 우리가 용서를 받거나 고발을 당하는 기초로 작용할 것이다.

양심은 하나님의 **심판 집행자**다. 양심은 오늘과 미래의 심판에서 심판과 관련되어 있다. 어떤 의미에서 양심은 성령께서 죄인을 체포하는 일에 기여한다. 윌리엄 거널(1616~1679년)은 "양심은 하나님이 죄인을 체포할 때 이용하는 하나님의 부사관"이라고 말했다.[37] 클리퍼드는 이렇게 말한다. "양심은 사람의 영혼 속에서 지금 여기서 인간에 대한 하나님의 심판을 증언하는 능력을 갖고 있는 하나님의 현장 증인이나 하나님의 음성이었다. 이런 의미에서 양심은 하나님의 진노 또는 하나님의 평강의 내적 집행자로 묘사되었다."[38] 빈센트는 이렇게 말했다.

> 여기서 현세에서 죄인을 정죄하는 양심과 내세에서 죄인을 정죄하는 주님 간의 차이를 지적하는 것이 필수적일 것이다. 그리스도가 마지막 날에 선언하실 선고는 최종적이고 변경할 수 없다. 그러므로 그 심판은 **영원한 심판**이라 불린다(히 6:2). 그 심판대에서는 호소가 있을 수 없고, 선고의 번복도 있을 수 없다⋯⋯ 그러나 양심이 현세에서 죄인을 정죄할 때에는 죄인에게 희망의 문이 차단되거나 닫히지 않는다. 양심의 정죄 선고는 단지 조건적이고, 죄를 계속, 완고하게 고집하는 경우에만 적용되고, 비신자가 예수를 믿게 되고, 회개하지 않던 자가 자신의 죄악을 슬퍼하고 죄를 떠나 하나님께 돌아선다면, 그들은 더 이상 정죄 아래 있지 않게 될 것이다.[39]

양심은 우리의 **감독자**다. "양심은 우리의 전체 삶을 통제한다"고 청교도는 말했다. 양심은 적절히 가능할 때 우리의 전체 기능을 통제한다. 리처드 베르나드(1568~1641년)는 이렇게 말했다. "양심은 우리

---

34) Fenner, *The Souls Looking-Glasse*, p. 33.
35) Immanuel Bourne, *The Anatomie of Conscience* (London: G. E. and M. F. for Nathaniel Butter, 1623), p. 9.
36) Fenner, *The Souls Looking-Glasse*, p. 33.
37) William Gurnall, *The Christian in Complete Armour* (1864, 재판, Edinburgh: Banner of Truth Trust, 2002), 1:522.
38) Clifford, "Casuistical Divinity," p. 158.
39) Vincent, *Heaven upon Earth*, pp. 50~51.

이해, 우리 생각, 우리 기억, 우리 마음의 의지와 감정에 개입한다."[40] 존 로빈슨(1575~1625년)은 양심의 이 사역에 감사하면서 이렇게 말했다. "확실히 하나님의 위대한 선한 사역은 하나님이 이 양심과 같은 것을 창조하셔서 사람의 영혼 속에 두신 것이다. 만일 잘못된 일을 한다면 사람은 이 양심을 통해 은밀하게 저지를 당하고, 따라서 회개를 해야 하나님의 손에 있는 자비를 발견하게 될 것이다."[41]

양심은 우리의 거울이다. 청교도는 "양심은 비추는 유리 곧 거울로 작용하고, 따라서 우리는 우리의 진정한 영적 상태를 하나님의 생각에 따라 결정할 수 있다"고 가르쳤다. 로버트 해리스에 따르면, "[양심은] 어떤 면에서 사람이 하나님과 함께 서 있음을 사람에게 알려 주려고 사람 속에 두신 것으로, 그래서 그런 이름을 갖고 있고, 그런 이름을 갖고 있으므로 영혼의 거울 곧 이성의 빛으로 불리는 것이 적절하다."[42] 토머스 애덤스는 간단히 이렇게 말했다. "양심과 영혼의 관계는 위(胃)와 몸의 관계와 같다. 죄는 양심을 불쾌하게 한다. 상한 고기나 과식이 위를 힘들게 하는 것처럼 죄는 양심을 힘들게 한다."[43]

통상적으로 양심의 심판은 주권적이고, 공평하고, 신실하고, 개인적이라고 페너는 말했다. 페너는 계속해서 이렇게 말한다. "여러분은 자신의 내면 상태를 알기 위해 멀리 갈 필요가 없다. 여러분의 가슴 속에 문제를 판단할 수 있는 것이 있기 때문이다."[44] 따라서 우리는 우리의 양심을 주기적으로 우리 자신을 검토하는 데 사용해야 한다. 왜냐하면 성령의 도우심과 함께 우리의 양심은 하나님 앞에서 우리를 고발하고 새로운 회개를 촉구하거나 우리를 위해 변론하고, 그리하여 모든 지각에 뛰어난 하나님의 평강을 우리에게 제공할 것이기 때문이다. 요약하면 청교도는 인간 본성은 보편적으로 양심 즉 하나님 음성의 표현으로서, 하나님 뜻에 대한 지식과 우리 자신에 대한 지식에서 합리적으로 이끌어 낸 추론을 통해 우리 자신을 판단하도록 우리를 권위적으로 이끄는 것을 갖고 있다고 가르쳤다.

양심의 부패

타락으로 말미암아 양심은 더 이상 사람 속에서 올바르게 기능하지 않는다. 대니얼 웨버는 청교도는 타락한 인간의 상태에 대한 이해와 진단에 철저했다고 말한다.[45] 따라서 청교도는 죄 교리를 다룰 때 죄를 죄로 부르고, 죄를 하나님에 대한 도덕적 거역으로 선언했다. 청교도는 생각과 말과 행위 속에서 저질러지는 작위와 부작위의 죄에 대해 설교했다. 제러마이어 버로스(대략, 1600~1646년)의 『악 중의 악: 죄의 엄청난 사악함』과 같은 작품들은 죄의 가증함을 강조한다. 67개에 달하는 장에서 버로스는 아무리 작은 죄라도 최대의 고통보다 더 악한 속성을 포함하고 있다고 가르친다. 죄와 하나님은 서로 반대한다. 죄는 선한 것은 무조건 반대한다. 죄는 모든 악의 독이다. 죄는 무한한 범위와

---

40) Richard Bernard, *Christian See to Thy Conscience* (London: Felix Kyngston, 1631), p. 57 이하.

41) John Robinson, *Observations Divine and Moral* (Amsterdam, 1625), p. 244.

42) Robert Harris, *The Works of Robert Harris* (London: James Flesher for John Bartlet, 1654), 2:18.

43) Thomas Adams, *An Exposition upon the Second Epistle General of St. Peter*, James Sherman 편집 (1839, 재판, Ligonier, Pa.: Soli Deo Gloria, 1990), p. 588.

44) Fenner, *The Souls Looking-Glasse*, pp. 34~47.

45) Daniel Webber, "The Puritan Pastor as Counsellor," *The Office and Work of the Minister*, Westminster Conference Papers, 1986 (London: Westminster Conference, 1987), p. 84.

성격을 갖고 있다. 그리고 죄는 우리가 마귀와 편안한 관계를 갖게 한다.[46] 죄는 단순히 선택이 아니다. 죄는 낙원에서 아담이 타락한 이후로 유전된 부패 곧 우리를 하나님, 거룩함, 천국과 부적절한 자로 만드는 부패의 조건이다.[47]

청교도는 양심을 인간이 죄와 비참으로 떨어진 타락에 깊이 영향을 받은 것으로 봤다. 청교도는 나쁘거나 악한 양심, 죄 있는 양심에 대해 말했다. 페너는 죄 있는 양심은 "여기 땅 위에 있는 사람들에게 지옥"과 같다고 말했다.[48] 그것은 다가올 영원한 지옥을 지시하는데, 그 이유는 죄 있는 양심의 기억이 결코 사라지지 않기 때문이다.[49] "죄 있는 양심은 지나가면서 주변의 모든 것을 자체 속에 끌어들이는 소용돌이 돌풍과 같다"고 토머스 풀러(1608~1661년)는 말했다.[50] 풀러는 이렇게 말했다. "상처 입은 양심은 낙원을 낙원으로 만들 수 없다."[51] 존 플라벨(1628~1691년)은 죄 있는 양심은 "마귀의 모루로, 그 위에서 마귀는 죄책 있는 죄인을 찌르고 상처를 입힐 온갖 칼과 창을 만든다"고 말했다.[52] 그리고 존 트랩은 "하나의 작은 [죄책] 방울이 외적 위로의 바다 전체를 오염시킨다"고 말했다.[53]

그러나 영혼을 두려워하게 만드는 양심보다 더 악한 것은 정죄 아래에서도 영혼을 계속 평안하게 만드는 양심이다. 청교도는 우리가 아담 안에서 타락했기 때문에 인간 본성은 자기 기만적이고 죄에 빠지는 경향이 있다고 가르쳤다.[54] 비신자들은 "악한 양심"을 갖고 사는데, 그 이유는 그들이 그렇지 않음에도 스스로 하나님과 화평 속에 있다고 착각하거나 하나님과 화평 속에 있지 않은 삶의 방식을 고수하기 때문이다. 심지어 신자들도 "선하지" 못한 양심 즉 복음으로 말미암은 하나님과의 화평 속에 있지 못하거나 온갖 도덕적 위반에 대해 항상 깨어 있고 민감하기 위해 자신을 검토하지 않는 양심을 갖고 사는 경향이 있다. 또한 양심은 선하지 않을 때 비성경적이고 신뢰할 수 없는 행동과 추론을 촉진시킬 수 있다. 신자나 비신자나 모두 자신의 양심이 거짓 평안 의식을 갖도록 설득하려고 한다.

---

46) Jeremiah Burroughs, *The Evil of Evils* (1654, 재판, Morgan, Pa.: Soli Deo Gloria, 1995). 참고, Ralph Venning, *The Plague of Plagues* (1669, 재판, London: Banner of Truth Trust, 1965); Thomas Watson, *The Mischief of Sin* (1671, 재판, Morgan, Pa.: Soli Deo Gloria, 1994), Samuel Bolton, *Sin: The Greatest Evil*, in *Puritans on Conversion* (Pittsburgh: Soli Deo Gloria, 1990), pp. 1~69.

47) 원죄의 끔찍한 상태를 다룬 가장 강력한 청교도 작품은 Thomas Goodwin, *An Unregenerate Man's Guiltiness before God in Respect of Sin and Punishment*, 10권, *The Works of Thomas Goodwin* (1865, 재판, Grand Rapids: Reformation Heritage Books, 2006)이다. 이 주제에 대한 청교도의 고전적 교리 작품은 Jonathan Edwards, *Original Sin*, 3권, *The Works of Jonathan Edwards* (1758, 재판, New Haven, Conn.: Yale University Press, 1970)이다. 에드워즈의 견해에 대한 최고의 이차 자료는 C. Samuel Storms, *Tragedy in Eden: Original Sin in the Theology of Jonathan Edwards* (Lanham, Md.: University Press of America, 1985)이다. 토머스 보스턴의 고전 *Human Nature in Its Fourfold State* (1720, 재판, London: Banner of Truth Trust, 1964)는 네 가지 상태 곧 무구 상태, 타락 상태, 은혜 상태, 영광 상태에 초점을 맞추고 있지만 전가되고 유전된 부패에 대한 부분은 특히 통렬하다. 보스턴은 아담의 원죄가 어떻게 인간과 하나님의 관계 및 십계명의 각 계명을 깨뜨렸는지를 상세히 설명한다.

48) Fenner, *The Souls Looking-Glasse*, p. 124.

49) Fenner, *The Souls Looking-Glasse*, pp. 125~126.

50) Thomas Fuller, *The Holy and Profane States* (Boston: Little, Brown, and Co., 1865), p. 102.

51) Thomas Fuller, *The Cause and Cure of a Wounded Conscience* (London: G. D. for John Williams, 1649), p. 28.

52) John Flavel, *Saint Indeed: or, The Great Work of a Christian, Opened and Pressed*, in *The Works of John Flavel* (1820, 재판, Edinburgh: Banner of Truth Trust, 1997), 5:455.

53) John Trapp, *A Commentary on the Old and New Testaments*, Hugh Martin 편집 (London: Richard D. Dickinson, 1868), 3:39(잠 10:22 부분).

54) Bernard, *Christian See to Thy Conscience*, p. 238.

청교도는 악한 양심의 다양한 형태에 대해 많은 글을 썼다. 여기서 청교도가 묘사한 여섯 가지 형태의 악한 양심을 가장 작은 것에서 가장 큰 것까지 순서대로 요약해 보자.

1. 두려워하거나 의심하는 양심

청교도는 이 형태의 양심을 이 양심을 가진 자를 구원을 위해 예수 그리스도에게 내몰지 않는 상태에 있는 악한 양심 항목 속에 포함시켰다. 두려움이나 불안 속에 있는 양심은 영혼을 죄로 고발하고, 하나님의 진노로, 그리고 죽음 및 심판을 예상하는 것으로 영혼을 위협한다. 의심하는 영혼은 믿는 것이 더 악한 것인지, 아니면 의심하고 추정하지 않는 것이 더 악한 것인지 잘 모르고 허공에 떠 있다. 이 양심은 영원한 진리에 대한 어떤 진지한 인상을 충분히 갖고 있을 정도로 깨어 있고, 그러기에 구원받을 가능성이 농후하므로 악한 양심 가운데 가장 희망적이지만, 그리스도 안에서 안식을 찾을 때까지는 이 양심을 가진 자에게 평안과 확신을 줄 수 없기 때문에 여전히 악하다.[55] 이 형태의 양심에 대한 페너의 첫 번째 해결책은 양심에 의심을 허용하지 말고, 복음 안에서 제공된 은혜를 믿고 받아들이라는 요구를 받을 때 부지런히 은혜의 수단들을 사용하고, 하나님 복음의 은혜에 자신을 던지고, 하나님이 자신의 부르심과 자기 아들의 은혜를 효력 있게 하실 때까지 기다려야 한다는 것이다.[56]

2. 도덕주의자의 양심

이 형태의 양심은 하나님의 율법에 기반을 두고 있기 때문에 얼마간 좋은 요소를 갖고 있다. 따라서 리처드 베르나드가 말한 것처럼 이 양심은 "사회 속에서 더불어 사는 사람들의 삶 속에 도덕적 미덕을 행하고, 정의와 평등을 보존하며, 선행을 행하고, 사람들 간의 공동 평화를 유지하는 데 큰 이점을 갖고 있다."[57] 도덕주의자의 양심은 성령의 일반 역사를 따라 외적으로 도덕적 미덕과 선행을 행할 수 있다. 빈센트는 이렇게 말했다.

> 양심 속에 어느 정도 빛이 남아 있다. 마음이 극히 악해지고, 기꺼이 속이고 [또] 속임을 당하는 경우도 있겠지만, 이 양심은 죄에 오랫동안 연루됨으로써 무감각해지고 우둔하게 되지 않는 한, 일종의 부드러움과 신실함을 안에 갖고 있다. 하지만 나는 또한 이 양심은 타락으로 말미암아 크게 부패된다는 것을 쉽게 인정한다…… 그래도 여전히 양심이 그 정도인 것은 큰 자비다. 빛이 완전히 소멸될 수도 있고, 주님은 우리를 억제하거나 통제하기 위해 안에 어떤 감독자를 두지 않고 우리가 우리의 악한 길에서 파멸을 향해 전속력으로 내달리도록 하실 수도 있었기 때문이다.[58]

이같이 좋은 속성에도 불구하고, 도덕주의자의 양심은 사실상 거듭난 자의 선한 양심과 다르다.

---

55) Clifford, "Casuistical Divinity," pp. 176~177.
56) Fenner, *The Souls Looking-Glasse*, pp. 143~144.
57) Bernard, *Christian See to Thy Conscience*, p. 246.
58) Vincent, *Heaven upon Earth*, pp. 63~64.

도덕주의자의 양심은 하나님의 계산서에 빠져 있다. 베르나드는 이렇게 말했다.

> 도덕주의자는 복음서에 나오는 젊은 부자 관리가 그런 것처럼 자신을 높일 수 있지만 그것이 그에게 영생의 확신을 줄 수는 없다. 그 이유는 다음과 같다. 첫째, 율법은 그리스도인의 양심을 율법을 통한 자신의 구원을 믿는 것과 묶을 수 없는데, 그것은 율법은 사람의 허물로 말미암아 이 점에서 힘이 없고, 복음은 다른 방법으로 구원을 가르치기 때문이다. 둘째, 우리가 알고 있는 것처럼, 이교도 역시 교회 안에 있는 거듭나지 않은 많은 자들과 [똑같이] 이 도덕적 양심을 갖고 있기 때문이다. 셋째, 훌륭한 도덕주의자는 마태복음 19장 22절에서 젊은 관리가 그런 것처럼 자신의 판단으로 세상을 사랑하기 위해 그리스도를 떠날 수 있기 때문이다. 넷째, 도덕적 의는 서기관과 바리새인의 의를 능가할 수 없는데, 우리를 구원받게 하는 의는 서기관과 바리새인의 의를 능가해야 하기 때문이다(마 5:20).[59]

도덕주의자의 양심은 성령으로 말미암아 그리스도의 피를 믿는 믿음을 통해 변화된 것이 아니다. 그것은 단지 본성의 빛의 조명을 받은 것에 불과하지만, 거듭난 자의 양심은 복음으로 말미암아 조명을 받고, 따라서 에브라임 휴이트(대략. 1608~1644년)의 말처럼 "생각과 마음속에 새롭게 기록된 법"(히 8:10)으로 장식된 것이다.[60] 따라서 도덕주의자의 양심은 실제적이고 지속적이고 영적인 선을 결코 행할 수 없다. 왜냐하면 그의 양심은 무엇보다 먼저 하나님을 사랑하고 이웃을 자기 몸처럼 사랑하는 것에 의해 동기를 부여받은 것이 아니기 때문이다. 도덕주의자의 양심은 구원하는 믿음에 의해 영향을 받은 것이 아니고, 따라서 하나님의 영광을 위해 쓰임을 받는 것도 아니다.[61]

3. 꼼꼼한 양심

꼼꼼한 양심은 여러 면에서 선한 양심의 가짜 형태로, 주로 종교적 의무와 사소한 도덕적 행실을 중시한다. 이 양심은 빈틈없이 종교적이지만 구원을 위해 그리스도만을 바라보거나 그리스도 안에서 평강을 찾거나 하지 않는다. 새뮤얼 아네슬리(대략. 1620~1696년)가 말한 것처럼 꼼꼼한 양심은 "일을 합법적으로 결정하지만 불법적이 되지 않을까 두려워 실천을 거의 하지 않는다."[62] 다시 말하면 죄를 짓는 것이 너무 두려워 심지어는 선하고 정직한 것마저 피한다.

또한 꼼꼼한 양심은 목적 없는 내성(內省)과 내적 우울을 일으키는 자기 검토에 집착한다. 오늘날도 일부 병든 영혼이 이런 내적 명상을 실천한다. 하지만 그것은 실망을 낳을 수밖에 없다고 청교도는 말하는데, 그 이유는 그리스도 및 복음과 상관없이 자기를 검토하는 것이 아무런 유익을 낳지 못하기 때문이다.

청교도는 자기 검토는 필수적이지만 그것이 다음과 같은 사실과 분리되어서는 안 된다고 말했다.

---

59) Bernard, *Christian See to Thy Conscience*, pp. 246~247.

60) Ephraim Huit, *The Anatomy of Conscience* (London: I. D. for William Sheffard, 1626), p. 187.

61) Clifford, "Casuistical Divinity," pp. 163~167.

62) Samuel Annesley, "How May We Be Universally and Exactly Conscientious?," *Puritan Sermons, 1659~1689* (1661, 재판, Wheaton, Ill.: Richard Owen Roberts, 1981), 1:14.

- 예수 그리스도: 여러분 자신을 한 번 바라볼 때 그리스도는 열 번 바라봐야 한다. 오직 그리스도만이 참된 믿음의 대상이 될 수 있기 때문이다.
- 하나님의 말씀: 하나님의 말씀은 자기 검토와 은혜의 표지 및 열매의 적절한 근거를 제공하기 때문이다.
- 성령: 오직 성령만이 말씀을 통해 자기 자신의 구원 사역에 빛을 비출 수 있기 때문이다.

청교도는 만일 그리스도, 말씀, 성령이 없이 자신을 검토한다면 "그것은 확실한 파멸"이라고 말한 칼빈의 견해에 동조할 것이다.[63] 반면에 하나님 말씀과 성령으로 말미암아 그리스도 안에서 자신을 검토한다면 많은 유익을 얻을 수 있을 것이다. 왜냐하면 이런 자기 검토를 통해 우리는 구원이 올바르게 예수 그리스도와 그분의 십자가 죽음에 기초를 두고 있고, 우리가 그 구원에 인격적으로 참여하고 있음을 확신할 수 있기 때문이다.[64]

4. 오류에 빠진 양심

이 양심은 하나님의 말씀을 잘못 적용하기 때문에 다양한 무지와 잘못된 관념들을 포함하고 있다. 새뮤얼 아네슬리는 이렇게 말했다. "양심은 때때로 거짓 규칙을 참된 규칙으로 파악하는 등 하나님 뜻에 대해 오류를 범함으로써 옳은 것에 대한 무지로 속임을 당한다. 또 때로는 올바른 규칙을 잘못된 행동에 잘못 적용함으로써 사실에 대한 무지로 속임을 당하기도 한다. 잘못된 정보를 가진 양심은 사람의 유전과 거짓 교리를 신적 권세를 가장해서 하나님 뜻으로 취한다."[65]

청교도는 오류에 빠진 양심이 오류에 복종하도록 이 양심을 가진 자를 강요하는지 여부를 놓고 많은 논쟁을 벌였다. 대다수 청교도는 다음과 같이 말한 아네슬리의 견해에 동조했다.

> 명백한 진실은 "오류는 오류를 따르도록 우리를 속박할 수 없다는 것"이다. 오류에 저항하는 것이 죄가 되는 일이라면 오류는 양심을 속박할 수 있을 것이다. 하지만 그렇게 되면 오류를 따르는 것이 미덕이 될 것이므로 오류는 양심을 속박할 수 없다. 오류에 빠진 양심을 따르는 것은 수렁에 빠질 때까지 눈 먼 죄인이 자신의 눈 먼 양심을 따르는 것이다. 양심의 위반은 항상 악하고, 오류에 빠진 양심을 따르는 것은 악이다. 하지만 안전하고 선한 중간 길이 있다. 즉 양심의 지식은 하나님의 말씀으로 개선되고, 따라서 그 지식을 따르는 것도 개선된다.[66]

필립 크레이그가 지적하는 것처럼 "이 딜레마는 페너가 '지식의 무한한 필연성'과 '양심의 거룩한 주권'으로 부르는 것을 밑받침한다."[67]

---

63) Calvin, *Institutes*, 3.2.24. 참고, David Foxgrover, "John Calvin's Understanding of Conscience" (철학박사학위논문, Claremont, 1978), Joel R. Beeke, *The Quest for Full Assurance: The Legacy of Calvin and His Successors* (Edinburgh: Banner of Truth Trust, 1999), pp. 59~63, 84~87.
64) Beeke, *Quest for Full Assurance*, pp. 140~141.
65) Annesley, "How May We Be Universally and Exactly Conscientious?", *Puritan Sermons*, 1:13.
66) Annesley, "How May We Be Universally and Exactly Conscientious?", *Puritan Sermons*, 1:14.
67) Philip A. Craig, "William Fenner: 'The Soul's Looking Glass,'" *The Voice of God*, Westminster Conference 2002 (London: Westminster Conference, 2003), p. 29.

5. 혼미한 양심

하나님이 죄인들에게 "혼미한 심령"을 주셨다고 말하는 로마서 11장 8절에 기초를 두고, 청교도는 혼미한 양심에 대해 잠자는 양심, 더듬거리는 양심, 무기력한 양심 등을 비롯해서 다양한 명칭을 붙였다. 아네슬리는 이런 양심을 가진 자들에 대해 이렇게 말했다. "세상에서 가장 나쁜 양심 가운데 하나는 잠자는 양심이다. 이것은 회심하지 못한 모든 사람의 양심으로, 그들은 이에 대해 아무 두려움이 없다. 그들의 영혼 곧 그들의 양심은 혼미한 상태에 있다(롬 11:8). 육체의 잠이 모든 감각과 육적 영을 속박하는 것처럼 이 영적인(아니 오히려 비영적인) 잠은 영혼을 속박해서 죄의 악함과 은혜의 부재에 대한 의식을 제거하고, 그렇기 때문에 회심할 때 그리스도는 이 양심을 일깨우셨다."[68]

혼미한 양심을 가진 죄인들은 성경 진리를 실천하는 일에 무관심하다. 이런 죄인들은 임박한 죽음과 심판을 깨닫지 못하고 지옥의 두려움에도 아무 동요 없이 안개 속에서 산다. 페너는 혼미한 양심은 "말에게 허리를 내주고 말이 가는 대로 이리저리 휘둘리는 졸면서 부주의한 마부"처럼 침묵하는 양심을 낳는다고 말했다.[69]

6. 마비된 양심

마비된 양심은 모든 양심 가운데 가장 나쁘다. 왜냐하면 이런 양심을 가진 자들은 구원의 희망이 거의 없기 때문이다. 퍼킨스가 이렇게 말한 것과 같다. "크게 완고하고 뒤틀린 사람의 마음은 심지어는 본성의 빛과 상식에 반해서도 죄를 저지르게 된다. 이런 죄를 지을 때 본성의 빛은 소멸되고, 따라서 악을 선으로 판단하는 버림을 받은 자의 마음을 갖게 된다. 이후로 감정이나 후회가 없는 마비된 양심이 따르고, 이어서 온갖 죄에 대해 큰 탐욕을 갖게 된다"(엡 4:18; 롬 1:28).[70]

마비된 양심은 완악함으로 말미암아 자신들의 운명이 결정되는 사람들이 갖고 있다. 마비된 양심은 종종 성령을 거스르는 죄를 짓고 현세에서는 돌이킬 수 없을 정도로 이미 상실된 자들이 갖고 있다. 페너는 마비된 양심은 "가차 없이 술을 마시는 것처럼 죄를 삼킬" 수 있다고 말한다. 마비된 양심은 이편 지옥에서 하나님이 내리시는 가장 큰 심판이다. "이로 말미암아 회개의 유일한 수단이 제거된다. 만일 그들이 회개한다면 천 명 가운데 하나다."[71]

양심의 회복

하나님은 영혼 속에서 자신의 형상을 회복시킬 때 양심도 회복시키신다. 이 일은 설교를 통해 양심을 일깨우거나 성경을 통해 양심이 지식을 얻거나 복음으로 말미암아 양심이 고침을 받거나 자기 검토를 통해 양심이 영향을 받거나 할 때 일어난다.

---

68) Annesley, "How May We Be Universally and Exactly Conscientious?", *Puritan Sermons*, 1:8~9.
69) Fenner, *The Souls Looking-Glasse*, p. 70.
70) Perkins, *Discourse of Conscience*, in *Works*, 1:550.
71) Craig, "William Fenner: 'The Soul's Looking Glass,'" *The Voice of God*, p. 30에서 인용함.

양심은 설교를 통해 일깨워져야 한다

오늘날 우리는 "최고의 설교자는 교리를 매우 효과적으로 가르치는 자"라고 말하겠지만 청교도는 설교자의 최고 능력은 교리를 가르치는 능력과 말씀을 일상생활 속에 적용시키는 능력을 함께 가리킨다고 믿었다.

청교도에 따르면, 유능한 설교자의 한 가지 표지는 사람들의 마음 밑바닥에 무엇이 있는지 보여 주려고 그들의 양심을 "갈기갈기 찢어놓는" 능력이었다.[72] 그렇게 하는 목적은 여러분이 방석을 갈기갈기 찢어 안에 있는 모든 깃털이 드러나도록 하는 것처럼, 내면 또는 저변에 있는 것을 낱낱이 보여 주기 위함이다. 청교도는 양심을 갈기갈기 찢어놓고 마음을 살핌으로써, 청자들에게 히브리서 4장 12절을 실감나게 만드는 설교자를 소중히 여겼다. "하나님의 말씀은 살아 있고 활력이 있어 좌우에 날선 어떤 검보다도 예리하여 혼과 영과 및 관절과 골수를 찔러 쪼개기까지 하며 또 마음의 생각과 뜻을 판단하나니." 최고의 설교자는 "하나님 말씀이 우리 존재의 핵심 속에 어떻게 뚫고 들어가는지를 우리에게 보여 준다"고 청교도는 말했다.

목사는 이렇게 하는 법을 어떻게 배우는가? 목사는 자신의 양심과 삶에 하나님 말씀을 공급하는 것으로 배우게 된다. 그러면 깊이가 깊이를 부를 것이다. 만일 여러분이 하나님 말씀이 여러분 양심을 갈기갈기 찢어 놓는 것을 경험했다면 그것을 사용해서 다른 사람들의 양심을 갈기갈기 찢어 놓을 수 있을 것이다. 그것이 스코틀랜드 출신의 청교도 데이비드 딕슨(대략, 1583~1662년)이 안수 받는 한 젊은이에게 목회 사역을 하는 동안 한평생 두 권의 책 곧 성경과 자기 마음의 책을 연구하는 데 전념해야 한다고 말한 이유 가운데 하나다. 마찬가지로 존 오웬(1616~1683년)도 "만일 말씀이 우리 안에 능력으로 거하지 않으면 우리에게서 능력이 나오지 못할 것"이라고 말했다.[73] 그리고 로버트 볼턴(1572~1631년)의 전기 작가는 "볼턴은 먼저 자신의 마음속에 적용시키지 않고서는 경건의 진리를 가르친 적이 없었다"고 말한다.

이것이 청교도가 한결같이 적용은 가정에서 먼저 시작된다고 말하게 된 이유다. 그러므로 먼저 여러분 자신에게 적용하는 것으로 하나님 말씀을 적용하는 법을 배워라. 그러면 여러분은 성경을 사용해서 다른 사람들의 양심을 갈기갈기 찢어 놓는 법을 깨닫게 될 것이다. 적용은 설교자가 머리에서 가슴으로 달려가는 대로다. 좋은 설교는 머리에서 잠시도 멈춰 있지 않고, 마음속으로 곧장 달려간다.

웨스트민스터 공적 예배 모범은 설교자에게 적용은 힘든 일이라고 말한다. 왜냐하면 적용은 "큰 분별, 열심, 묵상을 요청하고, 자연인 곧 부패한 인간은 적용을 매우 불쾌하게 여기기" 때문이다. 그러나 적용은 청자들이 "하나님의 말씀이 빠르고 강하다는 것을 느낄 수 있도록" 하는 것과 마음의 생각과 의도를 식별하는 데 필수적이다. 만일 어떤 비신자나 무지한 자가 있다면 설교자는 그의 마음의 비밀을 드러내어 하나님께 영광을 돌릴 수 있을 것이다.[74]

---

72) Packer, *Quest for Godliness*, p. 48.

73) John Owen, *The True Nature of a Gospel Church*, in *The Works of John Owen* (1850~1853, 재판, Edinburgh: Banner of Truth Trust, 1995), 16:76.

74) [Westminster Divines], *Westminster Confession of Faith* (재판, Glasgow: Free Presbyterian Publications, 2003), p. 380.

양심은 성경으로 지식을 얻어야 한다

청교도는 양심을 하나님이 하나님 말씀을 우리 삶 속에 적용시키도록 공명판으로 우리 안에 두신 기능이라고 본다. 우리 양심은 하나님 말씀을 적재해야 한다. 우리 양심은 성경의 가르침에 따라 교육을 받고, 성경에 따라 판단하는 법을 훈련받아야 한다. 그렇게 되면 양심의 음성은 사실상 하나님의 음성이 될 것이다.

성경의 인도를 받지 못한다고 해도 양심은 여전히 작용하겠지만 부적절한 기준에 따라 작용할 것이다. 그렇게 되면 양심은 정죄해야 할 때 정죄하지 못하고, 정당화되어서는 안 되는 것을 정당화하게 될 것이다. 하나님의 음성처럼 들리는 것이 하나님의 음성이 아닐 것이다. 자기 외부의 어떤 사람에 의해 판단을 받는다는 의식은 여전히 나타나겠지만 이때 양심이 적용시키는 기준은 부적절할 것이다. 잘못 가르침을 받은 양심은 이미 행해진 것을 정당화할 수 있지만, 그 사람은 여전히 하나님 보시기에 용서받지 못한 죄인일 수 있다.

청교도는 잘못 작용하는 양심에 대한 유일한 치유책은 양심이 성경의 기준을 철저히 교육 받는 것이라고 믿었다. "우리의 양심은 하나님이 조종하셔야 한다"고 청교도는 말한다. 웨스트민스터 신앙고백(20.2)은 오직 하나님만이 양심의 주인이심을 크게 강조한다. 어떤 사람이 다른 사람의 양심을 조종하려고 시도할 수는 있으나 오직 하나님만이 우리의 양심을 전적으로 주관하실 수 있다.

우리의 양심은 반드시 하나님의 생각과 뜻에 맞춰져야 한다. 그렇지 않으면 우리는 잘못된 길로 나아갈 수밖에 없다. 만일 여러분이 양심을 비웃는다면 잘못을 범하는 것이다. 왜냐하면 양심은 결코 거부되어서는 안 되기 때문이다. 여러분은 잘못된 양심을 따른다면 다시 잘못된 길로 나아갈 것이다. 왜냐하면 잘못된 양심을 결코 따라서는 안 되기 때문이다. 여러분의 양심을 적절하게 교육시키고 훈련시키는 것 외에 이런 상황에서 벗어날 길은 전혀 없다.

리처드 백스터(1615~1691년)는 이렇게 설명했다.

> 여러분 자신의 판단이나 양심을 여러분 자신의 법으로 또는 여러분의 의무의 창시자로 만들지 마라. 여러분의 양심은 다만 하나님의 법이나 하나님이 여러분에게 주시는 의무와 하나님에 대한 여러분 자신의 순종이나 불순종을 식별하는 도구일 따름이다. 세상에는 매우 통상적인 위험한 오류가 하나 있는데, 그것은 사람은 양심이 그에게 하나님의 뜻이라고 말하는 모든 것을 행하도록 되어 있고, 모든 사람은 양심이 세상의 법 수여자인 것처럼 양심에 복종해야 한다는 것이다. 하지만 확실히 우리의 법 수여자는 우리 자신이 아니라 하나님이시다.[75]

백스터는 "잘못된 양심은 순종되어서는 안 되고, 더 나은 지식이 주어져야 한다"고 말했다.[76] 양심은 우리에 대한 하나님의 권위를 나타내기 때문에 그리스도인은 성경을 통해 양심에 지식을 주지 않으면 잘못된 양심으로 말미암아 도덕적 딜레마의 덫에 빠지고 만다. 백스터는 이렇게 말했다. "만일 양심을 따른다면, 여러분은 하나님이 여러분에게 금지시키는 것을 행할 때에는 하나님의 법을 어기는 자가 된다. 만일 양심을 포기하고 양심에 저항한다면, 여러분은 하나님이 여러분에게 금지시키는 것으로

---

75) Baxter, *Christian Directory*, in *Works*, 2:336.
76) Baxter, *Christian Directory*, in *Works*, 2:337.

생각되는 것을 행할 때에는 하나님의 권위를 거부하게 된다."[77] 그러므로 우리는 우리 양심의 책과 성경책을 비교해 봐야 한다. 양심이 부족하다면, 우리는 성경 말씀을 양심 속에 복사해 넣어야 한다. 양심이 성경과 다르다면, 우리는 인간의 양심의 책을 하나님의 책에 따라 교정해야 한다.[78]

양심을 성경에 의존시킨 것은 청교도가 범사에 성경을 존중히 여겼다는 것을 보여 준다. 여러분의 신학적 기초가 여러분의 카운슬링 방법을 결정하는지 확인해 보라. 청교도는 삶의 모든 분야에 대한 사람의 관점은 신학에 기초를 두어야 한다는 것을 결코 잊지 않았다. 윌리엄 에임스는 이렇게 말했다. "신학에 적절히 부합되지 않는 가계, 도덕, 정치나 입법에 따라 잘 사는 법을 가르쳐 주는 보편적 진리 개념은 절대로 없다."[79] 켄 살레스는 이렇게 결론짓는다. "잉글랜드 청교도에 대해 말한다면, 청교도는 성경적 진리를 직접 적용할 때 생각할 수 있는 모든 심리적 필요는 충족될 수 있고, 상상할 수 있는 모든 심리적 문제는 해결될 수 있다고 봤다."[80]

청교도는 양심 교리가 신학, 윤리, 카운슬링에 결정적이라고 봤다. 청교도는 자신들과 신학적으로 대응 관계에 있던 페트루스 판 마스트리흐트(1630~1706년), 빌헬뮈스 아브라껄(1635~1711년)과 같은 네덜란드 신학자들이 그런 것처럼, 양심 교리를 신학과 윤리 사이에 다리를 놓는 것으로 봤다.[81] 이 두 편의 신학자들은 자신들의 다수 작품에서 조직신학을 영적 경험 및 기독교 윤리와 융합시켰다.[82]

청교도의 양심 교리는 또한 그들이 성경에 계시된 하나님의 영광을 크게 자각하고 있었음을 보여줬다. 청교도는 하나님 교리를 애매함 없이 명확하게 설교했다. 청교도는 하나님의 위엄하신 존재, 하나님의 삼위일체적인 인격, 하나님의 영광스러운 속성을 공손한 두려움, 열심, 전심을 갖고 선포했다.[83] 청교도의 카운슬링은 튼튼한 성경적 유신론에 뿌리를 두고 있는데, 이것은 하나님을 우리의 감정, 필요, 욕구에 조정할 수 있는 평범한 이웃으로 간주하고 너무 쉽게 나아가는 현대의 카운슬링과 많이 다르다. 청교도의 카운슬링은 세상에 있는 모든 것이 어떻게 창세기 1장 1절의 "태초에 하나님"에 기초를 두고 있고, 하나님의 영광을 위해 준비된 것인지를 보여 준다. 청교도는 속죄, 칭의, 화목 교리는 죄를 정죄하고, 죄인들을 구속하고 의롭게 하고 자신과 화목시키는 하나님에 대한 참된 이해가 없으면 무의미하다고 이해했다. 우리가 하나님을 어떻게 보는지에 대한 신학적 기초가 카운슬링에 대한 우리의 견해를 결정한다. 인간의 상태에 대한 하나님 중심 접근법은 양심에 성경을 알

---

77) Baxter, *Christian Directory*, in *Works*, 2:339.

78) Swinnock, *Door of Salvation Opened*, in *Works*, 5:64.

79) William Ames, *The Marrow of Theology*, John D. Eusden 번역 (1968, 재판, Grand Rapids: Baker, 2001), p. 78. Ken Sarles, "The English Puritans: A Historical Paradigm of Biblical Counseling," *Introduction to Biblical Counseling: A Basic Guide to the Principles and Practice of Counseling*, John F. MacArthur Jr., Wayne A. Mack 외 지음 (Dallas: Word, 1994), p. 25에서 인용함.

80) Sarles, "The English Puritans: A Historical Paradigm of Biblical Counseling," p. 25.

81) Coleman C. Markham, "William Perkins' Understanding of the Function of Conscience" (철학박사학위논문, Vanderbilt University, 1967), pp. 12, 223.

82) 조나단 에드워즈가 성경을 제외하고 그때까지 저술된 신학 작품 가운데 최고라고 극찬한 페트루스 판 마스트리흐트의 『이론적-실천적 신학』(Theoretico-Practica Theologia)은 현재 네덜란드 개혁파 번역 협회의 후원 아래 조엘 비키와 넬슨 클루스터만이 편집 대표를 맡고 토드 레스터가 번역 중에 있다(Grand Rapids: Reformation Heritage Books, 근간. Wilhelmus à Brakel, *The Christian's Reasonable Service*, Bartel Elshout 번역, Joel R. Beeke 편집 [Grand Rapids: Reformation Heritage Books, 1999]).

83) 하나님의 속성에 대한 고전 작품은 스티븐 차녹의 방대한 강론인『하나님의 존재와 속성』(*The Existence and Attributes of God*, 1682[부흥과개혁사 역간, 2015])이다. 또한 William Bates, *The Harmony of the Divine Attributes in the Contrivance and Accomplishment of Man's Redemption* (1674, 재판, Harrisonburg, Va.: Sprinkle, 1985)도 보라.

려 주는 것에서 시작된다.

영혼 속에 있는 하나님의 대리인으로서 선한 양심은 성경을 통해 우리가 영광의 하나님의 임재 속에서 살고 있음을 지속적으로 깨달을 때 길러진다. 빈센트는 이렇게 말했다. "선한 양심은 사람들을 끊임없이 하나님 앞에 세울 것이다. 바울은 '나는 범사에 양심을 따라 하나님을 섬겼노라'[행 23:1]고 말한다."[84] 또 빈센트는 이렇게 말했다. "하나님의 전지하심만큼 우리가 부정할 수 없는 하나님의 속성은 없을 것이다. 하지만 우리의 마음이 하나님의 전지하심으로 말미암아 경외감을 느낀 적은 별로 없다. 우리가 마음을 감찰하시는 분 앞에 있음을 인정하는 우리는 우리의 마음과 생각을 살피고, 우리의 마음과 생각의 허영, 사악함, 부적절함과 맞서 싸워야 한다."[85]

양심은 복음으로 고침을 받아야 한다

모든 사람은 타락한 죄인이므로 오직 복음에 적용된 양심만이 내적 평강을 제공할 수 있다. 청교도는 강단에서, 그리고 개인적으로 죄인들을 회한, 고백, 회개로 이끌고, 그들을 예수 그리스도에게 인도하기 위해 죄를 폭로했다. 토머스 테일러의 『계시된 그리스도』, 토머스 굿윈의 『우리의 중보자 그리스도』, 알렉산더 그로스의 『그리스도를 누리고 그리스도를 신속히 활용하는 행복』, 아이작 암브로스의 『예수를 바라보라』, 랠프 로빈슨이나 필립 헨리의 『전부이신 그리스도』, 존 브라운의 『길과 진리와 생명이신 그리스도』, 존 오웬의 『그리스도의 인격의 영광스러운 비밀』, 제임스 더럼의 『십자가에 못 박히신 그리스도』와 같은 작품들 속에서 청교도는 온전한 그리스도를 만인에게 전했다.

복음의 적용은 하나님 및 하나님 말씀의 요청들과 평화 속에 있는 선한 양심을 낳는다. 청교도는 선한 양심에 대해 많은 글을 썼다. 리처드 십스는 "양심은 세상에서 가장 좋은 친구 아니면 가장 큰 원수 가운데 하나다"라고 말했다.[86] 십스는 양심을 우리의 "최고의 친구"로 부르고, "우리는 기쁨 없이는 잘 할 수 있는 것이 아무것도 없고, 기쁨의 근원은 선한 양심이다"라고 말했다.[87]

토머스 풀러는 "선한 양심은 최고의 신학자"라고 말했다.[88] 매튜 헨리(1662~1714년)는 "만일 우리가 선한 양심을 지키는 데 유의한다면 하나님이 우리의 선한 이름을 주목하도록 만들 수 있다"고 주장했다.[89] 토머스 왓슨(대략, 1620~1686년)은 "선한 양심과 선한 이름은 큰 다이아몬드가 박힌 금반지와 같다"고 말했다.[90] 윌리엄 거널은 "양심의 평안은 용서하는 자비의 결과 외에 다른 것이 아니다"라고 말했다.[91]

선한 양심은 복음과 복음의 약속들을 통해 평강을 찾는다. 하나님의 약속은 하나님의 평강, 용서, 용납, 화목, 그리고 하나님과 사람 간의 친목을 양심에 제공하는 수단이다. 양심은 이 약속들을 믿고 신뢰해야 한다. 청교도에 따르면, 세상에서 가장 복된 것은 성경의 약속들을 적용시켜 선한 양심을

84) Vincent, *Heaven on Earth*, p. 277.
85) Vincent, *Heaven on Earth*, p. 283.
86) Richard Sibbes, "The Demand of a Good Conscience," *The Complete Works of Richard Sibbes*, Alexander B. Grosart 편집 (1862~1864, 재판, Edinburgh: Banner of Truth Trust, 2001), 7:490.
87) Sibbes, *Corinthians Chapter 1*, in *Works*, 3:219, 223.
88) Thomas Fuller 편집, *Gnomologia: Adagies and Proverbs; Wise Sayings and Witty Sayings* (London: B. Barker, 1732), p. 6.
89) Matthew Henry, *Matthew Henry's Commentary* (Peabody, Mass.: Hendrickson, 1991), 3:302(시 37:1~6 부분).
90) Blanchard, *Complete Gathered Gold*, p. 109에서 인용함.
91) Gurnall, *The Christian in Complete Armour*, 1:534.

갖는 것이다. 반면에 세상에서 가장 불행한 일은 선한 양심을 갖지 못하는 것이다. 우리가 은혜의 말씀에 따라 용서를 받기 위해 그리스도에게 적용시켜야 하는 것처럼, 복음은 은혜의 말씀을 우리 자신에게 적용하도록 우리를 초대한다. 따라서 양심은 우리에게 우리가 은혜로 믿고, 정해진 방법으로 용서를 추구했기 때문에 지금 예수로 말미암아 용서를 받았다고 말할 것이다.

이것이 낳는 평강은 얼마나 즐거울까! 조지프 홀(1574~1656년)은 이렇게 말했다. "개인적으로 자신에게, 그리고 공적으로 다른 사람들에게 무죄 석방을 받으며, 개인적으로나 공적으로 하나님께 무죄 석방을 받은 자는 복이 있도다."[92] 이런 사람은 해방되고 진정된 양심 곧 의심과 두려움이 제거되고, 내 영혼은 정말 행복하다는 확신이 배가되는 양심을 갖고 있다.[93]

양심이 그리스도의 피를 믿는 믿음으로 말미암아 복음을 붙잡고, 그리스도와 평강을 누리고, 구원에 대한 점증된 확신을 갖고 있는 것은 성령으로 말미암았다는 사실을 지적하는 것이 중요하다. 퍼킨스는 이렇게 말했다. "그렇게 하는 일차 행위자와 창시자는 성령이고, 성령이 영적, 신적 빛으로서 지성과 양심을 조명하시는 것이다. 이 행동 속에서 도구는 생명의 말씀을 하나님의 이름으로 모든 청자의 인격에 적용시키는 복음의 사역이고, 이에 대한 확신은 성령으로 말미암아 지성 속에 형성된 추론이나 실천적 삼단논법의 형태로 조금씩 형성된다."[94] 거널은 양심은 딱딱한 자물쇠와 같고, 이때 하나님의 약속의 열쇠가 양심의 자물쇠에 완전히 일치하더라도, 열쇠를 돌려 양심을 열고 영혼을 진정시키고 충분히 만족시키는 것은 성령의 강한 손이라고 말했다.[95]

청교도는 종종 이렇게 묻는다. "만일 우리가 그리스도 안에서 평강을 발견한다면 이 평강을 계속 유지하기 위해서는 어떻게 해야 할까?" 페너는 이렇게 대답했다.

> 첫째, 우리는 양심에 반하는 일은 아무것도 하지 않도록 주의함으로써 양심의 괴로움을 예방하는 데 힘써야 한다……우리가 어떤 악한 방법으로 행하는 것 속에는 곤경에서 우리를 격려하고 위로할 것이 아무것도 없다……둘째, 만일 우리가 우리의 평강을 유지하려면 우리 마음의 기초를 하나님의 사랑에 대한 확신 속에 두도록 힘써야 한다……셋째, 우리는 그리스도의 피를 적용시키는 믿음을 행사하는 데 힘써야 한다. 우리는 그리스도의 피로 우리 양심을 정화시키고 깨끗하게 하는 데 힘써야 한다. 만일 우리가 죄를 지은 것을 안다면 곧장[즉시] 우리 죄를 깨끗이 씻어내기 위해 그리스도의 피로 달려가야 한다. 우리는 상처가 곪거나 도지도록 [감염된 염증이 악화되도록] 해서는 안 되고, 곧장[즉시] 치료해야 한다……우리는 날마다 죄를 지으므로 그리스도는 날마다 우리를 의롭게 해야 하고, 우리는 날마다 죄를 지은 것에 대해 그리스도에게 달려가야 한다……우리는 매일 놋 뱀을 바라봐야 한다. 칭의는 매번 달려가는 샘이고, 그러므로 우리는 즉시 모든 물을 얻을 것을 기대해서는 안 된다……오, 그렇다면 우리는 날마다 용서를 구해야 하리라……새로운 용서가 없으면 하룻밤도 자서는 안 되리라. 한 가

---

92) Joseph Hall, *Contemplations upon the Principal Passages of the Holy Story*, in *The Works of the Right Reverend Father in God, Joseph Hall*, Josiah Pratt 편집 (London: C. Whittingham, 1808), 1:292.

93) Clifford, "Casuistical Divinity," pp. 96~97.

94) Perkins, *Discourse of Conscience, Works*, 1:547. 삼단논법 추론에 대한 청교도의 사고는 아래 부분과 Beeke, *The Quest for Full Assurance*, pp. 131~142, 259~262를 보라.

95) Gurnall, *The Christian in Complete Armour*, 1:525.

> 지 죄를 짓고 잠을 자는 것보다는 독사와 악독한 짐승들로 가득 찬 집에서 잠을 자는 것이 더 나으리라. 오, 그렇다면 반드시 하루의 죄를 깨끗하게 하는 날이 되어야 하리라. 그래야 우리 양심이 참된 평강을 얻게 될 것이다.[96]

선한 양심은 기초를 그리스도에게 두고 있지만, 우리의 순종으로 보호된다(요일 2:1~2, 5). 페너는 조심스럽게 우리의 순종은 하나님 앞에서 우리의 칭의 원인이 아니라고 말했다. 오직 그리스도만이 우리의 의로움이고, 평안한 양심의 근거시다. 그러나 죄가 그리스도와 우리의 교제를 방해하고, 하나님 사랑의 징계를 초래한다. 순종은 우리가 하나님과 화목하고 우리 아버지를 기쁘게 하신다는 것을 증언한다.[97] 따라서 선한 양심은 단순히 법적 지위 문제가 아니라 하나님과의 살아 있는 관계 문제다. 페너는 또한 "복음적 평강을 얻기 위해 순종의 절대적인 완전함이 요구되는 것은 아니다"라고 말했다.[98] 대신 선한 양심은 성실한 삶과 주님을 경외하는 태도 곧 우리가 삶의 모든 분야에서 신실하게 하나님께 순종하고, 우리의 죄로 말미암아 겸허하고, 그리스도 및 그리스도의 영에게 의존하려고 애쓸 때 일어난다.[99]

페너는 끊임없이 십자가로 돌아감으로써 하나님과의 평강을 아는 양심만큼 좋은 친구는 없다고 말했다. 페너는 그 생각을 더 깊이 다듬어 이렇게 말했다.

> 평온한 양심은 거룩하고 영적인 일의 달콤함을 맛보게 한다. 평온한 양심은 다윗이 꿀보다 더 달다고 말한 것처럼 말씀을 그렇게 만든다……선한 양심은 기도할 때……주일을 지킬 때……성례에 참여할 때……달콤함을 맛보게 한다. 그런데 이런 일들 속에서 달콤함을 맛보는 자들이 그토록 적은 이유는 무엇인가? 그 이유는 바로 여러분이 선한 양심의 평강을 갖고 있지 못하기 때문이다.[100]

우리는 여기서 우리의 마음을 살펴야 한다. 우리는 예배, 기도, 주일이나 경건과 관련된 다른 어떤 것 속에서 달콤함을 경험하고 있다고 생각하는가? 페너는 선한 양심의 평강을 누리는 사람들은 달콤함을 경험한다고 말했다. 우리가 이런 종류의 달콤함을 경험하지 못한다면 그것은 왜 그럴까?[101]

페너는 계속해서 이렇게 말했다. "선하고 평온한 양심은 온갖 외적인 일들 속에서 곧 먹을 때나 잠을 잘 때나 친구들을 만날 때나……달콤함을 맛보게 한다. 건강한 사람은 오직 오락, 산책, 모임, 스포츠 등을 통해 즐거움을 맛볼 것이다. 그들은 몸져 누워 있거나 병에 걸렸거나 반쯤 죽은 자들에게 아무 위로를 주지 못한다. 그러나 양심이 평안 속에 있을 때 영혼은 완전히 좋은 건강 상태 속에 있다."[102]

그리스도인은 어떤 비신자보다 하나님의 아름다운 선물을 누릴 능력을 갖고 있다. 말하자면 그리

---

96) Fenner, *The Souls Looking-Glasse*, p. 134.
97) Fenner, *The Souls Looking-Glasse*, pp. 134~138.
98) Fenner, *The Souls Looking-Glasse*, p. 139.
99) Fenner, *The Souls Looking-Glasse*, pp. 140~141.
100) Fenner, *The Souls Looking-Glasse*, p. 111.
101) 칼빈의 신학과 경건에 널리 스며들어 있는 달콤함 주제에 대해서는 I. John Hesselink, "Calvin, Theologian of Sweetness," *Calvin Theological Journal* 37, no. 2 (2002), pp. 318~332를 보라.
102) Fenner, *The Souls Looking-Glasse*, p. 112.

스도인의 즐거움은 그가 그리스도인이라는 이유로 배가된다. 페너는 그리스도인들은 환난을 당할 때에도 달콤함을 갖고 있다고 말했다. 페너는 이렇게 말했다.

> [선한 양심은] 고통, 고난, 슬픔, 고뇌와 같은 악을 달콤하게 한다. 만일 어떤 사람이 양심 속에 참된 평안을 갖고 있다면 그의 양심은 그가 온갖 악 속에 있을 때에도 그를 위로한다. 밖에서 겪는 일들이 우리를 불안하게 할 때 가정에 우리를 즐겁게 하는 어떤 것을 갖고 있으면 얼마나 위로가 될까? 또한 외부에서[즉 우리 밖에서] 걱정과 고난이 우리를 혼란시키고 심란하게 하고 슬픔에 슬픔이 더해질 때 내부에 평안 곧 양심의 평안이 있어서 모든 것을 가라앉히고 평온하게 한다면, 이것은 얼마나 큰 행복일까? 따라서 질병과 죽음이 찾아올 때 선한 양심은 얼마나 가치가 있을까? 다른 모든 세상보다 더 확실히 가치가 있다…… [그리스도 안에서 용서를 붙잡은] 양심은 영혼에게 하나님의 평강을 반사시킨다. 삶 속에서, 죽을 때, 심판의 때에 이 양심은 말할 수 없는 위로다.[103]

선한 양심을 가진 사람은 조명을 받고 부드럽고 신실한 양심을 갖고 있고, 그러므로 죽음을 평안하게 맞이할 수 있다. 존 번연의 『천로역정』 마지막 부분을 보면, 정직함 씨가 요단 강을 건너려고 하고 있다. 그는 선한 양심에게 강에서 만날 수 있는지 물었다. 선한 양심은 거기서 죽음이라는 최후의 시련을 통과하도록 정직함 씨를 도와주고 있었다. 마찬가지로 누가복음 2장 29절에서 "주재여 이제는 말씀하신 대로 종을 평안히 놓아 주시는도다"라고 말하는 시므온의 기도에 하나님이 응답하시는 것은 선한 양심의 선물을 통해서다.

양심은 자기 검토를 거쳐 행사되어야 한다

청교도는 양심은 일반적으로는 성경에 따라, 그리고 특수적으로는 도덕법 곧 십계명에 따라 자기 검토 훈련을 거친 후에 행사되어야 한다고 주장했다. "자기 검토는 훈련"이라고 청교도는 말했다. 자기 검토는 여러분이 진실로 하나님 말씀에 순종하며 살고 있는지 알아보는 질문을 스스로 물어보는 것과 여러분이 십계명과 십계명을 요약한 두 큰 계명 곧 하나님을 무엇보다 사랑하라는 것과 이웃을 네 몸같이 사랑하라는 계명에 순종하는 길을 따라 살고 있는지 자문해 보는 것을 포함한다. 자기 검토는 여러분이 산상 설교에서 선포된 기준에 어느 정도 도달해 있는지 확인하도록 돕는 질문들을 자문해 보는 것이다. 왓슨은 이렇게 말했다. "자기 검토는 양심 속에 법정을 세우고, 거기서 기록하며, 엄격한 검사를 통해 사람이 하나님과 자신의 영혼 사이의 일들이 어떻게 되어 있는지 알아보는 것이다……선한 그리스도인은 말하자면 이곳에서의 심판 날을 자기 영혼 속에서 시작하는 것이다."[104]

청교도는 "자기 검토는 적어도 한 주에 한 번 곧 공적 예배를 준비하기 위해 토요일에 시행되어야 한다"고 믿었다. 이런 자기 검토에서 여러분은 자신이 영적으로 어디 있는지, 지난주에 어디 있었는지, 그리고 회개와 개혁에 비춰 볼 때 특별히 주의를 요하는 것은 무엇인지 묻고, 나아가 주님과 더 긴밀한 동행을 하기 위해 새로운 헌신, 새로운 계획, 새로운 결심을 행해야 한다. 오직 이런 검토를

---

103) Fenner, *The Souls Looking-Glasse*, pp. 112~113. 또한 p. 129도 보라.

104) Thomas Watson, *Heaven Taken by Storm*, Joel R. Beeke 편집 (Morgan, Pa.: Soli Deo Gloria, 1992), p. 30.

가진 후에만 여러분은 주일 예배를 위해 선한 양심을 갖게 될 것이다. 만약 주의 만찬에 참여하는 경우라면 자기 검토는 두 배로 중요하다.[105] 말씀으로 자신을 끊임없이 검토함으로써 양심을 부드럽게 유지하고, 날마다 말씀을 연구할 때, 지금 이 가르침과 여러분이 마땅히 되어야 할 것에 대한 지침을 어떻게 적용할지 숙고함으로써, 여러분의 양심을 부드럽게 유지하라. 만일 양심이 조용한 평강을 유지하도록 하려면 날마다 회개함으로, 그리고 믿음으로 그리스도의 피를 적용시키고, 여러분 양심의 기초를 하나님의 사랑에 대한 확신에 두고, 순종하는 양심을 지속적으로 유지하며, 어떻게든 여러분의 양심에 거스르는 행동을 절대로 행하지 않음으로써 여러분의 양심을 깨끗하게 하라.

결론: 선한 양심의 용기

본질상 양심은 활동해야 한다. 그러나 선한 양심은 하나님 말씀의 지식에 따라 활동하고, 율법주의나 죄에 대한 방종이 아니라 성경적 순종과 성경적 자유를 촉진시킨다.

어느 날 청교도 리처드 로저스(1551~1618년)와 한 국교도가 말을 타고 가는데, 국교도가 "나는 당신과 당신의 교회를 매우 좋아하지만 당신은 너무 엄밀합니다"라고 말했다. 이에 로저스는 그 이유를 "오, 선생, 나는 엄밀하신 하나님을 섬기기 때문이오!"라고 설명했다.[106] 그것은 놀라운 대답이었다. 왜냐하면 청교도는 우리가 하나님이 명령 속에 정하신 것보다 하나님의 말씀에 순종할 때 덜 엄밀해서는 안 된다고 깨달은 것이기 때문이다. 여러분은 기독교적 의로움의 세부 사실에 너무 엄격하다는 이유로 청교도나 여러분 자신에 대해 반박하는 말을 들을 때 이 이야기를 기억하라. 선한 양심은 하나님에 대한 두려움을 일으키지만 사람들에 대한 두려움과 순종의 엄격함을 반대하는 사람들의 비판과 불평에서 해방시킨다. 선한 양심은 율법주의를 촉진시키지 않고, 오히려 선한 양심은 가장 큰 자유를 얻는다. 곧 큰 반대에도 불구하고 하나님께 순종하는 자유를 얻는다. 빈센트의 말을 들어 보자.

> 선한 양심은 사람의 마음을 용기로 견고하게 하고, 원수들 앞에서 두려움을 모르게 한다. 바울은 진지하게 재판을 지켜봤다. 바울은 그들 앞에 서는 것을 두려워하지 않았다. 바울의 양심이 깨끗했기 때문이다. 아니 사실 우리는 총독인 벨릭스가 벌벌 떨었다는 내용을 읽는다. 하지만 죄수인 바울은 자신만만했다. 그 이유는 총독이 나쁜 양심을 가졌기 때문이다…… 하지만 선한 양심으로 무죄 석방된 죄수는 떨지 않고 다가올 심판을 생각하며 즐거워했다.[107]

하나님이 우리 모두에게 자신 앞에서 선한 양심의 강철과 같은 용기를 갖도록 허락해 주시기를 바란다.

---

105) Thomas Watson, *The Ten Commandments* (1692, 재판, Edinburgh: Banner of Truth, 2000), pp. 230~236.

106) "Rev. Richard Rogers," *RootsWeb.com*, http://freepages.genealogy.rootsweb.ancestry.com/~nyterry/rogers/richard1/richard1.html, 2010년 6월 14일 접속. M. M. Knappen 편집, *Two Elizabethan Puritan Diaries by Richard Rogers and Samuel Ward* (Chicago: American Society of Church History, 1933), 34n31을 보라.

107) Vincent, *Heaven upon Earth*, p. 306.

청교도의 결의론

이사야서 50장 4절에는 이렇게 기록되어 있다.
"주 여호와께서 학자들의 혀를 내게 주사 나로 곤고한 자를 말로 어떻게 도와 줄 줄을 알게 하시고"…… 따라서 이 본문에는 그리스도의 선지자 직분의 한 가지 핵심 의무가 선포되어 있다……
하나님 말씀 속에는 연약한 자의 양심을 교정하고 진정시킬 수 있는 계시된 어떤 지식이나 교리가 있다.
– 윌리엄 퍼킨스[1] –

앞장에서 지적한 것처럼 청교도는 인간의 양심을 일깨우고 형성시키는 데 큰 관심을 가졌다. 많은 청교도가 다양한 양심 사건에 대해 책을 썼는데, 이것은 양심의 결의론(casuistry)으로 불리게 되었다.[2] 결의론은 "행해야 할 일을 행하지 않는 것에 대한 구실을 찾아내기 위해 예수회 사람들이 발전시킨 한 기법"으로 정의되었다.[3] 하지만 청교도는 이런 정의를 싫어했다. 청교도는 결의론을 성경적인 정직함을 사람이 양심이나 삶 속에서 직면하게 되는 다양한 사건에 적용시키는 도덕신학의 한 항목으로 봤다. 토머스 메릴은 "결의론은 매우 빈번하게 이론과 실천, 법과 행위, 종교와 도덕을 분리시키는 윤리적 미개척지를 열렬히 추적하는 한 방법으로 가장 잘 이해될 수 있다"고 말한다.[4] 결의론은 실천신학의 한 분야로, 그리스도인들을 날마다 그들의 삶 속에서 하나님의 임재 아래 정직하고 겸손하게, 감사하며 사는 법을 훈련시키는 것이다.

청교도의 결의론은 루터 교회의 결의론처럼[5] 개신교 종교개혁에 뿌리를 둔 필요에 반응한 결과였고, 논쟁과 목회에 기반을 두고 있다. 논쟁적 기반은 로마 가톨릭 사상에 대한 개혁파와 청교도의 대응과 관련되어 있다. 가톨릭 사상과 반대로 종교개혁자들은 하나님은 사제와 성사(聖事)의 중재를 통해서가 아니라 하나님 말씀과 성령으로 말미암아 오직 그리스도를 믿는 믿음을 통해서만 죄인들을 용서하신다고 주장했다. 이런 신념은 필수적으로 로마 가톨릭교회가 오랜 세월 동안 유럽에 도덕적

1) Thomas C. Merrill 편집, *William Perkins, 1558~1602: English Puritanist-His Pioneer Works on Casuistry: "A Discourse of Conscience" and "The Whole Treatise of Cases of Conscience"* (Nieuwkoop: B. De Graaf, 1966), pp. 87~88.

2) "결의론"(casuistry)이라는 말은 "casual"처럼 첫째 음절에 강세를 두고 발음한다. *KA-zhoo-iss-tree*에서 KA에 강세를 두는 것과 같다.

3) Elliott Rose, *Cases of Conscience: Alternatives Open to Recusants and Puritans under Elizabeth I and James I* (Cambridge: Cambridge University Press, 1975), p. 71.

4) Merrill, *William Perkins, 1558~1602: English Puritanist-His Pioneer Works on Casuistry*, p. x.

5) 루터교회의 결의론 속에서 발견되는 청교도 결의론과의 두드러진 유사점에 대해서는 Benjamin T. G. Mayes, *Counsel and Conscience: Lutheran Casuistry and Moral Reasoning after the Reformation* (Gottingen: Vandenhoeck & Ruprecht, 2011)을 보라.

지침과 훈련을 제공하기 위해 사용한 고해 제도를 포기하게 했다.[6)]

고해 제도의 포기는 개혁파 믿음에 따라 새로 회심한 많은 사람을 당혹시켰다. 매주 한 번씩 듣는 설교는 그들의 영적, 도덕적 나침반을 유지하고 인도하는 데 충분하지 않았다. 도덕적인 기독교적 삶의 성경적 규범은 거부하는 한편, 은혜 교리는 받아들인 일부 개종자들의 경향을 반박하기 위해 울리히 츠빙글리(1484~1531년) 및 존 칼빈 같은 지도자들은 교회 권징으로 알려지게 된 것으로 설교를 보충했다. 칼빈은 "교회 권징은 그리스도의 교리를 대적해서 일어나는 자들을 억제시키고 누그러뜨리는 고삐"와 "게으른 자들에게 활동할 마음을 불러일으키는 박차"로 작용하도록 마련된 것이라고 말했다. 교회 권징의 목표는 "수치스러운 삶을 사는" 자들이 주의 만찬과 그리스도의 몸의 선한 평판을 더럽히는 것을 차단하는 데 있었다.[7)] 이런 권징은 단순한 징벌이 아니라 종교개혁자들이 그리스도의 양들의 목회를 위해 갖고 있었던 포괄적인 관심사의 한 부분이었다. 종교개혁자들의 목회적인 마음은 예컨대 칼빈의 개인 편지들[8)]이나 마르틴 부처(1491~1551년)의 논문인 『영혼의 참된 보살핌에 대해』(Concerning the True Care of Souls)[9)]에서 증명되었다. 청교도 역시 목사들이 목자로서 하나님이 자신의 언약 백성들에게 무엇을 기대하시는가와 같은 질문들에 대한 실천적 안내와 지침을 갖고 하나님의 양떼를 양육하는 데 깊은 관심을 갖고 있었다.

이번 장에서는 청교도 결의론의 발전을 살펴볼 것인데, 청교도 결의론의 아버지인 윌리엄 퍼킨스(1558~1602년)의 손에서 이루어진 태동과 체계적 전개, 17세기 초의 개화기, 1640년대에서 1670년대에 이르는 전성기, 그리고 이어서 청교도 시대 말엽의 쇠퇴기에 이르기까지 연대순으로 살펴볼 것이다.[10)]

---

6) 로마 가톨릭과 영국 국교회 결의론과 이 두 전통에 대한 청교도의 재구성에 대해서는 Norman Keith Clifford, "Casuistical Divinity in English Puritanism during the Seventeenth Century: Its Origins, Development and Significance" (철학박사학위논문, University of London, 1957), pp. 41~98, 314~318과 Ian Breward, "The Life and Thought of William Perkins" (철학박사학위논문, University of Manchester, 1963), pp. 236~277을 보라. 이 재구성을 위해 클리퍼드는 청교도가 어떻게 카운슬링 편지, 만인 제사장 직분, 영적 교제를 위한 비밀 집회와 교리 문답 교육, 교역자와의 개인적인 상담, 그리고 특히 이 논문의 핵심 주제인 다양한 논문들을 수단으로 사용했는지를 보여 준다.

7) John Calvin, *Institutes of the Christian Religion*, John T. McNeill 편집, Ford Lewis Battles 번역 (Philadelphia: Westminster Press, 1960), 2.4.12, Clifford, "Casuistical Divinity," pp. 1~3.

8) Jules Bonnet 편집, *Letters of John Calvin*, 전 4권 (Philadelphia: Presbyterian Board of Publication, 1858). 칼빈의 목회 상담 편지들의 견본은 *John Calvin: Writings on Pastoral Piety*, Elsie A. McKee 편집 (New York: Paulist Press, 2001), pp. 291~332를 보라.

9) Martin Bucer, *Concerning the True Care of Souls*, Peter Beale 번역 (독일어 번역, 1538, 영어 번역, Edinburgh: Banner of Truth Trust, 2009).

10) 청교도 결의론에 대한 이차 자료의 연구는 드물었고, 그것도 대부분 부적절했다. 언급할 가치가 있는 자료에는 다음과 같은 것들이 포함된다. William Whewell, *Lectures on the History of Moral Philosophy in England* (Cambridge: Cambridge University Press, 1852), H. Hensley Henson, *Studies in English Religion in the Seventeenth Century* (New York: E. P. Dutton, 1903), Kenneth E. Kirk, *Conscience and Its Problems: An Introduction to Casuistry* (1927, 재판, Louisville: Westminster John Knox Press, 1999), Louis B. Wright, "William Perkins: Elizabethan Apostle of Practical Divinity," *Huntington Library Quarterly* 3 (1940), pp. 171~196, John T. McNeill, "Casuistry in the Puritan Age," *Religion in Life* 12, no. 1 (1942~1943년 겨울), pp. 76~89, H. R. McAdoo, *The Structure of Caroline Moral Theology* (London: Longman's Green, 1949), Thomas Wood, *English Casuistical Divinity during the Seventeenth Century, with Special Reference to Jeremy Taylor* (London: S. P. C. K., 1952), George L. Mosse, "Puritan Political Thought and the 'Cases of Conscience,'" *Church History* 23 (1954), pp. 109~118, George L. Mosse, "The Assimilation of Machiavelli in English Thought: The Casuistry of William Perkins and William Ames," *Huntington Library Quarterly* 17, no. 4 (1954), pp. 315~326, George L. Mosse, *The Holy Pretence* (Oxford: Basil Blackwell, 1957), Clifford, "Casuistical Divinity in English Puritanism during the Seventeenth Century" Breward, "The Life and Thought of William Perkins" Rose, *Cases of Conscience; P. H. Lewis*, "The Puritan Casuistry of Prayer-Some Cases of Conscience Resolved," *The Good Fight of Faith*, Westminster Conference Papers, 1971 (London: Evangelical Press, 1972), pp. 5~22, Peter Lewis, *The Genius of Puritanism* (1975, 재

그리고 오늘날 카운슬링에 대해 청교도에게서 배우는 교훈을 언급하는 것으로 결론을 맺을 것이다.

청교도 결의론의 태동

청교도는 성찬에 참여하는 교인은 성찬 참여 행위의 성경적 기준에 책임을 져야 한다는 칼빈의 견해에 동조했다. 그러나 모든 사건이 명확한 것은 아니었기 때문에 청교도 목사들은 종종 개별적으로 사건을 종교 법원(대체로 열두 명의 목사가 참석한)에 상정해서 동료 목사들의 조언을 들었다. 이런 사건들은 소위 **양심 사건**으로 알려지게 되었다. 종교 법원 의사록은 이런 사건이 엄청나게 많았음을 보여주고, 내용을 보면 이웃 지역에 있는 교회에서 목사의 설교를 듣기 위해 자신들이 거주하는 곳에서 예배를 드리지 않아도 되는지의 문제에서 개인적인 죄를 친구에게 자복한 사람이 이제 그 죄를 공적으로 자백해야 되는지의 문제에 이르기까지 다양하다.[11] 종교 법원이 특정 사건에 대해 명확한 결론을 내릴 수 없었을 때 그들은 관례적으로 케임브리지 대학에 문제를 의뢰했다. 노먼 클리퍼드는 "케임브리지 대학에 '중대 사건'을 의뢰하는 이런 관례는 의심할 여지 없이 그 대학이 당시에 매우 탁월한 청교도 결의론자를 많이 배출했다는 것을 암시한다"고 말한다.[12]

케임브리지 지역의 이런 초기 모임에서 매우 적극적인 활동을 보인 목사 가운데 하나가 리처드 그린햄(대략, 1542~1594년)이었다. 그린햄은 케임브리지 북서쪽으로 8Km 정도 떨어진 드라이 드레이톤에서 21년 동안 사역했고, 지혜로운 영적 의사로 명성을 얻었다. 17세기의 역사가인 토머스 풀러(1608~1661년)는, 그린햄은 "눈물을 흘리며 그를 찾아온 많은 사람이……즐거운 영혼이 되어 그에게서 떠나간" 것으로 보아 "상처 입은 양심을 위로하는데" 특별한 재능을 갖고 있었다고 말한다.[13] 오늘날 학자들은 일반적으로 그린햄을 청교도 결의론의 선구자로 인정한다.

판, Grand Rapids: Soli Deo Gloria, 2009), pp. 63~136, Daniel Webber, "The Puritan Pastor as Counsellor," *The Office and Work of the Minister*, Westminster Conference Papers, 1986 (London: Westminster Conference, 1987), pp. 77~95, Timothy Keller, "Puritan Resources for Biblical Counseling," *Journal of Pastoral Practice* 9, no. 3 (1988), pp. 11~44(이 자료는 http://www.ccef.org/puritan-resources-biblical-counseling에서 입수할 수 있음. 2010년 6월 25일 접속), Margaret Sampson, "Laxity and Liberty in Seventeenth-Century English Political Thought," *Conscience and Casuistry in Early Modern Europe*, ed. Edmund Leites (Cambridge: Cambridge University Press, 1988), pp. 159~184, J. I. Packer, "The Puritan Conscience," *A Quest for Godliness: The Puritan Vision of the Christian Life* (Wheaton, Ill.: Crossway, 1990), pp. 107~122, Michael Schuldiner, *Gifts and Works: The Post-Conversion Paradigm and Spiritual Controversy in Seventeenth-Century Massachusetts* (Macon, Ga.: Mercer University Press, 1991), Keith Thomas, "Cases of Conscience in Seventeenth-Century England," *Public Duty and Private Conscience in Seventeenth-Century England: Essays Presented to G. E. Aylmer*, John Morrill, Paul Slack, & Daniel Woolf 편집 (Oxford: Clarendon Press, 1993), pp. 29~56, Ken Sarles, "The English Puritans: A Historical Paradigm of Biblical Counseling," *Introduction to Biblical Counseling: A Basic Guide to the Principles and Practice of Counseling*, John F. MacArthur Jr., Wayne A. Mack 외 지음 (Dallas: Word, 1994), pp. 21~43, Edward G. Andrew, *Conscience and Its Critics: Protestant Conscience, Enlightenment Reason, and Modern Subjectivity* (Toronto: University of Toronto Press, 2001), Theodore Dwight Bozeman, *The Precisianist Strain: Disciplinary Religion & Antinomian Backlash in Puritanism to 1638* (Chapel Hill: University of North Carolina Press, 2004), pp. 121~144, Gary Brady, "A Study of Ideas of the Conscience in Puritan Writings, 1590~1640" (신학석사학위논문, Westminster Theological Seminary, 2006). 나는 이 자료들 가운데 브리워드와 클리퍼드의 학위논문과 패커의 논문에 가장 큰 도움을 받았다.

11) Clifford, "Casuistical Divinity," pp. 4~7.
12) Clifford, "Casuistical Divinity," p. 7.
13) Thomas Fuller, *Church History of Britain*, J. S. Brewer 편집, 3판 편집 (1648, 재판, London: William Tegg, 1845), 5:192~193.

그린햄은 목회 상담의 일부를 편지로 썼고, 또 일부는 식사 자리에 함께 있던 학생들에 의해 기록되었다. 이 편지와 기록들은 나중에 "탁상 담화" 작품으로 출판되었다.[14] 이 작품들 속에서 우리는 그린햄이 "환자의 영적 상태를 세밀하게 분석하고, 적절한 치료책을 제시하는" 것을 본다. 치료책은 반드시 환자가 듣기 원하는 것으로 이루어진 것은 아니었다. 예를 들면 저명한 청교도 목사로서 십계명에 대한 작품으로 말미암아 "십계명 도드"라는 별칭을 가진 존 도드(대략, 1549~1645년)는 언젠가 양심을 짓누르는 많은 고민을 갖고 그린햄을 찾아갔다. 고민을 듣고 난 후에 그린햄은 이렇게 말했다. "여보게, 여보게, 고민이 무겁게 내리누를 때에 죄는 가벼워진다네." 도드는 이 대답을 고마워했는데, 그 이유는 통찰해 본 결과, 만일 그린햄이 자신이 예상했던 대로 자신을 동정했다면, 조언이 유익보다 해가 더 컸을 것이라는 것을 인정해야 했기 때문이다.[15] 클리퍼드는 이렇게 말한다.

> 그린햄은 죄를 다룰 때 자백을 권하고, "여러 특별하고 은밀한 죄"를 찾아내기 위해 양심을 철저히 살펴보라고 조언했다. 그는 그렇게 하는 이유가 "상처 입은 당사자를 어떻게든 그들의 고민 대상과 문젯거리로 이끌기 위함"이라고 설명한다. 죄를 뉘우치는 자가 "자신 속에서 죄를 구체적으로 직시할 수 없고", 단지 일반적으로만 볼 수 있는 사건에 있어서, 그린햄은 이렇게 생각했다. "살피고 파헤치도록 자신의 마음을 내놓을 수 있고, 자신의 삶을 더 깊이 검토해 줄 수 있는 다른 사람의 도움을 받아 자기 앞에 두어진 율법의 다양한 항목들에 대해 듣고, 그리하여 그것들로 자신의 전체 행동 과정을 점검해 볼 수 있는 것이 좋다."[16]

웨더즈필드의 교구 목사이자 브레인트리 종교 법원의 위원인 리처드 로저스(1550~1618년)도 양심 사건에 열정적인 관심을 갖고 있었다. 로저스는 그리스도인들이 겪는 다양한 양심 사건의 실천적 지침서로 『일곱 가지 권면』(Seven Treatises, 1604)을 썼다.[17] 로저스가 저술 동기를 부여받은 것은 목회적인 이유와 논쟁적인 이유였다. 목회적인 면에서 보면, 로저스는 구원을 찾고 고뇌하는 영혼들에게 대안을 제공하기 위해 글을 썼다. 논쟁적인 면에서 보면, 로저스는 "청교도의 작품은 신자들에게 주는 조언과 지침을 결여하고 있다"고 조롱한 예수회 사람들을 반박하기 위해 글을 썼다. 스티븐 에거튼은 "청교도는 이런 항의를 날카롭게 의식했다"고 말한다. 에거튼은 로저스가 "자신과 다른 사람들에게 자극을 받아 교황주의자들의 모든 매력에 대한 해독제로서 이 기독교 지침서를 쓴" 것이라고 말한다.[18]

---

14) 라이랜즈 영어판 원고 524는 Richard Greenham, *'Practical Divinity': The Works and Life of Revd Richard Greenham*, Kenneth L. Parker & Eric J. Carlson 편집 (Brookfield, Vt.: Ashgate, 1998), pp. 129~259에서 재출간되었다(원래는 그린햄이 죽은 지 5년 후인 1599년에 그의 『전집』 속에 포함되어 출판되었다). 참고, Bozeman, *The Precisianist Strain*, p. 71.

15) Clifford, "Casuistical Divinity," p. 9.

16) Clifford, "Casuistical Divinity," p. 10.

17) 리처드 로저스의 이 작품의 전체 제목은 다음과 같다. *Seven Treatises, Containing Such Direction as Is Gathered Out of Holie Scripture, Leading and Guiding to True Happiness, Both in This Life, and in the Life to Come: and May Be Called the Practise of Christianitie: Profitable for Such as Desire the Same: in Which More Particularly True Christians Learne How to Lead a Godly and Comfortable Life Every Day* (London: Felix Kyngston for Thomas Man, 1604). 이 책은 17세기에 다섯 번에 걸쳐 재출간되었지만 이후로는 없었다. 리포메이션 헤리티지 북스 출판사가 현재 출판 작업을 하고 있다.

18) Rogers, *Seven Treatises*, 페이지 매김이 없는 서언.

로저스의 『일곱 가지 권면』은 그리스도인이 다음 일곱 가지 수단을 통해 자신의 삶을 규제하는 법을 철저하게 보여 준다. 깨어 있음을 준행함, 묵상을 실천함, 에베소서 6장의 기독교적 갑주를 사용함, 기도에 종사함, 성경과 경건한 저술가들의 작품을 읽음, 감사를 표현함, 금식을 실시함.[19] 윌리엄 할러는 이렇게 말한다. "『일곱 가지 권면』은 잉글랜드 칼빈주의자의 개념, 아니 더 포괄적으로 말하면, 청교도의 개념에 입각한 영적, 도덕적 삶의 행동 법칙에 대한 최초의 중요한 해설서였다. 따라서 이 작품은 문헌이 삶의 모든 분야에 미치는 범주와 영향력을 결코 무시할 수 없음을 처음으로 보여 주었다."[20]

종교 법원의 또 다른 위원으로서 에식스, 사우스 슈버리의 교구 목사로 27년 동안 사역한 아서 덴트(1553~1607년)는 『평범한 사람이 천국에 이르는 좁은 길』을 썼다. 이 책은 순례 대화 형식으로 고투하는 영혼들에게 지침을 제시했다. 이 책의 등장인물은 네 명의 인물 곧 목사, 하나님을 경외하는 사람, 무지한 사람, 비신자로, 이들은 여행하는 동안 본성상 인간의 비참, 세상의 부패, 하나님의 자녀의 표지, 영생에 들어감의 어려움, 세상의 무지, 그리고 "회개하고 믿고 진실로 하나님께 돌아서는 모든 자에게 베푸시는 하나님의 충만한 자비를 구비한" 복음의 달콤한 약속들과 같은 종교 문제들을 서로 토론한다. 개별적인 대화는 거듭남, 교만, 간음, 탐욕, 복음의 경멸, 욕설, 거짓말, 술 취함, 게으름, 억압, 죄의 결과, 예정, 구원의 방해물, 그리스도의 재림과 같은 주제들을 다룬다. 이 책은 하나님, 죄, 구원과 관련된 양심 사건에 대해 많은 것을 가르친다.

덴트의 작품은 지금까지 저술된 청교도의 경건 서적 가운데 가장 인기 있는 한 작품이었다. 1640년경에 이 책은 25판을 찍었고, 1860년경에는 50판을 찍었다. 리처드 백스터 (1615~1691년)는 1674년에 이 작품을 "덴트의 친근한 대화 문체를 포기하고 산문으로" 개작해서 『가난한 사람의 가정 도서』(The Poor Man's Family Book)라는 제목으로 출판했다.[21] 존 번연(1628~1688년)은 생애 초기에 영적 싸움을 할 때 이 덴트의 책에 깊은 영향을 받았다.

나아가 당대에 "은의 혀를 가진 설교자"로 불린 청교도 헨리 스미스(1560~1591년)는 자신의 설교를 들으러 몰려든 수많은 곤궁한 자들의 양심을 설교를 통해 지도하고 위로하고 해결하고 권면하고 환기시켰다. 기록된 스미스의 설교는 매우 인기가 높아 17세기 초에는 설교 작품이 무려 85판 이상을 찍었다.[22]

이들은 청교도 결의론 운동의 초기 단계에 공헌한 사람들 가운데 일부다. 클리퍼드는 이 지도자들이 받은 동기 부여를 이렇게 요약한다.

> 요약하면 청교도 결의론 신학의 기원은 청교도 사상 안팎에서 압력이 가해진 것으로 추적될 수 있다. 청교도 사상 안에서는 사건에 휘말린 사람들을 면밀하게 도덕적, 영적으로 감독하는 데 지침을 제공해야 할 필요가 있었다. 청교도 사상 밖에서 청교도는 소속 신자들에게 제공할 자산을 로마 가톨릭교회와 비견할 만큼 갖고 있지 못하다는 로마 교회 논객들의 공격이 있었

---

19) Rogers, *Seven Treatises*, 도처.

20) William Haller, *The Rise of Puritanism* (New York: Columbia University Press, 1938), p. 36.

21) *Oxford Dictionary of National Biography* (Oxford: Oxford University Press, 2004), 15:844.

22) Joel R. Beeke & Randall J. Pederson, *Meet the Puritans: With a Guide to Modern Reprints* (Grand Rapids: Reformation Heritage Books, 2006), p. 545.

다. 이 두 가지 압력으로 문헌 활동이 폭발적으로 증가했다. 그 결과 유럽 전역의 개혁파 교회의 선망 대상이 될 정도로 잉글랜드 실천신학이 활성화되었다.[23)]

청교도 결의론의 아버지

리처드 그린햄의 『전집』(1595) 초판 서언에서 헨리 홀랜드가 밝힌 바에 따르면, 많은 사람이 초기 청교도 결의론자의 책을 열심히 읽었기 때문에 "양심 사건"을 포괄적이고 체계적으로 설명할 필요성이 생겼다.[24)] 케임브리지의 세인트 앤드루스 교회의 저명한 설교자였던 윌리엄 퍼킨스는 청교도 결의론을 "하나의 방법과 기법"으로 만든 최초의 인물이었다. 토머스 메릴은 "퍼킨스의 결의론은 후기의 개신교 도덕신학의 모든 작품의 본보기를 세웠기 때문에" 중요하다고 지적한다.[25)]

퍼킨스는 자기 검토와 성경적 진단을 사용해서 "양심 사건"을 다루는 방법을 가르치는 데 특별한 은사를 갖고 있었다. 많은 사람이 퍼킨스의 설교를 듣고 죄를 자각하고, 죄의 속박에서 벗어났다. 퍼킨스의 카운슬링으로 유익을 얻은 최초의 인물들 가운데 케임브리지 감옥의 죄수들이 있었다. 청교도 목사이자 전기 작가인 새뮤얼 클라크(1599~1683년)는 퍼킨스의 목회 상담의 주목할 만한 한 실례를 제시한다. 클라크는 사형 언도를 받은 한 죄수가 두려움과 공포에 떨며 교수대에 올라갔을 때 퍼킨스가 "아니! 왜요? 죽음이 두렵습니까?"라고 외쳤다고 말한다. 죄수는 죽음보다 죽음 이후에 무엇이 있는지, 그것이 더 두렵다고 고백했다. 이에 퍼킨스는 "그러면, 다시 내려 오시오. 하나님이 은혜로 당신을 강하게 하기 위해 어떤 일을 행하실지 보여 주겠소." 죄수가 내려왔을 때 죄수와 퍼킨스는 함께 손을 맞잡고 무릎을 꿇었다. 그때 퍼킨스는 "죄를 고백하는 효과적인 기도를 드렸고……가련한 죄수는 눈물을 펑펑 쏟았다." 죄수가 "지옥문까지 내려갈 정도로 충분히 낮아진" 것을 확신하고, 퍼킨스는 기도로 복음을 제시했다. 클라크는 이렇게 말한다. "죄수의 눈이 열렸고, 그래서 그는 자신의 모든 죄에 어떻게 검은 줄이 횡으로 그어져 있는지, 그리고 십자가에 못 박혀 죽으신 구주의 보혈의 빨간 줄로 자신의 모든 죄가 어떻게 삭제되었는지 보게 되었고, 그리하여 은혜로 그것을 자신의 상처 입은 양심에 적용했고, 그때 찾은 내적 위안으로 기쁨의 눈물을 소나기처럼 새롭게 쏟기 시작했다."

죄수는 무릎을 꿇은 자리에서 일어나 즐겁게 교수대로 갔고, 그리스도의 피로 얻은 구원을 증언하고, 묵묵히 죽음을 맞이했는데, 그것은 "마치 실제로 이전에 그토록 두려워했던 지옥에서 구원을 받고, 바라보던 자들이 크게 기뻐하는 가운데 천국이 그의 영혼을 받아들이기 위해 열린 것처럼" 보였다.[26)]

죽기 여러 해 전에 퍼킨스는 "주 여호와께서 학자들의 혀를 내게 주사 나로 곤고한 자를 말로 어떻게 도와 줄 줄을 알게 하시고"라는 이사야서 50장 4절을 본문으로 연속으로 설교했다. 이 본문에서 퍼킨스는 다음과 같은 교리적 명제를 이끌어 냈다. "하나님의 말씀 속에는 연약한 자의 양심을 교정하고 진정시킬 수 있는 계시된 어떤 지식이나 교리가 있다." 퍼킨스는 여기서 곤고한 자는 믿음의

---

23) Clifford, "Casuistical Divinity," p. 16.
24) Clifford, "Casuistical Divinity," pp. 16~17.
25) Merrill, *William Perkins, 1558~1602: English Puritanist-His Pioneer Works on Casuistry*, p. xx.
26) Samuel Clarke, *The Marrow of Ecclesiastical History*, 3판 편집 (London: for W. B., 1675), pp. 416~417.

확신을 결여하고 있고 하나님을 기쁘시게 하기 위해 무엇을 생각하고 행해야 할지 몰라 지쳐 있는 사람들이라고 믿었다. 이 설교와 다른 설교들을 기초로 퍼킨스는 "양심 사건"에 대한 두 논문 곧 『양심론』(1596)과 『양심 문제에 대한 총괄적 논문』(1606)을 썼다.[27]

본질상 대부분이 이론적인 내용인 첫 번째 논문 곧 『양심론』은, 조지 모스의 말에 따르면, 양심을 이렇게 묘사한다. "양심은 하나님이 인간 사이에 두신 일종의 통제 기관이다. 양심은 하나님께는 대답하고, 사람들에게는 잘못된 행동에 대해 경고 신호를 보낸다."[28] 퍼킨스가 이 논문을 쓴 것은 주로 확신 문제와 "선한 양심"을 세우는 문제에 있어 신자들을 돕기 위해서였다. 이안 브리워드는 이렇게 요약한다. "선한 양심은 무한한 가치를 지닌 보석인데, 그 이유는 고통 속에서도 즐거워하고, 외적 상황이 어떠하든지 하나님과 사람들 앞에서 담대할 수 있는 선택에 대한 확신을 사람들에게 제공하기 때문이다. 반면에 나쁜 양심은 오직 그리스도의 피로 말미암아 진정될 수 있는 심판에 대한 쓰라린 두려움을 가져온 견딜 수 없는 짐이었다."[29]

두 번째 논문 곧 『양심 문제에 대한 총괄적 논문』은 퍼킨스가 기독교 윤리의 개인적, 사회적 국면에 대해 갖고 있는 관심사에 더 초점을 맞춘다. 이 책의 목표는 양심 사건으로 불리는 불확실한 윤리 영역에 대해 성경에 기초를 둔 개혁파 지침을 제공하고, 삶의 모든 국면에서 그리스도인들이 직면하는 전형적인 도덕적 딜레마를 해결하기 위해 청교도가 성경에 기반을 둔 자기 판단으로 부른 것을 전개하는 데 있었다.

퍼킨스는 양심 사건을 세 범주로 분류했다.[30] 첫째 범주는 개인과 관련된 문제들이다. 여기에는 이런 질문이 포함된다. "나는 어떻게 구원받을 수 있는가? 내가 구원받은 것을 어떻게 확신할 수 있는가? 나는 '침체에 빠지거나 타락했을' 때 어떻게 회복할 수 있을까?" 여기서 **침체에 빠졌다**는 말은 마치 하나님이 나를 떠났고, 그러기에 뭔가 잘못되고 있는 것처럼 영적으로 황폐하다고 느끼는 메마른 시기를 보내고 있는 경우를 의미한다. 또 **타락했다**는 말은 내가 실제로 잘못을 저지르고 죄에 빠지고, 내가 어떤 상태인지 알고 있는 것을 의미한다. 나는 어떻게 하나님과 친밀한 교제를 다시 회복할 수 있을까? 또 나는 하나님을 모독하는 유혹과 같은 다양한 고뇌와 시험들을 어떻게 다루는가? 퍼킨스가 첫째 범주 아래 두는 이 모든 질문은 주님과 개인적으로 동행하는 것과 관련되어 있다.

둘째 범주는 개인의 하나님, 성경, 예배와의 관계와 관련된 문제들이다. 이런 문제는 다음과 같다. "우리는 성경 66권을 하나님의 말씀으로 갖고 있는가? 나는 성경 66권을 어떻게 정경으로 인정하는가? 나는 성경 66권이 신적 교훈을 담고 있다는 것을 어떻게 확신하는가? 나는 구약 성경의 법령과 어떻게 관련되어 있는가? 우리는 우리의 공적 예배를 어떻게 지켜야 하는가? 어떤 공적 예배가 하나님을 기쁘시게 할까?"

셋째 범주는 개인의 타인과의 관계와 관련된 문제들이다. 여기에는 사회적 덕을 계발하고, 인간관계를 유지하며, 공동체 속에서 사는 것을 비롯해서 우리 이웃을 사랑하는 것을 담은 십계명 두 번째 돌판 아래 나오는 모든 문제가 포함된다.

---

27) Republished in Merrill, *William Perkins, 1558~1602: English Puritanist-His Pioneer Works on Casuistry*.
28) Mosse, *The Holy Pretence*, p. 49.
29) Breward, "Life and Theology of Perkins," p. 235.
30) Merrill, *William Perkins, 1558~1602: English Puritanist-His Pioneer Works on Casuistry*, p. 101.

메릴은 퍼킨스는 자신의 논문 마지막 부분에서 "돈의 올바른 사용, 진실과 거짓, 올바른 여가 선용, 그리스도인의 전쟁에 대한 태도, 맹세와 약속, 적절한 옷차림, 합법적 오락, 검약"과 같은 당대에 현존하는 문제들을 다뤘다고 지적한다.[31] 퍼킨스의 목표는 로마 가톨릭교회의 목표 곧 사제들에게 죄책에 대해 고백 행위를 어느 정도 부과해야 하는지 지침을 제공하는 목표가 아니라 오히려 목사들이 "특정한 삶의 상황 속에서 어떻게 행동해야 하는가?" 또는 "나는 현재 나의 영적 관심사와 문제들 속에서 나의 영적 상태를 어떻게 생각해야 하는가?" 등을 묻는 사람들이 답변을 가질 수 있도록 돕는 데 있었다.[32]

오늘날 우리는 이 가르침 가운데 많은 부분을 개인 윤리와 사회 윤리로 부를 수 있을 것이다. 하지만 퍼킨스는 그것을 양심 사건으로 봤다. 청교도는 염려하는 신자들이 묻는 질문이 많다고 믿었는데, 그것은 그들이 하나님과 올바른 관계를 유지하는 것은 이런 질문들에 대한 올바른 답변을 갖고 있는 것과 양심을 위반하지 않는 것에 달려 있다고 알고 있기 때문이다. 만일 잘못된 답변을 갖고 있다면 여러분은 하나님과의 관계가 힘들어질 것이다. 영혼을 살피고 윤리적인 문제들에 대한 하나님의 답변을 알고 믿고 의지하게 되면, 마음과 생각에 참된 평안이 주어진다. 따라서 우리는 우리가 현대 윤리 분야에서 공부한 모든 표준과 영성 관련 질문들이 청교도 사상에서 말하는 양심 사건이었다고 확실히 말할 수 있다.[33]

생애를 마칠 때쯤 퍼킨스는 청교도 운동의 핵심 건축자가 되어 있었다. 퍼킨스는 지성, 경건, 저술, 영적 카운슬링, 소통 기법이 결합된 또 다른 개혁의 이상에 따라 17세기 청교도 사상의 분위기를 조성할 수 있었다. 퍼킨스는 개혁파의 경험적 진리와 자기 검토, 로마 가톨릭 및 아르미니우스주의의 논박에 대한 청교도 특유의 강조점을 확립했다. 퍼킨스가 죽고 처음 몇 십 년 동안 잉글랜드에서 그의 작품은 칼빈과 하인리히 불링거(1504~1575년)과 테오도루스 베자(1519~1605년)의 작품을 모두 합친 것보다 더 많이 팔렸다. H. C. 포터는 퍼킨스는 "국민 전체의 경건을 형성시켰다"고 말한다.[34]

청교도 결의론의 개화

퍼킨스의 제자들은 청교도 결의론에 대한 책을 다수 출판했다. 윌리엄 구지(1575~1653년)는 『하나님의 전신갑주』(The Whole Armour of God, 1616), 『가정의 의무에 대해』(Of Domestical Duties, 1622)와 다른 많은 유익한 책들을 썼다. 새뮤얼 클라크는 구지의 작품을 이렇게 평가했다.

> 구지는 괴로움 속에 있는 양심들을 달콤하게 위로했다. 구지는 능숙한 솜씨로 도시 곳곳에서 찾아온 고통과 시험 아래 신음하던 수많은 사람을 위로했는데, 그 가운데 많은 이들이 구지의

31) Merrill, *William Perkins, 1558~1602*, p. xx.

32) 참고, Ian Breward, "William Perkins and the Origins of Puritan Casuistry," *Faith and a Good Conscience*, Puritan Conference Papers, 1962 (1963; Stoke-on-Trent, U. K.: Tentmaker, n.d.), pp. 14~17. 양심의 자유에 대한 퍼킨스와 에임스의 견해는 L. John Van Til, *Liberty of Conscience, The History of a Puritan Idea* (Nutley, N.J.: Craig Press, 1972), pp. 11~25, 43~51을 보라.

33) 퍼킨스의 양심 관련 논문들에 대한 부정적 평가는 Rose, *Cases of Conscience*, pp. 187~194를 보라.

34) H. C. Porter, *Reformation and Reaction in Tudor Cambridge* (London: Cambridge University Press, 1958), p. 260.

수고를 통해 하나님의 복을 받아 말로 다할 수 없는 양심의 괴로움과 고통에서 벗어나 기쁨과 위로를 회복했다.[35)]

퍼킨스의 강단 사역의 또 다른 수혜자인 윌리엄 횟틀리(1583~1639년)도 실천신학 관련 작품을 여러 권 썼다. 토머스 풀러는 횟틀리는 "자신에게 찾아온 것과 같은 의심을 함께 나누고 해결하는 데 매우 유능하고, 언제든 해결할 준비가 되어 있었다"고 말한다.[36)] 리처드 백스터는 횟틀리를 "감동적인 실천신학"의 발전에 기여한 인물 속에 포함시키고, 양심 사건을 연구하기 원하는 자들은 횟틀리의 『십계명』(Ten Commandments, 1622)을 읽어 봐야 한다고 주장했다.[37)]

퍼킨스의 설교를 처음에는 무시했으나 회심한 다음에는 사랑하게 된 로버트 볼턴(1572~1631년)은 강단과 카운슬링과 다수의 작품을 통해 크게 존경받는 청교도 결의론자가 되었다. 볼턴의 전기 작가인 에드워드 배그쇼는 볼턴에 대해 이렇게 말했다.

확실히 말할 수 있는 것은 그의 사역으로 말미암아 수많은 사람이 쓰라린 고뇌 속에서 완전히 회심하거나 강하게 확신하거나 크게 위로를 받거나 했다는 것이다. 왜냐하면 볼턴은 고통받는 양심을 위로하는 탁월한 기교를 갖고 있었기 때문이다. 볼턴이 이 기교를 갖게 된 것은 부분적으로 자신이 큰 고통을 겪고, 그런 와중에서 이 기교를 부지런히 가다듬은 것이지만, 전반적으로 자신과 다른 사람들 곧 원근 각처에서, 심지어는 바다 너머에서까지, 다양한 양심 사건의 해결을 바라고 그를 찾아온 사람들이 갖고 있는 경험을 통해 얻은 것이었고, 이것이 『고통받는 양심을 올바르게 위로하기 위한 지침』(Instructions for a right comforting of afflicted Consciences)이라는 제목으로 학문적이고 경건한 논문을 쓰게 된 원인이었다.[38)]

볼턴의 『고통받는 양심을 올바르게 위로하기 위한 지침』(1626)[39)]은 내적 생명의 모든 국면-지성, 마음, 양심, 기억, 의지-에서 고통받는 신자를 위로하는 최고의 작품 가운데 하나다. 1부는 마음속에 "하늘의 위로"를 쌓으라고 권면하는 잠언 18장 14절에 기초해서 인간의 큰 필요를 증명한다. 그 부분은 무관심하는 자, 육욕주의자, 신실한 설교를 반대하는 자에게 권면한다. 그리고 계속해서 상처 입은 양심의 견딜 수 없는 상태를 묘사한다. 또 어떤 이들은 왜 항상 죄의 고통을 느끼지 못하는지를 설명하고, 죄를 반대하는 20가지의 설득력 있는 논증을 제공한다. 2부는 죄에 대해 슬퍼하지 않거나 그릇된 이유로 죄를 슬퍼하는 자들을 위로하는 것이 어떻게 잘못되어 있는지를 증명한다. 그리고 목사들이 이런 사람들을 위로하는 법을 설명한다. 곧 너무 적게 위로하거나 너무 많이 위로해서는 안 된다고 설명한다. 볼턴은 계속해서 고통받는 양심을 치료하는 올바른 방법과 방도를 설명한다. 3부는

35) Samuel Clarke, *A Collection of the Lives of Ten Eminent Divines* (London: for William Miller, 1662), p. 114.
36) Thomas Fuller, *Abel Redevivus* (1651, 재판, London: William Tegg, 1867), p. 593.
37) Richard Baxter, *A Christian Directory: or A Sum of Practical Theology*, in *The Practical Works of the Rev. Richard Baxter*, William Orme 편집 (London: James Duncan, 1830), 5:587.
38) Edward Bagshawe, *The Life and Death of Mr. Bolton* (London: George Miller, 1635), pp. 19~20.
39) Robert Bolton, *Instructions for Comforting Afflicted Consciences* (1626, 재판, Morgan, Pa.: Soli Deo Gloria, 1991).

성경과 은혜의 표지를 통해 우리 외부와 내부에서 일어나는 위로의 방도를 설명한다. 또 이 부분은 이 표지를 어떻게 확인할 수 있는지도 언급한다. 또한 양심의 병폐와 각 병폐를 고치는 다양한 방도 역시 다룬다. 여기서 볼턴은 특별히 고통받는 영혼을 다루는 데 요구되는 도움을 제공한다. 대부분의 조언은 고통받는 신자들과 상담하는 기간에 줄곧 흘러나온다.

볼턴은 또 『하나님과 편안하게 동행하는 법에 대한 일반 지침』[40]을 출판했다. 볼턴은 이 책을 처음에 자신의 지침서로 사용하려고 썼다. 이 작품은 두 부분 곧 "일반적 준비"와 "특수적 지침"으로 나눠져 있다. 첫째 부분에서는 죄가 영혼을 지배하지 못하도록 가로막는 열 가지 방도를 고찰했다. "사랑하는 죄를 포기하라. 위선을 미워하라. 자기부인을 실천하라. 믿음의 삶을 살라. 기독교의 올바른 개념을 구축하라. 세속화를 방비하라. 하나님의 사랑으로 따뜻해지라. 하나님과의 화목을 소중히 여기라. 마음을 지키라. 미래의 복에 대해 묵상하라." 둘째 부분에서는 가정을 돌보고, 혀를 길들이고, 삶의 모든 행동을 잘 관리하는 것과 같은 그리스도인의 의무를 설명했다. J. I. 패커는 볼턴의 이 두 권의 책에 대해 이렇게 말했다. "리처드 백스터는 한 세대 이후에 이 모든 근거를 훨씬 상세히, 그리고 더 큰 사고력으로 검토했지만 볼턴은 백스터에게는 없는 경험적 따스함과 깊이를 보여 주고, 때로는 백스터를 능가한다."[41]

퍼킨스의 가장 유명한 제자는 윌리엄 에임스(1576~1633년)였다. 에임스는 『양심의 능력과 사건』(첫 출판은 라틴어로 1630년에 이루어졌고, 영어로는 1639년에 출판됨)을 썼다.[42] 하버드 대학의 역사가 새뮤얼 모리슨은 청교도 결의론을 다룬 이 중요한 작품을 "청교도 도덕의 가장 가치 있는 자료 가운데 하나"로 규정한다.[43] 이 책은 30년도 안 되어 거의 20판을 찍었다.

에임스는 서언에서 젊은 시절에 퍼킨스가 양심 사건을 다루는 청교도의 방식에 대해 상술하는 것을 자신이 어떻게 들었는지에 대해 말했다. 그때 받은 가르침이 그의 인생과 사역을 결정했다. 에임스의 결의론은 퍼킨스의 결의론보다 자신의 신학에 더 충실하다. 퍼킨스는 중세의 양심 사건 신학에 더 의존했지만 에임스는 말씀 중심의 양심 사건 신학을 더 깊이 전개했고, 이것은 그가 십계명의 구조에 따라 인간의 하나님에 대한 순종을 상술하는 데서 가장 잘 증명된다.

에임스의 『양심의 능력과 사건』은 그의 가장 유명한 책 『신학의 정수』 2권에 대한 일종의 주석이다. 에임스 자신이 그렇게 말한다. "만일 실천 문제들, 특히 이 『신학의 정수』의 후반부의 문제들을 더 잘 설명하기를 바라는 자들이 있다면, 별일이 없는 한, 특별한 논문 곧 보통 '양심 사건'으로 불리는 문제들을 다루는 글에서 그들을 만족시키려고 할 것이다."[44]

다섯 권의 책을 묶은 『양심의 능력과 사건』은 양심의 본질에 대한 이론적인 설명에서 매우 실천적인 적용 문제로 이동한다. 이 책의 핵심 내용은 먼저 1622년에 에임스가 프라네커르 대학에서 신학

---

40) Robert Bolton, *General Directions for a Comfortable Walking with God* (1626, 재판, Morgan, Pa.: Soli Deo Gloria, 1995).

41) J. I. Packer, "Robert Bolton," *The Encyclopedia of Christianity*, Gary Cohen 편집 (Marshallton, Del.: The National Foundation for Christian Education, 1968), 2:131.

42) 에임스와 그의 가장 유명한 작품에 대한 기본적 서론은 Joel R. Beeke & Jan Van Vliet, "*The Marrow of Theology by William Ames* (1576~1633)," *The Devoted Life: An Invitation to the Puritan Classics*, Kelly M. Kapic & Randall C. Gleason 편집 (Downers Grove, Ill.: InterVarsity, 2004), pp. 52~65를 보라.

43) Samuel Eliot Morison, "Those Misunderstood Puritans," *Revisionist History: Beyond the Gatekeepers* website, http://www.revisionisthistory.org/puritan1.html(2011년 2월 4일 접속).

44) William Ames, *The Marrow of Theology*, John D. Eusden 번역 (Grand Rapids: Baker, 1968), p. 70.

박사 학위를 취득하기 위해 쓴 38개의 논제와 4개의 추론을 변증할 때 이미 밝혀진 것이다. 8년 후에 에임스는 도덕신학 작품을 출판했다. 자신의 『기독교 지침서』(Christian Directory)의 기초를 에임스의 결의론에 둔 리처드 백스터는 퍼킨스는 개혁과 결의론을 촉진시키는 데 중대한 공헌을 했으나 "에임스가 모두를 능가했다"고 말했다.[45)]

에임스의 작품을 뒤이어 청교도의 양심 견해를 평신도에게 대중화하는 데 기여한 책이 윌리엄 페너(1600~1640년)의 『하나님 앞에서 영혼의 지위를 생생하게 보여 주는 영혼의 거울: 양심에 대한 논문, 양심의 정의와 특징에 대한 설명과 다양한 양심 사건 연구』(1643)였다. 이 논문은 로마서 2장 15절을 상술하고, 양심은 항상 우리를 고발하거나 우리를 위해 변론함으로써 우리에게 증언한다는 사실을 강조했다. 페너는 하나님의 도덕법과 인간의 양심 간의 관계를 연결시키는 데 특별히 도움을 주고 있다. "양심의 끈은 하나님의 율법"이라고 페너는 말했다. 하나님의 율법은 우리의 양심을 하나님 자신 및 하나님의 말씀과 묶는데, 이것은 우리가 정부 지도자 및 다른 인간적 권세에 매이는 것보다 훨씬 긴밀하다.[46)]

페너는 양심의 일차 끈과 이차 끈을 구분했다. 일차 끈은 하나님의 특별 계시인데, 그 이유는 오직 하나님만이 우리의 양심을 묶는 최고의 권세를 갖고 계시기 때문이다. 페너는 말씀의 신실한 선포와 성례의 거행이 우리의 양심을 강하게 묶는다는 사실을 강조했다. 페너는 특별히 세례가 "양심을 매우 강하게 묶는 끈"이라는 것을 대다수 청교도보다 더 크게 강조하면서 이렇게 주장했다. "안에 살고 있는 죄 가운데……여러분이 세례를 받을 때 하나님께 했던 서약에 반하는 성례전적 위반이 아닌 경우는 없다."[47)]

이차 끈은 그리스도인이 남편, 아버지, 학교 선생, 부모, 통치자나 고용주에게 복종하라고 요구를 받을 때 갖게 되는 섭리적, 자발적인 인간관계와 관련되어 있다. 이 권세를 가진 자들은 우리 양심을 묶기는 하지만, 단지 그들이 하나님과 하나님의 법에 의해 권세가 주어지는 경우에 한에서만 가능하고, 그리스도의 법 및 복음에 반하는 방식으로 묶을 수는 없다.[48)] 페너는 교회와 국가의 폭정을 허용하는 데 있어 존 녹스(대략, 1505~1572년)보다 더 조심했다. 페너는 인간적 권세에 대해 이렇게 말했다.

> 우리는 능동적으로나 수동적으로 이런저런 방식으로 그들에게 복종해야 한다. 그들이 우리에게 합법적인 것을 행하라고 명령할 때 우리는 명령에 따름으로써 그들에게 순종해야 한다. 그들이 우리에게 불법적인 것을 행하라고 명령하고 처벌로 위협할 때 우리는 그들이 하나님에 반하여 명령하는 것이므로 명령에 따름으로써 그들에게 능동적으로 복종할 수 없다. 대신 우리는 그들의 형벌을 받아들이고 굴복함으로써 수동적으로 순종해야 한다. 왜냐하면 주님이 우리를 지배할 권세를 그들에게 주셨기 때문이다.[49)]

---

45) Baxter, *Christian Directory*, in *Works*, 2:viii. 에임스의 『양심론』의 내용에 대해서는 위의 3장을 보라.
46) William Fenner, *The Souls Looking-Glasse*··· (Cambridge: Roger Daniel, for John Rothwell, 1643), pp. 175~206.
47) Fenner, *Souls Looking-Glasse*, pp. 209, 210.
48) Fenner, *Souls Looking-Glasse*, pp. 196~199.
49) Fenner, *Souls Looking-Glasse*, p. 200.

청교도 결의론의 충분함

1640년대 말엽에 청교도 결의론은 목회 사역의 필수 요소로서, 웨스트민스터 총회 신학자들은 목사 후보생에게 "양심 사건이 자신에게 제안되었을 경우에 관련 성경 본문의 의미에 따라 사건을 설명하는 능력"을 시험받을 것을 요구했다.[50] 이 절차가 얼마나 철저히 수행되었는지 알기는 어렵지만 시험 위원들이 이 시험을 통과한 목사들이 유능한 영혼의 의사가 되리라고 확신했다는 증거들은 있다.

예를 들어 보자. 1657년 7월 6일에 유명한 매튜 헨리(1662~1714년)의 아버지 필립 헨리(1631~1696년)는 일기에서 기록하기를, 슈롭셔 장로회 임명 위원의 심사를 받았을 때 "어떤 사람이 당신에게 나아와 자신의 상태에 대해 '오, 목사님, 저는 틀렸습니다. 은혜의 수단을 기다리는 데 아무 목적이 없습니다. 나는 버림받은 자이고, 구원받지 못할 것입니다'라고 불만을 털어놓는다고 상정해 보라"는 질문을 받았다고 했다. 필립 헨리는 이렇게 대답했다. "저는 그의 소전제[삼단논법]를 부인하고, 그에게 사람은 자신의 선택을 알 수 없지만 자신의 유기도 [알] 수 없다는 것을 보여줄 것입니다." 그때 한 위원이 이렇게 반론을 제기했다. "하지만 그가 이렇게 대답할 것을 상상해 보라. '나는 유기된 자의 표지 곧 큰 죄책감, 완고한 마음, 마비된 양심을 갖고 있습니다.'" 이에 굴하지 않고 헨리는 이렇게 대답했다. "저는 그래도 그를 확신시키려고 애쓸 것입니다. 회심하기 전에 성령을 거스르는 죄를 제외하고 유기된 자에게 속할 수 있는 것이 택함받은 자에게도 속할 수 있다고 그를 납득시키려고 애쓸 것입니다."[51]

웨스트민스터 총회 기간에 결의론 관련 책들이 쏟아져 나왔다. 당시 청교도 결의론이 매우 전문화되었기 때문에 그 가운데 많은 책이 특수 주제들에 초점을 맞췄다. 이 책들은 빈번하게 국교회 학자들의 반론을 불러 일으켰다. 예를 들어 보자. 나오자마자 이상적인 청교도의 패러다임 작품이 된 『구 잉글랜드 청교도 곧 비국교도의 성격』(Character of an Old English Puritan or Nonconformist, 1646)이라는 유명한 책의 저자인 존 게리(대략, 1601~1649년)는 1646년에 『양심 사건의 해결』(A Case of Conscience Resolved)이라는 책을 출판했는데, 이 책에서 게리는 "왕은 자신의 서약을 깨뜨리지 않으면서 선한 양심으로 감독 제도의 폐지에 동의할 수 있을 것"이라고 주장했다. 이 주장은 국교회 신자이자 철두철미한 왕당파 지지자인 에드워드 보헨(1587~대략, 1660년)의 반발을 샀다. 보헨은 『게리 씨의 양심 사건의 체질』(Mr. Geree's Case of Conscience Sifted, 1648)을 써 반박했고, 이에 게리는 신속하게 『체질하는 자들의 깨진 체』(The Sifters Sieve Broken, 1648)를 써 대응했다.[52] 또한 1648년에는 영향력 있는 『거룩한 치료법』(Therapeutica Sacra)이 등장했는데, 데이비드 딕슨(대략, 1583~1662년)이 저자였다. 데이비드 딕슨은 스코틀랜드 사람으로 글래스고와 에든버러 대학의 신학 교수였는데, 청교도 신학을 받아들였다. 『거룩한 치료법』은 거듭남과 관련된 양심 사건에 초점을 맞춘 작품이었다.[53] 클리퍼드는 딕

---

50) *A Directory for the Publique Worship of God* (London, 1651), p. 76.

51) M. H. Lee, *The Diaries and Letters of Philip Henry* (London: Kegan Paul, Trench & Co., 1887), p. 36.

52) Clifford, "Casuistical Divinity," p. 28.

53) 데이비드 디킨슨의 *Therapeutica Sacra*는 1664년에 영어로 처음 출판되었고, 마지막으로는 *Select Practical Writings of David Dickson*, 제1권 (Edinburgh: Printed for the Assembly's Committee, 1845) 속에 포함되어 재출간되었다. 영어판 부제목은 *The Method of Healing the Diseases of the Conscience Concerning Regeneration*이었다.

슨이 "언약 구조를 사용한 것은 양심 사건 처방의 중요한 발전을 보여 준다"고 말한다.[54)]

1650년대에 핵심 청교도 결의론 저술가들 가운데 하나가 런던 대화재 사건(1666년)으로 전소된 최초의 교회인 런던의 뉴 피시 스트리트 힐의 세인트 마거릿 교회의 목사인 토머스 브룩스였다. 배너 오브 트루스 트러스트 출판사에서 빈번하게 재출간된 브룩스의 작품에는 1653년에 출판된 『양심 사건에 대한 숙고와 해결』(Cases Considered and Resolved)과 고전인 『사탄의 간계에 대한 보배로운 방지책』(Precious Remedies against Satan's Devices)을 비롯해서 양심 사건에 대한 여러 권의 책이 포함되어 있었다. "성경적 카운슬링에 대한 청교도의 자원"이라는 논문에서 팀 켈러는 『사탄의 간계에 대한 보배로운 방지책』을 다음과 같이 적절하게 요약한다.

> 브룩스는 열두 가지 형태의 시험, 여덟 가지의 다양한 낙심, 여덟 가지 종류의 침체, 네 가지의 영적 교만을 다룬다! 브룩스의 "시험" 부분은 죄에 둘러싸여 고투하는 자, 특히 탐닉과 싸우는 자에게 주어진다……"낙심" 부분은 '신경 쇠약'과 걱정, 근심, 실망으로 고생하는 자에게 적용된다……"침체" 부분은 주로 죄책감과 "낮은 자아상"에서 나오는 절망을 가진 자에게 할애된다. 청교도는 이 상태를 양심과 마귀가 실패와 죄에 대해 사람을 공격하는 "고발"로 불렀다……마지막으로 "교만" 부분은 이 중대한 죄의 다양한 형태를 다룬다. 이 부분은 물질주의, 권력욕, 지적 오만, 무지와 야성에 대한 사랑, 신랄함, 질시 사건들을 언급한다.[55)]

17세기의 지성 혁명의 핵심 인물인 새뮤얼 하트립(대략, 1600~1662년)은 1658년에 『외국 개신교인, 신학자 및 다른 사람들의 간절한 열망: 이 세 국가의 목사와 다른 유능한 그리스도인들에게, 실천신학 및 양심 사건의 온전한 체계를 위해』(The Earnest Breathings of Foreign Protestants, Divines and Others: To the Ministers and Other Able Christians of These Three Nations, for a Compleat Body of Practicall Divinity, and Cases)라는 제목으로 청교도의 편지와 소책자를 묶은 작은 모음집을 편집했다. 하트립은 결의론자를 자처하지 않았지만 이 책은 결의론을 지지했다. 왜냐하면 이 책은 잉글랜드에서 포괄적인 실천신학 체계를 창출하려는 시도가 있었음을 국제 개혁파 공동체에 보여 주었기 때문이다. 하트립은 또 다른 유명한 신학자들에게도 영향을 미쳐 그들이 실천적 결의론에 대해 글을 쓰도록 했다. 그들 중에는 웨스트민스터 총회 초대 의장으로 『의심하는 양심의 해결』(Doubting Conscience Resolved, 1652년에 영어로 첫 출판)의 저자인 윌리엄 트위스(1578~1646년)와 스코틀랜드 출신으로, 영국 시민전쟁 당시 칼빈주의 목사이자 지식인이었고, 『양심 사건: 유대인을 기독교 공동체에 받아들이는 것이 합법적인지의 여부』(A Case of Conscience: Whether It Be Lawful to Admit Jews into a Christian Commonwealth, 1654)의 저자인 존 두리(1596~1680년)가 포함되어 있었다.[56)]

결의론을 발전시키는 과정에서 하트립과 두리의 궁극적 목표는 유럽의 개신교 교회들을 하나로 연합시키는 데 있었다.[57)] 이 목표를 달성하기 위해 그들은 또 "모든 개신교 대학에서 실천신학 문제

---

54) Clifford, "Casuistical Divinity," pp. 27~28.
55) Keller, "Puritan Resources for Biblical Counseling," p. 3.
56) Clifford, "Casuistical Divinity," pp. 28~29.
57) 참고, Gunnar Westin, *Negotiations about Church Unity, 1628~1634* (Uppsala, Sweden: A.-B. Lundequistska, 1932), Karl Brauer, *Die Unionstdtigkeit John Duries unter dem Protektorat Cromwells* (Marburg, 1907).

를 다루고, 그 일에만 온전히 종사하는 정식 교수가 있었으면 좋겠다"는 윌리엄 에임스의 소원을 이루려고 애썼다.[58] 이 목표를 이루기 위해 그들은 런던데리의 주교인 조지 다우네임(1560~1634년)의 뒤를 이어 트리니티 칼리지의 부학장이 된 아마의 대주교 제임스 어셔(1581~1656년)를 참여시켰다. 다우네임은 건강이 좋지 않아 이 목표를 충분히 진척시킬 수 없었기 때문이다. 결국 이 목표는 실현되지 못했지만, 클리퍼드는 그것이 "완전히 실패한 것은 아니었는데, 그 이유는 새뮤얼 클라크와 리처드 백스터가 그 구조와 실패를 그들이 이 주제에 대해 작품을 쓰는 작업을 추진하게 된 핵심 이유 가운데 하나로 언급하기 때문"이라고 말한다.[59]

청교도 목사이자 저술가인 새뮤얼 클라크는 1659년에 『신학의 정수』, 『황금 사과』(Golden Apples), 『점성술과 관련된 다양한 양심 사건』(Several Cases of Conscience Concerning Astrologie)이라는 세 논문을 썼다. 첫째 책은 당시에 양심 사건을 다룬 책 가운데 가장 방대한 책이었다. 1683년에 출판된 자서전에서 클라크는 이 세 책은 출판할 계획을 갖고 있는 방대한, 한 권의 책의 일부라고 말했다. 하지만 이 방대한 책은 그가 죽고 몇 달 뒤에 출판되었다.[60]

크리플게이트 아침 모임도 1659년에 시작되었다. 이 모임은 아침 일찍 저명한 청교도 설교자들이 다양한 양심 사건에 대해 설교를 전하는 모임이었는데, 이 설교에는 이런 제목의 설교가 포함되어 있었다. "우리는 진지한 경건이 환상보다 낫다는 것을 어떻게 경험할 수 있고, 또 다른 사람들에게 증명할 수 있는가?" "우울증과 지나친 슬픔에 대한 최고의 예방법은 무엇일까?" 수많은 사람이 일하러 나가기 전에 이 설교를 들으러 모여들었다. 나중에 이 설교들은 네 권의 책으로 출판되었고(1661~1690년), 이 네 권의 책은 최근에 『청교도의 설교, 1659~1689』(Puritan Sermons)의 처음 네 권에 담겨 재출간되었다.[61]

리처드 백스터는 통일령으로 강제 은퇴한 1664년에 『기독교 지침서』를 쓰기 시작했다. 이 책은 신자의 삶과 실천적 결의론 신학에 대해 날카로운 통찰력을 보여 준다. 이 포괄적인 개관에서 백스터는 사람의 하나님 앞에서의 삶을 규제하고, 가족 관계의 의무를 수행하고, 교회의 삶의 책임을 감당하고, 이웃 및 관리들과 정직하게 사는 법에 대한 지침들을 제시한다. 청교도의 실천신학 작품 가운데 이 작품을 능가하는 것은 없었다. 이 작품은 지금까지 저술된 책 가운데 가장 실천적이고 가장 유익한 성경적 카운슬링 교재 가운데 하나다. 백만 단어가 담긴 이 책은 인기 작품이 되기에는 너무나 방대했지만 17세기 남은 기간 같은 종류의 다른 모든 책을 독보적으로 압도하고, 여러 면에서 오늘날에도 여전히 매우 유용한 책이다.

백스터는 대주교 제임스 어셔에게 왜 책을 쓰는지 질문을 받았다.[62] 백스터는 특별히 다음과 같은 이유로 젊은 목회자, 가정 예배를 인도하는 아버지를 염두에 두고 이 책을 썼다.

---

58) Samuel Hartlib, *The Earnest Breathings of Foreign Protestants, Divines, and Others* (London, 1658), 페이지 매김이 없는 서언.

59) Clifford, "Casuistical Divinity," pp. 31~33.

60) Clifford, "Casuistical Divinity," pp. 33~34, Samuel Clarke, "Autobiography," *Lives of Sundry Eminent Persons in This Later Age* (London: for Thomas Simmons, 1683), pp. 3~11.

61) *Puritan Sermons, 1659~1689* (Wheaton, Ill.: Richard Owen Roberts, 1981). 이 책은 전 6권으로 재출간되지만 5권은 청교도 조직신학을 편집한 책이고, 6권은 로마 가톨릭 사상을 논박하는 책이다(Beeke & Pederson, *Meet the Puritans*, pp. 637~639를 보라).

62) Richard Baxter, *A Call to the Unconverted* (London: R. W. for Nevil Simmons, 1658)의 서언.

(1) 젊고 아직 구비되지 못하고 경험이 없는 목사들이 다뤄야 하는 주제들에 대한 실제 해답과 지침을 위해 참고서로 옆에 두고 볼 수 있도록……(2) 어느 때든 사건이 요구할 때 가족에게 조금씩 읽어 주면 사려 깊은 가장들에게 도움이 될 것으로 생각되기 때문에……(3) 모든 것을 기억하고 필요로 할 때마다 이런 특정 사실들을 모두 기억할 수 있는 것이 기대되지 않으므로 개개의 그리스도인들이 일반적으로 의심에 대한 지침과 해답을 옆에 두고 있는 것이 무익하지 않을 것으로 생각되기 때문이다.[63]

1670년대에 또 두 권의 논문이 출판되었다. 조지프 얼라인(1634~1668년)의 『양심 사건을 만족스럽게 해결함』(Cases Satisfactorily Resolved, 1672)과 나다니엘 빈센트의 『지상천국: 양심에 대한 강론』(Heaven upon Earth: or, A Discourse Concerning Conscience, 1676)이 그것이다.[64]

청교도 결의론의 쇠퇴

청교도 결의론은 17세기 마지막 20년 동안 쇠퇴했다. 간헐적으로 아이작 와츠(1674~1748년)나 조나단 에드워즈(1703~1758년)와 같은 신학자들이 18세기에도 계속 결의론 책을 썼지만 그들은 역설적으로 이 쇠퇴를 증명했다.[65] 흥미롭게도 청교도로 분류될 수 없는 와츠는 1731년에 쓴 자신의 책에 『그리스도인들 속에서 실천적 신앙의 부흥을 위한 겸손한 시도』(An Humble Attempt toward the Revival of Practical Religion among Christians)라는 제목을 붙였는데, 이것은 당시에 결의론 신학이 크게 쇠퇴했다는 것을 암시했다.[66] 클리퍼드는 이 쇠퇴 원인을 적어도 부분적으로는 "이신론의 발흥, 소키누스주의 및 아르미니우스주의와의 싸움, 양심 관념의 타당성에 대한 홉스와 로크의 공격으로 돌리는데, [이것들이] 모두 하나로 뭉쳐 [결의론의] 전개와 지속적 발전에 적합하지 않은 지적, 종교적 분위기를 만들었다"고 본다.[67] 1740년대 초 대각성 기간에 특히 테오도어 프레링후이젠(1691~1747년) 및 조지 휫필드(1714~1770년)와 같은 인물들을 통해 실천신학에 큰 부흥이 일어났다. 하지만 이 부흥도 곧 사그라졌다. 청교도 결의론의 형식과 방법은 결코 제대로 부흥하지 못했다.

지금까지 청교도 시대에 전개된 청교도 결의론의 발전 과정을 추적해 봤으므로, 이제는 현대의 그리스도인들, 특히 목사, 장로, 집사, 교사, 전문 카운슬러, 부모와 같이 타인에게 조언을 주는 자들에게 몇 가지 적용할 사실을 결론으로 제시하려고 한다.

---

63) Baxter, *Christian Directory*, in *Works*, 2:viii~ix.

64) 우리가 여기서 다루기에는 지면이 부족한 청교도의 결의론 관련 책들이 20여 권이나 있다. 예를 들면 Thomas Fuller, *The Cause and Cure of a Wounded Conscience* (London: G. D. for John Williams, 1649)와 James Durham, *Heaven upon Earth in the Sure Tranquility and Quiet Composure of a Good Conscience; Sprinkled with the Blood of Jesus*, John Carstairs 편집 (Edinburgh: A. Anderson, 1685)이 그것이다.

65) 에드워즈의 설교에서 특별히 적용 부분을 보라.

66) Isaac Watts, *An Humble Attempt toward the Revival of Practical Religion among Christians* (London: for E. Matthews, R. Ford, and R. Hett, 1731).

67) Clifford, "Casuistical Divinity," p. 40.

오늘날 목회 상담을 위한 실천적 교훈

과거 반세기 동안 청교도 작품들을 재출간하려는 노력이 광범하게 있었던 탓에 청교도 결의론의 자산이 그리스도인 독자, 특히 설교, 가르침, 카운슬링에 종사하는 자들에게 다시 한 번 도움이 되고 있다. 우리의 양심과 다른 사람들에 대한 우리의 카운슬링은 청교도의 작품을 읽으면 도움이 될 것이다. 켈리는 청교도의 작품은 다음 여섯 가지 이유로 오늘날 성경적 카운슬링에 풍성한 자원이라고 말한다.

1. 청교도는 성경의 기능적 권위에 복종했다. 청교도에게 하나님 말씀은 마음의 모든 문제를 다루는 데 있어 포괄적인 교재였다.
2. 청교도는 개인적 문제들을 진단하고 다양한 육적, 영적, 기질적, 악마적 원인들을 구분하는 정교한 체계를 구축했다.
3. 청교도는 마음에 대한 성경의 가르침 외에 다른 인간의 이론은 거들떠보지도 않았기 때문에 그들의 언급은 두드러지게 균형을 이루고 있었다.
4. 청교도는 기독교적 삶의 어려움, 특히 내재하는 죄와의 싸움에 대해 현실적이었다.
5. 청교도는 행동만 주목한 것이 아니라 행동 뒤에 있는 동기와 의도를 주목했다. 사람은 하나님을 예배하는 존재로 지음을 받았다고 청교도는 말했다. 대부분의 문제는 악한 상상이나 우상숭배에서 나온다.
6. 청교도는 복음을 믿는 믿음, 죄에 대한 회개, 적절한 자기 이해의 전개를 영적 갈등의 본질적인 영적 치료제로 간주했다.[68)]

여기서 우리는 오늘날 카운슬링을 위해 청교도의 양심과 결의론에 대한 작품을 읽을 때 배울 수 있는 몇 가지 특별한 교훈을 이끌어 낼 것이다. 이것은 특별히 목회 상담에 종사하도록 종종 요청받는 목사들에게 해당된다.[69)]

영혼을 돌보는 데 적임자가 되도록 노력하라

모든 교회 지도자는 가능한 한 영적 질병을 진단하고 영적 건강에 요구되는 것을 처방하는 데 적임자가 되도록 힘써야 한다는 사실을 명심하라. 목사는 모든 설교에서 진단과 처방 능력을 다양하게 시험받을 것이다. 또한 이 능력은 목사가 행하는 모든 카운슬링으로도 시험받을 것이다. 존 오웬(1616~1683년)은 카운슬링은 세 가지 기교와 방침을 갖고 있다고 말했다. 첫째, 목사는 "나타날 다양

---

68) Keller, "Puritan Resources for Biblical Counseling," opening summary. 켈러의 다섯째 요점에 대하여 말한다면, 어떤 것들은 단순히 타락한 세상에서 타락한 피조물이 일으킨 문제점이라는 것을 지적하는 것이 유익하다. 백스터는 퍼킨스와 에드워즈가 그런 것처럼 확실히 본성적 기질로 말미암아 일어난 문제점을 인정했다.

69) 이 교훈들 가운데 몇 가지는 부분적으로 권면적 상담 학파에서 파생된 것이다. 참고, David A. Powlison, "Competent to Counsel? The History of a Conservative Protestant Antipsychiatry Movement" (철학박사학위논문, University of Pennsylvania, 1996), *The Biblical Counseling Movement: History and Context* (Greensboro, N.C.: New Growth Press, 2010).

한 사건들을 적절하게 이해할 수 있어야 한다." 둘째, 목사는 자신에게 주어진 특별한 사건들에 기꺼이 참여할 준비가 되어 있어야 한다. 셋째, 목사는 교인들에게 자신을 찾아와 털어놓도록 권장하고, 말하는 어려움을 주의 깊게 경청하고, 양심의 치유를 위해 적절한 성경적 조언을 제공해야 한다. 따라서 목사는 "육신거리는 모든 병에 맞는 약과 치료"를 제공해야 한다. 오웬은 이렇게 결론지었다. "전체 목회 직무를 이행할 때 이것보다……더 중요한 일이나 의무는 없다."[70)]

의사는 기초 생리학을 알고 있어야 한다. 의사는 건강한 사람의 육체가 어떻게 기능하는지 알고 있어야 한다. 마찬가지로 목사도 건강한 사람의 영혼이 하나님과 올바른 관계 속에서 지성과 의지와 감정의 차원이 어떻게 기능하는지 알고 있어야 한다. 목사는 또한 이런 분야들 속에서 부족한 것이 무엇인지 알아내고, 문제점을 진단하며, 치유를 위해 필요한 것을 처방할 수 있어야 한다. 피터 루이스는 이렇게 말한다.

> 청교도는 괴로워하는 마음이 지푸라기라도 잡는 심정으로 불확실한 소망을 붙잡고 있도록 만드는 애매함과 주관성을 물리치는 데 충분한 능력을 구비한 영혼의 의사였다. 청교도는 성경에 나오는 하나님 말씀을 인간의 모든 기본 상태와 필요를 다 망라할 정도로 충분히 포괄적인 것으로 믿었고, 또 책임 있는 권위를 갖고 드러난 상처에 효과적인 연고로 바르기에 충분하다고 알고 있었다.[71)]

하나님 앞에서 선한 양심에 초점을 맞추라

자아 중심이 아니라 하나님 중심이 건강한 자아상의 열쇠다. 스티븐 차녹(1628~1680년)은 세 가지 형태의 자기 사랑에 대해 말한다. 이웃에 대한 우리의 의무를 배제하는 자연적인 자기 사랑, 하나님보다 자기를 더 사랑하는 육적인 자기 사랑, 그리고 거듭날 때 주어지고, "하나님의 영광을 위해……피조물의 본성보다 더 높은 목적을 위해 자신을 사랑할 때" 나타나는 은혜로운 자기 사랑.[72)] 하나님이 우리에게 이 세 번째 형태의 자기 사랑을 훨씬 풍성하게 주시기를 바란다!

청교도 결의론자는 사람의 자기 존중에 대해서는 별로 관심을 두지 않는다. 대신 삼위 하나님과의 관계에 훨씬 큰 관심을 둔다. 곧 우리를 자신의 형상으로 존엄하게 창조하신 성부, 구속과 하나님의 자녀로서의 양자를 통해 우리의 존엄성을 회복시키시는 성자, 그리고 우리 안에 내주하면서 우리의 영과 육을 자신의 성전으로 삼으시는 성령과의 관계에 더 중점을 둔다. 그것은 삶의 어떤 국면에서는 자기 존중이 중요하지 않다는 말이 아니다. 예를 들면 사람은 얼마간 자기 존중과 자기 신뢰를 갖고 있어야 자신의 일을 충실하고 능숙하게 해낼 수 있다.[73)] 하지만 궁극적으로 삼위 하나님과 하나님의 은혜를 중심에 두지 않는 자기 존중적인 조언을 청교도는 크게 문제가 있는 것으로 봤다. 하나님의 은혜가 없으면 우리는 부패하고, 비참하고, 무가치하고, 지옥으로 향

---

70) John Owen, *The True Nature of a Gospel Church, in The Works of John Owen* (재판, Edinburgh: Banner of Truth Trust, 1965~1968), 16:86~87.

71) Lewis, *The Genius of Puritanism*, p. 20.

72) Stephen Charnock, *Discourses upon the Existence and Attributes of God* (재판, Grand Rapids: Baker, 1979), 1:136.

73) 참고, Arie Elshout, *Overcoming Spiritual Depression* (Grand Rapids: Reformation Heritage Books, 2006).

하는 존재가 되고 만다.[74)]

인간적 이론이 아니라 신적 진리로 거룩함을 촉진시키라

성화는 현대 심리학과 현대 심리학의 인간성 이론이 아니라 건전하고 실천적인 카운슬링으로 더 촉진된다. 그것은 우리가 현대 심리학 전문가들의 통찰력과 방법에 관심이 없다거나 그것이 무용지물이라는 뜻이 아니다. 사실 이 전문가들의 봉사가 필요할 때에는 그들에게 양보할 필요가 있다. 그러나 우리는 기계적으로 그렇게 해서는 안 된다. 오히려 켈러가 올바르게 지적하는 것처럼 "많은 기독교 상담가가 감정(로저스의 의뢰인 중심 접근법과 같은)이나 행동(스키너와 그의 동류들의 행동주의 접근법과 같은) 또는 '사고'(엘리스와 베크의 논리 정동 요법과 같은)를 주로 다루는 데 초점을 맞추는 세속적 방법을 반영하는 경향이 있다. 그러나 청교도는 이런 현대적 방법들 가운데 어느 것도 적합하게 보지 않는다"는 것을 기억해야 한다.[75)]

대신 청교도 설교자들은 성화를 강조했다.[76)] 그들은 신자는 왕의 거룩한 길을 감사, 섬김, 순종, 사랑, 자기 부인에 따라 걸어야 한다고 말했다.[77)] 신자는 믿음과 회개라는 쌍둥이 은혜의 지속적인 행사를 경험적으로 알아야 한다.[78)] 신자는 묵상과 하나님을 경외하는 법과 어린아이와 같이 간구하는 기도의 기술을 배워야 한다.[79)] 신자는 하나님의 은혜로 자꾸 자극을 받아 자신의 부르심과 선택을 굳게 해야 한다.[80)] 신자의 모든 관계와 활동은 거룩해야 하고, "합당한 예배"로 하나님께 바쳐져야 한다.[81)]

---

74) Elshout, *Overcoming Spiritual Depression*, 1:143. 참고, Keller, "Puritan Resources for Biblical Counseling," p. 16.

75) Keller, "Puritan Resources for Biblical Counseling," p. 8.

76) 청교도의 성화 관념을 다룬 고전은 Walter Marshall, *The Gospel Mystery of Sanctification* (1692, 재판, Grand Rapids: Reformation Heritage Books, 1999)이다. 마셜은 유효하게 성화 교리의 기초를 신자와 그리스도의 연합에 두고, 일상적인 삶의 실천적 거룩함의 필연성을 강조한다. 또한 다음 자료들도 보라. Lewis Bayly, *The Practice of Piety* (1611, 재판, Morgan, Pa.: Soli Deo Gloria, 1996), Henry Scudder, *The Christian's Daily Walk, in Holy Security and Peace*, 6판 편집 (1635, 재판, Harrisonburg, Va.: Sprinkle, 1984), Henry Scougal, *The Life of God in the Soul of Man* (1739, 재판, Harrisonburg, Va.: Sprinkle, 1986).

77) 다음 자료들을 보라. Thomas Brooks, *The Crown and Glory of Christianity: or Holiness, the Only Way to Happiness*, in *The Works of Thomas Brooks*, 제4권 (1864, 재판, Edinburgh: Banner of Truth Trust, 1980), George Downame, *The Christian's Freedom: The Doctrine of Christian Liberty* (1633, 재판, Pittsburgh, Pa.: Soli Deo Gloria, 1994), Samuel Bolton, *The True Bounds of Christian Freedom* (1645, 재판, London: Banner of Truth Trust, 1964), Jonathan Edwards, *Charity and Its Fruits* (1852, 재판, London: Banner of Truth Trust, 1969), Thomas Watson, *The Duty of Self-Denial* (1675, 재판, Morgan, Pa.: Soli Deo Gloria, 1995), pp. 1~37.

78) Samuel Ward, *The Life of Faith*, 3판 편집 (London: Augustine Mathews, 1622); Thomas Watson, *The Doctrine of Repentance* (1668, 재판, Edinburgh: Banner of Truth Trust, 1987)를 보라.

79) 다음 자료들을 보라. Nathanael Ranew, *Solitude Improved by Divine Meditation* (1670, 재판, Morgan, Pa.: Soli Deo Gloria, 1995), Jeremiah Burroughs, *Gospel Fear* (1647, 재판, Pittsburgh, Pa.: Soli Deo Gloria, 1991), Thomas Cobbet, *Gospel Incense, or A Practical Treatise on Prayer* (1657, 재판, Pittsburgh, Pa.: Soli Deo Gloria, 1993), John Bunyan, *Prayer* (London: Banner of Truth Trust, 1965), John Preston, Nathaniel Vincent, Samuel Lee, *The Puritans on Prayer* (Morgan, Pa.: Soli Deo Gloria, 1995).

80) William Perkins, *A Commentarie or Exposition upon the Five First Chapters of the Epistle to the Galatians*, comment on Galatians 1:15~17, *The Workes of That Famous and Worthy Minister of Christ, in the Universitie of Cambridge M. William Perkins* (London: John Legatt, 1612~1613), 2:177. Anthony Burgess, *Spiritual Refining* (1652, 재판, Ames, Iowa: International Outreach, 1990), pp. 643~674.

81) 참고, Wilhelmus a Brakel, *The Christian's Reasonable Service*, 전 4권, Bartel Elshout 번역, Joel R. Beeke 편집 (Grand Rapids: Reformation Heritage Books, 1992~1995).

먼저 공적 가르침을 통해 조언하고, 다음에 개인적 방문을 통해 조언하라

청교도는 성경적 카운슬링은 강단에서 시작되고, 또 주로 강단에서 행해진다고 봤다. 켄 살레스가 말하는 것처럼 "청교도의 설교는 성경 진리를 양심에 적용했기 때문에 예방적 카운슬링 형태를 가졌다."[82]

오늘날 많은 복음주의자들이 강단에서 카운슬링을 하지 않는다. 강단과 평신도 둘 다 책임이 있다. 목사가 단지 20분 정도 설교하는 경우에는 카운슬링을 제공하기가 힘들지만 평신도 역시 목사가 양심 사건을 거의 다루지 않을 때는 조언을 받는 것이 어렵다. 따라서 많은 그리스도인들이 카운슬링을 위해 강단보다 심리 상담소를 더 찾아가게 된 것은 이상하지 않다. 사람들은 하나님의 말씀이 올바로 해석되면 모든 영적 질병의 특효약이라는 사실을 알지 못하고 일대일 상담을 극성스럽게 요구한다.

청교도는 강단 카운슬링에 가정에서 행하는 개인적 심방, 영혼 카운슬링, 교리 문답 교육을 병행했다. 소문에 따르면, 조지프 얼라인은 한 주간에 여러 날 오후를 할애해서 교인들을 심방했다고 한다.[83] 리처드 백스터는 이렇게 말한다. "참으로 오랫동안 무익한 청자로 있었던 일부 무지한 사람들이 10년간의 공적 설교에서보다 반시간 정도 숨김없이 털어놓는 시간을 가질 때 더 많은 지식과 양심의 각성을 얻었다."[84] 백스터와 보조 목사들은 매주 이틀 동안 교인들을 가정으로 심방했다. 심방하는 자들은 끈기 있게 성경으로 가르치고, 시험하고, 심방하는 가족을 그리스도에게 인도하는 데 힘썼다.

우스터셔 주의 키더민스터에서 사역을 마쳤을 때 백스터는 자신의 설교를 듣고 대략 6백 명이 믿음으로 개종했는데, 그 중에 (그가 알고 있는 한) 세상의 길로 되돌아간 자는 하나도 없었다고 말했다. 패커는 이렇게 결론짓는다. "백스터는 개인적 교리 문답 교육 관습을 어린아이를 위한 예비 훈련 과정에서 단계를 높여 모든 세대가 참여하는 상설 복음 전도와 목회 상담 제도에 적용시킴으로써 청교도의 목회 이상의 발전에 중대한 공헌을 했다."[85]

청교도의 설교, 목회 상담, 교리 문답 교육을 통한 카운슬링은 시간과 기술을 요하는 일이었다.[86] 청교도는 즉석에서 이루어지는 손쉬운 회심을 추구하지 않았다. 청교도는 신자들의 마음, 지성, 의지, 감정이 그리스도를 섬기는 수준에 이를 때까지 평생 사역에 헌신했다.[87]

듣는 것 이상으로 행하라, 구체적인 지침을 주라

청교도의 카운슬링은 지시적 카운슬링이었다. 청교도는 카운슬링의 대상자들에게 경청의 필요성을 강조했다. 하지만 그럴 때에도 현대의 많은 심리학자들과 달리 해야 할 것과 그것을 행하는 방법에 대한 지침을 제공했다. 청교도 결의론에 대한 기록을 보면 지혜를 굉장히 많이 포함하고 있다.

---

82) Sarles, "The English Puritans: A Historical Paradigm of Biblical Counseling," p. 26.

83) C. Stanford, *Joseph Alleine: His Companions and Times* (London, 1861).

84) Richard Baxter, *Gidlas Salvianus: The Reformed Pastor: Shewing the Nature of the Pastoral Work* (1656, 재판, New York: Robert Carter, 1860), pp. 341~468.

85) Packer, *A Quest for Godliness*, p. 305.

86) Thomas Boston, *The Art of Manfishing: A Puritan's View of Evangelism* (재판, Fearn, Scotland: Christian Focus, 1998), pp. 14~15.

87) Thomas Hooker, *The Poor Doubting Christian Drawn to Christ* (1635, 재판, Worthington, Pa.: Maranatha, 1977).

청교도는 신자로서 해야 할 것과 그것을 행하는 방법에 대해 상세한 가르침을 제공한다. 청교도의 결의론 문헌은 기도하는 법, 묵상하는 법, 깨어 있고 확신 있는 양심을 얻는 법, 가정에서 처신하는 법, 아버지가 되는 법, 어머니가 되는 법, 하나님을 경외하는 어린이가 되는 법, 공동체 안에서 일어나는 문제들을 생각하는 법, 성경적인 의사 결정 지침을 적용하는 법처럼 매우 다양한 중대 질문들에 답변하는 데 내용을 할애하고 있다.

이런 가르침은 심리학자가 환자에게 비지시적인 경청을 요구하는 현대의 요법과 참으로 큰 차이가 있다. 카운슬링은 경청과 공감 이상의 것이다. 켈러는 이렇게 말한다. "대다수 현대의 복음적인 카운슬러는 청교도가 갖고 있던 단호함, 단도직입적 표현, 절박함을 크게 결여하고 있다. 우리는 대부분 우리 선조보다 죄에 대해 덜 말한다. 그러나 한편으로 청교도는 놀랍게도 부드럽고, 용기를 주고, 항상 카운슬러로서 하나님의 은혜를 받아들이도록 촉구하고, 세밀하게 분석되지 않는 한 문제를 '죄'로 부르지 않도록 극히 조심하는 사람들이었다. 이 점에서 청교도가 가장 좋아하는 본문 가운데 하나가 '상한 갈대를 꺾지 아니하며 꺼져가는 심지를 끄지 아니하기를'(마 12:20)이었다."[88]

감정의 탐사자로 그치지 말고 신실한 말씀 설교자가 되라

특히 목사는 신실한 말씀 설교자와 신용할 수 있는 목회 상담자가 되어야 한다. 신실한 설교자는 모든 교인이 구원받을 것이라고 가정하지 않고, 하나님의 복음의 은혜의 충만함뿐만 아니라 하나님의 복음의 경고의 엄격함도 설교하기를 주저하지 않는다. 초청과 경고는 최대한 선포되어야 한다. 필립 크레이그가 경고하는 것처럼 "냉정히 말하면, 목사는 교인에게 기독교적 신앙고백에서 떠나 신앙을 저버린 자들에 대한 하나님의 진노를 열심히 경고하지 않으면, 하나님 앞에서 선한 양심을 누리지 못할 것이다……오웬의 비유를 사용하면, 잡초는 꽃을 질식시키고, 목사는 궁극적으로 황무지의 정원사로 확인될 것이다."[89]

청교도는 "신용할 수 있는 목회 상담자는 잘 듣고, 고민을 가진 사람에게 자신의 문제점을 털어놓도록 자극하고, 그런 다음 성경적·실제적으로, 신실하게 그리고 현실적으로 어떻게 살아야 하는지를 조언하는 사람"이라고 믿었다. 이상적으로 보면, "철저히 행해져야 하는 탐사" 다음에 유능하게 성경적인 방법으로 "처방"이 이어져야 한다. 그러나 현실적으로 보면, 청교도는 또한 어떤 목사는 카운슬링에 은사가 별로 없고, 이 분야에서 목사는 만능이 아니라는 것도 알고 있었다. 청교도가 우리 시대에 살았다면, 모든 목사는 어떤 카운슬링 사건들에 있어서는, 특히 의학적 질병과 장기 침체 증상을 다루는 사건들에 있어서는 기독교 전문가의 도움을 받을 필요가 있을 것이라는 점을 인정할 것이다.[90] 목사들은 자신의 한계를 인정해야 한다. 어쨌든 심리학자, 정신과 의사, 정신 분석 전문가로서 훈련을 받은 목사는 거의 없었다.

---

88) Keller, "Puritan Resources for Biblical Counseling," p. 33. 네덜란드의 "청교도" 가운데 하나인 베르나르두스 스미테겔트(1665~1739년)는 자신의 작품 *Het Gekroote Riet* (재판, Amsterdam: H. J. Spruyt, 1947)에서 이 본문에 대해 무려 150편의 설교를 전했다.

89) Philip A. Craig, "The Bond of Grace and Duty in the Soteriology of John Owen: The Doctrine of Preparation for Grace and Glory as a Bulwark against Seventeenth-Century Anglo-American Antinomianism" (철학박사학위논문, Trinity International University, 2005), p. 38.

90) David Murray, *Christians Get Depressed Too: Hope and Help for Depressed People* (Grand Rapids: Reformation Heritage Books, 2010)을 보라.

한편 청교도는 의뢰인의 감정을 끝없이 검사하기 위해 그들을 자극하는 세속적 정신 분석가를 지지하지 않을 것이다. 세속적 정신 분석가의 카운슬링 목표는 의로인의 문제점에 대해 주님이 행하기를 바라는 것보다 인간의 감정에 훨씬 큰 초점을 맞추고, 반복해서 과거를 탐사하는 것이다. 인간적 감정이 하나님이 말씀하시는 것보다 카운슬링 시간을 더 지배한다. 대부분의 심리학은 우리는 "다른 사람들의 약점을 너무 꼬치꼬치 캐내는 것을 좋아해서는 안 된다"[91]고 말한 리처드 십스(1577~1635년)의 충고에서 크게 벗어났다. 그렇게 되면 청교도는 "고통 속에 있는 사람이 카운슬러를 지나치게 의존하는 경향을 갖게 된다"고 말한다.[92] 윌리엄 브리지(1600~1671년)는 도움을 한 가지 원천에 지나치게 크게 의존하는 것의 문제점을 경고하고, 이렇게 말한다.

> 만일 어떤 사람이 물에 빠져 익사 위험 속에 있을 때 자신을 지탱시킬 수 있는 어떤 것을 붙잡을 수 있다면 낙담하지 아니할 것이다. 그러나 둑의 풀 조각을 붙잡고 있어 그것이 곧 끊어진다면 밀려나 다시 물속에 가라앉게 될 것이다. 그리고 두려워서 꼼짝 못한다면 평소보다 더 낙심하게 될 것이다……그러므로 여러분은 시험의 때에 낙심하거나 의기소침하지 않으려면 여러분 자신의 힘으로 풀 한 조각 곧 이런저런 사람의 조언, 이런저런 특별한 수단을 붙잡지 않도록 조심하라.[93]

아무튼 잘 듣고 깊이 검사하라. 하지만 그런 후에는 철저히 조언하라. 지침과 소망과 기도를 제공하라. 지혜롭고, 성경적이고, 신용할 수 있는 목사가 되라.[94]

영혼들을 보살피는 목적은 에임스가 말한 신학의 목적과 같다. "신학은 하나님을 위해 사는 것에 대한 교리나 가르침이다……사람들은 하나님의 뜻에 따라 곧 하나님의 영광을 위해 그들 안에서 역사하시는 하나님과 함께 살 때 하나님을 위해 살게 된다."[95] 따라서 카운슬링의 중대한 수단은 그리스도의 말씀과 그리스도가 성부에게 드리는 기도이고, 이 둘은 모두 성령 안에서 이루어진다. 청교도는 하나님이 사람들 가운데 자신의 나라를 세우실 것이라는 큰 확신을 갖고 이런 수단을 사용하는 데 탁월했다. 클리퍼드는 이렇게 결론을 내린다. "우리 가운데 오랜 세월 후에 주목하고 배우러 오는 자들에게 청교도의 결의론 신학의 업적은 그들의 부지런함과 헌신적인 섬김에 있어서뿐만 아니라 우리 주님의 간절한 소원인 '뜻이 하늘에서 이루어진 것 같이 땅에서도 이루어지이다'의 직접적인 함축적 의미를 민감하게 받아들였다는 점에 있어서도 기념비로 우뚝 서 있다."[96]

---

91) Richard Sibbes, *The Bruised Reed and Smoking Flax*, in *The Complete Works of Richard Sibbes*, Alexander B. Grosart 편집 (재판, Edinburgh: Banner of Truth Trust, 2004), 1:57.

92) Webber, "The Puritan Pastor as Counsellor," pp. 92~93.

93) William Bridge, *A Lifting Up of the Downcast* (London: Banner of Truth Trust, 1961), p. 169.

94) 참고, Joel R. Beeke, "Ten Practical Guidelines for Biblical Counseling" (미출판 강연 원고, Manila, Philippines, May 2009).

95) Ames, *The Marrow of Theology*, p. 77 (1.1.1, 6).

96) Clifford, "Casuistical Divinity," pp. 319~320.

58장

청교도의 희생적 열심

기독교적 열심은 확실히 불길이다. 하지만 달콤한 불길이다.
아니 오히려 달콤한 불길의 열과 열기다.
왜냐하면 열로서의 불길은 하나님의 사랑의 불길 외에 다른 것이 아니기 때문이다.
– 조나단 에드워즈[1] –

미국의 많은 교회들이 전쟁에 참가한 군대와는 덜 닮아 보이고, 대신 안락한 의자를 더 닮아 보이고, 그 위에서 잠자는 그리스도인들이 "깨우지 마라!"고 말하고 있다. 우리 가운데 누가 이런 쇠퇴를 본 적이 없겠는가? 누가 옛날의 교회와 오늘날 우리 교회의 차이를 알 수 없겠는가? 옛날에는 그리스도인들 안에서 불이 타올랐다. 하지만 오늘날 우리 안에서 우리의 심장은 있다고 해도 거의 타오르지 않고 있다. 이전에 그리스도인들은 거룩한 열정에 이끌린 것처럼 보였다. 하지만 지금은 동기를 거의 부여받지 않는 것 같다. 옛날 그리스도인들은 죄와 싸우고, 하늘의 힘으로 거룩함을 위해 분투했다. 그러나 오늘날 우리는 죄를 매우 쉽게 묵인하고, 하나님이 우리에게 요구하시는 것을 최저한도로 행하는 것으로 만족한다.

이렇게 될 때까지 어떤 일이 일어났는가? 하나님은 변하시지 않았다. 구원 능력도 변하지 않았다. 거룩함에 대한 요청도 변하지 않았다. 원수의 위협도 변하지 않았다. 그러면 왜 그토록 많은 그리스도인들이 하나님을 위해 불타오르지 않고 잠에 곯아떨어져 있는가?

청교도 존 레이놀즈(1667~1727년)는 『거룩한 열심에 대한 강론』(A Discourse Concerning Sacred Zeal)에서 이렇게 물었다.

> 우리가 얼마나 오랫동안 기독교적 경건의 쇠퇴에 대해 형식적 불평 아래 계속 묻혀 있게 될 것인가? 우리가 얼마나 오랫동안 무익하게 신앙고백자들의 심장과 가슴에서 우러나오는 따스한 종교의 퇴각을 보게 될 것인가? 우리가 우리를 온통 뒤덮고 있는 미지근함과 퇴보에 기꺼이 굴복할 것인가? [심지어는] 진실로 경건한 자들도 자신의 종교에 무뎌져 있고 힘겨워 한다. [그리고] 마치 그들의 주님이 자신의 영광 또는 그들에 대한 자신의 약속을 상실하신 것처럼, 그들의 정해진 경주는 지쳐 헐떡이고 있다. 또는 그들은 하나님에 대한 믿음과 소망을 [잃어버렸다]……지금은 교회들 속에 중보자가 하늘에서 라오디게아 교회에 보내신 열심을 내라 회개

1) Jonathan Edwards, *The Works of Jonathan Edwards*, 제2권, *Religious Affections*, John E. Smith 편집 (New Haven, Conn.: Yale University Press, 1959), p. 352.

하라는 메시지를 선포할 때가 아닌가?[2)]

라오디게아 교회처럼 오늘날도 너무나 많은 사람이 미지근하다. 우리는 하나님의 일에 대해 열심이 없다. 오늘날 여러분은 하나님의 존귀와 영광과 거룩하심을 위한 열심을 어디서 발견하는가? 여러분은 죄를 짓는 손을 찍어 내버리고 죄를 짓는 눈을 빼어 내버리는 열심을 어디서 보는가? 온갖 장애물을 극복하고 끝까지 견디며 그리스도의 나라 확장을 위하는 열심이 어디에 있는가? 우리의 삶은 열심이 느껴지지 않고, 참된 기독교적 열심을 강화시키고 자극하는 데 필수적인 희생을 반영하고 있지도 않다.

만일 여러분이 청교도의 작품들을 읽었다면 그들의 설교, 기도, 글들이 신자들에게 "열심을 내라 회개하라", "열심을 입어 겉옷으로 삼으라", "주의 전을 사모하는 열심이 나를 삼키리라", "선한 일을 열심히 하라"(계 3:19; 사 59:17; 시 69:9; 요 2:17; 딛 2:14)고 권면하는 것을 알아차릴 수 있을 것이다. 청교도의 설교와 작품들을 통해 우리는 첫째, 열심이 무엇인지, 둘째, 열심의 특징이 무엇인지, 셋째, 열심을 촉진시키는 수단이 무엇인지, 넷째, 오늘날에 적용된 열심의 습관을 고찰할 것이다.

열심이란 무엇인가

우리는 모두 열심이 무엇인지에 대해 얼마간의 관념을 갖고 있다. 왜냐하면 우리는 모두 나름대로 열심당원이기 때문이다. 문제는 우리가 열심을 내느냐에 있는 것이 아니라 우리가 무엇에 열심을 내느냐에 있다. 열심은 우리가 좋아하는 것을 위해, 그리고 우리가 싫어하는 것에 반하여 행할 마음이 내키는 것이다. 우리는 매우 열정적으로 어떤 것 곧 가정, 직업, 집과 같은 것을 사랑하기 때문에 그것들을 위해 기꺼이 상당한 희생을 감수할 마음을 갖고 있다. 반면에 억압, 나쁜 정치적 결정이나 심각한 불의 등은 싫어한다. 열심은 "찬성과 반대"의 두 방향 길이다.

그러나 그리스도인은 단순히 일반적인 열심을 내도록 부르심을 받지 않았다. 오늘날 교회에 빠져 있는 것은 경건한 열심 곧 거룩한 열심이다. 윌리엄 페너(1600~1640년)는 이렇게 말했다. "열심은 영혼의 불이다……세상의 모든 사람이 지옥의 불 아니면 천국의 불 가운데 하나에 타오른다……열심은 영혼의 경주다. 만일 그대가 하나님을 위해 열심이 없다면 이 세상의 것을 좇아 달려가고 있는 것이다."[3)]

존 레이놀즈는 이 열심을 "하나님의 영광과 주 예수의 나라에 속해 있는 모든 것에 대해 갖고 있는 사람들의 진지한 열망과 관심"으로 정의했다.[4)] 여러분도 알다시피, 열심은 단순히 하나의 특성이나 속성이 아니다. 오히려 새뮤얼 워드(1577~1640년)가 말한 것처럼, 열심은 색깔을 덧붙이는

---

2) John Reynolds, *Zeal a Virtue: or, A Discourse Concerning Sacred Zeal* (London: John Clark, 1716), pp. 1~2. 이번 장은 최근에 나와 제임스 라 벨레가 공동 저술해서 출판한 책 *Living Zealously* (Grand Rapids: Reformation Heritage Books, 2012)에서 내용을 주로 이끌어 내고 있다. 본서의 이번 장에 포함시키도록 허락해 준 것에 대해서 그에게 감사를 전한다.

3) William Fenner, *A Treatise of the Affections* (London: A. M. for J. Rothwell, 1650), pp. 132~133.

4) Reynolds, *Discourse*, p. 18.

것이 아니라 그것에 가해지는 것이 무엇이든 윤기와 광채를 주는 광택과 같다.[5] 청교도 존 에번스(1680~1730년)는 열심을 "은혜를 행사할 때, 그리고 모든 의무를 수행할 때 우리에게 수반되는 능력"으로 봤다.[6] 페너는 "열심은 온갖 감정을 높이 끌어당기는 힘으로, 열심을 통해 마음은 온갖 감정을 힘 있게 쏟아 놓는다"고 말했다.[7]

워드는 이렇게 말했다. "일반 영어에서 열심(zeal)은 단지 열을 의미한다……열심은 성령이 사람의 마음속에 일으키는 영적 열로, 이 열은 하나님의 영광을 가장 잘 섬기고 증진시키도록 사랑, 기쁨, 소망 등의 선한 감정을 확대시킨다."[8] 열심을 냄비를 끓게 하는 불길로 생각해 보라. 열심은 하나님의 대의를 위해 감정을 펄펄 끓게 한다. 열심은 하나님의 영광과 하나님의 교회 유익을 위해 우리 감정이 타오르도록 하므로, 우리에게 활력을 주고 강제하며, 우리를 분발시키고 힘을 주며, 우리를 지시하고 지배한다. 열심을 그리스도인의 삶 속에서 모든 의무와 감정을 수반시키는 어떤 것으로 생각하라. 이안 머리는 이렇게 말한다. "열심은 한 가지 특수한 은혜가 아니라 오히려 그리스도인의 삶의 모든 부분에 영향을 미치는 특질이다. 열심이 클수록 모든 면에서 그리스도인의 영적 힘도 그만큼 더 커질 것이다."[9]

여러분은 열심이 얼마나 포괄적인지 아는가? 매우 자주 우리는 죄에 반대하는 마음의 순간적인 고조나 영혼의 일시적인 강렬한 분발을 참된 열심으로 착각한다. 그러나 열심은 우리 감정의 냄비 아래 있는 불이어야 한다. 그리스도인은 하나 또는 두 가지 일에서 열심을 내서는 안 된다. 오히려 모든 일, 모든 은혜, 모든 덕에서 그리고 온갖 악덕과 죄를 반대하는 일에 열심을 내야 한다. 올리버 볼스(사망, 1674년)는 이렇게 말했다. "열심은 하나님의 성령이 감정에 불을 붙인 거룩한 열정으로, 하나님의 영광과 교회의 유익을 위해 최대한 사람을 향상시킨다……열심은 어떤 하나의 감정이 아니라 모든 감정의 목표 단계다."[10]

이것이 오늘날 우리 교회와 우리의 마음이 결여하고 있는 열심의 형태다. 우리는 가끔 열심을 내지만 너무나 많은 남자, 여자, 아이들이 하나님의 영광을 위해 불타는 마음을 갖고 있지 못하다. 오늘날 교회의 미지근한 온도를 감안할 때, 우리는 대다수 그리스도인들이 거룩한 열심이 필수적이 아니라고 판단하고 있음을 당연히 추정할 수 있다. 여러분은 자신의 명성을 위해 열심을 내는 것만큼 하나님의 영광을 위해서도 열심을 내고 있는가? 여러분은 친구들과 대화를 나누는 데 열심을 내는 것만큼 삼위일체 하나님과 교제를 나누는 데에도 열심을 내고 있는가? 여러분은 육체의 건강을 위해 열심을 내는 것만큼 영적 건강을 위해서도 열심을 내고 있는가? 크리스토퍼 러브(1618~1651년)는 많은 사람이 "티끌 먼지를 갈망한다"(암 2:7)고 말했다. 그들은 거의 숨이 찰 정도로 세상을 추구하는 데 너무 열심을 낸다(시 59:6). 반면에 영원한 일에 대한 우리의 태도는 열정이 없기로는 스토아학파

---

5) Samuel Ward, *Sermons and Treatises* (1636, 재판, Edinburgh: Banner of Truth Trust, 1996), p. 72.

6) John Evans, "Christian Zeal," *Practical Discourses Concerning the Christian Temper: Being Thirty Eight Sermons upon the Principal Heads of Practical Religion*, 7판 편집 (London: Ware, Longman, and Johnson, 1773), 2:320.

7) Fenner, *A Treatise of the Affections*, p. 118.

8) Ward, *Sermons*, p. 72.

9) Iain H. Murray, "The Puritans on Maintaining Spiritual Zeal," *Adorning the Doctrine* (London: Westminster Conference, 1995), p. 75. 이번 장은 몇 가지 통찰력을 머리의 논문에 힘입고 있다.

10) Oliver Bowles, *Zeal for God's House Quickened* (London: Richard Bishop for Samuel Gellibrand, 1643), pp. 5~6.

사람들보다 더하다. 우리는 "땅을 위해서는 불처럼 뜨겁고 하늘을 위해서는 얼음처럼 차갑다"고 러브는 말했다. "오, 하늘을 향해서는 숨도 쉬지 않고, 땅을 갈망하는 자들이 얼마나 많을까!"[11] 우리는 하나님의 일들을 위해서가 아니라 다른 많은 일들에 열심을 내고 있다.

기독교적 열심의 특징

올리버 볼스는 "[다른] 모든 은혜와 마찬가지로 열심도 모조품을 가질 수 있고, 또 종종 모조품을 갖기 때문에" 부지런히 우리의 열심이 진짜임을 보여 주도록 하라고 권면한다.[12] 존 플라벨은 참으로 많은 영혼들이 거짓 열심 때문에 길에서 망하고 있다고 경고한다.[13] 바리새인들과 마찬가지로 사람들은 거짓 예배를 **반대하는** 것에는 열심을 내지만 참된 예배를 **위해서는** 열심을 내지 않는다. 거짓 열심은 교회를 위협하는 통탄할 오류로, 위험성이 절대로 과소평가되어서는 안 된다.

그리스도는 열매로 나무의 속성을 알 수 있다고 가르치신다(마 7:20). 따라서 여기서 참된 열심이 무엇인지 더 잘 파악하기 위해 거짓 열심의 표지를 몇 가지 살펴봐야 한다. 새뮤얼 워드는 참된 열심을 가장하고 있는 많은 이상한 불들을 세 가지로 분류할 수 있다고 말했다. 즉 가짜 열심, 맹목적 열심, 불온한 열심이다.

1. **가짜 열심**은 한 길을 바라보면서 다른 어떤 길을 추구한다. 그것은 열왕기하 10장 16절에서처럼 여호와의 영광을 보는 것을 자랑하지만, 실제로는 나라를 차지할 일을 바라보는 예후의 위선적인 열심이다. 가짜 열심은 데메드리오가 다이애나 여신을 찬양한다고 외치지만 사실은 돈을 벌기 위해 여신의 신상 모형에만 관심을 두는 것과 같은 열심이다(행 19:23~28). 가짜 열심은 하나님의 영광을 추구하는 것처럼 행세하지만 사실은 이기적인 목적을 추구하는 것이다. 이런 경우들에서 우리는 그저 믿음의 모양만 보기 때문에 단지 참된 본질이 없는 열심의 모양만 보게 된다(딤후 3:5).[14]

2. **맹목적 열심**은 로마서 10장 2절이 올바른 지식이 없이 하나님을 영화롭게 하는 것처럼 보이는 것으로 묘사하는 것이다. 이런 열심을 가진 사람들은 큰 희생을 치르지만 결국은 구덩이에 빠진다. 그들은 온갖 힘을 다 쓰지만 잘못된 방향과 잘못된 목적을 갖고 그렇게 한다. 바울은 자기를 회심시킨 주님 앞에서 맹목적 열심을 불태웠다(행 22:3~4). 워드는 이처럼 맹목적 열심을 불태우는 자들에 대해 이렇게 말한다. "마귀는 이들보다 더 나은 군사들을 갖고 있지 않다. 하지만 그들의 눈에서 눈금이 떨어지고, 그들이 하나님의 장막 안으로 들어올 때 하나님은 그들과 같은 자들을 갖고 계시지 않는다."[15]

3. **불온한 열심**은 독한 시기나 질투를 의미한다(약 3:14). 이 열심은 온갖 경계를 뛰어넘어 사람들을 태워버리는 들불이다. 이 열심은 절대로 선한 종이 아니고 악한 주인으로 군림한다.[16] 리처드 십스(1577~1635년)는

11) Christopher Love, *The Zealous Christian* (1653, 재판, Morgan, Pa.: Soli Deo Gloria, 2002), p. 15.
12) Bowles, *Zeal for God's House Quickened*, p. 27.
13) John Flavel, *Pneumatologia: A Treatise of the Soul of Man, in The Works of John Flavel* (1820, 재판, Edinburgh: Banner of Truth Trust, 1997), 3:214.
14) Ward, *Sermons*, p. 75.
15) Ward, *Sermons*, p. 76.
16) Ward, *Sermons*, p. 76.

이렇게 말했다. "사람들에 대한 참된 사랑과 결합되지 않으면 하나님의 영광을 위한 참된 열심은 없다. 그러므로 폭력적이고 유해하고 무례한 사람들에 대해 말할 때 그들이 가난한 자들을 멸시한다면 하나님을 영화롭게 한다고 말해서는 안 된다."[17]

기독교적 열심에서 나오는 거룩한 불은 거짓 열심의 이상한 불과는 완전히 다른데, 이에 대해 워드는 이렇게 말했다. "참된 열심당원의 열정은 모양이 아니라 영 안에 있고, 상황이 아니라 본질 속에 있으며, 자신이 아니라 하나님을 위해 존재하고, 기분[감정]이 아니라 말씀의 인도를 받으며, 신랄함이 아니라 사랑으로 조절된다. 이런 사람의 가치는 사람들과 천사들의 말로 선포될 수 없다."[18]

참된 열심은 모든 감정이 하나님을 위해 움직이는 신적 은혜다. 참된 열심은 뿌리에서 많은 가지가 나와 열매를 맺고, 참된 속성을 보여 주는 표지를 많이 갖고 있다. 이 표지들은 다음과 같다.

1. 하나님 중심의 열심: 열심의 창시자와 대상은 살아 계신 하나님이므로 열심 있는 그리스도인은 하나님을 위한 열렬한 사랑을 갖고 있고, 하나님의 임재를 갈망한다. 그는 하나님의 이름이 모욕당할 때 슬퍼하고, 하나님의 존귀와 대의가 방해받을 때 분노한다. 디도서 2장 14절은 그리스도가 "우리를 대신하여 자신을 주심은 모든 불법에서 우리를 속량하시고 우리를 깨끗하게 하사 선한 일을 열심히 하는 자기 백성이 되게 하려 하심이라"고 말한다. 윌리엄 페너는 이렇게 설명했다. "만약 그대가 하나님을 위해 열심을 내지 않는다면 아마 하나님 백성의 일원이 될 수 없을 것이다."[19] 하나님은 매우 영광스러우신 분이므로 열심은 하나님에 대한 사랑과 불가분리적이다. 리처드 백스터(1615~1691년)는 이렇게 말했다. "거룩한 대상들의 본질은 매우 위대하고 탁월하며, 매우 초월적이고 말할 수 없이 중요하므로 우리는 그것들을 신중하게 평가하지 않을 수 없고, 그것들을 추구할 때 열심을 갖고 추구하지 않을 수 없다…… 열심 없이 하나님을 사랑하는 것은 하나님을 사랑하지 않는 것이다. 왜냐하면 그것은 하나님을 하나님으로서 사랑하는 것이 아니기 때문이다."[20]

2. 성경적 열심: 바울이 로마서 10장 2절에서 언급하는 하나님을 위한 거짓 열심과는 반대로, 거룩한 열심은 지식을 따르고, 이것은 거룩한 열심이 성경의 법칙에 제한을 받는다는 것을 의미한다. 토머스 브룩스(1608~1680년)는 이렇게 말했다. "열심은 불과 같다. 아궁이 안에서 불은 최고의 하인 가운데 하나지만 아궁이 밖에서는 최악의 주인 가운데 하나다. 지식과 지혜를 따라 적절하게 지켜진 열심은 그리스도와 성도들에게 최고의 하인이다."[21] 참된 열심은 믿음과 삶의 유일한 법칙으로 하나님의 말씀 속에 뿌리를 두고 있다. 바리새인들은 열심이 있었으나 그들의 열심은 단지 개인적인 견해나 당파에 속한 것으로, 사람의 유전을 위한 것이다. 기독교적 열심은 말씀에 따라 지식의 규제를 받는다.

3. 자기 개혁적 열심: 토머스 브룩스는 열심은 "사람의 자아와 관련된 일들에 주로 할애되고, 그럴

---

17) Richard Sibbes, *Divine Meditations and Holy Contemplations*, in *The Works of Richard Sibbes* (1862~1865, 재판, Edinburgh: Banner of Truth Trust, 1984), 7:187.

18) Ward, *Sermons*, p. 77.

19) Fenner, *A Treatise of the Affections*, p. 124.

20) Richard Baxter, *A Christian Directory, in The Practical Works of Richard Baxter* (재판, Ligonier, Pa.: Soli Deo Gloria, 1990), 1:383.

21) Thomas Brooks, *The Unsearchable Riches of Christ*, in *The Works of Thomas Brooks* (1861~1867, 재판, Edinburgh: Banner of Truth Trust, 2001), 3:54~55.

때 가장 높은 열을 낸다"고 말했다.[22] 리처드 그린햄(대략. 1542~1594년)은 열심의 여덟 가지 속성에 대해 말할 때 바로 이 점을 말하는 것으로 시작한다. "자신에 대해 열심을 내는 것을 알지 못한 사람은 다른 것들에 대해서도 결코 열심을 낼 수 없다."[23] 그린햄은 이렇게 설명했다.

> 참된 열심이 우리 자신에게 먼저 첫 번째 돌을 던지고, 우리 자신의 눈에서 들보를 끄집어내기 때문에 우리는 남의 눈 속에 있는 티를 더 잘 끄집어낼 수 있다. 그리고 세상은 모든 사람이 다른 사람들의 부족함을 들여다보고 내밀하게 찾아볼 수 있다는 것을 비난한다. 하지만 그들은 자신 속에 있는 똑같은 부족함을 부족함으로 간주하지 않는다……우리는 다른 사람들 속에 있는 부족함에 대해서는 항의하고 그것을 끄집어내지만 우리의 양심 속에 있는 부족함에 대해서는 그렇게 하지 않는다.[24]

진지한 자기 검토에서 시작하는 것은 치명적인 위선의 오류를 방비하기 때문에 중요하다. 그린햄은 이렇게 말했다. "위선자 곧 하나님에게서 떨어져 나간 자들의 두려운 특징은 자신의 불결한 마음은 한 번도 깨끗하게 정화시키지 않고, 그들 자신의 가슴에서는 피 한 방울 흘리지 않으면서, 다른 사람들의 영역 속에 아주 깊이 들어가 그들의 양심이 처절하게 피 흘리도록 만든다는 것이다."[25]

4. **적극적 열심**: 우리는 사랑하는 하나님에 대한 지식을 갖고 복음이 우리에게 요청하는 의무에 헌신하는 데 열심을 낸다. 우리는 바쁘고 적극적으로 거룩한 공적과 실천에 계속 참여한다. 죄는 마음이 신앙적 의무에 둔감하도록 만드는데, 그것은 사도가 말하는 것처럼, "선을 행하기 원하는 나에게 악이 함께 있기"(롬 7:21) 때문이다. 그러나 브룩스가 지적하는 것처럼, "열심 있는 그리스도인은 계속 자신에게, '나는 주님께 무엇을 보답할 것인가?'라고 묻기 마련이다."[26] 열심 있는 그리스도인은 하나님이 부여하는 의무가 무엇이든지 확실히 최대한 자신의 힘을 다해, 아니 사실은 그 이상으로 수행할 준비가 되어 있고,[27] 이때 그는 주님을 의지함으로써 자신의 약함에서 힘을 이끌어 내고, 자신의 가난함에서 풍성한 은혜를 이끌어 낸다(빌 4:13; 고후 12:9~10). 에번스는 "기독교적 열심은 가정에서 보여 주는 우리의 개인적 경건으로 제한되지 않고 매우 폭넓은 범주를 갖고 있다"고 말했다. "만일 열심이 우리 자신의 포도원을 지키지 못하면서 집밖에서 사용된다면 그것은 거짓 가면이고, 정확히 하나님과 사람에게 해를 입힌다. 그러나 우리 자신의 예상되는 행위에 열심을 적절히 사용하면 사용할 분야가 얼마든지 폭넓게 있다."[28]

5. **일관된 열심**: 냉혈 동물의 몸은 주위 환경에 따라 체온이 바뀐다. 온혈 동물은 고정된 체온을 유지하려고 애쓰는 몸을 갖고 있다. 열심 있는 그리스도인은 온혈 피조물이고, 차가운 마음씨의 무감

---

22) Brooks, *Unsearchable Riches of Christ*, in *Works*, 3:55.
23) Richard Greenham, "Of Zeale," a sermon on Rev. 3:19, *The Works of that Reverend and Faithful Servant of Jesus Christ M. Richard Greenham* (1599, 팩시밀리 재판, New York: Da Capo Press, 1973), p. 118.
24) Greenham, "Of Zeale," *Works*, p. 118.
25) Greenham, "Of Zeale," *Works*, p. 118.
26) Brooks, *Unsearchable Riches of Christ*, in *Works*, 3:58~59. 참고, 왕상 8:18.
27) William Ames, *Conscience with the Power and Cases Thereof* (1639, 팩시밀리 재판, Norwood, N.J.: Walter J. Johnson, 1975), p. 56 (3.6). 이 작품은 페이지 매김이 불규칙하다. 그러므로 인용할 때 페이지 대신 책과 장의 번호를 사용할 것이다.
28) Evans, "Christian Zeal," *Practical Discourses*, 2:330.

각과 광신주의의 정열을 함께 거부한다. 통상적인 풀무의 온도를 평소보다 일곱 배나 더 뜨겁게 만든 느부갓네살의 맹목적인 격분과 달리, 열심 있는 신자는 일시적 흥분에 따라 뜨거워지는 것도 아니고, 뜨겁게 시작했다 차갑게 마치는 것도 아니라(갈 3:3) 처음부터 끝까지 일관된 온도를 유지해야 한다(히 3:14).[29] 열심 있는 신자는 현기증이나 의기소침에 굴복하지 않는다. 왜냐하면 그의 육신은 약하고 지치지만 그의 열심 있는 영혼은 여전히 의욕적이고 적극적이기 때문이다(막 14:38). 레이놀즈는 이렇게 말했다. "열심 있는 영혼은 가는 길에서 폭풍, 걸림돌, 장애물을 만날 수 있다. 하지만 그 목표와 기질은 견고하고, 만난을 무릅쓰고 끝까지 나아갈 것이다."[30]

윌리엄 베이츠(1625~1699년)는 열심의 이런 특징을 다음과 같이 설명했다.

> 우리가 거룩함이 탁월한 수준에 도달하려면 다음과 같은 조언보다 더 지배적이고 유익한 것은 없다. 곧 천국으로 가는 길에서 항상 처음 발걸음을 내딛을 때 느꼈던 것과 똑같은 열심을 갖고, 또 마지막 발걸음을 내딛을 때 가질 것과 똑같은 진지함을 가지라는 것이다. 성도들의 처음과 마지막 행동이 보통 가장 탁월하다……그러나 슬프게도 처음에 가졌던 열이 얼마나 자주 식어 버리고, 그토록 강했던 결심이 무기력하게 쇠퇴하고 마는가![31]

6. **달콤하고 온화한 열심**: 조나단 에드워즈(1703~1758년)는 우리는 하나님의 모든 군대 대장이신 예수 그리스도에게서 하나님을 위한 용감한 전사가 되는 것이 어떤 의미인지 배워야 한다고 말했다. 그리스도는 죄, 위선(외식), 거짓 가르침을 과감하게 반박하셨다. 그러나 에드워즈는 그리스도는 "우는 사자"처럼 원수들에게 둘러싸였을 때 "격렬한 감정을 전혀 드러내지 않았고" "또 사나운 폭언이 아니라" "인내, 온순함, 사랑, 용서"로 자신의 힘을 보여 주셨다는 사실을 우리에게 상기시켰다.[32] 에드워즈는 이렇게 말했다.

> 어떤 이들이 그리스도의 참된 용기의 본질에 대해 오해하는 것처럼, 그들은 기독교적 열심에 대해서도 잘못 이해한다. 확실히 열심은 불길이다. 하지만 달콤한 불길, 아니 오히려 달콤한 불길의 열과 열기다. 왜냐하면 열로서의 불길은 하나님 사랑의 불길이나 기독교적 사랑의 불길 외에 다른 것이 아니기 때문이다. 그것은 사람이나 천사의 마음속에서 존재하고, 또 존재할 수 있는 가장 달콤하고 가장 자애로운 불길이다.[33]

확실히 열심은 불길이다. 하지만 그 불길은 사랑의 불길이다. 그러므로 우리는 한편으로는 교만, 이기심, 분열적인 당파심의 파괴적인 들불을 피해야 하고, 다른 한편으로는 냉랭함, 무기력, 게으름, 무감각을 피해야 한다. 우리는 사랑으로 불타올라야 한다!

---

29) Ames, *Conscience*, p. 57 (3.6), Greenham, "Of Zeale," *Works*, p. 116.

30) Reynolds, *Discourse*, p. 67.

31) William Bates, *Spiritual Perfection Unfolded and Enforced*, in *The Whole Works of the Rev. W. Bates, D.D.*, W. Farmer 편집 (재판, Harrisonburg, Va.: Sprinkle Publications, 1990), 2:524~525.

32) Edwards, *Religious Affections*, in *Works*, 2:351.

33) Edwards, *Religious Affections*, in *Works*, 2:352.

그리고 우리는 자신이 얼마나 냉랭해졌는지를 볼 때 어떻게 해야 할까? 베이츠는 이렇게 말했다. "우리는 우리의 열심 있는 시작과 느슨해진 신앙의 실천 간의 불일치를 착잡한 눈물과 함께 기억해야 한다. 우리는 은혜가 희한하게 떨어질 때 부끄러움으로 얼굴이 빨개져야 하고, 두려움으로 몸을 떨고, 스스로를 돌아보며, 의지를 강화시켜 단호한 지조를 갖고 계속 전진해야 한다."[34)]

이상이 거짓 열심과 성령이 하나님의 일에 대해 우리 마음속에 불을 붙이는 거룩한 열심 사이를 식별하는 방법이다. 우리는 이 차이점을 유의해야 한다. 50달러짜리 가짜 지폐가 위험스러운 것은 50달러짜리 진짜 지폐와 매우 유사할 때다. 오직 숙달된 눈만이 우수한 가짜에서 진짜를 구분할 수 있다. 마찬가지로 가짜 열심도 참된 영적 열심을 꼭 닮아 있다. 우리는 참된 것과 거짓된 것을 판정할 수 있는 식별력 있는 눈을 가져야 한다.

기독교적 열심의 수단

여러분은 주위를 둘러보고 주님을 위해 열심을 내는 사람들이 거의 없다는 것을 발견할 때 열심에 대한 부르심을 무시하고, 사소한 어떤 것에 시선을 고정시키려는 유혹을 받을 것이다. 이런 반응은 우리 모두에게 통탄할 일인데, 그것은 교회가 이미 날아야 할 때인데도 불구하고 기어 다니는 성도들로 무수히 채워져 있기 때문일 뿐만 아니라 미지근함(갈 2:11~13)이 거룩한 열심만큼(고후 9:2) 전염되어 있기 때문이기도 하다.

참된 열심은 성도가 진실하게 주님께 그것을 구하고, 부지런히 그것을 유지하도록 하나님이 정하신 수단들을 충실하게 사용하는 것 이상을 넘어가지 않는다. 그것이 우리의 소명이고, 그리스도가 우리를 구속하신 이유이며, 오로지 그것만이 그리스도의 교회 미래에 소망을 제공한다(계 2:4~5, 3:2~3, 15~20).

기독교적 열심의 수단에 대해 말한다면, 그것은 이 수단이 우리가 하나님의 복으로 말미암아 악한 일들을 반대하고, 거룩한 일들을 향해서 모든 감정이 불타오르를 수 있도록 해야 한다는 것을 의미한다. 그러나 우리는 우리의 자연적 자아로는 이 일을 조금도 행할 수 없다. 왜냐하면 육체의 소욕은 성령의 소욕을 거스르기 때문이다. 육신, 죄, 마귀는 참된 기독교적 열심을 반대한다. 우리는 이 열심의 은혜를 자극하기 위해 사용할 수 있는 어떤 수단을 고려할 때 이 원수들을 조심해야 한다. 그러나 우리는 또한 존 레이놀즈가 격려하는 말을 염두에 둘 필요가 있다.

> 여러분은 지금 그리스도의 나라를 확장시키기 위해 사탄의 요새를 폭파시키고 있다. 그러므로 여러분은 지옥문이 그것을 가로막고 훼방하기 위해 최대한 발악하고, 땅에서 취할 수 있는 온갖 도구들을 사용할 수밖에 없음을 예상할 수 있다. 그러나 그것이 우리의 열심을 느슨하게 해서는 안 되고, 오히려 더 불타오르게 해야 한다. 왜냐하면 '평강의 하나님에게서 속히 사탄을 너희 발아래에서 상하게 하실' 것이기 때문이다(롬 16:20). 여러분은 만군의 주의 싸움을 싸우고, 그러므로 사람들이나 마귀들이 여러분에게 무엇을 하든지 두려워할 필요가 없다. 하나님

34) Bates, *Spiritual Perfection*, in *Works*, 2:525~526.

> 은 모든 민족이 이런저런 때에 자신의 아들에게 굴복하고 그분 안에서 복을 받게 될 것을 종종 말씀하셨고, 또 그렇게 하실 것이다. 많은 나라들이 이미 그렇게 되어 있다. 그리고 지금이 전부는 아니더라도 더 많은 나라들을 참여시킬 결정적인 시기로 보인다.[35]

확실히 지금은 준비된 추수(마 9:37~38) 시기로 하나님을 위해 열심을 내야 할 때다.

기독교적 열심을 이끌어 내는 첫째 수단은 기도다. 열심은 하나님의 은혜이므로 우리의 수고로 얻거나 돈으로 살 수 있는 것이 아니라 하나님이 주셔야 한다(약 1:17). 또 하나님의 은혜이므로, 열심은 겸손하게 그리스도의 이름으로 기도로 구해야 한다(요 16:23). 새뮤얼 워드는 이렇게 말했다. "기도와 열심은 물과 얼음과 같다. 서로가 서로를 낳는다."[36] 그러므로 우리는 우리가 먼저 열심을 받을 자격을 갖추지 못했는데도, 또는 영적 삼손처럼 하나님의 손에서 빼앗아 내려고 은혜와 씨름을 하지 않고서도, 열심이 어떻게 그토록 엄청나게 우리의 것이 될 수 있는지 놀라서는 안 된다. 오히려 우리는 하나님의 다른 모든 은혜 및 은사들을 얻는 것과 똑같은 방법으로 즉 그리스도로 말미암아 그것을 우리에게 달라고 하나님께 구함으로써 열심을 얻어야 한다. 왜냐하면 누가복음 12장 32절은 아버지께서 그 나라를 우리에게 주시기를 기뻐하신다고 말하고, 누가복음 11장 13절은 아버지께서 성령을 주실 것이라고 약속하고, 그러므로 하나님의 모든 은혜가 구하는 자에게 주어질 것이기 때문이다.

존 프레스턴(1587~1628년)은 이렇게 말했다. "하나님에 대한 사랑은 특별히 성령의 사역이다……그러므로 하나님에 대한 사랑을 얻는 길은 간절히 기도하는 것이다……우리가 스스로 주님을 사랑할 수 있는 것은 차가운 물을 열 자체로 만드는 것보다 더 불가능하다……따라서 성령이 우리 안에 사랑의 불을 일으켜야 하고, 그 불은 하늘에서 불이 지펴져야 한다. 그렇지 않으면 우리는 결코 그 불을 가질 수 없을 것이다."[37]

우리가 이 은혜를 받는 것을 방해하는 유일한 이유는 구하지 않는 것에 있다. 야고보서 4장 2절은 "너희가 얻지 못함은 구하지 아니하기 때문이요"라고 말한다. 그리고 우리가 구하는 것을 방해하는 것은 열심의 대원수인 불신앙이다. 우리가 진정으로 하나님을 위한 열심이 불타오르기를 바란다면 하나님 앞에서 우리 자신을 낮추고, 하나님의 말씀을 진리로 믿으며, 우리의 곤궁함과 하나님의 관대하심을 인정하고, 우리의 죄와 하나님의 자비와 우리의 무가치함과 하나님의 은혜를 고백하며, 주 예수로 말미암아 우리에게 이 은혜를 주셔서 우리에게 활력을 주고, 우리의 모든 감정이 우리 안에 거하시는 성령으로 말미암아 불타오르게 하셔서 우리가 우리의 모든 삶 속에서 하나님의 영광을 추구할 수 있게 해 달라고 기도해야 한다.

어떤 이들은 의심 없이 이것은 열심을 너무 손쉽게 얻는 것을 의미한다고 말할 것이다. 하지만 다른 이들은 "열심은 너무 힘든 일"이라고 말할 것이다. 그러나 그들은 하나님이 자신의 말씀에 명하시는 것을 거부하기 때문에 열심이 무엇인지 모르는 것이다. 다른 사람들은 그들 자신은 무가치하

---

35) Reynolds, *Discourse*, p. 459.

36) Ward, *Sermons*, pp. 81~82.

37) John Preston, *The Breastplate of Faith and Love* (1634, 팩시밀리 재판, Edinburgh: Banner of Truth Trust, 1979), 2:50.

고, 본질상 냉랭한 감정을 갖고 있으며, 무감각한 영을 갖고 있지만, 마음을 은혜로 채우고, 감정을 거룩한 열심으로 불타오르게 할 것이다. 왜냐하면 그들은 자신을 낮추고 구하라고 말씀하신 분을 믿었기 때문이다(히 11:6). 또 예수도 "구하라 그러면 너희에게 주실 것이요 찾으라 그러면 찾아낼 것이요 문을 두드리라 그러면 너희에게 열릴 것이니 구하는 이마다 받을 것이요 찾는 이는 찾아낼 것이요 두드리는 이에게는 열릴 것이니라"(눅 11:9~10)고 말씀하시기 때문이다. 기도를 등한시하게 되면 금방 우리 열심은 식고 말 것이다.

우리가 열심을 유지하기 위한 두 번째 수단은 하나님의 말씀이다. 워드는 이렇게 말했다. "[열심의 불이] 일단 여러분의 제단에 내려 오게 되면, 어떤 물도 그 불을 끌 수는 없지만, 통상적인 연료를 공급해서 불이 보존되도록 해야 하며, 특별히 제사장이 입으로 불이 항상 살아 있도록 해야 한다. 설교는 바로 이 목적을 위해 마련된 풀무다."[38] 말씀을 설교하는 것은 열심의 석탄에 부채질하고, 열심의 불길을 지속시키는 강력한 수단이다. 왜냐하면 설교에서 하나님이 친히 말씀하시기 때문이다. 말씀이 신실하게 선포될 때 하나님은 우리 마음에 말씀하시고, 자신의 성냥에 불을 붙이시며, 자신의 영으로 우리의 석탄에 부채질하심으로써, 우리의 열심이 새롭게 타오르게 하신다. 마찬가지로 성경을 신실하게 읽는 것도 우리 가슴 속에 있는 거룩한 불에 연료를 부음으로써 우리의 열심을 자라게 한다. 말씀은 하나님이 우리 마음속에 은혜로 주신 하나님을 위한 우리의 열정과 사랑을 북돋는다. 우리는 우리의 열심을 일으키려고 한다면 열심에 연료를 주입하는 일을 등한시해서는 안 된다. 우리가 삶의 모든 영역에서 이 은혜의 씨가 충분한 열매를 맺도록 하려면 그것이 충분히 만발하도록 경작해야 한다.

페너는 말씀을 듣고 읽는 것은 "빈번한 묵상"을 통해 열심을 일으키는 데 적용되어야 한다고 말했는데, 그 이유는 묵상할 때 열심의 불이 우리 안에서 지펴지기 때문이다(시 39:3).[39] 하나님을 위한 열심이 타오르도록 하려면 특별히 복음을 묵상하라. 십스는 이렇게 말했다. "우리가 죄에서 구원과 구속을 얻게 하는 은혜와 영광스러운 그리스도의 재림을 바라볼 때가 아니면 선행에 대한 열심이 어디서 오겠는가?……믿음으로 이 두 길을 바라볼 때 그것이 불을 붙이고, 그것이 우리로 하여금 열심내게 한다"(히 9:14).[40] 십스는 계속해서 이렇게 말했다. "그들은 그리스도의 놀라운 사랑을 액면 그대로 숙고할 때 다시 사랑으로 불타오르게 된다. 복음서에 나오는 것처럼, 많은 죄를 용서받은 여인은 그러기에 그만큼 더 많이 사랑했다……따라서 그것은 어떻게든 그리스도와 그리스도의 교회를 위해 우리의 이삭을 제물로 바치는 대가를 치를 때까지 우리를 분발시킨다."[41]

하나님을 위한 우리의 열심을 유지시키는 세 번째 수단은 하나님의 집에서 신실한 참여와 교제를 이행하는 것이다. 히브리서 10장 24~25절은 성도들의 모임을 등한시하지 말라고 권면하고, 이렇게 말한다. "서로 돌아보아 사랑과 선행을 격려하며 모이기를 폐하는 어떤 사람들의 습관과 같이 하지 말고 오직 권하여 그 날이 가까움을 볼수록 더욱 그리하자." 페너는 이렇게 말했다. "화덕 속에 함께 있는 석탄을 보면 얼마나 빨갛게 타오르는지 알 수 있을 것이다. 하지만 작은 석탄들이 줄어들고 사

38) Ward, *Sermons*, p. 82.
39) Fenner, *A Treatise of the Affections*, p. 158.
40) Richard Sibbes, "Salvation Applied," *The Works of Richard Sibbes* (1862~1865, 재판, Edinburgh: Banner of Truth Trust, 1984), 5:398.
41) Sibbes, "Salvation Applied," *Works*, 5:399.

용되지 않고 석탄 무더기에서 떨어져 있으면, 타오르기는커녕 검은 상태 그대로 남아 있다. 만일 그대가 열심을 내기를 바란다면 성도들과 교제를 많이 하라."[42)]

리처드 백스터는 이렇게 권면했다. "따스하고 진지한 그리스도인들 가운데 살라. 특히 허물없이 친밀한 교제를 나누라. 한 사람의 열심은 다른 사람들의 열심을 불붙게 하는 매우 강력한 힘을 갖고 있다. 불 속에 있는 것이 불을 타오르게 하는 법이다. 진지하고 진실하고 부지런한 그리스도인들은 우리를 진지하고 부지런하게 만드는 데 훌륭한 도우미다. 빠른 여행자들과 함께 여행하는 자는 그들과 기꺼이 보조를 맞추게 될 것이다."[43)]

따라서 이런 은혜의 수단들을 등한시하는 것은 얼마나 손해를 보는 일일까! 워드는 이렇게 경고했다.

> 비오는 날에 발작적으로 성경을 읽는 것은 요한처럼 책을 먹는 것이 아니라 혀끝으로 살짝 맛만 보는 것이다. 또 이따금 생각난 듯이 묵상하는 것은 결코 반추하지 못하고 음식을 소화시키지 못한다. 그들은 다행히도 대화나 좌담에서 입을 벌릴 수 있을지는 모르지만 영혼과 생명을 함께 유지하는 것은 충분하지 못하고, 하물며 힘과 활력을 보강하는 것은 더욱 충분하지 못하다. 최고의 교제를 포기하고 거룩한 모임에 생소하게 되면(지금 많은 사람의 태도가 그런 것처럼) 그들이 어떻게 냉랭해지지 않을 수가 있겠는가? 석탄 한 개로 활활 타오르는 상태를 유지할 수 있겠는가?[44)]

하나님의 정하신 수단을 사용하지 않으면 아무리 뜨거운 열심이라도 급속히 차가워질 것이리라!

하나님을 위한 우리의 열심을 분발시키는 네 번째 수단은 회개와 죄에 대한 저항이다. 우리 주 예수는 "그러므로 네가 열심을 내라 회개하라"(계 3:19)고 말씀할 때 열심과 회개를 하나로 결합시키셨다. 하나님을 위한 우리의 열심은 우리가 성령이 우리의 양심에 말씀하심에도 소중히 여기던 죄에서 벗어나지 않는다면 위축될 것이다. 강퍅한 심령은 하나님에 대해 차가운 심령이다. 만일 여러분이 하나님, 하나님의 말씀, 하나님의 백성들에 대해 점차 냉랭해지고 있다고 느낀다면, 여러분 양심의 경고에도 불구하고 삶 속에서 여러분이 묵인하고 있는 어떤 불순종이 있지 않은지 자문해 보라.

바울은 고린도후서 7장 10~11절에서 "하나님의 뜻대로 하는 근심은 후회할 것이 없는 구원에 이르게 하는 회개를 이루는 것이요"라고 말하고, "보라 하나님의 뜻대로 하게 된 이 근심이 너희로 얼마나 간절하게 하며 얼마나 변증하게 하며 얼마나 분하게 하며 얼마나 두렵게 하며 얼마나 사모하게 하며 얼마나 열심 있게 하며"라고 지적했을 때, 회개를 통한 열심의 회복에 대해 말한 것이다. 토머스 왓슨(대략, 1620~1686년)은 "열심은 회개의 부속물 또는 결과" 가운데 하나라고 말하고, "회개하는 자는 구원의 일에 얼마나 힘쓸까! 그는 천국을 얼마나 빼앗을까(마 11:12)!"라고 외쳤다.[45)]

페너는 우리는 열심을 불태우고 유지하기 위해 "죄의 원인을 피하고", "죄의 시작을 삼가야[도망

---

42) Fenner, *A Treatise of the Affections*, p. 162.
43) Baxter, *A Christian Directory*, in *Works*, 1:386.
44) Ward, *Sermons*, p. 83.
45) Thomas Watson, *The Doctrine of Repentance* (1668, 재판, Edinburgh: Banner of Truth Trust, 2002), pp. 93~94.

해야]" 한다고 말했다.46) 시험과 놀지 마라. 그렇게 되면 여러분은 코브라와 놀고 있는 것이다. 페너는 "아브라함은 소돔 왕이 자기에게 준 것에서 실 한 오라기나 들메끈 한 가닥도 취하지 않았다"고 지적했다.47)

기독교적 열심에 도달하고 그 열심이 영혼 속에서 타오르는 것을 유지시키는 수단들은 우리의 관점에서 생각해 보고 우리의 지혜로 평가해 보면, 불가능한 것처럼 보일 수 있다. 확실히 이 수단들이 우리의 삶을 매우 은혜롭고 영광스러운 삶으로 바꿔 줄 것이라는 약속은 공허한 이야기에 불과한 것처럼 보인다. 이런 생각이 익숙한 것은 우리 스스로 그렇게 생각하기 때문일 뿐만 아니라 나병 환자 나아만 이야기(왕하 5장) 때문이기도 하다. 나아만은 나병을 고치기 위해 엘리사에게 갔을 때 선지자가 어떤 중요한 주문과 함께 여호와의 이름을 부르고 자신을 치료해 줄 것이라고 기대했다(11절). 그러나 엘리사의 반응이 자신에게 사환을 보내 요단 강에 일곱 번 들어가 씻으면 낫게 될 것이라고 말해 주는 것이었을 때 나아만은 분노하며 떠났다. 요단 강이 다메섹 강 아바나와 바르발과 비교가 되는가(12절)!

치료를 위한 나아만의 믿음은 선지자나 선지자의 하나님 속에 있지 않았다. 나아만의 믿음은 잘못되게도 선지자가 사용할 것으로 기대한 수단 속에 있었다. 일단 종이 선지자의 단순한 지시를 따르지 않고 주저하는 것을 미련하다고 지적하자 나아만은 정신이 번쩍 들었다. 14절은 이렇게 말한다. "나아만이 이에 내려가서 하나님의 사람의 말대로 요단 강에 일곱 번 몸을 잠그니 그의 살이 어린아이의 살 같이 회복되어 깨끗하게 되었더라."

토머스 맨턴(1620~1677년)은 지혜롭게 다음과 같이 말했다. "수단은 목적[또는 목표]과 아무 관련이 없는 것처럼 보이지만, 만일 하나님이 그 목적을 위해 그 수단을 요구하셨다면, 우리는 그 수단을 사용해야 한다. 나아만의 경우에서처럼 말이다. 하나님은 나아만을 치료하기로 결정하셨다. 나아만은 자신의 예상 및 생각과는 다르지만 하나님의 규정을 따라야 한다."48)

이상의 설명의 결론은, 만일 기독교적 열심을 위한 수단을 우리 자신의 지혜에 따라 생각하고 우리 자신의 기준에 따라 판단한다면, 우리는 나아만보다 더 어리석게 반응하는 것이 되고 만다는 것이다. 그러나 우리가 이 수단을 하나님의 지혜에 따라 생각하면 모든 것이 바뀐다. 하나님께는 거인을 죽이는 데 돌 한 개도 작지 않고(삼상 17:40), 몇 개의 떡과 몇 마리의 물고기도 수천 명을 먹이기에 너무 부족하지 않으며(막 6:38), 3백 명의 군사도 수만 명의 군대를 죽이는 데 너무 적지 않다(삿 8:10). 우리는 외관상 사소한 수단이 때때로 사람들의 관념과 개념이 아니라 하나님이 정하신 수단이라는 것을 명심해야 한다. 그리고 하나님의 길과 생각이 우리의 것보다 훨씬 높은 것처럼(사 55:8~9), 기독교적 열심에 대한 하나님의 수단은 결국 단순함과 효력에 있어 우리의 것보다 훨씬 높은 것으로 판명될 것이다.

---

46) Fenner, *A Treatise of the Affections*, pp. 162~163.

47) Fenner, *A Treatise of the Affections*, p. 162.

48) Thomas Manton, *Eighteen Sermons on the Second Chapter of the Second Epistle to the Thessalonians*, in *The Complete Works of Thomas Manton* (London: James Nisbet, 1871), 3:124.

기독교적 열심의 실천

우리는 삶 속에서 어떤 소명을 받았든지 은혜로 기독교적 열심을 실천할 수 있도록 해 달라고 하나님께 기도해야 한다. 여기서 세 가지 소명 곧 목회자, 노동자, 부모를 간략히 고찰해 보자.

1. 목회자: 만일 여러분이 목회자로 부르심을 받았다면 열심 없이 이 소명을 따르는 것은 비극일 것이다! 윌리엄 거널(1616~1679년)은 목회자는 "담대한 열심"을 갖고 있어야 한다고 말하고, 이렇게 지적했다. "예레미야는 하나님의 말씀은 하나님의 골수에 불이었다고 우리에게 말한다. 하나님의 말씀은 풀무에서 나오는 불길처럼 그분의 입에서 나왔다."[49] 레이놀즈는 이렇게 말했다. "거룩한 열심은 교회 사역에 대해, 그리고 교회 사역으로 말미암아 고귀한 결과를 일으킬 것이다. 거룩한 열심은 이 거룩한 명령을 받은 자들이 자신들의 신적 직분과 기능의 분야, 무게, 목적을 매우 진지하게 고려하도록 만들 것이다. 거룩한 열심은 그들이 자신들에게 주어지는 사역을 부지런하고 주의 깊게 성취하도록 만들 것이다"(딤후 4:5).[50]

열심 있는 목회자는 영혼들을 부드러운 마음으로 사랑하고, 그들의 구원을 위해 수고한다(고전 9:22). 열심 있는 목사는 무지한 자를 교육시키고 가르치며(딤전 4:11), 불경한 자들을 책망하고 설복시키며(딛 1:9~13), 하나님의 은혜를 구하는 자들을 권면하며(고후 5:20), 이제 막 경주를 시작한 자들에게 확신을 주며(딤전 4:13), 흔들리고 의심하는 자를 바로 세우며(딛 2:1), 두려워하고 낙담하는 자를 소생시키며(딤전 4:16), 거역하는 자를 회복시키며(고후 2:6~8), 강하고 신실한 자들을 영광의 소망으로 위로하며(딤전 4:6), 자신에게 맡겨진 양떼를 위해 열심히 중보한다(골 4:12~13).[51] 이런 일들은 열심이 있든지 없든지 막론하고 목사에게 부과된 필수적인 직무인 것이 사실이지만, 만약 목사의 마음이 자신의 소명에 대해 냉랭하고 활력이 없다면, 이런 일들은 얼마나 어렵겠는가!

2. 노동자: 그리스도인 노동자가 일하는 환경을 생각해 보라. 그는 끊임없이 나쁜 상황들에 직면한다. 직장에서 불경한 말, 조잡한 농담, 독설을 듣고, 잡담, 비방, 불평, 험담, 악의적인 말, 거짓말에 휩싸여 있고, 죄를 미화시키고, 결혼 서약을 깨뜨리고, 시시덕거림을 즐기는 사무실 분위기에 속해 있다. 그는 야한 옷차림, 유혹하는 말, 음탕한 눈에 노출되어 있다. 그는 거짓말하고, 속이고, 훔치고, 사기치고, 의도적으로 정보를 숨기고, 반쪽 진실을 온전한 진실로 포장하도록 요구받는 명령과 기대에 직면한다.

열심 있는 노동자는 하나님이 자기 소명의 원천이심을 항상 염두에 둘 것이다. 하나님이 그를 일터에 두셨기 때문에 열심 있는 노동자는 사람들에게 보이기 위해서가 아니라 또는 상관이 볼 때에만 일하지 않고, 오히려 주님이 자신을 "고용한" 것으로 생각하고 철저히 자기 일을 감당할 것이다(엡 6:5~9). 열심 있는 노동자의 목표는 직무를 감당할 때나 자신의 일에 대해 말하고 그 일을 바라볼 때 (불평하지 않고) 주님의 은혜와 기쁨이 되는 것이다. 그는 자신의 일이 주 하나님께 향기로운 제물과 희생제물이 되기를 바라며 즐겁게, 감사하며, 기꺼이 자신의 일을 감당할 것이다(엡 5:2). 따라서 윌리엄

49) William Gurnall, *The Christian in Complete Armour* (1662~1665, 재판, Edinburgh: Banner of Truth Trust, 2002), 2:578.

50) Reynolds, *Discourse*, p. 163.

51) Reynolds, *Discourse*, pp. 163~164.

구지가 말한 것처럼, "자원함과 즐거움"이 함축된 "기쁜 마음으로" 상급자를 위해 일할 수 있을 것이다(엡 6:7).[52] 구지는 그리스도인들은 권세를 가진 자들을 섬길 때 "신속하고 부지런해야" 하는데, 여기서 "신속하다"는 말은 "직무에 시간을 허비하지 않고 일을 많이 하려고 애쓴다"는 의미이고, "부지런하다"는 말은 "그가 노력하고 자신의 일을 잘 감당하는 데 신경을 쓴다"는 의미다.[53]

페너는 "열심은 하나님을 위해 우리 자신을 곧 우리의 몸과 영혼을 다 바치도록 이끈다"고 말했다. 하나님을 위한 열심은 직업이 무엇이든 관계없이 우리의 일상적인 모든 일을 이끌고, 우리에게 활력을 줄 것이다. 페너는 이렇게 말했다. "이렇게 전력을 다해 열심히 일하는 가장 큰 동인은 그가 자신의 소명을 따라 하나님과 동행할 수 있기 때문이다. 그는 순종하며 일하도록, 믿음으로 자신의 직업에 충실하도록, 자신의 땅에서의 일을 하나님 앞에서처럼 하도록, 자신의 모든 길에서 하나님을 영화롭게 하도록 자신의 마음을 다스리는 데 진력한다."[54]

열심 있는 노동자는 또한 자신의 직업에 특별히 찾아오는 시험들을 간과하지 않을 것이다. 어떤 노동자들은 가정과 가족을 떠나 일할 것이 요구되고, 그때 많은 밤을 호텔에서 홀로 보내게 된다. 어떤 이들은 직접 또는 전화나 이메일을 통해 이성(異姓)을 매우 가까이 두고 일해야 한다. 어떤 이들은 끊임없이 죄에 노출되어 있다.

열심 있는 노동자는 사탄보다 한 수 앞서지는 못하지만 사탄의 계책을 염두에 두고 조심할 것이다(고후 2:11). 열심 있는 노동자는 사탄이 함정을 팔 것으로 보이는 장소와 상황을 고려하고, 이런 시험에 대비할 것이다. 또한 사탄이 자기를 대적할 것을 염두에 두고, 자기를 파멸시킬 기회를 절대로 갖지 못하게 할 것이다(벧전 5:8). 열심 있는 노동자는 자기 마음을 악으로 채울 대화에 대해서는 귀를 막고, 선한 일들만 생각할 것이다(빌 4:8). 그리고 자신의 마음 상태와 자신이 넘어지기 쉬운 시험을 아는 데 힘쓰고(시 139:23~24), 그러므로 무엇보다 먼저 자신의 마음을 지킬 것이다(잠 4:23). 열심 있는 노동자는 자기 눈앞에 악한 것을 두지 않기로 서약할 것이다(시 101:3; 욥 31:1). 또한 하나님의 일들을 묵상하며(시 1:1~3), 항상 하나님의 계명의 길로 발길을 돌릴 것이다(시 119:59). 열심 있는 노동자는 하나님 말씀을 마음속에 두고 하나님께 죄를 범하지 아니할 것이다(시 119:11).[55] 그리스도인 노동자는 기독교적 열심을 갖는 것이 얼마나 절실하게 필요할까!

3. **부모**: 모든 소명 가운데 부모 역할을 하는 것은 가장 힘든 일 가운데 하나다. 그리스도인 부모는 자녀를 하나님께 이끌도록 부르심을 받지만 자녀의 하나님의 일들에 대한 본성적인 거역 곧 그들의 교만, 이기심, 죄에 대한 내재적 사랑과 욕망, 유전 받은 본성의 부패와 싸우고 있다. 본성적인 죄악성의 이런 공세에 맞서 부모는 자녀를 훈련시키고 자녀가 위험에 빠지지 않도록 보호해야 한다. 이 소명은 얼마나 힘들까!

사실은 훨씬 힘들다. 부모는 자녀의 죄악성에 직면할 뿐만 아니라 자기 자신의 죄악성을 무릅쓰고 자신의 소명에도 순종해야 한다. 부모는 자신이 전념해서 싸우고 있는 바로 그 일을 자녀에게 기대해야 하고, 자신이 계속 싸우고 있는 삶의 분야에서 자녀가 불순종할 때 징계해야 한다. 이로 말미암

---

52) William Gouge, *Of Domesticall Duties* (1622, 팩시밀리 재판, Norwood, N.J.: Walter J. Johnson, 1976), p. 168.

53) Gouge, *Of Domesticall Duties*, p. 620.

54) Fenner, *A Treatise of the Affections*, p. 126.

55) 노동자의 실천적 경건에 대해서는 Richard Steele, *The Religious Tradesman*… (재판, Harrisonburg, Va.: Sprinkle Publications, 1989)을 보라.

아 부모는 위선자처럼 느끼고, 양심이 괴롭고, 자녀를 교정시켜야 하는 모든 시간이 매우 무겁게 다가온다. 자신의 죄에 대해서는 변명이 전혀 없지만, 자신도 극복하려고 싸우고 있다는 단순한 이유로 부모가 자녀의 죄를 묵인하는 것은 다만 그 죄를 더 조장할 뿐이다. 부모는 자녀를 징계해야 한다.

엄밀히 말하면 부모로서 감당해야 할 일이 너무 힘들기 때문에 부모는 끊임없이 자녀에 대한 사랑으로 열심이 꺼지지 않도록 부채질해야 한다. 윌리엄 구지는 이렇게 말했다. "부모 의무의 원천은 사랑이다……부모가 자녀를 위해 겪는 고통, 수고[노동], 희생이나 보살핌은 막대하다. 그러나 부모에게 사랑이 있다면 고통, 수고, 희생이나 보살핌은 그리 크지 않게 보일 것이다."[56]

열심 있는 부모는 자기 소명의 무게, 필요성, 약속들을 진지하게 고려한다. 부모로서 느끼는 소명의 무게는 피할 수 없다. 왜냐하면 하나님은 우리에게 자녀의 영혼에 대한 책임을 부여하시기 때문이다. 주의 자녀들의 청지기로서 우리는 주의 교훈에 따라 자녀를 양육할 책임을 부여받는다(엡 6:4).

자기 소명의 무게를 알고 있는 열심 있는 부모는 개인적으로 거룩함과 참된 회개에 대한 부담을 갖기 마련이다. 열심 있는 부모는 자녀에게 본보기와 자극이 되도록 자신의 거룩함을 추구한다. 그리고 자녀가 자신 안에서 그리스도를 보고, 그리하여 "하나님을 자기 아버지"로 보기를 바란다. 열심 있는 부모는 자녀가 오직 하나님의 은혜로 믿지 않는 부모와는 다르다는 것을 알기 원한다. 그러므로 열심 있는 부모는 하나님이 은혜로 자신과 그리스도의 관계를 자녀의 구원을 위해 사용하기를 바라면서, 그리스도와 동행하는 것에 최우선순위를 둔다. 또한 죄를 지을 때 진심으로 회개한다. 따라서 부모가 본보기를 보여 주려고 애쓰는 것은 주님이 부모에게 요구하는 열심 있는 믿음과 회개의 삶이다.

열심 있는 부모는 사랑으로 양육과 인도의 손(잠 22:6)을 사용할 뿐만 아니라 징계의 매(잠 13:24, 22:15, 23:14)도 사용함으로써 교훈과 훈계에 충실하려고 애쓴다(엡 6:4). 왜냐하면 이것들은 하나님 앞에서 부모의 당연한 의무이고, 이 의무를 등한시하면 자신과 자녀가 위험에 처하기 때문이다. 그러나 열심 있는 부모는 또한 하나님이 이런 수고를 성공으로 이끌고 자녀를 구원의 결말로 이끄실 수 있는 유일한 분이라는 점을 알고 있다. 그러므로 열심 있는 부모는 매를 잡는 것보다 무릎을 더 꿇고, 훈계 탁자보다 기도 골방을 더 찾으며, 자녀에게 하나님에 대해 말하는 것보다 하나님께 자녀에 대해 더 많이 말할 것이다. 열심 있는 부모는 오래 인내하며 그렇게 할 것이다. 곧 여기서 잠깐, 저기서 잠깐이 아니라 주님이 응답하실 때까지 신실하고, 규칙적이고, 진지하게 간구할 것이다.

하나님이 자기 자녀에게 구원 사역을 행하시는 목적을 위해, 부모는 자녀에게 기쁜 소식이 임하게 하려고 하나님이 정하신 수단 즉 공적 예배와 가정 예배를 매우 부지런히 사용할 것이다. 부모는 자녀가 주일마다 하나님의 집에 있고(히 10:24~25), 거기서 자녀가 하나님이 자기 백성들에게 베푸시는 복에 참여하도록 책임져야 할 것이다. 거기서 자녀는 자기 백성들 사이에 계시는 삼위 하나님의 임재를 누리고, 그들 속에 주어지는 하나님의 은혜를 증언하며, 매주 하나님이 예수 그리스도로 말미암아 자신에게 나아오는 모든 자를 구원하실 것을 보증하는 하나님의 말씀을 들을 수 있다(사 55:1~3, 6~7).

열심 있는 부모는 또한 규칙적인 가정 예배를 등한시하지 않도록 유의할 것이다(신 4:9~10, 6:6~9; 시

---

56) Gouge, *Of Domesticall Duties*, p. 498. 구지의 논문은 엡 5:22~6:9에 대한 유익한 강해와 적용으로 여기에는 아내, 남편, 자녀, 종, 상전의 의무와 함께 부모의 의무(6:4)가 포함되어 있다. 이 논문은 William Gouge, *Of Domestical Duties* (Edinburgh, Ind.: Puritan Reprints, 2006)로, 이용하기 쉬운 판형으로 재출간되었다.

78:1~7).[57] 또한 규칙적인 주중 가정 예배를 주일 공적 예배만큼 중요하게 보고, 그러므로 하나님 앞에서 자녀가 이 두 예배를 드리는 모습을 보는 것은 의무다. 매일 가정 예배는 다음과 같은 요소로 구성된다. 첫째, 성경 읽기가 있다. 성경 읽기를 통해 자녀는 날마다 하나님의 말씀과 예수 그리스도의 복음 앞에 서게 될 것이다. 둘째, 가족과 함께 드리는 기도가 있다. 기도를 통해 부모는 자녀에게 기도하는 법을 가르치고, 들으시는 주님께 구하도록 자극할 수 있을 것이다(사 65:24). 셋째, 찬송 부르기가 있다. 찬송 부르기를 통해 자녀는 하나님을 찬양하는 법을 배우고, 항상 하나님만이 경배와 앙모와 섬김을 받으시기에 합당하신 분임을 상기할 수 있을 것이다.[58]

여러분은 자신이 갖고 있는 소명이 무엇이든 간에 하나님의 은혜로 기독교적 열심을 실천하고 있는가?

결론적 적용

세 가지 적용을 제시하면서 마치려고 한다. 첫째, 하나님께 은혜로 기독교적 열심의 필요성을 바로 이해하도록 도와 달라고 기도하라. 우리는 하나님과 하나님의 영광을 위해 열심을 내는 것에 가해지는 모든 반론을 물리쳐야 한다. 우리는 열심이 본질적이라는 것을 알아야 한다. 그 이유는 다음과 같다. (1) 열심은 하나님의 명령이기 때문이다. 하나님은 우리에게 "열심을 품고 주를 섬기라"(롬 12:11)고 명령하신다. (2) 열심은 열심 있는 사랑, 열심 있는 소망과 같이 기독교의 다른 모든 은혜에 수반되기 때문이다. (3) 다른 영혼들을 사랑하려면 열심히 요구되기 때문이다. (4) 마지막으로 하나님의 영광을 위한 참된 열망은 "좁은 문으로 들어가기를 힘쓰고"(눅 13:24), 상을 받도록 달려갈 것(고전 9:24~25)을 요구하기 때문이다.

둘째, 하나님께 은혜로 다음과 같이 기독교적 열심을 위한 올바른 동기를 부여받도록 기도하라. (1) 세상 사람들이 세상사에 대해 갖고 있는 열심이 우리에게 그리스도를 위한 열심을 자극하는 동기를 부여해야 한다. 세상이 죄인들을 지옥으로 이끄는 데 그토록 열심을 내고 있다면 죄인들을 영생으로 이끄는 복음을 위해 그리스도인들은 얼마나 더 열심을 내야 할까? (2) 시간의 소중함이 우리의 열심을 자극하는 동기를 부여해야 한다. 우리가 이미 허비해 버린 시간이 얼마나 많은가? 정말이지 지금은 우리가 두 배로 부지런하고, 하나님을 위해 열심을 내야 할 때다. (3) 디도서 2장 14절은 그리스도의 속량이 우리에게 동기를 부여해야 한다고 가르친다. 왜냐하면 그리스도는 "우리를 대신하여 자신을 주심은 모든 불법에서 우리를 속량하시고 우리를 깨끗하게 하사 선한 일을 열심히 하는 자기 백성이 되게 하려 하심이기" 때문이다. (4) 그리스도 자신의 본보기가 우리에게 동기를 부여해야 한다. 자기 아버지를 향한 열심이 예수를 삼켰기 때문에(요 2:17) 예수는 공적, 사적으로 기

---

57) 다음 자료들을 보라. Thomas Doolittle, "How May the Duty of Daily Family Prayer Be Best Managed for the Spiritual Benefit of Every One in the Family?", *Puritan Sermons 1659~1689* (1674, 재판, Wheaton, Ill.: Richard Owen Roberts, 1981), pp. 194~272, Matthew Henry, "A Church in the House," *The Complete Works of the Rev. Matthew Henry* (1855, 재판, Grand Rapids: Baker, 1979), 1:248~267, Oliver Heywood, *A Family Altar*, in *The Whole Works of the Rev. Oliver Heywood* (Idle: John Vint, 1826), 4:283~418.

58) 가정 예배의 신학적 기초, 의무, 이행, 반론, 동기에 대한 추가 설명은 Joel R. Beeke, *Family Worship* (Grand Rapids: Reformation Heritage Books, 2009)을 보라.

회가 있을 때마다 자신은 아버지를 위해 구원을 이루러 오셨다고 말씀하셨다. 우리도 그와 같이 해야 하지 않겠는가? 베드로는 그리스도는 우리가 자신의 자취를 따라오도록 하려고 본보기를 남겨 놓으셨다고 우리에게 말한다(벧전 2:21). 만일 그리스도께서 영혼들에 대한 사랑과 죄에 대한 미움, 그리고 상처 입은 자들에 대한 동정과 완고한 자들에 대한 슬픔으로 불타올랐다면 우리도 그와 같이 해야 되지 않겠는가?

여기서 존 레이놀즈가 제기한 질문들을 언급하는 것이 가치가 있다.

> 우리가 세상에서 옮겨져서 그리스도의 영광 속에 들어가는 여부에 무관심하도록 그리스도께서 우리의 죽을 육체를 입고 내려 오셨는가? 우리가 자신의 이름과 영광에 무관심하도록 그리스도께서 자기를 낮추시고 무명의 사람이 되신 것인가? 우리가 목적과 사랑을 갖고 강렬한 열정[그리스도를 닮으려는 불타는 열망]을 갖지 못한 것에 핑계를 대게 하려고 그리스도께서 자기 아버지의 영광을 위한 지칠 줄 모르는 열심을 품고 30년 동안 땅 위에서 활동하셨다는 말인가? 우리가 구원받는 여부에 대해 무관심하게 하려고 그리스도께서 우리 구원을 위해 자신의 목숨을 내놓으셨는가? 우리가 그리스도께서 하나님 우편에 앉아 계시는 위의 것을 갈망하지 않아도 되도록 그리스도께서 죽은 자에게서 부활해서 하늘에 앉아 계시는 것인가? 우리가 심판의 날 문제에 대해 안심하고 등한시해도 되도록 그리스도께서 우리에게 다시 와서 세상을 심판하겠다는 결심을 밝히신 것인가? 그리스도의 길에서 우리가 미지근한 태도를 보이는 것은 그리스도의 모든 사랑과 사역에 얼마나 모순될까? 그 창자 속에는 그리스도에 대한 배은망덕이 얼마나 포함되어 있을까? 마치 우리가 그 모든 것을 불필요하고, 무익하다고 본 것처럼, 그것은 그리스도의 피와 은혜에, 그리스도의 빛과 계시에 쏟는 경멸이 얼마나 클까? 정말 당연하게도 그리스도는 미지근한 교회에 네가 회개하지 아니하면 내 입에서 너를 토하여 내리라고 말씀하실 것이다.[59]

그러면 여러분의 열심은 어디에 있는가? 여러분의 영의 미지근함은 하나님의 책망의 위협 속에 있는가? 하나님을 섬기는 것에 대한 여러분의 무관심이 지금 심판 날에 주님 앞에 설 준비를 위태롭게 하고 있는가? 여러분은 자신이 그리스도의 은혜와 지식 안에서 자라는 것이나 그리스도를 위한 자신의 의무를 지키는 것에는 아무 관심이 없고, 거룩함에 대한 부르심에 중립적인가?

여러분은 자신의 달란트를 땅에 묻어둔 이유를 여러분의 조물주에게 설명할 준비가 되어 있는가? 여러분은 시간, 자비, 특권, 여러분의 인생을 허비한 이유를 설명할 준비가 되어 있는가? 만약 되어 있지 않다면 여러분의 열심은 어디에 있는가?

마지막으로 우리는 하나님께 은혜로 우리가 그리스도와 그리스도의 영광스러운 나라를 위해 열심을 결여하고 있는 것으로 말미암아 겸손하게 해 달라고 기도해야 한다. 하나님이 우리가 신앙에 있어 오랫동안 질질 끌고 있는 미지근함에 대해 통탄할 수 있도록 하시기를 바란다. 또 하나님이 우리에게 하나님을 위해 열심을 내는 데 얼마나 무력하고, 우리가 게으름에 얼마나 쉽게 빠지는지 보여

---

59) Reynolds, *Discourse*, pp. 209~210.

주심으로써 우리를 겸손하게 하시기를 바란다. 그러나 하나님이 또한 우리에게 자비를 베풀어 우리의 기도를 들어주시고, 거룩한 감정으로 불타오르기를 바라는 우리 마음의 갈망을 이뤄주시기를 바란다. 하나님이 우리의 귀를 열어 우리가 영 안에 열정을 갖고, 열심을 입어 겉옷으로 삼을 수 있도록 우리를 위해 중보하시는 그리스도의 간구를 들어주시기를 바란다. 그리고 하나님이 이후로 우리 자신을 위해 열심을 내도록 결심할 뿐만 아니라 자신을 위해 열심을 내게 하는 정해진 수단들을 부지런히 사용하도록 인도하심으로써, 기독교적 열심에 대한 이 거룩한 열망이 우리 안에서 충분한 열매를 맺게 하시기를 바란다.

레이놀즈의 다음 말로 이번 장을 끝맺으려고 한다.

> 오, 만일 우리가 하나님에 대한 참된 열심을 갖고 있다면 우리 모두가 얼마나 좋은 세상을 만들 수 있을까? 만일 우리가 이 원리에 따라 행한다면 세상에서 악과 불경함의 기를 꺾고 미덕과 선을 촉진시킴으로써 인류에게 큰 공헌을 하게 될 경우와 기회를 날마다(우리가 어떤 조건과 상태에 있다고 하더라도) 우리 손으로 얼마나 많이 만들게 될까? 우리는 이런 유익한 원리를 실천하는 데 보조를 맞출 수 있다면 우리의 [세상은] 얼마나 행복해질까? 그러나 우리가 일제히 이 원리에 따라 행하지 못한다고 해도, 우리는 이 원리에 따라 행해야 한다. 우리가 계속 분리되고 분열된 상태에 있어야 한다고 해도 우리는 사람들 속에서 하나님과 하나님 나라를 위해 열심을 내야 하리라! 우리는 주 예수와 그분의 구속 사건 및 영광을 열렬히 사랑해야 하리라! 모든 직분 속에서 참된 거룩한 열심을 갖고 진지하고 부지런히 수교해야 하리라![60]

회개하고 "열심을 내라"(계 3:19)!

60) Reynolds, *Discourse*, pp. 184~185.

59장

오늘날 청교도 신학에서 배우는 실천적 교훈

그리스도보다 다른 것을 더 사랑하는 자는 그리스도를 사랑하는 것이 아니다……
그리스도를 놓치면 모든 것을 놓칠 것이다.
– 토머스 브룩스[1] –

청교도의 문헌을 읽는 것이 내게는 지난 40년 동안 중요한 영적 혜택이었다.[2] 열네 살 때 성령이 죄의 심각성과 율법의 영적 권위를 납득시키셨을 때 나는 성경을 찾아보고, 아버지의 책장에서 청교도의 문헌을 꺼내 열심히 탐독했다. 어머니는 매일 밤 오후 11시에 위층을 향해 "전등을 끄라!"고 외치셔야 했다. 부모님 방의 전등이 꺼진 후에 나는 다시 방에 불을 켜고 오전 12시 반이나 1시까지 책을 읽었다. 나는 배너 오브 트루스 트러스트 출판에서 출판한 청교도 책을 모두 재미있게 읽었고, 교회 도서관을 시작했고, 바이블 트루스 북스로 불린 비영리 기관을 세웠으며, 나중에는 목사로서 리포메이션 헤리티지 북스 출판사를 세웠다. 나는 한평생 청교도 저술가들에게 수많은 시간을 할애하고, 지난 40년 동안 수만 권에 이르는 청교도 서적을 구입했다. "왜"일까?

본서는 청교도가 그들의 신학에서 철저히 성경적, 교리적, 경험적, 실천적이었다는 것을 보여 주는 데 심혈을 기울였다. 청교도는 말씀을 개인적 경건에서 가정까지, 교회에서 국가 생활과 국제 관심사까지 삶의 모든 영역에 적용하려고 애썼다. 이번 장에서 우리는 청교도에게서 여러 구체적인 실천적 교훈들을 이끌어 냄으로써 "왜?"에 대한 질문의 답변을 완료할 것이다.

그리스도에게 초점을 맞추라

청교도는 그리스도에게 초점을 맞추는 법을 우리에게 가르쳐준다. 성경이 분명히 보여 주는 것처럼, 복음 전도는 하나님이 독생자에 대해 주신 기록을 증언하는 것이다(행 2:3, 5:42, 8:35; 롬 16:25; 고전 2:2; 갈 3:1). 따라서 청교도는 그리스도를 부각시키지 않는 설교는 타당하지 않다고 가르쳤다. 윌리엄 퍼킨스

1) John Blanchard 편찬, *The Complete Gathered Gold* (Darlington, England: Evangelical Press, 2006), p. 352에서 인용함.

2) 이번 장은 Joel R. Beeke, "Learn from the Puritans," *Dear Timothy: Letters on Pastoral Ministry*, Thomas K. Ascol 편집 (Cape Coral, Fla.: Founders Press, 2004), p. 219 이하의 내용을 압축시킨 것이다.

는 "모든 설교의 핵심은 그리스도를 찬양하기 위해 그리스도로 말미암아 그리스도 한 분을 전하는" 것이라고 말했다.[3] 토머스 애덤스(1583~1652년)에 따르면, "그리스도는 모든 장, 거의 모든 줄에서 예언, 모형, 예시, 표시, 예증, 발견되는 성경전서의 결정적 요점으로, 성경전서는 말하자면 아기 예수의 강보 외에 다른 것이 아니다."[4] 아이작 암브로스(1604~1664년)는 "성경전서의 핵심 실체, 정수, 영혼, 목적으로 그리스도를 생각하라"고 말했다.[5]

바울처럼 청교도 역시 십자가에 못 박히신 그리스도를 전했다. J. I. 패커는 이렇게 말한다. "청교도의 설교는 '그리스도와 십자가에 못 박히신 그분'을 중심으로 돌아갔다. 왜냐하면 이것이 성경의 중심축이기 때문이다. 설교자의 사명은 하나님의 전체 경륜을 선포하는 것이다. 하지만 십자가가 하나님의 전체 경륜의 중심이고, 청교도는 성경의 전경을 따라 여행하는 자는 갈보리로 불리는 언덕을 시야에서 놓치게 되면 길을 잃게 된다는 것을 알고 있었다."[6]

청교도는 그리스도를 사랑하는 자들로, 그리스도의 아름다움에 대해 많은 글을 썼다. 새뮤얼 러더퍼드(1600~1661년)의 주님에 대한 열정을 주목해 보자. "에덴동산과 같은 천만 개의 낙원 세계의 아름다움을 하나로 모아 보라. 모든 나무, 모든 꽃, 모든 향기, 모든 색깔, 모든 맛, 모든 기쁨, 모든 사랑스러움, 모든 감미로움을 하나로 모아 보라. 오, 얼마나 아름답고 멋있을까? 그러나 내가 정말 사랑하는 그리스도와 비교하면 그것은 지구 만 개의 바다, 강, 샘의 모든 물에 빗방울 하나를 비교하는 것과 같을 것이다."[7] 토머스 굿윈(1600~1680년)은 "내게는 천국도 그리스도가 없으면 지옥이 될 것"이라고 결론지었다.[8]

성경적 균형을 유지하라

청교도는 설교할 때 적절한 성경적 균형을 유지하는 법을 우리에게 가르쳐준다. 이에 대한 세 가지 중요한 방식을 검토해 보자.

• **기독교의 객관적 차원과 주관적 차원을 함께 유지함:** 객관적 차원은 주관적 차원의 양식(糧食)이다. 따라서 주관적 차원은 항상 객관적 차원에 뿌리를 두고 있다. 예를 들면 청교도는 확신의 일차 근거는 하나님의 약속에 뿌리를 두고 있지만, 이 약속은 은혜의 주관적 증거와 성령의 내적 증언을 통해 신자에게 점차 실제적이 되어야 한다고 말했다. 성령의 적용이 없으면, 하나님의 약속은 자기 속임과 세속적 억측으로 끝난다. 반면에 하나님의 약속과 성령의 조명이 없으면, 자기 검토는 내성(內省), 속박, 율법주의로 귀착된다. 객관적 기독교와 주관적 기독교는 서로 분리되어서는 안 된다.

우리는 그리스도의 내적 임재를 능동적 순종 및 수동적 순종으로 이루어진 객관적 사역에 기반을

---

3) William Perkins, *The Arte of Prophecying*, in *The Works of William Perkins* (London: John Legate, 1609), 2:762.
4) Thomas Adams, "Meditations upon Some Part of the Creed," *The Works of Thomas Adams* (1862, 재판, Eureka, Calif.: Tanski, 1998), 3:224.
5) Isaac Ambrose, *Works of Isaac Ambrose* (London: for Thomas Tegg & Son, 1701), p. 201.
6) J. I. Packer, *A Quest for Godliness: The Puritan Vision of the Christian Life* (Wheaton, Ill.: Crossway, 1990), p. 286.
7) Don Kistler, *Why Read the Puritans Today* (Morgan, Pa.: Soli Deo Gloria, 1999), p. 4에서 인용함.
8) Kistler, *Why Read the Puritans Today*, p. 3에서 인용함.

두고 드러내는 삶을 살아야 한다. 우리는 그리스도의 복음을 객관적 진리로 선포해야 하지만, 동시에 성령으로 말미암아 적용하고, 믿음으로 내면화시켜야 한다. 그러므로 청교도는 두 종류의 종교를 거부했다. 곧 주관적 경험을 객관적 말씀에서 분리시킴으로써 인간 중심적인 신비주의로 나아가는 종교와 구원을 역사적, 일시적 믿음이라는 잘못된 근거에 따라 추정하는 종교를 함께 거부했다.[9)]

• **하나님의 주권과 인간의 책임을 함께 유지함**: 거의 모든 청교도가 하나님은 충분히 주권적이고, 인간은 충분히 책임적이라는 사실을 강조했다. 그것이 어떻게 논리적으로 조화될 수 있는지를 파악하는 것은 우리의 유한한 지성을 넘어선다. 찰스 스펄전(1834~1892년)은 두 중대한 성경적 교리가 어떻게 조화될 수 있는지 질문을 받자 청교도의 참된 상속자답게 그 친구들이 조화를 필요로 했는지 자신은 잘 모르겠다고 대답했다. 스펄전은 계속해서 이 두 교리를 기독교가 달려가는 선로의 레일로 비유했다. 서로 평행을 이루고 있지만 멀리서는 합체된 것처럼 보이는 열차의 레일처럼, 하나님의 주권 교리와 인간의 책임 교리도 이 세상에서는 서로 분리된 것으로 나타나지만 영원 속에서는 합체될 것이다. 청교도는 이것을 한 마음으로 동조할 것이다. 청교도는 우리의 임무는 현세에서 두 교리를 억지로 합체시키는 데 있는 것이 아니라 두 교리의 균형을 유지시키고, 거기에 맞추어 사는 것이라고 말했다. 따라서 우리는 하나님의 주권과 우리의 책임을 모두 공평하게 평가하는 활력적이고 경험적인 기독교를 위해 분투해야 한다.

• **아르미니우스주의와 극단적 칼빈주의를 함께 거부함**: 오늘날 열매 없는 "그리스도인들"을 편들기 위해 육적 기독교 이론을 낳은 아르미니우스주의의 결단주의적인 방법으로 말미암아 거짓 개종자들이 크게 늘고 있다. 청교도는 주권적 은혜 구원론을 통해 아르미니우스주의와 맞서 싸웠다. 존 오웬의 『아르미니우스주의의 실상』(A Display of Arminianism)과 『그리스도의 죽음에 나타나 있는 죽음의 죽음』(The Death of Death in the Death of Christ)은 인간의 타락한 의지가 속박 속에 있음을 강력히 천명한다.

한편 오늘날 점차 증가하고 있는 개혁파 보수주의자들은 칼빈의 견해를 벗어나 하나님이 복음을 듣는 모든 자에게 무조건 충실하게 은혜를 제공하는 것은 아니라는 관념을 지지하고 있다. 그 결과 복음 선포는 방해를 받고 있고, 인간의 책임은 부인되는 것은 아니지만 종종 묵살된다. 다행스럽게도 우리는 존 번연(1628~1688년)의 『나아와 예수 그리스도를 영접하라』(Come and Welcome to Jesus Christ), 존 하우(1630~1705년)의 『잃어버린 영혼에 대해 흘리신 구속자의 눈물』(The Redeemer's Tears Shed over Lost Souls), 윌리엄 그린힐(1598~1671년)의 설교인 "사람들은 자신의 회심을 위해 무엇을 해야 하고, 무엇을 할 수 있는가?"와 같은 청교도의 작품들을 읽음으로써, 은혜 교리에 대한 이런 합리주의적인 결론과 극단적 칼빈주의의 결론에서 벗어날 수 있다.[10)] 만일 여러분이 참된 개혁파의 균형적 시각

---

9) Joel R. Beeke, *Quest for Full Assurance: The Legacy of Calvin and His Successors* (Edinburgh: Banner of Truth Trust, 1999), pp. 125, 130, 146.

10) 다음 자료들을 보라. John Bunyan, *Come and Welcome to Jesus Christ* (1681, 재판, Edinburgh: Banner of Truth Trust, 2004), John Howe, *The Redeemer's Tears Wept over Lost Souls* (Grand Rapids: Baker, 1978), William Greenhill, "What Must and Can Persons Do toward Their Own Conversion," *Puritan Sermons: 1659~1689: The Morning Exercises at Cripplegate* (Wheaton, Ill.: Richard Owen Roberts, 1981), 1:38~50.

을 갖고 설교한다면 교인들 가운데 어떤 이들은 여러분을 극단적 칼빈주의자로 부르고, 다른 이들은 여러분을 아르미니우스주의자로 부를 것이다. 하지만 여러분은 확실히 성경적이다.

끈기 있게 교리 문답 교육을 실시하라

청교도는 끈기 있게 가족과 교인과 이웃에게 교리 문답 교육을 실시하는 것의 중요성을 우리에게 가르쳐준다. 종교개혁자들과 마찬가지로 청교도도 교리 문답 교육자였다. 청교도는 강단 메시지는 카테케시스-교리 문답 방식을 사용해서 성경 교리를 교육하는 방법-를 통한 개인적 사역으로 보강되어야 한다고 믿었다. 청교도의 교리 문답 교육은 여러 면에서 중요했다.

• 다수의 청교도가 어린아이와 젊은이를 위해 성경적으로 지지를 받는 질문과 답변을 통해 기독교의 근본 교리를 설명하는 교리 문답 책을 저술했다.[11] 예를 들면 존 코튼(1585~1652년)은 『신구약 성경의 가슴에서 짜낸 아기의 젖』[12]이라는 제목의 교리 문답서를 썼다. 다른 청교도는 자신들이 쓴 교리 문답서의 제목 안에 "주요 근본 요점", "기독교의 개요", 종교의 "몇몇 주된 항목" 또는 "제일 원리", "기독교의 ABC"와 같은 말을 집어넣었다. 이안 그린은 청교도의 교리 문답서가 사도신경, 십계명, 주의 기도, 성례처럼 반복하는 형식 및 주제와 고도의 연속성을 유지하고 있다는 것을 증명한다. 그린은 많은 기초 작품들의 단순한 메시지와 좀 더 복잡한 교리 문답서의 어려운 내용 간에도 실질적인 불일치는 전혀 없었다고 주장한다.[13] 교회의 다양한 차원에서, 그리고 교인들의 가정에서 청교도 목사들은 성경의 근본 가르침을 설명하고, 젊은이가 성경을 기억하도록 돕고, 설교와 성례를 더 이해하기 쉽게 구비하고, 언약 자녀들의 신앙고백을 준비시키고, 오류에 맞서 자기들의 믿음을 변증하는 법을 그들에게 가르치고, 자녀를 가르치도록 부모를 돕기 위해 교리 문답 교육을 실시했다.[14]

• 교리 문답 교육은 두 성례와 관련되었다. 웨스트민스터 대교리문답은 세례를 "잘 사용하는" 것에 대해 말하면서, 소교리문답과 같은 교리문답서가 중요한 역할을 하는 평생 교육의 임무를 언급한다.[15] 윌리엄 퍼킨스는 무지한 자는 자신이 쓴 교리문답서인 『기독교의 기초』(The Foundation of Christian

---

11) 다음 자료들을 보라. George Edward Brown, "Catechists and Catechisms of Early New England" (DRE 논문, Boston University, 1934), R. M. E. Paterson, "A Study in Catechisms of the Reformation and Post-Reformation Period" (문학석사학위논문, Durham University, 1981), Margarita Patricia Hutchinson, "Religious Change: The Case of the English Catechism, 1560~1640" (철학박사학위논문, Stanford University, 1984), Ian Green, *The Christian's ABC: Catechisms and Catechizing in England c. 1530~1740* (Oxford: Clarendon, 1996).

12) John Cotton, *Milk for Babes, Drawn out of the Breasts of Both Testaments* (London: J. Coe for Henry Overton, 1646).

13) Green, *The Christian's ABC*, pp. 557~570.

14) 참고, W. G. T. Shedd, *Homiletics and Pastoral Theology* (1867, 재판, London: Banner of Truth Trust, 1965), pp. 356~375.

15) 웨스트민스터 총회는 잉글랜드와 스코틀랜드에서 사용할 하나의 교리문답과 하나의 신앙고백을 작성하기를 원했지만 웨스트민스터 표준 문서들이 입안된 후에도 교리문답 작성의 홍수는 계속되었다. J. Lewis Wilson, "Catechisms, and Their Use among the Puritans," *One Steadfast High Intent* (London: Puritan and Reformed Studies Conference, 1966), pp. 41~42를 보라.

Religion)를 암기해야 하고, 그래야 "성찬에서 위로를 받기에 합당할" 것이라고 말했다. 그리고 윌리엄 홉킨슨은 『생명의 길의 준비』(A Preparation into the Waie of Life) 서언에서 새 신자가 "주의 만찬을 올바르게 사용하도록 곧 그리스도 안에서 주어진 하나님의 약속들을 특별히 확증하도록" 하려고 애썼다고 말했다.[16)]

• 교리 문답 교육은 가정 예배를 장려했다. 교회의 순결을 지키려는 공적 노력이 무너질수록 청교도는 가정을 신앙적 가르침과 영향력의 거점으로 삼았다. 청교도는 가정 예배와 경건한 가족 질서에 대한 책을 썼다. 로버트 오펜쇼는 자신의 교리문답서의 서언에 "긴 겨울밤을 어떻게 보내야 하는지 질문하는 자들에게 시편을 찬송하고, 가족을 가르치고, 가족과 함께 기도하라"고 호소하는 말을 담았다.[17)] 1640년대에 웨스트민스터 총회가 개최될 즈음, 청교도는 가정 예배 및 교리 문답 교육의 부재를 회심이 없는 삶의 한 증거로 간주했다.[18)]

• 교리 문답 교육은 설교의 후속 사역으로, 이웃에게 복음을 전하는 하나의 방법이었다. 소문에 의하면, 조지프 얼라인(1634~1668년)은 주일 사역의 후속으로 교인들에게 한 주에 5일 동안 교리 문답 교육을 실시했을 뿐만 아니라 길에서 만나는 사람들에게 복음을 전했다고 한다.[19)] 『참된 목자』(The Reformed Pastor)에서 교리 문답 교육의 이상을 상술한 리처드 백스터(1615~1691년)는 "참으로 오랫동안 무익한 청자로 있었던 일부 무지한 사람들이 10년간의 공적 설교에서보다 반시간 정도 숨김없이 털어놓는 시간을 가졌을 때 더 많은 지식과 양심의 각성을 얻었다"는 명확한 결론에 이르게 되었다고 말했다.[20)] 그래서 백스터는 매주 목요일 저녁에 가정을 방문해서 직전 주일 설교에 대해 토론하고 복을 구하는 기도를 드렸다.

• 교리 문답 교육은 사람들의 영적 상태를 검토하고 사람들에게 그리스도께 피하라고 권면하고 경고하는 데 유익했다. 백스터와 두 보조 목사는 매주 이틀 동안 가정에서 교인들에게 교리 문답 교육을 실시했다. 패커는 이렇게 결론짓는다. "백스터는 개인적 교리 문답 교육 관습을 어린아이를 위한 예비 훈련 과정에서 단계를 높여 모든 세대가 참여하는 상설 복음 전도와 목회 상담 제도에 적용함으로써 청교도의 목회 이상의 발전에 중대한 공헌을 했다."[21)] 청교도의 교회와 학교는 교리 문답 교육을 매우 중요하게 여겨 일부 교회와 학교는 공식적으로 교리 문답 교사를 두기도 했다. 케임브리지 대학을 보면, 윌리엄 퍼킨스는 크라이스트 칼리지에서, 존 프레스턴(1587~1628년)은 임마누엘 칼리지에서 교리 문답 교수로 활동했다. 토머스 게이테커(1574~1654년)에 따르면, 청교도의 이상은 학교

---

16) William Hopkinson, *A Preparation into the Waie of Life, with a Direction into the RIGHTE Use of the Lordes Supper* (London: Ihon Kyngston, 1583), sig. A.3.

17) Robert Openshawe, *Short Questions and Answeares* (London: Thomas Dawson, 1580), A.4.

18) Wilson, "Catechisms, and Their Use among the Puritans," pp. 38~39.

19) C. Stanford, *Joseph Alleine: His Companions and Times* (London: Charles Stanford, 1861).

20) Richard Baxter, *Gidlas Salvianus: The Reformed Pastor: Shewing the Nature of the Pastoral Work* (1656, 재판, New York: Robert Carter, 1860), pp. 341~468.

21) Packer, *A Quest for Godliness*, p. 305.

가 "작은 교회"가 되고, 교사들은 "개인 교리 문답 교사"가 되는 데 있었다.[22)]

설교, 목회 상담, 교리 문답을 통해 수행된 청교도의 목회는 시간과 기술을 요하는 사역이었다.[23)] 청교도는 속성으로 손쉬운 회심이 일어나는 것을 기대하지 않았다. 청교도는 평생에 걸쳐 신자들이 그리스도를 섬기도록 마음과 지성과 의지와 감정을 형성시키는 데 헌신했다.[24)]

청교도 교리 문답 교사의 고된 사역은 크게 보상을 받았다. 리처드 그린햄(대략, 1542~1594년)은 "교리 문답 교육은 개혁파 교회를 높이 세우고, 로마 가톨릭교회에는 심각한 손상을 입혔다"고 주장했다.[25)] 청교도는 심지어는 열매가 없을 때에도 끈질기게 교리 문답 교육을 실시해야 한다고 우리에게 가르쳐준다. "너는 네 떡을 물 위에 던져라 여러 날 후에 도로 찾으리라"(전 11:1).

쉬지 말고 기도하라

청교도는 하나님의 사람들은 기도하는 자가 될 필요성이 있음을 우리에게 가르쳐준다. 청교도는 확실히 "골방의 사람들"이었다. 골방-침실, 다락방, 들판 등 기도하는 데 사용되는 그들만의 특별하고 개인적인 공간-에서 청교도는 자신, 자신들의 사역, 가정, 교회, 국가에 대한 하나님의 은혜를 위해 하늘의 하나님께 소리 높여 부르짖었다.

현대의 많은 목사들과 달리 청교도 목사들의 영적 생활의 수준은 균일하게 높았던 것으로 보인다.[26)] 청교도는 무엇보다 먼저 위대한 설교자였는데, 그것은 그들이 자신의 설교에 대해 신적 복을 베풀어 달라고 하나님과 씨름한 위대한 기도의 사람이기도 했기 때문이다. 리처드 백스터는 이렇게 말했다. "기도는 설교뿐만 아니라 우리의 사역 전체에 대해 이루어져야 한다. 교인을 위해 간절히 기도하지 않는 설교자는 교인에게 진심으로 설교하지 못할 것이다. 우리가 교인에게 믿음과 회개를 베풀어 주시도록 하나님을 설복시키지 못한다면 믿고 회개하도록 교인을 결코 설복시키지 못할 것이다."[27)] 로버트 트레일(1642~1716년)은 이렇게 말했다. "평범한[더 적은] 은사와 재능을 가진 어떤 목사들이 능력에서 그들을 크게 능가하는 다른 목사들보다 더 성공적인 목회를 한다. 그것은 그들이 설교를 더 잘하기 때문이 아니라 더 많이 기도하기 때문이다. 많은 탁월한 설교가 서재에서 기도를 많이 하지 않아 효력을 상실하고 만다."[28)]

목사의 개인 기도는 강단 메시지의 간을 맞추는 역할을 한다. 목사들은 리처드 십스(1577~1635년)의 경고를 마음에 새겨야 한다. "그리스도의 사역자는 종종 절반의 사역[곧 설교]으로 사람들에게 큰 영예를 얻지만 하나님은 나머지 절반[곧 기도]의 사역을 등한시한 것에 대해 그를 불쾌하게 여기신

---

22) Thomas Gataker, *David's Instructor* (London, 1620), p. 18. 또한 B. Simon, "Leicestershire Schools 1635~40," *British Journal of Educational Studies* (Nov. 1954), pp. 47~51도 보라.

23) Thomas Boston, *The Art of Manfishing: A Puritan's View of Evangelism* (재판, Fearn, Scotland: Christian Focus, 1998), pp. 14~15.

24) Thomas Hooker, *The Poor Doubting Christian Drawn to Christ* (1635, 재판, Worthington, Pa.: Maranatha, 1977).

25) Richard Greenham, *A Short Forme of Catechising* (London: Richard Bradocke, 1599).

26) Benjamin Brook, *The Lives of the Puritans*, 전 3권 (1813, 재판, Pittsburgh, Pa.: Soli Deo Gloria, 1994), William Barker, *Puritan Profiles* (Fearn, Scotland: Christian Focus, 1996)를 보라.

27) Baxter, *The Reformed Pastor*, p. 123.

28) Robert Traill, "By What Means May a Minister Best Win Souls," *The Works of the Late Reverend Robert Traill* (1810, 재판, Edinburgh: Banner of Truth Trust, 1975), 1:246.

다"(참고, 행 6:4).

청교도와 마찬가지로 여러분도 개인기도 시간을 철저히 지켜라. 우선순위를 영적이고 영원한 실재에 두라. 깨어 기도하지 않을 때 영적 재앙을 초래하게 된다는 것을 명심하라. 존 플라벨이 말한 것처럼 "어떤 사람이 객관적으로 영적인 [사람일] 수 있으나 그동안 내내 주관적으로 육적인 사람일 수 있다"[29]는 것을 크게 각성하라. 존 오웬이 지적한 것처럼, "어떤 사람도 자신의 마음에 먼저 설교하지 않고는 설교를 잘하는 것이 아니다…… 만일 말씀이 우리 안에 능력으로 거하지 않는다면 우리에게서 능력이 나가지 못할 것이다."[30]

시련을 그리스도인답게 다루라

청교도는 시련을 다루는 방법을 우리에게 가르쳐준다. 스코틀랜드 출신의 형제 에베니저 어스킨(1680~1754년)과 랠프 어스킨(1685~1752년)을 생각해 보자. 25년 동안 그들에게서 사역의 기쁨을 빼앗아 간 종교 논쟁 말고도, 그들은 가정의 슬픔도 숱하게 겪었다. 에베니저 어스킨은 서른아홉 살 된 첫 번째 아내와 사별했다. 두 번째 아내는 그가 죽기 삼 년 전에 사별했다. 어스킨은 또 열다섯 명의 자녀 가운데 여섯 명을 잃었다. 랠프 어스킨은 서른두 살 된 첫째 아내와 사별하고, 열세 명의 자녀 가운데 아홉 명을 잃었다. 어른으로 성장한 세 명의 아들은 모두 목회자가 되었지만 그 중 한 아들은 아버지를 면직시키는 일에 가담했다.

어스킨 형제는 한 청교도가 그렇게 말한 것처럼 하나님은 "죄는 없으나 고통은 없지 않은 독생자"를 두고 계신다는 사실을 십분 이해했다. 전형적인 청교도가 그런 것처럼, 그들의 일기는 고통의 와중에서도 그리스도 중심적인 복종을 보여 주는 내용으로 가득 차 있다. 에베니저 어스킨은 첫 번째 아내가 임종하고 여러 자녀를 막 잃고 난 시기에 일기에 이렇게 썼다.

> 나는 주님이 손으로 거두어가고, 그 손을 계속 무겁게 짓누르게 만든 사랑하는 아내에 대한 큰 슬픔으로 하나님이 내 가족 위에 두신 채찍을 갖고 있었다. 그러나 오, 오늘까지 새롭고 분수에 넘치도록 나를 찾아오신 하나님의 값없는 은혜를 선포할 수 있기를! 하나님은 은밀하고 공개적으로 나와 함께 하셨다. 나는 샤론의 수선화의 감미로운 냄새를 알고, 내 영혼은 임마누엘이신 그분의 인격의 탁월함 속에서 그리고 그분의 영원한 의의 충만함 속에서 주님을 새로 발견하고 새롭게 되었다. 나의 쇠잔한 소망은 주님을 봄으로써 다시 살아났다. 주님이 나타났을 때 나의 속박은 풀리고 고통의 짐은 가벼워졌다……"자, 내가 주님에게 좋아 보이는 것처럼 주님은 내게 좋으신 분이다." 만일 주님이 내게 요단 강 파도 속에 들어가라고 명하신다면, 그것이 그분의 거룩한 뜻이라면, 왜 아니 들어가겠는가? 내가 고통의 골짜기를 통과할지라도 아니, 사망의 음침한 골짜기로 다닐지라도 해를 두려워하지 않을 것은 주께서 나와 함께 하심

---

29) John Flavel, *The Touchstone of Sincerity, or The Signs of Grace and the Symptoms of Hypocrisy*, in *The Works of John Flavel* (1820, 재판, London: Banner of Truth Trust, 1968), 5:568.

30) John Owen, "The Duty of a Pastor," *The Works of John Owen* (1850, 재판, Edinburgh: Banner of Truth Trust, 1976), 9:455, *The True Nature of a Gospel Church*, in *Works*, 16:76.

> 이라 주의 지팡이와 막대기가 나를 안위하시나이다.[31]

우리는 청교도에게서 우리를 겸손하게 하고(신 8:2), 죄가 무엇인지 가르쳐 주고(습 1:12), 우리를 하나님께 이끄는(호 5:15) 고통을 필요로 한다는 것을 배울 수 있다. 로버트 레이턴(1611~1684년)은 "역경은 천국을 보석들로 빛나게 하는 다이아몬드 입자"라고 말했다.[32] 하나님의 고통의 채찍을 그리스도의 형상을 우리가 그리스도의 의와 거룩하심에 참여할 수 있도록 우리 안에 그리스도의 형상을 더 충분히 새겨 넣는 그분의 수단으로 보라(히 12:10~11). 여러분의 고통은 여러분을 믿음의 길로 이끌고, 여러분을 세상에서 분리시키는 역할을 한다. 토머스 왓슨이 말한 것처럼, "하나님은 세상이 우리를 물어뜯게 하되, 크게 고통스럽게 하지 않는 헐거운 이(tooth)로 끼워 놓으셨다."[33] 고통이 여러분의 영혼을 천국으로 끌어올리고 영광의 길을 열어 놓도록 은혜를 얻는 데 힘쓰라(고후 4:7).

만일 지금 혹독한 시련을 겪고 있다면, 청교도에게서 이 시련을 과대평가하지 않는 비결을 배우라. 윌리엄 브리지(1600~1671년)의 『낙망한 자들을 일으켜 세움』(A Lifting Up for the Downcast), 토머스 브룩스(1608~1680년)의 『채찍 아래 잠잠한 그리스도인』(A Mute Christian under the Rod), 리처드 십스의 『상한 갈대』를 읽어 보라. 인생은 짧고 영원은 끝이 없다는 사실을 명심하라. 일시적 환난보다 장차 주어질 면류관과 삼위 하나님, 성도들 및 천사들과의 영원한 친교를 더 많이 생각하라. 존 트랩(1601~1669년)이 말한 것처럼 "면류관을 얻기 위해 달려가는 자는 비오는 날을 깊이 생각할 필요가 없다."[34]

여러분은 이 세상에서 그저 세입자에 불과하다. 그러나 여러분이 신자라면 대저택이 영광 속에서 여러분을 기다리고 있다. 절망하지 마라. 목자의 지팡이는 처벌을 위한 심판의 손이 아니라 자비로운 사랑의 손에 들려 있다. 고통 속에 있을 때 그리스도를 생각하라. 완전히 무죄하신 분의 고통이 여러분의 고통보다 훨씬 크지 않았는가? 그리스도께서 여러분을 위해 어떻게 인내하시는지, 여러분을 위해 어떻게 기도하시는지, 여러분을 위해 갖고 계신 목표를 이루려고 여러분을 어떻게 도우시는지 생각해 보라. 결국 여러분의 고통은 그리스도를 영화롭게 할 것이다. 조지 스윈녹(대략, 1627~1673년)이 특이하게 말한 것처럼 "거룩하게 된 사람은, 은종처럼 두들겨 맞을수록 내는 소리가 더 좋다."[35]

만일 여러분이 목사라면 하나님은 청교도에게 그렇게 하신 것처럼 시련을 사용해서 여러분이 더 나은 설교자가 되게 하실 것이다. 조지 휫필드(1714~1770년)는 이렇게 말했다.

> 목사들은 십자가 아래 있을 때 가장 잘 쓰고 설교한다. 그때 그리스도와 영광의 영이 그들 위에 있다. 의심할 것 없이 청교도를……이처럼 불타오르고 빛나는 빛으로 만든 것은 이것이었다. 암울한 바돌로뮤 법[1662년 통일령]으로 내쫓기고, 각자 헛간과 들판에서 대로와 산울타

31) Donald Fraser, *The Life and Diary of the Reverend Ebenezer Erskine* (Edinburgh: William Oliphant, 1831), 6장.

32) Robert Leighton, *The Whole Works of Robert Leighton* (Philadelphia: G. S. Appleton, 1851), "Inspirational Quotes A to F," *Hope Triumphant*, http://www.hopetriumphant.com/inspirational_quotes_ a_to_f.htm(2011년 2월 3일 접속)에서 인용함.

33) Thomas Watson, *A Divine Cordial* (Wilmington, Del.: Sovereign Grace, 1972), "Growing Pains: How Affliction Works for the Good of Those Who Love God," *Mr. Renaissance*, http://www.mrrena.com/misc/pains.shtml (2011년 2월 3일 접속)에서 입수함.

34) John Trapp, *Commentary on the New Testament, Answers.com*, http://www.answers.com/topic/john-trapp-1 (2011년 2월 3일 접속).

35) I. D. E. Thomas 편찬, *The Golden Treasury of Puritan Quotations* (Chicago: Moody Press, 1975), p. 15.

> 리에서 설교하도록 내몰릴 때 목사들은 특별히 권위를 가진 사람으로서 글을 쓰고 설교를 전했다. 죽었지만 그들은 자신의 작품을 통해 여전히 말하고 있다. 바로 이 순간까지 특별한 열정이 그들에게 수반되고 있다.[36]

여기서 휫필드가 언급하는 "특별한 열정"이라는 말은 고통의 학교에서 만족하는 기술을 배움으로써 나오는 경험적이고 그리스도 중심적인 열정을 가리킨다. 청교도는 고통 아래에서 그리스도 안에서 주어지는 풍성한 영적 만족과 위로를 경험했다. 우리도 그래야 한다. 제러마이어 버로스(대략, 1600~1646년)가 쓴 『기독교적 만족의 귀한 보석』(The Rare Jewel of Christian Contentment)을 읽어 보라. 거기서 버로스는 여러분에게 시련을 만족으로 만드는 법을 가르쳐 줄 것이다. 그런 다음에 사역에 대해서 불평하는 대신, 사탄, 다른 사람들이나 여러분 자신의 양심과 싸우고, 그 싸움을 그리스도에게 갖고 가서 성령으로 그 싸움을 성별시켜 양떼에게 영적 만족의 본보기를 보여줄 수 있게 해 달라고 기도하라.

교만을 저지하라

청교도는 교만을 다루는 법을 우리에게 가르쳐준다. 하나님은 교만을 미워하신다(잠 6:16~17). 하나님은 마음으로 교만한 자들을 싫어하고, 입술로 교만한 자들을 저주하고, 손으로 교만한 자들을 처벌하신다(시 119:21; 사 2:12, 23:9). 교만은 하나님의 첫 번째 원수였다. 교만은 낙원에서 저질러진 최초의 죄이자 우리가 죽을 때 벗어 버리게 될 마지막 죄였다. 조지 스윈녹은 "교만은 가장 먼저 입고 가장 늦게 벗는 영혼의 속옷"이라고 말한다.[37]

하나의 죄로서 교만은 유일무이하다. 대다수 죄들은 우리를 하나님에게서 떠나게 하지만 교만은 하나님을 직접 공격하기 때문이다. 교만은 우리 마음을 하나님보다, 그리고 하나님을 반대해서 높인다고 헨리 스미스(1560~1591년)는 말했다. 교만은 하나님을 폐위시키고 자신이 보좌에 등극하려고 획책한다. 청교도 목사들은 자신들이 이 죄에서 제외되어 있다고 생각하지 않았다. 회심하고 20년이 지난 후에 조나단 에드워즈(1703~1758년)는 자기 마음속에 "헤아릴 수 없는 무한한 깊이의 교만"이 남아 있는 것을 괴로워했다.

교만은 우리의 사역을 손상시킨다. 리처드 백스터가 지적한 것처럼 "교만은 설교를 작성하면 강단에도 우리와 함께 올라간다. 교만은 우리의 정신 상태를 형성하고, 우리의 전달을 지배하며, 우리가 사람들을 불쾌하게 할지도 모른다. 교만은 우리가 청자들의 헛된 갈채를 추구하게 한다. 교만은 사람들이 자신과 자신의 영광을 추구하게 한다."[38]

교만은 복합적이다. 조나단 에드워즈는 교만은 다양한 형태와 모양을 취하고, 양파 껍질처럼 마음을 에워싼다고 말했다. 한 껍질을 벗기면 아래에 또 다른 껍질이 들어 있다.

---

36) George Whitefield, "A Recommendatory Preface to the Works of Mr. John Bunyan," *The Works of George Whitefield* (London: for Edward and Charles Dilly, 1771), 4:306~307.

37) Thomas, *Puritan Quotations*, p. 224.

38) Richard Baxter, *The Reformed Pastor* (New York: Robert Carter & Brothers, 1860), pp. 212~226.

항상 세간의 주목을 받는 우리 목사들은 특히 교만의 죄에 쉽게 빠지는 경향이 있다. 리처드 그린햄이 경고하는 것처럼, "사람은 경건해질수록 하나님의 은혜와 복도 그만큼 더 주어지고, 또 사탄이 어떻게든 부지런히 그를 반대하기 때문에, 또 그가 언제든 오만한 거룩함을 뽐낼 준비가 되어 있기 때문에, 그만큼 더 많은 기도를 필요로 한다."[39)]

교만은 아무것이나 잡아먹는다. 곧 정당한 범주의 능력과 지혜, 하나의 칭찬, 획기적인 번성의 시기, 신망 있는 지위에서 하나님을 섬기는 부르심, 심지어는 진리로 말미암아 고난받는 영예까지도 교만의 한 빌미가 된다. 리처드 마요(대략, 1631~1695년)는 "교만은 아무거나 먹고 살 수 있기 때문에 굶어 죽는 경우가 거의 없다"고 말한다.[40)]

청교도는 만일 우리가 교만의 죄에서 제외된다고 생각한다면 다음과 같이 자문해 봐야 한다고 말했다. '우리가 다른 사람들의 칭찬에 얼마나 의존하고 있는가? 우리가 경건 자체보다 경건에 대한 명성에 더 신경을 쓰고 있는가? 우리 사역에 대해 다른 사람들이 우리에게 말하는 것이 은사와 상급인가? 우리가 비판에 어떻게 반응하는가?'

경건한 사람은 교만에 맞서 싸우지만 세속적인 사람은 교만을 조장한다. 코튼 매더(1663~1728년)는 교만으로 주님 앞에서 쓰라림과 혼란을 겪고 있을 때 이렇게 고백했다. "나는 나의 교만을 그리스도의 형상 및 은혜와 반대되는 마귀의 참된 형상으로, 하나님에 대한 범죄와 성령의 근심거리로, 좋은 점은 하나도 없고 크게 부패한 본성을 가진 사람이 저지르는 가장 터무니없는 미련함과 미친 짓으로 보려고 애썼다."[41)] 토머스 셰퍼드(1605~1649년)도 교만과 싸웠다. 1642년 11월 10일자 일기에서 셰퍼드는 이렇게 말했다. "나는 복음의 충만한 영광의 빛을 보기 위해……남아 있는 내 마음의 모든 교만을 정복하기 위해 개인적으로 금식을 했다."[42)]

여러분은 교만과 맞서 싸울 때 이 청교도 목사들과 같이 할 수 있는가? 여러분은 사랑으로 다른 사람들에게 이 죄에 대해 충분히 경고할 용의가 있는가? 청교도 선교사 존 엘리엇(1604~1690년)은 한 동료가 "죄 죽이기를 공부하게! 형제여, 죄 죽이기를 공부하게!"라고 말해 줬을 때 그가 자신을 매우 높은 위치에 있다고 생각하고 있었다는 점을 알아차렸다.[43)]

우리는 교만과 어떻게 맞서 싸우고 있는가? 우리는 교만이 우리 안에 얼마나 뿌리 깊이 박혀 있고, 교만이 얼마나 위험한 것인지 알고 있는가? 우리는 청교도 리처드 마요처럼 우리 자신에게 이렇게 항상 항의하는가? "그대와 같이 죄를 범하고, 그대와 같이 산 자는 얼마나 교만할까? 곧 그토록 많은 시간을 허비하고, 그토록 많은 자비를 악용하고, 그토록 많은 의무를 불이행하고, 그토록 중대한 수단들을 등한시한 것, 다시 말해 그대와 같이 하나님의 영을 근심시키고, 하나님의 율법을 크게 어기며, 하나님의 이름을 크게 모욕한 자는 얼마나 교만한가?"[44)]

만일 여러분이 세속적 교만을 죽이고 경건하게 겸손한 마음을 갖고 살려면 여러분의 구주를 바라

---

39) Richard Greenham, *Grave Counsels and Godlie Observations*, in *The Works of Richard Greenham*, p. 62.

40) 참고, Richard Mayo, "What Must We Do to Prevent and Cure Spiritual Pride?", *Puritan Sermons 1659~1689*, 3:378~393.

41) Charles Bridges, *The Christian Ministry* (1830, 재판, London: Banner of Truth Trust, 1959), p. 152.

42) Michael McGiffert 편집, *God's Plot: Puritan Spirituality in Thomas Shepard's Cambridge* (Amherst: University of Massachusetts Press, 1994), pp. 116~117.

43) Bridges, *The Christian Ministry*, p. 128에서 인용함.

44) Richard Mayo, "What Must We Do to Prevent and Cure Spiritual Price?", *Puritan Sermons 1659~1689*, 3:390.

보라. 그분의 삶은 끊임없이 고난으로 점철되었다고 칼빈은 말한다. 겟세마네와 갈보리 외에 어디서도 겸손은 계발되지 않는다. 교만이 여러분을 위협할 때 교만한 사람과 우리의 겸손하신 구주가 어떻게 대조되는지를 생각하라. 아이작 와츠(1674~1748년)처럼 이렇게 찬송하라.

영광의 왕 달려 죽으신
놀라운 십자가 나 살필 때
내 모든 자랑 내 귀한 보물
부끄러워 다 버리네.

청교도와 청교도 계승자들에게서 배우는 교만을 정복하는 몇 가지 다른 방법이 여기 있다.

• 하루하루를 자신을 잊고 남을 섬길 기회로 보라. 에이브러햄 부스(1734~1806년)는 목사들에게 이렇게 말한다. "여러분의 모든 일은 입법적 사역이 아니라 섬김의 사역임을 잊지 마라. 여러분은 교회의 주인이 아니라 종이라는 것을 명심하라."[45] 섬김의 행위는 본질상 겸손의 행위다.

• 하나님 곧 하나님의 속성과 하나님의 영광에 대한 깊은 지식을 추구하라. 욥과 이사야는 하나님을 아는 것만큼 우리를 겸손하게 하는 것은 아무것도 없다는 것을 우리에게 가르친다(욥 42장; 사 6장).

• 휫필드의 『일기』(Journals), 『데이비드 브레이너드의 생애』(The Life of David Brainerd), 스펄전의 『어린 시절』(Early Years)과 같은 위대한 성도들의 전기를 읽으라. 마틴 로이드 존스는 목사들에게 이렇게 말한다. "만일 교만이 여러분을 땅으로 내려 오게 하지 않는다면 여러분은 단지 전문가에 불과하고 소망 너머에 있다고 말하고 싶다."[46]

• 날마다 "교만은 패망의 선봉이요 거만한 마음은 넘어짐의 앞잡이니라"(잠 16:18)는 것을 기억하라.

• 겸손을 위해 기도하라. 아우구스티누스가 "사역자가 가장 필요로 하는 세 가지 은혜는 무엇인가?"라는 질문에 "첫째도 겸손, 둘째도 겸손, 셋째도 겸손"이라고 대답한 것을 잊지 마라.[47]

• 죽음의 준엄함, 심판 날의 확실함, 영원의 광대함을 자주 묵상하라.

---

45) Abraham Booth, "Pastoral Cautions," *The Christian Pastor's Manual*, John Brown 편집 (재판, Pittsburgh, Pa.: Soli Deo Gloria, 1990), p. 66.

46) D. Martyn Lloyd-Jones, *Preaching and Preachers* (Grand Rapids: Zondervan, 1971), p. 256.

47) Augustine, *The Confessions of St. Augustine* (Brewster, Mass.: Paraclete Press, 2006).

성령을 의지하라

청교도는 말하고 행한 모든 것 속에서 성령을 깊이 의지할 필요가 있다는 것을 우리에게 가르쳐 준다. 청교도는 회심의 중대성과 어떤 사람도 그리스도에게 이끌 수 없는 자신의 무력성을 날카롭게 의식했다. 윌리엄 거널(1616~1679년)은 "하나님은 자신이 여러분에게 보내는 자들의 회심을 여러분에게 맡기지 아니하셨다. 절대로 맡기지 아니하셨다. 여러분의 의무는 다만 복음을 선포하는 것이다"라고 목사들에게 말했다.[48] 리처드 백스터는 이렇게 말했다. "회심은 대다수 사람들이 알고 있는 것과는 다른 종류의 사역이다. 땅의 마음을 하늘로 이끌고, 사람에게 하나님의 호의적인 속성들을 보여 주고, 그를 결코 소멸되지 않을 이 사랑에 사로잡히게 하고, 그가 그리스도에게 도망쳐 그분을 피난처를 삼게 하며, 감사하면서 그리스도를 자신의 영혼의 생명으로 받아들이게 하는 것, 곧 사람이 자신의 행복을 위해 취했던 것을 포기하고, 자기 행복을 이전에는 가져보지 못했던 곳에 둘 정도로 삶의 참된 경향과 성향을 변화시키는 것은 결코 작은 일이 아니다."[49]

청교도는 설교자와 청중은 언제, 어떻게, 누구에게 거듭남과 회심의 역사가 일어날지는 완전히 성령의 사역에 의존하고 있다고 굳게 확신했다.[50] 성령은 하나님의 임재를 사람의 마음속으로 이끈다. 성령은 죄인들을 설복시켜 구원을 추구하고, 부패한 의지를 새롭게 하며, 굳은 마음속에 영적 진리의 뿌리가 박히게 하신다. 토머스 왓슨은 그것을 이렇게 묘사했다. "목회자가 사람들의 마음의 문을 두드리면 성령이 열쇠를 갖고 오셔서 그 문을 여신다."[51] 그리고 조지프 얼라인은 이렇게 경고했다. "여러분은 스스로 회심할 수 있다고 절대로 생각해서는 안 된다. 여러분이 회심하고 구원을 받게 될 것이라고 해도 여러분 자신의 힘으로 구원받게 되리라는 것에 대해서는 절망해야 한다. 구원은 죽은 자에게서 다시 사는 것(엡 2:1), 새로 지음을 받는 것(갈 6:15; 엡 2:10)으로, 절대적인 전능자의 사역(엡 1:19)이다."[52]

여러분은 존 오웬이 말한 것처럼 성령의 거듭나게 하시는 행위는 "무오하고, 반드시 승리하고, 불가항력적이고, 항상 유효한" 행위로, "모든 장애물을 제거하고, 모든 반대를 물리치고, 아무 하자 없이 의도된 결과를 일으킨다"고 확신해야 한다.[53] 이와 다른 교리를 함축하는 모든 형태의 행위는 비성경적이다. J. I. 패커는 "'결단'을 촉구하기 위해 심리적 압력을 가하는 모든 장치는 사실상 성령의 영역을 침범하는 주제넘은 시도이므로 삼가야 한다"고 말한다. 패커는 계속해서 이런 압력은 외적 형태의 '결단'은 일으킬 수 있지만 거듭남과 마음의 변화는 일으킬 수 없고, 따라서 '결단'의 외적 형태들이 사라질 때 '복음에 대한 완고한 태도'와 적대적인 자세가 발견될 것이기 때문에 오히려 해로울 것이라고 말한다. 패커는 청교도의 맥락에 따라 이렇게 결론짓는다. "복음 전도는 오히려 인내하

---

48) William Gurnall, *The Christian in Complete Armour* (1662, 재판, London: Banner of Truth Trust, 1964), p. 574(이차 페이지 매김).

49) 참고, Richard Baxter, *Reformed Pastor*, 축소판 (1862, 재판, London: Banner of Truth Trust, 1974), pp. 94~96, 114~116.

50) Packer, *A Quest for Godliness*, pp. 296~299.

51) Thomas Watson, *The Select Works of Rev. Thomas Watson* (New York: Robert Carter & Brothers, 1856), p. 154.

52) Joseph Alleine, *An Alarm to the Unconverted* (Charlestown: Samuel Etheridge, 1807), pp. 29~30.

53) John Owen, *Pneumatologia, or A Discourse Concerning the Holy Spirit*, in *The Works of John Owen*, 3:317 이하.

며 장기에 걸쳐 시행하는 가르침과 교훈 계획으로, 이 계획 속에서 하나님의 종들은 단순히 복음 메시지를 전달하고, 그 메시지를 인간의 삶에 적용시키는 일에 신실하게 힘쓰고, 모든 결과는 하나님의 영에게 맡겨 그분이 자신의 방식과 자신의 시간에 따라 이 메시지를 통해 사람들을 믿음으로 이끌도록 하시는 것으로 간주되어야 한다."[54]

성령이 비신자들이 회심하고 신자들이 은혜 안에서 자라가도록 신실한 설교에 복을 베푸셔야 하고, 또 복을 베푸실 것이라는 사실을 명심하라. 하나님의 말씀은 하나님의 영으로 말미암아 목적을 이룰 것이다(사 55:10~11; 요 3:8). 웨스트민스터 대교리문답(질문 155)은 "하나님의 영은 특별히 말씀 선포를 효과적인 수단으로 삼아 죄인들을 조명하고, 죄를 자각시키고, 겸손하게 하시며, 또 죄인들을 그들 자신에게서 몰아내 그리스도께 이끌고, 그리스도의 형상을 닮게 하며, 그리스도의 뜻에 복종하게 하며, 시험과 부패에 빠지지 않도록 강건하게 하며, 은혜로 높이 세우고, 구원에 이르는 믿음을 통해 그들의 마음이 거룩함과 위로를 굳게 세우도록 하신다"고 말한다.

결론: 청교도의 영성을 모방하라

청교도에게서 배울 것은 이 외에도 무척 많다. 청교도는 성경의 권위, 성경적 복음 전도, 교회 개혁, 율법의 영성, 내재하는 죄에 맞선 영적 싸움, 자녀로서 하나님을 경외함, 지옥의 끔찍함과 천국의 영광 등을 얼마나 촉진시켰는가! 하지만 이번 장은 이미 충분히 길어졌다. 한 마디로 나는 나 자신에게 권면하는 것처럼 여러분에게도 "청교도 영성을 모방하라"고 권면하고 싶다. 우리는 이렇게 자문해 봐야 한다. '청교도처럼 우리도 삼위 하나님을 영화롭게 하기를 갈망하는가? 우리도 성경적 진리와 성경적 불에 의해 동기를 자극받고 있는가? 우리가 회심의 결정적인 필연성과 그리스도의 의로 옷 입는 것에 대한 청교도의 견해를 공유하고 있는가?' 단순히 청교도의 작품들을 읽는 것으로는 충분하지 않다. 청교도에 대한 관심이 생기는 것과 청교도 사상의 부흥은 같은 것이 아니다. 우리는 청교도의 내적 기질을 필요로 한다. 곧 청교도가 우리의 마음, 삶, 교회들 속에 보여 준 진정하고, 성경적이고, 지성적인 경건이 필수적이다.

여러분은 청교도처럼 그리스도 예수 안에서 경건하게 살 수 있겠는가? 여러분은 청교도 신학을 공부하고, 청교도의 관념을 토론하고, 청교도의 업적을 상기하며, 청교도의 실패를 질책하는 것 이상이 될 수 있겠는가? 여러분은 하나님의 말씀에 대한 순종의 단계에 도달하기 위해 힘쓸 수 있겠는가? 여러분은 청교도가 하나님을 섬긴 것처럼 하나님을 섬길 수 있겠는가? 여러분은 청교도가 그렇게 한 것처럼 한 눈을 영원에 고정시키고 살 수 있겠는가? "여호와께서 이와 같이 말씀하시되 너희는 길에 서서 보며 옛적 길 곧 선한 길이 어디인지 알아보고 그리로 가라 너희 심령이 평강을 얻으리라"(렘 6:16).

---

54) Packer, *A Quest for Godliness*, pp. 163~164.

| 후기 |

60장

마치는 말

청교도 시대에 잉글랜드에서 사는 것은 쉽지 않았다. 존 오웬(1616~1683년)의 열한 자녀 가운데 열 명의 자녀가 유아 때 죽었고, 살아남아 어른이 된 한 자녀도 아버지보다 먼저 죽었다. 오늘날 기준으로 보면 당시의 의료 기술은 매우 원시적이었다. 건강에 "좋은 효과"가 있을 것이라고 믿고 금박 탄알을 집어삼킨 리처드 백스터(1615~1691년)는 또 어떻게 설명할 수 있을까? 또한 그 시기와 그 지역에서 훨씬 심각하고 특별했던 일은 수십 년 이상 진행된 내란, 적대적인 유럽의 로마 가톨릭 세력의 끊임없는 침략과 정복 위협, 대도시의 화재 위험의 상존, 당시 유럽에 거듭 창궐한 치명적인 전염병 등으로 인한 격변, 혼란, 파괴, 죽음이었다.

당시에 청교도가 된다는 것은 사실상 성경이 가르치는 것과 명령하는 것을 견지한다는 이유로 반대에 직면하고 다양한 박해를 견뎌야 한다는 것을 의미했다. 17세기 중반에 청교도에게 잠시 황금시대가 있었던 것은 사실이지만 1660년대에 상황은 급격히 바뀌었고, 청교도 운동은 실패로 끝나거나 교착 상태에 빠져 있었다. 잉글랜드 교회는 본래의 역사로 되돌아갔고, 청교도와 청교도 후예들은 비국교도의 사회적 고립과 불이익을 받으며 축출을 당했다. 청교도의 많은 후예들이 그들의 아버지와 할아버지들이 양심과 하나님의 말씀을 위해 분리주의자가 되었던 곳을 떠나 다시 국가 교회로 돌아갔다. 청교도 사상은 역사적 운동으로서는 끝났지만, 그럼에도 오늘날 우리가 교회 안에서 진정으로 회복시켜야 하는 요소들을 갖고 있다. 따라서 "마치는 말"은 사실 오늘날 교회 안의 신학자와 목사들의 특징이 되어야 하는 청교도 신학자들의 다양한 힘에 대한 반성을 내용으로 할 것이다.

첫째, 청교도는 기독교 신앙의 중대한 진리들을 포착하는 안목을 갖고 있었고, 그것은 그들이 신학의 세부 사실과 특성들에 관심을 가졌다고 해서 또는 그들이 양심적으로 이 진리들을 그들 자신, 그들의 교회, 그들의 공동체, 그들의 국가에 적용하는 데 이끌렸다고 해서 약화된 것은 아니었다. 청교도는 복음 설교자로서나 하나님의 양떼의 목회자로서 모두 탁월했다. 청교도는 한 특정 위대한 신학자나 비전적인 영적 기법의 대가들에게나 사람이 만든 어떤 전통 집단의 맹종적인 수호자들에게 열성적인 지지를 보내지 않았다.

둘째, 청교도는 교양 있고, 충분한 교육을 받은 자들로, 엘리트만이 아니라 하나님의 백성이라면 누구나 교육을 받아야 한다는 사실을 열렬히 지지했다. 청교도와 대응을 이루는 대륙의 개혁파 지도자들과 마찬가지로, 청교도 신학자들도 문법, 수사학, 논리학을 기초 과정에서 엄격히 공부하는 혜택을 누렸다. 대학에 들어갈 때쯤 청교도는 라틴어, 헬라어, 그리고 때로는 히브리어까지도 철저히 공부하도록 되어 있었다. 이런 능력은 공식적으로 역사, 철학, 신학 공부를 시작하기 전에 크게 계발되었다. 기본 언어를 충분히 훈련받은 청교도는 원문이 헬라어나 라틴어로 되어 있는 교부, 위대한 중세 신학자, 종교개혁자, 당대의 대륙 신학자들의 작품을 읽을 수 있었다. 청교도의 라틴어 능력은 충분히 증명된다. 예를 들어 라틴어를 다양한 철학적, 신학적 구별들에 따라 일관되게 인용하고 적용시키는 용법이 청교도의 작품들에 나타나 있는 것이 그것을 명백히 보여 준다.

구별들의 사용은 청교도 신학자들의 방법론적 접근법의 특징으로, 이것은 어느 정도 대륙의 개혁파 신학자들과 공유한 것이다. 방법이 내용에 영향을 미치는 것은 사실이지만 일부 학자들이 가정한 범주에까지 미치는 것은 아니다. 개혁파 신학자들은 다양한 구별들을 통해 오류에 대해 명확히 말할 수 있었을 뿐만 아니라 진리를 명확하고 명백한 말로 주장할 수 있었다. 청교도 신학은 변증과 논박신학이었을 뿐만 아니라 동시에 교훈신학이었다. 종교개혁 시대에 확증된 중대한 진리들이 종교개혁 이후 개혁파 및 청교도 정통 신학에서 더 명확해지고 강화되었다. 존 칼빈이 신학 천재였다는 것은 의심의 여지가 없지만 개혁파 스콜라 신학자들(예, 히에로니무스 잔키우스[1516~1590년], 프랜시스 투레틴[1623~1687년], 존 오웬)은 칼빈의 어깨와 자신들 이전의 크게 존경받는 많은 개혁파 신학자들의 어깨 위에 서게 되는 혜택을 누렸다. 따라서 그들은 자신들의 신학에서 종종 칼빈과 그의 동료들보다 약간 더 엄밀했다. 물론 이것은 개혁파 교회는 항상 개혁되어야 한다는 개혁파의 격언[1]과 완전히 일치된다. 우리는 청교도의 작품들 속에서 어떤 교리들의 진리를 선포하는 측면에서 매우 유용한 것으로 판명되는 다수의 구별들을 발견한다.

셋째, 청교도는 성경에 대해 깊은 지식을 갖고 있었다. 오늘날 목회를 위해 훈련하고 있는 젊은 개혁파 사람들이 특별히 약한 한 분야는 성경에 대한 지식이다. 우리나라의 강단과 평신도, 기독교 대학과 신학교는 성경에 대해 기본 지식만 갖고 있는 것으로 보인다. 반면에 청교도는 성경과 동행하는 자들이었다. 청교도의 작품을 읽을 때 우리는 그들이 증거 본문, 실례나 예증으로 인용하는 방대한 분량의 성경 본문에 자극을 받아야 한다. 확실히 우리는 청교도가 제시하는 어떤 증거 본문이나 어떤 구절들에 대한 일부 주석에 의혹을 가질 수 있지만 그들이 성경 내용에 정통했다는 사실은 여전히 유효하다. 말할 것도 없이 청교도는 일반 사람들의 모든 작품보다 성경을 더 소중히 여겼다. 토머스 굿윈의 아들은 자기 아버지의 학식을 증언하지만, 더 중요하게는 굿윈이 생애 말엽에 특히 성경을 사랑한 사실을 다음과 같이 증언한다.

> 아버지는 책을 많이 읽었고, 매우 소중히 여기고 공부한 저술가로는 아우구스티누스, 칼빈, 무스쿨루스, 쟁키, 파레우스, 월레우스, 고마루스, 알틴기우스, 아메시우스 등이 있었다. 스콜라 학자들 가운데에는 수아레스와 에스티우스가 있었다. 그러나 아버지가 가장 많이 공부한 것은 성경이었다. 아버지는 자신의 서재에 주석자들의 훌륭한 주석들을 갖추고 그 책들도 잘 이용했다. 그리고 성경이 하나님을 아는 지식의 무궁무진한 보고이기 때문에 아버지는 성경을 열심히 탐구하고

---

1) 이 표어는 *Ecclesia reformata, sed simper reformanda* 곧 "교회는 개혁되었지만 항상 [추가 필요에 따라] 개혁되고 있다"는 것이다. 참고, 웨스트민스터 신앙고백 25.5.

서로 비교해 봄으로써 다른 저술가들 속에서 발견되지 않는 진리도 찾아내셨다.[2)]

오늘날 개혁파 신학자들은 다양한 전통에 속해 있는 신학을 읽는 것은 잘하지만 성경을 우선적으로 읽는 것은 잘하지 못하는데, 이것은 우리가 인정하는 것보다 훨씬 심각할 것이다.

마지막으로 청교도는 참된 경건과 실천적 정의의 방향 속에서 교회 개혁을 시작했다. 청교도 사상이 강력한 정치적 관점을 갖고 있었던 것은 확실한 사실이지만 청교도 사상은 항상 영적인 관점에 뿌리를 두고, 신학적인 관점의 인도를 받았다. 오늘날 우리는 심오하게 경건하면서 동시에 예리하게 신학적인 작품을 갖고 있지 못하다. 이 점에서 청교도는 탁월했다. 토머스 굿윈의 작품 『선포된 그리스도』(Christ Set Forth)와 『땅에 있는 죄인들을 향하신 하늘에 계신 그리스도의 마음』(The Heart of Christ in Heaven towards Sinners on Earth)은 고도로 정교한 개신교 스콜라 신학과 마음을 따스하게 만드는 경건한 진리를 훌륭하게 결합시킴으로써 독자들의 지식을 크게 계발시키고, 동시에 감동으로 압도한다. 존 오웬도 이 두 가지 강조점을 하나로 묶는 데 탁월했다. 오웬의 작품 어느 것도 이 점을 특별히 증명하지 않았지만 『그리스도의 영광에 대한 묵상과 강론』(Meditations and Discourses on the Glory of Christ)은 특별히 기독론이 지성에 어떻게 영향을 미쳐야 하는지뿐만 아니라 마음을 목표로 삼고 있음을 보여 준다. 존 오웬은 이렇게 말한다. "이 강론의 목적은 곧 우리가 그리스도의 인격을 묵상하면서 믿음으로 그분의 영광을 볼 때 단순히 우리가 동조하는 진리 즉 그리스도는 본질상 영광스러운 분이라는 사실에 대한 관념을 갖는 것으로 그치지 않고, 그리스도의 영광이 우리의 핵심 관심사이므로 그 관념이 우리의 마음에 영향을 미치도록 곧 우리의 영혼이 그리스도의 형상으로 변화될 때까지 영향을 미치도록 하는 데 있다."[3)] 오웬에게서 나온 또 다른 훌륭한 실례는 그의 유명한 작품 『하나님과의 교제』다.[4)] 여기서 우리는 최고의 삼위일체 영성을 확인하지만 이 논문은 또한 개신교 스콜라주의의 방법을 보여 주는 전형적인 한 실례다. 스티븐 차녹(1628~1680년)의 작품 『하나님의 존재와 속성』은 풍부한 "용례"와 철저하게 기독론적인 초점을 갖고 있고, 하나님의 속성들을 올바른 이해하게 되면 이 속성들을 신자들의 삶에 무한히 실제 적용하는 것이 가능하다는 것을 보여 준다. 물론 굿윈, 오웬, 차녹만 그런 것은 아니었다. 그들은 다만 청교도 가운데 신학적 저술의 특징적인 방법과 문체의 두드러진 한 본보기로 제시된 것이다. 이 모든 것은 "참된 경건은 훌륭한 신학 위에 세워져 있고, 훌륭한 신학은 항상 이런 경건을 분발시키기 마련이라는 사실"을 함축하고 있다. 따라서 현대의 많은 신학 작품들은 엄밀하게 이 점을 결여하고 있다. 우리는 청교도가 우리에게 교리와 경건이 관련되어 있되, 필수적으로 관련되어 있다는 것을 보여 준 것에 대해 감사하지 않으면 안 된다.

청교도는 신학과 경건-마치 신학은 자체로 경건이 아닌 것처럼 유감스럽게 구별되었던-을 결합시켰다. 왜냐하면 청교도는 하나님 말씀을 하나님 백성들에게 선포하도록 부르심을 받고, 따로 구별된 설교자였기 때문이다. 우리가 읽고 있는 청교도의 거의 대다수 작품은 출판을 위해 손질된 설교들이다. 말하자면 청교도의 대다수 작품은 청자들의 지성, 마음, 영혼을 겨냥한 사람들이 믿음을 명

---

2) Thomas Goodwin Jr., "Memoir of Dr. Thomas Goodwin," *The Works of Thomas Goodwin*, Thomas Smith 편집 (1861~1866, 재판, Grand Rapids: Reformation Heritage Books, 2006), 2:lxxiii~lxxiv.

3) John Owen, *Meditations and Discourses on the Glory of Christ*, in *The Works of John Owen* (Edinburgh: Johnstone & Hunter, 1850~1855), 1:321.

4) John Owen, *The Works of John Owen*, 제2권 (Edinburgh: Johnstone & Hunter, 1850~1855).

령하고, 회개를 촉구하고, 그리스도를 높이 세우기 위해 설교한 것을 기록한 하나님 말씀의 강해다. 존 오웬이 로마서 8장 13절을 상세히 설명한 "신자들 안의 죄 죽이기"라는 강해는 옥스퍼드 대학 교수와 학생들에게 주일 오후에 연속으로 전한 설교에서 나온 것이다. 우리가 보기에 교회가 배출한 최고의 신학자들은 바로 목사와 설교자들이었고, 이것은 당연히 그럴 수밖에 없다. 결론적으로 토머스 굿윈의 말을 빌려 말한다면, 하나님은 오직 한 아들을 두고 계시는데, 그 아들을 복음 사역자로 삼으셨다. 오늘날 교회는 성경과 하나님을 바로 알고 있는 새로운 세대의 유능한 지식 있는 목사들을 필요로 하고 있다. 우리가 본서를 저술할 특권을 갖게 된 것은 바로 이런 이유 때문이다. 곧 우리가 청교도의 작품들을 연구할 때 지성이 조명되었을 뿐만 아니라 마음도 자극받았고, 그래서 우리는 이 같은 경험이 여러분의 것이 되기를 바라기 때문이다.

| 참고문헌[1] |

Adams, Thomas. *An Exposition upon the Second Epistle General of St. Peter*. Edited by James Sherman. 1839. Reprint, Ligonier, Pa.: Soli Deo Gloria, 1990.

______. *The Works of Thomas Adams*. Edinburgh: James Nichol, 1862.

______. *The Works of Thomas Adams*. 1862. Reprint, Eureka, Calif.: Tanski, 1998.

Affleck, Bert Jr. "The Theology of Richard Sibbes, 1577–1635." PhD diss., Drew University, 1969.

Ahenakaa, Anjov. "Justification and the Christian Life in John Bunyan: A Vindication of Bunyan from the Charge of Antinomianism." PhD diss., Westminster Theological Seminary, 1997.

Ainsworth, Henry. *A Censure upon a Dialogue of the Anabaptists, Intituled, A Description of What God Hath Predestinated Concerning Man. &c. in 7 Poynts. Of Predestination. pag. 1. Of Election. pag. 18. Of Reprobation. pag. 26. Of Falling Away. pag. 27. Of Freewill. pag. 41. Of Originall Sinne. pag. 43. Of Baptizing Infants. pag. 69*. London: W. Jones, 1643.

______. *Two Treatises by Henry Ainsworth. The First, Of the Communion of Saints. The Second, Entitled, An Arrow against Idolatry, Etc*. Edinburgh: D. Paterson, 1789.

Alexander, James W. *Thoughts on Family Worship*. 1847. Reprint, Morgan, Pa: Soli Deo Gloria, 1998.

Alleine, Joseph. *An Alarm to the Unconverted*. Evansville, Ind.: Sovereign Grace Publishers, 1959.

______. *A Sure Guide to Heaven*. Edinburgh: Banner of Truth Trust, 1995.

Alleine, Richard. *Heaven Opened...The Riches of God's Covenant of Grace*. New York: American Tract Society, n.d.

Allen, William. *Some Baptismal Abuses Briefly Discovered*. London: J. M., 1653.

Alsted, Johann Heinrich. *The Beloved City, or, The Saints Reign on Earth a Thousand Yeares Asserted and Illustrated from LXV Places of Holy Scripture*. Translated by William Burton. London, 1643.

Althaus, Paul. *The Theology of Martin Luther*. Translated by Robert Schultz. Philadelphia: Fortress, 1966.

Ambrose, Isaac. *Looking unto Jesus; A View of the Everlasting Gospel*. London: Edward Mottershed for Nathanael Webb and William Grantham, 1658.

______. *Looking unto Jesus*. Reprint, Harrisonburg, Va.: Sprinkle Publications, 1986.

______. *War with Devils; Ministration of, and Communion with Angels*. Glasgow: Joseph Galbraith and Co., 1769.

______. *Works of Isaac Ambrose*. London: for Thomas Tegg & Son, 1701.

1) 다음은 이 책에서 참고한 문헌의 방대한 목록이기는 하지만, 중복되는 현대 사본과 재판 본을 제외한 가장 최근의 개정판만 포함했다. 그러나 16세기부터 18세기에 출간된 모든 사본은 포함되었다.

Ames, William. *An Analytical Exposition of Both the Epistles of the Apostle Peter*. London: E. G. for John Rothwell, 1641.

———. *Conscience with the Power and Cases Thereof.* 1639. Reprint, Norwood, N.J.: Walter J. Johnson, 1975.

———. "An Exhortation to the Students of Theology." Translated by Douglas Horton. Franeker: n.p., 1623.

———. *A Fresh Suit against Human Ceremonies in Gods Worship*. Rotterdam: [successors of Giles Thorp], 1633.

———. *Guilielmum Amesium, Medulla s.s., theologiae: Ex sacris literis, earumque interpretibus, extracta, & methodice disposita per, Editio Quarta*. London: Apud Robertum Allotium, 1630.

———. *The Marrow of Sacred Divinity*. London: Edward Griffen for Henry Overton, 1642.

———. *The Marrow of Theology*. Translated and edited by John D. Eusden. Boston: Pilgrim Press, 1968.

———. *Medulla theologica*. Amsterdam: apud Robertum Allottum, 1627.

———. "The Preparation of a Sinner for Conversion." Translated by Steven Dilday. Theses 6 and 16 in *Guil Amesii Disceptatio Scholastica de circulo pontificio*. Amsterdam: apud Joannem Janssonium, 1644.

———. *A Reply to Dr. Mortons Generall Defence of Three Nocent Ceremonies*. [Amsterdam: Giles Thorp], 1622.

———. *A Reply to Dr. Mortons Particular Defence of Three Nocent Ceremonies*. [Amsterdam: Successors of Giles Thorp], 1623.

———. *A Sketch of the Christian's Catechism*. Translated by Todd M. Rester. Classic Reformed Theology Series. Vol. 1. Grand Rapids: Reformation Heritage Books, 2008.

———. *Technometry*. Edited by Lee W. Gibbs. Philadelphia: University of Pennsylvania Press, 1979.

Amyraut, Moïse, Louis Cappel, and Josué de La Place. *Syntagma Thesium Theologicarum in Academia Salmuriensi variis temporibus disputatarum*. 3 vols. Saumur: Apud Olivarium de Varennes, in Porticu Captivorum Palatij, sub Vase Aureo, 1664.

Anderson, John. *Precious Truth*. Pittsburgh, Pa.: Ecclesiastical and Literary Press of Zadok Cramer, 1806.

Andrew, Edward G. *Conscience and Its Critics: Protestant Conscience, Enlightenment Reason, and Modern Subjectivity*. Toronto: University of Toronto Press, 2001.

Annesley, Samuel. "How May We Be Universally and Exactly Conscientious?" In *Puritan Sermons, 1659–1689*, 1:1–38. 1661. Reprint, Wheaton, Ill.: Richard Owen Roberts, 1981.

Apsley, Allen. *Order and Disorder, or, The World Made and Undone*. London: Margaret White, 1679.

Aquinas, Thomas. *Summa Theologica*. Translated by the Fathers of the English Dominican Province. 10 vols. 2nd ed. London: Burns, Oates, and Washbourne, 1920–1922.

Arminius, Jacob. *The Works of James Arminius*. 3 vols. Translated by James Nichols. Grand Rapids: Baker, 1986.

Armstrong, Brian G. *Calvinism and the Amyraut Heresy: Protestant Scholasticism and Humanism in Seventeenth-Century France*. Madison: University of Wisconsin Press, 1969.

Arnott, Anne. *He Shall with Giants Fight*. Eastbourne, U.K.: Kingsway, 1985.

Arrowsmith, John. *Armilla Catechetica. A Chain of Principles; or, An Orderly Concatenation of Theological Aphorismes and Exercitations*. Cambridge: John Field, 1659.

———. *Theanthropos, or, God-Man Being an Exposition upon the First Eighteen Verses of the First Chapter of the Gospel according to St John*. London: for Humphrey Moseley and William Wilson, 1660.

Attwater, Donald, ed. *A Catholic Dictionary*. New York: Macmillan, 1942.

Augustine. *The Confessions of St. Augustine*. Brewster, Mass.: Paraclete Press, 2006.

———. *The Works of Aurelius Augustine*. Edited by Marcus Dods. Edinburgh: T. & T. Clark, 1892.

Backus, Irena. *Reformation Readings of the Apocalypse: Geneva, Zurich, and Wittenburg*. Oxford: Oxford University Press, 2000.

Bacon, Francis. *The Works of Francis Bacon*. Edited by James Spedding, Robert Leslie Ellis, and Douglas Denon Heath. London: Longman, 1857.

[Bagshawe, Edward?]. *The Life and Death of Mr. Bolton*. London: George Miller, 1635.

Bainton, Roland H. *Here I Stand: A Life of Martin Luther*. New York: Abingdon-Cokesbury, 1950.

Baird, Charles W. *Presbyterian Liturgies: Historical Sketches*. Reprint, Eugene, Ore.: Wipf & Stock, 2006.

Baker, J. Wayne. "Sola Fide, Sola Gratia: The Battle for Luther in Seventeenth-Century England." *The Sixteenth Century Journal* 16, no. 1 (Spring, 1985): 115–33.

Bakewell, Thomas. *The Antinomians' Christ Confounded, and the Lord's Christ Exalted*. London: for Thomas Bankes, 1644.

Balke, Willem. "The Word of God and *Experientia* according to Calvin." In *Calvinus Ecclesiae Doctor*. Edited by W. H. Neuser. Kampen: J. H. Kok, 1978.

Ball, Bryan W. *A Great Expectation: Eschatological Thought in English Protestantism to 1660*. Leiden: Brill, 1975.

Ball, John. *A Treatise of the Covenant of Grace wherein the Graduall Breakings out of Gospel Grace from Adam to Christ Are Clearly Discovered, the Differences betwixt the Old and New Testament Are Laid Open, Divers Errours of Arminians and Others Are Confuted, the Nature of Uprightnesse, and the Way of Christ in Bringing the Soul into Communion with Himself*.... London: Simeon Ash, 1645.

———. *A Treatise of Faith*. London: [William Stansby] for Edward Brewster, 1631.

———. *A Treatise of Faith*. London: for Edward Brewster, 1657.

Barker, Matthew. *Natural Theology*. London: N. Ranew, 1674.

Barker, William. *Puritan Profiles*. Fearn, Scotland: Christian Focus, 1996.

Barker, William S., and Samuel T. Logan Jr., eds. *Sermons That Shaped America*. Phillipsburg, N.J.: P&R, 2003.

Barth, Karl. *Church Dogmatics*. III/4. Edited by G. W. Bromiley and T. F. Torrance. Edinburgh: T. & T. Clark, 1961.

Bartlet, William. *Ichnographia, Or A Model of the Primitive Congregational Way*. London: W. E. for H. Overton, 1647.

Baschera, Luca. *Tugend und Rechtfertigung: Peter Martyr Vermiglis Kommentar zur Nikomachischen Ethik im Spannungsfeld von Philosophie und Theologie*. Zurich: TVZ, 2008.

Bates, William. *The Harmony of the Divine Attributes in the Contrivance and Accomplishment of Man's Redemption*. 1674. Reprint, Harrisonburg, Va.: Sprinkle Publications, 1985.

———. *The Whole Works of the Rev. W. Bates, D.D.* Edited by W. Farmer. Reprint, Harrisonburg, Va.: Sprinkle Publications,1990.

Bauckham, Richard. *Tudor Apocalypse*. Oxford: Sutton Courtenay Press, 1978.

Baumgartner, Frederic J. *Longing for the End: A History of Millennialism in Western Civilization*. New York: Palgrave, 1999.

Bavinck, Herman. *Gereformeerde Dogmatiek*. 4 vols. Kampen: Kok, 1998.

———. *Reformed Dogmatics*. 4 vols. Translated by John Vriend. Edited by John Bolt. Grand Rapids: Baker, 2006.

———. *Saved by Grace: The Holy Spirit's Work in Calling and Regeneration*. Translated by Nelson D. Kloosterman and J. Mark Beach. Grand Rapids: Reformation Heritage Books, 2008.

———, ed. *Synopsis purioris theologiae, disputationibus quinquaginta duabus comprehensa acconscrip-*

ta per Johannem Polyandrum, J Andream Rivetum, Antonium Walaeum, Antonium Thysium, S.S. Theobgiae doctores et professons in Academia Leidensi. 6th ed. 1625. Leiden: D. Donner, 1881.

Baxter, Richard. *A Call to the Unconverted*. London: R. W. for Nevil Simmons, 1658.

______. *The Dying Thoughts of the Reverend Learned and Holy Mr. Richard Baxter.* Abridged by Benjamin Fawcett. Salop: J. Cotton and J. Eddowes, 1761.

______. *Gidlas Salvianus: The Reformed Pastor: Shewing the Nature of the Pastoral Work*. 1656. Reprint, New York: Robert Carter, 1860.

______. *The Practical Works of the Rev. Richard Baxter*. 23 vols. Edited by William Orme. London: James Duncan, 1830.

______. *The Practical Works of Richard Baxter*. 4 vols. Ligonier, Pa.: Soli Deo Gloria, 1990.

______. *Reformed Pastor, Abridged by S. Palmer*. 1862. Reprint, London: Banner of Truth Trust, 1974.

______. *Reliquiae Baxterianae, or, Mr. Richard Baxters Narrative of the Most Memorable Passages of His Life and Times*. London, 1696.

______. *The Saints' Everlasting Rest: Or a Treatise of the Blessed State of the Saints in Their Enjoyment of God in Glory*. London, 1649.

______. *The Saints' Everlasting Rest*. Reprint, Fearn, Scotland: Christian Focus, 1998.

______. *A Treatise of Justifying Righteousness in Two Books*. London: for Nevil Simons and Jonathan Robinson, 1676.

Bayly, Lewis. *The Practice of Piety: Directing a Christian How to Walk, That He May Please God.* 1611. Reprint, Morgan, Pa.: Soli Deo Gloria, 1996.

Baynes, Paul. *A Commentarie upon the First Chapter of the Epistle of Saint Paul, Written to the Ephesians*. London: Thomas Snodham for Robert Milbourne, 1618.

______. *A Commentarie upon the First Chapter of the Epistle of Saint Paul, Written to the Ephesians wherein, besides the Text Fruitfully Explained: Some Principal Controversies about Predestination Are Handled, and Divers Arguments of Arminius Are Examined.* London, 1643.

______. *Commentary upon the Whole Epistle of St. Paul to the Ephesians*. Reprint, Stoke-on-Trent, England: Tentmaker Publications, 2001.

______. *A Help to True Happinesse*. London: R. Y[oung] for Edward Brewster, 1635.

The Bay Psalm Book. 1640. Reprint, Bedford, Mass.: Applewood, 2002.

Beach, J. Mark. *Christ and the Covenant: Francis Turretin's Federal Theology as a Defense of the Doctrine of Grace*. Göttingen: Vandenhoeck & Ruprecht, 2005.

Beck, Andreas. *Gisbertus Voetius (1589–1676): Sein Theologieverstandnis und seine Gotteslehre*. Göttingen: Vandenhoeck & Ruprecht, 2007.

Beck, Andreas, and W. den Boer, eds. *The Reception of John Calvin and His Theology in Reformed Orthodoxy*. Church History and Religious Culture, 91, no. 1–2 (special issue). Leiden: Brill, 2011.

Becon, Thomas. "The Displaying of the Popish Mass." In *Prayers and Other Pieces*, 251–86. Cambridge: Cambridge University Press, 1844.

Bedford, Thomas. *An Examination of the Chief Points of Antinomianism*. London: John Field for Philemon Stephens, 1647.

Beeke, Joel R. *Assurance of Faith: Calvin, English Puritanism, and the Dutch Second Reformation*. New York: Peter Lang, 1991.

______. "Bedford, Thomas." In *Oxford Dictionary of National Biography,* 4:776–77. Edited by H. C. G. Matthew and Brian Harrison. Oxford: Oxford University Press, 2004.

______. "The Blood of Christ in Puritan Piety." In *Precious Blood: The Atoning Work of Christ*. Wheaton, Ill.: Crossway, 2009.

______. "Did Beza's Supralapsarianism Spoil Calvin's Theology?" *Reformed Theological Journal* 13 (Nov. 1997): 58–60.

———. *Family Worship*. Grand Rapids: Reformation Heritage Books, 2009.

———. *Heirs with Christ: The Puritans on Adoption*. Grand Rapids: Reformation Heritage Books, 2008.

———. "The Lasting Power of Reformed Experiential Preaching." In *Feed My Sheep: A Passionate Plea for Preaching*. Edited by Don Kistler. Morgan, Pa.: Soli Deo Gloria, 2002.

———. "Learn from the Puritans." In *Dear Timothy: Letters on Pastoral Ministry*. Edited by Thomas K.
Ascol. Cape Coral, Fla.: Founders Press, 2004.

———. *Living for God's Glory: An Introduction to Calvinism*. Orlando, Fla.: Reformation Trust, 2008.

———. *Overcoming the World: Grace to Win the Daily Battle*. Phillipsburg, N.J.: P&R, 2005.

———. *Puritan Evangelism: A Biblical Approach*. Grand Rapids: Reformation Heritage Books, 2007.

———. *Puritan Reformed Spirituality*. Darlington, England: Evangelical Press, 2006.

———. *The Quest for Full Assurance: The Legacy of Calvin and His Successors*. Edinburgh: Banner of Truth
Trust, 1999.

———. *Striving against Satan*. Darlington, England: Evangelical Press, 2004.

———. "Ten Practical Guidelines for Biblical Counseling." Paper presented at a ministers' conference in Manila, Philippines, May 2009.

———. "Thomas Goodwin on Christ's Beautiful Heart." In *The Beauty and Glory of Christ*, 135–54. Edited by Joel R. Beeke. Grand Rapids: Reformation Heritage Books, 2011.

———. "Transforming Power and Comfort: The Puritans on Adoption." In *The Faith Once Delivered: Essays in Honor of Dr. Wayne R. Spear*. Edited by Anthony T. Selvaggio. Phillipsburg, N. J.: P&R, 2007.

———. "William Perkins on Predestination, Preaching, and Conversion." In *The Practical Calvinist: An Introduction to the Presbyterian and Reformed Heritage, in Honor of D. Clair Davis*, 183–213. Edited by Peter A. Lillback. Fearn, Scotland: Christian Focus, 2002.

Beeke, Joel R. and James La Belle. *Living Zealously*. Grand Rapids: Reformation Heritage Books, 2012.

Beeke, Joel R. and Ray B. Lanning. "The Transforming Power of Scripture." In *Sola Scriptura: The Protestant Position of the Bible*, 221–76. Edited by Don Kistler. Morgan, Pa.: Soli Deo Gloria, 1995.

Beeke, Joel R. and Randall J. Pederson. *Meet the Puritans: With a Guide to Modern Reprints*. Grand Rapids: Reformation Heritage Books, 2006.

Beeke, Joel R., ed. *Doctrinal Standards, Liturgy, and Church Order*. Grand Rapids: Reformation Heritage Books, 2003.

———, ed. *The Psalter*. Grand Rapids: Reformation Heritage Books, 1999.

———, ed. *"The Soul of Life": The Piety of John Calvin*. Grand Rapids: Reformation Heritage Books, 2009.

Beeke, Joel R. and Sinclair B. Ferguson, eds. *Reformed Confessions Harmonized*. Grand Rapids: Baker, 1999.

Beeke, Joel R. and Mark Jones, eds. *"A Habitual Sight of Him": The Christ-Centered Piety of Thomas Goodwin*. Grand Rapids: Reformation Heritage Books, 2009.

Beeke, Joel R. and Anthony T. Selvaggio, eds. *Sing a New Song: Recovering Psalm Singing for the Twenty-First Century*. Grand Rapids: Reformation Heritage Books, 2010.

Bennett, Christopher J. L. "Worship among the Puritans: The Regulative Principle." In *Spiritual Worship: Being Papers Read at the 1985 Conference*. London: Westminster Conference, 1986.

Beougher, Timothy K. *Richard Baxter and Conversion: A Study of the Puritan Concept of Becoming a Christian*. Fearn, Scotland: Christian Focus, 2007.

Berkhof, Louis. *Systematic Theology*. Edinburgh: Banner of Truth Trust, 2003.

Berkouwer, G. C. *Divine Election*. Translated by Hugo Bekker. Grand Rapids: Eerdmans, 1960.

———. *Faith and Justification*. Translated by Lewis B. Smedes. Grand Rapids: Eerdmans, 1954.

———. *The Person of Christ*. Translated by John Vriend. Grand Rapids: Eerdmans, 1954.

Bernard, Richard. *Christian See to Thy Conscience*. London: Felix Kyngston, 1631.

Beza,Theodore. "The Christian Faith (1558)." In *Reformed Confessions of the 16th and 17th Centuries in English Translation: Volume 2: 1552–1556.* Compiled by James T. Dennison Jr. Grand Rapids: Reformation Heritage Books, 2010.

Bickel, R. Bruce. *Light and Heat: The Puritan View of the Pulpit*. Morgan, Pa.: Soli Deo Gloria, 1999.

Bierma, Lyle D. *German Calvinism in the Confessional Age: The Covenant Theology of Caspar Olevianus*. Grand Rapids: Baker, 1996.

Billings, Todd J. *Calvin, Participation, and the Gift: The Activity of Believers in Union with Christ*. Oxford: Oxford University Press, 2007.

Binning, Hugh. *The Common Principles of Christian Religion*. Edinburgh: A Society of Stationers, 1660.

———. *The Works of the Rev. Hugh Binning, M.A.* Edited by M. Leishman. Reprint, Ligonier, Pa.: Soli Deo Gloria, 1992.

Black, J. William. "Richard Sibbes and *The Bruised Reed*." *Banner of Truth,* no. 299–300 (Aug.–Sept. 1988): 49–58.

Blackham, Paul. "The Pneumatology of Thomas Goodwin." PhD diss., University of London, 1995.

Blackster, Raymond A. "Definite Atonement in Historical Perspective." In *The Glory of the Atonement*. Edited by Charles E. Hill and Frank A. James III. Downers Grove, Ill.: InterVarsity, 2004.

Blake, Thomas. *Vindiciae Foederis; Or A Treatise of the Covenant of God Entered with Man-kinde....* London: Able Roper, 1658.

Blanchard, John, comp. *The Complete Gathered Gold*. Darlington, England: Evangelical Press, 2006.

Blench, J. W. *Preaching in England in the late Fifteenth and Sixteenth Centuries*. Oxford: Basil Blackwell, 1964.

Boerkoel, Benjamin J. Sr. "William Ames (1576–1633): Primogenitor of the *Theologia-Pietatis* in English-Dutch Puritanism." ThM thesis, Calvin Theological Seminary, 1990.

Boersma, Hans. *A Hot Pepper Corn: Richard Baxter's Doctrine of Justification in Its Seventeenth-Century Context of Controversy*. Vancouver: Regent College Publishing, 2003.

———. *Richard Baxter's Understanding of Infant Baptism*. Princeton, N.J.: Princeton Theological Seminary, 2002.

Boethius. *The Consolation of Philosophy*. Translated by David R. Slavitt. Reprint, Cambridge: Harvard University Press, 2008.

Bolton, Robert. *General Directions for a Comfortable Walking with God*. 1626. Reprint, Morgan, Pa.: Soli Deo Gloria, 1995.

———. *Instructions for Comforting Afflicted Consciences*. 1626. Reprint, Morgan, Pa.: Soli Deo Gloria, 1991.

———. *Mr. Boltons Last and Learned Worke of the Foure Last Things, Death, Judgement, Hell, and Heaven*. London: George Miller, 1639.

———. *The Works of the Reverend, Truly Pious, and Judiciously Learned Robert Bolton*. London: George Miller, 1641.

Bolton, Samuel. *Hamartolos hamartia: or, The Sinfulnes of Sin: Held Forth....* London: G. M. for Andrew Kemb, 1646.

———. "Sin: The Greatest Evil." In *Puritans on Conversion*. Pittsburgh, Pa.: Soli Deo Gloria, 1990.

———. *The True Bounds of Christian Freedom*. 1645. Reprint, Edinburgh: Banner of Truth Trust, 2001.

———. *The True Bounds of Christian Freedome. Or a Treatise wherein the Rights of the Law Are Vindicated, the Liberties of Grace Maintained; and the Several Late Opinions against the Law Are Examined and Confuted. Whereunto Is Annexed a Discourse of the Learned John Camerons, Touch-*

ing the Three-Fold Covenant of God with Man, Faithfully Translated. London: for P. S., 1656.

The Booke of Psalms, Collected into English Meeter, by Thomas Sternhold, John Hopkins, and Others: Conferred with the Hebrew, with Apt Notes to Sing Them Withal. London: for the Company of Stationers, 1628. Reprint, Columbus, Ohio: Lazarus Ministry, 1998.

Boone, Clifford B. "Puritan Evangelism: Preaching for Conversion in Late-Seventeenth Century English Puritanism as Seen in the Works of John Flavel." PhD diss., University of Wales, 2009.

Booth, Abraham. "Pastoral Cautions." In *The Christian Pastor's Manual*. Edited by John Brown. Reprint, Pittsburgh, Pa.: Soli Deo Gloria, 1990.

Boston, Thomas. *The Art of Manfishing: A Puritan's View of Evangelism*. Introduced by J. I. Packer. Reprint, Fearn, Scotland: Christian Focus, 1998.

———. *The Beauties of Thomas Boston*. Edited by Samuel M'Millan. Inverness, Scotland: Christian Focus, 1979.

———. *The Complete Works of the Late Rev. Thomas Boston*. Edited by Samuel M'Millan. 1853. Reprint, Stoke-on-Trent, England: Tentmaker Publications, 2002.

———. Editorial notes in *The Marrow of Modern Divinity*. Reprint, Edmonton: Still Waters Revival Books, 1991.

———. *Human Nature in Its Fourfold State*. Reprint, Edinburgh: Banner of Truth Trust, 1964.

Bourne, Immanuel. *The Anatomie of Conscience*. London: G. E[ld] and M. F[lesher] for Nathaniel Butter, 1623.

Bowles, Oliver. *Zeal for God's House Quickened*. London: Richard Bishop for Samuel Gellibrand, 1643.

Bownd, Nicholas. *The Doctrine of the Sabbath Plainely Layde Forth*.... London: Widdow Orwin for John Porter and Thomas Man, 1595.

Bozell, Ruth Beatrice. "English Preachers of the 17th Century on the Art of Preaching." PhD diss., Cornwell University, 1939.

Bozeman, Theodore Dwight. *The Precisianist Strain: Disciplinary Religion and Antinomian Backlash in Puritanism to 1638*. Chapel Hill: University of North Carolina Press, 2004.

Bradford, John. *The Writings of John Bradford*. 1848–1853. Reprint, Edinburgh: Banner of Truth Trust, 1979.

Bradshaw, William. *English Puritanism, Containing the Main Opinions of the Ridgedest Sort of Those Called Puritans in the Realm of England, in Several Treatises of Worship & Ceremonies*. London: Printed for Cambridge and Oxford, 1660.

Brady, Gary. "A Study of Ideas of the Conscience in Puritan Writings, 1590–1640." ThM thesis, Westminster Theological Seminary, 2006.

Brakel, Wilhelmus à. *The Christian's Reasonable Service*. Edited by Joel R. Beeke. Translated by Bartel Elshout. 4 vols. Grand Rapids: Reformation Heritage Books, 2007.

Brauer, Jerald C. "Reflections on the Nature of English Puritanism." *Church History* 23 (1954): 98–109.

Brauer, Karl. *Die Unionstdtigkeit John Duries unter dem Protektorat Cromwells*. Marburg: NG Elwert, 1907.

Breugelmans, R., ed. *The Auction Catalogue of the Library of William Ames*. Catalogi Redivivi. Vol. 6. Utrecht: HES Publishers, 1988.

Breward, Ian. "The Life and Theology of William Perkins 1558–1602." PhD diss., University of Manchester, 1963.

———. "The Significance of William Perkins." *Journal of Religious History* 4, no. 2 (1966): 113–28.

———. "William Perkins and the Origins of Puritan Casuistry." *The Evangelist Quarterly* 40 (1968): 16–22.

———. "William Perkins and the Origins of Puritan Casuistry." In *Faith and a Good Conscience*, 3–17. Puritan and Reformed Studies Conference, 1962. London: A. G. Hasler, 1963.

Bridge, William. *Christ and the Covenant*. London: Thomas Parkhurst, 1667.

———. *A Lifting Up of the Downcast*. Reprint, London: Banner of Truth Trust, 1961.

———. *Seasonable Truths in Evil-Times in Several Sermons*. London: for Nath. Crouch, 1668.

———. *The Sinfulnesse of Sinne; and, The Fulnesse of Christ Delivered in Two Sermons*. London, 1667.

———. *The Works of the Rev. William Bridge*. 1845. Reprint, Beaver Falls, Pa.: Soli Deo Gloria, 1989.

Bridges, Charles. *The Christian Ministry*. 1830. Reprint, London: Banner of Truth Trust, 1959.

Brightman, Thomas. *A Revelation of the Revelation*. Amsterdam: s.n., 1615.

Brinsley, John. *Three Links of the Golden Chain*. London: S. Griffin, 1659.

Bronkema, Ralph. *The Essence of Puritanism*. Goes: Oosterbaan and LeCointre, 1929.

Brook, Benjamin. *The Lives of the Puritans*. 3 vols. 1813. Reprint, Pittsburgh, Pa.: Soli Deo Gloria, 1994.

Brooks, Thomas. *Paradice Opened....* London: for Dorman Newman, 1675.

———. *The Works of Thomas Brooks*. 6 vols. Edinburgh: James Nichol, 1866.

———. *The Works of Thomas Brooks*. Edited by Alexander B. Grosart. 1861–1867. Reprint, Edinburgh: Banner of Truth, 2001.

Brown, Dale. *Understanding Pietism*. Grand Rapids: Eerdmans, 1978.

Brown, George Edward. "Catechists and Catechisms of Early New England." DRE diss., Boston University, 1934.

Brown, John (of Haddington [1722–1787]). *An Essay towards an Easy, Plain, Practical, and Extensive Explication of the Assembly's Shorter Catechism*. New York: Robert Carter & Brothers, 1849.

———. *An Help for the Ignorant: Being an Essay towards an Easy Explication of the Westminster Confession of Faith and Catechisms, Composed for the Young Ones of His Own Congregation*. Edinburgh: Gray, 1758.

Brown, John (of Wamphray [1610–1679]). *Christ: The Way, the Truth, and the Life*. 1677. Reprint, Morgan, Pa.: Soli Deo Gloria, 1995.

Brown, John (1830–1922). *Puritan Preaching in England*. London: Hodder and Stoughton, 1900.

Brown, Paul Edward. "The Principle of the Covenant in the Theology of Thomas Goodwin." PhD diss., Drew University, 1950.

Bruce, Robert. *The Mystery of the Lord's Supper*. Translated and edited by Thomas F. Torrance. Richmond, Va.: John Knox Press, 1958.

Bucanus, William. *Body of Divinity*. Translated by Robert Hill. London: for Daniel Pakeman, Abel Roper, and Richard Tomlins, 1659.

Bucer, Martin. *Concerning the True Care of Souls*. Translated by Peter Beale. German; 1538. English; Edinburgh: Banner of Truth Trust, 2009.

———. *De vera ecclesiarum in doctrina, ceremoniis et disciplina reconciliatione et compositione*. Strasbourg: Wendelin Rihel, 1542.

Bulkeley, Peter. *The Gospel-Covenant or the Covenant of Grace Opened*. London: M. S. for Benjamin Allen, 1646.

———. *The Gospel-Covenant; or The Covenant of Grace Opened*. London: Matthew Simmons, 1651.

———. *The Gospel-Covenant*. London: Tho[mas] Parker, 1674.

Bullinger, Heinrich. *Common Places of Christian Religion*. Translated by John Stockwood. London: Tho. East, and H. Middleton, for George Byshop, 1572.

———. *The Decades of Henry Bullinger*. Edited by Thomas Harding. 1849–1852. Reprint, Grand Rapids: Reformation Heritage Books, 2004.

Bunyan, John. "The Author to the Reader." In *The Life and Death of Mr. Badman, Presented to the World in a Familiar Dialogue between Mr. Wiseman, and Mr. Attentive*. Edited by James F. Forrest and Roger Sharrock. Oxford: Oxford University Press, 1988.

———. *Come and Welcome to Jesus Christ*. 1681. Reprint, Edinburgh: Banner of Truth Trust, 2004.
———. *The Complete Works of John Bunyan*. Philadelphia: William Garretson & Co., 1871.
———. *Grace Abounding to the Chief of Sinners*. Edited by Roger Sharrock. Oxford: Clarendon Press, 1962.
———. *The Holy War*. Fearn, Scotland: Christian Focus, 2007.
———. *The Miscellaneous Works of John Bunyan*. 13 vols. Edited by Roger Sharrock. Oxford: Oxford University Press, 1976–1994.
———. *The Pilgrim's Progress*. London: by A. W. for J. Clarke, 1738.
———. *The Pilgrim's Progress from This World to That Which Is to Come, Parts 1 and 2*. Edited by James Blanton Wharey. 2nd ed. Revised by Roger Sharrock. Oxford: Oxford University Press, 1960.
———. *Prayer.* London: Banner of Truth Trust, 1965.
———. *Solomon's Temple Spiritualiz'd*. London: for George Larkin, 1688.
———. *The Works of John Bunyan*. Edited by George Offor. 1854. Reprint, Edinburgh: Banner of Truth Trust, 1991.
Burgess, Anthony. *CXLV Expository Sermons upon the Whole 17th Chapter of the Gospel according to St. John: or Christs Prayer before His Passion Explicated, and Both Practically and Polemically Improved*. London: Abraham Miller, 1656.
———. *The Doctrine of Original Sin Asserted & Vindicated against the Old and New Adversaries Thereof, Both Socinians, Papists, Arminians and Anabaptists*.... London: Abraham Miller for Thomas Underhill, 1658.
———. *An Expository Comment, Doctrinal, Controversial and Practical upon the Whole First Chapter of The Second Epistle of St Paul to the Corinthians*. London: Abraham Miller for Abel Roper, 1661.
———. *The Scripture Directory, for Church-Officers and People. Or, A Practical Commentary upon the Whole Third Chapter of the First Epistle of St Paul to the Corinthians*. London: Abraham Miller for T. U., 1659.
———. *Spiritual Refining: or A Treatise of Grace and Assurance*. London: A. Miller for Thomas Underhill, 1652; reprint, Ames, Iowa: International Outreach, 1990; reprint, retypeset selections from full work, 2 vols., Ames: International Outreach, 1996–1998.
———. *The True Doctrine of Justification Asserted, and Vindicated*. London: Robert White, 1648.
———. *The True Doctrine of Justification Asserted & Vindicated*.... London: for Thomas Underhill, 1654.
———. *Vindiciae legis: or, A Vindication of the Morall Law and the Covenants, from the Errours of Papists, Arminians, Socinians, and More Especially, Antinomians*. London: James Young for Thomas Underhill, 1646.
———. *Vindiciae Legis, Or, A Vindication of the Morall Law and the Covenants*. London: James Young for Thomas Underhill, 1647.
Burmann, F. *Synopsis theologiae*.... Amsterdam: Joannem Wolters, 1699.
Burns, N. T. *Christian Mortalism from Tyndale to Milton*. Cambridge, Mass.: Harvard University Press, 1972.
Burroughs, Jeremiah. *The Eighth Book of Mr Jeremiah Burroughs. Being a Treatise of the Evil of Evils, or the Exceeding Sinfulness of Sin*.... London: Peter Cole, 1654.
———. *The Evil of Evils*. 1654. Reprint, Morgan, Pa.: Soli Deo Gloria, 1992.
———. *Four Books on the Eleventh of Matthew*. London: Peter Cole, 1659.
———. *Gospel Conversation*. London: Peter Cole, 1650.
———. *Gospel Conversation*. London: Peter Cole, 1653.
———. *Gospel Conversation*. Edited by Don Kistler. Reprint, Orlando, Fla.: Soli Deo Gloria, 1995.

———. *Gospel Fear*. 1647. Reprint, Pittsburgh, Pa.: Soli Deo Gloria, 1991.
———. *Irenicum*.... London: for Robert Dawlman, 1646.
———. *Moses' Self-Denial*. Reprint, Grand Rapids: Reformation Heritage Books, 2010.
———. *The Petition for the Prelates Briefly Examined. Wherein You Have These Pleas for Pralacy, Discussed, and Answered, etc*. London: s.n., 1641.
———. *The Saints' Happiness, Delivered in Divers Lectures on the Beatitudes*. Reprint, Beaver Falls, Pa.: Soli Deo Gloria, 1988.
Burroughs, Jeremiah, Thomas Hall, and Edward Reynolds. *An Exposition of the Prophecy of Hosea*. 1643. Reprint, Beaver Falls, Pa.: Soli Deo Gloria, 1989.
Burthogge, Richard. *An Argument for Infants Baptisme: Deduced from the Analogy of Faith, and Harmony of the Scriptures: In Which in a Method Wholly New, and upon Grounds Not Commonly Observed Both the Doctrine (of Infants Baptism) Is Fully Asserted, and the Objections against It Are Obviated*. London: Jonathan Greenwood, 1684.
———. *Vindiciae Paedo-baptismi, or, a Confirmation of an Argument Lately Emitted for Infants Baptism: In a Letter to a Reverend Divine of the Church of England*. London: Thomas Simmons, 1685.
Burton, Henry. *A Vindication of Churches Commonly Called Independent*. London: for Henry Overton, 1644.
Bury, Edward. *The Husbandmans Companion: Containing One Hundred Occasional Meditations, Reflections, and Ejaculations, Especially Suited to Men of that Employment. Directing Them How They May be Heavenly-Minded While about Their Ordinary Calling*. London: for Tho. Parkhurst, 1677.
Byfield, Richard. *Temple Defilers Defiled, Wherein a True Visible Church of Christ Is Described*. London: John Field for Ralph Smith, 1645.
Byington, Ezra Hoyt. *The Puritans in England and New England*. Boston: Roberts Brother, 1896.
C. J., ed. *The Independants Catechism*. London: s.n., 1654.
Caiger, J. A. "Preaching—Puritan and Reformed." In *Puritan Papers, Volume 2 (1960–1962)*. Edited by J. I. Packer. Phillipsburg, N.J.: P&R, 2001.
Calamy, Edmund. *The Art of Divine Meditation*. London: for Tho. Parkhurst, 1634.
———. *The Art of Divine Meditation*. London: for Tho. Parkhurst, 1680.
———. "The Express Renewal of Our Christian Vows." In *The Puritans on the Lord's Supper*. Edited by Don Kistler. Morgan, Pa.: Soli Deo Gloria Publications, 1997.
———. *A Just and Necessary Apology against an Unjust Invective Published by Mr. Henry Burton in a Late Book of His Entituled, Truth Still Truth, Though Shut Out of Doors*. London: for Christopher Meredith, 1646.
———. *Two Solemne Covenants Made between God and Man: viz. The Covenant of Workes, and the Covenant of Grace*. London: for Thomas Banks, 1647.
Calvin, John. *Calvin's Calvinism: Treatises on the Eternal Predestination of God and the Secret Providence of God*. Translated by Henry Cole. 1856. Reprint, Grand Rapids: Reformed Free Publishing, [1987].
———. *Commentaries*. 45 vols. Edinburgh: Calvin Translation Society, 1846–1851.
———. *Commentaries*. 22 vols. Reprint, Grand Rapids: Baker, 2009.
———. *Commentaries on the Catholic Epistles*. Translated by John Owen. Edinburgh: Calvin Translation Society, 1855.
———. *Commentary on the Gospel according to John*. Translated by William Pringle. Reprint, Grand Rapids: Baker, 1996.
———. *Commentary on a Harmony of the Evangelists*. Translated by William Pringle. Reprint, Grand Rapids: Baker, 1996.

———. *An Excellent Treatise of the Immortalytie of the Soule by Which Is Proued, That the Soules, after Their Departure out of the Bodies, Are Awake and Doe Lyue, Contrary to That Erronious Opinion of Certen Ignorant Persons, Who Thinke Them to Lye Asleape untill the Day of Judgement.* London: John Daye, 1581.

———. *Galatians, Ephesians, Philippians, and Colossians*. Translated by T. H. L. Parker. In *Calvin's New Testament Commentaries*. Edited by David W. Torrance and Thomas F. Torrance. Reprint, Grand Rapids: Eerdmans, 1972.

———. *Institutes of the Christian Religion*. Edited by John T. McNeill. Translated by Ford Lewis Battles. Philadelphia: Westminster Press, 1960.

———. *Institutes of the Christian Religion: 1536 Edition*. Translated by Ford Lewis Battles. Grand Rapids: Eerdmans, 1986.

———. *Joannis Calvini opera selecta*. Edited by Peter Barth, Wilhelm Niesel, and Dora Scheuner. 5 vols. Munich: C. Kaiser, 1926–1952.

———. *John Calvin: Writings on Pastoral Piety*. Edited by Elsie A. McKee. New York: Paulist Press, 2001.

———. *Letters of John Calvin*. Edited by Jules Bonnet. 4 vols. Philadelphia: Presbyterian Board of Publication, 1858.

———. *New Testament Commentaries*. Edited by David W. Torrance and Thomas F. Torrance. 12 vols. 1965. Reprint, Grand Rapids: Eerdmans, 1959–1972.

———. *Selected Works of John Calvin: Tracts and Letters*. Edited by Henry Beveridge and Jules Bonnet. 7 vols. Grand Rapids: Baker, 1983.

———. *Sermons on Deuteronomy*. 1583. Facsimile reprint, Edinburgh: Banner of Truth Trust, 1987.

———. *Sermons on Psalm 119*. Audubon, N.J.: Old Paths Publications, 1996.

———. *Sermons on Timothy and Titus*. 1579. Facsimile reprint, Edinburgh: Banner of Truth Trust, 1983.

———. *Tracts and Treatises*. Translated by Henry Beveridge. 3 vols. Grand Rapids: Eerdmans, 1958.

———. *Treatises on the Sacraments, Catechism of the Church of Geneva, Forms of Prayer, and Confessions of Faith*. Translated by Henry Beveridge. Grand Rapids: Reformation Heritage Books, 2002.

Cameron, John. *De triplici Dei cum homine foedere theses*. Heidelberg, 1608.

Camfield, Benjamin. *A Serious Examination of the Independents' Catechism, and Therein of the Chief Principles of Nonconformity to, and Separation from, the Church of England.* London: J. Redmayne, 1668.

———. *A Theological Discourse of Angels, and Their Ministries*. London: R[obert] E[everingham] for Hen. Brome, 1678.

Campbell, K. M. "The Antinomian Controversies of the 17th Century." In *Living the Christian Life*. Huntingdon, England: Westminster Conference, 1974.

Capill, Murray A. *Preaching with Spiritual Vigour: Including Lessons from the Life and Practice of Richard Baxter*. Fearn, Scotland: Christian Focus, 2003.

Capp, Bernard. *The Fifth Monarchy Men: A Study in Seventeenth-Century English Millenarianism*. London: Faber and Faber, 1972.

Carlson, Eric Josef. "The Boring of the Ear: Shaping the Pastoral Vision of Preaching in England, 1540–1640." In *Preachers and People in the Reformations and Early Modern Period*, 249–96. Edited by Larissa Taylor. Leiden: Brill, 2003.

Carter, Rembert. "The Presbyterian-Independent Controversy with Special Reference to Dr. Thomas Goodwin and the Years 1640–1660." PhD diss., University of Edinburgh, 1961.

Cartwright, Thomas. *A Commentary upon the Epistle of St Paul Written to the Colossians*. Edinburgh: James Nichols, 1864.

Cary, Philip. *A Disputation between a Doctor and Apothecary: or A Reply to the New Argument of Dr. R. Burthogge, M.D. for Infants Baptism*. London: B. W., 1684.

———. *A Just Reply to Mr. John Flavell's Arguments by Way of Answer to a Discourse Lately Published, Entitled, A Solemn Call, &c.... Together with a Reply to Mr. Joseph Whiston's Reflections on the Forementioned Discourse*.... London: John Harris, 1690.

———. *Solemn Call*. London: John Harris, 1690.

Caryl, Joseph. *An Exposition with Practical Applications upon... Job*. 12 vols. 1644–1646. Reprint, Grand Rapids: Reformation Heritage Books and Dust & Ashes, 2001.

Cawdrey, Daniel, and Hebert Palmer. Sabbatum redivivum: *or The Christian Sabbath Vindicated: The First Part*. London: Robert White for Thomas Underhill, 1645; and Sabbatum redivivum: *or, The Christian Sabbath Vindicated, The Second Part*. London: Thomas Maxey for Samuel Gellibrand and Thomas Underhill, 1651.

Chalker, William H. "Calvin and Some Seventeenth Century English Calvinists." PhD diss., Duke University, 1961.

Chan, Simon. "The Puritan Meditative Tradition, 1599–1691: A Study of Ascetical Piety." PhD diss., Cambridge University, 1986.

Charlesworth, Vernon J. *Rowland Hill: His Life, Anecdotes, and Pulpit Sayings*. London: Hodder and Stoughton, 1877.

Charnock, Stephen. *The Complete Works of Stephen Charnock*. 5 vols. Edinburgh: James Nichol, 1864–1866. Reprint, Edinburgh: Banner of Truth Trust, 1985.

———. *Discourses on Christ Crucified*. London: for the Religious Tract Society, 1830.

———. *Discourses on the Existence and Attributes of God*. 2 vols. 1682. Reprint, Grand Rapids: Baker, 1996.

———. *Discourses upon the Existence and Attributes of God*. London: Thomas Tegg, 1840.

Cheynell, Francis. *The Divine Triunity of the Father, Son, and Holy Spirit*. London: T. R. and E. M. for Samuel Gellibrand, 1650.

[Church of England]. *Articles Agreed upon by the Bishoppes, and Other Learned Menne in the Synode of London*. [London]: Richardus Craftonus, 1553.

———. *The Book of Common Prayer*. London: John Bill & Christopher Barker, 1662.

Clark, Francis, S. J. *Eucharistic Sacrifice and the Reformation*. 2nd ed. 1967. Reprint, Devon: Augustine Publishing, 1981.

Clark, R. Scott. *Caspar Olevian and the Substance of the Covenant: The Double Benefit of Christ*. Edinburgh: Rutherford House, 2005.

———. "Janus, the Well-Meant Offer of the Gospel and Westminster Theology." In *The Pattern of Sound Words: A Festschrift for Robert B. Strimple*. Edited by David VanDrunen. Phillipsburg, N.J.: P&R, 2004.

———. *Recovering the Reformed Confession: Our Theology, Piety, and Practice*. Phillipsburg, N.J.: P&R, 2008.

Clarke, Adam. *Christian Theology*. London: Thomas & Son, 1835.

Clarke, Samuel. *A Collection of the Lives of Ten Eminent Divines*. London: for William Miller, 1662.

———. *The Lives of Sundry Eminent Persons in This Later Age in Two Parts*.... London: for Thomas Simmons, 1683.

———. *The Marrow of Ecclesiastical History*. 3rd ed. London: for W. B., 1675.

Clarkson, David. *The Works of David Clarkson*. 3 vols. 1864. Edinburgh: Banner of Truth Trust, 1988.

Clifford, Alan. *Atonement and Justification: English Evangelical Theology, 1640–1790: An Evaluation*. Oxford: Clarendon Press, 1990.

Clifford, Norman Keith. "Casuistical Divinity in English Puritanism during the Seventeenth Century: Its

Origins, Development and Significance." PhD diss., University of London, 1957.

———. "The Apocalyptic Interpretation of Thomas Brightman and Joseph Mede." *Bulletin of the Evangelical Theological Society* 11 (1968): 181–93.

Clouse, Robert G. "Johann Heinrich Alsted and English Millennialism." *Harvard Theological Review* 62 (1969): 189–207.

Cobbet, Thomas. *Gospel Incense, or A Practical Treatise on Prayer*. 1657. Reprint, Pittsburgh, Pa.: Soli Deo Gloria, 1993.

Coffey, John. *John Goodwin and the Puritan Revolution: Religion and Intellectual Change in Seventeenth-Century England*. Woodbridge, U.K.: Boydell, 2008.

———. *Politics, Religion and the British Revolutions: The Mind of Samuel Rutherford*. Cambridge: Cambridge University Press, 2002.

Coffey, John, and Paul C. H. Lim, eds. *The Cambridge Companion to Puritanism*. Cambridge: Cambridge University Press, 2008.

Cole, Thomas. *A Discourse of Christian Religion, in Sundry Points...Christ the Foundation of Our Adoption, from Gal. 4. 5*. London: for Will. Marshall, 1698.

———. *A Discourse of Regeneration*. London: for Thomas Cockerill, 1692.

Coles, Elisha. *A Practical Discourse of God's Sovereignty*. Newburyport: Edmund Blunt, 1798.

Collier, Jay T. "The Sources behind the First London Confession." *American Baptist Quarterly* 21, no. 2 (2002): 197–214.

Collinges, John. *The Intercourses of Divine Love betwixt Christ and the Church*. London: A. Maxwell for Tho. Parkhurst, 1676.

———. *Several Discourses Concerning the Actual Providence of God*. London: for Tho. Parkhurst, 1678.

Collinson, Patrick. "The Beginnings of English Sabbatarianism." In *Studies in Church History*, 207–21. Vol 1. Edited by C. W. Dugmore and C. Duggan. London: Nelson, 1964.

———. *The Elizabethan Puritan Movement*. London: Jonathan Cape, 1967.

Colman, Benjamin. *The Case of Satan's Fiery Dart*. Boston: Rogers and Fowle, for J. Edwards, 1744.

———. *Practical Discourses*. London: for Thomas Parkhurst, 1707.

Comin, Douglas W. *Returning to the Family Altar: A Commentary and Study Guide on the Directory for Family Worship*. Aberdeen: James Begg Society, 2004.

Como, David R. *Blown by the Spirit: Puritanism and the Emergence of an Antinomian Underground in Pre-Civil-War England*. Stanford, Calif.: Stanford University Press, 2004.

———. "Radical Puritanism, c. 1558–1660." In *The Cambridge Companion to Puritanism*. Edited by John Coffey and Paul C. H. Lim, 241–58. Cambridge: Cambridge University Press, 2008.

Comrie, Alexander. *Brief over de Regtvaardigmaking des Zondaars*. Utrecht: Fisscher, 1889.

———. *Verhandeling van eenige Eigenschappen des Zaligmakenden Geloofs*. Leiden: Johannes Hasebroek, 1744.

Cook, Paul E. G. "Thomas Goodwin—Mystic?" In *Diversities of Gifts,* Westminster Conference Reports, 1980. London: The Westminster Conference, 1981.

Cooke, Alexander. *Worke, More Worke, and a Little More Worke for a Mass-Priest*. London: Jones, 1628.

Cooke, Gordon. "The Doctrine of Adoption and the Preaching of Jeremiah Burroughs." In *Eternal Light, Adoption, and Livingstone*. [London]: Congregational Studies Conference papers, 1998.

Corbet, Edward. *Gods Providence*. London: Tho. Badger for Robert Bostock, 1642.

Cotton, John. *Christ the Fountain of Life*. London: Carden, 1648.

———. *Christ the Fountaine of Life*. London: Robert Ibbitson, 1651.

———. *The Doctrine of the Church....* London: for Ben. Allen, 1644.

———. *An Exposition of First John*. 1657. Reprint, Evansville, Ind.: Sovereign Grace Publishers, 1962.

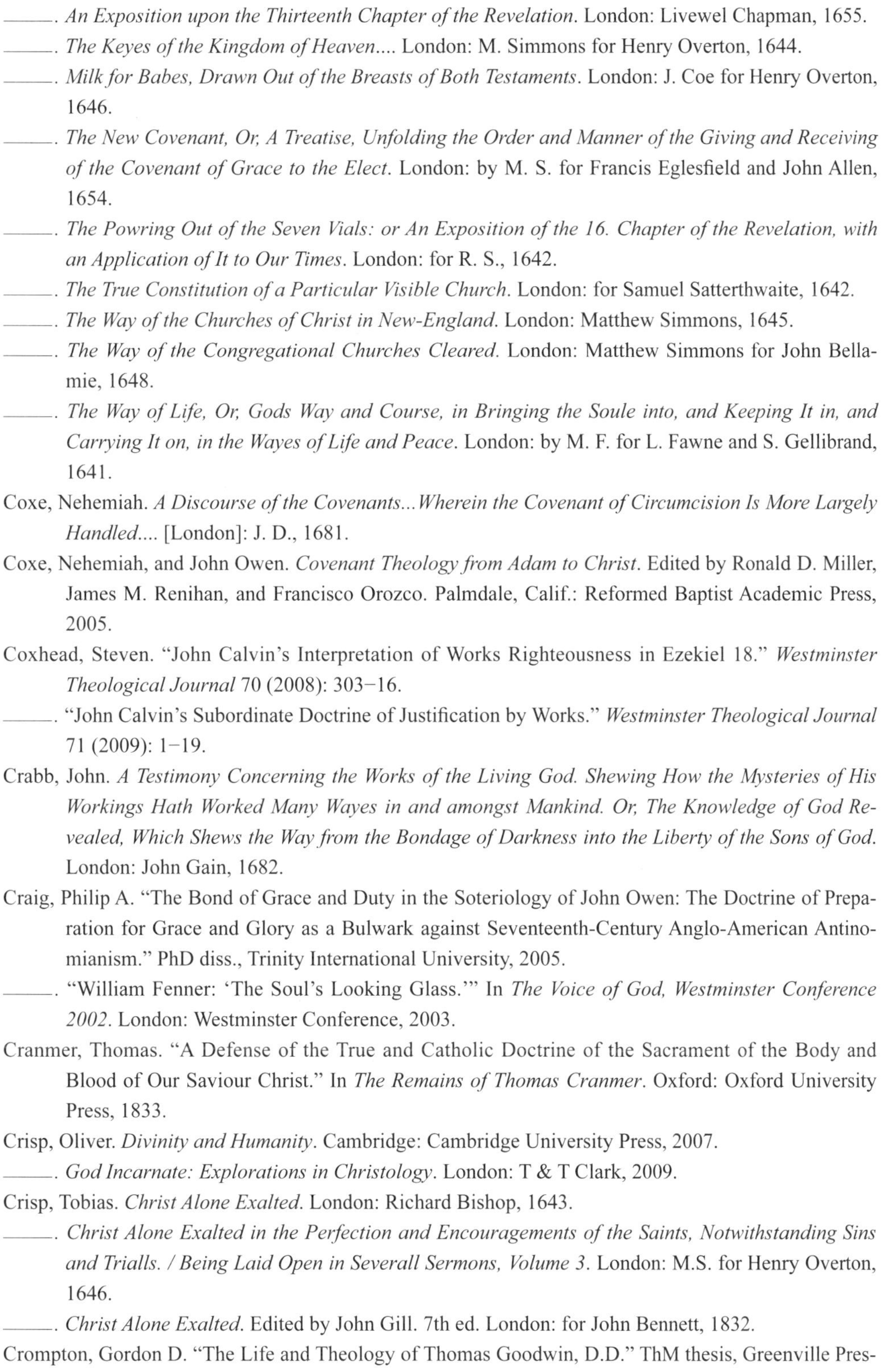

———. *An Exposition upon the Thirteenth Chapter of the Revelation*. London: Livewel Chapman, 1655.

———. *The Keyes of the Kingdom of Heaven*.... London: M. Simmons for Henry Overton, 1644.

———. *Milk for Babes, Drawn Out of the Breasts of Both Testaments*. London: J. Coe for Henry Overton, 1646.

———. *The New Covenant, Or, A Treatise, Unfolding the Order and Manner of the Giving and Receiving of the Covenant of Grace to the Elect*. London: by M. S. for Francis Eglesfield and John Allen, 1654.

———. *The Powring Out of the Seven Vials: or An Exposition of the 16. Chapter of the Revelation, with an Application of It to Our Times*. London: for R. S., 1642.

———. *The True Constitution of a Particular Visible Church*. London: for Samuel Satterthwaite, 1642.

———. *The Way of the Churches of Christ in New-England*. London: Matthew Simmons, 1645.

———. *The Way of the Congregational Churches Cleared*. London: Matthew Simmons for John Bellamie, 1648.

———. *The Way of Life, Or, Gods Way and Course, in Bringing the Soule into, and Keeping It in, and Carrying It on, in the Wayes of Life and Peace*. London: by M. F. for L. Fawne and S. Gellibrand, 1641.

Coxe, Nehemiah. *A Discourse of the Covenants...Wherein the Covenant of Circumcision Is More Largely Handled*.... [London]: J. D., 1681.

Coxe, Nehemiah, and John Owen. *Covenant Theology from Adam to Christ*. Edited by Ronald D. Miller, James M. Renihan, and Francisco Orozco. Palmdale, Calif.: Reformed Baptist Academic Press, 2005.

Coxhead, Steven. "John Calvin's Interpretation of Works Righteousness in Ezekiel 18." *Westminster Theological Journal* 70 (2008): 303–16.

———. "John Calvin's Subordinate Doctrine of Justification by Works." *Westminster Theological Journal* 71 (2009): 1–19.

Crabb, John. *A Testimony Concerning the Works of the Living God. Shewing How the Mysteries of His Workings Hath Worked Many Wayes in and amongst Mankind. Or, The Knowledge of God Revealed, Which Shews the Way from the Bondage of Darkness into the Liberty of the Sons of God*. London: John Gain, 1682.

Craig, Philip A. "The Bond of Grace and Duty in the Soteriology of John Owen: The Doctrine of Preparation for Grace and Glory as a Bulwark against Seventeenth-Century Anglo-American Antinomianism." PhD diss., Trinity International University, 2005.

———. "William Fenner: 'The Soul's Looking Glass.'" In *The Voice of God, Westminster Conference 2002*. London: Westminster Conference, 2003.

Cranmer, Thomas. "A Defense of the True and Catholic Doctrine of the Sacrament of the Body and Blood of Our Saviour Christ." In *The Remains of Thomas Cranmer*. Oxford: Oxford University Press, 1833.

Crisp, Oliver. *Divinity and Humanity*. Cambridge: Cambridge University Press, 2007.

———. *God Incarnate: Explorations in Christology*. London: T & T Clark, 2009.

Crisp, Tobias. *Christ Alone Exalted*. London: Richard Bishop, 1643.

———. *Christ Alone Exalted in the Perfection and Encouragements of the Saints, Notwithstanding Sins and Trialls. / Being Laid Open in Severall Sermons, Volume 3*. London: M.S. for Henry Overton, 1646.

———. *Christ Alone Exalted*. Edited by John Gill. 7th ed. London: for John Bennett, 1832.

Crompton, Gordon D. "The Life and Theology of Thomas Goodwin, D.D." ThM thesis, Greenville Presbyterian Theological Seminary, 1997.

Crooke, Samuel. *The Guide unto True Blessedness*. London: Edw. Griffin for Nathaniel Butter, 1614.

Cuno, F. W. *Daniel Tossanus der Ältere Professor der Theologie und Pastor (1541–1602)*. Amsterdam: Scheffer, 1898.

Daane, James. *The Freedom of God*. Grand Rapids: Eerdmans, 1973.

Dallimore, Arnold. *George Whitefield: The Life and Times of the Great Evangelist of the 18th Century Revival*. Edinburgh: Banner of Truth Trust, 2009.

Dallison, A. R. "The Latter-Day Glory in the Thought of Thomas Goodwin." *Evangelical Quarterly* 58 (1986): 53–68.

Damrau, Peter. *The Reception of English Puritan Literature in Germany*. London: Many Publishing, 2006.

Daniel, Curt. "Hyper-Calvinism and John Gill." PhD thesis, Edinburgh University, 1983.

———. "John Gill and Calvinistic Antinomianism." In *The Life and Thought of John Gill (1697–1771): A Tercentennial Appreciation*. Edited by Michael A. G. Haykin. Leiden: Brill, 1997.

Daniels, Richard. *The Christology of John Owen*. Grand Rapids: Reformation Heritage Books, 2004.

Darrow, Diane Marilyn. "Thomas Hooker and the Puritan Art of Preaching." PhD diss., University of California, San Diego, 1968.

Davenant, John. *A Treatise on Justification, or the* Disputatio De Justitia Habituali Et Actuali. 2 vols. Translated by Josiah Allport. London: Hamilton, Adams & Co., 1844.

Davidson, James West. *The Logic of Millennial Thought: Eighteenth-Century New England*. New Haven, Conn.: Yale University Press, 1977.

Davies, Brian. *The Thought of Thomas Aquinas*. Oxford: Clarendon, 1992.

Davies, Horton. *The Vigilant God: Providence in the Thought of Augustine, Aquinas, Calvin, and Barth*. New York: Peter Lang, 1992.

———. *The Worship of the English Puritans*. Morgan, Pa.: Soli Deo Gloria, 1997.

Davies, Samuel. "The Necessity and Excellence of Family Religion." In *Sermons on Important Subjects*. New York: Robert Carter and Brothers, 1853.

Davis, Ronald R. *Anabaptism and Asceticism*. Scottdale, Pa.: Herald Press, 1974.

Davis, Thomas J. *This Is My Body: The Presence of Christ in Reformation Thought*. Grand Rapids: Baker Academic, 2008.

Davis, Thomas M., and Virginia L. Davis, eds. *Edward Taylor vs. Solomon Stoddard: The Nature of the Lord's Supper*. Boston: Twayne, 1981.

DeBlois, Austin Kennedy. "England's Greatest Protestant Preacher." In *John Bunyan, the Man*. Philadelphia: Judson, 1928.

De Dieu, Ludovicus. *Animadversiones in D. Pauli Apostoli Epistolam ad Romanos*. Leiden: Elzevir, 1646.

De Jong, James A. *As the Waters Cover the Sea*. Laurel, Miss.: Audubon Press, 2006.

Dekker, Eef. "Was Arminius a Molinist?" *The Sixteenth Century Journal* 27, no. 2 (Summer 1996): 337–52.

Den Boer, William and Andreas Beck. *The Reception of Calvin in Reformed Orthodoxy*. Leiden: Brill, 2010.

Denholm, Andrew Thomas. "Thomas Hooker: Puritan Preacher, 1568–1647." PhD diss., Hartford Seminary, 1972.

Denne, Henry. *The Doctrine and Conversation of John Baptist*. London: Tho. Badger, 1642.

Dennison, Charles G., and Richard C. Gamble, eds. *Pressing Toward the Mark: Essays Commemorating Fifty Years of the Orthodox Presbyterian Church*. Philadelphia: The Committee for the Historian of the Orthodox Presbyterian Church, 1986.

Dennison, James T. Jr. *The Market Day of the Soul: The Puritan Doctrine of the Sabbath in England, 1532–1700*. Lanham, Md.: University Press of America, 1983.

———, comp. *Reformed Confessions of the 16th and 17th Centuries in English Translation. Volume 1: 1523–1552.* Grand Rapids: Reformation Heritage Books, 2008.

———, comp. *Reformed Confessions of the 16th and 17th Centuries in English Translation. Volume 2: 1552–1556.* Grand Rapids: Reformation Heritage Books, 2010.

Dent, Arthur. *The Plain Man's Pathway to Heaven; Wherein Every Man May Clearly See Whether He Shall Be Saved or Damned.* 50th ed. London, 1599. Belfast, 1860. Reprint, Morgan, Pa.: Soli Deo Gloria, 1994.

———. *A Sermon of Gods Providence*. London: John Wright, 1609.

Dent, C. M. *Protestant Reformers in Elizabethan Oxford.* Oxford: Oxford University Press, 1983.

Dering, Edward. *M. Derings Workes*. 1597. Reprint, New York: Da Capo Press, 1972.

De Rodon, David. *The Funeral of the Mass, or, The Mass Dead and Buried without Hope of Resurrection*. London: T. H. for Andrew Clark, 1677.

De Ruiter, J. "Naschrift." In *De Rechtvaardiging door het Geloof.* Edited by Th. Van der Groe. Urk: de Vuurtoren, 1978.

Dever, Mark E. *Richard Sibbes: Puritanism and Calvinism in Late Elizabethan and Early Stuart England.* Macon, Ga.: Mercer University Press, 2000.

Dever, Mark and Sinclair Ferguson. *The Westminster Directory of Public Worship: Discussed by Mark Dever and Sinclair Ferguson*. Fearn, Scotland: Christian Focus, 2008.

De Witt, J. R. Jus Divinum: *The Westminster Assembly and the Divine Right of Church Government.* Kampen: Kok, 1969.

Dickens, A. G. *The English Reformation*. University Park: Penn State Press, 1991.

Dickson, David. *A Commentary on the Psalms, 2 Vols. in One*. 1653–1655. Reprint, Edinburgh: Banner of Truth Trust, 1995.

———. *Select Practical Writings of David Dickson*. Vol. 1. Edinburgh: Printed for the Assembly's Committee, 1845.

———. *The Summe of Saving Knowledge, with the Practical Use Thereof.* Edinburgh: George Swintoun and Thomas Brown, 1671.

———. *Therapeutica Sacra*.... Edinburgh: Printed by Evan Tyler, 1664.

———. *Truth's Victory over Error*. Burnie: Presbyterian Armoury Publications, 2002.

Diepen, H. *Les trois chapitres au Concile de Chalcédoine*. Oosterhout: Editions de Saint-Michel, 1953.

Di Gangi, Mariano. *Great Themes in Puritan Preaching*. Guelph, Ontario: Joshua Press, 2007.

Dijk, Klaas. *De Strijd over Infra- en Supralapsarisme in de Gereformeerde Kerken van Nederland*. Kampen: Kok, 1912.

Dingley, Robert. *The Deputation of Angels, or The Angel Guardian*. London: T. R. for E. Dod, 1654.

["Dissenting Brethren"]. *An Apologeticall Narration*.... London: for Robert Dawlman, 1643.

———. *A Copy of a Remonstrance Lately Delivered in to the Assembly*. London: [s.n.], 1645.

———.*The Petition for the Prelates Briefly Examined.* [London: s.n.], 1641.

———.*The Reasons Presented by the Dissenting Brethren against...Presbyteriall Government*. London: T. R. and E. M. for Humphrey Harward, 1648.

Dixon, Philip. *Nice and Hot Disputes: The Doctrine of the Trinity in the Seventeenth Century*. London: T & T Clark, 2003.

Dod, John. *Old Mr. Dod's Sayings*. London: A. Maxwell, 1671.

———. *A Plaine and Familiar Exposition of the Ten Commandements*. 17th ed. London: by I. D. for Thomas and Jonas Man, 1628.

Donne, Barbara Lewalski. *"Anniversaries" and the Poetry of Praise, the Creation of a Symbolic Mode.* Princeton, N.J.: Princeton University Press, 1973.

Doolittle, Thomas. "How May the Duty of Daily Family Prayer Be Best Managed for the Spiritual Benefit of Every One in the Family?" In *Puritan Sermons 1659–1689: Being the Morning Exercises at Cripplegate, St. Giles in the Fields, and in Southwark by Seventy-five Ministers of the Gospel in or near London*. Vol. 2, 194–272. 1674. Reprint, Wheaton, Ill.: Richard Owen Roberts, 1981.

______. *A Treatise Concerning the Lord's Supper*. Morgan, Pa.: Soli Deo Gloria Publications, 1998.

Dorner, J. A. *History of Protestant Theology*. Translated by George Robson and Sophia Taylor. Edinburgh: T & T Clark, 1871.

Dowey, Edward A. Jr. "Law in Luther and Calvin." *Theology Today* 41, no. 2 (1984): 146–53.

Downame, George. *An Abstract of the Duties Commanded and Sinnes Forbidden in the Law of God*. London: Felix Kyngston, 1627.

______. *The Christian's Freedom: The Doctrine of Christian Liberty*. 1633. Reprint, Pittsburgh, Pa.: Soli Deo Gloria, 1994.

______.*A Treatise of Justification*. London: Felix Kyngston for Nicolas Bourne, 1633.

Downame, John. *Annotations upon All the Books of the Old and New Testaments*. London: Evan Tyler, 1657.

______. *The Christian Warfare against the Devil, World, and Flesh*. 1604. Facsimile reprint, Vestavia Hills, Ala.: Solid Ground Christian Books, 2009.

Drake, Roger. "The Believer's Dignity and Duty Laid Open, in the High Birth wherewith He Is Privileged, and the Honourable Employment to Which He Is Called." In *Puritan Sermons 1659–1689: Being the Morning Exercises at Cripplegate, St. Giles in the Fields, and in Southwark by Seventy-five Ministers of the Gospel in or near London*. Vol. 5, 328–44. Reprint, Wheaton, Ill.: Richard Owen Roberts, 1981.

Duncan, J. Ligon III. "A Method for Prayer by Matthew Henry (1662–1714)." In *The Devoted Life: An Invitation to the Puritan Classics*, 238–50. Edited by Kelly M. Kapic and Randall C. Gleason. Downers Grove, Ill.: InterVarsity, 2004.

Durham, James. *Christ Crucified: or, The Marrow of the Gospel Evidently Holden Forth in LXXII Sermons, on the Whole 53 Chapter of Isaiah*. Edinburgh: heir of Andrew Anderson, 1683.

______. *Christ Crucified: The Marrow of the Gospel in 72 Sermons on Isaiah 53*. Edited by Christopher Coldwell. Dallas: Naphtali Press, 2001.

______. Clavis cantici, *or, An Exposition of the Song of Solomon*. London: J. W., 1669.

______. *A Commentarie upon the Book of the Revelation...Together with Some Practical Observations, and Several Digressions, Necessary for Vindicating, Clearing, and Confirming Many Weighty and Important Truths*. Edinburgh: Christopher Higgins, 1658.

______. *A Commentary upon the Book of the Revelation*. Amsterdam: John Frederickszoon Stam, 1660.

______. *Commentary on the Book of Revelation*. 1658. Reprint, Willow Street, Pa.: Old Paths Publications, 2000.

______. *Heaven upon Earth in the Sure Tranquility and Quiet Composure of a Good Conscience; Sprinkled with the Blood of Jesus*. Edited by John Carstairs. Edinburgh: A. Anderson, 1685.

______. *A Practical Exposition of the Ten Commandments*. Edited by Christopher Coldwell. Dallas, Tex.: Naphtali Press, 2002.

______. *The Song of Solomon*. Reprint, Edinburgh: Banner of Truth Trust, 1997.

______. *The Unsearchable Riches of Christ*. Glasgow: Robert Sanders, 1685.

Dury, John. *The Earnest Breathings of Foreign Protestants, Divines, and Others*. London: for T. Underhill, 1658.

Ebeling, Gerhard. *Luther: An Introduction to His Thought*. Translated by R. A. Wilson. Philadelphia: Fortress, 1970.

Edwards, Jonathan. *Charity and Its Fruits*. 1852. Reprint, London: Banner of Truth Trust, 1969.

______. *Heaven, A World of Love*. Amityville, N.Y.: Calvary Press, 1992.

———. *The History of the Work of Redemption*. New York: American Tract Society, 1816.
———. *Religious Affections*. Reprint, London: Banner of Truth Trust, 1959.
———. *Select Works of Jonathan Edwards*. London: Banner of Truth Trust, 1965.
———. *Sermons on the Lord's Supper*. Orlando, Fla.: Northampton Press, 2007.
———. *The Works of Jonathan Edwards*. 26 vols. New Haven, Conn.: Yale University Press, 1957–2008.
———. *The Wrath of Almighty God: Jonathan Edwards on God's Judgment against Sinners*. Edited by Don Kistler. Morgan, Pa.: Soli Deo Gloria, 1996.
Edwards, Thomas. *Antapologia*. London: G. M. for John Bellamie, 1644.
———. *The First and Second Part of Gangraena: or, A Catalogue and Discovery of Many of the Errors, Heresies, Blasphemies and Pernicious Practices of the Sectaries of This Time*. 3rd ed. London: T. R. and E. M. for Ralph Smith, 1646.
Ehalt, David R. "The Development of Early Congregational Theory of the Church with Special Reference to the Five 'Dissenting Brethren' at the Westminster Assembly." PhD diss., Claremont, 1969.
Elert, Werner. "Eine theologische Falschung zur Lehre vom tertius usus legis." *Zeitschrift für Religions- und Geistesgeschichte* 1 (1948): 168–70.
Eliot, John. *The Light Appearing More and More towards the Perfect Day, or a Farther Discovery of the Present State of the Indians in New-England*. London: T. R. & E. M. for John Bartlet, 1651.
Ellis, Mark, ed. and trans. *The Arminian Confession of 1621*. Eugene, Ore.: Wipf & Stock, 2005.
Elshout, Arie. *Overcoming Spiritual Depression*. Grand Rapids: Reformation Heritage Books, 2006.
Elton, Edward. *Gods Holy Mind Touching Matters Morall, Which Himself Uttered in Tenne Words, or Tenne Commandements*. London: A. M. and I. N. for Robert Mylbourne, 1625.
Engelland, Hans. *Melanchthon, Glauben und Handeln*. Munich: Kaiser Verlag, 1931.
Entwistle, F. R. "Some Aspects of John Owen's Doctrine of the Person and Work of Christ." In *Faith and a Good Conscience*. [London]: Puritan and Reformed Studies Conference, 1962.
Eusden, John. *Puritans, Lawyers, and Politics*. New Haven, Conn.: Yale University Press, 1958.
Evans, John. "Christian Zeal." In *Practical Discourses Concerning the Christian Temper: Being Thirty Eight Sermons upon the Principal Heads of Practical Religion*. 7th ed. London: Ware, Longman, and Johnson, 1773.
Evans, M. F. "Study in the Development of a Theory of Homiletics in England from 1537–1692." PhD diss., University of Iowa, 1932.
Evans, William B. *Imputation and Impartation: Union with Christ in American Reformed Theology*. Eugene, Ore.: Wipf & Stock, 2008.
Eyre, William. *Vindiciae Justificationis Gratuitae*. London: E. Forrest, 1654.
Fairclough, Richard. "The Nature, Possibility, and Duty of a True Believer's Attaining to a Certain Knowledge of His Effectual Calling, Eternal Election, and Final Perseverance to Glory." In *Puritan Sermons, 1659–1689*. Edited by James Nichols. Wheaton, Ill.: Richard Owen Roberts, 1981.
Farley, Benjamin W. *The Providence of God*. Grand Rapids: Baker, 1988.
Farrell, Frank E. "Richard Sibbes: A Study in Early Seventeenth Century English Puritanism." PhD diss., University of Edinburgh, 1955.
Featley, Daniel. Sacra Nemesis, *the Levites Scourge, or,* Mercurius Britan. Civicus *Disciplin'd. Also Diverse Remarkable Disputes and Resolvs in the Assembly of Divines Related, Episcopacy Asserted, Truth Righted, Innocency Vindicated against Detraction*. Oxford: Leonard Lichfield, 1644.
Fenner, Dudley. *Sacra theologia, sive, Veritas quae est secundum pietatem*. S. I.: T. Dawson, 1585.
Fenner, William. *The Souls Looking-Glasse*. Cambridge: Roger Daniel, for John Rothwell, 1643.
———. *The Spirituall Mans Directory*. London: for John Rothwell, 1651.
———. *A Treatise of the Affections*. London: A. M. for J. Rothwell, 1650.

———. *The Use and Benefit of Divine Meditation*. London: for John Stafford, 1657.

Ferguson, Sinclair B. "Doctrine of the Christian Life in the Teaching of Dr John Owen (1616–83)." PhD diss., University of Aberdeen, 1979.

———. "Evangelical Ministry: The Puritan Contribution." In *The Compromised Church: The Present Evangelical Crisis*, 263–80. Edited by John H. Armstrong. Wheaton, Ill.: Crossway, 1998.

———. *The Holy Spirit*. Downers Grove, Ill.: InterVarsity Press, 1996.

———. *John Owen on the Christian Life*. Edinburgh: Banner of Truth Trust, 1987.

———. "Preaching the Law of God—Reformers and Puritans." In *Puritans and Spiritual Life*, 7–24. Mirfield, U.K.: Westminster Conference, 2001.

———. "The Reformed Doctrine of Sonship." In *Pulpit and People: Essays in Honour of William Still on His 75th Birthday,* 84–87. Edited by Nigel M. de S. Cameron and Sinclair B. Ferguson. Edinburgh: Rutherford House, 1986.

Ferguson, Sinclair B., and David F. Wright, eds. *New Dictionary of Theology*. Downers Grove, Ill.: InterVarsity Press, 1988.

Ferry, Brenton C. "Works in the Mosaic Covenant: A Reformed Taxonomy." In *The Law Is Not of Faith: Essays on Works and Grace in the Mosaic Covenant*, 76–105. Edited by Bryan D. Estelle, J. V. Fesko, and David VanDrunen. Phillipsburg, N.J.: P&R, 2009.

Fesko, J. V. "The Westminster Confession and Lapsarianism: Calvin and the Divines." In *The Westminster Confession into the 21st Century, Volume 2: Essays in Remembrance of the 350th Anniversary of the Westminster Assembly*, 477–525. Edited by J. Ligon Duncan. Fearn, Scotland: Mentor, 2005.

Fesko, J. V., and Guy M. Richard, "Natural Theology and the Westminster Confession of Faith." In *The Westminster Confession into the 21st Century, Volume 3: Essays in Remembrance of the 350th Anniversary of the Westminster Assembly*, 223–66. Edited by J. Ligon Duncan. Fearn, Scotland: Mentor, 2003.

Fienberg, Stanley. "Thomas Goodwin, Puritan Pastor and Independent Divine." PhD diss., University of Chicago, 1974.

———. "Thomas Goodwin's Scriptural Hermeneutics and the Dissolution of Puritan Unity." *Journal of Religious History* 10 (1978): 32–49.

Fincham, Kenneth, ed. *The Early Stuart Church: 1603–1642*. Stanford, Calif.: Stanford University Press, 1993.

Firmin, Giles. *The Real Christian, or A Treatise of Effectual Calling*. London: for Dorman Newman, 1670.

Firth, Katherine. *The Apocalyptic Tradition in Reformation Britain 1530–1645*. Oxford: Oxford University Press, 1979.

F[isher], E[dward]. *The Marrow of Modern Divinity, with Notes by Thomas Boston.* London: T. Tegg, 1837.

Fisher, George Park. *History of Christian Doctrine*. New York: Charles Scribner's Sons, 1902.

Fisher, James. *The Assembly's Shorter Catechism Explained, by Way of Question and Answer*. Reprint, Lewes, East Sussex: Berith Publications, 1998.

Flavel, John. *Christ the Fountain of Life*. London: Carden, 1648.

———. *The Fountain of Life Opened, or, A Display of Christ in His Essential and Mediatorial Glory wherein the Impetration of Our Redemption by Jesus Christ Is Orderly Unfolded as It Was Begun, Carryed on, and Finished by His Covenant-Transaction, Mysterious Incarnation, Solemn Call and Dedication....* London: for Rob. White, for Francis Tyton, 1673.

———. *Planelogia, a Succinct and Seasonable Discourse of the Occasions, Causes, Nature, Rise, Growth, and Remedies of Mental Errors*. London: R. Roberts, 1691.

———. *Vindiciae legis & foederis, or, A Reply to Mr. Philip Cary's Solemn Call*. London: M. Wotton, 1690.

———. *The Whole Works of the Rev. Mr. John Flavel*. 6 vols. London: W. Baynes, 1820.

———. *The Works of the Rev. Mr. John Flavel*. 6 vols. 1820. Reprint, Edinburgh: Banner of Truth Trust, 1997.

Forbes, John. *A Letter for Resolving This Question: How a Christian Man May Discerne the Testimonie of Gods Spirit, from the Testimonie of His Owne Spirit, in Witnessing His Adoption*. Middelburg: Richard Schilders, 1616.

Ford, Simon. *The Spirit of Bondage and Adoption: Largely and Practically Handled, with Reference to the Way and Manner of Working Both Those Effects; and the Proper Cases of Conscience Belonging to Them Both*. London: T. Maxey, for Sa. Gellibrand, 1655.

Foster, Richard J. *Celebration of Discipline*. San Francisco: Harper & Row, 1978.

Foxgrover, David. "John Calvin's Understanding of Conscience." PhD diss., Claremont, 1978.

Fraser, Donald. *The Life and Diary of the Reverend Ebenezer Erskine*. Edinburgh: William Oliphant, 1831.

Freer, Brian. "Thomas Goodwin, the Peaceable Puritan." In *Diversities of Gifts, Westminster Conference Reports, 1980*. London: The Westminster Conference, 1981.

Frost, Ronald N. "*The Bruised Reed* by Richard Sibbes (1577–1635)." In *The Devoted Life: An Invitation to the Puritan Classics*, 79–91. Edited by Kelly M. Kapic and Randall C. Gleason. Downers Grove, Ill.: InterVarsity, 2004.

Fuller, Thomas. *Abel Redevivus*. 1651. Reprint, London: William Tegg, 1867.

———. *The Cause and Cure of a Wounded Conscience*. London: G. D. for John Williams, 1649.

———. *Church History of Britain*. Edited by J. S. Brewer. 3rd ed. 1648. Reprint, London: William Tegg, 1845.

———. *The Holy and Profane States*. Boston: Little, Brown, and Co., 1865.

Fuller, Thomas, ed. *Gnomologia: Adagies and Proverbs; Wise Sayings and Witty Sayings*. London: B. Barker, 1732.

G., M. *The Glorious Excellencie of the Spirit of Adoption*. London: Jane Coe, for Henry Overton, 1645.

Gaffin, Richard B. *"By Faith, Not by Sight": Paul and the Order of Salvation*. Bletchley: Paternoster, 2006.

———. *Calvin and the Sabbath*. Fearn, Scotland: Mentor, 1998.

———. "A Sabbath Rest Still Awaits the People of God." In *Pressing Toward the Mark: Essays Commemorating Fifty Years of the Orthodox Presbyterian Church*, 33–51. Edited by Charles G. Dennison and Richard C. Gamble. Philadelphia: The Committee for the Historian of the Orthodox Presbyterian Church, 1986.

Gaffin, Richard B., Wayne A. Grudem, et al. *Are Miraculous Gifts for Today?* Grand Rapids: Zondervan, 1996.

Galpine, John, ed. *Flavel, the Quaker, and the Crown: John Flavel, Clement Lake and Religious Liberty in Late 17th Century England*. Cambridge, Mass.: Rhwymbooks, 2000.

Garcia, Mark A. *Life in Christ: Union with Christ and Twofold Grace in Calvin's Theology*. Milton Keynes: Paternoster, 2008.

Gataker, Thomas. *David's Instructor*. London, 1620.

Gatiss, Lee. "The Inexhaustible Fountain of All Goodness: Union with Christ in Calvin's Commentary and Sermons on Ephesians." *Themelios* 34, no. 2 (July 2009): 194–206.

Geddes, William. *The Saints Recreation*. Edinburgh: David Lindsay, Mr. James Kniblo, Joshua Van Solingen, and John Colmar, 1683.

Geneva Bible. 1599. Reprint, Ozark, Mo.: L.L. Brown, 1990.

George, A. C. "Martin Luther's Doctrine of Sanctification with Special Reference to the Formula *Simul Iustus et Peccator*: A Study in Luther's Lectures on Romans and Galatians." ThD diss., Westminster Theological Seminary, 1982.

George, Charles H. "Puritanism as History and Historiography." *Past and Present* 41 (1968): 77–104.

George, Charles H. and Katherine George. *The Protestant Mind of the English Reformation 1570–1640.* Princeton, N.J.: Princeton University Press, 1961.

George, Timothy. *Theology of the Reformers*. Nashville: Broadman, 1988.

Gerdes, Hayo. *Luthers Streit mit den Schwarmern um das rechte Verständnis des Gesetzes Mose*. Göttingen: Göttiner Verlagsanstalt, 1955.

Gerstner, John H. *Jonathan Edwards on Heaven and Hell*. Grand Rapids: Baker, 1980.

Gibbs, Lee W. *William Ames, Technometry*. Philadelphia: University of Pennsylvania Press, 1979.

Gill, John. *A Body of Doctrinal Divinity*. London: Higham 1839.

———. "The Doctrine of Justification Stated and Maintained." In *A Collection of Sermons and Tracts (Volume 3)*. London: G. Keith, 1778.

Gillespie, George. *Aaron's Rod Blossoming*. Harrisonburg, Va.: Sprinkle Publications, 1985.

———. *An Assertion of the Government of the Church of Scotland, in the Points of Ruling-Elders, and of the Authority of Presbyteries and Synods....* Edinburgh: for James Bryson, 1641.

———. *A Dispute against the English Popish Ceremonies Obtruded on the Church of Scotland.* 1637. Reprint, Dallas, Tex.: Naphtali Press, 1993.

———. *A Treatise of Miscellany Questions: Wherein Many Useful Questions and Cases of Conscience Are Discussed and Resolved; for the Satisfaction of Those, Who Desire Nothing More, Than to Search for and Find out Precious Truths, in the Controversies of These Times*. Edinburgh: University of Edinburgh, 1649.

Gillespie, Patrick. *The Ark of the Covenant Opened: Or, A Treatise of the Covenant of Redemption between God and Christ as the Foundation of the Covenant of Grace*. London: for Tho. Parkhurst, 1677.

———. *The Ark of the Testament Opened.* London: R. C., 1661.

———. *The Ark of the Testament Opened.* London, 1681.

Gilpin, Richard. Daemonologia Sacra, *or, A Treatise on Satan's Temptations*. 1677. Reprint, Morgan, Pa.: Soli Deo Gloria, 2000.

Godbeer, Richard. *The Devil's Dominion: Magic and Religion in Early New England.* Cambridge: Cambridge University Press, 1994.

Godfrey, W. Robert. "Calvin and the Worship of God." In *The Worship of God: Reformed Concepts of Biblical Worship*, 31–49. Fearn, Scotland: Christian Focus, 2005.

———. *John Calvin: Pilgrim and Pastor*. Wheaton, Ill.: Crossway, 2009.

Gomes, Alan. "*De Jesu Christo Servatore:* Faustos Socinus on the Satisfaction of Christ." *Westminster Theological Journal* 55 (1993): 209–31.

Goodwin, Thomas. *A Glimpse of Sions Glory*. London: for William Larnar, 1641.

———. *The Works of Thomas Goodwin D.D. Sometime President of Magdalen College in Oxford.* 5 vols. London: J. D. and S. R. for T. G., 1681–1704.

———. *The Works of Thomas Goodwin.* 12 vols. Edited by Thomas Smith. Edinburgh: James Nichol, 1861–1866. Reprint, Grand Rapids: Reformation Heritage Books, 2006.

Gordon, T. David. *Why Johnny Can't Preach*. Phillipsburg, N.J.: P&R, 2009.

Gore, R. J. *Covenantal Worship: Reconsidering the Puritan Regulative Principle*. Phillipsburg, N.J.: P&R, 2002.

Goudriaan, Aza. "Justification by Faith and the Early Arminian Controversy." In *Scholasticism Reformed: Essays in Honour of Willem J. van Asselt*. Edited by Maarten Wisse, Marcel Sarot, and

Willemien Otten. Leiden: Brill, 2010.
Gouge, Thomas. *Christian Directions, Shewing How to Walk with God All the Day Long*. London: R. Ibbitson and M. Wright, 1661.
Gouge, William. *Of Domestical Duties*. 1622. Edinburgh, Ind.: Puritan Reprints, 2006.
———. *Gods Three Arrows: Plague, Famine, and Sword*. London: George Miller for Edwards Brewster, 1631.
———. *A Guide to Goe to God: or, An Explanation of the Perfect Patterne of Prayer, The Lords Prayer*. 2nd ed. London: G. M. for Edward Brewster, 1636.
———. *A Learned and Very Useful Commentary upon the Whole Epistle to the Hebrews Wherein Every Word and Particle in the Original Is Explained*. London: A. M., T. W. and S. G. for Joshua Kirton, 1655.
———. *The Sabbaths Sanctification....* London: G. M. for Joshua Kirton and Thomas Warren, 1641.
———. *The Whole-Armour of God*. London: John Beale, 1616.
Graafland, Cornelis. *Van Calvijn tot Barth: Oorsprong en ontwikkeling van de leer der verkiezing in het Gereformeerd Protestantisme*. 's-Gravenhage: Boekencentrum, 1987.
Grabo, Norman S. "The Art of Puritan Devotion." *Seventeenth-Century News* 26, no. 1 (1968): 7–9.
———. ed. *Edward Taylor's Treatise Concerning the Lord's Supper*. Boston: Twain Publisher, 1988.
Granger, Thomas. *A Looking Glasse for Christians. Or, The Comfortable Doctrine of Adoption*. London: William Jones, 1620.
Gray, Andrew. *The Works of Andrew Gray*. Reprint, Ligonier, Pa.: Soli Deo Gloria, 1992.
Greaves, Richard. "The Nature of the Puritan Tradition." In *Reformation, Conformity and Dissent: Essays in Honour of Geoffrey Nuttall*, 255–73. Edited by R. Buick Knox. London: Epworth Press, 1977.
Green, Ian. *The Christian's ABC: Catechisms and Catechizing in England c. 1530–1740*. Oxford: Clarendon Press, 1996.
Greenham, Richard. *A Short Forme of Catechising*. London: Richard Bradocke, 1599.
———. *The Works and Life of Revd Richard Greenham*. Edited by Kenneth L. Parker and Eric J. Carlson. Brookfield, Vt.: Ashgate, 1998.
———. *The Works of the Reverend and Faithfull Servant of Jesus Christ M. Richard Greenham*. Edited by H. H. London: Felix Kingston, 1599.
Greenhill, William. *Ezekiel*. 1645–1647. Reprint, Edinburgh: Banner of Truth Trust, 1994.
———. "What Must and Can Persons Do toward Their Own Conversion?" In *Puritan Sermons: 1659–1689: The Morning Exercises at Cripplegate,* 1:38–50. Wheaton, Ill.: Richard Owen Roberts, 1981.
Greve, Lionel. "Freedom and Discipline in the Theology of John Calvin, William Perkins, and John Wesley: An Examination of the Origin and Nature of Pietism." PhD diss., Hartford Seminary Foundation, 1976.
Grew, Obadiah. *The Lord Jesus Christ the Lord Our Righteousness*. London: for John Brooke, 1669.
Gribben, Crawford. *The Puritan Millennium: Literature and Theology, 1550–1682*. Milton Keynes, England: Paternoster, 2008.
Grosse, Alexander. *The Happiness of Enjoying and Making a True and Speedy Use of Christ*. London: Tho. Brudenell, for John Bartlet, 1647.
Grundler, Otto. "Thomism and Calvinism in the Theology of Girolamo Zanchi." PhD diss., Princeton Theological Seminary, 1960.
Gurnall, William. *The Christian in Complete Armour: A Treatise of the Saints' War against the Devil*. 1662–1665. Reprint, Edinburgh: Banner of Truth Trust, 2002.
Gustafsson, Berndt. *The Five Dissenting Brethren: A Study of the Dutch Background of Their Indepen-*

dentism. London: C. W. K. Gloerup, 1955.

Guthrie, William. *A Collection of Lectures and Sermons...Mostly in the Time of the Late Persecution*. Edited by J. H. Glasgow: J. Bryce, 1779.

Ha, Polly. *English Presbyterianism, 1590–1640*. Stanford, Calif.: Stanford University Press, 2011.

Halcomb, Joel. "A Social History of Congregational Religious Practice during the Puritan Revolution." PhD diss., University of Cambridge, 2010.

Haldane, Alexander. *Memoirs of Robert Haldane of Airthrey, and His Brother, James Alexander Haldane*. New York: Robert Carter, 1853.

Hall, Basil. "Calvin against the Calvinists." In *John Calvin*, 19–37. Edited by G. E. Duffield. Appleford, England: Sutton Courtney Press, 1966.

———. "Puritanism: The Problem of Definition." In *Studies in Church History*, 2:283–96. Edited by G. J. Cumming. London: Nelson, 1965.

Hall, Christopher A. "John Chrysostom's *On Providence:* A Translation and Theological Interpretation." PhD diss., Drew University, 1991.

———. *Learning Theology with the Church Fathers*. Downers Grove, Ill.: InterVarsity, 2002.

Hall, David D. *Worlds of Wonder, Days of Judgment: Popular Belief in Early New England*. New York: Alfred A. Knopf, 1989.

———, ed. *The Antinomian Controversy, 1636–1638: A Documentary History*. Durham, N.C.: Duke University Press, 1990.

Hall, John, Marchamont Nedham, and J. Canne, eds. *Mercurius Politicus*. London: for Robert White, 1650–1660.

Hall, Joseph. *The Art of Meditation*. Jenkintown, Pa.: Sovereign Grace, 1972.

———. *The Works of the Right Reverend Father in God, Joseph Hall*. Edited by Josiah Pratt. London: C. Whittingham, 1808.

Hall, Michael. *The Last American Puritan, The Life of Increase Mather, 1639–1723*. Hanover, N.H.: University Press of New England, 1988.

Hall, Thomas. *A Practical and Polemical Commentary...upon the Third and Fourth Chapters of the Latter Epistle of St. Paul to Timothy*. London: E. Tyler, for John Starkey, 1658.

Haller, William. *The Rise of Puritanism*. 1938. Reprint, Philadelphia: University of Philadelphia Press, 1972.

Halyburton, Thomas. *The Works of the Rev. Thomas Halyburton....* London: Thomas Tegg & Son, 1835.

Hamilton, Ian. "Communion with God." In *Reformed Spirituality*, 61–72. Edited by Joseph A. Pipa Jr. and J. Andrew Wortman. Taylors, S.C.: Southern Presbyterian Press, 2003.

Hamond, George. *The Case for Family Worship*. 1694. Reprint, Orlando, Fla.: Soli Deo Gloria, 2005.

Hansen, Chadwick. *Witchcraft at Salem*. New York: George Braziller, 1969.

Hanson, J. W. *Universalism: The Prevailing Doctrine of the Christian Church during Its First Five Hundred Years*. Boston: Universalist Press, 1899.

Harling, Frederick. "A Biography of John Eliot." PhD diss., Boston University, 1965.

Harris, John. "Moving the Heart: The Preaching of John Bunyan." In *Not by Might nor by Power,* Westminster Conference Paper, 1988, 32–51. London: Westminster Conference, 1989.

Harris, Robert. *A Brief Discourse of Mans Estate in the First and Second Adam*. London: J. Flesher for John Bartlet, 1653.

———. *The Way to True Happinesse Delivered in XXIV Sermons upon the Beatitudes*. London: [R. Badger and John Beale], 1632.

———. *The Works of Robert Harris*. London: James Flesher for John Bartlet, 1654.

Harrison, Graham. "Thomas Goodwin and Independency." In *Diversities of Gifts,* Westminster Conference Reports, 1980, 21–43. London: The Westminster Conference, 1981.

Hart, D. G., and John Muether. *Seeking a Better Country: 300 Years of American Presbyterianism*. Phillipsburg, N.J.: P&R, 2007.

Hartlib, Samuel. *The Earnest Breathings of Foreign Protestants, Divines, and Others*. London, 1658.

Hastie, William. *The Theology of the Reformed Church*. Edinburgh: T & T Clark, 1904.

Hawkes, Richard Mitchell. "The Logic of Assurance in English Puritan Theology." *Westminster Theological Journal* 52 (1990): 247–61.

Haykin, Michael A. G. "John Owen and the Challenge of the Quakers." In *John Owen: The Man and His Theology,* 131–55. Edited by Robert W. Oliver. Phillipsburg, N.J.: P&R, 2002.

Haykin, Michael A. G., and Mark Jones, eds. *Drawn into Controversie: Reformed Theological Diversity and Debates within Seventeenth-Century British Puritanism*. Göttingen: Vandenhoeck & Ruprecht, 2011.

Hedges, Brian G. "Puritan Writers Enrich the Modern Church." *Banner of Truth* (U.K.) no. 529 (October 2007): 5–10.

Heimert, Alan and Andrew Delbanco, eds. *The Puritans in America: A Narrative Anthology*. Cambridge, Mass.: Harvard University Press, 1985.

Heine, Ronald E. *Origen: Scholarship in the Service of the Church*. Oxford: Oxford University Press, 2010.

Helm, Paul. "John Calvin, the 'Sensus Divinitatis,' and the Noetic Effects of Sin." *International Journal for Philosophy of Religion* 43, no. 2 (April 1998): 87–107.

_____. *John Calvin's Ideas*. Oxford: Oxford University Press, 2004.

Henry, Matthew. *An Account of the Life and Death of Mr. Philip Henry*. London: J. Laurence, J. Nicholson, J. and B. Sprint, and N. Cliffe and D. Jackson, 1712.

_____. *The Communicant's Companion*. Philadelphia: Presbyterian Board of Publication, 1843.

_____. *The Complete Works of the Rev. Matthew Henry*. 2 vols. 1855. Reprint, Grand Rapids: Baker, 1979.

_____. *Family Religion: Principles for Raising a Godly Family*. Reprint, Fearn, Scotland: Christian Focus, 2008.

_____. *Matthew Henry's Commentary*. Peabody, Mass.: Hendrickson Publishers, 2003.

_____. *Matthew Henry's Unpublished Sermons on the Covenant of Grace*. Edited by Allan Harman. Fearn, Scotland: Christian Focus, 2002.

_____. *A Method for Prayer*. Edited by J. Ligon Duncan III. Fearn, Scotland: Christian Focus, 1994.

Henry, Philip. *Christ All in All, or What Christ Is Made to Believers*. 1676. Reprint, Swengel, Pa.: Reiner, 1976.

Henson, H. Hensley. *Studies in English Religion in the Seventeenth Century*. New York: E. P. Dutton, 1903.

Heppe, Heinrich. *Geschichte des Pietismus und der Mystik in der reformierten Kirche namentlich in der Niederlande*. Leiden: Brill, 1879.

Heppe, Heinrich and Ernst Bizer. *Reformed Dogmatics: Set Out and Illustrated from the Sources*. Translated by G. T. Thomson. Grand Rapids: Baker, 1978.

Herbert, George. "The Bag" in *The Temple,* 1633. *Christian Classics Ethereal Library,* http://www.ccel.org/h/herbert/temple/Bag.html. Accessed December 3, 2010.

Herr, Alan F. *The Elizabethan Sermon: A Survey and a Bibliography*. New York: Octagon Books, 1969.

Hesselink, I. John. "Calvin, Theologian of Sweetness." *Calvin Theological Journal* 37, no. 2 (2002): 318–32.

_____. *Calvin's Concept of the Law*. Allison Park, Pa.: Pickwick, 1992.

_____. "Law—Third Use of the Law." In *Encyclopedia of the Reformed Faith*. Edited by Donald K. McKim. Louisville: Westminster/John Knox, 1992.

Heylyn, Peter. *The History of the Sabbath. In Two Books*. London: E. Purslowe, Thomas Harper, and Thomas Cotes, 1636.

Heywood, Oliver. *The Whole Works of the Rev. Oliver Heywood.* 5 vols. Idle, U.K.: by John Vint for F. Westley, et al., 1825.

Heywood, Thomas. *Hierarchie of the Blessed Angels, Their Names, Order, and Offices, the Fall of Lucifer and His Angels*. London: Adam Islip, 1635.

Hildersham, Arthur. *CLII Lectures upon Psalm LI*. London: J. Raworth, for Edward Brewster, 1642.

Hill, Christopher. *The Collected Essays of Christopher Hill: Religion and Politics in 17th Century England*. Vol. 2. Amherst, Mass.: University of Massachusetts Press, 1986.

______. *God's Englishman: Oliver Cromwell and the English Revolution*. New York: Harper & Row, 1970.

______. *Society and Puritanism in Pre-Revolutionary England*. New York: Schocken Books, 1964.

______. *A Tinker and a Poor Man: John Bunyan and His Church, 1628–1688*. New York: Alfred A. Knopf, 1989.

Hillerbrand, Hans J., ed. *The Oxford Encyclopedia of the Reformation.* 4 vols. Oxford: Oxford University Press, 1996.

Hindson, Edward, ed. *Introduction to Puritan Theology: A Reader*. Grand Rapids: Baker, 1976.

Hoeveler, J. David. *Creating the American Mind: Intellect and Politics in the Colonial Colleges*. Lanham, Md.: Rowman & Littlefield, 2002.

Holifield, E. Brooks. *The Covenant Sealed: The Development of Puritan Sacramental Theology in Old and New England, 1570–1720*. 1974. Reprint, Eugene, Ore.: Wipf & Stock, 2002.

Holmes, Stephen. "Reformed Varieties of the *Communicatio Idiomatum*." In *The Person of Christ*. Edited by Stephen Holmes and Murray Rae. London: T & T Clark International, 2005.

Holstun, James. *A Rational Millennium: Puritan Utopias of Seventeenth-Century England and America*. Oxford: Oxford University Press, 1987.

Hooker, Thomas. *The Application of Redemption, by the Effectual Work of the Word, and Spirit of Christ, for the Bringing Home of Lost Sinners to God, The First Eight Books*. 1657. Facsimile reprint, New York: Arno Press, 1972.

______. *The Application of Redemption by the Effectual Work of the Word, and Spirit of Christ, for the Bringing Home of Lost Sinners to God. The Ninth and Tenth Books*. London: Peter Cole, 1657. Reprint, Ames: International Outreach, Inc., 2008.

______. *The Christians Two Chiefe Lessons*. Reprint, Ames, Iowa: International Outreach, 2002.

______. *The Poor Doubting Christian Drawn to Christ*. 1635. Reprint, Worthington, Pa.: Maranatha, 1977.

______. *The Soules Exaltation*. London: John Haviland for Andrew Crooke, 1638.

______. *The Soules Humiliation*. London: T. Cotes for Andrew Crooke and Philip Nevill, 1640.

______. *The Soules Implantation into the Natural Olive*. London: R. Young, 1640.

______. *The Soules Preparation for Christ*. Leiden: W. Christiaens, 1638.

______. *A Survey of the Summe of Church-Discipline*. London: A. M. for John Bellamy, 1648.

______. *The Unbeleevers Preparing for Christ*. London: by Tho. Cotes for Andrew Crooke, 1638.

Hooper, John. *Later Writings of Bishop Hooper*. Cambridge: Cambridge University Press, 1852.

Hoornbeeck, Johannes. *Heyliginghe van Gods Naam en dagh*.... Leiden, 1655.

Hopkins, Ezekiel. *An Exposition on the Lord's Prayer*...[and] *Sermons on Providence, and the Excellent Advantages of Reading and Studying the Holy Scriptures*. London: for Nathanael Ranew, 1692.

______. *The Works of Ezekiel Hopkins*. 3 vols. Edited by Charles W. Quick. Reprint, Morgan, Pa.: Soli Deo Gloria, 1997.

Hopkinson, William. *A Preparation into the Waie of Life, with a Direction into the Righte Use of the*

Lordes Supper. London: Jhon Kyngston, 1583.

Horton, Douglas. "Let Us Not Forget the Mighty William Ames." *Religion in Life* 29 (1960): 434–42.

Horton, Douglas, ed. *William Ames by Matthew Nethenus, Hugo Visscher, and Karl Reuter*. Cambridge: Harvard Divinity School Library, 1965.

Horton, Michael S. *Lord and Servant: A Covenant Christology*. Louisville, Ky.: Westminster John Knox Press, 2005.

———. "Thomas Goodwin and the Puritan Doctrine of Assurance: Continuity and Discontinuity in the Reformed Tradition, 1600–1680." PhD diss., Wycliffe Hall, Oxford, and Coventry University, 1995.

Hotson, Howard B. "The Historiographical Origins of Calvinist Millenarianism." In *Protestant History and Identity in Sixteenth-Century Europe*: *The Later Reformation*. Vol. 2. Edited by Bruce Gordon. Aldershot, U.K.: Ashgate, 1996.

———. *Paradise Postponed: Johann Heinrich Alsted and the Birth of Calvinist Millenarianism*. Dordrecht: Kluwer, 2001.

Howe, John. *A Calm and Sober Enquiry Concerning the Possibility of a Trinity in the Godhead in a Letter to a Person of Worth*. London: J. Astwood, 1694.

———. *The Redeemer's Tears Wept over Lost Souls*. Reprint, Grand Rapids: Baker, 1978.

———. *A View of That Part of the Late Considerations Addrest to H. H. about the Trinity Which Concerns the Sober Enquiry, on That Subject: In a Letter to the Former Friend*. London: for Tho. Parkhurst, 1695.

Howson, Barry H. *Erroneous and Schismatical Opinions: The Question of Orthodoxy Regarding the Theology of Hanserd Knollys (c. 1599–1691)*. Leiden: Brill, 2001.

———. "The Puritan Hermeneutics of John Owen: A Recommendation." *Westminster Theological Journal* 63, no. 2 (Fall 2001): 351–76.

Hudson, Winthrop S. "The Ministry in the Puritan Age." In *The Ministry in Historical Perspectives*. Edited by H. Richard Niebuhr and Daniel D. Williams. New York: Harper and Brothers, 1956.

Huit, Ephraim. *The Anatomy of Conscience*. London: I. D. for William Sheffard, 1626.

Hulse, Erroll. *The Believer's Experience*. Haywards Heath, Sussex: Carey, 1977.

———. "Recovering the Doctrine of Adoption." *Reformation Today* 105 (1988): 5–14.

Huntley, Frank Livingstone. *Bishop Joseph Hall and Protestant Meditation in Seventeenth-Century England: A Study with the Texts of* The Art of Divine Meditations *(1606) and* Occasional Meditations *(1633)*. Binghamton, N.Y.: Center for Medieval & Early Renaissance Studies, 1981.

Hutchinson, Margarita Patricia. "Religious Change: The Case of the English Catechism, 1560–1640." PhD diss., Stanford University, 1984.

Hyde, Daniel R. "'Of Great Importance and of High Concernment': The Liturgical Theology of John Owen (1616–1683)." ThM thesis, Puritan Reformed Theological Seminary, 2010.

Jackson, Thomas. *The Life of John Goodwin*. London: Longmans, Green, Reader, and Dyer, 1872.

James, Frank A. III., ed. *Peter Martyr Vermigli and the European Reformations*. Leiden: Brill, 2004.

Jan op't Hof, Willem. *Engelse piëtistische geschriften in het Nederlands, 1598–1622*. Rotterdam: Lindenberg, 1987.

Janeway, James, and Cotton Mather. *A Token for Children*. Morgan, Pa.: Soli Deo Gloria, 1994.

Jenson, Robert. *The Triune God*. Vol. 1, *Systematic Theology*. New York: Oxford University Press, 1997.

Joest, Wilfried. *Gesetz und Freiheit: Das Problem des tertius usus legis bei Luther und die neutestamentliche Parainese*. Göttingen: Vandenhoeck & Ruprecht, 1951.

Johnson, Edward. *Johnson's Wonder-Working Providence 1628–1651*. Edited by J. Franklin Jameson. New York: Charles Scribner's Sons, 1910.

Johnston, Warren. "Revelation and the Revolution of 1688–1689." *The Historical Journal* 48, no. 2

(2005): 351–89.

Jones, Mark. "John Calvin's Reception at the Westminster Assembly (1643–1649)." *Church History and Religious Culture* 91, no. 1–2 (2011): 215–27.

———. *Why Heaven Kissed Earth: The Christology of the Puritan Reformed Orthodox Theologian, Thomas Goodwin (1600–1680)*. Göttingen: Vandenhoeck & Ruprecht, 2010.

Jue, Jeffrey K. *Heaven upon Earth: Joseph Mede (1586–1638) and the Legacy of Millenarianism*. Dordrecht: Springer, 2006.

———. "Puritan Millenarianism in Old and New England." In *The Cambridge Companion to Puritanism*. Edited by John Coffey and Paul C. H. Lim, 257–76. Cambridge: Cambridge University Press, 2008.

Junii, D. Francisci. *Opuscula theological selecta*. Edited by Abraham Kuyper. Amsterdam: Fred. Muller, 1882.

Kapic, Kelly M. *Communion with God: The Divine and the Human in the Theology of John Owen*. Grand Rapids: Baker, 2007.

Kapic, Kelly M., and Randall C. Gleason, eds. *The Devoted Life: An Invitation to the Puritan Classics*. Downers Grove, Ill.: InterVarsity, 2004.

Kaufmann, U. Milo. *The Pilgrim's Progress and Traditions in Puritan Meditation*. New Haven, Conn.: Yale University Press, 1966.

Kay, Brian K. *Trinitarian Spirituality: John Owen and the Doctrine of God in Western Devotion*. Eugene, Ore.: Wipf & Stock, 2008.

Keach, Benjamin. *The Ax Laid to the Root, or, One Blow More at the Foundation of Infant Baptism, and Church-Membership, Part 1*. London: B. Keach, 1693.

———. *The Ax Laid to the Root: Containing an Exposition of that Metaphorical Text of Holy Scripture, Mat. 3:10. Part 2. Wherein Mr. Flavel's Last Grand Arguments*...London: B. Keach, 1693.

———. *The Display of Glorious Grace, or, The Covenant of Peace Opened*. London: S. Bridge, 1698.

———. *Exposition of the Parables*. Grand Rapids: Kregel, 1991.

———. *War with the Devil*. Coventry: T. Luckman, 1760.

Keck, David. *Angels and Angelology in the Middle Ages*. Oxford: Oxford University Press, 1998.

Keddie, Gordon J. "'Unfallible Certenty of the Pardon of Sinne and Life Everlasting': The Doctrine of Assurance in the Theology of William Perkins." *The Evangelical Quarterly* 48 (1976): 30–44.

Keenan, James F. "Was William Perkins' *Whole Treatise of Cases of Conscience* Casuistry? Hermeneutics and British Practical Divinity." In *Contexts of Conscience in Early Modern Europe, 1500–1700,* 17–31.

Edited by Harald Braun and Edward Vallance. New York: Palgrave MacMillan, 2004.

Keller, Timothy. "Puritan Resources for Biblical Counseling." *Journal of Pastoral Practice* 9, no. 3 (1988): 11–44.

Kelly, Ryan. "Reformed or Reforming: John Owen and the Complexity of Theological Codification for Mid-Seventeenth-Century England." In *Ashgate Research Companion to John Owen*. Edited by Kelly Kapic and Mark Jones. Aldershot: Ashgate, 2012.

Kendall, R. T. *Calvin and English Calvinism to 1649*. Carlisle, U.K.: Paternoster Press, 1997.

———. "John Cotton—First English Calvinist?" In *The Puritan Experiment in the New World*. London: Westminster Conference, 1976.

———, et al. *Living the Christian Life*. Papers Presented at the Westminster Conference. London: Westminster Conference, 1974.

Kernot, Henry. *Bibliotheca Diabolica*. New York: Scribner, Wellford, and Armstrong, 1874.

Kevan, Ernest F. *The Grace of Law: A Study in Puritan Theology*. 1964. Reprint, Grand Rapids: Reformation Heritage Books, 2011.

———. *The Puritan Doctrine of Conversion*. London: Evangelical Library, 1952.

Kirby, Reginald. *The Threefold Bond*. London: Marshall, Morgan, and Scott, n.d.

Kirk, Kenneth E. *Conscience and Its Problems: An Introduction to Casuistry*. 1927. Reprint, Louisville: Westminster John Knox Press, 1999.

Kistler, Don. *A Spectacle unto God: The Life and Death of Christopher Love*. Morgan, Pa.: Soli Deo Gloria Publications, 1994.

———. *Why Read the Puritans Today?* Morgan, Pa.: Soli Deo Gloria, 1999.

Klooster, Fred H. *The Heidelberg Catechism: Origin and History*. Grand Rapids: Calvin Theological Seminary, 1981.

Klug, Eugene F. "Luther on Law, Gospel, and the Third Use of the Law." *The Springfielder* 38 (1974): 155–69.

Knapp, Henry M. "Understanding the Mind of God: John Owen and Seventeenth-Century Exegetical Methodology." PhD diss., Calvin Theological Seminary, 2002.

Knappen, Marshall M. *Tudor Puritanism: A Chapter in the History of Idealism*. Chicago: University of Chicago Press, 1939.

———, ed. *Two Elizabethan Puritan Diaries*. Chicago: American Society of Church History, 1933.

Knox, John. *The Works of John Knox*. 6 vols. Edited by David Laing. Edinburgh: The Bannatyne Club, 1854.

Koester, Nancy. "The Future in Our Past: Post-Millennialism in American Protestantism." *Word & World* 2 (Spring 1995): 137–44.

Kolb, Robert, and Timothy J. Wengert, eds. *The Book of Concord: The Confessions of the Evangelical Lutheran Church*. Minneapolis: Fortress Press, 2000.

Krodel, Gottfried G. "Luther's Work on the Catechism in the Context of Late Medieval Catechetical Literature." *Concordia Journal* 25, no. 4 (October 1999): 364–404.

Kuyper, Abraham Jr. *Johannes Maccovius*. Leiden: D. Donner, 1899.

Lake, Peter. *Moderate Puritans and the Elizabethan Church*. Cambridge: Cambridge University Press, 1982.

Lamont, William. "Puritanism as History and Historiography: Some Further Thoughts." *Past and Present* 42 (1969): 133–46.

Lane, Anthony. "Twofold Righteousness: A Key to the Doctrine of Justification (Reflections on Article 5 of the Regensburg Colloquy)." In *Justification: What's at Stake in the Current Debates*, 205–24. Edited by Mark Husbands and Daniel J. Treier. Downers Grove, Ill.: InterVarsity, 2004.

Lang, August. *Puritanismus und Piëtismus: Studies zu ihrer Entwicklung von M. Butzer his zum methodismus*. Ansbach: Brugel, 1941.

Lawrence, Henry. *An History of Angels; Being a Theological Treatise of Our Communion and War with Them*. London: Nealand, 1649.

Lawrence, Michael. "Transmission and Transformation: Thomas Goodwin and the Puritan Project 1600–1704." PhD diss., Cambridge University, 2002.

Lawson, Steven J. *Heaven Help Us!: Truths about Eternity That Will Help You Live Today*. Colorado Springs: NavPress, 1995.

Lea, Thomas D. "The Hermeneutics of the Puritans." *Journal of the Evangelical Theological Society* 39, no. 2 (June 1996): 271–84.

Lee, Francis Nigel. *John Owen Represbyterianized*. Edmonton: Still Waters Revival Books, 2000.

Lee, M. H. *The Diaries and Letters of Philip Henry*. London: Kegan Paul, Trench & Co., 1887.

Lee, Samuel. "What Means May Be Used towards the Conversion of Our Carnal Relations?" In *Puritan Sermons, 1659–1689*. Reprint, Wheaton, Ill.: Richard Owen Roberts, 1981.

Lee, Sou-Young. "Calvin's Understanding of Pietas." In *Calvinus Sincerioris Religionis Vindex*, 226–33.

Edited by W. H. Neuser and B. G. Armstrong. Kirksville, Mo.: Sixteeenth Century Studies, 1997.

Lehmberg, S. E. "Archbishop Grindal and the Prophesyings." *Historical Magazine of the Protestant Episcopal Church* 24 (1965): 87–145.

Leigh, Edward. *A System or Body of Divinity*. London: A. M. for William Lee, 1654.

———. *A Treatise of the Divine Promises*. London: George Miller, 1633.

———. *A Treatise of the Divine Promises*. London: A. Miller for Henry Mortlocke, 1657.

———. *A Treatise of Divinity: Consisting of Three Bookes....* London: E. Griffin for William Lee, 1647.

Leighton, Robert. *The Whole Works of Robert Leighton, D.D.* New York: J. C. Riker, 1844.

Leonard, Emile G. *A History of Protestantism*. 2 vols. Translated by Joyce M. H. Reid. London: Thomas Nelson, 1965.

Letham, Robert W. A. "Amandus Polanus: A Neglected Theologian?" *Sixteenth Century Journal* 21, no. 3 (1990): 463–76.

———. "The *Foedus Operum*: Some Factors Accounting for Its Development." *Sixteenth Century Journal* 14 (1983): 457–68.

———. *The Holy Trinity: In Scripture, History, Theology and Worship*. Phillipsburg, N.J.: P&R, 2004.

———. "John Owen's Doctrine of the Trinity in Its Catholic Context and Its Significance for Today." In *Where Reason Fails*. London: Westminster Conference, 2006.

———. "The Relationship between Saving Faith and Assurance of Salvation." ThM thesis, Westminster Theological Seminary, 1976.

———. "Saving Faith and Assurance in Reformed Theology: Zwingli to the Synod of Dort." 2 vols. PhD diss., University of Aberdeen, 1979.

———. *The Westminster Assembly: Reading Its Theology in Historical Context*. Phillipsburg, N.J.: P&R, 2009.

———. *The Work of Christ*. Downers Grove, Ill.: InterVarsity Press, 1993.

Levy, Babette May. *Preaching in the First Half Century of New England History*. New York: Russell & Russell, 1967.

Lewalski, Barbara. *Donne's "Anniversaries" and the Poetry of Praise, the Creation of a Symbolic Mode*. Princeton, N. J.: Princeton University Press, 1973.

———. *Protestant Poetics and the Seventeenth-Century Religious Lyric*. Princeton, N.J.: Princeton University Press, 1979.

Lewis, P. H. "The Puritan Casuistry of Prayer—Some Cases of Conscience Resolved." In *The Good Fight of Faith*. Westminster Conference Papers, 1971. London: Evangelical Press, 1972.

Lewis, Peter. *The Genius of Puritanism*. Grand Rapids: Reformation Heritage Books, 2008.

Lightfoot, John. *The Art of Meditation*. Reprint, Jenkintown, Pa.: Sovereign Grace Publishers, 1972.

———. *Miscellanies Christian and Judiciall*. London: G. Miller for Robert Swayne and William Adderton, 1629.

Lightfoot, R. David. "William Perkins' View of Sanctification." ThM thesis, Dallas Theological Seminary, 1984.

Lillback, Peter. *The Binding of God: Calvin's Role in the Development of Covenant Theology*. Grand Rapids: Baker, 2001.

———, ed. *The Practical Calvinist: An Introduction to the Presbyterian and Reformed Heritage, in Honor of D. Clair Davis*. Fearn, Scotland: Christian Focus, 2002.

Lim, Paul Chang-Ha. *In Pursuit of Purity, Unity, and Liberty: Richard Baxter's Puritan Ecclesiology in Its Seventeenth-Century Context*. Leiden: Brill, 2004.

Lincoln, Andrew T. "Sabbath, Rest, and Eschatology in the New Testament." In *From Sabbath to Lord's Day: A Biblical, Historical, and Theological Investigation*, 197–220. Edited by D. A. Carson. Grand Rapids: Zondervan, 1982.

Lindberg, Carter, ed. *The Pietist Theologians*. Oxford: Blackwell, 2005.

Ling-Ji Chang, Paul. "Thomas Goodwin (1600–1680) on the Christian Life." PhD diss., Westminster Theological Seminary, 2001.

Lloyd-Jones, D. M. *Preaching and Preachers*. Grand Rapids: Zondervan, 1971.

———. *The Puritans: Their Origins and Successors*. Edinburgh: Banner of Truth Trust, 1987.

Lorimer, William. *An Apology for the Ministers Who Subscribed Only unto the Stating of the Truths and Errours in Mr. William's Book*.... London: for John Lawrence, 1694.

Love, Christopher. *A Cleare and Necessary Vindication of the Principles and Practices of Mr Christopher Love, Since My Tryall Before, and Condemnation by, the High Court of Justice*.... London, 1651.

———. *Heaven's Glory, Hell's Terror. Or, Two Treatises; The One Concerning the Glory of the Saints with Jesus Christ, as a Spur to Duty: The Other, Of the Torments of the Damned, as a Preservative against Security*. London: [T. M.] for John Rothwell, 1653.

———. *Heaven's Glory, Hell's Terror. Or, Two Treatises; The One Concerning the Glory of the Saints with Jesus Christ, as a Spur to Duty: The Other, of the Torments of the Damned, as a Preservative against Security*. London: for Peter Barker, 1671.

———. *A Treatise of Effectual Calling and Election*. Morgan, Pa.: Soli Deo Gloria, 1998.

———. *The Works of...Christopher Love*. Glasgow: W. Lang, 1806.

———. *The Zealous Christian*. 1653. Reprint, Morgan, Pa.: Soli Deo Gloria, 2002.

Lukin, Henry. *An Introduction to the Holy Scriptures*. London: S. G. for Allen Banks and Charles Harper, 1669.

Lunt, Anders Robert. "The Reinvention of Preaching: A Study of Sixteenth and Seventeenth Century English Preaching Theories." PhD diss., University of Maryland College Park, 1998.

Luther, Martin. *Luther's Works*. 55 vols. Edited by Jaroslav Pelikan and Helmut Lehman. Philadelphia and St. Louis: Fortress and Concordia, 1955–1986.

———. *The Proper Distinction between Law and Gospel: Thirty-Nine Evening Lectures*. Edited by F. W. Walther. Translated by W. H. T. Dau. St. Louis, Mo.: Concordia, 1986.

Lyford, William. *An Apologie for Our Publick Ministerie, and Infant-Baptism*. London: William Du Gard, 1653.

———. *The Plain Mans Senses Exercised*.... London: for Richard Royston, 1655.

Maccovius, Johannes. *Collegia Theologica quae extant Omnia, tertio ab auctore recognita, emendata & plurimis locis aucta, in partes duas distribute*. Franeker: U. Balck, 1641.

———. *Distinctiones et Regulae Theologicae ac Philosophicae*. Oxford: H. Hall, 1656.

———. *Opuscula Philosophica Omnia*. Edited by Nicolaum Arnoldum. Amsterdam: L. & D. Elzevir, 1660.

———. *Scholastic Discourse: Johannes Maccovius (1588–1644) on Theological and Philosophical Distinctions and Rules*. Translated by Willem van Asselt, Michael D. Bell, Gert van den Brink, and Rein Ferwerda. Apeldoorn: Instituut voor Reformatieonderzoek, 2009.

———. *Thesium Theologicarum per Locos Communes*. Franeker: U. Balck, 1641.

Maclear, James F. "New England and the Fifth Monarchy: The Quest for the Millennium in Early American Puritanism." In *Puritan New England: Essays on Religion, Society, and Culture*. Edited by Alden T. Vaughan and Francis J. Bremer. New York: St. Martin's Press, 1977.

Macleod, Donald. "Luther and Calvin on the Place of the Law." In *Living the Christian Life*. Huntingdon, England: Westminster Conference, 1974.

———. *The Person of Christ*. Downers Grove, Ill.: InterVarsity Press, 1998.

Maclure, Millar. *The Paul's Cross Sermons, 1534–1642*. Toronto: University of Toronto Press, 1958.

Macpherson, John. *Christian Dogmatics*. Edinburgh: T & T Clark, 1898.

Malone, Michael T. "The Doctrine of Predestination in the Thought of William Perkins and Richard Hooker." *Anglican Theological Review* 52 (1970): 103–17.

Manton, Thomas. *Commentary on Jude*. Reprint, Edinburgh: Banner of Truth Trust, 1958.

———. *The Complete Works of Thomas Manton*. 22 vols. London: James Nisbet, 1870–1875.

———. *The Works of Thomas Manton*. Reprint, Vestavia Hills, Ala.: Solid Ground Christian Books, 2009.

Marchant, J. R. V., and J. F. Charles, revs. *Cassell's Latin Dictionary*. New York: Funk & Wagnalls, n.d.

Markham, Coleman C. "William Perkins' Understanding of the Function of Conscience." PhD diss., Vanderbilt University, 1967.

Marsden, George. *Jonathan Edwards: A Life*. New Haven, Conn.: Yale University Press, 2003.

Marshall, Peter. *The Beliefs and the Dead in Reformation England*. Oxford: Oxford University Press, 2002.

Marshall, Stephen. *A Sermon of the Baptizing of Infants*. London: Richard Cotes for Stephen Botwell, 1645.

———. *The Works of Mr Stephen Marshall, The First Part*. London: Peter and Edward Cole, 1661.

Marshall, Walter. *The Gospel Mystery of Sanctification*. 1692. Reprint, Grand Rapids: Reformation Heritage Books, 1999.

Martin, Stapleton. *Izaak Walton and His Friends*. London: Chapman & Hall, 1903.

Martz, Louis. *The Poetry of Meditation*. New Haven, Conn.: Yale, 1954.

Masson, David. *The Life of John Milton*. Boston: Gould and Lincoln, 1859.

Mather, Cotton. *Diary of Cotton Mather*. Reprint, New York: Frederick Ungar, n.d.

———. *The Great Works of Christ in America or* Magnalia Christi Americana. 3rd ed. 1853. Reprint, Edinburgh: Banner of Truth Trust, 1979.

———. Magnalia Christi Americana: *or, The Ecclesiastical History of New England*. Hartford, Conn.: Silas Andrus and Son, 1855.

———. *The Sealed Servants of Our God, Appearing with Two Witnesses, to Produce a Well-Established Assurance of Their Being the Children of the Lord Almighty or, the Witness of the Holy Spirit, with the Spirit of the Beleever, to His Adoption of God; Briefly and Plainly Described*. Boston: Daniel Henchman, 1727.

———. *Things for a Distress'd People to Think Upon*. Boston: B. Green, and J. Allen, for Duncan Cambel, 1696.

Mather, Increase. *Angelographia, or A Discourse Concerning the Nature and Power of the Holy Angels, and the Great Benefit Which the True Fearers of God Receive by Their Ministry*. Boston: B. Green and J. Allen for Samuel Phillips, 1696.

———. *Coelestinus: A Conversation in Heaven...Introduced by Agathangelus, or, An Essay on the Ministry of the Holy Angels*. Boston: S. Kneeland, for Nath. Belknap, 1723.

———. *A Disquisition Concerning Ecclesiastical Councils*. Boston: for N. Boone, 1716.

———. *An Essay for the Recording of Illustrious Providences, Wherein an Account Is Given of Many Remarkable and Very Memorable Events, Which Have Happened in the Last Age; Especially in New England*. Boston: Samuel Green for Joseph Browning, 1684.

———. *The Life and Death of That Reverend Man of God, Mr. Richard Mather*. Cambridge, Mass.: S. G. and M. J., 1670.

———."To the Reader." In *The First Principles of the Doctrine of Christ* by James Fitch. Boston: John Forster, 1679.

Matthew, H. C. G., and Brian Harrison, eds. *Oxford Dictionary of National Biography*. Oxford: Oxford University Press, 2004.

Mayer, John. Praxis Theologica: *or The Epistle of the Apostle St. James...Expounded*. London: R. Bostocke, 1629.

Mayes, Benjamin T. G. *Counsel and Conscience: Lutheran Casuistry and Moral Reasoning after the Reformation.* Göttingen: Vandenhoeck & Ruprecht, 2011.

Maynard, John. *The Beauty and Order of the Creation*. London: T. M. for Henry Eversden, 1668.

Mayor, Stephen. *The Lord's Supper in Early English Dissent*. London: Epworth Press, 1972.

McAdoo, H. R. *The Structure of Caroline Moral Theology*. London: Longman's Green and Co., 1949.

McDonald, Suzanne. "The Pneumatology of the 'Lost' Image in John Owen." *Westminster Theological Journal* 71, no. 2 (Fall 2009): 323–35.

McGiffert, Michael. "From Moses to Adam: The Making of the Covenant of Works." *The Sixteenth Century Journal* 19, no. 2 (Summer 1988): 131–55.

——, ed. *God's Plot: Puritan Spirituality in Thomas Shepard's Cambridge*. Amherst: University of Massachusetts Press, 1994.

McGrath, Alister. Justitia Dei: *A History of the Christian Doctrine of Justification*. Cambridge: Cambridge University Press, 2005.

McGraw, Ryan M. *By Good and Necessary Consequence*. Grand Rapids: Reformation Heritage Books, 2012.

McGuckin, John Anthony. *Saint Cyril of Alexandria and the Christological Controversy*. Crestwood, N.Y.: St. Vladimir's Seminary Press, 2004.

——. *The Westminster Handbook to Patristic Theology*. Louisville: Westminster John Knox Press, 2004.

M'Cheyne, Robert Murray. *Memoir and Remains of the Rev. Robert Murray M'Cheyne*. Dundee: William Middleton, 1846.

McKelvey, Robert J. *Histories That Mansoul and Her Wars Anatomize: The Drama of Redemption in John Bunyan's* Holy War. Göttingen: Vandenhoeck & Ruprecht, 2011.

——. "That Error and Pillar of Antinomianism: Eternal Justification." In *Drawn into Controversie: Reformed Theological Diversity and Debates within Seventeenth-Century British Puritanism*, chap. 10. Edited by Michael A. G. Haykin and Mark Jones. Göttingen: Vandenhoeck & Ruprecht, 2011.

McKenzie, Edgar C. "British Devotional Literature and the Rise of German Pietism." 2 vols. PhD diss., St. Mary's College, University of St. Andrews, 1984.

McKim, Donald K. "John Owen's Doctrine of Scripture in Historical Perspective." *The Evangelical Quarterly* 45 (Fall 1973): 195–207.

——. *Ramism in William Perkins's Theology*. New York: Peter Lang, 1987.

——, ed. *The Cambridge Companion to John Calvin*. Cambridge: Cambridge University Press, 2004.

McLachlan, H. John. *Socinianism in Seventeenth-Century England*. Oxford: Oxford University Press, 1951.

McNally, Alexander. "Some Aspects of Thomas Goodwin's Doctrine of Assurance." ThM thesis, Westminster Theological Seminary, 1972.

McNeill, John T. "Casuistry in the Puritan Age." *Religion in Life* 12, no. 1 (Winter 1942–1943): 76–89.

Mead, Matthew. *The Almost Christian Discovered; Or the False Professor Tried and Cast*. Reprint, Ligonier, Pa.: Soli Deo Gloria, 1988.

Mede, Joseph. *The Key of the Revelation*. Translated by Richard More. London: R. B. for Phil Stephens, 1643.

Melanchthon, Philip. *The* Loci Communes *of Philip Melanchthon*. Translated by Charles L. Hill. 1521. Reprint, Boston: Meador, 1944.

——. *Scholia in Epistolam Pauli ad Colossense iterum ab authore recognita*. Wittenberg: J. Klug, 1534.

Merrill, Thomas C., ed. *William Perkins, 1558–1602: English Puritanist—His Pioneer Works on Casuistry: "A Discourse of Conscience" and "The Whole Treatise of Cases of Conscience."* Nieuwkoop: B. De Graaf, 1966.

Meyendorff, John. *Christ in Eastern Christian Thought*. Washington: Corpus Books, 1969.

Middlekauff, Robert. *The Mathers: Three Generations of Puritan Intellectuals*. Oxford: Oxford University Press, 1971.

Miller, Perry. *Errand into the Wilderness*. Cambridge, Mass.: Belknap Press of Harvard University Press, 1978.

———. *The New England Mind: From Colony to Province*. Cambridge, Mass.: Harvard University Press, 1953.

———. *The New England Mind: The Seventeenth Century*. Boston: Beacon Press, 1961.

———. "'Preparation for Salvation' in New England." *Journal of the History of Ideas* 4, no. 3 (June 1943): 253–86.

Miller, Perry, and Thomas H. Johnson, eds. *The Puritans*. Revised edition. New York: Harper Torchbooks, 1963.

Milne, Garnet Howard. *The Westminster Confession of Faith and the Cessation of Special Revelation*. Eugene, Ore.: Wipf and Stock, 2007.

Milton, John. *Paradise Lost*. London: Peter Barker, 1667.

Mitchell, Alexander, ed. *Catechisms of the Second Reformation*. London: James Nisbet & Co., 1886.

Mitchell, Alexander F. and John Struthers, eds. *Minutes of the Sessions of the Westminster Assembly of Divines*. Edmonton: Still Waters Revival Books, 1991.

Moore, Jonathan D. "The Westminster Confession of Faith and the Sin of Neglecting Baptism." *Westminster Theological Journal* 69, no. 1 (Spring 2007): 63–86.

Morgan, Edmund S. *Puritan Spirituality: Illustrated from the Life and Times of the Rev. Dr. John Preston*. London: Epworth Press, 1973.

———. *Visible Saints: The History of a Puritan Idea*. Ithaca, N.Y.: Cornell University Press, 1965.

Morgan, Irvonwy. *The Godly Preachers of the Elizabethan Church*. London: Epworth Press, 1965.

———. *Puritan Spirituality*. London: Epworth, 1973.

Morgan, John. *Godly Learning: Puritan Attitudes towards Reason, Learning, and Education, 1560–1640*. Cambridge: Cambridge University Press, 1986.

Morison, S. E. *Harvard College in the Seventeenth Century*. Cambridge, Mass.: Harvard University Press, 1936.

———. "Those Misunderstood Puritans." *Revisionist History: Beyond the Gatekeepers*. http://www.revisionisthistory.org/puritan1.html. Accessed February 4, 2011.

Moroney, Stephen K. *The Noetic Effects of Sin: A Historical and Contemporary Exploration of How Sin Affects Our Thinking*. Lanham, Md.: Lexington Books, 2000.

Morris, Leon. *The Apostolic Preaching of the Cross*. 3rd ed. Grand Rapids: Eerdmans, 1965.

Mortimer, Sarah. *Reason and Religion in the English Revolution: The Challenge of Socinianism*. Cambridge: Cambridge University Press, 2010.

Mosse, George L. "The Assimilation of Machiavelli in English Thought: The Casuistry of William Perkins and William Ames." *Huntington Library Quarterly* 17, no. 4 (1954): 315–26.

———. *The Holy Pretence: A Study in Christianity and Reason of State from William Perkins to John Winthrop*. Oxford: Basil Blackwell, 1957.

———. "Puritan Political Thought and the 'Cases of Conscience.'" *Church History* 23 (1954): 109–18.

Mottola, Anthony, trans. *The Spiritual Exercises of St. Ignatius*. New York: Doubleday, 1964.

Muller, Richard A. *After Calvin: Studies in the Development of a Theological Tradition*. New York: Oxford University Press, 2003.

———. "Calvin on Sacramental Presence, in the Shadow of Marburg and Zurich." *Lutheran Quarterly* 23 (2009): 147–67.

———. *Christ and the Decree: Christology and Predestination in Reformed Theology from Calvin to Perkins*. Grand Rapids: Baker, 1988.

———. "Covenant and Conscience in English Reformed Theology." *Westminster Theological Journal* 42 (1980): 308–34.

———. *Dictionary of Latin and Greek Theological Terms: Drawn Principally from Protestant Scholastic Theology*. 1985. Reprint, Grand Rapids: Baker, 2006.

———. "Divine Covenants, Absolute and Conditional: John Cameron and the Early Orthodox Development of Reformed Covenant Theology." *Mid-America Journal of Theology* 17 (2006): 11–56.

———. "Perkins' *A Golden Chaine*: Predestinarian System or Schematized *Ordo Salutis*?" *Sixteenth Century Journal* 9, no. 1 (1978): 69–81.

———. *Post-Reformation Reformed Dogmatics*: *The Rise and Development of Reformed Orthodoxy, ca. 1520 to ca. 1725*. 4 vols. Grand Rapids: Baker, 2003.

———. "Predestination and Christology in Sixteenth-Century Reformed Theology." PhD diss., Duke University, 1976.

———. "Revising the Predestination Paradigm: An Alternative to Supralapsarianism, Infralapsarianism, and Hypothetical Universalism." Lectures presented at the Mid-America Fall Lecture Series, Dyer, Indiana, November 5–7, 2008.

———. "The Spirit and the Covenant: John Gill's Critique of the *Pactum Salutis*." *Foundations* 24 (1981): 4–14.

———. "Toward the *Pactum Salutis*: Locating the Origins of a Concept." *Mid-America Journal of Theology* 18 (2007): 11–65.

———. *The Unaccommodated Calvin: Studies in the Foundation of a Theological Tradition*. New York: Oxford University Press, 2000.

———. "Was Calvin a Calvinist? Or, Did Calvin (or Anyone Else in the Early Modern Era) Plant the 'TUL IP'?" Calvin College. Accessed March 10, 2011. http://www.calvin.edu/meeter/lectures/Richard%20Muller%20-%20Was%20Calvin%20a%20Calvinist.pdf.

———. "William Perkins and the Protestant Exegetical Tradition: Interpretation, Style, and Method." In *William Perkins, A Commentary on Hebrews 11*. Edited by John H. Augustine. New York: Pilgrim Press, 1991.

Muller, Richard A., and Rowland S. Ward, eds. *Scripture and Worship: Biblical Interpretation and the Directory for Worship*. Phillipsburg, N.J.: P&R, 2007.

Munson, Charles Robert. "William Perkins: Theologian of Transition." PhD diss., Case Western Reserve University, 1971.

Murdoch, Adrian. *The Last Pagan: Julian the Apostate and the Death of the Ancient World*. Stroud: Sutton, 2003.

Murray, David. *Christians Get Depressed Too: Hope and Help for Depressed People*. Grand Rapids: Reformation Heritage Books, 2010.

Murray, Iain H. *The Puritan Hope: A Study in Revival and the Interpretation of Prophecy*. Edinburgh: Banner of Truth Trust, 1971.

———. "The Puritans and the Doctrine of Election." Vol. 1 of *Puritan Papers, 1956–1959*. Edited by D. Martyn Lloyd-Jones. Phillipsburg, N.J.: P&R, 2000.

———. "The Puritans on Maintaining Spiritual Zeal." In *Adorning the Doctrine*. London: Westminster Conference, 1995.

Murray, John. *Collected Writings of John Murray*. 4 vols. Edinburgh: Banner of Truth Trust, 1977.

———. *The Epistle to the Romans: Chapters 1 to 8*. Vol. 1. Grand Rapids: Eerdmans, 1960.

———. "The Imputation of Adam's Sin." In *Justified in Christ: God's Plan for Us in Justification*. Edited by K. Scott Oliphint. Fearn, Scotland: Christian Focus, 2007.

Najapfour, Brian G. "'The Very Heart of Prayer': Reclaiming John Bunyan's Spirituality." ThM thesis, Puritan Reformed Theological Seminary, 2009.

Neal, Daniel. *The History of the Puritans*. New York: Harper & Bros., 1843.

——. *The History of the Puritans*. Stoke-on-Trent, U.K.: Tentmaker, 2006.

Neele, Adriaan C. *Petrus van Mastricht (1630–1706), Reformed Orthodoxy: Method and Piety*. Leiden: Brill, 2009.

——. "Post-Reformation Reformed Sources and Children." *Hervormde teologiese studies* 64, no. 1 (2008): 653–64.

Nethenus, Matthias. *Introductory Preface in Which the Story of Master Ames Is Briefly Narrated and the Excellence and Usefulness of His Writings Shown*. Amsterdam: John Jansson, 1668.

New, John F. H. *Anglican and Puritan*. Stanford, Calif.: Stanford University Press, 1965.

Ngien, Dennis. *Apologetic for Filioque in Medieval Theology*. Milton Keynes: Paternoster, 2005.

Nichols, James, ed. *Puritan Sermons 1659–1689: Being the Morning Exercises at Cripplegate*. 6 vols. Wheaton, Ill.: Richard Owen Roberts, 1981.

Norton, John. *Abel Being Dead Yet Speaketh*. London: Tho. Newcomb for Lodowick Lloyd, 1658.

——. *Abel Being Dead Yet Speaketh*. Delmar, N.Y.: Scholars Facsimiles & Reprints, 1978.

——. *The Orthodox Evangelist, or A Treatise Wherein Many Great Evangelical Truths...Are Briefly Discussed*. London: John Macock for Henry Cripps and Lodowick Lloyd, 1654.

Nuttall, Geoffrey. *The Holy Spirit in Puritan Faith and Experience*. 2nd ed. Chicago: University of Chicago Press, 1992.

——. *Visible Saints: The Congregational Way, 1640–1660*. Weston Rhyn, Shropshire: Quinta Press, 2001.

Oberdorfer, Bernd. *Filioque: Geschichte und Theologie eines ökumenischen Problems*. Gottingen: Vandenhoeck & Ruprecht, 2001.

Oecolampadius, Johannes. *In Iesaiam Prophetam Hypomnematon*. Basle: n.p., 1525.

Oki, Hideo. "Ethics in Seventeenth Century English Puritanism." ThD diss., Union Theological Seminary, New York, 1960.

Old, Hughes Oliphant. "Calvin's Theology of Worship." In *Give Praise to God: A Vision for Reforming Worship*, 412–35. Edited by Philip G. Ryken, Derek W. H. Thomas, and J. Ligon Duncan III. Phillipsburg, N.J.: P&R, 2003.

——. *The Reading and Preaching of the Scriptures in the Worship of the Christian Church*. 7 vols. Grand Rapids: Eerdmans, 1998–2010.

——. "The Reformed Daily Office: A Puritan Perspective." *Reformed Liturgy and Music* 12, no. 4 (1978): 9–17.

Oliver, Paul. "Richard Sibbes and the Returning Backslider." In *Puritans and Spiritual Life*. London: Westminster Conference papers, 2001.

Oliver, Robert W., ed. *John Owen: The Man and His Theology*. Phillipsburg, N.J.: P&R, 2002.

Openshawe, Robert. *Short Questions and Answeares*. London: Thomas Dawson, 1580.

Owen, John. *Biblical Theology*. Translated by Stephen P. Westcott. Morgan, Pa.: Soli Deo Gloria, 1994.

——. *An Exposition of the Epistle to the Hebrews*. 7 vols. Edited by William H. Goold. Edinburgh: Banner of Truth Trust, 1991.

——. *Overcoming Sin and Temptation*. Edited by Kelly Kapic and Justin Taylor. Wheaton, Ill.: Crossway, 2006.

——. *The Works of John Owen, D.D.* 24 vols. Edinburgh: Johnstone & Hunter, 1850–1855.

——. *The Works of John Owen*. 16 vols. Edited by William H. Goold. 1965–1968. Reprint, Edinburgh: Banner of Truth Trust, 2000.

Ozment, Steven. *The Age of Reform, 1250–1550: An Intellectual and Religious History of Late Medieval and Reformation Europe*. New Haven, Conn.: Yale University Press, 1980.

[PCUSA]. *Form of Government of the Presbyterian Church in the U.S.A.* Philadelphia: Presbyterian Board of Publication, 1839.

Packer, J. I. "An Anglican to Remember—William Perkins: Puritan Popularizer." London: St. Antholin's Lectureship Charity Lecture, 1996.

———. *Knowing God*. Downers Grove, Ill.: InterVarsity, 1973.

———. "A Man for All Ministries: Richard Baxter, 1615–1691." *Reformation & Revival* 1, no. 1 (Winter 1992): 53–74.

———. "The Puritan Idea of Communion with God." In *Press Toward the Mark: Papers Read at the Puritan and Reformed Studies Conference, 19th and 20th December, 1961*. London: n.p., 1962.

———. *A Quest for Godliness: The Puritan Vision of the Christian Life*. Wheaton, Ill.: Crossway, 1990.

———. *The Redemption and Restoration of Man in the Thought of Richard Baxter: A Study in Puritan Theology*. Vancouver, B.C.: Regent College, 2000.

———. *Rediscovering Holiness: Know the Fullness of Life with God*. Ventura, Calif.: Regal Books, 2009.

———. "Robert Bolton." In *The Encyclopedia of Christianity*. Vol. 2. Edited by Gary Cohen. Marshallton, Del.: The National Foundation for Christian Education, 1968.

Park, Tae-Hyeun. *The Sacred Rhetoric of the Holy Spirit: A Study of Puritan Preaching in Pneumatological Perspective*. Apeldoorn: Theologische Universiteit, 2005.

Parker, Kenneth L. *The English Sabbath: A Study of Doctrine and Discipline from the Reformation to the Civil War*. Cambridge: Cambridge University Press, 1988.

Parks, Kenneth Clifton. "The Progress of Preaching in England during the Elizabethan Period." PhD diss., Southern Baptist Theological Seminary, 1954.

Paterson, R. M. E. "A Study in Catechisms of the Reformation and Post-Reformation Period." MA thesis, Durham University, 1981.

Payne, Jon D. *John Owen on the Lord's Supper*. Edinburgh: Banner of Truth Trust, 2004.

Payne, William. *The Three Grand Corruptions of the Eucharist in the Church of Rome*. London: for Brabazon Ayler, 1688.

Pearse, Meic. *The Great Restoration: The Religious Radicals of the 16th and 17th Centuries*. Carlisle, U.K.: Paternoster Press, 1998.

Pelikan, Jaroslav. *The Emergence of the Catholic Tradition (100–600)*. Chicago: University of Chicago Press, 1992.

Pemble, William. *The Workes of That Learned Minister of Gods Holy Word, Mr. William Pemble*. London: Tho. Cotes for E. F., 1635.

———. *The Workes of the Late Learned Minister of God's Holy Word, Mr William Pemble*. 4th ed. Oxford: by Henry Hall for John Adams, 1659.

Perkins, William. *The Arte of Prophecying, or, A Treatise Concerning the Sacred and Onely True Manner and Methode of Preaching First Written in Latine....* London: Felix Kyngston for E. E., 1607.

———. *The Art of Prophesying*. Reprint, Edinburgh: Banner of Truth Trust, 2002.

———. *A Commentary on Galatians*. Edited by Gerald T. Sheppard. 1617. Facsimile reprint, New York: Pilgrim Press, 1989.

———. *A Discourse of Conscience*. London: John Legate, 1596.

———. *An Exposition of the Symbole, or Creed of the Apostles*. London: John Legat, 1621.

———. *A Godlie and Learned Exposition upon the Whole Epistle of Jude*. London: Felix Kyngston for Thomas Man, 1606.

———. *A Golden Chaine: or, The Description of Theologie*. London: John Legat, 1600.

———. *William Perkins, 1558–1602: English Puritanist. His Pioneer Works on Casuistry: "A Discourse of Conscience" and "The Whole Treatise of Cases of Conscience*." Edited by Thomas F. Merrill.

Nieuwkoop: B. DeGraaf, 1966.

———. *The Work of William Perkins*. Edited by Ian Breward. Appleford, U.K.: Sutton Courtenay, 1970.

———. *The Workes of That Famous and Worthy Minister of Christ in the Universitie of Cambridge, Mr. William Perkins*. 3 vols. London: John Legatt and Cantrell Ligge, 1612–13.

Peterson, Rodney. *Preaching in the Last Days: The Theme of "Two Witnesses" in the Sixteenth and Seventeenth Centuries*. New York: Oxford University Press, 1993.

Pettit, Norman. *The Heart Prepared: Grace and Conversion in Puritan Spiritual Life*. Middletown, Conn.: Wesleyan University Press, 1989.

Petto, Samuel. *The Difference between the Old and New Covenant Stated and Explained with an Exposition of the Covenant of Grace in the Principal Concernments of It*. London: for Eliz. Calvert, 1674.

———. *Infant Baptism of Christ's Appointment or A Discovery of Infants Interest in the Covenant with Abraham, Shewing Who Are the Spiritual Seed and Who the Fleshly Seed*. London: for Edward Giles, 1687.

———. *The Revelation Unvailed, or, An Essay towards the Discovering I. When Many Scripture Prophesies Had Their Accomplishment, and Turned into History, II. What Are Now Fulfilling, III. What Rest Still to Be Fulfilled, with a Guess at the Time of Them: with an Appendix, Proving That Pagan Rome Was Not Babylon, Rev. 17, and That the Jews Shall Be Converted*. London: for John Harris, 1693.

———. *The Voice of the Spirit. Or, An Essay towards a Discoverie of the Witnessings of the Spirit*. London: Livewell Chapman, 1654.

Phillips, Gabe. "Stamp My Eyeballs with Eternity." *Life Changers*. http://www.lifechangers.org.za/popular/stamp-my-eyeballs-with-eternity/. Accessed February 24, 2010.

Philpot, J. C. *Reviews by the Late Mr. J. C. Philpot*. London: Frederick Kirby, 1901.

Pipa, Joseph A. Jr. "Creation and Providence." In *A Theological Guide to Calvin's Institutes*. Edited by David W. Hall and Peter A. Lillback. Phillipsburg, N.J.: P&R, 2008.

———. "William Perkins and the Development of Puritan Preaching." PhD diss., Westminster Theological Seminary, 1985.

Piper, John. *The Supremacy of God in Preaching*. Grand Rapids: Baker, 1990.

Plaifere, John. Appello Evangelium *for the True Doctrine of the Divine Predestination, Concorded with the Orthodox Doctrine of Gods Free-Grace, and Mans Free-Will*. London: J. G. for John Clark, 1652.

A Platform of Church Discipline [*The Cambridge Platform*]. [Cambridge, Mass.]: S[amuel] G[reen], 1649.

Plumer, William S. *Studies in the Book of Psalms*. Philadelphia: Lippinscott, 1867.

Polanus von Polansdorf, Amandus. *Syntagma Theologiae Christianae*. Hanau, 1615.

Poole, Matthew. *A Commentary on the Holy Bible*. Peabody, Mass.: Hendrickson, 1982.

———. *Synopsis Criticorum Aliorumque Sacrae Scripturae*. Francofurti: Balthasaris Christophori Wustii, 1679.

Pordage, Samuel. Mundorum Explicatio...*The Mysteries of the External, Internal, and Eternal Worlds*. London: T. R. for Lodowick Lloyd, 1661.

Porter, H. C. *Puritanism in Tudor England*. New York: MacMillan, 1970.

———. *Reformation and Reaction in Tudor Cambridge*. London: Cambridge University Press, 1958.

Powell, Hunter. "The Dissenting Brethren and the Power of the Keys, 1640–44." PhD diss., University of Cambridge, 2011.

———. "October 1643: The Dissenting Brethren and the *Proton Dektikon*." In *Drawn into Controversie: Reformed Theological Diversity and Debates within Seventeenth-Century British Puritanism*.

Edited by Michael A. G. Haykin, and Mark Jones, 52–82. Göttingen: Vandenhoeck & Ruprecht, 2011.

Powlison, David A. "Competent to Counsel? The History of a Conservative Protestant Antipsychiatry Movement." PhD diss., University of Pennsylvania, 1996.

Preston, John. *An Abridgment of Dr. Preston's Works Formerly Published by Dr. Sibbs, Mr. Davenport for Sermons Preached at Lincolns Inn,* [and] *Mr. Goodwin, Mr. Ball for Those at Cambridge....* London: J. L. for Nicholas Bourn, 1648.

———. *The Breastplate of Faith and Love, 2 Vols. in One*. 1634. Facsimile reprint, Edinburgh: Banner of Truth Trust, 1979.

———. *Remaines of That Reverend and Learned Divine, John Preston*. London: for Andrew Crooke, 1634.

Preston, John, Nathaniel Vincent, and Samuel Lee. *The Puritans on Prayer*. Morgan, Pa.: Soli Deo Gloria, 1995.

Prideaux, John. *The Doctrine of the Sabbath....* London: E[lizabeth] P[urslowe] for Henry Seile, 1634.

———. *The Sabbaths Sanctification....* London, 1641.

Priebe, Victor L. "The Covenant Theology of William Perkins." PhD diss., Drew University, 1967.

Prosper of Aquitaine. *De Providentia Dei*. Translated by Miroslav Marcovich. Leiden: Brill, 1989.

[Provincial Assembly of London]. Jus divinum ministerii evangelici. *Or The Divine Right of the Gospel-Ministry: Divided into Two Parts....* London: John Legat and Abraham Miller, 1654.

Prynne, William. *Lord's Supper Briefly Vindicated, and Clearly Demonstrated to Be a Grace-Begetting, Soul-Converting (Not a Meer Confirming) Ordinance*. London: Edward Thomas, 1657.

The Psalms of David in Meeter. Newly Translated and Diligently Compared with the Original Text, and Former Translations: More Plain, Smooth and Agreeable to the Text, Than Any Heretofore. London: for the Company of Stationers, 1673.

The Psalms of David in Metre, according to the Version Approved by the Church of Scotland, and Appointed to Be Used in Worship. Cambridge: Cambridge University Press, n.d.

Puckett, David L. *John Calvin's Exegesis of the Old Testament*. Louisville: Westminster John Knox Press, 1995.

Quick, John. "The Life of William Ames, Dr. of Divinity." In "*Icones Sacrae Anglicanae*." MS 38.34–35. Dr. Williams's Library. London: Field for Ralph Smith, 1645.

Raitt, Jill. *The Eucharistic Theology of Theodore Beza: Development of Reformed Doctrine*. AAR Studies in Religion, no. 4. Chambersburg, Pa.: American Academy of Religion, 1972.

Ranew, Nathanael. *Solitude Improved by Divine Meditation*. 1670. Reprint, Morgan, Pa.: Soli Deo Gloria, 1995.

Raymond, Joad. *Milton's Angels: The Early Modern Imagination*. Oxford: Oxford University Press, 2010.

Reaske, Christopher R. "The Devil and Jonathan Edwards." *Journal of the History of Ideas* 33, no. 1 (1972): 123–38.

Rees, Thomas, trans. *The Racovian Catechism*. London: Longman et al, 1818.

Rehnman, Sebastian. *Divine Discourse: The Theological Methodology of John Owen*. Texts and Studies in Reformation & Post-Reformation Thought. Grand Rapids: Baker, 2002.

———. "Is the Narrative of Redemptive History Trichotomous or Dichotomous? A Problem for Federal Theology." *Nederlands archief voor kergeschiedenis* 80 (2000): 296–308.

Reid, J. K. S. "The Office of Christ in Predestination." *Scottish Journal of Theology* 1 (1948): 5–19; 166–83.

Reid, James. "Life of Thomas Goodwin." In *Memoirs of the Westminster Divines*. 1811. Reprint, Edinburgh: Banner of Truth Trust, 1982.

Reid, Stanford W., ed. *John Calvin: His Influence in the Western World.* Grand Rapids: Zondervan, 1982.

Reis, Elizabeth. "Otherworldly Visions: Angels, Devils and Gender in Puritan New England." In *Angels in the Early Modern World.* Edited by Peter Marshall and Alexandra Walsham. Cambridge: Cambridge University Press, 2006.

Renihan, Mike. *Antipaedobaptism in the Thought of John Tombes: An Untold Story from Puritan England.* Auburn, Mass.: B&R, 2001.

Reuter, Karl. *William Ames: The Leading Theologian in the Awakening of Reformed Pietism.* Neukirchen: Neukirchener Verlag des Erziehungsvereins, 1940.

Reynolds, Edward. *An Explication of the Hundreth and Tenth Psalme Wherein the Severall Heads of Christian Religion Therein Contained.* London: Felix Kyngston for Robert Bostocke, 1632.

———. *An Explication of the Hundred and Tenth Psalm wherein the Several Heads of Christian Religion Therein Contained, Touching the Exaltation of Christ, the Scepter of His Kingdom, the Character of His Subjects, His Priesthood, Victories, Sufferings, and Resurrection Are Largely Explained and Applied....* London: for R. B., 1656; reprinted, London: Religious Tract Society, 1837.

———. *The Sinfulnesse of Sinne Considered in the State, Guilt, Power, and Pollution Thereof....* London, 1639.

———. *Three Treatises of the Vanity of the Creature. The Sinfulnesse of Sinne. The Life of Christ.* London: R. B. for Rob Boftocke and George Badger, 1642.

———. *The Whole Works of the Right Rev. Edward Reynolds.* 6 vols. 1826. Reprint, Morgan, Pa.: Soli Deo Gloria, 1999.

Reynolds, John. *Zeal a Virtue: Or, A Discourse Concerning Sacred Zeal.* London: John Clark, 1716.

Richard, Lucien Joseph. *The Spirituality of John Calvin.* Atlanta: John Knox Press, 1974.

Richardson, Caroline F. *English Preachers and Preaching 1640–1670.* New York: Macmillan, 1928.

Richey, Esther Gilman. *The Politics of Revelation in the English Renaissance.* Columbia: University of Missouri Press, 1998.

Richey, Robert A. "The Puritan Doctrine of Sanctification: Constructions of the Saints' Final and Complete Perseverance as Mirrored in Bunyan's *The Pilgrim's Progress.*" ThD diss., Mid-America Baptist Theological Seminary, 1990.

Ridderbos, Herman. *Paul: An Outline of His Theology.* Grand Rapids: Eerdmans, 1975.

Ridgley, Thomas. *A Body of Divinity...Being the Substance of Several Lectures on the Assembly's Larger Catechism.* New York: Robert Carter & Brothers, 1855.

———. *Commentary on the Larger Catechism.* Reprint, Edmonton: Still Waters Revival Books, 1993.

Ridley, Nicholas. *A Brief Declaration of the Lord's Supper.* London: Seeley and Co., 1895.

Rijssen, Leonard van. *Francisci Turretini Compendium Theologiae....* Amsterdam, 1695.

———. *Summa Theologiae Elenctiae completa.* Edinburgh: G. Mosman, 1692.

Ritschl, Albrecht. *A Critical History of the Christian Doctrine of Justification and Reconciliation.* Edinburgh: Edmonston & Douglas, 1872.

———. *Geschichte des Pietismus.* 3 vols. Bonn: Marcus, 1880.

Roberts, Alexander, and James Donaldson, eds. *The Ante-Nicene Fathers.* New York: Charles Scribner's Sons, 1913.

Roberts, Francis. Mysterium & medulla Bibliorum: *The Mysterie and Marrow of the Bible, viz. God's Covenants with Man in the First Adam before the Fall, and in the Last Adam, Jesus Christ, after the Fall, from the Beginning to the End of the World.* London: R. W. for George Calvert, 1657.

Roberts, Maurice. "Richard Sibbes: The Heavenly Doctor." In *The Office and Work of the Minister,* 96–113. London: Westminster Conference Papers, 1986.

Robertson, O. Palmer, ed. *Matthew Henry, A Way to Pray: A Biblical Method for Enriching Your Prayer Life and Language by Shaping Your Words with Scripture.* Edinburgh: Banner of Truth Trust,

2010.

Robinson, John. *Observations Divine and Moral*. Amsterdam: [the successors of Giles Thorp], 1625.

Robinson, Ralph. *Christ All and in All: or Several Significant Similitudes by Which the Lord Jesus Christ Is Described in the Holy Scriptures*. 1660. Reprint, Ligonier, Pa.: Soli Deo Gloria, 1992.

Rogers, John. *The Doctrine of Faith*. London: for Nathanael Newbery and William Sheffard, 1627.

Rogers, Nehemiah. *The True Convert*. London: George Miller for Edward Brewster, 1632.

Rogers, Richard. *Seven Treatises, Containing Such Direction as Is Gathered Out of Holie Scripture, Leading and Guiding to True Happiness, Both in This Life, and in the Life to Come: and May Be Called the Practise of Christianitie: Profitable for Such as Desire the Same: in Which More Particularly True Christians Learne How to Lead a Godly and Comfortable Life Every Day*. London: Felix Kyngston for Thomas Man, 1604.

Rollock, Robert. *Select Works of Robert Rollock*. 2 vols. Edinburgh: Wodrow Society, 1849. Reprint, Grand Rapids: Reformation Heritage Books, 2010.

———. *A Treatise of Gods Effectual Calling*. London, 1603.

Ronning, John. "The Curse on the Serpent (Genesis 3:15) in Biblical Theology and Hermeneutics." PhD diss., Westminster Theological Seminary, 1997.

Rooy, Sidney H. *The Theology of Missions in the Puritan Tradition: A Study of Representative Puritans: Richard Sibbes, Richard Baxter, John Eliot, Cotton Mather, and Jonathan Edwards*,. Grand Rapids: Eerdmans, 1965.

Rose, Elliott. *Cases of Conscience: Alternatives Open to Recusants and Puritans under Elizabeth I and James I*. Cambridge: Cambridge University Press, 1975.

Rose, Jacqueline. *Godly Kingship in Restoration England: The Politics of the Royal Supremacy, 1660–1688*. Cambridge: Cambridge University Press, 2011.

Rosenmeir, Jesper. "'Clearing the Medium': A Reevaluation of the Puritan Plain Style in Light of John Cotton's *A Practicall Commentary upon the First Epistle Generall of John*." *William and Mary Quarterly* 37, no. 4 (1980): 577–91.

Ross, Michael F. *Preaching for Revitalization*. Fearn, Scotland: Mentor, 2006.

Rutherford, Samuel. *Christ Dying and Drawing Sinners to Himself*. London: Andrew Crooks, 1647.

———. *The Covenant of Life Opened, or, A Treatise of the Covenant of Grace Containing Something of the Nature of the Covenant of Works, the Soveraignty of God, the Extent of the Death of Christ*. Edinburgh: Andro Anderson for Robert Brown, 1655.

———. *Disputatio Scholastica de Divina Providentia*. Edinburgh: Haeredes Georgii Andersoni pro Roberto Browne, 1649.

———. *The Divine Right of Church-Government and Excommunication*. London: John Field for Christopher Meredith, 1646.

———. *The Due Right of Presbyteries*. London: E. Griffin for Richard Whittaker and Andrew Crook, 1644.

———. *A Free Disputation against Pretended Liberty of Conscience: Tending to Resolve Doubts*. London: R. I. for Andrew Crook, 1649.

———. *Letters of the Rev. Samuel Rutherford*. Glasgow: Printed for William Collins, 1827.

———. *The Letters of Samuel Rutherford*. Edited by Frank E. Gaebelein. Chicago: Moody Press, 1951.

———. *A Survey of the Spirituall Antichrist Opening the Secrets of Familisme and Antinomianisme in the Antichristian Doctrine of John Saltmarsh*.... London: J. D. & R. I. for Andrew Crooke, 1648.

———. *The Trial and Triumph of Faith*. 1645. Reprint, Edinburgh: Banner of Truth Trust, 2001.

———. *The Tryal and Trivmph of Faith*. London: John Field, 1645.

Ryken, Leland. *Worldly Saints: The Puritans as They Really Were*. Grand Rapids: Zondervan, 1986.

Ryle, J. C. *Home Truths*. London: Wertheim, Macintosh, and Hunt, 1860.

Salkeld, John. *A Treatise of Angels*. London: T. S. for Nathaniel Butter, 1623.

Saltmarsh, John. *Free Grace, or, The Flowings of Christs Blood Free to Sinners Being an Experiment of Jesus Christ upon One Who Hath Been in the Bondage of a Troubled Conscience*. London: for Giles Calvert, 1646.

———. *Sparkles of Glory, or, Some Beams of the Morning Star*. London: for Giles Calvert, 1647.

Salvian. *On the Government of God*. Translated by Eva M. Sanford. New York: Octagon Books, 1966.

Sampson, Margaret. "Laxity and Liberty in Seventeenth-Century English Political Thought." In *Conscience and Casuistry in Early Modern Europe*, 159–84. Edited by Edmund Leites. Cambridge: Cambridge University Press, 1988.

Sarles, Ken. "The English Puritans: A Historical Paradigm of Biblical Counseling." In *Introduction to Biblical Counseling: A Basic Guide to the Principles and Practice of Counseling* by John F. MacArthur Jr., Wayne A. Mack, et al. Dallas: Word, 1994.

The Savoy Declaration of Faith and Order. 1658. Reprint, London: Evangelical Press, 1971.

Schaefer, Paul R. Jr. *The Spiritual Brotherhood on the Habits of the Heart: Cambridge Protestants and the Doctrine of Sanctification from William Perkins to Thomas Shepard*. Grand Rapids: Reformation Heritage Books, 2011.

Schaff, Philip. *History of the Christian Church*. 8 vols. 1910. Reprint, Grand Rapids: Eerdmans, 1981.

———, ed. *The Creeds of Christendom*. 3 vols. 1931. Reprint, Grand Rapids: Baker, 1998.

———, ed. *A Select Library of the Nicene and Post-Nicene Fathers*. Buffalo, N.Y.: Christian Literature Co., 1887.

Schmid, Heinrich. *Die Geschichte des Pietismus*. Nordlingen: Beck, 1863.

Schoneveld, C. W. *Intertraffic of the Mind: Studies in Seventeenth-Century Anglo-Dutch Translation with a Checklist*. Leiden: E. J. Brill, 1983.

Schuldiner, Michael. *Gifts and Works: The Post-Conversion Paradigm and Spiritual Controversy in Seventeenth-Century Massachusetts*. Macon, Ga.: Mercer University Press, 1991.

Scodel, Joshua. *The English Poetic Epitaph: Commemoration and Conflict from Jonson to Wordsworth*. Ithaca, N.Y.: Cornell University, 1991.

Scougal, Henry. *The Life of God in the Soul of Man*. 1739. Reprint, Harrisonburg, Va.: Sprinkle Publications, 1986.

Scudder, Henry. *The Christian Man's Calling*. Philadelphia: Presbyterian Board of Publication, n.d.

———. *The Christian's Daily Walk, in Holy Security and Peace*. 6th ed. 1635. Reprint, Harrisonburg, Va.: Sprinkle Publications, 1984.

Seaver, Paul S. *The Puritan Lectureships: The Politics of Religious Dissent, 1560–1662*. Palo Alto, Calif.: Stanford University Press, 1970.

Sedgwick, Obadiah. *The Bowels of Tender Mercy Sealed in the Everlasting Covenant*.... London: Edward Mottershed, for Adoniram Byfield, 1661.

———. *Providence Handled Practically*. Edited by Joel R. Beeke and Kelly Van Wyck. Grand Rapids: Reformation Heritage Books, 2007.

Selvaggio, Anthony T., ed. *The Faith Once Delivered: Essays in Honor of Dr. Wayne R. Spear*. Phillipsburg, N.J.: P&R, 2007.

Shaw, Mark R. "Drama in the Meeting House: The Concept of Conversion in the Theology of William Perkins." *Westminster Theological Journal* 45 (1983): 41–72.

———. "*The Marrow of Practical Divinity:* A Study in the Theology of William Perkins." PhD diss., Westminster Theological Seminary, 1981.

———. "William Perkins and the New Pelagians: Another Look at the Cambridge Predestination Controversy of the 1590s." *Westminster Theological Journal* 58 (1996): 267–302.

Shaw, Robert. *The Reformed Faith: An Exposition of the Westminster Confession of Faith*. Reprint, In-

verness: Christian Focus, 1974.
Shedd, W. G. T. *Homiletics and Pastoral Theology*. 1867. Reprint, London: Banner of Truth Trust, 1965.
Shelly, Harold P. "Richard Sibbes: Early Stuart Preacher of Piety." PhD diss., Temple University, 1972.
Shepard, Thomas. *The Church Membership of Children and Their Right to Baptism*. Cambridge, New England: Samuel Green, 1663.
———. *The Clear Sun-shine of the Gospel Breaking Forth upon the Indians in New-England*. London: R. Cotes for John Bellamy, 1648.
———. *Four Necessary Cases of Conscience*. London, 1651.
———. *The Parable of the Ten Virgins*. Reprint, Ligonier, Pa.: Soli Deo Gloria, 1990.
———. *Several Sermons on Angels, with a Sermon on the Power of Devils in Bodily Distempers*. London: Sam Drury, 1702.
———. *The Sincere Convert, Discovering the Paucity of True Believers; and the Great Difficultie of Saving Conversions*. London: T. P. and M. S., 1643.
———. *The Sincere Convert and the Sound Believer*. Reprint, Morgan, Pa.: Soli Deo Gloria, 1999.
———. *The Sound Beleever. Or, a Treatise of Evangelicall Conversion*. London: for R. Dawlman, 1645.
———. *Theses Sabbaticae*.... London: S. G. for John Rothwell, 1655.
———. *The Works of Thomas Shepard*. 3 vols. 1852. Reprint, New York: AMS Press, 1967.
Sherlock, William. *A Discourse Concerning the Knowledge of Jesus Christ and Our Union and Communion with Him*. London: J. M. for Walter Kettilby, 1674.
———. *Practical Discourse Concerning Death*. London: for W. Rogers, 1689.
Sibbes, Richard. "Antidote against the Shipwreck of Faith and a Good Conscience." *Banner of Truth* no. 433 (Oct. 1999): 11–22; and no. 434 (Nov. 1999): 11–22.
———. *The Bruised Reed*. 1630. Reprint, Edinburgh: Banner of Truth Trust, 1998.
———. *The Bruised Reede and Smoaking Flax*. 3rd ed. London: M. F. for R. Dawlman, 1631.
———. *The Complete Works of Richard Sibbes*. 7 vols. Edited by Alexander B. Grosart. 1862–1864. Reprint, Edinburgh: Banner of Truth Trust, 2004.
———. *The Returning Backslider*. London: G[eorge] M[iller] for George Edwards, 1639.
———. *The Works of Richard Sibbes*. 3 vols. Aberdeen: J. Chalmers, 1809.
Simon, B. "Leicestershire Schools 1635–40." *British Journal of Educational Studies* (Nov. 1954): 47–51.
Simpson, H. W. "*Pietas* in the *Institutes* of Calvin." In *Reformational Tradition: A Rich Heritage and Lasting Vocation*, 179–91. Potchefstroom, South Africa: Potchefstroom University for Christian Higher Education, 1984.
Sisson, Rosemary. "William Perkins." MA thesis, University of Cambridge, 1952.
Smalley, Paul M. "Sweet Mystery: John Owen on the Trinity." *Puritan Reformed Journal* 3, no. 1 (2011): 81–112.
Smeaton, George. *The Doctrine of the Holy Spirit*. London: Banner of Truth Trust, 1958.
Smectymnuus [or Stephen Marshall, Edmund Calamy, Thomas Young, Matthew Newcomen, and William Spurstowe]. *Smectymnuus, An Answer to a Book Entituled, An Humble Remonstrance. In Which, the Originall of Liturgy Episcopacy Is Discussed. And Quares Propounded Concerning Both. The Parity of Bishops and Presbyters in Scripture Demonstrated. The Occasion of Their Imparitie in Antiquitie Discovered. The Disparitie of the Ancient and Our Modern Bishops Manifested. The Antiquitie of Ruling Elders in the Church Vindicated. The Prelaticall Church Bownded. Written by Smectymnuus*. London: for I. Rothwell, 1641.
Smith, Edmond. *A Tree by a Stream: Unlock the Secrets of Active Meditation*. Fearn, Scotland: Christian Focus, 1995.
Smith, Henry. *The Works of Henry Smith*. 2 vols. Edited by Thomas Smith. Edinburgh: James Nichol,

1866.

———. *Works of Henry Smith*. 2 vols. Reprint, Stoke-on-Trent, U.K.: Tentmaker Publications, 2002.

Smith, Rowland. *Julian's Gods: Religion and Philosophy in the Thought and Action of Julian the Apostate*. London: Routledge, 1995.

Smytegelt, Bernardus. *Het Gekroote Riet*. Reprint, Amsterdam: H. J. Spruyt, 1947.

Socinus, Faustus. *De Jesu Christo Servatore*. 1578. Basel, 1594.

Solberg, Winton U. *Redeem the Time: The Puritan Sabbath in Early America*. Cambridge: Harvard University Press, 1977.

Sommerville, C. J. "Conversion, Sacrament and Assurance in the Puritan Covenant of Grace to 1650." MA thesis, University of Kansas, 1963.

Song, Young Jae Timothy. *Theology and Piety in the Reformed Federal Thought of William Perkins and John Preston*. Lewiston, N.Y.: Edwin Mellen, 1998.

Southey, Robert. "A Life of John Bunyan." In *John Bunyan, Pilgrim's Progress*. London: John Murray and John Major, 1830.

Spear, Wayne. "Covenanted Uniformity in Religion: The Influence of the Scottish Commissioners upon the Ecclesiology of the Westminster Assembly." PhD diss., University of Pittsburgh, 1976.

Spence, Alan. *Incarnation and Inspiration: John Owen and the Coherence of Christology*. London: T & T Clark, 2007.

Spring, Gardiner. *The Power of the Pulpit*. Edinburgh: Banner of Truth Trust, 1986.

Sprunger, Keith L. "Ames, Ramus, and the Method of Puritan Theology." *Harvard Theological Review* 59 (1966): 133–51.

———. *Dutch Puritanism: A History of English and Scottish Churches of the Netherlands in the 16th and 17th Centuries*. Leiden: Brill, 1982.

———. "English and Dutch Sabbatarianism and the Development of Puritan Social Theology (1600–1660)." *Church History* 51, no. 1 (March 1982), 24–38.

———. "The Learned Doctor Ames." PhD diss., University of Illinois, 1963.

———. *The Learned Doctor William Ames: Dutch Backgrounds of English and American Puritanism*. Chicago: University of Illinois Press, 1972.

———. "William Ames and the Franeker Link to English and American Puritanism." In *Universiteitte Franeker, 1585–1811*, 264–85. Edited by G. Th. Jensma, F. R. H. Smit, and F. Westra. Leeuwarden: Fryske Academy, 1985.

Spurgeon, C. H. *Lectures to My Students*. Pasadena, Tex.: Pilgrim Publications, 1990.

Spurstowe, William. *The Spiritual Chymist: or, Six Decads of Divine Meditations*. London: n.p., 1666.

———. *The Wells of Salvation Opened: or A Treatise Discovering the Nature, Preciousness, and Usefulness, of the Gospel Promises, and Rules for the Right Application of Them*. London: T. R. & E. M. for Ralph Smith, 1655.

———. *The Wiles of Satan*. 1666. Reprint, Morgan, Pa.: Soli Deo Gloria, 2004.

Stanford, C. *Joseph Alleine: His Companions and Times*. London: Charles Stanford, 1861.

Steele, Richard. *The Religious Tradesman; or Plain and Serious Hints of Advice for the Tradesman's Prudent and Pious Conduct; From His Entrance into Business, to His Leaving It Off*. Reprint, Harrisonburg, Va.: Sprinkle Publications, 1989.

Stevens, David Mark. "John Cotton and Thomas Hooker: The Rhetoric of the Holy Spirit." PhD diss., University of California, Berkeley, 1972.

Stoddard, Solomon. *An Appeal to the Learned, Being a Vindication of the Right of the Visible Saints to the Lords Supper, Though They Be Destitute of a Saving Work of God's Spirit on their Hearts*. Boston: B. Green for Samuel Phillips, 1709.

———. *A Guide to Christ*. Edited by Don Kistler. Reprint, Morgan, Pa.: Soli Deo Gloria, 1993.

Stoeffler, F. Ernest. *German Pietism during the Eighteenth Century*. Leiden: E. J. Brill, 1973.

———. *The Rise of Evangelical Pietism*. Leiden: Brill, 1965.

Stoever, William K. B. *'A Faire and Easie Way to Heaven': Covenant Theology and Antinomianism in Early Massachusetts*. Middleton, Conn.: Wesleyan University Press, 1978.

Storms, C. Samuel. *Tragedy in Eden: Original Sin in the Theology of Jonathan Edwards*. Lanham, Md.: University Press of America, 1985.

Stout, Harry S. *The New England Soul: Preaching and Religious Culture in Colonial New England*. Oxford: Oxford University Press, 1986.

Stover, Arden. "The Pneumatology of John Owen: A Study of the Role of the Holy Spirit in Relation to the Shape of a Theology." PhD diss., McGill University, 1967.

Stowe, Charles E. Hambrick. "Practical Divinity and Spirituality." In *The Cambridge Companion to Puritanism*. Edited by John Coffey and Paul C. H. Lim. Cambridge: Cambridge University Press, 2008.

Strong, William. *A Discourse of the Two Covenants: Wherein the Nature, Differences, and Effects of the Covenant of Works and of Grace Are Distinctly, Rationally, Spiritually, and Practically Discussed: Together with a Considerable Quantity of Practical Cases Dependent Thereon*. London: J. M. for Francis Tyton and Thomas Parkhurst, 1678.

Sudduth, Michael. *The Reformed Objection to Natural Theology*. Farnham: Ashgate, 2009.

Sundquist, Ralph R. Jr. "The Third Use of the Law in the Thought of John Calvin." PhD diss., Columbia University, 1970.

Swinnock, George. *The Door of Salvation Opened by the Key of Regeneration*. London: John Best for Tho. Parkhurst, 1660.

———. *The Works of George Swinnock*. 5 vols. 1868. Reprint, Edinburgh: Banner of Truth Trust, 1998.

Sykes, Norman. *The English Religious Tradition: Sketches of Its Influence on Church, State, and Society*. London: SCM Press, 1953.

Tavard, George H. *The Starting Point of Calvin's Theology*. Grand Rapids: Eerdmans, 2000.

Taylor, Edward. *Edward Taylor's Treatise Concerning the Lord's Supper*. Boston: Twain Publisher, 1988.

Taylor, Thomas. *Christ Revealed: or The Old Testament Explained; A Treatise of the Types and Shadowes of Our Saviour*. London: M. F. for R. Dawlman and L. Fawne, 1635.

———. *Meditations from the Creatures*. London: [H. Lownes] for I. Bartlet, 1629.

Tennent, John. "The Nature of Adoption." In *Salvation in Full Color: Twenty Sermons by Great Awakening Preachers*, 233–50. Edited by Richard Owen Roberts. Wheaton, Ill.: International Awakening Press, 1994.

Te Velde, Dolf. *Paths beyond Tracing Out: The Connection of Method and Content in the Doctrine of God, Examined in Reformed Orthodoxy, Karl Barth, and the Utrecht School*. Delft: Eburon, 2010.

Theodoret. *On Divine Providence*. Translated by Thomas P. Halton. New York: Newman Press, 1988.

Thomas, Derek. "The Westminster Consensus on the Decree: The Infra/Supra Lapsarian Debate." In *The Westminster Confession into the 21st Century*, 3:267–90. Fearn, Scotland: Mentor, 2009.

Thomas, I. D. E., comp. *The Golden Treasury of Puritan Quotations*. Chicago: Moody Press, 1975.

Thomas, Keith. "Cases of Conscience in Seventeenth-Century England." In *Public Duty and Private Conscience in Seventeenth-Century England: Essays Presented to G. E. Aylmer*, 29–56. Edited by John Morrill, Paul Slack, and Daniel Woolf. Oxford: Clarendon, 1993.

Thomson, Andrew. *The Life of Samuel Rutherford*. Glasgow: Free Presbyterian Publications, 1988.

Tipson, Lynn Baird Jr. "The Development of a Puritan Understanding of Conversion." PhD diss., Yale University, 1972.

Toon, Peter. *The Emergence of Hyper-Calvinism in English Non-Conformity 1689–1765*. London: Olive

Tree, 1967.

———. *From Mind to Heart: Christian Meditation Today*. Grand Rapids: Baker, 1987.

———. *Meditating as a Christian*. London: Collins, 1991.

———. *Puritans, The Millennium and the Future of Israel: Puritan Eschatology 1600 to 1660*. Cambridge, England: James Clarke, 1970.

Torrance, T. F., ed. *The School of Faith: The Catechisms of the Reformed Churches*. London: James Clarke, 1959.

Traill, Robert. *Select Practical Writings of Robert Traill*. Edinburgh: for the Assembly's Committee, 1845.

———. *The Works of the Late Reverend Robert Traill*. 4 vols. in 2. 1810. Reprint, Edinburgh: Banner of Truth Trust, 1975.

Trapp, John. *Commentary on the New Testament*. Reprint, Evansville, Ind.: Sovereign Grace Book Club, 1958.

———. *A Commentary on the Old and New Testaments*. Edited by Hugh Martin. London: Richard D. Dickinson, 1868.

Trefz, Edward K. "Satan in Puritan Preaching." *The Boston Public Library Quarterly* 8, no. 3 (1956): 71–84; 148–59.

Trelcatius, Lucas. *A Brief Institution of the Common Places of Sacred Divinitie*. London: T. P. for Francis Burton, 1610.

Trinterud, Leonard J. "The Origins of Puritanism." *Church History* 20 (1951): 37–57.

Trueman, Carl R. *The Claims of Truth: John Owen's Trinitarian Theology*. Carlisle, U.K.: Paternoster Press, 1998.

———. "John Owen as a Theologian." In *John Owen: The Man and His Theology*. Edited by Robert W. Oliver. Phillipsburg, N.J.: P&R, 2002.

———. *John Owen: Reformed Catholic, Renaissance Man*. Aldershot: Ashgate, 2007.

———. "John Owen's Dissertation on Divine Justice: An Exercise in Christocentric Scholasticism." *Calvin Theological Journal* 33 (1998): 87–103.

———. *Luther's Legacy: Salvation and English Reformers, 1525–1556*. Oxford: Clarendon Press, 1994.

———. "Puritan Theology as Historical Event: A Linguistic Approach to the Ecumenical Context." In *Reformation and Scholasticism: An Ecumenical Enterprise*. Edited by Willem J. van Asselt and Eef Dekker. Grand Rapids: Baker, 2001.

———. "Reason and Rhetoric: Stephen Charnock on the Existence of God." In *Reason, Faith and History: Philosophical Essays for Paul Helm*, 29–46. Edited by M. W. F. Stone. Aldershot: Ashgate, 2008.

Trueman, Carl R., and Carrie Euler. "The Reception of Martin Luther in Sixteenth- and Seventeenth-Century England." In *The Reception of the Continental Reformation in Britain*. Edited by Polly Ha and Patrick Collinson. Proceedings of the British Academy, 164. Oxford: Oxford University Press, 2010.

Trumper, Tim. "An Historical Study of the Doctrine of Adoption in the Calvinistic Tradition." PhD diss., University of Edinburgh, 2001.

Tufft, J. R. "William Perkins, 1558–1602." PhD diss., University of Edinburgh, 1952.

Tumbleson, Beth E. "The Bride and Bridegroom in the Work of Richard Sibbes, English Puritan." MA thesis, Trinity Evangelical Divinity School, 1984.

Turner, Horsfall. *The Reverend Oliver Heywood, B.A., 1630–1702: His Autobiography, Diaries, Anecdotes and Event Books*. London: Bingley, 1883.

Turretin, Francis. *Institutes of Elenctic Theology*. 3 vols. Edited by James T. Dennison Jr. Translated by George Musgrave Giger. Phillipsburg, N.J.: P&R, 1992.

———. *Institutio Theologicae Elencticae*. 1679–1685. Edinburgh: Lowe, 1847.

Twisse, William. *A Brief Catecheticall Exposition of Christian Doctrine*. London: for John Wright, 1645.

———. *Of the Morality of the Fourth Commandement as Still in Force to Binde Christians Delivered by Way of Answer to the Translator of Doctor Prideaux His Lecture, Concerning the Doctrine of the Sabbath*. London: E. G. for John Rothwell, 1641.

———. *Vindiciae Gratiae Potestatis ac Providentiae Dei*. Amsterdam: apud Joannem Janssonium, 1632.

Ursinus, Zacharias. *The Commentary of Dr. Zacharias Ursinus on the Heidelberg Catechism*. Translated by G. W. Williard. Columbus, Ohio: Scott, 1852.

Ussher, James. *Body of Divinitie*. London: M. F. for Tho. Downes and Geo. Badger, 1645.

———. *A Body of Divinity*. Edited by Michael Nevarr. 1648. Reprint, Birmingham: Solid Ground Christian Books, 2007.

———. *Immanuel, or, The Mystery of the Incarnation of the Son of God*. London: Susan Islip for Thomas Downes and George Badger, 1647.

———. *A Method for Meditation: or, A Manuall of Divine Duties, Fit for Every Christians Practice*. London: for Joseph Nevill, 1656.

Van Asselt, Willem J. *The Federal Theology of Johannes Cocceius (1603–1669)*. Leiden: Brill, 2001.

———. "The Fundamental Meaning of Theology: Archetypal and Ectypal Theology in Seventeenth-Century Thought." *Westminster Theological Journal* 64 (2002): 319–35.

———. "On the Maccovius Affair." In *Revisiting the Synod of Dordt (1618–1619)*. Edited by Aza Goudriaan and Fred van Lieburg. Leiden: Brill, 2011.

———. "'*Quid est homo quod memor es ipsius*?' Calvin and Cocceius (1603–1669) on Psalm 8." *Church History and Religious Culture* 91, no. 1–2 (2011): 135–47.

———. "The Theologian's Tool Kit: Johannes Maccovius (1588–1644) and the Development of Theological Distinctions in Reformed Theology." *Westminster Theological Journal* 68 (2006): 23–40.

Van Asselt, Willem J., J. Martin Bac, and Roelf T. te Velde. *Reformed Thought on Freedom: The Concept of Free Choice in the History of Early-Modern Reformed Theology*. Grand Rapids: Baker, 2010.

Van Asselt, Willem J., Michael D. Bell, Gert van den Brink, Rein Ferwerda. *Scholastic Discourse: Johannes Maccovius (1588–1644) on Theological and Philosophical Distinctions and Rules*. Apeldoorn: Instituut voor Reformatieonderzoek, 2009.

Van Asselt, Willem J., and Eef Dekker, eds. *Reformation and Scholasticism: An Ecumenical Enterprise*. Grand Rapids: Baker Academic, 2001.

Van Baarsel, Jan Jacobus. *William Perkins: eene bijdrage tot de Kennis der religieuse ontwikkeling in Engeland tentijde, van Koningin Elisabeth*.'s-Gravenhage: H. P. De Swart & Zoon, 1912.

Van den Brink, Gert. "Calvin, Witsius, and the English Antinomians." In *The Reception of Calvin in Reformed Orthodoxy*. Edited by Andreas Beck and William den Boer. Leiden: Brill, 2010.

———. *Herman Witsius en het Antinomianisme*. Apeldoorn: Instituut voor Reformatieonderzoek, 2008.

Van den Brink, J. N. Bakhuizen, ed. *De Nederlandse belijdenisgeschriften*. Amsterdam: Ton Bolland, 1976.

Van der Haar, J. *Van Abbadie tot Young, Een Bibliografie van Engelse, veelal Puritaanse, in het Nederlands vertaalde Werken*. Veenendaal: Uitgeverij Kool, 1980.

Van der Wall, Ernestine. "'Antichrist Stormed': The Glorious Revolution and the Dutch Prophetic Tradition." In *The World of William and Mary: Anglo-Dutch Perspectives on the Revolution of 1688–89*, 152–64. Edited by Dale Hoak and Mordechai Feingold. Stanford, Calif.: Stanford University Press, 1996.

Van Dixhoorn, Chad. "Preaching Christ in Post-Reformation Britain." In *The Hope Fulfilled: Essays in Honor of O. Palmer Robertson*, 361–89. Edited by Robert L. Penny. Phillipsburg, N.J.: P&R, 2008.

———. "Reforming the Reformation: Theological Debate at the Westminster Assembly, 1643–1652." 7 vols. PhD diss., Cambridge University, 2004.

———. "The Sonship Program, for Revival: A Summary and Critique." *Westminster Theological Journal* 61 (1999): 227–46.

Van Driel, Edwin Christian. *Incarnation Anyway: Arguments for Supralapsarian Christology*. Oxford: Oxford University Press, 2008.

VanDrunen, David. "Medieval Natural Law and the Reformation: A Comparison of Aquinas and Calvin." *American Catholic Philosophical Quarterly* 80, no. 1 (2006): 77–98.

Van Lieburg, Fred A. "From Pure Church to Pious Culture: The Further Reformation in the Seventeenth-Century Dutch Republic." In *Later Calvinism: International Perspectives*. Edited by W. Fred Graham. Kirksville, Mo.: Sixteenth Century Journal Publishers, 1994.

Van Mastricht, Petrus. *Theoretica-practica theologia*. Utrecht: Thomas Appels, 1699.

———. *Theoretico-Practica Theologia*. Translated by Todd Rester. Edited by Joel Beeke and Nelson Kloosterman. Grand Rapids: Reformation Heritage Books, forthcoming.

———. *A Treatise on Regeneration*. Morgan, Pa.: Soli Deo Gloria Ministries, 2002.

Van Til, L. John. *Liberty of Conscience, The History of a Puritan Idea*. Nutley, N.J.: Craig Press, 1972.

Van't Spijker, Willem. "Guilielmus Amesius." In *De Nadere Reformatie en het Gereformeerd Piëtisme*. 's-Gravenhage: Boekencentrum, 1989.

Van Vliet, Jan. "William Ames: Marrow of the Theology and Piety of the Reformed Tradition." PhD diss., Westminster Theological Seminary, 2002.

Vaughan, Alden T., and Francis J. Bremer, eds. *Puritan New England: Essays on Religion, Society, and Culture*. New York: St. Martin's, 1977.

Venema, Cornelis P. *Accepted and Renewed in Christ: The "Twofold Grace of God" and the Interpretation of Calvin's Theology*. Göttingen: Vandenhoeck & Ruprecht, 2007.

———. *Children at the Lord's Table? Assessing the Case for Paedocommunion*. Grand Rapids: Reformation Heritage Books, 2009.

———. "Recent Criticisms of the Covenant of Works in the Westminster Confession of Faith." *Mid-America Journal of Theology* 9 (Fall 1993): 165–98.

Venning, Ralph. *The Sinfulness of Sin*. Reprint, Edinburgh: Banner of Truth Trust, 1993.

———. *Sin, the Plague of Plagues, or, Sinful Sin the Worst of Evils a Treatise of Sins Tryal and Arraignment, wherein Sin Is Accused for Being, Proved to Be, and Condemned for Being Exceeding Sinful*. London: for John Hancock, 1669.

Vermigli, Peter Martyr. *The Common Places of Peter Martyr*. Translated by Anthony Marten. London: [Henry Denham and Henry Middleton], 1583.

Vernon, Elliot Curt. "The Sion College Conclave and London Presbyterianism during the English Revolution." PhD diss., University of Cambridge, 1999.

Vernon, George. *A Letter to a Friend Concerning Some of Dr Owen's Principles and Practices*. London: J. Redmayne for Spencer Hickman, 1670.

Vincent, Nathanael. *Heaven upon Earth*. London: for Thomas Parkhurst, 1676.

Vincent, Thomas. *The Shorter Catechism of the Westminster Assembly Explained and Proved from Scripture*. Reprint, Edinburgh: Banner of Truth Trust, 1980.

Vines, Richard. *The Authours, Nature, and Danger of Haeresie Laid Open in a Sermon Preached before the-Honorable House of Commons*.... London: W. Wilson for Abel Roper, 1647.

Visscher, Hugo. *Guilielmus Amesius, Zijn Leven en Werken*. Haarlem: J. M. Stap, 1894.

Visser, H. B. *De geschiedenis van den sabbatsstrijd onder de gereformeerden in de zeventiende eeeuw*. Utrecht: Kemink, 1939.

Voetius, Gisbertus. *Catechisatie over den Heidelbergschen Catechismus*. Rotterdam: H. Huge, 1891.

———. *Selectarum theologicae*. Utrecht: Joannem a Waesberge, 1669.
Volkmer, Jeffrey. "The Indigenous Pilgrim Principle: A Theological Consideration of the Christian, the Church, and Politics." *Bible.org*. http://bible.org/article/indigenous-pilgrim-principle-theological-consideration-christian-church-and-politics. Accessed June 10, 2010.
Von Rohr, John. "Covenant and Assurance in Early English Puritanism." *Church History* 34 (1965): 195–203.
———. *The Covenant of Grace in Puritan Thought*. Atlanta: Scholars Press, 1986.
Vos, Geerhardus. *The Pauline Eschatology*. Phillipsburg, N.J.: P&R, 1979.
Waite, John. *Of the Creatures Liberation from the Bondage of Corruption, wherein Is Discussed*... York: Tho. Broad, 1650.
Wakefield, Gordon. *Bunyan the Christian*. London: Harper Collins Religious, 1992.
Walker, D. J. "Thomas Goodwin and the Debate on Church Government." *Journal of Ecclesiastical History* 34 (1983): 85–99.
Walker, George. *The Manifold Wisedome of God*. London: R. H[odgkinson] for John Bartlet, 1640.
Walker, Michael J. "The Relation of Infants to Church, Baptism, and Gospel in Seventeenth-Century Baptist Theology." *Baptist Quarterly* 21 (1966): 242–62.
Wallace, Dewey D. Jr. "The Life and Thought of John Owen to 1660: A Study of the Significance of Calvinist Theology in English Puritanism." PhD diss., Princeton University, 1965.
———. *Puritans and Predestination: Grace in English Protestant Theology, 1525–1695*. Chapel Hill: University of North Carolina Press, 1982.
Wallis, John. *Three Sermons Concerning the Sacred Trinity*. London: for Tho. Parkhurst, 1691.
Walsham, Alexandra. *Providence in Early Modern England*. Oxford: Oxford University Press, 1999.
Walther, F. W., ed. *The Proper Distinction between Law and Gospel: Thirty-Nine Evening Lectures*. Translated by W. H. T. Dau. St. Louis, Mo.: Concordia, 1986.
Walzer, Michael. *The Revolution of the Saints: A Study in the Origins of Radical Politics*. Cambridge, Mass.: Harvard University Press, 1965.
Warch, Richard. *School of the Prophets: Yale College, 1701–1740*. New Haven, Conn.: Yale University Press, 1973.
Ward, Rowland. *God and Adam: Reformed Theology and the Creation Covenant*. Wantirna, Australia: New Melbourne Press, 2003.
Ward, Samuel. *A Collection of Sermons and Treatises*. London: [Augustine Matthewes] for John Grismond, 1636.
———. *The Life of Faith*. 3rd ed. London: Augustine Mathews, 1622.
———. *Sermons and Treatises*. 1636. Reprint, Edinburgh: Banner of Truth Trust, 1996.
Ware, Bruce A. "The Meaning of the Lord's Supper in the Theology of Ulrich Zwingli (1484–1531)." In *The Lord's Supper: Remembering and Proclaiming Christ until He Comes*, 229–47. Edited by Thomas R. Schreiner and Matthew R. Crawford. Nashville: B&H, 2010.
Warfield, Benjamin B. "The Biblical Doctrine of the Trinity." In *Biblical and Theological Studies*. Philadelphia: Presbyterian & Reformed, 1952.
———. *Calvin and Calvinism*. New York: Oxford University Press, 1931.
———. *The Plan of Salvation*. Grand Rapids: Eerdmans, 1942.
Watkins, Owen C. *The Puritan Experience: Studies in Spiritual Autobiography*. New York: Schocken, 1972.
Watson, Thomas. *All Things for Good*. 1663. Reprint, Edinburgh: Banner of Truth Trust, 2001.
———. *A Body of Divinity*. 1692. Reprint, Edinburgh: Banner of Truth Trust, 2000.
———. *A Body of Divinity in a Series of Sermons on the Shorter Catechism*. London: A. Fullarton, 1845.
———. *A Divine Cordial*. Wilmington, Del.: Sovereign Grace, 1972.

———. *The Doctrine of Repentance*. 1668. Reprint, Edinburgh: Banner of Truth Trust, 2002.
———. *The Duty of Self-Denial*. 1675. Reprint, Morgan, Pa.: Soli Deo Gloria, 1995.
———. *Gleanings from Thomas Watson*. Morgan, Pa.: Soli Deo Gloria, 1995.
———. *The Godly Man's Picture*. Edinburgh: Banner of Truth Trust, 1992.
———. *Heaven Taken by Storm*. Edited by Joel R. Beeke. Morgan, Pa.: Soli Deo Gloria, 2000.
———. *The Lord's Supper*. Edinburgh: Banner of Truth Trust, 2004.
———. *The Mischief of Sin*. 1671. Reprint, Morgan, Pa.: Soli Deo Gloria, 1994.
———. *A Plea for the Godly*. Pittsburgh: Soli Deo Gloria, 1993.
———. *The Select Works of Rev. Thomas Watson*. New York: Robert Carter & Brothers, 1856.
———. *The Sermons of Thomas Watson*. Reprint, Morgan, Pa.: Soli Deo Gloria, 1995.
———. *The Ten Commandments*. 1692. Reprint, Edinburgh: Banner of Truth Trust, 2000.
Watts, Isaac. *An Humble Attempt toward the Revival of Practical Religion among Christians*. London: for E. Matthews, R. Ford, and R. Hett, 1731.
Webber, Daniel. "The Puritan Pastor as Counsellor." In *The Office and Work of the Minister.* Westminster Conference Papers, 1986. London: Westminster Conference, 1987
Webster, Tom. *Godly Clergy in Early Stuart England: The Caroline Puritan Movement, c. 1620–1643*. Cambridge: Cambridge University Press, 1997.
Weigelt, Horst. "Interpretations of Pietism in the Research of Contemporary German Church Historians." *Church History* 39 (1970): 236–41.
Weir, David A. *The Origins of the Federal Theology in Sixteenth-Century Reformation Thought*. Oxford: Clarendon Press, 1990.
Weisiger, Cary Nelson III. "The Doctrine of the Holy Spirit in the Preaching of Richard Sibbes." PhD diss., Fuller Theological Seminary, 1984.
Wells, David. *The Person of Christ: A Biblical and Historical Analysis of the Incarnation*. Westchester, Ill: Crossway, 1984.
Wells, John. *The Practical Sabbatarian: or Sabbath Holiness Crowned with Superlative Happiness*. London, 1668.
Wells, Tom. *A Vision for Missions*. Edinburgh: Banner of Truth Trust, 1985.
Wessel, Susan. *Cyril of Alexandria and the Nestorian Controversy: The Making of a Saint and of a Heretic*. Oxford: Oxford University Press, 2004.
Westerholm, Matthew. "The 'Cream of Creation' and the 'Cream of Faith': The Lord's Supper as a Means of Assurance in Puritan Thought." *Puritan Reformed Journal* 3, no. 1 (2011): 205–22.
Westin, Gunnar. *Negotiations about Church Unity, 1628–1634*. Uppsala, Sweden: A. B. Lundequistska Bokhandeln, 1932.
[Westminster Divines]. *Annotations upon All the Books of the Old and New Testaments*. London: Evan Tyler, 1657.
———. *The Confession of Faith and Catechisms, Agreed upon by the Assembly of Divines at Westminster Together with Their Humble Advice Concerning Church Government and Ordination of Ministers*. London: for Robert Bostock, 1649.
———. *The Confession of Faith; The Larger and Shorter Catechisms....* 1855. Reprint, Inverness, Scotland: Free Presbyterian Publications, 1983.
———. "A Directory for Publique Prayer, Reading the Holy Scriptures, Singing of Psalmes, Preaching of the Word, Administration of the Sacraments, and Other Parts of the Publique Worship of God, Ordinary and Extraordinary." In *The Westminster Standards: An Original Facsimile*. 1648. Reprint, Audubon, N.J.: Old Paths Publications, 1997.
———. *A Directory for the Publique Worship of God*. London: T. R. and E. M. for the Company of Stationers, 1651.

______. *Westminster Confession of Faith*. 1994. Reprint, Glasgow: Free Presbyterian Publications, 2003.

Whately, William. *The New Birth*. London: Bernard Alsop for Thomas Man, 1622.

Whewell, William. *Lectures on the History of Moral Philosophy in England*. Cambridge: Cambridge University Press, 1852.

Whitaker, William. *A Disputation on Holy Scripture*. Translated by William Fitzgerald. 1588. Cambridge: Cambridge University Press, 1849.

White, Thomas. *A Method and Instructions for the Art of Divine Meditation with Instances of the Several Kindes of Solemn Meditation*. London: for Tho. Parkhurst, 1672.

Whitefield, George. *The Works of the Reverend George Whitefield*. 6 vols. London: for Edward and Charles Dilly, 1771–1772.

Whitney, Donald S. *Spiritual Disciplines for the Christian Life*. Colorado Springs: NavPress, 1991.

Whyte, Alexander. *Samuel Rutherford and Some of His Correspondents*. Edinburgh: Oliphant Anderson and Ferrier, 1894.

______. *Thirteen Appreciations*. Edinburgh: Oliphant, Anderson, and Ferrier, 1913.

Wilcox, William G. "New England Covenant Theology: Its Precursors and Early American Exponents." PhD diss., Duke University, 1959.

Willard, Samuel. *The Child's Portion: Or the Unseen Glory of the Children of God, Asserted, and Proved: Together with Several Other Sermons Occasionally Preached*. Boston: Samuel Green, 1684.

______. *The Christian's Exercise by Satan's Temptations*. Boston: B. Green and J. Allen for Benjamin Eliot, 1701.

______. *A Compleat Body of Divinity*. Boston: B. Green and S. Kneeland for B. Eliot and D. Henchman, 1726.

______. *A Compleat Body of Divinity*. 1726. Facsimile reprint, New York: Johnson Reprint, 1969.

______. *The Fountain Opened*. Boston, 1700.

Williams, C. J. "Good and Necessary Consequences in the Westminster Confession." In *The Faith Once Delivered: Celebrating the Legacy of Reformed Systematic Theology, Essays in Honor of Dr. Wayne Spear*, 171–90. Phillipsburg, N.J.: P&R, 2007.

Williams, Carol. "The Decree of Redemption Is in Effect a Covenant: David Dickson and the Covenant of Redemption." PhD diss., Calvin Theological Seminary, 2005.

Williams, George H. *The Radical Reformation*. Philadelphia: Westminster Press, 1975.

Williams, J. B. *The Lives of Philip and Matthew Henry*. Edinburgh: Banner of Truth Trust, 1974.

Williams, James Eugene Jr. "An Evaluation of William Perkins' Doctrine of Predestination in the Light of John Calvin's Writings." ThM thesis, Dallas Theological Seminary, 1986.

Willison, John. *A Sacramental Directory...to Which Are Added (by Way of Appendix) Meditations and Ejaculations Proper for Communicants Before, in Time of, and After Partaking of the Holy Sacrament*. Edinburgh: Sam. Willison and Matt. Jarvie for Alexander Donaldson, 1761.

______. *The Whole Works of the Reverend and Learned Mr John Willison*. Edinburgh: J. Moir, 1798.

Wilson, J. Lewis. "Catechisms, and Their Use among the Puritans." In *One Steadfast High Intent*. London: Puritan and Reformed Studies Conference, 1966.

Wilson, William. *OT Word Studies*. McLean, Va.: MacDonald, n.d.

Winship, Michael P. *Making Heretics: Militant Protestantism and Free Grace in Massachusetts, 1636–1641*. Princeton, N.J.: Princeton University Press, 2002.

______. *Seers of God: Puritan Providentialism in the Restoration and Early Enlightenment*. Baltimore, Md.: Johns Hopkins University Press, 1996.

Winslow, Ola. *John Bunyan*. New York: MacMillan, 1961.

______. *John Eliot: Apostle to the Indians*. Boston: Houghton-Mifflin, 1968.

Witsius, Herman. *Animadversiones Irenicae*. Utrecht: G. vande Water, 1696.

———. *Conciliatory, or Irenical Animadversions on the Controversies Agitated in Britain under the Unhappy Names of Antinomians and Neonomians.* Translated by Thomas Bell. Glasgow: W. Lang, 1807.

———. *The Economy of the Covenants between God and Man: Comprehending a Complete Body of Divinity*. Reprint, Grand Rapids: Reformation Heritage Books, 2010.

———. *De Oeconomia Foederum*. Utrecht: G. Vande Water, 1694.

———. *Sacred Dissertations: On What Is Commonly Called the Apostles' Creed*. Reprint, Grand Rapids: Reformation Heritage Books, 2010.

Witvliet, John D. "Images and Themes in John Calvin's Theology of Liturgy." In *The Legacy of John Calvin: Calvin Studies Society Papers 1999*, 130–52. Edited by David Foxgrover. Grand Rapids: Calvin Studies Society, 2000.

Wollebius, Johannes. *The Abridgment of Christian Divinity*. Translated by Alexander Ross. 3rd ed. 1626. London: T. Mabb for Joseph Nevill, 1660.

———. *Compendium Theologiae Christianae*. London: Hen. Woodfall, 1760.

Wood, Thomas. *English Casuistical Divinity during the Seventeenth Century, with Special Reference to Jeremy Taylor*. London: S.P.C.K., 1952.

Woolsey, Andrew Alexander. "Unity and Continuity in Covenantal Thought: A Study in the Reformed Tradition to the Westminster Assembly." PhD diss., University of Glasgow, 1988.

Wotton, Anthony. *De reconcilatione peccatoris*. Basel: [n.p.], 1624.

Wright, Louis B. "William Perkins: Elizabethan Apostle of Practical Divinity." *Huntington Library Quarterly* 3, no. 2 (1940): 171–96.

Wright, Shawn D. *Our Sovereign Refuge: The Pastoral Theology of Theodore Beza*. Carlisle, U.K.: Paternoster, 2004.

Yates, John. *Ibis ad Caesarem*.... London: Printed for R. Mylbourne, 1626.

Young, William. "Conscience." In *Encyclopedia of Christianity*, vol. 3. Edited by Philip E. Hughes. Marshallton, Del.: The National Foundation for Christian Education, 1972.

———. "The Puritan Principle of Worship." In vol. 1 of *Puritan Papers, 1956–1959*. Edited by D. Martyn Lloyd-Jones. Phillipsburg, N.J.: P&R, 2000.

Yuille, Stephen J. *The Inner Sanctum of Puritan Piety: John Flavel's Doctrine of Mystical Union with Christ*. Grand Rapids: Reformation Heritage Books, 2007.

Zanchi, Girolamo. *The Doctrine of Absolute Predestination*. Perth: R. Morison Jr., 1793.

———. *The Doctrine of Absolute Predestination Stated and Asserted*. New York: George Lindsay, 1811.

———. *Operum Theologicorum D. Hieronymi*. Geneva: Excudebat Stephanus Gamonetus, 1605.

Zepp, Renfeld E. "Covenant Theology from the Perspective of Two Puritans." MAR thesis, Reformed Theological Seminary, 2009.

Zwingli, Ulrich. *On Providence and Other Essays*. Edited by William J. Hinke. 1922. Reprint, Durham, N.C.: Labyrinth Press, 1983.

———. *Selected Works of Huldreich Zwingli*. Edited by Samuel M. Jackson. Philadelphia: University of Pennsylvania, 1901.

———. *Writings*. Allison Park, Pa: Pickwick Publications, 1984.

| 인명 색인 |